dictionnaire
des
synonymes

Henri Bénac

ancien élève
de l'École Normale Supérieure
agrégé des Lettres

dictionnaire des synonymes

conforme
au dictionnaire de l'Académie française

Hachette

79 boulevard Saint Germain, Paris 6

du même auteur :

Henri Bénac

- Le classicisme
- L'écrit et l'oral de français au baccalauréat
- Nouveau vocabulaire de la dissertation
- Guide pour la recherche des idées littéraires
- Guide de conjugaison française
- Guide pratique d'orthographe
- Guide de l'expression écrite
- Guide alphabétique des difficultés du français

Jean-Yves Dournon, Henri Bénac

- Dictionnaire d'orthographe et des difficultés du français

I.S.B.N. 2.01.008005.X

© *Hachette, 1981*
79 boulevard Saint-Germain
F. 75006 Paris.
Tous droits de traduction, de reproduction
et d'adaptation réservés pour tous pays.

PRÉFACE

Il a paru de tout temps utile de grouper et de distinguer les synonymes, c'est-à-dire les termes d'une langue qui ont entre eux une analogie de sens avec des nuances d'acception particulières à chacun d'eux. Comment en effet, sans cela, pourrait-on se comprendre en évitant les querelles de mots et s'exprimer clairement en choisissant le seul terme qui convienne à l'idée? Aussi ne faut-il pas s'étonner de trouver, parmi ceux qui se sont intéressés à la synonymie, de grands écrivains comme Voltaire ou Gide, des critiques comme le P. Bouhours ou Thibaudet, des philosophes comme Condillac. Mais beaucoup ne l'ont fait qu'en passant et ont laissé à des auteurs moins illustres le soin de recueillir et de compléter leurs remarques pour donner une nomenclature des synonymes sous forme de dictionnaire.

L'œuvre la plus importante, qui condensait et dépassait, au milieu du xixe siècle, tous les travaux de ce genre, était certainement le *Dictionnaire des synonymes de la langue française* de Lafaye (Hachette, 1857), un gros volume précédé d'une histoire et d'une théorie de la synonymie encore valables, ce qui nous dispensera de les reprendre pour nos lecteurs. Mais, un siècle après Lafaye, l'évolution de la langue a rendu son travail en partie désuet et incomplet, et il nous a paru nécessaire de donner à notre temps un ouvrage qui pût tenir lieu du sien. Pour cela, nous avons fait passer dans nos colonnes l'essentiel de ce qui demeure vivant dans son dictionnaire, en ajoutant un très grand nombre d'articles portant sur des synonymies que l'usage de son temps ignorait ou qui avaient échappé à sa perspicacité, notamment les synonymies de mots employés au figuré, peut-être les plus importantes puisqu'elles ne reposent pas sur des définitions précises, mais sur des nuances qui ne peuvent être saisies que chez les bons écrivains. Et, fidèle à la méthode de Lafaye, nous ne nous sommes pas contenté de distinctions théoriques, mais nous nous sommes fondé sur des exemples empruntés aussi bien à la tradition de notre langue qu'à l'usage actuel.

La nomenclature.

Dans notre nomenclature, nous avons exclu les termes d'argot : car l'argot n'est pas du français et il n'y a pas théoriquement plus de synonymie entre *nez* et les nombreux termes argotiques qui désignent la même partie du visage, qu'entre *nez* et les mots anglais, italiens ou espagnols correspondants. Nous conseillons donc à notre lecteur de se reporter à un dictionnaire d'argot s'il veut trouver la traduction en ce langage des synonymes de nos divers articles. Toutefois nous avons dérogé à notre règle en faveur de quelques termes devenus si usuels que nos meilleurs écrivains les emploient comme synonymes de mots français avec des nuances que nous nous sommes attaché à préciser. Nous avons accueilli les termes familiers, populaires, voire bas ou vulgaires, et de nombreuses locutions imagées, car ils font partie de notre langue et lui donnent souvent de la couleur. Nous avons cité aussi quelques mots vieillis, lorsque les écrivains du passé les ont illustrés, car il nous a paru bon que ce dictionnaire pût servir aussi, dans une certaine mesure, à l'intelligence de nos chefs-d'œuvre classiques. Pour les synonymes purement techniques, nous n'avons pas voulu nous égarer dans des distinctions souvent en dehors de notre compétence, d'ailleurs familières aux spécialistes et peu utiles pour le grand public : nous avons cependant rattaché aux groupes de mots courants quelques termes techniques lorsqu'ils ont été employés par les bons auteurs ou qu'ils nous ont paru capables d'enrichir et de préciser le vocabulaire de la vie courante. Si nous avons fait place à des néologismes, ce n'est pas pour les consacrer, mais afin d'expliquer le besoin spécial auquel ils répondaient, ou de conseiller au lecteur d'en éviter l'emploi lorsque seuls le pédantisme ou l'ignorance les justifient.

Les renvois.

On trouvera à chaque mot, indiqués et classés sous les rubriques ¶ 1, ¶ 2, etc., les différents groupes de synonymes auxquels il se rattache. Le signe → invite à se reporter au mot vedette qui le suit. Il est bien entendu que ce mot est celui qui exprime l'idée commune de la façon la plus générale et non le synonyme le plus proche du terme en question. Il ne faut donc, en aucun cas, se contenter du mot auquel on renvoie, mais chercher, à ce mot, les différents synonymes et leurs nuances.

On s'étonnera peut-être de trouver dans nos articles des termes ou des locutions qui ne figurent pas à leur place alphabétique dans notre nomenclature : ce ne sont pas des omissions, mais des suppressions, afin de ne pas grossir excessivement notre volume, et nous ne nous y sommes résigné qu'à regret. Il s'agit toujours d'ailleurs de mots familiers, populaires, techniques ou vieux dont le synonyme usuel vient immédiatement à l'esprit : nous avons pensé, par exemple, que le lecteur qui connaît le mot *parabellum*, connaît à plus forte raison *pistolet* ou *revolver*, mots auxquels il trouvera le renvoi ou l'article nécessaire, de même que *minou* fait penser automatiquement à *chat*, sans qu'il soit besoin d'un renvoi.

Les groupes de synonymes.

Nous avons mis tout notre soin à définir nettement, en tête de chaque groupe, l'idée commune à tous les synonymes cités : cela nous a paru essentiel, car il peut y avoir synonymie dans des sens très différents qu'il est nécessaire de distinguer. Nous avons choisi comme mot vedette le terme dont le sens est le plus général, ou le terme le plus usuel, si le terme le plus général est par trop désuet. A la suite figurent les divers synonymes classés suivant leurs nuances de plus en plus spéciales avec, généralement en fin d'article, les mots techniques, familiers, populaires, vulgaires, triviaux ou vieux. En constituant ces groupes, nous nous sommes heurté au problème le plus embarrassant pour le synonymiste, celui de savoir où il doit arrêter son article. Car, en progressant par nuances, on arrive à s'éloigner à tel point de l'idée commune donnée comme point de départ, que, tout en restant synonymes de leurs voisins immédiats, les derniers mots du groupe peuvent ne plus avoir qu'un rapport assez lâche avec le mot vedette. Aussi nous sommes-nous arrêté dès que la nuance d'un mot était suffisamment importante pour fournir une nouvelle idée commune à étudier dans un sous-groupe dont le mot vedette sera ce mot lui-même que nous avons fait suivre de l'indication (→ ce mot). D'autre part tout sous-groupe dépendant d'un groupe plus important est précédé de l'indication : → tel mot, qui renvoie à ce groupe. Par exemple, à l'article *vieux*, le lecteur trouvera la nuance qui distingue *désuet* et *suranné*, avec des renvois à *désuet* et à *suranné* où sont étudiés leurs synonymes spéciaux qui constituent des sous-groupes eux-mêmes précédés d'un renvoi à *vieux* indiquant que ces synonymes spéciaux sont aussi, mais d'une façon plus vague, synonymes de *vieux*.

Nous avons d'autre part jugé utile de citer dans nos articles des mots qui, sans être synonymes du mot vedette, car ils n'ont pas la même idée commune, expriment une idée voisine, quoique distincte, et qui peut prêter à confusion. De tels mots sont cités au début ou à la fin de l'article, entre parenthèses, précédés du signe ≠ (différent de, à ne pas confondre avec) et suivis de l'indication de ce qui les sépare de l'idée commune du groupe.

Pour éviter des longueurs, nous n'avons pas distingué une nouvelle fois des mots qui diffèrent exactement comme des noms, des adjectifs, des verbes ou des adverbes correspondants. Mais nous les avons cités en renvoyant à l'article où les nuances sont indiquées pour les mots de la catégorie grammaticale différente. Par exemple l'article : *Imitation, Copie, Reproduction* : → Imiter, indique au lecteur que les trois noms diffèrent exactement comme les trois verbes correspondants étudiés à l'article *Imiter*. La transposition nous a paru aisée à faire.

Les exemples.

Chaque synonyme est suivi d'un exemple toutes les fois que cela nous a paru nécessaire pour justifier la nuance que nous indiquons. Ces exemples sont de trois sortes. Le plus grand nombre vient de nos écrivains, de Villon à nos contemporains. En consultant la table des noms d'auteurs, notre lecteur verra que ceux-ci sont assez variés. Nous n'avons pas cherché le modernisme à tout prix et nous avons préféré à un exemple douteux tiré d'un écrivain à la mode, un exemple clair plus ancien, si la nuance qu'il met en lumière est restée dans l'usage actuel. Pour les écrivains antérieurs au xixᵉ siècle, nous devons beaucoup à Littré et à Lafaye. Pour les autres, les exemples choisis viennent de nos recherches personnelles et nous les avons empruntés, sans prévention, aux auteurs qui nous ont paru les meilleurs et dont les noms seront, nous l'espérons, encore familiers au lecteur des années à venir. Nous sommes redevable d'autres exemples au Dictionnaire de l'Académie, qui, s'il n'étudie pas spécialement les synonymes, définit les termes avec une précision qui nous a beaucoup aidé. Enfin, nous avons fabriqué nous-même quelques phrases en essayant de n'employer que des expressions usuelles ou incontestables, dans l'unique fin de faire comprendre et sans prétendre proposer des modèles de style.

Nous ne nous abusons pas sur les critiques qui nous attendent et nous ne nous excuserons pas en alléguant les difficultés d'une tâche qui nous a pris de longues années. La position du synonymiste est délicate : il a tendance à légiférer *a priori* et à découvrir, pour la paix de sa conscience, des nuances que l'usage ignore. Il est facile de le taxer de pédantisme, de montrer que ses distinguos sont trop subtils ou purement théoriques, et, même s'il justifie ses prétentions par quelques exemples valables, d'en citer d'autres qui les infirment. Car qui pourra dire à partir de quel moment les écrivains qui font le bon usage cessent d'avoir tort pour avoir raison? Tout ce que peut faire le synonymiste, c'est s'appuyer sur des autorités, sur la tradition de notre langue et proposer au lecteur non des règles, mais de modestes conseils, fruits de ses lectures et de ses réflexions : qu'on ne le considère donc pas comme quelqu'un qui veut régenter une langue que d'autres manient bien mieux que lui, mais comme un guide qui a essayé de recueillir quelques nuances précieuses dont des siècles de culture et des générations d'artistes ont enrichi le français.

Nous remercions nos amis qui nous ont aidé de leurs suggestions et de leur compétence, et nos élèves qui se sont mis avec ardeur à la recherche d'exemples, montrant ainsi que l'art de la synonymie est capable d'intéresser tous les âges.

LISTE DES AUTEURS CITÉS DANS CE DICTIONNAIRE

Abbé Prévost	
Acad.	Dictionnaire de l'Académie, 1932, Hachette.
A. Daud.	Alphonse Daudet.
A. Dum.	Alexandre Dumas.
A. Four.	Alain Fournier.
A. Fr.	Anatole France.
A. François-Poncet	André François-Poncet.
A. Karr	Alphonse Karr.
Apol.	Guillaume Apollinaire.
A. Thibaudet	Albert Thibaudet.
Babeuf	François-Émile Babeuf.
Balz.	Honoré de Balzac.
Banville	Théodore de Banville.
Bar.	Maurice Barrès.
Barante	Baron de Barante.
Barbier	Auguste Barbier.
Barth.	Abbé Barthélemy.
Baud.	Charles Baudelaire.
Bayle	Pierre Bayle.
B. Constant	Benjamin Constant.
Beaum.	Caron de Beaumarchais.
Benda	Julien Benda.
Bérang.	Pierre-Jean de Béranger.
Bergson	Henri Bergson.
Berth.	Marcelin Berthelot.
Boil.	Nicolas Boileau.
Bos.	Bossuet.
Bosco	Henri Bosco.
Bouh.	Le Père Bouhours.
Bour.	Bourdaloue.
Brillat-Savarin	Anthelme Brillat-Savarin.
B. S.-P.	Bernardin de Saint-Pierre.
Buf.	Buffon.
C.	Étienne de Condillac.
Cam.	Albert Camus.
Cham.	Chamfort.
Chat.	Chateaubriand.
Chaulieu	Abbé de Chaulieu.
Ch. Bruneau	Charles Bruneau.
Ch. d. Bernard	Charles de Bernard.
Chén.	André Chénier.
Claudel	Paul Claudel.
Clemenceau	Georges Clemenceau.
Coc.	Jean Cocteau.
Col.	Colette.
Corn.	Pierre Corneille.
Cuvier	Georges Cuvier.
D'Ag.	D'Aguesseau.
D'Al.	D'Alembert.
D. B.	Du Bellay.
D. d. Tracy	Destutt de Tracy.
De Bonald	Vicomte de Bonald.
Del.	Abbé Delille.
Delav.	Casimir Delavigne.
Desc.	Descartes.
Dest.	Destouches.
Did.	Diderot.
Docteur Carrel	Docteur Alexis Carrel.
D'Ol.	D'Olivet.
Duc.	Charles Pinot Duclos.
Ducis	Jean-François Ducis.
Dudeff.	Marquise du Deffand.
Duh.	Georges Duhamel.
Dupanloup	Monseigneur Dupanloup.
E. About	Edmond About.
E. d. Girardin	Émile de Girardin.
E. Quinet	Edgar Quinet.
E. Rostand	Edmond Rostand.

FAGUET	Émile Faguet.	LAV.	Ernest Lavisse.
F. D. C.	Fustel de Coulanges.	L. B.	La Bruyère.
FÉN.	Fénelon.	LEC. D. L.	Leconte de Lisle.
FLAUB.	Gustave Flaubert.	FIGARO	
FLÉCH.	Fléchier.	LEGOUVÉ	Ernest Legouvé.
FONT.	Fontenelle.	L'ENCYCLOPÉDIE	
G.	Ouvrages de synonymie de l'Abbé Girard.	LES.	Lesage.
		L. F.	La Fontaine.
GAL FOY	Général Foy.	L. H.	La Harpe.
GAMBETTA	Léon Gambetta.	LIT.	Dictionnaire de Littré.
GAUT.	Théophile Gautier.	LOTI	Pierre Loti.
G. D. BALZ.	Guez de Balzac.	L. R.	La Rochefoucauld.
G. D. NERVAL	Gérard de Nerval.	L. RAC.	Louis Racine.
GENLIS.	Mme de Genlis.	MAINT.	Madame de Maintenon
GI.	André Gide.	MAL.	André Malraux.
GILBERT	Laurent Gilbert.	MALEB.	Malebranche.
GIO.	Jean Giono.	MALESHERBES	Chrétien-Guillaume de Lamoignon de Malesherbes.
GIR.	Jean Giraudoux.		
GONC.	Les frères Goncourt.		
GRESSET	Jean-Baptiste-Louis Gresset.	MALH.	Malherbe.
		MALL.	Stéphane Mallarmé.
GRIMM	Baron de Grimm.	MARIV.	Marivaux.
GUI PATIN		MARM.	Marmontel.
GUIZOT	François Guizot.	MAS.	Massillon.
HAM.	Hamilton.	MAU.	François Mauriac.
H. D. RÉGN.	Henri de Régnier.	MAUP.	Guy de Maupassant.
HER.	José-Maria de Heredia.	MAUR.	André Maurois.
J.-B. R.	Jean-Baptiste Rousseau.	M. AYMÉ	Marcel Aymé.
		M. BLONDEL	Maurice Blondel.
J.-B. SAY	Jean-Baptiste-Léon Say.	M. D. G.	Roger Martin du Gard.
		MÉRIMÉE	Prosper Mérimée.
J. GRACQ	Julien Gracq.	MICH.	Michelet.
J.-J. R.	Jean-Jacques Rousseau.	MILLEVOYE	Charles-Hubert Millevoye.
JOUBERT	Joseph Joubert.	MIRAB.	Mirabeau.
J.-P. SARTRE	Jean-Paul Sartre.	M.-J. CHÉN.	Marie-Joseph Chénier.
J. RENARD	Jules Renard.	MOL.	Molière.
J. ROM.	Jules Romains.	MONTH.	Henry de Montherlant.
J. THOMAS	Jean Thomas.	MTG.	Montaigne.
L.	Dictionnaire des synonymes de Lafaye.	MTQ.	Montesquieu.
		MURGER	Henri Murger.
LABICHE	Eugène-Marin Labiche.	MUS.	Alfred de Musset.
LAF.	Mme de La Fayette.	NICOLE	Pierre Nicole.
LAM.	Lamartine.	N. D. LENCLOS	Ninon de Lenclos.
LAMENNAIS	Félicité de Lamennais.		
LA MESNARDIÈRE	Pilet de La Mesnardière.	NODIER	Charles Nodier.
		PASC.	Blaise Pascal.
LAR.	Larousse du xxᵉ siècle (éd. 1928).	PAST.	Louis Pasteur.
		P. BENOIT	Pierre Benoit.
		P. BOURGET	Paul Bourget.

Pég.	Charles Péguy.
P.-G. Castex	Pierre-Georges Castex.
P.-L. Cour.	Paul-Louis Courier.
Pompignan	Jean-Jacques Lefranc, marquis de Pompignan.
P.-R.	Logique de Port-Royal.
Prince de Ligne	Charles-Joseph, prince de Ligne.
Proudhon	Pierre-Joseph Proudhon.
Proust	Marcel Proust.
Puisieux	Mme de Puisieux.
Quinault	Philippe Quinault.
R.	Dictionnaire des Synonymes de Roubaud.
Rac.	Jean Racine.
Raynal	Abbé Raynal.
R. Baz.	René Bazin.
Regn.	Jean-François Regnard.
Régnier	Mathurin Régnier.
Rémusat	Comtesse de Rémusat.
Ren.	Ernest Renan.
Retz	Cardinal de Retz.
Rimb.	Arthur Rimbaud.
Riv.	Rivarol.
R. Kemp	Robert Kemp.
R. Lalou	René Lalou.
Roll.	Rollin.
Royer-Collard	Pierre-Paul Royer-Collard.
R. Roll.	Romain Rolland.
Saci	Lemaistre de Saci.
Saint-Lambert	Jean-François, marquis de Saint-Lambert.
Saint-Marc Girardin	Marc Girardin, dit Saint-Marc Girardin.
Samain	Albert Samain.
Sand	George Sand.
Saussure	Horace - Bénédict de Saussure.
S.-B.	Sainte-Beuve.
Scar.	Paul Scarron.
S. d. Beauvoir	Simone de Beauvoir.
S.-É.	Saint-Évremont.
Ség.	Philippe - Paul, comte de Ségur.
Segrais	Jean-Regnault de Segrais.
Sév.	Madame de Sévigné.
Simenon	Georges Simenon.
S. Prudh.	Sully Prudhomme.
S.-S.	Duc de Saint-Simon.
Staël	Mme de Staël.
Stendh.	Stendhal.
Suard	Jean-Baptiste-Antoine Suard.
Tai.	Hippolyte Taine.
Th. Corn.	Thomas Corneille.
Thiers	Adolphe Thiers.
Troyat	Henri Troyat.
Val.	Paul Valéry.
Vauban	Sébastien Le Prestre, marquis de Vauban.
Vaug.	Vaugelas.
Vauv.	Vauvenargues.
V. Cousin	Victor Cousin.
Verh.	Émile Verhaeren.
Verl.	Paul Verlaine.
Veuillot	Louis Veuillot.
V. H.	Victor Hugo.
Vi.	Alfred de Vigny.
Villemain	Abel - François Villemain.
Villon	François Villon.
Vinet	Alexandre Vinet.
Voit.	Vincent Voiture.
Volt.	Voltaire.
Zola	Émile Zola.

ABRÉVIATIONS

Abrév.	Abréviation.	Opp. (par)	(par) Opposition.
Adj.	Adjectif.	Part.	Participe.
Adv.	Adverbe.	Péj.	Péjoratif ou Péjorative-ment.
All.	(En) Allemand.		
Anc.	Anciennement.	Philo.	Philosophie.
Ang.	(En) Anglais.	Pl.	Pluriel.
Anton.	Antonyme.	Poét.	Poétique ou En poésie.
C.-à-d.	C'est-à-dire.	Pop.	Populaire ou Dans la langue populaire.
Cf.	Conférez.		
Comp.	Complément.	Prép.	Préposition.
Didact.	Didactique.	Pron.	Pronom.
Esp.	(En) Espagnol.	Prop.	Propre ou Au sens propre.
Étym.	(Par) Étymologie.	Réf.	Réfléchi.
Ex. (par)	(par) Exemple.	Rhét.	Rhétorique.
Ext. (par)	(par) Extension.	S.	Siècle.
Fam.	Familier ou Familière-ment.	Sing.	Singulier.
		Spéc.	Spécial ou Spécialement.
Fém.	Féminin.	Suj.	Sujet.
Fig.	Figuré ou Au sens figuré.	Syn.	Synonyme.
Gr.	Grec.	Tech.	Technique.
Interj.	Interjection.	Théol.	Théologie.
Intrans.	Intransitif.	Trans.	Transitif.
Invar.	Invariable.	Us.	Usité.
Ital.	(En) Italien.	V.	Verbe.
Lat.	Latin.	Vx	Vieux.
Loc.	Locution.		
M. A.	Moyen âge.		
Masc.	Masculin.		
N.	Nom.		
Néol.	Néologisme.		

SIGNES

→ Prière de se reporter au mot qui suit.

≠ Différent de ; à ne pas confondre avec.

DICTIONNAIRE
DES SYNONYMES

A

A : Pour marquer l'approximation, *A* offre un choix entre plusieurs nombres compris entre deux limites, **Ou,** une simple option entre deux nombres : *Cinq à six mille hommes; cinq ou six personnes* (VOLT.).

Abaissement : ¶ 1 → Baisse. *Abaissement,* très général, le fait d'atteindre ou de faire atteindre un niveau plus bas, dans n'importe quel domaine, en bonne ou mauvaise part. **Affaiblissement,** diminution de force : → Affaiblir. **Décadence** (→ ce mot), état de ce qui est sur le point de tomber. **Déchéance** (→ ce mot) implique que la chute a été accomplie, et se dit surtout de la perte d'un droit, d'un pouvoir, d'un état de bonheur : *Déchéance de l'homme après le péché originel.* **Dégradation** (→ ce mot), abaissement de ce qui diminue de valeur, tend à s'avilir : *Dégradation des mœurs* (DID.). **Dégénérescence** et **Abâtardissement** (→ Dégénération), au fig., impliquent une corruption interne. ¶ 2 → Bassesse.

Abaisser : ¶ 1 → Baisser. ¶ 2 Au fig. Mettre dans un état inférieur. *Abaisser* indique une action plus douce, plus modérée que **Rabaisser,** abaisser avec force, ou par animosité, ce qui a été élevé. **Ravaler,** mettre très bas ce qui a été très haut. **Abattre,** absolu, jeter par terre brusquement en ruinant, ou en ôtant la force morale : *Nos misères doivent nous abaisser sans nous abattre* (NICOLE). **Rabattre,** abattre avec force et définitivement ce qui résiste, surtout en parlant de la fausse élévation : *Rabattre l'orgueil.* **Dégrader** (→ ce mot), mettre à une place inférieure dans la hiérarchie morale ou sociale : *L'ignorance dégrade et ternit les noms les plus illustres* (D'AL.). **Déprécier** (→ ce mot), rabaisser la valeur d'une chose; au fig., chercher à dégrader une personne ou une chose en rabaissant sa valeur : *Déprécier le mérite d'autrui.* **Vilipender** (→ ce mot), chercher à faire passer pour totalement dénué de valeur ce qu'on attaque en paroles ou par écrit : *Vilipender une doctrine* (BALZ.). **Avilir** et **Ravilir,** qui marque une action plus forte, mettre une personne ou une chose dans un tel état d'abaissement qu'elle n'inspire plus qu'un sentiment de mépris : *Elle apportait d'instinct la rage d'avilir. Il ne lui suffisait pas de détruire les choses, elle les salissait* (ZOLA). **Humilier** (→ ce mot), abaisser une personne de telle façon qu'elle éprouve un sentiment de confusion : *Humilier les esprits superbes* (BALZ.). ¶ 3 (Réf.) *S'abaisser,* diminuer sa hauteur pour se mettre à un certain niveau. **Descendre,** quitter sa place pour s'installer plus bas. ¶ 4 (Réf.) → (s') Humilier. Au fig. *S'abaisser,* absolument, est parfois péj., alors que **Descendre** ne l'est pas : *L'orateur, alors, simple et modeste, saura descendre sans s'abaisser* (D'AG.). **Déroger,** s'abaisser socialement en faisant une chose indigne de sa noblesse, s'emploie parfois par ironie : *Les romans ne dérogeaient pas jusqu'à la vérité* (VILLEMAIN). **Condescendre,** qui s'emploie aussi parfois ironiquement, renoncer par complaisance à ce qui rend supérieur pour s'abaisser à faire quelque chose : *Elle ne condescendait ni à la fureur ni à la supplication* (COL.). **Déchoir** (→ ce mot), tomber volontairement ou non dans un état inférieur.

Abandon : ¶ 1 → Renoncement. *Abandon,* **Cession :** → Abandonner. **Abandonnement,** vx, abandon conscient et volontaire. ¶ 2 → Délaissement. ¶ 3 → Négligence. ¶ 4 → Confiance.

Abandonner : ¶ 1 → Quitter. ¶ 2 Laisser à quelqu'un. *Abandonner,* laisser prendre ce qu'on ne défend pas : *Abandonner une position intenable* (PROUST). **Lâcher,** ne pas retenir jusqu'au bout, par manque de force ou de volonté : *Et l'avare Achéron ne lâche point sa proie* (RAC.). **Livrer,** mettre volontairement entre les mains d'un autre : *Tout m'abandonne à moi-même ou plutôt tout me livre à toi* (J.-J. R.). **Céder,** laisser volontairement à un compétiteur une chose à laquelle on estime avoir droit : *Sans vouloir rien céder, on abandonnerait tout* (MARM.). ¶ 3 → Confier. ¶ 4 → Délaisser. ¶ 5 → Renoncer. ¶ 6 (Réf.) *S'abandonner,* se donner passivement et totalement : *S'abandonner au chagrin* (J. ROM.), *au ravissement* (M. D. G.). **Se livrer** marque un choix : *Se livrer sans remords à ses occupations favorites* (CAM.).

Se vautrer, péj., s'abandonner à une chose vicieuse et s'y complaire : *Tu te vautrais dans un souvenir délicieux* (MAU.).

Abasourdi : → Ébahi et Consterné.

Abâtardir : ¶ 1 → Altérer. **¶ 2** (Réf.) → Dégénérer.

Abâtardissement : ¶ 1 → Dégénération. **¶ 2** → Abaissement.

Abattement : ¶ 1 → Langueur. **¶ 2** Au moral, *Abattement*, défaillance momentanée de l'énergie due à un revers. **Accablement,** défaillance absolue sous le poids écrasant d'un malheur, *extrême abattement* (L.). **Consternation** ajoute l'idée d'épouvante et de tristesse, mais peut marquer un état momentané, et parfois, en un sens affaibli, un simple sentiment qu'exprime le visage : *La consternation d'un peuple belliqueux qui se tourne presque toujours en courage* (MTQ.). **Anéantissement,** accablement qui va jusqu'à la privation momentanée de toute force et de l'exercice des facultés. **Déréliction,** terme de mystique, abattement d'une âme qui éprouve la solitude et l'abandon. — Avec l'idée qu'on est incapable d'agir pour atteindre un but : → Découragement.

Abattre : ¶ 1 Faire tomber. *Abattre*, faire tomber en frappant ce qui est élevé : *Abattre un cavalier de sa monture.* **Jeter bas,** abattre avec violence. **Jeter par terre,** faire tomber de sa hauteur, en l'étendant, ce qui, en général, touche déjà à la terre : *Jeter par terre un colosse* (LES.). **Jeter à terre,** c'est simplement imprimer à quoi que ce soit un mouvement vers la terre : *Jeter à terre un fardeau* (FÉN.). **Renverser,** mettre à l'envers ou sur le côté ce qui est debout et peut changer de sens et de direction : *Renverser un piéton.* **Terrasser,** mettre à terre après un combat, implique une résistance et ne se dit que des personnes. **Faucher,** faire tomber en grand nombre ou en passant, sans s'arrêter, comme la faux fait des herbes : *Il marchait en fauchant autour de lui les Carthaginois* (FLAUB.). **Culbuter,** renverser avec violence celui qui perd son équilibre et fait un tour sur lui-même, en avant ou en arrière. **¶ 2** → Détruire. **¶ 3** → Tuer. **¶ 4** Au fig. → Abaisser. *Abattre* insiste sur la diminution de force infligée; **Renverser,** sur le fait qu'on met à l'envers, en désordre, qu'on déconcerte une autorité : *Abattre les forces d'un parti, la rébellion. Renverser un gouvernement, la cervelle* (LES.), *les idées de l'honneur* (MOL.). **Atterrer,** renverser par terre, rare au prop., a un sens très fort au fig. : c'est abattre complètement, écraser : *Atterrer l'orgueil* (BOS.). *Tu me subjugues, tu m'atterres, ton génie écrase le mien* (J.-J. R.). **¶ 5** *Abattre,* **Accabler, Conster-**ner, **Décourager, A néantir :** → Abattement **¶ 6** (Réf.) → Tomber.

Abbaye : → Couvent.

Abbé : → Prêtre.

A b c : → Alphabet.

Abcès : → Pustule.

Abdiquer : ¶ 1 → Renoncer. **¶ 2** *Abdiquer,* renoncer à une autorité souveraine par un acte solennel et public. **Se démettre** se dit en général d'une charge moins importante et insiste plutôt sur l'effort volontaire qu'on fait pour se libérer : *Auguste délibère pour savoir s'il se démettra de l'empire* (VOLT.). **Démissionner** (formé sur *démission*, action de se démettre), annoncer à une autorité supérieure qu'on désire se démettre de sa fonction. **Résigner** (lat. *resignare*, remettre), toujours avec un comp. d'objet, remettre une charge ou une dignité à celui qui l'a conférée ou à un successeur. **Quitter,** toujours avec un comp., se dit de toute activité que l'on abandonne sans préciser comment : *Quitter une charge, un emploi.*

Abdomen : → Ventre.

Abécédaire : → Alphabet.

Abeille, nom courant et littéraire de l'insecte qui produit le miel. **Apis** est son nom scientifique. **Mouche à miel,** pop., ne s'emploie dans la langue littéraire que pour insister sur l'activité de l'abeille. **Avette** est archaïque. Au fig. *abeille* seul convient : *Rollin, l'abeille de la France* (VOLT.).

Aberrant : → Faux.

Aberration : → Erreur.

Aberrer : → (se) Tromper.

Abêti : → Stupide.

Abêtir, rendre bête faute de développer les facultés du sujet : *Trop ou trop peu d'instruction abêtissent l'esprit* (PASC.). **Rabêtir** implique un effort volontaire pour rendre bête : *S'il daignait m'encourager au lieu de me rabêtir* (VOLT.). **Bêtifier** (néol.), rendre bête, méthodiquement prétentieusement, souvent en voulant rendre savant : *Genre d'éducation qui bétifie les enfants.* **Abrutir, Hébéter, Crétiniser, Ramollir** diffèrent d'*abêtir* comme les adj. ou les part. correspondants : → Stupide.

Abhorrer : → Haïr.

Abîme : ¶ 1 → Précipice. **¶ 2** → Séparation.

Abîmer : ¶ 1 → Détériorer. **¶ 2** (Réf.) → Crouler. **¶ 3** (Réf.) → Couler. **¶ 4** (Réf. fig.) → (s') Absorber.

Abject : → Bas.

Abjection : → Bassesse.

Abjurer : → Renier.

Ablation, opération chirurgicale pour enlever du corps une partie malade. **Amputation,** ablation, avec un instrument tranchant, d'un membre ou d'une partie d'un membre. **Résection,** le fait de couper la partie malade d'un organe en conservant la partie saine : *Résection d'un nerf.* **Excision** se dit pour les parties d'un petit volume, par ex. une verrue. **Abscission** et **Rescision** se disent surtout pour les parties molles arrachées ou coupées : *Rescision des amygdales.*

Ablution : → Lavage.

Abnégation : ¶ 1 → Sacrifice. ¶ 2 → Renoncement. L'*Abnégation* est un acte : *On fait abnégation de soi*; l'**Abnégantisme,** un état d'esprit ou une théorie qui recommande l'*abnégation.*

Aboi, vx, cri du chien, fait penser à la qualité naturelle de ce cri : *Chien à l'aboi rude.* **Aboiement,** cri poussé par *un* chien : *Faire cesser les aboiements d'un chien* (et non son aboi). **Jappement,** cri aigu du chacal, par ext., cri du petit chien.

Abolir : ¶ 1 → Détruire. ¶ 2 Mettre hors d'usage ce qui faisait autorité. *Abolir* se dit de tout ce qui est admis, usages, institutions, mots : etc. et peut impliquer une action lente : *Qu'un règlement s'abolisse par l'inexécution* (D'AG.). **Abroger** ne se dit que des lois et implique un acte positif, formel, qui annule d'un seul coup : *Lois royales expressément abrogées par la loi tribunitienne* (ROLL.). **Révoquer** ne s'emploie que lorsque la personne qui annule une chose est la même que celle qui l'a établie ou, au moins, représente la même autorité : *Louis XIV révoqua l'édit de Nantes.* **Infirmer** et **Casser** ont rapport à ce qui n'oblige que quelques particuliers, se disent d'une autorité autre que celle qui a établi, *infirmer* (affaiblir) supposant une autorité inférieure à celle qui *casse* (brise) : *La Cour d'appel infirme, la Cour de cassation casse.* **Annuler** insiste sur le résultat de l'action et marque plutôt une conséquence nécessaire qu'une action expresse : *La conservation du codicille eût annulé par soi-même tout ce que le duc d'Orléans venait d'obtenir* (S.-S.). **Lever,** révoquer ou faire cesser une chose qui empêche, se dit aussi par ext. des difficultés ou des obstacles : *Lever l'excommunication; la consigne; une punition.* **Faire table rase,** fig., abolir volontairement, supprimer tout ce qui existait dans les institutions ou dans l'esprit pour repartir à zéro. Dans la langue tech., **Invalider,** déclarer légalement nul, **Résilier,** annuler un contrat par la volonté des parties ou un cas fortuit, **Résoudre** et **Rescinder,** casser un contrat, **Rapporter,** révoquer une loi ou un règlement administratif.

Abolition : ¶ 1 *Abolition,* **Abrogation, Révocation, Cassation, Annulation, Invalidation, Résiliation, Résolution, Rescision :** → Abolir. **Abolissement,** résultat de l'action d'abolir : *Contribuer à l'abolition de l'esclavage* (VOLT.). *Profiter de l'abolissement des monastères* (VOLT.). ¶ 2 → Pardon. ¶ 3 → Amnistie.

Abominable : ¶ 1 → Haïssable. ¶ 2 → Détestable.

Abomination : → Horreur.

Abominer : → Haïr.

A bon compte : ¶ 1 → Acompte. ¶ 2 → (à bon) Prix.

Abondamment : → Beaucoup.

Abondance : ¶ 1 Grande quantité de biens. *Abondance* indique des biens plus que suffisants. **Surabondance** implique qu'on ne pourra pas tous les consommer. Les deux mots peuvent s'employer absolument. **Affluence,** toujours déterminé, insiste sur le fait que les biens viennent en grand nombre de tous côtés et se dit plutôt des produits procurés par le commerce et des biens de grande valeur : *L'abondance de toutes sortes de grains et de fruits, l'affluence de toutes sortes de biens et de délices* (ROLL.). **Profusion** (→ ce mot) indique la prodigalité de celui qui fournit : *Elles m'offraient indéfiniment le même charme avec une profusion inépuisable* (PROUST). **Foison** (lat. *fusio,* action de se répandre), une sorte de multiplication de produits de la même espèce : *Des foisons de religions* (PASC.). **Exubérance** ne se dit que du développement excessif de choses non consommables : *Exubérance du sang, de la sève.* **Afflux,** en médecine, affluence de liquide vers une partie de l'organisme. **Pléthore** (surabondance du sang), par métaphore, abondance excessive de choses inutiles : *Il y a pléthore d'oisifs.* **Pluie,** par image, se dit de tout ce qui semble tomber en grande quantité : *Pluie d'or, de nouvelles.* Au fig. on dit aussi **Débordement, Inondation, Déluge :** → Débordement. ¶ 2 *En abondance :* → Beaucoup. ¶ 3 État opposé à la pauvreté. *Abondance* insiste sur le fait que les biens sont là, en grande quantité, sans qu'ils viennent forcément de la richesse ni du travail. **Aisance** marque la possibilité de se procurer les biens nécessaires par le travail ou par une richesse modérée : *A Genève l'aisance du plus grand nombre vient d'un travail assidu, d'économie et de modération plutôt que d'une richesse positive* (J.-J. R.). **Richesse** insiste sur la possession de capitaux et de biens en grande quantité, mais n'implique pas l'*abondance* des choses nécessaires : *Harpagon vit dans la* richesse et non dans l'abondance. **Opulence,** très grande richesse manifestée par des signes extérieurs comme l'abondance et le luxe : *L'opulence est dans les mœurs et non pas dans les richesses* (Mtq.). **Prospérité,** état de bonheur apparent dû en partie à la fortune et au succès des affaires, n'est syn. des autres mots que dans la mesure où les biens positifs qu'évoquent ceux-ci sont considérés comme les signes de ce bonheur.

Abondant : ¶ 1 → Fécond. Qui produit ou qui a en grande quantité. *Abondant* fait penser aux ressources réelles d'un pays et se dit pour toutes les ressources. **Fertile** fait penser à la capacité de production et ne se dit que pour la terre et pour ce qui donne des fruits. **Riche,** abondant en productions de valeur : *Pays abondant en gibier; fertile en arbres fruitiers; riche en blé.* **Plantureux** suppose abondance et diversité des produits de la terre. **Plein de** enchérit sur *abondant* en parlant de quoi que ce soit : *La Brie est pleine d'alouettes* (Gir.). *Pays plein de boue.* ¶ 2 Qui est en grande quantité. *Abondant,* **Surabondant, Exubérant, Pléthorique :** → Abondance. **Copieux,** très abondant, en parlant de ce qui forme un tout, et servi comme une sorte d'aliment au physique et au moral : *Dîner* (Zola); *morceau* (Mau.) *copieux. Dissertation copieuse.* **Plantureux** enchérit et évoque une idée de plénitude, d'ampleur, en parlant des choses matérielles : *Dîner plantureux sinon splendide* (Balz.). **Pantagruélique,** par allusion au géant de Rabelais, enchérit en parlant d'un repas. **Luxuriant** ne se dit que de la végétation très abondante sans l'idée d'excès qu'implique *exubérant.* **Ample,** abondant au point de dépasser la mesure ordinaire, plus que suffisant, en parlant de ce qui peut être mesuré : *Ample développement. Ample matière. Ample provision.*

Abonder, être en grande quantité. **Fourmiller** (grouiller comme des fourmis) se dit d'une multitude de petites bêtes et par ext. de personnes ou de choses qui se comptent et ne forment pas une masse : *Non seulement les idées générales de toute espèce y abondent, mais encore les renseignements positifs et même techniques y fourmillent* (Tai.). **Regorger** (déborder comme un fluide hors d'un canal) suppose un contenant et implique surabondance : *Ma création regorge de beautés* (Pég.). **Pulluler** (faire des petits), qui implique une propagation par reproduction, est plutôt péj. au fig. : *En haut des branches pullulaient mille petits boutons* (Proust). *Les experts ne doivent pas pulluler* (J. Rom.). **Foisonner,** fam. et moins péj., implique une sorte de multiplication : *La Cour en conseillers foisonne* (L. F.). **Grouiller,** syn.

vulgaire de *fourmiller,* se dit des vers et par ext. des personnes s'agitant en masses confuses : *La Seine grouillait de bateliers* (Lav.).

Abonnir : → Améliorer.

Abord : ¶ 1 Le fait de cesser d'être éloigné. *Abord* implique qu'on approche : *Deux monstres interdisent l'abord d'une source si belle* (L. F.); **Accès,** qu'on pénètre : *L'accès du sérail* (Rac.); **Entrée,** plus précis, suppose une ouverture qui donne accès à l'intérieur d'un lieu. Au sens moral, *accès* insiste sur la possibilité de s'introduire dans le lieu où se trouve une personne : *Ministres d'un accès si difficile* (Mtq.); *abord,* sur la façon dont on est accueilli : *Lucullus était d'abord difficile, il avait le commandement rude* (Roll.). ¶ 2 La façon dont on traite une personne qu'on rencontre. *Abord* se dit de celui qui va trouver comme de celui qui reçoit, s'applique surtout à l'air qu'on a constamment, de préférence en parlant d'un personnage important : *Colbert avait l'abord glaçant* (Volt.). **Accueil** et **Réception** ne se disent que de celui qui reçoit dans une circonstance particulière, *accueil* impliquant un contact personnel, familier, *réception* une solennité plus pompeuse. **Chère,** visage par lequel on accueille quelqu'un, est vx. ¶ 3 *D'abord* : → Aussitôt et Premièrement.

Abordable, qu'on peut approcher, atteindre bord à bord. **Accessible,** où l'on peut pénétrer : → Inabordable.

Aborder : ¶ 1 → Toucher. ¶ 2 Avoir communication avec quelqu'un. *Aborder,* venir trouver, marque un fait : *Ames que Dieu aborde* (Bos.). **Avoir accès** et **Accéder** indiquent la possibilité de pénétrer chez quelqu'un : *Seuls quelques rares intimes avaient accès dans le salon particulier de la pastoresse* (Gi.). **Approcher,** voir habituellement : *Domestiques qui approchaient les empereurs* (Bos.). ¶ 3 Arriver vers quelqu'un. *Aborder,* lier conversation, peut supposer des égards dus à la dignité connue du personnage : *Ces gens m'aborderaient sans doute si j'étais intime* (L. B.). **Accoster,** fam. indique un contact direct assez fortuit avec n'importe qui pour lier conversation : *Accoster un nouveau débarqué* (Regn.). **Joindre,** venir trouver quelqu'un ou prendre contact avec lui dans n'importe quel dessein : *Joindre au téléphone. Joindre un guerrier pour se mesurer avec lui.* **Toucher** ne se dit que d'un contact par l'intermédiaire d'une lettre, d'un signal, etc.

Aborigène : → Indigène.

Aboucher : ¶ 1 → Joindre. ¶ 2 (Réf.) → (se) Mettre en rapport. *S'aboucher,* se mettre en rapport avec quelqu'un pour conférer avec lui (parfois péj.) : *S'aboucher avec des sentinelles* (Cam.). **Prendre langue,** fam., se mettre en rapport avec quelqu'un pour lui demander un renseignement : *Prendre langue à terre* (Chat.).

Aboulique : → Mou.

Abouter : → Joindre.

Aboutir : → (se) Terminer.

Aboutissement : → Résultat.

Aboyer, pousser son cri en parlant du chien, peut avoir une valeur relative; **Japper** s'emploie absolument, surtout en parlant des petits chiens qui poussent un cri aigu comme le chacal : *Petits chiens qui jappent quand ils entendent un gros chien aboyer* (Volt.). *Un chien aboie contre quelqu'un, jappe sans en vouloir à personne.* **Glapir,** en parlant des petits chiens, suppose une série de petits cris aigus semblables à ceux du renard. **Crier** et **Donner de la voix** se disent pour les chiens de chasse.

Abracadabrant : → Bizarre.

Abrégé : ¶ 1 N. Ouvrage succinct. L'*Abrégé* contient en peu d'espace la matière d'un livre déjà écrit : *Ouvrage plus étendu dont le livre est l'abrégé* (Fén.). Le **Précis** ne donne que l'essentiel : *Les bons livres sont l'essence des meilleurs esprits, le précis de leurs connaissances* (Vauv.). Le **Résumé** (→ Mémento) condense encore davantage, surtout une matière déjà connue, afin d'aider aux récapitulations : *Résumé aide-mémoire.* L'**Extrait** ne donne que les morceaux caractéristiques. L'**Analyse** décompose l'œuvre en ses éléments essentiels. **Raccourci** implique une imitation artistique qui diminue les dimensions et se dit au fig. : *Un raccourci de la laideur et de la prétention humaines* (Mau.). La **Notice** présente un ouvrage, son auteur ou une chose, par ex. un monument, en disant brièvement ce qui est nécessaire pour comprendre. Le **Sommaire,** en tête d'un livre, annonce ce que celui-ci va développer : *Voici le sommaire de ce que je prétends traiter en cette œuvre* (Chat.). **Argument,** sommaire qui, en tête d'un ouvrage philosophique, met en valeur brièvement la thèse développée et, en tête d'un ouvrage dramatique ou romanesque, résume le sujet et l'action. **Manuel,** abrégé non d'un seul livre, mais de toute une science, d'une façon commode et pratique pour les élèves : *Manuel de chimie.* **Épitomé,** abrégé d'histoire; **Compendium,** de philosophie, **Somme,** de théologie, **Bréviaire,** de prières. **Digest,** mot américain, sorte de magazine moderne qui condense pour le grand public des ouvrages littéraires ou scientifiques et toutes sortes de notions. ¶ 2 Adj. → Court.

Abréger : → Diminuer.

Abreuver : ¶ 1 → Humecter. ¶ 2 Au fig. → Remplir. ¶ 3 (Réf.) → Boire.

Abri : ¶ 1 → Protection. *Abri,* lieu, état où l'on est protégé d'un danger quelconque. **Refuge,** abri momentané où l'on se retire pour échapper à ce qui menace, poursuit : *Poursuive quelqu'un dans un refuge où il vous laisse entendre qu'il a besoin d'être seul* (J. Rom.). **Asile** (endroit sacré où l'on est inviolable), abri durable et parfait obtenu par la faiblesse, l'innocence ou en vertu d'un droit naturel (comme le droit d'asile) : *Le salon de Mlle des Touches est le dernier asile où se soit réfugié l'esprit français d'autrefois* (Balz.). **Retraite,** lieu délibérément choisi pour se retirer dans la solitude : *A l'abri des ombreuses retraites* (Baud.). **Port,** fig. et poét., refuge où l'on aborde après des dangers, des tempêtes, une vie agitée. ¶ 2 *A l'abri de,* au prop. et au fig., indique qu'on est protégé par un obstacle contre des menaces pouvant venir de tous côtés. **A couvert de,** qui marque une plus grande sûreté, suppose qu'on est protégé, par enveloppement complet, de tout ce qui tombe ou paraît tomber : *A couvert de la pluie dans une cabane* (L. F.). *On est à l'abri de la justice si l'on se cache, à couvert si l'on a réparé sa faute ou si quelqu'un arrête toute poursuite.*

Abrogation : → Abolition. *Abrogation,* suppression d'une loi. **Dérogation,** modification apportée à une loi, sans l'annuler, ou non-application de la loi dans un cas particulier.

Abroger : → Abolir.

Abrupt : → Escarpé.

Abruti : → Stupide.

Abrutir : → Abêtir.

Abscons : → Obscur, Secret et Abstrait.

Absence : ¶ 1 → Éloignement. ¶ 2 → Manque. ¶ 3 → Distraction.

Absent : → Distrait.

Absenter [s'] : → (s') Éloigner.

Absolu : ¶ 1 → Impérieux. ¶ 2 → Impératif. ¶ 3 → Suprême. *Absolu* qualifie tout pouvoir qui est sans bornes : *La monarchie absolue.* **Discrétionnaire,** terme de palais, qualifie le pouvoir donné à un juge d'agir dans certains cas selon sa volonté particulière, mais avec sagesse et modération; et par ext. se dit de tout pouvoir illimité, en fait, dans certaines circonstances, sans être en droit absolu : *Le pouvoir discrétionnaire d'un dictateur.* **Autocratique** qualifie le pouvoir absolu d'un seul homme qui, semblable au tsar de l'ancienne Russie, est indépendant de toute autorité et ne prend qu'en lui-même sa raison d'être. **Dictatorial** diffère d'*autocratique* comme les noms correspondants (→ Autocrate) et insiste plutôt sur la conception autoritaire et totalitaire du pouvoir. **Autoritaire** (→ ce mot) regarde uniquement la façon dont s'exerce le pouvoir, même s'il n'est pas absolu, et suppose qu'il ne tolère aucune opposition : *L'Empire autoritaire de Napoléon III s'oppose à l'Empire libéral.* **Despotique**, péj., qualifie un pouvoir absolu qui réduit les sujets au rang d'esclaves : *Le gouvernement despotique n'est que le droit des brigands* (Volt.). **Tyrannique** ajoute l'idée d'illégitimité, de cruauté ou de persécution : *La force sans la justice est tyrannique* (Pasc.). **Arbitraire** insiste sur le fait que la volonté de celui qui gouverne se décide sans autre raison son caprice : *Un gouvernement assez arbitraire pour que* [tout] *dépende uniquement de sa faveur* (Staël). ¶ **4** → Entier. ¶ **5** → Idéal. ¶ **6** → Infini.

Absolument : Adverbe de quantité marquant le degré suprême. *Absolument*, sans restrictions qui rendraient la chose relative : *Mépriser absolument les vraisemblances* (Maleb.). **Tout à fait** marque le degré suprême d'une qualité. **Parfaitement** précise qu'on ne peut faire mieux. **Pleinement** concerne la capacité et la fait concevoir comme remplie, surtout en parlant d'une satisfaction du cœur ou d'une conviction de l'esprit qu'on ne saurait augmenter : *Cela me persuade pleinement* (Mol.). **A fond** se dit de la manière de connaître ou d'agir en épuisant la matière ou les forces du sujet : *N'entrez à fond dans aucune étude* (Staël). **Radicalement** insiste sur le résultat parfait et définitif d'une action dirigée contre un défaut ou un mal dont on extirpe la racine : *Guérir radicalement d'une passion.* **Entièrement** et **En entier** supposent un tout à parties naturellement et indivisiblement réunies : *Pour moi je me sens indivisible; je ne puis me donner qu'en entier* (Gi.); **Complètement**, un tout à parties distinctes réunies pour faire quelque chose d'achevé : *Un homme complètement fou réunit tous les traits de la folie.* **Totalement** enchérit sur *entièrement* pour marquer que toutes les parties d'un tout sont affectées : *Transformer totalement la maison* (M. d. G.); mais est souvent privatif ou négatif et se dit bien quand il s'agit du manque, de l'anéantissement, de la dispersion de toutes les parties : *Les secours manquent ici totalement* (Volt.). **Diamétralement** marque entre deux choses une opposition absolue, point par point : *Deux politiques diamétralement opposées.*

Absolution : → Pardon.

Absolutisme : → Autocratie.

Absorbé : ¶ 1 → Distrait. ¶ 2 → Occupé.

Absorber : ¶ 1 *Absorber*, introduire en soi, par parties, un autre corps : *Soleil qui absorbe des comètes* (Font.). **Pomper**, absorber ou faire disparaître en aspirant par une sorte de succion : *Le soleil pompait les flaques de la dernière averse* (Cam.). **S'imbiber** marque le fait, pour une matière poreuse, pulvérulente ou solide, d'absorber par capillarité un liquide. **Boire** se dit aussi en ce sens par image : *Papier qui boit.* **S'imprégner** insiste sur la trace persistante que laisse le corps absorbé : *Un vase s'imprègne de parfum.* **Se pénétrer** implique une combinaison ou un mélange entre les deux corps : *Substances mêlées qui se pénètrent intimement.* ¶ 2 → Avaler et Boire. ¶ 3 → Occuper. ¶ 4 (Réf.) Se laisser prendre tout entier par quelque chose. *S'absorber* indique un acte purement intellectuel par lequel, en se concentrant, on s'abstrait de ce qui entoure : *S'absorber dans la contemplation.* **Se plonger** évoque un abandon de soi plutôt qu'une concentration et se dit de tous les états d'âme : *Se plonger dans l'étude; dans un océan de mollesse* (Ren.). **S'enfoncer** et parfois **S'ensevelir**, se plonger entièrement. **S'abîmer** et parfois **Se perdre**, s'enfoncer dans une sorte d'infini où l'on s'anéantit : *Enfoncé dans la Sainte Écriture, abîmé en Dieu* (Volt.). *Moi qui m'abîmais dans la contemplation des moindres mousses* (Loti). **Sombrer** suppose l'aliénation totale à soi-même et ne se dit qu'en mauvaise part : *Sombrer dans le vice, la folie.*

Absoudre : → Excuser.

Abstenir [s'] **:** Renoncer à faire ou à avoir. On *s'abstient* d'une action en général indifférente, quelquefois agréable, et simplement possible. **Se passer** (étym., être content même si on ne fait pas quelque chose) implique soit qu'on est satisfait de s'abstenir, soit qu'on s'accommode par force de l'absence d'une chose. **Se priver**, renoncer à un bien dont l'on se dépouille avec peine : *On s'abstient de boire du vin par prudence ou par principe, on s'en passe parce qu'on n'y tient pas, ou qu'on n'en a pas, on s'en prive avec peine.* En parlant uniquement d'une action, **Se défendre** marque qu'on résiste à un attrait extérieur : *Il ne put se défendre d'aimer cette vertu douce* (Fén.); **S'empêcher** indique plutôt la résistance à une impulsion intérieure et s'emploie à la négative : *Julien ne pouvait plus s'empêcher de chercher la vérité* (R. Roll.). **Éviter** (→ ce mot), avec l'idée d'une action volontaire, c'est s'abstenir de quelque chose de fâcheux. **Se garder de** et **Garder de**, vx), éviter soigneusement une action dangereuse ou blâmable : *Gardez d'échauffer trop ma bile* (Mol.). **Se dispenser**, **S'exempter**, qui diffèrent comme les noms correspondants (→ Immunité), c'est, dans le premier cas, éviter de se soumettre à une obligation générale, dans le second éviter de subir une obligation particulière ennuyeuse : *On se dispense de saluer quelqu'un. On s'exempte d'une visite.*

Abstinence : → Jeûne.

Abstraction (faire) : → Éliminer.

Abstraire : → Séparer.

Abstrait : ¶ 1 → Difficile. Difficile à comprendre. *Abstrait* suppose quelque chose de trop intellectuel que l'on ne saisit pas aisément. La difficulté de l'**Abstrus** vient de ce qu'il s'agit d'idées éloignées de la connaissance vulgaire. L'**Abscons** (→ Secret) est caché et, au lieu de nous paraître étranger, nous paraît mystérieux, ésotérique. Les trois mots tendent, de nos jours, vers un sens péj. ¶ 2 → Distrait.

Absurde : ¶ 1 → Insensé. ¶ 2 → Illogique.

Abus : → Excès.

Abuser : ¶ 1 → Tromper. ¶ 2 → Mésuser. ¶ 3 (Réf.) → (se) Tromper.

Abusif : → Excessif.

Abysse : → Précipice.

Acabit : ¶ 1 → Qualité. ¶ 2 → Genre.

Académicien, membre d'une compagnie de gens de lettres, de savants, etc. appelée académie. En parlant des membres de l'Académie française, **Immortel** est ironique et fam., **Académiste**, péj., est vx.

Académie : ¶ 1 → Assemblée. ¶ 2 → École. ¶ 3 → Université.

Acariâtre : Insupportable par les tourments que son humeur inflige à son entourage. *Acariâtre*, qui manifeste son manque de douceur par de petites chicaneries continuelles : *Xanthippe, bourgeoise acariâtre, grondant son mari et l'aimant* (Volt.). **Hargneux**, rebutant par un mécontentement continuel, inaccessible à la gaieté : *Cette vieille figure hargneuse et redoutable, cette tête de Méduse dont aucun n'avait pu soutenir le regard* (Mau.). **Querelleur**, qui cherche la bataille, par mauvais caractère, mais aussi par bravoure, par amour-propre, par plaisir, etc. — Sur les formes voisines du mauvais caractère : → Revêche, Aigre, Bilieux, Renfrogné.

Accablement : ¶ 1 → Langueur. ¶ 2 → Abattement.

Accabler : ¶ 1 → Surcharger. ¶ 2 *Accabler de* : → Combler. ¶ 3 Tenir écrasé sous un poids. *Accabler* insiste sur l'effet, sur la faiblesse de celui sur qui pèse un poids physique ou moral : *Un midi que le soleil accable* (Loti). *Accabler d'impôts; de son mépris.* **Écraser** enchérit. **Opprimer** (au moral seulement, avec pour sujet un nom de personne ou de chose personnifiée) implique persécution de la part du sujet et innocence de la victime : *Faibles que le pouvoir, joint à la violence, aura opprimés* (Bour.). **Tyranniser** suppose chez le sujet une autorité injuste, cruelle, violente, qui asservit. **Fouler**, vx, par image, surcharger de vexations, d'impôts : *Usage qui foule le peuple* (Volt.). **Grever,** faire plier sous un poids trop lourd en parlant de charges financières : *Propriété grevée d'hypothèques* (M. D. G.). **Pressurer**, fig., grever sans cesse, une personne, jusqu'à épuisement : *Le peuple misérable et qu'on pressure encor* (V. H.). **Oppresser** (autrefois doublet d'*opprimer*, avec pour sujet un nom de chose seulement) insiste sur la modalité de l'action : c'est étouffer, au physique, sous un poids, au moral par l'angoisse, l'anxiété, une chose importune, mais sans provoquer l'anéantissement qu'évoque *accabler* : *Son silence m'oppressait* (Mau.). *Ma turbulence intérieure m'oppresse* (Gi.). ¶ 4 → Fatiguer. ¶ 5 → Vaincre. ¶ 6 → Convaincre.

Accaparer : ¶ 1 → (s') Emparer. Prendre pour soi seul. *Accaparer*, amasser un produit en grande quantité pour en provoquer la rareté et le revendre fort cher. **Monopoliser**, faire en sorte qu'on soit le seul à produire ou à vendre quelque chose. **Truster**, néol. venu de l'anglais, s'entendre avec d'autres pour accaparer une denrée ou monopoliser une industrie. — Au fig. on *accapare* ce qui se prend (l'amitié, le temps de quelqu'un), on *monopolise* ce qui se communique (la vérité, l'esprit). ¶ 2 → Occuper.

Accéder : ¶ 1 → Aborder. ¶ 2 → Arriver. ¶ 3 → Consentir.

Accélérer : Faire que quelqu'un ou quelque chose ne tarde pas. *Accélérer*, rendre plus rapide une action commencée ou une chose déjà rapide : *Accélérer l'allure* (M. D. G.). **Précipiter**, donner une accélération rapide qui tend vers un dénouement ou une chute : *Précipiter sa propre ruine* (Pég.). **Brusquer**, précipiter les événements, avant le temps voulu ou avec quelque brutalité : *Brusquer l'adieu* (M. D. G.). **Activer**, amener plus vite à son but, en augmentant l'activité, ne peut se dire que d'une action ou d'un agent : *On accélère les répétitions d'une pièce en les rendant moins espacées dans le temps, on les active en les rendant plus efficaces, ce qui en réduira le nombre.* **Presser** fait image, implique une nécessité urgente, de l'ardeur parfois brouillonne et se dit surtout des êtres qu'on peut stimuler : *Travaillez à loisir, quelque ordre qui vous presse* (Boil.). **Hâter** suppose plus de méthode, moins de manifestations extérieures : *Hâtez-vous lentement* (Boil.); et se dit surtout du temps ou des événements qu'on rend plus prochains : *Hâter les minutes*

(Zola). *On presse des fermiers pour hâter le paiement d'une rente* (L.). **Dépêcher,** fam., se débarrasser, en faisant vite, d'une personne ou d'une chose qui ennuie : *Mangeant les répliques, sautant les couplets, tellement elle avait dépêché le troisième acte* (Zola). **Expédier,** fam., mener rapidement une affaire à sa fin, ou libérer promptement quelqu'un d'un souci : *Expédier les audiences* (Volt.). *Ce juge expédie promptement les parties* (Mol.). **Trousser,** fig. et fam., expédier précipitamment, se dit surtout d'une affaire.

Accent : → Son et Élocution.

Accentué : → Prononcé.

Accentuer : ¶ 1 → Prononcer. **¶ 2** → Montrer. **¶ 3** → Augmenter.

Acceptable : → Passable.

Accepter : ¶ 1 → Recevoir. **¶ 2** → Consentir.

Acception : ¶ 1 → Sens. **¶ 2** → Préférence.

Accès : ¶ 1 → Abord. **¶ 2** → Crise.

Accès (avoir) : → Aborder.

Accessible : ¶ 1 → Abordable. **¶ 2** → Intelligible.

Accession : → Avènement.

Accessoire : → Secondaire.

Accident : → Événement et Calamité.

Accidenté : → Tourmenté.

Accidentel : → Contingent.

Accidentellement : D'une façon inattendue. *Accidentellement* présente l'événement comme contraire au cours normal de la nature, donc comme non prévisible quoique ayant une cause nécessaire. **Par hasard** insiste sur l'absence, au moins apparente, de cause nécessaire et s'emploie seul pour le futur. **Fortuitement** oppose à la volonté de celui sur qui porte l'action l'intervention de la fortune et s'emploie donc proprement pour un événement non voulu : *Il tombe accidentellement des pierres du ciel; une idée vient fortuitement à l'esprit et c'est par hasard qu'elle sera spirituelle chez un sot.*

Acclamation, cris de joie ou d'enthousiasme en faveur d'une personne ou d'une action quelconque : *On applaudissait, la claque poussait des acclamations* (Zola). **Applaudissement,** battement de mains pour approuver ce qu'on trouve beau ou bon. **Bravo,** interjection dont on se sert pour approuver, se dit parfois des applaudissements eux-mêmes accompagnés de cris : *Un roulement prolongé de bravos* (Zola). **Hourra,** acclamation par laquelle on accueille certains grands personnages ou des gens qu'on veut honorer. **Vivat** (en lat. « qu'il vive ») implique qu'on souhaite prospérité à quelqu'un et témoigne affection et vénération pour de grands personnages,

spéc. princes, chefs de peuple. **Ovation** longue et bruyante acclamation qui salue un succès, un triomphe : *Les compliments outrés de Justinien le gênèrent, mais il ne put se dérober à la petite ovation qui suivit* (Gi.). **Rappel,** ovation pour faire revenir un acteur sur la scène afin de l'applaudir : *On nomma les auteurs et il y eut deux rappels* (Zola). **Bis,** ovation pour demander à un artiste de répéter le numéro qu'il vient de réussir.

Acclamer, Applaudir, Faire ovation ou **Ovationner, Rappeler** et **Bisser :** → Acclamation.

Acclimatement : Adaptation d'une espèce ou d'un organisme à un climat étranger. *Acclimatement,* adaptation spontanée. **Acclimatation** suppose l'intervention de l'homme. **Naturalisation,** en parlant des animaux et des végétaux, adaptation durable de l'espèce qui garde ses caractères différentiels.

Acclimater : → Habituer.

Accointance : → Relation.

Accoler : ¶ 1 → Joindre. **¶ 2** → Serrer.

Accommodant : → Conciliant.

Accommodement : Conclusion heureuse d'un différend. *Accommodement* insiste sur l'accord des parties, accord utile dû à leur modération et à leurs concessions. **Raccommodement** suppose entre les parties une liaison antérieure au différend. **Arrangement** insiste sur l'ordre rétabli dans les affaires; **Composition,** sur les concessions réciproques ou unilatérales. **Capitulation,** fam., implique qu'une seule partie cède, comme une place qui se rend, pour obtenir un accommodement : *Le baron eut une capitulation digne de sa résistance* (Ham.). Sur les moyens de l'accommodement : → Compromis.

Accommoder : ¶ 1 → Arranger. **¶ 2** (un plat) → Apprêter. **¶ 3** (un différend) → Finir. **¶ 4** (Réf.) → (se) Contenter. **¶ 5** (Réf.) → (se) Soumettre.

Accompagner, aller avec quelqu'un, pour toutes sortes de motifs. **Suivre,** accompagner un supérieur : *Des généraux accompagnèrent Napoléon dans son exil; quelques-uns de ses serviteurs l'y suivirent* (L.). **Escorter,** accompagner pour protéger ou surveiller : *J.-C., conduit au Calvaire, accompagné de deux voleurs et escorté de soldats, de gardes, de bourreaux* (Bour.). **Flanquer,** ne pas quitter le côté de la personne accompagnée, se dit surtout au part. passif : *Flanqué de ses deux acolytes.* **Venir avec** ne se dit que lorsque celui qui parle invite un autre à l'accompagner : *Nous allons nous promener, venez avec nous.* **Convoyer,** vx, faire route avec, pour indiquer le chemin ; de nos jours, en langage militaire, escorter un convoi de voitures, de navires. **Cortéger** est burlesque.

Accompli : ¶ 1 → Parfait. ¶ 2 → Révolu.

Accomplir : ¶ 1 → Réaliser et Finir. ¶ 2 → Observer.

Accord : ¶ 1 → Union. ¶ 2 → Rapport. Rapport entre choses qui coopèrent au même effet, qui jouent ensemble pour ainsi dire. *Accord* peut impliquer des dissonances entre choses parfois de nature différente : *Il faut de l'accord entre les gestes et les paroles* (ACAD.). **Concert,** accord entre les parties d'un même tout ou entre choses de même sorte : *Concert d'opinions* (ACAD.). **Harmonie,** accord ou concert parfaits. ¶ 3 → Convention. ¶ 4 Convenance grammaticale. *Accord,* convenance d'après laquelle deux ou plusieurs mots qui se rapportent à un seul et même objet prennent, autant qu'il est possible, les mêmes formes accidentelles : *Accord de l'adjectif et du nom.* **Concordance,** plus général, désigne tout rapport de mots suivant les règles de la syntaxe : *Concordance des temps, des modes.*

Accord (d') marque simplement que deux ou plusieurs personnes s'entendent pour coopérer au même effet : *Ramer d'accord.* **De concert** indique une interdépendance étroite entre leurs actions, chacune n'étant plus qu'une partie d'un même tout : *Agir de concert.* **Avec ensemble** se dit lorsqu'un même mouvement est exécuté par plusieurs au même rythme, avec harmonie : *Le XVIIIᵉ siècle allait marcher avec ensemble et prosélytisme* (S.-B.). **A l'unisson** suppose une simultanéité d'action qui vient souvent d'une conformité morale : *Applaudir à l'unisson.*

Accord (tomber d') : → Consentir.

Accorder : ¶ 1 Faire aller ensemble des choses qui semblent opposées. *Accorder,* surtout dans l'ordre des idées, suppose des contrariétés et implique une correspondance parfaite : *Accorder l'esprit de l'Évangile avec celui du monde* (J.-J. R.). **Concilier,** surtout dans l'ordre des faits, suppose une contradiction et implique un accord momentané et partiel qui laisse subsister des diversités : *J'étais assez bien arrivé à concilier toutes mes tendances* (M. D. G.). *On concilie les extrêmes, mais on ne les accorde pas.* **Harmoniser** indique un accord esthétique : *Harmoniser les couleurs;* c'est parfois un superlatif d'*accorder* : *La diversité des éléments qu'il faut harmoniser* (J. ROM.). ¶ 2 Rétablir l'entente entre des personnes en opposition. *Accorder* se dit pour des opinions ou des intérêts contraires : *Accorder des plaideurs;* **Réunir,** pour des personnes de partis contraires et implique une union : *Pacificateur des partis contraires, Condé les a réunis* (BOUR.). **Réconcilier** (→ ce mot) s'emploie pour

des ennemis qui se haïssent : *Union des nations réconciliées* (M. D. G.). ¶ 3 Consentir à donner. *Accorder* s'emploie dans tous les cas : *Accorder un privilège; une grâce; une demande; une jeune fille en mariage* (ACAD.). **Concéder** se dit bien pour une grâce, une faveur : *Concéder un privilège; un terrain* (ACAD.); un point qu'on accorde dans une discussion; et ironiquement dans les autres cas, quand ce qu'on accorde n'est pas une faveur : *Le sort vous a concédé le nom de belle-mère* (MOL.). **Octroyer,** surtout du style de la chancellerie, se dit d'une grande faveur qu'une haute autorité a la bienveillance d'accorder : *Louis XVIII octroya la Charte. Octroyer une liberté* (MOL.), *une demande* (PASC.). **Lâcher,** fam., accorder à contrecœur un avantage. ¶ 4 → Convenir. ¶ 5 (Réf.) → Correspondre. ¶ 6 (Réf.) → (s') Entendre. ¶ 7 *S'accorder sur :* → Convenir.

Accorer : → Soutenir.

Accort : → Joli.

Accoster : ¶ 1 (une terre) → Toucher. ¶ 2 → Aborder.

Accoter : → Appuyer.

Accouchement : → Enfantement.

Accoucher : ¶ 1 → Enfanter. ¶ 2 Au fig. → Engendrer.

Accoucheuse : Femme qui en aide une autre à mettre un enfant au monde. *Accoucheuse* insiste sur les connaissances techniques de la femme, **Sage-femme,** sur sa profession et sa condition. **Matrone,** sage-femme nommée par un tribunal pour visiter une autre femme, est vx et péj.

Accouplement : → Conjonction.

Accoupler : ¶ 1 → Joindre. *Accoupler* et **Apparier,** unir des animaux ou des choses par couple, par paire : → Couple. **Appareiller,** unir deux animaux ou deux choses qui ont une similitude de forme extérieure (alors qu'*apparier* implique une égalité de force ou de qualité) : *Appareiller deux vases;* spéc. accoupler deux bêtes pour la reproduction (en ce sens *apparier* ne se dit que pour les oiseaux). **Assortir** se dit aussi de plus de deux et des hommes, et implique un rapport de convenance esthétique ou moral : *Un ménage calme, deux êtres mal assortis mais résignés* (BALZ.). — **Coupler,** terme de vénerie, attacher deux chiens de chasse avec le lien appelé couple. ¶ 2 (Réf.) En parlant de l'union des animaux : → Conjonction.

Accourcir : → Diminuer.

Accoutré : → Vêtu.

Accoutrement : → Vêtement.

Accoutrer : → Vêtir.

Accoutumance : → Habitude.

Accoutumé : → Ordinaire.

Accoutumé (être; avoir) : Avoir coutume convient pour une coutume générale, une loi; *Avoir accoutumé*, pour une coutume de fait, une habitude particulière : *Les philosophes ont coutume de diviser les degrés en huit* (Bos.). *Je n'ai point accoutumé à prêter grande importance à ses opinions* (MAU.). *Être accoutumé* ne convient qu'en parlant des personnes et implique que le sujet accepte ce qu'il a accoutumé à faire ou à supporter : *Je suis accoutumé à être haï* (MAU.). **Être coutumier de,** syn. d'*avoir accoutumé*, est souvent péj. : *Il est coutumier de mentir* (ACAD.).

Accoutumer : → Habituer.

Accréditer [s'] : → [se] Répandre.

Accroc : ¶ 1 → Déchirure. **¶ 2** → Difficulté.

Accrocher : ¶ 1 → Attacher. **¶ 2** → Obtenir. **¶ 3** (Réf.) → (s') Attacher. **¶ 4** → Heurter.

Accrocheur : → Têtu.

Accroire (faire), avec toujours pour sujet un nom de personne et un sens péj., persuader qu'une chose irréelle, inventée, existe réellement : *Je lui fais accroire tout ce que je veux.* **Faire croire,** qui peut avoir aussi un nom de chose pour sujet, en bonne ou en mauvaise part, persuader qu'une chose, vraie ou fausse, est vraie : *Grandes et nécessaires vérités que l'Église fait croire aux simples et aux ignorants* (MALEB.).

Accroissement : → Augmentation. *Accroissement,* le fait de croître ou d'accroître : → Augmenter. **Accroît** ne se dit qu'en parlant d'un troupeau; **Accrue,** d'un terrain ou d'une forêt.

Accroître : ¶ 1 → Augmenter. **¶ 2** (Réf.) → Croître.

Accroupir [s'] : → [se] Replier.

Accueil : → Abord.

Accueillant : → Hospitalier.

Accueillir : → Recevoir.

Accumuler : → Amasser.

Accusateur, celui qui signale ouvertement à l'autorité judiciaire un homme coupable d'une faute, à lui préjudiciable ou non, dont il donne la preuve : *Un accusateur doit convaincre devant le juge l'accusé* (J.-J. R.). **Plaignant,** celui qui réclame justice d'un préjudice à lui causé sans désigner forcément le coupable. **Dénonciateur,** celui qui, par zèle public, révèle à une autorité quelconque la trace d'un coupable qu'il n'est pas tenu de confondre. **Délateur,** celui qui dénonce en secret, par intérêt, souvent calomnieusement : *Le tribunal de l'Inquisition ne peut faire que des délateurs et des traîtres* (MTQ.). **Diffamateur,** celui qui dit en public du mal, vrai ou faux, de quelqu'un pour le déshonorer. **Sycophante,** dans la Grèce antique, dénonciateur de profession; de nos jours, c'est pire qu'un *délateur,* c'est un *mouchard* : → Espion.

Accusation : ¶ 1 → Inculpation. **¶ 2** → Reproche.

Accusé : ¶ 1 → Inculpé. **¶ 2** → Prononcé.

Accuser : ¶ 1 → Inculper. *Accuser,* **Dénoncer** (→ ce mot), **Diffamer** : → Accusateur. **¶ 2** *Accuser de* : → Reprocher. **¶ 3** → Indiquer et Montrer. **¶ 4** (Réf.) → Augmenter.

Acéphale : → Inintelligent.

Acerbe : → Aigre.

Acéré : ¶ 1 → Pointu. **¶ 2** → Tranchant. **¶ 3** → Mordant.

Acétifier : → Acidifier.

Acharné : → Têtu.

Acharnement : ¶ 1 → Obstination. **¶ 2** → Fureur.

Acharner (s') : → Vouloir, Continuer et (s') Occuper.

Achat : → Acquisition.

Acheminer : ¶ 1 → Diriger. **¶ 2** (Réf.) → Aller.

Acheter : ¶ 1 → Acquérir. **¶ 2** → Soudoyer.

Acheteur : → Acquéreur.

Achevé : → Parfait.

Achèvement : ¶ 1 → Fin. **¶ 2** → Perfection.

Achever : ¶ 1 → Finir. **¶ 2** → Tuer.

Achopper : ¶ 1 → Heurter. **¶ 2** → Broncher.

Acide : → Aigre.

Acidifier, convertir en acide. **Acétifier,** convertir en acide acétique, en vinaigre. **Aciduler,** rendre piquant par une solution d'acide et d'eau.

Acidulé : → Aigre.

Aciduler : → Acidifier.

Acier : → Fer.

Acolyte : ¶ 1 → Aide. **¶ 2** → Complice. **¶ 3** → Compagnon.

Acompte : Somme versée d'avance. *Acompte,* paiement partiel sur une somme due. **A bon compte,** vx, paiement fait à l'avance sur une somme dont le montant n'est pas encore fixé. **Provision,** somme versée par avance à valoir sur la somme à payer au moment du règlement définitif. **Avance,** paiement anticipé, non dû, ou dû s'il résulte d'une convention, à rabattre sur ceux qu'on devra faire plus tard. **Arrhes,** argent qu'un contractant avancé pour assurer l'exécution d'un marché et qu'il perd s'il vient à rompre le marché : *On donne un acompte à un créancier, une provision à un avocat, des arrhes lors d'une commande chez un fournisseur, une avance à un fonctionnaire sur son traitement.*

A-côté : ¶ 1 → Supplément ¶ 2 → Digression.

A-coup : → Saccade.

Acquéreur, Acheteur : → Acquisition, Achat. **Marchand** (vx), celui qui achète pour son usage personnel : *Bonne marchandise trouve toujours marchand.* **Chaland** (vx), celui qui achète d'habitude chez tel ou tel marchand. On dit en ce sens **Pratique** et surtout, aujourd'hui, **Client** par ext. du sens originel du mot : qui se place sous la protection de quelqu'un, qui réclame ses services.

Acquérir : ¶ 1 *Acquérir,* **Acheter** : → Acquisition. ¶ 2 → Obtenir.

Acquêt : 1 → Acquisition. Dans l'ancien droit français, *Acquêt,* bien acquis avant le mariage, surtout par donation ou testament; **Conquêt,** bien acquis pendant la communauté, par l'industrie, le travail. De nos jours, *Acquêts de communauté* et *Conquêts* sont syn. pour désigner les biens qui entrent en communauté durant le mariage, par opposition à *biens propres.*

Acquiescer : → Consentir.

Acquis : → Savoir et Savoir-vivre.

Acquisition : Le fait de devenir propriétaire ou la chose acquise. *Acquisition,* terme général, se dit quel que soit le moyen, échange, succession, achat (mais en ce dernier sens, en droit, ne se dit que des biens immeubles). **Achat,** acquisition faite à prix d'argent, ne se dit en droit que pour les biens meubles. **Emplette** se dit surtout des petits objets d'un usage ordinaire : *L'emplette d'une petite table* (VOLT.). **Acquêt,** syn. d'*acquisition,* est vx.

Acquit : ¶ 1 → Reçu. ¶ 2 *Pour l'acquit de sa conscience* ou *Par acquit de conscience,* pour libérer sa conscience, comme si l'on payait une dette : *Il le demandait surtout par acquit de conscience* (J. ROM.). **Pour la décharge de** suppose qu'on se délivre d'un fardeau, qu'on accomplit un devoir rigoureux : *Il faut confesser, pour la décharge de ma conscience, que j'ai emprunté des vers* (LES.).

Aquittement : → Pardon.

Acquitter : ¶ 1 → Payer. ¶ 2 → Excuser. ¶ 3 (Réf.) → (se) Libérer et Payer.

Acre, Acrimonieux : → Aigre.

Acte : → Action.

Acteur : Celui qui joue des pièces de théâtre ou des films de cinéma. *Acteur,* celui qui joue un rôle, qu'il soit professionnel ou non : *Je répétais, comme un acteur qui cherche le ton juste* (MAU.). **Comédien,** qui désigne avant tout la profession, est moins noble qu'*acteur* et évoque toutes les habitudes du métier : *Faut-il mépriser tous les comédiens? Non, les grands acteurs portent en eux leur excuse* (J.-J. R.). Mais de nos jours *acteur* se dit par euphémisme de la profession et *comédien* désigne souvent celui qui possède au suprême degré l'art de jouer la comédie : *Elle se fait passer pour une actrice* (ZOLA). *Réjane fut une grande comédienne.* **Homme, Femme de théâtre,** et plus généralement **Artiste** (→ ce mot), souvent précisé par une épithète comme *dramatique, lyrique,* etc., désignent aussi la profession. **Interprète,** l'acteur considéré par rapport au rôle qu'il rend : *Film qui a d'excellents interprètes.* — **Théâtreuse,** péj., demi-mondaine qui s'exhibe sur les planches d'un théâtre. — Acteur principal : → **Protagoniste.** Acteur au sens péj. : → **Bouffon.**

Actif : ¶ 1 Adj. *Actif,* propre à agir, qui a l'activité comme vertu essentielle. **Agissant,** qui agit effectivement. ¶ 2 Adj. Qui agit vite. *Actif,* **Prompt, Diligent, Expéditif** : → Activité. ¶ 3 Adj. *Actif,* qui agit beaucoup et avec énergie. **Entreprenant,** qui aime à concevoir des projets souvent hardis et à passer à leur exécution. ¶ 4 N. En termes de commerce, *Actif,* tout ce que possède un commerçant et tout ce qui lui est dû; **Avoir,** dans ses comptes, les sommes qui lui sont dues; **Crédit,** terme de comptabilité, le côté d'un compte où sont portés les avoirs reçus ou dus.

Action : ¶ 1 Le fait d'agir ou son résultat. *Action,* manifestation d'une force agissante et toujours volontaire. **Acte,** résultat qui fait passer dans la réalité une action ou semble le faire, car il peut y avoir des actes involontaires. L'*action* est susceptible de degrés (*le feu, la chaleur de l'action*), l'*acte* ne se caractérise que par sa nature. L'*action* est souvent jugée par rapport à la façon d'agir de l'agent, elle est vertueuse, bonne, etc., l'*acte* a une valeur par lui-même : *Acte de vertu, de bonté. Action* ne se dit jamais des opérations intérieures de nos facultés : *Un acte* (et non une *action*) *de foi, de volonté.* En ce sens, *la pensée n'est qu'un acte et l'action est une œuvre* (R.). Enfin *action* se dit indifféremment de tout ce que l'on fait, *acte* plutôt de ce qui est exceptionnel en bien ou en mal. En justice, l'*acte* est une pièce qui constate un fait, l'*action,* une poursuite, un procès. **Fait,** la chose faite, effectivement considérée comme le résultat d'une action : *Saisir les mœurs d'une nation par un fait* (STAËL). **Œuvre,** en un sens exclusivement religieux, toute sorte d'actions morales, par opposition aux *actes*, mouvements vertueux que l'âme produit au-dedans d'elle-même : *Acte d'amour de Dieu* (Bos.). *De bonnes œuvres et de méchantes* (Pasc.). En ce sens, *Bonnes actions* a rapport à la loi morale ou sociale, *Bonnes œuvres*, à la religion et à la charité : *Honnête homme qui fait de bonnes actions* (J.-J. R.). *Rendez votre foi certaine par vos bonnes œuvres* (Mas.). **Geste**, fig., action bonne ou mauvaise, généralement spontanée, qui frappe l'esprit, attire l'attention : *Donner sa fortune aux pauvres est un beau geste*. **Faits et gestes**, fam., actions et conduite : *Les faits et gestes de la Brinvilliers* (Sév.). **Coup**, action remarquable parce qu'elle est inattendue, violente ou mauvaise : *Narcisse a fait le coup* (Rac.). **Trait**, action caractéristique, qu'on peut citer comme exemple : *Trait de franc soudard* (L. F.); *de générosité* (Mol.). **Exploit** (→ ce mot), action valeureuse dont le résultat surprend. **Opération**, action qui produit un effet, est surtout un terme de philosophie ou de théologie : *Par l'opération du Saint-Esprit*. **Effet**, vx, acte par opposition à parole. **Jeu**, fig., désigne aussi bien l'action capricieuse de la nature, de la fortune, du hasard que l'action régulière et combinée des divers organes d'un mécanisme ou des parties d'un ensemble : *Le Jeu de l'Amour et du Hasard* (Mariv.). *Le jeu des passions*. ¶ 2 → Bataille. ¶ 3 → Intrigue.

Actionner : → Mouvoir.

Activer : → Accélérer.

Activité : ¶ 1 Faculté qu'a un être d'agir vivement et rapidement. *Activité* implique du zèle, de l'ardeur : *Quelle activité et quelle vigueur ne demande pas la gloire du ciel?* (Bos.); **Promptitude**, de la brièveté dans la conception et l'exécution : *Prévenir ses ennemis par la hardiesse et la promptitude de sa marche*; **Diligence**, du soin, de la prudence dans l'exécution; **Expédition**, l'art de se dégager de tout ce qui peut retarder : *Homme d'une expédition prompte* (Volt.). Très grande *activité* : → Vivacité. Le résultat de l'*activité* : → Vitesse. ¶ 2 *Activité* dépeint aussi cette faculté en action, qui se manifeste par un travail rapide et fait avec ardeur. **Affairement**, grande activité extérieure, souvent désordonnée, de celui qui se consacre en même temps à de multiples actions : *Affairement d'une fourmi* (Mau.). ¶ 3 → Occupation. ¶ 4 Le fait pour une chose de témoigner une certaine vie. *Activité* est le terme abstrait : *L'activité d'un port, des affaires, peut se marquer par des chiffres*. **Animation** implique la manifestation concrète de la vie : *Ville privée d'animation* (J. Rom.). *Une anima-*

tion de Kermesse (M. D. G.). **Mouvement**, animation manifestée par le déplacement de personnes ou de choses : *Le mouvement de la rue*.

Actuel : → Présent.

Actuellement : → Présentement.

Acuité : → Pénétration.

Adage : → Pensée.

Adapter : ¶ 1 → Arranger. ¶ 2 (Réf.) → Convenir. ¶ 3 (Réf.) → (se) Soumettre.

Addition : ¶ 1 Le fait d'ajouter à. *Addition* et **Adjonction** : → Ajouter. ¶ 2 → Compte. ¶ 3 → Supplément.

Additionner : → Ajouter.

Adepte : → Partisan.

Adéquat : → Propre et Pareil.

Adhérence : ¶ 1 *Adhérence*, état d'une chose qui est fortement jointe à une autre. **Cohérence**, adhérence entre les parties d'un même tout. Mais les deux mots s'emploient dans les deux sens et dans ce cas *cohérence* implique une union plus forte qu'*adhérence* : *Ferme cohérence des pierres* (Buf.). *Faible adhérence des parties intégrantes de l'eau* (Buf.). **Collement**, adhérence d'objets unis par une matière gluante. **Adhésion**, force qui produit l'*adhérence*, comme la **Cohésion** fait la *cohérence*. **Inhérence**, terme abstrait, rapport d'une qualité à une substance : *Toute qualité a son sujet d'inhérence* (V. Cousin). ¶ 2 Au fig. *Adhérence*, le fait d'être attaché à quelque chose même involontairement. **Adhésion** implique un acte volontaire : *Adhérence du cœur à des liens invisibles et éternels* (Mas.). *Adhésion à un parti*.

Adhérent : ¶ 1 Adj. Se dit d'une chose qui tient à une autre. *Adhérent* implique une union naturelle, physique ou abstraite : *La couleur est une qualité adhérente au corps* (Chat.). **Inhérent** indique abstraitement l'union d'une qualité à un sujet auquel elle est inséparablement attachée : *Une certaine pétulance inhérente à son âge* (J. Rom.); **Connexe**, une liaison abstraite entre des objets intellectuels unis par un rapport intime : *Sciences connexes. Causes connexes* (Acad.). **Attaché** et **Annexé** impliquent une union qui est l'effet d'une action, *attaché* marquant une liaison physique ou morale sans préciser ni sa nature, ni sa cause, ni son but : *L'esprit ne sait comment il est attaché au corps* (Fén.); *annexé*, terme du droit ou de la politique, une liaison étroite qui résulte d'une institution divine ou humaine : *Le sacerdoce auquel la royauté était annexée* (Bos.). ¶ 2 N. → Membre et Partisan.

Adhérer : ¶ 1 → Tenir. ¶ 2 → Consentir. ¶ 3 → Suivre.

Adhésion : ¶ 1 → Adhérence. ¶ 2 → Consentement.

Adieu se dit proprement quand on quitte quelqu'un pour toujours ou pour longtemps. **Au revoir,** quand on le reverra bientôt. **Bonsoir,** au sens d'*au revoir,* est ironique : *Tout est dit, bonsoir* (LIT.). Dans certaines provinces *Adieu* s'emploie pour *Au revoir.*

Adjacent : → Proche.

Adjectif : Mot ajouté au nom pour en modifier ou en préciser l'idée. *Adjectif,* terme de grammaire, indique l'espèce du mot, **Épithète** insiste sur sa fonction qui est d'être adjoint à un autre mot sans en être attribut; de plus l'*adjectif* ajoute au sens une précision nécessaire, l'*épithète* embellit : *Épithète* (et non adjectif) *oiseuse.* Enfin *épithète* s'emploie de préférence pour les hommes, *adjectif* pour les choses; aussi *épithète* désigne-t-il seul la qualification injurieuse qu'on joint au nom de quelqu'un : *Je rends à Monsieur les belles épithètes dont il m'honore tous les jours* (DEST.). **Qualificatif,** tout mot qui exprime une qualité et spéc. une qualification injurieuse, et peut être adjectif mais aussi nom, adverbe, etc. **Appositif** et surtout **Apposition,** mot qui, placé près d'un nom, ne désigne avec lui qu'une seule et même personne : Jeannot *lapin.*

Adjoindre : → Associer et Ajouter.

Adjoint : → Aide.

Adjonction, Addition : → Ajouter.

Adjuger : ¶ 1 → Attribuer. ¶ 2 (Réf.) → (s') Approprier.

Adjurer : ¶ 1 → Prier. ¶ 2 *Adjurer* (vx), enjoindre au démon de partir au nom de Dieu. **Conjurer** marque qu'un résultat a été obtenu; aussi s'emploie-t-il seul, en dehors du style religieux, au sens de détourner, parer (→ ce mot) : *Conjurer la peste* (CAM.). **Exorciser** dit plus : c'est chasser le démon par les diverses cérémonies de l'exorcisme dont l'adjuration n'est qu'une partie : *Spectres à exorciser* (M. D. G.).

Admettre : ¶ 1 → Recevoir. ¶ 2 → Convenir de. ¶ 3 → Comporter.

Administration : ¶ 1 → Gouvernement. ¶ 2 Action de s'occuper des affaires publiques suivant les directives du gouvernement. *Administration,* terme général, désigne l'action de tous les pouvoirs chargés de faire exécuter les lois et de tous les services publics : *Administration de la justice.* **Régie** se dit spéc. de certaines administrations chargées de la perception des impôts indirects ou de certains services publics : *Régie des tabacs*; *du dépôt légal*; et particulièrement de certains travaux ou entreprises que l'État fait surveiller par ses agents : *Mettre un théâtre en régie.* **Régime,** en parlant de l'administration de certains établissements publics comme prisons, hôpitaux, désigne, en un sens passif, l'ensemble des dispositions qui les régissent : *Régime des prisons* (ACAD.). **Gestion** est relatif à la manière dont on s'acquitte d'une administration confiée par l'État : *Pontchartrain reçut des affronts sur sa gestion de la marine* (S.-S.). **Maniement,** spéc., gestion de fonds, de finances : *Le maniement des deniers publics.* **Intendance** ne se dit plus que d'une administration chargée de pourvoir aux besoins d'un corps : *Intendance militaire. Intendance des lycées et collèges.* **Manutention,** administration, gestion faite avec soin, sans gaspillage, est rare et vx. ¶ 3 → Direction.

Administrer : ¶ 1 → Gouverner. ¶ 2 → Diriger. ¶ 3 → Donner. ¶ 4 → Conférer.

Admirable : ¶ 1 → Extraordinaire. ¶ 2 → Beau.

Admiration : → Enthousiasme.

Admirer : ¶ 1 → Regarder. ¶ 2 → (s') Enthousiasmer.

Admissible : → Passable.

Admission : → Réception.

Admonester : → Réprimander.

Adolescent : → Jeune homme.

Adonner [s'] : → (s') Occuper. Embrasser volontairement une activité. *S'adonner,* inchoatif, orienter son activité dans un certain sens : *La jeunesse ne s'adonne plus aux lettres* (FÉN.). **Se donner,** s'adonner exclusivement : *Abdiquer la couronne pour se donner tout entière à la philosophie* (MTQ.). **Se livrer** implique le zèle, l'ardeur : *L'ardeur avec laquelle je me livrais à la musique* (J.-J. R.) : → (s') Abandonner. **Se consacrer** (→ (se) Vouer) suppose un apostolat ou, au moins, le sentiment exact de la valeur de la chose : *Se consacrer à Dieu, à l'étude.* **S'appliquer** implique une idée de soin, de diligence et se dit surtout pour les travaux de l'esprit ou les arts : *Celui-là se donnait au commerce de la mer, l'autre s'appliquait à quelque art mécanique* (MTQ.). **Suivre,** embrasser une profession : *Suivre le métier des armes.*

Adopter : ¶ 1 → Choisir. ¶ 2 → Suivre.

Adoption : → Choix.

Adorable : → Gracieux.

Adorer : ¶ 1 → Honorer. ¶ 2 → Aimer.

Adosser : → Appuyer.

Adouber : → Réparer.

Adoucir : ¶ 1 *Adoucir* terme général,

rendre moins acide, moins âpre, moins froid, etc. **Radoucir** convient pour les choses qui résistent ou qu'on ramène à un état de douceur : *La pluie radoucit le temps.* **Lénifier,** calmer au moyen d'un remède. **Dulcifier,** adoucir la virulence d'un acide. **Mitiger,** rendre moins acide, est plus technique : *Mitiger par du sucre l'acidité d'un citron* (ACAD.). **Édulcorer,** rendre moins amer par un produit sucré. ¶ 2 → Polir. — Au fig. ¶ 3 (une personne) → Fléchir. ¶ 4 Rendre moins aigre, moins amer, moins dur. **Adoucir** et **Radoucir** sont généraux avec, entre eux, la même nuance qu'au prop. : *Adoucir son regard* (MAU.). **Dulcifier** se dit des passions violentes : *Voilà tout mon courroux déjà dulcifié* (MOL.); **Lénifier,** de l'aigreur, de l'amertume : *Adoucissons, lénifions l'aigreur de nos esprits* (MOL.). **Emmieller** et parfois **Sucrer,** fig., adoucir par des paroles séduisantes ce qui est désagréable. **Édulcorer** (→ ce mot), péj., rendre trop doux, enlever toute vigueur : *Profession de foi bien édulcorée* : → Affaiblir. *Adoucir l'excès de* : → Modérer.

Adresse : ¶ 1 → Demeure et Suscription. ¶ 2 → Habileté. ¶ 3 → Discours. ¶ 4 → Communication.

Adresser : → Envoyer.

Adroit : → Capable et Habile.

Adulateur : → Flatteur.

Aduler : → Caresser.

Adultérer : → Altérer.

Advenir : → (se) Produire.

Adventice, qui survient accidentellement : *Circonstances adventices.* **Adventif,** qui s'ajoute par hasard à une masse préexistante : *Cône adventif de volcan.*

Adversaire : → Ennemi.

Adverse : → Opposé.

Adversité : → Malheur.

Aède : → Poète.

Aéronef : → Ballon.

Aéroplane, nom générique des appareils aériens plus lourds que l'air et soutenus par la réaction de l'air sur des surfaces planes. **Avion,** nom donné par Adler à son appareil en 1897, tout aéroplane mû par un ou plusieurs moteurs : *Un planeur est un aéroplane et non un avion.* Mais *avion* tend à se substituer dans tous les cas à *aéroplane.*

Aérostat : → Ballon.

Affable : → Aimable.

Affabulation : → Intrigue.

Affadir : ¶ 1 → Dégoûter. ¶ 2 → Édulcorer.

Affaibli : → Faible.

Affaiblir : ¶ 1 *Affaiblir,* diminuer la force' insiste sur l'effet obtenu par une cause intérieure ou extérieure. **Énerver,** vx, regarde l'énergie et insiste sur la cause, en général extérieure au sujet : *Affaiblis par la caducité, énervés par les délices* (ROLL.). **Débiliter,** plus fort, provoquer à la longue une dégradation grave. **Casser** marque une sorte de fêlure irrémédiable dans l'activité vitale qui rend diminué : *Cassé par la guerre. Voix cassée.* **Atténuer,** vx, amaigrir (avec une nuance favorable) : *Atténuée de jeûne* (BOUR.). **Exténuer,** qui autrefois indiquait l'extrême maigreur, marque de nos jours un affaiblissement extrême dû à la maladie, à la fatigue, aux excès. **Épuiser** enchérit et implique l'usure de toutes les forces physiques et morales. ¶ 2 Au moral, *Affaiblir,* **Énerver, Débiliter,** en parlant des personnes et des choses, diffèrent comme précédemment et servent de superlatifs péj. à **Adoucir** (→ ce mot). **Amollir** et **Efféminer,** en parlant des personnes seulement, embrassent toutes les qualités de l'âme et non plus seulement la force et l'énergie. *Amollir* implique un relâchement qui enlève toute fermeté : *Quelque chose de honteux qui venait de l'amollir dans l'élan de sa colère* (ZOLA). *Efféminer,* mettre dans un état honteux et durable de mollesse opposé à la virilité : *L'irréligion efféminé, avilit les âmes* (J.-J. R.). **Émasculer** fait penser aux qualités de virilité perdues et évoque surtout la lâcheté : *Le bien-être et l'oisiveté ont émasculé ce peuple* (ACAD.). **Aveulir** regarde le courage : c'est rendre lâche, sans volonté. **Avachir** (étym. « déformer »), rendre mou, flasque, implique, dans un sens fam. et très péj., un affaissement de toutes les facultés mentales. ¶ 3 En parlant de la force de la pensée, *Affaiblir* et **Énerver** marquent qu'on la diminue excessivement et disent plus qu'**Adoucir** et **Atténuer,** mais moins qu'**Édulcorer** (→ ce mot). — **Infirmer** (→ ce mot) ne s'applique qu'à ce qui fait autorité et dont la valeur est diminuée par un fait, un argument qui montre sa faiblesse : *La partialité de cet historien infirme son témoignage.* ¶ 4 (Réf.) → Dépérir et Faiblir.

Affaiblissement : → Abaissement.

Affaire : ¶ 1 → Occupation. ¶ 2 *Avoir affaire* : → (avoir) Besoin. ¶ 3 → Rencontre. ¶ 4 → Événement. ¶ 5 → Procès. ¶ 6 → Transaction. ¶ 7 → Vêtement.

Affairé : → Occupé.

Affairement : → Activité.

Affaissement : → Langueur.

Affaisser : ¶ 1 → Enfoncer. ¶ 2 (Réf.) → Tomber. En parlant spéc. des choses, *S'affaisser,* ployer sous un poids ou sous son propre poids. **Farder,** terme de maçon-

nerie, s'affaisser en parlant d'un mur.
Crouler (→ ce mot), tomber en s'affaissant.
S'avachir, se déformer et s'affaisser, devenir mou, se dit des étoffes, du cuir, d'un habit, et par ext. de la taille.

Affaité : → Apprivoisé.

Affaler [s'] : → Tomber.

Affamé : ¶ 1 *Affamé*, n. et adj., qui a faim. **Famélique**, plus relevé, qui a faim par nature ou faute de pouvoir être rassasié. Comme n. seulement, **Meurt-de-faim** insiste sur la pauvreté du famélique, **Crève-la-faim** est pop. ¶ 2 Adj. Qui désire avidement. Quand la cohérence de la métaphore permet d'employer les trois mots, *Affamé* se dit plutôt des jouissances vulgaires, ainsi qu'**Assoiffé** qui insiste sur l'avidité, **Altéré**, des jouissances plus élevées : *Affamé des plaisirs les plus grossiers* (BOUR.). *Altéré de la justice éternelle* (FÉN.).

Affectation : ¶ 1 → Attribution. ¶ 2 → Nomination. ¶ 3 Manque de naturel. *Affectation*, en général, le fait de préférer le faux au vrai pour se distinguer dans les sentiments, les pensées, le style : *J'aime le naturel; il n'y a rien qui m'ait plus éloigné de certains types que leur affectation* (J. ROM.). **Affèterie**, affectation dans la grâce, *abus des grâces* (VOLT.). **Mièvrerie**, vivacité malicieuse surtout d'un enfant, et, par ext., affectation d'une gentillesse enfantine et espiègle. **Recherche** (→ ce mot) insiste non sur la fausseté, mais sur la rareté voulue des sentiments et du style. **Préciosité** (→ ce mot), affectation surtout littéraire, mais parfois sociale ou morale, accompagnée de recherche. **Apprêt**, dans les manières et le style, soin, désir de produire un effet qui donne une impression de raideur, de contrainte : *Vêtu en traditionnel Guguesse d'hippodrome, tout en Jarry sentait l'apprêt* (GI.).

Affecté, Affété, Mièvre, Recherché (→ Affectation), **Précieux, Maniéré** (→ Préciosité) impliquent un désir exagéré de plaire et de se distinguer par une qualité exquise. **Raffiné** (→ ce mot) et ses syn. marquent l'extrême recherche et l'extrême délicatesse. **Étudié** (→ ce mot) et ses syn. indiquent le désir d'en imposer par une attitude qu'on se donne; **Emphatique** (→ ce mot) et ses syn. marquent, le manque de naturel par exagération.

Affecter : ¶ 1 → Montrer. *Affecter*, montrer avec ostentation, volontairement, des sentiments qu'on n'a pas : *Elle affectait l'air distrait* (COL.). **Afficher**, montrer avec ostentation les sentiments ou les choses qu'on possède : *Il affichait volontiers une entière indépendance* (J. ROM.). **Se piquer**, tirer gloire pour soi-même, sans forcément le proclamer, d'une qualité qu'on a ou qu'on

croit avoir : *La pension Azaïs se pique de n'avoir pas de couleur confessionnelle particulière* (GI.). ¶ 2 → Attribuer. ¶ 3 → Nommer. ¶ 4 → Toucher. ¶ 5 → Feindre.

Affectif : → Sensible.

Affection : ¶ 1 → Attachement. ¶ 2 → Sentiment. ¶ 3 → Maladie.

Affectionné : → Affectueux.

Affectionner : → Aimer.

Affectueux : Porté par son cœur vers autrui. *Affectueux*, **Tendre, Aimant**, absolus, expriment une disposition naturelle et permanente à s'attacher à autrui et diffèrent comme les noms correspondants : → Attachement. **Affectionné**, relatif, se dit de celui qui, sans être forcément affectueux, a, en fait, une affection momentanée pour quelqu'un : *Votre affectionné serviteur*. **Sensible** (→ Sensibilité), qui se laisse toucher par les impressions qu'il reçoit d'autrui, exprime une disposition naturelle et permanente avec l'idée d'une réaction de réciprocité, de compassion et même d'un effort pour soulager autrui : *Compassion des cœurs sensibles* (VOLT.).

Afférer : → Revenir.

Affermer : → Louer.

Affermir : ¶ 1 → Assurer. ¶ 2 Au fig. Rendre durable et solide. *Affermir* se dit pour ce qui est faible, **Raffermir**, pour ce qui chancelle. **Confirmer** (→ ce mot), renforcer ce qui est déjà fort. **Cimenter** se dit de ce qu'on peut unir : *Cimenter une alliance* (REGN.). **Sceller**, consacrer par un acte solennel : *La naissance d'un fils avait scellé leur réconciliation* (GI.).

Affèterie : → Affectation.

Affiche, tout avis illustré ou non appliqué sur les murs dans un lieu public. **Placard**, avis écrit ou imprimé, non illustré, administratif, publicitaire ou séditieux, appliqué aux coins des rues ou répandu parmi le peuple. **Pancarte**, placard sommaire affiché ou accroché pour donner un avis ou un avertissement aux intéressés : *Affiche publicitaire. Placard de police. Pancarte indiquant que le magasin est fermé.*

Afficher : ¶ 1 *Afficher*, **Placarder** : → Affiche. ¶ 2 → Affecter.

Affidé : Celui en qui on a confiance. *Affidé* marque un état, une qualité constante, une confiance totale sous tous les rapports et se dit d'un subalterne prêt à tout faire par dévouement ou intérêt. **Confident** marque une qualité accidentelle : on estime un *confident*, mais on ne lui livre que ses pensées secrètes, en lui demandant seulement d'être discret.

Affilé : → Tranchant.

Affiler : → Aiguiser.

Affiliation : → Association.

Affilié : → Membre.

Affilier : → Associer.

Affinage : → Purification.

Affinité : ¶ 1 → Rapport. **¶ 2** → Parenté. **¶ 3** → Sympathie.

Affiquet : ¶ 1 → Ornement. **¶ 2** → Bagatelle.

Affirmation, action de soutenir qu'une chose est vraie parce qu'on la croit telle. **Assertion** a plutôt rapport à la chose dite et suppose des preuves qui réfutent son contraire : *L'assertion la plus fausse qu'un orateur ait jamais avancée* (Pég.). **Affirmative,** terme de logique, proposition qui a la vertu d'affirmer : *Soutenir l'affirmative.* **Allégation,** action de citer un fait pour s'en prévaloir, mais sans le prouver ni même y croire : → Citer. **Proposition,** discours qui affirme ou nie, se dit plutôt en philosophie de la formule d'une idée qu'on avance ou qu'on soutient avec preuves à l'appui : *Les principes se sentent, les propositions se concluent* (Pasc.). **Thèse,** proposition qu'on avance avec l'intention de la défendre si elle est attaquée : *Il voulut soutenir sa thèse par un exemple* (Ham.). **Théorème,** terme didact., proposition scientifique qui peut se démontrer.

Affirmer, dire fermement qu'une chose dont on est convaincu ou dont on veut convaincre est vraie : *On peut affirmer de l'homme que c'est un être intelligent* (Fén.). **Assurer,** dire qu'on est moralement sûr d'une chose plausible, implique moins de certitude : *Il m'a assuré qu'il me rendrait la boîte* (Cam.). **Confirmer** (→ ce mot), ajouter quelque chose de nouveau qui renforce la vérité d'une première assertion : *Ma religion m'apprend et ma raison me confirme que...* (Bos.). **Attester** et **Certifier,** donner l'authenticité à une affirmation par un acte qui, pour *attester,* consiste à dire qu'on a été témoin : *Il faut voir ce qu'attestent les témoins* (Volt.) ; et, pour *certifier,* à affirmer avec force, en s'appuyant sur des faits, qu'on est arrivé, par un moyen quelconque, à la connaissance de la chose : *Ils attendirent 146 ans que la chose fût bien constatée pour la certifier à la postérité* (Volt.). **Témoigner de,** qui se dit bien pour un témoignage en justice, a peut-être moins de force qu'*attester* et suppose souvent un doute qu'il faut lever en disant ce que l'on sait. **Prétendre, Avancer** et **Soutenir** impliquent qu'on veut défendre son opinion et réfuter l'opinion adverse ; on *prétend* ce qu'on se propose de défendre, on *avance* ce qu'on propose pour le défendre, on *soutient* ce qu'on défend actuellement. **Protester,** assurer devant témoins, donc solennellement : *Cet intérêt vrai ou simulé que les hommes protestent aux femmes* (Did.). **Garantir, Répondre de** impliquent qu'on engage sa responsabilité : on *garantit* des qualités : *Je vous garantis cette pièce détestable* (Mol.) ; on *répond* des événements : *Je vous réponds qu'elle saurait bientôt calculer* (J.-J. R.). **Promettre,** fam., répondre d'un événement futur dont on dispose : *Je vous promets qu'il s'en repentira* (Acad.). **Jurer,** affirmer sous serment ou simplement affirmer, certifier, promettre fortement.

Affixe, terme général pour désigner tout élément linguistique qui s'agglutine au radical d'un mot pour en modifier le sens, soit avant **(Préfixe)** soit après **(Suffixe).**

Affleurer : → Toucher.

Affliction : ¶ 1 → Mal. **¶ 2** → Douleur.

Affliger : → Chagriner.

Affluence : ¶ 1 → Abondance. **¶ 2** → Multitude.

Affluent : → Tributaire.

Affluer : ¶ 1 *Affluer,* couler vers : *Les fleuves affluent dans la mer* (Lit.). **Confluer,** unir ses eaux à celles d'un autre, en parlant d'un fleuve, d'une rivière : *La Dordogne conflue avec la Garonne.* **¶ 2** Au fig. *Affluer,* venir en abondance. **Confluer,** venir vers le même point : *Les étrangers peuvent confluer à Paris sans y affluer.*

Afflux : → Abondance.

Affolement : → Trouble, Émotion et Épouvante.

Affoler : ¶ 1 → Épouvanter et Troubler. **¶ 2** *S'affoler,* sous le coup d'une émotion, donner tous les signes de la folie. **Perdre la tête,** ne plus avoir conscience de ses actes, sans signe d'agitation extérieure. **Perdre le nord (la tramontane),** fam., ne plus savoir que faire.

Affouiller : → Fouiller.

Affranchir : → Libérer.

Affres : → Transe.

Affréter : → Fréter.

Affreux : ¶ 1 → Effrayant. **¶ 2** → Laid. **¶ 3** → Mauvais. **¶ 4** Qui effraie et dégoûte. *Affreux* évoque une impression passive, une angoisse mortelle devant des objets lugubres qui accablent : *Et les vagues terreurs De ces affreuses nuits qui compriment le cœur* (Baud.). *Une affreuse émotion m'étreignit* (Gi.). **Horrible** évoque une réaction, une sorte de hérissement qui vient du dégoût et provoque la révolte : *Il ne faut pas pousser le terrible jusqu'à l'horrible ; on peut effrayer la nature, mais non pas la révolter et la dégoûter* (Volt.).

Affriandant, Affriolant : → Appétissant.

Affront : ¶ 1 → Offense. ¶ 2 → Honte.

Affronter : ¶ 1 → Braver. ¶ 2 (Réciproque) → (se) Heurter.

Affublé : → Vêtu.

Affubler : → Vêtir.

Affusion : → Douche.

Affût (à l') : On est *à l'affût* pour épier l'occasion de faire ou de saisir quelque chose : *L'adolescent est à l'affût de distractions, en quête de camaraderie* (J. Rom.). On est **aux aguets** pour observer afin de surprendre ou d'éviter d'être surpris : *Il était aux aguets pour arrêter le voleur.*

Affûter : → Aiguiser.

Affutiau : → Bagatelle.

Afin que, de : → Pour.

Agacer : ¶ 1 → Taquiner. ¶ 2 → Énerver. ¶ 3 → Exciter et Provoquer.

Agapes : → Repas.

Âge : ¶ 1 → Époque. ¶ 2 *A l'âge de* indique l'époque de la vie, sans plus. **Âgé de** caractérise, en plus, le sujet en comparant son âge à son action et s'emploie de préférence pour un grand âge : *A l'âge de 32 ans Épicure enseigna la philosophie* (Fén.). *L'envie de plaire engagea l'abbé Genest, quoique âgé de 40 ans, à vouloir apprendre le latin* (D'Ol.).

Âgé : ¶ 1 Qui n'est plus jeune en parlant de l'homme. *Âgé* marque abstraitement que l'âge est avancé : *Je la vois enfant, puis jeune et enfin âgée* (Fén.). **Vieux** insiste sur les effets visibles de l'âge : *Il est vieux et usé* (L. B.). **Caduc** et **Décrépit** enchérissent sur *vieux* comme les noms correspondants sur *vieillesse* (→ ce mot). **Sénile** ajoute l'idée d'une dégénérescence due à l'affaiblissement causé par la vieillesse et ne s'emploie qu'au sens tech. ou péj. en parlant des manifestations de celle-ci : *Avarice, entêtement sénile.* **Vieillot** se dit de l'aspect et du caractère de celui qui paraît un peu vieux. **Suranné**, très rare de nos jours en parlant des personnes, insiste sur le ridicule de celui qui est trop vieux pour ce qu'il veut faire ou est passé de mode : *Le ridicule des amants surannés* (J.-J. R.). **Antique** est péj. ou plaisant appliqué à une personne très surannée ou fort vieille et flétrie : *Antique catin* (Baud.). ¶ 2 → (à l') Age de.

Agencer : → Arranger.

Agenda : → Calendrier.

Agenouiller [s'], c'est **Se mettre à genoux** sans les sentiments ordinaires qu'implique, chez l'homme, cette posture (humilité, respect) : *Quand elle se mettait à genoux sur son prie-Dieu* (Flaub.). *S'agenouiller* convient donc pour désigner l'action abstraitement ou lorsqu'elle présente quelque modalité extraordinaire : *On s'agenouille pour boire à une source, ou devant la vertu parce qu'on est transporté d'une sublime admiration.* En fait les bons auteurs ont souvent employé indifféremment les deux expressions.

Agent : ¶ 1 → Employé. ¶ 2 → Espion. ¶ 3 → Intermédiaire. ¶ 4 *Agent de police,* terme général pour désigner l'employé subalterne en uniforme chargé de la police sur la voie publique. **Sergent de ville,** l'agent de police chargé spécialement dans les villes de la police municipale et du maintien de l'ordre. **Gardien de la paix,** nom parisien du sergent de ville. **Argousin,** syn. péj. d'*agent de police.* **Flic** est le terme d'argot péj. le plus usité.

Agglomération : ¶ 1 *Agglomération,* action d'agglomérer ou état de ce qui a été aggloméré, se dit surtout, et seul, des êtres vivants. **Aggloméré** et **Congloméré** se disent pour des substances diverses naturellement agglomérées : *Agglomérats de chewing-gum* (M. D. G.). ¶ 2 → Réunion. ¶ 3 → Ville.

Agglomérer : → Assembler.

Aggrave : → Anathème.

Aggraver : ¶ 1 → Augmenter. ¶ 2 (Réf.) → Empirer.

Agile : → Dispos.

Agiotage : → Spéculation.

Agioter : → Spéculer.

Agir : ¶ 1 Se manifester comme cause. *Agir,* être en action indépendamment de tout effet : *Le simple plaisir d'agir, sans réfléchir plus loin* (J. Rom.). **Opérer,** au sens intrans., produire un effet quel qu'il soit : *L'animal veut, il agit, il se détermine, il opère* (Buf.). **Fonctionner,** agir conformément à sa destination : *C'est pour le service des électeurs que fonctionne le gouvernement* (Proudhon). **Travailler,** être en train de faire l'action appelée travail (→ ce mot). **Procéder,** agir pour exécuter un travail, pour conduire une opération, a rapport à la méthode employée : *Procéder par ordre.* Par opposition à tous ces verbes désignant abstraitement l'action indépendamment de l'objet concret qui en est le résultat, **Faire** nécessite un complément exprimé ou sous-entendu qui détermine l'action par l'objet qu'elle produit : *L'homme fait ce que Dieu veut, il agit par sa volonté* (Vauv.). *Agir en sage,* être sage dans toutes ses actions, *Faire sagement,* effectuer dans un cas particulier une action sage. ¶ 2 *Il s'agit,* **Il est question** : tel est le projet ou le sujet du discours. La chose dont *il est question* est beaucoup plus vague que celle dont *il s'agit,* car celle-ci a déjà reçu un commencement d'exécution : *On touche, on effleure un sujet dont il est question, on* traite le sujet dont il s'agit (L.). ¶ 3 Agir sur : → Influer.

Agissant : → Actif.

Agissements : → Procédé. Agissements, ensemble d'actions plus ou moins blâmables pour arriver à un but, terme très général et péj. **Menées** (→ ce mot), agissements odieux. **Manœuvres** (→ ce mot), agissements habiles. **Intrigues** (→ ce mot), agissements pour gagner des personnes et les faire agir en sa faveur. **Manigances** (→ ce mot), menées, manœuvres ou intrigues en un sens fam. et péj.

Agitateur : → Révolutionnaire.

Agitation : ¶ 1 → Trouble. ¶ 2 → Émotion. ¶ 3 → Nervosité. ¶ 4 Grande peine d'esprit. Agitation, peine d'une âme, partagée entre plusieurs sentiments et qui perd le repos. **Tourment,** supplice causé par un mal déterminé : Une femme qui doute de l'amour qu'on a pour elle éprouve les agitations de l'amour, une femme trahie en éprouve les tourments (L.).

Agité : ¶ 1 → Troublé. ¶ 2 → Ému. ¶ 3 → Turbulent et Remuant.

Agiter : ¶ 1 → Remuer. ¶ 2 → Traiter. ¶ 3 → Émouvoir.

Agonie : → Extrémité.

Agonir : → Injurier.

Agrafer : ¶ 1 → Attacher. ¶ 2 → Prendre.

Agraire, qui a rapport aux terres et à la propriété des terres : Mesures, lois agraires. **Agricole,** qui regarde la culture de la terre ou celui qui s'en occupe : Peuple, enseignement, prix agricoles. **Cultural** (néol.), qui a rapport à la culture : Enseignement cultural. **Agrarien,** qui concerne une loi agraire, c'est-à-dire une loi sur le partage des terres : Parti agrarien.

Agrandir : → Augmenter.

Agréable : ¶ 1 → Doux. ¶ 2 → Bon. ¶ 3 → Gracieux.

Agréer : ¶ 1 → Recevoir. ¶ 2 → Plaire.

Agréger : → Associer.

Agrément : ¶ 1 → Consentement. ¶ 2 → Plaisir. ¶ 3 Qualités par lesquelles plaisent les personnes, les discours et les écrits. Agréments et **Grâces** sont des qualités esthétiques. Les grâces sont plutôt une qualité du mouvement plus propre aux êtres animés qu'aux choses. Chez l'homme les grâces sont plutôt dans les gestes et les manières, les agréments dans les traits : Dans ses gestes [il y avait] tant de grâce (Gi.). Les agréments des femmes se conservent dans les pays tempérés (Mtq.). Les grâces sont plus momentanées et superficielles que les agréments : Boileau a eu plus d'agrément que de grâce (Vauv.). **Aménité,** qualité morale qui est, dans le carac-

tère, dans les mœurs ou dans le langage, une douceur accompagnée de politesse et de grâce (Marm.). Courtoisie, aménité (Col.). La grâce, l'aménité de sa mère (M. D. G.).

Agrémenter : → Orner.

Agrès, tout ce qui sert à la manœuvre d'un navire. **Gréement,** tout ce qui sert à gréer un navire à voiles : Les agrès comprennent, en outre du gréement, gouvernail, ancre, avirons, etc.

Agressif : → Querelleur.

Agression : → Attaque.

Agreste : → Champêtre et Rustique.

Agricole : → Agraire.

Agriculteur (terme relevé du xviiie s.), celui qui s'occupe méthodiquement de l'exploitation d'un domaine rural en général assez vaste ; et même parfois, au xviiie s., celui qui étudie théoriquement l'agriculture comme une science, au sens moderne d'**Agronome** : Xénophon poète, historien, agriculteur (Volt.). **Cultivateur** (xviiie s.), celui qui travaille la terre de ses mains, surtout petit propriétaire, voire fermier : Artisans, cultivateurs qui gagnent leur pain à la sueur de leur front (Volt.). **Exploitant agricole,** terme d'économie et d'administration moderne, celui qui met en valeur une terre quelconque. **Colon,** celui qui habite une terre sans forcément la cultiver : Terrain inculte qui appartient à des colons (Volt.); plus spéc. celui qui cultive une terre prise à ferme : → Fermier. **Laboureur,** mot beaucoup plus ancien, paysan qui travaille la terre à la charrue (par opposition à vigneron, maraîcher, etc.). **Areur,** syn. vx de laboureur. — **Paysan** (→ ce mot), en un sens plus général, celui qui habite la campagne.

Agriffer [s'] : → [s'] Attacher.

Agripper : ¶ 1 → Attraper. ¶ 2 (Réf.) → (s') Attacher.

Agronome : → Agriculteur.

Aguets (aux) : → (à l') Affût.

Aguicher : → Provoquer.

Ahuri : → Ébahi.

Ahurissant : → Surprenant.

Aiche : → Appât.

Aide : ¶ 1 Masc. ou fém. Personne qui joint son activité à celle d'un supérieur ou la supplée. Aide, terme le plus général, souvent précisé par un mot complémentaire joint à lui par un trait d'union, s'emploie surtout pour un travail matériel ou une opération : Aide-chirurgien. Aide-cuisinier. **Adjoint** ne se dit que par rapport à une fonction : Professeur adjoint. Adjoint au maire. **Assistant** se dit surtout pour les travaux intellectuels ou les cérémonies : Assistant au laboratoire de physique.

Second, celui qui prête librement son concours à un autre dans une affaire, une entreprise, un duel, une discussion : *Mon second, soutenant mon discours* (Pasc.). **Auxiliaire,** celui qui apporte une aide temporaire par ses services : *Instituteur auxiliaire.* **Coadjuteur** ne se dit que d'un prélat adjoint à un autre et ironiquement d'un *adjoint* ou d'un *second.* **Acolyte** (en grec, *acolouthos,* qui suit), clerc chargé à l'église des bas offices, est péj. en dehors de ce sens : *Les acolytes du bourreau* : → Complice. On dit aussi, par image, au sens d'*assistant,* de *second,* **Bras droit,** celui qui agit, travaille pour quelqu'un : *Le bras droit de notre monarque* (Bos.); et fam. **Alter ego,** celui qui est si indispensable à quelqu'un et si amicalement uni à lui que c'est un autre lui-même. ¶ 2 Fém. → Appui.

Aide-mémoire : → Mémento.

Aider : → Appuyer. Joindre ses efforts à ceux de quelqu'un pour faciliter son succès. *Aider* marque une coopération des personnes ou des choses pour une action quelconque : *Les chaleurs aideraient l'épidémie* (Cam.). *Aider les pauvres, un aveugle.* **Seconder,** aider à titre de second, d'auxiliaire (→ Aide), celui avec qui on collabore pour obtenir un résultat : *Seconder le prince* (Bos.). *Ils m'avaient aidé dans mes folies, secondé dans mes excès* (Duh.). **Assister,** seconder à titre d'assistant, dans des travaux intellectuels, une cérémonie, un office, en justice : *Un avocat assiste le prévenu;* ou accompagner dans une action pour prêter main forte ou assurer la légalité : *Devant quatre témoins assistés d'un notaire* (Rac.); ou, dans un sens plus large, aider dans le besoin en apportant un secours matériel ou moral constant et attentif : *Assister ses amis de son crédit, de ses conseils* (Acad.). **Servir** et **Favoriser** (→ ce mot) n'impliquent pas qu'on ajoute son action à celle de quelqu'un, mais simplement qu'on lui est utile, qu'on lui fait du bien, dans le premier cas en lui fournissant les moyens du succès, dans le second, en créant pour lui des circonstances favorables que n'ont pas ses concurrents. **Rendre service,** avec pour sujet un n. de personne, servir dans un cas particulier. **Obliger,** rendre service aimablement. **Faire le jeu de, Faire beau jeu à,** en parlant des personnes et des choses, créer, souvent involontairement, pour quelqu'un l'occasion d'obtenir la chose, souvent blâmable, qu'il souhaite : *Les troubles sociaux font le jeu des spéculateurs.* **Donner, Prêter la main,** aider, favoriser dans quelque affaire. **Tendre la perche à,** aider quelqu'un en lui donnant une chance de se tirer d'une difficulté, d'un embarras.

Aïeul : → Grand-père.

Aïeule : → Grand-mère.

Aïeuls, Aïeux : → Pères.

Aigle, au fig., homme transcendant par son génie (ne se dit guère des femmes). **Phénix** (→ ce mot), celui ou celle qui est unique de son espèce par son savoir, sa beauté ou une autre qualité : *Pomereu était un aigle qui brillait d'esprit et de capacité* (S.-S.). *J'aperçois le phénix des femmes beaux esprits* (Chén.) : → Virtuose.

Aigre : ¶ 1 Qui produit sur le goût une brève sensation piquante, souvent désagréable, opposée à la douceur, par ex. comme celle du vinaigre. *Aigre,* qui n'est plus doux : *Le vin tourné est aigre.* **Aigret,** un peu aigre. **Aigrelet,** à peine aigre ou un peu aigre. **Acide,** qui n'est pas doux par nature : *L'oseille est acide.* **Acidulé,** légèrement acide (sensation agréable) : *Bonbons acidulés.* **Sur,** un peu aigre ou acide (sensation désagréable) surtout en parlant d'un fruit trop mûr : *Poires sures.* **Tourné,** devenu aigre en s'altérant : *Vin tourné.* **Acerbe,** pas encore doux : *Les fruits sont acerbes avant la maturité.* **Vert,** pas assez mûr et donc très acerbe en parlant des fruits et du vin. Marquant une sensation plus forte, **Acre,** d'une saveur irritante, presque brûlante, se dit aussi des odeurs : *Larmes âcres. Tabac à l'odeur âcre* (Cam.). **Acrimonieux** (vx au sens propre), toujours âcre, mais modérément. — Sur une sensation légèrement différente qui ne pique pas la bouche, mais la dessèche : → Rude. ¶ 2 En parlant de la voix : → Aigu. ¶ 3 Au fig. → Mordant. Qui offense par son humeur piquante. *Aigre* et **Acerbe** se disent des paroles, du ton : des *paroles aigres* sont d'une personne indisposée, fâchée, un *ton acerbe* est de quelqu'un qui a un langage vert et cru, sans ménagement. **Acre** suppose une haine violente qui blesse et mord : *Acre ironie.* **Acrimonieux** se dit d'une humeur *plutôt mordicante que mordante* (L.) mais disposée en permanence à l'âcreté : → Acariâtre. **Amer** qui, au propre, se dit d'une sensation *sui generis,* durable, parfois agréable, assez différente de l'aigreur, se rapproche d'*aigre* au fig. et désigne une impression désagréable, durable qui empoisonne l'esprit. De plus l'*amer* n'est pas, comme l'*aigre,* dans la chose, mais dans l'âme de celui qui l'inflige ou le subit; et parfois ce qui est *amer* suppose chez le sujet de l'intérêt pour l'objet : *Amère indignation* (Pég.). Une *réprimande amère* est la preuve d'une affection déçue, une *réprimande aigre* est déplaisante par elle-même.

Aigrefin : → Fripon.

Aigrelet, Aigret : → Aigre.

Aigrette : → Touffe.

Aigreur : ¶ 1 *Aigreur*, **Acidité, Acreté, Acrimonie, Amertume** : → Aigre. ¶ 2 *Aigreurs*, sensation désagréable causée dans la région épigastrique par l'acidité de l'estomac. **Crudités,** aigreurs produites par des aliments mal digérés.

Aigrir : ¶ 1 *Aigrir*, **Surir, Tourner** : → Aigre. ¶ 2 Faire sur l'esprit une impression désagréable qui provoque le ressentiment : cette dernière nuance distingue *aigrir* de Choquer (→ ce mot). *Aigrir*, faire perdre la douceur, rendre méchant d'une façon durable : *Aigrie et dure* (Gi.). **Irriter** (→ ce mot), qui enchérit, provoquer la colère, mais souvent momentanément : *Tout en lui l'irrite, l'exaspère* (Gi.). **Piquer,** faire naître un dépit passager; **Fâcher,** un mécontentement triste et boudeur : *Emporté sans être boudeur, souvent en colère, mais jamais fâché* (J.-J. R.). **Indisposer,** se rendre quelqu'un défavorable par des procédés qu'il juge déplaisants ou désobligeants : *Tout ce que fait Passavant l'indispose* (Gi.). **Vexer,** causer un dépit et un chagrin assez profonds et durables à celui qui se juge offensé ou humilié : *Vexé dans son amour-propre* (Zola). *Cette idée te vexe, elle t'humilie* (Duh.). **Ulcérer,** blesser profondément en provoquant un ressentiment durable : *Les querelles de la religion achevaient d'ulcérer tous les cœurs* (Volt.).

Aigu : ¶ 1 → Pointu. ¶ 2 *Rendre aigu* : → Aiguiser. ¶ 3 Désagréable en parlant des sons et des bruits. L'*Aigu* peut être parfois désagréable parce qu'il est trop élevé dans l'échelle des sons, pas assez grave ou sourd. **Perçant,** très aigu, qui donne l'impression de percer le tympan : *Les sons que rendait son violon me parurent singulièrement perçants, presque criards* (Proust). **Aigre,** toujours désagréable, sans être forcément aigu, par manque de douceur, se dit surtout de la voix : *Ton aigre, criard* (Mau.). **Criard,** qui ressemble à un cri, donc sans harmonie, d'un son assez fort. **Glapissant,** criard d'une façon aiguë et précipitée, comme un petit chien ou un renard. **Strident,** qui grince : *Sa voix stridente perçait au milieu des conversations particulières* (Gi.). ¶ 4 → Vif.

Aiguille : → Sommet.

Aiguiller : → Diriger.

Aiguillonner : → Exciter.

Aiguisé : → Tranchant.

Aiguiser : ¶ 1 → Amincir. *Aiguiser*, rendre aigu, tranchant, ou plus aigu, plus tranchant. **Rendre aigu,** faire devenir parfaitement aigu ce qui ne l'était pas. **Émoudre,** aiguiser sur une meule. **Affûter,** en parlant d'un outil (ou par ext. d'un crayon), aiguiser sur une pierre posée à plat. **Appointer,** tailler en pointe en parlant d'un crayon, d'un bâton. **Affiler,** donner du fil, du tranchant à un instrument. **Morfiler,** enlever le morfil, c.-à-d. faire disparaître à la pierre douce les parties d'acier très ténues qui restent sur le tranchant d'une lame après qu'on l'a repassée sur la meule. **Repasser,** aiguiser ou affûter de nouveau ce qui a perdu son fil ou son tranchant. ¶ 2 → Exciter.

Ailleurs [d'] : → (de) Plus.

Aimable : ¶ 1 → Gracieux. ¶ 2 → Sociable. *Aimable*, en un sens aujourd'hui très affaibli et très vague, qui gagne naturellement les cœurs ou qui cherche à faire plaisir : *Elle eut un sourire, un mot aimable* (Zola). **Gentil,** d'une délicatesse prévenante, souvent syn. d'*aimable* quand on parle de petites choses ou à des familiers : *Et puis tu serais gentille d'arrêter un peu ton piano* (Gi.). **Sympathique** n'a rapport qu'à l'air et évoque une impression purement instinctivement chez celui qui se sent instinctivement attiré vers quelqu'un : *Garçon aimable quoique d'un visage peu sympathique.* **Chic,** fam., digne de sympathie par son caractère, sa manière d'agir. **Avenant,** qui plaît par sa bonne grâce, se dit de l'air et des manières. **Amène,** d'une douceur accompagnée de grâce et de politesse. **Affable,** bienveillant dans son accueil, sans hauteur, souvent en parlant d'un supérieur : *Il a beau se montrer affable envers tous, je ne sais quelle secrète réserve, quelle pudeur tient ses camarades à distance* (Gi.). **Gracieux,** qui paraît prêt à accorder une faveur et à le faire volontiers, d'une façon riante et pleine d'attrait, surtout en parlant de l'air : *Cyrus doux et affable à ceux qui l'approchaient faisait des présents avec un air gracieux* (Roll.). **Engageant** se dit de l'air, des manières d'une personne qui donnent envie d'aller vers elle : *Rien de plus engageant qu'elle; tout cédait au charme secret de ses entretiens* (Bos.). *Yeux assez engageants* (J. Rom.).

Aimant : → Affectueux.

Aimer : ¶ 1 Être porté vers un être ou un objet. *Aimer*, très général, comporte tous les degrés, de l'attachement à la passion, et tous les modes : *Aimer le vin, la musique, les querelles.* **Chérir,** aimer avec tendresse et prédilection, superlatif d'*aimer* : *Le père peut chérir sa fille, mais non pas lui léguer son bien* (F. d. C.); implique de plus un choix, conséquence d'un jugement de l'esprit, un attachement pour ce dans quoi on se complaît, et ne s'emploie de ce fait qu'en parlant de l'être humain : *Une femme qui m'eût aimé aurait chéri ma gloire* (Mau.). *Le jeune homme chérissait l'Ile de*

France comme le plus fin duvet de la patrie (J. Rom.). **Adorer,** avoir pour un être le sentiment qui convient pour Dieu, se dit, par hyperbole, de l'amour passion : *Un seigneur, un père que mon cœur adore et qui doit m'aimer* (Flaub.). *Il adore Émilie* (Corn.). *Tableau qu'il adorait* (Proust). **Idolâtrer,** adorer comme une idole, donc avec excès : *Mais, hélas! j'idolâtre Émilie* (Corn.). *Ce malheureux enfant que j'idolâtre* (Balz.). **Être épris, Être féru d'amour pour,** plus littéraire (→ Épris), **Brûler pour,** d'un style recherché et qui vieillit, marquent une violente passion amoureuse. **S'éprendre** (→ ce mot) et ses syn. indiquent la naissance de cette passion. **Affectionner,** au sens faible, exprime un simple attachement dû à l'habitude : *Corneille paraît affectionner les vers d'antithèses* (Vol.); et, dans un sens plus fort, se dit de personnes ou de choses qui tiennent à cœur mais d'une façon assez imprécise : *Affectionner un protégé* (Les.), *un parti* (Desc.), *une affaire* (L.B.). **Tenir à,** être très attaché, spéc. à une chose dont on ne veut pas se séparer. ¶ 2 *Aimer mieux :* → Choisir. ¶ 3 *Aimer à* suppose une disposition habituelle et caractéristique du sujet, **Prendre plaisir à,** une disposition accidentelle, une jouissance dans une occasion : *Les jolies femmes n'aiment pas à se fâcher* (J.-J. R.). *Quand on est orgueilleux pour des biens empruntés, le prêteur prend plaisir à confondre l'emprunteur ingrat* (Fén.).

Ainsi : ¶ 1 Conjonction marquant un rapport entre deux membres dont le second est annoncé par le premier. *Ainsi* marque un rapport très vague, une convenance plutôt qu'une conséquence : *Le prince de Condé était dans cette armée, mais il ne commandait pas; ainsi il ne fut pas difficile à Turenne de vaincre* (Volt.). **C'est pourquoi** et **Aussi,** dans l'ordre des faits, marquent un rapport de cause à effet. *C'est pourquoi* indique la cause précise, la raison, sans se référer à une loi naturelle ou générale : *Vous les aimez, c'est pourquoi je vous en parle* (Sév.). *Aussi* introduit un rapport étroit, une corrélation entre la cause et son effet naturel en se référant à une loi générale : *Le roi fit du bien à ses sujets; aussi a-t-il goûté le bonheur d'être aimé* (Volt.). **Par conséquent, Par suite, Donc, Partant,** dans l'ordre des idées, marquent un rapport de prémisses à conséquence. *Partant,* vx, « par tout cela », marquait la conséquence d'une façon la plus faible : *Plus d'amour, partant plus de joie* (L. F.). *Par suite* indique l'effet de ce qui précède : *On rejeta cet article du projet et par suite toutes les dispositions qui s'y rapportaient* (Acad.). *Par conséquent* marque une conséquence immédiate, incontestable, dans la nature des choses, une liaison essentielle : *C'est votre père et par conséquent vous lui devez le respect* (Acad.); *Donc,* une conclusion logique qui suppose un raisonnement : *Je pense, donc je suis* (Desc.). **Ainsi donc** conclut avec plus de force que *donc.* ¶ 2 *Ainsi que :* → Comme.

Air : ¶ 1 → Apparence. *Air,* terme général, apparence d'une personne qui nous donne une idée de ses sentiments et de son naturel, a pour syn. **Façons** (→ ce mot), qui n'a rapport qu'à la manière d'agir; **Mine** (→ ce mot), apparence du visage et du corps; **Physionomie** (→ ce mot), apparence du visage; **Port** (→ ce mot), manière dont une personne debout marche et se présente; **Maintien** (→ ce mot), attitude qu'elle prend volontairement. ¶ 2 *Avoir l'air de :* → Paraître. ¶ 3 → Atmosphère. ¶ 4 → Chant. ¶ 5 *Air,* nom générique de toute pièce de musique dans laquelle la mélodie d'une partie dominante attire l'attention. **Mélodie,** pièce de musique vocale avec accompagnement. **Aria,** air, en italien : *Un aria de Bach.* **Ariette,** petit air de proportions réduites qui se rapproche de la romance et se chante avec paroles et accompagnement. **Cavatine,** air assez court, à une seule voix, qui se compose d'un seul mouvement sans reprise, dans l'opéra sérieux ou bouffe italien.

Airain : → Bronze.

Aire : ¶ 1 → Surface. ¶ 2 → Nid.

Ais : → Planche.

Aisance : ¶ 1 → Naturel. ¶ 2 → Aise. ¶ 3 → Abondance. ¶ 4 *Aisance,* **Facilité, Commodité :** → Aisé.

Aise : ¶ 1 N. → Plaisir. *Aise,* état dans lequel rien ne gêne, au physique comme au moral : *S'asseyant et cherchant leurs aises* (Zola). *Être plus à l'aise dans son personnage* (M. D. G.). Au physique, **Bien aise,** état agréable où se trouve le corps quand il est à l'aise. **Bien-être,** bonheur physique résultant du fait que nos besoins corporels étant satisfaits, nous nous sentons bien : *Entassés par terre en mille attitudes de bien-être et de repos* (Loti). **Euphorie,** terme médical, aise provoquée par le fait qu'à tort ou à raison on croit se bien porter. ¶ 2 État de fortune opposé à la gêne. *Aise,* état passager de celui qui ne souffre pas du manque d'argent : *L'argent est rare, c'est pour cela que les paysans sont à leur aise* (J.-J. R.). **Aisance** (→ Abondance), état permanent dans lequel on peut se procurer tous les objets nécessaires à l'aise : *Il y avait dans les plus humbles maisons une sorte d'aisance* (Pég.). **Bien-être,** état résultant de l'aisance dans lequel on jouit de toutes les commodités de la vie : *Ceux qui, nourris dans le bien-être, n'ont besoin de rien, ayant tout* (Gi.). ¶ **3** Au pl., ce qui produit le bien-être. *Aises*, subjectif, plaisirs, douceurs, satisfactions qui rendent la vie agréable. **Commodités,** objectif, toutes les choses utiles pour rendre la vie plus facile. **Confort,** ensemble des commodités qui procurent le bien-être matériel : *Satisfaire tous ses goûts, c'est tendre aux aises de sa personne; les richesses font partie des commodités de la vie; le chauffage central, du confort.* ¶ **4** *A l'aise* : → Aisément. ¶ **5** Adj. → Content.

Aisé : ¶ **1** Qu'on fait sans peine. *Aisé* exprime, dans l'objet, une disposition naturelle, passive, à supporter une action qui n'est pas pénible : *Nation aisée à observer* (Val.). **Facile** indique que l'action du sujet sur l'objet, dans un cas particulier, ne lui coûte pas de peine soit parce que l'objet est aisé, soit parce que le sujet possède des capacités remarquables : *Il est très aisé de gouverner un royaume de son cabinet; mais quand il faut résister à la moitié de l'Europe, cela n'est pas si facile* (Volt.). **Commode** se dit de ce qui s'adapte aisément à l'usage pour lequel il est fait, permet au sujet qui le met en œuvre ou l'utilise d'arriver à ses fins sans peine, en lui offrant des voies aisées : *L'invitation qu'on l'avait chargé de faire et qui n'était pas commode à présenter* (Zola). **Simple,** commode à employer, aisé à comprendre par son absence de complication. ¶ **2** → Riche. ¶ **3** → Naturel.

Aisément se dit de l'action et implique que, par nature, elle n'exige aucun effort : *Et les mots pour le dire arrivent aisément* (Boil.). **A l'aise** indique l'état du sujet, indépendamment de l'action : *On est à l'aise au milieu des pires difficultés si l'on en triomphe facilement.* **Facilement,** sans effort du sujet, que l'action soit aisée ou non : *Elle comprend facilement toutes choses* (Sév.). **Commodément,** sans peine, grâce à une adaptation de l'objet au sujet, avec une idée d'opportunité : *On parlera plus commodément en un autre endroit des magnificences de Salomon* (Bos.).

Ajointer : → Joindre.

Ajourner : → Retarder.

Ajouter : ¶ **1** Mettre ensemble. *Ajouter,* mettre en plus, à côté. **Additionner** suppose qu'il s'agit de deux substances homogènes ou au moins capables de se mélanger : *On ajoute de l'ail au gigot, on additionne le vin d'eau.* **Adjoindre,** ajouter, associer comme auxiliaire ou accessoire : *Adjoindre une aile à un bâtiment.* ¶ **2** *Ajouter à* : → Augmenter.

Ajustage : → Assemblage.

Ajustement : Toilette soignée. *Ajustement,* accord élégant entre les différentes parties de l'habillement. La **Parure,** plus riche que l'*ajustement,* a quelque chose de magnifique et de brillant : *Mari trop négligé dans son ajustement, galant qui emploie la parure et la magnificence* (L. B.) : → Ornement.

Ajuster : ¶ **1** → Arranger. ¶ **2** → Assembler. ¶ **3** → Viser. ¶ **4** → Finir.

Alacrité : → Gaieté et Vivacité.

Alambiqué : → Raffiné.

Alanguissement : → Langueur.

Alarmant : → Alarmiste et Inquiétant.

Alarme : ¶ **1** → Alerte. ¶ **2** → Crainte.

Alarmé : → Inquiet.

Alarmiste : ¶ **1** → Pessimiste. ¶ **2** Qui alarme. *Alarmiste* ne se dit que des personnes et des bruits qu'elles font courir pour provoquer l'alarme; **Alarmant,** des choses.

Alcoolique : → Ivrogne.

Aléa : → Hasard.

Aléatoire : → Incertain.

Alentour : ¶ **1** → Autour. ¶ **2** N. pl. → Environs et Entourage.

Alerte : ¶ **1** → Dispos. ¶ **2** N. Signal d'un danger. *Alerte* (ital. *all'erta,* debout), signal qui prévient d'un danger possible : *La souris rentre dans son trou à la moindre alerte* (Buf.). **Alarme** (étym. « aux armes ») implique que le danger est là et qu'il faut s'armer pour lui résister. **Branle-bas,** terme de marine, action de tout disposer pour le combat : *La ville en rumeur; le branle-bas de la guerre* (M. D. G.).

Aléser : → Polir.

Alevin : → Fretin.

Algarade : → Avanie.

Algue, terme de botanique, désigne une classe de plantes cryptogames vivant au fond ou à la surface des eaux douces et salées. **Varech,** nom vulgaire des algues fucacées sur les rivages marins. **Goémon,** nom donné à toutes les herbes marines que la mer rejette sur le rivage.

Aliboron : → Ane.

Aliénation : ¶ **1** *Aliénation,* **Vente, Cession** : → Aliéner. ¶ **2** → Folie.

Aliéné : → Fou.

Aliéner, transférer à quelqu'un la propriété d'un bien, de n'importe quelle manière (vente, don, cession, etc.). **Vendre** (→ ce mot), aliéner à prix d'argent. *Aliéner* convient pour des biens considérables et insiste sur l'idée de dépossession : *Ce refus d'aliéner la moindre parcelle de son indé-*

pendance (M. D. G.); *vendre* insiste sur le fait qu'on touche de l'argent, est péj. en parlant des choses physiques et morales qui ne sont pas naturellement vénales : *Vendre son honneur.* **Céder,** en termes de commerce et de jurisprudence, abandonner ses droits (et notamment celui de propriété) sur quelque chose en l'aliénant, le vendant, etc.; dans le langage courant, c'est souvent revendre sans bénéfice, moyennant le simple remboursement du prix d'achat. **Se défaire,** vendre quelque chose pour n'en être pas embarrassé : *Homme qui a envie de se défaire de sa marchandise* (MOL.). **Laisser,** céder à bas prix. **Disposer de,** terme de droit, avoir le droit d'aliéner et en user : *Les mineurs ne peuvent disposer de leur bien.*

Aligner : → Ranger.

Aliment : → Nourriture.

Alimenter : → Nourrir.

Alinéa : → Partie.

Aliter [s'] : → [se] Coucher.

Allaiter : → Nourrir.

Allant : → Vivacité.

Alléchant : → Appétissant.

Allécher : → Attirer.

Allée : ¶ 1 → Chemin. ¶ 2 → Rue. ¶ 3 *Allée,* toute voie entre deux rangées d'arbres. **Charmille,** allée de charmes ou d'autres espèces d'arbres taillés de manière à présenter une surface plane, un mur de verdure. **Avenue,** allée conduisant à une habitation et par ext. toute allée d'arbres large et en ligne droite.

Allégation : → Affirmation.

Allégeance : ¶ 1 → Soulagement. ¶ 2 → Obéissance.

Allégement : → Soulagement.

Alléger : ¶ 1 → Soulager. ¶ 2 Au fig. → Voler.

Allégir : → Amincir.

Allégorie : → Symbole.

Allègre : → Dispos et Gai.

Allégresse : → Gaieté.

Alléguer : ¶ 1 → Citer. ¶ 2 → Prétexter.

Aller : ¶ 1 *Aller,* se mouvoir d'un lieu vers un autre en s'éloignant du lieu où l'on est ou de celui où l'on se transporte par la pensée. **Se rendre,** aller chez quelqu'un ou dans un lieu où l'on pénétrera : *Me rendre au bureau de poste* (MAU.). **Se diriger,** aller dans telle ou telle direction : *Train se dirigeant sur Paris.* **S'acheminer,** se diriger vers un lieu en suivant un certain chemin : *Il s'achemina vers la gare Saint-Lazare* (GI.). **Piquer sur,** se diriger droit et vivement sur un point : *Il piqua droit sur l'obélisque* (M. D. G.). **Cingler,** faire voile vers; par image, aller sur les eaux. **Pousser jusqu'à,** aller en continuant sa route jusqu'à une limite extrême : *Il ne savait pas s'il irait à droite ou à gauche ou pousserait jusqu'aux Tuileries* (MAU.). **Tendre vers, à** fait penser au terme auquel on veut ou on doit aboutir, parfois avec effort, et s'emploie surtout au fig. : *Tendre à la perfection.* **Se porter** (→ ce mot) et **Se transporter** marquent une action assez remarquable et font penser à l'effet produit par la présence du sujet au lieu où il va : *La foule se porte sur les lieux du crime et la justice s'y transporte.* **Converger** (anton. *diverger*), se diriger en ligne droite vers un seul et même point. — **Gagner,** aller en un point et l'atteindre (→ Arriver). ¶ 2 → Convenir. ¶ 3 (Fam.) → Marcher. ¶ 4 → (se) Porter.

Aller (s'en) : → Partir.

Alliage : → Mélange.

Alliance : ¶ 1 → Union. ¶ 2 Accord entre États souverains. *Alliance,* union durable contre un danger éventuel, fondée sur l'amitié entre grandes puissances ou avec une grande puissance. **Confédération,** union durable d'intérêt, avec des stipulations très précises, entre de nombreuses puissances secondaires qui, tout en gardant leur indépendance, se soumettent à une direction commune. **Fédération,** union d'États en un État collectif. **Ligue,** confédération momentanée et assez peu importante, pour exécuter, par les armes, une seule entreprise : *Ligue d'Augsbourg.* **Coalition** (mot qui semble dater des guerres napoléoniennes), ligue formidable entre États puissants qui, sans être forcément amis, s'unissent provisoirement pour abattre un ennemi commun. Sur les moyens de ces unions → Traité. ¶ 3 → Liaison. ¶ 4 → Mariage. ¶ 5 → Anneau.

Allié : ¶ 1 → Parent. ¶ 2 *Allié,* **Confédéré, Fédéré, Coalisé** : → Alliance. **Partenaire,** par métaphore, puissance qui joue la même partie qu'une puissance alliée dans la politique internationale. **Second** marque une subordination : *L'Autriche fut autrefois « le brillant second » de l'Allemagne.* **Satellite,** néol. fig. et péj., petit pays qu'une grande puissance entraîne de force à suivre sa politique extérieure.

Allier : → Joindre et Unir.

Allitération, répétition (→ ce mot) des mêmes lettres, surtout des consonnes, ou des mêmes syllabes dans des mots qui se suivent pour produire un certain effet : *Le rat tenté tâta le riz* (LIT.). **Harmonie imitative,** allitération qui, jointe à d'autres effets sonores, tend à évoquer l'objet décrit : *Pour qui sont ces serpents qui sifflent sur vos têtes* (RAC.).

Allocation : ¶ 1 → Attribution. ¶ 2 → Indemnité. ¶ 3 → Secours.

Allochtone : → Étranger.

Allocution : → Discours.

Allogène : ¶ 1 → Hétérogène. ¶ 2 → Étranger.

Allonge, terme concret, tout ce qu'on ajoute à une chose pour en augmenter la longueur. **Rallonge,** allonge mise à une chose déjà assez longue. **Allongement,** terme abstrait, action d'allonger, d'être allongé ou augmentation de longueur qui en résulte : *Mettre une allonge à une corde produit son allongement.*

Allongement : ¶ 1 → Allonge. ¶ 2 *Allongement,* simple développement en longueur. **Prolongement,** appendice, excroissance ou allongement qui fait saillie : *Huppes, allongement des plumes de la tête; longues queues, prolongement des plumes de la queue* (Buf.).

Allonger : ¶ 1 *Allonger,* rendre un objet plus long, quelles que soient ses dimensions : *Allonger une galerie.* **Prolonger,** abstrait, allonger une portion déjà longue de l'étendue : *Prolonger une ligne mathématique, la vue. Prolonger une galerie, donner une suite à son étendue.* **Pousser** est relatif à l'endroit jusqu'où on prolonge la chose : *Il faudra pousser ce parterre plus loin* (Acad.). **Continuer** laisse entendre que ce qu'on prolonge n'était considéré que comme un commencement, une chose imparfaite : *Continuer un mur.* **Rallonger,** faire redevenir long ce qu'on a raccourci : *Ses griffes vainement accourcies se rallongent* (Boil.); ou allonger une chose par l'addition d'une autre qui n'est pas de la même espèce, ou allonger une chose beaucoup trop courte : *Rallongez ces étriers* (Acad.). ¶ 2 Rendre plus durable. *Allonger* marque une action ordinaire due à une chose ou à une personne (involontairement); **Prolonger,** une action consciente, volontaire, souvent excessive : *Je lui représentais combien étaient dangereuses les passions et altercations qui allongeraient cette affaire... Et je ne jugeai pas à propos de prolonger cette audience* (S.-S.). **Proroger,** terme de jurisprudence, prolonger par un acte légal : *Proroger une loi, un traité.* **Faire durer, Perpétuer** et **Éterniser,** avec une force croissante, prolonger outre mesure : *Éterniser les débats.* **Continuer,** prolonger ce qui devait normalement finir : *Continuer un bail.* ¶ 3 → Étendre. ¶ 4 (Réf.) → (se) Coucher.

Allouer : → Attribuer.

Allumer : ¶ 1 → Enflammer. ¶ 2 → Exciter.

Allure : ¶ 1 → Marche. ¶ 2 → Port.

Allusion : → Symbole.

Alluvion, dépôt argileux ou sableux laissé par les eaux d'une rivière en se retirant. **Atterrissement,** amas de terre, de limon ou de sable, déposé, pour une cause quelconque, par la mer ou un fleuve sur les côtes ou dans le lit et sur les rives du fleuve. **Sédiment,** dépôt laissé par les eaux marines en se retirant. **Lais** et **Relais,** dépôts de la mer ou des rivières, ou espaces qu'elles laissent libres en se déplaçant et qui appartiennent aux propriétés riveraines.

Almanach : → Calendrier.

Alogique : → Illogique.

Aloi : → Qualité.

Alors : En ce temps-là. *Alors,* terme ordinaire, rappelle une époque étendue pendant laquelle se faisait une suite d'actions (souvent avec l'imparfait). **Pour lors,** expression remarquable, rappelle une époque courte et précise dans laquelle un événement unique a eu lieu (souvent avec le passé simple) : *Monsieur, dit pour lors un ecclésiastique* (Mtq.). *Ce qu'il faisait alors pour détruire l'hérésie* (Mtq.).

Alors que : → (au) Lieu que.

Alouette, nom ordinaire d'un petit oiseau de l'ordre des passereaux. **Mauviette,** nom commercial de l'alouette grasse considérée du point de vue culinaire.

Alpestre, particulier aux Alpes : *Paysage, plantes alpestres.* **Alpin,** qui vit ou croît dans les Alpes, et par ext. dans les hautes montagnes ou qui a rapport avec elles : *Club alpin, jardin alpin.*

Alphabet : ¶ 1 Ensemble de toutes les lettres d'une langue. *Alphabet* (grec *alpha, bêta,* les deux premières lettres de la langue) s'emploie pour toutes les langues; **A b c,** plus fam., pour le français seulement. **Croix de par Dieu,** vx, se disait autrefois de l'*alphabet* à cause de la croix dont on le faisait précéder. ¶ 2 Le livre où l'on apprend les lettres. L'*Alphabet* ne contient de nos jours que des lettres (il contenait autrefois quelques éléments de lecture). **Abécédaire** ou **Abécédé** se dit plus rarement; le livre où l'on apprend à lire s'appelle de nos jours **Méthode de lecture.** ¶ 3 Au fig. Rudiments (→ Principe) d'une connaissance. **A b c** s'emploie pour une connaissance vulgaire : *L'a b c de l'école des filous* (Les.); *Alphabet,* pour une connaissance plus élevée : *Les premiers principes qui meuvent le mécanisme féminin; l'alphabet de leur cœur* (Balz.).

Altération : ¶ 1 *Altération,* **Dénaturation, Abâtardissement — Corruption, Falsification, Adultération, Sophistication**

Truquage, Maquillage : → Altérer. ¶ 2 → Modification. ¶ 3 → Soif.

Altercation : → Discussion.

Altéré : Qui a soif (→ ce mot). *Altéré* s'emploie aux sens physique et fig. **Assoiffé**, plus ordinaire, s'emploie plutôt au sens moral : → Affamé.

Altérer : ¶ 1 *Altérer*, au prop. et au fig., rendre autre en qualité, ordinairement en mal : *Éclat du teint altéré par une nuit blanche* (M. D. G.). *Altérer la vérité* (F. D. C.). **Dénaturer**, altérer au point qu'on change la nature de la chose, n'indique pas toujours au physique un changement en mal, mais est péj. au moral : *Dénaturer du vin. Dénaturer les plus belles actions* (Staël). **Abâtardir**, au fig. seulement, altérer en faisant dégénérer : *La mollesse abâtardit l'homme.* **Vicier**, altérer en corrompant : *Vicier l'air. Vicier l'amour paternel* (Bos.). **Gâter** (→ ce mot) enchérit. **Dégrader** et **Avilir** (→ Abaisser) insistent sur la baisse de valeur de la personne ou de la chose. ¶ 2 Changer le vrai sens, la vraie valeur de quelque chose (au fig. et parfois aussi au prop.). **Altérer**, au fig., rendre quelque chose en partie faux, sans en avoir forcément l'intention : *Sans dessein de mentir, il se trouve qu'on altère la vérité* (Bos.). **Dénaturer** enchérit : *Dénaturer la pensée de quelqu'un.* **Déformer** (→ ce mot), altérer dans sa forme, se dit surtout des choses qu'on rapporte et parfois de l'esprit en partie faussé : *Déformer une nouvelle. Esprit déformé par les préjugés.* **Détourner** (→ ce mot), faire dire à un texte, à des paroles ce qu'ils ne disent pas. **Corrompre**, en parlant d'un texte, le rendre totalement faux. **Fausser**, rendre faux, se dit de l'esprit et, appliqué à un texte, a plutôt rapport à l'interprétation qu'aux termes : *Fausser l'esprit* (Mau.); *le caractère* (Gi.). *Texte altéré par un copiste, corrompu par des interpolations et faussé par un contresens.* **Falsifier** (au prop. et au fig.), rendre faux volontairement, pour tromper : *Falsifier une monnaie. Falsifier un endroit du Pentateuque* (Bos.). **Adultérer**, falsifier en ajoutant quelque chose de moindre valeur, se dit au prop. des médicaments et des monnaies, au fig. des choses morales : *Il adultère tous les ouvrages de Dieu* (Bos.). **Frelater**, falsifier par mélange, des denrées alimentaires, se dit au fig. du goût, de l'esprit, des idées gâtés ou falsifiés. **Sophistiquer**, syn. de *frelater* en parlant des liquides : *Sophistiquer du vin*; au moral, altérer plutôt par rapport au naturel qu'à la vérité : *La société des hommes où tout est plus ou moins sophistiqué* (Gi.). **Truquer** et **Maquiller**, fam., altérer ou falsifier par artifice, dans le premier cas en créant une sorte d'illusion : *Truquer des textes*; dans le second en

travestissant, en habillant de fausses couleurs : *Maquiller la vérité* (Gi.). ¶ 3 *Altérer*, causer de la soif. **Assoiffer** ne s'emploie qu'au part. passif ou au fig.

Alternance : → Suite.

Alternatif, Successif : → Alternativement.

Alternative : ¶ 1 → Suite. ¶ 2 → Option.

Alternativement se dit d'une action continue faite par deux sujets qui se succèdent ou de deux actions qui se répètent faites par le même sujet : *Deux chœurs chantaient alternativement; elle rit et pleure alternativement.* **Tour à tour** indique plutôt une alternance d'états : *L'archevêque de Toulouse, arbitraire et constitutionnel tour à tour, était maladroit dans les deux systèmes qu'il essayait alternativement* (Staël); et en parlant d'une action se rapporte à l'objet et non au sujet : *Ils passent alternativement d'un parti dans l'autre en les affaiblissant et fortifiant tour à tour* (C.). **Successivement** implique la continuité, mais non la répétition. **Coup sur coup** indique une succession rapide. **L'un après l'autre**, sans idée de répétition, implique une continuité très lâchée : *J'ai eu successivement un chien et un chat : ils se sont enfuis l'un après l'autre.*

Altier : → Orgueilleux et Dédaigneux.

Altitude : → Hauteur.

Altruisme : → Humanité.

Alvéole : → Cellule.

Amadouer : → Caresser.

Amabilité : → Complaisance. *Amabilité, Gentillesse, Affabilité, Aménité :* → Aimable.

Amaigrir : ¶ 1 → Maigrir. ¶ 2 → Amincir.

Amaigrissement : → Maigreur.

Amalgame : → Mélange.

Amant : Celui qui aime une femme. Au xviie s. *Amant*, celui qui aime ouvertement, est agréé ou aimé. **Amoureux**, celui qui est porté à aimer, sans oser souvent se déclarer, et n'est pas agréé : *Rodrigue est l'amant de Chimène, Don Sanche, son amoureux.* De nos jours, *amant*, celui qui a les faveurs d'une personne qui n'est pas sa femme : *L'amant d'une comédienne* (J. Rom.). *Amoureux* a pris aussi le sens d'*amant* au xviie s. **Ami**, par discrétion, amant ou amoureux : *Prendre un ami qui vous entretiendra* (J. Rom.). **Bon ami**, en ce sens, est plutôt pop. ou vx. **Galant** avait au xviie s. le sens moderne d'*amant*, avec toutefois une nuance péj., car le *galant* cherche surtout le plaisir et l'aventure : *L'une de son galant, en adroite femelle, Fait fausse confidence à son époux fidèle* (Mol.); mais se dit, de nos jours, d'un amant ou d'un amoureux, soit avec une nuance ironique, soit avec l'idée que la liaison est plus de galanterie que d'amour : → Amour. **Greluchon,** amant de cœur d'une femme entretenue. **Soupirant,** amoureux qui aspire timidement à devenir mari ou amant. **Tourtereau,** amant ou mari jeune, tendre et très sentimental, s'emploie surtout au pl. en parlant de jeunes amants ou de jeunes époux : *Les tourtereaux finissaient par être ennuyeux, tant ils s'embrassaient* (ZOLA). **Bien-aimé,** syn. littéraire d'*amoureux* ou d'*amant,* avec une nuance d'amour spirituel. **Berger,** amant ou amoureux dans la pastorale : *L'heure du berger.* **Céladon,** ironiquement, soupirant sentimental de *L'Astrée,* **Colin,** jeune amoureux villageois de comédie et d'opéra-comique, surnoms littéraires d'un amoureux. **Flirt,** syn. fam. d'*amoureux* avec la nuance indiquée à *caprice* (→ ce mot). **Chéri,** n., s'emploie comme terme de tendresse en parlant à une personne aimée dans l'expression *mon chéri;* est fam. dans les autres emplois comme syn. d'*amoureux,* de *flirt : C'est son chéri.* ¶ 2 → Amateur.

Amante, au XVIIᵉ s., fém. d'*amant* dans le langage noble pour désigner celle qui est aimée et aime passionnément; **Maîtresse** (→ ce mot), plus fam., désignait à la même époque une femme aimée qui n'aime pas forcément. De nos jours les deux mots ont gardé entre eux la même nuance comme fém. d'*amant* (→ ce mot) au sens moderne. **Amie,** par euphémisme, amante ou maîtresse. *Amoureux,* au sens du XVIIᵉ s., a pour fém. **Amoureuse** et, au sens moderne, *amoureuse,* **Bonne amie, Liaison, Flirt, Bien-aimée** ou **Fiancée** suivant les nuances du sentiment. Mais *amoureuse* se dit aussi d'une amante qui sait aimer, est portée à l'amour : *Voie lactée, ô sœur lumineuse, Des blancs ruisseaux de Chanaan Et du corps blanc des amoureuses* (APOL.). Surnoms littéraires d'amantes, de maîtresses ou d'amoureuses : **Iris,** maîtresse poétique; **Dulcinée, Célimène,** etc. **Connaissance** est pop.

Amarrer : → Attacher.

Amas : ¶ 1 Sans idée d'accumulation en hauteur, *Amas,* réunion d'êtres ou de choses venues de partout, par apport successif : *Amas de pierres* (CHAT.); *de vapeurs* (CORN.); *de lances et d'épées* (RAC.). **Ramas,** amas d'êtres ou de choses hétéroclites sans grande valeur : *Ramas d'étrangers* (RAC.). **Ramassis,** ramas où tout est mauvais : *Ramassis de canaille* (J.-J. R.). **Fatras,** amas confus de choses seulement : *Fatras de lettres* (GENLIS). ¶ 2 Avec l'idée d'une accumulation en hauteur, l'*Amas* s'étend en tous sens et se dit seul pour les liqui-

des, mais les mots suivants n'envisagent qu'un groupement achevé et dans le sens de la hauteur. Le **Tas,** plus petit que le **Monceau,** peut être fait exprès, ce qui n'est pas le cas du *monceau,* et se composer de choses qui ont une existence à part alors que le *monceau* forme plutôt une masse dans laquelle on ne distingue pas d'individus : *Faites-en quatre tas aux quatre coins du monceau* (L. F.). *Monceau de fleurs* (MAU.). *Tas de mots* (BAUD.). **Amoncellement,** action d'amonceler ou son résultat, monceau fait d'apports successifs: *Amoncellement des neiges.* **Pile,** tas plus haut que large, cylindrique ou prismatique, avec ordre et symétrie : *Pile de fûts ou de sacs* (CAM.). — **Masse,** grand amas de parties qui font un ensemble : *Les masses profondes de têtes n'étaient plus qu'un bariolage* (ZOLA). **Bloc,** amas ou, assemblage de diverses choses, et spéc. de marchandises, formant une assez grosse masse : d'une façon générale, pour désigner un amas ou un corps, *masse* fait penser à la grosseur du volume, *bloc* à l'unité de l'ensemble : *Elle voyait la masse énorme* [de la cathédrale] *se détacher d'un bloc sur le ciel étoilé* (ZOLA). ¶ 3 Au fig. *Amas* se dit de ce qui vient de toutes parts ou s'accumule par apports successifs : *Amas de crimes* (MAS.), *de superstitions* (RAC.); **Tas,** de ce qui est en grand nombre : *Tas de solécismes* (VOLT.); **Fatras,** de ce qui est confus et insipide : *Fatras de grimoires* (L. F.), *de bagatelles* (SÉV.); **Ramas** (→ ce mot) et **Ramassis,** plus péj., de ce qui ne vaut pas grand-chose ou ne vaut rien et spéc. d'un mauvais recueil : *Ramassis de phrases sonores et inintelligibles* (J.-J. R.).

Amasser : ¶ 1 → Assembler. *Amasser,* recueillir en grande quantité un certain nombre de choses qu'on veut se procurer, puis les grouper. **Ramasser,** amasser avec soin, de toutes parts, sans rien négliger : *Il amassa tant de trésors* (S.-S.). *Les trésors immenses que sa femme ramassa de toutes parts* (S.-S.). **Entasser** (→ ce mot), **Amonceler, Empiler** enchérissent : → Amas. **Accumuler,** mettre les unes sur les autres des choses qu'on possède déjà ou qu'on se procure, en allant jusqu'à un comble, en entassant sans cesse et en gardant entassé : *Un homme accumulait, il entassait toujours* (L. F.). **Emmagasiner,** mettre en magasin, par ext. en termes d'arts et de physique, accumuler pour mettre en réserve : *Emmagasiner de la chaleur.* ¶ 2 → Économiser.

Amateur : ¶ 1 *Amateur,* celui qui se déclare pour une chose qu'il aime et qui la recherche activement : *Prince amateur de tous les arts de l'Europe* (VOLT.). **Connaisseur,** celui qui recherche avec goût, donc qui raisonne et approfondit sa connaissance de la chose : *Un amateur de bon vin n'est pas forcément un connaisseur*. **Curieux**, amateur de choses nouvelles ou rares : *Panégyrique extraordinaire cité par les curieux de littérature* (L. H.). **Dilettante** (ital. « qui se délecte »), amateur passionné de musique et par ext. des autres arts, implique surtout le plaisir esthétique. ¶ 2 Qui aime une chose morale d'un véritable amour. *Amateur* en ce sens est vx. **Ami** implique une sympathie raisonnée : *Ami des lettres, de la modération* (Lit.); **Amoureux**, un goût passionné, mais qui ne passe pas toujours en actes, pour des choses qui en valent ou non la peine : *Hommes follement amoureux de la valeur et de la gloire* (Mas.). **Amant**, partisan déclaré de quelque chose qui en vaut la peine : *Amant de la vertu* (Buf.). ¶ 3 Péj. *Amateur*, celui qui affecte de se déclarer pour une chose qui au fond ne le passionne pas et pour laquelle il ne fait pas effort : *Cet élève travaille en amateur*. **Dilettante**, celui qui ne fait une chose que par plaisir, sans croire à son activité et sans vouloir la poursuivre quand elle a cessé de lui donner du plaisir : *Dilettante qui ne croit profondément à rien* (J. Rom.).

Ambages : → Périphrase.

Ambassade : Représentation d'un État auprès d'un État étranger. L'*Ambassade* représente un État auprès du gouvernement et s'occupe de ses intérêts majeurs. **Légation**, mission entretenue par un État auprès d'un gouvernement auprès duquel il n'a pas d'ambassade. Le **Consulat** s'occupe de protéger les intérêts des nationaux en pays étranger et n'a qu'une compétence limitée auprès des autorités locales.

Ambassadeur : → Envoyé.

Ambiance : → Milieu.

Ambiant : → Environnant.

Ambigu, en parlant des pensées, des discours, des actions, qui présente deux ou même plusieurs sens possibles de sorte que l'esprit ne saurait se déterminer clairement pour aucun : *Épigraphe ambiguë qui rendit Olivier songeur, mais qu'il était bien libre après tout d'interpréter comme il voudrait* (Gi.). **Équivoque**, qui a deux sens entre lesquels on hésite et, souvent qui a été rendu tel à dessein, marque un défaut toujours fâcheux et se dit surtout des mots : *Mots équivoques et captieux* (Pasc.). **Louche** suggère une déviation de la normale qui fait soupçonner une erreur ou un piège et, dans le style, se dit de l'allure générale de la phrase qui est sans essentiel : *Endroits un peu louches* (Volt.). **Amphibologique**, terme savant, ne se dit que d'une maladresse grammaticale (homonymie, mot équivoque, construction syntaxique, inversion, etc.) qui rend le sens ambigu.

Ambiguïté, Équivoque, Amphibologie : → Ambigu. A noter de plus qu'*ambiguïté* désigne surtout un défaut, *équivoque*, un fait, d'où son emploi au pluriel : *Ambiguïté de la confession de foi* (Bos.). *Équivoques infâmes* (Mol.). **Double sens**, équivoque toujours volontaire qui peut avoir pour but l'enjouement tandis que l'*équivoque* est plutôt méchante, de mauvaise foi ou obscène : *Tout oracle est douteux et porte un double sens* (L. F.).

Ambition : → Désir.

Ambitionner : → Vouloir. Rechercher avec ardeur. *Ambitionner*, en bonne et en mauvaise part, avoir le désir passionné de quelque chose qui paraît au-delà de nos possibilités et qui ne nous est pas dû : *J'ambitionne encore l'honneur d'être curé, mais je ne l'espère plus* (J.-J. R.). **Briguer**, souvent en mauvaise part, manœuvrer pour obtenir de préférence à d'autres ce qu'on désire : *On brigue sourdement la faveur* (Volt.). *Les citoyens qui briguaient le mandat populaire* (Flaub.). **Aspirer à** implique un vif désir, qui ne passe pas en actes, d'un objet ou d'un but souhaités mais parfois très lointains, **Prétendre** implique la déclaration d'un droit réel ou supposé qu'on est décidé à faire valoir : *Tous les princes du monde seront trop peu de chose pour aspirer à vous; les dieux seuls y pourront prétendre* (Mol.).

Ambulant : ¶ 1 N. → Nomade. ¶ 2 Adj. → Voyageur.

Âme : ¶ 1 Principe de la pensée par opposition à la matière. Au sens moderne, *Âme*, substance individuelle, immortelle, animant un corps. **Esprit**, plus général, la substance qui s'oppose à la matière : *Comme Dieu est esprit, mon âme aussi est esprit* (L. B.). En restreignant leur sens, *âme* et *esprit* divergent : *âme*, sensibilité et volonté, source de la vie morale; *esprit*, facultés purement intellectuelles : *Esprits élevés, mais âmes basses; bonnes têtes, mais méchants cœurs* (L. B.). ¶ 2 Principe qui anime. *Âme*, force morale, souvent individuelle : *L'âme de la France*. **Esprit**, ensemble de vues intellectuelles, de maximes : *L'esprit d'un parti peut survivre à un chef qui en était l'âme*. ¶ 3 Vie sensible et volontaire. *Âme*, siège des sentiments moraux. **Cœur**, siège des passions : *Ai-je moins de fierté, moins d'élévation dans l'âme parce que l'amour règne dans mon cœur?* (Staël). ¶ 4 Ce qui subsiste d'un être après sa mort. *Âme*, l'être immortel créé par Dieu. **Esprit**, ce qui faisait de l'être, pendant sa vie, un être pensant et qui semble ne pas avoir péri avec son corps : *On dit l'âme et non l'esprit d'un enfant mort au berceau.* **Mânes,** les esprits des morts chez les Romains, terme poétique, esprits des morts qui semblent encore s'intéresser aux vivants : *Pensez-vous qu'après tout ses mânes en rougissent?* (RAC.).

Améliorer : Faire qu'une chose gagne en valeur. *Améliorer,* rendre meilleur ce qui est capable d'être bon : *Améliorer les services sanitaires de l'armée* (M. D. G.). **Amender,** rendre moins mauvais, en supprimant ce qui est défectueux : *Il y a certains mauvais sujets que rien n'amende* (GI.). *Amender une mauvaise terre.* **Abonnir,** rendre bon (LIT.), ne se dit guère que du vin. **Bonifier,** rendre meilleur ce qui est déjà bon, en parlant d'une terre ou du vin : *La terre que mon père a bonifiée* (J.-J. R.). **Rabonnir,** rare, rendre bon ce qui ne l'est guère ou ne l'est plus, en parlant seulement du vin, des fruits ou des terres. **Perfectionner,** superlatif, rendre excellent, en parlant de ce qui peut être très beau, très ingénieux ou très bon : *Perfectionner ou du moins améliorer* (L. H.).

Aménager : → Arranger.

Amende : → Contravention.

Amender : ¶ 1 → Améliorer. ¶ 2 → Corriger.

Amène : → Aimable.

Amener : ¶ 1 → Mener. ¶ 2 → Occasionner.

Aménité : → Agrément et Amabilité.

Amenuiser : → Amincir.

Amer : ¶ 1 Adj. → Aigre. ¶ 2 N. → Bile.

Amertume : ¶ 1 → Douleur. ¶ 2 → Mal.

Ameuter : ¶ 1 → Attrouper. ¶ 2 → Soulever.

Ami : ¶ 1 Adj. *Ami* marque la plénitude du sentiment : *Visage, langage ami.* **Amical,** qui a rapport à l'amitié, qui pourrait, dans sa forme, être d'un ami : *Ton amical* (BEAUM.). Même nuance entre *En Ami* et *Amicalement.* ¶ 2 *Être ami* est absolu, *Avoir de l'amitié* implique une réserve : *Sans être votre ami, j'ai de l'amitié pour vous* (J.-J. R.). — N. ¶ 3 → *Amant.* ¶ 4 Personne avec qui on est lié. *Ami* ne se dit proprement que de celui avec qui l'on a une liaison d'amitié (→ Attachement), mais tend à s'appliquer, surtout au pl., à des personnes pour qui on a des sentiments moins profonds : *Qu'un ami véritable est une douce chose!* (L. F.). *Ami de table, de jeu* (LIT.); *d'épée* (MOL.). **Familier,** sans impliquer toujours une amitié profonde, suppose des rencontres fréquentes, des relations libres et sans contrainte : *L'ami personnel, le familier de la maison* (J. ROM.).

Intime marque la liaison d'amitié la plus étroite et insiste sur le fait que les amis partagent les sentiments les plus personnels : *Seuls quelques intimes avaient accès dans l'exigu salon particulier de la pastoresse* (GI.). **Camarade** (→ Compagnon), celui avec qui on est lié par des souvenirs communs d'une vie familière en classe, à la caserne, à la guerre, dans certains métiers (ouvriers, comédiens, etc.), certaines activités politiques ou sociales, etc. : *Camarade de classe* (GI.). **Connaissances,** tous les gens avec qui on est entré en rapport pour une raison quelconque et qu'on voit ou l'on pourrait revoir : *Connaissances qu'il s'était faites à la chasse* (HAM.). *Anciennes connaissances* (PASC.). **Relations** (→ ce mot), personnes avec qui on est lié par des rapports mondains ou d'intérêt : *Relations d'affaires* (J. ROM.); souvent en parlant de personnes d'importance : *Avoir des relations.* **Copain,** syn. pop. d'*ami* et de *camarade.* **Cousins,** fam., personnes vivant comme bons amis : *Ces animaux vivaient entre eux comme cousins* (L. F.). **Inséparables,** fam., amis qu'on voit toujours ensemble.

Amical : → Ami.

Amie : → Amante.

Amincir, terme général, diminuer l'épaisseur d'une chose en l'aplatissant ou en retranchant une de ses parties : *Amincir une pièce de bois, une lame au laminoir* (ACAD.). **Aiguiser,** diminuer au bord et sur les bouts. **Allégir,** diminuer sur toutes ses faces un corps considérable : *Allégir une poutre.* **Amenuiser,** diminuer, surtout sur une seule face, un corps en général petit : *Amenuiser une cheville.* **Amaigrir,** en architecture, diminuer l'épaisseur d'une pierre, d'une charpente pour l'ajuster à la place qu'elle doit occuper.

Amitié : ¶ 1 → Attachement. *Amitié,* **Familiarité, Intimité, Camaraderie** : → Ami. ¶ 2 *Avoir de l'amitié* : → (être) Ami. ¶ 3 → Service.

Amnésie : → Oubli.

Amnistie, acte du pouvoir législatif qui a pour but d'effacer un fait punissable, souvent collectif, et en conséquence arrête les poursuites ou efface les condamnations. **Abolition,** syn. d'*amnistie* dans l'ancien droit. **Grâce,** pardon (→ ce mot) que le chef de l'État accorde à un condamné, après le jugement prononcé, en lui remettant la peine dont il est frappé; mais le condamné peut encourir une autre peine moins grave et en tout cas la flétrissure morale du jugement demeure.

Amoindrir : → Diminuer.

Amollir : ¶ 1 *Amollir,* rendre mou ce qui est dur. **Ramollir,** rendre mou ce qui est très dur ou trop dur : *La chaleur du soleil amollit la cire, le feu ramollit le fer* (L.). **Mollifier,** terme de médecine peu usité, rendre mou et fluide. **Attendrir,** rendre tendre, facile à couper et à diviser : *Calciner le roc pour l'attendrir* (Buf.). ¶ 2 Au fig. → Affaiblir. *Amollir,* rendre sans énergie ou, en un sens favorable, sans violence : *La voix de la nature amollit nos cœurs farouches* (J.-J. R.). **Ramollir,** amollir avec excès : *Les Mèdes ramollis par leur abondance* (Bos.). **Attendrir,** rendre sensible, compatissant : *Ce spectacle attendrit la jeune femme. Elle eut de bonnes paroles* (Zola).

Amonceler : → Amasser.

Amoncellement : → Amas.

Amoral (néol.) se dit de ce qui suppose l'absence de tout impératif moral; **Immoral,** de ce qui va contre la morale, mais suppose que celle-ci existe; **Antimoral,** d'un système, d'une théorie prétendant que la morale est inutile : *Ce que fait un animal est amoral; voler est immoral; les théories de Nietzsche sont antimorales.*

Amorce : → Appât.

Amorcer : ¶ 1 → Appâter. ¶ 2 → Commencer.

Amorphe : ¶ 1 → Difforme. ¶ 2 → Mou.

Amorti : ¶ 1 → Sourd. ¶ 2 → Terne.

Amortir : → Modérer.

Amour : → Attachement. Commerce entre les sexes. *Amour,* sentiment passionné qui porte un sexe vers l'autre, implique une impression profonde de l'âme, un abandon de son cœur à une seule personne et une certaine élévation de l'âme. **Galanterie,** *perpétuel mensonge de l'amour* (Mtq.), qui cherche à satisfaire la sensualité et dégénère parfois en débauche. **Coquetterie,** disposition vaniteuse et égoïste à séduire tout le monde sans éprouver le moindre sentiment : *La galanterie est un faible du cœur ou peut-être un vice de la complexion; la coquetterie est un dérèglement de l'esprit* (L. B.). **Caprice** (→ ce mot), amour passager. **Marivaudage, Flirt,** qui diffèrent comme les verbes correspondants (→ Marivauder), échange de sentiments amoureux.

Amouracher [s'] : → [s'] Éprendre.

Amour de soi : → Égoïsme.

Amourette : → Caprice.

Amoureux : ¶ 1 → Amant. ¶ 2 → Amateur.

Amour-propre : ¶ 1 → Égoïsme. ¶ 2 → Orgueil.

Amphibologie : → Ambiguïté.

Amphibologique : → Ambigu.

Amphigouri : → Galimatias.

Amphigourique : → Obscur.

Amphithéâtre : ¶ 1 → Cirque. ¶ 2 → Hémicycle. ¶ 3 → Balcon.

Amphitryon : → Hôte.

Ample : ¶ 1 → Grand. ¶ 2 → Abondant.

Amplement : → Beaucoup.

Ampliation : ¶ 1 → Dilatation. ¶ 2 → Copie.

Amplification : ¶ 1 → Augmentation. ¶ 2 → Développement.

Amplifier : ¶ 1 → Augmenter. ¶ 2 → Développer.

Amplitude : → Grandeur.

Ampoule : ¶ 1 *Ampoule,* petite tumeur constituée par une accumulation de sérosité, de sang ou de pus entre le derme et l'épiderme soulevé. **Cloque** et **Cloche,** bouffissure de la peau surtout causée par une brûlure, syn. pop. *d'ampoule.* ¶ 2 → Emphase.

Ampoulé : → Emphatique.

Amputation : → Ablation.

Amputer : → Mutiler.

Amulette, petit objet qu'on porte sur soi et qui est censé écarter les maléfices : *Elle porta des amulettes* (Flaub.). **Talisman,** objet qui n'est pas forcément porté sur la personne, mais dont le pouvoir est plus étendu, puisqu'il permet de se défendre, d'attaquer les autres et de produire des effets merveilleux. **Fétiche** (→ ce mot), tout objet naturel ou artificiel dont les peuplades sauvages se servent pour des usages superstitieux et auquel elles rendent des hommages divins; communément, objet ou animal qui est censé porter chance. **Gri-gri,** nom africain des amulettes et talismans vendus par les sorciers, syn. ironique de tous ces mots. **Totem,** animal considéré comme l'ancêtre d'une tribu primitive, ou objet le représentant et servant d'emblème protecteur.

Amusant : → Plaisant et Risible.

Amusement : → Divertissement.

Amuser : ¶ 1 → Distraire. ¶ 2 → Égayer. ¶ 3 → Tromper. ¶ 4 (Réf.) → (se) Distraire. *S'amuser,* passer le temps à se divertir de bagatelles, de choses frivoles : *Elle s'amusait avec la pointe de son couteau à faire des raies sur la toile cirée* (Flaub.). **Jouer,** s'amuser à un jeu (→ Plaisir, Jeu), ou comme à un jeu, en faisant, souvent machinalement, un petit exercice quelconque : *Il jouait avec son stylo* (M. d. G.); absolument, c'est s'amuser en parlant d'un enfant. ¶ 5 (Réf.) → Flâner.

Amusette : → Bagatelle.

An, espace de temps abstrait, indivisible, considéré en lui-même et servant à marquer une époque : *L'an mille.* **Année,** durée déterminée et divisible, remplie par une série d'événements et relative soit à ces événements soit à la personne qui les a vécus : *Bonne année. Année scolaire.* C'est pour cela qu'à la différence d'*an*, *année* reçoit le plus souvent un qualificatif. *An* s'emploie toutefois avec un qualificatif dans certaines loc. comme *Bon an, mal an.* — *An* a pour syn. poét. **Hiver,** en parlant des personnes d'un âge avancé, **Printemps,** en parlant des personnes jeunes, surtout des femmes.

Ana : → Collection.

Anachorète : → Ermite.

Anachronisme, le fait qu'un événement n'est pas reporté à sa date, remis dans son époque ou erreur dans l'évocation des détails du costume, de la vie d'une époque. **Parachronisme,** erreur dans la date assignée à un événement. **Prochronisme,** parachronisme qui consiste à placer un événement avant sa date, **Métachronisme,** à le placer après.

Anagogie, isme : → Explication.

Anagogique : → Symbolique.

Analecta : → Anthologie.

Analgésie : → Anesthésie.

Analgésique : → Calmant.

Analogie : ¶ 1 → Rapport. **¶ 2** → Induction. **¶ 3** Existence de traits communs entre certaines choses. *Analogie,* terme de science, implique, entre deux choses, un rapport partiel que saisit le raisonnement pour en tirer une induction : *L'analogie lui paraissait si frappante qu'il n'hésitait pas à la pousser plus loin encore* (M. D. G.). **Ressemblance** regarde l'extérieur et la forme, d'une façon assez superficielle. **Similitude** et **Conformité** impliquent une ressemblance plus complète, *similitude* se disant plutôt des choses concrètes et *conformité,* des choses abstraites, intellectuelles ou morales : *Une ombre, je ne dis pas de similitude, mais de ressemblance la plus légère avec nos Parlements* (S.-S.). *L'éléphant a des rapports avec nous par la similitude de ses mouvements et la conformité de ses actions* (BUF.).

Analogue : → Semblable.

Analphabète : → Illettré.

Analyse : ¶ 1 → Décomposition. **¶ 2** → Observation. **¶ 3** → Abrégé.

Analyser : ¶ 1 → Décomposer. **¶ 2** → Examiner. **¶ 3** (Réf.) → (s') Examiner.

Analyste, celui qui pratique, par profession, l'analyse dans ses divers sens, mathématique, chimique, philosophique, etc. : *La Rochefoucauld, analyste du cœur humain.*

Analyseur, péj., celui qui pratique l'analyse philosophique par manie, avec excès, et finit par devenir odieux : *Analyseurs damnés* (GAUT.).

Anamnésie : → Mémoire.

Anaphore : → Répétition.

Anarchie : → Trouble.

Anarchiste : ¶ 1 N. → Révolutionnaire. Celui qui est contre toute autorité. *Anarchiste,* partisan actif de l'anarchie, doctrine politique qui, avec des nuances variées, rejette toute autorité d'État s'imposant à l'individu. **Libertaire,** partisan de la doctrine anarchiste, ne se dit qu'en un sens théorique et spéculatif. **¶ 2** Adj. **Anarchique** est une qualification plus intérieure et essentielle qu'*Anarchiste : Des principes anarchistes professent telle ou telle forme des doctrines de l'anarchie; des principes anarchiques portent l'anarchie en eux-mêmes.*

Anathématiser : ¶ 1 → Maudire. **¶ 2** → Blâmer.

Anathème : ¶ 1 → Malédiction. *Anathème,* terme général, toute malédiction qui rejette hors du sein de la société religieuse ceux contre lesquels elle a été prononcée. **Excommunication,** terme spécial, acte en forme de l'autorité compétente qui prive quelqu'un de la communion des fidèles au moins jusqu'à ce qu'il se soit repenti : *Le pape, un évêque prononcent, lancent, fulminent une excommunication; qui que ce soit peut dire anathème à un hérétique.* **Aggrave,** vx, anathème prononcé autrefois par l'official contre celui que l'excommunication n'avait pas amené à soumission pour le priver de tout usage de la société religieuse. **Interdit,** sentence qui interdit à un laïque d'assister aux offices de l'église, à un ecclésiastique de remplir les devoirs de son sacerdoce, ou que le culte soit célébré en un lieu déterminé. **¶ 2** Au fig. → Blâme.

Anatomie : ¶ 1 Division du corps de l'homme ou d'un animal pour arriver à le connaître exactement. L'*Anatomie* est une science, la **Dissection,** une opération manuelle : *L'anatomie, science qui donne la connaissance des parties du corps humain par la dissection* (ROLL.). Au sens de *dissection, anatomie* est plus noble et implique qu'on fait la dissection pour acquérir une connaissance d'ensemble. **Autopsie,** dissection d'un cadavre pour se rendre compte de l'état des organes et des causes de la mort. **Anthropotomie,** peu usité, dissection humaine. **Vivisection,** dissection d'un animal vivant. **¶ 2** Au fig. *Anatomie,* analyse détaillée : *L'objet perpétuel de Newton est l'anatomie de la lumière* (FONT.). **Dissection,** plus fam., examen, analyse minutieuse, parfois malveillants ou sévères : *Dissection de notre âme que Dieu fera* (BOUR.). **¶ 3** → Corps.

Ancêtres : ¶ 1 → Pères. **¶ 2** Ceux à qui l'on succède. On succède à ses *Ancêtres,* dont on descend par le sang et par l'esprit; on occupe la place de ses **Prédécesseurs** et de ses **Devanciers**, dont on reprend l'activité politique, sociale, littéraire, etc. *Prédécesseur*, plus noble que *devancier*, s'emploie plutôt en parlant d'un poste qui est confié; *devancier* se dit surtout de celui qui nous a précédés dans une activité et prépare ce que nous ferons à notre tour : c'est presque un précurseur (→ ce mot) : *Sixte Quint licencia les gardes de ses prédécesseurs* (VOLT.). *Mathurin Régnier, De l'immortel Molière immortel devancier* (MUS.). **Aînés**, ceux qui sont plus âgés que nous dans la vie ou qui nous précèdent immédiatement dans une carrière.

Ancien : ¶ 1 Adj. → Vieux. ¶ 2 N. → Vétéran et Vieillard.

Anciennement, dans le passé le plus reculé, surtout par rapport aux usages : *Bacchus était anciennement représenté avec des cornes* (VOLT.). **Autrefois**, dans un passé plus récent; surtout par opposition au présent: *L'éducation de la jeunesse est beaucoup meilleure qu'elle était autrefois* (J.-J. R.). **Jadis**, fréquent dans la poésie ou le récit fam., ajoute une nuance de regret du bon vieux temps : *Français, nation jadis aimable et douce, qu'êtes-vous devenus?* (J.-J. R.). **Antan** (étym. « l'année dernière »), peu usité, et **Naguère** (étym. « il n'y a guère de temps ») se disent d'un passé récent et ne s'appliquent que par contresens au passé lointain : *Mais où sont les neiges d'antan?* (VILLON). *Jadis et Naguère* (VERL.).

Ancrer : ¶ 1 → Stopper. ¶ 2 → Attacher. ¶ 3 Au fig. → Fixer.

Andouiller : → Corne.

Androgyne : → Hermaphrodite.

Androïde : → Automate.

Ane : ¶ 1 *Ane* (fém. ânesse) est le nom ordinaire de l'animal. **Baudet**, âne mâle destiné à la reproduction. **Bourrique**, ânesse, désigne aussi l'âne, mais, surtout dans le style commun, comme une pauvre bête de somme chargée sans ménagement : *Eh quoi, charger ainsi cette pauvre bourrique!* (L. F.). **Bourricot**, petit âne. **Onagre**, âne sauvage. **Grison**, âne, est fam.; **Roussin d'Arcadie**, terme de La Fontaine, est plaisant et littéraire. ¶ 2 Au fig. → Bête. Celui qui ne peut rien comprendre. *Ane*, incapable de rien comprendre quoi qu'il étudie. **Aliboron**, nom donné à l'âne par La Fontaine, ajoute une idée de sottise prétentieuse, **Baudet**, de naïveté ridicule, **Bourrique**, plus vulgaire et péj., d'entêtement.

Anéantir : ¶ 1 → Détruire. *Anéantir*, détruire une chose de sorte qu'il n'en reste rien; **Annihiler**, terme abstrait de la métaphysique ou de la jurisprudence, réduire à rien, parfois momentanément, l'activité ou les effets d'une chose : *Annihiler l'âme* (DESC.); *un arrêt du conseil* (BEAUM.). ¶ 2 → Vaincre. ¶ 3 (Réf.) → [s'] Humilier.

Anéantissement : ¶ 1 → Destruction. ¶ 2 → Langueur. ¶ 3 → Abattement. ¶ 4 → Humilité.

Anecdote : → Histoire.

Anémié : → Faible.

Anerie : → Stupidité.

Anesthésie, privation générale ou partielle de la faculté de sentir. **Analgésie**, anesthésie du sens de la douleur seulement.

Anfractuosité : → Cavité.

Ange, être purement spirituel, intermédiaire entre Dieu et l'homme, se dit de tous les esprits célestes qui portent des noms différents selon leur place dans les trois chœurs des trois hiérarchies : première hiérarchie, **Séraphins, Chérubins, Trônes**; deuxième hiérarchie, **Dominations, Vertus, Puissances**; troisième hiérarchie, **Principautés, Archanges, Anges**.

Angle : ¶ 1 Point de rencontre de deux lignes ou de deux surfaces. *Angle*, qui désigne en géométrie l'ouverture de deux lignes ou de deux plans qui se coupent, est abstrait, précis; **Coin**, concret, imprécis et plus fam. : *Le coin du roi est juste dans l'angle de la muraille; quand le roi n'y est point, ce coin est nu* (S.-S.). **Encoignure**, angle intérieur formé par deux murs : *Au fond, dans l'encoignure* (V. H.). **Coude**, angle saillant d'un corps ou changement de direction : *Coude d'un tuyau. Coude d'un fleuve* (J.-J. R.). **Arête**, ligne formée par deux surfaces qui se coupent en angle saillant : *Arête d'une voûte, d'un glacis, d'une baïonnette.* **Carre**, angle, seulement dans quelques loc. comme *carre d'un bois.* **Corne**, fig., angle saillant pointu semblable à une corne que présentent certains objets : *Les cornes d'un croissant.* **Saillant**, partie d'un ouvrage de fortification en saillie, a été mis à la mode, dans la guerre 1914-1918, pour désigner l'angle saillant que fait la première ligne du front. ¶ 2 → Aspect.

Angoisse : ¶ 1 → Transe. ¶ 2 → Souci.

Angoissé : → Inquiet.

Anicroche : → Difficulté.

Animadversion : → Blâme.

Animal : ¶ 1 Par opposition à végétal, minéral, *Animal*, être animé doué de vie, de sensibilité, de mouvement; en ce sens l'homme est un *animal*. **Bête**, être animé privé de raison et donc autre que l'homme. ¶ 2 Par opposition à l'homme, *Animal* a un sens général et parfois une nuance flatteuse, si l'on insiste sur l'ingéniosité de l'instinct. **Bête** insiste toujours sur l'absence de raison : *Montaigne préfère les animaux à l'homme, leur instinct à notre raison; qui connaître une première nature, adorer son éternité n'est-ce rien qui nous distingue des bêtes?* (Bos.). **Brute** implique l'absence totale d'intelligence et, en plus, l'instinct grossier, l'appétit ignoble : *Dans la brute assoupie un ange se réveille* (Baud.). **Bestiole**, petite bête souvent désagréable. **Pécore**, syn. vx d'*animal*. ¶ 3 Au fig., comme terme d'injure adressé à l'homme, *Animal* implique rudesse et grossièreté : *Colonel assez mal plaisant animal* (P.-L. Cour.). **Bête** (→ ce mot), et ses syn. impliquent inintelligence, **Brute** (→ ce mot), une aveugle brutalité jointe à une impétuosité féroce et à une licence effrénée. **Pécore** (→ ce mot) ne se dit que d'une femme sotte.

Animateur : → Protagoniste.

Animation : ¶ 1 → Activité. ¶ 2 → Vivacité. ¶ 3 → Chaleur.

Animé : → Vivant.

Animer : ¶ 1 → Vivifier. ¶ 2 → Mouvoir. ¶ 3 → Encourager.

Animosité : ¶ 1 → Violence. ¶ 2 → Haine.

Ankylosé : → Engourdi.

Annales : → Histoire.

Anneau : ¶ 1 *Anneau*, cercle de matière dure qui le plus souvent sert à tenir quelque chose. **Boucle**, anneau ou rectangle de métal portant un ou plusieurs ardillons pour assujettir le bord d'une courroie ou la patte d'une ceinture. ¶ 2 (de cheveux) *Anneau*, rare de nos jours, grosse **Boucle** de cheveux frisés. **Frison**, petite boucle de cheveux qui tombe sur la nuque. **Anglaises**, vx, boucles de cheveux longues et roulées en spirales. ¶ 3 Petit cercle qu'on met au doigt. *Anneau* convient bien pour l'antiquité; **Bague**, pour les temps modernes; mais surtout *anneau* est plus noble et désigne le symbole d'un état ou d'une dignité alors que la *bague* n'est le plus souvent qu'un ornement : *Anneau nuptial, épiscopal.* **Alliance**, anneau nuptial. **Chevalière**, bague à large chaton. **Jonc**, anneau, sans chaton, dont la section est un cercle de même diamètre sur toute sa longueur.

Année : → An.

Annexe : N. ¶ 1 → Dépendance. ¶ 2 → Succursale. ¶ 3 Adj. → Adhérent.

Annexé : → Adhérent.

Annexer : → Joindre.

Annihiler : → Anéantir.

Anniversaire : → Commémoration.

Annonce : ¶ 1 → Avis. ¶ 2 → Signe, Présage et Prédiction.

Annoncer : ¶ 1 → Déclarer. ¶ 2 → Prédire. ¶ 3 → Présager.

Annonciateur : → Précurseur.

Annotation : → Commentaire.

Annuaire, recueil annuel contenant le résumé des événements de l'année précédente, des notices biographiques, des adresses, des renseignements intéressant telle ou telle profession. **Bottin**, annuaire du commerce. **Bottin mondain**, annuaire du grand monde. **Gotha** (par abréviation pour **Almanach de Gotha**), annuaire généalogique et diplomatique.

Annuel, terme courant, qui revient tous les ans. **Solennel**, vx, se dit surtout des fêtes. **Étésien** ne se dit que dans la loc. *Vents étésiens.*

Annuler : → Abolir.

Anoblir regarde l'état social et se dit d'une personne agrégée par un titre à la classe des nobles. **Ennoblir** regarde l'état moral, implique une noblesse intérieure et se dit des personnes et des choses : *Mille coquins anoblissent tous les jours leur famille* (J.-J. R.). *Cela seul ennoblit qui suppose dans l'homme une valeur intellectuelle ou morale* (Ren.).

Anodin : ¶ 1 → Inoffensif. ¶ 2 → Insignifiant. ¶ 3 → Inefficace.

Anomal, Anormal : → Irrégulier.

Anse : ¶ 1 → Golfe. ¶ 2 → Poignée.

Antagonisme : → Opposition.

Antagoniste : → Ennemi.

Antan : → Anciennement.

Antarctique : → Austral.

Antécédent : ¶ 1 → Antérieur. ¶ 2 Ce sur quoi on appuie une conclusion. *Antécédent* suppose un rapport logique et désigne, en logique, les prémisses d'un raisonnement qui amènent la conclusion, en droit, ou en médecine, les faits antérieurs qui éclairent les faits actuels : *Vous avez la chance de n'avoir aucun antécédent pathologique du côté respiratoire* (M. D. G.). *Précédent* suppose un simple rapport de temps et désigne un événement antérieur qui peut servir d'exemple : *Gêné de devoir incorporer cette nuit sans précédents aux précédents de son histoire* (Gi.).

Antédiluvien : → Vieux.

Anténuptial, qui précède le mariage : *Dons anténuptiaux.* **Prénuptial**, qui est nécessaire, avant le mariage, pour que celui-ci soit possible : *Certificat prénuptial.*

Antérieur exprime une priorité vague, assez abstraite, surtout de temps, un intervalle plus ou moins grand entre deux choses, et a une valeur relative : l'antériorité est plus ou moins grande par rapport à quelque chose : *Retrouver en lui cet être antérieur, séculaire* (PROUST). **Précédent** se dit surtout des choses et de leur ordre, implique qu'elles se touchent, et se dit absolument sans aucune indication de quantité : *Dans un siècle très antérieur au siècle précédent*. **Antécédent** est uniquement un terme savant et suppose un rapport logique : *Remonter de chacune de ces propositions à d'autres propositions antécédentes* (BUF.). **Préexistant**, qui existe antérieurement à autre chose : *Le passé des personnages est préexistant à l'action qui les rassemble fortuitement sur la scène* (M. D. G.).

Antérieurement : → Avant.

Anthologie, recueil des morceaux les plus beaux ou au moins les plus caractéristiques tirés des œuvres de poésie, de prose, de musique. La **Chrestomathie** choisit, dans des œuvres en prose et en vers, ce qui est utile et propre à l'enseignement. Le **Florilège** choisit la fleur des poésies, des prières, des réflexions surtout remarquables par leur beauté morale. Le **Spicilège** glane des documents rares et érudits ou des pensées morales. **Analecta** ou **Analectes** (vx), simple recueil de morceaux choisis d'un ou plusieurs écrivains : → Collection. De nos jours, pour désigner un livre scolaire de ce genre, on dit **Morceaux** (ou **Textes**) **choisis**, et **Extraits** ou **Pages choisies** si les textes sont tirés de l'œuvre d'un seul écrivain.

Anthrax : → Furoncle.

Anthropophage, tout homme qui se nourrit de chair humaine. **Cannibale** ajoute l'idée de cruauté et de brutalité féroce : *Férocité de cannibale.*

Antichambre : → Vestibule.

Anticiper : ¶ 1 → Devancer. ¶ 2 → Usurper.

Anticombustible se dit des matières qui s'opposent à la combustion; **Ignifuge,** de celles qui rendent ininflammables des matières naturellement combustibles.

Antidate, Postdate, falsification volontaire qui consiste à apposer sur un acte une date fausse marquant un jour antérieur ou postérieur au jour réel. Une **Fausse date** peut n'être que le résultat d'une erreur.

Antidote : ¶ 1 → Contrepoison. ¶ 2 → Remède.

Antienne : ¶ 1 → Cantique. ¶ 2 → Refrain.

Antimilitaire, qui s'oppose en fait, par sa nature, à l'esprit militaire. **Antimilitariste,** qui manifeste une doctrine visant à détruire les institutions militaires : *Le refus de saluer un officier est un acte antimilitaire; l'objection de conscience, une attitude antimilitariste.*

Antimoral : → Amoral.

Antinomie : → Contradiction.

Antipathie : ¶ 1 → Éloignement. ¶ 2 → Haine.

Antiphrase : → Litote. Façon de parler qui fait dire aux mots le contraire de leur sens habituel. *Antiphrase,* le fait d'appeler une chose ou une personne par le nom qui ne lui convient pas, et cela par ironie ou par crainte : *C'est par antiphrase que récompense se dit pour châtiment.* **Contre-vérité,** en général, proposition entière qui, en fait, dit le contraire de la vérité : *Les louanges dans le style du monde sont souvent des contre-vérités déguisées* (BOUR.).

Antique : ¶ 1 → Vieux. ¶ 2 → Âgé.

Antireligieux : → Incroyant.

Antisepsie : → Assainissement.

Antithèse : → Opposition.

Antonyme : → Contraire.

Antre : → Caverne.

Anus, orifice du rectum. **Fondement,** nom vulgaire de l'anus : *Démangeaisons au fondement* (VOLT.) : → Derrière.

Anxiété : → Transe.

Anxieux : → Inquiet.

Apache : → Malfaiteur.

Apaisement : → Paix.

Apaiser : ¶ 1 Faire cesser le trouble. *Apaiser,* ramener définitivement à la paix des personnes ou des choses, en général accidentelles, qui provoquent un trouble important : *A l'instant Dieu apaise l'orage* (MAS.). **Calmer,** modérer ou ramener momentanément à la paix des personnes ou des choses qui sont dans un état de trouble permanent ou léger : *Calmer ses créanciers* (ZOLA). *Calmer notre fièvre* (V. H.). **Pacifier,** au prop. seulement, apaiser par voie de négociation et d'accommodement et de préférence avant que le trouble ait atteint son maximum : *Pacifier les troubles que les ennemis de la France cherchaient à susciter* (S.-S.); parfois aussi faire cesser les troubles, les résistances dans un pays par la force : *Pacifier une colonie* — **Détendre** ne se dit que d'une situation où règne la mésintelligence notamment entre États, lorsqu'on fait disparaître la menace de conflit qu'elle contient. ¶ 2 → Tranquilliser. ¶ 3 → Soulager.

Aparté : → Soliloque.

Apathie : ¶ 1 Incapacité d'être ému. *Apathie,* léthargie complète de l'âme qui la rend incapable de sentir et d'**agir.**

Indolence, qui dit moins, état de détachement paresseux et tranquille dans lequel on se complaît, mais qui peut être secoué : *Les études retirent un prince, de l'oisiveté, de l'indolence* (ROLL.). *Noyé dans la graisse et dans l'apathie* (S.-S.). **Indifférence** (→ ce mot), le fait, pour l'esprit, de ne pas faire une différence entre les choses qui devraient l'intéresser plus ou moins, marque parfois une qualité, lorsqu'il s'agit d'un certain détachement des choses du monde qui n'empêche pas d'agir. **Insensibilité**, incapacité du cœur à être ému, indique en général un défaut : *L'indifférence de saint François de Sales n'était pas une indolence, ni l'insensibilité des nouveaux mystiques qui se glorifient de voir tous les hommes non pas malades mais damnés, sans s'en émouvoir* (Bos.). ¶ 2 Incapacité d'agir. Alors qu'**Inaction** (→ ce mot) marque l'inactivité pure et simple, *Apathie* indique qu'on n'agit point parce que l'on est incapable d'avoir la moindre réaction. **Indolence** dit moins et marque un détachement paresseux. **Assoupissement** (→ ce mot) et ses syn. **Somnolence** et **Léthargie** marquent un défaut de zèle, d'énergie dû souvent au fait qu'on se complaît dans l'inaction. **Mollesse** (→ ce mot) marque une action très peu volontaire; **Langueur** (→ ce mot) et ses syn., une impuissance à agir due à la faiblesse, **Torpeur** et **Engourdissement** (→ ce mot), une sorte de paralysie.

Apathique, **Indolent**, **Indifférent** (→ ce mot), **Insensible**, **Inactif** (→ ce mot), **Mou** : → Apathie.

Apatride, dans le langage relevé, individu sans nationalité aux yeux de la loi et qu'aucun État n'accepte ni ne revendique pour ressortissant. En droit international on dit **Heimatlos** (mot allemand). **Sans-patrie** est le terme commun qui désigne à la fois ceux qui légalement n'ont pas de patrie et aussi ceux qui renient toute patrie (ACAD.).

Apercevable : → Visible.

Apercevoir : → Voir. *Apercevoir* se dit pour une chose qui se montre à la vue ou s'impose à l'esprit : *Apercevoir des collines* (FÉN.); **S'apercevoir**, pour ce qu'on découvre par une activité de l'esprit après ne l'avoir pas remarqué tout d'abord : *Il s'aperçut soudain que l'allée était balayée* (A. FOUR.).

Aperçu : → Idée.

Apetisser : → Diminuer.

A peu près : ¶ 1 → Environ. ¶ 2 → Jeu de mots.

Apeuré : → Inquiet.

Aphasie, terme général, perte, à la suite d'une lésion au cerveau, de la mémoire des signes grâce auxquels nous échangeons nos idées avec nos semblables. **Aphémie**, forme d'*aphasie* dite motrice, impossibilité d'exprimer des idées au moyen de la parole. On appelle souvent l'*aphémie aphasie*, au sens restreint du mot dans la médecine d'autrefois. **Aphrasie**, simple trouble de la parole qui fait que les mots ne sont pas utilisés dans leur véritable sens.

Aphérèse, chute d'une syllabe au commencement d'un mot (ex. *Celui* vient d'*icelui* par aphérèse); **Syncope**, dans le corps d'un mot (ex. *gaîté* pour *gaieté*); **Apocope**, à la fin (ex. *encor* pour *encore*).

Aphorisme : → Pensée.

Apis : → Abeille.

Apitoyer : ¶ 1 → Émouvoir. ¶ 2 (Réf.) → Plaindre.

Aplati : → Camus.

Aplatir : → Écraser.

Aplatissement : → Bassesse.

Aplomb : ¶ 1 → Équilibre. ¶ 2 → Confiance. ¶ 3 *D'aplomb* : → Verticalement.

Apocalyptique : ¶ 1 → Obscur. ¶ 2 → Effrayant.

Apocryphe : → Supposé.

Apogée : → Comble.

Apologie : Action de soutenir, par écrit ou de vive voix, une cause quelconque en général juste. L'*Apologie* s'oppose à des reproches généraux répandus dans le public et les prévient par un éloge qui cherche à provoquer une meilleure opinion (d'où par ext. le sens d'*éloge* qu'on donne parfois improprement au mot) : *Il sortit brusquement de son mutisme pour se lancer dans une apologie féroce des profiteurs* (M. D. G.). La **Défense** (→ ce mot) réfute catégoriquement une accusation précise formulée devant des juges : *Les plus savants ministres protestants entreprirent la défense de la doctrine de la grâce universelle. Daillé en fit l'apologie* (Bos.). **Justification**, fin dont *apologie* et *défense* sont les moyens, désigne aussi le travail et les efforts qui tendent à disculper, et, dans ce cas, implique seul l'idée de preuve démonstrative : *Une justification si évidente ne fut point reçue* (VOL.).

Apologue : ¶ 1 → Symbole. ¶ 2 → Fable.

Apophtegme : → Pensée.

Apoplexie : → Congestion.

Apostasier : → Renier.

Apostat : → Renégat.

Aposter : → Poster.

Apostille : → Note.

Apostolat : → Mission.

Apostropher : → Interpeller.

Apothéose : Action d'élever au rang des dieux. *Apothéose*, cérémonie solennelle : *On célébrait l'apothéose des empereurs romains*. **Déification** indique l'acte abstraitement sans le dépeindre : *Déification des bêtes et des légumes chez les Égyptiens*.

Apothéoser : → Louer.

Apothicaire : → Pharmacien.

Apôtre : Au fig. → Combattant.

Apparaître : ¶ 1 → Paraître. **¶ 2** → Ressortir.

Apparat : ¶ 1 → Appareil. **¶ 2** → Luxe.

Appareil : ¶ 1 → Instrument. *Appareil*, terme très général, tout assemblage d'organes, mécaniques ou non, disposés pour fonctionner ensemble et atteindre un certain but : *Appareil orthopédique, digestif, de gymnastique, à vapeur*. **Machine**, appareil destiné à produire certains effets extérieurs soit en transformant l'énergie, soit en l'utilisant. **Mécanique**, machine en général peu importante, mais d'une structure délicate ou compliquée : *Mécanique Jacquard*. **Métier**, mécanisme, dispositif qui sert à certaines fabrications, surtout de tissus : *Métier de tisserand*. **Engin**, appareil, mais aussi instrument, arme ou piège, d'une complication ingénieuse ou, souvent péj., qui fonctionne mal ou a un effet malfaisant : *Je connais les engins de son vieil arsenal : Crime, horreur et folie* (BAUD.). **¶ 2** → Attirail. **¶ 3** → Préparatifs. **¶ 4** Étalage de choses qui produit une impression d'éclat. *Appareil* insiste surtout sur le déploiement de tout un ensemble de moyens pour arriver à un but déterminé : *Appareil d'un festin*; avec souvent une idée de magnificence : *Sans aucun appareil, sans fatras, sans discours* (PÉG.); mais un *appareil* peut être *funèbre* (CORN.), *triste* (RAC.) et même *simple* (RAC.). **Apparat** insiste sur l'effet produit par le déploiement volontaire d'un appareil somptueux, outrancier, et, quand il s'agit de littérature, emphatique ou pédant : *La plaidoirie moderne donne rarement lieu à l'appareil de la haute éloquence. Dans toutes les causes vulgaires l'apparat serait ridicule* (MARM.). **Mise en scène**, fig. et souvent péj., appareil et parfois apparat, destiné à mettre en valeur, d'une façon théâtrale, un homme ou une action : *La mise en scène de l'amour* (BALZ.).

Appareiller : → Accoupler.

Apparemment est relatif à celui qui parle : *Apparemment il viendra, c'est-à-dire il viendra autant que nous pouvons en juger sur les apparences*. **En apparence**, relatif à la chose dont on parle, extérieurement : *Sans la charité toutes les vertus ne sont telles qu'en apparence* (MALEB.).

Vraisemblablement, Probablement : → Apparent.

Apparence : ¶ 1 → Aspect. Ce qui dans les êtres ou les choses se montre d'abord aux regards. *Apparence*, relatif à l'esprit qui voit, désigne non une qualité de la chose, mais l'impression qu'elle produit sur l'esprit : *Il n'avait plus, sauf les yeux, d'apparence humaine* (FLAUB.). **Dehors**, qualité apparente de la chose, mais qui n'en fait pas partie, la recouvre, peut tromper sur elle : *Et sous l'humble dehors d'un respect affecté Il cache le venin de sa malignité* (BOIL.). **Extérieur**, partie de la chose qui n'en est que la forme visible et non la réalité essentielle : *Le plaisir que lui causait l'extérieur de Paul* (BALZ.). **Écorce**, par métaphore, au fig., extérieur souvent vil, rude et grossier par opposition à une excellence essentielle : *Cet extérieur de l'Église, c'est l'écorce, mais c'est sous l'écorce que se coule la bonne sève de la grâce et de la justice* (BOS.). **Surface** et **Superficie**, par métaphore, au fig. seulement, désignent chez les êtres, les objets naturels ou les choses morales, non pas un indice vrai ou faux de ce qu'ils sont réellement, mais ce qui n'est qu'une toute petite partie de la chose réelle et ne suffit pas pour la connaître ni pour lui donner l'existence. *Superficie* se dit surtout pour la connaissance : *Ne connaissant encore que fort légèrement Mlle Gamard et l'abbé Troubert, il n'aperçut que la superficie de leurs caractères* (BALZ.). *Surface* peut avoir rapport à l'action : *Je ne pratique que la surface des préceptes* (FÉN.). **¶ 2** En un sens très voisin, mais en insistant sur l'impression produite qui nous fait conclure à tort ou à raison, à l'existence d'une chose réelle d'après ce que nous voyons, *Apparence* peut impliquer une impression de doute et des possibilités d'illusion, **Air** indique une impression de confiance, **Semblant**, toujours au fig. et péj., une affectation : *Un air de courage inspire confiance; une apparence de courage peut cacher un poltron; un semblant de courage est une caricature du courage. — Le mal qui se cache sous un tel semblant de bien* (PÉG.). **Faux-semblant**, apparence trompeuse : *Débauche affreusement simple, sans le moindre faux-semblant de tendresse* (MAU.). **Façade**, fig. et péj., apparence trompeuse, semblant qu'une personne se donne comme si elle se déguisait : *Cet homme est tout en façade* (ACAD.). **Teinte**, fig., apparence légère, mais réelle, d'une qualité dans une personne, dans un écrit : *Il me semble que nous aurons tous besoin d'une teinte légère de stoïcisme* (DID.). **Vernis**, fig., apparence brillante, mais trompeuse, qui cache un vide, un vice ou une insuffisance : *La gentillesse de la* *jeune fille colorait ses traits d'un vernis délicat qui trompait nécessairement les gens superficiels* (BALZ.). *Le vernis craquait, la bête se montrait* (ZOLA). ¶ **3** Image trompeuse. *Apparence*, image imparfaite, en partie trompeuse parce qu'elle ne correspond pas à une réalité essentielle : *Ce peuple n'a plus que l'apparence de la liberté*. **Ombre**, en ce sens, apparence très légère, simple trace d'une chose : *Une ombre de bonheur. L'ombre d'un doute*. **Simulacre**, fig., syn. d'*apparence* surtout en parlant de personnes, de choses concrètes, ou de choses morales qui ne sont qu'une représentation caricaturale, un semblant qui voudrait se faire passer pour réel : *Simulacre de mari* (BEAUM.); *de liberté* (J.-J. R.); *de paix* (M. D. G.). **Fantôme** enchérit pour désigner une image totalement vaine, illusoire, souvent en parlant d'une chose disparue : *Fantôme d'honneur* (PASC.). ¶ **4** *Apparence* désigne aussi le désir de briller par son extérieur ou ses dehors : *Tout sacrifier à l'apparence*. **Paraître**, infinitif substantivé, action par laquelle on satisfait à l'apparence, par opposition à la valeur intrinsèque de la personne : *Tous mettent leur être dans leur paraître* (J.-J. R.). ¶ **5** *Apparence*, **Vraisemblance, Probabilité, Plausibilité** : → Apparent. ¶ **6** *En apparence* : → Apparemment.

Apparent : ¶ **1** Qui a l'air d'être vrai. *Apparent*, qui n'a qu'une lueur de vraisemblance et risque d'être spécieux, marque la plus faible crédibilité : *Hasarder quelque explication apparente des phénomènes de la nature* (VOLT.). **Vraisemblable** (→ ce mot) dit plus et implique que, suivant l'ordre normal des choses, il n'y a ni contradiction ni impossibilité à ce que la chose soit vraie. **Probable** implique une certitude encore plus grande fondée sur des raisons positives et se dit de ce qui peut être certain, *vraisemblable* se disant de ce qui peut être vrai : *Argument probable, intrigue vraisemblable*. **Plausible**, qui mérite d'être applaudi et entraîne donc l'approbation de l'intelligence, parce que la chose peut être vraie, et de la volonté, parce qu'elle peut être agréée : *Excuses plausibles* (Bos.). *Hypothèse plausible* (M. D. G.). ¶ **2** Qui a l'air d'être bon ou vrai et ne l'est pas au fond. **Spécieux** enchérit sur *Apparent* et implique que la chose a été rendue telle par dessein et par artifice : *Justifier un péché par de spécieux prétextes et des sujets apparents* (BOUR.). **Coloré**, fig., rendu spécieux pour séduire : *Excuses colorées* (MOL.) : → Trompeur.

Apparenté : → Parent.

Apparenter (s') : → Ressembler.

Apparier : → Accoupler.

Appariteur : → Huissier.

Apparition : ¶ **1** → Vue. ¶ **2** → Fantôme. ¶ **3** Manifestation surnaturelle. *Apparition*, objectif, le fait qu'un être ou une chose surnaturels ont paru réellement devant quelqu'un : *Puis l'apparition se perd dans l'eau profonde* (V. H.). **Vision**, subjectif, se rapporte à la personne frappée du phénomène qui peut être une simple illusion : *Les visions d'une pythonisse*. ¶ **4** → Publication.

Appartement : → Maison. Endroit où on loge, considéré d'après sa grandeur et son utilisation. L'*Appartement* est composé de plusieurs pièces se faisant suite, dépendantes et combinées de façon à former un ensemble. **Logement**, en ce sens, *partie d'un immeuble habitée par des artisans par opposition à appartement, partie d'un immeuble habitée bourgeoisement* (ACAD.); ou tout petit logis : *Le petit logement de garçon qu'il s'est taillé dans l'appartement de sa mère* (GI.). **Studio**, atelier d'artiste, par ext. logement confortable composé d'une grande pièce à destinations multiples et de dépendances. **Pied-à-terre**, appartement, logement ou studio où l'on ne vient qu'en passant. **Garçonnière**, appartement, logement ou studio de célibataire. **Loge**, petit logement de concierge.

Appartenances : → Dépendances.

Appartenir : ¶ **1** Avoir quelqu'un pour maître. *Appartenir* implique un droit de la part du possesseur et se dit surtout de droits, pouvoirs, prérogatives, etc. : *Je ne puis pas donner ce qui ne m'appartient pas, ce à quoi j'appartiens, la vérité* (R. ROLL.). **Être à**, se trouver en fait aux mains de quelqu'un, se dit plutôt des choses concrètes : *Ce chien est à moi* (PASC.). *Dans l'antiquité tout ce qui était à l'esclave appartenait à son maître*. ¶ **2** Être le propre de. *Appartenir*, être dû en vertu du droit du possesseur : *Dépouiller le roman de tous les éléments qui n'appartiennent pas spécifiquement au roman* (GI.). **Convenir**, relatif, s'accorder bien avec : *Enseigner la vérité peut convenir à l'homme, mais pouvoir l'enseigner en toutes manières n'appartient qu'à Dieu* (BOUR.). **Compéter**, terme de droit, *appartenir de droit*, ou être de la compétence de : *L'aubaine compète au propriétaire; affaire qui compète au tribunal*. ¶ **3** Être partie d'un tout. *Appartenir* marque un rapport essentiel avec ce tout, en général permanent, dont on dépend. **Faire partie de**, figurer comme une unité dans un ensemble quelconque qui peut être provisoire : *Un wagon appartient à un dépôt et fait partie d'un convoi*.

Appas : ¶ 1 (toujours au pl.) Qualité d'une femme qui fait qu'elle plaît. *Appas* (étym. « ce qui allèche ») désigne surtout la beauté physique qui plaît aux sens avec parfois la nuance d'artifice trompeur : *Les appas dont il s'était épris n'étaient qu'artificiels* (Les.). **Attraits** et **Charmes** désignent plutôt un plaisir spirituel causé par la grâce, mais *attraits* (ce qui attire) est un mot assez imprécis et faible, *charmes* (ce qui enchante) est plus fort et se dit parfois ironiquement au sens d'*appas* (pour éviter cette équivoque on emploie plutôt de nos jours *charme* au sing. : → Grâce) : *De mes faibles attraits le roi parut frappé* (Rac.). *A des charmes si doux je me laisse emporter* (Mol.). **Sex-appeal,** expression américaine, se dit souvent de nos jours des appas naturels. **Chien,** d'origine argotique, dans la loc. *avoir du chien,* suppose des manières séduisantes, provocantes. ¶ 2 Au fig. en parlant de tout ce qui peut plaire, *Appas* se dit de ce qui tente la cupidité ou le désir : *Aux objets répugnants nous trouvons des appas* (Baud.); **Attrait,** de ce qui a de l'agrément : *Cette ébriété malicieuse hors de laquelle la réalité paraît sans attrait* (Gi.); **Charme,** de ce qui ravit, transporte : *Les charmes de la poésie* (Volt.).

Appât : ¶ 1 Ce qu'on montre pour attirer et prendre au piège les animaux (≠ Piège, appareil que l'on cache). *Appât,* nourriture destinée à allécher toutes sortes d'animaux. **Amorce,** appât destiné surtout aux poissons. **Leurre,** morceau de cuir façonné en forme d'oiseau dont on se servait pour rappeler les oiseaux de fauconnerie; de nos jours, amorce factice employée pour la pêche au lancer. **Appeau,** appareil qui imite le cri des oiseaux pour les appeler. **Pipeau,** petit chalumeau qui sert d'appeau. ¶ 2 Au fig. en parlant de l'homme, *Appât* s'emploie pour ce qui excite la cupidité, la passion : *L'appât de l'or* (L. F.); **Amorce,** pour ce qui provoque le plaisir : *L'amorce d'un spectacle agréable aux yeux* (Roll.); **Leurre** et **Appeau,** pour ce qui déçoit, qui est un appât spécieux surtout pour l'esprit : *Leurres de dupes* (J.-J. R.).

Appâter : → Attirer.

Appeau : → Appât.

Appel : ¶ 1 → Cri. ¶ 2 → Défi. ¶ 3 *Appel,* **Convocation, Invitation** : → Appeler. ¶ 4 → Recours.

Appeler : ¶ 1 Désigner une personne ou une chose par un mot. *Appeler,* désigner par un nom ou un qualificatif et d'une façon parfois libre et arbitraire. **Nommer,** appeler par le nom qui convient seul à la personne qu'on désigne : *On a nommé le duc de Valentinois le cardinal Valentin à cause de l'archevêché de Valence qu'il* possédait : *il se fit depuis appeler César* (Bos.). **Dénommer,** désigner par son nom propre ou assigner un nom correspondant à ses qualités à quelqu'un ou à quelque chose : *Le dénommé Pierre; dénommer un minéral.* **Baptiser,** donner un nom en conférant le baptême et fam. dénommer, surnommer ou appeler d'un nom arbitraire souvent trompeur : *Coq baptisé chapon.* **Qualifier** (→ ce mot), attribuer une qualité ou un qualificatif. **Surnommer,** appeler d'un surnom (→ ce mot). ¶ 2 Faire venir. *Appeler,* très général, donner avis à quelqu'un qu'on veut ou qu'on désire qu'il rende quelque part : *Appeler le médecin; un adversaire au combat; les conscrits sous les drapeaux.* **Mander** (→ ce mot), appeler d'une façon impérative. **Convoquer,** mander des gens, d'une façon expresse, afin qu'ils s'assemblent pour un objet précis : *Convoquer le sénat* (Volt.). **Inviter,** appeler non par un ordre ou un avis, mais en manifestant un désir que la personne invitée est libre de satisfaire ou non : *Inviter la jeunesse à un festin* (Rac.). ¶ 3 → Occasionner. ¶ 4 → Protester.

Appendice : → Supplément.

Appendre : → Pendre.

Appétence, terme de physiologie, désir instinctif qui porte l'homme ou l'animal vers tout objet propre à satisfaire un besoin naturel. : *Avoir de l'appétence pour un objet.* **Appétit,** terme courant, en parlant surtout de l'homme, désigne ce qu'il y a de plus sensuel et grossier parmi les *appétences,* l'inclination qui fait désirer une chose pour la satisfaction des sens et le plaisir : *Ame aux vils appétits, du ventre coutumière* (V. H.) :

Appétissant : Qui attire par le plaisir qu'on en espère. (à distinguer au prop. de **Bon** qui marque la qualité objective des mets; et, au fig., d'**Attirant** qui marque l'attrait plutôt que le désir). *Appétissant,* qui excite l'appétit et au fig. le désir physique, est fam. en parlant d'une personne : *Mets appétissants. Sa fille Cunégonde fraîche, grasse, appétissante* (Volt.). **Alléchant,** en un sens plus large, qui flatte le goût, l'odorat, avec, au prop. et au fig., l'idée que l'objet alléchant est un appât qui suscite moins le plaisir qu'il ne met en branle l'imagination par l'idée du plaisir : *Odeur alléchante. Sorcière aux yeux alléchants* (Baud.). **Friand,** alléchant par sa délicatesse, ne se dit que de ce qui est agréable à manger. **Affriolant, Affriandant** (vx), qui attire, au prop. et au fig., par quelque chose d'agréable, de délicat : *Minois affriolant* (Acad.). **Ragoûtant,** qui réveille l'appétit éteint par son piquant, renchérit sur *appétissant;* mais s'emploie surtout au fig., à la négative, comme litote de *dégoûtant : Maladie peu ragoûtante* (J. ROM.).

Appétit : ¶ 1 → Appétence. ¶ 2 Disposition à manger. *Appétit*, simple désir qu'on a plaisir à satisfaire, qui choisit et savoure. **Faim**, besoin violent, douleur qu'on calme en mangeant souvent n'importe quoi : *Malgré son appétit le héron de La Fontaine dédaigne tanches et goujon ; quand la faim le prend, il mange un limaçon.* ¶ 3 Au fig. → Désir.

Applaudir : ¶ 1 → Approuver. ¶ 2 → Acclamer. ¶ 3 (Réf.) → (se) Réjouir et (se) Flatter.

Applaudissement : ¶ 1 → Approbation. ¶ 2 → Acclamation. ¶ 3 → Éloge.

Application : → Attention.

Applique : → Chandelier.

Appliquer : ¶ 1 Mettre une chose sur une autre. *Appliquer*, terme du langage commun, s'emploie dans une foule de cas : *Appliquer un objet sur la langue, une pièce à un vieux vêtement.* **Apposer**, terme de pratique et de chancellerie, s'emploie avec sceau, cachet, estampille, scellé, signature, pour signifier qu'on met à une chose une marque qui la rend authentique ou sacrée : *Apposer le sceau à un décret* (ROLL.). **Plaquer**, recouvrir d'une feuille ou d'une plaque de métal précieux une feuille plus épaisse de métal commun, d'où, par analogie, appliquer étroitement en aplatissant : *Il plaqua hideusement ses cheveux sur son front* (GI.) ; ou, au fig. appliquer violemment : *Plaquer un soufflet à quelqu'un.* **Coller**, par image, appliquer exactement contre : *Cette attente d'une bataille collait tout le monde aux fenêtres* (S.-S.). ¶ 2 → Pratiquer et User. ¶ 3 (Réf.) → [s'] Approprier. ¶ 4 (Réf.) → [s'] Adonner à et [s'] Occuper de. ¶ 5 (Réf.) → Convenir.

Appoint : ¶ 1 → Supplément. ¶ 2 → Appui.

Appointements : → Rétribution.

Appointer : ¶ 1 → Aiguiser. ¶ 2 → Joindre. ¶ 3 → Payer.

Apport : → Quote-part.

Apporter : ¶ 1 → Porter. ¶ 2 → Citer. ¶ 3 → Occasionner.

Apposer : → Appliquer.

Appositif : → Adjectif.

Appréciable : → Grand.

Apprécier : ¶ 1 → Estimer. ¶ 2 → Juger.

Appréhender : ¶ 1 → Arrêter. ¶ 2 → Craindre.

Appréhension : → Crainte.

Apprendre : ¶ 1 Donner à connaître, ajouter aux connaissances de quelqu'un. *Apprendre*, terme le plus général, faire connaître à quelqu'un ce qu'il ignore :

Il faut que je vous apprenne aujourd'hui ce que je vous ai caché d'abord (GI.). **Informer de** (→ ce mot), annoncer à quelqu'un une chose particulière qui l'intéresse, et volontairement, en faisant un rapport. **Déclarer** (→ ce mot) marque le désir catégorique de faire connaître nettement. **Découvrir** (→ ce mot), apprendre ce qui est caché ou secret. **Instruire de** (→ ce mot), mettre quelqu'un en état d'agir en lui montrant ce qu'il doit faire, peut se dire, comme *apprendre*, de l'action des choses : *Des rebuffades qui m'ont instruit* (GI.). ¶ 2 Communiquer une science. *Apprendre* se dit surtout des choses simples : *Apprendre à lire, à coudre ; un métier ; le latin, le grec.* **Enseigner** implique l'action d'un maître qui fait connaître rationnellement les principes de doctrines, de sciences ou d'arts : *Enseigner la philosophie. Il lui a révélé tout ce que son mari n'avait pas su lui apprendre et je pense qu'il le lui enseigna fort bien* (GI.). **Montrer**, autrefois syn. d'*apprendre* et d'*enseigner* : *Montrer l'histoire* (Bos.) ; de nos jours, apprendre ou enseigner par l'exemple : *Il montre aux plus hardis à braver le danger* (RAC.). ¶ 3 → Étudier.

Apprenti : ¶ 1 Celui qui reçoit les leçons d'un maître. *Apprenti*, celui qui apprend une technique. **Élève**, celui qui apprend les arts libéraux ou une profession difficile : *Un artisan a un apprenti, un musicien des élèves.* ¶ 2 Au fig. → Novice. *Apprenti*, comme **Écolier**, insiste sur l'inexpérience : *L'homme est un apprenti, la douleur est son maître* (MUS.). **Élève**, comme **Disciple**, insiste sur l'influence subie qui fait ressembler au maître : *Aujourd'hui est l'élève d'hier* (LEGOUVÉ).

Apprêt : → Affectation.

Apprêté : → Affecté et Étudié.

Apprêter : Spéc. en parlant des aliments : → Préparer. *Apprêter*, faire tout ce qu'il faut pour préparer un repas dans son entier : *C'est l'œuvre de l'intendant d'apprêter le repas.* **Accommoder**, qui ne se dit que des aliments, fait penser à l'œuvre du cuisinier. — Accommoder en ajoutant des ingrédients : → Assaisonner.

Apprêts : → Préparatifs.

Apprivoisé se dit d'un animal qui, grâce à l'action de l'homme, a perdu son caractère farouche, est devenu doux, sans pour cela s'attacher : *Les chats qui sont le mieux apprivoisés n'en sont pas plus asservis ; on peut même dire qu'ils sont entièrement libres* (BUF.). **Privé** (vx) se disait d'un animal qui, naturellement ou par l'action de l'homme, avait pris l'habitude de vivre avec lui, cessant ainsi d'être sauvage sans forcément s'adoucir : *Cette perruche, quoique privée depuis longtemps, conserve toujours* *un naturel farouche* (Buf.). **Domestiqué** ou **Domestique** se dit d'un animal qui fait race à l'état privé et sert à l'usage de l'homme, **Dompté**, d'un animal réduit de force à l'obéissance sans qu'il soit apprivoisé ou privé, **Dressé**, d'un animal sauvage ou privé qui a été instruit pour un usage déterminé : *Le chien est un animal domestique; lion dompté; chien, tigre dressés.* **Affaité**, vx, apprivoisé et dressé à revenir sur le poing en parlant de l'oiseau de proie dans le langage de la fauconnerie.

Apprivoiser : ¶ 1 *Apprivoiser*, **Domestiquer, Dompter :** → Apprivoisé. **Charmer,** exercer sur un animal une influence magique ou qui semble telle : *Charmer les serpents.* **¶ 2** → Gagner.

Approbateur, qui approuve, en fait, dans une circonstance particulière. **Approbatif,** qui signifie l'approbation dans toutes les circonstances.

Approbation : Déclaration en faveur de quelqu'un qui témoigne simplement qu'on trouve bon ce qu'il fait (≠ Consentement [→ ce mot] qui implique une adhésion). *Approbation* est absolu, **Suffrage,** toujours relatif à celui ou ceux qui approuvent : *L'approbation des connaisseurs, le suffrage de telle ou telle personne.* De plus, l'*approbation* peut être tacite et vaut surtout par la compétence de celui dont elle émane; le *suffrage,* toujours hautement exprimé, vaut souvent par sa publicité : *Approbation des maîtres de l'art* (Volt.). *Ignorant suffrage* (J.-B. R.). *Tout Paris en foule apporte ses suffrages* (Boil.). **Applaudissement** diffère d'*approbation* comme les verbes correspondants : → Approuver.

Approcher : ¶ 1 Intrans. *Approcher* n'exprime que le fait du rapprochement par diminution de la distance. **S'approcher** insiste sur l'action volontaire de franchir la distance intermédiaire et sur toutes ses circonstances : *La mort approche pour tous; elle s'approche de chacun plus ou moins vite.* — Trans. **¶ 2** *Approcher* marque une action habituelle et idéale, **Approcher de,** une action particulière, concrète : *Approcher les grands. Approcher du but.* **¶ 3** *Approcher,* mettre une chose auprès d'une autre dont elle était éloignée et qui demeure immobile. **Rapprocher,** approcher de nouveau, ou mettre moins loin. **Mettre auprès,** placer à côté, abstraction faite de la distance qui existait entre les deux choses : *Mettre auprès de soi un crayon qu'on prend dans sa poche; approcher une allumette du feu.* — *Rapprocher des ais relâchés* (Boil.), *les extrêmes, les distances.* **¶ 4** → Aborder. **¶ 5** → Ressembler.

Approfondir : → Creuser.

Approprié : → Propre.

Approprier : ¶ 1 → Nettoyer. **¶ 2** → Arranger. **¶ 3** (Réf.) → Prendre. *S'approprier,* se rendre indûment possesseur d'une chose : *On s'approprie toujours par convoitise ce qui convient à notre bonheur* (J.-J. R.); si la chose appartient à autrui : → Voler. **S'arroger,** s'approprier par audace un droit, une autorité et cela contre la justice; si le droit appartient à autrui : → Usurper : *Et sans avoir pour lui les lois et la naissance, César ose des rois s'arroger la puissance* (Volt.). **S'attribuer,** se donner en partage ce qui est contesté en essayant de se justifier par une raison quelconque : *Les deux partis s'attribuèrent la victoire* (Roll.). **S'adjuger,** fam. et ironique, s'attribuer quelque chose par un jugement dans lequel on est juge et partie : *S'adjuger la meilleure part* (Acad.). **S'appliquer,** s'approprier ou s'attribuer une chose susceptible d'une destination en la détournant à son propre usage : *S'appliquer les amendes qui étaient des droits de la couronne* (Volt.).

Approuver : Trouver bon, se déclarer en faveur de quelqu'un, sans adhérer à son action (≠ Consentir), ni forcément la laisser s'accomplir (≠ Permettre). *Approuver,* terme très général, trouver bon, même sans le dire, surtout par raison : *Votre silence l'approuve* (Mau.). **Goûter,** trouver bon, selon son goût, par intuition, ce qui plaît : *Goûter un mot* (Zola), *son humour* (Maur.). **Applaudir à,** approuver d'une façon démonstrative surtout en parlant d'un groupe d'hommes : *Tout le synode applaudit à ce beau projet* (Bos.). **Abonder dans le sens de quelqu'un,** parler d'une façon tout à fait conforme à l'opinion de quelqu'un. **Faire chorus,** répéter en chœur, donc approuver bruyamment et assez servilement : *Tous les amis de M. d'Harcourt firent chorus* (S.-S.). **Bonneter,** vx, ou **Opiner du bonnet,** fam., dire toujours oui parce qu'on n'a pas d'avis à soi, qu'on est de l'avis des autres. **Confirmer** (→ ce mot), renforcer de son approbation ce qui a été dit ou fait.

Approvisionnement : → Provision.

Approvisionner : → Pourvoir.

Approximativement : → Environ.

Appui : ¶ 1 Au prop. et au fig., ce sur quoi un objet repose (sans que cela fasse partie de l'objet : ≠ Fondement). L'*Appui* se met auprès et tient la chose droite, le **Soutien** se met dessous et l'empêche de s'écrouler. **Support,** appui ou *soutien* qui aide une chose à porter quelque chose de pesant — Au fig. l'*appui* rend inébranlable, le *soutien* donne la force d'aller jusqu'au bout, le *support,* celle d'endurer ses maux sans être accablé. L'*appui* d'une famille est celui qui intervient en sa faveur, son *soutien*, celui de ses membres qui la nourrit, son *support*, celui qui lui donne le courage et la joie : *Mon pauvre argent, puisque tu m'es enlevé, j'ai perdu mon support, ma force et ma joie* (Mol.). *Les nobles en Angleterre sont les appuis du trône et les supports de la patrie* (J.-J. R.). — **Arc-boutant,** *appui* d'un mur, d'un édifice, formé par une construction extérieure qui se termine en forme de demi-arc; au fig., celui qui est l'*appui*, le *soutien* d'un groupe, d'un parti, d'un idéal, souvent dans un sens ironique : *Don Quichotte, le grand arc-boutant de la chevalerie errante* (Les.). **Pivot,** *soutien* formé par un morceau arrondi de bois ou de métal sur lequel tourne quelque chose; au fig. ce qui est au centre, ce autour de quoi tout tourne : *Paris, le pivot de la France* (Vi.). **Étai,** *appui* ou *soutien* mis à ce qui menace ruine, en général pendant qu'on le répare; même sens au fig. : *La richesse ayant de tout temps servi d'étai à la noblesse indigente* (Les.). **Étançon,** au prop. seulement, gros *étai*, pièce de bois qu'on met sous un mur ou des terres minées pour les soutenir. **Colonne** (→ ce mot), syn. d'*appui*, de *soutien*, au fig., dans le style noble. ¶ 2 Au fig. Intervention en faveur de quelqu'un ou de quelque chose. *Appui*, **Soutien, Support,** avec les nuances ci-dessus indiquées, impliquent une intervention permanente d'une personne forte ou supérieure en faveur d'une plus faible. **Protection** implique qu'un supérieur contribue à l'avancement de quelqu'un ou de quelque chose en écartant les obstacles sur sa route ou simplement, parfois, qu'un fort défend un faible : *La protection éclatante que Mécène accorda aux gens de lettres* (Roll.). *Chef envoyé de Dieu pour la protection de l'indépendance* (Bos.); de nos jours, en son premier sens, le mot est parfois péj. : *Arriver par protection.* **Piston,** fig. et fam., appui, protection qui favorise pour obtenir des places, des avantages. **Recommandation,** qui dit moins, le fait de désigner quelqu'un à l'attention, à la bienveillance, à la protection d'une personne. **Apostille,** recommandation écrite au bas ou dans la marge d'un mémoire, d'une pétition, d'une lettre. — **Aide,** intervention momentanée, accidentelle, qui peut venir d'un inférieur ou d'un faible, avec toujours l'idée d'une jonction de forces, d'une action auxiliaire : *Appeler à l'aide.* **Concours,** plus noble, *aide* apportée par un supérieur ou un égal, implique une coopération plus soutenue, fondée sur un accord, une union, qui amène un résultat décisif : *Concours divin.* Mani-

festation organisée avec le concours d'artistes. **Appoint,** fig., aide apportée en complément, qui s'ajoute accessoirement aux forces d'un autre : *Son adhésion est un appoint précieux pour ce parti.* — **Assistance** et **Secours** impliquent une intervention en faveur du besoin, pour tirer de la nécessité, apporter le salut. L'*assistance* tire de peine, pourvoit à un simple besoin et a surtout rapport à la personne qui agit : *L'assistance d'un médecin s'entend de sa présence auprès du malade.* Le *secours* apporte le salut, arrache à la mort et a surtout rapport à la personne qui est le but de l'action : *Le secours du médecin sauve le malade.* **Main-forte,** dans des loc. comme *Donner, Prêter, Demander main-forte*, assistance, la force en main, donnée à quelqu'un et spéc. à la justice, à la loi : *Envoyer querir main-forte contre la violence* (Mol.). **Rescousse,** syn. vx d'*aide* et de *secours*, dans les loc. *Aller, Venir à la rescousse*, aider, secourir dans une lutte, un combat, un différend.

Appuyer : ¶ 1 Faire reposer sur un appui. *Appuyer*, **Soutenir, Étayer, Étançonner :** → Appui. **Accoter,** appuyer sur le côté. **Adosser,** appuyer le dos sur, et, en parlant d'une chose en général, appuyer contre : *Maison adossée à une colline.* **Arc-bouter,** soutenir au moyen d'un arc-boutant, et, en parlant du corps, appuyer avec force en se raidissant, comme l'arc-boutant a l'air de s'appuyer sur le mur qu'il soutient : *Arc-boutés des deux mains sur leurs genoux* (Gonc.). **Buter,** appuyer contre : *Buter ses genoux*; en termes de maçonnerie, soutenir par un arc-boutant, ou appuyer l'extrémité d'une chose contre une autre : *Poutre qui bute un mur.* — Au fig. ¶ 2 Intervenir en faveur de quelqu'un. *Appuyer*, **Soutenir, Protéger, Pistonner,** fam., **Recommander, Aider** (→ ce mot), **Assister, Secourir, Prêter main-forte, Venir à la rescousse :** → Appui. **Épauler,** fam., appuyer momentanément quelqu'un de son crédit, de son influence pour lui obtenir une faveur, sans l'idée péj. qu'il y a dans *pistonner.* **Pousser** implique une action soutenue pour faciliter à quelqu'un son avancement dans une carrière : *Pousser dans le monde.* **Prendre fait et cause pour,** se déclarer pour quelqu'un et le soutenir sans réserve en général dans un débat ou contre des opposants. ¶ 3 → Fonder. ¶ 4 *Appuyer*, s'arrêter sur une idée pour l'approfondir, la faire sentir : *Par vanité il appuya sur des détails* (Zola). **Peser,** appuyer trop, si bien qu'au lieu d'instruire on devient ennuyeux, lourd, pédant, grossier : *Je me garderais bien de peser sur des détails que mon respect des dames désavoue* (Beaum.). **Insister,** appuyer fortement ou à plusieurs reprises sur ce qui peut convaincre, donner l'avantage dans une discussion : *Insister sur une preuve* (ACAD.).

Apre : → Rude.

Après : ¶ 1 → Puis. ¶ 2 *D'après* : → Suivant. ¶ 3 *L'un après l'autre* : → Alternativement et Un à un.

Après-dînée, — dîner, — soupée, — souper : La terminaison *ée* indique une durée divisible, *er* une époque abstraite : *L'après-dînée m'a semblé fort longue* (MOL.). *La mécanique de l'après-souper du roi de tous les jours* (S.-S.). Suivant les lieux, *après-dînée* est syn. d'*après-midi* ou de *soirée* : → Soir. *Après-soupée* l'est toujours de *soirée*.

Après-midi, le temps qui s'écoule entre le midi et le soir. **Tantôt,** adv., dans l'après-midi de la journée, avec le futur par opp. au matin, avec le passé par opp. au soir : *Je viendrai tantôt. Il est venu hier tantôt*. Dans certaines provinces, en Touraine notamment, et à Paris, on emploie *tantôt* comme nom : *Le tantôt*. **Relevée,** vx, terme de procédure qui s'applique au temps de l'après-midi : *A deux heures de relevée*.

Apreté : → Rudesse.

A propos : → Convenable.

Apte : → Propre.

Aptitude : ¶ 1 → Disposition. ¶ 2 → Capacité.

Aquatique se dit des plantes ou des animaux qui vivent dans l'eau, sur ses bords ou dans des lieux humides ou inondés. **Aquatile** ne se dit que des plantes qui naissent et vivent dans le lit des rivières et dont les fleurs flottent et s'étendent à la surface : *Le riz, l'écrevisse sont aquatiques; le lotus, le nymphéa, aquatiles*.

Aqueduc : → Canal.

Aqueux, qui renferme de l'eau ou qui a rapport avec l'eau par sa qualité. **D'eau,** composé exclusivement d'eau : *Trombe d'eau; le brouillard est un météore aqueux*.

Aquilon : → Vent.

Arabesque, ornement de peinture et de sculpture qu'affectionnent particulièrement les Arabes, se dit des ornements de cette sorte dans toutes les civilisations. **Moresque** ne se dit que des ornements propres à l'art arabe.

Araire : → Charrue.

Arbitrage : ¶ 1 → Compromis. ¶ 2 → Médiation.

Arbitraire : ¶ 1 → Injustifié. ¶ 2 → Absolu.

Arbitre : ¶ 1 *Arbitre,* celui qui est choisi par un tribunal ou les parties intéressées pour trancher un différend suivant les règles du droit. **Amiable compositeur,** celui qui termine le différend à l'amiable, par conciliation. ¶ 2 → Maître. ¶ 3 *Libre arbitre* : → Liberté.

Arbitrer : → Juger.

Arborer : ¶ 1 → Élever. ¶ 2 → Porter et Montrer.

Arboriculteur, celui qui cultive les arbres, désigne aussi spéc. celui qui cultive des arbres ou arbrisseaux à fruits de table ou destinés à l'ornementation des parcs et des jardins, et, en ce sens restreint, s'oppose à **Sylviculteur,** celui qui cultive et entretient les bois de forêts. **Pépiniériste,** celui qui sème des arbres de tout genre en pépinière et cultive les plants des jeunes arbres jusqu'à ce qu'ils puissent être transplantés.

Arbre : → Axe.

Arbrisseau : → Arbuste.

Arbuste, dans le langage de la botanique, petit arbre de 35 cm. à 1 m., plus petit que l'**Arbrisseau** (de 1 m. à 6 m.).

Arc : → Courbe.

Arcade : → Voûte.

Arcane : → Secret.

Arc-boutant : → Appui.

Arc-bouter : → Appuyer.

Archaïque : → Vieux.

Arche : ¶ 1 → Coffre. ¶ 2 → Bateau. ¶ 3 → Voûte.

Architecte : ¶ 1 Celui qui a pour profession de construire. *Architecte,* artiste qui établit les plans pour construire un édifice, en dirige l'exécution et en règle la dépense. **Constructeur,** celui qui organise et règle dans tous ses détails la construction d'un édifice ou d'une machine, d'un appareil : *Un constructeur de maisons a à son service des architectes et des entrepreneurs*. **Entrepreneur,** celui qui fournit les matériaux et la main-d'œuvre nécessaires pour bâtir, selon les plans de l'architecte, les idées et les moyens du constructeur. ¶ 2 Sans idée de profession et souvent au fig. *Architecte* insiste sur l'intelligence, la méthode avec laquelle un être bâtit : *Le castor est un habile architecte; Dieu est l'architecte du monde;* **Constructeur,** très rare au fig., sur le fait qu'un être est la cause et l'organisateur d'une action : *Le roi Guillaume était l'âme, le boute-feu et le constructeur de cette guerre* (S.-S.). **Bâtisseur,** celui qui aime à bâtir ou à faire bâtir, insiste sur l'ardeur avec laquelle un être réalise une œuvre : *Bâtisseur de ports, d'empires*; et, péj., peut supposer une manie : *Bâtisseur de systèmes*.

Architectonique : ¶ 1 Adj. → Architectural. ¶ 2 N. *Architectonique*, l'art de construire considéré théoriquement et abstraitement : *Étudier l'architectonique*. **Architecture,** le même art considéré en rapport avec ses réalisations concrètes : *L'architecture gothique; les cinq ordres d'architecture.*

Architectural, qui a un rapport quelconque avec l'architecture : *Beauté architecturale.* **Architectonique** ne se dit que des méthodes, des procédés qui font partie de l'architecture ou des esprits ou des choses qui en appliquent les règles : *Monuments architectoniques* (Pég.).

Architecture : → Architectonique.

Architecturer : → Bâtir.

Archives : → Histoire.

Ardemment : ¶ 1 → Vivement. ¶ 2 *Ardemment*, subjectif, qualifie les sentiments du sujet. **Avec ardeur** se dit plutôt de la modalité de l'action : *Je désire ardemment, ô mon Dieu* (Bos.). *Courons-y avec ardeur* (Bos.).

Ardent : ¶ 1 → Chaud. ¶ 2 → Vif.

Ardeur : ¶ 1 → Chaleur. ¶ 2 → Vivacité. ¶ 3 *Avec ardeur :* → Ardemment.

Ardu : ¶ 1 → Escarpé. ¶ 2 → Difficile.

Arène : ¶ 1 → Sable. ¶ 2 → Cirque. ¶ 3 → Lice.

Aréopage : → Réunion.

Arête : → Angle.

Areur : → Agriculteur.

Argent : ¶ 1 Ce qui sert à payer comptant. *Argent*, fig. en ce sens, est le terme général qui désigne toute monnaie de quelque métal qu'elle soit ou tout papier accepté comme numéraire. **Monnaie** se dit des pièces de métal ou des billets de petite valeur qu'on donne en échange d'une pièce ou d'un billet plus fort, ou simplement qu'on a sur soi. **Espèces,** monnaie métallique ayant cours : *Espèces sonnantes et trébuchantes*; de nos jours par ext. les billets de banque. **Numéraire,** argent monnayé : *Payer moitié en numéraire, moitié en billets de banque* (Lit.); de nos jours par ext. les billets, le papier monnaie, appelé autrefois *Numéraire fictif.* **Pécune,** vx et fam., argent comptant. **Fonds,** capitaux, syn. fam. d'*argent* : *Être en fonds.* **Deniers** se dit au fig. pour une somme d'argent indéterminée, dans de vieilles loc. comme *à deniers comptants* ou *les deniers publics*, l'argent de l'État. **Finance,** argent comptant, dans la loc. *Moyennant finance.* **Écus,** fig., argent abondant, surtout mis de côté : *La boulangère a des écus.* **Sous** est pop. Parmi les nombreux syn. pop. ou argotiques d'*argent*, les plus usités

sont **Pognon, Galette, Picaillons, Radis** et **Ronds,** ces deux derniers s'employant surtout à la négative : *Je n'ai pas un rond.* ¶ 2 → Biens et Richesse. ¶ 3 *D'argent :* → Argentin.

Argentin, qui a un son clair analogue à celui de l'argent : *Les cloches de leurs voix argentines* (Boil.). **D'argent,** par métaphore, qui paraît être proprement de l'argent soit par sa résonance soit par sa couleur : *Voix au doux timbre d'argent* (Lam.). *Clarté d'argent de la lune.* — A noter qu'*argentin* ne se dit guère plus de la couleur sauf en peinture; on le remplace par **Argenté.**

Argot : → Jargon.

Argousin : → Gardien et Agent de police.

Arguer : ¶ 1 → Inculper. ¶ 2 → Inférer.

Argument : ¶ 1 → Raisonnement. ¶ 2 → Preuve. ¶ 3 → Abrégé.

Argumentateur, celui qui a la manie d'argumenter. **Argumentant,** celui qui est chargé, dans les discussions de l'école, d'argumenter contre le répondant : *Subtil et redoutable argumentateur* (D'Al.). *Sujet digne des argumentants* (Volt.).

Argutie : → Subtilité.

Aria : ¶ 1 → Air. ¶ 2 → Souci et Obstacle.

Aride, qui manque totalement d'humidité, par nature, et en conséquence ne produit rien (≠ **Stérile,** qui ne produit rien, mais pas forcément par manque d'humidité). **Sec,** qui, par accident, manque relativement d'humidité ou n'est pas mouillé, et n'est pas propice au développement d'une certaine végétation : *Plage aride* (Lec. d. L.). *Terrains secs et pluvieux* (Buf.). — Au fig. *Aride* regarde le fond, *sec* la forme : *Un sujet est aride si l'on n'en peut rien tirer, sec, s'il ne se prête pas à l'ornement. Un auteur aride manque d'invention, un écrivain sec ne sait pas embellir ses idées.*

Ariette : → Air.

Aristarque : → Critique.

Aristocrate : → Noble.

Aristocratie : ¶ 1 → Oligarchie. ¶ 2 → Choix.

Aristotélisme : → Péripatétisme.

Arithmétique : → Calcul.

Arlequin : ¶ 1 → Pantin. ¶ 2 → Reste.

Armada : → Flotte.

Arme : ¶ 1 Instrument qui sert à attaquer et à se défendre. *Arme*, tout instrument de ce genre, qu'il soit fait ou non pour un tel usage : *Se faire une arme d'un bâton.* **Armure** (→ ce mot), ensemble d'armes agencées, métalliques, exclusivement défensives qui protègent le corps d'un guerrier. **Armement,** en langage militaire, désigne collectivement toutes les armes défensives ou offensives dont sont munis les soldats d'un corps de troupe. ¶ 2 Au pl. Signes symboliques ou héraldiques servant à distinguer une personne, une famille, un pays. *Armes*, concret et précis, la figure représentée sur l'écusson. **Armoiries,** abstrait et général, ensemble caractérisé par les *armes*, l'écu, sa forme, sa couleur, ses ornements extérieurs, ses devises, etc. En ce sens, **Blason,** objet concret formé par l'ensemble appelé *armoiries*; désigne aussi la science des armoiries qui figurent dans les blasons.

Armé : → Fourni.

Armée : ¶ 1 → Troupe. ¶ 2 → Multitude.

Armement : → Arme.

Armer : ¶ 1 → Fortifier. ¶ 2 → Fournir. ¶ 3 → Exciter.

Armistice : → Trêve.

Armoire : → Bahut.

Armoiries : → Armes.

Armure : → Arme. *Armure*, ensemble d'armes agencées, métalliques, protégeant tout le corps. La **Cuirasse** ne protège que la poitrine et parfois le dos. **Cotte de mailles,** sorte de chemise faite de mailles ou de petits anneaux de fer. **Haubert,** sorte de cuirasse ou de cotte de mailles ancienne.

Aromate : ¶ 1 → Parfum. ¶ 2 → Assaisonnement.

Arôme : → Parfum.

Arpenter : ¶ 1 → Mesurer. ¶ 2 → Marcher.

Arquer (s') : → (se) Courber.

Arrachement : → Déracinement.

Arracher : → Déraciner.

Arrangeant : → Conciliant.

Arrangement : ¶ 1 → Accommodement. ¶ 2 → Ordre.

Arranger : ¶ 1 → Ranger. ¶ 2 Mettre ensemble les différentes parties d'une chose ou diverses choses pour qu'elles aillent bien. *Arranger*, mettre en ordre (et parfois de ce fait embellir) : *Arranger des livres sur des tablettes* (L. B.). *Arranger sa vie* (Gɪ.); par ext. mettre en état, plus ou moins bien, en vue de la commodité, d'une certaine destination : *Mes parents lui ont arrangé notre ancienne chambre en cabinet de consultation* (Gɪ.). **Disposer,** mettre chaque partie d'un ensemble à la place exacte qui lui convient pour obtenir un certain résultat : *Disposer les sièges des dieux pour le conseil* (Zᴏʟᴀ). *Disposer un morceau de houille dans le foyer* (Duʜ.). **Combiner** (→ ce mot), disposer dans un certain ordre, en établissant des rapports entre les choses : *Combiner des cartes, des lettres, des chiffres, sa marche avec quelqu'un.* **Amé-**

nager, préparer méthodiquement pour un but précis, ne se dit que d'une chose qui forme un tout : *Construire et aménager un labyrinthe* (Gɪ.). **Adapter,** toujours relatif, introduire une harmonie entre deux choses : *Adapter ses besoins à ses ressources* (Cᴀᴍ.). **Approprier,** adapter une chose à une destination précise ou à une chose pour laquelle elle convient exactement : *Costume approprié à sa physionomie* (A. Fʀ.). **Accommoder,** adapter pour rendre commode, utile : *Accommoder à ses vues un fait qu'on raconte.* **Ajuster,** arranger (absolu) ou *adapter* (relatif) avec justesse et avec art en vue d'un effet esthétique : *Nous ajustons des rimes sur le vin et les festins* (Fʟᴀᴜʙ.). **Agencer,** toujours absolu, aménager parfaitement, ou ajuster, parfois avec une nuance péj., surtout dans le langage esthétique : *Salle de pansement bien agencée* (M. ᴅ. G.). *Vers forcément agencés* (L. H.). ¶ 3 → Parer. ¶ 4 → Réparer. ¶ 5 → Finir. ¶ 6 → Convenir. ¶ 7 (Réf.) → (se) Contenter.

Arrérages : → Intérêt.

Arrêt : ¶ 1 Suspension du mouvement ou d'une action quelconque. *Arrêt*, terme général, suspension provisoire ou définitive, volontaire ou involontaire : *L'arrêt du travail.* **Pause** (→ ce mot), arrêt très bref et volontaire à l'intérieur d'une action suspendue, mais non interrompue, pour se reposer, ne se dit que d'une action humaine : *Les marches des soldats sont coupées de pauses toutes les heures.* **Halte,** arrêt assez court, mais plus long que la *pause*, dans la course, la marche, le voyage (et par ext. dans l'action), fait en un point précis pour toutes sortes de raisons : *La halte méridienne* (Lᴏᴛɪ). **Station,** arrêt assez prolongé dans la marche, souvent involontaire, pour attendre ou observer quelque chose, et dont la limite, souvent, ne dépend pas de la volonté : *Une station trop prolongée devant son lavabo* (M. ᴅ. G.). — **Stase,** terme de pathologie, arrêt, pause d'un liquide circulant, sang ou humeur. **Panne,** arrêt accidentel et momentané dans l'action ou le fonctionnement d'une chose : *Panne de moteur, d'électricité.* ¶ 2 Lieu où un véhicule, un train s'arrêtent. *Arrêt*, le point abstrait où le mouvement cesse un instant : *Arrêt d'autobus* (mais non de métro ou de chemin de fer, car un train ne s'arrête que dans un lieu aménagé pour cela). **Station,** lieu aménagé où voitures publiques et trains s'arrêtent ou se tiennent pour prendre des voyageurs : *Station de taxis, d'autobus, de métro, de chemin de fer.* **Halte,** dans le langage du chemin de fer, petite station à personnel réduit qui ne reçoit que les voyageurs avec de petits colis. **Gare,** ensemble des installations qui permettent l'embarquement, le transbordement, la répartition ou le débarquement des voyageurs et marchandises; dit plus que *station*; mais, dans le langage courant, désigne les stations desservant des localités importantes et où la plupart des trains s'arrêtent. ¶ **3** Résultat de la délibération de quelques compagnies. *Arrêt*, décision supérieure, durable ayant force de règle : *Les arrêts du destin, de la cour de cassation* : → Jugement. **Arrêté,** décision spéciale émanant d'une autorité qu'on désigne et ayant la valeur d'un règlement (→ ce mot).

Arrêté : ¶ 1 → Arrêt. ¶ 2 → Règlement.

Arrêter : ¶ 1 *Arrêter*, empêcher quelqu'un ou quelque chose de continuer sa marche en avant ou son mouvement. **Retenir**, tirer en arrière ce que nous tenons de façon à en empêcher ou modérer le mouvement, commencé ou non, sans toujours y réussir : *Cette lettre devient infinie : c'est un torrent retenu que je ne puis arrêter* (Sév.). Au fig. on est *arrêté* par un obstacle, *retenu* par ce qui, de l'intérieur, modère la volonté : *Arrêté* [dans sa conversion] *par des doutes et retenu par des vices honteux* (Mas.). **Immobiliser** (→ ce mot) dit plus qu'*arrêter* : c'est supprimer tous les mouvements : *Arrêter son souffle et s'immobiliser au garde-à-vous.* **Paralyser** renchérit au fig. : *Paralyser l'activité d'un port.* **Stopper** (ang. *to stop*, arrêter), arrêter la marche, dans le langage des mécaniciens et des marins : *Stopper un navire*; au fig., arrêter définitivement : *L'invasion des rats était stoppée* (Cam.). **Bloquer,** empêcher tout mouvement en serrant un frein à bloc; en termes de chemin de fer, arrêter un train à l'aide de signaux; au fig. immobiliser totalement ce qui progresse comme une masse : *Bloquer une attaque. Bloquer un événement énorme* (J. Rom.). **Enrayer**, au fig., arrêter net les progrès, l'action d'une chose mauvaise : *Enrayer la progression du mal* (M. D. G.). **Juguler,** au fig., terme de médecine, enrayer par une médication énergique, radicale, le progrès d'une maladie, se dit parfois par image : *Juguler une révolte.* ¶ 2 Mettre dans un état de stabilité. *Arrêter,* au prop. et au fig., empêcher momentanément un mouvement qui a lieu. **Fixer** (→ ce mot), prévenir un mouvement possible ou arrêter définitivement : *Celles qui n'arrêtent pas un regard, qui ne fixent pas une pensée* (Mau.). *Fixer un tableau.* **Attacher** (→ ce mot), fixer par un lien et donc très solidement : *Inventez des ressorts qui puissent m'attacher* (Boil.). *Ce qui arrête nos regards nous intéresse, ce qui les fixe nous intéresse vivement, uniquement, nous passionne, ce qui les attache nous captive, nous enchaîne, nous ne pouvons les en détacher, les en séparer* (L.). ¶ 3 → Prendre. En langage judiciaire, *Arrêter,*

s'emparer légalement d'un délinquant et le retenir prisonnier. **Appréhender,** saisir au corps, n'implique pas qu'on le détient légalement : *Appréhender un voleur qui s'enfuit; arrêter quelqu'un à son domicile par décision du juge.* **S'assurer de** insiste sur le fait qu'on retient prisonnier, à sa disposition. **Cueillir,** appréhender quelqu'un par surprise au moment où il se croyait hors d'atteinte : *Malfaiteur cueilli à sa descente du train.* **Ramasser,** pop., arrêter des individus en masse, ou un individu dans un groupe : *Ramassé dans une rafle.* **Coffrer,** fam., arrêter et emprisonner (→ ce mot). ¶ 4 → Interrompre. ¶ 5 → Décider. ¶ 6 S'assurer d'avance. *Arrêter*, absolu, affecter à son usage ce qui est encore libre, en général après un choix : *Un domestique arrêté n'est plus sans place.* **Retenir**, relatif, s'assurer d'avance pour qu'un autre ne le prenne pas : *Un domestique retenu n'a plus la possibilité de servir un autre maître.* **Réserver,** mettre à part quelque chose dans un ensemble pour un usage quelconque, n'implique pas comme *retenir* une prise de possession, car une personne peut réserver ce qui lui appartient : *Les spectateurs retiennent des places que le théâtre leur réserve.* **Louer,** prendre à louage, s'emploie comme syn. de *retenir* : *Louer des places au théâtre.* ¶ 7 Cesser son mouvement. *Arrêter* exprime abstraitement le fait : *Il n'arrête pas de travailler.* **S'arrêter** implique les modalités qui caractérisent l'action : *Cette voiture s'arrête péniblement.* ¶ 8 *S'arrêter,* **Faire halte, Stationner** → Arrêt. **Stopper** se dit au prop. d'un navire et fam. en parlant d'un véhicule.

Arrhes : ¶ 1 → Acompte. ¶ 2 → Dédit. ¶ 3 Comme les *Arrhes*, le **Denier à Dieu** se donne à un domestique qu'on loue, mais, à la différence des arrhes, ne sert pas d'acompte.

Arrière : → Derrière.

Arriéré : ¶ 1 →(en) Retard. ¶ 2 → Inintelligent. ¶ 3 → Rude.

Arriérer : → Retarder.

Arrière-saison : → Automne.

Arrière-train : → Derrière.

Arrimer : → Fixer.

Arrivé (Homme) : → Parvenu.

Arrivée : Le fait pour une personne de parvenir au lieu où nous sommes ou dont il est question. *Arrivée*, action d'aborder, de toucher à la rive, de la part de ce qui est mobile et accomplit une course dans un dessein bien arrêté. **Venue**, présence, marque simplement le fait d'être là et ses conséquences : *Après avoir désiré sa venue avec la passion la plus vive, après avoir éprouvé à son arrivée un saisissement de* *joie* (J.-J. R.). **Bienvenue,** venue accueillie avec joie : *Ma bienvenue au jour me rit dans tous les yeux* (CHÉN.). **Avènement** (→ ce mot), venue glorieuse : *L'avènement du Christ*; ou venue qui est un événement : *L'avènement d'un prince. L'avènement d'un monde nouveau* (M. D. G.). **Survenance,** arrivée accidentelle ou, en droit, après coup : *Survenance d'enfant après donation faite.* — **Arrivage,** action de prendre terre pour un bateau entré dans le port, ou arrivée de marchandises par train ou par eau, toujours ironique en parlant des personnes : *Arrivage d'huîtres; de cousins de province.* — **Apparition,** arrivée, souvent progressive, de ce qu'on commence à voir : *L'apparition des primeurs.*

Arriver : ¶ 1 *Arriver,* terme général, toucher à un point quelconque souvent le but de sa route. **Parvenir** implique l'effort pour arriver à un but fixé : *Les voitures ne parviennent pas jusqu'ici* (GI.). *Les efforts qu'ils font pour parvenir à la vérité; en quoi ils y arrivent et en quoi ils s'en égarent* (PASC.). **Atteindre** insiste sur l'éloignement ou l'élévation du but auquel on arrive : *Élévation où les cœurs vils et rampants ne sauraient atteindre* (MAS.); ou sur le point précis où se termine l'action : *J'atteins ce point précis* (GI.). **Gagner,** arriver à un lieu vers lequel on se dirigeait, ne se dit qu'au physique : *Tous deux gagnèrent le bord de la terrasse*(GI.). **Accéder** suppose une pénétration dans un lieu auquel on parvient parfois difficilement : *On accède à cette terrasse par vingt marches. Accéder au trône.* **Être rendu,** être arrivé au but définitif d'un déplacement, d'un voyage : *Quand on est rendu à la chapelle* (LOTI). **Débarquer,** fig., souvent fam. et péj., arriver en un lieu en descendant d'un véhicule : *Débarquer à la gare* (ZOLA); *de sa province* (ZOLA). **Survenir,** arriver inopinément ou arriver de surcroît : *Si, après quelques jours d'absence, je survenais sans avoir averti* (MAU.) **Surgir,** vx dans la loc. *Surgir au port* en parlant d'un navire, ne s'emploie guère plus qu'au fig. **¶ 2** (fam.) → Venir. **¶ 3** (fig.) → Réussir. **¶ 4** → (se) Produire.

Arriviste : → Intrigant et Parvenu.

Arrogance, Impertinence, Insolence, Hardiesse, Outrecuidance : → Arrogant.

Arrogant : Qui va contre les bienséances par estime excessive de soi-même et par mépris des autres (toujours dans un sens péj. et sans aucune justification : ≠ Dédaigneux). *Arrogant,* odieux par ses prétentions injustifiées : *L'arrogante! A l'ouïr elle est déjà ma reine* (CORN.). **Rogue,** fam., arrogant avec rudesse et brutalité : *Pamphlets d'un ton rogue* (FLAUB.). **Impertinent,**

qui a l'audace d'agir et de parler comme il ne convient pas, par présomption, en oubliant tout respect : *Impertinente, vous vous mêlez sur tout de dire votre avis* (MOL.). **Cavalier,** toujours adj., se dit d'une façon d'agir ou de parler impertinente par quelque chose de brusque et de hautain et parfois d'inconvenant ou de leste : *Réponse cavalière.* **Insolent** dit beaucoup plus : qui cherche à insulter une personne ou à provoquer un scandale par orgueil, haine ou mépris : *Un aplomb insolent* (ZOLA). **Hardi** (→ ce mot) et ses syn. marquent qu'on agit sans se soucier de la pudeur ou de la politesse, mais n'impliquent pas la présomption. **Outrecuidant** (→ Orgueilleux) marque une forte présomption, mais n'implique qu'accessoirement une certaine arrogance.

Arroger [s'] : → (s') Approprier.

Arrondir : → Augmenter.

Arrosage : Action d'arroser. L'*Arrosage* est toujours artificiel, l'**Arrosement** peut être naturel ou artificiel : *L'arrosement de l'Égypte par le Nil.* Au sens d'*arrosage, arrosement,* moins usité, se dit de préférence en parlant d'une seule plante ou d'un lieu petit; *arrosement* s'emploie seul au fig. : *Arrosement céleste* (BOS.). **Aspersion, Irrigation :** → Arroser.

Arroser : ¶ 1 → Mouiller. Amener au contact d'une chose un liquide qui l'humecte ou la mouille (≠ Humecter, rendre humide seulement). *Arroser* exprime l'action sans insister sur le moyen, artificiel ou non : *Arrosé par la pluie; de ses larmes* (FÉN.). **Asperger,** arroser légèrement avec un objet qui, plongé auparavant dans un liquide, répand des gouttes : *On aspergea d'eau bénite les draps de lit* (FLAUB.). **Irriguer,** arroser des terres à l'aide de rigoles. **Bassiner,** terme d'horticulture, arroser légèrement. **¶ 2** Avoir ses eaux au contact d'un lieu, en parlant d'un cours d'eau ou de la mer. *Arroser* convient pour un fleuve, un canal, une eau courante : *La Seine arrose Paris.* **Irriguer** suppose que les eaux sont détournées artificiellement par irrigation. **Baigner** convient pour une vaste étendue d'eau qui paraît envelopper un lieu auquel elle est contiguë : *La Méditerranée baigne les côtes de Provence; la Seine, l'île Saint-Louis.* **Mouiller** se dit parfois en ce sens. **¶ 3** → Soudoyer.

Arsouille : → Vaurien.

Art : ¶ 1 Alors que la **Science** est un effort vers la connaissance théorique du vrai, *Art,* en son sens originel, désigne tous les procédés bien définis produisant un résultat pratique et utile : *Arts libéraux, mécaniques. Art oratoire, vétérinaire. École centrale des arts et manufactures.* Mais le mot s'est peu à peu spécialisé pour désigner les activités qui ont une fin esthétique désintéressée et idéale (en ce sens on dit les *Beaux-Arts* ou les *Arts*) ou celles qui demeurent purement intellectuelles : *La rhétorique est un art.* **Technique,** mot assez récent, désigne plutôt les arts strictement utiles, manuels ou mécaniques, et spéc. les méthodes organisées qui reposent sur une connaissance scientifique correspondante : *Technique de la verrerie; technique de la télévision.* ¶ 2 Moyen employé pour réaliser quelque chose. L'*Art* consiste dans la connaissance générale d'une technique : *L'art de plaire*; l'**Artifice,** c'est la manifestation, dans un objet particulier, de l'habileté de l'art : *Tout est ménagé dans le corps humain avec un artifice merveilleux* (Bos.). ¶ 3 Système de connaissances, chez un artiste, par opposition à l'inspiration. *Art,* talent, habileté avec laquelle l'artiste met en œuvre un certain nombre de procédés et atteint la beauté : *Racine possède l'art du rythme.* **Technique** se dit plutôt d'une habileté plus manuelle : *Virtuose qui possède la technique du violon;* ou d'une mise en œuvre irréprochable, mais sans beauté : *Voltaire possède la technique de la tragédie, Racine en possède l'art.* **Science,** connaissances purement spéculatives et théoriques : *Un bon rythmicien aura la science du rythme, un bon poète devra en avoir l'art, sans que cela implique qu'il en aura le génie, ce qui supposerait une invention personnelle.* **Métier,** habileté d'exécution, sans plus, due en général à l'expérience. ¶ 4 → Habileté. ¶ 5 → Ruse.

Artère : → Voie.

Article : ¶ 1 → Articulation. **¶ 2** → Partie. **¶ 3** → Matière. **¶ 4** Écrit formant un tout distinct dans un journal ou une revue. *Article* désigne les petites parties formant les divisions ou subdivisions de toutes sortes d'écrits tels que lois, contrats, traités, etc. et spéc. les développements consacrés à un sujet et formant un tout distinct dans une publication collective, revue ou journal. Dans une revue : **Essai,** article de critique ou d'histoire présentant sous une forme relativement courte un aspect particulier d'une question en suggérant des idées qu'on n'approfondit pas. **Étude,** article assez long, sur un sujet spécial, sérieusement approfondi : *Publier dans une revue un essai sur Nietzsche, une étude sur les décors au XVIe siècle.* Dans un journal et parfois dans une revue : **Éditorial,** article de première page qui émane de la direction du journal et indique en général sa nuance. **Article de fond,** article qui discute une question importante en présentant le point de vue du journal ou celui de l'auteur de l'article. **Leader** (ang.

« chef, conducteur ») est parfois syn. en France, dans le langage de la presse, d'*éditorial* et d'*article de fond.* **Chronique,** article qui passe en revue quotidiennement ou périodiquement, dans un journal ou une revue, un ordre particulier de nouvelles ou de choses : *Chronique mondaine, hippique, financière.* **Écho,** bref article, sous forme d'allusion, évoquant un événement mondain, littéraire, politique, etc., parfois avec une intention satirique. **Feuilleton,** article ou chronique, ordinairement au bas des pages, sur des sujets de littérature, de critique, de science, de beaux-arts, etc. : *Feuilleton dramatique.* En argot journalistique, on dit **Rez-de-chaussée.** **Reportage,** article dans lequel un journaliste, dit *reporter,* donne le résultat d'une enquête personnelle sur des événements d'actualité. **Interview,** article dans lequel un journaliste rend compte d'une entrevue et d'une conversation qu'il a eues avec un personnage important. **Entrefilet,** court article qui est séparé des autres par deux petits traits afin d'attirer l'attention et ne contient en général qu'une nouvelle, un écho ou une réclame. **Rubrique,** catégorie d'articles : *La rubrique des théâtres.* **Papier,** en argot journalistique, tout article donné ou à donner à la composition. ¶ 5 → Marchandise.

Articulation : ¶ 1 *Articulation,* assemblage des os, chez l'homme et les animaux vertébrés : *Articulations mobiles, semimobiles, immobiles.* **Jointure,** nom usuel des articulations mobiles. **Article** est leur nom vieilli et désigne, de nos jours, en zoologie, les segments du corps des animaux dits articulés. **Nœud,** fig., jointure des doigts de la main, se dit en botanique de certaines articulations particulièrement serrées et renflées. **¶ 2** → Élocution.

Articuler : ¶ 1 → Joindre. **¶ 2** → Prononcer. **¶ 3** → Énoncer et Dire.

Artifice : ¶ 1 → Art. **¶ 2** → Ruse.

Artificiel : Qui n'est pas naturel, mais dû au travail de l'homme. **¶ 1** *Artificiel,* qui a été arrangé ou créé par la main de l'homme, mais ne diffère pas entièrement, ni par nature, de ce qu'il paraît être : *Une prairie artificielle est créée par l'homme, mais n'en est pas moins une prairie.* **Factice** dit plus : qui a été fait de toutes pièces et n'est pas tel au fond qu'il paraît être : *Un jambon factice est en carton.* **Postiche,** qui remplace l'objet naturel absent ou s'ajoute à lui : *Cheveux postiches.* **Faux,** syn. de *postiche* dans le langage courant. **¶ 2** Au fig. *Artificiel,* qui est arrangé, manque de naturel : *Personnages artificiels et construits* (Gɪ.). *Rien d'artificiel, rien d'appris dans la forme* (Pé́ɢ.). **Factice,** créé de toutes pièces, ne correspondant pas à une réalité :

Passions (J.-J. R.); *geste* (Pég.) *factices.*
L'atmosphère factice du théâtre (Gi). **Faux**
enchérit pour qualifier ce qui s'écarte totalement du vrai, de la nature, de la vraisemblance et paraît tel. — Spéc. en parlant
de ce qui entre dans les ouvrages de l'esprit, **Conventionnel** (→ Traditionnel),
artificiel, non par maladresse ou par tromperie de l'auteur, mais par désir de se
conformer à une sorte de conception implicitement admise par les auteurs ou un
certain public : *Les personnages de la pastorale sont conventionnels.* **Littéraire** (→
Soigné), qui est un poncif, un embellissement, une convention, plutôt que le fruit
de l'expérience vécue : *Une description
littéraire des milieux ouvriers.* **Postiche**,
fig., qui ne convient pas au lieu où il est
placé : *Dénouement postiche* : → Affecté,
Précieux, Emphatique. — Spéc. en parlant
des qualités et de leur manifestation,
Feint insiste sur les efforts du sujet pour
faire paraître vrai ce qui est faux; **Fabriqué**, sur ses efforts pour créer de toutes
pièces ce qui est factice : *Je me confor-
mais sans effort à ce caractère fabriqué*
(M. D. G.) : → Étudié. **Emprunté**, en
parlant d'une qualité, qui n'est pas propre
à la personne ou à la chose dont il s'agit,
mais vient d'ailleurs : *Éclat emprunté*
(Rac.). *Manière banale et empruntée* (Gi).
De commande se dit des sentiments qu'on
affiche parce qu'on y est obligé par les
circonstances : *Respect de commande.* **Forcé**
enchérit et insiste soit sur la nécessité
pour le sujet de paraître tel, soit sur la
façon dont il exagère son sentiment pour
y réussir. **Contraint** insiste plutôt sur la
gêne qui apparaît chez celui qui est forcé :
Respect forcé (Rac.). *En souriant d'un air
contraint* (Zola).

Artificieux : → Rusé.

Artisan : ¶ 1 L'*Artisan* pratique, pour
son propre compte, un art manuel ou mécanique, l'**Artiste**, pour son compte ou celui
d'autrui, un art libéral qui demande l'exercice du talent personnel en même temps
que l'habileté manuelle : *Faiseur de poétiques, artistes ou plutôt artisans malheureux* (D'Al.). Les deux mots ont été syn.
jusqu'à la fin du xviiᵉ s.; de nos jours,
artiste appliqué à celui qui pratique un
métier manuel est un compliment, parfois
ironique : *Artiste capillaire.* ¶ 2 Celui qui
travaille de ses mains. *Artisan*, celui qui,
pour son compte, exerce un art mécanique.
Ouvrier, celui qui, payé par un patron
accomplit n'importe quel travail manuel
(à l'exception des travaux domestiques) :
*Un artisan peut avoir sous ses ordres plu-
sieurs ouvriers.* — Au fig. *Artisan*, celui
qui est personnellement l'auteur de quelque chose : *Artisan de sa propre ruine.*
Ouvrier, en ce sens, témoigne parfois du

mépris : *Esprits rebelles, ouvriers de votre
malheur* (Bos.); mais se dit seul, absolument, pour insister sur le sérieux d'un
travail : *Ouvrage bon et fait de main d'ouvrier* (L. B.).

Artiste : ¶ 1 → Artisan. ¶ 2 Comme la
nécessité et l'importance du génie pour
tel ou tel art sont difficiles à déterminer,
Artiste s'emploie souvent pour qualifier
celui qui, dans n'importe quel art, met au
service de la beauté un talent personnel
qui s'ajoute à ses capacités techniques et
insiste parfois, du point de vue social, sur
la façon de vivre, libérée des contraintes
bourgeoises : *Il s'agissait d'un souper
d'artistes; le talent excusait tout* (Zola).
Maître enchérit et a toujours rapport
au génie et à l'influence. — En ce sens général, *artiste* peut désigner un **Écrivain** (→
ce mot), un **Musicien**, un **Acteur** (→ ce
mot) de théâtre, d'opéra, de cinéma, ou
de music-hall. **Étoile**, artiste qui, dans une
troupe, se distingue par un talent, une
réputation hors de pair : *Étoile du chant,
de la danse* (Acad.). **Star**, en ang. *étoile*,
ne se dit que d'une artiste de cinéma particulièrement célèbre et goûtée du public.
En langage de théâtre, de cinéma et de
music-hall, **Vedette**, l'artiste en vue dont
le nom occupe sur l'affiche la place la plus
apparente. ¶ 3 Adj. *Artiste* se dit d'une
personne qui a le goût de l'art, **Artistique**,
qui concerne l'art, se dit des œuvres ou
de l'occupation de l'artiste. Mais *artiste*,
accompagné d'un nom de chose, remplace
artistique en parlant de choses abstraites
pour insister sur le fait qu'elles sont la
source de l'art et non sa conséquence :
Luxe artiste du catholicisme (Gaut.). *Écriture artiste* (Gonc.).

As : → Champion et Virtuose.

Asarcie : → Maigreur.

Ascendance : → Naissance et Race.

Ascendant (Adj.) : → Montant.

Ascendant (N.) : ¶ 1 → Père. ¶ 2 →
Influence.

Ascension : → Montée.

Ascèse : → Ascétisme.

Ascétique : → Austère.

Ascétisme, méthode morale qui consiste
à ne tenir aucun compte du plaisir ni de la
douleur, à satisfaire le moins possible les
instincts de la vie animale pour s'élever,
par la volonté, dans l'ordre de l'esprit ou de
la religion. **Ascèse**, science ou art de l'*ascétisme*, état d'esprit de l'ascète, insiste moins
sur les exercices ou les privations matérielles et davantage sur la vie intérieure :
*L'ascétisme chrétien comporte des mortifi-
cations; la méditation philosophique régulière est une ascèse et non un ascétisme.*

Asepsie : →Assainissement.

Asile : → Abri.

Aspect : ¶ 1 → Vue. **¶ 2** Manière dont une personne ou une chose s'offre à la vue. *Aspect*, image objective qui peut varier suivant les moments, le point de vue auquel on se place : *Cette herbe donne à la cour des aspects d'enclos funéraire* (LOTI). **Apparence** (→ ce mot), impression d'ensemble que nous donne l'aspect d'une chose et qui nous fait préjuger de ce qu'elle peut être : *Il n'avait plus, sauf les yeux, d'apparence humaine* (FLAUB.). *Un château de bel aspect est basé à vivre ; un château de belle apparence paraît être un beau château.* **¶ 3** Au fig. Façon dont une chose abstraite, question, événement, se présente à nous. L'*Aspect* est dans la chose. **Face** se dit de chacun des différents aspects suivant lesquels on peut la considérer. **Côté**, en ce sens, fait penser à un autre aspect opposé : *Proust a parlé du côté Dostoievski du style de Mᵐᵉ de Sévigné.* **Couleur** indique plutôt une apparence qu'un aspect et fait penser à l'influence d'une personne ou des circonstances : *Donner une couleur nouvelle à un rôle. Un esprit chagrin voit tout sous de sombres couleurs.* **Allure, Train, Tour** et **Tournure** (→ Marche), aspect d'une chose qui nous donne une idée de ce que sera son développement futur. **Perspective,** fig., aspect sous lequel se présentent des possibilités d'événements plus ou moins éloignés. **Visage** et **Physionomie** (→ ce mot), aspect d'une chose qui nous permet de la caractériser, *visage* marquant souvent quelque chose de facile à saisir ou d'assez changeant : *Découvrir un nouveau visage du monde* (M. D. G.) ; *physionomie*, quelque chose de plus caractéristique et de plus stable : *La physionomie des faits* (J. ROM.). **Caractère** dit plus que *physionomie* et marque quelque chose d'original et de frappant. — **Angle** et **Point de vue,** syn. de *face*, sont subjectifs et supposent que les différents aspects ne résultent pas de la diversité de la chose, mais des diverses façons dont le sujet peut se placer pour la considérer ; *angle* est moins subjectif que *point de vue* : *Ce n'était pas sous cet angle-là qu'elle voyait les choses* (M. D. G.). *Tout voir d'un point de vue égoïste.*

Asperger : → Arroser.

Aspérité : ¶ 1 → Rugosité. **¶ 2** → Rudesse.

Asphalte : → Bitume.

Asphyxier : → Étouffer.

Aspirant : → Postulant.

Aspiration : ¶ 1 *Aspiration,* **Inspiration, Inhalation, Respiration** : → Aspirer. **¶ 2** → Désir.

Aspirer : ¶ 1 *Aspirer,* attirer en soi, à travers le nez ou la bouche, ce qui est extérieur, air, liquide et parfois solide, par l'appel du vide : *Aspirer du tabac, de l'eau à travers une paille.* **Inspirer** (→ ce mot), faire pénétrer de l'air ou du fluide dans ses propres voies respiratoires (ou celles d'autrui) par dilatation de la cage thoracique et du diaphragme. **Inhaler,** inspirer dans les voies respiratoires certaines substances thérapeutiques. **Respirer,** c'est parfois aspirer longuement à plusieurs reprises : *Je croyais respirer le parfum de ton sang* (BAUD.). **Renifler** (→ ce mot), aspirer fortement par le nez : *Renifler une odeur* (CAM.). **¶ 2** Au sens moral : → Vouloir et Ambitionner. En ce sens, *Aspirer à* est plus relatif à la volonté qu'à la sensibilité : *Et monté sur le faîte, il aspire à descendre* (CORN.). **Soupirer pour, après** et **Respirer après,** rare, se disent plutôt d'un besoin de la sensibilité, *soupirer pour, après* marquant le désir doux, tendre, assez passif, parfois pour un objet perdu ; *respirer après,* un désir passionné et violent : *Le quai aux Fleurs les faisait soupirer pour la campagne* (FLAUB.). *Respirer après le bonheur de vivre et de mourir au service de quelqu'un* (VOLT.).

Assaillir : → Attaquer.

Assainir : → Purifier.

Assainissement : → Purification. *Assainissement,* action de rendre sain préventivement ou curativement, par n'importe quel moyen. **Antisepsie,** ensemble des méthodes employées pour détruire les microbes qui existent en nous et sur nous. **Asepsie,** ensemble des méthodes préventives qui empêchent, thérapeutiquement, les microbes de parvenir jusqu'à nous. **Stérilisation,** destruction par *asepsie* ou *antisepsie* de tous les microbes, pathogènes ou non, qui sont sur une substance ou une plaie. **Désinfection,** action de débarrasser un local, une plaie, des vêtements, etc. des microbes uniquement pathogènes. **Prophylaxie,** plus général, se dit de toutes les précautions propres à préserver d'une maladie.

Assaisonnement : ¶ 1 → Ingrédient. *Assaisonnement,* tout ce qui rend les aliments agréables en leur donnant de la variété : *Le sel est un assaisonnement.* **Condiment,** assaisonnement à la saveur ou à l'odeur très marquées : vinaigre, moutarde, aromates, épices, etc. **Aromate,** toute substance végétale qui répand une odeur forte ou pénétrante : thym, vanille, etc. **Épice,** substance aromatique, en général exotique, au goût vif et piquant : poivre, girofle, etc. **¶ 2** → Piquant.

Assaisonner, ajouter à ce qu'on accommode certains ingrédients propres à le rendre agréable à manger. **Relever,**

assaisonner très fort pour donner du piquant. — Au fig. → Rehausser.

Assassin : → Homicide.

Assassiner : → Tuer.

Assaut : → Attaque.

Assemblage : ¶ 1 → Réunion. *Assemblage*, action de réunir différentes pièces pour en composer un tout. **Ajustage** implique que les pièces à assembler ont été retouchées, polies, pour former un assemblage parfait; **Montage,** que de l'assemblage résulte un objet qui est en état de fournir le travail ou l'usage qu'on lui demande : *Le montage d'un poste de T. S. F. exige l'assemblage exact et parfois l'ajustage de diverses pièces*. **Monture** se dit plutôt pour un petit objet, un outil, un bijou : *La monture de cet éventail* (ACAD.). **¶ 2** → Assortiment. **¶ 3** Au fig., réunion d'hommes. *Assemblage*, péj., implique une réunion fortuite de personnes disparates ne formant pas un tout. **Assemblée** implique un but commun qui réunit diverses personnes : *Assemblage d'individus divers. Assemblée d'actionnaires* (MAU.).

Assemblée : ¶ 1 → Réunion. *Assemblée*, réunion temporaire de personnes en un temps et en un lieu déterminés pour consulter et délibérer : *Assemblée d'actionnaires* (MAU.). *La chambre où se tenait notre assemblée* (DUH.). **Compagnie,** corps permanent, constitué indépendamment du lieu et du temps, qui réunit, selon certains statuts, des personnes autour de sujets communs d'intérêt, surtout littéraires, artistiques, religieux, scientifiques, etc. : *Il a réuni les gens de lettres en une compagnie célèbre* (L. B.). **Académie,** compagnie qui s'occupe de littérature, de science ou d'art : *Académie des sciences, des beaux-arts.* **Institut,** nom sous lequel sont groupées, en France, les diverses Académies. **¶ 2** En politique, *Assemblée*, corps délibérant sur les intérêts généraux de l'État, émané en général du peuple et possédant entièrement ou en partie le pouvoir législatif. **Conseil,** corps plus réduit, formé parfois de membres permanents, qui aide les administrateurs de ses conseils, parfois administre lui-même ou exerce une juridiction : *Conseil municipal. Conseil d'État. Conseil des ministres. Conseil économique.* **Chambre,** section d'un corps judiciaire spécialisée dans certaines questions, ou assemblée politique qui détient une partie du pouvoir législatif dont l'autre partie est détenue par une autre assemblée (Sénat, Chambre haute, etc.), ou assemblée réunie pour délibérer sur des sujets particuliers : *Chambre de la Tournelle; Chambre des communes; Chambre de commerce.* **Parlement** désigne, en France, l'ensemble des deux assemblées : *La rentrée du Parlement.* **Congrès,** réunion des diverses assemblées ou chambres qui partagent le pouvoir législatif, se dit pour *Parlement* dans certains pays notamment aux U. S. A., mais ne s'emploie en France que pour désigner la réunion des deux assemblées à Versailles pour l'élection du Président de la République. **¶ 4** → Assemblage. **¶ 5** → Fête.

Assembler : ¶ 1 Opérer un rapprochement entre des choses ou des êtres. *Assembler,* rapprocher dans un même lieu, sans idée de rapport ni de cohérence : *Je vois quels malheurs j'assemble sur ma tête* (RAC.). **Joindre** (→ ce mot), mettre en contact des choses qui demeurent cependant distinctes. **Unir** (→ ce mot) dit plus et implique une conformité, un accord intime qui fait de deux choses une seule : *L'hymen qui va nous joindre unit nos intérêts* (VOLT.). **¶ 2** Mettre ensemble des personnes ou des choses auparavant isolées. *Assembler* ne dit rien de plus : *On nous assemble trois de nous autres avec un médecin* (MOL.). **Rassembler,** assembler de nouveau, ou assembler avec peine ce qui est très épars ou éloigné, ou ce qui est désuni et, de ce fait, a perdu de sa valeur (en ce sens, *rassembler* peut se dire au moral sans qu'il y ait rassemblement physique) : *Il a rassemblé les productions les plus rares du Sénégal* (BUF.). *Rassembler ses idées.* **Réunir,** unir de nouveau ce qui est simplement séparé, mais n'a pas cessé de former une union; en ce sens *réunir* dit moins que *rassembler* : *On réunit les membres d'un parti pour une communication, on les rassemble autour d'un chef;* ou assembler pour unir; en ce sens *réunir* dit plus que *rassembler* : *On rassemble des troupes dispersées, mais on les réunit pour créer avec elles une seule armée;* ou posséder dans une liaison intime ce qu'on a acquis : *Il réunissait les talents des anciens Grecs, la science des lettres et des arts* (VOLT.). **Battre le rappel de,** fig., rassembler, réunir tout ce dont on peut disposer, comme on bat le tambour pour rassembler une troupe : *Battre le rappel de ses amis pour avoir du monde à sa conférence* (ACAD.). **Recueillir,** chercher ce qui est dispersé pour le rassembler avec soin : *Recueillir des aumônes*; au fig. rassembler, réunir avec intensité : *Recueillir ses esprits* (J. ROM.). **Collecter,** qui marque toujours une action matérielle, recueillir, activement et méthodiquement, des dons, des aumônes et, de nos jours, ce que les producteurs sont obligés, dans certains cas, de fournir au ravitaillement : *Collecter du lait.* **Amasser** (→ ce mot), assembler en grande quantité, en masse : *Amasser de l'argent.* **Masser** ne se dit qu'en termes militaires pour parler de troupes qu'on dispose en colonnes serrées et par ext., dans le langage courant, s'applique à une foule ainsi disposée : *Masser l'infanterie. La foule s'est massée sur cette place* (Acad.); en termes de peinture, c'est disposer, dans un tableau, les parties qu'on réunit pour former un tout : *Il a bien massé le feuillage de cet arbre* (Acad.). **Conglomérer,** amasser, mettre ensemble diverses matières, est surtout un terme de sciences : *Conglomérer des particules de matière.* **Agglomérer** enchérit et se dit seul des personnes qui forment une masse permanente : *La richesse du sol agglomère les hommes dans une région.* **Conglober,** terme de sciences, amasser en boule, en entassant : *Feuilles conglobées.* **Ramasser,** réunir, recueillir, en général avec soin, pour en faire une seule masse : *Gassendi a ramassé avec beaucoup d'exactitude tout ce qu'il trouve sur la doctrine d'Épicure* (Roll.). *Jésus ramasse ses forces épuisées* (Bos.); parfois, péj., faire un ramas : *Les nouvelles qu'il ramasse dans les antichambres* (Lit.). **Lever** ne se dit guère que des lettres qu'on ramasse dans les boîtes disposées à cet effet, des troupes qu'on enrôle (→ Enrôler) et des impôts qu'on perçoit par autorité. **Grouper,** réunir en groupe ce qui a un lien commun : *Grouper des soldats, des figures, des idées.* **Concentrer** (→ ce mot), rassembler, en général en grande quantité, dans un même lieu : *Concentrer des troupes, des idées.* **Mobiliser,** réunir les troupes en appelant des réserves, par ext. réunir impérativement des gens ou des choses pour les faire concourir à un résultat : *Mobiliser ses amis pour trouver un appartement. Mobiliser toutes les ressources disponibles.* — Seulement en parlant des personnes, **Rallier,** rassembler avec autorité ce qui, après avoir été allié, s'est dispersé : *On rallie ses troupes après une défaite.* ¶ 3 *Assembler,* **Ajuster, Monter :** → Assemblage.

Assentiment : → Consentement.

Asseoir : → Fonder.

Assertion : → Affirmation.

Asservir : → Soumettre.

Assez : ¶ 1 Adv. Autant qu'il faut. *Assez,* absolu, d'une façon qui satisfait pleinement. **Suffisamment,** relatif, assez pour atteindre tel ou tel but, tout juste : *Si l'on a assez mangé, on est dégoûté; si l'on a mangé suffisamment, on peut encore avoir de l'appétit.* ¶ 2 Interjection. *Assez* marque qu'on coupe la parole, qu'on ne veut plus rien entendre. **Suffit,** c'est assez, n'en parlons plus, marque souvent qu'on est satisfait : *Vous le voulez? Suffit, ce sera fait.*

Assidu : ¶ 1 → Continu. ¶ 2 → Exact.

Assiduité : → Exactitude.

Assidûment : → Toujours.

Assiéger : ¶ 1 → Investir. — Au fig. ¶ 2 → Tourmenter. ¶ 3 → (s') Attacher à. *Assiéger,* poursuivre énergiquement quelqu'un de ses instances pour en arracher quelque chose : *Se sentir courtisé, assiégé, circonvenu.* (J. Rom.). **Obséder,** accabler par une présence continuelle qui ôte toute liberté d'esprit et accapare la personne : *Gens intéressés qui obsèdent les princes* (Fén.). **Bombarder,** fam., accabler sous des projectiles : *Bombarder de prévenances.*

Assiette : ¶ 1 *Assiette,* vaisselle ronde, large, plate ou creuse sur laquelle on mange. **Écuelle,** vase creux, contenant la portion ordinaire d'une seule personne, en bois, en terre, en argent, etc., ne se dit plus guère de nos jours qu'en parlant des gueux, des animaux, dans des loc. anciennes comme *Manger à la même écuelle* ou péj. comme syn. *d'assiette.* ¶ 2 Manière dont est placée une personne. *Assiette,* équilibre d'une personne assise, par ext. manière d'être stable, immobile, assurée : *Assiette d'un cavalier sur son cheval.* (Lit.). **Situation,** rare en ce sens, est plutôt relatif à la manière dont on se trouve momentanément placé en bien ou en mal par rapport à ce qui entoure : *Un animal dort dans telle ou telle situation* (Buf.). **Position** (→ ce mot) implique une action souvent volontaire et considérée par rapport à un résultat pratique ou à un effet esthétique : *Ne pas déranger la position d'un membre* (Flaub.). *Changer de position* (Zola). ¶ 3 En parlant d'un lieu : → Position. ¶ 4 → Équilibre. ¶ 5 → Répartition.

Assignat : → Billet.

Assigner : ¶ 1 → Attribuer. ¶ 2 → Indiquer. ¶ 3 → Mander.

Assimilé : → Semblable.

Assimiler : ¶ 1 → Rapprocher. ¶ 2 → Digérer.

Assise : → Fondement.

Assistance : ¶ 1 → Public. ¶ 2 → Appui.

Assistant : → Aide.

Assister : ¶ 1 → Appuyer et Aider. *Assister* exprime l'action en général. **Donner assistance** s'applique à un cas particulier : *Le prêtre assiste les malades et donne assistance à tel ou tel d'entre eux.* ¶ 2 Se trouver en un lieu au moment où il se passe quelque chose. *Assister,* c'est le plus souvent se rendre présent, volontairement. **Être présent,** c'est plutôt être là, par hasard, sans l'avoir voulu : *On assiste à une cérémonie, on est présent à un accident.* **Suivre,** assister régulièrement à : *Suivre un cours.*

Association : ¶ 1 → Liaison. *Association,* **Agrégation, Adjonction, Affiliation, Incor-**

poration, Intégration : → Associer. ¶ 2 *Association,* réunion de plusieurs personnes avec un objet précis et particulier, commun à toutes et recherché volontairement. **Société,** réunion de personnes constituée naturellement et ayant des lois, si elle en a, non avec tel ou tel objet précis, mais simplement pour rendre possible la vie en commun : *Quand la société générale est bien gouvernée on ne fait guère d'associations particulières* (VOLT.). ¶ 3 Réunion de plusieurs personnes pour un objet ou un intérêt communs. L'*Association,* en général, de nos jours, a un but désintéressé, qui n'est pas de gagner de l'argent (≠ Société), ni de grouper des gens qui ont un métier ou des intérêts à défendre communs (≠ Corps, Syndicat), ni de constituer un ordre religieux (≠ Congrégation) : *Association philanthropique; d'anciens élèves.* **Société,** en ce sens, association qui s'est donné un règlement commun ou s'est soumise à des conventions : *Société littéraire.* **Institut,** titre de certaines sociétés savantes.

Associé : Celui qui est compagnon par communauté d'intérêt. *Associé* implique un but, un apport, des risques et des bénéfices communs, surtout en parlant d'associations commerciales ou industrielles, mais aussi dans des emplois plus larges : *Les manœuvres de Hume et de ses associés* (J.-J. R.). **Coopérateur** suppose qu'on met en commun son travail, sans qu'il soit forcément le même pour tous, et surtout en parlant de travaux matériels : *Les coopérateurs d'une entreprise.* **Collaborateur** implique qu'on unit son travail à celui d'un autre, pour créer une œuvre commune, surtout dans l'ordre de l'esprit : *Collaborateurs d'un ministre, d'une revue.* **Acolyte,** syn. péj. d'*associé.* **Bras droit,** fig., le principal collaborateur d'un supérieur. **Nègre,** fig. et fam., collaborateur rétribué et occulte d'un écrivain.

Associer : → Joindre. Mettre de compagnie. *Associer,* très général, faire entrer quelqu'un dans un corps dont il fait partie intime et qu'il contribue à former : *Associer des joueurs pour former une équipe. Associer ses deux fils à son commerce.* **Agréger,** mot savant, ajouter quelqu'un à un corps déjà constitué (surtout un corps savant) qui existait sans lui et dont il pourra demeurer distinct : *Pline avait été agrégé dans le collège des augures* (ROLL.). **Adjoindre,** associer comme auxiliaire ou accessoire. **Affilier,** faire entrer une association dans un groupement : *L'Académie française s'était affilié quelques académies de province* (ACAD.); par ext. faire entrer quelqu'un dans un groupement, spéc. une congrégation, une société, un parti, un complot, dont il dépend étroitement. **Incorporer,**

réunir un groupe ou un individu à un corps politique, religieux, militaire, etc. dans lequel ils se fondent, ne faisant plus qu'un avec lui : *Incorporer dans l'armée de jeunes recrues.* **Intégrer,** terme d'économie industrielle, réunir dans une seule entreprise des branches industrielles jusquelà séparées, par ext. unir des parties séparées à un ensemble qui forme déjà un système, en créant entre elles et lui une interdépendance : *Intégrer l'économie de l'Allemagne à l'économie européenne. Intégrer une idée philosophique à un système.* **Enrôler,** inscrire sur un rôle et spéc. sur les rôles de l'armée; au fig. faire entrer dans un groupement, un parti, une ligue, des individus qui contribueront à les renforcer par leur activité : *Voltaire enrôla tous les amours-propres dans cette ligue insensée* [de l'incrédulité] (CHAT.). — Spéc. en parlant de quelqu'un qu'on fait entrer dans une affaire, *associer* implique qu'il fournit avec d'autres travail ou capitaux; **Intéresser,** qu'il a sa part aux profits, même s'il ne fournit rien.

Assoiffé : ¶ 1 → Altéré. ¶ 2 Au fig. → Affamé.

Assoiffer : → Altérer.

Assombrir : ¶ 1 → Obscurcir. ¶ 2 → Chagriner.

Assommant : → Ennuyeux.

Assommer : ¶ 1 → Tuer. ¶ 2 → Battre. ¶ 3 → Ennuyer.

Assonance : → Consonance.

Assortiment : ¶ 1 Choses qui vont ensemble. *Assortiment* dit plus qu'**Assemblage** et désigne un *assemblage* de choses variées qui doivent aller ensemble parce qu'elles sont liées par un rapport de convenance ou adaptées à une fin commune : *Assortiment d'outils.* **Jeu,** assortiment complet de certaines choses servant à tel ou tel usage : *Jeu d'avirons; d'épreuves d'imprimerie; d'aiguilles à tricoter.* ¶ 2 En langage commercial, *Assortiment,* collection de marchandises du même genre : *Assortiment de soieries.* **Garniture,** assortiment de choses qu'on vend ensemble : *Garniture de dentelles; de boutons d'or* (ACAD.). **Choix,** ce qu'il y a de meilleur dans un assortiment, seul employé au fig. : *Choix de robes. Choix de savants.*

Assortir : ¶ 1 → Accoupler. ¶ 2 → Fournir. ¶ 3 (Réf.) → Convenir.

Assoupir : ¶ 1 → Endormir. ¶ 2 (Réf.) → Dormir.

Assoupissement : ¶ 1 → Sommeil. Suspension d'activité due au sommeil. (≠ Engourdissement, état paralysé qui n'est pas proprement le sommeil). *Assoupissement,* commencement de sommeil léger et de courte durée : *Le voluptueux* *assoupissement de la sieste* (Loti). **Somnolence,** état pathologique qui se manifeste par un sommeil invincible, mais peu profond, en dehors des heures habituelles. **Léthargie,** sommeil profond et prolongé qui atténue toutes les fonctions de la vie au point qu'elles paraissent suspendues. **Narcose,** sommeil artificiel provoqué par un narcotique. **Hypnose,** sommeil artificiellement provoqué par des procédés mécaniques, physiques ou psychiques. **Coma,** état somnolent dû à une maladie, une blessure, une intoxication, avec abolition de la sensibilité et du mouvement volontaire. **Sopor,** terme de pathologie, sommeil lourd, avec engourdissement intellectuel moins prononcé que dans le coma. ¶ 2 Au fig. → Apathie. Grand défaut de zèle. *Assoupissement* regarde surtout l'intelligence, **Somnolence** et **Léthargie** l'activité, *léthargie* renchérissant et impliquant une absence totale d'énergie qui peut être dangereuse : *Il ne songe point à ses intérêts; il est là-dessus dans un assoupissement étrange* (Acad.). *Agir et sortir de la léthargie* (S.-S.).

Assouplir : → Modérer.

Assourdi : → Sourd.

Assouvir : ¶ 1 *Assouvir,* apaiser pleinement une faim ou une soif violentes. **Rassasier,** seulement en parlant de la faim, ajoute qu'on en arrive au dégoût, qu'on en a assez. **Étancher,** calmer sa soif en buvant. ¶ 2 Au fig. *Assouvir* se dit des passions violentes : *Assouvir une haine ancienne* (Zola); *la passion de l'épargne* (Mau.). **Rassasier,** de tous les désirs, avec l'idée de satiété qui lui est propre : *L'âme se rassasie de tout ce qui est uniforme* (Stend.). **Étancher** ne se dit guère en ce sens que par image : *Étancher sa soif des honneurs, des richesses.*

Assujettir : ¶ 1 → Fixer. ¶ 2 → Soumettre. ¶ 3 → Obliger.

Assujettissement : → Subordination et Obligation.

Assumer : → (se) Charger.

Assurance : ¶ 1 → Confiance. ¶ 2 → Garantie et Promesse. ¶ 3 → Sûreté.

Assuré : ¶ 1 → Évident et Sûr. ¶ 2 → Décidé.

Assurément : → Évidemment.

Assurer : ¶ 1 → Fixer. ¶ 2 Mettre en état de stabilité ou de sûreté. *Assurer,* mettre en sûreté, à l'abri contre certains dangers extérieurs. **Affermir,** rendre ferme, inébranlable, prémunir contre un vice interne : *Alexandre, après avoir assuré la Macédoine contre les peuples barbares, ne s'occupe qu'à affermir et à régler ses conquêtes* (Mtq.). **Consolider,** rendre solide, affermir une chose composée dont les parties risque-

raient de se désunir : *Consolider une alliance; son avantage* (J. Rom.). ¶ 3 → Garantir. ¶ 4 → Procurer. ¶ 5 → Affirmer et Promettre. ¶ 6 (Réf.) → Vérifier. ¶ 7 (Réf.) → (s') Emparer.

Assurgent : → Montant.

Asthénique : → Faible.

Asticoter : ¶ 1 → Taquiner. ¶ 2 → Tourmenter.

Astiquer : → Frotter.

Astre : ¶ 1 *Astre* se dit de tous les corps célestes (soleil, lune, planètes, comètes, etc.). **Planète,** astre qui se meut autour du soleil et emprunte de lui sa lumière. **Étoile** ne désigne que les corps célestes lumineux par eux-mêmes et si éloignés qu'ils nous apparaissent comme de simples points. **Soleil** s'est dit parfois des étoiles considérées comme des mondes : *Un soleil qui périt* (Buf.); *astre* est poét. et noble pour qualifier emphatiquement les *étoiles.* ¶ 2 Destinée (→ ce mot) ou Destin (en vertu de la croyance ancienne à l'influence des astres sur les hommes). *Astre,* solennel, destin souvent mauvais : *Sous un astre ennemi, cruel* (Rac.). **Étoile,** plus fam., destinée bonne ou mauvaise et souvent plus personnelle : on dit *mon étoile* plus souvent que *mon astre* : *Il semble que nos actions aient des étoiles heureuses et malheureuses* (L. R.). *L'étoile du Roi* (Sév.). **Planète** ne se dit que dans l'expression *Né sous une heureuse planète,* en parlant d'un homme extrêmement heureux (Acad.). **Signe,** conjonction astrale qui influe sur la destinée, dans la loc. *Sous le signe de.*

Astreindre : → Obliger.

Astrologue : → Devin.

Astuce : → Ruse.

Asymétrie, absence complète de symétrie. **Dyssymétrie,** symétrie imparfaite ou absence de symétrie entre deux choses ou deux parties d'une chose qui devraient être symétriques : *L'asymétrie d'une construction; la dyssymétrie d'un visage.*

Asymétrique : → Irrégulier.

Ataraxie : → Tranquillité.

Atavisme : → Hérédité.

Atelier, local dans lequel un groupe assez important d'ouvriers travaille au même ouvrage pour le même patron. **Chantier,** atelier à l'air libre, clôturé ou non, où l'on travaille des matériaux de construction, ou aussi lieu où l'on bâtit des navires. **Ouvroir,** primitivement lieu où des femmes en communauté se réunissaient pour travailler, de nos jours atelier où des femmes charitables ou indigentes travaillent à la lingerie et à la confection. **Couture,** atelier de couture. **Boutique,** endroit où un artisan seul ou aidé de peu d'ouvriers fabrique ses produits et les vend. — Ensemble d'ateliers : → Usine.

Atermoiement : → Délai.

Atermoyer : → Tarder.

Athée : → Incroyant.

Atmosphère : ¶ 1 Le fluide gazeux qui enveloppe la terre. *Atmosphère*, mot savant, la couche de fluide gazeux qui enveloppe le globe terrestre ou un corps céleste quelconque. **Air**, uniquement le fluide gazeux qui constitue l'atmosphère terrestre, s'emploie couramment dans beaucoup de loc. pour désigner l'*atmosphère* terrestre : *S'élever dans les airs*; et atmosphère est ou bien tech. ou ironique par sa précision. **Éther**, fig. et poét., la partie la plus haute, la plus subtile de l'atmosphère : *Je suis l'enfant de l'air... Diaphane habitant de l'invisible éther* (V.H.). **Espace**, étendue des airs : *S'élever dans l'espace*. ¶ 2 Au fig. → Milieu. *Atmosphère* fait penser à l'influence d'un milieu déterminé sur l'individu qui y vit : *C'est dans cette atmosphère-là que Jean-Paul est appelé à grandir* (M. D. G.). **Air**, par métaphore, dit plus et désigne ce qui nourrit, forme un individu : *Louis XV respira dans le berceau l'air infecté de la Régence* (CHAT.).

Atome : → Particule.

Atone : → Inerte.

Atonie : → Langueur.

Atours : → Ornement.

Atrabilaire : → Bilieux.

Atre : → Foyer.

Atroce : ¶ 1 → Barbare. ¶ 2 (en parlant d'un crime) → Grand.

Atrocité : ¶ 1 → Barbarie. ¶ 2 → Horreur. ¶ 3 → Grandeur (d'un crime).

Atrophie : → Maigreur.

Attabler [s'] : Alors que **Se mettre à table** marque l'action ordinaire de prendre place pour manger, *S'attabler* implique un but différent : *S'attabler pour jouer*; ou quelque chose d'exceptionnel dans la modalité ou la durée de l'action : *S'attabler devant un bon repas*.

Attachant : ¶ 1 → Attirant. ¶ 2 → Intéressant.

Attache : ¶ 1 *Attache*, ce qui retient une chose à une autre : *Mettre un cheval à l'attache*. **Lien**, ce qui unit ou immobilise deux choses ou les parties d'une chose : *Le lien d'un fagot*. **Nœud**, ce à l'aide de quoi on serre ou on arrête le lien. **Hart**, lien d'osier ou de bois flexible pour un fagot. **Laisse**, corde, lanière, attache dont on se sert pour mener un chien. — **Ligament**, terme d'anatomie, partie blanche et fibreuse servant d'attache ou de soutien aux os et aux viscères. — **Ligature**, terme

de chirurgie, nœud ou lien pour arrêter l'écoulement du sang. ¶ 2 Au fig. *Attache*, ce par quoi les choses ou les êtres nous retiennent : *Quelque chose à quoi je tenais par de profondes attaches* (MAU.). **Attachement** (→ ce mot), sentiment qui nous pousse vers les choses ou les êtres : *Attachement pour les confesseurs* (SÉV.). **Lien**, ce qui nous unit aux êtres ou aux choses : *De la foule à nous aucun lien* (FLAUB.). *Bernard sentit alors en son cœur encore une attache se rompre, un de ces liens secrets qui relient chacun de nous à soi-même, à son égoïste passé* (GI.). **Nœud**, lien très étroit : *Un saint nœud dès demain nous unira tous deux* (MOL.). **Chaînes**, au fig., enchérit (→ Liens). ¶ 3 Au pl. → Relation.

Attaché : → Adhérent.

Attachement : → Attache. Tendance plus ou moins forte qui nous pousse vers un être ou une chose. *Attachement*, terme très vague, le fait de tenir d'une manière très variée aux êtres ou aux choses : *Attachement de chien fidèle* (M. D. G.). **Inclination**, commencement d'affection ou d'amour pour une personne, souvent peu conscient et non intellectualisé : *Bien loin d'avoir de la passion, je n'ai jamais eu d'inclination pour personne* (LAF.). **Affection**, tendance qui entraîne naturellement, avec une douceur tranquille et régulière, nom général de tous les sentiments modérés qui unissent l'homme à ses semblables, aux animaux ou aux choses : *Votre élève ne voit plus l'attachement d'un esclave, mais l'affection d'un ami* (J.-J. R.). **Amitié**, sentiment plus vif que *l'affection*, toujours pour un être humain, qui suppose la réciprocité et se fonde non sur une tendance naturelle, mais sur une certaine conformité de mœurs, une communication spirituelle. **Tendresse** dit plus qu'*affection*, mais dans un autre sens qu'*amitié*, pour désigner l'état de celui qui se donne tout entier à l'affection avec l'idée d'une certaine sensibilité physiologique (larmes, caresses) et d'une passivité parfois critiquable : *Des passions violentes sans tendresse* (MAU.). *Les gestes les plus ordinaires de tendresse, une main serrée, une fleur gardée dans un livre* (MAU.). **Amour**, très général, forte tendance qui entraîne vers un objet pour d'autres raisons que la satisfaction d'un besoin matériel; plus fort que l'*affection* et l'*amitié*, l'*amour* est plus actif, très affectif et peu intellectualisé; employé seul, le mot désigne l'inclination sexuelle sous toutes ses formes et à tous ses degrés. **Passion**, le degré supérieur de l'amour qui en fait une tendance assez forte pour dominer, parfois momentanément, toute la vie de l'esprit : *Il quittait en ce moment la passion parisienne coquette, vaniteuse et éclatante pour l'amour pur et vrai* (BALZ.).

Adoration, **Idolâtrie** enchérissent sur *amour* comme les verbes correspondants sur *aimer* (→ ce mot). **Flamme** et **Feu** (→ ce mot), poét., amour ou passion pour une femme. **Sentiment**, en ce sens, l'amour dans l'âme, avec quelque chose de spirituel : *Sentiment pur et doux* (J.-J. R.). *Une tendresse élargie au-delà des sens jusqu'au sentiment pur* (ZOLA). — **Dilection**, terme religieux, amour tendre et pieux : *La seule dilection nous fait agir naturellement par inclination* (Bos.). **Complaisance**, en style biblique, affection de Dieu : *L'homme est toujours l'objet des complaisances de l'Éternel* (CHAT.). ¶ 3 *Attachement*, engagement du cœur qui nous intéresse à un homme ou à un parti. **Zèle** (→ ce mot) ajoute l'idée d'une vive ardeur pour le maintien ou le succès de ce à quoi on est attaché : *Zèle pour la patrie*. **Dévouement**, abandonnement qui nous fait donner nos services sans réserve : *Dévouement à la vérité* (BERTH.). **Dévotion**, dévouement qui a quelque chose de religieux : *La dévotion du prêtre pour son idole* (BAUD.). *Ce qu'elle appelait la dévotion conjugale* (GI.).

Attacher : ¶ 1 Retenir une chose ou une personne par ce qui est propre à cet usage : courroies, cordes, chaînes, etc. On *Attache* de la manière la plus variée, mais toujours à quelque chose. **Lier**, unir en les serrant au moyen d'un lien les parties d'un ensemble ou une chose à une autre de façon qu'elles ne fassent qu'un : *Un homme lié à un arbre est appliqué contre l'arbre; un animal attaché à un arbre peut paître autour*. Sont syn. de nombreux mots qui précisent le moyen ou la façon d'*attacher* : **Accrocher** (des wagons), **Agrafer**, **Épingler** (une robe), **Amarrer** (un navire), **Ancrer** (un navire), **Brêler** ou **Breller**, attacher avec des cordages, **Enchaîner** (un prisonnier), **Atteler**, attacher des bêtes de trait à un véhicule, **Cramponner**, attacher avec un crampon — ou de *lier* : **Ficeler** (un paquet), **Garroter**, lier étroitement comme par un garrot, c.-à-d. une corde que l'on serre par torsion, **Ligoter** (un malfaiteur), lier solidement avec une corde, **Botteler**, lier en botte, **Nouer**, lier par un nœud. ¶ 2 Au fig., *Attacher* implique une simple idée de dépendance : *C'est le coin du monde auquel je reste le plus fidèlement attaché* (LOTI); **Lier**, une union ou une absence de liberté, souvent réciproque : *Des êtres que liaient l'intelligence, le cœur et la chair* (CAM.); **Enchaîner**, une servitude totale : *Le silence où je suis enchaîné* (CORN.). **River**, au fig., lier, attacher d'une manière indissoluble celui qui ne peut pas bouger : *De plus en plus le roi est rivé à la maison* (LAV.). **Ligoter**, fam., lier étroitement celui qui n'a plus aucune liberté : *Actrice ligotée par son contrat* (J. ROM.). **Atteler**,

fig. et fam., attacher quelqu'un à une besogne qui l'assujettit. **Cheviller**, fig., lier, joindre fortement comme avec des chevilles, dans la loc. *Avoir l'âme chevillée au corps*. ¶ 3 → Intéresser. ¶ 4 → Arrêter. ¶ 5 (Réf.) *S'attacher*, se fixer à, par n'importe quel moyen : *La glu s'attache aux mains* (LIT.). **S'accrocher**, être fixé par une chose qui a la forme d'un crochet ou se fixer à quelque chose par ses mains comme par un crochet : *Nos braves s'accrochant se prennent aux cheveux* (BOIL.). **Se raccrocher**, se retenir à quelque chose, s'en aider pour se sauver d'un danger : *On ne peut se raccrocher à rien, on ne peut se rattraper sur rien* (MAU.). **S'agriffer**, s'accrocher avec les griffes et fam. avec les mains : *Un chat s'agriffe à une tapisserie*. **S'agripper**, syn. fam. de *s'attacher et s'accrocher* : *La main agrippée à la rampe* (M.D.G.). **Se cramponner**, s'accrocher fortement à une chose sans pouvoir en être arraché : *La joubarbe se cramponne dans le ciment* (CHAT.). Avec l'idée qu'on pend : → Pendre. ¶ 6 (Réf.) *S'attacher à*, ne pas quitter quelqu'un par affection, devoir ou intérêt. **S'accrocher à**, toujours péj., s'attacher par intérêt, et fam. devenir importun : *Il s'est accroché à ce grand seigneur* (ACAD.). **Se cramponner** et **Se coller**, fam., ainsi qu'**Assiéger** (→ ce mot) enchérissent péj. sur *s'accrocher à*. ¶ 7 (Réf.) → (s') Occuper de.

Attaque : ¶ 1 *Attaque*, action de commencer le combat. **Agression**, attaque non provoquée, injustifiée, subite, criminelle. ¶ 2 En langage militaire : → **Offensive**. *Attaque*, action d'entamer de sa propre initiative la lutte contre l'ennemi sur un point déterminé pour atteindre tel ou tel objectif. **Assaut**, à la fin de l'attaque, contact avec l'ennemi qui a pour but d'emporter de vive force telle ou telle position. **Charge**, attaque de la cavalerie qui se jette sur l'ennemi à l'arme blanche ou disperse une foule par le choc de ses chevaux. ¶ 3 Au fig. l'*Attaque* peut être longue et molle, l'**Assaut** est bref, violent, souvent décisif, et vient des ennemis, des passions ou des solliciteurs : *Saint Jérôme soutient des assauts terribles, il combat corps à corps avec ses passions* (CHAT.). **Charge** ne se dit guère que dans la loc. *Revenir, Retourner à la charge*, faire de nouvelles tentatives ou lancer de nouvelles invectives : *Il revenait opiniâtrement à la charge* (FÉN.). ¶ 4 → Crise.

Attaquer : ¶ 1 Prendre l'initiative de la lutte contre quelqu'un. *Attaquer*, commencer une action offensive contre quelqu'un, par n'importe quel moyen. **S'attaquer à**, plus subjectif, implique un état d'esprit du sujet qui agit selon tel ou tel sentiment, choisit son adversaire souvent plus fort que lui, poursuit résolument son action : *S'attaquer à Dieu* (Bour.). **Assaillir,** attaquer d'un choc rude, violent, inattendu qui est souvent le fait de plusieurs : *Préoccupations dont il était assailli* (Cam.). **Aborder,** en langage militaire, venir au combat avec l'ennemi au cours d'un assaut : *Aborder à la baïonnette.* **Prendre,** attaquer de tel ou tel côté, insidieusement, par surprise : *Qu'ils prennent les ennemis par-derrière, pendant que nous les attaquerons de front* (Bos.). **Presser,** attaquer ou poursuivre l'ennemi sans relâche. **Se prendre à,** s'attaquer à celui qu'on provoque. **S'en prendre à,** attaquer de ses reproches celui à qui l'on impute quelque faute, quelque tort. **Prendre à partie,** attaquer en justice; au fig., s'en prendre violemment à quelqu'un. **Entreprendre,** fig. et fam., se mettre à attaquer quelqu'un pour le poursuivre, le tourmenter, ou pour agir sur lui. **Rompre en visière,** attaquer quelqu'un brusquement en lui disant en face des choses désagréables : *Je veux rompre en visière à tout le genre humain* (Mol.). **Se jouer à,** attaquer inconsidérément : *Mon père lui montra bien qu'il se jouait à plus fort que lui* (Fén.). **Se frotter à,** fig. et fam., s'attaquer en le défiant à un adversaire souvent plus fort pour rivaliser avec lui. ¶ 2 → Ronger. ¶ 3 → Commencer.

Atteindre : ¶ 1 → Toucher. ¶ 2 → Arriver. ¶ 3 → Rejoindre.

Atteinte : ¶ 1 → Dommage. ¶ 2 → Crise.

Atteler : → Attacher.

Attenance : → Dépendance.

Attenant : → Proche.

Attendre : ¶ 1 *Attendre,* rester sur place jusqu'à ce qu'une personne ou une chose arrive : *Il y a du monde qui attend* (Zola). **Languir,** fig., suppose impatience ou désir : *Je ne vous ferai pas trop languir. Où puis-je vous atteindre?* (J. Rom.). **Moisir,** fig. et fam., rester longtemps en un lieu où l'on perd son temps, n'est syn. d'*attendre* que par hyperbole. **Se morfondre,** fig., implique l'attente longue et ennuyeuse d'une personne ou d'un résultat : *Se morfondre dans l'antichambre d'un conseiller* (Volt.). **Poser,** fig. et fam., attendre à un rendez-vous celui qui souvent vous mystifie, se dit surtout dans la loc. *Faire poser.* **Faire le pied de grue,** fig. et fam., attendre longtemps sur ses pieds. **Droguer,** fig. et fam., s'ennuyer en attendant, se dit surtout dans la loc. *Faire droguer.* **Croquer le marmot,** fig. et fam., attendre longtemps. **Poirauter,** en ce sens, est argotique. **Patienter,** attendre avec patience. **Gober des mouches,** fig. et fam., attendre on ne sait pour agir, en s'amusant à des bagatelles. **Guetter,** fig., attendre en observant la personne ou la chose qu'on veut saisir ou aborder

au passage. ¶ 2 → Espérer et Présumer ¶ 3 (Réf.) → Présumer.

Attendrir : ¶ 1 → Amollir. ¶ 2 → Émouvoir. ¶ 3 → Fléchir.

Attendrissant : → Émouvant.

Attendu que : → Parce que.

Attentat : → Crime.

Attente : ¶ 1 *Attente,* action d'attendre et temps pendant lequel on attend. **Expectative,** attente d'une chose précise que l'on croit probable et sur laquelle on compte pour se décider : *La conduite du duc d'Orléans ne fut qu'une expectative* (Lam.). **Expectance,** peu usité, attente d'une chose possible : *Capitaux en expectance de placement.* **Expectation,** syn. vx d'*attente,* ne se dit plus qu'en médecine pour désigner la méthode qui consiste à observer le cours naturel d'une maladie en n'utilisant contre elle que des moyens hygiéniques. ¶ 2 → Espérance et Présomption.

Attenter : → Entreprendre sur. *Attenter à,* commettre une entreprise criminelle, marque l'action abstraite souvent du point de vue moral : *Attenter à l'honneur;* **Attenter sur** et **contre,** l'action physique, efficace, *attenter sur* convenant pour une usurpation injuste : *Orias attenta sur les droits sacrés du sacerdoce* (Bos.); *attenter contre,* pour une attaque violente contre quelque chose de sacré : *Attenter contre le roi même* (Volt.).

Attentif : ¶ 1 *Attentif,* **Appliqué, Soigneux, Vigilant, Exact, Diligent :** → Attention. ¶ 2 *Attentif,* plein de soin, sensible à tout ce qui touche l'être aimé : *Attentif aux caprices d'humeur de son ami* (J. Rom.). **Attentionné,** plein d'attentions, c.-à-d. de marques de gentillesse : *Fiancé attentionné.* **Prévenant,** qui va au-devant de tout ce qui peut faire plaisir.

Attention : ¶ 1 Action plus ou moins forte de l'esprit. *Attention,* effort pour fixer l'esprit sur ce qu'on observe ou ce que l'on fait, afin de n'en négliger aucun détail : *Fixer son attention sur la pensée d'autrui* (M. D. G.). **Réflexion** suppose un travail de l'esprit qui rentre en lui-même pour penser plus d'une fois à une chose : *Le front plissé par la réflexion* (M. D. G.). **Méditation** enchérit : *c'est une réflexion profonde et longtemps fixe* (Marm.) qui, de plus, regarde l'avenir, est plus créatrice que la *réflexion,* souvent simple retour sur le passé pour en tirer une sagesse : *Le remords naît de la réflexion* (Bos.). *La méditation a produit les Archimède, les Newton, les Pascal* (Marm.). **Contemplation,** état de l'esprit qui s'absorbe dans l'objet de sa pensée au point d'oublier les autres choses et sa propre individualité, surtout en parlant des choses divines et mystiques :

La contemplation m'emplit le cœur d'amour (V. H.). — **Contention**, grosse dépense d'effort de la part du sujet en une action quelconque, est syn. des autres mots dans des loc. comme *contention d'esprit* ou *de tête* (Fén.), et exprime l'énorme fatigue, même physique, que le sujet dépense pour se concentrer : *Contentions d'esprit capables de ruiner les tempéraments les plus robustes* (Fén.). **Tension d'esprit** dit moins. **Concentration** désigne l'acte dont l'*attention* ou la *contention* sont l'effet et se dit surtout de l'énergie. ¶ 2 Effort de l'esprit pour bien faire. *Attention*, concentration d'esprit sur tous les détails de la chose à faire : *Il les écoutait avec attention, les observait* (J. Rom.). **Application**, grande attention ou attention suivie, persévérante, dans l'action et spéc. dans l'étude : *Tourner les pages avec une application d'enfant sage* (M. D. G.). *S'il arrive à se maintenir à la tête de sa classe, c'est par application, non par facilité* (Gi.). **Soin** (→ ce mot), effort plein d'intérêt et d'inquiétude pour rendre la chose parfaite : *Ce soin poussé jusqu'à la perfection* (Pég.). **Étude**, syn. vx de *soin*. **Vigilance**, effort continuel pour ne pas se laisser surprendre par l'erreur et la distraction. **Exactitude**, effort pour respecter toutes les règles nécessaires à l'exécution de la chose : *Obéir avec exactitude à l'ordonnance d'un médecin, observer avec attention les heures des remèdes; les prendre avec soin; se garder avec vigilance de toutes les imprudences.* **Diligence** ajoute à *soin* l'idée de conscience et de zèle : *On a employé à examiner cette matière la plus grande diligence* (Fén.). ¶ 3 → Curiosité. ¶ 4 *Attentions* : → Égards. ¶ 5 *Avec attention* marque surtout que l'objet est saisi sans que rien en soit perdu : *Qu'on me relise avec attention* (J.-J. R.); **Attentivement**, que le sujet accorde de l'attention : *Je prêtai l'oreille attentivement* (J.-J. R.). ¶ 6 *Faire (avoir) attention*, positif, veiller à ce que quelque chose de bien se fasse ou que quelque chose de mal ne se fasse pas, *attention à* exprimant une attention habituelle et médiocre, *attention pour*, une attention spéciale à un but que l'on vise : *Un homme qui n'a attention à rien* (Acad.). *Ayez attention pour ne vous relâcher jamais* (Fén.). **Prendre garde, Garder de**, vx, et **Se garder de**, négatifs, éviter, par prudence, de mal faire : *Prends garde aux impostures des amants* (Mtq.).

Attentionné : → Attentif.

Attentivement : → (avec) Attention.

Atténuer : ¶ 1 → Pulvériser. ¶ 2 → Affaiblir. ¶ 3 → Modérer.

Atterrage, en termes de marine, approche de la terre et action d'y toucher. **Atter-**rissage (marine et aviation), manœuvres effectuées par un bâtiment ou un avion pour toucher la terre.

Atterré : → Consterné.

Atterrer : ¶ 1 → Abattre. ¶ 2 → Toucher. ¶ 3 → Épouvanter.

Atterrissage : → Atterrage.

Atterrissement : → Alluvion.

Attestation, tout témoignage écrit ou verbal : *Attestation de bonne vie et mœurs.* **Certificat**, attestation écrite, officielle ou signée d'une personne autorisée : *Un certificat où il serait affirmé que je n'ai pas cette sacrée maladie* (Cam.). **Référence**, attestation ou certificat pour recommander quelqu'un en quête d'une situation ou proposant une affaire. — **Visa**, attestation qu'un acte a été visé, ce qui le rend valable.

Attester : ¶ 1 → Affirmer. ¶ 2 → Prouver.

Atticisme : Façon délicate de s'exprimer. *Atticisme*, qualité des Athéniens. **Urbanité**, qualité des Romains : *L'atticisme des Grecs et l'urbanité des Romains* (L. B.). De plus, l'*atticisme* n'est qu'une qualité du style, l'*urbanité* est beaucoup plus large (→ Civilité) et, même en parlant du style, implique une certaine perfection du ton, du geste jointe à la finesse du sentiment : *L'urbanité répondait à l'atticisme, mais elle tenait plus aux mœurs qu'au langage* (Marm.).

Attiédir : ¶ 1 → Refroidir. ¶ 2 → Modérer.

Attiédissement : → Tiédeur.

Attifer : → Parer.

Attirail : Ensemble de choses nécessaires à un certain usage. *Attirail* ne désigne que des choses usuelles que quelqu'un emporte avec lui, souvent dans un sens ironique ou péj. : *Attirail de peintre, de guerre.* **Équipage**, ensemble plus large et plus noble que l'*attirail*, qui comprend non seulement des choses, mais des animaux, des personnes, et a même rapport à la façon dont le maître de l'équipage est vêtu : *Équipage de chasse; d'un fantassin* (J.-J. R.). **Appareil**, réunion de choses nécessaires à une action en général ironique, désigne moins les choses que l'impression de préparatifs imposants qui résulte de leur assemblage : *L'appareil de guerre, c'est l'attirail ou l'équipage de guerre, avec en plus un certain apprêt qui montre la guerre dans les choses pour elle préparées.* **Bataclan**, fam., attirail insolite et encombrant; en ce sens on dit parfois aussi fam. **Fourbi**, **Fourniment** : → Bagage.

Attirance : → Attraction.

Attirant : ¶ 1 → Attractif. ¶ 2 Au fig., en parlant d'une chose, d'un être, de ses manières, *Attirant*, qui attire de n'importe quelle façon : *Bontés attirantes d'un Dieu* (Bos.). *Passions attirantes, jeux attirants* (J.-J. R.). **Attachant** (→ Intéressant), qui attire et retient par l'intérêt qu'il provoque : *Intrigue attachante* (Volt.). *Tragédie attachante* (Chat.). *Début attachant, catastrophe émouvante* (Maup.). **Attrayant**, qui attire par le plaisir que donnent son agrément, son attrait : *Air tant attrayant* (L. F.). **Prenant**, qui attire et retient en provoquant une émotion, un saisissement : *Orateur à la voix prenante.* **Captivant**, très attachant, très attrayant au point de retenir captif en ôtant tout sens critique à la raison ou en asservissant le cœur à une passion : *Lecture captivante.* **Charmant**, autrefois, qui captive comme par magie ; de nos jours, attrayant par une douceur délicieuse : *Souvenir charmant.* **Ensorcelant, Fascinant** ont, de nos jours, remplacé *charmant* au sens ancien. **Enchanteur, Ravissant** enchérissent sur *charmant* au sens actuel : → Charmer. **Séduisant**, qui attire par une force invincible capable de détourner de toute autre chose, même du bien : *Les défauts séduisants du style de Fontenelle* (D'Al.). **¶ 3** Spéc., en parlant de l'air, des manières, *Attirant*, qui fait venir à soi : *Figure attirante* (S.-S.). **Engageant**, qui attire et retient, donne envie d'entrer en relations avec un être, engage dans son parti : *Air noble et engageant* (Volt.). **Insinuant**, qui attire par adresse, en se glissant en quelque sorte dans le cœur, souvent par des discours persuasifs : *Obéissance d'artifice, manières insinuantes, soumissions étudiées* (Bos.).

Attirer : **¶ 1** → Tirer. *Attirer*, faire venir vers soi ou vers le lieu dont on parle : *Les pays neufs attirent les capitaux.* **Drainer**, fig., faire affluer ce qu'on attire comme de l'eau qu'on retire d'un champ, se dit surtout des sources de richesses : *Cette ville draine tout le commerce de la région.* **¶ 2** Avec pour compl. un n. de personne, *Attirer*, faire venir vers soi pour n'importe quelle raison : *Cet homme qui marchait vers elle l'attirait* (Flaub.). **Allécher**, attirer par l'appât du plaisir du goût, de l'odorat, au fig. par l'espérance, le plaisir : *Maître Renard par l'odeur alléché* (L. F.). *Cette coutume d'indiquer les [ouvrages] « en préparation » afin d'allécher les lecteurs* (Gi.). **Appâter**, attirer, allécher un animal par un appât (→ ce mot) pour le prendre ; au fig., attirer, souvent dans un piège, par ce qui éveille le désir, la passion : *Chacun appâté par la perspective de savoir sa fille ou son fils bien instruit et bien surveillé* (Balz.). **Amorcer**, appâter le poisson, insiste au fig. sur l'idée de tromperie, de piège caché sous une apparence qui promet un plaisir : *Se laisser amorcer par une apparence de*

gloire (Acad.). **Affriander**, attirer par quelque chose d'agréable au goût et, au fig. fam., d'utile, de profitable : *Le gain l'avait affriandé* (Acad.). **Affrioler**, fam., attirer par quelque chose de délicat qui excite l'appétit, et au fig. par ce qui plaît, met en joie : *Les cadeaux affriolent les enfants.* **Tenter**, attirer, en excitant le désir, vers une chose défendue ou vers laquelle la raison conseille de ne pas aller : *La fausse gloire ne le tentait pas* (Bos.). **Séduire**, attirer avec une force irrésistible souvent capable de détourner du droit chemin, de la vérité : *La vie nous séduit, elle nous promet de grands plaisirs* (L. B.). **Gagner** (→ ce mot), attirer et retenir celui qu'on se rend favorable. **Charmer** (→ ce mot), attirer par sortilège ou en donnant un vif plaisir. **¶ 3** → Occasionner. **¶ 4** (Réf.) Causer pour soi-même. *S'attirer*, subir, en fait, une chose bonne ou mauvaise qu'on a provoquée volontairement : *Je me suis attiré cette boutade* (M. D. G.). **Encourir**, se mettre dans le cas de subir, par sa faute, une peine, un reproche, souvent de la part d'une autorité : *Le plus mortel reproche que puisse encourir une jeune revue, c'est d'être pudibonde* (Gi.).

Attiser : → Exciter.

Attitré, au prop. et au fig., chargé d'une fonction ou d'un service exclusivement à d'autres personnes : *Fournisseur attitré. Défenseur attitré des institutions.* **Patenté**, au fig. seulement, est ironique et souvent péj. : *Ennuyeux patenté.*

Attitude : **¶ 1** Manière de tenir son corps : → Position. **¶ 2** Esthétiquement, position dans laquelle un artiste représente un modèle. L'*Attitude* peut être naturelle au modèle et représenter un mouvement pris sur le vif : *Dans une attitude d'un naturel qu'on n'aurait pu inventer* (Proust). **Pose**, attitude qu'un peintre, un sculpteur, un photographe font prendre à leur modèle, dans une position souvent immobile : *Tenir la pose* (Acad.). **¶ 3** Manifestation extérieure d'un sentiment par son corps : → Maintien. **¶ 4** En un sens péj., affectation dans son maintien. *Attitude*, affectation de n'importe quel sentiment, dans n'importe quel dessein : *Une personnalité trop tendre et inconsciente encore se défend et se dérobe derrière une attitude* (Gi.). **Pose**, attitude ou paroles affectées pour produire de l'effet, faire impression : *Il prit une pose napoléonienne* (Gi.). **¶ 5** → Procédé.

Attouchement : → Tact.

Attractif, au prop. seulement, qui a la puissance d'exercer une attraction : *Force attractive.* **Attracteur**, qui, en fait, exerce une attraction : *Corps attracteur.* **Attirant**, très rare au prop., syn. vulgaire d'*attractif* : *Force attirante de l'aimant.*

Attraction : ¶ 1 *Attraction*, terme de chimie, de physique, action d'attirer ou force qui attire : *L'attraction paraît inhérente à la matière* (B. S.-P.). **Gravitation,** terme de physique, attraction réciproque des corps en raison de leur masse et en raison inverse du carré de leur distance. **¶ 2** Au *fig*. *Attraction*, action d'attirer considérée abstraitement : *Attraction que les villes exercent sur les campagnes*. **Attirance,** propriété d'attirer par certains sentiments (charme, plaisir) ou certains troubles comme le vertige : *Attirance du plaisir, du vice, du gouffre*. **Attrait,** ce qui nous fait aller vers un être ou une chose, soit en vertu de leur attirance très agréable, soit en vertu d'un goût, d'une inclination qui nous sont personnels : *Réalité sans attrait* (Gi.). **¶ 3** → Spectacle.

Attrait : ¶ 1 → Attraction et Grâce. **¶ 2** → Appas.

Attrape : ¶ 1 → Piège. **¶ 2** → Plaisanterie. Fam., petite plaisanterie qui consiste à tromper sans mauvaise intention. L'*Attrape* trompe surtout par une fausse apparence, spéc. d'un objet : *Un faux morceau de sucre est une attrape*; la **Farce,** par un petit scénario bouffon : *Au cirque les clowns se font des farces*. **Blague,** syn. fam. de *farce*, mais surtout tromperie qui consiste dans des contes en l'air qu'on fait croire à quelqu'un : *Envoyer un bleu chercher la clef du champ de tir est une blague*. **Bateau,** très fam., histoire montée de toutes pièces pour attraper un naïf : *Monter un bateau à quelqu'un*. **Bourde,** mensonge, syn. péj. et vx de *bateau* : *Fourbe et grand donneur de bourdes* (Corn.). **Colle,** bourde ou menterie qui attrape comme le papier collant fait une mouche; spéc. question spécieuse qui attrape un candidat : *Poser une colle*. **Niche,** attrape qui a quelque chose d'enfantin, est tantôt espiègle, tantôt mesquine ou malicieuse. Le **Bon tour** trompe par une ruse adroite, quelque peu malicieuse, mais sans conséquence grave : *Les bons tours de Figaro*. La **Fumisterie** et surtout le **Mauvais tour** sont déjà plus graves : → Tromperie. **Canular,** dans l'argot normalien, farce, blague ou bon tour.

Attraper : ¶ 1 → Prendre. Prendre ou saisir vivement d'une certaine manière. *Attraper*, prendre comme dans une trappe, un piège, en arrêtant la course de ce que l'on guettait ou poursuivait : *Le gendarme attrape le voleur*. **Happer,** saisir comme un chien fait sa proie, donc violemment, ce qui se présente inopinément : *Les hirondelles vivent d'insectes qu'elles happent en volant* (Buf.). *La petite main impérieuse, incroyablement vive, happait au passage un pan de mon manteau* (Col.). **Gripper,** vx et fam., saisir avec ses griffes comme fait le chat : *La bête fut grippée* (L. F.). **Agripper,** saisir avidement ou saisir vivement ce à quoi l'on s'accroche : *Cotard agrippa soudain la portière* (Cam.). **¶ 2** → Rejoindre. **¶ 3** (une maladie) → Contracter. **¶ 4** → Toucher. **¶ 5** → Entendre. **¶ 6** → Obtenir. **¶ 7** → Tromper. **¶ 8** → Réprimander.

Attrayant : → Attirant.

Attribuer : ¶ 1 → Distribuer. *Attribuer,* donner en partage : *Quelles fonctions a-t-on attribuées à ce magistrat?* (Acad.). **Adjuger,** attribuer après un jugement ou une décision légale : *Adjuger un legs, les dépens* (Acad.). **Allouer,** attribuer une somme d'argent : *Les quarante francs que tu lui allouais par mois* (Mau.). **Décerner,** attribuer solennellement une récompense par autorité publique : *Décerner un prix*. **Donner,** syn. vague de ces termes. **¶ 2** Destiner à. *Attribuer* est surtout relatif à la personne qui reçoit; **Affecter,** à l'usage pour lequel on reçoit : *Affecter des crédits à la reconstruction*. **Assigner,** affecter en fixant avec précision ce qu'on attribue, à qui et pourquoi : *Assigner un remboursement sur le Trésor public, le rang qu'une personne doit occuper. Le budget attribue vingt milliards au Ministère de l'Économie nationale qui en affecte dix à l'équipement électrique et assigne, sur ces dix milliards, telle somme à tel barrage*. **¶ 3** Rapporter une chose à une autre ou à une personne comme ayant été produite par elle. *Attribuer,* rapporter, de préférence avec raison, à des personnes ou à des choses des actions ou des effets bons ou mauvais : *On attribue sa mort à cette couche humide qui permit au courant d'envelopper son corps* (Gi.). *Je ne peux attribuer ce silence qu'à votre état* (M. d. G.). **Imputer,** mettre au compte des personnes, souvent par conjecture, des actions blâmables : *Il serait bien injuste d'imputer cette violence à Dieu* (Pasc.). **Prêter,** attribuer ou imputer, suivant une opinion toute personnelle, par faveur ou par haine : *Le mot que l'on prête à Jaurès* (Pég.). *Prêter des projets, des travers à quelqu'un*. **Référer,** dans le style soutenu, attribuer quelque chose de bien : *Il faut en référer l'honneur, la gloire à Dieu* (Acad.). **¶ 4** (Réf.) → [s'] Approprier.

Attribut : ¶ 1 → Qualité. **¶ 2** → Symbole. **¶ 3** *Attribut*, terme de grammaire ou de logique, qualité qu'on accorde ou qu'on refuse au sujet ou parfois à un complément. **Prédicat,** terme plus philosophique, fait surtout penser à l'attribut considéré comme une idée faisant partie d'un jugement, d'une proposition.

Attribution : ¶ 1 → Distribution. *Attribution,* **Allocation. — Affectation, Assignation :** → Attribuer. **¶ 2** → Emploi.

Attrister : → Chagriner.

Attrition : → Regret.

Attroupement : → Rassemblement.

Attrouper : Rassembler une foule. *Attrouper*, réunir en troupe dans un dessein quelconque, même s'il implique une idée d'hostilité, dit toujours moins qu'**Ameuter,** mettre dans l'état des chiens qu'on prépare à la chasse, donc rassembler pour une sédition : *Un homme qui dogmatise attroupe et bientôt il peut ameuter* (J.-J. R.).

Aubade : ¶ 1 → Concert. *Aubade,* concert donné en plein air, théoriquement à l'aube du jour, à la porte ou sous les fenêtres de quelqu'un pour lui faire honneur : *Donner l'aubade aux conseillers municipaux.* **Sérénade,** concert en plein air, donné théoriquement le soir, dans les mêmes conditions, mais surtout par galanterie : *Donner une sérénade à une dame.* Au fig., par antiphrase, *aubade,* avanie faite avec vacarme; *sérénade,* charivari. ¶ 2 → Avanie.

Aubaine : ¶ 1 → Succession. ¶ 2 → Chance. ¶ 3 → Profit.

Aube : ¶ 1 Naissance du jour. *Aube* ou **Crépuscule du matin,** moment où une clarté blanche diffuse succède à la nuit. **Aurore,** lueur brillante et rosée qui succède à *l'aube* et annonce le lever du soleil. **Avant-jour,** peu usité, le début de l'*aurore.* **Point du jour,** le moment précis où le jour commence pour les astronomes. **Pointe du jour,** le temps, qui a quelque durée, où la lumière commence à être suffisante pour nous donner la sensation que le jour succède à la nuit : *A la petite pointe du jour, je me suis levée* (Sév.). — **Potron-minet, Potron-jaquet,** précédés de *dès,* fam., à l'aube, de très bonne heure. ¶ 2 → Commencement.

Auberge : → Hôtel et Restaurant.

Aucun : → Nul.

Aucuns [d'] : → Plusieurs.

Audace : → Hardiesse.

Audience : ¶ 1 → Curiosité. ¶ 2 → Réception. ¶ 3 → Public.

Auditeur : → Public. L'*Auditeur* s'est rendu exprès en un lieu pour écouter. L'**Écoutant** écoute un discours qui le retient par hasard : *Les écoutants d'un charlatan; les auditeurs d'un conférencier.*

Audition : → Concert.

Auditoire : → Public.

Auge, pierre ou pièce de bois, de ciment, etc., qui est creusée et sert à donner à manger et à boire surtout au porc, mais aussi à d'autres animaux domestiques comme le cheval. **Binée,** auge pour bêtes à cornes. **Auget,** petite auge en zinc ou en verre pour oiseaux. **Mangeoire,** auge du cheval, du bœuf placée sous le râtelier dans l'écurie ou l'étable; et aussi petite auge pour chiens, lapins, oiseaux de basse-cour ou en cage. **Crèche,** mangeoire du mouton, se dit aussi pour d'autres animaux ou bestiaux.

Augmentation : ¶ 1 *Augmentation, Croissance* (→ ce mot) : → Augmenter. ¶ 2 *Augmentation,* **Accroissement, Multiplication, Gradation, Enrichissement, Élargissement, Agrandissement, Grossissement, Amplification, Intensification, Aggravation, Redoublement :** → Augmenter. **Recrudescence,** syn. de *redoublement,* suppose un retour avec augmentation d'intensité, alors que *redoublement* ne suppose ni diminution ni interruption préalable.

Augmenter : ¶ 1 (Intrans.) Devenir plus grand ou plus considérable. *Augmenter* implique une addition provoquée par quelque chose d'extérieur à la chose, une action brusquée et le sens vague du mot nécessite qu'on explique souvent dans quel ordre de grandeur se fait l'augmentation. **Croître** (→ ce mot) suppose un développement semblable à celui d'un être vivant, par un progrès lent et insensible : *A mesure que les biens augmentent, l'ambition croît* (G.). *La sédition augmente quand de nouveaux séditieux se joignent aux premiers; elle croît quand les séditieux deviennent plus ardents* (R.). **Se multiplier, S'étendre, S'élargir, Grossir, S'amplifier, S'arrondir, Redoubler, S'intensifier, S'accentuer, S'aggraver** (→ Empirer) diffèrent comme plus bas. ¶ 2 (Trans.) Rendre une chose plus grande ou plus considérable. Par rapport à la quantité arithmétique ou à la force, *Augmenter* marque l'addition d'une quantité homogène qui, venue de l'extérieur, s'incorpore à la chose et se dit bien de la nature morte et simplement numérable : *Augmenter ses revenus.* **Ajouter à** implique une quantité hétérogène ou, si elle est homogène, simplement juxtaposée et non incorporée à la chose : *Son malheur ajoutait à l'éclat de ses charmes* (Volt.). **Accroître** s'emploie bien en parlant de ce qui vit ou qui paraît vivre et dont on augmente, souvent lentement, progressivement et jusqu'à un haut degré, l'importance, la vigueur, l'énergie, par une sorte de renforcement intérieur qu'on favorise : *Un malaise irraisonné, accru du grand silence et de la solitude* (A. Daud.). *Un général augmente ses forces en recrutant des soldats, y ajoute en s'assurant des alliances, les accroît en développant l'entraînement de ses troupes.* **Multiplier,** augmenter considérablement le nombre d'êtres ou de choses de la même espèce : *Multiplier les difficultés.* **Graduer,** augmenter successivement, par degrés : *Graduer l'intérêt* *dans un ouvrage dramatique.* **Enrichir,** accroître la valeur de ce que l'on rend plus orné, plus précieux, se dit surtout des choses de l'esprit : *Enrichir ses connaissances.* — Par rapport aux dimensions, **Étendre** (→ ce mot), augmenter une chose pour lui faire occuper une longueur ou une surface plus grandes : *Un étudiant étend le champ de ses connaissances.* **Élargir,** étendre en largeur, et au fig. accroître ce qu'on rend plus capable d'embrasser, de contenir beaucoup de choses, notamment en parlant de l'esprit, de l'action; parfois aussi, c'est rendre moins strict : *Élargir indéfiniment ses espoirs* (Gi.). **Agrandir,** étendre, élargir dans toutes ses dimensions ce qui devient de ce fait plus vaste : *Agrandir une maison; une photographie; la sphère des connaissances humaines. L'opinion agrandit ce qui n'a pas de bornes* (Baud.). **Grossir,** accroître en volume ou en importance : *Elle avait abandonné la moitié de sa dot pour grossir celle de Laura* (Gi.). **Enfler** marque une augmentation brusque, souvent exagérée et plus apparente en volume que réelle : *Puissance plutôt enflée qu'agrandie* (Mtq.). **Amplifier,** en termes de sciences, augmenter ou grossir par des procédés techniques : *Le microscope amplifie les corps*; en rhétorique, développer les détails d'une pensée sans lui apporter une substance nouvelle; dans le langage courant, augmenter ou agrandir extrêmement, parfois outre mesure, au point de faire paraître grand ce qui dans la réalité ne s'accroît pas : *Amplifier une nouvelle.* **Arrondir,** fig. et fam., faire les augmentations nécessaires pour qu'une chose forme un tout complet ou satisfaisant, se dit surtout d'une terre, d'un champ ou de la fortune. — Par rapport à l'intensité, **Redoubler,** renouveler quelque chose en augmentant beaucoup son intensité : *Vous redoublez ma honte et ma confusion* (Corn.). **Intensifier,** rendre une action plus énergique : *Intensifier ses préparatifs.* **Accentuer,** augmenter l'intensité ou les caractères d'une chose pour la rendre plus frappante : *J'accentuais tout ce qui en moi leur faisait horreur* (Mau.). — **Aggraver,** rendre plus lourd : *Augmenter les impôts, c'est les rendre plus élevés; les aggraver, c'est les rendre plus pénibles.* ¶ 3 → Hausser.

Augure : ¶ 1 → Devin. ¶ 2 → Présage.

Augurer : ¶ 1 → Présumer. ¶ 2 → Prédire.

Auguste : ¶ 1 Adj. → Imposant. ¶ 2 N. → Clown.

Aujourd'hui : → Présentement.

Aumône : → Secours. Don fait aux pauvres dans une intention de religion. *Aumône,* don en argent pour soulager un indigent. **Charité,** don de toute nature

(temps, aide, soins, etc.) fait de son plein gré par amour et compassion pour le prochain.

Aumônier : → Chapelain.

Aumônière : → Bourse.

Auparavant : → Avant.

Auprès : ¶ 1 → Près. ¶ 2 → [en] Comparaison.

Auréole : → Nimbe.

Aurore : → Aube.

Auspice : ¶ 1 → Devin. ¶ 2 → Présage. ¶ 3 *Sous les auspices de,* en bénéficiant de la bienveillance, de l'aide, de la faveur de quelqu'un qui créent un préjugé favorable : *Sous les auspices de cet homme respectable, à l'appui de son crédit, guidé par son expérience* (J.-J. R.). **Sous le patronage de,** en bénéficiant d'une aide semblable à celle que pouvait accorder le patron, chez les Romains, ou, dans la religion catholique, un saint qui fait bénéficier de son appui, de son intercession : *Œuvre placée sous le patronage d'un ministre.* **Sous la protection de,** implique qu'on est mis à l'abri d'un danger : *Quoique je vive en toute sûreté dans ce pays, sous la protection du roi* (J.-J. R.). **Sous la sauvegarde de,** en bénéficiant d'une protection totale contre un grand danger : *Sous la sauvegarde de la protection romaine* (Roll.). **Sous la tutelle de,** fig., sous la protection d'un être supérieur ou d'une chose personnifiée qui veille sur quelqu'un, le dirige : *Sous la tutelle invisible d'un ange* (Baud.). *Sous la tutelle des lois.* **Sous l'égide de,** par métaphore, *sous la sauvegarde* d'un personnage puissant comme un dieu, l'égide étant le bouclier de Pallas qui pétrifiait ceux qui le regardaient; souvent emphatique ou ironique au sens de *sous le patronage de.*

Aussi : ¶ 1 → Ainsi. ¶ 2 → (de) Plus. *Aussi* implique une diversité et une comparaison : *Ce prélat tartare fut insulté par les caravanes; les Chinois le furent aussi* (Volt.). **Également** suppose une équivalence parfaite : *Il est heureux et moi également;* **Pareillement,** une équivalence plus approximative; **De même,** une ressemblance parfaite; **Encore,** une identité et une addition ou énumération : *Avec ces beaux secrets, Bacon possédait encore ceux de l'astrologie judiciaire* (Volt.). ¶ 3 Devant un adj. ou un adv. *Aussi* marque la similitude, **Autant** (rare et vx en ce sens) l'égalité : *Aussi vivant par l'esprit qu'il était mourant par le corps* (Bos.). *Un jour autant heureux que je l'ai cru funeste* (Rac.).

Aussitôt : Sans tarder. *Aussitôt* insiste sur le rapport entre deux événements dont le second se produit dès que le premier a eu lieu : *Protésilas sourit; toute* *l'assemblée se mit aussitôt à rire* (Fén.). **A l'instant** et **Instantanément** renchérissent, les deux événements devenant presque simultanés : *L'esprit veut et tous les membres du corps se remuent à l'instant* (Fén.). **Tout de suite, Incontinent, Immédiatement** marquent une succession rapide entre des événements. *Tout de suite* implique simplement que les deux événements se suivent sans intermédiaire dans le temps (à noter que *de suite,* successivement, n'est syn. de *tout de suite* qu'abusivement dans la langue pop.). *Incontinent,* plus noble, précise que le second événement de même nature que le premier, y était en quelque sorte contenu et en est la conséquence dir³cte : *Un soulèvement de tout le royaume suivit incontinent celui de Lisbonne* (Volt.). *Immédiatement* se dit au contraire d'événements de nature différente simplement contigus et non continus et a quelque chose de plus abstrait que *tout de suite* : *Tu te trompes de croire que le pêcheur soit souvent puni immédiatement après son crime* (Maleb.). **Incessamment,** par ext., de nos jours, sans délai, au plus tôt, presque tout de suite en parlant de l'action d'une personne : *Il fut nommé préfet et se rendit incessamment à son poste* (Acad.). **Sur-le-champ,** sans quitter la place où l'on est, s'emploie bien avec un souvenir de son sens métaphorique : *Je voulais sur-le-champ congédier l'armée* (Rac.). **Séance tenante,** dans le même sens, est plus fam. **D'abord,** vx, d'un seul coup, sans qu'on ait besoin d'y revenir ensuite : *Choses qui rassasient d'abord* (Mol.). **D'emblée,** du premier effort, se dit aussi fam. en ce sens. **Illico** est pop.

Austère : ¶ 1 Au physique : → Rude. **¶ 2** Qui applique les règles de la morale sérieusement et sans douceur (≠ Rude qui implique un manque de sensibilité et de douceur sans raison morale). *Austère,* qui ne se permet ou ne permet aucun plaisir (anton. voluptueux) : *La règle est austère, c'est-à-dire qu'elle retranche de nos penchants* (Mtq.). *L'atmosphère de la pièce était si austère qu'il semblait que les fleurs y dussent faner aussitôt* (Gi.). *Sévère,* qui ne se permet ou ne permet aucun défaut (anton. indulgent) : *Vous êtes sévère, injuste sans doute* (M. d. G.). *Rome lui sera-t-elle indulgente ou sévère?* (Rac.). *Rigoureux,* dont la sévérité ou l'austérité sévissent sans aucune grâce ni exception : *Un sage aux rigueurs rigoureux, inflexible* (Boil.). *Rigoriste,* excessivement rigoureux, qui érige la rigueur en principe : *Les jansénistes, secte affreuse de rigoristes* (Volt.). *Rigide,* dont la sévérité applique exactement plutôt la lettre que l'esprit des règles morales : *Rigides pratiques religieuses* (Zola). Dans le style littéraire, par allusion à certaines façons

de vivre ou à certains systèmes philosophiques, *Spartiate,* rigide au physique et au moral, comme l'étaient les Lacédémoniens; *Stoïque,* qui tient de la fermeté et de l'insensibilité des stoïciens; *Puritain,* très rigide dans ses principes moraux ou politiques comme les membres de la secte de ce nom, en Angleterre, au xviiie s. : *Sévère et quasi puritain* (Balz.). *Janséniste,* plus rare, d'une piété ou d'une vertu austère ou pédante. *Ascétique,* très austère, méprisant le plaisir, la douleur, les instincts de la vie animale, pour s'élever dans l'ordre de l'esprit ou de la religion. **¶ 3** → Simple.

Austérité, Sévérité, Rigueur, Rigorisme, Rigidité, Stoïcisme, Puritanisme, Jansénisme, Ascétisme : → Austère.

Austral : → Sud.

Autant : ¶ 1 → Aussi. **¶ 2** *Autant que :* → Comme. **¶ 3** *D'autant que :* → Parce que.

Auteur : → Écrivain.

Authentique : ¶ 1 → Évident et Vrai. **¶ 2** → Officiel.

Autobiographie : → Mémoires.

Autobus, omnibus automobile qui fait le service dans une ville, entre une ville et une station de chemin de fer, entre deux villes. **Autocar** ou **Car,** grosse voiture automobile destinée au tourisme ou à véhiculer un groupe de personnes; *car* se dit aussi d'un autobus circulant entre deux villes.

Autochtone : → Indigène.

Autocrate : → Roi.

Autocratie : Forme de gouvernement fondé sur la puissance absolue d'un seul homme (≠ Monarchie, car le monarque n'est pas forcément absolu). *Autocratie* (gouvernement des tsars), gouvernement absolu d'un seul qui ne prend qu'en lui-même sa raison d'être, insiste sur l'indépendance du souverain à l'égard de toute autorité. **Despotisme** (chez les Grecs, par opposition à démocratie, pouvoir absolu des souverains d'Orient), au xviiie s., la monarchie absolue dans un sens péj. (par ex. chez Montesquieu) ou non (cf. *despotisme éclairé*); se dit bien en parlant des despotes d'Orient ou, en général, d'un gouvernement qui exerce le pouvoir d'un maître sur ses esclaves : *Le despotisme jaloux d'un Dieu de colère* (Zola). **Tyrannie,** chez les Grecs, d'abord pouvoir absolu d'un seul, souvent bienfaisant, puis pouvoir usurpé, dirigé contre l'intérêt de tous; d'où, de nos jours, gouvernement ou autorité, parfois illégaux, parfois cruels, toujours inflexibles et arbitraires : *La tyrannie politique et spirituelle* *de l'Église romaine* (J. Rom.). **Césarisme,** gouvernement dans lequel un seul homme exerce l'autorité absolue, mais en reconnaissant à son pouvoir, comme le fit César, une origine démocratique : *Le premier Empire français était un Césarisme.* **Dictature,** gouvernement d'un seul homme, mais aussi d'une seule assemblée, d'un seul parti, semblable à celui du dictateur chez les Romains, c.-à-d. supposé temporaire et reposant sur la légalité ou au moins l'assentiment exprimé ou tacite de la majorité de ceux qui y sont soumis; insiste surtout sur la conception totalitaire et autoritaire du pouvoir : → Autoritaire : *La dictature de la Convention, du prolétariat.* **Absolutisme,** néol. très général, désigne le gouvernement absolu d'une façon plus abstraite que les autres mots, et se dit surtout de la théorie ou de la pratique d'une autorité absolue : *L'absolutisme de Louis XIV tendait à transformer la monarchie française en despotisme.*

Autocratique : → Absolu.

Autolâtrie : → Égoïsme.

Automate, machine qui par le moyen de ressorts imite le mouvement d'un corps animé, se dit, au fig., de toute personne qui paraît agir comme une mécanique : *Il reprit sa marche d'automate* (M. D. G.). **Androïde,** automate à figure humaine; de nos jours, on dit plutôt **Robot** qui désigne au fig. l'homme qu'on fait travailler comme une machine.

Automatique : → Involontaire.

Automédon : → Cocher.

Automne : Saison entre l'été et l'hiver. *Automne,* saison qui va du 22 septembre au 21 décembre. **Arrière-saison,** fin de l'automne, début de l'hiver. Au fig. *Automne,* décadence ou temps qui précède la vieillesse : *Automne du bon goût* (Volt.). *Arrière-saison,* début de la vieillesse avec parfois une nuance péj. : *Les grâces séduisantes de la jeunesse deviennent des minauderies dans l'arrière-saison* (Mme DE PUISIEUX).

Automobile : → Voiture.

Automotrice, voiture automobile se déplaçant sur rails et spéc. machine électrique entraînant un convoi de chemin de fer. **Motrice,** automotrice d'un tramway ou d'un métro. **Autorail,** voiture automobile sur rails servant au transport des voyageurs. **Micheline,** autorail sur pneus spéciaux.

Autonome : → Libre.

Autonomie : → Liberté.

Autopsie : → Anatomie.

Autorail : → Automotrice.

Autorisation : → Permission.

Autoriser : → Permettre.

Autoritaire : ¶ 1 → Impérieux. ¶ 2 *Autoritaire* se dit de tout pouvoir qui exerce énergiquement son autorité sans tolérer d'opposition : *L'Empire autoritaire*; **Totalitaire,** d'un régime qui exige le rassemblement de tous les citoyens en un bloc unique au service de l'État considéré comme une fin supérieure à l'individu, et n'admet donc pas d'opposition : *Le fascisme était totalitaire.*

Autorité : ¶ 1 Droit ou pouvoir de commander. L'*Autorité* est fondée sur la dignité ou la nature, la **Puissance,** sur la force : *Gélon vécut dans l'autorité royale sans abuser de sa puissance* (Fén.). **Pouvoir,** faculté de réaliser ce que permettent l'autorité ou la puissance : *L'agrandissement de l'État donne aux dépositaires de l'autorité publique plus de tentations et de moyens d'abuser de leur pouvoir* (J.-J. R.). **Bras,** fig., pouvoir, puissance dans le style recherché : *Le bras de Dieu.* **Toute-puissance** et **Omnipotence,** en théol., puissance sans limite de Dieu; mais au fig. *toute-puissance,* n'importe quelle puissance absolue : *Du côté de la barbe est la toute-puissance* (Mol.); *omnipotence,* la faculté de décider souverainement en certaines matières : *L'omnipotence du jury* (Acad.). **Prépotence,** péj., pouvoir dominant d'une puissance ou d'une autorité excessives : *Prépotence de la grande propriété.* Au fig. **Loi** et **Férule** sont syn. d'*autorité,* loi étant noble : *Le Grec a sous ses lois les peuples de Messine* (Volt.); *férule,* fam., en parlant de l'autorité sévère d'une personne semblable à celle d'un maître sur ses élèves : *L'implacable férule de Boileau* (Millevoye). **Empire** et **Domination** sont relatifs à la façon dont on use de l'autorité, de la puissance, du pouvoir, *empire* insistant sur la fermeté absolue, *domination* sur la hauteur et la fierté : *Empire de ces lois inconnues* (Proust). *Domination de ma belle-mère* (Staël). **Main,** au fig. syn. d'*autorité,* de *puissance* dans diverses loc., fait penser à la façon dont on les exerce ou à leur effet : *Avoir la main dure.* **Griffe,** fig. et fam., pouvoir qu'une personne exerce avec dureté, rapacité, injustice sur une autre : *Se tirer des griffes d'un usurier.* — **Impérialisme,** esprit de domination chez un peuple. ¶ 2 → Influence. ¶ 3 → Habileté.

Autour : Prép. et adv. *Autour* et **Alentour,** plus rare (xviie s. A l'entour), se disent pour marquer qu'une chose entoure une autre chose ou en fait le tour; *autour,* contre ou tout près, implique une très grande proximité, *alentour* une distance plus grande : *Dieu a mis des défenses* autour du cerveau (Bos.). *La terre tourne à l'entour du soleil* (P. R.). **A la ronde,** syn. d'*alentour*, marque une distance limitée : *A dix lieues à la ronde.*

Autrefois : → Anciennement.

Autres, Autrui : Les personnes autres que soi-même. *Autrui,* pron. invar. ancien cas régime de *Autre,* ne s'emploie, au sens collectif, que dans des sentences ou des proverbes : *Le bien d'autrui tu ne prendras. Les autres* s'emploie en général, dans ce sens, quand on veut individualiser ceux à qui l'on s'oppose : *L'enfer, c'est les autres* (J.-P. Sartre). **Le Prochain,** un homme ou tous les hommes autres que soi, appartient au langage de la morale chrétienne et insiste sur la charité qui doit unir les hommes : *Découvrir aussitôt en lui le prochain, le semblable, un pareil à moi dont, une minute, je rêve de faire mon ami* (M. D. G.).

Auvent : → Avant-toit.

Auxiliaire : → Aide.

Avachi : → Fatigué.

Avachir : Au fig. → Affaiblir.

Avaler : ¶ 1 Faire descendre dans le gosier jusque dans l'estomac. *Avaler* insiste sur les modalités de l'action concrète : *Avaler avec difficulté* (M. D. G.). **Déglutir,** terme de physiologie, fait penser à toutes les opérations qui permettent d'avaler. **Absorber,** en ce sens, marque l'action abstraite de faire disparaître en soi, par petits coups, pour assimiler ou pour une fin précise qui n'est jamais le plaisir : *Absorber un remède, un poison*; ou fam. en grande quantité : *Tu avais absorbé tant de vin* (Lit.). **Prendre,** syn. vague d'*avaler,* d'*absorber* et aussi de *manger* et de *boire,* fait plutôt penser à la quantité des aliments, des boissons, des médicaments solides et liquides qu'on ingère : *Prendre un verre, un cachet.* **Ingérer,** terme de physiologie, marque l'action abstraite d'introduire par la bouche dans l'estomac : *Ingérer des aliments.* **Ingurgiter,** avaler gloutonnement et en grande quantité, comme si on faisait disparaître dans un gouffre, surtout des liquides : *Ingurgiter du vin.* **Engloutir,** avaler rapidement et gloutonnement, surtout des solides : *Engloutir les morceaux sans les mâcher.* **Gober,** fam., avaler sans mâcher, vivement, ce qui ne fait qu'une seule bouchée : *Gober un œuf, une huître.* **Humer,** vx, avaler en aspirant : *Humer un bouillon.* **Friper,** vx, avaler en glouton. **¶ 2** → Manger. **¶ 3** Au fig. *Avaler* et **Ingurgiter,** qui enchérit, faire entrer dans son esprit sans assimiler : *Un roman dont la bonne demoiselle avalait de longs chapitres* (Flaub.). *Ingurgiter du grec.* **¶ 4** → Croire. **¶ 5** → Recevoir.

Avance : ¶ 1 → Acompte. **¶ 2** → Offre. **¶ 3** → Avancement. **¶ 4** *D'avance* marque une simple idée d'anticipation, **Par avance** ajoute une nuance d'empressement, de prévoyance, de précaution : *Voler par avance était trop de prévoyance pour moi* (J.-J. R.).

Avancé : ¶ 1 (denrée) → Fait. **¶ 2** *Avancé* se dit des idées qui sont ou veulent être en avance sur leur temps : *Nos idées les plus avancées sembleront bien ridicules et bien arriérées quand on les regardera par-dessus l'épaule* (Flaub.). **Extrémiste** dit plus en parlant des idées, des personnes ou des partis qui souhaitent des résolutions extrêmes, révolutionnaires.

Avancement : ¶ 1 Changement dans l'état d'une chose manifesté par un mouvement en avant, souvent vers le bien ou le mal. *Avancement,* toujours au sing. et du langage commun, action d'avancer ou de faire avancer en quelque matière que ce soit. **Progression,** terme savant, avancement ininterrompu et par degrés, suivant des lois qu'on peut étudier : *Progression des troupes.* **Marche,** syn. plus commun de *progression* : *La marche d'un poème.* **Progrès,** résultat effectif de l'*avancement* et de la *progression* : *Un avancement sans progrès véritable* (Dupanloup). **Avance** est parfois syn. de *progrès* pour désigner le chemin déjà parcouru ou qu'on est en train de parcourir vers l'avant : *L'avance des troupes.* **Essor,** fig., progression rapide, hardie et libre de ce qui débute : *L'essor pris par son ancien patron* (M. D. G.). — **Évolution** (→ ce mot) envisage le changement non par son résultat, mais par la manière dont il se fait. **¶ 2** En parlant d'une personne, *Avancement* indique un passage dans n'importe quel emploi elle est passée à un grade supérieur. **Promotion,** qui se dit aussi pour les honneurs, les dignités, suppose une nomination officielle à un échelon déterminé de la hiérarchie. **Élévation** et **Nomination** diffèrent de *promotion* comme les v. correspondants de *promouvoir* (→ ce mot).

Avancer : ¶ 1 Aller en avant. *Avancer* exprime abstraitement l'action : *A mesure que la race humaine avance* (Tai.). **S'avancer** la montre, toujours au physique, s'accomplissant de telle ou telle manière, ou présente le sujet prenant sur soi d'aller en avant vers quelqu'un : *Comme le roi s'approcha, Rohan s'avança* (S.-S.). **Progresser** diffère d'*avancer* comme les n. correspondants (→ Avancement) : *Une masse confuse qui progressait lentement* (J. Rom.). **Marcher** (→ ce mot), s'avancer à pied, à cheval, par ext. de quelque manière que ce soit ; au fig. avancer progressivement, souvent assez vite, vers un but : *La civilisation moderne marche d'un pas de plus en plus rapide* (Berth.). **Pousser,** vx, se porter en avant vers un adversaire; de nos jours, fam., s'avancer, continuer sa marche jusqu'à tel endroit : *Pousser jusqu'aux Tuileries* (Mau.). **Gagner du terrain,** faire des progrès vers un but, en général malgré une résistance : *Les idées gagnent du terrain.* **Gagner,** en parlant des choses, progresser en se répandant : *La gangrène a gagné rapidement.* ¶ 2 → Affirmer.

Avanie : → Offense. *Avanie* (vexation exercée par les Turcs sur ceux qui n'étaient pas de leur religion), traitement humiliant, affront public qui déconsidère : *Accepter toutes les avanies* (Mau.). **Camouflet,** très fam., mortification, affront qui rabat la fierté : *Vendôme apprit qu'il ne serait plus payé comme général d'armée : le camouflet fut violent* (S.-S.). **Incartade,** boutade, parole, acte brusques, inattendus, qui blessent quelqu'un : *Ils vous rendent chagrin pour chagrin par leurs incartades et leurs brusqueries* (Bour.). **Sortie,** incartade violente qui témoigne en général d'un certain emportement contre quelqu'un : *Sorties agressives* (Gi.). **Scène,** sortie contre quelqu'un que l'on querelle, dégénérant souvent en dispute (→ Discussion). **Algarade** (incursion des Maures), *sortie* en général sans sujet ou sur un sujet très léger, qui témoigne plutôt de hauteur, chicanerie ou malice que de colère : *Noailles ne pouvait plus souffrir les algarades et les scènes que je lui faisais essuyer* (S.-S.). **Aubade,** fig., avanie faite à quelqu'un avec vacarme. — **Brimade,** avanies, mauvais traitements imposés aux nouveaux par les anciens, au régiment, dans certaines écoles militaires ou civiles. **Couleuvres** (→ Mortification), syn. fig. et fam. d'*avanie* dans la loc. *Avaler des couleuvres.*

Avant : ¶ 1 Préposition marquant un rapport d'antériorité. *Avant,* qui se dit dans l'ordre du temps, exprime un rapport abstrait, par ex. un rapport nécessaire d'ordre : *L'article se met avant le nom;* **Devant,** qui s'emploie dans l'ordre de l'espace, un rapport de fait, concret : « *Le » s'élide devant un nom commençant par une voyelle. Passez avant moi* (parce que je vous respecte), *devant moi* (pour me protéger). ¶ 2 *Avant,* prép. et adv., marque un simple rapport d'antériorité dans le temps : *Je pars avant lui.* Avec le sens adverbial seulement, **Auparavant,** dans un temps qui est avant un temps donné : *Animaux actuellement domestiques, sauvages auparavant* (Buf.). **Précédemment** marque une priorité proche, **Ci-devant,** une priorité immédiate : *Ceux qui ont ci-devant cherché la vérité* (Maleb.); **Antérieurement,** une priorité vague et lointaine : → Antérieur. **Préalablement** et **Au préalable** supposent un ordre adopté par l'esprit dans sa marche : *Il faut voir au préalable si... :* → Premièrement.

Avantage : ¶ 1 Ce par quoi on l'emporte sur un autre. *Avantage,* bien, commodité, utilité qui font passer avant les autres : *L'avantage que l'Univers a sur* [l'homme], *l'Univers n'en sait rien* (Pasc.). **Dessus,** avantage obtenu dans un combat ou une dispute par sa force physique ou intellectuelle : *Une armée qui a l'avantage du terrain a plus facilement le dessus dans l'action.* Avec une idée d'excellence : → Supériorité; d'exclusivité : → Privilège. ¶ 2 → Profit. ¶ 3 → Succès.

Avantager : → Favoriser.

Avantageux : ¶ 1 → Profitable. ¶ 2 → Orgueilleux.

Avant-coureur : → Précurseur.

Avant-dernier : Qui précède immédiatement le dernier. *Avant-dernier* se dit des personnes et des choses, **Pénultième,** terme didact., des choses seulement : *L'avant-dernier coureur; la pénultième syllabe.*

Avant-goût : → Idée.

Avant-première : → Générale.

Avant-propos : → Préface.

Avant-toit, partie du toit qui fait saillie. **Auvent,** petit toit en saillie.

Avare : Celui qui a la passion de conserver l'argent. *Avare,* celui qui aime à amasser et surtout à ne pas dépenser : *Celui qui n'ose toucher à son argent est proprement celui qu'on appelle avare* (Bos.). **Thésauriseur,** celui qui amasse de l'argent par avarice, mais aussi par prudence ou par crainte : *La crainte de la guerre multiplie les thésauriseurs.* **Intéressé,** qui cherche son intérêt (argent, honneurs, etc.) dans toutes ses actions, est, par conséquent, âpre au gain, mais peut très bien être prodigue : *Avide, intéressé, peu délicat* (Balz.). — Au fig. *avare* et parfois *thésauriseur* peuvent avoir un sens favorable quand il s'agit d'épargner quelque chose de précieux ou d'accumuler un trésor intellectuel ou moral : *Général avare du sang de ses soldats.* — Comme n. et adj., *avare* se dit de celui qui est possédé par sa passion dans toute sa vie. **Avaricieux,** adj. et n. toujours péj., celui qui manifeste son avarice foncière ou un manque passager de générosité dans des cas particuliers où il ne donne pas assez : *Roi avaricieux et ingrat* (L. F.). *De faux pauvres, des avaricieux* (Gi.). — Pour qualifier celui qui n'est qu'un peu avare; comme adj. seulement, **Chiche,** petitement avare et, en ce sens, plus ridicule que vicieux, enchérit sur **Parcimonieux,** qui épargne sur de petites choses. **Mesquin,** qui épargne trop, eu égard à sa condition ou aux circonstances. **Regardant**, un peu trop parcimonieux, dit moins que *chiche*, et **Serré**, qui ne donne pas, un peu plus. **Taquin**, vx, qui chicane pour obtenir de petits profits ou dépenser peu. **Pingre**, pop., extrêmement chiche, presque avare. — Comme n. seulement, **Regrattier**, fam. et vx, celui qui a l'habitude de faire des réductions sur les petits articles d'un compte. **Lésineur** et **Lésineux**, celui qui épargne sordidement, au point de ne pas faire ce qu'exigent la justice et la bienséance, disent moins qu'*avare*, mais impliquent, de plus, quelque chose de bas et de honteux. **Liardeur**, celui qui chicane sur ce qu'il y a à payer, regarde à la dépense à un liard près, est moins péj. — Pour enchérir sur *avare*, comme adj., **Crasseux** et **Sordide** (→ ce mot) ajoutent l'idée de quelque chose de honteux et d'odieux; comme n. et adj., **Ladre** indique qu'on refuse aux autres parce que l'avarice rend insensible : *Progressivement économe, avare et ladre* (BALZ.). *Le ladre a été ferme à toutes les attaques* (MOL.). **Vilain** suppose bassesse d'âme chez celui qui est à genoux devant l'or : *Tu as toujours été vilaine comme l'or* (BALZ.). — *Avare* a pour syn. fam. **Harpagon, Grippe-sou, Pince-maille, Pouacre**, malpropre par avarice; pour syn. pop. **Grigou, Pignouf, Pisse-vinaigre**; pour syn. vx **Fesse-mathieu. Rat, Radin, Rapiat** et **Chien**, syn. très fam. de *chiche* et de *pingre*.

Avarice, Parcimonie, Mesquinerie, Lésine, Ladrerie : → Avare.

Avaricieux : → Avare.

Avarie : → Dommage.

Avarier : → Gâter.

Avatar : → Métamorphose.

Avec : ¶ 1 Au moyen de. *Avec*, au moyen d'un instrument précis, matériel. **Par**, par un moyen plus abstrait, plus idéal : *Tuer avec une épée; faire périr par l'épée.* **A** n'indique que l'instrument habituel dont on se sert pour faire quelque chose : *Se battre à l'épée.* **¶ 2** Pour exprimer la convenance **A** est vague et marque une tendance vers, *Avec*, précis, une convenance spéciale qui implique souvent simultanéité, union, réciprocité : *Quelque rapport qu'il paraisse de la jalousie à l'émulation* (L. B.). *Nous n'approuvons les autres que par les rapports que nous sentons qu'ils ont avec nous-mêmes* (L. B.).

Aven : → Précipice.

Avenant : → Aimable.

Avènement : → Arrivée. Arrivée à une dignité ou fonction. *Avènement*, absolu, ne se dit que pour l'arrivée d'un souverain au pouvoir suprême : *Don de joyeux avènement*. **Accession**, relatif, se dit pour toutes sortes de dignités ou de fonctions : *Accession au grade supérieur*.

Avenir : ¶ 1 Ce qui n'est pas encore. *Avenir*, tout ce qui peut arriver, considéré comme un temps lointain et souvent par rapport aux événements qui nous intéressent : *Je vivais la perpétuelle attente, délicieuse, de n'importe quel avenir* (GI.). **Futur**, tout ce qui doit arriver considéré abstraitement, idéalement : *Nul ne sait quel sera le futur d'une race ainsi protégée par les sciences médicales* (DOCTEUR CARREL); mêmes nuances lorsque les deux mots sont employés adjectivement (on écrit alors *à venir*) : *Moïse n'a jamais parlé d'une vie à venir; s'il connaissait la vie future, pourquoi n'a-t-il pas expressément étalé ce dogme?* (VOLT.). — **Lendemain**, l'avenir immédiat : *La crainte du lendemain*. **¶ 2** Au fig. Les hommes qui viendront après, considérés collectivement. *Avenir*, terme abstrait et recherché, l'ensemble des races futures en tant qu'elles pensent : *Porter intérêt à l'avenir, aux hommes d'après moi* (M. D. G.). **Postérité**, les hommes futurs considérés plutôt comme des personnes pouvant recevoir l'héritage de leurs aînés : *Faire passer mes dialogues à la postérité* (J.-J. R.). **¶ 3** En théologie, *Avenir* ou **Éternel avenir**, ce qui arrivera éternellement à l'âme après la mort, quand on l'envisage de la vie : *L'homme tout occupé de son éternel avenir* (MARM.). On dit plus ordinairement **Vie future, Autre vie** ou **Au-delà. Éternité** désigne plutôt le bonheur sans fin réservé aux justes : *La pensée de l'éternité console de la brièveté de la vie* (MALESHERBES). **¶ 4** *A l'avenir*, dans un futur plus ou moins éloigné, n'exprime pas comme **Dans** (ou **par**) **la suite** une liaison entre ce qui sera et ce qui est ou a été : *Cet avertissement lui servira à l'avenir. Vos débuts ont été bons, tâchez la suite de faire mieux.* Par rapport à un futur immédiat, **Dorénavant** marque le commencement d'un état, **Désormais**, plutôt sa cessation : *L'assurant que dorénavant il ne ferait rien que par ses conseils* (Bos.). *Tous nos maux vont finir désormais* (REGN.).

Aventure : ¶ 1 → Événement. **¶ 2** → Entreprise. **¶ 3** → Hasard. **¶ 4** → Destinée.

Aventurer : → Hasarder.

Aventureux, qui se jette dans les aventures par esprit, par goût : *Génie aventureux d'un spéculateur* (LES.). **Aventurier**, vx, qui, par métier ou par essence, admet l'aventure : *Corsaires aventuriers*.

Aventurier : ¶ 1 N. → Intrigant. **¶ 2** Adj. → Aventureux.

Avenue : ¶ 1 → Allée. **¶ 2** → Rue. **¶ 3** → Voie.

Avéré : → Vrai.

Avérer : ¶ 1 → Vérifier. ¶ 2 (Réf.) → Paraître et Ressortir.

Averse : → Pluie.

Aversion : → Éloignement.

Avertir, avec pour sujet un nom de personne ou de chose, attirer l'attention de quelqu'un sur un événement en général futur qui peut lui être dommageable, de façon qu'il agisse en conséquence : *Ce travail peut être mortel; il faut que je vous en avertisse* (Cam.). **Donner avis,** avec pour sujet un nom de personne, signaler brièvement une chose quelconque, souvent passée, à quelqu'un qu'elle peut intéresser : *Je vous donne avis que tout va bien pour vous* (Mol.). **Aviser,** avec pour sujet un nom de personne, avertir d'un fait précis et immédiat qui doit commander l'action :ᵁ *Aviser d'un envoi; d'un danger* (Acad.). **Prévenir,** avertir à l'avance : *Prévenir de son arrivée.* **Informer de,** avec pour sujet un nom de personne, rendre compte à qui de droit, avec exactitude et détail, pour le renseigner complètement : *Émissaires qui lui rendaient compte et l'informaient de tout* (Roll.). **Crier de,** fig., avertir plusieurs fois, vivement celui à qui l'on donne un conseil : *Et que sert à Cotin la raison qui lui crie : N'écris plus?* (Boil.). **Alerter,** avertir des gens de se préparer à un danger; par ext. à une action quelconque.

Avertissement : ¶ 1 Instruction donnée à quelqu'un pour le diriger dans sa conduite. On donne un *Avertissement* et un **Avis** sans être sollicité et en général pour préserver quelqu'un d'un danger, d'un défaut ou d'une erreur, l'*avertissement,* assez doux, étant une invitation à réfléchir donnée par une personne ou une chose, l'*avis,* toujours donné par une personne, étant net, comminatoire et signalant un fait dont il faut tenir compte : *Le Ciel lui donnait un avertissement* (Zola). *Discours sacrés pleins d'avis pressants* (Bos.). Le **Conseil** peut être sollicité et vient toujours d'une personne qualifiée pour diriger la conduite d'autrui ou qui se prétend telle : *Elle savait trouver les sages conseils et elle savait les recevoir* (Bos.). **Suggestion,** action d'introduire avec prudence une idée dans l'esprit de quelqu'un, sans la lui imposer, comme si elle venait par hasard, pour qu'il en fasse son profit, se dit par euphémisme pour *conseil* en parlant à des gens dont on ne se prétend pas qualifié pour diriger la conduite : *L'autre continuant à s'imprégner de la suggestion qu'on lui avait faite* (J. Rom.). **Recommandation,** exhortation pressante d'une personne à suivre les conseils ou les instructions qu'elle donne : *Bernard avait horreur des recommandations, des conseils* (Gi.). **Monition** terme de droit canon, avertissement juridique que doit faire tout supérieur ecclésiastique avant d'infliger une censure. ¶ 2 *Avertissement,* **Objurgation, Représentation, Remontrance :** → Reproche. ¶ 3 → Préface. ¶ 4 Lettre ou billet : → Avis.

Avette : → Abeille.

Aveu : ¶ 1 Le fait de reconnaître un acte. *Aveu,* action de reconnaître devant une autorité quelconque qu'on est l'auteur d'une action blâmable ou non, et cela sous la contrainte ou tout au moins l'influence de celui à qui on avoue : *On ne put m'arracher l'aveu qu'on exigeait* (J.-J. R.). La **Confession,** prop. *aveu* de ses fautes à un prêtre, est spontanée ou n'obéit qu'à la conscience et implique qu'on regrette publiquement une action blâmable ou au moins qu'on dévoile sincèrement ce qu'on a fait : *La confession est l'aveu d'une offense commise* (Bos.). *La Confession d'un enfant du siècle* (Mus.). **Meâ-culpâ** (dans le *Confiteor,* c'est par ma faute), fam., aveu d'une chose dont on se repent : *Faire son meâ-culpâ.* ¶ 2 → Permission.

Aveugle [en et à l'] : → Aveuglément.

Aveuglé : → Troublé.

Aveuglement : ¶ 1 Privation de la vue. *Aveuglement,* rare au prop., le fait de priver ou d'être privé de la vue, pour toujours ou momentanément : *Aveuglement causé par une chiasse d'hirondelle* (Volt.). **Cécité,** état durable de celui qui est aveugle, est beaucoup plus employé. ¶ 2 Au fig. → Trouble. *Aveuglement,* très usité, trouble et obscurcissement de la raison ou manque de lucidité : *Aveuglement volontaire* (Gi.). *Aveuglement et crédulité* (Duh.). **Cécité,** plus rare, incapacité totale de l'intelligence de voir et de comprendre certaines choses : *Cécité mentale.*

Aveuglément : Sans réfléchir. *Aveuglément* implique que l'esprit du sujet est aveugle : *S'aimer aveuglément* (M. d. G.); **En aveugle,** qu'il l'est toujours et parfaitement, parfois volontairement : *Je me livre en aveugle au destin qui m'entraîne* (Rac.); **A l'aveugle,** que les circonstances de l'action sont mal éclairées, souvent sans que le sujet en soit responsable, ou, s'il y a faute du sujet, que celui-ci agit sans réflexion, comme s'il était aveugle : *Pécher à l'aveugle* (Bos.). — **A l'aveuglette,** fam., n'a rapport qu'à l'action que l'on fait en se fiant uniquement au hasard : *Se lancer dans une entreprise à l'aveuglette* (Acad.). **A tâtons,** d'une manière incertaine, en essayant divers moyens dont on n'est pas sûr, faute de connaissances ou de méthode : *Les* *gens qui n'ont point de principe dans les affaires et qui n'ont point de vrai discernement des esprits vont toujours comme à tâtons* (Fén.).

Aveugler : ¶ 1 → Boucher. ¶ 2 → Éblouir. ¶ 3 → Troubler.

Aveuglette [à l'] : → Aveuglément.

Aveulir : → Affaiblir.

Avide : ¶ 1 → Glouton. ¶ 2 → Intéressé.

Avidité : → Concupiscence. Besoin insatiable d'acquérir des biens terrestres. *Avidité* implique une sorte de brutalité dans la jouissance : *Avidité sans bornes* (J.-J. R.). **Rapacité,** avidité à s'emparer du bien d'autrui avec la brutalité d'un animal se jetant sur sa proie : *Il volait avec une rapacité furieuse* (Volt.). **Vampirisme,** fig., renchérit lorsqu'on accuse quelqu'un d'une rapacité sans mesure qui consiste à sucer, en quelque sorte, le bien ou le travail d'autrui, surtout du peuple, et d'une façon illicite.

Avili : → Vil.

Avilir : → Abaisser.

Avilissement : → Bassesse.

Avion : → Aéroplane.

Aviron : → Rame.

Avis : ¶ 1 → Opinion. ¶ 2 Nouvelle qu'on fait connaître. *Avis,* nouvelle ou renseignement utiles à connaître sur lesquels on attire verbalement ou par écrit l'attention du public : *Avis de décès.* **Annonce,** avis donné au public d'une chose jusque-là ignorée : *Faire une annonce au prône* (Acad.). *Les annonces d'un journal.* **Proclamation** et **Ban** (→ Déclaration), avis ou annonce faite publiquement, hautement, à la face de tous. **Communication,** le fait de donner connaissance au public ou à un particulier de faits, de documents, de renseignements détaillés qu'on lui transmet pour l'informer. **Communiqué,** avis, annonce ou communication faits officiellement, par les pouvoirs publics, par la voie de la presse ou de la radio. ¶ 3 *Donner avis :* → Avertir. ¶ 4 → Avertissement. ¶ 5 → Préface. ¶ 6 En parlant de la lettre, par laquelle on donne à quelqu'un un avis, *Avis* se dit spéc. en termes de commerce dans la loc. *Lettre d'avis,* lettre qu'un commerçant adresse à son correspondant pour le prévenir de toute affaire relative à son commerce; et en tête d'un placard dans la loc. *Avis au public.* **Avertissement** se dit spéc. d'un avis adressé par le percepteur au contribuable pour lui indiquer le montant de sa cote et les conditions de paiement, ou d'un avis à comparaître devant un juge de paix. **Billet de faire part** ou **Faire-part,** billet circulaire, écrit à la main ou le plus souvent imprimé, par lequel on fait part de fiançailles, d'un mariage, d'une naissance, d'un décès. Pour un mariage on dit aussi **Billet de mariage.**

Avis contraire : → Contre-avis.

Avisé : → Prudent.

Aviser : ¶ 1 → Voir. ¶ 2 → Avertir. ¶ 3 → Pourvoir. ¶ 4 (Réf.) → Trouver et Oser.

Avocat : → Défenseur.

Avoir (N.) : ¶ 1 → Biens. ¶ 2 → Actif.

Avoir (V.) : ¶ 1 *Avoir,* ne pas être privé de, dit moins que **Posséder,** avoir à soi quelque chose dont on a la liberté actuelle de disposer et de jouir, dont on est le maître absolu. *Avoir* se dit de toutes sortes de biens, *posséder,* surtout des biens fonds : *On est sensible* [dans les cloîtres] *aux moindres commodités qui manquent; on ne veut rien posséder, mais on veut tout avoir* (Bos.). *Un vieillard n'existe que par ce qu'il possède. Dès qu'il n'a plus rien, on le jette au rebut* (Mau.). En parlant de qualités morales, on *a* celles qui sont naturelles, on *possède* celles qu'on sait utiliser au maximum, où l'on excelle : *Avoir des manières prévenantes; posséder l'art de s'insinuer* (Roll.). *Avoir des idées précises sur tout ce qui concerne la banque... posséder d'indiscutables connaissances dans des problèmes de contentieux* (Cam.). **Tenir,** posséder ce qu'on occupe ou ce qu'on a effectivement dans les mains : *Toi qui te demandes si tu auras demain ce que tu tiens aujourd'hui* (Balz.); et fam. avoir une chose dont on ne peut se débarrasser. *Tenir un bon rhume.* **Détenir,** avoir et garder en sa possession : *Ce don qu'il détient d'inspirer la haine* (Mau.). *Détenir le pouvoir.* ¶ 2 → Obtenir. ¶ 3 → Tromper et Vaincre.

Avoisinant : → Proche.

Avortement : Expulsion du produit de la conception avant le moment où il devient viable. L'*Avortement* (terme technique) peut être provoqué, chez une femme, par des manœuvres criminelles; la **Fausse couche,** terme commun, qui ne se dit pas pour les animaux, est un *avortement* spontané.

Avorter : → Échouer.

Avorton : ¶ 1 → Embryon. ¶ 2 → Nain.

Avouer : → Convenir.

Avulsion : → Déracinement.

Axe : ¶ 1 *Axe,* pièce de fer ou de bois qui passe par le centre d'un corps et qui sert à faire tourner ce corps sur lui-même.

Pivot, support de l'axe autour duquel un corps tourne : *Axe d'une roue; pivot d'un lutrin.* **Arbre,** axe qui transmet le mouvement : *Arbre de couche.* **Essieu,** axe d'une roue, généralement de voiture. ¶ 2 Au fig., *Axe,* ce qui est au centre : *Le travail est l'axe sur lequel se meut l'économie politique* (PROUDHON). **Pivot,** principal soutien ou principal mobile : *Paris, le pivot de la France, l'axe du monde* (VI.).

Axiome : ¶ 1 → Pensée. ¶ 2 → Vérité.

Azur : → Bleu.

B

Baba : → Ébahi.

Babil : Goût des vains propos ou ces vains propos eux-mêmes. *Babil* (de *ba, ba, ba* que répètent les enfants) désigne les propos eux-mêmes et implique puérilité, indiscrétion, abondance vaine, mais parfois avec un certain charme : *Ce babil agréable qui séduit par une gracieuse volubilité* (BALZ.). **Babillage,** action de babiller, est fam. et du langage courant. **Babillement** est du langage de la médecine : *Le babillement est parfois un symptôme de maladie.* **Caquet** (bruit produit par le ramage des coqs et des poules), toujours péj., goût de parler haut, par amour du scandale ou pour faire l'important : *Le grand caquet vient de la prétention à l'esprit* (J.-J. R.). **Bavardage** (→ ce mot) diffère de *babillage* comme les v. correspondants : → Babiller. **Cancan** (→ Médisance), bavardage médisant.

Babillard : ¶ 1 N. Grand parleur. Le *Babillard* a quelque chose de puéril, son discours est long, futile, fatigant, parfois inconsidéré : *Femme de chambre indiscrète et babillarde* (J.-J. R.). Le **Bavard** est pire, son discours est inconvenant, sot, déplacé, pèche par le fond, est toujours odieux : *Sots glorieux et bavards importants* (L. H.). Le **Phraseur** cherche les belles phrases vides de sens : *Phraseurs et grands diseurs de riens* (BABŒUF). Le **Discoureur** est long et souvent trompeur : *Ulysse discoureur artificieux* (FÉN.). **Causeur** (→ Parleur), s'il a un sens péj., implique l'idée de médisance : *Et laissons aux causeurs une pleine licence* (MOL.). **Commère,** fam., implique curiosité, indiscrétion, en parlant d'une femme et par ext. d'un homme. **Caillette,** femme bavarde et frivole. Par image, en un sens très péj., **Pie** et **Jacasse** se disent d'une femme très bavarde, **Perroquet,** d'un homme bavard qui répète, sans le comprendre, ce qu'il a entendu dire, **Crécelle,** et parfois **Claquette,** d'un bavard qui étourdit, souvent par une voix criarde et désagréable. ¶ 2 Adj. *Babillard* et **Bavard** diffèrent comme plus haut. **Loquace, Volubile, Verbeux, Prolixe** impliquent simplement une grande abondance de paroles et diffèrent comme les n. correspondants : → Faconde.

Babillement : → Babillage.

Babiller : Tenir des propos abondants et vains. *Babiller,* parler beaucoup, avec puérilité, parfois avec charme. **Jaser,** parler avec complaisance, parfois avec médisance : *Et Madame, à jaser, tient le dé tout le jour* (MOL.). **Bavarder,** parler hors de propos, avec indiscrétion, en ennuyant : *Il est permis à tout barbouilleur de papier de déraisonner et bavarder tant qu'il veut* (J.-J. R.). **Caqueter,** parler avec éclat, sans ménagement pour autrui : *Caqueter comme une accouchée* (SÉV.). **Tailler une bavette,** parler avec quelqu'un avec volubilité, quelques instants, comme si l'on se donnait un plaisir vif et rapide. **Cailleter,** bavarder comme une femme bavarde et frivole, à tort et à travers. **Papoter,** produire un vain bruit de paroles, dire des riens. **Jaboter,** parler en groupe, souvent dans un coin, à voix basse. **Jacasser,** parler très haut, avec volubilité, comme une pie : *Tu jacasses et bêtifies des journées entières* (MAU.). **Caneter,** bavarder comme des canes, et **Claqueter,** comme une cigogne, sont vx. **Dégoiser** (étym. « gazouiller comme un oiseau »), parler en sortant facilement un flux de paroles de son gosier (et aussi parfois en disant ce qu'on devrait cacher) : *Peste, madame la nourrice, comme vous dégoisez* (MOL.). **Bavasser,** parler en articulant mal, en bavant, ou mécaniquement, sans penser à ce que l'on dit.

Babine : → Lèvre.

Babiole : → Bagatelle.

Bâbord : → Gauche.

Babouche : → Chausson.

Babouin : → Enfant.

Baby : → Bébé.

Babylonien : → Gigantesque.

Bac : ¶ 1 *Bac,* grand bateau plat destiné à passer gens, animaux et choses d'un bord à l'autre d'une rivière par halage, guidage, vapeur, etc. **Bachot,** pop., petit bac pour piétons. **Bachet,** vx, petit bac. **Traille** ou **Pont volant,** sorte de bac glissant le long d'une corde ou retenu par une chaîne et porté d'un bord à l'autre d'une rivière par l'impulsion seule du courant. **Va-et-vient,** petit bac, tiré alternativement d'une rive à l'autre au moyen d'un cordage. **Ferry-boat** (mot anglais), bac porte-trains. ¶ 2 → Cuve.

Bacchanale : → Débauche.

Bâche : Pièce de cuir ou de toile pour garantir de la pluie. La *Bâche* sert à recouvrir des marchandises, des bagages, des voitures, etc. La **Banne,** tendue devant une boutique, un café, etc., les garantit des intempéries ou du soleil.

Bachot : ¶ 1 → Bac. **¶ 2** → Embarcation.

Bacille : → Microbe.

Bâcler : ¶ 1 → Fermer. **¶ 2** → Finir. **¶ 3** → Gâcher.

Bacon : → Lard.

Bactérie : → Microbe.

Badaud : → Flâneur.

Badaudage : Action de faire le badaud. *Badaudage,* cette action en général; **Badauderie,** action ou caractère qui sont proprement d'un badaud; **Badaudisme,** la manie de faire le badaud.

Badauder : → Flâner.

Baderne : → Vieux.

Badigeonner : → Peindre.

Badigeonneur : → Peintre.

Badin : → Gai et Plaisant.

Badinage : → Plaisanterie.

Badine : → Baguette.

Bafouer : → Vilipender et Railler.

Bafouiller : → Balbutier.

Bâfrer : → Manger.

Bâfreur : → Glouton.

Bagage : ¶ 1 Ce qu'on emporte avec soi en voyage. *Bagage,* tout ce qu'on emporte avec soi, quelle que soit son importance. **Colis, Paquets** (→ ce mot), **Malles** (→ ce mot) désignent différentes sortes de bagages. **Équipage,** ce qu'on emporte avec soi pour une fin précise (ex. *un équipage de chasse*), qui est assez important et qu'on transporte souvent par voiture (→ Train). **Bagues,** syn. vx de *bagage* dans quelques loc. comme *Sortir vie et bagues sauves.* **¶ 2** En langage militaire, *Bagage,* ensemble des effets et du matériel d'équipement de la troupe. **Équipage,** tout ce qui est nécessaire pour une opération (ex. munitions d'artillerie, matériel de pont, matériel sanitaire, etc.). **Équipement,** les effets des hommes de troupe qui ne font partie ni de l'habillement ni de l'armement (ex. havresacs, brosses, etc.). **Paquetage,** ensemble des effets appartenant à un soldat et qu'il peut porter lui-même. **Barda,** syn. de *paquetage* dans l'argot militaire et par ext. de *bagage* dans tous les sens. **Fourniment,** autrefois buffleteries, de nos jours objets d'équipement du soldat. **Fourbi,** en argot militaire, tout ce qui s'astique, se fourbit, par ext. armes et bagages et *bagage* en son sens général. **Impedimentum,** mot latin usité surtout au pl. *impedimenta,* ce qui retarde, fait obstacle, spéc. dans le langage militaire

tout ce qui embarrasse la marche d'un corps d'armée, voitures, ambulances, etc., et par ext. par plaisanterie et non sans recherche, bagages encombrants dans un voyage. **¶ 3** → Savoir.

Bagarre : → Batterie.

Bagatelle : ¶ 1 Objet de peu de valeur. *Bagatelle,* terme général et de tous les styles, tout objet de peu de prix ou inutile : *Ces curieuses bagatelles qu'on porte sur soi, autant pour la vanité que pour l'usage* (L. B.). **Brimborion,** fam. et plutôt péj., objet de peu de valeur et en général petit : *Blanc d'œuf, lait virginal, et mille autres brimborions que je ne connais point* (Mol.). **Affutiau,** syn. vx et pop. de *brimborion.* **Colifichet,** petit ornement pour la parure : *Colifichets de fer ou de laiton* (Volt.). **Affiquet,** petite parure extérieure, syn. vx de *colifichet.* **Breloque,** curiosité de peu de valeur; de nos jours petit bijou attaché à une montre ou un bracelet. **Babiole,** joujou d'enfant. **Bimbelot,** jouet d'enfant comme poupée, cheval de bois, petit meuble, par ext. menu objet sans valeur. **Bibelot,** petit objet de curiosité, parfois péj. petit objet : *Le goût criard des bibelots à bon marché* (Zola). **Gnognote,** pop., objet sans valeur. **¶ 2** Toute chose sans importance. *Bagatelle,* terme général, se dit particulièrement bien pour des actions sans importance ou des ouvrages d'esprit sans prétention : *S'amuser à des bagatelles. Bagatelles aussi bagatelles que sont mes ouvrages* (Boil.). **Babiole,** toute chose puérile ou sans valeur : *Les artistes mettent un prix arbitraire à leurs babioles* (J.-J. R.). **Bibus,** terme de mépris, ne s'emploie que dans la loc. *De bibus,* sans valeur, sans importance : *Querelles de bibus* (Volt.). **Amusette,** bagatelle qui amuse comme un jouet : *Chaque siècle a ses amusettes* (Bérang.). **Hochet,** plus péj. au fig., amusette qui captive et trompe les personnes frivoles. **Gentillesse,** souvent ironique, bagatelle agréable : *Tout cela n'est que gentillesses* [dit Néron en parlant à Caligula de ses crimes] (Fén.). **Broutille,** bagatelle qui n'a pas plus d'importance qu'une menue branche. **Fifrelin** (all. *pfifferling*), ce qui ne vaut pas plus qu'un petit champignon des bois. **Bricole,** fam., ce qui ne demande qu'un faible travail ou n'a que peu d'intérêt. **Minutie,** petit fait qui ne mérite pas qu'on s'y arrête : *Le goût des minuties annonce la petitesse du génie* (Retz). **Frivolité, Futilité** (→ Frivole), bagatelle qui n'intéresse que les gens légers, superficiels. **Plaisanterie,** action ou événement qu'on ne saurait prendre au sérieux. **Niaiserie,** bagatelle qui ne saurait occuper qu'un homme de peu d'esprit : *Mille niaiseries avec lesquelles une masse d'imbé-*

ciles nous conduit (BALZ.). **Vétille,** bagatelle qui sert d'obstacle pour de petits esprits : *Le scrupule nous rejette dans des confessions perpétuelles de vétilles* (FÉN.). **Misère,** bagatelle si pauvre qu'elle ne saurait retenir l'attention : *Loin de vouloir porter ces misères aux oreilles du roi* (VOLT.). **Rien,** chose totalement dénuée d'importance : *Se quereller pour des riens.* (BALZ.). **Fichaise** et **Foutaise,** syn. pop. de *niaiserie.*

Bagnard : → Forçat.

Bagne désignait autrefois le lieu où l'on gardait les forçats, dans les ports de guerre, après la disparition des **Galères,** vaisseaux sur lesquels ramaient les criminels; et se dit, de nos jours, des divers lieux où s'accomplissent les **Travaux forcés,** peine afflictive et infamante consistant en un travail forcé avec détention, soit aux colonies, soit dans certaines maisons de force métropolitaines. *Bagne* désigne aussi la peine des *travaux forcés* : *Condamner au bagne.* **Pénitencier,** syn. vx de *bagne,* ne se dit plus que d'une prison (→ ce mot). — **Chiourme,** autrefois ensemble des forçats ramant sur une galère, désigne de nos jours non le lieu ou la peine, mais les condamnés réunis dans le bagne. — Au fig. *bagne* évoque un séjour odieux où l'on subit une sorte de servitude, *travaux forcés,* un travail pénible.

Bagou : → Faconde.

Bague : → Anneau.

Baguenauder : → Flâner.

Baguette : Bâton menu et flexible. *Baguette,* au prop. et au fig., est du style commun : *La baguette du sourcier, des fées. Mener à la baguette.* **Verge,** du style noble, convient pour désigner les baguettes des grands personnages antiques : *La verge de Minerve* (FÉN.). **Verges,** au pl., menus brins de bouleau, de genêt, d'osier, avec lesquels on corrige quelqu'un en le frappant. **Houssine,** baguette faite en général d'une petite branche de houx et destinée à frapper doucement un homme, un cheval, un tapis, etc. **Badine,** baguette légère qui sert de canne ou à battre les habits. **Jonc,** baguette assez forte, de jonc ou de rotin, qui sert de canne. **Stick** (mot anglais), petite canne légère, syn. de *badine.* **Cravache,** badine flexible servant de fouet (→ ce mot). **Caducée,** verge entrelacée de deux serpents qui était l'attribut de Mercure.

Bahut : → Coffre. De nos jours, *Bahut* se dit d'une **Armoire,** d'un **Buffet** ou d'un autre meuble s'ils sont en bois sculpté, d'apparence ancienne et d'une forme rappelant celle d'un coffre : *Elle s'éprit de choses historiques, rêva bahuts* (FLAUB.).

Cabinet, au XVIIe s., bahut à tiroirs qui servait à serrer des bijoux et autres menus objets précieux.

Baie : ¶ 1 → Golfe. ¶ 2 → Fenêtre. ¶ 3 → Fruit.

Baignade : → Bain.

Baigner : ¶ 1 → Tremper. ¶ 2 → Arroser. ¶ 3 *Se baigner,* se plonger dans l'eau ou dans quelque autre liquide, se dit aussi au fig. : *Se baigner dans la rivière; dans le sang.* **Prendre un bain** marque, toujours au prop., une action plus exceptionnelle, parfois involontaire ou faite pour se laver, se soigner.

Bail : → Louage.

Baille : → Cuve.

Bailler : → Donner.

Bâiller : Tenir la bouche ouverte. *Bâiller,* ouvrir la bouche pour aspirer, puis expirer l'air en contractant les muscles de la face. **Bayer,** tenir la bouche ouverte en regardant longuement quelque chose, ne se dit que dans quelques loc. anciennes comme *Bayer aux corneilles.*

Bain : ¶ 1 Action de se tremper dans un liquide. *Bain* se dit pour tous les liquides et au fig. **Trempette,** fam., bain très court et souvent incomplet, uniquement dans l'eau. ¶ 2 Endroit où l'on se baigne. *Bain,* tout endroit, disposé par la nature ou par la main de l'homme, où l'on peut se plonger entièrement dans l'eau. **Baignade** ne se dit que de l'endroit d'un cours d'eau, le plus souvent naturel, où l'on peut se baigner. — Spéc. en parlant d'un établissement, les *Bains* ou l'**Établissement de bains** comportent des baignoires, la **Piscine,** un bassin où l'on nage en commun. **Thermes,** dans l'antiquité, bains publics chauds; de nos jours, établissement où l'on se baigne dans des eaux médicinales chaudes. **Eaux,** plus général, tout lieu où l'on absorbe des eaux médicinales chaudes ou froides et où l'on se baigne dans ces eaux.

Baïonnette : → Poignard.

Baisemains : → Civilités.

Baiser : → Embrasser.

Baisse : → Diminution. Diminution de niveau. *Baisse* marque un résultat naturel ou provoqué, **Abaissement,** l'action même de baisser ou d'abaisser : *En travaillant à l'abaissement des prix, on peut provoquer la baisse.*

Baisser : ¶ 1 (Trans.) Mettre à un niveau plus bas. *Baisser,* absolu, n'admet pas comme comp. un nom de personne et signifie une action ordinaire et momentanée. **Abaisser,** relatif, a souvent le sens de *baisser vers,* et implique aussi une action exceptionnelle qui aboutit à un terme fixe et durable ou se fait progressivement : *Baisser la tête, un store, le rideau d'un théâtre, le drapeau pour saluer un chef* (ACAD.). *Abaisser une muraille, le ton de la voix, ses regards sur une plaine* (ACAD.). **Rabaisser** suppose qu'on a déjà élevé ou qu'on baisse davantage : *Rabaisser un tableau trop haut* (ACAD.). **Rabattre,** rabaisser en faisant descendre, en aplatissant vers le bas : *Rabattre ses cheveux sur son front. Le vent rabat la fumée* (ACAD.). **Surbaisser** s'emploie surtout au part. passif, comme terme d'architecture, en parlant d'arcades et de voûtes dont la montée est moindre que la moitié de leur ouverture, et par ext., dans certains cas, comme un superlatif d'*abaisser* : *Carrosserie surbaissée*. **Descendre** implique que l'on porte un objet plus bas : *On baisse un store pour faire de l'ombre, on le descend à la cave pour le serrer. Baisser la tête :* → Incliner ¶ **2** (Intrans.) Diminuer de hauteur. Même différence entre *Baisser* et **S'abaisser,** qu'entre *baisser* et *abaisser* : *Tous les nuages baissent pour nous à l'horizon à la distance d'une lieue, et ils s'abaissent par degrés* (VOLT.). **Descendre** implique toujours l'image d'un mouvement de haut en bas, le long d'un degré, au prop. comme au fig., tandis que *baisser* est susceptible d'emplois plus larges et marque, en parlant des hommes, une diminution de force physique et intellectuelle (→ Décliner), de crédit, d'influence, et, en parlant des choses, une diminution d'intensité : *La température baisse ou descend. La lumière baissait* (MAU.). *On baisse dans l'estime de ses amis; on descend dans la hiérarchie sociale.* ¶ **3** (Réf.) *Se baisser* implique un mouvement pour s'incliner; **S'abaisser,** une simple diminution progressive de hauteur : *On se baisse pour voir ce qui est près de la terre. La lune s'abaissait vers le couchant* (VOLT.).

Bajoue : → Joue.

Bal : ¶ **1** Assemblée où l'on danse. *Bal* est le terme courant : *Bal champêtre, bal public, bal masqué.* Toutefois, quand il s'agit d'une réunion mondaine, *bal* évoque une certaine cérémonie et un assez grand nombre d'invités : *Une toilette de bal.* **Soirée dansante** et **Thé dansant** impliquent moins de cérémonie et plus d'intimité dans des réunions qui ont lieu respectivement après le dîner ou vers 17 heures. **Sauterie,** fam., réunion, souvent improvisée, où l'on danse sans cérémonie, surtout entre jeunes. ¶ **2** Lieu où l'on danse. *Bal,* tout lieu public ou privé où l'on danse. **Dancing,** établissement public, en général élégant, où l'on danse. **Musette,** bal populaire où l'on danse au son de l'accordéon. **Guinguette,** cabaret populaire de banlieue où l'on boit, l'on mange et l'on danse les

jours de fête. **Bastringue,** pop., guinguette de dernier ordre : *Les bastringues de barrière* (ZOLA). **Redoute,** vx, dans certaines villes, endroit public où l'on danse et l'on fait de la musique; désigne surtout, de nos jours, la fête elle-même souvent masquée et costumée.

Baladin : ¶ **1** → Saltimbanque. ¶ **2** → Bouffon.

Balafre : ¶ **1** → Coupure. ¶ **2** → Cicatrice.

Balançant se dit de tout ce qui se porte ou penche alternativement de chaque côté d'un point fixe, d'un mouvement naturel ou provoqué : *Une démarche balançante.* **Ballant** ne se dit que de ce qui, assujetti par un côté seulement, se balance au gré des impulsions reçues : *Son pied ballant ne descendait pas jusqu'à la table* (A. FR.).

Balance : ¶ **1** *Balance,* tout instrument qui détermine, par l'équilibre, les poids légers ou lourds. **Bascule,** balance qui, grâce à un système de leviers, permet de peser un corps très lourd, en l'équilibrant par un corps beaucoup plus léger. **Trébuchet,** petite balance pour peser les monnaies ou des objets de poids léger. **Romaine,** balance composée d'un fléau à bras inégaux et d'un poids unique que l'on fait glisser, le long du fléau, jusqu'à un point où l'équilibre s'établit. ¶ **2** → Équilibre.

Balancement : ¶ **1** *Balancement,* **Oscillation, Branle, Roulis, Tangage :** → Balancer. ¶ **2** → Équilibre.

Balancer : ¶ **1** (Trans.) Agiter avec un mouvement d'oscillation. *Balancer,* faire osciller, agiter un corps de manière qu'il se porte ou penche alternativement de chaque côté d'un point fixe. **Branler,** imprimer un mouvement d'oscillation d'avant en arrière ou d'un côté à l'autre en parlant de la tête, des membres, des cloches : *Le vieux branlait sa lourde tête* (R. ROLL.). **Dodiner** (peu us.) et **Dodeliner,** balancer doucement : *Dodeliner la tête, un enfant.* **Tortiller,** fam., ne se dit que des hanches que l'on balance d'un mouvement trop marqué en marchant. **Bercer,** balancer doucement quelqu'un pour l'endormir ou le calmer. ¶ **2** (Intrans.) Se mouvoir alternativement de chaque côté d'un point fixe. *Balancer* et surtout *Se balancer,* termes du langage commun, impliquent une oscillation d'une durée limitée et parfois irrégulière : *Un lustre qui balance.* **Osciller,** plus technique et précis, s'écarter de son centre de gravité et y revenir par un mouvement régulier, en repassant alternativement par les mêmes positions : *Un pendule oscille.* **Dodiner, Dodeliner, Branler** diffèrent de *balancer* comme plus haut. A noter que *branler,* c'est aussi commencer à osciller : *Sur les murs vermoulus branle un toit hasardeux* (V. H.). **Dandiner** et **Se dandiner**, balancer son corps d'un mouvement gauche et nonchalant, un peu comme fait le canard : *Se dandinant de la taille pour mieux marquer la mesure* (FLAUB.). **Brimbaler** et **Bringuebaler**, fam., osciller, branler d'un mouvement saccadé et continu en parlant de cloches, de breloques, d'une voiture. — En parlant d'un navire, **Rouler**, osciller de bâbord à tribord et inversement. **Tanguer**, osciller en avant et en arrière. Par ext. *tanguer* se dit fam. d'un véhicule ou d'une personne qui oscillent. **Danser**, fig., rouler ou tanguer assez violemment. ¶ 3 Au fig. → Équilibrer. ¶ 4 Au fig. → Hésiter. ¶ 5 Au fig. fam. → Jeter et Congédier. ¶ 6 Au fig. → Tromper.

Balancier : → Pendule.

Balançoire : Appareil pour se balancer. *Balançoire* désigne proprement une longue pièce de bois maintenue en équilibre par un appui plus élevé et sur les extrémités de laquelle se placent deux personnes qui lui impriment une oscillation, mais se dit aussi pour **Escarpolette**, planchette suspendue à deux cordes sur laquelle on se balance. **Bascule**, pièce de bois mise en équilibre sur un chevalet; en s'asseyant à chaque bout, deux personnes lui impriment un mouvement tel que chacune, à tour de rôle, monte et descend.

Balayer : → Nettoyer.

Balayure : → Ordure.

Balbutier : ¶ 1 Parler d'une façon inintelligible. *Balbutier*, articuler imparfaitement par impuissance due à l'âge (enfants, vieillards) ou à l'émotion : *Il se troubla en balbutiant* (ZOLA). *Balbutier précipitamment* (M. D. G.); *confusément* (GI.). **Bégayer**, articuler mal, en répétant les mêmes syllabes par suite d'une gaucherie durable de la langue ou parce qu'on est incapable d'exprimer nettement sa pensée : *Je bégaie plus fréquemment. Autrefois c'était rare et toujours le signe d'un grand trouble de conscience. Aujourd'hui rien d'autre sans doute qu'un indice de déchéance physique* (M. D. G.). **Bredouiller**, parler si vite qu'on prononce mal et qu'on ne peut être compris : *Bredouiller une prière* (ZOLA). *Envahi d'une rage trop forte pour lui, il bredouillait des paroles incompréhensibles* (CAM.). **Bafouiller**, fam., parler d'une façon confuse, incohérente, embarrassée par émotion ou par manque de clarté dans la pensée : *Il ne sait que dire. Il bafouille* (GI.). **Baragouiner**, ne pas se faire comprendre parce qu'on ne connaît pas bien la langue que l'on parle. ¶ 2 Au fig., *Balbutier* implique qu'on est novice en quelque chose : *Les lettres latines balbutiaient encore* (ROLL.); **Bégayer** suppose l'impuissance à exprimer ce qu'on ne comprend pas : *L'homme bégaie toujours quand il parle de l'être infini* (FÉN.); **Bafouiller** implique qu'on ne sait pas exposer une question faute d'information et de clarté dans les idées; **Bredouiller** et **Baragouiner**, qu'on expose même ce que l'on comprend d'une façon inintelligible.

Balcon : ¶ 1 Construction en saillie sur la façade d'un bâtiment. Le *Balcon* est découvert et entouré d'une balustrade. **Galerie**, sorte de long balcon qui sert de promenade et qu'on appelle **Loge** ou **Loggia** dans les édifices d'Italie. **Bow-window** (en ang. « fenêtre en arc »), fenêtre en saillie sur le parement d'un mur de façade, désigne une sorte de balcon vitré qu'on appelle aussi, quand il est plus large, **Véranda** et, en Espagne, **Mirador**. ¶ 2 Étage d'une salle de spectacle. *Balcon*, étage qui va d'une avant-scène à l'autre, et comprend les fauteuils en avant des loges. **Galerie**, dans un théâtre, balcon en encorbellement, en général au-dessus du premier étage, avec un ou deux rangs de fauteuils. **Amphithéâtre**, le dernier étage du théâtre appelé fam. **Paradis** et **Poulailler :** *Des nappes de têtes droites et attentives montaient de l'orchestre à l'amphithéâtre* (ZOLA). **Mezzanine** (petit étage pratiqué entre deux grands), dans certains cinémas, étage intermédiaire de fauteuils entre le balcon et l'orchestre et qui avance par rapport au balcon.

Baldaquin : → Dais.

Baleine : → Lame.

Baleinière : → Embarcation.

Balise, en termes de marine, tout ouvrage, flottant ou non, servant d'indice à la navigation. **Bouée**, corps flottant servant de signal pour indiquer un danger ou une passe.

Baliverne : → Chanson.

Ballant : → Balançant.

Balle : ¶ 1 Petit corps sphérique qu'on lance et qui rebondit. La *Balle*, gonflée d'air ou faite de matière élastique, est recouverte de drap, de peau, de caoutchouc, etc. **Pelote**, balle du jeu de paume, et de nos jours, spéc. au Pays basque, balle faite d'un plomb entouré de laine. **Éteuf**, petite balle rembourrée pour jouer la longue paume. **Ballon**, grosse balle creuse, ronde ou ovale, formée d'une vessie gonflée d'air recouverte de cuir. ¶ 2 → Projectile.

Balle : → Paquet.

Balle : → Enveloppe.

Ballerine : → Danseuse.

Ballet : → Danse.

Ballon : ¶ 1 → Balle. ¶ 2 *Ballon*, terme commun, vaste corps sphérique, sans aucun moyen de propulsion, s'élevant dans l'atmosphère parce qu'il est rempli d'un gaz plus léger que l'air. **Aérostat,** terme technique, tout appareil dont la sustentation dans l'air est obtenue par l'emploi d'un gaz plus léger que l'air (ballons libres, captifs, ballons sondes, dirigeables, etc.). **Aéronef,** terme très général désignant tout appareil volant (y compris les avions) qui présente un volume tel qu'on peut l'assimiler à un navire, se dit particulièrement des gros aérostats et spéc. du **Dirigeable,** gros aérostat possédant des moyens propres de propulsion et transportant de nombreux passagers. **Zeppelin** (mot all.), type de dirigeable allemand. **Montgolfière,** aérostat qui s'élève grâce à l'air chaud produit par un foyer à sa partie inférieure. **Saucisse,** ballon captif de forme allongée servant d'observatoire militaire. ¶ 3 → Sommet.

Ballonné : → Gonflé.

Ballot : → Paquet.

Ballotter : → Remuer.

Balourd : ¶ 1 N. → Lourdaud. ¶ 2 Adj. → Lourd.

Balourdise : → Stupidité et Maladresse.

Balustrade : Clôture à hauteur d'appui. La *Balustrade* est formée de petits piliers appelés **Balustres** qui, réunis à d'autres par une balustre, forment une clôture à jour et à hauteur d'appui le long d'une galerie, d'une terrasse. Mais *balustre* désigne aussi une petite *balustrade* simple, peu ornée, servant de clôture dans une église ou une chambre : *Le roi le fit entrer dans le balustre de son lit* (S.-S.). **Garde-corps** et, plus souvent, **Garde-fou,** balustrade ou parapet le long du tablier d'un pont ou d'une terrasse élevée pour empêcher les passants de tomber. Proprement, dans le langage des travaux publics, le *garde-fou* est une sorte de talus en terre établi le long des routes bordant un précipice. **Parapet,** mur élevé à hauteur d'appui pour servir de garde-fou. **Rambarde,** garde-corps placé autour des gaillards et des passerelles d'un navire.

Bambin : → Enfant.

Bambochade, Bamboche : → Débauche et Festin.

Ban : ¶ 1 → Déclaration. ¶ 2 → Bannissement.

Banal : → Commun.

Banalités : → Lieu commun.

Banban : → Boiteux.

Banc : → Siège.

Bancal : → Boiteux.

Bande : ¶ 1 Longue pièce d'étoffe. La *Bande* serre ou est destinée à serrer quelque objet que ce soit. Le **Bandeau** ne se met effectivement qu'autour de la tête ou du front. **Bandage,** terme chirurgical, ensemble de bandes appliquées avec art à une partie malade. **Brayer,** bandage qui sert à contenir les hernies. **Écharpe,** bande de quelque étoffe passée au cou pour soutenir un bras blessé ou malade. **Sangle,** bande de cuir, de tissu, etc. large et plate qui sert à ceindre, à serrer, mais aussi à lier et à soutenir : *Les sangles d'une selle, sangle abdominale.* ¶ 2 Chose qui a beaucoup de longueur avec peu de largeur et d'épaisseur. La **Bande** est large et sans épaisseur : *Une bande ou ruban de quatre doigts de large* (Buf.). La **Barre** manque de largeur, mais a quelque épaisseur et de la résistance. **Lisière,** bande considérée comme faisant partie d'un objet qu'elle termine : *La lisière d'un drap.*

Bande : ¶ 1 → Troupe. ¶ 2 → Coterie.

Bandeau : → Bande.

Bander : → Raidir.

Banderole : → Drapeau.

Bandit : ¶ 1 Malfaiteur qui vit d'attaques à main armée. *Bandit*, très péj., désigne de tels individus, dans les grandes villes et sur les chemins, seuls ou en groupe, et insiste sur leur rupture avec toutes les lois sociales. **Brigand,** moins péj., se dit de ceux qui vivent de pillage avec violence et à main armée sur les grands chemins, en général en troupe, et insiste plutôt sur leur façon de vivre et parfois sur leur cruauté. **Bandoulier** (esp. *bandolero*), syn. vx de *brigand*, et spéc. contrebandier des Pyrénées. **Coupejarret,** vx, se disait plutôt d'un assassin de profession. **Malandrin,** nom donné à des bandits qui ravagèrent la France au XIVᵉ s.; de nos jours, petit bandit, vagabond. **Routiers,** aventuriers dont les bandes ravagèrent la France du XIIᵉ au XVᵉ s. et qu'on appela aussi **Coteraux, Brabançons, Écorcheurs. Gangster** (mot américain, membre d'un *gang*, troupe de bandits), bandit moderne, qui opère souvent en groupe, en général dans une grande ville, avec les moyens les plus perfectionnés. **Terreur,** terme d'argot, bandit qui terrorise un lieu, s'emploie souvent ironiquement. **Malfaiteur, Scélérat, Coquin** (→ ces mots), syn. vagues de *bandit.* ¶ 2 Au fig. → Vaurien et Corsaire.

Bandoulière : → Baudrier.

Banjo : → Guitare.

Banlieue : → Périphérie.

Banne : ¶ 1 → Tente. ¶ 2 → Bâche. ¶ 3 → Panier.

Banneton, Bannette : → Panier.

Bannière : → Drapeau.

Bannir : ¶ 1 Contraindre quelqu'un à quitter son pays pour aller vivre ailleurs (≠ Reléguer, relatif à l'endroit où le banni est obligé de vivre désormais). *Bannir*, exclure d'une communauté par un acte de l'autorité judiciaire qui implique une flétrissure du coupable : *Un décret le bannissait de l'Italie* (LIT.). **Exiler,** faire sortir quelqu'un d'un pays par un ordre qui peut être arbitraire ou le résultat d'une disgrâce. L'exil peut être volontaire; on plaint l'exilé, alors que le bannissement est honteux : *Les meilleurs officiers étaient suspects, emprisonnés ou exilés* (VOLT.). **Proscrire** (à Rome, inscrire sur une liste, sans formes judiciaires, ceux dont la tête était désormais mise à prix), bannir ou exiler violemment, en persécutant la victime, en la **vouant** à l'extermination : *Je bannirais, je proscrirais, peu s'en faut que je ne dise j'exterminerais* (PASC.). **Ostraciser** (en Grèce, chasser pour dix ans, à la suite d'un vote, un citoyen devenu suspect), exclure d'un groupe, sans idée d'infamie, quelqu'un qui ne plaît pas; ne se dit guère plus qu'au fig. ¶ **2** Au fig. → Éliminer.

Bannissement, Exil, Proscription, Ostracisme : → Bannir. **Ban,** autrefois exil imposé à quelqu'un par proclamation, ne se dit plus que dans la loc. *Être en rupture de ban.*

Banqueroute : → Faillite.

Banquet : → Festin.

Banquette : → Siège.

Banquiste : → Saltimbanque.

Baptiser : ¶ 1 Faire chrétien. *Baptiser* implique qu'un prêtre confère le sacrement du baptême avec toutes les cérémonies qu'il comporte; **Ondoyer,** qu'un prêtre ou toute personne, catholique ou non, donne le baptême sans aucune cérémonie, en cas d'urgence ou en attendant la cérémonie solennelle. ¶ **2** → Appeler. ¶ **3** → Bénir et Inaugurer ¶ **4** → Étendre.

Baquet : → Cuve.

Bar : ¶ 1 → Café. ¶ **2** → Buvette.

Baragouin : → Jargon. Le *Baragouin* est un langage barbare : *Ne rien comprendre au baragouin de quelqu'un.* Le **Baragouinage** en est l'expression : *Un baragouinage étourdit, fatigue, impatiente.*

Baragouiner : → Balbutier.

Baraque : → Cabane. *Baraque,* construction légère et provisoire, en planches, à l'origine pour abriter des soldats; par ext. toute construction provisoire en planches. **Baraquement,** ensemble de baraques destinées à loger des troupes, des réfugiés, des travailleurs.

Barbare : Adj. ¶ 1 → Sauvage. ¶ **2** *Barbare*, **Inhumain, Sauvage, Cruel, Féroce, Sadique, Atroce :** → Barbarie. **Sanguinaire,** qui se plaît à répandre le sang humain ou qui pousse à le faire, sans être forcément cruel. ¶ **3** N. → Sauvage.

Barbarie : ¶ 1 État des mœurs non civilisées. *Barbarie* (d'un siècle, d'un peuple, d'un homme), en général, état de ceux qui ne sont pas polis par la civilisation : *Barbaries ne demandant qu'à submerger les épaves ou les monuments de culture* (PÉG.). **Vandalisme,** état d'esprit qui porte à détruire les belles choses, en particulier les œuvres d'art : *Le vandalisme ne s'arrête que lorsqu'il n'y a plus rien à pulvériser* (MTQ.). ¶ **2** Façon d'agir brutale et dure (→ Brutalité). *Barbarie* implique une dureté de mœurs qui provoque la souffrance et l'horreur par grossièreté et ignorance, parce que la civilisation ne l'a pas adoucie : *Un autodafé que les autres nations regardent comme un acte de barbarie* (VOLT.). **Inhumanité,** dureté qui vient de l'insensibilité et attente en général aux devoirs envers l'homme : *Les inhumanités du duc d'Albe qui se vantait d'avoir fait mourir dix-huit mille personnes par la main du bourreau* (VOLT.). **Sauvagerie** enchérit sur *barbarie*; ce vice tient plus au caractère qu'à l'état social; plus qu'une dureté, c'est l'assouvissement brutal des passions les plus primitives que la société condamne, comme le goût du meurtre et de la violence. **Férocité,** sauvagerie furieuse, animale, se dit surtout des animaux et par ext. des hommes : *Prince emporté et violent jusqu'à la férocité* (ROLL.). **Cruauté,** goût voluptueux du sang, de la souffrance d'autrui, qui peut s'exercer avec raffinement et sang-froid au sein de la civilisation : *Tout ce que la cruauté des tyrans a jamais su inventer* (BOUR.). **Sadisme,** cruauté accompagnée de lubricité; au fig. goût pervers de faire souffrir. **Atrocité** (souvent au pl.) enchérit sur tous ces termes et insiste non sur la cause de l'acte mais sur l'effet qu'il produit par une énormité dans l'horreur qui dépasse tout ce qu'un homme peut supporter : *L'atrocité du supplice de Damiens.*

Barbarisme, faute contre la langue consistant à se servir de mots forgés ou altérés. **Solécisme,** faute contre la syntaxe : « *Estatue* » pour statue est un barbarisme, « *Je suis été* » pour j'ai été, *un solécisme.* **Incorrection** se dit parfois d'un léger solécisme.

Barbier : → Coiffeur.

Barbon : → Vieux.

Barboter : ¶ 1 → Patauger. ¶ **2** Au fig. → (se) Perdre.

Barbouillage : ¶ 1 Mauvaise écriture.

Barbouillage (mauvaise peinture) se dit, par métaphore, d'une écriture informe par maladresse et insiste sur son aspect peu esthétique : *Les barbouillages d'un enfant*. **Gribouillage** et **Gribouillis**, fam., enchérissent et insistent sur le désordre et la confusion. **Griffonnage**, écriture comme faite à coups de griffes, illisible par manque de soin, mais non par maladresse. **Pattes de mouches**, écriture illisible par sa trop grande finesse. ¶ 2 Par ext., mauvais écrit. *Barbouillage*, œuvre définitive qui pèche sous quelque rapport que ce soit : *Un barbouillage nouvellement imprimé* (J.-J. R.). **Griffonnage**, ouvrage, souvent manuscrit, trop vite écrit ou inachevé : *Je finis à la hâte ce griffonnage que je n'ai pas même le temps de relire* (J.-J. R.). **Grimoire**, fig., écrit inintelligible par sa forme et le manque de clarté de ses idées : *Le grimoire d'un vieux papier timbré* (Volt.).

Barbouiller : ¶ 1 → Peindre. ¶ 2 → Salir.

Barcarolle : → Chant.

Barde : → Poète.

Barder : → Couvrir.

Barguigner : → Hésiter.

Baril : → Tonneau.

Bariolé : ¶ 1 Marqué de différentes couleurs (sans préciser les formes du dessin : ≠ Marqueté). *Bariolé*, coloré par bandes ou taches de couleurs dont le contraste est souvent plus criard ou bizarre qu'harmonieux : *Lès champs de l'Égypte bariolés comme de riches tapis* (V. H.). *Une foule bariolée de blouses blanches, de tabliers bleus d'enfants* (Gonc.). **Bigarré**, aux couleurs très variées, plutôt par taches, sans ordre, avec des contrastes plaisants ou non : *La peau bigarrée du léopard* (L. F.). **Chamarré**, aux couleurs qui évoquent le luxe d'un vêtement chargé de broderies, en général sans beaucoup de goût : *Plumage richement chamarré d'ondes et de festons de noirâtre, de roussâtre et de roux* (Buf.). **Diapré**, constellé de petites taches de couleurs diverses très harmonieuses dans leur variété : *Sombres basiliques aux vitraux diaprés* (Gaut.). **Panaché**, bigarré de couleurs diverses, comme celles d'un panache, mais en général sur un fond uni : *Tulipe panachée*. **Chiné**, comme un tissu tissé de fils de couleurs différentes. ¶ 2 Au fig., en parlant du style, *Bariolé* évoque le disparate, **Bigarré**, la diversité bizarre ou anormale : *Pièces bigarrées de variantes* (Volt.); **Chamarré**, la recherche des ornements éclatants et parfois lourds : *Lettre chamarrée de jolis vers* (Volt.); **Diapré**, la variété agréable des couleurs; **Panaché**, un mélange de tons parfois peu heureux.

Baron : → Personnalité.

Baroque : → Bizarre.

Barque : → Embarcation.

Barrage : ¶ 1 → Digue. ¶ 2 → Obstacle.

Barre : ¶ 1 *Barre*, toute pièce de bois, de fer, etc., étroite et longue. **Barreau**, petite barre destinée à un usage spécial (soutien, fermeture) : *Barre de fer; barreau de chaise, de prison*. ¶ 2 → Ligne. ¶ 3 → Bande. ¶ 4 → Gouvernail.

Barrer : ¶ 1 → Effacer. ¶ 2 → Fermer. ¶ 3 → Boucher.

Barrette : → Bonnet.

Barricade : → Obstacle.

Barricader : → Boucher et Fermer.

Barrière : ¶ 1 → Clôture. ¶ 2 → Séparation.

Barrique : → Tonneau.

Bas : ¶ 1 *Bas*, peu élevé en parlant des choses et particulièrement des édifices. **Écrasé** enchérit et suppose un manque de hauteur peu esthétique : *Dôme écrasé*. ¶ 2 En parlant de la hauteur et de la qualité, *Bas* a pour comparatif **Inférieur**, en général relatif, mais employé absolument pour qualifier ce qui est de mauvaise qualité ou assez bas dans une hiérarchie : *Des marchandises inférieures. Rang inférieur*. **Infime**, très bas, s'emploie en général au fig. en parlant d'une hiérarchie : *Rang, condition infimes*. ¶ 3 (En parlant d'un prix) *Bas*, très modéré, peu élevé : *Ce bas prix est la démonstration de l'abondance* (Volt.). **Vil**, presque nul : *Mazarin achetait à vil prix de vieux billets décriés* (Volt.). ¶ 4 Dans l'ordre moral, il y a une gradation entre *Bas*, **Vil** et **Abject** (→ Bassesse). **Ignoble**, au sens classique, est moins fort que *vil* et se dit de ce qui manque simplement de noblesse, paraît grossier, souvent dans l'ordre esthétique : *Expressions ignobles dans les tragédies de Corneille* (Volt.). *Goya a un vif et profond sentiment de l'ignoble* (Gaut.); de nos jours *ignoble* tend à prendre un sens très fort, voisin de **Malpropre**, de **Dégoûtant** (→ ces mots) qui marquent la répulsion devant ce qui est d'une horrible bassesse. **Infâme** (→ Honteux) enchérit sur *abject* en parlant de ce qui mérite d'être flétri par les lois et par ext. de ce qui est de la dernière bassesse : *Son visage infâme d'esclave insolent* (Duh.). ¶ 5 → Vulgaire.

Basané : → Noirâtre et Hâlé.

Bas-bleu : → Écrivain.

Bascule : ¶ 1 → Balance. ¶ 2 → Balançoire.

Basculer : → Culbuter.

Base : → Fondement.

Bas-fond : ¶ 1 → Haut-fond. ¶ 2 → Rebut.

Basilique : → Église.

Basque, adj., se dit du pays des Basques ou de ce qui a rapport à ses habitants : *Une légende basque.* **Basquais,** qui appartient au pays basque : *Une vache basquaise.*

Basse-fosse : → Cellule.

Bassesse : ¶ 1 Défaut d'élévation dans l'ordre social ou moral. *Bassesse,* toujours péj., implique, dans les deux ordres, un état naturel ou au moins durable : *Nous tirer du néant et forcer la bassesse de notre nature* (Bos.); et désigne aussi, souvent au pl., des actes moralement condamnables. **Abaissement** marque le résultat d'une action et donc un état accidentel et passager : *Dans quelque état d'abaissement qu'il ait plu à la fortune de me placer* (J.-J. R.); n'est pas toujours péj. et peut être syn. d'humilité : *L'abaissement de J.-C. n'est pas une chute, mais une condescendance* (Bos.). **Avilissement,** toujours péj., implique la perte de toute valeur, avec une nuance de mépris : *L'avilissement de l'autorité amène sa ruine* (Mich.). **Vileté,** vx, et **Vilenie,** action ou état de celui qui agit comme un vilain, un homme de la plus basse classe, sans aucune élégance morale. **Abjection,** terme le plus fort, marque l'extrême bassesse représentée comme le résultat d'une action volontaire, d'une dégradation ignominieuse : *La bassesse du langage peut être due à un simple défaut de noblesse, l'abjection du langage implique le choix des termes les plus bas.* Au sens classique toutefois, *abjection* se disait, sans nuance péj., d'un très grand abaissement volontaire : *Abjection volontaire et entière abnégation des honneurs* (Bos.). **Aplatissement,** nivellement par le bas des vertus morales : *L'aplatissement des mœurs sera la conséquence forcée de la civilisation* (Balz.); ou bassesse de celui qui s'avilit devant les grands : *La cour impériale trônant au sommet sur la peur et l'aplatissement de tous* (Zola). **Platitude,** autrefois syn. de *bassesse* au sens d'action immorale, implique simplement de nos jours un renoncement à sa dignité pour plaire à plus puissant que soi. ¶ 2 Spéc. dans l'ordre social, *Bassesse* et *Abaissement* diffèrent comme plus haut. **Obscurité** indique simplement qu'on est inconnu. **Humilité** enchérit sur *bassesse* et implique l'acceptation résignée d'une vie obscure et basse, sans aucune nuance péj. **Crasse,** fig., fam. et péj., grande bassesse sociale : *Être né dans la crasse* (Acad.).

Bassin : ¶ 1 Lieu où les bâtiments jettent l'ancre. *Bassin,* qui se dit de tous lieux de ce genre, désigne spéc. une grande enceinte pratiquée dans un port à marée et fermée par des portes et des vannes pour que l'eau ne s'en écoule point et tienne toujours à flot un certain nombre de bâtiments. En ce dernier sens, **Dock** (mot anglais), vaste bassin, entouré de quais et souvent d'entrepôts, dans lequel entrent les vaisseaux pour déposer leur cargaison ou opérer leur chargement. **Darse,** partie intérieure, bassin des ports de la Méditerranée, où il n'y a pas de marée. ¶ 2 → Pièce d'eau. ¶ 3 → Dépression.

Bassiner : ¶ 1 → Chauffer. ¶ 2 → Humecter. ¶ 3 → Arroser.

Bastille, Bastion : → Ouvrage.

Bastonnade : → Volée.

Bât : → Selle.

Bataclan : → Attirail.

Bataille : ¶ 1 Engagement entre deux partis ennemis. La *Bataille,* plus importante que le *Combat,* se livre en général entre deux armées, alors que le *combat* peut se livrer entre quelques belligérants et même entre deux personnes : *Bataille rangée; combat singulier. Mille petits combats suivirent la bataille de Moncontour* (Volt.). *Bataille* fait penser à un lieu, à un objectif et parfois à la façon dont on se bat. *Combat* insiste sur l'action même considérée abstraitement et dans sa durée : *Donner le signal du combat, gagner la bataille* (Bos.). *Il livre au hasard sombre une rude bataille* (V. H.). **Action,** avec la même nuance que *combat,* désigne, de plus, un combat partiel ou, dans un sens général, toutes les formes de l'activité d'une armée engagée, de la bataille à l'escarmouche : *Un jour d'action* (Volt.). *Exhorter les soldats avant l'action* (Roll.). **Lutte,** combat acharné comme un corps à corps : *La lutte était ardente et noire* (V. H.). **Mêlée,** combat corps à corps, implique, une idée de confusion et de désordre : *Se jeter dans la mêlée.* **Baroud,** combat, dans l'argot militaire du Maroc. — Petit combat : → Engagement. ¶ 2 Au fig. → Conflit.

Batailler : → Lutter.

Batailleur : → Combatif.

Bataillon : → Troupe.

Bâtard : ¶ 1 Pour désigner un enfant né hors du mariage, *Bâtard* est aujourd'hui injurieux. On dit **Enfant naturel.** ¶ 2 → Métis.

Batardeau : → Digue.

Bateau : Machine qui vogue sur l'eau. *Bateau,* nom générique, se dit dans tous les cas, mais s'emploie plutôt pour les machines de moyenne dimension qui vont sur la mer et les cours d'eau. — *Petit bateau :* → Embarcation. — *Gros bateau* qui va sur mer : **Vaisseau** devrait se dire d'un bateau qui a une grande capacité; on le dit, en fait, dans un langage plutôt noble, d'un bateau assez important, surtout un bateau de guerre, et particulièrement bien au fig. et en poésie : *Vaisseau à trois ponts* (FLAUB.). *Vaisseau fantôme; le vaisseau de l'État.* **Navire,** du langage commun, très grand bateau, en général pour le transport des passagers et des marchandises : *Vingt vaisseaux de guerre et cent cinquante navires de transport* (MARM.). **Bâtiment,** construction navale de grande dimension, devrait se dire d'un grand bateau de guerre ou de commerce envisagé par rapport à sa construction : *Un bâtiment de l'État. Équiper, fréter un bâtiment* (ACAD.). On dit aussi cependant un *petit bâtiment* pour désigner un bateau qui sans être un *vaisseau* ou un *navire* a des équipements assez importants. **Paquebot** (ang. *packet*, paquet de dépêches et *boat*, bateau), bateau qui, de plus en plus gros et rapide depuis le XVIIIe s., fait le transport des passagers et du courrier, par opposition au **Cargo** qui ne porte que les marchandises. **Transport** se dit plutôt d'un bateau portant des troupes, des munitions, par opposition à un vaisseau de guerre. **Transatlantique,** gros paquebot qui fait le service entre l'Europe et l'Amérique. **Courrier** (autrefois, petit bâtiment armé pour la course), de nos jours, paquebot faisant la correspondance entre la France et divers pays éloignés : *Le courrier de Chine.* **Steamer** (mot ang.), navire à vapeur, ne se dit guère : *Steamer balançant ta mâture* (MALL.); on dit **Vapeur** en parlant d'un navire assez petit. **Nef** ne se dit plus qu'au fig. et en poésie comme syn. de *navire*, ou pour désigner un bateau du M. A. **Caravelle,** sorte de petit bâtiment à voiles latines dont se servaient les Portugais, désigne spéc. de nos jours les bateaux dont on se sert pour la pêche aux harengs. — Pour désigner un *bateau de rivière,* on appelait autrefois **Coche** un bateau utilisé pour le transport des voyageurs; **Cabane,** vx, variété de *coche;* **Bateau-mouche,** bateau parisien faisant le service des voyageurs sur la Seine. **Steam boat** (mot ang.), bateau à vapeur de rivière. Pour le transport des marchandises en rivière : → Chaland. — **Yacht** (mot néerlandais), bateau de plaisance sur mer ou sur rivière. — **Arche** ne se dit que du vaisseau en forme de coffre dans lequel Noé s'enferma pour échapper au déluge.

Batelet : → Embarcation.

Bateleur : → Saltimbanque.

Batelier, celui qui conduit ou aide à conduire de petits bateaux (ou des bacs) sur une rivière ou dans un port : *Les bateliers de la Volga.* **Marinier,** celui dont la profession est de conduire les péniches sur les rivières, les canaux navigables, les lacs. **Passeur,** celui qui conduit un bateau ou un bac pour traverser l'eau.

Batifoler : → Folâtrer.

Bâtiment : ¶ 1 Ouvrage fait d'un assemblage de matériaux. En vertu de la différence entre Bâtir et Construire (→ Bâtir), **Construction,** qui se dit de tout ce qu'on est en train de construire ou qui est déjà construit, a un sens plus large que *Bâtiment* qui ne se dit que de ce qui est déjà bâti et, avant tout, d'une construction assez importante destinée à être utilisée comme abri, pour le logement ou l'industrie. *Construction* évoque de plus un ensemble architectural, ce qui n'est pas le cas de *bâtiment : Les bâtiments d'une usine. Un vaste tableau de ces constructions gigantesques qu'on admire dans nos ports* (VAL.). **Bâtisse** (partie en maçonnerie d'une construction), bâtiment mastoc et sans art : *Une immense bâtisse de six étages s'élevait criblée de fenêtres* (A. DAUD.). **Édifice,** construction d'importance : *Entre les édifices dont cette ville est peuplée, les uns sont muets, les autres parlent* (VAL.). **Monument,** ouvrage d'architecture considérable par sa masse et sa beauté et destiné à rester comme l'image d'une époque ou comme souvenir d'une personne, d'un événement mémorable : *Pendant qu'ils édifiaient les monuments dédiés à la religion* (J. ROM.). — **Local,** bâtiment à destination d'un usage quelconque considéré par rapport à sa disposition et à son état : *Cette imprimerie occupe de vastes locaux* (ACAD.). **Fabrique,** anciennement, construction ornée décorant souvent un parc ou un jardin; d'où, par ext., en peinture, les constructions par opposition aux figures et au paysage. **¶ 2 →** Bateau.

Bâtir : ¶ 1 Former un ouvrage en assemblant des matériaux (≠ **Élever,** faire monter un ouvrage au-dessus du sol). *Bâtir,* élever ou faire élever sur le sol, à l'aide d'un assemblage de matériaux, un ouvrage quelconque de maçonnerie, désigne le travail de l'entrepreneur ou du maçon et par ext. l'action de celui qui fait construire ou fonde : *Bâtissons une ville avec sa citadelle* (V. H.). *L'on bâtit dans sa vieillesse* (L. B.). **Construire,** disposer les matériaux avec art, en hauteur ou dans n'importe quel sens pour obtenir un ouvrage de maçonnerie ou un appareil en général importants, désigne le travail de l'architecte ou de l'ingénieur : *Construire un beau temple* (FÉN.). *Construire et aménager un labyrinthe* (GI.). **Édifier,** construire quelque chose de considérable : *Édifier un palais* (LES.), *un monument* (J. ROM.); et terme spéc. d'histoire naturelle : *Les éléphants n'édifient rien* (BUF.). **Architecturer,** syn. vx et burlesque de *construire.* **¶ 2 →** Coudre. **¶ 3 →** Fonder. **¶ 4** Au fig.

en parlant d'une œuvre de l'esprit, *Bâtir* a rapport à la solidité : *Un principe ferme sur lequel vous bâtissez hardiment* (PASC.); **Construire**, à l'ordonnance du plan ou de la phrase : *Œuvre bien construite. Un vers que je construis* (BOIL.); **Édifier**, à la majesté de l'œuvre et aussi à sa valeur durable et féconde : *Balzac avait édifié son œuvre* (GI.). **Échafauder**, fig., bâtir, avec précipitation et sans ordre, un projet, une théorie, une argumentation qui n'offre pas de caractère solide et durable : *Échafauder un projet sur une hypothèse* (ACAD.). ¶ 5 → Inventer.

Bâtisse : → Bâtiment.

Bâtisseur : → Architecte.

Batiste : → Linon.

Bâton : Branche ou tige détachée de la plante pour la tenir à la main. Le *Bâton* est d'un bois quelconque, plein, assez grossier et en général nécessaire pour s'appuyer ou se défendre. **Canne**, roseau de jonc, de bambou ou de bois léger, souvent vide et creux, plus ou moins élégamment travaillé, dont on se sert comme appui ou comme ornement. **Gourdin**, bâton gros et court pour attaquer ou se défendre. **Rondin**, gros bâton : *Il a reçu des coups de rondin* (ACAD.). **Massue** (→ ce mot), gros bâton pour assommer. **Trique**, plus fam., gros bâton noueux qui sert surtout à battre. **Assommoir**, bâton garni à l'une de ses extrémités d'une balle de plomb enveloppée de ficelle et destiné à assommer. **Épieu**, bâton avec une pointe au bout. — Spéc. **Bourdon**, long bâton de pèlerin surmonté d'un ornement en forme de pomme. **Houlette**, bâton de berger. **Crosse**, bâton recourbé que portent les évêques, les abbés et quelques abbesses dans les cérémonies religieuses. **Masse**, bâton à la tête d'or, d'argent porté dans certaines cérémonies. — Spéc., **Échalas**, bâton d'un mètre ou deux fiché en terre pour soutenir un cep de vigne, un arbuste. — *Petit bâton :* → Baguette.

Bâtonner : → Battre.

Battage : ¶ 1 Opération qui consiste à séparer des épis les grains des céréales. Le *Battage* se fait à l'aide d'un fléau, ou de la machine appelée batteuse, le **Dépiquage**, par le piétinement des animaux (dans le Midi on dit *dépiquer* pour battre avec la batteuse), le **Chaulage**, en frappant des poignées d'épis sur le bois dur. ¶ 2 → Publicité.

Battant : → Vantail.

Battement : → Pause.

Batterie, querelle avec coups. **Rixe** ajoute l'idée de fureur, de bruit, d'injures souvent entre gens de bas étage. **Mêlée** insiste sur la lutte corps à corps, mais n'implique pas forcément une querelle : *Une panique s'est produite et j'ai perdu mon chapeau dans la mêlée.* **Bagarre**, rixe provoquant une mêlée avec tumulte et encombrement : *Manifestations politiques dégénérant en bagarres.* **Échauffourée**, entreprise téméraire et mal concertée contre des ennemis publics ou privés, se dit parfois de nos jours d'une bagarre assez importante.

Battologie : → Répétition.

Battre : ¶ 1 Porter la main sur quelqu'un pour le maltraiter. *Battre*, donner des coups répétés pour faire du mal, sans préciser à quel endroit, et en général parce qu'on est le plus fort. **Frapper**, donner un seul coup, en un endroit précis, volontairement ou par inadvertance. **Rosser**, péj., battre violemment quelqu'un comme on fait une rosse : *Je vous rosserai d'importance* (MOL.). **Rouer de coups** ou **Rouer**, fam., battre en meurtrissant comme un condamné au supplice de la roue. **Tanner le cuir** ou simplement **Tanner**, pop., rouer de coups. **Rouster**, fam. et fig., battre ferme. **Tambouriner**, battre à coups redoublés comme on fait un tambour. **Échiner** et **Éreinter**, battre à outrance comme si l'on voulait rompre l'échine ou les reins. **Brosser**, **Frictionner**, **Épousseter**, **Étriller**, battre assez superficiellement comme si on frottait violemment. **Bûcher**, pop., battre comme on dégrossit une bûche. **Tarauder**, battre comme si l'on perçait d'un taraud. **Tatouiller**, pop., donner une râclée. **Donner une danse**, fam., bien battre pour punir. **Passer à tabac**, argot, battre un prisonnier en parlant des policiers. — **Fesser**, battre sur les fesses, **Testonner**, vx, sur la tête. — *Battre avec un bâton :* **Bâtonner**, **Bastonner** (vx), **Triquer** (→ Bâton). — *Battre avec quelque chose de délié, un fouet :* → Cingler. — *Frapper* a pour syn. **Taper**, frapper de la main. **Gourmer** (vx,) frapper avec le poing fermé sur la figure. **Cogner**, frapper du poing, comme si l'on enfonçait un coin. **Dauber**, pop., frapper à coups de poings. **Assommer**, abattre d'un coup de poing et aussi battre avec brutalité au point de laisser inanimé, a pour syn. pop. **Estourbir** et **Sonner** qui a aussi le sens de heurter la tête de quelqu'un contre le pavé ou contre un mur. **Talmouser**, très fam., appliquer une talmouse, un soufflet ou un coup de poing sur la face : → Gifler. **Tamponner**, pop., frapper : *D'autres tamponnaient à coups de torche le visage des archers* (V. H.). ¶ 2 → Vaincre. ¶ 3 → Parcourir. ¶ 4 → Bombarder. ¶ 5 *Battre en retraite :* → Reculer. ¶ 6 *Battre la breloque, la campagne :* → Déraisonner. ¶ 7 *Battre en brèche :* → Infirmer. ¶ 8 *Se battre :* → Lutter.

Battu : → Refusé.

Battue : → Chasse.

Baudet : → Ane.

Baudrier, de nos jours, bande de cuir qui se porte en écharpe sur l'épaule droite et soutient le sabre ou l'épée. **Bandoulière,** de nos jours, large baudrier de cuir ou d'étoffe : *La bandoulière d'un garde-chasse; d'un suisse d'église.*

Bauge : ¶ 1 → Gîte. ¶ 2 → Taudis.

Baume : ¶ 1 → Résine. ¶ 2 → Remède.

Bavard : → Babillard.

Bavardage : → Babil. Le fait de parler beaucoup trop. *Bavardage* implique tous les défauts du bavard (→ Babillard), inconvenance, sottise ou simplement futilité : *Des bavardages, des confidences sans fin* (Zola). *Elle assourdissait Antoine de son bavardage* (M. D. G.). **Loquacité,** (→ Faconde) indique simplement qu'on emploie beaucoup de mots pour dire ce qu'un petit nombre suffirait à exprimer. — *Bavardage* se dit de l'habitude de bavarder; **Bavarderie** (rare de nos jours), d'un cas particulier, d'un trait de bavardage, ou de la démangeaison de bavarder : *Voici ma bavarderie académique* (Volt.).

Bavarder : ¶ 1 → Babiller. ¶ 2 → Parler

Bavasser : → Babiller.

Bave : → Salive.

Baver : ¶ 1 → Couler. ¶ 2 *Baver sur :* → Médire.

Bavette : ¶ 1 *Bavette* et **Bavoir,** petite pièce de lingerie, de toile cirée, de caoutchouc, servant à protéger la poitrine des petits enfants contre leur bave, mais *bavette* se dit plus proprement et seul d'une petite serviette d'enfant qui s'attache au cou par des cordons et couvre toute la poitrine. ¶ 2 *Tailler une bavette :* → Babiller.

Bavure : → Tache.

Bayadère : → Danseuse.

Bayer : → Bâiller.

Bazar : ¶ 1 → Marché. ¶ 2 → Magasin. ¶ 3 → Bric-à-brac.

Bazarder : → Vendre.

Béant : → Ouvert.

Béat : ¶ 1 → Bigot. ¶ 2 → Saint. ¶ 3 → Heureux.

Béatifier indique que le pape donne, en son nom particulier, le titre de bienheureux, c.-à-d. d'âme qui jouit du bonheur éternel, à une personne décédée et autorise ainsi un culte limité de la part de quelques personnes. **Canoniser** précise qu'après un long examen dans les formes le pape a déclaré *ex cathedra*, à tous les fidèles, que le nom de la personne était inscrit dans le canon, c.-à-d. la liste des saints de l'Église, et a autorisé, de ce fait, un culte officiel. — Au fig., au sens de rendre un culte, *canoniser* est le terme le plus fort : *J.-C. a béatifié et canonisé la pauvreté* (Bour.).

Béatitude : → Bonheur.

Beau : ¶ 1 Adj. Qui éveille le sentiment esthétique. *Beau* implique une idée de perfection, de grandeur qui parle à l'âme, éveille l'admiration, provoque un plaisir grave, purifié de toutes les passions . *Je suis belle, ô mortel, comme un rêve de pierre* (Baud.) ; **Joli** (→ ce mot), une idée de petitesse gracieuse qui amuse, séduit, plaît à l'esprit, aux sens et au cœur et attire alors que le *beau* peut laisser froid : *Il n'était peut-être pas beau, mais quel joli regard il avait* (Gi.). *Beau* a pour syn. **Admirable** qui insiste sur la perfection et se dit bien des ouvrages des mains et de l'esprit : *Un chef-d'œuvre admirable*; **Magnifique,** beau par sa grandeur ou sa richesse : *Un palais magnifique*; **Superbe,** d'une beauté imposante, un peu froide et orgueilleuse quelquefois : *Cette fille superbe, si blanche et si grasse* (Zola); **Splendide,** d'une beauté éclatante, brillante, rayonnante : *Le jour est splendide et dormant* (V. H.); **Merveilleux,** d'une beauté surprenante qui a quelque chose d'extraordinaire et provoque l'admiration. A noter que ces mots, dans le langage courant, servent de superlatifs à *beau*, notamment en parlant du temps, de la santé, de la mine, etc. sans garder leur nuance spéciale. **Féerique,** en parlant d'un spectacle, merveilleux, enchanteur comme l'œuvre des fées ou comme les spectacles de théâtre qui multiplient les machines , les artifices : *Féerique feu d'artifice* (M. D. G.). **Sublime** se dit des spectacles ou des œuvres de l'esprit qui, loin de produire un apaisement dû à l'harmonie et à l'ordre parfait, comme le *beau*, bouleversent par une grandeur souvent très simple et évoquent l'infini : *L'éloquence sublime de Bossuet.* **Esthétique** ne se dit que des gestes, des attitudes, du style qui ont un certain caractère de beauté souvent à la suite d'une recherche artistique : *La pose esthétique d'une danseuse. Le style esthétique des Parnassiens.* ¶ 2 Adj. au sens moral : → Bon. ¶ 3 Adj. → Élégant. ¶ 4 *Rendre beau,* faire devenir beau ce qui ne l'est pas. **Embellir,** augmenter la beauté de ce qui est beau. ¶ 5 N. *Beau,* absolu, désigne une conception idéale qui n'existe pas forcément dans la réalité : *Le beau idéal.* **Beauté,** le beau manifesté dans un objet ou un être : *La beauté d'une femme*; ou par rapport aux usages, aux mœurs, et aussi au genre : *Comme on dit beauté poétique, on devrait dire aussi beauté géométrique, beauté médicinale* (Pasc.). **Esthétique,** proprement la science du beau, désigne parfois la conception du beau que se fait une époque, une école : *L'esthétique classique*; comme syn. de *beauté*, en parlant d'une personne, le mot est fam. : *Soigner son esthétique.* ¶ **6** N. Homme beau ou qui se croit beau. *Beau* ne se dit guère plus d'un homme élégant, de belles manières, modèle de bon goût : *L'un des beaux les plus à la mode en ce moment* (S.-B.); et péj. d'un petit-maître; le sens du mot ne s'est conservé que dans la loc. *Vieux beau.* **Bellâtre,** employé parfois comme adj. pour qualifier ce dont la beauté manque d'expression ou de caractère, se dit bien comme n. d'un homme trop soigné qui a quelque chose de féminin ou cherche trop visiblement à passer pour beau. ¶ **7** *Faire le beau :* → Poser.

Beaucoup : ¶ **1** Adverbe superlatif. *Beaucoup* insiste sur la quantité; **Fort,** sur l'intensité de l'action : *Pour récolter beaucoup, il faut se mettre fort en peine* (L.). **Bien** introduit une nuance d'approbation, de surprise : *Il a beaucoup d'esprit signifie seulement une grande quantité d'esprit; il a bien de l'esprit me paraît, de plus, marquer le goût qu'on sent pour l'esprit de la personne dont on parle* (C.). **Extrêmement, Excessivement** et **Énormément,** qui se distinguent de *bien* et de *fort* par les nuances indiquées à *Très* (→ ce mot), s'emploient souvent, fam., sans nuance particulière comme superlatif de *beaucoup, fort* et *bien*. **Considérablement** attire l'attention sur l'importance d'un fait : *Cela augmenta considérablement le nombre des habitants de l'Europe* (MTQ.). **Abondamment** insiste surtout sur la modalité de l'action à produire par rapport au sujet et indique qu'il fournit plus que ne réclame l'usage normal, mais sans décrire la chose fournie : *Il pleut abondamment quand il pleut longtemps et d'une manière forte.* **En abondance** s'applique à l'objet, décrit la chose et s'emploie seul en parlant de ce qui est : *La pluie est tombée en abondance quand elle est tombée en grande quantité de manière à inonder les routes. Il faut dépenser abondamment pour que tout soit sur la table en abondance.* **Copieusement** ne se dit guère, fam., que de certaines fonctions animales relativement à la consommation ou non : *Boire copieusement. Aller copieusement où vous savez* (MOL.). **Plantureusement** évoque une idée de plénitude et enchérit sur *copieusement* en parlant de choses matérielles : *On vit plantureusement chez lui* (ACAD.). **Largement** évoque une idée de libéralité ou d'aisance : *Pour produire abondamment, il faut être nourri largement* (BUF.). **Amplement** exprime le résultat de l'action est plus que suffisant : *Il nous dicte amplement les leçons du dessin* (MOL.). **A foison,** fam., évoque un tas de petites choses de la même espèce qui semblent fourmiller : *De l'or, des pierreries à foison* (MARM.). **Moult,** syn. archaïque de *beaucoup.* **Prou** ne s'emploie que dans les loc. *Peu ou prou, Ni peu ni prou.* **A revendre,** fam., abondamment en parlant de ce qu'on possède : *Avoir des qualités à revendre.* **Gros,** syn. de *beaucoup,* dans la loc. *Gagner gros.* ¶ **2** En quantité. *Beaucoup* se dit de ce qui peut être mesuré, estimé et compté et, dans ce dernier cas, suppose un nombre considérable : *Beaucoup d'eau; beaucoup de gens.* **Quantité de** et **Nombre de,** ce dernier ne se disant que de ce qui peut être compté, enchérissent sur *beaucoup* (→ Quantité). **Plusieurs** (→ ce mot) ne se dit que de ce qui peut être compté et dit moins que *beaucoup;* c'est plus de deux, un certain nombre : *Cet ouvrage est de plusieurs mains* (VOLT.). **Moult,** archaïsme burlesque pour *beaucoup.* **Force** (toujours invariable) enchérit sur *beaucoup : J'ai dévoré force moutons* (L. F.). **Maint** (sing. et pl.) enchérit sur *plusieurs : Enjambant maint ruisseau, traversant mainte ruelle* (V. H.). **Pas mal,** fam., un assez grand nombre, et parfois beaucoup. **Un tas de, Des tas de** enchérissent sur *beaucoup* et sont de nos jours fam. en parlant des choses, et souvent méprisants en parlant des personnes.

Beauté : ¶ **1** → Beau. ¶ **2** → Grâce. ¶ **3** Pour désigner une femme, *Beauté* implique qu'elle est belle : *Innocentes beautés* (RAC.). **Belle,** n. en ce sens, beaucoup plus fam., se dit d'une femme qui a simplement de l'agrément, ou qui croit en avoir, ou est simplement aimée et par ext., souvent ironiquement, d'une femme en général : *Les belles à nos bras* (VERL.). *La belle ne se doutait guère du tour qu'on lui jouait* (ACAD.). **Déesse,** fig., femme d'une beauté majestueuse (→ Dieu). **Bijou de femme,** fam., petite femme mignonne.

Bébé : → Enfant. Très jeune enfant. *Bébé* est le terme courant et vient de l'anglais **Baby** qui se dit, avec quelque prétention ou ironie, pour désigner un bébé distingué. **Nourrisson,** terme tech., enfant à la mamelle. **Poupard,** enfant au maillot, se dit d'un bébé joufflu et bien portant. **Poupon,** terme de tendresse, bébé potelé et mignon. **Mioche** est très fam. : *Le mioche qu'on berce ou qu'on allaite* (J. ROM.). **Lardon** est pop. **Petit salé,** pop., enfant nouveau-né.

Bec : ¶ **1** → Bouche. ¶ **2** → Cap.

Bécoter : → Embrasser.

Bedaine : → Ventre.

Bedon : ¶ **1** → Ventre. ¶ **2** → Gros.

Bedonnant : → Gros.

Beffroi : → Clocher.

Bégayer : → Balbutier.

Bégueule : → Prude.

Béguin : ¶ 1 → Coiffe. **¶ 2** → Caprice. **¶ 3** *Avoir un béguin :* → (s') Éprendre.

Béjaune : ¶ 1 → Novice. **¶ 2** → Niais.

Belître : → Coquin.

Bellâtre : → Beau.

Belle : → Beauté.

Belle-fille, terme courant, femme du fils par rapport au père et à la mère de celui-ci. **Bru** est plus rare.

Belle-mère, terme courant, femme du père par rapport aux enfants issus d'un mariage précédent. **Marâtre,** péj., suppose que la belle-mère traite mal les enfants.

Belles-lettres : → Littérature.

Belliqueux : ¶ 1 → Militaire. En parlant d'un homme, *Belliqueux* implique qu'il aime à lutter à la guerre, **Belliciste,** qu'il en est partisan, y pousse, sans forcément y participer. **Va-t-en-guerre,** fam. et péj., belliciste chauvin et fanatique (→ Querelleur). **¶ 2** Au fig. → Combatif.

Bénéfice : ¶ 1 → Profit. **¶ 2** → Gain.

Bénéficiaire, toute personne qui obtient un avantage, un profit à la suite d'une action, d'une opération quelconque : *Les bénéficiaires d'un sursis.* **Impétrant,** celui qui obtient des pouvoirs publics ce qu'il a officiellement postulé et spéc. un diplôme.

Bénéfique : → Bienfaisant.

Benêt : → Niais.

Bénévole : ¶ 1 → Bienveillant. **¶ 2** → Volontaire.

Béni : → Bénit.

Bénignité : → Bonté.

Bénin : ¶ 1 → Favorable. **¶ 2** → Inoffensif. **¶ 3** → Indulgent.

Bénir : ¶ 1 Donner un certain caractère religieux par des cérémonies et des prières. *Bénir,* du langage courant, mettre sous la protection spéciale de Dieu : *Bénir des époux.* **Sacrer** (→ ce mot), plus noble, rendre inviolable par une cérémonie religieuse qui fait de la personne ou de la chose une possession de Dieu : *Sacrer un empereur.* **Baptiser,** qui ne se dit, en ce sens, que des choses, *bénir* en parlant d'une cloche, d'un navire. **¶ 2** → Louer.

Bénit, terme de liturgie, qui a reçu la bénédiction de l'Église avec les cérémonies convenables : *Pain bénit.* **Béni,** participe de *bénir,* s'emploie dans toutes les acceptions générales de ce verbe et notamment au fig. au sens de protégé par Dieu ou loué comme un bienfaiteur : *La postérité de saint Bernard est bénie comme celle d'Abraham* (FÉN.). **Benoît,** forme archaïque de *béni.*

Benjamin : ¶ 1 → Cadet. **¶ 2** → Favori.

Benoît : ¶ 1 → Béni. **¶ 2** → Heureux. **¶ 3** → Doucereux.

Béotien : → Profane.

Bercail : → Bergerie.

Berceau : ¶ 1 *Berceau,* terme courant, petit lit de bébé disposé pour pouvoir être balancé. **Bercelonnette,** berceau léger et monté sur deux pieds, en forme de croissant. **Berceuse,** berceau suspendu de manière que l'enfant puisse se bercer lui-même. **Moïse** (par analogie avec la corbeille où Moïse fut exposé sur le Nil), petite corbeille capitonnée, garnie de mousseline et de dentelle et servant de couchette aux nouveau-nés. **Ber,** berceau, est aujourd'hui dialectal. **¶ 2** → Tonnelle.

Bercer : ¶ 1 → Balancer. **¶ 2** → Caresser.

Berceuse : ¶ 1 → Berceau. **¶ 2** → Chant.

Béret : → Bonnet.

Berge : → Bord.

Berger : ¶ 1 Celui qui conduit un troupeau. Étym. le *Berger* ne conduit que des brebis, le **Pasteur** et le **Pâtre** conduisent du bétail de toute espèce. Mais, de plus, *berger* est du style ordinaire, *pâtre* est un terme assez dédaigneux pour qualifier un berger grossier : *Les bergers de Théocrite et de Virgile quelquefois pâtres plus que bergers* (D'AL.). *Pasteur,* noble, ne se dit seul en histoire en parlant des peuples spécialement adonnés aux soins des troupeaux : *Les Arabes* e*sont tous pasteurs* (BUF.); en langue poétique et dans le style relevé : *Dieu a couru comme un pasteur qui se fatigue* (FÉN.). **Pastoureau,** petit berger, surtout dans la poésie légère. **¶ 2** Au fig. *Berger* évoque la douceur de la vie pastorale, l'amour (→ Amant) et parfois la conduite d'une nation : *Le troupeau est-il fait pour le berger* [le peuple pour le souverain]? (L. B.). **Pasteur** se dit de celui (roi, ministre de la religion) qui a une haute mission de sauvegarde.

Bergerie : ¶ 1 → Étable. Lieu où l'on enferme les moutons. *Bergerie,* ce lieu considéré comme l'endroit où le berger donne au troupeau tous les soins nécessaires. **Bercail,** simplement l'enceinte où sont enfermés les moutons. — Même nuance dans les emplois figurés : *Enfermer le loup dans la bergerie,* mettre un ennemi là où il devrait y avoir un berger, un protecteur; *Ramener au bercail,* ramener au foyer domestique ou dans l'orthodoxie religieuse. — **Parc,** clôture faite de claies où l'on enferme les moutons en été quand ils passent la nuit dans les champs. **¶ 2** → Pastorale.

Berner : ¶ 1 → Vilipender. ¶ 2 → Railler.

Besace : → Sac. *Besace* et **Bissac** désignent tous deux une longue pièce de toile en forme de sac, ouverte par le milieu et portée sur l'épaule de manière que les deux bouts pendent, comme deux poches, l'un par-devant, l'autre par-derrière. Mais la *besace*, plus grande, toujours en toile, est surtout portée par les mendiants (cf. *Être réduit à la besace*, être obligé de mendier), le *bissac*, moins misérable, appartient surtout à l'ouvrier ou au paysan qui y mettent leurs provisions ou leurs outils : *Le bissac de Sancho Pança* (LES.).

Besicles : → Lunettes.

Besogne : → Travail.

Besogneux : → Pauvre.

Besoin : ¶ 1 → Pauvreté. ¶ 2 → Nécessité. ¶ 3 *Avoir besoin* est l'expression positive ordinaire pour parler de ce qui est utile ou nécesssaire : *Je veux mettre dans ma famille les gens dont j'ai besoin* (MOL.). **Avoir affaire** convient particulièrement, avec interrogation ou négation, pour marquer le dédain ou le mépris : *Qu'ai-je affaire de toutes ces contestations?* (BOUR.). ¶ 4 *N'avoir pas besoin* se prend bien dans un sens passif, pour parler de ce dont on peut manquer sans en souffrir. **N'avoir que faire** convient pour l'actif au sens de n'avoir pas à s'occuper de : *Les plaisirs publics n'ont pas besoin de protection. S'ils sont nécessaires aux États, l'autorité n'a que faire de s'en mêler* (MAS.).

Besson : → Jumeau.

Bestial : → Brute.

Bestialité : → Brutalité.

Bestiaux : → Bétail.

Bestiole : → Animal.

Bêta : → Bête et Niais.

Bétail : Nom collectif des animaux de la ferme, la volaille exceptée. *Bétail* se dit du genre, *Gros bétail* désignant chevaux, ânes, mulets, vaches, bœufs, *Menu bétail*, moutons, chèvres, porcs. **Bestiaux** désigne les individus : *Les sorciers avaient le pouvoir de faire mourir des bestiaux; et il fallait opposer sortilège à sortilège pour garantir son bétail* (VOLT.). *Bétail* se dit seul au fig. : *Quelques imitateurs, sot bétail, je l'avoue* (L. F.). **Cheptel**, le bétail confié par contrat (*à cheptel*) à quelqu'un pour l'entretenir; par ext., l'ensemble des bestiaux d'un pays : *Le cheptel national*.

Bête : ¶ 1 → Animal. ¶ 2 → Stupide. Nom ou adjectif qualifiant un être stupide, sot, niais, ignorant ou grossier qu'on assimile injurieusement à un animal ou à une chose. *Bête*, terme le plus général, se dit de celui qui manque d'intelligence, de finesse : *Nous ne sommes pas assez bêtes pour faire marcher les gens à contrecœur* (J. ROM.); ou, en un sens atténué, d'un étourdi qui raisonne mal (cf. *que je suis bête!*); ou, fam., de celui qui écoute trop son cœur aux dépens de sa raison : *C'est une bonne bête* (ACAD.). **Bestiasse** enchérit péj. sur *bête*. **Ane** (→ ce mot) implique l'ignorance, non faute d'apprendre, mais faute de pouvoir comprendre ce qu'on a étudié : *Ne vous laissez pas frapper par ces bêtises de médecins... ce sont des ânes* (PROUST). **Buse**, sans aucun jugement, donc sot au suprême degré : *Je vais disant une sottise qui est de dire, comme une buse...* (SÉV.). **Butor**, sans aucune finesse et assez brutal dans ses manières : *Courson était un butor brutal, ignorant* (S.-S.). **Buffle**, stupide par faiblesse ou simplicité. **Cruche** et **Cruchon**, fam., à la fois stupide et sot, totalement nul, n'ayant que le vide dans son esprit (cf. *bête comme un pot*). **Mâchoire** (qui n'a qu'une mâchoire et pas de front), sans aucun talent, ni habileté, très médiocre : *J'ai dit à Vaugelas : Tu n'es qu'une mâchoire* (V. H.). **Ganache** (mâchoire de cheval), mâchoire au suprême degré dans telle ou telle activité. **— Bêta** (au fém. **Bêtasse**), fam., bête avec une nuance de naïveté : *Un grand bêta;* souvent avec une nuance d'indulgence en parlant d'un enfant : *Petit bêta*. **Bébête**, fam., qui pousse l'enfantillage jusqu'à la niaiserie. **— Oie**, personne sotte et niaise. **Dinde**, femme niaise, parfois vaniteuse. **Huître**, personne complètement stupide. **Bûche**, personne stupide, lourde, sans aucune vivacité. **Veau**, niais, est rare. **Andouille**, imbécile sans caractère. **Cornichon**, bête et niais. **Fourneau**, imbécile méprisable, est presque exclusivement usité comme injure. **Gourde**, niais. **Moule**, imbécile, ignorant et sans énergie. **Souche**, stupide, sans activité et paresseux. **Tourte**, imbécile. **Pochetée**, niais ou imbécile. **Couillon**, terme vulgaire, bête et niais. **Ballot**, lourdaud, est argotique.

Bêtifier : → Abêtir.

Bêtise : → Stupidité.

Beuglant : → Café-concert.

Beugler : → Crier.

Bévue : → Erreur.

Biais : → Détour.

Biaiser : Au fig., user de détours. *Biaiser* se dit d'une action dans laquelle on dissimule, parfois par prudence, et, en ce dernier sens, il est fam. : *Le médisant dissimule, il biaise* (Bos.). *Il y a des circonstances où l'on doit savoir biaiser* (ACAD.). **Gauchir**, fig. et fam., suppose une sorte de détour pour éviter un obstacle, un manque de franchise pour esquiver une réponse : *Gauchir toujours et n'oser jamais parler franchement* (Bos.). **Tergiverser** (lat. *terga vertere*, tourner le dos) implique qu'avant d'agir, on recule, on ne va pas droit au parti à prendre : *Tergiverser dans les questions d'honneur* (Balz.). (Cf. *Sans biaiser*, clairement, franchement; *sans tergiverser*, sans hésiter, d'abord). **Louvoyer,** par métaphore, prendre des détours avec habileté devant des difficultés, plutôt avec une prudence rusée qu'une dissimulation hypocrite : *Au lieu d'aborder aussitôt ce point précis, objet premier de ma visite, je louvoyai* (Gi.). **Tortiller,** fig., fam. et péj., suppose de nombreux détours et subterfuges dans l'action : *Tortiller dans les affaires* (Acad.). **Tournoyer,** vx, tourner en rond avant d'agir.

Bibelot : → Objet et Bagatelle.

Bible : → Écriture.

Bibliophile, celui qui aime les livres rares et précieux, les éditions bonnes et correctes et s'intéresse aussi à leur contenu. Le **Bibliomane** n'est qu'un collectionneur de livres rares, le **Bibliolâtre** pousse l'amour des livres à la folie, le **Bouquineur** aime à chercher de vieux livres, le **Bibliotaphe** (fam. et plaisant) enterre les livres dans sa bibliothèque sans les communiquer à personne.

Biceps : → Force.

Bicoque : → Cabane.

Bicyclette, Bicycle : → Vélocipède.

Bidet : → Cheval.

Bien : Adv. ¶ 1 → Beaucoup. ¶ 2 → Très. ¶ 3 → Oui. ¶ 4 → Environ. — Employé comme adj. ¶ 5 Avec une idée de supériorité morale : → Parfait. ¶ 6 Avec une nuance esthétique : → Joli. — Nom. ¶ 7 Au sens philosophique : ce que la morale prescrit de faire. *Bien,* ce qui, dans l'ordre de l'action et dans un cas déterminé, est considéré comme moralement préférable; à l'égard des actes accomplis, ce qu'on approuve, à l'égard des actes futurs, ce qu'on doit faire. **Souverain bien,** dans la philosophie moderne, un bien tel qu'il satisfasse l'homme tout entier, tant à l'égard de la raison que de la sensibilité et de l'activité. **Juste** (n.), ce qui est conforme au droit positif ou naturel, en considérant l'action par rapport aux autres hommes. **Honnête** (n.), ce qui est bon par rapport à la morale naturelle et philosophique (par opposition au devoir religieux), surtout considéré dans l'homme individuel, dans son rapport avec lui-même, comme conforme à sa dignité personnelle. **Bon** (n.), ce qui dans l'ordre moral possède toutes les qualités et peut être considéré idéalement, absolument, comme se manifestant dans l'action par le *bien : Raisonner avec eux sur le bon, sur le beau* (L. F.). **Devoir** ajoute à *bien* l'idée d'obligation, d'obéissance à une autorité et a rapport aussi à l'intention et pas seulement à l'acte accompli. **Vertu,** disposition permanente à vouloir le bien, habitude de le faire. ¶ 8 → Profit. ¶ 9 → Bonheur. ¶ 10 Chose de valeur pouvant être l'objet d'un droit. *Bien,* terme général et absolu : *Une maison est un bien.* **Propriété,** en un sens relatif, tout bien possédé en propre, qui appartient à quelqu'un : *Ce bien dont il n'avait que l'usufruit est devenu sa propriété* (Acad.); spéc., cette fois dans un sens absolu, biens-fonds, comme maisons, terres, etc. : *Acheter une propriété.* **Domaine,** propriété d'une assez grande étendue et contenant des biens-fonds de diverse nature. *Bien acquis :* → Héritage et Acquêt. ¶ 11 Au pl., l'ensemble des choses qu'on possède en propre. *Biens* (étym. ce qu'on possède d'utile, d'agréable), les éléments actifs du patrimoine, quelles que soient leur valeur et leur nature (meubles, immeubles, etc.). **Richesses,** grands biens considérés surtout comme permettant de satisfaire, même virtuellement, tous les besoins. **Trésors,** au pl., grandes richesses amassées et conservées. **Fortune,** état de prospérité en général considéré comme durable et résultant du fait qu'on a plus ou moins de biens ou de richesses : *Si sa fortune était petite, elle était sûre tout au moins* (L. F.); fait aussi penser à la valeur des biens ou à l'argent dont on dispose pour les acquérir : *Gagner une fortune.* **Finances,** au pl. et fam., état de fortune momentané d'une personne : *Ses finances sont bonnes.* **Facultés** (→ ce mot), ce que peut quelqu'un en fonction de ce qu'il a : *Une somme d'argent proportionnée aux facultés du mari* (Volt.). **Avoir,** ce qu'on possède, spéc. en modeste quantité : *Un petit avoir* (Cam.). **Argent,** la richesse sous forme numéraire ou la richesse susceptible d'être transformée en valeur numéraire. — **Frusquin, Saint-frusquin,** pop., tout ce qu'un homme a d'argent et de nippes.

Bien-aimé : → Amant.

Bien-disant : → Disert.

Bien-être : → Aise.

Bienfaisance : → Bonté.

Bienfaisant marque une qualité d'où peuvent sortir des bienfaits. **Bienfaiteur,** adj. et n., se dit d'un agent auteur de bienfaits : *Montrez-moi le soleil comme un astre bienfaisant, ouvrage d'un Dieu bien-*

faiteur (L. H.). **Bénéfique** ne se dit qu'en astrologie d'un astre qui a une influence bienfaisante : *Vénus est un astre bénéfique.*

Bienfait : → Service.

Bienheureux : ¶ 1 → Saint. ¶ 2 → Heureux.

Bien que : → Quoique.

Bienséance : → Convenance.

Bienséant : → Convenable.

Bientôt : Pour marquer le futur proche, *Bientôt*, dans un moment qui arrivera rapidement : *Sans moi vous passeriez bientôt sous d'autres lois* (Corn.). **Incessamment**, dans un moment qui est si proche qu'il fait pour ainsi dire suite, sans solution de continuité, au moment présent : *Il doit arriver incessamment* (Acad.). **Demain**, *bientôt* par opposition à aujourd'hui : *Aujourd'hui dans le trône et demain dans la boue* (Corn.). **Tantôt**, syn. de *bientôt* avec le présent du verbe qu'il modifie : *Il est tantôt midi* (Acad.).

Bienveillance : → Bonté.

Bienveillant : → Bon. *Bienveillant*, qui veut du bien : *Réponse bienveillante* (J. Rom.). **Bénévole**, vx en ce sens, est moins fort : qui est favorablement disposé : *Lecteur bénévole.*

Bienvenue : → Arrivée.

Bière : ¶ 1 *Bière*, boisson fermentée faite avec de l'orge et du houblon. **Cervoise**, bière des anciens, fabriquée avec de l'orge ou d'autres céréales, sans houblon. ¶ 2 → Cercueil.

Biffer : ¶ 1 → Effacer. ¶ 2 (un timbre) → Oblitérer.

Bifurcation : → Fourche.

Bifurquer : → (s') Écarter.

Bigarré : → Bariolé.

Bigarrure : → Variété.

Bigot : D'une dévotion outrée et parfois hypocrite (→ Hypocrisie). *Bigot*, d'une dévotion sotte, étroite, superstitieuse, parfois affectée par hypocrisie : *Je ne voulais pas qu'une femme bigote faussât l'esprit de mes enfants* (Mau.). **Dévot**, dans un emploi péj., qui a des sentiments religieux exagérés ou formalistes, ou hypocritement affectés (ce dernier sens est fréquent dans la seconde moitié du XVIIᵉ s.; de nos jours on dit plutôt **Faux dévot**) : *Il est plus que dévot, il est religieux* (Balz.). *Un dévot est celui qui sous un roi serait athée* (L. B.). **Béat**, péj., peint surtout l'air de l'hypocrite confit en dévotion, qui affecte l'onction et l'extase béatifique d'un saint. **Cagot**, injurieux, implique une bigoterie toujours suspecte et déplaisante en même temps par sa rudesse et son austérité : *Cagots*

abrutis (S.-S.). **Calotin**, très fam. et péj., partisan des prêtres, et par ext. *bigot*, mais sans nuance d'hypocrisie. **Bondieusard** est pop.

Bigotisme, **Cagotisme** (→ Hypocrisie) se disent de la manière de penser, de la philosophie du bigot ou du cagot : *Les passions du bigotisme protestant* (S.-S.); **Bigoterie**, **Cagoterie**, de leur manière d'agir, de leurs mœurs : *Cinq siècles de la plus infâme bigoterie* (Volt.).

Bigoudi : → Papillote.

Bijou : → Joyau.

Bijoutier : → Joaillier.

Bilan : ¶ 1 → Compte rendu. ¶ 2 → Résultat.

Bilatéral : → Mutuel.

Bile : ¶ 1 *Bile*, matière sécrétée par les cellules hépatiques. **Fiel**, surtout la bile des animaux. **Amer**, fiel du bœuf et des poissons. ¶ 2 Au fig. → Colère et Souci.

Biler [se] : → (se) Tourmenter.

Bileux : → Triste.

Bilieux : → Triste. Qui a mauvais caractère, à cause des tourments de son foie. *Bilieux*, triste et sombre, ou irritable et rancunier : *Le plus bilieux des gens de lettres était Chamfort* (Chat.). **Atrabilaire** (en lat. « qui a la bile noire ») dit plus et implique violence, haine, férocité : *Rien ne fut plus atrabilaire et plus féroce que les huguenots* (Volt.). **Mélancolique** (en grec, même sens qu'*atrabilaire*) dit moins et qualifie une personne triste, languissante qui, sans en vouloir aux autres, est peu communicative et solitaire : *Homme vertueux et très charitable, mais sombre et mélancolique* (Volt.). **Hypocondre**, qui est pleinement atteint de la maladie dite hypocondrie, sorte de neurasthénie due, selon les anciens, à la bile noire, et qui rend renfermé, préoccupé de sa santé, bizarre et déraisonnable : *Est-ce par goût hypocondre que cette femme aime un valet?* (L. B.). **Hypocondriaque** qui présente tous les symptômes de l'hypocondrie, sans forcément en être atteint : *Un hypocondriaque de sa santé* (S.-S.).

Bille : → Boule.

Billebaude : → Remue-ménage.

Billet : ¶ 1 → Lettre. ¶ 2 Petit papier ou carton attestant un droit. *Billet*, carte ou papier d'une certaine dimension donnant entrée dans quelque lieu, à quelque spectacle ou assemblée, ou accès dans un véhicule. **Ticket** (mot ang. venant du français *étiquette*, marque fixée), petit billet, souvent en carton et souvent délivré automatiquement : *Billet de théâtre, de chemin de fer. Ticket de cinéma, de métro.* **Carte**, billet en carton, en général permanent, servant à constater l'identité d'une personne pour lui donner entrée quelque part ou pour lui accorder certains droits : *Carte d'entrée, de circulation.* **Coupon,** billet détaché d'un carnet à souches : *Un coupon de chemin de fer.* **Bulletin,** billet sur lequel une administration porte des indications manuscrites servant à constater certaines choses : *Bulletin de bagages. Bulletin* se dit aussi du *billet* sur lequel on indique son vote; *billet* en ce sens est vx. — **Contremarque,** second billet délivré dans les théâtres à ceux qui sortent à l'entracte pour qu'ils puissent rentrer. ¶ 3 *Billet de banque* ou *Billet,* bon de monnaie, payable à vue et au porteur et circulant comme la monnaie elle-même qu'il remplace. **Papier-monnaie,** billets mis en circulation à cours forcé et qui ne sont donc pas convertibles en numéraire, à la différence des *billets de banque.* **Coupure,** fraction de billet de banque type : *Coupure de cinquante francs.* **Assignat,** sous la Révolution, *papier-monnaie* dont le paiement était assigné sur la vente des biens nationaux. **Devise,** en termes de banque, billet de banque de tel ou tel État : *Acheter des devises étrangères.* ¶ 4 *Billet de faire part, de mariage* : → Avis.

Billevesée : → Chanson.

Bimbelot : → Bagatelle.

Bimensuel, qui a lieu deux fois par mois. **Semi-mensuel,** qui a lieu deux fois par mois ou chaque demi-mois. **Bimestriel,** qui a lieu tous les deux mois.

Biniou : → Cornemuse.

Binocle : → Lorgnon.

Biographie : → Histoire.

Bique : → Chèvre.

Biquet : → Cabri.

Bis : → Acclamation.

Bisbille : → Discussion.

Biscornu : → Bizarre et Irrégulier.

Biscotte : → Tartine.

Bise : → Vent.

Biser : → Embrasser.

Bisquer : → Rager.

Bissac : → Besace.

Bisser : → Acclamer.

Bistourné, terme tech., tourné, courbé en sens inverse de sa direction naturelle : *Lame d'acier bistournée.* **Bétourné,** archaïque et pop., mal tourné, placé à rebours du sens naturel et ordinaire : *Église bétournée parce que son autel regardait l'Occident.*

Bistourner : ¶ 1 → Tordre. ¶ 2 → Châtrer.

Bitume : En termes de travaux publics, produit servant au revêtement des chaus-

sées, des trottoirs et des cours. *Bitume* et **Asphalte** se disent, mais les deux produits sont à proprement parler de l'*asphalte* qui est une espèce de bitume solide. *Asphalte* désigne l'asphalte en poudre étalé sur les chaussées et pilonné à chaud; *Bitume,* le mastic d'asphalte répandu à l'état pâteux et étendu au lissoir sur les cours et les trottoirs. — Au fig., pop., *bitume* est syn. de trottoir et *asphalte,* de chaussée et de trottoir.

Bivoie : → Fourche et Carrefour.

Bivouac : → Camp.

Bizarre : ¶ 1 → Capricieux. ¶ 2 → Étrange. D'aspect singulier. *Bizarre* dénote un ridicule plutôt qu'un défaut, une irrégularité qui prête à rire plutôt qu'elle n'est odieuse : *Bizarre dans son habit du soir en plein midi* (MAU.). **Baroque** (esp. *barrueco,* perle irrégulière), qui s'écarte de la normale en parlant des perles, au fig. qui va contre les règles morales ou esthétiques, d'une façon inattendue et assez voyante qui n'est pas toujours de bon goût, mais peut avoir de l'éclat : *Les acteurs prenaient des airs de visions baroques avec leurs ombres dansant derrière eux* (ZOLA). *Son esprit baroque de petit journaliste* (ZOLA). **Biscornu,** péj. et fam., tout à fait irrégulier, mal bâti, soit par extravagance, soit par caricature : *Raisonnement biscornu.* **Abracadabrant,** formé sur *abracadabra,* mot auquel on attribuait jadis une vertu magique, en un sens fam., très bizarre par son aspect illogique et presque fou, se dit surtout des façons de penser. **Cornu,** fig. et fam., abracadabrant, extravagant, dans la loc. *Visions cornues.* **Fantasque,** vx en ce sens, peu commun en son sens, marquant une imagination déréglée qui s'écarte de ce qui est vrai, naturel, sérieux : *Les décisions si fantasques et si peu chrétiennes des auteurs* (PASC.).

Blackboulé : → Refusé.

Blafard : → Pâle.

Blague : ¶ 1 → Attrape. ¶ 2 → Faconde. ¶ 3 → Erreur.

Blaguer : → Plaisanter.

Blâmable, qui n'est pas à approuver et mérite le blâme (→ Blâmer), dit plus que **Critiquable,** qui peut ne pas être approuvé, et moins que **Répréhensible,** qui mérite une réprimande de la part d'un supérieur. **Condamnable** enchérit encore : qui tombe sous le coup de la loi ou du désaveu général. **Damnable** dit plus : qui mérite la damnation des peines éternelles, ou, au moins, la plus violente réprobation : *Opinions damnables* (Bos.).

Blâme : Dans la langue classique, *Blâme,* témoignage d'improbation de la part d'une autorité ou de n'importe qui; **Animadver-**

sion, mot savant de la langue du palais, blâme ou réprimande infligés par une autorité : *Le blâme des honnêtes gens; l'animadversion du conseil* (J.-J. R.). Mais, de nos jours, *blâme* a conservé le sens très fort qu'il avait déjà autrefois (dans l'ancienne législation, le *blâme* était une peine infamante) et se dit seul d'une réprimande grave infligée par une autorité : *Blâme adressé par un supérieur à un fonctionnaire, par le Garde des sceaux à un magistrat. Animadversion* a pris un sens plus large voisin d'antipathie violente, de réprobation : *L'animadversion des honnêtes gens* (ACAD.). **Désapprobation, Improbation, Réprobation, Désaveu, Condamnation, Flétrissure, Réprimande** (→ ce mot), **Critique** (→ ce mot) : → Blâmer. **Anathème,** au fig., blâme solennel, réprobation qui voue à l'exécration. **Reproche** (→ ce mot), ce qu'on dit à une personne pour lui faire honte ou l'amener au regret.

Blâmer : Penser et dire qu'une action est mauvaise ou qu'une personne agit mal. *Blâmer,* terme le plus général, trouver mauvais, secrètement ou en public, après une sorte de jugement qui conduit à reprocher à quelqu'un, parfois officiellement, sa façon d'être ou d'agir : *Blâmer un fonctionnaire.* **Vitupérer,** vx ou au moins rare, et d'un langage plus relevé, blâmer en trouvant honteux. **Désapprouver** dit moins que *blâmer,* c'est simplement ne pas donner son assentiment et le dire ouvertement, en matière de goût ou de conduite : *Même si vous me désapprouvez, vous avez de l'estime pour moi* (J. ROM.). **Improuver,** être contre ce qui est mauvais, dangereux, nuisible, mais souvent à part soi, sans le dire : *Se contenter d'improuver, par un lâche silence, les outrages dont on charge J.-C.* (Bos.). **Réprouver,** blâmer et écarter avec aversion ce qui répugne, révolte, par réaction spontanée ou par réflexion : *Ce que ma raison réprouve* (MAU.). **Condamner,** blâmer avec la même force qu'on réprouve, mais surtout pour des raisons intellectuelles et en signifiant de plus, par un jugement sans appel, que ce que l'on condamne est coupable et doit être rejeté : *Condamner des écrits* (Bos.); *des impiétés* (BOUR.); *une faute* (BOIL.). *Condamner* dans le langage religieux : → Maudire. **Flétrir** (→ ce mot), frapper d'une condamnation déshonorante, surtout morale : *Soyez flétris, devant votre pays qui tombe, Fossoyeurs qui venez le voler dans sa tombe* (V. H.). **Désavouer,** désapprouver hautement quelqu'un qui a agi sans autorisation en notre nom, ou quelque chose à quoi on pourrait être mêlé, qu'on ne veut en aucun cas reconnaître pour sien : *Désavouer un ambassadeur. Mme Guyon a condamné et désavoué les erreurs en question* (FÉN.). **Ana-**

thématiser, fig., blâmer avec force en vouant à l'exécration. — **Réprimander** (→ ce mot), blâmer un inférieur pour le corriger. — **Critiquer** (→ ce mot), trouver mauvais, après examen, et en exposer publiquement les raisons.

Blanc : ¶ 1 → Net. ¶ 2 *Rendre blanc :* → Blanchir.

Blanc-bec : ¶ 1 → Jeune homme. ¶ 2 → Novice.

Blanchiment, action de détruire les matières colorantes de certaines substances pour les rendre blanches, ou de peindre en blanc : *Le blanchiment de la toile, d'un mur.* **Blanchissage,** action de rendre blanc ce qui est sale : *Le blanchissage du linge.* On dit toutefois le *blanchissage* [raffinage] *du sucre.*

Blanchir : (Trans.) ¶ 1 Donner la couleur blanche. On *Blanchit* ce qui était déjà blanc et ne l'est plus, on **Rend blanc** ce qui n'a jamais été blanc : en ce sens, *blanchir* insiste sur l'action en train de se faire : *L'âge blanchit les cheveux.* ¶ 2 → Ébouillanter. ¶ 3 → Laver. ¶ 4 → Excuser. — ¶ 5 (Intrans.) *Blanchir,* devenir blanc. **Blanchoyer,** prendre une teinte blanchâtre : *La crête des montagnes blanchoie à l'horizon.*

Blanchissage : → Blanchiment.

Blanchisseuse : → Laveuse.

Blanchoyer : → Blanchir.

Blasé : → Indifférent et Émoussé.

Blason : → Armes.

Blasphème : → Jurement.

Bled : → Désert.

Blême : → Pâle.

Bléser, terme général, déformer, supprimer certaines consonnes ou leur en substituer d'autres (par ex. *s* à *ch*). **Chuinter,** donner aux sifflantes le son des chuintantes (par ex. dire « *chac* » pour *sac*). **Grasseyer,** prononcer de la gorge et indistinctement les *r.* **Zézayer,** prononcer le *j* et le *g* comme le *z,* et le *ch* comme l'*s* (« *zardin* », « *manzer* », « *sanson* » pour *chanson*): c'est l'inverse de *chuinter.* **Zozoter,** syn. pop. de *zézayer.*

Blesser : ¶ 1 *Blesser,* affecter quelqu'un d'une plaie, d'une contusion, d'une fracture ou d'une simple écorchure. **Léser,** terme de médecine et de chirurgie, blesser, endommager une partie du corps : *La balle a lésé le poumon* (ACAD.). **Intéresser,** terme de chirurgie, atteindre, blesser : *Coup d'épée qui intéresse le poumon* (LAR.). **Écharper** (avec pour sujet un nom de personne), blesser grièvement avec un instrument tranchant, en taillant comme si l'on pratiquait l'écharpage, c'est-à-dire la division des brins de laine (vx en ce sens) : *Ce mauvais chirurgien l'a* écharpé. **Contusionner,** blesser d'une contusion (→ ce mot). **Couronner,** faire se blesser un cheval au genou. **Égratigner,** fig. et fam., blesser légèrement. — *Blesser* en privant de l'usage d'un membre : → Mutiler. — Au fig. ¶ 2 → Choquer. ¶ 3 → Nuire. ¶ 4 (Réf.) → (s') Offenser.

Blessure : ¶ 1 Atteinte portée au corps qui le déchire (≠ Contusion). *Blessure,* résultat d'une action extérieure, considéré au moment du coup et parfois même comme un fait, par rapport au temps : *Il retourne au combat après sa blessure* (Boil.). **Plaie** désigne toujours une chose qui peut venir d'une cause intérieure ou extérieure, et, dans ce dernier cas, est considérée après le coup, comme quelque chose de durable (*plaie* peut même se dire d'une *cicatrice*) : *Sans force, comme si j'avais perdu mon sang par une plaie* (M. D. G.). *Plaie immortelle* (Vi.). **Égratignure,** fig. et fam., blessure très légère. **Lésion,** terme médical, changement morbide quelconque dans les organes, peut être syn. de *blessure* si la lésion est due à un agent extérieur : *Balle qui produit une lésion au poumon.* **Trauma,** terme médical, blessure locale produite par un agent extérieur agissant par choc. **Plaie contuse,** contusion (choc, coup, compression) qui amène une solution de continuité de la peau : → Contusion. ¶ 2 Au fig. *Blessure* se dit plutôt d'un mal dont on vient d'être frappé : *Ces injustices atroces sont toujours des blessures récentes* (Volt.); **Plaie,** d'un mal dont la cause est au-dedans de celui qui l'éprouve, ou du résultat durable d'une blessure : *Les plaies de l'âme* (J.-J. R.). ¶ 3 Au fig. → Offense.

Bleu : ¶ 1 N. et Adj. *Bleu* désigne la couleur du ciel sans nuage. **Azur,** bleu clair comme le lapis-lazuli. **Cérulé,** syn. vx d'*azur.* **Céruléen,** plus recherché et plus poétique, azuré ou bleuâtre. **Cérulescent,** qui tend vers la couleur azurée. — N. ¶ 2 → Contusion. ¶ 3 → Soldat. ¶ 4 → Novice. ¶ 5 → Cotte. — ¶ 6 Adj. → Pâle.

Blindé, nom générique de toutes les voitures de guerre protégées des projectiles de l'ennemi par un dispositif appelé blindage. **Char d'assaut** (ou **de combat**), voiture automobile blindée munie de roues et de chenilles et armée de canons ou de mitrailleuses. **Tank** (ang. « réservoir, citerne »), nom des chars légers accompagnant la progression de l'infanterie pendant la guerre de 1914, ne se dit plus guère.

Blinder : → Protéger.

Blizzard : → Vent.

Bloc : ¶ 1 → Morceau. ¶ 2 → Amas. ¶ 3 → Coalition. ¶ 4 *En bloc* : → Ensemble.

Blockhaus : → Casemate.

Blocus : → Investissement.

Bloquer : ¶ 1 → Investir. ¶ 2 → Serrer. ¶ 3 → Arrêter et Freiner.

Blottir (se) : → (se) Plier. Se mettre dans une posture resserrée pour se cacher quelque part. *Se blottir,* ramasser son corps en boule dans ou sous quelque chose : *Le chat se blottit dans une huche ouverte* (L. F.). **Se tapir,** se mettre à plat, pour se cacher, contre ou derrière quelque chose : *Elle se tapit à terre, se croyant alors bien cachée* (Buf.). **Se clapir,** se blottir dans un trou en parlant du lapin. **S'enfouir,** s'enfoncer dans un trou pour s'y blottir et s'y cacher.

Blouse : ¶ 1 → Surtout. ¶ 2 → Corsage.

Blouser : → Tromper.

Bluette : ¶ 1 Parcelle de feu. *Bluette,* petite **Étincelle,** moins brillante, moins éparpillée, passagère et moins capable d'allumer un grand feu. La **Flammèche,** plus importante que l'*étincelle,* est une parcelle détachée de matière enflammée, alors que l'*étincelle* peut être due au choc. **Brandon,** débris enflammé qui s'échappe d'un incendie. **Gendarmes,** au pl., syn. fam. et plaisant de *bluettes.* ¶ 2 Au fig. → Jeu d'esprit. La *Bluette* n'est qu'un feu follet, un simulacre d'esprit, l'**Étincelle** correspond à un fonds de génie réel : *Il n'est pas vrai que l'esprit d'Horace soit sans étincelle* (L. H.). *Les bluettes métaphysiques de Fontenelle* (L. H.).

Bluff : → Exagération et Vanterie.

Bluffer : ¶ 1 → Exagérer. ¶ 2 → Tromper.

Bluter : → Tamiser.

Bocage : → Bosquet.

Bohémien est le nom le plus fréquent en France des nomades qui disent la bonne aventure, mendient et parfois pillent. On les appelait autrefois **Égyptiens** et aussi **Bohèmes,** mais ce dernier mot s'est spécialisé pour désigner d'abord les artistes, puis tous ceux qui mènent une vie aussi peu stable que celle des bohémiens : *La vie de bohème.* **Romanichel** ou **Romani,** nom vulgaire et méprisant des Bohémiens, désigne aussi tout vagabond sans état civil, nationalité ni résidence réguliers. **Tzigane,** autre nom des *Bohémiens,* s'est spécialisé pour désigner les Bohémiens musiciens ou ceux qui jouent, dans les music-halls, en costume bohémien. **Gitan** ou **Gitano,** Bohémien d'Espagne. **Gipsy,** nom anglais des Bohémiens. **Zingaro,** nom italien des Bohémiens errants. **Camp volant,** camp de nomades au bord des routes.

Boire : ¶ 1 Avaler un liquide. *Boire,* terme général. **S'abreuver,** boire en parlant des animaux ou boire copieusement en parlant des hommes. **Se désaltérer,** boire pour étancher sa soif. **Se rafraîchir,** boire, en dehors des repas, une boisson fraîche. **Entonner,** fam., boire copieusement comme un tonneau qui reçoit un liquide, a pour syn. pop. **Pomper.** — Pour marquer la manière de boire, **Absorber** (toujours avec un comp.), quand il s'agit d'un liquide, boire avec difficulté, lenteur ou répugnance, souvent par nécessité : *Absorber une tisane.* **Buvoter,** boire à petits coups ou fréquemment. **Lamper,** pop., boire à grandes gorgées. **Laper,** fam., boire en tirant la langue comme fait le chien. **Licher** (doublet de *lécher*) et **Lichoter,** très pop., boire avec gourmandise. **Siroter,** fam., boire avec plaisir, à petits coups et lentement. **Siffler,** pop., boire d'un coup. **Sabler,** boire d'un coup et fort vite, comme la matière fondue se jette dans le moule à sable; on dit surtout *Sabler le champagne.* **Fouetter,** vx, avaler d'un coup un verre de vin : *Fouetter le champagne* (Did.). **Trinquer,** boire après avoir choqué son verre contre celui de son partenaire. ¶ 2 Absolument *Boire,* boire habituellement du vin avec excès (→ (s') Enivrer), a pour syn. **Pinter,** pop., boire avec excès, **Chopiner** et **Picoler,** très pop. ¶ 3 → Absorber. 4 → Écouter. ¶ 5 → Recevoir.

Bois : ¶ 1 Réunion d'arbres. Le *Bois,* moins grand que la **Forêt** (→ ce mot), est plus agréable, fait davantage pour l'usage de l'homme. *Bois* est plus relatif aux arbres et à leur nature, *forêt,* au terrain qu'ils occupent et à leur multitude et est seul, en ce dernier sens, au fig., pour qualifier ce qui est touffu : *Les monstres des forêts* (Chén.). *Une forêt de mâts. Des bois touffus les paisibles douceurs* (Staël). *Petit bois :* → Bosquet. ¶ 2 → Corne.

Boisson, tout liquide dont on peut user pour se désaltérer ou se procurer du plaisir. **Breuvage,** boisson préparée pour une fin précise ou qui a une certaine vertu : *La vertu du breuvage semblait diminuer* (Proust). **Nectar,** dans la mythologie, breuvage des dieux; au fig. boisson délicieuse. **Philtre,** breuvage qu'on suppose propre à donner quelque passion, spéc. l'amour.

Boîte : ¶ 1 Réceptacle plus petit que la Caisse (→ ce mot). *Boîte,* petit réceptacle, généralement portatif, avec ou sans couvercle, en bois, carton, métal, etc. qui sert à de multiples destinations : *Boîte à bonbons. Boîte à ordures.* **Caissette,** petite caisse. **Cassette,** petit coffre, en général plus grand qu'une boîte, où l'on met des bijoux de prix ou de l'argent : *La cassette aux bijoux* (L. F.). **Coffret,** petit coffre, plus ouvragé que la *cassette,* où l'on met de petits objets de prix souvent artistiques ou rares. **Écrin,** petite boîte où l'on serre des bijoux ou de l'argenterie et qui, de nos jours, est faite en général pour contenir un objet précis auquel elle s'adapte : *Écrin pour coutellerie, pour bague.* **Boîtier,** boîte qui renferme le mouvement d'une montre. ¶ 2 *Boîte de nuit :* → Café-concert.

Boiter, marcher en s'appuyant imparfaitement sur une des jambes et en inclinant le corps plus d'un côté que de l'autre, s'est substitué au prop. au vx mot **Clocher,** de nos jours, fam., boiter bas, en marchant avec un pied raccourci, ce qui fait paraître une jambe plus courte que l'autre. Mais *clocher* se dit à peu près seul au fig. au sens de manquer de symétrie, ou être défectueux, *boiter* ne se disant guère que d'un vers auquel il manque un pied. **Boitiller,** boiter légèrement. **Clopiner,** fam., marcher avec peine, en clochant un peu : *Vulcain, clopinant* (L. F.). **Feindre,** boiter d'une façon presque invisible à l'œil, ne se dit plus de nos jours que des chevaux, en termes de manège. **Claudiquer,** néol. très peu usité, boiter en parlant d'un claudicant (→ Boiteux).

Boiteux, celui qui boite pour une raison quelconque. **Claudicant,** terme didact., celui qui boite parce qu'il est atteint d'une altération fonctionnelle de la marche (fracture, luxation, pied bot, ankylose, crampe, etc.). **Éclopé,** fam., qui boite momentanément à la suite d'un accident, et, en général, dont la marche est pénible par suite d'un mal aux jambes. **Bancal,** qui a les jambes tortues : *Affreusement bancal* (A. Daud.). **Bancroche,** superlatif péj. et fam. de *bancal.* **Clampin** (soldat éclopé), syn. vx et péj. de *boiteux.* **Banban,** syn. pop. et péj. de *boiteux.*

Boîtier : → Boîte.

Boitiller : → Boiter.

Bolcheviste : → Communiste.

Boléro : → Veste.

Bolide : → Météore.

Bombance : → Festin. Pour désigner un bon repas, *Bombance,* fam., a surtout rapport à l'abondance des mets, **Bonne chère,** à leur délicatesse : *Il fait bombance et laisse mourir de faim ses créanciers* (Volt.). *Il aimait la bonne chère et se piquait de s'y connaître* (D'Al.).

Bombarder : ¶ 1 *Bombarder,* attaquer un objectif avec bombes ou obus, par avion, artillerie. **Battre,** tenir un lieu sous un feu continu d'artillerie. **Canonner,** battre à coups de canon, se dit bien en parlant de navires de guerre. **Pilonner,** marteler à coups d'obus, comme si l'on tassait la terre avec un pilon, se dit bien en parlant de l'artillerie. ¶ 2 → Assiéger. ¶ 3 → Promouvoir.

Bombe : ¶ 1 → Projectile. ¶ 2 → Débauche et Festin.

Bomber : ¶ 1 → Gonfler. ¶ 2 → Saillir.

Bon : Adj. ¶ 1 Qui réunit toutes les qualités de son espèce. *Bon* est syn. d'un grand nombre d'adjectifs qui marquent une qualité positive, mais s'emploie surtout dans un sens atténué, par opposition à mauvais, et a deux superlatifs, **Excellent**, très bon, et **Parfait** (→ ce mot), qui est tel qu'on ne peut concevoir rien de supérieur en son genre. **Merveilleux**, excellent en son genre, syn. vague de ces mots dans le langage ordinaire. ¶ 2 En un sens plus restreint, pour qualifier un objet qui mérite d'être recherché, *Bon* a rapport à l'utilité : *Il est bon... il est même indispensable* (Gi.); **Agréable,** au plaisir, mais les deux mots sont souvent syn. parce que nous jugeons de l'utilité par le plaisir : *Il est bon d'être l'hiver au coin du feu.* **Délectable** (→ ce mot) et ses syn. enchérissent en parlant de ce qui plaît beaucoup aux sens ou au sentiment, provoque le délice par une qualité naturelle : *Mélancolie délectable* (Chat.). **Excellent** est objectif et relatif à notre intelligence, à notre raison, pour qualifier une chose, même commune, que notre esprit juge d'une qualité supérieure en son genre : *Marcher est excellent pour la santé.* ¶ 3 Spéc. en parlant des aliments, *Bon* se dit de ce qui plaît au goût et qui, en soi, possède des qualités substantielles. **Succulent** insiste sur la bonne qualité de la nourriture qui est nourrissante et excite l'appétit : *Une viande succulente et si bonne qu'elle fait la base de nos meilleurs repas* (Buf.). **Savoureux** insiste sur le plaisir du goût : *Du pain savoureux* (Volt.). **Friand,** qui flatte le palais d'une manière délicate et excite l'appétit par son goût. **Délectable** et **Excellent** enchérissent sur les nuances indiquées plus haut. **Extra** (→ Supérieur) ajoute une idée de supériorité sur d'autres produits et **Fameux** est fam. ¶ 4 Au moral, *Bon*, **Doux, Humain, Bienfaisant, Bienveillant** (→ ce mot), **Cordial :** → Bonté. **Brave** (→ ce mot) et ses syn. supposent simplement la pratique des vertus ordinaires qui caractérisent la bonté et l'honnêteté : *Un homme bon veut le bien; un brave homme est serviable, honnête, a le cœur sur la main.* ¶ 5 → Profitable. ¶ 6 Dans l'ordre moral, pour qualifier une action, une qualité, *Bon* implique l'approbation, **Beau,** l'admiration. **Élevé** (→ ce mot) et ses syn. enchérissent. ¶ 7 *Bonhomme* : → Brave. ¶ 8 *De bon gré :* → Volontairement. — N. ¶ 9 → Bien. ¶ 10 En parlant des agents moraux, les *Bons*, ceux qui ont une disposition permanente à faire le bien, les **Gens de bien**, ceux qui le font effectivement, les **Vertueux**, ceux qui pratiquent spécialement les dispositions morales appelées vertus qui peuvent être naturelles (comme la bonté) ou dues à un effort de la volonté. — Interj. ¶ 11 *Bon* marque surprise, désappointement ou approbation; **Bien,** uniquement l'approbation, mais d'une façon plus marquée.

Bonasse : → Brave.

Bonbon : → Friandise.

Bond : → Saut. *Bond*, objectivement, le saut en lui-même : *Franchir d'un bond une barrière* (M. d. G.). **Bondissement,** le pouvoir de produire des bonds caractérisé par la manière dont il produit ses effets : *Le bondissement d'une cascade.*

Bondé : → Plein.

Bonder : → Emplir.

Bondir : → Sauter.

Bondissement : → Bond.

Bonheur : ¶ 1 Terme relatif aux événements qui font la prospérité ou la disgrâce. *Bonheur* (étym. « bonne chance [heur] ») n'est relatif qu'au succès, la **Chance** (→ ce mot) peut être heureuse et malheureuse et n'a rapport qu'aux événements qui dépendent du hasard, alors que le *bonheur* dépend en partie de notre activité : *J'ai craint un ennemi, mon bonheur me le livre* (Corn.). *Peindre; écrire avec bonheur. J'abandonne à leur chance et mes sens et mon âme* (Lam.). *Avoir de la chance à la loterie.* **Heur,** vx, dit moins que *bonheur* qui implique une certaine durée et une satisfaction complète : *L'heur d'être aimé n'est pas toujours bonheur* (Quinault). **Bonne encontre,** chance heureuse, ne se dit plus que dans la loc. *Par (de) bonne encontre.* ¶ 2 → Plaisir. État où l'on est bien. *Bonheur*, état moral qui résulte de la satisfaction de toutes nos inclinations, en multiplicité, en degré et en durée. **Bien,** objectif, ce qu'on peut trouver bon, utile pour un être, sans que celui-ci en tire forcément un bonheur immédiat : *Le bien public est fait du bonheur de chacun* (Cam.). **Prospérité,** état considéré comme heureux par des apparences extérieures, fortune, succès des affaires, etc.: *La prospérité du riche* (J.-J. R.) **Félicité,** grand bonheur subjectif et personnel, contentement intérieur qui vient de ce que notre âme possède ce qu'elle désire : *Il existait donc, à la place du bonheur, des félicités plus grandes* (Flaub.). **Béatitude,** félicité totale des justes dans l'autre vie; d'où bonheur complet, possession de tout ce qu'on désire sans crainte de l'avenir, avec un détachement total de tout le reste : *L'éternelle béatitude de l'autre vie* (Bour.).

Bonhomie : → Bonté.

Bonhomme : → Brave.

Boni : → Gain.

Bonifier : → Améliorer.

Boniment : ¶ 1 → Propos. ¶ 2 → Phraséologie.

Bonne : → Servante. *Bonne d'enfant*, servante qui s'occupe d'un enfant. **Nurse** (ang., « nourrice » et « garde-malade »), terme plus distingué, suppose souvent chez la personne des connaissances techniques et même un rôle d'éducatrice.

Bonne-main : → Gratification.

Bonne-maman : → Grand-mère.

Bonnement : → Simplement.

Bonnet : ¶ 1 (d'homme) *Bonnet*, toute coiffure souple sans rebords. **Calotte** (anc. **Cale**, bonnet rond et plat), petit bonnet qui ne couvre que le sommet de la tête. **Barrette**, bonnet plat à trois ou quatre faces que portent surtout les ecclésiastiques. **Bonnette**, coiffure de petit enfant. **Toque**, coiffure sans bords ou à très petits bords, en étoffe, de forme ronde, qui, à la différence du *bonnet*, a le dessus plat et souvent des plis tout autour. **Béret**, toque de laine, ronde et plate des Basques et des Béarnais, ou coiffure faite à son imitation. ¶ 2 (de femme) → Coiffe. ¶ 3 *Gros bonnet* : → Personnalité.

Bon-papa : → Grand-père.

Bon sens : → Raison.

Bonsoir : → Adieu.

Bonté : ¶ 1 *Bonté*, **Excellence, Perfection** : → Bon. ¶ 2 Alors que le **Bon** est l'idée abstraite de ce qui est bien, la *Bonté* est la disposition à réaliser cette idée dans la pratique, le désir de faire *le* bien moral (en ce sens on dit parfois **Bonne volonté**) et de faire *du* bien aux autres par une inclination naturelle : *La bonté est un goût à faire du bien et à pardonner le mal* (Vauv.). **Bienfaisance**, disposition à faire du bien surtout socialement, ou qualité de celui qui l'accomplit réellement, mot créé au xviiie s. par l'abbé de Saint-Pierre et qui a succédé à **Bénéficence**. **Bienveillance**, disposition à vouloir le bien d'autrui, surtout, au sens faible, en lui étant agréable, en tâchant de le favoriser : *L'état de bienveillance où il se sentait vis-à-vis de la nature entière* (Gi.). **Cordialité**, bienveillance sincère, franche, ouverte qui vient du cœur et met en confiance : *Il y eut même entre elles de la cordialité et de la franchise* (Volt.). **Bénignité**, très grande bonté qui se déploie même sur ceux qui en sont indignes, sans examen, souvent en parlant des sentiments d'un supérieur envers un inférieur : *Avec quelle bénignité J. C. parle-t-il aux femmes!* (Chat.); en un sens parfois péj., bonté sotte. **Débonnaireté**, très grande bonté qui va parfois

jusqu'à la faiblesse parce qu'elle s'accompagne de trop de facilité et de douceur. **Bonhomie**, qualité de celui qui a bon cœur, est simple de manières : *Bonhomie bourgeoise* (Zola); *républicaine* (J. Rom.). — La *bonté* est à distinguer de la **Douceur**, qualité du caractère qui nous fait traiter les autres sans violence; de l'**Humanité**, sentiment raisonné qui nous fait accorder aux autres les égards qui leur sont dus; de la **Sensibilité**, facilité à être touché par les maux d'autrui.

Bon ton : → Élégance.

Bon vivant : → Réjoui.

Bonze : → Personnalité.

Boom : → Publicité.

Boqueteau : → Bosquet.

Borborygme : → Gargouillement.

Bord : ¶ 1 Extrémité d'une surface. *Bord*, extrémité naturelle; **Bordure**, bord travaillé par l'homme : *Les bords d'un ruisseau peuvent être couverts d'une bordure de fleurs* (L.). **Bordage**, vx, objet mis pour servir de bord. **Frange**, bordure d'une étoffe d'où pendent des effilés. **Rebord**, bord élevé et ordinairement ajouté : *Les rebords d'un fossé* (Acad.); *les rebords du Pont-Neuf* (Boil.); *les rebords* d'un manteau; ou bord replié : *Les rebords d'un manteau*; ou bord en saillie, naturel ou non : *Les rebords d'une cheminée*. **Marge** (lat. *marginem*, bord), le blanc qui est sur le bord d'une page écrite ou imprimée et par ext. *bord* ou *bordure* qui entoure un orifice, un organe, un fossé, une route : *Les marges d'un chemin; la marge de l'anus* (Lit.). **Margelle**, pierre percée ou assise de pierres qui forme le rebord d'un puits. **Lisière**, bord d'une étoffe dans le sens de la longueur et, par analogie, partie extrême d'un terrain ou d'un pays : *Large lisière de palétuviers* (Buf.). **Orée**, syn. vx de bord : *A l'orée d'une plaine circulaire* (Chat.); ne se dit plus qu'en parlant de la lisière d'un bois ou d'une forêt. **Lèvre**, en chirurgie, bord d'une plaie. ¶ 2 En parlant d'un bateau, *Bord* désigne son côté, **Bordage**, chaque planche épaisse qui forme le revêtement de sa membrure intérieure, **Bordé**, l'ensemble des bordages. ¶ 3 L'endroit de la terre où les eaux viennent toucher. *Bord*, terme général, comporte l'idée d'élévation, marque une limite imposée aux eaux et désigne l'endroit de la terre exactement au contact de l'eau. — En parlant du bord de la mer seulement, **Côte**, la partie élevée de la terre qu'on découvre depuis la mer, et souvent qu'on longe ou vers laquelle on va : *Les navires troyens quittent le rivage d'Afrique et arrivent sur la côte d'Italie* (Fén.); **Littoral**, terme tech., l'ensemble des côtes d'une mer ou d'un pays. — En parlant du bord de toutes les eaux, **Rive** et **Rivage** évoquent une bande de terre en pente douce : *Il regarda derrière lui la rive. Il n'avait pas quitté le bord* (VERH.). *Rive* se dit surtout pour les cours d'eau de faible importance, par opposition à une autre rive; c'est souvent un terme abstrait, purement indicatif : *Rive droite, rive gauche. Rivage* se dit pour une étendue d'eau importante, surtout la mer : *Salente florissait sur le rivage de la mer* (FÉN.). **Grève**, rivage uni de sable ou de galets, le long de la mer ou d'une grande rivière. **Plage**, espace plat plus ou moins grand sur le rivage de la mer et qui n'est recouvert d'eau que dans les grandes marées; par ext. espace sableux où l'on peut se baigner, le long de n'importe quelle étendue d'eau ou cours d'eau. — **Berge**, bord relevé et escarpé, seulement en parlant d'une rivière, d'un canal ou d'un fossé : *La berge du canal Saint-Martin* (J. ROM.).

Bordée : → Décharge.

Border : → Entourer.

Bordereau : → Liste.

Bordure : → Bord.

Boréal : → Nordique.

Borgne : → Suspect.

Borne : → Terme.

Borné : ¶ 1 → Limité. ¶ 2 → Inintelligent

Borner : → Limiter.

Bosquet, petit bois en général planté par l'homme, mais parfois naturel, considéré comme fournissant de l'ombrage et embellissant la vue : *Planter un bosquet* (VOLT.). *Les bosquets naturels que forme ce lieu charmant* (J.-J. R.). **Massif**, terme d'arboriculture, bosquet planté très serré qui ne laisse aucun passage à la vue. **Bocage**, petit bois toujours naturel : *Des rivières bordées de bocages* (BUF.); terme surtout poétique de nos jours qui tend à être remplacé par *bosquet*. **Bouquet de bois** ou **Bouquet** (en général suivi d'un déterminatif approprié), partie de bois plantée d'arbres assez serrés ou touffe d'arbres : *Il a voulu vendre un petit bouquet qui faisait une assez grande beauté* (SÉV.). **Boqueteau**, petit bosquet.

Bosse : ¶ 1 → Enflure. ¶ 2 → Saillie. ¶ 3 → Relief. ¶ 4 → Festin.

Bosseler, travailler en bosse (relief), signifie aussi déformer accidentellement par des bosses et devient dans ce cas syn. de **Bossuer. Cabosser**, déformer beaucoup en bossuant volontairement ou non : *Cabosser son chapeau.*

Botte : ¶ 1 *Botte*, quantité déterminée de choses de la même espèce qu'on a liées ensemble : *Botte de foin.* **Faisceau**, assem-

blage de choses longues liées ensemble dans le sens de la longueur : *Faisceau de piques; de flèches.* **Trousse**, syn. vx de *faisceau*, spéc. en parlant de choses de même nature liées ensemble que le cavalier portait derrière sa selle : *Trousse de linge, de fourrage.* **Gerbe**, faisceau de blé, de fleurs, etc. coupés et disposés en sorte que toutes les têtes soient du même côté. **Bouquet**, petite gerbe de fleurs ou d'objets qui peuvent ressembler à des fleurs : *Bouquet de roses, de persil.* **Bouchon**, vx, bouquet (ou rameau) de verdure qui servait d'enseigne à un cabaret et par analogie poignée de foin, de paille, d'herbe tortillée. ¶ 2 *Botte*, chaussure de cuir qui enferme le pied et la jambe et quelquefois une partie de la cuisse. **Houseaux**, au M. A., longues et larges bottes à l'écuyère qui montaient jusqu'à mi-cuisse, de nos jours sorte de jambière ou de botte lacée sans semelle : → Guêtre. ¶ 3 → Estocade.

Botteler : → Attacher.

Bottier : → Chausseur.

Bottine : → Chaussure. *Bottine*, chaussure montante, de forme élégante, à boutons, lacets ou élastiques. **Brodequin**, chaussure antique qui couvrait le pied et le bas de la jambe; de nos jours, chaussure solide montant au-dessus de la cheville, mais ouverte et lacée sur le cou du pied. **Bottillon** se dit parfois aussi de chaussures élégantes, très montantes, pour dames, en cuir ou en peau.

Bouc : ¶ 1 → Bouquin. ¶ 2 → Lascif. ¶ 3 → Maudit.

Boucan : → Vacarme.

Boucané : → Hâlé et Noirâtre.

Boucanier : → Corsaire.

Bouche : ¶ 1 Orifice du visage par lequel sont introduits les aliments. *Bouche* se dit pour l'homme et, en sciences naturelles, pour les animaux qui n'ont pas de bec. **Gueule**, bouche des carnassiers, de quelques quadrupèdes, des poissons et de certains gros reptiles : *La gueule du loup, du chien, du cerf, de la baleine*; surtout considérée comme béante et prête à engloutir. **Bec**, la partie saillante et dure qui tient lieu de bouche aux oiseaux. — En parlant de l'homme, *gueule* est syn. de *bouche* et de *visage* pour les désigner vulgairement ou avec mépris, en marquant leur aspect bestial, *bec* s'emploie pour désigner la bouche qui bavarde : *N'avoir que du bec*; aime les choses délicates : *Et quoi! toujours pâté au bec* (L. F.); ou \ un joli minois : *Un sien valet avait pour femme Un petit bec assez mignon* (L. F.). **Goulot**, syn. pop. de *bouche* ¶ 2 → Ouverture. ¶ 3 → Embouchure.

Bouche à feu : → Pièce d'artillerie.

Bouché : → Inintelligent.

Bouchée, morceau d'aliment solide qu'on met dans la bouche en une seule fois. **Goulée,** gros morceau qu'on avale avidement.

Boucher (v.), mettre dans ou sur une ouverture un corps étranger pour supprimer le passage : *Elles bouchaient le passage de leurs jupes chargées de volants* (ZOLA). **Fermer** (→ ce mot) marque une simple suspension du passage obtenue avec une partie de la chose elle-même : *Il ferma les yeux, ne pouvant se boucher les oreilles* (HAM.). **Obturer,** boucher une cavité, un trou : *Obturer un conduit, une dent.* **Obstruer,** boucher par un obstacle interposé : *Fenêtre obstruée par les branches* (A. FOUR.). **Opiler,** terme médical vx, obstruer les conduits naturels : *Avoir la rate opilée.* **Étouper,** boucher avec de l'étoupe ou quelque chose de semblable : *Étouper un bateau, les fentes d'un tonneau* (ACAD.). **Barrer,** obstruer par un obstacle en forme de barre, et par ext. interdire le chemin, le passage : *Rue barrée. D'autres debout causaient, barrant les portes* (ZOLA). **Aveugler,** boucher provisoirement, avec un tampon, une ouverture accidentelle : *Aveugler une voie d'eau.* **Barricader,** obstruer une rue et par ext. une porte, une fenêtre en entassant toutes sortes de choses pour servir de retranchement et d'obstacle. **Murer,** boucher une ouverture avec de la maçonnerie. **Colmater,** combler, exhausser des terrains au moyen d'eaux bourbeuses, par ext. boucher hermétiquement une fissure avec de la boue et, par métaphore militaire, boucher une percée dans le front à la suite d'une attaque ennemie. (Au réf. *se colmater,* s'obturer progressivement par le fait des dépôts en parlant d'un filtre, d'un conduit, d'un puisard.) **Calfeutrer,** boucher des fentes avec des bourrelets, des lisières, d'où boucher hermétiquement : *Calfeutrer ses oreilles avec du coton.* **Calfater,** boucher les joints, trous et fentes d'un bateau avec de l'étoupe recouverte de suif et de goudron.

Boucher (n.), celui qui tue les bestiaux, les dépèce et vend la chair crue. **Chevillard,** terme de Paris, celui qui revend en gros et en demi-gros la viande dépecée.

Boucherie : → Carnage.

Bouchon : ¶ 1 → Botte. ¶ 2 → Cabaret. ¶ 3 → Paquet (de linge). ¶ 4 → Fille. ¶ 5 *Bouchon,* pièce conique ou cylindrique servant à boucher un goulot de petite dimension. **Bondon,** pièce servant à boucher la bonde d'un tonneau. **Tampon,** large bouchon ou morceau de bois, d'étoupe, de papier servant à boucher un tuyau, une cavité. **Tape,** gros bouchon, terme de technique et de marine.

Bouchonner : ¶ 1 → Friper. ¶ 2 → Soigner.

Boucle : ¶ 1 → Anneau. ¶ 2 → Courbe.

Boucler : ¶ 1 → Friser. ¶ 2 → Fermer et Enfermer. ¶ 3 → Gonfler.

Bouclier : ¶ 1 *Bouclier,* arme défensive, faite d'une pièce de bois ou de métal qu'on portait au bras gauche pour s'en couvrir durant le combat. **Targe,** petit bouclier du M. A. **Rondache,** bouclier circulaire porté par les gens de pied depuis l'antiquité jusqu'à la fin du XVIᵉ s. **Écu,** bouclier du chevalier portant souvent une figure sur laquelle se peignaient les armoiries. **Pavois,** grand bouclier, ne se dit plus qu'en parlant des usages de l'époque mérovingienne ou dans la loc. *Hisser sur le pavois.* ¶ 2 Au fig. *Bouclier,* ce qui protège plus ou moins dans un combat : *Servir de bouclier pour repousser les attaques du démon* (BOUR.). **Rempart,** ce qui protège parfaitement de tous les dangers même éloignés et simplement possibles : *Un rempart contre les attraits du plaisir* (S.-S.). **Paravent,** fig. et fam., personne ou chose derrière laquelle on s'abrite, on se cache : *Tirer sur une expérience trop médiocre un paravent d'idées générales* (J. ROM.).

Bouder : ¶ 1 *Bouder,* témoigner, en avançant la lèvre inférieure, en fermant son visage et en restant silencieux qu'on est mécontent, fâché contre quelqu'un souvent d'une façon assez superficielle, se dit bien en parlant d'un enfant. **Faire la tête,** bouder hargneusement, se dit fam. des grandes parsonnes. ¶ 2 Au fig. → Répugner.

Bouderie : → Fâcherie.

Boudeur : → Renfrogné.

Boudoir : → Salon.

Boue : ¶ 1 Mélange de terre et d'eau. *Boue,* terre détrempée (surtout de pluie) qui salit : *La boue des ruisseaux* (ZOLA). **Fange,** boue presque liquide dans laquelle ont croupi et fermenté des matières en putréfaction : *Le sol plâtreux était changé en un lac de fange* (ZOLA). **Gadoue,** boue et immondices des rues (employés comme engrais), syn. très fam. de *fange.* **Crotte,** très fam., boue attachée aux vêtements, aux chaussures qui les salit et les gâte. **Limon** (→ ce mot), terre charriée et déposée par l'eau, syn. poétique de *boue* : *Prométhée ayant pétri l'homme de limon* (VOLT.). **Bourbe** (→ Limon), par ext., boue épaisse où l'on enfonce. **Cloaque** (→ ce mot), lieu plein de boue. **Éclaboussure,** boue qui a rejailli sur quelqu'un ou sur quelque chose. ¶ 2 Au fig. *Boue* marque la bassesse d'état ou d'âme :

Ames de boue (Sév.). *Méprisés comme de la boue* (Mtq.). **Fange,** ce qu'il y a de plus corrompu, de plus vil et méprisable : *La fange de l'opprobre et de la diffamation* (J.-J. R.). **Crotte,** fam., évoque surtout une situation basse et misérable : *Précipice élevé qui te jette en la crotte* (Boil.).

Bouée : → Balise.

Bouffant : → Gonflé.

Bouffe : → Comique.

Bouffée : ¶ 1 → Haleine. ¶ 2 → Crise.

Bouffer : → Gonfler.

Bouffi : ¶ 1 → Gonflé. ¶ 2 → Emphatique.

Bouffon : ¶ 1 Terme de mépris pour désigner les comédiens ou ceux qui leur ressemblent. Le *Bouffon* manque de sérieux à cause de ses plaisanteries et de ses grimaces : *La comédie change en bouffons et plaisants de théâtre les plus respectables citoyens* (J.-J. R.). Le **Farceur,** grossier, ne plaît qu'au vulgaire, alors que le *bouffon* amusait les rois : *Parler comme un farceur qui cherche à faire rire la canaille* (Volt.). Le **Turlupin** fait des jeux de mots grossiers et bêtes, comme l'acteur de ce nom au xviiᵉ s. Le **Baladin,** d'abord danseur de théâtre, puis danseur de rue, est vil comme un saltimbanque : *Vils baladins* (J.-J. R.). L'**Histrion,** bouffon antique, dans le style relevé, est immoral et bas : *Une foule d'histrions qui sur des théâtres impurs corrompaient le peuple* (Mas.). **Cabotin** et **Cabot** (de *caboter*, aller çà et là pour jouer la comédie), pop., mauvais comédien qui a tous les défauts du métier : *Une laideur blême de cabotins qui ont enlevé leur rouge* (Zola). **M'as-tu-vu** (M'as-tu vu dans tel rôle?), syn. argotique de *comédien*. ¶ 2 → Plaisant. ¶ 3 → Comique. ¶ 4 → Héroï-comique.

Bouffonnerie : → Plaisanterie.

Bouge : ¶ 1 → Cabinet. ¶ 2 → Taudis. ¶ 3 → Cabaret.

Bougeoir : → Chandelier.

Bouger : → Remuer.

Bougie : → Chandelle.

Bougon : → Grondeur.

Bougonner : → Murmurer.

Bougre : ¶ 1 → Homme. ¶ 2 → Gaillard.

Boui-boui : ¶ 1 → Café-concert. ¶ 2 → Théâtre.

Bouillant : → Chaud.

Bouillie, aliment fait de lait ou d'un autre liquide et de farine bouillis. **Purée,** bouillie où la farine est remplacée par des légumes ou des viandes qu'on écrase, mais que l'on passe. **Brouet,** tout aliment presque liquide et, péj., tout mauvais ragoût liquide.

Bouillir se dit d'un liquide produisant des bulles qui crèvent sous l'effet de la chaleur ou de la fermentation, **Bouillonner,** d'un liquide qui forme des bouillons pour n'importe quelle raison. En conséquence, au fig., *bouillir*, s'animer intérieurement sous l'effet d'une passion (colère, impatience) qui échauffe le sang violemment : *Bouillir d'impatience*; *bouillonner*, avoir son sang agité pour n'importe quelle raison et le manifester extérieurement par beaucoup de vivacité : *Bouillonner de jeunesse; d'ardeur*.

Bouillon : ¶ 1 → Bulle. *Bouillon* désigne une chose (la bulle), **Bouillonnement,** l'action qui produit les bulles ou l'état de ce qui bout : *Le bouillonnement du sang. Sang qui jaillit comme par bouillons.* ¶ 2 Aliment liquide. *Bouillon*, aliment liquide obtenu en faisant bouillir dans l'eau de la viande ou des légumes ou les deux à la fois. **Consommé,** bouillon très riche en viande, cuit lentement et qui peut se prendre en gelée par le refroidissement. **Potage,** bouillon gras ou maigre où l'on a laissé ou mis, souvent en les pilant, des légumes, des pâtes, des farineux ou même un peu de pain. **Soupe,** fam., potage ou liquide nutritif, rendu très épais par le fait qu'il est trempé de tranches de pain. **Panade,** soupe faite avec de la croûte de pain, du beurre et un jaune d'œuf. ¶ 3 → Restaurant. ¶ 4 → Crise.

Bouillonner : → Bouillir.

Boule : ¶ 1 *Boule*, corps rond en tous sens et en général massif. **Bille,** boule d'ivoire servant au jeu du billard ou petite boule de pierre, de verre ou de marbre qui sert à des jeux d'enfants. **Sphère,** terme de géométrie, solide terminé par une surface courbe dont tous les points sont également distants d'un point intérieur appelé centre. **Globe,** d'un langage assez relevé, corps rond ou à peu près sphérique, massif ou creux, en général assez grand. ¶ 2 → Terre. ¶ 3 → Tête.

Boulette : → Erreur.

Boulevard : ¶ 1 → Rempart. ¶ 2 → Rue.

Bouleversement : ¶ 1 → Dérangement. ¶ 2 → Émotion.

Bouleverser : ¶ 1 → Renverser. ¶ 2 → Émouvoir.

Boulimie : → Faim.

Boulot : → Gros.

Bouquet : ¶ 1 → Bosquet. ¶ 2 → Botte. ¶ 3 → Parfum. ¶ 4 → Poème.

Bouquin : ¶ 1 Alors que **Bouc** est le terme courant pour désigner le mâle de la chèvre, *Bouquin* se dit d'un vieux bouc. Au fig. *bouquin* insiste sur la mauvaise odeur du *bouc*, ou enchérit sur ce mot comme syn. de *lascif*. 2 → Embouchure. 3 → Livre.

Bouquineur : → Bibliophile.

Bouquiniste : → Libraire.

Bourbe : → Limon et Boue.

Bourbier : → Cloaque.

Bourde : ¶ 1 → Attrape. ¶ 2 → Erreur. ¶ 3 → Chanson.

Bourdon : ¶ 1 → Bâton. ¶ 2 → Cloche.

Bourdonnement : → Bruit et Rumeur.

Bourdonner : ¶ 1 Faire entendre un bruit sourd et continu. *Bourdonner*, faire le bruit du bourdon ou d'un essaim, souvent collectivement : *Ville qui bourdonne* (CAM.). **Ronfler,** faire entendre un bruit assez fort de la gorge et des narines quand on dort, se dit par ext. en parlant d'une toupie, du canon : *Mars fait ronfler son tonnerre* (MARM.). **Brondir** indique le bruit de la toupie qui tourne rapidement ou de l'air qui s'engouffre par la petite porte d'un poêle dont le tirage est violent; **Ronronner,** un petit bruit monotone semblable au léger grognement continu du chat; **Vrombir,** le bruit, très fort, de certains êtres ou objets animés d'un mouvement de rotation rapide : *Un moteur d'avion vrombit.* ¶ 2 → Chanter. ¶ 3 → Murmurer. ¶ 4 → Sonner.

Bourg : Agglomération moins importante que la petite ville. *Bourg*, la plus grosse agglomération de ce genre, où, en général, se tiennent les marchés. **Bourgade,** petit bourg dont les maisons disséminées occupent un assez grand espace parfois plus étendu que le *bourg*, mais ne donnent pas l'impression de former une agglomération organisée. **Village,** agglomération de maisons paysannes, plus petite que le *bourg*, autour d'une église paroissiale et d'une mairie : *Le roi logea au bourg de Lerma; on prit les villages des environs pour le reste de la cour* (S.-S.). **Hameau,** simple groupe isolé de maisons rurales, sans église paroissiale et ne formant pas une commune : *C'est un petit village ou plutôt un hameau* (BOIL.). **Écart,** faible agglomération assez éloignée de l'agglomération principale de la commune dont elle fait partie. **Patelin,** village, est très fam. **Trou,** fig. et fam., endroit perdu, petit, sans distractions ni commodités. — Au fig. *Village* évoque la naïveté, le retard de la vie campagnarde : *Cet homme est bien de son village;* **Hameau,** la simplicité souvent par opposition aux cités et aux palais; *Bourgade*, la petitesse, l'isolement, la civilisation rudimentaire : *Les bourgades des sauvages* (MTQ.).

Bourgeois : ¶ 1 N. → Habitant. ¶ 2 Adj. → Moyen. ¶ 3 Adj. et N. → Vulgaire et Profane.

Bourgeon : ¶ 1 → Œil. ¶ 2 → Bouton.

Bourrade : → Poussée.

Bourrasque : ¶ 1 Coup de vent : → Rafale. ¶ 2 Mauvais temps dû à l'impétuosité du vent. *Bourrasque,* mauvais temps passager sur mer dû à un coup de vent : *Pluie ou bourrasque, il faut qu'il sorte, il faut qu'il aille* (V. H.). **Tourmente,** succession rapide de bourrasques ou de tourbillons troublant les flots de la mer ou l'atmosphère des hautes montagnes. **Tempête** (→ ce mot), violente et durable agitation des vents souvent accompagnée avec orage, pluie, grêle, mer démontée, mouvement, fracas : *Son bonnet de forçat mouillé par la tempête* (V. H.). **Orage** ne comporte pas l'idée de vent, mais celle de pluie, de grêle, d'éclairs, de tonnerre, parfois pendant assez peu de temps, mais avec des effets désastreux. **Ouragan,** violente tempête où des vents opposés luttent entre eux en formant des tourbillons : *Des ouragans hideux dissipe la mêlée* (V. H.). **Cyclone,** tempête qui balaie la terre et la mer en se déplaçant avec rapidité et en tournant sur elle-même. **Typhon,** nom du cyclone dans les mers de Chine et l'Océan indien. A la différence du *cyclone,* la **Trombe,** masse de vapeur ou d'eau soulevée en colonne et animée d'un mouvement rapide par des tourbillons de vent, ne s'accompagne pas de tempête. **Tornade** ou **Tornado,** trombe de vent fréquente et violente sur la côte occidentale d'Afrique et aux U. S. A. — Au fig. *Bourrasque* se dit d'un accès d'humeur. *Tourmente,* agitation, fermentation du peuple : *La tourmente révolutionnaire. Orage,* tout ce qui peut accabler, malheur, accidents, troubles, dit moins que *Tempête,* grande agitation de l'âme, querelle violente ou trouble violent qui tend à renverser. *Ouragan* évoque la vitesse impétueuse ou le bouleversement d'une révolution : *Arriver comme un ouragan. Ouragan d'événements* (BALZ.). *Cyclone* et plus rarement *Typhon* et *Tornade* évoquent une destruction totale.

Bourreau : ¶ 1 Celui qui tue les condamnés à mort. *Bourreau* est le terme général. **Exécuteur des hautes œuvres** est aujourd'hui le seul terme légal pour désigner le fonctionnaire chargé des exécutions capitales. Autrefois **Coupe-tête** et **Tranche-tête** désignaient le bourreau qui décapitait, **Tortionnaire,** celui qui appliquait la torture, **Questionnaire,** celui qui donnait la question aux accusés et aux criminels. **Monsieur de Paris,** fam., s'est dit de l'exécuteur des hautes œuvres à Paris. En argot, *bourreau* a pour syn. **Charlot** (nom du bourreau qui exécuta le régicide Damiens), **Béquillard** et **Béquilleur.** ¶ 2 Au *fig. Bourreau* a une nuance odieuse pour désigner un meurtrier: *Cromwell, bourreau de Charles Ier* (VOLT.); ou un homme cruel : *Les bourreaux du Christ.* **Tortionnaire** renchérit en ce dernier sens, alors qu'**Exécuteur** n'a aucune nuance odieuse.

Bourrée : → Fagot.

Bourreler : → Tourmenter.

Bourrer : ¶ 1 → Emplir. **¶ 2** → Maltraiter.

Bourriche : → Panier.

Bourricot : → Ane.

Bourrin : → Cheval.

Bourrique : → Ane.

Bourru : Qui n'est pas aimable, dont l'humeur n'est pas avenante (≠ Renfrogné, qui a un sujet de mécontentement). *Bourru* regarde le caractère, l'humeur chagrine et maussade, rébarbative, qui fait repousser les gens, mais n'implique pas une méchanceté foncière : *D'une voix bourrue et paternelle* (ZOLA). **Brusque** regarde les manières, implique un manque de douceur dans les rapports avec autrui qui va jusqu'à l'impolitesse, sans pour cela marquer de la malveillance : *Un mari brusque dans ses réponses, incivil* (L. B.). **Brutal** enchérit et implique une violence tout à fait grossière : *Brutal et vulgaire* (GI.). *Elle fut brutale, ne ménageant plus les mots* (ZOLA).

Bourse : ¶ 1 *Bourse,* petit sac dans lequel on met son argent de poche. **Aumônière,** bourse dans laquelle on mettait autrefois ses aumônes et qu'on portait à la ceinture (surtout en parlant d'un grand personnage). **Escarcelle,** grande bourse à fermoir de métal qu'on portait, au M. A., à la ceinture. **Gibecière,** bourse large et plate, grande escarcelle. **Porte-monnaie,** de nos jours, petite bourse plate le plus souvent à fermoir et à compartiments. **Sacoche,** sorte de grosse bourse de cuir ordinairement retenue par une courroie et dont on se sert pour mettre l'argent qu'on recouvre. **¶ 2** Au fig. Argent. *Bourse* est le terme relevé : *Fouiller dans la bourse de ses sujets* (MTQ.). **Porte-monnaie,** fam., évoque une dépense pénible parce qu'on n'est pas riche : *Faire appel au porte-monnaie des braves gens.*

Boursicoter : ¶ 1 → Économiser. **¶ 2** → Spéculer.

Boursouflage : → Boursouflure.

Boursouflé : ¶ 1 → Gonflé. **¶ 2** → Emphatique.

Boursouflement : → Boursouflure.

Boursouflure : ¶ 1 Sorte d'enflure (→ Gonflé). *Boursouflure* exprime un état durable : *Avoir de la boursouflure dans le visage* (ACAD.); **Boursouflement,** un fait, un phénomène passager : *Le grand boursouflement que l'alun prend au feu* (BUF.). **¶ 2** Au fig., sorte d'emphase du style (→ Emphatique). *Boursouflure* ne se dit que par métaphore et désigne un style boursouflé en plusieurs endroits. **Boursouflage** désigne une boursouflure permanente avec embarras, complication et obscurité.

Bousculer : → Pousser.

Bouse : → Excrément.

Bousiller : ¶1 → Gâcher. **¶ 2** → Tuer.

Bout : ¶ 1 Ce qui termine une chose. *Bout,* ce qui termine une étendue en longueur; le *bout* est matériel, fait partie de la chose et suppose un autre bout : *Un bâton ferré pointu d'un bout* (BUF.). **Extrémité,** le point extrême d'une étendue en longueur, largeur ou profondeur; l'*extrémité* est abstraite et s'oppose au centre : *Les extrémités d'une ligne sont des points* (BUF.). *Le sang revient des extrémités au centre* (FÉN.). **Pointe,** extrémité des choses qui vont en diminuant : *La pointe d'un clocher.* **Terminaison,** terme d'anatomie, bout des nerfs, des vaisseaux, etc. **Pôle,** chaque extrémité de l'axe autour duquel un corps, et spéc. la terre, tourne, se dit aussi des extrémités d'un aimant ou des bornes d'un générateur électrique et, au fig., des deux points extrêmes entre lesquels la pensée ou les opinions évoluent : *Aux deux pôles de la pensée.* **Fin** se rapporte à la durée et à l'action et s'oppose à « commencement » : *La fin du monde* (temps); *le bout du monde* (lieu). Si *bout* se dit aussi de la durée, c'est dans des emplois plus fam. et en évoquant un espace assez long : *Au bout de l'an.* Quand *fin* se dit d'une étendue, c'est avec l'idée de la durée de l'action pour la parcourir : on dit *un désert sans fin* (et non *sans bout*) parce qu'on ne finit pas de le parcourir. **Queue,** qui désigne les derniers rangs, la fin d'un cortège, se dit aussi au fig. du *bout* ou de la *fin* de certaines choses, qui paraît comme un prolongement : *La queue d'un étang; d'un orage; d'une affaire* (ACAD.). **¶ 2** → Morceau.

Boutade : ¶ 1 → Caprice. **¶ 2** → Plaisanterie. **¶ 3** → Paradoxe.

Boute-en-train : ¶ 1 → Protagoniste. **¶ 2** → Réjoui.

Boutefeu : → Querelleur.

Bouteille, vase à goulot étroit, ordinairement en verre commun et fermé par un bouchon souvent en liège. **Flacon,** petite bouteille en verre plus rare, fermée avec un bouchon de verre ou de métal. **Fiole,** petite bouteille à col long et à verre très mince dans laquelle on met souvent des médicaments ou des produits chimiques.

Burette, petit flacon où l'on met de l'huile, du vinaigre, et spéc. l'eau et le vin de messe. **Dame-jeanne,** très grosse bouteille en terre ou en verre qui sert à transporter et à garder du vin et des liqueurs. **Litre,** bouteille contenant un décimètre cube de liquide, surtout de vin ou de boisson. **Carafe,** bouteille de verre ou de cristal, beaucop plus large par le bas que par le haut, contenant du vin, des liqueurs, de l'eau ou du lait. **Carafon,** petite carafe, contenant du vin ou des liqueurs, et spéc. dans un restaurant, petite carafe contenant un quart de bouteille de vin. **Canette** (mesure de capacité pour la bière), bouteille de bière à fermeture spéciale.

Boutique : ¶ 1 → Atelier. **¶ 2** → Magasin.

Boutiquier : → Commerçant.

Bouton : ¶ 1 → Œil. **¶ 2** Au fig., *Bouton,* toute tumeur arrondie se formant sur la peau. **Bourgeon,** bouton rouge au visage : *Elle peint de bourgeons son visage guerrier* (BOIL.).

Bouture, branche qui, coupée à un arbre et plantée en terre, prend racine. **Greffe** ou **Greffon,** œil, branche ou bourgeon détachés d'une plante pour être insérés sur une autre plante appelée sujet. **Marcotte,** branche qui, tenant à l'arbre, est couchée en terre afin qu'elle produise des racines.

Bouverie : → Étable.

Bouvier : → Vacher.

Box : → Loge.

Boyau : ¶ 1 → Viscère. **¶ 2** → Passage. **¶ 3** → Fosse et Tranchée.

Brachylogie : → Ellipse et Concision.

Braderie : → Marché.

Braillard, fam., se dit de celui qui a la manie de crier fort, surtout en parlant des enfants; **Brailleur,** de celui qui importe actuellement par les cris qu'il pousse.

Brailler, Braire : → Crier.

Braise : → Tison.

Bramer : → Crier et Chanter.

Brancard : → Civière.

Branchage désigne l'ensemble des branches d'un arbre si celles-ci sont assez nombreuses et si on les considère en bloc. Dans les autres cas, on dit **Branches** : *On coupe les branches plutôt que le branchage* (L.). **Ramure,** terme poétique, l'ensemble des branches et des rameaux d'un arbre ou d'un groupe d'arbres : *Mon âme est la forêt dont les sombres ramures...* (V. H.). **Ramée,** assemblage de branches entrelacées soit naturellement, soit de la main de l'homme et formant un couvert :

De chaque branche Part une voix Sous la ramée (VERL.).

Branche : ¶ 1 Bois que pousse le tronc d'un arbre. *Branche* est le terme ordinaire. **Rameau,** petite branche, convient dans le style soutenu : *Rameau d'or, d'olivier; le dimanche des Rameaux.* **Ramille,** les dernières et les plus petites subdivisions des rameaux; au pl., menues branches d'arbres. **Brindille,** branche grêle et menue ou tige légère. **Ramée,** branches coupées avec leurs touffes vertes : *Un pauvre bûcheron tout couvert de ramée* (L. F.). **Palme,** branche du palmier; par ext. poét. branche : *Un arbre, par-dessus le toit, Berce sa palme* (VERL.). **Pampre,** branche de vigne avec ses feuilles. **Ergot,** petite branche morte d'un arbre fruitier. — Collectivement, *Branches* : → Branchage. **¶ 2** → Corne. **¶ 3** → Partie. **¶ 4** → Race.

Brancher : ¶ 1 → Joindre. **¶ 2** → Pendre. **¶ 3** → (se) Percher.

Branchies désigne les organes servant à la respiration aquatique chez diverses sortes d'animaux (crustacés, mollusques, poissons, etc.). **Ouïes,** branchies des poissons.

Brandiller : ¶ 1 → Remuer. **¶ 2** → Flotter.

Brandir : → Remuer.

Brandon : ¶ 1 Objet enflammé pour éclairer. *Brandon,* bouquet de paille enflammé. **Flambeau,** faisceau de mèches enduites de cire, torche ou grande chandelle qu'on allumait pour éclairer les intérieurs ou qu'on portait à la main pour s'éclairer au-dehors. **Torche,** flambeau fait d'un bâton de sapin ou de quelque autre bois résineux entouré de cire, et par suite, flambeau grossier fait de résine et de cire. — Au fig., *flambeau* est plus noble que *torche* : *Les flambeaux de l'hymen, de l'amour. Faire amende honorable la torche au poing* (VOLT.). Si *torche* s'emploie là où l'on emploierait *flambeau,* c'est pour donner une image plus précise où l'on voit réellement la lumière : *Massinissa avait allumé les torches nuptiales devant les dieux domestiques de Syphax* (CHAT.). **¶ 2** → Tison et Bluette. **¶ 3** → Germe.

Branle : → Mouvement.

Branle-bas : ¶ 1 → Remue-ménage. **¶ 2** → Alerte.

Branler : ¶ 1 → Balancer. **¶ 2** → Remuer. Dans les deux sens, *Branler* implique une simple impulsion pour imprimer un balancement : *Branler les cloches.* **Ébranler** enchérit : c'est branler violemment en frappant ou en secouant de façon à rendre moins ferme : *Samson ébranla le temple.*

Braque : → Étourdi.

Braqué : → Obsédé.

Braquer, diriger un canon ou une lunette du côté d'un objet, dit moins que **Pointer,** diriger une lunette en mirant, ou donner à l'axe d'un canon une direction et une inclinaison convenables pour que le projectile atteigne un objet déterminé.

Bras : ¶ 1 → Autorité. ¶ 2 → Défenseur. ¶ 3 → Chandelier. ¶ 4 *Bras droit :* → Aide et Associé.

Brasier : ¶ 1 → Feu. ¶ 2 Au fig., *Brasier,* ce qui consume, ronge, épuise l'âme ou l'esprit : *Cette pantomime jeta comme un brasier dans le corps de la pauvre fille qui se trouva criminelle* (BALZ.). **Fournaise,** l'âme ou l'esprit animés d'une activité ardente qui enflamme, purifie : *Ma tête, fournaise où mon esprit s'allume* (V. H.).

Brasiller : ¶ 1 → Griller. ¶ 2 → Étinceler.

Brasser : ¶ 1 → Remuer. ¶ 2 → Ourdir et Traiter.

Brasserie : → Café et Restaurant.

Brassière : → Chemise.

Bravache, fanfaron qui affecte la bravoure : *Rouler des yeux de bravache* (ZOLA). **Matamore** (ou **Capitan**), bravache de la comédie espagnole se vantant à tout propos d'exploits guerriers, vrais ou faux : *Une manière dure, sauvage, étrangère qui fait un matamore d'un homme de robe* (L. B.). **Olibrius** (Romain qui dans les mystères du M. A. était représenté comme un bravache), fam., celui qui fait le bravache cruel et l'entendu, mais n'est le plus souvent qu'un idiot ridicule : *Faisons l'olibrius, l'occiseur d'innocents* (MOL.). **Rodomont** (personnage du *Roland furieux* de l'Arioste), celui qui affecte une bravoure altière et insolente. **Fier-à-bras** (nom d'un géant qui combattit contre Olivier), celui qui se dit prêt à tout pourfendre. On dit aussi, fam., **Tranchemontagne, Pourfendeur, Mâchefer** (vx), **Fendant,** dans la loc. *Faire le fendant.*

Bravade : → Fanfaronnade.

Brave : Adj. ¶ 1 → Courageux. ¶ 2 *Brave,* toujours placé en ce sens avant le nom, se dit d'un homme qui pratique simplement les vertus ordinaires caractérisant l'honnêteté et la bonté (serviabilité, obligeance, générosité, etc.) : *Un brave type un peu piqué* (J. ROM.). **Débonnaire,** souvent appliqué à celui qu'on pourrait craindre, ajoute une idée de douceur qui rend inoffensif, bienveillant, voire faible : *Fantômes débonnaires et discrets, qui ne faisaient aucune peur* (LOTI). *Majesté débonnaire* (FLAUB.). **Bonhomme** suppose simplicité et bon cœur, au moins dans l'air, avec parfois une complaisance un peu sotte : *Mignon se faisait bonhomme lui*

donnant sur le dos des tapes affectueuses (ZOLA). **Bonasse** se dit de celui qui a une bonté trop simple, sans malice ni esprit : *Il a l'esprit trop bonasse, cela ne vaut rien pour les affaires* (LES.). **Boniface,** fam., se dit d'un homme vraiment trop simple et crédule. ¶ 3 N. → Tueur.

Braver : ¶ 1 Se comporter sans crainte devant quelqu'un ou devant un danger. *Braver* n'implique pas qu'on soit aux prises. **Affronter** suppose qu'on en vient aux mains et marque donc un plus grand péril et plus de hardiesse : *Oser affronter cette société qui ne peut te braver qu'en ton absence* (STAËL). *Braver la mort,* la mépriser. *Affronter la mort,* aller au-devant d'elle. ¶ 2 Faire savoir à quelqu'un qu'on ne le craint pas. *Braver,* se moquer, se poser intrépidement en face de quelqu'un sans l'attaquer. **Défier,** appeler quelqu'un à mesurer ses forces en s'estimant supérieur et avec l'intention de l'attaquer, par ext. encourir hardiment un danger : *Défier la mort.* **Jeter le gant,** fig., défier à un combat à la façon d'un ancien chevalier. **Provoquer,** défier en excitant son adversaire au combat par des injures ou par un commencement d'agression : *Conformément à son défi, il les provoquait au combat en les appelant canailles et poltrons* (LES.). **Menacer,** annoncer à quelqu'un par ses gestes et par ses paroles qu'on va lui faire du mal. ¶ 3 Faire sentir insolemment la supériorité qu'on a ou qu'on croit avoir sur autrui. *Braver,* insulter quelqu'un par bravade en témoignant qu'on n'a pas peur : *Te braver, t'insulter, me battre avec toi* (COC.). **Narguer,** braver par mépris. **Morguer,** braver par orgueil : *Bien morguer le public et le traiter avec la dernière insolence* (VOLT.). **Crâner,** employé absolument, faire celui qui n'a pas peur.

Bravo : → Acclamation.

Bravoure : → Courage.

Brèche : ¶ 1 → Col. ¶ 2 → Trouée.

Bredouiller : → Balbutier.

Bref : ¶ 1 Adj. → Court. ¶ 2 N. → Rescrit.

Brelan : → Tripot.

Brêler : → Attacher.

Breloque : → Bagatelle.

Bretteur, celui qui aime se battre à l'épée, n'est pas péj., ce qui n'est pas le cas de **Bretailleur,** méprisant, et de **Ferrailleur** qui implique à la fois mauvais caractère et maladresse. **Spadassin,** très péj., bretteur habile et querelleur qui aime assassiner et est souvent payé pour cela. — **Duelliste,** celui qui se bat souvent en combat singulier pour des questions d'honneur, ou qui cherche les occasions de le faire. **Fine lame,** celui qui manie bien l'épée.

Breuvage : → Boisson.

Brevet : ¶ 1 → Diplôme. ¶ 2 → Titre.

Bréviaire : → Abrégé.

Bribe : → Morceau.

Bric-à-brac : ¶ 1 → Vieilleries. ¶ 2 → Magasin. ¶ 3 Fam. Lieu où il y a du désordre. *Bric-à-brac* et **Bazar** évoquent un désordre semblable à celui d'une boutique de brocanteur : *Bric-à-brac d'objets de toutes sortes, pêle-mêle sans nom* (Zola). **Capharnaüm,** entassement confus de choses disparates.

Bricole : → Bagatelle.

Bricoler : → Travailler.

Bride désigne la partie du harnais de tête d'un cheval servant à le diriger et comprenant la monture, le mors̀ (→ ce mot) et les **Rênes,** courroie fixée au mors et que le cavalier tient en main pour diriger sa monture. Mais *bride* s'emploie souvent pour *rênes*. **Guide,** lanière de cuir ou de chanvre attachée au mors et servant à diriger un cheval attelé. En ce sens, on dit aussi *rênes* dans le style noble. **Licou** ou **Licol,** simple corde ou courroie passée autour du cou de la bête et servant à la conduire ou à l'attacher. **Longe,** terme de manège, sorte de long licou. — Au fig. *Bride* évoque ce qui retient, fait obstacle : *Tenir en bride un peuple sans raison* (Corn.); *Rênes*, la direction, le gouvernement : *Les rênes de l'État* (Rac.); *Licou*, la servitude : *Mener ces bêtes de somme* [les peuples] *par les licous* (Volt.).

Brider : → Retenir.

Brigade : → Troupe.

Brigand : → Bandit.

Brigandage : → Rapine.

Brigue : → Intrigue.

Briguer : → Ambitionner.

Brillant : N. ¶ 1 → Lustre. ¶ 2 → Diamant. ¶ 3 *Brillant* se dit, au fig., de ce qui, dans les personnes, les actions et les choses, plaît à l'imagination par un vif éclat parfois artificiel : *Cet homme a plus de brillant que de solide* (Acad.). **Brio** (mot italien qui signifie *vivacité*) a rapport à la technique d'un musicien qui exécute un morceau avec une vivacité entraînante et se dit par ext. de toute technique aisée, audacieuse, qui soulève l'enthousiasme par quelque chose de vif et de chaleureux : *Il a du brio, des inventions cocasses* (J. Rom.). — Adj. ¶ 4 → Lumineux. ¶ 5 Au fig. → Distingué. Qui sort du commun. *Brillant* se dit des hommes, des actions et des choses qui sortent du commun par quelque chose qui frappe vivement les regards ou l'imagination : *Un brillant état-major; un brillant* élève; *un brillant succès* (Acad.). **Étincelant** enchérit surtout en parlant de l'esprit et du style. **Éblouissant** ajoute à *brillant*, à peu près dans tous les sens, l'idée d'une stupéfaction de l'esprit qui est comme fasciné. — **Éclatant** ne se dit que des choses qui se font remarquer, entre toutes les choses semblables, moins par leurs qualités intrinsèques, que par leur importance, leur célébrité, leur publicité : *Le mérite éclatant de sa perruque blonde* (Mol.). — **Reluisant,** fam. et fig., ne s'emploie que précédé de *peu* pour qualifier une conduite sans noblesse ou une situation médiocre.

Briller : → Luire.

Brimade : → Avanie et Tracas.

Brimborion : → Bagatelle.

Brimer : → Tourmenter.

Brin (un) : → (un) Peu.

Brindille : → Branche.

Bringue : ¶ 1 → Débauche. ¶ 2 *Grande bringue :* → Maigre.

Bringuebaler : → Balancer.

Brio : ¶ 1 → Vivacité. ¶ 2 → Brillant.

Briquer : → Frotter.

Bris, terme de palais, désigne l'acte qui consiste à briser avec violence un scellé, une clôture et se dit aussi en termes de marine : *Bris des portes. Bris d'un navire.* **Brisement** se dit dans tous les autres cas et présente l'action de briser comme un événement, un fait : *Le brisement des images et des autels par Polyeucte.* **Brisure,** résultat du brisement. **Débris,** vx en ce sens, au prop. et au fig., insiste sur le fait qu'on détruit en brisant.

Brisant : → Écueil.

Briscard : → Soldat.

Brise : → Vent.

Brisé : → Fatigué.

Brise-bise : → Rideau.

Brisées : → Voie.

Brise-lames : → Digue.

Brisement : → Bris.

Briser : ¶ 1 → Casser. ¶ 2 *Se briser*, en parlant des vagues, rejaillir avec fracas contre un obstacle : *Les vagues qui vont se briser contre ces écueils* (Fén.). **Déferler,** se déployer avant de se briser : *Le long de la plage déferle en grandes volutes une mer très remuante* (Loti).

Brise-raison : → Étourdi.

Bristol : → Carte.

Brisure : → Bris.

Brocante : ¶ 1 → Commerce. ¶ 2 → Travail.

Brocanter : → Vendre.

Brocanteur, celui qui achète, vend, troque des marchandises de hasard. **Fripier**, brocanteur spécialisé dans les vieux meubles et les vieux habits sans valeur, ce qui le distingue de l'**Antiquaire** qui recherche et vend des objets de prix. **Regrattier** (vx), celui qui revend au détail des marchandises de médiocre valeur. **Chineur**, en ce sens, est un terme d'argot.

Brocard : → Raillerie.

Brocarder : → Railler.

Broche : → Épingle.

Brocher : → Faire.

Brocheter : → Embrocher.

Brochure, petit ouvrage de peu de pages qui n'est pas relié. **Pamphlet** (mot anglais) a été au XVIIIe s. syn. de *brochure* : *Il prétend prouver dans sa brochure appelée pamphlet* (VOLT.). **Libelle** a aussi, autrefois, désigné un petit livre. Mais les deux mots tendent à se dire d'un écrit satirique (→ Libelle) tandis qu'**Opuscule** désigne simplement, de nos jours, un petit ouvrage de science ou de littérature.

Brodequin : ¶ 1 → Bottine. ¶ 2 Chaussure de théâtre antique. *Brodequin*, chaussure des acteurs comiques qui couvrait le pied et le bas de la jambe. **Cothurne**, chaussure des acteurs tragiques à semelle très épaisse et enveloppant le cou du pied. **Socque** se dit aussi pour désigner la chaussure non montante des comiques : *Le socque est inférieur au cothurne* (FÉN.).

Broder : ¶ 1 → Inventer. ¶ 2 → Exagérer. ¶ 3 → Orner.

Broncher : ¶ 1 *Broncher*, faire un faux pas. **Chopper** (vx), heurter du pied quelque chose en marchant, évoque un ébranlement plus considérable : *Chancelant, bronchant et choppant* (MTG.). En ce sens, on dit de nos jours **Buter** : *Vous ne buterez pas dans les rails* (J. ROM.) et **Achopper,** rare au prop. **Trébucher,** perdre complètement l'équilibre et souvent tomber : [Georges et Jeanne] *trébuchent, encore ivres de paradis* (V. H.). ¶ 2 Au fig. *Broncher*, faire une faute ou une erreur légère, hésiter : *Jamais au bout du vers on ne le voit broncher* (BOIL.). **Chopper,** vx, **Achopper, S'achopper,** faillir, échouer : *Il contemplait ce visage clos et s'achoppait à son énigme* (GI.). **Trébucher,** faillir ou errer gravement. *Sa pensée trébuche en maniant les idées* (M. D. G.).

Brondir : → Bourdonner.

Bronze, alliage de cuivre et d'étain. **Airain,** qui désignait primitivement un alliage de différents métaux dont le cuivre formait la base, est devenu syn. de *bronze* uniquement dans la langue poétique. — Au fig. *bronze* se dit de ce qui est dur, insensible :

Cœur de bronze; âme de bronze (MOL.); *airain*, de ce qui est surtout durable, inaltérable et, en bien ou en mal, d'une sérénité que rien ne peut troubler : *Soleil d'airain*. *Femmes* [sans pudeur] *qui ont un front d'airain* (SÉV.). **Acier** et **Diamant** renchérissent comme symboles de la dureté extrême : *Les beaux ouvrages sont pour vous d'airain, d'acier et de diamant* (L. F.).

Bronzé : → Hâlé.

Brosser : ¶ 1 → Peindre. ¶ 2 → Nettoyer. ¶ 3 → Battre.

Brouet : → Bouillie.

Brouhaha : → Rumeur.

Brouillamini : → Embrouillement.

Brouillard, amas de vapeur d'eau visible qui obscurcit l'air et se trouve assez près de nous pour nous envelopper, ce qui le distingue du *nuage* (→ ce mot). **Brume**, brouillard de mer et par ext. brouillard parfois léger ou assez élevé qui trouble la transparence de l'air : *Brouillards, montez! versez vos cendres monotones Avec de longs haillons de brume dans les cieux* (MALL.); a pour diminutifs en termes de marine, **Brumaille** et **Brouillasse** qui se dit aussi, fam., en général, d'un brouillard tombant en gouttelettes fines. **Frimas,** brouillard épais qui se congèle avant de tomber. — Au fig. *brouillard* évoque plutôt le manque de clarté intellectuelle : *Les brouillards de la métaphysique* (VOLT.); *brume*, la tristesse : *Si quelque brume obscurcit votre aurore* (BÉRANG.).

Brouille : → Mésintelligence. *Brouille* marque plutôt l'état, **Brouillerie,** l'événement qui l'amène, et une forme de mésintelligence moins grave, moins durable que la *brouille* et souvent due à un rien : *Embrasser sa fille après une brouille* (BALZ.). *Une brouillerie d'une heure* (J.-J. R.).

Brouillement : → Embrouillement.

Brouiller : ¶ 1 → Mêler. Mettre pêle-mêle et, au fig., mettre de la confusion dans les affaires ou les idées. *Brouiller*, souvent sans complément, marque le désordre ou le manque de netteté, quelle qu'en soit la cause, d'une manière absolue : *Elles filaient si bien que les sœurs filandières Ne faisaient que brouiller au prix de celles-ci* (L. F.). *Brouiller leur piste* (MAU.). **Embrouiller,** toujours avec un complément, marque le désordre, l'enchevêtrement, par rapport à notre esprit qui ne peut plus distinguer les choses, et suppose souvent une action faite à dessein par une personne : *Les plaideurs ne manquent pas d'embrouiller leur procès* (MALEB.). **Compliquer** marque la difficulté et non le désordre : c'est multiplier les détails et leurs rapports d'une façon telle qu'il est difficile de comprendre : *Un problème est* *compliqué s'il nécessite beaucoup de raisonnements, embrouillé si les données n'en sont pas claires.* ¶ 2 → Troubler. ¶ 3 Rompre l'amitié entre deux personnes. *Brouiller*, amener deux amis à rompre, indique une rupture de fait sans en préciser la cause morale : *La déesse Discorde ayant brouillé les dieux* (L. F.). **Désunir**, moins fam., rompre une union de quelque nature qu'elle soit entre des personnes, marque un état durable sans qu'il y ait forcément rupture : *Ménage désuni* (ZOLA). ¶ 4 (Réf.) Cesser d'être l'ami de quelqu'un. *Se brouiller* indique une complication de rapports ou une rupture de fait : *Tiens, ma fille, ne nous brouillons pas pour un coffre* (BALZ.). **Se fâcher** implique un état durable et du ressentiment souvent violent.

Brouillerie : → Brouille.

Brouillon : Celui qui met le trouble dans les affaires et entre les personnes. *Brouillon* se dit même pour les grandes affaires : *Seigneurs ambitieux, souples et brouillons* (FÉN.); **Tracassier**, fam. et vx, et, de nos jours, **Embrouilleur**, fam., pour les petites manœuvres à propos de petites choses : *Une petite femme tracassière qui se mêle de tout et qui brouille tout* (DID.).

Broussaille, Brousse : → Buisson.

Broussailleux : → Épais.

Brouter : → Paître.

Broutille : → Bagatelle.

Browning : → Revolver.

Broyer : ¶ 1 Réduire un corps en très menues parcelles (≠ Casser, réduire en morceaux; ≠ Écraser, briser par compression). *Broyer*, réduire en poudre, en pâte, en fragment, de n'importe quelle façon : *Il se mit à frapper à coups de bec Tiphaine; Il lui creva les yeux, il lui broya les dents* (V. H.). **Pulvériser**, réduire en poudre : *Le tonnerre a pulvérisé une femme* (VOLT.). **Concasser**, réduire des matières dures et sèches en assez gros morceaux en les cassant. — **Moudre**, broyer dans un moulin; **Piler**, broyer en frappant; **Triturer**, syn. tech. et savant de *broyer*; **Égruger**, réduire en petits grains ou en poudre grossière le sel et le sucre pour l'usage des cuisines, ne se disent que d'une action faite par l'homme pour obtenir un produit déterminé. ¶ 2 En parlant de l'action des dents, *Broyer*, réduire en fragments, en poudre ou en pâte par la pression et le frottement des dents. **Croquer**, broyer en mâchant une chose dure qui fait un bruit sec : *Croquer des pralines* (ZOLA). **Gruger**, vx, briser quelque chose de dur avec les dents.

Bruine : → Pluie.

Bruit : ¶ 1 → Son. *Bruit*, son ou assemblage de sons confus où l'oreille ne perçoit rien de musical : *Le bruit du canon; le son*

d'un concert (VOLT.). **Fracas** (→ ce mot) et ses syn., grand bruit. — Pour désigner les bruits divers que font les choses, **Cri**, au fig., bruit strident : *Le cri des verrous* (BÉRANG.); a pour syn. tous les noms correspondant aux verbes syn. de *crier* (→ ce mot), en parlant des choses, comme **Hurlement**, **Mugissement**, etc... **Bourdonnement**, **Ronflement**, **Ronron**, **Vrombissement**, qui diffèrent comme les v. correspondants (→ Bourdonner), désignent des bruits sourds et continus; **Roulement** et **Grondement**, un bruit fort, semblable par ex. à celui du tonnerre. **Grincement** et **Crissement** diffèrent comme les v. correspondants (→ Grincer) pour indiquer un bruit aigre. **Éclat**, bruit assez violent qui se fait entendre tout à coup : *L'éclat du tonnerre*. **Coup**, bruit bref que rendent certains corps frappés ou qui ressemble au bruit d'une décharge : *Coup de tonnerre*. **Cliquetis**, bruit que font des armes entrechoquées et par ext. bruit semblable que font d'autres corps sonores lorsqu'on les remue ou qu'on les choque : *Un cliquetis de chaînes* (ACAD.). **Bruissement**, bruit confus, continu, fait de mille petits bruits : *Le bruissement monotone et éternel des brisants de corail* (LOTI). **Murmure**, fig., bruissement léger que font les eaux en coulant, les feuilles agitées par le vent. **Rumeur** (→ ce mot), bruit de voix; par image, grand bruit confus où se mêlent divers bruits : *La rumeur de ce quatorze juillet orageux* (MAU.). **Voix**, fig., syn. de *bruit* en parlant du tonnerre ou de certaines choses personnifiées : *La voix des cloches*. ¶ 2 Au fig. → Nouvelle. Effet provoqué par une nouvelle qui se répand dans le public. *Bruit*, manifestation, dans le monde, sous une forme assez violente, pour que beaucoup de gens en entendent parler, d'une chose bonne ou mauvaise : *Le bruit de leurs exploits* (RAC.). **Rumeur** est relatif à ceux qui entendent le bruit d'une nouvelle imprévue (et surtout qui excite le mécontentement) et discutent ou grondent à propos : *Huit rumeurs qui ne sont que l'écho d'un bruit mal fondé* (VOLT.). **Éclat**, grand bruit que fait une chose qui se manifeste violemment, sans retenue, souvent par l'intention délibérée de son auteur : *Faites de votre flamme un éclat glorieux* (MOL.); avec très souvent un sens péj., car la violence de l'éclat provoque le scandale : *Ce n'est point mon humeur de faire des éclats* (MOL.). **Scandale** (→ ce mot), éclat toujours fâcheux qui donne un mauvais exemple. **Retentissement**, fig., suppose une large diffusion de l'événement et fait penser à l'influence qu'il a sur le public : *Le retentissement d'un discours* (M. D. G.).

Brûlage : → Brûlement.

Brûlant : → Chaud.

Brûle-gueule : → Pipe.

Brûlement, en général, action de brûler ou état de ce qui brûle : → Incendie. **Brûlage** ne se dit que dans le langage technique : *Brûlage des herbes; des cheveux.*

Brûler : Trans. ¶ 1 Consumer par le feu. (≠ Cuire, préparer certaines choses par le moyen du feu ou de la chaleur sans les consumer, pour les rendre propres à un usage : *Cuire du verre, du plâtre, des aliments*; ≠ Rôtir, cuire au contact du feu). En marquant la façon, *Brûler*, terme général, implique une combustion avec ou sans flammes. **Griller**, brûler par contact avec une chose incandescente ou chaude : *Griller une nappe avec une cigarette.* **Arder**, syn. de *brûler*, est tombé en désuétude. — En insistant sur le résultat obtenu, *Brûler* n'implique pas la destruction complète, mais parfois un commencement d'action ou une action passagère : *Brûler son doigt.* **Calciner**, réduire un solide en chaux, d'où le transformer par la chaleur : *Calciner de la houille*; au fig., décomposer en échauffant, en desséchant, amener à la mort en privant de toute substance vivante : *L'abus de l'alcool calcine le corps.* **Carboniser**, au prop. seulement, détruire complètement en réduisant en charbon : *Cadavre carbonisé dans un incendie.* **Incinérer**, réduire en cendres, au prop. seulement, marque toujours un résultat voulu par l'homme : *Incinérer un cadavre, des documents.* ¶ 2 → Rôtir. ¶ 3 → Roussir. ¶ 4 → Chauffer. ¶ 5 → Ronger. — Au fig. ¶ 6 → Cuire. — ¶ 7 Intrans. *Brûler*, se consumer avec ou sans flamme. **Flamber**, se consumer toujours avec des flammes : *Le bois sec flambe; la braise brûle* (à noter qu'employé transitivement, *flamber*, c'est simplement mettre au contact de la flamme pour purifier ou nettoyer : *Flamber un poulet*). — ¶ 8 *Brûler de :* → Vouloir. *Brûler de*, de tous les styles, avoir un désir violent, ardent : *Brûler de servir son roi* (Maint.). **Griller de**, fam., avoir un désir impatient, qui démange : *L'autre grille déjà de conter la nouvelle* (L. F.). ¶ 9 *Brûler pour :* → Aimer. ¶ 10 *Brûler la cervelle :* → Tuer.

Brûleur (toujours suivi d'un complément), celui qui brûle n'importe quoi, pour n'importe quelle raison, mais souvent par impulsion sauvage : Pascal raille la « *bonté et douceur d'un brûleur de grange* ». **Incendiaire** (étym. « brûleur de maison »), celui qui brûle quelque chose d'important, volontairement, par haine ou par ordre, s'emploie toujours absolument : *C'est un Russe qui est l'incendiaire, il a exécuté sa consigne* (Ség.). **Pétroleur** et **Pétroleuse** se sont dits, notamment lors des troubles de la Commune, d'émeutiers qui incendiaient avec du pétrole.

Brumaille, Brume : → Brouillard.

Brumeux : → Obscur.

Brune : → Crépuscule.

Brunir : Devenir brun. *Brunir* signifie le fait d'une manière abstraite et comme une propriété de la chose : *La peau brunit au soleil*; **Se brunir**, le montre en cours d'accomplissement et comme un accident : *Un jaune basané qui se brunit peu à peu* (Buf.).

Brusque : ¶ 1 → Bourru. ¶ 2 → Soudain.

Brusquement : → Coup (tout à).

Brusquer : ¶ 1 → Accélérer. ¶ 2 → Maltraiter.

Brut : → Naturel.

Brutal : ¶ 1 Qui tient de la bête : → Brute. ¶ 2 Sans douceur : → Bourru et Violent.

Brutaliser : → Maltraiter.

Brutalité : → Violence. *Brutalité*, comme **Bestialité** (→ Brute), dit moins que **Barbarie** (→ ce mot) qui ajoute l'idée de cruauté. *Brutalité* se dit surtout de la violence et de la grossièreté dans les mœurs : *La brutalité d'un joueur de rugby. Je trouve les hommes d'aujourd'hui d'une brutalité insupportable* (Mtq.). *Bestialité* implique des instincts inférieurs dus souvent à une dégénérescence : *L'ivrognerie conduit à la bestialité* (Lar.).

Brute : ¶ 1 → Animal. ¶ 2 *Brute*, employé comme nom (la forme de l'adj. est *brut*, *brute*, mais est d'habitude réservée, surtout au masc., pour qualifier les matières qui n'ont pas été dégrossies), qui a les caractères d'une bête, c'est-à-dire l'incapacité de raisonner et la grossièreté : *Le jeune Caton, dans son enfance, semblait un imbécile; peut-être eût-il passé pour une brute jusqu'à l'âge de raison* (J.-J. R.). **Brutal**, n. et adj., implique spéc. rudesse et violence : *Une large déchirure qu'elle avait faite d'un doigt brutal* (Zola). **Bestial**, adj. seulement, implique une vie purement animale, et lorsqu'il l'évoque avec ses instincts les plus grossiers, c'est le terme le plus fort : *Jallez est de ceux qu'on n'entend pas dormir. Son sommeil est aussi peu bestial que possible* (J. Rom.). *Contents de ce qu'ils ont de commun avec les bêtes, ils mènent aussi une vie bestiale* (Bos.).

Bubon : → Tumeur.

Bucolique : ¶ 1 Adj. → Champêtre. ¶ 2 N. → Pastorale.

Buffet : ¶ 1 *Buffet*, armoire qui sert à enfermer l'argenterie, la vaisselle et le linge de table. **Bahut** (→ ce mot) est parfois syn. de *buffet*. **Crédence**, buffet ou console qui sert à déposer les plats, les verres, dans une salle à manger. **Dressoir**, simple étagère sur laquelle on range des porcelaines, de la vaisselle ou de l'argenterie. ¶ 2 → Restaurant et Buvette.

Building : → Immeuble.

Buisson : Lieu planté de petits arbres. *Buisson*, touffe d'arbrisseaux sauvages ou épineux. **Halliers**, réunion de buissons fort épais. **Fourré**, partie des bois très fournie d'arbrisseaux et d'arbustes serrés. **Taillis**, petit bois qu'on coupe à intervalles rapprochés et où l'on ne laisse croître que les arbres de faible dimension, venus de rejets, de souches ou de racines. **Broussailles**, touffe de plantes ligneuses, rabougries, épineuses (ronces, bruyères, genêts, etc.). **Brousse**, étendue couverte d'épaisses broussailles. **Maquis**, nom donné en Corse à un fourré d'arbrisseaux tels que myrtes, arbousiers, lauriers, etc. — Au fig. *maquis* se dit d'un enchevêtrement de difficultés souvent volontaire (→ Labyrinthe) : *Le maquis de la procédure*. *Broussailles*, de difficultés, d'obstacles : *Les broussailles de la philosophie*. *Brousse* ne se dit que d'une solitude sans civilisation.

Bulbe, terme technique, renflement que la tige de plusieurs plantes présente audessus du collet. **Ognon** ou **Oignon** est le terme vulgaire.

Bulle : ¶ 1 Globule rempli d'air. La *Bulle* se forme dans un liquide quelconque par fermentation, insufflation, etc. et parfois s'élève dans l'air : *Bulle de savon*. Le **Bouillon** se forme au fond ou à l'intérieur d'un liquide qui bout, et crève à sa surface. ¶ 2 → Rescrit.

Bulletin : ¶ 1 → Billet. ¶ 2 → Communiqué. ¶ 3 → Journal.

Bungalow : → Villa.

Bureau : ¶ 1 → Cabinet. ¶ 2 → Organisme.

Bureaucrate : → Employé.

Buriner : → Graver.

Burlesque : ¶ 1 → Héroï-comique. ¶ 2 → Comique. Très bouffon. *Burlesque* se dit prop., en termes de littérature, de ce qui provoque le rire par le contraste entre la condition des personnages et le langage qu'on leur prête, ou par quelque disparate grossière. **Grotesque** se dit, en termes de peinture, de ce qui est bizarre, fantasque comme certaines arabesques trouvées en Italie au xvie s. dans des édifices anciens ensevelis appelés *grottes*, et, en conséquence, ridicule par sa forme étrange. *Burlesque* s'applique bien au style ou au langage : *Un accent burlesque* (Ham.), *grotesque* aux descriptions, aux spectacles : *Cérémonies grotesques* (J. Rom.). *Grotesque* dit plus que *burlesque*, car le ridicule peut venir d'une bizarrerie qui n'est pas due simplement à un contraste, mais aussi à une contrefaçon, une caricature de la nature : Victor Hugo appelle *grotesque* tout ce qui n'est pas sublime « *le difforme et l'horrible, le comique et le bouffon* ». ¶ 3 Au fig. → Ridicule.

Buse : → Bête et Sot.

Busqué : → Courbe.

Busquer : → (se) Courber.

But : ¶ 1 Ce à quoi on tend, ce à quoi on s'efforce d'arriver. Le *But* est au bout de la course, plus ou moins éloigné. L'**Objet** est sous les yeux, comme un idéal auquel on se conforme, qui est une véritable raison d'être. La **Fin** marque le résultat d'une action à laquelle elle donne un sens, en rapport avec les moyens pour y arriver : *On tend vers un but, on a tel objet en vue, on agit pour telle fin* (L.). *Un but très défini à atteindre* (J. Rom.). *L'objet de la science n'est pas la théorie, mais l'application* (Tai.). *Les chefs se servent de lui en vue de fins mystérieuses* (J. Rom.). **Objectif**, but précis et concret vers lequel on se dirige par tactique (métaphore militaire) : *Avoir la gloire pour objectif*. On dit aussi en ce sens **Point de mire** : *Cette dignité est le point de mire des ambitieux* (Acad.). — **Destination**, fin pour laquelle une chose est faite ou réservée, ou but vers lequel on l'envoie : *La destination d'un édifice*. ¶ 2 Ce qui dirige la conduite. Le **But** est objectif et extérieur : *But prochain* (J. Rom.). **Vues, Desseins, Visées**, subjectifs, ont rapport à ce qui se passe en nous. Les *vues* sont vagues : *Vues très générales, très vastes* (J. Rom.) : c'est ce à quoi l'on pense. *Visée* est plus précis : c'est ce qu'on ne quitte jamais des yeux en agissant, surtout par ambition : *Avoir de hautes visées* (Acad.). *Dessein* implique une action concertée : c'est ce qu'on veut exécuter : *Je me tais en ce moment sur mes vues et sur le dessein que j'ai de vous attacher étroitement à ma personne* (D'Al.). **Intention** à moins rapport à l'objet à atteindre qu'à l'esprit dans lequel on agit et s'emploie souvent absolument ou par opposition à l'action : *Rectifier le mal de l'action Avec la pureté de notre intention* (Mol.). ¶ 3 *But*, le point que l'on vise au tir, **Butte**, le monticule de terre sur lequel est placé le but, **Cible**, l'objet servant de but pour le tir à l'arc ou des armes à feu. ¶ 4 Au fig. en parlant de celui qui semble visé par une personne ou une chose, *Être le but*, être visé par ce qui ressemble à un trait, dangereux ou non : *Son cœur devint le but de tous les traits* (L. F.). **Être la butte** ou **en butte à**, être poursuivi, persécuté par des choses morales qui semblent accabler de coups : *Être en butte aux attaques de quelqu'un*. **Être la cible** se dit plutôt pour les plaisanteries, les railleries qu'on s'amuse à concentrer sur nous : *Servir de cible aux plaisanteries* (Acad.).

Buté : → Têtu.

Buter : ¶ 1 → Heurter. ¶ 2 → Broncher. ¶ 3 → Appuyer.

Butin : → Proie.

Butor : ¶ 1 → Bête et Lourdaud. **¶ 2** → Impoli.

Butte : ¶ 1 → Hauteur. **¶ 2** → But.

Buvable : → Potable.

Buvette : ¶ 1 Lieu où l'on boit et où l'on mange des aliments légers à des prix modestes. *Buvette*, petit comptoir ouvert à certaines heures dans les palais législatifs et judiciaires, les gares, où l'on sert à boire et parfois à manger : *La buvette du Palais-Bourbon. Le Parlement alla à la buvette* (S.-S.). **Cantine,** buvette de soldats, prisonniers, ouvriers d'un même chantier, pensionnaires d'un même établissement. **Bar,** syn. de café, se dit aussi d'une *buvette* lorsqu'il s'agit d'un établissement assez modeste où l'on boit et mange rapidement autour d'un comptoir, debout ou assis sur de hauts tabourets. **¶ 2** Dans une gare, la *Buvette* est une salle plus modeste installée à côté du **Buffet** (restaurant de grande gare où l'on trouve des repas tout prêts) et où consommations et nourriture sont à un prix inférieur.

Buvoter : → Boire.

C

Cabale : → Intrigue.

Cabalistique : → Secret et Obscur.

Cabane, petite maison plus modeste encore que la chaumière (→ Maisonnette), ou grossièrement construite : *La cabane est pauvre* (V. H.). **Hutte,** cabane informe faite de terre, de bois ou de paille, demeure du sauvage, des misérables ou abri du chasseur : *Ces peuplades vivent sous des huttes* (VOLT.). *Ces huttes* [de la zone] *tenant de la cabane et du terrier* (GONC.). **Cahute,** cabane ou hutte faite de mauvais matériaux : *Méchante cahute* (CHAT.). *Cahute,* du style fam., a pour syn. **Baraque** (au prop. abri en planches hâtivement construit par des soldats) et **Bicoque** (au prop. place de guerre de peu de défense), ce dernier mot insistant sur la fragilité de l'édifice. **Loge,** petit abri fait à la hâte et provisoire : *Une misérable loge de pâtre* (CHAT.). **Logette,** loge étroite ou misérable. **Cabanon,** petite cabane à la campagne, en Provence, qui sert de pied-à-terre ou de hutte de chasseur. **Buron,** petite cabane en Auvergne. Cabane d'indigène aux colonies : → Case.

Cabaner : → Chavirer.

Cabanon : ¶ 1 → Cabane et Villa. ¶ 2 → Cellule.

Cabaret : ¶ 1 Établissement d'un rang inférieur où l'on donne à boire et à manger (≠ Restaurant et Café, plus distingués, ≠ Buvette, comptoir où l'on boit dans une assemblée, une gare). *Cabaret,* primitivement lieu où l'on tenait du vin et où l'on donnait aussi parfois à manger, de nos jours établissement modeste, dans une petite ville ou un village, où l'on boit et mange ; au sens péj., le lieu où l'on s'enivre. **Guinguette,** cabaret de banlieue où l'on danse : *Musique de guinguette* (BEAUM.). — En un sens péj., **Bouchon** (étym. « bouquet » ou « rameau de verdure servant d'enseigne au cabaret »), mauvais ou petit cabaret ; **Taverne,** cabaret ignoble hanté par les ivrognes et la canaille : *Un ivrogne au fond d'une taverne* (BAUD.) ; **Bouge,** cabaret suspect fréquenté par des gens de mauvaise vie ; **Tripot,** cabaret où l'on joue. **Tabagie** s'est dit d'un cabaret où l'on allait fumer. **Tournebride,** cabaret isolé sur la route, vieillit. **Tapis franc,** cabaret mal famé, **Popine,** taverne, sont vx. **Gargote,** mauvais restaurant ou mauvais cabaret. **Caboulot** et **Bistro,** au prop.

café, syn. pop. de *cabaret*. ¶ 2 Établissement distingué : → Restaurant. ¶ 3 → Café-concert.

Cabas : → Panier. *Cabas,* panier en jonc tressé qui sert à emballer des fruits secs : *Cabas de figues* (VOLT.) ; a pour syn., dans le Midi et le Levant, **Couffe, Couffle** et **Couffin** : *Sacs de coton, couffes de riz* (CHAT.).

Cabinet : ¶ 1 Petite pièce servant de dépendance. Le *Cabinet* dépend d'une pièce plus grande et sert à des usages très divers, toilette, travail, conversation. **Réduit,** simple enfoncement dans une pièce : *Dans le réduit obscur d'une alcôve enfoncée* (BOIL.). **Alcôve,** réduit où l'on met un lit. **Ruelle** (espace entre le lit et le mur), au XVIIe s., alcôve ou même chambre à coucher d'une dame de qualité, d'une précieuse. — **Bouge,** vx, cabinet en hémicycle attenant à une chambre et servant de décharge ou de cuisine. ¶ 2 → Lieux d'aisance. ¶ 3 Pièce où l'on se livre à un travail intellectuel. *Cabinet* se dit pour un travail d'ordre supérieur et parfois solitaire, **Bureau,** pour un travail surtout administratif et qui peut être collectif : *Le cabinet d'un médecin, le bureau d'un percepteur. Homme de cabinet,* celui qui aime la vie sédentaire et l'étude ; *Homme de bureau,* celui qui a une aptitude spéciale pour le travail administratif. ¶ 4 Ensemble des ministres. *Cabinet,* absolu, ensemble des ministres assurant la responsabilité du gouvernement devant les chambres ; **Ministère,** l'ensemble des ministres considérés comme un groupe d'individus désignés par le nom de leur président : *Le ministère Poincaré. Conseil de cabinet,* les ministres délibérant hors de la présence du chef de l'État ; *Conseil des ministres,* les ministres délibérant en sa présence. ¶ 5 → Bahut. ¶ 6 → Musée.

Câble : → Cordage.

Câbler : → Télégraphier.

Cabochard : → Têtu.

Caboche : → Tête.

Cabosser : → Bosseler.

Cabot, Cabotin : → Bouffon.

Cabotage : → Navigation.

Caboulot : → Café et Cabaret.

Cabrer [se] : → Résister et (s') Irriter.

Cabri : Le petit de la chèvre. *Cabri* ne se dit que de l'animal vivant surtout considéré comme sauteur et craintif. **Biquet** fam., le cabri considéré par rapport à sa mère : *Non sans dire à son biquet* (L. F.). **Chevreau,** l'animal vivant, considéré comme vif et ardent, ou l'animal mort considéré dans toutes ses utilisations : *Gigot, gants de chevreau.*

Cabriole : → Saut. *Cabriole* (saut de chèvre), tout saut agile fait en se retournant sur soi-même : *Cabriole de clown.* **Culbute,** saut qui consiste à tourner sur soi-même, cul par-dessus tête, après avoir posé la tête ou les mains à terre. **Gambade,** saut sans art et sans cadence : *Gambades de singe* (VOLT.). **Galipette,** pop., surtout au pl., gambade cocasse. — Spéc. en chorégraphie, *Cabriole,* nom générique de tous les sauts et surtout de ceux où les jambes battent l'une contre l'autre. **Entre-chat,** saut léger dans lequel les pieds battent rapidement l'un contre l'autre. **Pirouette,** tour ou suite de tours que le danseur fait sur la pointe des pieds sans changer de place.

Cabriolet : → Menotte.

Caca : → Excrément.

Caché : → Secret.

Cacher : ¶ 1 *Cacher,* soustraire aux regards avec ou sans intention : *Cacher un trésor dans la terre, un proscrit dans un château.* **Dissimuler** (→ ce mot) ajoute une idée de feinte : c'est cacher en faisant croire que l'on ne cache rien ou que l'on cache un autre objet que l'objet réel : *Robe qui dissimule les défauts de la taille* (LIT.). **Musser,** syn. vx de *cacher.* **Receler,** tenir invisible en enfermant, sans intention et sans que la chose soit difficile à trouver : *Un tableau très assombri dans son état actuel, mais qui devait receler dans sa pâte des couleurs vives* (J. ROM.) ; s'emploie surtout de nos jours en termes de droit : cacher, avec intention et frauduleusement, une chose volée ou une personne coupable. **Planquer** (argot) et, abusivement, **Ca-moufler,** cacher en enfermant. **Dérober,** cacher à la vue ce qu'on voyait ou ce qu'on devrait normalement voir : *Par moments les tournants du chemin nous dérobaient les clochers* (PROUST). **Escamo-ter,** fam., dérober par artifice : *Le col empesé, haut et large escamotait les bajoues et les fanons* (MAU.). **Masquer,** cacher en interposant ou s'interposant : *La table de toilette masquait la porte condamnée* (GI.). **Voiler,** cacher comme en interposant un voile : *Nuages voilant le ciel.* **Couvrir,** cacher en recouvrant complètement : *Les vêtements couvrent le corps.* **Ombrager,** fig., cacher par une sorte d'ombre : *De longs cheveux ombrageaient sa tête* (LIT.). **Occul-ter,** en termes d'astronomie, cacher à la vue un rayon, une étoile : *La lune occulte une étoile ;* par ext., de nos jours, cacher une

lumière. *Camoufler,* en ce sens, est pop. **Offusquer,** cacher en rendant terne, obscur, comme un nuage cache le soleil : *Rien n'offusquait sa parfaite clarté* (BAUD.). ¶ 2 Au fig. → Taire et Dissimuler. Empê-cher de voir les choses morales telles qu'elles sont. *Cacher,* prendre toutes ses précautions pour qu'on ne puisse voir ce qui est : *Je crois qu'il est très malheureux et que c'est pour cacher cela qu'il se moque* (GI.). **Se cacher de,** en parlant de ce que l'on fait, suppose une intention plus marquée : *Il ne se cache pas du dessein qu'il avait conçu d'assassiner le duc* (BOS.). **Dérober,** cacher ce qui devrait être vu ou su : *Ces choses qui se font dans un demi-sommeil et que les yeux fermés dérobent au jugement de l'esprit* (J. ROM.). **Voiler,** empêcher de voir nettement en rendant moins clair : *Le latin lui servait à voiler des audaces* (LAV.). **Gazer,** c'est surtout voiler des détails libres, indécents. **Pallier,** empêcher de voir nettement en atténuant : *L'excellence des sentiments palliait les défaillances oratoires* (GI.). **Envelopper,** en parlant du sens des choses seulement, rendre obscur par une ambiguïté volontaire : *Les faiseurs d'énigmes* [sont] *en droit de présenter un sens enveloppé* (FÉN.). **Couvrir,** empêcher de voir en obscurcissant totalement : *Couvrir sa faute* (GI.). — Cacher en empêchant de se manifester : → Enterrer (fig.). ¶ 3 (Réfl.). Ne pas se laisser voir. *Se cacher,* **Se dissi-muler,** **Se dérober** diffèrent comme plus haut. **Se terrer,** se cacher sous terre, par ext., se cacher soigneusement. **S'embus-quer,** se cacher pour surprendre des enne-mis, c'est aussi fam., en temps de guerre, se dérober à ses obligations militaires. **Se planquer,** argotique, c'est simplement se mettre à l'abri.

Cachet : ¶ 1 → Marque. ¶ 2 → Rétribu-tion.

Cachette : ¶ 1 Lieu propre à cacher ou à se cacher. *Cachette,* diminutif de **Cache,** vx, se dit seul au fig. et presque seul de nos jours au prop. **Planque** est argotique. ¶ 2 *En cachette :* → Secrètement.

Cachexie : → Maigreur.

Cachot : → Cellule et Prison.

Cachotterie : → Feinte.

Cachottier : → Secret et Sournois.

Cacochyme : → Maladif.

Cacophonie : → Dissonance.

Cadavre : → Mort.

Cadeau : → Don.

Cadence : → Rythme.

Cadet : Enfant qui n'est pas l'aîné. *Cadet* se dit spéc. du second des fils ou des filles, ou du dernier par opposition à l'ensemble de ses frères et sœurs. **Puîné,** vx, tout enfant né après un frère ou une sœur. **Benjamin,** l'enfant préféré (Jacob préférait Benjamin, le plus jeune de ses fils), souvent l'enfant le plus jeune. **Junior** (en latin, *plus jeune*) et **Jeune** s'ajoutent quelquefois à un nom propre pour distinguer une personne de ses frères aînés : *Rockefeller junior. Fromont jeune et Risler aîné* (A. Daud.).

Cadre : ¶ 1 → Encadrement. ¶ 2 → Décor. ¶ 3 → Disposition.

Cadrer : → Convenir.

Caducée : → Baguette.

Caduc : ¶ 1 → Âgé. En parlant d'un homme qui décline, *Caduc*, abstrait, désigne une qualité inhérente à la vieillesse : *Vieillards caducs* (Her.). **Cassé**, concret, indique que le corps est plié, courbé, en général par l'âge, mais parfois pour une autre raison : *Moins cassé par les infirmités d'un âge avancé que par les austérités d'une vie dure* (Mas.). ¶ 2 → Périssable. ¶ 3 → Nul.

Caducité : → Vieillesse.

Cafard : ¶ 1 → Hypocrite, ¶ 2 → Mouchard. ¶ 3 → Tristesse. ¶ 4 *Cafard* est le nom vulgaire de l'insecte appelé **Blatte** en termes d'entomologie.

Cafarder : → Dénoncer.

Cafarderie : → Hypocrisie. Manière d'agir du cafard. **Cafardise** se dit plutôt d'une manière d'agir, d'un acte particulier, *Cafarderie*, d'une manière d'être permanente.

Café : Établissement où l'on boit. Le *Café*, établissement où l'on buvait du café, succéda, au xviiie s., au **Cabaret** où l'on buvait surtout du vin. De nos jours, le *café* est un établissement assez important où l'on boit assis toutes sortes de boissons chaudes ou froides. **Bar** (mot anglais), café où l'on boit au comptoir, debout ou assis sur de hauts tabourets, se dit aussi bien d'un établissement modeste que du **Bar américain**, bar chic où l'on boit surtout des alcools, et du **Café-bar** où l'on boit à des tables ou au comptoir. **Estaminet,** café où l'on fume, ou salle particulière où l'on fume dans un cabaret, a vieilli en ce sens et désigne plutôt de nos jours, assez péj., un petit café populaire. **Brasserie,** lieu public où l'on consomme de la bière et d'autres boissons et où l'on mange viandes froides, salaisons, choucroutes, etc. **Taverne,** de nos jours, café-restaurant assez luxueux et souvent décoré d'œuvres artistiques. **Bistro** (pop.), *cabaret* et parfois **Buvette** (→ ce mot) désignent fam. un débit de boissons où l'on consomme surtout des alcools et du vin. **Caboulot,** pop., petit café borgne. **Assommoir,** par allusion au roman de Zola, *L'Assommoir*, qualifie parfois dans la langue littéraire, un débit de boissons de la dernière catégorie où l'on se livre à l'alcoolisme.

Café-concert : Établissement où l'on boit en écoutant des chansons. Le **Café-chantant** ou **Musico** était, depuis la fin du xviiie s., un café où chanteurs et musiciens se faisaient entendre. Le *Café-concert* le perfectionna et devint un véritable théâtre où l'on peut fumer, boire et circuler pendant les spectacles (chansons, vaudevilles, revues, etc.). **Cabaret,** de nos jours, établissement chic où l'on boit et mange et où l'on danse, en assistant à un spectacle de chansonniers, à une revue, à des divertissements chorégraphiques. **Caveau,** petit cabaret de chansonniers. **Boîte de nuit** se dit de tout établissement de plaisir ouvert la nuit et spéc. des cabarets. **Beuglant,** café-concert d'ordre inférieur. **Bouiboui,** pop. et péj., théâtre, café-concert, lieu de plaisir vulgaires et mal fréquentés.

Cage, petite loge portative faite de fil de fer ou de menus bâtons d'osier dans laquelle on enferme ordinairement les oiseaux. **Volière,** grande cage où l'on nourrit des oiseaux pour son plaisir, ou réduit entouré de grillages où l'on nourrit des volailles.

Cagibi : → Réduit.

Cagneux : → Tordu.

Cagnotte : → Tirelire.

Cagot : → Bigot et Hypocrite.

Cagoterie, Cagotisme : → Bigoterie et Hypocrisie.

Cagoule : → Capuchon.

Cahier : Assemblage de feuilles de papier réunies (≠ Rame, assemblage de feuilles non réunies). Les feuilles du *Cahier* sont cousues et pliées les unes dans les autres; celles du **Bloc** sont unies légèrement d'un seul côté pour qu'on puisse les détacher. **Carnet,** petit cahier qui peut porter quelques caractères imprimés où l'on notes adresses, comptes. **Calepin,** petit carnet où l'on prend des notes. **Livret,** carnet où sont consignés des renseignements administratifs : *Livret de famille.*

Cahot : → Saut. *Cahot*, le saut que fait une voiture. **Cahotement** et **Cahotage** (péj.), répétition de cahots.

Cahute : → Cabane.

Cailler (se) : Passer de l'état liquide à l'état consistant. *Se cailler*, terme vulgaire, et **Se coaguler**, terme savant, en parlant d'un liquide (spéc. le sang et le lait), prendre une consistance molle et tremblante. **Caillebotter** se prendre en caillots. ne se dit prop. que pour le lait qui forme la caillebotte, masse de lait caillé, et par ext. pour le sang. **Grumeler,** se cailler non en masse, mais en grumeaux, petites matières coagulées dans un liquide : *le lait grumelle.* **Se figer,** s'épaissir sous l'action du froid en parlant des matières grasses, s'emploie seul au fig. : *Tout mon sang se fige de peur* (Mol.). — **Prendre**, terme général, devenir épais ou solide de n'importe quelle manière, sous n'importe quelle action : *Rivière, crème, confiture qui prennent* : → Geler.

Cailleter : → Babiller.

Caillot, petite masse de matière coagulée par une action chimique ou par la chaleur, se dit surtout du sang. **Grumeau,** petite masse d'albumine, de fibrine ou de caséine coagulée dans un liquide spéc. le sang, le pus et surtout le lait.

Caillou : ¶ 1 → Pierre. ¶ 2 → Tête.

Caisse : ¶ 1 Récipient de bois ou d'une autre matière, assez vaste pour recevoir et conserver certains objets solides (≠ Boîte, récipient plus petit). *Caisse*, récipient léger, non fermé ou avec un couvercle cloué, dont on se sert surtout pour expédier des marchandises : *Grande caisse de bois blanc remplie de toutes sortes de confitures sèches* (Les.). **Coffre,** meuble moins haut que long, avec un couvercle, une serrure, où l'on met sous clef de l'argent, du linge, des papiers : *Dix coffres de linge* (Sév.). **Malle,** coffre de bois, de cuir ou de toile dont on se sert en voyage pour transporter ses effets. **Boîtier,** petit coffre à compartiments : *Boîtier de chirurgien.* ¶ 2 Le meuble où l'on met l'argent. L'argent ne fait que passer dans la *Caisse* où il entre et dont il sort pour les besoins du commerce, de l'administration; il reste en réserve dans le **Coffre :** *A force de sentir son argent grossir dans ses coffres* (L. B.). De nos jours, *coffre* tend à être remplacé, au prop., par **Coffre-fort.** ¶ 3 → Tambour.

Caissette : → Boîte.

Cajoler : → Caresser.

Cal, terme vulgaire, et **Calus,** terme chirurgical, durillon (→ Cor) qui vient aux pieds, aux genoux, aux mains. **Callosité,** peau remplie de calus ou qualité de la peau dure comme si elle avait des cals : *Callosités des babouins au-dessous de la région des fesses* (Buf.).

Calamistrer : → Friser.

Calamité : → Malheur. *Calamité*, tout grand malheur selon l'ordre de la nature ou de la Providence, en général public, mais parfois aussi particulier : *Calamités publiques* (Bos.). *Lorsque l'amour au lieu de faire la félicité de la vie en devient la calamité* (Gi.). **Fléau,** grande calamité infligée comme torture ou châtiment : *La première fois que ce fléau* [la peste] *apparaît dans l'histoire, c'est pour frapper les ennemis de Dieu* (Cam.). **Catastrophe,** malheur inattendu, funeste à un individu ou à un peuple, insiste sur le bouleversement

produit dans les âmes ou dans l'ordre des choses : *La catastrophe de Fouquet* (S.-S.). *Les prochaines catastrophes historiques* (J. Rom.); se dit spéc. de tout événement inattendu causant la mort de nombreuses personnes, et enchérit, en ce sens, sur **Accident :** *Un accident d'automobile. Une catastrophe de chemin de fer.* **Désastre** insiste sur le dégât irréparable causé par l'événement : *Les lointaines perspectives d'avenir nous consolent trop facilement des désastres peut-être prochains* (J. Rom.). **Cataclysme** désigne, au physique, un bouleversement terrible dû aux forces de la nature, et s'applique surtout au moral à une catastrophe historique violente, désastreuse qui noie tout comme un déluge : *Cette révolution fut un cataclysme* (Acad.).

Calanque : → Golfe.

Calciner : → Brûler.

Calcul : ¶ 1 Alors qu'**Arithmétique** désigne la science des nombres, *Calcul*, plus fam., désigne la technique qui permet de faire des opérations en appliquant les lois de l'arithmétique : *Un enfant à l'école apprend le calcul, avant de savoir l'arithmétique.* ¶ 2 Au fig. Supputation de l'esprit. Le *Calcul* est intéressé : → Plan. L'**Arithmétique** est purement spéculative, désintéressée : *La morale est l'arithmétique du bonheur* (Vinet).

Calcul : → Sable.

Calculer : → Compter.

Calé : → Instruit.

Calembour : → Jeu de mots.

Calembredaine : → Chanson.

Calendrier, liste de tous les jours de l'année, rangés par mois et par semaines, marqués du nom d'un saint, avec l'indication du commencement des saisons, des variations régulières de la lune, de l'augmentation et de la diminution des jours. L'**Almanach** ajoute des observations astronomiques, des prédictions, des conseils techniques, toutes sortes de récits et même des plaisanteries : c'est parfois même un annuaire (→ ce mot). **Agenda,** registre ou carnet qui contient autant de feuillets blancs ou de colonnes que de jours de l'année, avec un calendrier et en outre des renseignements pouvant servir aux diverses professions : *L'agenda où il inscrivait chaque jour ses observations de malade* (M. d. G.). **Éphémérides,** livre ou simple calendrier dont on détache chaque jour une page et où, généralement, sont rappelés les événements arrivés à la même date. **Ordo,** calendrier ecclésiastique qui indique la manière dont il faut réciter et célébrer l'office de chaque jour.

Calepin : → Cahier.

Caler : → Céder.

Caler : → Fixer.

Calfater : → Boucher.

Calfeutrer : ¶ 1 → Boucher. **¶ 2** → Enfermer.

Calibre : ¶ 1 → Dimension. **¶ 2** → Qualité.

Calice : ¶ 1 → Coupe. **¶ 2** → Mal.

Calicot : → Vendeur.

Califourchon : ¶ 1 → Manie. **¶ 2** *A califourchon :* → (à) Cheval.

Câlin : → Caressant.

Câliner : ¶ 1 → Caresser. **¶ 2** → Soigner.

Câlinerie : → Tendresse.

Calligraphie : → Écriture.

Calligraphier : → Écrire.

Callosité : → Cal.

Calmant se dit de tous les remèdes qui apaisent la surexcitation ou la douleur physique; **Analgésique,** terme médical, d'un remède qui produit l'insensibilité à la douleur. **Sédatif,** terme médical, se dit plutôt d'un remède qui modère l'activité excessive d'un organe ou d'un système d'organes : *L'aspirine est un calmant ou un analgésique, la digitale un calmant ou un sédatif de l'action du cœur.*

Calme : ¶ 1 Adj. → Tranquille et Impassible. — N. **¶ 2** → Tranquillité. **¶ 3** En parlant du temps, *Calme,* cessation du vent après l'orage, **Bonace,** vx, état de la mer apaisée, souvent par opposition à une tempête à venir : *Il fera succéder l'orage à la bonace* (Corn.).

Calmer : ¶ 1 → Apaiser. **¶ 2** → Soulager et Tranquilliser.

Calomnier : → Médire.

Calotin : → Bigot.

Calotte : ¶ 1 → Bonnet. **¶ 2** → Tape.

Calumet : → Pipe.

Calquer : → Imiter.

Calus : → Cal.

Camarade : → Ami et Compagnon. Pour désigner celui avec qui on a fait ses études, *Camarade* marque une liaison ou une solidarité que n'implique pas **Condisciple,** compagnon d'études ou de collège : [Un jeune homme] *dont il avait été camarade de classe, puis condisciple à la Faculté de théologie* (Gi.); à noter que les élèves des différentes promotions d'une grande École se disent *camarades* sans être *condisciples.* **Labadens,** fam., nom d'un personnage de Labiche, camarade de collège ou de pension qu'on retrouve longtemps après.

Camard : → Camus.

Camarilla : → Coterie.

Cambrouse : → Campagne.

Cambrer [se] : → (se) Courber.

Cambrioler : → Voler.

Cambuse : ¶ 1 → Réfectoire. **¶ 2** → Taudis et Hôtel.

Camelot : → Marchand forain.

Camelote : ¶ 1 → Marchandise. **¶ 2** → Saleté.

Camérier : → Chambellan.

Camérière, Camériste : → Servante.

Camion : → Chariot.

Camisole : ¶ 1 → Chemise. **¶ 2** → Corsage.

Camoufler : ¶ 1 → Déguiser. **¶ 2** → Cacher.

Camouflet : → Avanie.

Camp : ¶ 1 *Camp,* espace de terrain, en général loin des lieux habités, où une troupe est établie sous des tentes ou dans des baraquements, pour s'y loger ou s'y retrancher. **Campement,** le camp considéré du point de vue de son organisation et de sa situation : *Le prince, par son campement, avait mis en sûreté non seulement toute notre frontière, mais encore tous nos soldats* (Bos.). **Bivouac,** campement provisoire et en plein air, autour d'un feu. **Cantonnement,** lieu habité où les troupes s'installent temporairement. **Quartiers,** lieu où s'est établie une troupe en général pour assez longtemps, s'applique, dans le langage militaire, à un camp, un cantonnement ou même une caserne. **¶ 2** Pour les civils, *Camp,* groupement de tentes ou de baraques organisé d'une façon militaire : *Camp de scouts, de réfugiés.* **Campement,** camp provisoire ou mal organisé : *Campement de bohémiens.* — **Camping,** action de camper, en parlant d'une caravane d'excursionnistes munis de tentes, d'un matériel de cuisine. **¶ 3** → Parti.

Campagnard : → Champêtre et Paysan.

Campagne : ¶ 1 Ce qui n'est pas la ville. *Campagne* (par opposition à bois, montagne), étendue de pays plat et découvert et, par opposition à ville, endroit où l'on respire, où l'on vit sainement, où l'on jouit d'une belle vue : *Maisons de campagne agréablement situées* (Fén.). **Nature,** en un sens plus large, tout le monde physique, dans tous ses aspects, par opposition à l'homme et à sa civilisation. **Champs,** campagne cultivée et, par opposition à ville, lieu où l'on vit librement, dans une sorte de pureté primitive : *Les grands bois et les champs sont de vastes asiles, Libres comme la mer autour des sombres îles. Marche à travers les champs une fleur à la main. La Nature t'attend dans un silence austère* (Vi.). **Sillons,** champs cultivés, est poét. : *Qu'un sang impur Abreuve nos sillons* (La Marseillaise). **Cambrouse** et **Brousse,** fam. et péj., la campagne envisagée comme un lieu perdu, sans civilisation. ¶ 2 *Campagne,* maison à la campagne et les terres qui en dépendent, fait surtout penser à l'agrément : *Steiner a acheté une campagne dans les environs* (ZOLA). **Maison des champs** désigne quelque chose de plus simple qui peut être la demeure d'un paysan. **Propriété** et **Domaine** (→ Biens), vaste campagne souvent envisagée du point de vue de sa valeur ou de l'exploitation (→ Château). ¶ 3 → Propagande. ¶ 4 → Expédition.

Campane : → Cloche.

Campanile : → Clocher.

Campement, Camping : → Camp.

Camus : ¶ 1 *Camus* se dit d'un nez court et plat et des personnes et de quelques animaux (cheval, chien, etc.) qui l'ont ainsi : *Fille assez jolie quoiqu'un peu camuse* (MARM.). **Camard,** fam. et péj., en parlant des personnes seulement, camus avec quelque chose de commun, grossier ou grotesque : *Une grosse camarde qui n'avait l'air que d'une servante* (S.-S.). En parlant de la forme du nez seulement, **Aplati** insiste sur sa platitude, **Écrasé** ajoute qu'il donne l'impression d'avoir subi un choc, **Épaté,** qu'il est camus avec une large base; **Sime** (vx), syn. de *camus* en termes d'histoire naturelle : *Sime ou camuse* (BUF.); **Écaché,** syn. vx d'*écrasé.* ¶ 2 → Honteux.

Canaille : ¶ 1 → Populace. ¶ 2 → Vaurien.

Canal : ¶ 1 Passage d'une certaine longueur et d'une certaine capacité. Le *Canal* et le **Conduit** sont naturels ou fabriqués et de dimensions très diverses; dans le *canal* passent surtout des liquides et quelquefois des gaz, dans le *conduit,* n'importe quoi : *Les canaux du sang* (CORN.). *Le conduit par où l'air qu'on aspire est porté dans les poumons* (Bos.). **Tuyau,** conduit, en général assez petit, de fer, de bois, de plomb, de terre cuite, et par ext. tout ce qui a la forme d'un tuyau : *Le tuyau de l'oreille* (ACAD.). ¶ 2 → Pièce d'eau et Lit de rivière. ¶ 3 Conduit artificiel pour diriger les eaux courantes d'un lieu à un autre. Le *Canal* admet des constructions et des destinations fort diverses : *Canal de flottage, d'irrigation, de navigation.* **Aqueduc,** canal en maçonnerie pour conduire les eaux avec pente réglée, sur un terrain plus ou moins accidenté, surtout pour l'alimentation en eau potable. — Petit canal : → Rigole. ¶ 4 → Détroit. ¶ 5 → Entremise.

Canalisation : → Conduite.

Canapé : → Siège. *Canapé* (XVIIe s.), long

siège à dossier et à accoudoirs où peuvent s'asseoir plusieurs personnes et où une seule peut s'étendre. **Causeuse** (XIXe s.), petit canapé à deux places, le plus souvent capitonné. **Chaise longue,** canapé qui n'a de dossier qu'à une de ses extrémités. **Sopha** ou **Sofa** (XVIIIe s.), lit de repos à trois dossiers dont on se sert aussi comme siège; le *sopha,* souvent confondu au XVIIIe s. avec le *canapé,* a une banquette beaucoup plus profonde. **Divan** (fin du XVIIIe s.), large sopha sans dossier qui peut servir de siège pour plusieurs personnes, ou de lit (**Divan-lit**). **Cosy-corner,** divan-lit, dans une encoignure, surmonté d'une étagère à livres et à bibelots. **Méridienne,** sorte de sopha à trois dossiers inégaux, très à la mode dans la deuxième partie de XVIIIe s.

Canard : → Nouvelle et Journal.

Canarder : → Tirer.

Canasson : → Cheval.

Cancan : → Médisance.

Cancaner : → Médire.

Cancer : → Tumeur.

Cancre : → Élève et Paresseux.

Candélabre : → Chandelier.

Candeur : → Simplicité.

Candidat : → Postulant.

Candide : → Simple.

Caner : → Céder.

Canette : → Bouteille.

Canevas : → Ébauche.

Canicule : → Été.

Canif : → Couteau.

Caniveau : → Rigole.

Canne : → Bâton.

Cannelure : → Sillon.

Cannibale : → Anthropophage.

Canoë : → Embarcation.

Canon : ¶ 1 → Décision. ¶ 2 → Règle. ¶ 3 → Modèle.

Canon : → Pièce d'artillerie.

Cañon : → Défilé.

Canoniser : → Béatifier.

Canonner : → Bombarder.

Canot : → Embarcation.

Cantate : → Chant.

Cantatrice : → Chanteuse.

Cantilène : → Chant.

Cantine : ¶ 1 → Buvette. ¶ 2 → Réfectoire. ¶ 3 → Malle.

Cantique, chez les Hébreux, chant d'action de grâces consacré à la gloire de Dieu, de nos jours, chant d'église en langue vulgaire. **Noël,** cantique populaire sur la naissance de Jésus. **Psaumes,** les Cantiques composés par David, traduits en latin ou en français. **Hymne,** fém. en ce sens, prière en latin, en strophes conformes à la prosodie latine, et qu'on chante dans l'église. **Antienne,** hymne en l'honneur de la Vierge. **Prose,** prière latine rimée dans laquelle on observe seulement le nombre des syllabes sans avoir égard à la quantité prosodique. **Répons,** chant exécuté alternativement par le chœur et par un soliste. **Motet,** morceau de musique vocale écrit sur des paroles latines tirées de la liturgie (psaumes, hymnes, antiennes, etc.).

Canton : → Lieu.

Cantonnement : → Camp.

Cap : ¶ 1 Pointe de terre élevée qui s'avance dans la mer. *Cap* implique moins d'élévation que **Promontoire** (étym. « cap terminé par une montagne »). **Pointe,** espace de terre ou de rochers qui s'avance dans la mer en se rétrécissant. — **Bec,** pointe de terre au confluent de deux cours d'eau : *Le bec d'Ambès.* **¶ 2** → Tête.

Capable : → Propre à. En parlant d'un homme, *Capable,* qui a toutes les qualités requises pour quelque chose : *Très capable dans sa partie* (Gı.). **Habile,** qui fait bien, avec facilité : *Le capable peut et l'habile exécute* (Volt.). **Adroit** ne se dit au sens d'*habile* que pour des actes simples ou particuliers : *Le duc était à St-James un adroit courtisan, dans les pays étrangers le plus habile des négociateurs de son siècle* (Volt.). **Qualifié,** qui a un titre pour faire quelque chose : *Je ne me sens pas qualifié pour intervenir dans ce débat* (Acad.). **Compétent** diffère de *capable* comme *compétence* de *capacité* (→ ce mot). — En insistant sur la facilité à inventer : **Ingénieux,** qui a de la sagacité, de l'invention, **Industrieux,** qui joint à l'ingéniosité de l'adresse dans la réalisation : *La main industrieuse de l'art a conduit les eaux, un caprice ingénieux semble avoir dessiné ces jardins* (Marm.); au sens fam : → Malin. — En insistant sur la facilité de concevoir, **Intelligent,** plus noble qu'**Entendu,** marque plutôt une faculté naturelle, *entendu,* une qualité acquise ou reçue avec parfois simplement l'idée qu'on est sûr de sa capacité : *Lecteur intelligent* (D'Al.). *Ouvrier entendu* (Volt.). *Ton sage et fin* (A. Four.). — En insistant sur l'habileté qui vient de l'expérience, **Expérimenté,** instruit passivement par l'expérience, à qui les choses sont connues par un long usage : *Expert* ajoute l'idée d'adresse due à l'expérience, dans une activité spéciale : *Les plus expérimentés dans les affaires font des fautes*

capitales (Volt.). *Le cœur est expert en tromperies* (Chat.). *Expert aux barricades* (Lav.). **Versé dans,** *expérimenté,* surtout en parlant de celui qui étudie les matières intellectuelles qui l'attirent : *Les plus versés dans les belles-lettres* (S.-S.). **Fort** implique la supériorité dans une spécialité donnée, grâce aux qualités précédentes : *Fort en thème; aux échecs.*

Capacité : ¶ 1 → Contenance. **¶ 2** → Disposition. *Capacité,* terme général qui se dit absolument d'un sujet, le fait d'avoir toutes les qualités requises, aptitudes et connaissances pour faire une chose importante ou remplir une fonction : *Faire des jugements sur les capacités des médecins* (M. d. G.). **Compétence,** capacité reconnue en telle ou telle matière et qui donne le droit d'en juger : *La compétence de Vaugelas dans les questions grammaticales* (Lit.). **Aptitude,** le fait qu'on réunit toutes les conditions nécessaires pour accéder à une fonction, un emploi : *Certificat d'aptitude professionnelle.* **Suffisance,** syn. vx de *capacité.* **Habileté** (→ ce mot), **Adresse, Industrie, Ingéniosité, Intelligence, Expérience, Force :** → Capable.

Caparaçonné : → Vêtu.

Cape : → Manteau.

Capharnaüm : → Bric-à-brac.

Capitaine : → Chef.

Capital : ¶ 1 Adj. → Principal. **¶ 2** N. → Fonds.

Capitale : ¶ 1 Ville principale d'un État ou d'une province. *Capitale,* ville où siègent (ou ont siégé) les pouvoirs publics. **Métropole,** capitale d'une province sous l'empire romain, de nos jours, ville avec un siège archiépiscopal : *Toulouse est une métropole et la capitale du Languedoc.* — Au fig., *capitale,* la ville principale dans un ordre déterminé : *Upsal, la capitale littéraire de la Suède* (C.). *Métropole,* du style relevé, ville qui a une influence matérielle ou spirituelle, semble donner la vie à quelque chose : *Londres, métropole du luxe* (V. H.). **¶ 2** → Majuscule.

Capitaliste : → Riche.

Capitan : → Bravache.

Capiteux : → Enivrant.

Capitonner : → Rembourrer.

Capitulation, convention qui règle à quelles conditions une troupe, une place se rendent. **Reddition,** le fait de se rendre (en général en vertu d'une capitulation) ou de rendre à l'ennemi le poste qu'on défend — Au fig. → Accommodement.

Capituler : ¶ 1 *Capituler. Se rendre :* → Capitulation. **¶ 2** → Céder.

Capon : ¶ 1 → Lâche. **¶ 2** → Mouchard.

Caponner : → Dénoncer.

Caporalisme : → Militarisme.

Capot : → Honteux.

Capote : → Manteau.

Capoter : → Culbuter.

Capsule : → Enveloppe.

Caprice : ¶ 1 Disposition de l'âme tout à fait irrationnelle et étrange (≠ Coup de tête et Manie). *Caprice*, volonté, détermination subite qui vient sans aucune raison : *Caprice d'enfant; d'une heure* (ZOLA). **Fantaisie**, goût arbitraire et passager : *C'est la fantaisie plutôt que le goût qui produit tant de modes nouvelles* (VOLT.). *Elle eut des fantaisies de fille sentimentale. Elle regardait la lune pendant des heures* (ZOLA). **Volontés**, au pl., caprices imposés aux autres ou satisfaits en leur désobéissant : *Faire ses quatre volontés*. **Humeur**, disposition passive, manière d'être naturelle ou accidentelle, due au tempérament et irrationnelle, qui rend souvent difficiles les relations avec autrui : *Nous agissons par humeur et non par raison* (PASC.). En insistant sur les façons de penser ou d'agir, **Boutade**, coup porté par humeur, en général désagréable : *Pousser jusqu'à l'excès ma critique boutade* (BOIL.); **Saillie**, sorte de mouvement imprévu et vif comme un saut, dans la conduite : *Le mot saillie vient de sauter; avoir des saillies, c'est passer sans gradation d'une idée à une autre qui peut s'y allier* (VAUV.). En un sens fam., **Vertigo**, fantaisie ou caprice brusque, accidentel qui prend comme un vertige : *Voyons un peu quel vertigo lui prend* (MOL.); **Quinte**, vx, caprice ou fantaisie qui revient par accès; **Lubie**, péj., caprice extravagant, digne d'un fou : *Une lubie de malade* (MAU.); **Foucade** ou **Fougade**, caprice impétueux et désordonné qui est déjà un coup de tête (→ ce mot) : *Il travaille par fougades* (LIT.); **Toquade**, pop., caprice, fantaisie tournant à la manie (→ ce mot) : *Avoir une toquade pour les bibelots*. **Lune**, caprice, dans la loc. *Avoir des lunes*. **¶ 2** *Caprice*, amour soudain, inexplicable et très court : *Un caprice* (MUS.). **Toquade**, fam., et surtout **Béguin** et **Pépin**, vulgaires, renchérissent et marquent déjà un désir passionné qui obsède : *Elle avait tout sacrifié à une toquade* (ZOLA). *Un commencement de béguin* (ZOLA). **Fantaisie**, désir qui est le résultat d'un goût soudain et passager : *Néron se prend de fantaisie pour une affranchie* (DID.). **Amourette**, amour sans conséquence, qui ne va pas jusqu'à la passion : *Une jeune fille qui n'ait pas eu déjà une amourette quelconque, en tout bien tout honneur* (J. ROM.). **Passade**, commerce avec une femme que l'on quitte aussitôt : *Des liaisons d'une nuit, de continuelles passades* (ZOLA). **Flirt**, relations coquettes et sentimentales entre un homme et une femme, par plaisir et sans aller plus loin : *Jaloux de sa femme au point de ne lui avoir jamais pardonné un vague flirt de jeune fille* (MAU.). **Idylle** peut impliquer un sentiment assez profond et durable, mais comporte l'idée d'une pureté chaste : *Un besoin d'idylle, de quelque chose de doux et de blanc* (ZOLA).

Capricieux : Qui déconcerte par son inconséquence. On est *Capricieux* dans ses déterminations qui ont quelque chose de brusque et de tyrannique, **Fantasque**, dans ses goûts, ses idées : *Un sort capricieux* (CORN.). *Une divinité fantasque, aux imprévisibles desseins* (MAU.). **Lunatique**, incertain et changeant dans ses déterminations et ses goûts, plutôt par absence de volonté, comme sous l'influence de la lune. **Quinteux**, fam., capricieux et rétif en parlant d'un animal, se dit d'un être qui a des caprices et de l'humeur par accès, souvent par contradiction : *Quand je veux dire blanc, la quinteuse* [rime] *dit noir* (BOIL.). **Bizarre** se dit d'un homme qui se singularise et choque à cause des défauts précédents, ou simplement parce qu'il pense différemment des autres : *Le voilà fou, superbe, impertinent, bizarre* (BOIL.). **Hétéroclite**, vx et fam., bizarre par son allure, plus ridicule que déplaisant. **Extravagant** ajoute à *bizarre* l'absence totale de sens commun : → Fou.

Capter : ¶ 1 → Obtenir. **¶ 2** → Gagner.

Captieux : → Trompeur.

Captif : → Prisonnier.

Captivant : → Attirant et Intéressant.

Captiver : → Gagner.

Capture : Action de s'emparer de quelque chose, de quelqu'un, ou son résultat. *Capture*, souvent terme de jurisprudence ou de science, implique une idée de poursuite ou de lutte : *Capture d'un malfaiteur*; ou insiste sur un résultat important : *Quelque capture considérable* (LES.). **Prise**, du langage vulgaire, désigne l'action de prendre, sans précision : *On aime mieux la chasse que la prise* (PASC.); et se dit seul pour une chose fixe : *La prise de Gand* (SÉV.) : → Proie.

Capturer : → Prendre.

Capuchon, vêtement de tête faisant partie d'un manteau ou d'un froc qui se rabat comme un bonnet ou se rejette en arrière. **Cagoule**, capuchon couvrant le visage et percé à l'endroit des yeux. **Cuculle**, capuchon romain, et capuchon (ou même vêtement) de certains ordres religieux.

Caquet : → Babil. *Caquet*, le fait de caqueter ou la multitude des propos inutiles, **Caquetage**, le caquet relativement au bruit qu'il fait, **Caqueterie,** la manie de caqueter : *Rabattre le caquet. Doux caquetage* (BÉRANG.). *Caqueteries sans fin* (LIT.).

Caqueter : → Babiller.

Car : → Parce que.

Car : → Autobus.

Carabin : → Médecin.

Carabine : → Fusil.

Caractère : ¶ 1 Signe tracé ou écrit. *Caractère,* toute marque ayant une signification quelconque (en écriture, imprimerie, mais aussi en algèbre, chimie, etc.). **Lettre,** caractère qui sert à l'imprimerie et à l'écriture : en ce sens *caractère* se dit plutôt en imprimerie et désigne les lettres considérées quant à la forme, la grosseur, la matière, et séparées : *Je suis plus charmée de la grosseur des caractères que de la bonté du style* (SÉV.). *Lettre* se dit plutôt pour l'écriture et quand on considère les lettres sous le rapport de leur valeur phonique et du sens qu'elles ont réunies en mots : *Un sot en trois lettres* (MOL.). **Sigle,** terme de paléographie, lettre initiale employée comme signe abréviatif. **Texte,** terme d'imprimerie, caractère défini par sa grosseur. ¶ 2 → Type. ¶ 3 Signe distinctif d'une nation, d'une langue, etc. *Caractère,* ensemble de qualités ou qualité principale. **Génie,** ensemble des aptitudes ou aptitude dominante : *Le caractère de la langue française est la clarté; son génie, suivant Voltaire, la rend particulièrement propre à la conversation* (L.). ¶ 4 → Marque. ¶ 5 → Qualité. ¶ 6 → Titre. ¶ 7 → Naturel. ¶ 8 → Mœurs. ¶ 9 → Fermeté. ¶ 10 → Expression.

Caractéristique : → Significatif. *Caractéristique,* qui sert de signe distinctif à un individu ou à une chose particulière. **Typique,** qui peut servir de symbole à une classe d'êtres ou de choses : *Rastignac est caractéristique de la société du XIXᵉ s.* parce qu'il marque un trait distinctif de cette société, l'arrivisme; il est *typique,* parce qu'il est le symbole d'une classe d'êtres, les arrivistes.

Caramboler : → Heurter.

Caravane : → Troupe.

Carbonade : → Grillade.

Carboniser : → Brûler.

Carburant : → Combustible.

Carcan : ¶ 1 → Cheval. ¶ 2 → Collier.

Carcasse : ¶ 1 Ensemble des os décharnés. *Carcasse,* ossements du corps d'un animal mort, lorsqu'il n'y a plus guère de chair et qu'ils tiennent encore ensemble; ne se dit du squelette de l'homme ou de son corps vivant qu'en un sens très fam. et souvent

péj. : *Quelle confiance dans ma carcasse!* (M. D. G.). **Squelette,** tous les ossements d'un corps mort et privé de sa chair, se dit de l'homme mort et par ext. vivant, et, en termes de science seulement, des animaux vertébrés : *Ronger une carcasse de poulet; étudier le squelette du poulet. Le peintre qui fait notre portrait ne montre pas notre squelette* (MAUP.). **Charpente** ne se dit que du squelette d'un être vivant, considéré comme soutenant le corps : *Les os mêmes, la puissante charpente du corps* (MICH.); et en termes de science dans l'expression *Charpente osseuse.* **Ossature,** l'ensemble des os d'un homme ou d'un animal, non considérés comme formant un ensemble. — Au fig. ¶ 2 Personne maigre. *Carcasse* ajoute à **Squelette** une idée de dénigrement et de dégoût : *Je ne suis plus qu'un squelette qui marche* (FÉN.). *Le mariage ne sied point à une carcasse décharnée comme la vôtre* (REGN.). ¶ 3 Éléments constitutifs d'une œuvre d'art. *Carcasse* désigne plutôt le schéma, le canevas, sur lesquels on bâtit (→ Ébauche) : *Ils cachent la psychologie au lieu de l'étaler, ils en font la carcasse de l'œuvre comme l'ossature invisible est la carcasse du corps humain* (MAUP.). **Charpente,** la structure qui soutient une œuvre déjà faite : *Tout bon ouvrage dramatique doit contenir une charpente* (GAUT.). **Ossature,** les éléments essentiels, sans idée de plan : *L'ossature d'un discours* (ACAD.).

Cardinal : → Principal.

Carême : → Jeûne.

Carence : ¶ 1 → Manque. ¶ 2 → Manquement. ¶ 3 → Défection.

Caressant se dit des personnes, des animaux, des choses, et au fig. de l'air, des manières qui, pour n'importe quelle raison, donnent, au physique ou au moral, l'impression d'une caresse : *Un enfant, un chien caressant. Regard caressant* (RAC.). *Vent caressant.* **Câlin** ne se dit que des personnes qui aiment à être caressées ou savent le faire, avec un abandon voluptueux, ou afin de témoigner l'amour, la confiance ou d'obtenir quelque chose : *Humble et câline, frottant son menton de chatte sur son gilet* (ZOLA).

Caresse : → Tendresse.

Caresser : ¶ 1 *Caresser,* témoigner son affection par un contact prolongé et agréable de la main, ou un embrassement, souvent en ajoutant des mots tendres : *Et soit frayeur encor, ou pour me caresser, De ses bras innocents je me sentis presser* (RAC.). **Flatter** dit moins : toucher doucement de la main pour montrer son affection ou son approbation : *Cymodocée flattait son vieux père de sa belle main* (CHAT.). **Bouchonner,** vx et fam., caresser tendrement en cajolant : *Je te caresserai, je te bouchon-nerai, baiserai, mangerai* (Mol.). **Peloter,** vulgaire, manier doucement en caressant voluptueusement. ¶ 2 → Effleurer. ¶ 3 Au fig. Chercher à plaire, à gagner par ses manières ou ses discours. *Caresser* implique qu'on s'adresse à la sensibilité par la démonstration d'un sentiment affectueux : *Caresser et chérir le meurtrier de son père* (Pasc.); **Flatter,** à l'esprit par des louanges ou des satisfactions souvent mensongères : *Flatté dans son orgueil de père* (Zola). **Chatouiller,** fam., plaire en émouvant agréablement, surtout la vanité : *Ces noms de roi des rois et de chef de la Grèce Chatouillaient de mon cœur l'orgueilleuse faiblesse* (Rac.). **Amadouer,** fam., employer de petits moyens industrieux pour amener doucement à un but quelqu'un qui résiste : *Elle le flatte, le supplie, l'implore, l'amadoue* (B. S.-P.). **Cajoler,** caresser doucement par des paroles, parfois pour amener dans un piège (souvent en parlant d'une femme qu'on veut séduire) : *Résolu de plier devant Eugénie, de la cajoler, de l'amadouer* [afin de l'épouser] (Balz.). **Câliner** diffère de *caresser* comme les adj. correspondants (→ Caressant). **Bercer,** fig., amuser, flatter d'espérances plus ou moins vaines ou éloignées : *Elle cajola sa nièce de douces paroles, lui promit un heureux avenir, la berça par des promesses d'amour* (Balz.). **Aduler,** du style relevé, flatter avec servilité et fausseté : *Reine adulée* (Balz.). *Trop adulé par le monde pour avoir de grands sentiments* (Balz.). **Flagorner,** flatter fréquemment, d'une façon impudente et parfois maladroite, un supérieur ou un sot : *Es-tu prince pour qu'on te flagorne?* (Beaum.). En style fam. et vulgaire, **Peloter** flatter bassement, **Faire du plat, Lécher les bottes de,** flatter, courtiser en s'avilissant. — A noter qu'au prop. comme au fig. **Faire des caresses** s'emploie de préférence à *caresser* pour marquer l'action dans un cas particulier ou des témoignages d'affection qui équivalent à des caresses sans en être forcément : *Nous caressons un chien; il nous fait des caresses.*

Cargo : → Bateau.

Caricature : → Charge.

Carillon : ¶ 1 → Cloche. ¶ 2 → Horloge. ¶ 3 → Tapage.

Carillonner : ¶ 1 → Sonner. ¶ 2 → Publier.

Carmin : → Rouge.

Carnage : Meurtre ou mise à mort d'un certain nombre d'êtres à la fois. *Carnage* insiste sur la violence de l'action et sur son résultat sanglant : *Vivre par le carnage et la destruction des créatures vivantes* (Berth.); **Boucherie,** plus fam. et péj., sur le fait que les victimes sont comme un troupeau voué à l'abattoir : *Ils firent voir l'horreur de la guerre*

et appelèrent boucheries les hécatombes (Mus) ; **Massacre,** sur le fait qu'on tue pêle-mêle, en masse, et dans la plus grande confusion : *Le massacre des innocentes populations civiles* (M. d. G.). **Tuerie,** fam., insiste sur le résultat de l'action et désigne quelque chose de moins vaste que le *massacre*, de moins violent que le *carnage*, avec des victimes qui ne sont pas sans défense, comme dans la *boucherie* : [Au passage du Rhin] *voilà où se fit la tuerie* (Sév.). **Hécatombe** (en grec, « sacrifice de cent bœufs ») garde souvent, au fig., la nuance de massacre offert en sacrifice à une puissance quelconque, et se dit, en un sens très général, d'un très grand massacre : *Une hécatombe d'innombrables victimes expiatoires* (M. d. G.). **Saint-Barthélemy,** par allusion au massacre des protestants sous Charles IX, s'emploie parfois au fig. comme syn. de *massacre* : *Une Saint-Barthélemy de clématites* (Duh.). **Pogrom,** massacre de Juifs.

Carnassier : → Carnivore.

Carnassière : → Gibecière.

Carnation : → Couleur.

Carnaval : → Mascarade.

Carne : ¶ 1 → Chair. ¶ 2 → Cheval. ¶ 3 → Mégère.

Carnet : → Cahier.

Carnier : → Gibecière.

Carnivore, terme scientifique, désigne tous les êtres qui mangent de la chair : *L'homme carnivore et frugivore* (Marm.); **Carnassier,** terme commun et scientifique, ceux qui ne mangent que de la chair crue, et souvent avec une avidité féroce : *La proie était l'unique sujet de combat des animaux carnassiers* (J.-J. R.).

Carogne : → Mégère.

Carotter : → Tromper.

Carpette : → Tapis.

Carré : ¶ 1 Adj. → Franc. ¶ 2 N. → Palier.

Carreau : ¶ 1 → Dalle. ¶ 2 → Vitre. ¶ 3 → Coussin. ¶ 4 → Trait.

Carrefour, terme général, endroit où se croisent plusieurs routes, chemins ou rues : *Carrefour d'une forêt* (B. S.-P.). *Les carrefours de nos cités* (Chat.). **Rond-point,** grande place circulaire où aboutissent plusieurs avenues ou allées. **Patte d'oie,** lieu où se joignent trois allées imitant la patte de l'oie, se dit, par ext., pour plus de trois chemins. **Étoile,** point central d'où plusieurs allées rayonnent comme une étoile : *Une sorte d'étoile où concourent quelques allées* (Did.). **Croisée,** lieu où se rencontrent deux chemins. **Croisement,** le fait que deux chemins se croisent, s'emploie souvent au sens de *croisée* et dans le langage des chemins de fer désigne l'endroit où deux lignes se croisent. **Bivoie,** terme d'eaux et forêts, lieu où deux chemins aboutissent. Lieu où deux voies se séparent : → Fourche.

Carrelet : → Règle et Filet.

Carrer [se] : → (se) Prélasser.

Carrière : ¶ 1 → Champ. ¶ 2 → Cours et Course. ¶ 3 → Profession.

Carriole : → Charrette.

Carrosse : → Coche.

Carrousel : → Tournoi.

Cartable : → Carton.

Carte : ¶ 1 Feuille épaisse de papier. La *Carte* est faite de plusieurs feuilles de papier collées ensemble, le **Carton,** d'une pâte à papier broyée, battue, collée et séchée sous une presse. **Bristol,** sorte de carte composée d'un certain nombre de feuilles de papier à dessin superposées et collées ensemble. ¶ 2 → Billet. ¶ 3 → Menu. ¶ 4 → Lettre. ¶ 5 *Carte* ou *Carte de visite,* petite carte portant le nom d'une personne qu'on laisse pour marquer une visite, qu'on envoie avec des souhaits, etc. **Bristol,** fam. ou affecté en ce sens, carte de visite ou d'invitation, en bristol ou non. ¶ 6 *Carte* se dit aussi d'une feuille de papier sur laquelle est représentée quelque partie de la terre. **Carton,** petite carte placée dans l'angle d'une carte et donnant, à plus grande échelle, la figuration d'une partie du même tracé. **Mappemonde** (étym. « carte du monde »), carte représentant toutes les parties du globe terrestre divisé en deux hémisphères, ou carte du ciel. **Planisphère,** terme technique, projection d'une sphère ou d'un globe sur un plan, pour les usages de la géométrie ou de l'astronomie, d'où carte représentant la projection sur un plan du globe terrestre ou céleste. ¶ 7 → Compte.

Cartel : ¶ 1 → Défi. ¶ 2 → Traité. ¶ 3 → Trust. ¶ 4 → Encadrement. ¶ 5 → Horloge.

Cartomancien : → Devin.

Carton : ¶ 1 → Carte. ¶ 2 → Feuille. ¶ 3 → Portefeuille. *Carton,* qui désigne toute boîte en carton, se dit spéc. d'un grand portefeuille de carton où l'on met des dessins, du papier : *Carton à dessin. Projet de loi resté dans les cartons du Ministère* (ACAD.). **Cartable,** large carton qu'on pose sur un bureau pour écrire, appelé aussi **Sous-main,** ou carton fermé où les écoliers mettent leurs cahiers, leurs livres, leurs papiers et leurs dessins.

Cartouchière, petit sac de peau où les soldats et les chasseurs portent leurs cartouches. **Giberne,** autrefois boîte recouverte de cuir dans laquelle les soldats mettaient les cartouches et quelques menus objets pour l'entretien des armes, se dit seul au fig. : *Enfant de giberne, enfant de troupe* (ACAD.).

Cas : ¶ 1 La façon particulière dont quelque chose se produit. *Cas,* ce qui est advenu ou peut advenir, surtout considéré abstraitement, comme quelque chose d'idéal, l'espèce d'une loi ou d'une règle : *Un cas particulier ; le cas échéant ; un cas pendable.* **Rencontre,** ce qui est advenu ou peut advenir considéré comme effectivement réalisé et comme dû au hasard : *A ne regarder que les rencontres particulières, la fortune semble seule décider* (Bos.). **Fait,** toujours au singulier, l'événement, le cas particulier dont il s'agit dans les discussions, les contestations, les plaidoiries : *En venir au fait.* **Circonstances,** les particularités d'un fait, d'un événement effectif, les événements accessoires qui l'accompagnent de très près : *Les circonstances physiques ou sociales dérangent ou complètent le naturel qui leur est livré* (TAI.). **Conjoncture,** rencontre de circonstances, qui, en général, permet de présager un événement ou d'agir d'une certaine façon : *En une telle conjoncture je fis ce qu'exigeait la dignité de la science, je me tus* (A. FR.). **Occasion** (→ ce mot), circonstance ou conjoncture de temps en général favorable, cherchée ou inopinée, qui ne dure qu'un instant et qu'il faut saisir au passage : *Une occasion unique s'offrait à moi de partir en voyage* (GI.). L'**Occurrence,** toujours fortuite, à la différence de l'*occasion,* n'est pas toujours favorable : *Une fatale occurrence* (BOUR.). **Éventualité,** cas futur, subordonné à quelque événement incertain, considéré par rapport à la façon d'agir qu'il rendrait nécessaire : *Agir en prévision des diverses éventualités* (ACAD.). ¶ 2 *Au cas que,* supposé que, dans le cas déterminé, prévu, présent, passé, futur et vraisemblable : *Jansenius n'est hérétique qu'au cas qu'il soit conforme à ces erreurs condamnées* (PASC.); *En cas que,* si par hasard, dans un cas toujours futur et très hypothétique : *M'offrir sa maison en cas que je voulusse y aller* (VOLT.).

Cas de (faire) : → Estimer.

Casanier : → Sédentaire.

Casaque : ¶ 1 → Manteau. ¶ 2 → Corsage.

Casaquin : → Corsage.

Cascade, Cascatelle : → Chute.

Case : ¶ 1 → Cabane et Maisonnette. Habitation des indigènes aux colonies. *Case,* maisonnette simple, rustique, mais parfois commode et grande, surtout de nègres : *La case de l'oncle Tom.* **Hutte,** cabane de bois, de terre, de paille, petite, isolée, demeure du sauvage. **Paillote,** hutte ou case de paille. **Carbet,** grande case faite de pieux et de feuillages aux Antilles. **Gourbi,** cabane ou hutte de branchages, de clayonnage, de terre séchée utilisée par les Arabes. ¶ 2 → Compartiment.

Casemate : Abri militaire. *Casemate*, local abrité contre le tir de l'artillerie au moyen d'une voûte de béton (logement, magasin, canons de gros calibre). **Blockhaus**, à l'origine ouvrage défensif rapidement construit à l'aide de troncs d'arbre équarris, puis ouvrage défensif établi en matériaux résistants (rails de chemin de fer, béton, blindage) soit pour la défense d'un point spécial, soit pour abriter des mitrailleuses ou des pièces d'artillerie isolées destinées à battre des points déterminés.

Caser : → Placer.

Casier : → Compartiment.

Casque, arme défensive qui couvre la tête. **Heaume,** grand casque des hommes d'armes du M. A., sorte de manchon d'acier rivé à une calotte surbaissée ou plate, lacé ou bouclé sur la poitrine et sur le dos; en usage du xᵉ au xvᵉ s., il alla s'allégeant. **Armet, Bassinet, Bicoquet, Salade, Morion** désignent des casques anciens. — En langage héraldique, *heaume* désigne le casque qui surmonte l'écu et a pour syn. parfait *casque* qui est seulement d'un emploi plus récent.

Cassant : ¶ 1 → Fragile. ¶ 2 → Tranchant.

Casse : → Dommage.

Cassé : → Caduc et Courbé.

Casse-cou : → Hardi.

Casse-croûte : → Repas.

Cassement de tête : → Casse-tête.

Casser : ¶ 1 Mettre de force un corps solide en morceaux. *Casser*, en parlant de choses assez fragiles ou sans souplesse, suppose un choc qui, en général, les rend inutilisables : *Casser du verre, du marbre, des œufs, des noix, une jambe*. **Rompre,** mettre en morceaux des choses résistantes, dont les parties sont fortement liées, peuvent ployer sans casser, par pression, avec effort, et sans toujours l'idée que la chose est rendue inutilisable : *Rompre un lacet, une digue, du pain, les jambes d'un condamné*. **Briser,** casser ou rompre avec violence, en réduisant en mille morceaux, en débris : *Briser ces frêles insectes dans sa main puissante* (MAU.). *Loin de te briser, le voilà qui craint d'être obligé de te rompre* (FÉN.). **Fracasser,** briser en menus éclats avec bruit, plutôt en parlant de ce qu'on casse que de ce qu'on rompt : *Troncs brisés et branches fracassées* (MARM.). **Fracturer,** rompre la continuité d'un corps solide souvent avec l'idée d'un dommage volontaire : *Fracturer une porte, une serrure*; dans le langage médical, rompre un os ou un cartilage dur : *Se casser le doigt, se fracturer le crâne, le tibia*. **Brésiller,** briser en

petits morceaux, comme lorsqu'on écrase *Postillon allant à tout brésiller* (BALZ.).

Comminuer, terme de chirurgie, briser : *Comminuer les os*. **Concasser,** briser en menus fragments des matières dures et sèches : → Broyer. — Au fig. ¶ 2 → Abolir. ¶ 3 → Destituer. ¶ 4 → Affaiblir.

Casse-tête : ¶ 1 → Massue. ¶ 2 Au fig. *Casse-tête*, travail, jeu, calcul ou bruit qui fatiguent l'esprit : *La progression en nombres impairs et autres casse-tête* (VOLT.); **Cassement de tête,** fatigue intellectuelle causée par le travail, les affaires ou un grand bruit.

Cassette : → Boîte.

Cassis : → Rigole.

Caste : → Rang.

Castel : → Château.

Castrat : → Châtré.

Casuel : → Revenu.

Casuiste : → Sophiste.

Cataclysme : ¶ 1 → Débordement. ¶ 2 → Séisme. ¶ 3 → Calamité.

Catacombes : → Cimetière et Souterrain.

Catalepsie : → Paralysie.

Catalogue : → Liste.

Cataplasme : → Emplâtre.

Cataracte : → Chute.

Catastrophe : ¶ 1 → Calamité. ¶ 2 → Dénouement. ¶ 3 → Péripétie.

Catch : → Lutte.

Catéchiser : ¶ 1 → Endoctriner. ¶ 2 → Réprimander.

Catégorie : ¶ 1 → Classe. ¶ 2 → Rang.

Catégorique : ¶ 1 → Clair. ¶ 2 → Impératif.

Catharsis : → Purgation.

Cathédrale : → Église.

Catholicisme, croyances, système de religion de l'église romaine : *Enseigner le catholicisme* (VOLT.). **Catholicité,** qualité que l'on possède, conformité avec la doctrine catholique, et par ext. ensemble des pays catholiques : *Mon salut dépend de ma catholicité et de ma soumission* (BOUR.).

Catimini [en] : → Secrètement.

Cauchemar : → Rêve.

Caudataire : → Flatteur.

Cause : Ce qui fait qu'une chose est ou arrive (≠ Lieu, ce qui la rend possible). La *Cause* fait naître, est efficiente. Le **Mobile** et le **Motif** poussent à vouloir, provoquent la détermination ou la créance, *motif* désignant plutôt, dans le langage philosophique, un état mental où prédominent les éléments intellectuels, *mobile*, une tendance impulsive et affective : *La puérilité des motifs allégués autrefois en faveur de cette doctrine* (PAST.). *Le coupable peut avoir cédé à des mobiles ignobles aussi bien qu'à de hautes raisons* (MAU.). **Objet** et **Sujet** (→ Objet), cause, motif d'une passion, d'une action, ce à propos de quoi elles s'exercent, dont elles s'occupent sans cesse. — **Raison,** objectivement, ce qui explique, fait comprendre, la cause réelle, première d'une chose, par opposition à la cause apparente ou immédiate : *Mais quand j'ai pensé de plus près et qu'après avoir trouvé la cause de tous nos malheurs, j'ai voulu en découvrir la raison* (PASC.); subjectivement, motif dont on prend nettement conscience, ou qui paraît déterminant : *Le cœur a ses raisons* (PASC.). **Fondement,** raison solide qui appuie, légitime, autorise une chose : *Avez-vous pour le croire un juste fondement?* (MOL.). **Considération,** toujours subjectif, suppose examen, comparaison des motifs, et choix : *Pesez bien toutes ces considérations* (ACAD.). **Prétexte,** cause invoquée à tort, raison apparente dont on se sert pour cacher le motif d'une action : *Les guerres ont toutes sortes de prétextes, mais n'ont jamais qu'une cause : l'armée* (V. H.). **Pourquoi,** pris comme nom, fam., cause, raison : *Rendre raison du pourquoi des choses* (BUF.).

Causer : ¶ 1 → Occasionner. ¶ 2 → Parler.

Causerie : ¶ 1 → Conversation. ¶ 2 → Conférence.

Causette : → Conversation.

Causeur : → Parleur et Babillard.

Causeuse : → Canapé.

Caustique : → Mordant.

Cauteleux : ¶ 1 → Méfiant. ¶ 2 → Rusé.

Cautère : → Ulcération.

Caution : ¶ 1 → Garantie. *Caution,* garantie qu'on accomplira un engagement pour un autre ou pour soi-même. **Cautionnement,** contrat par lequel on cautionne, désigne aussi la somme déposée par quelqu'un pour garantir la bonne exécution de ses engagements, de ses obligations, de sa gestion : *Un comptable, un officier public versent un cautionnement. Caution* n'est syn. de *cautionnement* que dans la langue juridique pour désigner une somme d'argent versée par un accusé ou un plaideur : *Mettre en liberté sous caution.* ¶ 2 → Garant.

Cavalcade : ¶ 1 → Chevauchée. ¶ 2 → Défilé.

Cavale : → Jument.

Cavalier : N. ¶ 1 Celui qui va à cheval. *Cavalier* se dit à la guerre ou dans la vie civile. **Chevaux,** au pl., vx, cavaliers à la guerre. **Homme de cheval,** tout cava-lier pris individuellement, et spéc. celui qui pratique le cheval avec art : *Le premier homme de cheval de son siècle* (S.-S.). **Gens de cheval** a toujours un sens collectif et désigne la cavalerie; aussi doit-on dire *mille hommes de cheval* et non « *mille gens de cheval* ». ¶ 2 → Noble. ¶ 3 *Cavalier,* fam., tout homme qui, dans une société, s'attache à une dame, lui consacre ses soins, danse avec elle ou lui donne le bras. **Cavalier servant,** anciennement homme à cheval attaché au service d'une dame, de nos jours, celui qui fait toutes les volontés d'une dame par amour ou par galanterie. **Chevalier** et **Chevalier servant** sont ironiques en ce sens, et **Sigisbée** (autrefois cavalier servant italien), très ironique. — Adj. ¶ 4 → Dégagé. ¶ 5 → Arrogant.

Cavatine : → Air.

Cave : N. ¶ 1 *Cave,* lieu souterrain sous une maison ou non, en général voûté, où l'on conserve diverses choses notamment du vin. **Caveau,** petite cave pratiquée dans une cave ordinaire. **Sous-sol,** toute construction sous le rez-de-chaussée d'une maison, pour être habitée ou servir de débarras, sans être forcément sous terre. ¶ 2 Lieu où l'on conserve le vin. *Cave* et **Caveau,** en ce sens, ont pour syn. **Cellier,** lieu du rez-de-chaussée d'une maison, ou lieu attenant où l'on serre du vin et autres provisions. Dans certaines régions, *cellier* se dit du lieu où l'on fait les opérations de la vinification et a pour syn. **Cuverie** et **Cuvier** dans le Bordelais, **Vinée** et **Vendangeoir** en Bourgogne. **Chai,** lieu où sont emmagasinés les vins et les eaux-de-vie en fût. ¶ 3 Adj. → Creux.

Caveau : ¶ 1 → Cave. ¶ 2 → Tombe. ¶ 3 → Café-concert.

Cavée : → Chemin.

Caver : → Creuser.

Caverne : Lieu creux dans les rochers, les montagnes, sous terre. *Caverne,* lieu vide, en forme de voûte, fermé de tous côtés qui sert parfois de refuge ou de repaire : *L'intimidante sonorité des cavernes* (LOTI). *Caverne de brigands.* **Grotte,** petite caverne naturelle ou faite de main d'homme, parfois assez ouverte, ornée par la nature ou par l'art, souvent séjour agréable : *La grotte de Calypso. La grotte de Lourdes. La fée se retira dans sa grotte* (LES.). **Antre,** terme de nos jours exclusivement littéraire, caverne profonde, obscure qui inspire l'effroi et l'horreur : *Antre du lion* (FÉN.). *de la Chicane* (VOLT.). **Tanière,** petite caverne où les bêtes sauvages (surtout le renard) se retirent; parfois simple trou dans la terre : → Gîte. **Balme** et **Baume,** grotte, en provençal.

Caverneux : → Sourd.

Caviarder : → Effacer.

Cavité : → Excavation. *Cavité*, espace en forme de voûte dans l'intérieur d'une chose : *Cavité interne* (J. Rom.). **Anfractuosités** (pl.), cavité profonde et sinueuse : *Je m'enfonçai dans les anfractuosités de la montagne* (J.-J. R.). — **Sinus,** terme d'anatomie, cavité irrégulière de certains os ou canaux : *Sinus frontal.* **Fosse,** terme d'anatomie, cavité dont l'entrée est toujours plus large que le fond : *Fosses nasales.*

Céans : → Ici.

Cécité : → Aveuglement.

Céder : ¶ 1 → Abandonner. ¶ 2 → Aliéner. ¶ 3 → Fléchir. Au fig. Ne pas résister à la volonté d'autrui. *Céder* suppose une action faite sans approuver et encore moins consentir, par lâcheté, faiblesse, impuissance ou sympathie : *L'enfant qui ne cède pas à l'influence familiale* (Gi.). **Capituler,** fig. et fam., céder parce qu'on est le moins fort, en acceptant les conditions imposées par l'adversaire : *Quêter une excuse pour capituler* (J. Rom.). **Se rendre,** céder, en général parce qu'on est persuadé : *Le résultat ordinaire de ce conflit n'est pas que l'esprit se rende à l'évidence du texte, mais plutôt que le texte cède, plie, s'accommode à l'opinion préconçue de l'esprit* (F. D. C.). **Déférer,** céder par respect : *Déférer aux pères* (Mol.); *aux anciennes lois de l'Eglise* (Pasc.). **Se mettre,** céder à une autorité, à une puissance et leur obéir : *Se soumettre à une main souveraine* (Bos.). **S'incliner,** céder devant ce qui est supérieur ou incontestable : *S'incliner devant la sentence d'une cour internationale; capituler devant la menace d'un voisin* (M. D. G.). **Se plier,** céder pour s'accommoder, en s'adaptant de son plein gré : *Se plier au goût d'une nation* (Volt.). **Obéir,** fig., surtout en parlant des choses, céder à la force, à la nécessité : *Tel qu'un ruisseau docile. Obéit à la main qui détourne son cours* (Rac.). **Lâcher pied, Battre en retraite, Reculer** (→ ce mot), **Flancher,** par image, commencer à céder dans un conflit, un débat : *Lui laisser toute la honte de reculer, car il va se dérober* (Gi.). **Mettre les pouces,** fig. et fam., céder après avoir résisté. **Jeter du lest,** fig., faire les concessions nécessaires pour conjurer un danger. **Caler** (étym. « hisser la voile »), fam. aujourd'hui, céder en rabattant de ses prétentions. **Caner,** pop., céder par peur, comme une cane qui plonge. — **Condescendre,** céder en abandonnant ses droits, sa supériorité, ses prétentions envers quelqu'un, par complaisance ou par bonté, ne se dit que d'un supérieur : *Elle condescendit aux volontés du capitaine* (L. F.).

Cédule : → Liste.

Ceindre : → Entourer.

Ceinture, bande ou lien dont on se ceint le milieu du corps. **Ceinturon,** sorte de ceinture ordinairement en cuir à laquelle on suspend des armes. **Cordelière,** corde à plusieurs nœuds que les religieux de l'ordre de saint François portent en guise de ceinture, d'où, par ext., corde torsadée pour serrer une robe de chambre autour du corps. **Écharpe,** large bande d'étoffe qu'on porte en baudrier ou en ceinture comme insigne d'une dignité : *Une écharpe de maire.* — Au fig. → Taille.

Ceinturer : ¶ 1 → Entourer. ¶ 2 → Prendre.

Ceinturon : → Ceinture.

Céladon : ¶ 1 → Amant. ¶ 2 → Vert.

Célèbre : → Illustre.

Célébrer : ¶ 1 → Louer. ¶ 2 → Fêter.

Célébrité : → Réputation.

Celer : → Taire.

Célérité : → Vitesse.

Céleste : → Divin.

Célibataire, celui ou celle qui n'est pas marié, a pour syn. en parlant d'un homme, **Jeune homme,** s'il est jeune, **Garçon,** fam., qui insiste sur la vie libre que mène l'homme non marié, **Vieux garçon,** péj., qui se dit d'un homme assez âgé qui a pris des habitudes de célibataire; en parlant d'une femme, **Fille** est vx, **Vieille fille** péj. comme *vieux garçon*; on dit **Jeune fille,** si la femme est jeune, **Demoiselle,** dans tous les cas, **Vieille demoiselle,** si elle est vieille, et cette expression n'a pas la nuance péj. de *vieille fille.*

Cellier : → Cave.

Cellule : ¶ 1 La pièce où est enfermé un détenu (≠ Prison, le local ou l'établissement où sont logés les détenus). La *Cellule* sert à isoler. **Cachot,** cellule basse, étroite et sombre : *Un cachot affreux* (Velt.); *humide* (Baud.). **Cabanon,** cachot obscur, et spéc. cellule où l'on enferme un fou (en ce dernier sens on a dit **Loge**). **Basse-fosse,** cachot obscur profond et humide. **Cul-de-basse-fosse,** cachot souterrain creusé dans la *basse-fosse* même. **In-Pace,** cachot souterrain d'un couvent destiné à renfermer jusqu'à leur mort des coupables scandaleux; d'où, cachot souterrain où l'on est gardé à perpétuité, en ce sens syn. d'**Oubliettes,** cachot souvent souterrain où l'on enfermait ceux qui étaient condamnés à une prison perpétuelle. **Casemate,** cachot dans le langage des soldats. ¶ 2 *Cellule* désigne aussi chacune des petites loges qui forment les rayons des abeilles, **Alvéole** se dit spéc. des cellules où les abeilles déposent leurs œufs et leur miel. ¶ 3 → Groupe.

Cénacle : → Cercle et Groupe.

Cendres : → Restes.

Cendrillon : → Servante.

Cénobite : → Religieux.

Cénotaphe : → Tombe.

Cens : → Dénombrement.

Censé : → Regardé comme.

Censeur : → Critique.

Censurer : → Critiquer.

Centon : → Mélange.

Centraliser : → Concentrer.

Centre : ¶ 1 Dans une chose, point ou endroit à égale distance des extrémités. *Centre* suppose un cercle, une sphère et marque avec précision le point le plus éloigné de la superficie, de l'extérieur, souvent en parlant d'une chose abstraite : *Au centre de l'âme* (STAËL). *Le centre de son ennui* (FLAUB.). **Milieu**, qui suppose proprement une simple ligne, est beaucoup moins précis, s'emploie plutôt pour les choses concrètes ou quand il s'agit d'une multitude de choses qui entourent : *Du milieu des buissons* (STAËL). *Au milieu des plus dangereux écueils et comme dans le centre de la corruption du monde* (Bos.). **Sein**, encore plus vague, se dit surtout de l'intérieur de ce qui enferme : *Au sein des flots* (CHÉN.). *Le sein de la terre.* **Cœur**, fig., partie centrale d'une chose, centre essentiel d'où part la vie : *Au cœur de ses États* (CORN.); ou moment où une chose se manifeste dans toute son intensité (en ce dernier sens on dit aussi **Fort**) : *Au cœur de l'été. Dans le fort de l'hiver; de sa maladie* (ACAD.). — **Noyau**, partie dure, compacte, centre et ossature de certaines choses : *Le noyau d'une cellule.* ¶ 2 Au fig. *Centre* et *Cœur*, qui enchérit, perdent leur sens local pour désigner ce vers quoi tout converge ou d'où tout émane : *Paris est le centre, le cœur de la France.* **Foyer**, fig., lieu d'où partent des lumières ou de mauvaises influences : *Foyer de civilisation; de rébellion.* — **Point** enchérit sur *centre* pour désigner ce qu'il y a d'essentiel dans une chose : *Le centre et le point de la félicité humaine* (BOUR.). **Nœud**, fig., centre, point d'une difficulté. **Clef de voûte**, fig., ce sur quoi tout repose dans un système, une affaire.

Cependant : Malgré cela. Au sens adversatif, pour exprimer un contraire qui détruit ou exclut ce qui a été dit (souvent avec mais), *Cependant* oppose la réalité à l'apparence : *Il semble que vous avez raison;* *et cependant il est vrai que vous ne l'avez pas* (MOL.); **Pourtant** enchérit et marque que si important que soit un fait un autre fait réel le détruit : *Le dieu Terme ne devait jamais reculer, ce qui arriva pourtant sous Adrien* (MTG.). Pour marquer une simple opposition ou modification (souvent avec et), **Néanmoins** indique la coexistence la non-incomptabilité d'une chose avec une autre : *L'eau si incapable de toute résistance et néanmoins si forte pour porter* (FÉN.). **Toutefois**, sans renverser ce qui a été dit ni opposer deux assertions, indique une exception à une règle : *Tout pays est non pour mourir, excepté toutefois celui-là* (J.-J. R.). **Nonobstant**, syn. vx et peu usité de *néanmoins*, indique spéc. qu'une chose n'empêche pas une autre chose d'être : *Juger que Dieu défend une action et nonobstant la faire* (PASC.). **Quoique ça**, syn. pop. de *néanmoins* : *Elle n'est pas jolie, quoique ça elle plaît.*

Cercle : ¶ 1 → Rond. — Au fig. ¶ 2 Étendue limitée. Le *Cercle* est petit, la **Sphère** est large : *Nous voilà réduits à un bien petit cercle relativement à l'existence des choses, mais que ce cercle forme encore une sphère immense pour la mesure de l'esprit d'un enfant!* (J.-J. R.). ¶ 3 → Entourage. ¶ 4 *Cercle*, association de quelques personnes, en général de la même classe sociale, réunies pour un objet littéraire, politique, mondain, ou pour jouer. **Club** (mot anglais; sous la Révolution, société où l'on s'entretenait des affaires publiques : *Le Club des Jacobins*), cercle chic où l'on dîne, joue, cause, etc. : *Jockey-Club*; ou cercle artistique : *Ciné-Club*; ou association sportive : *Club de tennis*; et dans les deux derniers cas, le *club* peut très bien réunir des gens de classes sociales diverses. **Cénacle**, réunion d'hommes de lettres, d'artistes, ayant les mêmes idées et souvent portés à s'encenser mutuellement (d'où de nos jours la nuance péj. du mot : → Coterie) : *Les deux cénacles romantiques.* ¶ 5 → Salon.

Cercueil : Caisse où l'on met un mort. *Cercueil*, noble, caisse travaillée et ornée, s'emploie seul au fig. : *Un cercueil de pourpre, d'or et d'argent* (FÉN.). *Les honneurs du cercueil* (CHÉN.). **Bière**, plus fam., caisse ordinaire : *Une vile bière* (VOLT.). **Sarcophage**, de nos jours, le cercueil ou sa représentation dans les grandes cérémonies funèbres. **Capule**, cercueil dans l'antiquité romaine. **Coffin**, fam., bière, dans la loc. *Mettre un corps dans son coffin.*

Cérébral : → Intellectuel.

Cérémonial : → Protocole.

Cérémonie : ¶ 1 *Cérémonies*, concret, formes extérieures et régulières qui accompagnent la célébration du culte religieux et par ext. une action solennelle quelconque :

Les cérémonies du baptême. Les cérémonies de l'Armistice. **Rite**, abstrait, ordre des cérémonies déterminé par l'autorité compétente ou selon la tradition, et caractérisant une église particulière ou une organisation ressemblant à une église : *Le rite grec; les rites maçonniques.* ¶ 2 Célébration d'une action suivant certaines formes. *Cérémonie* a uniquement rapport à ces formes : *La cérémonie du mariage; du sacre; de la messe.* **Fête** fait penser à la personne ou à l'événement qu'on célèbre par des cérémonies ou parfois des réjouissances : *La fête d'un saint.* **Solennité** implique de l'éclat, une fête publique, souvent pompeuse, destinée à honorer ce qu'on célèbre. Au fig. *cérémonie* évoque l'attachement aux formes, *solennité*, la pompe et l'apparat. ¶ 3 → Façons.

Cérémonieux : → Formaliste.

Cerne : → Rond.

Cerner : → Encercler.

Certain : ¶ 1 → Réel. ¶ 2 → Évident. ¶ 3 *Certains* : → Plusieurs.

Certainement : → Évidemment. *Certainement*, sans mentir, en vérité, exprime la conviction personnelle au sujet d'un fait particulier : *J'aurai certainement grande joie à le voir* (Mol.). **Certes**, un peu pédant de nos jours, affirme quelque chose d'objectif, d'absolu, dont personne ne saurait douter : *Certes, il n'y a point que l'homme un meilleur parti que la vertu* (L. B.). — Après *connaître* et *savoir*, *certainement* garde son sens subjectif et **Avec certitude** affirme objectivement : *Luther parlait si certainement* [d'une manière convaincue] (Bos.). *Savoir avec certitude si Zaïre est coupable ou non* [Établir comme un fait objectif si...] (L. H.).

Certificat : ¶ 1 → Attestation. ¶ 2 → Diplôme.

Certifier : → Affirmer.

Certitude : ¶ 1 → Croyance. ¶ 2 → Évidence. ¶ 3 *Avec certitude* : → Certainement.

Cerveau : ¶ 1 Masse de matière nerveuse dans la cavité du crâne. *Cerveau*, organe qui a une fonction. **Cervelle**, substance de cet organe et spéc. cerveau d'animal servant de mets : *La chimie fait l'analyse de la cervelle; la physiologie et la psychologie étudient les fonctions du cerveau* (L.). **Encéphale**, ensemble du cerveau et des ses annexes contenues dans la boîte crânienne. ¶ 2 Au fig. *Cerveau*, l'esprit considéré comme un organe qui travaille bien ou mal et surtout juge ou crée : *Cerveau dérangé, fêlé.* **Cervelle**, matière qu'il faut avoir en quantité et qualité pour bien penser, imaginer, se souvenir : *Tête sans*

cervelle. *Cervelle usée* (Corn.). *Cervelle d'oiseau* (Zola).

Césarisme : → Autocratie.

Cessation : : ¶ 1 → Fin. ¶ 2 → Interruption.

Cesse : ¶ 1 → Repos. ¶ 2 *Sans cesse* : → Toujours.

Cesser : ¶ 1 → Finir. ¶ 2 → Interrompre.

Cession : → Abandon. Acte par lequel on accorde quelque chose à quelqu'un. *Cession*, simple donation, volontaire ou non : *Jules II le fit arrêter pour tirer de lui la cession des places qui lui restaient* (Bos.). **Concession**, cession faite de plein gré, pas libéralité, souvent d'un objet important ou appartenant au domaine public : *La concession d'une île par don Quichotte à Sancho Pança* (Volt.). *L'État fait la concession d'une ligne de chemin de fer.* **Dessaisissement**, cession pénible d'un droit dont on est dépossédé (→ Déposséder).

Césure : → Coupe.

Chafouin : → Sournois.

Chagrin : ¶ 1 N. → Tristesse. ¶ 2 Adj. → Triste.

Chagriner : Affecter d'une douleur morale (≠ Fâcher, affecter d'un chagrin léger). *Chagriner*, affecter d'aigreur, d'irritation, de dépit, pour une cause précise, perte, tracas, amertume : *Ces gros mots chagrinaient la femme de chambre car elle voyait avec peine que madame ne se décrassait pas vite de ses commencements* (Zola). **Attrister** diffère de *chagriner* comme *tristesse* (→ ce mot) de *chagrin*, et suppose un état plus durable, sans gaieté, pour des maux parfois impersonnels : *La solitude l'attristait tout de suite, car elle y retrouvait le vide et l'ennui d'elle-même* (Zola). *Le sage observe le désordre public et montre sur son visage attristé la douleur qu'il lui cause* (J.-J. R.). **Contrister**, attrister vivement, profondément : *Contristerai-je par des troubles domestiques les vieux jours d'un père?* (J.-J. R.). **Assombrir** diffère d'*attrister* comme *sombre* de *triste* (→ ce mot). **Peiner** enchérit sur *chagriner* : c'est infliger, pour des raisons personnelles, une souffrance morale souvent accompagnée d'inquiétude : *Le soulagement de quelque chose qui vous peine* (Sév.). **Endolorir** suppose, au fig., une peine durable et s'emploie surtout au participe passif : *Après tant d'épreuves mon âme est encore tout endolorie* (Acad.). Puis viennent avec une force croissante **Affliger**, **Tourmenter** et **Torturer** qui diffèrent comme les n. correspondants (→ Douleur). **Gêner**, à l'époque classique, syn. de *tourmenter* et de *torturer*. **Navrer**, causer une souffrance morale semblable à une blessure, d'où causer une peine extrême, une grande affliction qui touche profondément : *Quand un nouveau-né meurt, on dirait que, navrée, La terre prend le deuil* (V. H.). **Percer le cœur,** peiner ou navrer vivement. **Endeuiller** suppose la perte d'un être cher, une calamité qui affecte tout un groupe d'hommes, ou une grande tristesse semblable à celle que produisent ces événements : *Mon cœur s'endeuilla peu à peu à cause de ce silence, de ce chaud et presque morbide soleil, surtout de ce très proche départ* (LOTI). **Désoler** dit plus que tout : c'est ravager l'âme, accabler de désespoir : *Ce qui devrait vous affliger ou même vous désoler* (BOUR.). **Consterner** (→ Consterné) ajoute à l'idée de douleur celle d'accablement et d'épouvante devant un accident inattendu : *Rome en deuil que la terreur consterne* (HER.). — Au participe passif, ces mots ont pour syn. **Éploré,** qui manifeste sa peine, son affliction, sa désolation, par des larmes : *Au bruit de votre mort justement éplorée* (RAC.). — A noter que *navré* et *désolé* s'emploient par politesse, au sens hyperbolique de Fâché, Ennuyé. (→ Fâcher).

Chahut : → Vacarme.

Chai : → Cave et Magasin.

Chaîne : ¶ 1 → Lien. **¶ 2** → Suite.

Chaînon : → Maille.

Chair : ¶ 1 *Chair,* la partie molle et musculeuse de la substance vivante considérée en elle-même. **Viande,** la chair considérée comme aliment : *Ma chair est vraiment viande, dit J.-C.* (Bos.). Au sens de *viande, chair* se rapporte à l'animal qui la fournit (*chair de poulet, de lapin*), à sa qualité intrinsèque (*chair maigre, grasse, fraîche*) et s'oppose aux autres nourritures (*Vendredi chair ne mangeras*), alors que la *viande,* qui, dans le langage courant, s'oppose aussi aux autres nourritures (*plat de viande*), se caractérise par sa destination (*viande de boucherie*), son goût à la consommation (*viande savoureuse*), sa présentation (*viande lardée*). **Charogne,** viande pourrie. **Carne,** pop., viande dure. Argot, **Bidoche,** péj., viande; **Barbaque,** très péj., carne. **¶ 2** → Corps. **¶ 3** → Pulpe.

Chaire : → Estrade.

Chaise : → Siège.

Chaise longue : → Canapé.

Chaland : ¶ 1 → Acquéreur. **¶ 2** → Bateau. Bateau de transport en rivière. *Chaland,* bateau plat en bois ou en fer remorqué ou mû à la perche. **Péniche,** grand chaland arrondi à ses extrémités, avec mât de rattachement, remorqué ou automoteur. **Gabare,** embarcation à voile ou à rame servant à charger ou à décharger des bateaux plus gros. **Coche d'eau,** vx, sorte de chaland pour voyageurs.

Châle : → Echarpe.

Chalet : → Villa.

Chaleur : ¶ 1 Qualité de ce qui est chaud. *Chaleur,* qualité abstraite, considérée relativement à un objet et comme ayant des degrés : *La chaleur de l'eau; la chaleur décroît.* **Chaud** (n.), ce qui a pour qualité essentielle la chaleur : *Le chaud qui m'accable* (REGN.). *Il fait chaud.* **Ardeur** et **Feu** enchérissent sur *chaleur* : *La chaleur humide de ce printemps faisait souhaiter les ardeurs de l'été* (CAM.). *Le feu de la fièvre.* **¶ 2** Au fig. Passion vive. *Chaleur,* toute passion qui échauffe, anime, surtout physiquement : *Chaleur des combattants; de l'âge* (CORN.), *de la concupiscence* (MOL.); mais aussi moralement : *Chaleur d'un nouveau chrétien* (CORN.); en littérature, qualité de l'orateur qui fait partager sa passion à l'auditeur. **Ardeur** enchérit parfois sur *chaleur* en parlant de l'amour : *Ce n'est plus une ardeur dans mes veines cachée* (RAC.); mais se dit plutôt d'un désir violent : *L'ardeur de régner* (CORN.); ou d'une passion en général spiritualisée qui se manifeste par le culte, le zèle, et comporte très souvent l'idée d'activité : *Tant de soins, tant de pleurs, tant d'ardeurs inquiètes* (RAC.). **Feu,** chaleur passagère, mais violente, vive manifestation d'une passion : *Le feu de son jeune âge et de ses passions* (VOLT.); en littérature, vivacité d'esprit, d'imagination, de style, inspiration qui éblouit : *On n'a point de génie sans feu, mais on peut avoir du feu sans génie* (VOLT.). **Flamme** enchérit : *Être feu et flamme*; se dit surtout de l'amour, des passions qui semblent dévorer l'âme : *Les discours qui tendent à allumer de telles flammes* (Bos.); ou d'une ardeur particulièrement communicative : *Son œil sans cette flamme admirable qui me communiquait sa ferveur* (GI.); en littérature, la *flamme* d'un écrivain, c'est la passion qui l'anime intérieurement et lui inspire des mots, des mouvements qui bouleversent, enthousiasment les lecteurs ou les auditeurs (→ Enthousiasme). **Cœur,** ardeur que l'on met à une action à laquelle on se donne tout entier : *Travailler avec cœur.* **Zèle** (→ ce mot), vive ardeur pour le maintien ou le succès de quelque chose, pour les intérêts de quelqu'un, se dit bien en parlant de Dieu ou d'une personne aimée au service de qui on se consacre. **Ferveur,** sentiment vif qui porte aux choses de la piété, plus régulier et plus tempéré que l'*ardeur,* et, à la différence du *zèle,* plus orienté vers l'amour que vers l'action, se dit aussi en parlant des choses et des êtres profanes : *La jeune ferveur des amants* (CORN.). **Enthousiasme** (→ ce mot) diffère de *chaleur* comme les adj. correspondants (→ Chaud). — **Animation,** manifestation extérieure par la vivacité, l'activité, la coloration du visage etc., de la chaleur avec laquelle on fait quelque chose : *Parler, discuter avec animation* (ACAD.). **Excitation** dit plus et suppose que l'activité, les passions sont stimulées à un haut degré qui est près de la nervosité. — **Élan** désigne moins la passion elle-même que le mouvement subit de l'âme provoqué par un sentiment vif et généreux qui le porte vers un être ou vers une chose : *Élan de zèle. Les élans du patriotisme, du cœur, de la dévotion, de l'éloquence* (ACAD.).

Chaleureux : → Chaud.

Challenge : → Compétition.

Chaloupe : → Embarcation.

Chalumeau : ¶ 1 → Tige. **¶ 2** → Flûte.

Chamaillerie : → Discussion.

Chamarré : → Bariolé.

Chamarrer : → Orner.

Chambard : → Vacarme.

Chambardement : → Remue-ménage.

Chambarder : → Renverser.

Chambellan, officier de la chambre d'un prince. **Camérier,** officier de la chambre du pape ou d'un cardinal.

Chambouler : → Renverser.

Chambre : ¶ 1 → Pièce. **¶ 2** → Assemblée. **¶ 3** → Tribunal.

Chambrée : ¶ 1 → Dortoir. **¶ 2** → Public et Réunion.

Chambrer : → Enfermer.

Chambrière : → Servante.

Champ : ¶ 1 → Campagne. **¶ 2** → Terre. **¶ 3** → Espace. **¶ 4** Espace plat et clos. *Champ,* le lieu où l'on se bat; **Carrière,** le lieu où l'on court. — Au fig. *champ* évoque un vaste domaine dans lequel se développe une activité : *Un champ immense d'études philosophiques* (CHAT.); *carrière* se dit plutôt d'une série d'étapes à franchir pour arriver à un but : *La carrière de l'honneur* (VOLT.). **¶ 5** *Champ de bataille :* → Lice.

Champ (sur-le-) : → Aussitôt.

Champêtre : Qui est des champs et représente un aspect particulier de la campagne : ≠ **Rural** qui désigne abstraitement tout ce qui regarde la campagne par opposition à la ville : *Milieu rural.* (J. ROM). *Champêtre* insiste sur le charme et les vertus de la campagne : *Opposer les mœurs champêtres aux mœurs de la cour* (VOLT.); et se dit aussi de tout ce qui regarde la production des champs : *Travailleurs champêtres* (FÉN.). *Dieux champêtres. Garde champêtre.* **Bucolique** se dit des choses qui évoquent poétiquement la vie de pasteurs : *Airs* (CHAT.); *chants* (V. H.) *bucoliques*; et parfois ironiquement, de nos jours, pour marquer une vue trop littéraire de la beauté de la vie champêtre. **Pastoral** (→ ce mot) évoque

la vie, la civilisation simple et noble des bergers, la beauté, le calme des paysages où ils vivent : *La vie pastorale* (VOLT.). *Un paysage pastoral.* **Rustique,** en parlant des personnes, des choses et des mœurs, oppose la simplicité et parfois la grossièreté de la vie au village à la civilisation polie de la ville : *Je suis rustique et fier et j'ai l'âme grossière* (BOIL.); et, de nos jours, désigne les maisons, les mobiliers, etc., dans le style de la campagne : *Salle à manger rustique.* **Campagnard** se dit des gens qui vivent ou se trouvent à la campagne : *Gentilhomme campagnard*; et, en parlant de leurs mœurs, les oppose surtout à l'élégance et au modernisme de la ville. **Agreste** comporte une idée de sauvagerie qui l'oppose à *champêtre* en parlant d'un paysage : *Lieu charmant, mais agreste et abandonné* (J.-J. R.); et, en parlant des mœurs d'un homme ou d'un peuple, ajoute à *rustique* l'idée d'une brutalité presque féroce : *Un peuple agreste et féroce* (MAS.).

Champion : ¶ 1 *Champion,* athlète ou société. qui remporte la première place dans un concours; d'où celui qui excelle dans un sport. **As,** fam., celui qui est unique, n'implique pas l'idée de compétition et ne se dit que d'un homme, spéc. coureur cycliste ou aviateur. **¶ 2** → Défenseur et Combattant.

Championnat : → Compétition.

Champs-Élysées : → Enfers.

Chance : → Hasard, Probabilité et Bonheur. *Chance,* façon d'advenir bonne ou mauvais. due au hasard, se dit par ext. d'un événement favorable : *Vous avez la chance de n'avoir aucun antécédent pathologique du côté respiratoire* (M. D. G.). **Veine,** au fig., par comparaison avec la veine bonne ou mauvaise d'une mine, série de chances bonnes ou mauvaises : *Dans une mauvaise veine de santé* (SÉV.); par ext. sorte de don qui confère une chance heureuse et durable. **Filon,** fam., chance favorable, surtout dans l'ordre matériel, qu'il faut exploiter comme une veine, un filon : *Avoir, tenir le filon.* **Aubaine,** chance favorable inattendue qui tombe comme une succession : *Ce départ accueilli par nous tous comme une aubaine inespérée* (M. D. G.).

Chanceler : ¶ 1 Être mal assuré. *Chanceler,* ne pas être ferme, pencher, risquer de tomber : *La France s'élève, chancelle, tombe* (VAL.). **Être chancelant** marque une disposition permanente à chanceler. **Vaciller** n'est pas être fixe, aller çà et là, sans forcément menacer de tomber : *Sa main vacillait en touchant la carafe* (M. D. G.). **Tituber** désigne le mouvement caractéristique de l'ivrogne dont le corps chancelle parce que ses jambes vacillent : [Les rats] *montaient en longues files titubantes, pour venir vaciller* *à la lumière, tourner sur eux-mêmes et mourir* (CAM.). **Flageoler** se dit du cheval dont les articulations du genou et du jarret tremblent et vacillent pendant la marche, des jambes de l'homme qui lui font défaut par émotion, faiblesse, etc., et de l'homme qui sent ses jambes se dérober sous lui. ¶ 2 → Fléchir. Au fig., *Chanceler*, ne pas être ferme, solide, fort : *Olivier sentit chanceler son assurance* (GI.). **Vaciller**, hésiter (→ ce mot), ne pas savoir se décider, ne pas être certain.

Chancre : ¶ 1 → Ulcération. ¶ 2 → Maladie.

Chandail : → Maillot.

Chandelier, support à une ou plusieurs tiges creuses pour recevoir chandelles, bougies, cierges. **Bougeoir,** chandelier bas de corps avec un pied très large, relevé en forme de coupe ou de soucoupe, et un manche ou un anneau attachés à ce pied et non au chandelier lui-même. **Flambeau,** grand chandelier, souvent de métal précieux. **Candélabre,** grand chandelier à tige très haute, reposant sur un piédestal et supportant un disque d'où partent plusieurs branches; par ext. tout support de lumière pour éclairer un appartement ou une voie publique. **Girandole,** du XVIIIe au XIXe s., chandelier à nombreuses branches avec de petites bougies, souvent en cristal, qu'on mettait sur une table ou un guéridon. **Torchère,** candélabre porté sur tige (qui est souvent une statue) ou une applique et supportant un flambeau, des girandoles ou des globes pour éclairer un vestibule ou un escalier. **Bras,** chandelier à une ou plusieurs branches qu'on applique sur un mur. En ce sens, on dit aussi **Applique.**

Chandelle, tige de suif, de résine ou de toute autre matière grasse ou combustible entourant une mèche. **Bougie,** chandelle de cire ou de matières fusibles comme l'acide stéarique ou le blanc de baleine. **Cierge,** grande chandelle de cire qu'on brûle dans les églises.

Change : ¶ 1 Action de changer : → Changement. ¶ 2 Action d'échanger. *Change*, vx, ne se dit plus que de l'action d'échanger une monnaie contre une autre : *Demander le change d'un billet.* **Échange** se dit dans tous les cas, pour les choses, les personnes qu'on échange de n'importe quelle façon. **Troc, Permutation :** → Changer. ¶ 3 *Donner le change :* → Tromper; *Prendre le change :* → (se) Tromper.

Changeant : ¶ 1 *Changeant,* qui ne reste pas le même : *Un temps changeant passe du froid au chaud.* **Variable,** qui change très souvent, subit des variations (→ Changement) : *Vents variables.* **Inconstant,** sur qui ou sur quoi on ne peut se fier parce qu'il est sujet à changer facilement : *Le*

temps inconstant n'est pas sûr. ¶ 2 Au fig., en parlant de l'homme, *Changeant* le caractérise dans sa manière d'être et dans ses sentiments : *Cœur changeant* (APOL.). *Très changeante, bien lunée un jour, mal lunée un autre* (J. ROM.). *Une femme changeante est sujette à se lasser de son état ou de l'objet de son affection* (L.). **Journalier,** fig., sujet à changer suivant les jours : *Beauté; esprit journalier* (ACAD.). **Mobile,** fig., qui peut changer rapidement, se dit surtout de la physionomie et de l'état d'esprit : *Expression étonnamment changeante et mobile* (LOTI). *Moins fortes que les hommes, les femmes sont plus mobiles* (MME DE RÉMUSAT). **Inégal** se dit surtout de l'humeur et parfois du travail, du talent qui offrent de grandes variations : *Le peuple inégal à l'endroit des tyrans* (CORN.). *Élève inégal.* — En parlant du cœur (et non de l'esprit), spéc. de l'amour, **Inconstant** se dit de celui sur qui on ne peut se fier parce que ses impressions actuelles ne durent pas, même si elles sont profondes; *Je t'aimais inconstant, qu'aurais-je fait fidèle?* (RAC.); **Léger,** de celui qui ne peut pas se fixer à un objet parce qu'il n'est pas sérieux, n'est attaché que très superficiellement : *L'homme léger, c'est un oiseau que vous ne tenez que par l'aile* (DID.); **Volage,** qui voltige d'objet en objet, ne s'attache jamais à rien : *Une femme inconstante est celle qui n'aime plus; une légère, celle qui déjà en aime un autre; une volage, celle qui ne sait si elle aime et ce qu'elle aime* (L. B.). **Papillon,** n. fam., homme léger et volage. — En parlant de la conduite et de l'esprit seulement, et non du cœur, **Variable** enchérit sur *changeant* comme au prop. : *La conduite variable dont j'ai convaincu la Réforme* (Bos.). **Instable** suppose un déséquilibre de l'esprit qui ne peut se fixer des buts certains, change toujours d'idée et de dessein. **Versatile,** variable comme une girouette, qui opère des revirements et des volte-face parfois habiles : *La dialectique versatile de Bayle* (L. H.). — En parlant de l'apparence d'un être, de l'image de lui qu'il donne aux autres, **Divers** (→ Varié), qui présente en même temps, ou par suite d'un changement dans le temps, plusieurs faces, plusieurs aspects en apparence contradictoires : *Homme inconstant, divers* (L.F.). **Protéiforme,** qui change rapidement de forme, d'apparence ou de rôle, de personnage, comme le dieu de la Fable Protée. **Ondoyant,** qui change très rapidement dans tous ses aspects comme une onde, souvent volontairement pour s'adapter, plaire ou dissimuler; donc tout en nuances, difficile à définir : *L'homme divers et ondoyant* (MTG.).

Changement : Pour signifier l'action de changer et l'état qui en résulte, **Change,**

vx, ne se dit plus que dans quelques loc. comme *Gagner et Perdre au change. Changement,* terme très général, marque le passage d'un état à un autre, et a pour syn. plusieurs groupes de mots qui envisagent différemment ce passage. — Pour marquer qu'une chose change, perd de son identité, **Modification** (→ ce mot), changement accidentel, sur un point particulier, dans ce qui demeure permanent : *Nos sensations ne nous paraissent que des modifications intérieures de notre moi* (D. DE TRACY). **Transformation** (→ ce mot,) changement total qui fait que l'être passe d'une forme à une autre, n'est plus reconnaissable : *Les transformations des monarchies en républiques* (Bos.). **Évolution** (→ ce mot), changement continu et profond des êtres et des choses, par lequel ils se transforment : *Plutôt une évolution très accélérée* [de la société] *qu'une révolution de type ancien* (J. ROM.). — Alors que le *changement* a lieu dans l'état d'une chose, produit une autre manière d'être, la **Variation** (→ ce mot) est un changement dans le cours des choses, une succession de modifications, souvent peu profondes, provisoires ou sans raison : *Changement d'état, de condition, de visage* (L.), *de décor. Variations du change, de la mode.* **Saute,** terme de marine, brusque changement de vent, au fig., brusque changement ou variation d'idée ou d'humeur : *Sautes d'humeur* (CAM.). — Alors que le *changement* a rapport à la manière d'être, **Mutation** a rapport au lieu : c'est un changement de place : *Mutation de l'axe de la terre* (VOLT.). — Pour désigner un *changement* dans les mœurs, les croyances, les lois, **Innovation,** changement bon ou mauvais d'une chose ou dans une chose établie depuis longtemps pour y introduire quelque chose d'inconnu jusque-là : *Il n'y a point d'innovations sans risques* (C.); **Nouveauté,** résultat d'une innovation, surtout en matière de religion, de politique, d'opinion, est parfois péj. : *Le peuple toujours avide de la nouveauté* (VOLT.); **Réforme,** changement en bien qui consiste souvent à ramener une chose altérée à sa forme primitive; *La réforme des abus* (VOLT.); **Réformation,** acte ou événement qui prépare la réforme; **Révolution,** changement considérable et souvent violent qui s'étend à tout un ordre de choses et produit des effets durables : *Changement qui fut une espèce de révolution* (MTQ.). — Pour désigner un *changement* dans l'opinion, la conduite, **Retournement,** changement du tout au tout qui amène à penser ou à agir à l'opposé; **Revirement** ajoute une idée de brusquerie inattendue : *Revirement inattendu* (MAU.). **Volte-face,** fam. et souvent péj., revirement subit et très rapide surtout dans les idées politiques. **Conversion,** changement de religion et, par ext. d'opinion philosophique ou politique, qui consiste en général à adhérer à une doctrine que l'on juge sincèrement meilleure que la précédente.

Changer : Trans. ¶ 1 Donner ou laisser une chose pour une autre. *Changer* ne marque pas forcément la réciprocité d'action entre deux personnes dont chacune donne et reçoit, peut désigner une action involontaire et dans tous les styles : *Changer son chapeau en prenant, sans s'en apercevoir, celui d'un autre.* **Échanger** implique toujours une action réciproque et volontaire, et se dit de préférence à *changer* pour les objets importants, en termes d'économie politique et au fig. : *Échanger des prisonniers, des notes diplomatiques, des provinces* (L.); *un coup d'œil* (M. D. G.); *changer* est préférable en parlant de valeurs ou d'argent : *Changer de la rente contre des obligations de chemin de fer.* **Troquer,** échanger un objet contre un autre, directement de la main à la main, surtout en parlant de choses de service, meubles, effets, bijoux, ou d'objets de peu de valeur : *Troquer une massue contre un morceau de fromage; une fille contre une vieille comtesse* (LES.). **Permuter,** autrefois, échanger des bénéfices ecclésiastiques, de nos jours changer d'emploi, de fonction ou de résidence en parlant de deux fonctionnaires ou de deux officiers. **Copermuter,** échanger un bénéfice ecclésiastique ou des droits. ¶ 2 → Remplacer. ¶ 3 *Changer,* **Modifier, Transformer, Muter, Innover, Réformer, Révolutionner :** → Changement. **Toucher à,** fig. changer si peu que ce soit une chose. ¶ 4 *Changer en :* → Transformer. — ¶ 5 Intrans. *Changer,* **Varier, Évoluer, Se transformer, Se retourner, Se convertir :** → Changement. ¶ 6 *Changer d'avis :* → (se) Raviser.

Chanson : ¶ 1 → Chant. ¶ 2 → Poème. ¶ 3 Au sens fam., *Chanson,* propos sans rien de sérieux : *En voilà trop sur des chansons, revenons à des choses sérieuses* (J.-J. R.). **Sornettes** ou **Contes à dormir debout** (propos extravagants, sans rien de sensé : *Amusant le Pont-Neuf de ses sornettes fades* (BOIL.). **Baliverne,** propos ennuyeux de celui qui parle pour parler : *Comment peut-on écrire quatre pages sur ces balivernes?* (VOLT.). **Billevisées,** propos creux de quelqu'un qui prétend être profond : *Des billevesées incompréhensibles de pure métaphysique* (VOLT.). **Fadaise,** discours qui ne signifie rien ou qui exprime quelque chose de si commun que cela ne vaut pas la peine d'être dit : *C'est bien pour dire des fadaises que je dis tout cela* (SÉV.). **Lanterne,** vx, conte absurde sans intérêt. **Faribole,** propos faux, fabuleux, qui amuse par sa vanité (souvent en amour) : *Je ne puis souffrir toutes ces fari-*

boles : ceux qui vous les ont contées sont des menteurs (LES.). **Bourde**, vx, et **Bateau**, plus usuel, propos sans consistance et surtout trompeur : *Appelez-moi grand fourbe et grand donneur de bourdes* (CORN.). **Calembredaine**, très fam., et **Coquecigrue** ou **Coquecigrue de la mer**, vx, syn. de *bourde*.

Chansonnier : → Chanteur.

Chant : ¶ 1 Suite de sons modulés émis par la voix humaine. Le *Chant* (suite de sons formant soit des phrases, soit des périodes musicales) se distingue de l'**Air** et de la **Mélodie** (suite de sons qui composent un chant suivant les règles de l'art musical) par le fait qu'il n'est pas forcément artistique et que les sons qui le composent sont articulés; et de la **Chanson** parce qu'il n'est pas forcément composé de paroles formant un sens précis : *Le chant naturel de l'homme est triste* (CHAT.). *Fredonner ou siffler un air. Chanter une chanson.* ¶ 2 Paroles qui se chantent sur un air. *Chant*, terme général, se dit des compositions de ce genre qui n'ont pas de forme rythmique déterminée ou qui évoquent des sentiments élevés sur le mode lyrique ou épique : *Chant nuptial, guerrier. Le chant de la Marseillaise.* **Hymne**, masc., chant solennel pour célébrer la patrie, ses défenseurs : *La Marseillaise est notre hymne national*; au fig. sorte de chant de louange pour ce qu'on exalte : *Hymne à l'amère, à la mystérieuse liberté* (DUH.); *à la violence* (J. ROM.). — **Chanson**, pièce de vers chantée sur un air, divisée en stances égales ou couplets, avec parfois un refrain, d'un rythme populaire et facile, sur un sujet moins solennel que le chant : *Chanson bachique.* **Mélodie**, toute pièce de musique vocale avec accompagnement (*Les mélodies de Fauré*), désigne aussi une chanson dont le chant est régulier et doux. **Cantate**, pièce de vers mise en musique, écrite alternativement en vers mêlés pour les récitatifs et en vers croisés régulièrement pour les airs, en général à propos d'un événement heureux : *La cantate du plaisir est devenue la complainte de la douleur* (CHAT.). **Romance**, au sens moderne, chanson sur un sujet tendre et plaintif : *Une romance pleine de fleurs et d'oiseaux* (ZOLA). **Complainte**, chanson populaire sur quelque événement tragique, triste ou avec un sujet religieux : *La Complainte du Juif errant.* **Cantilène**, mélodie langoureuse, sentimentale ou monotone : *Cantilène de berger, de nourrice* (LIT.). **Barcarolle**, chanson relative aux promenades sur l'eau, sur le rythme des chansons des gondoliers de Venise. **Berceuse**, chanson pour endormir les enfants, ou morceau de musique ou de chant imitant le rythme de ces chansons. **Lied** (mot allemand), mélodie vocale des compositeurs allemands : → Air et Cantique. — Dans le langage courant, **Couplet** et **Refrain** désignent un fragment de chanson caractérisé par ses paroles; **Air**, une chanson caractérisée par sa mélodie; **Rengaine**, fam., air répété à satiété. ¶ 3 → Mélodie. ¶ 4 → Ramage. ¶ 5 → Poème.

Chanter : ¶ 1 En parlant de l'homme, *Chanter*, former avec la voix une suite de sons variés et distincts, et spéc. articuler des paroles nettes qui constituent un chant. **Chantonner**, chanter à voix basse sans suite. **Fredonner** (autrefois faire des fredons, des vocalises avec des enjolivures), de nos jours, chanter entre ses dents sans articuler distinctement : *Ma muse faible et surannée Peut encor fredonner des vers* (VOLT.). **Bourdonner**, fam., fredonner à voix basse. **Vocaliser**, chanter sur une voyelle sans articuler de paroles et sans nommer les notes comme on fait quand on solfie. **Psalmodier**, chanter comme on fait un psaume, sans inflexion de voix et toujours sur la même note, donc d'une manière monotone : *Ces auteurs nés pour ennuyer, Qui toujours sur un ton semblent psalmodier* (BOIL.). **Machicoter**, chanter comme un mauvais chantre d'église. **Gazouiller** et **Roucouler :** cf. plus bas. — En un sens péj. et fam., **Chevroter**, chanter d'une voix tremblotante comme une chèvre qui bêle : *Certain fat chevrotait, fredonnait* (VOLT.). **Miauler**, chanter comme un chat qui miaule : *Miauler une complainte.* **Bramer**, chanter d'une façon plaintive comme un cerf qui brame. — **Entonner**, commencer à chanter les paroles d'un air. **Goualer**, syn. argotique de *chanter*. ¶ 2 En parlant des oiseaux, *Chanter* se dit de ceux qui font entendre une suite de sons ou de cris modulés (→ Ramage); et aussi de quelques insectes comme la cigale. **Ramager**, syn. vx de *chanter*. **Gazouiller** se dit du chant doux, agréable et confus que font les petits oiseaux et, par analogie, des personnes : *Gazouiller des couplets* (LIT.); **Roucouler**, du murmure doux et tendre que font entendre pigeons et tourterelles et, en parlant des personnes, d'un chant tendre et langoureux : *Roucouler une romance plaintive* (LIT.). **Dégoiser**, vx et fam., gazouiller très vite et abondamment. ¶ 3 → Louer. ¶ 4 → Dire.

Chanteur, tout homme qui chante. **Chantre**, autrefois chanteur de profession, de nos jours, celui qui chante, par état, au lutrin de l'église. **Chansonnier**, celui qui fait des chansons et les chante, de nos jours artiste qui interprète dans les cabarets ses propres chansons souvent satiriques.

Chanteuse a, au fém., le même sens que *Chanteur* au masc. **Cantatrice**, autrefois chanteuse italienne, de nos jours celle qui chante des airs d'opéra ou des morceaux de genre avec habileté et talent. **Diva** (en ital.

« déesse »), cantatrice célèbre (souvent ironique). **Divette,** chanteuse en renom d'opérette ou de café-concert.

Chantier : → Atelier.

Chantonner : → Chanter.

Chantre : ¶ 1 → Chanteur. ¶ 2 Au fig. → Poète.

Chaos : ¶ 1 → Désordre. ¶ 2 → Trouble.

Chaparder : → Marauder.

Chape : → Manteau.

Chapeau : → Coiffure.

Chapelain : Ecclésiastique attaché à un grand ou à un corps. Le *Chapelain* s'occupait du service de la chapelle, l'**Aumônier,** de distribuer des aumônes. Mais, en général, *chapelain* désignait un ecclésiastique d'une fonction peu élevée auprès d'un personnage qui n'était pas des plus grands; seuls les souverains avaient des *aumôniers.* *Aumônier* se dit seul de nos jours des prêtres attachés à un corps ou à un établissement (régiment, lycée, hospice, etc.) pour en remplir tous les services ecclésiastiques.

Chapelet, objet de dévotion en forme de collier fait de grains enfilés et composé de cinq dizaines d'*ave,* alors que le **Rosaire** en comprend quinze. — Au fig. → Suite.

Chapelle : ¶ 1 → Église. ¶ 2 → Coterie.

Chaperon : → Gouvernante.

Chaperonner : → Veiller sur.

Chapiteau : → Tente.

Chapitre : ¶ 1 → Matière et Partie. ¶ 2 → Réunion.

Chapitrer : → Réprimander.

Chaque : → Tout.

Char : ¶ 1 → Chariot. ¶ 2 *Char d'assaut* : → Blindé.

Charabia : → Galimatias.

Charade : → Énigme.

Charcuter : → Découper.

Charcuterie, viande de porc préparée par les charcutiers, a pour syn. pop. **Cochonnaille.**

Chardon : Au fig. → Difficulté.

Charge : ¶ 1 *Charge,* abstrait, ce qu'on porte, ce qu'on peut ou doit porter, que ce soit léger ou lourd, sans idée d'un état pénible, en parlant d'un être animé ou d'une chose inanimée : *La charge d'un fardeau* (BOIL.), *d'un vaisseau* (ROLL.). **Fardeau** et **Faix,** concrets, impliquent un poids qu'on supporte avec peine, *fardeau* se disant d'un objet unique : *Le crime d'une mère est un pesant fardeau* (RAC.); *faix,* d'un amas de choses réunies qui peuvent s'accroître et finissent par accabler : *Le faix des procès* (BOIL.); *des dettes* (S.-S.);

des obligations (PROUST). *Plier* (L. B.), *succomber* (BUF.) *sous le faix.* **Somme,** vx, charge d'un cheval, âne ou mulet, dans la loc. *Bête de somme.* **Chargement,** la charge qu'on a mise sur un animal, un véhicule, un navire. **Cargaison,** toutes les marchandises composant la charge principale d'un navire, par ext. chargement de choses ou de personnes lourdes ou entassées : *Le tramway déverse une cargaison d'hommes et de femmes* (CAM.). **Fret,** prix du transport de la cargaison, se dit aussi de la cargaison d'un navire de commerce. **Lest,** matières pesantes dont on charge la cale d'un bateau pour lui assurer une stabilité convenable, ou sacs de sable qu'on jette de la nacelle d'un ballon, à mesure qu'il s'élève, pour l'alléger. ¶ 2 → Devoir. ¶ 3 → Emploi. *Charge,* ce dont quelqu'un a reçu commission de s'occuper et dont il est responsable : *Cela est de ma charge* (LIT.). **Département,** plus précis, la partie de l'administration des affaires de l'État dont la connaissance et la charge sont attribuées à un ministre : *Le département de l'Église* (VOLT.) : → Ministère. **District** est fam. et fig. en ce sens : *Le district des pansements et des drogues* (BEAUM.). ¶ 4 → Dépense. *Charge,* en général au pl., obligation onéreuse au prix de laquelle une chose est possédée, une activité exercée, un droit acquis : *Les charges d'une succession. Cahier des charges.* **Redevance,** charge en argent ou en nature qu'on doit acquitter à termes fixes. **Dette,** somme due. — *Charges publiques,* toutes les obligations que l'État fait peser sur les citoyens dans leurs personnes ou dans leurs biens (service militaire, impositions, etc.). **Impositions** et **Impôts** (→ ce mot), charges en argent ou en nature. — *Charges publiques* ou *Charge de l'État* désigne aussi l'ensemble des **Dépenses** et de la **Dette** de l'État. ¶ 5 Représentation grotesque et bouffonne. *Charge,* action de représenter l'original en le grossissant, au théâtre, dans un portrait, etc. **Caricature,** peinture qui déforme dans le sens du grotesque et du bouffon et qui, souvent, ne rappelle que de loin l'original : *Élimination de tous les traits qui adouciraient la charge, qui rendraient plus humaine la caricature* (MAU.). ¶ 6 → Indice et Inculpation. ¶ 7 → Attaque et Choc.

Chargé : ¶ 1 → Plein. ¶ 2 → Excessif. ¶ 3 → Épais.

Charger : ¶ 1 → Pourvoir. *Charger,* au prop. et au fig., garnir d'une charge (→ ce mot), d'un faix, d'un fardeau ou de tout ce qui peut leur être comparé. **Surcharger** (→ ce mot) marque un excès qui fatigue, accable. ¶ 2 → Remplir. ¶ 3 → Exagérer. ¶ 4 → Inculper. ¶ 5 → (s') Élancer. ¶ 6 *Charger de* : → Préposer. ¶ 7 (Réf.) *Se charger de,* prendre le soin, la conduite de quelque chose : *Je ne veux pas me charger de cette affaire* (Acad.). **Prendre sur soi,** se charger de faire une chose dont on prend l'initiative ou revendiquer la responsabilité d'une chose : *Je prends sur moi la faute* (Acad.). **Assumer,** terme plus relevé, se charger d'une fonction ou prendre sur soi des responsabilité en général assez lourdes : *Assumer une direction littéraire* (Gi.). *Qui m'aurait déchargé d'un fardeau immonde, qui l'aurait assumé?* (Mau.). **Endosser,** prendre à sa charge une chose fâcheuse, en supporter, souvent contre son gré, la responsabilité : *Il a endossé une sotte affaire* (Acad.).

Chariot, voiture à quatre roues, petite ou grande, avec des ridelles ou une caisse servant à porter des fardeaux. **Camion,** grand chariot bas, pour transporter des colis, des pierres, des barriques; se dit seul de nos jours pour désigner un véhicule automobile de ce genre. **Fardier,** camion à roues très basses qui sert au transport des blocs de pierre et des objets lourds. **Char,** grand chariot de campagne : *Char de vendange, char à foin*; ou chariot qui sert pour un usage solennel : *Char de deuil.*

Charité : ¶ 1 → Humanité. *Charité*, au sing., désigne une vertu, *Charités*, au pl., les actes pratiques qui en dérivent. ¶ 2 → Aumône.

Charivari : ¶ 1 → Dissonance. ¶ 2 → Tapage.

Charlatan : ¶ 1 → Marchand forain. ¶ 2 → Imposteur. ¶ 3 → Guérisseur.

Charlatanisme, art d'abuser de la crédulité publique érigé en système : *Le charlatanisme qui accompagne et qui corrompt si souvent les sciences* (Volt.); **Charlatanerie,** trait de charlatanisme : *La ridicule charlatanerie de deviner les maladies par des urines* (Volt.) : → Imposture.

Charmant : ¶ 1 → Attirant. *Charmant*, au sens fort, très rare de nos jours, a pour superlatifs **Ensorcelant** et **Fascinant** qui impliquent que le plaisir fait illusion et aliène quelqu'un à lui-même, **Enivrant, Grisant,** fig., charmant au point de faire perdre la raison; les syn. de *charmant*, au sens faible, sont **Enchanteur** et **Ravissant** qui ne marquent qu'un vif plaisir : → Charmer. ¶ 2 Au sens très faible : → Gracieux.

Charme : ¶ 1 → Magie. ¶ 2 Au fig. → Grâce. ¶ 3 *Charmes* : → Appas.

Charmer : ¶ 1 Au prop. *Charmer*, **Ensorceler, Enchanter, Envoûter** diffèrent comme les n. correspondants : → Magie. ¶ 2 Au fig. Faire illusion. *Charmer*, vx et rare, tromper par une erreur flatteuse : *Voilà jusqu'à quel point vous charment leurs*

mensonges (Corn.). **Enchanter,** rare, bercer d'une douce et durable illusion : *Les faux prophètes les enchantent par les promesses d'un règne imaginaire* (Bos.). **Ensorceler,** captiver les bonnes grâces de quelqu'un en l'aliénant à lui-même, souvent avec une idée de tromperie : *Cette fille a ensorcelé ce malheureux* (Zola). **Fasciner** (→ ce mot), maîtriser, immobiliser par la fixité du regard, d'où au fig. rendre la proie de l'illusion, empêcher quelqu'un de voir les choses comme elles sont et le dominer ou le conquérir, l'abuser par quelque chose de séduisant : *Le charme du merveilleux peut fasciner les esprits.* (Buf.). ¶ 3 Au fig. → Plaire. Causer beaucoup de plaisir. *Charmer,* toucher le cœur ou les sens d'une façon délicieusement douce : *Une fille le charma par sa voix mélodieuse* (Volt.). **Émerveiller** implique admiration et étonnement devant ce qui paraît extraordinaire : *Un beau jouet émerveille un enfant.* **Enchanter,** émerveiller l'esprit, souvent par des qualités artistiques : *Sa robe Enchantait les regards des teintes de l'opale* (Vi.); implique parfois simplement une grande satisfaction : *Je suis enchanté de mes vacances* (Proust). **Ravir** marque l'extase, le fait que l'âme est entraînée hors d'elle-même, alors que ce qui charme ou enchante provoque une sorte de stupeur : *Émouvoir, étonner, ravir un spectateur* (Boil.); ou enchérit sur *enchanter* pour marquer l'extrême satisfaction. **Séduire** a rapport à l'effet qui est d'attirer, de persuader, d'être préféré : *Lorsque tout me ravit, j'ignore Si quelque chose me séduit* (Baud.) : → Transporter.

Charmille : → Allée.

Charnel : → Sensuel et Terrestre.

Charneux : → Charnu.

Charnier : → Cimetière.

Charnu : → Gras. *Charnu*, terme courant, se dit d'un corps ou d'une de ses parties où la chair forme une masse, apparaît : *Des joues charnues.* **Charneux,** terme de science, par opposition à osseux, se dit des parties où la chair prédomine, sans forcément apparaître.

Charogne : ¶ 1 → Chair. ¶ 2 → Mort.

Charpente : ¶ 1 → Carcasse. ¶ 2 → Composition.

Charpenté (bien) : → (bien) Taillé.

Charpenter, Charpir : → Tailler.

Charpie [mettre en] : → Déchirer.

Charrette : ¶ 1 Pour les fardeaux, et aussi pour les hommes, *Charrette*, voiture à deux roues, munie d'un brancard simple ou double et de deux ridelles. **Charretin,** petite charrette sans ridelles. **Carriole,** charrette bâchée en forme de capote et ordinairement suspendue. **Tombereau,** charrette entourée de planches servant à transporter du sable, des pierres (et autrefois des condamnés au lieu d'exécution, sens dans lequel on disait plus noblement *charrette*). **Haquet,** charrette étroite, longue, sans ridelles, au-devant de laquelle est un treuil, pour voiturer des ballots et spéc. des tonneaux de vin. ¶ 2 Pour la promenade, *Charrette anglaise,* voiture découverte, légère, à deux roues avec un cheval. **Cabriolet,** voiture élégante et légère, à un cheval, munie d'une capote mobile. **Tilbury** (mot anglais), cabriolet léger, à deux places, avec ou sans capote.

Charretier : ¶ 1 N. Pour désigner celui qui conduit une charrette, *Charretier* a pour syn. vx **Chartier, Charreton** et **Charton,** les deux derniers désignant aussi le conducteur d'un chariot. ¶ 2 Adj. *Charretier,* où peut passer une charrette, se dit d'un chemin ou d'une porte. **Cochère,** où peut passer un coche, ne se dit que d'une porte donnant sur la cour d'une maison ou d'un hôtel. **Carrossable** ne se dit que d'une route et a rapport non à la largeur, mais à l'état de la route où voitures suspendues, automobiles, camions peuvent circuler.

Charrier : ¶ 1 → Transporter. ¶ 2 → Emporter.

Charrue : Instrument pour labourer. *Charrue,* train monté sur deux roues avec un soc tranchant. **Araire,** charrue simple sans avant-train ni roues.

Charte : ¶ 1 → Titre. ¶ 2 → Règlement.

Chartreuse : ¶ 1 → Cloître. ¶ 2 → Villa et Pavillon.

Chasse, action de poursuivre les animaux pour les manger ou les détruire. **Battue,** chasse qu'on fait à l'aide de rabatteurs et de traqueurs qui font sortir le gibier des taillis et du bois. *Chasse à courre :* → Vénerie. Au fig. → Recherche.

Châsse : → Reliquaire.

Chasse (donner la) : → Chasser.

Chasser : ¶ 1 Poursuivre le gibier. *Chasser,* trans., poursuivre effectivement, *Chasser à,* rechercher pour chasser : [Les plus grands loups-cerviers] *chassent et attaquent les hommes et les cerfs, les autres plus petits ne chassent guère qu'au lièvre* (Buf.). — *Chasser* présente l'action en général, **Donner la chasse,** dans un cas particulier : *L'hiver on chasse le sanglier; l'on donne la chasse à un sanglier.* ¶ 2 → Poursuivre. ¶ 3 → Pousser et Repousser. ¶ 4 Mettre dehors, forcer de sortir, au prop. et au fig. *Chasser,* mettre dehors, en général avec une certaine violence : *L'ardeur de s'enrichir chassa la bonne foi* (Boil.). **Déloger,** chasser de sa place et, en termes de guerre, chasser l'ennemi de son poste : *On a bien délogé des*

gens de Sorbonne (Pasc.). **Débusquer,** déloger d'un poste avantageux; au fig. déposséder d'un emploi : *Notre artillerie débusqua les ennemis* (Acad.). **Déjucher,** vx et fam., déloger d'un poste, d'une retraite. **Expulser,** chasser quelqu'un d'un lieu, d'un pays où il s'est établi, ou d'un bien dont il était en possession, ou d'une société, d'une compagnie : *Expulser un locataire.* **Refouler** (néol.), expulser d'un pays tous les indésirables venus de l'extérieur : *Refouler des émigrants.* ¶ 5 → Congédier.

Chasseur : ¶ 1 *Chasseur,* celui qui chasse. **Nemrod,** robuste chasseur devant l'Éternel, selon la Bible, chasseur habile et fanatique, souvent avec emphase et ironie. **Braconnier,** celui qui prend ou tue le gibier sur les terres d'autrui, ou en des temps défendus, ou avec des engins prohibés. ¶ 2 *Chasseur* désigne aussi un domestique en livrée employé dans les cafés et les cercles pour faire les commissions des clients et a pour syn. **Groom,** jeune chasseur.

Châssis : → Encadrement.

Chasteté : → Continence.

Chat, animal domestique de l'ordre des carnassiers digitigrades. **Matou,** nom vulgaire du chat mâle et entier. Noms fam. et enfantins du *chat :* **Mistigri, Miaou, Minet, Minon, Minou, Mimi, Moumout** et **Moumoute.** Noms littéraires : **Grippeminaud** (L. F.), chat hypocrite, **Raminagrobis,** vieux chat qui fait l'important. **Greffier** est pop. et péj. : *Dépouiller un greffier, écorcher un chat.*

Châtaigne, fruit comestible du châtaignier. **Marron,** grosse châtaigne comestible, devenue unique dans sa capsule par avortement des deux autres graines. — Au fig. → Coup.

Château : ¶ 1 Grande maison à la campagne (≠ Hôtel, à la ville). *Château,* à l'origine, demeure féodale fortifiée avec fossés, murailles, tours et donjons, a désigné particulièrement la résidence d'un roi ou d'un grand seigneur à la campagne et se dit de nos jours d'une grande et belle maison de plaisance avec ou sans propriété. **Castel,** petit château, de nos jours fam. et ironique : *Vers son vieux castel, Ce noble mortel, Marche en brandissant Un sabre innocent* (Bérang.). **Manoir,** à l'origine, habitation non fortifiée d'un propriétaire de fief; de nos jours, grande habitation ancienne entourée de terres, petit château, souvent d'aspect archaïque : *Antiques manoirs* (V. H.). **Gentilhommière,** petite maison d'un gentilhomme de campagne qui n'est qu'un mauvais manoir : *Ces gentilhommières que les villageois décorent du nom de châteaux* (Gaut.). ¶ 2 → Forteresse.

Château d'eau : → Réservoir.

Châtier : ¶ 1 → Punir. ¶ 2 → Revoir, Parfaire et Soigner.

Châtiment : → Punition.

Chatoiement : → Reflet.

Chatouiller, produire par des attouchements légers et répétés sur certaines parties du corps une sensation moitié agréable moitié pénible qui excite un rire convulsif. **Titiller,** chatouiller légèrement en produisant une sensation agréable : *Ce vin titille agréablement le palais* (LIT.). — Au fig. → Caresser.

Chatouilleux : → Susceptible.

Chatoyer : → Luire.

Châtré, qui se dit des animaux, est méprisant en parlant de l'homme : *Voyant un châtré fredonner le rôle de César* (VOLT.). **Castrat** ne l'est pas et se disait spéc. d'un homme châtré dès l'enfance pour en faire un chanteur conservant une voix semblable à celle des enfants et des femmes. **Eunuque,** castrat qui gardait les femmes en Orient et, en général, homme châtré pour le rendre impuissant : *On crève les yeux au jeune roi et on le fait eunuque* (VOLT.). **Hongre** se dit prop. du cheval, par ext. d'autres animaux : *Chameaux hongres* (BUF.); et, par mépris, des hommes : *Les voix claires de ses cinquante hongres* (VOLT.).

Châtrer : ¶ 1 *Châtrer,* qui se dit pour un mâle ou une femelle dont on coupe les organes génitaux, est péj. en parlant d'un homme. **Émasculer,** priver des attributs de la virilité par n'importe quel moyen, n'est pas péj. en parlant d'un homme et marque souvent un accident. En parlant des animaux seulement, **Bistourner,** tordre les vaisseaux testiculaires pour obtenir, sans ablation, l'atrophie des testicules. **Bretauder,** syn. fam. de *châtrer* en parlant d'un chien, d'un cheval. On dit aussi **Couper,** pour un chien, un chat. ¶ 2 Au fig. → Mutiler.

Chattemite : → Patelin.

Chatterie : ¶ 1 → Tendresse. ¶ 2 → Friandise.

Chaud : Adj. ¶ 1 D'une température élevée. *Chaud* implique une température élevée, mais sans exagération. **Brûlant,** très chaud, se rapporte à l'état de ce qui a ou semble avoir en soi le feu. **Ardent** (qui ne se dit pas des liquides), très chaud, a plus de rapport à l'action de ce qui semble projeter le feu : *Fouetter d'un sable ardent leur brûlante paupière* (DEL.). **Bouillant** ne se dit que des liquides. **Torride** ne s'est dit d'abord que de la zone terrestre entre les deux tropiques, puis par ext. d'un soleil, d'un climat très ardents : *Une chaleur torride.* **Incandescent,** chauffé à blanc : *Masse de fer incandescente.* ¶ 2 Au fig. Comme animé

par un un feu intérieur. *Chaud* marque la passion, le zèle, l'animation, concentrés dans le sujet, en un sens généralement favorable : *Ami* (CORN.), *protecteur* (MOL.) *chauds.* **Chaleureux** enchérit et implique que la qualité se manifeste extérieurement avec une animation parfois exagérée : *Éloquence, parole, accueil chaleureux.* **Enthousiaste** (→ ce mot) enchérit parfois sur *chaleureux* pour marquer notamment un accueil accompagné de vives démonstrations d'allégresse, mais se dit en général d'une âme emportée par un mouvement extraordinaire qui la pousse à agir, souvent par admiration. **Délirant** et **Frénétique,** qui enchérit, se disent surtout de la joie. **Brûlant** marque l'état d'un sujet ou d'une œuvre animés d'une très vive passion : *Brûlant de combattre; pages brûlantes.* **Ardent** insiste sur l'activité intérieure, parfois avec l'idée d'un excès, d'une violence nuisible : *Ennemi, persécuteur ardent* (J.-J. R.). *Vengeance ardente* (VOLT.); **Bouillant,** sur l'activité extérieure, emportée, désordonnée : *Courage* (ACAD.), *mouvement* (CORN.) *bouillants. Tout bouillant encor de sa querelle* (CORN.). **Fervent** se dit proprement de la dévotion et par ext. du zèle, de l'amour très vifs : *Amoureux fervents* (BAUD.). ¶ 3 N. → Chaleur.

Chauffage : → Chauffe.

Chauffard : → Chauffeur.

Chauffe : Action de chauffer. *Chauffe,* terme de métallurgie, l'opération consistant à conduire les feux d'une chaudière : *Chambre de chauffe;* **Chauffage,** l'action de chauffer en général ou son résultat : *Le chauffage d'un appartement.*

Chauffe-pieds, boîte de métal où l'on enferme un lingot rougi ou une brique chaude, et que l'on met sous les pieds. **Chaufferette,** sorte de boîte à couvercle percé de trous où l'on met de la braise ou de l'eau chaude et qui sert de chauffe-pieds.

Chauffer, rendre chaud ou plus chaud en approchant du feu ou d'une source de chaleur. : *Midi chauffe et sèche la mousse* (V. H.). **Rendre chaud,** chauffer ou échauffer ce qui n'était pas chaud. **Échauffer,** rendre chaud en faisant sortir par un moyen quelconque (exercice, mouvement, frottement, etc.) la chaleur qu'un être ou une chose possèdent en eux : *On se chauffe au soleil, on s'échauffe à courir;* si *échauffer* a rapport à une source extérieure de chaleur, c'est chauffer quelque chose de grand ou chauffer progressivement ou avec soin : *Le soleil échauffe la terre. Les oiseaux échauffent leurs petits de leurs ailes.* **Bassiner,** chauffer un lit avec une bassinoire, par ext. chauffer en humectant avec un liquide tiède ou chaud. **Fomenter**, terme de médecine vx, chauffer par contact avec un corps ou un liquide chaud. **Brûler**, par exagération, chauffer ou échauffer excessivement, souvent en desséchant : *Fièvre qui brûle. Cette liqueur me brûle le palais*. **Rôtir** et **Griller**, fig., marquent aussi une action excessive qui dessèche, mais seulement en parlant du soleil ou du feu, et, appliqués au corps, supposent qu'on l'approche voluptueusement d'une source de chaleur : *Debout devant la cheminée, grillant ses jambes* (ZOLA). **Cuire** (→ ce mot), **Enflammer, Embraser**, fig., chauffer beaucoup, surtout en parlant de l'action du soleil, les deux derniers s'appliquant surtout à l'atmosphère, disent moins que *brûler* et *rôtir*.

Chauffeur, celui qui conduit un véhicule automobile, ne se dit plus guère que d'un conducteur à gages; en général on dit **Conducteur**. **Machiniste**, conducteur d'un autobus urbain. **Chauffard**, mauvais conducteur.

Chaume : ¶ 1 → Tige. **¶ 2** → Maisonnette.

Chaumière, Chaumine : → Maisonnette.

Chaussée : → Route et Rue.

Chausses : → Culotte.

Chausse-trape : → Piège.

Chausseur : → Cordonnier.

Chausson, chaussure d'étoffe ou de cuir souple, sans talon, ne couvrant que le pied, qu'on met sous ou sur le bas, et spéc., chaussure d'étoffe ou de lisière qui sert de pantoufle, ou chaussure qu'on met par-dessus ses souliers par temps de verglas. **Pantoufle**, toute chaussure de chambre large et légère, en cuir ou en feutre, avec ou sans talon, et ne s'attachant pas sur le pied comme le soulier. **Mule**, pantoufle sans quartier laissant le talon découvert; en général, de nos jours, avec un haut talon et pour femme. **Babouche**, pantoufle orientale en cuir de couleur ou en étoffe de soie, sans quartier et sans talon; de nos jours, parfois, mule à talon très bas pour homme. **Espadrille**, chaussure dont l'empeigne est de grosse toile et la semelle de sparte tressé. **Savate**, vieille pantoufle très usée.

Chaussure, tout ce qui sert à chausser les pieds, ne se dit aussi bien d'un **Chausson**, d'un **Soulier**, d'une **Bottine**, d'une **Botte** que d'un **Sabot** (→ ces mots) et a pour syn. **Godillot** (ancienne chaussure militaire sans tige), grosse chaussure quelconque. **Péniche**, chaussure trop grande, **Ribouis**, chaussure rapetassée, **Godasse, Croquenot**, syn. argotiques de *chaussure* passés dans le langage très fam.

Chauvin : → Patriote.

Chavirer : → Culbuter. En parlant d'un navire, *Chavirer*, être tourné sens dessus dessous; **Cabaner**, chavirer, en termes de marine; **Couler** (→ ce mot), aller au fond de l'eau pour n'importe quelle raison.

Chef : ¶ 1 → Tête. **¶ 2** Celui qui commande. *Chef*, celui qui a le premier rang et l'autorité suprême dans un corps quelconque. **Directeur** (→ ce mot), chef d'une administration, d'une usine, d'un théâtre, d'un établissement scolaire, etc., fait penser aux diverses actions qu'accomplit le chef pour assurer l'ordre et la bonne marche de ce qu'il dirige parfois pour le compte d'un autre. **Patron**, chef d'une entreprise industrielle ou commerciale, se dit plutôt du propriétaire de l'entreprise qui souvent commande au *directeur*, mais c'est un syn. fam. de *directeur* et de *chef* dans tous les sens, avec souvent l'idée d'une certaine sympathie de la part des subordonnés : *L'homme avec qui l'on va travailler, pour qui l'on va travailler, le patron dans le beau sens du mot* (J. ROM.). — **Leader**, mot anglais, chef ou personnage influent d'un parti. **Meneur**, péj., chef d'une intrigue, d'une sédition, d'une révolte. **¶ 3** Spéc., dans l'armée, sans égard au grade précis. Le *Chef* sait se faire obéir et mérite d'être obéi : *Condé et Turenne, ces deux grands chefs* (Bos.). **Commandant**, le chef considéré du point de vue de sa dignité ou de ses qualités intellectuelles, comme organisateur : *Allier la dignité du commandant avec la modestie du citoyen* (VOLT.). **Capitaine**, le chef considéré comme un guerrier, dans l'action : *Louvois persuadait à Louis XIV qu'il était plus grand capitaine qu'aucun de ses généraux* (S.-S.). **Général** marque un génie plus inné, plus naturel, non dû à l'expérience et plus vaste : *La plupart des grands capitaines sont devenus tels par degrés, Condé était né général* (VOLT.). **Stratège**, général athénien, s'applique à un général qui sait habilement pratiquer l'art de la guerre, et, péj., à un militaire ou à un civil qui abondent en théories pour gagner une guerre actuelle ou éventuelle. **¶ 4** Celui qui est à la tête ou au premier rang dans son genre. *Chef*, terme général, insiste sur l'autorité et l'influence : *Le pape, chef des savants et de l'Église* (MTQ.). **Prince**, toujours en bonne part, celui qui excelle dans un genre relevé, doctrine, éloquence, philosophie, poésie : *Aristote, le prince des philosophes* (PASC.). **Coryphée**, celui qui dirige une sorte de chœur : *Le coryphée des poètes de son siècle* (LIT.); souvent en un sens ironique ou malveillant : *Pascal, le coryphée des jansénistes* (VOLT.). **¶ 5** → Cuisinier **¶ 6** → Matière.

Chef-d'œuvre : → Ouvrage.

Chemin : ¶ 1 → Voie. Voie frayée par la main de l'homme pour aller d'un lieu à un autre. *Chemin*, terme général, a pour syn. **Sentier** (→ ce mot), chemin étroit, accidenté, à travers champs, bois et montagnes; **Route** (→ ce mot), chemin long, large, droit, tracé pour toujours et très passant; **Allée** (→ ce mot), chemin planté d'arbres et assez court; dans une ville, **Rue** (→ ce mot), dans le langage des ponts et chaussées, *chemin* se dit surtout d'un terrain déblayé et tracé, plus·étroit et moins bien bâti que la *route*, mais plus large que le *sentier*, permettant le passage des véhicules et des bêtes : *Chemin vicinal, rural, de halage*. **Cavée,** terme de vénerie, chemin creux. **Ravin,** chemin creux, comme un passage creusé par une ravine. **Piste,** dans les pays neufs, chemin rudimentaire sommairement aménagé, ou simple trace d'un passage habituel : *Piste de caravanes; piste automobile dans le désert*; ou chemin aménagé pour le passage des chevaux et des bicyclettes le long d'une route : *Piste cycliste.* **Laie** (ou **Ligne,** en termes de forestier), chemin étroit percé dans une forêt, une futaie. **¶ 2** → Trajet.

Chemineau : → Vagabond.

Cheminée : → Foyer.

Cheminer : → Marcher.

Chemise : ¶ 1 Vêtement de linge qu'on porte sur la peau. La *Chemise* descend jusqu'aux genoux. **Chemisette,** chemise courte à col tenant. **Camisole** (autrefois sorte de vêtement à manches assez court qui se portait sur ou sous la chemise), de nos jours, courte chemise de nuit. **Brassière,** de nos jours, petite camisole à manches dont on habille les enfants. **¶ 2** → Dossier.

Chemisette : ¶ 1 → Chemise. **¶ 2** → Corsage.

Chemisier : → Corsage.

Chenal : ¶ 1 → Passe. **¶ 2** → Lit de rivière.

Chenapan : → Vaurien.

Cheptel : → Bétail.

Cher : Adj. ¶ 1 A qui ou à quoi l'on tient. On tient à ce qui est *Cher* par le cœur, parce qu'on l'aime; à ce qui est **Précieux** par l'estime, à cause de sa valeur ou de son utilité : *Votre société m'est aussi chère que votre goût m'est précieux* (Volt.). **Inestimable** enchérit sur *précieux* : *Tout ce qui est inestimable, incalculable, d'un prix infini* (Pég.). **¶ 2** En parlant d'une personne, *Cher* marque une affection naturelle et normale, **Chéri,** une affection accidentelle ou extraordinaire : *Ces chers parents* (J.-J. R.). *Une fille chérie et trop indigne de leurs bontés* (J.-J. R.). *Ses ·mattres chéris* (R. Roll.). **¶ 3** D'un prix très élevé.

Cher indique une qualité de la chose, fait penser à son prix plus ou moins élevé, et se dit pour les grandes et les petites choses : *Draps, vins chers*. **Coûteux** est relatif aux moyens de celui qui paie et marque une dépense qui pour lui est grande : *Des paquets fréquents et coûteux* (J.-J. R.). **Onéreux** insiste sur le fardeau que constitue une dépense excessive qu'on ne peut pas supporter : *La vente du sel très onéreuse au peuple* (Vauban). **Dispendieux,** qui provoque des frais élevés, se dit d'une grande chose ou d'un luxe et implique le gaspillage : *Remplacer le traditionnel repas de noce par un simple thé moins dispendieux* (Gi.). **Ruineux** enchérit et qualifie une dépense qui peut provoquer la ruine : *Guerre ruineuse* (Volt.). **Hors de prix,** très cher en parlant de ce qui s'achète. — **¶ 4** Adv. A haut prix. *Cher* indique une estimation de la chose en soi, indépendamment de toute action; **Chèrement,** le fait qu'on paie cher, dans un cas particulier, pour telle ou telle raison : *On ne saurait jamais acheter la paix trop cher* (Fén.). *Une dignité trop chèrement achetée* (Bos.).

Chercher : ¶ 1 Tâcher de trouver. *Chercher* et **Être en quête de,** plus rare, impliquent moins d'ardeur, de soin, de zèle que **Rechercher** (→ ce mot) qui marque une action toujours consciente et parfois excessive : *Je recherche par-dessus tout la beauté dont mes compagnons sont médiocrement en quête* (Flaub.). **Quêter,** *chercher*, en termes de chasse : *On quête le lièvre, on le lance* (L. F.). — Après aller, venir, envoyer, **Quérir,** syn. vx et fam. de *chercher*, prendre et amener; de plus, *on va chercher* ce dont on ignore parfois la place exacte, *on va quérir* ce qu'on sait toujours où trouver : *L'homme timide ne peut quérir ses armes dans sa tente, où il cache son épée sous le chevet de son lit et emploie beaucoup de temps à la chercher* (L. B.). Chercher à obtenir : → Solliciter. Chercher à connaître : → (s') Enquérir. Explorer pour chercher : → Fouiller. **¶ 2** *Chercher à* : → Essayer.

Chère : → Ordinaire et Bombance.

Chèrement : ¶ 1 → Cher. **¶ 2** Après aimer, *Chèrement* marque une affection réglée par la raison et fondée sur l'estime, **Tendrement,** l'inclination du cœur : *Aimer chèrement son seigneur* (Les.); *la vertu* (J.-J. R.). *Un mari qu'on aime tendrement* (Mol.).

Chéri : ¶ 1 → Cher. **¶ 2** → Amant.

Chérir : → Aimer.

Chérubin : → Enfant.

Chétif : ¶ 1 → Faible. **¶ 2** → Mauvais. **¶ 3** → Misérable.

Cheval : ¶ 1 Animal domestique de la

famille des solipèdes qu'on emploie à tirer ou à porter. *Cheval* est le nom commun de l'animal, **Coursier**, le terme noble, souvent relevé d'une épithète pour désigner le cheval fougueux de course ou de combat : *Superbes coursiers* (RAC.); **Rosse**, le nom plaisant et comique d'un mauvais cheval : *Quelques rosses qui ruent et servent mal* (VOLT.). **Bidet,** cheval de petite taille, spéc. destiné à porter un cavalier en voyage : *Un bidet fait vingt milles en moins d'une heure* (HAM.). **Haridelle** et **Carne,** pop., mauvais cheval maigre : *La maigre croupe de la haridelle* (SCAR.); on dit aussi en ce sens **Rossinante,** nom du cheval de Don Quichotte. **Mazette** (vx), mauvais bidet. — **Hongre,** cheval châtré. **Étalon,** cheval entier pour la reproduction. **Poulain,** cheval de moins de trente mois. — Parmi les noms anciens du cheval demeurés dans la langue littéraire, **Palefroi,** cheval ordinaire du noble pour les voyages; **Haquenée,** cheval ou jument de marche de moyenne taille, que montait une dame et qui allait ordinairement l'amble; **Destrier,** cheval de bataille du noble; **Roussin,** cheval moins haut que le destrier pour la chasse ou la guerre, que montait souvent un écuyer, parfois aussi cheval de somme. **Courtaud,** gros cheval de selle dont se servait un chevalier. **Double cheval,** cheval de bât. En langage enfantin, **Dada** et **Coco** désignent le cheval. **Bourrin** et **Canasson,** noms argotiques de la *rosse*, sont passés dans le langage fam. ¶ 2 *Chevaux* : → Cavalier. ¶ 3 *A cheval* se dit par ext. de celui qui est monté sur un autre animal qu'un cheval, et même de toute personne qui se tient jambe deçà jambe delà sur un support quelconque; en ce sens on dit fam. **A califourchon** et plus rarement **A chevauchons.** *A cheval* se dit seul au fig. : *Ville à cheval sur un fleuve.* ¶ 4 *Aller à cheval* : → Chevaucher .

Chevaleresque : → Généreux.

Chevalier : Noble (→ ce mot) du M. A. et, au fig., celui qui en possède les qualités. *Chevalier* (celui qui avait reçu, au M. A., l'ordre de la chevalerie), celui qui se distingue par sa noble courtoisie, sa fidélité à sa dame, la défense qu'il apporte aux opprimés. *Chevalier* s'emploie parfois par ironie (*Chevalier servant* : → Cavalier), ou par antiphrase (*Chevalier d'industrie* : → Fripon. **Preux** (au M. A., chevalier parfait), celui qui est, avant tout, d'une bravoure héroïque : *Le courage des preux* (BALZ.). **Paladin** (compagnon de Charlemagne, puis chevalier errant), chevalier toujours prêt à se sacrifier avec générosité pour le service de Dieu, de la patrie, de la justice ou de sa dame : *La terre a vu jadis errer des paladins* (V. H.). *Amoureux comme les anciens paladins de leur dame* (VOLT.).

Chevalière : → Anneau.

Chevauchée : Course à cheval. *Chevauchée* se dit surtout d'une troupe nombreuse et brillante qui fait une longue course : *La chevauchée des Walkyries.* **Cavalcade** désigne surtout une promenade en groupe : *Une grande cavalcade au bois de Boulogne* (S.-S.); ou un cortège pompeux et parfois burlesque.

Chevaucher : Faire du chemin à cheval. Alors qu'**Aller à cheval,** du langage commun, ne se dit qu'au prop., *Chevaucher,* plus relevé, s'emploie dans les récits relatifs au M. A. et au fig. : *Le chevalier ainsi chevauchant* (CHAT.). *Chevaucher un éléphant* (MTG.).

Chevauchons [à] : → (à) Cheval.

Chevelu : → Poilu.

Chevelure : → Cheveux.

Cheveux : Poils de la tête chez l'homme et la femme. *Cheveux,* un certain nombre de cheveux, une réunion d'unités qui n'est pas toujours la *chevelure* : *Arracher, couper les cheveux.* **Chevelure,** l'ensemble des cheveux, souvent considérés comme longs et bien fournis : *Enlever la chevelure, scalper* (CHAT.). *On n'appelle chevelure ni les cheveux courts du nègre, ni les cheveux du vieillard à demi chauve* (L.). **Toison** (fourrure du mouton) et **Crinière,** plus fam., grande chevelure : *O toison moutonnant jusque sur l'encolure* (BAUD.). *Crinière lourde* (BAUD.). **Tignasse,** chevelure sale, mal soignée. **Perruque** (coiffure de faux cheveux), par ext., fam., longue chevelure qu'il serait convenable de couper. **Poil** se dit pour *cheveux* et *chevelure,* soit poétiquement : *L'air sombre et le poil hérissé* (RAC.); soit en parlant de cheveux dont la couleur passe pour désagréable ou est altérée par l'âge : *Son poil grisonne; poil roux* (ACAD.). **Crins,** fam. et péj. en parlant de l'homme : *Se prendre aux crins* (LES.); se dit, en poésie, des cheveux d'un être allégorique ou mythologique : *Phébus aux crins dorés* (L. F.). Pop. et très fam. **Tiffes** (singe tif), **Plumes :** *Noceur, qui perd ses plumes.*

Chevillard : → Boucher.

Cheville : Au fig. → Superfluité et Pléonasme.

Chèvre est le nom commun de la femelle du bouc, **Bique,** son nom fam.; **Cabri,** dans les colonies françaises, variété de chèvres à poils ras et sans cornes, se dit aussi en ce sens de l'espèce : *Un cabri voyageur* (LEC. D. L.).

Chevronné : → Vétéran.

Chevroter : ¶ 1 → Trembler. ¶ 2 → Chanter.

Chez-soi : → Maison.

Chiasse : → Excrément.

Chic : N. ¶ 1 → Habileté. ¶ 2 → Élégance. ¶ 3 Adj. → Élégant et Aimable.

Chicane, subtilité captieuse, de mauvaise foi, mais qui peut avoir un fondement apparent : *Rien d'important; des chicanes sur des nombres, sur des lieux, sur des noms* (Bos.). **Chicanerie,** misérable petite chicane sans aucun fondement, ou manifestation particulière du goût de la chicane : *Pure chicanerie* (Pasc.). **Pointille** (→ ce mot) et **Pointillerie,** contestation sur un sujet fort léger, impliquent plutôt susceptibilité, exigences ridicules que mauvaise foi subtile : *Pointilles des théologiens* (Bos.). **Tracasserie** (→ Tracas), chicane faite pour tourmenter, persécuter. **Chinoiserie** suppose des formalités, des complications. **Chipoterie,** syn. fam. de *chicane*.

Chicaner : ¶ 1 *Chicaner,* toujours péj., chercher des difficultés mal fondées par des subtilités captieuses : *On nous chicane sur des mots* (Bos.). **Incidenter,** soulever des difficultés, sur des points accessoires, dans un procès, une affaire, peut-être par esprit mesquin, mais non sans raison et souvent pour se tirer d'affaire : *Les tribuns incidentent, cherchent des faux-fuyants* (Roll.). **Ergoter** (dire *ergo*, donc, terme qui revenait toujours dans les disputes scolastiques), chicaner dans une discussion par des raisonnements captieux : *Que tous les philosophes viennent ergoter contre* (J.-J. R.). **Pointiller,** disputer, contrarier pour des riens : *Pointiller sur une équivoque* (Bayle). **Vétiller,** se perdre dans le détail, critiquer pour des riens : *Plus d'un éplucheur intraitable m'a vétillé, m'a critiqué* (Volt.). **Chipoter,** fam., s'arrêter à des riens, faire des difficultés pour se décider : *La vie est trop courte pour chipoter* (Volt.). **Chicoter,** syn. très fam. de *vétiller*. ¶ 2 → Tourmenter.

Chicanerie : → Chicane.

Chicaneur, celui qui cherche des chicanes surtout en affaires, en procès; **Chicanier,** celui qui cherche des chicaneries. **Procédurier,** celui qui use de toutes les subtilités de la procédure, c'est-à-dire de la forme des actions en justice. **Processif,** qui aime les procès.

Chiche : → Avare.

Chichi : → Façon.

Chicoter : → Chicaner.

Chien est le nom courant d'un quadrupède domestique digitigrade de l'ordre des carnassiers, **Toutou** est son nom fam. et enfantin. **Cabot, Clebs** et **Clébard,** noms argotiques du chien, sont passés dans le langage très fam. avec un sens souvent péj. **Roquet,** petit chien qui se distingue par son jappement rageur. **Chiot,** jeune chien de chasse non sevré. — Au fig. → Avare.

Chiffon : → Morceau. *Chiffon,* lambeau de vieux linge ou d'une étoffe quelconque. **Chiffe,** chiffon à faire du papier. **Chipe** et **Chipette,** pop., rognure d'étoffe. — Au fig. *chiffon* évoque le peu d'importance (*chiffon de papier*) ou la frivolité et se dit notamment de tout ajustement de femme servant à la parure; *chipette* évoque la non-valeur : *Cela ne vaut pas chipette*; *chiffe,* le manque d'énergie morale : *Mou comme une chiffe*; et se dit aussi d'une mauvaise étoffe.

Chiffonner : ¶ 1 → Friper. ¶ 2 Au fig. → Fâcher.

Chiffonnier, celui qui ramasse les chiffes sur la voie publique; **Triqueur,** chiffonnier en gros qui en fait le triage.

Chiffre : ¶ 1 → Nombre. ¶ 2 → Somme.

Chiffrer : → Évaluer.

Chimère : → Illusion.

Chimérique : → Imaginaire.

Chiné : → Bariolé.

Chinois : Au fig. → Original.

Chinoiserie : → Formalité et Chicane.

Chiot : → Chien.

Chiourme : → Bagne.

Chipe, Chipette : → Chiffon.

Chiper : → Dérober.

Chipie : → Mégère.

Chipoter : ¶ 1 → Hésiter. ¶ 2 → Manger. ¶ 3 → Chicaner.

Chiqué : → Tromperie.

Chiquenaude, coup appliqué au moyen du doigt du milieu dont le bout est appuyé ferme sous le bout du pouce puis desserré avec effort. **Pichenette,** petite chiquenaude. **Croquignole,** chiquenaude donnée sur la tête ou sur la face. **Nasarde,** chiquenaude sur le nez en signe de mépris.

Chiromancien : → Devin.

Chirurgien : → Médecin.

Chiure : → Excrément.

Choc : ¶ 1 → Coup. ¶ 2 → Heurt. ¶ 3 → Engagement. En langage militaire, *Choc,* rencontre vigoureuse entre deux troupes armées qui peut être renouvelée : *Renverser l'ennemi au premier choc*; **Assaut** et **Charge** (→ Attaque) impliquent qu'une troupe s'élance alors que l'autre résiste immobile; **Corps à corps,** combat de près à l'arme blanche, qui, en général, suit le *choc,* l'*assaut* ou la *charge.* ¶ 4 → Émotion.

Chœur : ¶ 1 *Chœur,* composition de musique à plusieurs parties et chantée par plusieurs voix pour chaque partie. **Choral,** chant religieux simple et populaire chanté en chœur dans les églises protestantes. ¶ 2 *Chœur,* toute troupe de personnes chantant ensemble. **Choral,** ensemble de chantres dans le chœur d'une église. **Chorale**, société qui s'assemble pour chanter des chœurs. **Orphéon**, titre de certaines sociétés chorales, surtout masculines : *Concours d'orphéons*. ¶ 3 *En chœur* : → Ensemble.

Choir : → Tomber.

Choisir : Se déterminer en faveur d'une chose plutôt qu'en faveur d'une autre. *Choisir* envisage l'action abstraitement sans préciser pourquoi on se détermine : *Rome a choisi mon bras, je n'examine rien* (Corn.). **Faire choix** précise l'objet du choix et marque qu'on distingue un sujet, en général une personne, préférablement aux autres : *De quelque heureux époux que l'on dût faire choix* (Rac.). **Jeter son dévolu**, fam., avoir des vues arrêtées sur une chose, parfois sur une personne, et prétendre l'obtenir. Alors qu'on *choisit* librement, **Opter** implique qu'on est forcé de choisir, aussi est-il souvent précédé de falloir : *Le repos et la liberté me paraissent incompatibles : il faut opter* (J.-J. R.). **Élire** désigne un choix collectif : *Élire un député*; ou, en parlant d'un seul, un choix parmi d'autres qui implique une préférence ou une promotion : *Le roi doit à son fils élire un gouverneur* (Corn.). **Préférer**, choisir spéculativement, sans vues pratiques : *On choisit un tableau chez un marchand, on préfère un tableau dans un musée*. **Aimer mieux** a la même nuance, mais on *préfère* par raison et on *aime mieux* par goût : *Quoique je ne puisse rien alléguer pour préférer Cicéron à Démosthène, néanmoins je l'aime mieux* (L. H.). **Adopter**, choisir une chose qui est à autrui et la faire sienne pour longtemps : *Cette nouvelle échelle des valeurs qu'elle avait adoptée sous l'influence posthume de Jacques* (M. D. G.). **Prendre**, acheter ou faire sien ce qu'on a choisi : *Je prends cette étoffe*; ou choisir sans examen : *Chacun prit une secte et personne ne choisit* (C.). **Coopter**, élire un membre dans une société, une corporation, en parlant de ceux qui en font déjà partie. **Désigner**, choisir quelqu'un pour le destiner à une fonction, à un poste : *Désigner son successeur*. **Nommer**, choisir, désigner, élire quelqu'un et l'affecter officiellement à un poste, à une fonction donnée. — **Trier**, choisir, au physique, une chose ou des choses au milieu d'autres : *Il faut trier dans le troupeau les bêtes qui commencent à vieillir* (Buf.). **Sélectionner**, choisir au physique et au moral, en parlant d'une puissance ou d'une autorité supérieure, un certain nombre d'individus spécialement remarquables de tel ou tel point de vue ou adaptés à telle ou telle fin : *Sélectionner des joueurs pour former l'équipe de France*.

Choix : ¶ 1 *Choix*, **Élection**, **Adoption**, **Cooptation**, **Sélection** diffèrent comme les v. correspondants dont ils marquent l'action :

→ Choisir. Mais *choix* peut se dire pour chacun des autres mots et dans ce cas désigne l'acte abstrait qualifié comme bon ou mauvais, les autres mots marquent la manière dont il s'est fait. *Élection* indique de plus l'événement : *Le choix d'un Académicien se fait par cooptation; son élection a lieu tel jour*. — En parlant d'un seul, *élection* est syn. de *choix*, dans le langage mystique, pour désigner le choix que Dieu fait de ses élus : *L'élévation de ces deux grands rois fut l'effet d'une élection particulière* (Bos.); en parlant du choix personnel résultant de la volonté d'un homme, *élection* ne se dit plus, de nos jours, que dans la langue juridique : *Élection de domicile*; ou au fig. dans des loc. comme *Pays d'élection, Enfant d'élection* (Acad.). ¶ 2 Ce qu'il y a de meilleur ou de préférable. Le *Choix* peut être relatif à une fin déterminée et n'implique pas l'idée de perfection unique qu'il y a dans **Élite** qui se dit toujours de plusieurs hommes considérés par rapport à d'autres et implique une idée d'excellence : *Un choix de savants, de textes. L'élite de la jeunesse de France*. **Fleur**, ce qu'il y a de plus brillant, de plus agréable : *La fleur des jolies femmes* (Marm.); peut se dire d'un seul : *Saint Ambroise, la fleur des écrivains latins* (Bos.); et aussi d'une seule chose ayant des parties dont on prend la ou les plus belles : *La plus fine fleur de la galanterie* (Regn.). **Aristocratie**, au fig., groupe d'hommes à qui son éminence dans un certain genre d'activité donne quelque influence sur la société tout entière : *L'aristocratie des lettres, du commerce* (Acad.). **Crème**, syn. fam. d'*élite*. **Dessus du panier** et en argot **Gratin** impliquent surtout une distinction sociale. ¶ 3 → Assortiment. ¶ 4 *Faire choix* : → Choisir.

Choléra : Au fig. → Méchant.

Chômer : → Fêter.

Chopiner : → (s') Enivrer.

Chopper : → Broncher.

Choquer : ¶ 1 Donner contre. *Choquer*, rencontrer un corps avec plus ou moins de violence, donner un coup : *Choquer son verre pour trinquer*. **Heurter** (→ ce mot), choquer violemment : *Il imagina de casser contre sa tête une assiette en la heurtant* (Flaub.). ¶ 2 Causer une sensation désagréable. *Choquer*, déplaire en s'opposant au goût habituel, à l'idée qu'on se fait de la beauté : *Ce n'est pas laid, et j'avais remarqué les souliers noirs qui ne m'avaient nullement choqué* (Proust). **Offenser** et **Blesser**, qui enchérit, impliquent que la sensation est nettement douloureuse pour la sensibilité : *Une voix fausse, un son aigre offensent, blessent* (Buf.) *un musicien*. **Écorcher** enchérit sur *blesser* en parlant de

l'ouïe dans la loc. *Écorcher les oreilles.*
¶ 3 Déplaire à l'esprit. *Choquer,* s'opposer
aux sensations accoutumées, aux habitudes,
aux idées reçues d'une personne : *Sa hâte*
[le] *choquait comme un manque de pudeur*
(J. Rom.). **Heurter** enchérit : *Heurter le
sens commun effrontément* (Volt.) ; et implique souvent qu'on contrecarre violemment
les tendances de quelqu'un : *Heurter l'amour-
propre.* **Offenser** et **Blesser** impliquent
simplement qu'on fait du mal : on *offense*
par une attitude injurieuse qui déplaît à
la susceptibilité, ou aux sentiments délicats,
on *blesse* au cœur d'une façon durable, en
touchant la sensibilité, mais sans donner
le ressentiment qu'implique aigrir (→ ce
mot) : *Offenser l'amitié* (Sév.) ; *la majesté*
(Bos.). *Un cœur que l'existence blessait*
(Flaub.). **Scandaliser** implique qu'on réprouve ce qui choque : *Elle était choquée,
scandalisée* (Mau.). **Froisser** (→ ce mot), au
fig., choquer, offenser, blesser légèrement,
en parlant d'intérêts, d'opinions, de sentiments. **Offusquer,** offenser en donnant
de l'ombrage : *Le mérite qui l'offusquait*
(Did.). **Ulcérer,** blesser profondément quelqu'un en faisant naître dans son cœur un
ressentiment durable : *O fureur des cœurs
mûrs par l'amour ulcérés!* (Baud.). ¶ 4
Être contraire à, en parlant d'une chose
morale, comme la religion, la bienséance, etc. On *choque* tout ce qui est
établi, reçu, peut être ébranlé : *Choquer le
bon sens;* on **offense** ce qui peut être l'objet
d'une injustice ou d'une injure : *Offenser
les lois* (Chat.) ; on **blesse** ce qui a rapport à
la conscience, au cœur, qui peut être violé :
Blesser l'honnêteté (Marm.) ; *la charité et la
conscience* (Pasc.). ¶ 5 (Réf.) → (s') Offenser.

Choral, Chorale : → Chœur.

Chorégraphie : → Danse.

Choriste : Celui qui fait partie d'un
chœur. Le *Choriste* fait partie d'un chœur
moderne, le **Choreute,** d'un chœur antique.

Chorus [faire] : → Approuver.

Chose : → Objet.

Chouchou : → Favori.

Chouchouter, Choyer : → Soigner.

Chrestomathie : → Anthologie.

Chrétien : Au fig. → Homme.

Chronique : N. ¶ 1 → Article. ¶ 2 → Histoire. ¶ 3 Adj. → Durable.

Chronologie : → Histoire.

Chronomètre : → Montre.

Chuchoter : → Murmurer.

Chuchoterie désigne non seulement l'action de chuchoter, comme **Chuchotement,**
mais encore son résultat, le genre d'entretien qu'elle produit : *Un chuchotement*

ricaneur (J.-J. R.) *agace; le mystère d'une
chuchoterie* (J.-J. R.) *inquiète.*

Chuinter : → Bléser.

Chut : → Paix.

Chute : ¶ 1 Action de tomber. *Chute* se dit
dans tous les sens du v. *tomber* et diffère
d'**Affaissement, Écroulement, Culbute, Dé-
gringolade, Déchéance, Descente** comme
les v. correspondants : → Tomber. ¶ 2
→ Ruine. ¶ 3 Masse d'eau qui tombe d'une
certaine hauteur. *Chute* est le terme général.
Cascade, chute d'un petit cours d'eau qui
tombe de rocher en rocher. **Cascatelle,**
petite cascade. **Cataracte,** chute d'un grand
fleuve qui se précipite de haut par suite
d'une brusque dénivellation : *Les cataractes
du Zambèze.* **Saut,** syn. de chute : *Le saut du
Doubs; le saut du Niagara.* **Rapide,** partie
d'un fleuve où l'eau ne tombe pas, mais
descend très rapidement sur une déclivité.
¶ 4 → Déchet. ¶ 5 → Faute. ¶ 6 → Insuccès. ¶ 7 → Terminaison.

Ci : → Ici.

Ci-annexé : → Ci-joint.

Cible : → But.

Cicatrice, terme général, marque ou trace
qui reste des plaies ou blessures après guérison. **Balafre,** cicatrice laissée au visage
par une arme tranchante : *La balafre du
sabre* (V. H.). **Couture,** marque laissée par
une plaie dont les bords ont été mal
rejoints, et, par ext. suite de cicatrices de
petite vérole. **Stigmate,** marque durable
que laisse une maladie ou une plaie : *Les
stigmates de la petite vérole;* s'emploie surtout en parlant des marques infamantes
laissées par une punition, une captivité :
Les stigmates de leur captivité (Buf.) ; ou des
plaies du Christ imprimées par faveur du
Ciel sur le corps de saint François d'Assise.
— Au fig. *cicatrice,* tort fait à la réputation;
La cicatrice de la calomnie (J.-J. R.) ; *stigmate,* marque infamante : *Un stigmate flé-
trissant* (Lit.).

Cicerone : → Guide.

Ci-devant : ¶ 1 Adv. → Avant. ¶ 2 N. →
Noble.

Ciel : ¶ 1 Espace au-dessus de nos têtes en
forme de voûte et circonscrit par l'horizon.
Ciel, cet espace considéré comme un tout :
Celui de qui la tête au ciel était voisine
(L. F.). **Cieux,** terme plus vague, insiste
sur l'immensité et la diversité de cet
espace, et ne s'emploie qu'au concret en
style poétique et soutenu : *Sept régions
différentes des cieux* (Staël). **Firmament**
(dans l'antiquité, le ciel des étoiles fixes),
dans le style soutenu, le ciel considéré
comme une voûte splendide couverte des
étoiles : *Une immense bonté tombait du firmament* (V. H.). **Olympe** (séjour des dieux

grecs), **Empyrée** (dans l'antiquité la plus élevée des sphères célestes), **Céleste lambris** sont poétiques : *L'Olympe blanchit* (Rac.). *La foule azurée des étoiles dans l'empyrée* (Lam.). *Vénus, du haut des célestes lambris* (Chén.). ¶ 2 Au fig. séjour de Dieu, des héros, des justes et par ext. lieu de délices. Dans le langage chrétien, *Ciel* insiste sur la gloire des saints contemplant Dieu dans son séjour et symbolise aussi en général la puissance de Dieu : *Tout chrétien est né pour le ciel* (Mas.). *La protection du ciel* (Staël); **Paradis** (→ ce mot) désigne le lieu du bonheur parfait : *Toutes les joies du paradis* (J.-J. R.). **Jérusalem céleste** est de la langue mystique. Par allusion aux conceptions païennes, l'**Olympe** est le symbole de la sérénité ou de la grandeur : *Il trône dans son Olympe* (Acad.); l'**Empyrée**, un lieu de délices : *Que regretterais-je en ces lieux? Pour moi, je suis dans l'empyrée* (Volt.), ou, par ironie, le lieu où l'on se perd quand, par orgueil ridicule, on cherche le sublime. **Walhalla**, séjour des héros morts au combat dans la mythologie scandinave, lieu de gloire et de délices. ¶ 3 *Ciel de lit* : → Dais.

Cierge : → Chandelle.

Ci-joint : En parlant de ce qui est renfermé dans un paquet, une lettre, un pli, *Ci-joint* se dit de ce qu'on ajoute à ce qu'on envoie, ou à ce dont on parle : *Ci-joint mon adresse*; **Ci-annexé**, des pièces jointes à l'appui d'un ouvrage, d'un rapport, d'un dossier, etc. : *Pièces ci-annexées*; **Ci-inclus**, de ce que l'on renferme avec ce que l'on envoie : *Ci-inclus un timbre pour la réponse.*

Cilice, ceinture ou plastron de crin ou de poil rude et piquant qu'on porte sur la peau pour se mortifier. **Haire**, chemise rude en crin ou en poil de chèvre.

Ciller, faire toucher et séparer rapidement les cils des deux paupières, pour éviter une grande lumière ou par émotion, surprise : *On ne peut regarder le soleil sans ciller* (Acad.). **Cligner**, fermer les yeux à demi pour éviter la lumière, augmenter l'acuité visuelle ou faire un signe d'intelligence : *Les myopes clignent. Cligner de l'œil.* **Clignoter**, cligner des yeux fréquemment. **Papilloter**, en parlant des yeux, ne pouvoir se fixer sur les objets par suite d'un mouvement incertain et involontaire.

Cime : → Sommet.

Cimenter : → Affermir.

Cimeterre : → Épée.

Cimetière : ¶ 1 *Cimetière*, terme général et ordinaire, terrain où l'on enterre les morts. **Nécropole** (dans l'antiquité, partie d'une ville destinée aux sépultures), cimetière antique, ou vaste cimetière à caractère monumental, ou syn. de *cimetière* dans le

style soutenu : *Les peuples libérés des vastes nécropoles* (Pég.). **Ossuaire**, lieu couvert, souvent dans un cimetière, où l'on entasse les os des morts : *L'ossuaire de Douaumont.* **Charnier**, syn. vx de *cimetière* : *Les charniers Saint-Innocent* (Volt.); se dit de nos jours d'un lieu où sont entassés, souvent sans sépulture, de nombreux corps de suppliciés ou de victimes d'une épidémie : *Les charniers de Buchenwald.* **Catacombes**, lieux souterrains près de Rome où l'on enterrait les esclaves et où les chrétiens enterrèrent leurs morts; par ext. toutes vastes excavations souterraines où sont réunis des débris mortuaires. **Crypte**, d'abord lieux souterrains où l'on enterrait les martyrs, puis lieu souterrain sous une église où l'on enterrait autrefois les morts. **Champ des morts, du repos**, syn. poétique de *cimetière*. ¶ 2 Au fig. *Cimetière*, le lieu où la mort frappe et sévit : *Ostende assiégée est un cimetière* (Malh.). **Charnier**, le symbole de la cruauté, du carnage : *Les charniers de l'histoire* (V. H.). **Ossuaire**, les restes de ce qui a cessé d'être : *Le globe n'est partout qu'un ossuaire de civilisations ensevelies* (Lam.).

Cinématographier, photographier une scène quelconque en vue de la reproduire à l'écran avec son mouvement. **Filmer**, mettre en film, implique qu'on photographie une suite de scènes constituant une actualité, un drame, etc., avec une certaine technique de professionnel. **Tourner**, terme de métier, enregistrer une scène avec un appareil de prise de vues : *Silence on tourne. On filme une scène, on tourne un film.*

Cingler : ¶ 1 → Battre. Battre avec quelque chose de flexible. *Cingler*, terme général, marque l'action d'un fouet, d'une houssine, d'une sangle, etc. **Fouetter**, cingler avec un fouet, parfois pour punir : *Fouetter un enfant*; ou cingler à la manière d'un fouet : *Mes cheveux fouettaient mon front* (Lam.); souvent pour donner le mouvement (*fouetter une toupie*) ou faire mousser : *Fouetter la crème.* **Fouailler**, frapper souvent avec le fouet : *Fouailler ses chevaux.* **Cravacher**, frapper avec la cravache une bête pour la faire aller vite; un homme pour l'insulter ou le punir ignominieusement. **Flageller**, frapper du fouet en parlant du Christ, des martyrs, des pénitents : *Des bourreaux qui s'épuisent en flagellant saint Victor* (Bos.). **Fustiger**, frapper de verges pour punir par autorité de justice : *Fustiger le délinquant* (Les.). **Sangler**, frapper d'une sangle, syn. fam. de *cingler*, signifie aussi donner un coup violent : *Je lui sangle mon poing sur le visage* (Regn.). ¶ 2 Au fig., critiquer d'une façon acerbe dans la satire. *Cingler* et **Sangler** (fam.) impliquent une critique violente, insultante : *Le cardinal de Retz est étrangement sanglé dans ce petit livre* (GUI PATIN). **Fouetter** implique le mépris : *Fouetter d'un vers sanglant ces grands hommes d'un jour* (GILBERT); **Fustiger,** une punition : *Molière a fustigé l'hypocrisie;* **Flageller** indique parfois une attaque injuste : *Pamphlets vils qui flagellent sans cesse quiconque vient du ciel* (V. H.). ¶ 3 → Aller.

Cintre désigne abstraitement la courbure continue, en demi-cercle, en arc, en ellipse, d'une voûte ou d'un arc, et concrètement les appareils de charpente sur lesquels on bâtit une voûte. **Arc,** dans un sens plus général et plus concret, désigne la construction de forme courbe dont les deux extrémités vont s'appuyer sur deux points solides : *Arc de plein cintre. L'arc d'une voûte. Arc surbaissé;* **Voûte,** l'ouvrage de maçonnerie cintré qui comprend non seulement l'*arc* mais aussi ce qu'il supporte et sert à couvrir un espace. **Ogive,** chacun des arcs qui, se croisant en X, soutiennent la voûte dans l'architecture gothique, se dit parfois abusivement des arcs brisés employés en architecture. **Arcade,** piliers ou colonnes laissant entre eux une ouverture dont la partie supérieure est en forme d'arc.

Circonférence : ¶ 1 → Tour. ¶ 2 → Rond.

Circonflexe : → Tordu.

Circonlocution : → Périphrase.

Circonscription : → Division.

Circonscrire : → Limiter.

Circonspect : → Prudent.

Circonspection : ¶ 1 → Prudence. Attention dans la conduite. La *Circonspection* tient de la prudence, c'est l'art de ne pas se compromettre par ce qu'on fait ou ce qu'on dit : *Le courage n'exclut pas la prudence et même la circonspection* (DUH.). La **Considération** implique une qualité positive qui est la sagesse : *Châtiments ordonnés avec grande considération* (Bos.). ¶ 2 → Retenue. Modération dans ses paroles ou dans ses actes pour ne pas blesser le prochain. *Circonspection* implique qu'on veut éviter à soi-même ou aux autres un mal possible : *Circonspection devant les dieux* (GIR.). **Ménagement,** procédé de celui qui ne maltraite pas son prochain pour lui éviter un mal certain : *Excusez-moi de vous dire cela sans ménagements* (M. D. G.). **Considération** implique qu'on veut témoigne positivement à autrui du respect, de l'estime : *Avec quelle considération, quel respect, on doit traiter les ministres de la justice!* (Bos.) : → Égard.

Circonstances : → Cas.

Circonstancié : → Détaillé.

Circonvenir : → Séduire.

Circonvolution, Circuit : → Tour.

Circulation : → Mouvement et Trafic.

Circuler : → (se) Mouvoir.

Cirque, lieu où les Romains donnaient les jeux publics, qu'il s'agisse de courses ou de luttes. **Amphithéâtre,** cirque de forme ronde ou ovale entouré de gradins, se dit surtout pour les combats de bestiaires ou de gladiateurs. **Arène** désigne des amphithéâtres romains dont les restes subsistent en certains lieux de la France : *Les Arènes de Nîmes.*

Ciseau, instrument plat et droit, tranchant par un bout pour travailler les corps durs : *Ciseau de sculpteur;* **Ciseaux,** instrument formé de deux lames tranchantes en dedans réunies par une vis sur laquelle elles se meuvent : *Ciseaux de tailleur;* **Cisailles,** sorte de gros ciseaux pour couper les matières dures : *Cisailles de ferblantier.*

Ciseler : ¶ 1 → Tailler. ¶ 2 → Parfaire.

Citadelle : → Forteresse.

Citadin : ¶ 1 Adj. → Urbain. ¶ 2 N. → Habitant.

Cité : → Ville.

Citer : ¶ 1 Faire connaître, à propos de ce qu'on dit, un écrit, un passage, un exemple ou autre chose semblable. *Citer,* indiquer avec précision, dans n'importe quel dessein, la forme, l'origine du texte ou de l'exemple invoqués : *Citer la page* (PASC.). **Alléguer,** citer une autorité, un passage, un fait pour s'en prévaloir surtout dans une défense : *Alléguer les conciles et les canons* (S.-B.). **Rapporter,** citer ou alléguer après d'autres, ou citer en propres termes ou en mettant sous les yeux : *Si je ne rapporte point les passages qui ont été tant de fois cités* (Bos.). **Produire,** citer ou alléguer ce qui était inconnu ou secret : *Il tient ses réponses secrètes jusqu'à ce qu'on lui ait accordé de les produire* (Bos.). **Mentionner,** faire connaître l'existence de, sans la précision qu'implique *citer.* **Consigner,** mentionner dans un écrit : *On a consigné cette circonstance au procès-verbal* (LIT.). ¶ 2 → Indiquer. ¶ 3 → Mander.

Citerne : → Réservoir.

Citoyen : → Habitant.

Citron, fruit du citronnier; **Cédrat,** fruit du cédratier ou citronnier médique, citron volumineux à surface tuberculeuse. **Limon,** sorte de citron qui a beaucoup de jus.

Civière, engin à quatre bras porté par des hommes qui sert pour les fardeaux, les blessés, toutes sortes de choses. **Brancard,** civière à pied, pour les malades ou les objets fragiles : *On dit : faire un brancard de ses bras* (J.-J. R.) et non « une civière ». **Bard,** grande civière pour lourds fardeaux, parfois sur roues ou sur rouleau. **Bayard,** civière entourée de planches, petit tombereau servant à transporter du mortier et autres objets.

Civil : Adj. ¶ 1 Qui concerne le citoyen. *Civil* s'applique au citoyen tel qu'il est en fait, dans le temps et l'espace, par rapport aux autres citoyens : *Les vertus civiles regardent la manière dont les citoyens se comportent entre eux* (L.). *Droit civil.* **Civique** concerne le citoyen considéré comme un idéal, quant à ses qualités essentielles, son service envers l'État : *Les vertus civiques sont les vertus constitutives du citoyen* (L.). *Instruction civique.* ¶ 2 → Sociable. *Civil,* **Poli, Correct, Bien élevé, Courtois, Galant, Honnête :** → Civilité. ¶ 3 N. *Civil,* celui qui n'est pas militaire. **Pékin,** syn. pop. de *civil,* vieillit.

Civilisation, ensemble de caractères sociaux, religieux, moraux, esthétiques, techniques ou scientifiques qui se transmettent et sont communs à une société, a pour syn., depuis le XIXe s., **Culture** (de l'all. *Kultur*) qui est moins employé et se dit surtout de la civilisation considérée du point de vue de l'esprit : *Propager la culture française à l'étranger* (ACAD.).

Civilisé : → Policé.

Civilité : ¶ 1 Qualité qui rend d'un commerce agréable parce qu'on applique les règles nécessaires de la vie sociale (≠ Amabilité [→ Aimable] qui insiste sur l'air naturel qu'on a avec autrui). *Civilité* implique simplement des égards pour autrui selon les convenances en usage : *La politesse flatte les vices des autres; la civilité nous empêche de mettre les nôtres au jour* (MTQ.). **Correction,** conformité à ce que la convenance exige dans un cas donné, se dit aussi de la conduite morale, spéc. de la tenue, de l'habillement, et, appliqué aux relations sociales, dit moins que *civilité* et suppose le respect des usages les plus élémentaires. **Savoir-vivre,** connaissance raffinée des usages du monde, enchérit sur *civilité* : *Les manières du monde, le savoir-vivre, l'esprit de société* (L. B.). **Éducation** implique la connaissance du savoir-vivre et de l'art de le pratiquer comme parfaitement assimilés par une personne grâce à l'excellence du milieu dans lequel elle a été formée : *L'éducation raffinée du grand seigneur* (PROUST). **Politesse** tend de nos jours à remplacer *civilité* ou même *correction,* mais implique en réalité une qualité plus exquise et regarde le mérite personnel plutôt que le rang : c'est l'art de faire et de dire tout ce que réclame la bienséance pour faire plaisir à une personne : *Ce que l'âge mûr est à l'enfance, ce que la politesse est aux premières leçons*

de la civilité (VOLT.). **Urbanité,** politesse que donne l'usage du grand monde (alors que la politesse peut être innée et de tous les milieux) et qui a souvent une certaine perfection esthétique : *L'élégante urbanité de la cour de Louis XIV* (VILLEMAIN). **Courtoisie,** qualité de celui qui est poli à la façon des anciens chevaliers, c'est-à-dire « galant envers les dames, loyal envers tout le monde et religieux observateur de sa parole » (L.); de nos jours, en un sens atténué, politesse élégante, raffinée et délicate. — Au XVIIe s. **Honnêteté** ajoutait à *politesse* l'idée d'une culture sans pédantisme, d'un bon jugement naturel, et parfois de valeur morale. De nos jours seul le sens moral est resté et *honnêteté* au sens de *politesse* est pop. **Galanterie** ajoutait à *honnêteté* l'idée d'une bonne grâce qui plaisait au monde, mais, de nos jours, ne se dit plus que de la politesse envers les dames. ¶ 2 Au pl. Démonstration faite à une personne des sentiments qu'on lui doit (souvent à la fin d'une lettre). *Civilités,* démonstration des sentiments dus par le cérémonial social, souvent entre deux égaux : *Souffrez que je réponde à vos civilités* (CORN.). **Politesses** diffère de *civilités* comme plus haut, **Cérémonies** implique un formalisme exagéré. **Compliments,** paroles cérémonieuses ou simplement formule pour se rappeler au souvenir de quelqu'un (→ Complimenter) : *Il vous fait mille et mille compliments* (SÉV.). **Hommages,** témoignage volontaire et assez extérieur de dévouement fondé sur l'estime, les égards dus au sexe, au mérite, à la beauté, au rang, se dit spéc. à une dame. **Devoirs** implique la reconnaissance d'une dépendance ou d'une subordination sociale : *Rendre ses devoirs au Louvre* (SÉV.). **Respects,** civilités dues à l'âge, au mérite éminent, à la dignité, à la naissance. **Baise-mains,** hommage tout extérieur rendu en baisant la main, un peu suranné et de nos jours désuet ou ironique : *Faites mes baisemains à vos sœurs* (RAC.). — **Amabilités** suppose un témoignage non de sentiments qu'on doit, mais de sentiments qu'on éprouve ou qu'on feint d'éprouver. **Amitiés** enchérit.

Civique : → Civil.

Civisme : → Patriotisme.

Clabauder : → Médire.

Clabauderie : → Crierie.

Clair : ¶ 1 → Lumineux. ¶ 2 → Transparent. ¶ 3 → Fluide. ¶ 4 En parlant des choses à l'égard desquelles notre esprit n'éprouve ni embarras ni indécision, *Clair,* **Limpide** et **Lumineux,** qui enchérissent, aisément intelligible pour notre raison, sans obscurité, qui n'a pas besoin d'éclaircissement ni d'explication : *Tout était devenu clair aux yeux de Nicole, l'amour de*

Daniel expliquait tout (M. D. G.). **Évident,** qui emporte certitude et conviction de la part de nos sens, de notre jugement, de notre intuition : *Ce qui est évident est ce qui, étant considéré, ne peut être nié quand on le voudrait* (Bos.). **Manifeste,** plutôt relatif à l'objet qu'au sujet, exposé ouvertement, qu'on ne peut pas ne pas voir : *Satisfaction manifeste* (M. D. G.). ¶ 5 Avec le même sens, *Clair* se rattache à un groupe de syn. qui diffèrent non par la façon dont ils indiquent qu'une chose s'impose à notre esprit, mais par la façon dont ils justifient qu'une chose ne prête pas à confusion ou n'en commet pas. *Clair* (anton. Obscur, embrouillé) exclut l'obscurité dans l'esprit qui pense et dans ce qui est pensé : *Esprit clair. Système suivi, méthodique, clair, marchant de conséquence à conséquence* (VOLT.). **Net** (anton. Équivoque) exclut l'ambiguïté : *Un esprit grand et net aime avec ardeur et il voit distinctement ce qu'il aime* (PASC.). **Précis,** exactement circonscrit, sans rien qui manque ni qui soit superflu : *Que le mouvement soit défini de façon si précise qu'il ne reste au corps mobile d'autre liberté que de le tracer, et lui seul* (VAL.). **Distinct,** en parlant seulement de ce qui est connu, exactement séparé de ce qui n'est pas lui, qu'on ne peut confondre avec autre chose : *Idée, notion, souvenir distincts* (ACAD.). — En parlant d'un acte de l'esprit ou de celui qui l'accomplit, **Catégorique,** net parce qu'il est sans condition ni alternative : *Une réponse catégorique*; **Formel,** qui a une forme nettement déterminée, sans rien de virtuel, de douteux ou d'implicite : *Un démenti formel.* — En parlant des termes mêmes dans lesquels on exprime une chose, **Exprès,** qui est énoncé d'une façon formelle et impérative : *Ce sont ses mots exprès* (CORN.). — **Explicite** ne se dit pas des termes, mais de la chose qui est énoncée ou de celui qui l'énonce en termes qui ne laissent subsister aucun doute : *Clause, volonté explicite* (ACAD.).

Clairière, terme commun, endroit d'une forêt dégarni d'arbres, **Éclaircie,** en termes d'eaux et forêts, partie d'un bois moins touffue ou systématiquement découverte.

Clairon : → Trompette.

Clairsemé : → Épars.

Clairvoyance : → Pénétration.

Clairvoyant : → Pénétrant et Intelligent.

Clamer : → Crier.

Clameur : → Cri.

Clan : ¶ 1 → Tribu. ¶ 2 → Coterie et Parti.

Clandestin : → Secret.

Clapir [se] : → (se) Blottir.

Claque : → Gifle.

Claquemurer : → Enfermer et Coffrer.

Claquer : ¶ 1 → Frapper (des mains). ¶ 2 → (se) Rompre.

Clarifier : ¶ 1 → Éclaircir. ¶ 2 → Purifier.

Clarté : ¶ 1 → Lumière. ¶ 2 *Clarté*, **Évidence, Netteté, Précision :** → Clair. ¶ 3 → Notion.

Classe : ¶ 1 Collection d'individus qui ont certains caractères communs, groupés d'après une division artificielle établie par l'homme (≠ Genre [→ ce mot], qui implique une division naturelle). *Classe*, division pour n'importe quel motif, n'implique pas forcément l'idée de hiérarchie : *Les classes de l'Institut.* **Ordre** implique une hiérarchie introduite par l'homme, mais fondée sur des différences fondamentales très nettes entre les choses : *Trois ordres différents de genre* (PASC.). **Catégorie,** dans le langage courant, la classe des objets auxquels convient un même prédicat, c'est-à-dire qui, sous un certain point de vue, sont semblables, sans idée de hiérarchie : *L'administration range les élèves par classes et distingue la catégorie des boursiers de celle des non-boursiers.* **Sorte** n'indique aucune classification faite par l'homme ni par la nature, mais simplement la multiplicité sans distinction : *Il n'y a sorte de volupté qu'ils n'essaient* (L. B.). ¶ 2 → Rang.

Classement, action de ranger effectivement d'après un certain ordre : *Le classement des concurrents du Tour de France.* **Classification,** action de distribuer par classes, catégories, etc., c'est-à-dire en déterminant idéalement un ordre dans les objets : *La classification des sciences.*

Classer : → Ranger.

Classification : → Classement.

Classique : → Traditionnel.

Claudicant : → Boiteux.

Clause : → Disposition.

Clause pénale : → Dédit.

Claustrer : → Enfermer.

Clausule : → Terminaison.

Clef : ¶ 1 *Clef*, instrument qui ouvre et ferme une serrure. **Passe-partout,** clef qui sert pour plusieurs serrures. ¶ 2 → Dénouement.

Clément : → Indulgent.

Clerc : ¶ 1 → Prêtre et Religieux. ¶ 2 → Savant. ¶ 3 *Clerc*, celui qui travaille dans l'étude d'un notaire, d'un avoué, d'un huissier. **Principal,** clerc qui commande aux autres clercs. — **Saute-ruisseau,** fam. et péj., petit clerc qui fait les courses.

Clergé : → Église.

Cliché : → Lieu commun.

Client : ¶ 1 → Acquéreur. ¶ 2 → Protégé.

Clignement : → Clin.

Cligner, Clignoter : → Ciller et Vaciller.

Climat : ¶ 1 *Climat*, ensemble des circonstances géographiques et atmosphériques auxquelles est soumis un pays. **Température,** ensemble des conditions atmosphériques variables traduites par nous en sensations de chaud et de froid : *Une seule forêt de plus ou de moins dans un pays suffit pour en changer la température* (Buf.). **¶ 2** → Pays. **¶ 3** → Milieu.

Clin d'œil désigne un mouvement subit et rapide des paupières qui se ferment et se relèvent au même instant, en général pour marquer promptement un signe d'intelligence ou un ordre. **Clignement,** effort plus durable pour accommoder la vue en rapprochant les paupières, ou signe d'intelligence assez marqué. — *En un clin d'œil* : → Vite.

Clinicien : → Médecin.

Clinique : → Hôpital.

Clinquant : → Lustre.

Clique : ¶ 1 → Orchestre. **¶ 2** → Coterie.

Cliquetis : → Bruit.

Cloaque : ¶ 1 *Cloaque* (souterrain voûté, à Rome, par lequel s'écoulaient les eaux pluviales et les immondices de la ville), de nos jours, tout lieu où l'on jette les immondices et par ext. tout amas d'eau croupie, de boue, ou d'ordures : [Le crapaud] *Sentant quelque fraîcheur dans ce cloaque vert, Lavant la cruauté de l'homme en cette boue* (V. H.). **Égout,** conduit, ouvert ou non, par où s'écoulent les eaux sales et les immondices d'une ville. **Bourbier,** tout lieu rempli de boue que forme le fond des eaux croupissantes. **Gâchis,** terrain détrempé par la pluie comme du plâtre délayé dans l'eau. **Margouillis,** fam. et rare, gâchis ou bourbier. **Sentine** (terme de marine), la partie la plus basse de l'intérieur du navire, où les eaux s'amassent et croupissent. **¶ 2** Au fig. *Cloaque* et **Sentine** évoquent la souillure morale : *Un cloaque de vices*; **Égout,** plutôt le côté immonde des choses par opposition à leur belle apparence : *Paris, l'égout des voluptés* (S.-S.); **Bourbier** et **Margouillis,** simplement la difficulté ou l'obscurité où l'on se perd : *De vains efforts pour se tirer de ce bourbier* (Volt.).

Cloche : ¶ 1 *Cloche*, instrument de métal en forme de coupe renversée produisant des sons retentissants à l'aide d'un battant suspendu dans l'intérieur ou d'un marteau placé à l'extérieur. **Campane,** vx et dialectal, *cloche*. **Bourdon,** grosse cloche : *Le bourdon de Notre-Dame.* **Beffroi,** cloche d'alarme dans un beffroi. — **Clochette,** petite cloche qu'on peut tenir dans la main et qui tinte grâce à un battant mobile suspendu à l'intérieur, qu'on met en mouvement par le branle. **Timbre,** petite cloche sans battant qui est frappée en dehors ou en dedans par un marteau : *Timbre de pendule, de bicyclette.* **Grelot,** petite boule de métal creuse et percée de trous renfermant un morceau de métal mobile qui la fait résonner dès qu'on la remue : *Les grelots du troupeau qui bêle* (V. H.). **Sonnette,** clochette dont on se sert pour appeler ou pour avertir : *La sonnette funèbre qui annonce les derniers sacrements* (Genlis); ou petit grelot : *La sonnette du mulet* (L. F.); par ext. la sonnerie d'un appartement : *Un coup de sonnette.* **Sonnailles,** ensemble de clochettes attachées au cou des bêtes qui paissent ou voyagent : *Clochettes ou sonnailles* (Buf.). *Campane* est vx en ce sens. **Clarine,** sonnette qu'on pend au cou des animaux quand on les fait paître en forêt. — **Carillon,** réunion de cloches accordées à différents tons. — **Sonnerie,** l'ensemble des cloches d'une église, ou l'ensemble des pièces qui servent à faire sonner : *Une sonnerie électrique.* **¶ 2** → Ampoule.

Clocher, bâtiment élevé qui fait partie d'une église et dans lequel on suspend des cloches. **Campanile,** clocher italien à jour, ou petite tour ouverte et légère souvent isolée et servant de clocher. **Beffroi,** tour de ville dans laquelle se trouve une cloche d'alarme.

Clocher (V.) : → Boiter.

Clochette : → Cloche.

Cloison : ¶ 1 → Mur. **¶ 2** → Séparation.

Cloître : Maison religieuse dans laquelle hommes ou femmes se retirent du monde. *Cloître* insiste sur le fait qu'on est séparé du monde et peut désigner abstraitement l'état : *Les religieuses ensevelissent au fond du cloître...* (Volt.). *Vivre dans le cloître* (Bour.). On appelle *cloître*, dans un monastère ou dans un couvent, la partie la plus éloignée du monde, celle où sont les cellules (L.). **Monastère** (anc. **Moutier**), vaste établissement formant comme un monde à part, souvent très riche : *Des biens immenses engloutis dans tant de monastères* (Volt.); comporte souvent l'idée d'isolement, de solitude. **Couvent,** réunion de religieux ou de religieuses, moins importante qu'un monastère et surtout moins séparée du monde : *Couvent mondain* (Fén.); comporte l'idée de vie commune, sous une règle; c'est le terme le plus usuel de nos jours. **Abbaye,** monastère dirigé par un abbé ou une abbesse. **Prieuré,** couvent sous la conduite d'un prieur ou d'une prieure. **Béguinage,** communauté de religieuses, en

Belgique ou aux Pays-Bas, qui sont soumises à une règle sans avoir prononcé de vœux monastiques et vivent dans des lieux enclos par des murs, où chacune a sa petite maison, avec une église commune. **Chartreuse,** couvent de chartreux.

Cloîtrer : → Enfermer.

Clopiner : → Boiter.

Cloque : → Ampoule.

Cloquer : → Gonfler.

Clore : ¶ 1 → Fermer. ¶ 2 → Entourer. ¶ 3 → Finir.

Clos : ¶ 1 → Enceinte. ¶ 2 → Terre. ¶ 3 → Vigne.

Clôture : ¶ 1 *Clôture,* toute enceinte qui ferme un terrain. **Barrière,** clôture de pièces de bois ou de métal assemblées. **Palis,** clôture de pieux pointus, de planches, de perches ou d'échalas qui se touchent et sont liés les uns avec les autres. **Palissade,** clôture de palis assez importante et élevée soit pour se défendre (terme de fortification), soit pour l'arboriculture, *palissade* désigne un mur de verdure). **Échalier,** clôture d'un champ faite avec des branches d'arbre pour en fermer l'entrée aux bestiaux. **Treillis,** clôture de bois ou de métal formant de petits carrés ou imitant les mailles d'un filet. **Treillage,** assemblage de perches, de lattes se coupant ou parallèles et unies par des fils de fer de façon à former un dessin de losanges ou de carrés; le *treillage* est plus important et plus artistique que le *treillis* qui sert surtout pour une fenêtre ou une porte; *treillage* désigne spéc. la clôture d'un terrain de chemin de fer. **Grille,** clôture de barreaux de fer. **Haie,** clôture faite d'arbustes taillés ou seulement de branchages entrelacés. ¶ 2 → Fin.

Clôturer : ¶ 1 → Entourer. ¶ 2 → Finir.

Clou : ¶ 1 → Pointe. ¶ 2 → Furoncle. ¶ 3 → Mont-de-Piété. ¶ 4 → Principal.

Clouage et plus rarement **Clouement,** action de clouer : *Le clouage d'une caisse.* **Cloutage,** action de fixer le fer à la corne du pied du cheval ou, en termes de beaux-arts, de décorer en forme de clous.

Clouer : → Fixer. *Clouer,* fixer avec des clous. **Clouter,** orner ou protéger avec des clous.

Clown : ¶ 1 Bouffon de cirque ou de tréteaux. Au cirque, *Clown* (à l'origine bouffon du théâtre anglais), bouffon acrobate, musicien, diseur qui divertit le public par ses tours et ses lazzi; **Auguste** (fam. **Gugusse**), par antonomase, variété de clown qui joue les naïfs et les stupides, contrefait écuyers et acrobates, gesticule, est habillé d'une tenue ridicule par sa solennité qui contraste avec son nez vermillon. Sur les tréteaux, **Pitre** (pop.),

bouffon qui aide par ses boniments souvent grossiers et obscènes un escamoteur ou un saltimbanque; **Paillasse,** bouffon des théâtres forains (d'après un type du théâtre italien, *Pagliaccio,* souvent vêtu d'une paillasse, d'où son nom) qui contrefait gauchement les tours de force qu'il voit faire. *Pitre* et *paillasse* sont péj. en parlant d'un *clown.* ¶ 2 Au fig., pour qualifier une personne peu sérieuse (→ Plaisant), *Clown* implique des tours et des mots cocasses, l'**Auguste** est idiot, le **Pitre,** grimacier et grossier, cherchant des succès faciles, le **Paillasse,** sans consistance, ignoble et bas : *Cet orateur est un pitre* (ACAD.). *Paillasses de la politique* (LIT.).

Club : → Cercle.

Cluse : → Vallée.

Clystère : → Lavement.

Coaccusé : → Complice.

Coaction : → Contrainte.

Coadjuteur : → Aide.

Coaguler : → Cailler.

Coaliser : → Unir.

Coalition : ¶ 1 Entre États : → Alliance. ¶ 2 Entre partis dans un État. *Coalition,* à la différence d'**Union** (→ ce mot), n'implique qu'une union momentanée pour agir puissamment contre une force quelconque : *Le ministère fut renversé par une coalition* (ACAD.). **Bloc** (mot employé en ce sens par Clemenceau), coalition parlementaire de partis bien définis d'accord sur un programme d'ensemble : *Bloc national; bloc des gauches.* **Front** implique la résistance ou l'offensive contre un adversaire : *Front populaire.* ¶ 3 Entre particuliers, en économie : → Trust.

Coaltar : → Goudron.

Cocagne : → Eldorado.

Cocarde : → Emblème.

Cocardier : → Patriote.

Cocasse : → Risible.

Coche : Voiture pour le voyage. *Coche,* anciennement, grande voiture de transport en commun : *Six forts chevaux tiraient un coche* (L. F.). **Carrosse** ou **Carrosse de voiture,** voiture plus petite à quatre roues que louaient quelques particuliers et qui était plus confortable et plus rapide. **Diligence** (à l'origine **Carrosse de diligence**), voiture à quatre roues, divisée en deux ou trois compartiments, plus rapide que le *coche* et qui l'a remplacé au XVIIIᵉ s. pour faire le service entre les grandes villes. **Patache,** voiture publique non suspendue et coûtant peu. **Chaise de poste** ou **Chaise,** voiture de voyage à deux ou quatre roues, traînée rapidement et que louait un particulier : *Mon fils s'en va demain en chaise* (Sév.). **Berline,** voiture particulière de voyage, sorte de carrosse confortable, suspendu et fermé, à deux fonds et à quatre roues : *Ceux qui ne voyagent qu'en chaise de poste ou en berline* (Volt.). **Malle-poste, Malle** ou **Courrier,** voiture portant la poste et admettant quelques voyageurs. **Poste** se disait aussi de toute voiture particulière ou non voyageant avec des relais de chevaux de poste : *Il a pris la poste et s'en est venu droit à Versailles* (Sév.).

Coche : → Entaille.

Cocher, tout homme qui conduit une voiture hippomobile publique ou privée. **Phaéton,** syn. plaisant de *cocher,* par allusion au fils du Soleil qui voulut conduire le char de son père : *Le phaéton d'une voiture à foin* (L. F.). — En ville, **Automédon** (le conducteur du char d'Achille), syn. plaisant de *cocher,* **Collignon** (nom d'un cocher assassin en 1855) est pop. et péj. — Sur les routes, **Patachier** ou **Patachon,** cocher de patache, **Postillon,** celui qui conduit à cheval les chevaux de poste (alors que le *cocher* était assis sur son siège), ou celui qui monte sur un des chevaux de devant d'un attelage qu'il conduit. — Dans l'antiquité romaine, **Aurige,** conducteur de char dans les courses de cirque.

Cochon : ¶ 1 → Porc. ¶ 2 → Malpropre.

Cochonnaille : → Charcuterie.

Cochonner : → Gâcher.

Cochonnerie : → Saleté.

Coction : → Cuisson.

Cocufier : → Tromper.

Code : ¶ 1 → Collection. ¶ 2 → Règlement.

Coéquipier : → Partenaire.

Coercition : → Contrainte.

Cœur : ¶ 1 → Ame. ¶ 2 → Naturel. ¶ 3 → Sensibilité. ¶ 4 → Générosité. ¶ 5 → Courage. ¶ 6 → Chaleur. ¶ 7 → Mémoire. ¶ 8 → Intuition. ¶ 9 → Conscience. ¶ 10 → Estomac. ¶ 11 → Centre. ¶ 12 *De bon cœur :* → Volontairement.

Coffre : ¶ 1 → Caisse. ¶ 2 Meuble à couvercle et à serrure. *Coffre,* terme général, meuble de ce genre en forme de caisse dans lequel on serre des objets de toute nature. **Bahut,** anciennement, grand coffre garni de cuir et dont le couvercle était légèrement bombé. **Arche,** au M. A., coffre à panneaux sculptés où l'on serrait des objets précieux et qui servait de siège. **Huche,** coffre de bois pour pétrir ou serrer le pain. **Maie,** syn. vx de *huche.* ¶ 3 → Poitrine.

Coffrer : → Arrêter et Emprisonner. Mettre en prison au sens fam. *Coffrer* a rapport à l'arrestation : *Faites coffrer les femmes* (Gi.);

Claquemurer, à la détention, et s'emploie dans des sens plus étendus que *coffrer* qui ne se dit qu'au prop. : *Vos beaux avis m'ont fait claquemurer* (Volt.).

Coffret : → Boîte.

Cognat : → Parent.

Cognée : → Hache.

Cogner : ¶ 1 → Battre. ¶ 2 → Frapper. ¶ 3 → Heurter.

Cognition : → Connaissance.

Cohabitation : État de deux personnes de sexe différent qui vivent ensemble. *Cohabitation* se dit de l'époux et de l'épouse, **Concubinage,** d'un homme et d'une femme non mariés. *Cohabitation* se dit en ce sens par euphémisme.

Cohérence, Cohésion : → Adhérence et Liaison.

Cohérent : → Logique.

Cohorte : → Troupe.

Cohue : → Foule.

Coi : → Tranquille.

Coiffe : → Coiffure. Ajustement de tête en toile ou en tissu léger pour les femmes. *Coiffe,* tout ajustement de ce genre en usage de nos jours chez les femmes de la campagne et autrefois chez toutes les femmes (bonnet, voile et toutes les pièces de la coiffure). **Béguin,** espèce de coiffe-capuchon qu'on attache sous le menton. **Bonnet,** coiffe ouvragée en dentelle et en lingerie, plus souple qu'un chapeau, que portent souvent les femmes de la campagne. **Cornette,** coiffe de nuit ou du matin; de nos jours coiffe de certaines religieuses. **Cale,** anc. coiffe de servante en forme de bonnet plat.

Coiffer : ¶ 1 → Peigner. ¶ 2 (Réf.) → (s') Engouer.

Coiffeur, celui qui fait métier d'arranger, couper, friser les cheveux et de faire la barbe. **Artiste capillaire** est ironique. **Figaro** (du nom du barbier malicieux de Beaumarchais) est plaisant et fam. **Pommadin, Pommadier** sont pop.; **Testonneur,** vx. **Perruquier,** au prop. celui qui fait les perruques, syn. péj. de *coiffeur.* **Merlan** (anc. perruquier blanc de poudre comme un merlan de farine) est méprisant. **Barbier,** par ext. mauvais coiffeur ou coiffeur de campagne.

Coiffure, tout ce qui sert à couvrir ou à orner la tête. **Couvre-chef** ne se dit plus que par plaisanterie. **Coiffe** (→ ce mot), la partie de la coiffure faite de lingerie et se mettant sur les cheveux; au sens large, ajustement de tête pour les femmes en toile ou en tissu léger; au sens restreint, doublure d'une coiffure. — **Chapeau,** toute coiffure d'extérieur qui a une forme et des bords; **Galure** et **Galurin,** syn. fam. de *chapeau*; **Bibi,** petit chapeau de femme en usage en 1830, de nos jours chapeau de femme vieux et démodé. — **Bonnet** (→ ce mot), coiffure sans bords. — **Casquette,** coiffure à visière.

Coin : ¶ 1 → Angle. ¶ 2 Endroit retiré. **Recoin** enchérit sur *Coin* et se dit seul au fig. : *Les recoins les plus cachés* (L. B.). *Les recoins des sciences* (Mol.). ¶ 3 → Marque.

Coincer : ¶ 1 → Fixer. ¶ 2 → Prendre.

Coïncidence : Le fait que deux événements ont lieu en même temps. *Coïncidence* comporte l'idée de hasard, implique une simultanéité assez vague et ajoute souvent l'idée que l'esprit tire une conclusion du rapprochement des deux événements : *Coïncidence remarquable* (Acad.). **Concomitance,** terme didact., coexistence ou coïncidence de deux ou plusieurs faits qui sont souvent liés, prennent un sens l'un par rapport à l'autre ou par rapport à un autre fait dont ils sont la manifestation : *La concomitance de deux symptômes d'une maladie.* **Simultanéité** indique simplement que deux événements ont lieu exactement dans le même temps, par hasard ou parce qu'on l'a voulu : *La simultanéité de deux sensations.* **Synchronisme,** terme didact., rapport de deux choses qui se font ou ont lieu dans le même temps : *Le synchronisme des oscillations de deux pendules.* **Isochronisme,** égalité de durée dans les mouvements d'un corps. **Rencontre** (→ ce mot) implique que deux ou plusieurs événements plus ou moins simultanés se trouvent fortuitement en présence l'un de l'autre pour former une conjoncture : *Une rencontre heureuse de circonstances.*

Coïncider : → Correspondre.

Coïntéressés désigne des gens qui ont un intérêt commun dans une entreprise, une affaire, **Consorts** ne se dit, en termes de droit, que de ceux qui ont un intérêt commun dans un procès.

Col : ¶ 1 → Cou. ¶ 2 → Collet. ¶ 3 Pas étroit entre deux montagnes qui, à la différence du *défilé* (→ ce mot), est situé près du sommet. *Col,* partie déprimée d'une arête montagneuse permettant de passer d'un versant de la montagne à l'autre versant. **Brèche,** coupure naturelle dans une crête rocheuse qui paraît le résultat d'une entaille : *La brèche de Roland.* **Port,** col pyrénéen faisant communiquer le versant français avec le versant espagnol : *Le port de Roncevaux.* **Pertuis,** col dans le Jura.

Colère : ¶ 1 N. Agitation impatiente contre ce qui nous affecte désagréablement. *Colère,* mouvement violent de l'âme irritée envisagé dans l'âme même : *La colère de*

Samson (Vi.). **Emportement,** la manifestation extérieure d'une vive colère qui fait perdre momentanément le contrôle de soi : *Se départant du son calme avec un emportement où je la reconnaissais à peine* (Gi.). **Bourrasque,** fig., accès d'emportement subit et passager. **Irritation,** état persistant de celui qui éprouve une colère durable, ou état de celui qui est sur le point de se mettre en colère, avec, dans les deux cas, la possibilité de violents accès d'une à une colère latente : *J'ai souvent remarqué chez les conjoints quelle intolérable irritation entretient chez l'un la plus petite protubérance du caractère de l'autre* (Gi.). **Courroux,** terme noble, colère d'un être divin ou d'un personnage éminent, supérieur, souvent à cause d'un manquement : *Le courroux des cieux* (Pég.). **Foudres,** syn. ironique de *courroux* : *Affronter les foudres de quelqu'un.* **Ire,** autrefois syn. de *courroux,* n'est plus, de nos jours, que du langage burlesque : *Le vieillard me paraît un peu sujet à l'ire* (Regn.). **Indignation,** colère, ou mépris, contre ce qui est moralement blâmable : *Le sursaut d'indignation que donne à tout homme juste le spectacle d'une scandaleuse injustice* (Pég.). **Bile,** symbole physiologique de la colère, est fam. et s'emploie dans des métaphores rappelant la signification ordinaire du mot : *Émouvoir sa bile.* **Dépit,** petite colère d'une personne piquée d'un manque d'égards ou d'un obstacle à ses volontés : *Un peu de ce dépit qu'il avait ressenti tout à l'heure à voir Olivier au bras d'Édouard* (Gi.). Grande colère : → Fureur. ¶ 2 Adj. Qui se laisse aisément emporter à des mouvements de colère. *Colère,* qui a l'habitude d'être en colère ou qui est actuellement en colère : *Un despote colère* (Volt.). *Elle lui avait répondu d'un œil si colère* (Flaub.). **Coléreux** et **Colérique** (ce dernier parfois burlesque ou se disant pour de petites colères), qui a une propension à être en colère, et à donner tous les signes extérieurs de la colère, mais peut y résister par volonté : *L'emphase coléreuse de Nietzsche* (J. Rom.). *Bonhomme au fond, mais fort colérique* (Volt.). **Irritable,** passif, qui se laisse facilement entraîner à l'irritation par quelque chose d'extérieur, mais peut garder son émotion concentrée en lui : *La pitié commande de ménager les personnes irritables* (L.). **Irascible,** actif, implique un mouvement spontané de l'âme qui s'irrite souvent sans raison : *Les gens irascibles n'ont pas besoin d'excitation pour prendre feu* (L.). **Emporté,** qui se laisse aller aux manifestations extérieures de la colère, en perdant tout contrôle sur soi : *C'est une folle, une emportée* (Corn.) : → Furieux. **Rageur,** fam., qui s'irrite facilement, est sujet à des accès de colère et surtout de

violent dépit : *Un enfant rageur* (Acad.).
Monté, Mal monté contre, fig. et fam., de
mauvaise humeur, en colère contre quelqu'un. — **Soupe au lait,** fig. et fam.,
homme irascible, emporté.

Colifichet : → Bagatelle.

Colimaçon : → Escargot.

Colique : Douleur intense siégeant dans
les entrailles. *Colique,* terme général, convient pour plusieurs viscères et implique
intoxication ou obturation : *Colique hépatique, néphrétique.* **Tranchée,** douleur violente occasionnée par les contractions de la
musculature intestinale ou par l'enfantement. **Crampe,** contraction douloureuse
de la musculature gastrique affectant la
forme de coliques.

Colis : → Paquet.

Collaborateur : → Associé.

Collaborer : → Participer.

Collant : → Importun.

Collatéral : → Parent.

Collation, repas léger que les catholiques
font au lieu du dîner les jours de jeûne,
par ext. tout repas léger fait dans l'après-
midi souvent à l'occasion d'une cérémonie.
Goûter, légère collation faite vers seize
heures, surtout en parlant des enfants.
Thé, thé accompagné de gâteaux, pris
vers dix-sept heures, surtout par des
dames, a un air plus mondain. **Lunch**
(en ang. « déjeuner »), en France, dans
le langage distingué, goûter de grandes
personnes ou collation à l'issue d'un
mariage qui se prend debout, tient lieu de
déjeuner et où l'on sert des mets froids, des
friandises. **Rafraîchissement,** mets, boissons, fruits servis dans une fête à une compagnie : *Pages et jeunes filles distribuaient
des rafraîchissements aux spectateurs* (Volt.).

Collation : → Comparaison.

Collationner : → Comparer.

Colle : → Attrape.

Collé : → Refusé.

Collecte : → Quête. *Collecte,* anc. action
de recueillir certains impôts comme les
tailles, de nos jours action de recueillir
certains produits utiles à la collectivité
qui doivent être fournis obligatoirement :
La collecte du lait. **Ramassage** se dit aussi
pour des produits qu'on recueille pour en
faire une masse : *Le ramassage du beurre.*
Cueillette ne se dit en ce sens que pour le
ramassage des chiffons qui servent à faire
le papier.

Collecter : → Assembler.

Collecteur : → Conduite.

Collectif : → Général.

Collection, assemblage d'objets d'art ou

de science dont chacun garde son individualité. **Recueil,** assemblage d'œuvres
littéraires qui, réunies, forment un tout :
Collection de tableaux. Recueil de chansons.
Galerie, collection de tableaux, d'œuvres
d'art exposées dans un musée ou chez un
amateur. — Mais *collection* se dit aussi
en parlant d'œuvres littéraires et, dans ce
cas, désigne un assemblage riche, nombreux, complet, alors que le *recueil* est un
assemblage d'œuvres peu nombreuses, mais
bien choisies : *La collection des volumes
de l'Encyclopédie. Un petit recueil de livres
choisis* (J.-J. R.) : → Anthologie. **Corps,**
au fig., collection ou recueil d'œuvres,
de pièces, de documents qui illustrent un
genre ou une spécialité : *Un corps général
des lois écrites* (Mtg.). **Compilation,** recueil
dont les morceaux ne sont pas laissés tels
quels, mais ont été abrégés, remaniés,
fondus, pour faire un nouvel ouvrage ou,
péj., de nos jours, un ouvrage fait de
pièces rapportées sans rien d'original :
*L'Histoire ancienne de Rollin est encore la
meilleure compilation qu'on ait en aucune
langue* (Volt.). **Code,** compilation de lois
faite par ordre de certains empereurs
romains, puis recueil d'ordonnances de nos
rois et, de nos jours, corps de lois, de
règlements, renfermant un système complet de législation sur une matière et, au
fig., corps de doctrine, recueil de préceptes :
Code civil. Code de morale. **Ana,** terminaison latine ajoutée au nom d'un personnage pour désigner un recueil de ses pensées
ou d'anecdotes à son sujet, se dit seul pour
désigner un recueil de ce genre : *Un ana;
le Bolaeana, recueil d'anecdotes sur Boileau.*
Au XVIIIᵉ s. **Esprit** et **Génie** (plus rare),
recueil de pensées choisies extraites des
ouvrages d'un auteur : *On nous a donné
le Génie de Montesquieu, l'Esprit de Voltaire* (D'Al.). *Mauvais recueil.* → Ramas.

Collectiviser : → Nationaliser.

Collectivisme : → Socialisme.

Collège : ¶ 1 → Corps. ¶ 2 → Lycée.

Collégiale : → Église.

Collégien : → Élève.

Collègue : Celui qui a le même genre
d'activité qu'un autre (→ Compagnon).
Les *Collègues* sont nommés officiellement
pour exercer une charge ou remplir une
mission en commun : *Ministres, députés,
fonctionnaires de même rang, militaires sont
collègues.* Les **Confrères** font partie du
même corps ou ont la même profession
sans être fonctionnaires, sans agir au nom
d'une même administration : *Académiciens, avocats, médecins, artistes, prêtres,
religieux du même ordre sont confrères.*

Coller : ¶ 1 → Appliquer. ¶ 2 → Mettre.
¶ 3 (Réf.) : → (s') Attacher.

Collet : Partie du vêtement qui entoure le cou. *Collet* est le terme général, mais au sens propre, on dit plutôt **Col** : *Col de chemise, de veste*; *collet* se disant au fig. : *Collet monté* : → Prude. **Encolure,** terme de confection, dégagement d'un habit autour du cou, ou partie du vêtement soutenant le col, se dit seul pour désigner la mesure du *col* : *Chemise qui a quarante d'encolure*. **Collerette,** petit collet en linge fin dont les femmes s'entourent le cou.

Colleter : → Prendre.

Collier : ¶ 1 *Collier,* ornement de cou en forme de chaîne ou de chapelet. **Carcan** (xvie, xviiie s.), collier d'orfèvrerie pour dame : *Un carcan d'or* (Chat.). **Rivière de diamants,** collier composé de plusieurs chatons enchaînés les uns aux autres et dans lesquels sont enchâssés des diamants. ¶ 2 Au fig. → Servitude. *Collier* exprime une servitude ou un travail obligatoire : *Il hait le joug et le collier* (V. H.); **Carcan** (au prop. collier pour attacher un criminel au poteau d'exposition), une infamie ou une très grande servitude : *Il établit la loi de fer, la loi de sang, Les glaives, les carcans, l'esclavage* (V. H.).

Colline : → Hauteur.

Collision : ¶ 1 → Heurt. ¶ 2 → Engagement.

Colloque : → Conversation.

Collusion : → Complicité.

Colmater : → Boucher.

Colombe : → Pigeon.

Colombier : → Pigeonnier.

Colon : ¶ 1 → Agriculteur et Fermier. ¶ 2 *Colon,* celui qui habite une colonie dans laquelle il a émigré pour la cultiver, y faire du commerce, etc. **Planteur,** colon qui exploite un établissement agricole. **Colonial,** soldat servant à la colonie, ou fonctionnaire l'administrant et, par ext., tout citoyen de la métropole dont la façon d'être a été déterminée par son séjour à la colonie : *Protéger les intérêts des colons. Les coloniaux ont souvent le foie malade.*

Colonisation, action de coloniser. **Colonialisme,** péj., l'expansion coloniale considérée comme une forme d'impérialisme.

Colonne : ¶ 1 Parties qui, dans un édifice, en soutiennent d'autres. *Colonne,* support de forme cylindrique qui sert à décorer en même temps qu'à soutenir; le **Pilier,** parfois carré, ne fait que soutenir et peut être lourd, mal proportionné, irrégulier : *Colonnes d'un temple; piliers d'un pont.* Le **Pilastre,** de forme carrée, est engagé dans le mur. **Contrefort,** pilier servant d'appui à un mur chargé d'une terrasse ou d'une voûte. ¶ 2 Au fig. Soutien. *Colonne* est noble, **Pilier,** vulgaire et méprisant : *Roland, colonne de la foi* (Les.). *Luther, pilier de la Réforme* (Bos.). *Pilier de cabaret.* ¶ 3 *Colonne vertébrale :* → Échine.

Coloration : → Couleur.

Coloré : ¶ 1 *Coloré,* **Colorié, Enluminé** : → Colorer. **Teinté** diffère de *coloré* comme *teinte* de *couleur* (→ ce mot). **Polychrome,** peint de diverses couleurs, se dit des édifices, des statues. ¶ 2 En parlant du style, *Coloré* suppose des effets qu'on peut comparer à des teintes vives, agréables, **Enluminé,** des ornements qui ont plus d'éclat que de naturel. ¶ 3 → Apparent.

Colorer : ¶ 1 *Colorer,* donner une couleur artificielle ou naturelle : *Cette noble pudeur colorait son visage* (Rac.). **Colorier,** apposer avec art des couleurs sur quelque chose, ou revêtir de diverses couleurs une partie d'un objet ou un objet tout entier : *Colorier une carte. Verres coloriés de lanterne magique.* **Enluminer,** ajouter avec un pinceau des couleurs vives sur une estampe qui lui donnent de l'éclat par rapport au trait noir, par ext. colorier de couleurs voyantes ou colorer vivement : *Un rouge vif enluminait son teint* (Volt.). ¶ 2 Au fig. → Déguiser.

Coloris : → Couleur.

Colossal : → Gigantesque.

Colporter : → Répandre.

Coltiner : → Porter.

Coltineur : → Porteur.

Coma : → Assoupissement.

Combat : ¶ 1 → Bataille. ¶ 2 → Conflit.

Combatif : Qui aime le combat (≠ Querelleur, qui cherche le combat). *Combatif,* qui a de l'ardeur dans une lutte qu'il a provoquée ou non, se dit surtout au moral, pour les luttes d'esprit. **Pugnace** est rare et du langage relevé. **Batailleur,** fam., insiste sur l'amour des disputes, des discusions, voire des coups. **Belliqueux** se dit plutôt de celui qui est toujours prêt à lutter par orgueil, présomption, ardeur et qui aime plutôt l'état d'hostilité que le combat lui-même : *Un orateur combatif; un enfant batailleur; une belle-mère belliqueuse.* **Bagarreur,** syn. très fam. de *batailleur.* — **Militant,** qui se dépense, attaque, paie de sa personne, dans une lutte morale, au service d'une idée, d'un parti, marque simplement le fait et non le goût : *Esprit militant* (Acad.).

Combattant : ¶ 1 → Soldat. Au fig. Celui qui défend une cause. Le *Combattant* prend part anonymement à une lutte quelconque : *Les combattants de la liberté.* Le **Militant** déploie son activité physique et morale au service d'une idée, d'un parti

Militants socialistes (Pég.). Le **Champion,** combattant d'élite, combat souvent seul : *Les idées subversives dont je me faisais le champion* (Mau.). L'**Apôtre** défend une cause par la doctrine et par l'exemple : *Des enthousiastes, des convaincus, de futurs apôtres* (J. Rom.). ¶ **2** Celui qui se bat à coups de poings. *Combattant,* en ce sens, est fam. : *Jeter des seaux d'eau sur les combattants* (Lit.); **Champion,** burlesque : *Aussitôt contre Evrard vingt champions s'élancent* (Boil.).

Combattre : → Lutter.

Combe : → Vallée.

Combinaison : ¶ **1** → Cotte. ¶ **2** → Mélange. ¶ **3** → Plan.

Combine : → Manigance.

Combiner : ¶ **1** → Unir et Joindre. ¶ **2** → Arranger. Disposer suivant un certain ordre. *Combiner,* disposer, en général nombre par nombre, dans un ordre déterminé, pour produire un effet esthétique ou utile : *Combiner des cartes, des chiffres, des couleurs; des manœuvres* (V. H.). **Coordonner,** disposer selon certains rapports, dans l'ordre assigné par la forme ou la nature des choses : *Coordonner des matériaux, des dates; l'Église à la constitution* (Mirab.).

Comble : N. ¶ **1** La partie la plus élevée d'un édifice (≠ Sommet, la partie la plus élevée d'un objet de la nature). *Comble,* ouvrage de charpente qui soutient la couverture d'un édifice, **Faîte,** partie la plus élevée du *comble,* le dernier rang de pièces de bois ou de tuiles qui le couronne. Le *comble* a un volume, le *faîte* est une ligne : *Monter sur le comble, poser le faîte* (J.-J. R.). *Comble* désigne un lieu matériel : *Aigle perché sur le comble de tours* (Chat.); *faîte,* plus noble, se dit par ext. du comble d'un grand édifice, et, seul, par image, du sommet d'un arbre. **Pinacle** (la partie la plus élevée du temple de Jérusalem), dans l'architecture gothique, couronnement en forme de cône d'un contrefort ou d'un appui vertical. **Pignon,** partie supérieure d'un mur qui se termine en pointe et dont le sommet porte le bout du faîtage d'un comble à deux pentes : *Avoir pignon sur rue.* ¶ **2** Au fig. Le degré le plus élevé. *Comble* marque l'achèvement, la perfection, la plénitude en bien ou en mal : *Comble de disgrâces* (Rac.), *de l'art* (Boil.). **Faîte,** le plus haut rang auquel on arrive par des degrés inférieurs : *Et monté sur le faîte, il aspire à descendre* (Corn.). **Sommet,** syn. de *comble* ou de *faîte,* est du style soutenu : *Sommet de joie* (Gi.); **Cime,** très rare, du style mystique : *La cime de son âme* (Sév.). **Apogée** se dit d'une chose morale susceptible de croître et de décroître et parvenue à son plus haut degré d'élévation : *L'apogée de sa faveur* (S.-S.), *de la félicité* (J.-J. R.), *d'une guerre* (Balz.). **Période** (→ Degré), masc., employé seul, est parfois syn. d'apogée. **Zénith,** le point le plus élevé où l'on puisse parvenir, garde quelque chose de son sens astronomique et se dit bien de ce qui peut être assimilé à un astre : *Le zénith de la vertu, le solstice de l'honneur* (G. d. Balz.). **Summum,** terme savant emprunté au latin, implique le plus haut degré d'une qualité : *Summum d'oxygénation.* **Pinacle,** fam., ne s'emploie que dans les loc. *Être, Mettre, Élever au pinacle* pour marquer un très haut degré d'honneur ou une position très élevée: *Mettre sur le pinacle* (Sév.). ¶ **3 Combles,** toujours au pl., logements situés immédiatement sous le toit d'un édifice (≠ Grenier, débarras sous les toits). **Mansarde,** chambre située sous un comble brisé, c'est-à-dire composé de deux pans à inclinaisons différentes sur le même versant. ¶ **4** Adj. → Plein.

Combler : ¶ **1** → Emplir. ¶ **2** → Satisfaire. ¶ **3** Donner du bien en abondance. *Combler* ne se dit que des choses bonnes qui satisfont pleinement : *La nuit m'a comblée de rêves ensoleillés* (Col.). **Accabler** enchérit, évoque presque un excès dû à l'accumulation de biens et se dit aussi de choses mauvaises : *Tu trahis mes bienfaits, je les veux redoubler, Je t'en avais comblé, je t'en veux accabler* (Corn.).

Combustible : ¶ **1** N. *Combustible,* tout corps qui peut brûler : *Le bois est un combustible.* **Comburant,** tout corps qui en se combinant avec un autre donne lieu à la combustion de ce dernier : *L'oxygène est un comburant, mais non un combustible.* **Carburant,** liquide combustible pouvant former avec l'air un mélange assez riche pour être utilisé dans l'éclairage ou, plus souvent, dans les moteurs à combustion interne : *L'essence de pétrole est un carburant.* ¶ **2** Adj. → Inflammable.

Combustion : ¶ **1** *Combustion,* action, envisagée abstraitement, d'un corps qui se consume en produisant de la chaleur et de la lumière : *Combustion de la tourbe.* **Ignition,** état d'un corps en combustion : *L'oxygène active l'ignition des corps.* **Déflagration,** combustion très active avec flamme ou étincelles et petites détonations : *Déflagration du salpêtre.* ¶ **2** Au fig. → Fermentation.

Comédie : ¶ **1** → Pièce et Théâtre. ¶ **2** *Comédie,* de nos jours, toute pièce de théâtre qui cherche à faire rire ou à distraire par un comique assez délicat qui vient de la complication de l'intrigue (*Comédie d'intrigue*), de la peinture satirique des mœurs du temps (*Comédie de mœurs*) ou des ridicules des caractères (*Comédie de caractères*) : *Le Misanthrope est* *une comédie de mœurs et de caractères.* **Farce,** pièce ou simple dialogue d'un comique bouffon surtout de mots et de gestes : *Farce de Tabarin.* **Vaudeville** (au xviiie s., comédie à couplets), de nos jours, comédie légère qui, sans préoccupations psychologiques ni morales, développe une situation amusante par un comique d'intrigue parfois assez traditionnel : *Occupe-toi d'Amélie,* de Georges Feydeau, *est un vaudeville.* **Saynète** (→ ce mot), petite pièce bouffonne du théâtre espagnol, désigne de nos jours, ainsi que ses syn., une petite comédie légère, à peu de personnages et en un acte. **Sotie,** anc. xve s., sorte de farce allégorique dialoguée, jouée par la Confrérie des Enfants sans souci (les sots) avec souvent des intentions politiques et sociales; se dit parfois de nos jours d'une pièce, ou même d'un roman, dont les intentions satiriques se cachent sous des personnages fantasques : André Gide a appelé *sotie* son roman *Les Caves du Vatican.* ¶ 3 Scène ou action ridicule qui excite le rire. *Comédie,* toute action ridicule qui attire le rire ou retient l'attention du public : *Malade qui donne la comédie* (MOL.). *La grande comédie qui précède toute vie conjugale* (BALZ.). **Farce** ajoute une idée de bouffonnerie grossière et parfois d'hypocrisie chez les acteurs : *Jansénistes et Molinistes ont joué une farce en France* (VOLT.). **Momerie,** fig. et péj., cérémonie bizarre, ridicule, comme une mascarade : *Quand un rite vous gêne, on le range parmi ces momeries plus ou moins inévitables dont on se dispense soi-même in-petto* (J. ROM.). **Pantalonnade,** fig. et péj., farce grossière, et souvent hypocrite, digne du bouffon Pantalon. ¶ 4 → Feinte.

Comédien : ¶ 1 → Acteur. ¶ 2 → Faux.

Comestibles : → Subsistances.

Comice : → Réunion.

Comique : ¶ 1 N. → Écrivain. ¶ 2 Adj. → Risible. Qui fait rire par une mise en valeur artistique du risible et du plaisant qu'il y a dans les êtres et les choses. *Comique,* qui provoque le rire par un certain nombre de procédés, comme, par exemple ceux qu'analyse Bergson dans *Le Rire,* mais en gardant toujours un contact avec l'humain : *La folie du bourgeois est la seule qui soit comique et qui puisse faire rire au théâtre* (VOLT.). **Plaisant** dit moins : qui donne de la gaieté par son esprit, son badinage, ses inventions drôles et fines : *Voltaire, qui a porté si loin le talent de la bonne plaisanterie, n'a point eu celui de la plaisanterie comique. C'est que le comique et le plaisant, quoique ce dernier puisse et doive servir à l'autre, ne sont point essentiellement la même chose* (L. H.). **Gai** qualifie assez vaguement ce qui met en belle humeur, tend de nos jours à remplacer *plaisant* qui vieillit, et s'applique notamment à des pièces de théâtre ou à des œuvres littéraires qui, sans être bouffonnes, n'aspirent pas à la dignité du comique : *Une satire doit être piquante et gaie* (VOLT.). *Un vaudeville est une pièce gaie.* **Bouffe** (vx) et **Bouffon,** qui fait rire en transposant dans un comique assez grossier un genre habituellement sérieux : *Opéra bouffe, bouffon;* par ext. qui fait rire par des plaisanteries ou un comique assez grossiers, digne des tréteaux : *Rabelais bouffon* (VOLT.) *Plaisanteries de la foire, plaisanterie bouffonne* (VOLT.). **Burlesque,** bouffon, à l'origine par un contraste entre la gravité du sujet et la vulgarité du style; par ext. qui fait rire par une charge, une caricature souvent grossières : *Scarron est burlesque.*

Comité : Réunion de personnes ayant pour objet d'étudier une question. Le *Comité* est délégué par une assemblée, une autorité quelconque, ou se forme de lui-même pour étudier une question, exercer un pouvoir, ou s'occuper de la marche des affaires concernant un groupement : *Comité révolutionnaire; de lecture; des fêtes.* La **Commission** est toujours chargée par une autorité de fonctions spéciales ou de la préparation ou de l'examen d'une chose ou d'une affaire : *Commission d'enquête, d'examen du budget.* **Soviet** (mot russe), fam. et péj., comité qui s'arroge des pouvoirs jugés plus ou moins révolutionnaires.

Commandant : → Chef.

Commande [de] : → Obligatoire et Artificiel.

Commandement : Déclaration de volonté qui détermine ce qu'un autre doit faire. *Commandement,* action, pouvoir, manière de manifester sa volonté, en parlant d'une autorité supérieure et d'une façon générale, sans préciser des dispositions particulières, parfois avec la simple idée d'une obligation morale. **Ordre,** manifestation de la volonté de celui qui commande, à propos d'une chose précise, avec un ensemble de dispositions bien déterminées, en parlant de n'importe quelle autorité, mais toujours avec l'idée de contrainte : *Les commandements de Dieu; les ordres de l'adjudant.* **Décret,** décision de la volonté de Dieu, des puissances supérieures, qui est un ordre : *Par un décret des puissances suprêmes* (BAUD.). **Prescription,** ordre (ou recommandation) précis, qui prévoit tous les détails (manière, circonstances, etc.) : *Prescriptions d'un médecin.* **Précepte,** commandement qu'on suit sans y être forcé parce qu'il révèle chez celui qui le donne une certaine sagesse, une autorité morale : *Les lois humaines, faites pour parler à* *l'esprit, doivent donner des préceptes et point de conseils* (Mᴛǫ.). Ordre exprès et impératif : → Injonction.

Commander : ¶ 1 Donner des ordres. *Commander,* **Décréter, Ordonner** (→ ce mot) et **Prescrire** (→ ce mot) : → Commandement. **Disposer,** employé absolument, insiste sur le pouvoir qu'on a de prescrire ou de régler à sa guise : *Vous êtes maître ici, commandez, disposez* (Cᴏʀɴ.). **¶ 2** Exercer l'autorité. *Commander,* exercer toute autorité fondée sur le droit ou sur la puissance reconnue : *Dieu commande aux cieux* (Rᴀᴄ.). *Commander quelqu'un,* lui donner effectivement des ordres : *Le général commandait ses troupes en personne; Commander à quelqu'un,* avoir sur lui une autorité en vertu d'un droit général : *Le général commande aux soldats.* **Gouverner** (→ ce mot), commander à ce que l'on dirige avec autorité grâce à un pouvoir souverain ou à l'influence qu'on a sur lui : *Gouverner un empire; un enfant qu'on éduque; un homme faible.*

Commanditer : → Financer.

Commando : → Troupe.

Comme : ¶ 1 Terme de comparaison. *Comme* peut s'employer dans tous les cas, mais convient seul quand la comparaison porte sur la qualité : *Le bois du cerf est, comme le bois des forêts, grand, tendre et assez léger* (Bᴜꜰ.). **Ainsi que** marque seulement que deux choses ont en commun le fait d'exister : *Ainsi que le gouvernement influe sur le caractère des peuples, le caractère des peuples influe sur celui des langues* (C.). **De même que** se dit lorsque deux choses ont lieu de la même manière : *de même que,* dans l'exemple précédent, impliquerait non plus seulement l'existence de deux influences, mais le fait qu'elles ont lieu de la même façon. **Autant que** porte sur la quantité : *Quel esprit ne bat la campagne? Autant les sages que les fous* (L. F.). **A l'égal de** marque, dans le même sens, plus de précision : *A l'égal des Persans je veux qu'on les honore* (Rᴀᴄ.). **¶ 2** → Quand.

Commémoration : → Rappel. *Commémoration,* cérémonie établie pour rappeler le souvenir d'un événement important : *La commémoration de la bataille de la Marne.* **Anniversaire,** commémoration qui se fait le jour où un événement est arrivé une ou plusieurs années auparavant. **Commémoraison,** terme liturgique, mention d'un saint le jour consacré à la fête d'un autre saint plus important. **Mémoire,** terme liturgique, commémoration d'un saint dans la fête du jour.

Commémorer : → Rappeler et Fêter.

Commencement : Le point initial d'une chose qui dure, progresse ou s'étend (≠ Origine, ce dont une chose vient, découle). *Commencement,* la première partie d'une chose qui a étendue ou durée : *Ce que je sais le mieux, c'est mon commencement* (Rᴀᴄ.). **Naissance** ne se dit, au prop., que d'un être vivant qui commence à vivre et, au fig., des choses qui semblent avoir une vie : *La naissance du jour* (Cᴏʟ.). *Naissance* est plus concret que *commencement* : *On fait un voyage au commencement du printemps; un poète décrit sa naissance* (L.). **Aube, Aurore,** fig., commencement d'une période heureuse souhaitée comme le jour : *L'aube de la délivrance* (Aᴄᴀᴅ.). **Début** (au prop. premier coup à certains jeux) se dit au fig. du commencement d'une action, d'un ouvrage, d'un discours, de l'entrée dans une carrière, des premiers essais d'un acteur au théâtre, et par ext. d'une chose quelconque en un sens plus ponctuel que *commencement* : *Depuis le début des hostilités* (M. ᴅ. G.). *Le début d'un roman, ce sont ses premières lignes; le commencement, ses premières pages.* **Prémices** (au prop. premiers fruits de la terre et du bétail), au fig., commencement qui, en bien ou en mal, fait augurer de l'avenir : *Les prémices de cette camaraderie eurent assez de ressemblance avec l'amitié* (Bᴀʟᴢ.). **Ébauche,** commencement imparfait d'une chose qui donne une idée de ce qu'elle sera : *Les premières ébauches de nos passions* (Mᴀs.). **Embryon** s'emploie au fig. comme *naissance* pour parler d'une chose qui se développera, mais est encore en germe, à l'état naissant : *Un embryon d'idée* (Aᴄᴀᴅ.). **Enfance,** au fig., commencement d'une chose encore élémentaire : *Langue en sa première enfance* (Bᴏɪʟ.). **Déclenchement,** moment ponctuel qui commence une action déjà préparée qui a l'air de se mettre en mouvement comme sur un simple déclic : *Déclenchement des hostilités.* **Entrée,** premiers moments d'une chose qui dure (mois, saison, règne) ou début d'une séance, d'un discours : *A l'entrée de ses livres* (Pᴀsᴄ.). **Seuil,** syn. poét. d'*entrée,* en parlant de ce dans quoi l'on pénètre : *Au seuil de la vie; de la vieillesse.* **Exorde,** commencement d'un discours, par ext., dans le style relevé, au fig., commencement d'une entreprise : *Voyons si la fin répondra à l'exorde* (Aᴄᴀᴅ.). **Départ,** fam. et fig., commencement d'une action, d'un discours : *On lui fit entendre que c'était un beau départ* (A. Fʀ.). **Attaque, Amorce, Ouverture, Mise en train :** → Commencer. **Préliminaires** (→ ce mot) se dit non du commencement d'une chose, mais de ce qui l'annonce ou l'amène.

Commencer : ¶ 1 (Trans.) *Commencer,* faire la première partie d'une chose ou d'une série de choses qui ont une certaine durée. *Commencer à* se dit bien quand l'action n'a pas de terme : *La raison commence à poindre* (J.-J. R.); *Commencer de*, quand l'action a un commencement, un milieu, une fin : *Le conte qu'il a commencé de faire à quelqu'un* (L. B.); en fait, le choix entre les deux constructions est souvent une simple question d'euphonie. **Ébaucher, Déclencher** : → Commencement : *Nous avons ébauché une conversation* (Gi.). *L'autorité qui déclenche la guerre* (M. D. G.). **Entreprendre,** commencer à réaliser ce qu'on a conçu ou résolu, en parlant de choses assez importantes : *Cœurs pusillanimes qui n'osent rien entreprendre* (Mol.). **Entamer,** par métaphore, commencer à s'occuper de quelque chose sans bien savoir encore quelle en sera la fin : *Entamer des négociations* (M. D. G.). **Attaquer,** commencer, entreprendre, entamer avec ardeur : *Attaquer un plat. Les musiciens attaquaient l'ouverture* (Zola). **Amorcer,** en termes d'art, accomplir un travail qui sert à préparer, à commencer une opération; au fig. mettre quelque chose en voie de réalisation : *Amorcer une manœuvre, une discussion, une réforme* (Acad.). **Engager,** commencer un combat en attaquant, se dit par ext. de ce qui ressemble à un échange : *Engager l'entretien* (Corn.). **Ouvrir,** par métaphore, commencer ce dans quoi on a l'air de pénétrer : *Ouvrir l'entretien* (Bos.); *le printemps* (Sév.); *les danses* (Chat.). **Inaugurer,** commencer une façon d'agir nouvelle, ou en être le commencement : *J'inaugurai contre toi une nouvelle tactique* (Mau.). — En un sens fam., **Engrener,** commencer, mettre en train une affaire (comme on met du grain dans le moulin) : *Qui bien engrène bien finit* (Acad.). **Enfourner (bien** ou **mal)** se dit aussi en ce sens. **Mener** ou **Commencer la danse,** commencer à faire ou à souffrir le premier ce que d'autres feront ou souffriront ensuite. **Mettre en train,** commencer ou faire commencer une affaire, une entreprise. **Emmancher,** en ce sens, est très fam. : *Affaire mal emmanchée* (Acad.). — Tous ces mots se disent d'une chose qui dure, **Se mettre à** marque simplement qu'on commence à accomplir une action sans idée de durée : *Déesse qui se met à être ridicule* (L. F.). **Se prendre à** évoque une action encore plus soudaine et ne se dit que dans des loc. comme *Se prendre à dire, à rire, à pleurer.* ¶ 2 (Intrans.) Avoir son commencement. *Commencer,* **Débuter, Naître** : → Commencement. **S'amorcer, Se déclencher, S'ébaucher, S'engager, S'ouvrir, Se mettre en train, S'emmancher** diffèrent comme plus haut. **Partir,** commencer à tel lieu ou à telle date : *Cette rue part de cette place*; en termes de musique, commencer à

jouer, à chanter; et fam., commencer, en parlant d'une personne ou d'une affaire; en parlant d'une affaire on dit très fam. **Démarrer. Éclater,** fig., commencer brusquement en se manifestant : *La guerre éclate.*

Commensal : → Convive.

Commentaire : ¶ 1 → Explication. Ce par quoi on éclaircit ou on interprète un texte. Le *Commentaire* peut être oral, les **Notes** et les **Annotations** sont toujours écrites. *Commentaire,* collectif, désigne une sorte de dissertation qui s'appuie sur les *notes* et les *annotations* et parfois les renferme. *Notes* et *annotations* sont brèves et détachées : *Longues et curieuses observations et doctes commentaires; petites notes* (L. B.). *Note* fait penser au texte lui-même, *annotation,* à l'auteur *Vos annotations, c'est-à-dire les notes dont vous êtes l'auteur.* **Glose,** vx, commentaire littéral, concis, expliquant surtout les mots difficiles; de nos jours, péj., commentaire ou notes pédants, obscurs ou malveillants : *Le texte fut souvent par la glose obscurci* (Boil.). **Scolie,** terme de philologie, note ancienne de grammaire ou de critique, servant à l'explication des auteurs antiques, spéc. grecs. ¶ 2 *Commentaires* : → Histoire.

Commenter : → Expliquer.

Commérage : → Médisance.

Commerçant : Celui qui achète, vend, échange des marchandises. *Commerçant* indique l'état et peut se dire dans tous les cas : *On divisa la nation en trois classes : les propriétaires, les hommes de lettres et les commerçants* (Staël). **Négociant,** celui qui a un commerce important (gros ou demi-gros) et pratique le négoce en grand en faisant des démarches, des entreprises pour découvrir et placer les marchandises : *Le négociant ayant l'œil sur toutes les nations de la terre porte à l'une ce qu'il tient de l'autre* (Mtq.). **Marchand,** quoique pris par le Code du Commerce comme syn. de *commerçant,* désigne plutôt le commerçant qui livre au consommateur en gros et surtout au détail, en boutique, dans les marchés, etc. : *Non pas un négociant en grand, mais souvent un simple marchand* (Staël). *Marchand forain; de vins.* Au fig. le mot évoque le goût du lucre : *Les marchands du Temple.* **Fournisseur,** marchand envisagé par rapport au consommateur qu'il approvisionne : *Avoir des dettes chez les fournisseurs.* **Détaillant,** marchand qui vend au détail. **Débitant,** marchand au détail, ne se dit que de celui qui vend des boissons ou du tabac. **Boutiquier,** petit marchand qui a une boutique et non un magasin; au fig. le mot évoque l'étroitesse d'esprit. **Chand,** abréviation pop. de *marchand.* **Trafiquant** (→ ce mot), autrefois petit négociant qui se bornait à transporter les marchandises d'un pays en un autre : *Un trafiquant de Perse* (L. F.) ; n'a plus de nos jours qu'un sens péj.

Commerce : ¶ 1 Échange de denrées ou de valeurs pour d'autres ou pour de l'argent. *Commerce,* terme général, s'emploie dans tous les cas où il y a une idée d'échange suivi d'objets d'utilité ou d'agrément et désigne le fait de l'échange : *Commerce en gros, de grains.* **Échange** ne se dit proprement que dans les cas où l'on n'emploie pas la monnaie : *Commerce d'échange* (ACAD.) ; mais s'emploie aussi, avec quelque noblesse, pour désigner abstraitement l'acte qui est à la base de tout commerce, surtout en parlant du commerce international : *Libre échange. Balance des échanges.* **Négoce** (du lat. *negotium,* occupation, affaire) désigne non le fait de l'échange, mais les soins qu'il exige : c'est le commerce considéré comme une profession qui consiste, pour des particuliers, à servir d'intermédiaires entre producteurs et consommateurs, à découvrir les produits, à les placer, en général en assez grande quantité : *Certains particuliers, riches du négoce de leur père* (L. B.). **Trafic,** activité qui consiste à acheter en un lieu et à revendre, avec profit, dans un autre ; de nos jours, bas commerce : *Son petit trafic* (REGN.) ; ou commerce illicite : *L'infâme trafic de la simonie* (PASC.). **Traite,** anciennement trafic d'échange avec les peuples sauvages, particulièrement d'Afrique : *La traite de l'ivoire* ; absolument, trafic des esclaves noirs ou des prostituées. **Brocante,** petit commerce de marchandises d'occasion. — Au fig. *commerce* se dit de tout *échange* suivi, en bonne ou mauvaise part : *Commerce de lettres, d'idées, du monde. Commerce infâme* (PASC.). *Négoce* et surtout *trafic* impliquent qu'on tire un profit d'actions odieuses : *Vilain négoce. Faire trafic de son honneur.* **¶ 2** → Relation. **¶ 3** *Maison de commerce :* → Établissement.

Commère : ¶ 1 → Marraine. **¶ 2** → Babillard.

Commérer : → Médire.

Commettre : ¶ 1 → Remettre. **¶ 2** → Préposer. **¶ 3** → Hasarder. **¶ 4** Faire, en parlant d'une action répréhensible. *Commettre* se dit pour une faute, un péché, un délit, un crime : *Commettre une erreur grossière* (PÉG.). **Perpétrer,** terme de jurisprudence, ne se dit que pour un crime.

Commination : → Menace.

Comminatoire : → Menaçant.

Commis : ¶ 1 → Employé. **¶ 2** → Vendeur **¶ 3** *Commis voyageur :* → Représentant.

Commisération : → Pitié.

Commission : ¶ 1 → Mission. **¶ 2** → Course. **¶ 3** → Comité. **¶ 4** En termes de commerce, rétribution d'un intermédiaire. *Commission,* rétribution demandée par un commissionnaire à son commettant et d'une manière générale par tous les intermédiaires (courtiers, commis voyageurs, etc.) à titre onéreux. **Courtage,** prime de tant pour cent touchée par les courtiers sur les affaires faites par leur intermédiaire. **Remise,** prime de tant pour cent accordée à un placier ou à un représentant sur les ventes qu'il réalise. **¶ 5** → Gratification.

Commissionnaire : ¶ 1 → Intermédiaire. **¶ 2** → Messager. **¶ 3** → Porteur.

Commissionner : → Nommer.

Commissure : → Joint.

Commode : Adj. **¶ 1** (chose) → Aisé. *Commode* se dit d'une chose qui se prête aisément à l'usage pour lequel elle est manifestement faite et s'adapte au sujet : *Habit commode. Une manière commode de faire la connaissance d'une ville* (CAM.). **Pratique** est toujours relatif à un but précis qui peut être accidentel et implique que l'expérience a permis de se rendre compte que la chose permettait de l'atteindre : *Habit pratique pour la plage, la montagne.* **¶ 2** (morale) → Relâché. **¶ 3** (personne) → Facile. — **¶ 4** N. *Commode,* meuble à hauteur d'appui, bas et long, avec tiroirs pour y serrer du linge et des habits. **Chiffonnier,** meuble à tiroirs, plus haut et plus étroit que la commode, où les dames rangent leurs chiffons. **Chiffonnière,** petit chiffonnier bas comme une commode.

Commodément : → Aisément.

Commodités : ¶ 1 → Aises. **¶ 2** → Lieux d'aisance.

Commotion : ¶ 1 → Secousse. **¶ 2** → Ébranlement. **¶ 3** → Séisme.

Commuer : → Transformer.

Commun : Adj. **¶ 1** Qui convient ou est propre à plusieurs. *Commun,* propre à la plupart, **Général** et **Universel,** propre à tous : *Le devoir commun, commun à nous hommes de science, est de servir la vérité* (R. ROLL.). *Général,* commun à tous, en bloc, eu égard au genre, est abstrait, peut souffrir des exceptions ou ne regarder qu'un genre particulier : *Les exceptions ne servent qu'à confirmer la règle générale* (BOUR.). *Universel,* commun à tous les individus envisagés en particulier, ne souffre pas d'exception, s'applique toujours au genre le plus large et implique souvent une idée concrète d'espace ou d'étendue : *Universelle obéissance de la France à Louis XIV* (LAV.). **¶ 2** Qui n'est pas rare (≠ Vulgaire, toujours péj. et ne se disant que de l'homme ou de ce qui lui appartient).

Commun se dit surtout de ce qui existe à un grand nombre d'exemplaires, **Ordinaire**, de ce qui se fait ou arrive sans rien d'exceptionnel, d'anormal : *Opinion commune. Événement ordinaire* (ACAD.). *Révolutions ordinaires; rien de plus commun que ces sortes d'états* (BOUR.). De plus, *commun* est relatif au nombre de lieux où la chose se produit et au nombre de personnes qui y prennent part, *ordinaire*, au nombre de fois qu'elle a lieu : *Style commun*, celui que tout le monde pourrait avoir; *Style ordinaire*, celui qu'on emploie tous les jours. **Courant**, syn. d'*ordinaire*, se dit surtout des affaires, des faits, des modèles qui appartiennent à une sorte de série ordinaire : *Faits constants et courants* (MAUP.). **Usuel**, dont on se sert ordinairement : *Meubles usuels; mots usuels* (en ce sens, quand il s'agit d'un mot très usuel, on dit aussi *courant*). **Utilitaire** se dit de certains articles qui, sans souci esthétique, n'ont pour objet que l'utilité, au plus bas prix possible. **Standard** (mot anglais) qualifie de nos jours abusivement des objets de grande consommation, faits suivant certaines normes afin de pouvoir être facilement changés ou adaptés à d'autres objets : *Robinet standard.* ¶ 3 Qui n'a pas une valeur remarquable. *Commun* implique surtout un manque d'originalité ou de distinction en son genre : *Choses si communes, si connues* (PASC.). *Un auteur commun est tel que beaucoup pourraient écrire comme lui.* **Ordinaire** suppose plus nettement un manque de qualité qui rend médiocre, comme tout le monde : *Un talent ordinaire est bas dans la hiérarchie* (à noter qu'en parlant des manières, de l'apparence sociale, *commun* est plus péj. qu'*ordinaire* : *Un homme ordinaire est comme tout le monde; un homme commun est presque vulgaire*). **Quelconque**, péj. et fam., très ordinaire : *C'est un livre très quelconque* (ACAD.). **Banal**, usé, sans intérêt, à force d'être commun ou employé : *Une idée très banale, très classique* (J. ROM.). ¶ 4 → Vulgaire. — N. ¶ 5 → Peuple. ¶ 6 *Le commun* : → (la) Majorité. ¶ 7 *Communs* : → Lieux d'aisance.

Communauté : ¶ 1 → Société. ¶ 2 → Congrégation.

Communicatif : ¶ 1. En parlant des personnes, *Communicatif*, qui aime à communiquer ses pensées, ses sentiments à autrui : *Tempérament peu communicatif* (SÉV.). **Expansif**, qui ne peut retenir ses sentiments, s'épanche avec effusion : *Bonté expansive* (LIT.). **Démonstratif** n'implique pas qu'on communique, mais simplement qu'on laisse voir par son attitude tout ce qu'on a ou qu'on croit avoir dans l'âme, en bien ou en mal, mais surtout quand il s'agit de la sympathie, de la bienveillance, de

l'amitié : *Elle est peu démonstrative, mais son cœur est excellent* (ACAD.). **Exubérant**, exagéré dans les manifestations extérieures de son tempérament: *Enfants exubérants.* ¶ 2 En parlant des choses : qui se communique, se gagne. *Communicatif* ne se dit guère que de la gaieté : *Entrain communicatif* (J. ROM.). **Contagieux**, qui se transmet par contact à plusieurs personnes, se dit du rire, mais surtout des mauvaises habitudes, des maladies ou des vices : *Une erreur contagieuse.* **Épidémique**, contagieux en même temps pour un grand nombre de personnes, se dit bien de ce qui ressemble à une mode : *Engouement* (ACAD.), *enthousiasme épidémiques.*

Communication : ¶ 1 → Avis. *Communication*, le fait de donner au public ou à un particulier tout ce qui est nécessaire pour l'informer. Dans le langage politique, **Adresse**, communication adressée au souverain par une assemblée, pour lui faire connaître, sous forme de discours, son opinion ou ses vœux; **Message**, communication officielle écrite, faite par le chef de l'État au pouvoir législatif; **Déclaration**, communication orale ou écrite par laquelle le président du conseil des ministres fait connaître à l'assemblée législative le programme de son cabinet. ¶ 2 → Relation.

Communion : ¶ 1 → Union. ¶ 2 Au sens religieux, acte par lequel les chrétiens reçoivent le corps et le sang de J.-C. *Communion*, pour les catholiques, participation au sacrement de l'Eucharistie. **Cène**, pour les protestants, communion sous les deux espèces.

Communiqué : → Avis. Spéc. en temps de guerre, *Communiqué*, résumé officiel et quotidien des opérations de guerre. **Bulletin**, récit d'une bataille, d'une opération militaire quand elles sont terminées (*Les bulletins de la Grande Armée*) ne se dit plus guère que dans la loc. *Bulletin de victoire.*

Communiquer : ¶ 1 → Transmettre. ¶ 2 *Communiquer*, faire savoir à une ou à plusieurs personnes une chose dont elles auront avec vous une connaissance commune : *Les juges se communiquent leurs pensées* (MTQ.). **Confier**, communiquer en confiance à une ou à peu de personnes quelque chose de secret qui doit rester tel : *On me dit à moi des choses qu'on ne confierait à personne* (J. ROM.). ¶ 3 En parlant de personnes, *Communiquer*, entrer en rapport par n'importe quel moyen. **Correspondre**, communiquer par un échange de lettres suivi. **S'écrire** marque un échange de lettres moins suivi. ¶ 4 Être en rapport, en parlant de deux pièces, de deux habitations. *Communiquer* indique simplement qu'on peut aller de l'une à l'autre directement ou non : *Douze palais qui communiquaient ensemble* (BOS.). **Correspondre**

implique en plus un rapport de symétrie ou l'idée que les deux pièces se complètent réciproquement : *A une chambre correspond un cabinet de toilette.*

Communisme : → Socialisme.

Communiste, celui qui dans tous les pays est partisan de la doctrine marxiste telle qu'elle fut interprétée et appliquée en Russie lors de la révolution de 1917 (→ Socialisme); en ce sens, *communiste* a surtout rapport aux conceptions idéologiques. **Bolcheviste** ou **Bolchevik,** communiste extrémiste russe et par ext., péj., communiste considéré comme un révolutionnaire. **Soviets** (conseils de délégués et de soldats formés en 1917), les dirigeants du communisme russe.

Commutation : → Remplacement.

Compact : → Épais.

Compagne : → Épouse.

Compagnie : ¶ 1 → Troupe. **¶ 2** En un sens très général, réunion de personnes liées ensemble et formant un corps. *Compagnie* implique plus de personnes que **Société :** mari et femme forment une *société* et non une *compagnie.* De plus *compagnie* est plus vulgaire et se prend plus volontiers en mauvaise part : *Les compagnies qui peuvent nous faire retomber; la société de ceux qui aiment Dieu* (Fén.). *Société de Jésus,* la congrégation des Jésuites considérée dans son esprit et ses doctrines; *Compagnie de Jésus,* le côté extérieur de la congrégation, les membres qui la composent (L.). **¶ 3** → Entourage. **¶ 4** Réunion de lettrés : → Assemblée. **¶ 5** En termes d'affaires : → Société.

Compagnon : ¶ 1 Celui qui est lié à un autre parce qu'il partage sa vie (≠ Associé, uni par l'intérêt; ≠ Collègue, uni par les fonctions). *Compagnon,* celui qui partage la vie, l'idéal ou le sort de quelqu'un dans tous les états même les plus nobles : *Compagnon de gloire, d'études, d'infortune.* **Camarade** (prop. compagnon de chambre), celui qui mène ou a mené une vie familière avec quelqu'un, avec qui il a des souvenirs communs, une liaison contractée en classe, à la guerre, dans certains métiers comme ouvrier, comédien, etc., est parfois péj. en parlant de gens qui se soutiennent mutuellement : *La république des camarades.* **Copain** (anc. *compain,* doublet de *compagnon*), fam. de nos jours, bon camarade très sympathique et spéc., au collège, camarade avec qui on met tout en commun : *Les Copains* (J. Rom.). **Compère,** nom d'amitié très fam. qu'on donne aux hommes avec qui on est en relation habituelle : *Savetier mon compère* (BéRang.). **Acolyte,** péj., celui qui est toujours à la

suite d'une personne peu recommandable : *C'est son digne acolyte.* **Coterie,** pop., compagnons : « *Ohé, la coterie!* ». **Colon** et **Camaro,** syn. pop. de *camarade.* **Pote** et **Poteau,** argot., camarade et déjà ami. **¶ 2** → Travailleur. **¶ 3** → Gaillard.

Comparaison : ¶ 1 → Rapprochement. *Comparaison,* **Confrontation, Collation :** → Comparer. **¶ 2** *En comparaison.* Locution qui sert à relever une chose en l'opposant à d'autres. *En comparaison de* s'emploie dans tous les cas : *C'est un Samson en comparaison de moi* (Volt.). **Au prix de,** vx, ne convient que pour marquer combien une chose ou une personne est appréciée ou ne l'est pas : *Au prix de la sagesse, les richesses m'ont paru comme rien* (Bos.). **Auprès de** fait nettement ressortir la chose comparée, en insistant sur sa beauté, sa force ou son excellence : *Qu'avais-je à me plaindre auprès des craintes que j'ai présentement?* (Sév.). **Par rapport à** implique une proportion entre la grandeur ou la valeur de ce que l'on compare : *En trouvant les choses grandes ou petites par rapport les unes aux autres* (Bos.). **Au regard de,** vx, *en comparaison, au prix de.*

Comparaître : → (se) Présenter.

Comparer : → Rapprocher. Rapprocher des choses pour montrer en quoi elles se ressemblent. *Comparer à* implique une comparaison générale et assez imprécise, *Comparer avec,* une comparaison spéciale, précise et méthodique : *Comparer Achille à un lion. Comparer Corneille avec Racine; un phénomène avec un autre pour découvrir une loi.* **Opposer,** mettre en parallèle pour faire rivaliser avec : *Quels orateurs pouvait-on opposer à Cicéron, à Démosthène?* (Acad.). **Confronter,** comparer front à front, comme fait un juge, pour juger de la valeur d'une personne et par ext. d'une chose par le témoignage ou la présence d'une autre : *Confronter nos sentiments avec ceux de la conscience* (Marm.). **Conférer,** comparer comme un philologue des textes, des coutumes, etc., pour arriver à savoir ce qu'on doit croire : *Conférer des passages* (Bos.); *les témoignages des historiens et des voyageurs* (Buf.). **Collationner,** conférer, en contrôlant, une copie avec un original, deux copies, deux éditions pour constater s'il y a ou non conformité : *Collationner les deux éditions* (Bos.). **Vidimer,** terme de pratique, collationner la copie d'un acte sur l'original et certifier qu'elle y est conforme.

Comparse : ¶ 1 → Figurant **¶ 2** → Complice.

Compartiment, division et subdivision d'une chose résultant de cloisons. **Case,** compartiment dans un meuble, un tiroir, une boîte. **Casier,** ensemble de cases ouvertes par-devant formant un meuble ou une partie de meuble.

Compassé : → Étudié.

Compassion : → Pitié.

Compatible : → Conciliable.

Compatir : → Plaindre.

Compatriote : → Concitoyen.

Compendieux : → Court.

Compendium : → Abrégé.

Compensation : ¶ 1 Ce qui rétablit l'équilibre ou l'égalité. *Compensation* implique que l'égalité rompue pour n'importe quelle raison entre deux choses dans leur valeur, leur qualité, est rétablie par le fait que ce qui manque à une chose est remplacé par quelque chose d'équivalent : *Un mélange ou une espèce de compensation de bien et de mal qui établirait l'égalité entre les conditions des hommes* (L. B.). **Contrepoids,** au fig., implique simplement que deux choses sont maintenues en équilibre parce que chacune d'elles contrebalance l'autre : *Il n'y avait aucun contrepoids pour maintenir ces deux corps dans un juste équilibre* (ROLL.). ¶ 2 Ce qui adoucit un mal ou une perte. *Compensation* s'emploie dans tous les cas, en parlant des choses matérielles ou morales, pour désigner ce qui tient lieu de ce qui est de moins, qui le supplée ou le rend : *La guerre est devenue une catastrophe sans compensation possible* (M. D. G.). **Dédommagement** (→ ce mot), compensation qui donne approximativement l'équivalent de ce qu'on a perdu : *Il trouve dans votre amitié un dédommagement à ses malheurs* (ACAD.). **Revanche,** compensation d'un désavantage par un autre avantage. **Consolation,** toujours au sens moral, adoucissement plutôt que compensation d'une douleur ou d'une peine par un sentiment moral quelconque : *Vous aurez la consolation qu'elle sera morte dans les formes* (MOL.). **Récompense,** syn. vx de *compensation.*

Compenser, Dédommager de, Consoler de : → Compensation et Équilibrer.

Compère : ¶ 1 → Compagnon ¶ 2 → Complice. ¶ 3 → Parrain.

Compère-loriot : → Orgelet.

Compétence : ¶ 1 Aptitude d'un tribunal à connaître d'une affaire. *Compétence,* qualité du tribunal, droit qu'il possède. **Ressort,** limite de la compétence déterminée dans l'espace et par rapport à la nature des contestations : *On juge, on décline la compétence de tel tribunal; on établit que telle affaire est de son ressort.* — Au fig. *compétence,* aptitude d'une personne à juger en une matière; *ressort,* domaine où s'étendent le pouvoir, l'action, la compétence :

Les mœurs ne sont pas du ressort des lois (MARM.). ¶ 2 → Capacité.

Compétiteur : → Concurrent.

Compétition : ¶ 1 → Lutte. ¶ 2 En termes de sport, recherche simultanée d'une même victoire par plusieurs personnes ou plusieurs équipes. *Compétition,* terme général et abstrait. **Épreuve,** terme concret, compétition envisagée comme limitée dans le temps, l'espace, avec une certaine organisation : *Bordeaux-Paris est une épreuve cycliste.* — **Challenge,** épreuve dans laquelle le gagnant devient le détenteur d'un objet jusqu'à ce qu'un concurrent dans une épreuve ultérieure l'en dépossède. **Coupe,** forme de challenge, se dit surtout pour le football ou les sports d'équipe. **Championnat,** épreuve officielle nationale ou internationale dont le vainqueur est proclamé champion. **Criterium,** épreuve de grande envergure (surtout cycliste), mais dont le gagnant n'est pas proclamé champion. — **Match,** épreuve entre deux concurrents ou deux équipes. **Course,** épreuve de vitesse. **Omnium,** course pour chevaux et par ext., course cycliste pour concurrents de toutes catégories. **Poule,** épreuve dans laquelle chaque compétiteur rencontre successivement tous les autres. **Concours,** épreuve dans laquelle les concurrents sont classés d'après leurs performances.

Compilation : → Collection, Imitation et Mélange.

Complainte : ¶ 1 → Gémissement. ¶ 2 → Chant.

Complaire : → Plaire.

Complaisance : ¶ 1 Tendance à se conformer aux volontés d'autrui. *Complaisance* ne précise pas la raison et désigne une action louable ou non : *Mon Dieu, c'est possible, murmura l'auteur par complaisance* (ZOLA). **Déférence,** complaisance de l'inférieur rendue par hommage à une supériorité quelconque : *Il affectait une bonhomie d'homme insignifiant sans paraître s'apercevoir de la déférence inquiète qu'on lui témoignait* (ZOLA). **Condescendance,** complaisance du supérieur envers l'inférieur qui le pousse à se rendre son égal et à lui faire plaisir (de nos jours souvent ironique) : *Sa condescendance, l'affectation de sa supériorité* (GI.). **Prévenance, Empressement, Serviabilité :** → Complaisant. — **Facilité,** douceur naturelle et permanente qui fait accéder aux sollicitations d'autrui et sert de principe à la *complaisance,* à la *déférence* et à la *condescendance*; c'est souvent une faiblesse. **Amabilité,** plus général et sans nuance péj., qualité naturelle ou affectée de celui qui accueille bien les gens et, par conséquent, se montre complaisant. ¶ 2 → Plaisir. ¶ 3 → Attachement.

Complaisant : → Doux, Facile et Serviable. Qui cherche à faire plaisir à quelqu'un (≠ Conciliant, qui cherche la paix). *Complaisant,* qui fait plaisir en accédant à tous les désirs, grâce à sa bonté ou à sa facilité de caractère, en un sens favorable ou défavorable. **Déférent, Condescendant** et **Aimable :** → Complaisance. **Prévenant,** qui va au-devant de tout ce qui peut faire plaisir : *Un mari prévenant.* **Empressé** insiste sur les manifestations extérieures de la complaisance, souvent avec une nuance d'importunité ou de servilité : *Ainsi certaines gens faisant les empressés, S'introduisent dans les affaires... Et partout importuns devraient être chassés* (L. F.). **Ardélion,** vx et péj., celui qui fait l'empressé et se mêle de tout sans rien d'effectif.

Complément : → Supplément.

Complet : ¶ 1 → Entier. ¶ 2 → Plein. ¶ 3 → Exhaustif.

Complètement : → Absolument.

Compléter, ajouter à une chose ce qui manque pour qu'elle soit complète. **Suppléer,** rare en ce sens, est relatif à ce qu'on ajoute pour remplacer ce qui manque et non à la chose qu'on complète : *Suppléer ce qu'il faut pour compléter une somme.*

Complexe : ¶ 1 N. → Obsession. ¶ 2 Adj. → Compliqué.

Complexion : ¶ 1 → Naturel. ¶ 2 → Nature.

Complication : → Difficulté.

Complice : ¶ 1 En termes de droit, les *Complices* ont participé au même crime, les **Coaccusés** sont traduits ensemble devant une juridiction criminelle parce qu'ils sont complices ou parce qu'ils ont commis des délits connexes, les **Consorts** ont un simple intérêt commun dans un procès, une affaire civile. ¶ 2 Celui qui participe à une action secrète ou mauvaise ou la favorise. Le *Complice,* impliqué ou compris effectivement, en égal ou en subordonné, dans l'action, l'aide de n'importe quelle façon même par son silence. Le **Fauteur,** en matière de doctrine ou d'action, est à l'origine d'un mal qu'il provoque par son autorité, souvent sous main et sans y participer directement : *Les fauteurs secrets et peut-être les complices de* l'Homère travesti (D'AL.). *Complices de leurs désordres et fauteurs de leurs vices* (BOUR.). **Adhérent,** en ce sens, disciple d'une doctrine qui enseigne le mensonge ou l'erreur : *Zwingle et ses adhérents* (VOLT.). **Suppôt,** au fig., subordonné qui sert les mauvais desseins d'un autre : *Un adorateur du diable, un suppôt de Satan* (J. ROM.). **Consorts,** toujours au pl., fig. et péj., gens d'une même cabale ou liés à une mauvaise cause par un intérêt commun : *Un tel et consorts* (ACAD.). **Compère,** celui qui, sans qu'on le sache, est d'intelligence avec un escamoteur et l'aide à l'exécution de ses tours; par ext., complice en supercheries : *Un vieux polichinelle qui a besoin d'un compère* (VOLT.). **Acolyte,** fig. et méprisant, subordonné qui accompagne toujours un autre dans ses mauvaises actions sans forcément y participer. **Comparse,** au fig., celui qui se trouve avec d'autres dans une mauvaise affaire, sans y jouer d'autre rôle que celui de figurant.

Complicité : Le fait de favoriser une mauvaise action. *Complicité* implique une participation effective et active à l'acte, **Connivence,** qu'on ferme les yeux ou qu'on favorise l'action par son silence ou son inaction : *Le silence serait une connivence criminelle* (BOS.). **Intelligence** implique simplement une communication avec quelqu'un avec qui l'on s'entend pour un dessein commun, souvent mauvais, sans qu'il y ait forcément action : *Accuser quelqu'un d'intelligence avec l'ennemi.* **Collusion,** intelligence secrète au préjudice d'autrui : *Collusion avec les ennemis de l'État* (RETZ).

Compliment : ¶ 1 → Civilités. ¶ 2 → Éloge. ¶ 3 → Félicitation. ¶ 4 → Discours.

Complimenter : → Féliciter. *Complimenter,* rendre des devoirs de civilité : *Complimenter le pape sur son élection* (MTQ.). **Faire des compliments** insiste sur les démonstrations extérieures d'amabilité qui ne correspondent pas forcément à un sentiment réel : *En Italie je fais des compliments à tout le monde* (MTG.). **Faire compliment,** féliciter en exprimant un sentiment sincère ou prétendu tel : *Faire compliment à quelqu'un sur son prochain mariage* (LES.). **Faire un compliment,** composer, débiter ou lire un petit discours : *Un enfant fait un compliment à son père pour sa fête.*

Compliqué : ¶ 1 Qui n'est pas simple. *Compliqué,* difficile à saisir par l'esprit à cause du nombre de ses parties et de la multiplicité de leurs rapports : *Machine compliquée.* **Complexe,** en parlant des choses abstraites, qui n'est pas simple, qui embrasse des parties diverses, entremêlées et parfois hétérogènes, sans être forcément compliqué : *Le Roland furieux de l'Arioste est un poème complexe, mais non compliqué.* **Implexe** se dit d'une pièce dramatique et par ext. d'une intrigue riches en événements variés quoique liés naturellement au sujet (ce qui fait qu'elles ne sont pas *complexes*) : [Pièce simple] *parce qu'elle n'a qu'une seule catastrophe, et implexe parce qu'elle a la reconnaissance avec la péripétie* (VOLT.). **Composé,** qui n'est pas simple parce qu'il est formé de parties diverses, juxtaposées ou mêlées, mais faisant un tout : *Mot composé; feuille composée* (ACAD.). ¶ 2 → Difficile.

Compliquer : → Brouiller.

Complot : → Intrigue. *Complot*, union secrète de quelques personnes seulement, en général dirigée contre un seul homme et pour une fin souvent odieuse : *Retz faisait dans ce complot son apprentissage des conspirations* (VOLT.). *Les complots des noirs filous* (BAUD.). *Ce souper est en quelque sorte un petit complot organisé en faveur de Germaine* (J. ROM.). **Conspiration** et **Conjuration,** union d'un grand nombre de personnes contre l'État ou le souverain, dans un dessein qui peut être noble. *Conspiration* implique surtout un accord d'idées entre mécontents, en général caché, parfois assez loin de l'action ou sans dessein sanglant. *Conjuration,* un engagement solennel de membres fanatiques, pour une action proche qui est toujours ruine totale ou extermination. Par ext. *conspiration* se dit de toute entente secrète : *La conspiration du silence; conjuration* suppose action, manœuvres ou menées concertées : *Conjuration souterraine* (J. ROM.).

Comploter, Conspirer, Conjurer : → Complot.

Componction : ¶ 1 → Regret. ¶ 2 → Gravité.

Comportement : → Procédé.

Comporter : ¶ 1 En parlant d'une chose, donner la possibilité d'une autre chose (souvent à la négative). *Comporter* exprime une convenance idéale entre les deux choses qui fait que naturellement l'une appelle l'autre : *Cette tactique comportait d'autres inconvénients* (J. ROM.). *Cet exemple comporte sa leçon* (CAM.). **Permettre** exprime simplement qu'une chose donne la faculté d'en faire une autre : *Les climats chauds permettent de cultiver la vigne.* **Admettre** (surtout à la négative), laisser accès à, être intellectuellement compatible avec : *La trahison n'admet pas d'excuse.* **Souffrir,** le plus souvent à la négative, est plus catégorique. *Ne pas souffrir* implique que l'intégrité d'une chose serait atteinte si la possibilité d'une autre demeurait : *Les termes sont si clairs qu'ils ne souffrent aucune interprétation* (PASC.). **Supporter,** à la négative, dit encore plus et implique qu'une chose cesserait d'exister si une autre avait lieu : *Les maximes supportent mal l'examen de la saine raison* (J.-J. R.). ¶ 2 → Comprendre et Renfermer. ¶ 3 (Réf.) → (se) Conduire.

Composé : Adj. ¶ 1 → Compliqué. ¶ 2 → Étudié. ¶ 3 N. Ce qui résulte de l'action de composer. **Composition** se rapporte à l'agent, *Composé*, à la chose telle qu'elle est : *Critiquer la composition d'une équipe. Si dans son composé quelqu'un trouve à redire* (L. F.).

Composer : ¶ 1 → Former. ¶ 2 → Produire. Produire un ouvrage d'esprit. *Composer* a pour syn. plus courant **Écrire,** composer en fixant par l'écriture; les deux se disent, avec un comp., des compositions musicales et littéraires : *Composer ou écrire un traité, une symphonie, un opéra.* Absolument *composer* se dit pour la musique et la littérature et désigne l'acte de la création artistique : *Il a besoin d'être seul quand il compose* (ACAD.). *Écrire* ne se dit que des ouvrages littéraires et désigne plutôt la profession : *Dans l'art dangereux de rimer ou d'écrire* (BOIL.). **Rimer,** vx, écrire en vers. **Pondre,** très fam., écrire : *Nous nous sommes mis à plusieurs pour pondre ce chef-d'œuvre* (GI.). **Élucubrer,** toujours ironique, composer un ouvrage à force de veilles et de travail. ¶ 3 Donner une ordonnance aux parties d'une œuvre littéraire. *Composer* implique un ordre en vue d'un effet esthétique et se dit aussi d'une œuvre artistique : *Discours toujours admirablement composé comme une œuvre classique* (PÉG.). **Bâtir** (→ ce mot), fig., a rapport à la solidité de l'ensemble. **Charpenter,** fig., ajoute une idée d'habileté dans l'art de façonner l'œuvre, de lui donner une structure : *Poème bien charpenté* (ACAD.). **Construire** donne l'idée d'équilibre et d'harmonie. ¶ 4 *Composer,* faire effort pour arriver par des concessions mutuelles à un compromis, à un accommodement, ou, péj., faire des concessions unilatérales, parfois à tort : *Composer avec la famille* (MAU.). *Trop longtemps ce monde a composé avec le mal* (CAM.). **Transiger** suppose un accord plus précis (→ Compromis) et, au fig., implique surtout qu'on ne fait pas, pour de mauvaises raisons, tout ce qu'exigent la conscience, le devoir : *Ne pas transiger avec l'honneur.* **Pactiser,** fig. et toujours péj., suppose une connivence avec le mal qui est une véritable trahison du bien : *Pactiser avec la rébellion.*

Composite : → Mêlé.

Compositeur : ¶ 1 → Musicien. ¶ 2 → Typographe. ¶ 3 *Amiable compositeur :* → Arbitre.

Composition : ¶ 1 → Composé. Ensemble des éléments essentiels d'une chose. *Composition,* l'ensemble des parties qui forment un tout, marque souvent le résultat d'une action voulue : *Composition du corps humain, d'une armée, d'une équipe.* **Constitution** ne se dit que d'une façon d'être naturelle envisagée objectivement : *La constitution physique et morale de l'homme* (BERTH.). **Structure** ajoute à *composition* l'idée d'un arrangement entre les parties considérées comme faisant une sorte d'architecture, de construction : *La structure d'un corps vivant.* **Teneur** désigne simplement ce qu'un corps contient d'une matière déterminée : *La teneur de ce minerai en fer* (Acad.). ¶ 2 Au fig. La manière dont est fait un ouvrage de l'esprit. Alors que **Constitution**, rare, marque simplement la façon dont l'ouvrage se présente : *Pièce d'une constitution assez extraordinaire* (Corn.); *Composition* implique une ordonnance voulue des parties de l'œuvre par rapport à un but, surtout esthétique : *Composition belle, hardie, gracieuse* (Acad.) : → Disposition. **Structure**, en parlant d'une œuvre littéraire, d'une période stylistique, d'un système, envisage l'agencement des parties surtout du point de vue de la solidité et de la cohérence : *La structure et l'harmonie de la composition* (G. d. Balzac). **Charpente** (→ Carcasse), plus concret, la structure qui soutient une œuvre littéraire déjà faite. **Dessin** et **Coupe,** structure d'un ouvrage littéraire, sont rares. **Construction** ne se dit que d'un système philosophique et de l'arrangement des mots dans la phrase conformément aux règles grammaticales. **Texture** insiste sur la façon dont les parties d'une péri de ou d'un ouvrage littéraire sont liées et enchevêtrées avec art : *Texture d'une période, d'une scène.* **Contexture** se dit d'un enchevêtrement plus subtil ou plus vaste : *Fine contexture des tragédies de Racine* (Volt.). ¶ 3 → Mélange. ¶ 4 → Compromis. ¶ 5 → Rédaction.

Compréhensible : → Intelligible.

Compréhensif : → Intelligent.

Compréhension : → Entendement.

Comprendre : ¶ 1 → Contenir. Contenir des choses ou des personnes réunies en un tout dont elles font partie. *Comprendre* indique plusieurs choses ou plusieurs personnes, et signifie notamment, au sens abstrait, réunir sous une même idée : *La foi catholique qui comprend ces deux vérités* (Pasc.). *Une maxime qui comprend toutes les autres* (Pasc.). **Comporter** (néol. en ce sens), comprendre des choses qui composent, font exister : *Démonstration comportant trois points.* **Embrasser,** comprendre en soi des choses très nombreuses en tout un genre : *Un empire qui embrassait tant de nations* (Bos.). ¶ 2 Faire entrer dans un ensemble. *Comprendre,* mettre ensemble, dans la même catégorie : *Dans ce tableau de la population, on n'a pas compris les étrangers* (Acad.). **Envelopper,** comprendre une personne dans quelque chose de désagréable : *L'envelopper dans sa perte* (Bos.). **Impliquer** se dit surtout en parlant d'un crime, d'une affaire fâcheuse. **Mêler,** fig., en ce sens, marque un rapport plus vague.

Englober, réunir plusieurs personnes ou plusieurs choses pour en former un tout, ou les réunir à un tout déjà existant : *Englober dans une rafle* (Gi.). *Se laisser englober dans un vaste mouvement d'enthousiasme collectif* (M. d. G.). ¶ 3 → Entendre.

Compressible : → Élastique.

Compression : ¶ 1 → Réduction. ¶ 2 → Contrainte.

Comprimer : → Presser.

Compromettre : → Hasarder et Nuire à.

Compromis (N.) : ¶ 1 Dans la langue juridique, moyen de finir un différend. *Compromis,* acte par lequel deux parties conviennent de soumettre leur différend non à des tribunaux, mais à des arbitres choisis par elles. **Arbitrage,** juridiction conférée à de simples particuliers nommés arbitres par la volonté des parties ou par la loi pour juger les différends sur lesquels il n'est pas interdit de transiger (sans que les parties aient droit au chapitre). **Conciliation** dit moins : action d'un juge sur les parties pour arriver à les mettre d'accord si elles y consentent. **Transaction,** souvent à la suite d'une conciliation, contrat entre les parties qui termine le procès par des concessions réciproques. ¶ 2 En général, accord après concessions mutuelles. *Compromis,* résultat d'un accord avec concessions réciproques, se dit surtout dans le langage politique et diplomatique et implique un abandon de ses droits ou d'un idéal, pas toujours au profit de quelqu'un, mais souvent devant une nécessité : *Deux masses en lutte, à peu près égales, qui ne veulent d'aucun compromis* (M. d. G.). **Transaction** implique une convention, un accord réciproque précis entre individus, surtout dans la vie commerciale. **Composition,** plus général, tout accommodement (→ ce mot) dans lequel les deux parties, ou une seule, relâchent de leurs prétentions et cherchent, à l'amiable, à arriver à un compromis : *Sur la discipline on peut entrer en composition* (Bos.).

Comptable (Adj.) : Se dit d'un homme soumis à une autorité dont il relève. *Comptable,* qui doit rendre compte de ce qui lui a été confié devant un chef qui peut récupérer sur lui une compensation de ce qu'il a gâché ou perdu : *Vous êtes comptable de votre temps à la raison humaine* (Volt.). **Responsable,** qui doit se justifier devant un juge des actions qui ont été commises par lui-même ou par ceux dont il est garant (→ ce mot), encourir une peine et donner réparation si ces actions sont mauvaises : *Les gens en place sont responsables de la conduite de ceux qu'ils attachent à leur personne* (Volt.).

Compte : ¶ 1 *Compte,* **Calcul** : → Compter.

Opération, terme de mathématiques, tout calcul, suivant certains procédés, par lequel on part de quantités connues pour arriver à des quantités inconnues. ¶ 2 État des sommes dues par quelqu'un. *Compte,* terme général, état ou autre écrit contenant l'énumération, le calcul, la supputation de ce qui a été reçu, dépensé, avancé ou fourni (ACAD.). **Relevé,** extrait des articles d'un compte qui sont relatifs à un même objet (ACAD.). **Mémoire,** syn. de *compte,* se dit pour des sommes nombreuses et importantes : *Mémoire d'architecte.* **Facture,** petit mémoire où un vendeur indique en détail la quantité, la qualité et le prix de marchandises qu'il a livrées à quelqu'un. **Note,** parfois syn. de *facture,* et, en général, état des sommes dues pour n'importe quelle raison : *Note du médecin, d'hôtel.* **Addition,** fam., note de la dépense faite dans un restaurant. **Carte à payer** ou **Carte,** note de la dépense faite chez un traiteur, par ext. somme à payer dans toutes sortes de circonstances. **Ardoise,** très fam., compte de marchandises prises à crédit (parce que le commerçant en inscrivait le montant sur une ardoise). **Douloureuse,** très fam., *addition* ou *note.* ¶ 3 *Rendre compte :* → Raconter. ¶ 4 *Donner son compte :* → Congédier. ¶ 5 *Tenir compte :* → Considérer. ¶ 6 *Se rendre compte :* → Entendre et Vérifier. ¶ 7 *A bon compte :* → (à bon) Prix.

Compter : ¶ 1 Effectuer une opération pour tâcher de savoir combien on a ou combien il y a de choses ou d'une chose. *Compter* désigne une opération commune, simple et facile, qui consiste en général à ajouter l'unité à elle-même un certain nombre de fois, et se dit à propos de choses réelles. **Calculer** implique un raisonnement assez compliqué fondé sur la science des nombres, et parfois à propos de ce qu'on pourrait avoir ou de ce qui pourrait arriver : *Un enfant compte jusqu'à trois. Un berger compte ses brebis. Un astronome calcule la distance des étoiles à la terre. Perrette calcule combien elle vendra son lait.* **Supputer,** calculer pour évaluer, combiner les nombres, les confronter pour arriver à un résultat total et en tirer une conclusion (→ Évaluer) : *Supputer le nombre des habitants d'un pays par celui des baptêmes* (VOLT.). **Computer,** rare, supputer les temps relatifs au calendrier : *On compute encore par les ères juliennes* (CHAT.). **Dénombrer** (→ ce mot), énoncer, pour en avoir un compte exact, les personnes ou les choses qui forment un ensemble : *Démétrius les dénombra comme dans un marché l'on compte les esclaves* (MTQ.). — Au fig. *compter* marque une simple prévision ou espoir, *calculer,* une combinaison méthodique, un plan : *Il compte de se retirer dans un village* (FÉN.). *Calculer les événements* (MTQ.).

¶ 2 → Regarder comme. ¶ 3 → Importer. ¶ 4 *Compter sur :* → Espérer.

Compte rendu : → Relation. État d'une situation. *Compte rendu,* en termes d'administration ou de journalisme, relation de certains faits particuliers : *Compte rendu de l'état des finances; d'un procès* (ACAD.). **Bilan** (au prop. balance de l'actif et du passif d'une maison de commerce) implique qu'on tire des conclusions d'un certain nombre de faits, qu'on met en valeur les résultats positifs ou négatifs d'une activité : *Le bilan des travaux parlementaires.*

Comptoir : ¶ 1 → Table. ¶ 2 → Établissement.

Compulser : → Feuilleter et Examiner.

Computer : → Compter.

Concasser : ¶ 1 → Casser. ¶ 2 → Broyer.

Concave : ¶ 1 → Creux. ¶ 2 → Courbe.

Concavité : → Creux.

Concéder : → Accorder.

Concentré : ¶ 1 → Condensé. ¶ 2 → Secret.

Concentrer : ¶ 1 → Assembler. *Concentrer,* réunir dans un centre pour y produire un certain effet : *Concentrer des rayons, des troupes, l'autorité, son affection.* **Centraliser** dit moins : faire dépendre d'un centre, ramener à un centre; ou faire venir momentanément dans un centre ce qui en dépend : *Centraliser une administration; des demandes. L'action, en tout genre, se centralise ou tour de quelque grande force* (MICH.). ¶ 2 (Réf.) → Penser. ¶ 3 (Réf.) → (se) Renfermer.

Concept : → Idée.

Conception : ¶ 1 → Entendement ¶ 2 → Idée.

Concerner : Se rapporter à. *Concerner* exprime un rapport assez vague : n'. pas être étranger à, en parlant des choses : *En ces années-là, la religion ne concernait que les femmes* (MAU.). **Regarder,** plus spécial, marque qu'une chose doit être faite par nous ou commander notre action, parce que nous sommes seuls qualifiés pour nous en occuper, parce qu'elle a rapport avec notre intérêt ou notre compétence : *L'outrage me regarde* (RAC.). *Le docteur dit que cela ne le regardait pas* (CAM.). **Toucher,** avoir rapport avec ce que nous avons de plus cher, avec notre cœur, notre honneur : *Les choses qui touchent à l'honneur* (LIT.). **Intéresser,** avoir de l'importance pour : *Cette différence de mesures intéressait la navigation* (VOLT.). *Mesure qui intéresse les fonctionnaires.*

Concert : ¶ 1 → Accord et Union. ¶ 2 → Harmonie. ¶ 3 Séance musicale. *Concert,* toute séance où l'on exécute un certain nombre de morceaux de chant ou de musique instrumentale. **Récital,** concert donné par un seul artiste sur un seul et même instrument : *Récital d'orgue, de piano.* **Festival,** concert ou série de concerts consacrés aux œuvres d'un seul compositeur : *Festival Mozart.* **Audition,** séance musicale destinée à faire connaître un exécutant ou une œuvre. Concert en plein air : → Aubade.

Concerté : → Étudié.

Concerter : ¶ 1 → Préparer. ¶ 2 (Réf.) → (s') Entendre.

Concerto : → Symphonie.

Concession : ¶ 1 → Cession. ¶ 2 → Tombe. ¶ 3 → Renoncement.

Concetto, Concetti : → Mot d'esprit.

Concevoir : ¶ 1 → Créer. ¶ 2 → Entendre. ¶ 3 → Trouver.

Concierge : → Portier.

Concile : ¶ 1 → Consistoire. ¶ 2 → Réunion.

Conciliable : Se dit de deux choses dont l'une n'exclut pas l'autre. *Conciliable* se dit des choses entre lesquelles, malgré leur contradiction, on peut établir un accord momentané et partiel qui laisse subsister des diversités : *Deux passages d'un texte peuvent être conciliables.* **Compatible** se dit de choses qui peuvent exister en même temps, sans s'exclure mutuellement, sans qu'on ait besoin de les concilier : *Péchés compatibles avec la probité* (Mas.).

Conciliabule : ¶ 1 → Consistoire. ¶ 2 → Réunion. ¶ 3 → Conversation.

Conciliant : → Facile. Avec qui on s'entend sans peine. *Conciliant* qualifie un esprit de douceur prêt à accepter la paix dans tous les cas. **Conciliateur** se dit de celui qui, dans un cas particulier, agit pour provoquer la conciliation : *Éloquence conciliatrice, humeur conciliante. Un esprit conciliant peut n'avoir jamais été conciliateur faute d'énergie.* **Accommodant** suppose qu'on rabat de ses droits, qu'on ne les défend qu'avec modération et peut être péj. si les droits à défendre étaient sacrés : *L'erreur de certaines personnes accommodantes qui font une espèce de partage dans la vie des hommes et s'imaginent avoir trouvé par là l'art de concilier toute chose* (Bour.). **Arrangeant** se dit surtout en affaires. **Coulant,** au fig., est fam. en ce sens. **De conciliation,** après *esprit,* dit plus que *conciliant* : *l'esprit de conciliation* fait régner activement la conciliation, *l'esprit conciliant* la désire. **Traitable,** en un sens plus général, suppose un esprit doux, maniable qui rend les relations aisées avec autrui.

Conciliation : ¶ 1 → Compromis. ¶ 2 *De conciliation :* → Conciliant.

Concilier : ¶ 1 → Accorder. Faire que des choses opposées cessent de l'être. **Récon-**

cilier ajoute à *Concilier* l'idée d'un état d'animosité qu'il s'agit de transformer en accord. Aussi ne se dit-il bien que des personnes et simplement par ext. des choses qui semblent être ennemies: *Réconcilier la vérité avec les préjugés* (Mas.). ¶ 2 (Réf.) → Gagner.

Concis : → Court. *Concis,* **Précis :** → Concision.

Concision : Qualité du style opposée à la verbosité. *Concision* ne se dit que du style et implique qu'on emploie peu de mots pour être énergique. **Précision** se dit des mots et du style, implique qu'on choisit les mots qui conviennent exactement et qu'on dit tout ce qu'il faut, mais seulement ce qu'il faut, pour être clairement compris : *Trop de concision risque de provoquer l'imprécision. La précision n'est pas incompatible avec l'abondance.* **Brièveté** et **Laconisme** diffèrent de *concision* comme les adj. correspondants de *concis :* → Court. **Brachylogie,** terme de rhét., manière de s'exprimer par sentences et par maximes qui peut rendre le style obscur à force de concision.

Concitoyen, qui est de la même ville, du même État qu'un autre, en ce sens qu'il est soumis aux mêmes lois, et par ext. fait partie de la même communauté politique ou spirituelle : *Je suis concitoyen de tout homme qui pense* (Lam.). **Compatriote** dit moins : qui est né dans la même patrie, contrée, village, etc., en général sous les mêmes cieux et par ext. est lié à quelqu'un par une communauté de race ou d'origine : *Animaux terrestres, nos compatriotes* (Mtq.). *Les gens de génie sont toujours compatriotes entre eux* (Staël). **Pays,** fam., du même village ou du même canton.

Conclure : ¶ 1 → Finir. ¶ 2 Convenir d'un engagement. *Conclure,* fixer définitivement ce sur quoi on est d'accord : *Conclure un mariage, c'est le décider et en arrêter les conditions.* **Contracter,** s'engager formellement aux obligations qui découlent de ce qu'on a conclu : *Contracter un mariage, c'est s'engager devant le maire.* ¶ 3 → Inférer.

Conclusion : ¶ 1 → Conséquence. ¶ 2 → Résultat. ¶ 3 La dernière partie d'un ouvrage littéraire. *Conclusion,* pour tout ouvrage, partie finale qui parfois le résume et en dégage le sens. **Péroraison,** conclusion d'un discours. **Dénouement** (→ ce mot), conclusion d'une œuvre dramatique et par ext. d'un récit. **Épilogue,** sorte de conclusion, de résumé placé à la fin d'un apologue ou d'un discours : *L'épilogue doit résumer les principaux points d'un discours* (Acad.); mais surtout à la fin d'un poème narratif, d'un roman et par ext. d'une œuvre dramatique, morceau rajouté, récit ou tableau d'un ensemble de faits qui sont censés s'être passés après l'action principale et lui donnent une conclusion : *L'épilogue des* Thibault *de Martin du Gard.*

Concomitance : → Coïncidence et Rapport.

Concomitant : → Secondaire.

Concordance : ¶ 1 → Rapport. ¶ 2 → Conformité. ¶ 3 (En grammaire) → Accord.

Concordat : → Traité.

Concorde : → Union.

Concorder : → Correspondre.

Concourir à : → Participer à.

Concours : ¶ 1 → Compétition et Examen. ¶ 2 → Multitude. ¶ 3 → Rencontre. ¶ 4 → Appui. ¶ 5 → Exposition.

Concret : ¶ 1 → Épais. ¶ 2 → Réel. ¶ 3 → Matériel.

Concrétiser : → Matérialiser.

Concubinage : → Cohabitation.

Concubine : → Maîtresse.

Concupiscence : → Sensualité. *Concupiscence*, terme théologique, tendance de l'âme, que condamne la loi divine, vers toutes les jouissances charnelles (de nos jours, surtout les jouissances sexuelles) : *Maîtrisé par une aveugle concupiscence et dominé par les sens* (Bour.). **Convoitise,** plus général, désir immodéré et illicite, souvent secret, de posséder toutes sortes de biens : *Toutes les convoitises étalées* (Zola). **Cupidité,** désir violent d'acquérir des biens terrestres (de nos jours, surtout les richesses). **Avidité** (→ ce mot), cupidité insatiable, surtout de richesses et d'honneurs, et besoin d'en jouir avec une sorte de brutalité : *Avidité sans bornes* (J.-J. R.).

Concurrence : → Lutte.

Concurrent : Celui qui prétend remporter sur un autre ou sur d'autres tel ou tel avantage déterminé. *Concurrent* implique une sorte de concours destiné à choisir le plus digne selon des règles précises : *Les concurrents du Tour de France.* **Compétiteur** ne se dit qu'en parlant de choses susceptibles d'être briguées, charges, emplois, dignités, titres : *Les compétiteurs du trône.* **Contendant** se dit d'hommes qui ont la même prétention et la soutiennent par la dispute ou devant la justice. **Adversaire** enchérit sur ces termes et insiste sur le désir de vaincre, en une opposition quelconque. — **Rival** (→ ce mot) suppose le désir d'égaler ou de surpasser quelqu'un dans tout un genre d'activité : *Deux champions sont concurrents dans une épreuve et rivaux si chacun d'eux veut être le meilleur dans leur spécialité commune.*

Concussion : → Malversation.

Condamnable : → Blâmable.

Condamner : ¶ 1 → Blâmer. *Condamner,* désapprouver fortement pour des raisons motivées et sans appel quelque chose qui devrait disparaître : *Mots barbares et bas Qu'en termes décisifs condamne Vaugelas* (Mol.). **Proscrire,** interdire formellement l'usage de : *Proscrire le comique de la tragédie* (Volt.). ¶ 2 → Obliger. ¶ 3 → Fermer.

Condensé : ¶ 1 *Condensé,* en termes de chimie, se dit d'un liquide qui est rendu dense et a perdu sa fluidité, **Concentré,** d'un liquide dont on a chassé la partie aqueuse, sans qu'il cesse pour cela d'être fluide, **Réduit,** d'un liquide plus ou moins concentré. — Au fig. ¶ 2 → Dense. ¶ 3 → Court.

Condenser : → Resserrer.

Condescendance : ¶ 1 → Complaisance. ¶ 2 → Dédain.

Condescendant : → Complaisant.

Condescendre : ¶ 1 → (s') Abaisser. ¶ 2 → Céder. ¶ 3 → Daigner.

Condiment : → Assaisonnement.

Condisciple : → Camarade.

Condition : ¶ 1 → État. ¶ 2 → Rang. ¶ 3 *De condition :* → Noble. ¶ 4 → Disposition.

Condoléance : → Sympathie.

Conducteur : ¶ 1 → Chauffeur. ¶ 2 → Mécanicien.

Conduire : ¶ 1 → Diriger. Diriger vers un lieu en y allant soi-même. *Conduire,* diriger comme fait un chef, avec soin, prudence, habileté, progressivement et souvent par des détours, insiste sur la manière dont se fait l'action. **Mener,** entraîner avec soi, sans difficulté ou rapidement, droit à un but, souvent en contraignant, insiste sur le but à atteindre : *Le démon ne vous mène pas droit au vice, il vous y conduit par des détours* (Mas.). *Le chien conduit l'aveugle, l'aveugle mène le chien.* **Promener,** mener ou conduire quelqu'un de côté et d'autre pour l'amuser ou lui faire prendre de l'exercice, par ext. mener çà et là : *Promenés de place en place dans des gîtes de louage* (Loti). — En parlant d'un chemin qui permet d'aller à un but, on dit *conduire,* et surtout *mener* et **Aller.** ¶ 2 Faire aller un moyen de locomotion. *Conduire* se dit pour les véhicules, les trains et, par ext., dans tous les cas; **Piloter** (prop. conduire un navire au milieu des difficultés de la navigation près de la terre), pour un navire, un dirigeable, un avion, une voiture de course; et pour *conduire* afin d'insister, parfois ironiquement, sur la difficulté de la conduite. **Gouverner,** conduire, diriger une embarcation avec le gouvernail. **Manœuvrer,** faire exécuter différents mouvements à une embarcation en la gouvernant : *L'homme qui manœuvrait le bachot* (J. Rom.). ¶ 3 (Réf.). Agir de telle ou telle façon. *Se conduire* regarde surtout la manière d'agir par rapport à soi-même, souvent du point de vue moral, et, en général, la façon de gouverner sa vie : *La plupart des femmes se conduisent par le cœur* (L. B.). **Se comporter** a plutôt rapport à l'attitude que l'on prend dans des circonstances déterminées : *Se comporter en patricien de Venise* (J. Rom.); *en militant socialiste* (J. Rom.). **Vivre** fait toujours penser à la classe sociale ou morale dans laquelle on est rangé de par sa conduite ou son comportement habituel : *Vivre en bon chrétien; en libertin.* **En user** a rapport à la façon dont on agit envers autrui : *Quand on voit comment les hommes en usent avec les hommes* (Volt.). **Procéder,** plus rare en ce sens, a surtout rapport à un cas particulier.

Conduit : → Canal. *Conduit*, passage naturel ou fabriqué, considéré comme formant un tout : *Le conduit auditif.* **Conduite** (→ ce mot), suite de tuyaux fabriqués : *Conduite de gaz.*

Conduite : ¶ 1 → Conduit. Au sens tech., *Conduite*, ensemble de tuyaux emboîtés les uns dans les autres que parcourt un fluide, en partant d'un réservoir ou d'un générateur pour se rendre à tous les points où il doit être utilisé : *Conduite de gaz, d'eau, d'électricité, de téléphone.* **Canalisation,** système de conduites pour le transport à distance des fluides. **Tuyauterie,** plus spéc., ensemble des tuyaux et des conduites d'une installation ou d'une construction : *Tuyauterie d'un immeuble*; ou canalisation d'un moteur automobile et d'une machine à vapeur (en ce dernier sens, on dit aussi **Tuyautage**). **Tubulure,** canalisation amenant un fluide à un organe d'utilisation : *Tubulure d'admission des gaz.* **Collecteur,** conduite principale recueillant des conduites secondaires. **Pipe-line,** conduite de pétrole aux entrepôts ou aux usines de raffinage. ¶ 2 Au fig. → Direction. ¶ 3 Au fig. → Procédé.

Confectionner : → Produire.

Confédération : ¶ 1 → Alliance. ¶ 2 → Fédération.

Confédéré : → Allié.

Confédérer : → Unir.

Conférence : ¶ 1 → Conversation. ¶ 2 *Conférence*, autrefois leçon donnée par un professeur à ses élèves sous la forme d'un discours familier, de nos jours, discours instructif, préparé sur un sujet quelconque et débité dans une forme soignée devant un public : *Les Conférences de l'Université des Annales.* **Causerie,** conférence familière et sans prétentions, à bâtons rompus, parfois improvisée.

Conférencier : → Orateur.

Conférer : ¶ 1 → Comparer. ¶ 2 → Parler. ¶ 3 *Conférer* se dit de charges, de privilèges légalement et régulièrement accordés par qui de droit, des sacrements et au fig. comme syn. plus recherché de **Donner** : *Sacrements conférés par les prêtres* (Volt.). *L'interprétation de menus gestes innocents seule leur conférait une signification offensante* (Gi.). **Administrer,** syn. de *conférer* en parlant des sacrements, s'emploie souvent en ce sens avec pour comp. direct un n. de personne ou choses : conférer le viatique ou au moins l'extrême-onction : *Administrer un malade.* **Déférer** implique des honneurs extraordinaires, souvent accordés au mérite en dérogeant à la coutume ou au droit commun : *On déféra à César des honneurs excessifs* (Mtq.).

Confesser : → Convenir de.

Confession : → Aveu.

Confiance : ¶ 1 Équilibre devant la difficulté ou le danger parce qu'à tort ou à raison on se fie à quelque chose, à quelqu'un ou à soi (≠ Courage : → ce mot). *Confiance*, plutôt actif, implique le sentiment intérieur qu'on réussira, **Sécurité,** plutôt passif, l'idée qu'il n'y a pas de danger : *Ils disputent avec hardiesse et confiance* (Pasc.). *Un sentiment de sécurité se mêlait en moi à une peur vertigineuse* (J. Rom.). **Assurance,** confiance ou sécurité totale appuyée sur le sentiment de la certitude et se manifestant extérieurement par des actes hardis ou audacieux : *Air d'assurance où je ne vois qu'insouciance, que cynisme, que présomption* (Gi.). **Aplomb,** souvent péj., assurance dans la manière de se présenter, d'agir, sans que rien déconcerte : *L'aplomb de ce petit me démontait* (Gi.). **Toupet,** fam., et **Culot,** pop., aplomb effronté. ¶ 2 *Confiance* désigne aussi le sentiment qui pousse à se fier ou à se confier à quelqu'un : *Une chaîne de confiance, de fidélité* (J. Rom.). **Confidence,** vx, confiance intime qui pousse à communiquer des secrets. En ce sens on dit de nos jours **Abandon** : *Il m'a parlé avec le plus complet abandon* (Acad.). **Crédit,** fig. dans la loc. *Faire crédit,* confiance qu'on accorde à quelqu'un pour lui laisser le temps de montrer ce qu'il est capable de faire. **Foi,** confiance totale, sous tous les rapports, le plus souvent irraisonnée : *Avoir foi en quelqu'un.* ¶ 3 → Espérance.

Confidence : ¶ 1 → Confiance. ¶ 2 *En confidence,* de façon à ne pas vouloir que la chose soit sue, sous le sceau du secret. **Confidemment** regarde plutôt la manière d'agir du sujet : avec une entière confiance qui exige le secret. **Confidentiellement**

dit moins : d'une façon qui tient de la confidence, c'est-à-dire non officiellement. *Je vous dis tout cela en confidence, n'allez pas me trahir* (Dest.). *L'âme s'adressant elle-même confidemment au Verbe* (Bos.). *Annoncer confidentiellement une crise ministérielle.*

Confident : → Affidé.

Confier : ¶ 1 → Remettre. Remettre en confiance. *Confier,* remettre quelqu'un ou quelque chose de précieux à la probité, au soin, à l'habileté de quelqu'un. **Laisser,** remettre momentanément à quelqu'un ce dont on doit se séparer (sans lui demander d'en prendre soin) : *J'aurais voulu qu'il me confiât ses pistolets, mais il ne consentit pas à me les laisser* (Gi.). **Abandonner,** confier à la discrétion de quelqu'un ce qu'on négligera désormais : *Cet enfant que Pyrrhus m'abandonne* (Rac.). **Se décharger sur quelqu'un,** confier, laisser à quelqu'un un soin, une responsabilité. **Livrer,** confier imprudemment : *Livrer ses secrets à quelqu'un.* **¶ 2** (Réf.) Avoir confiance en quelqu'un. *Se confier* suppose une confiance totale et sous tous les rapports : *Se confier à Dieu* (Bos.); **Se fier,** une confiance sans abandon sous un certain rapport : *Se fier à l'inspiration* (Mau.); *aux physionomies* (Sév.) : → (s'en) Rapporter à. **¶ 3** → Communiquer. Au réf., en ce sens, faire des confidences. *Se confier,* communiquer ce qu'on a de plus intime. **Se livrer** dit moins : être communicatif, sans prudence, démasquer sa pensée parfois sans le vouloir : *Il eut peur de s'être trop livré, se reprit* (Mau.). **Se déboutonner,** fam., se confier sans réserve ni réticence : *Le duc se déboutonna sur tous ceux qui avaient part aux affaires* (S.-S.). **S'ouvrir,** confier à quelqu'un ce que l'on pense secrètement sur une chose déterminée, un dessein, un projet : *S'ouvrir d'un secret* (Mol.). **S'épancher** (→ ce mot), verser librement tous les sentiments de son cœur, les dire à ceux qu'on aime : *Je cherche à m'épancher et trouve une douceur secrète à vous découvrir mon âme* (Les.). **Déballer,** pop., vider son cœur, faire des confidences : *Nous avions fini par causer et enfin nous avons déballé en grand* (A. Karr).

Configuration : → Forme.

Confiner : → Reléguer.

Confins : → Limite.

Confirmation, Ratification, Sanction, Consécration, Homologation : → Confirmer.

Confirmer : ¶ 1 → Affermir. **¶ 2** → Affirmer. *Confirmer,* renforcer une affirmation ou une croyance par un fait ou par un témoignage : *L'expérience confirme que...* (L. B.). *Je lui confirmerai en ta présence mes volontés* (Mau.). **Corroborer** (étym.

« fortifier »), renforcer une opinion, un raisonnement par un fait ou un raisonnement : *Cette cure doit corroborer sa méthode* (Gi.). **Vérifier** dit plus : confirmer par une démonstration, une expérience prouvant que ce que l'on affirme est vrai : *L'absurdité de la guerre est, dans tous les domaines, vérifiée par l'expérience* (M. D. G.). **Appuyer** dit moins que *corroborer* en parlant d'un fait, d'une preuve qui donnent une base, de la consistance à une théorie, à une affirmation : *Les expériences qui appuyaient la doctrine de la génération spontanée* (Past.). **¶ 3** → Approuver. Approuver ce qui a déjà été fait ou dit. *Confirmer,* renforcer de son approbation : *Confirmer un jugement.* **Ratifier,** confirmer, par une déclaration authentique, ce qu'un autre a fait en notre nom ou ce qui, émanant de nous, était frappé d'une nullité relative : *Ratifier un traité, un testament.* **Homologuer,** confirmer par autorité de justice les actes émanés de simples particuliers : *Homologuer une sentence arbitrale*; par ext., en langage sportif, confirmer officiellement un record. **Entériner,** ratifier ou enregistrer juridiquement un acte qui ne pourrait valoir sans cette formalité : *Entériner un rapport d'experts.* **Sanctionner,** en parlant du chef d'un État constitutionnel, accomplir un acte qui donne à une loi la force exécutoire; d'où, par ext., donner une approbation nécessaire pour qu'une chose soit admise : *Les grammairiens sanctionnent l'usage.* **Consacrer,** fig., sanctionner, rendre durable, incontestable, inviolable, souvent grâce au temps : *Les droits de mes aïeux que Rome a consacrés* (Rac.).

Confiscation : → Saisie.

Confiserie : → Friandise.

Confisquer : → Prendre.

Confiture : Fruits cuits avec du sucre. Dans la *Confiture,* les fruits, coupés ou entiers, sont cuits dans le sucre pour être conservés; dans la **Marmelade,** les fruits sont en purée; dans la **Gelée,** on ne conserve que le jus du fruit coagulé; dans la **Compote,** les fruits sont peu cuits et légèrement sucrés, car on ne veut pas les conserver longtemps : *Confiture de prunes, marmelade d'oranges, gelée de coing, compote de pommes.* **Conserve,** sorte de confiture sèche faite de substances végétales et de sucre : *Conserve de violettes, de fleurs d'oranger.* **Pâte** se dit de divers fruits mis en masse et comme pétris ensemble : *Pâte de coing.*

Conflagration : ¶ 1 → Incendie. **¶ 2** → Guerre.

Conflit : ¶ 1 → Guerre. **¶ 2** → Opposition. Au fig. Opposition d'intérêts (→ Contestation), d'opinions ou de passions (→ Discussion) qui se traduit en actes. *Conflit,* heurt violent entre deux partis dont les opinions ou les volontés s'opposent, insiste surtout sur le choc qui a pour conséquence un arbitrage ou une lutte : *Conflit entre le gouvernement et le peuple* (J.-J. R.). **Lutte** insiste sur la durée de la rivalité entre deux hommes, deux partis, deux nations : *Une lutte éternelle en tout temps, en tout lieu, Entre la bonté d'homme et la ruse de femme* (Vi.). **Combat,** action vive, courte, souvent entre forces morales ou entre esprits : *Les combats d'opinion entre vos disciples* (Fén.). **Guerre,** action durable, plus ouverte et plus haineuse que la *lutte* : *La sotte guerre de Rousseau et de moi dure toujours* (Volt.). **Bataille** suppose un grand nombre de participants et insiste souvent sur l'objet du conflit ou sur la façon dont est menée la lutte : *La bataille romantique.*

Confluer : → Affluer.

Confondre : ¶ 1 → Mêler. ¶ 2 → Humilier. ¶ 3 → Convaincre.

Confondu : ¶ 1 → Confus. ¶ 2 → Surpris. ¶ 3 → Consterné.

Conformation : → Forme.

Conforme : ¶ 1 → Semblable. ¶ 2 → Convenable.

Conformément à : → Selon.

Conformer : ¶ 1 → Former. — (Réf.) ¶ 2 → (se) Soumettre. ¶ 3 → (se) Régler.

Conformité : ¶ 1 → Analogie. ¶ 2 Accord entre choses dites ou écrites. *Conformité,* accord qui résulte d'une ressemblance générale dans la forme : *Conformité de témoignages. Sentiments qui avaient quelque conformité avec ceux du christianisme* (Pasc.). **Concordance,** accord fondé sur une circonstance commune : *Je fus frappé de la concordance de leur songe* (B. S.-P.).

Confort : → Aises.

Conforter : → Consoler.

Confrère : → Collègue.

Confrérie : ¶ 1 → Congrégation. ¶ 2 → Corps.

Confronter : → Comparer.

Confus : ¶ 1 → Obscur. Brouillé, mêlé ensemble. *Confus* marque un état naturel qui résulte du désordre des parties, **Confondu,** le résultat d'une action et se dit des parties qui entrent dans le tout et ont été mêlées : *Un chaos est un assemblage confus d'éléments confondus.* ¶ 2 Au fig., on est *Confus* pour une cause intérieure, personnelle (embarras, honte) : → Honteux; on est **Confondu** par quelque chose d'extérieur (nouvelle étonnante, démenti, etc.) : → Surpris : *L'air étonné, mais surtout confus. Il se donnait presque une mine de coupable* (J. Rom.). *Les guerriers, à ce coup, demeurent confondus* (Boil.). **Foudroyé,** fig., enchérit sur *confondu.*

Confusion : ¶ 1 → Trouble. ¶ 2 → Malentendu. ¶ 3 → Obscurité. ¶ 4 → Honte.

Congé : ¶ 1 → Permission. ¶ 2 → Vacances. ¶ 3 *Donner congé :* → Congédier.

Congédier : ¶ 1 Inviter quelqu'un à se retirer. *Congédier* ne précise ni le moyen ni le temps pour lequel on renvoie : *Avant minuit elle aurait trouvé un moyen doux de le congédier* (Zola). **Éconduire,** éloigner, avec plus ou moins de ménagement, quelqu'un d'une société où il ne saurait être admis, ou se défaire par quelque adresse de quelqu'un qui demande quelque chose, et, dans les deux cas, avec l'intention que ce soit pour toujours : *Un parlementaire de bas étage qu'on tâchait d'éconduire* (J. Rom.). **Donner congé** ou **son congé,** congédier pour toujours, signifier poliment la rupture des relations : *Elle m'a donné congé d'un cœur déjà tout détaché de la terre* (Sév.). **Expédier,** congédier quelqu'un rapidement pour s'en débarrasser : *Expédier un importun* (Acad.). **Mettre à la porte,** congédier ou éconduire avec brusquerie, a pour syn. pop. **Vider** et **Envoyer paître.** ¶ 2 Signifier à une personne à vos gages qu'elle ait à se retirer (≠ Destituer, priver de son emploi). *Congédier* indique une action nette sans formalité ni ménagement. **Donner son congé** ou **Donner congé** implique plus de formes (et se dit seul lorsqu'un propriétaire ou un locataire veut mettre fin à une location). **Donner son compte,** payer au salarié ce qui lui est dû, est un euphémisme pour *congédier*; pour un domestique, on disait aussi **Donner ses huit jours. Remercier,** congédier poliment. **Licencier,** congédier en corps : *Licencier un régiment de moines* (Volt.). **Renvoyer,** congédier brutalement celui dont on est mécontent ou qu'on disgracie. **Chasser,** renvoyer honteusement : *[Un vieux valet] fut de la maison chassé comme un corsaire* (Boil.). **Mettre à la porte,** renvoyer violemment; **Jeter à la porte** enchérit et a pour syn. pop. **Ficher, Flanquer à la porte, Vider** et **Balancer** (ce dernier se disant surtout d'un employé). **Sacquer** (donner son sac à quelqu'un), pop., congédier énergiquement, sèchement, surtout un employé.

Congeler : ¶ 1 → Geler. ¶ 2 → Frigorifier.

Congénère, qui appartient à la même espèce, se dit pour les animaux, les plantes, les choses; en ce sens pour l'homme on dit **Semblable** et *congénère* est péj.

Congénital : → Inné.

Congestion : Afflux du sang dans les vaisseaux d'un organe. *Congestion* se dit pour n'importe quel organe, qu'il demeure sain ou non : *Congestion hépatique, pulmonaire, cérébrale.* **Hémorragie** implique que le sang s'écoule hors des vaisseaux destinés à le contenir. **Apoplexie,** abolition subite des fonctions du cerveau, avec conservation de la respiration et de la circulation, due le plus souvent à une hémorragie cérébrale résultant d'une congestion, si bien qu'*apoplexie* et *hémorragie cérébrale* s'emploient comme syn. et qu'on dit *apoplexie* pour *hémorragie* dans des loc. comme *Apoplexie pulmonaire, splénique*. **Coup de sang,** nom vulgaire de l'*apoplexie*. **Cataplexie,** attaque d'apoplexie foudroyante.

Conglomérat : → Agglomération.

Congratuler : → Féliciter.

Congréganiste : → Religieux.

Congrégation : Réunion de personnes dans un dessein religieux. *Congrégation* n'implique pas la vie en commun ni toujours des vœux solennels et désigne en général une association religieuse dont les membres, hommes ou femmes, sont liés par des vœux simples ou une simple promesse d'obéissance : *La congrégation de l'Oratoire;* ou même parfois une simple confrérie de dévotion placée sous l'invocation de la Vierge ou de quelque saint : *La congrégation de la Sainte Vierge.* **Confrérie** se dit que de laïques associés pour un dessein de dévotion : *La superstition avait établi les confréries chez les bourgeois* (VOLT.). **Communauté** implique toujours la vie en commun et la soumission à une règle commune, qu'il s'agisse de religieux ou de laïques : *Je suis religieux et en communauté* (PASC.). **Ordre** implique toujours des vœux solennels, une règle et des marques extérieures distinctives. En parlant de moines, l'*ordre* est plus général que la *congrégation* et que la *communauté* : *Dans l'ordre des Bénédictins, il y avait les Bénédictins de la congrégation de Saint-Maur, de la congrégation de Saint-Louis,* etc. **Société** (→ ce mot) s'emploie en un sens très vague comme syn. de ces mots : *Ces sociétés et ces ordres religieux* (BOUR.); spéc. en parlant des Jésuites; on dit aussi **Compagnie** pour les Oratoriens et les Jésuites.

Congrès : ¶ 1 → Réunion. ¶ 2 → Assemblée.

Congru : ¶ 1 → Propre. ¶ 2 → Pauvre.

Congruent : → Convenable.

Conjecture : → Présomption et Supposition.

Conjecturer : → Présumer et Supposer.

Conjoindre : → Joindre.

Conjoint : → Époux.

Conjonction : ¶ 1 → Rencontre. ¶ 2 Union du mâle et de la femelle. En parlant de l'espèce humaine, *Conjonction*, union charnelle de l'homme et de la femme, a pour syn. courant **Acte sexuel,** et dans le langage théologique **Connais-**sance charnelle et **Copule** (en droit canon). En parlant des animaux, on dit **Accouplement** qui est péj. au fig. en parlant de l'espèce humaine. En physiologie, pour l'homme et les animaux, on dit **Coït** pour désigner l'acte lui-même et **Copulation** qui désigne plutôt les divers processus qui amènent la fécondation de la femelle.

Conjoncture : → Cas.

Conjugal : → Nuptial.

Conjuguer : → Joindre.

Conjungo : → Mariage.

Conjuration : ¶ 1 → Complot. ¶ 2 → Magie. ¶ 3 → Prière.

Conjurer : ¶ 1 → Adjurer. ¶ 2 → Parer. ¶ 3 → Prier. ¶ 4 → Décider. ¶ 5 → Comploter.

Connaissance : ¶ 1 Intuition qu'a l'esprit d'exister : → Conscience. ¶ 2 Acte de la pensée qui pose légitimement un objet en tant qu'objet. *Connaissance* a comme syn., dans la langue philosophique, **Cognition** qui, selon Lalande (*Vocabulaire de la philosophie*, I, p. 111), devrait être conservé pour désigner un acte particulier de connaissance par opposition à la *connaissance* en général. **Expérience,** acquisition de la connaissance par l'épreuve des choses, soit au moyen des sens, soit au moyen de la conscience, et, dans le langage courant, connaissance des choses acquise par l'usage. ¶ 3 Acte de la pensée qui pénètre et définit l'objet de la connaissance : → Idée. 4 → Notion. ¶ 5 → Ami. ¶ 6 → Amante. ¶ 7 *Connaissance charnelle :* → Conjonction.

Connaisseur : → Amateur.

Connaître : ¶ 1 Avoir dans l'esprit un certain objet de pensée bien saisi dans sa nature et ses propriétés. *Connaître* indique qu'on saisit, parfois superficiellement, une chose, naturellement, par expérience ou par ouï-dire, ce qui donne tout au plus une habileté : *Connaître la musique, le grec, la guerre, le chemin, l'existence d'un manuscrit.* **Savoir** implique une connaissance beaucoup plus parfaite parce qu'elle est méthodique, s'élève jusqu'à la connaissance des lois scientifiques, ou va au fond des choses : *Que savons-nous? Qui donc connaît le fond des choses?* (V. H.). — **Sentir,** connaître par intuition, directement, en parlant de ce qu'on discerne : *Ce quadragénaire est mon fils, je le sais, mais je ne le sens pas* (MAU.). **Voir,** connaître par évidence, en parlant de ce qui tombe sous les sens ou de ce que l'esprit comprend nettement : *Voir la difficulté.* — **Être au courant,** savoir ce qu'il est nécessaire de savoir pour agir, spéc. pour son travail : *Être au courant des derniers perfectionnements de la technique.*

Être au fait, être bien informé d'une chose précise : *Être au fait de son infortune.* **Tenir de,** savoir de quelqu'un : *Tenir de bonne source* (J. Rom.). **Posséder,** savoir parfaitement et savoir se servir de : *Ceux qui possèdent Aristote et Horace* (Mol.). **Entendre** implique la connaissance pratique de quelque chose : *Il entend bien son métier* (Acad.). ¶ 2 → Reconnaître. ¶ 3 *Faire connaître* : → Informer.

Connecter : → Joindre.

Connexe : → Adhérent.

Connexion, Connexité : → Liaison.

Connivence : → Complicité.

Connu, part. passif de *connaître* (→ ce mot), a pour syn. **Familier** qui enchérit en parlant de choses qu'on a vues souvent ou de ce qui est devenu facile par la pratique : *Visage familier. Langue familière.*

Conquérir : ¶ 1 → Soumettre. ¶ 2 → Gagner.

Conquêt : → Acquêt.

Consacré : → Usuel.

Consacrer : ¶ 1 → Sacrer. ¶ 2 → Vouer. ¶ 3 → Confirmer. ¶ 4 (Réf.) → (s') Adonner.

Consanguin : → Parent.

Consanguinité : → Parenté.

Conscience : ¶ 1 Au sens psychologique, intuition qu'a l'esprit d'exister. *Conscience* est le terme philosophique général, **Sentiment,** en ce sens, signifierait plutôt conscience spontanée et **Connaissance,** conscience réfléchie. Dans la langue commune, *sentiment* a vieilli et *conscience* est plus rare que *connaissance* : *Il fut trois heures sans connaissance* (Sév.). — *Perdre conscience* marque plutôt un phénomène ordinaire : *On perd conscience pendant le sommeil; Perdre connaissance,* c'est plutôt s'évanouir, par accident; *Perdre le sentiment,* c'est plutôt perdre définitivement conscience, **mourir,** ou perdre la raison : « *Il perd le sentiment* » dit Pylade d'Oreste fou (*Andromaque*). ¶ 2 *Conscience,* sentiment intérieur que nous avons de la valeur morale de tel ou tel de nos actes : *Conscience, instinct divin...* (J.-J. R.). **Cœur** est plus poétique et insiste sur la localisation de ce sentiment, son caractère intime, sa liaison naturelle avec l'être : *Le ciel n'est pas plus pur que le fond de mon cœur* (Rac.). **Sens moral** désigne plus métaphysiquement la faculté, le plus souvent innée, de connaître intuitivement le bien et le mal, dont la *conscience* est la manifestation chez chaque individu. **For intérieur,** fig., jugement qu'au fond de soi on porte sur soi-même, tribunal de la conscience. ¶ 3 → Soin.

Consciencieux : → Soigneux. *Consciencieux,* en un sens toujours favorable. attaché, fidèle à ce que sa conscience lui ordonne de faire : *Homme grave, habile, consciencieux* (L. B.). **Scrupuleux,** consciencieux jusqu'au scrupule, c'est-à-dire en choses du plus léger poids; parfois, en un sens défavorable, qui ne regarde que le détail et néglige l'important (→ Minutieux) : *Je suis si scrupuleux... Eussé-je mille raisons de me croire dans mon droit, il suffit d'un rien pour me troubler* (Mau.).

Conscrit : ¶ 1 → Soldat. ¶ 2 → Novice.

Conseil : ¶ 1 → Avertissement. *Conseil,* **Inspiration :** → Conseiller (n.). ¶ 2 → Assemblée. ¶ 3 → Résolution. ¶ 5 → Défenseur et Conseiller.

Conseiller (V.) : ¶ 1 → Diriger. ¶ 2 → Recommander et Inspirer.

Conseiller (N.) : Celui qui indique ce qu'il faut faire ou ce qu'il ne faut pas faire. *Conseiller,* celui qui conseille, en général, ou qui est membre d'un conseil : *Un sage conseiller est le bonheur des rois* (Corn.). **Conseilleur,** péj., celui qui donne des conseils hors de propos : *Les conseilleurs ne sont pas les payeurs* (Acad.). **Conseil,** joint à un nom, en termes d'affaires, personne dont on prend conseil : *Avocat conseil;* employé seul, personne dont on prend conseil, en un sens plus noble que *conseiller* et sans aucune idée de fonction : *Son conseil et son ami* (Fén.). **Inspirateur,** celui qui fait naître des idées ou des pensées chez quelqu'un, sans les indiquer formellement : *Richardson, inspirateur de Rousseau* (Villemain). **Instigateur,** plutôt péj., diffère d'*inspirateur* comme les v. correspondants (→ Inspirer) : *Je chercherais le moyen de mettre fin à cet abominable scandale en m'emparant de quatre ou cinq instigateurs* (Gi.). **Guide** implique que le *conseiller* ou l'*inspirateur* dirige constamment l'action soit directement par son influence : *Consulte la raison, prends sa clarté pour guide* (Mol.). **Mentor** (nom du gouverneur de Télémaque), fam. et noble à la fois, guide attentif de quelqu'un : *Le roi voulait un mentor particulier pour son fils* (S.-S.). **Égérie** (nymphe dont Numa recevait les conseils), toute femme ou toute chose personnifiée du genre féminin considérée comme inspiratrice : *Un journal auquel elle servait d'Égérie* (Balz.). — Conseiller en matière de religion : → Directeur.

Conseiller municipal a pour syn., dans un style emphatique et non dénué d'ironie, **Édile,** magistrat romain qui s'occupait des édifices publics, qui se dit des conseillers et du maire.

Conseilleur : → Conseiller.

Consentement : Déclaration en faveur

de quelqu'un par laquelle on adhère à son acte ($\neq$ Approbation, le fait de déclarer seulement qu'on trouve bon). *Consentement*, **Acquiescement, Adhésion, Accession** : $\rightarrow$ Consentir. **Assentiment** dit moins que *consentement* : on donne son *assentiment* (c'est-à-dire qu'on affirme son identité de vue avec quelqu'un sur ce qu'on trouve bon) à une chose déjà accomplie, on donne son *consentement* à une chose non faite encore qui en a besoin pour exister : *Il faut non pas l'assentiment tacite, mais le consentement formel de la nation pour légitimer les impôts* (MARM.). — Consentement donné par un supérieur à un inférieur : $\rightarrow$ Permission.

Consentir : Vouloir bien (ce qui implique plus qu'approuver : $\rightarrow$ ce mot). *Consentir*, terme général, indique l'action de la manière la plus faible; on peut consentir malgré soi : *Consentir par son silence* (ZOLA); *avec rancœur* (MAU.). **Acquiescer**, se laisser aller à un consentement sans réserve : *On ne peut discuter, mettre au point, on est contraint d'acquiescer* (GI.). **Accepter**, consentir à ce qui est offert comme une proposition ou un fait accompli. **Souscrire** (inscrire son nom au bas d'un acte pour l'approuver), donner son consentement à quelque chose qui forme un tout, qu'il faut accepter en bloc comme si l'on signait un engagement : *Je filai doux et souscrivis à toutes tes exigences* (MAU.). **Accéder**, terme spéc. de diplomatie, entrer accessoirement dans les engagements déjà contractés par d'autres, ou consentir aux dispositions d'un souverain : *Le pape donna les biens des Templiers aux hospitaliers de St-Jean de Jérusalem et le roi accéda à cette donation* (VOLT.). **Adhérer** et **Tomber d'accord** se disent surtout du consentement donné à une doctrine, *adhérer* impliquant la simple acceptation : *Cette foi à laquelle nous adhérions des lèvres* (MAU.); *tomber d'accord*, une discussion préalable et plutôt une concession : *Quand elle eut fini de parler, Calliopée tomba d'accord sur ce dernier point* (L. F.). **Se prêter à**, consentir par complaisance, avec souvent une idée de faiblesse, voire de connivence, de complaisance : *Je me prêtai de bon cœur à tout* (J.-J. R.). **Entendre à**, rare, ne pas se refuser à écouter une proposition, sans forcément l'accepter : *Je savais bien que mon Hollandais n'entendrait à aucune proposition* (VOLT.). **Donner les mains**, qui vieillit, consentir à une entreprise qu'on favorise : *La position de l'Angleterre la rend inaccessible à l'invasion étrangère quand elle-même n'y donne pas les mains* (S.-S.). **Toper**, très fam., marquer son accord à une proposition comme on accepte un enjeu : *Il propose son prix, on y tope* (DID.). **Opiner du bonnet**, manifester son consentement en silence, par un mouvement de tête, un signe. — En parlant d'un supérieur, **Permettre** ($\rightarrow$ ce mot), consentir à laisser faire; **Daigner** ($\rightarrow$ ce mot), consentir à faire.

Conséquence : ¶ 1 $\rightarrow$ Suite. ¶ 2 *Conséquence*, objectif, ce qui dérive naturellement d'un principe, indépendamment de nous (en logique, plutôt le rapport que la proposition) : *De là, par une conséquence immanquable...* (BOUR.). *Conséquences d'un principe* (J. ROM.). **Conséquent**, terme de logique, la proposition même liée aux prémisses par un rapport de conséquence : *Nier le conséquent*. **Conclusion**, subjectif, proposition finale tirée des prémisses par l'esprit grâce à un raisonnement plus ou moins long : *Mais enfin l'auteur tirera-t-il de là une conclusion claire et précise?* (FÉN.). **Corollaire**, en mathématiques, proposition qui dérive immédiatement d'une autre en vertu des seules lois de la logique, sans démonstration spéciale; dans le langage courant, conséquence nécessaire et évidente, souvent accessoire : *Le droit n'est qu'un corollaire du devoir*. ¶ 3 $\rightarrow$ Importance. *De conséquence* : $\rightarrow$ Important. ¶ 4 *En conséquence*, par une suite raisonnable et naturelle, selon quelque chose d'antérieur, exprime un rapport absolu entre deux actions qui se font : *Recevoir une lettre et agir en conséquence*. **Conséquemment** a rapport à la manière dont une chose se fait : *Ils décident en leur faveur et agissent conséquemment* (L. B.). ¶ 5 *En conséquence de*, de façon qu'une chose soit déterminée par une autre, exprime une influence éloignée ou abstraite d'une chose sur celle qui la suit. **En vertu de** précise que la seconde est l'effet de la première par l'influence immédiate, et en général concrète, de celle-ci : *En conséquence d'une loi générale* (FÉN.). *En vertu d'une sentence, de sa parole, de la grâce* (BOUR.).

Conséquent : 1 N. $\rightarrow$ Conséquence. ¶ 2 Adj. $\rightarrow$ Logique. ¶ 3 *Par conséquent* : $\rightarrow$ Ainsi.

Conservateur : ¶ 1 $\rightarrow$ Gardien. ¶ 2 $\rightarrow$ Réactionnaire.

Conservation, Garde, Entretien, Maintien : $\rightarrow$ Conserver.

Conservatoire : ¶ 1 $\rightarrow$ École. ¶ 2 $\rightarrow$ Musée.

Conserve [de] : $\rightarrow$ Ensemble.

Conserver : ¶ 1 Ne pas perdre ou ne pas laisser perdre. *Conserver*, continuer à avoir quelque chose qui ne s'en va pas ou n'est pas détruit, s'emploie avec pour sujet un n. de personne ou de chose. **Garder** ($\rightarrow$ ce mot) ajoute une idée de vigilance et de sollicitude pour ne pas laisser perdre ou retenir et s'emploie surtout avec pour sujet un être animé : *Fioles pour y conserver le sang* *précieux, précautions pour le garder* (Bos.). *Conserver un souvenir,* continuer de l'avoir. *Garder un souvenir,* le nourrir volontairement. ¶ 2 Ne pas user une chose. *Conserver,* éviter soigneusement qu'elle ne se détériore, s'il le faut n'en usant pas : *Conserver soigneusement cette estampe* (J.-J. R.). **Réserver,** mettre de côté pour une destination ultérieure : *Réservons cet enfant pour un temps plus heureux* (Rac.). ¶ 3 Préserver de la destruction. *Conserver* ne précise ni la manière ni la raison : *Conserver une maison, la santé, son teint.* **Maintenir,** faire rester dans le même état de stabilité ou de santé : *Nous maintenir et nous conserver à notre tâche et à l'affection des nôtres* (Berth.). **Entretenir,** maintenir en bon état, rendre durable en fournissant ce qu'il faut pour cela : *J'avais entretenu ma fureur, je m'étais déchiré les flancs* (Mau.).

Considérable : → Grand.

Considérablement : → Beaucoup.

Considérant : → Motif.

Considération : ¶ 1 → Circonspection. ¶ 2 → Égard. ¶ 3 → Réputation. ¶ 4 → Cause. ¶ 5 *Considérations* : → Pensées. ¶ 6 *Mettre, Entrer, Prendre en considération* : → Considérer. ¶ 7 *En considération de* : en se laissant déterminer par. *En considération de,* par justice, en rendant ce que l'on doit à l'estime : *En considération de ses services* (Volt.). **En faveur de,** par grâce, indulgence, sans qu'on le mérite : *Il faut que vous supportiez mes défauts en faveur de mon amitié* (Sév.).

Considérer : ¶ 1 → Regarder ¶ 2 Accorder de l'importance à. *Considérer,* faire attention à une chose avant de juger ou de se décider : *Ne considérez point que je suis votre mère* (Rac.). **Songer,** prendre garde à, et surtout **Penser,** avoir présent à l'esprit, disent moins. **Mettre, Entrer, Prendre en considération** disent plus : c'est peser toutes les difficultés ou tous les avantages d'une chose à cause de son importance : *Entrez en considération de ce que vous êtes* (Bos.). **Tenir** (ou **Faire**) **compte de** et **Faire état de,** accorder de la valeur à une chose, la faire entrer comme un élément important dans ses calculs ou son action : *D'un vain songe peut-être elle fait trop de compte* (Rac.). **Avoir égard à,** tenir compte de, plutôt du point de vue de la bienséance ou de la morale : *Il a si peu d'égard au temps, aux personnes, à la bienséance* (L. B.). **Faire cas** dit plus, c'est déjà estimer : *Nous faisons cas du beau, nous méprisons l'utile* (L. F.). ¶ 3 → Estimer. ¶ 4 → Regarder comme.

Consignation : → Dépôt.

Consigne : ¶ 1 → Instruction. ¶ 2 → Punition.

Consigner : ¶ 1 → Noter. ¶ 2 → Citer. ¶ 3 → Fermer. ¶ 4 → Enfermer.

Consistance : → Solidité.

Consistant : → Solide.

Consister : ¶ 1 → Subsister. ¶ 2 Avoir pour nature ou pour origine. *Consister* (*en, dans, à*), avoir pour essence, être fait de : *Son bonheur consistait aux beautés d'un jardin* (L. F). **Résider dans,** dépendre de, avoir sa source dans : *La justice réside dans les lois naturelles* (Pasc.). **Reposer sur,** avoir son fondement sur, être appuyé sur.

Consistoire, assemblée ou conseil des ministres d'une religion (catholique, protestante, juive) réunis pour discuter des intérêts de leur église; spéc., chez les catholiques, assemblée des cardinaux convoqués par le pape pour une affaire d'intérêt général. **Synode,** chez les protestants, assemblée de ministres à l'échelon provincial ou national; chez les catholiques, assemblée des curés et autres ecclésiastiques d'un diocèse par mandement de l'évêque ou d'un autre supérieur; chez les israélites et les orthodoxes, assemblée ou conseil supérieur. **Concile,** chez les catholiques seulement, assemblée d'évêques et de docteurs réunis pour statuer sur des questions de discipline et de doctrine. **Conciliabule,** assemblée de prélats schismatiques ou convoqués illégitimement. — Au fig. → Réunion.

Consolant, qui offre, en général, matière à consolation, si l'on prend la peine d'y penser : *L'espoir du ciel est un espoir-consolant pour les chrétiens.* **Consolateur,** qui console effectivement dans un cas particulier : *Tes soins consolateurs charmaient mes ennuis* (M.-J. Chén.). **Consolatif,** qui a la vertu de consoler (même sans le faire effectivement) et **Consolatoire,** qui appartient au genre des choses qui consolent, sont rares.

Consolation : ¶ 1 → Compensation. ¶ 2 → Soulagement. *Avoir de la consolation à,* subjectif, se faire une consolation de quelque chose : *J'ai de la consolation à penser que vous prenez part à mes peines* (Lit.). *Avoir la consolation de,* objectif, éprouver quelque chose qui, par sa nature, est une consolation : *Vous aurez la consolation de m'avoir sauvé* (Marm.).

Consoler : ¶ 1 → Compenser. ¶ 2 → Soulager. Diminuer la souffrance morale. *Consoler* implique un simple adoucissement, mais il est durable et consiste à donner quelque chose qui compense en partie la peine qu'on éprouve : *Les lointaines perspectives d'avenir vous consolent trop facilement des désastres peut-être prochains* (J. Rom.). **Conforter** (vx.), donner de la force pour aider à supporter une douleur. **Réconforter** (→ ce mot), rendre la force, faire oublier l'accablement, mais passagèrement.

Consolider : → Assurer.

Consommé : ¶ 1 N. → Bouillon. ¶ 2 Adj. → Parfait.

Consommer : ¶ 1 → Réaliser. ¶ 2 → Finir. ¶ 3 → User. Détruire en usant. *Consommer*, détruire successivement, par degrés et en vue d'un but utile : *Consommer du charbon pour faire du feu* (Buf.). **Consumer** (→ ce mot), détruire purement et simplement, et parfois vite : *Incendie nuisible par la perte du charbon qu'il consume* (Buf.).

Consomption : → Maigreur et Langueur.

Consonance, terminaison de deux mots ou de deux phrases par le même son : ex. *terre* et *solitaire*. **Rime,** consonance voulue de la terminaison accentuée du dernier mot de deux ou plusieurs vers, et cela suivant certaines lois : ex. *tourner* et *retourner* font consonance mais non pas rime, car le simple ne saurait rimer avec le composé. **Assonance,** consonance imparfaite dans laquelle seule la voyelle a le même son ou un son à peu près semblable : ex. *France* et *franche*. **Contrassonance,** sorte d'assonance fondée sur la ressemblance des consonnes et non des voyelles : ex. *lèvres* et *livres*.

Consort : ¶ 1 → Coïntéressé. ¶ 2 → Complice.

Consortium : → Trust.

Conspiration : → Complot.

Conspirer : ¶ 1 → Comploter. ¶ 2 → Participer à.

Conspuer : → Vilipender.

Constamment : ¶ 1 → Toujours. ¶ 2 *Constamment*, **Fermement :** → Constant.

Constance : ¶ 1 → Persévérance. ¶ 2 Qualité d'une personne qui reste invariablement attachée à quelqu'un ou à quelque chose. *Constance*, attachement naturel ou de goût, disposition intérieure qui s'accompagne de persévérance et de courage. **Fidélité,** attachement moral qui implique un engagement, une obligation, manière d'agir qui implique docilité et dévouement : *La constance d'un amant malheureux* (qui n'est pas engagé); *la fidélité d'un mari.* ¶ 3 *Constance*, **Fermeté :** → Constant.

Constant : ¶ 1 → Persévérant. Qui ne change pas. *Constant* a rapport à la sensibilité : qui sait supporter, ne se laisse pas abattre et demeure tel qu'il est d'une façon durable : *Une âme constante à la calomnie* (Mas.). **Ferme** a rapport à la volonté : qui ne se rebute pas, ne recule pas, agit avec force : *Ferme et maîtresse d'elle-même* (S.-B.). *Ferme et résolu* (Gi.). **Stable** a uniquement rapport aux idées et à l'intelligence : *Principes stables* (Pasc.). En considérant la qualité relativement aux assauts qu'on subit, **Inébranlable** enchérit sur les trois termes précédents : qui résiste à tous les chocs : *Rien ne fit plier le vieux tonnelier. Il restait inébranlable, âpre et froid comme un bloc de granit* (Balz.); **Inflexible** (→ ce mot) se dit uniquement de la volonté qui ne cède à aucun des motifs qui peuvent toucher l'âme, à aucun effort des hommes : *Inflexible aux sollicitations du simple peuple* (Fén.). ¶ 2 *Constant*, **Fidèle :** → Constance. ¶ 3 → Durable. ¶ 4 → Évident.

Constater : → Vérifier.

Constellation : → Groupe.

Constellé : → Semé.

Consternation : → Abattement.

Consterné : → Surpris. Accablé sous le coup d'une émotion. *Consterné* joint l'idée de douleur et de tristesse (→ Chagriner) à celle d'épouvante, les deux produisant l'accablement (→ Abattement) : [Lors de la maladie d'Henriette d'Angleterre, à Saint-Cloud] *on trouve tout consterné, excepté le cœur de cette princesse* (Bos.). **Atterré** est dominé parfois par l'idée d'épouvante et toujours par celle de découragement total : *Il est injuste d'exiger d'une âme atterrée qu'elle conserve la même vigueur* (Vauv.). **Confondu** évoque plutôt le comble du trouble, l'impossibilité d'y voir clair, de juger : *Et mes sens éperdus Sont dans le même trouble et restent confondus* (Volt.). **Étourdi** et **Abasourdi** marquent l'impossibilité totale d'avoir la moindre réaction; **Effondré,** la perte brusque de tout courage, de toute énergie, après un échec, un malheur et évoque souvent une attitude physique. **Catastrophé,** comme sous le coup d'une catastrophe, est un néol. barbare du langage parlé.

Consterner : → Chagriner et Épouvanter.

Constipation : → Opilation.

Constituant : → Constitutif.

Constituer : ¶ 1 → Former. ¶ 2 → Établir.

Constitutif, essentiel à la constitution; sans ses parties constitutives, un objet ne pourrait pas être : *La divisibilité est une propriété constitutive de l'étendue* (L.). **Constituant,** qui constitue en fait, se dit d'une chose réelle : *Les parties constituantes dont un corps est composé* (Volt.).

Constitution : ¶ 1 → Composition. ¶ 2 → Nature. ¶ 3 → Règlement. ¶ 4 → Rescrit. ¶ 5 → Loi.

Constriction : → Contraction.

Constructeur : → Architecte.

Construction : ¶ 1 → Bâtiment. ¶ 2 →

Composition. ¶ 3 → Structure. ¶ 4 → Expression.

Construire : → Bâtir.

Consulat : → Ambassade.

Consultation : Examen du malade par le médecin. *Consultation* se dit dans tous les cas pour désigner cet examen suivi du diagnostic et de la prescription d'un traitement, mais, dans le langage courant, suppose qu'on va chez le médecin, **Visite** désignant la démarche du médecin qui va voir un malade pour examiner son état et particulièrement la tournée d'un médecin dans un hôpital ou un corps de troupe (par, par ext., fait aussi appeler *visite* la consultation en série que donne un médecin dans un hôpital ou un corps de troupe aux malades qui vont le trouver).

Consulter : ¶ 1 → Examiner. ¶ 2 → Demander.

Consumer : ¶ 1 → Consommer. ¶ 2 → Détruire. Détruire en usant, en réduisant à rien. *Consumer*, détruire comme par le feu et épuisant complètement, est souvent relatif à l'emploi de la chose : *Il consuma tout ce qu'il avait en richesses à faire bâtir un temple* (L. F.). **Épuiser,** absolu, dit moins et marque un usage normal : *Épuiser ses munitions ; sa réserve de mansuétude* (Gi.). **Manger,** fig., consumer en folles dépenses, et, en parlant des choses, en absorbant, en minant en rongeant, en détruisant d'autres choses : *Manger son patrimoine. Ce poêle mange du charbon.* **Dissiper,** détruire en gaspillant : *Dissiper son talent en folles dépenses* (Marm.). **Dévorer** enchérit sur *manger* : *Les flammes dévoraient les édifices* (Ségur.). *Dévorer en peu de temps un patrimoine* (Les.). **Engloutir,** dépenser un bien d'un seul coup : *Il avait englouti, dans les dépenses faites pour la transformation de la maison, une bonne moitié de la fortune mobilière* (M. D. G.). **Absorber,** épuiser peu à peu : *Toutes ces nations absorbèrent peu à peu les richesses des Romains* (Mtq.). ¶ 3 → Ruiner.

Contact : ¶ 1 → Tact. ¶ 2 → Relation.

Contagieux : ¶ 1 → Pestilentiel. ¶ 2 → Communicatif.

Contagion, communication d'une maladie par contact médiat ou immédiat avec un malade, se dit au fig. de tout ce qui peut se communiquer comme une maladie : *Contagion du luxe* (Fén.); *du malheur* (Lam.). **Infection,** communication d'une maladie par des agents pathogènes (et non par contact avec d'autres malades). **Contamination,** proprement communication non de la maladie, mais des principes contagieux ou infectieux (avec souvent, surtout au fig., une idée de souillure) : *La fièvre typhoïde se prend par contagion et l'eau est le principal agent de la contamination.*

Contamination : ¶ 1 → Contagion. ¶ 2 → Mélange.

Contaminer : → Salir.

Conte : ¶ 1 → Roman. ¶ 2 → Histoire.

Contemplateur : → Penseur.

Contemplatif : → Penseur et Pensif.

Contemplation : → Attention et Pensée.

Contempler : ¶ 1 → Regarder. ¶ 2 → Penser.

Contemporain : → Présent.

Contempteur : → Méprisant.

Contenance : ¶ 1 *Contenance,* terme courant, quantité de ce qui peut tenir dans un espace ou une surface quand ils sont remplis : *Vase de la contenance de deux litres ; parc de la contenance de deux hectares.* **Capacité,** terme de science, propriété de contenir ou d'accumuler et spéc. volume d'une chose qui peut en contenir une autre : *Mesures de capacité. Capacité d'un condensateur.* ¶ 2 → Surface. ¶ 3 → Maintien.

Contenir : ¶ 1 Avoir telle ou telle capacité ou étendue. Alors que **Tenir** marque la capacité idéale, *a priori* (*Un boisseau tient tant de litres.* L.), *Contenir* exprime une mesure qui n'est pas nettement fixée, réglée (*Une salle de spectacle contient tant de spectateurs.* L.); mais s'emploie surtout, en général, pour marquer ce qu'un contenant a réellement en soi : *La bourse contient le double de ce qu'elle contenait la première fois* (J.-J. R.). ¶ 2 Avoir en soi. *Contenir,* terme le plus général, implique souvent que le contenant présente un espace borné qui resserre la chose dans des limites déterminées. **Renfermer** (→ ce mot) contenir dans un lieu clos ou dans un enclos une chose difficile à en tirer ou qui s'y trouve à l'état latent : *Quand tous les préceptes sont renfermés en un, ils y sont cachés* (Pasc.). *Un parc contient tant d'hectares et renferme du gibier. Il suffit d'ouvrir un livre pour savoir ce qu'il contient, mais il faut savoir réfléchir pour découvrir ce qu'il renferme.* **Receler,** du style relevé, renfermer en cachant : *Je fouillai* [le tas de cendres] *comme s'il eût recelé le secret de ma vie* (Mau.). **Comprendre** (→ ce mot), contenir ce qui forme un tout. ¶ 3 → Retenir.

Content : ¶ 1 Qui a ce qu'il veut : → Satisfait. ¶ 2 Agréablement affecté. *Content* marque un calme intérieur exempt d'inquiétude et agréable à cause de la satisfaction d'un désir antérieur : *Cela suffit, je suis content* (Gi.). **Aise** marque un plaisir vif, souvent manifesté extérieurement, dû à un événement que nous considérons comme favorable : *Je suis bien aise que vous soyez content de ma dernière édition* (Boil.). **Heureux** enchérit sur *content* et implique la satisfaction de toutes nos inclinations, le bonheur : *Ni l'or ni la grandeur ne nous rendent heureux* (L. F.). **Ravi,** aise jusqu'à l'extase : *Je sais ta passion et suis ravi de voir Que tous ses mouvements cèdent à ton devoir* (CORN.). — En un sens atténué *heureux, ravi* s'emploient souvent dans des formules de politesse pour marquer le contentement ou le plaisir. En ce sens, on dit aussi **Enchanté** pour marquer le plaisir et la satisfaction qu'on a d'un événement : *Enchanté de sa nouvelle acquisition* (LIT.).

Contentement : → Plaisir.

Contenter : ¶ 1 → Satisfaire. — (Réf.) ¶ 2 → (se) Limiter. ¶ 3 *Se contenter,* trouver, par sagesse ou par nécessité, qu'une chose suffit : *Se contenter de son sort.* **S'arranger de,** prendre son parti d'une chose, se disposer à en accepter les conséquences : *S'arranger d'abord de la peste pour la vaincre ensuite* (CAM.). **S'accommoder de** marque peut-être une adaptation encore plus grande du sujet qui tire parti de ce dont il doit s'arranger : *Je suis de naturel trop franc pour m'accommoder du mystère* (GI.). **Se payer de,** péj., se contenter à tort de choses vaines : *Se payer de notions vagues et de vains mots* (S.-B.).

Contentieux : Sur quoi l'on dispute. *Contentieux* s'emploie surtout à propos de discussions spéculatives ou d'affaires administratives qui prêtent à discussion : *Théologie contentieuse* (FONT.). *Juridiction contentieuse* (ACAD.); **Litigieux,** à propos de questions d'intérêt qui sont matière à procès : *Droit litigieux* (BOIL.).

Contention : ¶ 1 → Effort. ¶ 2 → Attention. ¶ 3 → Discussion.

Conter : Dire de vive voix ou par écrit. *Conter,* dire des choses réelles ou mensongères, spontanément, parfois avec fantaisie, surtout pour plaire : *Si Peau d'Ane m'était conté* (L. F.). **Raconter** (→ ce mot), dire avec précision, pour informer quelqu'un, ce qui s'est passé ou ce qu'on rapporte comme tel : *Des gens qui racontent toutes leurs histoires aussi bien chez le coiffeur que dans l'omnibus* (J. ROM.). **Narrer,** terme de critique et de rhétorique, conter ou raconter avec art et talent : *Narrer avec éloquence* (VOLT.).

Contestable : → Incertain.

Contestation : Opposition d'intérêts en droit (≠ Discussion, opposition d'opinions ou opposition passionnée; ≠ Conflit, opposition violente qui passe dans les actes). *Contestation,* action qui résulte d'un désaccord entre États, corps ou particuliers, sur le droit en général, les prérogatives, les compétences, etc., à propos d'intérêts assez généraux et considérables : *Contestations sur le cérémonial* (C.); *entre les ordres* (MARM.). **Litige,** contestation en justice, surtout entre particuliers, et sur des questions d'intérêt : *Héritage en litige.* **Différend,** ce qui divise sur un point précis, assez peu important, deux parties souvent liées auparavant et empêche l'accord et la paix entre elles : *De légers différends qui n'ont point de suite ni de durée* (ROLL.). **Démêlé,** ce qui met aux prises deux parties quelconques, d'une façon plus grave et plus durable que le *différend,* souvent à propos de choses embrouillées : *Embarrassés dans tous les démêlés des Grecs* (MTQ.). **Débat,** différend dans lequel on allègue des raisons de part et d'autre : *Démêler les débats du lapin et de la belette* (L. F.). — A noter que *contestation* a rapport au fait, **Conteste** à la possibilité du fait : *Chose qui appartient sans conteste* (MOL.), c'est-à-dire sans qu'on puisse s'y opposer. *Proposition reçue sans contestation* (MOL.), c'est-à-dire sans qu'il s'élève une opposition.

Conteste : ¶ 1 → Contestation. ¶ 2 *Sans conteste :* → Évidemment.

Contester : ¶ 1 *Contester,* ne pas reconnaître le droit ou la prétention de quelqu'un à une chose, sur le plan uniquement juridique et sans essayer de s'approprier la chose : *On conteste la qualité de quelqu'un.* **Disputer,** contester pour obtenir ou conserver quelque chose, ou simplement lutter contre quelqu'un afin de prendre pour soi ce qu'il voudrait prendre pour lui : *Disputer les suffrages* (J. ROM.); *un rang, une qualité, le pas.* ¶ 2 → Nier.

Contexte : → Texte.

Contexture : ¶ 1 → Tissu. ¶ 2 Au fig. → Composition.

Contigu : → Proche.

Continence : Retenue ou réserve par rapport aux plaisirs charnels. *Continence,* abstinence de fait, totale, pour n'importe quelle raison et sans idée de moralité : *Continence des eunuques* (VOLT.); *des femmes du sérail* (MTQ.). **Chasteté,** qualité morale qui fait fuir uniquement les plaisirs illicites et tout ce qui s'y rapporte, discours, pensées, par ext. continence par vertu : *Chasteté conjugale* (BOUR.). **Pureté,** chasteté extrême poussée jusqu'à la sainteté : *Pureté angélique* (Bos.).

Continent, Chaste, Pur : → Continence.

Contingent : ¶ 1 Adj. Qui n'est pas nécessaire. *Contingent,* terme de philosophie, qui arrive et aurait pu ne pas arriver, a pour syn., dans le langage courant, **Accidentel, Fortuit** (→ Accidentellement) et **Occasionnel,** qui arrive par suite de certaines circonstances ou conjonctures de temps (→ Incertain). ¶ 2 N. → Part.

Contingentement : → Répartition.

Continu : Qui ne cesse pas (≠ Durable, qui dure longtemps; ≠ Éternel, qui dure toujours). *Continu* et **Ininterrompu**, qui est sans interruption dans l'espace ou dans la durée. **Incessant** ne se dit que pour la durée. **Continuel**, qui paraît durer par suite de son retour très fréquent : *Une pluie continue ne cesse point; une pluie continuelle revient à chaque instant.* **Suivi** fait penser à l'action de celui qui rend une chose ininterrompue par son travail ou ses soins : *Application suivie* (VOLT.). **Assidu**, en parlant des actions, marque un retour moins fréquent que *continuel*, mais ajoute l'idée de soin et de régularité chez le sujet : *Travail assidu.*

Continuation : → Suite. Absence d'interruption. *Continuation*, action de continuer une chose dans le temps, se dit de ce qu'on fait, **Continuité**, qualité d'une chose qui n'a aucune interruption dans la durée (ou l'espace), se dit surtout de ce que l'on éprouve : *La continuité du même sentiment nous cause du dégoût. La continuation des études.* **Poursuite, Reprise :** → Continuer.

Continuel : → Continu et Éternel.

Continuellement : → Toujours.

Continuer : ¶ 1 (Trans.) Faire en sorte que ce qui est commencé n'en reste pas là, qu'il y ait eu ou non interruption. *Continuer* marque simplement l'addition d'une nouvelle action : *Continuer ses sottises* (MOL.); *ses vols* (J.-J. R.). **Poursuivre** ajoute l'idée qu'on veut faire jusqu'au bout ce qu'on a dessein de faire, parfois au prix de quelque difficulté : *Poursuivre sa tâche* (L. F.). *Il fit un geste d'approbation pour encourager Jenny à poursuivre* (M. D. G.). **Reprendre**, continuer une activité interrompue, que ce soit sa propre activité ou celle d'un autre. Rendre plus long ou plus durable : → Allonger. — (Intrans.) ¶ 2 Ne pas cesser d'agir d'une certaine manière. *Continuer*, faire comme on a fait jusque-là, *Continuer à* implique plutôt une série d'actions habituelles, sans terme, *Continuer de*, une action unique : *Continuer à jouer*, en garder l'habitude; *Continuer de jouer*, ne pas quitter une partie commencée. **Ne pas laisser de**, ne pas s'abstenir de, marque souvent une continuation exceptionnelle : *Quoiqu'ils soient en froid, il ne laisse pas de lui écrire.* **Persévérer**, continuer avec constance une action qui exige patience et longueur de temps : *Persévérer dans le bien jusqu'à la fin de sa vie* (Bos.). **Persister**, continuer avec énergie une action qui exige de la volonté : *Persister avec opiniâtreté* (J.-J. R.). **S'opiniâtrer à, S'obstiner à, S'acharner à** enchérissent et diffèrent comme les adj. correspondants : → Têtu. ¶ 3 → Durer.

Continuité : → Continuation.

Contorsion : ¶ 1 → Torsion. ¶ 2 → Grimace.

Contour : ¶ 1 → Tour. ¶ 2 → Ligne.

Contourné : ¶ 1 → Dévié. ¶ 2 → Embarrassé.

Contourner : → Tourner.

Contracter : ¶ 1 → Resserrer. ¶ 2 Avoir une maladie. *Contracter* se dit de toutes les maladies (et, au fig., de tous les défauts) dont on est atteint de n'importe quelle manière. **Gagner** et **Prendre** supposent une maladie qui se communique, plutôt par contagion, et assez vite : *gagner* se dit surtout au réf. : *La coqueluche se gagne* (LIT.). *Il y a des folies qui se prennent comme des maladies contagieuses* (L. R.). **Attraper**, fam., évoque la malchance : *Attraper un rhume dans un courant d'air.* **Pincer** est fam., **Piquer**, pop. : *Quand vous aurez pincé une fluxion de poitrine* (PROUST).

Contraction : → Resserrement. Diminution de volume ou de diamètre. *Contraction*, rapprochement, par resserrement, des parties constitutives d'un corps : *Contraction des muscles*. **Constriction**, diminution du diamètre par pression circulaire; *Les corsets exercent une constriction* (LIT.). **Crispation**, contraction qui diminue l'étendue de certaines choses et en ride la surface : *Crispation du cuir sous l'action du feu*. **Crampe**, contraction involontaire et douloureuse de muscles isolés.

Contradicteur, celui qui contredit en fait. **Contredisant**, celui qui aime à contredire.

Contradiction : ¶ 1 → Opposition. *Sans contradiction*, sans qu'en fait on contredise, **Sans contredit**, sans qu'on puisse contredire : *Une proposition passe sans contradiction; est vraie sans contredit* (VOLT.). ¶ 2 Opposition entre deux choses ou entre deux parties d'une chose. *Contradiction* marque une incompatibilité apparente ou réelle entre toutes sortes de choses : *Raisonnement, caractère pleins de contradictions*. **Antinomie**, en un sens précis (droit, théologie), contradiction entre deux lois ou principes dans leur application à un cas particulier; en un sens plus large, conflit apparent ou réel entre les conditions d'une même fin, ou entre les conséquences de deux raisonnements qui paraissent démonstratifs l'un et l'autre : *Cette antinomie embarrasse tous les jurisconsultes* (ACAD.). **Antilogie**, terme de logique, contradiction des discours ou des arguments.

Contradictoire : → Opposé.

Contraindre : → Obliger.

Contraint : ¶ 1 → Obligé. ¶ 2 → Embarrassé. ¶ 3 → Artificiel.

Contrainte : ¶ 1 → Gêne. ¶ 2 → Obligation. Obligation pressante imposée sans qu'on puisse résister. La *Contrainte* est juste ou injuste, physique ou morale : *Injuste contrainte* (Rac.). *Contrainte par corps.* **Coercition,** terme de jurisprudence, contrainte exercée en vertu d'un droit. **Coaction,** contrainte exercée par celui qui a droit ou pouvoir de contraindre; spéc. en philosophie, contrainte exercée sur le libre arbitre. **Pression,** contrainte ou très forte influence, surtout morales : *Pression diplomatique d'un État sur un autre; pression de l'opinion publique* (Acad.). **Compression,** contrainte d'un pouvoir qui étouffe toute manifestation politique : *Plus la compression a été violente, plus la réaction se montre terrible* (B. Constant). **Force** et **Violence** diffèrent de *contrainte* comme les v. correspondants (→ Obliger).

Contraire : ¶ 1 Adj. → Opposé, Défavorable et Désavantageux. ¶ 2 N. Ce qui est entièrement l'opposé. *Contraires,* concepts qui, faisant partie du même genre, diffèrent le plus entre eux : *Le contraire du froid est le chaud.* **Antonymes,** terme de grammaire, mots ou noms qui offrent un sens contraire : *L'antonyme de « froid » est « chaud ».*

Contrarier : ¶ 1 → (s') Opposer. *Contrarier,* en parlant des personnes ou des choses, se montrer contraire à, en paroles ou en actes, faire obstacle à : *[Tartuffe en vient] à contrarier tout* (Mol.). *Contrarier un caprice* (Zola). **Contredire,** dire le contraire de ce que dit quelqu'un : *Il me contredit toujours.* **Contrecarrer,** contrarier ou contredire de front avec une intention marquée : *Contrecarrer mes décisions* (Mau.). **Heurter,** fig., contrecarrer les idées reçues, les sentiments ou l'intérêt de quelqu'un : *Heurter les préjugés* (Acad.). ¶ 2 → Fâcher.

Contrariété : → Ennui.

Contraste : → Opposition.

Contraster : Être en opposition frappante. *Contraster avec,* faire ressortir par opposition ce à quoi on s'oppose : *Son élégance provinciale contrastait avec la tenue sobre d'Hubert* (Mau.). **Trancher,** contraster fortement ou brutalement : *Tout un coin louche sur lequel Madame Hugon tranchait avec sa sérénité de vieille femme aimable* (Zola). **Détonner,** contraster désagréablement avec un ensemble, en faisant une disparate. **Jurer,** contraster très désagréablement, en produisant une discordance : *Une richesse de palais fabuleux jurant avec la pauvreté du cadre* (Zola).

Contrat : → Convention.

Contravention : → Violation. *Contravention,* action de contrevenir à une loi, un règlement, un contrat, se dit, particulièrement, dans la législation pénale actuelle, de l'action de contrevenir à un simple règlement de police et, par ext., de la sanction qu'entraîne cette infraction. **Procès-verbal,** acte par lequel un officier de justice constate une contravention, un délit ou même un crime, se dit souvent, dans la langue courante, de la constatation d'une *contravention* et de l'**Amende,** peine pécuniaire infligée par la justice, qui désigne spéc. la somme qu'on paie pour une *contravention.*

Contre : → Malgré.

Contre-avis : Indication qui annule une indication précédente. *Contre-avis* et **Avis contraire,** second avis qui annule un premier avis. **Contrordre** se dit prop. en parlant à un inférieur. **Contremandement** et **Décommandement** sont très rares : → Contremander.

Contrebalancer : ¶ 1 → Équilibrer. ¶ 2 → Égaler.

Contrecarrer : → Contrarier.

Contrecoup : Au fig. → Suite.

Contredire : ¶ 1 *Contredire,* dire ou prétendre le contraire de ce qui a été dit par quelqu'un, sur tel ou tel point, volontairement ou non et, si le sujet est un nom de chose, s'opposer, en fait, à ce qu'affirme quelqu'un : *Ses actes contredisent ses paroles.* **Dédire,** dire non après que quelqu'un a dit oui : *Que sert la volonté d'un chef qu'on peut dédire?* (Corn.). **Démentir,** dire à quelqu'un ou de quelqu'un qu'il n'a pas dit vrai, se dit aussi d'une chose qui montre qu'une autre chose est fausse : *Le ton démentait les paroles* (Zola). **Désavouer** ajoute à *dédire* et à *démentir* une idée de blâme, de réprobation devant une affirmation qu'on se refuse à confirmer. **S'inscrire en faux,** démentir positivement avec une certaine indignation : *Je m'inscris en faux contre vos paroles* (Mol.). **Réfuter,** contredire victorieusement en prouvant qu'une proposition, un argument ne sont pas fondés : *Vous n'avez eu que des bûchers et des injures pour réfuter mes raisonnements* (J.-J. R.). **Répondre,** parler ou écrire pour réfuter : *Répondre aux objections.* ¶ 2 → Contrarier. ¶ 3 (Réf.) → (se) Démentir.

Contredisant : → Contradicteur.

Contredit (sans) : ¶ 1 → (sans) Contradiction. ¶ 2 → Évidemment.

Contrée : → Pays.

Contrefaçon : Imitation frauduleuse. *Contrefaçon* insiste plutôt sur la façon dont est réalisée l'imitation et s'emploie dans tous les cas : *Contrefaçon d'un livre, d'un dessin, d'un produit* (Lit.). **Contrefaction,** terme de jurisprudence, insiste sur l'action et ne se dit que de l'imitation frauduleuse des monnaies, poinçons, effets publics et signatures.

Contrefaire : ¶ 1 → Faire. ¶ 2 → Imiter et Feindre.

Contrefait : ¶ 1 → Difforme. ¶ 2 → Faux.

Contrefort : → Colonne.

Contre-jour : → Ombre.

Contremander, révoquer un ordre, une demande, une commande, se dit avec pour comp. un n. de personne et, par analogie, de chose : *On avait convoqué cet officier, il a été contremandé* (ACAD.). **Décommander**, annuler une commande, se dit surtout pour les choses, spéc. les invitations, les fêtes, et fam. pour les personnes : *Décommander une voiture, un bal, des invités* (ACAD.).

Contrepartie : → Opposé et Objection.

Contrepetterie : → Lapsus.

Contre-pied : ¶ 1 → Opposé. ¶ 2 *A contrepied :* → (à) Rebours.

Contrepoids : Au fig. → Compensation.

Contre-poil [à] : → (à) Rebours.

Contrepoint : → Harmonie.

Contrepoison, terme commun, tout produit capable de combattre les effets d'un poison. **Antidote**, mot savant, plus noble et plus général, tout remède capable de combattre les effets de tous les poisons et même des maladies : *On envoya à Versailles de ce qu'on croit des contrepoisons; précaution très incertaine puisqu'il n'y a pas d'antidote général* (VOLT.); se dit surtout au fig. en parlant de ce qui combat les maladies de l'âme : *Antidotes contre la mélancolie* (MTQ.). *Contrepoison* est rare au fig. : *Le caprice, dans les femmes, contrepoison de la beauté* (L. B.).

Contre-rejet : → Enjambement.

Contreseing : → Signature.

Contresens : ¶ 1 Erreur sur le sens d'un mot, d'une phrase. *Contresens*, toute interprétation ou traduction d'un mot, d'une phrase, qui s'écarte du sens véritable et le dénature : *Prendre une affirmation à contresens. Version pleine de contresens.* **Fauxsens** se dit pour une traduction et implique qu'un mot, quoique n'étant pas interprété exactement, l'est tout de même en un sens assez voisin pour que la pensée ne soit pas dénaturée. **Non-sens** implique l'absence totale de sens dans ce que l'on dit, écrit ou traduit. ¶ 2 *A contresens :* → (à) Rebours et (de) Travers.

Contretemps : ¶ 1 → Obstacle. ¶ 2 *A contretemps :* → (mal à) Propos.

Contrevenir : → Désobéir.

Contrevent : → Volet.

Contrevérité : ¶ 1 → Antiphrase. ¶ 2 → Mensonge.

Contribuer : → Participer.

Contribution : ¶ 1 → Quote-part. ¶ 2 → Impôt.

Contrister : → Chagriner.

Contrit : → Honteux.

Contrition : → Regret.

Contrôler : ¶ 1 → Vérifier. ¶ 2 → Critiquer.

Controuver : → Inventer.

Controverse : → Discussion.

Contumace : → Défaut.

Contusion : Lésion sans solution de continuité de la peau (≠ Blessure). *Contusion*, résultat d'un coup, d'un choc ou d'une compression. **Ecchymose**, extravasion sanguine dans le tissu cellulaire, le plus souvent à la suite d'une contusion. **Bleu**, fam., *ecchymose*. **Meurtrissure**, contusion assez grave pour laisser des ecchymoses sous forme de taches bleuâtres.

Convaincre : ¶ 1 Déterminer l'acquiescement à quelque chose qui est proposé. *Convaincre* suppose qu'on donne des preuves à l'esprit, sans que la volonté soit forcément poussée à agir; **Persuader**, qu'on entraîne la volonté, souvent par sentiment, sans que l'esprit voie nettement la vérité : *Aucun raisonnement ne saurait me convaincre* (GI.). *L'art de persuader consiste autant en celui d'agréer qu'en celui de convaincre* (PASC.). ¶ 2 Prouver la culpabilité. *Convaincre*, donner des preuves qui font reconnaître qu'une personne s'est rendue coupable d'un crime, d'une faute, d'une erreur : *J'avais convaincu les enfants de mensonge* (MAU.). **Confondre**, convaincre quelqu'un en rabattant son audace, en lui causant une telle honte qu'il demeure atterré, sans parole : *Sitôt que par un vice ils pensent me confondre* (BOIL.). **Accabler**, écraser sous le poids des accusations : *Témoignage qui accable.*

Convalescence : → Rétablissement.

Convenable : ¶ 1 → Propre. Qui s'accorde avec quelque chose. *Convenable*, terme général et vague : *Employer, pour atteindre un but, les moyens convenables.* **A propos**, tout à fait convenable au but que l'on vise, au sujet dont il s'agit : *Il est à propos de faire cela* (ACAD.). **Opportun**, convenable au temps, au lieu, aux circonstances : *Il aurait voulu dire quelque chose d'opportun, de point maladroit* (GI.). **Expédient**, opportun, souvent pour se tirer d'embarras, dans la loc. *Il est expédient.* **Congruent**, rare, se dit surtout d'un argument, d'une réponse qui s'appliquent bien. **Pertinent**, en termes de pratique, qui se rapporte à la question dont on parle, par ext., dans le langage courant, convenable à ce que l'on veut prouver en parlant d'un argument, d'une raison : *Avec ces raisons très pertinentes Louville convainquit le roi* *d'Espagne* (S.-S.). **Topique** se dit d'un argument, d'un exemple qui se rapportent exactement à ce dont il s'agit. — **Conforme à,** exactement convenable à une règle, un idéal qui sert de modèle : *Mener une vie conforme à sa profession.* — **Digne,** absolu (avant le n.) ou avec un comp. (après le n.), exprime la convenance avec un objet exprimé ou sous-entendu, le plus souvent en parlant d'une récompense ou d'un châtiment mérité : *On regarde sa mort comme un digne supplice* (Corn.). **Condigne,** terme de théologie, parfaitement digne, équivalent : *Grâces condignes.* ¶ 2 → Satisfaisant. ¶ 3 Qui est bien comme il faut. *Convenable,* terme général, conforme à la raison, à la vérité, à l'ordre, aux circonstances, etc., diffère de **Bienséant** et de **Décent** comme les noms correspondants (→ Convenance). **Honnête,** qui vieillit, convenable à la profession et à l'âge des personnes, à sa propre dignité ou à celle des autres : *Don, présent honnête, don qui convient à celui qui le fait et à celui qui le reçoit* (Lit.). **Correct** tend à remplacer *honnête* dans ce sens et se dit surtout de la tenue, de la conduite, de l'attitude, des personnes même qui respectent les règles de la raison et du bon usage : *Repas correct. Ces messieurs en habit et en cravate blanche étaient très corrects* (Zola). **Digne** enchérit en ce sens. **Séant** marque une convenance à la personne, à la condition, au lieu, au temps, et aussi une convenance esthétique; en ce dernier sens, de nos jours, on dit mieux **Seyant** pour parler d'un habit qui s'accorde bien avec celui qui le porte : [Le Minotaure] *qu'il jugeait séant d'isoler* (Gi.). *Les sourcils noirs sont très séants aux blondes* (A. Fr.). *L'étoffe en est seyante et de bon goût* (Gi.). **Sortable,** convenable à l'état ou à la condition des personnes : *Partie sortable* (Mol.).

Convenance : ¶ 1 → Rapport. **¶ 2** Ce qui est conforme aux lois générales qu'il faut respecter pour agir, parler ou écrire bien. *Convenance,* terme général (et souvent, en ce sens, au pl.), a rapport aux lois morales, sociales, artistiques, à la raison, au temps, au lieu, etc. : *Convenances du style. Convenances de la nature, de l'opinion* (J.-J. R.). *Il était très sensible aux convenances; son collègue était plus âgé que lui* (Gi.). **Bienséance,** convenance aux usages de la société : *Les bienséances ne sont que des égards* (Marm.). **Décence,** convenance aux bonnes mœurs, et aussi convenance à son âge, à sa condition, à son caractère, aux circonstances, qui veut qu'on se respecte soi-même devant les autres : *Je tremble qu'il n'oublie ce qu'il est et ce qu'il se doit, qu'il ne brave les lois sacrées de la décence* (J.-J. R.). **Honnêteté,** qui diffère de *convenance* comme les adj.

correspondants (→ Convenable), se dit aussi spéc. de ce qui est conforme aux exigences de la pudeur, de la chasteté : *Ces termes blessent l'honnêteté.* **Décorum,** convenance propre à certaines conditions, surtout les plus élevées : *Le décorum de la Divinité* (Mol.); avec emphase ou ironie, bienséance de convention qui sent la morgue et la pédanterie : *Le décorum philosophique* (J.-J. R.). **Bon ton** (→ Élégance), bienséance du langage, des manières de la meilleure société.

Convenir : ¶ 1 Accepter une chose pour vraie. *Convenir,* être d'accord avec quelqu'un sur la vérité d'une chose dont l'on doutait ou que l'on contestait : *Ils conviennent que la guerre est le pire fléau du monde* (Gir.). **Tomber d'accord** suppose une discussion préalable et marque parfois une simple concession : *Quand elle eut fini de parler, Calliopée tomba d'accord sur ce point* (L. F.). **Admettre,** accepter de considérer en soi-même un fait, une affirmation comme véritables ou seulement comme possibles : *Il faut tout de même admettre qu'il y a des gens qui éprouvent le besoin d'agir contre leur propre intérêt* (Gi.). **Reconnaître,** admettre devant un témoin, qui peut être sa propre conscience, qu'une chose est vraie (en parlant souvent de ce que l'on niait). **Avouer,** reconnaître une chose, blâmable ou non, qu'on avait le dessein de cacher : *Il se l'avouait à présent, et même ne l'avait-il pas toujours reconnu?* (Gi.). **Confesser,** avouer, spontanément ou non, une chose dont on a honte, pudeur ou repentir : [Obliger l'abbé] *à confesser qu'un chrétien ne peut souscrire à la condamnation d'un innocent* (Mau.). **Accorder,** admettre ce qu'on concède à autrui, mais en se réservant des objections, des rectifications : *J'ai eu tort, je l'accorde, mais...* **¶ 2** N'être pas opposé d'opinions, de vues ou de dessein. *Convenir* de venvisage cette action à propos de choses sur lesquelles l'accord n'a rien d'exceptionnel : *Convenir de principes* (Bos.). **S'accorder sur** et **Tomber d'accord** impliquent un accord entre gens qui pouvaient être adversaires sur des points en général litigieux : *Affaire sur laquelle ils avaient beaucoup disputé sans pouvoir s'accorder* (Roll.). **Se rencontrer** marque un accord dû au hasard : *Les grands esprits se rencontrent.* **¶ 3** → Décider. **¶ 4** Être en rapport avec (→ Correspondre). *Convenir à* implique un rapport de convenance qui peut être très varié : *Juvénile! Épithète qui lui convenait si bien!* (M. D. G.). **Seoir** diffère de *convenir* comme *séant* de *convenable* (→ ce mot). **Être le fait de,** convenir aux besoins ou aux goûts de quelqu'un : *L'ami du genre humain n'est pas du tout mon fait* (Mol.). **S'adapter à,** convenir en s'ajustant : *Couvercle qui s'adapte à un vase*; au fig., en parlant d'une phrase, d'un texte, convenir à une personne, à une chose en s'y appliquant : *Ce vers s'adapte à la situation* (Lit.). **Cadrer avec,** s'ajuster comme dans un cadre, donc avec rigueur ou logique : *Vos habitudes ne cadreraient point avec mes projets* (Balz.). **Aller,** convenir à, du point de vue de l'utilité, de la beauté, de la décence : *Clef qui va à la serrure; habit qui va; la colère ne va pas à l'orateur* (Lit.). **S'assortir** suppose une convenance esthétique et spéc. une convenance de caractères : *Leurs caractères ne s'assortissent point* (Acad.). **S'appliquer,** convenir à un cas particulier en parlant d'une loi, d'un principe, d'une citation. **Se prêter,** convenir à un usage. **Arranger,** convenir à quelqu'un en étant pour lui commode ou agréable : *Cela m'arrange.* ¶ 5 → Appartenir. ¶ 6 → Plaire. ¶ 7 → Falloir.

Convention : ¶ 1 *Convention*, terme générique, tout engagement écrit, verbal ou tacite, entre deux ou plusieurs personnes : *Société humaine fondée sur la foi des conventions* (J.-J. R.). **Accord,** convention qui met fin à un différend, une contestation, une inimitié. **Contrat,** convention expresse, authentique, revêtue d'un caractère légal : *Contrat de mariage.* **Pacte,** convention solennelle, absolue et immuable : *Le pacte social* (J.-J. R.); la rigueur qu'implique *pacte* donne parfois au mot un sens péj. : *Pacte avec le diable* (Volt.). **Traité,** entre particuliers, convention après pourparlers, en général sur des affaires importantes : *Mon traité avec le libraire Duchesne* (J.-J. R.). **Marché,** convention verbale ou écrite par laquelle on échange, on vend ou on achète : *Un magistrat peut faire tous les marchés au nom de la cité* (Mtq.); au fig. toute convention précise, faite souvent de concessions mutuelles. **Forfait,** traité, marché ou contrat par lequel une des parties s'engage à fournir ou à faire quelque chose pour un prix fixé d'avance. **Transaction,** accord qui met fin à un différend par concessions réciproques, et par ext., convention, accord dans la vie privée, publique et notamment dans le commerce : *Transactions commerciales.* ¶ 2 Convention entre États souverains : → Traité.

Conventionnel : → Traditionnel et Artificiel.

Converger : → Aller.

Conversation : Échange de propos entre deux ou plusieurs personnes. *Conversation* est général et absolu : *L'esprit de la conversation* (L. B.); et envisage surtout l'action comme ayant lieu entre plusieurs personnes, plutôt relativement à sa forme, en général familière, légère et agréable.

L'**Entretien** a lieu entre quelques personnes, ou deux seulement, souvent entre un supérieur et un inférieur, et se caractérise par sa matière et son fond en général sérieux : *Solides entretiens et vides conversations* (Pasc.). **Tête-à-tête,** entretien de deux personnes seule à seule. **Colloque,** terme du langage religieux, *conversation* : *Colloque du prophète et de l'ânesse* (Volt.); ou conférence : *Colloque de Poissy*; par ext., dans le langage courant, entretien qui a quelque chose de blâmable et d'odieux : *L'un des sujets favoris de leurs secrets colloques est de médire* (J.-J. R.). **Conciliabule,** conversation ou colloque secret où président la malveillance et l'hostilité : *Conciliabules qui se tiennent chez les femmes de chambre* (J.-J. R.). **Dialogue,** ouvrage qui a la forme d'un entretien ou d'une conversation entre deux ou plusieurs personnes (on appelait **Interlocution,** en termes de rhétorique, les propos qu'elles échangeaient) ; ou entretien, conversation supposés entre personnages littéraires, au théâtre, dans l'églogue, dans le roman, désigne aussi l'entretien entre deux personnes, en insistant sur l'échange formel de paroles, mais de nos jours n'est pas toujours fam. comme le dit l'Acad., et peut impliquer un échange d'idées élevées, un effort pour se connaître, s'expliquer : *Le dialogue de l'âme avec Dieu. Le dialogue entre l'Est et l'Ouest.* **Causerie,** conversation familière, pour le plaisir, de causer. **Causette,** fam., petite causerie à bâtons rompus. **Parlote,** péj., conversation vide de sens qui n'est qu'un bavardage. **Devis,** vx, menus propos, entretien familier. — **Conférence,** entretien entre personnes réunies et quelquefois déléguées exprès pour traiter ensemble, dans un temps et un lieu convenus, d'une matière ou d'une affaire d'intérêt général : *Conférence diplomatique; philosophique.* **Pourparlers,** entretien ou conférence entre deux ou plusieurs personnes pour négocier ou pour traiter d'affaires : *Pourparlers de paix.* — **Interview** (mot anglais), conversation, faite pour être publiée, entre une personne en vue et un journaliste qui lui a demandé une entrevue.

Converser : → Parler.

Conversion : ¶ 1 → Transformation. *Conversion*, terme didact., action de changer une chose en une autre, souvent par une opération : *Conversion des métaux.* **Convertissement** ne se dit qu'en parlant des monnaies et s'emploie seul quand il s'agit de convertir des valeurs en espèces et des obligations en contrat de constitution. ¶ 2 Spéc., **transformation** des substances, des éléments, des métaux. *Conversion*, terme commun, changement de forme réel : *Conversion du fer en rouille* (Buf.). **Transmutation,** terme didact., s'emploie surtout en parlant des changements de forme imaginaires rêvés par les alchimistes : *Transmutation chimérique des métaux* (ROLL.). ¶ 3 → Tour. ¶ 4 Au moral : → Changement.

Convertible ou **Conversible,** qui peut être converti, dans tous les sens du mot sauf le sens religieux. **Convertissable,** qui peut être l'objet d'un convertissement, d'une transmutation; ou peut être converti à une religion.

Convertir : ¶ 1 → Transformer. ¶ 2 (Réf.) → Renier et Changer.

Convertissable : → Convertible.

Convertissement : → Conversion.

Conviction : → Croyance.

Convié : → Convive.

Convier : → Inviter.

Convive, personne qui, en un lieu, mange et boit avec d'autres : *Convive accoutumé* (VI.). **Invité,** personne qui a été priée d'assister à un repas comme convive. **Convié,** syn. vx d'*invité,* ne s'emploie plus guère qu'au pl. pour désigner les nombreux invités d'un repas de cérémonie : *Les conviés* (FLAUB.) *à la noce d'Emma Bovary.* **Commensal,** chacun de ceux qui mangent habituellement à la même table. **Hôte,** convive, invité, convié ou personne qui vient manger en payant, considérés du point de vue de celui qui les reçoit et qui leur offre non seulement la nourriture, mais aussi cette société bienveillante et cordiale qu'on appelle hospitalité. En un sens péj. → Parasite.

Convoi : → Enterrement.

Convoiter : → Vouloir.

Convoitise : → Désir et Concupiscence.

Convoler : → (se) Marier.

Convoquer : ¶ 1 → Appeler. ¶ 2 → Mander.

Convoyer : → Accompagner.

Convulsion, contraction involontaire et saccadée d'un muscle quelconque. **Spasme,** contraction anormale des muscles qui n'obéissent pas à la volonté : *Convulsions de la bouche* (SÉV.). *Spasme de la glotte.* — Au fig. → Trouble.

Coopérateur : → Associé.

Cooptation : → Choix.

Coopter : → Choisir.

Coordonner : → Combiner.

Copain : → Compagnon.

Copie : ¶ 1 *Copie,* tout écrit fait d'après un autre. **Double,** copie d'un document, d'un acte, d'un traité, etc. ou l'un des originaux quand il y en a plusieurs. **Duplicatum** (pl. *duplicata*), double d'une dépêche, d'un brevet, d'une quittance, d'un chèque, d'un acte quelconque émanant de la même personne que l'original et destiné à en tenir lieu. **Ampliatif,** terme de droit et d'administration, double authentique d'un acte. **Ampliation,** ampliatif qui forme un second original : *Ampliation d'un arrêté préfectoral.* **Expédition,** copie d'un acte délivrée en bonne forme par l'officier public dépositaire de l'original : *Expédition des actes de l'état civil.* **Grosse,** expédition d'un acte ou d'un jugement (nommé minute), écrite en gros caractères et revêtue de la formule exécutoire. ¶ 2 → Imitation. En parlant d'une personne, *Copie* suppose qu'elle s'attache à imiter quelqu'un pour lui ressembler, **Écho,** fig., qu'elle répète les paroles d'un autre. ¶ 3 → Reproduction. ¶ 4 → Texte.

Copier : ¶ 1 *Copier,* reproduire par écrit ce qui a été écrit par soi-même ou par un autre, pour multiplier ou pour imiter, tantôt avec une pleine conformité, tantôt avec quelques modifications : *Sans citer les auteurs que je copie, parce que quelquefois je me donne la liberté d'y faire quelques changements* (ROLL.). **Transcrire,** reproduire un écrit ou simplement des paroles, avec une pleine conformité, fait penser au travail purement manuel pour les transporter sur un papier, un livre, un registre où ils seront mieux placés ou plus en valeur : *Un historien rapporte cette conférence et déclare qu'il la transcrit de mot à mot* (VOLT.). **Recopier,** transcrire de nouveau, ou transcrire ce qu'on avait écrit soi-même, spéc. un brouillon. **Grossoyer,** terme de pratique, faire la grosse (→ Copie) d'un acte. ¶ 2 → Imiter.

Copieusement : → Beaucoup.

Copieux : → Abondant.

Coque : → Coquille.

Coquecigrue : → Chanson.

Coquelicot : → Pavot.

Coquet : ¶ 1 → Élégant et Joli. ¶ 2 → Important.

Coquette, Coquine : → Coquin.

Coquetterie : → Amour et Minauderies.

Coquille : ¶ 1 Enveloppe dure et calcaire des mollusques testacés. La *Coquille* est simple, le **Coquillage,** plus artistement travaillé et d'une forme plus variée : *Brillants coquillages* (DEL.). **Conche,** syn. vx de *coquille.* — **Écaille** ne se dit que pour les mollusques bivalves : *Écailles d'huîtres, de moules,* on dit en ce sens, abusivement, *coquille.* ¶ 2 Enveloppe de l'œuf. *Coquille* envisage plutôt la **Coque** de l'œuf comme séparée de son contenu : *Après avoir mangé un œuf à la coque, on écrase sa coquille;* ou comme quelque chose de fragile : *De ses* *frêles coquilles, On voit sortir le peuple des oiseaux* (Del.). ¶ 3 → Faute d'imprimerie.

Coquin : ¶ 1 → Vaurien. ¶ 2 Dénomination méprisante et injurieuse dans le langage commun. *Coquin* marque la bassesse, surtout morale : *Une coquine de servante* (Mol.). *Les coquins qu'il faut rosser de coups* (Mol.). **Maraud,** vx, implique une idée d'impudence : *Humilier et punir un maraud impudent* (Volt.); **Maroufle,** vx, une idée de brutalité : *Un maroufle bien brutal* (Les.); **Bélître,** une idée de cuistrerie : *Un grand bélître de régent* (Les.). **Faquin** (étym. « portefaix »), celui qui est nul, n'a aucun talent, est d'une basse extraction et n'en est pas moins insolent et arrogant : *Faquin sans esprit* (Chén.). **Gueux,** homme à qui la plus extrême misère fait faire des infamies : *Gueux qui pour de l'argent ont voulu décrier l'Encyclopédie* (Volt.). **Va-nu-pieds,** moins odieux, celui qui n'a rien, est d'une basse extraction : *Va-nu-pieds et valets à tout faire, gens obscurs* (S.-S.). ¶ 3 → Espiègle. ¶ 4 En parlant de l'attitude d'une personne dans les relations amoureuses, *Coquin,* péj., se dit d'un homme à bonnes fortunes adonné à la galanterie; *Coquine,* d'une femme débauchée, ayant beaucoup d'amants, et dit plus que **Coquette** qui implique simplement le désir de plaire aux hommes sans s'attacher. **Fripon** (*Friponne*) dit moins que *coquin* et implique plutôt, chez la femme, coquetterie adroite et fine et, chez un homme, inconstance, beaux discours et légèreté : *Avec tant d'attraits précieux, Hélas, qui n'eût été friponne?* (Volt.). **Polisson** implique des gestes ou des paroles trop libres et se dit surtout des hommes : *Je devin polisson, mais non libertin* (J.-J. R.).

Cor : ¶ 1 Callosité aux doigts ou aux orteils. *Cor,* épaississement limité de la couche cornée de l'épiderme des orteils, prolongé vers le derme par un axe corné. **Durillon,** callosité des pieds ou des mains, moins douloureuse que le *cor* et sans axe corné. **Oignon,** *durillon* ou *cor* étendu qui ne s'observe qu'aux pieds, au niveau des articulations métatarso-phalangiennes ou phalangiennes. **Œil-de-perdrix,** cor interdigital rendu mou par la macération. Variétés de durillons : → Cal. ¶ 2 (Du cerf) → Corne.

Corbeille : → Panier.

Cordage, toute corde ou câble qui sert au gréement et à la manœuvre d'un navire et par ext. d'une machine quelconque. **Filin,** ensemble des cordages d'un navire; mais *filin* désigne surtout les petits cordages, **Grelins,** les cordages plus gros et **Câbles,** les très gros cordages formés de plusieurs torons de chanvre, d'aloès ou d'acier.

Manœuvres, tous les cordages destinés à manier les voiles et à faire les autres services du vaisseau.

Corde : ¶ 1 Tortis fait de textile. *Corde,* l'objet vulgaire surtout considéré du point de vue d'un usage utilitaire : *Corde de paume, d'estrapade, de pendu.* **Ficelle,** petite corde faite de plusieurs fils de chanvre et servant à lier, à faire des filets ou à faire mouvoir des pantins : [Pigeon] *traînant la ficelle Et les morceaux du lacs qui l'avait attrapé* (L. F.). **Cordeau,** petite corde pour mesurer, aligner, conduire un bateau, ou étrangler (vx en ce sens) : *Faire périr par le cordeau* (Volt.). **Cordon,** une des petites cordes dont une grosse corde est composée, ou corde courte pour attacher, lier, tirer ou pendre certaines choses : *Cordon de sonnette;* mais surtout, corde faite d'un textile plus précieux que le chanvre : *Cordon de chapeau, de la bourse.* **Cordelière,** corde qui sert à ceindre le corps, ou cordon pour attacher un vêtement. **Lacet,** cordon plat ou rond, ferré par un bout ou par les deux, qu'on passe dans des œillets pour serrer une partie de vêtement : *Lacet de soulier.* ¶ 2 Ce qui sert à étrangler un condamné. *Corde* ne se dit que lorsqu'on le pend; c'est au fig. un syn. de *potence* (→ Gibet). **Hart,** corde pour pendre ou cordon pour étrangler, est vx. **Lacet,** cordon avec lequel les Turcs et les Orientaux faisaient étrangler un condamné. **Cordon,** lacet de soie, est rare en ce sens.

Cordelière : ¶ 1 → Corde. ¶ 2 → Ceinture.

Cordial : ¶ 1 Adj. → Franc. ¶ 2 N. → Fortifiant.

Cordialité : → Bonté et Franchise.

Cordon : → Corde.

Cordonnier, celui qui fait et vend des chaussures; de nos jours, par euphémisme, celui qui raccommode les vieux souliers et qu'on appelait autrefois **Savetier. Chausseur,** celui qui fait et vend des chaussures, tend à remplacer *cordonnier* en son sens prop. **Bottier,** chausseur élégant qui fait surtout des chaussures sur mesure. **Bouif** et **Gnaf,** syn. argot. de *savetier.*

Coriace : ¶ 1 → Dur. ¶ 2 → Résistant.

Cornac : → Guide.

Corne, partie dure et conique se formant sur la tête des ruminants et de quelques autres animaux, constituée par une tige droite, creuse et courbée qui ne tombe que par accident. **Bois,** cornes rameuses du cerf, du daim, du chevreuil, de l'élan et du renne qui tombent à certaines époques et repoussent ensuite. *Corne* ne se dit en parlant du cerf et du daim que pour désigner leur bois quand il est employé dans les arts : *Couteau emmanché de corne de cerf* (Acad.). **Andouiller,** branche adventive qui pousse au bois du cerf, du daim et du chevreuil et permet d'établir l'âge de ces animaux, a pour syn. **Cor, Rameau,** et plus rarement **Branche. Perche,** bois du cerf, du daim, du chevreuil qui porte plusieurs andouillers. **Ramure,** ensemble du bois d'un ruminant à cornes ramifiées, et, en termes de blason, bois d'un ruminant qui figure quelquefois sur les écus.

Cornemuse, instrument de musique champêtre composé d'une outre de peau de mouton, qu'on enfle en soufflant dans un tuyau, et de tuyaux percés de trous qui émettent des sons. **Musette,** sorte de *cornemuse* gonflée non par le souffle du musicien, mais par un soufflet qui se hausse et se baisse par le mouvement des bras. **Cabrette,** musette auvergnate. **Chabrette,** cornemuse limousine. **Biniou,** cornemuse des bas-Bretons. **Bombarde,** musette bretonne. **Chevrie,** instrument de musique du genre de la musette et de la cornemuse.

Corner : → Publier.

Corollaire : → Conséquence.

Corporation : → Corps. Association de personnes exerçant la même profession. *Corporation,* autrefois association de personnes astreintes à certaines obligations relativement à leur profession et jouissant de certains privilèges; de nos jours, toute association professionnelle groupant patrons et salariés (≠ Syndicat) pour défendre la tradition d'un métier, les droits et les privilèges qui lui sont attachés : *La corporation des bouchers.* **Corps,** ensemble des membres d'une corporation, considérés comme unis plutôt par un esprit commun que par des règles précises : *Les corps de métiers.* **Ordre,** corps de personnes exerçant surtout une profession libérale et unies en une sorte de corporation pour défendre leurs intérêts matériels et moraux et sauvegarder la dignité de leur métier : *Ordre des avocats, des médecins, des architectes.* **Collège,** syn. vx de *corporation.* **Gilde,** association de commerçants et de marchands au M. A., surtout dans les pays du Nord.

Corporel : → Physique.

Corps : ¶ 1 → Objet et Substance. ¶ 2 *Corps,* la partie matérielle d'un être animé et spécialement de l'homme, par opp. à l'esprit ou à l'âme : *Corps et âmes.* **Chair,** dans la langue religieuse, la nature humaine par opp. à la nature spirituelle : *Divinités de chair et de sang* (Fén.); et spéc. le corps considéré comme le siège des appétits et de la concupiscence : *Dompter une chair révoltée* (Chat.). **Personne,** toujours précédé d'un possessif, corps considéré en liaison avec l'esprit, avec la vie qui l'anime, comme étant en quelque sorte l'aspect

physique du moi : *Exposer sa personne. Bien fait de sa personne.* **Individu,** en ce sens, est fam., ironique et plus étroitement matériel : *Soigner son individu* (Acad.). **Carcasse,** syn. de *corps,* est fig., fam. et péj. **Peau,** fig., syn. fam. de *personne* dans quelques loc. comme *Sauver, risquer sa peau.* **Anatomie,** syn. de *corps,* est vulgaire. ¶ 3 → Mort. ¶ 4 → Collection. ¶ 5 Réunion de plusieurs personnes vivant sous mêmes lois, mêmes coutumes, mêmes règles. *Corps,* ensemble de personnes formant un tout organique, comme le corps humain, une sorte d'unité parfaite, constituée ou existant par elle-même, est syn. de **Société** : *Le corps politique* (J.-J. R.), d'**Assemblée** : *Corps législatif; corps de ville* (Volt.); *l'Académie en corps* (Boil.), d'**Ordre** : *Corps de la noblesse* de **Congrégation** : *Le corps des Jésuites* (Pasc.), de **Corporation** : *Corps de métiers.* Dans tous les cas, *corps* envisage cette réunion de personnes comme existant en fait, avec une certaine fonction dans l'Église ou dans l'État et définie par l'esprit commun qui anime et lie tous ses membres plutôt que par son but ou ses lois. **Collège,** corps de personnes revêtues de la même dignité : *Le collège des cardinaux; un collège de chanoines* (Acad.); spéc. le corps des électeurs appartenant à une même circonscription : *Les collèges électoraux* (Acad.). **Confrérie,** association pieuse, au fig. en un sens souvent ironique, corps de personnes unies par un lien quelconque : *Confrérie de l'hymen* (L. F.); *des poètes; des maris trompés* (Mol.). ¶ 6 → Principal. ¶ 7 → Troupe. ¶ 8 *Corps à corps* : → Choc.

Corpulent : → Gros.

Corpuscule : → Particule.

Correct : ¶ 1 → Convenable. ¶ 2 → Satisfaisant. En parlant de ce qui est bien écrit ou bien dit, *Correct* regarde la forme et implique une certaine application à ne pas violer la grammaire, l'usage, la propriété des mots, **Exact** regarde le fond et le soin que l'on met à bien rendre la vérité des choses et des faits : *Orthographe correcte* (Sév.); *raisonnement exact* (Fén.); en parlant du fond, *correct,* relatif et négatif, se dit de ce qui n'a rien de défectueux ou de répréhensible, alors qu'*exact* marque la qualité positive de ce qui est vrai et parfait : *Réponse exacte* (Pasc.). *Devoir d'élève correct.* ¶ 3 → Civil.

Correcteur, en langage d'imprimerie, celui qui corrige, sur les épreuves, toutes les fautes dues à l'auteur ou au typographe. **Corrigeur,** celui qui exécute matériellement sur les formes ou les paquets de composition les corrections marquées sur les épreuves. **Reviseur,** celui qui relit les épreuves pour s'assurer que le *corrigeur* a corrigé les fautes marquées par le *correcteur.*

Correction : ¶ 1 Adoucissement de ce qui est trop grand, trop fort ou trop rude. La *Correction* tempère un mal actuel, le **Correctif** est propre à tempérer un mal possible : *Correction d'un abus* (Mtq.). *Ne louer personne sans un petit correctif* (Volt.). **¶ 2 →** Punition. **¶ 3 →** Pureté. **¶ 4 →** Civilité.

Corrélation : → Rapport.

Correspondance : ¶ 1 → Rapport. **¶ 2** Ensemble de lettres. *Correspondance,* abstrait, l'action d'entretenir par lettres un commerce avec des personnes éloignées, par ext. toutes les lettres envoyées et reçues se rapportant à ce commerce : *Quelques lettres de Ménage figurent dans la correspondance de Mme de La Fayette.* **Lettres** ne désigne que les lettres envoyées par une personne : *Le sentiment de la nature n'est pas absent des lettres de Mme de Sévigné.* **Courrier,** concret, l'ensemble des lettres que quelqu'un reçoit ou envoie par le même service postal : *La concierge monte le courrier.* **¶ 3** En langage journalistique, *Correspondance,* rubrique où l'on insère des lettres ou des communications de collaborateurs occasionnels; ou chronique de ce qui se passe à l'étranger adressée aux journaux sous forme de lettres; **Courrier,** articles paraissant régulièrement et destinés à mettre au courant des théâtres, des sports, de la mode, etc. : *Courrier des spectacles.*

Correspondant : → Journaliste.

Correspondre : ¶ 1 Avoir du rapport avec. *Correspondre* implique la réciprocité, l'homogénéité entre les choses comparées qui sont, dans tous leurs détails, symétriques, proportionnelles ou conformes : *A l'affaiblissement de son amour correspondait simultanément un affaiblissement du désir de rester amoureux* (Proust). **Répondre,** dans le rapport d'une chose avec celle qui en est la cause ou l'occasion, marque une symétrie ou une équivalence parfois superficielles sans qu'il y ait toujours réciprocité ou homogénéité : *Les mots religion et catholicisme ne répondent plus aux exigences spirituelles du moment* (Flaub.). **Coïncider,** en termes de géométrie, s'ajuster l'un sur l'autre dans toutes ses parties; dans le langage courant, correspondre exactement ou survenir en même temps : *Cet anachronisme qui empêche si souvent le calendrier des faits de coïncider avec celui des sentiments* (Proust). **Concorder** marque simplement que deux faits ou deux choses ont une circonstance ou parfois un but communs : *Témoignages qui concordent. La modération concorde avec la justice.* **S'accorder** marque une harmonie, une conformité entre deux choses moins étroite et précise que *correspondre,* mais plus générale et complète que *concorder* : *Mon récit ne s'accorde guère avec ce que raconte cet auteur* (Bos.). **Se recouper,** correspondre de façon à se confirmer, en parlant de deux témoignages. **Convenir** indique simplement, en un sens très vague, que deux choses vont bien ensemble : *Faire convenir deux choses de nature aussi bien que de nom* (Pasc.). **Rimer,** fig. et fam., toujours à la forme négative ou interrogative, avoir du rapport avec : *A quoi cette mesure rime-t-elle?* **¶ 2 →** Communiquer.

Corridor : → Passage.

Corriger : ¶ 1 Produire un changement en mieux. *Corriger,* supprimer les fautes ou les défauts dans une chose ou chez une personne pour la rendre irréprochables : *Corriger son maquillage* (Zola); *ses informations* (J. Rom.). **Redresser** et **Rectifier** (→ ce mot) ne se disent que de ce qui n'est pas droit ou correct et qu'on ramène, au prop. et au fig., à la rectitude idéale : *Rectifier une citation* (Gi.). **Amender,** fortifier ce qu'il y a de bien dans une chose ou chez une personne, de façon à les amener vers la perfection, et parfois simplement rendre meilleur, corriger quelque peu : *Amender une loi. Certains mauvais sujets que rien n'amende* (Gi.) : → Améliorer. **Réformer,** remettre dans sa forme originelle ou idéale, en changeant radicalement, se dit surtout de toute une classe d'hommes ou de tout un ordre de choses : *Réformer les mœurs; les lois et les coutumes* (L. B.). **Régénérer** (donner une nouvelle naissance) se dit surtout en termes mystiques et. dans le langage ordinaire, implique le retour à la pureté primitive par une réforme profonde : *Régénéré par le baptême* (Pasc.). *Régénérer une nation* (Acad.). **Relever,** en parlant des fautes, les noter, sans forcément les corriger; en parlant des personnes, les tirer d'un état de bassesse ou d'erreur où elles sont tombées. **Émender,** en termes du palais, corriger un jugement : *La cour, émendant, ordonne....* **¶ 2 →** Réprimander. **¶ 3 →** Punir. **¶ 4 →** Revoir. **¶ 5 →** Modérer.

Corrigeur : → Correcteur.

Corroborant : → Fortifiant.

Corroborer : ¶ 1 → Fortifier. **¶ 2 →** Confirmer.

Corroder : → Ronger.

Corrosion : Action de ronger. La *Corrosion* s'opère de tous les côtés à la fois et avec violence. L'**Érosion,** sur un seul côté, procède par détachement de parties d'une façon plus lente et progressive : *Corrosion de l'estomac par l'arsenic* (Lit.). *Coup qui laisse une érosion à la main* (Acad.).

Corrompre : ¶ 1 → Gâter. **¶ 2 →** Altérer. **¶ 3 →** Séduire. **¶ 4** (Réf.) **→** Pourrir.

Corrompu : → Vicieux.

Corruption : ¶ 1 → Altération. ¶ 2 → Dégradation.

Corsage, vêtement ou partie de vêtement de femme qui recouvre le buste : *Corsage de robe, corsage de velours* (ACAD.). **Caraco,** corsage non ajusté, droit, à manches longues. **Blouse** ou **Chemisette,** corsage sans doublure. **Chemisier,** corsage non doublé, plissé et travaillé sur le devant et parfois sur le dos. **Casaque,** corsage-blouse, le plus souvent sans fermeture, qui se porte assez long sur la jupe. **Casaquin,** corsage droit porté par-dessus le haut de la jupe et dont l'ampleur se trouve retenue par une ceinture plate. **Camisole,** corsage sans ceinture et sans taille marquée porté sur une jupe, un jupon, une combinaison.

Corsaire : ¶ 1 Celui qui sur mer attaque et pille les vaisseaux marchands. *Corsaire,* celui qui court la mer avec l'autorisation de son gouvernement. **Pirate,** simple bandit qui pille les vaisseaux pour son compte. **Forban,** syn. de *pirate,* insiste sur le fait que celui-ci est hors la loi, sans aveu d'aucun gouvernement. **Écumeur** ou **Écumeur des mers,** syn. noble de *pirate.* **Flibustier,** au XVIIe et au XVIIIe s., pirate de la mer des Antilles, appelé aussi **Frère de la Côte.** **Boucanier,** à l'origine, aventurier qui chassait le bœuf sauvage aux Antilles, syn. de *flibustier* depuis le temps où les *boucaniers* s'associèrent avec les *flibustiers.* *Corsaire* désigne aussi abusivement le *pirate* quand il court la mer, et ncn quand il conserve ou négocie ses prises. ¶ 2 → Vaurien. Au fig. *Corsaire,* homme dur qui abuse de son droit pour rançonner : *Endurcis-toi le cœur, sois Arabe, corsaire :* (BOIL.). **Pirate,** brigand qui pille, vole, sans l'ombre d'un droit. **Flibustier,** chevalier d'industrie, homme qui vit de rapines et d'escroqueries. **Forban,** véritable bandit capable de tout, et spéc. en littérature plagiaire cynique. **Boucanier,** aventurier qui fréquente les mauvais lieux. **Bandit,** homme sans aveu; et spéc. homme qui brave ouvertement les convenances, les usages et les lois. **Requin,** personne cupide, dure en affaires.

Corser : → Fortifier.

Cortège : → Suite.

Coruscation : → Lumière.

Corvée : → Devoir et Travail.

Coryphée : → Chef.

Coryza : → Rhume.

Cosmogonie, description conjecturale de la formation de l'Univers. **Cosmographie,** science qui décrit l'Univers. **Cosmologie,** science des lois générales qui gouvernent le monde physique. **Cosmosophie,** étude mystique de l'Univers.

Cosse, enveloppe des grains de certaines légumineuses : *Cosse de pois, de fèves;* **Gousse,** fruit des légumineuses, formé de deux cosses et des graines qui y sont attachées, par ext. ensemble des deux cosses sans les graines.

Cossu : → Riche.

Costume : → Vêtement.

Costumé : → Vêtu.

Costumer : → Vêtir.

Cosy-corner : → Canapé.

Cote : ¶ 1 → Taxe. ¶ 2 → Impôt.

Côte : ¶ 1 → Bord. ¶ 2 → Hauteur. ¶ 3 → Montée.

Côté : ¶ 1 → Flanc. ¶ 2 → Partie et Aspect. ¶ 3 → Direction. ¶ 4 *A côté* : → Près de. ¶ 5 *De tous côtés* indique une action partant d'un seul sujet pour prendre diverses directions; **De toutes parts,** une action partant de différents points pour converger sur un sujet ou un point unique : *Vous devez de tous côtés, on vous doit de toutes parts* (L.). Il faut noter que cette distinction est surtout théorique. ¶ 6 *De côté et d'autre,* en deux endroits ou en plusieurs endroits fixes et certains. **Çà et là,** en beaucoup d'endroits en général imprécis : *Télémaque demanda un vaisseau qui le menât de côté et d'autre sur cette mer sur laquelle Ulysse errait çà et là depuis si longtemps* (FÉN.). **Par-ci, par-là,** par places, en quelques endroits seulement : *Quantités de maisons de campagne répandues çà et là et quelques gros bourgs répandus par-ci, par-là* (LES.).

Coteau : → Hauteur.

Coter : ¶ 1 *Coter,* assigner un rang aux choses ou les rapporter au rang qu'elles ont, en les désignant par une lettre ou un chiffre. **Numéroter,** distinguer par un chiffre des choses du même ordre : *Coter une lettre* (BEAUM.). *Coter un âge* (LES.). *Numéroter des voitures de place, des maisons* (ACAD.). **Folioter** et **Paginer,** numéroter les folios ou les pages d'un écrit. ¶ 2 → Estimer.

Coterie : Terme de dénigrement pour désigner certaines sociétés. *Coterie,* petit groupe de personnes qui cabalent dans un intérêt commun : *Bien qu'en termes cordiaux avec ses camarades, il se mêle peu à leurs coteries* (J. ROM.). **Clan,** fig., coterie sociale ou politique, ou groupe d'amis très exclusif : *Le petit clan des Verdurin* (PROUST). **Chapelle,** fig., petit groupe, surtout littéraire, d'un goût très exclusif et dont les membres s'encensent réciproquement : *Le milieu de Sampeyre est une espèce de carrefour. Oh! un carrefour intime... mais le contraire d'une chapelle* (J. ROM.); en ce sens on dit plus rarement **Petite Église. Clique,** fam. et très péj., coterie qui veut parvenir à ses fins d'une manière peu honnête : *La clique Fréron* (Volt.). **Camarilla,** coterie exerçant son influence sur un personnage important, surtout dans la politique. — **Bande** renchérit sur *clique* et présente les membres du groupe comme des bandits, **Maffia** se dit d'une bande plus ou moins secrète, **Gang** (mot américain), d'une bande de forbans.

Cothurne : → Brodequin.

Cotillon : ¶ 1 → Jupe. ¶ 2 → Femme. ¶ 3 → Danse.

Cotisation : → Quote-part.

Côtoyer : → Longer.

Cottage : → Villa.

Cotte : ¶ 1 → Jupe. ¶ 2 Vêtement de travail. *Cotte,* sorte de blouse (→ Surtout) courte ou pantalon de travail porté par les ouvriers. **Combinaison,** vêtement recouvrant tout le corps, de la tête aux pieds. **Salopette,** cotte ou pantalon de travail qu'on met sur les autres vêtements pour ne pas les salir. **Bleu,** tout vêtement de travail en toile bleue.

Cou : ¶ 1 Partie du corps qui joint la tête aux épaules. *Cou* est le terme courant, *Col* ne se dit plus que par euphonie, en poésie, ou au fig. : *Col de bouteille.* **Encolure,** partie du corps qui s'étend chez un animal depuis la tête jusqu'aux épaules et au poitrail, par ext., en parlant des hommes, le cou et ses attaches : *Une forte encolure.* ¶ 2 *Casser, Rompre, Tordre le cou* : → Tuer. ¶ 3 *Couper le cou* : → Décapiter. ¶ 4 *Mettre la corde au cou* : → Soumettre.

Couard : → Lâche.

Couchant : → Occident.

Couche : ¶ 1 Substance étendue sur une autre de manière à la couvrir. *Couche,* quantité d'une substance quelconque étendue en une seule fois : *Couche de plâtre, de mortier.* **Enduit,** matière molle dont on couvre, en une ou plusieurs couches, la surface d'un objet, se dit pour la chaux, le plâtre, le ciment, le goudron, etc., et en général pour les matières épaisses, tandis que *couche* se dit pour les enduits faits avec des couleurs ou des métaux, pour peindre, bronzer, dorer : *Passer sur les murs un enduit de plâtre, deux couches de peinture.* **Crépi,** enduit fait sur une muraille avec du mortier ou du plâtre et qu'on laisse raboteux au lieu de le rendre uni. ¶ 2 → Lit. ¶ 3 → Enfantement. ¶ 4 *Fausse couche* : → Avortement. ¶ 5 Linge de bébé. *Couche,* tout linge dont on enveloppe un petit enfant. **Lange,** morceau de laine ou d'étoffe épaisse dont on enveloppe l'enfant sur la couche, et par ext. *couche.* **Maillot,** lange, vêtement immobilisant l'enfant au berceau. **Layette,** trousseau, linge du nouveau-né. **Drapeau,** syn. vx et peu usité de *lange.* **Braie** (vx), couche ou lange pour empêcher un petit enfant de se salir.

Coucher : ¶ 1 → Étendre. ¶ 2 → Inscrire. ¶ 3 → Miser. ¶ 4 (Réf.) Se mettre de tout son long. *Se coucher,* se mettre dans une position tout à fait horizontale, sans forcément déployer ses membres, est relatif à ce sur quoi on se met ou à la partie du corps sur laquelle on appuie : *Couché par terre; sur le ventre* (Volt.)*; sur le dos* (L. B.). **S'étendre,** absolu, développer tous ses membres, dans le sens de la longueur ou de la largeur, sans être toujours couché, et pour n'importe quelle raison : *Étendu dans cette chaise* (Mol.). *Étendue de la tête aux pieds sur mon lit* (Proust). *J.-C. fut étendu sur la croix* (Acad.). **S'allonger,** développer et déployer son corps dans le sens de la longueur : *Serpent qui s'allonge sur l'herbe* (Lit.); souvent pour être commodément : *S'allonger dans un vaste fauteuil à oreillettes* (Zola); et souvent avant de s'étendre : *Pour s'allonger, pour s'étendre, pour s'endormir d'un sommeil humain* (Mau.). **Gésir,** uniquement passif, être étendu en parlant d'un cadavre ou être étendu comme un cadavre : *Gisant dans mon lit, ne pouvant guère écrire* (Volt.). **Se prosterner,** se coucher à terre en signe d'adoration et de respect. **Se vautrer,** se coucher et se rouler, sans aucune retenue, sur ce sur quoi l'on est couché : *Se vautrer sur l'herbe* (Acad.). **Se vituler,** fam. et rare, s'étendre par terre comme un veau. **Se ventrouiller,** se vautrer dans la boue : *Les cochons aiment à se ventrouiller* (Lit.). ¶ 5 S'étendre dans un lit. *Se coucher* indique l'action normale, faite pour dormir : *Se coucher tard.* **Se mettre au lit,** se déshabiller et se coucher pour n'importe quelle raison (fatigue, plaisir, maladie, etc.). **S'aliter** et **Prendre le lit,** se mettre au lit parce qu'on est malade et pour un certain temps : *S'aliter pour mourir* (J.-J. R.).

Couchette : → Lit.

Coucheur (mauvais) : → Querelleur.

Coucou : ¶ 1 → Horloge. ¶ 2 → Locomotive.

Coude : ¶ 1 → Angle. ¶ 2 → Tour. Changement de direction d'une rivière ou d'une voie de communication. Le *Coude,* brusque, peut être en angle saillant : *Le chemin qui se dirigeait est et ouest fait un coude et tourne au nord* (Chat.). **Courbe,** changement de direction en forme d'arc, se dit surtout pour une rivière ou une voie ferrée : *On est plus loin de la courbe et on voit mieux venir le rapide* (J. Rom.). **Tournant,** l'endroit, le coin concret où un chemin, une rivière font un coude :

Le chemin fait un coude, mais on prend un tournant, on est attaqué au tournant d'une rue. **Virage,** endroit où l'on fait décrire une courbe à une machine vélocipédique ou automobile, ne se dit que des tournants d'un chemin ou d'une piste considérés comme devant être pris par un véhicule et spécialement aménagés pour cela : *Piste à virages très relevés.*

Coudé : → Courbe.

Coudoyer : ¶ 1 → Heurter. ¶ 2 → Rencontrer.

Coudre (V.) : ¶ 1 *Coudre,* assembler deux ou plusieurs objets avec un fil passé dans une aiguille ou un autre instrument semblable : *Coudre un bouton, une pièce à des souliers, les lèvres d'une plaie* (ACAD.). **Piquer,** faire avec du fil ou de la soie, sur deux étoffes mises l'une sur l'autre, des points qui les traversent et qui les unissent (spéc. en utilisant un point arrière régulier dont le second point entre dans le trou fait par le premier et ainsi de suite, de façon qu'il n'y ait pas d'intervalle entre les points) : *Piquer une chemise à la machine.* **Faufiler,** coudre à longs points en attendant qu'on fasse la couture définitive : *Faufiler un ourlet.* **Bâtir,** faufiler les différentes pièces d'un vêtement en les assemblant et en les agençant : *Cette robe n'est pas cousue, elle n'est que bâtie* (ACAD.). **Rentraire,** coudre deux morceaux déchirés ou coudre en joignant bord à bord de façon que la couture ne paraisse pas. ¶ 2 → Joindre.

Coudre, Coudrier : → Noisetier.

Couenne : → Peau.

Couffe, Couffin, Couffle : → Cabas.

Coulage : ¶ 1 Action de couler un liquide. *Coulage* se dit dans tous les cas : *Coulage du vin, de la lessive, du verre, d'un métal en fusion.* **Coulée** désigne plutôt le fait qu'une masse de fluide s'écoule grâce au coulage, presque exclusivement en parlant d'un métal : *Faire une coulée de fonte.* ¶ 2 Résultat de l'action de s'écouler. *Coulage* envisage le résultat de cette action comme une perte : *Coulage du vin, de la vigne*; **Coulée,** comme produisant une masse de matière écoulée qui demeure : *Coulée de laves.* ¶ 3 → Perte.

Coulant : Adj. ¶ 1 → Fluide. ¶ 2 → Naturel. ¶ 3 → Conciliant. — N. ¶ 4 → Pousse.

Couler : (Trans.) ¶ 1 → Filtrer. ¶ 2 → Verser. ¶ 3 → Introduire. ¶ 4 Envoyer un bateau au fond de l'eau. *Couler* ne précise pas la manière. **Torpiller,** couler en perçant d'un engin explosif. **Saborder,** couler, en général son propre navire, en perçant la carène au-dessous de la ligne de flottaison. ¶ 5 → Lier. — (Intrans.) ¶ 6 → (se) Mouvoir. ¶ 7 *Couler,* se mouvoir en parlant

des liquides, ou des solides réduits en poudre très fine : *L'eau coule lentement, goutte à goutte, ou très vite, en torrent.* **Fluer** ne se dit, en parlant des liquides, que du mouvement des eaux de la mer; et, en médecine, des humeurs qui coulent : *L'humeur flue de sa plaie* (LIT.); mais convient pour les fluides comme l'air : *Faire fluer les vents* (B. S.-P.). **Filer,** couler lentement sans se diviser en gouttes, en parlant de liqueurs visqueuses ou de matières molles : *Le vin file lorsque, ayant tourné à la graisse, il paraît couler comme de l'huile* (LIT.). *Elle laisse filer une larme furtive* (BAUD.). **Baver,** ne pas couler droit en parlant d'un liquide qu'on verse ou qui s'écoule : *Le sang bave dans la saignée quand il ne sort pas en jet* (LIT.). **Ruisseler,** couler en abondance, le plus souvent le long d'une surface : *Quelque monstrueux candélabre d'où ruisselaient tout du long des gouttes de diamant en fusion* (FLAUB.). — **S'écouler,** couler hors d'un lieu, est relatif au vide ou à la privation qui s'ensuit : *L'eau est entièrement écoulée* (ACAD.). **Découler,** couler de haut en bas, d'une manière en général lente et continue : *On voit découler des eaux vives du sommet des volcans* (BUF.). *Le poison qui découle de tes yeux* (BAUD.). **Dégoutter** (→ ce mot), découler goutte à goutte : *L'eau dégouttait de tous les endroits de son manteau* (FÉN.). **S'extravaser,** terme de médecine, se répandre en dehors de vaisseaux en parlant du sang et des humeurs. **S'épancher,** terme de médecine, s'extravaser en restant dans le corps : *Le sang s'est épanché dans la poitrine* (ACAD.); ou au fig. couler par-dessus bord, comme versé d'un récipient : *Sur la rive où s'épanche un fleuve* (LAM.). ¶ 8 Au fig. → Découler. ¶ 9 Laisser échapper un liquide : → Fuir. ¶ 10 Descendre dans les flots en parlant d'un navire (→ Chavirer). *Couler,* glisser doucement et graduellement sous les flots. **S'enfoncer** n'implique qu'un commencement d'action. **Sombrer,** couler bas, marque le résultat de l'action de *couler.* **S'engloutir,** disparaître brusquement sous les eaux comme dans un gouffre. **S'abîmer,** tomber verticalement dans une profondeur infinie. **Se perdre** et **Faire naufrage,** qui diffèrent comme *naufrage* et *perte* (→ ce mot), marquent le premier la disparition, le second la détérioration, la ruine ou la disparition du bateau. ¶ 11 (Réf.) → (s') Introduire.

Couleur : ¶ 1 Sensation que produit sur l'organe de la vue la lumière diversement réfléchie par les corps. *Couleur* désigne la cause de cette impression, **Coloris,** l'effet résultant de l'ensemble et de l'assortiment des couleurs : *Toutes les couleurs se mêlant mieux ensemble font un coloris plus doux, plus* *délicat et plus agréable* (Roll.). **Coloration,** état, apparence d'un corps coloré : *Coloration de la peau.* **Nuance,** chacun des degrés différents par lesquels peut passer une couleur en conservant le nom qui la distingue des autres : *Débauche de couleurs : toutes les nuances de l'arc-en-ciel* (M. D. G.). *Nuance* est plutôt du langage des teinturiers, des tapissiers, ou du style fig. : *Pas la couleur, rien que la nuance* (Verl.). En peinture, **Teinte,** nuance résultant du mélange de deux ou plusieurs couleurs; ou degré de force que le peintre donne aux couleurs. En ce sens, **Demi-teinte,** ton de couleur intermédiaire entre l'ombre et la lumière; **Ton,** nom des différentes teintes relativement à leur force, à leur éclat : *Cinq espèces d'améthystes distinguées par les différents tons ou degrés de couleur* (Buf.). **Tonalité,** du langage de la musique, se dit par ext. du ton dominant d'un tableau : *Tableau de tonalité rouge* ; mais, en ce sens, on dit plus simplement *ton* : *Tableau sans détails de nature et rouge de ton* (Did.). — Spéc. en parlant de la couleur du visage, **Teint,** le coloris du visage, par opposition à sa couleur : *Quelle étrange pâleur De son teint tout à coup efface la couleur?* (Rac.). **Carnation,** coloris des chairs dans une personne ou un tableau : *Tempérer et mélanger les couleurs pour faire une si belle carnation* (Fén.). — *Teint* désigne aussi la couleur donnée à une étoffe par la teinture. ¶ 2 → Pittoresque. Au fig., en parlant du style, *Couleur,* au pl., les expressions qui permettent à celui qui parle ou écrit de produire certains effets analogues à ceux du peintre : *Peindre un homme sous les plus noires couleurs*; désigne, au sing., la qualité du style qui résulte de la vivacité des expressions : *Le style de La Bruyère a de la couleur.* **Coloris** suppose un éclat agréable, varié qui ressemble aux effets de la peinture : *Il n'y a point de si petits caractères qu'on ne puisse rendre agréables par le coloris* (Vauv.). **Enluminure,** fig., excès de couleur, faux éclat. ¶ 3 → Aspect. ¶ 4 → Opinion. ¶ 5 → Prétexte. ¶ 6 *Couleurs :* → Drapeau.

Couloir : → Passage.

Coup : ¶ 1 Effet produit par la rencontre de deux corps. **Choc,** rencontre violente entre deux corps, *Coup,* résultat du choc donné ou reçu par un corps qui frappe un autre corps : *Jean Chouart Qui du choc de son mort a la tête cassée* (L. F.). *Avoir la mâchoire fracassée d'un coup de poing.* ¶ 2 Au fig. Atteinte grave à la fortune, la santé, la raison, etc. *Coup,* atteinte morale qui cause un sentiment pénible, blesse ou abat : *A l'honneur de tous deux il porte un coup mortel* (Corn.). **Choc,** plus fort, désigne plutôt un revers subit qui ébranle ce qui doit être stable : *Sa raison ne tint pas contre un choc si violent* (Acad.). **Secousse,** évé-

nement qui dérange un ordre, remue et soumet à une sorte d'épreuve, sans aller à la violence du *choc* : *Le crédit public a reçu de dangereuses secousses* (Acad.). **Ébranlement,** relatif au résultat, marque qu'une chose devient chancelante, par suite d'un coup, d'un choc ou d'une secousse : *Les guerres civiles causent de grands ébranlements dans les fortunes* (Acad.). ¶ 3 Résultat de l'action de frapper volontairement une personne. *Coup,* terme général, implique le plus souvent l'intention de faire du mal ou de punir. **Horion,** tout coup rudement déchargé pour faire du mal. **Tape** (→ ce mot), fam., coup de la main ouverte ou fermée, parfois par amabilité : *Tapes affectueuses dans le dos* (Zola). **Gourmade,** coup de poing en général sur la figure, a pour syn. pop. **Torgnole** et **Talmouse**. **Beigne** ou **Bigne,** pop., enflure qui provient d'un coup sur le visage, par ext. le coup qui provoque cette enflure. **Gifle** (→ ce mot), coup donné sur la figure avec la main ouverte. **Volée** (→ ce mot), suite de coups violents. **Gnon, Marron, Châtaigne, Pain, Ramponneau,** syn. argotiques de *coup.* ¶ 4 → Décharge. ¶ 5 → Bruit. ¶ 6 → Émotion. ¶ 7 → Action. ¶ 8 → Fois.

Coup de foudre [avoir le] : → (s') Éprendre.

Coup de main : → Engagement.

Coup de sang : → Congestion.

Coup d'État : Changement anticonstitutionnel dans l'État, dû à un individu ou à une minorité (≠ Révolution, changement total dû à un mouvement général du peuple). *Coup d'État,* action d'une autorité déjà investie du pouvoir qui viole la constitution pour créer une nouvelle forme de gouvernement : *Coup d'État du 18 brumaire.* **Pronunciamiento** (mot espagnol), dans les pays de langue espagnole, acte par lequel une autorité publique, autre que le gouvernement, et en général militaire, cherche à s'emparer du pouvoir : *Le pronunciamiento de Riego en 1820.* **Putsch** (all. « échauffourée »), tentative d'un militaire ou d'un parti pour s'emparer du pouvoir : *Putsch communiste en Tchécoslovaquie.* **Coup de force** se dit en général de ces diverses actions lorsqu'elles se font avec l'appui des armes. — **Coup d'autorité** désigne simplement l'usage extraordinaire qu'une personne fait de son autorité contre ceux qui lui résistent : *Le coup d'autorité de Louis XIV contre les Jansénistes.*

Coup de tête : Détermination subite. Alors que le **Caprice** (→ ce mot) n'a pas de raison, le *Coup de tête* a des raisons et se caractérise par la manière subite dont il se fait et par son effet imprévu, parfois durable, et toujours hardi ou extravagant:

C'est par caprice qu'une coquette accepte ou refuse les hommages, c'est un coup de tête qui, à la suite d'une déception, l'amènera à se retirer du monde. **Fougasse,** coup de tête d'un esprit qui se décide avec la violence d'une mine qui éclate, avec souvent pour résultat une incartade. **Foucade,** pop., mouvement impétueux et désordonné : *Travailler par foucades* (Lit.).

Coup de théâtre : → Péripétie.

Coup d'œil : ¶ 1 → Regard. ¶ 2 → Vue.

Coup sûr [à] : → Évidemment.

Coup (tout à) : ¶ 1 → Soudain. D'une manière dont on est surpris. *Tout à coup,* à la manière d'un coup qui frappe du dehors : *Tout à coup, au moment où le hussard baissé Se penchait vers lui, l'homme... Saisit un pistolet* (V. H.). **Subitement** annonce une chose qui, au lieu de partir du dehors et de se faire d'une manière visible, vient du dedans et se fait sous main, en secret ou d'un seul coup : *Amour qui naît subitement* (L. B.); **Inopinément,** un fait auquel on ne s'attend pas, qu'on jugeait inconcevable ou impossible : *Ils se rencontrent inopinément un avenir qu'ils n'ont ni craint ni espéré* (L. B.); **A l'improviste,** un fait qui prend au dépourvu quand on est hors d'état de faire face à la circonstance : *Attaqué à l'improviste* (D'Al.). **Brusquement,** sans ménagement, sans réflexion ni à propos : *Il se tourna vers moi et brusquement, brutalement, répéta* (Gi.). **A brûle-pourpoint** se dit surtout d'une question que l'on pose, d'un sujet qu'on aborde sans préparation. **Subito,** syn. fam. de *subitement.* ¶ 2 En un instant. *Tout à coup,* sans qu'on s'y attende. *Tout d'un coup,* en une seule fois, ensemble, et non à plusieurs reprises : *Lui ravir tout d'un coup la parole et la vie* (Rac.).

Coupable : → Fautif.

Coupant : → Tranchant.

Coupe : ¶ 1 *Coupe,* vase à boire plus large que profond. **Calice,** chez les Anciens, variété de *coupe,* de nos jours, dans le langage religieux, vase sacré servant, pendant la messe, à la consécration du vin. Au fig. *coupe,* toute source de joie ou d'amertume : *La coupe de la joie* (Chat.). *Calice,* toujours source d'amertume : *Le calice amer de la vie* (Lam.). ¶ 2 → Jatte. ¶ 3 → Compétition.

Coupe : ¶ 1 → Pièce. ¶ 2 → Plan. ¶ 3 Dans un vers, *Coupe,* séparation entre deux mots qui marque le passage d'une mesure à l'autre, sans repos ni arrêt. **Césure,** coupe avec repos et arrêt bien marqués : *Dans le vers de Boileau, Derrière elle faisait dire Argumentabor,* il y a une *coupe* après *faisait,* mais la suspension n'est pas assez nette pour qu'on puisse parler de *césure.* **Repos,** effet produit par la césure ou par toute pause, même en prose. **Hémistiche,** moitié d'un vers, par ext. place de la césure quand elle est au milieu du vers. ¶ 5 *Coupe sombre* : → Retranchement.

Coupé : → Court.

Coupe-file : → Laissez-passer.

Coupe-jarret : → Tueur.

Couper : ¶ 1 *Couper,* diviser un corps avec un instrument tranchant : *Couper les cheveux, un habit, la gorge.* **Trancher,** couper en séparant d'un seul coup : *Trancher la tête.* **Sectionner,** couper, dans le langage médical : *La balle avait sectionné l'artère* (Acad.). **Tailler,** couper une chose en pièces, en tranches, ou en retrancher une certaine partie, en coupant, de façon à lui donner une certaine forme : *Tailler des arbres, des pierres, des chemises, du pain en tranches* (Lit.). **Inciser,** couper en fendant le dessus de quelque chose et en pénétrant profondément : *Inciser un pin pour en tirer la résine* (Acad.). **Taillader,** faire des entailles sur les chairs ou des coupures dans une étoffe par mégarde ou par ornement : *Visage taillardé; pourpoint taillardé.* **Entamer,** inciser ou taillader superficiellement : *Le coup lui entama l'os* (Acad.). **Chapeler,** tailler en enlevant le dessus; spéc. tailler du pain en enlevant la croûte. **Découper** (→ ce mot), couper par morceaux une pièce de viande, diviser une volaille par membres; ou couper avec art des étoffes, du carton, du papier, de manière que ce que l'on ôte ou ce qui reste ait une forme déterminée : *Jeune fille qui découpe d'ingénieux ouvrages* (Chat.). **Hacher,** couper en petits morceaux avec une hache, un couperet, ou découper maladroitement : *Hacher les viandes.* **Tronçonner,** couper en tronçons un objet plus long que large : *Tronçonner un brochet.* ¶ 2 → Retrancher. ¶ 3 → Châtrer. ¶ 4 → Traverser. ¶ 5 → Mêler. ¶ 6 → Interrompre. ¶ 7 *Couper le cou* : → Décapiter. *Couper la gorge* : → Tuer. ¶ 8 (Réf.) → (se) Démentir.

Couperet : → Couteau.

Couple : ¶ 1 (Fém.) *Couple,* ensemble de deux choses mises accidentellement ensemble et qui n'ont entre elles d'autres rapports que celui de la rencontre. **Paire,** réunion constante de deux choses qui pour l'usage vont nécessairement ensemble : *Une couple d'œufs; une paire de gants.* ¶ 2 (Masc.) Union de deux êtres animés qui se conviennent. *Couple* implique l'union la plus intime et la plus parfaite, et, s'il s'agit d'êtres d'un sexe différent, envisage souvent cette union comme ayant pour but la génération : *Deux couples par l'amour conduits* (Lam.). **Paire** se dit fam. de personnes de même sexe qui vivent en compagnie, sur le pied d'égalité, se ressemblent : *Une paire de loyaux chevaliers* (Volt.) ; et de deux animaux de sexe différent ou du même sexe, qui ont uniquement entre eux un rapport d'égalité ou de ressemblance : *Une paire de poulets.* **Tandem**, pop., association de deux personnes en général animées d'un mauvais dessein.

Couplet : ¶ 1 → Stance. ¶ 2 → Chant. ¶ 3 → Tirade.

Coupole : → Dôme.

Coupon : ¶ 1 → Pièce. ¶ 2 → Billet.

Coupure : ¶ 1 Blessure produite par séparation des tissus toujours à l'aide d'un instrument tranchant (≠ Déchirure). *Coupure*, blessure de ce genre en général involontaire et superficielle, n'affectant que la peau : *Se faire une coupure en jouant avec un canif.* **Entaille**, coupure, volontaire ou non, plus profonde et surtout plus large, dans les parties charnues ou osseuses du corps humain : *Coup d'épée qui a fait une large entaille.* **Incision**, coupure toujours volontaire, longue, et plus ou moins profonde, qui fend la peau et les tissus sous-jacents. **Taillade**, entaille dans les chairs : *On se fait une taillade en se rasant.* **Balafre**, grande taillade faite par une arme tranchante, spéc. au visage : *La balafre du sabre* (V. H.). **Estafilade**, coupure assez superficielle, mais assez longue, faite avec une épée, un rasoir ou quelque autre instrument tranchant surtout sur le visage. — En langage chirurgical, *incision* a pour syn. **Scarification**, incision superficielle faite à la peau, avec lancette ou bistouri, pour permettre l'écoulement d'un peu de sang ou de sérosité. **Boutonnière**, incision longue et étroite ; *entaille*, scarification profonde destinée à produire un dégorgement. ¶ 2 En parlant d'une étoffe, *Coupure* se dit de toute séparation, volontaire ou non, produite en coupant ; **Estafilade**, d'une longue coupure ou déchirure involontaire, à un vêtement, une robe : *Il y a une estafilade à votre manteau* (Acad.) ; **Taillade**, d'une coupure en long qu'on fait dans une étoffe, dans un habit, par mégarde ou par manière d'ornement : *Autrefois on portait des pourpoints à taillade* (Acad.). ¶ 3 → Billet. ¶ 4 → Retranchement.

Cour : ¶ 1 → Tribunal. ¶ 2 *Faire la cour :* → Courtiser.

Courage, manifestation dans l'action d'une disposition de l'âme opposée à la crainte, qui se distingue de la **Fermeté** (→ ce mot), **Cœur**, en ce sens, se disant de cette disposition elle-même considérée intérieurement comme la source du courage : *L'homme de cœur se conduit avec courage* (L.). *Courage* exprime cette disposition, dans tous les événements de la vie et par

rapport à toute espèce de maux ou de dangers. Le *courage* se distingue de la **Confiance** (→ ce mot) parce qu'il n'a pas besoin pour se manifester qu'on se fie à quelque chose, à quelqu'un ou à soi. **Bravoure**, courage instinctif, impétueux, autant physique que moral, uniquement au combat : *Sans autre mérite que celui de la vulgaire bravoure de sabreur* (Balz.). **Vaillance**, courage fondé sur le désir de gloire et l'énergie, à la guerre ou dans tout effort pénible, désigne plutôt cette qualité intérieurement, ce qui rend ce mot susceptible d'emplois plus larges que **Valeur**, manifestation de la *vaillance* dans l'ordre des faits et spéc. au combat : *La vaillance d'une veuve chargée de famille. La valeur n'attend pas le nombre des années* (Corn.). **Héroïsme**, valeur exceptionnelle qui va jusqu'au sacrifice, dans toutes les actions où le courage est nécessaire : *L'héroïsme des combattants de Verdun. Héroïsme de sagesse, de générosité* (Acad.). **Intrépidité**, courage passif, celui de l'homme qui ne tremble pas devant le danger ou la souffrance : *Marcher au supplice avec intrépidité* Volt.). **Hardiesse** (→ ce mot), courage actif, celui de l'homme qui entreprend ou attaque : *Les gens qui ont la hardiesse de dire la vérité* (Fén.).

Courageux, Brave, Vaillant, Valeureux, Héroïque, Intrépide (→ ce mot), **Hardi :** → Courage. **Crâne** se dit surtout de l'air de celui qui paraît courageux, soit parce qu'il ignore la peur, soit parce qu'il affecte de l'ignorer et, en ce dernier sens, tend à être syn. de *fanfaron : Un gamin crâne. Faire le crâne.*

Courant : Adj. ¶ 1 → Présent. ¶ 2 → Commun. — N. ¶ 3 → Cours. ¶ 4 Masse d'eau vive. Le *Courant* est naturel : *Courants d'eau sortant des montagnes de glace* (J.-J. R.). **Chenal**, terme technique, courant d'eau pratiqué pour l'usage d'un moulin, d'une forge, d'une usine, etc. — ¶ 5 *Être au courant :* → Connaître. ¶ 6 *Mettre, Tenir au courant :* → Informer.

Courbatu : → Fatigué.

Courbe : ¶ 1 Adj. Ni droit ni composé de lignes droites ; en forme d'arc ou de sinuosité. Ce qui est *Courbe* est tel par lui-même, ce qui est **Courbé** a été rendu tel ou n'est pas parfaitement courbe. **Recourbé**, courbé en rond de manière à former plusieurs courbes, ou courbé dans le sens contraire d'une première courbure : *Défenses de sanglier courbées et recourbées à peu près comme les cornes d'un taureau* (Buf.). **Crochu**, recourbé en forme de crochet : *Nez crochu.* **Convexe**, qui présente une courbure en saillie, a pour anton. **Concave**. **Coudé**, courbé assez brusquement, comme un coude : *Tunnels coudés* (J. Rom.). **Incurvé**, courbé du dehors au dedans. — **Infléchi** ou **Inflexe**, terme de science, incurvé, courbé du côté du centre ou de l'axe : *Rameaux infléchis.* — En parlant du corps ou d'une de ses parties, *Courbé,* **Voûté, Cassé, Cambré, Arqué** : → (se) Courber. **Busqué,** en termes de manège, se dit d'un cheval dont la tête est arquée et, dans un sens analogue, d'un nez humain ou animal de cette forme. — N. ¶ 2 *Courbe,* toute ligne courbe. **Arc,** terme de géométrie, portion définie d'une ligne courbe. **Courbure,** forme d'une chose courbée. ¶ 3 → Coude. En parlant d'une rivière, *Courbe,* arc qu'elle décrit, **Boucle,** courbe presque fermée : *Les boucles de la Seine après Paris.* ¶ 4 → Diagramme.

Courber : ¶ 1 → Fléchir et Incliner. ¶ 2 Au fig. → Soumettre. ¶ 3 (Réf.) Cesser d'être droit, en prenant la forme courbe. *Se courber,* en parlant des personnes ou des choses, envisage l'action, qui peut être momentanée, de la façon la plus imprécise : *Lilas qui se courbaient sur la voûte* (MARM.). *Se courber sur Pyrrhus* (RAC.). **Se voûter** ne se dit que de la taille des personnes qui commence à se courber définitivement : *Homme long et voûté* (CAM.). **Se casser,** se voûter fortement par suite de l'âge ou des infirmités : *Pas voûté, mais cassé : son échine Faisait avec sa jambe un parfait angle droit* (BAUD.). **Se cambrer,** en parlant du corps et des choses, prendre une forme légèrement arquée, en général avec une concavité en arrière : *Taille cambrée.* **S'arquer,** se courber parfaitement en arc : *Les jambes des cavaliers sont souvent arquées.* **Se busquer** ne se dit que du nez (→ Courbe) : *Son nez se busquait sur ses lèvres amincies* (GI.). ¶ 4 (Réf.) → (s') Incliner.

Courbette : → Salut.

Coureur : ¶ 1 → Messager. ¶ 2 → Débauché.

Courir : ¶ 1 *Courir,* aller d'un train rapide pour atteindre ou éviter quelqu'un ou quelque chose : *Les femmes ne sont pas faites pour courir; quand elles fuient, c'est pour être atteintes* (J.-J. R.). **Galoper,** courir de son allure la plus rapide en parlant du cheval, et, par ext. fam., courir très vite. **Voler,** fig., noble et poét., courir très vite : *Va, cours, vole et nous venge* (CORN.). — Syn. pop. de *courir :* **Cavaler :** *Je cavale en vitesse vers la pente* (GIO.); **Trôler,** courir çà et là; **Tracer;** Tricoter des jambes, des gambettes, des pincettes. ¶ 2 → Rechercher et Fréquenter. ¶ 3 → (se) Répandre. ¶ 4 → Passer. ¶ 5 Poursuivre à la chasse. **Courre,** autrefois syn. de *Courir* dans tous les sens, ne l'est plus, de nos jours, que dans quelques loc. anciennes : *Courre le cerf, chasse à courre.* ¶ 6 Aller, se mouvoir dans un certain espace . *Courir,* aller rapidement, sans s'arrêter, et sans but précis : *Cette mer qu'ici-*

bas nous courons (BOIL.). *Courons le pays* (L. F.). **Parcourir** (→ ce mot), aller, sans forcément se hâter, de point en point, d'un bout à l'autre, dans un dessein déterminé, pour explorer ou chercher quelque chose : *On parcourt toute la ville pour trouver une personne, on a couru toute la ville sans trouver personne.*

Couronne : ¶ 1 *Couronne,* ornement fait de branches, d'herbes, de fleurs, de pierres précieuses, etc., symbole de dignité, de mérite supérieur, d'autorité, de joie, ou simple parure, qui se porte en général sur le sommet de la tête : *Couronne de laurier, de fleurs, de prix, royale, impériale.* **Diadème,** bandeau ceignant le front, symbole de la royauté chez les Anciens; de nos jours, coiffure de soirée faite d'une sorte de serre-tête de pierreries ou de fleurs. **Tiare,** ornement de tête chez les Perses, les Arméniens, les Juifs; de nos jours, grand bonnet du pape autour duquel sont trois couronnes d'or enrichies de pierreries, avec un globe surmonté d'une croix. — Au fig. *diadème,* du style relevé, la royauté considérée abstraitement : *Perdre un diadème* (CORN.); *couronne,* la puissance royale, les États du souverain, ou le souverain même : *Toute la Lorraine jointe à cette couronne* (VOLT.). *Traiter de couronne à couronne* (VOLT.). ¶ 2 Au fig. *Couronne,* dans le style relevé, désigne un prix, une récompense (→ ce mot et Récompenser) donnés au mérite ou à une victoire. **Palme,** fig., symbolise le triomphe lui-même dans une lutte quelconque : *Remporter la palme.* **Lauriers,** fig., a rapport à la gloire acquise spéc. par les armes ou la poésie. — En parlant des martyrs, *couronne du martyre* désigne plutôt la promotion même à la gloire des martyrs, *palme du martyre,* la béatitude éternelle qui en résulte.

Couronner : ¶ 1 *Couronner,* mettre solennellement la couronne sur la tête d'un souverain, ou simplement faire roi ou donner le titre de roi : *Il va sur tant d'États couronner Bérénice* (RAC.). **Sacrer,** conférer, au moyen de certaines cérémonies religieuses, un caractère de sainteté à un souverain ou à un futur souverain, sans forcément le couronner : *Jeanne d'Arc fit sacrer Charles VII à Reims.* — Au fig. ¶ 2 → Finir. ¶ 3 → Récompenser. ¶ 4 → Blesser.

Courrier : ¶ 1 → Messager. ¶ 2 → Bateau. ¶ 3 → Correspondance.

Courroie, bande généralement en cuir qui sert à attacher ou à lier. **Lanière,** courroie étroite et longue. **Sangle,** bande de toile ou de cuir qu'on tend pour serrer quelque chose : *Sangle de lit, de fauteuil, de selle. Lanières d'un fouet. Courroies d'une malle d'un harnais* (ACAD.).

Courroux : → Colère.

Cours : ¶ 1 Mouvement des eaux d'un fleuve. *Cours*, direction d'un fleuve, espace qu'il parcourt de sa source à son embouchure, ou son mouvement considéré par rapport à sa vitesse grande ou petite : *Une rivière dont le cours, Image du sommeil, doux, paisible, tranquille* (L. F.). **Courant**, concret, masse des eaux en mouvement : *Un agneau se désaltérait Dans le courant d'une onde pure* (L. F.). *Remonter le courant*. **Fil**, dans la loc. *Fil de l'eau*, la direction du courant naturel d'une rivière : *Aller au fil de l'eau*. ¶ 2 → Suite. Au fig. Mouvement de ce qui court. *Cours*, mouvement réglé de ce qui va ou évolue : *Le cours de ses pensées était triste* (M. D. G.). **Fil** (*de la vie, de nos destinées, de nos jours*), syn. poétique de *cours*, dans ces expressions. **Courant**, cours d'événements qui se succèdent, entraînent, débordent : *Le courant des affaires*. **Course**, cours rapide de ce qui va : *Et qui guide les cieux en leur course rapide?* (L. F.). **Carrière**, temps limité dans lequel une activité s'exerce, et mouvement périodique des astres, souvent dans le style relevé : *Le soleil poursuivant sa carrière* (POMPIGNAN). ¶ 3 → Évolution. ¶ 4 → Leçon. ¶ 5 → Traité. ¶ 6 → École. ¶ 7 → Promenade. ¶ 8 → Rue. ¶ 9 Le fait que des choses, comme les livres et les maximes, sont reçues par le monde sans difficulté. *Cours* a rapport à la diffusion : ce qui *a cours* se répand, se propage sans obstacle : *Cette opinion eut peu de cours dans l'Allemagne* (VOLT.). **Vogue** (→ Mode) implique que la chose est courue, qu'on la recherche avec empressement, **Crédit**, qu'elle fait autorité, qu'on est convaincu de sa valeur : *Vous savez quel crédit ce mensonge a sur nous* (L. F.). *C'est l'opinion qui fait toujours la vogue* (L. F.). **Fureur**, surtout dans la loc. *Faire fureur*, a rapport à l'enthousiasme (→ ce mot) qu'éveille dans le public ce qui est en vogue : *Les mots croisés font fureur*. ¶ 10 → Prix.

Cours d'eau, terme générique désignant toutes les eaux courant naturellement à découvert. **Ruisseau**, courant d'eau peu considérable. **Ru**, petit ruisseau. **Rivière**, cours d'eau abondant qui se jette dans une autre rivière, dans un fleuve, dans la mer, dans un lac ou se perd dans les sables (ACAD.). **Fleuve**, cours d'eau plus important que la rivière, qui d'ordinaire porte ses eaux et conserve son nom jusqu'à la mer. **Torrent**, cours d'eau impétueux qui s'enfle rapidement, mais est souvent à sec : *Le cours du torrent devenu un ruisseau rapide* (R. BAZ.). **Ravine**, espèce de torrent encaissé qui se précipite d'un lieu élevé. **Gave**, cours d'eau des Pyrénées occidentales.

Course : ¶ 1 → Marche. ¶ 2 → Cours. ¶ 3 → Incursion. ¶ 4 → Trajet. ¶ 5 → Promenade. ¶ 6 Allées et venues pour une raison précise. *Course*, déplacement, pour son compte ou celui d'autrui, en vue d'achats, de messages, d'affaires, etc. **Commission**, emplette ou message pour le compte d'autrui. **Démarches** (→ ce mot), allées et venues et efforts pour la réussite d'une entreprise, d'une affaire.

Coursier : → Cheval.

Court : ¶ 1 De peu de longueur. *Court* se dit seul des corps et, relativement à l'espace ou à la durée, qualifie ce qui n'a pas une grande étendue : *Nez court, habit court. La conversation s'établit, mais par courtes phrases coupées de silence* (ZOLA). **Bref** a rapport à la durée et qualifie non ce qui est, mais ce qui arrive ou se fait rapidement : *Un échange de paroles brèves* (ZOLA). *Chant bref* (BUF.). ¶ 2 En parlant du discours qui n'est pas prolixe, *Court* regarde la dimension : qui n'occupe pas beaucoup de place, tient en quelques pages, en quelques lignes : *Les mandements de Massillon sont la plupart aussi courts qu'une lettre* (L. H.). **Bref**, surtout en parlant du discours parlé, qui ne dure pas longtemps : *Parlez, mais surtout soyez bref* (MOL.). — En parlant de la forme : **Concis**, qui dit ce qu'il veut dire en peu de mots; **Serré**, très concis, qui dit beaucoup de choses en peu de mots : *Perse, en ses vers obscurs, mais serrés et pressants, Affecta d'enfermer moins de mots que de sens* (BOIL.); **Pressé**, très bref en parlant de celui dont le style est à la fois rapide et concis : *Soyez vif et pressé dans vos narrations* (BOIL.); **Elliptique** se dit d'un tour, d'un style qui supprime des mots qui seraient nécessaires à la régularité de la construction; **Coupé** et **Haché**, qui enchérit, d'un style à phrases courtes, parfois inachevées ou sans liaison, souvent pour marquer la passion : *Le style de Michelet est parfois coupé*; **Laconique**, très concis, qualifie surtout une manière de parler par sentences ou par mots isolés : *Laconique et sentencieux dans ses propos* (J.-J. R.); **Lapidaire** se dit d'un style qui présente la concision et aussi la fermeté et la grandeur du style des inscriptions gravées sur la pierre; **Télégraphique**, d'un style elliptique réduit au minimum de mots, comme celui d'une dépêche et, de ce fait, plus utilitaire qu'esthétique. — En parlant du fond : **Succinct**, qui n'est pas circonstancié ou détaillé : *Analyse succincte* (L. H.). *Rendre un compte succinct* (VOLT.). **Sommaire**, succinct, mais qui laisse entrevoir des développements possibles, fournit une espèce d'esquisse : *On commence l'histoire d'une nation par quelques registres très sommaires* (VOLT.); **Abrégé**, succinct et qui rappelle en réduction des développements donnés ailleurs : *Récapitulation et répétition abrégée* (Bos.); ou simplement dont on a diminué la durée : *Épisode abrégé* (Gi.); **Resserré, Condensé, Résumé, Ramassé,** qui enchérissent sur *abrégé*, diffèrent comme les v. correspondants : → Resserrer. **Compendieux,** syn. vx d'*abrégé*.

Courtage : → Commission.

Courtaud : ¶ 1 Adj. → Ramassé. ¶ 2 N. → Cheval.

Courtier : → Intermédiaire.

Courtisan : ¶ 1 N. *Courtisan,* celui qui vit à la Cour, fait avec art sa cour au Roi et, en général, tire avantage de cette cour, est souvent péj. : *L'art des courtisans ne tend qu'à profiter des faiblesses des grands* (Mol.). **Homme de la cour,** celui qui fait partie de la cour, y a un emploi, est attaché au prince sous un titre quelconque : *Saint François de Paule fut appelé à la cour de nos rois; il y vécut; en ce sens, ç'a été un homme de la cour* (Bour.). **Homme de cour,** celui qui, sans forcément vivre à la cour, a tous les traits, parfois critiquables, du courtisan : *Un homme de cour, en bon français, est moins l'énoncé d'un état que le résumé d'un caractère adroit, liant,* etc. (Beaum.). ¶ 2 Adj. *Courtisan,* souvent péj., qui caractérise l'homme de cour : *Amortir, parmi la noblesse, l'esprit courtisan* (J.-J. R.). **De courtisan,** qui caractérise parfaitement le courtisan. **Courtisanesque,** qui sent le courtisan, lui ressemble, peu naturel: *Langage courtisanesque* (P.-L. Cour.).

Courtiser implique, en un sens souvent péj., une action continue et persévérante pour plaire à quelqu'un dont on veut obtenir quelque chose, **Faire la cour** implique une seule action, et a souvent un sens favorable : *Un galant courtise les dames, un jeune homme fait la cour à une jeune personne qu'il doit épouser.* **Galantiser,** vx. courtiser ridiculement les femmes (→ Marivauder).

Courtois : → Civil.

Courtoisie : → Civilité.

Cousette : → Midinette.

Coussin, sorte de sac rempli de plumes, de crins ou de bourre et qui sert à supporter quelque partie du corps dans le repos : *Coussin de canapé.* **Coussinet,** petit coussin : *Pot au lait Bien posé sur un coussinet* (L. F.). **Bourrelet,** coussinet rempli de bourre, fait en rond avec un vide au milieu. **Carreau,** vx, coussin carré pour s'asseoir ou s'agenouiller.

Cousu : ¶ 1 → Maigre. ¶ 2 *Cousu d'or :* → Riche.

Coût : → Prix.

Couteau, instrument tranchant composé d'une lame et d'un manche. **Coutelas,** grand couteau de cuisine. **Couperet,** large et lourd couteau pour trancher et hacher la viande. — **Eustache,** petit couteau grossier à manche de bois, désigne aussi, en argot, un couteau à virole (**Surin** désignant, dans ce langage, un couteau ou un poignard). **Canif,** petit couteau pour tailler des plumes; de nos jours petit couteau de poche à une ou plusieurs lames se repliant dans le manche. — **Bistouri,** en chirurgie, instrument en forme de couteau, à lame fixe ou non, qui sert à faire des incisions dans les chairs. *Couteau* se dit aussi d'un instrument tranchant plus grand que le *bistouri*, à lame fixe, qui sert pour diviser les parties molles. **Lancette,** petit instrument de chirurgie qui sert à percer.

Coûter : → Valoir.

Coûteux : → Cher.

Coutume : ¶ 1 → Habitude. ¶ 2 *Avoir coutume :* → (être) Accoutumé. *Avoir coutume,* faire fréquemment une chose générale et commune : *Il avait coutume de se trouver là chaque mercredi* (Gi.). *Avoir la coutume,* faire fréquemment une chose singulière ou extraordinaire : *Les Anglais ont la coutume de finir presque tous leurs actes par une comparaison* (Volt.).

Coutumier : ¶ 1 → Ordinaire. ¶ 2 → Habitude. ¶ 3 *Être coutumier de :* → (être) Accoutumé.

Couturier : → Tailleur.

Couvée : → Race.

Couvent : → Cloître.

Couver : ¶ 1 → Nourrir. ¶ 2 *Couver des yeux :* → Regarder.

Couvert : N. ¶ 1 → Maison. ¶ 2 → Ombre. ¶ 3 *Sous le couvert de :* → (sous le) Manteau ¶ 4 *A couvert :* → (à l') Abri. ¶ 5 Part. → Vêtu.

Couverture : ¶ 1 *Couverture,* pièce de toile, de drap, d'étoffe, etc. qu'on met directement sur les draps du lit pour tenir chaud. **Couvre-lit,** pièce d'étoffe ou de tapisserie qui, sur les couvertures, recouvre le lit et sert d'ornement. **Couvre-pied,** sorte de couverture rembourrée et piquée qui ne couvre que les pieds, ou couvre-lit d'apparat. **Édredon,** couvre-pied rempli de duvet. **Courtepointe** (vx), sorte de couverture ouatée et piquée qui recouvrait tout le lit avec apparat. ¶ 2 → Garantie. ¶ 3 → Toit.

Couvre-chef : → Coiffure.

Couvre-lit, Couvre-pied : → Couverture.

Couvrir : ¶ 1 *Couvrir,* appliquer une chose sur ou devant une autre pour la cacher, la conserver, la fermer : *Couvrir un pot; sa* *tête; une statue d'un voile* (Acad.). **Enve-lopper,** entourer quelque chose avec du papier, une étoffe, un linge, qui couvre, qui environne de tous côtés : *Envelopper un tableau dans du papier* (Acad.). **Re-couvrir** (→ ce mot), couvrir de nouveau ou couvrir entièrement. **Barder,** couvrir un cheval d'une barde, sorte d'ancienne armure faite de lames de fer, ou enve-lopper une volaille d'une tranche de lard fort mince : *Barder un chapon*; par ext., au fig. et ironiquement, couvrir de choses abondantes ou épaisses : *Être bardé de cor-dons, de ridicules.* **Habiller,** couvrir ou envelopper, surtout pour protéger, dans quelques loc. techniques : *Habiller de paille une plante fragile.* ¶ 2 → Protéger et Répondre de. ¶ 3 → Cacher. ¶ 4 → Dé-guiser. ¶ 5 → Vêtir. ¶ 6 → Remplir. ¶ 7 → Parcourir. ¶ 8 → Dominer. ¶ 9 S'ac-coupler avec la femelle en parlant des animaux mâles. *Couvrir* se dit dans tous les cas. En termes d'élevage, **Saillir** se dit pour les étalons, les taureaux et les verrats, **Monter,** surtout pour les étalons, **Lutter,** pour les béliers, **Cocher,** pour les oiseaux de basse-cour. **Coupler** se dit pour les loups.

Covenant : → Traité.

Crachement, action de cracher, quoi que ce soit que l'on crache. **Crachat,** salive, pituite, ou toute autre mucosité qu'on projette par la bouche. **Expectoration,** action d'expectorer : → Cracher. **Expui-tion,** action d'expulser hors de la bouche les substances et particulièrement les liquides qui s'y trouvent en abondance comme la salive, ou dernier terme de l'ex-pectoration. **Sputation,** crachement continu qu'on observe chez les femmes enceintes et certains aliénés. **Molard, Huître,** crachat épais, sont triviaux.

Cracher : Rejeter hors de la bouche. *Cra-cher,* terme vulgaire, se dit dans tous les cas pour la salive, le sang, un objet quel-conque. **Recracher,** cracher de nouveau, ou rejeter de la bouche ce qui, après y avoir été introduit, excite le dégoût. **Ex-pectorer,** terme de médecine, rejeter, en toussant, les mucosités ou autres matières qui obstruent les bronches. **Crachoter,** cra-cher souvent et peu à la fois. **Graillonner,** faire effort pour expectorer des mucosités grasses qui embarrassent la gorge. Péj. **Crachailler,** cracher d'une façon agaçante. **Crachouiller,** cracher salement. Pop. **Gla-viotter,** cracher, et **Moiarder,** cracher gras.

Crachin : → Pluie.

Crachoter : → Cracher.

Craindre : Éprouver le sentiment qui fait reculer, hésiter devant quelque chose qui menace. *Craindre,* terme générique, et **Appréhender** expriment une vue de l'esprit,

mais *craindre* se dit d'un danger probable, *appréhender,* d'un danger possible : *Édouard craignait qu'il ne prît froid* (Gi.). *Appré-hender toutes choses* (Bos.). **Redouter,** plus fort, craindre ce qui est supérieur, ter-rible, ce à quoi on ne peut avantageuse-ment résister : *Il le redoutait à l'égal d'un père* (Zola). *Assez bête pour redouter leurs prétendues vengeances* (J. Rom.). **Avoir peur,** éprouver une émotion subite et vio-lente, irraisonnée, parfois lâche, devant un danger présent et pressant, réel ou non : *Il y a des gens dont il ne faut pas dire qu'ils craignent Dieu, mais bien qu'ils en ont peur* (Did.); s'emploie toutefois, dans le lan-gage courant, en un sens atténué, comme syn. de *craindre* : *J'ai peur de vous ennuyer.* **Trembler** enchérit au fig. sur tous ces termes : *Le petit garçon qui tremble devant une correction méritée* (M. D. G.). **Être effrayé** et ses syn. (→ Effrayer) marquent surtout une crainte ou une peur qui stu-péfient, empêchent d'agir. **Être épouvanté** (→ Épouvanter) et ses syn. indiquent le suprême degré de la peur.

Crainte : Idée d'un danger, d'un mal à venir dont on est menacé et éprouve péni-ble d'aversion pour ce mal. *Crainte* et **Appréhension** désignent un état purement intellectuel, sans trouble émotif, et diffè-rent comme les verbes correspondants (→ Craindre) : *Crainte de la guerre* (J. Rom.); *de gêner* (Gi.). *Appréhension solennelle et vague* (J. Rom.); *sourde* (Cam.). Avec l'idée d'une émotion pénible, mais modérée, pro-duite dans l'âme par l'idée d'un danger, **Inquiétude** (→ ce mot), perte du calme, de la sérénité, absence de repos causée par l'appréhension : *Vague inquiétude* (J. Rom.). *Ce léger écœurement devant l'avenir qu'on appelle inquiétude* (Cam.). **Alarme,** au fig., grande inquiétude excitée non par ce qu'on pressent, mais par ce qu'on apprend, sentiment qui accompagne la crainte plutôt que l'appréhension : *Il sait votre dessein, jugez de ses alarmes* (Rac.). **Tremblement,** crainte vive et durable : *Votre dernier regard m'a laissé dans un tremblement que je n'ai jamais éprouvé même quand j'ai vu ma vie mise en question* (Balz.). **Peur** (→ ce mot), état émotif assez violent, très subjectif, qui ne repose pas comme l'*inquiétude* ou l'*alarme,* sur la réflexion, mais est dû à une sorte de fai-blesse, souvent lâche, ou à de simples imaginations : *Elle avait eu une vraie peur tant le masque drôle de Fontan était devenu terrible* (Zola). *Fantômes de la peur* (Vauv.). **Épouvante** (→ ce mot), grande peur.

Craintif : Sujet à redouter les dangers (≠ Lâche, qui manque de courage). *Craintif,* qui appréhende, souvent par réflexion, des dangers qui ne sont qu'en perspective : *Tes fautes passées te rendent craintive* (J.-J. R.).

Peureux (→ Lâche), qui s'effraie, par tempérament, de la présence d'un danger réel ou imaginaire : *Les gens de naturel peureux* (L. F.). **Timide,** qui se défie non des choses, mais de lui-même, de sa faiblesse, de l'insuffisance de ses moyens : *Le malheur et le repentir l'avaient rendu timide envers la destinée* (STAËL). **Timoré,** timide par scrupule excessif : *C'était un timoré qui réduisait chaque jour davantage ses affaires* (MAU.). **Trembleur,** péj., craintif à l'excès, toujours préoccupé d'éviter pour lui-même un danger quelconque : *Trembleurs et rampants* (MIRAB.).

Cramoisi : → Rouge.

Crampe : ¶ 1 → Contraction. ¶ 2 → Colique.

Crampon : Au fig. → Importun.

Cramponner : ¶ 1 → Attacher. ¶ 2 → Ennuyer. ¶ 3 (Réf.) → (s') Attacher.

Cran : ¶ 1 → Entaille. ¶ 2 → Fermeté.

Crâne : ¶ 1 N. → Tête. ¶ 2 Adj. → Courageux et Intrépide.

Crâner : → Braver et Poser.

Crânerie : → Fanfaronnade.

Crapule : ¶ 1 → Débauche et Ivresse. ¶ 2 → Vaurien.

Craquer, produire un bruit sec en se déchirant, en se froissant, ou par l'éclatement et la désorganisation de ses éléments : *Un plancher craque.* **Claquer,** produire un bruit sec par un choc soudain : *Un fouet claque, des dents claquent.* **Craqueter,** craquer plusieurs fois de suite, petitement ou avec petit bruit : *Le sel craquète dans le feu.* **Pétiller** (→ ce mot), craqueter en brûlant. — Au fig. ce qui *craque* va se rompre, ce qui *claque* se rompt ou se détruit (→ [se] Rompre) : *Cette effroyable crise où craquait, où s'effondrait sa faible humanité* (ZOLA). *La corde claque* (GI.) : → Crouler.

Crasse : ¶ 1 Adj. → Épais. — N. ¶ 2 → Malpropreté. ¶ 3 → Bassesse.

Crasseux : ¶ 1 → Malpropre. ¶ 2 → Sordide et Avare.

Cravache : → Baguette.

Cravacher : → Cingler.

Crayon : → Ébauche.

Créance : → Foi.

Créateur : → Dieu.

Création : → Univers.

Créature : ¶ 1 → Homme. ¶ 2 → Protégé.

Crèche : → Auge.

Crédibilité : → Vraisemblance.

Crédit : ¶ 1 → Avoir. ¶ 2 → Influence, Faveur et Cours. ¶ 3 *A crédit :* → (à) Tempérament.

Credo : → Foi.

Crédule : → Simple.

Créer : ¶ 1 Donner l'existence. *Créer,* tirer du néant, faire de rien quelque chose. **Engendrer** (→ ce mot), produire son semblable par voie de génération, en parlant des hommes et des animaux, surtout des mâles et, au fig., des choses qui sont la cause immédiate de ce qu'elles produisent (→ Produire). **Concevoir,** commencer à porter en soi en parlant d'une femme enceinte : *Dieu a créé l'homme, a engendré son Fils de toute éternité. La Vierge a conçu le Christ.* ¶ 2 → Produire. Faire naître quelque chose qui est nouveau. *Créer,* donner, par un acte, l'existence réelle à quelque chose qui n'existait pas encore et qu'on tire du néant : *Richelieu a créé l'Académie française.* **Inventer, Concevoir** et **Imaginer** (→ Trouver), créer, par la force de son esprit, l'idée de quelque chose de nouveau, sans forcément lui donner l'existence réelle : *Si Dieu n'existait pas il faudrait l'inventer* (VOLT.). **Établir** (→ ce mot), créer ce que l'on fixe solidement en lui donnant une base ou un statut. **Former** (→ ce mot), créer en donnant l'être et la forme. ¶ 3 → Occasionner.

Crème : Au fig. → Choix.

Créole : → Métis.

Crêpé : → Frisé.

Crêper : → Friser.

Crépi : → Couche.

Crépiter : → Pétiller.

Crépu : → Frisé.

Crépuscule : ¶ 1 (Du soir) Faible clarté qui signale le passage du jour à la nuit. *Crépuscule* s'emploie seul en termes de science et au fig. **Brune,** fam., est souvent en ce sens précédé d'une préposition : *Un beau jour, à la brune, la petite disparut* (DID.). **Tombée du jour,** déclin du jour. **Tombée de la nuit,** commencement de la nuit. **Rabat-jour** est rare. ¶ 2 (Du matin) → Aube. ¶ 3 → Décadence.

Crésus : → Riche.

Crête : ¶ 1 → Touffe. ¶ 2 → Sommet.

Crétin : → Stupide.

Creuser : ¶ 1 En enlevant des parties d'une chose, y produire un vide. On *Creuse* en dessus, en allant de la surface vers le fond, on **Cave** en dessous. **Miner** (→ ce mot) caver pour détruire. **Fouir,** creuser la terre : *Creuser un puits. Les chacals fouissent la terre des sépultures* (BUF.). *La mer mine les terrains qu'elle cave* (L.). **Foncer,** creuser verticalement, à fond : *Foncer un puits* (ACAD.). **Fouiller,** creuser la terre pour découvrir ce qui y est enfermé et, absolument, pour faire un creux : *La taupe a fouillé là* (ACAD.). **Raviner,** creuser des sillons profonds, surtout en parlant de l'action de l'eau. **Affouiller,** creuser le lit et les berges d'une rivière, en parlant des eaux courantes. **Évider,** creuser des cannelures, des tubulures dans un objet en enlevant une partie de sa matière : *Évider une lame d'épée, une flûte* (ACAD.). **Approfondir,** rendre plus profond, creuser profondément. ¶ **2** Au fig. *Creuser,* pénétrer bien avant dans une chose par la pensée, insiste sur l'effort : *Creuser la question* (J. ROM.). **Approfondir,** pénétrer encore plus avant, marque le résultat, le succès : *Ce pla'sir obscur que je n'ai jamais approfondi* (PROUST). **Fouiller,** creuser à fond une question qu'on étudie, l'examiner d'une façon exhaustive : *Exposé très fouillé.*

Creux : N. ¶ **1** → Excavation. Espace qui se trouve dans les parties supérieures d'une chose ou à sa surface. Le *Creux* est naturel; l'**Enfonçure** résulte d'un accident. **Enfoncement,** creux ou enfonçure assez larges, dus à une rupture de surface, ce qui fait qu'une partie n'est pas au niveau du reste : *Creux de l'estomac; enfonçure du pavé; se cacher dans un enfoncement de terrain :* → Dépression. **Concavité,** partie sphérique creuse d'un corps : *La concavité d'un miroir.* ¶ **2** → Sonorité. — Adj. ¶ **3** *Creux* se dit aussi bien de ce qui a une cavité intérieure que de ce qui a un creux à sa surface ou paraît enfoncé dans un creux : *Joues creuses, yeux creux.* **Cave,** terme de science, ne s'emploie dans les mêmes sens qu'en parlant du corps : *Pâle, la barbe longue, les yeux caves* (FLAUB.). *Veine cave;* ou au fig. en astronomie : *Mois, année caves.* **Concave,** qui présente une surface creuse, sphérique, n'a rapport qu'à la forme géométrique : *Miroir concave.* ¶ **4** → Profond. ¶ **5** → Vide. ¶ **6** → Vain.

Crevasse : → Fente.

Crève-cœur : → Ennui.

Crever : ¶ **1** → (se) Rompre. ¶ **2** → Mourir. ¶ **3** → Fatiguer.

Cri : ¶ **1** Voix haute et poussée avec effort. Le *Cri* est distinct, a un sens : *Cri de guerre, de douleur, les cris de Paris.* La **Clameur** est immodérée, confuse, souvent collective, suppose de la passion ce qui entraîne souvent une nuance péj. : *Une clameur profonde s'échappait des poitrines, gagnait de proche en proche avec un bruit de mer qui déferle* (ZOLA). *Clameur de la cabale* (VOLT.). **Exclamation,** cri subit de joie, d'admiration, de surprise, de protestation, d'indignation. **Interjection,** sorte de cri, d'onomatopée, de formule invariable qu'on jette brusquement pour exprimer les mouvements de l'âme. **Appel,** cri pour faire venir ou attirer l'attention. **Vocifération, Rugissement, Mugissement, Hurlement,** **Glapissement, Piaillement, Beuglement, Vagissement, Braillement :** → Crier. — Clameurs de dérision : → Huée. Cris importuns : → Crierie. ¶ **2** En parlant des choses : → Bruit.

Criaillerie : → Crierie.

Criard : Adj. ¶ **1** → Aigu. ¶ **2** → Voyant. ¶ **3** N. *Criard,* qui a l'habitude, la manie de crier et en devient importun. **Crieur,** qui crie effectivement et gêne par le bruit qu'il fait : *Un petit criard qui étourdissait tout le monde* (J.-J. R.). *Fermer la porte à ce crieur* (RAC.).

Cribler : ¶ **1** → Tamiser. ¶ **2** → Percer.

Criée : → Enchères et Vente.

Crier : ¶ **1** Dire quelque chose d'une voix très haute. *Crier,* dire quelque chose avec tant de force qu'on dirait un cri : *Cachez-moi, cria-t-il* (V. H.). **S'écrier,** autrefois jeter subitement un grand cri (*Il pâlit, il s'écrie.* BOIL.); de nos jours, prononcer quelques paroles d'une voix très haute : *Je m'écriai que c'était une injustice* (ACAD.). **Se récrier,** faire une exclamation sur quelque chose qui surprend et qui paraît extraordinaire, soit en bien soit en mal : *Elle se récria sur la gentillesse des pièces* (ZOLA). **Tonner,** crier d'une voix forte, avec beaucoup de véhémence, souvent contre quelqu'un : *Il tonnait contre la débauche* (ZOLA). ¶ **2** En son sens général d'émettre avec la voix humaine un son perçant, articulé ou non, *Crier* a pour syn. **Clamer, S'exclamer :** → Cri. **S'égosiller,** crier très fort et longtemps, à s'en faire mal au gosier. **S'époumoner,** crier ou parler à se fatiguer les poumons. **Vociférer,** pousser des clameurs désordonnées, par colère : *Vociférer des imprécations* (LIT.). **Rugir,** crier comme fait le lion, sous l'impulsion d'une passion violente : *Rugir de colère, de douleur, de joie; le Seigneur, l'orgueil rugissant* (LIT.). **Mugir,** crier avec force comme un taureau : *Il entend La Chicane en fureur mugir dans la grand-salle* (BOIL.). **Hurler,** pousser des cris aigus et prolongés, comme les loups et les chiens, sous l'effet de la colère, de la douleur, de la fureur : *Hurler des reproches* (S.-S.). — **Glapir,** crier d'une voix aigre et désagréable, comme un petit chien ou un renard. **Piailler,** crier sans cesse, d'un ton aigu, par mauvaise humeur, comme des petits oiseaux, souvent en parlant des enfants. **Piauler,** crier comme un poussin, se dit par ext. d'un enfant qui se plaint en pleurant. — Fam. **Brailler,** crier fort, d'une voix assourdissante et importune; **Braire,** crier, chanter, ou pleurer très fort, comme un âne qui brait; **Bramer,** crier d'une façon ridiculement plaintive, comme le cerf; **Beugler,** crier très fort et d'une façon prolongée, comme une vache : *Cet acteur ne parle pas,* *il beugle* (LIT.). **Criailler, Clabauder** : → Crierie. — **Vagir,** crier en parlant d'un enfant nouveau-né. ¶ 3 En parlant des choses, *Crier,* faire entendre un bruit strident : *La serrure grince et rechigne en criant* (BAUD.). **Hurler** convient pour le bruit d'une sirène, ainsi qu'**Ululer,** crier longuement en gémissant comme les oiseaux de nuit; **Rugir,** pour les bruits des vents, des flots, du combat : *La bataille rugira* (CHAT.). *Le vent rugit comme un soufflet de forge* (V. H.); **Mugir,** pour le bruit formidable des eaux de la mer, des vents violemment agités : *Les vents déchaînés mugissent avec fureur* (FÉN.). ¶ 3 → Publier. ¶ 4 → Avertir.

Crierie, fam. et souvent au pl., répétition agaçante de cris : *Crieries d'un avocat* (L. B.). **Criaillerie,** souvent au sing., cris importuns de plaintes, de récriminations : *Délivrez-moi, monsieur, de la criaillerie* (MOL.). **Clabauderie,** cris contre quelqu'un que l'on dénigre : *Les clabauderies des cabales pour et contre* (J.-J. R.).

Crieur : → Criard.

Crime : → Faute. *Crime,* très grave infraction à la morale ou à la loi, ou punie par les lois ou réprouvée par la conscience. **Forfait,** très grand crime, ou parce qu'il est horrible, inouï, ou parce qu'il a quelque chose d'illustre, par la position ou l'audace du coupable ou par la gravité de ses conséquences : *Des forfaits inouïs et des châtiments encore plus terribles* (J.-J. R.). **Attentat,** entreprise criminelle ou illégale contre des personnes ou des choses considérées en général comme sacrées : *Attentat parricide* (RAC.); *sur le pouvoir suprême* (CORN.).

Criminel : → Meurtrier, Malfaiteur et Scélérat.

Crinière, Crins : → Cheveux.

Crique : → Golfe.

Crise : ¶ 1 Mal subit. *Crise,* changement qui survient dans le cours d'une maladie et se marque par des phénomènes aigus : *Crise de paludisme, hépatique.* **Accès,** ensemble de troubles morbides aigus se produisant, à intervalles réguliers ou non, au cours de certaines maladies : *Accès de fièvre, de goutte, de folie.* **Quinte** ne se dit que d'un accès de toux violent et prolongé. **Attaque,** apparition soudaine et violente de certaines maladies, ou manifestation subite d'un état morbide chronique : *Attaque d'apoplexie, de nerfs.* **Poussée,** manifestation brusque, subite, d'un mal, d'une maladie nouveaux ou latents : *Poussée de fièvre.* **Bouffée,** poussée subite et très courte, en parlant surtout de la fièvre : *Bouffée de fièvre; de coliques* (SÉV.). **Atteinte,** légère manifestation d'une affection morbide qui n'est pas encore absolu-

ment déclarée : *Légère atteinte de goutte, de gravelle.* ¶ 2 Au fig. **Accès,** invasion subite et passagère de certains mouvements de l'âme : *Accès de joie* (PASC.); *de chagrin* (VOLT.). **Bouffée,** accès très court : *Bouffée d'humeur* (LIT.). **Bouillon,** rare, accès de passion ardente : *Ressentir les bouillons du patriotisme jusqu'au plus violent emportement* (MIRAB.). *Crise,* accès très violent qui a quelque chose de maladif : *Il avait des crises de foi d'une violence sanguine pareilles à des accès de fièvre chaude* (ZOLA); ou, fam., attitude inhabituelle, souvent due au caprice et considérée avec ironie : *Avoir une crise d'amabilité.* ¶ 3 → Péripétie. ¶ 4 → Stagnation.

Crispation : → Contraction.

Crisper : ¶ 1 → Resserrer. ¶ 2 → Énerver.

Crisser : → Grincer.

Cristal : → Verre.

Cristallin : → Transparent.

Criterium : ¶ 1 → Signe et Preuve. ¶ 2 → Compétition.

Critiquable : → Blâmable.

Critique : ¶ 1 Adj. → Décisif et Sérieux. ¶ 2 N. masc. Au sens prop., le *Critique* juge esthétiquement les productions littéraires, le *Censeur* est un personnage officiel qui juge la moralité des personnes ou des œuvres. Mais par ext. les deux mots s'emploient comme syn. — En morale, le *critique* examine, parfois avec malveillance, la conduite d'autrui et fonde son jugement sur des raisons dont le public est juge, le *censeur* condamne sans appel, en vertu d'une autorité qu'il possède réellement ou qu'il s'arroge et qui est incontestable. — En littérature, le *critique* examine la beauté d'une œuvre, l'explique, l'analyse avec goût et finesse; le *censeur* en relève les fautes, au nom d'une règle ou d'une autorité réelle ou supposée : *Je vous arrête à cette rime, Dira mon censeur à l'instant* (L. F.). *Craignez-vous pour vos vers la censure publique? Soyez-vous à vous-même un sévère critique* (BOIL.). **Juge,** terme vague, implique la capacité de décider, en général en dernier ressort, de la valeur esthétique ou morale d'une chose spéc. dans des loc. comme *Être bon juge.* Par antonomase, **Aristarque,** critique éclairé, judicieux, mais sévère. **Zoïle,** critique envieux. — N. fém. ¶ 3 → Jugement. ¶ 4 → Reproche. ¶ 5 Écrit ou discours attaquant une personne. La *Critique,* qui diffère de la **Censure** comme *critique* de *censeur,* est plus modérée que la **Satire,** peut exposer ce qu'il y a de louable à côté des défauts et essaie de plus de juger objectivement. La *satire* n'expose que les défauts, en les raillant, en les rendant ridicules : *La satire est sans yeux pour tout* *ce qui est bon* (VOLT.). **Diatribe,** anc. dissertation critique, de nos jours écrit, discours d'une éloquence violente et injurieuse qui contient une critique amère, par ext. discours simplement violent et injurieux : *Diatribe du docteur Akakia* (VOLT.).

Critiquer : ¶ 1 → Blâmer. Faire connaître sa désapprobation à tout le monde (*Critiquer quelqu'un, c'est blâmer dans le public sa conduite*. J.-J. R.). *Critiquer,* signaler des défauts théoriques surtout contre la beauté, le goût, la vérité, en prouvant leur existence par une analyse serrée, parfois ironique et même malveillante : *On peut critiquer, oui. On peut même condamner ce qui est* (M. D. G.). **Faire la critique de,** c'est simplement juger en montrant et en distinguant ce qu'il y a de bon et de mauvais : *Faire la critique des opérations.* **Censurer,** condamner des défauts surtout de moralité ou de conduite, en vertu d'une autorité incontestable qui peut prononcer avec gravité des arrêts sans appel : *Censurer des fautes* (VOLT.) ; *nos actions* (MOL.). *On censure un livre qui contient des doctrines dangereuses, on critique un livre mal écrit et plein d'erreurs* (L.). **Stigmatiser,** critiquer ou censurer durement, en notant publiquement d'infamie : *On l'a cruellement stigmatisé dans ce pamphlet* (ACAD.). **Mordre** suppose âpreté et parfois médisance dans la critique : *L'envie veut mordre* (VOLT.). **Trouver à redire,** chercher malignement la moindre imperfection : *Les tartufes voudront trouver à redire aux choses les plus innocentes* (MOL.). **Gloser,** fig. et fam., critiquer, censurer en médisant. **Épiloguer,** s'attarder à critiquer des riens : *Il épilogue sans cesse sur les défauts les plus légers des autres* (Bos.) → Chicaner. **Contrôler,** se permettre d'examiner, de critiquer, de censurer, sans en avoir le droit : *Se mêler de contrôler la médecine* (MOL.). **Fronder,** attaquer le gouvernement, par ext. critiquer en se déclarant ouvertement ennemi et en grand seigneur avec ironie, vanité, fanfaronnade : *Et d'un ton décisif, il frondait les auteurs* (DEST.). Très fam., **Éreinter, Esquinter, Démolir,** critiquer avec une méchanceté impitoyable. **Grêler sur le persil,** exercer sa critique contre des gens faibles, des choses sans conséquence. Pop. **Chiner,** critiquer avec ironie. **Bêcher,** critiquer avec des insinuations malveillantes. **¶ 2** → Discuter.

Croasser : Au fig. Crier en parlant des envieux. *Croasser,* crier comme le corbeau, faire entendre des rumeurs médisantes : *Ses rivaux obscurcis autour de lui croassent* (BOIL.). **Coasser,** crier comme le crapaud, implique plus de mépris car le crapaud est immonde et vit dans la fange : *Les marais où Perrault contre nos maîtres coasse* (CHAULIEU).

Croc : → Dent.

Crochet : ¶ 1 → Dent. **¶ 2** → Détour.

Crocheter : → Ouvrir.

Crochu : → Courbe.

Croire : ¶ 1 *Croire,* tenir pour vrai : *Incrédules les plus crédules, ils croient les miracles de Vespasien pour ne pas croire ceux de Moïse* (PASC.). **Gober,** croire légèrement et sottement : *Gober les absurdités les plus grossières et les plus palpables* (S.-S.). **Avaler,** en ce sens, est très fam. **Marcher,** fam. et employé absolument, gober ce que quelqu'un fait accroire et agir en conséquence. **¶ 2** *Faire croire* : → (faire) *Accroire.* **¶ 3** *Croire quelqu'un,* le tenir pour sincère, véridique, suivre ses conseils : *Croire les médecins.* **Croire à quelqu'un,** avoir foi en sa puissance ou croire à son existence : *Croire aux devins* (CORN.). **Croire en quelqu'un,** avoir une confiance totale en son existence, en ses paroles et en sa puissance : *Croire en J.-C.* (PASC.) : à noter que *croire à* et *croire en* sont souvent confondus dans l'usage. **¶ 4** Avoir une certaine opinion. *Croire,* tenir pour vrai ce qu'on dit ou ce qu'on nous a dit, en parlant de quelque chose de général. **Penser,** avoir une opinion personnelle sur un sujet qui souvent nous concerne en particulier, parfois très subjectivement et sans fondement bien certain : *Il n'est pas fort utile de savoir ce que Tertullien et Plutarque ont pensé qu'Aristote en croyait. Je crois et je pense devoir croire que...* (MALEB.). **Juger** (→ ce mot), regarder une chose comme vraie d'après des considérations, en énonçant le résultat d'un examen : *Tu penses donc, marquis, être fort bien ici... Mais qui te fait juger ton bonheur si parfait?* (MOL.). **Estimer,** juger de la valeur, de la force, du mérite, de la qualité : *Une phrase qu'il estimait de nature à épater son ami* (GI.). **Cuider,** syn. vx de croire : *Tel cuide engeigner autrui* (L. F.). **¶ 5** (Réfl.). → (se) Vanter.

Croisée : ¶ 1 → Carrefour. **¶ 2** → Fenêtre.

Croisement : → Carrefour.

Croiser : ¶ 1 → Traverser. **¶ 2** → Effacer. **¶ 3** → Rencontrer.

Croisière : → Voyage.

Croissance : → Augmentation. Augmentation de grandeur et de hauteur. *Croissance,* augmentation successive et uniforme. **Accroissement** et **Développement :** → Croître. **Crue,** le résultat de la croissance, ou accroissement subit considéré absolument, en lui-même : *Croissance d'un enfant. Dans ces arbres, on remarque les veines de chaque crue annuelle* (BUF.).

Croître : ¶ 1 → Augmenter. Devenir plus grand en parlant des êtres animés. *Croître,* augmenter en hauteur, en grandeur, par soi-même. **Se développer,** croître comme un être organisé, c'est-à-dire dans tous les sens et dans toutes ses parties en même temps, avec harmonie, en réalisant toutes ses possibilités virtuelles; d'où l'emploi du mot en parlant des facultés morales : *Un enfant croît quand il devient plus grand, ou plus gros, il se développe quand son corps, en gardant d'heureuses proportions, croît dans tous les sens en même temps que sa force, son esprit, son activité,* etc. **Grandir,** croître en hauteur, se dit surtout des personnes, et parfois au fig. : *Grandir en sagesse.* **Pousser,** croître en parlant des plantes, du poil, des dents, des ongles et fam. des enfants. **S'élever** et **Monter,** grandir en parlant des plantes, *monter* marquant parfois un excès : *Monter en graine.* ¶ 2 Dans le même sens, mais en parlant des choses inanimées, *Croître,* augmenter par soi-même ou sous une influence extérieure, considère l'action absolument, abstraitement, progressivement, et surtout par rapport à la hauteur, à l'intensité qui peuvent être chiffrées : *Les pluies ont fait croître la rivière. En voyant la fureur croître dans les yeux jaunes* (Col.). **S'accroître** envisage la même action concrètement, comme un résultat visible et parfois brusque, surtout par rapport à l'étendue, au volume et relativement à la cause de l'accroissement : *Rome s'accroît de la ruine d'Albe* (Lit.). *Une belle fortune et qui s'accroissait d'année en année* (Mau.). **Se développer,** s'étendre dans tous les sens, progressivement, et toujours par soi-même, comme un organisme : *Les échanges entre deux pays s'accroissent en quantité, ils se développent s'ils deviennent plus larges, portent sur des produits plus nombreux, parce que les premiers échanges en amènent d'autres.* **Monter** fait penser à un niveau atteint : *La rivière; la fièvre montent.*

Croix : ¶ 1 → Gibet. *Croix,* simulacre représentant le gibet où fut attaché J.-C. **Crucifix,** le même simulacre avec dessus le corps de J.-C. ¶ 2 → Mal. ¶ 3 → Insigne. ¶ 4 *Croix de par Dieu :* → Alphabet.

Croquant : ¶ 1 → Paysan. ¶ 2 → Homme.

Croquemitaine : ¶ 1 → Épouvantail. ¶ 2 → Ogre.

Croquer : ¶ 1 → Broyer. ¶ 2 → Manger. ¶ 3 → Dépenser. ¶ 4 → Ébaucher. ¶ 5 *Croquer le marmot :* → Attendre.

Croquignole : → Chiquenaude.

Croquis : → Ébauche.

Crotte : ¶ 1 → Excrément. ¶ 2 → Boue.

Crottin : → Excrément.

Crouler : → (s') Affaisser. Tomber en s'affaissant. *Crouler,* tomber en ruine d'une manière violente et avec fracas, en parlant de choses solides qui ne peuvent tomber sans secousse, sans déchirement et sans éclat, énonce un fait en général, sans le décrire : *Maison prête à crouler* (Volt.). *Comme si Paris entier eût croulé sous les applaudissements* (Zola). **S'écrouler** envisage la même action comme un fait particulier et circonstanciel : *Un pont s'écroule. Les aristocraties s'écroulent* (V. H.). **S'abîmer,** tomber, s'écrouler comme si la terre s'ouvrait : *La ville s'abîma dans un tremblement de terre.* **S'ébouler,** tomber en portions ou en mottes qui roulent, en parlant de choses accumulées dont les parties entraînées par le poids se séparent aisément les unes des autres : *Une clôture de terre éboulée presque partout* (Rac.). **S'effondrer,** manquer par le fond, crouler en parlant de ce qui rompt sous le poids qu'il supporte : *Une voûte, un plancher s'effondrent.* **Craquer,** annoncer par un bruit une rupture, un effondrement imminents. **Se défoncer,** être dégarni de son fond, se dit, en ce sens, de tout fond, plafond ou chose semblable qui sous un choc se brise, s'ouvre ou se creuse sans forcément s'effondrer : *Plancher défoncé; route défoncée.*

Croup : → Diphtérie.

Croupe : ¶ 1 → Derrière. ¶ 2 → Sommet.

Croupion : → Derrière.

Croupir : ¶ 1 → Séjourner. ¶ 2 → Pourrir.

Croustillant, Croustilleux : → Obscène.

Croûte : ¶ 1 → Quignon. ¶ 2 → Tableau.

Croûton : → Quignon.

Croyable : → Vraisemblable.

Croyance : ¶ 1 → Foi. ¶ 2 L'action, pour une personne, de considérer une chose comme vraie, ou la chose qu'elle considère comme vraie. *Croyance,* adhésion forte de l'esprit (≠ Opinion, adhésion faible laissant une grande place au doute) pour des causes non intellectuelles, subjectives et qui peuvent laisser quelque place au doute : *J'ai cette croyance ou, plutôt, j'ai besoin sentimentalement de l'avoir* (M. D. G.). **Certitude,** adhésion forte de l'esprit pour des motifs d'ordre intellectuel, c'est-à-dire évidence actuellement commune à tous les hommes ou logiquement communicable par la démonstration : *Certitude mathématique, morale;* dans un sens plus large, adhésion totale de l'esprit à une chose qu'il considère, pour n'importe quelle raison, comme absolument vraie : *Un sentiment, une obscure certitude* (Mau.). En ce sens, **Persuasion,** certitude, au sens large, entraînée exclusivement par des raisons du cœur, et non démontrée. **Conviction,** certitude au sens étroit, ferme et suffisante pour l'action, mais non tout à fait rigoureuse soit qu'elle repose sur une très grande probabilité, soit sur un mélange de raisons et de sentiments forts : *Je suis allé jusqu'à la persuasion sans aller jusqu'à la conviction* (J.-J. R.). *Ma conviction repose sur des bases indiscutables* (M. D. G.).

Croyant : ¶ 1 Adj. → Religieux. ¶ 2 N. → Fidèle.

Cru (Adj.) : ¶ 1 → Indigeste. ¶ 2 → Naturel. ¶ 3 → Rude. ¶ 4 → Libre.

Cru (N.) : . → Vin.

Cruauté : → Barbarie.

Cruche : ¶ 1 → Pot. ¶ 2 → Bête et Lourdaud.

Crucial : → Décisif.

Crucifiement désigne l'action d'infliger le supplice de la croix avec toutes ses circonstances; **Crucifixion,** la mise en croix simplement. D'où l'emploi de *crucifiement* seul au fig. au sens de mortification, ou de torture : *Le crucifiement de cet ami de la vérité* (VOLT.).

Crucifier : ¶ 1 → Macérer. ¶ 2 → Tourmenter.

Crucifixion : → Crucifiement.

Crudités : → Aigreurs.

Crue : → Croissance.

Cruel : ¶ 1 → Barbare. ¶ 2 → Insensible. ¶ 3 → Douloureux.

Cryptonyme : → Pseudonyme.

Cuber : → Évaluer.

Cueille : Action de cueillir. *Cueille* se dit dans tous les cas : *La cueille des roses, des vers à soie*; **Cueillage** et **Cueillement,** pour tous les fruits que l'on détache à la main; **Cueillette,** pour certains arbres ou certaines plantes, mais tend à remplacer *cueille* en parlant de tous les fruits : *Cueillette des olives, des cerises, des pommes.* **Cueillaison,** époque de la cueille; toutefois Mallarmé a écrit : *La cueillaison d'un rêve.*

Cueillir : ¶ 1 → Recueillir. ¶ 2 → Arrêter.

Cuir : ¶ 1 → Peau. ¶ 2 → Lapsus.

Cuirasser : ¶ 1 → Protéger. ¶ 2 (Réf.) → (s') Endurcir.

Cuire : ¶ 1 *Cuire,* préparer les aliments par l'action du feu pour les rendre propres à être mangés en les faisant bouillir, rôtir, griller, etc. **Mijoter,** faire cuire à petit feu, en général dans son jus : *Mijoter un ragoût.* **Mitonner,** cuire à petit feu, généralement dans un liquide : *Mitonner des écrevisses et du pain d'ans un bouillon* (LIT.). **Rôtir** (→ ce mot), cuire au contact du feu. **Frire,** cuire dans une poêle avec une matière grasse. **Braiser,** faire cuire sans évaporation dans un récipient chauffé par-dessus et par-dessous. **Faire revenir,** passer au feu, dans le beurre ou la graisse, des mets qu'on pré-pare en vue de la cuisson. **Faire sauter,** faire cuire à feu vif en agitant la casserole. **Fricasser,** faire cuire dans une poêle, une casserole, de la viande coupée en morceaux ou des légumes. — **Cuisiner,** faire cuire un plat et l'apprêter. **Fricoter,** fam. et péj., cuisiner grossièrement. ¶ 2 → Chauffer. ¶ 3 → Mûrir. ¶ 4 Causer une douleur. *Cuire* convient pour une douleur âpre, persistante comme celle d'une écorchure, d'une vive démangeaison, d'un échauffement : *Les yeux, la tête me cuisent.* **Brûler** implique une douleur plus violente due uniquement à un échauffement excessif ou une corrosion: *La tête, l'estomac me brûlent.* Au moral, *cuire,* causer une douleur persistante, *brûler,* ravager et détruire : *Le ressentiment cuit, la passion brûle.*

Cuisant : ¶ 1 → Douloureux. ¶ 2 → Vif.

Cuisine : ¶ 1 *Cuisine,* pièce d'une maison où l'on fait cuire les aliments. **Office,** fém., lieu où l'on prépare tout ce qu'on met sur la table et où l'on garde tout ce qui sert pour le service de la table. ¶ 2 → Ordinaire. ¶ 3 Préparation des aliments. *Cuisine,* préparation très simple ou très raffinée, a pour syn. pop. **Popote,** préparation de repas pris en commun par des étudiants, des militaires, des ouvriers, **Tambouille** et **Fricot,** souvent péj., cuisine grossière. ¶ 4 → Manigance.

Cuisinier, celui qui fait la cuisine par métier ou par goût. **Chef** (de cuisine, d'office), cuisinier de métier qui a des aides sous ses ordres. **Queux** et **Maître queux,** syn. vx de *cuisinier* et de *chef*. **Coq,** cuisinier à bord d'un navire. **Cordon bleu,** cuisinier (et surtout cuisinière) de grand talent. **Marmiton,** celui qui a le plus bas office dans la cuisine, par ext. cuisinier novice et peu habile. **Gâte-sauce,** fam. et péj., mauvais cuisinier. Argot militaire, **Cuistancier** et **Cuistot.**

Cuisseau, partie du veau coupée en deux prenant au-dessous de la queue et allant jusqu'au rognon. **Cuissot,** cuisse de gibier de forte taille (cerf, sanglier, chevreuil, etc.).

Cuisson : Opération produite à l'aide de la chaleur sur certaines substances, ou son résultat. *Cuisson,* terme vulgaire, se dit pour les aliments, **Coction,** terme savant, se dit en science pour parler de la digestion : *Coction des aliments;* ou de l'action de la chaleur sur des corps : *Coction des humeurs* (LES.); *des planètes* (BUF.). **Cuite,** action de cuire les briques, la laine, etc., ou certains sirops qu'on veut concentrer.

Cuissot : → Cuisseau.

Cuistre : ¶ 1 → Pédant. ¶ 2 → Lourdaud.

Cuivré : → Hâlé.

Cul : ¶ 1 → Derrière. ¶ 2 → Fond.

Culbute : → Cabriole.

Culbuter : Trans. ¶ 1 → Abattre. ¶ 2 → Enfoncer et Vaincre. — ¶ 3 Intrans. *Culbuter*, tomber en se renversant avec violence et en faisant un tour sur soi-même, en avant ou en arrière : *Culbuter du haut en bas de l'escalier* (ACAD.). **Basculer** et **Faire la bascule,** descendre, par une de ses extrémités ou un de ses côtés, comme l'un des bras de la balance, par suite d'un déplacement d'équilibre, et être entraîné à tomber : *Basculer sur le parapet d'un pont.* **Verser,** en parlant d'une voiture et de ses occupants, basculer et tomber sur le côté : *Brancas versa dans un fossé* (SÉV.). **Chavirer,** en parlant d'un bateau, basculer et être tourné sens dessus dessous. **Capoter,** en parlant d'une voiture, d'une automobile ou d'un avion, basculer ou culbuter de façon à être renversé sens dessus dessous. **Faire panache,** culbuter la tête en avant en parlant d'un cheval, ou se retourner sur soi-même d'arrière en avant en parlant d'une automobile ou d'une bicyclette. — Au fig. *Verser,* faire une faute, manquer une affaire : *Verser en beau chemin* (LIT.). *Chavirer,* mal tourner, ne pas réussir : *Ce négociant a chaviré* (LIT.). *Culbuter,* tomber du pouvoir et de la richesse : *Ils culbutèrent et firent banqueroute* (S.-S.).

Cul de poule : → Grimace.

Cul-de-sac : → Impasse.

Culot : → Confiance.

Culotte : ¶ 1 (D'homme) *Culotte,* partie du vêtement qui va des hanches aux genoux, en couvrant chaque jambe séparément. **Pantalon,** culotte qui va jusqu'au cou-de-pied. *Culotte* se dit fam. pour *pantalon.* **Short,** culotte de sport, flottante, s'arrêtant au-dessus du genou. — Fam. **Flottard,** large pantalon de toile en usage aux colonies. **Chausses, Trousses,** chausses de page, **Grègues** désignent des culottes anciennes. **Braies,** sorte de large pantalon antique porté notamment par les Germains et les Gaulois. ¶ 2 (De femme) *Culotte,* sous-vêtement serré à la taille, s'arrêtant très au-dessus du genou et qu'on enfile par les jambes. **Pantalon,** vx, longue culotte de lingerie ou de flanelle, fendue ou se boutonnant sur les côtés, et qui s'arrête aux genoux. ¶ 3 → Perte.

Culotter : → Salir.

Culte : ¶ 1 → Religion. ¶ 2 → Respect. *Rendre un culte :* → Honorer.

Cultisme : → Préciosité.

Cultivateur : → Agriculteur.

Cultivé : → Instruit.

Cultiver : ¶ 1 *Cultiver,* travailler la terre pour lui faire produire des fruits. **Défricher,**

cultiver un terrain non cultivé depuis longtemps, ou un terrain qui n'a jamais été cultivé, en le rendant propre à la culture : *Défrichez cette terre sauvage* (FÉN.). **Essarter,** défricher en arrachant les bois, les épines. ¶ 2 → Former. ¶ 3 → Pratiquer. ¶ 4 → Fréquenter. ¶ 5 → Soigner.

Culture : ¶ 1 → Savoir. ¶ 2 → Civilisation.

Culturel : → Éducatif.

Culture maraîchère : → Jardinage.

Cumuler : → Réunir.

Cupide : → Intéressé.

Cupidité : → Concupiscence.

Cure : 1 → Soins. ¶ 2 Retour à la santé. *Cure* se rapporte exclusivement aux maladies dont on guérit par les soins du médecin. La **Guérison** peut être naturelle et, même si elle est le fait d'un médecin, elle n'est envisagée que relativement au malade guéri : *Médecin qui fait des cures merveilleuses* (MOL.). *Guérisons faites dans le temple d'Esculape* (VOLT.). ¶ 3 → Presbytère.

Curé : → Prêtre.

Curée : ¶ 1 → Nourriture. ¶ 2 → Pillage.

Curer : → Nettoyer.

Curieux : Adj. ¶ 1 → Soigneux. ¶ 2 → Indiscret. ¶ 3 → Rare et Intéressant. — N. ¶ 4 → Amateur. ¶ 5 Celui qui est attiré par les choses nouvelles. *Curieux,* celui qui recherche avec un soin actif tout ce qui lui paraît nouveau, intéressant, rare ou caché : *Un curieux qui s'approcha de trop près du lieu où nous étions enfermées* (MTQ.). **Badaud,** curieux, en quelque sorte passif, qui se laisse attirer, surtout parce qu'il n'a rien à faire et qu'il est naïf, par tout ce qui a l'apparence de la nouveauté, ou même par n'importe quel spectacle : *Parler de la Chine aux badauds du quartier* (BÉRANG.).

Curiosité : ¶ 1 Alors qu'**Attention** indique simplement que l'esprit est attiré par une personne ou une chose ou se fixe sur elles pour les observer, *Curiosité* suppose une attention de l'intelligence provoquée par le désir d'apprendre des choses nouvelles ou rares; **Intérêt,** un sentiment beaucoup plus intérieur et total qui fait qu'une chose ou une personne nous captive parce qu'elle plaît à notre intelligence ou touche notre cœur : *Devant lui cédait la crainte à la curiosité, à l'intérêt et à cette irrésistible sympathie qu'éveille un être naïf et très beau* (GI.). **Audience,** autrefois attention donnée à celui qui parle, s'emploie fréquemment de nos jours pour désigner l'attention et même l'intérêt que le public porte à quelqu'un qui s'adresse à lui : *Il avait gagné une audience plus étendue que* *celle d'un spécialiste en faisant une série de conférences* (CAM.). ¶ 2 → Recherche.

Cuve : Récipient à un seul fond ordinairement en bois. *Cuve,* grand vaisseau de bois dans lequel on met la vendange; par ext. récipient en forme de cuve, en bois ou en fer, servant à divers usages industriels : *Cuve de brasseur, de teinturier.* **Cuveau,** petite cuve. **Cuvier,** cuve à lessive. **Baquet,** petit cuvier de bois à bords assez bas. **Bac,** petite cuve, baquet, auge, en bois, métal, verre, céramique, etc. en usage dans diverses professions. **Baille,** sorte de baquet, dans le langage de la marine. **Comporte,** petite cuve de bois servant au transport de l'eau et de la vendange.

Cuvette : → Dépression.

Cuvier : → Cuve.

Cycle : ¶ 1 → Vélocipède. ¶ 2 → Époque.

Cyclone : → Bourrasque.

Cyclopéen : → Gigantesque.

Cynique : → Impudent.

D

Dadais : → Niais.

Dague : → Poignard.

Daigner : → Consentir à. Vouloir bien faire quelque chose. *Daigner* suppose qu'on regarde la chose comme digne de soi et s'emploie souvent à la fin d'une lettre adressée à un supérieur : *Daigner causer de ses affaires* (ZOLA). *Daignez agréer mes respectueux hommages* (LIT.). **Condescendre à** est relatif à la personne, toujours inférieure, au niveau de qui l'on se met, par complaisance, en acceptant de relâcher, en sa faveur, de ses droits, de sa supériorité, de son autorité ou de ses prétentions : *Condescendre à écouter les prières de quelqu'un.*

Dais, ouvrage de bois, de tenture, etc., que l'on met à quelque hauteur, au-dessus d'un maître-autel, d'une chaire à prêcher, d'un trône, de la place où siègent, dans les occasions solennelles, certains personnages éminents. Le **Baldaquin** se distingue en général du *dais* par le fait qu'il est porté par des colonnes ou qu'il est garni de tentures qui pendent sur trois côtés. **Poêle,** dais portable qui accompagne les princes dans leur entrée solennelle ou le Saint Sacrement dans les processions. **Ciel,** dais sous lequel on porte le Saint Sacrement dans les grandes processions, notamment à la Fête-Dieu. **Ciel de lit,** châssis fixé au-dessus d'un lit pour y suspendre des rideaux.

Dallage : → Pavé.

Dalle, tablette de pierre, de peu d'épaisseur, qui sert à paver les églises, les trottoirs, les paliers, les vestibules. **Carreau,** petite plaque carrée, d'une matière quelconque autre que le bois, qui sert à paver une pièce.

Damasquiner : → Incruster.

Dame : → Femme.

Damné : ¶ 1 → Maudit. ¶ 2 → Détestable.

Damner (faire) : → Tourmenter.

Damoiseau : ¶ 1 → Jeune homme. ¶ 2 → Galant.

Dancing : → Bal.

Dandiner : → Balancer.

Dandy : → Élégant.

Dandysme : → Recherche.

Danger, terme général, convient pour toutes les situations où l'on craint quoi que ce soit de dommageable : *En danger* d'être assassiné (PASC.) ; *d'être l'objet de ses défiances* (FÉN.). **Péril,** espèce de danger la plus puissante, la plus terrible, où il y va presque toujours de la vie : *Péril s'applique principalement au cas où la vie est intéressée* (D'AL.). *Montée des périls* (J. ROM.). — **Hasard,** possibilité d'un mal éventuel et incertain, qui a autant de chance de se produire qu'un bien : *Les hasards de la guerre.* **Risque,** possibilité d'un mal plus probable qu'un bien, mais qu'on peut dans une certaine mesure prévoir et calculer : *Sentir vivement tous les risques que les choses nous font courir* (J.-J. R.).

Dangereux : → Mauvais, Imprudent et Sérieux.

Danse : ¶ 1 *Danse,* mouvement du corps, exécuté par une ou plusieurs personnes, qui se fait en cadence, à pas mesurés et ordinairement au son des instruments et quelquefois de la voix. **Chorégraphie,** art de noter les pas et les figures de danse, de régler les ballets, par ext., art de la danse. **Ballet,** danse figurée exécutée sur un théâtre ou ailleurs. **Cotillon,** danse à figures variées qui termine un bal. **Mascarade,** vx, danse de gens masqués. **Sarabande,** autrefois danse grave, de nos jours, fig. et fam., danse joyeuse et tumultueuse. *Danse* a aussi pour syn. tous les mots qui désignent des espèces de danses comme **Contredanse, Valse, Polka, Boléro,** etc. **Bal,** assemblée où l'on danse, se dit parfois par métonymie pour *danse* : *Elle aimait trop le bal* (V. H.). ¶ 2 → Reproche et Volée. ¶ 3 *Entrer en danse* : → Intervenir. ¶ 4 *Mener la danse* : → Commencer. ¶ 5 *Donner une danse* : → Battre et Réprimander.

Danser : ¶ 1 Exécuter une danse. *Danser* est le terme courant. **Baller** est vx. **Dansotter,** danser un peu et lourdement, est fam. **Gambiller** et **Gigoter,** au prop. remuer les jambes, syn. pop. de *danser*. **Sauter,** terme de chorégraphie, s'élancer en l'air en dansant. ¶ 2 *Ne savoir sur quel pied danser* : → Hésiter.

Danseuse, celle qui danse par plaisir ou par métier. **Ballerine,** danseuse de théâtre. **Étoile,** principale danseuse d'un corps de ballet. **Choriste,** danseuse qui dans un ballet prend part aux danses d'ensemble mais non aux pas exécutés par des danseuses isolées. — **Almée,** danseuse d'Orient. **Bayadère,** femme dont la profession est de danser devant les temples ou pagodes dans l'Inde. **Girl**, danseuse de music-hall.

Dantesque : → Effrayant et Tourmenté.

Dard : → Trait.

Darder : → Lancer.

Dare-dare : → Vite.

Darse : → Bassin.

Date : ¶ 1 *Fausse date* : → Antidate. ¶ 2 → Délai.

Dater : ¶ 1 *Dater de* : → Venir. ¶ 2 → Vieillir.

Dauber : ¶ 1 → Dénigrer. ¶ 2 → Railler.

Davantage : → Plus.

Déambuler : → Marcher.

Débâcle : ¶ 1 Action ou fait de rendre un port ou une rivière libres. *Débâcle*, le fait lui-même, indépendamment de l'action de l'homme, ce qui fait que le mot s'emploie plus souvent pour une action non provoquée (*la débâcle des glaces*) que pour une action voulue : *La débâcle des navires d'un port*. **Débâclage**, action de débâcler considérée en général. **Débâclement**, débâclage dans un cas particulier : *Payer des ouvriers pour le débâclage; ordonner le débâclement d'un port pour telle heure*. ¶ 2 → Dégel. ¶ 3 → Défaite. ¶ 4 → Ruine.

Déballer : ¶ 1 → Montrer. ¶ 2 → (se) Confier.

Débandade : ¶ 1 → Fuite. ¶ 2 → Défaite.

Débander : ¶ 1 → Lâcher. ¶ 2 (Réf.) → (se) Disperser.

Débarbouiller : → Nettoyer.

Débarcadère : → Quai.

Débardeur : → Porteur.

Débarquer : Au fig. ¶ 1 → Arriver. ¶ 2 → Destituer.

Débarrasser : ¶ 1 Oter à quelqu'un ou à quelque chose un médiocre empêchement (≠ Libérer), ôter un empêchement considérable). *Débarrasser*, relatif à la chose qu'on enlève, s'emploie pour ce qui encombre, obstrue ou pèse : *Débarrasser d'un obstacle, d'un rival, d'un fardeau, d'un doute. Débarrasser des entraves, des taxes, des prohibitions* (RAYNAL). **Décharger**, débarrasser de ce qui pèse comme un fardeau, et au fig. d'une obligation, d'une dette, d'une accusation : *Décharger un bateau; un plancher; de tous les soins matériels* (MAU.). **Dégager**, relatif à la personne ou à la chose qu'on libère, s'emploie pour ce qui attache, enlace : *Dégager de ses fers; de sa parole* (MOL.). **Dépêtrer**, fam., dégager une personne de ce qui la retient comme une entrave : *Dépêtrer d'un engagement* (SÉV.); *d'un accoutrement* (VOLT.). **Défaire**, débarrasser une personne, par suppression, destruction ou expulsion, de ce qui l'embar-

rasse : *Défaire d'un embarras* (SÉV.); *de quantité de mauvaises prononciations* (RAC.). **Décoiffer**, fam. et fig., débarrasser une personne d'un engouement, est rare. — En parlant de choses seulement, **Déblayer**, débarrasser de décombres ou de choses qui encombrent par leur désordre, leur confusion : *Déblayer un terrain* (ACAD.). **Nettoyer**, débarrasser en rendant complètement libre et vide d'éléments étrangers : *De même que la photographie, naguère, débarrassa la peinture de certaines exactitudes, le phonographe nettoiera sans doute demain le roman de ses dialogues rapportés* (GI.). **Sarcler**, nettoyer un terrain de mauvaises herbes. **Écumer**, débarrasser de l'écume; s'est dit parfois au fig. comme syn. de *débarrasser* : *J'écumais votre chambre des fâcheux* (SÉV.). — **Dégorger**, spéc., débarrasser une chose des substances étrangères qu'elle a absorbées : *Dégorger de la laine*; d'où, au fig., en parlant de personnes, *se débarrasser*, comme par dégorgement, de ce dont on est pénétré : *Dégorger le ton provincial* (VOLT.). ¶ 2 (Réf.) → Quitter.

Débat : ¶ 1 → Contestation. ¶ 2 → Discussion. ¶ 3 → Procès.

Débâtir : → Démolir.

Débattre : ¶ 1 → Discuter. ¶ 2 (Réf.) → (se) Démener.

Débauche : ¶ 1 → Dérèglement. Dérèglement dans l'usage immodéré des plaisirs des sens. *Débauche*, débordement de volupté dans tous les plaisirs sensuels, spéc. ceux de l'amour, avec parfois quelque chose de raffiné, de recherché : *Science de la débauche* (ROLL.). **Libertinage** et **Dissolution** diffèrent de *débauche* comme les adj. correspondants (→ Débauché). **Vice**, habitude de la débauche, de la dissolution. **Crapule**, débordement de sensualité, toujours ignoble, dans l'intempérance et l'ivrognerie : *Son ivrognerie et sa crapule* (VOLT.). **Stupre**, débauche honteuse, attentant aux mœurs. **Orgie**, débauche de table, parfois simplement entre amis : *Chaque souper chez le Régent était une orgie* (DUC.). **Bacchanale**, fam., débauche bruyante. **Bamboche** et **Bambochade**, amusement immodéré, partie de plaisir et même de débauche où l'on se livre à la grosse gaieté. **Fête**, vie de plaisir et de désordre. **Noce** et **Nouba**, syn. pop. de *fête*. **Godaille** et **Ribote**, pop., indiquent un excès dans les plaisirs de la table. **Foire**, syn. pop. de *bacchanale*. **Bombe, Bringue, Ribouldingue**, syn. argotiques de *noce*. — *Débauche* se dit parfois par plaisanterie d'un petit excès de table qu'on se permet de temps en temps, et a, dans ce cas, pour syn. **Goguette**, dans la loc. *En goguette* qui marque l'état de joie bruyante provoqué par la boisson; **Libations**, fig. et fam., excès de boisson en

signe de réjouissance; on dit aussi **Beuverie.**
¶ 2 → Profusion.

Débauché, celui qui pratique la débauche
de la galanterie et de la table. **Coureur,**
fam., celui qui a un commerce fréquent
avec des femmes de mauvaise vie, ou
recherche simplement les aventures galantes. **Viveur** dit moins : celui qui ne
cherche qu'à jouir d'une façon immodérée
de tous les plaisirs de la vie. **Libertin**
(→ ce mot), celui qui pratique le dérèglement, surtout par rapport à la moralité
entre les sexes, mais aussi dans la recherche
de tout plaisir, plutôt par amoralisme ou
incroyance et souvent avec quelque raffinement intellectuel; *Je deviens polisson,
mais non libertin* (J.-J. R.). *Plutôt libertin
que voluptueux* (RAYNAL). **Noceur,** fam.,
viveur qui donnerait plutôt dans la crapule. **Roué,** sous la Régence, homme sans
mœurs, compagnon des débauches du duc
d'Orléans, par ext., homme sans principes : *Un roué qui ne respecte rien* (LIT.).
Dissolu (→ Vicieux), très débauché au
point de perdre tout sens moral : *Son
existence dissolue, son existence immorale*
(M. D. G.). **Dévergondé** ajoute l'idée
d'une conduite éhontée, scandaleuse (→
Dérèglement).

Débaucher : ¶ 1 → Séduire. ¶ 2 → Distraire.

Débile : → Faible.

Débiliter : → Affaiblir.

Débiner : → Dénigrer.

Débit : ¶ 1 → Magasin. ¶ 2 → Élocution.

Débitant : → Commerçant.

Débiter : ¶ 1 → Vendre. ¶ 2 → Découper.
¶ 3 → Prononcer et Dire.

Déblatérer : → Invectiver.

Déblayer : → Débarrasser.

Débloquer : → Dégager.

Déboire : → Déception.

Déboîter : → Disloquer.

Débonnaire : → Brave.

Débonnaireté : ¶ 1 → Bonté. ¶ 2 → Douceur.

Débordement : ¶ 1 Sortie d'un cours
d'eau hors de son lit. *Débordement* est
plutôt relatif au point de départ : *Le
débordement du Nil.* **Débord** est dialectal.
Inondation, relatif au point où se portent
les eaux, implique qu'après leur débordement elles recouvrent d'une certaine
hauteur une étendue plus ou moins large :
Inondation qui ravagea la Thessalie (BUF.).
Déluge, très grande inondation : *Habitants engloutis par des déluges* (CUVIER).
Cataclysme, terme didact., spéc., le
déluge universel de la Bible et autres

déluges dont parlent les géologues. — Au
fig. *débordement* se dit de ce qui semble
sortir de ses limites et se répandre avec
violence : *Débordement des barbares dans
l'empire romain. Débordement de louanges*
(L. B.); *inondation,* de ce qui, une fois
débordé, afflue en abondance, envahit
tout : *Inondations des Turcs* (VOLT.); *de
paroles* (SÉV.); *déluge* enchérit en ajoutant l'idée d'une impétueuse violence :
Déluge effroyable de gens (CORN.); *de
livres* (VOLT.). ¶ 2 → Écoulement. ¶ 3 →
Dérèglement.

Déborder : ¶ 1 → (s') Épancher. ¶ 2 →
Dépasser. ¶ 3 *Déborder en* : → (s') Emporter.

Débouché : → Sortie.

Déboucher : ¶ 1 → Ouvrir. ¶ 2 → Sortir
et (se) Jeter.

Débours : → Dépense.

Débourser : → Payer.

Debout, ni couché, ni assis, mais sur ses
pieds. **Droit,** ni courbé ni penché, enchérit : *On le plaçait debout et droit contre
la muraille* (ROLL.).

Déboutonner [se] : → (se) Confier.

Débraillé : → Négligé.

Débrailler [se] → (se) Découvrir.

Débris : ¶ 1 → Bris. ¶ 2 → Décombres.
¶ 3 → Morceau.

Débrouillard : → Malin.

Débrouiller : ¶ 1 → Distinguer. ¶ 2 →
Éclaircir.

Débusquer : → Chasser.

Début : → Commencement.

Débutant : → Novice.

Débuter : → Commencer.

Décadence : → Abaissement. *Décadence*
marque l'état de ce qui s'abaisse ou va
tombant. **Ruine** (→ ce mot) et ses syn.,
l'état final des choses à terre résultant le
plus souvent de la *décadence* : *Lorsqu'on a
pour voisin un État qui est dans sa décadence, on doit bien se garder de hâter sa
ruine* (MTQ.). **Dépérissement,** décadence
résultant d'un affaiblissement progressif
en quelque sorte interne, semblable à celui
d'un corps qui tend vers sa perte naturellement : *Accroissements et dépérissements
de ses peuples* (VAUBAN). **Déclin,** état naturel de ce qui suit une pente qui l'amène
vers sa fin, dit moins que *décadence* : *Le
déclin succède à l'apogée, la décadence
précède la chute.* **Crépuscule,** fig., syn-
poét. de *déclin* ou de *décadence* : *Le
crépuscule des dieux.* **Déliquescence,** terme
de chimie, au fig., état de désagrégation
plus avancé encore que la *décadence,* surtout en parlant d'une société ou d'une
littérature.

Décaisser : → Payer.

Décaler : → Retarder.

Décamper : → Partir.

Décanter : → Transvaser.

Décapiter : Trancher la tête. *Décapiter* terme commun : *Décapiter un condamné; des limaces* (VOLT.). **Décoller,** terme consacré dans le style de l'Église et des Écritures, ou le style noble : *Saint Paul fut décollé* (VOLT.). **Couper le cou** est fam., **Raccourcir,** pop. **Guillotiner,** décapiter un condamné avec l'instrument de supplice appelé guillotine, qui tranche la tête avec un couperet.

Décarcasser [se] : → (se) Démener.

Décati : → Fané.

Décédé : → Mort.

Déceler : → Découvrir.

Décence : ¶ 1 → Convenance. **¶ 2** → Retenue. *Décence,* réserve ou retenue essentiellement sociales qui consistent à respecter, dans son maintien, ce qu'on se doit et ce qu'on doit aux autres : *Notre régularité n'est qu'une décence que nous donnons au monde* (MAS.). **Modestie** a rapport à l'opinion que nous avons et que nous voulons donner de nous aux autres en évitant de nous faire valoir ou de faire mal penser de nous. **Pudeur,** crainte relative à tout ce qui peut altérer la pureté de l'âme, sentiment tout intérieur qui provoque une manière de parler et d'agir modeste : *Le cri de la pudeur révoltée retient peut-être ici cent mille femmes dans les bornes de la modestie* (J.-J. R.). *Dans ses avances auprès d'Olivier, elle avait triomphé déjà de sa modestie naturelle et de bien des pudeurs innées* (GI.). — Spéc. en parlant de la retenue à l'égard de tout ce qui pourrait attenter à la chasteté, surtout à propos des femmes, *décence* regarde la manière dont on se montre en public, *modestie* la manière dont on parle et on agit, *pudeur* les sentiments qu'on a dans l'âme : *Une femme a de la décence dans son vêtement, de la modestie dans son discours, ses gestes, ses regards, de la pudeur dans son âme.* **Pudicité,** qualité d'une femme qui a de la pudeur : *Seigneur qui se joue de la pudicité de ses jeunes vassales* (BEAUM.). **Honnêteté** dit moins que *pudeur* et implique surtout le sentiment foncier de ce que la morale et les convenances sociales réclament dans les rapports entre les sexes ou dans les mœurs : *L'honnêteté d'une femme n'est pas dans les grimaces* (MOL.). **Sagesse,** réserve et prudence dans la conduite. **Vertu,** force qui fait résister aux tentations. **Honneur,** soin de conserver sa réputation devant le monde. **¶ 3** Qualité du maintien, de la conduite, du discours qui les rendent conformes à ce qui doit être. *Décence,* en parlant de tout le monde, a rapport au public et se dit de ce qui satisfait aux bienséances : *Une fille de seize ans qui met de la décence dans son maintien* (J.-J. R.). **Dignité,** en parlant des personnes élevées, a rapport à leur place, à leur condition, à leur personnalité et consiste à ne pas déroger : *La haute situation qu'il occupait avec dignité* (GI.). *Dignité de père noble* (ZOLA). **Gravité** (→ ce mot) a rapport au caractère et consiste à éviter toutes les frivolités qui n'y répondent pas : *La gravité d'un prêtre* (MAS.); *d'un magistrat* (PASC.). **Tenue,** décence ou dignité dans la conduite, a surtout rapport au respect qu'on se doit devant les autres et qu'on leur doit : *L'honneur, c'est un bien grand mot; disons tout simplement la tenue* (A. DAUD.); et se dit spéc. de la dignité d'un style qui vient d'une correction soutenue et soignée.

Décent : → Convenable. *Décent,* **Modeste, Pudique, Honnête, Sage, Vertueux.** — **Digne, Grave :** → Décence.

Déception : Le fait de s'apercevoir qu'on a été trompé ou abusé. *Déception* implique qu'une attente, une espérance étaient fausses, nous trompaient : *La déception d'un père dont le fils échoue à un examen.* **Mécompte,** déception qu'on s'inflige à soi-même par l'idée fausse ou exagérée qu'on se faisait d'une chose : *Tous nos mécomptes sont venus de l'idée que nous avions conçue de vous dans votre jeunesse* (FÉN.). **Décompte,** mécompte partiel. **Désappointement,** vive déception qui s'accompagne de mécontentement : *Mon désappointement politique me donna sans doute l'humeur qui me fit écrire la note satirique contre les quakers* (CHAT.). **Défrisement,** syn. pop. de *désappointement.* **Désillusion** enchérit et marque qu'on s'aperçoit qu'on était non seulement trompé, mais abusé par une idée fausse qui donnait de très grandes espérances : *Désillusion des parents devant la médiocrité de leur fils.* **Dégrisement,** désillusion de celui qui était comme enivré par certains sentiments comme l'amour, la gloire, etc. **Désabusement** ajoute l'idée qu'à la suite d'une désillusion, on se méfie, on ne croit plus à rien. **Désenchantement** insiste sur la profonde tristesse que laisse une désillusion qui ramène à la réalité vulgaire : *L'heure où les désenchantements et les dégoûts allaient commencer* (CHAT.). **Déconvenue,** déception causée par un insuccès : *L'échec des Autrichiens qui a dû causer là-bas une cuisante déconvenue* (M. D. G.). **Déboire,** fig., désigne moins la *déception* ou la *désillusion* que le regret amer qu'elles laissent : *Comme il promenait son déboire politique* (FLAUB.).

Douche, fam., déception imprévue, violente, pénible qui calme une excitation, une exaltation quelconque : *L'imagination reçoit une douche refroidissante* (J. Rom.).

Décerner : → Attribuer.

Décès : → Mort.

Décevoir : → Tromper.

Déchaînement : → Violence.

Déchaîner : Au fig. ¶ 1 → Occasionner. ¶ 2 → Exciter. ¶ 3 (Réf.) → (s') Emporter.

Déchanter : → (se) Modérer. *Déchanter,* en rabattre de ses prétentions. **Tomber de haut,** être vivement déçu dans ses illusions.

Décharge : ¶ 1 Action d'ôter une charge. *Décharge* envisage l'action absolument et abstraitement : *Décharge des marchandises, d'un wagon. Payer pour la décharge.* **Déchargement** indique un acte concret : *Opérer le déchargement d'un navire.* ¶ 2 Action de tirer une arme à feu. *Décharge* se dit surtout pour plusieurs armes à feu tirant à la fois : *La décharge de dix-huit canons* (Volt.) (à noter que le *déchargement* d'une arme à feu, consiste à lui enlever sa charge sans tirer). **Coup** fait penser à la décharge d'une seule arme à feu qu'on entend ou qui blesse : *Le coup passa si près que le chapeau tomba* (V. H.). **Rafale,** courte série de coups tirés par une arme automatique : *Une rafale de mitraillette.* **Feu** évoque une suite continue de coups ou de décharges considérés quant à leur direction ou à leur effet, souvent simplement virtuel : *Être sous le feu de l'ennemi* (Acad.). **Salve,** décharge d'un grand nombre d'armes à feu en l'honneur de quelqu'un ou en témoignage de joie et, par ext., à l'exercice ou au combat. **Volée,** décharge simultanée de plusieurs canons. **Bordée,** volée de tous les canons du même côté d'un vaisseau. ¶ 3 → Diminution. ¶ 4 → Écoulement. ¶ 5 → Reçu. ¶ 6 *Pour la décharge de :* → (pour l') Acquit de. ¶ 7 *Décharge* désigne aussi le lieu d'une maison où l'on serre ce qui n'est pas d'un usage ordinaire. **Débarras,** de nos jours, petite décharge.

Décharger : ¶ 1 → Débarrasser. ¶ 2 → Soulager. ¶ 3 → Excuser. ¶ 4 (Réf.) → Confier et (se) Libérer.

Décharné : ¶ 1 → Maigre. ¶ 2 (fig.) → Pauvre.

Déchausser, miner et dégrader le pied d'un mur en parlant de l'action des agents physiques. **Dégravoyer,** déchausser, en parlant de l'eau courante.

Déchéance : ¶ 1 Privation d'une fonction, dignité ou grade. *Déchéance,* privation de fonction qui atteint un chef d'État ou une personne pourvue d'un mandat électif, comme sanction attachée à certains actes par la loi ou la coutume : *Déchéance de Louis XVI; d'un conseiller municipal.* **Déposition,** privation d'une haute dignité, surtout de la dignité souveraine, parfois comme sanction, mais plus souvent comme conséquence d'un coup de force : *La déposition du sultan.* **Dégradation,** privation infamante d'un grade, d'une dignité, d'une qualité : *Dégradation civique, militaire.* **Destitution** (→ Destituer), privation d'une charge, d'une fonction, d'un emploi pour n'importe quelle raison : *Destitution d'un magistrat, d'un employé, d'une tutelle.* **Interdiction,** défense perpétuelle ou temporaire d'exercer certaines fonctions ou certains droits, faite en général par décision de la justice ou d'une autorité supérieure : *Huissier puni d'interdiction. Interdiction des droits civiques.* **Indignité,** état de celui qui est jugé indigne, d'après la loi, d'exercer certains droits par ex. les droits de succession ou les droits civiques : *Condamner un traître à cinq ans d'indignité nationale.* ¶ 2 → Abaissement. Perte de réputation, d'estime. *Déchéance* fait penser à l'état, au rang, à l'influence, au droit dont on est dépossédé : *La déchéance de Ronsard au XVIIe s. après sa gloire au XVIe;* **Décri,** au mépris du public pour la valeur intellectuelle ou morale d'une personne ou d'une chose : *Ceux-là qui brillent dans une haute réputation et ceux qui tombent dans le décri* (Pasc.). Avec l'idée d'une faute provoquant la déchéance ou le décri : → Honte. **— Déclassement** indique simplement que, pour une raison quelconque, une personne ou une chose n'est plus dans la classe à laquelle elle devrait appartenir : *La guerre produit le déclassement de certains salariés.*

Déchet : ¶ 1 → Perte. ¶ 2 Ce qui tombe d'une matière qu'on travaille. Le *Déchet* n'est pas toujours absolument mauvais. **Chute,** déchets qui tombent du drap dans la coupe, du bois dans le sciage, d'un livre quand le relieur en rogne la tranche. **Rognure,** ce qui tombe quand on taille une chose sur les bords : *Rognure de papier; d'ongle.* **Résidu** (→ ce mot), déchets variés que recueillent de nombreuses industries. **Détritus,** débris de matières organisées ou matériaux réduits à l'état de poussière, de boue et inutilisables. ¶ 3 → Rebut.

Déchiffrer : ¶ 1 Retrouver le sens d'un message écrit suivant un code secret. *Déchiffrer* implique qu'on possède ce code; **Décrypter,** qu'on réussit à le reconstituer alors qu'on ne le possédait pas. ¶ 2 → Lire. ¶ 3 → Éclaircir et Découvrir.

Déchiqueter : ¶ 1 → Découper. ¶ 2 → Déchirer. ¶ 3 → Dénigrer.

Déchirement : ¶ 1 → Déchirure. ¶ 2 → Douleur et Trouble.

Déchirer : ¶ 1 Mettre en pièces, sans se servir d'un instrument tranchant (≠ Couper) une large surface d'une résistance assez faible (≠ Rompre : → Casser). *Déchirer* envisage cette action comme volontaire ou non, et faite par contusion, morsure, traction violente, etc. : *Ses pieds saignaient déchirés par le grillage* (Zola). **Lacérer** envisage l'action comme volontaire, faite pour détruire, et s'emploie surtout en termes de jurisprudence, en parlant d'un écrit ou d'un papier déchirés par un acte de l'autorité qui les a condamnés à être détruits : *Thèses lacérées par un huissier* (Volt.). **Dilacérer,** syn. vx de *lacérer* en jurisprudence et en médecine. **Déchiqueter,** tailler menu, par ext., déchirer en menus lambeaux : *Je déchiquetais un morceau de lapin blanchâtre* (Mau.). **Mettre en charpie,** fam., déchirer en morceaux aussi menus que des fils de charpie, et par conséquent détruire. — Spéc. en parlant de la peau, **Écorcher, Érafler, Égratigner, Griffer** : → Déchirure. **Carder,** fig., syn. pop. de *griffer.* — Au fig. **Découdre,** en termes de chasse, déchirer en parlant des plaies faites par le sanglier avec ses défenses au ventre d'un chien ou d'un homme. **Labourer,** fig., déchirer la peau en griffant, en lignes parallèles, comme si on labourait. ¶ 2 → Dénigrer. ¶ 3 → Émouvoir.

Déchirure : ¶ 1 En parlant du corps, blessure produite par une division des tissus due à autre chose qu'à un instrument tranchant (≠ Coupure). La *Déchirure* peut être volontaire (la *déchirure* d'une plaie consiste à la rouvrir, à l'agrandir) ou involontaire et provoquée par morsure, contusion, effort violent : *Déchirure de l'utérus.* **Déchirement,** déchirure involontaire, souvent provoquée par un effort : *Déchirement d'un muscle.* **Écorchure,** déchirure légère produite par un frottement qui enlève ou déchire le dessus de la peau. **Éraflure,** très légère écorchure faite en effleurant. **Égratignure,** déchirure superficielle produite par les ongles ou quelque chose de piquant. **Griffure,** égratignure due à un coup de griffe. **Excoriation,** terme médical désignant toutes les plaies légères de ce genre qui affectent la peau. ¶ 2 En parlant d'un tissu, la *Déchirure* est due à une raison quelconque, l'**Accroc,** simplement à un objet qui accroche, clou, épine, etc. : *En se baissant on peut faire une déchirure à son pantalon, on y fait un accroc en traversant un buisson.*

Déchoir : ¶ 1 → (s') Abaisser et Tomber. Tomber dans un état inférieur. *Déchoir* implique qu'on perd un droit, un pouvoir, une dignité, un état de bonheur, et cela volontairement ou non : *Ne pas déchoir, garder leur rang et leur prestige* (J. Rom.). **Déroger,** faire une chose qui entraînait la perte des droits et des privilèges de la noblesse, par ext. faire une chose indigne de soi ou de son honneur, de son rang social, et cela volontairement : *Pour vous, accepter cette situation serait déroger* (Acad.). **S'enfoncer,** fig., faire de mauvaises affaires, et par ext. déchoir de plus en plus, en sombrant dans le mal. **S'encanailler,** déchoir en faisant société avec des gens d'un rang social très inférieur et peu recommandables. ¶ 2 → Décliner.

Déchu : ¶ 1 → Tombé. Par rapport au rang social, *Déchu* fait penser à une perte de dignité, de bonheur et dit plus que **Déclassé** qui marque simplement qu'on n'est plus au rang social qui conviendrait : *Pauvre, déclassée, déchue* (Mau.). ¶ 2 → Maudit.

Décidé : ¶ 1 → Hardi. Adj. qualifiant certaines manières de ne pas hésiter. *Décidé,* qui n'hésite pas dans ses opinions, ses façons d'agir : *Que vos réponses soient courtes, décidées et sans jamais paraître hésiter* (J.-J. R.). *Gestes décidés* (M. D. G.). **Résolu,** qui est ferme dans sa volonté, veut réussir dans ce qu'il se propose ou entreprend : *Cent hommes résolus pouvaient arrêter une armée entière* (Volt.). **Délibéré,** qui, extérieurement, n'a pas l'air d'hésiter, paraît libre, dégagé : *Pas plus ferme et plus délibéré* (Volt.). **Déterminé** enchérit sur tous ces termes en exprimant une hardiesse inébranlable : *Turenne résolu et déterminé* (Bos.). **Assuré** marque l'absence d'hésitation de celui qui a confiance en soi : *Est-il possible qu'un homme si assuré dans la guerre soit si timide en amour?* (Mol.). ¶ 2 On est *Décidé* pour soi, parce qu'on sait ce qu'on doit penser; on est **Décisif** envers autrui, en se montrant dogmatique, affirmatif : *Quant à moi, le plus décidé, je n'affirme rien encore* (J.-J. R.). *Ne soyez pas si décisif, si affirmatif* (Bos.). **Décisionnaire,** nom hasardé par Mtq., celui qui est décisif en quelque sorte par profession : *Je n'ai jamais vu un décisionnaire si universel* (Mtq.).

Décider : ¶ 1 → Juger. ¶ 2 Mener à conclusion : → Finir. ¶ 3 Prendre un parti. *Décider,* prendre un parti après examen, en faisant cesser le doute ou l'incertitude. **Résoudre,** prendre un parti, après délibération et parfois par force, relativement à une action utile ou bonne, et faire effort pour s'y tenir fermement : *Le gouvernement a décidé de fixer les élections à telle date. Une chose que j'avais résolue, à laquelle, depuis des mois, je n'arrêtais pas de penser* (Gi.). **Se déterminer à,** cesser d'être flottant, commencer à décider et à résoudre : *Ils ont peine à se déterminer sur ce sujet* (Pasc.). **Arrêter,** décider ou résoudre, seul ou de concert avec d'autres, une chose dont on règle définitivement les détails et qui engage irrévocablement ceux qui ont participé à l'examen ou à la délibération :

Arrêter un plan de campagne (Acad.). **Convenir de,** qui dit moins, tomber d'accord pour faire ensemble quelque chose : *Ils convinrent de s'attendre à partir de onze heures* (J. Rom.). **Conjurer,** péj., arrêter ce qu'on projette par complot, par ligue : *Conjurer la perte de sa patrie.* **Délibérer de,** vx, décider ou résoudre après un examen ou une délibération qui ont longtemps duré. **Jurer,** résoudre fermement une chose, comme si on en avait fait le serment : *Je sais bien qu'Amurat a juré ma ruine* (Rac.). **Se promettre,** moins fort, a surtout rapport à la conduite qu'on est bien résolu à tenir. — **Disposer,** absolument, avoir tout pouvoir pour décider, le faire souverainement. **Décréter,** fig., décider avec autorité, souvent sans raison, par caprice. ¶ 4 Amener une personne à vouloir. **Déterminer,** faire cesser son hésitation sans que quelque chose de définitif soit décidé ou résolu : *Un amas de raisons qui non seulement déterminèrent le roi, mais le décidèrent* (S.-S.). *Décider,* amener quelqu'un à un parti définitif en agissant sur sa raison, en le convainquant : *Cette raison m'a décidé à partir* (Acad.). **Résoudre,** agir sur la volonté, l'humeur, en persuadant : *Quand on est malade, on prend médecine gaiement, le mal y résout* (Pasc.). ¶ 5 Faire cesser le doute ou l'incertitude à propos d'une question. *Décider,* mettre fin à l'hésitation de l'esprit tout d'un coup, avec autorité, en disant ce que l'on doit penser, parfois sans bien connaître la nature des choses : *Dans un quart d'heure, il décida trois questions de morale, quatre problèmes historiques et cinq points de doctrine* (Mtq.). **Trancher,** décider hardiment, sur un ton despotique, définitif, soit parce qu'on a une très haute autorité, soit parce qu'on a de la prétention : *Remarquez que je ne tranche rien. Je soulève un point excessivement délicat* (J. Rom.). **Résoudre,** mettre fin à l'hésitation de l'esprit en défaisant le nœud de la difficulté, en en décomposant toutes les parties pour la bien connaître, dans les problèmes compliqués, par l'analyse et le raisonnement : *Il sait trancher ce qu'il ne peut résoudre* (Bos.). **Solutionner,** néol. fréquent de nos jours, n'ajoute rien à *résoudre.* **Déterminer,** faire cesser l'hésitation de l'esprit en fixant nettement, par autorité ou par analyse, les limites d'une question, en définissant les termes, en précisant les conditions d'une action : *C'est un point que l'Église a déterminé* (Lit.) : → Fixer. **Définir** se dit en parlant des décisions des conciles. **Régler** (→ ce mot), déterminer d'une façon claire, stable et définitive, comment les choses doivent être ou se passer : *Régler un différend; certaines questions matérielles* (M. D. G.). **Statuer,** régler ce qui se fera, à propos de personnes ou de choses, parce qu'on a autorité pour le faire : [Les bureaux] *l'informaient qu'ils statueraient sur ce cas* (Cam.).

Décimer : → Tuer.

Décisif : ¶ 1 Important pour ce qui va suivre. *Décisif,* qui va amener une solution ou une orientation définitive dans une situation : *Bataille décisive* (Volt.). *L'âge de la vie peut-être le plus décisif, celui où l'on s'oriente* (J. Rom.). **Critique** se dit du moment ou du temps dans lesquels se produit une crise et en général une évolution de la situation qui amène un changement décisif en bien ou en mal : *L'âge critique où l'esprit s'ouvre à la certitude* (J.-J. R.). **Crucial,** néol., se dit plutôt d'un moment où l'on est devant une sorte de carrefour, où un choix sera fait ou imposé. ¶ 2 → Tranchant et Décidé. ¶ 3 → Probant.

Décision : ¶ 1 Ce à quoi on s'est arrêté après délibération : → Résolution. ¶ 2 → Hardiesse. Qualité de celui qui n'hésite pas. *Décision,* **Résolution,** **Détermination,** **Assurance** diffèrent comme les adj. correspondants (→ Décidé). **Initiative,** qualité de celui qui n'hésite pas à entreprendre ou à proposer le premier : *Manquer d'initiative.* ¶ 3 Acte émanant des Conciles et de l'Église, chose qu'ils ont résolue. *Décision* a rapport à la foi et au dogme; **Canon,** à la discipline et aux mœurs, et, appliqué à la doctrine, désigne une règle générale alors que les *décisions* ont rapport à des faits particuliers : *Le canon fondamental de la pénitence* (Bos.). *Les décisions des conciles contre les erreurs de Pélage* (Bour.). **Décret,** toute espèce de jugements, de prescriptions, de règlements des Conciles et de l'Église, envisagés par rapport à l'autorité dont ils sont revêtus : *Le pape cassait les décrets des conciles nationaux* (C.). ¶ 4 → Résultat.

Déclamateur : ¶ 1 Adj. → Emphatique. ¶ 2 N. → Orateur.

Déclamatoire : → Emphatique.

Déclamer : ¶ 1 → Prononcer. ¶ 2 → Invectiver.

Déclaration : ¶ 1 *Déclaration,* **Proclamation** (→ ce mot), **Annonce,** **Manifestation,** **Notification** : → Déclarer. **Ban,** vx, *proclamation* pour ordonner ou défendre quelque chose dans quelques loc. comme *Ban de vendanges,* ou *annonce* dans la loc. *Bans de mariage.* ¶ 2 → Communication. ¶ 3 → Discours.

Déclarer : ¶ 1 → Apprendre. Porter quelque chose à la connaissance de quelqu'un. *Déclarer* se rapporte à l'action et au sujet et marque le désir catégorique de faire connaître nettement par des paroles expresses ou par quelque chose de significatif :

Geneviève déclara qu'ils n'acceptaient pas mon sacrifice (Mau.). **Proclamer** (→ Publier), déclarer hautement, à la face de tous. **Professer**, proclamer ce qu'on avoue publiquement, spéc. une religion, une opinion : *Tu professais sur toutes ces questions les idées de ton milieu* (Mau.). **Annoncer** se rapporte à l'événement que l'on fait connaître comme nouveau : *Je viens vous annoncer une grande nouvelle* (Mol.). **Découvrir** (→ ce mot), faire connaître quelque chose de secret. **Exposer**, découvrir en expliquant, en développant clairement : *Ce qu'on ne doit point voir, qu'un récit nous l'expose* (Boil.). **Manifester**, étaler au grand jour ce qu'on a découvert : *Des gens intéressés à découvrir et à manifester une fraude* (J.-J. R.); et, en un sens plus général, témoigner ouvertement ce qu'on pense ou ce qu'on éprouve (→ Montrer) : *Quelle aurait été mon attitude? Qu'aurais-je manifesté?* (Mau.). **Indiquer** (→ ce mot), faire connaître à quelqu'un ce qu'il cherche en lui donnant un indice qui le met sur la voie. **Informer de** (→ ce mot), faire connaître à quelqu'un ce qu'il est utile qu'il sache. **Notifier** (→ ce mot), déclarer dans les formes légales : *Notifier le traité aux ambassadeurs*. — **Dénoncer** ne se dit que de choses mauvaises et répréhensibles qu'on porte à la connaissance d'une autorité ou de choses menaçantes qu'une autorité porte à la connaissance de quelqu'un : *Dénoncer un crime. Un ministre dénonce l'apathie de la nation*; à noter que *dénoncer* est vx comme syn. d'*annoncer* : *Les premières maisons de Bethléem à elles seules dénonçant la Judée* (Loti), et rare comme syn. de *notifier* dans le langage du droit, de la diplomatie : *Dénoncer une saisie; la guerre* (Acad.). — **Signaler**, porter une chose ou une personne à la connaissance de quelqu'un en attirant sur elle l'attention et en indiquant les moyens de la reconnaître : *Signaler un malfaiteur à la police; un fait à l'attention des physiciens*. ¶ 2 (Réf.) → (s') Expliquer et Suivre.

Déclassement : → Déchéance.

Déclassé : → Déchu.

Déclenchement : → Commencement.

Déclencher : ¶ 1 → Mouvoir. ¶ 2 → Commencer et Occasionner.

Déclin : ¶ 1 *Déclin*, diminution de grandeur ou d'éclat, se dit de tout ce qui va en pente, décroît ou tend vers sa fin après avoir atteint un point culminant ou un grand développement, et spéc. de la lune qui va diminuant après avoir atteint son plein : *La lune à son déclin* (Mau.). **Décours**, terme d'astronomie, déclin de la lune dans la période qui va de la pleine lune à la nouvelle, ou période décroissante d'une maladie : *Lune en décours* (Les.).

Pneumonie dans le décours (Lit.). **Décroissement** (→ Diminution), mouvement continu de ce qui diminue progressivement sans forcément tendre vers sa fin : *Décroissement de la rivière, de la température; de la vie humaine* (Bos.). **Décroît**, décroissement de la lune lorsqu'elle entre dans son dernier quartier. ¶ 2 → Décadence.

Décliner : ¶ 1 → (s') Écarter. ¶ 2 Pencher vers sa fin. *Décliner* se dit des personnes et des choses : *Puissance, ardeur, bonheur, jours qui déclinent* (Lit.). **Déchoir**, vx, ne se dit que du corps humain qui, affaibli par l'âge, perd ses avantages physiques : *Le corps de l'homme n'est pas plutôt arrivé à son point de perfection qu'il commence à déchoir* (Buf.). **Baisser**, fig. et fam., se dit de la lumière, d'une puissance, de forces physiques ou intellectuelles qui vont s'affaiblissant : *La lumière baissait* (Mau.). *Je suis bien malade, tout baisse chez moi* (Volt.). **Péricliter**, être en péril, ne se dit guère que des choses qui déclinent et sont menacées de ruine : *Affaire, État, santé qui périclitent* (Acad.). **Dépérir** diffère de *décliner* comme les n. correspondants (→ Décadence). ¶ 3 → Refuser.

Déclinquer : → Disloquer.

Déclivité : → Pente.

Décocher : → Lancer.

Décocté, Décoction : → Tisane.

Décoller : → Décapiter.

Décoloré : → Terne.

Décombres : ¶ 1 Restes d'une chose détruite. *Décombres*, mot vulgaire, matériaux brisés, sans valeur, qui restent d'une démolition. **Débris**, ce qui reste d'une destruction violente qui a brisé, fracassé une chose quelconque, quand on le considère par rapport au corps brisé ou à un corps nouveau qu'on peut former en partant des débris. **Miettes**, fig., débris infimes. **Ruines**, ce qui reste de grands édifices, de villes, etc., après que l'action successive du temps ou toute autre cause de destruction, en général ancienne, ont fait leur œuvre : *Les ruines répandent un singulier charme sur la campagne d'Italie* (Staël). **Restes** implique que la plus grande partie de la chose a disparu, sans que ce qui en subsiste soit forcément détruit : *Les restes du Colisée*. **Vestiges**, ruines ou restes qui ne sont plus que la trace de la chose : *Vestiges de camp romain* (Lit.). ¶ 2 Au fig. *Décombres* garde souvent son sens péj. : ce qui est vil, gênant, nuisible : *Les décombres de la barbarie* (Volt.). **Débris**, en parlant des hommes et des choses, ce qui reste d'une catastrophe, mais qui a encore de la valeur, à condition qu'on le recueille, qu'on le rassemble : *Ruiné, vivant étroitement avec les débris de sa grande fortune*

(Zola). **Reste** désigne purement et simplement ce qui n'a pas été détruit : *Les restes d'une grande fortune peuvent être considérables.* **Épave**, objet ou débris rejeté par la mer, au fig., débris isolés subsistant après la ruine d'une fortune ou après un cataclysme : *Recueillir quelques épaves de sa fortune.* **Ruine** comporte l'idée d'une chute complète, absolue, de la puissance, des institutions, des grandeurs, des croyances que la destruction atteint : *Élever le déisme sur les ruines du christianisme* (Pasc.). ¶ 3 Variétés de *décombres* : **Plâtras**, débris d'ouvrages de plâtre ou de mauvais matériaux. **Gravats** ou **Gravois**, menus décombres de démolition. **Déblai**, terre, décombres qu'on enlève pour mettre un terrain à niveau ou pour le creuser. **Éboulis**, décombres de ce qui s'est éboulé (→ Crouler). **Démolitions**, tous matériaux provenant d'édifices démolis, mais encore utilisables.

Décommander : → Contremander.

Décomposer : ¶ 1 *Décomposer*, dans le langage courant et scientifique, dissocier, parfois involontairement, un tout en ses parties : *Il assemble les idées, il les décompose* (Volt.). **Analyser** dit plus : *Pour décomposer, il suffit de séparer les parties, au lieu que pour analyser il faut de plus saisir leurs rapports; en un mot, analyser c'est décomposer dans un ordre qui montre les principes de la génération de la chose* (C.). **Anatomiser**, analyser en détail pour connaître la constitution et la connexion d'un corps, comme on fait une anatomie : *Newton a su anatomiser les rayons du soleil* (Volt.). ¶ 2 *Décomposer* implique que chaque composant du corps est isolé : *Décomposer la potasse en oxygène et potassium.* **Désagréger**, décomposer un corps en ses molécules, implique la destruction du corps aggloméré par une décomposition plus physique que chimique : *L'humidité désagrège les corps.* **Désintégrer**, terme de science, décomposer partiellement en libérant certains éléments composants du corps de façon à détruire l'intégrité de celui-ci : *Les agents atmosphériques désintègrent les roches.* ¶ 3 Au fig. *Décomposer*, ramener à des éléments simples (≠ Diviser, séparer un corps en parties) : *On décomposa le consulat et on en forma plusieurs magistratures* (Mtq.). **Désagréger**, détruire en désunissant : *Désagréger une société.* **Dissoudre** dit plus : détruire ou faire cesser d'exister une chose de façon qu'il n'en reste rien, comme si l'on rompait le lien qui en retient les parties ou si l'on opérait la dissolution chimique : *Dissoudre un Empire, une assemblée, le mariage* (Acad.). ¶ 4 → Pourrir.

Décomposition : ¶ 1 *Décomposition*, Ana-

lyse. — **Désagrégation, Désintégration, Dissolution :** → Décomposer. ¶ 2 → Dégradation.

Décompte : ¶ 1 → Retranchement. ¶ 2 → Déception.

Décompter : → Retrancher.

Déconcerté : → Surpris. Qui hésite parce que sa façon de penser et d'agir est bouleversée par un événement inattendu, réaction qui s'ajoute à la surprise : *Il était si surpris, si déconcerté* (M. D. G.). *Déconcerté*, qui ne sait plus que penser, qui voit ses plans dérangés, devant un événement qui l'embarrasse ou une action qui impressionne sa timidité ou sa pudeur : *Déconcerté par le sourire complice qu'Antoine lui lançait, il hésita une seconde* (M. D. G.). **Démonté** enchérit : qui a l'esprit troublé, en désordre, au point d'être complètement annihilé : *Tantôt j'étais sur un pied, tantôt j'inclinais la tête et ne savais plus ce que je faisais : j'étais démonté* (Mariv.). **Désarçonné**, fam., comme jeté à terre, provisoirement démonté, par une attaque brusque, surtout dans une discussion : *Désarçonné par cette apostrophe* (Lit.). **Désemparé**, étym. abandonné ou mis hors d'état de servir en parlant d'un navire, marque qu'on perd tous ses moyens parce qu'on a l'impression d'être perdu, isolé, sans rien ni personne pour vous aider : *Désemparé, hébété, je regarde la vie, les autres, comme si l'univers m'était devenu surprenant, incompréhensible* (M. D. G.). **Décontenancé**, troublé dans son maintien habituel, ne sachant quelle attitude prendre, devant ce qui étonne, embarrasse ou simplement dérange les habitudes : *Cette séparation brutale nous laissait décontenancés, incapables de réagir* (Cam.). **Désorienté** (→ Dérouter) enchérit sur tous ces termes et marque un trouble durable qui aveugle, décourage, laisse sans défense, sans espoir : *J'étais d'abord trop désorienté et il fallait que je me mette d'accord avec moi-même* (Gi.). **Interdit** (→ ce mot) et ses syn. indiquent surtout l'impossibilité de dire un mot. **Confondu** (→ Consterné) marque l'accablement total. **Déconfit**, déconcerté par une déconvenue, implique une confusion intérieure qui rend honteux (→ ce mot). **Défait** enchérit parfois sur *décontenancé* et marque qu'on a perdu totalement sa contenance et sa bonne façon : *Les gens fiers et superbes sont les plus défaits* (en la présence du prince) *car ils perdent plus du leur* (L. B.). **Sot** dit moins et indique une attitude gauche, incertaine, résultant de l'embarras ou de la confusion : *On est tout consterné et tout sot à Paris* (Volt.). **Déferré**, syn. fam. et rare de *déconcerté*, gêné comme un cheval qui a perdu ses fers. **Étourdi**, déconcerté par un événement ou une série d'événements dont la violence ou le nombre rendent l'esprit abasourdi : *Vous serez si étourdie des honneurs que vous n'aurez pas le temps* (Sév.). **Collé**, fam., déconcerté et interdit par une question, une objection à laquelle on ne trouve pas de réponse. **Mis en boîte**, très fam., déconcerté, mystifié par un argument, un mot d'esprit, qui met en état d'infériorité et rend ridicule.

Déconfire : → Vaincre.

Déconfit : → Déconcerté et Honteux.

Déconfiture : ¶ 1 → Défaite. ¶ 2 → Ruine. ¶ 3 → Faillite.

Déconseiller : → Dissuader.

Déconsidérer : → Dénigrer.

Décontenancé : → Déconcerté.

Déconvenue : ¶ 1 → Déception. ¶ 2 → Mésaventure.

Décor : (Fig.) Tableau formé accidentellement par les choses de la nature. *Décor* est absolu : *De belles montagnes font un beau décor.* **Cadre** est relatif à une scène ou à une chose qui est architecturalement encadrée par un spectacle : *La mer d'un côté, des forêts de l'autre formaient le cadre de ce grand tableau* [le champ de bataille] (Chat.). Si le *décor* est relatif à une chose ou à un spectacle, il est plutôt derrière : *Maison bâtie dans le décor des Alpes.*

Décoration : ¶ 1 → Ornement. ¶ 2 → Insigne.

Décorer : → Orner.

Décortiquer : → Éplucher.

Décorum : → Convenance.

Découlement : → Écoulement.

Découler : ¶ 1 → Couler. ¶ 2 (Fig.) → Tenir à. Tirer sa source de. *Découler*, descendre, venir en droite ligne d'une chose supérieure, comme une eau qui coule de haut en bas : *Cette œuvre découle du plus intime de ta vie* (Val.). **Dériver**, venir en s'écartant, par des détours, en formant une sorte de branche à part, comme un courant dérivé : [L'autorité paternelle et maritale] *est dérivée de la religion* (F. D. C.). **Émaner**, venir par émission, comme un fluide, avec force, en se répandant de toutes parts, se dit seul pour ce qui part du pouvoir ou de l'autorité : *La royauté renferme en soi toute l'autorité et la puissance des autres magistratures qui émanent d'elle* (Roll.). **Couler**, syn. vx de *découler.* ¶ 3 → Résulter.

Découper : ¶ 1 → Couper. ¶ 2 Couper en morceaux. *Découper*, couper avec art en suivant certaines lignes : *Découper un poulet.* **Débiter**, découper une matière, un animal, en morceaux tout prêts à être employés : *Débiter les bois en planches.* **Détailler**, débiter pour la vente au détail : *On débite un bœuf en pièces de boucherie, on le détaille entre différents bouchers ou différents clients.* **Dépecer**, mettre en pièces, en parts, surtout pour manger : *Puis en autant de parts le cerf il dépeça* (L. F.); ou pour détruire : *Dépecer un vieux bateau.* **Démembrer**, découper un corps par membre : *On écorche, on taille, on démembre Messire Loup* (L. F.). **Équarrir**, dépecer un animal mort ou qu'on abat : *Équarrir un vieux cheval.* — **Déchiqueter**, couper en chiquettes, en menus morceaux, en faisant diverses taillades, implique qu'on coupe mal : *Déchiqueter un poulet.* **Charcuter**, dépecer de la chair, au fig. découper des viandes maladroitement, ou entailler maladroitement dans les chairs en parlant d'un chirurgien : *Charcuter une volaille, un bras.* ¶ 3 (Réf.) → (se) Profiler.

Découplé : → (bien) Taillé et Dispos.

Découragement : → Abattement. Perte de la force morale, qui s'accompagne de renoncement. *Découragement*, perte plus ou moins durable de l'énergie qui fait qu'on n'agit plus, qu'on renonce à une action commencée : *Sorte de découragement qui doit nuire à l'énergie des résolutions* (Staël). **Désespoir**, renoncement total à tout espoir, mais non à toute action (cf. l'énergie du désespoir) : *Être dégoûté jusqu'au découragement et jusqu'à la tentation du désespoir* (Fén.). **Désespérance**, qui dit moins que *désespoir*, état durable dans lequel on ne peut retrouver l'espérance (→ ce mot) : *Avenir de désespérance* (Loti). **Lassitude** diffère de *découragement* comme les v. correspondants : → (se) Décourager. **Démoralisation**, perte non de l'énergie, mais de la force morale qui fait qu'on croit au succès et qu'on a confiance en soi-même : *La difficulté d'un examen provoque le découragement de certains candidats; la longueur de la préparation, leur lassitude; l'impression que leurs professeurs les y préparent mal les livre en proie à la démoralisation.*

Décourager : ¶ 1 → Abattre. *Décourager, Désespérer, Démoraliser* : → Découragement. **Refroidir**, fig., dit moins que *décourager* : c'est modérer ou enlever l'ardeur, l'enthousiasme. **Doucher**, fig. et fam., enlever les illusions ou rabattre les prétentions. **Lasser, Rebuter** diffèrent de *décourager* comme au réf. **Écœurer** implique une sorte de malaise, au physique devant ce qui fatigue, au moral devant ce qui ennuie, lasse, ou inspire le mépris : *Être écœuré par l'effort; par l'insipidité d'un livre; la longueur de la tâche; la stupidité de ceux qu'on voudrait instruire.* ¶ 2 → Dissuader. ¶ 3 (Réf.). Renoncer à agir. *Se décourager,* ne plus avoir l'énergie d'entreprendre ou de finir quelque chose. **Se lasser,** renoncer à une action parce qu'elle finit par dégoûter et qu'on se décourage de ne pas en voir la fin : *Auguste s'est lassé d'être si rigoureux* (Corn.). **Se rebuter,** se décourager devant un obstacle insurmontable : *Se rebuter pour un refus* (Ham.). **Se déconforter,** se décourager et être plongé dans la désolation : *Les autres pleuraient, se déconfortaient* (P.-L. Cour.).

Décours : → Déclin.

Décousu : ¶ 1 Adj. → Désordonné. Sans suite, sans liaison. *Décousu* se dit de la pensée ou du style : *Certains rêves où tout est si décousu, si peu suivi, si peu ordonné* (Buf.). **Disloqué,** rare, se dit en littérature d'une pièce, d'un discours dont les diverses parties ne se répondent pas ou ne tiennent pas ensemble. **Heurté,** en parlant du style, ajoute à *décousu* l'idée de contrastes brutaux et choquants entre les pensées et les expressions. **¶ 2** N. → Désordre.

Découvert [à] : → (à) Nu.

Découverte, action de trouver, parfois par hasard et surtout en science, ce qui existe, mais qui n'était pas connu : *Certaine découverte que j'ai faite par hasard cet après-midi* (Gi.). **Invention,** action de produire quelque chose de nouveau qui n'existait pas, surtout en art et en industrie : *Que nous a servi la découverte de tant de peuples et l'invention de la boussole?* (Mtq.). **Trouvaille,** découverte heureuse, souvent due au hasard, surtout en parlant d'un objet ou d'un trait artistique : *Trouvaille d'un manuscrit* (P.-L. Cour.).

Découvrir : ¶ 1 → Dégarnir. **¶ 2** → Trouver. Trouver quelque chose de caché ou de secret. *Découvrir* peut impliquer que cette action est le résultat de l'activité de l'esprit ou qu'elle est faite par hasard : *Découvrir un trésor, un mystère; la cause d'une maladie, le coupable* (Acad.). **Détecter,** terme de science et de police, découvrir par des procédés techniques l'existence de quelque chose : *Détecter du grisou, un émetteur de T. S. F. clandestin.* **Repérer,** découvrir une chose dont on détermine la position exacte : *Repérer une batterie ennemie.* **Percer,** découvrir par la réflexion ou l'intuition, et assez vite, ce qui se dérobait à une connaissance superficielle : *Il perçait dans tous les secrets, découvrait les entreprises les plus cachées* (Bos.). **Pénétrer** implique plus de lenteur, mais suppose une connaissance plus complète, en profondeur : ce n'est découvrir et comprendre : *Bien des actes nous apparaissent répréhensibles, odieux même, simplement parce que nous n'en pénétrons pas suffisamment les motifs* (Gi.). **Dépister,** fig. et

fam., découvrir comme on découvre un gibier à la trace : *Ah! le flair des hommes qui ne sont pas aimés pour dépister la passion chez autrui* (Mau.). **Lire** et **Déchiffrer,** au fig., percer quelque chose d'obscur et de caché en interprétant certains signes assez visibles et clairs quand il s'agit de *lire,* plus mystérieux quand il s'agit de *déchiffrer* : *Le vieillard lut ce qu'il ne disait pas* (R. Roll.). *Lire l'avenir dans les astres. Déchiffrer les secrets de la terre et des cieux* (Régnier). **Éventer,** fig., découvrir une chose que l'on sait secrètement, souvent à l'avance pour la faire échouer : *Le chancelier éventa le projet de Patkul et obtint qu'on se saisit de sa personne* (Volt.). **Deviner,** découvrir par des procédés surnaturels ce qui est caché dans le passé, le présent ou l'avenir, et par ext. découvrir par conjecture, prescience ou intuition : *Cette cause, je la devinais en comparant entre elles ces diverses impressions bienheureuses* (Proust). *Antoine devina vaguement sa pensée* (M. D. G.). **¶ 3** → Déclarer. Faire connaître ce qui est caché ou secret. *Découvrir,* terme le plus général et le plus faible : *Les traits découvrent la complexion et les mœurs* (L. B.). **Révéler,** retirer de dessous le voile ce qui était inconnu pour en faire connaître l'existence ou faire savoir en quoi cela consiste, se dit spéc. de la pensée divine : *Révéler un secret dangereux* (J.-J. R.); *les conspirations* (Mtq.). **Dévoiler** se dit de choses plus profondément cachées, tenues secrètes, et surtout mystérieuses, qu'on éclaire dans tout leur jour : *Tacite nous dévoile les profondes noirceurs de l'âme de Tibère* (Marm.). *Dévoiler leurs impostures aux yeux du monde* (Mol.). **Vendre la mèche,** fam., révéler ce dont on a été complice ou témoin, **Démasquer,** fig., faire connaître quelqu'un pour ce qu'il est en dévoilant son caractère caché, sa conduite secrète : *Des réactions de mon caractère véritable démasquant brusquement le fond réel de ma nature* (M. D. G.). **Déceler** marque plutôt une action qui va des choses aux personnes : découvrir, toujours involontairement, des choses cachées : *Leur frayeur les décelait* (S.-S.); mais les meilleurs auteurs l'appliquent à l'action, parfois volontaire, d'une personne : *La police n'aurait plus qu'à le pister. Elle décélerait ses accointances* (J. Rom.). **Trahir,** révéler ou déceler ce qu'une personne tenait soigneusement caché et cela toujours contre la volonté de celle-ci : *Tu trahis ta vraie nature : tu étais mère* (Mau.). *Le bruit des respirations qui trahit l'effort* (Duh.). **¶ 4** → Voir. **¶ 5** Se découvrir, ôter ou écarter les vêtements ou les voiles qui couvrent le corps; spéc., en parlant des femmes, laisser trop voir des parties que la pudeur commanderait de laisser cachées : *Se découvrir la gorge*. En ce sens, **Se débrailler**, en parlant des hommes et des femmes, se découvrir la gorge et l'estomac avec indécence et désordre : *Débraillé, car il n'avait pas encore mis sa cravate* (Mau.). **Se dégarnir**, syn. de *se découvrir* au premier sens seulement, ajoute l'idée qu'un vêtement plus léger protège moins le corps : *S'enrhumer pour s'être dégarni* (Acad.).

Décrasser : ¶ 1 → Nettoyer. ¶ 2 → Dégrossir.

Décréditer : → Dénigrer.

Décrépitude : → Vieillesse.

Décret : ¶ 1 → Décision. ¶ 2 → Loi. ¶ 3 → Commandement.

Décrétale : → Rescrit.

Décréter : ¶ 1 → Ordonner. ¶ 2 → Décider et Commander.

Décri : ¶ 1 → Défaveur. ¶ 2 → Déchéance.

Décrier : → Dénigrer.

Décrire : ¶ 1 → Tracer. ¶ 2 → Peindre.

Décroissance : → Diminution.

Décroissement : → Diminution et Déclin.

Décroître : → Diminuer.

Décrypter : → Déchiffrer.

Dédaigner : ¶ 1 Faire peu ou point de cas. *Dédaigner* a rapport au sujet de l'action qui par haute idée de lui-même regarde une personne ou une chose comme indigne de lui. **Mépriser** (→ ce mot) a rapport à l'objet de l'action et implique qu'on trouve quelque chose de vil dans la personne ou dans la chose, qui oblige, même si l'on est humble et modeste, à la mal considérer : *Les grands dédaignent les gens d'esprit qui n'ont que de l'esprit* (L. B.). *Elle ne le méprisait pas, elle ne le rabaissait pas* (Mau.). **Faire fi**, fam., dédaigner ou mépriser ouvertement, surtout en parlant de choses ou de gens qui dégoûtent la délicatesse, qu'on blâme ou qu'on désapprouve : *Les générations nouvelles ont toujours fait fi des générations qui les précédaient* (Saint-Marc Girardin). **Tourner le dos à**, fig. et fam., laisser quelqu'un par dédain ou par mépris. ¶ 2 → Refuser.

Dédaigneux : Qui a beaucoup d'estime pour lui-même, se préfère à autrui, mais parfois avec raison (≠ Arrogant) et le montre aux autres qui en souffrent (≠ Orgueilleux). *Dédaigneux*, qui considère les autres comme indignes de lui, parfois par orgueil, mais aussi parce qu'il est sot, négligent (→ ce mot), difficile (→ ce mot), etc. : *Homme dédaigneux qui semble tou-*

jours rire en lui-même de ceux qu'il croit ne le valoir pas (L. B.). *Dédaigneux par faiblesse* (Bos.). **Méprisant** diffère de *dédaigneux* comme les v. correspondants : → Dédaigner. **Fier**, qui s'isole, ne veut pas se communiquer, par orgueil ou par juste sentiment de sa dignité : *Il est fier et ne fraie pas avec tous* (Gi.). *Il est de naturel un peu fier et n'accepterait peut-être pas l'hospitalité que je lui offre sans payer un peu de sa personne* (Gi.). **Haut**, en bonne et mauvaise part, qui, au lieu de s'isoler, veut abaisser les autres, les dominer de sa supériorité réelle ou imaginaire, exprime la hauteur en soi, intrinsèquement : *Grave et haute comme une infante* (S.-B.). **Hautain**, plus employé, exprime la hauteur toujours excessive dans l'intérieur du personnage, son air, son allure, ou l'apparence, l'affectation de la hauteur : *Cœurs hautains et durs* (Loti). *Misères hautaines* (Her.). **Altier**, surtout du style noble et poétique, marque une très grande hauteur qui se manifeste avec violence et tend à asservir : *Altiers, durs, grondeurs* (V. H.). *Race altière des Guermantes* (Proust). **Impérieux**, altier et qui veut être obéi, par haute idée de sa perfection : *L'accueil impérieux d'une cour arrogante* (Volt.). Mais on peut être *impérieux* (→ ce mot) pour beaucoup d'autres raisons. **Renchéri**, fam., celui qui se croit de prix, syn. fam. de *dédaigneux* : *Tant soit peu fat et par trop renchéri* (Volt.).

Dédain, Mépris, Fierté, Hauteur : → Dédaigneux et Dédaigner. **Condescendance**, employé péj., dédain manifesté par l'affectation avec laquelle on a l'air de s'abaisser au niveau des autres : *Passavant maniait à merveille le dédain, le mépris, la condescendance* (Gi.). *Sa condescendance, l'affectation de sa supériorité* (Gi.).

Dédale : → Labyrinthe.

Dedans : → Intérieur.

Dédicace : Hommage d'un livre à quelqu'un. *Dédicace*, épître ou courte inscription à la tête d'un ouvrage imprimé par laquelle on le place sous le patronage de quelqu'un. **Envoi**, dernière strophe d'une ballade servant d'hommage à quelqu'un, par ext. dédicace familière en vers ou en prose.

Dédier : ¶ 1 → Vouer. ¶ 2 Faire hommage d'un livre. *Dédier*, mettre un livre sous le patronage de quelqu'un ou le lui offrir en hommage par une épître ou une inscription imprimée en tête du livre. **Dédicacer**, offrir en hommage un exemplaire de son ouvrage à quelqu'un par une inscription manuscrite sur la page de garde : *Dédier un livre à son père; le dédicacer à un critique*.

Dédire : ¶ 1 → Contredire. ¶ 2 (Réf.) Désavouer ce qu'on avait dit (≠ (se) Démentir, être en contradiction, volontairement ou non, avec soi-même). *Se dédire*, avouer une erreur, en matière d'opinion, ou dire qu'on a changé d'avis à propos d'une promesse faite à la légère, est relatif au sujet représenté comme se démentant lui-même : *C'est l'opinion d'un favori qui se dédira à l'agonie* (L. B.). **Revenir sur** dit moins et marque un simple changement ou une modification d'opinion, souvent après un nouvel examen : *Revenir sur sa promesse; sur le compte de quelqu'un*. **Se rétracter,** avouer une fausseté qui est dans la chose, en matière de doctrines, d'imputations, et ainsi lui ôter toute valeur, ou se retirer solennellement d'un engagement, d'une promesse formels : *Vous avancez une calomnie, il faudra expressément vous rétracter* (Bour.). *Je vous promis ma fille, mais à présent, je me rétracte* (J.-J. R.). **Déprometttre,** vx, retirer une promesse.

Dédit : Peine prévue en cas de non-exécution d'un marché (≠ **Arrhes,** somme versée d'avance pour assurer la garantie de l'exécution d'un marché verbal). *Dédit*, somme à payer ou peine à encourir par la personne qui refusera d'exécuter les clauses d'un contrat : *Le paiement d'un dédit libère du contrat.* La **Clause pénale** diffère du *dédit* en ce sens que celui qui n'exécute pas un contrat ne peut se libérer, en payant les dommages-intérêts prévus par la *clause pénale*, que si son créancier le veut bien, car celui-ci est libre d'exiger soit les dommages-intérêts, soit l'exécution du contrat.

Dédommagement : → Compensation. *Dédommagement*, compensation approximative d'une perte ou d'un dommage, faite de n'importe quelle façon. **Indemnité,** somme d'argent légalement accordée, pour compenser le plus exactement possible une perte : *Droit d'indemnité sur les immeubles acquis par les gens de main morte* (Mtq.). **Dommages-intérêts,** somme allouée pour réparer un dommage matériel ou causé par la violation d'un contrat ou un délit : *Indemnité pour cause d'expropriation. Dommages-intérêts pour diffamation.* **Réparation,** terme de droit, dommages-intérêts pour un tort subi et, en droit international, remboursement des dommages de guerre.

Dédommager (se) : → (se) Rattraper.

Déduire : ¶ 1 → Retrancher. ¶ 2 → Exposer. ¶ 3 → Inférer.

Déesse : Divinité fabuleuse du sexe féminin. *Déesse* indique le titre, **Déité,** du style poétique, la qualité ou l'essence : *La géante paraît une déesse aux yeux* (Mol.). *Bizarre déité brune comme les nuits* (Baud.).

Défaillance : ¶ 1 → Manquement. ¶ 2 → Évanouissement.

Défaillant : → Faible.

Défaillir : → Faiblir et (s') Évanouir.

Défaire : ¶ 1 Changer ce qui a été fait. *Défaire*, changer la forme, en ramenant à un état antérieur. **Démolir,** changer la forme en abattant. **Détruire,** enlever l'existence, anéantir : *Défaire un tricot de laine, démolir une maison, détruire une forteresse.* ¶ 2 → Libérer. ¶ 3 → Débarrasser. ¶ 4 → Vaincre. — Réf. ¶ 5 → Aliéner. ¶ 6 → Quitter. ¶ 7 → (se) Suicider.

Défait : ¶ 1 → Déconcerté. ¶ 2 → Maigre.

Défaite : ¶ 1 → Insuccès. Le fait que des troupes sont vaincues. *Défaite*, terme général, perte d'une bataille rangée. **Déroute,** confusion, fuite précipitée et désordonnée qui suit souvent une défaite complète et parfois a lieu sans qu'il y ait défaite : *Déroute ajoute à défaite et désigne une armée qui fuit en désordre et qui est totalement dispersée* (D'Al.). **Débandade,** fam., action de rompre les rangs, commencement de déroute ou déroute sans defaite : *La débandade fut générale* (S.-S.). **Débâcle,** défaite ou déroute totale qui amène la désagrégation complète d'une armée et même d'un pays : *La Débâcle* (Zola). **Déconfiture,** vx, défaite complète, avec anéantissement des troupes. ¶ 2 → Excuse.

Défaitiste : → Pessimiste.

Défalquer : → Retrancher.

Défaut : ¶ 1 → Manque. ¶ 2 → Imperfection. ¶ 3 En termes de procédure, *Défaut*, manquement à l'assignation donnée : *Condamner un plaideur par défaut.* **Contumace,** plus spéc., état d'un individu qui, accusé d'un crime, se soustrait aux recherches de la Justice et refuse de comparaître devant le tribunal : *Assassin condamné par contumace.* ¶ 4 *Faire défaut :* → Manquer. ¶ 5 *Mettre en défaut :* → Tromper. ¶ 6 *Être en défaut :* → (se) Tromper.

Défaveur : Le fait de cesser d'être bien vu d'une personne puissante ou du public. *Défaveur*, terme le plus faible, peut marquer un état momentané. **Disgrâce,** perte de crédit, de position, auprès d'un grand, due souvent à des actions coupables, et qui a pour conséquence une ruine complète : *Défaveur de Fénelon; disgrâce de Fouquet.* **Discrédit,** perte de considération, d'autorité, est moins subjectif que *défaveur* : *L'école encyclopédique était en défaveur à la cour et dans l'esprit du roi* (Marm.). *Dans quel discrédit aujourd'hui tombe ce que l'on avait coutume de considérer en peinture comme le « motif »* (J. Rom.). **Décri,** vx, dit plus et implique une déchéance (→ ce mot) qui peut être universelle et définitive : *Décri universel* (L. B.).

Défavorable : ¶ 1 Qui n'a pas de bons sentiments pour quelqu'un ou pour quelque chose. *Défavorable*, négatif, qui n'a aucune bienveillance pour : *Ne pas appuyer un projet auquel on est défavorable.* **Hostile**, positif, qui a l'attitude d'un ennemi, est opposé à la personne ou à la chose et agit en conséquence : *Je l'écoutais, boudeur, hostile, les yeux tournés vers la fenêtre* (Mau.). **Contraire** ajoute l'idée d'une opposition active, permanente, sur tous les points pour contrecarrer l'action ou les désirs de quelqu'un : *Cet homme m'a toujours été contraire.* **Adverse**, *contraire*, seulement dans la loc. *Fortune adverse.* **Ennemi** enchérit et implique une aversion pour des choses bonnes ou mauvaises qui produit la haine : *Et je ne vois partout que des yeux ennemis* (Rac.). ¶ 2 En parlant dans un sens d'un mot, *Défavorable*, qui cause un désavantage à la personne ou à la chose auxquelles on l'applique, dans un cas particulier : « Coquet » peut avoir un sens défavorable si on l'applique à un homme. **Péjoratif**, terme de grammaire, qui comporte dans tous les cas un sens défavorable ou l'ajoute à ce à quoi il s'applique : « Aille » est une finale péjorative, « bravache » a un sens péjoratif. ¶ 3 → Désavantageux.

Défavoriser : → Désavantager.

Défection : Action d'abandonner un homme, un parti, une obligation. *Défection* ajoute à **Abandon** l'idée qu'on rompt une certaine solidarité morale. **Carence**, qui se dit d'un débiteur insolvable, implique, par ext., un manquement volontaire à des engagements formels ou à une obligation expresse; **Désertion**, une faute qui consiste à abandonner un poste qu'on devait tenir, à ne pas remplir un devoir sacré. **Trahison** ajoute l'idée d'intention calculée et perfide de perdre le parti qu'on abandonne, souvent en connivence avec ses ennemis : *La défection de saint Pierre; la carence de Pilate; la désertion des apôtres; la trahison de Judas.* **Lâchage**, fig. et fam., *défection* ou *désertion*.

Défectueux : → Imparfait.

Défectuosité : → Imperfection.

Défendeur, personne contre laquelle est intentée une action de justice (anton. *demandeur*). **Intimé**, nom que prend le *défendeur* en appel.

Défendre : ¶ 1 Mettre à couvert contre quelque chose de fâcheux. *Défendre* et ses syn. marquent absolument l'action, **Garantir** (→ ce mot) et ses syn., relatifs aux maux dont on exempte, marquent

l'effet. On *défend* avec force, d'une manière déclarée, quand ce qui est attaqué et sans défense, on **Soutient** ce qui est faible, mais parfois se défend déjà de lui-même, en lui accordant un appui durable : *Prendre les armes pour défendre un État* (Fén.). *A certains moments cette pensée me soutient.* (M. D. G.). **Protéger**, prêter appui, assistance, soutenir en parlant d'un supérieur qui veille à la conservation de ce qu'il a pris sous sa tutelle : *Il suffit aux Grecs que vous [les Romains] protégiez par vos armes leur liberté qu'ils ne sont plus en état de défendre par les leurs* (Roll.). ¶ 2 *Défendre*, **Interdire**, **Prohiber** : → Défendu. — Réf. ¶ 3 → Résister. ¶ 4 → (s') Abstenir. ¶ 5 → Nier.

Défendu : Qu'on ne doit pas se permettre. *Défendu*, de tous les styles, se dit des choses, en général mauvaises, contre lesquelles nous sommes d'avance mis en garde par Dieu, la nature ou des lois générales : *Fruit défendu; chose défendue par les lois du sérail* (Mtq.); **Interdit**, des choses bonnes ou mauvaises, dont une raison quelconque nous enlève entièrement l'usage et la pratique, même si nous en jouissions ou les faisions déjà. **Prohibé**, terme de législation et de palais, défendu par une loi humaine et de police très précise : *L'alcool est défendu par les médecins comme nuisible à la santé, interdit à ceux qui ne peuvent plus en acheter, prohibé par la législation de certains pays.* **Inhibé**, syn. vx d'*interdit*. **Illicite**, absolu, et surtout en parlant des choses abstraites, à ne pas se permettre parce que mauvais en soi, par son opposition fondamentale à la justice, à la morale, au bien, à la religion : *Fraude; mensonge; gains illicites* (L. B.).

Défense : ¶ 1 *Défense*, **Garantie**, **Soutien**, **Protection** : → Défendre. ¶ 2 *Défense*, **Interdiction**, **Prohibition**, **Inhibition** : → Défendu. ¶ 3 → Apologie. *Défense*, ensemble des moyens par lesquels le défenseur de celui contre qui est intentée une action en justice tâche de la faire annuler. **Exception**, moyen de défense qui, sans combattre directement l'action du demandeur et sans en discuter le fond, tend simplement soit à faire différer l'examen du procès, soit à critiquer la forme dans laquelle il a été procédé : *Il a fourni des exceptions* (Acad.). — *Défense* désigne couramment les paroles que le défenseur prononce devant le tribunal en faveur de l'accusé et a pour syn. **Plaidoirie**, exposé de l'avocat à l'audience en faveur d'une partie (celle qui attaque ou celle qui défend) en général pour une cause peu importante, et **Plaidoyer**, discours prononcé à l'audience solennelle pour défendre une cause grave : *La plaidoirie des avocats dans une affaire* *de divorce; le plaidoyer en faveur d'un assassin en cour d'assises.* — Au fig. en parlant de la défense d'un système, d'une thèse, *plaidoirie* et *plaidoyer* impliquent un exposé oral ou écrit, comme à l'audience, *plaidoirie* insistant sur la force de l'argumentation, *plaidoyer*, sur le pathétique et la chaleur de la défense. ¶ 4 *Se mettre* (être) *en défense* insiste sur les moyens qu'on emploie pour repousser une attaque actuelle ou éventuelle, **Se mettre (être) sur la défensive,** sur l'attitude, la disposition de celui qui, devant une attaque précise, n'a l'intention que de se défendre sans contre-attaquer : *On demeura sur la défensive sans livrer combat* (L. B.). *Pour décourager une agression, un pays se met en défense.*

Défenseur : ¶ 1 *Défenseur,* celui qui assure la défense de l'accusé en justice, sans être toujours un avocat, et, s'il s'agit d'un avocat, l'avocat considéré dans sa mission par rapport à l'accusé plutôt que dans son métier, surtout dans les causes graves : *Au conseil de guerre, le défenseur n'est pas forcément un avocat.* **Avocat,** titre légalement défini de celui qui fait profession de plaider en justice soit au civil soit au criminel pour les personnes qui recourent à lui, qu'elles soient accusées ou plaignantes : *L'avocat d'un propriétaire plaide pour expulser un locataire.* **Avocaillon,** petit avocat peu connu, et **Avocassier,** péj., mauvais avocat, sont fam. **Conseil** ne se dit que d'un avocat qui défend les intérêts d'une personne en dehors de toute action judiciaire. ¶ 2 Par ext., en dehors de la langue judiciaire, **Avocat,** celui qui parle pour quelqu'un, évoque les roueries de la chicane, avec une nuance souvent péj. : *Avocat de la superstition, de la plus mauvaise de toutes les causes* (Volt.). *Défenseur,* en un sens favorable, celui qui soutient par la parole et par l'action : *Il est le défenseur de l'orphelin timide* (Rac.). *Défenseur de la foi.* **Champion,** celui qui défend en combattant, dans le style relevé ou par ironie : → Combattant. **Tenant** (champion dans un tournoi), fam., celui qui soutient une opinion ou une personne, est prêt à les défendre contre tous ceux qui peuvent les attaquer : *Le duc de Charost était un des premiers tenants du petit troupeau des quiétistes* (S.-S.).

Déférence : ¶ 1 → Complaisance. ¶ 2 → Égards.

Déférent : → Complaisant.

Déférer : ¶ 1 → Conférer. ¶ 2 → Céder. ¶ 3 → Inculper.

Déferler : → (se) Briser.

Défeuiller : → Effeuiller.

Défi : ¶ 1 *Défi,* toute provocation à un combat singulier, au prop. et au fig. : [Il] *lui jette pour défi son assiette au visage* (Boil.). **Cartel** et **Appel** (plus rare), défi dans les formes appelant à un duel, ou, autrefois, à un combat singulier dans un tournoi : *César envoya-t-il un cartel à Caton?* (J.-J. R.). ¶ 2 → Fanfaronnade. ¶ 3 *Mettre au défi :* → Inviter.

Défiant : → Méfiant.

Déficience : → Manque.

Déficient : → Faible.

Déficit : → Manque.

Défier : ¶ 1 → Braver. ¶ 2 → Inviter.

Défigurer : → Déformer.

Défilé : ¶ 1 Espace étroit et resserré entre des montagnes, mais non situé près du sommet (≠ Col : → ce mot). *Défilé,* surtout terme de guerre, fait penser à la difficulté du passage des troupes ou de gens qui sont obligés d'aller à la file : *Le défilé des Thermopyles;* **Gorge,** à la forme d'une vallée étroite aux parois abruptes où coule en général une rivière : *Les gorges du Tarn.* **Cañon,** mot espagnol, ne se dit qu'en géographie d'une suite de gorges profondes et sinueuses creusées par certaines rivières américaines : *Les cañons du Colorado.* **Pas,** en géographie, défilé ou col, ne se dit qu'avec un nom propre : *Le pas de Suse.* **Porte,** défilé donnant accès à une contrée : *Les Portes de Cilicie.* **Détroit,** vx, partie de terre resserrée entre des montagnes. **Passage,** syn. vague de tous ces termes. ¶ 2 Troupe de personnes allant en file (≠ Suite, troupe qui accompagne quelqu'un). *Défilé,* marche d'une troupe qui passe à la file devant un chef, par ext. toute troupe qui va à la file pour une raison quelconque, sauf pour une cérémonie religieuse : *Défilé de promeneurs; de troupeaux* (Loti). **Procession,** défilé d'un cortège de prêtres et de fidèles à l'occasion d'une cérémonie religieuse, dans l'intérieur ou à l'extérieur de l'église. **Théorie,** dans l'antiquité grecque, procession, défilé d'une députation solennelle et sacrée; de nos jours, dans le style recherché, ensemble de personnes s'avançant dans un certain ordre : *Théorie de jeunes filles.* **Cavalcade,** défilé pompeux et grotesque de gens à cheval ou de chars dans une fête publique. **Mascarade,** défilé de gens déguisés et masqués. **Monôme,** fig., joyeux défilé d'étudiants en file indienne. — Au fig. *défilé* se dit des personnes et des choses qui se succèdent sans interruption (≠ Suite) : *Défilé d'amours-propres* (Balz.). *Procession,* fam., en parlant des personnes seulement, implique que le défilé est long, incessant comme s'il était organisé, et a pour but la curiosité ou un hommage; d'où le sens particulier de visites qui se suivent à bref intervalle : *Procession de curieux, de visites* (ACAD.).

Défiler : ¶ 1 → Passer. ¶ 2 (Réf.) → Partir.

Définir : ¶ 1 → Fixer. ¶ 2 → Décider.

Définitif : → Irrévocable et Final.

Définitivement, par jugement définitif, a rapport à l'événement, **En définitive** caractérise la chose en soi : *Une affaire est définitivement jugée, quand on ne l'examinera plus; elle l'est en définitive, quand rien d'ultérieur ne pourra modifier la décision ou la sentence.*

Déflagration : ¶ 1 → Combustion. ¶ 2 → Explosion.

Défleurir, abattre les fleurs ou détruire le velouté de certains fruits, au fig., enlever ce qui fait l'agrément, le charme de quelque chose : *Ce funeste positif qui défleurit l'imagination* (NODIER). **Déflorer**, enlever la fleur de, et spéc. la virginité d'une femme, au fig., en littérature, enlever à un sujet ce qu'il peut avoir de neuf, de piquant en le traitant mal, et en général enlever à une chose le charme qui vient de sa naïveté, de sa candeur : *La publicité déflore les choses du cœur* (LAM.).

Défoncer : ¶ 1 → Enfoncer. ¶ 2 (Réf.) → Crouler.

Déformé : ¶ 1 Qui n'a pas sa forme normale. *Déformé*, qui a perdu sa forme : *Je suis un peu déformé depuis ce temps-là* (BEAUM.). **Difforme**, dont la forme est naturellement irrégulière et laide : *Difforme et laid de visage* (L. F.). ¶ 2 (En parlant d'un objet) → Fatigué.

Déformer : ¶ 1 Changer la forme de. *Déformer* se dit dans tous les cas et implique que, quoique ayant perdu sa forme idéale ou normale, la chose est encore reconnaissable : *Déformer un chapeau. Déformer les os* (V. H.). **Difformer** ne se dit que pour une monnaie, une médaille dont on dénature la forme propre. **Défigurer**, qui ne se dit proprement qu'en parlant du visage humain, s'applique par ext. aux choses et implique alors que la forme en est dénaturée au point de les rendre méconnaissables : *On n'a rien défiguré dans le parc* (SÉV.). *Défigurer notre langue* (MOL.). **Écorcher,** fig. et fam., déformer une langue, un mot en la prononçant mal. **Estropier,** fig., et **Massacrer,** fig. et fam., enchérissent en ce sens et s'appliquent aussi à des ouvrages d'esprit qu'on défigure : → Mutiler. ¶ 2 → Altérer.

Défraîchi : → Fatigué.

Défricher : ¶ 1 → Cultiver. ¶ 2 → Éclaircir.

Défricheur, celui qui défriche des terres non cultivées. **Pionnier,** celui qui défriche des contrées où personne n'était allé avant lui et en plus construit des routes, des villages, tout ce qui permet la culture et la civilisation.

Défunt : → Mort.

Dégagé : ¶ 1 Qui a de l'aisance dans son air (≠ Éveillé, qui manifeste une grande vivacité d'esprit). *Dégagé* suppose l'élégance souple du corps, ou l'absence d'embarras : *Corps taillé, libre et dégagé comme il faut* (MOL.). *Allure dégagée* (ZOLA). **Délibéré,** dont l'aisance vient de sa décision, de sa hardiesse : *La démarche ferme et délibérée* (L. B.). **Désinvolte** marque une aisance qui vient au physique de la souplesse du corps, au moral de la confiance en soi, parfois d'une certaine légèreté, ou aussi d'une connaissance parfaite de la tactique à suivre dans le monde : *Après toutes ces scènes de carnage, Birton était aussi gai et aussi désinvolte que s'il était revenu de la comédie* (VOLT.). **Cavalier,** vx, dont l'aisance vient de sa connaissance du monde, de sa qualité de noble, d'homme d'épée : *Tout ce que je fais a l'air cavalier* (MOL.). **Libre** n'a rapport qu'à l'aisance des mouvements (→ Dispos) : *Une taille libre, adroite* (SÉV.). ¶ 2 Au moral, en un sens péj., *Dégagé*, qui ne se soumet pas assez aux lois de la politesse ou de la morale : *Air bien dégagé et presque offensant* (MARIV.). **Leste** enchérit et implique une certaine absence de scrupules sur les égards, les convenances, le respect, la courtoisie : *Un procédé un peu leste* (ACAD.). **Cavalier** est dominé par l'idée de brusquerie inconvenante. **Désinvolte** implique une légèreté qui confine à l'impertinence.

Dégagement : ¶ 1 → Indifférence. ¶ 2 → Passage.

Dégager : ¶ 1 → Débarrasser. ¶ 2 *Dégager*, reprendre ou rendre libre ce qui avait été donné en gage, en hypothèque, en nantissement : *Dégager ses terres; des pierreries; de la vaisselle d'argent* (ACAD.). **Déconsigner**, dégager ce qui avait été donné ou mis en consigne. **Dédouaner**, retirer, en payant les droits, ce que retenait la douane. ¶ 3 En termes militaires, *Dégager*, libérer un combattant ou un corps de troupe d'ennemis qui les mettent dans une position difficile, dangereuse : *Dégager M. le Prince qui venait d'être blessé* (SÉV.). **Débloquer,** dégager des troupes encerclées, assiégées ou bloquées. ¶ 4 (Réf.) → (se) Libérer. ¶ 5 (Réf.) Sortir d'une substance en parlant d'une autre substance. *Se dégager* implique simplement qu'un élément d'une substance composée se sépare des autres :

Quand l'eau se décompose, l'oxygène et l'hydrogène se dégagent. **Émaner,** se dégager par particules impondérables d'un corps dont la substance n'est pour autant ni diminuée ni altérée sensiblement : *Il y a des corpuscules qui émanent des corps odorants et qui produisent les odeurs* (ACAD.). **S'exhaler,** émaner en parlant des vapeurs, gaz et odeurs plus ou moins sensibles à l'odorat : *L'odeur qui s'exhale d'une rose* (ACAD.). — Au fig., en parlant d'un discours, d'un écrit, des idées peuvent *s'en dégager,* mais il ne peut en *émaner* ou *s'en exhaler* qu'une impression mobile et difficile à définir : *La tendresse qui s'exhale de ces pages muettes* (R. ROLL.).

Dégaine : → Port.

Dégarnir : ¶ 1 → Dépouiller. **¶ 2** En termes militaires, *Dégarnir,* diminuer le nombre des troupes qui défendent une position en l'occupant : *Dégarnir la frontière.* **Découvrir,** laisser sans défense, en dégarnissant une position qui en protégeait une autre : *La cavalerie en se retirant risquait de découvrir l'infanterie* (ACAD.). **¶ 3** (Réf.) → (se) Découvrir.

Dégât : → Dommage. Dommage causé par une cause violente ou un accident. Le *Dégât,* assez limité, peut se faire avec lenteur, porter sur un objet unique et restreint : *Le dégât que le gibier fait dans leurs champs* (J.-J. R.). **Ravage,** grand dégât, commis par le feu, ou tout autre moyen expéditif : *Ravages et incendies* (VOLT.). **Dévastation,** ravage qui rend déserte une vaste étendue : *Dévastation de la Russie entière par les Tartares* (VOLT.).

Dégel, fonte naturelle de la glace et de la neige par adoucissement de la température. **Débâcle,** rupture, par dégel, de la glace qui couvrait un cours d'eau.

Dégénération, Dégénérescence : ¶ 1 Perte des qualités de sa race. La *Dégénération* est le commencement de la *Dégénérescence;* elle n'atteint en général que quelques individus de la race. De plus, biologiquement, la *dégénération* est un processus normal qui s'observe à moment donné chez tous les êtres vivants, la *dégénérescence,* un processus morbide. **Abâtardissement** implique que la race ne demeure pas pure, mais dégénère par métissage. **Catabolisme,** ensemble des phénomènes de dégénération chez l'individu vivant. **¶ 2** → Abaissement.

Dégénérer, en parlant des hommes, des animaux, des plantes, perdre peu à peu certaines qualités de sa race : *Tout est bien en sortant des mains de l'Auteur des choses, tout dégénère entre les mains de l'homme* (J.-J. R.). **S'abâtardir,** dégénérer tout à fait honteusement et à

tel point qu'on perd toutes les qualités de sa race, que celle-ci devient méconnaissable, semble s'être mêlée avec une autre de moindre valeur : *Nation imbécile et abâtardie* (FÉN.). **Forligner,** rare, faire une action indigne de ses aïeux : *Souviens-toi de qui tu es fils et ne forligne pas* (CHAT.).

Dégingandé : → Disloqué.

Déglutir : → Avaler.

Dégorger : ¶ 1 → Vomir. **¶ 2** → Débarrasser.

Dégoter : ¶ 1 → Trouver. **¶ 2** → Surpasser.

Dégouliner : → Dégoutter.

Dégourdi : → Éveillé.

Dégourdir : → Dégrossir.

Dégoût : ¶ 1 *Dégoût,* absence d'appétit ou répugnance pour certains aliments qu'on a déjà goûtés : *Le soir, elle eut un grand dégoût* (MOL.). **Nausée,** envie de vomir persistante analogue à celle que fait éprouver le mal de mer. **Haut-le-cœur,** envie de vomir passagère. **Écœurement** diffère de *dégoût* comme *écœurant* de *dégoûtant* (→ ce mot). **¶ 2** → Satiété. **¶ 3** → Éloignement.

Dégoûtant : ¶ 1 *Dégoûtant,* qui diffère de **Répugnant** comme les n. correspondants (→ Éloignement), se dit de tout ce qui repousse par une sensation désagréable de la vue, de l'odorat, du goût, du toucher même : *Plaie; malpropreté dégoûtante* (ACAD.). **Écœurant,** plus spéc., de ce qui fait défaillir l'estomac par une saveur fade ou trop sucrée, pas toujours désagréable : *Jardin écœurant de glycines et de chèvrefeuilles* (COL.); **Nauséabond,** de ce qui donne envie de vomir par sa saveur et surtout son odeur désagréables. **Infect,** qui dégage une mauvaise odeur par suite de la corruption, enchérit : *Un goût infect dans la bouche* (M. D. G.). **Nauséeux,** dans le langage de la médecine, se dit des produits qui donnent envie de vomir. **Repoussant** (→ ce mot), qui inspire de l'aversion par sa laideur physique ou sa saleté. **Peu ragoûtant** se dit par euphémisme pour *dégoûtant* : *Maladie peu ragoûtante* (J. ROM.). **¶ 2** Au fig. → Bas et Malpropre. *Dégoûtant,* assez fam., implique une sorte de révolte devant un procédé moral honteux : *Elle trouvait dégoûtant qu'il voulût tromper un ami* (ZOLA). **Écœurant,** d'un style plus relevé, implique découragement ou mépris devant de mauvais procédés, la bêtise, la lâcheté, etc. ou ennui devant les œuvres d'art fades : *Volume d'une lecture écœurante* (S.-B.). *Bassesse écœurante.* **Nauséabond** renchérit, au sens moral exclusivement, en parlant de ce qui est corrompu, pourri : *Paroles,* *littérature nauséabondes* (Acad.). **Infect** se dit au fig. d'une personne ou d'une chose pour marquer le comble du dégoût moral, de la bassesse ou de la mauvaise qualité : *Brasseries infectes* (Zola). **Sordide**, dégoûtant et vil, se dit surtout de l'avarice et des actions faites par intérêt : *Avarice sordide* (Fén.). **Ignoble** enchérit, en un sens assez vague, sur *dégoûtant*, *infect* ou *sordide*. **Puant**, fig. et fam., se dit surtout d'un mensonge grossier et impudent : *Puants mensonges* (Volt.). **Innommable**, si dégoûtant qu'on n'ose le qualifier : *Un vice innommable*. **Inqualifiable** se dit surtout, dans le même sens, d'une façon d'agir : *Sa conduite est inqualifiable* (Acad.).

Dégoûté : → Difficile.

Dégoûter, Écœurer : → Dégoûtant. **Affadir le cœur**, au prop. et au fig., commencer à écœurer par une sensation de fadeur : *Louanges qui affadissent le cœur* (Acad.).

Dégoutter : ¶ 1 → Couler. *Dégoutter*, découler goutte à goutte, par intervalles, en tombant ou en glissant sur une surface : *Le jus et les sauces lui dégouttent du menton* (L. B.). **Distiller**, rare, découler lentement, mais d'une manière continue et parfois avec abondance. **Dégouliner**, fam. et pop., distiller de haut en bas avec une telle abondance que les gouttes forment des sortes de petits ruisseaux : *Les larmes dégoulinaient sur son visage* (Acad.). **¶ 2** Au fig. → Exhaler.

Dégradation : ¶ 1 → Dommage. **¶ 2** → Déchéance. **¶ 3** → Abaissement. *Dégradation*, diminution de la valeur intrinsèque de la personne ou de la chose qui tend à l'avilir : *Dégradation des mœurs ; du goût* (Did.). *La sinistre dégradation de l'âge* (Gi.). Les mots qui suivent insistent sur la façon dont se fait la *dégradation* : **Corruption**, dégradation due à une altération intime qui dénature, souvent sous l'influence extérieure d'éléments impurs, en parlant des choses morales et du goût : *Corruption profonde de notre nature* (Bos.) ; *des mœurs* (Roll.). **Décomposition** (→ ce mot), processus de destruction, par corruption, de tout ce qui forme un ensemble, un tout organique : *Décomposition des idiomes* (Villemain). **Dégénération** (→ ce mot), dégradation par une altération des qualités de la race, par vieillissement, corruption, mais sans influence extérieure. **Déliquescence**, en parlant d'une société, d'une littérature, décomposition avancée qui aboutit à une dissolution et se marque par la recherche excessive, le mauvais goût et l'immoralité. **Dépravation**, en parlant des mœurs et du goût, dégradation qui vient du fait qu'on s'écarte de ce qui est bien, beau, juste, raison-

nable, normal : *La dégradation du goût a suivi la dépravation des mœurs* (Did.). **Perversion**, dépravation totale qui bouleverse toutes les notions morales ou esthétiques et fait agir et penser, souvent volontairement, en sens inverse de ce qui doit être : *Raffinant sa perversion* (Zola). *Déformations et perversions* (Duh.).

Dégrader : ¶ 1 → Détériorer. **¶ 2** Au fig. → Abaisser. Mettre à une place inférieure dans la hiérarchie morale ou sociale. *Dégrader* implique une diminution de la valeur intrinsèque qui tend à avilir : *L'ignorance dégrade et ternit les noms les plus illustres* (D'Al.). **Déshonorer**, dégrader en faisant perdre l'honneur. **Profaner** et **Prostituer**, qui enchérit, dégrader des choses nobles par un traitement ou un usage qui les souille (→ Salir) : *Profaner son talent. Prostituer une puissance qui vient de Dieu* (Balz.). **Disqualifier**, avec un nom de chose pour sujet, frapper de discrédit, d'indignité ou d'exclusion, pour une indélicatesse, une tricherie, dans les relations mondaines ou sociales : *Tricher au jeu disqualifie un homme* (Acad.). **Dévaluer**, néol. fig. et fam., ôter sa valeur à une personne ou à une chose morale, comme à une monnaie, en parlant de l'effet des circonstances.

Degré : ¶ 1 Parties dont se compose un escalier. *Degré*, plutôt du style relevé et seul employé au fig., est relatif à l'idée de monter ou de descendre, **Marche**, du style courant, indique plutôt l'endroit où l'on pose le pied, où l'on stationne, où quelque chose se trouve : *Monter, descendre les degrés* (Acad.). *La marche inférieure me servait de siège* (J.-J. R.). **Gradin**, bancs disposés en étages, dans un amphithéâtre, un cirque, etc., se dit par ext. de ce qui ressemble aux degrés d'un amphithéâtre : *Je commence à gravir ces gradins des collines* (Lam.). **Marchepied**, degrés plus ou moins nombreux qui conduisent à une estrade et spéc. la dernière marche sur laquelle celui qui est assis pose les pieds : *Le ciel est mon trône et la terre mon marchepied* (Saci). **¶ 2** → Échelon. **¶ 3** → Escalier. **¶ 4** → Grade. **¶ 5** → Phase. **¶ 6** Intensité avec laquelle se manifestent les qualités d'une chose. *Degré* se dit des qualités sensibles et morales et suppose un classement dans une hiérarchie : *Degré de chaleur. Ce haut degré de stoïque fierté* (Vi.). **Point**, degré limite où une chose qui évolue provoque ou subit un certain effet : *Point de maturité convenable. Son insolence est arrivée au dernier point* (Acad.). **Période**, masc., point, degré, en général élevé, où une chose, une personne est arrivée : *Démosthène et Cicéron ont porté l'éloquence à son plus haut période* (Acad.). **¶ 7** *Degré*, chacune des divisions principales marquées sur l'échelle des instruments destinés à mesurer à la façon des thermomètres. **Graduation,** la façon dont sont placés les degrés, ou toute division marquée, c'est-à-dire les degrés et les divisions intermédiaires.

Dégrèvement : → Diminution.

Dégrever : → Soulager.

Dégringoler : ¶ 1 → Descendre. ¶ 2 → Tomber.

Dégrossir : ¶ 1 → Former et Ébaucher. ¶ 2 → Éclaircir. ¶ 3 En parlant des personnes, commencer à former, en ôtant certains défauts. *Dégrossir,* ôter la grossièreté ou l'ignorance : *Dégrossir un élève, un conscrit* (ACAD.). **Décrasser** enchérit au sens intellectuel, mais signifie surtout former aux habitudes du monde : *Décrasser un pédant*; et s'emploie spéc. en parlant d'une personne qui, en montant dans la hiérarchie sociale, se débarrasse des défauts de sa basse condition : *Saint-Laurent fit prendre le petit collet à Dubois pour le décrasser* (S.-S.). **Dérouiller** est plus rare. **Dégourdir,** faire perdre à quelqu'un sa gaucherie, sa timidité. **Dégauchir** est plus rare en ce sens. **Déniaiser** implique une initiation aux manières du monde, mais aussi, en un sens péj., qu'on fait perdre son innocence à quelqu'un, ou qu'on le rend expérimenté à ses dépens, en le trompant : *Gil Blas fut déniaisé à la première auberge qu'il rencontra.* **Débourrer,** vx, décrasser un jeune homme. **Dégourmer,** faire perdre à quelqu'un son air grave et empesé par le contact du monde.

Déguenillé : Dont les vêtements tombent en lambeaux. *Déguenillé,* vêtu de guenilles, par négligence, pauvreté, mépris du qu'en-dira-t-on : *Cynique déguenillé* (DID.). **Dépenaillé,** fam., vêtu de haillons, la plupart du temps par négligence et par désordre : → Négligé. **Loqueteux,** vêtu de loques, mais uniquement par pauvreté : *C'était un pauvre loqueteux* (LES.).

Déguerpir : → Partir.

Déguiser : ¶ 1 Modifier la manière d'être d'une personne de façon à la faire paraître autre. *Déguiser* envisage que l'action est faite par n'importe quel moyen surtout pour éviter d'être reconnu : *Le forban déguisé en gentleman qui dirige ce journal* (J. ROM.). **Travestir,** déguiser en revêtant d'habits autres que les siens, d'une autre condition ou d'un autre sexe, de façon que la personne soit prise pour une autre : *Les missionnaires se travestissent en laïques* (FÉN.). *Comédiens travestis.* **Costumer,** travestir, pour une représentation théâtrale ou une mascarade, d'un habit souvent caractéristique d'un personnage ou d'un pays. **Masquer,** déguiser par l'application

d'un masque, et, par, ext. en mettant à quelqu'un, outre le masque, des vêtements qui ne sont pas les siens, par ex. ceux d'un personnage de Carnaval : *Masquer un enfant en Arlequin.* **Habiller,** fig. et péj. dans le langage littéraire, donner à un personnage des mœurs qui lui sont étrangères, le déguiser : *Le poète habille à la française les héros de l'antiquité* (ACAD.). — **Camoufler,** syn. argotique de *déguiser* en parlant des personnes, c'est, dans le langage militaire, donner à une chose une fausse apparence ou la dissimuler pour la protéger : *Camoufler un canon, un navire.* ¶ 2 Au fig. → Dissimuler. *Déguiser,* cacher une chose sous des apparences trompeuses ou la présenter autrement qu'elle est, en l'altérant : *Déguiser sous de beaux noms les sentiments les plus vils* (MAU.). **Masquer,** tromper sur ses sentiments en affectant une attitude : *Masquer son inquiétude sous des plaisanteries* (CAM.). **Travestir,** tromper sur son caractère en se faisant passer pour un autre : *Un seul homme souple et dépravé qui se travestit en cent façons pour faire toujours également le mal* (FÉN.); et spéc. faire apparaître comme mauvais ou absurde ce qui ne l'est pas : *Ils ont travesti ses défauts en vices* (J.-J. R.). En littérature, *travestir,* c'est transformer un ouvrage sérieux en burlesque : *Le Virgile travesti de Scarron.* Par métaphore, **Couvrir** et **Recouvrir,** déguiser sous une apparence spécieuse ce qui est mauvais : *D'un voile d'équité couvrant mon injustice* (RAC.). **Farder,** déguiser en l'embellissant ce qui peut être désagréable : *Toujours, avec quelque soin qu'il se farde, Se trahit l'égoïsme humain* (BAUD.). **Colorer,** présenter sous un aspect favorable ce qui est répréhensible : *Il dit cela en manière d'excuse et pour colorer son départ* (GI.). **Décorer de,** déguiser sous un nom trompeur : *Les flatteurs... Déjà du nom d'Auguste ont décoré tes crimes* (VOLT.). **Plâtrer,** déguiser quelque chose de mauvais sous des apparences peu solides : *Se servir de la philosophie pour plâtrer la douleur qu'ils ont de perdre les biens de fortune* (BOS.). **Maquiller,** fam., déguiser en altérant (→ Altérer) : *Maquiller la vérité* (GI.). **Emmitoufler,** très fam., déguiser en enveloppant : *Emmitoufler la vérité.*

Déguster : → Savourer.

Dehors : ¶ 1 → Extérieur. ¶ 2 → Apparence.

Déification : → Apothéose.

Déifier : → Louer.

Déisme : Croyance qu'il y a un Dieu, mais qu'il ne s'est révélé exclusivement à aucune religion. Le *Déisme* se borne à affirmer l'existence d'une cause première du monde, sans la déterminer; le **Théisme** prétend déterminer cette cause par raison et la conçoit comme un être créateur, souverainement libre, providentiel et justicier dans la vie future.

Déité : ¶ 1 → Dieu. ¶ 2 → Déesse.

Déjeté : → Dévié.

Déjeuner : → Repas.

Déjoindre : Séparer ce qui était joint. *Déjoindre*, séparer complètement, **Disjoindre**, commencer à faire, sans que les deux parties qu'on écarte cessent de former un tout : *Déjoindre les mains. Planches qui commencent à se disjoindre.*

Déjouer : → Empêcher.

Délabrer : → Détériorer.

Délai : Temps accordé qui retarde l'accomplissement d'une action (≠ Retard, lenteur dans l'accomplissement de l'action). *Délai*, temps accordé ou demandé pour remplir une obligation. **Temps**, syn. vague de *délai*, lorsque le délai est demandé, accordé, obtenu ou reçu : *Donner du temps.* **Marge**, fig. et fam., temps, délai supérieur à ce qui est nécessaire pour exécuter quelque chose : *Avoir, donner de la marge.* **Répit**, délai accordé pour une obligation désagréable pendant lequel on cesse de fatiguer, de poursuivre quelqu'un : *Ce créancier n'a jamais donné de répit à ses débiteurs* (Acad.). **Sursis**, délai de justice, ou délai dans l'exécution des obligations militaires. **Remise**, retardement, renvoi d'une action à une autre époque, n'implique pas, comme *délai*, que le temps accordé sert à préparer l'action : *Partir sans aucune remise* (Volt.). **Atermoiement**, délai accordé à un débiteur par ses créanciers, par ext. retard, faux-fuyant qui cherche à aller de délai en délai. **Surséance**, en termes de justice, temps précis pendant lequel une affaire est en sursis : *Et jusques à demain je ferai surséance* (Mol.). **Facilités**, terme de finance et de commerce, commodités, délai accordés à un acheteur, à un débiteur : *Facilités de paiement.* **Date**, en termes de commerce, délai pour payer : *Lettre de change à trente jours de date.*

Délaissement, Abandon, Désertion (→ Défection) : → Délaisser.

Délaisser : → Laisser. Laisser seule une personne qu'on devrait assister. *Délaisser*, laisser seul quelqu'un avec qui on avait des relations et dont on s'écarte en général progressivement : *Ils délaissent Dieu qui les délaisse à son tour* (Bos.). **Négliger**, délaisser par manque de soin quelqu'un à qui l'on devrait rendre certains devoirs : *Il aurait dû veiller sur sa femme et il l'avait beaucoup négligée* (Cam.). **Abandonner**, laisser dans la peine, la dou-

leur, et définitivement, ceux avec qui on est lié par des liens intimes, qu'on devrait protéger, secourir : *Un misérable qui abandonne sa jeune femme et sa petite fille* (Mau.). **Déserter**, laisser vide un poste qu'on a le devoir de défendre, au fig. abandonner une cause, un parti et absolument, par métaphore, cesser de faire la cour à quelqu'un ou d'être de son parti : *Voir déserter les galants* (Mol.). *Déserter la bonne cause* (Lit.). **Tourner le dos à**, fig. et fam., affecter de ne plus connaître. **Laisser tomber**, très fam., délaisser quelqu'un ou abandonner ses intérêts.

Délassement : → Repos et Divertissement.

Délateur : → Accusateur.

Délaver : → Humecter.

Délayer : Transformer un corps solide (et non liquide : ≠ Étendre : → ce mot) en en séparant les parties par l'action de l'eau (et non de la chaleur : ≠ Fondre : → ce mot). *Délayer* envisage l'action comme rendant le corps moins consistant sans désagrégation de ses molécules : *Délayer de la farine dans de l'eau.* **Dissoudre**, combiner un corps solide avec un liquide de manière à détruire complètement l'agrégation de ses molécules : *Dissoudre du sucre dans de l'eau.* **Détremper** dit moins que *délayer*; c'est parfois simplement amollir et, spéc. en peinture, délayer des couleurs dans de l'eau et de la colle. **Gâcher**, délayer du plâtre, du mortier avec de l'eau. **Fondre** est souvent syn. de *dissoudre* dans le langage courant : *Faire fondre un comprimé dans de l'eau.*

Délectable : Qui provoque le délice. Ce groupe sert de superlatif à **Agréable**; à **Bon** (→ ce mot) et à **Doux** (→ ce mot). *Délectable*, capable de produire le délice : *Fruit d'un aspect délectable* (Volt.); dit, pour désigner une qualité effective, moins que **Délicieux** qui marque, en son plus haut degré et absolument, la qualité naturelle de provoquer une abondance de délices : *Délectable mélancolie* (Chat.). *Pain délicieux* (Rac.). *Bal délicieux* (V. H.). *Source délicieuse en misères féconde* (Corn.). **Délicat** et **Exquis** marquent une qualité qui a été mise dans la chose par art ou qui est relative à un goût raffiné, *délicat* insistant sur la finesse, *exquis* sur la rareté : *Tout ce que le goût peut inventer de délicat et d'exquis semblait concourir dans ce souper délicieux* (Marm.).

Délectation : → Plaisir.

Délecter [se] : → (se) Régaler.

Délégué : → Envoyé.

Déléguer : ¶ 1 → Envoyer. ¶ 2 → Transmettre.

Délester : → Soulager.

Délétère : → Mauvais.

Délibération, examen, entre plusieurs et par la parole, touchant une décision à prendre. **Délibéré,** terme de procédure, toute délibération à huis clos entre les juges d'un tribunal.

Délibéré : Adj. ¶ 1 → Dégagé. ¶ 2 → Décidé. ¶ 3 N. → Délibération.

Délibérer : ¶ 1 → Discuter et Opiner. ¶ 2 → Décider. ¶ 3 → Penser.

Délicat : ¶ 1 → Menu. ¶ 2 → Faible. ¶ 3 → Difficile. ¶ 4 → Susceptible. ¶ 5 → Scrupuleux. ¶ 6 En parlant de l'esprit et de ce qu'il produit, pour qualifier ce qui est opposé à la grossièreté et à la maladresse, *Délicat,* toujours en bonne part, qui plaît, touche, est plein de grâces senties et exprimées avec tact, en parlant des choses du sentiment, du tour, de l'expression : *Flatterie* (Bos.), *louange* (Boil.), *tours* (Volt.) *délicats.* En parlant des facultés intellectuelles, des pensées, du fond des choses, **Fin** marque une intelligence et un jugement capables de saisir, par un discernement habile ou par intuition, et d'expliquer toutes les nuances : *Les esprits fins sont ceux qui remarquent par la raison jusqu'aux moindres différences des choses* (Maleb.). **Subtil,** fin en matière de raisonnement, parfois avec l'idée d'une recherche excessive ou d'une certaine mauvaise foi : *Théologien subtil* (Pasc.). **Délié,** fin dans les affaires : *Délié et propre aux affaires* (L. B.). — En parlant du dessin, de l'exécution d'ouvrages artistiques, du style et de certains genres de poésie, **Léger** ajoute à *délicat* une idée d'aisance et d'élégance qui ont quelque chose d'aérien : *Contours légers. Poésie légère* — Spéc. en parlant du goût, *fin* implique le discernement des nuances; *délicat,* l'art d'apprécier ce qu'il y a de plus exquis et une certaine difficulté à se contenter; **Raffiné** ajoute l'idée d'une éducation du goût qui dégénère parfois en recherche ou en excès : *Sybarites raffinés* (Font.). ¶ 7 → Délectable.

Délicatesse : ¶ 1 *Délicatesse,* **Finesse, Subtilité** diffèrent comme les adj. correspondants en parlant des qualités physiques (→ Menu) et de l'esprit (→ Délicat). En ce dernier sens **Pénétration** (→ ce mot) ne marque pas l'habileté de l'esprit à produire ou à saisir des choses très nuancées, mais son aptitude à voir et à concevoir des choses très difficiles et obscures. ¶ 2 → Scrupule.

Délice : → Plaisir.

Délicieux : → Délectable.

Délié : ¶ 1 → Menu. ¶ 2 → Délicat. ¶ 3 → Éveillé.

Délier [se] : → (se) Libérer.

Délimiter : → Limiter et Fixer.

Délinquant : → Fautif.

Déliquescence : → Dégradation et Décadence.

Délire : ¶ 1 État passager dans lequel un esprit n'est pas maître de soi (≠ Folie, état pathologique durable). *Délire,* état d'un malade qui, dans l'ardeur de la fièvre, s'agite et bat la campagne; au fig. tout état où l'on n'est pas de sens rassis, où l'imagination crée des idées incohérentes : *J'ai d'abord pris pour du délire ce qui est bel et bien de la folie* (Gi.). *Je relis ces lignes écrites hier soir dans une sorte de délire. Comment ai-je pu céder à cette fureur?* (Mau.). **Égarement,** trouble dû à la sensibilité, qui frappe, confond, se manifeste dans les regards et sur le visage et entraîne à l'erreur : *Déplorez les égarements de cet homme sage* (J.-J. R.). **Transport,** autrefois délire aigu causé par une congestion : *Transport au cerveau;* au fig., mouvement violent de passion, agréable ou non, qui a sa cause en nous-mêmes et nous fait sortir de nous-mêmes, s'accompagne de désordre, parfois de cris, d'exclamations : *Les transports de l'esprit et des sens* (Baud.). **Frénésie,** délire violent provoqué par une affection cérébrale aiguë; au sens large, état qui joint à la perte de la raison une violente fureur; au fig., fol égarement emporté et violent : *Et par lui la migraine est bientôt frénésie* (Boil.). *Pendant une minute la chatte s'oublia jusqu'à la frénésie* (Col.). **Delirium tremens,** délire avec agitation et tremblement des membres propre aux alcooliques. **Divagation,** au fig., état d'un esprit qui, pour une cause quelconque, laisse errer sa pensée hors du droit sens et en désordre. ¶ 2 → Enthousiasme.

Délirer : → Déraisonner.

Délit : → Faute.

Délivrance : ¶ 1 → Libération. ¶ 2 → Enfantement et Mise bas. ¶ 3 → Remise.

Délivrer : ¶ 1 → Remettre. ¶ 2 → Libérer. ¶ 3 (Réf.) → (se) Libérer.

Déloger : ¶ 1 → Chasser. ¶ 2 → Partir.

Déloyal : → Infidèle.

Delta : → Embouchure.

Déluge : ¶ 1 → Débordement. ¶ 2 → Pluie.

Déluré : ¶ 1 → Éveillé. ¶ 2 → Hardi.

Démagogue : → Démocrate.

Demain : → Bientôt.

Démancher : ¶ 1 → Disloquer. ¶ 2 (Réf.) → (se) Démener.

Demande : ¶ 1 Ce qu'on dit à quelqu'un pour apprendre de lui quelque chose qu'on veut savoir. *Demande* suppose que ce qu'on veut savoir est simple, et aussi parfois que le demandeur a quelque droit à obtenir une réponse : *Si J.-C. nous faisait aujourd'hui la même demande qu'il fit à saint Pierre : « M'aimez-vous? » pourrions-nous lui répondre oui?* (Bour.). **Question** suppose quelque chose de plus compliqué; la *question* peut exister en elle-même, sans demandeur, et on la pose uniquement pour s'informer : *Les questions se succédaient en changeant de front comme les attaques d'un boxeur* (J. Rom.). **Interrogation, Interpellation** : → Demander. ¶ 2 L'action d'exprimer à quelqu'un qu'on désire obtenir quelque chose de lui. *Demande*, terme général, marque cette action dans tous les cas : *Demande de poste, demande en mariage*. **Vœu**, désir d'une chose sans qu'on la demande expressément à une personne, se dit parfois, en style administratif, d'une demande écrite ou verbale respectueuse : *Vœux d'un fonctionnaire* ; et aussi d'une demande impérative : *Vœu de la loi*. **Prière,** demande verbale faite avec soumission et à titre de grâce : *Tandis qu'Elstir, sur ma prière, continuait à peindre* (Proust). **Adjuration, Conjuration** enchérissent : → Prier. **Requête** (→ ce mot), en jurisprudence, demande par écrit, adressée à qui de droit et dans les formes, par ext. prière instante. **A la diligence de,** en termes de procédure, sur la *demande*, à la *requête* d'un tel (→ Poursuite). **Réclamation** (→ ce mot) diffère de *demande* comme les v. correspondants → Demander.

Demander : ¶ 1 Chercher à savoir en s'adressant à une personne. *Demander* veut toujours à sa suite un complément exprimant la chose qu'on désire savoir et implique une demande ou une question formulée nettement, mais avec politesse : *Il me demande si je sais la musique* (J.-J. R.). **Questionner** et **Interroger** s'emploient absolument ou avec pour régime la personne à qui l'on s'adresse. *Questionner* marque un esprit de curiosité, parfois agaçant : *Comme on achève une bête, je la questionnai à brûle-pourpoint* (Mau.). *Interroger*, plus noble, questionner en parlant d'un supérieur, ou à propos d'une chose importante, ou pour juger la personne à qui l'on pose des questions : *Je n'avais pas voulu avoir l'air d'interroger trop. Je n'ai pas le tempérament inquisiteur* (J. Rom.). *Je l'interrogeai sur les jours qui avaient précédé l'attaque de paralysie* (Mau.), **Consulter,** interroger une personne compétente pour lui demander des éclaircissements, des conseils, des directives : *Consulter un oracle; un avocat; un médecin.* **Interpeller,** en langage parlementaire, demander à un ministre ou au gouverne-

ment de s'expliquer sur sa politique. **Cuisiner,** argotique, interroger insidieusement, surtout en parlant de la politique. ¶ 2 Exprimer le désir d'obtenir quelque chose de quelqu'un. *Demander*, exprimer le désir d'une chose due ou non due : *Ce que vous demandez a-t-il de la justice?* (Mol.). **Redemander,** demander de nouveau, ou demander à quelqu'un de rendre ce qu'on lui a prêté ou donné ou qu'il vous a indûment ôté : *Là le fils orphelin lui redemande un père* (Boil.). **Réclamer** (→ ce mot), demander avec instance, en implorant : *Cette miséricorde qu'elle a si sincèrement et si humblement réclamée* (Bos.); ou demander une chose due ou juste, en donnant ses raisons, ou en insistant parce qu'on rencontre une résistance : *Bibliothécaire qui réclame pour la troisième fois un livre gardé au-delà du prêt.* ¶ 3 *Demander de*, dire à quelqu'un qu'on désire qu'il fasse quelque chose. **Requérir de,** demander en termes respectueux, est rare et marque moins d'humilité ou de politesse que **Prier de** (→ Prier). **Recommander de,** demander avec instance à quelqu'un de faire ce qu'on lui conseille, qu'on lui prescrit ou qu'on lui ordonne. ¶ 4 → Ordonner.

Démangeaison : ¶ 1 → Picotement. ¶ 2 → Désir.

Démanteler : → Démolir.

Démantibuler : → Disloquer.

Démarcation : → Limite et Séparation.

Démarche : ¶ 1 → Marche. ¶ 2 → Course. *Démarches*, allées et venues pour la réussite d'une entreprise, d'une affaire. **Pas,** plus fam., démarches nombreuses, difficiles. **Avances,** premières démarches pour amorcer une réconciliation ou une liaison.

Démarquer : → Imiter.

Démarrer : → Partir et Commencer.

Démasquer : → Découvrir.

Démêlé : → Contestation.

Démêler : ¶ 1 → Distinguer. ¶ 2 → Éclaircir.

Démembrer : ¶ 1 → Découper. ¶ 2 → Partager.

De même que : → Comme.

Déménager : ¶ 1 → Transporter. ¶ 2 → Partir. ¶ 3 → Déraisonner.

Démence : → Folie.

Démener (se) : ¶ 1 S'agiter beaucoup. *Se démener*, absolu, représente le sujet solitairement, s'agitant, se tournant de tous les côtés : *Se démenant comme un démon* (Flaub.). **Se débattre,** relatif, suppose que le sujet est aux prises avec quelqu'un ou avec quelque chose : *Je*

me débats contre mon existence (Volt.).
¶ 2 (Au fig. fam.) → (s') Empresser. Se
remuer beaucoup pour obtenir quelque
chose. *Se démener* implique plutôt qu'on
prend l'initiative de faire ou d'empêcher
quelque chose : *Ils se démènent pour rendre
service* (Volt.). **Se débattre** implique la
défensive : *Les papes se sont débattus contre
l'authenticité de ce canon* (Volt.). **Se décarcasser,** pop., se démener en criant, se
donner beaucoup de peine pour faire réussir une démarche. **Se démancher** est pop.
comme **Se débrouiller,** se démener avec
habileté. **Se multiplier,** fig., déployer une
telle activité que l'on ne paraît pas être
un seul agent, mais plusieurs : *L'évêque bon,
vaillant, généreux, se multiplie* (Mich.). **Se
trémousser,** vx, faire des démarches, se
donner beaucoup de mouvement pour le
succès d'une affaire : *Voyez, informez-vous,
que votre amitié se trémousse un peu* (Volt.).
Faire feu des quatre pieds est plus fam.
en ce sens.

Dément : → Fou.

Démenti : ¶ 1 → Dénégation. ¶ 2 →
Offense.

Démentir : ¶ 1 → Contredire. ¶ 2 (Réf.)
N'être pas d'accord avec soi-même ou l'un
avec l'autre. *Se démentir* convient quand
il est question de faits rapportés ou d'actions qui ne sont pas conformes à un
principe ou à un caractère : *Une foi qui se
dément dans les œuvres* (Mas.). **Se contredire**
convient en matière d'opinions qui s'excluent logiquement l'une l'autre : *Aristote se contredit souvent* (Maleb.). **Se
désavouer,** se contredire consciemment en
se rétractant; ou inconsciemment, en
jetant une sorte de blâme sur ce qu'on
professait auparavant. **Se couper,** se contredire dans ses assertions sur un point
précis, surtout quand on avait l'intention
de cacher la vérité : *Vardes se coupa sur
deux ou trois choses* (Laf.).

Démérite : → Honte.

Démesure : → Excès.

Démesuré : Trop grand. *Démesuré* ne
regarde que la dimension : *Oreille d'une
grandeur démesurée* (Buf.). **Énorme** regarde
plutôt la circonférence ou le volume :
Grosseur énorme. Énormes rochers (Fén.).
Au fig. *démesuré* se dit des choses bonnes
ou mauvaises qui veulent toujours s'étendre : *Ambition* (Mas.); *curiosité* (Bos.);
envie (Bour.) *démesurée; énorme* implique une difformité par rapport à la règle
et ne se dit que des choses mauvaises :
Injustice (Fén.); *fautes* (Volt.) *énormes.*
Relativement à l'intensité, **Excessif** (→ ce
mot), trop fort, trop intense, en parlant
de ce qui provient de la nature ou de
l'action de l'homme : *Froid excessif* (Volt.).
Attachement excessif (Bour.). — Comme

superlatif des termes précédents, **Exorbitant,**
extraordinaire, incroyable, comme le serait
la déviation d'une planète : *Pouvoir
exorbitant* (Mtq.). *Prix exorbitants* (Gi.);
au fig. qui s'écarte des convenances, de
la morale, de la règle : *Action* (Mol.); *propositions* (Rac.) *exorbitantes.* **Astronomique,**
fig., qui dépasse l'imagination en parlant
d'un prix, d'un chiffre. **Vertigineux,** si
démesuré, si excessif qu'il donne le vertige
au physique et au moral : *Hauteur, peur*
(J. Rom.) *vertigineuses.* **Monstrueux,** contraire aux lois de la nature, et donc, qui
inspire de l'horreur ou de l'effroi; au fig.
qui excède en mal tout ce qu'on peut
concevoir : *Boas monstrueux* (V. H.).
Ingratitude (Bour.); *caprices* (Boil.) *monstrueux.* — Ce groupe est à distinguer de
Gigantesque, très (et non trop) grand;
d'**Immense,** si grand qu'il ne paraît pas
avoir de limites; de **Disproportionné,** qui
marque un manque de mesure non dans
la chose, mais dans un rapport.

Démettre : ¶ 1 → Disloquer. ¶ 2 →
Destituer. ¶ 3 (Réf.) → Abdiquer.

Demeurant [au] : → (de) Plus.

Demeure : Le lieu dans lequel on se tient
d'ordinaire considéré abstraitement (≠
Maison, le même lieu considéré comme
quelque chose de concret). En parlant
d'un lieu précis où l'on se tient constamment, *Demeure,* terme courant, désigne
objectivement ce lieu, avec quelquefois une légère nuance concrète : *Hors de
la maison, tout près, dans le champ voisin,
il y a un tombeau. C'est la seconde demeure
de cette famille* (F. D. C.); et l'envisage
parfois comme assez étendu : *Tivoli,
qui fut la demeure de tant d'hommes célèbres* (Staël); **Domicile,** plus noble, se dit
surtout en termes de jurisprudence et
d'administration pour désigner la demeure
légale : *Violation de domicile;* **Adresse,**
lorsque c'est son *domicile* que l'on indique
comme le lieu auquel on peut vous toucher ou vous joindre, désigne alors le
domicile indiqué exactement par un
numéro, une rue. — En parlant d'un lieu
assez vague où l'on ne se tient parfois
que quelque temps, **Résidence** implique
que l'on reste assez longtemps en ce lieu :
Résidence habituelle (Cam.); et se dit surtout en parlant d'un personnage important ou d'un fonctionnaire ; *Ravenne,
résidence des exarques* (Bos.); **Séjour** implique moins de durée ou est relatif aux
sentiments qu'on éprouve : *Séjour agréable*
(Mol.); et s'emploie au fig. pour désigner tout lieu où l'on se tient : *Peut-
être même que les déserts de sable deviendront le séjour de prédilection des civilisations* (Berth.). ¶ 2 → Maison. ¶ 3 →
Retard.

Demeurer : ¶ 1 Continuer à être dans un certain lieu. *Demeurer,* absolu, ne pas quitter, pendant une assez longue durée, le lieu où l'on est. **Rester,** relatif, être encore quelque part alors que d'autres s'en sont allés, ou qu'on devrait être en un autre lieu, ou qu'on n'a pas voulu partir, ou en parlant d'une partie relativement à un tout. De plus *rester* implique souvent une durée moins longue que *demeurer : Demeurez, vous deux qui me restez* (V. H.). *Que ma joie demeure* (Gio.). *J'allai à Vevey et pendant deux jours que j'y restai...* (J.-J. R.). **S'arrêter,** rester en un lieu un moment très court, ou alors qu'on aurait dû continuer son chemin. **S'attarder,** se mettre en retard en restant ou en s'arrêtant. **S'éterniser,** en parlant d'une personne, demeurer trop longtemps : *S'éterniser dans la chambre aux moments où sa présence est inopportune* (M. D. G.). **Se tenir,** demeurer en un lieu sans bouger ou sans en sortir : *Tenez-vous là et n'en bougez* (Acad.). **Se coller,** fam. et fig., se tenir appliqué contre une chose ou se tenir constamment auprès d'elle : *Se coller à une porte.* **¶ 2** Continuer à être dans un certain état. *Demeurer,* y persévérer, n'en pas sortir pendant longtemps : *Demeurer ainsi et attendre patiemment que le sommeil devînt éternel* (Mau.). **Rester,** persévérer, à la différence des autres ou malgré un obstacle : *Les lois ayant été foulées aux pieds à mon égard, à quoi pouvais-je rester engagé de mon côté?* (J.-J. R.); ou se figer un instant dans un état, une attitude par opp. aux actions qui précèdent ou qui suivent : *Daniel restait souvent, un bon moment, la cuillère levée et attendant* (M. D. G.). **Se tenir,** dans des emplois plus restreints, est toujours relatif à une attitude, une situation dans lesquelles on demeure exactement : *Se tenir tranquille; se tenir caché.* — Demeurer longuement dans un lieu ou dans un état infâmes : → Pourrir. **¶ 3** → Subsister. **¶ 4** *Demeurer,* **Être domicilié, Résider, Séjourner :** → Demeure. **Habiter,** se tenir habituellement dans un lieu concret qui peut être assez vaste et n'être pas une maison : *Ils habitent des champs, des tentes et des chars* (Volt.); se dit aussi des animaux, des plantes et métaphoriquement : *La forte personnalité de M. Thibault habitait encore cette pièce* (M. D. G.). **Occuper,** avec toujours comme comp. le lieu qu'on habite, fait penser à l'étendue du logement : *Occuper quatre pièces dans un immeuble.* **Loger,** habiter une maison, en parlant des hommes (ou métaphoriquement), mais parfois pour fort peu de temps : *Quinze malades logeaient au premier de l'hôpital* (M. D. G.). **Giter,** fam. et pop., se dit surtout des animaux, ne s'applique aux hommes que par dénigrement et im-

plique un séjour extrêmement bref : *Gîtant de château en château* (J.-J. R.). **Nicher,** faire son nid, fig. et fam., être en un lieu étroit : *L'enfant gîtait, nichait dans un renfoncement du mur* (Gi.). **Jucher,** fig. et fam., loger très haut. **Percher,** au sens, est beaucoup plus fam., mais c'est aussi un syn. pop. de *demeurer* (à noter que *rester,* au sens d'être *domicilié,* est pop. et incorrect). **Descendre** (mettre pied à terre), s'arrêter dans un hôtel ou chez un particulier en parlant d'un voyageur qui ne fait qu'un bref séjour : *Il est descendu à l'hôtel de France* (Acad.).

Démissionner : → Abdiquer.

Demi-teinte : → Couleur.

Démiurge : → Dieu.

Démocrate, qui est partisan que le peuple ait la souveraineté et l'exerce le plus pleinement possible : *J.-J. Rousseau philosophe démocrate* (Villemain). **Démocratique** (adj. seulement), qui manifeste les sentiments vrais ou faux d'un démocrate : *Aristocrate qui se donne des airs démocratiques.* **Démophile,** peu usité, ami du peuple. **Démagogue,** toujours péj., qui s'appuie sur des factions populaires, flatte les instincts du peuple pour le dominer et s'en servir. **Bousingot,** nom donné, après la révolution de 1830, à des jeunes gens qui affichaient des opinions très démocratiques, par ext. *démagogue.*

Démocratie, tout régime dans lequel la souveraineté réside dans le peuple, tous les citoyens étant considérés comme égaux; mais le peuple peut se gouverner directement ou indirectement, plébisciter même un homme qui le représente ou s'accommoder d'un roi : *La France, les U. S. A., l'Angleterre sont des démocraties. La démocratie impériale de Rome.* **République,** gouvernement toujours partagé entre plusieurs, mais pas forcément de tout le peuple : *Lorsque dans la république le peuple en corps a la souveraine puissance, c'est une démocratie; lorsque la souveraine puissance est entre les mains d'une partie du peuple, cela s'appelle une aristocratie* (Mtq.).

Démodé : → Désuet.

Demoiselle : ¶ 1 → Fille et Célibataire. **¶ 2** → Femme. **¶ 3** → Libellule.

Démolitions : → Décombres.

Démolir : ¶ 1 *Démolir,* défaire (→ ce mot) une masse construite jusqu'à ce qu'il n'en reste plus que les matériaux : *Démolir comme un maçon* (Flaub.). **Débâtir,** démolir ce qu'on a soi-même bâti. **Déconstruire,** désassembler les parties d'un tout, mais parfois provisoirement (en ce dernier sens, on dit surtout **Démonter**) : *Déconstruire une machine pour la trans-*

porter ailleurs (Lit.). **Abattre,** faire tomber d'un seul coup un édifice par n'importe quel moyen. **Raser,** abattre, démolir un édifice de manière à faire place nette, souvent pour punir, ou par colère, vengeance : *Il pille et rase ensuite le principal temple du pays* (Volt.). **Démanteler,** terme militaire, démolir, par précaution afin de rendre une ville incapable de défense, ses fortifications, ses murailles, ou en parlant d'un pays ses usines pour affaiblir son potentiel militaire : *Démanteler les usines de la Ruhr.* ¶ 2 → Détruire. ¶ 3 → Critiquer.

Démon : ¶ 1 → Diable. ¶ 2 → Génie. ¶ 3 → Enthousiasme.

Démoniaque : Adj. ¶ 1 → Diabolique. ¶ 2 → Turbulent. ¶ 3 N. → Énergumène.

Démonstratif : → Communicatif.

Démonstration : ¶ 1 → Preuve. ¶ 2 Marques d'amitié. Les *Démonstrations* sont surtout extérieures : *Démonstrations d'amitié où il y avait plus d'art que de naturel* (Les.). Le **Témoignage,** plus intérieur, manifeste sans équivoque le sentiment réel : *Témoignages vrais* (J.-J. R.); *assurés* (Mol.). Les **Protestations** ne sont que verbales, mais hautes, fortes, insistantes, regardent l'avenir et font des promesses correspondant ou non à un sentiment réel : *Se répandre en protestations, en promesses, en paroles* (D'Al.). Sur les variétés de démonstrations : → Civilités.

Démonté : → Déconcerté.

Démontrer : → Prouver.

Démoralisation : → Découragement.

Démoraliser : → Décourager.

Démordre : → Renoncer.

Démuni : → Dénué.

Démunir : → Dépouiller.

Dénaturer : → Altérer.

Dénégation : Refus de reconnaître un fait. *Dénégation* a rapport à la réalité du fait que l'on nie de telle ou telle façon : *Dénégation formelle; nette; équivoque.* **Déni** est vx. **Démenti** a rapport à la véracité de celui qui affirme la chose et qu'on accuse de mensonge (à noter que le *démenti* peut venir de faits qui contredisent l'affirmation d'une personne) : *Infliger un démenti.* **Contestation** dit moins que *dénégation* dont il diffère comme les v. correspondants (→ Nier). **Désaveu** implique que, sans nier le fait, on ne le reconnaît pas pour sien, ou qu'on en refuse pour soi les conséquences, soit consciemment parce qu'on se rétracte, soit inconsciemment, parce qu'on agit en contradiction avec soi-même : *Désaveu de paternité. Sa vie entière est un désaveu de ses principes* (Acad.).

Déni : ¶ 1 → Dénégation, ¶ 2 → Refus.

Déniaiser : → Dégrossir.

Denier : ¶ 1 → Argent. ¶ 2 → Intérêt. ¶ 3 *Denier à Dieu* : → Arrhes.

Dénier : ¶ 1 → Nier. ¶ 2 → Refuser.

Dénigrer : Imputer à quelqu'un des défauts, à tort ou à raison, mais pour lui nuire : ≠ **Critiquer** qui suppose un exposé objectif des défauts sans chercher à nuire; ≠ **Médire,** dire du mal, d'une façon générale et sans toujours vouloir nuire; ≠ **Déprécier,** rabaisser la valeur; ≠ **Vilipender,** chercher à faire passer une personne ou une chose pour totalement viles. *Dénigrer,* attaquer, en le critiquant, ce qui a rapport à la beauté, au goût, à la vérité, au talent, à l'habileté, au mérite : *Dénigrer les beautés de Quinault* (Volt.). **Noircir,** attaquer, en les censurant, les mœurs et la conduite : *Noircir sa conduite* (Volt.); *des personnes innocentes* (Pasc.).— Relativement à ce que devient le sujet dans l'opinion, **Discréditer,** affaiblir la confiance qu'on a dans la valeur d'une personne ou d'une chose : *Discréditer une marchandise*; **Décréditer,** plus rare, discréditer complètement, surtout en parlant des personnes ou des choses morales : *Décréditer à jamais* (Mariv.); **Déconsidérer,** ôter la considération ou l'estime. — **Décrier,** dénoncer comme mauvais, méprisable, en accusant d'immoralité, d'improbité, de bassesse : *Un homme décrié par sa mauvaise foi, par son peu de religion, son avarice et ses désordres* (Bos.). **Diffamer,** décrier dans le monde, au loin, partout : *De quelque côté que je tourne la vue, je vois ma mémoire diffamée* (Les.). **Tympaniser,** vx, décrier quelqu'un hautement, en déclamant contre lui. **Déchirer,** décrier avec une sorte de rage, pour perdre complètement. **Déchiqueter** renchérit en ce sens : *Voltaire et Rousseau ont été déchirés vivants, déchiquetés morts* (V. H.). **Dauber,** fam., dénigrer en raillant : *Dauber Molière et toutes ses comédies* (Mol.). **Débiner,** pop., noircir de médisances et de calomnies. — **Déshonorer** marque le résultat vers lequel tendent les actions de tous les verbes précédents.

Dénombrement : ¶ 1 *Dénombrement,* terme général, liste qui a pour but de faire connaître le nombre des personnes, des faits ou des choses qui appartiennent à une classe donnée : *Dénombrement des péchés* (Bos.). **Recensement,** terme d'administration, mesure qui a pour but de dénombrer les habitants d'une contrée, les individus d'une certaine catégorie, les suffrages obtenus par un candidat, les biens de chacun, les têtes de bestiaux, les chevaux, les véhicules, etc. :

Recensement des conscrits. **Statistique,** science des dénombrements de faits de toutes sortes, par ext. dénombrement de faits : *Statistique des accidents.* **Cens,** dénombrement des citoyens romains. ¶ 2 En parlant des choses, *Dénombrement* implique qu'on énonce des choses de la même classe, pour en avoir le total exact : *Des dénombrements si entiers et des revues si générales que je fusse assuré de ne rien omettre* (DESC.). **Inventaire,** liste (→ ce mot) de choses trouvées quelque part, par ext. *dénombrement : Faire l'inventaire des ressources d'une bibliothèque.* **Énumération,** action de citer toutes les choses qui font partie d'un tout en les rendant frappantes, sensibles, sans forcément les compter : *On frémit en lisant l'énumération de ces dangers* (J.-J. R.). **Litanie,** au sing., fig. et fam., longue et ennuyeuse énumération : *Une litanie des Sévigné* (SÉV.). ¶ 3 → Liste.

Dénombrer : → Compter. *Dénombrer,* terme d'administration, faire le compte détaillé, précis, exact de personnes formant un groupe pour en savoir le total : *Joseph et Marie vinrent se faire dénombrer à Bethléem* (VOLT.). **Nombrer,** terme commun, compter sans exactitude, évaluer, s'emploie surtout négativement en parlant de choses trop nombreuses pour être comptées : *Je ne pourrais nombrer les charmes de ce lieux* (L. F.). **Inventorier, Énumérer :** → Dénombrement. **Égrener,** syn. fam. d'*énumérer.*

Dénomination : → Nom. ·

Dénommer : → Appeler.

Dénoncer : ¶ 1 → Déclarer : ¶ 2 → Accuser. Déférer à l'autorité une personne, ou une action, qu'on n'aurait pas découverte sans cela. *Dénoncer* implique toujours que la personne ou l'action qu'on découvre encourent un châtiment (sans pour cela être coupables) : *Dénoncer un résistant.* **Vendre,** dénoncer par intérêt une personne ou trahir son secret : *Vendre ses complices.* **Livrer** (→ ce mot), **Donner,** dénoncer celui qu'on permet ainsi d'arrêter. **Caponner,** fam., surtout en parlant d'enfants, dénoncer un camarade pour échapper à une punition collective. **Cafarder,** syn. fam. de *caponner.* **Rapporter,** raconter par indiscrétion ou par malice des propos ou des actes, à quelqu'un qui punira ou blâmera leur auteur : *Formaro fut accusé de rapporter* (S.-S.).

Dénonciateur : → Accusateur.

Dénoter : → Indiquer.

Dénouement : ¶ 1 → Conclusion. Conclusion d'une pièce de théâtre. *Dénouement,* en parlant de tous les genres de pièces, la manière dont le poète fait

cesser l'intrigue, sans laisser aucun doute ni sur les suites de l'action ni sur le sort des personnages : *Dénouement qui n'est ni assez préparé ni assez motivé* (L. H.). **Catastrophe,** spéc. en parlant de la tragédie, dernier événement funeste et sanglant qui bouleverse le spectateur et tantôt constitue le dénouement, tantôt l'annonce seulement : *Dénouement heureux, catastrophes funestes* (MARM.). *L'empoisonnement de Britannicus est la catastrophe de la pièce, le dénouement vient ensuite.* ¶ 2 Ce qui sert à faire comprendre quelque chose de difficile, d'énigmatique. *Dénouement,* éclaircissement final, explication, en toutes sortes de matières : *Dénouement des difficultés* (ROLL.). **Clef,** fig., marque plutôt le moyen par lequel on peut arriver au dénouement en une affaire où l'on pénètre comme par une sorte de porte qu'il faut ouvrir : *La clef du mystère.* **Solution,** dénouement trouvé ou donné par quelqu'un, surtout dans les sciences ou quand il s'agit d'une question, d'une objection, d'un argument à résoudre : *Vous trouverez dans saint Thomas une solution précise à votre grand argument* (BOS.). **Résolution,** solution compliquée qui exige tout un raisonnement. 3 → Résultat.

Denrée : ¶ 1 → Marchandise. ¶ 2 → Subsistances.

Dense : ¶ 1 → Épais. ¶ 2 En parlant d'une foule, d'une population, *Dense,* abstrait, signifie qu'il y a beaucoup de gens sur peu d'espace : *La population est dense dans la Seine; Compact,* plus concret, insiste sur la masse qu'on peut difficilement traverser : *Foule compacte sur les boulevards.* ¶ 3 Appliqué à un ouvrage de l'esprit, *Dense* et **Condensé,** qui marque l'effort de l'auteur, impliquent que beaucoup de choses sont dites en peu d'espace. **Dru** a surtout rapport au style, dont chaque mot a force et vigueur. **Compact** marque le défaut d'une œuvre qui n'est pas aisée à lire ou à digérer. **Touffu** implique abondance, richesse, voire complication, mais sans aller jusqu'à l'obscurité.

Dent : ¶ 1 *Dents,* petits os enchâssés dans les mâchoires de l'homme et de certains animaux et servant à couper (**Incisive**), à déchirer (**Canine**), à broyer (**Molaire, Machelière**), **Crocs,** dents recourbées ou pointues de certains animaux : *Ce mâtin a de grands crocs;* fam. *dent* dont on se sert pour mordre, déchirer cruellement ou gloutonnement : *L'enfant y planta ses petits crocs* (M. D. G.). **Crochet,** petites dents de certains animaux (cheval, daim, etc.) et notamment dent à venin de certains serpents : *Crochets de vipère.* — **Quenotte,** fam., dent des petits enfants et par antiphrase, grosse dent d'une bête : *Petites quenottes polies [d'un ours]* (MOL.). — **Chicot**, fragment de dent cassée ou cariée restant dans la gencive. **Surdent**, dent subsistant alors qu'elle aurait dû tomber ou poussant irrégulièrement pardessus une autre dent ou entre deux autres. ¶ 2 → Sommet. ¶ 3 → Ressentiment.

Denté, qui a des pointes exactement en forme de dents, égales, placées avec ordre, à peu de distance les unes des autres. **Dentelé**, dont les découpures, inégales, irrégulières, ont vaguement la forme de dents.

Dentelle, sorte de passement à jour et à mailles très fines. **Guipure**, espèce de dentelle de fil ou de soie. **Point**, sorte de dentelle de fil, faite à l'aiguille et considérée par rapport à la façon, ou au lieu où on la fait : *Point d'Alençon*.

Dentier, appareil formé par une série de dents artificielles montées sur une plaque pour suppléer aux dents naturelles qui manquent. **Râtelier**, fam. et plutôt péj., désigne deux rangées de fausses dents.

Denture, ensemble ou aspect des dents, vraies ou fausses, surtout considérées d'après l'ordre dans lequel elles sont rangées : *Belle, bonne denture. Denture artificielle* (ACAD.). **Dentition**, naissance et formation des dents de l'enfance à l'adolescence, se dit par confusion de la denture naturelle, considérée surtout par sa qualité, ou par la façon dont elle a poussé. **Râtelier**, vx, les deux rangées de dents vraies ou fausses : *Les nègres sourient en montrant de magnifiques râteliers blancs* (LOTI).

Dénuder : ¶ 1 → Dépouiller ¶ 2 (Réf.) → (se) Dévêtir.

Dénué : Qui manque de certaines choses. *Dénué*, absolu, qui manque totalement de ce qui, en général, est bon ou commode : *Dénué d'argent* (MOL.), *d'imagination* (GI.). **Dépourvu**, relatif, qui n'a guère de ce qui fait la force ou la sûreté et rend capable d'action ou de résistance : *Pestes et guerres trouvent les gens toujours dépourvus* (CAM.). **Destitué**, qui manque de ce qu'on ne lui donne pas, dépourvu par délaissement : *L'homme destitué de toute révélation* (PASC.). **Dépouillé**, à qui l'on a ôté, souvent par force ou spoliation, quelque chose de grand : *Dépouillé de l'autorité royale* (S.-S.). **Privé**, subjectif, qui a été mis dans un état fâcheux où il ne peut jouir de ce qu'il a ou de ce qu'il pouvait avoir : *Privé de succession* (S.-S.); *de la vue et de la parole* (VOLT.); *de ses petits-enfants* (MAU.). **Démuni**, privé de ses munitions en parlant d'une place, et, en général, privé de ses ressources souvent pour les avoir perdues : *Toutes ces dépenses une fois payées, il se trouva fort démuni* (ACAD.).

Dénuement : → Pauvreté.

Dépareiller, Désaccoupler, Désassortir, Déparier (Désapparier) ont entre eux les mêmes nuances que leurs anton. : → Accoupler : *Dépareiller des multitudes de livres* (J.-J. R.) : en perdre les tomes. *Désassortir des nuances de couleurs* (LIT.). *Déparier des gants* (LIT.).

Déparer : → Nuire à, Gâter et Salir.

Déparier : → Dépareiller.

Déparler : → Parler.

Départ : ¶ 1 Action de partir. *Départ* se dit dans tous les cas. **Partance**, terme de marine, ne se dit que d'un navire dans la loc. *En partance.* ¶ 2 → Commencement.

Départ : → Séparation.

Département : → Ministère et Charge. Ce qui relève de la compétence de quelqu'un. *Département*, partie de l'administration des affaires d'État : *Le département de l'Église* (VOLT.); par ext. au fig, l'activité qui est confiée à quelqu'un ou qui relève de sa compétence : *Votre département de faire du bien* (VOLT.). **District**, étendue d'une juridiction, par ext. fig. et fam., ce dont on s'occupe : *Le district des pansements et des drogues* (BEAUM.). **Domaine**, au fig., le champ qu'embrasse l'activité de quelqu'un et qui lui appartient en propre eu égard à son autorité ou à sa compétence : *La partie des sciences qui tombait sous les sens était aussi de son domaine* (MARM.) : → Spécialité et Sphère.

Départir : ¶ 1 → Séparer. ¶ 2 → Distribuer. ¶ 3 (Réf.) → Renoncer.

Dépasser : ¶ 1 → Passer. ¶ 2 *Dépasser*, excéder une chose en grandeur, longueur, hauteur, largeur, ou sortir de l'alignement : *Dépasser de la tête, Maison qui dépasse les autres.* **Déborder**, dépasser le bord d'une chose : *La plante du pied de l'éléphant est revêtue d'une semelle de cuir qui déborde tout autour* (BUF.). **Mordre sur**, dépasser par le bord, en chevauchant sur une chose ou en la recouvrant en partie. **Saillir** (→ ce mot), terme d'architecture et de peinture, déborder réellement ou grâce à un effet, en dehors d'un plan. ¶ 3 Au fig. : Être trop fort pour quelqu'un. *Dépasser* se dit surtout de ce qui est plus fort que l'intelligence, la conception, les forces, l'audace de quelqu'un : *Être dépassé par un problème, une nouvelle, par les extrémistes de son parti.* **Déborder** se dit plutôt de ce qui, par son abondance ou sa violence, rend incapable, impuissant, plonge dans la confusion : *Débordé de travail* (ACAD.). *Les chefs de l'Assemblée constituante furent débordés par les sociétés des Jacobins* (LIT.). ¶ 4 → Surpasser.

Dépayser : → Dérouter.

Dépecer : ¶ 1 → Découper. **¶ 2** → Partager.

Dépêche : ¶ 1 → Lettre. **¶ 2** Communication expéditive. *Dépêche*, communication de ce genre transmise par différentes voies : *Dépêche par avion, par télégraphe, téléphone.* **Télégramme,** terme d'administration, dépêche télégraphique : *Télégrammes qui s'en vont par le fil; dépêches qui partent par le courrier* (A. FRANCOIS-PONCET); dans le langage courant, on dit souvent *dépêche.* **Pneumatique,** lettre légère transmise dans certaines grandes villes à l'aide de tubes pneumatiques. **Petit-bleu,** fam., à Paris, autrefois, la carte-lettre de couleur bleue servant à la correspondance pneumatique.

Dépêcher : ¶ 1 → Accélérer. **¶ 2** → Envoyer. **¶ 3** → Tuer. **¶ 4** (Réf.) → (se) Hâter.

Dépeindre : → Peindre.

Dépenaillé : ¶ 1 → Déguenillé. **¶ 2** → Négligé.

Dépendance : ¶ 1 → Subordination. **¶ 2** (au pl.) Choses accessoires relativement à d'autres auxquelles elles sont jointes ou attachées. *Dépendances* implique un rattachement moins étroit qu'**Appartenances,** vx. Les *dépendances* d'un château l'environnent simplement, ce peuvent être des terres, des prairies, etc. Les *appartenances* l'entourent, ce sont des remises, des hangars, des cours. Au fig. les *appartenances* d'une chose sont son cortège nécessaire, ses *dépendances* l'accompagnent moins constamment. **Attenances,** dépendances d'une maison. **Annexe,** tout ce qui se rattache accessoirement de près ou de loin à quelque chose de plus important.

Dépendre : ¶ 1 → Tenir à. **¶ 2** Être sous l'autorité de. *Dépendre de,* être sous la domination, sous l'autorité de, en général d'une façon directe : *Dépendre, c'est selon la plus claire notion et la plus évidente être tenu d'obéir* (BOUR.). **Relever de** implique une subordination moins complète qui consiste surtout à rendre des comptes : *Cette administration relève de telle autre.* **Ressortir à,** terme de jurisprudence, être du ressort, dépendre de quelque juridiction : *Toutes les causes ecclésiastiques ressortiront au pape* (VOLT.). — **Être à la merci de,** dépendre entièrement de quelqu'un ou de quelque chose qui a tout pouvoir sur vous : *La vie de ce malade est à la merci d'une rechute.*

Dépens : ¶ 1 → Dépense. **¶ 2** *Aux dépens de,* en imposant à quelqu'un une dépense illimitée, indéfinie, **Aux frais de,** en lui imposant une dépense fixe et bornée comme celle qu'il faut pour une entreprise : *Alors chacun faisait la guerre à ses frais et ce*

n'était point encore la coutume que les soldats romains fussent entretenus aux dépens du public (ROLL.).

Dépense : ¶ 1 Emploi qu'on fait de son argent et de son bien. *Dépense*, indéterminé quant à l'objet et à la personne, implique qu'on emploie bien ou mal son argent ou d'autres choses comme la santé, l'énergie, l'esprit, etc. **Prodigalité, Dissipation, Dilapidation, Gaspillage** marquent une dépense excessive et diffèrent de *dépense* comme les verbes correspondants (→ Dépenser). — **Frais,** relatif à un objet et à la personne qui paie, dépense d'argent réglée pour arriver à quelque chose de bon : *Frais de voyage* (STAËL). Dépens, termes de procédure, frais d'un procès que la partie qui perd doit payer par opposition aux *frais* proprement dits, lesquels sont dus par la partie à son avoué. **Débours,** terme de commerce, argent avancé pour le compte de quelqu'un, surtout en menus frais de correspondance, de transport, etc., qu'on ajoute au principal sur la facture. En langage commun, on dit **Déboursés.** **Charge** (→ ce mot), toute dépense résultant d'une obligation. **¶ 2** *Dépense,* dans une maison particulière, lieu où l'on serre les provisions et différents objets destinés à la table : *Ces pommes étaient au fond d'une dépense* (J.-J. R.). **Garde-manger** se dit surtout pour la viande, mais aussi pour les autres aliments.

Dépenser : Employer son argent ou ce qu'on considère comme un bien qu'on possède. *Dépenser,* employer telle somme à quelque chose, et par ext. employer, donner avec générosité, ses efforts, son temps, son énergie : *Dépenser sa jeunesse* (V. H.). **Prodiguer** implique une dépense excessive, mais qui peut être louable : *J'y prodiguai mes soins, mes connaissances* (GI.). **Dissiper,** toujours péj., dépenser à tort et à travers, sans intelligence, des richesses grandes ou petites : *Dissiper leur patrimoine* (L. B.). **Dilapider,** dissiper une grande fortune, souvent malhonnêtement quand il s'agit du bien d'autrui : *Avoir dilapidé, en moins d'un an, un patrimoine que plusieurs générations avaient sagement constitué* (M. D. G.). **Gaspiller,** dépenser au hasard, sans but, sans méthode et en pure perte : *Gaspiller son temps, son talent* (ACAD.). **Escompter,** dépenser d'avance, rapidement et prématurément : *Escompter sa jeunesse* (LIT.). **Fricasser,** fig. et fam., et **Fricoter,** pop., dissiper de l'argent en dépenses extravagantes, surtout en débauches : *Fricasser huit millions* (VOLT.). **Friper,** plus rare, dissiper en folles et vaines dépenses. **Manger,** fig. et fam., dépenser, souvent en dissipations et prodigalités, mais parfois utilement, son bien ou celui d'autrui : *Un* *tel vit noblement, il mange son bien avec honneur* (Mas.). *Un traître qui me mange tout ce que j'ai* (Mol.). **Croquer,** syn. toujours péj. de *manger.* **Manger ses quatre sous,** dépenser tout ce qu'on possède. **Faire danser les écus,** fig. et fam., dépenser beaucoup, souvent l'argent d'autrui. — **Se saigner,** fig., dépenser jusqu'à la gêne en faisant un sacrifice d'argent pour une chose utile : *Il avait dû se saigner à blanc pour l'envoyer là-bas* (Gi.).

Dépensier : Qui dépense trop. *Dépensier,* qui se dit surtout de l'humeur, marque un défaut vulgaire : *Peu soigneuse et fort dépensière* (J.-J. R.). **Prodigue** indique un excès qui peut être dû à la libéralité : *La femme la plus prodigue aux pauvres et la plus avare pour elle-même* (S.-S.). **Dissipateur, Gaspilleur :** → Dépenser. **Panier à salade,** fig. et très fam., *dépensier.*

Dépérir : → Décliner. Devenir faible. Alors que **S'affaiblir** implique simplement cette idée, *Dépérir,* c'est devenir graduellement plus faible et tendre ainsi vers sa fin, souvent pour une cause interne, inexplicable, alors qu'on devrait être en bonne santé : *Avec son mauvais régime, je crains qu'il ne s'affaiblisse* (Gi.). *Enfants qui dépérissent d'une langueur secrète* (Fén.). **S'étioler,** devenir chétif et pâle parce qu'on vit dans un endroit où la lumière et l'air arrivent d'une façon insuffisante : *Un enfant s'étiole dans une chambre obscure et malsaine* (Acad.). **Languir** ne comporte pas une idée de déclin, mais simplement celle de faiblesse durable due à un état maladif.

Dépérissement : → Décadence.

Dépêtrer : → Débarrasser.

Dépeuplement marque l'état d'un pays sans habitants : *La ruine, le dépeuplement* (S.-S.). **Dépopulation** est surtout relatif à l'action qui produit cet état : *Le tzar Pierre a contribué à la dépopulation de ses États* (Volt.). Cependant *dépeuplement* s'emploie souvent pour marquer l'action et se dit seul en parlant des bêtes ou des choses : *Dépeuplement d'une forêt, d'un étang, d'un canton de chasse.*

Dépiauter : → Dépouiller.

Dépiler, faire tomber le poil ou les cheveux, de quelque façon que ce soit, s'applique à l'homme ou aux animaux. **Épiler,** arracher le poil, brin à brin, par souci esthétique, ne se dit que pour l'être humain.

Dépister : ¶ 1 → Découvrir. ¶ 2 → Dérouter.

Dépit : ¶ 1 → Colère. ¶ 2 → Fâcherie. ¶ 3 *En dépit de :* → Malgré.

Dépiter : → Fâcher.

Déplacé : ¶ 1 Mis en une place qui ne convient pas. Alors que **Mal placé** marque plutôt un défaut relatif à la forme de ce que l'on dit, *Déplacé* implique un défaut essentiel qui a rapport aux idées et au fond : *Une plaisanterie sera mal placée si on la fait au moment où personne ne la remarque, déplacée si on la fait au moment où les circonstances interdisent de plaisanter.* ¶ 2 *Déplacé,* qui n'est pas en rapport avec les circonstances actuelles quelles qu'elles soient et quelle que soit la valeur de la chose : *Une vivacité, une jeunesse, voire une espièglerie déconcertantes, presque déplacées dans ce visage de vieil homme* (M. d. G.). **Inopportun** (→ ce mot), fait au mauvais moment. — Avec l'idée que la chose est en elle-même mauvaise, **Incorrect,** qui ne s'accorde pas avec une règle esthétique, grammaticale ou de politesse : *Attitude incorrecte envers un supérieur.* **Inconvenant,** qui choque la bienséance : *En lui faisant jurer de ne pas écouter à la porte, car ce serait inconvenant si les domestiques le voyaient* (Zola). **Incongru,** étym. qui choque la correction grammaticale, par ext. qui choque le bon sens, qui manque totalement de logique ou d'opportunité : *Question, réponse incongrue;* se dit, en un sens plus large, fam. et même burlesque, des manières et des gens qui choquent grossièrement la bienséance par un sans-gêne qui a quelque chose d'extravagant et qui va quelquefois jusqu'à se permettre ces choses sales qu'on appelle par euphémisme incongruités. **Impertinent,** autrefois : qui n'a rien de commun avec la chose dont il s'agit; de nos jours : inconvenant par familiarité envers quelqu'un (→ Irrévérent). **Malsonnant** ne s'applique qu'aux paroles qui choquent la bienséance. **Indu,** contre ce qu'on doit, contre la raison, la règle, l'usage, ne se dit plus guère que dans la loc. *Heure indue.*

Déplacement : → Voyage.

Déplacer : ¶ 1 *Déplacer,* ôter de sa place : *Déplacer des livres. Je n'ai garde de vous déplacer* (Acad.). **Déranger** implique qu'on détruit l'ordre dans lequel étaient les choses et, en parlant des personnes, qu'on leur cause une certaine gêne. — Avec l'idée qu'on change l'ordre des choses : → Transposer. ¶ 2 → Détourner. ¶ 3 → Destituer.

Déplaire, être désagréable, causer du chagrin, indique le résultat d'actions assez différentes; c'est un syn. affaibli de **Choquer, Froisser, Irriter** (→ ces mots) qui marquent la modalité de ces actions.

Déplaisant, qui est privé de la qualité ou du don de plaire : *Réponse souverainement déplaisante* (M. d. G.). **Malplaisant**

dit moins : qui plaît mal ou très peu : *Notre vieillard flétri, chagrin et malplaisant* (L. F.). **Désagréable,** syn. vague de ces termes. **Fichu,** pop., et **Sacré,** fam. et un peu plus fort, déplaisant, mal tourné : *Un fichu caractère.* **Ingrat,** en parlant de la physionomie, désagréable, qui inspire de la défiance : *Un visage ingrat.*

Déplaisir : → Ennui.

Déplier : → Étendre.

Déplorable : → Pitoyable et Fâcheux.

Déplorer : → Regretter.

Déployer : ¶ 1 → Étendre. ¶ 2 → Montrer.

Dépopulation : → Dépeuplement.

Déportation : → Relégation.

Déportement : → Dérèglement.

Déporter : → Reléguer.

Déposer : ¶ 1 → Mettre. ¶ 2 → Destituer. ¶ 3 → Quitter.

Déposition : ¶ 1 → Déchéance. ¶ 2 → Témoignage.

Déposséder : Enlever la possession de (≠ Voler, s'approprier indûment ce dont on a dépossédé quelqu'un). *Déposséder* ne précise ni le moyen ni la fin et se dit surtout en parlant d'un bien important : *Être dépossédé de la vie avant d'avoir eu le temps de vivre* (M. D. G.). **Dépouiller** (→ ce mot), déposséder, souvent par la force ou par la ruse et pour se l'approprier, de quelque chose d'essentiel dont la privation laisse dépourvu comme une victime : *Dépouiller l'héritière* (RAC.), *l'orphelin* (VOLT.). **Spolier,** dépouiller par fraude ou par force : *On l'a spolié de son héritage* (ACAD.). **Exproprier,** déposséder de sa propriété immobilière par voie légale et souvent avec indemnité : *L'État exproprie pour cause d'utilité publique.* **Évincer,** terme de droit, déposséder juridiquement d'une chose dont on est en possession : *Il a été évincé de cette maison par jugement*; par ext. dans le langage courant, déposséder quelqu'un d'une bonne place pour s'en emparer ou en faire profiter un autre (→ Éliminer). **Dessaisir,** terme de droit, déposséder un tribunal de ce dont il a été saisi. **Désapproprier,** terme de dévotion, opérer chez quelqu'un le renoncement à tous les biens : *La perte que Dieu opère lui-même qui nous désapproprie véritablement* (FÉN.). **Priver** (→ ce mot), enlever non la possession, mais la jouissance présente ou future d'une chose.

Dépôt : ¶ 1 Action de confier quelque chose à quelqu'un ou la chose confiée. *Dépôt* se dit quelles que soient la personne ou la chose : *Mettre en dépôt une ville* (FÉN.),

des sentiments (SÉV.), *des prophéties* (PASC.). **Consignation,** dépôt d'une somme ou d'autre chose entre les mains d'une personne publique, ou de marchandises à titre de garantie ou pour les vendre. **Cautionnement** et **Caution** (→ ce mot), dépôt d'une somme d'argent fait pour servir de garantie. **Séquestre,** dépôt d'une chose litigieuse entre les mains d'un tiers soit par ordre de justice soit par convention des parties jusqu'à ce qu'il soit décidé à qui elle appartiendra. ¶ 2 → Magasin. ¶ 3 → Prison. ¶ 4 → Pustule. ¶ 5 → Sédiment.

Dépouille : ¶ 1 → Proie. ¶ 2 → Mort.

Dépouillé : ¶ 1 → Dénué. ¶ 2 (style) → Simple.

Dépouillement : ¶ 1 → Renoncement. ¶ 2 → Relevé.

Dépouiller : ¶ 1 *Dépouiller,* seulement en parlant des animaux, ôter la peau, plutôt comme une sorte de fourreau, sans la déchirer : *Dépouiller un lapin, une anguille.* **Écorcher,** ôter la peau, plutôt par morceaux en la déchirant : *Écorcher un cheval*; ou, en parlant des hommes et des animaux, ôter une partie de la peau. De plus on peut *écorcher* et non *dépouiller* vif : *Écorcher vif un condamné.* **Dépiauter,** fam., syn. d'écorcher : *Dépiauter un poulet rôti.* ¶ 2 Par ext., ôter ce qui couvre, enveloppe, garnit. *Dépouiller,* ôter à un homme ses vêtements et, au fig., ôter tout ce qui ressemble à un vêtement, et laisser nu : *De fleurs dépouiller le rivage* (BOIL.). *La gangrène a dépouillé l'os. Dépouiller le roman de tous les éléments qui n'appartiennent pas spécifiquement au roman* (GI.). **Peler** ne se dit qu'au physique des choses dont on ôte la superficie (comme le poil d'une bête ou la peau d'un fruit) de façon à ne laisser qu'une surface lisse ou rase : *Les cerfs pèlent les arbres et se nourrissent d'écorces* (BUF.). *Montagnes pelées* (VOLT.). **Dénuder** marque le résultat de l'action de dépouiller ou de peler jusqu'au bout : *Dénuder un homme; un arbre. Montagnes dénudées, sans aucune végétation.* **Dégarnir,** dépouiller une chose de ce qui la rendait complète ou qui l'ornait : *Dégarnir une terrasse des arbres qui l'ombrageaient* (ACAD.). **Démunir,** dépouiller une place de ses munitions, et par ext. une personne des ressources dont elle était pourvue (→ Dénué). — Au réf. *Se dépouiller,* se dessaisir entièrement de ce que l'on possède et rester sans rien : *Cet argent dont vous avez la folie de vouloir que je me dépouille* (MAU.); *se démunir,* se dessaisir de ce qu'on avait mis en réserve pour quelque objet et rester dépourvu; *se dégarnir,* fig., en termes de commerce, se dessaisir de son argent comptant. ¶ 3 → Quitter. ¶ 4 Au fig. → Déposséder. Déposséder par force ou par ruse une personne qui reste dénuée de tout. *Dépouiller* insiste sur le résultat de l'action. **Plumer**, fig. et fam., dépouiller de son argent par ruse : *Plumé par des coquettes* (L. F.). **Tondre**, fig. et fam., dépouiller complètement un homme ou une communauté, naïfs et sans défense, souvent en parlant d'impôts trop lourds : *Tondre une province* (VOLT.). **Rançonner**, fig., exiger de force ce qui n'est point dû, ou exiger de quelqu'un plus qu'il n'est juste et raisonnable : *Le fisc me rançonne* (ACAD.). **Piller**, fig., suppose des exactions dans sa charge, son emploi, aux dépens du public ou d'un maître. **Saigner, Saigner à blanc**, fig., exiger de quelqu'un des sommes considérables. **Écorcher**, fig., faire payer trop cher, de façon que la victime crie, se plaigne : *Il faut tondre les brebis et non pas les écorcher*. **Estamper**, fig. et pop., dépouiller quelqu'un en lui faisant payer sa marchandise ou ses services plus cher qu'ils ne valent. **Saler**, fig. et pop., faire payer trop cher. **Étriller**, fig. et fam., renchérit en ce sens. **Égorger, Étrangler, Fusiller, Donner un coup de fusil** (spéc. en parlant d'un hôtelier), fig. et fam., dépouiller quelqu'un en lui faisant payer une note à laquelle il ne s'attendait pas. **Voler**, par hyperbole, syn. péj. de tous ces termes. ¶ 5 → Voler. ¶ 6 → Lire. ¶ 7 (Réf.) → Quitter.

Dépourvu : → Dénué.

Dépravation : → Dégradation.

Dépravé : → Vicieux.

Dépraver : → Gâter.

Déprécation : → Prière.

Dépréciation : → Dévalorisation.

Déprécier : ¶ 1 Rabaisser la valeur d'une chose. *Déprécier*, faire baisser le prix de : *L'abondance déprécie les produits* (LAR.). **Avilir**, déprécier à l'extrême jusqu'à ôter toute valeur : *L'effet inévitable de la multiplication des valeurs est de les avilir* (PROUDHON.). **Dévaloriser, Dévaluer** (→ Dévalorisation), diminuer la valeur d'une monnaie fiduciaire par rapport à l'or. ¶ 2 (Fig.) → Abaisser. Dégrader, en abaissant, surtout par des discours, le prix, la valeur ou le mérite d'une chose ou d'une personne. *Déprécier*, qui tend à se substituer à **Dépriser**, vx, marque surtout le mépris ou l'ignorance de la vraie valeur : *Déprécier le mérite d'autrui* (ACAD.). **Déprimer**, inusité aujourd'hui, impliquant plutôt un jugement formel destiné à détruire une personne ou une chose dans l'opinion, avec une grande envie de nuire : *Cette foule d'ennemis*

obscurs qui s'efforçaient de vous déprimer (MARM.) : → Détruire, Perdre et Vilipender. — **Détracter**, très peu usité, déprimer le mérite ou la valeur de quelqu'un par envie, par haine et faussement, surtout en secret. **Discréditer, Décréditer, Déconsidérer** (→ Dénigrer) marquent ce que devient dans l'opinion la personne qu'on déprécie ou qu'on déprime.

Déprédation : ¶ 1 → Malversation et Rapine. ¶ 2 → Dommage.

Déprendre : → Séparer.

Dépression : ¶ 1 *Dépression*, tout enfoncement de terrain, peu ou très profond, large ou étroit. La *dépression* peut être une vallée (→ ce mot) si elle s'étend en longueur entre deux montagnes. **Bassin**, plaine assez large entourée, à peu près de tous côtés, de montagnes ou collines : *Dans notre bassin entre les Alpes et le mont Jura* (VOLT.). **Cuvette**, dépression moins vaste que le bassin, en forme d'entonnoir : *Paris est situé dans une cuvette* (ACAD.). ¶ 2 → Langueur.

Déprimer : ¶ 1 → Enfoncer. ¶ 2 → Déprécier. ¶ 3 → Fatiguer.

Dépriser : ¶ 1 → Déprécier. ¶ 2 → Mépriser.

Depuis peu : Il n'y a pas longtemps. *Depuis peu* indique un très court intervalle; **Récemment**, il n'y a pas très longtemps, un intervalle plus long. **Nouvellement** ajoute l'idée que la chose dont il s'agit de paraître pour la première fois : *Maison réparée depuis peu ou récemment; nouvellement bâtie* (L.). **Fraîchement**, s'il ne conserve au prop. l'idée de fraîcheur (*Fruits fraîchement cueillis*. FÉN.), est fam. par métaphore : *Un homme fraîchement sorti du Parlement* (VOLT.). **Naguère** (il n'y a guère) est plutôt du style soutenu ou poétique : *Jadis et Naguère* (VERL.).

Dépuration : → Purification.

Dépurer : → Purifier.

Député : ¶ 1 → Envoyé. ¶ 2 Celui qui est envoyé dans une assemblée élective pour prendre part à une délibération. *Député*, terme courant, insiste sur la mission du personnage; **Élu du peuple**, sur le fait que le pouvoir de l'élu émane du peuple. **Représentant**, qui s'est dit notamment pour les députés de la Convention, désigne en général l'élu par rapport à ses électeurs : *Ce département envoie cinq représentants à la Chambre* (ACAD.). On désigne aussi les *députés* par le mot **Membre** suivi du nom de l'assemblée à laquelle ils appartiennent : *Membre de l'Assemblée nationale*. **Parlementaire**, membre du Parlement, marque l'état social, et désigne en France tous les membres des deux assemblées, alors que *député* ne se disait, avant 1940, que des membres de la seconde assemblée législative par opposition aux *sénateurs*. De nos jours les membres de l'Assemblée nationale et les conseillers de la République, qu'on tend à appeler de nouveau sénateurs, sont des *parlementaires*.

Déracinement : Action d'enlever. *Déracinement* et **Extirpation** (→ Déraciner), action d'arracher une chose avec ses racines. **Arrachement,** plus général, action d'enlever avec effort ce qui tient à quelque chose. **Arrachage** ne se dit que des petits végétaux et des légumes, **Arrachis,** des arbres. **Éradication,** syn. de *déracinement* et **Avulsion,** syn. d'*arrachement,* ne se disent qu'en chirurgie, ainsi que **Divulsion,** action d'arracher, de séparer avec violence : *Fracture par divulsion*; et **Évulsion,** action d'arracher ou d'extraire : *Évulsion d'une dent, d'un fragment d'os* (Lit.). **Extraction,** à la différence d'*arrachement,* n'implique pas l'idée d'effort.

Déraciner : ¶ 1 Détacher une plante du sol. *Déraciner,* défaire les racines, n'implique pas l'idée d'effort et ne signifie que par ext. **Arracher,** détacher avec effort, ou aussi **Abattre** (→ ce mot) : *Ce grand Dieu qui se vante de déraciner par son souffle les cèdres du Liban* (Bos.). **Extirper,** terme technique et précis, mettre hors de terre une souche, une tige et les racines en les arrachant; surtout en parlant des mauvaises herbes. — Par ext. : *On déracine un cor au pied en cernant le calus tout autour pour l'extirper après* (L.). **Sarcler,** arracher avec la main les mauvaises herbes ou les couper sur terre avec un instrument tranchant. **¶ 2** Au fig., détruire des choses morales. *Déraciner,* détruire peu à peu, en brisant chaque fibre, chaque racine, lorsqu'il s'agit de choses qui ont des racines profondes et qui ne sont pas toujours mauvaises : *Tout cela insensiblement a déraciné de son cœur les principes de religion où il avait été élevé* (Bour.). **Extirper,** détruire en arrachant tout d'un coup une chose mauvaise, avec force et entièrement, de façon qu'elle ne repousse plus : *Extirper les restes de la religion proscrite* (Volt.). *Extirper* marque une action radicale, mais souvent pacifique et morale, alors qu'**Exterminer** (→ Détruire) marque la même action comme physique et violente : *On extermine l'hérésie le fer à la main en tuant jusqu'au dernier les hérétiques, on l'extirpe du fond des cœurs par l'instruction, la prédication.*

Déraisonnable : ¶ 1 → Insensé. Sans raison, en parlant d'un être. *Déraisonnable,* qui s'écarte momentanément ou partiellement de la raison, en parlant de celui qui en est doué et qui en mésuse. **Irraisonnable,** totalement dépourvu, par nature, de raison, ou qui semble tel. **¶ 2** → Illogique.

Déraisonner, parler d'une façon qui n'est pas logique, s'écarter momentanément et partiellement de la raison, n'implique pas toujours un défaut : *Le jour où l'Hélicon m'entendra sermonner, Mon premier point sera qu'il faut déraisonner* (Mus.). **Divaguer,** toujours péj., est relatif à un sujet, à un raisonnement dont on s'écarte sans raison : *Cet orateur divague.* **Extravaguer,** plus absolu, dire ou faire des choses folles, dépourvues de raison, qui tombent dans l'absurde : *Un homme qu'une fièvre ardente fait extravaguer* (Bos.). **Délirer,** extravaguer sous le coup d'une émotion violente ou d'une sensibilité exagérée : *Il délire de joie* (Proust). **Rêver** (→ ce mot), dire comme exactes et vraies des choses qui ne sont que le fruit d'une imagination distraite ou vagabonde : *Platon rêvait beaucoup et on n'a pas moins rêvé depuis* (Volt.). **Radoter,** extravaguer dans ses discours à cause d'un affaiblissement de son esprit souvent dû à la vieillesse : *Tous les vieillards ne radotent pas* (Maleb.); par ext., fam., extravaguer : *Un pédant croit que sans Aristote La raison ne voit goutte et le bon sens radote* (Boil.). **Perdre l'esprit** implique qu'on est fou. Fam. **Dérailler,** *divaguer*; **Battre la breloque** ou **la campagne,** *extravaguer*; **Déménager,** perdre l'esprit.

Dérangement : ¶ 1 Résultat d'une manière d'agir qui s'éloigne de ce qui est bien ou sage. *Dérangement,* écart momentané et particulier qui compromet surtout ce qui nous serait utile : *Dérangement dans ses affaires* (Les.). Avec l'idée d'un mal absolu, **Dérèglement** (→ ce mot), violation de la règle, de ce qui guide l'esprit, dans les pensées, les résolutions, les doctrines : *Le dérèglement de leur doctrine dans la morale* (Pasc.); **Désordre,** violation des règles de la conduite, souvent manifestée par des effets extérieurs fâcheux : *Le dérèglement de leur esprit introduit mille désordres dans leur vie* (Bour.). **¶ 2** → Trouble. Trouble dans le fonctionnement, l'ordre naturel de quelque chose. *Dérangement,* accident momentané qui trouble le fonctionnement habituel pour n'importe quelle raison : *Dérangement du télégraphe.* **Dérèglement,** dérangement durable qui fait que les choses ne fonctionnent plus suivant la règle de la nature ou de leur mécanisme : *Dérèglement des saisons, du pouls, d'une horloge.* **Désordre** insiste plutôt sur le mauvais état de certaines choses, surtout de celles qui forment un système, par suite de leur dérangement ou de leur dérèglement : *Désordre des fonctions*

animales, de l'administration (ACAD.).
Désorganisation, en médecine, altération
profonde de la texture d'un organe, par
ext. destruction de la coordination des
parties faites pour fonctionner ensemble :
Désorganisation du poumon (ACAD.); *des
classes dirigeantes* (ZOLA). **Perturbation**
enchérit sur *dérangement* quand il s'agit
d'une chose bien réglée; c'est plutôt un
terme technique : *Perturbation dans les
astres* (MAU.). **Bouleversement,** désordre
qui met tout sens dessus dessous et
s'accompagne d'une confusion extrême :
*Bouleversement d'un tremblement de terre;
des affaires publiques* (ACAD.).

Déranger : ¶ 1 → Déplacer. ¶ 2 → Troubler. ¶ 3 → Gêner.

Dérèglement : → Dérangement et Écart.
Dérèglement, le fait de penser ou de se conduire d'une façon qui s'écarte plus ou
moins de la règle, du bien moral : *Dérèglement de doctrine* (PASC.). **Déportement,** uniquement relatif à la conduite, implique
parfois une faute moins grave quand
il s'agit d'un manquement à la volonté
d'une personne qui a sur nous de l'autorité : *Quand vos déportements lui blessent la visière* (MOL.). **Débordement** implique qu'on se laisse entraîner par les passions, comme par un torrent, ou insiste
sur le désordre qui résulte du dérèglement
total des mœurs : *Mœurs corrompues et
débordements* (BOUR.); et s'emploie souvent en parlant des femmes. **Égarement,**
dérèglement de cœur ou d'imagination par
l'effet d'une passion qui trouble et fait
perdre de vue le droit chemin : *Dans quels
égarements l'amour jeta ma mère!* (RAC.).
Excès, au pl., dérèglement surtout physique, abus des plaisirs du corps ou abandon sans retenue aux passions : *Les passions nous punissent .toujours des excès
qu'elles nous font commettre* (J.-J. R.).
Inconduite, manque de moralité et de
sagesse dans sa façon d'agir. **Inconséquence,** dérèglement dans la conduite qui
a quelque chose d'extravagant, se dit
aussi des légèretés d'une femme qui ne
vont pas jusqu'à l'inconduite. **Licence,**
trop grande liberté dans les mœurs contraire à la retenue, à la modestie, à la
pudeur, qui est en général collective et
due plutôt à un relâchement social qu'à
une attitude personnelle : *Cette jeunesse
vécut toujours dans une extrême licence*
(FÉN.). **Libertinage,** en son sens péj.,
Débauche (→ ce mot) et **Dissolution** qui
enchérit, débordement de volupté dans
tous les plaisirs sensuels, spéc. ceux de
l'amour ou ceux de la table : *Il ne
manque à leur débauche que de boire de
l'eau forte* (L. B.). **Dévergondement** (vx)
et **Dévergondage** ajoutent l'idée d'une
conduite éhontée, scandaleuse : *Quand la*

*débauche et le dévergondement sont poussés
à un certain point de scandale* (SÉV.).
Iniquité, terme religieux, surtout usité au
pl., manquement à la loi de Dieu, état
de péché : *Je lui fis la confession des ini-
quités de ma vie* (CHAT.).

Dérégler : → Troubler.

Dérider : → Égayer.

Dérision : → Raillerie.

Dérisoire : → Petit.

Dérivatif : → Diversion.

Dériver : → Découler.

Dernier : ¶ 1 *Dernier,* en parlant des personnes et des choses, qui est, vient après
tous les autres, dans le temps, le lieu, une
catégorie, une série : *Seul et dernier anneau
de deux chaînes brisées, Je reste* (VI.). **Final**
(→ ce mot), en parlant des choses seulement, implique que la chose qui est
la dernière achève, complète ou couronne
une action : *Pièce finale d'un feu d'artifice. Estocade finale.* **Ultime,** terme didactique, ne se dit que des choses placées au
dernier rang : *Syllabe ultime. Symptômes
ultimes* (LIT.). **Extrême,** en parlant des
choses, marque qu'une chose est, dans le
temps ou dans le lieu, la dernière parmi
les dernières, tout à fait au bout de ce à
quoi elle appartient, à son point final :
*Hendaye est la dernière gare française avant
Irun, mais le pont sur la Bidassoa marque
l'extrême limite de la ligne.* **Suprême,** syn.
de *dernier* dans le style soutenu et dans
la poésie, surtout en parlant de ce qui
appartient aux derniers moments de la
vie : *Heure suprême* (VOLT.). *Suprêmes
paroles* (LAM.). *La démarche que je fais est
une démarche suprême. Je vous vois pour la
dernière fois* (PROUST). — Pris comme n.
dernier a pour syn. **Culot,** fam., le dernier-
né d'un animal et par ext. le dernier
d'une promotion ou le dernier reçu dans
une compagnie. ¶ 2 → Nouveau. ¶ 3 →
Seul. ¶ 4 → Infime.

Dérobade : → Fuite.

Dérobée [à la] : → Secrètement.

Dérober : ¶ 1 → Voler. Prendre ou voler
avec adresse. *Dérober* insiste sur le fait
qu'on agit sans être vu : *Surpris une nuit
en venant dérober l'avoine de ses chevaux*
(MOL.). **Attraper,** fam., implique de la finesse,
de la ruse : *Le pendard de Scapin, par
une fourberie, m'a attrapé cinq cents écus*
(MOL.); **Escamoter,** de la vitesse et de
l'adresse plutôt de la main que de l'esprit :
Escamoter cinquante pistoles et la montre
(S.-S.). **Subtiliser,** syn. d'*escamoter,* implique finesse et subtilité, mais ne suppose
pas que l'on fait disparaître ce qu'on a
pris : *Dans une partie de football un joueur
subtilise le ballon à un autre.* **Soustraire**

et **Détourner** (→ Distraire) impliquent de la fraude surtout en parlant de documents ou de fonds : *Il a soustrait du dossier les pièces les plus importantes* (ACAD.). **Piper,** fam., dérober, surtout de l'argent, en trompant habilement. **Chiper,** pop., dérober un objet de peu de valeur. **Gripper,** pop., attraper comme le chat fait avec ses griffes, par ext. *dérober : On lui a grippé sa bourse* (ACAD.). **Refaire,** syn. pop. de *subtiliser : Il m'a refait mon portefeuille.* **Barboter, Chauffer, Choper, Faucher, Piquer** sont argotiques. ¶ 2 → Cacher. Faire qu'une personne ou une chose échappent à une autre. On *dérobe,* en cachant, pour faire échapper à une chose désagréable ou agréable : *Ces choses qui se font dans un demi-sommeil et que les yeux fermés dérobent au jugement de l'esprit* (J. ROM.). *Se dérober à son bonheur* (J.-J. R.). On **soustrait** à une chose toujours pénible, en affranchissant, parfois par adresse, parfois violemment, par la force ou la fuite : *Les protecteurs de Palissot le font exiler pour le soustraire au Parlement* (D' AL.). ¶ 3 (Réf.) → Éviter.

Dérogation : → Abrogation et Exception.

Déroger : ¶ 1 → Entreprendre sur. ¶ 2 → Déchoir. ¶ 3 → (s') Abaisser.

Déroulement : → Évolution.

Dérouler : → Étendre.

Déroute : → Défaite.

Dérouter : ¶ 1 Égarer en détournant du droit chemin. *Dérouter* se dit pour les hommes et les animaux : *Le cerf a dérouté les chiens.* **Dépister,** néol. en ce sens, se dit surtout des hommes et implique une poursuite : *Il a dépisté les agents lancés à sa recherche* (ACAD.). ¶ 2 Au fig. → Embarrasser. Embarrasser en faisant hésiter sur les moyens d'arriver à la vérité ou à un résultat. *Dérouter,* surtout relatif à l'intelligence, faire perdre le fil qu'on tenait, de façon à laisser hésitant : *Dérouter un candidat par une question inattendue.* **Désorienter** (→ Déconcerté) dit plus et implique, en parlant de l'intelligence et de la sensibilité, qu'on fait perdre la tête, qu'on décourage, qu'on laisse sans défense ou sans espoir : *Un peu désorienté par deux causes malheureuses qu'il a perdues coup sur coup* (VOLT.). **Dépayser,** uniquement relatif à l'intelligence, dérouter par quelque chose de nouveau, d'étranger devant quoi on ne sait pas réagir : *Dépayser le public* (HAM.) ; *les nouvellistes* (VOLT.)

Derrière : ¶ 1 La partie postérieure du corps de l'homme et de quelques animaux, comprenant les fesses et le fondement (→ Anus). *Derrière,* quoique fam., est le mot dont on use par bienséance. **Cul** est grossier. **Postérieur** ou **Parties postérieures** se dit par plaisanterie. **Postère** est burlesque.

Séant ne s'emploie qu'avec le possessif pour indiquer la posture d'un homme assis dans son lit : *Nous nous levions sur notre séant* (J.-J. R.) ; autrement c'est un syn. pop. de *derrière.* **Siège,** la partie du corps sur laquelle on s'assied dans la loc. *Bain de siège.* **Fesses** se dit aussi fam. : *Botter les fesses.* **Croupe** et **Arrière-train,** partie postérieure de certains animaux (par ex. le cheval), syn. vulgaires de *derrière* surtout en parlant des femmes **Croupion,** partie inférieure du tronc des oiseaux, désigne chez l'homme non le *derrière,* mais la partie postérieure et inférieure du bassin formée par le bas du sacrum et l'os coccyx. ¶ 2 Par opposition à devant, *Derrière* désigne le côté postérieur d'une chose, **Arrière,** par opposition à avant, la partie qui s'étend du milieu à la fin : *Le derrière de la maison; l'arrière du wagon.* **Dos,** partie de certaines choses qui offre quelque rapport avec le dos de l'homme ou d'un animal : *Dos d'un habit, d'une robe, d'une chaise, d'un fauteuil.* ¶ 3 En termes militaires, *Derrières,* dernier corps d'une armée en marche ou en bataille, côté auquel l'armée tourne le dos, ou pays qu'elle laisse derrière elle en avançant. **Arrière** se dit de tout le pays ami qui n'est point dans la zone dite des armées : *Une armée assure ses derrières; elle peut être coupée de son arrière, mais ne cesse d'avoir des derrières que si elle fait face de tous côtés.*

Désabusement : → Déception.

Désabuser : → Détromper.

Désaccord : → Mésintelligence.

Désaccoupler : → Dépareiller.

Désagréable, qu'il est difficile ou impossible d'admettre sans trouver à redire de quelque manière que ce soit, a rapport assez vaguement à l'effet, est syn. de plusieurs groupes qui ont rapport à la cause qui rend *désagréable :* 1 le déplaisir : → Déplaisant ; 2 l'ennui : → Ennuyeux ; 3 le dépit : → Fâcheux ; 4 les manières peu courtoises : → Désobligeant. **Saumâtre** (qui a goût de sel), syn. imagé et pop. de *désagréable,* en parlant d'actions ou de faits qu'il est difficile d'admettre, d'« avaler ».

Désagréger : → Décomposer.

Désagrément : → Ennui.

Désaltérer [se] : → Boire.

Désapparier : → Dépareiller.

Désappointement : → Déception.

Désapprendre : → Oublier.

Désapprouver : → Blâmer.

Désarçonné : → Déconcerté.

Désarmer : Au fig. → Fléchir.

Désarroi : ¶ 1 → Trouble. ¶ 2 → Émotion.

Désarticuler : → Disloquer.

Désassortir : → Dépareiller.

Désastre : → Calamité.

Désavantage : ¶ 1 → Infériorité. ¶ 2 → Inconvénient. ¶ 3 → Dommage.

Désavantager : ¶ 1 → Déshériter. ¶ 2 Mettre en état d'infériorité. *Désavantager,* faire subir, souvent injustement, un désavantage ou ôter un avantage à un moment quelconque, ce qui empêche la réussite ou la compromet : *Désavantager un candidat en lui posant une question trop difficile.* **Défavoriser,** qui dit moins, priver quelqu'un de ce qui pourrait l'aider (→ Favoriser). **Handicaper,** néol. sportif, s'emploie bien au fig. quand il s'agit d'une sorte de compétition et d'un désavantage souvent naturel qui compromet une réussite pour toujours : *Ils croient tous qu'un gazé n'est pas handicapé pour toujours* (M. D. G.).

Désavantageux, Défavorable : → Désavantager. **Dommageable** dit plus (→ Dommage). **Mauvais** (→ ce mot) et ses syn. enchérissent encore. **Contraire** se dit des choses nuisibles parce qu'elles agissent en sens contraire de ce qui serait utile, spéc. en parlant de la santé.

Désaveu : → Rétractation et Dénégation.

Désavouer : ¶ 1 → Blâmer, Nier et Contredire. ¶ 2 (Réf.) → (se) Rétracter et (se) Démentir.

Descendance, Descendants : → Postérité.

Descendre : Intrans. ¶ 1 Aller de haut en bas en conservant le contrôle de ses mouvements (≠ Tomber, aller de haut en bas en vertu de son propre poids). *Descendre,* quitter une place pour une autre qui est ou paraît être au-dessous : *Descendre du trône* (CORN.). *Fais descendre ta grâce en ce séjour profane* (VOLT.). **Dévaler,** au prop. seulement, descendre le long d'une pente en général jusqu'en bas : *Pauvres enfants qui dévalent bien tristes de leurs montagnes* (CHAT.). **Dégringoler,** fam., descendre précipitamment, avec la rapidité d'une chute, le long de ce qui présente des degrés : *Dégringoler l'escalier quatre à quatre* (ACAD.). ¶ 2 → (s') Abaisser. ¶ 3 → Tomber. ¶ 4 → Demeurer. — ¶ 5 (Intrans. et trans.) → Baisser.

Descente : ¶ 1 → Incursion. ¶ 2 → Pente. ¶ 3 → Hernie.

Description : → Image.

Désemparé : → Déconcerté.

Désemplir : → Vider.

Désenchantement : → Déception.

Désert : ¶ 1 Adj. → Inhabité. ¶ 2 N. *Désert,* lieu inhabité et inhabitable parce qu'il n'offre aucune ressource pour les êtres vivants. **Solitude,** lieu où l'on est seul, simplement parce qu'il est vide, sans que cela soit forcément désagréable, avec souvent l'idée d'une immensité : *Déserts arides* (BUF.). *Cette solitude majestueuse et sans borne, le Pacifique* (LOTI). **Bled,** en argot militaire, pays inculte, se dit fam. d'un lieu solitaire où l'on ne trouve aucun des agréments de la vie urbaine.

Déserter : ¶ 1 → Délaisser. ¶ 2 → Quitter.

Déserteur : → Insoumis. Soldat qui abandonne le service sans congé. Le *Déserteur* déserte à l'intérieur, refuse de servir, c'est plutôt un lâche; le **Transfuge** déserte à l'ennemi, change de camp, ce peut être un traître. — Au fig. *déserteur* a rapport seulement à la chose qu'on laisse, *transfuge,* à ce que l'on quitte et à ce que l'on prend, et enchérit : *Les anglicans sont des déserteurs, ils ont renoncé au pape* (VOLT.). *Spinoza, transfuge de toutes les religions* (MAS.).

Désertion : ¶ 1 → Défection. ¶ 2 → Insoumission.

Désespérance : → Découragement.

Désespéré : ¶ 1 Adj., en parlant des choses : → Extrême et Sérieux. ¶ 2 N., en parlant d'une personne : → Misérable.

Désespérer : → Décourager.

Désespoir : ¶ 1 → Découragement. ¶ 2 → Douleur. ¶ 3 → Regret.

Désestimer : → Mépriser.

Déshabillé : → Négligé.

Déshabiller : ¶ 1 → Dévêtir. ¶ 2 → Médire.

Déshabité : → Inhabité.

Déshérité : → Misérable.

Déshériter : ¶ 1 *Déshériter,* terme ordinaire, priver ses héritiers naturels d'une succession en léguant ses biens libres à d'autres qu'eux. **Exhéréder,** terme du palais venu du droit romain, implique une déclaration formelle et motivée qui exclut ses héritiers naturels d'un héritage. **Désavantager,** diminuer, en faveur d'un héritier, la part des autres. ¶ 2 Au fig. → Priver.

Déshonnête : ¶ 1 → Malhonnête. ¶ 2 → Obscène.

Déshonneur : → Honte.

Déshonorant : → Honteux.

Déshonorer : ¶ 1 → Dénigrer et Dégrader. ¶ 2 (une femme) → Séduire.

Déshydrater : → Sécher.

Desiderata : ¶ 1 → Lacunes. ¶ 2 → Désir.

Désigner : ¶ 1 → Indiquer. ¶ 2 → Choisir.

Désillusion : → Déception.

Désillusionner : Faire cesser les illusions. *Désillusionner* se dit plutôt des erreurs durables de l'imagination : *Ne finirez-vous pas par vous désillusionner sur ce personnage?* (Acad.); **Dégriser**, fig., des enthousiasmes passagers de la sensibilité : *Lambel était enthousiasmé de ces acclamations; Cromwell, pour dégriser son ami...* (Mirab.). **Refroidir**, fig. et fam., dégriser et presque décourager (→ ce mot).

Désinence : → Terminaison.

Désinfection : → Assainissement.

Désintégrer : → Décomposer.

Désintéressé : → Généreux.

Désintéressement : → Indifférence.

Désintéresser : ¶ 1 *Désintéresser* a surtout rapport à l'effet : faire que quelqu'un ne s'occupe plus d'une affaire parce que tous les intérêts qu'il y avait ont été satisfaits : *On désintéresse les créanciers de quelqu'un en leur payant ce qui leur est dû ou au moins une somme qui les satisfasse avant qu'ils le fassent condamner.* **Dédommager** implique toujours et uniquement un dommage subi, constaté, et une compensation approximative qui ne satisfait pas forcément la victime : *On ne dédommage des créanciers qu'après la faillite du débiteur.* ¶ 2 (Réf.) → Négliger.

Désinvolte : → Dégagé.

Désir : ¶ 1 → Volonté. Tendance qui nous pousse vers quelque chose. *Désir*, tendance spontanée, et en général acceptée par la raison, vers une fin consciente, avec tous les degrés d'intensité, mais sans la conception des moyens et la réalisation qui sont le propre de la volonté : *Désir du gain, de la gloire, des honneurs, des richesses* (Acad.). **Envie**, désir soudain, parfois très vif, mais en général passager, et contre lequel souvent la raison résiste parce qu'il est dû uniquement au goût, au sentiment, à un besoin physique, ou bien est condamnable, absurde, parfois monstrueux : *Les fausses envies qui le prennent* (J. Rom.). **Ambition**, désir passionné de quelque chose qui paraît au-delà de nos possibilités et ne nous est pas dû, diffère d'**Aspiration** et de **Prétention** comme les v. correspondants : → Ambitionner. **Tentation**, mouvement intérieur par lequel on est attiré vers des choses mauvaises ou en tout cas peu utiles qui semblent provoquer, ce qui impose une sorte de lutte, d'épreuve : *L'homme est plus libre d'éviter les tentations que de les vaincre* (J.-J. R.). **Démangeaison**, fam., envie immodérée, cuisante qui est tout près de provoquer un acte : *Il avait des démangeaisons d'interrompre qu'il réprimait* (Zola). **Prurit**, péj., démangeaison maniaque : *Prurit guerrier* (J. Rom.). Métaphoriquement, **Soif**, et plus rarement **Faim**, désir passionné, ardent, immodéré des choses qui sont pour l'âme comme un rafraîchissement ou une

nourriture : *La soif d'en jouir, née devant chaque volupté* (Gi.). *Faim de justice* (Bos.). **Appétit**, désir d'un objet en vue de la satisfaction des sens (→ Appétence) ; au fig., vif désir, *faim* insatiable qui ne sera jamais comblée : *Appétits de toute sorte* (Gi.). *Vastes appétits d'un faiseur de conquêtes* (L. F.). **Concupiscence** (→ ce mot), désir de jouissances charnelles. **Convoitise**, désir immodéré de posséder. **Rêves**, fig., désirs de choses merveilleuses, irréalisables, dont on se berce : *Rêves de grandeur.* ¶ 2 Ce qu'on désire. *Désir* est le terme général : *Tous vos désirs, Esther, vous seront accordés* (Rac.). **Desiderata** (pl. de *Desideratum*), lacunes dans une science, une doctrine, se dit parfois pour exprimer certaines lacunes, certains inconvénients que des employés, le public voudraient voir réparés : *Les desiderata des employés. Administration qui tient compte des desiderata du public.*

Désirer : → Vouloir.

Désireux, qui a le désir de quelque chose. **Attaché à**, qui tient à ce qu'il possède. **Jaloux**, très désireux de, ou très attaché à ce qu'il a à cœur : *Il est étrangement jaloux de cette liberté* (Val.). **Avide**, fig., qui éprouve un désir immodéré de biens ou de jouissances. **Affamé** (→ ce mot), **Assoiffé**, **Altéré** renchérissent.

Désister [se] : → Renoncer.

Désobéir : Agir contre ou malgré ce qui est commandé. *Désobéir* marque l'action la plus faible consistant en omission, manquement ou faute, **Violer**, l'action la plus forte qui porte atteinte avec violence à ce qu'il y a de plus sacré et de plus respectable : *Désobéir un peu n'est pas un si grand crime* (Corn.). *Violer le droit des gens* (Volt.). De plus, on *désobéit* à quelqu'un ou à quelque chose, mais on ne *viole* qu'une loi. En précisant la loi ou la règle dont on ne tient pas compte, **Contrevenir** se dit pour une règle particulière, établie, effective, parfois un simple règlement de police : *Contrevenir à la loi de police* (Volt.); **Transgresser**, pour une loi générale et universelle : *Transgresser les lois des Juifs* (J.-J. R.). **Enfreindre**, s'affranchir de ce qui lie, être infidèle à une obligation : *Dieu ne peut enfreindre les lois qu'il a faites* (Volt.). *Enfreindre le secret* (J. Rom.). **Rompre**, syn. d'*enfreindre* quand il s'agit d'un manquement momentané : *Rompre le jeûne*; se dit aussi de l'affranchissement définitif d'un engagement qui le rend caduc : *Rompre ses serments; les conditions* (J.-J. R.).

Désobligeant se dit de paroles, de procédés déplaisants chez autrui car nous les considérons comme inconvenants à notre égard. **Désagréable** et **Déplaisant** (→ ces mots), syn. vagues de *désobligeant*. **Blessant** enchérit et suppose du chagrin (→

Choquer). **Vexant** dit plus et implique du ressentiment (→ Aigrir).

Désobliger : → Froisser et Nuire.

Désoccupation, Désœuvrement : → Inaction.

Désoccupé, Désœuvré : → Inactif.

Désolation : → Douleur.

Désoler : ¶ 1 → Ravager. ¶ 2 → Chagriner.

Désopilant : → Risible.

Désordonné : ¶ 1 *Désordonné*, **Décousu** (→ ce mot), **Incohérent, Confus :** → Désordre. ¶ 2 → Extrême.

Désordre : ¶ 1 → Dérangement. ¶ 2 *Désordre*, état des choses qui ne sont pas dans leur ordre habituel, esthétique, pratique ou logique : *Désordre de soupente mal tenue* (ZOLA). **Fouillis,** fam., ajoute l'idée de confusion due à un amas, un fatras de choses : *C'était une confusion, un fouillis de bras et de têtes qui s'agitaient* (ZOLA). **Pêle-mêle,** désordre dû au fait que l'on met ensemble des choses ou des gens de nature différente : *Pêle-mêle d'opinions extravagantes* (ZOLA). **Chaos,** fig., désordre et confusion de ce qui n'a pas de forme, paraît totalement incohérent : *Chaos d'agrès rompus* (V. H.). *Voltaire, chaos d'idées claires* (FAGUET). — Pour désigner le *désordre* dans le mouvement, **Flottement,** mouvement d'ondulation dans la marche d'une troupe qui rompt son alignement, par ext. commencement de désordre dû à l'hésitation sur ce qu'on doit faire. **Pagaille,** dans le vocabulaire des marins, désordre dans une manœuvre, par ext. et fam., grand désordre dans l'action. **Débandade,** désordre d'une troupe qui rompt d'elle-même ses rangs, par ext. grand désordre dû à la négligence : *Débandade de flacons sur une toilette* (ZOLA). — *Désordre* envisagé par rapport à l'esprit : → Embrouillement. — Lieu où règne le désordre : → Bric-à-brac. ¶ 3 *Désordre* se dit aussi d'un défaut d'organisation qui fait qu'une entreprise, une administration ne marchent plus conformément à ce qui devrait être la règle. **Gabegie,** fam., désordre qui a pour conséquence du gaspillage et des pertes. **Pagaille,** très fam., désordre à la fois visible et irrémédiable qui aboutit à la licence totale des employés. **Gâchis,** fig. et fam., situation inextricable résultant d'un mélange d'éléments divers qui interviennent dans une affaire, la compliquent, se contrarient et produisent de la perte : *Un gâchis de dépenses extraordinaires* (ZOLA). ¶ 4 → Trouble. ¶ 5 Dans une œuvre littéraire, *Désordre*, manque d'ordre logique qui est parfois esthétique, s'il s'agit d'œuvres lyriques : [Dans l'ode] *un beau désordre est un effet de l'art* (BOIL.).

Décousu, absence de transition entre des développements qui peuvent avoir un ordre caché : *Le décousu de Montaigne* (PRINCE DE LIGNE). **Incohérence** dit plus et implique que les idées, les mots, les phrases n'ont aucune liaison perceptible par notre esprit qui ne voit qu'un chaos ou une disparate. **Confusion** suppose une obscurité qui vient de l'impossibilité de distinguer les idées les unes des autres.

Désorganisation : → Dérangement.

Désorganiser : → Troubler.

Désorienter : ¶ 1 → Dérouter. ¶ 2 (Réf.) → (s') Égarer.

Désormais : → (à l') Avenir.

Désossé : → Disloqué.

Despotique : → Absolu.

Despotisme : → Autocratie.

Dessaisir : ¶ 1 → Déposséder. ¶ 2 (Réf.) → Renoncer.

Dessaisissement : → Cession.

Dessalé : ¶ 1 → Éveillé. ¶ 2 → Libre.

Dessèchement : ¶ 1 Action de dessécher. *Dessèchement*, terme du langage commun; **Dessiccation,** terme de chimie et de botanique : *Dessèchement d'un marais. Dessiccation d'une plante.* ¶ 2 → Maigreur.

Dessécher : → Sécher.

Dessein : ¶ 1 → Volonté. ¶ 2 Ensemble de combinaisons pour obtenir un résultat. *Dessein*, subjectif, ce qu'on veut exécuter, ce que l'on conçoit d'une façon précise, réfléchie, comme quelque chose de prochain : *Les desseins de Dieu, de la Providence* (MAS.). *Dessein grand, hardi, nouveau et imprévu* (ROLL.). **Idée** et **Pensée** désignent un simple principe d'action, sans la représentation précise des moyens de réalisation, *pensée* impliquant toutefois plus de réflexion et de constance : *On change souvent d'idée. Cette réforme fut la grande pensée du règne* (ACAD.). **Propos,** de nos jours, non sans quelque affectation, dessein qu'on veut réaliser ou qu'on commence à réaliser : *Mon propos est de...* **Arrière-pensée,** pensée qu'on tient secrète, intention qu'on cache tandis qu'on en manifeste une autre. **Projet,** objectif, arrangement de moyens pour l'exécution d'un dessein, se rapportant à un avenir assez lointain, souvent imprécis, et dépendant de l'imagination, de la fantaisie plutôt que de la raison : *Projets d'avenir* (J. ROM.). *Quand on a le dessein de s'avancer, on ne manque pas de faire des projets de fortune* (C.). **Plan** (→ ce mot), ligne de conduite concertée pour réaliser un dessein, implique quelque chose de vaste, de détaillé et de beaucoup plus précis que le *projet* : *Il reprenait son plan; il le perfectionnait*

(Zola). **Programme,** plan sommaire et virtuel qui sera réalisé dans certaines circonstances, et qui comporte surtout des principes, un ensemble de *projets* coordonnés : *Un certain programme d'ensemble, des directives générales* (J. Rom.). *Un parti politique a son programme; s'il arrive au pouvoir, il l'exécutera suivant certains plans.* **Entreprise,** à la différence des autres mots, suppose un commencement d'action parfois hardie et audacieuse : *Entreprise grande et périlleuse* (Rac.). ¶ **3** → But.

Desservir : → Nuire.

Dessin, représentation sur une surface de la forme et non de la couleur des objets. **Ébauche** (→ ce mot), dessin inachevé ou rapidement fait.

Dessiner : → Tracer et Représenter.

Dessous : ¶ **1** → Infériorité. ¶ **2** → Secret. ¶ **3** *En dessous :* → Sournois.

Dessous de table : → Gratification.

Dessus : → Avantage.

Destin : ¶ **1** Causes cachées des événements considérées comme agissant selon des lois prédéterminées et immuables (≠ Hasard, les mêmes causes considérées comme agissant d'une manière arbitraire). *Destin,* loi suprême qui enchaîne les événements avec une prédestination absolue, une force invincible. **Destinée,** plus rare en ce sens, la chaîne, la succession des événements déterminés par le destin, ou la Providence, et considérés comme vécus pour remplir le *destin,* souvent avec l'idée qu'ils ont été prévus pour un seul homme ou qu'ils représentent une des formes multiples de l'esclavage que fait peser sur les hommes le *destin* : *Des arrêts du destin l'ordre est invariable* (Corn.). *Le destin de l'homme* (M. d. G.). *Se soumettre à sa destinée* (D'Al.). [Les Destinées sont] *les filles du destin* (Vi.). **Fatalité,** destin ou destinée considérés comme essentiellement opposés au libre arbitre : *Vous effacez le nom de la Fatalité, Vous déliez les pieds de l'Homme votre esclave* (Vi.). De plus la *fatalité* ne s'individualise pas dans les personnes et, en parlant d'un événement particulier, l'envisage toujours comme malheureux : *Quelle infortune, quel accident, quelle fatalité!* (Mol.). **Fatum** (en lat. « destin »), le Destin personnifié, à la façon d'un dieu antique, est surtout du style relevé. **Providence,** terme chrétien, l'enchaînement des événements conduits par la suprême sagesse de Dieu. ¶ **2** → Destinée. ¶ **3** → Vie.

Destination : → But.

Destinée : ¶ **1** → Destin. ¶ **2** Condition d'une personne indépendamment de sa volonté. *Destinée,* la série d'événements fixés d'avance que l'homme doit subir et qui constitue sa vie : *Sa destinée me paraît moins sombre* (Loti). *Les restes impalpables d'une destinée finie* (Mau.). **Destin** se dit plutôt pour une classe d'hommes (cf. *Le destin des grands hommes*), mais s'applique aussi à un individu pour désigner, dans tous les cas, la cause de la *destinée,* l'ordre nécessaire, absolu, des événements de la vie, qui, vécus dans leur durée, feront la *destinée* : *Jallez pensait à son destin futur* (J. Rom.). *Cette hémoptysie qui transforma mon destin* (Mau.). **Sort,** condition ou état d'une personne, bons ou mauvais, considérés comme le résultat de la rencontre des divers événements de l'existence dus à la destinée ou simplement au hasard : *Sort lamentable* (Baud.). **Chance,** toute façon d'advenir suivant des conditions qui ne sont pas connues, mais peuvent parfois être supputées, syn. de *sort* lorsque l'événement est considéré comme déterminant la situation ou la condition : *J'abandonne à leur chance et mes sens et mon âme* (Lam.). **Aventure,** ce qui advient à quelqu'un par cas tout à fait fortuit, sort de quelqu'un dans un cas particulier : *Un vieillard qui avait eu la même audace eut aussi la même aventure* (L. B.). **Fortune,** tout ce qui peut arriver de bien ou de mal à quelqu'un, se dit surtout d'événements importants et, de plus, on n'a qu'un *sort,* mais on a suivant les moments, des *fortunes* diverses : *Hors de l'ordre commun il nous fait des fortunes* (Corn.). **Lot** et **Partage** (→ Part), au fig., ce que nous donne le destin ou la sort comme une sorte de part. — **Étoile,** fig., destin immuable d'un individu déterminant ses actions comme on croyait autrefois que le faisait l'astre (→ ce mot) sous lequel il était né : *Il semble que nos actions aient des étoiles heureuses ou malheureuses* (L. R.). ¶ **3** → Vie.

Destiner, décider qu'une personne aura tel emploi, une chose tel usage, et fixer, lier la personne à l'emploi, la chose à l'usage : *Richelieu destinait les pensions aux gens de lettres* (L. B.). **Prédestiner,** terme de théologie, vouer d'avance au salut ou à la damnation, par ext. choisir et destiner certaines personnes à des choses extraordinaires, en parlant de la Providence ou de la Fatalité : *Wilson me paraît prédestiné au rôle qu'il assume* (M. d. G.). **Garder** (→ Conserver), tenir intact et prêt pour une fin en attendant que le besoin s'en fasse sentir : *Garder une poire pour la soif.* **Réserver,** ne point consacrer à un usage ou à un emploi actuel pour consacrer à un usage ou à un emploi futurs : *J'aurais les moyens d'en finir. Mais ces moyens je les réserve pour plus tard* (M. d. G.) : → Vouer.

Destitué : → Dénué.

Destituer : Oter à quelqu'un d'autorité la place qu'il occupe (≠ Congédier, se séparer de quelqu'un qui est à vos gages). *Destituer*, priver une personne de son emploi, de son état, de sa fonction, terme ordinaire de l'administration : *Destituer un préfet, un maire, un fonctionnaire*. **Démettre de,** avec toujours un régime après lui, est susceptible d'emplois plus larges; on peut être démis d'une dignité : *Il fut démis de la royauté* (L. F.). **Révoquer,** ôter à quelqu'un, le plus souvent par mécontentement pour une faute commise, une fonction amovible, une mission qu'on lui avait confiées : *Révoquer un préfet, un ambassadeur, un général*. **Rappeler,** ôter à quelqu'un qu'on avait envoyé au loin, en mission, les pouvoirs qu'on lui avait confiés, mais parfois pour d'autres raisons que le mécontentement. **Relever de ses fonctions,** euphémisme pour *révoquer*. **Casser** implique rigueur et promptitude dans l'action : *Se fait-il une émeute dans une province de Chine? le gouverneur est cassé* (J.-J. R.); et se dit bien pour les petits grades militaires : *On casse, par discipline, un sergent, un caporal*. **Déposer,** qui diffère de **Déchoir** comme les n. correspondants (→ Déchéance), renverser d'un poste élevé, d'une haute dignité : *Le pape déposait les princes, nos magnifiques sultans déposent les rois* (MTQ.). **Détrôner,** déposer un roi. — **Débarquer,** fam., écarter quelqu'un d'un poste dont on le juge indigne : *Ce ministre compromettant le cabinet, ses collègues l'ont débarqué* (ACAD.). **Dégommer,** très fam., retirer son poste à quelqu'un. **Dégoter,** vx et fam., déposséder quelqu'un de son poste, de son rang. **Faire sauter,** fig., faire perdre sa place à quelqu'un par autorité ou influence. **Déplacer,** faire changer un fonctionnaire de résidence ou de situation, en général pour le punir. **Démissionner,** par ironie, mais improprement, destituer quelqu'un sans attendre qu'il démissionne lui-même. **Limoger,** fam., destituer un haut fonctionnaire, ou un officier général, pour incapacité (car en septembre 1914 plusieurs officiers généraux furent envoyés en disponibilité à Limoges). **Mettre en disponibilité,** écarter momentanément quelqu'un de sa fonction, sur sa demande ou pour une raison quelconque, sans qu'il perde ses droits à l'avancement et à ses appointements. **Suspendre,** priver momentanément de ses fonctions.

Destitution : → Déchéance.

Destrier : → Cheval.

Destructeur, qui détruit en fait. **Destructif,** qui a par nature la propriété de détruire.

Destruction, Démolition, Ruine (→ ce mot), **Anéantissement, Abolition, Extermination, Liquidation :** → Détruire.

Désuet : → Vieux. *Désuet*, qui a cessé d'être en usage par suite du temps, en parlant d'une coutume, d'une loi, d'un règlement ou de tours stylistiques et grammaticaux : *Riche et désuète singularité de costume* (PROUST). **Démodé,** qui a cessé d'être à la mode et ne plaît plus, même s'il s'agit d'une toilette, d'un usage, d'un ouvrage relativement récents; parfois, qui n'est pas à la mode : *Le moyen d'avoir raison dans l'avenir est à certaines heures de savoir se résigner à être démodé* (REN.). **Périmé,** qui se dit en droit d'une instance qui vient à périr faute d'avoir été poursuivie dans le délai fixé, ajoute à *désuet* l'idée de non-valeur due au fait que le temps pendant lequel la chose était valable est passé, ou qu'on a trouvé mieux : *Vivre sur des formules périmées* (J. ROM.). **Suranné,** syn. vx de *périmé* en parlant de certains actes publics : *Passeport suranné*. **Obsolète,** en linguistique seulement, se dit d'un terme hors d'usage.

Désunion : → Mésintelligence.

Désunir : ¶ 1 → Séparer. ¶ 2 → Brouiller.

Détachement : → Indifférence.

Détacher : ¶ 1 → Séparer. ¶ 2 (Réf.) → Saillir et (se) Profiler.

Détaillé : Exposé ou présenté d'une manière développée ou explicite. *Détaillé*, en parlant de toutes sortes de choses, étendu, au complet, sans rien qui manque, par rapport au nombre : *Mémoire détaillé; lois, descriptions, propositions détaillées* (L.). **Circonstancié,** en parlant seulement des faits et de ce qui arrive, implique que chaque événement est expliqué avec tout ce qui le caractérise extérieurement, est remis dans son milieu véritable : *Chefs d'accusation précis et circonstanciés* (VOLT.). **Particularisé,** en parlant aussi des faits, implique que la chose est caractérisée, précisée, intrinsèquement, par ses caractères essentiels et non par ses circonstances extérieures : *Second avis plus particularisé que l'autre* (RETZ).

Détailler : ¶ 1 → Découper. ¶ 2 → Vendre. ¶ 3 → Prononcer.

Détaler : → (s') Enfuir.

Détecter : → Découvrir.

Détective : → Policier.

Déteindre sur : → Influer sur.

Détenir : ¶ 1 → Garder, Tenir et Avoir. ¶ 2 → Emprisonner.

Détendre : ¶ 1 → Lâcher. ¶ 2 → Apaiser.

Détente : → Repos.

Détention : → Emprisonnement.

Détenu : → Prisonnier.

Détérioration : → Dommage.

Détériorer, rendre une chose plus ou moins mauvaise, intrinsèquement, dans son ensemble, surtout en diminuant sa valeur, ses possibilités d'utilisation : *Détériorer une maison, des marchandises, une tapisserie* (ACAD.). **Dégrader** a plutôt rapport à l'aspect de la chose qu'on défigure et qu'on déclasse, souvent progressivement : *Dégrader un monument, des murs, des bois* (ACAD.). **Endommager** implique une perte de valeur simplement dans une partie de la chose : *Le canon a endommagé cet édifice* (LIT.). **Abîmer,** fig. et fam., endommager beaucoup : *La rouille abîme le fer; l'ouragan abîma les blés* (ACAD.). **Arranger,** fam. et ironique, syn. d'*endommager* par antiphrase. **Esquinter,** fam., abîmer beaucoup surtout en fatiguant ou par maladresse : *Livre, fauteuil esquintés* (ACAD.). **Détraquer,** déranger une chose organisée, un mécanisme, dans son fonctionnement, en le déréglant ou en l'arrêtant : *Détraquer un moteur, une horloge, l'estomac* (ACAD.). **Fausser,** détériorer en déformant, ou brouiller le jeu d'un mécanisme en déformant un de ses éléments : *Fausser une cuirasse, une serrure* (ACAD.). **Forcer,** fausser, tordre, détériorer, par une manœuvre violente, une clef, les ressorts d'une serrure, de manière qu'ils ne peuvent plus jouer; par ext. on dit *Forcer un muscle, une articulation* (ACAD.). **Déglinguer,** syn. argotique de *détraquer*. **Délabrer,** surtout usité au part. passif, laisser se détériorer par un long usage, par vétusté, par manque de soin, se dit bien pour une maison, une machine, un domaine, la santé, les affaires. **Gâter** (→ ce mot), faire du dégât, du ravage dans un ensemble de choses : *Gâter une vigne*; en un sens plus général, faire qu'une chose ne soit plus belle, bonne, intacte, parfaite, en la déformant, en la salissant, en l'altérant, en y introduisant un élément de décomposition, surtout en parlant des produits de la terre, des choses belles ou agréables, des dons naturels : *Gâter des fruits, le teint, la vue, un tableau par une retouche* (ACAD.). *Gâter des outils pour faire des montres* (J.-J. R.). **Saboter,** détériorer une pièce, ou faire une fausse manœuvre, intentionnellement, pour arrêter ou troubler le fonctionnement d'un mécanisme.

Détermination : ¶ 1 → Résolution. ¶ 2 → Décision.

Déterminé : ¶ 1 → Décidé. ¶ 2 → Parfait.

Déterminer : ¶ 1 → Fixer. ¶ 2 → Décider. ¶ 3 → Occasionner.

Déterminisme : → Fatalisme.

Déterrer : ¶ 1 Retirer de terre un corps mort. *Déterrer,* du langage commun, se dit pour les cadavres, mais aussi pour les choses : *Déterrer un corps, un trésor.* **Exhumer,** terme d'administration, ne se dit que pour les cadavres qu'on déterre par un acte d'autorité ou selon certaines formes : *Anne de Montmorency fit exhumer le corps du seigneur de Monins par tous les officiers du corps de ville qui furent obligés de le déterrer avec leurs ongles* (VOLT.). ¶ 2 Au fig., découvrir une chose profondément cachée. *Déterrer,* fam., se dit des personnes et des choses que l'on cherche et que l'on trouve dans leur cachette : *Déterrer une édition; le mérite dans l'obscurité* (VOLT.). **Exhumer,** du style relevé, n'implique pas forcément qu'on cherche et qu'on trouve, mais simplement qu'on tire d'un profond oubli des choses vénérables par leur ancienneté ou leur valeur : *Exhumer de vieux titres, des souvenirs.*

Détestable : ¶ 1 (Au sens fort) → Haïssable. ¶ 2 (Au sens faible) Très mauvais, dans le langage fam. *Détestable* se dit de ce qui est mauvais pour l'esprit, l'intelligence : *Vous trouviez les acteurs détestables* (GI.). **Abominable** renchérit et se rapporte plutôt à la nature de la chose : *La campagne devait être abominable par ce vilain temps* (ZOLA). **Exécrable** insiste sur la réaction désagréable de colère et de dégoût provoquée par l'objet chez le sujet : *D'exécrables romans à thèse* (GI.). **Odieux,** très désagréable, très ennuyeux, qui provoque l'aversion. **Maudit** renchérit sur *détestable* et *abominable*, mais implique souvent, en plus, une réaction d'impatience qui le rend moins fort qu'*exécrable* et de nos jours tend seule à subsister : *Le style de La Calprenède est maudit en mille endroits* (SÉV.) (nous dirions plutôt *abominable*). *Ce maudit tailleur me fait bien attendre* (MOL.). **Sacré,** syn. fam. de *maudit*. **Damné,** fam., n'implique que l'impatience, le mécontentement sans préjuger de la nature de la chose : *Après l'audience de ces damnés Moscovites* (HAM.).

Détester : → Haïr.

Détonation : → Explosion.

Détonner : → Contraster.

Détorquer : → Détourner.

Détour : ¶ 1 Changement de direction d'une personne ou d'une chose (≠ Coude qui ne se dit que d'une chose et précise la forme du détour). *Détour* implique simplement qu'on s'écarte de la ligne droite : *Le détour du chemin* (V. H.). **Circuit,** long détour qui consiste presque à revenir au point de départ. **Crochet,** bref détour, très brusque, et, quand il est fait par une personne, destiné à éviter quelqu'un ou quelque chose : *En langage sportif, un joueur évite son adversaire par un crochet.* ¶ 2 → Tour et Sinuosité. — Au fig. ¶ 3 → Périphrase. ¶ 4 Moyen adroit dont on se sert pour arriver indirectement à un but. *Détour*, de tous les styles, marque subjectivement une invention pour éluder, s'échapper s'excuser : *Songez à chercher dans votre tête quelque nouveau détour pour vous tirer de cette affaire* (Mol.). **Biais,** plus fam. et objectif, indique qu'on trouve, dans la chose même, un bon côté pour réussir positivement dans ce qu'on entreprend : *Tu pourrais introduire la question d'un certain biais* (J. Rom.). **Tournant,** fig., moyen détourné, biais, est rare.

Détourné : ¶ 1 → Dévié. ¶ 2 → Indirect. ¶ 3 → Écarté.

Détournement : → Malversation.

Détourner : ¶ 1 → Tourner. ¶ 2 → Écarter. — Au fig. ¶ 3 → Distraire. ¶ 4 *Détourner* le sens d'un passage, d'une loi, d'un mot, etc., leur donner une signification, en faire une application différente de celle qu'exige la vérité. **Détorquer,** vx, détourner à son avantage le sens d'un texte. **Torturer,** fig., faire signifier, comme par violence, à un texte ce qu'il ne dit pas. **Solliciter,** faire dire à un texte plus qu'il ne contient, est moins fort. — En ce sens, *Détourner la question,* lui donner un sens qu'elle n'a pas; **Déplacer la question** dit plus : c'est changer totalement le point sur lequel porte la difficulté. ¶ 5 → Dissuader. ¶ 6 (Réf.) → (s') Écarter. Ne plus suivre le chemin qu'on suivait. *Se détourner* marque souvent une action exceptionnelle : *Se détourner de son chemin pour l'éviter* (Pasc.). **Obliquer** indique une action normale qui consiste à quitter un chemin principal ou droit. **Tourner,** obliquer dans un chemin presque perpendiculaire au premier. **Rabattre,** tourner brusquement.

Détracter : → Déprécier.

Détracteur : → Ennemi.

Détraqué : → Fou.

Détraquer : ¶ 1 → Détériorer. ¶ 2 → Troubler.

Détresse : → Malheur.

Détriment : → Dommage.

Détritus : ¶ 1 → Déchet et Résidu. ¶ 2 → Ordure.

Détroit : ¶ 1 Espace de mer étroit et resserré. Le *Détroit*, entre deux continents, deux îles peu éloignées, une île et le continent, affecte des formes diverses : *Détroit de Gibraltar.* **Bras de mer,** détroit assez long et moyennement large, en forme

de bras. **Canal,** bras de mer resserré entre deux rivages sur une longueur considérable : *Canal de Mozambique.* La **Manche,** plus large que le *canal,* relie deux mers l'une à l'autre : *La manche de Tartarie.* **Pas** ne se dit que dans quelques noms propres : *Le pas de Calais* fait communiquer la mer du Nord avec la *Manche* qui la relie à l'Océan. **Pertuis,** sur les côtes ouest de la France, détroit entre une île et la terre ferme : *Le pertuis Breton.* ¶ 2 → Défilé.

Détromper, faire cesser la fausse croyance de l'esprit : *Détromper le prince de ses erreurs et de ses fausses idées* (Roll.). **Désabuser,** faire cesser l'illusion, la prévention, l'attachement, c'est-à-dire l'erreur sensible, en désensorcelant l'imagination ou la sensibilité : *Il ne suffit pas d'être détrompé de ce qui nous tient au cœur, il faut en être désabusé* (L.) : → Désillusionner. **Dessiller les yeux,** détromper en montrant à quelqu'un ce qu'il ne croyait pas ou ne voulait pas voir.

Détrôner : → Destituer.

Détrousser : → Voler.

Détruire : ¶ 1 Faire tomber une chose qui, en tombant, se défait ou se rompt (≠ **Abattre,** faire tomber une chose d'un seul bloc, sans la décomposer en ses éléments). *Détruire* marque une action vive, forte, ordinairement soudaine qui ne laisse plus subsister la chose sous sa forme normale : *L'éruption du Vésuve a détruit Pompéi;* **Ruiner,** une action lente, successive ou partielle : *Une longue négligence avait laissé ruiner toutes les défenses de la ville* (Bos.). **Démolir** (→ ce mot) se dit de l'action de l'homme qui détruit ou défait à dessein ce qui a été bâti ou construit : *Démolir comme un maçon* (Flaub.). *Démolir mon logis de toile blanche* (Loti). — Au fig., *Ruiner,* dégrader, causer un fort dommage ou un fort déchet : *Ruiner ses propres expériences* (Past.); *des puissances, des situations considérables* (Val.). *Détruire,* supprimer l'union des parties, faire cesser d'être : *Après avoir détruit les armées d'un prince, les Romains ruinaient ses finances par des taxes excessives ou un tribut* (Mtq.). — Spéc. en parlant d'une personne, la *ruiner,* la discréditer auprès d'une autre : *Pour le vidame de Chartres il fut ruiné auprès d'elle* (Laf.). *Détruire* dit plus : perdre complètement dans l'esprit ou dans le cœur de quelqu'un : *Il est vrai qu'en son cœur j'ai voulu le détruire* (Volt.) : → Perdre. *Démolir,* fam., ruiner le crédit, l'influence, la réputation surtout quand elle est usurpée : *Il faut démolir cet homme* (Lit.). ¶ 2 Au fig., *Détruire,* faire cesser d'être, n'empêche pas qu'il reste des débris de la chose, ou des traces. **Anéantir** (→ ce mot), détruire absolument, réduire à rien : *L'homme ne peut pas plus créer qu'anéantir* (DE BONALD). **Consumer** (→ ce mot), détruire en usant, en dépensant. **Pulvériser**, détruire en réduisant en poudre, au fig. détruire, anéantir spéc. en parlant d'une objection, d'un livre que l'on réfute (→ Infirmer) : *En vain l'évêque Looth a pulvérisé son livre* (VOLT.). **Mettre en poudre**, en ce dernier sens, est plus fort ou ironique. **Abolir**, mettre à néant, moralement, en mettant hors d'usage, en ôtant totalement de la pensée des hommes et de leur mémoire, surtout en parlant d'un usage, d'une loi, d'un nom, etc. : *Une mode a à peine détruit une autre mode qu'elle est abolie par une plus nouvelle* (L. B.). **Effacer** (→ ce mot), faire disparaître plus ou moins la forme, les couleurs, garde au fig. cette nuance : *Un néant qui avait effacé mon image de cette tendresse, qui avait détruit cette existence, aboli rétrospectivement notre mutuelle prédestination* (PROUST). **Défaire**, détruire la forme d'une chose en la ramenant à un état antérieur : *On ne fait point sans défaire ; ne jamais détruire, c'est ne jamais renouveler* (P.-L. COUR.); ou aussi détruire les effets qu'on avait enfermés dans une chose : *Défaire un mariage, un marché* (ACAD.). **Écraser**, détruire par la force, ou en ôtant tout moyen de résister : *Un peuple qu'Hannibal écrasa sous ses pieds* (VOLT.). **Exterminer** (étym. « bannir », « exiler »), détruire des hommes, des animaux et par ext. des choses, radicalement, sans reproduction possible, souvent pour punir ou par colère (→ Déraciner) : *J.-C. a exterminé l'idolâtrie extérieure, mais l'intérieure repousse encore de tous côtés* (FÉN.). **Tuer**, détruire une chose qui semblait vivre : *Tuer une industrie*; ou détruire l'effet, surtout esthétique, d'une chose : *Votre toilette tue la sienne*. **Éteindre**, faire disparaître par l'oubli complet, ou en empêchant l'action d'une chose, se dit bien de ce qui paraît brûler : *Il éteint cet amour source de tant de haine* (RAC.). **Liquider**, néol., faire disparaître définitivement ce qui est jugé nuisible : *Liquider une bonne fois cet état paradoxal de l'Europe d'avant-guerre* (M. D. G.). *Liquider un agent secret*. **Supprimer**, terme vague, insiste sur le résultat : c'est faire disparaître totalement, par n'importe quel moyen, ou empêcher d'être, de paraître.

Dette : ¶ 1 → Charge. ¶ 2 *Dette*, toute somme due à quelqu'un. **Débet**, terme de finance, ce qui est dû après un arrêté de compte : *Rester en débet*. ¶ 3 → Devoir.

Deuil : ¶ 1 → Tristesse. ¶ 2 → Enterrement.

Deuxième : → Second.

Dévaler : → Descendre.

Dévaliser : → Voler.

Dévalorisation : Diminution de valeur d'une monnaie fiduciaire par rapport à l'or. La *Dévalorisation* se fait naturellement par le jeu des forces économiques, la **Dévaluation** est une mesure prise par un gouvernement pour substituer à une unité monétaire une nouvelle unité monétaire d'un poids d'or moindre. Elle consacre légalement, en général, mais pas toujours, la dévalorisation. **Dépréciation**, le fait d'estimer au-dessous de sa valeur, indique dans l'esprit du public la cause ou l'effet de la dévalorisation : *La dépréciation du papier-monnaie*.

Devancer : ¶ 1 Agir avant. *Devancer* implique une idée de concurrence; on devance en arrivant avant quelqu'un, ou en agissant avec plus de promptitude que lui (en ce dernier sens, on dit aussi **Gagner de vitesse**) : *Craindre une attaque des autres et vouloir la devancer* (J. ROM.). **Prévenir** n'implique pas l'idée de compétition, mais plutôt celle qu'en agissant avant quelqu'un on l'empêche lui-même d'agir : *Il s'efforçait même de rire afin de prévenir les moqueries* (J. ROM.). **Aller au-devant**, fig., prévenir une objection, un mal, un désir : *Il va au-devant de tout ce que je puis souhaiter* (FÉN.). **Prendre les devants**, absolu, devancer : *Quand il sut que je voulais me plaindre, il prit les devants* (ACAD.). **Anticiper**, devancer le temps de, et, par ellipse, les choses dont on devance le temps : *Anticiper un paiement* (ACAD.). ¶ 2 → Précéder. ¶ 3 → Surpasser.

Devanciers : → Ancêtres.

Devant : ¶ 1 → Avant. ¶ 2 → (en) Présence de. ¶ 3 *Aller au-devant* : → (aller à la) Rencontre de. ¶ 4 Au fig. *Aller au-devant, Prendre les devants* : → Devancer. ¶ N. → Face.

Devanture : ¶ 1 → Face. ¶ 2 → Étalage.

Dévastation : → Dégât.

Dévaster : → Ravager.

Déveine : → Malchance.

Développement : ¶ 1 → Évolution. ¶ 2 *Développement*, action d'exposer en détail une idée, un système, et par ext. morceaux d'un discours, d'une dissertation consacrés à cet exposé détaillé, par opposition aux vues générales (en ce sens, on dit souvent *développements*, au pl.) : *Entrer dans les développements* (ACAD.). **Amplification**, terme de rhétorique, action de développer en énumérant les détails; autrefois, dans les collèges, discours que les écoliers faisaient sur un sujet qu'on leur donnait à développer; de nos jours, développement artificiel, avec trop de mots, qui substitue la rhétorique à l'exposé naturel des idées : *Il y a trop d'amplification dans ce discours* (ACAD.). **Paraphrase,** développement explicatif d'un texte, et, péj., bavardage à propos d'un texte qui le répète en termes diffus sans l'expliquer. **Tirade,** développement assez long qui roule sur une idée centrale; péj., développement de lieux communs longs et oiseux : *Je me suis payé une tirade contre l'esprit d'insouciance* (GI.). *Les grandes tirades de Hugo* (J. ROM.). **Tartine,** fam. et péj., longue et fastidieuse tirade : *Tartine byronienne* (BALZ.).

Développer : ¶ 1 → Étendre. ¶ 2 → Expliquer. Exposer en détail. *Développer,* **Amplifier, Paraphraser** : → Développement. **Délayer,** fig. et fam., développer en termes diffus. **Filer,** fig., développer progressivement, avec art et cohérence, se dit surtout d'une scène ou d'une métaphore. **Circonduire,** syn. vx de *développer.* ¶ 3 → Éclaircir. ¶ 4 (Réf.) → (s') Étendre. ¶ 5 (Réf.) → Croître.

Devenir : ¶ 1 V. Arriver à être ce qu'on n'a pas été jusque-là. *Devenir* exprime une modification subie par le sujet, **Se rendre,** une modification produite dans le sujet par lui-même : *Se rendre dignes de devenir citoyens du ciel* (Bos.). **Se faire,** commencer à être, à devenir : *Je me fais vieux.* **Tomber,** devenir brusquement, dans des loc. comme *tomber malade, tomber amoureux.* ¶ 2 N. → Évolution.

Dévergondage : → Dérèglement.

Déverser : → Verser.

Dévêtir [se], ôter tout ou partie de ses vêtements, parfois d'une façon durable, pour s'alléger ou être nu : *Il est dangereux de se dévêtir trop tôt au printemps* (ACAD.). **Se découvrir** (→ ce mot) marque une action partielle; **Se dépouiller,** plus rare et plus noble, une action totale. **Se dénuder** insiste sur l'effet produit par le fait de mettre à nu son corps entièrement ou en partie. **Se déshabiller,** ôter son habit, pour un objet précis, comme changer d'habit, se mettre en toilette de nuit ou d'intérieur, ou simplement se mettre nu, auquel cas *se déshabiller* est plus fam. que *se dévêtir.*

Déviation : ¶ 1 → Écart. ¶ 2 → Dissidence.

Dévider : → Éclaircir.

Dévié : ¶ 1 *Dévié,* qui a été écarté, naturellement ou artificiellement, de la direction droite ou normale : *Route déviée.* **Détourné** est relatif au lieu où l'on dirige ce à quoi l'on a fait prendre un chemin indirect, ou à la forme même du chemin indirect : *Train détourné par tel lieu. Chemin détourné.* **Défléchi,** terme de sciences naturelles,

détourné de sa direction naturelle : *Tige défléchie.* **Dévoyé,** terme de construction, dévié de son aplomb : *Tuyau de cheminée dévoyé.* ¶ 2 En parlant du corps, *Dévié* ne se dit que de la colonne vertébrale qui s'écarte de la direction verticale, mais sans devenir courbe; **Déjeté,** de toute une partie du corps qui s'écarte de sa direction naturelle en portant d'un seul côté : *Un enfant est déjeté parce qu'il a la colonne vertébrale déviée.* **Contourné** implique une déformation en ligne courbe : *Une taille déjetée porte trop à droite ou à gauche, une taille contournée se tord.*

Dévier : → (s') Écarter.

Devin : Celui qui a le don de connaître le surnaturel. Le *Devin* n'a aucun caractère sacré, et, en général par magie, découvre ce qui est caché et obscur dans le présent, le passé, l'avenir; au fig. devin, fam., insiste sur l'habileté qui fait débrouiller comme par magie des choses compliquées et obscures : *Je ne suis qu'historien, je ne suis pas devin* (VOLT.). Le **Prophète,** inspiré par Dieu, ne prédit que l'avenir; au fig. *prophète,* fam., celui qui prédit l'avenir par une sorte d'inspiration qui le fait vénérer, lui donne du crédit : *Les poètes méritent le nom de prophètes* (VOLT.). Au fig. seulement, **Vaticinateur,** souvent ironique, celui qui prophétise avec emphase, surtout en parlant des poètes. **Augure,** dans l'antiquité romaine, celui qui interprétait le vol et le chant des oiseaux; au fig. fam., celui qui affecte d'être habile, de prévoir l'avenir, de faire des pronostics et de rendre des oracles : *Les augures de la politique.* **Pythonisse,** devineresse antique; de nos jours, souvent par ironie, femme qui fait métier de prédire l'avenir : *Une femme à Paris faisait la pythonisse* (L. F.); au fig. prophétesse délirante qui vaticine. **Sibylle,** devineresse antique inspirée par Apollon; de nos jours, vieille devineresse. — Au prop. seulement, **Voyant (Voyante),** personne qui prétend posséder le don de seconde vue pour le passé, le futur et les choses lointaines; **Somnambule,** personne qui prédit l'avenir lorsqu'elle est dans le sommeil hypnotique; **Cartomancien (Cartomancienne),** celui ou celle qui devine d'après les cartes, **Nécromancien,** en évoquant les morts, **Chiromancien,** d'après les lignes de la main, **Coscinomancien,** au moyen du crible, du sas, **Astrologue,** d'après les astres. — *Devin* a pour syn., dans l'antiquité, **Pythie,** prêtresse d'Apollon à Delphes, qui prédisait l'avenir inspirée par le dieu, **Auspice,** syn. d'*augure,* à Rome, **Aruspice,** devin qui interprétait, spéc. à Rome, les présages donnés par les entrailles des victimes, **Chresmologue,** devin attaché à certains temples grecs.

Deviner : ¶ 1 → Découvrir. ¶ 2 → Pressentir.

Devis : ¶ 1 → Projet. ¶ 2 → Conversation.

Dévisager : → Regarder.

Devise : ¶ 1 → Symbole. ¶ 2 → Pensée. ¶ 3 → Billet.

Deviser : → Parler.

Dévoiler : → Découvrir.

Devoir (V.) **:** ¶ 1 *Devoir*, avoir à payer à quelqu'un une somme d'argent. **Redevoir**, être en reste de, devoir tout compte fait. ¶ 2 *Devoir*, avoir à faire une chose en vertu d'une nécessité générale, devoir (→ ce nom), bienséance, raison, circonstances : *Un homme d'honneur doit tenir sa parole. Je dois partir demain*. **Être obligé** (→ Obligé) suppose une nécessité impérative due à une cause précise qui nous impose une action. ¶ 3 → Tirer de. ¶ 4 *On doit* : → Falloir.

Devoir (N.) **:** ¶ 1 → Bien. ¶ 2 Ce que nous sommes tenus de faire. *Devoir*, absolu, ce que nous sommes strictement tenus de faire pour obéir à la loi morale, à notre conscience. **Obligation**, ce qui nous lie, nous met dans la dépendance, parfois d'une façon moins stricte que le devoir, surtout en vertu d'une loi positive, d'un usage, d'un règlement, etc. : *Puissants qui négligent leurs obligations particulières et même les devoirs communs de la piété* (Bos.). **Charge**, devoir, obligation pénibles souvent imposés par la possession d'une chose : *Prenez cette condition, mais prenez-la avec ses charges* (Bour.). **Dette**, par métaphore, obligation dont l'accomplissement est indispensable parce qu'on est moralement engagé envers quelqu'un à y satisfaire : *Acquitter la dette de la reconnaissance*. **Office**, syn. vx de *devoir*, a gardé ce sens dans quelques loc. : *C'est l'office d'un bon père*. **Corvée**, fig. et fam., devoir, charge, obligation pénible ou fastidieuse. On dit aussi en ce sens **Pensum**, moins fam. (→ Travail). ¶ 3 *Devoirs* : → Civilités.

Dévolu : ¶ 1 → Réservé. ¶ 2 *Jeter son dévolu* : → Choisir.

Dévorer : ¶ 1 → Manger. ¶ 2 → Consumer. ¶ 3 → Lire. ¶ 4 → Renfermer.

Dévot : → Religieux et Bigot.

Dévotion : ¶ 1 → Religion. ¶ 2 → Attachement.

Dévouement : ¶ 1 → Attachement. ¶ 2 → Sacrifice.

Dévouer : ¶ 1 → Vouer. ¶ 2 (Réf.) → (se) Sacrifier.

Dévoyé : ¶ 1 → Dévié. ¶ 2 → Égaré. ¶ 3 → Vaurien.

Dextérité : → Habileté.

Diable : ¶ 1 N. *Diable*, l'être surnaturel malfaisant qui cherche à tromper l'homme. **Démon**, au sens chrétien, l'esprit du diable, ou, au pl., ses agents, les anges déchus qui lui servent de complices. *Diables*, au pl., se dit parfois des démons représentés comme ayant un corps. **Le Malin**, le diable considéré comme malfaisant, dans le langage de la théologie. **Satan**, nom du diable, considéré comme l'adversaire de Dieu, le souverain de l'enfer. **Le Maudit**, Satan considéré comme rejeté par Dieu. **Lucifer**, nom du diable, considéré comme le chef orgueilleux des anges déchus : *Lucifer, chef des infernales cours* (L. F.). **Dragon**, syn. de *démon* dans le style de l'Écriture. **Serpent**, le démon tentateur dans l'Écriture. ¶ 2 Au fig., en un sens péj., le **Démon** tourmente, mais on appelle aussi *démon*, celui qui est vif, malicieux, ou impétueux, ardent, souvent en parlant des enfants : *Votre esprit contre moi fait le petit démon* (Mol.). *Diable*, péj., enchérit plutôt pour désigner une personne foncièrement méchante, violente, emportée, ou très bruyante et incommode. Mais *diable* a un sens atténué pour n'a pas *démon* dans une foule de loc. où il est syn. d'Homme (→ ce mot) et où il prend parfois le sens laudatif pour désigner quelqu'un qui est riche en expédients : *Ce diable d'homme trouve toujours des expédients* (Acad.). **Satan** symbolise le comble de l'artifice, de la méchanceté, de l'orgueil, ou se dit parfois d'un réprouvé : *Orgueil de Satan. Fils de Satan*. **Lucifer** ne se dit guère que d'une personne remuante et insupportable : *Cet enfant est un vrai Lucifer*. **Méphistophélès**, nom d'un démon dans le *Faust* de Gœthe, désigne par antonomase un homme d'une méchanceté raffinée, froidement railleur, et qui est souvent le mauvais génie de quelqu'un. **Diablotin**, petit diable, a, au fig., un sens plutôt favorable en parlant d'un enfant vif et espiègle. ¶ 3 *Diable*, employé comme exclamation, pour marquer l'imprécation, l'étonnement, l'admiration, et comme adj. pour marquer la critique ou l'admiration, a pour syn. fam. **Diantre** qui se dit par euphémisme : *Ces diantres de chemins* (Sév.). *Quelle diantre de cérémonie est-ce là?* (Mol.). ¶ 4 Adj. → Mauvais. ¶ 5 *Pauvre diable* : → Misérable. ¶ 6 *A la diable* : → Hâtivement.

Diablerie : → Menée.

Diablotin : → Diable.

Diabolique : D'une grande méchanceté. *Diabolique* implique surtout de la malice, de la ruse, et peut parfois se dire de la vivacité et de la pénétration. **Infernal** implique une malignité affreuse conçue et développée d'une manière souterraine :

Leur Jean-Jacques est un esprit diabolique, aigu, pénétrant (J.-J. R.). *Machiavélisme infernal* (J. Rom.). **Méphistophélique** ajoute souvent une idée de raffinement dans le mal et de froide raillerie. **Satanique,** qui tient de Satan, enchérit et se dit de ce qui manifeste une méchanceté ou un orgueil extrêmes : *Satanique avocat* (Balz.) ; mais aussi des manifestations purement extérieures qui paraissent dues à l'influence de Satan : *Rire satanique.* **Démoniaque,** qui se dit proprement des gens possédés du malin esprit, est beaucoup plus rare que *satanique* et moins fort, surtout pour qualifier des actes particuliers inspirés directement par le démon : *Ruse démoniaque.*

Diadème : ¶ 1 → Couronne. ¶ 2 → Nimbe.

Diagramme : ¶ 1 (D'un objet) *Diagramme,* tracé géométrique sommaire de la forme essentielle d'un objet : *Diagramme d'une fleur.* **Délinéation,** terme plus commun, action de tracer un objet au simple trait. ¶ 2 (D'un phénomène) *Diagramme,* toute figure linéaire destinée à faciliter une démonstration, à rendre sensibles des chiffres statistiques, des faits sociaux : *Diagramme des mouvements de populations* (Acad.). **Courbe,** diagramme en forme de ligne courbe représentant la loi ou l'évolution d'un phénomène : *La courbe de la température.* **Graphique,** diagramme en forme de tableau, destiné à mettre en lumière soit la marche d'un phénomène, d'une machine, d'une production et spéc. en langage de chemins de fer, la marche des trains ; soit les variations d'une fonction mathématique et, spéc. en médecine, de la température d'un malade.

Dialecte : → Langue.

Dialectique : → Logique.

Dialogue : → Conversation.

Dialoguer : → Parler.

Diamant : ¶ 1 → Gemme. *Diamant,* pierre précieuse, la plus brillante et la plus dure de toutes et qui est du carbone pur, à l'état naturel ou considéré en général, spéc. pour son éclat : *Sans mêler à l'or l'éclat des diamants* (Boil.). **Pierre,** syn. plus rare de *diamant.* **Brillant,** diamant taillé en facettes par-dessous comme par-dessus. **Solitaire,** diamant détaché, monté seul. ¶ 2 Au fig. → Joyau et Bronze.

Diamétralement : → Absolument.

Diantre : → Diable.

Diaphane : ¶ 1 Qui n'est pas opaque. *Diaphane,* terme de physique et parfois de poésie, qui laisse passer à travers soi les rayons lumineux : *L'air est plus diaphane que l'eau* (Acad.). **Translucide,** terme de physique, diaphane, souvent en parlant

de corps qui, malgré leur épaisseur, laissent passer une lumière diffuse : *Porcelaine translucide* (Acad.). **Transparent** (→ ce mot), terme commun, dit plus : diaphane au point qu'on voit à travers lui les objets : *Le verre est transparent* (Acad.). *Diaphane* se dit souvent absolument pour *transparent* : *La diaphane nuit bleue* (Loti). **Hyalin,** terme de science, diaphane comme le verre. ¶ 2 Au fig. → Maigre.

Diapré : → Bariolé.

Diarrhée, terme médical, maladie caractérisée par des évacuations du ventre liquides et fréquentes. **Dévoiement,** terme plus commun, la même maladie surtout considérée dans ses effets : *Un dévoiement rend souvent un homme pusillanime* (Volt.). **Dysenterie,** maladie infectieuse avec ulcération de l'intestin, par ext. diarrhée douloureuse et sanguinolente. **Flux de ventre,** terme médical, évacuations fréquentes dues à la diarrhée ou à la dysenterie. **Courante,** syn. pop. et burlesque de *dévoiement.* **Colique,** en ce sens, se dit fam. par métonymie. **Caquesangue** (flux de ventre sanglant), vx, dysenterie aiguë. **Foire,** bas, flux de ventre, considéré souvent, au fig., comme l'effet de la peur.

Diatribe : → Critique et Satire.

Dictatorial : → Absolu.

Dictature : → Autocratie.

Dicter : Au fig. → Inspirer et Prescrire.

Diction : → Élocution.

Dictionnaire : ¶ 1 Recueil de mots nombreux classés suivant un certain ordre. *Dictionnaire,* recueil, en général par ordre alphabétique, de tous les mots d'une langue ou de la plupart, qui sont soit expliqués dans la même langue, soit traduits dans une autre langue : *Dictionnaire de l'Académie. Dictionnaire grec-français.* **Vocabulaire,** dictionnaire avant tout pratique, soit parce qu'il ne comprend que les mots usuels pour le langage courant et n'en donne qu'une explication succincte : *Vocabulaire sans descriptions et sans définitions* (Riv.) ; soit parce qu'il ne comprend que les termes qui appartiennent à une science, à un art, ou qui sont nécessaires pour comprendre un livre ou le langage d'un milieu social déterminé : *Vocabulaire des termes de la langue de la botanique* (J.-J. R.). **Lexique,** dictionnaire abrégé des langues anciennes : *Lexique grec-français* ; et spéc. dictionnaire des locutions et formes propres à certains auteurs : *Lexique de Platon, de Corneille.* **Glossaire,** dictionnaire érudit expliquant des mots obscurs, peu usuels ou surannés : *Les Glossaires de* du Cange ; parfois petit lexique d'un auteur à la fin d'une édition classique : *Édition des* Caractères *suivie d'un glossaire* *de La Bruyère.* ¶ 2 *Dictionnaire* se dit aussi de divers recueils faits par ordre alphabétique sur des matières de littérature, de sciences ou d'arts : *Dictionnaire des synonymes, des rimes. Dictionnaire philosophique.* **Encyclopédie,** dictionnaire qui expose sous forme d'articles de fond, soit par ordre alphabétique, soit par matières (*Encyclopédie méthodique*), les principes et les résultats de toutes les connaissances humaines, ou simplement tout ce qu'on sait dans une spécialité : Diderot et D'Alembert ont publié l'*Encyclopédie ou dictionnaire raisonné des Sciences, des Arts et des Métiers. Encyclopédie du droit.*

Dicton : → Pensée.

Didactique qualifie ce qui est propre à l'enseignement : *Poème didactique. Ordre didactique* (J.-J. R.). **Pédagogique,** qui a rapport à l'éducation des enfants, qui traite de ce sujet, n'est syn. de *didactique* que pour qualifier une méthode : dans ce cas *didactique* insiste sur les connaissances scientifiques et littéraires et sur la façon habile dont on les expose, parfois avec quelque pédantisme ou sans ornements, *pédagogique,* plutôt sur l'art d'adapter les connaissances à l'intelligence, de les insinuer dans l'esprit des enfants, et, en un sens défavorable, sur un certain goût de la morale, un air un peu rogue de pédagogue qui tance un élève. **Scolaire,** destiné à l'enseignement dans les classes : *Manuel scolaire;* marque parfois péj. une simplification excessive de ce que l'on présente. **Éducatif** se dit de toute activité ou de toute œuvre qui est propre à donner l'éducation à la jeunesse : *Télévision éducative.* **Culturel** (néol.) tend plutôt à se dire de ce qui fait connaître la civilisation d'un pays : *Attaché culturel;* ou de ce qui développe la culture de gens qui ont déjà reçu une éducation : *Une émission de télévision est éducative si elle s'adresse aux élèves des lycées, culturelle si elle s'adresse au grand public.* — **Documentaire** se dit uniquement des films qui ont le caractère d'un document par opposition aux œuvres d'imagination, et, partant, développent l'information et la culture du public : *Un film documentaire est souvent culturel, mais il n'est éducatif que si sa présentation lui donne une valeur didactique.*

Diète : ¶ 1 → Régime. ¶ 2 → Jeûne.

Diététique : → Hygiène.

Dieu : ¶ 1 Être infini, créateur et conservateur du monde pour les chrétiens, les religions monothéistes et les déistes. *Dieu* est un être. **La Divinité,** c'est l'essence de *Dieu* ou *Dieu* considéré d'une manière idéale et abstraite relativement à sa nature : *O grandeur humaine... tu viens de Dieu... je découvre en toi un rayon de la divinité*

(Bos.). **Le Tout-Puissant,** Dieu envisagé comme ayant une puissance absolue et illimitée : *Et Josué s'avançait pensif et pâlissant, Car il était déjà l'élu du Tout-Puissant* (Vi.). **La Providence** (avec une majuscule), dans le langage chrétien, *Dieu* considéré comme conduisant tout par sa suprême sagesse. **Le Créateur,** *Dieu* considéré comme ayant tout tiré du néant, est du langage chrétien et déiste : *Créateur incréé de la nature entière* (Volt.). **L'Éternel** *Dieu* considéré dans sa durée infinie, dans le langage de l'Écriture, des chrétiens et des déistes. **Le Seigneur,** *Dieu* considéré comme notre maître, dans le langage de la religion. **Le Sauveur,** *Dieu* qui, dans son infinie bonté, s'est incarné dans son fils Jésus, appelé aussi **Notre-Seigneur,** pour sauver les hommes du péché originel. **Le bon Dieu,** Dieu considéré dans sa bonté, surtout en parlant aux enfants : *Un enfant répète avec sa mère une prière au bon Dieu* (Chat.). Au langage plus spéc. déiste appartiennent **L'Être suprême, Le grand Être,** termes mis à la mode par les déistes du xviiie s. : *Ne sont-ils pas égaux devant l'Être suprême?* (Volt.). Les écrivains religieux disaient déjà *être suprême,* mais sans majuscule : *S'il y a au-dessus de nous un être suprême, auteur de cet univers* (Mas.). **Démiurge,** le Dieu platonicien, intelligence créatrice, architecte du monde. ¶ 2 Être surhumain du polythéisme. Même nuance entre *dieu* et *divinité* : *Ce dieu vient pour établir à Thèbes sa divinité et son culte* (L. H.); *divinité* se disant aussi de la personnification d'une vertu ou d'une puissance abstraite : *Les dieux de l'Olympe. Chaque vertu devient une divinité* (Boil.). **Déité,** terme de la poésie mythologique, s'applique surtout aux divinités infernales et à souvent un sens péj. : *Les déités du Styx* (Volt.). *Fausses déités* (Pasc.). *Pédante et lourde déité* (Chén.). — Au fig. *dieu* se dit d'un être tout-puissant sur la terre ou de ce qui excite la vénération, l'enthousiasme, l'amour, est l'objet d'un culte : *Il est le dieu du peuple* (Corn.). *Faire son dieu de soi-même* (Mas.); *divinité,* des forces abstraites qui dirigent les hommes : *Ni l'or, ni la grandeur, ces deux divinités* (L. F.); ou des femmes qu'on adore : *Ma divinité* (Mol.). **Déesse,** en ce sens, est ironique, et s'emploie plutôt pour parler d'une femme belle, majestueuse, noble dans sa taille et sa démarche. **Idole,** statue représentant une fausse divinité, est péj. comme syn. de *dieu* et implique des honneurs, des flatteries, des louanges, un amour excessifs : *Ces idoles que le monde adore* (Bos.); comme syn. de *déesse,* idole se dit d'une belle femme sans grâce ni esprit et qui paraît insensible comme une statue.

Diffamant, Diffamatoire : → Infâme.

Diffamé, surtout en parlant d'un homme, perdu de réputation à la suite d'un fait particulier qui l'a déshonoré, parfois sans qu'il en soit coupable : *Diffamé par ses mauvaises mœurs, par la calomnie.* **Malfamé** implique simplement, surtout en parlant des choses, une mauvaise réputation, mais celle-ci, qui vient d'une manière d'être ordinaire, est toujours méritée : *Rue malfamée.*

Diffamer : ¶ 1 → Dénigrer. ¶ 2 → Médire.

Différence : ¶ 1 Qualité qui empêche les personnes ou les choses d'être les mêmes. La *Différence* est distinctive, constitue l'individualité, l'originalité et consiste en quelque chose de caractéristique, souvent intérieur, appartenant à l'essence, qui ne permet pas la confusion : *Entre le bon sens et le bon goût, il y a la différence de la cause à son effet* (L. B.). **Dissemblance,** différence superficielle, visible, uniquement relative à l'apparence ou à la forme : *Dissemblance entre le portrait et le modèle.* **Nuance,** au fig., différence délicate et presque insensible entre deux choses de même genre, surtout abstraites, comme le sens des mots, les sentiments, l'air, etc., et que l'esprit analyse, mais qui ne tombe pas directement sous les sens : *Nuances qui séparent deux synonymes.* **Distance,** grande différence, surtout de valeur et parfois de nature : *Cette distance si prodigieuse entre la Phèdre de Racine et celle de Pradon* (Volt.). **Disproportion,** différence excessive ou défectueuse entre deux ou plusieurs choses, et parfois entre les parties d'une même chose : *Une disproportion surprenante entre ce qu'on entend et ce qu'on voit* (Pasc.). **Inégalité,** différence quantitative, relative à la grandeur ou au degré : *Inégalité d'âge, de forces, de puissance, de fortune* (L.); de plus l'*inégalité* peut avoir lieu, non pas d'un objet à un autre, mais d'un objet à lui-même, si un changement le modifie : *Inégalité d'humeur, de style, de courage* (L.). **Disparité** suppose un rapprochement fait exprès par quelqu'un entre des choses ou des personnes pour montrer leur inégalité, leur disproportion, leur différence : *Observer la disparité des mœurs dans les comparaisons du théâtre ancien et du nôtre* (Volt.). La **Variété,** multiple ou collective, résulte d'une pluralité ou d'un assemblage de choses dissemblables dont les nuances produisent d'ordinaire un effet agréable : *Divertir le public par la variété des décorations* (Marm.). **Diversité** implique un rapport d'opposition, une contrariété, un défaut d'accord, une différence essentielle et est dans les choses : *Quelque diversité qui se trouve dans les complexions ou dans les mœurs, le commerce du monde et la politique donnent les mêmes apparences* (L. B.). **Distinction** et **Séparation** indiquent une différence mise par l'esprit entre les choses et diffèrent comme les adj. correspondants : → Différent. ¶ 2 → Reste.

Différencier : En vertu de la nuance entre *différent* (→ ce mot) et *distinct*, ce sont les propriétés des choses qui les *différencient*, c'est nous qui les **distinguons** : *La robe du douc semble différencier son espèce; il est fort aisé de distinguer des autres singes* (Buf.). Si *distinguer* s'emploie souvent pour marquer l'effet d'une propriété qui caractérise une chose par rapport à d'autres, il ne suppose pas, comme le fait *différencier*, que cette qualité est essentielle ou naturelle : *Leurs yeux, leurs oreilles, leur nez différencient les Lapons de tous les peuples* (Volt.). *Leurs couleurs distinguent les valets* (Boil.).

Différend : → Contestation.

Différent : ¶ 1 Qui ne se confond pas avec un autre objet. *Différent* exprime une qualité absolue, essentielle : les choses *différentes* le sont dans leur nature. **Distinct** exprime une qualité relative : les choses *distinctes* ne peuvent pas être confondues grâce à leur place ou à notre intelligence : *Quoique n'étant pas différentes, les étamines d'une fleur sont distinctes.* **Séparé** enchérit (→ Distinguer) et suppose que les choses sont isolées l'une de l'autre, par leur place ou par l'esprit qui met entre elles non plus une différence, mais une distance : *Le rat, la souris, le mulot, etc., forment autant d'espèces distinctes et séparées, mais assez peu différentes pour pouvoir en quelque sorte se suppléer* (Buf.). **Dissemblable, Distant, Disproportionné, Inégal, Varié, Divers :** → Différence. — Pour désigner des parties de nature différente qui composent une chose : → Hétérogène. ¶ 2 Au pl. avec un nom : → Plusieurs.

Différer : ¶ 1 (Intrans.) *Différer,* **Se distinguer :** → Différent. ¶ 2 (Trans.) → Retarder.

Difficile : En parlant d'une personne : ¶ 1 → Exigeant. *Difficile* se dit d'un caractère exigeant, peu liant, capricieux, peu accommodant : *Il fut obligé de répudier Azora qui était devenue trop difficile à vivre* (Volt.). **Difficultueux,** vx, renchérit : qui fait des difficultés à tous propos où il n'y a pas lieu : *Un homme essentiellement difficultueux et très difficile à vivre* (Balz.). **Épineux,** difficultueux sur des vétiles et surtout sur des questions de forme, ce qui le rend sans douceur : *Ces gens épineux dans les paiements qu'on leur fait* (L.B.). *Dur et épineux* (L. B.). **Impossible,** fig.

et fam., avec qui on ne peut pas vivre, très difficile de caractère : *Il est vraiment impossible; par sauvagerie? par bouderie? on ne sait pas* (M. D. G.). **Insupportable,** plus général, enchérit et suppose des manières qui déplaisent souverainement. **Intraitable,** avec qui on ne peut pas s'accorder, dans le commerce de la vie, et surtout dans les idées, les affaires (→ Sauvage). ¶ 2 Spéc. Qui est rarement content, surtout en matière de goût. *Difficile,* à qui peu de choses plaisent, surtout en parlant de nourriture ou de questions d'esthétique, et pour n'importe quelle raison : *Le chagrin où vous met votre maladie qui vous rendrait peut-être assez difficile pour ne rien trouver de bon dans mon ode* (Rac.). **Délicat,** difficile par le trop grand raffinement de son goût, est souvent péj. : *Les délicats sont malheureux, Rien ne saurait les satisfaire* (L. F.). **Dégoûté,** fam. et toujours péj., qui n'est jamais content parce qu'il n'a plus de goût pour rien, même pour les bonnes choses (souvent par mépris, orgueil) : *Chacun veut tâter de la noblesse, et ceux qui autrefois firent les dégoûtés ont bien changé d'avis* (P.-L. Cour.). — En parlant des choses : ¶ 3 Des choses concrètes et des questions abstraites : *Difficile,* surtout relatif au sujet, implique que la chose ou la question est au-dessus de ses capacités, exige un gros effort : *Problème trop difficile pour un enfant.* **Embarrassant** dit moins et ne s'emploie que lorsqu'il y a une décision à prendre devant laquelle le sujet hésite : *Diagnostic particulièrement embarrassant* (M. D. G.). **Malaisé** implique plutôt une disposition naturelle dans l'objet qui le rend incommode, difficile ou embarrassant : *Chemin montant, sablonneux, malaisé* (L. F.). **Dur,** malaisé par la résistance qu'il oppose : *Dur à émouvoir*; et, fam., *dur à digérer* (Acad.). **Pénible** enchérit sur *difficile* car, à l'embarras du sujet, s'ajoutent peine et fatigue : *Pour parvenir* [au bon sens] *Le chemin est glissant et pénible à tenir* (Boil.). **Laborieux** ajoute l'idée d'un travail long et fatigant : *Digestion laborieuse. L'installation fut laborieuse* (Zola). **Rude** implique plutôt une disposition naturelle dans la chose qui la rend malaisée à supporter et pénible : *Rude bataille* (V. H.). **Insurmontable** ne se dit guère que d'un obstacle ou d'une difficulté dont on ne peut venir à bout. **Ingrat** se dit de ce dont on tire difficilement un bon parti, de ce qui ne dédommage point du travail qu'on y consacre, et spéc., en littérature et dans les beaux-arts, d'un sujet qui n'est point favorable au développement du talent, qui fournit peu d'idées : *Terre ingrate. Les sujets les plus ingrats et les plus*

impraticables (Volt.). ¶ 4 En parlant d'une question abstraite seulement, **Ardu** implique un accès difficile et se dit de ce qui est difficile à saisir : *Cette science ardue du pour et du contre* (Volt.). **Abstrait** (→ ce mot) et ses syn. **Abscons** et **Abstrus** précisent la raison pour laquelle une chose est ardue. **Épineux,** qui présente mille petites difficultés de détail et un moyen rebutant : *Une affaire épineuse où il fallait de l'habileté* (Sév.). **Délicat,** difficile par la subtilité, la finesse, la précision qu'exige la chose : *C'est une chose très délicate de bien poser le point auquel les lois de la nature s'arrêtent* (Mtq.). **Scabreux,** difficile parce qu'il met toujours en danger de commettre une erreur, se dit surtout en matière de conduite, ou à propos de questions embarrassantes parce qu'elles prennent au dépourvu, et de sujets difficiles à traiter décemment : *L'enfant me fera peut-être au dépourvu des questions scabreuses* (J.-J. R.). **Compliqué** diffère de *difficile* comme les n. correspondants : → Difficulté. **Diabolique,** difficile par une complication telle que seul le diable pourrait en venir à bout : *Affaire diabolique* (Lit.). **Sorcier,** fam. et à la négative, si difficile que seul un sorcier pourrait le résoudre : *Cela n'est pas sorcier.* **Chinois,** syn. pop. de *compliqué.*

Difficilement : Se dit d'une action qui ne se fait pas d'emblée. *Difficilement* implique plutôt une résistance dans l'objet; **Avec peine,** une douleur, un effort dans le sujet : *On obtient difficilement et on accorde avec peine* (L.).

Difficulté : ¶ 1 Qualité de ce qui n'est pas facile. *Difficulté* implique seulement un manque de facilité, pour quelque action que ce soit, parce que l'action est malaisée ou parce que le sujet a peu de capacités : *Les difficultés d'une langue étrangère. Éprouver de la difficulté à marcher.* **Complication,** difficulté venant d'un objet fait de différentes parties ou d'un assemblage d'objets, et qui résulte d'un concours d'éléments ou d'incidents multiples, aux rapports variés ou peu clairs, ce qui crée un embarras : *Complications de la politique. Machine d'une complication qui en rend l'usage dangereux* (Acad.); se dit souvent de *difficultés* qui vont en se multipliant et en s'aggravant, en causant du danger, surtout en parlant d'une maladie ou des relations diplomatiques : *Les difficultés de la situation internationale provoquent entre certains États des complications diplomatiques.* ¶ 2 → Peine. ¶ 3 Ce qui empêche d'agir dans le temps, de la manière ou autant qu'il faudrait. La *Difficulté* tient à la chose même dont il s'agit, les **Obstacles** (→ ce mot) viennent d'ailleurs et consistent en des objets qui se mettent sur la route et l'obstruent : *On fait naître, on éprouve des difficultés, on apporte, on rencontre des obstacles* (L.). *Vaincre les difficultés, surmonter les obstacles* (L. H.). Comme syn. de *difficulté*, **Accroc** et **Anicroche**, fam., font image (ce qui accroche) et impliquent un retard, *anicroche* pouvant désigner aussi de grandes difficultés parfois provoquées à dessein : *On ne faisait pas toujours les choses comme on voulait. Certainement il y avait des anicroches dans la vie* (Zola). *Faire anicroche.* **Enclouure** (piqûre faite à un cheval par un clou), difficulté en un point précis : *On a deviné l'enclouure* (Mol.). **Tirage**, fig. et fam., difficulté dans une affaire qui rencontre des oppositions, se fait avec peine. **Tiraillement**, fig. et fam., difficultés entre personnes dont chacune cherche à imposer sa volonté. **Épines** et **Ronces**, au fig., dans le meilleur style, difficultés multiples et désagréables : *Les mariages ont assez d'épines sans cette amertume* (Fén.). **Chardon**, en ce sens, est très fam.; **Pépin** est pop. **Hic** (en latin, « ici »), fam., le nœud, la principale difficulté d'une affaire : *Comment me présenter moi-même? Voilà le hic* (Gi.). **Incident**, en termes de droit, difficulté, contestation accessoire survenant pendant l'instruction de l'affaire principale, d'où, en termes courants, mauvaises difficultés soulevées par une personne, dans une dispute, au jeu, etc. : *Au lieu de répondre à la question, il soulève des incidents* (Acad.). **Histoire**, souvent au pl., incidents, difficultés soulevés par quelqu'un qui fait des cérémonies, des façons, ou a un caractère chicaneur. ¶ 4 → Objection.

Difficultueux : → Difficile.

Difforme : ¶ 1 Dont le corps a quelque défaut apparent. *Difforme*, terme général, dont la forme est défectueuse, irrégulière, disproportionnée, se dit aussi au fig. et en parlant du visage ou d'une partie du corps : *Visage difforme* (Fén.). **Contrefait** se dit de tout le corps et implique une difformité de structure qui consiste à être mal taillé ou mal tourné : *Petit homme contrefait, bossu par-devant et par-derrière* (Volt.). **Mal fait** implique une simple imperfection parfois dans une seule partie du corps : *Eux bossus! vous vous moquez, ils ne sont que mal faits* (J.-J. R.). **Malbâti**, syn. frre. de *mal fait*, lui est préféré pour faire opposition à *bien fait*, afin de ne pas répéter *fait* et se dit plutôt du corps tout entier : *Ce grand malbâti de Romain* (Boil.). ¶ 2 *Difforme*, qui implique un défaut dans la forme, dit moins qu'**Informe**, qui n'a pas de forme précise : *Tu ne ressembles à rien et pourtant tu n'es pas informe* (Val.). **Amorphe**, terme de science,

qui n'a absolument aucune forme. ¶ 3 → Laid.

Diffus : Se dit du style qui pèche par le défaut opposé à la brièveté, à la précision et à la concision. *Diffus* (anton. précis et parfois concis) concerne à la fois la quantité et la qualité, et implique trop de mots qui tournent autour de la pensée, l'étendent outre mesure et manquent de propriété et de justesse : *Quelque soin qu'on apporte à être serré et concis... ils vous trouvent diffus* (L. B.). **Prolixe** (anton. bref, concis) ne regarde que la quantité et implique une longueur qui vient d'une superfluité de circonstances, même si celles-ci se rapportent directement à la pensée : *Le prolixe ne fait que se traîner pesamment et fatigue notre pensée en l'assujettissant à une pénible lenteur* (Marm.). **Verbeux** implique une surabondance non des circonstances mais des mots qui ne contiennent souvent aucune pensée : *Prédicateur verbeux* (Volt.). **Redondant**, verbeux par l'abondance excessive des ornements du style, qui aboutissent à l'emphase et au pléonasme : *Vers lâches, diffus, chargés de ces mots redondants qui déguisent le manque de force et de vigueur* (Marm.). **Délayé**, fam., se dit d'une pensée développée en beaucoup plus de paroles que ne l'exige son importance : *Proposition délayée en beaucoup de paroles* (Lit.).

Diffuser : → Répandre.

Diffusion : ¶ 1 → Propagation. ¶ 2 → Émission.

Digérer : ¶ 1 *Digérer*, transmuer les aliments dans l'estomac en chyme, pour les rendre assimilables. **Élaborer**, plus général, se dit des différentes opérations qui non seulement dans l'estomac, mais dans les autres organes, transforment la substance des aliments. **Assimiler** marque le résultat final de ces opérations qui consiste en ce que le corps convertit les aliments en sa propre substance. **Cuire**, syn. vx de *digérer*. ¶ 2 Au fig., en parlant de choses qu'on apprend, *Digérer*, ordonner et mener à maturité par un travail de l'esprit : *Peu lire et penser beaucoup à nos lectures est le moyen de les bien digérer* (J.-J. R.). **Assimiler**, par image, faire sien, intégrer dans son fonds personnel : *S'assimiler toutes les supériorités* (Balz.). ¶ 3 → Souffrir.

Digne : ¶ 1 → Honnête. ¶ 2 → Convenable. ¶ 3 → Fier. ¶ 4 → Imposant. ¶ *Être digne de :* → Mériter.

Dignité : ¶ 1 → Décence. ¶ 2 → Majesté. ¶ 3 → Honneur.

Digression, terme de rhétorique, tout développement qui s'écarte du sujet principal, consciemment ou non. **Divagations**, péj., digressions désordonnées qui sortent du sujet sans que l'écrivain ou l'orateur s'en aperçoive. **Excursion,** au fig., digression assez brève et souvent fantaisiste. **Parenthèse,** fam., brève digression voulue. **Hors-d'œuvre,** choses qui ne font pas partie essentielle du sujet et s'y rattachent mal, pourraient être supprimées sans nuire à l'ensemble : *Description qui est un hors-d'œuvre.* **Placage,** morceau rapporté, ajouté, qui fait hors-d'œuvre. **A-côté,** fam., développement qui ne traite pas exactement et directement la question. **Écart,** digression excessive : *Les écarts d'un avocat* (Lit.). **Excursus,** digression savante. — **Épisode,** digression dans l'épopée.

Digue : ¶ 1 *Digue,* amas ou construction de terre, de pierres, de bois, etc., pour servir de rempart contre les eaux, spéc. celles de la mer. **Barrage,** sorte de digue qui coupe le cours d'un fleuve pour en retenir les eaux afin de régulariser le débit ou obtenir de la force motrice. **Levée,** élévation de terre ou de maçonnerie, moins puissante que la *digue,* qui sert de berge artificielle pour un canal, une rivière, ou de chemin à travers un marais. **Bâtardeau,** digue provisoire formée de planches maintenues par des pieux et établie dans un cours d'eau pour mettre à sec la base de la construction que l'on veut réparer ou l'emplacement sur lequel on veut bâtir. — Au bord de la mer, la *digue* est en général parallèle à la côte, la **Jetée** avance dans la mer pour rompre les vagues et protéger le canal qui forme l'entrée du port. **Brise-lames,** construction à claire-voie faite en charpente, à l'entrée du port et au-dessus des eaux pour amortir la violence des flots. — **Estacade,** sorte de digue faite avec des pieux plantés dans une rivière, dans un chenal, pour en fermer l'entrée ou pour en détourner le cours ou protéger les bateaux contre les débâcles. L'*estacade* peut aussi, dans un port, servir de *brise-lames.* ¶ 2 → Obstacle.

Dilapider : → Dépenser.

Dilatation : ¶ 1 Augmentation de volume. *Dilatation,* action de dilater ou de se dilater, se dit de tous les corps qui occupent plus d'espace en écartant leurs particules matérielles sans se désagréger : *Dilatation des métaux; d'un gaz.* **Expansion** ne se dit que des fluides qui occupent un plus grand volume : *L'expansion de l'air par la chaleur.* ¶ 2 En termes de médecine, en parlant de l'élargissement du creux d'un organe, *Dilatation* indique souvent un état morbide durable : *Dilatation d'estomac.* **Ampliation,** dilatation normale du thorax au cours de la respiration. **Distension,** tension excessive qui allonge ou élargit la peau ou un tissu élastique.

Dilater : ¶ 1 → Élargir. ¶ 2 (Réf.) → Grossir. ¶ 3 *Dilater. le cœur, la rate* : → Réjouir.

Dilemme : → Option.

Dilettante : → Amateur.

Diligence : ¶ 1 → Activité et Vitesse. ¶ 2 → Attention. ¶ 3 *A la diligence de* : → (à la) Demande de. ¶ 4 *Faire diligence* : → (se) Hâter. ¶ 5 → Coche.

Diligent : → Actif, Rapide et Attentif.

Diluer : → Étendre.

Dimension : → Étendue. *Dimension,* étendue d'un corps mesurée dans les divers sens où il est nécessaire de le faire pour déterminer sa grandeur : *Un corps à trois dimensions, longueur, largeur et profondeur.* **Mesure,** dimension évaluée par un chiffre : *Le tailleur a pris ses mesures pour lui faire un costume* (Acad.). **Proportions,** presque toujours au pl. en ce sens, les dimensions considérées dans leurs rapports réciproques, relativement à la grandeur totale de l'objet, ou aux dimensions d'un objet analogue pris pour type : *Une statue de belles proportions.* **Format,** terme d'imprimerie, dimension d'un volume en hauteur et en largeur, généralement déterminée par le nombre de feuillets que chaque feuille renferme : *Format in-quarto;* par ext., fam., dimension ou proportions : *Lunettes d'un grand format.* **Gabarit,** dimension réglementaire, spéc. pour les véhicules. **Calibre,** diamètre intérieur d'un cylindre creux, d'une arme à feu, se dit de différents objets servant à déterminer la forme, la mesure d'autres objets. **Pointure,** dimension des chaussures et des gants. **Taille,** dimension du corps humain, des vêtements de confection, se dit aussi des animaux et des choses en général assez grosses : *Un obélisque de belle taille.* — **Module,** terme d'architecture, mesure arbitraire servant à établir les rapports entre toutes les parties d'un ouvrage d'architecture, par ext. tout ce qui sert à mesurer, et aussi diamètre comparé d'une médaille par rapport à une autre : *Une médaille de grand module* (Acad.).

Diminuer : ¶ 1 → Réduire. Opérer dans les choses un changement en moins, en ôtant quelque chose. *Diminuer* à moins en enlevant une partie (se dit seul en termes scientifiques). **Amoindrir,** diminuer la force ou la valeur, faire devenir moins considérable. **Accourcir,** rendre court, diminuer en longueur : *Accourcir une robe.* **Raccourcir,** plus usité, marque une action plus forte, parfois excessive : *Cet accident a raccourci sa vie.* **Abréger,** rendre bref (→ Court, bref), diminuer en durée : *Abréger un épisode* (Gi.). **Écourter,** diminuer, anormalement ou par suite des circonstances, la durée ou la longueur : *J'écourtai ma visite* (Gi.). **Apetisser,** diminuer dans tous les sens de l'espace : *Son œil malade s'était considérablement apetissé* (Rac.). **Rapetisser,** plus employé, marque une action plus forte, parfois excessive : *Nature rapetissée, dégénérée* (Buf.). **Resserrer** (→ ce mot), diminuer en volume et seulement par contraction : *On abrège un récit pour gagner du temps, on le resserre pour lui donner, en le condensant, plus de force.* — **Rabattre,** diminuer ce qui est trop haut, trop élevé, en parlant d'un prix, de l'estime. **Relâcher de,** diminuer ses droits, ses prétentions : *En ne relâchant rien de mon autorité* (Fén.). — Diminuer en retranchant une petite partie : → Entamer. ¶ 2 Devenir plus petit. *Diminuer,* **Décroître, Baisser** : → Diminution. **Raccourcir, Rapetisser** diffèrent de *diminuer* comme plus haut. **S'amenuiser** (→ Petit, menu), devenir de plus en plus petit ou sans importance.

Diminution : ¶ 1 Le fait de devenir moindre. La *Diminution* peut être due à l'objet qui la subit ou venir d'un agent extérieur, elle peut être brusque et implique en général une soustraction, sans supposer forcément d'addition, d'augmentation préalables : *Diminution de l'eau dans un puits, des prix, de la fièvre* (Lit.). **Décroissance** se dit surtout des êtres vivants ou de ce qui peut leur être comparé, implique une croissance préalable, suivie d'amoindrissement progressif des forces, de la grandeur, de la puissance, toujours dû à ce qui le subit : *Ce génie opiniâtre parvenu au faîte de sa gloire pressent que de son premier mouvement rétrograde datera sa décroissance* (Ségur). **Décroissement** se dit surtout des choses qui diminuent progressivement et par elles-mêmes, en général après avoir crû ou s'être accrues : *Décroissement de la température, des jours ; de la vie humaine* (Bos.). ¶ 2 Action de rendre moindre : → Réduction. ¶ 3 En parlant d'un prix, *Diminution* implique simplement que, pour une raison quelconque, un prix fixé devient moindre, pour tous ou pour un simple particulier : *Ce fermier demande une diminution* (Acad.). **Baisse** (→ ce mot), diminution générale du prix des marchandises, des monnaies, des fonds publics, des valeurs industrielles, ou son résultat, soit naturellement par suite des conjonctures économiques, soit par un acte d'autorité ou une décision : *Baisse à la Bourse ; sur la viande.* **Réduction,** diminution proportionnelle d'un prix, consentie suivant certaines règles, à certaines catégories de gens : *Réduction de 50 % pour les familles nombreuses.* **Rabais** (→ ce mot), diminution consentie sur le prix d'un objet ou sur la

rémunération d'un travail. — Diminution de la valeur de l'argent : → Dévalorisation. ¶ 4 En parlant de l'impôt, *Diminution* implique simplement qu'en fait on paie un chiffre d'impôt moindre que celui qu'on payait précédemment ou qu'on aurait dû payer. **Dégrèvement,** diminution de l'impôt officiellement consentie, et qui peut être générale, et calculée dans ce cas proportionnellement, ou individuelle. Dans ce dernier cas on dit plutôt **Décharge** ou **Réduction. Abattement,** diminution de la matière imposable d'une fraction qui se trouve affranchie d'impôt : *Abattement de cent mille francs sur les sommes déclarées au titre d'impôt sur le revenu.* **Modération,** diminution de taxe, d'impôt, de peine, est vx.

Dîner, Dînette : → Repas.

Diocèse : → Évêché.

Dionysiaque : Qui a rapport au dieu appelé Dionysos par les Grecs, Bacchus par les Romains. *Dionysiaque* a rapport à l'inspiration poétique passionnée, ardente, parfois mystérieuse que donne ce dieu, **Bachique,** à l'inspiration que donnent le vin et l'ivresse : *Les transports dionysiaques* (Acad.). *Chanson bachique.*

Diphtérie, maladie infectieuse et contagieuse caractérisée par la formation de fausses membranes dans la gorge. **Croup** se dit plutôt d'une laryngite accompagnée de fausses membranes souvent d'origine diphtérique.

Diplomate : → Négociateur.

Diplomatie : → Politique.

Diplôme : ¶ 1 → Titre. ¶ 2 *Diplôme,* acte qu'un corps, une société, etc., délivre pour certifier la dignité, le degré conféré au récipiendaire, se dit spéc. des actes de ce genre que délivre l'enseignement supérieur et qui confèrent un titre : *Diplôme de docteur, de licencié, de bachelier ès lettres.* **Certificat** se dit plutôt de diplômes de ce genre délivrés par l'enseignement primaire : *Certificat d'études* ; et de certains actes délivrés par l'enseignement supérieur qui ne certifient pas à proprement parler un degré : *Il faut plusieurs certificats de licence pour obtenir le diplôme de licencié.* **Brevet,** autrefois titre ou diplôme qui était délivré au nom de l'État pour assurer une pension, un grade, une dignité, etc., se dit de nos jours de certains diplômes sanctionnant un enseignement élémentaire ou technique : *Brevet élémentaire* ; et spéc. d'un acte qui assure les droits d'un inventeur à la propriété et à l'exploitation de son invention. **Parchemin,** syn. fam. de *diplôme.* **Peau d'âne,** ironique et péj., se dit plutôt du baccalauréat.

Dire : ¶ 1 → Exprimer. *Dire*, énoncer, faire connaître par la parole. **Chanter**, fam. et péj., dire souvent, avec insistance, des choses ridicules ou absurdes : *Et ne nous chantez plus d'impertinents propos* (Mol.). **Raconter**, dans le même sens, est de nos jours plus usuel et un peu moins péj. **Débiter**, péj., dire çà et là, ou dire souvent, parfois d'un ton prétentieux, des choses sottes, blâmables, oiseuses ou pernicieuses : *On entendait les malades débiter toute leur histoire* (Flaub.). *Débiter beaucoup de sottises* (Did.); parfois, simplement, dire très vite : *Bernard avait débité tout cela presque d'une haleine* (Gi.). **Enfiler**, péj., débiter à la file sans arrêt : *A l'appui de ce mensonge j'en enfilai cent autres* (J.-J. R.). — **Proférer**, dire à voix haute et intelligible : *Ses lèvres allaient sans proférer aucun mot* (Bos.); ou dire de son chef des choses qui sont ordinairement blâmables, *blasphèmes* (J.-J. R.), *mensonges* (Volt.). **Vomir**, au fig., proférer des choses odieuses, injurieuses, violentes : *Il vomit des injures* (Flaub.). **Lâcher**, fam., dire, par incapacité à se retenir, des mots inconvenants : *Lâcher de gros mots.* **Articuler**, dire nettement, surtout des choses précises, positives : *Articuler des faits* (Volt.); *son petit discours* (J. Rom.). **Prononcer**, dire hautement, solennellement, en public, avec autorité : *Prononcer un arrêt, une décision.* — **Faire** remplace parfois fam. *dire* dans des loc. comme *Fit-elle, Fis-je : Venez voir, fit-elle joyeusement* (M. D. G.). **Sortir**, syn. très fam. et plutôt péj. de *dire* : *Sortir une bêtise.* ¶ 2 → Prononcer. ¶ 3 → Raconter. ¶ 4 → Indiquer.

Direct : ¶ 1 → Immédiat. ¶ 2 → Naturel.

Directement : → Droit.

Directeur : ¶ 1 → Chef. *Directeur*, **Administrateur, Gérant, Intendant, Régisseur :** → Direction. ¶ 2 → Proviseur. ¶ 3 Ecclésiastique qui dirige les consciences. Le *Directeur* dirige les consciences de ses conseils, mais ne reçoit pas la confession. **Confesseur**, prêtre qui reçoit la confession, donne l'absolution, et peut aussi, à cette occasion, donner des conseils : *Si le confesseur et le directeur ne conviennent point sur une règle de conduite, quel sera le tiers qu'une femme prendra pour surarbitre?* (L. B.).

Direction : ¶ 1 → Sens. Sens dans lequel il faut aller pour atteindre un lieu. *Direction*, précis, implique une ligne droite qu'il faut suivre, et fait penser à la personne qui se dirige ou se tourne vers le lieu : *D'un point quelconque d'une plaine, on peut prendre une foule de directions.* **Côté**, imprécis, implique un secteur de l'espace, et relativement à une personne immobile, il n'y a que deux côtés : *Du côté de chez Swann, du côté de Guermantes* (Proust). ¶ 2 Au fig. :

Mouvement vers un but suivant une certaine loi. *Direction*, **Orientation :** → Diriger. **Ligne**, direction concertée, ou imposée par la nécessité, dont on ne s'écarte pas : *Boileau a suivi sa ligne jusqu'au bout* (Flaub.). ¶ 3 Action ou office d'un homme qui préside à la marche et à l'exécution de certaines affaires, surtout privées. *Direction* implique une diversité de rôles ou d'emplois, une distribution de choses à faire, un certain ordre à maintenir par autorité et des indications générales ou théoriques : *Direction d'un théâtre; direction de certains travaux* (Acad.). **Administration**, qui se dit surtout des affaires publiques, s'emploie aussi en parlant de biens que l'on fait valoir, et d'affaires commerciales ou industrielles importantes, en un sens beaucoup plus large que *direction* : l'*administration* d'une société consiste à faire valoir ses biens, à défendre ses intérêts, à faire observer ses statuts, tandis que la *direction*, qui dépend du conseil d'administration, s'occupe de faire réaliser les travaux, de les distribuer avec ordre et autorité parmi le personnel. **Conduite** implique une affaire plus simple que *direction*, et dont on s'occupe surtout d'une manière pratique, empirique, sans s'astreindre à certaines règles théoriques : *Avoir la conduite d'un bâtiment, des travaux.* **Gestion** exprime une charge, une commission donnée par d'autres : *Rendre compte de sa gestion* (Acad.); et par ext. se dit de la façon dont on administre ses propres biens. **Intendance**, vx en ce sens général, marque l'action de soigner, de veiller, de pourvoir : *L'intendance des besoins des pauvres* (L. B.). **Régie** s'emploie quand il s'agit de biens à faire valoir surtout par l'entremise d'autrui qui en rend compte : *Ce que vous perdez dans le détail de la régie de vos biens* (J.-J. R.). **Règlement** n'est relatif qu'aux mœurs : *Connaissances inutiles pour le règlement des mœurs* (Fén.). **Régime** se dit, en parlant de l'administration de certaines maisons religieuses, des dispositions qui les régissent : *Le régime des Jésuites* (D'Al.). **Gouvernement** (→ ce mot) se dit surtout de l'action de celui qui dirige en souverain les affaires publiques et, appliqué à des affaires privées importantes, spéc. à une maison, à une fortune, ajoute à *direction* l'idée d'une autorité totale, souveraine : *Cette femme n'entend rien au gouvernement d'une maison.* **Gouvernail** (→ ce mot), **Timon, Leviers de commande,** syn. fig. de *direction* ou de *gouvernement.*

Directive : → Instruction.

Dirigeable : → Ballon.

Dirigeant : → Gouvernant.

Diriger : ¶ 1 *Diriger*, faire aller quelqu'un ou quelque chose dans un certain sens, au prop. comme au fig. : *Diriger une arme vers son adversaire. Diriger les colons vers la culture* (Chat.). **Acheminer**, diriger et faire avancer vers un but précis, en mettant sur le bon chemin : *Acheminer du blé vers le marché.* **Orienter**, fig., diriger en guidant vers une activité, un métier, une sphère de recherches intellectuelles : *Votre enseignement à l'Institut ne vous orientait pas vers ce genre de problèmes* (J. Rom.). **Aiguiller**, fig. et fam., diriger une discussion, une enquête, une recherche dans un certain sens, consciemment choisi, parfois en les détournant, dans une mauvaise intention, de leur sens initial : *Aiguiller une enquête sur une fausse piste.* **Tourner**, diriger par un mouvement circulaire ou diriger vers un but ce dont on change la direction : *Tourner son arme contre soi-même. Tourner ses pensées vers Dieu.* **Incliner**, commencer à tourner, à orienter : *Incliner cet esprit rétif vers des sentiments plus pieux* (Gi.). **Rapporter à**, diriger une action d'après une fin qui la détermine : *Un véritable chrétien doit rapporter toutes ses actions à Dieu* (Acad.). ¶ 2 *Diriger*, **Administrer**, **Gérer**, **Conduire**, **Régir**, **Régler**, **Gouverner** : → Direction. ¶ 3 S'occuper de maintenir quelqu'un dans la bonne voie. *Diriger*, mettre dans le bon chemin et, au fig., faire agir quelqu'un conformément à certaines règles, à certains principes, par une autorité surtout morale : *Diriger les études d'un jeune homme, la conscience de quelqu'un* (Acad.). **Conduire** (→ ce mot) implique qu'on accompagne quelqu'un dans sa marche vers un but, comme un chef, avec prudence et autorité, en l'aidant à vaincre les difficultés qui se présentent, plutôt qu'en lui rappelant certaines règles : *Conduire un aveugle. Ce père conduit bien sa famille* (Acad.). **Guider**, diriger en traçant la voie, ou en expliquant le chemin, en général difficile, en invitant à le suivre, et, au fig., s'adresser à l'intelligence de quelqu'un pour lui faire voir sans cesse le bon chemin, l'éclairer sur le but qu'il se propose en l'instruisant par ses conseils plutôt qu'en le contraignant à agir par son autorité : *Cette première avant-garde qui nous guide* (Loti). *La gloire nous conduit, que la raison nous guide!* (Volt.). **Piloter**, fig. et fam., guider dans le monde, dans une ville, sur une voie difficile : *Femme pleine de sens qui nous pilota tous deux, avec adresse et douceur, parmi les récifs d'étiquette et de susceptibilité que cachait sous sa surface tranquille une petite ville* (Maur.). **Gouverner** (→ ce mot) ne se dit qu'au moral et implique une autorité totale, qui s'étend à toutes les actions, peut être souvent tyrannique et parfois fondée sur une influence qui capte complètement la volonté de quelqu'un : *Un homme sage ne se laisse gouverner ni ne cherche à gouverner les autres; il veut que la raison gouverne seule et toujours* (Mtq.). **Conseiller** dit moins que diriger, au moral : c'est dire à quelqu'un ce qu'on pense qu'il devrait faire. ¶ 4 (Réf.) → Aller.

Discernement : → Raison.

Discerner : ¶ 1 → Distinguer. ¶ 2 → Percevoir et Voir.

Disciple : → Élève.

Discipline : ¶ 1 → Ordre. ¶ 2 → Enseignement. ¶ 3 → Fouet.

Discontinu : → Intermittent.

Discontinuer : → Interrompre.

Disconvenir de : → Nier.

Discordance : ¶ 1 → Mésintelligence. ¶ 2 → Dissonance.

Discorde : → Mésintelligence.

Discoureur : → Babillard.

Discourir : ¶ 1 → Parler. *Discourir*, parler, avec quelque méthode et une certaine étendue, d'un sujet en général fort vaste : *Discourir en Caton des vertus et des vices* (Boil.). Selon les grammairiens, *Discourir sur* une chose, en parler avec précision et méthode, *Discourir d'*une chose, en parler comme l'on en parle dans la conversation. **Disserter**, parler avec méthode sur un sujet bien déterminé, une question précise, un ouvrage de l'esprit : *Il a savamment disserté sur ce point de chronologie* (Acad.). **Haranguer**, prononcer une harangue (→ Discours). ¶ 2 Tenir de longs propos. *Discourir* implique simplement qu'on parle, parfois longuement : *Vous discourez tout le temps, vous ne le laissez pas placer deux mots* (Gi.). **Pérorer**, discourir longuement avec une sotte prétention : *L'enfant me laisse pérorer tout seul* (J.-J. R.). **Palabrer**, parler longuement pour ne rien dire, souvent en discutant : *Deux heures qu'ils palabrent* (M. d. G.). **Prêcher**, fig., et **Patrociner**, fig. et vx, discourir pour moraliser ou pour persuader. **Pontifier**, fam. et péj., mettre dans ses paroles, son ton, et aussi ses gestes une solennité ridicule. **Tartiner** fam. et **Laïusser**, de l'argot scolaire (→ Discours).

Discours : ¶ 1 → Propos. ¶ 2 La suite des mots ou des phrases en tant qu'ils expriment nos pensées. *Discours* est le terme ordinaire, **Oraison**, vx, était purement grammatical et se rapportait uniquement aux mots. ¶ 3 → Traité. ¶ 4 *Discours préliminaire* : → Préface. ¶ 5 Suite de paroles préparées avec art et qu'on adresse à une ou plusieurs personnes. *Discours* désigne le genre. **Oraison,** discours des orateurs antiques, surtout au barreau et parfois à la tribune, considéré souvent comme modèle oratoire, ne se dit plus de nos jours que dans l'expression *Oraison funèbre,* discours à la louange des morts. **Harangue,** en parlant d'un discours antique, discours surtout politique, considéré par rapport aux circonstances dans lesquelles il fut prononcé, ou aussi discours que les historiens anciens nous rapportent comme adressé par un général à ses troupes; de nos jours discours fait à une assemblée, à un prince ou à quelque autre personne élevée en dignité, d'où discours solennel, pompeux: *Le parler des Genevois est toujours soutenu, leurs discours sont des harangues* (J.-J. R.); péj., discours déclamatoire. — Dans le langage politique, **Adresse,** discours, écrit ou oral, présenté par un corps constitué, une réunion de citoyens au chef de l'État ou à quelque autre autorité pour exprimer leurs vœux ou leur opinion sur une question. **Déclaration ministérielle,** discours par lequel le président du conseil des ministres fait connaître à l'assemblée le programme de son cabinet : → Communication. — **Allocution,** discours en général de peu d'étendue, adressé par un supérieur à ceux qu'il commande ou qu'il dirige: *Allocution épiscopale* (ACAD.); par ext. discours familier et bref fait par une personnalité dans une circonstance. — Discours familier: **Compliment,** petit discours en vers ou en prose qu'un enfant récite à ses parents ou à quelque autre personne le jour de leur fête, ou au nouvel an pour les complimenter; **Toast** (mot anglais), petit discours accompagné d'une proposition de boire à la santé de quelqu'un ou à l'accomplissement d'un vœu; en ce sens, **Santé,** vx, désignait à la fois l'action de boire à quelqu'un dans un repas et de lui souhaiter la santé; **Speech** (mot anglais), allocution familière et de circonstance, souvent en réponse à un toast. — **Topo,** syn. très fam. de *discours.* **Laïus** est de l'argot scolaire. **Tartine,** péj., discours long et ennuyeux : *Débiter une tartine* (LIT.). **Paraphrase,** discours diffus. **Palabre,** discours long et vain. — Discours de louange: → **Éloge.** Discours de la chaire : → **Sermon;** du barreau : → **Défense.** — **Prosopopée,** figure de rhétorique qui prête de l'action et du mouvement aux choses insensibles, qui fait parler les personnes soit absentes, soit présentes, les choses inanimées et quelquefois même les morts: *La Prosopopée des Lois; de Fabricius;* par ext. discours véhément ou emphatique : *L'audace du docteur, par ce discours frappée, Demeura sans réplique à ma prosopopée* (BOIL.).

Discourtois : → Impoli.

Discrédit : → Défaveur.

Discréditer : → Dénigrer.

Discret : → Retenu. *Discret,* qui sait choisir entre ce qu'il faut dire et ce qu'il ne faut pas dire. **Secret** (→ ce mot), qui ne dit rien, demeure dans un silence impénétrable : *Rendre vos filles modestes, discrètes, silencieuses, secrètes* (MAINT.).

Discrétion : ¶ 1 → Retenue. **¶ 2** *A discrétion* : → (à) Volonté.

Discrétionnaire : → Absolu.

Discriminer : → Distinguer.

Disculper : → Excuser.

Discursif : → Logique.

Discussion : ¶ 1 Opposition d'opinions. *Discussion,* autrefois, étude d'une affaire par confrontation d'opinions (en ce sens on dit plutôt maintenant **Examen** : *L'examen d'un projet de loi*); aujourd'hui, tout échange d'opinions à propos d'une question quelconque, sur un ton calme ou passionné, en comparant les arguments pour et contre : *Les discussions d'une assemblée législative* (ACAD.). **Débats** implique un sujet important, un grand nombre de participants, des discours et des joutes oratoires, parfois beaucoup d'animation et même de passion, et convient pour désigner les discussions des assemblées politiques et les discussions judiciaires publiques : *Les débats publics* (MAU.). **Controverse,** discussion suivie, réglée, soit de vive voix soit par écrit, sur des sujets de doctrine, spéc. en matière de religion : *Les controverses théologiques qui troublent souvent l'Église et l'État* (D'AL.). **Dispute,** vx au sens général qu'a aujourd'hui *discussion,* se restreint au sens ancien de discussion publique qui se faisait dans les écoles sur des points de doctrine : *Disputes théologiques* (ACAD.); et au sens péj. de discussion qui tient à un malentendu sur la définition des choses : *Dispute de mots* (ACAD.). **Contention,** vx, dispute passionnée, opiniâtre, têtue, entre gens d'école et parfois l'esprit de dispute au sens péj. : *L'esprit de contention n'est pas celui des enfants de Dieu* (FÉN.). — En un sens péj., **Logomachie,** terme didact., dispute de mots, sur les mots : *Équivoque puérile, logomachie, vrai jeu de mots* (VOLT.); **Palabre,** discussion interminable et vaine : *Palabres de théologiens* (J. ROM.). — **Disceptation** et **Dissertation,** termes didact. vx, discussion de vive voix ou par écrit. — **Polémique** ne se dit que d'une dispute et même d'une querelle de plume à propos de questions de théologie, de politique, de littérature. **¶ 2** Opposition passionnée (≠ Contestation : → ce mot). *Discussion* se dit parfois d'une opposition qui, pour être assez vive, demeure encore du domaine de l'argumentation et n'implique pas des insultes : *Leur point de vue n'était pas le même et la discussion s'échauffait* (Gi.). C'est parfois un euphémisme pour *dispute* : *Avoir une discussion avec sa femme.* **Altercation,** échange assez aigre de courtes répliques piquantes qui ne durent qu'un moment; souvent entre inconnus, avec parfois des insultes, mais sans conséquence : *Avoir une altercation dans le métro.* La **Dispute,** plus grave et plus longue, implique de l'animosité, de l'obstination, de la passion, du bruit, des injures. **Prise,** vx et du langage relevé, implique la brièveté de l'altercation et l'animosité de la dispute. **Prise de bec,** fam., altercation assez comique. **Scène,** fig., dispute, avanie qui provoque l'esclandre, se dit plus souvent de nos jours d'une dispute avec bruit entre gens familiers : *Je n'ai jamais eu avec ma femme la moindre scène, pas la plus petite altercation* (Gi.). **Bisbille,** dispute légère et brève, souvent pour des futilités. **Noise,** petite dispute entre gens acariâtres qui se cherchent chicane. **Grabuge,** autrefois petite dispute comique sur un malentendu; de nos jours, tend à désigner une dispute avec grand bruit et désordre. **Riote,** dispute enfantine sur une bagatelle. **Chamaillerie** et **Chamaillis** comportent l'idée de bruit, et, après avoir désigné une querelle à grand bruit, tendent à se dire de disputes incessantes à propos de rien. **Attrapage,** fam., altercation entre gens qui récriminent réciproquement : *L'attrapage entre le directeur et l'auteur* (Zola). **Vie,** fig. et fam., suite de scènes ou de querelles bruyantes qu'on fait à quelqu'un : *Si j'en avais fait autant, quelle vie vous me feriez!* (Sév.). — **Querelle** enchérit sur tous ces mots, implique haine, mauvaise foi, rappel de torts et de griefs, injures graves, souvent suivies de coups : *On conteste, on s'emporte; la querelle devient sanglante* (Roll.). **Rixe,** querelle violente avec coups, vociférations, entre gens de bas étage : c'est déjà une bagarre (→ Batterie).

Discutable : → Incertain.

Discuter : ¶ 1 → Traiter. Raisonner et conférer ensemble sur un sujet. *Discuter* annonce une action calme, réfléchie, exacte, pour rechercher la vérité souvent dans des questions théoriques : *J'ai tâché de suspendre l'indignation que m'inspirent ces matières pour les discuter paisiblement avec vous* (J.-J. R.). **Débattre** marque plus de chaleur et de vivacité, souvent dans des questions d'intérêt : *Deux opinions vivement débattues* (Marm.). **Disputer,** autrefois, avoir une discussion sur un point de théologie, de morale, de science; de nos jours, discuter avec violence, parfois avec mauvaise foi, sur des questions d'opinions, d'intérêt, souvent assez vaines : *Au lieu de disputer, discutons* (Buf.). *Il ne faut pas disputer des goûts* (Acad.). **Argumenter,** autrefois, développer des arguments dans une discussion publique de thèse contre un adversaire; d'où parfois de nos jours, péj., discuter à l'infini, pour le plaisir de discuter, avec des arguments assez formels. **Ergoter** (→ Chicaner), discuter en chicanant : *Ils discutent, ergotent* (Mau.). **Palabrer,** discuter vainement à l'infini. — Métaphoriquement, pour caractériser l'action de celui qui discute avec un adversaire, dans une sorte de duel oratoire, on dit **Ferrailler,** disputer vivement, **Jouter, Rompre des lances, Batailler, S'escrimer :** → Lutter. — **Délibérer** ajoute aux verbes précédents l'idée que l'examen de la question, entre plusieurs et par la parole, a toujours pour but une résolution à prendre : *Les journalistes discutent sur l'opportunité d'une inflation; les ministres en délibèrent.* **Parlementer,** entrer en pourparlers avec l'ennemi; au fig., discuter en parlant d'affaires. **¶ 2** Ne pas trouver parfait ou vrai. *Discuter,* en parlant d'un homme, d'un ouvrage, d'une action, faire des réserves sur le talent, la vérité ou la beauté, ne pas admettre sans certaines restrictions : *Gens dont on ne discutait pas ordinairement la compétence* (Cam.). **Controverser,** surtout au part. passif, dit plus, en parlant d'une idée ou d'un fait : c'est les mettre en doute : *Cette équipe a marqué un but controversé.* **Contester** dit plus : ne pas reconnaître le droit ou la prétention de quelqu'un à une chose, et donc les nier : *Contester le talent d'un écrivain, c'est dire qu'il n'en a pas :* → Nier. **Critiquer** (→ ce mot), blâmer publiquement, trouver mauvais. **¶ 3** *Discuter,* **Se disputer, Se chamailler, Se quereller :** → Discussion.

Disert : Habile dans l'art de la parole. *Disert* (adj.), qui plaît dans la conversation, l'art oratoire et les écrits, par la facilité, l'élégance de sa parole, instruit, mais n'émeut pas : *Cette bouche un peu trop diserte ne va sûrement proférer que des phrases convenues* (J. Rom.). **Éloquent** (adj.), qui émeut, séduit et persuade par la beauté et la chaleur de son langage : *Bossuet était éloquent; saint Augustin était plus disert que ne le sont les autres Africains* (Volt.). **Fleuri,** en parlant du style et de l'orateur, implique profusion d'ornements (→ Orner). **Bien-disant** (adj. ou nom), assez fam. et vx, indique qu'on parle bien et facilement, mais simplement dans la conversation courante. **Beau diseur,** ou **Diseur** (n. seulement), péj., implique l'affectation de bien dire, de faire des phrases, des promesses souvent pour impressionner autrui.

Disette : ¶ 1 *Disette,* grande rareté et

cherté de vivres. **Famine,** grande disette considérée surtout sous le rapport de son résultat qui est la souffrance ou la mort pour tous : *La disette dégénéra en famine universelle* (VOLT.). ¶ 2 → Pauvreté. ¶ 3 (Au fig.) → Manque.

Disgrâce : ¶ 1 → Défaveur. ¶ 2 → Malheur.

Disgracié : → Laid.

Disgracieux : → Laid. *Disgracieux,* qui est totalement dépourvu de grâce dans son air, sa forme, ou intrinsèquement, en lui-même : *Homme disgracieux; accueil disgracieux* (LIT.). **Malgracieux,** qui n'a guère de grâce, uniquement dans sa forme ou dans son air : *Époux malgracieux* (L. F.).

Disjoindre : ¶ 1 → Déjoindre. ¶ 2 → Écarter. ¶ 3 → Séparer.

Disloqué : ¶ 1 En parlant d'un homme dont les parties du corps ne paraissent pas tenir normalement ensemble, le *Disloqué* a tous ses membres désarticulés, par maladie, ce qui lui rend la station verticale et les mouvements pénibles, ou paraît les avoir tels par entraînement : *Les disloqués du cirque.* Le **Dégingandé** a un air disloqué dans sa marche, son attitude, sa taille : c'est un homme en général grand et maigre dont les membres semblent flotter et le corps vaciller. **Démanché,** fam. et rare, se dit de celui qui se tient mal et paraît disloqué. Le **Déhanché** a réellement les hanches disloquées, ce qui le fait marcher en se dandinant sur ses hanches; ou bien il paraît tel (dans ce cas le mot prop. serait **Éhanché** qui se dit rarement). Le **Désossé** paraît privé d'ossature, flasque, sans fermeté; c'est parfois un acrobate aux articulations très souples, comme on dit parfois au cirque un *homme-serpent.* ¶ 2 → Décousu.

Disloquer, au prop. et au fig., déplacer une ou plusieurs parties d'un tout et par ext. séparer les parties d'un tout : *Disloquer un bras, une machine, un État, une armée; ce grand niais d'alexandrin* (V. H.). **Démantibuler,** disloquer la mâchoire; par ext., fam., disloquer en mettant en pièces ou en rendant impropre à tout usage : *Démantibuler une machine* (LIT.); *un meuble* (ACAD.). **Désemparer,** mettre un bâtiment hors d'état de servir, par ext., parfois, disloquer en parlant d'un meuble. **Déboîter,** disloquer, ôter de sa place, en parlant d'un objet qui se trouvait encastré dans un autre : *Déboîter un pied de la table*; en langage commun, spéc. séparer un gros os de son articulation : *Se déboîter l'épaule.* **Désemboîter,** syn. rare de *déboîter.* **Déclinquer** (terme de marine, dépouiller de son bordage une embarca-

tion à clins), syn. pop. de *disloquer* **Démancher,** tirer un instrument de son manche, syn. fam. de *disloquer,* au prop. et au fig. : *Il m'a démanché le bras* (ACAD.). *Laisser démancher le parti* (S.-S.). — En parlant seulement d'un os, en termes de chirurgie, **Démettre,** déplacer un os, assez légèrement : *Se démettre le pied.* **Désarticuler,** faire sortir un os de son articulation, le déboîter : *L'os de l'épaule s'est désarticulé* (ACAD.); et aussi amputer dans l'articulation : *Désarticuler la cuisse* (ACAD.). **Luxer,** faire sortir un gros os de sa place naturelle en déplaçant son extrémité qui se lors s'emboîte mal dans l'articulation : *Sa chute lui a luxé l'os de la cuisse* (ACAD.).

Disparaître : ¶ 1 Cesser d'être visible. *Disparaître,* en parlant des personnes et des choses, ne plus être vu ou même cesser d'exister : *Que deviennent-ils donc quand ils ont disparu? Que deviennent-ils donc quand ils sont invisibles?* (V. H.). *Des sommes considérables disparues, fondues* (VOLT.). **S'éclipser,** en parlant d'une personne, disparaître à la dérobée : *L'homme qui s'éclipse dès que le voisin a des ennuis* (J. ROM.); par ext. se dit d'une chose qui disparaît d'un seul coup : *Tant de gloire peut-elle s'éclipser en un jour?* (ACAD.). **S'évanouir,** disparaître sans laisser de traces en parlant des choses : *Le jour s'évanouit* (V. H.); se dit spéc. pour un fantôme, une apparition et s'applique en ce sens, par image, aux personnes : *Oh! combien de marins, combien de capitaines Dans ce morne horizon se sont évanouis!* (V. H.). **Se volatiliser,** fig. et fam., disparaître brusquement sans laisser de traces, comme par miracle. **Se perdre,** disparaître comme si on était absorbé, dans une foule, une immensité, un gouffre. **Se dissiper,** disparaître en se dispersant ou en se consumant : *Les nuages se dissipent. Amour qu'elle croyait depuis longtemps dissipé* (M. D. G.). **S'évaporer,** fig., se dit surtout de choses morales qui semblent se perdre vainement : *Songe qui s'évapore* (LAM.). **S'effacer,** perdre sa couleur, sa forme, disparaître dans l'ombre, en s'éloignant, ou, au moral, par suite du temps : *S'effacer dans la nuit* (PROUST). **S'estomper,** commencer à s'effacer. ¶ 2 → Partir, (s') Éloigner et Mourir.

Disparate : → Opposition.

Disparité : → Différence.

Disparition : → Éloignement.

Dispendieux : → Cher.

Dispense : ¶ 1 → Immunité. ¶ 2 → Permission.

Dispenser : ¶ 1 → Distribuer. ¶ 2 → Permettre. ¶ 3 → Exempter. ¶ 4 (Réf.) → (s') Abstenir.

Disperser : ¶ 1 *Disperser*, jeter çà et là des choses, ou séparer et éloigner, en les mettant en divers lieux, des personnes ou des choses qui faisaient un assemblage : *Disperser les débris de quelque chose. Disperser des troupes ; une bibliothèque* (ACAD.). **Éparpiller**, disperser en une multitude d'endroits, surtout des choses légères, minces, ou sous forme de particules très petites : *Plumes qui s'envolent et s'éparpillent* (ACAD.). — **Répandre** (→ ce mot) et ses syn. impliquent aussi l'idée d'une dispersion, mais avec la nuance d'un liquide qui étend ses eaux dans divers sens : en conséquence, alors que ce qui est *dispersé* ou *éparpillé* est affaibli ou détruit, ce qui est *répandu* est surtout étendu sur un large espace et, au fig., ce qu'on *répand* gagne du terrain, opère un travail actif : *La mort du Christ dispersa les apôtres et ils répandirent son Évangile dans le monde.* ¶ 2 (Réf.) *Se disperser* et **S'éparpiller**, en parlant des personnes, ont pour syn. pop. **S'égailler**, se disperser pour donner le moins de prise possible à un ennemi, un danger ; **S'égrener**, au fig., se séparer de sa troupe, un à un, comme du blé qui tombe grain à grain : *Ce régiment s'égrène dans sa marche* (ACAD.). **Rompre les rangs**, se disperser à l'ordre de son chef en parlant d'une troupe en rangs. **Se débander**, se disperser en quittant les rangs pour piller ou pour fuir. ¶ 3 Séparer des personnes ou des choses qui faisaient un assemblage. *Disperser* a pour syn. **Dissiper**, détruire ou faire disparaître en dispersant violemment : *Amas de poussière que le vent a emporté ou dissipé* (BOUR.). **Écarter**, mettre une distance provisoire entre des choses qui formaient un tout, dit moins que *disperser* : *Le vent écarte les nuages.*

Dispersion : Au fig. → Distraction.

Disponible : → Vacant.

Dispos, terme général, marque l'aptitude à exécuter toutes sortes d'ouvrages et de mouvements : *Frais, gaillard et dispos* (MOL.). — Pour marquer l'habileté à agir, **Agile**, doué pour exécuter habilement tous les mouvements du corps : *Émile a le corps agile pour prendre sans peine toutes sortes d'attitudes* (J.-J. R.). **Souple** implique une absence de raideur dans les muscles qui est la condition de l'agilité : *Afin que leurs membres fussent plus souples et plus agiles dans le combat* (FÉN.). **Félin**, en parlant du corps humain et de ses mouvements, gracieusement souple comme le chat : *Grâce féline*. **Découplé**, au fig., de belle taille et de ce fait libre et agile dans ses mouvements (→ Dégagé) : *Jeune homme de quinze ans découplé, leste* (BALZ.). **Délié**, souple et agile grâce à la minceur de son corps (→ Menu) : *Elle a fait tout*

son corps aussi délié qu'une main agile (VAL.). **Ingambe**, qui tient sur ses jambes, n'a rapport qu'à la facilité de la marche : *Je vieillis, je ne suis plus ingambe pour herboriser* (J.-J. R.). — Pour marquer la rapidité à agir, **Léger** n'a rapport qu'au mouvement de bas en haut ou à la marche : *La fouine au saut léger* (BUF.). **Leste** implique une idée de bonne grâce : *Leste et bien pris de ma taille* (J.-J. R.). **Vite**, rapide à la course, souvent grâce à sa légèreté, ne se dit guère de nos jours que des animaux ou des coureurs (→ Rapide). **Preste** se dit d'un mouvement court, vif comme un tour de prestidigitateur : *Le mouvement des lièvres est une suite de sauts très prestes et très pressés* (BUF.). **Allègre**, léger et joyeux : *Pour s'échapper de nous, Dieu sait s'il est allègre* (RAC.). — Pour marquer la rapidité des réflexes, **Vif** (→ ce mot), qui dénote par la promptitude de ses réactions la présence de la vie : *Un enfant très vif* (BUF.). **Alerte**, qui a des réflexes prompts, ne s'endort pas ; avec en plus parfois une nuance de gaieté : *Fauvette toujours gaie, alerte et vive* (BUF.). *Elle aimait la marche, très alerte encore pour ses soixante ans* (ZOLA).

Disposer : ¶ 1 → Arranger. ¶ 2 → Préparer. ¶ 3 → Décider et Commander. ¶ 4 → Aliéner.

Disposition : ¶ 1 → Ordre. ¶ 2 Arrangement des parties d'une œuvre littéraire. *Disposition*, terme de rhétorique, façon dont l'auteur ordonne la matière d'un ouvrage d'éloquence : *La disposition d'un discours* (ACAD.). **Composition**, ordre dans lequel se présentent et s'enchaînent les idées ou les thèmes d'un morceau quelconque : *La composition du Lac de Lamartine* ; se dit aussi en musique et dans les beaux-arts. **Plan** implique surtout un ordre logique et ne se dit qu'à propos d'œuvres littéraires qui classent des idées suivant un dessein mûrement réfléchi par l'auteur : *Plan d'un dictionnaire historique et critique* (DID.). On étudiera la *composition* d'un *Essai* de Montaigne, mais celui-ci *s'est dispensé de se tracer un plan* (MARM.). **Cadre**, plan d'un ouvrage considéré comme antérieur à la matière qu'on y fait entrer : *C'est un cadre heureux, mais il n'est pas bien rempli* (ACAD.). **Distribution** a surtout rapport à la disposition de la matière d'un ouvrage important en grandes parties distinctes et à l'effet que produisent leurs rapports et leur équilibre : *Il y a dans cet ouvrage une sage distribution de parties, quelque chose de régulier et de progressif à la fois* (VILLEMAIN). **Économie**, toute coordination de parties, quel que soit l'ensemble qu'elles contribuent à former, se dit spéc. de la distribution d'un ouvrage de l'esprit, considéré comme une sorte d'organisme dont les parties se coordonnent et concourent à un effet d'ensemble : *L'économie d'une pièce de théâtre* (RAC.). ¶ 3 → Qualité. Qualité qui rend propre à faire quelque chose. *Dispositions*, au pl., indique une puissance générale qui demande à être cultivée, et s'emploie absolument en parlant d'un enfant qui répond bien au soin qu'on prend de l'instruire : *Cet élève manque de dispositions* (ACAD.). **Prédisposition,** terme médical, disposition de l'organisme à contracter certaines maladies, par ext. disposition à certaines choses souvent mauvaises : *Prédisposition au vice* (LIT.). **Capacités** (→ ce mot) se dit surtout des qualités intellectuelles qui permettent de faire des choses importantes, et spéc. de remplir des emplois publics. **Facultés,** au pl., qualités qui rendent propre à réussir surtout dans le domaine de l'esprit, de la recherche intellectuelle, de l'éloquence. **Moyens** se dit plus simplement des qualités morales ou physiques qui permettent d'exercer une activité quelconque : *Cet écolier a peu de moyens. Cet acteur est intelligent, mais il manque de moyens* (ACAD.). **Étoffe,** au fig., dispositions intellectuelles et morales, le fond sur lequel on peut compter chez quelqu'un pour qu'il puisse faire quelque chose : *Un sot n'a pas assez d'étoffe pour être bon* (J.-J. R.); absolument, dispositions heureuses et qui n'ont besoin que d'être cultivées : *Cœurs, esprits sans étoffe* (J.-J. R.). — Si l'on précise les activités pour lesquelles peuvent être utilisées les dispositions, **Aptitude,** toute façon d'être naturelle ou acquise qui permet de bien faire une chose : *Aptitude à comparer des idées et à trouver des rapports* (J.-J. R.). *J'ai une aptitude odieuse à découvrir des sujets de tourments* (J. ROM.). **Don,** aptitude naturelle particulièrement remarquable à une chose bonne ou mauvaise : *Ce don qu'il détient d'inspirer la haine* (MAU.). **Facilité,** aptitude à concevoir, à produire, à travailler sans peine : *Avoir de la facilité pour les mathématiques.* **Bosse,** fam. et fig., aptitude intellectuelle innée à une spécialité, dans la loc. *Avoir la bosse de : Avoir la bosse du calcul.* **Talent,** aptitude distinguée, naturelle ou acquise, qui confère une supériorité dans une activité quelconque : *Soyez plutôt maçon si c'est votre talent* (BOIL.). *Tous les talents et les diverses aptitudes de l'homme d'État* (BALZ.). **Esprit,** aptitude intellectuelle, façon de concevoir les choses qui correspond exactement à ce qu'exigent certaines activités : *L'esprit des affaires, du commerce, de chicane* (LIT.). **Instinct,** aptitude à sentir et à deviner certaines choses, sans avoir besoin d'être instruit : *Avoir l'instinct du rythme.* **Fibre,** disposition à certaines émotions : *Avoir la*

fibre paternelle (ACAD.). — A la différence de tous ces termes, **Vocation,** objectif, fait penser à la chose, à l'état vers lesquels le sujet a le sentiment d'être appelé : *Vocation de la pauvreté, de la misère même... C'est une sorte de vocation, une destination* (PÉG.). — Sentiment qui nous pousse vers telle ou telle activité : → Inclination. ¶ 4 → Sentiment. ¶ 5 → Mesure. ¶ 6 *Disposition,* terme général, chacun des points que règlent ou que décident une loi, une ordonnance, un arrêté, un jugement, un arrêt, etc. : *La loi des Douze Tables est pleine de dispositions très cruelles* (MTQ.). **Clause,** disposition particulière qui fait partie d'un traité, d'une loi, d'un contrat ou de tout autre acte public ou particulier : *Mettre, insérer, ajouter une clause à un contrat* (ACAD.). **Condition,** clause, et aussi charge et obligation moyennant laquelle on fait quelque chose : *Les conditions de la paix* (FÉN.). **Modalités,** surtout au pl., conditions envisagées sous le rapport de leur mode d'exécution : *Les conditions de paiement déterminent moyennant quelle somme on fera telle ou telle chose, les modalités de paiement précisent comment cette somme sera versée.* ¶ 7 → Position.

Disproportion : → Différence.

Disproportionné : Qui pèche par défaut de proportion. *Disproportionné* s'emploie en parlant de plusieurs choses ou d'une seule relativement à une autre ou à d'autres : *Louanges disproportionnées à vos actions.* **Mal proportionné** s'applique à une seule chose qu'on considère en soi ou dans sa totalité : *Animal mal proportionné et marchant peu commodément* (J.-J. R.) : → Démesuré.

Dispute : → Discussion.

Disputer : ¶ 1 → Discuter. ¶ 2 *Disputer de :* → Lutter. ¶ 3 → Contester. ¶ 4 → Réprimander. — ¶ 5 Absolument, *Disputer* marque une opposition d'opinions qui peut être calme, *Se disputer,* une opposition de personnes toujours violente : *Deux docteurs disputent sur une question de théologie. — On se dispute, on hausse la voix* (MAU.). **Quereller** et surtout **Se quereller** moins abstrait et peignant les personnages en action, se disputer avec des paroles aigres, des injures graves (→ Discussion).

Disqualifier : → Dégrader.

Dissection : → Anatomie.

Dissemblable : → Différent. *Dissemblable* se dit des êtres et des choses qui, tout en étant de même nature, présentent des différences d'aspect : *Frères dissemblables.* **Dissimilaire,** terme didact., différent de genre, n'étant pas de même nature : *Parties dissimilaires comme les os, les artères, les muscles* (ACAD.).

Dissemblance : → Différence.

Disséminer : → Répandre.

Dissension, Dissentiment : → Mésintelligence.

Dissertation : ¶ 1 → Traité. **¶ 2** → Rédaction. **¶ 3** → Discussion.

Disserter : → Discourir.

Dissidence, action ou état de ceux qui s'éloignent de la doctrine du plus grand nombre, surtout en matière religieuse ou politique : *La dissidence des Presbytériens d'Angleterre.* **Déviation,** néol., le fait de s'éloigner, parfois inconsciemment et individuellement, de ce que le plus grand nombre considère comme la doctrine orthodoxe d'un parti : *Exclure d'un parti des théoriciens coupables de déviation.* **Hérésie,** erreur condamnée par l'Église en matière de religion; se dit par ext. de toute maxime ou doctrine en opposition avec les idées reçues en littérature, sciences, art, etc., et parfois ironiquement, avec une doctrine politique que ses défenseurs considèrent comme sacrée, mais n'implique pas qu'on forme un groupe séparé et ne s'applique qu'aux idées. **Schisme,** dans le langage religieux, formation d'une Église qui se sépare de la communion de l'Église et de l'autorité du Saint-Siège, sans forcément nier des points importants de la doctrine et être hérétique; insiste, en matière de politique, de morale, de littérature, d'usages, sur la séparation qui résulte d'une dissidence assez importante pour scinder un parti, un groupe en deux ou plusieurs parties : *Le Jansénisme trouble la France, mais sans faire de schisme, sans exciter de guerre civile* (Volt.). En insistant simplement sur la séparation, sans idée de divergences de doctrine : → Scission.

Dissident : → Insoumis.

Dissimulateur : → Sournois.

Dissimulation : → Feinte.

Dissimulé : → Sournois.

Dissimuler : ¶ 1 (un objet) → Cacher. **¶ 2** (un sentiment) Au fig. *Dissimuler* et **Déguiser,** faire en sorte qu'une chose ne soit pas vue ou aperçue, ajoutent à **Taire** (→ ce mot) et **Cacher,** qui sont purement négatifs, l'idée d'une activité qui ne se contente pas de dérober aux yeux une chose, mais cherche à faire illusion à son propos par feinte et artifice : *Discrète, prudente et réservée, vous avez l'art de cacher vos sentiments sans les dissimuler* (D'Al.). *Dissimuler,* qui peut s'employer absolument, est plus général, évoque un art qui consiste à faire semblant qu'une chose n'est pas : *Ces mêmes vertus refoulées que Jacques avait dissimulées sous ses violences* (M. D. G.). *Déguiser* (→ ce mot) s'emploie toujours avec un régime, et n'implique pas qu'on nie la chose, mais qu'on la fait paraître autre qu'elle n'est : *Déguiser sous de beaux noms les sentiments les plus vils* (Mau.). *Une femme dissimule son amour en faisant l'indifférente, elle le déguise en donnant à croire que c'est l'amitié ou tout autre sentiment* (L.).

Dissipation : ¶ 1 → Dépense. **¶ 2** → Distraction.

Dissiper : ¶ 1 → Disperser. **¶ 2** → Dépenser. **¶ 3** → Consumer. **¶ 4** (Réf.) → Disparaître.

Dissocier : → Séparer.

Dissolu : → Vicieux et Débauché.

Dissolution : ¶ 1 *Dissolution,* **Résolution :** → Dissoudre. **¶ 2** → Dérèglement.

Dissonance : Concours de sons qui ne s'accordent pas bien. *Dissonance,* en musique, réunion de deux ou plusieurs sons qui n'appartiennent pas à la même harmonie naturelle et qui surprennent l'oreille sans pour cela faire un effet désagréable : *Sauver une dissonance; préparer une dissonance* (Acad.). **Discordance** implique une absence totale d'accord toujours désagréable. **Cacophonie,** rencontre de mots et de syllabes qui dans le langage forment un son désagréable à l'oreille, par ext. assemblage discordant de plusieurs sons en parlant de voix ou d'instruments qui chantent et qui jouent sans être d'accord. **Charivari,** cacophonie bruyante. **Tintamarre,** discordance, cacophonie éclatantes de bruits plutôt que de sons, accompagnées de confusion et de désordre : *Tintamarre des trompes et des cors; d'un feu d'artifice* (L. F.); *des clairons* (V. H.). — En parlant du style, *cacophonie* a uniquement rapport aux rencontres de mots et de syllabes désagréables pour l'oreille. *Dissonance* ne se dit que d'un mélange disparate de tons dans le style : → Opposition.

Dissoudre : ¶ 1 → Délayer. **¶ 2** Faire cesser l'union entre les parties d'un tout. *Dissoudre* marque simplement la destruction de l'union : *L'eau dissout le sucre; le Roi dissout le Parlement :* → Décomposer. **Résoudre** marque un retour qui rétablit l'état antérieur ou naturel, ou bien qui amène un second état : *La glace se résout en eau* (Buf.). **¶ 3** (Réf.) → (se) Séparer.

Dissuader : Faire effort pour empêcher quelqu'un de faire quelque chose. On *Dissuade* quelqu'un des entreprises et des résolutions auxquelles il est décidé en le persuadant d'y renoncer : *Je la dissuadai de se donner à lui* (Corn.). On **Déconseille** quelque chose à quelqu'un en s'adressant à sa raison, par des conseils, souvent à propos d'entreprises auxquelles il n'est pas encore décidé : *Je ne lui conseille ni ne lui déconseille cette entreprise* (ACAD.). On **Décourage** en enlevant l'envie, l'ardeur, le courage de faire quelque chose, en représentant des obstacles, des impossibilités : *On l'a découragé de solliciter les suffrages des électeurs* (LIT.). **Détourner** a uniquement rapport à l'effet, sans préciser le moyen, mais s'emploie dans des sens beaucoup plus larges, non seulement en parlant d'un projet, d'une entreprise, mais encore d'une voie que l'on suit : *Détourner d'un dessein* (VAUG.); mais aussi : *Détourner d'un intérêt* (VOLT.).

Distance : ¶ 1 Étendue entre des objets ou des événements qui ne se touchent pas, considérée abstraitement comme mesurable ($\neq$ Espace, étendue concrète). La *Distance* est plutôt fixe, grande ou petite, considérée objectivement : *Cette distance de quelques pas qui sépare la maison du tombeau* (F. D. C.). L'**Éloignement**, qui peut être accidentel, marque une grande distance, envisagée souvent subjectivement, comme la cause ou la conséquence de tel ou tel sentiment : *Immense éloignement des planètes* (L. F.). *Le moindre éloignement nous tue* (MOL.). **Recul**, éloignement dans l'espace ou dans le temps d'une chose que l'on considère : *Il faut un certain recul pour apprécier les événements* (ACAD.). ¶ 2 → Différence.

Distancer : → Passer. *Distancer*, devancer en laissant assez loin derrière. **Gagner sur**, distancer de plus en plus. **Lâcher**, terme sportif, laisser un concurrent dans une course de plus en plus loin derrière soi. **Semer** (→ Quitter), syn. fam. de *distancer*.

Distant : → Fier.

Distiller : → Dégoutter.

Distinct : ¶ 1 → Différent. ¶ 2 → Clair.

Distinction : ¶ 1 → Séparation. ¶ 2 → Différence. *Distinction*, action de l'esprit qui met une différence ou une nuance entre les choses. **Distinguo** (en lat. scolastique « je distingue »), action d'énoncer une distinction dans une argumentation, d'où, péj., distinction subtile, souvent spécieuse. ¶ 3 → Honneurs. ¶ 4 → Élégance. ¶ 5 *De distinction* : → Distingué.

Distingué : ¶ 1 → Élégant. ¶ 2 Qui sort du commun. *Distingué*, joint souvent à un mot qui marque la profession, l'état, la fonction, indique qu'une personne ne se confond pas avec les autres, grâce à son talent, ses capacités : *Un des esprits les plus solides et les plus distingués de sa promotion* (J. ROM.). **De distinction** marque plutôt une distinction due au rang, à la naissance, aux dignités : *Personne de distinction* (ACAD.); mais parfois aussi au mérite,

dans des expressions comme : *Un officier de distinction* (ACAD.). **Brillant** (→ ce mot) se dit bien en parlant de qualités parfois superficielles ou extérieures qui peuvent plaire à l'esprit, à l'imagination, ou qui se manifestent par des actions qui frappent : *Brillant écrivain, brillant orateur, brillant officier, brillant demi de mêlée*; mais on ne dira pas *brillant savant*. **Remarquable**, plus fort, se dit plutôt des qualités intellectuelles qui retiennent sérieusement l'attention : *Remarquable helléniste. Homme d'un talent remarquable* (ACAD.). **Éminent** implique une excellence totale dans l'ordre intellectuel ou moral : *Hommes éminents en doctrine et en sagesse* (PASC.). *C'est un esprit éminent, une âme élevée* (J. ROM.). **Supérieur** et **Hors ligne** enchérissent et marquent qu'on est presque **Transcendant**, d'un ordre différent de l'ordre commun. **Incomparable**, **Hors de pair**, **Sans pareil** supposent une supériorité qui rend unique, sans égal. — **Émérite**, qui se disait à l'origine de celui qui, ayant exercé un emploi, le quittait pour jouir des récompenses dues à ses services, qualifie par ext., de nos jours, celui qui est remarquable par son apport personnel à quelque science ou par la pratique de quelque chose : *Philologue émérite. Buveur émérite* (ACAD.).

Distinguer : ¶ 1 → Différencier. ¶ 2 → Percevoir et Voir. Apercevoir nettement, sans confondre avec autre chose. *Distinguer*, au prop. et au fig., faire la différence entre une chose et une autre, la reconnaître par les sens ou l'esprit, à des signes ou des caractères visibles, apparents, assez faciles à saisir : *Deux petits feux qu'on ne distinguait qu'à cause de leur mouvement* (J. ROM.). **Discerner**, qui ne convient au propre que pour le sens de la vue, se dit pour les choses cachées, délicates, qui demandent de la finesse, de la sagacité, de la pénétration, et de plus implique un triage, un choix : *Je discernais dans son regard levé vers moi une lassitude sans nom, peut-être de la pitié et sûrement un peu de honte* (MAU.). **Démêler**, défaire ce qui est mêlé, distinguer au milieu d'une confusion : *L'instinct historique, je veux dire l'art de démêler, à travers une foule de faits et de causes, la cause et le fait importants* (TAI.). **Débrouiller**, démêler ce qui est brouillé, obscur : → Éclaircir. **Faire une discrimination** et **Discriminer** (néol.), termes didactiques, distinguer avec précision : *Faire la discrimination de telles ou telles choses mêlées* (ACAD.). ¶ 3 Ne pas laisser une chose confondue avec une autre ou avec d'autres. *Distinguer* consiste à ne pas confondre, **Séparer**, à désunir, à isoler. *Séparer* se dit parfois pour *distinguer*, mais implique alors plus qu'une différence, une distance : *La raison sépare*

l'homme de tous les animaux (ACAD.).
¶ 4 (Réf.) *Se distinguer*, s'élever au-dessus
des autres, ne pas être confondu avec eux
en bien, mais aussi en mal, grâce à l'éminence de ses qualités ou de ses défauts :
*Toi qui t'es distingué dans le classement
des bêtes et des plantes remarquables* (VAL.).
Émerger, fig., se distinguer par ses qualités dans une foule, paraître supérieur :
*C'est à ce prix seulement qu'une copie de
concours émergera du tas* (J. ROM.). **Se
faire remarquer,** c'est simplement attirer
sur soi l'attention, en bien ou en mal, pour
n'importe quelle raison. **Se signaler,** se
distinguer ou se faire remarquer fortement
par quelque chose d'insigne, qui rend
connu, célèbre : *Se signaler par son courage; par ses cruautés* (ACAD.). **Paraître,**
souvent péj., se faire remarquer dans le
monde par une apparence brillante. **Faire
figure,** paraître dans le monde par une
situation avantageuse, des dépenses. **Se
faire voir,** péj., faire des efforts indiscrets
pour se faire remarquer ou paraître. **Se
particulariser,** qui, comme *se distinguer,*
marque qu'on tranche sur les autres,
suppose des opinions, des actes, des paroles
qui sont différents de ceux des autres,
mais non éminents et rendent tantôt
bizarre, tantôt original. **Se singulariser,**
toujours péj., implique une affectation à
se faire remarquer, souvent par des actions
qui n'ont rien de louable, ou des actions
extravagantes : *L'orgueil cherche toujours à
se singulariser* (MAS.).

Distorsion : → Torsion.

Distraction : ¶ 1 Inapplication de l'esprit à ce qu'il fait. *Distraction,* état passager ou durable d'un esprit qui ne fait pas
attention aux choses présentes, parce qu'il
est abstrait par des préoccupations intérieures ou distrait par la moindre impression qui se présente : *La vie de La Fontaine
ne fut pour ainsi dire qu'une distraction
continuelle* (DID.). **Inattention** (→ ce mot),
état presque toujours habituel d'un esprit
qui n'a pas la force d'opérer la concentration nécessaire pour faire attention :
*L'inattention d'un élève a souvent des causes
physiologiques.* **Absence d'esprit** ou **Absence,**
état momentané dans lequel l'inattention
devient telle que le sujet semble ailleurs,
soit parce qu'il est totalement abstrait, soit
par affaiblissement mental (en médecine,
absence, perte momentanée de connaissance, forme bénigne de l'épilepsie). **Dispersion,** état d'un esprit qui, malgré ses
efforts, ne peut pas se concentrer parce
qu'il a trop de sujets, en général intellectuels et sérieux, qui l'intéressent :
*Nous autres, gens cultivés, nous nous éner-
vons par la dispersion de l'esprit* (MICH.).
Dissipation, péj., implique un manque
total d'application parce qu'on se livre à

toutes sortes d'amusements, ou à un tourbillon d'activités désordonnées : *La dissipation de l'esprit inévitable dans les grands
emplois* (FLÉCH.). — **Étourderie** est relatif
à la conduite, marque le manque de
réflexion et n'est syn. des autres termes
que parce que l'*étourderie* est parfois la
cause de la *distraction* ou de l'*inattention* :
→ Étourdi. ¶ 2 → Divertissement.

Distraire : ¶ 1 Faire aller ou venir ailleurs. *Distraire,* séparer du reste, mettre à
part, dans une intention bonne ou mauvaise : *Sur cette somme il faut distraire
tant* (LIT.). **Divertir** (vx), changer le sens,
la destination, l'emploi. **Soustraire,**
faire disparaître, marque en général une intention frauduleuse (→ Dérober) : *Soustraire
les effets d'une succession.* **Détourner,** soustraire frauduleusement ce qu'on dérobe,
marque toujours un délit, spéc. en parlant de fonds dont on avait la garde et
qu'on utilise pour son propre usage ou
d'un mineur qu'on soustrait illégalement
à ceux qui ont sur lui autorité : *Depuis
trois mois, il détournait de petites sommes
espérant les remettre* (ZOLA). ¶ 2 Au fig. en
parlant de l'homme, *Distraire,* faire cesser
l'application de l'esprit, l'empêcher de se
concentrer sur un travail intellectuel, par
ext. l'éloigner de ce qui le fatigue ou
l'obsède, par n'importe quel moyen : *Le
distraire, le sortir un peu de lui-même*
(GI.). **Divertir,** distraire par une occupation très agréable qui attache : *Une pièce
de théâtre divertit*; diffère d'**Amuser,**
Délasser et de **Récréer** comme les n. correspondants : → Divertissement. **Détourner**
est relatif au but visé, à la conduite, et
suppose qu'on oriente l'activité de quelqu'un en un autre sens : *Détourner d'un
devoir, d'un projet.* (A noter que *divertir*
est recherché comme syn. de *détourner* :
Divertir d'un dessein; et vx comme syn.
de *distraire*). **Débaucher,** syn. fam. de *distraire,* faire quitter, pour une fois, un
travail, une occupation sérieuse pour un
divertissement honnête : *J'ai aussi débauché
M. Hessein pour faire le quatrième* (RAC.).
¶ 3 (Réf.) *Se distraire,* **Se divertir, S'amuser**
(→ ce mot), **Se récréer, se délasser** diffèrent
de la même façon. **S'étourdir,** se distraire
de quelque chose de douloureux, s'empêcher d'y penser, souvent par une agitation fébrile, une activité folle et vaine :
S'étourdir à parler (CAM.). **Baguenauder,**
pop. et péj., s'amuser à des niaiseries, à
des riens.

Distrait : Dont l'attention échappe à la
volonté. *Distrait* implique que l'esprit
est détourné par toutes sortes d'impressions,
notamment celles qui viennent du dehors :
*Le gamin, distrait, suivait des yeux le va-
et-vient de sa mère* (M. D. G.). **Abstrait,**
concentré intérieurement sur une idée qui

rend insensible à tout le reste : *Philosophe abstrait par ses méditations*; de nos jours on dit plutôt **Absorbé** : *Si absorbé qu'il passait parfois à quelques mètres de moi sans me voir* (Mau.). **Préoccupé**, impuissant à résister à une idée qui s'impose : *Préoccupé par toutes ces questions* (J. Rom.). **Absent** se dit surtout de l'air de celui qui, parce qu'il est très absorbé ou préoccupé, semble avoir l'esprit ailleurs : *Cet air absent et séparé du monde de ceux qui remâchent un souci* (Mau.). **Inattentif, Dispersé, Dissipé, Étourdi** : → Distraction.

Distribuer : ¶ 1 Donner d'une chose à plusieurs personnes. Avec simplement l'idée qu'on répand, qu'on dissémine sans faire des parts, *Distribuer* se dit dans tous les cas : *Lune, c'est le mouvement de ton agitation qui distribue les vents et les rosées fécondes* (Flaub.); **Dispenser,** dans le style soutenu, distribuer des choses nobles et relevées en parlant de personnages éminents ou d'êtres supérieurs : *Dispenser la vraie doctrine* (Bour.); *la réputation* (Pasc.); *les grâces* (Bos.) — Avec l'idée qu'on fait des parts, **Partager** a rapport à la chose qu'on divise en parts ou en lots souvent égaux : *Partager un gâteau, l'ouvrage*; **Départir,** peu employé, et **Impartir** ont rapport à la personne supérieure qui dispense en général des grâces ou des dons : *Tous les dons que le ciel avait départis aux auteurs de mes jours* (J.-J. R.). *Les dons que la nature nous a impartis* (Acad.). **Répartir** a rapport à ceux qui reçoivent et implique un partage de choses bonnes ou mauvaises proportionnellement aux droits, aux devoirs de chacun ou à des conventions préétablies : *Répartir des taxes d'une manière équitable et vraiment proportionnelle* (J.-J. R.). **Attribuer** (→ ce mot), donner à chacun ce qui lui revient dans ce que l'on a distribué ou réparti. **Donner,** syn. vague de ces termes. ¶ 2 → Diviser. ¶ 3 → Ranger.

Distribution : ¶ 1 *Distribution*, **Dispense, Partage, Répartition, Attribution** : → Distribuer. ¶ 2 → Ordre. ¶ 3 → Disposition.

District : ¶ 1 → Division ¶ 2 → Charge et Département.

Dithyrambe : → Éloge.

Dithyrambiste : → Louangeur.

Diurne : → Journalier.

Divagation : ¶ 1 → Digression. ¶ 2 → Délire.

Divaguer : ¶ 1 → Déraisonner. ¶ 2 → Errer.

Divan : → Canapé.

Divergence : → Mésintelligence.

Diverger : → (s') Écarter.

Divers : ¶ 1 → Changeant. ¶ 2 → Plusieurs. ¶ 3 → Différent. ¶ 4 → Varié.

Diversion : Action de détourner quelqu'un de ce qui le préoccupe, ou ce qui accomplit cette action. *Diversion*, terme militaire, opération par laquelle on force l'ennemi à se détourner, se dit aussi d'une action morale semblable qui consiste à occuper l'esprit ailleurs, par n'importe quoi, souvent momentanément, pour le libérer de ce qui le préoccupe : *J'étais heureux d'inventer cette diversion pour le distraire un peu de sa malheureuse aventure* (Gi.). **Dérivatif,** terme médical, ce qui détourne une cause morbide vers une autre partie où ses effets sont moins dangereux, implique non qu'on supprime ce qui préoccupe, mais qu'on le transforme peu à peu en autre chose : *La lecture est un puissant dérivatif à l'ennui* (Lar.). **Exutoire,** terme médical, ulcère qui sert de dérivatif; au fig., issue par laquelle peut s'écouler quelque chose qui gêne, moyen de s'en débarrasser : *Cette discussion a servi d'exutoire à sa bile* (Acad.). **Divertissement** (→ ce mot), vx au sens, qu'on trouve chez Pascal, d'occupation quelconque qui détourne l'homme de lui-même, implique de nos jours le plaisir et un fort attachement à quelque chose d'agréable qui nous arrache à nos préoccupations.

Diversité : ¶ 1 → Différence. ¶ 2 (Qualité littéraire) → Variété.

Divertir : → Distraire.

Divertissement : ¶ 1 → Diversion. ¶ 2 → Plaisir. Chose à laquelle on se livre pour son agrément ou son bien-être. Le *Divertissement*, souvent pris en compagnie, nous délivre de nos préoccupations, de nos soucis par une activité qui provoque un vif plaisir : *L'équitation* (Mau.), *le théâtre, le jeu, la danse sont des divertissements*. **Distraction,** tout ce qui fait cesser l'application, la concentration de notre esprit, toute diversion reposante et agréable qui peut être solitaire et consister en des plaisirs très variés : *La rêverie, la lecture, les voyages sont des distractions.* **Amusement,** ressource de circonstance contre l'ennui fournie par des bagatelles ou des activités assez frivoles. **Délassement,** exercice quelconque, distraction ou divertissement qui reposent quelqu'un qui se fatigue beaucoup de corps ou d'esprit ou s'occupe de choses importantes : *La comédie fut toujours le délassement des grands hommes, le divertissement des gens polis et l'amusement du peuple* (S.-É.). **Récréation,** court divertissement de gens fatigués qui ont besoin de se refaire, ou amusement qui repose les écoliers : *Le passage alternatif du travail à la récréation* (J.-J. R.). **Réjouissance** (→ ce mot), manifestation de joie (et non moyen d'échapper à un état fâcheux) qui s'accompagne de signes extérieurs et se fait souvent en groupe. — **Déduit**, *divertissement*, est du style badin et vx, **Régal**, vx, divertissement, partie de plaisir, fête, collation qu'on offre à une dame ou à un personnage important. **Partie** se dit de tout projet de divertissement à plusieurs ou de ce divertissement lui-même, en des sens très divers : *Partie carrée, de chasse, de campagne* etc.; et parfois absolument : *Il avait été des ballets et des parties du Roi* (S.-S.). **Ébat**, divertissement qui consiste surtout à se donner du mouvement, au physique et au moral, en pleine liberté, pour se reposer, ne se dit plus guère que dans la loc. *Prendre ses ébats*. ¶ 3 → Réjouissance. ¶ 4 Spectacle qui divertit. En termes de théâtre, *Divertissement*, danses quelquefois mêlées de chants ou saynète (→ ce mot) qui coupent l'action d'un opéra ou d'une comédie. **Intermède**, divertissement qui se place entre deux actes ou entre deux pièces : *Les divertissements de* La Princesse d'Élide *de Molière sont des intermèdes.* **Interlude**, pièce de poésie ou de musique exécutée entre des ouvrages plus importants : *Le programme comprendra une conférence et des interludes* (ACAD.). **Ballet**, autrefois divertissement important qui comptait plusieurs entrées et figures; de nos jours, dans l'opéra et l'opéra-comique, divertissement uniquement chorégraphique : → Spectacle.

Dividende : → Gain.

Divin : Relatif à la puissance d'en haut. *Divin* fait penser à Dieu, **Céleste**, au séjour qu'il occupe avec les bienheureux : *Conscience! instinct divin, immortelle et céleste voix* (J.-J. R.). — Au fig., au sens hyperbolique d'excellent, *divin*, qui enchérit sur *céleste*, est abstrait et marque dans tous les styles une excellence digne de Dieu; *céleste*, poétique et concret, se dit de joies ou de beautés telles qu'on imagine celles du ciel : *La divine beauté des vérités de notre religion* (MAS.). *Ah! qui n'oublierait tout à cette voix céleste!* (V. H.).

Divination : → Magie.

Diviniser : → Louer.

Divinité : → Dieu.

Diviser : ¶ 1 → Séparer. Séparer une chose en deux ou plusieurs parties. *Diviser* n'indique pas la rupture de l'union, car la séparation peut être fictive et, si elle est réelle, les parties conservent leur rapport avec le tout : *La France est divisée en départements; l'année est divisée en douze mois* (ACAD.). **Partager**, faire des parts, diviser une chose pour en donner des parties à plusieurs personnes, et donc

rompre son union : *Après la grande guerre on partagea l'Empire austro-hongrois. Partager* se dit cependant pour *diviser* en parlant de parties importantes et nettement distinctes : *Romulus partagea d'abord tout le peuple en trois corps; puis il divisa chaque corps en dix autres* (ROLL.). **Distribuer**, diviser selon un certain ordre en disposant, en rangeant : *Servius avait distribué les citoyens en six classes* (MTQ.). **Partir**, syn. vx de *diviser*. ¶ 2 Au fig. → Séparer. *Diviser*, mettre la division, la discorde, la mésintelligence. **Partager** dit moins : c'est former des partis différents : *Des intérêts divisent les familles, des opinions différentes partagent une assemblée.* ¶ 3 → Sectionner.

Division : ¶ 1 → Séparation. ¶ 2 → Partie. ¶ 3 Partie d'un territoire. *Division*, terme général et vague, sauf dans la loc. *Division militaire.* **Circonscription**, division administrative, religieuse ou militaire d'un territoire : *La commune, le canton, l'arrondissement, le département sont des circonscriptions administratives.* **District**, circonscription dans laquelle s'étendait autrefois la juridiction d'un juge, s'est dit aussi d'un arrondissement; de nos jours, circonscription des chemins de fer et par ext., d'une manière générale, toute division territoriale de moyenne étendue. ¶ 4 → Mésintelligence.

Divorce : ¶ 1 *Divorce*, dissolution judiciaire du mariage civil sur la demande de l'un des deux époux ou sur celle de tous les deux. **Séparation de corps**, simple dispense, accordée par la justice à chacun des deux époux, de certaines des obligations que leur imposait le mariage, notamment de la vie en commun. **Répudiation**, autrefois renvoi de la femme par le mari suivant certaines formes légales; de nos jours la répudiation n'a aucune valeur légale. ¶ 2 → Séparation.

Divorcer, Se séparer : → Divorce. **Être démarié**, être séparé juridiquement de son conjoint pour cause de divorce ou de nullité de mariage, autrefois pour cause de répudiation.

Divulguer : → Publier.

Divulsion : → Déracinement.

Docile : → Flexible et Doux.

Docilité : → Douceur et Obéissance.

Dock : ¶ 1 → Bassin. ¶ 2 → Magasin.

Docker : → Porteur.

Docte : → Savant.

Docteur : ¶ 1 → Médecin. ¶ 2 → Théologien.

Doctoral : → Tranchant.

Doctrine : ¶ 1 → Leçon. ¶ 2 → Savoir. ¶ 3 → Principes.

Document : → Titre.

Documentaire : → Didactique.

Dodeliner, Dodiner : → Balancer.

Dodu : → Gras.

Dogmatique : → Tranchant et Dogmatiste.

Dogmatiste, celui qui a embrassé le dogmatisme, c'est-à-dire une philosophie qui affirme certains principes, certaines vérités par opposition au scepticisme. **Dogmatiseur,** celui qui, par manie, énonce tout ce qu'il croit sous forme de dogmes. **Dogmatique,** celui qui est, par nature, par tempérament, intrinsèquement *dogmatiste* et continuellement *dogmatiseur*.

Dogme : ¶ 1 → Principe. ¶ 2 → Foi.

Doigt (un) : → (un) Peu.

Doigté : → Habileté.

Dol : → Tromperie.

Doléances : → Gémissement.

Dolent : → Malade.

Domaine : ¶ 1 → Bien. ¶ 2 → Département et Sphère.

Dôme, construction en forme de demi-sphère creuse surmontant un grand édifice, s'emploie aussi au fig. : *Dôme du Val-de-Grâce. Le grand dôme nocturne tout scintillant de points d'or* (Loti). **Coupole,** la partie concave, l'intérieur du dôme; se dit parfois pour *dôme*, et s'emploie rarement au fig. sauf pour désigner l'Institut et particulièrement l'Académie française qui se réunit sous la coupole : *Coupole des Invalides peinte par La Fosse.*

Domestique : N. ¶ 1 → Serviteur. ¶ 2 → Servante. ¶ 3 → Maison. — ¶ 4 Adj. → Familial.

Domestiqué : → Apprivoisé.

Domicile : → Demeure.

Dominant : → Principal.

Domination : → Autorité.

Dominer : ¶ 1 → Prévaloir. ¶ 2 → Gouverner. ¶ 3 *Dominer,* être plus fort qu'un autre bruit : *La sirène domine le bruit de la tempête.* **Étouffer** implique que le bruit le plus faible est amorti, qu'on ne l'entend guère : *Pour étouffer les cris que poussaient ces victimes on faisait retentir le bruit des tambours et des trompettes* (Roll.). **Couvrir,** étouffer complètement, rendre inaudible : *Comme un char en passant couvre le bruit des ailes De mille moucherons* (V. H.). ¶ 4 (Réf.) → (se) Vaincre.

Dommage : ¶ 1 Privation de quelque chose de bon et d'utile qu'on avait. Le *Dommage* est partiel, c'est un déchet; la **Perte** (→ ce mot) est totale, c'est une suppression : *On remplace des pertes, on répare des dommages.* De plus *dommage* est relatif à celui qui le cause, *perte* à celui qui la subit : *Faire du dommage se dit de l'agent, faire une perte, du patient.* **Sinistre,** terme d'assurances, voir dommage d'objets assurés : *Évaluer le sinistre.* ¶ 2 Mal fait au bien d'autrui. *Dommage* et **Tort** supposent un mal immédiat. *Dommage,* terme générique, se dit particulièrement bien en parlant des choses matérielles, mais peut s'employer dans tous les cas : *Dommage d'un ânon dans un pré* (Rac.). *Les dommages qu'il a causés à notre âme* (Mas.). *Tort* suppose toujours une personne ou une chose personnifiée qui agit contre la justice, le droit et cause un dommage moral : [On dirait que l'action] *n'était pas suffisante; de là un tort considérable, une diminution pour* [elle] (Zola). **Injure** et **Outrage,** qui enchérit, fig. et poét., dommage causé par le temps à la solidité des choses, à la beauté des personnes : *Du temps l'irréparable outrage* (Rac.). **Atteinte,** fig., dommage qui gâte une chose physique ou morale, qui nuit à son intégrité, à sa perfection : *Vignoble qui se ressent des atteintes de la gelée. Réputation qui souffre des atteintes de la calomnie.* **Coup,** fig., atteinte considérable qui blesse, abat : *Cet échec a porté un coup à sa réputation.* **Mal,** syn. vague de *dommage*. **Lésion,** syn. vx de *dommage* ou de *tort,* ne se dit en termes de droit que du préjudice qu'éprouve l'une des parties dans un contrat à titre onéreux. — En parlant de ce qui nuit aux intérêts, peut causer un mal ultérieur, plus ou moins éloigné, **Préjudice** implique l'idée d'usurpation, de violation de droit, surtout du point de vue moral, **Détriment** simplement l'idée d'une perte réelle : *On blâme l'injustice par le préjudice qu'on en reçoit* (L. R.). *Au détriment de son intérêt; de sa réputation.* **Désavantage** dit encore moins et implique la perte d'un avantage possible, le fait qu'on subit une infériorité surtout lorsqu'il y a compétition : *Procès qui tourne au désavantage d'une des parties.* **Dam,** vx, ne s'emploie que dans les loc. *Au dam de, A mon dam, A son dam,* etc., au sens de *préjudice.* ¶ 3 En parlant des choses matérielles, *Dommage* se dit dans tous les cas et insiste sur la perte subie. **Dégât** (→ ce mot), dommage causé par une cause violente ou un accident, insiste surtout sur le mauvais état de la chose : *Le dégât que le gibier fait dans les champs* (J.-J. R.). **Détérioration,** dommage qui a pour résultat de mettre une chose dans un état plus mauvais qu'avant, parfois par négligence ou malveillance : *Tout locataire est responsable des détériorations commises durant son bail* (Acad.). **Dégradation,** qui enchérit, dégât plus ou moins considérable qu'on fait dans une propriété publique ou privée, dans une maison etc., souvent volontairement : *La dégradation des monuments publics est punie dans la loi* (ACAD.). **Déprédation,** vol, pillage avec dégât : *Les déprédations des Corsaires* (LIT.). — **Avarie,** dommage survenu à un bâtiment ou aux marchandises dont il est chargé; par ext., toute espèce de détérioration survenue à un objet soit pendant un voyage, soit dans un magasin. **Casse,** fam., dégât qui consiste à mettre un objet en morceaux, par ext., tout dégât ou dommage résultant de coups, de blessures : *Le voiturier ne répond pas de la casse* (ACAD.). ¶ 4 *Dommages intérêts* : → Dédommagement. ¶ 5 *(C'est) dommage* : → (c'est) Fâcheux.

Dompté : → Apprivoisé.

Dompter : → Vaincre et Soumettre.

Don : ¶ 1 Ce qu'on accorde ou ce qu'on cède à quelqu'un. *Don* s'emploie seul toutes les fois que la chose ne peut être que donnée et non présentée ou offerte (→ Donner) et désigne un bienfait gratuit, un acte de libéralité qui consiste en quelque chose de prix et vient souvent d'un supérieur. Le **Présent,** en général moins important, vient souvent d'un inférieur, est fait dans un certain dessein, pour exprimer un certain sentiment : *On fait don de ses biens, de son cœur, de sa vie; on montre son amour, sa reconnaissance, on flatte par des présents.* **Libéralités,** dons nombreux et abondants que fait, par générosité, une personne en général haut placée ou riche : *Libéralités de personnes dévotes* (BALZ.). **Gratification** (→ ce mot), don en argent qu'on fait par pure libéralité : *Louis XIV envoya une gratification à Corneille dans sa dernière maladie* (VOLT.). **Hommage,** présent fait par respect : *Faire à quelqu'un l'hommage d'un de ses livres.* **Offrande** (→ ce mot), présent offert à Dieu, aux saints, à l'Église, par ext., tout don, en général modeste, offert à une œuvre de bienfaisance. **Secours** (→ ce mot), don fait à une personne dans le besoin. **Cadeau,** petit présent que l'on fait pour être agréable à quelqu'un. **Étrennes,** présent, cadeau ou gratification à un domestique, un facteur, un enfant etc., qu'on donne à l'occasion du jour de l'an. **Souvenir,** petit cadeau offert pour rappeler la mémoire de quelqu'un ou de quelque chose : *On rapporte de ses vacances des souvenirs pour ses amis.* **Surprise,** cadeau ou plaisir inattendu. **Honnêteté,** vx, présent qu'on fait par reconnaissance. ¶ 2 Cession gratuite d'un bien dans les formes légales. *Don* se dit de la chose qu'on donne. **Donation** précise la façon dont elle est donnée,

par un acte public, généralement entre vifs. **Legs,** donation faite par testament à un individu ou à une personne collective. La **Dotation** diffère de la *donation* par le fait qu'elle consiste uniquement à assigner un fonds avec ses revenus à un corps, un établissement d'utilité publique, à une personne, etc., et qu'elle peut être faite par un acte d'autorité publique justifié par le mérite ou l'utilité du dotataire; de plus *dotation* est relatif au bénéficiaire et non, comme *donation*, à la chose donnée : *Il a laissé tant pour la dotation de cette Église* (ACAD.). ¶ 3 → Disposition.

Donc : → Ainsi.

Donnant : → Généreux.

Donnée : → Principe.

Donner : ¶ 1 *Donner*, mettre à la disposition de quelqu'un, sans rétribution, une chose que l'on possède ou dont on jouit pour que lui-même en ait la propriété ou l'usage, marque le fait lui-même. **Présenter** et **Offrir** en désignent les préliminaires. *Présenter*, lorsqu'il implique l'intention de donner une chose, se dit des choses qu'on met devant les yeux ou sous la main pour qu'on les prenne, *offrir*, des choses qu'on propose (et qui par conséquent peuvent être abstraites ou à venir) avec le désir qu'elles soient acceptées ou agréées par quelqu'un qui ne les a pas demandées : *On présente un plat, on offre ses vœux, son aide. Quand vous quittez des amis, leur domestique vous présente votre pardessus, et vos amis vous offrent leur voiture pour retourner chez vous.* **Bailler,** syn. vx de *donner.* ¶ 2 Spéc. en parlant d'un remède ou des derniers sacrements, *Donner* a pour syn. plus relevé **Administrer** : *Administrer de la valériane et des bains de camphre* (FLAUB.); qui se dit aussi fam. en parlant des coups : *Administrer des coups de canne.* En ce dernier sens **Ficher** est pop. : *Ficher une gifle* (ACAD.). ¶ 3 → Procurer. ¶ 4 → Occasionner. ¶ 5 → Remettre. ¶ 6 → Conférer. ¶ 7 → Attribuer. ¶ 8 → Distribuer. ¶ 9 → Produire. ¶ 10 → Permettre. ¶ 11 → Transmettre. ¶ 12 → Dénoncer et Livrer. ¶ 13 (Réf.) → (s')Adonner. ¶ 14 *En donner* : → Tromper. ¶ 15 *Donner contre* : → Heurter. ¶ 16 *Donner les mains* : → Consentir.

Doper : → Enflammer.

Dorénavant : → (à l') Avenir.

Dorloter : → Soigner.

Dormant : → Tranquille.

Dormir : ¶ 1 V. Se livrer au sommeil. *Dormir* est le terme ordinaire. **Reposer,** dormir calmement. **Dormailler,** vx, dormir mal, d'une façon interrompue. **Sommeiller,** dormir d'un sommeil léger ou imparfait;

syn. de *dormir* dans le style poétique : *Lorsque tout sommeillait dans l'ombre de la nuit* (Lam.). **Somnoler,** être dans un état intermédiaire entre le sommeil et la veille. **Faire la sieste,** dormir après le déjeuner. **Faire un somme,** fam., dormir un moment sans interruption. **Ne faire qu'un somme** ou **Dormir d'un somme,** dormir sans interruption toute la nuit ou pendant longtemps : *La Fable imagina qu'Épiménide avait dormi d'un somme pendant vingt-sept ans* (Volt.). **Roupiller** et **Pioncer,** syn. pop., de *dormir* : *Roupiller à poings fermés* (Acad.). **Ronfler,** dormir en ronflant; ou, fam. et péj., dormir profondément avec une sorte de ténacité indécente. **S'endormir,** commencer à dormir. **S'assoupir,** s'endormir à demi. ¶ 2 Au fig., en parlant des morts, **Reposer,** dans le langage courant, être placé pieusement en quelque endroit : *Ici repose un tel.... Dormir,* du style relevé, insiste sur la paix et l'insensibilité des morts : *Les morts dorment en paix dans le sein de la terre* (Mus.). ¶ 3 Au fig. Ne pas agir. *Dormir* implique l'immobilité, la sécurité ou l'inaction complètes alors qu'on devrait agir : *L'eau dort. Tu dors Brutus et Rome est dans les fers.* **Sommeiller** implique une inactivité passagère ou la négligence : *La flamme sommeille. Un écrivain, parfois, sommeille.* — ¶ 4 N. → Sommeil.

Dormitif : → Narcotique.

Dortoir : Lieu où l'on dort en commun. On ne fait que dormir dans le *Dortoir* qui se dit des salles à plusieurs lits des communautés religieuses, des maisons d'éducation ou de certains hospices. **Chambrée,** qui se dit en parlant des soldats et parfois d'autres personnes qui vivent ensemble, désigne un lieu où l'on dort, mais aussi où l'on mange et où l'on vit.

Dos : ¶ 1 *Dos,* partie du corps de l'homme ou de l'animal depuis le cou jusqu'aux reins. **Échine** (→ ce mot), partie du dos de l'homme ou de certains animaux en forme d'épine qui va du cou jusqu'au coccyx. **Râble,** partie du lièvre et du lapin qui s'étend depuis le bas des côtes jusqu'à la queue, par ext., fam., partie du dos d'une personne entre le thorax et les fesses, surtout envisagée comme étant solide et trapue. — Au fig. *Plier le dos,* céder, se résigner à ce qui arrive de fâcheux. *Courber, Plier l'échine,* se soumettre humblement par servilité. ¶ 2 Au fig. → Derrière, Surface et Revers. ¶ 3 *Tourner le dos à quelqu'un* : → Délaisser et Dédaigner.

Dose : → Quantité.

Doser : → Mêler et Proportionner.

Dossier, liasse de documents administratifs ou judiciaires se rapportant à une affaire ou à un individu, qui porte, sur la partie supérieure ou sur le dos, l'indication de l'objet qui leur est commun, se dit par ext. du carton qui contient ces documents. **Chemise** désigne uniquement le papier fort ou le cartonnage léger dans lequel on classe des papiers. **Classeur,** sorte de portefeuille à compartiments où l'on classe des estampes ou toutes sortes de papiers, parfois simple *chemise* avec un dispositif pour retenir les papiers qu'on y renferme.

Dotation : ¶ 1 → Don. ¶ 2 → Indemnité.

Doter : → Gratifier et Pourvoir.

Douairière : ¶ 1 → Veuve. ¶ 2 → Vieille.

Douanier, commis à la douane. **Gabelou,** pop. et péj., douanier, et aussi employé d'octroi ou des contributions indirectes (l'employé des contributions indirectes est aussi pop. appelé **Rat de cave**).

Double : Adj. ¶ 1 *Double,* qui est composé de deux parties pareilles, terme courant : *Double semelle.* **Géminé,** terme didact. de droit, de botanique ou d'architecture. ¶ 2 → Supérieur. ¶ 3 → Faux. — N. ¶ 4 → Copie et Reproduction. ¶ 5 → Fantôme.

Doubler : ¶ 1 → Passer. ¶ 2 → Remplacer.

Double sens : → Ambiguïté.

Doublet : → Paronyme.

Douceâtre : → Doux et Doucereux.

Doucement : ¶ 1 *Doucement,* objectif, a rapport à la manière dont une action se fait, sans violence, sans bruit, sans aigreur : *Bercer doucement* (Acad.). *Je prends tout doucement les hommes comme ils sont* (Mol.). **En douceur** implique chez le sujet une volonté et une méthode qui consiste, au prop. et au fig., à agir par petits coups, peu à peu, par gradation; aussi est-ce un terme de métier : *Amincir une planche, filer un cordage en douceur* (Lit.). *Traiter en douceur une affaire difficile* (Acad.). ¶ 2 → Lentement. ¶ 3 Interjection. *Doucement* se dit pour contenir ou réprimer la vivacité, la pétulance, l'impatience, l'emportement de quelqu'un. **Tout doux,** fam., se dit surtout pour reprendre quelqu'un qui s'emporte ou s'échauffe trop : *Doucement, Monsieur, vous ne songez pas que vous êtes malade* (Mol.). *Mon Dieu, tout doux! vous allez d'abord aux invectives* (Mol.). **Tout beau,** doucement, aujourd'hui fam., était du style relevé.

Doucereux : → Doux. Trop doux, en parlant d'un homme. *Doucereux,* d'une douceur factice, exagérée, agaçante, qui peut être le résultat de l'hypocrisie, mais ne l'implique pas forcément : *Vieillards doucereux, circonspects, pleins de ménagements comme s'ils avaient leur fortune à faire* (VOLT.). **Douceâtre** ne se dit que d'un ton assez doucereux : *Romans à style douceâtre* (FLAUB.). **Mielleux** a surtout rapport à la politesse exagérée, flatteuse, voire hypocrite des paroles qui en devient gênante : *Ma belle-mère, bonne femme un peu mielleuse, fit semblant de vouloir me retenir à souper* (J.-J. R.). En parlant des paroles, **Melliflue**, qui abonde en miel, enchérit souvent ironiquement ; **Emmiellé** marque l'affectation de la douceur et parfois le désir de tromper. **Sucré** se dit plutôt de l'air et implique, surtout en parlant d'une femme, une modestie, une innocence, qui veulent faire croire à une douceur intérieure, délicate et candide : *Cet air pincé de la bouche ˙lui donne un petit air sucré* (DID.). **Paterne** (doublet de *paternel*), qui se dit surtout d'un homme, implique qu'il affecte la douceur bienveillante et protectrice d'un père : *Ton paterne et solennel* (M. D. G.). **Benoît**, fam., qui affecte une dévotion, ou une onction douceureuses. **Patelin** (→ ce mot) et ses syn. sont fam. et impliquent nettement l'hypocrisie. ¶ 3 → Fade.

Doucet : → Doux.

Douceur : ¶ 1 Qualité qui rend les choses agréables. *Douceur*, **Agrément**, **Suavité** diffèrent comme les adj. correspondants (→ Doux) ; *suavité* se disant spéc. de la douceur infinie des joies mystiques. ¶ 2 Qualité du caractère qui nous fait traiter les autres sans violence (≠ Bonté : → ce mot). *Douceur*, qualité qui a rapport à la manière de prendre les choses dans le commerce de la vie et qui fait qu'on ne choque, qu'on ne rebute personne, qu'on ne se fâche pas aisément : *Parler à ses élèves avec douceur*. **Mansuétude**, douceur d'âme sereine et inaltérable, considérée comme une vertu que l'on cultive : *Mansuétude du Christ* (DID.). *Épuiser sa réserve de mansuétude* (GI.). **Onction**, dans la langue des théologiens, l'action pacifiante et douce de la grâce ; au fig., douceur particulière qui, dans un discours, un écrit, touche le cœur, le porte à la piété ou à l'attendrissement : *Ce prédicateur manque d'onction* (ACAD.). — **Débonnaireté** ajoute à l'idée de douceur celle de bonté, mais désigne moins une vertu qu'une facilité naturelle qui va quelquefois jusqu'à la faiblesse. ¶ 3 Spéc. disposition à se prêter à ce qui convient aux autres. *Douceur*, disposition naturelle, a rapport à la manière de traiter les autres sans violence, et se dit aussi bien de ceux qui commandent que de ceux qui obéissent.

La **Docilité**, naturelle ou voulue, implique simplement qu'on se laisse conduire, qu'on reçoit des instructions sans regimber, et se dit en parlant ˙de celui qui obéit : *Une femme est, sans effort, pleine de douceur envers son mari ; si elle suit ses conseils avec docilité, c'est parfois par vertu* (L.). ¶ 4 *Douceurs* : → Friandises. ¶ 5 *Douceurs* : → Galanteries et Flatteries. ¶ 6 *En douceur* : → Doucement.

Douche : ¶ 1 Projection d'eau sur le corps. *Douche* implique que l'eau arrive sur le corps, d'une certaine distance, en jet ou en pluie. **Affusion**, procédé thérapeutique qui consiste à répandre, de près, sans impulsion, une masse d'eau froide ou chaude sur une région quelconque du corps. ¶ 2 → Déception.

Douer : → Gratifier.

Douillet : ¶ 1 → Moelleux. ¶ 2 → Sensible.

Douleur : → Mal. Sentiment vif que nous éprouvons de ce qui est pour nous un mal, une peine, etc... Au physique et au moral, *Douleur* implique quelque chose d'aigu, de poignant, mais d'assez bref ; **Souffrance**, un état moins vif, mais plus durable, souvent plus intérieur : *La douleur physique et les pénibles soins du traiment étaient les seules diversions à la vraie souffrance* [de se savoir perdu] (M. D. G.). **Supplice** (→ ce mot), **Tourment** et **Torture** enchérissent sur *douleur* au physique et au moral. — Au physique seulement, **Élancement**, impression douloureuse subite, aiguë et de peu de durée, ressentie en quelque partie du corps et provenant de quelque cause interne : *Ce mal de dents me donne des élancements fort douloureux* (ACAD.). — Au moral seulement, **Déchirement**, douleur subite et violente : *Le déchirement de cette séparation* (M. D. G.). **Amertume**, sentiment durable, moins profond que la douleur ou la souffrance, souvent causé par un regret ou une déception : *L'amertume de votre absence* (SÉV.). **Affliction** implique gémissements, perte de la raison ou abattement à la suite d'un revers, d'une catastrophe : *Lorsque l'homme sombre dans les afflictions* (V. H.). **Désolation**, affliction extrême et inconsolable qui cause un ravage dans l'âme, l'accable : *Les désolations et les désespoirs* (BOUR.) ; se dit, par hyperbole, d'une vive contrariété. **Désespoir**, désolation extrême qui ôte tout sujet de vivre : *Un enfant qui meurt, désespoir de sa mère* (V. H.).

Douloureux : ¶ 1 *Douloureux*, qui cause de la douleur au physique ou au moral : *Opération douloureuse. Tant de jours douloureux* (RAC.). **Cruel**, au fig., qui cause une douleur intense, intolérable : *Une cruelle* *année de séparation* (ZOLA). **Cuisant**, qui produit une douleur âpre, aiguë, persistante comme une brûlure : *Souvenir cuisant* (BAUD.). *Cuisante déconvenue* (M. D. G.). ¶ 2 Qui ressent de la douleur, en parlant d'une partie du corps. **Endolori** ne se dit que de ce qui ressent une douleur assez durable, *Douloureux*, de ce qui ressent la douleur à un certain moment, et à quoi l'on ne saurait toucher sans causer une vive douleur : *Un anthrax rend le pied douloureux et après la guérison il reste longtemps endolori*.

Doute : ¶ 1 → Incertitude. ¶ 2 *Doute méthodique* : → Scepticisme. ¶ 3 *Sans doute, Sans aucun doute* : → Évidemment.

Douter : ¶ 1 → Hésiter. ¶ 2 (Réf.) → Pressentir.

Douteux : ¶ 1 → Incertain. ¶ 2 → Suspect.

Douve : ¶ 1 → Fosse. ¶ 2 → Planche.

Doux : ¶ 1 En parlant du goût des choses, *Doux*, qui n'a rien d'aigre, d'amer, d'âpre ou de salé, ce qui le rend soit agréable, soit insipide. **Sucré**, qui a la douceur du sucre, s'oppose surtout à amer et à salé. **Douceâtre**, fade par une douceur insuffisante, se dit aussi de nos jours au sens de **Doucereux**, vx, fade par une douceur excessive qui écœure. ¶ 2 En un sens plus général, *Doux* se dit, par ext., de toutes sortes de sensations et de sentiments qui plaisent, est souvent syn. d'**Agréable**, qui agrée, qui plaît, mais simplement pour qualifier ce qui, au moral et au physique, donne une impression analogue aux sensations causées par les aliments doux, comme le sucre, le lait, le miel, etc. : *Le piment est agréable sans être doux. La musique de jazz peut être agréable sans être douce*. Mais on dit : *un doux zéphyr, une douce odeur* (LIT.); *qu'un ami véritable est une douce chose!* (L. F.). **Suave**, qui s'applique proprement à l'odorat, mais par ext. à la vue, au goût, à l'ouïe et même aux sentiments, notamment aux joies mystiques, se dit d'une douceur particulièrement délicate : *Vent suave* (LOTI). **Flatteur** ne se dit que de ce qui est doux à entendre et au fig. de ce qui caresse doucement : *Bruit flatteur de l'onde*. (BOIL.). *Murmures flatteurs*. **Délectable** (→ ce mot) et ses syn. servent de superlatifs à *doux, agréable* et *suave*. **Moelleux** (→ ce mot), doux et consistant, **Soyeux** (→ ce mot), doux et légèrement luisant, comme de la soie, ne se disent que des choses matérielles. **Onctueux**, doux au palais, velouté comme un corps gras et, au fig., d'une douceur qui porte à la piété, à l'attendrissement, avec parfois une nuance péj. qui le rapproche de *doucereux* en parlant des personnes, et de *douceâtre* en parlant des choses : *Les parfums onctueux de la* *béatitude* (GAUT.). ¶ 3 → Modéré. ¶ 4 → Tranquille. ¶ 5 → Bon. *Doux*, **Débonnaire, Docile** : → Douceur. En ce sens, quand il s'agit d'un homme disposé par nature à avoir de bons rapports avec les autres hommes, *doux*, qui s'oppose à fâcheux, sévère, violent, emporté, difficile à vivre etc., se dit d'une qualité générale et intérieure, parfois passive : *On peut être doux et timide*; et qui, lorsqu'elle se manifeste extérieurement, dans la façon d'agir, rend **Affable** (→ Aimable), **Liant** (→ Sociable) ou **Complaisant** (→ ce mot). **Doucereux** (→ ce mot) marque un excès de douceur souvent hypocrite; **Doucet**, vx, une simple apparence souvent affectée. ¶ 6 *Tout doux* : → Doucement.

Doyen : → Prêtre.

Draconien : → Sévère.

Drainer : ¶ 1 → Sécher. ¶ 2 → Attirer.

Dramatique : ¶ 1 Propre au théâtre. *Dramatique*, par opposition à lyrique, épique, définit essentiellement un genre d'expression artistique qui consiste non à raconter (épopée) ou à exprimer son émotion (lyrisme), mais à représenter sur une scène une action entre personnages, qui progresse grâce à une série de dialogues au cours desquels le conflit des passions provoque des actes : *Genre dramatique, auteur dramatique, scène dramatique*. *Dramatique* se dit par ext. de récits, de discours, d'événements qui possèdent plus ou moins ces qualités propres à l'expression dramatique. **Théâtral**, qui est propre au spectacle du théâtre, se dit au sens large de tout ce qui regarde le théâtre considéré comme un divertissement social : *Représentation théâtrale. L'art théâtral qui rassemble les citoyens, adoucit les mœurs, et conduit à la morale par le plaisir* (VOLT.); et spéc. de ce qui produit certains effets propres au théâtre, soit par des qualités dramatiques, soit aussi par les décors, les gestes, les attitudes, le pathétique et, parfois, en un sens péj., par une grandeur déclamatoire et affectée : *Optique théâtrale. Une Phèdre dont le caractère est le plus théâtral qu'on ait jamais vu* (VOLT.). *Grandeur théâtrale de Napoléon* (VILLEMAIN). **Scénique**, plus spéc., ne se dit que des qualités qui permettent aux acteurs ou aux pièces de passer la rampe, de s'adapter à l'illusion théâtrale : *Instinct scénique, style scénique* (LIT.). ¶ 2 → Émouvant. *Dramatique*, **Tragique** : → Drame.

Dramatiser : → Exagérer.

Dramaturge : → Écrivain.

Drame : ¶ 1 → Pièce (de théâtre). ¶ 2 Pièce de théâtre qui excite la terreur et la pitié. Historiquement le *Drame* se distingue de la **Tragédie** par le fait qu'il ne se soumet pas aux règles précises qui définissent celle-ci. Néanmoins de nos jours, où la séparation des genres n'est plus respectée, les auteurs appellent *drame* et *tragédie* des pièces tristes qui peuvent mélanger les genres et la synonymie s'étend aux sens figurés, en parlant d'événements funestes ou inspirant la terreur et la pitié. Mais les deux mots ont gardé des nuances conformes à leur différence historique. *Tragédie* se dit d'une pièce triste dont l'action très concentrée se développe, à partir d'une situation donnée, par le jeu fatal des passions sans que le hasard, les événements extérieurs ni même la volonté humaine puissent modifier le dénouement : *Antigone* d'Anouilh est une *tragédie* et non un *drame*. *Drame* se dit plutôt d'une pièce dont l'action est très mouvementée, chemine par coups de théâtre, et demeure parfois simplement sérieuse sans se terminer par une terrible catastrophe : *L'Aiglon* de Rostand est un *drame*. ¶ 3 Au fig. *Tragédie* évoque une impression de terreur provoquée par des événements funestes, souvent simples et peu nombreux, mais qui se déroulent avec une implacable fatalité, échappent à la volonté humaine et se terminent par des morts nombreuses : *La lamentation de la tragédie humaine qui se déploie de siècle en siècle pour coucher tant de combattants dans le même cercueil* (TAI.). *Un accident d'aviation, une catastrophe dans une mine sont des tragédies.* **Drame** évoque une série d'événements pathétiques qui vont du sérieux au sanglant, mais se distinguent, soit par leur complication (*Le drame des poisons*), soit par leur peu de durée, qui n'évoque pas une marche fatale du destin (*Drame de la jalousie, de l'ivresse*) et, en général, par un caractère moins funeste que celui de la tragédie qui consiste parfois simplement en de grands cris, de grands gestes : *Son départ a été tout un drame* (ACAD.). ¶ 4 Pièce de théâtre mélangeant comique et tragique ou intermédiaire entre les deux genres. Le *Drame* mélange les genres (*drame romantique*), ou n'est ni comique ni tragique mais se limite aux sujets sérieux (*drame bourgeois*); par ext. *drame* se dit de toutes les pièces intermédiaires entre la tragédie et la comédie qu'on ne saurait classer dans ces genres : *Drame liturgique.* **Mélodrame**, dans l'antiquité, spectacle dramatique coupé de chants (en grec, *melos*), à partir du XVIIIe s., drame populaire, à l'origine accompagné de musique, caractérisé par ses sujets extraordinaires, son action compliquée mélangeant les genres, ses personnages simples et contrastés, ses intentions morales, son style en prose tantôt pompeux, tantôt d'une familiarité triviale :

Ex. *Les deux Gosses* (1896). **Tragi-comédie** désigne un genre dramatique précis, en faveur en France de 1552 à 1670 environ, qui mêlait à la tragédie quelques éléments empruntés à la comédie (dénouement heureux, sujet inventé et romanesque, action riche en péripéties, ton parfois plus simple), mais sans chercher à faire rire : *Le Cid* fut d'abord appelé *tragi-comédie* par Corneille. — A noter que, dans le langage ordinaire, c'est *tragi-comédie* qui de nos jours désigne les aventures à la fois tragiques et comiques, alors que *drame* implique un pathétique qui se rapproche de la tristesse tragique.

Drapeau : ¶ 1 Signe militaire de ralliement. *Drapeau*, pièce d'étoffe qu'on attache à une hampe, de manière qu'elle puisse se déployer et flotter, et qui porte les couleurs, les emblèmes d'une nation, d'un groupement d'individus. **Étendard**, drapeau des troupes montées, ou, dans le style noble, drapeau de guerre : *Contre nous de la tyrannie L'étendard sanglant est levé* (*La Marseillaise*). **Pavillon**, terme de marine, sorte de drapeau de forme rectangulaire qui indique la nation à laquelle appartient le bâtiment sur lequel il est arboré, s'il est placé au mât de l'arrière, ou, s'il est placé à d'autres mâts, le rang de l'amiral qui commande. **Couleurs**, drapeau, en tant qu'il porte les couleurs d'une nation, et, spéc. dans la marine, *pavillon : Hisser les couleurs.* **Enseigne** ne se dit plus que du signe de ralliement des anciennes armées romaines. **Bannière**, au M. A., enseigne du Seigneur de fief à la guerre ou son pavillon sur mer, ne se dit plus que d'un étendard religieux qui distingue une paroisse ou une confrérie, et par ext. de l'étendard d'une société ou d'une corporation. **Oriflamme**, au M. A., petit étendard terminé en pointes, bannière de l'abbaye de Saint-Denis, désigne de nos jours des bannières de cette forme. **Banderole**, bande d'étoffe longue et étroite, ordinairement terminée par une double pointe, et qu'on attache au haut d'un mât ou d'une hampe : *Banderoles d'une exposition, des lances des anciens dragons.* **Cornette**, autrefois, étendard d'une compagnie de cavalerie ou de chevau-légers, de nos jours, en termes de marine, sorte de long pavillon à deux pointes ou cornes qui est la marque distinctive de l'officier qui commande une division de trois bâtiments au moins. **Flamme**, terme de marine, longue banderole qu'on attache aux mâts et aux vergues; ou aussi banderole au sommet d'une lance. **Guidon**, autrefois petit drapeau d'une compagnie; de nos jours, petit drapeau servant pour l'alignement dans les manœuvres d'infanterie, ou, dans la marine, banderole plus courte et plus large que la *flamme* et qui sert à faire des signaux. **Fanion,** pièce d'étoffe suspendue ou déployée au bout d'une lance, d'une pique pour servir de signe de ralliement; spéc. guidon indiquant la présence d'officiers généraux, servant aux alignements dans les manœuvres d'infanterie, ou de signe quelconque : *Fanion de la Croix Rouge sur les ambulances.* **Gonfalon** ne se dit plus que d'une bannière d'église à trois ou quatre fanons qui sont des pièces pendantes. **Pennon,** sorte d'étendard, en forme de queue d'oiseau, du temps de la chevalerie. — Au fig. *Se ranger sous le drapeau de quelqu'un,* dans le langage courant, embrasser son parti; *Se ranger sous les étendards,* plus noble, implique combat, insurrection ou révolte; *Se ranger sous les enseignes,* c'est plutôt se ranger sous l'autorité de quelqu'un; *Se ranger sous la bannière,* plus fam., se dit souvent en parlant d'une cause qui a quelque chose de chevaleresque ou de religieux; *Se ranger sous le pavillon de quelqu'un,* c'est se mettre sous sa protection. ¶ 2 → Couche.

Dressé : ¶ 1 → Apprivoisé. ¶ 2 → Montant.

Dresser : ¶ 1 → Élever. ¶ 2 → Préparer. ¶ 3 → Instruire. ¶ 4 → Écrire.

Drille : ¶ 1 → Gaillard. ¶ 2 *Pauvre drille :* → Misérable.

Drogman : → Traducteur.

Drogue : → Remède.

Droit : Adj. ¶ 1 → Debout. ¶ 2 → Vrai. ¶ 3 *Bras droit :* → Aide et Associé. ¶ 4 Adv. En droite ligne, sans s'écarter. *Droit,* objectif, qualifie l'action extérieurement; **Directement,** subjectif, exprime une manière volontaire d'aller : *Qui ne va pas droit a besoin d'être remis dans la voie; qui ne va pas directement biaise ou fait des détours.*

Droit : N. ¶ 1 → Liberté. ¶ 2 Manière d'agir envers autrui bonne, légitime, prescrite par la raison. *Droit,* ce qui est dû à chacun, en fait. **Justice,** qualité qui consiste à rendre et à conserver à chacun ce qui lui est dû : *L'homme voulut que la justice, ce sentiment universel, cet axiome ineffaçable de l'âme humaine, devînt le droit, c'est-à-dire fût réciproquement reconnue par tous les membres de la société* (BARANTE). ¶ 3 Science des lois. *Droit,* cette science en général. **Jurisprudence,** le droit particulier d'un pays, ou le droit qui régit une matière spéciale; ou encore la manière dont sont interprétées les règles du droit, dans les traités des jurisconsultes, ou dont elles sont appliquées par les tribunaux : *Droit civil, droit international. Jurisprudence française. Jurisprudence commerciale. Jurisprudence des arrêts de la Cour de cas-*

sation (ACAD.). ¶ 4 → Impôt. ¶ 5 → Rétribution.

Droiture : ¶ 1 → Rectitude. ¶ 2 → Justice.

Drôle : ¶ 1 Adj. → Risible. — N. ¶ 2 → Gaillard. ¶ 3 → Enfant. ¶ 4 → Vaurien.

Dru : ¶ 1 → Épais. ¶ 2 → Dense. ¶ 3 → Fort.

Dubitatif : → Incrédule.

Ductile : → Flexible.

Duègne : → Gouvernante.

Duel, combat singulier entre deux hommes dont l'un se dit offensé par l'autre et exige une réparation. **Rencontre,** autrefois combat singulier non prémédité; de nos jours toute sorte de *duel.* **Affaire d'honneur** ou **Affaire,** syn. plus rare de *duel.*

Duelliste : → Bretteur.

Dulcifier : → Adoucir.

Dune : → Hauteur.

Dupe : → Naïf.

Duper : → Tromper.

Duplicatum : → Copie.

Dur : ¶ 1 *Dur,* qui par suite de sa fermeté est difficile à pénétrer, à entamer, ou parfois simplement qui n'est pas tendre, mou : *Dur comme marbre; œuf dur* (ACAD.). **Coriace,** dur comme du cuir, ne se dit que des aliments, surtout des viandes, que leur très grande dureté rend difficiles à mâcher. ¶ 2 → Rude. ¶ 3 → Résistant. ¶ 4 → Difficile. ¶ 5 Qui ne s'émeut pas des maux des autres. *Dur,* qui ne se laisse pas facilement toucher et qui, de plus, est sans douceur, se dit du cœur, mais parfois simplement des manières, de l'air, des discours qui repoussent les autres : *Un homme dur. En voilà un qui ne s'attendrissait pas sur les blessés et sur les morts* (MAU.). *Yeux sauvages et durs, du ton de l'acier* (M. D. G.). **Endurci** se dit de l'âme et marque qu'elle est devenue dure pour éprouver ou pour agir, et, dans le style religieux, qu'elle a perdu tout sentiment de piété : *Endurci aux misères d'autrui, au crime* (ACAD.). *Pécheurs endurcis* (PASC.). **Cuirassé,** fig., enchérit (→ (s') Endurcir) et **Calleux,** fig., se dit parfois de la conscience très endurcie. **Insensible,** qui ne se laisse toucher par aucun sentiment, dit plus que *dur,* mais n'implique pas la rudesse : *Soumis à la loi seule, insensible comme elle* (VOLT.). **Sans-cœur** se dit d'un homme insensible. **Sec** dit moins que *dur,* en parlant d'un cœur qui ne sait pas répondre à la tendresse, ou quelquefois ne trouve pas les mots pour exprimer une sensibilité limitée : *Complètement incapable d'une effusion réciproque. J'ai dû lui paraître un* *peu sec* (Gɪ.). **Impitoyable** (→ Inflexible), insensible à la pitié, exprime un défaut de sensibilité qui n'est pas toujours moralement condamnable : *A force de voir mourir et souffrir, les prêtres et les médecins deviennent impitoyables* (J.-J. R.). **Inhumain,** sans humanité, désigne un défaut moral qui consiste à ne pas regarder les autres hommes comme nos semblables : *Un tyran impitoyable n'est touché du spectacle d'aucune misère; c'est un monstre de nature; un tyran inhumain traite les hommes comme n'étant pas de la même espèce que lui; c'est un monstre moral* (L.). **Adamantin,** dur et éclatant comme le diamant, au fig., très dur, dans le style poét. : *Cœur adamantin.* ¶ 6 *Dur d'oreille* : → Sourd.

Durable : Qui demeure, se maintient (≠ Continu : → ce mot). *Durable,* qui dure ou est capable de durer longtemps, avec parfois des intervalles : *Souvenir durable.* **Permanent,** qui dure toujours et sans interruption jusqu'au bout d'un espace de temps déterminé, et parfois éternellement : *Et rien que Dieu n'est permanent* (Mᴀʟʜ.). *Cinéma permanent de 14 h. à 24 h.* **Constant,** qui ne change pas : *Résolution ferme et constante* (Pᴀsc.). **Invariable,** qui ne change pas dans son cours ou ne subit pas de modification, en parlant des choses ou des manières de penser : *Règle invariable* (Vᴏʟᴛ.). *L'ordre invariable des saisons.* **Immuable,** qui n'est point sujet à changer en parlant de Dieu et des choses éternelles, par ext., en parlant des choses et des hommes, dont le changement est inconcevable : *Attachement immuable.* **Inaltérable,** qui ne change pas de nature. **Stable,** qui ne bouge pas, est fortement assis : *Rien de stable dans ce monde, aujourd'hui au sommet, demain au bas de la roue* (Dɪᴅ.). **Infrangible,** qui ne peut être brisé, est rare et se dit surtout au moral : *Certitude infrangible.* **Chronique** ne se dit qu'en médecine, d'une maladie qui dure longtemps et dont les symptômes ne se développent qu'avec lenteur souvent avec des accès périodiques : *Laryngite chronique.* **Éternel** (→ ce mot) et

ses syn. servent au fig. de superlatifs à tous ces mots.

Durant : → Pendant.

Durcir, rendre dur ou plus dur, marque simplement l'effet. **Endurcir,** faire devenir dur, marque une action lente dont on peut observer les progrès : *La gelée durcit la terre. Un parti durcit sa position. S'endurcir les genoux devant N.-D. de Lorette* (Vᴏʟᴛ.); et s'emploie au fig. plutôt que *durcir* en parlant du corps ou de l'esprit.

Durée : → Temps.

Durer : → Subsister. Ne pas cesser. *Durer,* en parlant des choses, ne pas cesser d'être pendant un certain temps : *Il est des problèmes qui dureront peut-être autant que la vie de l'humanité même* (S.-B.). **S'étendre,** durer jusqu'à une certaine limite : *La vie humaine ne s'étend guère au-delà de cent ans* (Acᴀᴅ.). **Continuer,** ne pas cesser d'agir ou d'avoir lieu après avoir commencé : *Je crois que cette guerre ne continuera pas* (Acᴀᴅ.). **Se perpétuer,** durer toujours en parlant des choses abstraites ou des races, des générations : *Les arbres se perpétuent d'eux-mêmes* (Acᴀᴅ.). — Absolument, *durer,* c'est paraître trop long : *Je sais que ce délai lui dure autant qu'à moi* (J.-J. R.). **Se prolonger,** continuer ou durer au-delà du moment actuel, ou du temps prévu ou normal. **Tirer en longueur,** se prolonger excessivement sans pouvoir finir. **Traîner,** tirer en longueur en allant lentement : *Le dessert traîna* (Zᴏʟᴀ). **S'éterniser,** péj., durer à l'infini : *Rien de tel pour s'éterniser que les situations fausses* (Gɪ.).

Dureté : ¶ 1 → Rudesse. ¶ 2 *Dureté,* **Endurcissement** (→ ce mot), **Insensibilité, Sécheresse, Inhumanité :** → Dur.

Durillon : → Cor.

Dynamisme : → Force.

Dynastie : → Race.

Dysenterie : → Diarrhée.

Dyssymétrie : → Asymétrie.

E

Eau, substance liquide à la température ordinaire, formée d'oxygène et d'hydrogène. **Aqua simplex,** nom latin de l'eau simple; par plaisanterie, eau sans aucun mélange considérée surtout comme boisson. **Onde** (→ ce mot), eau de la mer, d'un fleuve, d'un lac, dans le langage poétique. **Flotte,** syn. argotique d'*eau.* Eau s'emploie par métonymie pour *mer, larmes, pluie, salive, sueur* (→ ces mots) — Au fig. → Lustre. — *Eaux :* → Bain.

Ébahi : → Surpris. Fam., marquant sa surprise par son attitude. *Ébahi,* qui reste la bouche ouverte : *Un gros baiser sur sa bouche ébahie* (Volt.); **Ébaubi,** qui écarquille les yeux : *Tout disparaît à ses yeux ébaubis* (Volt.); **Abasourdi,** qui est comme sourd et en devient atterré : *Je les vis l'un et l'autre atterrés, abasourdis* (J.-J. R.); **Éberlué,** très fam., qui semble avoir la « berlue », c'est-à-dire des éblouissements, des visions fantastiques; **Sidéré,** qui paraît victime de « sidération », anéantissement foudroyant attribué autrefois à l'influence des astres; **Médusé,** qui ne peut plus bouger, surtout devant un spectacle extraordinaire, qui fascine, immobilise, comme les regards de la Méduse; **Pétrifié,** qui demeure immobile comme de la pierre, sous le coup de la peur ou de l'étonnement : *Pétrifié dans son désespoir* (Flaub.). **Ahuri** implique plutôt l'idée de trouble, de stupidité, qui peuvent être ridicules et n'ont pas forcément pour cause un spectacle étonnant ou terrifiant : *Un enfant est ahuri de questions* (Acad.). **Estomaqué** implique qu'on a le souffle coupé sous l'effet de la surprise provoquée par ce qui choque, offense brusquement : *Tout estomaqué de cette impertinence* (Lit.). **Épaté,** très fam., au fig., qui, sous le coup de l'étonnement admiratif, semble tomber les quatre fers en l'air. **Baba,** très pop., syn. d'*ébaubi.* **Ébouriffé,** au fig., troublé devant quelque chose de surprenant ou d'inquiétant et le manifestant extérieurement par un désordre analogue à celui d'une coiffure hérissée : *Tout ébouriffé de la crainte de...* (Volt.). — **Interdit** (→ ce mot) et ses syn. marquent la surprise non par l'attitude, mais par l'impossibilité de faire un mouvement ou d'articuler un seul mot.

Ébat : → Divertissement.

Ébattre [s'] : → Folâtrer.

Ébaubi : → Ébahi.

Ébauche : ¶ 1 Commencement imparfait ou préparation d'une œuvre d'art ou de littérature. *Ébauche* implique que le travail est commencé, mais demande à être achevé, perfectionné : *Une ébauche lente à venir, sur la toile oubliée, et que l'artiste achève seulement par le souvenir* (Baud.). **Esquisse,** image sommaire de l'ouvrage qui donne, avant qu'il soit fait, une idée d'ensemble de ce qu'il sera, ou, après coup, une idée de ce qu'il est à ceux qui ne le connaissent pas : *Un tableau dont nous n'avions vu jusque-là qu'une esquisse au crayon* (Proust). **Crayon,** première esquisse qui n'est faite qu'au crayon et n'est pas peinte. **Croquis,** esquisse ou crayon fait à la hâte et très sommaire, qui n'indique que quelques traits : *C'est une esquisse assez mauvaise de la Sémiramis; il serait ridicule que ce croquis parût* (Volt.). **Canevas,** au fig., en parlant surtout d'un ouvrage littéraire, dit plus qu'*esquisse* et implique que le travail est commencé, mais sous la forme d'un plan, d'un cadre, parfois fourni par autrui, qu'il faudra développer, orner, ou remplir : *Corneille travailla à L'Aveugle de Smyrne dont le canevas était de Richelieu* (Volt.). **Idée,** la conception de l'œuvre qui préexiste dans l'esprit du créateur et dont l'œuvre d'art n'est que la réalisation que commencent l'*ébauche* et l'*esquisse* : *Il a jeté l'idée de son article sur le papier* (Acad.). **Schème** et **Schéma,** figure simplifiée représentant les traits essentiels d'un objet, au fig., idée simple que la réflexion nuance et enrichit peu à peu. **Linéaments,** au fig. et au pl., esquisse ou canevas qui indique la forme générale qu'aura l'œuvre : *Il n'a encore tracé que les premiers linéaments de son ouvrage* (Acad.). **Premier jet,** toujours relatif à la forme, première expression encore informe de l'idée jetée sur la toile et surtout sur le papier, dans un moment d'inspiration, sans qu'on ait encore commencé à retoucher. — **Maquette,** spéc., réalisation complète, dans tous ses détails, mais en petit, d'un ouvrage d'art : *Maquette d'un monument, d'un décor de théâtre* (Acad.). — **Carcasse** (→ ce mot), au fig., *canevas.* ¶ 2 → Commencement.

Ébaucher, donner un commencement de forme à la matière de l'art. **Dégrossir,** ôter le plus gros de la matière pour la préparer à recevoir la forme voulue : *Le sculpteur dégrossit un bloc de marbre avant d'ébaucher sa statue.* — Mais *ébaucher* se dit pour *dégrossir* en termes de métier : *Ébaucher du bois d'œuvre* (LAR.); et, au fig., *dégrossir*, c'est, comme *ébaucher*, commencer un ouvrage. *Dégrossir* indique alors, en vertu de son sens propre, un travail préparatoire qui consiste surtout à écarter ce qui n'entrera pas dans l'ouvrage, à en délimiter la matière, d'une façon assez sommaire : *Dégrossir une pièce, un discours* (ACAD.); c'est en faire la toute première ébauche. **Esquisser, Crayonner, Croquer** diffèrent d'*ébaucher* comme les n. correspondants (→ Ébauche). — Au fig. → Commencer.

Éberlué : → Ébahi.

Éblouir : ¶ 1 → Luire. ¶ 2 *Éblouir* quelqu'un, frapper ses yeux d'un éclat très vif qu'ils ne peuvent soutenir : *L'éclat des phares d'une auto éblouit.* **Offusquer**, empêcher de voir en éblouissant. **Aveugler** implique que la fonction de la vue est empêchée pendant quelque temps, parfois à la suite d'un éblouissement, mais aussi pour d'autres raisons : *Aveuglés par le plein jour* (ZOLA). *On est ébloui en sortant de l'obscurité au soleil, aveuglé en quittant le grand jour pour descendre dans sa cave.* ¶ 3 Au fig. → Fasciner et Impressionner.

Éblouissant : → Brillant.

Ébouillanter : Tremper ou arroser d'un liquide bouillant. *Ébouillanter* ne se dit que des êtres vivants et implique que le résultat est la mort, la destruction, ou une grave blessure : *Pour tuer les chrysalides, on ébouillante les cocons des vers à soie* (ACAD.). **Échauder** se dit aussi pour les choses, implique des résultats très divers (lavage, cuisine, etc.), et, comme le liquide peut être plus ou moins chaud, une blessure parfois assez légère : *Échauder une théière, un cochon de lait pour lui enlever le poil. Chat échaudé craint l'eau froide* (ACAD.). **Blanchir**, terme de cuisine, échauder des denrées pour les débarrasser des parties nuisibles ou commencer leur cuisson.

Ébouler [s'] : → Crouler.

Ébouriffant : → Extraordinaire.

Ébouriffé : ¶ 1 → Hérissé. ¶ 2 → Ébahi.

Ébrancher : → Élaguer.

Ébranlement : ¶ 1 Mouvement produit dans une chose par un coup (→ ce mot), un choc ou une secousse (→ ce mot). L'*Ébranlement* peut être fort ou faible et se dit surtout en parlant d'une chose simple : *Les sons excitent des ébranlements sensibles au tact* (J.-J. R.). **Commotion**, ébranlement très violent qui secoue quelque chose de complexe : *Commotion au cerveau;*

commotion générale dans *tout le corps* (ACAD.). ¶ 2 → Séisme. ¶ 3 → Coup et Émotion.

Ébranler : ¶ 1 → Remuer et Branler. ¶ 2 → Émouvoir. ¶ 3 (Réf.) → Partir.

Ébrécher : → Entamer.

Ébriété : → Ivresse.

Ébrouer [s'] : → Respirer.

Ébruiter : → Publier.

Ébullition : → Fermentation.

Écacher : → Écraser.

Écaille : → Coquille.

Écailleux, qui a des écailles, c'est-à-dire des sortes de petites lames minces et plates qui recouvrent sa superficie. **Squameux**, terme d'anatomie et de botanique, couvert d'écailles ou qui a l'aspect d'une écaille.

Écaler : → Éplucher.

Écarbouiller : → Écraser.

Écarlate : → Rouge.

Écarquiller : → Ouvrir.

Écart : ¶ 1 *Écart* marque l'action d'écarter. **Écartement**, l'état de ce qui est écarté : *Faire le grand écart; l'écartement des jambes des cavaliers finit par les déformer.* ¶ 2 → Bourg. ¶ 3 → Variation. ¶ 4 → Digression. ¶ 5 Action de s'écarter momentanément de la morale ou des bienséances (≠ **Dérèglement**, qui ne se dit que de la morale et marque un état durable). *Écart*, qui se dit aussi de l'action de s'écarter de la raison, s'emploie en un sens très général, pour des actions graves ou non, et implique simplement qu'on sort momentanément de la droite voie : *Écarts d'esprit* (MOL.); *de conduite; les écarts de la jeunesse* (ACAD.). **Déviation** suppose qu'on s'écarte de principes moraux qu'on avait soi-même adoptés : *Déviation de principes* (LIT.). **Extravagance** implique une incohérence dans les actions et les discours qui a quelque chose de fou, sans être toujours désagréable. **Disparate**, vx, extravagance ridicule. **Folies**, souvent au pl., écarts de conduite déraisonnables ou excès dus à la jeunesse ou à la passion : *Fais des folies en province, fais-y même des sottises* (BALZ.). **Erreurs**, au pl., écarts moraux dus à l'ignorance : *De ses jeunes erreurs maintenant revenu* (RAC.). **Incartade**, extravagance brusque dans une action qui choque la bienséance : *Non, tout de bon quittez toutes ces incartades*, dit Philinte à Alceste (MOL.). **Escapade** et **Échappée**, écart, coup de tête d'une personne dans la dépendance. *Escapade*, surtout au prop., fuite pour aller se divertir : *Galopin dont il avait favorisé une escapade* (ZOLA). *Échappée*, au fig., action imprudente par laquelle, on s'écarte de son devoir : *Échappée de jeune homme* (ACAD.). **Équipée**, entreprise irréfléchie, téméraire, qui s'écarte du bon sens : *Une telle entreprise si fort à contre-temps ne pouvait mériter que le nom d'une folle équipée* (S.-S.). **Cascade**, fam. et rare, écart de conduite. **Fredaine** (fam. avec souvent une nuance d'indulgence), écart de conduite par folie de jeunesse ou par tempérament : *Si vous n'avez pas été jeune et n'avez pas dans votre temps fait des fredaines comme les autres* (Mol.). **Frasque**, plus péj., écart de conduite extravagant fait soudainement avec éclat et scandale : *Ce jeune homme désole sa famille par ses frasques* (Acad.). ¶ 6 Au physique, action de s'écarter brusquement de la direction droite. *Écart* se dit d'un cheval, **Embardée**, de l'écart brusque d'un navire ou d'une automobile. ¶ 7 *Mettre à l'écart* : → Écarter.

Écarté implique, en parlant d'un lieu, qu'il est assez loin des endroits que la densité de leur peuplement fait considérer comme un centre : *Dans les déserts les plus écartés* (Desc.). **Détourné** implique qu'il faut faire un détour pour atteindre ce lieu, donc qu'on y passe rarement, qu'il n'est pas connu de ceux qui suivent les grands chemins : *Que l'homme se regarde comme égaré dans ce canton détourné de la nature* (Pasc.). **Perdu** enchérit en ce sens. **Retiré** n'implique pas l'éloignement, mais simplement que pour une raison quelconque, par ex. parce qu'il est caché, un lieu est peu fréquenté : *Nous sommes dans le quartier le plus retiré, dans la rue de la grosse Tour* (Volt.). **Isolé** implique que le lieu est seul, sans rien auprès, sans être forcément écarté : *Une maison isolée entourée de jardins et de canaux* (Volt.). — **A l'écart** dit moins qu'*écarté* : *Une maison à l'écart du village en est simplement séparée par quelque distance*. **Éloigné** dit plus, mais implique simplement une grande distance sans l'idée d'un centre dont on s'écarte et sans idée d'isolement.

Écartement : → Écart.

Écarter : ¶ 1 → Repousser. Mettre à une certaine distance. *Écarter*, mettre de côté, mais pas très loin, surtout ce qui gêne, embarrasse ou fait obstacle. **Mettre à l'écart**, écarter provisoirement, dit moins : *On écarte ce dont on veut se débarrasser pour toujours, on met à l'écart ce qu'on veut ou qu'on peut reprendre ensuite* : *Un juge doit écarter toute prévention, et mettre à l'écart tout sentiment personnel* (Encyclopédie). **Éloigner**, écarter très loin : *Ses travers éloignaient de lui tout le monde* (M. d. G.). **Détourner**, écarter ou éloigner de son but, diriger ailleurs : *Sur toi Détourner un courroux qui ne cherche que moi* (Rac.). **Égarer**, détourner sur une voie qui ne mène nulle part, d'où faire perdre : *Égarer la grâce de Dieu* (Corn.). ¶ 2 → Disperser. En parlant de personnes et de

choses qui sont ensemble, *Écarter*, mettre entre elles un certain intervalle, mais d'une façon très provisoire, sans les empêcher de se réunir à nouveau : *Écarter les jambes; les bras. Il écarte le monde et se fait place* (L. B.). **Séparer** (→ ce mot), écarter ou éloigner en distinguant ou en isolant d'une façon durable : *Chaque heure nous sépare davantage, m'isole* (M. d. G.). **Déjoindre** (→ ce mot) et **Disjoindre**, séparer ou écarter ce qui était joint, ne se disent que des choses. **Isoler**, séparer, écarter de tout contact. **Mettre en quarantaine**, isoler pendant quarante jours, à leur arrivée dans un pays, des personnes ou des choses qui viennent d'un pays où règne une maladie contagieuse; au fig., exclure d'un groupe pendant quelque temps une personne qu'on isole (→ Éliminer). ¶ 3 (Au fig.) → Éliminer. ¶ 4 (Réf.) Au prop. et au fig., quitter le droit chemin ou le chemin que tout le monde suit. *S'écarter*, **S'éloigner**, **Se détourner** (→ ce mot) diffèrent comme à la forme transitive : *Sans s'éloigner directement du but de son institution, le gouvernement peut s'en écarter plus ou moins* (J.-J. R.). *Se détourner de son devoir, c'est être dans la voie de la perdition* (L.). **Gauchir**, détourner tant soit peu le corps pour éviter quelque coup, par ext. se détourner de la ligne directe, de sa route : *Je m'avisai de gauchir et de passer par Salins* (J.-J. R.); au fig. s'écarter de la rectitude et de la franchise : → Biaiser. **Sortir de**, s'écarter de ce qui contient dans des bornes, par ex. un sujet, une règle, une limite : *Sortir de la question* (B. S.-P.); *des règles prescrites* (Boil.). **Dévier**, se détourner de la direction normale en suivant une ligne qui s'en écarte peu à peu : *Dévier de son chemin; des principes de la justice* (Lit.). En termes d'astronomie et en parlant des choses seulement, **Décliner**, s'écarter d'une direction ou d'un point fixe : *L'aiguille de la boussole décline en s'écartant du nord vrai*. ¶ 5 Au sens réciproque de s'éloigner l'un de l'autre, *S'écarter* et **Se séparer** diffèrent comme à la forme transitive. **Diverger**, s'écarter de plus en plus l'un de l'autre en parlant de deux lignes, de deux rayons ou de ce qui y ressemble : *Les rayons du soleil divergeaient dans les ombres de la forêt* (B. S.-P.). **Bifurquer**, au prop. seulement, se séparer comme les dents d'une fourche, en parlant des deux parties d'une ligne droite qui s'est divisée en deux : *La tige, les rameaux de cette plante bifurquent* (Acad.).

Ecchymose : → Contusion.

Ecclésiastique : → Prêtre.

Écervelé : → Étourdi.

Échafaud : → Estrade.

Échafaudage : ¶ 1 → Estrade. ¶ 2 → Raisonnement.

Échafauder : → Préparer.

Échalas : → Bâton.

Échalier : ¶ 1 → Échelle. ¶ 2 → Clôture.

Échancrer : → Tailler.

Échange : ¶ 1 → Change. ¶ 2 → Commerce.

Échanger : → Changer.

Échantillon : ¶ 1 Partie d'une chose qu'on présente pour faire juger du reste. L'*Échantillon* est en général un fragment pris sur l'ensemble ou un exemplaire : *Un tailleur montre à son client des échantillons de tissu.* **Spécimen** se dit surtout, en langage d'édition, de quelques feuilles d'un ouvrage qui donnent une idée de ce qu'il sera, ou d'un exemplaire d'un tirage ou d'une revue envoyé gratuitement pour permettre de formuler un jugement. **Exemplaire,** chaque objet provenant d'un type commun, se dit, par ext., des divers individus de même espèce ou variété que l'on conserve dans les collections d'histoire naturelle comme échantillons, et aussi au fig. : *Il n'y a de chaque vrai poète qu'un exemplaire* (S.-B.). ¶ 2 (Au fig.) → Idée.

Échappatoire : → Fuite.

Échappée : ¶ 1 → Escapade. ¶ 2 → Écart.

Échapper : ¶ 1 → Éviter. Se sauver de quelque péril. On *échappe* **de** ce qui est pressant, enveloppe : *Si nous échappons de cette tempête* (FÉN.). On *échappe* **à** ce qui est tout proche, menaçant, mais n'a pas encore atteint : *Neuf fois ce vaisseau qui ne doit point périr* [l'Église] *était échappé au naufrage* (CHAT.). **Réchapper** suppose un péril de mort : *Maupertuis s'est mis à la mort, mais il en réchappe* (VOLT.). ¶ 2 → (s') Enfuir. *Échapper* énonce l'action. **S'échapper** l'évoque comme se faisant, parfois peu à peu : *Ils ont peine à s'échapper* (RAC.). Au passé **Avoir** *échappé* peint l'action, l'événement, **Être (s'être)** *échappé,* l'état qui en résulte : *Ce cheval a échappé à son maître en cassant sa bride et depuis il est échappé.* — Il est de bonne langue d'employer *Avoir échappé,* en parlant de ce qui n'est pas saisi, découvert par l'esprit, de ce qu'on a oublié de faire ou de remarquer : *J'ai retenu le sens, les mots m'ont échappé* (J.-B. R.); et *Être échappé,* en parlant de ce qu'on a dit ou fait par inadvertance : *Ce mot m'est échappé* (VOLT.). ¶ 3 (Réf.) → Sortir. ¶ 4 (Réf.) → (s') Emporter.

Écharpe : ¶ 1 Vêtement ou parure que les femmes portent sur les épaules ou autour du cou. *Écharpe,* bande d'étoffe ou de fourrure qu'on jette sur les épaules après l'avoir ou non enroulée autour du cou. **Châle,** grande pièce d'étoffe fabriquée dans le goût de l'Orient dont les femmes se recouvrent les épaules. **Mantille,** écharpe de soie ou de dentelle dont les femmes espagnoles se couvrent la tête et les épaules en la croisant sous le menton. **Fichu** (→ ce mot), petite pièce d'étoffe ordinairement pliée en triangle qu'on se drape sur les épaules, autour du cou ou sur la tête. **Guimpe,** morceau de toile dont les religieuses se couvrent le cou et la poitrine, désigne parfois un petit fichu en dentelle ou en guipure. **Pointe,** petit fichu triangulaire qui se porte sur le cou ou sur la tête. ¶ 2 → Ceinture. ¶ 3 → Bande. ¶ 4 *En écharpe* : → Obliquement.

Écharper : ¶ 1 → Blesser. ¶ 2 → Vaincre.

Échauder : ¶ 1 → Ébouillanter. ¶ 2 (Au fig.) *Être échaudé* : → (se) Tromper.

Échauffer : ¶ 1 → Chauffer. ¶ 2 → Enflammer.

Échauffourée : ¶ 1 → Batterie. ¶ 2 → Engagement.

Échec : → Insuccès.

Échelle, dispositif composé de deux montants munis, d'espace en espace, de traverses disposées de manière qu'elles peuvent servir de degré ou d'escalier. **Échalier,** petite échelle placée contre une haie et servant à la franchir. **Échelette,** petite échelle qu'on attache transversalement à côté du bât d'une bête de somme pour y accrocher diverses choses. **Escabeau** (*à échelle* ou *à gradins*), sorte de siège ou de petite plate-forme dont deux des quatre pieds sont réunis par trois ou quatre échelons ou gradins. **Marchepied,** escabeau à plusieurs degrés sur lequel on monte pour atteindre des objets élevés et qui a un peu la forme d'une petite échelle double mais avec des échelons d'un seul côté. — Au fig. → Hiérarchie.

Échelon : ¶ 1 Chacune des petites traverses de bois fixées entre les deux montants de l'échelle. *Échelon* a pour syn. **Degré** et aussi **Barreau,** si les degrés sont de petites barres rondes. ¶ 2 (Au fig.) → Grade et Phase.

Échelonner : → Ranger.

Écheveau : → Labyrinthe.

Échevelé : → Hérissé.

Échine : → Dos. *Échine,* du langage commun, partie du dos de l'homme ou de certains animaux, en forme d'épine, qui va du cou au coccyx. **Colonne vertébrale,** terme d'anatomie, ensemble des vertèbres formant une chaîne à laquelle se rattachent les os des vertébrés. **Épine dorsale,** saillie formée le long du dos par la suite des apophyses épineuses des vertèbres et, par ext., *colonne vertébrale.*

Échiner : ¶ 1 → Battre. ¶ 2 → Fatiguer.

Échiquier : (Au fig.) → Lice.

Écho : ¶ 1 → Copie. ¶ 2 → Article. ¶ 3 → Histoire. ¶ 4 *Faire écho :* → Renvoyer.

Échoir : ¶ 1 → (être) Réservé. ¶ 2 → Tomber.

Échoppe : → Magasin et Édicule.

Échouer, au fig., ne pas réussir en parlant des personnes et des choses, souvent par la faute d'un obstacle : *Échouer à un examen. Ses desseins échouèrent* (ACAD.). **Avorter,** en parlant des choses, rester sans exécution, ne pas répondre aux espérances données au début : *Les Rogon dont les prétentions avortèrent* (BALZ.). **Faire long feu** se dit au prop. d'un fusil, d'un canon, dont le coup est long à partir et n'atteint pas son but, et, au fig., fam., de quelque chose qui traîne en longueur, ne produit aucun effet : *Cette plaisanterie a fait long feu.* **Manquer** ne se dit guère que d'entreprises qui ne réussissent pas, d'une graine qui ne lève pas, d'une arme à feu dont le coup ne part pas lorsqu'on veut tirer, et implique que ce qui était attendu ne se fait pas. **Rater,** syn. fam. de *manquer,* en parlant d'une arme à feu, et, au fig., d'*échouer.* **Tomber** se dit surtout d'une pièce dramatique qui échoue. **Chuter,** en ce sens, est rare et fam.

Éclabousser : → Salir.

Éclaboussure : → Boue.

Éclair : → Foudre.

Éclairage : → Lumière.

Éclaircie : → Clairière.

Éclaircir : ¶ 1 (un liquide) → Étendre. ¶ 2 Faciliter la connaissance d'une chose. *Éclaircir* se dit de ce qui est obscur en soi, douteux, équivoque, mal présenté : *Éclaircir une fausse accusation* (MTQ.); **Éclairer,** de ce qui, sans être obscur en soi, a besoin qu'on projette sur lui une certaine lumière pour devenir parfaitement intelligible : *Ce qui peut éclairer d'un jour nouveau l'âme humaine* (GI.). **Clarifier,** rare au fig., se dit surtout d'une situation trouble qu'on éclaircit complètement. **Élucider,** d'un langage plus relevé, se dit surtout en parlant d'affaires ou de passages d'un texte très obscurs : *Il nous apprendrait d'un seul coup ce que nous cherchons à élucider maintenant* (VAL.). **Illustrer,** rendre plus clair par des notes, des commentaires et surtout, de nos jours, rendre une idée saisissante par un exemple : *Illustrer* [ses pièces] *de notes* (BAYLE). *La défaite d'Annibal illustre la faute commise après Cannes* (ACAD.). — En parlant d'une chose confuse, rendue obscure par mélange ou embarras, **Démêler,** rendre intelligible en mettant de l'ordre dans ce qui est plein de complication : *Démêler une difficulté* (BOS.). **Débrouiller** implique une plus grande complication qui souvent n'est pas naturelle, mais a été introduite par ceux qui ont embrouillé la question : *Un chaos de disputes que dix-sept cents ans n'ont pu débrouiller* (VOLT.). **Dévider,** en ce sens, est fam. et vx. — **Expliquer** dit plus : ce n'est pas seulement rendre clair, ou simple, c'est encore ajouter un certain nombre de détails qui dégagent le sens de la chose, précisent sa cause, la manière dont elle a été faite : *On éclaircit un mot équivoque* (BOIL.), mais on *explique* un mot en donnant son étymologie, ses divers sens, etc. : *Expliquer des énigmes* (VOLT.). **Développer** (vx) expliquer longuement, dans tous ses détails. **Déchiffrer,** expliquer ce qui est écrit en langage convenu, et par ext. donner la clef qui permet de comprendre ce qui est mal écrit, illisible, dans un langage mystérieux ou très obscur : *Déchiffrer des empreintes* (COL.). — **Défricher,** fig., commencer à éclaircir ce qui est embrouillé de façon à le rendre plus abordable, plus facile : *Les premiers qui défrichèrent la littérature sanscrite* (LIT.). **Dégrossir,** fig., commencer à débrouiller une affaire, en ôtant les premières difficultés qui l'embarrassent ¶ 3 → Instruire.

Éclaircissement : → Explication.

Éclairé : → Instruit.

Éclairer : ¶ 1 → Luire. Répandre de la clarté sur quelque chose. *Éclairer,* rendre clair ou remplir de lumière ce qui est obscur : *L'astre qui nous éclaire* (RAC.). **Illuminer,** éclairer brusquement, ou d'une vive lumière (et souvent, en ce sens, pour manifester sa joie) : *Les soirs illuminés par l'ardeur du charbon* (BAUD.). *Illuminer une ville en fête.* **Embraser,** illuminer un monument, à l'occasion d'une fête, d'une vive lumière qui le fait paraître en feu : *Embraser l'Hôtel de Ville.* ¶ 2 → Éclaircir. ¶ 3 → Instruire.

Éclat : ¶ 1 → Fragment. ¶ 2 → Bruit. ¶ 3 → Lumière. ¶ 4 → Lustre. ¶ 5 Au fig., en parlant des pensées et du style, *Éclat* implique une certaine grandeur et se dit de ce qui semble projeter une vive lumière, que celle-ci corresponde ou non à la solidité des pensées : *L'éclat de l'éloquence.* **Brillant** se dit surtout des petits détails, qui ont beaucoup d'esprit, de vivacité, mais sont souvent artificiels : *Le brillant de l'esprit.* **Coloris,** en un sens toujours favorable, éclat du style qui vient de sa couleur (→ ce mot) et permet de le comparer aux reflets de la peinture.

Éclatant : → Brillant.

Éclater : ¶ 1 → (se) Rompre. *Éclater,* se rompre en projetant des fragments. **Exploser,** éclater par explosion (→ ce mot). **Sauter,** être détruit par explosion. ¶ 2 → (se) Montrer et Commencer. ¶ 3 → Luire. ¶ 4 → (s') Emporter. ¶ 5 → Rire.

Éclipser : ¶ 1 → Obscurcir. ¶ 2 (Réf.) → Disparaître.

Éclopé : → Boiteux.

Éclore : (Au fig.) → Naître.

Écœurant : → Dégoûtant, Ennuyeux et Fade.

Écœurer : ¶ 1 → Dégoûter. ¶ 2 → Décourager.

École : ¶ 1 Établissement où l'on enseigne les sciences et les arts. *École,* tout établissement où se donne un enseignement collectif, se dit plus particulièrement d'un établissement où l'on apprend les premiers éléments de l'instruction : *École primaire;* ou de certains établissements d'un niveau plus élevé, spécialisés dans la préparation à certaines professions : *École Normale, École Polytechnique.* Établissement d'enseignement secondaire : → Lycée et ses syn.; d'enseignement supérieur : → Faculté. **Cours,** établissement privé d'enseignement primaire ou secondaire. **Institution,** établissement public ou privé qui dispense non seulement l'instruction mais encore l'éducation : *Institution des Jeunes Aveugles.* École qui reçoit des pensionnaires : → Pension. **Académie,** de nos jours, école de dessin, d'architecture, de peinture. **Gymnase,** école d'éducation physique. **Conservatoire,** école d'art dramatique et d'art musical. ¶ 2 (Au fig.) → Leçon. ¶ 3 (Au fig.) → Secte.

Écolier : ¶ 1 → Élève. ¶ 2 → Novice.

Éconduire : ¶ 1 → Congédier. ¶ 2 → Refuser.

Économe diffère de **Parcimonieux** comme les n. correspondants (→ Économie) et de **Ménager, Épargnant, Lésineux, Liardeur** comme les v. correspondants (→ Économiser).

Économie : ¶ 1 Qualité de celui qui gère ses biens sans avarice ni prodigalité. *Économie* et **Ménage** ont rapport à l'administration prudente de celui qui sait régler ses recettes et ses dépenses, *économie* se disant pour les fortunes importantes ou pour l'État (d'où l'emploi exclusif du mot pour désigner la science de la production, de la distribution et de la consommation des richesses) : *L'économie ne veut rien consommer en vain; l'avarice ne veut rien consommer du tout* (J.-B. SAY); *ménage* n'étant plus guère usité que dans la loc. *Vivre de ménage,* vivre avec économie. **Épargne** et **Parcimonie** ont surtout rapport à la modération dans la dépense, *parcimonie* désignant une petite *épargne* qui porte sur de petites choses : *Vivre*

d'épargne et de travail (Bos.). *Parcimonie austère* (J.-J. R.). ¶ 2 Au pl. Argent mis de côté. *Économies,* argent qui vient, grâce à une bonne gestion, de l'excédent des recettes sur les dépenses. **Épargne,** l'argent mis de côté en se restreignant sur les dépenses, se dit seul en parlant de l'ensemble des économies faites par les habitants d'un pays et qui servent à former des capitaux pour de nouvelles productions : *L'épargne française;* et a vieilli au fig. pour désigner tout ce qu'on ménage comme on fait l'argent : on dit plutôt *économie* : *Une économie de temps.* **Boursicot,** fam., petite somme amassée avec économie et tenue en réserve. **Bas de laine,** fig. et fam., cassette où bourgeois. et paysans entassent jour par jour leurs économies; par ext. ces économies. **Pécule,** petite somme d'argent amassée peu à peu, et souvent, en un sens spéc., épargne dont une personne en puissance d'autrui ne peut disposer qu'au bout d'un certain temps et dans certaines conditions : *Pécule des détenus; des prisonniers.* ¶ 3 → Disposition. ¶ 4 → Harmonie.

Économiser : Dépenser avec circonspection. *Économiser,* dépenser sagement, rationnellement, de façon à garder des réserves : *Économiser le bois; la lumière; ses forces* (ACAD.). **Ménager,** plus général, implique prudence, circonspection, prévoyance dans la façon dont on use d'une chose et spéc. dont on la dépense : *Ménager son argent* (SÉV.); *ses troupes; sa santé; ses forces.* **Épargner,** ménager ou économiser en dépensant peu : *Des gens qui sont réduits à épargner leur pain* (L. B.). — **Marchander,** discuter le prix de ce qu'on achète, au fig., donner, dépenser en rechignant avec mesquinerie : *Marchander sa peine.* **Plaindre et Regretter** (→ ce mot), fig., donner, dépenser difficilement, à contrecœur et donc chichement : *Plaindre les peines qu'on donne à cette recherche* (Bos.). — Spéc. en parlant de l'argent, des biens, **Mettre de côté,** mettre en réserve ce qu'on a économisé. **Boursicoter,** fam., épargner de très petites sommes qu'on garde en réserve. **Amasser** (→ ce mot), économiser sans cesse, pour s'enrichir : *Six cents francs de rente amassés sou par sou* (ZOLA). **Faire sa pelote,** fig. et fam., amasser des profits (souvent illicites) et s'en composer une petite fortune. **Thésauriser,** amasser avec avarice, en cachant ce que l'on met de côté comme un trésor, sans rien dépenser : *L'avare a le moins part au trésor qu'il enserre, Thésaurisant pour les voleurs* (L. F.). **Lésiner,** épargner d'une façon sordide jusque dans les moindres choses : *Mettons que je sois avare, mais pas au point de lésiner quand* *il s'agissait de la santé de Marie* (Mau.).

Liarder, fam., lésiner en cherchant à obtenir les choses au plus bas prix possible, en chicanant sur chaque sou à payer. **Regratter,** liarder en chicanant sur tous les articles d'un compte; on dit aussi **Gratter** (→ ce mot).

Écorce : ¶ 1 → Peau. **¶ 2** → Apparence.

Écorcher : ¶ 1 → Dépouiller. **¶ 2** (les oreilles) → Choquer.

Écorchure : → Déchirure.

Écorner : → Entamer.

Écornifleur : → Parasite.

Écosser : → Éplucher.

Écot : → Quote-part.

Écoulement, en médecine, mouvement des humeurs qui sortent d'un organe malade ou non : *Écoulement catarrhal* (Acad.). **Découlement** est vx. **Débordement,** écoulement d'humeurs très abondant : *Débordement de bile* (Acad.). **Débord,** vx, ne se dit plus que dans les loc. *Débord de bile, d'humeurs.* **Évacuation,** sortie d'humeurs, d'excréments ou de matières viciées : *Évacuation par haut et par bas* (Acad.). **Flux,** écoulement d'un liquide organique hors de son réservoir habituel : *Flux de bile* (Acad.). **Décharge,** évacuation abondante d'humeurs qui soulage un organe. **Éruption,** écoulement brusque de sang ou d'humeurs : *Éruption de pus* (Lit.).

Écouler : ¶ 1 → Vendre. **¶ 2** (Réf.) → Couler. **¶ 3** (Réf.) → Passer.

Écourter : → Diminuer.

Écouter : ¶ 1 → Entendre. *Écouter,* prêter l'oreille pour entendre. **Être aux écoutes,** être attentif à remarquer, à recueillir ce qui se dit ou ce qui se passe dans une affaire afin d'en tirer parti. **Boire les paroles de,** écouter avidement ou avec admiration celui qui parle. **Suivre,** écouter attentivement : *Suivre une émission de radio.* **¶ 2** → Satisfaire. **¶ 3** → Obéir. **¶ 4** (Réf.) → (se) Soigner.

Écrasé : ¶ 1 → Camus. **¶ 2** → Bas.

Écraser : ¶ 1 *Écraser* ajoute à **Aplatir,** rendre plat, l'idée d'une brisure due à un grand poids, une forte compression, un choc violent, et se distingue de **Broyer** (→ ce mot), réduire en menues parcelles en pressant ou en frottant : *On aplatit un chapeau; on écrase un œuf; les dents broient les aliments.* **Écacher,** écraser, ou simplement émousser ou déformer, en comprimant : *Écacher du sel. Écacher les pointes de la justice et de la vérité* (Pasc.). **Écarbouiller** (ou **Écrabouiller**), fam. et pop., écraser en morcelant et en réduisant en bouillie : *Écarbouiller un limaçon, un crapaud* (Acad.). **Rouler,** écraser, aplatir ou aplanir

au rouleau : *Rouler de la pâte.* **¶ 2** → Détruire. **¶ 3** → Surcharger. **¶ 4** → Vaincre.

Écrier [s'] : → Crier.

Écrin : → Boîte.

Écrire, exprimer avec des lettres les sons de la parole et le sens du discours, s'emploie pour exprimer diverses nuances auxquelles correspondent divers groupes : **¶ 1** Tracer des lettres. **Calligraphier,** écrire d'une belle écriture. **Barbouiller, Griffonner, Gribouiller,** écrire mal, avec les nuances indiquées à Barbouillage (→ ce mot). **Crayonner,** écrire au crayon, au fragment. **Dactylographier** et, fam., **Taper,** écrire à la machine à écrire. **¶ 2** Reproduire correctement les mots d'une langue. **Orthographier,** écrire les mots d'une langue en respectant l'orthographe établie par l'usage, se dit plus rarement que *écrire : Comment écrivez-vous ou orthographiez-vous votre nom?* **¶ 3** Fixer par écrit. *Écrire* se dit dans tous les cas. **Inscrire** (→ ce mot), écrire le nom de quelqu'un, faire mention de quelque chose sur une liste, un registre, etc., ou mettre une inscription, implique précision et désir de conserver : *L'agenda où il inscrivait ses observations* (M. D. G.). **Marquer,** écrire ou inscrire sommairement ce qui servira d'indication : *Marquez-moi votre adresse et je vous répondrai* (Lit.). **Noter,** inscrire sur un carnet, sur un papier quelconque, etc. ce dont on veut se souvenir : *J'ai noté ces paroles aussitôt après les avoir entendues* (Acad.). **Copier** (→ ce mot), reproduire par écrit. **¶ 4** Faire un écrit, c'est-à-dire exprimer des idées dans un certain style. *Écrire* se dit pour tous les styles : *Écrire un billet, un roman, un testament,* etc. (absolument, *écrire,* c'est faire métier d'écrivain, alors que **Gratter du papier,** péj., c'est gagner sa vie à faire des écritures). **Rédiger,** mettre par écrit, en bon ordre, dans un style clair et convenable, des lois, des règlements, des décisions, des résolutions prises dans une assemblée, ou les matériaux d'un ouvrage, ou les idées fournies en commun pour quelque écrit que ce soit, etc. : *Rédiger le droit romain, le procès-verbal d'une séance, d'une sentence, un arrêt* (Acad.). *Rédiger la vie d'Abélard* (Duc.). **Libeller,** terme de droit et d'administration, rédiger suivant les formes légales : *Libeller un exploit, un mandat;* par ext. formuler par écrit : *Réclamation libellée en termes injurieux* (Acad.). **Dresser,** rédiger dans la forme prescrite ou ordinaire : *Dresser un contrat.* **Minuter,** rédiger l'original d'un acte ou d'une lettre : *Minuter une dépêche.* **¶ 5** → Informer. **¶ 6** Écrire un ouvrage : → Composer.

Écrit : → Livre.

Écriteau : Mots tracés ou imprimés sur quelque chose de mobile pour attirer l'attention du public (≠ Inscription, mots gravés sur du marbre ou du métal et destinés à rester). *Écriteau*, mots tracés en grosses lettres, sur un papier, un morceau de bois, une toile, attachés ou cloués, mais mobiles : *Nous longions le quai. Un écriteau bleu portait le mot « Paris »* (J. Rom.). **Panneau**, ensemble d'indications écrites et dessinées, sur quelque chose de plus solide, de plus soigné et de plus durablement fixé que l'*écriteau* : *Panneau réclame. Panneau de signalisation*. **Pancarte**, écriteau sur papier ou sur carton donnant un avis au public : *Une longue pancarte attachée à un grand bâton* (Did.). **Étiquette**, autrefois petit écriteau qu'on attachait aux sacs de procès pour indiquer le nom du demandeur, du défendeur et du procureur; de nos jours petit écriteau de papier joint à un objet pour indiquer sa nature, son prix, son usage, etc.

Écriture : ¶ 1 Système de signes adoptés pour reproduire matériellement les mots du langage. *Écriture* a plutôt rapport à la forme des lettres. **Graphie** ou **Graphisme**, termes savants, désignent plutôt la façon de grouper les lettres pour écrire des mots particuliers : *L'écriture grecque, russe*. Au xvie s. *stuy* était une graphie pour *cestuy*. **Orthographe**, manière d'écrire les mots correctement, selon l'usage établi; par ext. avec une épithète, manière quelconque d'écrire les mots. ¶ 2 Manière dont quelqu'un écrit. *Écriture*, terme courant, a rapport à la chose écrite, **Main**, du style noble ou poétique, à la personne considérée comme capable d'écrire de telle ou telle façon, ou comme la cause de ce qui est écrit : *Le partisan n'eut pas sitôt vu de mon écriture qu'il m'arrêta pour travailler sous lui en me disant qu'il voulait me former l'esprit et la main* (Les.). **Plume**, fig., syn. fam. d'*écriture* : *Il a une belle plume* (Acad.). ¶ 3 → Style. ¶ 4 *Écritures* d'un commerçant : → Registre. ¶ 5 *L'Écriture, L'Écriture sainte, Les Écritures, Les Saintes Écritures* désignent par antonomase, dans le langage chrétien, l'Ancien et le Nouveau Testament, appelés **Bible** dans le langage courant.

Écrivain : ¶ 1 Celui qui compose des livres. L'*Écrivain* compose des ouvrages qui appartiennent par quelque côté à la littérature; on peut être **Auteur** si l'on a composé un seul ouvrage sur n'importe quel sujet : *L'auteur d'un Manuel de Géométrie n'est pas un écrivain*. Mais, pour désigner celui qui compose des ouvrages qui peuvent appartenir à la littérature, *écrivain* a surtout rapport aux qualités du style : *L'homme qui a adopté de pareilles tournures a l'oreille fausse : ce n'est pas un écrivain* (Flaub.); *auteur* désigne plutôt celui qui se distingue par la solidité du fond et fait autorité : *Les auteurs classiques*; ou insiste sur la routine du métier, les artifices de la technique : *Au lieu d'un auteur, on trouve un homme* (Pasc.); et les défauts de la profession : *Querelles d'auteurs*. **Homme de lettres** (au pl. **Gens de lettres**), celui qui fait métier d'écrivain et vit de la vente de ses livres : *La Société des Gens de Lettres*. *Gens de Lettres* a donné par contraction **Gendelettre** (ironique et fam.), homme de lettres qui a tous les défauts du métier : *Les divers gendelettres Devant son gousset plein s'inclinaient à deux mètres* (Banville). **Littérateur** insiste moins qu'*Homme de lettres* sur la condition sociale, et davantage sur l'activité de celui qui s'adonne aux lettres soit comme écrivain, soit comme critique ou amateur distingué : *Fontenelle n'avait été qu'un littérateur agréable et un écrivain médiocre* (L. H.). Le mot tend à devenir péj.. **Faiseur de livres** est encore plus péj. : *Faiseurs de livres et d'écrits* (Boil.). **Prosateur**, écrivain qui écrit en prose, **Poète** (→ ce mot), écrivain qui écrit en vers, annoncent souvent un jugement fondé sur les qualités de la forme. **Auteur dramatique** se dit de tout auteur de pièces de théâtre; **Dramaturge**, de celui qui écrit des drames (→ ce mot). Le **Tragique** compose des tragédies (le mot ne s'emploie plus guère pour les auteurs modernes), le **Comique**, des comédies; on dit aussi **Auteur gai** de celui qui écrit des comédies légères ou des vaudevilles. **Polygraphe**, auteur qui écrit dans plusieurs genres ou sur plusieurs matières. **Plume**, syn. vx d'*écrivain*, surtout en prose, considéré du point de vue du style : *Je lui crois des égaux en qualité de philosophe; mais en qualité d'écrivain, je ne lui en connais point, c'est la plus belle plume de son siècle* (J.-J. R.). — **Écrivailleur**, **Écrivassier** (plus récent et plus péj.), **Barbouilleur de papier** (très péj.), mauvais écrivain qui a la manie d'écrire beaucoup, vite et mal; **Écrivaillon**, méchant petit écrivain; **Plumitif**, péj., a été employé surtout comme adj. : *Canaille plumitive, vil écrivassier* (Beaum.). **Grimaud**, vx et péj., mauvais et prétentieux écrivain. — **Bas-bleu**, péj., se dit d'une femme à prétentions littéraires. ¶ 2 → Employé.

Écrouelles : → Scrofule.

Écrouer [s'] : → Emprisonner.

Écrouler [s'] : → Crouler et Tomber.

Écu : ¶ 1 → Bouclier. ¶ 2 → Emblème.

Écueil : ¶ 1 *Écueil*, rocher, banc de sable, de coquillages, de corail, à la surface ou près de la surface des eaux de la mer et contre lequel les navires risquent de se briser ou de s'échouer : *La mer a des écueils cachés* (V. H.). **Récif,** chaîne de rochers à fleur d'eau : *A la différence de l'écueil, le récif fait une chaîne qui émerge toujours.* **Brisant,** rocher ou écueil à fleur d'eau sur lequel la mer se brise. ¶ 2 (Au fig.) → Obstacle.

Écuelle : → Assiette.

Écumant : → Écumeux.

Écume : ¶ 1 → Mousse. ¶ 2 → Salive. ¶ 3 → Rebut.

Écumer : ¶ 1 → Rager. ¶ 2 → Piller.

Écumeur : → Corsaire.

Écumeux, qui est couvert d'écume par nature. **Écumant,** qui écume dans une certaine circonstance : *Ruisseaux écumeux* (FÉN.). *Onde écumante sous les coups des rames* (FÉN.). **Spumeux,** terme didact., qui est mêlé d'écume ou a l'aspect de l'écume : *Salive spumeuse.*

Écurer : → Nettoyer.

Écurie : → Étable.

Écusson : → Emblème.

Éden : → Paradis.

Édicter : → Prescrire.

Édicule, petit édifice élevé sur la voie publique. **Kiosque,** édicule servant de boutique où l'on vend des journaux, des fleurs, etc. L'**Échoppe,** à la différence du *Kiosque*, est adossée contre une muraille et ordinairement construite en appentis.

Édifiant : → Exemplaire.

Édifice : → Bâtiment.

Édifier : ¶ 1 → Bâtir. ¶ 2 → Instruire.

Édile : → Conseiller municipal.

Édit : → Loi.

Éditer, Publier : → Édition. **Sortir,** syn. très fam. de *publier*. **Lancer** ajoute l'idée d'une publicité commerciale.

Édition : ¶ 1 Action de faire paraître un livre. L'*Édition*, travail de l'éditeur, comporte des opérations très diverses qui vont du choix de l'ouvrage à éditer à sa publication et à sa vente, en passant par la surveillance de l'impression, des corrections d'épreuves, du tirage, etc.; parfois même l'éditeur fait ajouter à l'ouvrage, par un autre que l'auteur, des notes, des variantes, etc. L'**Impression** comporte seulement la **Composition,** c'est-à-dire l'arrangement des caractères pour en former des mots, des lignes et des pages, et le **Tirage** ou action de mettre les feuilles sous la presse et d'y imprimer les caractères. La **Publication** (→ ce mot) consiste à répandre l'ouvrage dans le public et à en organiser la vente. ¶ 2 Exemplaires d'un ouvrage édités ou tirés en même temps. **Tirage,** tous les exemplaires d'un ouvrage imprimés en une seule fois avec les mêmes formes ou planches : *Chaque fois que l'on tire d'un ouvrage de nouveaux exemplaires sans rien changer aux formes ou aux planches, il a un nouveau tirage.* — *Édition,* l'ensemble des exemplaires, appartenant à tous les tirages faits avec les mêmes formes ou planches : *Une même édition peut avoir plusieurs tirages* (on emploie cependant souvent *tirage* et *édition* l'un pour l'autre). **Réimpression** implique simplement qu'on change les formes et les planches sans toucher au texte de l'ouvrage. **Réédition** implique au contraire des modifications plus ou moins grandes apportées au texte, mais se dit souvent pour *réimpression*. ¶ 3 *Édition originale, princeps, préoriginale, première édition :* → Premier.

Éditorial : → Article.

Édredon : → Couverture.

Éducateur : ¶ 1 N. → Maître. ¶ 2 Adj. Qui a rapport à l'éducation. *Éducateur,* qui est relatif à l'éducation ou, plus souvent, qui donne, en fait, une éducation : *La Grèce est le peuple éducateur* (MICH.). **Éducatif,** qui a pour but de donner l'éducation et qui y est propre : *Télévision éducative.*

Éducatif : → Éducateur et Didactique.

Éducation : ¶ 1 → Instruction. ¶ 2 → Civilité.

Édulcorer : ¶ 1 → Adoucir. ¶ 2 Au fig., *Édulcorer,* rendre doux ce qui ne l'était pas naturellement, se dit surtout des pensées dont on adoucit ou dont on affaiblit excessivement la force : *Profession de foi édulcorée* (ACAD.). **Affadir,** rendre doucereux, sans aucune saveur, dit plus, mais ne s'emploie qu'en parlant des ouvrages de l'esprit : *Affadir un discours* (ACAD.).

Éduquer : → Élever et Instruire.

Effacé : ¶ 1 → Modeste. ¶ 2 → Terne.

Effacer : ¶ 1 Faire disparaître ce qui est écrit. *Effacer* exprime cette action de toutes les façons, mais s'emploie quand on fait disparaître, sans aucune trace, par frottement ou effet chimique. **Gommer,** effacer avec la gomme. **Gratter,** effacer en raclant. **Échopper,** effacer avec l'échoppe en parlant d'un graveur ou d'un typographe : dans ce dernier cas, c'est faire sauter un caractère avec la pointe de l'échoppe et donc supprimer dans un texte imprimé : *Le recueil des passages qu'il est contraint d'échopper ou de corriger dans les auteurs français* (GIR.). **Rayer,**

passer un trait sur ce qui est écrit pour l'annuler, insiste plutôt sur le résultat qu'on veut obtenir : *Rayer des cadres*; alors que **Barrer**, moins usité, insiste plutôt sur le procédé employé : *Il y a à la troisième ligne deux mots barrés*. **Croiser**, rayer en croix : *Croiser une page*. **Biffer**, rayer d'autorité (ou avec colère), se dit fréquemment en termes de procédure ou de comptabilité : *Il a biffé cette clause de son testament* (ACAD.). **Sabrer**, plus fam., biffer ce qui ne vaut pas grand-chose, en grande quantité et sans pitié : *Sabrer de longues tirades* (ACAD.). **Raturer** a rapport au travail littéraire : rayer, pour mettre quelque chose de meilleur à la place, et cela plusieurs fois : *Mes manuscrits raturés attestent la peine qu'ils m'ont coûtée* (J.-J. R.). — **Caviarder**, spéc., en parlant de la censure, effacer un passage d'une publication en le noircissant d'encre. ¶ 2 → Détruire. Faire disparaître. *Effacer* s'emploie au prop. et au fig. : *Effacer les traces de ces souvenirs* (LOTI) ; *les traces de ses peines en lui donnant des baisers* (PROUST). **Oblitérer**, surtout au prop., effacer en usant, en parlant des injures du temps ou de quelque autre cause naturelle : *Le temps a oblitéré cette inscription* (ACAD.) ; et, rarement au fig., faire oublier : *Oblitérer le passé* (J.-J. R.). **Gratter**, fig., enlever une superficie pour voir ce qu'il y a dessous : *Grattez le dieu, vous trouvez l'homme* (V. H.). **Laver**, au prop., nettoyer avec un liquide, au fig., effacer une chose qu'on peut considérer comme une tache par quelque chose qui ressemble à une eau : *Dans le sang ennemi tu peux laver ton crime* (RAC.). — Au sens de faire disparaître sur une liste, un registre, *Effacer* a pour syn. **Radier** qui marque abstraitement l'action, faite souvent officiellement ou par autorité : *Radier une inscription hypothécaire* (ACAD.). ¶ 3 (Au fig.) → Obscurcir. ¶ 4 (Réf.) → Disparaître.

Effarer, Effaroucher : → Effrayer.

Effectif : Adj. ¶ 1 → Efficace. ¶ 2 → Réel. ¶ 3 N. → Nombre.

Effectivement : → Réellement.

Effectuer : → Réaliser.

Efféminer : ¶ 1 → Affaiblir. ¶ 2 → Féminiser.

Effervescence : → Fermentation.

Effet : ¶ 1 → Suite. ¶ 2 → Action. ¶ 3 → Réalisation. ¶ 4 Terme d'esthétique : ce qui résulte de l'action des objets sur notre âme. *Effet* a rapport à l'objet, c'est ce qui frappe, attire l'attention, sans toujours toucher, **Impression** a rapport au sujet, c'est ce que produit l'effet dans son âme ou son esprit : *On concevrait mieux l'effet de la peinture et de la musique, si l'on*

pouvait se figurer les impressions dont notre âme serait susceptible avant qu'elle connût la parole (STAËL). ¶ 5 *Effets :* → Vêtement. ¶ 6 *En effet :* → Réellement et Parce que.

Effeuiller, arracher, ôter les feuilles (ou les pétales), parfois volontairement, en parlant de l'homme, et, dans tous les cas, progressivement, une à une : *Effeuiller une rose, la vigne*. **Défeuiller**, priver complètement de ses feuilles, dépouiller (→ ce mot) par n'importe quel moyen : *L'hiver défeuille les arbres*.

Efficace : Qui produit son effet. *Efficace*, qui est toujours capable de produire son effet : *Sérum efficace* (CAM.). **Efficient**, qui produit réellement, dans un cas particulier, son effet, ne s'emploie plus guère que dans la loc. *Cause efficiente*. **Effectif** se dit plutôt en ce sens : *Amour effectif, amour de Dieu qui se traduit par des actes.* — *Efficace* en parlant d'un remède, des propriétés de certains médicaments, a pour syn. **Héroïque** (vx), très puissant, très efficace, à utiliser dans les cas désespérés.

Effigie : → Représentation.

Effilé : → Mince.

Effiler, défaire un tissu fil à fil. **Effilocher**, effiler pour réduire en bourre ou en ouate : *Effilocher de vieux chiffons pour faire du papier*. *Effiler de la toile pour faire de la charpie*. **Effranger**, effiler un tissu par les bords de façon que les fils pendent comme une frange. — (Réf.) *S'effiler*, se défaire fil à fil. **S'effilocher**, s'effiler par usure : *Une étoffe s'effile si on tire sur un fil ; un vieux pantalon s'effiloche*. **S'effranger**, s'effilocher par usure ou se déchirure de façon que les fils pendent comme une frange.

Efflanqué : → Maigre.

Effleurer : → Toucher. *Effleurer*, toucher très légèrement et doucement à la superficie, volontairement ou non : *La roue l'effleura presque* (ZOLA). **Frôler** ajoute l'idée d'un passage rapide et implique un contact encore plus léger : *La jupe qui se hâte frôle une tombe, le bout de l'ombrelle balancée effleure un géranium* (J. ROM.). **Raser**, passer tout auprès, avec rapidité, souvent en longeant, mais sans toucher : *Le rapide nous rasa de si près que l'air qu'il chassait me heurta comme un corps solide* (J. ROM.). **Friser**, raser de très près ou frôler au point de produire des vibrations : *Le vent qui ne fait que friser l'eau en ride légèrement la surface* (ACAD.). **Caresser**, au prop. toucher doucement, au fig., dans le style poétique, *effleurer*.

Efflorescence : → Floraison.

Effluve : ¶ 1 → Émanation. ¶ 2 → Fluide.

Effondré : → Consterné.

Effondrer : ¶ **1** (la terre) → Remuer.
¶ **2** (Réf.) → Crouler et Tomber.

Efforcer [s'] : → Essayer.

Effort : ¶ **1** Concentration de sa force pour obtenir un effet. *Effort*, au physique et au moral, implique une énergie plus ou moins grande. **Contention**, effort considérable pour tendre toutes les facultés de son esprit afin de parvenir à quelque but : *Aussi cet ouvrage demande-t-il encore de la contention d'esprit* (Dᴵᴰ.). ¶ **2** → Violence. ¶ **3** → Hernie.

Effraction : → Vol.

Effranger : → Effiler.

Effrayant, qui fait peur, en fait, eu égard aux circonstances, parfois par l'illusion que nous avons de quelque chose à craindre : *Silence effrayant* (A. Dᴬᵁᴰ.). **Effroyable**, qui cause un effroi permanent par sa nature même, glace, confond, atterre : *L'ensemble devient déroutant et effroyable* (Lᴏᴛᴵ). **Épouvantable**, qui, souvent par son aspect étrange ou menaçant, rend l'esprit éperdu ou pousse à fuir en désordre : *Les mots épouvantables* (Rᴬᴄ.) *de Jézabel à Athalie. Spectres épouvantables* (Mᴬᴸᴱʙ.). **Terrifiant**, qui provoque de la terreur, renchérit sur *effroyable* et se dit de ce qui fait trembler, anéantit, par la présence ou par l'annonce d'un objet redoutable. **Terrible** (→ ce mot) se dit plutôt de la cause de l'impression que de l'impression elle-même. **Affreux** (→ ce mot) enchérit et ajoute une idée de laideur ou d'angoisse : *Ce fut un homme terrible et quelquefois même affreux* (Mᴬᵁ.). **Horrible** enchérit encore, suppose laideur extrême ou danger, menace qui provoquent une sorte de répulsion, de révolte : *Précipice horrible* (V. H.). **Dantesque** se dit, dans le style relevé, des paysages et des spectacles terrifiants comme ceux qu'évoque l'*Enfer* de Dante : *Rocher tout baigné d'horreur dantesque* (Bᴬʀ.). On dit aussi **Apocalyptique**, en parlant des spectacles ou des animaux épouvantables par leur fantastique tels que les décrit l'*Apocalypse* de saint Jean : *Un cheval Fantôme comme lui, rosse apocalyptique* (Bᴬᵁᴰ.). — Dans le langage fam. *effroyable, affreux, horrible, épouvantable* servent de superlatifs à Laid et à Mauvais : *Un temps effroyable, épouvantable; effroyable* et *épouvantable* signifient aussi très grand, *effroyable* marquant l'étonnement devant le nombre : *Une multitude effroyable d'Allemands* (Bos.); *épouvantable*, le trouble des idées devant quelque chose de confus, d'inconcevable : *Sabbat* (Sᴱᴠ.), *bruit* (V. H.) *épouvantables*.

Effrayer : Causer une grande peur. *Effrayer*, frapper d'un trouble véhément, causé par la menace d'un mal véritable ou l'idée d'un mal imaginaire, et qui entraîne plutôt la stupeur et l'immobilité, mais parfois aussi un réflexe de fuite : *Le silence éternel de ces espaces infinis m'effraie* (Pᴬˢᴄ.). *La contradiction ne l'effrayait pas* (Cᴬᴹ.). **Effaroucher**, effrayer en donnant envie soit de fuir, comme fait un animal farouche, soit de résister, implique un trouble qui peut être simplement intérieur, mais est toujours dû à une cause extérieure : *Des âmes effarouchées et rendues plus atroces par la sévérité des peines* (Mᴛǫ.). *Effaroucher le gibier* (Aᴄᴬᴅ.); en un sens fam. et atténué, inspirer un malaise qui empêche quelqu'un d'accepter la compagnie d'une personne ou d'adhérer à une idée : *Les objections des docteurs effarouchés* (Fᴱɴ.). **Effarer**, qui s'emploie surtout au participe, insiste sur l'effet extérieur de la peur qui donne un air et des yeux hagards : *Gazelles effarées* (Lᴏᴛᴵ); de plus on peut avoir l'air *effaré*, sans cause, naturellement, par habitude ou distraction. **Halluciner**, égarer l'esprit ou le rendre stupide en le braquant sur une sorte de vision réelle ou imaginaire qui l'obsède : *L'échafaud, quand il est là dressé et debout, a quelque chose qui hallucine* (V. H.). *Halluciner les esprits par la crainte de la guerre.* **Pétrifier** (→ ce mot) implique l'immobilité totale sous l'effet de la peur. **Épouvanter** (→ ce mot), effrayer d'une peur panique qui porte à fuir éperdu comme une armée en déroute : *L'enfant épouvanté se sauve* (V. H.).

Effréné : → Excessif.

Effriter : → Pulvériser.

Effroi : → Épouvante.

Effronté : → Hardi et Impudent.

Effronterie : → Hardiesse et Impudence.

Effroyable : → Effrayant.

Effusion : → Épanchement.

Égailler [s'] : → (se) Disperser.

Égal : Adj. ¶ **1** En parlant d'une chose, *Égal* et **Plain** s'appliquent à une étendue placée horizontalement et dont les parties ne sont ni plus hautes ni plus basses les unes que les autres. *Égal* suppose une plus petite étendue, souvent travaillée par la main de l'homme : *Un chemin égal* (Lᴵᴛ.). *Plain*, moins rigoureux, qui n'est guère usité que dans la loc. *De plain pied*, est remplacé dans le langage courant par **Plan**, d'autre part syn. de *plat* dans le langage des mathématiques, de la physique et de la technique, par opposition à courbe, convexe, concave, ondulé : *Surface plane. Miroir plan. Mur plan.* **Plat**, beaucoup plus usité dans le langage commun, convient à une étendue quelconque, qui n'a ni saillie ni enfoncement : *Pays plat. Vaisselle plate. Poitrine plate. Visage plat* (Lᴵᴛ.).

Uni a rapport à la qualité d'une surface égale ou plane, sans aspérités, et sur laquelle le mouvement se fait facilement : *Vous voyez un miroir uni; il est démontré que c'est une surface très raboteuse* (Volt.). **Ras,** qui a le poil coupé ou fort court, par ext., sur quoi il n'y a rien, ni choses données par la nature, arbres, buissons, etc., ni choses bâties par l'homme, villages, maisons : *Rase campagne.* ¶ 2 → Uniforme. ¶ 3 Qui est de même nature, quantité, ou qualité. *Égal,* précis, s'applique à ce qui peut être mathématiquement déterminé, **Pareil,** mot commun, exprime moins de rigueur. **Équivalent** ne se dit que de ce qui est égal en valeur : *Leur hauteur est égale et leur éclat pareil* (Corn.). *Une somme équivalente à celle que j'ai perdue* (Gi.). ¶ 4 A quoi l'on n'attache pas plus de valeur qu'à autre chose. *Égal* se dit plutôt des choses, **Indifférent,** des actions : *Entre toutes les choses égales et dont le choix était indifférent* (Fén.). ¶ 5 → Tranquille. ¶ 6 *A l'égal de :* → Comme. ¶ 7 N. Celui qui, socialement, vaut autant qu'un autre. *Égal* implique une ressemblance précise qui peut se mesurer, une fortune équivalente ou des droits égaux : *Ils sont mes égaux et je n'ai rien de plus qu'eux* (Loti); **Pareil,** une égalité très approximative dans la fortune, la condition, le talent, le caractère, l'origine, etc. : *Dédaigneux et fiers, ils n'abordent plus leurs pareils* (L. B.). **Pair** ne se dit, en style relevé, que de ceux qui ont même condition et même rang dans l'État : *Être jugé par ses pairs* (D'Al.).

Égaler : ¶ 1 Rendre égal. *Égaler,* en parlant des personnes et des choses, se dit plutôt de grandeurs que l'on compare ou assimile de façon assez vague : *Confondre et égaler les choses qui ne se ressemblent que par l'obscurité* (Pasc.). **Égaliser** (→ ce mot) ne se dit que des choses et implique une volonté expresse d'introduire une égalité effective et rigoureuse : *C'est à des lois particulières à égaliser, pour ainsi dire, les inégalités* (Mtq.). ¶ 2 *Égaler,* être égal en quantité, en nature, en valeur, en mérite, en droit : *Une race qui égalerait les étoiles du ciel* (Bos.). *Égaler un citoyen romain* (Corn.). **Balancer** (vx) et **Contrebalancer,** égaler en poids, en force, et au fig. en valeur, en mérite, à quoi l'on s'oppose et avec quoi l'on fait équilibre : *Comme si l'importance que j'attache à ces notes cliniques était capable de contrebalancer, d'écarter la tentation* (M. D. G.). **Équivaloir à,** égaler en prix ou en valeur : *Une peine de prison équivalait à une peine de mort* (Cam.); et, par ext., au fig., avoir à peu près le même sens que : *Cette réponse équivaut à un refus* (Acad.). **Valoir,** égaler exactement en valeur, en signification ce qu'on peut de ce fait remplacer : *Cette note de musique - vaut une mesure. Cet homme en vaut bien un autre.* **Équipoller,** vx, syn. d'*équivaloir à,* ne se dit plus guère qu'en termes de blason. **Disputer de** ou **Le Disputer** à quelqu'un en quelque chose, en parlant de personnes ou de choses, exprime qu'elles ont des qualités si égales que l'on ne sait laquelle l'emporte : *Elles disputent de l'éclat avec les perles et les diamants* (Volt.). *Le disputer à quelqu'un en valeur, en érudition, en richesse* (Acad.). **Atteindre,** fig., égaler en valeur, en mérite quelqu'un de remarquable : *Il croit atteindre Racine* (Acad.). **Rivaliser** avec quelqu'un, égaler quelqu'un ou en approcher par son talent, son mérite, etc. : *Des couleurs de style qui auraient fait rivaliser la langue française avec celle des poètes de la Grèce et de Rome* (L. H.).

Égaliser : → Égaler. *Égaliser,* au prop., rendre une surface égale, a pour syn. **Aplanir, Aplatir, Raser, Unir** (→ Égal). **Égaler** en ce sens est rare. **Niveler,** rendre un plan uni ou horizontal. — Au fig. *égaliser,* introduire entre les choses une égalité effective et rigoureuse; *niveler,* égaliser au niveau du plus bas en abaissant ce qui est élevé : *Quand tout aura disparu, quand tout sera nivelé, il prédit l'avènement d'un monde nouveau* (M. D. G.).

Égalité : ¶ 1 Qualité de ce qui est égal. *Égalité* se dit des personnes et des choses dans tous les cas où on peut le dire égales. **Parité,** égalité parfaite entre des objets de même qualité ou nature, est plutôt du langage choisi ou technique : *Parité entre deux faits. Parité de titres, de mérites, de traitement.* ¶ 2 → Uniformité. ¶ 3 → Tranquillité.

Égards : ¶ 1 *Égards* se dit dans tous les cas où nous montrons aux gens que nous faisons attention à eux, quelle que soit leur condition, et exprime d'ailleurs moins le sentiment que les procédés qui l'annoncent : *Il ne faut pas insulter aux malheureux et oublier les égards qui leur sont dus* (J.-J. R.). **Estime,** opinion favorable fondée sur la connaissance du mérite, des bonnes qualités, des vertus de quelqu'un : *Le désir de forcer mon estime, mon admiration* (Gi.). **Considération** enchérit, mais a rapport moins au mérite et à la moralité qu'aux talents, à la richesse, à la condition, etc. : *La considération devient la récompense du savoir* (C.). **Déférence,** en matière d'avis ou d'opinions, soumission qui nous fait céder aux lumières des autres, à leurs desseins, à leurs volontés : *Déférence envers un maître* (J.-J. R.). **Respect,** sentiment grave, sorte de culte que nous rendons à ce qui est sacré ou au moins placé très haut au-dessus de nous :

Je lui dois le respect. Il est mon aîné; il a un métier (J. Rom.). ¶ 2 Manières d'agir réfléchies et mesurées tendant à témoigner des sentiments favorables. Les *Égards* consistent à faire ce que la bienséance nous commande envers les personnes dont nous voulons respecter la dignité : *Une personne de mon âge a droit aux égards* (Zola). Les **Ménagements** consistent à traiter les personnes avec douceur et prudence pour éviter de leur faire de la peine ou de nous nuire auprès d'elles : *En qualité de malade, j'ai droit aux ménagements que l'humanité doit à la faiblesse. Je suis pauvre et il me semble que cet état mérite encore des égards* (J.-J. R.). **Attentions,** témoignages d'un zèle affectueux pour les personnes dont on veut se faire aimer, sous forme de gentillesses : *Je comblais cette femme d'attentions et j'avais entièrement à cœur de m'en faire aimer* (J.-J. R.). **Prévenances,** attentions qui vont au-devant de tout ce qui peut faire plaisir. **Préférences,** attentions particulières qui montrent qu'on distingue ceux qu'on aime ou qu'on respecte. **Soins** implique plutôt qu'on s'inquiète de l'état des personnes, qu'on cherche à l'améliorer par des secours, des services : *Elle a des soins infinis de me divertir* (Sév.); à l'époque classique *soins* désignait toute espèce de galanteries; de nos jours on dit plutôt **Petits soins** (fam.), attentions recherchées, délicates. **Assiduité,** présence constante auprès d'une personne qu'on veut gagner, pour lui faire sa cour, lui prodiguer des attentions ou des soins. ¶ 3 *A l'égard de :* → Envers. ¶ 4 *Avoir égard à :* → Considérer.

Égaré : ¶ 1 → Troublé. ¶ 2 *Égaré,* **Perdu, Fourvoyé, Dévoyé :** → (s') Égarer. ¶ 3 → Épars.

Égarement : ¶ 1 → Délire. ¶ 2 → Dérèglement. ¶ 3 → Erreur.

Égarer : ¶ 1 → Écarter. ¶ 2 → Tromper. ¶ 3 Être privé de ce qu'on possédait. *Égarer* ne se dit que d'une chose et implique simplement qu'on en est privé parce qu'on l'a mise à une place qu'on ne peut se rappeler par la suite : *Égarer ses papiers.* **Perdre** se dit des personnes et des choses et implique souvent une privation définitive, soit par la faute du sujet soit pour une autre raison : *Perdre son fils dans la foule.* **Adirer,** égarer, en termes de jurisprudence, ne se dit guère qu'au participe passif : *Titre adiré* (Acad.). ¶ 4 (Réf.) Au prop. et au fig., être sur le mauvais chemin. *S'égarer,* s'écarter du droit chemin et ne plus reconnaître le chemin que l'on suit, mais sans que tout espoir de se reconnaître soit banni; c'est souvent faire un détour : *Je me suis égaré d'une lieue* (Acad.). **Se perdre,** s'égarer totalement au point de ne plus avoir l'espoir de savoir où l'on est. **Se dévoyer,** syn. vx de *s'égarer.* **Se désorienter,** perdre sa direction plutôt que son chemin. **Se fourvoyer,** fam., prendre un chemin qui n'est pas celui qu'on avait le dessein de suivre, et souvent par étourderie (se dit aussi en parlant des animaux et en vénerie) : *Elle avait fait fausse route à n'en pas douter, elle se sentait fourvoyée* (Gi.). ¶ 5 Spéc., au fig., du point de vue intellectuel, *S'égarer,* sortir de la vérité ou s'écarter de son propos par faute de raisonnement, par passion, manque d'attention : *Je m'aperçois que je m'égare. Moi qui m'étais promis de ne pas faire de littérature, j'y suis tombé en plein* (J. Rom.). **Se fourvoyer,** commettre une bévue grossière : *Avocat, vous vous fourvoyez* (Beaum.). **Se perdre** (→ ce mot), ne plus savoir où l'on en est : *Se perdre dans le maquis de la procédure.* ¶ 6 Spéc., au fig., du point de vue moral, *S'égarer,* perdre de vue le devoir, la vertu, du moins que **Se perdre** (→ ce mot), s'égarer sans espérance de retour. **Se dévoyer,** s'écarter de la rectitude morale, sans forcément la perdre de vue, mais consciemment, alors qu'on *s'égare* parfois inconsciemment, d'où une idée de persistance volontaire dans le mal, de perversion qui entraîne un sens très péj. surtout au part. passif (→ Vaurien).

Égayer : ¶ 1 Rendre gaie une personne. *Égayer* dit plus qu'**Amuser,** puisqu'il n'implique pas seulement qu'on ôte le souci en distrayant, mais encore qu'on ramène la gaieté. **Dérider** dit moins : c'est obliger quelqu'un à quitter un instant son air soucieux ou triste. **Déchagriner,** ôter le chagrin, est rare. **Ébaudir,** archaïque, mettre en allégresse. **Réjouir** dit plus qu'*égayer* : c'est donner de la joie, intérieure ou extériorisée, par une sensation agréable, un divertissement, un événement heureux (→ Gaieté, Joie). **Dilater la rate,** ou **Épanouir la rate,** fam., réjouir en faisant rire, souvent par de bonnes histoires : *Après nous être égayés tous deux et bien épanoui la rate* (Les.). **Désopiler la rate,** faire beaucoup rire. ¶ 2 → Orner. ¶ 3 → Élaguer. ¶ 4 (Réf.) → Railler.

Égérie : → Conseiller.

Égide : → Auspices.

Église : ¶ 1 → Secte. ¶ 2 Édifice où les fidèles célèbrent le culte. *Église,* du langage commun, se dit surtout pour le culte catholique. **Temple** se dit pour le culte protestant ou pour les religions non chrétiennes, et, comme syn. noble d'*Église,* insiste plutôt sur le séjour de Dieu que sur la réunion du peuple qui prie, et se dit seul au fig. : *Le moment où notre Dieu se montre dans le temple* (Volt.). *Pope dit que l'immensité est le temple de Dieu* (Volt.).

Cathédrale, église principale d'un diocèse, où se trouve le siège d'un évêque. **Collégiale,** église où se trouve un chapitre ou collège de chanoines, mais sans siège épiscopal. **Basilique,** église abritant le corps d'un saint ou une relique insigne, ou bien église que les papes veulent particulièrement honorer : *Basilique Sainte-Clotilde. Basilique de Lourdes.* **Abbatiale,** église d'une abbaye. **Prieuré,** église d'un couvent dirigé par un prieur. **Paroisse,** église de la division ecclésiastique où s'exerce la juridiction d'un curé. — **Chapelle,** petite église où il y a un seul autel, dépendant d'une paroisse, ou dans un domaine privé, un hospice, un collège, etc. **Oratoire,** petite chapelle privée destinée à l'exercice du culte dans une maison particulière. — **Sanctuaire,** le lieu le plus saint d'une église, où est le maître-autel, est syn. au fig. d'*église,* en insistant sur la sainteté du lieu : *Le sanctuaire de Lourdes;* et se dit, en un sens plus large, de tout lieu saint et de tout endroit où l'on rend un culte à une vertu : *Le sanctuaire de la justice* (Fléch.). ¶ **3** Le corps des ecclésiastiques. *Église* insiste plutôt sur la mission sacerdotale, sur l'esprit qui anime ce corps; **Clergé** l'envisage du point de vue social et comme formant des groupes plus ou moins étendus : *Clergé régulier, séculier, d'une ville, d'un pays;* **Sacerdoce,** le caractérise par son autorité, sa puissance : *L'empire a toujours du rapport avec le sacerdoce* (Mtq.). ¶ **4** *Petite église :* → Coterie.

Églogue : → Pastorale.

Égoïsme : → Personnalité. *Égoïsme,* disposition qui porte l'individu à tout rapporter à soi, à ne tenir aucun compte des intérêts d'autrui (le mot date de la fin du xviiiᵉ s.; avant, on disait **Amour-propre** qui a vieilli en ce sens). **Moi,** manifestation de l'égoïsme par le fait qu'on ne parle, qu'on ne s'occupe que de soi : *Le moi est haïssable* (Pasc.). **Amour de soi,** confondu, au xviiᵉ s., avec *amour-propre,* en a été distingué par la suite pour désigner *l'intérêt légitime qu'un homme prend à soi-même* (J.-J. R.). **Égocentrisme,** disposition à faire de soi le centre de l'univers, à considérer tout ce qui se passe en fonction de soi-même, parfois par idée fixe ou maladie. **Autolâtrie** se dit plutôt d'une extrême admiration pour soi-même qui va jusqu'au culte : *L'autolâtrie d'un écrivain.* **Égotisme** (mot mis à la mode par Stendhal au début du xixᵉ s.), étude détaillée qu'un écrivain fait de lui-même (et cela sans complaisance, sans égoïsme) : *L'égotisme, mais sincère, est une façon de peindre le cœur humain* (Stend.); par ext., jouissance raffinée de son moi : *L'égotisme est une qualification par laquelle les Anglais désignent l'amour de soi considéré comme un droit*

de l'homme (Sand); en ce sens on dit aussi **Culte du moi,** développement raffiné•et esthétique de sa personnalité : *Le culte du moi de Barrès.* — **Individualisme,** en un sens péj., tendance à s'affranchir de toute obligation de solidarité et à ne songer qu'à soi.

Égoïste : → Personnel. *Égoïste,* **Égocentrique, Autolâtre, Égotiste :** → Égoïsme.

Égorger : ¶ **1** → Tuer. ¶ **2** (Au fig.) → Dépouiller.

Égosiller [s'] : → Crier.

Égotisme : → Égoïsme.

Égout : → Cloaque.

Égratigner : ¶ **1** → Déchirer. ¶ **2** (Au fig.) → Blesser.

Égratignure : → Déchirure.

Egrener [s'] : (Au fig.) → (se) Disperser.

Égrillard : → Libre.

Égrotant : → Maladif.

Égruger : → Broyer.

Éhanché : → Disloqué.

Éhonté : → Impudent.

Éjaculation : ¶ **1** → Éjection. ¶ **2** → Prière.

Éjaculer, Éjecter : → Jeter.

Éjection : Action d'expulser une matière hors du corps. *Éjection* (ou **Déjection**) se dit pour les excréments. **Éjaculation** ne se dit que d'une matière liquide : *Éjaculation d'urine* (Scar.).

Élaborer : ¶ **1** → Digérer. ¶ **2** → Préparer.

Élaguer : ¶ **1** Dégarnir ou éclaircir un arbre en lui ôtant des branches. *Élaguer,* retrancher d'un arbre ce que sa végétation a de superflu, se dit surtout pour les grands arbres et les haies qu'on rend moins touffus : *Élaguer ridiculement les arbres pour les élancer dans les nues en leur ôtant leurs belles têtes, leurs ombrages* (J.-J. R.). **Émonder** (étym. « nettoyer »), débarrasser un arbre de ce qui le gâte ou le défigure pour le rendre plus fertile ou plus élégant, se dit surtout pour les petits arbres de jardin : *L'arbre qu'il faut tailler, émonder, diriger, cultiver enfin, pour le rendre plus beau, plus fécond, plus utile* (Marm.). **Tailler,** couper méthodiquement une partie des pousses et des branches des arbres, principalement fruitiers, pour les rendre plus fertiles, leur donner une forme adaptée à leur situation, maintenir l'équilibre entre leurs parties et leur assurer une charpente toujours jeune. **Ébrancher,** couper ou casser les branches ou une partie des branches d'un arbre, pour n'importe quelle raison, et sans la méthode qu'implique *élaguer;* spéc. en termes de jardinage, couper les branches gênantes ou dangereuses pour donner plus de force à l'arbre. **Étêter,** tailler un arbre par la tête ou par la cime. **Égayer,** donner de l'air à un arbre ou un arbrisseau, à la fois en l'élaguant et en l'émondant. ¶ 2 (Au fig.) → Retrancher.

Élan : ¶ 1 → Mouvement. ¶ 2 (Au fig.) → Chaleur. *Élan,* mouvement de l'âme sous l'influence d'un sentiment vif ou généreux. **Élancement,** manifestation extérieure de l'*élan,* par un acte, ne s'emploie plus guère qu'au pl. dans la loc. *Les élancements de l'âme vers Dieu* (ACAD.). **Élévation,** mouvement vif et affectueux de l'âme vers Dieu, insiste sur la purification des pensées et du cœur.

Élancé : → Mince.

Élancement : ¶ 1 → Douleur. ¶ 2 → Élan.

Élancer [s'] : → (se) Lancer. Se lancer en avant. *S'élancer,* prendre le départ d'un lieu ou vers un lieu à toute vitesse : *Quand son roi lui dit : Pars, il s'élance avec joie* (RAC.). **Se précipiter,** s'élancer, vers un lieu ou une personne, avec impétuosité : *Il vit l'enfant se précipiter au-devant de lui* (M. D. G.). **Débouler,** terme de chasse, s'élancer en détendant son co ps en parlant du lièvre qui s'enfuit devant le chasseur, se dit parfois en termes sportifs d'un mouvement analogue chez celui qui court. **Charger,** terme de guerre, marcher sur l'ennemi, ou s'élancer vers lui pour l'attaquer. **Foncer sur,** charger à fond, avec violence : *Le sanglier fonça sur les chiens* (ACAD.); et, absolu et fam., aller droit devant soi à toute vitesse : *Un train fonce dans la nuit.* **Se jeter,** se précipiter avec une telle vitesse qu'on ne semble plus courir, mais sauter, tomber, ou être catapulté, et cela sur une très courte distance : *Il se jeta, tomba presque entre mes bras* (GI.). **Sauter** dépeint l'action faite plutôt de bas en haut, et marque une vivacité parfois agressive. **Tomber,** se jeter de sa hauteur, parfois attaquer par surprise : *Sauter à la gorge de quelqu'un; tomber sur lui à bras raccourcis* (ACAD.). **Se ruer,** se précipiter en avant avec violence, se jeter violemment sur quelqu'un ou sur quelque chose ou s'élancer en masse, en se bousculant : *Laissez la Marseillaise, ivre de son refrain, Se ruer éperdue à travers les batailles* (V. H.). *Les invités se ruèrent sur le buffet* (ACAD.). — **Piquer vers,** s'élancer au galop, en piquant son cheval des éperons, ne se dit qu'en parlant d'un cavalier; **Piquer sur** se dit d'un avion qui fonce droit sur son objectif pour l'attaquer en piqué. **Fondre sur,** s'abattre avec impétuosité et violence, comme sur une proie : *Renée, le malheur est venu; non, il a fondu sur ta pauvre Louise avec la rapidité de la foudre* (BALZ.).

Élargir : → Augmenter. *Élargir,* rendre plus large une chose quelconque, dans un seul ou dans tous les sens, et par n'importe quel procédé. **Dilater,** rendre plus large dans tous les sens, sans changer la constitution et la nature du corps, en écartant ses particules matérielles sans les désagréger : *On élargit un habit; l'obscurité dilate la pupille de l'œil.* **Distendre,** élargir ou allonger un corps élastique par un excès de tension ou un gonflement : *Les gaz distendent l'estomac.* **Évaser,** rendre plus large une chose à son ouverture : *Évaser un tuyau* (ACAD.).

Élastique : ¶ 1 → Flexible et Mou. *Élastique,* qui a la propriété de reprendre, au moins partiellement, sa forme ou son volume après les avoir perdus par la compression ou l'extension : *La masse élastique d'un cadavre de rat encore frais* (CAM.). **Extensible,** qui peut être étendu; **Compressible,** qui peut être comprimé, ne supposent pas le retour automatique aux dimensions primitives. ¶ 2 → Indulgent et Relâché.

Eldorado : Pays chimérique où règne le bonheur. *Eldorado,* pays doré, pays où l'on s'enrichit fabuleusement. **Pays de Cocagne,** pays où l'on a tout en abondance, où l'on vit dans les délices : *Paris est pour le riche un pays de Cocagne* (BOIL.).

Élection : ¶ 1 → Choix. ¶ 2 → Liberté.

Électriser : → Enflammer.

Électuaire : → Remède.

Élégance : ¶ 1 Qualité esthétique : → Grâce. ¶ 2 Qualité sociale qui plaît et s'oppose à la grossièreté ou à la vulgarité. *Élégance,* dans l'habillement ou dans les manières, qualité du goût qui consiste dans l'art de choisir ce qui convient à sa personnalité, de le porter ou de le faire avec aisance et discrétion : *L'élégance de son costume, la distinction de sa tenue* (GI.). **Distinction,** qualité plus personnelle, qui consiste, sans affectation, à faire sentir dans ses pensées et ses actes quelque chose d'exquis souvent dû à la nature et parfois à l'éducation que donne le grand monde : *Une distinction nerveuse de chatte de race* (ZOLA). **Race,** fig., enchérit et suppose une finesse ou une noblesse naturelles qu'on conserve dans toute leur pureté. **Bon ton,** art de respecter parfaitement les bienséances, dans l'habillement et dans les manières, n'implique aucune qualité esthétique : *Une femme pourra être très élégante, sans que son habillement soit de bon ton dans la circonstance et dans le milieu où elle se trouve; même mal vêtue, une femme peut montrer de la distinction.* **Chic** diffère d'*élégance* comme les adj. correspondants : → Pureté. ¶ 3 Qualité du style : → Pureté. ¶ 4 → Simplicité et Habileté.

Élégant : Adj. ¶ 1 → Gracieux. ¶ 2 Qui

n'est pas vulgaire. *Élégant,* **Distingué :** → Élégance. **Select** se dit surtout d'un milieu choisi où l'on n'admet que les gens distingués ou prétendus tels : *Club select.* **Galant,** vx, distingué, qui a les manières du monde. ¶ 3 Qui a de l'élégance dans son habillement. *Élégant,* qui se distingue par son goût dans le choix de l'habillement et de la parure qui lui convient, et par l'aisance et l'agrément avec lesquels il les porte : *Si vous m'avez remarqué,* disait Brummel, *je ne suis pas élégant.* **Chic,** adj. invariable plus fam., implique quelque chose de plus hardi que l'élégance, un agrément assez extérieur à la personne, parfois un peu surprenant ou cossu : *On peut être élégant dans un habit très simple, on n'est chic qu'avec un habit assez recherché; un homme mal fait pourra être chic sans être élégant.* **Copurchic,** très fam., et souvent ironique, très chic. **Beau,** fam. et souvent ironique, ne se dit que de celui qui s'est paré de ses meilleurs habits; on dit aussi, pop., *un beau monsieur, une belle dame* pour désigner des gens que la qualité de leurs vêtements fait passer pour riches. **Endimanché,** paré de ses habits du dimanche, est péj. pour qualifier celui qui est chic par accident et d'une façon voyante. **Sur son trente-et-un,** fam., vêtu de ses habits de cérémonie. **Pimpant,** fam., qui est d'une toilette élégante, recherchée, attirant l'œil, se dit surtout de nos jours des personnes et des toilettes, qui, même si leur ajustement est simple, ont une grâce riante : *Jeune fille fraîche et pimpante.* **Faraud,** souvent ironique, bien habillé, endimanché et fier d'être tel. **Tiré à quatre épingles,** fam., ajusté avec un soin extrême et de manière à paraître craindre de déranger sa toilette. **Coquet,** qui cherche à plaire par son élégance, se dit par ext. du vêtement ou d'un détail du vêtement qui manifeste cette recherche avec une heureuse audace : *Petit chapeau coquet* (ACAD.). — *Coquet* est aussi syn. d'*élégant,* en un sens plus général, pour qualifier ce qui a dans ses formes une perfection esthétique exquise sans rien de lourd ni de vulgaire, et marque alors l'élégance et le charme dans la petitesse : *Appartement coquet.* ¶ 4 → Pur. ¶ 5 N. *Élégant* tend à devenir péj. et se dit de celui qui affecte l'élégance dans l'habillement et les manières, alors qu'**Homme élégant** marque la qualité parfaite. *Élégant* a eu de nombreux syn. à travers les âges, pour désigner les jeunes gens qui poussaient cette affectation jusqu'au ridicule, comme **Muguet** (XVIIᵉ s.); **Petit-maître** (XVIIIᵉ s.); **Muscadin** (Révolution); **Merveilleux, Merveilleuses, Incroyables** (Directoire); **Fashionables** (romantisme), sur l'ang. *fashion,* mode.; **Lions** et **Lionnes** (Second Empire), et **Zazou** (1940-1945) etc.

Dandy (mot anglais du début du XIXᵉ s.) est resté pour désigner celui qui affecte l'élégance suprême dans le costume, le goût, l'attitude sociale, méprise les sentiments communs et, en littérature, recherche un style qui se veut inimitable. **Gandin,** fam., jeune élégant efféminé et ridicule. **Pommadin,** fam. et rare, élégant parfumé. **Gommeux,** vx, dans l'argot boulevardier, élégant qui se croit, dont l'affectation est insupportable. **Vieux beau,** péj., vieillard qui affecte l'élégance pour plaire aux femmes.

Élément : ¶ 1 → Principe. ¶ 2 → Substance. ¶ 3 → Milieu.

Élémentaire : → Simple.

Élévation : ¶ 1 → Hauteur. ¶ 2 → Hausse. ¶ 3 (Au fig.) *Élévation,* **Éminence, Supériorité, Grandeur, Noblesse, Transcendance, Sublimité, Héroïsme :** → Élevé. — En parlant du style, **Tenue** dit moins qu'*élévation* et suppose une dignité qui vient d'une correction soutenue et soignée.

Élève : Celui qui reçoit l'instruction ou l'éducation de quelqu'un. *Élève* se dit dans tous les cas, qu'il s'agisse d'un enfant ou d'un adolescent qui reçoit l'enseignement d'un établissement public, d'une personne de n'importe quel âge qui est formée directement par un maître dans une discipline quelconque : *Les élèves de l'École Normale, du Lycée. Raphaël fut un élève du Pérugin* (ACAD.). **Écolier,** de nos jours, ne se dit plus que du jeune enfant qui fréquente l'école primaire, ou dans des loc. comme *Chemin des écoliers.* **Collégien, Lycéen,** qui ont pour syn. fam. **Potache,** se disent de l'élève du collège ou du lycée considéré socialement, **Étudiant,** de l'élève d'une Faculté. — **Disciple,** mot du style relevé, implique l'adhésion, surtout en matière de doctrine, aux principes ou aux sentiments d'un maître qu'on a entendu directement ou connu par écrit ou par tradition, et dont on veut reprendre les idées : *Jérôme de Prague, disciple de Jean Hus* (VOLT.). **Grimaud** (vx), élève des basses classes, ou élève ignorant. **Cancre,** élève dont on ne peut rien faire, est très péj. — Dans l'argot scolaire, **Bizut,** élève de première année dans une classe préparatoire à une grande école, ou dans une grande école, par opposition à **Carré, Cube, Bicarré; Tapir,** élève qui prend des leçons particulières. ¶ 2 → Apprenti.

Élevé : ¶ 1 → Haut. ¶ 2 → Bon. Haut placé dans la hiérarchie des valeurs morales et intellectuelles. *Élevé* se dit dans l'ordre social, moral, et, en art, en parlant du style : *Rang élevé, sentiments élevés* (ACAD.). **Relevé** enchérit : *On ne peut disconvenir que J.-C. n'eût un esprit très grand et très relevé* (PASC.); et implique parfois un excès ou est relatif à un état de bassesse dont l'on s'est tiré : *Elle n'a pas toujours été si relevée que la voilà* (Mol.). *Relevé* s'est dit aussi des qualités intellectuelles : *Sofal est le phénix des esprits relevés* (Boil.), là où nous dirions **Éminent**, qui s'emploie dans l'ordre social, moral et intellectuel, et implique un degré d'élévation tel qu'on se distingue des autres : *Éminente vertu* (Volt.). *C'est un esprit éminent, une âme élevée* (J. Rom.). **Supérieur**, comparatif d'*élevé*, se dit absolument comme superlatif d'*éminent* dans les trois ordres : *Génie supérieur* (Les.). *Turgot a un esprit supérieur et une très belle âme* (Volt.). **Grand**, au fig., enchérit sur *élevé*, en parlant de ceux qui l'emportent par la naissance, la puissance, l'autorité et implique, dans l'ordre moral et intellectuel, une éminence qui met hors de l'ordre commun, inspire le respect et l'admiration : *Pour grands que soient les rois ils sont ce que nous sommes* (Corn.). *Faire un homme de génie d'un homme grand, comme je fais un homme supérieur d'un homme ordinaire* (Balz.). *Une idée grande, extraordinairement émouvante* (J. Rom.). **Noble**, qui est naturellement élevé au-dessus du vulgaire, se dit au fig., mais uniquement dans l'ordre moral, de ce qui a une rare distinction due à la dignité ou à quelque chose d'auguste, de généreux : *Les passions les plus nobles et les plus généreuses* (Bos.). *Une pauvreté noble* (Volt.). — **Transcendant** implique, dans l'ordre moral et intellectuel, une supériorité telle qu'on n'est plus du même ordre que les autres, qu'on s'inscrit dans une classe au-delà des limites normales : *Esprits sublimes et transcendants* (L. B.). **Sublime**, dans l'ordre intellectuel et moral, implique un bouleversement produit par l'admiration et qui donne le sentiment de l'infini : *Il faut savoir que par sublime Longin entend cet extraordinaire et ce merveilleux qui frappe, dans le discours, et qui fait qu'un ouvrage enlève, ravit, transporte* (Boil.). *Vertu, dévouement sublimes* (Acad.). **Héroïque** ajoute à *élevé*, en parlant des actions, l'idée de quelque chose d'exceptionnel qui s'accompagne souvent d'un sacrifice. ¶ 3 Spéc., en parlant du style, par opposition au style simple et au style tempéré, *Élevé* se dit d'un style qui cherche à produire une impression de grandeur par la qualité des pensées, l'ampleur du rythme, la beauté des figures, et le soin d'éviter tout ce qui est bas ou familier, sans pour cela tourner le dos au naturel : *Le style élevé de Platon* (Roll.). **Relevé** enchérit et implique une plus grande recherche, parfois excessive : *Ce langage si relevé et si sublime* (Bour.). **Noble** a surtout rapport au choix des mots et des

tours et implique qu'on emploie uniquement ceux que le goût du temps ne juge pas bas, familiers ou vulgaires, et qui s'élèvent même au-dessus de la pensée si celle-ci descend trop bas pour que le langage la suive : *Le style le moins noble a pourtant sa noblesse* (Boil.). *L'abbé Delille a un style noble, mais non élevé; Claudel a écrit ses Odes dans un style élevé qui n'est pas noble.* **Héroïque** se disait, au XVIIᵉ s., du style élevé qui convient à l'épopée et par ext., du style relevé qui est *le plus fleuri, le plus susceptible d'ornements et de ces figures nobles et hardies qui en font une langue à part* (L. F.). **Sublime**, qui se dit parfois du plus élevé de tous les styles, ajoute cependant l'idée d'un bouleversement qui, s'il réclame l'élévation de la pensée, ne vient pas forcément des figures de rhétorique, ni de la noblesse, s'accommode d'une simplicité qui emporte et ravit, et dont un bon exemple est le *Qu'il mourût* de Corneille. — **Soutenu**, en parlant du style, dit beaucoup moins que tous ces mots et implique que dans le genre élevé, tempéré ou simple, on garde un ton uniforme sans jamais s'abaisser à la familiarité : *Une dissertation écrite en style soutenu*. — **Haut style**, en parlant d'un style élevé abondant en termes nobles et en expressions riches et magnifiques, ne se dit plus que rarement et implique parfois quelque ironie : *Quel diable de jargon entends-je? Voici bien du haut style* (Mol.). **Emphatique** (→ ce mot) suppose une élévation déplacée. **Pompeux**, plutôt péj., ajoute à l'idée d'élévation celle d'éclat. ¶ 4 *Bien élevé* : → Civil. ¶ 5 *Mal élevé* : → Impoli.

Élever : ¶ 1 → Lever. ¶ 2 → Hausser. ¶ 3 Faire qu'une chose dont la base repose sur le sol monte verticalement. *Élever* indique l'action en général : *Élever une statue. Élever une perpendiculaire sur un plan;* mais se dit surtout quand on fait monter la chose par accumulation de matériaux : *Élever un édifice*. **Ériger**, élever un monument ou quelque chose de solennel : *Ériger un autel, un trophée, une statue, une chapelle* (Acad.); *une quantité de colonnes* (Loti). **Dresser** envisage l'action plus abstraitement et quant à son résultat; c'est mettre vertical, souvent en parlant de ce qui était couché : *Dresser le mât de cocagne; un tombeau* (Corn.). **Planter**, dresser en enfonçant dans la terre, ou en fixant sur quelque chose : *Sur les bords du Rhin planter tes pavillons* (Corn.). **Arborer**, dresser droit comme un arbre ce qui repose sur quelque chose, mais pas forcément sur le sol : *Arborer des drapeaux aux fenêtres* (Acad.). ¶ 4 → Nourrir. Aider un enfant à se développer. *Élever*, nourrir un enfant, l'entretenir jusqu'à ce qu'il ait acquis une certaine force et lui donner instruction et éducation. **Éduquer**, terme plus récent, donner l'éducation, surtout celle qui regarde les bonnes manières, le savoir-vivre, mais avec un certain raffinement : *La langue s'embellit tous les jours : on commence à éduquer les enfants au lieu de les élever* (Volt.) : → Instruire. ¶ 5 → Promouvoir. ¶ 6 → Louer. ¶ 7 → Opposer. — (Réf.). ¶ 8 → Monter. ¶ 9 → Naître. ¶ 10 → (s') Opposer et Protester.

Élimé : → Usé.

Éliminer : ¶ 1 Oter d'un groupe. *Éliminer* implique un choix justifié pour former un groupe plus restreint : *Éliminer parmi les menus événements innombrables et quotidiens tous ceux qui sont inutiles* (Maup.). **Écarter**, ne pas prendre quelqu'un en considération, pour n'importe quelle raison, quand il s'agit de former un groupe : *Rabelais écartait les fâcheux de l'abbaye de Thélème*. **Faire abstraction de**, dans l'ordre des idées seulement, éliminer par une opération de l'esprit un certain nombre d'éléments unis dans la réalité afin de n'en laisser subsister qu'un seul qu'on considère : *Pour juger de leur mérite, il faut faire abstraction de leur fortune*. **Exclure**, renvoyer quelqu'un d'un corps, d'une société où il avait été admis, parce qu'il gêne, qu'il a commis une faute : *Un candidat qui fraude est exclu d'un examen*; en un sens plus général, écarter une personne ou une chose d'un lieu, d'un groupe, d'un avantage dont on lui ôte l'accès ou le droit : *Calme bonheur dont je me savais exclu, zone de pureté qui m'était interdite* (Mau.). **Forclore**, terme juridique et administratif, exclure d'un droit après un certain délai; surtout au part. passif *forclos*, syn. recherché, au fig., d'*exclu* : *Je m'étais senti séparé, forclos* (Gi.). **Mettre en quarantaine**, fig., exclure pendant un certain temps d'une compagnie un de ses membres qu'on condamne et qu'on isole : *Cet élève a dénoncé ses camarades, ils l'ont mis en quarantaine* (Acad.). **Expulser** marque l'action physique de faire sortir en excluant d'un lieu, d'une société : *Ivrognes expulsés des cafés* (Cam.). **Évincer**, déposséder juridiquement de son droit, par ext. au fig., enlever à quelqu'un sa place dans un groupe, souvent par intrigue : *L'amitié de ses deux amis évinçait la sienne* (Gi.). **Bannir**, fig., éloigner, exclure définitivement un être ou une chose qu'on ne veut plus revoir : *Bannir ce nom de nos propos* (Mau.). **Proscrire**, fig., ajoute l'idée d'une condamnation et se dit spéc. de ce dont on interdit formellement l'usage : *Proscrire le comique de la tragédie* (Volt.). **Ostraciser**, fig., tenir à l'écart d'un groupe une personne qui ne plaît pas, mais sans idée d'infamie. ¶ 2 → Expulser.

Élire : → Choisir.

Élite : → Choix.

Ellipse : ¶ 1 Façon brève de s'exprimer. *Ellipse*, figure de style qui consiste à retrancher un ou plusieurs mots qui seraient nécessaires pour la régularité de la construction grammaticale : Ex. *La Saint-Jean*, pour *la fête de saint Jean*. **Brachylogie**, façon concise de s'exprimer avec le moins de mots possibles, et qui repose sur l'*ellipse* seulement si les mots omis sont grammaticalement nécessaires. **Enallage**, ellipse qui consiste, après avoir employé un mode, à en employer subitement un autre qu'n'admet pas la construction ordinaire : Ex. *Ainsi dit le renard et flatteurs d'applaudir* (L. F.). ¶ 2 → Ovale.

Elliptique : → Court.

Élocution : ¶ 1 Manière dont on s'exprime par la parole. *Élocution* a surtout rapport au choix et à l'arrangement des mots, à la correction grammaticale et aux effets esthétiques produits : *Une élocution nette, facile, élégante, embarrassée* (Acad.). **Prononciation**, manière plus ou moins exacte ou nette dont on profère, à la suite, dans une série d'**Articulations**, les sons qui représentent les lettres, les syllabes, les mots. **Accent**, prononciation particulière à une nation, à une province. **Débit** a rapport à la façon dont les mots s'enchaînent les uns aux autres, au rythme, à l'intonation qu'on donne à son élocution : *Débit rapide* (J. Rom.); *prétentieux, emphatique et monotone* (Proust). **Diction**, débit et prononciation dans la poésie ou l'art oratoire; et par ext. dans le langage ordinaire, souvent alors avec l'idée d'une éducation artistique : *Diction traînante d'un orateur. Leçons de diction*. **Énonciation** fait penser aux rapports de la pensée et du langage; c'est la manière de faire connaître ce que l'on pense, considérée quant à l'expression et quant au ton de la voix : *Ses manières et son énonciation aisée avaient la force de l'éloquence* (S.-S.). **Parole**, dans le langage courant, la façon de s'exprimer telle qu'elle résulte du débit, de la prononciation et du ton : *Parole rude, brève, lente, nette, embarrassée* (Acad.). **Verbe** n'est syn. de *parole* que dans la loc. fam. *Avoir le verbe haut*. ¶ 2 En général, manière d'exprimer sa pensée oralement ou par écrit. *Élocution*, choix et arrangement des mots, surtout en poésie et en éloquence, pour produire un certain effet d'ornement et de beauté : *La beauté de l'élocution fait le grand mérite des poètes* (Volt.). **Diction**, choix des mots selon les règles qui président à la pureté du langage afin de les arranger conformément aux règles de la grammaire : *La clarté et la correction grammaticales appar-*

tiennent à la diction (D'AL.). *Diction* a vieilli; de nos jours nous disons **Langue,** vocabulaire et ensemble des règles de grammaire d'après lesquelles on dispose les mots, avec cette différence néanmoins que la *diction* était la mise en œuvre de la langue dans ce qu'elle avait de conforme à la correction, tandis que *langue* se dit aussi bien des règles générales des grammairiens que des habitudes de chaque écrivain dans le choix de ses tours et de ses mots : *La langue de Balzac n'est pas toujours une bonne diction.* **Style** (→ ce mot) dit beaucoup plus et englobe *élocution*, *diction* et aussi *rythme* (→ ce mot), en leur ajoutant l'originalité qui vient du génie propre de l'écrivain : *Le style est de l'homme même* (BUF.). ¶ 3 → Éloquence.

Éloge : Témoignage d'estime. L'*Éloge* est plutôt une chose, la **Louange,** une action; l'*éloge* se qualifie plutôt par rapport à celui qui le reçoit, la *louange* par rapport à qui la donne. Mais surtout l'*éloge* est l'exposé raisonné et toujours justifié des titres de quelqu'un à l'estime ou à l'admiration et n'exclut donc pas la critique, la *louange* est au contraire la manifestation éclatante du sentiment qui nous pousse à estimer, à admirer, à glorifier, c'est donc un hommage sans critique, parfois hypocrite ou intéressé : *Villon dont Jallez fit l'éloge* (J. ROM.). *Jallez entreprit la louange du corps féminin* (J. ROM.). *L'artifice des louanges* (MAS.). **Encens,** fig., louange outrée dont on flatte quelqu'un. **Applaudissement** ne se dit que pour les actions et les discours et implique simplement une approbation (→ ce mot) qui peut se faire par la parole, mais aussi par n'importe quelle autre manifestation : *La gloire est le partage des inventeurs dans les beaux-arts; les imitateurs n'ont que des applaudissements* (VOLT.). **Compliments,** louanges modérées adressées non pas directement, mais sous la forme de félicitations qui montrent qu'on approuve et qu'on admire : *Après de grands compliments adressés à leur oncle sur le talent de sa filleule* (BALZ.). **Los,** syn. vx de *louange*. — *Éloge* désigne aussi un discours public à la louange de quelqu'un : *Les éloges de Fontenelle.* **Oraison funèbre,** éloge d'un personnage mort. **Panégyrique,** éloge d'un personnage en général illustre, dans un style magnifique et enthousiaste, avec uniquement l'intention de louer sans aucune critique : *Panégyrique de Trajan par Pline le Jeune*; d'où, au fig., louanges éclatantes, vibrantes avec parfois la nuance péj., d'exagération ou d'affectation : *L'histoire ne doit point être un fade panégyrique* (VOLT.). **Dithyrambe,** poème lyrique enthousiaste à la louange de Bacchus, enchérit au fig. sur *panégyrique* et se dit, avec une nuance péj. ou ironique,

d'un éloge enthousiaste exagéré : *Ces paroles annoncent indifféremment un réquisitoire ou un dithyrambe, et le ton seul me laisse pressentir si elle va l'exalter, le couvrir de boue* (MAU.). **Apothéose,** fig., honneurs extraordinaires rendus à un homme mort ou vivant dont l'opinion ou l'enthousiasme élèvent au-dessus de l'humanité.

Éloigné, qui a été placé ou se trouve loin, **Lointain,** qui vient de loin ou est relatif à ce qui est loin, ne peuvent pas toujours se dire l'un pour l'autre (ex. *Courses lointaines*), mais quand ils peuvent s'employer avec les mêmes noms, *lointain* exprime une plus grande indétermination qu'*éloigné* et enchérit sur lui : *Les clochers paraissaient éloignés* (PROUST). *Iles lointaines* (LOTI). *Tout un monde lointain, absent, presque défunt* (BAUD.). **Reculé,** éloigné et en plus mis à l'écart, difficilement accessible ou pénétrable : *Forêts* (FÉN.); *montagnes* (Bos.) *reculées* : → Écarté.

Éloignement : ¶ 1 En parlant d'une personne, *Éloignement*, le fait d'être loin d'un lieu quelconque, implique surtout la difficulté de communiquer : *Une amitié passée Qu'un long éloignement n'a que trop effacée* (RAC.). **Absence,** état qui résulte du fait de ne plus être, contrairement à son habitude, en un lieu ou près d'une personne, peut marquer un fait simplement conçu ou possible, et implique au moral une nuance de tristesse due à la séparation : *La tristesse d'une année d'absence* (SÉV.). **Disparition** diffère d'*absence* et d'*éloignement* comme les verbes correspondants (→ (s') Éloigner). ¶ 2 → Distance. ¶ 3 Ce qu'il y a d'espace devant nous à une grande distance. *Éloignement* marque une distance grande, mais déterminée et certaine, où l'on peut encore distinguer et reconnaître; **Lointain,** une distance indéfinie et vague où les choses deviennent incertaines : *Quand on regarde des troupeaux épars dans l'éloignement* (J.-J. R.). *Se perdre dans le lointain de l'avenir* (J.-J. R.). *Lointain* se dit seul en peinture : *Les lointains de Vernet sont vaporeux* (DID.). **Renfoncement,** terme de beaux-arts, effet de perspective qui fait paraître une chose enfoncée ou éloignée : *Le renfoncement d'un décor de théâtre*. ¶ 4 Au fig., sentiment à l'égard des personnes ou des choses qui nous pousse à nous en écarter, sans pour cela les haïr activement (≠Haine). *Éloignement* marque simplement la tendance à s'écarter d'une personne ou d'une chose; c'est le contraire de l'inclination : *Dans sa froide politesse, je voyais de l'éloignement* (MARM.). **Répugnance,** sorte d'instinct qui nous pousse à refuser tout contact avec une personne ou une chose que nous n'avons pas encore pratiquée : *Il a des répugnances, et qu'il* *ne cherche pas à vaincre* (Gi.). **Dégoût** implique au contraire qu'on se détourne d'une personne ou d'une chose qu'on a pratiquée et qui finit par écœurer : *C'est donc là le dégoût qu'apporte l'hyménée* (Corn.); ou qu'on éprouve une sorte de révolte devant ce qu'on trouve affreux : *Je ne sais pas si j'ai ce qu'on appelle un cœur sec; j'ai trop d'indignation, de dégoût pour le croire* (Gi.). **Répulsion,** qui enchérit sur *répugnance,* et **Nausée,** qui le fait sur *dégoût,* marquent un sentiment insurmontable presque physique et qu'on ne peut dissimuler : *La jeune fille passa de la froideur à l'éloignement et de l'éloignement à une répulsion invincible* (Ch. de Bernard). *Il a été sursaturé de morale jusqu'à la nausée* (Gi.). **Aversion** enchérit sur tous ces mots et marque un sentiment qui se rapproche de l'horreur, de l'indignation, et parfois même nous pousse à haïr activement ce que nous ne pouvons pas supporter : *L'instinctive aversion qui, dans un troupeau, précipite le fort sur le faible* (Gi.). **Horreur,** répulsion violente causée par ce qui est effrayant, affreux et haïssable : *Un sentiment de répulsion voisin de l'horreur* (Balz.). *Je m'approche du néant avec horreur, avec une révolte de l'instinct* (M. d. G.). **Exécration,** horreur extrême de ce que l'on déteste : *Il avait en exécration toutes les cruautés* (A. Fr.). **Détestation,** terme de dévotion, horreur qu'on a pour le péché : *Une détestation sincère de vos crimes* (Mas.). — **Antipathie,** qui ne se dit guère que des personnes, sorte d'aversion naturelle qui provoque un éloignement fatal entre des natures, des humeurs ou des caractères incompatibles.

Éloigner : ¶ 1 → Écarter. ¶ 2 (Réf.) → (s') Écarter. ¶ 3 (Réf.) Quitter un lieu. *S'éloigner* insiste sur la distance qu'on met à dessein entre soi et une personne, une chose, ou qui provoque certains sentiments : *Je n'ai qu'à m'éloigner de ce climat funeste* (Corn.). **S'absenter,** s'éloigner momentanément de quelque lieu où l'on est habituellement, insiste surtout sur le fait qu'on ne se trouve plus là : *Elle promit pour plus tard, quand elle pourrait s'absenter* (Zola). **Disparaître,** s'absenter ou s'éloigner, en général promptement, sans qu'on puisse savoir où vous êtes : *Fontan disparaissait toute la journée* (Zola).

Éloquence : ¶ 1 L'art, le talent d'émouvoir ou de persuader par le bien dire. L'*Éloquence* s'apprend, mais comporte aussi une part de don, ce qui la distingue de la **Rhétorique** qui n'est que l'art de bien dire : *L'éloquence est née avant les règles de la rhétorique* (Volt.). Au sens strict de science, *éloquence* ne se dit que de la rhétorique au service de l'art oratoire, parfois même dans un genre déterminé :

Éloquence du barreau, de la chaire. — En revanche, lorsque *rhétorique* se dit pour *éloquence,* au fig., c'est toujours avec la nuance péj. d'éloquence pédante et formelle qui ne touche pas : *Tout ce qui est rhétorique, enjolivement et à peu près, images voulues et cherchées* (Proust). **Pathos,** partie de la rhétorique qui apprend à l'orateur à émouvoir les passions de l'auditeur; au fig., péj., éloquence qui cherche un pathétique artificiel dû à une émotion affectée et ridicule : *Je voudrais que les avocats de la famille des Calas eussent mis dans leurs mémoires moins de pathos et plus de pathétique* (Volt.). **Parole,** fig., éloquence considérée comme un art, ou du point de vue de ses effets : *Les hommes sont les dupes de la parole* (L. B.). ¶ 2 Pour désigner uniquement la qualité de ce qui, pour n'importe quelle raison, émeut et persuade ou a le don de le faire, *Éloquence* se dit surtout de la parole, mais aussi des choses qui produisent le même effet : *L'ensemble* [de la vitrine] *avait une éloquence extraordinaire* (J. Rom.). En parlant de la parole seulement, **Véhémence,** éloquence mâle, vigoureuse, accompagnée d'une action vive : *L'éloquence de Cicéron* (Volt.). *La véhémence de Démosthène* (Boil.). **Verve,** chaleur d'imagination qui anime le poète, l'orateur, l'artiste dans l'inspiration, spéc. éloquence qui plaît par ses saillies, quelque chose de spirituel, d'entraînant : *On parlera de l'éloquence de Juvénal et de la verve d'Horace.* **Élocution,** vx, n'implique pas le don de persuader, mais simplement l'art de s'exprimer avec pompe ou élégance : *C'est aux écueils que rencontre l'éloquence... qu'elle se fait connaître et perd le nom d'élocution pour prendre celui d'éloquence* (Marm.). — ¶ 3 *Éloquence* se dit souvent d'une très grande facilité à parler. **Faconde** (→ ce mot) et ses syn. enchérissent pour désigner une éloquence verbeuse.

Éloquent : ¶ 1 → Disert. ¶ 2 → Probant.

Élu : ¶ 1 → Député. ¶ 2 → Saint.

Élucider : → Éclairer.

Élucubrer : → Composer.

Éluder : → Éviter.

Émaciation : → Maigreur.

Émailler : → Orner.

Émanation, terme général, tous corps volatils se dégageant spontanément de certaines substances dans lesquelles ils étaient contenus, sans que celles-ci ne soient diminuées ni altérées sensiblement : *Émanation lumineuse, électronique* (Acad.). **Effluve,** émanation qui s'exhale du corps de l'homme et des animaux et en général des corps organisés : *Effluves capiteux du pressoir* (Gi.). *Effluves magnétiques.*

Effluence, syn. peu usité d'*émanation.*
Exhalaison, vapeurs, gaz, odeurs sensibles
plus ou moins à l'odorat qui émanent d'un
corps : *Exhalaisons sulfureuses* (ACAD.).
Miasmes, émanations malsaines résultant
spéc. de la décomposition des matières
animales ou végétales : *Miasmes morbides*
(BAUD.); *de fièvre* (LOTI).

Émanciper : → Libérer.

Émaner : ¶ 1 → (se) Dégager. ¶ 2 →
Découler.

Émargement : → Signature.

Émarger : → Toucher.

Émasculer : ¶ 1 → Châtrer. ¶ 2 →
Affaiblir.

Emballement : → Enthousiasme.

Emballer : ¶ 1 → Envelopper. ¶ 2 →
Transporter. ¶ 3 (Réf.) → (s') Emporter.

Embarcation, dénomination générique de
tous les petits bateaux non pontés, à
rames, à voiles, ou à moteur. **Barque,** petit
bateau, ponté ou non, de faible tonnage, à
voiles ou à rames. **Canot,** embarcation
légère, spéc. destinée au service d'un
navire ou d'un bateau de pêche : *Mettre
un canot à la mer* (ACAD.). **Vedette,** canot
à moteur au service d'un bâtiment de
guerre. **Chaloupe,** grand canot qui sert au
transport dans les rades ou qu'on embarque
sur un navire. **Baleinière,** embarcation
longue employée à la pêche à la baleine
ou canot de même forme au service d'un
grand navire. **Pinasse,** de nos jours, embarcation à moteur pour la pêche. **Pirogue,**
embarcation de peuples primitifs creusée
dans un tronc d'arbre. **Canoë** (mot anglais),
sorte de pirogue légère et portative qu'on
fait avancer à la pagaie. **Périssoire,** embarcation légère et étroite manœuvrée avec
une pagaie double. **Yole,** embarcation
étroite, légère, rapide, d'un faible tirant
d'eau; en langage sportif, canot de plaisance très étroit, très long et très léger,
comptant de deux à six rameurs. **Skiff,**
long bateau de course à un rameur, très
étroit et léger. — **Rafiot,** petite embarcation courte et légère; fam. et péj., toute
embarcation médiocre et de peu de valeur.
Bachot, petit bateau à fond plat, est pop.
— **Esquif,** petit canot, se dit surtout dans
le style relevé pour insister sur la fragilité des embarcations : *Un frêle esquif*
(ACAD.). **Nacelle,** petit bateau sans mât
ni voile, est du langage poétique : *Ma
nacelle est docile au souffle du destin*
(BÉRANG.).

Embardée : → Écart.

Embargo : → Saisie.

Embarras : ¶ 1 → Obstacle. ¶ 2 →
Ennui. ¶ 3 → Indétermination. ¶ 4 → Timidité.

Embarrassant : → Difficile. *Embarrassant,* **Gênant :** → Embarrasser et Embarrassé.

Embarrassé : ¶ 1 Au physique : →
Embarrasser. ¶ 2 Au moral : → Surpris.
Embarrassé, qui diffère de **Troublé** selon
les v. correspondants (→ Embarrasser),
a surtout rapport à un trouble de l'intelligence qui, par suite des circonstances, ne
sait plus ce qu'il faut dire ou faire : *Muets
et embarrassés devant les savants* (L. B.).
*Une démarche, un langage embarrassés ne
sont pas nets.* **Gêné** implique un malaise,
qui vient de la peur de choquer les
bienséances ou parfois du fait qu'on ne
sait comment réagir devant ceux qui les
choquent : *Conversations gênées dans lesquelles on dit rarement ce qu'on pense*
(VOLT.). *Gêné par leur ivresse et leur sans-
gêne* (GI.). *Une démarche gênée évoque un
trouble intérieur, la timidité.* **Contraint** se dit
surtout de l'air de celui qui paraît agir de
force, de mauvaise grâce, sans naturel :
En souriant d'un air contraint (ZOLA).
Empêché, vx, embarrassé comme par
une entrave, surtout pour agir : *Le bon
père se trouvant empêché de soutenir son
opinion* (PASC.). — **Emprunté** ne se dit
que de l'air et des manières qui sont peu
naturels, ne semblent pas appartenir en
propre à quelqu'un : *Mme la duchesse
de Chartres se trouvait tout empruntée à
St-Cloud, comme en pays inconnu* (S.-S.).
¶ 3 En parlant du style ou du langage,
Embarrassé implique simplement un
manque d'aisance dans la forme, ou de
netteté dans les idées : *Un sens embarrassé
par des mots captieux* (VOLT.). **Entortillé**
ajoute une idée de complication, d'obscurité et de recherche excessive, à dessein ou par défaut : *Jargon entortillé,
précieux, éloigné de la nature* (D'AL.).
Tarabiscoté enchérit et suppose une complication précieuse (→ Précieux). **Enchevêtré** se dit de phrases, de périodes dont la
construction n'est pas claire, qui se mêlent,
s'embrouillent les unes dans les autres.
Contourné comporte l'idée de travail, de
peine qui empêche le naturel : *Versification
durement contournée* (L. H.). **Filandreux** se
dit d'un style, d'un discours dont les
phrases sont longues et embarrassées.
Pâteux, fig., ajoute une idée de mollesse
et de lourdeur.

Embarrasser : ¶ 1 → Obstruer. ¶ 2 Priver quelqu'un de la liberté de mouvement.
Embarrasser indique simplement qu'un
obstacle, un poids, un lien, etc., rendent
le mouvement moins facile : *Otez ce manteau, il ne fait que vous embarrasser* (ACAD.).
Gêner ajoute l'idée d'une contrainte, d'un
malaise, d'une impossibilité à exécuter
correctement ou entièrement un mouvement : *Des souliers trop étroits gênent.*

L'éclat du soleil dans ses yeux gêne un joueur de tennis. **Empêtrer,** lier par une entrave les pieds d'un animal, par ext. embarrasser les jambes de quelqu'un par un lien ou ce qui y ressemble : *Sa toison empêtra si bien les serres du corbeau* (L. F.). **Entraver,** empêtrer pour empêcher totalement la marche : *Entraver un cheval.* **Encombrer,** embarrasser à cause d'une multitude de gens ou de choses : *Ta mémoire qu'encombrent mille souvenirs futiles* (MAU.). *Encombré d'enfants. Carrière encombrée.* ¶ 3 Au fig., *Embarrasser,* mettre en peine, rendre incertain, hésitant, ne se dit que des personnes : *Ne se laisser point embarrasser par les scrupules* (GI.). **Troubler,** plus général, mettre la confusion, le désordre dans la sensibilité ou l'intelligence de quelqu'un, ou l'empêcher d'agir normalement. **Gêner** (→ ce mot), en parlant d'une personne, l'obliger plus ou moins à faire ce qu'elle ne veut pas, lui rendre difficile de faire ce qu'elle veut, ou provoquer chez elle un malaise qui vient de la crainte de choquer les bienséances, se dit aussi des choses qu'on rend difficiles : *Elle va nous gêner pour parler, en tout cas, me troubler les idées* (J. ROM.). *Ça vous gêne de n'être pas en smoking?* (GI.). *Gêner le commerce* (ACAD.). **Empêtrer,** en parlant d'une personne, l'embarrasser dans une sorte de lien en la compromettant, en lui ôtant sa liberté : *Empêtré dans les problèmes moraux* (M. D. G.); *dans son mensonge* (MAU.). **Empêcher** (→ ce mot), syn. vx d'*embarrasser,* d'empêtrer (cf. *Être empêché de sa personne*), c'est, de nos jours, mettre une personne dans l'impossibilité de faire une chose, ou être cause qu'une chose ne se fasse pas : *Empêcher un mariage* (VOLT.). *Oui j'ai juré sa mort, rien ne peut m'empêcher* (MOL.). ¶ 4 Spéc. au fig., mettre dans l'hésitation. *Embarrasser* est le terme général : *Quel prodige nouveau me trouble et m'embarrasse?* (RAC.). **Déconcerter,** embarrasser par un événement inattendu : → Déconcerté. **Dérouter** (→ ce mot), embarrasser en aiguillant sur une fausse route. **Embrouiller,** embarrasser en mettant la confusion dans les idées : *Des difficultés et non pas des solutions, de quoi embrouiller les esprits et non de quoi les instruire* (Bos.). **Emberlificoter,** fam., embrouiller dans un écheveau inextricable. **Embourber,** fam., embarrasser comme dans un bourbier : *Embourber dans les sophismes.* — **Intriguer,** embarrasser en donnant à penser, en mettant en souci, en piquant la curiosité : *Depuis quelques mois, je t'étonne, je t'intrigue* (MAU.). ¶ 5 (Réf.). *S'embarrasser,* S'empêtrer, S'embrouiller, S'emberlificoter, S'embourber diffèrent comme à la forme transitive et ont pour syn. **S'enchevêtrer,** s'embrouiller, surtout dans un raisonnement, comme un cheval qui se prend la jambe dans la longe de son licou : [Ils] *s'enchevêtrent, s'embarrassent dans leurs sophismes* (J.-J. R.); **S'enferrer,** fig. et fam., s'engager par ses paroles ou ses actions dans une voie dont on ne peut plus se dégager, souvent en se prenant à son propre piège : *En voulant me défendre, je m'enferrais davantage* (MAU.).

Embastiller : → Emprisonner.

Embauchage, action d'embaucher, a pour syn. pop. **Embauche.**

Embaucher : → Engager.

Embaumer : → Parfumer.

Embellir : ¶ 1 → Orner. *Embellir,* rendre beau ou plus beau. **Rendre beau,** rendre beau ce qui ne l'était pas. **Flatter,** terme de peinture, représenter une personne plus belle qu'elle n'est, se dit par ext. d'une toilette, d'un ajustement, d'un miroir qui embellit : *Un portrait de moi qui me flatte beaucoup* (SÉV.). **Idéaliser,** imaginer ou décrire un être ou une chose non comme ils sont en réalité, mais tels que l'esprit les conçoit comme parfaits et réunissant toutes les qualités de leur genre : *La pastorale idéalise la vie champêtre.* **Poétiser,** embellir ou idéaliser, avec les ressources de la poésie, ce qui d'ordinaire est du domaine de la prose : *Poétiser une description.* ¶ 2 Devenir beau ou plus beau. *Embellir* marque l'action, **S'embellir** la montre comme s'opérant : *Au printemps la campagne embellit; elle finit par s'embellir à force de culture et de travaux* (L.).

Emberlificoter : → Embarrasser.

Embêtement : → Ennui.

Embêter : → Ennuyer.

Emblée [d'] : → Aussitôt.

Emblème : → Symbole. Figure symbolique représentant une chose abstraite, une idée. *Emblème* est le terme général : *L'aigle à deux têtes était l'emblème de la maison d'Autriche.* **Armoiries** (→ Armes), ensemble de signes, de devises, servant d'emblème à un État, une ville, une maison. **Écu,** le corps de blason sur lequel figurent les armoiries. **Écusson,** toute décoration en forme de tablette portant un emblème. **Insigne** (→ ce mot), beaucoup plus imprécis, toute pièce caractéristique du vêtement marquant un grade, une dignité, l'appartenance à un parti. **Cocarde,** insigne en étoffe ou en métal.

Emboîtement : État qui résulte de l'action d'emboîter. *Emboîtement* se dit plutôt si cette action est faite par la nature : *Emboîtement des os;* **Emboîture,** emboîtement dû au travail de l'homme : *Emboîture de porte;* ou emboîtement compliqué, qui implique assemblage et agencement.

Emboîter : ¶ 1 → Insérer. ¶ 2 *Emboîter le pas* : → Suivre.

Embonpoint : → Grosseur.

Embouché [mal] : → Impoli.

Embouchure : ¶ 1 Partie d'un instrument de musique que l'on met dans la bouche pour produire des sons. L'*Embouchure* peut être fixe et faire partie de l'instrument. L'**Embouchoir** est toujours mobile et s'y adapte. **Bocal,** embouchure en forme de godet propre à certains instruments : *Bocal d'un trombone.* **Bouquin,** embouchure fixée à une corne de bœuf évidée en cor de chasse : *Cornet à bouquin.* ¶ 2 Ouverture par laquelle un cours d'eau se jette dans la mer ou dans un autre cours d'eau. *Embouchure* se dit dans tous les cas. **Bouches,** embouchure multiple : *Les bouches du Rhône.* **Estuaire,** embouchure d'un fleuve qui forme une sorte de baie large et longue : *L'estuaire de la Gironde.* — **Delta,** espace de forme plus ou moins triangulaire, formé d'alluvions, compris entre les branches principales d'un fleuve qui se dirige vers son embouchure : *Le delta du Nil.*

Embourber : Au fig. ¶ 1 → Embarrasser. ¶ 2 (Réf.) → (s') Engager.

Embouteiller : → Obstruer.

Emboutir : → Heurter.

Embranchement : ¶ 1 → Fourche. ¶ 2 → Partie.

Embrasement : ¶ 1 → Incendie. ¶ 2 (Au fig.) → Fermentation.

Embraser : ¶ 1 → Enflammer. ¶ 2 → Éclairer.

Embrassement, témoignage d'affection qui consiste à serrer quelqu'un dans ses bras. **Embrassade,** plus fam., embrassement démonstratif ou affecté : *Les embrassements de ses enfants* (VOLT.). *Ces affables donneurs d'embrassades frivoles* (MOL.). **Étreinte, Enlacement, Accolade** diffèrent d'*embrassement* comme les v. correspondants : → Serrer.

Embrasser : ¶ 1 → Serrer. ¶ 2 → Comprendre. ¶ 3 → Entendre. ¶ 4 → Voir. ¶ 5 Donner un baiser. *Embrasser,* serrer dans ses bras affectueusement, souvent en donnant un baiser, est devenu le terme courant pour dire : donner un ou plusieurs baisers au visage d'une personne : *Lilian l'embrassa sur le front, sur les joues, sur les lèvres* (GI.). **Baiser,** employé absolument, est plus rare et plus solennel, mais doit se dire quand on précise la partie du corps sur laquelle on applique sa bouche, et quand il s'agit de choses sur lesquelles on applique la bouche en signe de vénération et de respect : *La gloire au front le baise* (V. H.). *Baiser un reliquaire* (FLAUB.). **Baisoter,** fam., donner des baisers répétés. **Bécoter,** donner un petit baiser du bout des lèvres, avec la prestesse d'un oiseau qui donne un coup de bec. **Biser,** dialectal, se dit parfois très fam., en parlant du baiser d'un enfant. ¶ 6 → Suivre. S'attacher par choix à quelque chose. *Embrasser* marque le choix, en général réfléchi. **Épouser** marque plutôt l'état qui résulte du choix, implique ardeur et vivacité et se dit seul en parlant des passions : *Embrasser le parti; épouser la querelle* (ROLL.). *Épouser la haine, la rage* (CORN.).

Embrasure : → Ouverture.

Embrigader : → Enrôler.

Embrocation : → Pommade.

Embrocher : ¶ 1 *Embrocher,* mettre de la viande à la broche. **Brocheter,** embrocher sur une petite broche de menues pièces de viande ou de gibier : *Embrocher un gigot. Brocheter des ortolans.* ¶ 2 → Percer.

Embrouillamini : → Embrouillement.

Embrouillé : → Obscur.

Embrouillement, état de ce qui n'est pas clair, net, pour notre esprit, parce qu'il y règne désordre (→ ce mot) et confusion : *Embrouillement d'une affaire* (Bos.); *des idées* (ACAD.). **Brouillement,** peu usité, action de brouiller. **Embrouillamini,** fam., embrouillement inextricable : *Il y a au troisième acte un embrouillamini qui me déplaît* (VOLT.). **Brouillamini,** fam. et vx, embrouillement parfois burlesque, introduit à plaisir, qui se manifeste quelquefois extérieurement : *Trop de vacarme, de brouillamini* (MOL.). **Imbroglio,** mot italien, embrouillement dans l'action d'une pièce de théâtre, et, par ext., dans une affaire, une situation où l'on se perd : *Imbroglio métaphysique* (GI.). **Enchevêtrement** implique la confusion, non des parties d'une chose, mais de choses diverses qui se prennent les unes dans les autres et deviennent difficiles à démêler : *L'enchevêtrement des fils d'un écheveau, des affaires internationales.*

Embrouiller : ¶ 1 → Brouiller et Mêler. *Embrouiller,* **Enchevêtrer :** → Embrouillement. ¶ 2 → Embarrasser.

Embryon : ¶ 1 Le germe en train de se développer chez les vivipares. *Embryon* désigne le premier état. **Fœtus,** état plus avancé où le corps est déjà formé. **Avorton,** fœtus sorti avant terme du ventre de la mère, mais déjà viable. ¶ 2 (Au fig.) → Commencement.

Embu : → Terne.

Embûche, Embuscade : → Piège.

Éméché : → Ivre.

Émeraude : → Vert.

Émerger : ¶ 1 → Sortir. **¶ 2** → (se) Distinguer.

Émerillonné : → Éveillé.

Émérite : → Distingué.

Émerveillé : → Étonné.

Émerveiller : ¶ 1 → Fasciner et Charmer. **¶ 2** → Étonner. **¶ 3** (Réf.) → (s') Enthousiasmer.

Émétique : → Vomitif.

Émettre : ¶ 1 → Jeter. En parlant d'un poste de T. S. F., *Émettre*, c'est, absolument, lancer des ondes. **Diffuser** et **Radiodiffuser**, c'est répandre dans tous les sens, par le moyen des ondes, des nouvelles ou des productions sonores (→ Émission). **¶ 2** (Au fig.) → Énoncer.

Émeute : → Insurrection. *Émeute*, rassemblement tumultueux de peuple, sans dessein préalable, sans chef, sans armes, pour témoigner son mécontentement par des cris et quelques bagarres. **Sédition** implique une préparation, des chefs, souvent l'appui d'un parti, une action armée qui peut dégénérer en guerre civile : *De faibles émeutes populaires aisément réprimées* (VOLT.). *La journée des Barricades, cette sédition mémorable qui commença la guerre civile* (VOLT.). **Mutinerie**, émeute qui tend à la révolte contre une autorité établie : *Une émeute dans une caserne sera qualifiée de mutinerie*. **Coup de chien**, fam., émeute, tumulte séditieux : *Je ne serais pas étonné qu'il y eût un coup de chien l'année prochaine* (GONC.).

Émigrant : → Émigré.

Émigration : Action de quitter son pays pour aller dans un autre. *Émigration* s'oppose à **Immigration** qui désigne la même action, mais considérée par rapport à l'entrée dans un pays étranger, alors que l'*émigration* est considérée par rapport au pays que l'on quitte. **Migration**, beaucoup plus imprécis, a rapport au mouvement d'un peuple, d'une grande foule qui va d'un pays dans un autre sans forcément s'y établir : *Il y eut de grandes migrations dans le IVe siècle* (ACAD.) ; et s'emploie seul en parlant des déplacements périodiques de certains animaux : *Migration d'oiseaux* (ACAD.). **Transmigration**, émigration de tout un peuple, et notamment, en termes d'Écriture sainte, transfert du peuple juif à Babylone et séjour qu'il y fit. **Exode** (terme biblique, sortie des Israélites hors de l'Égypte), toute sortie en masse des hommes, hors de leur demeure, et moins précis qu'*émigration*, car un *exode* peut être sans but, ou avoir lieu à l'intérieur du pays : *L'exode de 1940. Exode* se dit

seul en parlant des richesses : *Exode des capitaux*.

Émigré : Celui qui a quitté son pays pour aller s'établir dans un pays étranger. *Émigré*, celui qui a quitté son pays, pour n'importe quelle raison, en général légalement, et avec l'intention d'y revenir. **Réfugié**, celui qui est parti pour échapper à l'arbitraire et à la violence. **Expatrié**, celui qui a quitté son pays parce qu'il n'y vivait pas bien ou qu'il en a été exilé. **Émigrant**, celui qui quitte son pays pour aller s'établir dans un autre, où il compte rester. (A noter qu'*émigré* est récent, que les protestants qui ont quitté la France lors de la révocation de l'Édit de Nantes étaient appelés *réfugiés*, et que les Français appelaient *émigrants* les *émigrés* de la Révolution).

Éminence : ¶ 1 → Hauteur. **¶ 2** → Saillie. **¶ 3** → Élévation.

Éminent : ¶ 1 → Élevé. **¶ 2** → Distingué.

Émissaire : ¶ 1 → Envoyé. **¶ 2** Celui qui agit secrètement pour un gouvernement ou un parti. L'*Émissaire* est envoyé pour intriguer, sonder les esprits, parfois même négocier secrètement : *Lord Hartings fut sondé par les émissaires de Glocester* (VOLT.). L'**Espion** se contente de fournir des renseignements. **Agent**, émissaire, espion, en général subalterne, chargé d'une mission secrète précise pour le compte d'un gouvernement, et qui peut très bien être citoyen du pays dans lequel il exerce son activité sans être envoyé d'un autre pays.

Émission, dans le langage de la T. S. F., action de lancer des ondes et, par ext., tout ensemble sonore que nous transmettent les ondes. **Diffusion**, action de répandre par le moyen d'une émission, est relatif à ce que l'on transmet au public des ondes : *La diffusion d'un concert*. **Retransmission**, diffusion d'une manifestation publique, en dehors du studio, qui n'était pas spéc. organisée pour la T. S. F. : *La retransmission d'un match de foot-ball*. **Transmission**, parfois syn. de *diffusion*, se dit surtout dans la loc. *transmission différée*, diffusion ou retransmission, après coup, d'un ensemble sonore enregistré. — **Production**, émission envisagée par rapport à son auteur qui lui a donné une forme artistique.

Emmagasiner : → Amasser.

Emmailloter : → Envelopper.

Emmêler : → Mêler.

Emménager : → (s') Installer.

Emmener : → Mener.

Emmiellé : → Doucereux.

Emmieller : Au fig. → Adoucir.

Emmitonner : ¶ 1 → Envelopper. ¶ 2 → Séduire et Tromper.

Emmitoufler : ¶ 1 → Envelopper. ¶ 2 → Déguiser.

Emmurer : → Emprisonner.

Émoi : → Émotion.

Émoluments : → Rétribution.

Émonder : → Élaguer.

Émotion, mouvement momentané de la sensibilité, souvent manifesté extérieurement et dû à un choc assez fort pour réaliser une unité dans la vie de l'esprit en pénétrant tous les états de conscience actuels : *L'émotion de voir réapparaître, sous ces nuages de deuil, cette cour silencieuse des ancêtres* (Loti). **Émoi** insiste sur l'état intérieur de l'âme et se dit surtout pour les émotions dues à la crainte et à l'inquiétude : *Un émoi qui la laissait frissonnante* (Zola). **Coup** (→ ce mot), **Choc** et **Secousse** insistent sur la façon violente dont est provoquée l'émotion et sur l'effet qui est de troubler l'équilibre de l'âme. **Saisissement,** émotion vive et soudaine qui réduit au silence, à l'immobilité : *Voilà ce que la douleur me dicta après ce premier saisissement dont je fus accablé à la mort de ma protectrice* (Volt.). *Il est mort de saisissement* (L. B.). **Trouble** insiste sur l'action de la sensibilité sur l'intelligence qui est égarée, dérangée, et se dit notamment aussi des émotions qui font perdre la paix de l'âme : *Son trouble en présence d'Édouard le rendait muet* (Gi.). **Bouleversement,** trouble violent qui met dans l'âme un désordre complet : *Dans ce renversement et ce bouleversement de l'âme* (Bour.); et souvent se manifeste par l'altération des traits du visage. **Affolement,** trouble qui rend comme fou. **Désarroi** est dominé par l'idée d'embarras, d'impuissance à ordonner ses idées à cause du trouble : *Période de désarroi, de vide atroce* (M. D. G.). **Serrement de cœur,** émotion accompagnée de regret, de tristesse, d'angoisse. **Souleur,** fam. et rare, émotion due à une frayeur subite : *Il eut une souleur quand l'employé lui demanda dix centimes de garde* (Gi.). **Agitation,** état plus durable et complexe que l'*émotion*, dû souvent au conflit de divers sentiments, et qui, plus fort que le *trouble*, se manifeste par une perte totale de la quiétude, une impossibilité de rester en repos et de penser calmement. **Commotion,** rare au fig., émotion violente. **Fièvre,** émotion forte, trouble violent de l'âme, ou surexcitation causée par une chose passionnante : *La fièvre de son triomphe* (Zola). **Ébranlement,** vx, trouble qui affecte la fermeté d'âme.

Émotivité : → Sensibilité.

Émouchoir, terme du style relevé, appareil pour chasser les mouches; **Chasse-mouches** est vulgaire.

Émoudre : → Aiguiser.

Émoulu [être frais] : → Sortir.

Émoussé, qui a été rendu moins tranchant ou moins aigu. **Mousse,** vx, dont la pointe ou le tranchant est usé : *Les dents du chien à mesure qu'il vieillit deviennent noires, mousses et inégales* (Buf.). **Écaché,** émoussé par compression ou écrasement : *Lame de couteau écachée.* **Épointé,** émoussé parce qu'on a cassé, écaché ou usé sa pointe : *Aiguille épointée.* **Obtus,** terme d'histoire naturelle, arrondi ou comme émoussé au lieu d'être anguleux et pointu : *Poisson à tête obtuse* (Acad.). — Au fig., en parlant de l'intelligence, *émoussé* marque qu'elle devient moins active, *mousse,* qu'elle manque naturellement de finesse : *Ma pénétration naturellement très mousse* (J.-J. R.); *obtus,* qu'elle a de la peine à concevoir, qu'elle est très faible. — En parlant des sens, *obtus* implique le manque de netteté : *Le toucher si obtus, si incertain* (Bos.); *émoussé,* un manque de vivacité dû à la vieillesse, à l'habitude, **Blasé,** une insensibilité due au dégoût que donne un excès de jouissance : *Palais, estomac blasés* (Acad.). *La pointe de la douleur est émoussée, non que le cœur soit blasé, non que l'âme soit aride* (Staël).

Émoustiller : → Exciter.

Émouvant, qui produit une impression assez forte, une modification active de notre âme qui peut se manifester au-dehors par des signes, des actions : *Un spectacle patriotique, la vue des malades de Lourdes, les souffrances des déportés sont émouvants.* **Touchant,** qui produit une émotion douce, intérieure, et souvent plaît secrètement : *Tristesse tendre, résignée et malgré tout souriante, plus touchante que la beauté* (Gi.). **Attendrissant, Troublant, Bouleversant, Saisissant, Impressionnant, Frappant, Empoignant, Déchirant :** → Émouvoir et Émotion. **Pathétique,** qui émeut fortement, remue, renverse, enlève, entraîne, souvent par art : *Modulation touchante et tendre, sans aller jusqu'au pathétique* (J.-J. R.). **Dramatique,** pathétique par le trouble qu'inspire une action vive et animée, qui tient en haleine : *Le sauvetage de quelqu'un qui se noie est dramatique;* ou aussi par la pitié profonde qui s'éveille en nous devant certaines scènes : *Une dispute entre un père et son fils est dramatique.* **Tragique,** qui se dit proprement de ce qui éveille la terreur et la pitié, enchérit sur *dramatique* et évoque la mort, la fatalité du destin : *Certaines misères sont tragiques. Le destin de Marie*

Stuart est tragique. **Larmoyant,** propre à faire verser des larmes, ne s'applique guère de nos jours qu'à un genre de comédie du XVIIIᵉ s., plus attendrissante que gaie : *Comédies larmoyantes* (VOLT.).

Émouvoir : ¶ 1 → Mouvoir. ¶ 2 (un sentiment) → Exciter. ¶ 3 Produire une réaction sur la sensibilité de quelqu'un. *Émouvoir,* soulever une passion active, qui se manifeste au-dehors, nous fait réagir : *Émouvoir de pitié, de colère; de passion* (L. F.). **Émotionner,** néol. fam., fait double emploi avec *émouvoir,* bien que nos contemporains l'emploient volontiers en parlant des fortes émotions qu'on éprouve physiquement. **Toucher** se dit des purs sentiments, des passions douces, qui souvent agréent et attirent : *Le secret est d'abord de plaire et de toucher* (BOIL.). **Attendrir** enchérit; c'est toucher de compassion, rendre sensible, tendre : *Si mes pleurs peuvent vous attendrir* (RAC.). **Apitoyer,** qui enchérit, toucher de pitié : *Un infirme apitoie les passants.* **Remuer,** commencer à émouvoir avec effort un sujet qui résiste : *Un spectateur blasé difficile à remuer* (J. ROM.); ou émouvoir d'une émotion extraordinaire à laquelle on ne devait pas s'attendre selon l'ordre naturel des choses : *Cela me paraît absurde. Cependant on se sent remué, attendri à la représentation, grande preuve qu'il ne s'agit pas au théâtre d'avoir raison, mais d'émouvoir* (VOLT.). **Impressionner** (→ ce mot), émouvoir vivement, mais d'une façon passive : *L'aspect quasi sordide du lieu impressionnait douloureusement Olivier* (GI.); ou d'une façon durable, ineffaçable : *Enfant impressionné par un spectacle horrible*; ou d'admiration, de crainte : *Candidat impressionné par un imposant jury.* **Saisir,** émouvoir subitement en parlant d'une passion violente : *D'horreur tous mes sens sont saisis* (RAC.); souvent au passif, *Être saisi,* être frappé subitement de douleur, de plaisir ou d'étonnement au point de rester muet : *Tous s'arrêtèrent, saisis par la grandeur hautaine des larges perrons* (ZOLA). **Frapper** se dit pour les émotions, les passions brutales qui atterrent, laissent stupide : *Frapper d'épouvante, de stupeur* (ACAD.). **Empoigner,** fam., pour les émotions surtout esthétiques qui saisissent profondément et intéressent au point qu'on ne pense plus à rien d'autre : *Cette scène, cette situation vous empoignent* (ACAD.). **Bouleverser,** causer un trouble extraordinaire et fort pénible : *Bouleversé par la nouvelle de la saisie* (FLAUB.). **Retourner,** syn. fam., de *bouleverser* : *Cette nouvelle m'a tout retourné* (ACAD.). **Révolutionner** est aussi fam., dans le même sens. **Secouer,** fig. et fam., implique une commotion physique ou morale; **Ébranler,** fig., un

trouble qui affecte la fermeté des opinions ou la volonté. **Troubler** et **Agiter :** → Émotion. **Déchirer,** au fig., émouvoir en causant une douleur morale vive et brusque : *Quoi! de quelque remords êtes-vous déchirée?* (RAC.).

Empaler : → Percer.

Empaqueter : → Envelopper.

Emparer [s'] : → Prendre. S'approprier par force ou par adresse. *S'emparer,* terme général, ne précise pas la manière. **S'assurer** implique simplement qu'on fait tout ce qu'il est possible pour être sûr d'être le maître d'une personne ou d'une chose qu'on tient à avoir en sa possession : *Maxime et la moitié s'assurent de la porte* (CORN.). *Un pays s'assure des débouchés pour ses exportations.* **Accaparer,** au fig., s'emparer de quelqu'un ou de quelque chose pour soi seul, sans rien laisser pour les autres : *Accaparer les voix, les suffrages* (ACAD.). **Usurper,** s'emparer par une action illégitime ou inique, ne se dit qu'en parlant d'un bien, d'un droit, d'une souveraineté, d'une dignité : *Les jésuites, par un attentat criminel, usurpent l'autorité de l'Église* (J.-J. R.). **Envahir** ne se dit que de ce dont on peut s'emparer en l'occupant, et marque une action soudaine et totale qui d'ailleurs aboutit plutôt à l'occupation qu'à la possession : *Henri VIII a envahi les biens immenses des ecclésiastiques de son royaume* (S.-S.).

Empâté : → Gras.

Empâter : → Engraisser.

Empaumer : ¶ 1 → Gouverner. ¶ 2 → Séduire.

Empêché : → Embarrassé.

Empêchement : → Obstacle.

Empêcher : ¶ 1 → Embarrasser. ¶ 2 Faire qu'une chose n'ait pas lieu. *Empêcher,* rendre une chose irréalisable par l'opposition qu'on y apporte ou l'obstacle qu'on y met : *Empêcher un mariage.* **Déjouer,** empêcher habilement que les projets, les intrigues de quelqu'un arrivent au résultat qu'il escomptait : *Déjouer des plans* (MAU.). **Dérouter,** empêcher d'aboutir, est rare : *Dérouter un projet* (ACAD.). **Traverser,** susciter des obstacles pour empêcher le succès de quelque entreprise : *Ainsi par le destin nos vœux sont traversés* (RAC.). **Entraver,** fig., empêcher le déroulement normal d'une chose : *Entraver le repli des Allemands* (M. D. G.). **Paralyser,** qui enchérit au fig., empêcher totalement d'agir ou se développer : *Paralyser le commerce.* **Interdire** empêcher formellement, tantôt par force : *Interdire le passage*; tantôt par simple autorité et parfois alors sans effet : *Que sert d'interdire ce qu'on ne peut pas empêcher?* (GI.). — **Exclure**

ne se dit que d'une chose qui interdit la possibilité d'une autre chose avec laquelle elle est incompatible : *Une certitude qui excluait la révolte* (M. D. G.) : → Arrêter et Étouffer. ¶ **3** (Réf.) → (s') Abstenir.

Empereur : → Roi.

Empesé : → Étudié.

Empester : → Puer.

Empêtrer : → Embarrasser.

Emphase, Pompe, Ampoule, Bouffissure, Enflure, Déclamation, Grandiloquence, Hyperbole → Emphatique.

Emphatique : Défaut d'un style qui affecte une élévation excessive ou déplacée eu égard au sujet. Ce qui est *Emphatique* représente les choses plus grandes qu'elles ne sont, et le fait en employant de grands mots et en leur donnant par la prononciation, le ton ou la disposition dans la phrase une extraordinaire importance : *Le vers de Brébeuf : De morts et de mourants cent montagnes plaintives* est une traduction emphatique du vers de Lucain : *Tant de morts répandus sur le champ de bataille.* **Pompeux** qualifiait au xviie s., sans nuance péj., un style noble, éclatant et solennel, mais de nos jours implique l'excès fâcheux de ces qualités. **Magnifique,** vx, se disait surtout des mots particulièrement éclatants. **Pindarique,** en parlant d'un style lyrique semblable à celui du poète grec Pindare, est moins péj. que *pompeux,* mais ajoute parfois une idée d'obscurité. **Ampoulé** n'a rapport qu'aux mots trop pompeux et magnifiques : *On appelle un style, un vers, un discours ampoulé, celui où on emploie de grands mots à exprimer de petites choses* (Marm.). **Bouffi** enchérit et marque une élévation fastueuse, spécieuse qui cherche à en imposer, mais sans vérité : *Et l'on a pu être dupe de cette plate rhétorique en vers bouffis* (L. H.). **Enflé,** plutôt qu'à la pompe et à la magnificence, a rapport à la grandeur et se dit d'un style qui pour être sublime cesse d'être naturel : *Le défaut du style enflé, c'est de vouloir aller au-delà du grand* (Boil.). **Boursouflé** et plus rarement **Soufflé** enchérissent et évoquent une redondance de mots vides de sens et d'idées : *Écrivains boursouflés et vides* (L. H.). **Guindé** insiste sur l'impression de contrainte que donne un style artificiellement élevé, et qui a quelque chose de factice : *Il n'a rien de vrai et de naturel; il est guindé et outré en tout* (Fén.). **Déclamatoire** se dit du ton et du style qui recherchent des effets oratoires par l'emploi d'expressions, de phrases pompeuses, outrées, ampoulées, alors que le sujet ne le comporte pas, et convient bien pour un discours, ou un écrit destiné à être lu, récité ou, au fig., pour les

gestes : *Ton déclamatoire, indiciblement affecté* (Gi.). *Grand coup de chapeau déclamatoire et ironique* (Gi.). **Déclamateur,** plus rare, indique un défaut plus accidentel, surtout en parlant du ton : *Ton douloureux et déclamateur* (Les.). **Grandiloquent,** qui abuse de grands mots dans les discours, se dit d'un homme ou de ses paroles, et implique un style enflé plutôt qu'ampoulé : *Un discours politique est grandiloquent.* **Sonore** et **Ronflant,** qui enchérit, impliquent le choix de mots et de phrases qui font un effet sur l'oreille, mais n'ont souvent aucun sens. — **Hyperbolique** se dit d'une forme d'expression qui consiste à augmenter ou à diminuer excessivement la vérité des choses : alors que tous les autres termes qualifient la disproportion entre les mots et l'idée, l'*hyperbole* ne regarde que l'exagération volontaire de la pensée manifestée par l'emploi de termes très forts : *Louanges hyperboliques.*

Empiéter : → Usurper.

Empiffrer [s'] : → Manger.

Empiler : ¶ **1** → Amasser et Entasser. ¶ **2** → Voler.

Empire : ¶ **1** → Autorité et Règne. ¶ **2** → État. ¶ **3** → Influence.

Empirer : Devenir plus grave. *Empirer,* devenir plus mauvais, n'est syn. de **S'aggraver** qu'en parlant de choses qui peuvent être dites à la fois mauvaises et graves, une maladie par exemple, ou une situation. Dans ce cas *s'aggraver* dit moins qu'*empirer* qui suppose déjà un état fort mauvais : *La situation internationale s'aggrave quelquefois, elle empire quand elle va de pis en pis.* **S'empirer** marque l'évolution, l'action qui a pour effet d'empirer : *Les maux s'empirent en vieillissant* (J.-J. R.). **S'envenimer** et **S'aigrir** se disent surtout de discussions, de querelles qui s'aggravent. **Se corser,** en parlant d'une affaire, d'une situation, devenir sérieuse, sans être grave

Empirisme : → Routine.

Emplacement : → Lieu.

Emplâtre, tout médicament solide et glutineux qui se ramollit par la chaleur et qu'on applique sur le corps après l'avoir étendu sur de la toile : *On met un emplâtre sur une blessure.* **Cataplasme,** emplâtre résolutif sous la forme d'une bouillie. **Sinapisme,** cataplasme révulsif à la farine de moutarde. — Au fig. → Mou.

Emplette : → Acquisition.

Emplir : ¶ **1** *Emplir,* rendre entièrement plein d'un seul coup un petit espace, un vase de médiocre capacité : *Emplir sa cruche* (L. F.). **Remplir,** emplir de nouveau; ou ajouter ce qui manque pour qu'une chose soit tout à fait pleine : *Un étang se remplit par des crues successives* (L.); ou rendre approximativement plein : *Remplir un grenier de grain*; d'où l'emploi étendu de *remplir* en parlant de toute place occupée par une multitude ou une quantité, alors qu'*emplir* ne se dit que des récipients et des choses destinées à contenir certaines matières : *Emplir un sac de blé. La cathédrale fut à peu près remplie par les fidèles* (Cam.). **Garnir,** rendre plus ou moins complet ce qui est destiné à contenir une certaine quantité de personnes ou de choses : *Garnir une salle de spectacle. La troupe garnit les retranchements* (Lit.). **Bourrer,** remplir une chose ou une personne d'une matière solide en grande quantité, sans laisser aucun espace, comme si l'on garnissait de bourre : *Bourrer de charbon un poêle. Bourrer sa pipe. Bourrer un enfant de friandises* (Acad.). **Bonder,** étym., « remplir jusqu'à la bonde » : *Bonder un tonneau*; au fig., remplir une salle, un véhicule, un vide quelconque, autant qu'il est possible au point qu'ils regorgent : *Autobus, cinéma bondés. Un vide que leur imagination surmenée bondait de merveilles* (Gi.). **Truffer,** fig. et fam., remplir une chose ou un lieu de petites choses disséminées mais assez denses pour ressembler à des truffes dans une volaille : *Livre truffé d'autographes* (Acad.). *Terrain truffé de mines.* **Combler,** remplir une mesure, un récipient presque par-dessus les bords, tant qu'il y en peut tenir : *Combler un boisseau. Greniers comblés* (Pég.); ou remplir un creux, un vide pour le faire disparaître : *Combler un fossé.* ¶ 2 Au fig., *Emplir*, qui s'emploie rarement, se dit de ce qui atteint une plénitude complète : *De sa vaste folie emplir toute la terre* (Boil.). **Remplir** (→ ce mot) s'emploie dans de nombreux sens, sans exprimer la plénitude complète. **Combler** implique un excès dans le mal ou dans le bien : *Combler d'orgueil* (Mau.); *de rêves ensoleillés* (Col.). **Farcir,** fig., remplir comme on remplit d'une farce, en serrant, avec excès, la plupart du temps de choses inutiles : *Le fatras dont je m'étais farci la tête* (J.-J. R.). **Larder** ne se dit, au fig., que d'un écrit, d'un discours qu'on remplit de citations, de mots grecs ou latins, comme on met des lardons dans la viande. **Entrelarder** (→ Insérer) marque parfois un excès.

Emploi : ¶ 1 → Occupation. ¶ 2 Partie ou branche de service accordée à quelqu'un. *Emploi*, application à un genre d'occupation en général subordonné, surtout en parlant de celui qui travaille dans une administration, une maison de commerce ou d'industrie, mais aussi, en termes administratifs, de tous les salariés : *Un emploi de comptable, de contremaître.* **Fonction** se dit, au sing., pour des emplois assez relevés et spéc. pour les emplois qui relèvent de l'autorité publique : *La fonction publique. La fonction d'officier d'état civil, de professeur*; et, surtout au pl., de tous les actes qu'on fait pour s'acquitter d'un emploi, d'une charge, d'une fonction ou pour en exercer les prérogatives : *Contremaître dans l'exercice de ses fonctions.* **Charge** se dit de fonctions publiques comportant une certaine dignité et des responsabilités, et spéc. des fonctions publiques assez relevées qu'on achète : *Charge de notaire, d'avoué, d'agent de change* (Acad.). En ce dernier sens on a dit aussi **Office,** charge subalterne, qui tend à vieillir : *Offices ministériels*; et à ne plus être qu'un syn. d'*emploi* dans quelques loc. comme *Faire l'office de*, tenir l'emploi de. **Place,** au fig., est relatif aux avantages que donne l'emploi, à la situation qu'on occupe dans la société ou dans une hiérarchie et se dit au prop. en parlant d'emplois subalternes : *Une place de commis, de domestique.* **Poste** est relatif au lieu où s'exerce une fonction à laquelle on a été délégué : *Un professeur cherche un poste dans telle ou telle ville*; à la place dans une hiérarchie considérée surtout par rapport à la dignité et au mérite : *Une bonne place; un poste important.* Enfin le *poste* n'est pas toujours occupé activement : *Quitter sa place*, c'est démissionner, mais on peut *quitter son poste* sans le perdre. **— Attributions,** droits attachés à une fonction et exercés par la personne qui en est chargée : *Étendre les attributions d'un administrateur* (Acad.). **Ministère,** toujours du style soutenu, ne se dit guère que de la fonction de prêtre : *Se consacrer au ministère paroissial* (Acad.); de la charge d'un ministre : *Avoir le ministère de la Justice*; et, en un sens général, implique qu'on assume une charge pour quelqu'un dont on est l'agent : *Il nous a prêté son ministère* (Acad.). **— Sinécure,** place qui par son titre qui produit des émoluments et n'oblige à aucun travail. On dit aussi fam. **Fromage,** situation lucrative et de tout repos. ¶ 3 → Rôle. ¶ 4 → Usage.

Employé : N. ¶ 1 Celui qui remplit un emploi, une fonction pour le compte d'un patron. *Employé*, spéc. opposé à *fonctionnaire*, celui qui exerce certaines fonctions dans le commerce, l'industrie ou les administrations privées : *Un comptable est un employé; un instituteur, un fonctionnaire. Employé* s'oppose aussi à *ouvrier* pour désigner celui qui fait des écritures dans un bureau, et, en général, se dit pour des fonctions assez subalternes par opposition aux fonctions supérieures qu'on désigne par des titres : *Les ingénieurs, les ouvriers et les employés d'une usine. Un employé du ministère de l'Intérieur.* **Fonctionnaire** se dit, sans distinction de grade, de tous ceux qui remplissent une fonction de l'État en les envisageant du point de vue social : *Les employés de l'octroi sont des fonctionnaires.* **Agent,** terme très général et plus administratif, celui qui fait les affaires d'autrui, qui est chargé d'une fonction, d'une mission, soit par un gouvernement ou par une administration, soit par un ou plusieurs particuliers : *Agent diplomatique. Agent d'assurances. Agent de police* (ACAD.). *Les employés et les ingénieurs de la S.N.C.F. sont des agents de la compagnie.* — **Commis,** celui qui était chargé par un commettant d'un emploi dont il devait rendre compte (*Les commis des bureaux de nos ministres.* FÉN.), ne se dit plus guère que de quelques employés subalternes chargés de la vente dans une maison de commerce (→ **Vendeur**), ou des écritures dans une administration ou une banque. **Préposé,** employé ou fonctionnaire chargé d'un service déterminé : *Préposé à la douane, à l'octroi, à la poste restante.* **Garçon,** celui qui travaille sous les ordres d'un maître, ou homme de service dans une administration : *Garçon de café, de bureau.* — *Employée* a pour syn. **Demoiselle,** quand il s'agit de désigner toute femme, mariée ou non, attachée à un établissement de commerce ou à une administration : *Demoiselle de magasin. Les demoiselles du téléphone* (ACAD.). ¶ 2 Spéc. Celui qui fait métier de rédiger les écritures des autres. *Employé aux écritures,* ou, de nos jours, *Employé,* celui qui travaille dans un bureau et fait les écritures d'une administration, a pour syn. péj. **Bureaucrate** qui désigne tous ceux qui, travaillant dans un bureau, ont l'esprit de routine et de despotisme qu'on prête à l'administration, et **Rond-de-cuir,** fam., qui insiste sur l'inertie de l'employé assis sur son rond de cuir. — **Copiste,** celui qui fait de la copie ou écrit sous la dictée de quelqu'un, tend, de nos jours, à être remplacé par **Dactylographe, Sténographe** ou **Sténodactylographe** (fam. *dactylo, sténo* ou *sténodactylo*) selon le procédé dont il se sert pour prendre la copie. — **Greffier,** spéc., ne se dit que de celui qui rédige les actes des tribunaux, **Expéditionnaire** désignant le commis qui tient les copies des actes publics. — **Écrivain,** syn. vx de *copiste* ou d'*employé aux écritures,* ne se dit plus que dans l'expression *Écrivain public.* — **Scribe,** qui ne s'emploie, au prop., que pour désigner les *copistes* et les *greffiers* chez différents peuples antiques, est péj. au fig., en parlant de celui qui passe sa vie à écrire sans arrêt ou à faire des copies chez lui ou dans un bureau : *Ce petit scribe dans les bureaux de Vienne* (S.-S.); et a pour syn. **Scribouillard,** fam., et **Gratte-papier** qui renchérissent dans le mépris. **Plumitif,** tout homme qui travaille de sa plume, désigne spéc., péj., tout sous-ordre qui ne voit le monde qu'à travers des écritures : *Le plumitif lui dit : Tout mon pouvoir se borne à faire du mal quelquefois* (VOLT.). — ¶ **3** Adj. → Usuel.

Employer : ¶ **1** → User. ¶ **2** → Occuper.

Employeur : → Patron.

Empocher : → Recevoir.

Empoigner : ¶ **1** → Prendre. ¶ **2** → Émouvoir.

Empoisonner : ¶ **1** → Infecter. Au prop., infecter de poison. *Empoisonner* marque une action volontaire ou non. **Envenimer,** infecter de venin (→ Poison, venin), implique une action involontaire. — Au fig. ¶ **2** Altérer les discours, les relations pour les rendre mauvais. *Empoisonner* indique une action calculée qui consiste à rapporter avec art et invention des choses contre l'intention de celui qui les a dites : *Les rapporteurs, nation maligne qui empoisonne les choses innocentes* (FÉN.). **Envenimer,** rendre odieux par médisance, implique moins de perfidie, et se dit surtout, de nos jours, de choses déjà en mauvais état que l'on rend pires : *Envenimer la haine* (RAC.). **Enfieller,** emplir de fiel, de malveillance, d'envie, se dit surtout au participe passif : *Une langue, une plume enfiellées* (ACAD.). ¶ **3** → Puer. ¶ **4** → Ennuyer.

Emporté : ¶ **1** → Impétueux. ¶ **2** → Colère.

Emporté (être) : → Mourir.

Emportement : ¶ **1** → Colère. ¶ **2** → Impétuosité.

Emporter : ¶ **1** → Prendre. Enlever quelque chose et s'en aller avec. *Emporter* se dit de ce que l'on a sur soi, avec soi, ou de ce qu'on arrache en venant à bout de sa résistance : *Voir le vent emporter ce bout de papier* (GI.). *L'inondation emporta un pont.* **Entraîner** se dit de ce que l'on tire après soi, qui résiste, et parfois suit seulement en obéissant à l'action de la pesanteur : *Il aurait fallu t'entraîner hors de la chambre par violence* (MAU.). *On entraîne* (et on *n'emporte* pas) *quelqu'un dans sa chute.* — En parlant d'une rivière, **Charrier,** entraîner dans son cours : *Un torrent charriait du limon et des pierres* (J.-J. R.). **Rouler,** faire avancer en roulant des cailloux que le courant entraîne. — Au fig. *emporter* marque une action plus violente qu'*entraîner* : *Un exemple* (GI.); *la crainte* (RAC.); *de mauvaises compagnies entraînent. L'orgueil* (Bos.); *la fureur*

(RAC.) *emportent.* ¶ 2 (un prix, un avantage) → Obtenir. ¶ 3 *L'emporter* : → Prévaloir. ¶ 4 (une conséquence) → Renfermer. ¶ 5 (Réf.) Ne plus être maître de soi. *S'emporter,* se livrer à des sentiments, à des mouvements, à des paroles immodérés, surtout en parlant de l'orgueil, de l'audace et de la colère (→ (s') Irriter) : *Télémaque s'emporta jusqu'à menacer Phalante* (FÉN.). **Se déchaîner,** s'emporter avec violence, parfois après s'être longtemps retenu, et sans limites, d'une façon durable : *On vous voit en tous lieux vous déchaîner sur moi* (MOL.). **Éclater,** s'emporter brusquement, et par de vives paroles, des pleurs, des cris, des injures, surtout pour montrer un ressentiment jusque-là contenu : *Alors elle éclata, exaspérée, révoltée* (ZOLA). **S'échapper,** vx et fam., s'emporter inconsidérément, contre la bienséance. **Sortir de ses gonds,** fig., s'emporter sous l'effet de la colère et parfois de l'impatience ou de la peur. **Voir rouge,** fig., avoir devant les yeux, sous l'effet de la colère, une sorte de voile de sang et être pris de la folie de détruire ou de tuer. **Déborder en,** avec un nom de personne pour sujet, laisser échapper des paroles violentes ou insultantes : *Déborder en injures* (ACAD.). — En parlant d'un cheval, *s'emporter,* ne plus pouvoir être retenu par celui qui le monte ou le conduit. **Prendre le mors aux dents,** serrer le mors entre ses mâchoires et le rendre immobile en s'emportant ; au fig., en parlant d'une personne, s'emporter subitement de colère, et par ext., s'emporter à des excès, se déchaîner sans écouter les avis et les remontrances ; **S'emballer,** s'emporter et prendre le galop ; au fig., en parlant d'une personne, se laisser emporter par un enthousiasme excessif.

Empreindre : → Imprimer.

Empreint : → Plein.

Empreinte : → Trace.

Empressé : → Complaisant.

Empressement : Soin et vivacité mis à servir la cause de quelqu'un. Alors que **Zèle** marque le désir intérieur, l'ardeur de l'âme qui poussent à être agréable ou utile, *Empressement* n'exprime que la diligence extérieure, les mouvements qui manifestent le *zèle* et en sont la conséquence : *J'attends vos mémoires avec l'empressement du zèle que vous m'avez inspiré* (VOLT.). L'*empressement* peut d'ailleurs avoir d'autres causes que le *zèle* (intérêt, flatterie, politesse, etc.), et être simulé.

Empresser [s'] : ¶ 1 *S'empresser de* : → Se hâter. ¶ 2 User de prévenances envers quelqu'un. *S'empresser de* (dans un cas particulier), *à* ou *pour* (habituellement; *pour* marquant plus d'ardeur que *à*), se donner beaucoup de mouvement, se hâter pour manifester son zèle à quelqu'un : *Narcisse s'empresse pour lui plaire* (RAC.). **Se mettre en quatre,** fam., faire tout ce qu'on peut pour s'empresser à satisfaire quelqu'un, et toujours par amabilité, alors qu'on peut *s'empresser* par serviabilité, ambition, etc. **S'affairer,** néol., s'empresser avec un zèle affecté et trépidant. — **Se démener** (→ ce mot) et ses syn. enchérissent sur *s'empresser pour* lorsqu'ils marquent une action qui sert les intérêts d'autrui.

Emprisonnement, le fait d'être mis en prison, pour n'importe quelle raison, et le fait d'y rester : *L'emprisonnement d'Edmond Dantès au château d'If.* **Prison** marque un état, une peine qu'on subit pendant un certain temps : *On est condamné à la prison. Une prison dure et longue* (S.-S.). **Incarcération,** terme de jurisprudence, acte officiel de mettre en prison : *Ordonner une incarcération* (ACAD.); ou état assez bref qui résulte de cet acte jusqu'à ce qu'interviennent la libération, un jugement ou l'emprisonnement définitif : *Son incarcération dura dix jours* (ACAD.). **Détention** se dit plutôt de l'emprisonnement qui précède le jugement ou d'un emprisonnement par précaution, non justifié : *Détention préventive, arbitraire* (ACAD.); mais désigne spéc., en droit criminel, une peine afflictive et infamante, consistant en un emprisonnement dans une enceinte fortifiée sur le territoire de la France pendant un laps de temps qui peut varier de cinq à vingt ans. La **Réclusion,** plus grave, comporte en plus l'assujettissement au travail et a lieu dans une maison de force.

Emprisonner, mettre et retenir en prison, légalement ou non, est le terme commun. **Incarcérer,** simplement mettre en prison et suivant les formes légales, est un terme de jurisprudence. **Détenir,** retenir en prison, légalement ou non, souvent arbitrairement ou par simple précaution : *On l'a détenu arbitrairement pendant huit jours* (ACAD.). **Écrouer,** incarcérer en inscrivant sur le registre d'écrou le jour, la cause de l'emprisonnement et l'ordre qui l'a motivé. **Boucler, Coffrer** (qui parfois signifie simplement arrêter) et **Mettre à l'ombre** sont fam. — **Embastiller,** mettre à la Bastille, syn. vx d'*emprisonner,* ne se dit qu'au fig. d'un emprisonnement pour raison d'État, non justifié. **Emmurer** s'est dit autrefois d'un supplice qui consistait à enfermer un condamné dans un cachot que l'on murait. **Claquemurer,** au prop. et au fig., enfermer dans une prison étroite : *Claquemurer dans des couvents* (L. F.). — Au fig. → Enfermer.

Emprunt : ¶ 1 → Prêt. ¶ 2 (Au fig.) → Imitation.

Emprunté : ¶ 1 → Artificiel. **¶ 2** → Embarrassé.

Emprunter : ¶ 1 → Tirer. **¶ 2** → User. **¶ 3** → Voler. **¶ 4** *Emprunter à* ou *de* : → Imiter.

Empuantir : → Puer.

Empyrée : → Ciel.

Ému, Saisi, Troublé, Bouleversé, Agité, Affolé, Touché, Apitoyé, Remué, Impressionné, Frappé, Secoué, Retourné, Révolutionné, Déchiré, Ébranlé : → Émotion et Émouvoir. **Pantelant,** qui a la respiration haletante, enchérit au fig. sur *ému*, pour marquer une émotion qui coupe la respiration ou rend malade. **Éperdu** enchérit sur *bouleversé* et implique un égarement total dû à une passion, spéc. la crainte ou l'amour : *Dans ces horreurs Andromaque éperdue* (RAC.).

Émulation : → Rivalité. Sentiment qui nous pousse à rivaliser avec quelqu'un, à faire effort pour le surpasser. *Émulation* se dit en parlant des choses louables que nous voulons imiter parce que nous les admirons; la **Jalousie** est une passion injuste, aveugle et haineuse : *La jalousie des personnes supérieures devient émulation; elle engendre de grandes choses; celle des petits esprits devient haine* (BALZ.).

Émule : → Rival.

Enamourer [s'] : → (s') Éprendre.

Encadrement, tout ce qui encadre, artistiquement ou non. **Cadre,** bordure artistique de bois ou d'autre matière, en principe carrée, mais parfois ronde ou ovale, dans laquelle on met une œuvre d'art ou une glace. **Bordure,** autrefois *cadre* qui n'était pas carré ou rectangulaire. **Châssis,** encadrement qui sert à contenir un corps, ou montage sur lequel on l'applique : *Châssis de fenêtre. Le châssis d'un tableau.* **Cartel,** encadrement orné qui entoure le cadran de certaines pendules portatives qu'on applique à la muraille.

Encadrer : ¶ 1 → Entourer. **¶ 2** → Insérer.

Encaissé : → Profond.

Encaisser : ¶ 1 → Toucher. **¶ 2** → Recevoir.

Encan : → Enchère.

Encanailler [s'] : → Déchoir.

Encaquer : → Entasser.

Encarter, Encastrer : → Insérer.

Enceindre : → Entourer.

Enceinte : ¶ 1 Ce qui enferme. *Enceinte* se dit dans tous les cas (→ Mur, Rempart, Clôture). **Enclos,** assez rare, ne se dit guère que d'une clôture : *Un enclos de haies.* **¶ 2** L'espace enfermé. *Enceinte,*

espace assez vaste, se dit aussi au fig. : *L'enceinte d'un stade. L'enceinte du monde* (Bos.). **Pourpris,** *enceinte,* est vx. **Enclos** se dit d'un petit espace, ou avec une nuance péj., et tend, de nos jours, à désigner spéc. un espace de terrain entouré d'une clôture : *La maison s'élevait au milieu d'un enclos carré* (ZOLA). **Clos,** espace de terrain cultivé entouré de murs, de haies, de fossés, etc. : *Un clos d'arbres fruitiers.* **¶ 3** → Salle.

Enceinte : Adj., se dit d'une femme qui va avoir un enfant. *Enceinte* marque un état qui n'est pas forcément visible : *Femmes qu'on croyait enceintes* (VOLT.). **Grosse,** terme vulgaire, exprime un état apparent : *Marguerite devient grosse, sa honte est publique* (STAËL). Par euphémisme on dit **Dans une position intéressante.**

Encens : → Éloge.

Encenser : → Louer.

Encéphale : → Cerveau.

Encercler : Entourer un ennemi. *Encercler* implique un ennemi nombreux qu'on entoure d'un cercle très large, après un mouvement tournant qui lui coupe toute voie pour s'échapper : *Encercler un groupe d'armées.* **Cerner** suppose un cercle étroit qui arrive, en se rapprochant, au contact même d'un ennemi peu nombreux, voire d'un seul homme : *Cerner un bois, une maison, un malfaiteur;* **Envelopper,** un mouvement rapide qui entoure de toutes parts, prend comme dans un filet. **Enfermer** implique qu'on bloque l'ennemi par des obstacles en interceptant le chemin par où il pourrait échapper et en ne lui laissant pas la place de se déployer en ordre de bataille : *Les ennemis se sont laissé enfermer entre deux montagnes* (ACAD.). Encercler un ennemi et une place et se disposer à les prendre d'assaut : → Investir.

Enchaînement : → Suite.

Enchaîner : ¶ 1 → Attacher et Joindre. **¶ 2** → Soumettre. **¶ 3** → Retenir.

Enchanté : → Content.

Enchantement : → Magie.

Enchanter : → Charmer.

Enchanteur : → Charmant.

Enchâsser : → Insérer. *Enchâsser,* insérer une pierre dans un encadrement de matière précieuse : *Enchâsser une topaze dans l'or.* **Sertir,** enchâsser une pierre dans un chaton dont on rabat le rebord autour de la pierre. **Monter,** enchâsser dans une garniture. **Enchatonner,** plus rare, insérer dans un chaton.

Enchère : ¶ 1 *Enchère,* offre d'un prix supérieur à la mise à prix ou au prix offert par un autre, pour ce qui se vend ou s'afferme au plus offrant. **Surenchère,** enchère supérieure à une autre enchère. **Folle enchère,** enchère inconsidérée à laquelle l'enchérisseur ne peut satisfaire. ¶ 2 La vente aux enchères. *Enchère* ou *Enchères* se dit dans tous les cas. **Encan,** vente publique à l'enchère, ne se dit guère que de la vente d'effets mobiliers. **Criée,** autrefois annonce par cri d'une vente aux enchères, d'où vente publique à l'enchère, est vx, et se dit surtout, de nos jours, d'une vente en gros faite à la halle avant l'ouverture du marché. **Licitation,** vente par enchère par les copropriétaires d'un bien indivis : *Vendre une maison par licitation.*

Enchérir : ¶ 1 → Hausser. ¶ 2 Au fig. Ajouter, faire ou dire plus. On *enchérit* sur quelque chose de simple, d'ordinaire; on **renchérit** sur quelque chose qui est déjà fort, violent, excessif : *Enchérir sur le sens naturel des mots* (J.-J. R.). *Renchérir sur le crime* (MARM.).

Enchevêtré : → Embarrassé.

Enchevêtrement : → Embrouillement.

Enchevêtrer : ¶ 1 → Embrouiller. ¶ 2 (Au fig.) → (s') Embarrasser.

Enclaver : ¶ 1 → Entourer. ¶ 2 → Fixer.

Enclin : → Porté.

Enclore : → Entourer.

Enclos : → Enceinte.

Enclouure : → Difficulté.

Encoche : → Entaille.

Encoignure : → Angle.

Encolure : → Cou.

Encombrer : ¶ 1 → Obstruer. ¶ 2 → Embarrasser.

Encontre [à l'] : → Opposé.

Encore : ¶ 1 → Aussi. ¶ 2 *Encore que :* → Quoique.

Encourageant : → Prometteur.

Encouragement, Exhortation : → Encourager.

Encourager : ¶ 1 → Exciter. *Encourager,* donner de l'assurance, de la fermeté, à celui qui est timide, craintif, faible, et cela pour le bien et pour le mal : *Il fit un geste d'approbation pour encourager Jenny à poursuivre* (M. D. G.). **Animer,** donner de la vie, de l'ardeur à celui qui est froid ou apathique : *Lorsque, dans les occasions périlleuses, il faut animer le soldat* (MTQ.). **Enflammer** (→ ce mot), animer d'une vive passion. **Enhardir** n'a rapport qu'au commencement de l'action : c'est donner à la timidité la force de se mettre à agir (mais jamais à souffrir) : *Cet assoupissement du régent enhardissait ses ennemis à tout oser* (S.-S.). **Exhorter,** encourager seulement par la parole, et en général avec véhémence : *Exhorter quelqu'un à mourir en bon chrétien; ses troupes avant le combat.* ¶ 2 → Favoriser.

Encourir : → (s') Attirer.

Encrasser : → Salir.

Encroûté : → Routinier.

Encroûter [s'] : → (s') Endormir.

Encyclique : → Rescrit.

Encyclopédie : → Dictionnaire.

Endémique : → Épidémique.

Endetter : Faire que quelqu'un doive de l'argent. *Endetter,* terme commun, s'emploie dans tous les cas et convient seul quand on indique le montant de la dette. **Obérer,** terme plus relevé, s'emploie surtout, absolument, en parlant d'un corps ou d'un personnage importants endettés jusqu'à la ruine : *État obéré* (DID.).

Endeuiller : → Chagriner.

Endiablé : → Impétueux.

Endiguer : → Retenir.

Endimanché : → Élégant.

Endimancher : → Parer.

Endoctriner : Chercher à gagner quelqu'un à une opinion, une doctrine. *Endoctriner,* donner une croyance, une opinion toute faite, implique dogmatisme chez celui qui enseigne et absence d'esprit critique chez celui qui apprend : *On endoctrine des jeunes gens à un parti politique.* **Catéchiser,** enseigner le catéchisme à des enfants ou à des païens; au fig., fam., tâcher de persuader quelqu'un, lui dire toutes les raisons qui peuvent l'engager à faire une chose : *Catéchiser ses malades* (M. D. G.). **Prêcher,** annoncer à quelqu'un la parole de Dieu; au fig., fam., faire des remontrances : *Vous qui prêchez si bien les autres* (SÉV.). **Édifier,** porter à la vertu, à la piété par le bon exemple ou de sages discours, implique toujours que le résultat est obtenu : *Un prédicateur édifie la jeunesse par la moralité de ses discours ou par ses exemples.*

Endolori : → Douloureux.

Endolorir : → Chagriner.

Endommager : → Détériorer.

Endormi : ¶ 1 → Engourdi. ¶ 2 → Lent.

Endormir : ¶ 1 Amener au sommeil. On *endort* de toutes les façons. **Assoupir,** endormir à demi. **Hypnotiser,** endormir une personne du sommeil provoqué par des moyens artificiels, mécaniques, physiques ou psychiques : *On hypnotise un névropathe.* ¶ 2 → Ennuyer. ¶ 3 → Soulager. ¶ 4 → Tromper. ¶ 5 (Réf.) → Dormir. ¶ 6 (Réf.) → Mourir. ¶ 7 (Réf.) Ne manifester aucune activité. *S'endormir*, se laisser aller à l'inaction, a rapport à l'intelligence et à l'activité, et n'a pas toujours un sens défavorable : *On s'endort dans la mollesse* (Boil.); mais aussi *dans le bonheur*. **S'encroûter**, fam., n'a rapport qu'à l'intelligence : c'est devenir, par l'effet de la torpeur ou de l'entêtement, impénétrable à des idées ou à des impressions nouvelles : *S'encroûter dans la routine* (Acad.). **S'engourdir** dit moins : c'est perdre l'habitude de réfléchir, d'agir, souvent par indolence ou inaction : *Engourdie de paresse* (Zola). **Se rouiller** a rapport aux facultés qui s'altèrent ou aux connaissances qu'on oublie faute d'exercice : [*Relire les bons livres*] *empêche le goût de se rouiller* (Volt.).

Endos : → Signature.

Endosser : → (se) Charger.

Endroit : ¶ 1 → Lieu. ¶ 2 Par opposition à « envers », *Endroit*, le côté qui, dans un objet à deux faces, est destiné à être vu : *L'endroit d'une étoffe*. **Recto**, par opposition à « verso », la première page d'un feuillet, n'implique pas l'idée de supériorité que marque *endroit* par rapport à envers.

Enduire : Couvrir d'une couche d'un produit qui peut s'étendre sur un corps. *Enduire*, couvrir d'un enduit, se dit surtout pour les choses : *Enduire une barque de goudron*. **Oindre** ne se dit que pour le corps humain sur lequel on met de l'huile ou d'autres matières grasses. **Frotter**, oindre ou enduire en frottant : *Frotter le parquet. Les athlètes se frottaient d'huile avant de lutter*.

Enduit : → Couche.

Endurant : ¶ 1 → Résistant. ¶ 2 → Patient.

Endurci : → Dur.

Endurcir : ¶ 1 → Durcir. ¶ 2 → Exercer. ¶ 3 (Au fig., réf.) *S'endurcir*, devenir dur intérieurement pour résister, en bien, à ce qui est pénible, en mal, à ce qui devrait toucher le cœur ou la conscience, ou pour agir durement : *S'endurcir aux privations. Sa sensibilité s'est endurcie* (M. D. G.). **Se cuirasser** ne se dit que de ce que l'on supporte : c'est s'entourer d'une sorte de cuirasse qui ne laisse pas passer les attaques qui viennent du dehors ni la voix qui vient du fond de la conscience : le mot implique une dureté totale, souvent volontairement acquise : *Cuirassé contre les affronts, le remords, les injustices du sort, la calomnie* (Acad.).

Endurcissement : État de ce qui est devenu dur. *Endurcissement* se dit surtout au moral. **Induration** ne se dit qu'au physique, en médecine, en parlant d'un tissu. **Calus** et **Callosité**, au fig., rares, endurcissement du cœur.

Endurer : → Souffrir.

Énergie : ¶ 1 → Force. ¶ 2 → Fermeté.

Énergique : → Ferme.

Énergumène : ¶ 1 Homme possédé du démon. *Énergumène*, terme de théologie, celui qui est possédé par le démon et en devient furieux : *Les convulsionnaires étaient des énergumènes atroces* (Volt.). **Démoniaque**, terme commun moins fort, celui qui a ou paraît avoir rapport avec le démon : *Un ton de démoniaque* (Mol.). **Possédé** est le terme le plus usuel et le plus faible : *Un possédé touché par des reliques* (J.-J. R.). Au fig. → Furieux. *L'énergumène* est un furieux, le *démoniaque* est colère, emporté, passionné, le *possédé* est agité, ne tient pas en place ou agit en extravagant.

Énerver : ¶ 1 → Affaiblir. ¶ 2 Affecter d'une irritation nerveuse. *Énerver*, qui implique une irritation de tout le système nerveux, dit plus qu'**Agacer** qui implique seulement une sensation irritante sur un nerf : *M'agacer les narines avec les barbes de ma propre plume* (A. Fr.). *Le bruit énerve*. ¶ 3 Au fig. *Énerver* indique une excitation nerveuse qui va en s'accroissant, peut venir du sujet et se manifeste extérieurement : *Un enfant s'énerve et énerve ses parents*. **Agacer** implique toujours une excitation venue de l'extérieur qui finit par devenir insupportable, mais peut rester purement morale : *Agacé par leur confiance puérile* (M. D. G.). **Impatienter** est uniquement relatif à l'état moral qui nous rend incapables de supporter un mal ou d'attendre un bien plus longtemps. **Crisper**, contracter fortement les nerfs, au fig., fam., agacer en impatientant fortement : *Les cris aigus de cet enfant me crispent* (Acad.). **Excéder**, énerver au-delà de toute limite, jusqu'à lasser, épuiser : *Je l'ennuie, je le fatigue, je l'excède* (Gi.). **Mettre à bout de nerfs**, énerver ou agacer à tel point qu'on n'est plus capable de se contenir. **Horripiler**, fig. et fam., excéder par son insistance jusqu'à rendre malade.

Enfance : ¶ 1 Au fig. → Commencement. ¶ 2 *En enfance* : → Gâteux.

Enfant : ¶ 1 Garçon ou fille de la naissance à l'adolescence, c'est-à-dire treize ou quatorze ans. *Enfant* est le terme général : *J'étais un enfant de quatorze à quinze ans* (R. Roll.). **Petit** se dit par tendresse et familiarité d'un enfant encore jeune : *Pauvre petit* (Acad.). **Gamin** (→ ce mot) se dit plutôt d'un enfant qui passe son temps à jouer dans les rues et, par ext., d'un enfant espiègle et hardi, parfois en mauvaise part : *Une laideur adorable de gamin parisien* (Zola). *Méchant gamin* (Acad.). **Bambin,** fam., jeune enfant, avec parfois une nuance de sympathie, d'intérêt : *Bambin de trois ans* (M. d. G.). **Innocent,** fam., enfant au-dessous de l'âge de sept ou huit ans. **Chérubin,** fam., terme d'affection en parlant d'un enfant charmant comme ces têtes d'enfants ailés qui représentent des anges en sculpture et en peinture. **Babouin,** au fig., enfant étourdi et mal élevé, malin comme un singe : *Ah! le petit babouin! Voyez où l'a mis sa sottise* (L. F.) (au fém., on dit *Babouine*). **Marmot** (fém. *Marmotte*) et son diminutif **Marmouset,** fam., très jeune enfant : *J'embrasse les marmots* (Sév.). **Marmaille,** fam., troupe d'enfants, de marmots, ne s'emploie que collectivement, en un sens parfois péj. : *Jolie marmaille* (Did.). *La marmaille du quartier* (Acad.). Dans le langage fam. **Môme** désigne aussi un enfant, **Mioche,** un petit enfant, tantôt avec tendresse, tantôt avec une nuance péj. : *Le mioche qu'on berce ou qu'on allaite* (J. Rom.). **Moutard** est pop., ainsi que **Gosse** qui, quoique non cité par l'Acad., dans son *Dictionnaire,* se dit dans tous les milieux avec une nuance de tendresse, de faiblesse ou d'enfantillage : *Pleurer comme un gosse.* **Drôle** est dialectal ainsi que **Gone,** syn. d'*enfant* dans l'argot des canuts de Lyon et immortalisé par *Le Petit Chose* d'Alphonse Daudet. **Chiffon,** fam., terme d'affection en parlant d'un enfant : *Pourquoi leur a-t-on pris leur mère à ces chiffons?* (V. H.). **Enfançon,** et **Enfantelet,** petit enfant, sont vx. Pour désigner un enfant vif et polisson, on dit **Petit diable, Diablotin, Petit démon** (→ Diable). **Petit dragon** se dit d'un enfant mutin et déterminé, **Morveux,** fam., d'un enfant prétentieux, qui se met en avant et se fait valoir, et parfois simplement d'un écolier : *Un morveux qui devrait encore être au collège* (Zola) ; *qui confondait le myriamètre avec le décastère* (J. Rom.). **Moucheron,** pop., petit enfant. **Petit drôle,** enfant déluré dont on se défie à raison ou en plaisantant : *C'est un petit drôle bien éveillé* (Acad.). **Troussepet,** enfant, est pop. et méprisant. On dit enfin, dans le langage courant, **Petit garçon, Garçonnet, Petite fille, Fillette.** *Enfant* a enfin de nombreux syn. triviaux et argotiques dont le plus usuel est **Loupiot. Bébé** (ce mot), très jeune enfant. ¶ 2 → Fils. ¶ 3 *Enfants* : → Postérité. ¶ 4 *Enfant de chœur,* enfant qui aide le prêtre pendant les cérémonies, chante au chœur et répond à la messe, a pour syn. fam. **Clergeon.** ¶ 5 → Enfantin.

Enfantement désigne abstraitement l'action de mettre au monde un enfant et vieillit au sens d'**Accouchement,** terme médical, qui désigne l'enfantement et le travail qui le précède. **Couche** ou **Couches,** l'enfantement et ses suites : *Un accouchement laborieux. Relever de couches.* **Mal d'enfant,** fam. et vx, le travail de l'accouchement : *Une montagne en mal d'enfant* (L. F.). **Gésine,** syn. vx de *couches* : *Frais de gésine.* **Parturition,** terme de médecine, ne se dit que d'un accouchement naturel. **Délivrance,** en termes de médecine, sortie de l'arrière-faix, se dit par ext. de l'*accouchement* : *Une heureuse délivrance.*

Enfanter : ¶ 1 Donner naissance à un enfant, en parlant de la femme. *Enfanter* considère l'action abstraitement : *Pourquoi une vierge ne peut-elle enfanter?* (Pasc.). **Accoucher,** terme vulgaire et concret, insiste sur toutes les circonstances de la mise au monde : *Des pays où les femmes accouchent sans peine* (J.-J. R.). **Donner le jour à** et **Mettre au monde** se disent, dans le langage courant, pour *enfanter* et *accoucher de,* quand ceux-ci ont un comp. : *La signora mit au monde un enfant* (L. F.). ¶ 2 Au fig. → Engendrer.

Enfantillage, Puérilité, Gaminerie, Infantilisme : → Enfantin.

Enfantin : Qui ne convient qu'à un enfant. *Enfantin* évoque plutôt la gaieté, l'innocence, les grâces de l'enfance : *Les amours enfantines* (Baud.). *Doux visage enfantin* (A. Fr.). **Puéril,** parfois péj., insiste sur les défauts de l'enfance, étourderie, extravagance, manque d'attention : *Amitié* (Mau.); *confiance* (M. d. G.) *puériles. Ce qu'un tel romanesque pourrait prendre de puéril* (J. Rom.); et se dit seul toutefois pour désigner ce qui appartient proprement à l'enfance, qui la concerne : *Civilité puérile.* **Infantile,** terme de médecine, se dit de ce qui se rapporte à l'enfant, affecte les enfants : *Maladie infantile;* et par ext. péj. des façons de penser et d'agir de celui qui paraît arriéré, comme demeuré dans l'enfance. — **Enfant,** comme qualificatif, ne se dit que des personnes et implique innocence ou légèreté, amour du jeu, incapacité à se dominer : *Je fus assez enfant pour pleurer d'aise* (J.-J. R.). **Gamin** implique gaieté espiègle, jeunesse d'esprit, goût de la plaisanterie. **Gosse** est très fam. en un sens voisin : *Très gosse également le goût pour les mots détournés de leur sens* (J. Rom.).

Enfer : ¶ 1 (païen) *Enfers,* lieux souterrains où les païens croyaient que les âmes allaient après la mort. **Champs-Elysées,** partie des Enfers réservée aux justes. **Tartare,** séjour des méchants aux Enfers. ¶ 2 (chrétien) *Enfer,* lieu destiné au supplice des damnés. **Enfers,** au pl., lieu où étaient les âmes des justes selon l'ancienne loi, que délivra le Christ après sa mort rédemptrice, a pour syn. **Limbes** qui désigne encore le séjour des âmes des enfants morts sans baptême. ¶ **3** (Au fig.) En parlant de ce qui fait du mal, ou d'un lieu où l'on est mal, *Enfer* évoque souffrance, confusion, désordre : *Ce ménage est un enfer.* **Géhenne** (l'*enfer* dans le style biblique) renchérit dans le langage relevé et implique tourment, torture.

Enfermer : ¶ **1** Mettre quelqu'un ou quelque chose dans un lieu fermé ou retiré. *Enfermer*, simplement ne pas laisser aller librement dehors, ou ne pas laisser dehors, marque une action volontaire ou non : *Enfermer le loup dans la bergerie.* **Renfermer**, enfermer avec précaution, pour empêcher que la chose ou la personne ne s'échappe ou qu'on n'arrive jusqu'à elle, indique toujours une action volontaire : *Il renferma sa femme avec tant de sévérité...* (S.-S.). ¶ **2** En parlant d'une personne seulement, *Enfermer*, empêcher de sortir ou d'avoir des communications avec l'extérieur, et, absolument, mettre dans un asile de fous ou dans une maison de détention. **Consigner**, enfermer, par un ordre formel, des élèves punis, et par ext., des personnes punies, ou des troupes dans leur quartier par mesure d'ordre. **Interner**, enfermer dans un asile d'aliénés ou obliger à résider dans une localité sans permission d'en sortir : *Interner des étrangers suspects.* **Chambrer**, fam., enfermer quelqu'un dans une chambre, à l'écart du monde, pour l'entretenir en particulier, le catéchiser, obtenir quelque chose de lui : *On l'a chambré pendant deux heures, sans rien gagner sur son esprit* (Acad.). **Calfeutrer**, fam., enfermer quelqu'un pour le tenir au chaud, et par ext., pour qu'il ne lui arrive aucun mal, se dit surtout au réf. : *Les paysans se calfeutrent dans des alcôves* (Gi.). **Cloîtrer**, enfermer dans un cloître, au fig., tenir quelqu'un étroitement enfermé et sans relation avec l'extérieur : *Un mari jaloux cloître sa femme. Existence* (Zola) ; *vie* (Cam.) *cloîtrées.* **Tenir en claustration** ou **Claustrer** (néol.), d'un style plus recherché, cloîtrer longuement dans un lieu étroit et resserré. **Reclure** (surtout employé à l'infinitif et au participe passif), renfermer dans une clôture étroite et rigoureuse, sans aucune relation avec le reste des hommes : *On est claustré dans un lieu étroit, mais on peut être reclus dans une vaste maison, dans un domaine. Existence recluse* (M. D. G.). **Séquestrer**, tenir illégalement enfermé ; au fig., tenir loin du monde quelqu'un qui voudrait fréquenter ou que tout le monde réclame ; au réf. *se séquestrer*, s'isoler (sans l'idée qu'on s'enferme) : *Certains saints se séquestraient, vivaient comme des anges* (L. F.). **Parquer**, enfermer du bétail dans un parc,

au fig., enfermer provisoirement dans un espace étroit, surtout en parlant de nombreuses personnes : *L'esclavage, parquant les peuples pour la mort, Les enfermait au fond d'un cirque de frontières* (V. H.). **Emprisonner** et **Claquemurer**, emprisonner étroitement entre quatre murs, renchérissent au fig. sur tous ces termes, le premier insistant sur la contrainte, le second sur l'étroitesse et la sévérité de la claustration (→ Emprisonner). **Boucler**, fam., enfermer sévèrement, emprisonner : *Une pension le bouclait au sortir du lycée* (Gi.). **Verrouiller**, emprisonner dans un lieu fermé au verrou : *Verrouiller un prisonnier.* ¶ **3** En parlant d'un objet, *Enfermer* implique qu'on le met dans un meuble clos pour le soustraire aux regards ou le protéger, *Renfermer*, enfermer avec soin. **Serrer** enchérit : c'est enfermer en lieu sûr : *L'armoire où j'avais l'habitude de serrer mon argent* (Gi.). **Enserrer**, serrer pour cacher : *Enserrer un trésor* (L. F.). **Encoffrer**, fam., enserrer dans un coffre, par avarice. ¶ **4** → Entourer. ¶ **5** → Encercler. ¶ **6** Au fig. → Renfermer.

Enferrer : ¶ **1** → Percer. ¶ **2** (Réf.) Au fig. → (s') Embarrasser.

Enfieller : → Empoisonner.

Enfiévrer : → Enflammer.

Enfilade : → Suite.

Enfiler : 1 → Percer. ¶ 2 → Dire. ¶ 3 → Entrer.

Enfin : Alors qu'**A la fin**, objectif, marque très exactement qu'une chose se produit en dernier lieu dans une série, parfois au bout d'un certain temps, *Enfin*, subjectif, marque la conclusion, ou l'impatience de voir une chose se produire, ou simplement le temps, mais alors d'une façon plus vague qu'*à la fin* : *Enfin Malherbe vint...* (Boil.). **Finalement**, définitivement, en conclusion, et sans retour : *Il a reconnu finalement qu'il avait tort.*

Enflammer : ¶ **1** *Enflammer*, mettre en flammes ce qui est fait ou non pour brûler. **Mettre le feu** dit moins ; c'est simplement mettre en ignition, en combustion : *Une étincelle enflamme une poudrière et met le feu à une maison.* **Allumer**, mettre en feu ou enflammer uniquement ce qui est fait pour brûler ou pour éclairer : *Allumer une allumette, sa pipe, une lampe.* **Embraser** renchérit sur *enflammer* et ne se dit que de ce qui peut être transformé en braise : *Embraser des charbons.* **Incendier**, mettre en feu et détruire, ne se dit que pour des choses importantes comme édifices, forêts. Dans les autres cas on dit **Brûler** qui insiste sur le résultat et peut marquer un simple dommage. — Au fig., en parlant de l'action du soleil, *enflammer* est surtout relatif à la vivacité de la couleur : *L'aurore enflamme l'orient*; et, par rapport à la chaleur, dit moins qu'*embraser* qui se dit de la chaleur la plus ardente. ¶ 2 → Irriter. ¶ 3 Au fig. Exciter (→ ce mot) quelqu'un d'une très vive ardeur et parfois encourager (→ ce mot) vivement. *Enflammer*, qui se dit des passions bonnes ou mauvaises, implique une excitation brusque et ardente, surtout morale; **Échauffer**, une action plus lente, progressive, mais plus physique, qui va souvent dans le sens de l'irritation et de l'emportement : *Le zèle, l'amour enflamment; la contradiction, la discorde échauffent les esprits.* **Embraser** enchérit sur *enflammer* et implique une ardeur tout intérieure qui possède tout entier, en général en parlant de passions pures et nobles : *Un cœur embrasé de l'amour de Dieu* (Acad.). **Enfiévrer** implique une passion inquiète ou trouble : *Le gain les excite et l'argent les enfièvre* (Barbier). — Fam., et en parlant plutôt de l'énergie que de la passion, **Électriser**, fig., faire sur l'esprit une impression vive qui l'enflamme et surtout l'entraîne à agir : *Le discours de leur chef les électrisa* (Acad.). **Galvaniser**, fig., donner à un groupe une animation, une vie momentanée et factice : *Les grands tribuns galvanisent les foules* (Acad.). — Dans un style très fam., et surtout sportif, **Doper**, administrer un excitant à un cheval de course, au fig., communiquer une énergie factice et momentanée : *Une équipe dopée par ses supporters.* **Survolter**, augmenter le voltage, au fig., galvaniser à l'extrême, dangereusement.

Enflé : ¶ 1 → Gonflé. ¶ 2 → Emphatique.

Enfler : ¶ 1 → Grossir. ¶ 2 → Gonfler. ¶ 3 → Hausser.

Enflure, état d'une partie du corps qui a augmenté de volume, se dit dans tous les cas. **Bosse** ne se dit que d'une enflure, en général à la tête, qui provient d'un coup, d'une chute, d'une contusion.

Enfoncé : → Profond.

Enfoncement : → Creux.

Enfoncer : ¶ 1 → Introduire. Faire pénétrer bien avant dans quelque chose en poussant vers le fond. *Enfoncer* se dit dans tous les cas : *Enfoncer un vase dans l'eau; un clou dans le mur, ses mains dans ses poches.* **Plonger,** enfoncer dans un liquide; au fig., enfoncer profondément surtout en parlant d'une arme blanche qu'on fait pénétrer dans le corps : *Plonger un poignard dans son sein.* **Planter,** enfoncer dans la terre, dans une matière ou dans le corps, une chose fine qui y demeure fixe, en laissant passer une de

ses extrémités : *Planter un piquet, un clou, un couteau dans la gorge.* **Ficher,** enfoncer ou planter un objet pointu en faisant pression ou en frappant : *Ficher un clou; un pieu.* **Piquer,** enfoncer légèrement, comme on fait une épingle ou une aiguille. ¶ 2 Faire plier ou briser en pesant. *Enfoncer*, rompre, briser en pesant, en poussant, se dit de l'obstacle que l'on brise en allant dans n'importe quel sens : *Enfoncer une porte, une voûte, un plancher, une côte* (Acad.). **Défoncer** n'est relatif qu'à la chose qu'on prive de son fond en l'enfonçant : *On défonce le crâne en enfonçant la boîte crânienne*; mais se dit pour *enfoncer* dans tous les cas où on enfonce le fond d'une chose, en marquant toutefois une action moins forte : *Défoncer le parquet.* **Affaisser** implique simplement qu'une surface horizontale plie sous un poids, sans rompre. **Déprimer,** syn. d'*affaisser* et d'*enfoncer* dans le langage de la chirurgie : *Os du crâne fortement déprimés* (Acad.). ¶ 3 → Vaincre Dans le langage militaire, pénétrer dans les rangs de l'ennemi. *Enfoncer* implique que l'on met l'ennemi en désordre et qu'on le force à plier, par la force du choc sur toute une ligne. **Défoncer** est rare en ce sens. **Rompre** dit moins et implique qu'on met l'ennemi en désordre en pénétrant dans ses rangs : *Les Suédois furent rompus, enfoncés et poussés jusqu'à leur bagage* (Volt.). **Percer** n'implique pas l'idée de désordre, mais simplement celle de se frayer un passage : *On perce en un point, sans rompre le front et encore moins l'enfoncer.* **Culbuter** et **Renverser** ajoutent à *enfoncer* l'idée que l'ennemi ne se contente pas de plier, mais s'enfuit. ¶ 4 (Au fig. fam.) → Surpasser. — Réf. ¶ 5 → Entrer. ¶ 6 → Couler. ¶ 7 Au fig. → (s') Absorber et Déchoir.

Enfonçure : → Creux.

Enfouir : ¶ 1 → Enterrer. ¶ 2 (Réf.) → (se) Blottir.

Enfourner → Introduire.

Enfreindre : → Désobéir.

Enfuir [s'] : ¶ 1 Se retirer ou s'éloigner avec vitesse. Alors que **Fuir**, absolu, marque l'action d'une manière abstraite, *S'enfuir* est relatif au lieu d'où l'on s'en va et montre le sujet en action : *On fuit devant l'ennemi, après s'être enfui de son poste. Le temps fuit, et les jours s'enfuient, c'est-à-dire commencent, se développent et s'achèvent.* ¶ 2 S'éloigner d'un lieu en fuyant (≠ Partir, qui ne marque que l'éloignement; ≠ Disparaître, qui marque qu'on n'est plus vu dans le lieu). *S'enfuir* est relatif à la vitesse avec laquelle on s'éloigne d'un lieu le plus possible : *Chacun s'enfuit au plus fort* (L. F.). **S'échapper** implique le désir de ne pas rester ou tomber aux mains de ceux qui ont pris ou qui cherchent à prendre : *Son frère s'échappant des mains de Mademoiselle, courant à sa rencontre* (M. D. G.). **S'évader**, s'échapper furtivement d'un lieu où l'on était retenu : *Nous nous évadons sans être aperçus* (J.-J. R.); *on s'évade de prison.* **S'esquiver** implique une fuite adroite : *Je me suis doucement esquivé sans rien dire* (MOL.). **Se sauver**, s'enfuir pour échapper à un grand péril, un danger de mort : *Se sauver pour n'être pas pendu* (J.-J. R.); *devant l'ennemi.* — Dans la langue familière, **Décamper** indique la précipitation. **Plier bagage**, fig. et fam., s'enfuir furtivement, souvent contraint et forcé. **Détaler**, décamper au plus vite : *Détale vite et cours* (L. F.). **Prendre ses jambes à son cou**, s'enfuir à toute vitesse. **Lever le pied**, s'enfuir secrètement : *Un caissier lève le pied avec sa caisse.* **Faire un pouf**, pop., disparaître sans payer ce qu'on doit. **S'escamper** et **Prendre la poudre d'escampette** (plus usité), très fam., s'esquiver furtivement et à la hâte. **Fouiner**, fam., s'esquiver avec la prestesse d'une fouine. **Prendre** et **Gagner le large**, fam., s'enfuir au loin. **Jouer des flûtes** et **Se tirer des flûtes**, pop., s'échapper en courant. ¶ 3 Au fig. → Passer.

Engageant : ¶ 1 → Aimable. ¶ 2 → Attirant.

Engagement : ¶ 1 Petit combat (≠ Bataille) entre quelques éléments de deux troupes. *Engagement*, petit combat qui a lieu entre des corps détachés : *Engagement d'avant-postes* (ACAD.). **Escarmouche**, petit engagement, souvent entre tirailleurs. **Coup de main**, petite attaque faite à l'improviste en général pour faire quelques prisonniers et se replier ensuite. **Rencontre**, engagement souvent imprévu de deux corps de troupe peu considérables : *Rencontres de partis et petits combats de cavalerie* (RETZ). **Échauffourée**, petite rencontre imprévue et désordonnée. **Choc**, rencontre vigoureuse et prévue entre deux troupes qui se chargent. — Ces trois derniers mots se disent aussi de petits combats entre factions de civils et ont pour syn. **Collision**, rencontre violente, choc de deux partis : *Collision entre les soldats et le peuple* (ACAD.). **Coups** suppose un bref échange de violences. ¶ 2 → Promesse. ¶ 3 *Engagement*, **Embauchage**, **Enrôlement** : → Engager. ¶ 4 → Relation.

Engager : ¶ 1 → Introduire. ¶ 2 → Inviter. ¶ 3 Imposer une sorte de contrainte en vertu de laquelle on ne peut se dispenser de certaines choses. *Engager* marque une convenance ou une nécessité plutôt qu'un devoir, ce qu'il faut faire plutôt que ce que l'on doit faire, **Obliger** (→ ce mot) marque un devoir moral : *Les circonstances nous y engagent et la reconnaissance nous y oblige* (D'AL.). ¶ 4 → Fiancer. ¶ 5 *Engager*, prendre à son service, par un contrat déterminé, soit à temps, soit pour toujours, des gens qui se présentent volontairement : *Engager un domestique, un acteur.* **Embaucher**, engager un ouvrier dans un atelier ou sur un chantier, ou toute autre personne en vue d'un travail surtout manuel. **Enrôler** (→ ce mot), inscrire sur les rôles de l'armée soit des engagés soit des appelés, se dit parfois aussi, par ext., pour des ouvriers qu'on engage. — Au réf. *S'enrôler*, se faire inscrire volontairement sur les rôles de l'armée dans n'importe quel cas et en général s'engager à servir durant un temps déterminé : *En 1792 de nombreux volontaires s'enrôlèrent.* *S'engager*, s'enrôler en devançant l'appel, se dit plutôt aujourd'hui. ¶ 6 → Commencer. Réf. ¶ 7 → Promettre. ¶ 8 → Entrer. ¶ 9 Au fig. Se mettre dans une affaire. *S'engager*, entrer fort avant dans une affaire bonne ou mauvaise : *S'engager dans les périls* (BOIL.). **S'embarquer**, fam., commencer à s'engager dans une affaire souvent mauvaise : *S'embarquer dans une méchante affaire* (ACAD.); *dans des réflexions philosophiques* (J.-J. R.). **S'enfourner**, vx et fam., s'engager dans un lieu dont on peut difficilement sortir et par ext., dans une affaire difficile. **S'embourber**, s'engager dans une affaire où l'on s'embarrasse : *S'embourber dans des explications.*

Engeance : → Race.

Engendrer : ¶ 1 → Créer et Produire. Produire son semblable par voie de génération. *Engendrer*, très général, se dit des choses, des hommes et des animaux des deux sexes; mais, dans l'espèce humaine, tend à ne s'employer qu'en parlant du père; il signifie plutôt la conception que la mise au monde et insiste sur les qualités de l'être qui naît : *Des parents goutteux engendrent des enfants sujets à la goutte* (MALEB.). **Procréer** ne s'emploie que pour l'espèce humaine et insiste sur le fait matériel de la mise au monde : *A Sparte qui ne procréait pas de citoyens était puni* (E. DE GIRARDIN). **Faire**, syn. d'*engendrer*, est fam. en parlant d'un homme : *Faire un enfant à une femme.* **Mettre au monde**, en parlant d'une femme : → Enfanter. ¶ 2 Au fig. → Produire. *Engendrer*, c'est surtout faire concevoir au-dedans des sentiments, des idées : *A peine tu parles, tu engendres ce qu'il faut* (VAL.). **Enfanter**, peut-être plus usuel de nos jours, faire naître, éclater au-dehors : *Quand paraissent de nouveaux décrets fiscaux ne disons-nous pas que le ministre a enfanté un affreux monstre?* (R. KEMP. *Nouvelles littéraires*). — **Accoucher** ne se dit que des productions de l'esprit élaborées péniblement. ¶ 3 → Occasionner.

Engin : → Appareil.

Englober : ¶ 1 → Réunir. ¶ 2 → Comprendre.

Engloutir : ¶ 1 → Avaler. ¶ 2 → Consumer. ¶ 3 (Réf.) → Couler.

Engoncé : → Vêtu.

Engorger : → Obstruer.

Engouement : → Enthousiasme.

Engouer [s'] : → (s') Enthousiasmer. Se préoccuper à l'excès d'une personne ou d'une chose. *S'engouer*, se prendre d'un goût passionné, enthousiaste et souvent exagéré, arbitraire et passager : *Je ne m'engouai pas, mais je m'attachai par estime* (J.-J. R.). **S'entêter**, tenir opiniâtrement, est relatif à la force de l'attachement et à l'impossibilité de le rompre : *S'entêter d'un préjugé* (FONT.); **S'infatuer**, à l'état de folie dans lequel met l'engouement : *S'infatuer de la philosophie d'Aristote* (MTQ.). **S'enticher**, être prévenu d'une façon excessive et peu raisonnable de choses souvent mauvaises, qui corrompent : *Entiché de libertinage* (MOL.); *de son titre* (GI.). **Se coiffer**, **S'embéguiner** (plus rare), fam., s'engouer, s'infatuer d'une personne ou d'un sentiment : *Fille se coiffe volontiers d'amoureux* (L. F.). **Se toquer**, **Se rassoter** (vx et surtout en parlant de l'amour), fam., s'engouer au point d'en être fou : *Se toquer d'une femme* (ZOLA). **S'emberlucoquer**, fam., s'entêter d'une idée, d'une opinion. **S'enjuponner**, s'engouer d'une femme. **S'acoquiner**, s'engouer d'une mauvaise habitude.

Engouffrer [s'] : → Entrer.

Engourdi se dit d'n'importe quelle partie du corps devenue, pour peu de temps, inerte et insensible pour une raison quelconque : *Engourdi par le froid, par un venin* (ACAD.). **Gourd**, engourdi par le froid seulement, se dit surtout des mains, des doigts et des articulations. **Endormi** se dit surtout d'un membre engourdi par l'absence de mouvement : *Cette attitude forcée m'a endormi la jambe* (ACAD.). **Ankylosé,** terme de médecine, atteint d'ankylose, c'est-à-dire d'une disparition plus ou moins complète du mouvement dans une articulation; dans le langage courant, syn. d'*endormi* en parlant d'un membre, d'une articulation. **Paralysé,** terme de médecine, privé de sensibilité ou de mouvement volontaire, par suite de lésion des nerfs moteurs ou de lésions musculaires. — Au fig. → (s') Endormir.

Engourdir : ¶ 1 *Engourdir*, **Endormir, Ankyloser, Paralyser** : → Engourdi. ¶ 2 (Réf. et fig.) → (s') Endormir.

Engourdissement, sorte de paralysie momentanée de l'activité dans une partie du corps, due à toutes sortes de raisons, dit moins que **Paralysie** (→ ce mot) : *Un engourdissement irrésistible le gagne, presque un sommeil* (LOTI). **Torpeur,** engourdissement portant atteinte à l'activité physique et mentale et qui amène un ralentissement des fonctions vitales : *Torpeur méridienne* (LOTI). *Des torpeurs où elle restait sans parler, sans bouger* (FLAUB.). **Hébétude,** terme médical, engourdissement des facultés cérébrales dans certaines maladies, l'anémie cérébrale par exemple : *Une fatigue immense l'accablait, une hébétude dans laquelle il oubliait ce qu'il attendait à ce coin de rue* (ZOLA). **Stupeur,** engourdissement, suspension des facultés intellectuelles qui s'accompagne d'une sorte d'immobilité et d'une expression d'indifférence dans la physionomie : *La stupeur de l'ivresse. Muets de stupeur* (MAU.). — Au fig. → Apathie.

Engrais : ¶ 1 → Pâture. ¶ 2 *Engrais*, toutes matières organiques ou chimiques qu'on répand sur la terre ou qu'on y enfonce pour la fertiliser. **Fumier,** mélange de paille qui a servi de litière aux animaux avec leur fiente, décomposé par la fermentation, dont on se sert comme engrais; par ext., toute sorte d'engrais organiques. **Compost,** mélange de substances diverses qu'on laisse en tas subir quelque fermentation avant de s'en servir comme engrais.

Engraisser : ¶ 1 → Nourrir. *Engraisser*, nourrir un animal pour le faire devenir gras. **Empâter,** engraisser avec de la pâtée : *Empâter la volaille* (ACAD.). **Engrener,** engraisser de la volaille avec du grain. **Gorger,** engraisser certains animaux, surtout des volailles, en leur mettant la nourriture dans la gorge : *On gorge les dindons* (ACAD.). **Embecquer,** gorger, terme d'économie rurale. **Gaver,** faire manger par force certains animaux comme oies, chapons, etc. : *Gaver des oies, des pigeons, des ortolans* (ACAD.). **Embuquer,** gaver avec des farineux, comme on fait dans le S.-O. de la France. ¶ 2 → Grossir. ¶ 3 (Réf. et fig.) → (s') Enrichir.

Engueuler : → Injurier et Réprimander.

Enguirlander : → Louer.

Enhardir : → Encourager.

Énigmatique : → Mystérieux.

Énigme : ¶ 1 Jeu qui consiste à deviner. *Énigme*, description ou définition d'une chose par des qualités qui lui conviennent, mais qui sont indiquées d'une manière assez ambiguë pour la rendre plus ou moins difficile à deviner : *Les énigmes du sphinx.* **Devinette,** question à deviner, désigne quelque chose d'assez facile. **Mots croisés,** jeu qui consiste à trouver un certain nombre de mots, dont les définitions sont données, en les transcrivant sur une grille faite de cases noires et blanches. **Charade,** espèce d'énigme qui donne à deviner un mot de plusieurs syllabes décomposé en parties dont chacune fait un mot. **Logogriphe,** sorte d'énigme dont le mot est tel que les lettres qui le composent puissent fournir plusieurs autres mots; on définit ces mots secondaires, et c'est par ces définitions qu'on s'efforce de deviner le mot du logogriphe. **Rébus,** jeu d'esprit qui consiste à deviner un mot ou une phrase grâce à des figures d'objets dont les noms offrent une ressemblance à l'oreille avec le mot ou la phrase. ¶ 2 Au fig. → Mystère. Chose difficile à comprendre. *Énigme* problème, naturel ou voulu, que posent une personne, une situation, une façon de parler, et qu'on débrouille d'un seul coup, en trouvant une sorte de clef, le mot de l'énigme : *Ils parlent tous de Daniel comme d'une énigme. Et chacun me donne son interprétation personnelle* (M. D. G.). **Charade,** rare, se dit plutôt d'une façon d'agir ou de penser peu compréhensible, bizarre, recherchée : *Il ne parle que par charades* (ACAD.). **Rébus,** autrefois mauvais jeu de mots, de nos jours, énigme très obscure, casse-tête que pose souvent une façon d'écrire peu claire : *Cette phrase est obscure, c'est un vrai rébus* (ACAD.). **Logogriphe,** toujours péj., langage obscur et inintelligible : *Pythagore qui a mis toute sa philosophie en logogriphes* (VOLT.).

Enivrant : Qui monte à la tête, produit un commencement d'ivresse. *Enivrant,* qui provoque l'ivresse, ou qui exalte les sens, se dit au fig. de ce qui trouble, enorgueillit : *Boisson enivrante. Parfums enivrants. Louanges enivrantes.* **Grisant** dit moins (→ Enivrer) et s'emploie surtout au fig. **Capiteux,** qui porte à la tête, en parlant des liqueurs fermentées, et, par ext., des parfums, comporte une idée de richesse, en général favorable. **Fumeux,** au fig., ne se dit que des liqueurs fermentées qui envoyaient, pensait-on autrefois, des vapeurs, des fumées à la tête. **Inébriant** ou **Inébriatif,** termes didactiques, se disent des produits qui provoquent l'ivresse : *L'éther est un médicament inébriant.*

Enivrement : ¶ 1 → Ivresse. ¶ 2 → Vertige.

Enivrer : ¶ 1 → Étourdir. — Réf. ¶ 2 Boire beaucoup de vin. *S'enivrer,* boire du vin, de l'alcool, etc., au point d'être en état d'ivresse, d'avoir le cerveau troublé. **Boire,** employé absolument, boire du vin en quantité, s'enivrer habituellement : *Il est sujet à boire* (ACAD.). **Se griser,** commencer à s'enivrer, à s'étourdir, parfois simplement parce qu'on n'est pas habitué à l'alcool. **Se saouler,** se gorger de vin, d'alcool au point d'en perdre conscience. — **Prendre une cuite, Se pocharder,** syn. pop. de *s'enivrer.* **Se piquer le nez,** fam., s'enivrer légèrement et habituellement. **Avoir son plumet,** fam., être légèrement pris de vin, **Avoir son pompon,** ou **sa cocarde,** très fam., être pris de vin. **Chopiner,** syn. pop. de *boire.* **Gobelotter,** fam., boire à petits coups, d'où, par ext., boire dans des cabarets de bas étage et aussi faire bombance, ripaille. ¶ 3 Au fig. On *se grise* de ce qui exalte : *Se griser de paroles, de louanges, de succès. Grisé de joie, grisé de soleil* (ZOLA). On *s'enivre* de ce qui trouble et spéc. enorgueillit, donne un plaisir voluptueux : *S'enivrer du sang* (RAC.); *de sa fortune, de son succès* (ACAD.). On *se saoule* de ce qu'on consomme avec excès et qui à la fin dégoûte.

Enjambée : → Pas.

Enjambement, le fait qu'un ou plusieurs mots qui achèvent le sens d'un vers sont rejetés au vers suivant. **Rejet,** enjambement dans lequel un élément syntaxique finit dans le vers qui suit celui dans lequel il est contenu pour la plus grande partie : Ex. Mais tout n'est pas détruit et vous en laissez vivre *Un...* (RAC.). **Contre-rejet,** enjambement dans lequel les derniers mots d'un vers commencent une phrase dont la plus grande partie est contenue dans le vers suivant : Ex. Toi-même tu te fais ton procès. *Je me fonde* Sur tes propres leçons (L. F.).

Enjamber : ¶ 1 → Marcher. ¶ 2 → Franchir. ¶ 3 → Usurper.

Enjeu : → Mise.

Enjoindre : → Ordonner.

Enjôler : → Tromper.

Enjolivement : Ce qui rend joli. *Enjolivement* se dit pour les choses importantes ou artistiques. **Enjolivure,** petit enjolivement purement manuel : *Enjolivements à sa maison; de langage; de style* (ACAD.). *Enjolivures à une bourse* (LIT.).

Enjoliver : → Orner.

Enjoué : → Gai.

Enlacer : → Serrer.

Enlèvement : ¶ 1 → Prise. ¶ 2 Action de s'emparer d'une personne et de l'emporter ou l'emmener avec soi. *Enlèvement*, terme général, n'implique pas forcément violence ou crime : *Elle avait consenti à l'enlèvement* (Les.). **Ravissement,** enlèvement par violence, ne se dit guère que dans des expressions consacrées comme *le ravissement d'Europe, de Proserpine*. **Rapt,** terme du palais, enlèvement par séduction ou par violence, est relatif à la criminalité du fait.

Enlever : ¶ 1 → Lever. ¶ 2 → Prendre. Prendre une personne ou une chose de manière à lui faire quitter la place qu'elle occupait. *Enlever* se dit de choses bonnes ou mauvaises, et, en parlant d'une personne, aussi bien quand il y a consentement de sa part que violence qu'elle subit : *Enlever une tache; une jeune fille*. **Arracher,** enlever de force et par force, implique une résistance qui peut durer : *Arracher une tache. Arracher un enfant des bras de sa mère* (Rac.). **Ravir** indique une action faite d'un coup, par une force bien supérieure, ou par surprise, sans qu'on ait le temps de défendre la personne ou la chose : *L'importunité arrache un consentement, la subtilité le ravit* (R.). **Rafler,** syn. fam. de *ravir* : *Les Russes lui ont raflé la Prusse* (Volt.). **Kidnapper** (de l'anglais *to kidnap*), enlever un enfant, par ext., syn. pop. et ironique de *ravir*. ¶ 3 → Quitter. ¶ 4 → Tirer. ¶ 5 → Entraîner et Transporter. ¶ 6 *Être enlevé :* → Mourir.

Enluminer : → Colorer.

Enluminure : → Miniature.

Ennemi : ¶ 1 N. Homme qui est contre quelqu'un. *Ennemi* implique une haine qui cherche à nuire, à ruiner : *Les cruels ennemis de la religion n'ont pu la détruire* (D'Al.). **Adversaire** et **Antagoniste** marquent simplement opposition et désir de vaincre; *adversaire* se dit plutôt pour des discussions d'intérêts, ou des combats, des compétitions (→ Concurrent) : *Vaincre son adversaire; antagoniste* marque une action qui va point par point dans le sens opposé de celle de quelqu'un, et se dit bien dans le langage scientifique : *Chaque muscle a son antagoniste* (Acad.); ou en parlant de discussions d'opinions pour désigner un contradicteur, un partisan d'idées différentes : *Carnéade fut l'antagoniste déclaré des stoïciens* (Roll.). **Opposant** dit encore moins qu'*adversaire*, spéc. en parlant de celui qui combat une mesure, une opinion : *Les opposants d'un projet de loi*. **Détracteur** dit plus et suppose le désir d'abaisser, de dénigrer la personne ou la chose dont on est l'adversaire : *Les détracteurs du génie* (Balz.). ¶ 2 Adj. → Défavorable.

Ennoblir : → Anoblir.

Ennui : ¶ 1 → Mal. Peine légère produite dans l'âme. Alors que **Souci** (→ ce mot) est plutôt relatif à la préoccupation que cause à l'esprit une personne ou une chose à laquelle on porte intérêt, *Ennui* et ses syn. marquent plutôt le résultat, dans l'âme, d'un souci ou d'autres sujets de peine. *Ennui*, autrefois, tourment de l'âme causé par un malheur grave; de nos jours, en un sens affaibli et surtout au pl., peine causée par quelque chose qui ne va pas, qui préoccupe, enlève le goût de vivre, la joie : *Un ennui assez grave* (Mau.). *Les ennuis qui gâtent le bonheur* (Balz.). **Malaise,** gêne légère, impression d'embarras un peu angoissé : *Le malaise de gens qui se reconnaissaient et qui ne se saluaient pas* (Zola). **Déplaisir,** de nos jours, peine qui vient des personnes ou des choses, pour des raisons précises, et qui affecte surtout le cœur : *Son fils ne lui a jamais donné le moindre déplaisir* (Acad.). **Embarras,** ennui passager qui vient de l'irrésolution devant les choses ou, absolument, ennui dû au manque d'argent. **Contrariété,** ennui léger qui vient d'un obstacle, d'une traverse, d'un contretemps, en général passagers et peu importants : *Il est un âge où la femme prend les contrariétés pour des malheurs* (Balz.). **Désagrément** enchérit et implique une certaine amertume due à des choses qui ne réussissent pas comme on le voudrait, qui vexent, dégoûtent : *C'est un grand désagrément que d'avoir des procès* (Acad.). **Anicroche,** cause d'ennui, difficulté (→ ce mot) suscitée par quelqu'un. **Mécontentement,** peine, surtout de l'esprit, provoquée par une personne qui frustre nos espérances, viole nos droits : *La source la plus commune des mécontentements après le mariage est l'opinion trop flatteuse que l'on s'est faite de la personne à laquelle on s'unit* (Marm.). **Dégoût,** vx, déplaisir qui vient d'une mortification. **Crève-cœur,** grand mécontentement ou déplaisir, déboire mêlé de dépit, qui est déjà un chagrin (→ Tristesse). **Embêtement,** très fam., **Empoisonnement,** pop., qui enchérit, **Emmerdement,** trivial, gros ennui. **Papillons noirs,** idées sombres, crainte de l'avenir qui causent de l'ennui. **Nuage,** fig., tout ennui passager qui trouble la sérénité : *Bonheur sans nuages* (Balz.). ¶ 2 → Lassitude. ¶ 3 → Inconvénient.

Ennuyant : → Ennuyeux.

Ennuyé : → Fâché.

Ennuyer : ¶ 1 Causer une sorte de lassitude morale par des choses sans intérêt. *Ennuyer* implique quelque chose d'insignifiant, de monotone, de déplaisant ou de trop long : *Le secret d'ennuyer est celui de tout dire* (Volt.). **Fatiguer,** ennuyer

jusqu'à produire un malaise : *Je l'ennuie,
je le fatigue, je l'excède* (Gi.). **Importuner,**
ennuyer, fatiguer d'une manière répétée,
continue, par des assiduités, des discours,
des demandes, une présence hors de propos : *Mes questions l'importunaient* (Gi.).
Lasser, importuner jusqu'au dégoût : *Rien
ne lasse comme les choses extraordinaires
devenues communes* (Volt.). **Peser,** être
insupportable, causer de la gêne, de
l'embarras : *Le temps pèse aux désœuvrés.*
— Dans le langage fam. **Endormir,** au
fig., ennuyer, fatiguer jusqu'à provoquer
le sommeil en parlant des discours ou
des écrits sans intérêt : *Allez de vos
sermons endormir l'auditeur* (Boil.). **Assommer,** importuner beaucoup en incommo-
dant jusqu'à abrutir : *Dans les romans
c'est toujours dangereux de présenter des
intellectuels. Ils assomment le public* (Gi.).
Étourdir, importuner, fatiguer par trop
de paroles : *Vous m'étourdissez de votre
bavardage* (Acad.). **Tanner,** très fam.,
fatiguer, ennuyer : *C'est un homme qui
me tanne* (Acad.). **Empoisonner,** très fam.,
fatiguer, importuner au point de gâter
tout plaisir. **Embêter,** très fam., accabler
d'un morne ennui (se dit surtout en ce
sens au réf.). **Raser,** pop., ennuyer par
des propos longs et oiseux. **Cramponner,**
pop., importuner quelqu'un en ne le
lâchant pas. *Ennuyer* a aussi de nombreux
syn. argotiques ou triviaux comme **Emmer-
der, Faire suer.** ¶ 2 Causer des soucis :
→ Fâcher.

Ennuyeux : ¶ 1 Adj. Qui manque d'intérêt. *Ennuyeux,* insipide, sans agrément
ni intérêt : *Les tourtereaux finissaient par
être ennuyeux tant ils s'embrassaient* (Zola).
Ennuyant, ennuyeux par occasion : *Une
ennuyante cérémonie* (Roll.). **Fatigant, Lassant, Endormant, Assommant, Empoisonnant, Embêtant, Rasant :** → Ennuyer.
Fastidieux implique un ennui qui lasse,
dégoûte, souvent par sa durée : *Très long
à expliquer, très fastidieux* (J. Rom.).
Rebutant renchérit et implique qu'on
se détourne de la chose, qu'on ne va
pas jusqu'au bout : *Tout ce qu'on dit de
trop est fade et rebutant* (Boil.). **Dégoûtant,**
vx, renchérit; et de nos jours, on dit plutôt
Écœurant, rebutant par sa longueur ou sa
fadeur : *Volume d'une lecture écœurante*
(S.-B.). **Mortel,** par hyperbole, extrêmement ennuyeux. **Narcotique** (→ ce mot) et
ses syn. enchérissent au fig. sur *endormant.*
Éternel, fig., ennuyeux par sa fréquente
répétition : *Plaintes éternelles.* En précisant
le défaut qui rend ennuyeux : → Fade. ¶ 2
Adj. → Fâcheux. ¶ 3 N. → Importun.

Énoncé : → Énonciation.

Énoncer : ¶ 1 → Exprimer. *Énoncer*
marque l'action uniquement intellectuelle

par laquelle on fait entendre ou concevoir en termes nets, par la parole ou
par écrit, les idées qu'on a dans l'esprit : *Ce qui se conçoit bien s'énonce
clairement* (Boil.). *Énoncez vos prétentions*
(Acad.). **Articuler,** terme de palais, énoncer
article par article, d'où énoncer nettement
des choses précises : *Articuler des faits*
(Volt.); *son petit discours* (J. Rom.). **Émettre**
(→ ce mot), énoncer par la parole. **Émettre**
se dit bien pour une opinion, un vœu, un
avis qu'on fait connaître, souvent en termes
assez vagues : *Il émit les lieux communs
habituels* (Mau.). **Former** se dit pour une
objection, une opposition qu'on a conçue
et qu'on propose. **Formuler,** néol., énoncer
avec précision et détail souvent dans des
formules frappantes : *Formuler une doctrine* (Acad.). *Une pensée qui se formule
en mots dans ma tête* (Proust). **Stipuler,**
terme de droit, énoncer expressément
dans un acte quelque chose d'obligatoire :
On ne stipula pour eux aucune pension
(Bos.). **Exposer** (→ ce mot), énoncer en
détail pour faire connaître, en général par
un développement : *Ce qu'on ne doit point
voir qu'un récit nous l'expose* (Boil.). ¶ 2
→ Prononcer.

Énonciation : ¶ 1 Expression d'une
idée, d'une proposition. *Énonciation* est
relatif à la manière dont on énonce et aux
circonstances, *Énoncé* ne désigne que la
chose énoncée ou la formule qui l'énonce :
*Une énonciation est habile, agréable, inté-
ressante* (L.). *Un énoncé est court, simple,
d'un sens clair.* ¶ 2 → Élocution.

Énorme : ¶ 1 → Démesuré. ¶ 2 → Extraordinaire. ¶ 3 → Grand.

Énormément : → Très et Beaucoup.

Énormité : ¶ 1 → Grandeur. ¶ 2 →
Extravagance.

Enquérir [s'] : Chercher à se procurer
la connaissance d'une chose. *S'enquérir,*
rechercher avec soin, chercher à découvrir,
à bien connaître : *Après s'être prudemment
enquise de sa situation dans le monde*
(Balz.). **S'enquêter** est vx. **S'informer,**
chercher simplement à apprendre ce qu'on
ignore : *C'est à peine s'il s'informa des
conditions de sa nouvelle existence* (Gi.).
Se renseigner, prendre des indications
qui nous aident à connaître certaines choses
ou qui nous éclairent sur une personne :
*On se renseigne, avant de partir en voyage,
sur le pays qu'on va visiter; pour cela on
s'enquiert des mœurs des habitants, des
transports, et on s'informe des prix.*

Enquête : → Recherche.

Enraciner : → Fixer.

Enragé : ¶ 1 → Violent. ¶ 2 → Furieux.

Enrager : → Rager.

Enrayer : ¶ 1 → Freiner. ¶ 2 Au fig. → Arrêter et Étouffer.

Enrégimenter : → Enrôler.

Enregistrer : ¶ 1 → Inscrire. ¶ 2 → Noter.

Enrichir : ¶ 1 → Augmenter et Orner. ¶ 2 (Réf) *S'enrichir*, devenir riche. **S'engraisser**, péj., s'enrichir honteusement : *S'engraisser dans une affaire* (ACAD.).

Enrober : → Envelopper.

Enrôler : ¶ 1 → Engager. ¶ 2 Engager comme soldat. *Enrôler*, inscrire sur les rôles de l'armée quelqu'un qui s'engage ou qu'on appelle. **Lever des troupes**, trouver, par n'importe quel moyen, des gens que l'on enrôle. **Recruter**, enrôler de jeunes soldats, des recrues pour renforcer l'armée, est de nos jours le terme usuel pour désigner l'action de lever des troupes et de les fournir en recrues suivant les dispositions législatives en vigueur et notamment par le service militaire obligatoire. **Racoler**, engager, soit de gré, soit par ruse, des hommes pour le service militaire. ¶ 3 Au fig., *Enrôler*, mettre dans un parti, un groupement, une société, n'a aucune nuance péjorative (→ Associer) : *Enrôlé parmi les auteurs* (J.-J. R.). **Recruter** implique une propagande, une pression pour amener quelqu'un à s'enrôler : *Il cherche à recruter des disciples* (ACAD.). **Racoler**, très péj., recruter par les moyens les moins honnêtes souvent des gens de peu de valeur : *On allait racoler des parieurs* (ZOLA). **Enrégimenter**, enrôler dans un parti, une coterie qu'on doit servir aveuglément. **Embrigader**, enrôler pour quelque dessein. **Mobiliser**, fig. et fam., mettre en mouvement des gens à qui l'on demande quelque service.

Enroué : → Rauque.

Enrouler : → Rouler.

Ensanglanté, taché d'un sang qui a été mis sur l'objet et ne vient pas de lui : *Les eaux ensanglantées* (VOLT.). **Sanglant**, taché de son propre sang ou d'un sang qu'il vient de faire couler : *Ce héros dans mes bras est tombé tout sanglant* (RAC.). *Achille, dont la sanglante main...* (RAC.). **Saignant**, qui ne se dit que de ce qui dégoutte de son propre sang, est vx comme syn. de *sanglant* : *Plaie, chair saignantes.* — **Sanguinolent** ne se dit que d'humeurs, de matières mêlées de sang : *Crachats sanguinolents.*

Enseignant : → Maître.

Enseigne : ¶ 1 *Enseigne*, panneau ou signe quelconque par lequel un commerçant signale sa maison à l'attention du public. **Panonceau**, écusson servant d'enseigne à un officier ministériel. ¶ 2 → Drapeau.

Enseignement : ¶ 1 → Leçon. ¶ 2 → Instruction. *Enseignement*, action de donner une instruction quelconque.

Chaire, place de professeur dans une grande école publique : *On est chargé d'un enseignement; on occupe une chaire.* ¶ 3 La chose enseignée. *Enseignement*, ce qu'enseigne un maître dans sa spécialité, suivant telle ou telle méthode. **Discipline**, surtout au pl., régime d'instruction ou d'éducation qui peut former la jeunesse : *Les élèves du second degré reçoivent les divers enseignements de leurs professeurs dans diverses disciplines.* **Matière**, partie de chaque discipline que les élèves apprennent : *L'examen porte sur diverses matières.*

Enseigner : ¶ 1 → Indiquer. ¶ 2 (une science) → Apprendre. *Enseigner*, faire connaître un art, une science. **Professer**, enseigner publiquement : *Professer la rhétorique* (ROLL.). Absolument *professer*, c'est plutôt enseigner dans une université, *enseigner* se dit dans tous les cas : *Il professe au Collège de France; il enseigne à l'école du quartier.*

Ensemble : ¶ 1 Adv. L'un avec l'autre ou les uns avec les autres. *Ensemble* (anton. séparément) indique union ou réunion et se dit de ce qui se fait ou agit de compagnie : *On s'approche tout ensemble avec liberté et retenue* (L. B.). **A la fois** (anton. successivement), toujours relatif au temps, se dit de ce qui se fait ou agit en un seul coup : *Rome fut détruite parce que toutes les nations l'attaquèrent à la fois* (MTQ.). **En même temps** se dit plutôt d'un état, d'une modification subie qui dure : *Courir deux lièvres à la fois. Une même chose ne peut pas en même temps être et n'être pas* (L.). **Simultanément** enchérit sur *à la fois* et marque une exacte coïncidence dans le temps. **Conjointement** indique que deux personnes font en même temps, chacune pour sa part, la même action, ou y contribuent, ou en sont également l'objet : *Nommer sa fille conjointement avec son amie.* (B. S.-P.). **De concert** et **D'accord** (→ ce mot) ajoutent l'idée que les actions de diverses personnes sont coordonnées pour atteindre un même but : *Se mouvoir de concert* (Bos.). **De conserve**, terme de marine qui se dit d'un navire qui vogue avec un autre pour le secourir, ne s'emploie, métaphoriquement, qu'avec un verbe de mouvement : *Aller de conserve* (S.-S.). **En bloc** implique qu'on ne fait aucune distinction dans les membres d'un ensemble qui subissent une action : *Haïr en bloc tous les poètes.* **En chœur**, *de concert ou simultanément*, se dit surtout de paroles qu'on prononce et de mouvements qu'on fait comme fait un chœur : *Répondre en chœur. Venir en chœur.* — N. ¶ 2 → Totalité. ¶ 3 → Union. ¶ 4 → Orchestre.

Ensemencement, action de répandre de

la semence. **Semailles,** terme d'agriculture, tout *ensemencement* fait en grand et en plein champ, spéc. en parlant des céréales. **Semis,** terme d'horticulture, se dit pour les arbrisseaux, les plantes, les fleurs semés en petite quantité.

Ensemencer : → Semer.

Enserrer : ¶ 1 → Enfermer. ¶ 2 → Entourer.

Ensevelir : → Enterrer.

Ensorcelant : ¶ 1 → Attirant. ¶ 2 → Charmant.

Ensorceler : → Charmer.

Ensorcellement : → Magie.

Ensuite : → Puis.

Ensuivre [s'] : → Résulter.

Entacher : → Salir.

Entaille : ¶ 1 Coupure faite dans le bois, la pierre, etc., avec enlèvement de certaines parties de la matière. L'*Entaille*, simple, en ligne droite, est faite pour n'importe quelle raison. **Entaillure,** entaille plus compliquée, se dit surtout en termes d'arts. **Coche** et **Encoche,** légère entaille faite en général pour servir d'arrêt : *L'encoche d'une flèche;* ou pour marquer quelque chose : *Le boulanger fait une coche à sa taille pour compter les pains vendus à crédit.* En ce dernier sens, on dit aussi **Hoche. Cran,** entaille faite à un corps dur pour accrocher ou arrêter quelque chose : *Le cran d'une arbalète* (ACAD.). **Rainure,** terme de menuiserie, petite entaille faite en long sur l'épaisseur d'un morceau de bois ou d'une planche, pour y assembler une autre pièce ou pour servir à une coulisse (ACAD.). ¶ 2 (Dans la chair) → Coupure.

Entamer : ¶ 1 → Couper. ¶ 2 → Diminuer. — Au fig. Diminuer son bien en le dépensant. *Entamer* ne marque que le commencement de l'action, **Écorner,** une diminution plus sérieuse, **Ébrécher,** une forte diminution. **Toucher à,** prendre une partie, si petite qu'elle soit, d'une somme, marque surtout une atteinte à son intégrité. ¶ 3 → Entreprendre sur. ¶ 4 → Vaincre. ¶ 5 → Commencer.

Entasser : ¶ 1 → Amasser. ¶ 2 Au fig. *Entasser,* réunir en un seul endroit plusieurs personnes de façon qu'elles soient serrées les unes contre les autres : *Entasser le monde dans un salon* (ZOLA). **Empiler,** fam., enchérit : *Empiler cinq cents personnes dans un appartement où l'on aurait tenu deux cents à peine* (ZOLA). **Encaquer,** fam., renchérit encore : entasser, comme des harengs dans une caque, dans un véhicule ou un appartement, une prison.

Entendement : Faculté de notre âme à laquelle se rapportent nos opérations mentales. ¶ 1 En philosophie, *Entendement* a désigné la faculté de comprendre au sens le plus haut du terme, par opposition à la sensibilité et à la volonté; de nos jours le mot tend à être remplacé en ce sens par **Raison** (→ ce mot), au sens large de faculté qui permet à l'homme d'établir des rapports entre les choses, de comprendre l'Univers et de concevoir les idées métaphysiques les plus générales grâce aux principes qui sont à la base de toute connaissance réfléchie, *entendement* se disant plutôt désormais de l'ensemble des opérations discursives de la pensée (concevoir, juger, raisonner), sens dans lequel on disait autrefois *raison*. **Intelligence** a, en philosophie, un sens beaucoup plus large et désigne toutes les fonctions de l'esprit qui ont pour objet la connaissance (sensation, association, mémoire, imagination, entendement, raison, conscience). **Intellect,** syn. d'*entendement* au sens ancien, désigne plutôt une faculté supérieure de connaître qui s'élève aux conceptions métaphysiques. **Conception** désigne plutôt l'opération de l'*entendement* au sens moderne, et plus spéc. l'opération consistant à saisir ou à former une idée générale. **Esprit** s'est employé comme syn. d'*entendement,* de *raison* et d'*intelligence,* mais a un sens beaucoup plus large et désigne la réalité pensante, le sujet par opposition à l'objet, et toutes les facultés psychologiques de l'homme. **Compréhension,** moins usité, ne désigne que l'action ou la faculté de comprendre. ¶ 2 Dans le langage commun, *Entendement,* **Intelligence** et **Conception** s'emploient plutôt pour désigner la faculté de comprendre. **Raison** (→ ce mot) et ses syn., celle de penser et d'agir conformément aux règles de la vérité et du bien. **Esprit** (→ Talent), celle de créer, d'inventer. *Entendement* désigne plutôt la faculté de recevoir passivement les idées : *Les sens sont les portes de l'entendement* (VOLT.). *Boucher l'entendement* (VOLT.). *Intelligence* exprime plutôt une activité de l'esprit qui perce les choses, les pénètre parfois lentement, crée des rapports qui les lient et permettent de comprendre : *Avec son immense intelligence, tu peux comprendre ce que tu ne sens pas* (MAU.). La *conception* est aussi active, mais va moins profond que l'*intelligence;* elle saisit sur-le-champ, à première vue, et crée des idées (→ Imagination) : *Conception vive et nette* (VOLT.).

Entendre : ¶ 1 *Entendre,* percevoir nettement un son qui frappe l'oreille. **Écouter,** prêter l'oreille, donner attention pour entendre, sans forcément y réussir : *Il écoute et n'entend plus rien* (LES.). *Je l'écoutais qui causait avec elle. Je crois qu'ils étaient contents que je les entende* (GI.).

Dans un sens dérivé, *entendre* ne marque qu'une impression reçue, *écouter*, une disposition favorable : *Il faut que l'auditeur non seulement entende ce qu'on dit, mais qu'il l'écoute volontiers* (Roll.). — **Percevoir**, dans le langage courant, suppose souvent un son faible, difficile à entendre : *Combien étouffée et lointaine était devenue la voix qu'il percevait encore* (Mau.). **Ouïr**, qui ne s'emploie plus guère qu'à l'infinitif, au participe passif et aux temps composés, s'est conservé dans la langue du Palais : *Flétrir un citoyen sans l'ouïr* (J.-J. R.) ; et dans le langage commun se dit plutôt d'une sensation ou d'une perception assez confuse : *Ils ouïrent un bruit confus* (Les.). **Auditionner**, néol., entendre un artiste pour le juger : *On nous a fait auditionner une quinzaine de jeunes gens* (Month.). ¶ 2 *Entendre*, bien se représenter le sens et la valeur des termes du langage ou des écrits : *Entendre un livre* (L. B.) ; *le langage des yeux* (Volt.). **Comprendre** dit beaucoup plus : c'est se représenter par l'esprit comment est faite une chose, en apercevoir les principes, les causes : *Il a tout compris, il veut le donner à entendre à son père* (Gi.). **Pénétrer** enchérit en parlant du sens profond et caché d'un mot ou d'une chose : *Ces mots que tout le monde doit comprendre et dont personne, sauf un condamné à mort, ne peut pénétrer intégralement le sens* (M. d. G.). **Concevoir**, subjectif, est relatif à l'esprit qui crée une idée de la chose correspondant à ce qu'elle est réellement, sans toutefois en donner une intelligence aussi détaillée et complète que l'implique *comprendre* : *On peut dire que nous concevons Dieu et l'infini, mais non pas que nous les comprenons* (L.). *J'en conçois pourtant un, moi, un style* (Flaub.). **Avoir une idée**, concevoir en gros, très approximativement : *En lisant une traduction, on a une idée de ce que peut être un auteur*. **Réaliser** (néol. condamné par les puristes, sur l'anglais *to realise*), concevoir qu'une chose existe dans la réalité, de telle ou telle manière précise, en se la représentant telle qu'elle est : *La quasi-impossibilité pour la plupart des hommes de « réaliser » le non-être* (M. d. G.). **Se rendre compte**, en un sens assez voisin, implique de plus qu'on s'explique, souvent par expérience, la raison de la chose et qu'on commence à la comprendre : *Elle refuse de se rendre compte qu'il fait plus chaud dehors que dedans* (Gi.). **Saisir**, fig., comprendre, entendre, ou concevoir d'un seul coup, par une sorte d'intuition, mais souvent en parlant de choses assez faciles : *Les yeux ne semblaient pas suffire pour en comprendre l'harmonie. On cherchait presque à la saisir par un autre sens* (J. Rom.). **Voir**, saisir clairement : *Il est impossible, me dit-on, que la matière pense, mais je ne vois pas cette impossibilité* (Volt.). **Embrasser**, saisir par la pensée un vaste ensemble de choses : *Embrasser toutes les connaissances de son temps*. — **Attraper**, fam., saisir un sens, une ressemblance et savoir les traduire, les exprimer : *Attraper le style d'un maître* (J. Rom.). ¶ 3 → Connaître. ¶ 4 → Vouloir. ¶ 5 *Entendre à* : → Consentir. — Réf. ¶ 6 Agir de concert. **S'entendre**, qui marque une action ou un fait, convient mieux pour une action particulière quelconque : *S'entendre avec son partenaire au tennis*. **Être d'intelligence**, péj., marque un état et se dit plutôt pour un genre de conduite habituel : *Être d'intelligence avec les ennemis* (Rac.). ¶ 7 S'unir pour agir de concert. **S'entendre** implique une union de deux intelligences qui, parce que tel est leur intérêt, arrangent un plan en commun : *Deux nations s'entendent pour organiser en commun leur défense*. **Se concerter** insiste sur les longs échanges de vue qui permettent de préparer une action en tous points commune : *Ils se concertaient contre moi. Elle lui apprenait à mentir* (Gi.). **Pactiser**, toujours péj., s'unir par une ·sorte de pacte avec de mauvaises gens, pour le mal : *Pactiser avec l'ennemi*. **S'accorder** implique une union dans l'action qui n'est pas forcément le fruit d'une entente concertée, mais peut venir naturellement d'habitudes, de façons de sentir et d'agir communes : *Ils s'accordent tous pour me tromper, pour me perdre* (Acad.). ¶ 8 Vivre en bonne intelligence. *S'entendre* indique le fait, quelle qu'en soit la raison, et suppose souvent des concessions mutuelles : *Il sait ne pas plus parler de son métier que je ne parle du mien quand nous sommes ensemble de sorte que nous nous entendons fort bien* (Gi.). **Faire bon ménage**, fam., s'entendre en parlant de deux époux et par ext. de personnes obligées à vivre en commun : *Le secrétaire faisait bon ménage avec le poète* (Balz.). **S'accorder** implique une union du caractère ou du cœur beaucoup plus naturelle : *Trois cœurs qui n'ont pu s'accorder* (Rac.). **Sympathiser** marque une union moins profonde : c'est simplement être attiré l'un vers l'autre par un penchant instinctif qui fait immédiatement voir d'un œil favorable ce que chacun fait : *On sympathise tout de suite, même avec des inconnus ; mais on ne s'accorde pas toujours ensuite*. **Fraterniser** implique un accord intime qui a quelque chose d'exceptionnel parce qu'il a lieu entre des personnes qui étaient naturellement ou artificiellement séparées : *Les partis réconciliés fraternisèrent. Les soldats fraternisèrent avec les émeutiers* (Acad.).

Entendu : → Capable.

Entente : ¶ 1 → Sens. ¶ 2 → Union.

Enter : → Greffer.

Entériner : → Confirmer.

Enterrement : Derniers devoirs rendus à un défunt. *Enterrement*, action de mettre en terre, se dit par ext. de tout ce qu'on fait à l'égard du défunt, l'envisage de la façon la plus simple, la plus commune, la plus triste, et se dit seul au fig. : *D'un enterrement la funèbre ordonnance* (BOIL.). *Figure d'enterrement* (ACAD.). **Inhumation,** action de mettre le corps en terre ou au tombeau, est du langage administratif : *L'inhumation aura lieu à telle heure.* **Ensevelissement,** syn. rare d'*inhumation*, indique simplement l'action matérielle de mettre dans la tombe. **Sépulture** évoque les cérémonies qui accompagnent l'inhumation : *Frais de sépulture. Être privé de la sépulture ecclésiastique* (ACAD.). **Convoi,** transport du défunt de la maison mortuaire au lieu de l'inhumation, par ext., cortège de personnes qui l'accompagnent : *Porter le poêle au convoi de Newton* (VOLT.). *Mener le convoi* (S.-S.). **Deuil,** dans un langage plus relevé, cortège des parents qui suivent le convoi de quelqu'un : *Mener, conduire le deuil* (ACAD.). **Obsèques** et **Funérailles** désignent, en général, les cérémonies solennelles en l'honneur d'un mort, *obsèques* insistant plutôt sur le deuil et désignant plus abstraitement la chose, *funérailles* évoquant concrètement l'appareil de la cérémonie, surtout quand il s'agit d'un grand personnage ou d'obsèques pompeuses : *Les funérailles du roi* (FÉN.). *Honorer des obsèques par de tristes regrets* (MAS.).

Enterrer : ¶ 1 Mettre dans la terre. *Enterrer* envisage l'action de toutes les façons possibles : *Un obus enterre des soldats dans une tranchée.* **Enfouir,** mettre quelque chose en terre, dans un trou creusé à cet effet et le recouvrir une fois enterré : *Il avait dans la terre une somme enfouie* (L. F.). ¶ 2 Mettre en terre un corps mort. *Enterrer*, terme courant, exprime simplement l'acte matériel : *Un assassin enterre sa victime*; ou envisage la mise en terre suivant certains rites de la façon la plus simple : *Mme la princesse de Conti veut être enterrée à sa paroisse, simplement* (SÉV.). **Inhumer,** terme administratif, implique toujours une mise en terre suivant certains rites : *Permis d'inhumer*; et s'emploie aussi pour une cérémonie pompeuse : *On l'inhuma avec la plus grande pompe* (VOLT.). **Ensevelir,** envelopper dans un linceul, par ext., dans le style relevé, déposer dans la sépulture : *J'ensevelis pour toujours dans le sein de la terre ce qu'elle avait porté de plus précieux*, dit Des Grieux de Manon (ABBÉ PRÉVOST). ¶ 3 Au fig., *Enterrer,*

tenir caché : *Enterrer un secret, ses talents* (ACAD.). **Enfouir,** cacher profondément, de façon qu'on ne le retrouve plus, souvent sous un amas de choses : *Libérer une pensée claire enfouie de longue date dans les ténèbres de l'inconscient* (M. D. G.). **Ensevelir,** cacher pour toujours, faire disparaître : *Maint joyau dort enseveli Dans les ténèbres de l'oubli* (BAUD.). ¶ 4 (Réf.) Au fig. : Se retirer loin du monde. *S'enterrer*, n'avoir aucune relation avec le monde : *On s'enterre en province.* **S'enfouir,** s'enterrer pour se cacher : *S'enfouir dans une province reculée* (MOL.). **S'ensevelir,** s'enterrer pour toujours : *Moi renoncer au monde, Et dans votre désert aller m'ensevelir*, dit Célimène à Alceste (MOL.).

Entêté : → Têtu.

Entêter : ¶ 1 → Étourdir. ¶ 2 (Réf.) (s') Engouer.

Enthousiasme : ¶ 1 Mouvement passionné qui pousse un poète à écrire, un artiste à composer une œuvre d'art. *L'Enthousiasme* surexcite le travail de l'esprit, lui donne une sorte d'intuition de la beauté ou de la vérité, avec toujours une grande élévation esthétique ou morale : *L'enthousiasme est la chaleur de l'imagination au plus haut degré* (MARM.). *On ne s'élève point aux grandes vérités sans enthousiasme* (VAUV.). **Inspiration** (→ ce mot), en parlant d'un artiste, se dit pour tous les genres et s'oppose à art; c'est le don mystérieux de découvrir ce qu'aucune technique ne peut apprendre : *Il faut recevoir l'inspiration et ne la jamais chercher* (VOLT.). **Apollon, Phébus, Muse** et plus rarement **Pégase,** syn. poét. et parfois, de nos jours, ironiques, d'*inspiration*. **Génie,** syn. vx d'*inspiration*. **Démon,** par métonymie, *inspiration* : *Celui qu'un vrai démon presse, enflamme, domine* (CHÉN.). **Transport,** accès d'enthousiasme poétique considéré comme faisant sortir le poète de lui-même, lui inspirant, dans les grands genres, des hardiesses esthétiques : *Par quels transports heureux Quelquefois dans sa course un esprit vigoureux, Trop resserré par l'art, sort des règles prescrites* (BOIL.). **Délire** et **Fureur,** inspiration agitée, désordonnée qui a souvent quelque chose de prophétique. **Ivresse,** parfois, au fig., enthousiasme poétique. ¶ 2 → Chaleur et Transport. *Enthousiasme*, tout mouvement qui enlevant l'âme à elle-même la pousse à des actes extraordinaires : *Se tuer par enthousiasme, par simple excès de vie, par éclatement* (GI.). **Exaltation** suppose une tension de l'âme vers un but, un idéal qui l'élève au-dessus d'elle-même : *Une exaltation magnifique* (J. ROM.); ou désigne un enthousiasme souvent excessif, déréglé et factice : *Un état d'exaltation continuelle qui favorise chez lui les pires troubles nerveux* (GI.). **Lyrisme,** au fig., enthousiasme ou exaltation qui a quelque chose de poétique et se manifeste dans le discours par des images, un rythme vif, l'expression de sentiments personnels, ou consiste, dans l'âme, en une sorte de disponibilité aux inspirations les plus hautes : *Je crois que j'appelle lyrisme l'état de l'homme qui consent à se laisser vaincre par Dieu. — N'est-ce pas précisément ce que signifie le mot enthousiasme? — Et peut être le mot inspiration* (GI.). ¶ 3 Goût pour une chose ou une personne. Alors qu'**Admiration** implique seulement un étonnement agréable devant ce qui est beau ou bien, souvent par raison, *Enthousiasme* se dit d'une admiration extrême, d'un goût très vif pour une personne ou une chose : *Éloges dictés par l'enthousiasme* (ACAD.). **Engouement,** mouvement d'enthousiasme exagéré et passager : *Approuvant, dédaignant sans rechercher les motifs de mon engouement ou de mon dédain* (DID.). **Passion** implique une prévention forte pour ou contre quelqu'un ou quelque chose : *Défendre un auteur avec passion.* **Fureur** (→ ce mot) et **Frénésie** enchérissent. **Emballement,** fam., passion excessive, exaltée pour ou contre quelqu'un.

Enthousiasmer : ¶ 1 → Transporter. ¶ 2 (Réf.) Éprouver un goût très vif pour une personne ou une chose. *S'enthousiasmer,* **Admirer, S'exalter, S'engouer, Se passionner, S'emballer :** → Enthousiasme. Alors que *s'enthousiasmer* suppose une admiration active qui se manifeste par des paroles, des gestes, des actes en faveur de ce qui plaît, **S'extasier** marque simplement un vif ravissement esthétique : *S'extasier sur la vérité des animaux de La Fontaine* (GIR.). **Se pâmer,** fig., enchérit souvent ironiquement : *Se pâmer devant un tableau.* **Se récrier** (d'admiration), crier son admiration : *Elle se récria sur la gentillesse des pièces* (ZOLA). **S'émerveiller,** admirer avec étonnement ce qu'on trouve prodigieux ou merveilleux.

Enthousiaste : ¶ 1 Adj. → Chaud. — N. et Adj. ¶ 2 *Enthousiaste* se dit de celui qui a une admiration extrême pour quelqu'un ou quelque chose, parfois par simple engouement, et la manifeste vivement par des discours, des actes ; et, absolument, qualifie un tempérament porté à des réactions de ce genre : *Il faut être enthousiaste de son métier pour y exceller* (DID.). **Passionné** implique un amour violent qui tourne à l'idée fixe, mais peut être très intérieur : *Un passionné de peinture, de musique ;* et se dit absolument d'un tempérament porté à avoir de fortes préventions pour ou contre quelqu'un. **Fervent** implique

une sorte de culte, de foi ardente : *Un fervent de Molière* (ACAD.). **Fanatique,** passionné à l'excès, au point d'être trop exclusif, injuste, pour un parti, une opinion, un auteur : *Les fanatiques de Corneille* (VOLT.). **Zélateur** ajoute l'idée d'une activité au service de ce qu'on admire : *J'entends les zélateurs de Boileau s'écrier que je lui préfère Ronsard* (MARM.). **Dévot** est parfois syn. de *fervent* : *Un dévot de Descartes* (LIT.). ¶ 3 → Inspiré.

Enticher [s'] : → (s') Engouer.

Entier : ¶ 1 A quoi il ne manque aucune partie. *Entier,* qui a toutes ses parties ou est considéré dans toute son étendue. **Intact,** qui demeure entier après avoir échappé à une diminution ou à une altération possible. **Complet** marque le résultat d'une action qui consiste à donner à une chose toutes les parties qu'elle doit avoir pour être parfaite : *Mille et mille siècles n'ôtent rien à leur félicité toujours entière.... Ils possèdent ici tout ce que la puissance des dieux peut donner pour rendre une félicité complète* (FÉN.). *Foi entière; conversion complète; incertitude intacte* (VAL.). **Total,** abstrait, se dit de ce qui affecte toutes les parties d'une chose : *Révolution totale* (M. D. G.). *L'unification totale de l'humanité, totale dans tous les sens et sur tous les plans* (J. ROM.); ou de ce qui affecte dans toutes ses parties : *Notre âme totale* (PROUST); ou de ce qui est complet par addition de parties homogènes : *Somme totale, nombre total.* **Intégral,** du style technique et relevé, enchérit sur *entier* et sur *total* pour qualifier ce qu'on garantit être dans son entier, ou qui ne comporte pas la moindre exception : *Édition intégrale. Renouvellement intégral d'une assemblée.* **Plein,** au fig., *entier, complet,* en parlant de choses physiques et morales aussi grandes qu'on peut les concevoir : *Mois plein. Pleine lune. Pleine confiance.* **Absolu** enchérit en parlant de choses morales sans restriction ni exception : *Responsabilité absolue.* **Plénier,** *entier, complet,* n'est guère usité que dans les loc. *Cour plénière et Indulgence plénière.* **Franc,** syn. d'*entier* en parlant d'une durée de temps sur laquelle aucun moment n'est pris : *Un jour franc.* — **Global,** néol., qui s'applique en bloc à l'ensemble d'un certain nombre de choses matérielles ou morales, est parfois syn. de *total,* en parlant de ce qui représente un ensemble de choses non homogènes : *Somme globale. Revenu global d'une terre.* ¶ 2 → Têtu.

Entièrement : → Absolument.

Entortillé : ¶ 1 → Tordu. ¶ 2 → Embarrassé. ¶ 3 → Obscur.

Entortiller : ¶ 1 → Envelopper. ¶ 2 → Séduire.

Entour [à l'] : → Autour.

Entourage, tous ceux qui vivent dans la familiarité de quelqu'un : *Son entourage nuit à sa réputation* (ACAD.). **Entours**, la partie la plus intime de l'entourage, parents, amis, souvent considérés du point de vue de leur influence : *Le caractère et les entours influent beaucoup en bien ou en mal sur le talent de l'écrivain* (L. H.). **Cercle**, les personnes avec qui on se réunit souvent pour le plaisir de la conversation, pour un commerce littéraire : *Je tâcherai d'amener tout mon petit cercle, dit Mme Verdurin* (PROUST). **Compagnie**, les personnes avec qui l'on s'assemble, que rapprochent des goûts, des activités communes, implique moins de personnes qu'*entourage*, mais des relations plus suivies. **Milieu**, la sphère intellectuelle, morale, sociale dans laquelle on vit : *Le milieu de Sampeyre est une espèce de carrefour* (J. ROM.).

Entourer : S'étendre, ou étendre quelque chose, de telle manière qu'un objet soit au milieu ou au centre. *Entourer*, au prop. et au fig., marque un contact étroit, **Environner** un rapport plus éloigné : *La corruption qui nous environne, les pièges dont nous sommes entourés* (FÉN.). **Embrasser**, entourer comme entre deux bras : *Le lierre embrasse cet ormeau* (ACAD.). **Envelopper**, entourer dans tous les sens : *La nature enveloppe l'homme et les autres hommes l'entourent* (TAI.) : → Envelopper et, au fig., → Encercler. **Ceindre** et **Enceindre**, entourer comme d'une ceinture ; *ceindre* se dit spéc. pour un objet peu étendu et pour le corps : *Château ceint d'un grand parc* (G. D. NERVAL). *Ceindre son front d'un bandeau* ; *enceindre*, pour des objets plus vastes, totalement et solidement entourés : *Enceinde de fossés, de palissades ; une ville de murailles* (ACAD.). **Ceinturer**, terme de lutte, entourer l'adversaire de ses bras et l'enlever, est parfois syn. de *ceindre* : *Ceinturer la liasse par une faveur* (GI.). — **Clore** et surtout **Enclore**, ceindre un espace de murailles, mais surtout de haies, de fossés, etc., pour en empêcher l'accès : *Il faut enclore ce champ* (ACAD.). **Clôturer** (→ ce mot), entourer d'une clôture. *Enclore* signifie aussi entourer un terrain par d'autres terrains eux-mêmes clos en général : *Enclore les faubourgs dans la ville* (ACAD.) ; et a alors pour syn. **Enclaver**, qui s'emploie plutôt lorsque la terre enclose ne dépend pas de celle qui l'enclot : *Un champ enclavé dans un autre donne droit de passage à son propriétaire*. — **Enfermer**, entourer de toutes parts d'une barrière solide, d'une muraille, insiste sur la difficulté de sortir du lieu et se dit par ext. de ce dont on peut sortir difficilement à cause d'un obstacle, ou de ce qui est bloqué, enveloppé, parfois provisoirement : *Enfer-*

mer les ennemis entre deux montagnes (ACAD.). *Les coteaux qui enferment ce vallon retiré* (LITT.). **Fermer** dit moins, implique simplement qu'on interdit l'accès : *Fermer un parc d'une grille* ; et se dit bien quand on bouche ce qui ressemble à une ouverture : *Fermer un passage* ; ou quand on enclot imparfaitement, d'un seul côté : *Des glaciers et des pins qui ferment leur pays* (BAUD.). **Enserrer**, enfermer étroitement : *Des fougères l'enserraient, le protégeaient* (MAU.). **Resserrer**, enserrer au point de rendre trop étroit : *Ce pays est fort resserré par la mer* (LITT.). — **Border**, entourer comme d'un bord, implique que le contenant est moins large que le contenu : *Border un champ de haies*. **Encadrer**, entourer comme d'un cadre, pour produire un effet esthétique : *Encadrer une fenêtre de fleurs* (ACAD.).

Entours : → Entourage.

Entracte : ¶ 1 → Intervalle. ¶ 2 → Saynète.

Entrailles : → Viscères.

Entrain : ¶ 1 → Gaieté. ¶ 2 → Vivacité.

Entraîner : ¶ 1 → Traîner. ¶ 2 → Emporter. Au fig., lancer quelqu'un en avant comme malgré lui. *Entraîner* marque une action plus lente qu'**Enlever** : on *entraîne* en tirant après soi : *De voir manger les autres l'entraînerait* (GI.) ; on *enlève* en provoquant une sorte de mouvement intérieur qui fait bondir en avant : *Le colonel enleva son régiment* (ACAD.). ¶ 3 → Inviter. ¶ 4 → Occasionner. ¶ 5 → Exercer.

Entraver : → Embarrasser et Empêcher.

Entraves : → Obstacle.

Entre : Au milieu de, avec un régime au pluriel. *Entre* implique séparation, distinction : *Il se distingue entre tous ses disciples* (L. B.). **Parmi** implique au contraire confusion : *Se mêler parmi nos faiblesses* (BOS.).

Entrebâiller : → Ouvrir.

Entrechat : → Cabriole.

Entrecouper : → Interrompre.

Entrée : ¶ 1 → Accès. ¶ 2 → Ouverture. ¶ 3 → Seuil et Vestibule. ¶ 4 → Commencement. ¶ 5 *Entrée en matière* : → Introduction.

Entrefilet : → Article.

Entregent : → Habileté.

Entrelacer : → Serrer.

Entrelarder : (Au fig.) → Emplir et Insérer.

Entremêler : → Mêler.

Entremetteur : → Intermédiaire.

Entremetteuse, femme qui facilite les

intrigues galantes. **Proxénète**, très péj., entremetteuse qui conclut des marchés honteux qu'elle encourage et dont elle tire profit. **Procureuse** est pop., **Pourvoyeuse**, plus relevé. **Célestine** et **Macette**, types littéraires de vieilles entremetteuses.

Entremettre [s'] : → Intervenir.

Entremise : → Intervention. Action de s'interposer. *Entremise*, terme vulgaire qui se dit aussi des choses, indique simplement, en parlant des personnes, l'action d'établir et de permettre des rapports entre deux personnes qui ne sont pas en contact direct pour le succès d'une affaire : *Il proposa tout de suite son entremise en ami obligeant* (ZOLA). **Intermédiaire** dit moins et n'implique souvent aucune activité de la part de la personne interposée : *Recevoir sa correspondance par l'intermédiaire d'un ami*. **Canal**, fig. et rare, intermédiaire considéré comme une voie, un moyen pour atteindre un but : *Ils accablent ceux qui entreprennent d'aller aux rois par un autre canal que le leur* (FÉN.). **Médiation**, qui ne se dit que des personnes, enchérit sur *entremise* et implique un arbitrage entre gens qui s'opposent : *Le duc de Guise s'était réconcilié avec Henri III par la médiation de la reine mère* (FÉN.). **Ministère** et surtout **Soins** insistent sur l'activité de celui qui s'entremet pour faire obtenir un avantage à une ou aux deux parties. **Intercession**, entremise qui obtient d'une des parties une grâce, un bien, pour l'autre : *Implorons le secours de l'Esprit-Saint par l'intercession de Marie* (MAS.).

Entrepôt : → Magasin.

Entreprenant : → Hardi.

Entreprendre : ¶ 1 Se proposer de faire quelque chose de hardi et de difficile. *Entreprendre* se dit bien pour un acte ou un fait particulier : *J'entreprends dans ce sermon de vous expliquer...* (BOUR.). **Prendre à tâche** marque une action suivie, objet d'efforts continuels plus ou moins grands : *J'avais pris à tâche de l'apprivoiser et j'y étais parvenu* (S.-S.). ¶ 2 → Commencer. ¶ 3 → Attaquer. ¶ 4 → Usurper. *Entreprendre sur* ne marque qu'un essai d'usurpation, *Entreprendre contre* marque une attaque ou une usurpation indigne, audacieuse, insolente, mais on dit souvent l'un pour l'autre : *Entreprendre sur la vie* (BOS., FÉN.). **Attenter à, sur, contre** (→ Attenter), entreprendre criminellement sur quelque chose de vénérable ou de sacré : *Attenter sur les ministres des choses sacrées* (BOS.). **Entamer** quelqu'un, entreprendre sur ses droits, sur sa charge, ou contre sa réputation : *Entamer la vertu des saintes sœurs* (GRESSET). **Déroger à**, rare, dit beaucoup moins et implique simplement qu'on

ne se conforme pas à ce qu'exigent les droits de quelqu'un, ou ses propres droits. **Porter atteinte à**, causer un dommage. **Toucher à**, terme le plus faible, entreprendre, si peu que ce soit, sur une personne ou une chose qui doit rester intacte ou inviolée.

Entrepreneur : → Architecte.

Entreprise : ¶ 1 → Dessein. Ce qu'on entreprend. *Entreprise*, toute résolution à laquelle on donne un commencement d'exécution : *Je me plais à tenter des entreprises hasardeuses* (MOL.). **Aventure**, entreprise extraordinaire, hasardeuse : *Tenter, éprouver* (L. F.) *l'aventure*. **Opération**, exécution des mesures prises pour la réalisation d'un projet d'ensemble, se dit surtout en termes de politique, de guerre, d'administration, de finances, de commerce : *Opérations financières*. ¶ 2 → Établissement.

Entrer : Passer du dehors au dedans. *Entrer* se dit dans tous les cas au prop. et au fig. : *Entrer dans une maison, dans le port, dans une carrière*. **Pénétrer**, entrer fort avant dans un lieu ou dans une chose : *Pour moi qui pénètre dans le secret de mon cœur* (GI.). **S'engager dans**, pénétrer dans une voie, un passage étroits ou dans une chose où l'on est comme pris : *S'engager dans une allée* (A. FOUR.); *dans un petit escalier* (M. D. G.); *dans un mauvais pas*. **Enfiler**, fam., s'engager rapidement, d'un seul coup, parfois à l'aveuglette : *Un vent frais qui enfilait la galerie* (ZOLA). **S'enfoncer**, pénétrer dans une chose très profonde, et fort loin, de façon à disparaître : *Le fils d'Ulysse s'enfonce dans ces ténèbres horribles* (FÉN.). **S'engouffrer**, entrer rapidement dans quelque orifice qui ressemble à un trou, à un gouffre : *S'engouffrer dans une bouche de métro. Le vent qui s'engouffrait par la rue* (ZOLA). **S'introduire** (→ ce mot), entrer subrepticement : *Un voleur s'introduit dans une maison par la fenêtre*; ou par un conduit étroit : *L'air s'introduit dans les poumons*; ou sans être appelé : *Un journaliste s'introduit dans le cabinet du directeur*.

Entresol, appartement pris sur la hauteur d'un étage et spéc. de nos jours appartement entre le rez-de-chaussée et le premier étage. **Mezzanine**, syn. d'*entresol* en termes d'architecture.

Entretenir : ¶ 1 → Conserver. ¶ 2 → Nourrir. ¶ 3 (Réf.) → (s') Exercer. ¶ 4 (Réf.) → Parler.

Entretien : → Conversation.

Entrevoir : → Voir.

Entrevue : → Rencontre.

Énumération : → Dénombrement.

Énumérer : → Dénombrer.

Envahir : → (s') Emparer et Remplir.

Envahissement : → Incursion.

Enveloppe : ¶ 1 Chose dans laquelle d'autres sont mises pour être conservées ou se trouvent naturellement placées. En parlant de ce qui protège l'objet, l'enferme de toutes parts, *Enveloppe* se dit en général de corps minces et souples, papier, étoffe, etc. : *Enveloppe d'une lettre; d'un paquet, de cuir, de toile cirée* (ACAD.); **Étui,** de corps durs, épais, en forme de boîte variant selon les objets qu'ils contiennent : *Étui à aiguilles; étui de luth* (L. B.). (A noter qu'en sciences naturelles on appelle *étui* l'enveloppe dure qui recouvre et protège les ailes de certains insectes comme le scarabée.) **Housse,** enveloppe, couverture légère servant à protéger les meubles. — En parlant de ce qui laisse dépasser l'objet par son extrémité, **Fourreau,** sorte d'étui allongé, de métal, de cuir ou d'étoffe, ajusté à la forme de l'objet qu'il enferme : *Fourreau d'épée, de parapluie* (ACAD.). **Gaine,** étui plus court que le fourreau, ne se dit que pour les petites armes et les instruments qui y ressemblent : *Gaine de couteau, de ciseaux* (ACAD.); parfois syn. de *fourreau* dans le style relevé : *Tirer une épée de plomb d'une gaine d'ivoire* (FÉN.). *Gaine* se dit, en termes d'anatomie, de certaines parties qui servent d'enveloppe résistante à d'autres en leur laissant la liberté de mouvement : *Gaine tendineuse.* — **Capsule,** en botanique, enveloppe sèche qui renferme les graines de certaines plantes; en pharmacie, enveloppe gommeuse et sans goût dont on entoure certains médicaments désagréables à prendre. — En termes de botanique, **Tégument,** enveloppe de la graine. **Balle,** pellicule qui sert d'enveloppe au grain dans l'épi. **Écale,** enveloppe extérieure qui renferme la coque dure de certains fruits comme les noix. **Brou,** écale, enveloppe verte des noix, des noisettes, des amandes. **Robe,** enveloppe de certains légumes ou fruits : *La robe d'un oignon.* ¶ 2 Au fig. → Symbole.

Enveloppé : → Obscur.

Envelopper : ¶ 1 → Couvrir. ¶ 2 → Entourer. *Envelopper,* terme général, entourer de tous côtés une personne ou une chose avec du papier, une étoffe, un linge qui la recouvrent entièrement : *Femmes enveloppées dans des châles* (ZOLA); a pour syn., en parlant d'un objet, **Empaqueter, Emballer,** mettre en paquets, en balles (→ Paquet). **Enrober,** envelopper des médicaments, de la viande, etc., d'une couche isolante pour en masquer la saveur ou les préserver de l'air, et par ext. entourer un produit alimentaire d'une enveloppe protectrice : *Fruits enrobés.* **Entor-**

tiller, envelopper un objet, souvent à la hâte, dans quelque chose de souple que l'on tord autour de lui : *Entortiller une pièce de monnaie dans du papier.* — En parlant d'une personne, **Emmailloter,** envelopper d'un maillot, par ext., fam., envelopper étroitement une partie de son corps d'un bandage : *S'emmailloter le doigt*; ou d'un vêtement épais : *Leurs hermines dont ils s'emmaillotent en chats fourrés* (PASC.). **Emmitoufler,** fam., envelopper quelqu'un de fourrures, de vêtements, surtout au cou et à la tête, pour le tenir chaudement : *Il faut bien emmitoufler cet enfant par le froid qu'il fait* (ACAD.). **Emmitonner,** fam. et rare, envelopper les mains dans des mitaines et par suite tout le corps dans une étoffe moelleuse : *S'emmitonner de couvertures.* **Empaqueter,** fam., au fig., envelopper soigneusement, charger de vêtements qui font ressembler à un paquet : *Les burnous blancs qui les empaquetaient* (LOTI). **Embobeliner,** fig. et fam., *emmitoufler* ou *entortiller* : *Tête tout embobelinée de mousseline* (LOTI). ¶ 3 → Encercler. ¶ 4 → Comprendre dans. ¶ 5 → Cacher.

Envenimer : ¶ 1 → Empoisonner. ¶ 2 → Irriter. ¶ 3 (Réf.) → Empirer.

Envergure : → Largeur.

Envers (Prép.) : Relativement à. *Envers* précise la personne ou la chose qui est l'objet d'un sentiment, d'une obligation en quelque sorte dirigés vers elles : *Devoirs envers les parents; envers la patrie.* **Pour** s'emploie surtout pour un sentiment : *Mon admiration pour vous.* **A l'égard de** et **A l'endroit de,** plus rare, marquent plus abstraitement qu'une personne ou une chose sont concernées par un sentiment sans que forcément celui-ci aille vers elles : *La désaffection progressive des masses populaires à l'égard de la religion* (J. ROM.). **Vis-à-vis de** s'emploie abusivement de nos jours comme syn. d'*envers, à l'égard de* : *Un propriétaire foncier a des obligations vis-à-vis de la terre qui le nourrit* (TROYAT); mais ne devrait être utilisé que lorsqu'il peut garder son sens réel d'*en face de,* par ex. en parlant d'une personne en face de laquelle on éprouve tel sentiment : *Je n'étais pas non plus médiocrement fier vis-à-vis de Françoise* (PROUST). **Avec,** plus fam., quand on a affaire à : *Avec ses amis, il est toujours gentil.*

Envers (N.) : → Revers.

Envi (à l') : En rivalisant. *A l'envi* est du style relevé, **A qui mieux mieux,** du style familier.

Envie : ¶ 1 → Désir. ¶ 2 *Envie,* sentiment de chagrin haineux que nous donnent les avantages des autres, supérieurs, égaux ou même inférieurs, même si nous ne prétendons pas à ces avantages, et qui demeure souvent dans l'âme ou se manifeste par des menées obscures : *L'affreux sentiment d'envie que leurs manières m'inspiraient* (Mau.). **Jalousie,** surtout entre égaux, entre compétiteurs, désir d'avoir à l'exclusion des autres, qui se manifeste violemment par des animosités ou des vengeances : *Jalousies éclatantes* (Volt.). *Jalousie de métier, de corps* (Volt.); *d'auteurs* (Boil.). ¶ 3 *Avoir envie* : → Envier et Vouloir. ¶ 4 *Porter envie* : → Envier.

Envier : ¶ 1 Vouloir pour soi. *Envier,* désirer pour soi les avantages des autres et souffrir de ne pas les avoir : *Envier des plaisirs* (Rac.); *un heureux mariage* (Balz.). **Avoir envie,** éprouver un désir irraisonné pour quoi que ce soit : *On ne pouvait voir quelque chose de très cher sans en avoir envie* (Zola). ¶ 2 Désirer pour soi le bonheur d'autrui. *Envier* implique un désir mêlé d'envie, de chagrin haineux, **Porter envie,** un simple désir : *Quand vous serez au faîte des honneurs, on vous enviera* (Bour.). *Votre devoir est de rendre un jour les Prussiens heureux. Ah! qu'on leur porte envie* (Volt.). ¶ 3 → Refuser.

Envieux, Jaloux : → Envie.

Environ : Adv. Un peu plus, un peu moins. *Environ* ne s'emploie que lorsqu'on cite un chiffre qui se rapproche, soit en plus, soit en moins, du chiffre réel : *Environ vingt mille hommes.* **Approximativement** se rapporte surtout à la manière dont on a calculé, par approximation : *On estime approximativement une dépense à vingt mille francs environ.* **A peu près** implique qu'on néglige une différence entre deux chiffres tous deux réels : *Ils ont à peu près le même âge;* ou l'un réel, l'autre approximatif, l'approximatif étant en général en dessous du réel : *Il est à peu près deux heures.* **Presque** indique, en ce sens, un chiffre approximatif toujours inférieur au réel avec une précision moins grande qu'*A peu près.* **Bien** marque que le chiffre que l'on cite est considéré comme le chiffre minimum : *Il y a bien deux lieues d'ici là.*

Environnant, qui entoure (→ ce mot), environne. **Ambiant,** terme de science, se dit surtout de l'air, de la température qui entourent, et au fig. des influences du milieu intellectuel et moral dans lequel nous vivons.

Environner : → Entourer.

Environs : Lieux qui entourent un autre lieu. *Environs* désigne les lieux circonvoisins d'une façon assez large : *Fontainebleau est aux environs de Paris.* **Alentours** implique une proximité immédiate : *Les alentours de Paris, c'est la banlieue.* **Périphérie** (→ ce mot), la ceinture même d'une ville et ses faubourgs.

Envisager : → Regarder.

Envoi : → Dédicace.

Envol : → Vol.

Envoler [s'] : → Passer.

Envoûtement : → Magie.

Envoûter : ¶ 1 → Charmer. ¶ 2 (Au fig.) → Gagner.

Envoyé : ¶ 1 → Messager. ¶ 2 Celui qui est chargé de parler ou d'agir au nom de quelqu'un. *Envoyé,* celui qui est chargé d'une mission auprès d'un tiers par quelqu'un qui a autorité pour le faire, se dit spéc. d'un personnage important envoyé par un prince souverain ou un État auprès d'un autre prince ou d'un autre État : *Un envoyé du grand Seigneur; de Dieu.* — En ce dernier sens *envoyé* dit moins qu'**Ambassadeur** qui implique magnificence et inviolabilité de la personne et ne s'emploie que dans les relations internationales : *Ne pouvoir envoyer des ambassadeurs, pas même des envoyés* (S.-S.). **Plénipotentiaire,** tout envoyé qui a les pleins pouvoirs, spéc. dans le domaine international pour une négociation. **Ministre plénipotentiaire, Chargé d'affaires,** titres inférieurs à celui d'*ambassadeur* dans la hiérarchie diplomatique. **Consul** diffère d'*ambassadeur* comme *consulat* d'*ambassade* (→ ce mot). **Légat** (→ ce mot), ambassadeur du pape. — **Émissaire** (→ ce mot), envoyé spécial chargé d'une mission secrète. — **Député** (→ ce mot), envoyé d'une nation, mais aussi d'un corps ou d'un simple groupe pour les représenter, porter leur message, et parfois simplement demander ou implorer en leur nom : *Les grands, les politiques de Jérusalem envoyèrent des députés au roi d'Égypte pour implorer son secours* (Roll.); tend à se spécialiser pour désigner celui qui est envoyé dans une assemblée élective pour s'occuper des intérêts généraux d'un pays, et à être remplacé par *délégué* dans les autres sens. **Parlementaire,** député que des belligérants envoient les uns aux autres pour porter des propositions ou pour y répondre : *On envoie des parlementaires pour négocier un armistice.* **Délégué,** envoyé qui a une mission et, en plus, le pouvoir limité d'agir, d'examiner, de négocier au nom de quelqu'un : *La France envoie des délégués à l'O. N. U. Les délégués des ouvriers, des syndicats.* **Représentant,** délégué qui a reçu de quelqu'un le pouvoir d'agir en son nom, qui tient exactement sa place : *Le ministre des Affaires étrangères est le représentant de la France à l'O. N. U.* — **Mandataire,** personne privée qui a, d'une autre personne appelée *mandant,* procuration, mission pour agir en son nom; au fig., tout délégué du peuple ou d'une classe de citoyens tenu par une sorte de contrat moral avec ses électeurs à agir comme il s'est engagé à le faire avant les élections : *Le chef de l'État n'est que le mandataire du peuple* (Proudhon.). **Responsable** tend à se dire de celui qui est choisi par une autorité pour représenter auprès d'elle les intérêts d'un groupe subordonné et lui en rendre compte : *Les responsables d'un camp de prisonniers, de la cellule d'un parti.* On dit aussi **Homme de confiance**.

Envoyer : ¶ 1 *Envoyer*, faire partir quelqu'un ou faire porter quelque chose : *Envoyer des émissaires; envoyer un paquet.* **Adresser**, envoyer directement vers une personne et vers un lieu qu'on indique, est relatif au point d'arrivée : *Adresser une lettre. Il m'a adressé à un excellent ouvrier* (Acad.). **Expédier**, envoyer vers une certaine destination, souvent par un moyen de transport, ou avec urgence, est surtout relatif au point de départ : *Expédier un colis par le chemin de fer.* **Dépêcher** ne se dit que des personnes qu'on envoie en hâte avec une commission : *Dépêcher un courrier* (Sév.). **Déléguer**, **Députer :** → Envoyé. ¶ 2 → Jeter.

Épais : ¶ 1 Quant à la dimension : → Gros. ¶ 2 Dont les parties sont rapprochées, serrées. *Épais*, du langage usuel, et assez peu rigoureux, se dit des corps qui sont peu transparents, peu fluides, ne laissent pas de vide au toucher ou à la vue, et au fig. : *Vin épais. Fumée épaisse* (Acad.). *Silence épais, presque solide* (Mau.). **Dense**, terme de physique, se dit des corps dont les parties sont si resserrées qu'aucun vide n'existe entre leurs molécules, ce qui leur donne une grande masse spécifique : *Air dense. L'eau est plus dense que l'air. Dense* se dit seul en parlant des solides et enchérit au fig. sur *épais* : *Des ténèbres plus denses que la poix* (Baud.). **Compact** ajoute l'idée de la liaison, de la cohésion des parties qu'on peut séparer difficilement : *Terre compacte* (Volt.). **Concret**, terme de chimie, se dit par opposition à fluide, des substances épaissies ou solidifiées : *Le camphre est une huile concrète* (Acad.) : → Concentré. **Consistant**, épais, compact, concret au point d'être presque solide : *Soupe consistante.* — **Crasse**, syn. d'*épais*, ne s'emploie, au prop., qu'avec les n. fém. : *Humeur crasse et visqueuse*, et enchérit sur *épais* au fig., mais seulement en parlant de l'ignorance. ¶ 3 Abondamment chargé ou fourni de certaines choses réunies et pressées, arbres, feuilles, poils, etc. *Épais* n'a rapport qu'au rapprochement de ces choses considéré sous le point de vue de l'utilité, par ex. la protection : *C'est un bois épais qui défend de tous les soleils* (L. B.). **Touffu**, plus pittoresque, surtout

relatif à la vue, évoque des choses assez développées, formant des sortes de bouquets : *Une barbe touffue* (L. F.). *Des ormes touffus faisaient une agréable irrégularité* (Fén.). **Dru**, épais parce que ses parties sont en grande quantité et donc très serrées : *Blé dru. Barbe drue* (Acad.). **Fourni** ne marque que l'abondance de la matière : *Barbe fournie.* **Broussailleux**, touffu et emmêlé en parlant de la barbe et des sourcils : *Sourcils broussailleux* (M. d. G.). ¶ 4 Au fig. → Pesant. ¶ 5 Spéc., en parlant de la langue, *Épaisse* insiste sur son embarras à se mouvoir : *La langue épaisse est un des signes de l'ivresse.* **Pâteuse** indique qu'elle est comme empâtée d'une salive épaisse, ce qui émousse la sensibilité. **Chargée**, qu'elle est blanche, enduite de mucosités. ¶ 6 Comme nom, *Épais* est abstrait, *Épaisseur* est concret : *Un mur a tant d'épais. Sa molle épaisseur* (Boil.).

Épaisseur : ¶ 1 → Épais. ¶ 2 → Profondeur.

Épaissir : → Grossir.

Épanchement : ¶ 1 Écoulement d'un liquide qui s'extravase. *Épanchement*, écoulement lent, peu abondant, **Effusion**, écoulement rapide et abondant. — En médecine, l'**Extravasation**, c'est-à-dire l'écoulement d'un liquide, d'une humeur hors des vaisseaux qui les contiennent, est *épanchement* si le liquide se répand dans une partie du corps qui n'est pas destinée à le contenir, *effusion*, s'il sort du corps : *Épanchement de bile, de synovie. Effusion de sang*; **Suffusion**, épanchement sous la peau. ¶ 2 Au fig., en parlant de sentiments qu'on verse en quelque sorte hors de son cœur, *Épanchement* se dit de sentiments doux, que l'on communique avec une sorte de laisser-aller : *Les épanchements de cœur qui font le charme des liaisons* (L. F.). **Confidence** diffère d'*épanchement* comme les v. correspondants (→ Confier). **Effusion** implique des sentiments assez vifs qu'on laisse voir sans forcément les communiquer : *Effusion de joie; de tendresse* (Zola).

Épancher : ¶ 1 → Verser. — Réf. ¶ 2 → Couler. ¶ 3 (Au fig.) → (se) Confier. *S'épancher* ou *Épancher son cœur* (avec toujours un n. de personne pour sujet), verser librement tous les sentiments de son cœur : *Épancher sa bile* (Acad.); *son cœur* (J.-J. R.). **Exhaler** un sentiment et **S'exhaler** (avec pour sujet un n. de personne ou de chose) ne se disent que pour des sentiments violents ou douloureux exprimés en vives effusions : *S'exhaler en désespoirs* (S.-S.). *Exhaler sa colère* (Balz.). **Se débonder**, fam., s'épancher tout à coup et sans réserve : *Tout à coup il se débonda et nous dit ce que nous eussions voulu ne point* *entendre* (S.-S.). **Se dégorger** est vx. **Déborder** (avec pour sujet un n. de chose), s'exhaler en se donnant libre cours, avec excès : *Sa fureur déborde* (Acad.). **Se répandre,** peu usité de nos jours en parlant des sentiments du cœur, comme syn. de *s'épancher*, s'emploie surtout pour marquer la longueur ou la violence excessive que l'on donne à l'expression de ce que l'on pense ou de ce que l'on sent : *Se répandre en injures* (Rac.); *en longs compliments* (Did.).

Épandre : → Verser.

Épanoui : → Réjoui.

Épanouir : ¶ 1 → Ouvrir. ¶ 2 *Épanouir la rate* : → Égayer.

Épargne : → Économie.

Épargner : ¶ 1 → Économiser. ¶ 2 → Ménager. ¶ 3 → Éviter.

Éparpiller : → Disperser.

Épars : Qui n'est pas groupé, qui est épandu çà et là. *Épars* n'implique pas l'idée de rareté ni celle de séparation totale, mais plutôt celle de désordre, de confusion, entre choses qui peuvent parfois se toucher, mais qui ne sont pas groupées avec ordre et cohérence : *De maigres chiens épars* (Lec. d. L.). *Feuillets épars sur le lit* (M. d. G.). **Disséminé** implique la séparation totale entre des choses qui peuvent être nombreuses et assez peu éloignées : *Troupes disséminées dans diverses villes d'une province;* **Clairsemé,** de vastes intervalles entre des personnes ou des choses peu nombreuses sur un certain espace : *Blé clairsemé. Spectateurs clairsemés dans la salle.* **Sporadique** se dit en médecine de maladies dont on n'observe que des cas isolés, en sciences naturelles et parfois au fig., comme syn. d'*épars* : *Blocs sporadiques. Résistance sporadique.* **Dispersé, Éparpillé** (→ Disperser) marquent le résultat de l'action de détruire un assemblage et impliquent une très grande distance, sans régularité, entre des personnes ou des choses qui de ce fait sont isolées ou faibles : *Philosophes éparpillés, isolés et tremblants* (Volt.). **Égaré,** dispersé çà et là, dans un milieu tout à fait différent : *On apercevait quelques grappes égarées sur la treille* (Lit.).

Épatant : → Extraordinaire.

Épaté : ¶ 1 → Ébahi. ¶ 2 → Camus.

Épauler : → Appuyer.

Épave : Au fig. ¶ 1 → Décombres. ¶ 2 (En parlant d'une personne) → Ruine.

Épée : Arme offensive et défensive formée d'une longue lame (≠ Poignard : → ce mot). L'*Épée* est formée d'une longue lame d'acier, quelquefois triangulaire, le plus souvent à deux tranchants, toujours pointue, emmanchée dans une poignée et munie d'une garde; elle se porte au côté dans un fourreau. Le **Sabre** a une lame qui ne tranche que d'un seul côté avec une courbure convexe du côté du tranchant. **Latte,** grand sabre de cavalerie droit et étroit. **Briquet,** sabre court porté autrefois par les fantassins. **Flambe,** épée à lame ondulée. **Fleuret,** épée à lame carrée, sans pointe ni tranchant, fine et flexible, dont le bout aplati est garni de peau et dont on se sert pour l'escrime. **Croisette,** fleuret à garde en forme de croix dont se servent les maîtres d'armes. **Glaive,** épée tranchante, n'est guère usité qu'en poésie et dans le style soutenu. — Principales sortes d'épées dans l'histoire : **Branc, Braquemart, Brette, Carrelet, Claymore, Coutelas, Espadon, Estoc, Estocade, Estramaçon; Flamberge,** très longue épée de duel (xviie, xviiie s.); **Rapière,** épée à lame longue et fine, faite pour frapper d'estoc et dont on se servit dans les duels jusqu'au xviiie s. — Épées étrangères : **Cimeterre,** large sabre oriental, à lame courbe qui va s'élargissant vers son extrémité. **Alfange,** cimeterre mauresque. **Yatagan,** sabre turc assez court à lame concave du côté de la poignée et convexe du côté de la pointe. — **Fer,** dans le style oratoire et poétique, syn. d'*épée* et généralement de toutes sortes d'armes blanches. — Au fig., *Épée,* symbole de l'état militaire dans ce qu'il a de plus noble. *Sabre* évoque péj. l'orgueil et les autres défauts militaires : *Traîneur de sabre. Glaive* évoque l'autorité souveraine, la justice des hommes et de Dieu.

Épeler : → Lire.

Éperdu : → Ému.

Éperonner : → Exciter.

Épeuré : → Inquiet.

Éphèbe : → Jeune homme.

Éphémère : → Passager.

Éphémérides : → Calendrier.

Épices : → Assaisonnement.

Épidémie : Au fig. → Manie.

Épidémique : ¶ 1 *Épidémique* se dit d'une maladie infectieuse qui atteint en même temps, dans le même lieu, un grand nombre de personnes, pendant un certain temps seulement; **Endémique,** d'une maladie infectieuse ou non qui affecte en permanence une région : *Le paludisme est endémique dans certaines régions marécageuses;* **Pandémique,** d'une maladie *épidémique* ou *endémique* qui affecte presque tous les habitants d'une contrée. **Épizootique** ne se dit que d'une épidémie qui atteint les animaux. ¶ 2 → Communicatif.

Épier : → Observer. *Épier, observer*

secrètement, ou attentivement, pour soi, afin d'être renseigné et de pouvoir régler sa conduite sur ce que l'on a observé : *Observer à loisir, épier* (J. Rom.). *Je l'épiais et il ne savait pas que j'étais là* (Mau.). **Espionner,** épier sournoisement, pour un autre, les actions ou les discours de quelqu'un pour en faire un rapport : *Mon père t'a chargé de m'espionner* (Les.). **Guetter,** observer, attendre pour saisir, surprendre, aborder au passage ou éviter d'être surpris : *D'Antin qui s'était retourné pour me guetter au passage* (S.-S.). *L'antique veilleur qui guette les lointains périls* (J. Rom.). **Être, se tenir aux aguets** dépeint l'état de celui qui guette attentivement : *Il était aux aguets pour prendre ses avantages* (Acad.).

Épieu : → Bâton.

Épigramme : ¶ 1 → Satire. ¶ 2 → Raillerie.

Épigraphe : → Inscription.

Épiler : → Dépiler.

Épilogue : → Conclusion.

Épiloguer : → Critiquer.

Épine : ¶ 1 En botanique, *Épine* ne se dit que des piquants qui naissent des corps ligneux des plantes et qu'on ne peut arracher sans déchirer les tissus sous-jacents : *Les épines de l'aubépine.* **Aiguillon** se dit des piquants d'origine épidermique : *Les aiguillons de l'acacia.* Mais, dans la langue ordinaire, on confond les deux. ¶ 2 On appelle parfois improprement *Épine* un petit corps piquant introduit dans la peau : le mot ne convient que lorsqu'il s'agit d'une épine, et l'on dit **Écharde** pour les autres corps, quels qu'ils soient. ¶ 3 *Épine dorsale :* → Colonne vertébrale. ¶ 4 (Au fig.) → Difficulté.

Épineux : → Difficile.

Épingle : ¶ 1 Bijou qui sert à maintenir certaines parties du vêtement. *Épingle,* petite tige de métal pointue au bout et dont la tête est constituée par un petit bijou : *Épingle à cravate, épingle à chapeau.* **Broche,** bijou monté sur une épingle qui se pique et dont la pointe est retenue par un protège-pointe ; la *broche* sert à fermer les corsages, les châles, etc. L'**Agrafe** ne se pique pas, mais est constituée par un crochet qui passe dans un anneau. **Fibule,** sorte d'agrafe antique. ¶ 2 (Au fig.) → Gratification. ¶ 3 *Tiré à quatre épingles :* → Élégant. ¶ 4 *Tirer son épingle du jeu :* → (se) Libérer.

Épinocher : → Manger.

Épique : ¶ 1 → Héroïque. ¶ 2 → Extraordinaire.

Épisode : ¶ 1 → Digression. ¶ 2 → Événement. ¶ 3 → Péripétie.

Épistolier, celui qui écrit beaucoup de lettres auxquelles il doit sa célébrité, peut se dire d'un auteur vivant ou mort : *Guez de Balzac s'appelait lui-même le grand épistolier de France.* **Épistolaire** ne se dit que d'un écrivain dont on a recueilli les lettres : *Les catalogues de bibliothèques mettent cet auteur parmi les épistolaires* (Acad.).

Épitaphe : → Inscription.

Épithète : → Adjectif.

Épitomé : → Abrégé.

Épître : → Lettre. *Épître,* lettre en vers sur des sujets fort variés et sur tous les tons : *Les Épîtres d'Horace, de Marot, de Boileau.* **Héroïde,** épître amoureuse composée sous le nom de quelque héros ou d'un personnage fameux : *Les Héroïdes d'Ovide.*

Épizootique : → Épidémique.

Éploré : → Chagriner.

Éplucher : ¶ 1 → Nettoyer. *Éplucher,* ôter les parties inutiles ou gâtées d'une chose, et spéc., en parlant de légumes, de fruits ou de graines, ôter ce qui n'est pas comestible : *Éplucher du riz, de la salade, des radis.* **Décortiquer,** dépouiller les tiges d'arbre de leur écorce, des graines de leur enveloppe et spéc., en parlant de légumes, les éplucher en vue de la conservation : *Décortiquer le riz, les amandes.* **Écaler,** dépouiller un fruit de son écorce coriace, se dit surtout pour les noix ; pour les autres fruits à écorces on dit plutôt *décortiquer.* **Écosser,** dépouiller un légume de sa cosse : *Écosser des pois, des haricots.* **Peler,** ôter la surface des choses qui ont une sorte de peau et spéc. des fruits : *Peler une pomme.* ¶ 2 Au fig. → Examiner. ¶ 3 (Réf.) → (se) Nettoyer.

Épointé : → Émoussé.

Éponger : → Sécher.

Épopée : → Événement.

Époque : ¶ 1 Point déterminé de l'histoire ou espace de temps commençant à ce point. *Époque,* point déterminé ou espace de temps assez bref dominé par un événement considérable : *La naissance de J.-C. est l'époque où commence l'ère chrétienne.* **Ère,** terme de chronologie, époque fixe d'où l'on commence de compter les années : *L'ère républicaine fut établie en France à partir du 22 septembre 1792 ;* se dit par ext. d'une époque remarquable où s'établit un nouvel ordre de choses : *Cette soirée commençait une ère, resterait comme une triste date* (Proust). **Période** n'a rapport qu'à la durée et désigne l'intervalle de temps au bout duquel un phénomène se reproduit dans les mêmes conditions (par ex. le temps qu'un astre met à faire sa révolution); d'où, par ext., en histoire, tout espace de temps plus ou moins long pendant lequel un phénomène important et nettement caractérisé ou un groupe de phénomènes de même nature commencent, se développent et s'achèvent : *La période romantique, révolutionnaire.* **Age,** période d'un certain nombre de siècles, soit entre deux événements très importants : *Le premier âge du monde est depuis la création jusqu'au déluge* (ACAD.); soit entre deux étapes capitales d'une évolution : *Les différents âges de la monarchie* (ACAD.); ou bien *période* marquée par un état moral ou une découverte technique ; *On avait eu l'âge de haine; allait commencer l'âge d'amour* (FLAUB.). *L'âge de l'automobile.* **Temps,** syn. assez vague d'*époque* : *Du temps de saint Louis* (BUF.); d'*âge* : *Les temps modernes;* fait souvent envisager l'état des choses comme bon ou mauvais, tel qu'il résulte du gouvernement, de la manière de vivre, des modes : *Un temps de trouble, de corruption* (ACAD.); *au bon vieux temps;* et se dit souvent pour une époque lointaine ou imaginaire, ou une grande époque prévue : *Un temps viendra que tous les hommes se conduiront par les clartés de l'esprit* (CHAT.). *Du temps que les bêtes parlaient* (L. F.). **Jours** se dit parfois, au pl., d'une certaine durée, d'une certaine époque par rapport à ce qui s'y passe : *Dans ces jours de confusion et de trouble* (FLÉCH.). **Siècle,** espace de cent ans, par ext. époque célèbre par quelque prince renommé, quelque grand homme, par une civilisation brillante : *Le siècle de Louis XIV. Le siècle d'or espagnol;* se dit, en parlant du temps présent, relativement à la civilisation, aux mœurs : *Nos siècles de fer, sur ce tendre âge d'or...* (V. H.). — **Cycle** n'est syn. de *période,* dans son sens technique, que pour désigner une révolution d'un certain nombre d'années à la fin de laquelle des phénomènes doivent se présenter dans le même ordre que précédemment : *Le cycle solaire est de 28 années* (ACAD.). ¶ 2 Point quelconque du temps. *Époque,* toute partie de la durée considérée par rapport à ce qui s'y passe, à ce qui s'y fait : *L'époque de son mariage* (LIT.). **Moment,** plus fam., s'emploie surtout dans des loc. : *A ce moment il était fort malade* (ACAD.); mais, depuis Taine, désigne l'ensemble du développement intellectuel et social accompli à une certaine époque en tant qu'il détermine le génie d'un écrivain : *Le moment de La Fontaine.* **Temps,** époque propre à telle ou telle chose : *Le temps des cerises; de la*

chasse. **Saison,** époque où dominent certains phénomènes atmosphériques, où paraissent certains produits : *La saison des orages, des fleurs, des perdreaux* (ACAD.).

Époumoner [s'] : → Crier.

Épouse, Femme : → Époux.

Épousée : → Mariée.

Épouser : (Au fig.) → Embrasser.

Époustouflant : → Extraordinaire.

Épouvantable : → Effrayant.

Épouvantail : ¶ 1 Au fig., ce qui inspire une vaine terreur. *Épouvantail,* haillon destiné à épouvanter les oiseaux, se dit pour donner à entendre qu'une personne ou une chose dont on veut nous faire peur n'est propre qu'à épouvanter des personnes timides : [La guerre] *est un épouvantail dont il n'est pas invraisemblable que les gouvernements aient intérêt à user* (J. ROM.). On dit aussi, plus fam., **Croquemitaine,** personnage extraordinaire dont on fait peur aux petits enfants : *La Maçonnerie! Je me disais, c'est un croquemitaine pour gens bien pensants* (J. ROM.). **Loup-garou,** homme qui la nuit erre transformé en loup, se dit plutôt des craintes superstitieuses : *Guéris du loup-garou et délivrés du mal des scrupules* (GUI PATIN). — A noter qu'en parlant d'un homme réel, *épouvantail* le représente comme très laid ou ridiculement habillé, *loup-garou* comme insociable et vivant isolé.

Épouvante : → Crainte. Grande peur. *Épouvante* comporte l'idée de désordre dans l'esprit et de fuite éperdue : *Les Turcs prirent la fuite saisis d'épouvante* (VOLT.). **Épouvantement,** épouvante portée au plus haut degré, ne dit surtout dans l'expression : *Les épouvantements de la mort* (ACAD.). **Affolement,** épouvante qui rend comme fou. **Effroi** comporte l'idée de stupeur qui pétrifie l'âme, la glace et de crainte mêlée d'horreur : *L'approche d'un combat qui le glaçait d'effroi* (RAC.). **Frayeur,** effroi passager, qui fait simplement frissonner, souvent à propos de choses vaines, se dit d'un sentiment plus fort que la peur, moins dépendant du caractère que des apparences, et ne portant pas essentiellement à la fuite : *Par de vaines frayeurs cessez de m'offenser* (RAC.). **Terreur** est dominé par l'idée de tremblement, qui abat, décourage, fait jeter les armes devant ce qui impressionne par sa force redoutable, réelle ou imaginaire : *La terreur de l'enfer* (ZOLA). *Terreur presque religieuse* (MAU.). **Panique,** qui se dit absolument ou s'ajoute comme adj. à *peur* et *terreur,* implique que ces passions sont soudaines, irraisonnées, sans fondement et contagieuses, au point de rendre une multitude de gens comme fous : *Les lièvres sujets à* *des terreurs paniques* (L. F.). *Leur désespoir les sauvait de la panique* (Cam.). **Horreur,** sensation physique qui fait que les cheveux se hérissent, se dit, en un sens assez ancien, d'un sentiment d'effroi mêlé d'admiration, de respect devant des choses mystérieuses ou sacrées : *La religieuse horreur de l'église gothique* (Chat.); et, de nos jours, marque plutôt l'effroi de l'âme devant un spectacle ou un objet affreux ou répugnant : *L'horreur des ténèbres* (Baud.). *La mort dont l'idée l'emplissait d'une horreur froide* (Zola).

Épouvanter : Frapper d'une grande peur. *Épouvanter,* qui renchérit sur **Effrayer** (→ ce mot), est dominé par l'idée de trouble et de fuite; **Terrifier,** par l'idée de tremblement, en général momentané, devant une force redoutable consciente ou non de ses effets : *Pays terrifié par de cruelles exécutions* (Acad.). **Terroriser,** terrifier d'une façon continue et méthodiquement : *On terrorisa cette province pour la contenir* (Acad.). **Affoler,** rendre comme fou d'épouvante. **Consterner** ajoute à l'idée de terreur celles de tristesse et d'accablement : *Rome en deuil que la terreur consterne* (Her.). **Atterrer,** sans idée de tristesse, insiste sur le découragement total parfois produit par la terreur : → Consterné.

Époux, Épouse : Celui (ou celle) qui est lié par le mariage. *Époux* (*Épouse*) envisage l'union du point de vue du droit et des sentiments, et ne se dit plus qu'en termes administratifs et dans le style relevé; dans le style ordinaire, il est d'une emphase comique. **Mari** (**Femme**), autrefois du style ordinaire, se dit aujourd'hui dans tous les styles. Mais *époux* s'emploie seul dans le style figuré : *Le céleste époux, le Christ. L'épouse de J.-C., l'Église.* **Conjoint,** en jurisprudence, s'applique à chacun des deux époux considéré par rapport à l'autre. **Homme,** syn. pop. de *mari.* **Seigneur et Maître** est ironique. — **Compagne,** du style relevé, l'épouse unie à l'époux dans son âme et dans sa vie : *Si je n'ai vécu la compagne d'Achille...* (Rac.). **Bourgeoise,** pop., l'épouse, la maîtresse du logis. **Moitié,** *épouse,* autrefois du style élevé et poétique, dans quelques occasions : *La coupable moitié dont il est trop épris* (Rac.); est aujourd'hui fam. **Légitime** est très fam. et pop.

Éprendre [s'] : Se prendre de passion pour une personne ou une chose. *S'éprendre,* se laisser exciter, enflammer par quelque passion bonne ou mauvaise, notamment l'amour : *S'éprendre de pitié* (Volt.); *de simplicité* (Did.). *Il s'éprit de cette femme* (Acad.). **S'enamourer,** être pris par l'amour, marque moins de violence

que *s'éprendre.* **Avoir le coup de foudre,** fam., s'éprendre brusquement et avec violence, en général d'une femme, mais parfois aussi, par ironie, d'une personne, d'une idée. **Avoir un béguin** pour quelqu'un, fam. et souvent péj., avoir pour lui une inclination, une affection soudaine, sans aller jusqu'à la passion. **S'embéguiner** est plus rare et plus péj. : *Ce beau monsieur le comte dont vous êtes embéguiné* (Mol.). **Gober,** fam., implique simplement l'estime, parfois injustifiée et naïve, facile à duper. **S'amouracher,** s'éprendre d'un amour injustifié pour une personne ou une chose : *S'amouracher de la première venue* (Acad.); *de tout ce qui vient de l'étranger* (Balz.); a déjà la nuance péj. de (s') engouer (→ ce mot).

Épreuve : ¶ 1 → Expérience. ¶ 2 → Compétition. ¶ 3 → Malheur.

Épris : Très passionné pour. *Épris,* enflammé d'une passion vive et exclusive, bonne ou mauvaise, et spéc. de l'amour : *Ames sales éprises du gain et de l'intérêt* (L. B.). *Épris de la vie* (Cam.). *Un jour il cesserait d'être épris d'Odette* (Proust). **Féru** (de *Férir,* frapper) renchérit et se dit souvent d'une passion qui devient une manie : *Féru de romans* (Scar.); *de méchante folie* (P.-L. Cour.). **Fou** marque le comble et parfois l'excès de la passion, du goût qu'on a pour une personne ou pour une chose : *Fou de son argent* (Boil.). *Je suis folle de Corneille* (Sév.).

Éprouver : ¶ 1 → Expérimenter. ¶ 2 → Sentir. ¶ 3 → Recevoir.

Épuisé : → Fatigué.

Épuisement : → Langueur.

Épuiser : ¶ 1 Mettre à sec. *Épuiser* a rapport à la manière dont on met à sec, en enlevant toute l'eau. **Tarir** indique simplement l'absence d'eau parce qu'elle cesse de couler pour n'importe quelle raison : *Soit que les fontaines eussent été épuisées par les troupes, soit quelles se fussent taries par quelque autre accident* (Bos.). — Au fig., *tarir,* par métaphore, supprimer la cause de biens ou de maux qui coulent comme de source : *La foi qui crée* [est] *tarie en moi* (Proust). *Épuiser,* détruire par un usage abusif une chose quelconque : *Épuiser les richesses* (Rac.); *la patience* (Fén.). **Consumer** (→ ce mot) et ses syn. renchérissent sur *épuiser.* ¶ 2 → Affaiblir et Fatiguer.

Épuration, Épurement : → Purification.

Épurer : → Purifier. Spéc. en parlant d'un auteur ou d'un livre, *Épurer* a rapport à la pureté des mœurs ou à celle de la langue et du style, que l'on atteint par des corrections successives qui peuvent être le fait de l'auteur lui-même. **Expurger,**

supprimer les passages d'un livre qui choquent la morale, la religion, ou d'une façon plus générale les opinions reçues, indique une action qui n'est pas le fait de l'auteur : *Un Horace expurgé* (ACAD.).

Équarrir : ¶ 1 → Découper. ¶ 2 → Tailler.

Équilibre : ¶ 1 État d'un corps qui se tient en repos. *Équilibre*, terme de science, implique l'influence de plusieurs forces qui se contrebalancent exactement : *L'équilibre des liquides. Se tenir en équilibre sur un pied* (ACAD.). **Aplomb,** au prop., direction perpendiculaire au plan de l'horizon, équilibre d'un corps solide qui est vertical comme le fil à plomb : *La tour de Pise est en équilibre, mais elle n'est pas d'aplomb*; se dit en parlant de la répartition régulière du poids du corps sur les membres et a pour syn., en ce sens, **Assiette** (→ ce mot), équilibre du corps assis ou placé dans telle ou telle position : *Cet écuyer fait prendre une bonne assiette à ses élèves* (ACAD.). ¶ 2 Au fig. *Équilibre*, état qui résulte du fait que des forces politiques se contrebalancent exactement : *L'équilibre européen. L'équilibre des pouvoirs dans un gouvernement* (ACAD.). **Balance,** en ce sens, est plus rare. **Pondération** (au prop. terme de physique, relation entre des poids ou des puissances qui s'équilibrent mutuellement) ne se dit que des pouvoirs qu'on maintient habilement dans un juste équilibre : *Établir l'équilibre et la pondération des pouvoirs qui composent la législation et l'administration* (J.-J. R.). ¶ 3 En parlant de l'esprit, *Équilibre*, état de l'esprit dans lequel toutes les facultés sont dans un juste rapport : *Michelet admirait l'équilibre de l'esprit de Fénelon, de Montesquieu et de Montaigne*. **Pondération,** équilibre durable d'un esprit qui s'accompagne de modération, de réflexion lente et sûre : *La pondération d'un magistrat*. **Assiette** est toujours relatif à un esprit particulier et désigne l'état qui constitue son équilibre habituel : *Nous brûlons du désir de trouver une assiette ferme* (PASC.). ¶ 4 → Harmonie. En termes d'art, *Équilibre*, répartition bien entendue des masses qui composent une œuvre de peinture, de sculpture, d'architecture et par ext. des parties d'une œuvre littéraire. **Symétrie** dit plus et implique une correspondance de grandeur, de forme et de position entre les parties de l'œuvre. **Balancement,** en peinture, disposition symétrique par laquelle de certaines masses, des groupes répondent à d'autres : *Balancement entre une masse d'arbres et une masse de rochers*; se dit par ext. en termes de style : *Le balancement des phrases dans un discours* (ACAD.). **Pondération,** en pein-

ture, en sculpture et en architecture, art de l'équilibre et du balancement : *Il faut une espèce de pondération ou de balancement* [dans un bâtiment] (MTQ.).

Équilibrer, au prop. et au fig., tenir en équilibre : *Équilibrer des balances, les recettes et les dépenses* (ACAD.). **Balancer,** au prop. et au fig., indique plutôt l'action d'établir l'équilibre, soit en ajoutant quelque chose qui compense : *Balancer un compte, les pertes par les gains*; soit en pesant en· sens inverse de quelqu'un par son pouvoir, son autorité de façon à l'égaler (→ ce mot) : *Lanfranc balançait la réputation de Bérenger* (VOLT.). **Compenser,** balancer, en parlant d'un bien qui dédommage d'un mal : *Les biens et les maux se compensent*. **Contrebalancer,** faire équilibre, au prop., en poids, au fig., en force ou en qualité : *La puissance de Crassus contrebalançait celle de Pompée et de César* (Bos.). **Pondérer** ne s'emploie qu'au fig. comme syn. *d'équilibrer* : *Pondérer les pouvoirs* (ACAD.).

Équipage : ¶ 1 → Bagage. ¶ 2 → Train. ¶ 3 → Attirail.

Équipe : → Troupe et Groupe.

Équipée : → Écart et Escapade.

Équipement : → Bagage.

Équiper : → Pourvoir.

Équitable : → Juste.

Équité : → Justice.

Équivalent : ¶ 1 → Égal. ¶ 2 → Pareil. 3 → Synonyme.

Équivaloir : → Égaler.

Équivoque : ¶ 1 Adj. → Ambigu et Suspect. ¶ 2 N. → Jeu de mots.

Éraflé : Déchiré superficiellement. *Éraflé,* écorché accidentellement par quelque chose qui effleure. **Éraillé** se dit au prop. d'un tissu qui est déformé parce qu'on en a relâché les fils et par ext. d'une surface qui paraît écorchée par l'usure : *Enduit* (GAUT.) *éraillé.*

Éraflure : → Déchirure.

Éraillé : ¶ 1 → Usé. ¶ 2 → Éraflé. ¶ 3 → Rauque.

Ère : → Époque.

Éreinter : ¶ 1 → Fatiguer. ¶ 2 → Battre. ¶ 3 → Critiquer. ¶ 4 → Médire.

Ergot : → Ongle.

Ergoter : → Chicaner.

Ériger : ¶ 1 → Élever. ¶ 2 → Établir. ¶ 3 → Promouvoir.

Ermite : Saint personnage qui vit dans la retraite. *Ermite,* celui qui vit dans un lieu totalement inhabité sans aucune communication avec le monde. **Anachorète,**

ermite retiré au désert pour se livrer à la mortification ou à la vie contemplative : *En ce temps-là le désert était peuplé d'anachorètes* (A. Fr.). **Solitaire** dit beaucoup moins et implique seulement qu'on se retire du monde, mais parfois avec des compagnons de solitude : *Les solitaires de Port-Royal.* — Au fig. *ermite* et *solitaire* impliquent seulement une vie retirée, *anachorète* ajoute l'idée d'une ascèse pour se livrer à des méditations, à des travaux, ou à la frugalité : *Ce savant est un anachorète. Repas d'anachorète* (Acad.).

Érosion : → Corrosion.

Érotique : ¶ 1 En parlant de la poésie, *Érotique*, qui traite de l'amour d'une façon très générale, s'emploie surtout en parlant de l'amour passionné ou sensuel : L'Art d'aimer *d'Ovide est un poème érotique.* **Galant** se dit plutôt des poésies et des tableaux qui peignent l'amour sous sa forme mondaine, ou avec une certaine grâce un peu maniérée : *Les poésies galantes des précieux; les pastorales galantes de Boucher.* ¶ 2 En un sens défavorable : qui est obsédé par l'amour. *Érotique* marque une propension sans frein à l'amour qui a quelque chose de maladif ou sensuel : *Délire érotique* (Acad.). **Lascif** (→ ce mot) et ses syn. m arquent un penchant naturel, mais ajoutent, en parlant des personnes et des choses, une certaine tendance à la luxure.

Errant : Qui va çà et là, sans demeure fixe ou chemin certain. *Errant* marque le fait ou est relatif au lieu où l'on devrait être normalement et qu'on ne peut atteindre par accident : *Ulysse toujours éloigné de sa patrie est toujours errant* (Fén.). *Esprits errants et sans patrie* (Baud.). **Nomade** insiste sur le genre de vie d'un homme, d'une peuplade ou d'animaux qui n'ont pas d'habitation fixe et changent de séjour. **Vagabond** marque le plaisir ou le vice d'errer incessamment, par habitude, en une multitude de lieux : *Mendiant vagabond.* — **Erratique** ne se dit qu'en termes de sciences de ce qui n'est pas fixe ou régulier : *Planètes, blocs, douleurs, fièvres erratiques* (Acad.). — Au fig. *errant* est dominé par l'idée d'instabilité ou d'erreur, *vagabond*, par l'idée de désordre et de dérèglement : *De nos désirs errants rien n'arrête le cours* (S.-É.). *Affections vagabondes et dispersées* (Corn.).

Errements : → Procédé.

Errer : ¶ 1 Aller çà et là à l'aventure. *Errer*, ne se dit que fixer, volontairement ou non : *La terre a vu jadis errer des paladins* (V. H.). **Vaguer**, errer inconsciemment ou parce que l'on n'a aucun but : *Laisser vaguer des pourceaux dans les rues* (Lit.). *Il laisse vaguer ses pensées sans que vos discours arrêtent son esprit distrait* (Bos.).

Vagabonder, errer par habitude, parce qu'on n'a aucun domicile fixe ou qu'on s'amuse à vaguer : *Une Mme de Valençay vagabonde depuis trois ans d'abbaye en abbaye* (Sév.). *Mon imagination vagabonde autour de ça* (M. d. G.). **Divaguer**, rare, enchérit sur *vaguer* : *Une âme errante qui divaguait çà et là dans la campagne pour user les jours* (Lam.). **Rouler** et **Rouler sa bosse**, pop. fam., voyager en errant dans tous les pays, dans tous les milieux, dans tous les métiers. **Rôder**, errer çà et là, souvent pour épier, ne se dit qu'en mauvaise part : *Je regardais rôder Satan* (V. H.). **Rôdailler** est fam. et péj. **Tournoyer** (et **Tournailler**, péj.), errer ou rôder en rond, autour du droit chemin ou d'une proie : *Les monts où je tournoyais* (Chat.). **Polissonner**, vagabonder dans les rues en parlant d'un enfant (→ Traîner et Flâner). ¶ 2 → (se) Tromper.

Erreur : ¶ 1 Fausse opinion. *Erreur* se dit dans tous les cas où l'on prend le faux pour le vrai (et aussi le mal pour le bien : → Écart). **Égarement**, erreur considérable, due à une sorte d'extravagance, de démence, par rapport au vrai et au bien : *Les égarements des sophistes* (Acad.). *Flottant entre la sagesse et l'égarement* (J.-J. R.). **Illusion** (→ ce mot), erreur des sens ou de l'esprit, due non à eux-mêmes, mais à une fausse apparence des choses matérielles ou morales qui, en nous les faisant voir autrement qu'elles ne sont, nous induisent en erreur : *Le mirage est une illusion* (Acad.). **Aberration**, au contraire, se dit toujours d'une anomalie d'une de nos fonctions, surtout intellectuelles, qui nous fait juger mal, nous fait tomber dans un égarement souvent passager : *Les aberrations de cette logique étroite, inhumaine, implacable de Corneille* (R. Roll.). **Malentendu** (→ ce mot) et ses syn., espèce d'erreur qui consiste à prendre une personne ou une chose pour ce qu'elles ne sont pas réellement. **Mécompte**, erreur dans un compte, dans un calcul, et, au fig., erreur de conjecture : *Des mécomptes de chronologie ruinent pas la vérité d'un fait* (Volt.). **Bévue**, erreur grossière due souvent à l'ignorance ou à la balourdise : *Les bévues des médecins* (Mol.). **Bourde**, fam., enchérit ainsi que **Bêtise** et **Blague**, très fam. **Gaffe**, syn. fam. de *bévue*, se dit surtout d'une maladresse, d'une parole ou d'une démarche intempestive dans la conduite, spéc. contre les convenances. **Boulette**, grosse bévue, est pop. ainsi que **Brioche**, dans l'expression *Faire une brioche.* **Maldonne**, au prop. distribution irrégulière de cartes, est syn. d'erreur dans l'expression *Il y a maldonne*, les choses ne sont pas telles que l'on croit. — **Sophisme** (→ ce mot), raisonnement faux. **Lapsus** (→ ce mot), erreur de langage.

— *Erreur* ou disposition à l'*erreur* due à l'habitude : → Préjugé. ¶ 2 → Faute.

Ersatz : → Succédané.

Éructation : → Renvoi.

Érudit : → Savant.

Érudition : → Savoir.

Éruption : ¶ 1 Sortie instantanée et violente d'une matière poussée par une force. *Éruption* se dit dans tous les cas : *Éruption de sang, de lave, de boutons, de dents* (Lit.). **Jaillissement** implique plus de force, mais ne se dit que d'un liquide ou d'un fluide. ¶ 2 → Écoulement.

Esbrouffant : → Extraordinaire.

Escabeau : ¶ 1 → Siège. ¶ 2 → Échelle.

Escadron : → Troupe.

Escalader : → Monter.

Escale [faire] : → Relâcher.

Escalier, partie d'un bâtiment qui sert à monter ou à descendre. **Degré**, escalier magnifique, ou série de marches qui permettent d'accéder à un édifice, un temple, un palais : *Le degré du château* (S.-S.). **Montée**, petit escalier d'une maison de peu de valeur.

Escamoter : ¶ 1 → Dérober. ¶ 2 → Cacher.

Escamoteur, celui qui est habile à faire disparaître des objets avec ses mains. **Prestidigitateur** (mot créé au début du xixe s.) implique, en plus, l'art de produire diverses illusions avec les mains ou par des procédés de physique amusante. Dans ce cas, on dit aussi **Illusionniste** et **Physicien**, vx et pop. — Au fig., l'*escamoteur* fait surtout disparaître, c'est même un voleur, le *prestidigitateur* produit des illusions : *On a pu appeler un bon avocat un prestidigitateur de cour d'assises* (Lar.).

Escampette [prendre la poudre d'] : → (s') Enfuir.

Escapade : ¶ 1 Action de s'échapper pour se distraire. *Escapade*, en parlant d'une personne soumise à une dépendance, action de se dérober à son devoir pour aller se divertir : *Galopin dont il avait favorisé une escapade* (Zola). **Échappée**, rare, implique simplement l'idée d'un court voyage : *Mme Guyon faisait des échappées à Paris chez le duc de Bourgogne* (S.-S.). **Fugue**, escapade et même fuite (surtout amoureuse) assez longues : *Un plongeon, une fugue, pas une trace* (Zola). **Équipée**, vx, ne se disait que du départ d'une personne libre, avec son équipage, pour une agréable aventure : *Une petite équipée à Livry* (Sév.). ¶ 2 → Écart.

Escarcelle : → Bourse.

Escargot : → Limaçon.

Escarmouche : → Engagement.

Escarpé : Se dit d'une hauteur qui va presque perpendiculairement en pente. *Escarpé* se dit plutôt de la chose entière et en décrit la forme et l'aspect : *Montagnes escarpées* (Buf.). **A pic** renchérit et suppose quelque chose de perpendiculaire : *Un mur à pic sur la rue*. **Abrupt**, escarpé et rompu : la pente de ce qui est *escarpé* est en ligne droite, la pente *abrupte* forme une ligne brisée. **Raide** (et **Roide**, vx) se dit surtout de la pente et l'envisage du point de vue de l'effort qu'elle demande pour monter ou descendre : *Pente raide d'un talus* (Proust). **Ardu** implique surtout un accès difficile : un mauvais chemin de montagne peut être *ardu* même si la pente n'est pas très *raide*.

Escarpin : → Soulier.

Escarpolette : → Balançoire.

Esclaffer [s'] : → Rire.

Esclandre : → Scandale.

Esclavage : → Servitude.

Esclave : → Prisonnier. *Esclave*, **Ilote**, **Serf** différent comme *esclavage, ilotisme, servage* : → Servitude.

Escobarderie : → Fuite et Hypocrisie.

Escogriffe : → Géant.

Escompter : ¶ 1 → Espérer. ¶ 2 → Dépenser.

Escorte : → Suite.

Escorter : → Accompagner.

Escouade : → Troupe.

Escrimer [s'] : ¶ 1 → Discuter et Lutter. ¶ 2 → Essayer.

Escroc : → Fripon.

Escroquer : → Voler.

Escroquerie : → Vol.

Ésotérique : → Secret.

Espace : ¶ 1 En philosophie, l'*Espace* est le milieu idéal indéfini où nous situons tous les corps et tous les mouvements; l'**Étendue** est limitée, c'est l'espace devant nos yeux ou la partie d'espace qu'occupe un corps et qu'on peut mesurer : *Tous les corps sont situés dans l'espace et y occupent une certaine étendue*. — Dans le langage courant, même lorsque *espace* et *étendue* désignent une certaine superficie ou un volume limités, la même nuance se retrouve, *étendue* désignant les dimensions d'un objet qu'on pourrait mesurer, *espace*, ce qui s'étend autour de lui, ou un vide qu'il pourrait ou qu'il paraît occuper sans qu'on le mesure exactement : *Un objet a une étendue et occupe un espace. L'étendue de la terre et l'espace qui entoure la terre. Étendue* est syn. de *superficie* (→ Surface).

Espace l'est d'*intervalle. Étendue* se dit seul au fig. pour désigner les limites qu'embrasse un esprit, un ouvrage. **Champ,** terme de science, espace contenu dans certaines limites : *Champ visuel; champ opératoire*; s'emploie aussi comme syn. d'*espace* dans des loc. telles que *Prendre, donner du champ*. ¶ 2 Étendue concrète (≠ Distance : → ce mot) entre objets ou événements. *Espace,* même quand il signifie une étendue bornée, ne fait point penser aux limites dans lesquelles elle est contenue : *L'espace d'un matin* (Malh.). **Intervalle,** toujours relatif, a rapport aux termes entre lesquels s'étend la portion d'espace qu'il exprime : *Les côtes laissent entre elles un intervalle* (Fén.). **Interstice,** court intervalle, dans l'espace, entre les parties d'un corps, ou parfois dans le temps : *L'interstice de l'eau entre les bateaux* (Proust). **Laps,** *espace* dans la loc. *Laps de temps*. ¶ 3 → Temps. ¶ 4 En termes d'imprimerie, *Espace,* intervalle entre les mots. **Interligne,** intervalle entre deux lignes. **Blanc,** espace ou interligne exceptionnellement grands.

Espacer : → Séparer.

Espagnolette : → Poignée.

Espèce : ¶ 1 → Genre. ¶ 2 → Sorte. ¶ 3 *Espèces :* → Argent.

Espérance : Désir de quelque chose conçu comme possible. *Espérance* désigne plutôt un état assez durable dans lequel on attend quelque chose qu'on ne connaît pas bien et sans savoir exactement comment cela arrivera : *Mon cœur lassé de tout, même de l'espérance* (Lam.). **Espoir** a plutôt rapport à un objet précis : *L'état actuel de la science ne permet pas le moindre espoir* [de guérir] (M. D. G.). Mais les deux mots se confondent le plus souvent dans le langage ordinaire : *Quittez le long espoir* (L. F.). **Attente** n'implique pas le désir, mais la quasi-certitude d'une chose souvent due ou nécessaire (→ Espérer). **Confiance,** espérance ferme en quelqu'un ou en quelque chose : *Une inaltérable confiance en l'avenir. Plus qu'une confiance, une certitude* (M. D. G.).

Espérer, avoir l'idée qu'un événement arrivera et y aspirer de tout son cœur, se dit d'un événement heureux dont on n'est pas entièrement sûr ou d'une chose qu'on ne croit pas pouvoir exiger : *Espérant des lendemains épiques* (Her.). *Je ne sais pas si je le crois, mais je l'espère* (Gi.). **Attendre** (→ Présumer) n'implique pas qu'on désire l'événement et se dit des choses favorables ou non qu'on prévoit : *Ils n'ont à attendre que l'enfer ou le néant* (Pasc.); mais suppose, en parlant d'un événement heureux, plus de certitude qu'*espérer* et aussi le sentiment que la chose est due ou nécessaire : *Un débiteur*

espère une remise, un créancier attend un paiement (L.). **Se promettre** implique une confiance grande, mais non justifiée, avec souvent l'idée que la chose dépend de nous en partie et que nous prenons envers nous l'engagement de travailler à son succès : *Je m'étais promis plus de plaisir que je n'en ai eu* (Acad.). **Compter sur,** attendre avec certitude en faisant fond sur quelqu'un ou sur quelque chose : *Il ne faut compter sur rien de ce qu'il promet* (Acad.). **Faire état** marque une certitude plus grande : *Faites état que vous aurez cette somme dans quinze jours* (Acad.). **Tabler sur,** fam., implique un risque, une mise : *Je prétendais que l'on tablât sur la diversité des choses* (Gi.). **Escompter,** agir comme si une chose favorable devait sûrement arriver, et souvent bâtir des projets sur des espérances aléatoires : *Il avait escompté un grand succès, l'événement l'a déçu* (Acad.). **Se flatter,** s'abuser d'une espérance illusoire : *En se flattant de rajeunir le dogme, on avait espéré, bien vainement d'ailleurs, rallier quelques douzaines de délicats* (J. Rom.).

Espiègle, à la fois éveillé et malicieux, mais sans méchanceté : *Bon plaisant et plus espiègle que malin* (Marm.). **Mutin** ajoute l'idée de badinage et de moquerie, et se dit du visage, de l'air, ou en parlant d'un enfant : *J'ai le pied leste et l'air mutin,* dit Bérang. en parlant d'une vivandière. **Coquin,** fam., se dit par plaisanterie d'un enfant espiègle : *Un aimable petit coquin* (Acad.). **Fripon,** en parlant d'un enfant, ajoute une idée de malignité : *Mais un fripon d'enfant (cet âge est sans pitié) Prit sa fronde* (L. F.); et se dit aussi de l'air malicieux et coquet d'une femme : *Ne vous y fiez pas. Elle a, ma foi, les yeux fripons* (Boil.). **Lutin,** espiègle, pétulant et taquin en parlant d'un enfant, se dit aussi de l'air des personnes qui a quelque chose de taquin, d'agaçant : *Cette actrice a une figure lutine* (Lit.). **Polisson,** en son sens atténué, marque, en parlant d'un enfant, un excès d'espièglerie, de turbulence et de malice. **Mâtin,** fam., se dit d'un enfant qui a fait preuve de malice ou de hardiesse : *Ah! la petite mâtine!* **Diable,** péj., implique, chez un enfant, méchanceté ou turbulence incommode et bruyante.

Espièglerie : → Plaisanterie.

Espion : → Émissaire. *Espion,* celui qui est chargé d'épier secrètement les actions ou les paroles d'autrui et d'en faire un rapport, en général dans une nation ou une armée ennemies, mais aussi, dans son pays, pour le compte de la police, et par ext., en un sens péj., pour le compte de n'importe qui : *Tous les esclaves des rois et des reines sont autant d'espions de leurs cœurs* (Volt.).

Mouchard, pop. et péj., espion de police, et par ext. celui qui joue ce rôle dans la vie privée : *Ne voilà pas de mes mouchards qui prennent garde à ce qu'on fait* (MOL.). **Mouche** est plus rare : *Une de ces mouches que l'on tient sans cesse à mes trousses* (J.-J. R.). **Indicateur,** terme de police, celui qui dénonce un coupable, indique les pistes à suivre : *Dans un État où il y a des esclaves, il est naturel qu'ils puissent être indicateurs* (MTQ.). **Mouton,** fig. et fam., homme apposté pour gagner la confiance d'un prisonnier, découvrir son secret et le révéler. **Casserole,** *mouchard, indicateur,* est pop.

Espionner : → Épier.

Esplanade : → Place.

Espoir : → Espérance.

Esprit : ¶ 1 → Inspiration. ¶ 2 → Ame. ¶ 3 → Fantôme. ¶ 4 → Entendement. ¶ 5 → Raison. ¶ 6 → Talent et Disposition. ¶ 7 Vivacité d'esprit qui découvre entre les choses des rapports superficiels, mais inattendus. *Esprit* implique l'art des rapprochements originaux et piquants : *Ce qu'on appelle esprit... c'est l'art ou de réunir deux choses éloignées ou de diviser deux choses qui paraissent se joindre, ou de les opposer l'une à l'autre, c'est celui de ne dire qu'à moitié sa pensée pour la laisser deviner* (VOLT.). **Sel,** au fig., ce qu'il y a de vif, de piquant, de délicat dans la conversation ou dans un ouvrage d'esprit, est syn. d'*esprit* lorsque cet agrément vient de la qualité que désigne ce mot : *Le sel dont il a plu à Dieu de favoriser votre conversation* (VOLT.). **Ironie,** forme d'esprit qui consiste à donner pour vraie et sérieuse une proposition manifestement fausse de façon à en mettre en valeur l'absurdité : *L'ironie de Voltaire dans Candide.* **Humour,** genre d'ironie caractéristique de l'esprit anglo-saxon, plus impassible que l'ironie française et aussi moins nette, moins achevée, car l'humour admet souvent une absurdité gratuite qui ne cherche pas à persuader de la fausseté de telle ou telle idée précise, mais à créer une sorte de doute sur l'apparence logique du monde : *L'humour de Swift, de Mark Twain.* ¶ 8 → Naturel. ¶ 9 → Mentalité. ¶ 10 → Homme. ¶ 11 → Sens. ¶ 12 → Fluide. ¶ 13 → Collection. ¶ 14 *Esprit fort* : → Incroyant. ¶ 15 *Esprit follet, Esprit familier* : → Génie. ¶ 16 *Bel esprit; homme d'esprit* : → Spirituel.

Esquif : → Embarcation.

Esquinter : ¶ 1 → Détériorer. ¶ 2 → Critiquer. ¶ 3 → Fatiguer.

Esquisse : → Ébauche.

Esquiver : ¶ 1 → Éviter. ¶ 2 (Réf.) → (s') Enfuir.

Essai : ¶ 1 → Expérience. ¶ 2 → Tentative. ¶ 3 → Article. ¶ 4 → Traité.

Essaim : → Multitude.

Essayer : ¶ 1 → Expérimenter. ¶ 2 Mettre en usage quelque moyen pour faire réussir une chose. *Essayer* de marque une action momentanée pour atteindre un but précis, *Essayer à* (vx), une action plus suivie, mais dans tous les cas il ne s'agit que d'une expérience, sans forcément l'idée de difficulté ni d'effort : *Télémaque essaie trois fois de bander son arc* (FÉN.). *S'essayer à,* se mettre soi-même à l'essai pour voir si l'on est capable d'une chose : *Son bras s'essaie à frapper ses victimes* (VOLT.). — **Chercher à** marque le dessein d'atteindre un but par un moyen quelconque, même s'il exige un effort : *Je cherche en vain à me tromper* (RAC.). **S'efforcer à** ou **de** (même différence qu'entre *essayer à, de*) implique qu'on fait quelque chose qui est peu en proportion avec ses moyens, énergiquement, avec effort, parfois avec force : *Je venais de m'efforcer en vain d'atteindre les lavabos. Cette impuissance ne m'effrayait pas* (MAU.). **Tâcher à, de** marque une action plus douce, souvent par d'autres moyens que la force : *Un émondeur qui coupe des branches de saule et qui tâche d'en abattre le plus possible afin de gagner plus d'argent* (FLAUB.). **Tenter de,** essayer avec effort d'obtenir d'un seul coup un résultat difficile, en général au-dessus de nos forces : *Ceux qui tentaient de le saisir par les flancs, il les renversait à coups de pommeau* (FLAUB.). **Faire l'impossible pour** se dit par hyperbole, par ex. dans une promesse : *Je ferai l'impossible pour vous obtenir cela.* **S'évertuer à** marque un effort soutenu et pénible pour faire quelque chose de difficile, avec méthode et régularité : *On s'évertue à bien chercher la rime* (BOIL.). **S'escrimer,** fam., implique des efforts désordonnés et souvent inutiles : *S'escrimer des pieds et des mains pour grimper à quelque endroit* (ACAD.). **S'ingénier à,** chercher quelque moyen habile pour atteindre un but : *Alors Édouard éperdument s'ingénia à ranimer un peu de vie près de s'éteindre : il souleva les bras, pressa les flancs* (GI.). — **Tâtonner,** au fig., toujours absolument, faire différents essais dans une direction approximative, souvent par ignorance, pour arriver à un résultat : *J'allais tâtonnant par une suite de raisonnements* (FÉN.).

Essence : ¶ 1 → Qualité. Ce qui fait qu'une chose est ce qu'elle est. *Essence,* ensemble des propriétés fondamentales, invariables, que la chose doit nécessairement avoir pour être ce qu'elle est : l'*essence* est générale, répond à un type qui s'applique à toute une classe, et peut correspondre à des types possibles et non pas réels : *L'essence du triangle est d'avoir trois côtés et trois angles* (Lit.). **Nature,** toutes les propriétés remarquées dans une chose et qui lui sont non pas nécessaires, mais seulement inhérentes : la *nature* admet les particularités, peut être individuelle, et existe toujours effectivement dans un objet : *L'idée de l'essence représente ce que la chose doit être par sa nature quand elle sera* (Bos.). ¶ 2 → Extrait.

Essentiel : → Principal.

Essor : ¶ 1 → Vol. ¶ 2 → Avancement.

Essoufflé, mis presque hors d'haleine par un mouvement violent et respirant d'un souffle court et gêné : *Trop essoufflé pour répondre* (M. D. G.). **Haletant,** qui, parce qu'il est essoufflé, respire fréquemment et souffle violemment : *Un Chinois nu haletant de fatigue* (Loti). **Pantelant,** qui halète irrégulièrement, par secousses : *Un cerf aux abois est pantelant.* **Poussif,** en parlant des chevaux et par ext. des personnes, qui respire difficilement par vieillesse ou mauvais état de ses organes.

Essuyer : ¶ 1 → Nettoyer et Sécher. ¶ 2 → Recevoir.

Est : → Orient.

Estacade : → Digue.

Estafette : → Messager.

Estafier : → Tueur.

Estafilade : → Coupure.

Estaminet : → Café.

Estampe : → Image.

Estamper : ¶ 1 → Imprimer. ¶ 2 → Dépouiller.

Estampille : → Marque.

Estampiller : → Imprimer.

Esthétique : → Beau.

Estimable, dont on doit faire cas, en soi, pour sa bonté ou sa beauté. **Recommandable** est relatif à l'opinion, à l'intérêt que la personne ou la chose suscite, souvent par une valeur d'utilité ou d'application qui la fait rechercher : *Rien n'est estimable que le bon sens et la vertu* (Fén.). *Race* [de pigeons] *recommandable par son utilité* (Buf.). Un homme peu *estimable* a des défauts moraux; un homme peu *recommandable* est avili, mal vu parce qu'on le juge dangereux.

Estime : → Égards.

Estimation, Évaluation, Appréciation : → Estimer.

Estimer : ¶ 1 *Estimer,* déterminer la valeur intrinsèque, le mérite, l'utilité d'une chose ou sa grandeur, d'une façon approximative et souvent assez subjective : *Estimer*

le poids d'un fardeau à la vue (J.-J. R.). **Évaluer** (→ ce mot), estimer une chose quant à son prix, à sa valeur, à sa quantité, à sa durée, souvent approximativement, mais plus objectivement et par un calcul plus compliqué et plus mathématique que n'implique *estimer* : *C'est un calcul très fautif que d'évaluer toujours en argent les gains ou les pertes des souverains* (J.-J. R.). **Apprécier** et **Priser** n'ont rapport qu'à la valeur de la chose, *apprécier* marquant une action plus difficile, plus précise, exigeant habileté et finesse, portant sur des choses plus relevées, et plus rigoureuse : *Il vous taxe, il vous apprécie, il fixe votre dépense* (L. B.). *Apprécier à sa valeur le fardeau de cette tâche quotidienne* (M. D. G.); *priser* marquant une action plus simple : *Le fripier me proposa un autre habillement qu'il prisa dix pistoles* (Les.). **Mettre à prix,** fixer le prix d'une chose spéc. dans une vente. **Taxer,** fixer par autorité le prix vénal des denrées, des marchandises ou de quelque autre chose que ce soit : *Le gouvernement taxe la viande à tant.* **Coter,** marquer le prix ou le taux des choses, tels qu'ils résultent des circonstances économiques : *Coter la rente, le change, le cours des effets publics* (Acad.). ¶ 2 Au fig. Avoir une opinion en général avantageuse de quelqu'un. *Estimer* a rapport à la valeur essentielle surtout morale : *Un très honnête homme que mon père estimait beaucoup* (A. Dum. fils). **Apprécier** et **Priser** ont rapport à la valeur de quelqu'un jugée d'après l'opinion, les services qu'il rend, ses talents, *apprécier* impliquant en général un jugement favorable, qui suppose du goût, du discernement : *On apprécie bien ou mal. Il est aisé de critiquer un ouvrage, mais il est difficile de l'apprécier* (Vauv.). *Un petit restaurant dont j'appréciais la cuisine* (Mau.); *priser,* assez vx, marquant l'opinion bonne ou mauvaise qu'on a de quelqu'un d'après son goût personnel ou son intérêt : *On prise beaucoup ou peu. Des histoires peu prisées* (Bos.). **Considérer,** tenir en estime quelqu'un à cause de sa valeur intellectuelle, morale et surtout sociale : *On considère un bon géomètre* (Fén.). **Faire cas** dit moins; c'est simplement avoir bonne opinion de quelqu'un : *On considère celui qu'on juge supérieur à soi, on fait cas d'un inférieur. Des animaux dont on ne fait cas qu'autant qu'ils rendent des services* (Fén.). **Coter,** fig. et fam., placer quelqu'un au rang que lui vaut son mérite, suppose, lorsqu'il est employé absolument, un rang honorable : *Un écrivain coté.* ¶ 3 → Croire.

Estoc : ¶ 1 → Épée. ¶ 2 → Race. ¶ 3 → Racine.

Estocade, coup de pointe d'une épée ou

d'un fleuret. **Botte**, *estocade*, dans le langage de la salle d'armes.

Estomac, organe intérieur qui, dans le corps de l'homme et de l'animal, reçoit et digère les aliments. **Jabot** et **Gésier** désignent respectivement les deux ventricules dans lesquels la nourriture de certains oiseaux séjourne quelque temps avant de passer dans l'estomac et après y être passé. *Jabot* est pop. pour désigner l'*estomac* de l'homme. **Cœur** se dit abusivement de l'*estomac* de l'homme considéré comme la cause d'un malaise qui donne envie de rendre : *Avoir mal au cœur, le cœur barbouillé.* — Au fig. → Fermeté.

Estomaqué : → Ébahi.

Estomper : ¶ 1 → Modérer. **¶ 2** (Réf.) → Disparaître.

Estrade, construction, généralement en bois, élevée d'une ou de plusieurs marches sur le plancher d'une chambre, d'une salle ou en plein air, pour y mettre des personnes ou des choses bien en vue : *Un lit, un trône, des notabilités sont sur une estrade.* **Tribune**, estrade assez élevée d'où parle un orateur dans une assemblée délibérante ou une réunion publique; ou lieu ordinairement assez élevé, parfois en gradins, avec sièges, où se mettent certaines personnes qui doivent occuper une place séparée dans les églises, dans les lieux d'assemblée publique : *La tribune de l'Assemblée nationale. La tribune des musiciens. Les tribunes d'un stade.* **Chaire**, tribune élevée, ordinairement surmontée d'un baldaquin, d'où parle un prédicateur dans une église; ou estrade ou tribune d'où un professeur fait son cours. **Échafaud**, syn. vx d'*estrade* ou de *tribune*, ne désigne plus qu'une espèce de plancher surélevé où l'on exécute des condamnés à mort, ou l'espèce de plancher sur lequel les ouvriers montent pour travailler aux parties élevées d'une construction; et dans ce dernier cas, on dit plutôt **Échafaudage**.

Estropié : Infirme d'un membre. *Estropié* se dit d'une infirmité due à un accident et fait penser à l'état du sujet. **Impotent** se dit dans le cas d'une infirmité accidentelle ou naturelle qui rend incapable de se servir de la partie du corps malade : *Nous sortons estropiés de nos batailles* (Les.). *Né impotent* (Buf.). **Cul-de-jatte**, qui n'a l'usage ni de ses jambes ni de ses cuisses, ou est complètement privé de ces membres.

Estropier : → Mutiler.

Estuaire : → Embouchure.

Étable, lieu couvert où l'on enferme les bestiaux, se dit plutôt pour les bovidés, **Écurie**, pour les chevaux, ânes, mulets, **Bergerie** et **Bercail**, pour les ovins,

Porcherie, pour les porcs. **Soue**, *porcherie*, est dialectal. **Bouverie**, étable à bœufs de travail, se dit surtout des étables qui sont dans les environs des marchés publics. **Vacherie**, étable des vaches laitières.

Établi : → Table.

Établir : ¶ 1 → Poser. **¶ 2** Mettre en un lieu ou dans un emploi : → Placer. **¶ 3** → Créer. Créer ou donner l'être à une chose nouvelle. *Établir*, fixer et asseoir solidement, désigne une action sans rien de solennel et qui porte souvent sur des choses concrètes, des personnes qu'on met dans tel ou tel lieu : *Établir un tribunal dans une ville, un gouvernement, une administration* (Acad.). **Instituer**, établir, toujours d'un seul coup, quelque chose d'important, souvent par autorité, ou avec un règlement, des statuts : *Instituer une procession* (Volt.); *un héritier, un ordre, des sacrements* (Acad.). **Constituer**, établir quelqu'un dans une situation légale, ou une chose d'une façon fixe, définitive : *Constituer avoué. Constituer une rente, une pension* (Acad.). **Fonder**, établir une chose qu'on commence à bâtir, dont on pose les fondements et pour laquelle on fournit parfois aussi des fonds : *Fonder une ville, un ordre religieux, un lit dans un hôpital* (Acad.). **Ériger** se dit de ce qu'on établit dans un degré plus élevé : *Ériger une église en cathédrale*; ou de ce qui est par soi-même élevé : *Ériger un tribunal, un évêché* (Acad.). **Instaurer** ne se dit que d'une église, d'une solennité, d'une religion ou d'un usage qu'on établit ou qu'on institue. — Au fig., *Établir* se dit d'une coutume, d'une opinion, d'une doctrine, d'une mode qu'on fait adopter progressivement, et qui demeurent : *Établir l'ordre et la fraternité sur la planète* (M. D. G.). *Instaurer*, commencer à établir un usage en parlant d'une personne. **Introduire**, commencer à établir certaines choses, parfois venues du dehors, en parlant d'une personne, ou leur donner cours, en parlant de certaines circonstances : *Introduire un usage, une coutume.* On dit aussi en ce sens **Amener** : *C'est ce médecin qui a amené l'usage de ce remède* (Acad.). **Implanter**, introduire et établir solidement : *Implanter de nouveaux usages.* **Importer**, fig., introduire des usages, des mœurs, venus de l'étranger. **Introniser**, établir quelque chose de mauvais qui règne avec une sorte de despotisme : *Introniser un abus, une mode.* **¶ 4** → Fonder. **¶ 5** → Prouver. **¶ 6** (Réf.) → (se) Fixer et (se) Marier.

Établissement : ¶ 1 *Établissement*, **Institution, Constitution, Fondation, Érection, Instauration :** → Établir. **¶ 2** Ce qui est établi pour l'exercice ou l'exploitation d'une industrie, d'un commerce. *Établissement* (qui se dit aussi de ce qui est établi pour l'utilité publique) désigne, dans un langage assez recherché, l'exploitation industrielle ou commerciale comme occupant un espace, des locaux, etc. : *Un établissement de crédit, les établissements Peugeot.* Pour l'agriculture, les mines, on dit simplement **Exploitation.** *Établissement* a pour syn., dans l'industrie, **Usine** (→ ce mot), qui désigne surtout l'établissement pourvu de machines où l'on travaille les matières premières pour en tirer certains produits, et, dans le commerce, **Maison de commerce** ou simplement **Maison.** **Entreprise,** plus abstrait, désigne, en termes d'économie, l'ensemble des communautés élémentaires de travail qui coopèrent sous la direction d'un chef responsable à la réalisation d'une œuvre commune; dans le langage courant, *entreprise* se dit d'un grand établissement de service public ou privé : *Entreprise de pompes funèbres; de transports en commun*; ou de l'établissement de celui qui entreprend des travaux de construction, de décoration : *Une entreprise de peinture.* **Fonds,** établissement industriel ou commercial avec ce qui en dépend comme marchandises, ustensiles, clientèle et bail : *Un fonds de commerce.* **Firme,** fam., établissement commercial ou industriel désigné par sa raison sociale : *Les firmes d'appareils de photos.* — **Boîte,** syn. pop. et souvent péj. d'*entreprise* : *Une grosse boîte.* ¶ 3 Dans les pays exotiques, *Établissement,* lieu occupé par une installation commerciale importante et par les colons, les fonctionnaires qui l'administrent : *Les établissements français de l'Inde.* **Comptoir,** bureau général de commerce, maisons de commerce, banques, appartenant à l'État ou à des particuliers : *Plusieurs nations de l'Europe ont des comptoirs en Asie* (Acad.). **Factorerie,** bureau des agents ou magasin d'une compagnie de commerce privée à l'étranger et surtout aux colonies. **Loge,** autrefois, comptoir européen en Afrique ou en Asie.

Étage : ¶ 1 → Palier. ¶ 2 → Rang.

Étai : → Appui.

Étal : ¶ 1 → Table. ¶ 2 → Magasin.

Étalage : ¶ 1 Exposition de marchandises qu'on veut vendre. *Étalage* se dit des marchandises exposées artistiquement ou non à l'extérieur ou à l'intérieur d'un magasin, ou présentées sur la voie publique par un marchand ambulant. **Montre,** vx, étalage extérieur, ne se dit plus guère que dans le petit commerce de détail. **Devanture,** revêtement de boiserie qui garnit le devant d'une boutique, par ext., depuis le début du xixe s., étalage extérieur placé à cet endroit et sou-

vent artistement combiné : *La devanture d'un bijoutier.* **Vitrine,** étalage formant en général un ensemble harmonieux soit derrière la vitre qui constitue la devanture, soit à l'intérieur du magasin dans des sortes de petites armoires en verre : *Les étalagistes mettent tout leur soin à disposer une vitrine.* **Éventaire,** plateau que certains marchands ambulants portent devant eux et sur lequel ils font leur étalage, par ext., étalage extérieur sans aucun art : *Il y a des choux à l'éventaire de ce fruitier* (Acad.). ¶ 2 (Au fig.) → Montre.

Étale : → Stationnaire.

Étaler : ¶ 1 → Étendre. ¶ 2 → Montrer. ¶ 3 (Réf.) → (se) Montrer et Tomber.

Étalon : ¶ 1 → Cheval. ¶ 2 → Modèle.

Étanche : → Imperméable.

Étancher : ¶ 1 → Sécher. ¶ 2 → Assouvir.

Étançon : → Appui.

Étançonner : → Appuyer et Soutenir.

Étang : Grand amas d'eau stagnante, entourée de terre de tous côtés. L'*Étang* peut être contenu simplement par une chaussée naturelle ou artificielle; il est en général assez peu vaste et peu profond, se trouve en plaine et peut communiquer parfois avec la mer par un canal : *l'étang de Berre.* Le **Lac,** plus vaste, plus profond, se trouve toujours à l'intérieur des terres qui l'enclavent, souvent dans une profonde dépression : *Le lac du Bourget.* **Lagune,** étang littoral d'eau salée ou saumâtre fermé par un cordon littoral. *Petit étang :* → Mare. Le **Marais** (→ ce mot) se distingue de l'*étang* par le fait que le grand amas d'eau qu'il représente recouvre incomplètement un terrain qu'elle sature.

Étape : ¶ 1 Le lieu où l'on s'arrête en voyage. *Étape,* lieu où les troupes en marche s'arrêtent pour reposer, se dit par ext. de tout lieu dans lequel on fait un arrêt prolongé au cours d'un voyage : *Notre seconde étape fut Bordeaux.* **Couchée** et **Gîte** sont vx. **Halte** marque un arrêt beaucoup plus bref qu'*étape.* — **Escale,** lieu où un navire s'arrête au cours d'un voyage. ¶ 2 *Étape* désigne aussi la distance parcourue entre deux lieux où l'on couche, où l'on séjourne. **Journée,** vx, chemin parcouru en une journée. ¶ 3 → Phase.

État : ¶ 1 Manière d'être, bonne ou mauvaise, d'une personne, d'une chose, d'une affaire. *État* marque quelque chose de constant et de durable, ou parfois une manière d'être conçue comme possible; **Situation,** quelque chose de toujours réel, mais d'accidentel, de passager, de déterminé par les événements, par la fortune, par ce qui vient du dehors : *Confondre la* situation d'un moment avec un état de durée (L. H.). **Point,** fig., situation considérée comme un moment d'une évolution : *Voilà, belle Émilie, à quel point nous en sommes* (CORN.). ¶ 2 En parlant seulement d'une personne, *État* marque absolument la manière d'être et le genre de vie, envisagés souvent d'une façon idéale : *L'état d'homme marié* (BALZ.). *Le veuvage, la jeunesse, le péché sont des états.* **Condition,** manière d'être réelle telle qu'elle résulte des qualités, de la nature d'un être : *La transformation continue de la condition de tous les hommes* (BERTH.). *La condition humaine* (MAL.); en un sens plus particulier implique une comparaison avec les autres souvent relativement à la place occupée dans la société : *La noblesse, la roture, l'esclavage sont des conditions.* — *Les diverses conditions des hommes qui se font reconnues dans une nation, établissent des différences dans leur état* (D'AG.). Quand *état* se dit de la place occupée dans la société, il l'envisage comme plus élevée que ne le fait *condition* : *États relevés* (BOUR.). *Condition modeste* (MAU.). **Sort,** condition durable envisagée sous le rapport de la situation matérielle et, d'une façon plus générale, du bonheur qu'on en tire : *La splendeur de son sort* (RAC.). **Position,** état momentané par rapport à certaines circonstances : *La retrouver dans une belle position* (ZOLA); se dit aussi de la *condition* que donne l'emploi, la place qu'on occupe : *Faire une position à son gendre* (MAU.). En ce dernier sens, **Situation,** *position* en général durable et considérée comme assez avantageuse : *La haute situation qu'il occupait* (GI.). ¶ 3 → Profession. ¶ 4 → Liste. ¶ 5 → Gouvernement. ¶ 6 → Nation. ¶ 7 *État* ou *États*, étendue de pays soumis à une seule souveraineté politique : *Régnez toujours, Porus, je vous rends vos États* (RAC.). **Empire,** *État* ou ensemble d'*États* soumis à l'autorité d'un empereur, par ext. très vaste *État*, ou nombreux *États* soumis à un pouvoir souverain quelconque : *L'Empire d'Alexandre.* **Royaume,** *État* sous la souveraineté d'un roi. **Province,** vx, petit État : *Alexandre, né roi d'une province* (BOIL.). ¶ 8 *État d'esprit* : → Mentalité. ¶ 9 *Faire état* : → Espérer et Considérer.

Étatiser : → Nationaliser.

Étatisme : → Socialisme.

Étayer : ¶ 1 → Soutenir. ¶ 2 Au fig. → Appuyer.

Été : Saison de la chaleur. L'*Été* commence au solstice de juin et finit à l'équinoxe de septembre. La **Canicule,** période de la plus grande chaleur, s'étend de juillet à août.

Éteindre : ¶ 1 *Éteindre,* faire qu'une chose ne soit plus en combustion, par n'importe

quel moyen. **Étouffer,** éteindre le feu en interceptant l'air ¶ 2 → Modérer. ¶ 3 → Détruire. ¶ 4 (Réf.) → Mourir.

Étendard : → Drapeau.

Étendre : ¶ 1 Donner plus de surface à une chose. *Étendre,* faire qu'une chose acquière plus de surface en la rendant plus mince, en la tirant, en la dilatant, en lui donnant toute sa surface en long et en large : *On étend du beurre sur le pain. On étend l'or sous le marteau. On étend du linge pour le sécher* (ACAD.). **Étirer,** étendre dans le sens de la longueur, par traction : *Étirer du fer; ses membres.* **Détirer,** étendre en tous sens par traction : *Détirer des dentelles* (ACAD.). **Allonger** ne se dit qu'en parlant des membres, de certaines parties du corps de l'homme ou des animaux qui prennent plus de longueur sans aller jusqu'à s'étirer : *On allonge le bras pour saisir un objet, on l'étire pour lui faire faire un exercice en le rendant raide.* **Déployer,** étendre ce qui était plié ou ployé : *On déploie un drapeau. Un aigle déploie ses ailes* (ACAD.). **Déplier,** défaire ce qui était plié, sans toujours l'étendre largement : *Déplier sa serviette.* **Ouvrir,** écarter ou déployer ce qui était plié ou joint : *Ouvrir les bras.* **Développer,** étendre ce qui est enveloppé, replié, entortillé : *On développe un tapis, un paquet de linge.* **Dérouler,** étendre de tout son long ce qui était roulé régulièrement : *On déroule un tableau, un parchemin, un vieux titre.* **Étaler,** étendre sur une surface plane une chose ou plusieurs choses, souvent pour les mieux voir ou les faire voir : *On étale une carte de géographie sur une table.* ¶ 2 Déployer dans le sens de la longueur. *Étendre,* **Allonger, Coucher,** en parlant des personnes et des choses, diffèrent comme au réf. en parlant des personnes : → (se) Coucher. ¶ 3 → Augmenter. ¶ 4 Ajouter à un liquide une certaine quantité d'eau (≠ Délayer, qui se dit d'un solide). *Étendre,* terme courant, affaiblir un liquide en lui ajoutant un peu ou beaucoup d'eau : *Étendre du vin, un acide, de l'alcool.* **Diluer,** terme didact., ajouter beaucoup d'eau à un liquide pour qu'il y disparaisse ou même s'y dissolve : *On dilue un médicament.* **Allonger,** terme culinaire, ajouter à une sauce du bouillon ou de l'eau. En ce sens on dit aussi **Éclaircir,** rendre moins épais un liquide : *Éclaircir un sirop.* **Mouiller,** mêler d'eau le vin, le lait. **Baptiser,** ajouter de l'eau au vin, est fam. — Réf. ¶ 5 Occuper un certain espace. *S'étendre,* tenir un certain espace, se prolonger jusqu'à tel ou tel point dans l'espace ou dans le temps : *Leur empire s'étendait jusqu'à tel. fleuve. La vie de l'homme ne s'étend guère au-delà de cent ans* (ACAD.). **Se développer,** paraître se mouvoir ou sortir d'un lieu resserré : *Une armée se développe dans la plaine. Un fleuve se développe à l'extrémité d'une vallée* (ACAD.). **Se dérouler**, se montrer successivement aux yeux : *D'une terrasse la vue s'étend sur toute la plaine et le paysage se déroule sous les yeux.* ¶ 6 → (se) Coucher. ¶ 7 → (se) Répandre. ¶ 8 → Durer. ¶ 9 En parlant d'un sujet, *S'étendre* sur lui, le traiter longuement surtout quand il s'agit d'une narration : *Je me suis un peu étendue sur cette mort* (SÉV.). **Développer** (→ ce mot), faire voir tous les détails d'un sujet, en dégager les idées, en distinguer tous les nuances, surtout quand il s'agit d'un discours, d'une dissertation : *Développer le sujet d'un ouvrage, un système* (ACAD.). **Épuiser** un sujet, dire sur lui tout ce qu'il est possible de dire : *Je ne vous en parlerai pas, nous avons épuisé cette matière* (SÉV.).

Étendu : → Grand.

Étendue : ¶ 1 → Espace. ¶ 2 Espace limité qu'occupe un objet. *Étendue* se dit d'une ligne, d'une surface, d'un volume limités, mesurables ou non : *L'étendue d'un champ, des mers. Un point n'a pas d'étendue* (ACAD.). **Grandeur**, étendue d'une chose en tant qu'elle pèut augmenter ou diminuer, être mesurée et comparée à une autre : *Tel astre surpasse en proportion toute la grandeur de la terre* (Bos.); se dit aussi dans le langage courant d'une grande étendue : *La grandeur des Océans.* **Dimension**, l'étendue mesurée dans les divers sens où il est nécessaire de le faire pour déterminer sa grandeur : *Un corps a trois dimensions, longueur, largeur et profondeur.* — Ce n'est guère que dans le langage philosophique qu'*étendue* se dit d'un corps à trois dimensions et dans ce cas est syn. de Volume (→ ce mot). Mais dans le langage courant il se dit bien comme syn. de Surface (→ ce mot, de Durée (→ Temps), et en parlant de la longueur (→ ce mot) d'un ouvrage et de l'envergure d'un esprit (→ Largeur).

Éternel : ¶ 1 → Durable. Dont on ne conçoit pas la fin. *Éternel*, qui n'a pas eu de commencement et n'aura pas de fin : *Dieu est éternel*; ou qui n'aura jamais de fin quoiqu'il ait eu un commencement : *La gloire éternelle*; ou par hyperbole, qui doit durer si longtemps qu'on n'en conçoit pas la fin : *Éternelle inquiétude* (M. D. G.). **Perpétuel**, qui ne finira pas avant un certain moment qu'on ignore exactement : *Un secrétaire perpétuel restera secrétaire tant qu'il vivra. Perpétuel souci* (GI.). **Continuel** est relatif, comme *perpétuel*, à une durée indéfinie dans certaines limites, mais alors que ce qui est *perpétuel* est surtout indivisible, est ou demeure toujours, ce qui est *continuel* va

ou se fait toujours, est composé de parties qui se succèdent sans cesse, sans interruption visible : *Un silence perpétuel, un bruit continuel. Continuel caprice* (ZOLA). **Immortel** se dit des êtres vivants ou personnifiés qui semblent vivre sans terme soit en fait soit dans la mémoire des hommes : *L'âme est immortelle. L'immortel auteur de l'Énéide* (ACAD.). **Impérissable** ne se dit que des choses qui ne cesseront pas d'exister, en fait ou dans la mémoire des hommes : *Certains philosophes soutiennent que la matière est impérissable. Monument, gloire impérissables* (ACAD.). **Indestructible** n'a rapport qu'à l'impossibilité de la destruction physique : *Germe indestructible.* **Sempiternel**, syn. ironique et fam. d'*éternel* : *La vie sempiternelle* (VOLT.). *Impotentes sempiternelles* (VOLT.). **Pérenne**, qui dure toute l'année, syn. technique de *perpétuel* : *Arbre à feuillage pérenne* (on emploie surtout le nom correspondant, *Pérennité*, état de ce qui dure longtemps). **Perdurable**, vx, *éternel* ou très durable : *Perdurable, Dieu n'aura point de fin* (DID.). **Indéfectible**, terme didact., qui ne peut défaillir, ne peut cesser d'être : *Une vertu indéfectible à cause de sa perfection qui ne se relâche jamais* (Bos.). *La santé indéfectible de la campagne* (GIR.). **Immuable**, qui n'éprouve aucun changement, en parlant de Dieu et des choses éternelles; par ext., qui n'est pas sujet à changement, surtout en parlant des choses : *Immuable amour; immuable loi* (CORN.). **Imprescriptible** se dit de droits qui ne sauraient être abolis par le temps. ¶ 2 Péj. → Long et Ennuyeux.

Éterniser : ¶ 1 → Allonger. ¶ 2 (Réf.) → Demeurer et Durer.

Éternité : ¶ 1 *Éternité*, **Perpétuité**, **Continuité**, **Pérennité**, **Immortalité** : → Éternel. ¶ 2 → Avenir.

Étêter : → Élaguer.

Éther : → Atmosphère.

Éthéré : → Pur.

Éthique : → Morale.

Ethnique, terme savant, se dit de tout caractère propre à une race et scientifiquement démontré : *Caractère ethnique, spécifique de la race* (M. D. G.). **Racial**, terme vulgaire, beaucoup plus imprécis, implique souvent un jugement de valeur, ou une théorie fondée sur les distinctions des races : *La supériorité raciale d'un peuple.*

Ethnographie : Science des différents peuples. *Ethnographie*, science d'analyse, qui étudie toutes les manifestations de l'activité humaine, mœurs, coutumes, religions, langage, etc. **Ethnologie**, science de synthèse, qui a pour but l'étude critique du mode de formation et des caractères des différents groupes humains de façon à permettre une classification des races fondée sur leurs affinités.

Étincelant : → Brillant.

Étinceler : → Luire. Jeter des éclats de lumière. *Étinceler* suppose de vifs éclats qui semblent se succéder et se dit de ce qui proprement jette des étincelles, ou de ce qui paraît en jeter, et, au fig., de l'intelligence ou des œuvres d'esprit : *Les éperons des galères étincelaient* (FLAUB.). *Ses ouvrages* [de Juvénal] *étincellent partout de sublimes beautés* (BOIL.). **Scintiller,** terme d'astronomie, se dit de l'éclat intermittent des étoiles; c'est, dans le langage courant, un terme plus relevé, plus rarement employé et qui parfois suppose un éclat moins vif : *Un diamant, un glaive* (BÉRANG.), *la rosée du matin scintillent.* **Pétiller,** qui se dit par ext. de ce qui jette une sorte d'éclat en faisant un léger bruit, est parfois syn. d'*étinceler,* par image : *Le vin de champagne pétille. Ses cheveux pétillaient de mille diamants* (V. H.); ou au fig., en parlant de ce qui est vif, piquant et brillant : *Regards vifs qui semblaient pétiller* (M. D. G.). **Brasiller,** scintiller, en parlant de la mer, sous le reflet oblique de la lumière d'un astre, ou par un phénomène de phosphorescence.

Étincelle : → Bluette.

Étioler [s'] : → Dépérir.

Étique : → Maigre.

Étiqueter : → Ranger.

Étiquette : ¶ 1 → Écriteau. ¶ 2 → Protocole.

Étirer : ¶ 1 → Tirer. ¶ 2 → Étendre.

Étoffe : ¶ 1 → Tissu. ¶ 2 → Matière. ¶ 3 → Disposition.

Étoffer : → Garnir.

Étoile : ¶ 1 → Astre. ¶ 2 → Destinée. ¶ 3 → Artiste. ¶ 4 → Carrefour.

Étonnant : ¶ 1 *Étonnant* insiste sur la réaction que produit ce qui est extraordinaire, paraît au-dessus de notre intelligence, de nos forces, pose un problème quand nous y réfléchissons, parfois nous ravit, parfois nous déconcerte ou nous effraie : *Voltaire vient de nous donner une tragédie qui est encore un ouvrage étonnant pour son âge* (D'AL.). **Surprenant** (→ ce mot) insiste sur la réaction que produit ce qui est inattendu, nouveau et qui, de ce fait, produit en nous, à première vue, soit un plaisir piquant, soit une hésitation : *Oh! les étalages étranges dans ces rues et les fantaisies surprenantes dans ces bazars* (LOTI). ¶ 2 → Extraordinaire.

Étonné : → Surpris. *Étonné* marque une forte émotion en bien ou en mal devant ce qui est extraordinaire; **Émerveillé,** plus fam., un étonnement agréable qui s'accompagne d'admiration pour ce qu'on trouve prodigieux ou merveilleux : *J'ai vu les pyramides et n'en ai point été émerveillé* (VOLT.). Sur les manifestations extérieures de l'étonnement : → Ébahi et Interdit.

Étonnement : → Surprise.

Étonner : → Surprendre. **Étonner, Émerveiller :** → Étonné.

Étouffé : → Sourd.

Étouffer : ¶ 1 *Étouffer,* ôter l'air qui entretient la respiration, par n'importe quel moyen : *Manger en courant, en riant, sans qu'aucune de nous en demeure étouffée* (COL.). **Suffoquer,** étouffer ou rendre la respiration difficile, parce que l'air ne peut plus passer par la gorge soit pour quelque cause intérieure, soit par l'effet de quelque vapeur nuisible : *Suffoqué par des sanglots* (FLAUB.); *des larmes* (ZOLA); *la neige* (COL.); *le vent glacé* (A. FOUR.). **Asphyxier,** arrêter la respiration par submersion, strangulation, absorption de gaz irrespirables, compression du thorax, rétrécissement du larynx, accidents pulmonaires : *Asphyxié par la fumée* (GI.). **Étrangler** (→ ce mot), étouffer en serrant la gorge. — Au réf., *S'étouffer,* perdre momentanément la respiration : *Cette femme s'étouffait de rire* (SÉV.). **S'étrangler,** au sens passif, se faire mal à la gorge, perdre la respiration et même la vie par compression ou obstruction du gosier : *S'étrangler en avalant une arête de poisson* (ACAD.). ¶ 2 (un bruit) → Dominer. ¶ 3 → Éteindre. ¶ 4 Au fig. Empêcher définitivement une chose ou ses effets (ce qui dit plus que Contenir → Retenir). *Étouffer* se dit d'une chose bonne ou mauvaise qu'on empêche d'être connue ou de se développer en son début, en la surmontant par la force de façon à la détruire : *Étouffer des sentiments* (RAC.); *des scrupules* (LES.); *une affaire* (GI.). **Réprimer,** rabaisser une chose, en général mauvaise, qui s'était élevée très haut, implique qu'on arrête son cours, qu'on détruit ses effets et qu'on l'empêche de recommencer, d'où souvent une nuance de châtiment : *Réprimer les progrès du mal, les abus, la licence, une révolte* (ACAD.). **Neutraliser** a rapport non à la chose qu'on arrête, mais à ses effets qu'on annihile en général par une action contraire : *On neutralise une batterie d'artillerie, non en la détruisant, mais en l'empêchant de tirer.* **Étourdir** s'est dit d'une affaire au sens d'*étouffer,* mais s'emploie surtout en parlant d'une douleur physique ou morale, d'un sentiment dont on tâche de' perdre conscience ou de la faire perdre à quelqu'un, souvent en distrayant l'esprit ou en le calmant momentanément : *Ce remède ne guérit pas, il ne fait qu'étourdir la douleur* (Acad.). *Il aime mieux étourdir le sentiment qu'il a de ses fautes que d'avoir le chagrin de les connaître* (Bos.). **Étrangler** une affaire, la juger à la hâte sans qu'elle ait été suffisamment examinée. **Assoupir,** fig., empêcher l'éclat, le progrès, les suites de quelque chose de fâcheux : *Assoupir une sédition ; une querelle* (Acad.). **Enterrer,** fig. et fam., dans le langage politique et administratif, s'arranger, en les faisant traîner, pour qu'une affaire, un projet ne réussissent pas. **Supprimer,** empêcher de paraître ou retirer de la circulation un écrit, ou dérober à la connaissance un document : *Supprimer les éditions étrangères de mon livre* (Volt.). **Torpiller,** fig. et fam., empêcher par ses manœuvres une entreprise de réussir : *Torpiller les idées de Wilson* (M. D. G.). **Enrayer** et **Juguler** (→ Arrêter), arrêter l'action d'une chose mauvaise.

Étourderie : → Distraction.

Étourdi : ¶ 1 Qui agit sans réflexion (≠ **Malavisé,** qui indique un manque de sagesse dans la façon d'agir dû à d'autres raisons que l'irréflexion). *Étourdi* marque un petit défaut, qui peut avoir parfois quelque chose d'aimable, quand il tient à la vivacité du tempérament ou de l'âge, et n'implique pas le manque de bon sens : *Clairfons est un étourdi, mais c'est le premier feu de l'âge* (Marm.). **Écervelé** implique l'absence de raison, une extravagance folle : *Alexandre, cet écervelé qui mit l'Asie en cendre* (Boil.). **Évaporé** insiste sur la dissipation, le manque de retenue et aussi de modestie : *L'air évaporé et avantageux de nos prétendus marquis français* (Volt.). **Éventé,** plus rare, implique un manque de discrétion, l'impossibilité de garder dans sa tête ce qu'on devrait retenir : *Indiscret, éventé* (J.-B. R.). Dans le style familier, **Tête de linotte,** étourdi par manque de mémoire ; **Étourneau,** étourdi par légèreté d'esprit. **Hurluberlu** ajoute à *écervelé* une idée de brusquerie et de bizarrerie : *Ce n'est pas un imbécile. Il a des reparties d'hurluberlu* (J. Rom.). **Hanneton,** fam. au sens fig., *étourdi.* **Braque** renchérit sur *écervelé* et évoque la folie. **Brise-raison,** vx, personne qui parle à tort et à travers, agit sans discernement. ¶ 2 → Surpris.

Étourdir : ¶ 1 Frapper d'une sorte de trouble qui suspend les fonctions de l'esprit. *Étourdir* se dit proprement des coups et des bruits, et par ext. des mouvements, des liqueurs, du tabac et, au fig., des émotions brusques qui surprennent : *L'opium étourdit* (Lit.). *Un tour de valse*

l'étourdit (Acad.). *Cette défaite les a étourdis.* **Entêter, Porter (Monter) à la tête,** commencer à étourdir en agissant sur la tête, se disent des vapeurs et des odeurs qui incommodent et, au fig., de la vanité, de l'orgueil qui égarent : *Un parfum, un poêle, du charbon, un vin fumeux entêtent* (Acad.). *La qualité l'entête* (Mol.). **Taper,** fam., porter à la tête en parlant d'un vin capiteux : *Quand le vin tape* (Bérang.). **Griser, Enivrer** et fam. **Saouler** se disent de la fumée, des vapeurs, des odeurs et au fig., avec les nuances indiquées à Enivrer (→ ce mot). ¶ 2 → Soulager. ¶ 3 → Étouffer. ¶ 4 (Réf.) → (se) Distraire.

Étourdissant : → Extraordinaire.

Étourdissement : → Vertige.

Étourneau : → Étourdi.

Étrange : → Rare. *Étrange,* en parlant des personnes et des choses, se dit de ce qui est choquant, déplacé, répréhensible, funeste ou simplement inquiétant faute de correspondre à nos conceptions habituelles : *Contrainte étrange, inexplicable* (Gi.). **Insolite** ne se dit que des façons d'être ou d'agir qui surprennent parce qu'elles s'écartent de l'usage : *Allure insolite* (J. Rom.). *Ce qui est naturel à l'oiseau, mais insolite et regrettable pour un fauteuil* (Gi.). **Singulier** exclut la ressemblance avec quoi que ce soit, mais sans supposer, comme *étrange,* une sorte d'inquiétude : *Cet homme singulier, mais qu'il sentait fraternel* (Cam.). **Bizarre** (→ ce mot) se dit surtout de l'extérieur, de la forme et dénote un ridicule plutôt qu'un défaut, une étrangeté qui pique la curiosité ou prête à rire plutôt qu'elle n'est désagréable : *Habillement bizarre* (J.-J. R.). *Cri si bizarre, si différent de tout ce que Bernard pouvait attendre* (Gi.). **Saugrenu,** péj., d'une étrangeté choquante qui a quelque chose d'insensé : *Toujours du bizarre à outrance, du saugrenu macabre* (Loti).

Étranger : ¶ 1 En parlant d'une personne, *Étranger,* qui est d'une autre nation, se dit en particulier de celui qui n'est pas du pays où il se trouve, soit qu'il y passe momentanément, soit qu'il y habite en gardant sa nationalité : *Les touristes étrangers. Accueillir les étrangers* (Acad.). **Allochtone,** qui n'est pas originaire du pays qu'il habite, même s'il y est naturalisé : *Les émigrants sont des allochtones dans le pays qui les a accueillis.* **Allogène,** d'une autre race que celle qui domine dans la nation dont il fait partie : *Les Slaves de Russie sont mêlés à des populations allogènes.* — **Métèque** (en Grèce, *étranger* domicilié qui jouissait de droits civils, mais non politiques), péj., étranger, naturalisé ou non, séjournant dans un pays et ayant gardé la marque désagréable de son pays d'origine. **Rastaquouère**, fam., et **Rasta**, abréviation encore plus fam., étranger qui a gardé quelque chose d'exotique et étale un luxe suspect et de mauvais goût. — **Aubain**, terme d'ancienne jurisprudence, étranger privé du droit d'hériter et de tester parce qu'il n'était pas naturalisé. ¶ 2 En parlant des termes, des mœurs, des usages, *Étranger* implique simplement l'appartenance à un pays étranger déterminé, sans aucune assimilation possible : *Un Américain garde en France un accent étranger*. **Exotique** implique au contraire que la chose a été introduite d'un pays étranger, surtout lointain, et, par ext., qu'on la compare à ce qui est national, souvent en l'appréciant ou en l'assimilant. *Exotique* se dit seul en parlant des productions de la terre : *La banane est un fruit exotique. Un mot italien quelconque est un mot étranger, mais* influenza *est un terme exotique*. ¶ 3 → Hétérogène. ¶ 4 → Inconnu. ¶ 5 N. *Étranger*, l'ensemble des pays étrangers : *Aller vivre à l'étranger*. **Extérieur** ne se dit que de l'étranger considéré dans ses relations politiques et commerciales avec l'intérieur du pays : *L'état de nos relations avec l'extérieur* (ACAD.). En ce sens, comme adj., *extérieur* se dit du commerce et de la politique qui regardent l'étranger, *étranger* ne se dit que dans la loc. *Affaires étrangères*.

Étranglé : → Étroit.

Étrangler : ¶ 1 → Étouffer. Serrer à la gorge de manière à faire perdre la respiration ou même la vie. *Étrangler*, terme commun, se dit d'une action volontaire ou accidentelle, due à une pression ou à une obstruction : *Étranglé par des sanglots nerveux* (ZOLA). *Étranglé par un os, par des voleurs*. **Stranguler**, terme technique de médecine, ne se dit que d'une action violente ou d'un supplice qui consiste à étrangler en serrant la gorge. **Pendre**, faire périr par strangulation en attachant par le haut du cou. **Serrer le quiqui**, très fam., étrangler. ¶ 2 → Tuer. ¶ 3 → Resserrer. ¶ 4 (Réf.) → (s') Étouffer.

Être : V. ¶ 1 Avoir l'existence. *Être* n'exprime absolument l'existence que dans quelques expressions : *Je pense, donc je suis* (DESC.); en général *être* exprime l'existence en relation avec une qualité, une modification quelconque; **Exister**, au contraire, marque absolument le fait d'être avec force et insistance, mais sans rien y ajouter : « *Ce manuscrit est dans telle bibliothèque* » appelle l'attention sur le lieu où *il se trouve*; « *ce manuscrit existe dans telle bibliothèque* » met en saillie l'existence et se dira quand cette existence aura été niée ou ignorée (L.). *Il me semble parfois que je n'existe pas vraiment, mais simple-*

ment que j'imagine que je suis (GI.). **Subsister** (→ ce mot), continuer à être, durer dans l'existence, malgré tout ce qui pourrait y apporter obstacle : *Les rites du peuple juif subsistent malgré la haine et la persécution du genre humain* (J.-J. R.). **Se trouver** (→ ce mot), être en un lieu. **Régner**, fig., exister en durant plus ou moins longtemps, ou se trouver, en parlant de choses qui se font remarquer, prédominent : *Vers le milieu de la pièce régnait une très grande table* (J. ROM.). *L'ordre règne à Varsovie*. — *Il est* s'emploie dans le style soutenu et poétique pour **Il y a**. **Il existe** insiste fortement sur l'existence réelle, actuelle. ¶ 2 *Être à* : → Appartenir. — N. ¶ 3 Le fait d'être, d'exister. *Être*, général et abstrait, se dit, sans détermination, de tout ce qui peut exister même en puissance ou en idée, et se fait considérer par ses qualités essentielles : *Les dieux grecs tiennent leur être de l'imagination du peuple. — C'est la pensée qui fait l'être de l'homme* (PASC.). **Existence** marque la présence actuelle, en fait, et de plus l'état, surtout en parlant de ce qui a eu un commencement, et peut avoir une fin; c'est la forme de l'*être* ou sa réalisation apparente et locale en un certain point de la durée, la réalité actuelle : *Dieu nous donne l'être et nos parents nous donnent l'existence* (L.). *Notre être c'est ce que nous sommes, notre existence c'est notre vie* (L.). Aussi prouve-t-on l'*existence* de Dieu, c'est-à-dire sa réalité actuelle par rapport à notre manière de concevoir la durée et non son *être*, c'est-à-dire sa nature intime, son essence. ¶ 4 → Homme. ¶ 5 *Être suprême* : → Dieu.

Étrécir : → Resserrer.

Étreindre : → Serrer.

Étrennes : → Don.

Êtres : → Pièce.

Étriller : → Battre et Maltraiter.

Étriqué : → Étroit.

Étriquer : → Resserrer.

Étrivières : → Fouet.

Étroit : ¶ 1 *Étroit*, qui a peu ou n'a pas assez de largeur ou d'ampleur : *Rue étroite. Pantalon étroit.* **Étriqué**, qui manque par trop d'ampleur parce qu'on l'a fait tel : *Vêtements étriqués* (GI.). **Juste**, souvent employé avec les adverbes *bien, trop, un peu*, etc., se dit surtout des vêtements plus courts ou plus étroits qu'il ne faut : *Des souliers qui me sont trop justes*, (ACAD.). — **Étranglé**, étroit sur une partie de sa longueur : *Un long boyau, une sorte de ruelle étranglée* (ZOLA); et, par ext., trop resserré : *A Versailles, le beau et le vilain furent cousus ensemble, le vaste et l'étranglé*

(S.-S.). **Resserré** suppose des limites qui empêchent le mouvement, bornent l'étendue : *Logement resserré*; ou marque le résultat d'une action (→ Resserrer). ¶ 2 Au fig. *Étroit* se dit d'un esprit dont les vues ont peu d'étendue (→ Inintelligent et Intolérant) et d'une existence où l'on se prive : *Vie étroite, stricte économie* (Mau.). **Étriqué** enchérit en ce dernier sens : *Existence étriquée* (J. Rom.); et, en parlant d'un ouvrage de l'esprit, marque un certain manque d'ampleur, de richesse dans les idées : *Ce que j'ai dit des arts est étriqué et souvent faux* (Chat.). **Étranglé** se dit plutôt de ce qui est trop sommaire, abrégé, n'a pas reçu le développement voulu : *Que tout soit développé avec intérêt, que rien ne soit étranglé* (Volt.). **Mesquin**, péj., enchérit sur *étroit*, en parlant d'une vie d'une parcimonie excessive, indigne de la fortune et de l'état de celui qui la mène, d'un esprit qui a le goût de la petitesse : *Je me serais trouvé mesquin moi-même, oui, petit esprit, si j'avais eu l'air de penser à ces misères-là* (J. Rom.); et ajoute à *étriqué*, en parlant des arts, une idée de pauvreté et de mauvais goût (→ Pauvre). ¶ 3 Au fig. En parlant d'une liaison, d'une amitié, *Étroit* marque une liaison très forte, un contact presque permanent de deux esprits ou de deux cœurs : *L'étroite amitié dont l'honore Titus* (Volt.). **Intime** dit plus et implique une union qui fait que deux âmes se pénètrent : *Liaison intime* (Acad.). **Familier** implique simplement des relations libres, sans contrainte, souvent renouvelées; et peut d'ailleurs, péj., marquer un excès de liberté : *Le commerce plus familier qu'on a à la campagne me la fit mieux connaître* (Duc.). ¶ 4 → Sévère. ¶ 5 → Limité. ¶ 6 *A l'étroit* : → Étroitement.

Étroitement : De manière à avoir peu de place ou de liberté. *Étroitement* est relatif au but de celui qui fait l'action ou à l'impression de celui qui la subit. **A l'étroit**, absolu, qualifie uniquement le lieu où l'on est : *On est enfermé étroitement par quelqu'un qui nous surveille et en en souffre; on est à l'étroit dans un lieu resserré*.

Étroitesse : → Petitesse.

Étude : ¶ 1 → Article. ¶ 2 → Traité. ¶ 3 → Exercice. ¶ 4 → Soin et Attention.

Étudiant : → Élève.

Étudié : → Affecté. En parlant de l'attitude, et parfois du style, *Étudié* implique qu'on dispose son extérieur pour en imposer, pour être considéré : *Gravité* (L. B.); politesse (Zola) étudiée. **Composé** ajoute qu'on le fait par hypocrisie : *Il n'y a que les sottes qui se persuadent d'attraper les hommes par des airs composés* (Regn.).

Apprêté, qui a de l'apprêt comme un tissu travaillé, évoque la raideur et la contrainte, sans idée de tromperie, surtout à propos d'un défaut littéraire : *Buffon n'est jamais ni roide comme Thomas, ni apprêté comme Fontenelle* (L. H.). **Arrangé** se dit de ce qui est trop ordonné et donc peu naturel; **Concerté**, de ce qui fait preuve d'un ajustement trop voyant; **Empesé**, surtout d'une gravité affectée qui a quelque chose de raide, comme un linge traité par l'empois : *L'empesé magistrat* (Volt.). **Gourmé** évoque l'image de quelqu'un de présomptueux aussi raide que s'il était tenu par une gourmette; **Guindé**, l'image de ce qui se hausse artificiellement par de pénibles efforts : *Buffon toujours guindé sur des échasses* (Did.). **Compassé** suppose une régularité, une exactitude poussées jusqu'à la raideur : *Une correction parfaite, mais avec cela quelque chose d'un peu compassé, une trace d'endimanchement* (J. Rom.). **Pincé** se dit surtout de l'air et des manières contraints et dédaigneux. — **Théâtral** suppose de grands gestes, des sentiments déclamatoires et faux : *Femme ni fausse ni théâtrale* (Balz.). — **Forcé** marque l'effort pour affecter des sentiments imposés ou qu'on s'impose, et se dit aussi d'un style pénible parce que les choses sont tirées de trop loin ou l'expression mal agencée : *Des vers forcés* (Boil.). *Sentiments forcés* (Corn.).

Étudier : ¶ 1 *Étudier* marque l'effort, l'application de la volonté pour acquérir méthodiquement la connaissance d'un art, d'une science, d'une affaire. **Apprendre** et **S'instruire** marquent un résultat : *Sans avoir le plaisir d'apprendre, j'aurai celui d'étudier* (J.-J. R.); *apprendre*, c'est acquérir des connaissances en écoutant et en étant docile, *s'instruire* impl ue plus d'activité, de méthode, de réfl. on, des idées plus générales, c'est proprement le résultat pour lequel on étudie. **Travailler**, syn. fam. d'*étudier* : *Travailler le piano, le violon* (Acad.). **Bûcher**, fam., étudier avec acharnement une chose du domaine intellectuel. **Piocher**, fam., travailler avec assiduité. **Chiader** et **Potasser**, syn. de *bûcher* et de *piocher* dans l'argot scolaire. ¶ 2 → Examiner. ¶ 3 → (s') Exercer. ¶ 4 (Réf.) → (s') Occuper à et (s') Examiner.

Étui : → Enveloppe.

Étuve : → Four.

Eunuque : → Châtré.

Euphémisme : → Litote.

Euphorie : → Aise.

Euphuisme : → Préciosité.

Eurythmie : → Harmonie.

Évacuation : → Écoulement.

Évacuer : → Vider.

Évader (s') : → [s'] Enfuir.

Évaluer : → Estimer. Estimer par un calcul précis. *Évaluer* se dit du prix, de la valeur, de la quantité d'une chose : *Évaluer la durée probable de l'épidémie* (CAM.). **Supputer,** évaluer approximativement une somme, une quantité, indirectement par un calcul qui part de certaines données : *Supputer un dommage* (COL.); *la durée d'une séparation* (CAM.). **Nombrer,** supputer combien il y a d'unités dans une quantité, ne s'emploie presque plus que dans un sens négatif et relativement à des choses qui ne sont pas de nature à être comptées : *On ne saurait nombrer les grains de sable de la mer* (ACAD.). **Chiffrer,** calculer par chiffres, par ext. évaluer en chiffres : *Ses dépenses se chiffrent à tant par mois* (ACAD.). **Mesurer** (→ ce mot), déterminer une grandeur par son rapport avec une autre grandeur prise pour unité; par ext., évaluer la grandeur ou la force d'une chose, d'un coup d'œil, ou en y réfléchissant : *Mesurer des yeux* (ACAD.). *Quand on mesure froidement ce qui s'oppose à la pacification entre les hommes* (M. D. G.). **Peser,** évaluer, mesurer avec soin, en comparant : *Peser calmement le pour et le contre* (M. D. G.). **Cuber,** évaluer le nombre d'unités cubiques que renferme un volume donné : *Cuber du bois, des pierres.* **Jauger,** mesurer la capacité d'un récipient; au fig., faire l'estimation rapide des capacités intellectuelles d'une personne ou de l'importance d'une chose : *Jauger son crédit dans le cœur et l'esprit d'autrui* (GI.). — **Ventiler,** terme de jurisprudence, évaluer la valeur respective de divers objets qui ont été vendus ensemble.

Évangélisation : → Mission.

Évangéliser : → Prêcher.

Évangile : → Foi.

Évanouir [s'] : ¶ 1 Tomber en faiblesse. *S'évanouir,* **Défaillir, Pâmer** et **Se pâmer** diffèrent comme les n. correspondants (→ Évanouissement). *Pâmer,* abstrait, énonce le fait, *Se pâmer,* concret, le décrit, mais les deux vieillissent au prop., sont surtout fam. et ironiques, et s'emploient plutôt au fig., pour marquer une sorte d'immobilité voluptueuse ou admirative, ou en parlant des choses : *Sultans pâmés au bras des bayadères* (FLAUB.). *Quand les sables du désert se pâment de chaleur* (LOTI). **Se trouver mal** insiste sur l'état de malaise qui provoque l'évanouissement. **Tourner de l'œil,** *s'évanouir,* est fam. ¶ 2 → Disparaître. ¶ 3 → Passer.

Évanouissement : État de quelqu'un qui se trouve mal. *Évanouissement,* abo-

lition momentanée des fonctions des sens et de l'intelligence, avec pâleur de la face, ralentissement de la respiration et de la circulation, insiste surtout sur la perte de la connaissance et désigne un état qui peut être simulé : *Nous n'épargnâmes rien pour la tirer de son évanouissement* (LES.). **Pâmoison,** évanouissement par suite d'une forte émotion, n'est plus que du style fam. et ironique : *Tomber en pâmoison à l'aspect des jolies demoiselles* (REGN.). **Syncope,** terme médical, arrêt ou affaiblissement notable des battements du cœur, avec suspension de la respiration et perte de la connaissance : *Étouffement, oppressions, syncope* (J.-J. R.). **Défaillance,** affaiblissement momentané des forces physiques, début de *syncope*; terme de la langue commune : *Un mal de cœur tirant à défaillance* (BOIL.). **Faiblesse** dit plus, c'est le terme commun pour *syncope* : *Il vient de mourir tout à l'heure d'une faiblesse qui lui a pris* (MOL.).

Évaporation : → Vaporisation.

Évaporé : → Étourdi.

Évaporer [s'] : ¶ 1 → (se) Vaporiser. ¶ 2 Au fig. → Disparaître et Passer.

Évaser : → Élargir.

Évasif : Qui laisse dans l'incertitude. *Évasif* se dit d'un geste, d'une réponse qui servent à éluder la question posée : *Esquisser un geste évasif, vaguement incrédule* (M. D. G.). **Dilatoire,** en termes de procédure, qui tend à prolonger un procès, se dit par ext. d'une réponse qui cherche à gagner du temps. **Réticent** suppose une réponse incomplète qui laisse deviner des réserves ou une désapprobation non formulées.

Évasion : → Fuite.

Évêché, territoire soumis à l'autorité spirituelle d'un évêque. **Diocèse,** le même territoire considéré du point de vue administratif comme soumis à la juridiction de l'évêque : *Un évêque visite les paroisses de son diocèse, et édifie son évêché par sa piété.*

Éveillé : Qui manifeste une grande vivacité d'esprit (≠ Dégagé, aisé dans son air). *Éveillé,* qui, par la rapidité de ses réactions, son air gai, remuant, animé, donne l'impression d'une grande vivacité : *Yeux éveillés* (J.-J. R.). **Dégourdi** a surtout rapport aux manières et à l'action qui sont promptes, adroites, pleines de ressources, sans aucune timidité ni gaucherie, **Déluré,** à la rapidité de l'intelligence qui est vive et avisée : *Gens plus actifs, plus vifs, plus délurés, dans les pays de vignoble et de navigation* (RAYNAL). **Dessalé,** fam., implique plutôt finesse et ruse : *Perrette ne l'avouerait jamais, elle* *est trop dessalée* (L. F.). — En un sens péj., *dégourdi* exprime le contraire de la naïveté et de la candeur, donc des manières un peu trop libres : *Cette jeune personne semble bien dégourdie* (ACAD.). *Dessalé* enchérit sur la liberté de propos et de mœurs. — **Délié** regarde la vivacité et la finesse de l'intelligence et du jugement surtout dans les affaires : *Délié courtisan* (S.-S.). *Les Suisses n'étaient pas réputés les hommes les plus déliés* (VOLT.). **Émerillonné**, vif, éveillé comme un émerillon, est rare et se dit surtout de l'air : *Avoir le visage, l'œil émerillonné* (ACAD.).

Éveiller : ¶ 1 Tirer du sommeil. *Éveiller* marque une action normale et la cessation souvent naturelle du sommeil. **Réveiller**, éveiller de nouveau, ou éveiller brusquement, avec effort, quelqu'un profondément endormi, ou éveiller dans des circonstances extraordinaires : *Réveiller un médecin; un mort*; tend à se substituer dans tous les cas à *éveiller*; mais, au fig., comme syn. d'exciter, *éveiller* ne se dit que de ce qui naît ou commence à se développer, *réveiller*, de ce qui existait déjà, était engourdi et qu'on ranime : *Quelle foule d'idées j'éveille dans son cerveau!* (J.-J. R.). *Les objets qui réveilleront les plaies anciennes de votre cœur* (MAS.). ¶ 2 → Provoquer.

Événement : ¶ 1 → Fait. ¶ 2 Fait qui arrive dans le monde et a de l'influence sur le sort des hommes ou s'y rapporte. *Événement*, terme général, se dit de faits importants, heureux, malheureux ou indifférents, qui ont, en général, une cause connue : *Découvrir les causes des événements* (FÉN.). **Incident**, événement accessoire, assez peu important, qui survient dans le cours d'une entreprise, d'une affaire : *Il arriva un incident qui fit remettre le jugement* (PASC.). **Accident**, ce qui arrive par hasard, fortuitement, sans cause connue, se prend ordinairement en mal quand il n'est accompagné d'aucune épithète qui en précise le sens : *Les accidents de la route. Heureux accident* (ACAD.). En parlant d'un événement malheureux, *incident* dit moins qu'*accident* et implique simplement une difficulté imprévue : *Incident technique à la radio*; **Catastrophe** renchérit et se dit d'un événement soudain qui, bouleversant le cours des choses, amène la destruction, la ruine, la mort, et intéresse un grand nombre de personnes : *Ce tremblement de terre fut une épouvantable catastrophe* (ACAD.). **Aventure** ne se dit que de ce qui arrive à une personne, inopinément, et implique en général quelque chose d'extraordinaire, de romanesque et parfois de burlesque : *Les autres existences si plates qu'elles fussent*

avaient au moins la chance d'un événement. Une aventure amenait parfois des péripéties à l'infini et le décor changeait (FLAUB.). **Affaire**, fam., aventure désagréable qui met aux prises avec quelqu'un. **Épisode**, au fig., incident isolé, en apparence, mais qui se rattache plus ou moins à quelque grand événement : *La destruction des œuvres d'art est un épisode habituel des révolutions* (ACAD.). **Péripéties**, au fig., série d'événements imprévus, de circonstances diverses, de changements de fortune : *Vie pleine de péripéties; riche en épisodes* (GI.). **Épopée**, fig., suite d'actions, d'événements souvent historiques, qui ont un caractère héroïque : *L'épopée napoléonienne*. **Tragédie** et **Drame** (→ ce mot), événement particulièrement pathétique. ¶ 3 → Résultat.

Éventaire : → Étalage.

Éventé : → Étourdi.

Éventer : ¶ 1 → Découvrir. ¶ 2 → Gâter. ¶ 3 (Réf.) → Percer.

Éventualité : → Cas.

Éventuel : → Incertain.

Évertuer [s'] : → Essayer.

Évidemment : Adverbe d'affirmation marquant la certitude. *Évidemment*, **Certainement**, **Certes**, **De** et **Avec certitude** (→ Certainement), **Sûrement**, **Indubitablement**, **Incontestablement**, **Assurément** diffèrent comme les adjectifs correspondants (→ Évident) et marquent en général, avec ses différentes nuances, la certitude de celui qui parle. **Sans contredit**, **Sans conteste**, **Sans aucun doute** (et au sens classique **Sans doute**) impliquent plutôt que ce que l'on affirme est reconnu objectivement par tous ou doit l'être : *Cette fête a eu des ornements qui l'emportent sans doute sur tout ce que l'on saurait voir, et je puis dire assurément qu'il n'y a rien dans l'univers qui s'y puisse égaler* (MOL.). Au sens moderne, *sans doute* implique une simple possibilité : *Il viendra sans doute*. **A coup sûr** se dit pour affirmer la conviction où l'on est qu'un événement futur se produira : *Vous me trouverez à coup sûr*; et a pour syn. **Immanquablement** et **Infailliblement**, qui affirment un événement futur comme nécessaire et diffèrent comme les adjectifs correspondants (→ Inévitable). **Sans faute**, immanquablement, surtout en parlant d'une décision : *Je serai sans faute à Paris mercredi* (BOS.).

Évidence : → Clarté. *Évidence*, **Certitude**, **Authenticité** : → Évident.

Évident : ¶ 1 Qui est facilement saisi par l'esprit : → Clair. ¶ 2 Propre à déterminer la croyance. *Évident*, qui est immédiatement considéré comme clair et vrai par l'esprit. **Certain,** qui entraîne la conviction, à la suite d'un examen, d'une démonstration : *Le principe est évident, la conséquence est certaine* (Bos.). **Manifeste** (→ ce mot) suppose une évidence facile à reconnaître par tous parce que la chose est exposée ouvertement, à plein. **Sensible** et **Visible** (→ ces mots) enchérissent en parlant d'une évidence qui tombe sous les sens et au fig. d'une évidence accessible aux esprits les plus grossiers. **Sûr** dit moins que *certain* et indique des raisons moins décisives, souvent du sentiment, qui entraînent simplement la persuasion : *La conséquence du raisonnement analogique sera plus ou moins sûre, sans cependant être jamais absolument certaine* (Buf.). **Assuré,** rendu sûr, indique une persuasion moins instinctive et se dit de ce dont on a été persuadé par quelqu'un, par des faits, ou une réflexion : *Cela lui semblait possible, presque assuré même* (Loti). **Positif,** dont l'existence ne saurait être niée, est posée comme un fait : *On m'a dit et fait voir des choses si positives que je ne les puis mettre en doute* (Mol.). **Formel,** qui est si nettement exprimé et avec une telle précision qu'aucune incertitude n'est possible : *Un engagement si formel dissipa tous les doutes* (Roll.). **Authentique,** qui est digne de foi, assuré par l'autorité qui le certifie, en parlant des récits, des affirmations : *Les histoires les plus authentiques* (Bour.). **Constant,** d'une vérité fermement établie et passée en dogme, sur laquelle tout le monde est d'accord : *Ce principe est si constant qu'il subsiste malgré toutes les passions qui le combattent* (Volt.). **Indubitable, Indéniable** et **Incontestable** renchérissent sur tous ces mots en marquant une sorte de défi, *indubitable* supprimant tout doute pouvant naître dans l'esprit, *indéniable,* toute négation possible de la vérité d'une affirmation ou de l'existence d'un fait, *incontestable,* toute objection ou discussion venues du dehors : *Ces vérités sont indubitables par la foi, incontestables dans l'école* (Bos.). On dit aussi **Irréfutable,** d'une affirmation qu'on ne saurait réfuter, **Irréfragable,** rare, d'une affirmation qu'on ne saurait contredire (→ Contredire, réfuter), **Indiscutable,** d'une affirmation ou d'un fait dont on ne saurait discuter la vérité, l'authenticité. — En philosophie, **Intuitif** se dit de toute vérité évidente parce qu'elle nous est donnée par intuition.

Évider : ¶ 1 → Creuser. ¶ 2 → Tailler.

Évincer : ¶ 1 → Déposséder. ¶ 2 → Éliminer.

Éviter : ¶ 1 → (s') Abstenir. S'éloigner de quelque chose de fâcheux. *Éviter,* se détourner ou s'abstenir, par prudence, d'un mal ou d'un inconvénient à venir, et cela

sans grand effort, au point qu'*éviter* signifie parfois simplement **Échapper à,** être préservé de : *Évitant, sans trop en avoir l'air, le regard anxieux d'Antoine* (M. D. G.). *On ne peut éviter sa destinée* (Lit.). **Fuir,** tourner le dos à ce que l'on hait ou à un danger présent et s'en éloigner rapidement avec horreur, zèle ou empressement : *Il faut savoir éviter les mauvais exemples sans faire semblant de les fuir* (Marm.). **Se dérober,** éviter en se cachant, en fuyant ou en s'excusant, une chose bonne ou mauvaise : *Il se dérobait à tout exercice du pouvoir* (J. Rom.). **Se soustraire** marque une action plus forte qui consiste à s'affranchir, ouvertement ou par adresse, par la force ou par la fuite, d'une chose pénible : *Je m'en vais et tu me pardonneras de m'être soustraite à de telles souffrances* (Balz.). **Éluder,** surtout au fig., éviter avec adresse, par un faux-fuyant ou en reculant, en disparaissant : *Éluder l'indiscrétion* (Gi.). *Des faux-fuyants, des façons lâches d'éluder l'instant difficile* (J. Rom.). **Esquiver,** éviter par une sorte de feinte, d'écart preste et adroit, en sorte que la menace passe à côté : *Esquiver un coup* (Boil.). [Reconnaître un sophiste] *à l'adresse, à l'astuce avec laquelle il éludera une bonne raison, au tour leste, subtil et prompt qu'il fera pour esquiver une objection solide* (Marm.). **Se garer de,** fam., éviter quelqu'un ou quelque chose de dangereux, pour s'en préserver, s'en défendre : *Se garer des mauvaises fréquentations et des mauvaises lectures* (Gi.). **Couper à,** fam., *échapper à : Il n'y coupera pas. Éviter* non en se détournant, mais en détournant ou en annihilant la menace : → Parer. ¶ 2 On dit « *Éviter quelque chose à quelqu'un* » : *Son exemple m'a peut-être évité bien des faux pas* (Mariv.). Mais la loc. ne s'explique guère : on ne peut « éviter quelque chose à quelqu'un », mais simplement le lui faire éviter. C'est **Épargner** qui doit être employé dans ce cas : *J'épargne à sa vertu d'éternels déplaisirs* (Corn.). **Sauver à,** vx, épargner à quelqu'un ce dont on le préserve : *Une espèce de gouverneur qui me sauva beaucoup de folies* (J.-J. R.).

Évoluer : → Changer. *Évoluer,* **Se développer, Marcher, Se dérouler :** → Évolution.

Évolution : ¶ 1 → Mouvement. ¶ 2 Changement (→ ce mot) dans l'état d'une chose caractérisé par la manière dont il se fait ($\neq$ Avancement, qui marque un mouvement en avant vers le bien ou vers le mal). *Évolution,* changement continu et profond des êtres et des choses par lequel ils se transforment progressivement : *Évolution historique. Évolution du langage, des genres littéraires, de la doctrine démocratique, d'un homme politique* (Acad.). **Devenir,** terme de philosophie, le mouvement même par lequel une chose, un être se forme ou se trans-forme par opposition à l'être, ou aux états apparemment statiques qui peuvent servir de point de repère dans l'évolution : *Consi-dérer le monde et son incessant devenir* (M. D. G.). **Développement** ajoute à *évolution* l'idée d'une croissance, d'une extension souvent rationnelle ou implique au moins que la série d'états successifs qui se déroulent est contenue en germe dans un état primitif dont elle est la conséquence : *L'évolution d'une crise et le développement de ses conséquences.* **Processus,** terme de physiologie, suite de phénomènes qui caractérisent un état morbide et se reproduisent régulièrement; par ext., évolution en un sens constant ou parcourant une série d'états dont on peut assigner d'avance la succession, en parlant de phénomènes psychologiques, sociaux ou politiques : *Le processus de l'intoxication* (M. D. G.); *des crises économiques.* **Cours,** évolution ou développement des choses caractérisés par la direction qu'ils prennent ou qu'on leur donne; ou aussi la durée d'une évolution ou d'une succession : *Le cours de ses pensées était triste* (M. D. G.). *Le cours des saisons, d'une maladie.* **Marche** a plutôt rapport à la façon dont on peut caractériser une évolution ou un développement avec parfois une idée de progrès : *La marche d'un poème, c'est la façon dont l'action progresse et se développe.* **Déroulement** implique une succession et une liaison entre une série d'événements caractéristiques d'une évolution et faisant partie d'un tout : *Le déroulement d'une crise ministérielle.* Lorsque ces événements se présentent en images, en scènes, on dit parfois **Film,** fam. : *Le film de la crise.*

Évolutionnisme, toute philosophie qui pense que le monde n'est pas fixe et immuable, mais passe sans cesse d'une forme à une autre; se dit par ext., depuis le XIXᵉ s., pour **Transformisme,** théorie biologique suivant laquelle les espèces vivantes ne sont pas fixes et distinctes, mais variables, susceptibles de se transformer l'une en l'autre, selon les lois de la sélection naturelle (**Darwinisme**) ou de l'adaptation au milieu (**Lamarckisme**).

Évoquer : ¶ 1 Appeler une puissance surnaturelle. *Évoquer,* faire apparaître, par des cérémonies magiques, des âmes, des esprits : *Les nécromanciens prétendaient évoquer les âmes des morts* (ACAD.). **Invoquer,** appeler à son secours une puissance divine ou surnaturelle : *Les dieux qu'on invoquait* (CORN.). **¶ 2** (Au fig.) → Interpeller et Rappeler.

Exacerbation : → Paroxysme.

Exacerber : → Irriter.

Exact : ¶ 1 → Correct. **¶ 2** → Vrai. Pour qualifier un récit ou son auteur, en pré-cisant pourquoi on peut les croire, *Exact,* objectif, se dit plutôt du récit qui est vrai, croyable, **Fidèle,** subjectif, de l'auteur qui est véridique, ce qui implique seulement un préjugé favorable : *Les faits sont exacts, les citations fidèles* (VOLT.). *Le tout* [dans un récit] *peut n'être pas absolument exact, mais les traits principaux sont fidèles* (J.-J. R.). **¶ 3** → Juste. **¶ 4** → Attentif. *Exact,* **Scrupuleux, Ponctuel, Régulier, Assidu :** → Exactitude.

Exaction : → Malversation.

Exactitude : ¶ 1 → Vérité. *Exactitude, Fidélité :* → Exact. **¶ 2** → Justesse. **¶ 3** → Attention. Attention que l'on met à suivre toutes les règles nécessaires à la bonne exécution d'une chose. *Exactitude* suppose une règle générale, abstraite : *Avec exactitude il suit toutes ses lois* (CORN.). **Scrupule** enchérit : *Exact jusqu'au scrupule* (ACAD.). **Ponctualité,** qui ne se dit qu'en parlant d'une action et pour en qualifier l'auteur, implique une conformité très rigoureuse avec une règle de fait qui consiste à faire certaines choses dans un temps donné, ou comme on se l'est proposé, ou comme on l'a promis : *Il est d'une ponctualité religieuse sur les visites* (L. B.). — Comme syn. d'*exactitude,* **Régularité** se dit du soin qu'on met à suivre dans ses actions les règles de la morale, de la religion ou d'un art, sans toutefois l'idée de diligence, d'attention à ne rien omettre qu'implique *exactitude : La régularité de l'art* (MOL.); comme syn. de *ponctualité,* régularité implique une ponctualité constante et uniforme dans toutes les actions successives qui concourent à l'exécution d'une chose. **Assiduité,** régularité à se trouver où l'on doit être ou à accomplir un travail. L'*exactitude* d'un fonctionnaire consiste à accomplir avec soin tout ce qu'il doit faire, sa *ponctualité,* à arriver à l'heure et à remettre à temps ses travaux, sa *régularité,* à travailler d'une façon constante et uniforme, son *assiduité,* à n'être jamais absent et à être toujours à son travail.

Exagération : Action d'amplifier les choses par le discours. *Exagération,* qui peut se construire avec le nom de la chose exagérée pour régime ou désigner une disposition du sujet qui parle, a surtout rapport à la pensée et à la vérité, et implique moins d'excès qu'**Hyperbole,** terme de rhétorique, uniquement relatif à l'expression et désignant une figure destinée à embellir le discours en employant des termes qui pris à la lettre déforment la réalité. Dire d'un petit homme qu'il est *tout petit,* c'est une *exagération* de sa petitesse; l'appeler un *pygmée,* c'est une *hyperbole.*

Exagéré : → Excessif.

Exagérer, donner aux choses dont on parle une importance dépassant la réalité, ou dépasser la mesure par ses actions ou ses pensées : *Tout cela un peu exagéré, un peu gros, comme un acteur qui a peur de ne pas se faire entendre* (GI.). **Charger,** exagérer les traits d'un portrait physique ou moral pour rendre ridicule, et, en général, exagérer en art ou en littérature : *Charger un rôle, un caractère; un récit* (ACAD.). **Outrer,** porter les choses au-delà de la juste raison, exagérer d'une façon incroyable, malveillante ou de mauvais goût : *Rien n'est plus aisé que d'outrer la nature; rien n'est plus difficile que de l'imiter* (VOLT.). **Dramatiser,** présenter, en parlant ou en écrivant, les choses simples comme un véritable drame, ou les prendre du mauvais côté de façon à exagérer les moindres incidents : *Les têtes exaltées éprouvent un besoin inouï de dramatiser leur existence à leurs propres yeux* (SAND). **Grossir,** faire paraître ou considérer soi-même des sentiments, des faits, comme plus graves qu'ils ne sont, souvent sans le vouloir, par inquiétude : *Grossir des défauts* (BALZ.). **Amplifier,** grossir ce qu'on rapporte, lui donner de l'importance en ajoutant des détails : *Amplifier une nouvelle.* **Donner le coup de pouce,** fam., exagérer légèrement. **Broder,** fig. et fam., amplifier en embellissant : *Ne se permettre aucune fiction, ne broder aucune circonstance* (J.-J. R.). **Surfaire,** au fig., exagérer la valeur ou le mérite de ce qu'on évalue ou qu'on estime : *Surfaire nos qualités* (DID.). — **Bluffer** (d'après l'ang. *bluff*, terme de poker), pop., exagérer sa force, sa richesse, son talent apparents, pour impressionner et décevoir : *Bluffer, paraître exiger le maximum, de peur de n'avoir pas, au règlement, tout ce qu'il sera possible de soutirer aux vaincus* (M. D. G.). — **Ne pas y aller de main morte,** fam., exagérer fortement dans une action, dans des prétentions.

Exaltation : → Enthousiasme.

Exalter : ¶ 1 → Louer. ¶ 2 → Exciter. ¶ 3 → Transporter. ¶ 4 (Réf.) → (s') Enthousiasmer.

Examen : Épreuve qu'on fait subir à des candidats pour juger de leur capacité. L'*Examen* a surtout pour but de juger de l'aptitude de quelqu'un à un titre, à un emploi; les candidats, pour réussir, doivent atteindre un certain total de points : *Le baccalauréat est un examen.* Le **Concours** a pour but le recrutement pour une école, une place; les candidats, pour réussir, doivent se classer dans un certain rang : *On entre à l'École navale par concours.*

Examiner : ¶ 1 → Regarder. Considérer avec attention. *Examiner* marque qu'on fait subir une sorte d'épreuve à une personne ou à une chose pour se rendre compte de leur valeur, souvent dans des vues pratiques : *Examiner les moyens les plus prompts et les moins dangereux* (CORN.); *un livre, sa conscience, des candidats* (ACAD.). **Scruter** ne se dit des choses en général cachées qu'on veut connaître, pénétrer en détail, en les examinant : *Scruter la pensée, la conduite de quelqu'un* (ACAD.). *Projecteurs scrutant, comme un regard, le fouillis des étoiles* (M. D. G.). **Sonder,** reconnaître la profondeur d'une cavité avec une sonde, ou, en chirurgie, explorer une cavité du corps ou une plaie avec une sonde; au fig., pénétrer quelqu'un pour examiner et mesurer ses dispositions ou ses capacités les plus profondes : *Sonder ses intentions véritables* (J. ROM.). **Étudier,** examiner avec soin et attention, longuement, soit une affaire pour en connaître toutes les circonstances, soit une personne pour en connaître l'humeur, les façons d'agir : *On examine un malade, un candidat; on étudie le comportement d'un élève. Étudier, considérer, connaître un mouvement religieux* (PÉG.). **Dépouiller,** examiner, étudier un compte, un dossier, un registre pour en donner l'état abrégé, l'extrait, le sommaire: *Dépouiller des archives.* **Inventorier,** dénombrer certaines choses par un inventaire, par ext. examiner un lieu, une question pour savoir tout ce qu'ils contiennent : *Inventorier un point suspect* (M. D. G.). **Compulser,** examiner des papiers, des livres, les lire pour en tirer des renseignements. — **Peser,** fig., examiner attentivement une chose pour en connaître le fort et le faible, la valeur, les conséquences : *Peser le pour et le contre.* — **Instruire,** terme de palais, étudier une cause pour la mettre en état d'être jugée. — **Éplucher,** fig. et fam., examiner avec soin, avec un scrupule critique et parfois malveillant, ce qu'il peut y avoir de faux, de mauvais, de blâmable en quelque chose : *Éplucher une épître* (VOLT.); *la généalogie, la vie, les actions de quelqu'un* (ACAD.). — En parlant d'un ouvrage de l'esprit dont on examine les éléments un à un, on dit **Décomposer, Analyser** (→ Décomposer), **Désosser** et **Disséquer** qui impliquent un examen très minutieux et critique. — **Inspecter,** examiner avec autorité ou avec mission spéciale d'une autorité compétente : *Inspecter des travaux publics, un collège* (ACAD.); par ext. examiner pour vérifier quelque chose : *Inspecter une maison pour voir si elle est habitable.* **Contrôler,** terme d'administration, examiner minutieusement, avec autorité, des comptes, des opérations, des papiers pour voir s'ils sont conformes à la règle, si on peut les approuver : *La Cour des Comptes contrôle les opérations financières des budgets de l'État.* **Viser,** examiner un acte et le revêtir de la formule qui le rend valable : *Viser un passeport*. **Visiter,** examiner en détail, ou inspecter, en se déplaçant, en fouillant ou en considérant successivement tous les aspects d'une chose, pour voir si tout est dans l'ordre normal : *Visiter une plaie* (LIT.) ; *des papiers, un diocèse, des arsenaux* (ACAD.). **Expertiser,** examiner, visiter à titre d'expert c.-à-d. de personne possédant des connaissances spéciales pour déterminer exactement la qualité, la valeur d'une chose : *Expertiser un tableau*; au fig., péj., examiner en détail, d'un œil critique, comme pour évaluer : *Tout en souriant, elle m'expertisait avec certitude* (S. DE BEAUVOIR). **Explorer,** parcourir une contrée inconnue ou qu'on vient de découvrir pour la connaître, par ext., parcourir un lieu en l'examinant, ou examiner en parcourant du regard : *Du firmament splendide il explore la route* (LAM.). *Explorer une bibliothèque* (LIT.); par ext, en chirurgie, visiter, examiner les parties intérieures du corps, malades ou suspectes, à l'aide d'instruments ou de procédés spéciaux. **Prospecter,** terme technique, explorer, étudier les terrains pour y découvrir des gisements miniers ou des sources d'huiles minérales. **Reconnaître,** examiner une chose pour pouvoir la qualifier, savoir ce qu'elle est, se dit spéc. en termes militaires des lieux dont on veut prendre connaissance : *Reconnaître une place; les intentions de quelqu'un*; c'est aussi explorer une terre, un fleuve pour savoir jusqu'où ils s'étendent, pouvoir les déterminer géographiquement : *Reconnaître les sources d'un fleuve.* — **Consulter** et **Interroger,** au fig., examiner, étudier des textes et des choses, pour y chercher des éclaircissements, des indices, des conseils sur la conduite à tenir ou la réponse à des questions qu'on se pose : *Consulter les astres, l'histoire* (LIT.). *Des victimes vous-même interrogez le flanc* (RAC.). ¶ 3 (Réf.) Chercher à se connaître soi-même. *S'examiner* implique plutôt qu'on veut porter sur soi un jugement moral. **S'étudier,** s'observer longuement pour connaître son caractère, son humeur. **S'analyser** dit plus et suppose qu'on distingue tous les éléments de son moi et qu'on découvre leurs rapports.

Exaspérer : → Irriter.

Exaucer : → Satisfaire.

Excavation : Espace qui se trouve entre les parties d'une chose. *Excavation,* syn. de tous les mots qui suivent, fait penser au résultat d'une action, considéré par rapport à un agent : *Excavations produites par la nature ou faites de la main de l'homme* (BUF.). Le **Creux** est extérieur à la chose, à sa surface, et peu profond : *Le creux de la main; le creux du rocher.* **Cavité** (→ ce mot), excavation intérieure,

en forme de voûte : *Cavité interne* (J. ROM.). **Trou,** excavation profonde, résultant d'un percement, s'étendant dans tous les sens, et permettant de traverser une chose ou d'y pénétrer : *Dans son creux le hibou... la fourmi dans son trou* (DUCIS). **Fosse** (→ ce mot), trou ou creux large et profond dans la terre, et, en anatomie, cavité plus ou moins profonde : *Fosse à fumier. Fosse iliaque.* La **Fente** (→ ce mot) diffère du *trou* en ce qu'elle est plus longue que large et résulte d'un éclatement plutôt qu'un percement : *Les fentes des rochers et les trous des murailles* (BOS.). **Ouverture** (→ ce mot), solution de continuité qui permet l'entrée : *Cavité avec des ouvertures régulières* (FÉN.). *L'ouverture d'un trou* (VOLT.). **Vide,** espace où il n'y a rien, contenant sans contenu : *Les vides laissés dans les couches des schistes par la destruction des oursins* (BUF.).

Excédé : → Fatigué.

Excédent : → Excès.

Excéder : ¶ 1 → Passer. ¶ 2 → Fatiguer. ¶ 3 → Énerver.

Excellence : ¶ 1 → Perfection. ¶ 2 Appellation honorifique. *Excellence* se dit aux ambassadeurs, archevêques, évêques ou autres prélats, **Éminence,** aux cardinaux, **Altesse,** aux princes. **Grandeur** se disait, au XVIIᵉ s., à tous les grands seigneurs qui ne prenaient point le titre d'*Altesse* ou d'*Excellence* et récemment encore aux évêques. **Grâce** se dit dans les pays anglo-saxons : *Sa Grâce le duc de...* **Hautesse** ne se disait que pour le Sultan : *Un firman de Sa Hautesse* (ACAD.).

Excellent : ¶ 1 → Bon. ¶ 2 *Être excellent :* → Exceller.

Exceller : Avoir un degré éminent de perfection, de supériorité. *Exceller* représente plutôt le sujet agissant et relativement à un genre précis dans lequel il est meilleur que les autres : *Racine excelle à peindre les caractères de femmes* (ACAD.). **Être excellent** se dit plutôt d'une qualité considérée absolument : *Vous ne sauriez croire combien est excellent le beurre que nous mangeons* (L. F.).

Excentrique : → Original.

Excepté restreint une proposition générale ou une règle, en citant les cas qui y dérogent : *On trouve tout consterné excepté le cœur de cette princesse* (BOS.). **A l'exception de,** avec la même nuance, marque un cas important : *Elle entend tous ses intérêts, à l'exception d'un seul* (L. B.). **A part,** syn. d'*excepté,* se met en tête de la phrase : *A part vous, je n'ai pas d'amis.* **Hors,** d'un style plus relevé, restreint une classe en indiquant les individus qui n'y rentrent pas ou n'y appartiennent pas : *Hors le grand Turc, tout le continent de l'Europe veut accabler les Vénitiens* (VOLT.). *Hors* annonce une exclusion produite par le hasard ou par la nature, **Hormis** une exclusion volontaire produite par les hommes et, par conséquent, plus formelle, plus remarquable : *Voici mon aventure dont je ne déguiserai rien, hormis des noms que je dois taire* (MARM.). **A la réserve de** ajoute l'idée qu'on met à part une chose pour la garder, pour l'empêcher de subir le sort des autres : *Dieu résolut de détruire tous les hommes à la réserve de Noé et de sa famille* (BOS.). **Sauf** s'emploie surtout, en ce sens, en termes de pratique ou devant un pronom : *Il lui a cédé tout son bien, sauf ses rentes* (ACAD.). *Tous, sauf lui.* **Abstraction faite de** indique qu'on néglige volontairement certains éléments unis à d'autres dans la réalité : *Abstraction faite du style, cet ouvrage est parfait.* **A telle chose près** a rapport à la quantité et indique ce qui manque pour que quelque chose soit complet, accompli ou achevé : *En six jours mon drame fut écrit à quelques vers près* (J.-J. R.). **Fors,** syn. vx d'*excepté* : *Tout est perdu fors l'honneur.* — **Non compris** se dit de ce qui n'est pas compté dans l'ensemble d'un total : *Il a dix mille francs de revenus, non compris la maison où il loge* (ACAD.). **Exclusivement,** en excluant le dernier terme énoncé, quand on fixe une certaine étendue de temps et de lieu dans laquelle on ne veut pas comprendre ce dernier terme : *Depuis le mois de mai jusqu'au mois d'octobre exclusivement.* **A l'exclusion de,** en éliminant telle personne ou telle chose d'un ensemble, d'un groupe, dont elles n'ont pas les avantages ou les qualités : *On leur accorda de faire des exportations dans tous les pays à l'exclusion de la Russie.*

Exception : ¶ 1 *Exception*, action de désigner une personne ou une chose comme n'étant pas comprise, en fait ou en droit, dans un nombre, dans une règle ou dans une situation où il semble qu'elle devrait être : *Il n'y a règle si générale qui n'ait son exception* (ACAD.). **Dérogation** n'est syn. d'*exception* que lorsque l'exception s'écarte, en un cas particulier, d'une loi, d'un usage, d'un droit, etc. : *Dérogation à l'usage* (ACAD.). **Anomalie,** état de ce qui s'écarte de la règle ou du fait habituel : *Les anomalies du langage; du règne végétal.* ¶ 2 *A l'exception de :* → Excepté.

Exceptionnel : → Rare.

Excès : ¶ 1 Ce qui est en trop ou dépasse la mesure. *Excès* ne se dit que des choses abstraites, d'une différence ou d'une quantité trouvée en plus : *L'excès d'une ligne sur une autre* (LIT.). **Excédent** désigne les choses concrètes qui sont en excès : *Un excédent de bagages.* **Surplus,** dans le langage courant, excédent d'une quantité

qu'on n'utilise pas : *Les surplus américains.* **Surnombre,** dans la loc. *être en surnombre,* excédent en parlant de ce qui se compte : *Être en surnombre dans un compartiment.* **Trop plein,** excédent d'un contenu qui déborde d'un récipient. **Trop,** employé comme n., est parfois syn. fam. d'*excès* : *Il a été victime de son trop de confiance* (ACAD.). ¶ 2 → Reste. ¶ 3 → Superfluité. ¶ 4 Le fait d'user d'une chose au-delà des limites permises. *Excès* implique qu'on dépasse, par un acte précis, la limite d'une chose bonne ou mauvaise : *Excès de rigueur, de pouvoir, d'indulgence, de colère;* **Abus,** qu'on détourne dans le mauvais sens, à force d'en user, une chose bonne à l'origine : *L'abus des bonnes choses ne prouve pas qu'elles soient mauvaises* (MARM.). **Démesure,** vx, excès d'orgueil, de violence. **Outrance, Intempérance, Incontinence, Exagération :** → Excès. ¶ 5 → Dérèglement. ¶ 6 → Violence. ¶ 7 *A l'excès :* → Excessivement.

Excessif : ¶ 1 → Démesuré. Qui dépasse la règle, la mesure, le degré convenable, par sa force, son intensité ou sa violence. *Excessif* se dit de tout ce qui tend à deveni̇r désagréable ou mauvais pour des raisons : *Les qualités excessives nous sont ennemies* (PASC.). *Flatteur excessif* (L. F.). **Immodéré** en parlant de l'homme ou de ce qui lui appartient, insiste sur le manque de modération qui rend excessif ce qu'il serait possible de modérer : *Une passion immodérée* est celle qu'on ne contient pas, une passion *excessive* est avant tout trop forte, brutale, sans idée de lutte ni de modération. Un homme *immodéré* ne se règle pas, un homme *excessif* se donne trop à quoi que ce soit. **Outré** renchérit et implique souvent une affectation qui fait sortir du bon sens, du bon goût, surtout dans la manière dont on s'exprime ou dont on se montre : *Modestie outrée* (L. B.). *Dévote outrée* (J.-J. R.). *La louange excessive* est d'un enthousiaste, *la louange immodérée,* d'un sot ou d'un flatteur, *la louange outrée,* d'un flagorneur. **Effréné** ne se dit que des passions et parfois des paroles, non seulement immodérées, mais déchaînées dans le dérèglement le plus total : *Licence* (BOS.); *douleur* (VOLT.) *effrénées. Propos effrénés* (MOL.). **Abusif** se dit des choses contraires à l'ordre, aux lois, au bon usage : *Privilèges, usages abusifs* (ACAD.). **Violent,** fam., excessif, abusif en parlant de ce qui est injuste, oppressif, dépasse toute mesure : *Il demande mille francs, cela est violent* (ACAD.). **Intolérable** enchérit. **Fort,** fam., dit moins que *violent,* en parlant de ce qui paraît extraordinaire, difficile à croire, dur ou offensant. **Raide,** très fam., se dit surtout de ce qui n'est pas croyable.

Insensé, Fou, fam., excessif, abusif au point de n'être plus croyable : *Il travaille d'une manière insensée; un prix fou.* — **Intempérant,** au fig., immodéré surtout en parlant de la langue ou de la curiosité qui manquent de discrétion : *L'esprit intempérant dans le désir de tout savoir* (S.-É.). *Langue intempérante.* **Débridé,** fig. et fam., se dit surtout de la langue qui se déchaîne sans retenue; **Incontinent,** d'un langage qui manque de modération, parce qu'il est trop verbeux ou trop libre. — **Exagéré** ne se dit que des actions qui dépassent la mesure ou des discours qui amplifient plus ou moins la vérité; en ce dernier sens il a pour syn. **Hyperbolique** (→ Exagération). — *Exagéré* se dit seul en parlant des caractères, des sentiments, qui, dans une œuvre d'art, ne correspondent pas à la nature. **Chargé** enchérit (→ Exagérer). *Outré* dit encore plus et marque le mauvais goût : *Tomber dans l'outré et dans le gigantesque* (VOLT.). **Forcé** se dit en art d'une idée rattachée à une autre avec une peine excessive, d'un coloris excessif, d'une attitude outrée dans un tableau, et dans tous les cas s'oppose à naturel. **Grimaçant,** en termes d'art, qualifie les représentations auxquelles on donne une expression très désagréablement outrée : *Le barbouilleur qui a joint ce tableau grimaçant aux autres qui paraissent assez fidèles* (VOLT.). ¶ 2 → Extrême.

Excessivement, hyperbolique, beaucoup. A **l'excès** marque l'excès ou le trop d'une manière nette et positive, en insistant sur leurs conséquences fâcheuses : *La reine pleura excessivement en disant adieu au roi* (SÉV.). *Ames timides à l'excès ou trop inquiètes* (BOUR.). **Outre mesure** est moins fort : *c'est plus qu'il ne convient.*

Exciper : → Prétexter.

Excitant : → Fortifiant.

Excitation : ¶ 1 → Chaleur et Fermentation. ¶ 2 *Excitation,* **Incitation, Encouragement** (→ ce mot) : → Exciter.

Exciter : ¶ 1 Mettre quelqu'un en disposition de faire quelque chose en l'échauffant. *Exciter* marque une action beaucoup plus forte qu'**Inviter** (→ ce mot) et se distingue d'**Encourager** (→ ce mot), car *exciter,* c'est réveiller ou mettre en action les forces ou l'activité de quelqu'un qui jusque-là n'agissait pas, alors qu'*encourager,* c'est donner de l'activité ou de la force à quelqu'un, lui apporter un renfort sans lequel il n'aurait pu commencer ni surtout poursuivre : *On excite au travail, à l'étude quelqu'un qui ne fait rien, on l'encourage quand il a commencé. La misère excite au vol et l'impunité y encourage.* ¶ 2 Faire naître un sentiment, une passion chez

quelqu'un, ou les porter à un plus haut degré s'ils existent déjà. *Exciter* marque une action plus vive que **Provoquer** (→ ce mot) et se dit pour tous les sentiments vifs, depuis les grandes passions jusqu'aux émotions à propos de choses peu importantes : *Exciter la haine, la colère, la fureur, la gaieté, le rire, la curiosité.* **Émouvoir,** faire naître une passion qui provoque un mouvement, un trouble dans l'âme, sans aller jusqu'à la violence que marque *exciter* : *Je ne cherche qu'à émouvoir sa sensibilité et je ne veux point exciter sa crainte* (GENLIS). — En parlant des fortes passions seulement, **Allumer,** exciter brusquement ou réveiller une passion vive qui prend comme un feu : *Allumer le désir* (BAUD.); *une curiosité aiguë* (ZOLA). **Soulever** se dit des sentiments qui exaltent l'âme ou de l'indignation : *Soulever l'enthousiasme.* **Enflammer** (→ ce mot) se dit bien des passions bonnes ou mauvaises qui brûlent et emportent, notamment l'amour : *Enflammer le zèle* (RAC.); *le courage* (VOLT.). **Attiser,** exciter encore davantage les passions mauvaises, surtout la haine : *Attiser la fureur de votre emportement* (RAC.). **Déchaîner** (qui se dit aussi pour le rire), exciter avec violence, d'une façon durable, des passions mauvaises et sans retenue : *Déchaîner la colère.* **Irriter** (→ ce mot), exciter encore davantage des passions mauvaises et douloureuses, en général aigres ou cuisantes : *Irriter l'envie et la haine publique* (BOS.); *l'ennui* (RAC.). **Fomenter,** exciter et entretenir un sentiment mauvais et surtout de l'agitation, des troubles : *Fomenter un soupçon* (MOL.); *la guerre* (M. D. G.). — En parlant des passions et des sentiments qui poussent à agir, **Exalter,** élever au suprême degré une passion qui rend capable d'actions grandioses, ou, péj., jette dans un délire dangereux : *Exalter l'audace* (M. D. G.). **Piquer,** réveiller vivement une passion, ou une faculté endormie ou la rendre plus vive : *Piquer l'attention par la nouveauté du ton* (J. ROM.). **Aiguillonner,** piquer à plusieurs reprises des passions lentes à s'éveiller ou qu'on excite de plus en plus : *Aiguillonner le courage* (LIT.). **Stimuler,** d'un style plus relevé, a rapport à l'activité qu'on encourage : *Me sentir regardé, jugé, admiré, stimulait toutes mes facultés, exaltait mon audace* (M. D. G.). **Éperonner,** syn. d'*aiguillonner,* a surtout rapport à l'ardeur qu'on sollicite d'une façon pressante et répétée : *Mon père a toujours travaillé seul, conduit, éperonné par une ambition opiniâtre* (DUH.). **Fouetter** se dit au physique du sang qu'on excite salutairement et, au moral, du désir, de l'amour-propre. **Aiguiser,** rendre plus vif, spéc. en parlant de l'appétit. — En parlant d'émotions et de sentiments à propos de petites choses et dans le langage fam., **Émoustiller,** exciter à la gaieté, à la bonne humeur : *Le vin de Champagne émoustille*; ou piquer par quelque chose d'intéressant : *Émoustiller l'attention d'un correcteur fatigué* (J. Rom.). **Agacer,** exciter à la colère, à l'irritation en énervant, en impatientant (→ Taquiner) : *Mme Duplessis agaçait ma fille, ma fille la battait* (Sév.); ou exciter le désir, l'amour par des coquetteries (→ Provoquer) : *Tes nobles jambes Tourmentent les désirs obscurs et les agacent* (Baud.). ¶ 3 Avec pour comp. un nom d'être animé : → Taquiner, Provoquer et Transporter. *Exciter*, mettre dans un état de nervosité qui pousse à l'extrême les divers sentiments, spéc. ceux qui rendent capable d'actions irraisonnées. **Surexciter,** péj., exciter extrêmement et dangereusement. **Faire sortir, mettre hors de ses gonds,** exciter quelqu'un à la colère, parfois à l'impatience ou à la peur, au point qu'il ne soit plus maître de lui. **Soulever** (→ ce mot), exciter à la révolte, à la rébellion ou à l'indignation. **Armer,** fig., exciter à prendre les armes, à lutter : *Armer le fils contre le père* (Acad.). **Exalter** diffère d'*exciter* comme plus haut et dit plus qu'**Enthousiasmer,** exciter à l'enthousiasme (→ ce mot). **Transporter** (→ ce mot), c'est mettre hors de soi, sans forcément pousser à agir.

Exclamation : → Cri.

Exclure : ¶ 1 → Éliminer. ¶ 2 → Empêcher.

Exclusif : ¶ 1 → Unique. ¶ 2 → Fanatique.

Exclusivement : ¶ 1 → Seulement. ¶ 2 → Excepté.

Excommunication : → Anathème.

Excrément, toute matière solide ou fluide qui sort du corps de l'homme ou des animaux par l'effet d'une évacuation naturelle : *Les matières fécales, l'urine, la sueur sont des excréments*. **Excrétion,** action par laquelle les matières solides ou liquides sécrétées par les glandes sont poussées au-dehors ou portées dans les réservoirs où elles doivent séjourner, désigne par ext. ces matières elles-mêmes et n'est syn. d'*excrément* que dans la mesure où ces matières sont directement évacuées à l'extérieur : *L'urine est une excrétion et un excrément; mais la bile est une excrétion et non un excrément*. **Déjection,** évacuation des excréments; au pl., dans le langage médical, syn. d'*excrément*. **Matières fécales** et **Fèces** (plus rare), termes de médecine, les excréments solides évacués par l'intestin de l'homme. **Selles,** excréments évacués à la garde-robe, en une seule fois, est du langage recherché. **Fiente** se dit pour certains animaux et surtout pour les

oiseaux : *Fiente de loup, de pigeon*. **Crotte,** fiente en forme de boulettes de certains animaux : *Crottes de brebis, de chien, de chèvre, de lapin*; par ext. fam., matières fécales de l'homme et surtout des enfants. **Étron,** bas, matière fécale qui a quelque consistance, en parlant des excréments de l'homme et de quelques animaux. **Crottin,** fiente des chevaux, mulets, etc. **Bouse,** fiente de vache, de bœuf. **Chiasse,** excréments d'insectes, de vers, etc. : *Chiasses des mouches*. **Chiure,** trivial, se dit pour les mouches : *Miroir couvert de chiures de mouche*. **Caca,** matière fécale, dans le langage des nourrices et des enfants. **Merde,** excrément de l'homme et de quelques animaux, est bas. — **Fumées,** au pl., en termes de chasse, fiente des cerfs et autres bêtes fauves, qui varie suivant l'âge, le sexe de l'animal, et sert à le reconnaître. **Laissées** s'emploie pour des bêtes comme le loup, le blaireau, le renard. — Au fig. *excrément* se dit d'un être vil et méprisé : *Va-t'en, chétif insecte, excrément de la terre* (L. F.); *caca*, d'une chose malpropre à ne pas toucher.

Excursion : ¶ 1 → Promenade. ¶ 2 → Incursion. ¶ 3 → Digression.

Excuse : ¶ 1 Ce qu'on allègue pour se justifier ou justifier quelqu'un de quelque faute. *Excuse* s'emploie en bonne part et désigne souvent quelque chose de raisonnable et de fondé : *Cette excuse n'est bonne que pour les premières guerres* (Bos.). **Justification** diffère d'*excuse* comme les v. correspondants : → Excuser. **Défaite** et **Faux-fuyant,** toujours péj., raison vaine, frivole ou fausse. *Défaite*, moyen de se tirer d'un embarras. *Faux-fuyant* (→ Fuite), moyen d'échapper à des ennemis, à des accusateurs ou à un danger : *Promettre trop facilement et éluder ensuite toutes vos paroles par cent défaites captieuses* (Fén.). *Il ne faut laisser aucun faux-fuyant à ce méchant adversaire* (Beaum.). **Bourde,** fam., mauvaise excuse, défaite, consistant en un mensonge qu'on raconte. ¶ 2 Terme qu'on emploie pour réclamer l'indulgence pour une faute. *Excuse* se dit pour un tort léger, involontaire ou apparent pour lequel on allègue des circonstances atténuantes : *Voilà bien des questions, je vous en fais des excuses* (Sév.). **Pardon,** pour une faute grave, qu'on ne peut diminuer que par son repentir et pour laquelle on fait appel à la clémence de l'offensé : *Ma sœur, je vous demande un généreux pardon, Si de mes libertés j'ai taché votre nom* (Mol.). ¶ 3 En termes de civilité, **Demander pardon** ou **Pardon** se dit fam. quand on dérange quelqu'un, quand on l'interrompt ou lorsqu'on est d'un avis différent du sien. *Faire excuse* ou *Faire* *ses excuses* insiste davantage, marque plus d'attention. *Faire des excuses* signifie quelquefois, dans une acception plus rigoureuse, le regret qu'on témoigne à quelqu'un de l'avoir offensé : *Il exigeait que son adversaire lui fît des excuses* (Acad.). **S'excuser,** donner des raisons pour se dispenser ou se disculper d'une action : *Et vous vous excusez de m'avoir fait heureux* (Rac.); se dit, par abus, à la première personne et absolument, pour demander pardon de contredire, de refuser ou d'avoir commis une faute légère; mais il faut dire : *excusez-moi*; et non : « *je m'excuse* ».

Excuser : ¶ 1 Parvenir à empêcher qu'une accusation ne subsiste ou n'ait des suites. *Excuser,* tout en reconnaissant la faute commise, réclamer pour elle indulgence et pardon : *Par l'ennui, la reine Marie-Antoinette a excusé sa dissipation* (Lav.). **Disculper,** surtout en parlant d'une personne, montrer qu'elle n'a pas commis, en fait, la faute dont elle est accusée : *Un alibi disculpe.* **Justifier,** surtout en parlant de la conduite, des actions, montrer, sans nier le fait, que ce qu'on reproche comme une faute n'en est pas une, et même que cela devait être fait : *Il expliqua son manque de convenance sans vouloir le justifier* (Balz.). **Légitimer,** justifier une action en vertu d'un droit ou d'une raison qu'on ne saurait violer sans injustice ou déraison : *Ce qui à mes yeux légitime ou du moins excuse toute votre conduite* (Mau.). **Sauver,** *excuser* ou *justifier,* est peu usité : *On ne peut sauver sa conduite* (Acad.). **Décharger** un accusé, témoigner en sa faveur pour essayer de le disculper ou de le justifier. ¶ 2 Considérer une faute comme nulle ou moins grave qu'auparavant. *Excuser,* admettre les raisons qui rendent une personne ou une action moins coupables : *Vous m'excuserez sur l'humaine faiblesse* (Mol.). **Passer,** avec pour comp. le n. du défaut ou de la faute commise, ne pas faire attention à des choses peu graves : *Nous prêter aux faiblesses des autres, Leur passer leurs défauts comme ils passent les nôtres* (Regn.). **Pardonner** ne marque que l'action de celui qui est la victime d'une faute grave qu'il consent à oublier par bonté d'âme; en ce sens, on dit *Pardonner quelque chose à quelqu'un* : *Je lui pardonne de bon cœur tout le mal qu'il m'a fait* (Acad.). **Remettre,** faire grâce à une personne de ce qu'on était en droit d'exiger d'elle, par ext. *pardonner,* surtout dans le style religieux : *Qui peut remettre les péchés que Dieu seul?* (Saci). **Absoudre,** dans le langage religieux, remettre les péchés par le sacrement de l'absolution : *Absoudre en confession* (Acad.); par ext., au fig., pardonner ou excuser, dans le style relevé : *Tous les crimes qu'on a pu commettre au*

nom du patriotisme, maman les absout, maman les approuve (M. D. G.). — Dans la langue juridique, *absoudre,* renvoyer de l'accusation une personne reconnue l'auteur d'un fait qui n'est pas qualifié punissable par la loi; et, par ext., dans le langage relevé, déclarer un accusé innocent du crime ou du délit qui lui était imputé; en ce dernier sens on dit plutôt **Acquitter,** terme technique. **Décharger d'accusation,** prononcer par un jugement qu'un accusé est innocent du délit qu'on lui avait imputé. — En insistant sur le résultat, sur la nullité de ce qu'on considérait comme une faute, **Innocenter,** déclarer innocent, officiellement, celui qui a été disculpé ou justifié, se dit en termes du palais et dans le langage courant : *L'arrêt les innocente sur le premier chef* (Acad.); et a pour syn. fam. **Blanchir. Laver,** d'un langage plus relevé, et en un sens plus large, faire disparaître une souillure morale en disculpant ou en justifiant, mais aussi par le pardon, la purification, le repentir, et, dans la langue religieuse, par un sacrement : *Tu aurais envie qu'un homme de ta race fût lavé de ce crime* (J. Rom.). ¶ 3 (Réf.) → (faire) Excuse.

Exécrable: → Haïssable et Détestable.

Exécration : ¶ 1 → Malédiction. ¶ 2 → Éloignement.

Exécrer : → Haïr.

Exécutant, musicien qui exécute sa partie dans un concert. **Concertant** se dit aussi d'un chanteur et, en parlant d'un musicien, désigne plutôt celui qui joue sa partie dans un orchestre de chambre.

Exécuter : ¶ 1 → Réaliser. ¶ 2 → Tuer.

Exécuteur : → Bourreau.

Exécution : ¶ 1 → Réalisation. ¶ 2 → Supplice.

Exégèse : → Explication.

Exemplaire : ¶ 1 N. → Échantillon. ¶ 2 Adj. *Exemplaire,* qui peut servir de règle de conduite dans tous les genres, soit par sa perfection, soit comme avertissement : *Vie exemplaire* (Mol.). *Châtiment exemplaire* (Acad.). **Édifiant** n'a rapport qu'à l'effet, et se dit de ce qui porte à la vertu, à la piété, par l'exemple, mais aussi par le discours : *Vie, sermon édifiants.*

Exemple : ¶ 1 Ce qui peut être imité ou suivi. *Exemple* et **Modèle** proposent l'imitation de ce qui a déjà été fait. *Exemple* se dit de ce qui pousse à faire une action après un autre, *modèle,* de ce qui pousse à faire une action exactement comme un autre, parce qu'on trouve qu'il l'a faite parfaitement : *Un bon élève sert d'exemple à sa classe en la poussant à travailler, il* *de modèle en lui montrant comment on doit travailler.* **Parangon,** ironique, homme qui peut servir de modèle : *Parangon de vertu* (Gɪ.). La **Règle** prescrit ce qui est à faire d'une façon théorique et absolue, en s'adressant à l'intelligence de toute son autorité : *Ici l'application ferait plus que la règle, les exemples instruiraient mieux que les préceptes* (Buf.). *Au* xvɪᵉ *s., les Français, suivant en cela l'exemple des Italiens, ont pris les Anciens pour modèles, pour découvrir chez eux les règles du Beau.* ¶ 2 *A l'exemple de,* en faisant une action après un autre; **A la manière de,** en prenant pour modèle la façon d'agir de quelqu'un. **A l'instar,** locution prépositive tirée du latin, syn. des deux locutions précédentes dans un langage plus recherché : *Un labyrinthe à l'instar de celui que j'avais admiré en Égypte* (Gɪ.). ¶ 3 En termes de grammaire, *Exemple,* passage d'auteur ou phrase composée pour prouver quelque fait de langue, souvent pour illustrer une règle. **Paradigme,** modèle pour une conjugaison ou une déclinaison.

Exempter, Dispenser, Exonérer diffèrent comme les n. correspondants : → Immunité. — Au réf. → (s') Abstenir.

Exemption : → Immunité.

Exercer : ¶ 1 → Pratiquer. ¶ 2 → Instruire. ¶ 3 (Réf.) Se préparer à une activité, se former par une pratique régulière, *S'exercer,* en parlant du corps, de l'esprit. de la volonté, suppose des actes fréquents pour apprendre à faire quelque chose : *S'exercer à chanter, à la course* (Acad.); *à l'art de feindre* (Rac.). **Se faire la main,** s'exercer à un travail manuel et parfois à un travail intellectuel qui demande une certaine pratique : *Avant d'être auteur, il avait passé par le journalisme pour se faire la main* (Acad.). **S'entraîner,** se préparer à une compétition sportive par des exercices appropriés et un certain régime, par ext. se préparer à un exercice physique ou intellectuel avec méthode et dans l'intention de le pratiquer avec facilité : *S'entraîner à la marche, à la discussion* (Acad.). **S'endurcir,** s'exercer à supporter ce qui est dur, pénible physiquement et moralement : *S'endurcir aux intempéries, à la peine.* **S'entretenir,** s'exercer pour se maintenir au même degré de force, de savoir : *Un élève s'exerce au violon, un virtuose s'entretient.* **Étudier,** absolument, en termes de musique, s'exercer ou s'entretenir sur un instrument de musique.

Exercice : ¶ 1 → Mouvement. ¶ 2 *Exercice,* tout ce que l'on fait pour s'exercer, et spéc. dans l'enseignement, tout ce qu'on fait pour apprendre à appliquer les règles : *Exercice au tableau; de grammaire.* **Étude,** en peinture, dessin qui sert

d'exercice; en musique, composition qui exerce au doigté, au jeu d'un instrument.

Exergue : → Inscription.

Exhalaison : → Émanation et Vapeur. *Exhalaison,* ce qui s'exhale d'un corps. **Exhalation,** l'action d'exhaler.

Exhaler : ¶ 1 *Exhaler* et **Dégager** diffèrent comme au réf. : → (se) Dégager. ¶ 2 → Expirer. ¶ 3 → Épancher. ¶ 4 Au fig. Donner l'impression de, en parlant des personnes et des choses. *Exhaler,* surtout par métaphore, suppose une impression subtile qui se dégage comme une sorte de vapeur : *Un âge disparu exhalant une odeur de dévotion* (Zola). **Respirer** indique une impression plus forte : c'est montrer vivement ce dont on est pénétré tout entier : *Un ton apitoyé qui respirait l'hypocrisie* (Gɪ.). **Suer,** fam., enchérit encore et implique une impression désagréable : *La question suait la condescendance, le doute, l'ironie* (J. Rom.). **Sentir** marque une impression moins forte que *respirer,* c'est évoquer ce dont on porte l'empreinte : *Elle respirait la singularité, elle sentait l'aventure* (J. Rom.). **Puer,** péj., porter l'empreinte évidente et désagréable de, enchérit sur *suer.* **Dégoutter,** syn. de *suer,* surtout par métaphore : *Tordez-les; ils dégouttent l'orgueil, l'arrogance, la présomption* (L. B.). ¶ 5 (Réf.) → (se) Dégager.

Exhausser : → Hausser.

Exhaustif, fig., en parlant d'un article, d'un ouvrage, enchérit sur **Complet** et marque que non seulement il contient tout ce qu'il doit contenir, mais encore qu'il épuise le sujet, ne laisse rien à dire après lui.

Exhéréder : → Déshériter.

Exhiber : → Montrer.

Exhibition : → Spectacle.

Exhortation : ¶ 1 → Encouragement. ¶ 2 → Sermon.

Exhorter : → Encourager.

Exhumer : → Déterrer.

Exigeant : Qui ne se contente pas facilement. *Exigeant,* qui demande beaucoup ou trop de déférence, d'attentions, de travail, d'argent, de services et, en général, de choses peu communes et de qualité : *Un professeur exigeant fait travailler ses élèves.* **Difficile** (→ ce mot), très exigeant par délicatesse de goût, par mauvais caractère, ou pour d'autres raisons dues à l'humeur, sans qu'on sache jamais où s'arrêteront ses exigences : *Peut-être trop d'amour me rend trop difficile* (Rac.). **Pointilleux,** exigeant sur de petites choses, notamment en matière de critique et de bienséance, et en même temps susceptible.

Exigence : → Réclamation.

Exiger : → Réclamer.

Exigu : → Petit.

Exiler : → Bannir.

Existence : ¶ 1 → Être. ¶ 2 → Vie.

Exister : ¶ 1 → Être. ¶ 2 → Vivre.

Exode : → Émigration.

Exonération : → Immunité.

Exonérer : → Exempter et Soulager.

Exorbitant : → Démesuré.

Exorciser : → Adjurer.

Exorde : ¶ 1 → Introduction. ¶ 2 → Commencement.

Exotique : → Étranger.

Expansif : → Communicatif.

Expansion : ¶ 1 → Dilatation. ¶ 2 → Propagation.

Expatrié : → Émigré.

Expectance, Expectation, Expectative : → Attente.

Expectoration : → Crachement.

Expectorer : → Cracher.

Expédient : ¶ 1 N. → Moyen. *Expédient*, mesure, toujours passagère, pour se tirer d'embarras, surmonter un obstacle, résoudre une difficulté ou simplement l'éluder : *Il espérait rencontrer un expédient pour dénouer le nœud gordien qu'il avait serré lui-même* (Balz.). **Moyen de fortune,** expédient improvisé, assez sommaire, consistant souvent à utiliser des choses matérielles, afin de parer à des besoins urgents. **Ressource,** chose, moyen d'action réservé de loin par la nature, la fortune, la sagesse et qui sert à remédier complètement à un mal : *O chimères, dernières ressources des malheureux* (J.-J. R.). ¶ 2 Adj. → Convenable.

Expédier : ¶ 1 → Envoyer. ¶ 2 → Accélérer. ¶ 3 → Congédier. ¶ 4 → Tuer.

Expéditif : → Actif et Rapide.

Expédition : ¶ 1 → Activité. ¶ 2 Entreprise militaire. *Expédition* suppose souvent une organisation et un trajet plus ou moins long : *L'expédition de Bonaparte en Égypte.* **Campagne,** tout mouvement, toute action des troupes pour obtenir un résultat militaire sur place ou dans un pays éloigné, a rapport, dans ce dernier cas, à la tactique, aux opérations sur les lieux mêmes, à leur durée, à leur saison, alors qu'*expédition* a rapport aux transports des troupes sur les lieux, au ravitaillement, etc. : *On organise une expédition, on fait un plan de campagne. L'expédition de Russie, la campagne de France. Campagne d'hiver, d'été.* **Opérations,** terme très général, exécution des mesures prises pour la réalisation, par les armes, d'un projet d'ensemble : *Un plan d'opérations peut comprendre diverses campagnes et expéditions.* ¶ 3 → Voyage. ¶ 4 → Copie.

Expérience : ¶ 1 Moyen par lequel on apprend à connaître ce qu'on ignorait. *Expérience* a rapport à la vérité : l'*expérience* consiste à se rendre compte, par des faits, de ce qu'est exactement une chose, et spéc., en science, à vérifier par un fait si l'idée qu'on s'en faisait est exacte : *Cela est reconnu faux par un nombre infini d'expériences* (Pasc.). **Épreuve** a rapport à la qualité : c'est un moyen de se rendre compte, en la soumettant à une action quelconque, de ce que vaut exactement une personne ou une chose : *Mettre à l'épreuve la patience; les talents* (Fén.); *la vertu* (Sév.); *le courage* (Rac.). **Essai** a rapport à l'usage : l'*essai* montre à quoi les choses sont propres et en détermine l'emploi : *Cléopâtre faisait des essais de poison* (Roll.). **Test** (en anglais « épreuve »), en psychologie expérimentale, épreuve ou série d'épreuves ayant pour but de déterminer le niveau mental d'un individu ou ses aptitudes. ¶ 2 En un sens plus précis, dans le langage scientifique, *Expérience*, fait provoqué ou attendu pour vérifier une hypothèse, une loi, et arriver ainsi à une connaissance théorique de la façon dont se passent les choses. **Observation,** action de remarquer des faits non provoqués, sans hypothèse préconçue, parfois par hasard : *Des observations naissent les hypothèses qu'on vérifie par des expériences. On recueille des observations, on fait des expériences.* **Expérimentation,** action par laquelle on vérifie par des expériences une hypothèse scientifique. ¶ 3 → Savoir. Connaissance des choses acquise par un long usage. L'*Expérience* peut être involontaire, passive, acquise par l'usage du monde et de la vie, et a pour résultat la connaissance : *L'expérience est la mémoire de beaucoup de choses* (Did.). La **Pratique** résulte toujours d'une action répétée ou, en parlant du monde, d'une fréquentation suivie, et a pour résultat l'art d'agir en une matière : *Rousseau avait l'expérience du monde sans en avoir la pratique. L'expérience de la douleur, la pratique des affaires.* **Usage,** syn. de *pratique*, se dit surtout de l'art de pratiquer les règles du savoir-vivre de la société : *Son usage du monde* (Balz.); et, en un sens plus général, du contact même avec une chose ou une activité d'où découlent l'expérience ou la pratique. **Routine,** péj., implique la capacité de faire quelque chose plutôt par une longue pratique que par le secours de l'étude et des règles : [Frédéric II] *a plus d'imagination que moi, mais j'ai plus de routine que lui dans l'art d'écrire* (Volt.).

Expérimenté : → Capable.

Expérimenter : ¶ 1 Chercher à se rendre compte de ce qu'on doit penser d'une personne ou d'une chose. *Expérimenter*, **Éprouver, Essayer** diffèrent comme les n. correspondants (→ Expérience) : *On expérimente un procédé. On éprouve une cuirasse* (ACAD.); *un débutant* (J. ROM.). *On essaie un cheval, une arme, un chapeau, une plaisanterie.* — Toujours relativement à un résultat qu'on veut obtenir, **Tenter,** essayer, mettre en usage quelque moyen pour obtenir un résultat difficile : *Je tente ma dernière chance* (J. ROM.); **Hasarder** et **Risquer,** en parlant d'actions, ajoutent à *essayer* l'idée d'une grande incertitude sur leur résultat, *hasarder* indiquant toutefois plus de chances de succès que *risquer* : *Les quelques remarques qu'il a craintivement hasardées* (GI.). *Risquer une plaisanterie.* **Voir,** syn. d'*éprouver*, d'*essayer*, lorsqu'il s'agit de constater l'effet produit : *Voyez si cette robe vous va bien* (ACAD.). **¶ 2** Connaître par expérience. *Expérimenter* insiste sur l'idée précise que l'on garde de la chose et sur la certitude qu'on a de son existence : *J'ai expérimenté son dévouement* (ACAD.). **Éprouver** indique simplement qu'on ressent la chose par soi-même : *Ils confondent savoir et éprouver. Ils croient éprouver des sentiments, des besoins, qu'ils savent seulement qu'on éprouve* (M. D. G.). **Tâter de,** fam., commencer à se faire une idée de quelque chose par expérience : *Tâter du métier de soldat* (ACAD.). **Goûter de** se dit plutôt d'une chose agréable qu'on expérimente pour la première fois : *Goûter de la liberté* (ACAD.).

Expert : → Capable.

Expertiser : → Examiner.

Expiation : → Réparation et Punition.

Expier : → Réparer.

Expirer : ¶ 1 Expulser l'air qui est entré dans la poitrine. *Expirer*, toujours employé absolument, marque une action naturelle, **Souffler,** une action volontaire qui consiste à pousser de l'air hors de la bouche, souvent pour dissiper, gonfler, éteindre, activer, refroidir, réchauffer quelque chose. **Exhaler,** au fig. seulement, laisser sortir doucement de sa bouche ce qui ressemble à une émanation : *Exhaler un soupir ; une haleine fétide.* **Pousser,** en parlant d'un soupir, marque une action plus forte qu'*exhaler*. **¶ 2** → Mourir. **¶ 3** → Finir.

Explétif : → Superflu.

Explication : ¶ 1 (d'un écrit) Action de donner les renseignements qui le rendent parfaitement intelligible. *Explication* se dit parfois simplement de la traduction ou interprétation orale d'un auteur : *Une explication de Virgile* ; mais l'*explication* consiste aussi à ajouter, en général oralement, et parfois comme exercice, à l'interprétation d'un morceau littéraire, des remarques pour faire voir clairement les beautés qu'il contient et éclaircir tous les problèmes philologiques, historiques, philosophiques qu'il pose : *L'explication littéraire est une épreuve orale du baccalauréat.* En ce dernier sens *Explication* a pour syn. **Commentaire** (→ ce mot) qui désigne un travail plus scientifique, souvent écrit, qui ajoute à un texte suivi, éclaircissements, notes, annotations, critique : *Commentaire sur la Bible* (ACAD.). **Paraphrase,** développement explicatif d'un texte : *Paraphrase du Cantique des Cantiques* (ACAD.); et, péj., mauvaise explication qui consiste simplement à répéter en termes diffus ce que dit le texte. **Exégèse,** explications grammaticales, étymologiques, techniques, pour interpréter le texte d'un ouvrage, et spéc. interprétation grammaticale et historique de la Bible : *Exégèse du Code, exégèse historique, biblique.* **Anagogie** ou **Anagogisme,** interprétation de la Bible, par laquelle on s'élève du sens littéral au sens spirituel. **Herméneutique,** interprétation des livres sacrés ou des lois anciennes. **¶ 2** Justification d'un acte. Avoir une *explication* avec quelqu'un, le mettre en demeure de s'expliquer sur des paroles ou des actes équivoques qui paraissent offensants, et souvent lui en dire ce qu'on en pense. **Éclaircissement** signifie simplement, de nos jours, qu'on demande à quelqu'un s'il a dit ou fait telle chose, sans l'idée de réciprocité et de chaleur qu'il y a souvent dans *explication*. **¶ 3** *Explication*, **Interprétation :** → Expliquer.

Explicite : → Clair.

Expliquer : ¶ 1 → Éclaircir. *Expliquer*, rendre clair objectivement en faisant connaître la cause d'une chose qui étonne, ou en la rendant intelligible par l'enseignement, la démonstration, et en général en disant tout ce qu'il faut pour qu'on la comprenne nettement : *Expliquer un phénomène, une doctrine, sa conduite* (ACAD.). **Interpréter** implique en général une explication hypothétique et personnelle, à propos de ce qu'il y a d'obscur ou d'ambigu : *Témoignage que je ne sais pas interpréter* (PROUST). **Commenter,** expliquer ou interpréter un texte en lui ajoutant un commentaire (→ ce mot); ou interpréter une action et la juger, en général défavorablement : *Commenter la Bible. Commenter sur tout, interpréter malignement toute chose* (LIT.). **Développer,** expliquer en dégageant et en exposant en détail toutes les idées implicitement contenues dans une idée générale : *Développer le sujet d'un ouvrage.* **Traduire,** faire passer un ouvrage d'une langue dans une autre, par ext. expliquer, interpréter certaines paroles, certains signes obscurs en indiquant clairement le sens qu'ils recouvrent : *Il interprète et traduit tout selon son dogme* (Gi.). ¶ 2 → Exposer. ¶ 3 (Réf.) *S'expliquer,* dire tout ce qu'il faut pour faire entendre nettement sa pensée ou les raisons d'une action. **Se déclarer,** faire connaître pour la première fois sa pensée, son intention. **Parler,** dire ce qu'il faut pour s'expliquer ou se déclarer : *Un amoureux se déclare à sa bien-aimée si sa timidité ne l'empêche pas de parler.*

Exploit marque force et courage et se dit d'une action éclatante à la guerre, ou d'actes qui demandent de la vaillance, de l'audace et aboutissent à un résultat surprenant ou nouveau : *Les exploits d'un héros* (J.-J. R.). *Exploit cynégétique; sportif* (Acad.). **Prouesse,** exploit d'un preux, d'un ancien chevalier, marque en ce sens la vaillance, mais s'emploie ironiquement dans les autres cas souvent en parlant d'actions vantardes ou burlesques : *Les prouesses d'Amadis. Prouesses de commères* (L. F.). **Fait d'armes, Haut fait,** action valeureuse à la guerre, plus particulière, moins étendue et générale que l'*exploit* : *Les hauts faits de Rodrigue* (Corn.). *Les exploits de Mithridate* (Rac.). **Geste,** terme d'histoire littéraire, ensemble des prouesses d'un héros du Moyen Age ou de sa famille racontées dans un poème épique : *La geste de Charlemagne. Chansons de geste.*

Exploitation : → Établissement.

Exploiter, en parlant d'une affaire industrielle, commerciale, d'un domaine agricole, en retirer un certain profit : *Exploiter une métairie; une mine; une ligne de chemin de fer.* **Faire valoir,** exploiter, en parlant d'un domaine agricole : *Faire valoir une terre* (Acad.); s'emploie seul en parlant de capitaux, de droits, de talents qu'on rend productifs en sachant bien les utiliser; et, dans les autres cas, ajoute à *exploiter* l'idée d'une plus-value qu'on donne habilement à la chose. — Au fig. *exploiter,* c'est tirer un profit souvent illicite (→ Voler et Profiter de). *Faire valoir,* c'est uniquement vanter (→ ce mot).

Exploration : → Voyage.

Explorer : → Examiner.

Exploser : → Éclater.

Explosion, en parlant des mélanges chimiques qui s'enflamment, implique éclat, bruit, mouvement subit et impétueux produit par des poudres, des mélanges de salpêtre et de soufre, certains mélanges de gaz, et par ext. se dit d'un éclatement produit par l'excès de tension de la vapeur : *Explosion d'un magasin à poudre; d'une machine à vapeur* (Acad.). **Éclatement** marque simplement l'action de se rompre violemment en projetant des fragments. **Détonation,** bruit d'une explosion violente et subite, telle que celle de la poudre à canon. **Pétarade,** suite de bruits provenant de l'explosion d'un feu d'artifice ou de pièces d'artillerie. **Déflagration,** combustion très active d'un corps avec projection de flammes, d'étincelles et petites explosions : *Déflagration du salpêtre*; par ext. explosion de flammes qui consument tout : *L'univers finirait par une déflagration générale* (Did.). **Fulmination,** terme de chimie, explosion d'une matière qui détone ou éclate quand on la chauffe ou on la comprime. — Au fig. *explosion* se dit de ce qui éclate brusquement : *Explosion de colère publique* (J. Rom.); *déflagration,* de ce qui paraît se répandre et tout consumer : *Déflagration de passions.*

Exporter : → Porter et Vendre.

Exposé : → Récit.

Exposer : ¶ 1 → Montrer. ¶ 2 → Énoncer. *Exposer,* énoncer en détail, amplement, pour faire connaître, en général par un développement qui évoque la chose dans son ensemble : *Ce qu'on ne doit point voir, qu'un récit nous l'expose* (Boil.). **Présenter,** exposer comme une sorte de tableau qui sollicite l'attention, marque souvent l'intention de produire une certaine impression sur l'auditeur, parfois en altérant la vérité (nuance que marque plus fortement **Arranger,** péj.). **Déduire,** énoncer en détail, en énumérant, en déroulant, comme une suite de raisons qui s'enchaînent : *Chacun se met à déduire par le menu ce qu'il savait* (Ham.). **Expliquer** (→ ce mot) dit beaucoup plus et signifie que non seulement on expose une chose difficile à comprendre, mais encore qu'on la rend parfaitement intelligible par l'enseignement, la démonstration, ou qu'on fait connaître la cause, les circonstances qui l'éclaircissent complètement. ¶ 3 → Déclarer. ¶ 4 → Hasarder. ¶ 5 (Réf.) → Risquer.

Exposition : ¶ 1 *Exposition,* **Présentation, Étalage, Exhibition** diffèrent comme les v. correspondants (→ Montrer). ¶ 2 Le fait de montrer au public des produits de l'agriculture, de l'industrie ou de l'art. *Exposition,* réunion en un lieu spécial d'objets de diverses natures, venus souvent de tous les pays, et rassemblés en une occasion solennelle : *L'exposition coloniale. Exposition d'horticulture*; se dit aussi pour les œuvres d'un artiste : *Exposition des œuvres de Rodin.* **Salon,** à l'origine exposition des œuvres des artistes vivants qui avait lieu tous les deux ans, de nos jours exposition périodique d'un ensemble d'œuvres artistiques : *Salon des humoristes*; par ext. toutes sortes d'expositions périodiques ordinairement annuelles : *Salon de l'automobile, des arts ménagers.* **Concours**, qui se dit surtout pour les produits d'élevage et d'agriculture, mais aussi pour divers produits industriels ou artisanaux, implique que les produits sont primés et les producteurs récompensés : *Concours agricole. Concours Lépine.* **Foire**, exposition en général annuelle d'échantillons industriels et de modèles qui a pour but de faciliter les transactions en faisant connaître les produits : *La Foire de Paris, de Lyon.* — **Présentation** implique qu'on invite un certain nombre de personnes à se réunir afin de leur montrer diverses choses ou une seule : *Présentation de robes, d'un film.* ¶ 3 → Introduction. ¶ 4 → Position. ¶ 5 → Récit. *Exposition*, **Présentation**, **Explication** : → Exposer.

Exprès : ¶ 1 Adj. → Clair et Impératif. ¶ 2 N. → Messager. ¶ 3 Adv. → Volontairement.

Expressément : → Précisément.

Expression : ¶ 1 Manière particulière de faire connaître sa pensée par le langage. *Expression*, terme du langage commun, se dit d'un ou de plusieurs mots, souvent propres à celui qui les emploie, dont on juge la valeur surtout par rapport aux idées qu'ils rendent et à l'effet qu'ils produisent : *Expression heureuse, mauvaise, trop faible* (ACAD.). **Locution**, terme didactique, groupe de mots qui constituent une manière de parler commune dont on juge la valeur par rapport à l'usage : *Locution bien parisienne* (J. ROM.). À noter que de nos jours, *locution* tend à ne s'employer qu'en grammaire pour désigner des groupes de mots jouant le rôle d'adverbe, de conjonction, etc. : *Afin que* est une *locution* conjonctive. **Idiotisme**, construction ou locution propre à une langue et particulière à son génie : *Il y a* est un *idiotisme* de la langue française. **Tour** se dit moins des mots eux-mêmes que de la manière dont on les arrange pour produire un certain effet expressif et esthétique : *Tour spirituel et galant; libre* (MOL.). **Tournure** marque une certaine singularité dans le tour, due souvent à l'originalité, à l'invention de l'écrivain : *Expressions, tournures, mouvements, tout dans Bossuet lui appartient* (L. H.); quand il s'agit de ce que tout le monde dit, la *tournure* serait plutôt un *tour* qui se distingue de l'usage habituel, tend à être un *idiotisme*, ou une *locution* originale. **Touche**, manière dont un peintre indique et fait sentir, en posant la couleur sur la toile, le caractère des objets, par analogie, manière dont un écrivain fait sentir le caractère de la pensée avec des expressions plus ou moins fortes : *La force des touches* (MARM.). **Figure**, terme de grammaire et de rhétorique, toute forme de langage que classe la rhétorique et qui rend la pensée d'une façon saisissante par le choix des mots, des tours, le mouvement du style : *Figures de mots. Figures de pensée.* **Trope**, terme de rhétorique, figure qui consiste à employer un mot dans un sens figuré : *La métonymie, la métaphore sont des tropes.* **Construction** ne se dit que de l'arrangement des mots par rapport aux règles de la syntaxe usuelle. **Formule** (→ ce mot), expression vigoureuse et condensée en termes qui définissent une idée : *Une nouvelle règle de vie dont il a trouvé depuis peu la formule : Si tu ne fais cela, qui le fera?* (GI.). ¶ 2 Qualité de ce qui touche, intéresse. *Expression* se dit du visage, du geste, de la voix, des œuvres de peinture, de sculpture, de littérature et de musique qui peignent vivement les sentiments ou les pensées : *On a de l'expression longtemps avant d'avoir de l'exécution et du dessin* (DID.). *Sa figure pleine d'expression* (BALZ.). **Caractère** se dit plutôt en parlant de musique et de danse : *Danse de caractère; cette ouverture manque de caractère* (ACAD.); et dans tous les cas ajoute une idée de personnalité, d'originalité : *Un visage qui manque d'expression paraît inhumain, insensible; celui qui manque de caractère est, en plus, banal.* — *Physionomies dédaignées parce qu'elles sont sans caractère* (BALZ.). **Physionomie** ne se dit qu'en parlant d'un visage qui possède un certain air habituel de vivacité et d'agrément, indépendamment de ses traits : *La physionomie des femmes ne commence qu'à trente ans* (BALZ.). **Genre**, caractère d'une personne dû à son air, à ses façons, et souvent affecté, qui permet de la classer dans une catégorie assez remarquable d'individus : *Il a l'air féroce, c'est un genre qu'il se donne* (GI.). **Style**, caractère conféré aux choses par l'art avec lequel on les fait ou on les exprime, et qui les rend belles, originales : *Tableau, meuble, costume qui ont du style.*

Exprimer : ¶ 1 → Extraire et Presser. ¶ 2 Représenter des sentiments, des idées. *Exprimer*, rendre sensibles des sentiments. des idées, des passions, par la parole, le geste, la physionomie : *Des pensées secrètes qu'elle n'exprimait pas* (M. D. G.). **Manifester**, exprimer violemment, surtout par des gestes, des mimiques, et parfois involontairement, d'une façon visible et souvent publique : *On exprime son regret, sa tristesse; on manifeste son indignation.* **Traduire**, exprimer d'une façon indirecte, symbolique, qui demande à être interprétée pour qu'on comprenne le sentiment dont il s'agit : *Alceste traduit le mécontentement que lui donne son procès par des remarques amères sur les hommes.* **Extérioriser,** terme de philosophie, placer en dehors de soi la cause de sensations, de perceptions qu'on éprouve en soi; abusivement, dans le langage fam., ne pas garder pour soi ses sentiments, les manifester. — **Rendre** n'a rapport qu'à l'exactitude de celui qui rapporte le sentiment, la pensée d'autrui ou reproduit un modèle : *Rendre l'effet du tonnerre* (L. H.). *Les sentiments qu'il m'exprimait, ni son visage ni sa voix ne paraissaient faits pour les rendre* (GI.). **Dire,** fig., manifester la pensée de quelqu'un, en parlant de ses gestes, de ses regards, de sa physionomie : *Mes yeux vous disent mon amour.* ¶ **3** Représenter, faire connaître quelque chose de vive voix ou par écrit. *Exprimer,* représenter ce qui est propre ou non au sujet, implique une action vive, forte, frappante, surtout sensible ou esthétique : *Roses d'un rose que les mots n'expriment plus* (LOTI). **Énoncer** (→ ce mot) marque une action uniquement intellectuelle par laquelle on fait entendre ou concevoir des idées : *Ce que l'on conçoit bien s'énonce clairement* (BOIL.). **Dire,** employer la parole ou l'écriture pour faire connaître quelque chose, syn. affaibli d'*exprimer* ou d'*énoncer*. **Signifier,** exprimer ce qu'on entend, par un mot, une locution, une phrase : *Il ne faut employer dans la définition que les termes qui désignent clairement l'idée qu'on veut signifier par le mot qui la définit* (P. R.). **Vouloir dire** est plus fam. **Tourner** a rapport à la façon dont on arrange les paroles, les pensées pour exprimer quelque chose : *Tourner un compliment.* ¶ **4** (Réf.) S'exprimer, faire comprendre ses sentiments ou sa pensée par n'importe quel moyen, gestes, paroles, etc. **Parler,** s'exprimer par la parole articulée ou son équivalent exact : *D'autres s'exprimeront, l'homme seul sait parler* (DEL.). *Les muets parlent par signes* (ACAD.). Quand *s'exprimer* se dit de la parole, il fait surtout penser au rapport de la pensée et du langage, à la propriété, à la correction, au débit : *S'exprimer posément* (J. ROM.). *On s'exprime plus ou moins correctement dans une langue étrangère. Parler* a plutôt rapport à la beauté ou à la bienséance du langage : *Un orateur parle bien; certains parlent grossièrement;* et se dit seul au fig. des choses qui semblent avoir une sorte de langage : *Son visage parle* (ACAD.).

Exproprier : → Déposséder.

Expulser : ¶ **1** → Chasser. ¶ **2** → Éliminer. ¶ **3** En termes de physiologie, mettre hors du corps. *Expulser,* terme général :

Expulser un gaz, des humeurs. **Éliminer,** expulser des déchets : *Le rein est un organe qui élimine* (ACAD.). **Évacuer,** expulser du corps des matières fécales ou des humeurs qui s'y étaient amassées.

Expurger : → Épurer.

Exquis : → Délectable.

Extase : → Transport.

Extasier [s'] : → (s') Enthousiasmer.

Exténué : → Fatigué.

Exténuer : → Affaiblir et Fatiguer.

Extérieur : ¶ **1** Adj. *Extérieur,* terme courant, qui est ou se passe au-dehors, au prop. et au fig., en parlant du concret ou de l'abstrait : *Les parties extérieures du corps* (ACAD.). *Le culte extérieur* (MTQ.). **Externe,** terme de science, ne s'emploie qu'au prop. pour désigner ce qui est placé rigoureusement au-dehors ou ce qui s'y rapporte : *Élève externe, pathologie externe.* **Extrinsèque,** terme didact., qui est tiré non de la nature essentielle de la chose, mais de choses extérieures, et qui par conséquent est adventice ou accidentel : *Maladie due à des causes extrinsèques* (ACAD.). — N. ¶ **2** Ce qui se voit d'abord d'une chose. L'*Extérieur* fait partie de la chose; le **Dehors** y touche, mais n'en fait pas partie : *Les dehors d'un château, ce sont l'avant-cour et le parc, l'extérieur, ce sont les murs et le toit.* Même différence au fig. : → Apparence. ¶ **3** → Étranger.

Extérioriser : → Exprimer.

Exterminer : ¶ **1** → Tuer. ¶ **2** Au fig. → Détruire et Déraciner.

Externe : ¶ **1** Adj. → Extérieur. ¶ **2** N. → Médecin.

Extirpation : → Déracinement.

Extirper : → Déraciner.

Extorquer : → Obtenir et Voler.

Extorsion : → Malversation.

Extra : ¶ **1** Adv. → Très. ¶ **2** Adj. → Supérieur. ¶ **3** N. → Supplément et Serviteur.

Extraction : ¶ **1** → Déracinement. ¶ **2** → Naissance.

Extrader : → Livrer.

Extraire : ¶ **1** → Tirer. ¶ **2** Tirer le suc d'une herbe, d'un fruit. *Extraire* envisage l'action faite de n'importe quelle façon : *Extraire de l'huile des noix par écrasement.* **Exprimer,** extraire le jus en pressant : *Exprimer un citron.*

Extrait : ¶ **1** *Extrait,* toute substance tirée d'une autre par quelque opération : *Extrait de violette.* **Essence,** extrait subtil condensé ou épuré : *Essence de rose; de café.* **Quintessence,** de nos jours, l'essence la plus subtile extraite de quelque corps : *Quintessence d'absinthe.* ¶ **2** → Abrégé.

Extraordinaire : ¶ 1 → Rare. Peu commune par le fait qu'elle s'écarte de l'usage ordinaire, en parlant d'une manière d'être, de parler ou d'agir. *Extraordinaire* suppose la comparaison et se dit en bien ou en mal de ce qui n'est pas selon l'ordre ordinaire et s'en distingue souvent par quelque chose de supérieur, de très grand ou d'excessif : *Mes allures éveillaient la curiosité. J'avais envie de dire aux gens : Qu'ai-je donc d'extraordinaire?* (Mau.). **Singulier** exclut la comparaison et se dit, en bien ou en mal, de ce qui est particulier, sans exemple : *Les hommes extraordinaires surpassent les autres, les hommes singuliers ne sont pas faits comme les autres hommes* (Mtq.). **Original** se dit en parlant des pensées, des manières d'être humaines, des personnes qui n'imitent rien de connu, et portent une marque qui paraît singulière parce qu'elle exprime une personnalité : *Un costume est singulier parce qu'il est seul de son espèce, il est original parce qu'il révèle une recherche, un goût bon ou mauvais pour le distinguer des autres.* **Unique,** singulier par ses qualités extraordinaires, ou, péj., par sa bizarrerie ou son extravagance : *Une femme unique pour gâter ses enfants* (Did.). **Extravagant,** toujours péj., *singulier* ou *extraordinaire* parce qu'il s'écarte du bon sens et de la raison : *Chapeau extravagant, évasé sur le front, empanaché d'une haute plume* (Zola). ¶ 2 Supérieur à l'ordre commun. *Extraordinaire,* qui paraît sortir de l'ordre normal de la nature, tout en demeurant naturel : *Élévation de génie extraordinaire* (Bour.). **Prodigieux,** comme **Merveilleux,** se disent proprement de ce qui appartient à l'ordre surnaturel, éclate comme un miracle. Mais, de nos jours, *prodigieux* est une simple hyperbole pour *extraordinaire,* en bien ou en mal : *Les camarades de Vorge ne retinrent pas les mots d'admiration. Même Lucette Miaulard avoua que c'était « prodigieux »* (J. Rom.). *Merveilleux* implique une idée de perfection dans le beau et dans le bien qui joint l'admiration à l'étonnement et en fait le superlatif d'*admirable* : *Talent merveilleux. Beauté merveilleuse.* **Fabuleux,** digne de la fable, de la fiction, se dit des événements ou des choses qui, par leur caractère extraordinaire, semblent être faux, invraisemblables dans l'ordre du réel, et paraissent relever de l'invention : *Une richesse fabuleuse.* **Mirifique** ne se dit qu'ironiquement de ce qui paraît merveilleux : *Promesses mirifiques.* **Épique** se dit, parfois avec ironie, des événements, des aventures, des récits extraordinaires, incroyables qui paraissent relever du poème héroïque : *Espérant des lendemains épiques* (Her.). **Romanesque,** en parlant d'une aventure, implique la complication, l'invraisemblance ou la sentimentalité du roman : *L'histoire romanesque de Mademoiselle et de M. de Lauzun* (Sév.). **Pyramidal,** fig. et fam., extraordinaire par sa grandeur : *Bêtise pyramidale* (Acad.). **Énorme,** fig. et fam., marque une sorte de révolte de l'esprit qui se refuse à croire une chose trop extraordinaire : *Voilà qui est énorme!* On dit aussi fam. **Pharamineux, Phénoménal, Fou, Fantastique :** *Cette pièce a eu un succès fou* (Acad.). **Formidable,** très usité abusivement de nos jours, devrait se dire de ce qui produit un étonnement mêlé de terreur : *Un bruit formidable.* **Incroyable, Inconcevable, Inimaginable, Invraisemblable** (→ ce mot), si extraordinaire que l'esprit ne peut le croire. **Inouï,** si extraordinaire qu'on n'a jamais entendu parler de rien de semblable : *Ces paroles inouïes que j'entendais pour la première fois de ma vie* (Mau.). — En insistant sur l'impression produite, **Admirable** implique une contemplation du bien et du beau (→ ce mot), une sorte d'enchantement, mais se dit aussi ironiquement pour marquer l'étonnement devant une façon d'agir inconséquente ou ridicule : *Ils sont admirables de vouloir prendre le Parlement pour dupe* (Pasc.). **Étonnant** (étym. « qui frappe d'un coup de tonnerre »), au sens classique, qui provoque le saisissement et la frayeur, ne marque plus de nos jours que la réaction devant ce qui est extraordinaire : *Chaque période débutait par ce « Quand je pense » étonnant chez une personne qui pensait si peu* (Mau.). **Mirobolant** (fam.) marque la réaction devant ce qui est trop beau pour être vrai, qui est mirifique : *Des promesses mirobolantes* (Acad.); **Esbroufant** (fam.) et **Époustouflant** (très fam.), l'étonnement devant ce qui impose souvent par son tapage, sa hardiesse; **Étourdissant,** l'étonnement stupéfié devant ce qui a l'air de faire beaucoup de bruit, à beaucoup d'éclat : *Succès, luxe étourdissants. Verve étourdissante*; **Épatant,** fam., l'étonnement admiratif; **Ébouriffant,** le trouble devant ce qui surprend ou inquiète.

Extravagance : ¶ 1 → Écart. ¶ 2 Chose qui s'écarte du bon sens. *Extravagance,* discours ou action qui choque la raison ou la bienséance par manque de logique et de cohérence, et dénote légèreté d'esprit, folie, égarement, mais parfois aussi fantaisie : *Elle me dit cent extravagances qui me charmèrent* (Les.). **Énormité,** toujours péj., ne se dit que d'opinions ou de paroles totalement absurdes, ou au moins très paradoxales, et souvent révoltantes, impliquant chez leur auteur soit sottise, soit désir d'étonner, soit cynisme : *Dire qu'on se réjouit de la défaite de son pays est une énormité.*

Extravagant : ¶ 1 → Insensé. ¶ 2 → Capricieux. ¶ 3 → Extraordinaire.

Extravaguer : → Déraisonner.

Extravaser [s'] : → Couler.

Extrême : Adj. ¶ 1 → Dernier. *Extrême* se dit des remèdes, et, au fig., des résolutions, des partis, des moyens énergiques et hasardeux auxquels on n'a recours qu'après avoir essayé tous les autres : *Prendre les voies extrêmes* (MTQ.). **Désespéré** enchérit et implique une idée de violence due au désespoir : *O de ma passion fureur désespérée* (VOLT.). **Héroïque,** en médecine, très puissant, très efficace en parlant d'un médicament, ne se dit, au fig., que d'un parti, d'une résolution servant de ressource extrême dans les cas désespérés. ¶ 2 Qui dépasse la juste mesure, n'est pas réglé, en parlant des personnes et de ce qu'elles éprouvent. A propos de tous les sentiments, *Extrême* indique qu'ils atteignent le plus haut degré qu'il leur est possible d'atteindre : *Plaisir* (VOLT.); *surprise, fureur* (RAC.) *extrêmes*; **Excessif,** qu'ils dépassent toute mesure et produisent des effets fâcheux : *Une timidité excessive est sotte et nuisible* (L.). **Violent** ne se dit que des passions qui excitent ou transportent avec une force impétueuse, non contenue : *Les craintes des grands sont plus excessives, leurs haines plus violentes* (MAS.). **Furieux** enchérit. **Désordonné** implique plutôt un développement dans le mauvais sens, un écart hors de la bonne voie, qu'un haut degré : *Lâcher la bride à ses appétits les plus injustes et les plus désordonnés* (BOUR.). — En parlant des choses dont l'action se fait vivement sentir, *extrême, excessif* et *violent* ont pour syn. **Intense** qui dit moins et implique simplement un très haut degré de force : *Un froid intense est très vif; s'il est extrême,*

il est aussi vif qu'un froid peut être; s'il est excessif, il est insupportable; s'il est violent, il agit sur les hommes, les accable, les fait souffrir. **Mortel,** fig., d'une violence excessive qui rend dangereux : *Froid mortel. Haine mortelle.* **Intensif,** rendu intense : *Effort intensif* — N. ¶ 3. *Extrême,* abstrait, se dit en arithmétique, en logique, en matière d'opinion, pour marquer une opposition entre le premier et le dernier terme d'une série ou entre deux choses contraires : *Le froid et le chaud sont les deux extrêmes* (ACAD.). **Extrémité,** concret, employé à la place d'*extrême,* a un sens plus déterminé : *Porter les choses à l'extrême, c'est les porter au-delà de toute limite, les porter à l'extrémité, c'est les porter jusqu'à la dernière limite* (L.).

Extrêmement : → Très.

Extrême-Orient : → Orient.

Extrémiste : ¶ 1 Adj. → Avancé. ¶ 2 N. → Ultra.

Extrémité : ¶ 1 → Bout. ¶ 2 → Extrême. ¶ 3 État de celui qui va mourir. *Extrémité* présente simplement le malade comme étant au bout de sa vie : *Ils laissèrent le chevalier à l'extrémité et il mourut le même jour qu'ils partirent* (L. R.). **Agonie** (du grec *agôn,* lutte) évoque le malade se débattant dans un combat contre la mort : *Enfin ne parlant plus déjà dans les combats de l'agonie* (J.-J. R.).

Extrinsèque : → Extérieur.

Exubérance : → Abondance.

Exubérant : ¶ 1 → Abondant. ¶ 2 → Communicatif.

Exulcération : → Ulcération.

Exulter : → [se] Réjouir.

Exutoire : ¶ 1 → Ulcération. ¶ 2 → Diversion.

F

Fable : ¶ 1 Petit récit dans lequel on exprime une moralité sous le voile de quelque fiction. *Fable*, terme courant, fait plutôt penser au récit lui-même envisagé du point de vue artistique. **Apologue**, terme plus relevé, insiste plutôt sur la nature de la chose, sur son but qui est toujours de moraliser. Aussi appelle-t-on par ext. *fables* des récits qui ne contiennent pas toujours une moralité très nette, et *apologues* des allégories ou des exemples moraux qui ne constituent pas un récit détaché ou n'ont même pas la forme d'un récit : *L'apologue est composé de deux parties dont on peut appeler l'une le corps, l'autre l'âme; le corps est la fable, l'âme la moralité* (L. F.). *L'inquiète vigilance du Hollandais qui travaille à ses digues est un apologue pour nous* (Marm.). **Parabole**, sorte d'*apologue* dont le but est essentiellement de donner une leçon religieuse ou une règle de morale pratique, ne s'emploie guère qu'en parlant des allégories contenues dans les livres saints : *La parabole du bon Samaritain.* ¶ 2 → Roman. ¶ 3 → Légende. ¶ 4 → Matière.

Fabricant : → Industriel. Celui qui fabrique. *Fabricant* désigne l'état et ne se dit qu'au prop. : *Les fabricants de Lyon* (Lit.). **Fabricateur**, en parlant toujours de celui qui fabrique une chose particulière, est très souvent péj. : *Fabricateur de fausse monnaie, de fausses nouvelles* (Acad.); et se dit seul au fig. : *Le maître et le fabricateur du monde* (Volt.). **Faiseur** ne se dit que pour les choses de mode : *Faiseuse de jarretières* (Volt.); et par ext. de celui qui fait médiocrement et en grande quantité des œuvres de l'esprit : *Faiseur de livres* (Acad.).

Fabrique : ¶ 1 → Bâtiment. ¶ 2 → Usine. ¶ 3 Manière dont les choses sont fabriquées. *Fabrique* exprime le résultat, les qualités inhérentes aux choses; **Fabrication**, l'opération : *Une étoffe est de bonne fabrique quand la fabrication en est soignée.*

Fabriquer : ¶ 1 → Produire et Usiner. ¶ 2 → Inventer.

Fabulation : → Intrigue.

Fabuleux : ¶ 1 → Extraordinaire. ¶ 2 → Faux.

Fabuliste, auteur de fables. **Fablier**, fabuliste qui produit des fables naturellement et sans effort, s'applique surtout à La Fontaine, ou à ceux qui paraissent avoir sa prétendue facilité.

Façade : ¶ 1 → Face. ¶ 2 → Apparence.

Face : ¶ 1 → Visage. ¶ 2 Côté visible d'un édifice. *Face*, un côté quelconque par opposition aux autres : *Les diverses faces de l'édifice* (L. F.). **Façade**, la face, en général ornée, d'un édifice assez important, celle où se trouve l'entrée principale : *La façade du Louvre* (Volt.). Pour une maison ordinaire, **Devant**, la face du côté de la rue. **Frontispice**, vx, la façade principale et la plus haute d'un grand édifice : *Le frontispice du temple.* **Front**, syn. vx de *façade*, ainsi que **Devanture**, ce dernier mot ne se disant plus que de ce qui garnit le devant d'un magasin ou d'une boutique. ¶ 3 → Surface. L'une des différentes parties extérieures d'un objet placé de diverses façons ou vu de divers côtés. *Face* suppose une surface assez importante et un objet peut n'avoir que deux *faces* (par ex. une pièce de monnaie). **Facette**, petite face d'un corps qui en a plus de deux : *Facettes d'un diamant.* ¶ 4 → Aspect. ¶ 5 *Faire face à :* → Parer. ¶ 6 *En face, A la face de :* → (en) Présence. ¶ 7 *En face, Face à face :* → Vis-à-vis.

Facétie : → Plaisanterie.

Fâché : Affecté de déplaisir par un événement regrettable. *Fâché*, **Ennuyé**, **Embêté**, **Contrarié**, **Mécontent**, **Dépité**, **Chiffonné**, **Mortifié**, **Désappointé** (→ Fâcher) se disent pour les événements dont nous sommes responsables ou non, qui vont en sens contraire de nos désirs. **Marri**, syn. vx, ironique et fam. de *fâché*. **Morfondu**, fam., ennuyé pour avoir subi quelque perte, ou par une attente, une déception. **Chagriné**, **Peiné**, **Attristé**, **Affligé** (→ Chagriner) enchérissent.

Fâcher : ¶ 1 → Aigrir. ¶ 2 *Fâcher*, causer du déplaisir, en parlant d'un mal léger qu'on aurait voulu empêcher, d'un contretemps, d'une indisposition : *Fâchée de voir sa maîtresse sur le point de faire encore une bêtise* (Zola). **Ennuyer** indique une plus grande préoccupation due à des soucis qui enlèvent le plaisir de vivre. **Embêter**, très fam., ennuyer fortement. **Contrarier** implique un certain ennui dû au fait que des paroles, des actions et des événements vont en sens contraire de ce qu'on aurait voulu : *La présence imprévue de Muffat le contrariait car il avait peur d'une explication* (Zola). **Désappointer** suppose une déception qui contrarie : *Désappointé d'un rendez-vous remis* (M. d. G.). **Dépiter** enchérit et suppose chagrin et irritation dus à un manque d'égards ou à un obstacle qui contrarie : *Dépitée à la pensée qu'Antoine était sorti sans avoir déjeûné* (M. d. G.). **Mécontenter,** causer du déplaisir à quelqu'un par sa conduite à son égard : *Cet enfant mécontente ses maîtres, ses parents* (Acad.). **Mortifier,** causer un vif déplaisir, en parlant de ceux qui nous humilient ou de nos actions, de nos fautes qui décèlent notre imperfection, notre faiblesse : *Rois mortifiés par leurs défaites* (Mtq.). **Chiffonner,** syn. fam. de *contrarier*. **Chagriner** et **Tourmenter** (→ ces mots) enchérissent sur tous ces termes. — A noter qu'*Être fâché, ennuyé, contrarié* se disent pour exprimer simplement le regret; **Être désolé, navré** et même **désespéré** s'emploient par hyperbole en ce sens. ¶ 3 (Réf.) → (se) Brouiller. ¶ 4 (Réf.) → (s') Offenser.

Fâcherie, état de déplaisir dû à une personne qui nous mécontente, avec qui nous nous brouillons ou à un événement qui va contre nos désirs. **Humeur,** état d'irritation qui tient au tempérament, au caractère, nous pousse à nous piquer facilement, peut désigner aussi l'effet d'une cause extérieure et implique alors l'irritation, alors que *fâcherie* implique plutôt le chagrin : *Ce qui me donne de l'humeur, c'est qu'on ne les regarde jamais que du mauvais côté* (Did.). **Dépit,** chagrin mêlé de colère d'une personne piquée d'un manque d'égards ou d'un obstacle à ses volontés : *Un peu de dépit qu'il avait ressenti tout à l'heure à voir Olivier au bras d'Édouard; un dépit de ne pas en être* (Gi.). **Bouderie,** manifestation extérieure du *dépit*, de l'*humeur*, de la *fâcherie*, par le silence, la froideur, un visage fermé : *Des heures de bouderie muette* (Zola); désigne aussi le mécontentement lui-même, mais sous la forme d'un accès superficiel, d'une brouillerie qui dure peu : *Cette affaire avait plus l'air d'une bouderie que d'une rupture* (J.-J. R.). **Rogne,** mauvaise humeur, est pop. ainsi que **Chique,** dans la loc. *Avoir sa chique.*

Fâcheux : ¶ 1 *Fâcheux*, en parlant de ce qui est dû au hasard ou à l'action d'une personne, a surtout rapport au déplaisir causé par ce qu'on considère comme un contre-temps, par ce qui prend un tour autre qu'on aurait voulu : *Les fâcheux besoins de la vie* (Mol.). *Fâcheuse occurrence* (Acad.). **Ennuyeux** diffère de *fâcheux* comme les v. correspondants (→ Fâcher) et a pour syn. **Déplaisant, Contrariant, Désagréable, Embêtant, Empoisonnant** (→

Ennui). **Préoccupant, Inquiétant, Tracassant** marquent l'effet de diverses formes de souci (→ ce mot). **Regrettable** a surtout rapport aux conséquences de l'événement qui le font considérer comme un mal par la raison : *Il est regrettable que son travail ne lui ait pas permis de vous rejoindre là-bas* (Gi.). **Déplorable** enchérit, mais sans impliquer, comme autrefois, l'idée de compassion ou de détestation : *Cette réponse fit sur mon interlocutrice le plus déplorable effet* (A. Fr.). **Malencontreux** se dit de ce qui, se produisant par hasard, cause ou annonce une mésaventure, un malheur : *Un sort malencontreux* (Boil.). **Malheureux** enchérit en parlant de ce qu'on déplore comme un malheur ou une source de malheur : *Ce malheureux talent de tromper et de plaire* (Volt.). **Fichu,** pop., toujours avant le nom, fâcheux, critique : *Une fichue situation* (Acad.). — *Il est fâcheux, Il est regrettable, Il est malheureux* ont pour syn. **C'est dommage** qui insiste sur le détriment, le chagrin, l'affliction que cause un événement souvent considéré comme injuste, immérité : *C'eût été dommage qu'elle n'eût pas réussi* (Ham.). ¶ 2 (En parlant d'une personne) → Importun.

Facies : → Visage.

Facile : ¶ 1 → Aisé et Naturel. ¶ 2 En parlant d'une personne, *Facile*, qui n'a pas naturellement la force de résister aux exigences d'autrui, ce qui implique tantôt bon caractère, tantôt faiblesse (→ Faible) : *Le facile Claude se laissait gouverner par Agrippine* (Volt.). **Conciliant** (→ ce mot), en un sens toujours favorable, qualifie un esprit de douceur prêt à accepter la paix dans tous les cas. **Complaisant** implique qu'on cède à autrui ou qu'on l'aide dans ses entreprises par un désir de plaire, parfois excessif et blâmable, ce qui donne alors une nuance péj. : *Les dieux à vos désirs toujours si complaisants* (Rac.). *Mari complaisant* (Acad.). **Commode** a rapport aux relations avec les autres, implique qu'on ne les gêne pas, et plus souvent qu'on leur laisse faire le mal sans réagir, d'où alors une nuance péj. : *Personnes commodes, agréables* (L. B.). *Mari, mère commode* (Lit.).

Facilement : ¶ 1 → Aisément.

Facilité : ¶ 1 → Aisance. ¶ 2 → Disposition. ¶ 3 → Possibilité. ¶ 4 → Complaisance. ¶ 5 *Facilités* : → Délai.

Façon : ¶ 1 *Façon* se dit de la forme de la chose telle qu'elle résulte d'une action. **Manière** définit un mode d'agir : *Chaque ouvrier a sa manière et chaque ouvrage a sa façon*. *Un écrivain a sa manière d'écrire et sa façon se retrouve dans son ouvrage*. Pour dire comment on parle, *Manière de parler* a plutôt rapport au style, au tour : *Ces attaques regardent plutôt la manière de parler que le fond des choses* (Bos.); *Façon de parler* se rapporte au fond des choses, au sens : *Il semble, de la façon dont vous parlez, que la vérité dépende de votre volonté* (Pasc.). — Pour désigner une phrase, une locution, *Manière de parler* convient pour une locution particulière, propre à quelqu'un : *Il a des manières de parler qui n'appartiennent qu'à lui* (Acad.); *Façon de parler*, pour une locution consacrée par l'usage. Enfin, *façon* est plus fam. que *manière*. **Facture** ne se dit que de la façon d'une œuvre d'art : *Vers de bonne facture*. **Mode** a rapport à la manière d'agir d'une personne, des habitants d'un lieu, conformément à l'habitude, à l'usage : *Ronsard fit un art à sa mode* (Boil.). *Tripes à la mode de Caen*. **Sorte**, manière caractéristique dont une chose est faite, ne s'emploie plus que dans des loc. comme *De la sorte, de la bonne sorte : Ayant parlé de cette sorte* (L. F.). **Guise**, syn. vx de *manière*, ne s'emploie que dans les loc. *A sa guise, En guise de*. ¶ 2 → Forme. ¶ 3 Au pl. Extérieur d'une personne, par rapport à l'effet qu'il produit. *Façons* et **Manières** indiquent comment on agit relativement aux autres, par les procédés, les discours, les gestes, le ton, les compliments, les salutations; **Air** ne se dit que de l'apparence du corps et surtout du visage, révélant ce que nous sommes intérieurement : *Des manières polies, acquises par la fréquentation de la société, nous rendent aimables; un air poli donne à penser que nous avons de la politesse* (L.). *Façons* se dit surtout des petites manières ou des manières peu distinguées, peu naturelles : *Les manières de la cour, les façons et la liberté militaire* (S.-S.). *Les manières de la cour deviennent façons dans la province* (G.). — Péj. *Façons* des politesses gênantes, lourdes, ou des difficultés qu'on fait pour se décider à quelque chose : *A force de façons il assomme le monde* (Mol.). **Cérémonies**, au pl., enchérit dans les deux sens et suppose longueur et formalisme importuns. *Manières* désigne plutôt le raffinement, la recherche trop délicate dans la politesse et se dit seul de la recherche du style. *Airs*, fam., implique qu'on veut se rendre intéressant, passer pour quelqu'un d'un état plus élevé : *On fait le fier, on se donne des airs* (Volt.). Très fam. **Chichi** implique l'affectation, la minauderie; **Flafla** (*Faire du flafla*), la prétention. — **Formes**, manière de s'exprimer ou d'agir propre à une personne, se dit, absolument, de manières polies allant jusqu'à l'élégance : *Il a des formes un peu rudes; homme qui a des formes* (Acad.).

Façon [sans] : → Simple.

Faconde : Grande facilité à parler (≠ Ba-

bil, qui implique e goût des vains propos; ≠ Éloquence, qui implique le talent de persuader). *Faconde*, éloquence trop facile et trop abondante : *La faconde d'un commis voyageur*. **Loquacité**, simple habitude de parler beaucoup : *Loquacité vide et sonore* (Balz.). **Volubilité** implique abondance, mais aussi facilité et rapidité très grandes de paroles, ce qui peut quelquefois avoir du charme : *Ce babil agréable qui séduit par une gracieuse volubilité* (Balz.). **Bagou** et **Blague**, fam., loquacité vide destinée à imposer : [Les] *plates plaisanteries qui constituent le bagou des boutiques. Ce mot qui désignait autrefois l'esprit de repartie stéréotypé a été détrôné par le mot soldatesque de blague* (Balz.). **Verbosité**, abondance de paroles pour peu d'idées, ce qui rend le discours diffus : *La verbosité de cet avocat* (Acad.). **Verbiage** renchérit : abondance de paroles et absence d'idées, souvent pour en imposer : *Feuilleté les journaux. Verbiage, médiocrité repoussante* (M. D. G.). **Prolixité** implique simplement l'idée de longueur (→ Diffus, Prolixe). — **Loquèle**, vx, facilité banale de parler par opposition à la vraie éloquence. **Platine**, fig. et pop., abondance de paroles qui s'accompagne d'assurance.

Façonner : ¶ 1 → Travailler. ¶ 2 → Former.

Façonnier : → Formaliste.

Fac-similé : → Reproduction.

Facteur : ¶ 1 → Messager. ¶ 2 → Principe.

Factice : → Artificiel.

Factieux : → Révolutionnaire.

Faction : → Parti.

Factionnaire, soldat qui monte la garde, ne se dit guère que pour le service de place : *On met un factionnaire à la porte de la caserne*. **Sentinelle** ajoute l'idée de guet, de sauvegarde, se dit seul pour le service en campagne, et convient pour le soldat qui fait le guet pour la garde d'une place, d'un camp, d'un palais, d'une poudrière. **Vedette**, sentinelle à cheval. **Guetteur**, anciennement, celui qui faisait le guet au sommet du beffroi; de nos jours, en temps de guerre, soldat qui épie l'ennemi, veille dans la tranchée, aux avant-postes ou dans un poste d'écoute. **Veilleur** se dit surtout d'un guetteur de nuit qui assure la sécurité d'une troupe en ligne. — **Planton**, soldat non armé qui fait fonction de portier, d'huissier ou est à la disposition d'un officier pour porter ses ordres.

Factorerie : → Établissement.

Factotum (en latin « fais tout »), celui qui s'occupe de tout dans une maison. **Maître Jacques**, par allusion au factotum de

L'Avare de Molière, est fam. et se dit au fig. d'un employé qu'on utilise pour toutes sortes de fonctions ou de missions : → Serviteur.

Factum : ¶ 1 → Récit. ¶ 2 → Libelle.

Facture : ¶ 1 → Compte. ¶ 2 → Façon.

Faculté : ¶ 1 → Pouvoir et Possibilité. ¶ 2 → Disposition. ¶ 3 → Biens. *Facultés*, les biens d'une personne considérés comme lui permettant de faire telle ou telle chose. **Moyens**, plus fam., les facultés surtout pécuniaires, l'argent dont on dispose pour faire une chose ou pour vivre (ACAD.). **Ressources** se dit plutôt de l'argent que l'on a, considéré par rapport à son origine ou au fait qu'on le conserve pour l'utiliser plus tard : *Si l'on outrepasse ses facultés, si l'on vit au-dessus de ses moyens, on finit par demeurer sans ressources.* ¶ 4 *Faculté*, corps d'enseignement supérieur formant une fraction d'une université et sanctionnant son enseignement par des grades : *La Faculté de médecine de l'université de Paris.* **École**, établissement supérieur préparant à certaines professions, groupant parfois des élèves internes souvent recrutés par concours, ou simplement donnant, à l'intérieur ou à côté de la *faculté*, un enseignement plus spécialisé : *École polytechnique. École des sciences politiques. École des langues orientales.* **Institut**, titre de certaines sociétés savantes ou de certains établissements spécialisés d'enseignement supérieur indépendants ou annexés à une *faculté* : *L'Institut d'archéologie de la Faculté des lettres de Paris; l'Institut agronomique.* **Collège**, à l'étranger, établissement dépendant de certaines universités, logeant les étudiants et complétant les cours qu'ils reçoivent à la *faculté* : *Collèges d'Oxford, de Cambridge.* En France, *Collège* ne se dit plus, pour l'enseignement supérieur, que dans l'expression *Collège de France.* ¶ 5 → Médecin.

Fadaise : → Chanson. Propos oiseux et frivole. *Fadaise* se dit du propos lui-même, sans saveur, parce qu'il manque d'intérêt. **Fadeur** désigne la qualité abstraite qui rend banal ou écœurant et, pour signifier le propos lui-même, a rapport à l'impression produite et à la forme de ce qui écœure par manque de piquant, d'esprit : *La fadeur est avant tout une pensée fade, tandis que la fadaise, c'est tout ce qui n'a aucune valeur* (LIT.).

Fade, dont la saveur, par manque de piquant, déplaît au goût et le soulève. **Fadasse**, fam., qui donne une certaine impression de fadeur. **Insipide**, qui n'a aucune saveur. **Plat**, qui n'a pas assez de saveur ni de force : *Vin fade et doucereux* [Qui] *n'avait qu'un goût plat et qu'un déboire affreux* (BOIL.). **Écœurant**, qui fait défaillir l'estomac par sa saveur trop fade ou trop sucrée (→ Dégoûtant). — Au fig., pour qualifier les manières, l'esprit, les pensées, le caractère, *Insipide*, qui ennuie par son peu d'intérêt; *Fade*, qui soulève le cœur et déplaît par son manque de piquant : *De ton froid jeu de mots l'insipide figure* (BOIL.). *Tout ce qu'on dit de trop est fade et rebutant* (BOIL.). *Plat*, qui n'est ni élevé, ni élégant, ni vif, ni piquant, sans toutefois être *fade* ou *insipide* : *Style plat* (SÉV.). *Ouvrage plat* (BOIL.). **Doucereux** et **Douceâtre**, fade par une douceur excessive et affectée : *Un tissu de mots doucereux* (L. B.). *Romans à style douceâtre* (FLAUB.). **Froid**, en littérature et en peinture, qui n'émeut pas, faute d'animation, de piquant, d'éclat, de coloris : *Froide raillerie* (VOLT.). **Languissant**, qui n'a ni force, ni vivacité, en parlant des ouvrages de l'esprit : *Le faux est toujours fade, ennuyeux, languissant* (BOIL.). **Traînant** ajoute l'idée de longueur et de diffusion. Pour insister sur l'effet produit : → Ennuyeux.

Fagot, faisceau de menu bois et de branchages unis par un lien et destinés à faire du feu. **Falourde**, gros fagot à deux liens de quatre ou cinq bûches de bois à brûler. **Cotret**, petit fagot composé de morceaux de bois courts et de médiocre grosseur. **Margotin**, petit fagot fait des menus bois des taillis et dont on se sert pour allumer les feux d'appartement. **Bourrée**, fagot de branches très menues. **Javelle**, petit faisceau de sarments. — **Fascine**, long fagot de branchages dont on se sert pour combler les fossés, réparer de mauvais chemins et faire des ouvrages de défense militaire.

Fagoté : → Vêtu.

Fagoter : → Vêtir.

Faible : ¶ 1 En parlant des êtres et de leurs facultés, *Faible*, qui manque naturellement de force. **Affaibli**, qui a subi une action qui l'a rendu faible : *Vierges déjà faibles par elles-mêmes, encore plus affaiblies par les abstinences* (BOUR.). **Défaillant**, qui est en train de s'affaiblir, surtout en parlant d'une force, d'une faculté qui fait défaut peu à peu : *Toi-même rappelant ma force défaillante* (RAC.). **Débile**, plus noble que *faible*, marque le résultat d'une décadence, en parlant de choses vivantes devenues incapables de remplir leurs fonctions : *Les honneurs souverains Que la vieillesse arrache à mes débiles mains* (VOLT.). **Chétif**, faible par l'insuffisance de son développement, qui n'a pas la force, la taille, l'embonpoint qu'il devrait avoir : *Chétif à côté de ce colosse* (ZOLA). **Malingre**, faible de complexion, porté à la maladie : *Vie de* *malingre, mort continuelle avec des moments de résurrection* (Volt.). **Déficient**, en termes de médecine, dont l'intelligence est atrophiée, qui manque de certaines facultés; par ext. dans le langage courant, affaibli, incapable d'accomplir ses fonctions, surtout par insuffisance de nourriture. **Anémique**, faible par une insuffisance du sang en quantité et en qualité. **Anémié**, rendu anémique. **Asthénique**, atteint d'affaiblissement fonctionnel. **Adynamique**, faible, abattu, sans force musculaire souvent à cause d'une intoxication des centres moteurs. **Lymphatique**, d'une faiblesse caractérisée par la blancheur et la mollesse des chairs et une certaine apathie. — Homme faible de corps : → Gringalet. ¶ 2 Spéc. en parlant de la voix humaine, *Faible* indique qu'on ne l'entend pas bien, **Grêle**, qu'elle est à la fois aiguë et faible : *Sa petite voix grêle* (Volt.). ¶ 3 En un sens plus général, au prop. et au fig., en parlant des personnes et des choses : incapable de se soutenir et de résister. *Faible*, facile à vaincre, qui cède facilement par manque de force, de puissance ou, en parlant des choses, de grosseur, d'épaisseur : *Cette faible digue ne put résister à la puissance des flots* (Acad.). **Fragile** et **Frêle** se disent plutôt de ce qui manque de solidité, est facile à rompre, à détruire, *fragile* s'emploie plutôt au prop. en parlant de ce qui peut réellement être brisé : *Le verre, la porcelaine sont fragiles; frêle* se dit surtout de ce qui est mince, plie, sans qu'il y ait destruction réelle : *Tiges frêles* (Loti). *Elle, si frêle et si fine* (Val.); et implique surtout un manque de solidité apparent, *fragile*, un manque de solidité réel : *Une frêle barque n'a guère de solidité, une barque fragile n'en a point.* **Délicat** fait penser aux soins dont il faut entourer ce qui est *faible*, *fragile* ou *frêle* : *Le foie qu'il avait un peu délicat* (Gi.). *Dentelles délicates à manier.* — **Infirme**, en parlant seulement des êtres vivants, marque plutôt l'impuissance à supporter, à résister, de celui qui, par une imperfection naturelle ou acquise, est menacé de mort : *Je naquis infirme et malade* (J.-J. R.). *Pour guérir cette volonté infirme* (Pasc.). ¶ 4 Au moral : qui ne sait pas résister. *Faible* implique un manque de force morale, une impuissance à résister à l'influence d'autrui qui peuvent parfois demeurer cachés : *Janine se montrait faible avec lui : il obtenait d'elle tout ce qu'il voulait* (Mau.). *Une femme faible se laisse séduire.* **Facile** (→ ce mot), péj., qui accorde tout ce qu'on lui demande, parfois par faiblesse, mais aussi par bonté, négligence, etc. : *D'une mère facile affectez l'indulgence* (Rac.). *Une femme facile n'est pas sérieuse, se conduit mal.* **Vulnérable**, au fig., a toujours rapport à un point précis où l'on a une faiblesse morale qui donne prise à ce qui peut atteindre, blesser : *Plus hésitante, plus vulnérable, moins bien préparée à sa tâche* (M. d. G.). ¶ 5 → Mou. — ¶ 6 N. → Inclination. ¶ 7 N. → Imperfection.

Faiblesse : ¶ 1 *Faiblesse*, **Débilité**, **Déficience** — **Fragilité**, **Délicatesse**, **Infirmité** : → Faible. ¶ 2 → Évanouissement. ¶ 3 → Imperfection.

Faiblir : ¶ 1 Devenir faible. *Faiblir* marque un fait assez brusque, se dit des choses et des personnes, au physique et au moral : *Le vent faiblit; la voix faiblit; son talent faiblit* (Acad.). **S'affaiblir**, au prop. et au fig., marque une décadence progressive et se dit surtout des personnes, de leurs facultés ou des choses morales : *Votre foi s'affaiblit* (Rac.). *Ma vue s'affaiblit* (L. B.). **Défaillir**, perdre momentanément ou progressivement ses forces morales ou physiques, marque le résultat complet de l'action de faiblir ou de s'affaiblir : *J'ai senti défaillir ma force et mes esprits* (Rac.). *La brise défaillait dans la voile* (Lam.). **Mollir** a surtout rapport à l'action et marque qu'elle devient moins vive, moins énergique, commence à fléchir : *Vent, cheval, troupes qui mollissent* (Acad.). **Manquer**, défaillir au point de disparaître, en parlant des forces physiques ou d'une faculté, et aussi du jour, de la lumière : *Tout lui manque à la fois, Les sens et les esprits aussi bien que la voix* (L. F.). **Faillir**, syn. vx de manquer. ¶ 2 → Fléchir.

Faillir : ¶ 1 → Manquer. ¶ 2 → (se) Tromper. ¶ 3 → Faiblir.

Faillite : ¶ 1 État d'un commerçant qui a cessé ses paiements. *Faillite*, sans idée de déshonneur, marque un fait, résultant souvent d'un accident; et le failli se remet à ses créanciers en leur abandonnant ce qui lui reste de bien. **Liquidation judiciaire**, faillite atténuée dans laquelle le commerçant n'est pas dessaisi de son patrimoine. **Banqueroute**, toujours péj., implique, dans le cas de la *banqueroute simple*, une imprudence ou une négligence du commerçant, dans le cas de la *banqueroute frauduleuse*, une intention de tromper : *La banqueroute est toujours punie par la loi; la faillite ne l'est pas.* **Déconfiture**, état d'un débiteur non commerçant dont le passif excède l'actif : *La déconfiture n'est pas réglementée par la loi.* **Krach** (en allemand, « effondrement »), débâcle financière ou faillite subite d'une entreprise financière ou industrielle. ¶ 2 → Insuccès.

Faim : ¶ 1 → Appétit. *Faim*, besoin normal de manger, qu'on éprouve quand l'estomac est vide depuis quelque temps.

Fringale, fam., faim subite et irrésistible.
Boulimie, terme médical, sentiment de faim excessif, souvent dû à un état névropathique, qui pousse à une consommation exagérée d'aliments. **Polyphagie,** terme de pathologie, besoin excessif de manger qui n'est pas limité, comme d'ordinaire, par le sentiment de la satiété et s'observe chez certains malades ou dans certaines races. ¶ 2 → Désir.

Fainéant : → Paresseux.

Faire : ¶ 1 → Agir. ¶ 2 → Pratiquer. ¶ 3 Se donner l'air d'avoir certaines qualités. *Faire* implique qu'on prend l'air de tel ou tel personnage, un instant, devant telle ou telle personne, sinon sans s'en apercevoir, du moins sans suivre un plan arrêté à l'avance pour tromper. **Contrefaire** dénote un dessein prémédité, et une imitation constante et systématique : *Je ne faisais pas le dévot parce que je ne me pouvais pas assurer que je pusse durer à le contrefaire* (RETZ). ¶ 4 → Produire. En parlant d'un ouvrage des mains ou de l'esprit, *Faire,* travailler pour lui donner l'existence et la forme. **Exécuter,** faire d'après un modèle ou un plan, se dit surtout dans les arts du dessin : *Exécuter un tableau; un monument.* **Dresser,** faire avec soin et exactitude, se dit surtout d'un plan, d'une carte, d'un tableau. **Parfaire,** faire d'un bout à l'autre, entièrement, de manière qu'il ne manque rien : *En moins d'une heure le dépouillement entier de la maison avait été fait et parfait* (LES.). **Brocher,** fam., faire sans soin, à la hâte : *Je broche une comédie dans les mœurs du sérail* (BEAUM.). **Goupiller,** pop., faire, arranger, confectionner. ¶ 5 → Dire. ¶ 6 → Habituer. ¶ 7 → Former. ¶ 8 → Engendrer. ¶ 9 → Occasionner. ¶ 10 *N'avoir que faire :* → (n'avoir pas) Besoin.

Faire fi : → Dédaigner.

Faire-part : → Avis.

Faire semblant : → Feindre.

Faire valoir : ¶ 1 → Exploiter. ¶ 2 → Vanter.

Faisable : → Possible.

Faisandé : ¶ 1 → Fait. ¶ 2 → Malsain.

Faisceau : ¶ 1 → Botte. ¶ 2 → Parti.

Faiseur : ¶ 1 → Fabricant. ¶ 2 *Faiseur de livres :* → Écrivain. ¶ 3 → Intrigant.

Fait (N.) : ¶ 1 → Action. ¶ 2 *Fait d'armes, Haut fait :* → Exploit. ¶ 3 *Fait,* terme général, tout ce qui arrive, en tant qu'on le tient pour une donnée réelle de l'expérience, sur laquelle la pensée peut faire fond. **Événement,** fait qui arrive, en un temps et en un lieu particuliers, qui ne dure pas, marque un changement dans la face des choses et a une certaine influence sur le sort des hommes : *La bataille d'Austerlitz est un fait en tant qu'on la considère comme un élément de la réalité dont l'existence est incontestable pour l'historien, peut servir de base à des raisonnements, des hypothèses; c'est un événement en tant qu'on la considère comme un ensemble d'actions se passant en tel lieu, à telle date et qui ont changé la face du monde.* **Trait,** fait historique notable, caractéristique de quelque chose : *Raconter les beaux traits de notre histoire* (ACAD.). ¶ 4 En termes de philosophie et de science, alors que **Phénomène,** ce qui tombe sous les sens, tout ce qui peut affecter notre sensibilité d'une manière quelconque, soit au physique soit au moral, se dit plutôt des données sensibles antérieures à toute intervention du moi, considérées comme fournies par l'expérience et devant être interprétées par l'esprit, *Fait* désigne plutôt le *phénomène* objective, élevé par le moi à l'existence et interprété par l'esprit qui le rapporte à une loi générale dont il n'est que la circonstance particulière : *Un système repose sur des faits et non sur des phénomènes.* De plus, le *fait* est arrêté, précis, déterminé, souvent par abstraction, le *phénomène,* plus mouvant, est composé d'une suite de *faits : Une éclipse de lune est un fait* en ce sens qu'on la constate scientifiquement, qu'on la vérifie; c'est un *phénomène* parce qu'elle tombe sous les sens, qu'elle a une durée. Dans le langage courant, *phénomène* se dit d'un *fait* surprenant qui sort du cours ordinaire des choses : *L'établissement de l'Académie et le phénomène du Cid* (VOLT.). ¶ 5 → Cas. ¶ 6 *Être le fait de :* → Convenir. ¶ 7 *Mettre au fait :* → Informer et Habituer. ¶ 8 *Dans, Par le fait, En fait :* → Réellement. ¶ 9 *En fait de :* Quand il s'agit de. *En fait de* se dit en parlant des choses de fait qui arrivent ou qui sont : *En fait de réputation comme en fait de maladies* (D'AL.). **En matière de** se dit en parlant des choses dont on traite : *En matière de sciences exactes, d'érudition* (D'AL.).

Fait (Adj.) : ¶ 1 *Fait pour :* → Propre à. ¶ 2 En parlant de denrées, *Fait,* qui est à point pour être mangé, se dit surtout pour le fromage ou la viande, **Faisandé,** pour le gibier qui a acquis du fumet en se mortifiant comme fait la chair du faisan; et par ext. en parlant de la viande de boucherie trop faite, sur le point de se corrompre. En ce sens, **Avancé,** qui commence à se gâter. Avec un degré de plus : → Pourrir. ¶ 3 → Fini. ¶ 4 *Bien fait :* → (bien) Taillé. ¶ 5 *Fait à :* → Habitué.

Faîte : ¶ 1 → Comble. ¶ 2 → Sommet.

Faix : → Charge.

Falbala : → Ornement.

Fallacieux : → Faux et Trompeur.

Falloir : ¶ 1 En parlant d'une chose qui est à faire, *Il faut* marque la nécessité, le devoir, l'obligation, la bienséance, ou simplement l'intérêt d'une action : *Il faut que je parte demain. Il faut voir cette exposition;* **Il convient,** l'opportunité ou l'utilité : *On délibéra sur ce qu'il convenait de faire* (ACAD.); **Il sied,** plus recherché et à certains temps seulement, la convenance à la personne ou à la chose, au lieu ou au temps : *Les événements extérieurs appartiennent au cinéma; il sied que le roman les lui laisse* (GI.). **Il est nécessaire** marque, comme *il faut,* une exigence de la nature des choses, mais d'une façon plus nette et plus forte : *Il faut souffrir... oui, il est nécessaire de souffrir pour expier nos fautes* (FÉN.); **On doit** marque, comme *il faut,* l'obligation, mais avec plus de force et se dit d'un devoir moral, de l'obligation de suivre un précepte, alors qu'*il faut* se dit plutôt d'une obligation de convenance, d'un conseil : *Il ne faut s'attirer l'envie de personne; on doit se sacrifier pour rendre les hommes bons et heureux* (FÉN.). **Il y a lieu** marque simplement l'occasion : *Il n'y a pas lieu de douter.* ¶ *Comme il faut :* → Probe. ¶ 2 *S'en falloir :* → Manquer.

Falot (N.) : → Lanterne.

Falot (Adj.) : → Risible et Terne.

Falsification : → Altération.

Falsifier : → Altérer.

Famélique : → Affamé.

Fameux : ¶ 1 → Illustre. ¶ 2 → Supérieur.

Familial, qui a rapport à la famille envisagée comme une cellule sociale, par opposition à l'individu et à l'État : *Salaire familial. Contrainte familiale* (GI.). **Domestique,** qui est à l'intérieur de la famille, considérée comme vivant en groupe, dans un foyer, en parlant de tous les éléments de la vie matérielle et morale de ce groupe : *Vertus domestiques* (GI.). **Familier,** syn. vx de *domestique* dans des loc. comme *dieux, démon, génie familiers.*

Familiariser : → Habituer.

Familiarité : ¶ 1 → Amitié. ¶ 2 Manière de parler et d'en user avec les gens qui exclut toute gêne et toute façon. *Familiarité,* au sing., suppose l'habitude de traiter quelqu'un en égal, en ami et ne marque rien que de permis : *Les vrais épanchements du cœur veulent non seulement l'amitié, mais la familiarité* (J.-J. R.); mais indique, au pl., un excès inconvenant : *J'étais familier avec la première, sans avoir de familiarités* (J.-J. R.). **Privauté** est fam. ou bien enchérit et fait concevoir quelque chose d'illicite, qui peut dégénérer en vice, souvent en parlant des libertés qu'un homme prend avec une femme. **Liberté** marque simplement l'absence de contrainte pour n'importe quelle raison : *Ton de liberté amicale* (J. ROM.).

Familier : ¶ 1 → Familial. ¶ 2 → Étroit. ¶ 3 → Ordinaire. ¶ 4 → Connu. ¶ 5 (style) → Simple. ¶ 6 *Familier,* **Libre :** → Familiarité. ¶ 7 → Ami.

Famille : ¶ 1 → Race. ¶ 2 → Parenté. ¶ 3 En un sens restreint, *Famille,* les parents vivant ensemble et plus spéc. le père, la mère, les enfants, ou les enfants seulement par opposition à l'un des parents. **Ménage,** homme et femme mariés vivant ensemble, se dit aussi de tous les membres de la famille considérés comme occupant un certain espace, réclamant un certain aménagement matériel : *Il y a trois ou quatre ménages dans cette maison* (ACAD.). **Maison,** tous ceux qui vivent ensemble dans une maison, un appartement, c'est-à-dire la famille, les domestiques, et parfois les amis familiers qu'on y voit souvent : *Un ami de la maison.* **Foyer,** en ce sens, insiste sur la vie intime et domestique de la famille et désigne surtout la maison familiale. **Feu,** ménage, famille logée dans une maison, ne se dit que dans les dénombrements. **Maisonnée,** fam., tous les membres de la famille demeurant dans une même maison, implique un certain nombre de personnes. **Nichée,** fam., les enfants d'une famille. **Tribu, Couvée** et **Smalah,** fam. et plutôt péj., famille nombreuse. ¶ 4 → Genre.

Famine : → Disette.

Fanal : → Lanterne.

Fanatique : ¶ 1 Adj. → Enthousiaste. Partisan trop ardent d'une opinion. *Fanatique* (n. et adj.) implique passion exaltée, zèle outré, aveugle et parfois cruel, en faveur d'une religion, d'un parti politique, d'une opinion ou d'un goût quelconques : *Celui qui meurt pour un culte faux, mais qu'il croit vrai, ou pour un culte vrai, mais dont il n'a pas de preuves, est un fanatique* (DID.). **Exclusif** (adj.), qui dit beaucoup moins, est purement négatif en parlant d'une personne qui repousse tout ce qui blesse ses goûts, ses opinions, ses intérêts, mais peut le tolérer chez les autres : *L'esprit de parti rend exclusif* (ACAD.). **Intolérant** (adj. et n.), surtout en matière de religion et de politique, n'implique pas forcément la passion, mais insiste sur la disposition à ne pas respecter l'opinion d'autrui et à l'empêcher de s'exprimer par tous les moyens, y compris la violence et la persécution : *Dans Polyeucte de Corneille, Polyeucte était un fanatique selon Voltaire, mais l'empereur romain était intolérant.* **Sectaire,** partisan d'une secte religieuse qui, désavouée par une Église, s'insurge contre elle; par ext., comme adj. et comme n., ajoute une idée d'étroitesse surtout en matière d'opinions philosophiques ou politiques, et se dit bien en parlant de celui qui défend des idées antireligieuses étroites : *Les philosophes accusent les catholiques d'être* intolérants, *les catholiques accusent les francs-maçons d'être* sectaires. — Comme n. *Fanatique,* **Intolérant,** *Sectaire* ont pour syn. **Séide,** sectaire ou fanatique dévoué jusqu'au crime à un chef politique ou religieux, comme le personnage de ce nom dans le *Mahomet* de Voltaire : *Un dévouement de séide* (BALZ.). ¶ 2 → Inspiré.

Fanatisme, Intolérance, Sectarisme : → Fanatique.

Fané : ¶ 1 Qui dépérit, en parlant d'une fleur, d'une plante et, au fig., du teint, de la beauté. *Fané,* qui a perdu de sa fraîcheur, de sa couleur, mais peut encore la reprendre. **Flétri,** qui est flasque, tombe, n'a plus ni fraîcheur ni vie. **Passé** implique simplement, en parlant d'une fleur, d'un fruit, et au fig., que le point de perfection, d'épanouissement est dépassé, et, surtout relatif à la couleur, se dit bien en parlant d'une étoffe qui a perdu son éclat : *Un grand voile bleu un peu passé* (PÉG.). **Décati** ne se dit que des personnes très éprouvées par l'âge ou la misère : *Décati par la faillite* (ZOLA). ¶ 2 → Fatigué.

Fanfare : → Orchestre.

Fanfaron : → Menteur.

Fanfaronnade : → Vanterie et Mensonge. Affectation de valeur. *Fanfaronnade,* acte, parole d'un homme qui vante outrageusement ses prouesses réelles ou non. **Fanfaronnerie,** défaut de l'homme qui est habituellement fanfaron. **Crânerie** marque simplement l'affectation de mépriser le danger. **Rodomontade,** fanfaronnade extravagante qui veut paraître braver les plus grands dangers : *Villars ne parlait que de manger l'armée ennemie avec ses rodomontades usées* (S.-S.). **Défi** a rapport à une autre personne à qui l'on fait savoir qu'on ne craint pas de mesurer ses forces avec elle : *Du dépit, du défi, de la jactance* (GI.). **Bravade,** défi outré ou insolent : *Il y a dans son cas de la bravade, de l'attitude* (J. ROM.). — **Forfanterie** exprime simplement une affectation de valeur morale, de vertu ou de talent : *Forfanterie des médecins* (MOL.); *de vertu* (J.-J. R.); *des avocats* (RAC.).

Fange : → Boue.

Fantaisie : ¶ 1 → Imagination. ¶ 2 → Caprice. ¶ 3 *Avoir des fantaisies* : → (être) Fantasque.

Fantaisiste : ¶ 1 → Fantasque. ¶ 2 → Imaginaire.

Fantasmagorie : ¶ 1 → Surnaturel. ¶ 2 → Illusion.

Fantasmagorique : → Imaginaire.

Fantasme : ¶ 1 → Fantôme. ¶ 2 → Vision.

Fantasque : ¶ 1 → Capricieux. *Être fantasque* implique qu'on s'écarte étrangement, par ses goûts arbitraires et changeants, de la manière d'agir et de penser du commun des hommes. **Avoir des fantaisies** implique simplement quelques écarts passagers : *Il y a des nuances entre être fantasque et avoir des fantaisies : le fantasque approche beaucoup plus du bizarre. Ce mot désigne un caractère inégal et brusque. L'idée d'agrément est exclue du mot fantasque, au lieu qu'il y a des fantaisies agréables* (VOLT.). **Être fantaisiste** implique qu'on a une imagination libre et parfois charmante qui aime l'imprévu, ne suit pas les routes habituelles, invente du nouveau et se dit bien en parlant de l'art d'écrire ou de vivre : *Musset est un écrivain fantaisiste. Fantaisiste* marque parfois un défaut et signifie alors peu véridique ou peu sérieux : *Historien fantaisiste* (ACAD.). ¶ 2 → Bizarre.

Fantastique : Adj. ¶ 1 → Extraordinaire. ¶ 2 → Imaginaire. ¶ 3 N. → Surnaturel.

Fantoche : → Pantin.

Fantôme : ¶ 1 *Fantôme,* apparition illusoire, sous une apparence immatérielle, d'un personnage qui n'est plus mais que nous croyons voir devant nous, se dit, au fig., d'êtres ou d'idées purement chimériques ou de choses surtout abstraites qui n'ont que l'apparence de ce qu'elles devraient être et en fait ne le sont pas du tout : *L'âme d'un vieux poète erre dans les gouttières Avec la triste voix d'un fantôme frileux* (BAUD.). *Ces fantômes Dont la troupe immortelle habite sa mémoire, Julie, Clarisse* (CHÉN.). *Fantôme de royauté* (CORN.). **Simulacre,** au prop. représentation, image d'une divinité païenne, n'est guère syn. de *fantôme* qu'accompagné de l'épithète *vain.* **Spectre,** fantôme horrible, effrayant, ne se dit au fig. que d'une personne maigre à faire peur (*fantôme* en ce sens implique que la personne est si maigre qu'elle a l'air de s'évanouir, de n'avoir plus de chair), ou d'une représentation qui effraie : *Un spectre qui se présente devant moi sous une forme effroyable* (LES.). *Le spectre de la famine* (ACAD.). — Au prop. seulement, **Apparition,** en un sens plus large que *fantôme,* tout être imaginaire qu'on croit apercevoir, quand on est en état d'hallucination. **Revenant,** fantôme revenu de l'autre monde, souvent sous son apparence d'être vivant, pour tourmenter les vivants, réclamer d'eux certaines choses ou leur annoncer des nouvelles. **Esprit,** âme d'un mort qui revient, sous une forme toujours immatérielle, pour communiquer avec les vivants et manifester sa présence par certains phénomènes : *Esprits errants et sans patrie* (Baud.). **Ombre,** en poésie et dans certaines religions, apparence, simulacre du corps, après que l'âme en a été séparée par la mort : *Son ombre vers mon lit a paru se baisser* (Rac.). **Double,** corps impalpable qui, selon certaines croyances antiques, s'échappait du corps matériel après la mort. **Larves,** dans l'antiquité, ombres des méchants qui revenaient sous des formes hideuses tourmenter les vivants. **Lémures,** fantômes des morts apparaissant surtout la nuit, dans la religion romaine. **Fantasme,** fantôme dans le langage des sciences occultes. ¶ 2 Au fig. → Apparence.

Faquin : → Coquin.

Faraud : → Orgueilleux et Élégant.

Farce : ¶ 1 → Hachis. ¶ 2 → Comédie. ¶ 3 → Attrape.

Farceur : ¶ 1 → Bouffon. ¶ 2 → Plaisant et Plaisantin.

Farcir : → Emplir.

Fardeau : ¶ 1 → Charge. ¶ 2 → Subordination

Farder : ¶ 1 Mettre sur un visage l'enduit appelé fard. *Farder* implique seulement qu'on veut protéger, colorer ou embellir son visage. **Maquiller,** terme de théâtre, farder son visage pour le faire paraître autre qu'il n'est, implique qu'on veut cacher certaines imperfections ou paraître autre : *Une femme se maquille pour se rajeunir* ; c'est toutefois le terme le plus usité sans nuance péj. **Grimer,** autrefois peindre des rides sur son visage pour le transformer en le vieillissant, ne s'emploie qu'en langage de théâtre : c'est modifier sa physionomie par des crayons et des fards pour représenter un certain personnage. **Peindre,** péj., farder son visage de fortes couleurs : *Cet éclat emprunté Dont elle eut soin de peindre et d'orner son visage* (Rac.). — Au réf. ces verbes ont pour syn. **Se plâtrer,** fig., fam. et péj., se farder, se mettre du blanc, de la poudre avec excès. **Se fariner,** vx, en termes de théâtre, se blanchir le visage pour la farce. ¶ 2 → Déguiser.

Farfadet : → Génie.

Farfouiller : → Fouiller.

Faribole : → Chanson.

Farniente : → Inaction.

Farouche : ¶ 1 → Sauvage. ¶ 2 → Méfiant.

Fascicule : → Livre.

Fascinant : → Charmant.

Fascination : → Magie.

Fascine : → Fagot.

Fasciner : → Charmer. Au fig. Surprendre l'esprit. *Fasciner* se dit de l'action de quelque chose de magique, d'artificieux, qui aliène l'esprit à lui-même en l'empêchant de bien voir, le braque sur quelque chose qui l'attire, le séduit : *La toilette de la marquise accusait le désir de fasciner Calyste* (Balz.). **Éblouir** implique l'action de quelque chose d'éclatant, de spécieux qui est propre à imposer : *La multitude se laisse éblouir par un faux éclat* (J.-J. R.). **Émerveiller** implique simplement l'admiration et l'étonnement devant ce qui paraît dépasser l'ordre normal de la nature : *Un beau jouet émerveille un enfant.* **Hypnotiser,** captiver l'attention, l'admiration d'une ou plusieurs personnes de façon à leur faire oublier toute autre chose : *Être hypnotisé par une affaire.* **Magnétiser,** exercer une attraction puissante et mystérieuse, comme un aimant : *Charmée par l'esprit, magnétisée par les manières de ce garçon* (Balz.).

Fashionable : → Élégant.

Faste : → Luxe

Faste (Adj.) : → Favorable.

Fastes : → Histoire.

Fastidieux : → Ennuyeux.

Fat : ¶ 1 → Sot. ¶ 2 → Orgueilleux. ¶ 3 → Galant.

Fatal : ¶ 1 → Inévitable. ¶ 2 → Mauvais. Qui produit de grands malheurs. *Fatal* a plutôt rapport à la cause et se dit de ce qui entraîne la perte de quelqu'un et semble être le coup décisif d'un destin acharné contre lui : *Livre qui fut d'un fatal exemple pour lui* (Balz.). **Funeste** a rapport à la nature de la chose et implique simplement une idée de malheur, à propos de choses qui n'entraînent pas toujours la perte totale : *Une stupeur de funeste augure* (Balz.). **Néfaste,** qui se disait chez les Romains des jours où il était défendu par la religion de vaquer aux affaires publiques ou des jours de deuil public, qualifie ce qui cause du deuil, de la tristesse, mais avec moins de force que les autres mots : *Œnone a sur Phèdre une influence néfaste qui devient funeste lorsqu'elle la pousse à un mensonge qui sera fatal pour Hippolyte.* **Mortel,** syn. poét. de *fatal* : *Un trépas si mortel à ma gloire* (Corn.).

Fatalisme, doctrine métaphysique ou religieuse qui considère que la volonté humaine ne peut rien changer aux événements, car ils sont fixés à l'avance par Dieu ou le destin. **Déterminisme,** théorie scientifique et rationaliste qui se borne à affirmer que tous les événements de l'univers, et en particulier les actions humaines, dépendent de causes qui les ont amenées nécessairement et qu'ils auront eux-mêmes des effets nécessaires. Mais *fatalisme* s'est souvent employé pour *déterminisme*, avant la création de ce mot, et se dit encore pour qualifier certaines formes de déterminisme comme le déterminisme social ou physiologique.

Fatalité : ¶ 1 → Destin. ¶ 2 → Malheur.

Fatigue, Lassitude, Épuisement, Surmenage : → Fatigué.

Fatigué : ¶ 1 Qui n'en peut plus, n'est plus en état d'agir, sans toutefois être malade ou affaibli par l'âge. *Fatigué,* qui est affaibli par une trop grande dépense de force : *Fatigués du voyage* (L. F.). **Las** implique avant tout impuissance ou aversion pour le travail, le mouvement ou même les plaisirs, pour n'importe quelle raison : *On est fatigué de rester debout et las d'attendre. Las de raconter* [des horreurs], *fatigué de les éprouver* (BEAUM.). — Pour enchérir sur *fatigué,* **Harassé** marque le résultat d'un très grand effort qui laisse sans forces : *Armée harassée* (S.-S.). **Excédé,** qui porte une charge trop lourde ou est accablé d'une multitude d'occupations : *Chameaux surchargés, excédés* (BUFF.). *Excédé de lettres, de mémoires, de vers* (J.-J. R.). **Rendu,** très fatigué par une longue marche et n'en pouvant plus : *L'attelage suait, soufflait, était rendu* (L. F.). **Recru** est vx et rare en ce sens : *Chasseur mouillé et recru* (L. B.); mais on dit bien : *Recru de fatigue* (M. D. G.). **Exténué** insiste sur l'extrême affaiblissement qui résulte de la maladie, de la fatigue et des excès : *Exténuée d'agitations, d'abstinences, de veilles* (J.-J. R.). **Épuisé** enchérit et implique l'usure de toutes les forces physiques et morales. **Vidé** marque l'épuisement total, surtout des facultés intellectuelles : *J'étais vidé, épuisé, vague* (DUH.). **Surmené,** excédé de fatigue en parlant d'un cheval ou d'une bête de somme qu'on fait aller trop longtemps, par ext. en parlant d'un homme qui se fatigue trop par un travail musculaire ou intellectuel que ne peut supporter son organisme : *Employé, intellectuel surmenés*; fait plutôt concevoir la cause de la fatigue que l'état de fatigue lui-même : *On dit bien que les écoliers sont surmenés* quand les programmes sont trop chargés. **Surentraîné,** en langage sportif, surmené par un entraînement ou une pratique du sport intensifs. **Courbatu,** qui ressent une lassitude extrême dans le corps et surtout dans les jambes par suite de la fatigue ou de la maladie. **Brisé,** fatigué, courbatu par une agitation trop rude : *L'épuisement, la nuit, la ramenait chez elle brisée* (M. D. G.). **Fourbu,** qui se dit au prop. d'un cheval qui a le pied malade, par ext. harassé par la marche, tout près d'être rendu. **Rompu,** très courbatu, surtout dans les jambes : *On va bien loin, dit-on, quand on est las, mais quand on a les jambes rompues, on ne va plus du tout* (SÉV.). **Roué de fatigue** ou **Roué,** rompu au point d'avoir peine à se remuer. **Moulu,** très courbatu dans tout le corps : *Fatigués, harassés, moulus, n'a-t-il pas fallu les faire coucher?* (BEAUM.). **Mort,** par hyperbole, très fatigué : *Elle est déjà très fatiguée, elle arrivera au dîner morte* (PROUST). En un sens plus fam., **Sur les dents,** harassé et abattu par une activité incessante qui a été ou est imposée. **Éreinté,** syn. fam. d'*excédé,* implique un travail excessif : *Des employés éreintés* (ACAD.). **Crevé,** très fam., mort de fatigue, fourbu, épuisé, par un effort physique ou intellectuel considérable. **Flapi,** très fam., insiste sur l'accablement, l'immense lassitude. **Vanné,** fam., harassé par la marche, la course. **Esquinté** est plutôt syn. d'*éreinté,* mais aussi de *rendu :* *Cette longue course m'a esquinté* (ACAD.). ¶ 2 En parlant des choses : qui n'est plus dans sa fraîcheur et dans sa nouveauté. *Fatigué* se dit de ce qui commence, à la suite d'un trop long usage, à perdre sa couleur, sa forme, son éclat : *Veston fatigué.* — Par rapport à la forme seulement, **Déformé,** qui indique une altération de la forme, est syn. de *fatigué* quand celle-ci est due à l'usure : *Souliers déformés.* **Avachi,** en parlant d'une étoffe, d'un cuir, d'un habit, affaissé, élargi par l'usage au point de perdre toute forme : *Bottes avachies* (ACAD.). — Par rapport à l'éclat seulement, **Défraîchi** se dit des choses qui ont perdu leur brillant, leur fraîcheur de coloris : *Robe défraîchie.* **Fané** (→ ce mot) a surtout rapport à la couleur qui est passée. — **Usé** enchérit sur *fatigué* et implique que la chose ne peut plus servir. **Esquinté,** fam., implique une détérioration souvent accidentelle.

Fatiguer : ¶ 1 *Fatiguer,* Lasser, Harasser, Excéder, Exténuer, Épuiser, Vider, Surmener, Surentraîner, Briser, Éreinter, Crever, Vanner, Esquinter : → Fatigué. — Au réf., *Se fatiguer,* se donner ou éprouver une perte de forces qui rend las et donne envie de cesser son effort. **Peiner** insiste plutôt sur la manière dont on se fatigue en faisant quelque chose de difficile qui exige un effort douloureux : *Peiner à parler* (FONT.), *en écrivant* (S.-S.). **Suer,** fig. et fam., se donner beaucoup de peine pour venir à bout d'un travail ou d'une obligation : *Il faut suer sans cesse à trouver que lui dire* (MOL.). **Ahaner,** peu

usité, faire *ahan*, cri qui marque effort;
d'où avoir bien de la peine en faisant
quelque chose. **Suer d'ahan** est pop. en ce
sens. **S'échiner**, fam. comme **S'éreinter**,
se donner beaucoup de peine, souvent
pour un bien piètre résultat. **Se tuer**, par
hyperbole, se fatiguer, peiner extrêmement : *Il se tue à rimer* (BOIL.). **Se
fouler la rate** ou **Se fouler**, fam., se
donner de la peine, se dit surtout à la
négative : *Il ne se foule pas.* ¶ 2 Affaiblir
le corps et l'esprit. *Fatiguer* a surtout
rapport à la force et se dit de ce qui
affaiblit, enlève le goût du travail et
de l'effort. **Déprimer** a rapport à l'énergie
et se dit de ce qui énerve, abat la volonté :
*Le sport fatigue, la chaleur déprime.
L'attention fatigue l'esprit; la servitude
déprime le caractère* (ACAD.). **Accabler**
et surtout **Écraser** enchérissent sur
déprimer. ¶ 3 → Ennuyer. ¶ 4 → Remuer.

Fatras : ¶ 1 → Amas. ¶ 2 → Ramas.

Fatuité : → Orgueil.

Fatum : → Destin.

Faubourg : → Périphérie.

Faucher : → Abattre.

Faufiler : ¶ 1 → Coudre. ¶ 2 (Réf.) →
(s') Introduire.

Faune : Dieu champêtre mi-homme mi-
chèvre. *Faune*, dieu à forme humaine, mais
avec des pieds et des cornes de chèvre :
symbole de la fécondité. **Satyre**, demi-dieu
rustique qui se distingue du *faune* par le
fait qu'il a des jambes et pas seulement
des pieds de bouc, une petite queue, de
longues oreilles : symbole de la lubricité.

Faussement : → Faux.

Fausser : → Altérer.

Fausseté : ¶ 1 Caractère d'un homme
qui trompe. *Fausseté*, défaut qui consiste
à affecter des sentiments qu'on n'a pas ou
à cacher ceux que l'on a, ajoute à **Dissimulation** et à **Feinte** (→ ce mot) l'idée qu'on
n'inspire aucune confiance, qu'on respire
l'équivoque, la tromperie dans tous ses
actes : *Avec vous je serai vraie. Hélas,
je ne puis l'être avec personne. Je suis
condamnée à la fausseté* (BALZ.). **Duplicité**,
fausseté odieuse qui consiste à jouer sciemment un double jeu, à parler d'une manière
et à agir d'une autre exactement contraire,
ou à parler et agir, avec des personnes
différentes, de façon exactement contraire
comme si l'on avait une double personnalité : *En disant à chacun de ses amoureux qu'il est son préféré, Célimène fait
preuve de duplicité.* **Hypocrisie** (→ ce mot),
duplicité vicieuse qui consiste à affecter
la piété, la vertu, de nobles sentiments
alors qu'on agit en dessous exactement
en sens contraire. **Patelinage** (→ Patelin),

fam., fausseté d'un homme qui par ses
manières câlines cherche à s'insinuer
auprès des gens, à les faire venir à ses
fins. **Fourberie**, disposition à tromper
par des moyens perfides et odieux : *Si on
ajoute le mensonge à la finesse* [la ruse]
c'est fourberie (L. B.) : → Tromperie. ¶ 2
Acte ou parole destinés à faire accroire
ce qui n'est pas. *Fausseté*, objectif, ce qui
est contraire à la vérité, volontairement
ou non : *Les faussetés qu'on nous a débitées
sur le gouvernement des Turcs* (VOLT.). **Mensonge**, subjectif, ce qui est contraire à la
véracité, ce qu'on dit et qui est contraire
à ce que l'on pense : *Jamais la fausseté
ne dicta mes mensonges; ils sont tous venus
de ma faiblesse* (J.-J. R.). *La fausseté d'un
acte est un crime plus grand que le simple
mensonge; elle désigne une imposture juridique, un larcin fait avec la plume* (VOLT.).
Imposture, fausseté ou mensonge qui cherche à capter les sentiments d'autrui soit
en provoquant sa haine pour quelqu'un,
soit son admiration pour la fausse apparence qu'on se donne, ou pour des doctrines, des idées qu'on présente comme
vraies : *Je trouve que toute imposture est
indigne d'un honnête homme qu'il y a
de la lâcheté à déguiser ce que le ciel nous
a fait naître* (MOL.). **Tromperie**, seulement
par rapport à la manière d'agir, toute manœuvre qui est un piège pour attirer les
dupes : *Dans l'amour, la tromperie va
presque toujours plus loin que la méfiance*
(L. R.).

Faute : ¶ 1 *Faute*, toute action mauvaise
à quelque degré que ce soit, parce qu'elle
offense les prescriptions de la morale, de
la religion, les usages, les convenances.
Crime, grosse faute, odieuse et très blâmable : *Dans certains esprits les fautes
prennent les proportions du crime* (BALZ.).
— Dans un sens plus précis qu'on retrouve
en droit, *crime* se dit des infractions les
plus graves à la loi morale et à la loi
civile que le *Code pénal* et ces lois punissent
des peines afflictives et infamantes; **Délit**,
d'une violation de la loi passible des peines
correctionnelles; **Contravention**, d'une violation passible des tribunaux de simple
police; *faute*, d'une négligence ou incurie
sans intention de nuire, mais qui a eu des
conséquences dommageables. — **Méfait**
insiste sur le résultat fâcheux d'une
action et non sur sa valeur morale : *Méfaits
enfantins* (J.-J. R.). — **Péché**, dans le
langage religieux, faute transgressant
la loi de Dieu ou de l'Église. **Chute**,
terme de théologie, faute entraînant la
perte des mérites devant Dieu; par ext.
toute faute assez grave, dans le langage
relevé : *Dans le crime il suffit qu'une
fois l'on débute, Une chute toujours attire
une autre chute* BOIL.). **Coulpe**, terme de

théologie, la souillure du péché qui fait perdre la grâce; par ext. faute, dans quelques expressions vieillies. **Peccadille**, très petite faute ou petit péché : *Oscar passa de la peccadille à la faute* (Balz.). **Solécisme**, faute contre la syntaxe, fig. et fam., faute de conduite : *Solécismes en conduite* (Mol.). *Faute légère* : → Manquement. ¶ **2** → Imperfection. *Faute*, violation d'une règle, par inadvertance ou ignorance, se dit surtout en parlant d'orthographe, de grammaire (→ Barbarisme), de règles d'art ou de logique. **Erreur** implique simplement qu'on prend le faux pour le vrai, le plus souvent par simple méprise ou inadvertance : *Une faute contre la vraisemblance, une erreur dans une citation. Une faute d'orthographe, d'imprimerie, une erreur dans un compte. Une faute de raisonnement, une erreur de calcul.* **Lapsus** (→ ce mot), erreur tout à fait involontaire commise en parlant ou en écrivant. — **Ignorance**, faute due à une ignorance grossière sur quelque point : *Ses ignorances sur Platon* (Boil.). ¶ **3** En termes d'imprimerie, *Faute*, terme général, a pour syn. **Bourdon**, omission, dans un texte imprimé, d'un mot, d'un membre de phrase ou d'une phrase entière; **Coquille**, faute qui existe dans un mot où une ou plusieurs lettres ont été substituées à d'autres, ou omises, redoublées, transportées ou retournées; **Doublon**, répétition fautive d'un mot, d'une phrase; **Doublage**, parfois syn. de *doublon*, désigne aussi une impression qui, sans être fautive, est floue par suite d'un mauvais réglage de la machine; **Moine** désigne simplement l'endroit d'une feuille imprimée qui est resté blanc parce que le caractère n'a pas pris l'encre; **Mastic**, dans l'argot des typographes, désigne une composition qui a été mélangée accidentellement. ¶ **4** → Manque. ¶ **5** *Sans faute* : → Évidemment. ¶ **6** *Faire faute* : → Manquer.

Fauteur : → Complice et Instigateur.

Fautif : ¶ **1** Sujet à faillir. *Fautif* envisage plutôt ce défaut comme un fait : *Auteur fautif dans ses citations* (Acad.). **Faillible** tend à s'employer dans tous les cas où le défaut est considéré comme général, comme inhérent à la nature : *Tout pouvoir humain est faillible* (Guizot). ¶ **2** *Fautif*, néol. en ce sens, qui a commis une faute en général assez peu grave, insiste sur le sentiment où l'on est de sa faute et ne se dit guère que des êtres humains : *J'étais spécialement fautif de manquer d'argent* (J. Rom.). **Coupable** qualifie objectivement celui qui a commis une faute assez grave ou un crime, en parlant des hommes, des animaux ou même des choses : *Coupables des désordres publics* (Mas.). *Coupables pensées* (Mol.).

Délinquant, terme de droit, ne se dit que d'un homme qui a commis un délit.

Responsable, en parlant d'une personne, insiste sur le fait qu'elle doit se justifier des actions commises par elle ou ceux dont elle est garante, et encourir une peine ou donner réparation si ces actions sont mauvaises : *Déterminer les responsables d'un accident d'automobile.* ¶ **3** → Faux.

Fauve : ¶ **1** → Jaune. ¶ **2** → Félins.

Faux : ¶ **1** Qui est propre ou tend à jeter dans l'erreur : *a)* en faisant croire ce qui n'est pas vrai. *Faux* et **Fallacieux**, objectifs, diffèrent de **Menteur** et de **Mensonger**, subjectifs, comme Fausseté (→ ce mot) de Mensonge. Ce qui est *faux* est simplement contraire au vrai; ce qui est *fallacieux* est très faux, d'une fausseté volontairement nuisible qui cherche continuellement à faire accroire le contraire de la vérité : *Il y a une fausse modestie qui est vanité* (L. B.). *Adam se laisse prendre à ses promesses fallacieuses* (Bos.). *Menteur* et *mensonger*, seulement syn. en parlant des choses (car *mensonger* ne se dit que très rarement des personnes), sont relatifs à l'intention de la personne qui leur enlève toute véracité, ou, si l'on considère ces choses comme des créations, à leur manque de véracité; *mensonger*, qui repose sur un mensonge, qualifie ce qui est propre à tromper sans y être forcément destiné, *menteur*, qui ment, qualifie ce qui veut tromper ou qui est fait à dessein de tromper : *Un récit menteur* (Rac.) est fait par un homme qui ment, veut faire prendre le faux pour le vrai, un récit *mensonger* (Did.) est menteur en lui-même, renferme le mensonge, mais n'est pas fait pour tromper, c'est simplement l'œuvre de l'imagination : *Les voluptés du monde sont menteuses* (Corn.). *L'astrologie est un art mensonger* (L. F.). *b)* En cherchant à prendre par des artifices : → Trompeur. ¶ **2** Qui n'est pas vrai ou réel. *Faux*, qui est empreint de fausseté, se dit dans l'ordre des idées ou des faits et implique toujours un piège dressé à la raison. **Fabuleux**, qui tient de la fable, du roman, ne se dit que dans l'ordre des faits, de ce qui manque de caractère historique et cherche à amuser l'imagination par quelque chose de romanesque : *Un faux prophète, un héros fabuleux. Mon amour de la vérité ne veut jamais être faux, quoiqu'il soit souvent fabuleux*, dit J.-J. R. pour indiquer qu'il ne ment jamais pour tromper, mais parfois pour amuser. **Feint** marque le résultat d'une action : *Faux zèle* insiste sur le défaut de réalité de la chose, *zèle feint* sur les efforts du sujet pour paraître tel. Ce qui est *fabuleux* est digne de la fable, ce qui est *feint* est l'œuvre d'un auteur :

Tyrans fabuleux de l'antiquité (VOLT.). *Personnage feint comme Don Quichotte* (VOLT.). **Simulé, Affecté, Contrefait** diffèrent de *feint* comme les v. correspondants : → Feindre. — **Pseudo,** préfixe tiré du grec et signifiant *faux,* s'unit à certains noms pour marquer que la qualité qu'ils expriment est fausse ou qu'elle ne convient pas à la chose ou à la personne : *Pseudoprophète* (ACAD.). ¶ 3 → Artificiel. ¶ 4 En parlant d'une personne qui trompe sur ses sentiments, *Faux,* **Double, Hypocrite** (→ ce mot), **Patelin, Fourbe, Menteur, Imposteur** diffèrent comme les noms correspondants (→ Fausseté). **Faux jeton** (n.), syn. fam. d'*hypocrite*. **Comédien** (n.), fig., celui qui, dans des vues intéressées, feint des passions ou des sentiments qu'il n'a pas, insiste sur les démonstrations extérieures : *Avec son ton radouci, sa face minaudière, je le crois un grand comédien* (LES.). **Cabotin,** fam., est encore plus péj. **Sournois** (→ ce mot) et ses syn. impliquent simplement qu'on dissimule ses sentiments réels, souvent par ruse : Un enfant *faux* est menteur, imposteur; un enfant *sournois* est en dessous. **Grimacier** (n. et adj.), hypocrite sous des dehors affectés : *Les démonstrations grimacières qu'on me prodigue* (J.-J. R.). ¶ 5 Qui n'est pas tel qu'il doit être. *Faux* s'emploie dans des sens très larges, pour parler d'une œuvre d'art qui s'écarte du naturel, d'un esprit, d'idées, de raisonnements qui manquent de justesse, d'exactitude, de rectitude, ou de ce qui n'est pas conforme à la règle : *Couleur fausse* (BUF.). *Calcul, argument, raisonnement faux*(ACAD.). *Vers faux.* **Erroné** ne se dit que des raisonnements ou des pensées qui, souvent par inadvertance, ou par un défaut de méthode, ont été rendus faux : Une proposition *fausse* est par nature opposée à la vérité, une proposition *erronée* est le résultat d'une erreur. **Inexact,** qui n'est pas conforme à la réalité, sans pour autant être complètement faux; s'emploie souvent par politesse pour *faux*. **Incorrect,** qui n'est pas conforme à une règle : Un dessin *inexact* ne reproduit pas bien son modèle, un dessin *incorrect* viole les règles du dessin. **Fautif,** en parlant des choses, les représente comme pleines de fautes et, de ce fait, de peu de valeur : Une édition *fautive* est pleine de fautes d'impression ou d'inexactitudes. **Altéré** et ses syn. (→ Altérer) marquent le résultat d'actions qui rendent faux de diverses manières et à différents points de vue. — En parlant des idées, des raisonnements, **Aberrant** enchérit sur *erroné* et suppose des écarts d'imagination ou de jugement qui vont totalement contre la vérité ou la logique. **Absurde** ajoute à *faux* l'idée que la chose va contre le sens commun, **Fou,** qu'elle dénote chez son auteur une certaine extravagance, **Saugrenu,** qu'elle est d'une étrangeté choquante, **Ridicule,** fam., qu'elle mérite qu'on se moque d'elle. ¶ 6 → Vain. ¶ 7 N. *Faux* exprime quelque chose d'idéal, d'absolu, qui se sent, **Fausseté** se dit plutôt du *faux* qui se manifeste effectivement dans des traits particuliers, qui se démontre, est plus palpable : *Le faux de cette conception saute aux yeux* (L. H.). *La fausseté d'une nouvelle, d'un système.* ¶ 8. *Faux,* adv., représente la fausseté dans la chose, **Faussement,** dans la personne qui fait la chose : Quand on raisonne *faux,* le résultat de l'opération est mauvais, quand on raisonne *faussement,* on commet une erreur de méthode. ¶ 9 *A faux,* sans raison suffisante en parlant d'une accusation. **Faussement** fait penser à l'accusateur et au fait, *à faux,* à l'accusé et au droit : *Le calomniateur accuse faussement, l'innocent est accusé à faux* (L.).

Faux-fuyant : → Excuse et Fuite.

Faux-semblant : → Apparence.

Faux-sens : → Contresens.

Faveur : ¶ 1 → Service. ¶ 2 → Sympathie. ¶ 3 Faculté d'user de la puissance d'un autre. *Faveur,* résultat de la sympathie qu'a pour nous une personne quelconque dont la bienveillance nous confère une certaine puissance. **Crédit,** influence que nous acquérons, grâce à notre mérite, sur un personnage important, et qui le dispose à accéder à nos désirs; pour marquer le résultat de la *faveur, crédit* insiste sur le pouvoir de celui qui, parce qu'il est en faveur, peut obtenir certaines choses : *La faveur de la maîtresse du roi. Le crédit de Colbert* (LAF.). **Grâce** dit moins que *faveur* et implique simplement, au plus loc. comme *Rentrer en grâce,* qu'un supérieur accorde gratuitement l'oubli d'une faute passée et accepte de nouveau qu'on paraisse auprès de lui et qu'on se recommande de sa protection : *Le duc de Bouillon reçu en grâce à la cour* (VOLT.). ¶ 4 → Indulgence. ¶ 5 → Ruban. ¶ 6 *En faveur de* → (en) Considération de.

Favorable, en parlant des personnes et des choses, qui aide au succès ou simplement ne s'y oppose pas. **Propice,** qui assure le succès ou presque, qui détermine l'événement, surtout dans un cas important : *L'occasion favorable donne des chances de réussir, l'occasion propice est proprement l'occasion qu'il faut saisir si l'on veut réussir.* **Heureux** qualifie subjectivement un événement, surtout dû au hasard, qu'on juge favorable et avantageux : *Une heureuse rencontre.* **Prospère,** dans le style soutenu ou poétique seulement, ne se dit que de ce qui provoque pour nous une suite d'événements heureux; mais est d'ordinaire plutôt relatif à l'effet qu'à la cause : *Ces Juifs ont vu bénir le cours de leurs destins prospères* (RAC.). **Bénin** ne se dit que de l'influence propice des astres, du soleil ou des éléments : *Air bénin* (ACAD.). **Faste,** qui se disait dans l'antiquité d'un jour où il était permis de faire certains actes publics ou privés, qualifie fam., par ext., un jour où tout réussit. **Bénéfique** ne se dit qu'en astrologie des astres qui ont une influence bienfaisante.

Favori : Adj. et N. Qui est l'objet d'une prédilection. *Favori* implique une préférence marquée, souvent sans raison, et se dit seul comme n. de celui qui tient le premier rang dans les bonnes grâces d'un souverain. **Préféré,** fam., implique une prédilection moins exclusive et parfois plus raisonnée : *Cet acteur est le favori du public. Horace était l'auteur préféré de Boileau.* **Chouchou,** très fam., se dit surtout dans le langage scolaire : *Le chouchou du professeur.* **Chéri** enchérit comme adj. sur *favori,* en parlant d'une prédilection fondée sur l'amour : *Le peuple chéri de Dieu;* ou est fam. et ironique comme syn. de *préféré* ou de *chouchou.* **Élu** suppose une prédestination à la félicité ou à la faveur de Dieu ou du destin : *Les élus de la gloire; de la fortune.* **Benjamin,** l'enfant préféré d'une famille.

Favoriser : ¶ 1 *Favoriser,* aider quelqu'un à l'exclusion des autres, créer pour lui des circonstances favorables que n'ont pas ses concurrents : *Le vent favorise une équipe de football et gêne l'autre équipe.* **Avantager** dit plus et implique qu'on accorde à quelqu'un une chose qu'on refuse aux autres, dans un partage ou une compétition : *Un père avantage un de ses fils dans son testament.* **Privilégier,** gratifier quelqu'un de la faculté de faire quelque chose ou de jouir d'un bien, alors que cette faculté n'est pas accordée ordinairement à la plupart des gens : *Avec la crise du logement, les personnes logées par l'État sont privilégiées.* **¶ 2** → Aider. Aider au succès de quelqu'un ou de quelque chose. *Favoriser,* en parlant des personnes et des choses, créer les circonstances favorables au succès : *Le bruit du camion favorisait leur silence* (J. ROM.). *Favoriser le développement d'une industrie.* **Servir** dit plus et implique qu'on fournit par une intervention personnelle, ou, en parlant des choses, qu'elles paraissent fournir les moyens du succès : *Très près de ses intérêts, à courte vue, mais c'est ce qui le servait* (MAU.). **Militer,** fig., ne se dit que d'un argument, d'une raison qui sert une thèse : *Ce fait milite en sa faveur.* **Encourager,** favoriser par une protection spéciale le progrès du commerce,

de l'industrie, et par ext. de la vertu, de mérite : *On encourage la culture du lin, du tabac, par des mesures appropriées. Encourager le talent.*

Favorite : → Maîtresse.

Favoritisme, tendance habituelle d'un supérieur ou d'un gouvernement à accorder des faveurs injustes ou illégales. **Népotisme,** faveur dont jouissaient auprès de certains papes leurs neveux, leurs parents; de nos jours, par ext., faveur excessive qu'un homme en place montre envers ses parents ou ses protégés.

Féal : → Partisan.

Fébrile : ¶ 1 → Fiévreux. **¶ 2** → Violent.

Fébrilité : → Nervosité.

Fécond : ¶ 1 *Fécond,* qui produit beaucoup par voie de génération, se dit par ext. de ce qui paraît produire certaines choses ne les tirant hors de soi (*Mine féconde, science ou vérité féconde*) et particulièrement des terres qui sont propres à produire abondamment, ont la faculté de produire. **Fertile,** qui ne se dit que pour la terre, indique qu'en fait elle produit abondamment telle ou telle chose soit parce qu'elle est *féconde,* soit parce qu'on la travaille : *Terre aussi inculte que féconde* (VOLT.) *Tu fais d'un sable aride une terre fertile* (BOIL.). **Généreux,** très fécond en parlant du sol. **Ubéreux,** syn. didact. rare de *fécond,* en parlant des êtres, des terres ou de l'esprit. **Gras** ne se dit que des terres très fécondes en moissons et en herbes. **Abondant** (→ ce mot) marque simplement le fait qu'une terre possède de nombreuses ressources de tous ordres, même si elle ne les produit pas. **Productif** se dit de tout ce qui rapporte un bénéfice, un produit, et, comme syn. de *fécond* ou de *fertile,* fait penser abstraitement à la capacité de production de la terre en rapport avec ce qu'on lui fournit. — **Prolifique** enchérit sur *fécond,* mais simplement en parlant, au prop. et au fig., de ce qui a le pouvoir de se multiplier, de se reproduire en quantité : *Les lapins sont très prolifiques. Vertu prolifique.* **¶ 2** Au fig. *Fécond* se dit de ce qui a en soi la puissance de produire : *La France en grands noms féconde* (L. F.); **Fertile,** de ce qui porte, présente beaucoup de choses sans en être l'auteur : *Temps fertile en miracles* (RAC.). En parlant de l'esprit, *fécond* convient pour l'esprit qui crée de son propre fonds, le génie : *Le mot fécond convient plus au génie qu'à la plume* (VOLT.); *fertile,* pour un esprit ou une plume qui produisent beaucoup et facilement mais sans rien de bien neuf : *Commentateurs fertiles* (L. B.). *Bienheureux Scudéri dont la fertile plume* (BOIL.). **Riche,** très fertile, en parlant des ouvrages de l'esprit, de l'imagination, de la mémoire, du style. **Inventif,** fécond en trouvailles, en idées, en expédients, en parlant de l'esprit.

Fédération, groupement en un seul État collectif, avec un gouvernement central, de plusieurs États dont chacun garde certaines lois particulières; ou groupement de sociétés, de syndicats, visant un but commun, en une seule société ou un seul syndicat : *Fédération américaine. Fédération des syndicats des bâtiments.* **Confédération** implique un lien plus lâche entre des États, des sociétés ou des syndicats qui se soumettent à un pouvoir général tout en conservant une grande autonomie : *Confédération helvétique;* et désigne aussi parfois une réunion de *fédérations* : *Confédération générale du travail.* **Union,** association plus étroite que la *fédération,* entre États, entre sociétés ou particuliers associés par un acte sous une seule autorité pour un but commun : *Union Sud-Africaine. Union douanière :* → Alliance et Syndicat.

Fée : → Génie.

Féerie : ¶ 1 → Surnaturel. **¶ 2** → Pièce. **¶ 3** → Spectacle.

Féerique : ¶ 1 → Surnaturel. **¶ 2** → Beau.

Feindre : ¶ 1 Faire croire de soi ce qui n'est pas (≠ Dissimuler, cacher ce qui est). *Feindre,* terme abstrait, présenter une chose comme réelle en lui donnant une fausse apparence, insiste sur le travail subtil de l'esprit pour tromper et peut se dire absolument pour désigner un vice ou une habitude : *L'art de feindre* (Mol.). **Faire semblant** est concret et relatif aux manières, à l'extérieur qu'on se donne pour tromper dans un cas particulier : *Il m'était impossible de feindre, je ne pouvais même pas faire semblant de l'approuver* (Mau.). **Faire mine** suppose surtout qu'on se donne une contenance pour laisser croire à un sentiment ou à une intention : *Enfoncer son chapeau sur sa tête en faisant mine de quitter le théâtre* (Zola). **Simuler,** imiter parfaitement, remplace *faire semblant* dans les cas où cette loc. ne pourrait s'employer, c'est-à-dire au part. passif ou avec un comp. direct : *Mépris simulé. Simuler la force d'âme* (M. D. G.). **Affecter,** montrer avec ostentation certains sentiments, certaines qualités, syn. de *feindre* lorsque ces qualités et ces sentiments ne sont pas réels, marque alors simplement le désir de tromper autrui sur soi-même, de se montrer autre que l'on est : *Elle affectait l'air distrait* (Col.). **Contrefaire,** faire semblant d'être ce qu'on n'est pas en imitant exactement celui qui est tel : *Contrefaire la boiteuse* (L. F.); *le mort* (Mol.). **Jouer** implique une imitation plus suivie, plus concertée, comme celle d'un comédien : *S'il n'était que vicieux, je n'en*

désespérerais pas; *mais s'il joue les mœurs et la vertu...* (Did.). **Faire la frime,** syn. fam. de *faire semblant.* **¶ 2** → Inventer. **¶ 3** *Feindre de, à :* → Hésiter. **¶ 4** → Boîter.

Feint : → Faux et Artificiel.

Feinte : ¶ 1 → Fausseté. Action volontaire pour faire croire ce qui n'est pas. *Feinte* et **Simulation,** qui diffèrent comme les v. correspondants (→ Feindre), impliquent l'intention d'en imposer à autrui par une fausse apparence en faisant croire de soi ce qui n'est pas : *Veulent-ils m'éblouir par une feinte vaine?* (Rac.). **Comédie,** fig. et fam., feinte ou simulation en général méditées, accompagnées d'une mise en scène, de démonstrations extérieures : *Le premier fourbe qui saura jouer la comédie d'une passion* (Balz.). **Cabotinage,** très péj., enchérit. **Feintise,** fam. et archaïque, habitude de feindre, ou petite feinte. **Dissimulation** marque non pas qu'on fait croire de soi ce qui n'est pas, mais qu'on cache ce qui est, pour tromper : *J'admire la force de dissimulation des enfants : il ne laissa paraître aucune surprise* (Gi.). **Sournoiserie** (→ Sournois), dissimulation faite par ruse, malice ou moquerie. **Cachotterie,** fam., dissimulation de choses peu importantes. **Mensonge** ne se dit que des paroles qui affirment comme étant vrai ce qu'on sait faux : *La simulation, par Elmire, de sentiments tendres envers Tartufe,* est une *feinte.* Elle lui joue la *comédie* de son amour; et quand elle lui dit que son mari n'est pas là, c'est un *mensonge.* **Momerie,** affectation ridicule, comme une mascarade, d'un sentiment qu'on n'a pas : *Ce méprisable sénat qu'on amusait par des momeries* (Did.). **Parade,** vain semblant, étalage de sentiments pleins de fausseté, comédie ridicule, comme les scènes burlesques que jouent les bateleurs : *Parades politiques* (Mirab.). **Pantalonnade,** fausse démonstration de joie, de douleur, de sentiments moraux, comme une bouffonnerie du vieillard Pantalon. **Grimace,** très péj., et **Singerie,** qui renchérit, feinte hypocrite pour duper sous une fausse apparence : *Je suis condamnée à la fausseté; le monde exige de continuelles grimaces* (Balz.). **¶ 2** → Invention.

Fêlé (cerveau) : → Fou.

Fêler : → Fendre.

Félicitations, Congratulations, Compliments : → Féliciter.

Félicité : → Bonheur.

Féliciter : ¶ 1 Témoigner à quelqu'un qu'on prend part à la joie qui lui est causée par quelque événement heureux. *Féliciter* (néol. du xviie s.) est aujourd'hui le terme courant : *Rieux le félicita* *de sa mine* (Cam.). **Congratuler,** autrefois féliciter vivement, ne se dit plus que dans des emplois fam. et ironiques. **Complimenter** (→ ce mot), féliciter en ajoutant des éloges. ¶ 2 (Réf.) → (se) Réjouir.

Félins : ¶ 1 .N. Famille de mammifères carnassiers comprennent tous les chats, les guépards et les lynx. *Félins,* terme courant. **Félidés,** nom scientifique de la famille. **Fauves,** les félins de grande taille. ¶ 2 *Félin,* adj : → Dispos.

Félon : → Infidèle.

Félonie : → Infidélité.

Féminiser, au prop. et au fig., donner l'aspect, les manières ou le caractère d'une femme : *Son visage, les mœurs se féminisent* (Acad.). **Efféminer,** au moral seulement, n'implique pas une ressemblance exacte avec ce qui est féminin, mais simplement une mollesse et une recherche un peu mièvres : *Affadir et efféminer Melpomène* écrit La Harpe. *Féminiser* n'aurait, dans cette expression, aucun sens puisque Melpomène est déjà une femme.

Femme : ¶ 1 La compagne de l'homme. *Femme,* terme courant. **Femmelette,** fam. et péj., femme d'une grande faiblesse physique ou morale. **Bonne femme,** fam., femme dont le caractère est simple et bon, se dit surtout de nos jours d'une femme âgée, ou, avec familiarité ou hauteur, d'une femme du peuple ou de la campagne. **Femelle,** autrefois femme par opposition à *mâle* quand il s'agissait de succession ou de généalogie, de nos jours, syn. méprisant de *femme.* **Cotillon,** fig. et pop., les femmes en général, surtout d'ailleurs de condition inférieure : *Courir le cotillon* (Acad.). **Dame,** autrefois titre des femmes mariées de haute noblesse ou de certaines religieuses ou chanoinesses, s'est dit par ext. des femmes de qualité (*les dames de la cour*) ou des femmes reçues en certaines circonstances à la cour (*dames de la halle*); de nos jours, c'est le titre donné à toutes les femmes mariées quand on les considère socialement et avec politesse, et par ext., avec la même nuance, à toutes les femmes mariées ou non, par opposition aux hommes : *Être poli avec les Dames* (Lit.). *Dame* se dit bien aussi en parlant des femmes de l'antiquité : *Une dame romaine* (Corn.). **Demoiselle,** qui désignait autrefois les filles, mariées ou non, nées de parents nobles ou les femmes mariées de la bourgeoisie, ne se dit plus que d'une femme non mariée (→ Fille). **Donzelle,** de nos jours, fille ou femme dont on parle familièrement ou avec mépris. **Matrone,** mère de famille romaine, de nos jours, par plaisanterie, femme corpulente, d'un certain âge, d'une certaine gravité. **Gouge,** vx, fam. et péj., fille ou femme.

¶ 2 *Femme,* **Épouse :** → Époux. ¶ 3 *Femme de chambre, de service, de ménage, de journée :* → Servante. ¶ 4 Femme désagréable : → Mégère. ¶ 5 Femme hommasse : → Virago.

Femme ou **Fille légère,** femme ou fille qui sont de mœurs faciles. **Femme de mauvaise vie** dit plus et implique la débauche. **Demi-mondaine,** femme légère ou, selon Alexandre Dumas fils, déclassée, qui essaie par l'intrigue de se faire une place dans le grand monde. **Lorette** (de *Notre-Dame de Lorette,* quartier de Paris, où habitaient, au xixe s., des femmes légères), jeune femme élégante et de mœurs faciles. **Gigolette,** fille légère, délurée qui fréquente les bals populaires. **Grisette,** jeune fille de petite condition, coquette et galante, ainsi nommée parce qu'autrefois les filles de petite condition portaient de la grisette. **Mimi,** grisette sentimentale d'après une des héroïnes de Murger dans *La Vie de bohème.* **Femme** ou **Fille galante** implique que la femme se vend. **Prostituée,** en ce sens, est très péj. **Courtisane** implique plus de raffinement et d'élégance et se dit bien des femmes de ce genre dans l'antiquité et dans les grandes villes d'Italie. **Hétaïre,** courtisane d'un rang un peu relevé dans l'antiquité grecque, syn. moderne assez recherché de *courtisane.* **Messaline,** par allusion à l'impératrice romaine de ce nom, se dit littérairement d'une *femme de mauvaise vie.*

Fendant : → Bravache.

Fendre : ¶ 1 → Ouvrir. ¶ 2 → Pénétrer. ¶ 3 (Réf.) → (se) Rompre. S'entrouvrir par rupture. *Se fendre* se dit d'un corps continu dont les parties se séparent et laissent des intervalles entre elles : *On entendit* [la glace] *se fendre avec des craquements effroyables* (Ségur). **Se fendiller** se dit du bois ou de toute autre matière dans laquelle il se forme de petites fentes. **Se gercer,** se fendiller en parlant de l'action du froid ou de la sécheresse sur la peau, la terre, l'écorce, un enduit : *A mesure que ce charbon s'embrase, il se gerce et se fend en plusieurs sens* (Buf.). **Se fêler** ne se dit que des bords ou des parois minces qui se fendent de telle sorte que les pièces en demeurent encore jointes l'une avec l'autre : *La surface de ce bloc immense s'est divisée, fêlée, fendillée, réduite en poudre* (Buf.). **Se crevasser, Se lézarder** diffèrent de *se fendre* comme les n. correspondants : → Fente.

Fenêtre, ouverture dans certaines parties d'un bâtiment pour donner du jour et de l'air à l'intérieur, et châssis vitré qui la ferme. **Croisée,** de nos jours, châssis de la fenêtre, généralement en forme de croix et garni de vitres, par ext. fenêtre derrière laquelle on se trouve : *Je serai à celle des croisées du corridor d'où l'on aperçoit le chemin de Guérande* (BALZ.). **Baie,** large ouverture dans un mur qui sert de fenêtre, mais parfois aussi de porte : *Par les baies des portes* (FLAUB.). **Bow-window,** fenêtre en saillie sur le parement d'un mur de façade.

Fente : → Excavation. Trou (ou ouverture) très étroit et plus long que large. *Fente,* terme général : *Une fente large d'une côudée coupait la muraille de haut en bas* (FLAUB.). **Fissure,** petite fente : *Les fissures taillées dans la muraille laissaient tomber de minces rayons blancs* (FLAUB.); spéc., en anatomie, sillon ou fente naturelle qu'on observe sur les os ou sur divers organes; en ce dernier sens **Scissure,** syn. plus usité de *fissure* : *Scissure ou Fissure du rein.* **Fêlure** diffère dè *fente* comme les v. correspondants (→ (se) Fendre) : *La fêlure augmentait; elle lézardait la maison* (ZOLA). **Crevasse,** fente qui se fait à une chose qui s'entrouvre ou qui se crève : *Les crevasses des glaciers;* spéc. fente qu'un froid rigoureux produit à l'épiderme des mains. **Gerçure,** fente produite à la surface de la peau, principalement aux lèvres et aux mains par le froid ou la sécheresse; par ext. fente semblable à une gerçure, à la terre, dans le bois, les ouvrages de maçonnerie, l'enduit d'un tableau. **Craquelure,** petite fente du vernis et de la couleur des anciens tableaux ou de l'émail, des porcelaines. — **Faille,** en géologie, solution de continuité qui, dans un terrain, interrompt une couche, parce que les masses séparées par la *fente* ou la *fissure* ont glissé l'une sur l'autre. **Cluse,** syn. de *faille.* — **Lézarde,** *fente* ou *crevasse* qui se fait dans un ouvrage de maçonnerie. **Gerce,** fente produite dans une pièce de bois par la dessication.

Fer, métal d'un gris bleuâtre. **Acier,** fer uni avec une faible quantité de carbone et rendu ainsi plus dur. — Au fig. *Fer* se dit plutôt de ce qui est dur, insensible, ou opiniâtre, *Acier* renchérit et marque plutôt la fermeté : *La nature de fer du tigre* (BUF.). *Ces cœurs d'acier s'obstinent* (CORN.). *Acier* est plus noble comme syn. poétique d'*Épée* et de *Poignard* (→ ces mots).

Fermage, Colonat : → Fermier.

Ferme : Adj. ¶ 1 → Solide. ¶ 2 → Fort. ¶ 3 → Constant. *Ferme,* **Résolu, Courageux, Énergique, Tenace, Opiniâtre :** → Fermeté. ¶ 4 Adv. → Fermement.

Ferme (N.), domaine rural concédé par un bail à ferme. **Métairie,** domaine rural concédé par un bail à colonat (→ Fermier), par ext. domaine plus petit que la *ferme*

et dont le fermier paie une redevance en argent ou en nature. Même différence d'importance lorsque les deux mots désignent l'habitation du fermier et ses dépendances. **Borde,** syn vx ou dialectal de *métairie.*

Fermé : → Inintelligent.

Fermement qualifie la façon d'agir du sujet, **Ferme** n'a rapport qu'à l'effet sans donner l'idée d'un agent ni de son action : *Attacher une chose fermement pour qu'elle tienne ferme.*

Ferment, tout corps naturel et organique ayant la propriété de hâter les réactions chimiques sans y prendre part lui-même et de provoquer la destruction moléculaire de certaines matières organiques : *Les bactéries sont des ferments.* **Levure,** variété de *ferment,* tout organisme vivant qui provoque la fermentation de la bière, du vin, des fruits, etc. **Levain,** ferment qui fait lever la pâte du pain, constitué par un morceau de pâte fermentée naturellement ou additionnée de levure. — Au fig *Ferment,* cause extérieure qui excite ou entretient des sentiments bons ou mauvais : *Une paix qui ne laisse aucun ferment de revanche derrière elle* (M. D. G.). *Levain,* germe qui se développe et devient lui-même une passion violente, bonne ou mauvaise : *Ne laisse germer dans mon cœur aucun levain de vengeance* (J.-J. R.).

Fermentation : ¶ 1 Mouvement qui agite les particules d'un corps ou d'un mélange. *Fermentation,* ensemble des phénomènes intérieurs, cachés, lents, résultant de l'action d'un ferment sur une matière organique; par ext. tout travail intérieur d'une matière organique qui présente ces caractères : *Fermentation lente des végétaux tombés au fond des eaux* (BUF.); *du sang dans le cœur* (BOS.). **Effervescence,** bouillonnement accompagné d'un dégagement de chaleur et d'un gaz produit par le contact ou le mélange de deux substances, désigne un phénomène apparent, extérieur, violent, mais passager : *Je remplis une bouteille de chaux vive et d'eau, je la bouchai bien. L'effervescence commença très violemment; la bouteille me sauta au visage comme une bombe* (J.-J. R.). **Ébullition,** bouillonnement d'un liquide qui bout sous l'action du feu et dont une partie se dégage à l'état de vapeur, par ext. vive *effervescence* qui a tous les caractères extérieurs de l'ébullition, mais n'est pas due à la chaleur et ne s'accompagne pas d'un dégagement de chaleur : *L'ébullition de l'eau de Seltz.* ¶ 2 Au fig. Agitation des esprits (→ Trouble). *Fermentation,* inquiétude sourde qui va croissant : *La fermentation* *devenait palpable dans le Parlement et dans quelques provinces* (S.-S.). **Effervescence,** agitation forte, subite, manifeste, mais peu durable : *Dans le temps de la plus grande effervescence des querelles de la magistrature et du clergé* (VOLT.). **Combustion,** vive *effervescence* accompagnée de désordres, de tumulte sur un champ assez vaste : *Dispute qui avait mis en combustion tout l'univers* (MTQ.). **Embrasement** ajoute l'idée de conflit, de guerre : *Un coup de canon en Amérique peut être le signal de l'embrasement de l'Europe* (VOLT.). **Ébullition** enchérit sur *effervescence* : *La foule était en ébullition* (ACAD.); mais désigne surtout, souvent péj., une sorte de bouillonnement d'idées, de passions : *Les ébullitions de cerveau de nos marquis de Mascarille* (MOL.). **Excitation,** état d'un esprit dont les passions sont vivement émues, presque en ébullition et prêtes à se déchaîner : *L'excitation des esprits était à son comble.* **Surexcitation** enchérit. **Nervosité** (→ ce mot), excitation passagère ou disposition à l'excitation. **Mouvement,** toute agitation suscitée dans un pays, dans des personnes ou dans des peuples, spéc. *fermentation* dans les esprits, disposition au trouble, à la révolte : *Je serais en Bretagne... sans les mouvements de cette province qui la rendent peu sûre* (SÉV.). **Remous,** fig., mouvements en sens divers qui divisent et agitent une assemblée ou l'opinion.

Fermenter se dit dans tous les cas pour désigner l'action d'une substance qui subit la fermentation : *Des putréfactions fermentent* (V. H.); **Lever** se dit d'une pâte qui gonfle sous l'action de la fermentation : *La pâte de pain lève;* **Travailler,** du vin, de la bière et d'autres liquides qui fermentent.

Fermer : ¶ 1 Faire en sorte que l'entrée d'une chose soit empêchée ou rendue impossible par un obstacle matériel. *Fermer,* interdire momentanément l'accès en empêchant le passage par une ouverture. **Clore** suppose un objet vaste dont on interdit l'accès définitivement en l'entourant d'une enceinte; et, en parlant d'une ouverture, qu'on la ferme hermétiquement et pour longtemps ou pour toujours : *Porte fermée; ville close de murailles. Yeux fermés par le sommeil, clos par la mort. Le vase de secret le plus hermétiquement clos* (PÉG.). **Bâcler,** fermer une porte ou une fenêtre avec une lame de bois ou de fer appelée bâcle que l'on assujettit en travers. **Barrer,** fermer avec une barre. **Barricader,** fermer (une rue) par une barricade, par ext. fermer soigneusement souvent par crainte : *Barricader sa maison contre les voleurs.* **Cadenasser,** fermer au cadenas. **Boucler,** fermer ce qu'on assujettit au

moyen d'une boucle (valise, malle, etc.). **Verrouiller,** fermer au verrou. **¶ 2** → Boucher. **¶ 3** → Entourer. **¶ 4** Empêcher l'accès quelque part. *Fermer,* ne pas ouvrir un lieu au public pour une cause quelconque, momentanément ou définitivement : *Fermer sa porte aux importuns.* **Interdire** dit plus et suppose l'impossibilité totale et définitive d'accéder en un lieu : *Une carrière est fermée à ceux qui se heurtent à d'insurmontables difficultés pour y accéder; elle est interdite à ceux qui sont incapables ou indignes d'y accéder.* **Condamner,** fermer une porte, une fenêtre de telle sorte qu'elle ne puisse plus s'ouvrir, et en empêcher ou en interdire l'accès : *On condamna la cave, on ferma la cuisine* (BOIL.). **Consigner,** au fig., fermer sa porte à quelqu'un par un ordre formel. **¶ 5** → Finir.

Fermeté : ¶ 1 → Solidité. **¶ 2** Qualité de l'action, de l'air : → Sûreté. **¶ 3** *Fermeté,* qualité permanente qui fait rester le même, rend très difficile à ébranler, dans les souffrances, les périls, les revers, par force d'âme (≠ Constance˙ : → Constant) : *La fermeté dans le malheur n'est pas une vertu rare, l'âme ramasse alors toutes ses forces, elle se mesure avec ses destins* (VOLT.). **Résistance** et **Endurance** (→ Résistant) marquent simplement le fait qu'on ne cède pas, qu'on supporte, sans en préciser la raison. **Résolution,** qualité parfois accidentelle, qui fait oser, agir, provoque la hardiesse : *La hardiesse de l'esprit qui est ce qu'on nomme résolution* (RETZ). Portées à l'excès, la *fermeté* dégénère en opiniâtreté et la *résolution* en *témérité* (L.). **Volonté,** fermeté et ardeur pour réaliser ses desseins, mener à bout ses entreprises envers et contre tout : *Les combats qui demandent une volonté constante* (BALZ.). **Caractère** ajoute l'idée d'une forte personnalité morale qui s'impose dans l'action : *Ils doivent cette maîtrise d'eux-mêmes moins à la force de leur caractère qu'à une certaine indigence de tempérament* (GI.). **Courage** a surtout rapport à l'exécution d'une action et implique le mérite de ne pas avoir peur en bravant le danger ou de ne pas être lâche en supportant la souffrance, les revers : *Cette faculté de résistance qui engendre le courage moral* (BALZ.). **Énergie** implique simplement une très grande force physique ou morale qui rend capable de grands effets un agent quelconque, sans qu'il en ait toujours le mérite : *Dans Cinna, on admire l'énergie d'Émilie dans sa vengeance et le courage d'Auguste pour dominer son ressentiment.* **Cœur,** disposition générale d'un être, qualité qui le rend propre à manifester par des actes sa *fermeté,* sa *résolution,* et surtout son *courage,* en général dans le bien : *Athalie a de l'énergie et du courage,* mais Andromaque a du *cœur*. **Sang-froid,** état d'une âme qui reste calme et se maîtrise devant le danger : *Le sang-froid, le jugement, la fermeté qu'exigeait cette lutte* (BALZ.). **Cran,** fam., implique *résolution* ou *fermeté* qui ne manquent pas de panache. **Poigne,** fam., énergie ferme, vigoureuse, pour se faire obéir, pour imposer sa volonté ou son autorité : *Préfet de police à poigne* (ACAD.). **Estomac,** fig. et fam., courage, force de résistance, ténacité, mais parfois aussi assurance exagérée. **Ressort,** au fig., énergie qui permet de réagir, au physique et surtout au moral, contre les événements ou les choses qui tendent à accabler : *Un de ces moments de crise où l'âme est sans ressort* (BALZ.). **Ténacité, Opiniâtreté,** qui enchérit (→ Têtu, tenace, opiniâtre), fermeté qui s'accompagne de persévérance, d'obstination, d'acharnement.

Fermeture, action de fermer volontairement ou non. **Occlusion,** terme didact., fermeture accidentelle d'un conduit, et, en médecine, fermeture morbide d'un conduit naturel : *Occlusion intestinale.* — En parlant d'un théâtre, *Fermeture* marque le fait, sans préciser les raisons ou la durée; **Clôture,** fermeture volontaire et temporaire à la fin d'une saison : *Clôture annuelle.*

Fermier : → Agriculteur. *Fermier,* celui qui exploite les terres d'un propriétaire qui les lui a cédées par un bail à ferme, c.-à-d. par une convention qui lui en assure la jouissance pour un temps déterminé moyennant une redevance en argent ou en nature. **Colon,** terme juridique, exploitant lié au propriétaire par un bail en vertu duquel il ne paie pas au propriétaire une redevance fixe et n'exploite pas librement sa ferme, mais collabore avec le propriétaire qui lui fournit le matériel, surveille l'exploitation et partage avec lui les fruits du sol. Si ce partage a lieu par moitié, le *colon* est dit **Métayer,** terme usité dans le langage courant. **Méger** se dit parfois pour *métayer,* ainsi que dialectalement **Bordier** et **Cabanier** (petit fermier ou métayer). **Censier,** vx, *métayer* ou grand *fermier.* **Tenancier** (et **Tenant**) ne se dit plus aujourd'hui que du fermier d'une petite métairie dépendant d'une plus grosse ferme. **Closier,** fermier d'une *closerie,* c'est-à-dire une petite propriété foncière entourée de murs et de haies et possédant une maison d'habitation.

Féroce : → Barbare.

Férocité : → Barbarie.

Ferrailler : → Lutter.

Ferrailleur : → Bretteur.

Ferry-boat : → Bac.

Fers : ¶ 1 → Liens. ¶ 2 → Servitude.

Fertile : ¶ 1 → Abondant. ¶ 2 → Fécond.

Féru : → Épris.

Férule : → Autorité.

Fervent : ¶ 1 → Chaud. ¶ 2 → Enthousiaste.

Ferveur : → Chaleur.

Fessée : → Volée.

Fesse-mathieu : → Usurier.

Fesser : → Battre.

Fesses : → Derrière.

Festin : → Repas. *Festin,* repas de fête abondant et somptueux, souvent accompagné de divertissements : *D'un festin la pompe et l'allégresse* (RAC.). **Banquet** implique un très grand nombre de convives réunis pour célébrer ou commémorer, parfois avec gravité, un événement par un repas d'apparat, et se dit aussi au fig. : *Le banquet de la Saint-Charlemagne* (LIT.). *Le banquet de la vie* (CHÉN.). **Gala,** fam., repas splendide, de cérémonie. **Régal,** repas délicieux, s'emploie surtout fam. et souvent par ironie pour qualifier un repas qui n'est rien moins qu'un festin : *Quelques racines étaient pour nous un régal* (J.-J. R.). **Ripaille,** fam., surtout usité dans la loc. *Faire ripaille,* implique un excès de table. **Bombance,** fam., implique seulement l'abondance des mets et des boissons. **Gueuleton,** fam., repas fin et copieux, souvent donné dans l'intimité. **Bâfre, Bâfrée, Bosse,** pop., repas copieux; **Bitture,** pop., ajoute l'idée de saoulerie; **Balthazar,** fam., festin ou gueuleton : *Je vais me donner une bosse et faire un balthazar intime* (MURGER). **Lippée,** vx, dans la loc. *Franche-lippée,* bon repas qui ne coûte rien. **Frairie,** vx, partie de divertissement et de bonne chère. **Mangerie,** vx et fam., repas où l'on mange beaucoup. **Noce,** festin de mariage et réjouissances qui l'accompagnent, par ext., très fam., excès de nourriture qui dégénère en débauche. **Bamboche, Bambochade, Bombe, Nouba, Godaille, Ribote,** syn. de *festin,* impliquent une idée de débauche (→ ce mot). — **Buverie** (et **Beuverie,** vx) a surtout rapport à la boisson et se dit d'une partie de plaisir où l'on boit beaucoup. **Carrousse,** vx, excès de boire. **Libations,** fam., dans la loc. *Faire des libations,* boire abondamment, seul ou avec d'autres, surtout du vin, en manière de réjouissance.

Festival : → Concert.

Feston : → Guirlande.

Festoyer : → Fêter.

Fête : ¶ 1 → Réjouissance. *Fête,* réjouissance publique ou donnée dans une assemblée particulière, pour célébrer un événement ou simplement pour se traire, mais qui a toujours un caractère exceptionnel : *Les fêtes de l'armistice. La fête chez Thérèse* (V. H.). **Festivités,** néol., divertissements publics ou cérémonies, faisant souvent partie d'une série, et auxquels on donne un caractère de fête : *Les festivités de la saison thermale.* **Gala,** autrefois fête fastueuse à la cour : *Le gala de la cour* (V. H.); de nos jours, fête toujours très brillante et réservée à un choix d'invités. — **Fête patronale,** fête célébrée dans une ville, un village, le jour de la fête du saint sous l'invocation duquel est placée l'église principale du lieu. On dit aussi *Fête locale,* et, suivant les régions, **Apport, Baloche, Dédicace, Ducasse, Préveil, Roménage, Vogue** etc. **Assemblée,** en Normandie et en Poitou, marché, foire, divertissements, en général à l'occasion de la fête patronale. **Frairie,** réunion de confrères à l'occasion d'une fête, fête patronale surtout dans l'Ouest. **Pardon,** pèlerinage religieux en Bretagne, par ext. fête populaire bretonne sans caractère religieux. — **Kermesse,** dans les Pays-Bas et le Nord de la France, foire annuelle célébrée avec fêtes; par ext. fête de charité en plein air avec divertissements. — *Fête foraine,* fête publique donnée dans une ville ou un village, généralement à l'occasion d'une foire, avec le concours des entrepreneurs d'amusements en plein air. **Foire,** fête foraine populaire qui a lieu à certaines époques de l'année, même s'il n'y a pas de foire : *La foire de Neuilly, du Trône.* — **Cocagne,** vx, réjouissance publique où l'on boit et mange largement. ¶ 2 → Cérémonie. ¶ 3 → Débauche.

Fêter : ¶ 1 Marquer un événement important. *Fêter* implique réjouissances et festins : *Fêter son grand succès d'artiste* (ZOLA); **Chômer,** cessation du travail. **Célébrer,** à propos d'événements très importants, comporte l'idée de cérémonie, sans forcément celle de réjouissance : *Célébrer des noces d'or. Célébrer le 14 juillet par une revue.* **Sanctifier,** célébrer une fête religieuse suivant la loi, l'intention de l'Église : *Sanctifier le dimanche.* **Solenniser,** célébrer avec des cérémonies et quelquefois des fêtes extraordinaires. **Commémorer,** célébrer par une cérémonie le souvenir d'une personne ou d'un fait : *Commémorer l'armistice* (ACAD.). ¶ 2 Se réjouir en l'honneur de quelqu'un. *Fêter,* célébrer la fête de quelqu'un, donner une fête en son honneur, ou, au fig., l'accueillir avec empressement. **Festoyer,** fam., donner un festin en l'honneur de quelqu'un : *Festoyer ses amis.* **Régaler** insiste sur l'excellence du repas.

Fétiche : → Amulette. Ce à quoi on attribue, avec superstition, la propriété de porter bonheur. *Fétiche* se dit d'un animal, d'une poupée et d'objets divers et a pour syn. **Mascotte,** qui se dit aussi des personnes dont la présence porte chance. **Porte-bonheur** ne se dit que des choses qui sont censées amener du bonheur si on les porte avec soi ou si seulement on les aperçoit : *Certains bracelets, les trèfles à quatre feuilles sont des porte-bonheur; un chien est le fétiche d'une équipe de football; une jeune fille est la mascotte d'une maison.*

Fétide : → Puant.

Fétidité : → Puanteur.

Feu (N) : ¶ 1 Ce qui se produit lorsqu'on met une matière en combustion. *Feu* désigne la matière elle-même qui chauffe, cuit et parfois éclaire, **Flamme,** la lumière ascendante et mobile qui se dégage de la matière qui brûle : *Le feu peut couver, la flamme sort et se voit.* **Brasier,** feu de charbons ardents, par ext. grand feu : *Comme un brasier dans la fournaise* (BANVILLE). ¶ 2 La combustion elle-même. *Feu* a pour syn. **Flambée,** fam., feu flambant de copeaux, de courte durée, allumé en général pour se chauffer. ¶ 3 → Incendie. ¶ 4 → Décharge. ¶ 5 → Lumière. ¶ 6 → Lanterne. ¶ 7 → Famille. ¶ 8 → Foyer. ¶ 9 → Chaleur. ¶ 10 Au fig. La passion de l'amour. **Feux,** souvent au pl., désigne plutôt le sentiment intérieur, parfois modéré, et souvent pur, innocent, légitime; **Flamme** insiste sur la manifestation extérieure d'une passion vive, parfois criminelle : *Feux innocents* (RAC.). *Premier feu* (MOL.). *Flamme funeste* (RAC.), *infidèle* (VOLT.), *adultère* (J.-J. R.). ¶ 11 *Feu sacré* : → Zèle. ¶ 12 *Mettre le feu* : → Enflammer. ¶ 13 *Faire long feu* : → Échouer.

Feu (Adj.) : → Mort.

Feuillage, l'ensemble des feuilles d'un ou plusieurs arbres avec leurs branches, ou, par ext., branches d'arbres coupées avec leurs feuilles ou amas de feuilles vertes détachées de l'arbre, fait surtout penser à l'arrangement des feuilles : *Sous ce dais qu'ont formé la mousse et le feuillage* (VOLT.). **Feuilles** convient pour désigner un ensemble de feuilles peu nombreuses (*les feuilles d'un rosier*), ou une partie du feuillage, ou quand on songe, dans le tout, aux feuilles prises une à une : *Un arbre perd ses feuilles* une à une plutôt que son *feuillage. Feuillage* s'emploie bien dans le style descriptif avec des épithètes pittoresques, *feuilles,* dans le langage abstrait avec des épithètes déterminant des propriétés précises : *Le feuillage du saule est clair, ses feuilles sont amères.* **Feuillée,** amas naturel ou artificiel de branches d'arbres avec leurs feuilles, est relatif à la quantité des feuilles envisagées comme fournissant un couvert ou une cachette : *Chasseur cabané sous une feuillée épaisse* (BUF.). **Frondaison,** ensemble des branches et des feuilles d'un groupe d'arbres et d'arbustes.

Feuille : ¶ 1 → Feuillage. *Feuille*, la partie mince, plate et ordinairement verte du végétal qui naît des tiges et des rameaux. **Fane,** touffe de feuilles de certains légumes comme les pommes de terre, les carottes, les salsifis. — *Feuille morte*, feuille tombée de l'arbre. *Fane*, feuille séchée tombée de l'arbre. — *Feuille*, dans le langage commun, les pièces qui forment la corolle de certaines fleurs comme les roses. **Pétale** se dit seul en botanique dans tous les cas. ¶ 2 *Feuille*, tout morceau de papier rectangulaire d'une certaine grandeur. **Feuillet,** chaque partie d'une feuille de papier qui a été pliée ou coupée en deux, en quatre, en huit, etc., en vue d'y écrire, d'y imprimer, d'y dessiner, et qu'on réunit d'habitude pour former un ensemble. **Page,** chaque face du feuillet. **Folio,** feuillet, en parlant de registres, de manuscrits, de livres anciens numérotés par feuillets et non par pages. **Folio recto** ou **Recto,** la première page du feuillet, **Folio verso** ou **Verso,** le revers. **Placard,** terme d'imprimerie, feuille d'épreuve imprimée d'un seul côté et sans que la composition ait été mise en pages. **Carton,** terme d'imprimerie, feuillet d'impression détaché d'une feuille entière, et plus spéc. feuillet qu'on refait pour le corriger. ¶ 3 → Journal. ¶ 4 → Lame.

Feuillé, garni de feuilles, est un terme technique : *Tige feuillée. Tableau bien feuillé par le peintre.* **Feuillu,** qui a beaucoup de feuilles : *Ils nichent sous le rameau le plus feuillu* (Buf.). **Touffu,** qui a des feuilles serrées en touffes, formant un abri contre la pluie et le soleil, et avec de nombreux rameaux entrelacés : *Un arbre touffu jetant au hasard mille rameaux* (Volt.).

Feuillée : ¶ 1 → Feuillage. ¶ 2 → Lieux d'aisance.

Feuillet : → Feuille.

Feuilleter : → Lire. *Feuilleter*, parcourir un écrit en tournant rapidement les feuillets soit parce qu'on désire n'en prendre qu'une vue superficielle, soit parce qu'on le connaît bien et qu'on y cherche un renseignement : *Feuilleter des paperasses* (M. d. G.). *On médite sans cesse, on feuillette jour et nuit les oraisons funèbres de Bossuet* (Chat.). **Compulser,** syn. de *feuilleter* en son second sens, implique qu'on feuillette les livres, des papiers, des registres pour les examiner ou en tirer une documentation : *Il compulsa tous les auteurs qui s'étaient occupés de la matière* (Acad.).

Feuilleton : ¶ 1 → Article. ¶ 2 → Roman.

Feuillu : → Feuillé.

Fi (faire) : → Dédaigner.

Fiançailles, promesse mutuelle de mariage que se font solennellement deux personnes en présence de leur famille et parfois d'un prêtre. **Accordailles,** réunion qui se fait pour signer les articles d'un contrat de mariage, ne s'emploie que rarement et à la campagne pour désigner la réunion des parents et des fiancés qui a lieu après ces accords.

Fiancé, celui qui est lié par les fiançailles. **Promis,** plus fam., est plutôt du langage de la campagne. **Prétendu,** fam., celui qui doit épouser la personne qui parle ou dont on parle. **Futur époux** (ou **conjoint**) est du langage des notaires; on dit simplement **Futur** dans le langage commun.

Fiancer, promettre solennellement sa fille en mariage par la cérémonie des fiançailles. **Engager** dit moins : c'est simplement promettre en mariage.

Fiasco : → Insuccès.

Fibre : ¶ 1 *Fibre* se dit des éléments longs et déliés qui forment les parties charnues ou membraneuses des corps animaux ou des végétaux : *Les fibres des chairs, du bois* (Acad.). **Fil,** pour les végétaux et spéc. les arbres, désigne surtout la direction des fibres : *Suivre le fil du bois* (Acad.). **Filament,** fibre mince et allongée, semblable au fil qu'on tire de l'écorce du chanvre ou du lin : *Fibres uniformes ou filaments allongés* (Buf.); en anatomie, syn. de **Fibrille,** petite fibre : *Les filaments nerveux* (Acad.). **Filet,** petites fibres des plantes ou ramifications les plus ténues des nerfs. ¶ 2 → Disposition.

Fibrome : → Tumeur.

Ficelé : → Vêtu.

Ficeler : ¶ 1 → Attacher. ¶ 2 → Vêtir.

Ficelle : ¶ 1 → Corde. ¶ 2 → Ruse. ¶ 3 → Procédé. ¶ 4 → Malin.

Ficher : ¶ 1 → Fixer et Enfoncer. ¶ 2 → Donner. ¶ 3 (Réf.) → Railler. ¶ 4 *Ficher dedans* : → Tromper.

Fichu (N.) : → Écharpe. *Fichu*, pièce d'étoffe, ordinairement pliée en triangle, que les femmes drapent sur leurs épaules, autour de leur cou ou de leur tête. **Pointe,** fichu en forme de pointe. **Foulard,** fichu ou mouchoir de cou fait d'une étoffe de soie. **Fanchon,** foulard ou mouchoir plié en triangle que les femmes de la campagne portent sur la tête et nouent sous le menton. **Marmotte,** foulard enveloppant la tête et dont les pointes sont nouées au-dessus du front. **Madras,** coiffure faite d'un mouchoir d'étoffe et portée dans les colonies par les femmes de couleur.

Fichu (Adj.) : ¶ 1 → Déplaisant et Fâcheux. ¶ 2 → Perdu.

Fictif : → Imaginaire.

Fiction : → Invention.

Fidèle : Adj. ¶ 1 → Constant ¶ 2 → Vrai. ¶ 3 → Exact. — ¶ 4 N. *Fidèle*, celui qui a la vraie foi, ne se dit proprement que pour la religion chrétienne et insiste sur la soumission à l'autorité du dogme et de l'Église : *Il ne serait qu'un simple fidèle à écouter le curé* (J. Rom.). **Croyant,** surtout au pl., celui qui croit à ce que lui enseigne sa religion, marque une certitude plus subjective, et se dit pour toutes les religions : *Les croyants à moitié idolâtres* (Loti). **Ouaille,** syn. vx de brebis, au fig. fidèle considéré par rapport au supérieur spirituel : *Les pasteurs ont tenu ferme, mais les ouailles se sont dispersées* (L. B.).

Fidélité : ¶ 1 → Exactitude. ¶ 2 → Constance. ¶ 3 → Vérité. ¶ 4 → Foi.

Fief : Au fig. → Spécialité.

Fieffé : → Parfait.

Fiel : ¶ 1 → Bile. ¶ 2 → Mal. ¶ 3 → Haine.

Fiente : → Excrément.

Fier : ¶ 1 → Sauvage. ¶ 2 Au moral, *Fier* implique un vif sentiment de sa valeur personnelle qui pousse à ne pas se familiariser avec autrui. **Distant,** qui ne se familiarise pas avec autrui pour n'importe quelle raison : *Alors qu'il n'était que distant, il acceptait de passer pour fier* (Gi.). **Réservé,** qui ne se communique pas, par prudence, circonspection, timidité : *Jeune fille réservée, distante, raidie* (M. d. G.). *Femme réservée qui sait tenir son rang et garder sa place* (Proust). — Avec une nuance péj. *Fier* est syn. d'**Orgueilleux** et de **Dédaigneux** (→ ces mots). — Sans idée péj. *Fier* se dit de celui qui a un vif sentiment de sa dignité et ne consent pas à s'abaisser parce que son âme est noble : *Par âme fière on entend des sentiments élevés* (Volt.). **Digne,** toujours après le nom, ajoute l'idée de gravité et de réserve, surtout dans le ton, les manières, et implique parfois quelque affectation : *Personne froide, digne, silencieuse* (Staël). ¶ 3 → Hardi. ¶ 4 → Grand.

Fier[se] : → (se) Confier et (s'en) Rapporter.

Fier-à-bras : → Bravache.

Fièvre : → Émotion.

Fiévreux, terme commun, qui cause la fièvre, ou qui est sujet à la fièvre : *Climat, tempérament fiévreux* (Acad.). **Fébrile,** terme médical, qui a rapport à la fièvre, l'annonce, la décèle ou la suit : *Chaleur fébrile* (Acad.). — Au fig. → Troublé. *Fiévreux,* qui manifeste une émotion déséquilibrée, de la surexcitation : *Fiévreux, changeant* (M. d. G.). *L'agitation fiévreuse des fourmis* (R. Roll.). *Fébrile,* excessif, désordonné, violent, comme les manifes-

tations de la fièvre : *Éloquence fébrile* (Acad.).

Fifre : → Flûte.

Figé : ¶ 1 — Transi. ¶ 2 *Figé,* en parlant d'une attitude ou d'une personne, immobile, immuable, comme sans vie. **Stéréotypé,** fig., ajoute l'idée de l'imitation artificielle d'un modèle que l'on répète mécaniquement.

Figer : ¶ 1 → Cailler et Geler. ¶ 2 → Immobiliser. ¶ 3 → Pétrifier.

Fignoler : → Orner et Parfaire.

Figurant, tout personnage qui, au théâtre ou au cinéma, remplit un rôle secondaire, mais peut pousser quelques exclamations et parfois, dans l'opéra, chanter dans les ensembles. **Comparse,** figurant entièrement muet qui ne fait que se montrer. — Au fig. *figurant,* toute personne dont le rôle est effacé dans une réunion, une société; *comparse,* plus péj., celui qui se trouve dans une affaire, une entreprise, parfois mauvaises, sans y avoir aucune importance.

Figure : ¶ 1 → Forme. ¶ 2 → Visage. ¶ 3 → Mine. ¶ 4 → Représentation. ¶ 5 → Statue. ¶ 6 → Symbole. ¶ 7 → Expression et Image.

Figurer : ¶ 1 → Représenter. ¶ 2 → (se) Trouver. ¶ 3 (Réf.) → Imaginer.

Figurine : → Statue.

Fil : ¶ 1 → Cours. ¶ 2 → Tranchant. ¶ 3 → Fibre.

Filament : → Fibre.

Filandreux : → Embarrassé.

Filasse, amas ou assemblage de filaments tirés de l'écorce du chanvre, du lin, etc. **Étoupe,** la partie la plus grossière de la filasse.

File : → Suite et Ligne. Choses ou personnes placées sur une même ligne. Dans la *File,* les choses ou les personnes sont les unes derrière les autres : *Une file de voitures. Les soldats se mettent par files;* dans le **Rang** (→ ce mot) et la **Rangée,** les choses ou les personnes sont côte à côte : *Le premier rang des spectateurs au théâtre.* **Queue,** la fin d'une file, ou file de gens qui attendent quelque chose : *On faisait queue à la porte des boulangers* (Acad.). **Haie,** fig., file ou rangée de personnes faisant obstacle ou rangée des deux côtés d'une voie : *Le cortège avançait entre deux haies de spectateurs.* **Cordon,** ligne ou rangée assez longues de choses placées les unes à côté des autres, et spéc. de soldats ou de postes militaires surveillant un lieu ou en interdisant l'entrée.

Filer : ¶ 1 → Couler. ¶ 2 → Marcher. ¶ 3 → Lâcher. ¶ 4 → Partir. ¶ 5 → Suivre. ¶ 6 *Filer doux :* → (se) Soumettre.

Filet : ¶ 1 → *Piège.* Piège fait d'un lien. *Filet,* ouvrage de corde, de fil, noué par mailles et à jour, qu'on lance ou qu'on pose pour prendre du poisson, du gibier ou des oiseaux. **Rets,** syn. vx de *filet.* **Réseau,** petit filet que l'on pose pour prendre des oiseaux ou du menu gibier comme des lapins. **Pan de rets,** filet employé pour le gros gibier. **Pan,** filet dont on entoure un bois pour enfermer le gibier qu'on veut chasser. **Panneau,** filet que l'on tend à demeure pour prendre du menu gibier. **Lacs,** nœud coulant qui sert à prendre oiseaux, lièvres et autre gibier. **Lacet,** plus usité, petit lacs ne servant que pour le menu gibier. **Pantière,** sorte de filet qu'on tend verticalement pour prendre certains oiseaux. **Toiles,** grands filets pour prendre du gros gibier, ou pièces de toiles avec lesquelles on fait une sorte de parc pour prendre les sangliers. — **Épervier,** grand filet que l'on lance pour prendre du poisson. **Carrelet** ou **Échiquier,** grand filet de pêche carré, pour prendre le menu poisson. — Au fig. → *Piège. Lacs,* ce qui retient, attache, serre : *La coquette tendit ses lacs* (BOIL.). *Lacet,* plus fam., lien encore plus subtil que le *lacs* : *Certains lacets invisibles* (Bos.). *Filet,* ce qui enveloppe, considéré plutôt au moment de l'action, les intrigues, les machinations dans lesquelles on essaie de faire quelqu'un prisonnier : *Tu romps de leurs erreurs les filets captieux* (BOIL.). *Réseau* ne se dit que dans quelques loc. comme *réseau d'intrigues. Rets,* ce qui enveloppe, arrête, garde quelqu'un déjà pris au filet et prisonnier : *Les rets de leurs dangereuses et vaines subtilités* (Bos.). *Panneau,* piège tendu dans lequel on tombe : *Donner dans le panneau.* ¶ 2 → *Réseau.* ¶ 3 → *Fibre.*

Filiale : → *Succursale.*

Filiation : ¶ 1 → *Liaison.* ¶ 2 → *Naissance.*

Filière : → *Hiérarchie.*

Filin : → *Cordage.*

Fille : ¶ 1 (Par rapport aux parents) → *Fils.* ¶ 2 → *Enfant.* Enfant du sexe féminin. *Fille,* terme général. **Petite fille,** fille très jeune. **Grande fille,** fille qui a passé l'enfance. **Fillette,** fille encore dans son enfance. **Bouchon,** petite fille négligemment habillée. **Quille,** argot péj., fillette dans le langage des enfants des rues. ¶ 3 → *Célibataire.* Personne du sexe féminin non mariée. *Fille* vieillit; on dit plutôt selon les cas **Jeune fille, Vieille fille** ou **Vieille demoiselle. Demoiselle** (→ *Femme*), fille qui a reçu ou affecte d'avoir reçu une belle éducation par opposition à fille du peuple. **Donzelle,** fam. et péj., fille peu estimable. **Fillette,** très jeune fille, ou, dans le langage de la galanterie,

fille qu'on courtise : *Courir les fillettes* (BÉRANG.). **Poulette,** fam., est tendre ou ironique. **Nymphe,** en poésie, jeune fille ou jeune femme belle et bien faite, à la taille élégante et légère : *Une nymphe en habit de reine* (L. F.). **Tendron,** fam., jeune fille, avec quelque nuance de mépris ou d'ironie. **Pucelle,** syn. vx de vierge, est fam. et méprisant en parlant d'une jeune fille, sauf s'il s'agit de Jeanne d'Arc. **Jeunesse,** femme et surtout fille jeune, est fam. et vieilli. ¶ 4 → *Religieuse.* ¶ 5 → *Servante.*

Fille légère : → *Femme légère.*

Film : ¶ 1 → *Pellicule.* ¶ 2 → *Pièce.*

Filmer : → *Cinématographier.*

Filon : ¶ 1 *Filon,* terme de géologie, le remplissage de fentes de l'écorce terrestre par des matières minérales ou fossiles qu'en général on exploite : *Filon d'argent, d'étain, de houille* (ACAD.). **Veine,** en géologie, partie longue et étroite de terre, de roche, d'une qualité ou d'une couleur différente de celle qui l'entoure, se dit pour les roches comme pour les minerais : *Veine de quartz* (BUF.); spéc., filon en état d'exploitation quand il est long et mince : *Filons très minces portant le nom de veines* (dans LIT.). ¶ 2 Au fig. → *Chance.*

Filou : → *Fripon.*

Filouter : → *Voler.*

Fils : ¶ 1 *Fils,* tout être humain du sexe masculin, quel que soit son âge, considéré par rapport à son père et à sa mère ou à un des deux seulement. **Fille,** être humain du sexe féminin considéré sous le même rapport. **Enfant,** fils ou fille, marque un simple rapport de génération sans spécifier le sexe : *Ménage sans enfants;* ou désigne un fils ou une fille encore jeunes : *Une jeune mère entourée de ses enfants;* ou insiste sur l'affection pour un fils ou une fille : *Cette femme qui se sacrifiait bien moins pour sauver son propre enfant que pour sauver le fils de son mari, l'héritier du nom* (MAU.). **Garçon,** enfant mâle par opposition à *fille,* est fam. comme syn. de *fils* : *Mon garçon est si hardi* (GENLIS). **Gars,** syn. fam. de *garçon,* et aussi de *fils,* surtout en langage campagnard. **Fieux,** fils, en patois, se dit à la campagne ou par plaisanterie. **Fiston** est fam. et pop. **Petit** et **Petite,** fils ou fille, fam., marquent l'affection. **Rejeton,** descendant et parfois enfant, en style poétique et soutenu, est ironique et fam. dans le langage courant comme syn. de *fils.* **Progéniture,** ce qu'un homme ou un animal a engendré, est très fam. pour désigner un ou plusieurs enfants : *Le vieux métayer que sa progéniture laisse crever de faim* (MAU.). **Héritier,** syn. tantôt noble, tantôt fam. d'*enfant.* **Fruit,** dans le style relevé et poétique, l'enfant par rapport à la mère quand il est encore dans son sein ou 'qu'il vient de naître (toujours au sing. en ce sens) : *Le fruit de vos entrailles est béni;* ou (au pl. aussi, dans ce cas) l'enfant déjà né par rapport au père et, à la mère : [Ces femmes qui] *prenant en dégoût les fruits nés de leurs flancs* (BOIL.). **Géniture,** syn. vx et fam. d'*enfant.* ¶ 2 → Postérité.

Filtrer : ¶ 1 *Filtrer,* passer un liquide à travers un filtre (feutre, papier, charbon, etc.) pour le purifier, le clarifier. **Couler,** faire passer un liquide à travers un linge. **Passer,** terme général, se dit dans tous les cas : *Passer du café.* ¶ 2 → Pénétrer et, au fig., (se) Répandre et Percer.

Fin (N.) : ¶ 1 → Bout. *Fin* a rapport à la durée et à l'action et marque simplement qu'elles cessent : *La fin de la nuit.* **Terme,** en parlant d'un espace à parcourir, d'une période de temps ou d'une activité, ajoute l'idée d'une limite naturelle ou imposée par la volonté, qui, lorsqu'elle est atteinte, provoque la fin : *Aller jusqu'au terme où la bonté paternelle finit* (MTQ.). **Achèvement, Couronnement, Consommation, Conclusion — Terminaison, Cessation, Clôture** diffèrent de *fin* comme les v. correspondants (→ Finir). **Extinction,** fin de ce qui s'épuise, est aboli, supprimé ou d'une famille qui n'a plus d'héritiers : *Extinction d'une charge; d'une race.* ¶ 2 → But. ¶ 3 → Mort. ¶ 4 → Résultat. ¶ 5 *A la fin* . → Enfin.

Fin (Adj.) : ¶ 1 → Menu. ¶ 2 → Délicat. ¶ 3 → Pur. ¶ 4 → Supérieur. ¶ 5 → Malin.

Final : → Dernier. *Final,* en parlant d'une chose, implique qu'elle est la dernière d'une série ou d'une action qu'elle complète et achève : *Un accord final;* **Définitif,** qu'elle est réglée et fixée de telle manière qu'on n'y devra plus revenir : *Un règlement définitif* (ACAD.).

Finalement : → Enfin.

Finance : ¶ 1 → Argent. ¶ 2 Au pl. → Biens.

Financer : ¶ 1 (Intrans.) → Payer. ¶ 2 (Trans.) *Financer,* soutenir pécuniairement une entreprise, un individu, est un terme commun et plutôt fam. **Commanditer,** terme de commerce, fournir à quelqu'un les fonds pour une entreprise, sans intervenir soi-même pour la diriger.

Finasserie : → Finesse.

Finaud : → Malin.

Finesse : ¶ 1 → Délicatesse. ¶ 2 → Pénétration. ¶ 3 En un sens péj., habileté moins tournée vers le mal que la ruse (→ ce mot) et qui sert surtout à se tirer d'affaire ou à ménager son intérêt dans les petites choses, par les petits moyens (≠ Politique : → ce mot). *Finesse,* défaut d'un esprit délié qui applique ses talents à un usage douteux : *La finesse est l'occasion prochaine de la fourberie; de l'une à l'autre le pas est glissant* (L. B.). **Finasserie,** fam., petite et mauvaise finesse, tout au plus bonne à gagner du temps. **Raffinement,** péj. et rare, très grande finesse dans l'action ou l'argumentation : *Tous les raffinements de la politique* [du plénipotentiaire] *tendent à une fin qui est de n'être point trompé et de tromper les autres* (L. B.). **Subtilité,** employé en ce sens péj., marque vivacité et présence d'esprit, pour tromper ou se tirer d'affaire dans une action rapide, ou par des arguments trop fins pour qu'on s'aperçoive qu'ils sont spécieux : *Équivoques et fausses subtilités* (BOIL.). **Matoiserie,** fam., finesse de vieux routier, riche en expédients tout prêts, acquis par une longue expérience : *La matoiserie du renard* (L. F.).

Fini : ¶ 1 *Fini,* **Terminé, Accompli, Achevé, Consommé** diffèrent comme les v. correspondants (→ Finir). **Fait** insiste sur l'existence objective de l'action ou de l'ouvrage qu'on a accomplis ou achevés parfaitement : *La tragédie est finie sans être faite* (VOLT.). ¶ 2 → Limité. ¶ 3 → Parfait.

Finir : ¶ 1 (Trans.) Faire qu'une chose soit faite et non plus à faire. *Finir,* terme général, en parlant d'un ouvrage ou d'une action en cours, ne plus se préoccuper d'une chose, ne plus y travailler, parce qu'elle est arrivée à son terme naturel, sans aucune idée de perfection. **Terminer** précise qu'on impose, souvent volontairement, un terme à un ouvrage ou à une action, qu'on arrête le cours de quelque chose : *Demander le concile œcuménique pour finir les affaires de religion, faute de quoi on les terminerait en France par un concile national* (Bos.). **Achever** comporte une idée de perfection et se dit d'un ouvrage, long en général, qu'on rend tel qu'il doit être par un dernier trait : *Il faut que je vive encore assez de temps pour achever cette confession* (MAU.). **Parachever** enchérit : → Parfaire. **Accomplir** ne se dit que d'une action en général assez longue que l'on mène à terme en lui consacrant tout le temps et tout le soin qu'elle demande : *Accomplir le temps de son noviciat; son service militaire.* **Consommer,** achever une action bonne ou mauvaise par un dernier acte qui lui donne une perfection suprême et définitive : *Achever et consommer la démonstration* (PASC.). **Couronner,** au fig., dans le style relevé, apporter la dernière perfection à une chose : *Ces morts précieuses qui couronnent une belle vie* (FLÉCH.). **Conclure,** terminer, soit de concert s'il s'agit d'une discussion, soit en dégageant le résultat acquis, s'il s'agit d'un discours. — **Bâcler**, fam., terminer à la hâte, sans soin, en expédiant un travail. ¶ 2 (Trans.) Faire qu'une action ou une chose s'arrête. *Finir* et **Terminer** supposent une action ou une chose formant un tout dans laquelle on distingue un commencement, un milieu et une fin, *finir* marquant une action plus douce et plus naturelle que *terminer*. **Fermer** et **Clore** insistent sur le fait que certaines choses (compte, discussion, liste, débats, etc.) sont définitivement complètes, qu'on ne peut rien y ajouter, *fermer* marquant un simple fait, *clore*, une action d'autorité : *Ce dernier nom ferme la liste; le préfet a clos la liste* (L.). **Cesser** se dit de toute action, ordinairement forte ou vive, qu'on abandonne, définitivement ou non (→ Interrompre) : *Cesser le feu*. **Trancher** ou **Trancher court**, terminer en peu de mots une conversation, un discours, en abrégeant : *Pour trancher enfin ces discours superflus* (CORN.). **Clôturer**, terminer ou déclarer que sont terminées une liste, les débats d'une assemblée, des conférences, des représentations, sans l'idée d'autorité qu'il y a souvent dans *clore* : *Clôturer la session; la saison théâtrale*. ¶ 3 (Intrans.) Prendre fin, en parlant d'une chose ou d'une action. Mêmes nuances que plus haut entre *Finir*, **Se terminer** (qui se dit seul en grammaire au sens d'avoir telle ou telle désinence), **S'achever** et **Cesser**. **Expirer**, au fig., prendre fin en parlant d'un délai, d'une trêve arrivés naturellement à leur terme, ou cesser d'être en parlant de choses qui paraissent mourir : *Les deux heures vont expirer* (BALZ.). **Mourir**, au fig., finir par une dégradation insensible, en parlant de sons, de couleurs, d'activités qui cessent peu à peu : *Le feu meurt*. **Passer**, finir, cesser, en parlant de choses qui semblent venir, puis s'en aller : *Le mal passe*. **Tomber**, cesser naturellement en parlant de choses qui relâchent de leur activité, de leur violence : *Le chant tombe* (FLAUB.). *La flamme du vieux était tombée* (R. ROLL.). **Tourner court**, finir brusquement, sans arriver à son terme normal. ¶ 4 (Trans.) En parlant d'un différend ou d'autres choses semblables, y mettre fin. *Finir* marque une action douce et naturelle, **Terminer** et **Clore**, qui enchérit, une action plus autoritaire et violente qui consiste surtout à empêcher de continuer : *Terminer les procès* (MTQ.); **Décider**, une action prompte qui consiste surtout à lever les doutes, à éclairer : *Les différends des nobles doivent être promptement décidés* (MTQ.). **Trancher**, terminer d'un coup, en décidant hardiment ou avec autorité. **Vider**, finir

terminer ou décider à fond, sans que rien reste à faire ou à expliquer : *Le grand procès des anciens et des modernes n'est pas encore vidé* (VOLT.). **Régler**, finir, terminer ou décider souverainement par un arrêt qui fait loi : *Samuel régla les différends des tribus* (MAS.). **Accommoder** et **Arranger** (→ Accommodement), finir, terminer, décider sans violence, à l'amiable, insistent sur l'avantage que retirent les parties. **Ajuster**, accommoder avec habileté une affaire en général difficile. ¶ 5 *Finir par :* → Réussir.

Fiole : → Bouteille.

Fioriture : → Ornement.

Firmament : → Ciel.

Firme : → Établissement.

Fissure : → Fente.

Fixe : → Stable.

Fixer : ¶ 1 → Arrêter. *Fixer*, au prop. et au fig., rendre immobile, en arrêtant ou en prévenant le mouvement d'une chose, par n'importe quel moyen : *Fixer un tableau au mur; mon esprit sur ces problèmes* (MAU.). **Assujettir**, fixer fortement une chose pour la rendre stable et immobile : *Assujettir un masque à gaz* (M. D. G.). **Caler**, assujettir au moyen d'un morceau de bois, de pierre, etc., qu'on place sous un objet pour le mettre de niveau ou lui donner de l'assiette : *Caler une table*. **Accorer**, terme de marine, assujettir un bateau par des étais et, par ext., assujettir sa cargaison pour l'empêcher de vaciller : *Accorer un tonneau dans une cale*; en ce dernier sens on dit aussi **Arrimer**, qui ajoute l'idée d'un arrangement rationnel de la cargaison. **Enclaver**, terme technique, assujettir une pièce en l'engageant dans une autre pièce. **Coincer**, assujettir avec des coins : *Coincer des rails*. **Ficher**, fixer en enfonçant avec force ce qui possède une extrémité pointue : *Ficher un clou au mur*. **River**, abattre la pointe d'un clou. sur l'autre côté de l'objet qu'il perce et l'aplatir pour la fixer, et, en un sens plus général, fixer solidement, étroitement : *River les anneaux d'une chaîne*. **Sceller**, terme de maçonnerie, fixer l'extrémité d'une pièce de bois ou de fer dans un mur avec du plomb, du mortier, etc. **Planter**, fixer une plante en terre; par ext. fixer un objet pointu ou non, en enfonçant, avec force ou non, une de ses extrémités : *Planter un clou*. **Clouer**, fixer avec des clous; au fig. → Immobiliser. **Attacher** (→ ce mot), fixer par un lien. **Assurer** (→ ce mot), fixer en mettant en état de sûreté, ou rendre stable : *Assurer son chapeau sur sa tête*. **Soutenir**, fixer par un support. — **Implanter**, planter en insérant une chose dans une autre, se dit surtout au réf., des corps qui adhèrent spontanément aux autres corps sans en faire essentiellement partie comme des excroissances et des boutures naturelles, des cheveux, des poils : *Le gui s'implante dans le chêne* (Acad.); au fig. on dit : *Implanter un gouvernement dans un pays.* ¶ 2 Au fig. *Fixer* une chose dans l'esprit, la mémoire, faire qu'on les retienne. **Implanter,** fixer solidement une idée de façon que l'esprit la fasse sienne : *Cette scène appartenait à ces effets qui s'implantent dans la mémoire* (Balz.). **Enraciner,** fixer dans l'esprit, dans le cœur, une idée ou un sentiment en général mauvais : *Préjugés enracinés* (Acad.). **Ancrer,** dans le même sens, est moins péj. et se dit aussi d'une personne solidement fixée dans un emploi, une situation. ¶ 3 Au fig. Rendre régulier ou invariable. *Fixer* se dit pour les impressions morales ou une langue dont on détermine les meilleurs usages pour les imposer ou les suivre : *Fixer la langue que vingt mille brochures corrompent* (Volt.). **Stabiliser** ne se dit guère qu'en termes de finance des prix ou du cours d'une monnaie rendus immuables. ¶ 4 Au fig. → Indiquer. Rendre une chose claire et certaine. *Fixer* implique souvent une évaluation ou une décision qui permet de savoir ce que sera une chose : *Fixer le chiffre d'une rente* (M. D. G.). **Régler,** fixer en vertu d'une autorité souveraine, ou d'une façon définitive, d'après une loi générale qui crée un certain ordre : *Régler sa vie sur des préceptes et des lois* (Zola). **Délimiter,** fixer dans des limites nettement marquées : *Délimiter les attributions d'un conseil* (Acad.). **Déterminer,** fixer nettement, par autorité ou par analyse, les termes, les limites, les caractères, la classification d'une chose : *Déterminer les familles d'esprits et leurs principales divisions* (S.-B.). **Qualifier,** déterminer un délit, un crime, une hérésie et leur donner le nom qui convient : *La soustraction frauduleuse est qualifiée vol* (Acad.). **Définir,** fixer exactement : *Dieu a défini le temps et le lieu où cela doit arriver* (Acad.); et surtout déterminer d'une manière courte, précise et méthodique ce qu'est une chose en expliquant son essence, sa nature, les attributs qui la distinguent : *Définir sa conception de la paix* (M. D. G.). **Préfinir,** terme de procédure, fixer un terme, un délai dans lequel une chose doit être faite. **Préciser,** déterminer d'une manière nette et exacte tous les détails d'une chose qui pourraient prêter à confusion : *Préciser le jour et l'heure de son retour* (Gi.); *l'ampleur d'un phénomène* (Cam.). **Spécifier,** déterminer, préciser une chose par une qualité qui lui est propre et particulière :

La loi ne peut pas spécifier tous les cas particuliers (Acad.). **Particulariser,** faire connaître le détail, les traits particuliers d'une affaire, d'un événement, avec une certaine minutie : *Particulariser un fait* (Acad.). ¶ 5 → Instruire. ¶ 6 (Réf.) *Se fixer* en un lieu, y faire sa résidence stable. **S'établir** ajoute souvent l'idée d'un métier, d'une situation sociale : *S'établir, je veux dire avoir un logement indépendant pour recevoir la clientèle* (Gi.). **S'installer,** fam., est surtout relatif à la commodité qu'on donne à son logement : *Déménager pour s'installer dans un nouveau quartier.*

Flache : → Mare.

Flacon : → Bouteille.

Flageller : → Cingler.

Flageoler : → Chanceler.

Flageolet : → Flûte.

Flagorner : → Caresser.

Flagorneur : → Flatteur.

Flagrant : → Manifeste.

Flair : ¶ 1 → Odorat. ¶ 2 → Pénétration.

Flairer : ¶ 1 → Sentir. ¶ 2 → Pressentir.

Flambeau : ¶ 1 → Brandon. ¶ 2 → Chandelier.

Flambée : → Feu.

Flamber : → Brûler. *Flamber,* jeter de la flamme : *Le feu flambe.* **Flamboyer,** jeter de petites flammes à plusieurs reprises, en produisant des éclats de lumières : *On voyait flamboyer l'incendie* (Acad.).

Flamboyer : ¶ 1 → Flamber. ¶ 2 Au fig. → Luire.

Flamme : ¶ 1 → Feu. ¶ 2 → Chaleur. ¶ 3 → Drapeau.

Flammèche : → Bluette.

Flanc : ¶ 1 En parlant de l'homme et des animaux, *Flanc,* chacune des parties latérales du corps qui vont depuis le défaut des côtes jusqu'aux hanches, **Côté,** la région des côtes, de l'aisselle à la hanche, et par ext. la partie droite ou gauche de tout le corps, y compris les jambes. — Par ext. *flanc* et *côté* désignent la partie latérale de toute chose, mais *côté,* plus fam., se dit surtout par opposition à un autre côté ou à l'espace compris entre les deux côtés. **Pan,** un des côtés d'un ouvrage de maçonnerie, de menuiserie, d'orfèvrerie, etc., qui a plusieurs angles : *Tour à six pans* (Acad.). ¶ 2 → Ventre.

Flancher : → Reculer et Céder.

Flâner, se promener sans but, au hasard, ou user son temps sans profit : *Je flânais le long des quais* (Gi.). **Badauder,** flâner en curieux un peu niais. **Flânocher,** fam., flâner doucement. **Muser** et **Musarder,** perdre son temps

à des riens : *Écolier qui musarde.* **S'amuser**
implique simplement une distraction frivole. **Baguenauder,** pop. et péj., s'amuser
à des choses vaines, comme les enfants
qui font claquer les baguenaudes en les
crevant. **Balocher,** pop., muser, flâner. On
dit aussi par ext. **Batifoler** (→ Folâtrer).
Gober des mouches, perdre le temps à attendre, à ne rien faire, à s'occuper à des niaiseries (→ Traîner).

Flâneur, celui qui se promène sans but,
sans hâte. **Badaud,** celui qui perd son
temps à regarder, avec une curiosité un
peu niaise, tout ce qui lui semble extraordinaire ou nouveau. **Bayeur,** vx, badaud
qui regarde la bouche ouverte.

Flanquer : ¶ 1 → Protéger. ¶ 2 → Accompagner.

Flanquer : ¶ 1 → Jeter. ¶ 2 *Se flanquer
par terre :* → Tomber.

Flapi : → Fatigué.

Flaque : → Mare.

Flasque : → Mou.

Flatter : ¶ 1 → Caresser. ¶ 2 → Louer.
¶ 3 → Embellir. ¶ 4 → Tromper. ¶ 5 →
Plaire. ¶ 6 (Réf.) → Espérer. ¶ 7 (Réf.)
Se flatter, se persuader soi-même de son
habileté, de ses ressources, etc., en tirer contentement ou vanité, parfois en se faisant
illusion : *Ce personnage se flattait de me
tenir courbé sur ma triste besogne* (J. ROM.).
Se vanter, vouloir persuader aux autres,
souvent avec jactance ou en mentant,
qu'on possède une qualité qui fait honneur,
ou un pouvoir qu'on se fait fort d'employer : *J'ai toujours tout fait pour Janine
et je m'en vante* (MAU.). **S'applaudir,** trouver
que tout ce que l'on fait est bien, se vanter
de ses propres qualités avec fatuité. **Se prévaloir,** tirer avantage de ce qui donne prépondérance ou profit : *Se prévaloir de ces
trois grandes choses, la religion, le commerce et la liberté* (MTQ.). **Triompher,** se
prévaloir, tirer avantage d'une chose en
général aux dépens de quelqu'un : *Ses ennemis triomphèrent de ses aveux* (ACAD.). **Se
glorifier,** tirer avantage de ce qui fait
honneur, flatte l'amour-propre : *La Grèce
qui se vante d'avoir fait naître Platon, se
glorifie encore d'Anacréon* (VOLT.). **Se targuer,** fam., se prévaloir ou se glorifier
avec outrecuidance, avec un emportement
odieux ou ridicule : *Se targuer d'un brusque
détachement des biens de ce monde* (MAU.).
Se donner les gants de, fig. et fam., se donner
mal à propos de le mérite d'une action.

Flatteries, louanges excessives toujours
destinées à tromper. **Flagorneries, Adula-
tions** enchérissent (→ Flatteur). **Encens,**
louanges excessives, sans idée de tromperie : *En vain il a reçu l'encens de mille
auteurs* (BOIL.). **Douceurs,** paroles aimables, destinées le plus souvent à plaire,
parfois à flatter, et dites surtout à une
femme par galanterie.

Flatteur : ¶ 1 N. → Louangeur. *Flatteur,* terme commun, celui qui loue excessivement dans le dessein de plaire, de
séduire, d'exploiter : *Tout flatteur vit aux
dépens de celui qui l'écoute* (L. F.). **Adulateur,** du style relevé ou poétique, flatteur
des grands et des rois, d'où flatteur servile,
intéressé : *D'un tyran soupçonneux pâles
adulateurs* (BOIL.). **Caudataire,** fig., homme
obséquieux qui flatte et sert quelquefois
bassement les gens en place : *Ce prélat
industriel entretient un caudataire* (BALZ.).
Flagorneur, celui qui flatte souvent, avec
grossièreté et bassesse, par vil intérêt.
Bonneteur, vx, celui qui prodigue révérences et compliments, approuve toujours.
Lécheur, Lèche-bottes, fam. et très péj.,
Lèche-cul, vulgaire, flatteur plat. ¶ 2 Adj.
→ Doux.

Fléau : ¶ 1 → Calamité. ¶ 2 → Punition.

Flèche : → Trait.

Fléchir : ¶ 1 (Trans.) Agir sur un corps
droit et le modifier de façon qu'il ne reste
pas tel. *Fléchir,* surtout terme de science,
et en parlant de choses très raides, marque
la modification la plus légère qui consiste
à donner au corps une légère courbure.
Plier marque la plus grande modification
qui consiste, en joignant les deux bouts
d'un objet flexible, à le mettre en double
ou au moins en angle très aigu. **Ployer,**
d'un style plus relevé, fléchir fortement
en rapprochant seulement, sans les joindre,
les bouts de la chose : *En marchant,
vous ployez le genou, vous ne le pliez que
dans une génuflexion profonde* (L.). *Ployer
la taille* (ZOLA); *le cou* (MAU.). **Courber,**
donner à la chose une forme en arc, en
voûte, sans aller jusqu'à faire toucher les
extrémités, s'emploie, au lieu de *ployer,*
pour les choses qui ne peuvent pas être
pliées : *L'eau courbe un bâton* (L. F.). *Elle
se plie comme prête à s'agenouiller devant
lui qui se courbe vers elle et la maintient*
(GI.). **Infléchir,** terme de science, fléchir
de façon à produire un coude. **Gauchir,** en
termes d'aéronautique, *infléchir.* ¶ 2 (Intrans.) Cesser d'être droit. *Fléchir,* **Plier,
Ployer, Courber** diffèrent par les mêmes
nuances que plus haut et marquent surtout
l'effet d'un poids ou d'une pression trop
forts. **Se plier, Se courber** envisagent la
même action comme volontaire ou non
sans en préciser la raison. **Gauchir,** perdre
sa forme, se contourner. **Céder** marque simplement l'impuissance à résister à un poids,
à une pression, avec un résultat qui va du
fléchissement à la rupture. **Succomber**
implique toujours rupture, effondrement
ou accablement. **Manquer,** s'affaisser, se

dérober sous le poids qu'on supporte. — Au fig. ¶ 3 (Trans.) Enlever à quelqu'un ses sentiments de dureté. *Fléchir*, amener à indulgence ou obéissance, par n'importe quel moyen, les esprits sévères ou les cœurs altiers ou durs : *Fléchir des jugements* (VI.). **Désarmer,** ôter leur force à des sentiments hostiles ou rigoureux, souvent en montrant sa faiblesse, sa bonne foi, sa naïveté, son innocence : *Le public riait comme désarmé et ne songeant plus à siffler* (ZOLA). **Adoucir** marque simplement qu'on diminue la violence d'un sentiment par n'importe quel moyen. **Attendrir** et **Apitoyer** (→ Émouvoir), fléchir en rendant sensible, en amenant à compassion : *Le spectacle attendrit la jeune femme. Elle eut de bonnes paroles* (ZOLA). **Calmer** et **Apaiser** (→ ce mot), fléchir celui qui est en colère. ¶ 4 (Intrans.) → (se) Soumettre. *Fléchir,* cesser de persister dans des sentiments de dureté ou de fermeté, pour des motifs qu'on ne précise pas : *Il faut fléchir au temps sans obstination* (MOL.). **Mollir,** commencer à fléchir, ne pas savoir résister, par manque de constance, de force de caractère : *Il craignait de mollir encore en reconnaissant que sa volonté s'affaiblissait déjà* (BALZ.). **Faiblir,** ne pas savoir résister et surtout insister, par manque de persévérance ou d'énergie : *Aucun de ces ducs ne se démentit, aucun ne faiblit, tous agirent et firent merveille* (S.-S.). **Chanceler,** commencer à fléchir, hésiter, faute de fermeté ou d'assurance : *Olivier sentit chanceler son assurance* (GI.). **Céder** (→ ce mot), ne pas résister, souvent par faiblesse, sous une pression extérieure : *Ils pensent que j'ai été battu sans doute, que j'ai cédé* (MAU.). **Plier,** fléchir par nécessité, devant une force qu'on ne reconnaît pas et souvent avec une idée de redressement futur : *Mon orgueil est forcé de plier* (RAC.). **Succomber,** céder, en général après une lutte, à quelque chose qui accable; en parlant d'une femme céder à la séduction : *Succomber à la tentation. Jamais femme ne succombe qu'elle n'ait voulu succomber* (J.-J. R.).

Fléchissement, terme commun, action de fléchir les membres ou état d'un corps qui fléchit sous une charge. **Flexion,** terme technique, état de ce qui est fléchi pour n'importe quelle raison; terme d'anatomie, action de fléchir en parlant de certains muscles : *Le fléchissement des genoux; d'une poutre. La flexion d'un ressort; du genou* (par opposition à son *extension*).

Flegmatique : → Froid.

Flemmard : → Paresseux.

Flétri : → Fané.

Flétrir : Marquer d'un signe d'infamie. *Flétrir,* dans l'ancien droit criminel, marquer d'un fer chaud en punition d'un crime. **Stigmatiser,** marquer d'un stigmate, par infamie, ou simplement pour reconnaître : *Stigmatiser un esclave fugitif.* — Au fig. *Flétrir,* déshonorer par une condamnation publique ou par un blâme moral : → Blâmer. *Stigmatiser* dit moins : c'est désigner nommément à l'attention du public une personne ou une chose que l'on critique violemment : → Critiquer. **Mettre au pilori,** au fig., vouer quelqu'un au mépris public comme un condamné exposé au pilori.

Flétrissure : → Blâme et Honte.

Fleur : ¶ 1 → Lustre et Perfection. ¶ 2 → Choix et Phénix. ¶ 3 → Ornement. ¶ 4 *Couvrir de fleurs* : → Louer.

Fleurer : → Sentir.

Fleuret : → Épée.

Fleurette : → Galanterie.

Fleurir : ¶ 1 *Fleurir,* devenir fleur en parlant d'un bouton. **Éclore,** s'ouvrir par fleurir. **S'épanouir,** déployer ses pétales en parlant d'une fleur. ¶ 2 → Réussir. *Fleurir,* dans le style relevé, être dans un état de prospérité, de splendeur, ou être en crédit, en réputation, fait souvent *florissait* à l'imparfait de l'indicatif, quand il s'agit d'une personne ou d'un groupe de personnes, et toujours *florissant* au participe présent : *Ces villes portugaises qui fleurissaient jadis sur la côte du Congo* (LOTI). *Homère florissait deux générations après la guerre de Troie* (VOLT.). *Fleurir* marque le fait relativement aux circonstances, **Être florissant** marque absolument l'état. **Faire florès,** fam., obtenir des succès, se faire une réputation. **S'épanouir,** se développer pour devenir florissant, en parlant de qualités ou d'activités : *Cet âge où les charmes commencent à s'épanouir* (HAM.). ¶ 3 → Orner.

Fleuve : → Cours d'eau.

Flexible : ¶ 1 Qui fléchit ou plie aisément. *Flexible* et **Pliable,** plus rare, qu'on peut fléchir, courber aisément surtout en parlant des plantes ou de ce qui leur ressemble : *Longues planches flexibles* (A. DAUD.). **Pliant,** très pliable : *L'osier est pliant.* **Souple,** qui peut plier, se replier, se tourner dans tous les sens sans se rompre ou sans s'abîmer, surtout en parlant des animaux, des produits qui en viennent ou de ce qui leur ressemble : *Reins, corps, cuir souples* (ACAD.). *Le souple chemin des champs qui sait se plier au sol* (R. ROLL.). **Maniable,** qui donne une impression de souplesse à la main qui le tâte ou qui le palpe : *Un drap maniable* (ACAD.). **Élastique** (→ ce mot) est syn. de ces mots en parlant d'un corps qui, plié ou courbé facilement, reprend, dès qu'il est libre, sa forme primitive : *Dos élastique* *d'un chat* (Baud.). ¶ **2** Au fig., qui cède facilement à l'influence d'autrui. *Flexible* et **Souple** ont rapport à la volonté, *flexible* marquant une disposition passive à céder aux impressions qu'on reçoit et qui peut aller jusqu'à la faiblesse, *souple*, une disposition active à s'adapter avec talent et qui peut aller jusqu'à la servilité, à l'intrigue ou à la ruse : *La pitié l'ayant rendu flexible* (Corn.). *Il l'acculait contre le mur en parlant de l'étrangler, ce qui la rendait souple* (Zola). *L'esprit flexible est propre à divers genres d'études, l'esprit souple l'est à la négociation et à l'intrigue* (L.). **Influençable,** excessivement flexible dans ses déterminations, ses opinions, sous l'influence d'autrui. **Maniable,** qui se prête aisément au commerce de la vie, et parfois qui se laisse facilement diriger. **Traitable,** maniable parce qu'il est doux, accommodant, toujours en un sens favorable : *Il faut parmi le monde une vertu traitable* (Mol.). **Ductile** (au prop. qu'on peut étirer), par image, excessivement *maniable* ou *souple* : *Je me suis fait ductile, disponible par tous mes sens, attentif, écouteur, jusqu'à n'avoir plus une pensée personnelle* (Gi.). **Docile** a rapport à l'intelligence qui écoute les leçons et les conseils d'un maître qui l'instruit en bien ou en mal : *Corneille plus docile à son génie que souple aux volontés d'un premier ministre* (Volt.). **Malléable,** au prop., ductile à coups de marteau, au fig. flexible, docile, dont le caractère prend aisément la forme qu'on veut lui donner : *Ames les plus malléables et les plus ductiles* (Gir.). *Pour rendre ductile une femme si peu malléable* (Balz.). **Pliable,** rare, et **Pliant,** vx, très docile, qui se laisse aisément gouverner. **Obéissant,** qui, en fait, accomplit la volonté de quelqu'un pour n'importe quelle raison. **Soumis,** disposé à obéir à une autorité à laquelle il est dévoué ou respectueusement attaché (→ Obéissance).

Flexion : ¶ **1** → Fléchissement. ¶ **2** → Terminaison.

Flibustier : → Corsaire.

Flirt : → Caprice.

Flocon : → Touffe.

Flopée : → Multitude.

Floraison, état des plantes en fleurs, ou développement des fleurs (en ce dernier sens on dit plus rarement **Fleuraison**). **Efflorescence,** terme de botanique, début de la floraison. **Épanouissement,** le moment où les fleurs s'ouvrent. **Anthèse,** terme technique, épanouissement de la fleur qui donne issue au pollen.

Flore : → Végétation.

Florès [faire] : → Fleurir.

Florilège : → Anthologie.

Florissant [être] : → Fleurir.

Flot : ¶ **1** → Marée. ¶ **2** → Multitude. ¶ **3** *Flots* : → Ondes.

Flotte, ensemble de navires de guerre destinés aux mêmes opérations. **Flottille,** flotte de petits navires armés en guerre. **Escadre,** groupe de vaisseaux de guerre sous un même chef. **Armada** (grande flotte envoyée par Philippe II d'Espagne contre l'Angleterre), grande flotte, dans la langue littéraire : *Armada du sultan* (V. H.).

Flottement : ¶ **1** → Désordre. ¶ **2** → Hésitation.

Flotter : ¶ **1** *Flotter,* en parlant des êtres et des choses solides, implique qu'ils sont portés par un liquide à la façon d'un navire, d'un bouchon : *Le bois flotte.* **Surnager,** se soutenir à la surface d'un liquide, a rapport, en parlant d'un solide, au fait qu'il ne s'enfonce pas malgré les efforts que l'on fait pour cela : *Le liège jeté dans l'eau surnage* (Acad.) ; et se dit pour un liquide qui s'étale à la surface de l'eau : *L'huile surnage à la surface de l'eau* (Acad.). **Nager,** se soutenir et avancer sur l'eau par des mouvements appropriés en parlant des êtres, se dit par ext. des choses qui flottent, surnagent et aussi sont plongées dans l'eau sans aller au fond : *L'huile nage sur l'eau. Quelques légumes nageaient dans le bouillon* (Acad.). ¶ **2** *Flotter,* aller au gré des vents, dans n'importe quel sens, en étant ou non retenu par un point fixe, assez mollement et en se déplaçant fort peu : *Les souffles de la nuit flottaient sur Galgala* (V. H.). **Voltiger,** flotter vivement en parlant de choses légères, drapeaux, cheveux. **Voler,** être entraîné avec une grande vitesse : *Son voile qui volait au vent.* **Ondoyer** se dit en parlant des choses en général nombreuses, retenues par le bas, ou paraissant l'être, et formant en haut une sorte de surface qui paraît s'élever et s'abaisser alternativement en ondes : *Des plumes sur la tête, des moissons, des flammes, la fumée ondoient.* **Brandiller,** souvent fam. et ironique, se balancer çà et là, en étant retenu par une de ses extrémités : *Un vieux linge brandillait à une branche d'arbre* (Lit.). ¶ **3** → Hésiter.

Flou : ¶ **1** (En peinture) → Fondu. ¶ **2** (Au sens général) → Vague.

Flouer : → Voler.

Fluctuation : → Variation.

Fluer : → Couler.

Fluet : → Menu.

Fluide : Adj. ¶ **1** En parlant des corps non solides, coulants faute d'une liaison étroite entre leurs molécules, *Fluide,* se dit des gaz et des corps liquides et marque, en parlant de ceux-ci, qu'ils sont très liquides et ont tendance à couler, à se répandre vivement. **Liquide** se dit simplement d'un corps qui n'offre aucune résistance aux changements de forme et épouse la forme du récipient qui le contient, sans pour cela n'avoir aucune cohésion de molécules, comme c'est le cas pour les gaz : *L'eau est toujours liquide, seule l'eau des fleuves est fluide car elle coule. Boue liquide* (Buf.). *Encre fluide.* **Clair,** dans le langage courant, se dit de certaines choses liquides par opposition à *épais* : *Bouillie trop claire* (Acad.). ¶ 2 Au fig., en parlant du style, **Coulant** indique une aisance qui ne sent pas le travail, *Fluide* ajoute la nuance de clarté limpide. — ¶ 3 N. *Fluide* désigne les agents hypothétiques qui transmettent les sources d'énergie aux agents influencés par elles : *Fluide nerveux, électrique.* **Effluve,** influence du magnétiseur sur le magnétisé due à un prétendu fluide magnétique. **Esprits,** dans l'ancienne nomenclature chimique, fluide très subtil ou vapeur très volatile. — Au fig. *Fluide,* influence mystérieuse émanant de certaines personnes : *Le fluide d'un orateur.* **Électricité,** fig., ajoute l'idée d'excitation, d'entraînement : *Communiquer l'électricité à la multitude* (E. Quinet).

Flûte : ¶ 1 *Flûte,* instrument à vent en forme de tuyau et percé d'un certain nombre de trous pour varier les sons, qui s'embouche par le bout ou par le côté. **Traversière** ou **Allemande,** grande flûte dont l'embouchure est percée sur le côté. **Flageolet,** sorte de flûte à bec, en buis ou en ébène, souvent avec clefs, et dont les sons sont aigus; en littérature, l'instrument des amours pastorales : *Le flageolet de l'amour* (Volt.). **Fifre,** petite flûte de bois, sans clefs, d'un son très perçant, instrument de musique militaire : *Fifres, hautbois, tambours, canons* (Volt.). **Chalumeau,** instrument de musique pastorale qui n'était originairement qu'un roseau percé de trous; par ext., en poésie, toutes sortes d'instruments à vent composant une musique champêtre : *Ainsi le dieu des bois enflait ses chalumeaux* (Volt.). **Pipeau,** surtout en poésie, syn. moins noble de chalumeau : *Pipeaux rustiques* (Boil.). **Galoubet,** flageolet champêtre en Languedoc et en Provence. **Flûteau,** flûte grossière. **Mirliton,** sorte de flûte très simple formée d'un roseau bouché par les deux bouts avec une pelure d'oignon, un morceau de baudruche ou de papier de soie. ¶ 2 → Flûtiste. ¶ 3 *Jouer des flûtes, Se tirer des flûtes* : → (s') Enfuir.

Flûtiste, toute personne qui joue de la flûte. **Flûteur** est péj. et ironique. **Flûte** (f.), artiste qui tient la flûte dans un orchestre.

Flux : ¶ 1 → Marée. ¶ 2 → Écoulement. ¶ 3. *Flux de ventre* : → Diarrhée.

Fluxion : → Gonflement.

Fœtus : → Embryon.

Foi : ¶ 1 *Foi,* persuasion fondée uniquement sur le témoignage, soumission de l'esprit à une autorité qu'on regarde comme incapable de se tromper ou de tromper, surtout en matière de religion, ou en parlant de ceux qui croient sans examen : *La foi est une habitude de croire une chose par l'autorité de quelqu'un qui nous la dit* (Bos.). Avec l'idée d'un examen préalable de la chose à croire, **Créance,** général et objectif, action de considérer quelque chose comme vrai, ou la chose crue, ou le fait qu'elle est crue, en parlant de ce qui est constant, commun à tout un groupe, indépendant des personnes, du temps, des degrés : *Ôter toute créance aux calomnies* (Mas.). *Créance commune à tous les fidèles* (Bos.). **Croyance** (→ ce mot), subjectif, action de considérer quelque chose pour vrai, ou la chose crue, quand il s'agit d'un homme ou de quelques hommes seulement et relativement à des circonstances particulières : *Chaque société chrétienne eut une croyance particulière* (Volt.). **Opinion** (→ ce mot), croyance toute provisoire, provisoire, conjecturale, qu'on admet faute de mieux, en matière de science, de politique, mais non de foi : *N'avait-elle point, et sur n'importe quel sujet, ses opinions à elle, ses idées?* (Gi.). ¶ 2 Ce que l'on croit. *Foi,* relatif à celui qui croit, tout ce qu'ordonne de croire une religion, et par ext. une doctrine, un parti : *Nous croyons, dit l'apôtre, et nous confessons l'amour que Dieu a pour nous; c'est là toute la foi des chrétiens* (Bos.). **Dogme,** l'ensemble des points de doctrine religieuse établis comme fondamentaux, incontestés, certains; par ext. principes imposés avec autorité par une religion, un parti : *Ce dogme tout nouveau de l'égalité que prône le radicalisme* (Flaub.). **Credo** et **Évangile,** syn. fam. de *foi,* se disent par ext. de principes à la base de la conduite, d'opinions politiques, littéraires acceptées sans critique : *Des formations politiques dont ils adoptaient le credo* (J. Rom.). **Mystique,** ensemble des pratiques qui conduisent à l'union de l'âme avec Dieu et ensemble des connaissances qui en découlent, par ext., souvent péj., système d'affirmations se rapportant à un objet que l'on met au-dessus de toute discussion et à la vertu duquel on croit avec ferveur : *La mystique dreyfusiste* (Pég.). ¶ 3 → Confiance. ¶ 4 Exactitude à accomplir ses devoirs envers autrui. *Foi* représente absolument la qualité ou l'assurance que donne quelqu'un de posséder cette qualité : *On s'en peut reposer sur ma foi* (Rac.). **Fidélité** a rapport à la conduite : c'est la qualité de celui qui est attaché aux devoirs, aux engagements expressément formulés par lui ou implicitement contenus dans un sentiment qu'il professe envers quelqu'un : *Une chaîne de confiance, de fidélité* (J. Rom.). ¶ 5 *Bonne foi* : → Franchise. ¶ 6 *Faire foi* : → Prouver.

Foin, l'herbe fauchée et séchée qui sert à la nourriture des animaux. **Foins** (en général au pl.), la même herbe encore sur pied : *Couper les foins.*

Foire : ¶ 1 → Marché. ¶ 2 → Exposition. ¶ 3 → Fête. ¶ 4 → Diarrhée.

Fois : ¶ 1 Pour marquer les différents cas où une chose se fait, *Fois* est le terme ordinaire, **Coup,** plus fam. et vieilli, marque plus de promptitude et de vivacité. ¶ 2 *A la fois* : → Ensemble.

Foison : ¶ 1 → Abondance. ¶ 2 *A foison* : → Beaucoup.

Foisonner : → Abonder.

Folâtre : → Gai.

Folâtrer a surtout rapport aux mouvements et parfois aux paroles qui manifestent une gaieté folle et enfantine : *L'enfant va folâtrer par la chambre et me laisse pérorer* (J.-J. R.). **S'ébattre,** se donner librement du mouvement pour se divertir : *Que l'enfant coure, qu'il s'ébatte* (J.-J. R.). **Folichonner,** très fam., folâtrer avec une légèreté parfois quelque peu inconvenante. **Batifoler,** fam., ajoute l'idée d'un jeu puéril. **Se jouer** se dit des animaux et poétiquement des choses qui semblent s'ébattre avec fantaisie : *Le soleil, les oiseaux se jouent dans les arbres.* **Papillonner,** fam., voltiger, d'une personne à une autre, sans jamais s'arrêter, en racontant des amabilités, des galanteries (→ Marivauder).

Folichon : → Gai.

Folichonner : → Folâtrer.

Folie : ¶ 1 État pathologique dû à un dérangement durable de l'esprit (≠ Délire : → ce mot). *Folie,* terme courant, dérangement plus ou moins grand qui résulte d'un trouble pathologique actif et ne prive pas toujours entièrement le malade de raison, ni ne le rend entièrement insociable; d'où au fig. ce qui est extravagant, peu raisonnable : *Ce serait folie de demander à un cœur de ne pas flancher* (M. D. G.). **Démence,** terme médical, ou du style relevé, régression des fonctions intellectuelles et morales vers l'état élémentaire de la petite enfance (≠ **Idiotie,** arrêt de développement de ces mêmes fonctions à la phase infantile), implique une perte totale de raison; d'où, au fig., folie totale, dangereuse et déplorable : *Les plus horribles excès où la démence humaine puisse parvenir* (Volt.). **Aliénation**

mentale, terme médical et administratif, implique que l'individu, par folie, démence ou toute autre raison, devient étranger à lui-même, irresponsable, et perd toute sociabilité, ce qui oblige à prendre des précautions contre lui en l'enfermant. **Vésanie,** terme de médecine, nom générique des différentes sortes d'aliénation mentale. **Manie** (→ ce mot), maladie mentale caractérisée par l'affaiblissement partiel de certaines facultés, et spéc. folie partielle d'une imagination frappée par une idée fixe : *Manie de la persécution* (Mau.); au fig. travers d'esprit bizarre, singulier, risible : *Chapelain veut rimer et c'est là sa manie* (Boil.). **Fureur** (→ ce mot), déchaînement de violence dû à diverses raisons notamment à la folie; en ce sens syn. vx de *folie furieuse*; au fig. folie brutale qui pousse à des actions violentes : *Sers ma fureur, Œnone, et non point ma raison* (Rac.). ¶ 2 → Écart. ¶ 3 *A la folie* : beaucoup. *A la folie* marque la manière et exprime, objectivement, que la passion est aveugle, parfois risible : *Ces huguenots m'aiment à la folie* (Volt.). **Follement** a rapport au sujet représenté comme fou : *Ma fille, vous aimez follement votre fils* (Sév.). **A la fureur** marque la passion extrême, **A la rage,** rare, enchérit.

Folio : → Feuille.

Folioter : → Coter.

Folklore : → Tradition.

Follet : ¶ 1 → Fou. ¶ 2 → Menu. ¶ 3 *Esprit follet* : → Génie.

Folliculaire : → Journaliste.

Fomenter : → Exciter.

Foncer : → (s') Élancer.

Foncier : → Profond.

Foncièrement : *Connaître foncièrement,* relativement au sujet, connaître en homme habile, qui possède toute une science. *Connaître à fond,* relativement à l'objet, connaître une chose, débrouillée et éclaircie jusqu'au fond : *On possède une science foncièrement; on s'instruit à fond sur un point de droit ou de fait* (L.).

Fonction : → Emploi.

Fonctionnaire : → Employé.

Fonctionner : ¶ 1 → Agir. ¶ 2 → Marcher.

Fond : ¶ 1 *Fond,* l'endroit le plus bas, le plus intérieur d'une chose creuse. **Cul,** fam., *fond* d'une bouteille, d'un tonneau, etc., considéré comme vu de l'extérieur et souvent séparé du reste : *Le cul d'un pot de terre cassé* (Les.). ¶ 2 Ce qu'il y a d'essentiel dans une personne ou une chose. *Fond* et **Fonds,** qui dérivent du même mot latin *fundus,* peuvent dans certaines expressions s'employer l'un pour l'autre (ex. Avoir un *fond* ou un *fonds* de vertu); *fond* se disant de ce qui sert de base, sur quoi tout repose, *fonds*, de ce qui peut être exploité comme un capital : *La bonté n'était pas seulement une de ses vertus, c'était son fond, c'était lui-même* (Bos.). *Vous avez un fonds de santé admirable* (Mol.). ¶ 3 → Matière. ¶ 4 → Intérieur. ¶ 5 *A fond* : → Foncièrement et Absolument.

Fondamental : → Principal.

Fondation : ¶ 1 → Établissement. ¶ 2 → Fondement.

Fondé de pouvoir, personne dûment autorisée à agir au nom d'une autre ou d'une société. **Gérant,** celui qui administre pour le compte d'autrui. **Syndic,** celui qui est chargé des intérêts communs d'une corporation, d'une assemblée : Un propriétaire fait gérer son immeuble par un *gérant*, se fait représenter dans ses procès avec les locataires par un *fondé de pouvoir*. Les locataires d'un immeuble en copropriété font défendre leurs intérêts par un *syndic*.

Fondement : ¶ 1 Ce sur quoi un objet pose ou repose, considéré comme faisant partie de l'objet (≠ Appui). *Fondement*, surtout au pl. et en parlant d'un édifice, la partie, souvent cachée sous terre, sur laquelle il repose. **Base,** surtout en parlant d'un objet peu étendu, rocher, colonne (→ Piédestal), sa partie inférieure, visible, qui lui sert de soutien en étant parfois assise sur le *fondement* : *Une statue colossale dont la base touche aux fondements du temple* (Volt.). **Fondation,** surtout au pl., travail pour asseoir les fondements d'une construction, par ext. les *fondements* eux-mêmes, surtout considérés par rapport à l'action ou à la technique du constructeur plutôt qu'à la solidité de la chose : *Poser les fondements; faire les fondations.* **Assise,** dans une construction, les rangées de pierre qui constituent les *fondements*, puis les *soubassements*. **Soubassement,** assises, hors du sol, reposant sur les fondements, et constituant la partie inférieure de la construction, sur laquelle porte l'édifice. **Sous-œuvre** et **Substruction** (rare), termes techniques, *fondement* d'une construction. **Infrastructure,** terme technique, travaux relatifs à tout ce qui comprend les fondations d'un ouvrage, se dit spéc. des terrassements et des travaux d'art d'une voie ferrée. **Pied,** au fig. *base*, en parlant de l'endroit le plus bas d'une montagne, d'un édifice, d'un mur, etc. considéré concrètement, dans son étendue : *Se reposer au pied d'un rocher.* ¶ 2 Au fig. *Fondement,* ce qui est nécessaire pour qu'une chose tienne debout, existe : *Le christianisme est la clef de voûte et le fondement de l'ordre nouveau* (Flaub.). **Base,**

ce qui fixe, sert de principe, est en quelque sorte la substance autour de laquelle se groupent les qualités de la chose : *Le fondement d'un système, c'est ce qui le rend solide et vrai; sa base, c'est son point de départ.* **Assise,** les divers éléments qui par leur cohérence donnent de la solidité à un système, un ordre social : *Changer les assises de la société* (V. H.). ¶ 3 → Cause. ¶ 4 → Anus.

Fonder : ¶ 1 *Fonder,* poser un édifice sur des fondations, a pour syn. plus commun et plus courant **Bâtir** : *Fonder* ou *bâtir sur le sable.* **Asseoir,** poser solidement et à demeure, sur le sol, des fondements, une base : *Asseoir les fondements d'une maison sur le roc; une statue sur son piédestal* (Acad.). **Établir,** asseoir et fixer une chose en un endroit, l'y rendre stable : *Mur établi sur le roc, table bien établie sur ses pieds* (Acad.). ¶ 2 Au fig. *Fonder sur,* faire reposer une chose sur une autre qui est sa cause, sans laquelle elle ne saurait exister : *Sentiments fondés sur la mésestime* (Balz.). *Fonder son crédit de journaliste et son avenir d'homme d'État sur la puissance de la classe ouvrière* (J. Rom.). **Baser sur,** néol. pour *fonder sur,* n'est pas de bon style. **Asseoir** dit moins que *fonder,* signifie plutôt prendre pour base que prendre pour fondement : *Asseoir son jugement sur de simples présomptions* (Acad.); et se dit surtout en matière d'imposition, de rentes : *Asseoir une hypothèque sur un immeuble* (Acad.). **Bâtir** (→ ce mot), syn. de *fonder,* se dit surtout d'un ensemble d'idées, de suppositions, d'un système. **Appuyer sur,** en parlant d'une croyance, d'une idée, indique simplement qu'on se sert d'un fait, d'une preuve pour les corroborer : *Appuyer une théorie sur des expériences.* ¶ 3 Donner naissance à : → Établir.

Fondre : ¶ 1 Rendre liquide un corps solide (≠ Délayer : → ce mot). *Fondre* implique l'action de la chaleur : *Matières fondues par le feu des volcans* (Buf.). **Liquéfier** s'emploie surtout dans le langage didactique pour marquer une action extraordinaire, inexplicable, ou due à un agent chimique, ou en parlant des corps qui deviennent liquides à une température peu élevée : *Liquéfier l'or au moyen de l'eau régale* (Lit.). *Le sang se liquéfie étant rapproché de leurs têtes* (J.-J. R.). ¶ 2 Devenir liquide. Mêmes nuances que plus haut entre *Fondre* et **Se Liquéfier. Fuser,** terme technique, se répandre en fondant au feu, se dit particulièrement des sels qui se liquéfient sous l'action de la chaleur : *La cire, le salpêtre fusent* (Acad.). ¶ 3 → Unir. ¶ 4 → Réduire. ¶ 5 *Fondre sur* : → (s') Élancer.

Fonds : ¶ 1 → Terre. ¶ 2 → Établissement. ¶ 3 → Argent. ¶ 4 Biens ou argent qu'on possède. *Fonds* s'oppose à revenu et désigne aussi les sommes destinées à financer une entreprise : *Mangeant son fonds avec son revenu* (L. F.). *Fournir des fonds.* **Capital,** plus usité, insiste sur la valeur du fonds ou le considère comme devant rapporter un revenu : *Avoir un petit capital. Mettre des capitaux dans une affaire.* **Principal,** vx, capital d'une dette par opposition aux intérêts : *Intérêt et principal* (L. F.). **Masse,** fonds d'argent d'une succession, d'une société; ou fonds commun à un groupe, réservé en général pour des dépenses spéciales : *La masse d'un atelier de peinture.* ¶ 5 → Fond.

Fondu, en termes de peinture, se dit de couleurs contiguës qu'on joint et mêle de manière que le passage de l'une à l'autre soit ménagé, sans que pour cela l'image cesse d'être distincte. **Flou** implique que l'image est peu distincte, parce que le coloris est léger, sans vigueur, ou le fondu excessif; et se dit en sculpture, gravure, et photographie d'une représentation, d'un dessin ou d'une image manquant de netteté. **Vaporeux** implique un affaiblissement des contours, des couleurs, qui produit l'effet d'une vapeur interposée entre les fonds du tableau et le spectateur.

Fontaine : → Source.

Fonte : ¶ 1 → Fusion. ¶ 2 → Type.

Forain : ¶ 1 → Nomade. ¶ 2 → Saltimbanque. ¶ 3 → Marchand forain.

Forban : → Corsaire.

Forçat, celui qui est condamné aux travaux forcés. **Bagnard,** pop., insiste sur le fait que le forçat est soumis à toutes les servitudes du bagne. — Au fig. en parlant de celui qui est assujetti à un travail, *forçat,* qui se rapporte à l'emploi, marque surtout que le travail est forcé. **Galérien,** autrefois, celui qui était condamné aux galères, insiste surtout sur les conditions pénibles du travail. On ne dit guère d'ailleurs que *Travailler comme un forçat,* mais on dit *Souffrir comme un galérien, Mener une vie de galérien,* et *Travailler comme un galérien.*

Force : ¶ 1 → Pouvoir. Faculté d'agir puissamment. *Force* exprime en soi cette faculté, au prop., en parlant des êtres animés et par ext. de toute cause qui a la propriété de produire certains effets positifs ou négatifs : *Force musculaire; force d'inertie.* **Énergie** et **Vigueur** représentent le développement ou la qualité de la force. *Énergie,* la force agissante, caractérisée par sa promptitude, sa fermeté, etc. Au fig. en parlant des ouvrages de l'esprit, *force* a surtout rapport au fond, *énergie* à la forme : *La force du raisonne-*

ment et l'énergie des expressions (D'AL.). *Vigueur,* la force, dans sa plénitude, des êtres animés et des plantes, a rapport surtout au corps alors qu'*énergie* a plutôt rapport à l'âme : *On peut agir avec énergie après avoir perdu sa vigueur*; et se dit des choses morales, par métaphore, en les montrant comme douées d'une vie organique, plutôt que soumises à la volonté : *Sans tous ces ornements, le vers tombe en langueur, La poésie est morte ou rampe sans vigueur* (BOIL.). **Puissance,** force considérée comme capable de produire tel ou tel effet, en général considérable : *La puissance du vent, de l'imagination* (ACAD.). **Violence,** force excessive considérée comme se manifestant par des effets dangereux : *La violence du vent, des passions.* **Potentiel,** en mécanique, physique, électricité, énergie en puissance; par ext., au fig, la force maximum qu'un pays possède en puissance, ou le rendement maximum d'une industrie : *Le potentiel industriel des U. S. A.* **Dynamisme,** force active d'un être organisé, se dit parfois d'une vigueur ardente, entraînante, riche en possibilités : *Cet organisateur a beaucoup de dynamisme.* **Nerf,** au fig., syn. fam. d'*énergie* : *Il n'a pas de nerf, la moindre résistance le fait céder. Ce style manque de nerf* (ACAD.). **Intensité,** degré de force ou d'activité d'une chose, d'une qualité, d'une puissance : *L'intensité de l'existence en diminue la durée* (BUF.). ¶ 2 En parlant du corps, *Force,* **Robustesse, Fermeté, Puissance, Vigueur :** → Fort. **Sève,** fig., et **Verdeur,** vigueur que donne la jeunesse. **Muscle,** fig. et pop., la force physique musculaire. **Biceps,** fig. et fam., force musculaire du bras : *Avoir des muscles; du biceps.* ¶ 3 → Capacité. ¶ 4 → Contrainte. ¶ 5 → Beaucoup. ¶ 6 *De force* et *Par force* qualifient la nature d'une action, *de force* marquant en général une force qui pousse à agir contre son gré : *De gré ou de force; par force,* une force remarquable, vive, violente : *Travailler par force. Par la force* se dit plutôt au physique : *Assujettir les terres de son ennemi par la force* (Bos.). **Forcément** a rapport à la manière dont l'action est faite et marque une simple obligation : *Ne faisant la guerre que forcément* (DUC.). ¶ 7 *Forces :* → Troupe.

Forcé : ¶ 1 → Inévitable. ¶ 2 → Étudié et Artificiel. ¶ 3 → Excessif. ¶ 4 → Obligatoire.

Forcené : → Furieux.

Forcer : ¶ 1 → Obliger. ¶ 2 → Ouvrir. ¶ 3 → Prendre. ¶ 4 → Détériorer.

Forer : → Percer.

Forestier se dit de ce qui concerne la forêt, des gens qui s'occupent des forêts ou qui les habitent : *Code forestier. Garde* *forestier.* **Sylvestre** ne se dit que de ce qui pousse dans les forêts : *Menthe sylvestre.*

Forêt : → Bois. *Forêt,* grande étendue couverte de bois. **Sylve,** du style littéraire, syn. vx de *forêt.* **Futaie,** forêt dont on exploite les arbres quand ils sont arrivés à une grande dimension. — Au fig. → Multitude.

Forfaire : → Manquer.

Forfait : → Crime.

Forfaiture : → Malversation et Trahison.

Forfanterie : → Fanfaronnade.

Forger : Au fig. → Inventer et Former.

Forgeron : Celui qui travaille le fer à la forge et au marteau. Le *Forgeron* fait de gros ouvrages en fer, ancres, chaînes, etc. le **Forgeur,** des travaux d'art plus délicats : *Forgeur d'épées, de ciseaux,* etc.

Forligner : → Dégénérer.

Formaliser [se] : → (s') Offenser.

Formaliste se dit de celui qui s'attache trop aux formes des lois, de la religion, etc.; et, en parlant des convenances sociales, marque surtout l'attachement à l'étiquette et, par ext., à toutes les règles de la bienséance : *Un bonhomme assez timoré, un peu trop formaliste* (M. D. G.). *Ces princes si formalistes sur leur rang* (L. B.). **Cérémonieux** marque une exagération à respecter les règles de la civilité, qui rend raide, apprêté, froid : *Il affectait une manière cérémonieuse et comme gourmée, propre à maintenir entre nous la distance* (GI.). **Solennel** implique un air important, majestueux avec emphase, peut rendre cérémonieux : *Solennel, cérémonieux* (M. D. G.). **Façonnier,** d'une politesse exagérée qui conduit à l'amabilité fade, aux minauderies, aux grimaces : *Ils se croient polis parce qu'ils sont façonniers* (J.-J. R.).

Formalité : → Forme.

Format : → Dimension.

Formation : ¶ 1 *Formation,* **Constitution, Composition, Organisation :** → Former. ¶ 2 → Instruction. ¶ 3 → Troupe.

Forme : ¶ 1 Ce qui détermine les corps, ou la manière dont ils sont déterminés. La *Forme* est plus concrète, la **Figure,** plus abstraite; relativement à un objet concret, *figure* en désigne la partie mathématique ou graphique, le tracé, le dessin, *forme* peut être qualifié de façon plus variée : *Forme unie, figure régulière* (BUF.); et désigne plutôt quelque chose de palpable, de matériel, *figure,* quelque chose de visible, qui dépend de la façon dont nous voyons l'objet : *La même forme présente plusieurs figures, suivant qu'elle est vue d'un côté ou d'un autre* (D. D. TRACY).

Déterminer la figure de la terre; s'élever à la théorie de sa forme intérieure (BUF.). Enfin *forme* se dit plutôt pour les animaux et l'homme, *figure,* pour les choses : *La forme du corps; la figure des atomes.* **Conformation** et **Configuration,** termes didactiques, ne s'emploient qu'au propre, *conformation* se disant pour les êtres animés, *configuration,* pour les êtres inorganiques : *Conformation du corps, configuration des végétaux fossiles* (BUF.). **Ligne,** souvent au pl., terme de beaux-arts, fait penser à l'effet produit par la réunion et la combinaison des diverses parties d'un objet naturel ou d'une composition; *forme,* en ce sens surtout au pl., désigne les contours mêmes des choses ou des objets dont l'harmonie constitue la *ligne* ou les *lignes* de l'ensemble : *Un corps a de belles formes. Un tableau a de belles lignes.* — **Façon,** forme donnée à un ouvrage, fait penser au travail de l'ouvrier : *Un habit d'une façon toute particulière* (LIT.). ¶ 2 → Style. ¶ 3 Manière dont on procède habituellement pour rédiger certains actes, quittance, lettres de change, etc. La **Formule,** c'est la *forme* réduite à certains termes essentiels qu'il faut suivre à la lettre : *La forme d'une quittance, d'un sacrement,* s'oppose au fond ou à la matière; la *formule,* ce sont les mots mêmes qu'on emploie. ¶ 4 Manière réglée, consacrée de procéder en justice, en administration, en religion. *Forme* s'emploie dans tous les cas, **Formalité** se dit plutôt pour des formes peu importantes, frivoles ou ennuyeuses : *J.-C. n'a pas voulu être tué sans les formes de la justice* (PASC.). *Une formalité inutile.* **Chinoiserie,** péj., formalité compliquée, ennuyeuse, chicanière. ¶ 5 → Moule. ¶ 6 *Formes :* → Façons.

Formel : ¶ 1 → Impératif. ¶ 2 → Clair. ¶ 3 → Évident.

Formellement : → Précisément.

Former : ¶ 1 → Créer. *Former,* créer en donnant l'être et la forme, ou donner une forme à une matière quelconque : *Dieu a formé l'univers; former un cercle; former des vœux; former un ministère* (ACAD.). **Façonner,** donner une forme à une matière en la travaillant, surtout en parlant des choses concrètes ou de l'esprit : *Façonner un vase.* **Constituer,** former une chose en groupant divers éléments qui font un tout, surtout en parlant de choses morales : *Constituer un ministère; une science* (S.-B.); *un dossier* (M. D. G.). **Composer,** en parlant de choses physiques ou morales, former en partant de divers éléments que l'on combine : *Dieu a composé l'homme d'un corps et d'une âme* (ACAD.). **Organiser,** disposer les parties d'un corps pour les fonctions auxquelles il est destiné, d'où au fig. donner à un établissement quelconque une forme fixe et déterminée, en régler le mouvement intérieur : *Organiser une armée, un ministère* (Acad.). **Conformer,** donner à une chose une forme semblable à celle d'une autre chose, est syn. des mots précédents au part. passif, en parlant de la manière dont les parties d'une chose sont disposées, surtout à propos des êtres organisés : *Animal bizarrement conformé* (Acad.). **Dégrossir,** terme technique, débarrasser une matière de ce qu'elle a de plus gros, afin que l'artiste ou l'ouvrier puisse lui donner une forme : *Dégrossir un bloc de marbre.* **Pétrir,** donner une forme à une matière molle, insiste au fig., surtout au part. passif, sur les qualités ou les défauts moraux qui forment l'essence, la nature d'un individu : *Ames sales pétries de boue et d'ordure* (L. B.). **Forger,** au fig., former énergiquement ce qui est solide, bien trempé : *C'est avec les caractères de cette trempe qu'on forge les meilleurs chrétiens* (Gi.). **Modeler,** au fig., déterminer, par certaines influences, la forme, la nature, le caractère : *Les institutions modèlent les hommes* (E. About). **Mouler,** fam., former d'après un certain modèle : *Elle cherchait à mouler son âme sur la mienne* (J.-J. R.). ¶ 2 → Énoncer. ¶ 3 → Instruire. Donner certaines habitudes à l'esprit. *Former* marque le résultat de l'instruction, de l'éducation, voire de l'expérience, et a rapport à l'esprit et aux mœurs : *Former son peuple à la vertu par des lois* (Bos.). **Dégrossir** (→ ce mot), commencer à former. **Façonner,** former par l'habitude, lentement, en travaillant surtout l'esprit, pour l'adapter à un but particulier, et spéc. aux bonnes manières : *Par quelle illusion ai-je pu croire que je la façonnerais à ma ressemblance?* (Gi.). **Polir,** former l'esprit et les mœurs, rendre plus propre au commerce du monde. **Cultiver,** former, développer, perfectionner une faculté par l'instruction et l'exercice : *Cultiver son esprit, sa mémoire, sa raison.* **Perfectionner,** rendre meilleur ce que l'on a déjà formé ou ce qui est naturellement bon, en parlant du goût, du style. **Faire,** syn. de *former, façonner* : *Ce professeur a fait de bons écoliers* (Acad.).

Formidable : ¶ 1 → Terrible. ¶ 2 → Extraordinaire.

Formule : ¶ 1 → Forme. ¶ 2 → Expression. *Formule,* expression vigoureuse et condensée définissant nettement une idée, a pour syn. **Slogan,** terme de publicité, courte phrase résumant en quelques mots frappants les avantages d'une marque, d'un produit, d'une firme, et par ext., péj., formule de propagande politique.

Formuler : → Énoncer.

Fort : Adj. ¶ 1 *Fort* a rapport à la capacité et se dit des êtres et des choses qui peuvent produire des effets considérables ou résister à de grands efforts, souvent grâce à leur taille ou leur corpulence, leur épaisseur, leur grosseur : *Un lion grand et fort* (L. F.). **Vigoureux,** en parlant des êtres seulement ou de leurs manifestations, a rapport à la manière d'agir et marque le degré d'effort déployé dans l'action, souvent grâce à l'ardeur du sang, ou à une nature toute nerveuse : *Corps vigoureux où il semble que tout soit nerf* (Bos.). **Robuste** a rapport à la manière d'être, en parlant de ce qui vit et qui est solidement constitué, a de la grosseur ou un tempérament solide, à toute épreuve : *A l'état sauvage, seuls les êtres robustes prospèrent* (Gi.). **Puissant** enchérit sur *fort,* en insistant sur la capacité de produire des effets considérables : *Une voix forte* n'est pas faible, douce; une voix *puissante* porte loin; en parlant du corps, *puissant* implique une forte corpulence : *Un bœuf est plus puissant que toi* [lion] (L. F.). **Solide** (→ Résistant) se dit des choses capables de résister à tous les chocs parce qu'elles sont bien constituées : *Une forte* digue est épaisse; une digue *solide* est surtout bien bâtie et inébranlable en fait; par ext. *solide* se dit, fam., de personnes robustes considérées comme capables de résister à la force, à la maladie, etc. : *Une infanterie solide* (Acad.). **Ferme,** en parlant d'un corps vigoureux, fort, robuste, insiste sur le fait qu'il agit ou résiste sans trembler, sans vaciller : *Avoir les reins fermes* (Acad.). **Dru,** au fig., qui est vif, gaillard, a la chair ferme, est vigoureux, surtout en parlant des enfants ou des petits animaux. **Herculéen,** qui rappelle la force physique du demidieu Hercule. **Costaud,** syn. pop. de *robuste.* **Hercule** se dit d'un homme puissant. ¶ 2 → Gros. ¶ 3 → Grand. ¶ 4 → Nombreux. ¶ 5 → Excessif. ¶ 6 → Capable et Instruit. — N. ¶ 7 → Forteresse. — Adv. ¶ 8 → Beaucoup et Très. ¶ 9 → Fortement.

Fortement dépeint la façon dont la force se manifeste : *Nos passions agissent très fortement sur nous* (Maleb.). **Fort** considère la force en soi par rapport à son degré et à l'effet qui s'ensuit : *Si la sensation touche l'âme assez fort, l'âme la juge dans son propre corps* (Maleb.)

Forteresse, lieu fortifié assez large, défendu par de nombreux ouvrages, et protégeant une assez vaste étendue de pays : *Amsterdam fut comme une vaste forteresse au milieu des eaux* (Volt.). **Place forte,** ville de guerre formant forteresse. **Fort,** ouvrage de fortification, en général en dehors d'une ville, plus simple que la *forteresse,* établi sur un point stratégique : *Un petit fort gardé alors par cinq ou six soldats* (Les.). **Fortin,** petit fort. **Case-**

mate (→ ce mot), abri blindé. **Citadelle,** forteresse protégeant une ville. **Château,** forteresse ancienne, environnée de fossés et de gros murs flanqués de tours et de bastions : *Le château de Vincennes.* **Alcazar,** forteresse espagnole du M. A. **Acropole,** ville haute grecque, fortifiée par la nature et servant de citadelle. — Au fig. *Forteresse,* lieu imprenable. *Citadelle,* lieu imprenable et en même temps central : *Genève, citadelle du calvinisme.*

Fortifiant, n., remède ou aliment qui accroît la force. **Corroborant** et surtout **Roboratif,** termes de médecine, syn. de *fortifiant.* **Analeptique,** en pharmacologie, médicament ou aliment contribuant à relever les forces d'un malade. **Réconfortant,** aliment ou médicament qui rend rapidement la force, après une faiblesse. **Remontant** est fam. en ce sens. **Reconstituant,** médicament qui ramène à la normale la composition des humeurs de l'organisme et favorise les échanges nutritifs et l'assimilation : *L'huile de foie de morue est un reconstituant.* **Tonique,** remède qui fortifie ou réveille l'activité des organes, sans être, comme le reconstituant, un aliment : *L'alcool, à faible dose, est un tonique.* **Stimulant** se dit de tous les remèdes propres à accroître l'activité vitale. **Excitant** se dit plutôt des stimulants qui exercent leur action sur le tube digestif (aromates, épices). **Cordial,** boisson ou potion qui est propre à animer le fonctionnement du cœur, et, en un sens plus général, qui donne du cœur, réconforte.

Fortifications : → Ouvrage.

Fortifier : ¶ 1 Donner de la force à ce qui est faible (≠ Assurer, rendre stable). *Fortifier* s'emploie plutôt au moral, **Renforcer,** au physique : *Fortifier une répugnance* (M. D. G.); *renforcer le quartier d'un soulier* (ACAD.). Si *fortifier* se dit au physique, c'est pour marquer une action intime qui s'opère en dedans de la chose et se fait sentir à toute la masse, alors que l'action de *renforcer* est plutôt extérieure, concrète et partielle : *Quand l'enfant commence à se fortifier, vous verrez* [ses petits membres] *se renforcer de jour en jour* (J.-J. R.). *Renforcer,* qui se dit bien en parlant d'une troupe militaire, de la voix, d'une couleur qu'on rend plus forte, ne s'emploie guère au moral que par image, en ces divers sens : *Tout ce que je pouvais dire touchant la religion renforçait l'image naïve qu'ils se faisaient de moi* (MAU.). **Corroborer,** fortifier, ne s'emploie qu'au moral, spéc. en parlant d'opinions, de raisonnements (→ Confirmer) : *Étrange assemblage de qualités et de défauts que le génie espagnol avait corroboré* (BALZ.). **Corser,** rendre un repas plus consistant, donner plus de corps à un drap, de force alcoolique à un vin, au fig.,

rendre une intrigue plus surprenante, un langage plus énergique. **Réconforter** (→ ce mot), donner des forces après un affaiblissement, au physique par des soins, des remèdes, au moral par des encouragements, des consolations : *Le vin, l'amitié réconfortent* (ACAD.). **Conforter** est vx en ce sens. **Tremper,** plonger du fer, de l'acier au rouge dans de l'eau pour les durcir; au fig., surtout au part. passif, fortifier le caractère, en lui donnant vigueur et énergie : *Ame, esprit bien trempés* (ACAD.). **Armer,** terme technique, garnir une chose avec une autre qui la renforce ou la fortifie : *Armer une poutre de bandes de fer.* ¶ 2 → Protéger.

Fortin : → Forteresse.

Fortuit : → Contingent.

Fortuitement : → Accidentellement.

Fortune : ¶ 1 → Hasard. ¶ 2 → Destinée. ¶ 3 → Biens.

Fortuné : ¶ 1 Qui a le bonheur en partage. *Fortuné,* terme plus noble qu'**Heureux,** implique une faveur exceptionnelle du sort, consistant surtout en quelque chose d'extérieur, richesses, état florissant des affaires. *Heureux* implique le contentement de l'âme : *Heureux, vous! si peu fortuné, si pauvre, exilé, persécuté, vous êtes heureux!* (J.-J. R.). ¶ 2 → Riche.

Fosse : ¶ 1 → Excavation. *Fosse,* creux ou trou dans la terre assez large et profond, naturel ou artificiel : *Fosse dans la rivière. Fosse aux lions.* **Fossé,** fosse toujours artificielle, creusée en longueur pour clôre, enfermer quelque espace de terre, pour faire écouler les eaux, et anciennement pour la défense d'une place (en ce dernier sens, **Douve,** fossé rempli d'eau, et par ext. paroi de ce fossé). **Tranchée,** sorte de fossé profond et large, qui sert à asseoir un mur, à faire écouler des eaux, au passage d'une route, etc., et spéc. en termes militaires, fossé qu'on creuse pour se mettre à l'abri du feu de l'ennemi et dont les terres, jetées du côté de l'ennemi servent de parapet (en ce dernier sens, **Boyau,** partie de la tranchée que deux angles terminent, ou voie étroite de communication entre deux tranchées). **Fouille,** trou ou ouverture qu'on pratique dans la terre pour mettre à découvert ce qui est enfermé, ou faire les fondations d'une maison, creuser une mine, un canal, etc., marque aussi l'action de fouiller : *Les fouilles de Pompéi.* ¶ 2 → Tombe. ¶ 3 → Cavité.

Fosse d'aisances, toute cavité creusée dans le sol pour servir de réceptacle aux matières fécales. **Tinette,** récipient pour les excréments, qu'on emploie comme fosse d'aisances mobile.

Fossé : ¶ 1 → Fosse et Rigole. ¶ 2 → Séparation.

Fossile : → Vieux.

Fou : ¶ 1 *Fou* se dit de celui qui est atteint de la maladie appelée folie, comme de celui qui, dans sa conduite, ses paroles, ses idées ou ses sentiments, est extrêmement déraisonnable et extravagant. — En parlant d'un malade, *fou* a pour syn. **Dément** et **Aliéné** qui diffèrent comme les noms correspondants (→ Folie). **Interné,** aliéné enfermé dans un asile. — Dans ses deux sens *fou* a pour syn. **Déséquilibré,** celui qui, sans avoir perdu la raison, manque d'équilibre mental. **Détraqué,** fam. et péj., qui a le cerveau dérangé. **Braque,** fam., se dit surtout de celui qui est très étourdi, **Fêlé,** fam., de celui qui est un peu fou. **Malade,** très fam., syn. de *fou* par euphémisme. **Cinglé, Frappé, Maboul, Marteau, Piqué, Sonné, Tapé, Timbré, Toc-toc** et **Toqué** sont pop. **Loufoque,** pop. aussi, se dit parfois de celui qui est sympathiquement fou ou qui se donne l'apparence de la folie : *Des vers, des chansons loufoques.* **Dingo** et **Dingue,** termes d'argot, sont passés dans le langage pop. **Follet,** fam. et plaisant, qui dit ou fait de petites folies, marque plutôt une folie gaie et plaisante. **Fol,** vx, ne s'emploie de nos jours pour *fou* que devant les noms commençant par une voyelle ou un *h* muet. **Furieux** (→ ce mot) et certains de ses syn. peuvent marquer l'excès de la folie qui se manifeste par l'agitation. ¶ 2 → Extraordinaire et Excessif. ¶ 3 → Insensé. ¶ 4 → Épris. ¶ 5 → Gai. ¶ 6 *Être fou de :* → Goûter.

Fouailler : → Cingler.

Foucade : → Caprice et Coup de tête.

Foudre (fém.), fluide électrique qui, en s'échappant des nuages électrisés, produit une vive lumière appelée **Éclair** et une violente détonation appelée **Tonnerre.** *Tonnerre* se dit souvent pour *foudre* dans le langage courant. Au fig. le *tonnerre* éclate, terrifie par son bruit, fait entendre la voix du ciel, la *foudre* renverse, brise, brûle, confond, punit : *Les prédicateurs doivent chercher des éclairs qui percent, un tonnerre qui émeuve, une foudre qui brise les cœurs* (Bos.). **Fulguration,** terme de physique, éclair de chaleur qui ne s'accompagne d'aucun bruit. **Épart,** éclair de chaleur des pays chauds qui se voit surtout le soir.

Foudre (masc.) : → Tonneau.

Foudres : → Colère.

Foudroyant : ¶ 1 → Fulminant. ¶ 2 → Soudain.

Foudroyé : → Interdit.

Foudroyer : ¶ 1 → Frapper. ¶ 2 → Vaincre.

Fouet : Instrument pour châtier, fait d'une cordelette fixée au bout d'un manche. *Fouet,* instrument de ce genre destiné à exciter les chevaux ou à punir les hommes, désigne en général le supplice qui consiste à châtier un criminel à coups de verges (→ Bâton), de lanières ou de cordes à nœuds. **Discipline,** fouet fait de cordelettes ou de petites chaînes pour se mortifier et parfois pour châtier. **Martinet,** fouet formé de plusieurs brins de corde ou de cuir attachés au bout d'un manche, surtout pour châtier les enfants. **Étrivières,** au prop., courroie à laquelle est suspendu l'étrier, par ext. coup donné avec l'étrivière. — Au fig. le *fouet* excite, blesse ou châtie : *Le fouet de la satire.* L'*étrivière* humilie et déshonore : *Il ne s'en est tiré qu'avec les étrivières* (Lit.).

Fouetter : ¶ 1 → Cingler. ¶ 2 → Frapper. ¶ 3 → Exciter.

Fougasse : → Coup de tête.

Fougue : → Impétuosité.

Fougueux : → Impétueux.

Fouille : → Fosse.

Fouiller, chercher en creusant la terre, par ext. chercher en explorant, ou en écartant les objets qui peuvent cacher, implique, dans tous les styles, quelque chose d'important à découvrir, une action prudente et méthodique, faite souvent par autorité : *Ils m'ont arrêté et fouillé* (Les.). *Fouiller des bibliothèques* (B. S.-P.). **Fureter,** aller çà et là comme le furet, fam., chercher çà et là par curiosité, amusement, souvent avec indiscrétion : *Je m'amusais à fureter et à feuilleter les livres* (J.-J. R.). **Fouiner,** fam., fureter indiscrètement dans des meubles, des papiers. **Fourgonner,** fouiller maladroitement avec violence en brouillant et en mettant tout sens dessus dessous. En un sens péj. **Farfouiller,** très fam., et **Trifouiller,** pop., fouiller en désordre. **Fourrager,** chercher dans quelque chose en y mettant le désordre : *Fourrager des pincettes dans ce tas de poussière* (Mau.).

Fouillis : → Désordre.

Fouir : → Creuser.

Foulard : → Fichu.

Foule : ¶ 1 → Multitude. *Foule,* multitude confuse, considérée surtout comme gênant la circulation : *Cent chevaux dans la foule appelés De l'embarras qui croît ferment les défilés* (Boil.). **Presse,** multitude serrée, considérée surtout comme capable de comprimer, d'étouffer : *Il y eut trois hommes étouffés dans la presse* (Volt.). **Cohue,** péj., réunion de personnes où règnent le tumulte et la confusion, se dit bien en parlant d'une assemblée où la foule et la presse provoquent le désordre : *La cohue qui encombrait le hall* (M. D. G.). ¶ 2 → Peuple.

Foulée : ¶ 1 → Pas. ¶ 2 → Trace.

Fouler : ¶ 1 → Presser et Meurtrir. ¶ 2 → Marcher. ¶ 3 → Accabler. ¶ 4 (Réf.) → (se) Fatiguer.

Four : ¶ 1 *Four,* ouvrage de maçonnerie rond et voûté où l'on fait cuire, par concentration de chaleur, le pain, la chaux. **Fournaise,** grand four où brûle un feu ardent, se dit surtout au fig. pour désigner un lieu très chaud. **Étuve,** sorte de four où l'on enferme des objets pour les faire sécher, les cuire ou les désinfecter : *Faire sécher du sucre, du linge dans une étuve* (ACAD.); au fig., lieu très chaud, en un sens moins fort que *fournaise.* ¶ 2 Au fig. → Insuccès.

Fourbe : Adj. ¶ 1 → Faux et Trompeur. ¶ 2 N. → Tromperie.

Fourberie : ¶ 1 → Fausseté. ¶ 2 → Tromperie.

Fourbir : → Frotter.

Fourbu : → Fatigué.

Fourche, par image, lieu où un chemin se divise en deux ou en trois, et parfois en plusieurs branches. **Bifurcation,** terme technique, lieu où une route se divise en deux, et, en termes de chemin de fer, endroit où une voie donne naissance à une autre voie divergente. **Embranchement,** lieu où un ou plusieurs chemins moins importants se séparent de la route principale, et, en termes de chemin de fer, voie ou ligne secondaire se séparant d'une voie ou d'une ligne principales. **Bivoie,** terme des eaux et forêts, lieu où deux chemins aboutissent en formant une fourche : → Carrefour.

Fourché : → Fourchu.

Fourches caudines [passer sous les] : → (se) Soumettre.

Fourches patibulaires : → Gibet.

Fourchu marque absolument la qualité de ce qui, par nature et dès la racine, est séparé en deux : *Pied, menton fourchus.* **Fourché** marque le résultat d'une action qui a donné à quelque chose la forme d'une fourche : *Arbre fourché parce qu'il a été étêté;* ou la qualité de ce qui va d'abord tout entier en droite ligne, puis bifurque : *Chez les animaux à pied fourché,* le pied se termine en fourche.

Fourgonner : → Fouiller.

Fourmilière, Fourmillement : → Multitude.

Fourmiller : ¶ 1 → Remuer. ¶ 2 → Abonder.

Fourmis : → Picotement.

Fournaise : ¶ 1 → Four. ¶ 2 Au fig. → Brasier.

Fournée : → Groupe.

Fourni : ¶ 1 *Fourni* a rapport à la quantité et se dit de ce qui a suffisamment ou en abondance le nécessaire : *Contrée la mieux fournie de charbon de terre* (BUF.). **Garni,** plutôt relatif à la manière, implique qu'une chose a tout autour d'elle, ou en elle, ce qui la complète, fait un heureux effet : *Plante garnie de jolies fleurs bleues* (J.-J. R.). Une choucroute *fournie* est abondante; une choucroute *garnie* est accompagnée de toutes les viandes nécessaires pour qu'elle soit bonne. **Muni** et **Armé** sont relatifs à l'état d'une chose rendue forte ou capable, *muni,* plus général, annonçant un secours pour faire quoi que ce soit : *Muni de toute la science de l'Europe* (VOLT.); *armé* impliquant une activité qui consiste à donner ou à rendre des coups : *Système pour et contre lequel on doit être armé d'une érudition effrayante* (STAËL). **Pourvu** comporte une idée de précaution et se dit bien en parlant des avantages naturels donnés par une sorte de finalité et, absolument, des gens à qui on a donné une bonne place : *Pourvu de bonnes qualités. Le voilà pourvu.* **Nanti,** muni d'un gage donné par un débiteur à son créancier, par ext. muni par précaution et, absolument, assez enrichi pour ne pas craindre l'avenir : *Nanti d'un bon manteau contre la pluie. Politicien nanti* (ACAD.). ¶ 2 → Épais.

Fourniment : → Bagage.

Fournir : ¶ 1 *Fournir,* **Garnir, Armer, Munir, Nantir** et **Pourvoir** (→ ce mot) : → Fourni. **Assortir,** fournir de toutes les choses nécessaires ou convenables, se dit surtout en parlant des marchandises vendues dans les magasins : *Assortir un magasin. Ce marchand a de quoi vous assortir* (ACAD.). **Meubler,** garnir de meubles, par ext. garnir de tout ce qui sert à faire valoir : *Meubler une ferme de bestiaux;* ou, qui orne, enrichit : *Chemins creux, ravinés, meublés de noyers* (BALZ.). *Cave; bouche; mémoire bien meublées.* ¶ 2 → Procurer.

Fournisseur : → Commerçant.

Fourniture : → Provision. *Fourniture,* ce qu'on fournit, se dit de provisions, de marchandises, surtout en termes de commerce. **Prestation,** terme d'administration spéc. militaire, fourniture ou travail faits selon la loi, comme imposition ou réquisition.

Fourrager : ¶ 1 → Ravager. ¶ 2 → Fouiller.

Fourré : → Buisson.

Fourreau : → Enveloppe.

Fourrer : ¶ 1 → Introduire. ¶ 2 → Mettre. ¶ 3 → Garnir.

Fourrure : → Poil.

Fourvoyer [se] : → (s') Égarer.

Foyer : ¶ 1 Lieu où se fait le feu. *Foyer* désigne strictement ce lieu, où qu'il soit : *Dans son château près d'un large foyer* (VOLT.). **Cheminée,** construction à l'intérieur d'une maison, comportant un foyer appelé **Atre** et un conduit pour donner passage à la fumée. **Feu,** par image, *foyer* ou *âtre : Le coin du feu.* ¶ 2 → Famille. ¶ 3 → Maison. ¶ 4 → Salle. ¶ 5 → Centre.

Fracas : Grand bruit. *Fracas,* grand bruit violent, éclatant, comme si on cassait tout : *Le fracas d'une vitrine brisée.* **Tumulte,** bruit confus d'une foule, mélange de cris et de chocs : *Hommes et femmes en cadence mènent le chant jusqu'au tumulte* (VAL.); se dit des choses par image : *Tumulte d'un vent furieux* (MAU.). **Tapage** (→ ce mot), fam., grand bruit produit par des coups, par une vive agitation, en battant, en frappant, en renversant, en causant du désordre avec dégât : *Une femme qui bat sa domestique* (S.-S.), *un ivrogne* (VOLT.), *des soupeurs* (ZOLA), *des oiseaux qui se battent* (BUF.) font du *tapage,* **Vacarme** (→ ce mot), plus fam., grand tapage désordonné et discordant de choses et de gens : *Le diable vient faire un vacarme de lutin dans la maison et casse toutes les vitres* (VOLT.). *Le vacarme de la rue* (GI.). **Bruit** (→ ce mot), en ce sens, tumulte séditieux ou tapage dû à une querelle : *L'époux monte et fait bruit* (L. F.)

Fracasser : → Casser.

Fraction : ¶ 1 Action de rompre, de diviser ou son résultat. *Fraction* et **Fracture** marquent l'action, *fraction,* noble, ne s'emploie que dans le langage consacré : *La fraction du pain par J.-C.; de l'hostie* (ACAD.); *fracture* est de tous les styles : *Fracture d'une porte, d'un os.* — Pour marquer le résultat de l'action, *fraction* indique une division idéale et abstraite rappelant une opération; **Fragment** désigne toujours une chose concrète, un morceau : *Une fraction de l'assemblée* (ACAD.). *Fragments de papiers* (MAU.). ¶ 2 → Partie.

Fractionner : → Partager.

Fracture : → Fraction.

Fracturer : → Casser.

Fragile : ¶ 1 → Faible. Qui se brise facilement. *Fragile* comporte surtout l'idée de faiblesse, **Cassant,** celle de rigidité : *La porcelaine est fragile. L'acier, la fonte sont cassants.* ¶ 2 → Périssable.

Fragment : ¶ 1 → Fraction. ¶ 2 → Morceau. *Fragment,* morceau de quelque chose qui a été cassé, brisé, séparé de son tout. **Éclat,** partie détachée brusquement d'un corps qui éclate, par ext. fragment qui jaillit, saute : *Un éclat d'obus. Sous le choc la vitre vola en éclats* (ACAD.). **Esquille,** terme de chirurgie, petit fragment qui se détache d'un os fracturé ou carié.

Fragmenter : → Partager.

Fraîchement : → Depuis peu.

Fraîcheur : ¶ 1 Froid doux et modéré. *Fraîcheur* et **Frais** diffèrent comme *chaleur* et *chaud* (→ Chaleur). *Frais,* absolu, désigne une chose durable qu'on cherche, qu'on prend, qui est toujours agréable ou salutaire, *Fraîcheur,* relatif, une qualité momentanée, considérée souvent comme une cause et qui peut être parfois nuisible : *On met du vin au frais; on travaille au frais,* c'est-à-dire dans un endroit frais ou à une heure où il fait toujours frais; mais *on voyage à la fraîcheur du matin.* ¶ 2 → Lustre. ¶ 3 → Grâce.

Frais : Adj. ¶ 1 → Froid. ¶ 2 → Nouveau. ¶ 3 → Reposé. ¶ 4 N. → Fraîcheur.

Frais (N.) : → Dépense.

Franc : ¶ 1 → Libre. ¶ 2 Qui ne trompe point (→ Vrai). Alors qu'on est **Vrai** par principe, par raison, on est *Franc* et **Simple** par tempérament, mais la *franchise* consiste à ne point tromper par déguisement ou dissimulation, la *simplicité,* à ne point tromper par artifice : *Portées à l'excès, la franchise devient indiscrétion et la simplicité, bêtise* (L.). *Franc* implique une qualité constante, qui consiste à dire ce que l'on pense, sans contrainte et parfois sans réserve ni ménagement : *Gise n'est pas très franche; sans être fausse, Gise gardait volontiers certaines pensées secrètes* (M. D. G.); **Sincère,** une qualité parfois accidentelle ou passagère, qui consiste à être incapable de tromper autrui ou soi-même sur ce qu'on éprouve authentiquement, même si l'on ne montre ses sentiments qu'avec ménagement ou parce qu'on est sollicité : *Sincère et parfaitement lucide* (M. D. G.). *Sentiments d'autant plus sincères qu'ils n'étaient en rien obligés* (GI.). **Cordial,** en parlant d'affection, surtout d'amitié, ajoute à *sincère* l'idée que le sentiment a toute sa plénitude : *L'amour de J.-C. pour nous est sincère comme l'amour d'un fidèle ami, cordial comme l'amour d'un bon frère* (Bos.). **Ouvert,** surtout en parlant de l'air, du visage, des dehors, indique une qualité passive qui consiste à se laisser pénétrer et non pas à se faire connaître soi-même par ses discours : *Le cœur est tout ouvert et n'a rien qu'il déguise* (VOLT.). **Rond** et **Sans-façon** impliquent, fam, franchise et simplicité : *Un homme franc et rond* (VOLT.). **Carré,** très fam., qui parle et agit avec franchise et fermeté. **Net** et **Catégorique** (→ Clair) ont rapport à la franchise des paroles qui ne laissent subsister aucune équivoque. ¶ 3 Dans le même sens, comme adv., *Franc* qualifie la chose faite, et surtout les paroles, l'air, le ton qui sont nets et résolus, **Franchement** qualifie dans tous les cas la manifestation des sentiments de celui qui parle ou agit : *Je vous dirai tout franc* (MOL.). *Je ne vois rien de plus condamnable qu'un ami qui ne nous parle pas franchement* (MOL.). ¶ 4 → Parfait. ¶ 5 → Entier.

Franchir : → Passer. *Franchir,* passer au-delà d'un obstacle, de n'importe quelle façon. **Enjamber,** franchir en étendant la jambe. **Sauter,** franchir en sautant. **Boire l'obstacle,** franchir aisément un obstacle, sur sa lancée, sans s'en apercevoir.

Franchise : ¶ 1 → Liberté. ¶ 2 → Vérité. ¶ 3 *Franchise,* **Sincérité, Simplicité, Cordialité, Rondeur, Carrure** (rare) : → Franc. **Franc-parler,** franchise de langage. **Bonne foi,** sincérité dans les paroles et la conduite qui suppose une intention droite, le désir de ne pas tromper : *C'est de la meilleure foi du monde qu'il soutient cette erreur* (ACAD.).

Franco : → Gratuitement.

Franc-tireur : → Soldat.

Franquette [à la bonne] : → Simplement.

Frappant : → Émouvant.

Frappe : → Marque.

Frappé : ¶ 1 → Fou. ¶ 2 → Ému.

Frapper : ¶ 1 Donner un ou plusieurs coups. *Frapper* indique une action volontaire ou non, un coup donné de n'importe quelle façon. **Férir,** syn. vx de *frapper,* ne se dit plus que dans la loc. *Sans coup férir.* **Taper,** donner une tape, un coup de la main à plat, par ext. frapper avec quelque chose de plat, ou pour faire du bruit : *En tapant furieusement les planches du bout de sa grosse canne* (ZOLA). **Tapoter,** fam., donner de petites tapes à plusieurs reprises, toujours avec la main ou les doigts : *Tapoter la joue d'un enfant.* **Tambouriner,** en parlant des personnes ou des choses, imiter le bruit du tambour en frappant : *La pluie tambourine sur les vitres.* **Pianoter,** au fig., tapoter avec le bout des doigts, surtout sur une vitre, comme on ferait sur un clavier de piano. **Marteler,** au fig., frapper fort, avec le poing, comme avec un marteau, pour battre ou faire du bruit : *Mon poing désarmé martèle les armures* (V. H.). **Assener un coup,** frapper une personne, volontairement et avec violence. **Claquer,** frapper des mains à plat l'une sur l'autre pour applaudir; ou fam. avec un comp. d'objet, donner à quelqu'un une claque, une gifle. **Percuter,** frapper par choc, se dit spéc. en médecine de l'action du médecin qui frappe doucement,

selon certaines règles, telle ou telle partie du corps pour l'explorer. **Cogner,** frapper fort sur une chose pour la faire entrer ou pour la faire joindre avec une autre, par ext. frapper avec violence : *Il s'élança vers le bohème et je crus qu'il allait cogner* (GI.). **Heurter,** frapper contre une chose parce qu'on la rencontre rudement : *Se heurter la tête contre un mur;* ou frapper à une porte pour qu'on ouvre; en ce sens on dit plus ordinairement *frapper.* **Toquer,** syn. vx de *frapper,* dans la loc. : *Qui toque l'un, toque l'autre.* **Fouetter,** frapper d'un fouet; au fig. frapper violemment en parlant de ce qui frappe comme un fouet, la pluie, la grêle ou le vent. **Copter,** spéc., frapper une cloche seulement d'un côté pour la faire sonner. — *Frapper,* c'est aussi donner un coup avec une arme blanche ou une arme à feu. En ce sens, **Foudroyer,** frapper de la foudre; au fig. frapper et abattre avec une arme à feu : *Foudroyer les lapins* (L. F.). ¶ 2 Frapper pour faire du mal : → Battre. ¶ 3 → Toucher. ¶ 4 → Refroidir. ¶ 5 → Émouvoir. ¶ 6 → Punir.

Frasque : → Écart.

Fraterniser : → (s')Entendre.

Fraternité : → Union.

Fraude : → Tromperie.

Frauder : ¶ 1 → Priver. ¶ 2 → Tromper.

Frayer : ¶ 1 → Ouvrir. ¶ 2 *Frayer avec :* → Fréquenter.

Frayeur : → Épouvante.

Fredaine : → Écart.

Fredonner : → Chanter.

Frein : ¶ 1 → Mors. ¶ 2 → Obstacle.

Freiner : ¶ 1 *Freiner,* utiliser le dispositif appelé frein, qui peut être très varié, pour arrêter ou simplement ralentir un véhicule. **Enrayer,** empêcher un véhicule de rouler, surtout une voiture, en arrêtant la roue, par les rais ou au moyen d'un sabot, d'un frein ou d'une chaîne, en sorte qu'elle ne tourne point et qu'elle ne fasse que glisser. **Bloquer,** empêcher tout mouvement en serrant le frein à bloc. ¶ 2 → Modérer.

Frelater : → Altérer.

Frêle : → Faible.

Freluquet : ¶ 1 → Gringalet. ¶ 2 → Galant.

Frémir : → Trembler

Frénésie : ¶ 1 → Délire. ¶ 2 → Fureur.

Frénétique : ¶ 1 → Furieux. ¶ 2 → Violent. ¶ 3 → Chaud.

Fréquemment : → Souvent.

Fréquence : → Répétition.

Fréquentation : → Relation. *Fréquenta-tion*, **Pratique :** → Fréquenter.

Fréquenter, qui se dit des lieux et par ext. des personnes, marque simplement qu'on les visite souvent : *Il fréquentait tous les cafés* (Cam.). **Hanter,** fam., qui se dit des personnes et par ext. des lieux, insiste sur les qualités qu'on contracte auprès des personnes ou dans les lieux, avec une nuance souvent péj. : *Cela vous est venu depuis que vous vous mêlez de hanter la noblesse* (Mol.). *Hanter les sots, les vauriens* (Volt.). **Courir** marque le goût et l'empressement : *Une comtesse qui court les avoués* (Zola). — En parlant d'une personne exclusive-ment, **Pratiquer,** fréquenter de façon à connaître peu à peu : *Plus je pratique ce jeune homme, et plus je le reconnais pru-dent et discret* (Volt.). **Cultiver,** entretenir des relations bienveillantes et amicales avec quelqu'un et les développer en lui rendant des services : *Cultivez vos amis* (Boil.). **Être en relation** suppose des rapports mondains ou d'intérêt plus ou moins espacés. **Commercer** implique des relations suivies, et un échange d'offices ou d'idées. **Voir,** visiter ou rencontrer quelquefois, peut marquer des relations très espacées : *Je le vois quelquefois.* **Vivre avec** suppose au contraire un commerce permanent avec quelqu'un. **Converser,** en ce sens, est vx. **Voisiner,** fam., visiter ou fréquenter familièrement ses voisins. **Frayer avec,** être en relation avec quel-qu'un qui en général ne nous vaut pas, nous déshonore, se dit surtout à la néga-tive pour marquer avec mépris qu'on ne fréquente pas quelqu'un : *Il est fier et ne fraie pas avec tous* (Gi.). **Se frotter avec** ou **à,** fam., avoir commerce avec des gens, passagèrement, pour acquérir instruction ou expérience : *Se frotter aux savants, aux artistes* (Acad.).

Fresque : → Peinture et, au fig., Image.

Fret : → Charge.

Fréter, terme de marine marchande, donner (et parfois prendre) un bâtiment à louage, en tout ou en partie. **Affréter,** c'est toujours prendre à louage un bâtiment. **Noliser,** syn. d'*affréter*, se dit surtout en Méditerranée.

Frétiller : → Remuer. *Frétiller,* se remuer avec des mouvements vifs et courts, se dit des animaux et des hommes : *Cette carpe frétille encore.* **Trémousser** implique des mouvements vifs, irréguliers, mais plus larges que *frétiller,* et se dit seulement de quelques mouvements d'oiseaux : *Un moineau trémousse sans cesse dans sa cage* (Lit.). Pour les hommes on dit plutôt **Se trémousser :** *Ces gens-là* [des danseurs] *se trémoussent bien* (Mol.).

Fretin : ¶ 1 *Fretin,* tout menu poisson que l'on rejette habituellement à l'eau. **Frai,** action de frayer ou œuf de poisson, par ext. petits poissons à peine sortis de l'œuf. **Alevin,** menu poisson considéré comme servant au repeuplement. **Nourrain,** syn. d'*alevin,* menu poisson qu'on met dans un étang pour le repeupler. **Blan-chaille,** nom collectif dont les pêcheurs désignent le petit poisson blanc, comme ablettes, gardons. **Menuaille,** quantité de petits poissons. **Poissonnaille,** en ce sens, est fam. ¶ 2 → Rebut.

Friand : ¶ 1 → Appétissant. ¶ 2 → Gour-mand.

Friandises, souvent au pl., désigne des choses d'un goût délicat, particulièrement des sucreries et des pâtisseries. **Gourman-dises,** fam., toutes les choses que le gour-mand aime et qu'on lui prépare. **Sucreries,** au pl., friandises où il entre du sucre. **Douceurs,** au pl., friandises propres à flatter le goût. **Chatterie,** syn. fam. de *dou-ceurs.* **Confiserie,** toutes les sucreries que prépare le confiseur, envisagée comme une marchandise. **Bonbon,** dragée ou autre friandise de confiseur, par ext. toutes sortes de friandises, dans le langage enfantin. **Nanan,** fam., friandises, sucreries, tout ce qui est bon dans le langage enfantin. — **Pastille** ne se dit, en confiserie et aussi en pharmacie, que de petits morceaux de pâte séchée de différentes formes.

Fricassée : ¶ 1 → Ragoût. ¶ 2 → Mélange.

Fricasser : ¶ 1 → Cuire. ¶ 2 → Dépenser.

Friche : → Lande.

Fricot : ¶ 1 → Ragoût. ¶ 2 → Cuisine.

Fricoter : Au fig. → Trafiquer.

Frictionner, frotter quelque partie du corps, à sec ou autrement, avec les mains, avec une brosse, avec de la flanelle, etc. pour activer la circulation, calmer la dou-leur, faire pénétrer un produit à travers les pores. **Masser,** pétrir avec les mains les muscles, les articulations, de manière à les rendre plus souples et à faciliter la circulation du sang. **Oindre,** autrefois, frot-ter d'huile ou de quelque autre matière grasse. **Frotter** s'emploie parfois pour *frictionner* et surtout pour *oindre.*

Frigidité : ¶ 1 → Froid. ¶ 2 → Im-puissance.

Frigorifère : → Réfrigérateur.

Frigorifier, terme technique, produire le froid artificiellement, pour conserver, par des procédés chimiques ou physiques, les substances alimentaires. **Congeler** implique, surtout en parlant des viandes, un froid intense (entre — 5 et — 20°) qui les trans-forme en un bloc rigide et les conserve très longtemps ; **Réfrigérer,** un froid plus léger (0 à — 1°) qui conserve moins longtemps.

Frigorifique, Frigorigène : → Réfrigérateur.

Frimas : → Brouillard.

Frimousse : → Visage.

Fringale : → Faim.

Fringant : → Vif.

Fringuer : → Sauter.

Friper : ¶ 1 Gâter par des plis. *Friper* implique assez peu de plis, mais insiste, surtout en parlant des étoffes, des vêtements, sur le fait qu'ils sont gâtés, défraîchis. **Froisser** implique une multitude de plis, faits subitement, souvent par pression, et qui peuvent être provisoires : *Froisser un prospectus* (M. D. G.). **Chiffonner,** froisser de façon à mettre en petits plis irréguliers, en parlant du linge, du papier : *Lettres qu'il déchire ou chiffonne un moment après* (J.-J. R.). **Bouchonner,** chiffonner pour faire une sorte de paquet, de poignée : *Bouchonner du linge* (ACAD.). ¶ 2 → Manger.

Fripier : → Brocanteur.

Fripon : ¶ 1 → Voleur. Voleur adroit et rusé. Le *Fripon* a de l'esprit et se sert de sa finesse pour tromper, par des ruses plutôt que par des actes manuels : *Au pharaon, le banquier n'est qu'un fripon avoué* (J.-J. R.). **Escroc,** fourbe qui tire quelque chose de quelqu'un par vol et manœuvres frauduleuses, surtout au moral, mais parfois avec ses mains : *Une horde infâme d'usuriers escrocs* (VOLT.). **Escroqueur,** celui qui est escroc dans un cas particulier. **Filou,** celui qui enlève, par surprise, en un tour de main, ce qu'a sur soi : *Volé de tout ce que j'avais par des filous à la foire Saint-Germain* (VOLT.). **Aigrefin,** tout homme qui vit d'industrie, parfois syn. de *fripon* ou d'*escroc.* **Chevalier d'industrie,** homme qui vit d'adresse, d'expédients, sans forcément voler. **Faiseur,** fam., celui qui friponne les gens par ses beaux discours, ses hâbleries. ¶ 2 → Vaurien. ¶ 3 → Espiègle.

Fripouille : → Vaurien.

Frire : → Cuire.

Frisé, Frisotté, Bouclé, Annelé, Calamistré, Ondulé : → Friser. **Crépu,** frisé naturellement en touffes épaisses, sur la tête, ou sur le corps s'il s'agit d'un animal : *Tes cheveux Crépus comme mer qui moutonne* (APOL.). **Crêpé,** frisé court et menu, par artifice, ou momentanément, ou en un certain endroit du corps : *Le jaguar a le poil crêpé lorsqu'il est jeune* (BUF.). *Poil crêpé sur le cou* (BUF.). **Crépelé,** frisé en boucles très menues, ne se dit guère que des cheveux.

Friser : ¶ 1 Mettre en boucles, en petits anneaux. *Friser,* en parlant des cheveux

et des poils, implique des anneaux serrés, tortillés et peu réguliers. **Frisotter,** friser souvent et par menues boucles, se dit surtout par plaisanterie : *Elle s'amuse à frisotter sa fille* (ACAD.). **Boucler** implique que les anneaux sont peu serrés, mais réguliers, et assez gros. **Anneler,** mettre en grosses boucles, est vx. **Crêper,** friser finement le crêpe, en l'apprêtant pour y faire apparaître le duvet et y produire des ondulations, se dit par ext. des cheveux en petites touffes tortillées et frisées par le bout. **Calamistrer,** surtout au part. passif, friser, boucler, ou onduler avec le fer. **Onduler,** donner un mouvement souple aux cheveux, en forme de vagues. **Mettre en plis,** terme de coiffure, onduler à froid, avec les doigts et le peigne, les cheveux préalablement mouillés et qu'on sèche ensuite à l'air chaud. **Faire une permanente,** terme de coiffure, friser les cheveux d'une façon durable, par la chaleur électrique ou à froid par des procédés chimiques, avant de les *mettre en plis.* **Taper les cheveux,** syn. vx de *crêper les cheveux,* les relever avec le peigne. ¶ 2 (Intrans.) Être en boucles. *Friser,* **Boucler** diffèrent comme plus haut. **Moutonner,** être frisé et annelé comme la laine du mouton : *O toison moutonnant jusque sur l'encolure* (BAUD.). ¶ 3 → Effleurer. ¶ 4 → Risquer.

Frisson : → Tremblement.

Frissonnant : → Transi.

Frissonner : → Trembler.

Friture : ¶ 1 → Poisson. ¶ 2 → Grésillement.

Frivole : → Léger. Sans valeur en parlant des choses, et qui s'occupe des choses de peu de valeur en parlant des personnes. **Frivole,** léger, peu solide, sans grande valeur, mais qui peut marquer de l'esprit, avoir de l'agrément : *Cour potinière et frivole* (J. ROM.). **Futile** se dit des riens, des choses inutiles, sans aucune valeur, ou des gens ineptes, incapables, ou ne s'occupant que de choses oiseuses : *Ta mémoire qu'encombrent mille souvenirs futiles* (MAU.).

Frivolité : ¶ 1 *Frivolité,* **Futilité :** → Frivole. ¶ 2 → Bagatelle.

Froid : Adj. ¶ 1 *Froid,* qui nous donne la sensation d'une température notablement inférieure à la nôtre, ou qui est totalement privé de chaleur. **Froidi** et surtout **Refroidi** (→ Refroidir), qui est devenu plus ou moins froid après avoir été chaud; *froid* en ce sens marque la qualité absolument, au suprême degré, dans la chose, sans tenir compte des circonstances : *Un bouillon refroidi* n'est pas bon; un bouillon *froid* est préparé souvent pour être tel.

Frais, modérément froid, plus froid que chaud, et propre à tempérer une trop grosse chaleur : Par économie, ou par hygiène, on se lave à l'eau *froide*. Mais il est bon l'été de boire de l'eau *fraîche*. **Frisquet,** diminutif fam. de *frais* et de *froid*, se dit presque exclusivement en parlant de la température dans la loc. *Il fait frisquet*. **Glacial,** surtout en parlant des phénomènes atmosphériques, si froid qu'il a de la ressemblance avec la glace : *Soleil de décembre clair et glacial* (A. Four.). **Glacé** dit plus : qui fait l'effet de la glace, en parlant des phénomènes atmosphériques, des éléments, ou du corps privé de sa chaleur naturelle : *Le vent glacé lui gerçait les lèvres* (A. Four.). **Glaçant,** capable de glacer, est moins usité que *glacial* : *Un froid glaçant* (Acad.). ¶ 2 Au fig. → Indifférent. Difficile à émouvoir, à animer. **Froid,** qui se montre indifférent à ce qui arrive, peu accueillant envers autrui, souvent à l'occasion; ou, en parlant de l'esprit, dépourvu de la chaleur que donne la sensibilité : *Je l'aime mieux égale et froide qu'accueillante et capricieuse* (J.-J. R.). *Esprit méthodique et froid* (J.-J. R.). **Flegmatique,** qui demeure toujours grave et calme, par nature et tempérament, surtout du point de vue de l'humeur et du caractère : *Les Suisses sont ordinairement graves et flegmatiques* (J.-J. R.). **Impassible** (→ ce mot) implique surtout une force de caractère qui met au-dessus de toutes les émotions : *S'il ne vous a pas mis en colère, je vous tiens pour un homme impassible* (Volt.). ¶ 3 Au fig., en parlant de l'air, du ton, des discours, *Froid* implique réserve, indifférence, voire insensibilité : *Froides excuses* (Corn.). *Froid mépris* (Corn.). **Frais** se dit fam. d'un accueil, dans la loc. *un peu frais*, rien moins qu'enthousiaste. **Glacial** renchérit sur *froid* et marque une disposition habituelle à manifester, surtout dans la forme, une extrême froideur qui déconcerte, paralyse : *Réserve glaciale* (M. D. G.). **Glacé** indique, dans le fond surtout, quelque chose d'accidentel, mais de plus de froideur encore que *glacial* : *Un homme a l'abord glacial, et dans l'occasion, il fait à quelqu'un un accueil glacé* (L.). **Glaçant,** syn. peu usité de *glacial*. **Réfrigérant,** fam., propre à refroidir : *Accueil réfrigérant*. ¶ 4 → Fade. — ¶ 5 Qualité de ce qui est froid. *Froid* marque cette qualité absolument, existant en elle-même comme un être idéal, à son plus haut degré, constamment et passivement. **Froideur** envisage la qualité dans une chose ou un être, comme relative et variable et se manifestant activement : *Le froid est rigoureux. La froideur du temps*. **Frigidité** se dit de ce qui est froid et excite la sensation du froid : *La frigidité du marbre, d'un cadavre* (Acad.). **Froidure,** vx, froid du temps, de la saison, du climat. ¶ 6 → Mésintelligence.

Froideur : ¶ 1 → Froid. ¶ 2 → Indifférence. *Froideur,* **Flegme, Impassibilité :** → Froid.

Froisser : ¶ 1 → Frotter. ¶ 2 → Friper. ¶ 3 → Meurtrir. ¶ 4 Au fig. → Choquer. *Froisser,* choquer, blesser légèrement surtout en parlant d'intérêts, d'opinions, de sentiments : *Froisser des sentiments très délicats* (Gi.). **Piquer,** froisser la susceptibilité ou la légitime fierté de quelqu'un, implique qu'on provoque irritation et ressentiment (→ Aigrir). **Égratigner,** faire de légères blessures à l'amour-propre, au sentiment. **Désobliger,** causer du déplaisir à quelqu'un en le traitant mal dans la société, en contrevenant à son égard aux convenances, à la politesse : *Il a si peu d'égards au temps, aux personnes, aux bienséances que chacun a son fait sans qu'il ait eu l'intention de le lui donner : il n'est pas encore assis qu'il a déjà à son insu désobligé toute l'assemblée* (L. B.). — Tous ces mots qui insistent sur la façon dont on fait de la peine se distinguent de **Fâcher** et d'**Aigrir** (→ ces mots) qui insistent surtout sur la nature du chagrin qu'on provoque. ¶ 5 (Réf.) → (s') Offenser.

Frôler : ¶ 1 → Effleurer. ¶ 2 → Risquer.

Froment, la meilleure espèce de **Blé**; se dit seul au fig. surtout en langage mystique : *Le froment des élus*.

Froncé : → Plissé.

Frondaison : → Feuillage.

Fronder : → Critiquer.

Front : ¶ 1 → Face. ¶ 2 → Tête. ¶ 3 → Visage. ¶ 4 → Hardiesse. ¶ 5 → Sommet. ¶ 6 → Lignes. ¶ 7 → Coalition.

Frontière : → Limite.

Frontispice : → Face.

Frottement, action de frotter. **Frottage** ne se dit que du travail du frotteur et de son résultat, ce pour quoi on le paie.

Frotter : ¶ 1 *Frotter,* passer une chose sur une autre, à plusieurs reprises, en appuyant. **Froisser,** frotter fortement de manière à produire un commencement d'écrasement : *Froisser des cailloux les uns contre les autres* (Lit.). ¶ 2 → Nettoyer. Faire reluire. *Frotter,* nettoyer avec un chiffon, ou faire reluire un objet en l'enduisant par frottement de cire ou d'un autre produit semblable : *Frotter un parquet, un appartement*. **Cirer,** enduire ou frotter avec de la cire ou du cirage : *Cirer des souliers*. **Polir,** rendre luisant et uni en frottant, surtout en parlant de choses dures qu'on use, aplanit : *Polir le fer, le marbre* (ACAD.). **Astiquer,** rendre brillant en frottant : *Astiquer un ceinturon* (ACAD.). **Fourbir,** astiquer un objet de métal : *Fourbir un casque* (ACAD.). **Poncer,** rendre uni avec la pierre ponce : *Poncer du cuir* (ACAD.). **Briquer,** terme de marine, frotter avec une brique : *Briquer le pont*; par ext., surtout dans l'argot militaire, astiquer énergiquement. ¶ 3 → Frictionner. ¶ 4 (Réf.) → Fréquenter. ¶ 5 (Réf.) → Attaquer.

Froussard : → Lâche.

Frousse : → Peur.

Fructifier : → Produire.

Fructueux : → Profitable.

Frugalité : → Tempérance.

Frugivore : → Végétarien.

Fruit : ¶ 1 *Fruit,* produit des végétaux (et spéc. des arbres fruitiers) qui provient de l'évolution de la fleur et qui contient les graines. **Baie,** petit fruit charnu, dépourvu de noyau et renfermant des pépins : *Baie de genièvre, de laurier.* **Grain,** fruit des céréales, par ext. fruit grenu : *Grain de raisin, de genièvre.* — Au fig. ¶ 2 → Fils. ¶ 3 → Profit. ¶ 4 → Résultat et Recette.

Fruste : ¶ 1 → Usé. ¶ 2 → Rude.

Frustrer : → Priver.

Fugace : → Passager.

Fugitif : ¶ 1 → Fuyard. ¶ 2 → Passager.

Fugue : → Escapade.

Fuir : ¶ 1 → (s') Enfuir. ¶ 2 → Éviter. ¶ 3 → Passer. ¶ 4 Laisser échapper son contenu, en parlant d'un réceptacle, par une fente, une fêlure. *Fuir* se dit pour les liquides et pour les gaz. **Couler** ne se dit que rarement, pour un vase ou un tonneau. **Perdre,** syn. vague et fam. de ces termes.

Fuite : ¶ 1 L'action de se soustraire à un péril. *Fuite* envisage cette action par rapport à sa cause, sans insister sur ses modalités : *Et la fuite est permise à qui fuit son tyran* (RAC.). **Débandade,** action de rompre les rangs, n'est syn. de *fuite* que lorsque cette action est faite pour fuir, et comporte alors l'idée de désordre et de confusion. **Sauve-qui-peut** (n. masc.), fuite en désordre de plusieurs personnes, débandade où chacun, dans le désarroi général, se tire d'affaire comme il peut. ¶ 2 *Fuite,* **Évasion** diffèrent comme les v. correspondants : → (s') Enfuir. ¶ 3 Mauvaise excuse. La *Fuite* et la **Refuite,** antérieures à la lutte, ont pour but de la faire différer par un retard artificiel. *Refuite,* peu usité de nos jours, fuite avec redoublement d'adresse : *C'est l'ordinaire de ceux qui*

ont tort et qui connaissent leur faible de chercher des fuites (L. F.). *La chicane féconde en refuites* (S.-S.). **Faux-fuyant** et **Subterfuge** ont rapport à une lutte qu'on soutient, et désignent les ressources qu'on utilise pour s'en tirer à son avantage. Le *faux-fuyant* ménage une sortie, c'est une mauvaise excuse (→ ce mot) subtile : *Des faux-fuyants, des façons lâches d'éluder l'instant difficile* (J. ROM.). Le *subterfuge,* plus odieux, suppose une astuce subtile, mais aussi sourde et insidieuse : *La fraude heureuse en subterfuges* (J.-J. R.). **Refuge,** relatif à la fin de la lutte, marque un dernier retranchement, un dernier recours : *Le dernier refuge de M. de Cambrai contre la* Relation *est que...* (Bos.). **Échappatoire** et **Évasion** marquent qu'après la lutte, on cherche à se soustraire au pouvoir de l'adversaire qui a vaincu; *échappatoire,* fam., implique moins de secret et de ruse qu'*évasion,* de tous les styles, qui précise qu'on se dérobe furtivement : *Pour ne laisser aucune évasion à l'erreur que je combats* (MAS.). *Il fait le fou, croyant que cette échappatoire le garantisse* (MALH.). **Pantalonnade,** subterfuge ridicule digne du bouffon Pantalon. **Escobarderie,** subterfuge, échappatoire hypocrite, digne d'un casuiste. **Dérobade,** au fig., fuite qui consiste à éviter une discussion, une difficulté. **Pirouette,** fam., fuite qui consiste à se dérober par des plaisanteries à des reproches sérieux, des observations fondées.

Fulgurant : Au fig. → Soudain.

Fulguration : → Foudre.

Fuligineux : → Obscur.

Fulminant : ¶ 1 *Fulminant,* qui est armé de la foudre, qui peut foudroyer, est, au fig., relatif à la cause et se dit de celui qui est emporté, menaçant : *Lancer un regard fulminant. Écrit fulminant.* **Foudroyant** se dit de ce qui foudroie, et donc, au fig., relativement à l'effet, de ce qui accable, confond : *Attaque, réponse foudroyantes* (ACAD.). ¶ 2 → Menaçant.

Fulminer : ¶ 1 → Invectiver. ¶ 2 (une condamnation → Lancer.

Fumant, qui fume un instant par accident. **Fumeux,** qui a la qualité inhérente de fumer ou de dégager des vapeurs : *Ruines fumantes* (Bos.). *Lampe fumeuse, vin fumeux.* — Au fig. → Furieux.

Fumée : ¶ 1 → Vapeur. ¶ 2 → Vanité. ¶ 3 → Ivresse. ¶ 4 *Fumées :* → Excrément.

Fumer : ¶ 1 *Fumer,* soumettre des viandes à l'action de la fumée plus ou moins longtemps pour les sécher et les conserver : *Fumer des jambons.* **Boucaner,** exposer et faire sécher à la fumée de la viande, du poisson, et par ext. des cuirs. ¶ 2 → Rager.

Fumet : → Parfum.

Fumeux : ¶ 1 → Fumant. ¶ 2 → Enivrant.
¶ 3 → Obscur.

Fumier : → Engrais.

Fumiste : →. Plaisantin.

Fumisterie : → Attrape et Tromperie.

Funambulesque : → Ridicule.

Funèbre : ¶ 1 *Funèbre*, qui présente un aspect de mort, de funérailles, dépeint tout ce qui accompagne la mort, et par ext. évoque la mort : *Pompe, appareil, spectacle, honneurs, ornements, chants, convoi funèbres. Au fond des cieux funèbres, Il vit un œil tout grand ouvert dans les ténèbres* (V. H.). **Funéraire** signifie abstraitement tout ce qui a matériellement rapport aux funérailles : *Frais, colonne, monument, couronne, urne funéraires* (ACAD.). **Mortuaire** ne se dit que de ce qui concerne un mort ou les morts et non pas les funérailles : *Droits mortuaires, droits perçus sur les morts; frais funéraires, frais occasionnés par les funérailles* (L.). *Maison mortuaire.* **Macabre** ne se dit au prop. que dans l'expression *Danse macabre* et renchérit au fig. sur *funèbre* en parlant de récits, de plaisanteries, ou d'images qui ont un rapport direct avec la mort. ¶ 2 → Triste.

Funérailles : → Enterrement.

Funeste : → Fatal.

Fureter : → Fouiller.

Fureteur : → Indiscret.

Fureur : ¶ 1 Violente agitation, emportée et brutale. *Fureur* marque l'excès d'une passion (→ ce mot), d'une colère (→ ce mot), d'une violence (→ ce mot), d'un transport ou d'un enthousiasme (→ ce mot), de la folie (→ ce mot), de l'agitation violente qui s'empare d'un animal, et dans tous ces cas, envisage plutôt cette agitation comme étant concentrée, intérieure : *La fureur des désirs* (BUF.). **Furie** marque plutôt l'agitation violente du dehors qui nous met hors de nous, dans une sorte d'état passif : *L'enfer s'émeut au bruit de Neptune en furie* (BOIL.); d'où le sens souvent péj. de *furie*, alors qu'on dit une *noble fureur*, la *fureur prophétique*, la *fureur de Dieu*; et aussi l'emploi fréquent de *furie* pour désigner la violence extérieure des choses inanimées : *La mer en furie* (VOLT.); et dans certains cas une impétuosité naturelle qui n'a rien à voir avec la *fureur* et peut être prise en bonne part : *La furie française.* **Rage**, fureur agressive, appliquée à détruire ce à quoi elle s'attache, et parfois obstinée, tenace : *Il me poursuit avec un acharnement qui tient de la rage* (J.-J. R.); enchérit sur **Acharnement**, opiniâtreté d'un animal à ne pas lâcher sa proie, par ext. opiniâ-

treté de deux adversaires dans un combat, qui vient de la *fureur*, mais aussi de l'ardeur, du désir de n'être pas vaincu, de l'animosité. **Frénésie**, *fureur* qui fait totalement perdre la raison : *La chatte s'oublia jusqu'à la frénésie* (COL) ¶ 2 → Manie. ¶ 3 → Cours. ¶ 4 *A la fureur* : → (à la) Folie.

Furibond : → Furieux.

Furie : ¶ 1 → Fureur. ¶ 2 → Mégère.

Furieusement : → Très.

Furieux : ¶ 1 Adj. Qui est en fureur, en furie, et spéc. dans une colère violente. *Furieux* marque un état actuel ou habituel : *La tigresse est furieuse en tout temps* (BUF.). **Furibond** marque l'excès de la fureur (souvent plus habituelle qu'actuelle) qui déborde, se répand sur le visage, se manifeste violemment, mais, de nos jours, indique souvent, par raillerie, une disproportion entre les marques de la colère et sa cause : *Les autres éclataient en paroles furibondes contre les républicains* (ZOLA). **Transporté de fureur**, hors de soi, incapable de contrôler ses actes. **Fumant de courroux, de colère**, par image dans le langage noble, marque une excitation qui semble exhaler feu et fumée : *Fumante encor d'un généreux courroux* (CORN.). ¶ 2 Qui ne se possède pas, parle ou agit de manière à faire voir qu'il n'a pas l'usage plein et régulier de ses facultés. *Furieux* et **Furibond**, qui diffèrent comme plus haut, **Enragé**, fam., qui enchérit (→ Fureur), marquent une violence, un déchaînement dangereux : *Un fanatique qui s'était fait suivre par des furieux* (VOLT.). *Crier comme un enragé.* Le **Forcené** est hors de sens, en délire, et ressemble au **Frénétique** (→ Délire), à la fois fou et furieux, à cela près que son délire n'est pas le résultat de la maladie : *La perte de toute espérance rend forcené* (FÉN.). Le **Maniaque** est aussi déraisonnable, mais donne plutôt dans l'extravagance ridicule, ou dans l'idée fixe : *Le moyen de diminuer le nombre des maniaques est d'abandonner cette maladie de l'esprit au régime de la raison qui éclaire* (VOLT.). **Possédé** (n. seulement), fam., au fig., homme inquiet qui se tourmente, s'agite et parfois extravague nerveusement, comme si le démon était en lui : *Jurer comme un possédé* (LES.). *J'ai affaire à un extravagant, à un possédé* (LES.). **Énergumène** (n. seulement) enchérit au fig., et désigne celui qui se livre à des mouvements excessifs d'exaltation, d'enthousiasme, de colère, parle, s'agite avec violence et se rend incapable de toute vie sociale : *Un énergumène venu avec un revolver dans sa poche* (J. ROM.). **Enthousiaste**, vx, visionnaire fanatique qui se croit inspiré (→ ce mot). ¶ 3 → Violent.

Furoncle, terme médical, espèce de petit phlegmon (→ Pustule) douloureux qui a son siège dans les parties profondes de la peau. **Clou,** nom vulgaire du *furoncle*. **Anthrax,** accumulation de furoncles formant une tumeur qui détermine la gangrène d'une partie des tissus.

Furtif : → Secret.

Furtivement : → Secrètement.

Fuselé : → Mince.

Fuser : → Fondre.

Fusil, arme à feu portative qu'on tire en l'épaulant. Le *fusil* date du xviiᵉ s., mais ne fut adopté comme arme de guerre qu'en 1703 pour remplacer le **Mousquet** qu'on faisait partir avec une mèche allumée. Au xviiᵉ s., on disait plutôt *fusil* pour la chasse et *mousquet* pour la guerre. **Carabine,** fusil court, léger, à canon ordinairement rayé. **Mousqueton,** de nos jours, fusil court dont sont armés les cavaliers, les servants d'artillerie, et les mitrailleurs d'infanterie et qui peut être porté en bandoulière. **Arquebuse,** arme qui précéda le *mousquet* du début du xvᵉ s. à la fin du xviᵉ, et fut d'abord appelée **Couleuvrine à main** et **Haquebuse.** **Espingole,** sorte d'arquebuse à canon évasé à son extrémité appelée plus communément, jusqu'à la fin du xixᵉ s., **Tromblon.** **Chassepot,** sorte de fusil à tir rapide et à longue portée, ainsi appelé du nom de son inventeur et qui fut en usage dans l'armée française de 1866 à 1874. **Rifle** (mot anglais), carabine à long canon. **Escopette,** terme général, à la fin du xvᵉ s. et durant le xviᵉ, toute petite arme à feu à main; spéc. fusil espagnol. **Fusil-mitrailleur,** fusil automatique mis en service durant la grande guerre. **Mitraillette,** fusil mitrailleur plus léger en usage de nos jours. **Flingot,** pop., *fusil*.

Fusiller : ¶ 1 → Tuer. *Fusiller,* tuer à coups de fusil, ne se dit guère qu'en parlant d'un condamné. **Passer par les armes** est d'un langage plus relevé. ¶ 2 Au fig. → Dépouiller.

Fusion : ¶ 1 Passage d'un corps solide à l'état liquide sous l'effet de la chaleur. *Fusion* marque plutôt l'action et appartient au langage scientifique, **Fonte,** terme ordinaire, marque plutôt l'état ou insiste sur l'effet de l'action : *Entrer en fusion; dans cet état de fonte* (Buf.). *Fusion des métaux. Fonte des neiges.* ¶ 2 → Union.

Fusionner : → Unir.

Fustiger : ¶ 1 → Cingler. ¶ 2 → Réprimander.

Fût : ¶ 1 → Tonneau. ¶ 2 → Tige.

Futaie : → Forêt.

Futaille : → Tonneau.

Futé : → Malin.

Futile : → Frivole.

Futilité : ¶ 1 → Frivolité. ¶ 2 → Bagatelle.

Futur : ¶ 1 → Avenir. ¶ 2 → Fiancé.

Fuyant : ¶ 1 → Fuyard. ¶ 2 → Secret.

Fuyard (n. et adj.), qui ne fait que fuir, ne se dit guère, pour qualifier péj. celui qui est en fuite, que des soldats qui s'enfuient du combat : *Rallier les fuyards* (Acad.). **Fugitif** (n. et adj.) ne se dit pas des soldats et s'applique à celui qui a fui pour n'importe quelle raison et dont le comportement est déterminé par le fait qu'il est en fuite, ou à celui qui a une disposition à fuir : *Esclaves fugitifs. Individus sauvages, fugitifs et sans cesse inquiets de trouver leur séjour de liberté* (Buf.). **Fuyant** (adj. seulement) ne se dit que de celui qui fuit actuellement, dans une seule occasion particulière : *Le Pasteur trouve et atteint sa brebis fuyante* (Bos.).

G

Gabarit : ¶ 1 → Modèle. ¶ 2 → Dimension.

Gabegie : → Désordre.

Gâcher : ¶ 1 → Délayer. ¶ 2 → Manquer. *Gâcher*, faire un ouvrage grossièrement, négligemment, sans goût, et, par ext., manquer ce que l'on fait : *Gâcher la besogne, un beau sujet* (ACAD). **Bâcler,** gâcher un ouvrage parce qu'on a hâte de s'en débarrasser. **Sabrer,** en ce sens, est fam. et vx. **Bousiller,** fam., gâcher un ouvrage par négligence et précipitation. **Saveter,** pop., gâcher un ouvrage en le faisant ou en le raccommodant malproprement : *Saveter un habit, un devoir* (ACAD.). **Saboter,** gâcher un ouvrage exprès, en y introduisant des malfaçons; ou simplement en le faisant mal et vite. En ce dernier sens, on dit aussi pop. **Mal torcher, Torcher à la diable, Torcher** et abusivement **Torchonner. Saloper,** très fam., et **Cochonner,** pop., saveter salement ou grossièrement ce qu'on a à faire. — **Gâter,** syn. de *gâcher,* insiste sur le résultat de l'action : c'est mettre un ouvrage ou une chose en mauvais état, volontairement ou non : *On gâche son talent en l'employant mal, on le gâte en le diminuant; on gâche une affaire en ne sachant pas la faire réussir; on gâte les affaires en les compliquant, en rendant un arrangement impossible.* **Massacrer,** fig. et fam., gâter, mutiler une chose en la découpant, par ext. gâter et défigurer un ouvrage par une mauvaise exécution : *Massacrer son rôle, un air.* ¶ 3 Spéc. faire un mauvais emploi de quelque chose. *Gâcher,* mal utiliser la chose : *Gâcher une occasion, sa vie* (ACAD.). **Perdre** a rapport au résultat qui est nul : *Perdre son temps, sa journée.* **Galvauder,** fam., dégrader (→ ce mot) une bonne chose, un avantage, une qualité, en les employant mal, ne se dit qu'au fig. dans des loc. comme *Galvauder son talent, les dons qu'on a reçus de la nature, une affaire, une situation* (ACAD.). **Gaspiller,** dépenser une chose avec profusion sans tirer aucun résultat de son emploi : *Gaspiller son temps, son talent.*

Gâchis : → Désordre.

Gadoue : → Boue.

Gaffe : ¶ 1 → Perche. ¶ 2 → Erreur et Maladresse.

Gaffeur : → Maladroit.

Gage : ¶ 1 → Garantie. Ce que l'on met entre les mains de quelqu'un pour la sûreté d'une dette. *Gage,* terme commun, fait plutôt considérer la chose comme donnée par le débiteur : *Retirer un gage. Prêter sur gages* (ACAD.); **Nantissement,** terme de droit, la considère comme reçue par le créancier : *Un homme qui prête ne se dessaisit pas pour rien de son nantissement* (LES.). ¶ 2 *Gages :* → Rétribution.

Gager : ¶ 1 Convenir avec quelqu'un, dans une contestation, que celui des deux qui se trouvera démenti par le fait paiera à l'autre une somme ou quelque autre chose. *Gager* insiste surtout sur la chose qu'on présume devoir exister ou devoir arriver et dont parfois on se porte garant, ou qu'on s'engage à faire arriver. **Parier,** souvent à propos de faits dépendant du hasard, dont on préjuge en simple spectateur, insiste sur la somme qu'on hasarde : *J'ai gagé que je pourrais bien corrompre un homme, mais non pas une statue* (FÉN.). *Je proposai de parier quatre pistoles qu'il n'y aurait point de combat* (S.-S.). ¶ 2 → Payer.

Gageure, Pari : → Gager.

Gagnant : → Vainqueur.

Gagner : ¶ 1 → Obtenir. ¶ 2 → Vaincre. ¶ 3 → Mériter. ¶ 4 *Gagner sur :* → Distancer. ¶ 5 → Aller et Arriver. ¶ 6 → (se) Répandre et Avancer. ¶ 7 → Attirer. *Gagner,* se rendre des personnes entièrement favorables, par n'importe quel moyen, de façon qu'elles nous approuvent ou nous soutiennent dans une action louable ou non : *La voix du notaire gagnait le cœur en y faisant résonner l'éloquence de la probité* (BALZ.). **Se concilier,** c'est simplement mettre dans une disposition favorable : *Il cherche à se concilier les gens, il veut mettre tout le monde avec lui* (CAM.). **Apprivoiser,** fig., rendre doux, traitable, celui qui résiste, est sauvage : *Daniel a-t-il été aimable? Avez-vous réussi à l'apprivoiser un peu?* (M. D. G.). **Amadouer,** fam., gagner ou apprivoiser quelqu'un par des caresses, des flatteries, pour le disposer à faire ce qu'on attend de lui. **Conquérir,** en un sens toujours favorable, gagner vivement, par ses qualités, l'estime ou le cœur de quelqu'un : *Ne va pas t'imaginer, parce que je me suis donnée à toi, que tu m'as* *conquise* (Gi.). **Capter,** gagner ou chercher à gagner quelqu'un par insinuation ou adresse : *Capter la faveur du peuple* (J. Rom.). **Captiver,** gagner et retenir captif par une sorte de charme dû au talent, à la beauté : *Captivé par cette femme qui le captiva d'autant plus qu'elle ne parut pas vouloir exercer le moindre empire sur lui* (Balz.). **Envoûter,** souvent péj., captiver par maléfice, enlever tout esprit critique à celui qui vous admire ou vous aime. **Subjuguer,** gagner en exerçant une sorte d'ascendant, de domination sur la volonté de quelqu'un, surtout par son autorité. **Séduire,** gagner et entraîner hors du droit chemin, ou corrompre; par ext., en un sens favorable, gagner et entraîner en plaisant d'une façon irrésistible : *C'est quelque air d'équité qui séduit et qui plaît* (Boil.).

Gai : ¶ 1 Qui est de belle humeur ou met en belle humeur. *Gai* suppose une qualité naturelle, se dit aussi des animaux et des choses, implique souvent mouvement, agitation extérieure : *Les saturnales, une fête si gaie* (Volt.). *Fauvette gaie* (Buf.). **Enjoué,** uniquement en parlant de l'homme, suppose une gaieté douce, mesurée, gracieuse, due à l'art, au désir de plaire : *Marot, La Fontaine sont enjoués.* **Réjouissant,** en parlant des hommes et des choses, capable d'éveiller une vive gaieté chez les autres, même sans être gai en soi, souvent pour corriger le défaut de ce qui manque de gaieté : *Leur figure sera réjouissante, ils nous donneront la comédie* (Boil.). **Réjoui** (→ ce mot) ne se dit que d'un homme dont l'extérieur manifeste la vive gaieté qu'il éprouve. **Badin** et **Folâtre** indiquent une gaieté légère qui tient de l'enfantillage, s'écarte de la raison sans toutefois tomber dans la grossièreté. *Badin* se dit plutôt, comme *enjoué,* de l'esprit et de ses productions riches en plaisanteries amusantes, malicieuses : *Mot badin* (J.-J. R.). *Folâtre,* comme *gai,* de l'humeur qui n'a rien de posé et provoque des mouvements un peu fous : *Sophie a naturellement de la gaieté, elle était même folâtre dans son enfance, mais sa mère a pris soin de réprimer ses airs évaporés* (J.-J. R.). **Folichon,** plus fam., marque une gaieté plus folle parfois un peu inconvenante et légère; **Fou,** une gaieté sans retenue, violente, nerveuse, excessive. **Guilleret,** gai avec quelque chose de vif, ou avec une pointe de gaieté un peu libre. **Jovial,** fam., implique une gaieté communicative, mais un peu grosse, avec des plaisanteries faciles : *Quoiqu'il fût gai, presque jovial même* (Balz.). **Gaillard,** vx et fam., une gaieté vive et démonstrative due à l'excellente santé ou à l'absence de tout souci :

Le gaillard savetier (L. F.) — **Joyeux, Allègre, Hilare, Enthousiaste** : → Gaieté. ¶ 2 → Comique. ¶ 3 → Libre.

Gaieté : État ou sentiment agréable de l'âme. La *Gaieté,* dans l'humeur et dans les manières, se manifeste par des mouvements pleins de vivacité, se communique, rend d'un commerce agréable, et peut tenir au caractère : *Éclats* (Zola, Mau.) *de gaieté. La gaieté fait une grande partie de son mérite* (Sév.). La **Joie,** dans le cœur, intime, concentrée, ne se manifeste pas toujours extérieurement, mais gagne toute l'âme, lui donne chaleur et lumière, est souvent l'effet de certaines circonstances, peut être profonde, poussée jusqu'à l'ivresse, mais demeure souvent courte et passagère : *Une immense joie dilatait son cœur* (Gi.). *Que ma joie demeure* (Gio.). *Joie* marque parfois un vif éclat de belle humeur sans retenue (*Joie bruyante.* D'Al.) et enchérit alors sur *gaieté,* mais suppose toujours un sentiment dû aux circonstances : *Son air inspire la joie* (Acad.). Gaieté a pour syn. **Enjouement, Badinage, Jovialité** (→ Gai). **Alacrité** (rare), vivacité qui rend gai. **Entrain,** animation, ardeur au plaisir qui se communique et rend gai : *Entrain communicatif* (J. Rom.). **Hilarité,** autrefois joie douce et calme, de nos jours gaieté subite, inattendue qui se manifeste par une explosion de rires : *Un accès d'hilarité inexplicable* (J. Rom.). **Goguette,** dans la loc. *Être en goguette,* vive gaieté souvent due à un excès de libations. — *Joie* a pour syn. **Allégresse,** joie vive, souvent publique, ou qui rend léger, actif : *Allégresse juvénile* (Proust); *des combats* (Col.). **Enthousiasme,** démonstration d'une grande joie, d'une vive allégresse. **Liesse,** joie débordante et collective, ne s'emploie qu'avec en : *Un peuple, une foule en liesse* (Acad.). **Jubilation,** fam., joie expansive, se manifestant ou tendant à se manifester par des signes extérieurs : *Conserver sa gaieté et son visage de jubilation* (Sév.).

Gaillard : Adj. ¶ 1 → Gai. ¶ 2 → Libre. ¶ 3 → Valide. — ¶ 4 N. Fam., *Gaillard,* homme solide, décidé, gai et démonstratif, parfois un peu libre : *Un gaillard solide qui oserait tout* (Zola). **Compagnon** et surtout **Bon compagnon,** homme gaillard et porté en même temps vers la galanterie, les plaisirs, la bonne chère : *Henri IV était bon compagnon* (Lit.). **Luron,** bon vivant, sans souci, qui n'a peur de rien. Le **Loustic** (avant la Révolution, bouffon des régiments Suisses) fait rire par des plaisanteries à propos de tout : *Le loustic obligé par son rôle et par sa nature à tenir son* [village] *en liesse* (Balz.). Le **Lascar** (pop.) joue surtout des tours malins. **Drille** (étym. « soldat »), très fam., ne s'emploie que dans des loc. comme *Un bon drille, un joyeux drille, un vieux drille.* **Bougre** (→ Homme), pop. et même trivial, parfois par ext. syn. de *luron* : *Un bougre qui n'a pas froid aux yeux* (LAR.). **Drôle,** péj., homme ou enfant qui, ayant quelque chose de décidé, de déluré, ne laisse pas d'exciter quelque inquiétude : *Les comédiens étaient de grands drôles bien faits* (HAM.). **Zig,** pop., bon compagnon franc et gai. **Zigoto,** pop., plaisant plutôt excentrique. **Galant,** fam., homme éveillé, rusé et dont il faut se méfier : *Notre galant s'avisa d'un nouveau stratagème* (ACAD.). **Titi,** fam., loustic qui a quelque chose d'un gamin de Paris.

Gain : ¶ 1 → Rétribution. ¶ 2 Ce qui résulte ou ce qu'on tire de bon d'une chose, par ex. d'une affaire, d'une entreprise, d'une industrie. *Gain* désigne une augmentation d'avoir, **Profit,** une augmentation de bien-être; de plus le *gain* peut être dû au hasard, le *profit* est toujours le résultat de l'industrie, de l'adresse; enfin, le *gain* est un fruit naturel et direct, le *profit* peut être acquis indirectement : *Le profit lui semblant une fort douce chose, Il risque de nouveau le gain qu'il avait fait* (L. F.). *On dit le gain du jeu en parlant des joueurs; et les profits du jeu en parlant des personnes qui donnent à jouer ou fournissent les cartes* (L.). **Bénéfice,** grand profit, convient particulièrement à l'égard des entreprises qui demandent des mises ou des avances et marque l'excédent du produit sur ces mises ou ces avances : *Les bénéfices de l'entrepreneur, du banquier* (LIT.). **Lucre,** péj., toujours au sing. et dans le style soutenu, le gain pécuniaire plus ou moins licite, considéré d'une manière générale et abstraite : *L'amour du lucre* (ACAD.). **Revenant-bon,** profit casuel et éventuel provenant d'un marché, d'une charge, d'une affaire : *Je voulais faire imprimer la pièce et donner le revenant-bon à l'avocat* (VOLT.); par ext. tout profit accidentel, souvent en un sens ironique : *Il sera enchanté que le préceptorat de son fils, qu'il trouve assez dispendieux, lui procure ce revenant-bon* (J. ROM.). — **Dividende,** portion du bénéfice mise en distribution et qui revient à chaque actionnaire d'une compagnie commerciale, industrielle ou financière. **Boni,** excédent de la dépense prévue ou des fonds alloués sur les sommes réellement dépensées; dans le langage vulgaire, bénéfice quelconque.

Gaine : → Enveloppe.

Gala : ¶ 1 → Fête. ¶ 2 → Festin.

Galant : Adj. ¶ 1 → Civil. ¶ 2 → Élégant. ¶ 3 → Érotique. ¶ 4 *Galant homme* : → Homme de bien. — N. ¶ 5 → Gaillard. ¶ 6 → Amant. ¶ 7 *Galant,* homme qui cherche à plaire aux femmes : *Le ridicule d'un vieux galant* (J.-J. R.). **Vert galant,** homme vif, alerte, vigoureux qui aime beaucoup le plaisir et les femmes : *Belle servante et mari vert galant* (L. F.). **Galantin,** galant ridicule, souvent par sa vieillesse : *Le galantin fut un vieux drôle* (BALZ.). **Damoiseau,** jeune galant qui se donne des airs de dandy élégant et avantageux : *Damoiseaux fluets qui n'ont pas plus de vigueur que des poules* (MOL.). **Dameret,** galant, jeune ou vieux, qui est langoureux, tâche de plaire par de petites complaisances : *Peindre Caton galant et Brutus dameret* (BOIL.). **Godelureau** se dit plutôt d'un homme du commun, coureur de filles et débauché. Le **Freluquet** est surtout léger, frivole, de peu de mérite. Le **Muguet** (terme du XVIe s.) se parfume et se pare avec soin. Le **Blondin** (terme du XVIIe s.) a toute sa séduction dans sa coiffure ou dans son teint. Le **Mirliflore** est d'une élégance merveilleuse et fait l'aimable. Le **Fat** a des prétentions auprès des femmes qu'il pense séduire par son élégance, sa beauté physique dont il est fier : [Un bel homme] *a tort d'être fat, mais il a raison d'être beau* (MARIV.).

Galanterie : ¶ 1 → Civilité. ¶ 2 Propos flatteurs tenus à une femme. *Galanteries,* souvent au pl., tout ce qui fait plaisir, flatte, cadeaux, attentions, propos. **Douceurs,** paroles flatteuses : *Il lui conte des douceurs* (MOL.). **Madrigal,** syn. de *douceurs,* suppose ingéniosité et recherche parfois un peu mièvre. **Fleurette,** propos galant, se dit surtout de nos jours dans la loc. *Conter fleurette.* ¶ 3 → Amour. *Galanterie,* commerce charnel et illicite. **Coucherie,** commerce charnel souvent passager, est pop. et très péj. : *Coucherie de comédienne* (J. ROM.).

Galapiat : → Vaurien.

Galbe : → Ligne.

Gale : ¶ 1 *Gale,* maladie de la peau caractérisée par une éruption de vésicules provoquant des démangeaisons. **Rogne,** gale invétérée. ¶ 2 Au fig. → Méchant.

Galéjade : → Plaisanterie.

Galerie : ¶ 1 → Passage. ¶ 2 → Vestibule. ¶ 3 → Balcon. ¶ 4 → Pièce. ¶ 5 → Musée. ¶ 6 → Collection. ¶ 7 → Public. ¶ 8 → Souterrain.

Galérien : → Forçat.

Galet : → Pierre.

Galetas : → Grenier.

Galette : ¶ 1 → Pâtisserie. ¶ 2 → Argent.

Galimafrée : → Ragoût.

Galimatias : Langage obscur. *Galimatias* implique, surtout dans le fond, un manque de logique et de justesse qui rend ce qu'on veut dire inintelligible : *Quel galimatias, quel rébus!* (J. Rom.). **Amphigouri,** écrit burlesque qu'on remplit volontairement de galimatias, par ext. écrit ou discours qui, contre l'intention de son auteur, est inintelligible par le désordre des idées et leur manque de suite : *Élaguer les tortillages et les amphigouris* (J.-J. R.). **Tortillage,** fam., façon tortueuse et embarrassée de s'exprimer, parfois pour cacher sa pensée. **Logogriphe** a surtout rapport au manque de clarté et à la complication des idées qui font d'un écrit, volontairement ou non, une véritable énigme : *Pythagore qui a mis toute sa philosophie en logogriphes* (Volt.). — Surtout par rapport à la forme, **Phébus,** langage ampoulé pour exprimer de petites choses, si bien qu'on ne saisit plus celles-ci sous les termes sublimes dont on les cache : *Une pensée triviale revêtue d'une image pompeuse ou brillante est ce qu'on appelle le Phébus* (Marm.). **Pathos** (→ Pathétique), affectation de chaleur et d'enthousiasme, dans l'éloquence, pour soulever l'émotion par de grands mots ridicules qui n'apportent en fait que confusion. **Charabia,** fam., style aussi peu intelligible par ses barbarismes, ses impropriétés, ses incorrections, que le patois des Auvergnats. **Baragouin,** fam., langage inintelligible parce que les mots en sont altérés, ressemblent à ceux d'une langue étrangère : *Discours traduit de baragouin en français* (P.-L. Cour.). **Jargon,** langage bizarre parce qu'il est corrompu, ou propre à un individu, à un peuple, à une spécialité, loin de l'usage commun : *Il n'a manqué à Molière que d'éviter le jargon et le barbarisme et d'écrire purement* (L. B.). **Hiéroglyphe,** fam. et fig., style, langage ou écriture aussi inintelligibles que les caractères des Égyptiens anciens.

Galipette : → Cabriole.

Galoche : → Sabot.

Galop, allure du cheval qui est proprement une suite de sauts en avant. **Galopade,** fraction de galop considérée concrètement comme ayant une durée ou par rapport à l'espace parcouru : *Un galop fatigant* marque que la fatigue est due à la manière dont le cheval galope; une *galopade fatigante,* qu'elle vient de la durée des galops et de l'espace parcouru.

Galoper : → Courir.

Galopin : → Gamin.

Galvaniser : → Enflammer.

Galvauder : ¶ 1 → Gâcher. ¶ 2 → Traîner.

Galvaudeux : → Vagabond.

Gambade : → Cabriole.

Gambader : → Sauter.

Gambiller : → Remuer.

Gamin : ¶ 1 → Enfant. Enfant déjà grand traînant dans la rue. Le *Gamin* joue, est espiègle, étourdi, mais peut avoir le cœur bon et généreux : *Une laideur adorable de gamin parisien* (Zola). **Gavroche,** toujours en bonne part, d'après le personnage des *Misérables* de V. Hugo, gamin de Paris spirituel, moqueur, symbole des bonnes qualités populaires. **Titi,** fam., gamin qui fait le loustic. **Galopin,** gamin qui court partout et vagabonde, fait des tours, est plus malicieux qu'espiègle : *Sur les trottoirs les galopins la poursuivaient à coups de pierre* (Zola). **Polisson,** vrai petit bandit, malpropre, insolent, batailleur, plus mauvais que malicieux. **Garnement,** franc vaurien. **Voyou,** pop. et très péj., garnement insolent. ¶ 2 → Enfantin.

Gamme : → Suite.

Ganache : → Bête.

Gandin : → Élégant.

Gangrener : → Gâter.

Gangster : → Bandit.

Gant : ¶ 1 Objet d'habillement qui couvre la main. Le *Gant,* qui part du poignet ou de plus haut, couvre chaque doigt séparément. La **Mitaine** n'a pas de séparation pour les doigts excepté pour le pouce; en ce sens, **Moufle,** mitaine épaisse de cuir ou de laine. Mais *mitaine* désigne surtout de nos jours une sorte de gant qui, ne couvrant que la moitié de la main, laisse les doigts découverts et libres pour travailler. ¶ 2 *Jeter le gant :* → Braver. ¶ 3 *Mettre des gants :* → Ménager. ¶ 4 *Se donner les gants :* → (se) Flatter.

Garage : → Remise.

Garant : ¶ 1 En parlant d'une personne, *Garant,* celui qui répond d'une chose, la rend certaine, l'autorise : *Horace est mon garant quand j'ose soutenir qu'Homère s'assoupit un peu quelquefois* (Fén.). **Caution,** terme de droit, celui qui répond d'une personne, la rend digne de confiance, l'accrédite, et, surtout en parlant de l'avenir, vient à l'appui d'une promesse et en assure l'exécution : *Je vous suis bien caution que le titre d'Encyclopédiste ne vous fera aucun tort* (Volt.). **Répondant,** terme commun, celui qui se porte caution de la conduite future d'une personne et peut réparer les dommages qu'elle ne réparerait pas elle-même : *Je n'ai pour me recommander ni protecteur ni répondant, j'espère avec le temps être ma caution moi-même* (Marm.). **Responsable** se dit parfois du représentant d'un groupe de personnes qui répond de leur conduite auprès d'un supérieur : *Le responsable d'un* *camp de prisonniers*. **Otage,** spéc., personne qu'on livre ou qu'on retient pour servir de gage ou en garantie de quelque chose. ¶ 2 En parlant d'une chose : → Garantie.

Garantie : ¶ 1 *Garantie,* **Protection, Préservation, Salut** : → Garantir. ¶ 2 Ce qui rend sûre une chose, la fait attendre avec confiance. Alors que **Garant** se dit plutôt d'une chose qui a en elle-même la vertu de rendre sûre une autre chose : *Sa conduite passée vous est un sûr garant de sa fidélité pour l'avenir* (ACAD.); *Garantie* rappelle le résultat de l'action de garantir, se dit d'une chose qu'on donne à dessein pour *garant* : *Il donne sa conduite passée pour une garantie de sa sagesse à l'avenir* (L.); et s'emploie seul en matière d'affaires et de procès pour désigner divers engagements qu'on donne comme *garants,* ou des dédommagements auxquels on s'oblige : *La garantie que le vendeur doit à l'acquéreur. S'obliger à garantie* (ACAD.). **Caution** (→ ce mot), terme de droit, en un sens plus étroit, ce qu'on donne ou dépose en garantie d'un engagement pris par soi-même ou par un autre. **Couverture,** terme de banque et de commerce, garantie donnée pour assurer un paiement : *La couverture d'une lettre de change* (ACAD.). **Gage** (→ ce mot), ce qu'on met entre les mains de quelqu'un pour garantie d'une dette, par ext. personne, chose, que l'on peut donner à quelqu'un comme garantissant par sa présence, son existence, une chose quelconque : *Une princesse est le gage de la paix* (CORN.); *des lettres, des gages de la foi* (CORN.); *un enfant, un gage de l'amour* (RAC.). **Sûreté,** souvent au pl., tout ce qui peut servir de garantie, de caution, pour l'exécution d'une chose, et spéc. d'un traité : *Emprunter de l'argent avec de bonnes sûretés* (J.-J. R.). **Assurance,** souvent au pl., promesse, obligation ou même gage qu'on donne pour servir de sûreté à quelqu'un avec qui l'on traite, ou simplement pour le rendre certain d'une chose : *Faire valoir sinon des droits dont il n'était pas sûr, du moins les assurances qu'on lui avait données* (CAM.). **Sauvegarde,** au fig., personne ou chose qui sert de garantie ou de défense contre un danger qu'on redoute : *Fait-il d'une humble défiance de lui-même la sauvegarde de sa vertu?* (J.-J. R.). **Palladium,** statue de Pallas qui passait pour le gage de la conservation de Troie, par ext. ce qu'un peuple considère comme un garant de sa durée, et au fig., dans le style littéraire, garantie, sauvegarde : *La loi civile est le palladium de la propriété* (MTQ.).

Garantir : ¶ 1 *Garantir,* répondre du maintien, de l'exécution d'une chose ou de sa valeur, fait penser à celui qui se donne comme garant ou caution : *Garantir une créance; une marchandise que l'on vend.* **Assurer** fait penser à celui qui bénéficie de la sûreté constituée lorsqu'on garantit un droit, ou, par un acte, la propriété d'un bien à quelqu'un, ou un bien par un contrat d'assurance : *Assurer une créance; tous ses biens à son neveu; une maison.* **Couvrir,** garantir un paiement par l'argent nécessaire. ¶ 2 Mettre à couvert contre quelque chose de fâcheux, en permettant de lui échapper (≠ **Défendre** : → ce mot). *Garantir de* implique un mal actuel, certain, extérieur, qu'on empêche d'atteindre quelqu'un : *La protection du prince et du gouvernement ne sauraient me garantir des fureurs d'une populace excitée* (J.-J. R.). **Protéger** (→ ce mot) **de** ou **contre,** garantir en couvrant, en s'interposant, ou grâce à sa puissance : *Un mur protège contre le froid; des arbres protègent du soleil* (ACAD.). **Préserver de** annonce un mal futur, contre lequel on prend des mesures de prévoyance, surtout par une action intérieure qui conserve, purifie, en combattant des principes intérieurs de corruption : *Je t'ai garanti de l'opinion des hommes; j'ai préservé [ton cœur] de l'empire des passions* (J.-J. R.). **Garder de,** garantir ou préserver, en empêchant, par son existence même ou par sa présence, un mal de se produire. **Sauvegarder** s'emploie absolument : c'est garder intact, garder de tout dommage : *Sauvegarder ses intérêts.* **Prémunir contre,** mettre à couvert d'un mal contre lequel il faut être fort, inexpugnable, en donnant d'avance toute la force nécessaire pour lui résister : *Prémunir contre le vice les âmes faibles par l'exercice des sentiments honnêtes* (D'AL.). **Précautionner contre,** plus rare, prémunir par ses conseils contre un mal en général subtil : *Précautionner les fidèles contre l'erreur* (ACAD.). **Immuniser,** terme de médecine, préserver d'une maladie, en parlant d'une maladie ou d'un vaccin qui font que le corps ne peut pas la contracter. — **Sauver** implique toujours un grand péril auquel on fait échapper quelqu'un tantôt en le préservant : *Sauvez-moi de l'affront de tomber à leurs pieds* (CORN.); tantôt en assurant son salut, alors qu'il est aux prises avec le péril, par une défense ou une protection qui atteint pleinement son effet : *L'hygiène préserve des maladies; une opération sauve un malade.* ¶ 3 → Affirmer.

Garçon: ¶ 1 → Enfant. ¶ 2 → Fils. ¶ 3 → Célibataire. ¶ 4 → Jeune homme. ¶ 5 → Employé. 6 → Serveur.

Garçon de bureau : → Huissier.

Garçonnier : → Mâle.

Garçonnière : → Appartement.

Garde (masc.) : Personne au soin de qui

est confiée une personne ou une chose. *Garde*, absolu, marque un état déterminé, soumis à des lois qu'on ne peut enfreindre, **Gardien,** relatif, marque plutôt une occupation qui laisse plus de liberté dans les moyens; d'où l'emploi du mot au fig. : *Un roi, une citadelle ont des gardes; gardiens de la liberté* (VOLT.). De plus *garde,* objectif, se rapporte à la chose gardée, *gardien,* subjectif, se rapporte plutôt à ce qui se fait qu'à ce qui est et marque la surveillance effective, accomplie, et le soin avec lequel on s'acquitte de sa charge : *Il y a dans les prisons des gardes, c'est-à-dire des soldats qui veillent d'une manière déterminée, ordonnée, à la sûreté extérieure; et des gardiens, c'est-à-dire des agents qui, par des moyens qu'ils jugent convenables, veillent à la sûreté intérieure* (L.). **Gardeur** ne se dit que de celui qui garde des animaux.

Garde (fém.) : ¶ 1 → Protection. ¶ 2 *Prendre garde :* → (faire) Attention.

Garde-corps, Garde-fou : → Balustrade.

Garde-malade : → Infirmière.

Garder : ¶ 1 → Conserver. Rester en possession de. *Garder* marque la continuité de la possession d'une chose à soi ou à autrui, pour un usage futur ou actuel, en général quand on en demeure tranquille possesseur : *Garde en paix ce qui t'appartient* (MAU.). **Retenir** insiste sur la lutte qu'il faut soutenir pour rester maître de ce qui nous est disputé ou de ce qui appartient à autrui quand on nous le reclame : *Mon ouvrage est à moi; je le redemande; en le retenant, on me vole* (J.-J. R.). **Détenir** marque simplement la possession actuelle, légitime ou non : *Détenir la fortune d'un mineur; un secret.* ¶ 2 → Destiner. ¶ 3 → Garantir. ¶ 4 → Observer. ¶ 5 → Veiller sur. ¶ 6 *Se garder de :* → (s') Abstenir.

Gardien : ¶ 1 → Garde. ¶ 2 → Veilleur. ¶ 3 → Portier. ¶ 4 Celui qui a soin de quelque chose, veille à sa conservation. *Gardien* désigne un emploi subalterne : *Gardien de musée, de square,* **Conservateur,** un emploi plus relevé : *Conservateur de musée.* **Mainteneur** ne s'emploie guère que pour désigner les *Mainteneurs des jeux Floraux,* ou au fig., souvent par ironie : *Le mainteneur de l'ordre public* [agent de police] (CH. DE BERNARD). ¶ 5 *Gardien,* dans une prison, tout agent chargé de surveiller les prisonniers. **Porte-clefs,** gardien qui porte les clefs. **Geôlier,** concierge de la prison, syn. péj. de *gardien.* **Guichetier,** très péj., valet du geôlier qui ouvrait et fermait les guichets. **Argousin,** autrefois, bas officier qui servait de gardien, de nos jours surveillant dans un bagne. — Par ext. *geôlier* et *guichetier* se disent d'un

homme qui en garde un autre contre son gré : *Les rois geôliers; les rois ses guichetiers* [de Napoléon] (V. H.). ¶ 6 Au fig. → Protecteur.

Gardien de la paix : → Agent de police.

Gare : → Arrêt.

Garer [se] : → Éviter.

Gargariser [se] : Au fig. → (se) Régaler.

Gargote : ¶ 1 → Cabaret. ¶ 2 → Restaurant.

Gargouillement : Bruit semblable à celui de l'eau qui tombe d'une gargouille. Alors que **Gargouillis** désigne proprement ce bruit, *Gargouillement* se dit d'un bruit analogue produit par le déplacement de liquides dans l'estomac et les intestins. **Borborygme,** terme de médecine, bruit que font entendre les gaz contenus dans l'abdomen quand ils se déplacent au milieu de liquides contenus dans les intestins.

Garigue : → Lande.

Garnement : ¶ 1 → Gamin. ¶ 2 → Vaurien.

Garni : ¶ 1 Adj. → Fourni. ¶ 2 N. → Hôtel.

Garnir : ¶ 1 → Emplir et Remplir. ¶ 2 → Fournir. ¶ 3 → Orner. *Garnir,* joindre à une chose un ornement, un accessoire : *Garnir une robe de dentelles.* **Étoffer,** garnir de tout ce qui est nécessaire pour la commodité et l'ornement, évoque abondance et ampleur : *Un lit bien étoffé.* ¶ 4 *Garnir,* renforcer une chose avec une autre pour la faire durer plus longtemps : *Garnir des bas.* **Doubler,** garnir en appliquant une étoffe contre l'envers d'une autre : *Doubler une jupe.* **Fourrer,** doubler de peau avec le poil : *Gants fourrés.* **Ouater,** mettre de l'ouate entre une étoffe et la doublure (→ Rembourrer).

Garniture : → Assortiment et Ornement.

Garrotter : → Attacher.

Gars : ¶ 1 → Jeune homme. ¶ 2 → Fils.

Gaspiller : ¶ 1 → Dépenser. ¶ 2 → Gâcher.

Gastrolâtre, Gastronome : → Gourmand.

Gâteau : ¶ 1 → Pâtisserie. ¶ 2 → Profit.

Gâté : → Malade.

Gâter : ¶ 1 → Détériorer. En parlant d'une marchandise, *Gâter* implique qu'on la rend mauvaise, pour n'importe quelle raison, mais, quand il s'agit de denrées, surtout en les laissant pourrir : *La chaleur gâte la viande.* **Avarier,** détériorer par un dommage survenu au navire ou à sa cargaison, par ext. endommager une marchandise pendant un voyage ou dans un magasin. **Tarer,** gâter ou avarier une marchandise en sorte qu'il y aura du déchet, insiste sur la diminution de valeur. **Éventer,** gâter une chose par le contact de l'air. ¶ 2 → Gâcher. *Gâter,* enlever sa perfection à un ouvrage, à une chose physique ou morale, en y introduisant un défaut qui la dégrade : *Gâter un plaisir* (S.-B.); *un triomphe* (ZOLA); *des heures par un remords* (PROUST). **Déparer,** fig., en parlant des choses belles, gâter leur beauté par le voisinage d'une chose vicieuse ou sans valeur qui nuit à leur bon effet : *Le salon et le boudoir n'eussent pas déparé l'hôtel d'une femme à la mode* (BALZ.). **Enlaidir,** gâter ou déparer au point de rendre franchement laid. **Ternir** (→ ce mot), gâter l'éclat d'une chose. ¶ 3 → Salir. ¶ 4 → Soigner. ¶ 5 Au fig., en un sens moral : Faire changer de bien en mal. A) En attaquant le fond des choses, en les minant, les décomposant de l'intérieur : *Gâter,* causer un changement désavantageux, annonce une altération qui rend mauvais, est un germe de décomposition : *Monde gâté par tous les vices* (ZOLA); **Corrompre,** une altération intime, profonde, complète, qui dénature la chose : *Elle avait corrompu sa vie, il se sentait gâté jusqu'aux moelles par des ordures qu'il n'aurait pas soupçonnées. Tout allait pourrir en lui* (ZOLA). **Pourrir** enchérit : *Rien de plus naturel si des promiscuités pareilles pourrissaient ensuite le foyer* (ZOLA). **Infecter** (→ ce mot) et **Gangrener,** qui enchérit, corrompre par contact avec un vice qui souille : *Lorsqu'une fois le fanatisme a gangrené un cerveau* (VOLT.). **Tarer** implique une diminution de valeur due à une imperfection, surtout relativement à l'effet qui est une perte de réputation : *Homme taré.* B) En imprimant aux choses une direction mauvaise qui les écarte du bien ou du beau : **Dépraver,** écarter du bien, de la droite voie. **Pervertir,** transformer en une sorte de monstre moral qui agit à rebours de ce qui est juste et convenable : *La société déprave et pervertit les hommes* (J.-J. R.). — **Perdre** a rapport au résultat qui est de corrompre totalement les mœurs, de jeter une femme dans le désordre, de causer la damnation de quelqu'un : *L'amour qui perd tant d'honnêtes femmes* (J.-J. R). ¶ 6 (Réf.) → Pourrir.

Gâteux qualifie celui qui, sous l'effet de la paralysie, n'obéit plus aux nécessités naturelles que d'une manière involontaire, et par ext., péj., dans le langage vulgaire, celui, quel que soit son âge, qui montre les symptômes d'un affaiblissement cérébral. **En enfance** désigne l'état d'un vieillard qui a ses facultés tellement affaiblies qu'elles rappellent le premier âge. **Gaga** se dit, très péj., d'un vieillard tombé en enfance.

Gauche : ¶ 1 Le contraire de droit. *Gauche* se dit chez l'homme et les animaux du côté du cœur, et des choses situées de ce côté. **Senestre** ne se dit plus qu'en termes de blason. **Bâbord,** terme de marine, le côté d'un bâtiment à gauche de celui qui regarde vers l'avant, et tout ce qui est de ce côté-là : *Une terre à bâbord*; ne s'emploie que par plaisanterie quand on est sur terre. ¶ 2 → Maladroit. *Gauche,* surtout relatif à la forme, implique maladresse et surtout embarras, manque de grâce : *La démarche gauche de l'oie et son allure de mauvaise grâce* (BUF.). *Cérémonies pauvres, gauches, un tantinet ridicules* (J. ROM.). **Godiche,** fam., ne se dit que des personnes ridiculement gauches et un peu niaises, ou de leur air : *Son œil godiche, écarquillé de peur* (M. D. G.). **Godichon,** diminutif très fam. de *godiche.* **Pataud,** qui se dit d'un jeune chien à grosses pattes, ajoute à *gauche* l'idée de lourdeur en parlant fam. d'une personne grossièrement faite : *Une femme pataude* (LIT.). **Empêtré** se dit surtout de celui qui a toujours l'air embarrassé; **Empoté,** fig. et fam., de celui qui a de l'embarras et de la lourdeur dans son air et sa conduite, et dont les réactions sont très lentes.

Gaucherie : → Maladresse.

Gauchir : ¶ 1 → (s') Écarter. ¶ 2 → Biaiser. ¶ 3 → Fléchir.

Gaudriole : → Plaisanterie.

Gaule : → Perche.

Gaulois : → Libre.

Gausser [se] : → Railler.

Gausserie : → Raillerie.

Gave : → Cours d'eau.

Gaver : ¶ 1 → Engraisser. ¶ 2 Au fig. → Gorger.

Gavroche : → Gamin.

Gaz : → Vapeur.

Gazette : → Journal.

Gazon : → Herbe.

Gazouillement : → Gazouillis et Ramage.

Gazouiller : → Chanter.

Gazouillis : → Ramage. Petit bruit agréable que font les oiseaux en chantant, les ruisseaux en coulant. *Gazouillis* exprime un bruit plus confus que le **Gazouillement** et caractérise en lui-même le bruit, et non par rapport aux objets ou aux êtres qui le produisent à un moment donné : *Le gazouillis de leurs confuses voix* (VOLT.). *On n'entendait plus que le gazouillement des oiseaux* (FÉN.).

Géant : ¶ 1 N. Homme de grande taille. *Géant,* par hyperbole, homme dont la taille paraît extraordinairement grande, quelle que soit sa corpulence. **Goliath** (géant philistin tué par David), dans le style littéraire, homme très grand et fort. **Colosse** (au prop. statue antique d'une grandeur extraordinaire) implique une corpulence haute et puissante : *Ah, le colosse? Celui qui se vante de porter sa belle-mère à bras tendu* (J. Rom.). **Flandrin**, homme grand et fluet; **Escogriffe**, homme grand, mal fait et dégingandé. **Grande gigue**, **Grande perche**, **Cigogne**, **Girafe**, syn. fam. d'*escogriffe*. — Par ext. *géant* se dit de celui qui est très grand en son genre, dans n'importe quel ordre : [Pascal] *ce géant* (Volt.); *colosse*, souvent péj., de celui qui est très puissant, et parfois monstrueux : *Colosses de puissance* (L. B.). ¶ 2 Adj. → Gigantesque.

Géhenne : ¶ 1 → Enfer. ¶ 2 → Supplice.

Geindre : ¶ 1 → Gémir. ¶ 2 → Regretter.

Gelé : → Transi.

Gelée : ¶ 1 Action d'un froid vif. *Gelée*, abaissement de la température au-dessous de zéro, à la suite duquel l'eau se convertit en glace. **Gelée blanche**, congélation de la rosée avant le lever du soleil dans les nuits sereines. **Givre**, légère couche de glace dont se couvrent les arbres, les buissons, etc., quand la température devient assez froide pour congeler l'humidité qui est dans l'air. **Gel**, gelée des eaux. ¶ 2 → Confiture.

Geler : ¶ 1 Rendre solide ou durcir par le froid. *Geler* se dit des liquides assez profondément solidifiés, ou du corps, des arbres, etc. qui sont pénétrés et endommagés par le froid : *Eau gelée, pied gelé, poirier gelé*. **Glacer** ne se dit que des liquides considérablement refroidis ou recouverts d'une couche de glace. **Congeler**, terme de science, marque abstraitement l'action de faire passer un liquide à l'état solide quelle que soit la température : *Congeler le mercure; un sirop*; et se dit seul pour marquer une action artificielle, destinée à conserver : *Congeler de la viande*. **Figer**, congeler un liquide gras : *L'air froid fige la graisse des viandes.* — Intrans., *Geler, Se glacer, Se congeler, Se figer* ont pour syn. fam. **Prendre**, devenir épais ou solide sous l'action du froid. ¶ 2 Soumettre le corps humain à l'action d'un froid vif. *Geler* implique plutôt un froid intérieur qui pénètre tout le corps : *Je suis gelé*; **Glacer**, une sensation éprouvée sur le visage, sur les mains, etc. : *On a le visage glacé par le vent, les mains glacées par l'eau*; et se dit seul, au fig., pour marquer la perte de chaleur naturelle due à la vieillesse. ¶ 3 → Pétrifier.

Gémeau : → Jumeau.

Géminé : → Double.

Gémir : ¶ 1 En parlant d'une personne,

exprimer sa souffrance d'une voix plaintive. *Gémir*, pousser un cri inarticulé, marque la souffrance et, au fig., l'accablement dans le malheur : *Pleurons et gémissons, mes fidèles compagnes* (Rac.). **Geindre**, fam. et péj., gémir à diverses reprises, d'une voix languissante, parfois hypocritement ou lâchement : *Ne geins plus, tu m'agaces* (Zola). **Se plaindre, Se lamenter, Murmurer** : → Gémissement. **Récriminer** diffère de *se plaindre* comme les n. correspondants : → Reproche. ¶ 2 En parlant des choses : → Murmurer.

Gémissement : Cri ou parole exprimant la douleur. Le *Gémissement* n'est pas articulé, la **Plainte** est articulée : *Ses plaintes amères et cassantes; ses gémissements d'enfant* (Balz.). **Lamentation**, long gémissement, longue plainte, à propos d'une grande douleur souvent collective : *Jérémie a pu seul égaler les lamentations aux calamités* (Bos.). **Complainte**, peu usité et fam., plainte fastidieuse à cause de son insipidité. **Jérémiade**, fam. (par allusion aux lamentations de Jérémie), plainte fatigante à cause de sa longueur ou de la répétition des mêmes choses : *Ces scènes n'étaient que des jérémiades où l'on ne faisait que répéter ce qui s'était passé* (Volt.). **Doléances** (surtout au pl.), plaintes peu graves, par lesquelles on récrimine contre un grief subi : *Un amant qui vient chanter ses doléances aux gonds et aux verrous de la porte de sa maîtresse* (Mol.) **Girie**, pop., plainte hypocrite, sans sujet ou ridicule. **Quérimonie** (au prop. requête), syn. fam. et vx de *plainte*. **Hélas**, interjection employée comme n., syn. fam. de *plainte*. **Murmure**, plainte sourde, à peine exprimée, d'une seule personne ou de plusieurs, pour marquer le mécontentement.

Gemme : ¶ 1 → Pierre précieuse. *Gemme*, toute pierre précieuse, est plutôt du langage didactique ou recherché. **Escarboucle**, autrefois, toute pierre précieuse brillant d'un vif éclat. **Cabochon**, terme de joaillerie, pierre précieuse qu'on ne fait que polir sans la tailler. **Diamant** (→ ce mot), pierre précieuse formée de carbone pur cristallisé. **Parangon**, en termes de joaillerie, pierre sans défaut. **Happelourde**, pierre fausse qui a l'éclat et l'apparence d'une ·pierre précieuse. **Loupe**, pierre précieuse d'une transparence imparfaite. ¶ 2 → Résine.

Gémonies [traîner aux] : → Vilipender.

Gendarme : ¶ 1 *Gendarme* a pour syn. fam. et ironique **Pandore** (nom d'un gendarme dans une chanson pop. de G. Nadaud). **Cogne**, péj., est argotique. ¶ 2 Au fig. → Virago.

Gendarmer [se] : → (s') Offenser.

Gendarmerie, corps de troupes spécialement chargé de maintenir la sécurité et la tranquillité publique. **Maréchaussée,** corps de gens à cheval qui remplissait autrefois le rôle de la *gendarmerie*; de nos jours, syn. ironique de *gendarmerie*.

Gêne : ¶ 1 Atteinte à la liberté. La *Gêne* est négative, empêche, c'est une entrave : *Quintilien n'est franc ni dans sa critique, ni dans son éloge; on y sent la gêne* (Did.). La **Contrainte,** impérative, force à obéir : *Je fuyais une injuste contrainte* (Rac.). **Violence,** contrainte qui emploie la force : *Un traité qu'on lui a fait faire par violence* (Mtq.). **Nécessité,** contrainte secrète ou due à la nature des choses : *La contrainte est-elle autre chose qu'une nécessité dont on s'aperçoit?* (Volt.). ¶ **2 →** Inconvénient. **¶ 3 →** Pauvreté. **¶ 4 →** Obstacle. **¶ 5** *Sans gêne* : **→** Impoli. **¶ 6** *Se mettre l'esprit à la gêne* : **→** (se) Tourmenter.

Gêné : → Embarrassé.

Généalogie, dénombrement des ancêtres, se dit pour les hommes et quelquefois pour certains animaux, mais dans ce cas on dit plutôt **Pedigree** (mot anglais).

Gêner : ¶ 1 → Embarrasser. En parlant d'une personne, la mettre dans un état pénible, désagréable. *Gêner,* empêcher, volontairement ou non, la liberté des mouvements : *Elle va nous gêner pour parler, en tout cas me troubler les idées* (J. Rom.). **Déranger,** obliger à changer de place ou à changer ses habitudes : *La sonnerie continuellement dérangeait la femme de chambre* (Zola). **Incommoder,** causer un malaise physique ou moral : *Ce qui l'incommodait surtout, c'était l'étouffement de l'air épaissi, surchauffé* (Zola). **Troubler,** apporter du désordre dans l'activité de quelqu'un ou lui enlever le calme : *Troubler la paix des autres* (Cam.). **Importuner,** fatiguer d'une manière continue par des actions ou une présence hors de propos : *Mes questions l'importunaient* (Gi.). ¶ **2 →** Tourmenter.

Général : Adj. **¶ 1 →** Commun. *Général,* qui convient au genre, considéré extérieurement, dans la réalité, et s'applique à peu près à toutes les choses qui constituent le genre : *Les caractères généraux de l'humanité sont les caractères que tous les hommes ou la plupart se trouvent avoir effectivement partout et toujours* (L.). **Générique,** terme didactique, qui a rapport au genre, considéré essentiellement, en lui-même, comme défini pour l'esprit par telles ou telles idées élémentaires : *Les caractères génériques de l'humanité sont contenus dans la notion abstraite d'humanité; ce sont par exemple la vie, la mortalité, la raison* (L.). **Collectif** se dit de ce qui est pris comme un tout, ou qui appartient à un tout et n'existe

que parce que ce tout existe : *Les tendances générales des hommes appartiennent à tous les individus du genre homme réunis ou non, les tendances collectives des hommes sont la propriété de tous les hommes en tant qu'ils sont réunis.* ¶ **2** *En général* : **→** Généralement. — **¶ 3** N. **→** Chef.

Générale, la dernière répétition d'une pièce, exactement comme on la donnera à la représentation, et où l'on convie la critique pour lui présenter la pièce. **Couturières,** de nos jours, répétition antérieure à la *générale*, où l'on invite des couturiers, des amis. **Avant-première,** représentation postérieure à la générale, mais où il n'y a que des invités et qui parfois a quelque solennité, avant que la pièce soit donnée au grand public; se dit aussi de la visite d'une exposition par des personnalités avant son ouverture officielle.

Généralement : → Ordinairement. A peu d'exceptions près. *Généralement* se dit dans l'ordre des faits, **En général,** dans l'ordre des idées : *Bruit généralement répandu. Il est vrai en général que....*

Généraliser : → Répandre.

Généralités : → Lieux communs.

Génération : ¶ 1 → Postérité. ¶ **2 →** Production.

Généreux : ¶ 1 De nature élevée. *Généreux,* autrefois, de bonne race, qualifie de nos jours celui qui, dans des façons d'agir diverses (clémence, pardon des injures, etc.), montre toujours l'oubli de son propre intérêt et des passions mesquines. **Chevaleresque** implique surtout une générosité faite de vaillance, de courtoisie et de galanterie et qui n'est pas exempte de panache ou d'héroïsme : *En pardonnant à Cinna, Auguste est généreux*; en s'accusant à la place d'Émilie d'un complot qu'il désapprouvait, Cinna est *chevaleresque.* **Noble** (**→** Élevé), **Magnanime, Héroïque : →** Générosité. **¶ 2** Qui donne plus qu'il n'est tenu de donner. *Généreux* suppose la vertu de dominer son égoïsme et de donner, quoi qu'il en coûte, en dépit de la modicité de ses moyens, ou du peu de sympathie qu'on a pour celui à qui l'on donne : *Il était généreux quoiqu'il fût économe* (V. H.). **Libéral** suppose le goût de donner par bienveillance, parce qu'on le peut : *Il se montra libéral de tout ce qui ne coûtait rien* (Balz.). **Large** marque objectivement l'abondance du don pour faire plaisir à quelqu'un ou pour se l'attacher : *Vous n'avez pas payé très cher sa trahison, vous n'avez pas été très larges* (Mau.). **Donnant,** fam., qui aime à donner, s'emploie surtout avec une négation : *Il n'est pas donnant* (Acad.). **Désintéressé** implique simplement qu'on ne fait rien par le motif de son intérêt particulier, et, par conséquent, qu'on sert les autres sans attendre d'eux de récompense : *Actions nobles, généreuses et même désintéressées* (Gı.). **Charitable,** qui donne des aumônes, des secours, par amour pour son prochain. **Magnifique,** vx, qui se plaît à faire de grandes et éclatantes dépenses, parfois par libéralité. **Prodigue** marque l'excès de la libéralité ou de la largesse.

Générosité : ¶ 1 Qualité d'une âme élevée. *Générosité,* qui, de nos jours, vieillit, force d'âme qui fait que, dans nos rapports avec les autres, nous les préférons à nous-mêmes et nous agissons envers eux de la manière la plus dignement humaine : *Il s'arme, en ce besoin, de générosité, Et du bonheur public fait sa félicité* (Corn.). **Noblesse,** en un sens plus large, rare distinction morale qui élève au-dessus du vulgaire. **Grandeur d'âme** qui, de nos jours, tend à remplacer *générosité,* implique l'idée d'une éminence qui commande le respect et l'admiration pour une âme qui sacrifie tout aux valeurs morales les plus hautes aussi bien pour sa propre dignité que pour servir les autres : *Quelle grandeur d'âme il y avait à regarder avec mépris et dédain un titre qui est l'objet de l'admiration et des désirs du reste des mortels!* (Roll.). **Magnanimité,** grandeur d'âme éclatante, glorieuse, extraordinaire d'un souverain ou d'un héros : *Cette générosité de la part d'un comédien, qui n'était pas riche, me touche autant que la magnanimité d'un conquérant qui donne des villes et des royaumes* (Vauv.). **Héroïsme** implique force de caractère, grandeur d'âme peu commune qui va jusqu'au sacrifice total de soi, en général dans un ordre déterminé de vertu : *Héroïsme de sagesse* (Acad.). *Pousser la vertu jusqu'à l'héroïsme* (Lit.). **Cœur,** dans le langage relevé, syn. de *générosité,* comme **Grand cœur** de *magnanimité.* **¶ 2** *Générosité,* **Libéralité, Désintéressement, Charité :** → Généreux.

Genèse : ¶ 1 → Production. **¶ 2** → Origine.

Gêneur : → Importun.

Génie : ¶ 1 *Génie,* dans l'antiquité romaine, esprit bon ou mauvais qui accompagnait les hommes depuis leur naissance jusqu'à leur mort, par ext, esprit qui présidait à certains lieux, et, dans la féerie moderne, esprits que recèlent les éléments, les bois, les montagnes, etc. : *Chaque homme a ses deux génies* (Volt.). *Le génie de la ville* (Volt.). *Évoquer les génies* (Acad.). **Démon,** dans l'antiquité grecque, être intermédiaire entre l'homme et la divinité, qui jouait parfois le rôle du *génie* chez les latins : *Le démon de Socrate*; et dans d'autres cas

servait d'auxiliaire à la divinité : *Le démon des combats.* — Au fig. le *génie,* bon ou mauvais, détermine la conduite des hommes, par des conseils ou des conjonctures favorables ou non : *Un génie inconnu m'inspire la sagesse* (Lam.). Le *démon* inspire plutôt les passions, en habitant l'âme : *Quand les démons de* [la chatte] *l'entraînaient hors d'elle-même* (Col.). — **Esprit familier,** nom moderne du *génie* ou du *démon* antiques attachés à une personne pour la guider, l'inspirer, la servir : *L'esprit familier de Socrate* (Acad.). — En son sens moderne, *génie* a pour syn. **Lutin,** sorte de génie qui vient tourmenter les vivants; **Esprit follet** ou **Gobelin,** lutin familier, suivant les superstitions populaires, plus malin que malfaisant; **Farfadet,** esprit follet très taquin; **Gnome,** génie de la terre et des montagnes, en général hideux et difforme; **Goguelin,** esprit fantastique des légendes de matelots qui avait la cale pour domaine; **Ondin** et **Ondine,** génies des eaux, suivant les mythologies germanique et scandinave; **Fée,** génie du sexe féminin, doué d'un pouvoir surnaturel, qui intervenait sur la destinée des hommes; **Sylphe** et **Sylphide,** sorte de génie intermédiaire entre le lutin et la fée, qui avait l'air pour domaine; **Salamandre,** esprit du feu; **Goule,** génie malfaisant qui, suivant les superstitions orientales, dévore les cadavres dans les cimetières. *Génie* a pour syn. dans les langues étrangères, **Elfes** et **Kobolds** en Allemagne et en Écosse, **Djinns** et **Effrits** chez les Arabes, **Trolls** dans les pays scandinaves, **Alfs** en Danemark et **Drows** en Irlande. **Péri,** génie féminin, fée, dans les contes persans. En Bretagne **Korrigan** désigne un lutin malfaisant. — Au fig. les *lutins, farfadets* et *esprits follets* sont taquins ou malicieux; les *gnomes,* nains et hideux; *fée* se dit d'une femme qui fait naître autour d'elle le bonheur par une sorte de miracle ou accomplit des ouvrages merveilleux; *sylphide,* d'une jeune femme élancée et gracieuse, ou d'une créature idéale forgée par l'imagination. **¶ 2** → Enthousiasme. **¶ 3** → Caractère. **¶ 4** → Talent.

Génisse : → Vache.

Genou : ¶ 1 Au fig. → Tête. **¶ 2** *Se mettre à genoux :* → (s') Agenouiller.

Genre : ¶ 1 Division naturelle ($\neq$ Classe, division introduite par l'homme). En logique comme en biologie, *Genre* désigne une division qui comprend plus d'individus que l'**Espèce.** Le *genre* réunit les individus qui ont un certain nombre de caractères abstraits communs, l'*espèce* réunit les individus qui ont en commun des qualités plus particulières qui les distinguent des autres individus appartenant au même genre. En logique, Français exprime une *espèce* par rapport à Européen et un *genre* par rapport à Breton, Normand, Champenois, etc. qui constituent des *espèces* par rapport à Français. — En biologie, l'**Embranchement** comprend des **Classes**, qui comprennent des **Ordres**, divisés en **Familles** qui comprennent des genres, divisés en *espèces* subdivisées en **Variétés**. — Dans le langage courant, genre implique une ressemblance abstraite, dans l'essence, la constitution, *espèce*, une ressemblance plus étroite dans les qualités visibles de choses du même genre, par opposition à d'autres choses : on dira le *genre humain* pour désigner l'ensemble des hommes absolument; l'*espèce humaine*, pour les opposer aux bêtes. **Type**, ensemble des traits généraux qui caractérisent un genre d'êtres ou de choses lorsque ces traits sont exactement définis, ou, dans l'industrie ou le commerce, servent de modèle à la production : *Les différents types d'architecture. Chaque marque d'automobiles comprend des types différents.* **Sorte**, beaucoup plus vague, marque plutôt un assemblage assez peu défini fondé sur des accidents sans caractères fixes : *Je ne crains pour lui que deux choses, les financiers et la goutte : ce sont deux sortes d'ennemis* (Volt.). **Nature**, syn. assez imprécis de *genre*, *espèce* et *sorte*, en parlant des choses : *On n'a jamais vu d'affaires de cette nature* (Acad.). **Acabit**, dans diverses locutions, se dit de personnes qui ont des qualités communes, en général mauvaises : *Ce sont gens de même acabit* (Acad.). **Farine**, syn. fig. et fam. d'*acabit*. ¶ 2 → Style.

Gens : ¶ 1 Des hommes. *Gens*, collectif et indéfini, ne s'emploie pas avec un nom de nombre, sauf quand il est précédé d'un adj. avec lequel il s'incorpore (*trois braves gens*); synthétique, général et vague, *gens* indique l'espèce, la qualité générique ou commune, et peut se prendre en mauvaise part : *Gens de rapine et d'avarice* (L. F.); *de toutes sortes* (Apol.). **Personnes**, distributif, analytique et particulier, fait penser aux individus dans l'ensemble, peut s'employer avec un nom de nombre, et se dit bien, avec un sens favorable, pour parler d'hommes qu'on estime : *Les personnes d'esprit peuvent toujours tirer quelque instruction des gens les moins éclairés* (Fén.). **Monde**, pris dans un sens indéfini pour *gens*, est fam. : *Se moquer du monde*; mais se dit aussi pour un certain nombre de gens : *En voyant défiler le monde au sortir de la pièce* (Volt.). ¶ 2 → Serviteur.

Gens de lettres : → Écrivain.

Gentil : ¶ 1 → Joli. ¶ 2 → Aimable.

Gentil : → Païen.

Gentilhomme : ¶ 1 → Noble. ¶ 2 → Homme de bien.

Gentilhommière : → Château.

Gentillâtre : → Noble.

Gentillesse : ¶ 1 → Amabilité. ¶ 2 → Tour. ¶ 3 → Mot d'esprit. ¶ 4 → Bagatelle. ¶ 5 → Méchanceté.

Geôle : → Prison.

Geôlier : → Gardien.

Géométrique : → Logique.

Gérant : → Fondé de pouvoir.

Gerbe : → Botte.

Gercer [se] : → (se) Fendre.

Gerçure : → Fente.

Gérer : ¶ 1 → Régir. ¶ 2 → Diriger.

Germain, en parlant d'un frère ou d'une sœur, implique qu'ils sont nés d'un même père et d'une même mère, **Consanguin**, d'un même père, **Utérin**, d'une même mère seulement : → Parent.

Germe : ¶ 1 Principe d'où naît quelque chose. Le *Germe* est dans la personne ou dans la chose qui crée, la **Semence** y a été jetée ou apportée, c'est un germe non pas seulement fécondé, mais déposé dans un terrain propre pour le développer et le faire pousser. **Graine**, tout fruit propre à être semé et à produire une plante telle que celle dont il est sorti, n'implique pas que ce que l'on recueille ressemble à la semence : *On sème des graines pour avoir des melons, des salades.* **Grain** ne se dit que des graines qu'on sème pour ne recueillir qu'elles, spéc. des céréales : *On sème des grains de blé pour avoir d'autres grains.* ¶ 2 Au fig. → Origine. *Germe*, principe d'une chose qui en sort par développement : *Cultiver à plaisir des germes de nouveaux conflits sanglants* (M. d. G.). **Semence**, rare, exprime un principe moins prochain : *Jeter des semences de vertu dans les cœurs de la jeunesse* (J.-J. R.). **Graine**, plus général, toute chose et surtout toute personne qui, en se développant, deviendra quelque chose : *Vilaine graine de gens* (Mariv.). *Graine de potence.* **Grain**, rare et plus noble, ne se dit que par image d'une bonne graine : *J'étais un doux enfant, le grain d'un honnête homme* (V. H.). **Brandon**, fig., ce qui résultant d'anciennes dissensions peut en enflammer de nouvelles : *Des factions Il éteint le dernier brandon* (V. H.). **Levain** et **Ferment** (→ ce mot), au fig., sont aussi syn. de germe.

Géronte : → Vieillard.

Gésine : → Enfantement.

Gésir : → (se) Coucher.

Gestation, état d'une femme enceinte ou d'une femelle qui porte son fruit, ou temps que dure cet état. **Grossesse** ne se dit que des femmes et peint leur état apparent.

Geste : ¶ 1 → Mouvement. *Geste*, action et mouvement du corps et principalement des bras et des mains, implique simplement qu'on appuie des paroles ou qu'on signifie quelque chose par des mouvements : *J'approuvais tout pourtant de la mine et du geste* (Boil.). **Mimique** dit plus et suppose à la fois gestes et jeux de physionomie, qui, spontanés ou non, constituent un véritable langage, avec ses signes de convention, pour exprimer la pensée sans le secours de la parole ou de l'écriture : *Mimique interrogative* (M. D. G.). *Son attitude, sa mimique semblaient dire...* (J. Rom.). **Pantomime**, mimique d'un acteur qui exprime les sentiments et les passions uniquement par des gestes et des attitudes: *Les pantomimes de Mlle Clairon* (Volt.). **Gesticulation,** action de faire beaucoup de gestes. ¶ 2 → Action.

Gesticuler : → Remuer.

Gestion : ¶ 1 → Administration. ¶ 2 → Direction.

Gibecière : ¶ 1 *Gibecière*, grand sac (→ ce mot), ordinairement de cuir et de filet, qui se porte en bandoulière ou pendu à la taille et sert aux chasseurs, pêcheurs, bergers, écoliers. **Musette,** sac de cuir, que les écoliers portent en bandoulière, ou sac du même genre, en toile, pour les soldats, les ouvriers. **Sacoche,** sorte de grosse bourse en cuir pour le voyage, ou sac de toile et de peau à un ou plusieurs compartiments dont se servent les personnes qui reçoivent de l'argent. **Carnassière** ou **Carnier,** sac dans lequel le chasseur met son gibier. **Panetière,** sac de cuir, de toile dans lequel bergers ou voyageurs emportent leur pain. ¶ 2 → Bourse.

Gibet : Ce qui sert à pendre les condamnés. Alors que **Potence** ne désigne que le poteau qui sert d'instrument de supplice, *Gibet* désigne aussi le lieu du supplice : *Un tout petit poste pour garder ce gibet sans importance. La potence où mon fils pendait* (Pég.) ; et le lieu où l'on exposait aux regards, en les suspendant, les corps des coupables déjà exécutés : *La populace pendit par les pieds, avec une chaîne de fer* [le corps de l'amiral de Coligny]*au gibet de Montfaucon* (Volt.). En ce dernier sens, **Fourches patibulaires,** gibet à plusieurs piliers élevé dans la campagne. — Pour désigner l'instrument de supplice lui-même, *gibet* est parfois aussi syn. de **Croix** : *Le gibet de Jésus* ; et quand il est syn. de *potence*, c'est souvent dans un style plus relevé, pour désigner quelque chose de permanent et de fixe, ou considéré d'une manière abstraite et idéale comme le symbole du supplice,

alors que *potence* fait penser à l'objet physique, préparé parfois pour une circonstance particulière : *Envoyer au gibet les voleurs* (L. B.). *Dresser une potence* (Volt.). **Estrapade,** supplice qu'on faisait subir à un condamné en l'élevant au haut d'une sorte de potence, les mains liées derrière le dos avec une corde qui soutenait tout le poids du corps, et en le faisant tomber avec raideur dans le vide, désigne aussi la potence qui servait à infliger ce supplice. **Credo,** syn. argotique de *potence*.

Gibier, les animaux qu'on prend à la chasse, désigne aussi leur chair qu'on mange. **Venaison** ne se dit que de la chair du grand gibier (cerf, sanglier, etc.).

Giboulée : → Pluie.

Gicler : → Jaillir.

Gifle : → Coup. *Gifle*, fam., coup assez fort donné avec la main ouverte sur la joue pour châtier et parfois pour activer la circulation du sang : *Il lui allongea une gifle à toute volée* (Zola). **Tape,** coup de la main ouverte ou fermée, fort ou faible, donné pour n'importe quelle raison, par sympathie comme par brutalité : *Distribuer force tapes et soufflets* (S.-S.). **Taloche,** fam., petite tape sur la tête ou sur la joue, surtout pour punir. **Calotte,** fam., tape sur la tête ; **Claque,** gifle sonore (ou coup sur les fesses), donnée surtout à un enfant. **Mornifle,** fam., gifle en revers de main. **Giroflée à cinq feuilles,** pop., gifle si fortement appliquée que les cinq doigts laissent leur trace sur la joue. **Baffre, Talmouse, Tarte, Mandale,** syn. pop de *gifle*. **Emplâtre** est dialectal. **Soufflet,** du langage relevé, n'implique ni châtiment ni violences, mais un coup du plat ou du revers de la main sur la joue pour mortifier et insulter : *Un soufflet devint une insulte qui devait être lavée dans le sang* (Mtq.).

Gifler, Claquer, Calotter, Talocher, Taper, fam., et **Souffleter :** → Gifle. **Confirmer,** syn. fam. de *souffleter* ou de *gifler* (comme si l'on donnait le sacrement de la confirmation en frappant la joue avec la main) ; souvent employé avec un adverbe : *Il a été rudement confirmé* (Lit.).

Gigantesque : → Démesuré. D'une grandeur extraordinaire, qui rappelle les géants. *Gigantesque*, qui excède de beaucoup les proportions ordinaires, aussi bien en parlant des êtres et des choses physiques que des choses abstraites : *Arbre* (Acad.); *facultés* (Staël) ; *actions* (Volt.) *gigantesques*. **Géant** enchérit, surtout au physique, en parlant de choses effectivement beaucoup plus grandes que les choses de la même espèce : *Grue géante.* **Monstre,** syn. fam. de *géant*, surtout en parlant de choses que l'on a faites telles pour étonner : *Gâ-*

teau monstre. Bouquet monstre. **Colossal,** qui enchérit sur *gigantesque*, a surtout rapport à la forme physique : *Enceinte* (Loti); *mains* (V. H.) *colossales*; et ne s'emploie guère au fig. qu'en parlant de la puissance. **Kolossal,** écrit à l'allemande, implique une raillerie des prétentions germaniques. **Titanique** (et parfois **Titanesque**), qui évoque les entreprises des Titans, se dit surtout de l'orgueil ou des entreprises d'une excessive audace. **Monumental,** de la dimension des monuments, se dit par ext. de constructions gigantesques, et ironiquement, fig. et fam., d'un défaut d'esprit : *Statue monumentale. Son ignorance est monumentale* (Acad.). **Pyramidal,** fam., enchérit, toujours au fig. : *Bêtise pyramidale* (Acad.). **Cyclopéen** (comme **Pélasgique**) ne se dit que de certaines constructions gigantesques et massives formées de blocs irréguliers que la Fable attribuait aux Cyclopes, et parfois des aspects de la nature qui les évoquent. **Babylonien** se dit parfois de constructions monumentales comme les anciennes constructions de Babylone : *La muraille de Pékin nous écrase, chose géante, d'aspect babylonien* (Loti).

Gigolette : → Femme légère.

Gigoter : → Remuer et Danser.

Gigue : ¶ 1 → Jambe. **¶ 2** *Grande gigue :* → Géant.

Girandole : → Chandelier.

Giration : → Tour.

Girl : → Danseuse.

Giron : → Sein.

Girouette : Au fig. → Pantin.

Gitan : → Bohémien.

Gîte : ¶ 1 → Maison. **¶ 2** → Étape **¶ 3** Lieu où repose un animal. *Gîte*, lieu où le lièvre repose, se dit par ext. de tous les animaux : *Une bête qui regagne son gîte* (J. Rom.). **Terrier,** trou dans la terre où certains petits animaux se retirent : *Terrier de blaireau, de renard* (Acad.). **Tanière,** caverne ou retraite souterraine de bêtes sauvages : *Tanière du lion* (L. F.). **Repaire,** lieu où se retirent les bêtes féroces, malfaisantes ou sinistres : *Repaires de lions, de tigres, d'ours, de serpents, de hiboux, d'orfraies* (Acad.). **Bauge,** lieu fangeux où le sanglier se vautre. — Au fig. *gîte,* l'endroit familier où l'on aime vivre et mourir : *Sans gîte, sans foyer, sans famille* (Gi.). *Terrier,* retraite profonde et cachée. *Tanière,* retraite d'un sauvage : *Vivre seul dans sa tanière* (Volt.); ou demeure misérable : *Ces hommes se retirent la nuit dans des tanières où ils vivent de pain noir, d'eau et de racines* (L.B.). *Repaire,* séjour de bandits.

Gîter : → Demeurer.

Givre : → Gelée.

Glabre, terme d'histoire naturelle, dépourvu de poil ou de duvet, marque le fait et se dit de tous les êtres ou des végétaux : *Il a fait sauter sa moustache. Gureau est glabre* (J. Rom.). *Vers nus, glabres et roses* (R. Roll.). **Imberbe** ne se dit que d'un homme sans barbe ou qui n'a pas encore de barbe et marque souvent la jeunesse : *Généraux imberbes* (V. H.).

Glace : ¶ 1 → Miroir. **¶ 2** → Vitre. **¶ 3** → Sorbet.

Glacé : ¶ 1 → Froid. **¶ 2** → Transi. **¶ 3** → Lustré.

Glacer : ¶ 1 → Geler. **¶ 2** → Pétrifier. **¶ 3** → Lustrer.

Glacial : → Froid.

Glacière : → Réfrigérateur.

Glacis : → Talus et Rempart.

Glaire : → Mucosité.

Glaive : → Épée.

Glaner, ramasser les épis qui restent après la moisson; au fig., recueillir le peu qui a été laissé ou négligé par d'autres en parlant de profits et spéc., dans les choses de l'esprit, savoir tirer encore quelque chose d'une matière qui semblait épuisée : *L'on ne fait plus que glaner après les Anciens* (L. B.). **Grappiller,** cueillir de menues grappes laissées dans la vigne par les vendangeurs; au fig., dans le langage commun, faire de petits profits illicites ou blâmables : *Ce que je pouvais avoir grappillé dans les petites commissions dont on avait chargé mon intégrité* (Les.).

Glapir : ¶ 1 → Aboyer. **¶ 2** → Crier.

Glapissant : → Aigu.

Glauque : → Vert.

Glèbe : → Terre.

Glissement : Action de se mouvoir sur la surface d'un corps lisse. *Glissement* ne se dit guère qu'en parlant des choses et en termes d'art et de science. **Glissade** ne se dit que d'un long glissement fait par une personne ou un animal.

Glisser : ¶ 1 → (se) Mouvoir. *Glisser,* mouvoir d'un mouvement continu sur une surface lisse. **Patiner,** glisser sur la glace avec des patins, se dit des roues d'un véhicule qui glissent sur le sol sans tourner, ou tournent sans avancer. **Chasser** se dit d'une voiture qui, sous l'action des freins, glisse par l'arrière à droite ou à gauche. **¶ 2** → Traiter. **¶ 3** → Introduire. **¶ 4** (Réf.) → (s') Introduire.

Global : → Entier.

Globe : ¶ 1 → Boule. **¶ 2** → Terre

Globe-trotter : → Voyageur.

Gloire : ¶ 1 → Réputation. Ce qui distingue un homme, une action, et, par ext. la personne ou l'action ainsi distinguées. *Gloire*, éclat universel et durable dû à l'admiration provoquée par des qualités extraordinaires : *La gloire est la réputation jointe à l'estime* (Volt.). **Illustration** suppose un mérite moins éclatant, mais suffisant pour attirer l'attention : *Les victoires qui contribuèrent à l'illustration du règne de Louis XIV* (Acad.). **Lauriers,** fig. et au pl., gloire des soldats et des poètes. **Honneur** implique moins d'éclat que la gloire, et a plutôt rapport à l'estime et au respect dus aux bonnes actions : *N'allons point à l'honneur par de honteuses brigues* (Boil.). — En parlant d'un homme, *Gloire, Illustration, Honneur* ont pour syn. **Lumière** qui suppose un savoir transcendant ou une vertu éminente qui éclairent ou édifient : *Une lumière de la science.* **Phare,** fig., lumière d'un pays ou du monde, se dit surtout des artistes : *Les Phares* (Baud.). **¶ 2** → Lustre. **¶ 3** → Nimbe. **¶ 4** → Sainteté. **¶ 5** → Respect.

Glorieux : ¶ 1 → Illustre. **¶ 2** → Orgueilleux. **¶ 3** → Saint.

Glorifier : ¶ 1 → Louer. **¶ 2** (Réf.) → (se) Flatter.

Gloriole : → Orgueil.

Glose : ¶ 1 → Commentaire. **¶ 2** → Parodie.

Gloser : → Critiquer.

Glossaire : → Dictionnaire.

Glouton : Intempérant dans le manger. Alors que le **Gourmand** (→ ce mot) mange avec excès, mais est sensible aussi à la qualité des aliments, le *Glouton* (n. et adj.) a l'habitude d'engloutir comme un abîme, ne peut être rassasié et ne s'intéresse pas à la qualité : *Appétits gloutons* (L. F.). **Avide** (adj. seulement) insiste sur le grand désir de manger et la hâte qu'on met à dévorer : *Morts bienheureux en proie aux vers avides* (Lec. d. L.). **Insatiable** (n. et adj.), qui ne peut être rassasié, marque seulement un appétit considérable qui ne cesse jamais : *Faim insatiable* (Acad.). **Vorace** (n. et adj.), qui se dit bien des animaux et par ext. des hommes, a surtout rapport à la brutalité avec laquelle on se jette sur une nourriture et à la rapidité avec laquelle on l'absorbe : *L'aigle, le loup, le brochet* (Acad.) *le vautour* (Buf.) *sont voraces.* **Goulu** (n. et adj.), plus fam., dépeint l'action de celui qui est vorace dans un cas particulier, « mange avec une sorte de fureur et en écartant les autres » (L.) : *Le canard est goulu* (Lit.). *Une amitié goulue qui n'en veut que pour soi* (Mol.). **Goinfre** (n.), fam., ajoute à l'idée d'excès,

celle de saleté dans le boire et dans le manger : *Il mangeait beaucoup, non tant comme un gourmet que comme un goinfre* (Gi.). **Gros** ou **Grand mangeur** et **Gargantua** (par allusion au bon géant de Rabelais) impliquent simplement un très grand appétit sans excès. **Avaleur, Avale-tout, Avale-tout-cru, Bâfreur, Gouliafre, Va-de-la-bouche, Va-de-la-gueule,** syn. pop. de *glouton.* **Piffre,** syn. fam. de *glouton : Ce tas de goinfres et de piffres* (E. Rostand).

Gluant : → Visqueux.

Gnome : ¶ 1 → Génie. **¶ 2** → Nain.

Gnomique : → Sentencieux.

Gnose : → Savoir.

Gobelet, vase à boire rond, sans anse, et ordinairement sans pied, moins large et plus haut qu'une tasse, en n'importe quelle matière. **Timbale,** gobelet en métal. **Quart,** gobelet de fer-blanc ou d'aluminium des soldats, avec une anse, et contenant environ un quart de litre.

Gobelin : → Génie.

Gobe-mouches : → Naïf.

Gober : ¶ 1 → Avaler. **¶ 2** → Croire. **¶ 3** → (s') Éprendre. **¶ 4** *Gober des mouches :* → Attendre et Flâner.

Goberger [se] : ¶ 1 → Manger. **¶ 2** → Railler.

Gobeur : → Naïf.

Godelureau : → Galant.

Godet : → Pli.

Godiche : ¶ 1 → Gauche. **¶ 2** → Niais.

Godille : → Rame.

Godron : → Pli.

Goémon : → Algue.

Gogo : → Naïf.

Gogo [à] : → (à) Volonté.

Goguenarder : → Railler.

Goguenarderie, Goguenardise : → Raillerie.

Goguette : → Gaieté.

Goinfre : → Glouton.

Goinfrer : → Manger.

Golfe : Partie de mer qui avance dans les terres. Le *Golfe* est vaste et a une ouverture très large du côté de la mer : *Le golfe de Gascogne.* La **Baie,** plus petite, est moins large à son entrée qu'à son milieu et met les navires à l'abri de certains vents : *La baie de Rio.* **Anse,** baie très petite et qui s'enfonce peu dans les terres : *Il y a plusieurs anses dans cette baie* (Acad.). **Crique,** enfoncement dans les terres (de n'importe quelle forme) où de petits bâtiments peuvent se mettre à l'abri. **Conche,** en Saintonge, baie, anse, ou crique. **Calanque,** en Provence et en Corse, crique étroite, entre des falaises abruptes, s'enfonçant assez loin dans les terres. **Fiord** ou **Fjord,** échancrure étroite et très profonde qui découpe la côte Ouest de la Scandinavie. — **Estuaire** ne se dit que du golfe formé par l'embouchure d'un fleuve, et désigne proprement une sinuosite du littoral couverte d'eau à la seule marée haute.

Goliath : → Géant.

Gommeux : → Élégant.

Gondoler : → Gonfler.

Gonflé : ¶ 1 Dont le volume ordinaire a augmenté par une distension due à l'eau, aux gaz, aux humeurs, etc. *Gonflé* exprime l'effet d'une action qui fait que le corps s'étend partout également, en vertu d'une cause qui agit ordinairement du dedans au dehors : *Main gonflée par l'âge* (R. Roll.). **Enflé** marque plutôt un phénomène superficiel, ordinairement partiel, produit par une cause extérieure : *Main enflée par une piqûre. Son genou enflé lui faisait mal* (A. Four.); et se dit bien en médecine pour marquer une augmentation de volume externe due à la maladie : Celui qui a des lèvres *gonflées* a de grosses lèvres; on les a *enflées* sous l'effet de quelque maladie. — **Soufflé,** enflé par injection d'air extérieur, souvent en cuisant : *Omelette soufflée.* **Boursouflé** fait concevoir une enflure superficielle de la peau, et par ext. d'une surface qui ne contient que de l'air : *Visage boursouflé par le vent.* **Bouffi,** uniquement en parlant des chairs, implique un faux embonpoint : *Figure bouffie, bilieuse* (Mau.). Dans le langage médical seulement, **Tuméfié,** enflé, en parlant d'une partie du corps, à cause d'un accroissement de la tension des liquides organiques : *Paupière tuméfiée d'un coup de poing;* **Turgescent, Turgide, Tumescent,** gonflé par une surabondance de fluides, en parlant d'un tissu, d'un organe. **Vultueux,** rouge et gonflé en parlant de la face. — **Ballonné** se dit surtout de l'abdomen enflé comme un ballon par des gaz accumulés dans les intestins : *Bestiaux ballonnés par du fourrage vert* (Acad.). — **Bouffant** ne se dit que d'une étoffe qui parait gonflée parce qu'elle se soutient de soi-même et se courbe en rond au lieu de s'aplatir : *Une jupe bouffante* (Acad.). — **Renflé** se dit des choses qui gonflent en cuisant et en fermentant : *Pâte bien renflée* (Lit.); des choses qui vont en grossissant dans quelque partie de leur longueur: *Colonne, tige renflée* (Acad); c'est parfois une sorte de superlatif d'*enflé* : *Coussins renflés par le duvet* (Did.). **Boulé,** gonflé, en parlant du pain dans le four et de semences prêtes à germer. — **Bombé, Gon-**

dolé, Bouclé, Cloqué : → Gonfler. ¶ 2 Au fig. en parlant de ce qui semble dilater l'âme, *Gonflé* implique un sentiment intérieur : *Gonflé de l'amour de soi-même* (Mol.); **Enflé,** un sujet de fierté extérieur : *Enflée de ce succès* (Volt.). **Bouffi** marque la plénitude de l'orgueil qui éclate et devient arrogance : *Tout bouffi d'arrogance* (Boil.). **Boursouflé** indique le vide des prétentions : *Le petit magot boursouflé d'orgueil* (Volt.). — En parlant du style *gonflé* ne s'emploie pas, mais *enflé, bouffi, boursouflé* et *soufflé* sont syn. d'**Emphatique** (→ ce mot). *Soufflé* se dit aussi de ce qui est grossi, exagéré artificiellement : *Réputation soufflée, succès soufflé* (Acad.).

Gonflement, augmentation de volume dans tous les sens due à une cause intérieure : *Gonflement d'estomac, de la peau.* **Enflure,** augmentation de volume surtout extérieure et partielle, due à une cause extérieure ou intérieure : *Une enflure qui vient d'un coup reçu* (Acad.). **Boursouflure, Bouffissure, Ballonnement, Renflement :** → Gonflé. **Fluxion,** gonflement inflammatoire des gencives et des joues (→ Dilatation).

Gonfler : ¶ 1 (Trans.) *Gonfler,* **Enfler, Souffler, Boursoufler, Bouffir :** → Gonflé. **Distendre,** qui diffère de **Dilater** comme les n. correspondants (→ Dilatation), a rapport à l'effet : c'est allonger ou élargir sous l'effet du gonflement ou de la tension : *Estomac distendu par l'aérophagie.* ¶ 2 (Intrans.) → Grossir. *Gonfler,* en parlant du bois, d'une maçonnerie, augmenter de volume sous l'effet de l'humidité. **Bomber,** devenir convexe pour n'importe quelle raison. **Gondoler,** bomber en se gonflant, en parlant du bois. **Bouffer,** en parlant du plâtre d'un mur, gonfler et pousser en dehors. **Boucler,** en termes de maçonnerie, se dit d'un mur dont les parements s'écartent faute de liaison suffisante avec la construction si bien que le mur bombe en forme de boucle. **Cloquer,** se bomber, se boursoufler, se couvrir de sortes de bouffissures en parlant des couches de peinture.

Goret : → Porc.

Gorge : ¶ 1 → Gosier. ¶ 2 → Sein. ¶ 3 → Défilé. ¶ 4 *Rendre gorge :* → Redonner. ¶ 5 *Faire des gorges chaudes :* → Railler.

Gorgée, quantité de liquide qu'on peut avaler en une fois : *Un verre dont je bus quelques gorgées* (Mau.). **Coup,** quantité de liquide qu'on boit sans s'arrêter, en une ou plusieurs gorgées. **Trait,** action d'avaler en une série de gorgées plus ou moins longues : *Boire à longs traits.*

Gorger : Alimenter avec excès. *Gorger* se dit pour les personnes et les animaux à qui l'on donne un excès de nourriture et insiste plutôt sur l'action qui consiste à mettre de force la nourriture dans la gorge : *Il ne faut pas gorger les enfants* (Acad.). **Gaver** ne se dit que pour les animaux soumis à un engraissage intensif selon certains procédés et par ext., en parlant des hommes, insiste sur le résultat, un état où l'on ne peut plus rien absorber : *Un enfant gavé de bonbons.* — Au fig., combler quelqu'un d'avantages au-delà de ses espérances, de ses désirs. *Gorger* marque l'abondance : *Gorger d'honneurs, d'emplois, de biens* (Acad.); *Gaver*, souvent péj., la satiété : *On m'a gavé de préceptes pieux* (Gi.).

Gosier, partie antérieure de la gorge qui communique de l'arrière-bouche à l'œsophage, se dit dans le langage commun du **Pharynx,** parfois même du **Larynx,** et fait penser, en parlant de l'homme, spéc. à la nourriture, à la boisson, ou au chant : *Un os lui demeura bien avant au gosier* (L. F.). *Avoir le gosier sec. Le gosier d'une actrice* (Volt.). **Gorge,** partie antérieure du cou, par ext., gosier de l'homme, spéc. considéré comme le siège de certaines maladies, en poésie, ou dans diverses loc. au prop. et au fig. : *Avoir mal à la gorge. Rire à gorge déployée.* **Gavion** ou **Gaviot, Gargamelle,** syn. pop. de *gorge* et de *gosier.* **Quiqui,** pop., désigne surtout la pomme d'Adam et le cou : *Serrer le quiqui* (Lar.). **Sifflet,** pop., conduit par lequel on respire dans des loc. comme *Couper le sifflet.* **Avaloire,** fam., par plaisanterie, gosier d'un homme qui mange beaucoup ou cet homme lui-même.

Gosse : → Enfant.

Gothique : ¶ 1 → Vieux. ¶ 2 → Sauvage.

Gouaille : → Raillerie.

Gouailler : → Railler.

Gouape : → Vaurien.

Goudron, matière noirâtre, liquide et gluante que l'on retire des combustibles naturels chauffés à une haute température et à l'abri de l'air. **Coaltar,** goudron obtenu par la distillation de la houille. **Brai,** résidu de distillation du goudron de houille utilisé pour faire des agglomérés et des vernis.

Gouffre : → Précipice.

Goujat : → Impoli.

Goulée : → Bouchée.

Goulet : → Passe.

Goulu : → Glouton.

Gourd : → Engourdi.

Gourdin : → Bâton.

Gourmade : → Coup. Coup de poing, en général sur la figure. *Gourmade* est

fam : *On se donna des gourmades dans le sanctuaire de la justice* (Volt.). **Torgnole** et **Talmouse** sont pop.

Gourmand : → Glouton. *Gourmand,* voluptueux qui aime à bien manger et en quantité : *Quand les gourmands sont devenus sobres, ils vivent cent ans* (Volt.). **Gourmet,** celui qui, en dégustant le vin, sait en déterminer les diverses caractéristiques, par ext., celui qui, sans manger avec excès, apporte dans les choses de la table une recherche de délicatesse et de raffinement : *Savourer un plat en gourmet* (Acad.). **Gastronome,** virtuose dans l'art de préparer les plats et d'ordonner les menus qu'il aime déguster : *Brillat-Savarin fut le plus fameux des gastronomes* (Acad.). **Friand,** celui qui, sans toujours manger avec excès, est gourmand de plats fins et délicats, de sucreries : *Friande de toutes sortes de sucreries* (Ham.). **Gastrolâtre,** péj., implique qu'on ne vit que pour la bonne chère. **Gueulard,** pop. et péj., excessivement gourmand.

Gourmander : → Réprimander.

Gourmandise : → Friandise.

Gourmé : → Étudié.

Gourmer : → Battre.

Gourmet : → Gourmand.

Gousse : ¶ 1 → Cosse. ¶ 2 (d'ail) → Tête.

Gousset : → Poche.

Goût : ¶ 1 → Saveur. ¶ 2 → Raison. ¶ 3 → Inclination. ¶ 4 → Style.

Goût du jour : → Mode.

Goûter (N.) : → Collation.

Goûter (V.) : ¶ 1 → Savourer. ¶ 2 → Expérimenter. ¶ 3 → Approuver. Trouver bon ou agréable. *Goûter* implique un jugement de valeur qui conduit à estimer, à apprécier, à approuver une personne ou une chose en se fondant sur le plaisir actuel qu'elle donne : *Goûter un soir vert et or* (Cam.); *un mot* (Zola); *son humour sec et vigoureux* (Mau.). **Apprécier** (→ Estimer) insiste sur la valeur qu'on accorde à la chose pour sa qualité, son utilité, son avantage : *Un petit restaurant dont j'appréciais la cuisine* (Mau.). **Se plaire à** marque simplement, en fait, le plaisir actuel ou habituel : *Se plaire à Regnard* (Volt.); *à de telles incongruités* (Gi.). **Aimer** (→ ce mot) et **Adorer,** qui enchérit, marquant simplement la tendance habituelle à trouver une personne ou une chose agréables, qu'elles soient bonnes ou mauvaises, et se dit bien en parlant des aliments, ou des choses assez générales : *Aimer le vin, la campagne, la musique, le théâtre.* **Raffoler de,** fam., insiste : *Il raffole de musique* (Lit.). **Être fou de** enchérit, parfois péj. : *Je suis folle de Corneille* (Sév.).

S'enthousiasmer (→ ce mot) **pour** ajoute une idée d'admiration et de passion. ¶ 4 → Jouir.

Goutteux, qui souffre d'une maladie appelée *goutte,* caractérisée par des troubles viscéraux et des gonflements articulaires, se dit, surtout en médecine, des personnes ou de leur corps : *Ses gros pieds de goutteux* (BALZ.). **Podagre** ne se dit que des personnes qui ont la goutte aux pieds, et par ext. de celles qui ont effectivement la goutte en quelque partie du corps que ce soit, avec une nuance parfois de pitié, parfois de mépris : *Podagre, impotent, usé de plaisirs et de jouissances* (J.-J. R.).

Gouvernail, pièce de bois, de métal, attachée à l'arrière d'un bateau, d'un avion, et qui sert à le diriger. **Timon,** levier au moyen duquel on dirigeait le gouvernail et par ext. *gouvernail,* ne se dit plus guère et est remplacé de nos jours par **Barre** : *Tenir la barre.* **Manche à balai,** levier articulé qui sert à actionner les appareils permettant de diriger un avion. — Au fig., en parlant du gouvernement d'un État ou de la direction d'une grande entreprise, *barre* ne se dit guère, *gouvernail* s'emploie plutôt absolument : *Saisir, tenir, abandonner le gouvernail* (ACAD.). *Timon* est plus usité, surtout en poésie, et avec un complément : *Tenir le timon d'un empire* (CORN.). De nos jours on dit couramment **Leviers de commande,** au prop. tout levier qu'on manie pour actionner ou régler le fonctionnement d'une machine.

Gouvernant : Celui qui tient en main les destinées de son pays. *Gouvernants* (surtout au pl.), ceux qui tiennent effectivement le gouvernement d'un pays (souvent par opposition à *peuples*). **Dirigeants,** en un sens plus large, ceux qui influent sur la politique de leur pays et, souvent, la catégorie sociale qui détient le pouvoir : *Les dirigeants d'Europe* (M. D. G.). **Maîtres,** plutôt péj., ceux de qui tout dépend, contre la volonté desquels le peuple ne peut rien.

Gouvernante, femme à qui l'on confie l'éducation d'un ou de plusieurs enfants : *Trouver une gouvernante capable d'élever ses filles* (FÉN.). **Nurse** (mot ang., nourrice, bonne d'enfant), gouvernante d'un très jeune enfant. **Duègne,** gouvernante espagnole, ne s'emploie en France qu'en termes de théâtre ou péj. pour désigner une vieille dame assez revêche chargée de veiller sur la conduite d'une jeune personne. **Chaperon,** fig. et fam., personne âgée ou grave qui accompagne une jeune femme par bienséance et comme pour répondre de sa conduite. — Femme qui tient une maison : → Servante.

Gouverne : → Règle.

Gouvernement : → Direction. Action, charge ou manière de diriger les affaires publiques. *Gouvernement,* action de celui qui est souverain et, par ext., forme politique qui résulte en fait de la conception de la souveraineté en vigueur dans un pays : *Le roi, ayant sur lui tout le gouvernement de son peuple* (FLÉCH.). *Il y a trois espèces de gouvernement, le républicain, le monarchique et le despotique* (MTQ.). **Régime,** passif, l'ensemble de dispositions, l'ordre auquel on est soumis en vertu de la forme de gouvernement : *Régime despotique* (LIT.); *paternel* (ACAD.); *féodal, représentatif* (LIT.). **Administration,** direction des affaires selon les principes du gouvernement : *Le gouvernement guide, résout, prend des mesures générales; l'administration agit, fonctionne, fait les affaires du pays* (L.). **État,** en un sens plus général et plus abstrait, tantôt la forme du gouvernement ou du régime : *État monarchique, démocratique;* tantôt le gouvernement et l'administration réunis, soit par opposition aux entreprises privées, soit comme représentant la direction du pays indépendamment des hommes à qui elle est confiée : *L'État français. Homme d'État. Maximes d'État.*

Gouverner : ¶ 1 → Diriger et Commander. Conduire avec autorité. *Gouverner,* diriger un bateau en tenant le gouvernail, par ext. conduire avec autorité un pays, le monde en parlant de Dieu, un enfant qu'on éduque, quelqu'un sur qui on a une influence bonne ou mauvaise, des sentiments sur lesquels on garde l'empire : *Je gouverne l'empire* (RAC.). *Dieu qui gouverne l'Univers* (MTQ.). *Elles le gouvernaient au fil de l'amour-propre* (BALZ.). **Régir,** gouverner un pays, un groupe d'hommes important, surtout en donnant des lois, des règles; spéc. en grammaire, avoir pour complément, en parlant d'un verbe ou d'une préposition (en ce dernier sens, *gouverner* est plus rare) : *Assez de gens qui n'ont pu gouverner une servante et un valet, se sont mêlés de régir l'Univers avec leur plume* (VOLT.). *Les lois qui régissent les femmes chrétiennes* (LOTI.). *Tel verbe régit l'accusatif.* **Régenter,** au fig., diriger avec l'autorité d'un professeur, faire obéir les gens en leur donnant des leçons, des règles : *Habitués à régenter, à faire des observations* (BALZ.). **Régner,** gouverner un État à titre de souverain, de roi, d'empereur, d'électeur, de prince, de duc; dans les régimes parlementaires, exercer la fonction de roi sans gouverner, d'où la formule : *Le roi règne et ne gouverne pas;* au fig. gouverner les passions, les sentiments d'une autorité en général légitime et bonne. **Tyranniser,**

gouverner avec injustice et violence; au fig. exercer sur l'esprit, le cœur, un pouvoir irrésistible, mais mauvais ou contre lequel on voudrait résister : *Ma raison, il est vrai, dompte mes sentiments, Mais quelque autorité que sur eux elle ait prise, Elle n'y règne pas, elle les tyrannise* (Corn.). **Dominer,** gouverner une personne par une influence, une supériorité irrésistibles : *Elle usa de tout son ascendant afin de dominer* [cet] *homme* (Balz.). **Manier,** en parlant des affaires ou des esprits, les faire aller avec habileté, à son gré, comme un cheval qu'on tient bien en main : *La crainte, inspirée par l'amour, est un instrument infaillible pour manier l'esprit d'une femme* (Balz.). **Manœuvrer,** amener, par une tactique habile, quelqu'un à agir souvent contre sa volonté ou ses intérêts. **Mener,** faire faire à quelqu'un tout ce que l'on veut, souvent parce qu'il est faible, qu'on a sur lui de l'ascendant. En ce sens **Mener à la baguette, tambour battant, par le bout du nez** sont fam. **Empaumer,** fam., se rendre maître de l'esprit de quelqu'un par la ruse. **Jeter, Avoir, Mettre le grappin sur quelqu'un,** se rendre maître de son esprit, de sa fortune, en l'assujettissant sans trêve à sa volonté, comme un vaisseau accroché à l'abordage : *La maréchale de Rochefort avait le grappin sur la duchesse de Villeroy* (S.-S.). ¶ 2 *Gouverner,* **Administrer** : → Gouvernement.

Gouverneur : → Maître.

Grabat : → Lit.

Grabuge : → Discussion.

Grâce : ¶ 1 *Grâce,* qualité esthétique naturelle du mouvement, des formes, des attitudes qui consiste dans l'aisance, la légèreté et une sorte d'abandon qui attire la sympathie (≠ Beauté, qui implique perfection esthétique, mais non attrait) : *Et la grâce plus belle encore que la beauté* (L. F.). *La grâce en peinture, en sculpture, consiste dans la mollesse des contours, dans une expression douce* (Volt.). *Grâce rieuse* (Zola). *La grâce, l'aménité de sa mère* (Gi.). **Élégance,** qui marque souvent le résultat de l'art, a surtout rapport aux formes, consiste avant tout à ne pas être lourd, vulgaire, et à faire sentir une perfection exquise, simple, qui demeure purement esthétique et n'attire pas forcément la sympathie : *Sévérité de pensée, élégance intellectuelle des classiques* (J. Rom.). *L'élégance des qualités nobles* (Balz.). **Charme** a rapport à l'effet que produit une personne ou une chose qui attire, retient et parfois transporte par un sentiment indéfinissable dû souvent à sa grâce, mais aussi à son caractère, ses paroles, son étrangeté : *Si vive, si gracieuse qu'elle*

avait un grand charme (Zola). *On ne se demande pas si elle est jolie ou laide, on subit son charme* (Mau.). **Attrait,** beaucoup plus imprécis, tout ce qui nous fait aller vers une personne ou une chose, est plus faible que *charme* pour désigner ce qui plaît, mais peut enchérir pour marquer l'attirance, et s'appliquer aussi non à une qualité de ce qui nous attire, mais à une inclination, une sympathie qui nous pousse vers lui : *Son charme, son attrait, son entraînement* (J. Rom.). *L'attrait que prête l'orage intérieur de nos sentiments aux choses les plus vulgaires de la vie* (Balz.). **Vénusté,** latinisme peu usité, grâce et élégance. **Poésie,** fig., beauté, élévation qui touche, transporte : *La poésie de la nature.* **Fraîcheur,** grâce éclatante ou naïve due à une sorte de jeunesse, de spontanéité, dans le visage, l'air, ou dans les idées, l'imagination : *L'Ave Maris stella où il règne une grande fraîcheur* (Chat.). *La grâce et la fraîcheur de la jeunesse* (Balz.). — En littérature *l'élégance du style* consiste dans le choix des mots et des tours les plus justes et les plus simples, la *grâce du style,* dans une aisance souriante : *La grâce de La Fontaine; l'élégance de Racine.* L'excès de la *grâce* est l'afféterie, l'excès de l'*élégance,* le purisme ou la recherche. **Mollesse,** douceur de pensée et de style accompagnée d'un certain abandon gracieux : [Chez Racine] *cette douceur, cette mollesse, cette sensibilité et cet heureux choix des mots qui portent l'attendrissement dans l'âme* (Volt.). **Morbidesse,** terme de beaux-arts, mollesse et délicatesse des chairs dans une peinture, par ext. sorte de grâce maladive. ¶ 2 → Agrément. ¶ 3 → Faveur. ¶ 4 → Service. ¶ 5 → Pardon. ¶ 6 → Amnistie. ¶ 7 → Remerciement. ¶ 8 → Excellence. ¶ 9 *Grâces* : → Minauderie. ¶ 10 *De bonne grâce* : → Volontairement.

Gracieusement : → Gratuitement.

Gracieuseté : → Gratification.

Gracieux : ¶ 1 Qui plaît, en général. *Gracieux* a rapport aux manières, au dehors, à l'abord, se dit de ce qui se meut, se tourne, se présente d'une manière aisée, légère et qui attire la sympathie : *Tour gracieux* (Fén.). *Geste, sourire gracieux* (Acad.); et indique souvent une action du sujet : *Gracieux veut dire plus qu'agréable, il indique l'envie de plaire* (Volt.). **Élégant** diffère de *gracieux* comme les n. correspondants (→ Grâce). **Agréable,** qui marque l'agrément (→ ce mot) et non la grâce, a un sens beaucoup plus général et se dit des personnes et des choses qui donnent du plaisir, amusent, par toutes sortes de qualités la plupart du temps naturelles : *Femmes agréables de corps et d'esprit* (Fén.). **Riant,** qui, par son air ou son aspect, invite à une douce gaieté : *Mer éclatante et riante* (TAI.). *L'imagination riante de Boccace* (STAËL). **Joli,** vx, qui plaît par sa vivacité, son esprit, sa gaieté : *Nos Français si galants et si jolis* (FÉN.). **Plaisant,** syn. vx d'*agréable*, ne se dit plus que de ce qui plaît par son caractère enjoué. **Aimable** et **Adorable,** fam., qui enchérit, impliquent, en ce sens, à la fois plaisir et intérêt, affection, sympathie : *Le séjour de l'aimable Trézène* (RAC.). **Attrayant** et **Charmant,** qui renchérit, impliquent que les personnes ou les choses plaisent et en même temps attirent et retiennent (→ Attirant). ¶ 2 Avec une nuance esthétique : → Joli. ¶ 3 Dans les relations sociales : → Aimable.

Gracile : → Menu.

Gradation : → Progression et Augmentation.

Grade : Rang dans une hiérarchie. *Grade,* terme relevé, se dit lorsqu'il s'agit d'une hiérarchie importante, bien déterminée : *Il s'éleva de grade en grade jusqu'à l'épiscopat* (DID.). **Degré,** moins noble, marque surtout une étape dans une hiérarchie assez peu déterminée : *C'était le plus proche degré pour parvenir à l'empire* (Bos.); ou parfois une importante : *Des derniers degrés on s'élève aux premiers grades* (L.). **Échelon,** fam., ce qui sert à mener d'un rang, d'un grade, à un autre plus élevé : *Monter un échelon* (ACAD.); se dit parfois en termes d'administration : *Fonctionnaire au 8ᵉ échelon.* **Dignité** (→ Honneur), grade considérable, au sommet d'une hiérarchie. — **Indice,** de nos jours, rang d'un traitement dans une hiérarchie de salaires, marqué par un chiffre : *Fonctionnaire à l'indice 300.*

Gradin : → Degré.

Graduellement : → Progressivement.

Graduer : → Augmenter.

Graffito : → Inscription.

Grain : ¶ 1 → Germe. ¶ 2 → Fruit. ¶ 3 Au fig. → (un) Peu. ¶ 4 → Pluie. ¶ 5 → Rafale.

Graine : → Germe.

Graisse, substance onctueuse et aisée à fondre, tirée du corps des animaux et qu'on utilise pour la cuisine. **Saindoux,** graisse de porc fondue. **Axonge,** syn. de *saindoux,* se dit surtout dans le langage pharmaceutique. **Panne,** graisse qui se trouve sous la peau du porc et de quelques autres animaux principalement au ventre.

Graisser, frotter ou enduire d'un corps gras : *Graisser l'essieu de son carrosse* (VOLT.). **Oindre,** terme moins ordinaire, se dit bien pour les usages antiques, ou quand il est question de choses relevées, par ex. en médecine, en liturgie : *Anciennement on avait coutume d'oindre le corps de ceux qui devaient combattre dans les spectacles publics* (FÉN.). *Oindre un malade avec les saintes huiles* (ACAD.). — **Lubrifier,** terme technique, graisser un outil ou les rouages d'un mécanisme pour en faciliter le fonctionnement.

Graisseux : → Gras.

Grammairien, celui qui s'occupe de la science de la grammaire et la possède. **Grammatiste,** autrefois, celui qui montrait à lire aux enfants, de nos jours, péj., celui qui enseigne la grammaire et ne voit rien au-delà de ses règles formelles.

Grand : Adj. ¶ 1 D'une dimension qui passe l'ordinaire. *Grand* a rapport à toutes les dimensions. *Gros* n'a rapport qu'au volume : *Un grand trou; une grosse boule* (L.). — *Grand* a pour syn. **Spacieux,** très grand, en parlant d'un espace d'une grandeur plus que suffisante pour contenir : *Chaise spacieuse* (J. ROM.). **Ample,** très grand, d'une grandeur ou d'une largeur plus que suffisante pour fournir à l'emploi qu'on en fait : *Mars nous fait recueillir d'amples moissons de gloire* (L. F.). **Vaste,** très grand, d'une grandeur indéfinie (et parfois excessive, surtout en parlant des esprits) : *Appartement trop vaste pour elle* (ZOLA). *Quittez toutes ces idées plutôt vastes que grandes* (Bos.). **Étendu,** grand en longueur et en largeur, comporte toujours une idée de mesure au moins approximative : *Un village étendu* (LIT.). **Large,** étendu dans la plus petite des deux dimensions lorsqu'on considère une surface, est aussi syn. d'*étendu,* mais sans idée de mesure, en parlant de choses physiques et morales qui ont une assez grande extension sans être vastes : *Large barbe* (MOL.). *Large blessure* (RAC.). *Large mépris* (MUS.). Très grand : → Gigantesque et Immense. Trop grand : → Démesuré. ¶ 2 Qui surpasse la plupart des autres choses du même genre. *Grand* a rapport au nombre des parties, à l'étendue, au degré de force ou d'intensité : *L'entreprise sans doute est grande et périlleuse* (RAC.). **Considérable** et **Appréciable,** qui dit moins, font penser à l'estime qu'on doit faire d'une chose : *Fortune* (GI.); *rente* (MAU.) *considérables.* **Important** (→ ce mot), surtout en matière d'intérêt, fait penser aux conséquences de la chose, à son influence possible : *L'importante charge de procureur du roi* (Bos.). **Majeur** enchérit employé absolument en parlant de choses de première importance : *Cause, raison, intérêt majeurs* (ACAD.). **Gros,** syn. fam. de *grand* : *Gros biens; grosse* pluie (VOLT.); au moral, ce qui est *grand* peut être élevé, ce qui est *gros* n'est jamais qu'important : *Grand financier signifie un homme très intelligent dans les finances de l'État; gros financier ne veut dire qu'un homme enrichi dans la finance* (VOLT.). **Fort**, considérable en son genre par sa valeur, sa masse ou sa puissance : *Fort salaire. Forte dose* (ACAD.). **Fier**, fam., souvent ironique ou péj., grand, remarquable en son genre : *Elle lui trouvait un fier talent* (ZOLA). **Effroyable, Épouvantable** (→ Effrayant), superlatifs péj. de *grand*. — **Industriel**, fam., très grand en parlant d'une quantité : *Quantités industrielles* (CAM.). ¶ 3 Spéc., en parlant d'un crime, *Grand* marque sa gravité sans qu'il excède les mesures ou les proportions connues; **Énorme** indique qu'il dépasse la mesure par son degré; **Atroce** suppose méchanceté, scélératesse, horreur : *La désobéissance à un si grand empereur que celui du Japon est un crime énorme* (MTQ.). Le crime de Néron assassinant sa mère est *atroce* (L. H., D'AL.). **Monstrueux** renchérit sur tous ces termes et suppose un crime inouï, contre nature. ¶ 4 → Haut. ¶ 5 → Élevé. — N. ¶ 6 Le *Grand* est abstrait, absolu, c'est une chose conçue, surtout dans l'ordre des idées : *Tout tendait au vrai et au grand* (Bos.). La **Grandeur** est une chose perçue qui est plus ou moins conforme au *grand* : *La vraie grandeur se courbe par bonté vers ses inférieurs* (L. B.). ¶ 7 → Personnalité. — ¶ 8 *En grand* implique une grandeur réelle établie en dehors du sujet et à laquelle il se conforme : *Travailler en grand. Penser en grand.* **Grandement** annonce une grandeur propre au sujet qui se manifeste et peut être parfois ostentatoire : *Faire les choses grandement.*

Grandeur : ¶ 1 → Étendue. ¶ 2 *Grandeur,* **Étendue, Largeur, Vastitude** : → Grand. **Ampleur**, grandeur, largeur, étendue, parfois abondance plus que suffisantes, se dit aussi au fig. : *L'ampleur d'un vêtement. L'ampleur d'un développement. L'ampleur d'un débat.* **Amplitude** ne se dit qu'au physique d'une étendue considérable : *L'amplitude de la nature* (ACAD.); et, en un autre sens, en termes didact., de la grandeur linéaire ou angulaire servant à mesurer un phénomène : *Amplitude d'une oscillation.* ¶ 3 *Grandeur,* **Importance**. — **Énormité, Atrocité, Monstruosité** → Grand. ¶ 4 → Élévation. ¶ 5 → Excellence.

Grandeur d'âme : → Générosité.

Grand homme : → Héros.

Grandiloquent : → Emphatique.

Grandiose : → Imposant.

Grandir : → Croître.

Grand-mère : La mère du père ou de la

mère par rapport aux enfants. *Grand-mère,* terme courant, s'emploie spéc. quand on s'adresse à la personne : *Il s'est assis là, grand-mère, il s'est assis là* (BÉRANG.). **Mère-grand**, fam., s'emploie surtout dans les contes : *Vous y dansiez petite fille, Y danserez-vous mère-grand?* (APOL.). **Bonne-maman**, appellation enfantine et fam. **Aïeule**, du style relevé, indique avant tout le rapport de parenté : *Aïeule paternelle, maternelle.* — Par ext. *Grand-mère,* fam., vieille femme (→ Vieille). *Aïeule,* femme du temps jadis : *Chansons d'aïeules. Aïeule* se dit seul au fig. pour marquer un rapport de génération : *L'économie politique a été l'aïeule du socialisme* (VEUILLOT).

Grand-père, Bon papa et *Aïeul* diffèrent comme Grand-mère, Bonne-maman et Aïeule.

Grange, bâtiment où l'on serre le blé en gerbes et où on le bat. **Grenier**, partie la plus haute d'un bâtiment rural destinée à serrer les grains ou les fourrages. *Grange* fait penser à l'abondance des moissons; *grenier,* à l'abondance des réserves : *Afin qu'un blé mûr fasse plier nos granges* (V. H.). *Tes greniers crouleront sous tes grains entassés* (DEL.).

Graphique : → Diagramme.

Grappe : → Groupe.

Grappiller : → Glaner.

Gras : ¶ 1 → Gros. Qui a de l'embonpoint. *Gras,* terme général, se rapporte à tout le corps, plutôt en bonne qu'en mauvaise part : *Je suis ravie que vous vous portiez bien et que vous soyez grasse c'est-à-dire belle* (SÉV.). **Grasset**, vx, un peu gras. **Grassouillet**, fam., assez gras en parlant d'un petit sujet : *Un petit ragot, grassouillet et rond comme une boule* (HAM.). **Plein**, qui s'oppose à sec, décharné, indique un embonpoint modéré et se dit surtout du visage : *Un visage fort plein et agréable* (S.-S.). **Replet**, qui ne se dit que des êtres humains, marque plutôt l'excès d'embonpoint de celui qui est gras à ne pouvoir l'être plus. **Empâté** implique un excès de graisse qui peut être morbide : *Masque empâté* (M. D. G.). — En représentant l'embonpoint sous le rapport de la forme, **Potelé** donne l'idée d'une rondeur complète, agréable, et se dit bien en parlant des parties du corps qui ont une circonférence : *Petite main rondelette et potelée* (MARIV.). **Rebondi**, fam., évoque une demi-rondeur et se dit bien en parlant des parties du corps formant une éminence, quand elles sont soulevées par la graisse : *Joues, croupe rebondies* (ACAD.). **Rondelet**, fam., implique plutôt une rondeur générale, moins marquée que *rebondi* et moins gracieuse que *potelé Un ventre* *très rondelet et une face lunaire* (DID.). **Rondouillard,** très fam., est plutôt ironique. **Dodu** fait concevoir la personne ou la chose comme fraîche et appétissante ou la chose comme agréable à l'usage : *Ces gâteaux courts et dodus appelés petites madeleines* (PROUST). **Plantureux** est très fam., en parlant d'une femme très dodue et grasse : *Beauté plantureuse.* **Charnu,** par opp. à osseux, implique une chair pleine et bien fournie, en parlant du corps et de ses parties; on dit aussi d'une personne, **Bien en chair** pour marquer qu'elle a un embonpoint suffisant. — *Charnu* se dit aussi des plantes et des fruits pulpeux et succulents : *Olives bien charnues.* *Gras* ne se dit que des plantes dont les feuilles sont juteuses et pulpeuses, par ex. le cactus. ¶ 2 Sali ou imbu de graisse. *Gras* fait penser que la graisse est dans la chose : *Chapeau gras. Cheveux gras* (ACAD.). **Graisseux** fait plutôt penser à des taches de graisse plaquées extérieurement sur la chose : *Un mécanicien d'automobile a un habit graisseux.* **Huileux** évoque un corps gras liquide. ¶ 3 Qui est formé de graisse. *Gras* désigne les corps formés de graisse, ou analogues à la graisse : *L'huile, le beurre sont des substances grasses.* **Graisseux** ne se dit que des corps qui sont de la nature de la graisse. **Onctueux,** surtout relatif au toucher ou au goût, se dit des corps d'une substance grasse et douce ou qui donnent une impression analogue : *Du gras olivier l'onctueuse liqueur* (DEL.). **Adipeux,** terme d'anatomie, ne se dit que des tissus, des membranes, de la nature de la graisse ou envahis par la graisse. ¶ 4 → Obscène. ¶ 5 → Moelleux. ¶ 6 → Fécond.

Grasseyer : → Bléser.

Gratification : → Don. *Gratification,* terme général, don, le plus souvent en argent, que l'on fait par pure libéralité, en plus de ce que l'on doit. **Gracieuseté,** plus rare, gratification donnée en général à quelqu'un qui a rendu service, pour le remercier. — **Prime,** gratification donnée pour encourager une activité ou, par un journal, un commerçant, pour attirer les lecteurs ou les clients : *Prime d'importation.* **Guelte,** sorte de prime, de gratification proportionnelle au prix de certains produits accordée par le patron à un commis de magasin. — **Pourboire,** gratification donnée au salarié d'autrui quand on est content de lui : *Donner un pourboire à un garçon de café.* **Pièce,** pop., petite somme d'argent donnée comme gratification ou pourboire. **Étrenne,** gratification donnée pour le Nouvel An, par ex. au facteur, au concierge. **Bonne-main,** syn. vx de *pourboire* (en usage surtout dans la Suisse romande). **Denier à Dieu,** gratification donnée au concierge quand on retient un logement, à un domestique qu'on loue. — **Épingles,** syn. vx de *gracieuseté.* — **Pot-de-vin,** gratification donnée à une personne qui conclut une affaire, le plus souvent illicite, en usant de son influence. On dit par euphémisme et abusivement en ce sens **Commission** (→ ce mot). **Arrosage,** gratification pour soudoyer. **Dessous de table,** gratification que dans un marché l'acheteur donne au vendeur au-dessus du prix légal, pour frauder le fisc ou obtenir quelque avantage.

Gratifier, faire un don, un bienfait par libéralité, se dit souvent, au fig., par ironie, en parlant d'une chose attribuée mal à propos : *Des titres d'honneur dont il vient de gratifier quelques grands de son État* (L. B.). *Il veut charitablement me gratifier de ses bévues* (LIT.). **Doter,** pourvoir une fille d'une dot, un établissement d'utilité publique, un corps, d'un revenu; au fig. pourvoir de bonnes ou de mauvaises qualités, d'avantages ou de faiblesses : *Doter le monde du travail de quelques améliorations positives* (J. ROM.). **Douer** ne s'emploie qu'au fig. en parlant des avantages donnés par la nature, Dieu, les génies ou les fées : *La nature, en douant Ésope d'un très bel esprit* (L. F.). **Favoriser,** syn. de *doter,* en parlant d'avantages naturels, physiques ou moraux, et, en un sens plus général, gratifier quelqu'un en le distinguant ou en remplissant ses vœux : *Votre patrie dont la terre n'est pas favorisée du ciel* (FÉN.). *Elle n'a pas même daigné le favoriser d'un regard* (ACAD.).

Gratis : → Gratuitement.

Gratitude, sentiment que l'on éprouve dans son cœur parce qu'on a été touché par la bienfaisance de quelqu'un : *Sourire épanoui de gratitude* (M. D. G.). **Reconnaissance,** action de témoigner par des démarches, des actions, des démonstrations qu'on est redevable d'un bienfait et qu'on veut le récompenser : *Il adorera le Dieu des Juifs par reconnaissance* (VOLT.). **Gré,** *gratitude,* n'est guère usité que dans la loc. *Savoir gré,* être content de ce que quelqu'un a dit ou fait : *Le marquis n'a pas osé vous demander ce service lui-même, mais il vous en saura un gré infini* (J. ROM.). **Obligation,** lien de reconnaissance, reconnu ou non, envers les personnes qui nous ont rendu quelque service, n'implique pas forcément *gratitude* : *Il a fait semblant de m'avoir obligation de l'avoir éclairé* (FÉN.).

Gratte-ciel : → Immeuble.

Gratte-papier : → Employé.

Gratter : ¶ 1 → Racler. ¶ 2 → Jouer. ¶ 3 *Gratter,* fam., faire de petits profits ou de petites économies. **Grignoter,** pop., faire de tout petits profits dans une affaire.

Griveler, fam. et vx, faire de menus profits illicites dans un emploi, une charge.

Gratuit : ¶ 1 *Gratuit*, **Gracieux :** → Gratuitement. ¶ 2 → Injustifié.

Gratuitement : De pure grâce, sans paiement de retour. *Gratuitement* convient mieux pour qualifier l'action de celui qui donne, souvent avec désintéressement et générosité : *Comme il était pauvre, Rieux l'avait soigné gratuitement* (CAM.). **Gratis** convient mieux au passif en parlant des choses reçues : *Il a tous les dévouements gratis* (BALZ.); et, avec *donner*, implique simplement qu'on ne fait rien payer. **Gracieusement** ajoute à *gratuitement* l'idée d'amabilité; d'où son emploi fréquent en termes de commerce : *La maison offre gracieusement une prime à ses clients.* **Franco,** terme de commerce emprunté à l'italien, sans frais (en général de port et d'emballage). **A l'œil,** syn. fam. de *gratis*.

Gravats : → Décombres.

Grave : ¶ 1 → Sérieux. ¶ 2 → Important.

Graveleux : → Libre et Obscène.

Gravement : → Sérieusement.

Graver : → Imprimer. *Graver*, tracer quelque trait, quelque figure avec le burin, le ciseau, sur du marbre, du cuivre, du bois. **Buriner,** graver sur un métal avec l'instrument d'acier appelé burin, se dit bien, au fig., d'un style qui exprime fortement certaines idées et a rapport à la manière, alors que *graver* a rapport à l'effet qui est d'imprimer d'une façon durable des idées dans l'esprit : *Tacite n'écrit pas, il burine l'histoire* (ACAD.). *Ces paroles se gravaient dans son cœur* (FÉN.).

Gravier : → Sable.

Gravir : → Monter.

Gravité : ¶ 1 → Pesanteur. ¶ 2 → Importance. ¶ 3 La *Gravité*, qui se distingue de la **Décence** (→ ce mot) et du **Sérieux** (→ ce mot), consiste surtout à ne pas choquer les bienséances de son rang, de son âge, de son caractère, à éviter la frivolité et à régler, par empire sur soi-même et sagesse, son attitude extérieure : *Une gravité convenable à la place qu'ils tiennent, au lieu où ils sont, aux matières qu'on traite* (VOLT.). **Componction,** avec une nuance de raillerie, gravité affectée avec laquelle on a l'air de compatir au malheur de quelqu'un ou de regretter une erreur, ou gravité exagérée, ridicule : *Une gravité qui touchait à la componction* (DUH.). **Majesté,** toujours en parlant des personnes les plus élevées, Dieu, roi, princes, etc., gravité accompagnée de pompe et d'éclat qui donne le sentiment de la grandeur : *Sa majesté de reine puissante* (ZOLA). **Solennité** diffère de *majesté* comme les adj. correspondants (→ Important).

Graviter : → Tourner autour.

Gravois : → Décombres.

Gravure : → Image.

Gré : ¶ 1 → Volonté. ¶ 2 → Gratitude. ¶ 3 *De bon gré :* → Volontairement.

Gredin : → Vaurien.

Gréement : → Agrès.

Greffe : → Bouture.

Greffer, couper une petite branche ou lever un œil à la branche d'un arbre en sève, et l'insérer dans une fente d'un autre arbre, afin que celui sur lequel se fait l'insertion porte le fruit de l'autre, fait surtout penser à l'action. **Enter,** greffer en insérant un scion, c'est-à-dire un petit rejeton tendre et très flexible d'un arbre, fait surtout penser au résultat. *Greffer* se dit rarement au fig. pour marquer l'action d'unir : *L'agiotage greffé sur le monopole* (MIRAB.). *Enter* se dit bien au fig., surtout au part. passif, en parlant de ce qui joint des qualités de nature différente : *Des romans entés sur l'histoire* (STAËL).

Grégaire, au fig., se dit des dispositions de certains hommes à s'agréger les uns aux autres et à suivre les impulsions du groupe où ils se trouvent comme les bêtes font dans un troupeau : *Opinion grégaire* (ACAD.). **Moutonnier,** fam., se dit plutôt des personnes qui, à la manière des moutons, font ce qu'elles voient faire, suivent aveuglément l'exemple des autres : *La foule est moutonnière* (ACAD.).

Grêle (N.) : ¶ 1 *Grêle*, météore formé par de l'eau qui, congelée en l'air, tombe par grains de glace. **Grêlon,** grain de grêle fort gros. **Grésil,** petite grêle fort menue et dure. ¶ 2 Au fig. → Pluie.

Grêle (Adj.) : ¶ 1 → Menu. ¶ 2 (voix) → Faible.

Grêlé : → Marqué.

Grêlon : → Grêle.

Grelot : → Cloche.

Grelotter : → Trembler.

Greluchon : → Amant.

Grenadier : Au fig. → Virago.

Grenat : → Rouge.

Grenier : ¶ 1 → Grange. ¶ 2 Mauvais logement au dernier étage et immédiatement sous le comble d'une maison (→ Comble). *Grenier*, simple débarras ou logement de pauvre : *Les murailles ébranlées de mon grenier que je préfère de tout mon cœur au palais doré où je suis* (VOLT.). **Galetas,** péj., taudis sous les toits et par ext. taudis quelconque, en désordre et malpropre, occupé d'ordinaire par tout ce qu'il y a de plus misérable : *Vilain galetas* (VOLT.).

Grésil : → Grêle.

Grésillement, bruit qui rappelle celui du grésil qui tombe : *Le grésillement d'un jet d'eau.* **Friture,** fig., sorte de grésillement se produisant, par moments, dans un appareil de téléphone ou de T. S. F. et qui est dû à la formation de courants parasites.

Grève : ¶ 1 La *Grève* est le fait des salariés qui cessent leur travail jusqu'à ce qu'ils aient obtenu certains avantages. Le **Lock-out** est le fait des patrons qui se coalisent pour refuser de donner du travail aux salariés aux conditions que demandent ceux-ci. **Coalition,** terme d'économie politique, toute union concertée soit entre ouvriers, soit entre patrons pour défendre leurs intérêts et qui, dans certains cas, aboutit soit à la *grève,* soit au *lock-out.* ¶ 2 → Bord.

Grève de la faim : → Jeûne.

Grever : → Accabler.

Gribouillage : → Barbouillage.

Grief : → Reproche.

Grièvement : → Sérieusement.

Griffe : ¶ 1 → Ongle. ¶ 2 → Marque.

Griffer : → Déchirer.

Griffonnage : → Barbouillage.

Griffure : → Déchirure.

Grignon : → Quignon.

Grignoter : ¶ 1 → Manger. ¶ 2 → Ronger. ¶ 3 → Gratter.

Grigou : → Avare.

Gri-gri : → Amulette.

Gril [être sur le] : → (s') Impatienter.

Grillade, viande ou poisson préparés sur le gril. **Carbonade,** préparation de viande grillée sur du charbon.

Grille : → Clôture. *Grille,* assemblage de barreaux solides fermant une ouverture, servant de clôture, de séparation. Le **Grillage,** plus compliqué, plus serré, est fait de fil de fer ou de petits barreaux et sert à fermer une ouverture, une cage.

Griller : ¶ 1 → Rôtir. *Griller,* rôtir sur le gril. **Brasiller,** faire griller rapidement sur des braises. ¶ 2 → Brûler. ¶ 3 → Chauffer. ¶ 4 Au fig. *Griller de :* → Brûler de.

Grill-room : → Restaurant.

Grimaçant : ¶ 1 → Excessif. ¶ 2 → Plissé.

Grimace : ¶ 1 *Grimace,* toute contorsion du visage, parfois involontaire et souvent volontaire. **Moue,** grimace faite en allongeant les deux lèvres rapprochées, en signe de dérision ou de mécontentement. **Cul de poule,** fam., sorte de moue faite en avançant et en serrant les lèvres, par dédain, embarras. **Lippe,** lèvre d'en bas lorsqu'elle est trop grosse ou trop avancée, syn. de *moue* seulement dans la loc. fam. *Faire la lippe,* bouder. **Rictus,** contraction spasmodique des muscles peaussiers de la face, provoquant une grimace qui donne au visage l'aspect du rire forcé, et s'observant dans la jalousie, la colère et dans le tétanos. **Baboue,** vx, grimace pour faire peur aux enfants. **Nique,** dans la loc. *Faire la nique,* signe de tête témoignant dérision et mépris. **Singerie,** fam., au fig., grimace ou geste malicieux, pour faire rire : *Faire des singeries à un enfant pour l'amuser.* **Contorsion** a plutôt rapport au geste qu'au visage, mais peut aussi désigner, péj., les grimaces ridicules, exagérées que font certaines gens en parlant avec véhémence, ou pour plaire. ¶ 2 → Feinte. ¶ 3 → Minauderie.

Grimacier : → Faux.

Grimaud : ¶ 1 → Élève. ¶ 2 → Écrivain. ¶ 3 → Pédant.

Grimer : → Farder.

Grimoire : → Barbouillage.

Grimper : → Monter.

Grimpette : → Montée.

Grincer se dit du bruit produit en serrant les dents les unes contre les autres sous l'action de l'agacement, de la douleur ou de la colère et, par ext., du bruit analogue que font certaines choses en tournant sur elles-mêmes : *Porte, serrure, verrou qui grincent.* **Crisser,** onomatopée, se dit du bruit que font les dents en glissant les unes sur les autres, bruit moins fort que le grincement, mais plus aigu et agaçant, qui est aussi celui des dents d'une scie, d'une étoffe qu'on froisse, du gravier sous les pas.

Grincheux : → Revêche et Grondeur.

Gringalet, fam., homme faible de corps, petit et frêle : *Comme qui dirait le gringalet de page* (BEAUM.). **Mauviette,** homme chétif, incapable d'énergie, qui n'a pas plus de force qu'une alouette. **Avorton,** très péj., homme mal fait, qui a l'air de n'avoir pas atteint son développement complet. **Aztèque,** pop., *avorton* (parce qu'on exhiba à Paris vers 1855 deux monstres rachitiques et microcéphales qu'on présentait comme des Aztèques authentiques). **Freluquet,** qui se dit surtout au moral d'un homme frivole, sans mérite, désigne parfois aussi, selon l'Académie, un homme petit, mince et sans apparence.

Grippe, maladie infectieuse fébrile, caractérisée en général par un catarrhe naso-bronchique. **Influenza** se dit plutôt de certaines formes de grippe épidémique.

Grippe [en] : → Haine.

Gripper : ¶ 1 → Attraper. ¶ 2 → Dérober.

Grippe-sou : → Avare.

Gris : ¶ 1 → Terne. ¶ 2 → Ivre.

Griser [se] : → (s') Enivrer.

Grisette : → Femme légère.

Grisonnant, en parlant des cheveux qui commencent à blanchir, a pour syn. fam. **Poivre et sel.**

Grivèlerie : → Vol.

Grivois : → Libre.

Grognard : ¶ 1 → Grondeur. ¶ 2 → Soldat.

Grogner : → Murmurer.

Grogneur, Grognon : → Grondeur.

Grommeler : → Murmurer.

Grondement : → Roulement.

Gronder : ¶ 1 → Murmurer. ¶ 2 → Réprimander.

Grondeur marque l'habitude de celui qui manifeste son mécontentement par des réprimandes : *Ce n'est qu'en mots fâcheux qu'éclate votre ardeur Et je ne vis jamais un amour si grondeur* (MOL.). **Grognon,** très fam., celui qui par tempérament ressent un mécontentement perpétuel qu'il exprime aux autres par des murmures sourds, peu intelligibles, ou même par son air : *La vieille la plus grognon que je connus de ma vie* (J.-J. R.). **Grogneur,** celui qui agit en *grognon* dans un cas particulier. **Grognard,** qui murmure sans cesse et à propos de rien : *L'air grognard et maussade des valets* (J.-J. R.). **Bougon,** qui grogne entre ses dents, surtout pour lui-même. **Grincheux,** qui étant continuellement et par nature d'une humeur maussade ou revêche, accueille mal les gens et trouve à redire à tout : *Fonctionnaire grincheux.* **Ronchonneur** se dit plutôt de celui qui proteste, exprime énergiquement son mécontentement.

Groom : → Chasseur.

Gros : Adj. ¶ 1 *Gros* s'oppose à *menu* et se dit des êtres et des choses qui ont beaucoup de circonférence, de volume : *Gros homme, gros arbre.* En parlant des êtres, **Gras** marque simplement une abondance de graisse qui contribue à rendre *gros*, mais n'y suffit pas : *Une petite femme peut être grasse sans être grosse.* En parlant des êtres humains, **Fort** se dit souvent par euphémisme : *Une femme un peu forte;* mais implique en général grandeur et largeur de formes ou de volume, en parlant du corps ou d'une partie du corps : *Le prince parut, grand, fort* (ZOLA). **Épais** suppose un corps qui, vu de profil, manque

disgracieusement de sveltesse : *Femme épaisse et lourde* (MAU.). **Massif** enchérit sur *fort* et *épais* et suppose un corps carré et pesant, d'un seul bloc. **Puissant,** fam., très gros et donnant une impression de force. **Corpulent,** à la fois grand et gros. **Obèse,** excessivement gros, qui a trop d'embonpoint. **Boulot,** fam., gros et court si bien qu'il a la forme d'une boule. — En parlant de la grosseur du ventre, **Pansu, Ventru,** et **Ventripotent,** fam., indiquent une excessive rondeur : *Gros, court et ventripotent, à jambes grasses et à mains épaisses* (BALZ.). **Bedonnant** se dit d'une personne qui prend du ventre sans être encore *ventrue* et encore moins *ventripotente.* — Comme n. seulement, **Bedon,** fam., homme gros, gras et ventru; **Barrique,** fam., homme très gros; **Mastodonte** (grand mammifère fossile), par ironie, homme d'une énorme corpulence; **Poussah,** homme ridiculement gros et court qui se déplace avec peine; **Patapouf,** très fam., homme ou enfant gros et lourd encombré de sa graisse; **Paquet,** fig. et fam., personne qui se remue difficilement à cause de sa grosseur; **Pépère** et **Maous** syn. de *gros* et de *gras*, sont pop.; **Piffre,** personne excessivement grosse, est bas. ¶ 2 En parlant surtout des choses, *Gros* marque l'étendue de la circonférence et du volume, **Épais,** la grandeur de l'une des dimensions, l'étendue qu'il y a de l'une des surfaces à l'autre : *Grosse tour, mur épais. Il est difficile d'embrasser ce qui est gros, ce qui est épais ne se laisse pas aisément percer* (L.). **Fort,** gros ou épais de matière et capable de porter un poids ou de résister à un choc : *De fortes murailles, une forte digue* (ACAD.). **Volumineux,** étendu en tous sens, occupant beaucoup de place, se dit surtout d'un paquet. **Massif,** fait d'un seul bloc, serré et compact, et qu'on suppose pesant : *Barques massives, solides, bâties pour la lutte* (LOTI). ¶ 3 Par opposition à *fin, délicat, Gros* a rapport à la nature de la chose, **Grossier,** à sa façon : *Un mouchoir d'une grosse étoffe* emplit toute la poche; un mouchoir d'une *étoffe grossière* est fait sans art. Au fig. *Une grosse faute*, est importante en elle-même, une *faute grossière* indique la méconnaissance des règles les plus élémentaires, une *lourde faute* suppose chez le sujet un manque total d'habileté. ¶ 4 *Gros* se dit aussi pour **Grossi,** enflé accidentellement, et, dans ce cas, marque absolument la grosseur; *grossi* ne marque qu'une grosseur relative, mais insiste davantage sur la qualité qui n'est là que par accident : *La rivière est grosse. Depuis qu'il a plu elle est grossie.* ¶ 5 → Grand. ¶ 6 → Riche. ¶ 7 N. → Principal. ¶ 9 Adv. → Beaucoup.

Gros bonnet : → Personnalité.

Grosse (Adj.) : → Enceinte.

Grosse (N.) : → Copie.

Grossesse : → Gestation.

Grosseur : → Volume. En parlant du corps humain, *Grosseur* fait penser à son volume, sa circonférence, qu'il soit grand ou petit : *Son corps ramassé dans sa courte grosseur* (BOIL.). **Corpulence,** la grandeur et la grosseur considérées ensemble. **Embonpoint,** bon état du corps, lorsque la quantité de graisse est proportionnée au volume et à la stature; dans le langage courant, grosseur d'une personne un peu grasse, mais sans excès et agréablement : *Son embonpoint qui n'arrivait pas encore à l'obésité* (BALZ.). **Rondeur,** embonpoint assez rebondi : *Sa taille avait pris un peu plus de rondeur* (J.-J. R.). **Rotondité,** grosse corpulence : *Il remplit un grand fauteuil de sa rotondité* (ACAD.). **Obésité,** excès d'embonpoint. **Adipose,** surcharge graisseuse et morbide du tissu cellulaire qui entraîne souvent l'*obésité*. **Polysarcie,** nom scientifique de l'*obésité*.

Grossi : → Gros.

Grossier : ¶ 1 → Gros. ¶ 2 → Rude. ¶ 3 → Pesant. ¶ 4 → Impoli. ¶ 5 → Imparfait. ¶ 6 → Obscène. *Grossier* se dit de façons de parler ou d'agir qui, sans être spéc. obscènes, choquent la décence et n'ont pas cours dans la bonne société. **Scatologique,** qui a rapport aux excréments : *Propos, plaisanterie scatologique* (ACAD.).

Grossir : ¶ 1 → Augmenter. ¶ 2 Devenir gros. *Grossir* et *Se grossir* (plus rare) marquent une augmentation de volume lente, progressive, souvent normale et durable, qui se fait par extension, développement des parties intérieures ou accroissement de matière : *Torrent qui grossit. Fruit qui grossit.* **Enfler** et **S'enfler** comme **Gonfler** et **Se gonfler** (→ Gonflé) impliquent une augmentation de volume plus rapide, souvent anormale, mais peu durable, qui se fait par une distension due à l'eau, au gaz, aux humeurs : *Torrents enflés, gonflés par la fonte des neiges. Ballon qui se gonfle, s'enfle.* **Se dilater** marque une extension de volume due au fait que les particules matérielles d'un corps s'écartent sans se désagréger, sous l'influence de la chaleur, d'un fluide, d'une traction, d'une pression, de l'élasticité, d'un relâchement de la cohésion : *Le cœur, la rate, l'estomac se dilatent.* **Épaissir,** et **S'épaissir,** devenir épais (→ Gros) par accroissement de matière; se disent surtout, souvent péj., du corps humain qui cesse d'être svelte, s'alourdit quand on le voit de profil : *Sa taille s'épaissit* (LIT.). **Engraisser** marque simplement qu'on prend de la graisse, de l'embonpoint, et insiste sur la cause dont souvent *grossir* et *épaissir* marquent le résultat. **Enforcir,** devenir fort et surtout gros, est rare. ¶ 3 → Exagérer.

Grotesque : ¶ 1 → Burlesque. ¶ 2 → Ridicule.

Grotte : → Caverne.

Grouiller : ¶ 1 → Remuer. ¶ 2 → Abonder.

Groupe : ¶ 1 → Réunion. ¶ 2 Un certain nombre de personnes ensemble. *Groupe,* qui se dit des êtres comme des choses, réunion d'individus assez rapprochés ou unis pour que l'œil les embrasse à la fois, ou formant un tout distinct : *Ils formaient un petit groupe au milieu de la cohue peu à peu envahissante* (ZOLA). *Groupe de volcans* (BUF.). **Peloton,** petit groupe de personnes étroitement réunies, souvent autour de quelqu'un : *Son petit peloton se rassemblait à l'opéra sous la loge de la reine* (J.-J. R.). **Poignée,** petit nombre de gens, considérés relativement à l'action qu'ils entreprennent, ce qui fait qu'ils sont souvent plus nombreux qu'un groupe : [Aux Thermopyles] *une poignée de Lacédémoniens* (BOS.). **Grappe,** groupe d'hommes offrant quelque ressemblance avec une grappe de fruits : *Acrobates formant une grappe humaine* (LAR.). **Fournée,** fam., groupe de personnes nommées ensemble à la même dignité, accomplissant les mêmes actes ou subissant le même sort : *Entre deux fournées d'arrivistes* (J. ROM.). **Pléiade,** dans la tradition littéraire, groupe de sept poètes, par ext. groupe de personnes qui constituent une élite : *Pléiade d'excellents officiers; d'élèves distingués* (ACAD.). **Constellation,** parfois de nos jours, groupe d'artistes, d' « étoiles » du music-hall, de la radio. **Noyau,** premier et petit groupe qui est à l'origine d'une société, d'une compagnie ou d'un groupement d'hommes, et parfois aussi, dans un groupe déjà formé, ceux qui sont les plus fidèles, qui constituent le fond permanent du groupe : *Le petit noyau des habitués, des fidèles du salon Verdurin* (PROUST). **Cellule,** de nos jours, groupe de personnes travaillant ensemble et servant de base à un parti politique, spéc. le parti communiste. **Loge,** en un sens voisin, est du langage maçonnique. **Équipe,** groupe d'ouvriers faisant ensemble un travail, de sportifs dans le même camp, et très à la mode aujourd'hui pour désigner tout groupe de collaborateurs unis par un même chef ou un même idéal : *L'équipe des rédacteurs d'un journal. Une équipe ministérielle.* ¶ 3 → Parti. ¶ 4 *Groupe littéraire* désigne un certain nombre d'écrivains qui ont le même goût artistique, travaillent en commun, souvent autour d'un maître : *Chateaubriand et son groupe littéraire* (S.-B.). **École** implique la fidélité à un idéal esthétique déterminé et souvent codifié : *L'école naturaliste.* **Cénacle,** petit groupe de personnes professant les mêmes théories artistiques, littéraires, philosophiques, souvent d'une façon assez exclusive : *C'est un petit cénacle où il n'est pas aisé d'être admis* (ACAD.). **Chapelle** implique encore davantage l'admiration mutuelle, le goût exclusif, et désigne souvent une coterie littéraire. **Cercle,** groupe de personnes réunies pour parler de littérature.

Groupement : → Réunion.

Grouper : → Assembler.

Gruger : ¶ 1 → Manger. ¶ 2 → Voler et Ruiner.

Grumeau : → Caillot.

Grumeler : → Cailler.

Guenille : → Loque.

Guenon, Guenuche : → Laideron.

Guêpier : → Piège.

Guère : → Peu.

Guéret : → Lande.

Guérilla : ¶ 1 → Troupe. ¶ 2 → Guerre.

Guérir : → Rétablir et (se) Rétablir.

Guérison : → Cure et Rétablissement.

Guérisseur : Celui qui guérit ou prétend le faire sans être médecin. *Guérisseur,* souvent péj., celui qui fait profession de guérir par des moyens connus de lui seul qui n'ont rien de scientifique. **Empirique,** syn. vx de *guérisseur.* **Charlatan,** marchand ambulant qui débite des drogues merveilleuses sur les places et dans les foires, par ext., très péj., guérisseur (et même médecin) qui exploite la crédulité publique en prétendant posséder certains secrets merveilleux pour guérir : *La témérité des charlatans et leurs tristes succès qui en sont les suites font valoir la médecine et les médecins; si ceux-ci laissent mourir, les autres tuent* (L. B.). **Opérateur,** vx, charlatan, vendeur de drogues pour lesquelles il faisait le boniment sur les tréteaux. **Rebouteur,** et pop. **Rebouteux,** celui qui fait profession de remettre, par des procédés empiriques, les membres foulés ou luxés. On dit aussi, en ce sens, dans les campagnes : **Renoueur, Rhabilleur, Mège.**

Guerre : ¶ 1 Lutte armée entre deux ou plusieurs États. *Guerre,* terme ordinaire, évoque l'horreur de la lutte. **Conflit armé** est du langage juridique. **Hostilités,** acte formel de guerre : *Installé à Londres depuis le début des hostilités* (M. D. G.). **Conflagration,** dans le style relevé, guerre générale qui bouleverse et embrase l'univers. **Expédition** (→ ce mot), entreprise militaire faisant partie d'une guerre. — *Petite guerre,* celle qui se fait par détachements ou par partis, dans le dessein d'observer les démarches de l'ennemi, de le harceler. **Guérilla** (en espagnol, « petite guerre »), corps franc, bande de partisans, se dit par ext. de la petite guerre qu'ils mènent. ¶ 2 Au fig. → Conflit. ¶ 3 *Faire la guerre :* → Guerroyer. ¶ 4 *Faire la guerre :* → Réprimander. ¶ 5 *Nom de guerre :* → Pseudonyme. ¶ 6 *Guerre civile* (ou *intestine*) : → Troubles.

Guerrier : ¶ 1 Adj. → Militaire. ¶ 2 N. → Soldat.

Guerroyer, autrefois du style relevé, de nos jours fam. et péj., passer son temps à faire des opérations de guerre plus nombreuses que méthodiques et sans grande envergure : *Louis le Gros passa son règne à guerroyer contre les seigneurs* (ACAD.). **Faire la guerre** se dit pour marquer l'action d'un pays tout entier tendu vers la victoire et de l'homme qui le dirige : *Je fais la guerre* (CLEMENCEAU). **Combattre** est le terme courant. **Se battre** se dit plutôt des soldats qui participent directement aux hostilités : → Lutter.

Guet : → Surveillance.

Guet-apens : → Piège.

Guêtre : ¶ 1 *Guêtre,* enveloppe de drap, de toile, de cuir, se fermant sur le côté avec des boucles et des boutons, qui sert à recouvrir le dessus du soulier et parfois le bas de la jambe (≠ Botte, qui recouvre aussi le pied). **Jambière,** guêtre haute qui protège la jambe. **Houseaux** (au pl.), fausses bottes en cuir, sans semelles, contre la pluie et la boue. **Molletière,** guêtre de cuir ou d'étoffe qui monte jusqu'au genou, se dit surtout pour désigner une bande que les soldats enroulent autour de leur jambe pour servir de guêtre. **Leggings** (mot anglais), jambière de cuir souple ou de drap cambrée d'une seule pièce. ¶ 2 *Laisser ses guêtres* ou *ses houseaux :* → Mourir.

Guetter : → Épier.

Guetteur : → Factionnaire.

Gueulard : → Ouverture.

Gueule : ¶ 1 → Bouche. ¶ 2 → Visage. ¶ 3 → Ouverture.

Gueuler : → Parler.

Gueuser : → Solliciter.

Gueux : ¶ 1 → Pauvre. ¶ 2 → Mendiant. ¶ 3 → Coquin. **Gueusard,** plus fam. et plus dédaigneux que *Gueux,* désigne, dans tous les sens, surtout dans celui de *coquin,* un gueux éhonté qui gueuse par plaisir. **Gueusaille,** collectif et pop., troupe de gueux.

Guichet : → Ouverture.

Guichetier : → Gardien de prison.

Guide : Masc. ¶ 1 *Guide,* toute personne qui

en conduit une autre et l'accompagne pour lui montrer le chemin. **Cicerone** (mot italien), guide qui montre aux étrangers les curiosités d'une ville, est fam. dans les autres sens de *guide*. **Cornac,** conducteur d'éléphant; fig. et fam., guide de voyageurs, et surtout homme qui se fait l'introducteur, le prôneur d'un autre, le guide vers le succès : *C'est le cornac de ce poète* (Lit.). ¶ **2** Au fig. → Conseiller. ¶ **3** → Mémento. ¶ **4** Fém. → Bride.

Guide-âne : → Mémento.

Guider : → Diriger.

Guigne : → Malchance.

Guigner : ¶ **1** → Regarder. ¶ **2** → Vouloir.

Guignol : → Pantin.

Guignon : → Malchance.

Guilleret : ¶ **1** → Gai. ¶ **2** → Libre.

Guillotiner : → Décapiter.

Guimbarde : → Voiture.

Guindé : ¶ **1** → Étudié. ¶ **2** → Emphatique.

Guinder : → Lever.

Guingois [de] : → (de) Travers.

Guinguette : ¶ **1** → Cabaret. ¶ **2** → Bal.

Guipure : → Dentelle.

Guirlande, arrangement de fleurs, de feuilles ou d'objets, formant une chaîne flexible et pouvant s'enrouler, se suspendre épouser n'importe quelle forme.

Feston, guirlande ou faisceau de petites branches d'arbres garnies de leurs feuilles et entremêlées de fleurs, de fruits, qui sert en général à orner, dont on jonche le sol, ou qu'on suspend, le plus souvent d'une façon assez lâche, pour lui donner une forme ondulée, avec des sortes de dents, vers le bas.

Guise : → Façon.

Guitare, instrument de musique à six cordes dont on joue en pinçant les cordes. **Banjo,** sorte de guitare rustique montée de cinq à neuf cordes, en usage chez les nègres d'Amérique du Nord.

Guttural : → Rauque.

Gymnase : → École.

Gymnaste, de nos jours, celui qui pratique assidûment les exercices de gymnastique comme amateur ou comme professeur. **Gymnasiarque,** professeur de gymnastique ou gymnaste professionnel, ne se dit guère. Celui qui enseigne la gymnastique est dit **Professeur d'éducation physique,** ou **Moniteur,** s'il tient lieu de professeur sans l'être.

Gymnastique, l'art de fortifier et d'assouplir le corps par des exercices appropriés. **Gymnique,** science des exercices du corps propres aux athlètes. **Éducation physique,** gymnastique enseignée dans les écoles.

Gynécée : → Harem.

H

Habile : ¶ 1 → Capable. *Habile,* **Ingénieux, Industrieux, Adroit :** → Habileté. ¶ 2 → Savant.

Habileté : → Capacité. Qualité qui rend propre à réussir dans ce qu'on entreprend. *Habileté,* terme général, implique intelligence et facilité dans tous les genres d'activités : *Habileté d'un général* (Volt.); *dans toutes les sciences mathématiques* (Buf.). **Art** implique étude, connaissance de certaines règles, soin, application : *L'art des plus excellents ouvriers* (L. B.). **Ingéniosité** suppose de l'invention, de la sagacité dans les petites choses qui appartiennent à la spéculation, à l'art ou à la technique : *M. de B** avait l'esprit délié; on prenait son ingéniosité pour du génie* (Chat.). **Industrie,** invention, habileté mineure dans le travail ou dans la conduite; parfois, habileté à trouver des expédients : *La cruelle industrie d'Ulysse* (Rac.). **Savoir-faire,** plus fam., suppose une certaine facilité acquise par l'expérience, surtout pour se tirer d'embarras ou réussir : *Pour gagner du bien, le savoir-faire vaut mieux que le savoir* (Beaum.). **Adresse** et **Dextérité** expriment de la facilité dans l'exécution. *Adresse* se dit des mouvements de toutes les parties du corps et implique plutôt justesse et économie de moyens; *dextérité* se dit surtout de la main et implique justesse et aisance : *L'adresse est une juste dispensation des forces que l'on a* (Mtq.). *Le phoque se sert de ses mains avec tant de dextérité qu'il monte assez promptement sur un rivage élevé* (Buf.). Mêmes nuances au fig., *adresse* se disant de toutes les manières d'agir, *dextérité,* surtout de négociations ou d'affaires qu'on manie : *Si par éloquence et par adresse vous pouvez détourner ce coup* (L. F.). *Henri IV négocia la reddition de Paris avec dextérité* (Volt.). **Doigté,** en parlant de négociations, d'affaires, implique prudence et sentiment des convenances : *Le doigté d'un diplomate* (→ Politique). **Tour de main,** fig. et fam., dextérité surtout pratique et souvent due à l'expérience : *Avoir le tour de main pour faire des chapeaux.* **Virtuosité,** très grande habileté qui donne une impression d'aisance dans l'exécution, en musique, ou dans la pratique d'un métier ou d'un art : *Écrivain d'une virtuosité surprenante* (Acad.). **Maîtrise,** habileté supérieure, dans un art ou dans une science, qui marque qu'on en possède parfaitement la technique : *Cet orateur a parlé, avec maîtrise* (Acad.). **Autorité,** en ce sens, marque sûreté et conscience de son habileté : *Traiter un sujet avec autorité.* **Maestria** (mot italien), maîtrise brillante dans l'exécution parfaite d'une œuvre d'art ou d'un exercice sportif. **Chic,** en peinture, facilité et dextérité de l'artiste travaillant souvent sans modèle; par ext., fam., adresse dans une spécialité. **Patte,** fig. et fam., habileté de main d'un artiste : *Dans ce tableau on reconnaît la patte de tel maître* (Acad.) — **Entregent,** spéc., manière adroite de se conduire dans le monde pour se rendre les personnes favorables : *Il ne manque ni de finesse ni d'entregent* (J. Rom.). — *Habileté* désigne aussi la qualité des choses habilement faites : *L'habileté de ses réponses.* **Élégance,** habileté et simplicité dans la solution d'un problème scientifique ou autre.

Habiliter : → Permettre.

Habillé : → Vêtu.

Habillement : → Vêtement.

Habiller : ¶ 1 → Vêtir. En termes d'art, *Habiller,* revêtir un corps. **Draper** ne se dit qu'en parlant de vêtements amples et formant des plis. ¶ 2 → Couvrir.

Habit : ¶ 1 → Vêtement. ¶ 2 Tenue masculine de cérémonie. *Habit,* partie de l'habit de cérémonie qui est ouverte par-devant et qui a des pans par-derrière. **Frac** est vx. **Queue de morue** et **Queue de pie** sont très fam. **Smoking,** veston de drap noir ouvert à la façon d'un habit, à revers de soie, que l'on porte dans les dîners et soirées où l'habit n'est pas de rigueur.

Habitacle : → Maison.

Habitant : Celui qui habite un lieu. *Habitant,* terme usuel. **Hôte,** du style relevé et poétique, se dit surtout des animaux : *Les hôtes de ces bois* (L. F.). **Indigène** est fam. en parlant des personnes seulement. — En parlant d'un pays ou d'une ville, *Habitant* regarde uniquement le lieu, quel qu'il soit : *Ne suis-je pas à présent moi-même un habitant de Paris?* (J.-J. R.). **Citoyen** insiste sur les droits, les devoirs, les façons de vivre qui résultent de l'appartenance à une collectivité, État, ville ou village : *Les citoyens de Paris* (Volt.); *citoyen du monde* (Volt.). **Bourgeois,** vx, habitant d'une ville, considéré uniquement dans sa condition par opposition au paysan et au noble : *Il y avait* [à Paris] *plus de bourgeois que de citoyens* (Volt.). **Citadin,** habitant d'une ville par opposition à campagnard : *Citadin d'Ithaque* (L. F.).

Habitat : ¶ 1 → Milieu. ¶ 2 → Logement.

Habitation : ¶ 1 → Maison. ¶ 2 → Logement.

Habité : → Peuplé.

Habiter : → Demeurer.

Habitude : ¶ 1 Ce qu'on fait d'ordinaire ou souvent. *Habitude,* disposition acquise par des actes réitérés qui devient un principe intérieur et personnel d'action : *Une plainte machinale, une habitude qui remonte inconsciemment au passé* (M. D. G.). **Coutume,** manière d'agir très générale imposée par l'autorité, l'opinion et qui pousse l'individu à agir comme tout le monde : *Les sévérités consacrées par la coutume des aïeux et sanctifiées par les lois* (A. Fr.); marque, en parlant d'un seul homme, ce qu'il fait ou ce qu'il souffre ordinairement : *Il avait coutume de se retrouver là chaque mercredi* (Gi.); alors qu'*habitude* implique un besoin plus fort que la volonté : *J'avais cette habitude de me parler constamment de moi-même* (Gi.). **Usage,** coutume particulière, parfois propre aux esprits distingués : *La France était réglée par des coutumes non écrites et les usages particuliers de chaque seigneurie formaient le droit civil* (Mtq.). *Prendre une grossière coutume du bas peuple pour un usage de la cour* (Volt.). **Pratique,** façon d'agir passée en usage dans une classe de personnes ou dans un pays : *Il vaut mieux qu'on suive la pratique de votre société* (Pasc.). **Accoutumance,** formation d'une habitude, surtout passive, marque le travail qui se fait en nous pour nous amener à supporter telle ou telle chose : *L'accoutumance nous rend tout familier* (L. F.). **Pli,** fig., se dit surtout des habitudes morales durables : *Elle avait pris ce pli dans son âge enfantin* (V. H.). **Us,** terme de jurisprudence, s'emploie de nos jours joint à *coutume,* toujours fam. : *Les us et coutumes de la galanterie* (Les.). **Mœurs,** habitudes considérées par rapport au bien ou au mal dans la conduite de la vie : *Les mœurs publiques devenues des scandales publics* (Mas.); par ext., sans aucune nuance morale, manières de vivre ou coutumes qui varient chez les différents peuples et dans les différents siècles, ou habitudes des individus qui varient suivant l'âge, le sexe, la condition, etc. : *Chaque âge a ses plaisirs, son esprit et ses mœurs* (Boil.). **Tradition,** coutume, procédé, doctrine qui est un legs du passé : *Vieille petite ville qui dure par tradition, qui vit parce qu'elle*

a vécu (Loti). **Rit** ou **Rite,** coutume, usage, puis cérémonial d'une religion; de nos jours, fam. et fig., coutume traditionnelle, presque religieuse : *Le rite des cartes de visite pour le Nouvel An.* **Usance,** syn. vx d'*usage,* de *coutume.* **Routine** (→ ce mot), péj., usage depuis longtemps consacré de faire une chose toujours de la même manière. **Manie** (→ ce mot), habitude bizarre, ridicule : *J'ai déjà des habitudes et presque des manies de vieux garçon* (Duh.). ¶ 2 → Relation.

Habitué à, Accoutumé à, Fait à, Plié à, Rompu à, Stylé, Familiarisé avec marquent la qualité de celui qui a été disposé à faire ou à supporter ordinairement quelque chose (→ Habituer). **Coutumier de** indique uniquement que quelqu'un fait souvent telle ou telle action : *Coutumière de tous les dévouements et de tous les devoirs* (V. H.).

Habituel : → Ordinaire.

Habituer, disposer quelqu'un à faire une action qui lui devient facile. **Accoutumer,** disposer quelqu'un à supporter l'action d'une personne ou d'une chose, ou à ne pas en être choqué : *J'habituerais mes élèves plusieurs fois la semaine à parler d'abondance sur un sujet donné* (L. H.). *Je suis tellement accoutumé à être haï* (Mau.). **Faire à,** en ce sens, employé uniquement au réf., est plus fam. : *Elle se fait à l'idée de me le confier* (Gi.). **Plier,** fig., accoutumer à subir, par force ou par douceur, d'une façon durable, en assujettissant : *La plier à tous ses caprices* (M. D. G.). **Rompre,** plier à supporter sans peine une chose, ou habituer à pratiquer facilement une activité, par de fréquents exercices : *Il le faut rompre à l'âpreté des exercices* (J.-J. R.). *Rompre la main à l'écriture* (Acad.). **Styler,** habituer quelqu'un, en le dressant, à agir selon une conduite qu'on lui impose : *Styler un domestique.* **Mettre au fait de,** commencer à habituer quelqu'un, en l'instruisant, à faire habilement quelque chose : *Mettre quelqu'un au fait de son nouvel emploi.* **Familiariser,** surtout au réf., accoutumer à trouver quelque chose normal : *Nous nous familiarisons fort dans notre siècle avec tout ce qui faisait trembler dans les siècles passés* (Volt.); ou habituer à connaître et à pratiquer facilement : *Se familiariser avec une langue étrangère.* **Acclimater,** habituer à un climat et, par ext., à un pays, un milieu différents : *Après s'être acclimaté à Nemours, le vieillard prit ses habitudes* (Balz.).

Hâbleur : → Menteur.

Hache, instrument de fer tranchant qui a un manche et dont on se sert pour couper et pour façonner le bois, mais qui a été aussi utilisé pour d'autres usages (arme

de combat, instrument pour exécuter).
Cognée, plus fam., sorte de hache à fer étroit
et à long manche et qui sert seulement à
couper du gros bois : *Un bûcheron perdit
son gagne-pain; c'est sa cognée* (L. F.).
Francisque, hache d'armes à deux tranchants en usage jadis chez les Francs et
les Germains.

Haché : → Court.

Hacher : ¶ 1 → Couper. ¶ 2 → Interrompre.

Hacher (se faire) : → (se) Sacrifier.

Hachis, mets fait avec de la viande ou du
poisson qu'on coupe très menus. **Farce**, hachis de viande assaisonné d'épices et de
fines herbes qu'on met à l'intérieur d'un
autre aliment.

Hagard : ¶ 1 → Sauvage. ¶ 2 → Troublé.

Hagiographie : → Histoire.

Haillon : → Loque.

Haine, passion violente qui anime contre
les êtres et parfois contre les choses et pousse
à désirer pour elles le mal ou la destruction :
*Ces haines vigoureuses Que doit donner le
vice aux âmes vertueuses* (Mol.). **Éloignement** (→ ce mot) et ses syn. marquent la
tendance à s'écarter d'une personne ou
d'une chose, sans pour cela leur vouloir
passionnément du mal. — **Malveillance**,
disposition à vouloir du mal qui cherche
souvent à se satisfaire par des moyens
détournés, sans avoir la violence de la
haine: *La malveillance des envieux* (Marm.).
Animosité, malveillance et parfois haine
persistantes et actives, persécutrices : *D'abord ce n'était que de l'irritation; une sourde
animosité* (Gi.). *Il ne s'agit pas seulement de
haine, il s'agit d'animosité* (J.-J. R.). **Inimitié**, sentiment durable qui oppose ouvertement à quelqu'un et se manifeste, du point
de vue social, par des conflits, dus à
des désaccords irréductibles, sans pour
cela entraîner toujours de basses passions:
*Les grands hommes du siècle de Louis XIV
se respectaient mutuellement malgré la
concurrence et même malgré l'inimitié*
(L. H.). **Hostilité**, qui se dit aussi à l'égard
des choses, marque simplement que l'on
agit pour contrecarrer ce à quoi on est
opposé, souvent pour des raisons intellectuelles, momentanées ou de principe :
Sa défiance, ou même son hostilité de principe envers les curés (J. Rom.). **Ressentiment**
(→ ce mot), plus spéc., haine provoquée
par une offense subie et désir de vengeance.
Fiel, haine ou animosité qui se manifestent dans des discours ou des pensées
d'une amertume méchante : *Leurs discours respiraient le fiel* (Volt.). **Grippe**,
dans la loc. *Prendre en grippe*, hostilité
due uniquement à la prévention: *L'homme
qui me prit en grippe uniquement sur ce que*

je le servais fidèlement (J.-J. R.). **Antipathie**, autrefois haine et, de nos jours, aversion fatale, irraisonnée, qui empêche tout
rapprochement entre des natures, des humeurs ou des caractères incompatibles :
*Combien de haines invétérées et depuis
longtemps entretenues, qu'ils traitent d'antipathies naturelles et involontaires?* (Bour.).

Haïr, avoir une passion active contre quelqu'un qui pousse à lui vouloir du mal, ou
avoir de l'aversion pour une chose qu'on
combat : *Je hais ce qui est faux* (Sév.).
En vouloir marque plutôt malveillance,
ressentiment, parfois animosité : *Il semble
qu'il m'en veuille de n'être pas allé l'attendre*
(Gi.). **Détester** marque un acte de raison
qui écarte ce qu'on ne peut estimer et,
moins fort de nos jours qu'autrefois, n'implique pas toujours la haine : *Pour détester
ce qui vous flatte quelle force de caractère
ne faut-il pas?* (Gi.). *Je déteste, je hais les
jeunes gens* (Mau.). **Abhorrer** enchérit sur
haïr ou sur *détester*, marque un acte instinctif accompli par goût, par nature, et indique une très grande aversion : *Je m'abhorre
encore plus que tu ne me détestes* (Rac.).
Je le hais, je l'abhorre (Volt.). **Abominer**,
s'écarter d'un être ou d'une chose avec
l'horreur que doit inspirer une idole, se dit
de choses qui offensent ce qu'il y a de
plus saint ou de plus sacré : *Abominer le
mensonge, l'impiété, le crime*; **Exécrer** (lat.
exsecrari, maudire), éprouver pour un être
ou une chose l'horreur indignée qui provoque la malédiction, se dit de ce qui est
malfaisant et doit être condamné, banni :
*Il se disait qu'il devait l'exécrer; il repassait
en son esprit tous ses griefs* (Mau.). **Maudire** (→ ce mot) implique une condamnation expressément formulée. — Fam. **Ne
pouvoir sentir quelqu'un**, avoir pour lui
l'antipathie la plus extrême. **Prendre en
grippe quelqu'un**, avoir pour lui une hostilité due à la prévention.

Haire : → Cilice.

Haïssable, qui peut ou doit être haï.
Odieux, qui est haï en fait : *Le moi est haïssable* (Pasc.). *Je ne déplaisais plus, je n'étais pas odieux* (Mau.). Mais les deux mots
s'emploient dans les deux sens, et alors
odieux, relatif à la nature de la chose
qualifiée, est plus fort que *haïssable*, relatif à l'effet qu'elle produit sur nous :
*On est haïssable parce qu'on a un caractère désagréable, on est odieux parce qu'on
a un caractère méprisable, vicieux* (C.).
A noter cependant que *haïssable* exprime
toujours la haine, alors qu'*odieux* peut
se dire de ce qui est extrêmement déplaisant : *Maussade, ennuyeuse, sans usage du
monde, une femme odieuse* (Gresset). **Antipathique** qualifie fam. par ext. les personnes pour qui on ressent une aversion
naturelle irraisonnée. Au sens fort, **Détes-**

table, Exécrable et **Abominable** enchérissent sur *odieux* comme les verbes correspondants sur *haïr* (→ ce mot) : *Je tiens l'inquisition abominable devant Dieu et exécrable aux hommes* (S.-S.).

Hâlé : Fortement bruni en parlant du teint. *Hâlé* marque plutôt une action de l'air combinée avec celle du soleil et parfois nuisible et déplaisante : *Vous n'êtes point hâlé, vous, vous n'avez point l'air campagnard* (MARIV.). **Basané,** hâlé à en être noirâtre, **Boucané,** cuit par le soleil et comme noirci par la fumée, enchérissent sur *hâlé*. **Enfumé,** syn. de *boucané*, est rare. **Bronzé, Cuivré, Doré** font penser à l'effet du soleil que l'on recherche pour brunir agréablement la peau.

Haleine, l'air rejeté naturellement, par la respiration. **Souffle,** l'air volontairement poussé par contraction de la bouche. En conséquence l'*haleine* est faible, chaude, habituelle, qualifiée par son odeur, sa douceur; le *souffle* est fort, refroidit ou réchauffe, est qualifié comme quelque chose d'accidentel par sa violence, ses effets, son origine. **Respiration,** la fonction dont l'*haleine* est la matière : *On perd l'haleine* parce qu'on ne trouve plus de quoi respirer, *on perd la respiration* faute de pouvoir contracter et dilater sa cage thoracique. **Bouffée,** souffle de l'haleine qualifié par son odeur, et qui arrive brusquement, dure peu : *Il m'envoyait des bouffées de tabac à m'étouffer* (HAM.). — Mêmes nuances au fig. entre *haleine* et *souffle* en parlant du vent : *Tous les vents attentifs retiennent leurs haleines. Le seul zéphire est libre et, d'un souffle amoureux, Il caresse Vénus* (L. F.). *Bouffée,* souffle de vent ou courant de vapeur brusque et bref : *Une bouffée de chaleur.*

Haler : → Tirer.

Haletant : → Essoufflé.

Haleter : → Respirer.

Hall : ¶ 1 → Vestibule. ¶ 2 → Salle.

Halle : → Marché.

Hallebarde : → Lance.

Hallier : → Buisson.

Hallucination : ¶ 1 → Vision. ¶ 2 *Hallucination,* fausse perception visuelle, et par ext. auditive ou tactile, qui se produit sans qu'aucun objet extérieur la fasse naître. **Illusion** implique un objet extérieur qui provoque une sensation, mais une erreur des sens ou de l'esprit trompe sur la nature de cet objet : *Voir un bâton brisé dans l'eau est une illusion*; entendre sonner quand le silence est total est une *hallucination.*

Halluciner : → Effrayer.

Halo : → Lumière.

Halte : ¶ 1 → Arrêt. ¶ 2 → Étape.

Hameau : → Bourg.

Hameçon : → Piège.

Handicaper : → Désavantager.

Hangar : → Remise.

Hanter : ¶ 1 → Fréquenter. ¶ 2 → Tourmenter.

Hantise : → Obsession.

Happer : → Attraper.

Haquenée : → Cheval et Jument.

Hara-kiri (faire) : → (se) Suicider.

Harangue : → Discours.

Harangueur : → Parleur.

Harassé : → Fatigué.

Harasser : → Fatiguer.

Harceler : ¶ 1 → Provoquer. ¶ 2 → Tourmenter.

Hardes : → Vêtement.

Hardi : ¶ 1 Qui ne se laisse intimider ni détourner par rien. *Hardi* se distingue de **Courageux** comme *Hardiesse* de *Courage* (→ ce mot), d'**Audacieux** et de **Téméraire** comme *Hardiesse* (→ ce mot) des noms correspondants, et se dit bien de celui qui ose beaucoup dans un cas particulier où il y a difficulté et danger : *Il montre aux plus hardis à braver le danger* (RAC.). **Fier,** hardi, audacieux comme une bête farouche, est vx et du style relevé : *Ces fiers courages dont l'esprit extrême ose tout* (BOS.). **Décidé** (→ ce mot) et ses syn. indiquent une absence d'hésitation qui peut venir de la hardiesse. **Entreprenant** implique une suite d'actions qu'on prépare sans se laisser rebuter par les difficultés : *Factieux et entreprenant, qui ne trouvait rien difficile... aussi hardi dans l'exécution qu'habile à haranguer le peuple* (BOS.). **Osé,** qui a la hardiesse, et parfois l'effronterie, de braver l'autorité ou la convenance sociale : *On statua la peine des galères contre quiconque serait assez osé pour être d'un autre avis que le Stagyrite* (VOLT.). **Hasardeux,** qui n'a pas peur de s'exposer au danger, souvent par inconscience ou imprévoyance : *Un pilote hasardeux.* **Casse-cou,** fam., follement hasardeux. **Risque-tout,** très téméraire, très entreprenant, presque *casse-cou.* ¶ 2 *Hardi,* péj., qui agit sans s'embarrasser de la pudeur, ni de la politesse, dans le premier cas syn. d'**Impudent** (→ ce mot), dans le second, d'**Arrogant** (→ ce mot), indique plutôt la cause que la nature du défaut et l'envisage dans la personne comme une capacité d'agir, d'oser : *Ces femmes hardies, Qui goûtant dans le crime une tranquille paix, Ont su se faire un front qui ne rougit jamais* (RAC.). **Effronté,** dans les deux sens, marque moins la capacité d'oser que celle de n'avoir honte de rien, quoi qu'on fasse : *Ces gens effrontés qui n'avaient honte de rien, non pas même des choses les plus infâmes* (Fén.). **Déluré,** fam., un peu trop hardi surtout en parlant d'un enfant, d'une jeune personne. ¶ 3 → Hasardé. 4 → Libre.

Hardiesse : ¶ 1 → Courage. *Hardiesse,* qualité louable, opposée à la timidité, et poussant à tout oser : *Les gens qui ont la hardiesse de dire la vérité* (Fén.). **Décision** (→ ce mot) diffère de *hardiesse* comme les adj. correspondants (→ Hardi). **Audace,** hardiesse extrême, souvent immodérée et parfois nécessaire pour se sauver par désespoir : *Ceux qui ont l'audace de tenter l'impossible* (M. D. G.). **Témérité,** hardiesse excessive qui agit au hasard; toujours péj. sauf avec une épithète : [Turenne] *releva par cette prudente et heureuse témérité l'État penchant vers sa ruine* (Fléch.). ¶ 2 → Arrogance. En un sens péj. *Hardiesse* et **Effronterie** : → Hardi. **Front,** dans le langage relevé, syn. d'*effronterie* : *C'est une chose étonnante que vous ayez le front de parler si haut* (Pasc.). **Toupet,** fam., hardiesse ou effronterie dans les relations sociales : *Je me demande s'il aura le toupet de prendre cela pour une supériorité* (J. Rom.). **Culot,** syn. pop. de *hardiesse* : *Il avait ce qu'on appelle du « culot », un sacré culot vraiment* (Gi.). ¶ 3 → Licence.

Harem, l'appartement des femmes chez les mahométans. **Sérail,** palais du sultan, désigne improprement son *harem.* **Gynécée,** appartement des femmes chez les Grecs.

Harengère : → Mégère.

Hargneux : → Acariâtre.

Haridelle : → Cheval.

Harmonie : ¶ 1 Ensemble de sons agréables. *Harmonie,* concours et accord de divers sons ou suite de sons délicieux à l'oreille : *La lointaine harmonie des cieux* (Lam.). **Concert,** accord harmonieux de plusieurs voix ou de plusieurs instruments : *Les harpes et les voix célestes forment un concert autour d'elle* (Chat.). **Musique,** harmonie considérée dans son effet, dans certaines circonstances, comme pleine de charme, ou ironiquement, comme une suite de sons désagréables : *La musique d'une voix. La musique du canon.* ¶ 2 En termes de musique, *Harmonie,* succession d'accords par opposition à **Mélodie,** succession de notes; par ext. *harmonie,* la science des accords; **Contrepoint,** art de composer la musique à plusieurs parties de façon que les notes de chaque partie s'accordent suivant les lois de l'harmonie. ¶ 3 → Orchestre. ¶ 4 En littérature, *Harmonie,* sensation agréable produite par la sonorité des mots et le rythme : *L'har-monie du vers* (Boil.). **Nombre,** harmonie qui résulte d'un certain arrangement de mots dans la prose et dans le vers : *Le son consiste dans la qualité des mots et le nombre dans leur arrangement* (D'Al.). **Cadence,** harmonie d'un vers ou d'une période dont les repos sont habilement ménagés : *Juste cadence* (Boil.). **Rondeur,** harmonie d'une période bien équilibrée, bien pleine : *Cette harmonie douce et flexible, cette rondeur et cette mollesse d'expression et de cadence* (D'Al.). **Mélodie,** et parfois **Musique,** harmonie chantante, douce à l'oreille, d'une suite de mots ou de phrases : *La mélodie* (Villemain) *des paroles de Quinault.* **Incantation,** fig., musique qui charme, envoûte, se dit surtout de la poésie : *L'incantation des vers de Racine.* **Euphonie,** en un sens plus restreint, soin de l'on prend d'éviter des sons ou des groupes de sons qui paraissent durs à l'oreille : *C'est par euphonie qu'on dit* mon épée *et non* ma épée. ¶ 5 *Harmonie imitative* : → Allitération. ¶ 6 → Union et Accord. ¶ 7 Au fig. *Harmonie,* accord parfait et entière correspondance de plusieurs parties qui demeurent distinctes, ou concourent à une même fin : *L'harmonie du corps humain. Il règne une savante harmonie entre toutes les parties de cette composition* (Acad.). **Eurythmie,** dans la langue littéraire et artistique, beauté qui résulte de l'harmonie dans la composition : *Eurythmie d'un bâtiment* (Lit.); *d'un poème* (Acad.). **Économie,** fig., harmonie entre les différentes parties, les différentes qualités d'un corps organisé : *Le moindre vaisseau qui se rompt ruine l'économie de tout le corps* (Nicole). **Équilibre** (→ ce mot), répartition bien entendue des masses d'une œuvre d'art, des parties d'une œuvre littéraire, qui concourt à l'harmonie. **Proportion,** fig., convenance en quantité, entre les parties d'un tout, qui contribue à former l'harmonie de l'ensemble : *La proportion qui doit être entre les fautes et les peines qui est comme l'âme des États et l'harmonie des empires* (Mtq.). **Unité** ajoute à *harmonie,* en parlant d'une chose, l'idée que, si toutes ses parties, de même nature, concourent à une même fin, cette fin est, de plus, unique et la raison d'être de chacune des parties : *Le même effet d'harmonie et d'unité* (Gi.). **Ensemble,** concert de plusieurs choses qui concourent à l'harmonie ou à l'unité : *L'esprit particulier qui donne à toutes ces qualités sociales un agréable et capricieux ensemble* (Balz.). **Homogénéité,** harmonie d'une réunion de personnes habituées à travailler avec ensemble, en communion de principes, de sentiments : *L'homogénéité d'un ministère; d'une équipe de foot-ball.*

Harmonieux, agréable à l'oreille, se dit plutôt d'un concours de sons. **Mélodieux** évoque plutôt le déroulement agréable d'une suite de sons. **Musical** a plutôt rapport à la qualité de la voix qui semble un instrument de musique ou qui paraît propre à la musique. **Nombreux** diffère d'*harmonieux* comme les n. correspondants : → Harmonie.

Harmoniser : → Accorder.

Harnaché : Au fig. → Vêtu.

Harnacher : Au fig. → Vêtir.

Haro (crier) : → Vilipender.

Harpie : → Mégère.

Harponner : → Prendre.

Hart : → Corde.

Hasard : Cause cachée des événements considérée comme agissant d'une façon arbitraire (≠ Destin : → ce mot). Le *Hasard* préside ou est supposé présider à tous les événements dont la cause est inconnue : *Vous admettez le hasard seul pour la cause première de toutes choses* (L. B.). La **Fortune** et le **Sort** ne décident que des événements de la vie des hommes, font leur bonheur ou leur malheur, mais la *Fortune* est plutôt l'être fabuleux qui détermine, surtout en parlant de grandes choses, le *Sort*, plus particulier à chaque personne, est plutôt la détermination même de la condition grande ou petite de chacun : *J'ignore à quel sort la fortune m'appelle* (J.-J. R.). *Dans la voie où le Sort a voulu t'appeler* (Vi.). *Sort* désigne aussi la manière de décider par le hasard : *Tirer au sort.* **Chance**, toute façon d'advenir suivant des conditions qui ne nous sont pas connues, mais peuvent parfois être supputées : *La chance de haïr ou d'aimer ou d'acquérir de très grands biens est liée à tous les hasards du réel* (Val.); fam., hasard heureux, fortune favorable : *Réussir par chance.* **Aléa** (en lat. « sort »), hasard favorable ou non considéré comme rendant les choses incertaines : *Dans toute affaire il y a une part d'aléa.* **Aventure**, ce qui advient à quelqu'un par cas tout à fait fortuit, syn. de *hasard*, surtout dans les loc. : *A l'aventure et Par ou D'aventure* : *Le moindre vent qui d'aventure Fait rider la face de l'eau* (L. F.). **Coup de dés**, fam., syn. de *hasard* et de *chance* dans des loc. comme *Un beau coup de dés*. ¶ 2 *Hasards*, surtout au pl., tous les événements qui peuvent arriver sans qu'on puisse les prévoir : *Les hasards de la guerre.* **Risques**, hasards dangereux. **Impondérables**, fig. au pl., tous les éléments, surtout spirituels ou moraux, qui entrent dans la détermination des événements, sans être dus au hasard, mais qui sont si subtils qu'on ne peut les mesurer, les préciser : *Que d'impondérables dans l'issue d'une guerre!* (Acad.). ¶ 3 → Danger.

Hasard (par) : → Accidentellement. Sans cause nécessaire. *Par hasard,* **Par aventure, D'aventure, Par chance :** → Hasard. **Par raccroc,** par chance, comme par un coup heureux au jeu, où il entre plus de chance que d'adresse, ne se dit que des avantages qui arrivent aux personnes : *Obtenir un succès par raccroc.*

Hasardé : → Imprudent. Dont le succès n'est pas certain. *Hasardé*, qui, étant en dehors de l'usage, peut n'être pas bien accueilli ou ne pas réussir : *Il y a un mot dans votre ouvrage qui est bien hasardé* (L. B.). **Hasardeux,** péj., marque le résultat de la maladresse ou de l'imprévoyance plutôt que de l'audace : *Traiter tout noble mot de mot hasardeux* (Boil.). **Hardi,** heureusement hasardé, qui s'élève au-dessus des règles communes : *Il fallait que tout fût neuf et hardi, que rien ne se ressentît des misérables bienséances françaises* (Volt.); dans le langage des beaux-arts, sans hésitation ni timidité : *Ces hardis monuments* (Volt.). **Risqué,** péj. et fam., marque une audace excessive qui court le danger de ne pas plaire ou d'échouer : *Le sujet assez risqué d'une courte nouvelle* (Gi.). **Osé** a plutôt rapport au danger de choquer les bienséances : *Plaisanterie osée.* **Chanceux** et **Aléatoire** se disent de toutes les actions dont le résultat dépend du hasard, *aléatoire* insistant davantage sur l'incertitude du résultat.

Hasarder : ¶ 1 Exposer au sort. *Hasarder* marque une action libre, et insiste sur l'audace du sujet, en une action où il a l'espoir de réussir : *Vous seriez imprudent de ne pas hasarder votre vie pour en gagner dix à ce jeu* (Pasc.). **Risquer** peut marquer un danger passivement subi : *Nous risquons moins d'être dérangés que chez moi* (J. Rom.); et, pour marquer une action libre, attire plutôt l'attention sur l'importance de la chose qui est placée entre des chances de gain et de perte, en général égales : *[Dans le mariage] les hommes croient ne rien hasarder, les femmes savent à peu près ce qu'elles risquent* (Balz.). **Exposer** insiste sur le péril que court la chose risquée, souvent avec un comp. pour spécifier le risque subi en cas d'échec : *Un petit tyran expose sa souveraineté pour défendre sa vie* (Mtq.). **Aventurer** suppose de l'ignorance, de l'étourderie et des chances de perte plus nombreuses que des chances de gain : *Gageons cent pistoles. — Ton argent court grand risque. — Le tien est bien aventuré* (Mol.). **Compromettre,** péj., exposer à quelque chose de fâcheux et presque sacrifier ce que l'on risque de gâter ou de perdre : *Ne pas compromettre son avenir* (Balz.). **Commettre** s'emploie surtout dans le langage relevé, en parlant de l'honneur de la réputation, de la dignité que l'on risque d'avilir : *Commettre l'honneur des dames* (Les.). (Au réf. *Se commettre* se dit bien en parlant des grands personnages qui risquent de voir diminuer leur gloire, *Se compromettre* se dit dans tous les cas où l'on risque un dommage.) **Jouer,** hasarder au jeu, au fig. exposer témérairement, ou risquer de perdre : *Au moins ils risquent quelque chose, ceux-là. Ils jouent leur peau, leur liberté* (Gonc.). **Risquer le paquet,** fam., s'engager audacieusement dans une entreprise douteuse. **Jouer son va-tout,** fig., risquer sa dernière chance, tout hasarder. ¶ 2 → Expérimenter.

Hasardeux : ¶ 1 → Hardi. ¶ 2 → Hasardé.

Hâte : → Vitesse.

Hâte (en, à la, avec) : → Hâtivement.

Hâter : ¶ 1 → Accélérer. ¶ 2 (Réf.) Faire vite. *Se hâter* marque une vitesse qui n'exclut pas la méthode : *Hâtez-vous lentement* (Boil.). **Faire diligence** insiste sur le soin que l'on met à ne perdre aucun instant. **Se presser** marque parfois une ardeur brouillonne ou une hâte excessive : *Ne vous pressez pas de me répondre.* **S'empresser,** se hâter de faire quelque chose dont on a envie ou qui montre le zèle qu'on a pour quelqu'un : *S'empresser de parler. Je m'empresse de répondre à votre lettre.* **Se dépêcher,** syn. plus fam. de *se hâter* ou de *se presser,* marque parfois le vif désir de se débarrasser de ce que l'on fait pour faire autre chose : *Je me dépêchais pour retrouver l'auto* (M. d. G.). **Se précipiter,** se presser avec vitesse de plus en plus accélérée.

Hâtif : ¶ 1 Qui devance le temps normal. *Hâtif,* qui cause ou manifeste la hâte, se dit spéc., surtout dans la langue technique, de ce qui croît vite ou plus vite que les autres sujets de la même espèce : *La puberté est toujours plus hâtive chez les peuples policés* (J.-J. R.). *Pois hâtifs.* **Précoce** se dit, dans le langage courant, des fruits qui viennent naturellement avant la saison ou avant les autres de leur espèce. **Prématuré** implique une influence subie, une croissance activée artificiellement : *Avec des arbres d'une espèce choisie, dans une terre meuble et bien exposée, vous avez des fruits précoces; avec des serres chaudes vous obtenez des fruits prématurés.* ¶ 2 Au fig. *Hâtif* marque surtout la vitesse, parfois excessive, dans le développement : *Les esprits hâtifs ne sont pas ceux qui réussissent le mieux dans la suite* (Acad.). **Précoce** s'emploie en parlant de ce qui se développe ou se fait naturellement avant le terme normal. **Prématuré** implique une activité qui hâte, parfois excessivement, un événement, ou se dit bien de ce que l'on subit, l'on éprouve trop tôt : *Vous m'avez fait ce tour prématuré, De votre cœur l'inconstance est précoce* (Volt.). *Esprit précoce. Sagesse, vieillesse, mort prématurées* (Acad.).

Hâtivement : → Vite. Avec le désir de faire vite. *Hâtivement,* fig. en ce sens, est plus propre à marquer une vitesse excessive que **A la hâte, En hâte, Avec hâte :** *Écrire hâtivement* (Acad.). *Le médecin se rend à la hâte au chevet d'un blessé.* **A la diable,** fam., avec hâte et sans soin, en parlant de la façon dont est fait un ouvrage.

Hausse, augmentation générale, naturelle ou provoquée, du prix des marchandises, des monnaies, des fonds publics, des valeurs industrielles, etc. : *La hausse des valeurs boursières.* **Augmentation** implique simplement que, pour une raison quelconque, un prix fixé ou une rémunération deviennent plus élevés pour tous ou pour un simple particulier : *La hausse des prix, l'augmentation des salaires. Demander à son patron une augmentation.* **Majoration,** augmentation, en général proportionnelle et toujours calculée, d'un prix ou d'une rémunération : *Majoration des allocations familiales;* l'idée de calcul donne parfois au mot un sens péj. : *La majoration d'un mémoire d'entrepreneur* (Acad.). **Élévation,** augmentation sensible et assez brusque des prix : *Une élévation subite du prix des denrées* (Acad.). **Montée des prix** évoque plutôt une hausse continue et assez régulière, **Montée en flèche,** une hausse rapide. **Flambée des prix** se dit parfois d'une brutale élévation semblable à un accès de fièvre. **Valorisation,** hausse factice d'une denrée, d'une monnaie, de rentes, etc. provoquée au moyen de manœuvres économiques. **Relèvement,** augmentation d'un prix ou d'une rémuneration considérés comme anormalement bas. **Revalorisation,** terme de finance, le fait de rendre sa valeur à une monnaie dépréciée, par ext. relèvement du prix d'une marchandise, et surtout du montant d'une rémunération pour les mettre en rapport avec l'augmentation du coût de la vie : *La revalorisation des traitements des fonctionnaires.*

Hausser : ¶ 1 → Lever. Porter ou faire monter plus haut. *Hausser,* ajouter de la hauteur à une chose déjà haute, sans en changer la position ou la direction, et souvent en la tenant le plus haut possible : *On lève la tête au lieu de la tenir baissée, on la hausse quand on s'efforce de la tenir aussi haute que l'on peut* (L.). **Exhausser,** hausser considérablement ou excessivement un bâtiment, un édifice : *Jusqu'au ciel on exhaussa le faîte de ce temple*

(VOLT.). **Rehausser** hausser de nouveau ou hausser ce qui a baissé : *Rehausser un plancher affaissé.* **Surhausser** se dit surtout, en termes d'architecture, des voûtes, des arcades dont on augmente la flèche. ¶ 2 Porter les prix plus haut. *Hausser* vieillit et tend à être remplacé par **Augmenter** qui diffère de **Majorer, Élever, Relever, Valoriser, Revaloriser** comme les noms correspondants (→ **Hausse**). **Rehausser,** hausser ou augmenter de nouveau. **Surhausser,** mettre à un plus haut prix ce qui est déjà cher. **Enfler,** augmenter une dépense, un compte en y portant des articles qui ne devaient pas y être ou en majorant le prix de chaque article. ¶ 3 Intrans. Augmenter de valeur. *Hausser,* en parlant des prix, des valeurs, des marchandises, tend à être remplacé par **Monter. Enchérir** et **Renchérir,** plus fort, se disent non des prix, mais des choses qui deviennent plus chères : *Toutes les marchandises enchérissent et leur prix hausse ou monte.*

Haut : Adj. ¶ 1 Grand dans la dimension verticale. *Haut* et **Élevé** diffèrent comme les noms correspondants (→ **Hauteur**). **Sourcilleux,** syn. poétique d'*élevé,* est vx et se dit surtout en parlant des rocs, des tours : *Monts sourcilleux* (VOLT.). **Grand,** syn. vague de *haut* puisqu'il s'applique à d'autres dimensions, se dit seul pour qualifier une personne de haute taille. ¶ 2 → Profond. ¶ 3 → Sonore. ¶ 4 → Vieux. ¶ 5 → Supérieur. ¶ 6 → Élevé. ¶ 7 → Dédaigneux. ¶ 8 N. → Hauteur. ¶ 9 N. → Sommet. ¶ 10 Adv. *Haut* fait penser à l'air, aux paroles, au ton de celui qui parle; **Hautement,** à ses sentiments manifestés avec franchise ou courage : *Le prendre haut. Dire hautement la vérité.*

Hautain : → Dédaigneux.

Haut-de-forme, chapeau assez haut, rigide, de forme cylindrique, servant pour les cérémonies. **Gibus,** haut-de-forme monté sur ressorts qui permettent de l'aplatir sur lui-même; par ext., fam., *haut-de-forme.* **Claque,** gibus qu'on aplatit pour le tenir sous le bras. **Huit reflets, Tube, Tuyau de poêle,** syn. très fam. de *haut-de-forme.*

Hautesse : → Excellence.

Hauteur : ¶ 1 Dimension d'un corps considéré de sa base à son sommet. *Hauteur,* absolu, cette dimension en elle-même, qu'elle soit grande ou petite. **Élévation,** relatif, implique une assez grande hauteur par rapport à ce qui est plus bas : *Cet animal a trois pieds et demi de hauteur* (LIT.). *Une élévation de six à sept mètres* (ACAD.); et marque, de plus, le résultat de l'action d'élever ou de s'élever, *hauteur* indiquant une qualité pure, naturelle, sans aucune idée d'action : *La hauteur des montagnes; l'élévation du terrain que le limon des eaux a haussé peu à peu* (BUF.). Enfin la *hauteur* se considère parfois de haut en bas : *Descendre de sa hauteur; l'élévation,* plutôt de bas en haut : *Menacer le ciel par l'élévation de ce hardi bâtiment* (BOS.). Alors que *hauteur,* en géographie, marque la dimension d'une montagne, en général de sa base à son sommet, **Altitude** ne se dit que de l'élévation au-dessus du niveau de la mer. ¶ 2 Terrain qui s'élève sans atteindre le niveau d'une montagne. *Hauteur,* assez abstrait, évoque surtout l'idée de domination ou de vue qu'on prend du sommet, et désigne, au sing., un sommet isolé, au pl., une ligne de faîte continue : *J'approche d'une petite ville et je suis déjà sur une hauteur d'où je la découvre* (L. B.). **Élévation,** sommet isolé, considéré surtout de bas en haut, comme un obstacle, une pente qui monte, ou par rapport à sa formation, sa composition : *Il se formera une élévation dans le fond de la mer qui sera semblable aux éminences que nous connaissons sur la terre* (BUF.). **Colline** a rapport à l'inclinaison, implique une pente douce, sur une assez grande largeur, et parfois un site naturellement pittoresque : *Sur le penchant de quelque agréable colline* (J.-J. R.). **Coteau,** le flanc ou le penchant de la colline, ou petite colline, souvent cultivée (et spéc. de vignes) : *Ici des coteaux s'élèvent comme en amphithéâtre, et sont couronnés de vignobles et d'arbres fruitiers* (FÉN.). **Côtes** et **Hauts,** syn. géographiques de *colline,* évoquent plutôt une ligne de faîte continue : *Côtes ou Hauts de Meuse.* **Côte,** syn. de colline en langage vinicole : *Vins de côte.* **Côtière,** syn. vx ou dialectal de *coteau.* **Éminence,** hauteur isolée d'où l'on voit de tous côtés : *Je monte sur une éminence, je promène mes yeux de tous côtés* (FÉN.). **Tertre,** petite éminence, souvent à sommet plat ou portant quelque chose : *Le tertre isolé sur lequel sont situés la ville et le vieux château de Montbard* (BUF.). **Butte,** petit tertre et parfois, par ext., colline isolée : *La butte Montmartre.* **Monticule,** petit mont, parfois aussi grand que la *colline,* parfois assez peu important et même artificiel : *Sion sur un monticule à peu près de la hauteur de Montmartre* (CHAT.). **Mamelon,** éminence arrondie. **Taupinier** ou **Taupinière,** fam., au fig., petite élévation de terre dans la campagne. **Morne,** petite montagne dans les anciennes colonies françaises, notamment les Antilles. **Motte,** petite butte, éminence isolée faite par la main de l'homme ou par la nature : *La motte d'un château* (ACAD.). **Dune,** élévation de sable dans les terres ou au bord de la mer. ¶ 3 Au fig. → Dédain

Haut-fond, élévation du fond de la mer qui atteint presque la surface et où les bâtiments risquent de toucher; **Bas-fond,** élévation du fond de la mer par-dessus laquelle tout bâtiment peut passer et qu'on ne trouve qu'au moyen de la sonde, anton. de *haut-fond,* se dit pourtant, dans le langage commun, des endroits de la mer où il y a peu d'eau, où la sonde rencontre promptement le fond.

Haut-le-cœur : → Dégoût.

Haut-le-corps : → Tressaillement.

Hâve : → Pâle.

Havir : → Rôtir.

Havre : → Port.

Havresac : → Sac.

Héberger : → Recevoir.

Hébété : → Stupide.

Hébétude : → Engourdissement.

Hébreu : → Juif.

Hécatombe : ¶ 1 → Sacrifice. ¶ 2 → Carnage.

Hégémonie : → Supériorité.

Héler : → Interpeller.

Hémicycle : Espace disposé en gradins pour recevoir des auditeurs ou des spectateurs. *Hémicycle* fait penser à la forme semi-circulaire du lieu : *L'hémicycle de la Chambre des députés*; **Amphithéâtre,** à sa destination, et ne se dit que d'une salle de cours ou de la partie d'une salle de théâtre au-dessus des loges en face de la scène.

Hémistiche : → Coupe.

Hémorragie : → Congestion.

Héraut : → Messager.

Herbage : ¶ 1 → Herbe. ¶ 2 → Pâturage.

Herbe, toute plante vivace ou annuelle qui perd sa tige durant l'hiver, et qui couvre spéc. les prairies, les pâturages, les lieux peu fréquentés, etc., a rapport à la nature des plantes. **Herbage,** collection d'herbes, ou herbes qu'on ne fauche jamais et qu'on réserve pour la pâture des animaux, ou parfois pour la nourriture de l'homme. **Gazon,** herbe courte et menue; au pl., mottes de terre carrées et couvertes de gazon dont on se sert pour faire les gazons artificiels. **Herbette,** herbe courte et menue des champs, surtout dans la poésie pastorale. **Verdure,** herbe, plantes et feuilles considérées dans leur couleur agréable : *Dansant sur la verdure* (L. F.); se dit aussi des plantes potagères dont on mange les feuilles : *Vivre de*

verdure. **Vert,** herbe qu'on donne à manger aux bêtes, surtout aux chevaux, avant sa dessication, soit à l'écurie, soit sur place : *Mettre un poulain au vert.*

Herbeux, terme scientifique, où l'herbe pousse : *Contrée herbeuse.* **Herbu,** terme commun, où l'herbe foisonne : *Un pré fort herbu.*

Herbivore : → Végétarien.

Hercule, Herculéen : → Fort.

Hère : → Homme.

Hérédité : ¶ 1 Transmission chez les descendants du type spécifique et de certains caractères individuels des ascendants. *Hérédité* désigne cette transmission d'une façon générale : *Son hérédité maternelle* (M. D. G.). **Atavisme** implique la réapparition, chez le descendant, d'un ou plusieurs caractères qui avaient appartenu à un de ses ancêtres, sans se manifester dans les générations intermédiaires; c'est une hérédité discontinue. ¶ 2 → Succession.

Hérésie : → Dissidence.

Hérétique : Celui qui s'écarte de l'opinion du plus grand nombre en matière de foi (sans toutefois prendre une autre religion : ≠ Renégat : → ce mot). *Hérétique,* spéc. dans le christianisme, celui qui professe une opinion fausse en matière de foi, quoiqu'elle ait été formellement condamnée par l'Église, si bien qu'il se sépare de celle-ci : *Les protestants sont hérétiques.* **Hérésiarque,** auteur d'une hérésie. **Hétérodoxe** (en parlant de toutes les religions) implique qu'on s'écarte sur certains points de doctrine de la foi commune, sans pour cela cesser d'appartenir à l'Église : *Les éditeurs genevois d'ouvrages incontestablement hétérodoxes imprimés dans Genève même* (J.-J. R.). **Schismatique,** celui qui se sépare de la communion d'une église sans forcément être hérétique : *Les Grecs sont schismatiques,* mais non *hérétiques.* **Relaps,** celui qui, après avoir abjuré une hérésie, y retombe. **Laps,** celui qui a quitté la religion catholique après l'avoir embrassée volontairement, ne s'emploie que dans la réduplication *Laps et relaps.*

Hérissé : ¶ 1 *Hérissé* qualifie les cheveux, les poils des hommes ou des animaux lorsqu'ils se dressent, et, en botanique, les plantes couvertes de poils rudes et apparents : *L'œil farouche, l'air sombre et le poil hérissé* (RAC.). **Hirsute,** en histoire naturelle, garni de poils longs et nombreux; dans le langage commun, uniquement en parlant des cheveux et de la barbe, hérissé et d'aspect sauvage. **Hispide,** terme d'histoire naturelle, couvert de poils rudes et espacés. **Rebroussé,** en parlant des cheveux et du poil, relevé en sens contraire au sens naturel. **Ébouriffé,** en parlant des cheveux ou de ceux qui les portent, en désordre et parfois hérissés par le vent. **Échevelé** ne se dit que des personnes dont les cheveux sont en désordre : *O poètes sacrés, échevelés, sublimes* (V. H.). **Déchevelé** est vx. ¶ 2 Au fig., appliqués à une personne, *Hérissé* marque le mécontentement, la colère ou le caractère rébarbatif, **Hirsute,** la sauvagerie, **Ébouriffé,** le trouble ou la surprise devant un événement inattendu.

Hérissement, action ou état des poils, des cheveux, des plumes qui se dressent. **Horripilation,** terme médical, frissonnement général qui précède la fièvre et pendant lequel les poils, se dressant sur la surface du corps, produisent l'état appelé chair de poule.

Héritage : ¶ 1 → Succession. **¶ 2** *Héritage,* les biens comme terres, maisons, acquis ou non par succession, et considérés comme transmissibles : *Gardez-vous, leur dit-il, de vendre l'héritage* (L. F.). **Patrimoine,** plus spéc., tout bien d'héritage qui descend suivant les lois des pères et mères à leurs enfants; par ext. les biens de famille pour les distinguer des acquêts (→ ce mot) au sens moderne : *Avoir dilapidé un patrimoine que plusieurs générations avaient sagement constitué* (M. D. G.). **¶ 3** Au fig. *Héritage* fait penser à ce qui, bon ou mauvais, est légué par la tradition, les ancêtres : *Cette indulgence est un héritage transmis de femme en femme* (BALZ.). **Patrimoine** insiste sur la valeur de ce qu'on possède en vertu d'une sorte de droit naturel : *Chaque découverte dans les sciences est le patrimoine de toutes les nations* (LIT.).

Hériter : → Tirer.

Héritier : ¶ 1 *Héritier,* celui que la loi appelle à recueillir une succession : *Héritier naturel, légitime, institué, testamentaire.* **Légataire,** celui à qui est fait un don par testament ou par un autre acte de dernière volonté, sans qu'il ait forcément aucun titre pour être héritier. **¶ 2** → Fils et Successeur.

Hermaphrodite, personnage de la mythologie grecque qui réunissait les caractères des deux sexes, se dit, en sciences naturelles, d'animaux et de plantes qui présentent cette particularité, est péj. en parlant de l'homme, se dit seul en art pour désigner des statues, et au fig. : *Du langage français bizarre hermaphrodite, De quel genre te faire équivoque maudite Ou maudit?* (BOIL.). **Androgyne** se dit plus rarement, en sciences naturelles et spéc. en botanique, de plantes qui réunissent à la fois des fleurs mâles et femelles dans la même inflorescence (A noter

qu'en médecine l'androgynie est un pseudohermaphroditisme, le sujet étant en réalité un homme).

Hermétique : → Secret et Obscur.

Hernie, tumeur molle formée par un organe ou une partie d'organe sorti de la cavité qui le contient normalement par un orifice naturel ou accidentel : *Hernie du cerveau, du poumon. Hernies abdominales* (ACAD.). **Descente,** hernie qui consiste dans le déplacement et la chute de quelque partie des intestins; dans le langage commun *hernie* ne se dit que des hernies abdominales ou descentes. **Effort,** fam., hernie résultant d'un effort excessif.

Héroï-comique : Qui tient de l'héroïque et du comique. Lorsque l'*Héroï-comique* cherche un contraste plaisant entre les personnages du poème narratif et son style, il fait parler des gens vulgaires comme des héros d'épopée et raconte leurs aventures ordinaires comme des exploits héroïques : *Le Lutrin* de Boileau est un poème *héroï-comique*; le **Burlesque,** au contraire, raconte les nobles exploits dans un style vulgaire : *Le Virgile travesti* de Scarron est un poème *burlesque*. **Bouffon,** parfois syn. de *burlesque,* se dit surtout pour qualifier les opéras qui s'opposent au genre sérieux, le parodient parfois; en ce sens on dit plus souvent **Bouffe. Macaronique,** genre de burlesque inventé en Italie à la fin du xve s. et mélangeant les mots latins et italiens; se dit par ext. de tout style qui mélange le latin et le français ou latinise incorrectement des mots français.

Héroïque : ¶ 1 → Élevé. En littérature, *Héroïque* se dit des genres et des rythmes qui ont servi aux poètes à chanter les exploits des héros : *Poème héroïque. Comédie héroïque. Vers héroïque.* **Épique** ne se dit que des grandes compositions en vers où le poète raconte les exploits d'un héros ou dignes d'un héros, et des caractères qui leur appartiennent en propre dans la forme et dans le fond : *Le poème épique est un récit en vers d'aventures héroïques* (VOLT.). *Héroïque,* quand il s'agit de ces poèmes, a plutôt rapport à la grandeur des aventures, des personnages, à la magnificence du style. **¶ 2** Au fig. ce qui est *Héroïque* est en soi d'une haute vertu, d'une grande élévation morale; ce qui est **Épique** fait penser à l'épopée soit à cause de l'invraisemblance des exploits, soit à cause du caractère surhumain des personnages : *Une héroïque audace* (MOL.). *Grenadiers épiques* (V. H.). **Homérique,** par ext., analogue aux exploits des héros d'Homère et donc, fam. et parfois avec ironie, épique au suprême degré : *Aventures homériques.*

¶ 3 → Efficace et Extrême. ¶ 4 → Généreux. ¶ 5 → Courageux.

Héroïsme : ¶ 1 → Générosité. ¶ 2 → Courage.

Héros : ¶ 1 → Personnage. ¶ 2 Au fig. Homme d'une valeur extraordinaire. *Héros* implique un courage qui va jusqu'au sacrifice ou au mépris total du danger, surtout à la guerre, mais aussi dans d'autres activités où les mêmes qualités peuvent se manifester : *Héros de sagesse, de désintéressement, de constance* (ACAD.). **Grand homme** implique des capacités surtout intellectuelles, plus vastes et variées, dans des domaines très divers (science, politique, etc.) sans que le courage en fasse forcément partie : *Peut-être qu'Alexandre n'était qu'un héros et que César était un grand homme* (L. B.).

Hésitation : → Indétermination. *Hésitation,* **Flottement, Vacillation, Tâtonnement, Tergiversation :** → Hésiter. **Scrupule,** hésitation qui vient du trouble moral d'une conscience très sensible ou d'une extrême délicatesse en matière de mœurs, de procédés.

Hésiter marque l'irrésolution, le manque d'audace à agir même quand le choix est fait ou qu'il n'y a pas de choix à faire : *Malgré ma timidité naturelle, je n'hésitai pas d'entrer* (J.-J. R.). **Balancer** marque l'incertitude de l'esprit qui ne s'est pas encore déterminé à choisir, généralement entre deux choses : *Une occasion unique s'offrait à moi de partir en voyage. Je balançais encore* (GI.). **Osciller,** syn. moins usité de *balancer* : *Elle oscillait entre deux jugements* (J. ROM.). **Flotter** enchérit et insiste sur l'impossibilité de se fixer : *Flottant toujours et ne voulant pas être fixé* (MAS.). **Vaciller** marque souvent le trouble ou le manque de volonté : *Si l'ivresse de quelque passion m'eût fait vaciller encore* (J.-J. R.). **Marchander,** fig. et fam., hésiter à accorder quelque chose ou ne l'accorder qu'à regret, imparfaitement : *Il fit le sacrifice de sa vie, sans marchander* (ACAD.). **Lanterner,** être irrésolu et perdre du temps dans une action, dans une affaire. **Tâtillonner,** fam., hésiter à agir parce qu'on s'embarrasse de petits détails. **Chipoter,** fam., tâtillonner et aller lentement en besogne : *La vie est trop courte pour chipoter* (VOLT.). **Feindre à** (sans négation), **Feindre de** (avec négation), syn. vx d'*hésiter.* **Douter,** hésiter parce que l'on n'est pas certain de réussir ou de bien faire : *Pourriez-vous un moment douter de l'accepter?* (RAC.). **Se tâter,** fam., se consulter sur quelque chose; par ext, absolument, hésiter longuement parce qu'on n'est pas sûr de soi ou pas sûr de bien faire : *Se tâter avant de*

conclure *un marché.* **Tâtonner,** hésiter dans sa conduite ou dans des recherches faute de lumières : *Tâtonner, hésiter, ne rien affirmer définitivement* (M. D. G.). **Barguigner,** fam., avoir de la peine à se déterminer : *A quoi bon tant barguigner et tant tourner autour du pot?* (MOL.). **Ne savoir sur quel pied danser,** fam., ne savoir que faire. **Tergiverser** et **Tortiller** (fam.), syn. de *biaiser* (→ ce mot), impliquent le désir de prendre des détours pour ne pas faire connaître sa décision, mais s'emploient parfois, surtout à la négative, comme syn. d'*hésiter* : *Il n'y a pas à tortiller* (ACAD.).

Hétéroclite : → Irrégulier.

Hétérodoxe : → Hérétique.

Hétérogène : De nature différente. *Hétérogène* se dit des éléments constitutifs d'une substance, d'une société, ou de choses morales : *Un club est formé d'éléments hétérogènes si ses membres appartiennent à des classes sociales différentes.* **Allogène,** de race différente, ne s'emploie qu'en parlant des éléments d'une nation qui n'appartiennent pas à la même race que les éléments dominants : *Les États-Unis sont peuplés d'Anglo-Saxons et d'éléments allogènes.* **Allothigène,** en parlant des minéraux, qualifie le constituant des roches qui n'a pas pris naissance dans la roche où il se trouve actuellement (en ce sens on dit aussi *allogène*). **Étranger,** qui n'est pas de même nature que le corps auquel il est uni, allié : *De l'argent combiné avec des matières étrangères.*

Hétéronyme : → Pseudonyme.

Heur : → Bonheur.

Heure : ¶ 1 → Moment. ¶ 2 → Occasion.

Heure (tout à l') : → (à l') Instant.

Heureux : ¶ 1 → Fortuné. *Heureux,* qui a ou qui donne le bonheur (→ ce mot). **Bienheureux** renchérit dans les deux sens, mais se dit seul, en théologie, de celui qui jouit de la béatitude éternelle; d'où son emploi fam. pour qualifier l'air ou l'attitude de celui qui montre une joie épanouie, sans réserve : *Avoir l'air d'un bienheureux* (ACAD.). **Béat,** celui qui est ravi en Dieu, qualifie par ext., fam., un ton ou un air qui expriment une satisfaction tranquille de soi non exempte de niaiserie : *Un air de jouissance béate* (ZOLA). **Benoît,** syn. fam. et ironique de *bienheureux* : *Précieuse et benoîte ignorance* (GAUT.); et parfois de *béat* auquel il ajoute une idée d'onction doucereuse : *Un benoît personnage.* ¶ 2 → Content. ¶ 3 → Favorable. ¶ 4 *Heureux,* **Chanceux,** fam., **Veinard,** très fam. : → Bonheur et Chance.

Heurt, assez rare, marque plutôt l'action

involontaire d'une personne qui se donne un coup ou le fait qu'une chose bute contre un obstacle et lui donne ou reçoit un coup; **Choc,** beaucoup plus usité, rencontre brusque de deux corps résistants, qui a pour résultat soit un léger bruit, soit la perte d'équilibre ou la destruction des deux corps ou de l'un d'eux : *Un heurt survient; adieu le char; Voilà messire Jean Chouart Qui du choc de son mort a la tête cassée* (L. F.) : « un *heurt* parce que c'est le char lui-même qui a rencontré un caillou; un *choc* voudrait dire qu'une autre voiture l'a rencontré; le *choc* de son mort parce que c'est un objet extérieur; le *heurt* ne serait pas bon ici » (LIT.). **Collision,** choc de deux corps importants : *Collision de navires, de deux trains de chemin de fer* (ACAD.). **Percussion,** terme didactique, choc résultant de l'action brusque d'un corps sur un autre : *Percussion du marteau* (BUF.). **Impact,** choc de deux ou de plusieurs corps, se dit surtout du choc d'un projectile sur son point de chute. **Tamponnement, Télescopage, Carambolage, Accrochage** : → Heurter. — Au fig. → Opposition.

Heurté : → Décousu et Rude.

Heurter : ¶ 1 → Choquer. *Heurter,* choquer assez violemment, volontairement ou non. **Donner dans** ou **contre,** heurter, violemment ou non, parce qu'on est emporté par son mouvement : *Une balle se réfléchit quand elle donne contre la muraille* (DESC.). **Percuter,** terme didactique, heurter violemment en parlant de l'action d'un corps sur un autre corps; et, en médecine, frapper certaines parties du corps pour explorer les organes. **Cogner,** heurter par accident : *Cogner un passant, un meuble.* **Coudoyer,** heurter du coude. **Buter** (→ ce mot) et **Achopper,** heurter un corps que l'on trouve saillant sur son chemin. **Tamponner,** terme de chemin de fer, heurter avec les tampons; d'où heurter violemment un autre train en parlant d'un train lancé, et par ext. heurter violemment un véhicule quelconque, en parlant d'un autre véhicule. **Télescoper** ou **Se télescoper** se dit d'objets qu'un choc violent force à s'emboîter les uns dans les autres comme les tubes d'un télescope, et spéc. de wagons de chemins de fer ou de véhicules qui à la suite d'un tamponnement pénètrent les uns dans les autres. **Emboutir,** fam., heurter violemment un véhicule en l'enfonçant, se dit surtout des accidents d'automobile. **Accrocher** implique simplement un heurt léger entre deux véhicules qui passent trop près l'un de l'autre. **Caramboler,** terme de billard, toucher en un seul coup deux billes avec la sienne, par ext., fam., heurter une ou plusieurs choses contre

lesquelles on est projeté par un choc antérieur avec une autre chose. ¶ 2 → Frapper. ¶ 3 Au fig. → Choquer et Contrarier. ¶ 4 (Réciproque) → (s') Opposer. Se rencontrer et lutter. *Se heurter* implique un choc, moral ou physique, entre deux adversaires qui s'attaquent l'un l'autre, se contrarient : *Contre le mien son pouvoir s'est heurté* (DELAV.). **S'affronter** insiste plutôt sur le défi qui précède la lutte, ou sur la rivalité qu'elle représente et, au fig., se dit surtout de théories en compétition : *Deux chiens qui s'affrontent* (L. B.). *Thèses qui s'affrontent.*

Hiatus : Au fig. → Lacune.

Hic : → Difficulté.

Hideux : → Laid.

Hiérarchie : Ordre de subordination. *Hiérarchie* se dit de toutes sortes de pouvoirs, d'autorités, de rangs ou même de valeurs subordonnés les uns aux autres et implique une autorité ou au moins une éminence reconnue des degrés supérieurs par rapport aux degrés inférieurs : *La hiérarchie militaire. La hiérarchie des devoirs* (ACAD.). **Échelle,** plus fam., implique simplement un classement de bas en haut, avec plutôt une idée d'appréciation ou de mesure que d'autorité ou d'éminence : *Échelle des prix* (PROUST). **Filière,** fam. et fig., dans la loc. *Passer par la filière,* les divers degrés d'une hiérarchie en général administrative qu'il faut franchir pour arriver au sommet. — A noter que de nos jours pour désigner la *hiérarchie* des salaires, on dit plutôt l'*éventail* des salaires.

Hiératique : ¶ 1 → Sacré. ¶ 2 → Traditionnel.

Hiéroglyphe : Au fig. → Galimatias.

Hindou : → Indien.

Hilarant : → Risible.

Hilare : → Réjoui et Gai.

Hilarité : → Gaieté.

Hippodrome, lieu où l'on faisait courir les chevaux et les chars, est syn., en parlant de l'antiquité, de **Cirque,** enceinte circulaire ou ovale où se donnaient des jeux publics et aussi des courses de chevaux et de chars. De nos jours *Hippodrome,* champ circulaire où l'on fait courir les chevaux, a pour syn. plus ordinaire **Champ de Courses** : *L'Hippodrome de Longchamp.*

Hirsute, Hispide : → Hérissé.

Hisser : → Lever.

Histoire : ¶ 1 L'*Histoire,* à la fois science et art, reconstitue le passé le plus exactement et le plus complètement possible, sous toutes ses formes, avec une méthode sans cesse perfectionnée, et cherche en même temps à expliquer les faits qu'elle relate : *La véritable histoire est celle des mœurs, des lois, des arts et des progrès de l'esprit humain* (VOLT.). **Annales,** recueil de faits décrits année par année, parfois syn. d'*histoire* dans le style soutenu : *Son nom sera écrit dans les annales de la postérité* (MAS.). **Chronologie,** science qui consiste à rapporter les événements du passé à leur date exacte, mais sans les décrire. **Fastes,** chez les Romains, tables ou livres du calendrier, de nos jours, par ext., registres publics contenant le récit d'actions mémorables, et, au fig., récit chronologique de faits illustres : *Le vainqueur de Denain appartient aux fastes de la France et non aux annales modestes d'une société littéraire* (D'AL.). **Archives,** collection d'anciens documents servant à l'histoire, par ext., récit que l'histoire a invoqués à l'appui d'une thèse et spéc. recueil de faits bas, odieux, criminels : *Les annales de chaque empire sont les archives des forfaits* (VOLT.). **Chroniques,** récit dans l'ordre des temps, mais non année par année, d'événements, en général contemporains de l'auteur et auxquels il a assisté, se dit surtout des récits de ce genre faits au M. A. en Europe, et par ext. des premières traditions écrites d'un peuple quel qu'il soit : *Une nation* [les Chinois] *dont les premières chroniques at.estent l'existence d'un vaste empire* (VOLT.). — **Mémoires** (→ ce mot), dépositions écrites propres à rappeler le souvenir de faits auxquels l'auteur a pris part ou assisté : *Les mémoires qu'on donne pour une histoire en sont uniquement les matériaux* (D'AL.). **Commentaires,** mémoires de César, par ext. mémoires d'un homme de guerre qui a eu la plus grande part aux faits qu'il rapporte : *Les* Commentaires *de Montluc.* **Relation,** récit d'un événement particulier ou récit pour faire connaître ce qui se passe dans un pays lointain : *Voyages de découvertes dont on n'a pas de relations* (RIMB.). **Vie,** récit de la vie d'un homme, écrit ou oral, qui en rapporte les événements remarquables, parfois avec un dessein plus moral que scientifique : *Les* Vies *de* Plutarque. **Biographie,** vie d'un personnage écrite suivant une stricte méthode historique. **Hagiographie,** genre d'ouvrages qui ont pour objet la vie des saints. ¶ 2 → Récit. Récit de quelque aventure particulière qui est vraie. *Histoire,* fam., implique toujours une suite de détails formant un ensemble, mais qui a déjà une forme par elle-même et qu'on peut raconter sans art : *Il tombe ensuite en des parenthèses, qui peuvent passer pour épisodes, mais qui font oublier le gros de l'histoire* (L. B.). **Historiette,** histoire plaisante, galante ou de peu d'importance, en géné-

ral mise en œuvre dans in récit par celui qui la raconte : *Les Historiettes de Tallemant des Réaux.* **Conte** implique brièveté, mise en œuvre artistique de la part du narrateur, avec l'intention d'amuser et souvent de railler et de médire : *Dans la conversation, ce qu'on appelle conte est le récit bref et rapide de quelque chose de plaisant* (MARM.). *On raconte une histoire, on fait un conte.* **Anecdote,** bref récit d'un petit fait curieux et peu connu, pour éclairer la psychologie d'une personne, d'une classe d'hommes, les dessous de faits plus importants. **Écho,** en termes journalistiques, bref récit, souvent sous forme d'allusion, d'un événement mondain, littéraire, etc., avec parfois une intention satirique. ¶ 3 Récit inventé ou mensonger : → Roman. ¶ 4 → Difficulté.

Historien, auteur d'un ouvrage d'histoire ; **Historiographe,** titre conféré par un souverain à un homme qu'il pensionne pour écrire l'histoire de son temps : Michelet est un *historien* ; Racine, Boileau, Voltaire furent *historiographes.*

Historier : ¶ 1 → Peindre. ¶ 2 → Orner.

Historique : ¶ 1 Adj. → Réel. ¶ 2 N. → Récit.

Histrion : → Bouffon et Plaisant.

Hobereau : → Noble.

Hocher : → Remuer.

Hochet : ¶ 1 → Jouet. ¶ 2 → Bagatelle.

Holding : → Trust.

Holocauste : → Sacrifice.

Homélie : → Sermon.

Homicide, celui qui tue un homme volontairement ou non : *Homicides involontaires* (MTQ.). **Meurtrier,** celui qui a tué un homme ou un animal considéré comme une personne humaine, à dessein, de propos délibéré : *Une pauvre petite meurtrière* [d'une chatte] (COL.). **Assassin,** meurtrier qui agit avec préméditation et guet-apens : *Le dessein criminel de ces assassins* (PASC.). — Comme adj. *homicide,* dans le style soutenu, qui tend à donner la mort : *Dessein, complot homicides* (ACAD.). *Meurtrier,* qui la donne effectivement et souvent à un grand nombre de personnes : *Combat meurtrier* (ACAD.). *Assassin* s'est employé par apposition comme adj. en poésie (*Un fer assassin,* ACAD.), et ne se dit plus que fam., au fig., des yeux qui ont l'air de blesser amoureusement : *Un regard assassin* (ACAD.). — *Criminel,* dans le langage juridique et ordinaire, le meurtrier ou l'assassin en tant qu'il s'est rendu coupable d'un crime. **Scélérat** (→ ce mot) enchérit, mais n'est pas du langage juridique. **Escarpe,** celui qui dans les villes assassine pour voler. **Tueur** (→ ce mot), celui qui est assassin plusieurs fois, si bien qu'il semble faire métier de tuer; de nos jours, parfois aussi, celui qui est chargé de tuer pour le compte d'un parti, d'une bande.

Hommage : ¶ 1 → Respect. ¶ 2 *Hommages* : → Civilités.

Hommasse : → Mâle.

Homme : ¶ 1 Animal raisonnable, être formé d'un corps et d'un esprit. *Homme* fait penser à tout ce qui caractérise la condition humaine : *L'homme n'est qu'un roseau* (PASC.). **Mortel,** poétique, évoque la brièveté de la vie humaine : *Descartes, ce mortel dont on eût fait un dieu* (L. F.). **Créature,** surtout dans le style religieux, l'homme en tant que créé par Dieu, borné, fini et dépendant de lui : *Votre cœur tient trop aux créatures* (PASC.). **Être,** dans la langue philosophique, tout ce qui est, s'applique spéc. à l'homme soit avec un qualificatif qui précise une de ses qualités : *L'être pensant*; soit absolument pour désigner l'homme comme donnant à ses semblables le sentiment de son existence, du mystère de sa vie individuelle : *La présence des êtres chers.* **Humain,** surtout au pl. et dans le style poétique, syn. d'*homme* : *Minos juge aux enfers tous les pâles humains* (RAC.). ¶ 2 Quelqu'un que l'on ne veut pas ou que l'on ne peut pas nommer. On dit *Homme* ou *Femme* suivant le sexe, et, dans un langage plus relevé, **Personne** pour les deux sexes : *Monsieur est la personne qui veut vous emprunter* (MOL.); et spéc. pour *femme* dans des phrases où cette acception est déterminée par le sens total : *Une jeune personne* (MOL.). **Personnage,** homme considérable; se dit, avec une épithète, d'un homme considéré du point de vue de sa valeur personnelle ou sociale, souvent péj. : *Dévot personnage* (MOL.). **Monsieur,** tout homme dont le langage et les manières annoncent quelque éducation, se dit par politesse pour *homme* : *Un monsieur est venu vous voir*; et, accompagné d'une épithète, a un sens voisin de *personnage*, mais plus fam. : *Gros monsieur. Vilain monsieur* (ACAD.). **Être,** homme, femme et aussi enfant qu'on aime, qu'on plaint : *Ce doux petit être* (V. H.); en mauvaise part, personne contre qui on est indigné : *Quel être vil et méprisable!* (ACAD.). **Humain,** fam., s'emploie plutôt avec une épithète favorable : *Humains débonnaires* (LES.). **Créature,** homme ou femme, avec souvent l'idée d'un jugement de valeur : *Bonne; pauvre; sotte créature* (ACAD.); employé seul, se dit souvent d'une femme dont on parle sans considération : *Il y a longtemps que cette créature-là parle mal de vous* (SÉV.). **Esprit,** personne considérée sous le rapport de ses qualités intellectuelles et parfois morales : *Un grand esprit. Un mau-*

vais esprit (ACAD.). **Sujet,** personne qu'on juge d'après ses capacités, ses talents, ses mœurs : *C'est un sujet précieux pour une administration; un mauvais sujet* (ACAD.). **Tête,** personne comptant pour une unité : *On paie tant par tête*; syn. d'être dans le style soutenu : *Une tête si chère*; et aussi d'*esprit,* ou, fam., de *sujet* : *Tête sage, tête posée; tête folle, mauvaise tête.* **Corps,** en termes de jurisprudence, *personne* par opposition à biens, à marchandises : *Vaisseau perdu corps et biens*; syn. d'*homme* dans la loc. fam. *C'est un drôle de corps.* **Pièce,** fig., fam. et ironique, *personne* dans des loc. comme *Bonne, méchante, maligne pièce.* **Diable, Diable d'homme, Diable de femme,** fam., en bonne ou en mauvaise part, mais avec nuance trop péj., personne remarquable par quelque qualité ou contre qui on a quelque dépit : *Pauvre diable* (VOLT.). *Cette diable de femme est venue là bien mal à propos* (ACAD.). **Hère,** dans la loc. fam. *Pauvre hère,* homme sans mérite, sans fortune. **Pèlerin,** fig. et fam., homme qui a de la finesse, de la dissimulation : *Vous ne connaissez pas le pèlerin* (ACAD.). **Individu,** péj. et fam., quelqu'un que l'on ne veut pas nommer, dont on parle en plaisantant ou avec mépris : *Tu n'as pas voulu connaître « cet individu »,* un homme ordinaire, pareil à beaucoup d'autres (MAU.). **Quidam** (en lat. « un certain »), un individu dont on ignore le nom, avec une nuance de mépris : *Un quidam de mauvaise mine* (ACAD.). **Particulier,** pop. et péj., homme inconnu, souvent bizarre : *Un drôle de particulier* (ACAD.). **Coco,** très fam. et très péj., individu méprisable : *Un vilain coco* (ACAD.). **Croquant,** paysan, par ext. fam. et péj., individu mal poli ou mal habillé. **Espèce,** vx, personne à qui on ne trouve ni qualité ni mérite. **Bougre,** pop., individu considéré comme coquin et méprisable, sauf avec une épithète favorable : *Un bon bougre* (ACAD.) : → Gaillard. **Lapin,** pop., homme énergique et déluré : *Un rude lapin.* **Bipède, Chrétien, Moineau, Oiseau, Paroissien, Pierrot, Pistolet** sont pop. et péj. **Zèbre, Zigoto** et **Zigue,** pop., sont moins péj. **Type,** syn. pop. d'*individu,* en bonne et en mauvaise part selon l'épithète qu'on lui adjoint, est très usité dans le langage courant. **Mec** et **Gonze** sont argotiques. ¶ 3 → Époux. ¶ 4 Au pl. *Les Hommes* se prend dans un sens partitif, relatif, successif ou incomplet, c'est n'est jamais le cas d'**Humanité** : *L'humanité ne meurt pas quoique les hommes meurent... ce qu'on dit de l'humanité s'applique à l'ensemble des hommes, mais non pas toujours à chaque homme en particulier; ce qu'on dit des hommes s'entend* *des individus de l'espèce* (L.). **Le monde,** les hommes en général ou la plupart des hommes, considérés dans leur façon de penser ou d'agir : *Le monde, chère Agnès, est une étrange chose* (Mol.).

Homme de bien, celui qui, pour lui-même, sans égard aux autres hommes, est vertueux sous tous les rapports : *Si Dieu juge la foi par les œuvres, c'est croire en lui que d'être homme de bien* (J.-J. R.). **Honnête homme,** autrefois homme poli et cultivé (→ Civil, Civilité); de nos jours, celui qui ne transige pas avec lui-même, par respect pour les autres et pour sa dignité personnelle, pratique les règles de la probité : *Tout est clair; l'honnête homme d'une maison est un fripon dans la maison voisine* (J.-J. R.). **Homme d'honneur** dit plus et implique qu'on ne se permet rien de bas ni de honteux, qu'on est irréprochable aussi bien dans sa conduite, qui est probe, que dans ses sentiments, qui sont élevés : *Est-on homme d'honneur quand on a dans sa vie une de ces actions qui font rougir quand on est seul?* (Gonc.). **Galant homme,** au sens moral, ajoute à *honnête homme* l'idée de courtoisie, de générosité qui se manifeste par des manières aimables et loyales : *C'est un galant homme, vous pouvez vous fier à lui* (Acad.). **Gentil-homme** implique noblesse d'âme et insiste surtout sur les qualités chevaleresques et le sentiment de l'honneur. **Gentleman** (mot anglais employé comme syn. de *gentilhomme*) insiste surtout sur le savoir-vivre. **Homme de mérite** se dit surtout de celui qui mérite l'estime par la valeur morale et sociale de ses œuvres.

Homme d'État : → Politique.

Homme de lettres : → Écrivain.

Homme de loi : → Légiste.

Homme de paille : → Intermédiaire.

Homme de qualité : → Noble.

Homme lige : ¶ 1 → Vassal. ¶ 2 → Partisan.

Homme politique : → Politique.

Homogène, en parlant d'un tout, qui est formé de parties de même nature : *Substance homogène.* **Similaire** précise que le tout est de la même nature que chacune de ses parties : *Une masse d'or est un tout similaire parce que chacune de ses parties est de l'or* (Acad.).

Homogénéité : → Harmonie.

Homologuer : → Confirmer.

Honnête : ¶ 1 → Probe. Qui inspire confiance et mérite l'estime par sa probité. *Honnête* marque la qualité dans l'âme, **Honorable,** dans la conduite qui fait préjuger que la personne est honnête. **Digne,** toujours placé en ce sens avant le nom et employé absolument, marque que la personne mérite l'estime par l'honnêteté avec laquelle elle accomplit tout ce qui est convenable à sa profession : *Un digne magistrat.* ¶ 2 → Civil. ¶ 3 → Convenable. ¶ 4 → Décent ¶ 5 → Satisfaisant.

Honnête homme : ¶ 1 → Homme de bien. ¶ 2 → (homme) Civil.

Honnêteté : ¶ 1 → Probité. *Honnêteté,* respect des lois essentielles et fixes de la morale personnelle et sociale, et spéc. de la bonne foi, par vertu ou pour ne pas démériter à ses propres yeux, indique un sentiment qui réside dans l'âme et qui fait éviter ce qui est mal. **Honneur,** sentiment d'une dignité morale estimée plus haut que tous les biens, suppose le désir non seulement d'éviter le mal, mais encore de montrer des sentiments élevés, et de faire reconnaître par les autres cette dignité personnelle, ce qui amène à pratiquer pour autrui les règles de l'honnêteté, mais aussi toutes les règles variables, sujettes parfois au préjugé, auxquelles doit sacrifier un homme qui ne veut pas être méprisé : *C'est par honnêteté que Cinna reconnaît qu'il ne doit pas tuer Auguste; c'est par honneur, pour ne pas violer le serment fait à Émilie, qu'il accepte cependant de le tuer.* ¶ 2 → Décence. ¶ 3 → Civilité. ¶ 4 → Don.

Honneur : ¶ 1 → Honnêteté. ¶ 2 Sentiment du respect dû à soi-même. *Honneur,* sentiment qui nous pousse à vouloir mériter l'estime ou l'admiration des autres, à refuser d'être considérés comme moralement bas. **Dignité,** au sens moral et philosophique, respect de ce qu'il y a d'humain en nous par nous-mêmes et refus d'être traités par autrui comme un moyen : *L'honneur varie souvent suivant les convenances et dépend de l'opinion d'autrui, la dignité dépend de notre propre idée de l'humain et des devoirs de notre état. L'honneur bafoué réclame la vengeance, la dignité offensée provoque la révolte. Rendre un homme esclave, le mutiler, c'est attenter à sa dignité, mais non à son honneur. La noblesse servait le roi, se battait en duel par honneur; c'est par dignité qu'un artiste pauvre ne s'abaisse pas à prostituer son art.* ¶ 3 → Décence. ¶ 4 → Gloire. ¶ 5 → Respect. ¶ 6 *Honneur,* souvent au pl., démonstration extérieure de la vénération, du respect, de l'estime qu'on a pour quelqu'un dont le mérite est important, hautement reconnu : *Il fut reçu avec tous les honneurs dus à son rang* (Acad.). **Distinction** dit moins et implique qu'on rend quelqu'un supérieur aux autres par une marque d'estime ou des égards spéciaux qui peuvent être discrets et accordés pour de petites choses : Une décoration est une *distinction. Toutes les petites distinctions furent pour lui* (VOLT.). ¶ 7 Poste, charge, grade considérable. *Honneurs* fait penser au mérite de celui qui les obtient, à la réputation qu'ils lui donnent : *Les honneurs sont institués pour récompenser le mérite* (FLÉCH.); **Dignité,** à l'éminence du poste obtenu ou dû à la naissance; de plus *honneurs,* terme vague, désigne tous les postes importants, sans qu'ils soient définis exactement comme les diverses *dignités* sociales ou ecclésiastiques : *La dignité de reine* (CORN.). *La dignité épiscopale.*

Honnir : → Vilipender.

Honorable : ¶ 1 *Honorable,* propre à faire honorer, en droit. **Honorifique,** qui apporte en fait des honneurs assurés, réglés, mais sans aucun autre avantage : *Capitulation honorable. Titre honorifique* (ACAD.). ¶ 2 → Honnête. ¶ 3 → Satisfaisant.

Honoraires : → Rétribution.

Honorer, rendre des hommages ou un culte manifesté par des démonstrations extérieures, à ce qui a du mérite, nous paraît supérieur : *Honorer Dieu; le mérite et la vertu* (ACAD.); *la vieillesse* (ZOLA). **Respecter** indique un sentiment plus intérieur, mais marque simplement la déférence, le désir de ne pas manquer aux devoirs que nous avons envers certaines personnes ou certaines choses : *Respecter la vieillesse, les lieux saints* (ACAD.). **Vénérer,** porter un grand respect, joint à une sorte d'affection, aux choses saintes ou aux personnes que l'on estime : *Je l'aime et le vénère, ce vieux mur* (LOTI). **Révérer,** être pénétré d'un profond respect, joint à une sorte de crainte religieuse, pour ce qui est éminent, parfait, saint ou sacré : [*Mes amants*] *m'ont su révérer si fort jusqu'à ce jour, Qu'ils ne m'ont jamais dit un mot de leur amour* (MOL.). **Glorifier,** honorer par de grandes louanges, et spéc. honorer Dieu dans toute sa gloire : *Glorifier Dieu par une vie digne de Dieu* (BOUR.). **Magnifier,** exalter par de grandes louanges la grandeur d'une personne ou d'une chose : *Magnifier les victoires de Bonaparte* (CHAT.); se dit spéc. en parlant de la gloire de Dieu : *Mon âme magnifie le Seigneur* (ACAD.). **Adorer** ne se dit proprement que pour Dieu ou pour ce qui émane de lui, et par ext. pour des idoles ou des personnes, et implique qu'on ressent et qu'on manifeste tous les sentiments qu'on doit à la divinité : *L'homme est porté à adorer Dieu, parce que nous sommes portés à révérer ce qui est parfait* (BOS.). **Rendre un culte,** honorer Dieu, la Vierge, les saints, des idoles ou des personnes par des actes extérieurs de religion. **Avoir un culte** marque un sentiment intérieur de profonde vénération, d'admiration et même de tendresse : *Elle eut dans ce temps-là un culte de Marie Stuart et des vénérations enthousiastes à l'endroit des femmes illustres ou infortunées* (FLAUB.). **Saluer,** donner à quelqu'un une marque extérieure de civilité, de déférence ou de respect, par ext. témoigner par un acte, parfois simplement intérieur, son respect pour certaines choses : *Je te salue, ô Mort, libérateur céleste* (LAM.).

Honorifique : → Honorable.

Honte : ¶ 1 Sentiment pénible de tristesse et d'aversion excité par l'idée d'une chose ou d'une action moralement mauvaise. La *Honte* regarde plutôt le passé, est proche du regret, la **Pudeur** a toujours rapport au futur et se rapproche de la retenue : *Il n'y a que le premier obstacle qui coûte à vaincre la pudeur ; on avale après la honte* (BOS.). Par rapport au futur, *honte* marque plutôt le sentiment de nos imperfections qui nous empêche d'agir, surtout par crainte de perdre l'estime des autres : *Certains pauvres sont retenus chez eux par la honte* (BOUR.). *Pudeur* implique plutôt la crainte naturelle de blesser les bienséances, la modestie, et de perdre sa propre estime : *Par une sorte de pudeur il lui répugnait dans son langage de faire montre de ce qu'il appelait « les grands sentiments »* (GI.). **Vergogne,** syn. autrefois très noble, aujourd'hui fam. de *honte,* se dit surtout dans la loc. *Sans vergogne.* **Respect humain,** fausse honte qui nous empêche d'agir, même pour le bien, par crainte du qu'en-dira-t-on. **Confusion, Gêne** diffèrent de *honte* comme les adj. correspondants de *honteux* (→ ce mot). ¶ 2 Diminution ou perte de réputation. *Honte,* sentiment pénible de se sentir déchu dans sa propre conscience et dans l'estime d'autrui pour une action mauvaise à quelque titre que ce soit : *Le crime fait la honte et non pas l'échafaud* (TH. CORN.). **Déshonneur,** le fait qu'on est perdu dans l'estime d'autrui, en général par les actions qui dégradent le plus dans l'opinion du monde, lâcheté, malhonnêteté, et, pour les femmes, par la mauvaise conduite : *Il n'est à mes yeux qu'un lâche que je tiendrais à déshonneur d'avoir pour ami* (J.-J. R.). **Démérite** dit moins et marque qu'une action blâmable attire l'improbation et fait baisser dans l'estime d'autrui. **Infamie** et **Turpitude,** grande honte ou grand *déshonneur* provenant de la manière dont on se conduit. *Infamie* regarde la manière d'agir publique, ou une manière d'agir flétrie par la loi ou par l'opinion publique : *Dans trois jours Paris dira : « Monsieur Grandet est un fripon ». Je me coucherai, moi probe, dans un linceul d'infamie* (BALZ.). *Turpitude* se rapporte aux vices cachés, sales et honteux de la vie privée et des mœurs : *La turpitude et le scandale de ses mœurs* (MARM.). **Ignominie, Opprobre** et **Flétrissure,** grande honte ou grand déshonneur de la manière dont on est traité. *Ignominie,* état de celui qui a été ravalé si bas qu'on lui a fait perdre noblesse et dignité : *Pour que des esclaves noirs soient arrachés à l'ignominie* (J. ROM.). *Opprobre,* ce qui humilie, mortifie, inflige un déshonneur éclatant et public : *J'ai couvert mon adversaire du dernier opprobre en publiant les preuves de son infamie* (BEAUM.). *Flétrissure,* déshonneur durable imprimé comme un fer rouge par une condamnation publique, un blâme motivé et parfois une diffamation : *Les flétrissures et les plaies honteuses que le savant Jurieu a reçues dans ce différend* (BAYLE). **Affront,** syn. vx de *honte,* de *déshonneur* : *Ce fils fait affront à toute sa famille.*

Honte (fausse) : → Timidité.

Honteux : ¶ 1 → Surpris. *Honteux* marque le sentiment d'humiliation que l'on éprouve lorsqu'une action quelconque donne l'impression de déchoir dans l'estime des autres ou devant sa propre conscience : *Il s'éloigna de la porte honteux d'être surpris* (ZOLA) ; et se dit aussi de celui qui naturellement est embarrassé pour agir par pudeur, fausse honte ou timidité. **Confus,** incapable d'agir ou de penser, en raison du sentiment d'une faute, ou par modestie, pudeur : *L'air étonné, mais surtout confus. Il se donnait presque une mine de coupable* (J. ROM.). **Gêné,** qui a le sentiment intérieur d'une contrainte, craint de choquer une personne, les bienséances, ou ne sait comment réagir devant quelque chose qui choque : *Gêné et intimidé* (MAU.). *Gêné par leur ivresse et leur sans-gêne* (GI.). **Sot** marque une attitude gauche et incertaine résultant de l'embarras ou de la confusion : *Il se trouvait très embarrassé, très sot* (J. ROM.). **Penaud,** fam., affecté d'une contrariété inattendue, souvent pour avoir été attrapé d'une façon assez ridicule : *Qui fut bien penaud? Ce fut le duc qui, après en avoir bien fait rire tout le monde, en allait devenir lui-même le divertissement* (S.-S.). **Quinaud,** fam. et vx, confus d'avoir eu le dessous en quelque affaire. **Déconfit,** à la fois confus et déconcerté (→ ce mot) à la suite d'une déconvenue. **Camus,** syn. vx et fam. de *penaud.* **Capot,** fam., confus comme un joueur qui n'a fait aux cartes aucune levée. **Contrit** ajoute à *honteux* l'idée d'un regret qui se manifeste souvent dans la contenance.

Repentant enchérit sur cette dernière nuance. ¶ 2 *Honteux,* **Déshonorant, Infâme, Ignominieux** : → Honte.

Hôpital : Lieu où l'on soigne les malades. *Hôpital,* établissement public, payant ou gratuit, où les malades restent un temps limité pour être soignés. L'**Hospice** ne reçoit que des personnes hors d'état de subvenir à leurs besoins, et ne les soigne que s'il y a lieu. **Maison de santé,** établissement privé et payant où l'on reçoit des malades, spéc. ceux qui souffrent de maladies nerveuses ou d'affections nécessitant une intervention chirurgicale. **Clinique,** dans le langage courant, maison de santé tenue par un chirurgien et réservée aux malades qu'il opère. **Policlinique,** clinique municipale. **Polyclinique,** clinique où l'on soigne toutes sortes de maladies, où opèrent divers chirurgiens. *Clinique* désigne aussi le cabinet où un médecin donne des consultations gratuites ou d'un prix peu élevé; en ce sens, **Dispensaire,** établissement où l'on donne gratuitement des consultations, des soins et des remèdes à des indigents ou à des gens qui font partie d'une association payant des médecins pour soigner gratuitement ses membres. **Infirmerie,** local destiné aux malades dans une communauté, une caserne, un collège, etc. **Sanatorium,** maison de santé où l'on soigne au grand air certains malades, spéc. ceux atteints de tuberculose. **Préventorium,** établissement analogue au *sanatorium,* mais destiné à prévenir la maladie plutôt qu'à la guérir. **Solarium,** établissement installé pour soigner les malades par la lumière solaire. **Maternité,** établissement de l'Assistance publique, ou établissement privé, destiné à recevoir les femmes sur le point d'accoucher.

Horde : ¶ 1 → Peuplade. ¶ 2 → Troupe.

Horion : → Coup.

Horloge, tout appareil pour marquer les heures, se dit spéc. de l'appareil à poids ou à ressort placé dans un endroit apparent de quelque édifice et destiné à marquer et à sonner les heures pour le public : *L'horloge de la gare de Lyon.* **Pendule,** horloge d'appartement dont le mouvement est régularisé par un pendule. **Coucou,** horloge de bois à poids dont la sonnerie est remplacée par le simulacre d'un coucou qui apparaît et fait entendre son chant. **Carillon,** horloge, pendule qui sonne des airs de carillon à de certains intervalles. **Cartel,** ornement qui entoure certaines pendules faites pour être appliquées à la muraille, au lambris d'un appartement, par ext. pendule ornée d'un cartel. **Réveille-matin** et **Réveil,** fam., petite pendule munie d'un mécanisme qui

actionne une sonnerie bruyante et prolongée à l'heure que l'on a marquée à
l'aide d'une aiguille spéciale.

Hormis : → Excepté.

Horoscope : → Prédiction.

Horreur : ¶ 1 → Épouvante. **¶ 2** →
Éloignement. **¶ 3** *Horreur*, souvent au pl.,
toute action ou tout fait, même non provoqué volontairement par quelqu'un, qui
fait naître l'effroi, la répulsion et la révolte : *Les horreurs de la guerre.* **Abomination** suppose plutôt un jugement moral
qui considère la chose comme très haïssable : *Ce crime est une abomination.*
Atrocité, action très cruelle, toujours
commise par un homme : *Les atrocités
d'un scélérat* (VOLT.). **¶ 4** Au fig., *Horreurs*,
toujours au pl., choses déshonorantes
qu'on attribue à quelqu'un : *Un méchant
assez artificieux pour donner de la consistance
aux horreurs qu'il débite d'autrui par les
horreurs qu'il confesse de lui-même* (DID.).
Atrocités renchérit et implique le désir
de calomnier, de blesser machiavélique-
ment : *Débiter des atrocités sur tout le
monde* (ACAD.). **Infamies,** paroles injurieuses pour l'honneur de quelqu'un (→
Injure) ou horreurs honteuses qu'on lui
attribue : *Te laisser accuser d'infamies*
(BALZ.). **Vilenies** ajoute une idée de bassesse.

Horrible : ¶ 1 → Affreux et Effrayant.
¶ 2 → Laid.

Horripilation : → Hérissement.

Horripiler : → Énerver.

Hors : → Excepté.

Hors-d'œuvre : → Digression

Hors-la-loi : → Maudit.

Horticulture : → Jardinage.

Hospice : → Hôpital.

Hospitalier se dit d'une personne qui
aime d'habitude à recevoir et le fait bien,
et des lieux où l'on est facilement accueilli
et bien traité. **Accueillant,** en parlant des
personnes et de leur air, marque simplement quelque chose d'aimable dans la façon
de recevoir, dans tel ou tel cas particulier.

Hostie : → Victime.

Hostile : → Défavorable.

Hostilité : ¶ 1 → Guerre. **¶ 2** → Haine.

Hôte : ¶ 1 Celui qui reçoit chez lui. *Hôte*
désigne à la fois celui qui donne l'hospitalité chez lui, et celui qui reçoit, moyennant rétribution, des personnes dans
un cabaret, une auberge, un hôtel (en ce
sens vx, on dit plutôt **Cabaretier, Auber-
giste, Hôtelier**). Dans le premier sens
hôte a pour syn. plus fam. **Maître de maison,** celui qui reçoit des invités ou sim-

plement des visites; **Amphitryon,** fam,
celui chez qui ou aux frais de qui l'on dîne,
par allusion aux deux vers de MOL. : *Le
véritable Amphitryon Est l'Amphitryon où
l'on dîne.* **¶ 2** → Convive et Pensionnaire.
¶ 3 → Habitant.

Hôtel : ¶ 1 → Maison. **¶ 2** → Immeuble.
¶ 3 Maison meublée où descendent les
voyageurs. L'*Hôtel* fournit des chambres
ou des appartements meublés; on y loge
une nuit ou un certain temps; on y trouve
toutes les commodités du service et souvent à manger si l'on veut. **Hôtellerie,** en
son sens ancien, maison moins importante
que l'*hôtel* où logeaient voyageurs ou passants qui n'y demeuraient souvent pas
plus d'une nuit; de nos jours, souvent sous
la forme *hostellerie*, restaurant à la mode
qui ne comporte quelques chambres que
s'il est à la campagne. **Auberge,** autrefois
petite hôtellerie; de nos jours, hôtel rustique où l'on trouve pour un soir la table
et le lit, s'emploie surtout dans des sens fig. :
*Tenir auberge. Prendre la maison de quel-
qu'un pour une auberge* (ACAD.); et au prop.
dans l'expression *Auberge de jeunesse.*
Palace (en anglais, « palais »), hôtel de luxe.
La **Pension de famille** se distingue de
l'*hôtel* par le fait que, pour un prix fixé
d'avance, on a à la fois le coucher et la
nourriture pour un séjour déterminé, en
général assez long. **Meublé** et plus rarement **Garni** se disent d'une chambre,
d'un appartement, d'une maison loués
avec leurs meubles pour un temps déterminé, assez long, sans qu'il s'agisse d'un
hôtel parce qu'aucun service n'est assuré.
Logis, syn. vague d'*hôtellerie*, d'*auberge*.
Cambuse, pop. et péj., auberge mal tenue.

Hôtel de ville : → Mairie.

Hotte : → Panier.

Houe, instrument de fer, large et recourbé,
parfois divisé en deux parties, qu a un
manche de bois, et avec lequel on remue
la terre en la tirant vers soi. La **Bêche**
a un fer plat, large et tranchant, et sert
à couper et à remuer la terre. **Hoyau,**
houe à lame forte, aplatie, taillée en biseau,
employée aux défoncements de terrains
qui demandent le plus de force.

Houle : → Vague.

Houlette : → Bâton.

Houppe : → Touffe.

Houseaux : ¶ 1 → Guêtre. **¶ 2** → Botte.

Houspiller : ¶ 1 → Secouer. **¶ 2** → Maltraiter et Réprimander.

Housse : → Enveloppe.

Huée : → Cri. Cri hostile. *Huée*, cris
par lesquels une réunion de personnes
témoigne de sa dérision ou de son mépris :
Les huées du peuple étouffèrent sa voix

(Flaub.). **Tollé** (du lat. *tolle hunc,* enlevez-le, cri par lequel des Juifs poussèrent Pilate à faire mourir J.-C.), cri d'indignation : *Cette opinion souleva un tollé général* (Acad.).

Huer : → Vilipender.

Huguenot : → Protestant.

Huile : Au fig. → Personnalité.

Huile (faire tache d') : → (se) Répandre.

Huileux : → Gras.

Huissier : Celui qui introduit les visiteurs chez un personnage, ou fait le service des séances de certains corps. *Huissier* ne s'emploie de nos jours que pour les personnages ou les assemblées d'importance : *Huissier au ministère de l'Intérieur; du Sénat; de l'Institut* (Acad.). **Appariteur,** de nos jours, huissier d'une faculté (appelé **Tangente** en argot d'étudiant). **Garçon de bureau,** celui qui entretient les bureaux d'une administration, d'un établissement industriel ou commercial, se dit aussi de celui qui y introduit les visiteurs.

Humain : ¶ 1 Adj. → Bon. *Humain,* **Philanthrope, Altruiste, Charitable :** → Humanité. ¶ 2 N. → Homme.

Humanisme : → Savoir.

Humanité : ¶ 1 → Hommes. ¶ 2 → Bonté. Sentiment qui nous fait accorder aux hommes les égards qui leur sont dus. L'*Humanité,* spontanée, naturelle, pleine de sensibilité, s'applique à des maux présents dont l'âme est touchée et qu'elle épargne ou soulage : *Je n'ai jamais vu couler les larmes de personne sans en être attendri; je sens de l'humanité pour les malheureux* (Mtq.). La **Philanthropie** est toute théorique, le cœur y a moins de part; mais elle suppose une action réfléchie pour prévenir des maux à venir : *La justice, ou cette vertu qui règle le sentiment que les Grecs ont désigné sous le nom de philanthropie* (Did.). **Humanitarisme,** attitude qui consiste à professer des doctrines visant au bien universel de l'humanité; parfois, en mauvaise part, « amour de l'humanité excessif et prétentieux » (Acad.) (ne pas confondre avec *humanisme,* toute attitude philosophique qui met au premier plan l'étude de l'homme et la mise en valeur de ses qualités essentielles). **Altruisme,** terme récent créé par A. Comte, implique un sentiment d'amour pour autrui, résultant soit instinctivement des liens qui existent entre les êtres, soit de la réflexion et de l'abnégation individuelle et désigne, en morale, une théorie du bien avec pour point de départ l'intérêt de nos semblables, en tant que tels, comme but de la conduite morale. **Charité** transcende tous ces termes et implique que nous aimons les autres

hommes et que nous nous consacrons à leur service, parce qu'ils sont tous, comme nous, les créatures de Dieu.

Humble : ¶ 1 → Modeste. ¶ 2 → Petit.

Humecter : → Arroser. *Humecter,* rendre humide d'une façon assez légère : *J'en humectais encore les feuillets de quelques larmes* (Did.). **Humidifier,** burlesque au sens d'*humecter* (*Humidifier sa face,* Scar.), donner une humidité durable, en général pour un usage quelconque : *Humidifier un tissu avant de l'employer* (Acad.). **Humidier,** syn. exclusivement technique d'*humecter.* **Mouiller** (→ ce mot), donner à un corps soit en répandant sur lui un liquide, soit en le plongeant dans un liquide, une grande humidité qui peut n'être que superficielle : *Le pavé est mouillé et non humecté par une grande pluie.* **Bassiner,** humecter en mouillant avec un liquide tiède ou chaud : *Bassiner une plaie.* **Hydrater,** terme de chimie, combiner un corps avec de l'eau. **Imbiber,** humecter en pénétrant le corps profondément dans toutes ses parties, en lui faisant absorber par capillarité le plus de liquide possible : *Mes larmes imbibent tout* (Volt.). **Abreuver,** fig., imbiber profondément, spéc. une terre, en parlant de la pluie ou de l'arrosage. **Bruire,** terme de métier, imbiber une étoffe à la vapeur, pour la mollir. **Emboire,** imbiber, est vx ou du langage technique. **Madéfier,** terme de pharmacie, humecter une substance. **Délaver,** terme de dessin, enlever ou affaiblir avec de l'eau une couleur étendue sur du papier; par ext. imbiber d'eau, spéc. la terre et en détremper ou en enlever les parties les moins solides : *Les neiges délavent les terres.*

Humer : ¶ 1 → Avaler. ¶ 2 → Sentir.

Humeur : ¶ 1 → Liquide. ¶ 2 → Naturel. ¶ 3 → Fâcherie. ¶ 4 → Caprice.

Humide, imprégné de vapeurs aqueuses qui peuvent venir de l'extérieur ou de l'intérieur de l'objet, se produire par condensation, etc. : *Œil humide* (Rac.). *Pièce humide.* **Mouillé** précise qu'une chose est devenue humide parce qu'un liquide a été amené à son contact; et par ext. fait voir l'eau à la surface de la chose et la présente comme très humide : *Des sentiers humides; l'herbe rase, les mousses mouillées* (Loti). **Trempé** enchérit : *Trempé de sueur* (M. d. G.). **Moite,** un peu humide, se dit spéc. du corps légèrement couvert de sueur : *Front* (Cam.); *mains* (Balz.) *moites.* **Embué** se dit d'une vitre couverte d'une sorte de nuage par condensation ou des yeux légèrement voilés par les larmes.

Humidifier : → Humecter.

Humiliation : ¶ 1 → Humilité. ¶ 2

Humiliation, **Mortification, Confusion** :
→ Humilier.

Humilier : ¶ 1 → Abaisser. *Humilier*, abaisser quelqu'un devant l'opinion d'autrui ou dans l'opinion qu'il a de lui-même, en lui faisant sentir sa faiblesse, son indignité, ou ce qui, dans le sentiment qu'il avait de sa valeur, était excessif : *Humilier les esprits superbes* (Balz.). *Humilié d'être traité si familièrement* (Balz.). **Mortifier** insiste surtout sur la peine qu'on fait éprouver à quelqu'un en l'humiliant par un procédé dur et fâcheux, refus, mépris, réprimande, etc. : *La déclaration de Bernard l'humiliait, le mortifiait* (Gi.). **Confondre**, humilier celui qui a des sentiments excessifs en le déconcertant ou en le réduisant à l'impuissance : *Confondre son orgueil* (Rac.). **Mettre plus bas que terre**, fam., humilier grandement. **Mater**, humilier par la force, en abattant, en domptant : *Ces gens-là ont une certaine fierté dans l'esprit qu'il est bon de mater un peu* (Volt.). **Moucher**, pop., dire son fait à quelqu'un en le remettant à sa place, en lui infligeant même parfois une correction. **Donner son paquet**, fam., humilier, confondre, réduire au silence par une réponse vive et décisive. **Doucher**, fig. et fam., confondre un orgueilleux ou simplement un exalté, un enthousiaste. ¶ 2 (Réf.) Se mettre volontairement dans un état inférieur. *S'humilier*, avec toujours une nuance morale, marque le résultat louable de la vertu chrétienne ou l'effet condamnable d'un certain manque de dignité : *Aux pieds de l'Éternel je viens m'humilier* (Rac.). **S'anéantir** (→ Humilité) est surtout un terme de dévotion : *S'anéantir dans l'amour de Dieu* (Flaub.). **S'abaisser** marque uniquement le fait, quelle qu'en soit la raison, et ne suppose pas le consentement de la volonté, l'acte intérieur qu'implique *s'humilier* : *Vous voulez que le roi s'abaisse et s'humilie* (Rac.). **Ramper**, fig. et péj., s'abaisser, s'humilier devant des gens puissants et influents, comporte une idée d'avilissement : *L'on rampe vilement devant ceux qui sont au-dessus de soi* (L. B.). **Se prosterner**, fig., s'humilier extrêmement par adoration ou respect devant celui dont on reconnaît la supériorité : *Laura voulait s'humilier devant lui, mais lui se prosternait aussitôt plus bas qu'elle* (Gi.).

Humilité, vertu qui donne le sentiment de notre faiblesse et nous pousse à nous abaisser. **Humiliation**, en ce sens, action de s'abaisser, acte d'humilité : *Saint Bernard dit que le chemin à l'humilité, c'est l'humiliation* (Bos.). **Anéantissement**, terme de dévotion, abaissement devant Dieu qui conduit à ne se considérer que comme un être sans aucune valeur.

Humour : → Esprit.

Huppe : → Touffe.

Huppé : → Riche.

Hurler : → Crier.

Hurluberlu : → Étourdi.

Hutte : ¶ 1 → Cabane. ¶ 2 → Case.

Hyacinthe : → Jacinthe.

Hybride : → Métis.

Hydrater : → Humecter.

Hydrophobie : → Rage.

Hygiène, partie de la médecine qui traite de la manière de conserver la santé, notamment en luttant contre les influences nocives qui peuvent affecter le corps humain. **Diététique**, partie de la médecine et de l'hygiène qui s'occupe d'adapter le régime alimentaire aux besoins particuliers des malades. **Salubrité**, qualité de ce qui est favorable à la santé, se dit particulièrement des soins que l'administration prend de l'hygiène publique.

Hymen, Hyménée : → Mariage.

Hymne : ¶ 1 Masc. → Chant. *Hymne*, chez les Anciens, sorte de poème en l'honneur des dieux ou des héros; de nos jours, poème d'inspiration lyrico-épique qui chante une idée patriotique, morale, humanitaire : *Les Hymnes homériques. La Marseillaise* est notre *hymne* national. **Péan**, dans l'antiquité, chant solennel en l'honneur d'Apollon, et par ext. chant de guerre, de victoire, de fête ou d'allégresse, s'emploie encore en ce dernier sens dans le style relevé : *Un péan de victoire*. ¶ 2 Fém. → Cantique.

Hyperbole : → Exagération.

Hyperbolique : ¶ 1 → Excessif. ¶ 2 → Emphatique.

Hyperboréen : → Nordique.

Hyperesthésie : → Sensibilité.

Hypnotique : → Narcotique.

Hypnotiser : ¶ 1 → Endormir. ¶ 2 → Effrayer.

Hypocondre, Hypocondriaque : → Bilieux.

Hypocrisie : → Fausseté. Duplicité odieuse qui consiste à affecter la vertu, la piété, de nobles sentiments alors qu'on agit en dessous exactement en sens contraire. *Hypocrisie* s'emploie pour la religion, mais aussi pour tous les sentiments honnêtes et vertueux : *L'hypocrisie est un hommage que le vice rend à la vertu* (L. R.). **Bigoterie, Cagotisme** (→ Bigot) n'impliquent qu'accessoirement l'hypocrisie en matière de religion. **Tartuferie**, par allusion au *Tartufe* de Molière, hypocrisie intéressée qui prétend prêcher la vertu sans se contenter de l'affecter, et cherche à en imposer : *Tartuferie, mot nouveau formé de celui de Tartufe, action d'hypocrite, maintien d'hypocrite, friponnerie de faux dévot* (VOLT.). **Jésuitisme,** fam., depuis les *Provinciales*, hypocrisie douceureuse qui possède l'art des restrictions mentales, de la casuistique pour cacher une morale relâchée : *L'innocent jésuitisme de la femme* (BALZ.). **Escobarderie,** fam., du nom du casuiste espagnol Escobar, hypocrisie fondée sur l'art des équivoques, des réticences, et destinée adroitement à tromper sans mentir précisément : *Escobarderie, adroit mensonge* (D'AL.). **Pharisaïsme,** ostentation de piété et de vertu qui masque souvent l'hypocrisie sous la dureté orgueilleuse avec laquelle on condamne les actions des autres. **Patelinage** (→ mot), hypocrisie douceureuse. **Cafarderie,** hypocrisie profonde et redoutable qui affecte les airs de la bigoterie, ou une douceur, une humilité sournoises, qui n'est que fourberie et ne recule pas devant les dénonciations, les trahisons.

Hypocrite : → Faux. *Hypocrite,* **Bigot, Cagot, Tartufe, Jésuite, Pharisien** (et **Pharisaïque,** adj. seulement), **Patelin, Cafard** : → Hypocrisie.

Hypogée : → Tombe.

Hypothèse : ¶ 1 → Supposition. ¶ 2 → Principe.

Hypothétique : → Incertain.

Hystérie : → Nervosité.

I

Iambes : → Satire.

Ici : Pour indiquer un point de l'espace à l'égard de la personne qui parle, *Ici* marque le point même où elle est, **Là,** un point plus ou moins éloigné où elle n'est pas : *D'ici là nous comptons deux lieues* (ACAD.). **Ci,** ici, ne s'emploie seul que dans la formule funéraire : *Ci-gît;* ou en comptabilité, et se joint d'habitude à un autre mot qu'il précède ou suit : *Ci-devant; celui-ci.* **Céans,** ici dedans, en parlant surtout de la maison où l'on se trouve, est vx ou fam. et burlesque, sauf dans des loc. comme *La maîtresse de céans.*

Idéal : ¶ 1 Adj. → Parfait. Plus beau que tous les modèles offerts par la nature. *Idéal* implique une perfection conçue par l'esprit et en général empiriquement inaccessible : *Et ce bien idéal que toute âme désire, Et qui n'a pas de nom au terrestre séjour* (LAM.). **Absolu,** qui est en dehors de toute relation en tant que parfait, achevé, total, et, en général, existant en soi indépendamment de toute réalisation particulière : *Le beau idéal peut être une création de l'esprit le concevant à partir des beautés de la nature; le beau absolu n'a pas besoin de pour exister; il peut n'exister qu'en Dieu.* — N. ¶ 2 → Modèle. ¶ 3 *Idéal,* ce qui satisfait entièrement l'intelligence et les sentiments humains; d'où perfection que l'on tend à réaliser. **Utopie,** idéal par sa nature même irréalisable : *La justice sociale est un idéal; la suppression radicale de la souffrance est une utopie.* **Rêve,** fig., idéal dans lequel on espère, qu'on croit réalisable dans l'avenir, mais qui n'est qu'une utopie : *Des rêves que la fin du XIXᵉ siècle a pris pour des réalités durables* (M. D. G.).

Idée : ¶ 1 → Modèle. ¶ 2 → Ébauche. ¶ 3 → Invention. ¶ 4 Représentation d'un être ou d'une chose dans l'esprit considérée comme reçue. *Idée,* représentation pure et simple des choses, qui peut advenir sans travail de notre part, et être parfois fausse, chimérique : *L'étrange idée qu'on leur a donnée de la dévotion* (PASC.). **Notion** et **Connaissance** impliquent une étude et un jugement, la *notion* étant, surtout en matière de science, une vue générale et sommaire acquise avec un peu de travail, la *connaissance*, systématique, précise, complète et nette, étant acquise après un long examen : *La notion m'est venue furtive, inexplicable, mais ressentie, d'une âme persistante et présente* (LOTI). *La connaissance du bien, du mal, de Dieu* (ACAD.). ¶ 5 Dans le même sens, *Idée,* ce qu'on dit, ce qu'on montre d'une chose à quelqu'un pour lui faire saisir ce qu'elle est : *Ces quelques indications donneront peut-être une idée suffisante de notre cité* (CAM.). **Aperçu,** vue générale, sommaire, destinée à donner une notion : *Un aperçu de la dépense* (LIT.). **Échantillon,** idée d'une chose acquise en éprouvant une de ses parties ou une chose semblable : *Un échantillon des douceurs et des avantages dont je jouis* (L. F.). **Avant-goût,** échantillon ou aperçu qui donne l'idée d'une chose à venir : *C'est un avant-goût de la félicité* (SÉV.). **Essai,** en ce sens, est vx. ¶ 6 Représentation de l'esprit qui résulte d'une abstraction. *Idée,* et plus souvent *Idée générale,* est plutôt réservé à l'usage psychologique. **Concept** a surtout un usage logique et s'applique à l'*idée générale* prise en elle-même dans ses caractères (extension, relation à d'autres idées, etc.). **Notion,** syn. de *concept,* est toujours relatif à la chose que le concept nous permet de nous représenter et de connaître : *La notion de l'infini* (PAST.). ¶ 7 En un sens plus général, *Idée,* tout objet de pensée et spéc. la représentation que l'esprit se fait ou reçoit des choses, représentation vraie ou fausse (en ce dernier sens → Imagination), voulue ou non voulue : *Rassemblons des faits pour nous donner des idées* (BUF.). **Image,** représentation sous une forme concrète, due à la mémoire ou à l'imagination et possédant en général une puissance affective : *Se faire une image douce, agréable de quelque chose* (ACAD.). **Conception,** résultat d'un effort conscient de l'entendement pour former une idée, de façon à comprendre comment une chose ou un ensemble de choses sont, ou à inventer, à créer par l'imagination ce qui sera : *Il y a des gens qui se sont fabriqué une fois pour toutes une conception satisfaisante du monde* (M. D. G.). **Réflexion,** résultat d'un effort d'attention pour examiner un ensemble d'idées ou de notions, afin d'en tirer des rapprochements, des combinaisons qui peuvent suggérer une idée nouvelle : *Les conceptions sont les idées de l'esprit qui comprend ou qui crée, les réflexions, celles de l'esprit qui critique ou juge.* **Pensée,** terme le plus général, œuvre de toutes les facultés cognitives de l'esprit, parfois influencées par le cœur, la volonté, implique toujours une synthèse des connaissances ou des idées, faite par un sujet qui leur donne une unité et les exprime sous une certaine forme : *Les grandes pensées viennent du cœur* (Vauv.). **Penser,** syn. de *pensée* en poésie. **Élucubration,** idée, pensée conçue à force de veilles, est ironique : *De prophétiques élucubrations* (M. D. G.). ¶ 8 → Opinion. ¶ 9 *Dans l'idée* : dans l'esprit. *Dans l'idée* a rapport à l'intelligence et marque qu'on pense plus ou moins à quelque chose, **Dans la tête** a rapport à la volonté et indique qu'on est très fermement décidé à réaliser quelque chose : *Une femme qui n'a dans l'idée que son jeu* (Bour.). *Ma fille est une opiniâtre qui s'est allée mettre dans la tête un certain Cléante; et elle jure de n'épouser personne que celui-là* (Mol.).

Idée fixe : → Obsession.

Idée (avoir une) : → Entendre.

Identifier : → Reconnaître.

Identique : → Semblable.

Idéologie : → Opinion.

Idiome : → Langue.

Idiot : → Stupide.

Idiotisme : → Expression.

Idolâtre : → Païen.

Idolâtrer : → Aimer.

Idolâtrie : ¶ 1 → Religion. ¶ 2 → Attachement.

Idole : → Dieu.

Idylle : ¶ 1 → Pastorale. ¶ 2 → Caprice.

Ignare : → Ignorant.

Ignifuge, propre à rendre ininflammables les objets naturellement combustibles : *Le silicate de potasse est un ignifuge.* **Incombustible,** qui ne brûle pas naturellement : *L'amiante est incombustible.* **Anticombustible,** qui s'oppose à la combustion, syn. plus rare d'*ignifuge.*

Ignition : → Combustion.

Ignoble : → Bas et Dégoûtant.

Ignominie : → Honte.

Ignorant, qui n'est pas instruit de certaines choses (en ce sens on dit *ignorant de*), ou, absolument, qui est sans savoir, sans études, en général ou dans une matière précise (en ce sens on dit *ignorant en* ou *dans*) : *Quoique ignorante à vingt et trois carats, elle passait pour un oracle* (L. F.). *Ignorant en géographie* (Acad.). **Nul** se dit d'un élève ignorant en une matière et peu doué pour l'apprendre. **Ane** implique une ignorance due non au fait que l'on n'a pas étudié, mais qu'on est trop bête pour comprendre (→ Bête). **Ignare,** excessivement ou scandaleusement ignorant, parfois malgré une certaine prétention : *A la tête des grands services chirurgicaux, des chefs ignares* (M. D. G.). **Illettré,** qui n'a aucune connaissance en littérature, souvent faute d'avoir appris : *Les gens illettrés haïssent moins violemment, mais les lettrés savent mieux aimer* (B. S.-P.); et, plus spéc., qui ne sait ni lire ni écrire. **Analphabète,** qui ne sait pas reconnaître les lettres de l'alphabet. **Indocte,** syn. très rare d'*ignorant.* **Profane,** au fig., surtout comme nom, celui qui n'est pas initié à une science, aux lettres, aux arts, en général sans la nuance péj. d'*ignorant* : *Je ne suis qu'un profane en musique.*

Ignoré : → Inconnu.

Illégal, Illégitime, Illicite, Irrégulier diffèrent comme leurs anton. : → Permis.

Illettré : → Ignorant.

Illicite : → Défendu et Illégal.

Illimité : → Immense.

Illisible, qu'on ne peut lire ou qu'on ne lit que difficilement, soit parce que les caractères sont mal formés, soit parce que le fond ou la forme sont obscurs ou ennuyeux : *Citations illisibles* (Mau.). **Inlisible** est vx, en parlant surtout de l'écriture. **Indéchiffrable,** qu'on ne peut déchiffrer (→ Lire), par ext. difficile à lire en parlant d'une écriture, et au fig. obscur, embrouillé : *Quatre mots indéchiffrables qui ne signifiaient rien* (Volt.).

Illogique, qui s'oppose aux règles de la logique, c'est-à-dire de la science qui apprend à raisonner juste, à ne pas se contredire : *Violence illogique de ses passions* (Balz.). **Alogique,** qui n'a pas encore été introduit par la réflexion dans les cadres de la logique, se dit surtout de ce qui, dans l'homme, échappe aux fonctions intellectuelles : *Le rêve est alogique.* **Irrationnel,** dont la raison ne peut rendre compte, soit parce que c'est en dehors de son domaine : *La foi est du domaine de l'irrationnel*; soit parce que ce n'est pas conforme à ses lois, avec toutefois un sens plus large et moins formel qu'*illogique* : *Une conduite illogique est soumise à la contradiction, mais peut être expliquée; une conduite irrationnelle échappe à tout contrôle de la raison.* **Absurde,** qui non seulement viole les lois de la logique et du sens commun, mais encore est inconcevable pour l'esprit à cause d'une contradiction interne : *La conduite d'Hermione envers*

Oreste est *illogique* et *irrationnelle*, mais peut avoir un sens d'après les lois des passions; mais se jeter à l'eau pour n'être pas mouillé est proprement *absurde*. **Déraisonnable,** en un sens bien moins fort, qualifie une façon de parler ou d'agir qui s'écarte, partiellement et à un moment donné, de ce qui est juste ou sage. **Inconséquent, Incohérent** diffèrent d'*illogique* comme *conséquent* et *cohérent* de *logique* (→ ce mot).

Illumination : ¶ 1 → Lumière. ¶ 2 → Inspiration.

Illuminé : ¶ 1 → Inspiré. ¶ 2 → Visionnaire.

Illuminer : → Éclairer.

Illusion : ¶ 1 → Hallucination. ¶ 2 → Erreur. Idée fausse. *Illusion*, erreur de notre esprit égaré par l'apparence trompeuse d'objets réellement existants : *Mirages, illusions qui n'auraient pas pu durer toujours* (M. D. G.). **Mirage,** fig., illusion séduisante : *Je me sens pénétré par l'impression doucement trompeuse d'une prière entendue et exaucée. Je les croyais finis, pourtant, ces mirages* (LOTI). **Chimère,** pure création de l'esprit qui se représente des choses qui n'existent pas : *Une chimère qui ne devient aujourd'hui une réalité que par le lustre de la fortune* (BALZ.). **Utopie,** idéal, surtout d'une société, d'une organisation, qui n'est qu'une *chimère*. **Fantôme,** au fig. dans le style relevé, *illusion* que produisent les choses, ou *chimère* : *Un fantôme d'une fausse gloire* (FÉN.). **Idée** et **Imagination** (→ ce mot), croyance, opinion qui n'est qu'*illusion* ou *chimère*. Dans le langage courant, on dit aussi **Rêve, Rêverie,** qui comportent plutôt une idée d'extravagance, et **Songe,** qui implique plutôt une idée de vanité, d'inconsistance (→ Rêve). ¶ 3 Fausse apparence. *Illusion*, subjectif, effet produit dans l'âme du spectateur, souvent avec sa complicité, par une fausse apparence : *Leurs parois stratifiées horizontalement donnent l'illusion de murailles* (LOTI). *Illusion théâtrale* (ACAD.). **Prestige,** objectif, chose artificiellement disposée, ou apparence donnée par sortilège ou par l'autorité morale, par la séduction d'une personne ou d'une chose : *Les prestiges de l'ambition* (STAËL). **Fantasmagorie,** spectacle qui fait apparaître dans un lieu obscur des images qui semblent être des fantômes, au fig., fig., péj., abus des moyens extraordinaires ou spécieux destinés à faire illusion : *Cette comptabilité n'est pas sincère, c'est une fantasmagorie* (ACAD.).

Illusionniste : → Escamoteur.

Illusoire : → Trompeur et Imaginaire.

Illustration : ¶ 1 → Gloire. ¶ 2 → Image.

Illustre : Qui a ou mérite une grande réputation. *Illustre* implique, dans le sujet, un éclat, un mérite indépendants des discours des hommes : *Une fille, Seul reste du débris d'une illustre famille* (RAC.). **Célèbre, Fameux** et **Renommé** se disent de ce dont on parle pour quelque raison que ce soit. *Célèbre,* surtout en bonne part, dont il est question dans les livres ou dans les discours des personnes éclairées, souvent pour des raisons et dans des circonstances de lieu ou de temps que l'on indique : *Son nom fut célèbre dans toute la Grèce et dans toute l'Asie par sa valeur dans les combats* (FÉN.). *Fameux* marque une réputation étendue, mais sans précision et parfois en mauvaise part : *Le pays des danseurs fameux* (A. DAUD.). *Un satirique plus fameux que célèbre* (D'AL.). *Renommé,* qui est cité avec éloge parmi les personnes ou les choses de son espèce, indique une qualité limitée, locale et comparative qui appartient parfois à des choses de peu de valeur : *Qui des prêtres si renommés de l'Égypte pourrait-on comparer au fameux Pilpay?* (FÉN.). **Légendaire,** qui est resté dans la tradition populaire ou mérite d'y rester par quelque chose d'extraordinaire, dans ses qualités, ou, ironiquement, dans ses défauts : *Héros légendaires. Distraction légendaire.* **Réputé, Populaire** diffèrent de *renommé* comme les noms correspondants (→ Réputation). **Glorieux** enchérit sur *illustre* (→ Gloire).

Illustrer : → Éclaircir et Prouver.

Ilot : → Pâté.

Image : ¶ 1 → Représentation. ¶ 2 Représentation sur papier d'un sujet quelconque. *Image*, représentation ordinairement gravée et coloriée plus ou moins grossièrement, par ext. toute représentation de ce genre, par n'importe quel procédé, existant isolément, ou dans un livre, accompagnée ou non d'un texte. **Reproduction,** image qui reproduit un objet existant réellement, en général une œuvre d'art. **Illustration,** image, reproduction ou dessin figurant dans un livre ou dans un journal. **Gravure,** reproduction par l'imprimerie, la photographie, la photogravure de l'ouvrage d'un graveur. **Estampe,** reproduction d'une gravure faite par impression. **Vignette,** petite estampe ornant un livre, spéc. au commencement ou à la fin d'un chapitre : *Elle regardait dans son livre les vignettes pieuses bordées d'azur* (FLAUB.). **Figure** se dit surtout de reproductions d'objets dans des livres scientifiques, ou de dessins illustrant un enseignement. **Planche,** estampe comprenant en général plusieurs reproductions ou figures, tirée sur une planche gravée :

Un atlas composé de vingt planches (ACAD.).
Lithographie, image obtenue sur le papier
en y imprimant au moyen de la presse
ce qui a été dessiné avec un crayon ou
une encre spéciaux sur une pierre d'une
espèce particulière : *Les Lithographies de
Daumier.* ¶ 3 → Idée. ¶ 4 Pour indiquer
un rapport entre deux personnes ou deux
choses dont l'une porte les traits de l'autre,
Image désigne la personne même ou la
chose qui est la copie achevée de l'autre,
Ressemblance, plus abstrait, marque la
qualité, plus ou moins imparfaite, par
laquelle la personne ou la chose est
conforme à celle qui est son modèle ou
son original : *Nous sommes les images de
notre auteur, et celui qui nous a faits nous
a faits aussi à sa ressemblance* (Bos.).
¶ 5 Représentation vive et sensible des
choses de la nature par le discours. L'*Image*
évoque brièvement l'objet ou un de ses
détails : *J'en donnerai bientôt une description étendue et détaillée; ici je ne songe
qu'à en tracer une légère image* (ROLL.). La
Description, détaillée et précise, parfois
sans couleur ou savante, reproduit surtout
des objets physiques, et fait penser à
l'action et à celui qui la fait : *Description
assez minutieuse* (CAM.). **Peinture,** description vive, animée, artistique d'un être,
d'un objet ou d'un ensemble : *Je crois
que Marseille vous a paru beau; vous
m'en faites une peinture extraordinaire*
(SÉV.). **Tableau,** peinture d'un ensemble,
suppose un pittoresque et une ordonnance
dus à l'artiste : *Lucrèce et Virgile sont lus
à cause de leurs belles descriptions, de leurs
tableaux admirables de la vie humaine*
(VOLT.). **Fresque,** au fig., vaste tableau
historique d'une époque, d'une société,
fait à grands traits. **Portrait,** image, description d'une personne au physique et
au moral : *Je lui ai fait un portrait de
votre personne* (MOL.); exprime, en parlant d'un objet personnifié, quelque
chose de moins vif et de moins frappant
qu'*image,* mais de plus fini et de plus
exact : *On n'a point fait de la vertu de
portrait qui lui ressemble* (PASC.). **Médaillon,** au fig., court portrait littéraire ou
historique d'un écrivain ou d'un personnage. ¶ 6 → Symbole. ¶ 7 En termes
de rhétorique, représentation d'un objet
par l'évocation d'un autre objet. L'*Image*
rend la chose qu'on veut exprimer plus
vive, plus sensible, en lui prêtant des
formes, des apparences, des qualités
empruntées à d'autres objets : ce peut
être une **Comparaison** (→ Similitude)
qui comprend deux termes rapprochés
par un rapport d'analogie et l'un expliquant l'autre, ou une **Métaphore,** comparaison réduite à un seul terme et désignant un objet ou une idée par un mot

qui convient pour un autre objet ou une
autre idée liés aux précédents par une
analogie. Mais, dans les deux cas, l'*image*
ne se contente pas d'insister sur un rapport intellectuel entre les deux objets,
elle essaie de donner une représentation
vive, animée, concrète : Appeler la mort
une *faucheuse* est une *métaphore,* mais
la *métaphore* devient *image* dans ces vers
de Hugo : *Je vis cette faucheuse. Elle était
dans son champ. Elle allait à grands pas
moissonnant et fauchant.* **Figure,** terme
générique qui désigne toutes les façons de
modifier le langage pour le rendre plus
expressif, s'emploie souvent comme syn.
des trois mots précédents.

Imager : → Orner.

Imaginaire : Qui n'existe qu'en idée.
Imaginaire a rapport au point de vue
logique et spéculatif et se dit de ce qui
n'a rien de vrai, est feint ou controuvé :
Un péril vrai ou imaginaire (L. B.). **Irréel,**
en philosophie, qui n'existe qu'à l'état
d'invention imaginaire ou de conception logique, précise, dans le langage
courant, que la chose ou ce qui lui sert de
fondement n'existe pas, tandis que **Faux**
marque que la représentation ou l'affirmation de notre esprit n'est pas conforme à
la nature des choses réelles (→ Réel, vrai) :
Une crainte *imaginaire* est uniquement
l'œuvre de notre esprit; une crainte *irréelle*
n'a aucun fondement; une crainte *fausse*
est conçue par erreur à propos de faits mal
interprétés. **Inexistant,** syn. d'*irréel,* s'emploie plutôt au fig. en parlant de ce qui a
si peu d'importance qu'on peut le considérer comme nul (→ ce mot). **Chimérique** a rapport à la pratique et se dit
de ce qui est vain (→ ce mot), de
ce sur quoi il ne faut faire aucun fond :
Un projet vain et chimérique (L. B.).
Fictif, qui n'existe ou n'a telle ou telle
qualité que par supposition ou convention, sans aucune réalité : *Ces monnaies
fictives inventées par la nécessité sont comme
des billets de change dont la valeur imaginaire peut excéder aisément les fonds qui
sont dans un État* (VOLT.). **Fantastique**
qualifie quelque chose de capricieux,
de bizarre, conçu par une imagination
sans règle et sans frein : *Persée, Bacchus
et d'autres personnages fantastiques* (VOLT.);
mais, surtout depuis le romantisme,
désigne spéc. les êtres merveilleux, surnaturels, que l'imagination évoque comme des
fantômes et les contes qui s'y rapportent :
Les Contes fantastiques d'Hoffmann,
et par ext. fam., ce qui est invraisemblable
à force de fantaisie : *Projets fantastiques.*
Fantaisiste, plus récent, se dit surtout des
récits ou des idées qui révèlent plus d'imagination capricieuse que de sens du réel et
sont par conséquent inexacts sans être

totalement faux : *Faire un récit fantaisiste d'un événement.* **Fantasmagorique,** syn. péj. de *fantastique* pour qualifier ce qui n'a pas plus de réalité que des fantômes, souvent par artifice pour tromper ou impressionner. **Illusoire** se rapproche de *chimérique,* avec toutefois moins de force, pour désigner ce qui est vain parce que c'est une illusion ($\rightarrow$ ce mot) sans être une chimère : *Une confiance illusoire en certaines valeurs* (M. D. G.). **Utopique,** surtout en parlant d'une conception, ajoute à *chimérique* l'idée qu'elle est irréalisable. **Romanesque,** au fig., ajoute à *imaginaire,* à *chimérique,* à *fantastique,* en parlant de façons de penser, l'idée qu'elles sont le fruit d'une imagination exaltée : *Il se fit des hommes et de la société des idées romanesques et fausses* (J.-J. R.).

Imagination : ¶ 1 Faculté ou action de se représenter une image dans l'esprit. *Imagination* désigne cette faculté ou son opération comme reproduisant effectivement des images venues directement des sens ou conservées par la mémoire; ou comme combinant des images créées par elle et ne représentant rien de réel ni d'existant : en ce dernier sens on dit aussi *Imagination créatrice* ou quelquefois *novatrice.* **Conception,** opération de l'entendement ($\rightarrow$ ce mot) destinée à comprendre, à saisir la réalité en s'en formant une idée exacte, est syn. d'*imagination* en parlant de l'action d'inventer des idées; mais *imagination* suppose qu'on forme l'image de choses possibles ou non, *conception,* qu'on crée dans tous ses détails et qu'on organise l'idée d'une chose qu'on veut réelle et qu'on tâche de réaliser : *L'imagination de V. Hugo a créé les visions de la Légende des Siècles,* mais on ne peut parler de *conception* que lorsque le poète a découvert la façon dont il exprimerait ces visions, leur donnerait la réalité de l'art. **Imaginative,** faculté qui a la puissance d'imaginer et dont l'*imagination* est l'action ou le résultat; ne s'emploie guère que fam. pour exprimer le talent des expédients : *Quand je veux, j'ai l'imaginative Aussi bonne en effet que personne qui vive* (Mol.). **Fantaisie,** syn. vx d'*imagination;* de nos jours *imagination créatrice* qui se joue capricieusement en suivant le cours naturel des associations : *Les plus hardies excursions de sa fantaisie* (Ren.). ¶ 2 $\rightarrow$ Illusion. *Imagination,* action de l'esprit qui a une fausse idée des choses, s'emploie bien en matière de doctrine et a rapport à la vérité : *Le système de Descartes est un tissu d'imaginations erronées et ridicules* (Volt.). **Chimère** désigne, plutôt qu'une opération, une chose sur quoi on a tort de compter, et a rapport à la réalité : *Sur quelles chimères pourrais-tu bâtir quelque*

espoir? (Mol.). **Vision** ($\rightarrow$ ce mot) a rapport à l'état de l'esprit qui conçoit, et suppose qu'il est troublé ou halluciné : *Je laisse ces visions à votre messianique ami* (M. D. G.). **Idée** se dit parfois comme syn. fam. de ces mots : *Idées creuses. Il prend ses idées pour des choses réelles* (Acad.).

Imaginer : ¶ 1 *Imaginer,* créer dans son esprit une représentation vraie ou fausse; **S'imaginer** ajoute l'idée qu'on croit que cette représentation correspond à la réalité : *Imaginer une conversation* (J. Rom.). *De voir très peu Vedel lui permet de s'imaginer qu'elle l'aime* (Gi.). *J'imagine que je réussirai, je conçois mon succès comme possible; je m'imagine que je réussirai, j'ai la confiance que je réussirai* (L.). **Se figurer** n'indique pas une création totale de l'image, mais suppose une réalité donnée sur laquelle l'imagination brode plus ou moins exactement : *D'après cet échantillon, chacun se figurera facilement l'appartement* (Balz.). *Se figurer qu'on est malade, croire l'être sur quelques indices; s'imaginer qu'on est malade, c'est être un malade imaginaire.* **Se représenter,** évoquer devant son esprit une image ou simplement une idée conservée par la mémoire ou créée par l'imagination, mais en général correspondant à une réalité, et moins nette et précise que ne l'indique *se figurer.* ¶ 2 $\rightarrow$ Trouver.

Imbécile : $\rightarrow$ Stupide.

Imberbe : $\rightarrow$ Glabre.

Imbiber : ¶ 1 $\rightarrow$ Humecter. ¶ 2 (Réf.) $\rightarrow$ Absorber.

Imbroglio : ¶ 1 $\rightarrow$ Embrouillement. ¶ 2 $\rightarrow$ Intrigue.

Imbu : $\rightarrow$ Pénétré.

Imitateur, Pasticheur, Parodiste, Plagiaire: $\rightarrow$ Imiter. **Frelon,** fig., plagiaire envieux : *Les frelons du Parnasse.*

Imitation : ¶ 1 Le fait de s'inspirer de l'œuvre d'un autre écrivain ou d'un autre artiste. *Imitation* suppose qu'une certaine place peut être laissée à la liberté de l'imitateur. **Servilité** et parfois **Esclavage,** au fig., imitation trop docile, d'une exactitude absolue, sans originalité : *Mon imitation n'est pas un esclavage* (L. F.). ¶ 2 L'œuvre faite en imitant. *Imitation,* **Copie, Reproduction** ($\rightarrow$ ce mot), **Emprunt, Plagiat, Démarquage, Pastiche** et **Parodie :** $\rightarrow$ Imiter. **Compilation,** de nos jours, livre, surtout d'érudition, où l'auteur, sans originalité, groupe des faits, des documents empruntés à divers ouvrages.

Imiter : ¶ 1 Travailler à ressembler ou à faire quelque chose de semblable. *Imiter,* en bonne ou en mauvaise part, exprime une ressemblance plus ou moins approchante. **Contrefaire**, toujours péj., imiter des choses mauvaises, ou imiter mal, ou par tromperie, fraude ou dérision : *Des signes moins faciles à contrefaire, qui se montrent fugitivement sur les visages* (J. Rom.). *Contrefaire le mauvais style, imiter le bon* (L. H.). **Singer**, fam. et très péj., contrefaire maladroitement, comme le singe fait l'homme, souvent par vanité : *Singer les manières anglaises* (Maur.). **Copier** marque une ressemblance complète, une simple transcription : *Des bourgeoises enrichies copiaient ses chapeaux* (Zola). **Mimer**, imiter à l'aide du geste : *L'autre mime, en boitant, l'infirme qui volait* (Baud.). **Simuler**, imiter une chose de façon que l'imitation paraisse la réalité : *Autour de ses chevilles de légers tatouages bleus simulant des bracelets* (Loti). **Reproduire**, avec pour comp. un n. dechose seulement, faire une œuvre ou une image exactement semblables à une œuvre originale, souvent par des procédés techniques et sans l'intention de rivaliser avec le modèle, de se faire passer pour lui, qu'il y a souvent dans *copier* : *Un peintre copie un tableau, un photographe le reproduit*. **Jouer** se dit des choses dont l'apparence, grâce à l'art de l'homme ou au hasard, imite l'apparence d'une autre chose : *Des arbres qui jouent nos chênes* (Loti). ¶ 2 En littérature et en art, *Imiter*, s'efforcer de prendre le style, le genre, la manière d'un autre : *Imiter, ce n'est point être plagiaire, c'est lutter, comme dit Boileau, contre son original* (Volt.). **Calquer**, imiter avec servilité, en reproduisant. **Emprunter à** ou **de**, fig., prendre chez un auteur un tour, une idée, dont on peut tirer un parti original : *Virgile a emprunté d'Homère quelques comparaisons* (Volt.). **Plagier**, fig., emprunter à un auteur des passages ou des tours de quelque importance que l'on donne comme siens. **Piller**, péj. et plus général, prendre chez autrui des choses que l'on donne comme siennes : *Comme il s'approprie, sans esprit, l'esprit des autres; comme il gâte ce qu'il pille* (Volt.). **Picorer**, fam., piller çà et là. **Pirater**, syn. très fam. et péj. de *piller*. **Démarquer** dit plus et implique qu'on pille une œuvre en la modifiant ou en l'altérant de façon à dissimuler l'emprunt. **Pasticher**, imiter, à s'y méprendre, la manière d'un artiste, d'un écrivain, soit par jeu, soit à dessein de suggérer à la critique des procédés que l'on contrefait : *Albert Sorel a admirablement pastiché V. Hugo* (Acad.). **Parodier**, contrefaire un ouvrage sérieux en le travestissant en burlesque, pour le ridiculiser : *Scarron a parodié l'Énéide de Virgile*; par ext. contrefaire, en les ridiculisant,

les gestes, les manières, le langage de quelqu'un : *Parodier un acteur connu.*

Immanquable : → Inévitable.

Immanquablement : → Évidemment.

Immatriculer : → Inscrire.

Immédiat : ¶ 1 Qui a lieu ou qui agit sans intermédiaire. *Immédiat*, terme de philosophie, se dit surtout dans le langage didactique et dans l'abstrait : *Effets immédiats* (Volt.). **Direct**, plus ordinaire et moins rigoureux, se dit bien quand il s'agit d'une action ou d'un échange : *Correspondance, communication, action directes* (Lit.). ¶ 2 *Immédiat*, **Instantané** diffèrent comme les adverbes correspondants : → Aussitôt.

Immédiatement : → Aussitôt.

Immémorial : → Vieux.

Immense : → Démesuré. *Immense* se dit proprement de ce que dont nous ne pouvons pas mesurer la grandeur, et par ext. de ce qui est si étendu ou si considérable en son genre que nous ne saurions lui donner une mesure, quoique nous le concevions comme possible : *Plaine immense* (V. H.). *Immenses héritages* (Volt.). **Infini**, tel qu'on ne peut en concevoir ni le commencement ni la fin, ni une limite quelconque : *Je conçois bien mieux la nature bornée que je ne conçois la nature infinie* (Volt.); par ext., qui a un commencement, mais dont on ne conçoit pas la fin, ou qui est très grand par la durée, l'étendue, le nombre, l'intensité ou l'importance; en ce sens *infini* enchérit sur *immense* et se dit bien pour ce qui n'est pas objet de mesure : *O serments, ô parfums, ô baisers infinis* (Baud.). *Je crus pénétrer dans un tunnel infini* (Mau.). **Indéfini** se dit par opposition à *infini*, surtout en termes de philosophie, de ce que nous savons fini, mais dont nous ne pouvons déterminer exactement la fin, la limite ou le nombre parce que nous pouvons le rendre plus grand que toute quantité donnée : *Les étoiles sont en nombre indéfini mais non infini*. **Illimité**, à quoi on n'impose pas de limites, ou dont on ne voit pas momentanément les limites, tout en sachant bien que ce n'est pas *infini* : *Seule la puissance de Dieu est infinie*; le pouvoir d'un souverain est *illimité* si aucune loi ne le borne : *La liberté de pensée fut illimitée chez les Romains* (Volt.). **Immensurable**, vx, qui ne peut être mesuré. **Incommensurable**, terme de mathématiques se disant de deux quantités qui n'ont pas de commune mesure, par ext., dans le langage courant, *immense* ou *infini* au sens large.

Immerger : → Plonger.

Immeuble : → Maison. *Immeuble*, terme de jurisprudence désignant tous les biens fonds et autres choses assimilées par la fiction de la loi, dans le langage courant, grande maison, surtout à la ville, d'usage commercial ou locatif : *A Passy, au dernier étage d'un immeuble* (Gi.). **Maison de rapport**, immeuble à usage uniquement locatif. **Hôtel**, en ce sens, se dit de certains grands édifices destinés à des établissements publics : *Hôtel des postes.* **Palais** se dit plutôt d'anciennes résidences royales ou seigneuriales devenues la propriété de l'État et transformées en musées ou en lieux publics, et par ext. de monuments modernes somptueux qui ont la même destination : *Le Palais de Chaillot.* **Building** (en ang. « construction »), immeuble de vastes proportions et d'aspect neuf et moderne. **Gratte-ciel**, immeuble à multiples étages de certaines villes américaines.

Immigration : → Émigration.

Imminent : → Proche. *Imminent* se dit surtout d'un événement malheureux et très proche, qui menace : *Fin imminente* (S.-S.). **Menaçant** insiste davantage sur le danger, mais marque une proximité moins grande : *Guerre menaçante* (J. Rom.). **Instant** se dit d'un événement quelconque, qui, sans être toujours aussi proche que l'indique *imminent*, oblige à prendre des mesures urgentes : *Besoin instant* (Acad.).

Immiscer (s') : → Intervenir.

Immobiliser : → Arrêter. *Immobiliser*, arrêter tous les mouvements d'une personne : *Immobiliser un régiment* (Acad.). **Figer**, fig., immobiliser brusquement, est relatif à l'attitude que l'on garde : *Figé sur place* (M. D. G.). *Figé dans l'attitude qu'ils exigeaient de moi* (Mau.). **Clouer**, fam., est relatif au lieu où l'on demeure immobile : *Cloué sur le trottoir* (Zola).

Immodéré : → Excessif.

Immodeste : → Indécent.

Immoler : → Sacrifier.

Immonde : → Malpropre.

Immondice : → Ordure.

Immoral : → Amoral.

Immortel : ¶ 1 Adj. → Éternel. ¶ 2 N. → Académicien.

Immuable : → Durable.

Immuniser : ¶ 1 → Inoculer. ¶ 2 → Garantir.

Immunité : Droit de bénéficier d'une dérogation à une loi commune (≠ Liberté, droit de faire ou de ne pas subir quelque chose). *Immunité*, terme de jurisprudence, exprime un droit fixe accordé souvent à tout un corps et s'emploie parfois absolument : *Immunités ecclésiastiques. Immunité parlementaire, diplomatique.* **Exemption** et **Dispense**, du langage commun, s'emploient avec un comp. spécifiant de quoi on est dispensé ou exempté, et marquent en général une faveur faite à un particulier dans certains cas seulement, l'*exemption* consistant à ne pas subir une chose fâcheuse, la *dispense*, à ne pas faire ce que d'autres doivent faire, ou à pouvoir faire ce que d'autres n'ont pas le droit de faire : *Exemption d'impôts, de service* (Acad.). *Dispense de bans. Dispense d'épouser une parente* (Acad.). **Exonération**, terme d'administration, dispense complète ou partielle, dans des conditions prévues par la loi, d'une charge, d'une obligation, d'une taxe, spéc. de l'impôt et autrefois du service militaire.

Impact : → Heurt.

Impair : → Maladresse.

Impalpable : → Intouchable.

Imparfait se dit de tout ouvrage auquel il manque quelque chose pour être sans reproche. **Défectueux, Fautif** enchérissent (→ Imperfection). **Inachevé** suppose simplement qu'on n'a pas pu mettre la dernière main à l'ouvrage ou qu'on ne l'a pas fini, sans qu'il déplaise : *La Symphonie inachevée de Schubert.* **Incomplet**, imparfait faute d'avoir toutes les parties qu'il devait avoir. **Grossier** précise que l'imperfection vient du manque de délicatesse, d'exactitude ou de soin : *Figures grossières* (Did.). **Manqué** et **Raté**, fam., impliquent une imperfection irrémédiable qui rend franchement mauvais : *Personnage de comédie manqué* (Volt.). *Livre raté.*

Impartial : → Juste.

Impartialité : → Justice.

Impartir : → Distribuer.

Impasse, petite rue sans issue. **Cul-de-sac** est fam.

Impassible : → Froid. Qui ne se laisse pas émouvoir. *Impassible* a surtout rapport à la force du caractère assez maître de lui pour ne laisser paraître ni la souffrance physique ni l'émotion : *Les martyrs se montraient impassibles au milieu des tourments* (Acad.). **Calme** marque une absence d'agitation, à un moment donné, pour n'importe quelle raison : *Calme au sein de l'horreur* (Volt.). **Imperturbable** a rapport aux facultés de l'esprit et à la volonté qui ne se laissent troubler par rien dans leurs fonctions : *Une mémoire imperturbable* (Volt.).

Impatient : → Pressé.

Impatienter : ¶ 1 → Énerver. ¶ 2 (Réf.) *S'impatienter*, ne plus pouvoir attendre ou supporter quelque chose. **Être sur le gril, Être sur des charbons ardents** ajoutent l'idée d'une vive inquiétude qui rend une situation douloureuse et intenable. **Ronger son frein** suppose un effort pour retenir son impatience, sa colère, son dépit.

Impatroniser (s') : → (s') Introduire.

Impavide : → Intrépide.

Impayable : → Risible.

Impeccable : ¶ 1 → Irréprochable. ¶ 2 → Parfait.

Impedimentum : → Bagage et Obstacle.

Impénétrable : → Secret.

Impératif : Adj. ¶ 1 En parlant d'un ordre, d'un mandat qui doit être exécuté sans qu'on puisse s'y dérober, *Impératif* insiste sur le fait que ce qui est prescrit ne peut être éludé; **Formel,** sur l'existence actuelle et effective de l'ordre qui n'a rien de virtuel, est énoncé nettement et non pas d'une façon douteuse et implicite; **Exprès,** formel et impératif; **Absolu,** sans restriction ni réserve; **Catégorique,** sans condition ni alternative : *Chez Kant l'impératif catégorique s'oppose à l'impératif hypothétique.* ¶ 2 En parlant d'un homme : → Impérieux. ¶ 3 N. → Nécessité.

Imperceptible : ¶ 1 Qu'on ne peut pas saisir par les sens. *Imperceptible*, trop petit, trop faible pour être saisi directement par un de nos sens : *Brise imperceptible* (Loti). *Animalcules imperceptibles* (Acad.). **Invisible,** qui échappe à la vue pour n'importe quelle raison : *Étoiles invisibles.* **Insensible** s'emploie surtout en parlant d'un mouvement, d'un changement qui échappe à la vue ou aux autres sens : *Courbures, inflexions insensibles* (Val.). **Insaisissable** se dit plutôt de ce qui, quoique tombant sous les sens, ne peut pas être reconnu, fixé, parce que cela change rapidement, ou ne peut être distingué d'une sensation très voisine : *Nuance insaisissable. L'horizon insaisissable tremble et fuit* (V. H.). ¶ 2 Au fig., *Imperceptible*, qui échappe à l'attention, est trop fin, trop délicat, trop peu conscient pour être aperçu : *Séductions, intérêts* (Fléch.), *transitions* (Acad.) *imperceptibles.* **Insaisissable,** qui échappe à l'entendement, souvent faute de clarté ou de précision : *Différence* (Acad.), *abstractions* (Lit.) *insaisissables.*

Imperfection, en parlant seulement des personnes ou des choses très bonnes du reste, ce qui les empêche d'être parfaites : *De légères imperfections qui deviennent d'irrésistibles attraits* (Balz.). **Tache** (→ ce mot), fig., tout ce qui dépare un ensemble moral ou esthétique. **Défaut,** absence de qualité, ou mauvaise qualité qui tient à la nature des choses ou des personnes et va contre ce qui est droit, régulier, juste, normal, raisonnable, diminuant ainsi leur valeur sur quelque point, mais sans les gâter dans leur ensemble : *Je vous connaissais bien des défauts, mais je ne vous savais pas celui de mentir* (Balz.). *Imperfection* se dit parfois, par euphémisme, pour *défaut*, ou *petit défaut.* **Vice,** principe de mal au fond des personnes ou des choses qui les gâte complètement : *Son vice qui était de trop aimer l'argent* (Mau.). **Tare,** défaut ou vice durable qui diminue la valeur à tous les points de vue : *La tare d'un vin, d'un cheval. La tare dont tu m'aurais guéri, c'était de ne rien mettre au-dessus du gain immédiat* (Mau.). — **Faute,** défaut dans la conduite : *Colbert fit de grandes fautes, il eut des défauts* (D'Al.); ou, dans les choses, défaut souvent partiel qui n'est pas inhérent à la chose même, mais est dû à la maladresse ou à la négligence de celui qui l'a faite : *Un livre a des fautes, s'il est mal imprimé, s'il pèche contre certaines règles; des défauts, s'il est mauvais.* **Défectuosité,** petit défaut, ou défaut en puissance qui ne se développe que plus tard, ou défaut extérieur, superficiel, surtout dans la forme : *Dans la Henriade les défectuosités sont légères* (L. H.). *Défectuosité du bec d'un oiseau* (Buf.). **Faible** et **Faiblesse,** en parlant des personnes, imperfection qui consiste surtout dans une inclination dominante contre laquelle la volonté est impuissante; *faible* marque plutôt la disposition, *faiblesse,* la faute dont on se rend effectivement coupable : *Tous les cœurs ont leur faible* (Corn.). *Excuser ces faiblesses* (Zola). Même différence en parlant d'une chose, *faible* désignant ce par quoi elle est théoriquement peu solide ou défectueuse, *faiblesse,* ce par quoi elle manque réellement de force : *Le faible d'une place de guerre, c'est le point sur lequel il est le plus facile de l'attaquer; la faiblesse d'une place, c'est son manque de résistance effectif.* **Péché mignon,** mauvaise habitude, défaut ou travers auxquels on s'abandonne, avec complaisance ou sans y prendre garde, et qui tournent à la manie. — En parlant seulement d'une personne, **Travers,** imperfection due à une certaine bizarrerie de l'esprit ou de l'humeur : *Le Boulevard a sans doute ses travers, ses petitesses* (J. Rom.). **Petitesse** (→ ce mot) enchérit et suppose quelque bassesse dans le cœur ou l'esprit. **Ridicule,** imperfection, travers ou défaut considérés du point de vue social : *La tragédie nous offre les malheurs produits par les vices des hommes, la comédie les ridicules attachés à leurs défauts* (D'Al.). **Démérite,** qui enchérit, faute, défaut, ou vice qui peuvent attirer l'improbation, faire perdre l'estime d'autrui.

Impérialisme : → Autorité.

Impérieux : ¶ 1 *Impérieux* qualifie une domination qui se manifeste, parfois momentanément, par la fierté, le désir et le plaisir de commander, de tyranniser : *Envie impérieuse* (M. D. G.). **Impératif,** plus fam., n'implique pas une telle tyrannie et insiste sur la netteté avec laquelle un ordre est formulé pour qu'on l'exécute à l'instant et entièrement : *Métronome au rythme impératif* (M. D. G.). **Autoritaire** ne se dit que des personnes, de leur ton ou de leur air, et insiste sur le fait qu'on veut exercer une autorité, réelle ou non, ou faire autorité et ne pas souffrir la contradiction. **Absolu** ne se dit que du caractère et implique une volonté que rien ne fera plier et qui se manifeste indépendamment de l'air que l'on prend : *Contre un père absolu que veux-tu que je fasse?* (MOL.). ¶ 2 → Dédaigneux.

Impérissable : → Éternel.

Impéritie : → Incapacité et Maladresse.

Imperméable : ¶ 1 Adj. *Imperméable* se dit surtout d'un tissu ou d'une couche de terrain qui ne se laissent pas traverser par l'eau. **Étanche** dit plus et s'applique aux corps qui empêchent l'eau d'entrer dans une cavité quelconque ou d'en sortir : *Un manteau imperméable; un tonneau étanche.* ¶ 2 Adj. au fig. → Indifférent. ¶ 3 N. *Imperméable,* tout vêtement apprêté dans une matière telle que l'eau ne saurait la traverser, se dit surtout d'un manteau de ce genre et a pour syn. **Manteau de pluie,** qui évoque quelque chose de plus habillé, **Ciré,** manteau imperméable fait de tissu huilé, **Gabardine,** manteau à manches fait en gabardine imperméabilisée, **Trench-coat** (en ang. « manteau de tranchée »), imperméable de sport, en tissu caoutchouté, souvent blanchâtre.

Impertinent : ¶ 1 → Déplacé. ¶ 2 → Arrogant et Irrévérent. ¶ 3 → Sot.

Imperturbable : → Impassible.

Impétrant : → Bénéficiaire.

Impétrer : → Obtenir.

Impétueux : → Très vif. En bonne et en mauvaise part, *Impétueux,* qui se dit des êtres et des choses, et **Fougueux,** qui ne se dit que des êtres, ont rapport à l'action extérieure envisagée comme brève, dans ses saillies ou ses accès, tandis que **Véhément** qualifie des actes ou des mouvements intérieurs ou les signes qui les expriment, envisagés comme manifestant une vivacité constante et persévérante : *Les mouvements du lion sont très impétueux, ses appétits fort véhéments* (BUF.). *Impétueux* implique brusquerie, promp-

titude, absence d'hésitation et de lenteur, *fougueux,* liberté, effort pour échapper au frein, à la résistance : *Votre fils a quelque chose de brusque et d'impétueux* (SÉV.). *D'une nature fougueuse et passionnée* (CAM.). **Bouillant,** au fig., insiste sur la vivacité impatiente d'un homme, d'un sentiment : *Le bouillant Achille.* **Fier** ajoute à *fougueux* l'idée d'intrépidité un peu sauvage : *Un fier coursier* (ACAD.). *Fiers combattants* (RAC.). **Endiablé,** fam., implique une ardeur, une impétuosité durables qui semblent inspirées du démon : *Homme d'affaires vif et passionné, entraînant, endiablé, terrible pour aller à son but* (MICH.). **Pétulant** ajoute à *impétueux,* en parlant des personnes ou des animaux, l'idée d'une impossibilité à se contenir, à réfléchir : *Pétulant, opiniâtre, altier, impérieux* (VOLT.). **Volcanique,** fig., en parlant des personnes, de leur tempérament, de leur imagination, de leurs passions, suppose une fermentation constante et de brusques éclats très impétueux : *J'imaginais l'amour comme quelque chose de volcanique* (GI.). **Explosif,** fig. et fam., suppose l'incapacité à contenir, à cacher de violents accès de passion. **Inflammable,** fig. et fam., se dit de celui dont les passions, notamment l'amour et la colère, s'allument rapidement. En un sens péj. **Emporté** marque l'excès momentané de l'impétuosité ou de la fougue des passions, qui se manifeste extérieurement, surtout dans les paroles, les mouvements, l'attitude de celui qui perd tout contrôle sur lui-même: *Courage emporté* (VOLT.). **Violent** (→ ce mot) marque une disposition constante à l'excès des passions, qui peut être cachée, concentrée et se manifester simplement par des actes dangereux pour autrui : *Violente, mais réfléchie* (J.-J. R.).

Impétuosité, Véhémence, Fougue, Pétulance, Emportement, Violence : → Impétueux.

Impie : → Irréligieux.

Impitoyable : ¶ 1 → Dur. ¶ 2 → Inflexible.

Implacable : → Inflexible.

Implanter : ¶ 1 → Fixer. ¶ 2 → Établir.

Implexe : → Compliqué.

Implicite : → Sous-entendu.

Impliquer : ¶ 1 → Comprendre dans. ¶ 2 → Renfermer.

Implorer : → Prier.

Impoli : → Qui pèche sous le rapport des manières. *Impoli* regarde toujours les manières envers les autres, **Grossier** et **Rustique,** qui se disent aussi des manières d'une personne relativement à elle-même, indépendamment des autres, enchérissent; l'*impoli* manque de belles manières, il ne plaît pas; le *grossier* en a de désagréables, il déplaît; *rustique* (→ ce mot), qui se dit surtout des gens de la campagne, évoque l'absence d'éducation, une brutalité, une rudesse incultes : *De grossiers personnages qui poussaient les femmes* (ZOLA). *Humeur rustique, incivile* (Bos.). — *Impoli*, qui suppose le manque total de politesse, a pour syn. **Incivil,** rare de nos jours, qui suppose le manque de civilité (→ ce mot). **Mal poli** implique seulement une politesse imparfaite, **Discourtois,** l'absence de cette gentillesse, de cette amabilité qui sont comme le raffinement de la politesse. **Malappris** enchérit sur *impoli* et implique, en parlant d'un homme, qu'il a reçu une mauvaise éducation, ignore totalement les bonnes manières et la bienséance. **Mal élevé,** dans le même sens, se dit aussi d'un enfant. **Mal embouché,** pop., malappris et qui parle avec impertinence ou dit des injures ou des paroles indécentes. **Malhonnête,** toujours en ce sens après le nom qu'il qualifie, syn. fam. d'*incivil.* **Leste** et ses syn. (→ Dégagé) impliquent qu'on passe sur les principes, les égards, les convenances, le respect, la courtoisie, avec trop de facilité. **Sans gêne** se dit de celui dont l'incivilité consiste à prendre ses aises sans s'inquiéter d'autrui. — *Grossier* a pour syn. **Goujat** (n. seulement), qui renchérit et implique une idée de bassesse. **Mufle** (n. seulement), fig. et fam., ajoute une idée de brutalité et d'indélicatesse, **Butor** (n. seulement), une idée de stupidité, **Malotru** (n. seulement), une idée de vulgarité. **Paltoquet** (n. seulement), fam., implique le mépris, mais s'emploie souvent plaisamment. **Maroufle,** vx, homme grossier et malappris. **Pignouf,** pop., implique le mépris. **Ostrogot,** nom d'un peuple barbare de Germanie, fig. et fam., celui qui ignore les usages, les bienséances, la politesse comme un barbare. On dit aussi, moins péj., **Huron,** homme peu au courant des usages civilisés.

Impondérable : → Hasard.

Importance : ¶ 1 Ce qui fait qu'une chose ne mérite pas d'être négligée. *Importance* se dit plutôt de ce qui a en soi une grande valeur ou un grand intérêt : *Ce présent d'importance* (MOL.); **Conséquence,** de ce qui se fait et peut-être considérable par son résultat ou ses suites : *Une erreur d'une telle conséquence* (PASC.). **Gravité** enchérit et suppose des conséquences fâcheuses ou dangereuses (→ Important). **Poids,** fig., importance de ce qui a de l'autorité, décide, entraîne la considération : *Le poids et la densité de ces mots* (M. D. G.). **Portée,** conséquence, effet qui peut résulter de la force d'un sentiment, d'un raisonnement, d'une expression : *La portée d'un argument.* **¶ 2** → Influence. **¶ 3** → Orgueil.

Important : Adj. **¶ 1** → Grand. Qui ne doit pas être négligé. *Important* marque que la chose a en soi de la valeur, de l'intérêt, et qu'elle peut entraîner des conséquences : *Une affaire importante* (VOLT.). **D'importance** enchérit. **Majeur,** d'assez grande importance dans son genre : *Des raisons majeures.* **De conséquence** insiste sur les suites de ce qui se fait (*Conséquent* en ce sens ne se dit qu'improprement). **Incalculable** enchérit sur *important* en parlant de ce qui a une valeur ou des conséquences telles qu'on ne saurait les évaluer. **Inestimable** suppose une haute valeur qui rend très précieux : *Tout ce qui est inestimable, incalculable, d'un prix infini* (PÉG.). **Sérieux** a surtout rapport à la façon dont la chose doit être envisagée à cause de son importance, et marque qu'il n'y a rien de frivole ni de léger, et qu'elle peut avoir parfois des conséquences fâcheuses : *Affaire sérieuse* (FÉN.). **Grave,** en parlant de ce qui a lieu, enchérit sur l'importance des conséquences le plus souvent très fâcheuses : *Maladie grave suppose du danger* (VOLT.). **Gros,** dans quelques expressions, important, sérieux, par sa grandeur et ses conséquences : *Une grosse fièvre* (SÉV.). **Coquet,** fam., se dit d'une somme d'importance. **Corsé,** syn. fam. d'*important* ou de *sérieux* : *Affaire corsée; semonce corsée.* **¶ 2** En parlant des personnes, *Important* implique qu'elles ont de l'influence dans la société; **Considérable,** qu'elles sont estimées pour leur valeur morale et sociale : *Tu veux devenir quelqu'un de très important, de considérable* (GI.). **¶ 3** → Orgueilleux. — **¶ 4** N. → Personnalité.

Importer : → Intéresser. Employé absolument en parlant d'une chose, *Importer,* avoir par soi-même de l'importance, être de conséquence. **Entrer en ligne de compte** et **Compter,** avoir de l'importance par rapport à d'autres choses, tenir une place importante dans un ensemble de considérations.

Importun : ¶ 1 *Importun,* qui gêne par son action hors de propos, ou par sa fréquence et sa continuité : *Par des vœux importuns nous fatiguons les dieux* (L. F.). **Fâcheux,** qui provoque le déplaisir par sa nature même : *De fâcheuses nouvelles* (CORN.). *Climat fâcheux* (BUF.). **Incommode,** qui, par sa nature, produit le malaise, ou, au prop. et au fig., difficile à manier, d'un usage peu agréable : *Outil, habit, maison, humeur, valet, mari incommodes* (L.). **Intempestif,** qui n'est pas fait dans le temps convenable : *Visite* (GI.); *zèle* (J. ROM.) *intempestifs.* **Pesant,** qui est comme une charge difficile à supporter : *Les douleurs du corps si pesantes à l'âme* (CHÉN.). **¶ 2** En parlant d'une personne, et souvent employé comme nom, *Importun* se dit de celui qui se rend désagréable par son action ou intempestive ou réitérée : *Inaccessible aux indiscrets et aux importuns* (FLÉCH.). **Fâcheux**, de celui qui, par sa présence même ou sa nature, déplaît ou dérange : *Un fâcheux est celui qui, sans faire à quelqu'un un fort grand tort, ne laisse pas de l'embarrasser beaucoup* (L. B.). **Ennuyeux**, espèce de fâcheux qui fait trouver le temps long : *Si vous saviez comme je m'amuse en vous ennuyant : c'est comme tous les autres ennuyeux du monde* (DID.). **Gêneur** (n.), fam., celui qui, habituellement ou accidentellement, empêche les gens d'être à leur aise. **Intrus** (n.), celui qui s'introduit quelque part sans être invité **ou** sans avoir qualité pour être admis. **Crampon** (n.) et **Collant** (adj.), fam. et pop., importun qui s'attache aux gens sans qu'ils puissent s'en débarrasser. **Raseur** et surtout **Rasoir** sont fam. **Plaie** (n.), fam. et fig., personne constamment très fâcheuse. **Casse-pied**, pop., espèce de fâcheux qui, par nature, possède l'art d'être importun.

Importuner : ¶ 1 → Tourmenter et Ennuyer. ¶ 2 → Gêner.

Imposant : Marqué d'un caractère de grandeur devant lequel on s'incline. *Imposant* implique la considération ou la crainte, **Auguste** et **Majestueux**, le respect, *auguste* se disant pour l'intérieur et l'abstrait, *majestueux*, pour l'extérieur et le concret : *Ah! Suzon, qu'elle est noble et belle, mais qu'elle est imposante!* (BEAUM.). *L'auguste fonction de la chaire* (STAËL). *Dieu se plaisant à se faire voir avec un appareil majestueux* (BOS.). **Digne** diffère de *majestueux* comme les n. correspondants (→ Majesté). **Grandiose**, en parlant des choses, qui frappe l'imagination, par un caractère de grandeur ou de noblesse : *Un dessein grandiose* (J. ROM.). **Solennel** comporte une idée de pompe, d'apparat, et, en parlant d'une personne, implique parfois péj. emphase ou importance : *Solennel, cérémonieux* (M. D. G.). **Olympien**, fig., en parlant de l'air, du regard, majestueux et serein comme celui d'un dieu. **Prud'hommesque**, péj., en parlant de l'air, du langage, ridiculement solennel avec quelque chose de banal et de bourgeois : *Le langage de M. Homais est prud'hommesque.*

Imposer : ¶ 1 → Prescrire. ¶ 2 → Représenter. ¶ 3 → Impressionner. ¶ 4 *En imposer* → Tromper. ¶ 5 (Réf.) → (se) Poser. ¶ 6 (Réf.) → (s') Introduire.

Imposition : → Impôt.

Impossibilité : → Impuissance.

Impossible : ¶ 1 *Impossible*, **Infaisable**, **Irréalisable**, **Impraticable** diffèrent comme leurs anton. : → Possible. ¶ 2 En parlant d'une personne : → Difficile.

Imposteur : → Faux et Trompeur. *Imposteur*, celui qui impute faussement à quelqu'un quelque chose de préjudiciable et d'odieux, ou qui débite une fausse doctrine pour séduire, ou se fait passer pour autre qu'il n'est : *Le Tartufe ou l'Imposteur* (MOL.). **Charlatan**, imposteur qui exploite la crédulité publique en se vantant de posséder des secrets merveilleux ou en se faisant valoir par un grand étalage de paroles : *Le monde n'a jamais manqué de charlatans* (L. F.). **Esbroufeur**, très fam., celui qui cherche à imposer aux autres par des manières fanfaronnes et bruyantes, des hâbleries.

Imposture : → Fausseté et Tromperie. *Imposture* et **Charlatanisme** (→ ce mot) : → Imposteur.

Impôt : Ce qui est prélevé par le fisc pour les besoins de l'État. L'*Impôt* et l'**Imposition** sont toujours des charges qui pèsent sur les citoyens d'un État; l'*impôt* se considère en soi, l'*imposition* est un impôt particulier, établi en tel temps, de telle manière, avec telles conditions, sur telles ou telles personnes : *L'impôt le meilleur est une taxe proportionnelle sur les terres. Cette imposition paraîtrait demander une opération préliminaire, un cadastre général* (J.-J. R.). **Taxe**, somme due au fisc par chaque contribuable en vertu du règlement d'imposition; en ce sens on dit plutôt de nos jours **Cote**, et *taxe* se dit surtout d'une imposition que l'autorité fait tomber sur certaines personnes, certaines denrées ou certains animaux, parfois avec la nuance péj. d'impôt infligé par autorité : *Les triumvirs imposèrent une taxe exorbitante sur les femmes et sur les filles des proscrits* (VOLT.). **Surtaxe**, ce qu'on ajoute en surcroît à une taxe, ou taxe excessive et illégale. **Droit**, imposition ou taxe prévue par un certain règlement et portant sur les choses ou sur les opérations : *Droit sur le vin, sur le bois. Droit de greffe.* **Charge**, dans le style relevé, imposition ou taxe considérée comme influant sur le niveau de vie des citoyens ou sur la marche d'une affaire : *Les charges de la S. N. C. F.* **Tribut** et **Contribution**, ce qui est payé à un État par les habitants d'un pays qui a été soumis ou vaincu (*tribut* exprimant quelque chose de permanent, *contribution*, une somme donnée en une seule fois), désignent aussi des sommes versées par les citoyens de l'État, et considérées non comme des charges pour les citoyens, mais comme des revenus enrichissant le trésor public. *Tribut* ne se dit guère qu'en parlant de l'argent payé à Rome par les provinces à l'empereur, ou, dans le langage relevé, d'un impôt payé à un souverain : *Les cultivateurs payèrent ce tribut au roi seul dont ils furent sujets* (VOLT.). *Contribution*, qui peut aussi désigner une part volontairement donnée, se dit couramment, par euphémisme, des diverses impositions qui fournissent le revenu de l'État : *Contributions directes, indirectes.* **Subside** et **Subvention**, rares en ce sens aujourd'hui, secours accordés volontairement par les sujets, dans des cas particuliers, au souverain, *subside*, plus noble, désignant quelque chose de plus considérable et de plus durable que *subvention.* **Fiscalité**, système des lois qui règlent les impositions et la perception des impôts et, en un sens plus large, façon d'exiger les impôts : *Fiscalité oppressive* (ACAD.).

Impotent : → Infirme, Estropié et Paralytique.

Imprécation : → Malédiction.

Imprécis : → Vague.

Imprégné : → Pénétré.

Imprégner : ¶ 1 → Pénétrer. ¶ 2 (Réf.) → Absorber.

Imprenable, en parlant d'une place de guerre, qui ne peut être prise par aucun moyen. **Inexpugnable**, qui ne peut être prise d'assaut, par la force : Troie était *inexpugnable*, mais non *imprenable.*

Impression : ¶ 1 → Édition. ¶ 2 → Effet. ¶ 3 → Sensation. ¶ 4 → Opinion.

Impression (faire) : → Impressionner.

Impressionnable : → Sensible.

Impressionnant : → Émouvant. *Impressionnant*, qui agit vivement sur la sensibilité ou sur l'esprit, d'une façon durable, souvent en provoquant l'admiration ou la crainte : *Spectacle, argument impressionnants* (ACAD.). **Spectaculaire**, néol. dont on abuse de nos jours, devrait s'employer lorsqu'il s'agit d'une sorte de mise en scène voulue ou d'une vision, d'un spectacle qui font impression : *Aspects pathétiques ou spectaculaires de l'épidémie* (CAM.).

Impressionner : → Émouvoir. *Impressionner* (condamné en ce sens par les puristes) marque une vive et durable émotion due à l'admiration ou à la crainte, mais aussi à tout ce qui frappe l'imagination et touche le cœur : *L'aspect quasi sordide du lieu impressionnait douloureusement Olivier* (GI.). **Faire impression** est de meilleure langue et se dit seul absolument : *Ambassadeur à la cour où il fera, dit-on, beaucoup d'impression* (VOLT.). **Parler à**, fig., se dit des choses qui frappent ou touchent l'esprit ou le cœur avec une sorte d'éloquence : *Chiffre de morts qui parlait à l'imagination* (CAM.). **Imposer** et

parfois, abusivement, **En imposer**, inspirer le respect, l'admiration, la soumission, la crainte : *Il y a dans quelques femmes un esprit éblouissant qui impose* (L. B.). **Éblouir** (→ Fasciner), faire impression par son éclat. **Jeter de la poudre aux yeux**, fam., chercher à éblouir pour en faire accroire. **Épater**, fam., inspirer l'étonnement, la stupéfaction. **Esbroufer**, imposer à quelqu'un par des fanfaronnades et des hâbleries. **Éclabousser**, imposer par un luxe insolent. **En mettre plein la vue** est très fam.

Imprévu : → Inespéré.

Imprimer : ¶ 1 Appliquer un corps sur un autre de manière que le premier laisse en lui une marque de son action. *Imprimer* indique une action en général superficielle, qui peut ne produire qu'une simple marque et non une image, et qui consiste le plus souvent à reproduire à l'encre noire ou en couleur par l'application et la pression d'une surface sur une autre : *Imprimer des indiennes, un livre, un cachet sur de la cire* (ACAD.). **Empreindre** suppose une action beaucoup plus profonde et durable qui consiste à laisser dans le corps modifié une image en creux ou en relief du corps que l'on applique sur lui : *Imprimer des pas sur la neige*, c'est laisser une marque; les *empreindre*, c'est en laisser l'image exacte. **Estamper**, faire une empreinte de quelque matière dure et gravée sur une matière plus molle : *On estampe la monnaie avec le balancier* (ACAD.). **Frapper**, donner une empreinte à quelque chose, au moyen d'une matrice ou autrement : *Frapper des médailles.* **Estampiller**, mettre une marque ou une empreinte servant de signature pour garantir l'authenticité ou la provenance d'une chose. **Gaufrer**, imprimer des figures sur des étoffes, sur du cuir, sur du papier, au moyen de fers chauds ou de cylindres gravés. **Graver**, tracer quelque trait, quelque figure avec le burin, avec le ciseau, sur du marbre, du cuivre, du bois, etc. souvent pour reproduire l'image ainsi obtenue sur du papier ou de la toile par impression. **Marquer**, beaucoup plus général et vague, mettre un signe sur une personne ou une chose pour les distinguer par un moyen quelconque. **Tirer**, syn. technique d'*imprimer* en termes d'édition. ¶ 2 Au fig. Donner une marque, un caractère, ou faire une marque dans l'esprit. *Imprimer* dit moins qu'**Empreindre** et **Graver** qui impliquent une trace profonde et durable : *Rien n'est capable de m'imprimer de la terreur* (MOL.). *L'idée de celui qui nous a créés est empreinte profondément au-dedans de nous* (Bos.). *Graver son souvenir en traits ineffaçables dans son cœur* (BALZ.). **Inculquer**, imprimer fortement une chose dans l'esprit de quelqu'un à force de la lui répéter : *Des* *principes que notre mère nous a inculqués dès l'enfance* (MAU.). ¶ 3 → Transmettre.

Improbation : → Blâme.

Improductif : → Stérile.

Impromptu : ¶ 1 Fait sur-le-champ, sans préparation. *Impromptu*, invariable, se dit surtout d'une réception, d'un concert, d'une œuvre d'art, et dans les autres cas est plutôt ironique. **Improvisé** se dit dans tous les cas, dans le langage courant. ¶ 2 Discours, pièce de poésie, petit morceau de musique composés sans préparation. **Improvisation** fait penser à l'action et désigne l'œuvre au moment où on la compose, même si elle ne doit pas rester. *Impromptu* désigne l'ouvrage qui reste, ou même le genre auquel il appartient : *Cet orateur a fait une brillante improvisation. Un impromptu de Chopin.*

Impropre : ¶ 1 *Impropre,* qui naturellement ne convient pas pour quelque chose. **Mal propre,** qui agit sans beaucoup de succès : *La Lune et Mars sont impropres à l'existence des êtres organisés* (BUF.). *Je me sens mal propre à bien exécuter ce que vous attendez de moi* (MOL.). **Incapable,** qui n'a pas les moyens pour faire telle ou telle chose, et y est de ce fait *impropre,* ne se dit que des personnes, ainsi qu'**Inapte** qui suppose le manque total de dispositions pour une chose précise. **Rebelle** se dit d'une personne qui ne peut comprendre ce pour quoi elle n'est pas douée : *Esprit rebelle au raisonnement* (ACAD.). ¶ 2 Qui ne convient pas, en parlant d'un mot. *Impropre,* qui n'est pas juste, dénature le sens. **Mal propre** et, plus souvent, **Inexact,** qui ne rend pas bien l'idée, disent moins.

Improuver : → Blâmer.

Improvisation : → Impromptu.

Improvisé : → Impromptu.

Improviste (à l') : → (tout à) Coup.

Imprudent : ¶ 1 → Malavisé. *Imprudent,* qui ne se défie et ne doute de rien. **Hasardeux,** qui prend trop de risques par imprudence, inconscience, ou parfois audace. **Téméraire,** imprudent par trop de hardiesse (→ Hardi). ¶ 2 En parlant d'une action, *Imprudent* suppose qu'elle est faite sans qu'on envisage suffisamment ses conséquences fâcheuses et diffère d'**Inconsidéré** comme lorsque les deux adj. s'appliquent à des personnes (→ Malavisé). **Téméraire,** imprudent par trop de hardiesse, enchérit. **Dangereux, Périlleux,** qui enchérit, insistent sur la gravité des conséquences. **Hasardé** (→ ce mot) dit moins qu'*imprudent* et suppose simplement qu'on essaie quelque action sans être sûr de son succès. **Indiscret** suppose un manque de discernement empêchant de distinguer la limite qui marque le bon usage d'une chose : *Zèle indiscret.*

Impudence indique qu'on viole sans honte la morale sociale, les bienséances; **Impudeur** ajoute l'idée qu'on manque de la retenue qu'exige le sentiment de la dignité personnelle : *Du nom de fierté noble on orna l'impudence* (BOIL.). *Gorgés de biens, ils ont l'impudeur de demander encore* (ACAD.). **Effronterie** et **Cynisme** diffèrent d'*impudence* comme les adj. correspondants d'*impudent* (→ ce mot).

Impudent : Qui ne rougit pas. *Impudent* et **Effronté** ont rapport à la morale sociale et aux bienséances, *impudent,* abstrait, se disant surtout d'une personne qui parle, *effronté,* plus concret et toujours plus fort, de celui qui ne craint pas de se présenter et d'agir d'une façon osée, inconvenante : *Un autre poète, encore plus lâche et plus impudent* (FÉN.). *Un effronté pillard* (J.-J. R.). **Éhonté** et **Déhonté** (plus rare, mais marquant quelque chose de plus fort et de plus habituel) enchérissent en parlant de celui qui brave sans honte, l'honnêteté, la vertu et l'honneur : *Sophiste éhonté* (L. H.). **Cynique,** qui se disait des philosophes antiques auxquels on reprochait d'être sans pudeur et mordants comme les chiens, suppose le mépris total des convenances et des façons d'agir ou de penser reconnues communément comme bonnes et humaines : *L'exaltation cynique de la force* (M. D. G.). **Hardi** (→ ce mot) ajoute à *effronté* et à *éhonté* l'idée d'une audace insolente.

Impudeur : → Impudence.

Impudicité : → Lasciveté.

Impudique : → Lascif et Obscène.

Impuissance : ¶ 1 → Incapacité. Pour exprimer une certaine insuffisance de force par rapport à un effet. l'*Impuissance* est dans la cause qui ne peut produire la chose, l'**Impossibilité,** dans la chose qui ne peut être produite : *Un chasseur sans fusil est dans l'impuissance de tuer du gibier; dans un pays sans gibier, il est dans l'impossibilité de chasser.* ¶ 2 En termes de physiologie, *Impuissance,* incapacité de celui ou de celle qui ne peut accomplir l'acte générateur. **Stérilité** et **Infécondité** (plus rare), impossibilité de se reproduire, sans être forcément impuissant. **Frigidité,** incapacité d'éprouver le désir sexuel qui peut avoir pour conséquence l'impuissance.

Impulsif : → Spontané.

Impulsion : → Mouvement.

Impur : ¶ 1 → Mêlé. ¶ 2 → Malpropre. ¶ 3 → Lascif.

Impureté : → Lasciveté.

Imputation : → Reproche.

Imputer : → Attribuer.

Inabordable, qu'on ne peut pas atteindre bord à bord, à cause d'obstacles interposés. **Inaccessible,** où l'on ne peut pas pénétrer, faute de moyens qui en donneraient l'accès : *La côte est formée de rochers inabordables* (B. S.-P.). *Cieux inaccessibles* (V. H.). — Au fig. en parlant d'un homme, il est *inabordable* dans n'importe quelle condition et pour n'importe quelle raison, par ex. à cause de son mauvais caractère : *Cet ours presque inabordable* (J.-J. R.); *inaccessible,* parce qu'il est difficile d'arriver jusqu'à lui : *Rois inaccessibles* (FÉN.).

Inaccessible : ¶ 1 → Inabordable. **¶ 2** → Indifférent.

Inactif : ¶ 1 → Inerte. **¶ 2** *Inactif,* **Désœuvré, Désoccupé, Oisif :** → Inaction. *Désoccupé* marque un état de désœuvrement assez durable, faute d'emploi : *Les artistes désoccupés* (VOLT.); mais on dit plutôt **Chômeur** ou, plus généralement, **Sans travail.** **Inoccupé** indique un état plus habituel. *Oisif* indique le plaisir à ne rien faire actuellement; **Oiseux** (rare), le goût, l'habitude d'être *oisif,* et, appliqué parfois à la vie, ajoute à *oisif* l'idée qu'elle est stérile et inutile.

Inaction : État passif d'un être qui n'exerce ou ne développe aucune force (≠ Apathie : → ce mot). *a)* État opposé à l'action, au mouvement. *Inaction,* état passager et souvent occasionné par un obstacle extérieur : *Beaucoup de gens réduits à l'inaction par la fermeture des magasins* (CAM.). **Inactivité,** état permanent et caractéristique du sujet auquel on l'attribue : *Cette continuelle anarchie servait d'excuse à l'inactivité de l'empereur* (VOLT.). **Inertie,** inactivité totale, essentielle d'un être qui ne se contente pas de ne pas user de sa puissance, mais qui ne semble doué d'aucune puissance, : *Il me fallait des amis dont l'impulsion surmontât mon inertie* (J.-J. R.). *b)* État d'un homme qui ne travaille point. Pour indiquer que l'on ne fait rien ou peu de chose, **Oisiveté,** repos absolu, souvent vicieux et dû à la paresse, **Loisir,** repos d'un moment, dont on peut disposer pour faire d'excellentes choses : *Je consacrai mes loisirs, non à l'oisiveté, mais à remplir ma tête d'idées charmantes* (J.-J. R.). **Farniente** (en ital. « ne rien faire »), douce oisiveté qu'on goûte avec volupté. — Pour indiquer que l'on n'a rien à faire, souvent avec l'idée que cela est désagréable, **Désœuvrement,** état, souvent pénible, de celui qui n'a momentanément aucun ouvrage à faire : *Ce désœuvrement, cette disponibilité totale dont je ne sais si je jouis ou si je souffre à la campagne* (MAU.). **Chômage,** désœuvrement forcé d'un salarié qui ne trouve pas de travail. **Désoccupation,** rare, défaut d'emploi plus durable, surtout faute de travail qui occupe l'esprit, attache à quelque chose.

Inadvertance : → Inattention.

Inanimé : → Mort.

Inanité : → Vanité.

Inapaisable, qu'on ne saurait calmer, en parlant de la soif, marque plutôt le fait : *Dans le désert où la soif est inapaisable* (GI.). **Inextinguible** se dit plutôt d'une soif si grande que rien ne saurait la calmer.

Inapte : → Impropre.

Inaptitude : → Incapacité.

Inattendu : → Inespéré.

Inattention : → Distraction. Défaut d'attention, qui amène à mal faire une chose ou à ne pas la faire. *Inattention* a rapport au sujet qui, habituellement ou non, n'a pas la force d'opérer la concentration nécessaire de son esprit pour faire ce qu'il fait comme il le doit : *Des fautes d'inattention.* **Inadvertance** marque souvent objectivement le défaut dans la chose qui, dans un cas particulier, n'est pas faite comme elle doit l'être, et s'il se dit du sujet, c'est plutôt pour marquer un oubli qu'un manque de soin : *Il a sans doute échappé à Montesquieu quelques inadvertances légères* (D'AL.). **Négligence** (→ ce mot), manque de soin, enchérit sur ces termes. **Mégarde,** dans la loc. *Par mégarde,* inadvertance nuisible qui amène un malheur : *Un de ses esclaves lui jeta par mégarde une chaudière d'eau bouillante sur le corps* (VOLT.). **Méprise,** inadvertance qui consiste à prendre une chose pour une autre.

Inaugurer : ¶ 1 Célébrer par une cérémonie l'achèvement d'un édifice, d'une statue, etc. *Inaugurer* se dit pour les choses religieuses ou profanes et indique une cérémonie solennelle : *Inaugurer un temple, une ligne de chemin de fer, la statue d'un savant.* **Consacrer** ne se dit que pour les choses religieuses qu'on dédie à la divinité par une cérémonie : *Consacrer une église.* **Baptiser,** bénir solennellement, s'emploie en parlant d'une cloche ou d'un navire. **¶ 2** → Commencer.

Incandescent : → Chaud.

Incantation : → Magie et Harmonie.

Incapable : → Impropre. *Incapable,* **Insuffisant, Inapte, Maladroit, Inepte :** → Incapacité.

Incapacité : Défaut qui rend impropre à certaines choses, à priori, avant l'action (≠ **Maladresse,** manière peu heureuse dont on exécute quelque chose : → Maladroit). *Incapacité* et **Insuffisance** excluent les moyens pour quoi que ce soit, *incapacité* marquant la nullité ou à peu près, *insuffisance*, une grande médiocrité, des moyens très limités hors de proportion avec les buts qu'on peut se proposer : *S'il s'engage dans un emploi avec une incapacité absolue, comment pourra-t-il s'y sauver?* (Bour.). *Un grand fonds de médiocrité et d'insuffisance* (Mas.). **Inaptitude** exclut simplement, mais complètement, le talent particulier de faire une certaine chose : *Mon inaptitude à m'exprimer impromptu* (J.-J. R.). **Impuissance** (→ ce mot) marque simplement que le sujet ne peut pas faire une chose, mais se dit spéc. de l'incapacité à procréer ou au fig. à trouver des idées : *L'impuissance poétique.* **Impéritie,** maladresse due à la nullité ou à l'ignorance de ce qu'on doit savoir dans sa profession : *Les lois romaines voulaient que les médecins pussent être punis pour leur négligence ou pour leur impéritie* (Mtq.). **Ineptie,** incapacité totale due au manque d'intelligence de celui qui est stupide ou sot.

Incarcération : → Emprisonnement.

Incarcérer : → Emprisonner.

Incarner : → Symboliser.

Incartade : ¶ 1 → Écart. ¶ 2 → Avanie.

Incendiaire : → Brûleur.

Incendie : Destruction par le feu d'objets considérables. *Incendie,* mise en feu, et action du feu qui se développe, se répand. **Embrasement,** rare, mise en braise, état d'un tout qui est la proie du feu dans toutes ses parties, marque un effet considéré comme funeste, ou simplement le fait actuel qu'on a sous les yeux : *Le bruit de l'incendie se répandit dans la ville* (Les.). *L'embrasement de Troie.* **Conflagration,** embrasement général : *La conflagration d'une planète* (Acad.). **Feu,** syn. d'*incendie* dans le langage courant, désigne souvent quelque chose de moins important, et représente l'incendie concrètement, comme une chose visible qui brûle, détruit et se combat : *Je vis la maison de Guitaut toute en feu* (Sév.). **Sinistre,** incendie (et aussi inondation, tremblement de terre, etc.) considéré comme causant des pertes, des dommages, appelés *sinistre* en langage d'assurances. **Brûlement** est vx. — Au fig. *Incendie* se dit de troubles considérés comme ayant une cause, se propageant. *Embrasement* et *Conflagration* marquent l'effet de l'incendie, c'est-à-dire un vaste bouleversement.

Incertain : ¶ 1 *Incertain,* dont on n'est pas sûr, surtout quand il s'agit de faits, souvent futurs, sur la réalité ou la date desquels l'esprit hésite faute de renseignements : *Retour incertain* (Rac.). **Douteux** se dit des choses, surtout en matière d'opinion, lorsque l'esprit balance, faute de raisons suffisantes pour se déterminer sur leur vraie nature : *La moralité de ce mariage était douteuse* (Balz.). **Aléatoire** s'applique, en termes de droit, à une convention dont les effets dépendent d'un événement incertain et, dans le langage courant, à une chose si incertaine qu'elle dépend uniquement du sort : *Les gains à la loterie sont aléatoires.* **Éventuel,** qui est subordonné, dans le futur, à quelque événement incertain, mais a plus de chances de se produire que ce qui est *aléatoire.* **Conditionnel,** qui n'arrivera que sous une certaine condition. **Hypothétique,** qu'on suppose exister ou devoir arriver par conjecture, très incertain : *Bénéfices hypothétiques.* **Improbable,** qui a peu de chances de se produire, ou d'être vrai. **Problématique,** terme savant, se dit bien, même dans le langage courant, de ce sur quoi on ne sait que croire, à cause de sa difficulté qui réclame une solution ou du peu de chances qu'il a de se produire : *Il fut toujours problématique à la cour si Mme de Maintenon était mariée* (avec Louis XIV) (Volt.). *Succession problématique* (Balz.). — En parlant d'une affirmation, d'un jugement de valeur : **Discutable** implique que l'esprit aperçoit des réserves à faire qui empêchent la certitude complète, *douteux* qu'il n'est ni pour ni contre, **Contestable,** qu'il serait plutôt porté à nier la réalité ou la justesse de la chose : *Une victoire discutable n'est pas pleinement une victoire, pour tout le monde; une victoire douteuse est-elle une victoire? une victoire contestable peut aussi bien être attribuée à l'adversaire.* ¶ 2 Sur quoi l'on ne peut pas se fonder. *Incertain,* qui n'est pas fixé, déterminé et de ce fait peut varier, être mal assuré : *La région inconnue où nous conduirait notre incertaine destinée* (P. Benoit). **Instable,** qui n'est pas solide, peut se défaire, changer d'un moment à l'autre : *Situation, bonheur instables.* **Précaire,** dont on ne jouit que par une sorte de tolérance qui peut cesser, et qui est de ce fait incertain : *Réussite précaire* (J. Rom.). ¶ 3 → Vague. ¶ 4 Qui ne sait que penser ou que faire : → Indéterminé.

Incertitude : ¶ 1 Situation de celui dont l'entendement reste en suspens, ne prend pas parti par rapport au vrai (≠ *Indétermination,* qui regarde la volonté incapable d'agir). *Incertitude* marque plutôt l'absence d'informations sur ce qui est ou sera, surtout en parlant d'événements : *Dites-moi la vérité; ne nous laissez pas plus longtemps dans cette incertitude* (M. D. G.); **Doute,** surtout en parlant d'opinions, l'état d'un esprit informé, mais qui n'est pas encore en état de prendre parti entre le pour et le contre : *Tout à la fois je ne puis retenir mon doute et j'ai l'indécision en horreur* (Gɪ.). ¶ 2 Par rapport à l'action : → Indétermination.

Incessamment : ¶ 1 → Toujours. ¶ 2 → Bientôt.

Incidence : → Suite.

Incident : N. ¶ 1 → Événement. ¶ 2 → Péripétie. ¶ 3 → Difficulté. ¶ 4 Adj. → Secondaire.

Incidenter : → Chicaner.

Incinérer : → Brûler.

Inciser : → Couper.

Incisif : → Mordant.

Incision : → Coupure.

Inciter : → Inviter.

Incivil : → Impoli.

Inclémence : → Rigueur.

Inclément : → Rigoureux.

Inclinaison : ¶ 1 → Obliquité. *Inclinaison* marque l'état de ce qui est en pente, **Inclination,** l'action, mais ne se dit guère que de l'action de pencher la tête ou le corps en signe d'acquiescement ou de respect : *Zadig fit une profonde inclination* (Voʟᴛ.). ¶ 2 → Pente.

Inclination : ¶ 1 → Inclinaison. — Au fig. ¶ 2 → Disposition. Impulsion affective qui porte l'âme vers quelque chose. *Inclination,* sentiment calme, modéré, ne troublant pas la raison, parfois acquis, qui fait que l'âme désire consciemment une chose, en général bonne. **Penchant,** impulsion, souvent innée, qui entraîne avec violence, souvent vers le mal : *Inclinations nobles, célestes; penchants bas et rampants* (Mᴀs.). *Mariage d'inclination; le penchant de la nature* (Mᴛǫ.). **Pente,** toujours au sing., implique moins de violence : *La pente naturelle des femmes au plaisir d'être aimées* (L. R.). **Propension,** au fig., penchant naturel très fort vers ce qui a un puissant attrait : *Propension au doute* (A. Fʀ.); *au dévouement* (Gɪ.); *à voler* (Gɪ.). **Tendance,** en psychologie, toute activité spontanée du corps ou de l'esprit, se dirigeant vers une fin; dans le langage courant et au moral, penchant peu conscient qui commence seulement à se manifester : *Il faut surveiller les mauvaises tendances des enfants.* **Passion,** en psychologie, tendance d'une certaine durée assez puissante pour dominer la vie de l'esprit. **Instinct,** en psychologie, forme de *tendance* inconsciente, qui suggère immédiatement des actes ou des sentiments déterminés par la fin à atteindre; dans le langage courant, forte propension souvent inconsciente : *Cruels instincts* (Sᴀɴᴅ). **Goût,** impulsion moins forte que l'*inclination,* très consciente, fondée sur l'attrait qu'a une chose, et qui peut être provoquée ou disparaître par l'éducation : *Pierre se destinait à l'action et cela par goût, par raisonnement, par conviction* (H. ᴅᴇ Rᴇ́ɢɴ.). **Faible,** inclination trop complaisante qui peut être considérée parfois comme un défaut : *Nous nous aimons un peu; c'est notre faible à tous* (Coʀɴ.). ¶ 3 → Attachement.

Incliner : ¶ 1 (Intrans.) N'être pas d'aplomb. *Incliner,* relatif au point de départ, s'écarter du plan de l'horizon ou de la verticale; **Pencher,** relatif au point d'arrivée, incliner beaucoup de façon à s'approcher de la terre, à être près de tomber : *La croix Incline comme un mât battu par la tempête* (Lᴀᴍ.). *Ton front bientôt flétri penchera vers la terre* (Dᴜᴄɪs). Même nuance au fig. : *La victoire incline du côté où elle commence à pencher.* ¶ 2 (Trans.) Mettre dans une position oblique. *Incliner* et **Pencher** diffèrent comme plus haut. **Courber** ne se dit que de la tête ou du front que l'on penche par soumission ou sous le poids des ans : *Sous chaque jour courbant plus bas ma tête* (V. H.); mais on *incline* la tête par respect ou pour faire un signe d'approbation, on la *penche* pour mieux voir ou par fatigue. **Baisser,** en parlant de la tête, marque le résultat de l'action des trois verbes précédents qui consiste à porter la tête plus bas pour éviter de la heurter, cacher son visage, etc., et, au fig., exprime l'acquiescement résigné ou la confusion : *Pour la première fois l'aigle baissait la tête* (V. H.). ¶ 3 (Réf.) Marquer sa soumission, son respect. *S'incliner,* au prop. et au fig., marque la déférence due à la dignité ou à la puissance : *Il s'inclinait devant mes lumières* (J. Rᴏᴍ.). **Se courber** marque soumission ou humiliation souvent forcées : *L'insolent devant moi ne se courba jamais* (Rᴀᴄ.). **Se prosterner,** s'étendre par terre ou se mettre à genoux en courbant le haut du corps, marque adoration, supplication, parfois reconnaissance, toujours volontaire, d'une haute supériorité (→ (s') Humilier). ¶ 4 (Réf.) → Céder.

Inclure : → Introduire.

Incoercible : → Irrésistible.

Incognito : → Secrètement.

Incohérence : → Désordre.

Incomber : → Revenir.

Incombustible : → Ignifuge.

Incommensurable : → Immense.

Incommode : → Importun.

Incommodé : → Malade. Légèrement malade. *Incommodé,* dans un état de malaise causé par n'importe quoi : *Ma fille est* *souvent fort incommodée de son côté* (SÉV.).

Indisposé, qui ne se dit que pour une maladie généralement sans gravité, insiste sur l'incapacité ou le peu de goût à vivre normalement : *Elle vint hier pour me voir mais j'étais indisposée et ne recevais personne* (MARIV.).

Incommoder : → Gêner.

Incommodité : → Inconvénient.

Incomparable : → Distingué.

Incompatible, Inconciliable diffèrent comme leurs anton. : → Conciliable.

Incompréhensible : → Inintelligible.

Inconcevable : ¶ 1 → Inintelligible. ¶ 2 → Invraisemblable.

Inconciliable : → Incompatible.

Incongru : → Déplacé.

Incongruité : ¶ 1 *Incongruité,* **Inconvenance, Incorrection** diffèrent comme les adj. correspondants : → Déplacé. ¶ 2 → Vent.

Inconnu : ¶ 1 *Inconnu,* en parlant des personnes ou des choses qu'on ne connaît pas, ou des choses qu'on n'a pas encore éprouvées, affirme simplement le fait : *Des crimes inconnus aux enfers* (RAC.). **Ignoré** implique qu'une personne ou une chose pourraient être connues, mais ne le sont pas parce qu'elles sont cachées ou que ceux qui devraient les connaître négligent de le faire : *Seul, caché, ignoré* (V. H.). *Un vieux sphinx ignoré du monde insoucieux* (BAUD.). **Étranger,** en parlant de sciences, d'arts ou de sentiments, implique qu'on les ignore totalement par indifférence ou faute de dispositions : *Parler à un homme intéressé de faire des largesses aux pauvres, c'est lui tenir un langage étranger* (BOUR.). ¶ 2 Sans renommée. *Inconnu* diffère d'**Ignoré** comme plus haut. **Obscur,** inconnu par suite de sa condition basse ou de son peu de mérite : *Les obscurs, les sans-grade* (E. ROSTAND). **Méconnu** suppose un mérite réel auquel on ne rend pas justice : *Stendhal a été méconnu de son temps.* **Oublié,** qui après avoir été connu, n'a pas été conservé dans le souvenir.

Inconscient : ¶ 1 → Subconscient. ¶ 2 → Insensé.

Inconséquence : → Dérèglement.

Inconséquent : ¶ 1 → Malavisé. ¶ 2 → Illogique.

Inconsidéré : → Malavisé.

Inconsistant : → Mou.

Inconstant : → Changeant.

Incontestable : → Évident.

Incontestablement : → Évidemment.

Incontinent : → Excessif.

Incontinent (Adv.) : → Aussitôt.

Inconvenance : → Incongruité.

Inconvenant : → Déplacé. *Inconvenant,*

qui ne convient pas aux bienséances. **Choquant** (→ Choquer), qui déplaît en s'opposant aux habitudes, aux idées reçues. **Indécent,** qui blesse la pudeur, enchérit sur *inconvenant* : Une histoire *inconvenante* est libre (→ ce mot) ; une tenue *indécente* est presque obscène (→ ce mot) ; mais *indécent* se dit fam. par rapport aux bienséances, parfois avec quelque ironie : *Il est indécent de s'endormir au cours d'une conférence.* **Malséant,** qui ne convient pas, dans la forme, à l'âge, à l'état ou à la profession d'une personne : *Des manières malséantes à une jeune fille* (LIT.). **Messéant,** syn. vx d'*inconvenant.*

Inconvénient, résultat fâcheux qui dépend d'une chose, mais considéré en général par opposition aux avantages qui sont jugés supérieurs : *Y a-t-il quelque bien, dans ce monde-ci, qui soit sans inconvénient?* (DID.). **Désavantage** dit plus et implique que la chose risque de mettre en état d'infériorité ou de causer un préjudice, souvent par comparaison avec d'autres choses : *Vivre loin de Paris présente des inconvénients pour celui qui aime les plaisirs de la capitale, et des désavantages pour celui dont la situation dépend des administrations centrales.* **Incommodité** suppose un état de malaise provoqué par ce qui fatigue ou importune : *L'incommodité d'un voisinage; d'un appartement.* **Gêne** implique une entrave à la liberté : *Trop d'argent peut être une gêne* (LAR.). **Ennui,** syn. de ces mots, fait penser à la peine qu'on éprouve et qui gâte plus ou moins le plaisir de vivre.

Incorporer : → Associer.

Incorrect : ¶ 1 → Faux. ¶ 2 → Déplacé.

Incorrection : → Incongruité.

Incorrigible, qui ne peut pas être corrigé de ses défauts. **Indécrottable,** fig. et fam., dont on ne peut corriger ni la paresse ni le manque d'usage.

Incorruptible : → Probe.

Incrédule : ¶ 1 *Incrédule,* qui, par tempérament ou en fait, est difficile à persuader ou à convaincre, en général ou dans un cas particulier. **Sceptique,** qui, par principe, doute de ce qui ne lui paraît pas prouvé d'une manière incontestable : *Un sot peut être incrédule; le philosophe est sceptique quand il faut.* **Dubitatif,** qui marque le doute, ne se dit que des termes, du ton, de l'air et indique l'apparence du sentiment annoncé par les autres mots. ¶ 2 → Incroyant.

Incriminer : → Inculper.

Incroyable : ¶ 1 Adj. → Invraisemblable. ¶ 2 N. → Élégant.

Incroyant, qui, en fait, par ignorance ou volontairement, n'a aucune croyance religieuse, dit' plus qu'**Incrédule,** qui manque de foi (→ Foi, croyance) sur certains points particuliers sans pour cela ignorer ou nier toute croyance. **Irréligieux,** qui n'admet ni culte ni religion (→ ce mot) et les juge nuisibles par système philosophique ou par disposition naturelle : *La curiosité a conduit peu à .peu cet incrédule au libertinage et à l'irréligion* (MAS.). **Indévot,** vx, qui manque de zèle envers Dieu. **Libre penseur** implique une attitude philosophique qui consiste à ne pas accepter comme règle de vie ce qu'enseigne la religion et à ne se fonder que sur la raison et l'expérience. Au XVIIᵉ s., on disait en ce sens **Libertin,** qui désigne plutôt de nos jours celui qui, souvent par irréligion, mène une vie dissolue. **Esprit fort,** au XVIIᵉ s. syn. de *libertin,* se dit parfois encore de celui qui ne compte que sur la puissance de ses lumières naturelles pour arriver à la vérité, sans le secours de la foi. **Athée** implique une doctrine philosophique qui n'éprouve pas le besoin pour expliquer le monde de remonter jusqu'à Dieu, mais se dit par ext. de ceux qui agissent comme si Dieu n'existait pas : *Maintenant des chrétiens deviennent athées* (BOUR.). **Mécréant,** celui qui suit une fausse religion : *Les Turcs sont des mécréants qui n'ont point été baptisés* (VOLT.); par ext., syn. fam. et péj. de tous les mots qui précèdent : *Fort débauché, fort mécréant* (S.-S.). **Antireligieux** ajoute à *irréligieux* l'idée d'une activité hostile à la religion des autres. **Impie,** très fort, implique la haine de Dieu et des actes dirigés contre lui, mais suppose *ipso facto,* la croyance à l'existence de Dieu, sauf si des croyants emploient ce terme pour qualifier des actes particulièrement hostiles à la religion chez des incroyants : *Athalie est une impie* (RAC.). **Antéchrist,** ennemi du Christ qui, selon l'Apocalypse, viendra avant la fin du monde établir une religion d'imposture que détruira le Christ, par ext. impie acharné et méchant. **Parpaillot,** autrefois sobriquet des protestants, par ext., de nos jours, syn. plaisant de *mécréant.* **Sceptique,** syn. d'*incrédule,* se dit parfois de celui qui doute des vérités qu'enseigne la religion : *Je vous conseille de traiter les autres de sceptiques, vous qui ne croyez à rien* (ZOLA). **Profane** (n.) (étym. « celui qui n'était pas initié aux mystères de la religion ») implique que, par ignorance ou délibérément, on ne regarde pas aux convenances de la religion : *Il n'y a qu'un profane qui puisse parler de la sorte* (ACAD.).—**Païen** (→ ce mot), égaré dans une fausse religion, ou ignorant totalement la religion chrétienne.

Incruster : ¶ 1 *Incruster,* décorer une surface suivant un dessin gravé en creux, avec des éléments d'une matière différente,

ordinairement plus précieuse. **Damasquiner,** incruster de petits filets d'or ou d'argent dans du fer ou de l'acier. ¶ 2 (Réf.) → (s') Introduire.

Inculpation, Accusation : → Inculper. **Charges,** tous les indices de culpabilité relevés contre un inculpé ou un accusé.

Inculpé, personne sur qui, pendant l'instruction, pèse le soupçon d'une infraction à la loi pénale et qui,. reconnue coupable, prend le nom d'**Accusé** si elle est renvoyée devant la cour d'assises, de **Prévenu** si elle est renvoyée devant les tribunaux correctionnels ou de simple police.

Inculper : Signaler quelqu'un comme étant coupable de quelque chose. *Inculper* implique des imputations souvent hasardées, encore non démontrées ou à propos de fautes peu graves : *N'inculpons pas légèrement les hommes célèbres* (D'AL.). **Accuser,** imputer formellement et hautement une faute, un délit précis. **Dénoncer,** révéler, par zèle public, à une autorité quelconque la trace d'un coupable qu'on n'est pas tenu de confondre. **Incriminer,** accuser d'un crime; et, en un sens plus faible, rendre suspect par des accusations, des reproches : *Incriminer l'administration* (CAM.). **Mettre en cause,** rendre quelqu'un partie d'un procès sans aller jusqu'à l'inculper. **Charger,** en parlant d'un témoin, déposer contre un accusé en disant des choses qui tendent à le faire condamner. **Déférer,** traduire une personne, un livre, un acte devant une juridiction, en les dénonçant sans aller jusqu'à les accuser : *Il défère son ennemi en évitant le nom odieux d'accusateur* (G. D. BALZ.). **Arguer,** terme de pratique, *accuser* dans la loc. *Arguer une pièce de faux.* **Porter plainte,** exposer un grief en justice, sans toujours accuser directement quelqu'un : *Porter plainte contre inconnu.* **Se plaindre,** syn. de *porter plainte,* en termes de jurisprudence et de justice, et, dans le langage courant, témoigner son mécontentement contre quelqu'un en énonçant contre lui des griefs : *Se plaindre des grands* (L. B.). **Poursuivre,** terme de jurisprudence, agir contre quelqu'un par les voies du droit. **Faire le procès** de quelqu'un (ou de quelque chose), poursuivre en justice comme criminel; au fig., accuser, critiquer en détail, dans une sorte de réquisitoire, puis blâmer ou condamner : *Faire le procès d'un livre* (ACAD.). **S'élever contre,** au fig., accuser avec indignation, en portant un témoignage qui est une vive protestation : *Tout semble s'élever contre mon injustice* (RAC.).

Inculquer : → Imprimer.

Inculte : ¶ 1 → Stérile. ¶ 2 → Rude.

Incurable, relatif, qui souffre de maux

contre lesquels la médecine ne peut rien. **Inguérissable**, absolu, qui ne peut être guéri ni par la médecine, ni par la nature, qui est condamné : *On vit avec des maux incurables, on en est incommodé, on en souffre; les maux inguérissables sont mortels* (L.).

Incurie : → Négligence.

Incursion : ¶ 1 Action de troupes qui entrent dans un pays ennemi. L'*Incursion*, passagère, est suivie d'une prompte retraite, l'**Irruption** est le fait d'une force nombreuse qui rompt les barrières dressées devant elle, pénètre profondément et parfois d'une façon durable, avec ravage et dégât : *Des incursions de barbares qui venaient enlever des troupeaux* (VOLT.). *Les féroces habitants du Nord ont fait dans tous les temps des irruptions dans les contrées du Midi* (VOLT.). **Pointe**, terme de guerre, avance momentanée au-delà de sa ligne d'opération. **Invasion**, action plus générale et plus ordonnée que l'*irruption*, pour se rendre maître d'un grand pays et l'occuper longtemps : *L'invasion de la France par les Allemands en 1914.* **Envahissement** marque simplement l'action d'occuper un pays par force sans en préciser les modalités. **Excursion** (rare), incursion considérée non d'après son point d'arrivée, mais par rapport à son point de départ. **Raid** (mot anglais), incursion rapide, avec une troupe montée, sur une assez large étendue de terrain, pour faire une reconnaissance ou opérer des destructions, se dit aussi pour les incursions aériennes. **Razzia** (mot arabe), incursion qui a pour but le pillage ou les représailles, en général chez des peuples nomades de l'Afrique du Nord. **Course**, vx, incursion pour piller. **Descente**, vx, incursion d'une troupe venue par mer; nous disons **Débarquement**. **Déluge, Inondation, Débordement** (→ ce mot), au fig., enchérissant sur *irruption*. ¶ 2 → Voyage. ¶ 3 → Intervention.

Incurvé : → Courbe.

Indécent : ¶ 1 → Obscène. *Indécent*, qui blesse ouvertement la pudeur, en parlant des personnes ou des choses, a un sens plus fort et plus large qu'**Immodeste** qui, en parlant des personnes, surtout des femmes, suppose un simple manque de retenue qui peut choquer la pudeur. ¶ 2 → Inconvenant.

Indéchiffrable : ¶ 1 → Illisible. ¶ 2 → Inexplicable.

Indécis : ¶ 1 → Vague. ¶ 2 → Indéterminé.

Indécision : → Indétermination.

Indécrottable : → Incorrigible.

Indéfectible : → Éternel.

Indéfini : → Immense.

Indélébile : → Ineffaçable.

Indélicatesse : → Vol.

Indemne : → Sauf.

Indemnité : ¶ 1 → Dédommagement. ¶ 2 → Rétribution. *Indemnité*, somme allouée à certains fonctionnaires, pour les dédommager de certaines charges, se dit spéc. des sommes allouées chaque année aux parlementaires. **Allocation**, terme administratif, argent donné à un particulier, fonctionnaire ou non, sans que ce soit une rétribution ni un secours : *Indemnité de résidence; allocation familiale.* **Prestation**, allocation, en argent ou en nature, donnée à un militaire comme fourniture. **Liste civile**, indemnité assignée à un souverain constitutionnel par un Parlement, désigne parfois aussi l'allocation du Président de la République française, mais on dit plutôt **Dotation**.

Indéniable : → Évident.

Indépendamment : → Outre.

Indépendance : → Liberté.

Indépendant : → Libre.

Indétermination : Situation de celui qui demeure en suspens sans agir. *Indétermination*, terme général et surtout didactique, marque le parfait équilibre entre le pour et le contre et l'indifférence de la volonté : *Il n'y a rien de si opposé à la liberté que l'indifférence et l'indétermination* (SÉV.). **Indécision**, indétermination provenant de la faiblesse de l'esprit incapable de se déterminer par raison et changeant d'idée : *Je ne puis retenir mon doute et j'ai l'indécision en horreur* (GI.). **Irrésolution** marque plutôt l'effet des changements d'humeur, de la faiblesse avec laquelle on résiste aux impulsions que donne le sentiment. **Incertitude** se dit parfois d'une suspension de la volonté, en un sens assez voisin d'*indécision*, mais alors que l'*indécision* est l'impuissance à choisir entre diverses raisons, l'*incertitude* s'abstient de vouloir, car elle n'aperçoit pas la raison de vouloir : *J'ai tant de raisons pour y aller que je ne puis pas y mettre la moindre incertitude* (SÉV.). **Embarras** suppose une difficulté dans les choses qui provoque l'indécision en troublant l'esprit. **Hésitation** a surtout rapport à l'exécution de la décision et implique un manque d'audace à agir, même quand le choix est fait ou qu'il n'y a pas de choix à faire : *Ses hésitations, ses réticences ne provenaient que de scrupules désintéressés* (J. ROM.). **Perplexité**, indétermination pénible dans une conjoncture ou une situation complexe où on est partagé et comme tiré en sens divers : *Divers conseils qui nous embarrassent souvent dans de* *nouvelles perplexités* (Bos.). **Scrupule,** hésitation due à une conscience très sensible ou à un grand désir de bien faire.

Indéterminé : ¶ 1 → Vague. **¶ 2** *Indéterminé,* **Indécis, Irrésolu, Incertain, Embarrassé, Hésitant** (→ Hésiter), **Perplexe :** → Indétermination.

Index : → Table.

Indicateur : ¶ 1 N. → Espion. **¶ 2** Adj. *Indicateur,* qui indique volontairement ou est destiné à indiquer avec précision et détail, *Indicatif,* qui indique en fait, annonce ou révèle quelque chose : *Poteau, doigt indicateurs. Symptôme indicatif d'une crise* (Acad.).

Indice : → Signe. Ce qui indique une chose, en est une espèce de signe léger. L'*Indice* est dans l'objet et donne un soupçon de la vérité : [Un terrain] *offre des indices certains de mines de fer* (Buf.). L'*Indication,* plus positive et précise, est fournie volontairement par une personne, ou par un objet étranger : *Un minéralogiste qui a visité un terrain fournit des indications* (Buf.) *des mines qui s'y trouvent.* — *Indice* se dit particulièrement d'un fait, d'un détail qui fait soupçonner la vérité sur un crime, **Charge,** indice qui semble prouver la culpabilité de quelqu'un.

Indicible : → Ineffable.

Indien, tout habitant de l'Inde asiatique, et spéc. citoyen de l'Union indienne. **Hindou,** membre de la religion indienne brahmanique, s'est dit parfois à tort de tous les Indiens d'Asie, sans doute afin de les distinguer des indigènes des Amériques appelés abusivement Indiens.

Indifférence : ¶ 1 → Apathie. **¶ 2** Le fait de ne pas s'intéresser à certaines choses parce qu'elles ne touchent pas. *Indifférence,* manque d'intérêt qui est souvent un défaut : *Usure de la sensibilité créant un commencement d'indifférence* (M. D. G.). **Détachement,** résultat acquis par la volonté ou dû à la lassitude apportée par l'expérience ; en mystique, état de l'âme qui, séparée de tout attachement au siècle, n'aspire plus qu'au ciel : *Détachement du monde et de ses biens* (Bour.). **Désintéressement,** indifférence louable à son intérêt personnel : *Il a affecté le désintéressement, le détachement* (Mau.). **Dégagement,** vx, état de l'esprit libre de se concentrer sur une idée essentielle. **Nonchalance,** indifférence par rapport à un but à atteindre, qui conduit à ne pas agir : *Montaigne inspire une nonchalance du salut* (Pasc.). **¶ 3** Le fait de ne pas être sensible à l'amour, à l'amitié. L'*Indifférence* est dans la personne, la **Froideur,** dans les manières, par lesquelles on témoigne son indifférence : *La Pérouse s'affectait de ne rencon-*

trer point le regard de Boris : indifférence, froideur, pensait-il (Gi.).

Indifférent : ¶ 1 → Égal. **¶ 2** → Insignifiant. **¶ 3** → Apathique. *Indifférent,* qui n'est attiré ni par un parti ni par un autre ; en matière de religion, qui a aussi peu d'intérêt pour une religion que pour une autre, n'en pratique aucune. **Neutre,** qui ne prend parti entre des contendants, soit États soit particuliers, bien qu'il puisse avoir une opinion très nette sur le débat : *Heureux les hommes qui sont sincèrement neutres entre leur pensée et celle d'autrui* (Fén.). **Tolérant** se dit de celui qui, quoi qu'il pense, admet qu'un autre puisse penser différemment : *Un bon catholique peut être tolérant, mais ne saurait être indifférent en matière de religion.* **¶ 4** Qui n'est intéressé par rien. *Indifférent* marque le fait, quelle qu'en soit la raison : *Indifférent et distrait* (M. D. G.). **Blasé** précise qu'on est rendu indifférent au plaisir ou à d'autres émotions et sentiments dont on a abusé, ce qui a émoussé la sensibilité : *Blasé sur les plaisirs* (Did.) ; **Détaché,** que, souvent par volonté et parfois par lassitude, on s'est libéré d'une chose qui retenait ou devrait le faire : *Détaché des richesses* (Fén.). **Désintéressé** et **Froid** diffèrent d'*indifférent* comme les n. correspondants (→ Indifférence). **Insensible** implique dureté de cœur : on peut être *indifférent* à l'amour de quelqu'un en n'y répondant pas, sans être *insensible,* si on se rend compte de cet amour et si l'on plaint celui qui aime en vain. **Inaccessible** est toujours relatif au sentiment dont, pour n'importe quelle raison, la sensibilité ne saurait être touchée : *Il offre à l'amour un cœur inaccessible* (Rac.). **Sourd,** fig. en ce sens, marque plutôt l'indifférence à ce qui devrait toucher l'esprit : *Sourd à la brigue* (Rac.) ; *aux prières, aux remontrances.* **Imperméable,** fig., dont l'esprit ou la sensibilité ne sauraient être pénétrés par certaines choses : *Imperméable à la plaisanterie.*

Indigence : → Pauvreté.

Indigène, qui se dit de tout ce qui est originaire d'un pays et n'y a pas été importé, s'emploie spéc. pour désigner les populations établies depuis un temps immémorial dans un pays par opposition aux populations plus récentes, surtout les colons. **Naturel,** habitant originaire d'un pays, ne se dit, sinon par ironie, de nos jours, que des habitants des pays peu civilisés, et surtout au pl. : *Les naturels du Congo* (Acad.). **Aborigène,** terme de science naturelle, syn. d'*indigène,* en parlant des êtres et des plantes, s'emploie comme nom pour désigner les premiers habitants d'un pays par opposition à ceux qui sont venus s'y établir : *Aux États-Unis les Européens ont dépossédé les aborigènes* (Acad.). **Autochtone,** qui est censé n'être pas venu par immigration dans le pays qu'il habite : *Les habitants de l'Attique se disaient autochtones* (Acad.), est, de nos jours, le terme le plus employé, car *indigène* souffre un peu de son opposition à *colon*; on dira : *L'industrialisation de cette ville a ajouté de nombreux éléments étrangers à la population autochtone.* **Local** qualifie parfois la population, les usages attachés à un lieu sans rien spécifier sur leur origine : *Les étrangers doivent respecter les usages locaux.*

Indigent : → Pauvre.

Indigeste : ¶ 1 Difficile à digérer en parlant d'un aliment. *Indigeste* ne précise pas la raison. **Lourd,** fam., se dit plutôt des aliments qui ont du volume, ou donnent l'impression d'un poids sur l'estomac : *Le gras-double est lourd;* **Cru,** des aliments acides ou acerbes très difficiles à digérer : *Les fruits insuffisamment mûrs sont crus.* ¶ 2 Au fig. → Pesant.

Indignation : → Colère.

Indigné : → Outré.

Indigner : → Irriter.

Indignité : ¶ 1 → Déchéance. ¶ 2 → Offense.

Indiquer : ¶ 1 *Indiquer,* faire connaître une chose en donnant un indice (direction, détail caractéristique) qui permet de la trouver ou met sur la voie : *Indiquer, sans les préciser trop, les nouvelles tendances* (Gi.). **Enseigner** dit plus et implique qu'on donne tous les renseignements nécessaires pour faire connaître une chose : *Je voulus communiquer* [ma joie], *enseigner à quelqu'un ce qui dans moi la faisait vivre* (Gi.). **Montrer** (→ ce mot), faire connaître en mettant sous les yeux : [Une horloge] *montre les heures* (Volt.). **Signaler,** faire connaître ce sur quoi on attire particulièrement l'attention : *Nous nous consolons aisément des disgrâces de nos amis, lorsqu'elles servent à signaler notre tendresse pour eux* (L. R.). **Citer,** indiquer, signaler en la nommant, une personne ou une chose qu'on juge remarquable : *Citer quelqu'un en exemple.* **Désigner,** faire connaître avec précision par une expression, un signe ou un symbole : *Qui désigné-je à votre avis, Par ce rat si peu secourable?* (L. F.). **Nommer,** désigner par son nom. **Marquer,** faire connaître une chose d'une manière distincte, expressément, en la séparant des autres, et en la mettant en lumière par un trait précis : *Je n'ai fait qu'indiquer cette division... Je vais la marquer davantage* (Marm.). **Fixer** (→ ce mot), indiquer d'une façon claire et certaine, en

décidant, en évaluant, en déterminant, ce qu'est ou doit être une chose : *Fixer le chiffre d'une rente* (M. d, G.). **Assigner,** attributif, indiquer, fixer ce qu'on applique à quelqu'un pour sa part : *Assigner une place à quelqu'un.* **Tracer,** fig., indiquer une conduite en en donnant le modèle ou l'exemple. ¶ 2 Faire connaître l'existence d'une chose. *Indiquer,* donner le soupçon d'une chose : *La fumée indique le feu* (Acad.). **Dénoter** implique que ce qui fait connaître la chose en est caractéristique : *Des impressions de nature qui dénotent un don réel d'écrivain* (Mau.). **Accuser,** fig., donner la preuve de l'existence d'une chose : *Son silence accusant sa noblesse* (Rac.). **Révéler,** indiquer ce qui était inconnu ou secret. **Marquer,** indiquer une chose, en parlant de ce qui en est la trace ou le signe distinctif qui sert à la faire reconnaître : *Les ruines marquent le passage de la guerre.* **Signaler,** marquer nettement, en attirant l'attention : *D'horribles cruautés ont signalé son passage* (Acad.). **Signifier,** faire connaître l'existence d'une chose en parlant de ce qui en est le symbole ou qui est chargé de l'exprimer : *La rupture des relations diplomatiques ne signifie pas toujours la guerre. Un mot signifie l'idée qu'il exprime.* **Dire,** syn. de *signifier* en parlant d'une chose à laquelle on attribue un pouvoir d'expression : *Que dit ce silence?* (Rac.). Indiquer une chose future : → Présager. ¶ 3 → Représenter.

Indirect : ¶ 1 *Indirect,* qui ne va pas droit, n'a rapport qu'à la direction et se dit du chemin le plus long. **Détourné** implique en plus l'éloignement et le désir de ne pas être vu. ¶ 2 Au fig. même nuance, les voies *indirectes* sont les plus longues, les voies *détournées* sont secrètes ou même cachées : *Ces voies, tout indirectes qu'elles sont, conduisent néanmoins au terme et plus sûrement et plus vite* (Bos.). *Les voies secrètes et détournées que les gens de bien savent prendre pour parvenir* (Mas.). **Oblique** marque un défaut, le manque de droiture : *J'admirais comment tant de marches obliques pouvaient s'allier avec la droiture* (J.-J. R.).

Indisciplinable, Indiscipliné : → Indocile.

Indiscret : ¶ 1 → Imprudent. ¶ 2 Qui ne respecte pas le secret d'autrui. L'*Indiscret* peut ne pas respecter le secret d'autrui en le révélant, si on le lui a confié, ou en cherchant à le connaître avec une insistance qui choque la bienséance : *Il faut être bien indiscret pour poser une pareille question* (Acad.). **Curieux** implique un désir de voir et de savoir qui ne devient indiscrétion que s'il amène à violer la bienséance : *Un enfant est curieux* plutôt qu'*indiscret* parce qu'il ignore souvent les convenances. **Fureteur,** qui s'enquiert de tout, cherche à tout savoir par curiosité ou par intérêt. **Fouinard, Fouineur,** fam. et péj., impliquent une curiosité mêlée de ruse. **Inquisiteur** marque une indiscrétion dans la minutie des recherches qui ont quelque chose de soupçonneux, de policier : *Pontchartrain était d'une curiosité insupportable, grand fureteur et inquisiteur* (S.-S.). **Inquisitif** est plus rare. **Inquisitorial** enchérit et se dit d'une façon d'enquêter arbitraire, rigoureuse, brutale et humiliante qui rappelle les procédés des juges de l'Inquisition : *Recherche inquisitoriale* (ACAD.). **Touche-à-tout,** fam., qui se dit d'un enfant qui touche à tous les objets, ou de celui qui est curieux de toutes sortes de choses, désigne parfois aussi un indiscret qui se mêle de tout.

Indiscutable : → Évident.

Indispensable : → Nécessaire.

Indispensablement : → Nécessairement.

Indisposé : ¶ 1 *Indisposé* (→ Incommodé et Malade) implique qu'on est légèrement malade, **Mal disposé,** qu'on flotte entre la santé et la maladie. ¶ 2 Au fig. *Indisposé* se dit de celui qui, aigri contre quelqu'un, ne fera rien pour lui, par ressentiment; **Mal disposé,** de celui qui, involontairement prévenu contre quelqu'un, est peu porté à le bien accueillir.

Indisposer : → Aigrir.

Indistinct : → Vague.

Individu : ¶ 1 *Individu* se dit des êtres et des choses considérés comme faisant un tout distinct par rapport à leur espèce, et, en parlant des hommes, en termes d'administration, de législation, de statistique, les fait considérer isolément par opposition à la collectivité dont ils font partie : *Chaque individu est obligé de coordonner à l'état social sa liberté* (MIRAB.). **Personne** désigne toujours un individu humain considéré comme ayant une unité intérieure due à la conscience et à la réflexion et différant des autres individus par les caractères physiques et moraux qu'il est seul à posséder : *Les droits de la personne.* **Particulier,** individu considéré dans son action et dans ses intérêts, par opposition soit à la société des autres citoyens, soit aux personnes qui exercent une fonction publique ou ont un rang élevé dans l'État : *Le prince en tant que prince n'est pas regardé comme un homme particulier* (Bos.). **Homme privé,** tout individu, gouverné ou gouvernant, alors qu'il n'agit pas en homme public, mais ne représente que lui-même : *La plupart des souverains d'alors étaient de fort honnêtes gens comme hommes privés* (STAËL.). ¶ 2 Péj. → Homme. ¶ 3 → Corps.

Individualisme : → Égoïsme.

Individualité : → Personnalité.

Individuel : Qui n'appartient qu'à un seul être. *Individuel* (anton. *collectif*) se dit de ce qui appartient à chaque individu d'une espèce pris isolément par opposition à ce qui appartient à tous : *Il n'y avait plus alors de destins individuels, mais une histoire collective* (CAM.). **Propre** désigne, sans autre nuance, ce qui appartient à un individu et ne saurait appartenir à un autre : *Son propre père.* **Particulier** (anton. *général*), qui appartient proprement et singulièrement à un individu et sert à le distinguer, sans pouvoir appartenir à la masse des autres individus, ou être utilisé par eux, ou être confondu avec les choses de même nature qui appartiennent à d'autres : *C'était aussi le cas d'un grand nombre de gens et, par conséquent, son affaire n'était pas aussi particulière qu'il l'imaginait* (CAM.). **Privé** (anton. *public*), qui est relatif ou appartient à une personne qui n'est pas une personne publique, ou qui appartient à un ou à des individus, par opposition à ce qui appartient au public : *Sacrifier l'intérêt privé à l'intérêt public. Passage privé.* **Personnel** ne se dit que de ce qui est propre et particulier à un seul homme, que ce soit une expression originale de ce qu'il a d'unique en lui, ou que ce soit une chose exclusivement destinée à son usage : *La France se distinguent entre les nations par un caractère curieusement personnel* (VAL.). Une entrée *individuelle* donne le droit d'entrer seul et non en groupe, une entrée *personnelle* ne peut se céder à d'autres.

Indocile, qui ferme l'oreille aux instructions et aux conseils, reste passif. **Indiscipliné,** qui méconnaît la règle, le joug, résiste activement, s'insurge, et commet des excès. **Indisciplinable,** qu'on ne peut empêcher d'être indiscipliné. **Rétif,** indocile par tempérament, par nature, et opposant une force d'inertie opiniâtre : *Rétif, prêt à se défendre sans cesse ou du moins à se protéger* (GI.). **Vicieux** ne se dit que des montures ou bêtes de traits qui mordent et ruent, sont ombrageuses et rétives. **Récalcitrant,** indocile par occasion, mais activement, en réagissant avec violence : *Il se montra si récalcitrant qu'il se mit à jurer* (LES.). **Regimbeur,** fam., récalcitrant comme une monture qui rue au lieu d'avancer. **Insubordonné,** qui manque fréquemment à l'obéissance due aux chefs hiérarchiques, aux supérieurs : *Troupes insubordonnées* (ACAD.). **Désobéissant** ne se dit guère que des enfants. **Volontaire** se dit des gens qui ne veulent s'assujettir à aucune règle, ni dépendre de personne et qui ne font qu'à leur volonté.

Rebelle, en révolte ouverte contre une autorité légitime ou ce qui lui ressemble : *Rebelle à tous nos soins* (Rac.). **Réfractaire** marque une résistance à une autorité, légitime ou non, qui consiste à s'y soustraire plutôt qu'à se révolter ouvertement contre elle : *Évêques réfractaires à la condamnation de Jansénius* (D'Al.). **Indomptable,** qu'on ne peut pas réduire à l'obéissance et qui résiste activement, n'a pas toujours le sens défavorable des autres mots : *Aigle non seulement indocile mais indomptable* (Buf.). *Fierté indomptable* (Bos.).

Indolence : ¶ 1 → Apathie. ¶ 2 → Paresse. ¶ 3 → Mollesse.

Indolent : ¶ 1 → Mou. ¶ 2 → Paresseux. ¶ 3 → Apathique. ¶ 4 → Insensible.

Indolore : → Insensible.

Indomptable : → Indocile.

Indubitable : → Évident.

Indubitablement : → Évidemment.

Induction : ¶ 1 Raisonnement par lequel on part de vérités constatées par l'expérience, pour conjecturer ce qui échappe à l'expérience. L'*Induction* s'attache à un même ordre de faits et consiste à remonter d'un certain nombre de propositions singulières à une proposition générale qui passe de l'observation des faits constants à l'affirmation d'une loi valable pour tous les cas à venir : *Les lois de la physique sont établies par induction.* L'**Analogie** porte sur des ordres de faits ou des objets différents et conclut d'une ressemblance connue entre eux à une ressemblance encore inconnue : *L'analogie m'apprend que les bêtes étant faites comme moi, ayant du sentiment comme moi, des idées comme moi, pourraient bien être ce que je suis* (Volt.). Si *induction* se dit parfois au sens d'*analogie*, c'est pour évoquer subjectivement le travail de l'esprit, alors qu'*analogie* évoque plutôt, objectivement, la ressemblance ou le principe sur lequel il se fonde : *L'induction est assez fondée et sur l'analogie et sur la vraisemblance* (Marm.). ¶ 2 → Supposition.

Induire : ¶ 1 → Inférer. ¶ 2 → Inviter.

Induire en erreur : → Tromper.

Indulgence : ¶ 1 Disposition à pardonner. *Indulgence* désigne une disposition naturelle et active, **Faveur** se dit parfois, dans certaines expressions, pour marquer l'absence de rigueur, de sévérité : *Arrêt de faveur* (Acad.). **Clémence, Bénignité, Tolérance** diffèrent d'*indulgence* comme les adj. correspondants d'*indulgent* (→ ce mot). ¶ 2 → Pardon.

Indulgent marque une douceur naturelle, envers tous les hommes, qui pousse à atténuer les fautes et les défauts, **Clément,** une maîtrise de soi qui consiste à sacrifier son ressentiment et à ne point user de rigueur envers ceux qui nous ont offensés ou blessés : *Indulgent à ses amis, à ses serviteurs* (Volt.). *Elle calma souvent la colère du tsar, et le rendit plus grand encore en le rendant plus clément* (Volt.). **Bénin,** bienveillant, parfois indulgent jusqu'à la faiblesse : *Les maris les plus bénins du monde* (Mol.). **Tolérant** se dit parfois d'un homme qui dans le commerce de la vie, laisse faire aux autres ce qu'ils veulent sans leur adresser de reproches. **Large,** en un sens favorable, qui n'a pas de préventions, a surtout un sens péj. appliqué aux opinions ou à la conscience de celui qui est trop indulgent pour les autres et surtout pour lui-même au point de manquer quelque peu de scrupule. **Élastique,** fig. et péj., enchérit en ce dernier sens : *Conscience élastique.*

Industrie : → Habileté.

Industriel, celui qui dirige un établissement ou une entreprise destinés à recueillir des matières premières, ou à les transformer, ou à les transporter pour les livrer au commerce sous forme de produits, insiste sur l'état social par opposition à l'agriculteur et au commerçant, et suppose une assez vaste entreprise. **Fabricant,** celui qui fabrique certaines catégories d'objets en partant de matières premières ou de produits usinés. **Manufacturier,** propriétaire d'une manufacture, ne s'emploie guère que dans les cas où la fabrique est dite manufacture (→ Usine) ou dans un langage traditionnel et vieux. **Usinier,** celui qui exploite une usine, est rare.

Industrieux : → Capable et Habile.

Inébranlable : → Constant.

Inédit : → Nouveau.

Ineffable, dont on ne peut pas parler, s'applique proprement aux choses saintes dont on doit respecter le mystère, et, par ext., presque toujours en bonne part, aux impressions si divines, si célestes, si élevées ou si douces qu'on n'ose en parler : *Douceur* (Rac.), *félicité* (J.-J. R.) *ineffables.* **Indicible,** du langage commun, en bonne ou en mauvaise part, qui doit rester intérieur, concentré, assez fade de terme pour en donner une idée : *Indicible et mâle volupté* (Baud.). *Indicible souffrance* (Zola). **Inexprimable,** en bonne ou en mauvaise part, si extraordinaire qu'aucune expression n'est assez forte, assez colorée pour le peindre : *J'éprouvais une sorte de ravissement inexprimable* (Volt.). **Inénarrable** implique toujours une suite de faits à décrire et se dit surtout dans le langage religieux : *La génération [du fils* de Dieu] *est inexplicable et inénarrable* (Bos.); mais, dans le langage courant, indique souvent une série de faits si absurdes ou si risibles qu'on ne saurait les raconter. **Irracontable**, rare, se dit plutôt de ce qu'on ne saurait raconter car c'est trop inconvenant.

Ineffaçable : Qu'on ne peut faire disparaître, en parlant de quelque chose d'écrit, d'empreint ou de marqué. *Ineffaçable*, terme commun, qui garde toujours sa forme distincte en dépit de tous les efforts pour la faire disparaître : *Écriture ineffaçable. Souvenir ineffaçable.* **Indélébile**, terme plus savant et plus relevé, qui ne peut être détruit même si sa forme change : *Le tatouage laissait une trace indélébile* (Gi.).

Inefficace, qui peut produire un effet, mais, en fait, ne le produit pas. **Inopérant**, qui ne peut rien produire, ne peut pas avoir d'effet. **Anodin**, fig., peu efficace, trop faible pour produire un effet. **Vain**, inutile, parce qu'inefficace ou inopérant. **Platonique**, fig., qui demeure trop idéal, théorique, pour produire un effet réel : *Vœux platoniques.*

Inégal : ¶ 1 → Irrégulier. ¶ 2 → Changeant. ¶ 3 → Différent.

Inégalité : → Différence.

Inéluctable : → Inévitable.

Inénarrable : ¶ 1 → Ineffable. ¶ 2 → Risible.

Inepte : → Stupide et Incapable.

Ineptie : → Stupidité et Incapacité.

Inépuisable se dit de toutes les ressources dont on peut user sans en voir jamais la fin : *Mine, bonté inépuisables* (Acad.); **Intarissable**, uniquement de ce qui paraît couler comme une source dont on ne peut jamais arrêter le jaillissement : *Larmes intarissables* (Acad.). *Parleur intarissable.*

Inerte, qui n'a en soi aucun principe d'activité, ressemble à un objet inanimé : *Matière, masse, membre, esprit inertes* (Acad.). **Passif** (terme didactique : qui subit une impression), dans le langage courant, qui se contente de subir ou de suivre une impulsion venue de l'extérieur, sans réagir : *Obéissance, défense, résistance passives.* **Atone** n'implique pas l'absence d'action, mais simplement celle d'énergie. **Inactif** indique, en fait, l'absence momentanée ou durable d'activité sans la présenter comme une impuissance essentielle.

Inertie : ¶ 1 → Inaction. ¶ 2 → Résistance.

Inespéré : Qui arrive sans qu'on en ait eu l'idée auparavant. *Inespéré* se dit de ce qui fait l'objet de nos désirs et, toujours en bonne part, qualifie un événement heureux qu'on n'attendait pas : *Soulagement inespéré* (J.-J. R.). **Inattendu** regarde les choses qui font l'objet de nos conjectures et se dit d'un événement, bon ou mauvais, dont nous ne croyions pas qu'il dût avoir lieu : *L'apparition d'un homme qu'on croit mort est inattendue* (Volt.). **Inopiné** dit plus et implique que nous n'avions même pas conçu ce qui arrive et que de ce fait nous le trouvons prodigieux : *Il y a quelque effet du destin dans l'aventure inopinée de notre connaissance* (Mol.). **Imprévu**, inopiné faute de prévoyance, et déconcertant parce que nous n'avons pas su nous le représenter d'avance et le prévenir : *Cette bourrasque imprévue a renversé avec notre barque le projet que nous avions fait* (Mol.).

Inestimable : → Cher et Important.

Inévitable implique un événement futur, en général désagréable, auquel on ne peut pas échapper : *Les momeries plus ou moins inévitables* (J. Rom.). **Inéluctable**, du style relevé, contre quoi, dans le présent ou le futur, on ne saurait lutter pour l'empêcher d'être : *Ce n'est pas qu'ils attendent de nous une victoire sur l'inéluctable* (Gir.). **Obligatoire** ne se dit que d'une chose faite ou subie en vertu d'une institution religieuse ou humaine : *Le service militaire est obligatoire.* **Nécessaire**, terme de philosophie, qui ne peut pas ne pas être tel qu'il est, en vertu des lois logiques ou naturelles : *Conséquence nécessaire.* **Fatal**, fixé par le destin; dans le langage courant, syn. d'*inévitable* et parfois de *nécessaire*, en parlant d'événements en général importants ou fâcheux : *Le cataclysme actuel est le résultat fatal de quarante années d'armement systématique* (M. d. G.). **Logique**, considéré par l'esprit comme nécessaire, en parlant d'une conséquence qui découle fatalement d'une cause. **Forcé** insiste sur la contrainte infligée à la volonté par une force quelconque ou par la nécessité, et qui fait qu'une chose est faite ou subie sans qu'on la veuille : *Emprunt forcé.* — En parlant d'un événement ou d'un effet qu'on prévoit dans le futur, **Certain** indique la conviction du sujet et **Sûr**, sa confiance, sa persuasion dans la réalisation de ce qu'il prévoit. **Immanquable** fonde la certitude du sujet sur le fait que la chose doit nécessairement se produire, **Infaillible**, sur le fait que son raisonnement, sa science lui assurent que la chose arrivera : *C'est un effet immanquable du péché que de nous faire perdre la grâce; l'effet de certains remèdes est infaillible.*

Inexact : → Faux.

Inexistant : → Nul et Imaginaire.

Inexorable : → Inflexible.

Inexpérience : → Maladresse.

Inexplicable : → Obscur. Mystérieux, en

parlant du caractère d'une personne. *Inexplicable* implique qu'on ne peut rendre compte des façons de penser ou d'agir de quelqu'un, mais qu'on peut les reconnaître. **Indéchiffrable** dit plus et suppose qu'on ne peut pas lire dans la conduite d'un personnage impénétrable à quelle réalité intérieure elle correspond : Alceste est *inexplicable* : comment peut-il aimer une coquette, lui qui est misanthrope? Célimène est *indéchiffrable* : ses aveux sont-ils coquetterie, tactique intéressée ou amour réel?

Inexprimable : → Ineffable.

Inexpugnable : → Imprenable.

Inextricable : → Obscur.

Infaillible : → Inévitable.

Infailliblement : → Évidemment.

Infâme : ¶ 1 → Bas. ¶ 2 → Honteux. Qui déshonore. *Infâme*, qui déshonore absolument, en soi-même. **Infamant**, qui déshonore par convention, en vertu des lois ou des usages : *La morale législative examine si on doit infliger des peines infamantes aux actions qui ne sont pas infâmes par elles-mêmes* (D'AL.). **Diffamant** dit moins pour qualifier ce qui cherche à faire perdre la réputation : *Imputation* (FÉN.), *inculpation* (BEAUM.) *diffamantes*. **Diffamatoire** ne se dit qu'en langage juridique de paroles ou d'écrits qui peuvent être diffamants et sont punis comme tels. ¶ 3 → Malpropre.

Infamie : ¶ 1 → Honte. ¶ 2 → Injure. ¶ 3 → Horreur.

Infantile : → Enfantin.

Infatuation : → Orgueil.

Infatuer (s') : → (s') Engouer.

Infécond : → Stérile.

Infécondité : → Impuissance.

Infect : ¶ 1 → Dégoûtant. ¶ 2 → Mauvais.

Infecter : ¶ 1 Rendre malade en introduisant dans l'organisme un élément nocif. *Infecter*, communiquer des germes contagieux : *Infecter une plaie*. **Empoisonner**, infecter de poison, se dit plutôt d'une action faite volontairement, et mortelle; **Intoxiquer**, terme médical, d'une action toujours involontaire, qui n'aboutit pas forcément à la mort, et qui est causée par des produits qui contiennent du poison sans en être : *On s'empoisonne avec de l'arsenic; on s'intoxique avec des huitres.* ¶ 2 Au fig. → Gâter. **Empoisonner**, donner des conseils qui font naître des sentiments qu'on n'éprouve pas soi-même, le plus souvent en matière de mœurs. *Infecter*, communiquer largement le mal dont on est soi-même atteint, par une sorte de contagion, en matière de mœurs

ou de goût : *Pallas de ses conseils empoisonne ma mère* (RAC.). *L'air précieux n'a pas seulement infecté Paris, il est aussi répandu dans les provinces* (MOL.). ¶ 3 → Puer.

Infection : ¶ 1 → Puanteur. ¶ 2 Corruption dangereuse d'un corps. *Infection* implique décomposition par des germes pathogènes qui peuvent se transmettre et devenir dangereux. **Pestilence**, autrefois peste répandue dans un pays, corruption de l'air, désigne assez vaguement de nos jours la qualité des choses qui infectent par contagion. — Au fig. l'*infection* est dans la chose et la gâte, la *pestilence* est sa vertu nocive, contagieuse : *L'infection du cœur* (FÉN.). *Être assis dans la chaire de pestilence.* ¶ 3 → Contagion.

Inféoder (s') : → (se) Soumettre.

Inférer : Tirer une conséquence, par le raisonnement. *Inférer*, terme le plus général, admettre une proposition en vertu de sa liaison, même assez lointaine, avec d'autres propositions déjà tenues pour vraies : *J'infère de ce conte que la plus forte passion c'est la peur* (L. F.). **Conclure**, plus précis, terminer un raisonnement par une proposition qui découle nécessairement des prémisses, sans laisser aucune place au doute : *On conclut une proposition d'un syllogisme, on ne l'infère pas* (LIT.). **Déduire**, terme de logique, passer d'une ou plusieurs propositions considérées en elles-mêmes (sans en affirmer ni en nier la vérité) à une proposition qui en est la conséquence nécessaire en vertu des lois logiques : *Le principal caractère d'un esprit étant donné, on pourra en déduire plusieurs autres* (S.-B.). **Induire**, inférer par conjecture, en allant du particulier au général, et, en philosophie, raisonner par induction (→ ce mot) ou par analogie. **Arguer**, vx, tirer une conséquence d'un fait, d'un principe pour prouver ou réfuter une proposition donnée : *Vous ne pouvez rien arguer de ce fait* (ACAD.). **Tirer**, syn. vague de tous ces mots, ne précise pas la méthode employée : *Tirer un fâcheux présage de quelque chose* (ACAD.).

Inférieur : ¶ 1 Adj. → Bas. ¶ 2 N. *Inférieur*, celui qui est au-dessous d'un autre en rang, en dignité, et ordinairement avec subordination et dépendance. **Subordonné** marque toujours la dépendance directe, mais se dit plutôt pour marquer l'infériorité uniquement hiérarchique : Un chef de bureau parlera de ses *subordonnés* plutôt que de ses *inférieurs*. **Subalterne** ne se dit que des subordonnés des rangs les plus bas, ou des inférieurs qui jouent dans une affaire un rôle très secondaire : *Cet employé, ce subalterne, cet abruti qui joue aux courses* (MAU.). **Sous-ordre**, plutôt péj., celui qui est soumis aux ordres d'un autre ou qui travaille sous lui à une affaire quelconque, marque parfois une dépendance moins directe que *subordonné*. **Sous-verge**, fam., subordonné immédiat d'un chef quelconque. **Sous-fifre**, syn. très fam. et péj. de *subalterne*.

Infériorité, au fig., implique une inégalité en ce qui concerne le rang, le mérite, la valeur, la force, et en général tout ce qui est susceptible de mesure. **Désavantage** ajoute l'idée que cette infériorité empêche de réussir et se dit bien en parlant de ce qu'on ne peut pas mesurer, qui n'a pas de degré : *Le désavantage de la position* (ACAD.). **Dessous** implique toujours une lutte, un débat dans lequel on a le désavantage : *Les ennemis eurent le dessous* (ACAD.).

Infernal : ¶ 1 → Diabolique. ¶ 2 → Méchant. ¶ 3 → Intolérable.

Infertile : → Stérile.

Infester : → Ravager.

Infidèle : ¶ 1 Qui manque de foi ou à sa foi. *Infidèle*, qui, souvent par faute d'énergie, manque de fidélité, change. **Perfide**, qui, toujours de dessein formé, trompe celui qui se fie à lui, ou lui fait du mal : *Une femme infidèle, si elle est connue pour telle de la personne intéressée, n'est qu'infidèle; s'il la croit fidèle, elle est perfide* (L. B.). **Scélérat** implique une perfidie criminelle. **Traître**, celui qui, par perfidie, livre sa patrie à l'ennemi, par ext. perfide, souvent par intérêt, envers ceux avec qui il est particulièrement lié, et au moment où ils s'y attendent le moins : *Traître comme Judas*. **Judas** (n. seulement), syn. très méprisant de *traître*. **Félon**, dans le langage de la chevalerie, traître et rebelle à son seigneur, par ext., dans le langage relevé, traître et méchant : *Ganelon est le type du félon*. **Parjure**, infidèle à son serment. **Déloyal** marque parfois un défaut de générosité ou de reconnaissance envers un bienfaiteur, mais, d'habitude, exprime simplement une infidélité lâche aux lois de l'honneur et de la bonne foi : *Un adversaire déloyal*. **Renégat** (→ ce mot), celui qui a renié sa religion, par ext. celui qui par intérêt abjure ses opinions politiques et trahit son parti : *Cromwell, ce grand renégat de l'indépendance* (CHAT.). ¶ 2 → Païen.

Infidélité, **Perfidie**, **Scélératesse**, **Trahison**, **Félonie**, **Parjure**, **Déloyauté** diffèrent comme les adj. correspondants : → Infidèle.

Infiltrer (s') : → Pénétrer.

Infime : ¶ 1 → Bas. *Infime*, surtout au fig., qui occupe le rang le plus bas d'une hiérarchie quelconque : *Une espèce infime n'en a pas au-dessous d'elle* (DID.). Der-

nier marque plus de mépris : *Ramper au dernier rang des. derniers citoyens* (VOLT.). ¶ 2 → Petit.

Infini : ¶ 1 → Immense. ¶ 2 Sans limitation possible, spéc. en parlant de Dieu et de ses attributs. *Infini*, sans commencement ni fin, sans bornes ni limites, et, par ext., que l'on suppose sans limites, se dit bien de tout ce qui peut se développer sans borne : *La miséricorde, la puissance de Dieu sont infinies* (ACAD.). **Absolu**, qui, dans la pensée comme dans la réalité, ne dépend d'aucune autre chose et porte en soi sa raison d'être, se dit bien de ce qui n'a pas besoin de condition pour exister, est parfait en soi : *Vérité, beau absolus*. Dieu est l'*Absolu* parce que ses attributs sont *infinis*. **Inconditionné**, chez certains philosophes, syn. d'*absolu*.

Infiniment : → Très.

Infinité : → Quantité.

Infirme : ¶ 1 → Faible. ¶ 2 → Malade. ¶ 3 *Infirme*, celui chez qui une affection congénitale ou accidentelle gêne ou empêche le fonctionnement de telle ou telle partie de l'organisme : *Un sourd, un boiteux sont infirmes*. **Impotent** (→ Paralytique), infirme, par nature ou par accident, d'un membre dont il ne peut se servir convenablement : *Impotent, puis tout à fait perclus* (S.-S.). **Invalide** marque l'incapacité d'accomplir une fonction par suite d'une infirmité : *Elle est blessée à un point qu'on la croit invalide* (SÉV.); et se dit surtout de celui dont l'âge ou les blessures ont rendu incapable d'accomplir le service militaire : *Vieux soldats invalides* (CHAT.).

Infirmer : ¶ 1 → Affaiblir. ¶ 2 Oter sa force à un argument, à un système. *Infirmer*, montrer le faible de : *Infirmer une preuve*. **Battre en brèche**, fig., attaquer si violemment que toute défense paraît impossible. **Ruiner** marque une action plus totale : *Par ce mot seul je ruine tous vos raisonnements* (PASC.). **Pulvériser** enchérit encore, c'est réduire à néant, à zéro : *Pulvériser un livre* (VOLT.). **Réfuter**, syn. de ces mots, surtout en parlant d'un raisonnement, insiste sur la méthode employée qui consiste à le contredire (→ ce mot) par preuves et arguments. ¶ 3 →. Abolir.

Infirmerie : → Hôpital.

Infirmière, femme qui, dans un hôpital, une clinique, etc., s'occupe en général de plusieurs malades et a reçu un enseignement à cet effet sanctionné par un diplôme. La **Garde-malade** s'occupe en général d'un seul malade, sans avoir forcément des connaissances médicales.

Inflammable : ¶ 1 Qui prend feu. *Inflam-*

mable, terme courant, qui brûle avec flamme, aisément et fort vite, souvent avec l'idée d'un danger d'incendie ou de déflagration : *La poudre inflammable* (Volt.). **Combustible**, terme didactique, qui a la propriété de brûler, en général assez longuement : *Le bois est combustible.* ¶ 2. Au fig. → Impétueux.

Inflammation : → Irritation.

Infléchi : → Courbe.

Infléchir : → Fléchir.

Inflexible : ¶ 1 D'une persévérance invincible dans ses sentiments de dureté ou de sévérité envers les autres (≠ Intraitable, avec qui on ne peut s'accorder). *Inflexible*, terme général, marque la résistance du sujet à quelque influence que ce soit : *Rigueur* (Bour.), *autorité* (Fén.) *inflexibles.* **Inexorable**, inflexible aux prières, à ceux qui demandent grâce : *Son œil suppliait, mais je fus inexorable* (A. Daud.). **Impitoyable** (→ Dur), insensible à la pitié, à la souffrance d'autrui. **Implacable**, inflexible parce qu'il est la proie d'une passion qui ne peut être apaisée : *La violence théorique, calculée, implacable des doctrinaires* (M. d. G.). **Irréductible**, inflexible dans une opposition qu'on ne peut vaincre ni par des sentiments ni par des arguments : *Ennemi irréductible.* ¶ 2 → Constant.

Inflexion : → Son.

Infliger : → Prescrire.

Influençable : → Flexible.

Influence : L'action qu'on exerce sur l'esprit et la volonté d'une personne. *Influence*, terme le plus général, indique une action peu contraignante, plutôt sur l'intelligence, ou à propos d'affaires : *Les Espagnols avaient, sur tous les théâtres de l'Europe, la même influence que dans les affaires publiques* (Volt.). **Autorité**, influence exercée par des hommes ou des choses qu'on respecte et honore : *Autorité d'un père* (Les.); *de l'antiquité* (Pasc.). **Pouvoir**, influence puissante, irrésistible, souvent fondée sur la sensibilité : *Le pouvoir qu'ont les signes matériels, les apparences sur l'imagination de la multitude* (J. Rom.). **Force**, qualité d'une chose qui lui confère autorité, pouvoir : *La force de l'évidence; du préjugé.* **Empire**, pouvoir absolu. **Tyrannie**, empire injuste, souvent arbitraire : *Paul ne se prêterait-il pas à la tyrannie de sa femme au lieu d'établir son empire?* (Balz.). **Mainmise**, fig., influence fâcheuse parce qu'elle tend à être impérieuse, mais surtout à éliminer violemment toute autre influence : *La mainmise d'un homme sur une assemblée* (Acad.). **Emprise** (action de prendre des terrains par expropriation, d'où envahissement), au fig., de nos jours, par un emploi abusif, influence durable, qui s'empare de l'esprit et de la volonté et demeure souvent fort longtemps après qu'elle a été exercée : *Quelle emprise Père exerce encore sur nous tous!* (M. d. G.). **Ascendant**, pouvoir essentiellement inexplicable et fatal, qui a quelque chose de magique et annihile la volonté : *Elle usa de tout son ascendant afin de dominer cet homme* (Balz.). **Prestige**, empire exercé sur l'imagination par ce qui la séduit ou lui fait illusion par sa beauté ou sa grandeur : *Le prestige de mes succès* (Mau.); *d'un maître* (J. Rom.). **Crédit**, influence auprès d'un grand qu'on dirige dans la dispensation de ses bienfaits et, par ext., influence fondée sur la confiance ou sur la faveur : *Le crédit des Jésuites* (Pasc.). **Importance** est surtout relatif à la place que donne dans le monde le fait d'avoir du crédit : *Amis d'importance* (Sév.).

Influencer : → Influer.

Influenza : → Grippe.

Influer sur, en parlant des personnes ou des choses, exercer sur elles une action qui tend à les modifier, souvent d'une façon assez secrète et peu sensible, comme le fluide inconnu qui, émanant des astres, était censé autrefois faire impression sur les hommes : *Le bon goût de la littérature influe comme imperceptiblement sur les autres arts* (L. H.). **Agir sur** marque un effet sans en préciser les modalités. **Influencer** (trans.), agir sur l'esprit et la volonté d'une personne, assez fortement et souvent à dessein, pour la convaincre, l'endoctriner (→ ces mots), la circonvenir (→ Séduire), la décider (à noter qu'*être influencé* sert aussi de passif à *influer*) : *Influencer les esprits, les opinions* (Acad.). **Peser sur**, exercer une influence, voire une contrainte, sur quelqu'un pour l'amener à se déterminer : *Je me reprocherais de peser sur votre choix* (Acad.). **Déteindre sur**, fig. et fam., influer sur quelqu'un au point qu'il imite vos idées, votre tour d'esprit. **Suggestionner**, influencer par la force de la volonté ou par hypnotisme. **Cuisiner**, fig. et fam., influencer quelqu'un longuement et savamment pour l'amener à l'état d'esprit qu'on désire. **Tourner et Retourner**, plus usuel, au fig., influencer, faire passer quelqu'un d'une manière d'être différente : *Tourner tous les esprits* (Acad.). **Se répercuter**, fig., en parlant d'un événement, influer indirectement sur d'autres.

Information : ¶ 1 → Recherche. ¶ 2 → Nouvelle. ¶ 3 → Renseignement.

Informe : → Difforme.

Informer : ¶ 1 → Avertir. ¶ 2 → Apprendre et Déclarer. *Informer de*, adresser un rapport fidèle à quelqu'un sur une chose qui l'intéresse beaucoup : *J'allais vous informer D'un ordre qui d'abord a pu vous alarmer* (Rac.). **Faire connaître**, dire, directement ou par message, une chose jusque-là inconnue qui éclaire sur ce que l'on pense ou peut servir d'indication utile pour une conduite à tenir : *Faire connaître son opinion* (Acad.). **Faire savoir**, plus précis, dire à quelqu'un d'une façon nette et précise, parfois par message, ce qu'on veut qu'il sache afin qu'il en tienne compte (→ Notifier) : La S. N. C. F. *informe* le public qu'elle mettra en service de nouveaux trains pour les vacances, en *fait connaître* les horaires, et *fait savoir* à ceux qui voyagent gratuitement que certains de ces trains leur seront interdits. **Mander,** faire savoir, toujours par message, et souvent de supérieur à inférieur : *Il mande à ses agents que*, etc. (Bos.). On dit plus ordinairement **Écrire. Porter à la connaissance de** se dit parfois par politesse pour *faire connaître*. **Faire part de,** informer d'un événement qui vous intéresse personnellement quelqu'un qui partagera vos sentiments, se dit surtout d'un mariage, d'une naissance, d'un décès. **Donner part,** en termes de diplomatie, faire une communication officielle. **Mettre au courant,** informer quelqu'un de ce qu'il doit savoir pour agir et notamment pour son travail. **Tenir au courant,** informer d'une suite d'événements à mesure qu'ils se déroulent. **Mettre au fait** marque encore plus de précision que *mettre au courant* et se dit d'une chose particulière plutôt que d'un ensemble de choses. ¶ 3 (Réf.) → (s') Enquérir.

Infortune : → Malheur.

Infortuné : → Misérable.

Infraction : → Violation.

Infructueux : → Stérile.

Infus : → Inné.

Infuser : ¶ 1 → Verser. **¶** 2 → Transmettre.

Infusion : → Tisane.

Ingambe : → Dispos et Valide.

Ingénier (s') : → Essayer.

Ingénieux : ¶ 1 → Capable et Habile. *Ingénieux* suppose des trouvailles habiles, originales, qui montrent de l'imagination, des ressources, de l'invention dans un ordre assez moyen : *L'ingénieux Ulysse* (Rac.). **Subtil** ajoute une idée de finesse. **Inventif,** en parlant de l'esprit, marque simplement la facilité à inventer. **¶** 2 → Spirituel.

Ingéniosité : → Habileté.

Ingénu : → Simple.

Ingénuité : → Simplicité.

Ingérer : ¶ 1 → Avaler. **¶** 2 (Réf.) → Intervenir et (s') Introduire.

Ingrat : ¶ 1 *Ingrat* a rapport au cœur qui repousse par perversité les sentiments que devrait lui inspirer un service reçu. **Oublieux** implique simplement l'oubli, par l'esprit, d'un bienfait reçu. **¶** 2 → Stérile. **¶** 3 → Désagréable. **¶** 4 → Difficile.

Ingratitude, Oubli : → Ingrat. **Méconnaissance** dit moins qu'*ingratitude* et marque simplement qu'on ne sait pas reconnaître ce qu'on doit à quelqu'un.

Ingrédient, tout ce qui entre dans une composition quelconque et spéc. dans un mets. **Assaisonnement** (→ ce mot), ingrédient qui rend les aliments agréables en leur donnant de la variété : *Le beurre est un ingrédient; le sel, un assaisonnement*.

Inguérissable : → Incurable.

Ingurgiter : → Avaler.

Inhabile : → Maladroit.

Inhabileté : → Maladresse.

Inhabité, terme géographique, se dit d'un lieu où il n'y a pas d'habitants, sans idée accessoire ni rapport avec un état antérieur : *Les anciens étaient persuadés que les terres de la zone torride étaient inhabitées* (Buf.). **Déshabité** (rare), où il n'y a plus d'habitants. **Désert** se dit d'un lieu déshabité ou presque parce que ses habitants l'ont abandonné, parfois momentanément, ou inhabité parce qu'il est dépourvu de tout : *Les lieux les plus sauvages et les plus déserts* (B. S.-P.). **Désolé,** désert, vide, inculte, comme ravagé : *L'endroit où il se trouvait était le plus désolé de la Sologne* (A. Four.). **Solitaire** implique l'éloignement du monde en même temps que l'absence d'habitants. **Sauvage,** à la fois *solitaire* et *désert*, avec quelque chose d'affreux, d'inhumain : [L'Ermitage, campagne cultivée près de Paris], *ce lieu solitaire plutôt que sauvage me transportait au bout du monde* (J.-J. R.).

Inhaler : → Aspirer.

Inhérence : → Adhérence.

Inhérent : → Adhérent.

Inhibition : → Défense.

Inhumain : ¶ 1 → Dur et Barbare. **¶** 2 *Inhumaine :* → Insensible.

Inhumanité : → Barbarie.

Inhumation : → Enterrement.

Inimaginable : → Invraisemblable.

Inimitable : → Parfait. *Inimitable*, qu'on ne peut pas imiter à cause de sa perfection. **Non imitable** peut avoir parfois le même sens, mais se dit surtout de ce qui ne doit pas être imité parce que c'est mauvais : *Corneille est inimitable* (L. B.). *Pradon n'est pas imitable* (Lit.). **Non pareil,** sans égal, donc supérieur, excellent, est vx et rare, sauf dans le style soutenu ; on dit plutôt **Sans pareil** et plus ordinairement **Incomparable.**

Inimitié : → Haine.

Inintelligent : → Stupide. *Inintelligent* marque surtout la difficulté à comprendre, à saisir les rapports entre les choses et à s'adapter aux fins que l'on veut atteindre, parce que l'esprit a un développement inférieur à la moyenne : *Un élève inintelligent ne sait pas utiliser ce qu'on lui apprend.* **Obtus** (→ Pesant) implique un manque de pénétration et de la difficulté ou de la lenteur à concevoir, à saisir nettement : *Un esprit obtus ne reçoit que des aperceptions confuses* (Gi.) ; **Borné,** des capacités limitées qui ne permettent de comprendre que peu de choses : *Législateurs bornés qui n'ont consulté que leurs préjugés et leurs fantaisies* (Mtq.). **Étroit** ne dit que de l'esprit, incapable d'arriver à des vues générales et larges, avec souvent une certaine intolérance à l'égard de ce qu'il ne comprend pas : *Génie étroit qui ne voit les choses que par parties et n'embrasse rien d'une vue générale* (Mtq.). **Rétréci,** rendu étroit, est rare : *Têtes rétrécies par le fanatisme* (Did.). **Racorni,** fig., suppose une intelligence diminuée, rétrécie par abrutissement. **Bouché,** fam., qui ne comprend rien ou pas grand-chose. **Fermé** implique que l'esprit n'est pas fait pour comprendre ou pour admettre certaines choses sans pour autant être inintelligent : *Voltaire était fermé à la métaphysique.* **Opaque,** fig., appliqué à l'esprit, implique qu'il est presque fermé à certaines idées. **Acéphale** (sans tête) se dit parfois par mépris d'un homme inintelligent. **Arriéré,** terme de médecine, se dit d'un enfant dont le développement intellectuel est en retard.

Inintelligible : Insaisissable à notre esprit. *Inintelligible* (→ Entendre, comprendre, concevoir) ne se rapporte qu'au sens des mots, à l'expression : *Les ouvrages dont les titres étaient pour eux inintelligibles* (Flaub.). **Incompréhensible** (→ Obscur) a rapport à la nature des choses trop difficiles ou trop obscures pour que notre esprit puisse en avoir une idée claire : *Dieu est incompréhensible* (Pasc., Volt.). **Inconcevable** se dit de ce qui est si extraordinaire que notre esprit ne peut pas se représenter son existence : *Le chaos de l'univers m'est plus inconcevable que son harmonie* (J.-J. R.). Une conduite *incompréhensible* est inexplicable ; une conduite *inconcevable* est incroyable.

Ininterrompu : → Continu.

Inique : → Injuste.

Iniquité : ¶ 1 → Injustice. ¶ 2 → Dérèglement.

Initiale : → Majuscule.

Initiateur : → Innovateur et Maître.

Initiation : → Réception et Instruction.

Initiative : ¶ 1 → Proposition. ¶ 2 → Décision.

Initier : ¶ 1 → Recevoir. ¶ 2 → Instruire.

Injonction : → Commandement. Ordre exprès et impératif. *Injonction,* ordre auquel il est indispensable d'obéir, quelle que soit la répugnance qu'on y éprouve : *Six parlements furent institués avec injonction de rendre gratis la justice* (Volt.). **Ukase** (mot russe, édit autocratique du tsar), fam., injonction qui est un acte d'arbitraire. **Sommation,** signification faite à quelqu'un, dans les formes établies, qu'il ait à faire telle ou telle chose, sans que ce soit un ordre, car elle est fondée sur la loi ou sur la puissance, mais non sur l'autorité. **Mise en demeure,** sommation d'avoir à remplir une obligation. **Ultimatum,** terme de diplomatie, dernières conditions d'une négociation dont l'inacceptation entraîne la guerre, par ext. toute sommation avec menaces et à laquelle il faut obéir dans un délai fixé. **Impératif,** terme de philosophie, commandement obligatoire de la loi morale qui découle nécessairement de la façon dont la raison humaine la conçoit : *Impératif catégorique.*

Injure : ¶ 1 → Tort et Dommage. ¶ 2 → Offense. ¶ 3 *Injure,* parole, toujours adressée à une personne, dont le sens est outrageant : *Celui-ci ayant soutenu que des armures dispensaient d'être brave, l'autre avait pris cela pour une injure* (Flaub.). **Invectives,** surtout au pl., reproches dirigés contre les personnes ou les choses morales et surtout outrageants par la façon passionnée dont ils sont proférés : *Violentes invectives dont le style aigre et passionné n'est propre qu'à aliéner les esprits* (L. H.). **Grossièretés,** surtout au pl., injures qui blessent la politesse, le respect qu'on doit à la décence. **Infamies,** toujours au pl., paroles injurieuses à l'honneur, à la réputation. **Vilenie** implique bassesse et méchanceté chez celui qui injurie. **Insulte,** assez rare en ce sens, implique surtout le désir d'humilier devant témoin par des grossièretés, des railleries ou du mépris. **Pouilles,** fam. et plaisant, dans la loc. *chanter pouilles,* reproches mêlés d'injures, ou faits par plaisanterie, ou cocasses par leur véhémence même : *Elle se mit à chanter pouilles à la Hubert avec toute l'éloquence d'une vraie gouvernante* (Ham.). **Sottises,**

pop., injures proférées sans réflexion, sans qu'on se rende compte de leur portée. **Engueulade**, bas, invectives grossières, longues et bruyantes. **Paroles** et plus souvent **Mots**, discours piquants, aigres, offensants qu'on échange avec quelqu'un sans toutefois aller jusqu'aux injures. **Gros mots**, grossièretés : *Des gros mots et des coups* (ZOLA).

Injurier, offenser par une injure, dit plus que **Dire des injures**, qui suppose des paroles injurieuses sans que celui qui les dit ait l'intention profonde d'offenser : *Les amants se disent quelquefois des injures sans s'injurier* (L.). *Injurier* diffère d'**Invectiver**, **Insulter**, **Chanter pouilles**, **Engueuler** comme les noms correspondants (→ Injure). **Agonir**, fam. et toujours suivi d'un complément circonstanciel, accabler d'injures, de reproches, de malédictions : *Agonir de sottises*.

Injurieux : ¶ 1 → Offensant. **¶ 2** → Injuste.

Injuste : ¶ 1 Contraire à la justice. *Injuste* se dit des personnes et de leurs actions qui violent ce qui est juste ou légitime : *Les complots d'une injuste famille* (RAC.). **Injurieux**, syn. vx d'*injuste*. **Inique** dit plus qu'*injuste*, mais ne regarde que les personnes ou les actions qui violent l'équité, c'est-à-dire les principes de la loi naturelle qui commandent de traiter les hommes comme ils doivent être traités et spéc. de ne pas favoriser les uns aux dépens des autres : *Un droit inique* (BOIL.) *n'est pas fondé sur des principes naturels acceptables. Un juge inique favorise une des parties aux dépens de l'autre.* **Partial** (→ ce mot) marque simplement une faveur pour une personne, un groupe, une opinion qui peut conduire à l'iniquité ou à l'injustice : *Un historien partial* (ACAD.). **¶ 2** → Injustifié.

Injustice, **Iniquité**, **Partialité :** → Injuste. Pour désigner une action contraire au droit, *Injustice* a pour syn. **Passe-droit**, avantage accordé à quelqu'un contre les règlements, d'où iniquité faite aux dépens de quelqu'un en lui préférant celui qui le mérite moins que lui : *Sa nomination a été pour moi un passe-droit* (→ Favoritisme).

Injustifié, dont on ne peut donner le fondement ou la preuve de façon à le rendre légitime ou vrai. **Injuste** dit plus et implique que légitimement la chose devrait être autre qu'elle n'est, qu'on ne la fait que parce qu'on ne veut pas agir avec justice : *Une punition injustifiée est infligée sans raison suffisante*; elle est *injuste* si elle est infligée à celui qui manifestement n'est pas coupable. **Injustifiable**, **Immotivé**, **Illégitime** diffèrent d'*injustifié* comme leurs

anton. de *justifié* (→ Juste). **Arbitraire** qualifie ce qui n'a d'autre fondement que la volonté de la personne qui le fait ou le décide. **Gratuit** enchérit et suppose que la volonté qui prend une décision injustifiée ou arbitraire n'a elle-même ni raison ni motif personnel valable pour se décider : *Mettre un innocent à la Bastille était un acte arbitraire.* Lafcadio, dans *Les Caves du Vatican* de Gide, en se fondant sur le hasard pour assassiner son compagnon de voyage, fait un acte *gratuit*.

Inlisible : → Illisible.

Inné, terme didact., se dit surtout des choses morales que nous apportons en naissant, et, spéc. en philosophie, des principes de la connaissance qui ne sont pas acquis par l'expérience, mais inhérents à notre esprit : *Idées innées* (DESC.). *Paresse innée* (ACAD.). **Natif**, au fig., en parlant de qualités morales, ajoute l'idée qu'on les a conservées telles qu'on les possédait en naissant : *Natives grandeurs* (BAUD.). **Naturel**, qui, au physique et au moral, est conforme au tempérament, aux penchants innés d'un individu ou en est la conséquence, ou s'accorde facilement avec eux, sans être forcément inné, mais par opposition à ce qui est acquis par l'étude : *Une éloquence naturelle* (LIT.). **Congénital**, terme de médecine, qu'on apporte en naissant en parlant de certaines infirmités, qualifie par ext. des dispositions innées, surtout mauvaises : *Timidité congénitale*. **Infus** se dit, parfois avec ironie, des connaissances ou des vertus que l'on possède sans avoir travaillé à les acquérir et qui, sans forcément être innées, semblent avoir été répandues chez un individu, comme la grâce de Dieu qui est proprement *infuse* : *Peu de gens que le ciel chérit et gratifie / Ont le don d'agréer infus avec la vie* (L. F.).

Innocence : → Simplicité.

Innocent : Adj. ¶ 1 → Inoffensif. **¶ 2** → Simple. **¶ 3 N.** → Enfant.

Innocenter : → Excuser.

Innombrable : → Nombreux.

Innommable : → Dégoûtant.

Innovateur, celui qui apporte quelque chose de nouveau dans les usages, les croyances, les idées. **Novateur**, en matière de religion, celui qui veut changer le dogme, a parfois de ce fait un sens défavorable et marque de plus, souvent, la tendance à innover : *Novateurs dont le but est de renverser à leur profit les sociétés* (BALZ.). **Initiateur** implique un enseignement nouveau qui sera transmis, développé : *Au théâtre, Voltaire fut un innovateur et Corneille un initiateur.*

Créateur et **Inventeur** (→ Créer) supposent qu'on donne l'existence à une chose totalement inconnue auparavant.

Innovation : →. Changement.

Inobservance, Inobservation diffèrent comme leurs anton. *Observance* et *Observation* (→ ce mot).

Inoccupé : ¶ 1 → Inactif. **¶ 2** → Vacant.

Inoculer : ¶ 1 Introduire un germe de maladie, un virus dans l'organisme. *Inoculer* marque une action qui peut être accidentelle (un chien enragé en mordant *inocule* la rage) ou volontaire et faite dans une fin thérapeutique : *Inoculer la petite vérole*, ou, absolument, *inoculer*. **Vacciner**, inoculer un virus atténué pour préserver d'une maladie infectieuse. **Immuniser** a uniquement rapport au résultat : c'est rendre insensible aux agents pathogènes par n'importe quel moyen. **¶ 2** Au fig. → Transmettre.

Inoffensif : Qui ne fait pas de mal. *Inoffensif* marque simplement le fait : *La vipère est inoffensive si on lui arrache ses crochets*. **Innocent** marque dans le sujet une absence de malignité, ou dans la chose une inaptitude qui les rendent inoffensifs : *L'agneau est un animal innocent*. **Anodin**, au fig., se dit avec ironie des choses ou des êtres inoffensifs par leur insignifiance : *Couplets, vers, discours anodins* (ACAD.). **Bénin**, terme de médecine, qualifie des maladies qui, sans être inoffensives, ne présentent rien d'alarmant : *Fièvre bénigne* (ACAD.). **Fruste**, en termes de médecine atténué, léger : *Forme fruste d'une maladie* (ACAD.).

Inondation : ¶ 1 → Débordement. **¶ 2** Au fig. → Incursion et Multitude.

Inonder : ¶ 1 *Inonder*, couvrir entièrement d'eau un terrain, un pays. **Noyer**, inonder avec dévastation ou perte de vies humaines : *Champs noyés et abîmés* (SÉV.). **Submerger**, inonder de beaucoup d'eau, d'une façon durable, ou noyer en engloutissant : *Terres inondées pendant un petit temps sans être submergées à demeure* (BUF.). **¶ 2** Au fig. *Inonder* indique la profusion de ce qui se répand : *Inonder de sottises* (VOLT.); *de chaleur, de vie et de lumière* (LAM.). **Noyer** ne se dit que des sentiments pénibles : *Noyer d'amertume* (SÉV.). **Submerger** ajoute une idée d'accablement : *La douleur l'avait submergé* (B. S.-P.). **¶ 3** → Mouiller.

Inopérant : → Inefficace.

Inopiné : → Inespéré.

Inopinément : → (tout à) Coup.

Innopportun : → Déplacé. *Inopportun* se dit de tout ce qui n'est pas convenable aux circonstances de temps, de lieu, à la question dont il s'agit : *S'éterniser dans la chambre aux moments où sa présence est insupportablement inopportune* (M. D. G.). **Intempestif** n'a rapport qu'au temps en parlant de ce qui se fait au moment qui ne convient pas pour le faire : *Visite intempestive* (GI.). **Prématuré**, intempestif parce que fait trop tôt.

Inouï : → Extraordinaire et Nouveau.

In-pace : → Cellule.

Inquiet : ¶ 1 → Remuant. **¶ 2** → Troublé. *Inquiet*, **Alarmé**, qui enchérit, indiquent le trouble de l'âme réfléchissant devant un danger et marquent moins d'émotion qu'**Apeuré** ou **Épeuré** (→ Crainte). **Sur le qui-vive** ajoute à *inquiet* l'idée d'une méfiance perpétuelle chez celui qui s'attend à tout instant à être attaqué. **Anxieux, Angoissé** (→ Transe), vivement et douloureusement inquiet. **Effrayé** marque une grande peur, ainsi qu'**Effarouché, Effaré** (→ Effrayer). **Affolé, Épouvanté, Atterré, Terrorisé** et **Terrifié** enchérissent encore (→ Épouvanter).

Inquiétant se dit de tout ce qui enlève le repos à l'esprit et cause une appréhension justifiée ou non : *J'étais d'ailleurs une espèce de personnage inquiétant pour eux; ils voyaient bien que je n'étais pas à ma place* (J.-J. R.). **Alarmant, Angoissant** (→ Inquiet) enchérissent en parlant des événements. **Effrayant** (→ ce mot) se dit de tout ce qui fait peur. **Menaçant** implique toujours, dans une personne ou une chose, le signe d'un danger réel et prochain : *Guerre menaçante* (J. ROM.). **Sinistre** se dit d'une apparence qui provoque tristesse et horreur et fait naître le pressentiment justifié ou non d'un grand malheur : *Un air de méchanceté sinistre* (LOTI). **Sombre** ne se dit que des choses à venir dans lesquelles l'esprit ne voit ni joie ni espoir : *Sombres perspectives*. **Patibulaire** (digne de la potence) ne se dit que de la mine d'un homme qui, ayant l'air de criminel, est, de ce fait, *inquiétant*.

Inquiéter : → Tourmenter.

Inquiétude : ¶ 1 État de celui qui n'a pas de repos moral. *Inquiétude* implique le plus souvent de l'appréhension ou du souci et parfois une inconstance d'humeur, ou un désir du mieux, qui empêchent de s'accommoder de son état : *Ce léger écœurement devant l'avenir qu'on appelle inquiétude* (CAM.). **Malaise**, au fig., sentiment de gêne, résultant de causes obscures, mais qu'on ressent surtout dans une société où l'on appréhende des mésintelligences ou des troubles latents : *Il y a un malaise général dans ce pays* (ACAD.). Vive ou excessive inquiétude : → Transe. **¶ 2** → Crainte. **¶ 3** → Souci.

Inquisiteur, Inquisitif : → Indiscret.

Inquisition : → Recherche.

Inquisitorial : → Indiscret.

Insaisissable : → Imperceptible.

Insalubre : → Malsain.

Insanité : → Stupidité.

Insatiable : ¶ 1 → Glouton. ¶ 2 → Intéressé.

Inscription : ¶ 1 *Inscription,* **Transcription, Mention, Enregistrement, Immatriculation :** → Inscrire. ¶ 2 Mots écrits ou gravés sur une matière solide et destinés à rester (≠ Écriteau : → ce mot). *Inscription* se dit dans tous les cas et spéc. quand il s'agit de conserver la mémoire d'une personne ou d'un événement, ou d'indiquer la destination d'un édifice : *Il travaille aux inscriptions des arcs et des pyramides* (L. B.). **Plaque,** inscription faite sur une lame apposée quelque part pour commémorer ou renseigner : *Mettre une plaque sur la maison natale d'un homme célèbre.* **Épitaphe,** inscription sur un tombeau. **Épigraphe,** dans l'antiquité, inscription sur un édifice pour en marquer la date, la destination; de nos jours, courte citation inscrite en tête d'un ouvrage ou d'un chapitre pour en indiquer l'esprit. **Exergue,** petit espace réservé dans le champ d'une médaille pour y mettre une inscription. **Épigramme,** chez les Grecs, toutes sortes d'inscriptions, notamment petit poème en vers assez court pour être gravé sur la pierre. **Graffito** (mot italien), inscription ou dessin antique sur l'enduit d'un mur ou sur un ustensile; de nos jours, surtout au pl. *graffiti,* inscriptions ou barbouillages tracés par des passants sur des murs : *Graffiti obscènes.* **Légende,** inscription d'une pièce de monnaie, d'une médaille; ou inscription dans un tableau, pour l'expliquer.

Inscrire : → Écrire. *Inscrire,* écrire un nom ou une chose, sur un registre, une liste, etc., implique le désir de consigner soigneusement et de conserver : *L'agenda où il inscrivait chaque jour ses observations de malade* (M. D. G.). **Transcrire,** copier, inscrire ce qui est déjà écrit : *Transcrire un contrat sur le registre des hypothèques* (ACAD.). *Transcrire sur un carnet ses notes et ses réflexions* (GI.). **Enregistrer,** transcrire sur un registre, et spéc. transcrire, inscrire ou mentionner, dans les registres publics, ce qu'on veut rendre authentique : *Une saisie réelle est nulle, si elle n'est pas enregistrée* (ACAD.). **Mentionner,** inscrire quelques mots qui font connaître l'existence d'une personne ou d'une chose : *Mentionner une proposition au procès-verbal* (ACAD.). **Coucher par écrit** ou **Coucher,** vx, **Porter**

sur ou **Porter dans,** syn. d'*inscrire.* **Immatriculer,** inscrire le nom d'une personne sur un registre où figurent les noms de ceux qui entrent dans un hôpital, une prison, un régiment, ou font partie d'un corps : *Immatriculer un huissier, un étudiant.* **Matriculer,** plus rare, c'est plutôt marquer d'un numéro matricule.

Inscrire en faux (s') : → Contredire.

Insensé : ¶ 1 → Stupide. *Insensé* suppose incapacité à discerner les raisons, les convenances, les conséquences des choses, souvent par passion : *Cette passion devenait insensée* (BALZ.). **Fou** implique plutôt des actes ou des illusions qui passent les bornes, arrivent à l'excès : *Un des plus grands fous que j'aie jamais vu, toujours plein de projets aussi fous que lui* (J.-J. R.). **Déraisonnable** et **Extravagant** marquent plutôt un état passager, *déraisonnable* impliquant un simple manquement à la raison, à la sagesse, *extravagant,* un véritable délire qui conduit à des actions ou à des idées bizarres : *Un conte extravagant, ridicule, importun, cela choque le sens commun* (MOL.). **Absurde** a rapport à la spéculation et se dit de celui qui raisonne entièrement faux ou de ce qui est tellement contre le sens commun que cela ne présente aucun sens pour un esprit raisonnable. **Saugrenu,** fam., ajoute une idée d'étrangeté choquante et ridicule : *Absurde cauchemar, rêve saugrenu* (M. D. G.). **Ridicule,** très fam., qualifie parfois, par euphémisme, une façon de penser insensée : *Avoir des soupçons ridicules.* — **Inconscient** ne se dit que d'un homme qui agit sans se rendre compte de la valeur exacte de ses actions. ¶ 2 → Excessif.

Insensibilisation, abolition de la sensibilité par n'importe quel moyen (hypnotisme par exemple). **Anesthésie** (→ ce mot), insensibilisation médicale.

Insensibilité : ¶ 1 → Apathie. ¶ 2 → Dureté.

Insensible : ¶ 1 → Dur. ¶ 2 → Indifférent. ¶ 3 *Insensible,* qui, par dureté de cœur ou par suite des circonstances, ne peut pas éprouver d'amour : *Une femme insensible est celle qui n'a pas encore vu celui qu'elle doit aimer* (L. B.). **Cruel** et surtout **Cruelle,** qui inflige des tourments par coquetterie, mépris, etc., à la personne qui l'aime. **Inhumaine** implique simplement qu'une femme, sans être insensible ni cruelle, ne répond pas à la passion d'un amant : *Cette aimable inhumaine* (CORN.). ¶ 4 → Imperceptible. ¶ 5 En termes de médecine, *Insensible* se dit du corps malade qui ne perçoit pas les impressions qui seraient douloureuses à l'état normal; **Indolore** et **Indolent,** plus rare, ne se disent que d'une lésion qui ne cause pas de douleur.

Insensiblement : → Lentement.

Insérer : ¶ 1 → Introduire. *Insérer*, introduire une chose dans une autre de façon qu'elle fasse un tout avec elle : *Insérer un bourgeon dans la fente d'une greffe* (ACAD.). **Enchâsser** (→ ce mot), insérer dans un encadrement, se dit par ext. de ce qui paraît inséré naturellement ainsi : *Enchâsser des perles dans de l'or. Les dents sont enchâssées dans les os de la mâchoire* (ACAD.). **Encastrer**, insérer, enchâsser au moyen d'une entaille : *Encastrer un tableau dans un lambris* (ACAD.). **Emboîter**, enchâsser une chose dans une autre qui enserre son extrémité comme une boîte : *La tête de cet os s'emboîte dans la cavité de tel autre* (ACAD.). **Encarter**, terme d'imprimerie, insérer un carton à l'endroit d'une feuille où il doit être. **Intercaler** (→ ce mot), insérer une chose entre deux autres : *Étroites boutiques intercalées entre les façades des vieux hôtels aristocratiques* (PROUST). ¶ 2 *Insérer*, introduire dans un texte, dans un registre, par ext. publier un article dans un journal : *Insérer une lettre dans les registres de l'Académie* (D'AL.). *Prière d'insérer.* **Encadrer**, insérer dans un ouvrage d'esprit, a surtout rapport à la façon dont le passage est amené et habilement disposé : *Cette anecdote est fort intéressante, mais l'auteur l'a mal encadrée* (ACAD.). **Enchâsser**, fig., encadrer de façon à mettre en valeur : *Le prédicateur a enchâssé dans son avant-propos, le plus agréablement du monde, l'histoire d'Artémise* (FÉN.). **Entrelarder de**, fig., fam. et péj., insérer dans un ouvrage trop de vers, de citations, etc. : *Entrelarder son discours d'épigrammes* (ACAD.).

Insidieux : → Trompeur.

Insigne (Adj.) : → Remarquable.

Insigne (N) : → Emblème. *Insigne*, marque distinctive d'un grade, d'une dignité : *Insignes de maréchal de France*. **Décoration**, insigne d'un ordre honorifique : *La décoration de la Légion d'honneur*. **Croix**, décoration à peu près en forme de croix que portent les membres de plusieurs ordres de chevalerie, par ext. *décoration* : *Distribuer des croix* (ACAD.). **Ruban**, syn. de *décoration*, indique alors quelque chose de moins élevé que *croix*. **Ruban rouge** se dit spéc. du ruban que les chevaliers de la Légion d'honneur portent à la boutonnière, tandis que **Rosette** désigne l'insigne des officiers du même ordre. **Médaille**, insigne, en forme de pièce de métal, de certaines décorations ou distinctions honorifiques. **Fourragère**, sorte d'insigne, agrafé à l'épaule et formé d'un pendentif en tresse, que portent les soldats des unités qui ont mérité une décoration collective. **Crachat**,

pop., plaque qui distingue les grades supérieurs dans les ordres de chevalerie.

Insignifiant : ¶ 1 En parlant des personnes : → Terne. ¶ 2 *Insignifiant* se dit des choses qui en elles-mêmes sont sans importance, sans valeur ou sans conséquence : *Paroles insignifiantes* (STAËL); **Indifférent**, des choses que l'on considère comme étant sans intérêt, même si elles en ont en elles-mêmes : *Pour celui qui sait qu'il va mourir, tout devient si indifférent, si étranger* (M. D. G.). **Anodin**, presque insignifiant par incapacité à produire un effet quelconque : *Vers anodins* (ACAD.). **Léger**, au fig., se dit des choses, et spéc. des fautes qui sont peu considérables sans être *insignifiantes* : *Sous le nom d'un fils toute faute est légère* (CORN.). **Véniel**, terme de théologie, léger en parlant d'un péché qui ne fait pas perdre la grâce, et, par ext. dans le langage courant, de petits manquements. **Excusable** a moins rapport que *léger* au peu de gravité de la faute en elle-même, et regarde davantage les circonstances qui permettent de la pardonner.

Insinuer : ¶ 1 → Introduire. ¶ 2 → Inspirer. ¶ 3 (Réf.) → (s') Introduire.

Insipide : → Fade.

Insistance : → Instance.

Insister : → Appuyer.

Insociable : → Sauvage.

Insolence : → Arrogance.

Insolent : → Arrogant.

Insolite : ¶ 1 → Étrange. ¶ 2 → Inusité.

Insomnie : → Veille.

Insondable : → Secret.

Insouciant, qui, parfois par légèreté, ne s'inquiète de rien : *Maris insouciants* (GENLIS). **Insoucieux**, qui ne se soucie pas d'une chose précise : *Un vieux sphinx ignoré du monde insoucieux* (BAUD.). **Sans-souci**, n., personne insouciante. **Optimiste**, qui, par caractère, par philosophie ou après mûre réflexion, trouve que tout est bien, est content de tout et voit l'avenir comme favorable. **Roger-Bontemps** et **Vive-la-joie**, fam., personne de belle humeur qui vit sans aucune espèce de souci.

Insoumis : ¶ 1 En parlant de ceux qui ne reconnaissent pas l'autorité qui gouverne leur territoire, *Insoumis* se dit des peuples, des tribus qui n'ont pas été encore subjugués par cette autorité; **Dissidents**, des tribus qui, dans un pays de protectorat, ne suivent pas le ralliement du chef du pays et demeurent insoumises; **Rebelles**, de ceux qui ne reconnaissent pas l'autorité du gouvernement légitime et se révoltent contre lui; **Partisans**, de ceux qui font une guerre de guérillas contre le gouvernement officiel ou l'occupant, pour le compte d'un autre gouvernement clandestin ou établi à l'étranger; **Résistants** s'est dit pendant l'occupation allemande de tous ceux qui refusaient d'obéir aux occupants. ¶ 2 *Insoumis*, **Déserteur** : → Insoumission.

Insoumission, situation d'un soldat qui n'a pas rejoint son corps dans les délais fixés. **Désertion** dit plus et implique qu'on se soustrait à ses obligations militaires, qu'on abandonne son poste ou qu'on passe à l'ennemi.

Insoutenable : ¶ 1 → Invraisemblable. ¶ 2 → Intolérable.

Inspecter : → Examiner.

Inspection : → Visite.

Inspirateur : → Conseiller.

Inspiration : ¶ 1 → Aspiration. ¶ 2 Au fig. Mouvement de l'âme qui paraît d'origine surnaturelle. *Inspiration*, en théologie, action exercée par Dieu sur l'intelligence humaine, par ext. le fait de penser ou d'agir sans savoir pourquoi, comme si l'on était poussé par une puissance surnaturelle : *Un soldat poussé par une inspiration divine* (Bos.); se dit avec emphase ou ironie quand il s'agit de petites choses, là où l'on dirait ordinairement *idée* : *Avoir la bonne inspiration de prendre un parapluie*. **Illumination,** lumière extraordinaire que Dieu répand dans l'âme, par ext. inspiration subite et géniale qui fait découvrir la vérité : *Turenne paraît agir par des réflexions profondes et Condé par de soudaines illuminations* (Bos.). **Souffle,** la force même qui confère l'inspiration, par ext. influence bonne ou mauvaise qui entraîne à agir : *Le souffle du dieu* (J.-B. R.). **Esprit,** dans le langage religieux, le souffle de Dieu ou sa grâce : *Le fanatique recevait l'esprit* (Volt.). ¶ 3 → Enthousiasme. Don de faire des vers, par opposition à l'art. *Inspiration*, sorte de don mystérieux et sublime qui est conféré par moments au poète, et qui lui permet de créer. **Veine,** qui dit moins, disposition naturelle et permanente, ou au moins durable, pour faire des vers facilement : *Fertile veine* (Boil.). **Verve,** chaleur d'imagination qui anime le poète dans la composition et l'entraîne avec facilité à l'éloquence, à l'esprit, à la fantaisie, se dit aussi pour un orateur ou pour un artiste : *Goiran, en verve, en veine de prophétie* (M. D. G.). ¶ 4 → Conseil. *Inspiration, Insinuation, Persuasion, Instigation, Suggestion* : → Inspirer.

Inspiré, celui qui est ou que l'on suppose possédé du souffle de Dieu, ou, au fig., celui qui agit par inspiration : *Tantôt l'inspirée devinait le passé, tantôt l'avenir* (Volt.). **Enthousiaste** ajoute une idée de frénésie, souvent d'extravagance et parfois d'imposture : *Ce sont les hommes inspirés qui éclairent le peuple, et les enthousiastes qui l'égarent* (D'Al.). **Exalté** renchérit péj. et marque une frénésie dangereuse. **Fanatique,** dans le langage religieux, implique toujours de fausses inspirations : *Gens fanatiques qui croient que toutes leurs rêveries leur sont inspirées* (Bos.); et, dans le langage courant, suppose un attachement exclusif à une idée chez quelqu'un qui n'est pas toujours extravagant ou imposteur : *Un fanatique grouillant d'intelligence. Le contraire de la brute visionnaire* (J. Rom.). **Illuminé,** adj., dans le langage religieux, qui est éclairé intellectuellement ou moralement par le ciel : *Docteurs illuminés par son Saint-Esprit* (Bos.); suppose, au fig., comme in., de fausses inspirations qui abusent : *S'il tient du fanatique, on ne peut même pas le traiter vraiment d'illuminé* (J. Rom.) : → Visionnaire.

Inspirer : ¶ 1 Faire entrer de l'air : *a*) dans ses poumons : → Aspirer; *b*) dans les poumons d'autrui : *Inspirer* implique une opération artificielle quelconque. **Insuffler,** terme de médecine, introduire, à l'aide du souffle ou d'un appareil spécial, un gaz, une poudre dans quelque cavité du corps. ¶ 2 Au fig., *Inspirer*, terme le plus général, faire naître par son influence, ou par sa simple présence, dans le cœur ou dans l'esprit de quelqu'un, un principe d'action, un dessein, une pensée qui se développent ensuite par eux-mêmes : *L'affreux sentiment d'envie que leurs manières m'inspiraient* (Mau.). **Insinuer,** introduire dans l'esprit d'une manière détournée, par adresse : *Il insinuait parfois discrètement que...* (J. Rom.). **Persuader,** faire croire par la puissance de la parole, la séduction des arguments ou la force des raisons, surtout celles du cœur : *Cet heureux don de tout persuader* (Volt.). **Instiguer** (rare, mais *instigation* est très usité), souvent en mauvaise part, pousser à agir, en excitant comme par un aiguillon. **Suggérer,** introduire dans l'esprit une idée, non pas en l'y faisant naître et grandir comme lorsqu'elle est *inspirée*, ni par de longs détours, comme lorsqu'elle est *insinuée*, mais en la communiquant déjà formée, avec prudence, comme par hasard et enveloppée, sans que ce soit tout à fait un conseil, en affectant de laisser l'esprit libre de l'adopter : *Êtes-vous bien certaine de ne pas lui suggérer ce que vous voudriez qu'il avoue?* (Gi.) **Conseiller,** indiquer nettement ce qu'il faut faire. **Imposer,** faire entrer une idée ou un sentiment dans l'esprit et le cœur d'une façon irrésistible : *L'unité des doctrines et des préceptes que* [la science] *déduit des faits constatés et* *qu'elle impose sans violence et cependant d'une façon inéluctable* (BERTH.). **Dicter,** fig., dire à quelqu'un avec précision çe qu'il doit dire ou faire, et, en général, l'obliger à le faire : *Dicter ses réponses à un accusé. La raison nous dicte notre conduite* (ACAD.). **Souffler,** syn. d'*inspirer* dans le style relevé et, plus fam., suggérer des idées toutes faites qui sont accueillies servilement : *J'ai vu des juges d'instruction maladroits souffler sans le vouloir à un enfant un témoignage inventé de toutes pièces* (GI.). **Instiller,** rare, insinuer peu à peu, comme goutte à goutte : *Instiller la jalousie, la haine.*

Instable : → Changeant et Remuant.

Installer : ¶ 1 → Placer. ¶ 2 Mettre dans une dignité, un emploi. *Installer* a rapport à la cérémonie, ou simplement au fait de la prise de possession de l'emploi : *Installer le président d'un tribunal*; **Investir,** aux formalités, aux cérémonies qui confèrent proprement une dignité, une autorité, un pouvoir : *Des princes profanes investissent des évêques avec la crosse et l'anneau* (VOLT.). ¶ 3 (Réf.) → (se) Fixer. Prendre possession d'un nouveau logement. *S'installer,* fam., le disposer commodément pour y être longtemps à son aise, est plus général qu'**Emménager,** y porter ses meubles, ses ustensiles. **Pendre la crémaillère,** festoyer ses amis pour célébrer son installation : *Ils pendaient la crémaillère, installés seulement depuis trois jours* (ZOLA).

Instance : → Requête. *Instance* (souvent au pl.), sollicitation pressante, vive, qui essaie d'emporter la décision par sa force. **Insistance** (toujours au sing.), effort répété, obstiné, qui essaie d'obtenir une décision à la longue.

Instant (Adj.) : → Imminent et Pressant.

Instant (N.) : → Moment.

Instant (à l') : → Aussitôt. Sans faire beaucoup attendre. *A l'instant,* aussitôt, est plus fort que **Tout à l'heure,** vx en ce sens, sans le moindre délai. **Au plus vite,** subjectif, fait penser à une personne qui se hâte ou doit se hâter : *Se retirer au plus vite* (L. F.).

Instantané : → Immédiat.

Instantanément : → Aussitôt.

Instar (à l') : → (à l') Exemple.

Instaurer : → Établir.

Instigateur : → Conseiller. *Instigateur,* celui qui pousse vivement à faire quelque chose : *Cette Société des Nations devrait être l'instigatrice d'une politique et d'une économie internationales* (M. D. G.). **Promoteur,** celui qui est la cause principale, donne la première impulsion, souvent en participant lui-même à l'action : *Le cardinal de Guise, le plus hardi promoteur de*

la Ligue (VOLT.). **Fauteur,** le plus souvent péj., celui qui favorise une action : *Fauteur d'un rapt* (DID.).

Instigation : → Inspiration.

Instiguer : → Inspirer.

Instiller : ¶ 1 → Verser. ¶ 2 → Inspirer.

Instinct : ¶ 1 → Disposition. ¶ 2 → Inclination.

Instinctif : → Involontaire.

Instituer : → Établir.

Institut : ¶ 1 Ce qu'on établit d'une façon plus ou moins durable. L'*Institut* est fondé pour toujours; c'est notamment la règle de vie prescrite à un ordre religieux lors de son établissement et par ext. l'ordre lui-même : *L'institut des Jésuites* (VOLT.). **Institution** implique une fondation moins durable, plus précaire : *Une institution naissante* (ACAD.); mais, de nos jours, *institut* est vx, ne s'emploie plus que dans des sens spéciaux et on ne dit plus guère qu'*institution* pour désigner la chose instituée. ¶ 2 → Association, Assemblée et Faculté.

Instituteur : → Maître.

Institution : ¶ 1 → Établissement. ¶ 2 → Institut. ¶ 3 → Règlement. ¶ 4 → École.

Instructeur, celui qui est chargé d'enseigner aux jeunes soldats l'exercice et le maniement des armes. **Moniteur,** adjoint de l'instructeur chargé plus spécialement de l'éducation physique.

Instruction : ¶ 1 Action de donner à quelqu'un des préceptes, des leçons. *Instruction* a surtout rapport aux connaissances qui forment l'esprit. **Éducation,** en un sens plus large, a rapport au cœur, aux mœurs, à la politesse, parfois même au corps, aussi bien qu'à l'esprit, et se dit aussi pour les animaux qu'on veut rendre dociles ou utiles : *Elle n'avait pas peut-être plus d'instruction, mais elle avait reçu une éducation plus fine* (J. ROM.). *L'éducation des abeilles* (ACAD.). **Formation, Initiation** diffèrent d'*instruction* comme les verbes correspondants : → Instruire. **Enseignement,** action de donner l'instruction dans telle ou telle matière, ou instruction donnée par tel ou tel professeur, suivant telle ou telle méthode : *L'enseignement des mathématiques. Apprécier l'enseignement d'un maître. Enseignement par correspondance.* **Pédagogie,** terme didact., art de donner l'instruction et l'éducation aux enfants. ¶ 2 → Leçon. ¶ 3 → Savoir. ¶ 4 Avis qu'une personne donne à une autre pour la conduite d'une affaire. *Instruction,* souvent au pl., explications, avis ou même ordres, détaillés, écrits ou oraux, donnés par un supérieur à celui qui doit mener quelque affaire : *Suivant les instructions de son grand cousin, il cherche à s'assurer des complices* (GI.); se dit spéc. des ordres et des explications donnés par un gouvernement à son représentant dans une mission. **Directives,** indications générales données par une autorité, et moins détaillées, précises et impératives que les *instructions* : *Directives générales* (J. Rom.); *des autorités* (Cam.). **Consigne,** instruction précise donnée à une sentinelle, un chef de poste, sur ce qu'ils doivent faire ou empêcher; par ext. instruction impérative donnée à un inférieur : *Ces consignes que les initiés se récitaient pour entretenir leur zèle :* « *Écrasons l'infâme* » (J. Rom.). **Mot d'ordre,** terme militaire, mot par lequel les membres d'une troupe se reconnaissent; au fig., consigne donnée aux membres d'une coterie, d'un parti, pour les faire agir de concert : *L'aristocratie anglaise vient prendre à Londres ses mots d'ordre* (Balz.). **Ordre** implique toujours la manifestation de la volonté impérative d'un chef, à propos d'une chose précise, actuelle, avec des dispositions bien déterminées, et l'idée d'une contrainte. **Recommandation,** sans aucune idée de contrainte, implique une exhortation pressante à suivre à la lettre des instructions, des directives ou de simples conseils : *Bernard avait horreur des recommandations, des conseils* (Gi.). **Mandat,** en termes de jurisprudence, acte par lequel on commet le soin d'une affaire à quelqu'un qui s'en charge, spéc. instructions ou directives que les électeurs donnent à leur député : *Mandat impératif.* **Mandement,** instructions ou ordres relatifs à la religion donnés par écrit par un évêque aux fidèles de son diocèse. ¶ 5 → Recherche.

Instruire : ¶ 1 → Apprendre. *Instruire,* faire connaître à quelqu'un un ensemble de choses en lui indiquant ce qu'il doit faire ou au moins en lui fournissant les éléments pour se décider : *Des rebuffades qui m'ont instruit* (Gi.). **Éclairer,** mettre quelqu'un en état de comprendre quelque chose ou de savoir ce qu'il doit faire alors qu'il hésite : *Ses avis m'éclaireront peut-être* (Rac.). **Éclaircir de** (avec un nom de personne pour comp. direct), rare de nos jours, donner à quelqu'un une connaissance claire de ce qui pour lui était obscur ou douteux : *Je veux de tout le crime être mieux éclairci* (Rac.). **Fixer,** instruire quelqu'un de façon à faire cesser ses incertitudes ou ses doutes : *Vous voilà fixé sur votre sort.* **Renseigner,** donner à quelqu'un certains indices qui l'aident à connaître certaines choses, à être éclairci sur certaines personnes : *Renseigner quelqu'un sur le chemin à suivre.* **Édifier,** instruire ou renseigner quelqu'un en le mettant à même d'apprécier une personne ou une chose : *Je veux vous édifier sur le compte de cet individu* (Acad.).

¶ 2 Donner des leçons, des préceptes. *Instruire,* donner des connaissances dans les arts, les sciences, les mœurs, pour former les facultés intellectuelles et préparer à agir : *Il nous faut en riant instruire la jeunesse* (L. F.). **Enseigner** (→ Instruction, enseignement) est vx : *Enseigner les nations* (Bos.). **Élever** (→ ce mot), entretenir un enfant jusqu'à ce qu'il ait acquis une certaine force et l'instruire. **Nourrir,** syn. plus rare et surtout littéraire d'*élever,* a souvent rapport au genre d'instruction qu'on acquiert : *Nourri dans le sérail* (Rac.); *dans la haine du vice* (Acad.). **Éduquer** (néol.) diffère d'*instruire* comme les noms correspondants (→ Instruction). **Former** (→ ce mot) a rapport moins aux connaissances qu'aux habitudes, aux principes qu'on fait adopter de façon à donner une habileté intellectuelle ou manuelle ou certaines qualités morales par l'exemple, l'instruction ou l'éducation : *Platon contribua à former Démosthène* (Roll.). (A noter que l'action de *former* et d'*instruire* peut être faite par des choses : *L'amour forma son cœur* (Volt.). *Instruit par l'expérience.*) **Dresser,** qui se dit surtout pour les animaux, rendre apte à quelque activité par l'accoutumance, d'une façon autoritaire : *Je voudrais qu'on le dressât peu à peu au secret* (Maint.). **Initier,** instruire des rudiments d'une science, ou de choses mystérieuses et compliquées : *Initier les dames dans des mystères dont elles n'avaient point la théorie* (Font.). **Exercer,** dresser ou former le corps ou l'esprit par des mouvements ou un entraînement régulier. **Endoctriner,** donner à quelqu'un une opinion toute faite, syn. péj. d'*instruire* : *Si vous endoctrinez un enfant dans cette science qui donne peu d'idées* (Acad.). **Plier, Rompre, Styler** (→ Habituer), former par l'exercice à certaines habitudes. ¶ 3 → Examiner. ¶ 4 (Réf.) → Étudier.

Instruit : Qui a beaucoup appris. *Instruit* implique surtout des connaissances théoriques : *Il était certainement très instruit, mais il lui paraissait inculte* (Gi.). **Cultivé** ajoute l'idée que l'on a su utiliser des connaissances générales, même si on les a en partie oubliées, pour développer son goût, son jugement, apprendre à penser : *Un bon esprit cultivé est, pour ainsi dire, composé de tous les esprits des siècles précédents* (Font.). **Éclairé** suppose un fonds de sagesse capable de guider, de donner des conseils : *Quoique ce peuple* [les Lacédémoniens] *soit moins instruit que les autres, il est beaucoup plus éclairé* (Barth.). **Savant** (→ ce mot) enchérit sur *instruit.* **Fort** ajoute à *instruit* l'idée d'habileté, de capacité en une matière : *Élève fort en histoire* (Acad.). **Calé** et **Ferré,** syn. fam. et admiratifs de *fort.*

Instrument : ¶ 1 Ce qui sert, dans un art ou une science, à aider l'homme pour quelque opération. *Instrument*, plus noble, se dit pour les arts les plus relevés, et par ext. de tout ce dont on se sert pour arriver à quelque fin au prop. et au fig. : *Instrument de chirurgie. Les instruments de la Passion de Notre-Seigneur.* **Outil** ne se dit que pour les arts où la main seule agit et n'a pas d'emploi au fig. : *On se sert d'outils pour fabriquer les instruments des laboratoires.* **Ustensile**, meuble ou instrument servant aux usages domestiques et à la cuisine, se dit aussi de divers instruments propres à certains arts : *Ustensiles de jardinage* (Acad.). **Appareil** (→ ce mot) suppose quelque chose de plus compliqué, un ensemble de pièces disposées pour fonctionner ensemble. ¶ 2 Au fig. → Moyen.

Insubordonné : → Indocile.

Insuccès : Le fait de ne pas réussir dans une entreprise. *Insuccès* marque simplement le fait, parfois à cause de la difficulté de l'entreprise plutôt que du manque de valeur du sujet : *L'insuccès d'un élève au baccalauréat peut s'expliquer par son état de santé.* **Échec** implique quelque humiliation chez le sujet, des conséquences plus graves et se dit bien d'un insuccès à un examen, dans une action militaire, dans une entreprise où l'on voit ses calculs déjoués : *Le garçon, toujours agresseur, n'a rien à craindre d'un insuccès. En état de mariage un échec est irréparable* (Balz.). **Traverse**, obstacle, empêchement, souvent dû au hasard, qui barre momentanément la route du succès : *Trop fier en ses succès, mais ferme en ses traverses* (Volt.). **Revers**, grave insuccès qui change une situation favorable en une mauvaise, sans impliquer l'idée de perte irrémédiable qu'il y a dans **Défaite** (→ ce mot) qui suppose lutte, combat, et a pour syn. fam. **Pile**. **Faillite**, fig., échec total d'une entreprise, d'une idée, d'un système : *La faillite d'une politique.* **Chute**, mauvais succès d'une pièce de théâtre. **Fiasco**, mot italien, fam., échec total dans la loc. *Faire fiasco.* **Four**, fam., dans la loc. *Faire four* ou *C'est un four*, se dit d'une pièce de théâtre ou d'un livre qui n'obtient aucun succès, d'une entreprise qui échoue, d'une personne qui ne réussit pas : *C'est un four noir* (Acad.). **Veste**, pop., échec d'un candidat à un examen et surtout aux élections.

Insuffisance : → Incapacité.

Insuffler : → Inspirer.

Insulte : ¶ 1 → Injure. ¶ 2 → Offense.

Insupportable : → Intolérable et Difficile.

Insurgé, Révolté, Émeutier diffèrent comme les noms correspondants (→ Insur-rection) et s'emploient comme noms ainsi que **Rebelle** (→ Révolte), **Mutin** et **Séditieux** (→ Émeute), pour marquer une action effective par la force. **Révolutionnaire** (→ ce mot) désigne aussi bien le partisan théorique d'une révolution que celui qui est en train de la réaliser, même lorsqu'il a déjà pris le pouvoir. **Meneur** (n.) ne se dit que du chef d'une sédition, d'une révolte ou simplement d'une intrigue, d'une faction : *Arrêter les principaux meneurs de l'opposition* (Lav.).

Insurrection, avec parfois un sens favorable, action de tout un peuple qui conspire et se lève pour détruire son gouvernement, légitime ou non : *L'insurrection des Pays-Bas contre la domination espagnole.* **Révolte** (→ ce mot) et ses syn. impliquent un assez petit nombre de gens qui se soulèvent, à tort ou à raison, contre une autorité grande ou petite, mais considérée en général comme légitime : *L'esprit de révolte qui les faisait soulever contre leur roi* (Bos.). **Émeute** (→ ce mot) et ses syn. supposent une multitude plus ou moins nombreuse qui agit tumultueusement contre l'ordre plutôt que contre une autorité : *Les émeutes de la Fronde.* **Troubles** (→ ce mot) et ses syn. indiquent l'état d'un pays en proie aux *révoltes* et aux *émeutes.* **Révolution** a surtout rapport au changement qu'entraîne en général l'insurrection de tout un peuple contre son gouvernement légal et parfois la révolte de quelques-uns suivie du consentement de tous, changement caractérisé par le renversement brusque d'un régime politique par la force : *Révolution de palais. La Révolution française.*

Intact : ¶ 1 → Entier. ¶ 2 → Pur. ¶ 3 → Probe. ¶ 4 → Sauf.

Intangible : ¶ 1 → Intouchable. ¶ 2 → Sacré.

Intarissable : → Inépuisable.

Intégral : → Entier.

Intègre : → Probe.

Intégrer : → Associer.

Intégrité : ¶ 1 → Pureté. ¶ 2 → Probité.

Intellect : → Entendement.

Intellectuel : ¶ 1 Adj. → Psychique. ¶ 2 N. *Intellectuel*, par opposition à manuel, se dit surtout de celui qui, par métier, fait travailler son esprit plutôt que ses mains : *Un professeur est un intellectuel.* **Cérébral**, celui dont toute l'activité semble limitée à celle du cerveau, qui ne vit que par l'esprit : *Pascal était un cérébral.*

Intelligence : ¶ 1 → Entendement. ¶ 2 → Capacité. ¶ 3 *Intelligence*, **Pénétration, Sagacité, Perspicacité, Lucidité, Clairvoyance, Compréhension :** → Intelligent. ¶ 4 → Complicité. ¶ 5 → Union.

Intelligence (être d') : → (s') Entendre avec.

Intelligent : ¶ 1 → Capable. **¶ 2** *Intelligent* implique la faculté de bien saisir les rapports entre les choses, leurs principes, leurs causes, leurs motifs, et, dans l'action, d'adapter par réflexion ses moyens à une fin ; en ce dernier sens *intelligent* peut se dire des animaux. En ne parlant que des hommes et sans envisager l'adaptation à l'action, **Pénétrant, Sagace, Perspicace, Clairvoyant** et **Lucide,** qui diffèrent comme les noms correspondants (→ Pénétration), impliquent la faculté de voir et de prévoir à fond les choses telles qu'elles sont ; **Compréhensif** suppose la faculté de saisir la nature intime des êtres et des choses non seulement par l'intelligence, mais encore par l'intuition ou la sympathie : *L'esprit critique est, de sa nature, facile, insinuant, mobile et compréhensif* (S.-B.). **Ouvert** se dit surtout de l'esprit intelligent, vif et curieux. **Raisonnable** diffère d'*intelligent* comme les noms correspondants (→ Entendement).

Intelligible, qui peut être saisi par l'intelligence, à la fois parce que les signes qui l'expriment présentent une signification claire et parce que les choses exprimées ne sont pas obscures ou en contradiction les unes avec les autres : *Endroits* [tirades] *clairs et intelligibles pour les acteurs* (L. B.). *Le système de Ptolémée me paraît net et assez intelligible* (Font.). **Clair** et **Lumineux,** qui enchérit, supposent, dans la chose une absence d'obscurité qui la rend aisément intelligible. **Limpide** se dit surtout du style très intelligible grâce à sa clarté et à sa pureté. **Compréhensible,** parfois employé pour *intelligible,* dit souvent plus et a rapport à la nature de la chose dont on saisit les causes, les motifs et que l'on conçoit telle qu'elle ne pourrait être autrement et que son contradictoire serait absurde : *État d'esprit bien compréhensible* (J. Rom.). **Concevable** suppose simplement que l'esprit peut se représenter la chose, ne la trouve pas impossible. **Accessible,** fig., se dit de connaissances qui ne sont pas trop difficiles pour la capacité moyenne de l'esprit ou qui ont été rendues telles par divulgation : [Voltaire] *rapetisse les grandes choses à force de les rendre accessibles* (Tai.).

Intempérant : → Excessif.

Intempérie : → Mauvais temps.

Intempestif : ¶ 1 → Inopportun. **¶ 2** → Importun.

Intendance : ¶ 1 → Administration. **¶ 2** → Direction.

Intense : → Extrême.

Intensifier : → Augmenter.

Intensité : → Force.

Intention : ¶ 1 → Volonté. **¶ 2** → But.

Intentionnellement : → Volontairement.

Intercaler : → Insérer. *Intercaler,* insérer après coup une chose entre deux autres qui forment une suite, une série : *Intercaler un passage dans un texte.* **Interposer,** terme didact., mettre entre deux choses une troisième chose qui les sépare : *Ce qui est interposé entre l'œil et l'objet peut changer l'apparence de l'objet.* **Interpoler,** insérer, dans un écrit, un mot ou une phrase, par erreur ou par fraude : *Lignes interpolées par une fraude très maladroite* (Volt.).

Intercéder : → Intervenir.

Intercepter : ¶ 1 → Interrompre. **¶ 2** → Prendre.

Intercession : → Entremise.

Interdépendance : Dépendance réciproque. *Interdépendance* se dit surtout des choses : *L'interdépendance des lettres et des arts.* **Solidarité,** en parlant des personnes et des choses, ajoute l'idée que les unes ne peuvent être heureuses ou se développer que si les autres le peuvent aussi : d'où souvent l'idée d'un devoir, d'une aide apportée par chacun à l'ensemble : *Les répercussions des guerres prouvent nettement l'interdépendance des nations, mais leur solidarité ne sera effective que le jour où chaque nation aura compris ses devoirs envers la collectivité.*

Interdiction : ¶ 1 → Défense. **¶ 2** → Déchéance.

Interdire : ¶ 1 → Défendre. **¶ 2** → Empêcher. **¶ 3** → Fermer.

Interdit : ¶ 1 N. → Anathème — Part. et adj. **¶ 2** → Défendu. **¶ 3** → Surpris et Déconcerté. Ne sachant que dire ni quelle attitude prendre par suite du trouble de son esprit. *Interdit* marque surtout l'impossibilité de dire un mot : *D'où vient, prince, que vous ne dites mot et semblez interdit?* (Mol.) ; et appliqué à l'attitude dit moins que **Sidéré,** fam., **Médusé,** fam., et **Pétrifié** → Ébahi). **Foudroyé** marque l'effet de ce qui confond, terrasse : *Foudroyé par un argument.* **Muet** enchérit sur *interdit,* par rapport à la parole, et peut marquer aussi l'effet de la peur, de la honte, de toutes sortes de causes morales : *Muette sous le coup de l'émotion* (Col.). **Interloqué,** plus fam. qu'*interdit,* se dit lorsqu'on a la parole coupée par la surprise causée en général par une chose assez peu grave : *Cette plaisanterie m'a interloqué* (Acad.). **Pantois,** interdit et penaud : *Pantois et confus* (Volt.).

Intéressant se dit des personnes et des choses qui fixent l'attention, excitent la curiosité et parfois aussi touchent, émeuvent le cœur : *C'est là le plus intéressant puisque c'est le plus difficile* (Gɪ.). *Intéressant comme un roman* (Gɪ.). **Attachant** et surtout **Captivant** (→ Attirant) enchérissent et impliquent un intérêt soutenu, avec souvent l'idée d'un plaisir plus spontané, inexplicable, et moins de curiosité intellectuelle : *Un roman policier sera intéressant par sa technique pour celui qui fait une étude sur le genre, et captivant ou attachant pour celui qui le lit par plaisir.* **Passionnant**, en parlant des choses seulement, enchérit en impliquant un intérêt très vif, exclusif et exaltant : *L'histoire devient passionnante au point qu'on en rêve la nuit* (J. Rom.). **Palpitant**, fam., très passionnant au point de bouleverser la sensibilité : *Un passage palpitant de ce roman* (Acad.). **Curieux**, intéressant par sa nouveauté, sa rareté (→ Curiosité). **Intrigant,** curieux par quelque chose d'embarrassant, d'énigmatique. **Piquant**, intéressant par quelque chose de vif, d'inattendu qui excite l'esprit.

Intéressé : → Avare. *Intéressé*, qui a, dans tout ce qu'il fait, son profit particulier en vue, d'où âpre au gain, incapable d'agir autrement que pour gagner : *Avide, intéressé, peu délicat* (Balz.). **Avide**, qui a un grand désir d'acquérir les biens terrestres et d'en jouir brutalement : *Hommes avides qui se revêtent de toutes les conditions pour en avoir les avantages* (L. B.). **Cupide**, de nos jours, qui a un grand désir de l'argent : *Un administrateur cupide* (Lɪᴛ.). **Convoiteux**, qui désire d'une façon immodérée et illicite, souvent secrète, tous les biens terrestres, même ceux d'autrui : *Convoiteux de richesse* (Lɪᴛ.). **Insatiable**, dont l'avidité, la cupidité, la convoitise n'ont aucune limite. **Mercenaire** (→ ce mot), intéressé au point de faire tout ce que l'on veut, de se laisser corrompre, pour de l'argent.

Intéresser : ¶ 1 → Concerner. Être de quelque importance pour quelqu'un. *Intéresser* marque que la chose concerne quelqu'un ou mérite qu'il y fasse attention : *Vous savez à quel point l'affaire m'intéresse* (Corn.). **Importer** (à l'infinitif et aux troisièmes personnes seulement) indique que la chose est lourde de conséquences : *Et mon trépas importe à votre sûreté* (Corn.). **Chaloir**, vx, s'emploie impersonnellement et dans des loc. négatives comme *Il ne m'en chaut, Peu me chaut*, cela me laisse indifférent. **Faire à**, importer en causant une impression sur quelqu'un, ou en contribuant à quelque chose : *Que me font ces vallons, ces palais, ces chaumières?* (Lam.). *Cela ne fait rien à l'affaire* (Acad.). ¶ 2 *Intéresser*, **Attacher, Captiver, Passionner, Intriguer, Piquer :** →

Intéressant. ¶ 3 → Blesser. ¶ 4 → Associer. ¶ 5 *S'intéresser dans*, prendre un intérêt dans une affaire, y mettre de l'argent. *S'intéresser à*, avoir un intérêt moral, ne pas être indifférent à ; dans le même sens *S'intéresser pour* marque une activité en faveur de quelque chose ou de quelqu'un: *S'intéresser à un jeune homme* (Acad.). *S'intéresser pour l'Église* (Pasc.). *Être intéressé à*, avoir intérêt à une chose, y être obligé, engagé, par le motif de son intérêt : *Tous les citoyens sont intéressés à la prospérité de l'État* (Acad.). **Suivre**, s'intéresser à quelqu'un ou à quelque chose en ne les perdant pas de vue, en se tenant au courant de tout ce qui les touche : *Il suit de près les événements* (M. D. G.). *Suivre un homme dans sa carrière. Suivre le mouvement littéraire.*

Intérêt : ¶ 1 → Profit. ¶ 2 Profit qu'on retire de l'argent prêté ou dû. *Intérêt*, ce profit caractérisé par la somme qu'il représente, avant ou après échéance, ou par son taux par rapport au capital : *Intérêt et principal* (L. F.). *Intérêt de 5 %.* **Denier**, vx, l'intérêt caractérisé par son taux : *Le denier cinq* (Boɪʟ.). **Usure**, autrefois toute espèce d'intérêt que produisait l'argent; de nos jours profit qu'on retire d'un prêt au-dessus du taux légal ou habituel; s'emploie seul au fig. dans la loc. *Avec usure*, en rendant plus qu'on n'a reçu. **Arrérages**, toujours au pl., somme due après l'échéance d'un revenu, d'une rente, se dit aussi des intérêts dus après l'échéance. ¶ 3 → Curiosité. ¶ 4 → Sympathie. *Prendre intérêt à une chose marque sympathie ou attrait.* **Prendre part** dit plus et marque la participation : *Dorante, Lucrèce et Clarice prennent si peu de part à cet amour que le spectateur n'y prend aucun intérêt* (Volt.).

Intérieur : Adj. ¶ 1 *Intérieur*, en des sens très variés, qui est placé, agit ou se passe en dedans et non au-dehors : *Les parties intérieures du corps. Feu intérieur. Sentiment intérieur* (Acad.). **Interne**, terme didact., marque avec précision que la chose est au-dedans, souvent fort éloignée du dehors et parfois cachée : *Angles internes. Structure interne* (Volt.). *Cette mort est si lente et si interne qu'elle est souvent presque aussi cachée à l'âme qui souffre, qu'aux personnes qui ignorent son état* (Fén.). **Intime**, profondément intérieur, désigne aussi bien ce qui est connu du sujet seul (anton. public, extérieur, manifeste) que ce qui tient à l'essence de l'être dont il s'agit, qui en pénètre toutes les parties (anton. superficiel) : *Ô mer, nul ne connaît tes richesses intimes* (Baud.). **Intrinsèque**, terme de philosophie et d'économie politique, qui est propre et essentiel à quelque chose, lui appartient par nature et non par relation avec une autre chose : *La valeur intrinsèque d'une monnaie est l'exacte valeur que lui donne son poids.* **Intestin,** terme didact., qui est intérieur au corps ou à un corps, et au fig. au corps social, à l'État, surtout en parlant de guerres civiles : *Douleur, chaleur, fièvre intestine* (ACAD.). *Guerre intestine* (RAC.). ¶ 2 → Spirituel. — N. ¶ 3 La partie d'une chose qui est par-delà la surface ou la partie apparente. *Intérieur,* la chose même, vue du côté opposé au-dehors ou en son centre. **Dedans** indique un lieu, un espace dans la chose. et, moins noble, se dit souvent de choses assez petites : *L'intérieur de l'Afrique* (BUF.), *d'un État* (D'AL.). *Le dedans d'un pâté* (LES.). ¶ 4 → Maison. ¶ 5 Au fig. *Intérieur,* surtout en termes de dévotion, la partie intime de l'âme : *Aux avis que je vous ai donnés sur votre intérieur* (Bos.). **Fond du cœur** ou **de l'âme,** ce qu'il y a de plus caché, de plus secret, est du langage courant. **Tuf,** au fig., le fond de la nature de quelqu'un par opposition à l'apparence trompeuse : *Volubilité sous laquelle une femme cache le tuf de son esprit* (BALZ.).

Intérimaire : ¶ 1 Adj. → Passager. ¶ 2 N. → Remplaçant.

Interlocuteur : → Personnage.

Interlope : → Suspect.

Interloqué : → Interdit.

Intermède : ¶ 1 → Divertissement. ¶ 2 → Saynète. ¶ 3 Fig. → Intervalle.

Intermédiaire : N. ¶ 1 → Entremise. ¶ 2 Personne interposée. *Intermédiaire* n'implique aucune initiative de la part de la personne interposée qui sert seulement à faciliter les communications : *Il fut leur intermédiaire pour cette correspondance* (ACAD.). **Entremetteur** implique une activité et, de nos jours péj., se dit de celui qui sert les intrigues de la galanterie ou de louches combinaisons : *Le bossu faisait le personnage d'entremetteur* (LES.). **Truchement,** au fig., intermédiaire qui parle à la place d'un autre, fait connaître ses intentions : *Le ministre chrétien est le truchement entre Dieu et l'homme* (CHAT.). **Médiateur, Intercesseur** diffèrent d'*intermédiaire* comme *médiation* et *intercession* d'*intermédiaire* (→ Entremise). **Négociateur** ajoute à *médiateur* l'idée de pourparlers, pour obtenir des concessions de deux parties entre lesquelles on veut ménager un accommodement. **Procureur,** celui qui agit au nom de quelqu'un qu'il représente, a des emplois plus tech., pour désigner certaines charges, et aussi plus anciens et plus nobles que son syn. **Mandataire. Prête-nom,** celui qui prête son nom dans quelque acte où le véritable contractant ne veut pas paraître. **Homme de paille,** syn. fam. et péj.

de *prête-nom* et parfois d'*intermédiaire*. **Médium,** celui qui passe pour servir d'intermédiaire entre les vivants et le monde des esprits. ¶ 3 *Intermédiaire,* dans le langage commercial, celui qui s'interpose dans les transactions, ou celui qui agit pour le compte de quelqu'un. **Commissionnaire,** intermédiaire commercial qui fait des affaires pour le compte d'un commerçant : il est dit **Mandataire,** s'il agit ouvertement au nom de celui-ci en vertu d'un mandat, d'une procuration; **Ducroire,** s'il contracte en son nom et sous sa propre responsabilité quoique pour le compte du commerçant. **Courtier,** intermédiaire commercial qui s'entremet, moyennant une prime, mais sans jamais contracter lui-même ni en son nom ni au nom d'une des parties. **Agent,** celui qui fait les affaires d'une personne, d'une société, de l'État, avec moins de liberté que le *commissionnaire* et n'est souvent qu'un salarié : *Agent d'assurances.* **Facteur,** syn. vx d'*agent de commerce* : *Les facteurs de la Compagnie des Indes.* **Fondé de pouvoir,** personne dûment autorisée à agir au nom d'une autre ou d'une société dans les affaires d'intérêt : *Des héritiers ont un fondé de pouvoir.* — **Représentant** (→ ce mot), en termes de commerce parfois syn. de *mandataire,* désigne surtout celui qui recueille des affaires pour une maison de commerce, pour une fabrique et qui se distingue de l'*intermédiaire* par le fait qu'il n'a pas pour mission de s'entremettre, mais seulement de tenir la place de quelqu'un. ¶ 4 En un sens péj., *Intermédiaire,* celui qui, sans rien produire, s'interpose dans les transactions et fait augmenter les prix, a pour syn. **Maquignon,** fig., intermédiaire louche aux profits plus ou moins illicites (→ Trafiquant). ¶ 5 → Transition. — ¶ 6 Adj. → Mitoyen.

Interminable : → Long.

Intermittence : → Interruption.

Intermittent, terme didact., qui s'arrête et reprend par intervalles : *Source, fièvre, pouls intermittents* (ACAD.). **Discontinu,** terme commun, qui n'est ni continu ni continuel, qui présente une solution de continuité ou s'interrompt pour un temps, d'une façon irrégulière : *Bruits discontinus* (ACAD.). **Larvé,** terme de médecine, se dit d'affections intermittentes et se développant anormalement : *Épilepsie larvée.*

Internat : → Pension.

Interne : N. ¶ 1 → Médecin. ¶ 2 → Pensionnaire. — ¶ 3 Adj. → Intérieur.

Interné : ¶ 1 → Fou. ¶ 2 → Prisonnier.

Interner : → Enfermer.

Interpellation : → Sommation.

Interpeller : ¶ 1 Adresser la parole à quelqu'un pour lui demander quelque chose. *Interpeller* implique une façon de parler plus ou moins brusque qui a l'air de sommer de répondre. : *Il interpellait Dieu* (MAU.). **Sommer,** interpeller pour mettre en demeure de faire quelque chose. **Apostropher,** interpeller brusquement, vivement, d'une façon parfois mortifiante. **Appeler** (→ ce mot), demander à quelqu'un de venir en se servant de la voix ou d'un signe quelconque, n'implique aucune idée de brusquerie : *Appeler ses gens* (MOL.). **Héler,** en termes de marine, appeler au moyen d'un porte-voix; par ext., dans le langage courant, appeler de loin, souvent en se servant de ses mains comme porte-voix : *Il ne vit qu'une bergère à l'horizon. Il eut beau la héler... elle disparut sans l'entendre* (A. FOUR.). **Évoquer,** terme de rhétorique, apostropher les Mânes des héros ou faire une prosopopée. ¶ 2 → Demander.

Interpoler : → Intercaler.

Interposer : ¶ 1 → Intercaler. ¶ 2 (Réf.) → Intervenir.

Interprétation : ¶ 1 Façon de voir les choses. *Interprétation,* jugement qu'on porte sur la nature des choses, des événements, d'après les indices fournis par les faits. **Version,** façon de rapporter ce qui s'est passé : *Les témoins d'un événement historique peuvent en donner plusieurs versions*; quand les historiens se sont mis d'accord sur l'authenticité de certains faits, ils peuvent en proposer des *interprétations* différentes. ¶ 2 → Explication et Traduction. ¶ 3 → Jeu.

Interprète : ¶ 1 → Traducteur. ¶ 2 → Acteur. ¶ 3 → Porte-parole.

Interpréter : ¶ 1 → Expliquer et Traduire. ¶ 2 → Jouer.

Interroger : ¶ 1 → Demander. ¶ 2 → Examiner.

Interrompre : ¶ 1 Faire qu'une action ou un ouvrage cesse pour un temps. *Interrompre* se dit pour les actions d'autrui, **Discontinuer,** pour ce qu'on fait soi-même. Si *interrompre* se dit ce dernier sens, c'est avec l'idée qu'on obéit à une contrainte extérieure tandis que *discontinuer* marque une action faite de soi-même : *Un enfant discontinue ses études faute de persévérance; un autre interrompt ses études à cause d'une maladie* (L.). **Suspendre** marque que la reprise toujours éventuelle de l'action ou de l'ouvrage interrompus dépend d'un événement à venir ou d'une décision qui fixe ou fixera une date : *La séance est interrompue par un incident, suspendue par le président. On interrompt un travail pour prendre des vacances,* on le *suspend* si celui qui l'avait commandé n'a plus l'intention de l'accepter. **Cesser** n'implique pas nécessairement la reprise de l'action ou de l'ouvrage volontairement abandonnés, mais peut être syn. d'*interrompre* lorsque cette reprise est évidente : *Cesser son travail pour aller déjeuner.* **Arrêter,** cesser de faire : *Arrêtez de parler pour reprendre haleine.* **Couper,** fig., interrompre ce qui paraît avoir un cours, communication, courant, occupations : *Un défilé de jupes et de coiffures coupées par le noir d'un habit* (ZOLA). *Couper la parole à quelqu'un.* **Entrecouper,** interrompre, couper par divers endroits : *De grands sanglots entrecoupaient ses phrases* (GI.). **Hacher,** interrompre d'une façon répétée, se dit surtout des paroles : *Discours haché d'interruptions.* **Troubler,** interrompre d'une manière désagréable le cours paisible d'une action : *Mais quelqu'un troubla la fête* (L. F.). **Rompre,** fig., interrompre brusquement, se dit surtout d'une conversation. **Proroger,** suspendre les séances d'une assemblée et en remettre la continuation à un certain jour. ¶ 2 Rompre la continuité d'une chose. *Interrompre,* rare, marque le fait, n'implique pas une action volontaire et suppose souvent un obstacle : *Les obstacles qui interrompent le cours d'un ruisseau* (ACAD.). **Couper** implique souvent une action volontaire ou accidentelle, faite en passant à travers, en croisant, en rendant impraticable : *Il fait signe aux siens de couper le chemin* (FÉN.). **Barrer,** couper en mettant un obstacle transversal : *Barrer une rue.* **Intercepter** ne se dit pas de la chose elle-même, mais de son cours que l'on interrompt en le détournant ou en l'arrêtant au passage : *On coupe les voies de communication des ennemis en les occupant ou en les rendant impraticables, on intercepte leurs communications par des coups de main qui les rendent difficiles.*

Interruption : Cessation d'une chose qui reprend ou continue ensuite. *Interruption,* terme commun, se dit de l'espace comme de la durée et marque quelque chose d'accidentel, de brusque, qui n'a rien de régulier ni de périodique : *L'interruption du commerce* (VOLT.). **Cessation, Arrêt** diffèrent d'*interruption* comme les v. correspondants d'*interrompre* (→ ce mot). **Intermittence,** terme didact., n'a rapport qu'à la durée et implique, pendant un certain temps, des interruptions et des reprises se reproduisant par intervalles : *Dans les intermittences de son angoisse* (FLAUB.). **Intermission** ne se dit guère qu'en médecine de l'intervalle qui sépare les accès d'une affection intermittente, et par ext. de ce qui discontinue fort peu de temps : *Intermission de la fièvre de l'âme*

(Chat.). **Discontinuité,** interruption dans le cours ou l'action d'une chose qui vient d'elle-même et non d'une cause extérieure : *Cette guerre a duré cinq ans sans discontinuité.* **Coupure,** interruption apportée au cours d'une chose, ou retranchement d'une des parties qui assurait sa continuité : *Coupure de courant électrique. Faire des coupures dans un ouvrage.* **Saut,** fig., terme de philosophie, interruption dans la marche continue et graduelle des phénomènes : *La nature ne fait pas de sauts.* **Solution,** coupure, séparation des parties qui forment une suite, ne se dit guère que dans la loc. *Solution de continuité.*

Interstice : → Espace.

Intervalle : ¶ 1 → Espace. ¶ 2 *Intervalle,* distance d'un temps à un autre. **Entracte,** intervalle qui dans la représentation d'une pièce de théâtre sépare un acte de l'autre, se dit parfois par ext. de l'intervalle pendant lequel on interrompt une action : *Il y a des entractes dans nos conversations* (Sév.). **Intermède,** au fig., intervalle de temps qui fait diversion entre deux événements de même nature : *Le Premier Empire fut une suite de guerres avec de courts intermèdes* (Acad.).

Intervenir : ¶ 1 Prendre part à une action déjà commencée. *Intervenir,* entrer dans une affaire pour quelque raison que ce soit, et spéc. agir comme médiateur, ou par la force, pour soutenir une des parties : *La France intervint en Syrie pour la protection des Maronites* (Acad.). **Se mêler de,** plus fam., intervenir dans une affaire qui souvent ne nous regarde pas ou nous est étrangère : *Cette affaire se fera à moins que le diable ne s'en mêle.* **S'ingérer,** intervenir sans en avoir le droit, l'autorisation, sans en être requis : *S'ingérer dans les intrigues et les intérêts du siècle* (Bour.). **S'immiscer,** s'ingérer dans les affaires d'autrui, généralement pour y jeter le trouble ou pour y chercher quelque intérêt : *S'immiscer illégalement dans l'administration du pays* (Acad.). **Mettre, Fourrer son nez dans,** fam., se mêler indiscrètement de ce où l'on n'a que faire. **Mettre la main à,** intervenir dans une affaire pour l'activer, la mener à bonne fin. **Entrer en danse,** fam., intervenir dans une affaire dont on était jusque-là simple spectateur : *Obliger les plus indifférents à entrer en danse* (S.-S.). **S'entremettre,** intervenir comme intermédiaire pour assurer le succès d'une affaire : *M'entremettre d'affaires, me rendre serviable aux gens* (Mol.). **S'entremêler** est très rare en ce sens. **S'interposer,** intervenir entre des personnes pour les séparer, et le plus souvent pour éviter entre elles une querelle en servant de médiateur : *Il voulait se battre,* *tous s'interposaient* (Flaub.). **Intercéder,** intervenir en faveur de quelqu'un en sollicitant pour lui auprès d'un tiers quelque bien ou en lui épargnant quelque mal : *Ce recours à l'oiseau ne fut pas inutile, Jupiter intercède* (L. F.). **Parler pour,** intervenir, intercéder en paroles pour quelqu'un. ¶ 2 → (se) Produire.

Intervention : ¶ 1 *Intervention,* **Ingérence, Immixtion, Entremise** (→ ce mot) diffèrent comme les v. correspondants : → Intervenir. **Intrusion,** le fait de s'introduire quelque part contre le droit ou les formes, n'est syn. de ces mots que lorsque cette action est par elle-même une sorte d'*ingérence* ou d'*immixtion.* **Incursion,** fig., sans nuance péj., brève intervention dans un domaine, surtout intellectuel, qui ne nous est pas familier : *Ce philologue a fait quelques incursions dans le domaine de la poésie.* ¶ 2 → Opération.

Intervertir : → Transposer.

Interview : ¶ 1 → Conversation. ¶ 2 → Article.

Intestin (Adj.) : → Intérieur.

Intestin (N.) : → Viscère.

Intime : ¶ 1 → Intérieur. ¶ 2 → Étroit. ¶ 3 → Ami.

Intimer : → Notifier.

Intimider : Enlever à quelqu'un toute hardiesse pour agir. *Intimider* a rapport à la cause; c'est enlever à quelqu'un toute confiance en soi en lui causant une appréhension qu'il peut d'ailleurs cacher : *Un juge implacable Qui sur son tribunal intimide un coupable* (Volt.). **Troubler** a rapport à l'effet qui consiste à provoquer un désordre sensible dans l'esprit et dans l'attitude, pour n'importe quelle raison : *Ton auguste présence, Troublant par trop d'éclat sa timide éloquence* (Boil.).

Intimité : → Amitié.

Intituler (s') : → (se) Qualifier.

Intolérable : Qu'on ne peut souffrir. *Intolérable,* qui, du point de vue moral, paraît illicite et révolte notre conscience : *Scandale intolérable* (Mol.). **Insupportable,** qui est douloureux, accablant, révolte notre sensibilité : *Puanteur insupportable. Intolérable* enchérit, en ce sens, en impliquant une douleur si atroce qu'il semble qu'elle ne devrait pas être permise. **Infernal,** fam., insupportable comme les tourments de l'enfer : *Bruit infernal* (Marm.). **Insoutenable** se dit surtout de ce à quoi notre énergie ne peut résister : *L'aspect insoutenable de la mort* (Buf.); et parfois simplement de ce qui est extrêmement choquant en parlant des personnes et des choses : *Vanité insoutenable* (Acad.).

Intolérance, disposition à ne pas souffrir, dans la pratique, d'autres idées religieuses ou politiques que les siennes, dit moins qu'**Intolérantisme,** système de conduite rationnel et spéculatif fondé sur l'intolérance : *Le monstre de l'intolérantisme* (VOLT.). : → Fanatisme.

Intolérant : → Fanatique. Qui ne veut souffrir aucune autre opinion que la sienne. *Intolérant* ne précise pas la raison. **Étroit,** qui ne se dit que de l'esprit, implique simplement l'intolérance relative de celui qui a peu d'intelligence et n'admet pas ce qu'il ne comprend pas.

Intonation : → Son.

Intouchable, terme commun et fam., au prop. et au fig., qu'on ne peut toucher, pour n'importe quelle raison : *Les parias de l'Inde étaient intouchables. Chèque intouchable.* **Intangible,** terme didact., qui échappe au sens du toucher : *Quelque chose de plus intangible qu'un atome d'élément* (VOLT.); au fig., qui ne doit pas être touché, changé, doit rester intact : *Principes intangibles.* **Impalpable,** plus commun et plus usuel, se dit, au prop. seulement, des choses concrètes si déliées qu'elles ne font pas d'impression sensible au toucher : *La poudre impalpable de verre et de diamant* (VOLT.). **Intactile,** terme didact., qui échappe non seulement au toucher, mais aux quatre autres sens : *L'âme est intactile.*

Intoxiquer : → Infecter.

Intraitable : → Difficile. Avec qui on ne peut s'accorder (≠ Inflexible : → ce mot). *Intraitable,* souvent péj., avec qui on ne peut s'accorder à cause de son humeur difficile, inflexible, ou d'une grande obstination dans ses idées : [Commerçants] *non pas implacables, mais intraitables à l'égard des gens embarrassés* (BALZ.). **Intransigeant,** en un sens plus favorable, implique qu'on n'accepte aucune concession en matière de doctrine, de politique, d'honneur : *Il s'était montré intransigeant, presque dur quand il s'était agi de ce départ* (R. BAZ.). **Irréductible** n'a rapport qu'à la volonté et implique qu'aucun argument ne peut la vaincre et l'amener à transiger : *Ennemi irréductible.*

Intrépide : → Courageux. *Intrépide,* qui, devant un péril certain dont il a conscience, ne tremble pas, par fermeté d'âme : *Intrépide et soutenu d'ailleurs par trois cafés pris avant de venir, il se débattait au milieu des autres* (FLAUB.). **Impavide,** peu usité et plutôt recherché ou ironique, qui ignore la peur, pour n'importe quelle raison, parfois par inconscience du péril. **Crâne,** fam., est surtout relatif à l'attitude de celui qui, intrépide ou non, montre ou affecte de montrer qu'il n'a pas peur.

Intrépidité : → Courage.

Intrigant, qui aime l'intrigue pour elle-même ou en vit : *Jésuite intrigant et grand faiseur de mariages* (HAM.). **Aventurier,** celui qui, étant sans état et sans fortune, ne recourt qu'à l'intrigue, mais aussi aux entreprises hardies et dangereuses pour subsister. L'**Arriviste** se distingue par son but qui est de réussir par toutes sortes de moyens, y compris l'intrigue. **Condottiere,** fig., aventurier qui a toutes les audaces. **Faiseur,** fam., celui qui cherche à se faire valoir, à se donner une importance excessive, pour escroquer, intriguer ou arriver : *Passavant lui paraît moins un artiste qu'un faiseur* (GI.).

Intrigue : ¶ 1 → Agissements. *Intrigue* (ou *Intrigues*), action d'une ou de plusieurs personnes, essentiellement cachée et compliquée, pour faire réussir ou manquer une affaire, dans toutes sortes d'intentions : *Intrigues politiques; matrimoniales* (BALZ.). *Des combinaisons sans même le sombre génie de l'intrigue* (J. ROM.). **Brigue,** action moins cachée et moins compliquée, caractérisée surtout par sa puissance et son but qui est de capter les esprits pour obtenir par faveur, pour soi ou pour un autre, un avantage, une élévation imméritée : *Un prélat par la brigue aux honneurs parvenu* (BOIL.). **Cabale,** réunion de personnes qui essaient par intrigue, mais aussi ouvertement et parfois bruyamment, de s'emparer des esprits pour les porter contre quelqu'un. *La brigue* tend à produire l'élévation, la *cabale* la chute : *Quelle cabale! Tout ça, c'est de la jalousie* (ZOLA). **Complot** (→ ce mot), union secrète entre quelques personnes pour nuire à quelqu'un, marque une action plus directe et plus noire que *cabale,* mais se dit parfois aussi quand il s'agit de faire ensemble le bien de quelqu'un : *Le souper est en quelque sorte un petit complot organisé en faveur de Germaine* (J. ROM.). **Ligue,** péj., coalition, association d'intérêts particuliers pour défendre des intérêts souvent politiques par la *brigue,* la *cabale* ou le *complot* : *Envieux l'un de l'autre ils mènent tout par brigues, Que leur ambition tourne en sanglantes ligues* (CORN.). ¶ 2 → Relation ¶ 3 En littérature, *Intrigue,* au prop. pour une pièce de théâtre et par ext. pour un roman, les différents incidents qui forment le nœud d'une pièce : [Un auteur] *Qui débrouillant mal une pénible intrigue, D'un divertissement me fait une fatigue* (BOIL.). **Action,** dans une épopée, une pièce de théâtre, un roman, le principal événement qui en fait le sujet, et aussi la façon dont cet événement a un commencement, un déroulement, un dénouement liés par des rapports de cause à effet et amenés par plus ou moins d'intrigue : *L'action marchait* (ZOLA). Toutes les comédies ont une *action*, mais seules sont dites comédies *d'intrigue* celles qui amusent par la multiplicité et la variété des incidents qui s'entremêlent · et font avancer l'action. **Imbroglio** (mot italien; en français on disait parfois **Imbroille**), intrigue compliquée, embrouillée et par ext. pièce d'intrigue de ce genre : *Le Barbier de Séville* est un *imbroglio*. **Trame,** au fig., en parlant d'un roman, d'une pièce de théâtre, d'un récit, a surtout rapport à la façon dont sont enchaînés les événements qui en constituent l'intrigue, dont sont ourdis les fils de l'intrigue. **Affabulation,** partie d'une fable qui en dégage le sens moral, de nos jours *trame* ou *intrigue* en tant qu'œuvre d'imagination. **Fabulation,** en ce sens, est plus rare et **Fable** est vx. **Scénario,** de nos jours, canevas de l'intrigue d'une pièce de théâtre, d'un ballet et surtout plan détaillé des diverses scènes qui composent un film cinématographique. **Synopsis,** rédaction abrégée du sujet et de l'action d'un film d'où l'on tire par développement le *scénario.* **Découpage,** division de chaque scène du *scénario* en plans successifs qui peuvent être photographiés d'un seul coup et auxquels on fait correspondre des paroles.

Intriguer : ¶ 1 → Embarrasser. ¶ 2 *Intriguer,* **Briguer, Cabaler, Comploter** : → Intrigue.

Intrinsèque : → Intérieur.

Introduction : ¶ 1 Action d'introduire ou de s'introduire. *Introduction* se dit dans tous les sens du verbe. **Intromission,** terme didact., action par laquelle un corps solide ou fluide s'introduit ou est introduit dans un autre : *L'intromission de l'air dans l'eau* (ACAD.). **Intrusion,** en parlant des personnes, action par laquelle on s'introduit contre le droit ou la forme dans une dignité, une charge, une société. ¶ 2 → Préface. ¶ 3 Partie d'une composition littéraire qui, à son début (et non avant), introduit et fait comprendre le sujet. *Introduction,* surtout dans les ouvrages didact., spéc. les dissertations, partie destinée à amener le sujet, à le poser et à indiquer le plan qu'on va suivre. **Exorde,** terme de rhétorique, introduction d'un discours d'une certaine étendue. **Entrée en matière,** introduction assez libre, familière, se dit bien pour une causerie, un petit discours ou aussi pour des œuvres comme des récits, des poèmes qui commencent librement. Pour les œuvres lyriques, on dit bien **Prélude** par comparaison avec la musique. **Exposition,** dans une pièce de théâtre et par ext. dans un roman, les scènes du début qui nous

renseignent sur les événements antérieurs à l'action et sur les caractères des personnages. **Protase,** terme didact., exposition d'une pièce de théâtre. ¶ 4 En musique : → Prélude.

Introduire : ¶ 1 Faire entrer. *Introduire* se dit pour les personnes et pour les choses. Les autres termes ne se disent que pour des choses : **Engager,** faire entrer une chose dans une autre d'où elle sortira difficilement : *Engager un bateau dans le sable.* **Enfoncer** (→ ce mot), introduire, engager en poussant vers le fond, en faisant pénétrer fort avant : *Enfoncer ses mains dans ses poches.* **Enfourner,** introduire dans le four, par ext. dans une large ouverture, spéc. la bouche ouverte : *Enfourner la cuillère pleine dans la bouche ouverte de l'enfant* (M. D. G.). **Insérer** (→ ce mot), introduire une chose dans une autre de façon qu'elle fasse un tout avec elle, est surtout usité dans des emplois techniques. **Inclure,** introduire une chose dans une autre qui la renferme, n'est guère usité qu'au part. passif souvent précédé de *ci* : *Lettre incluse dans un paquet.* **Fourrer,** syn. fam. et parfois trivial d'*introduire* ou d'*insérer,* se prend en mauvaise part par rapport à ce qu'on introduit, au lieu où on l'introduit, ou à la façon mal à propos dont on le fait : *Fourrer son nez dans ce cahier* (GI.). *Brochures, journaux fourrés de force entre la rangée des volumes et la planche supérieure de l'enfant* (J. ROM.). **Couler,** introduire avec souplesse et insensiblement : *Il m'a voulu couler dans la main cent pistoles* (L. F.). **Glisser,** introduire rapidement une chose qu'on veut parfois cacher : *Cet instant avait suffi pour permettre à l'enfant de glisser dans la poche de son manteau le livre qu'il tenait en main* (GI.). **Insinuer,** introduire doucement et adroitement : *Insinuer une sonde dans une plaie* (ACAD.). ¶ 2 Conduire ou mener quelqu'un avec soi pour le faire connaître à d'autres. *Introduire,* donner accès, faire admettre. **Produire,** donner à quelqu'un, en l'amenant souvent avec soi et en le mettant en valeur, l'occasion de briller : On *introduit* un étranger, on *produit* un homme de talent. **Lancer,** produire quelqu'un dans le monde et l'y pousser en le recommandant, se dit aussi pour les emplois, les affaires, le succès d'un artiste. **Patronner,** lancer et pousser dans le monde en protégeant. **Présenter,** faire connaître dans une société, sans forcément *introduire* : *On présente un ami de passage.* **Servir de parrain** et parfois **Parrainer,** présenter quelqu'un dans un cercle, une société savante et l'y faire admettre en lui servant en quelque sorte de garant. ¶ 3 → Établir. ¶ 4 (Réf.) → Entrer. *S'introduire,* entrer dans un lieu où l'on n'a pas naturellement accès, soit en passant par un passage étroit, soit subrepticement, soit en se faisant admettre par habileté ou audace. **Se glisser**, s'introduire en un lieu prestement et furtivement : *Pour avancer au milieu des groupes, il fallait s'effacer, se glisser en jouant des coudes* (ZOLA). **Se couler** suppose une aisance souple qui fait que le corps épouse la forme du lieu étroit où il passe : *La table massive occupait toute leur demeure. Elle en prenait très exactement la forme et il restait juste de quoi se couler autour pour s'asseoir* (LOTI). **S'insinuer**, s'introduire adroitement, peu à peu, soit dans une société, soit dans la bienveillance de quelqu'un, soit dans l'âme en parlant des sentiments : *A la cour, on se glisse, on s'insinue, on se pousse* (P.-L. COUR.). **S'imposer**, s'introduire avec autorité : *C'était Muffat qui s'imposait, dominait* (ZOLA). **S'impatroniser**, fam. et péj., s'imposer et s'établir comme chez soi en un lieu où l'on gouverne : *S'impatroniser avec une réserve et des façons que le grand Tartufe eût admirées* (BALZ.). **S'incruster**, fig. et fam., s'imposer en un lieu et y rester obstinément. **S'ingérer**, s'introduire dans un milieu, une affaire, sans être demandé, sans avoir qualité (→ Intervenir). **Se mêler dans**, s'introduire dans un milieu, souvent avec une idée d'indiscrétion : *Dans le brillant commerce il se mêle sans cesse* (MOL.). **Se faufiler**, se glisser à travers des obstacles, rapidement, en se faisant mince, ou, péj. et fam., se glisser, s'insinuer dans une société où l'on ne devrait pas avoir sa place : *Il s'est faufilé dans le dernier ministère* (J. ROM.). **Resquiller**, fam., s'introduire à un spectacle sans payer sa place. — **Passer dans**, syn. de *s'introduire* en parlant de choses, notamment des façons de parler, des usages : *Ce mot étranger a passé dans la langue.* **S'acclimater**, fig. en ce sens, s'habituer, s'adapter au milieu nouveau dans lequel on a passé.

Intromission : → Introduction.

Introniser : → Établir.

Introspection : → Observation.

Intrus : → Importun.

Intrusion : → Introduction et Intervention.

Intuition : ¶ 1 Connaissance directe et immédiate d'un objet de pensée. *Intuition*, du langage philosophique, se dit de toutes les connaissances claires et évidentes obtenues sans le secours du raisonnement : [Pour] *adorer sans comprendre, il faut sans doute une intuition et un élan du cœur que je n'ai plus* (LOTI). **Sentiment**, du langage courant, connaissance intuitive, parfois vague, que nous avons de la vérité ou de la valeur de certaines choses : *Le sentiment vague d'une immense duperie* (FLAUB.). **Cœur**, intuition intellectuelle, dans le langage pascalien, ne se dit plus. **Sens**, disposition naturelle, faculté d'avoir le sentiment de certaines choses : *Sens moral. Avoir le sens de la grandeur.* **Tact**, sentiment délicat, en matière de goût, de bienséances, dû à une finesse instinctive : *Le goût est un tact de l'âme* (MARM.). **¶ 2** → Pressentiment.

Inusable : → Résistant.

Inusité : terme commun, contraire à l'usage particulier ou général. **Désusité**, rare, devenu inusité après avoir été en usage; on dit plutôt **Désuet** (→ ce mot). **Insolite**, terme plus didact. et relevé, contraire à une coutume toujours générale, avec, assez souvent, l'idée défavorable de quelque chose d'étrange ou d'inique : *Ces démarches illégales et insolentes autant qu'insolites* (VOLT.).

Inutile : Qui ne sert à rien ou de rien. *Inutile*, se dit des choses qu'on utilise, n'est relatif qu'à l'effet et marque qu'il est impossible à obtenir par ce qu'on emploie pour le produire. **Vain** qualifie les choses, notamment l'activité, qu'on a tort de regarder comme capables d'amener l'effet dont il s'agit et implique une idée de déception : *Je n'ai pas la vaine curiosité d'éclairer des questions inutiles* (J.-J. R.). *Activité que je dis vaine parce qu'elle n'aboutit à rien que d'imaginaire* (GI.). **Superflu** (→ ce mot) se dit des choses qui sont de trop pour produire un effet qui se produira bien sans elles ou qui est déjà produit : *Si* [les livres de morale] *soutiennent les maximes du monde, ils sont superflus et s'ils les combattent, ils sont inutiles* (J.-J. R.). **Oiseux**, toujours péj., se dit surtout des propos inutiles parce qu'ils n'apportent rien à la pensée : *Questions oiseuses* (M. D. G.). **Perdu**, qui demeure sans emploi, dont on ne tire pas de profit : *Et j'ai pitié de voir tant de bonté perdue* (CORN.).

Inutilement : Sans succès. *Inutilement*, objectif, a rapport à l'effet et marque qu'il ne se produit pas. **Vainement** et **En vain**, subjectifs, marquent le désappointement du sujet, *vainement* se disant lorsque le but n'a pas été atteint, *en vain*, lorsqu'il a été atteint, mais sans le fruit espéré : *Le temps est si court qu'il ne faut pas l'employer inutilement* (J.-J. R.). On demande *vainement* une grâce quand on ne peut l'obtenir; on la reçoit *en vain*, quand on l'obtient sans en profiter. **Pour rien** indique l'absence de résultat : *Travailler pour rien.* **Pour des prunes**, *pour rien*, est très fam.

Invalide : → Infirme.

Invalider : → Abolir.

Invariable : → Durable.

Invasion : → Incursion.

Invective : → Injure.

Invectiver : → Injurier. Attaquer violemment en paroles. *Invectiver*, adresser à des personnes ou à des choses morales des reproches injurieux par la façon passionnée, haineuse dont ils sont proférés. **Déclamer** implique de la véhémence, mais non des injures : *Ils parlent, ils déclament, ils invectivent, ils calomnient* (Bour.). **Déblatérer**, fam., parler longtemps et avec violence contre quelqu'un. **Fulminer**, proférer de violents reproches accompagnés de menaces : *Reprocher, menacer, fulminer* (Bour.). **Tempêter**, fam., faire beaucoup de bruit par mécontentement, n'implique pas toujours attaques personnelles ni invectives, mais seulement des cris de fureur : *C'est en vain qu'il tempête et feint d'être en fureur* (Corn.). **Tonner** implique force et véhémence dans un réquisitoire indigné contre des personnes ou des choses, qui est souvent le fait d'une haute autorité morale : *Il tonnait contre la débauche* (Zola). **Pester**, fam., témoigner de la mauvaise humeur par des paroles aigres et emportées : *Tuteur qui peste* (H. de Régn.).

Inventaire : → Liste et Dénombrement.

Inventer : ¶ 1 → Trouver et Créer. ¶ 2 Présenter comme réelle une chose que produit l'esprit et qui est fausse. Alors qu'**Imaginer** implique simplement la création par l'esprit d'une idée, d'un stratagème, d'une histoire, sans qu'on les donne pour réels, *Inventer* indique qu'on produit quelque chose de nouveau et qu'on le donne pour réel sans aucun fondement et parfois involontairement : *Cela fit inventer des contes inouïs sur l'origine du peuple juif* (Bos.). **Controuver**, surtout usité de nos jours au part. passif, implique une recherche et une machination toujours volontaires, pour inventer et concerter, et parfois simplement exagérer des faits dans un dessein odieux : *Une histoire controuvée, une infamie* (Beaum.). En un sens fam., au fig., et en parlant aussi des choses concrètes, **Forger** a plutôt rapport à l'invention et se dit d'une fiction toute pure, **Fabriquer** et parfois **Bâtir** ont plus de rapport à la façon, s'emploient de préférence pour en marquer les modalités et sont plus nettement péj. que *forger* : *Forger un document. Je forgerai des systèmes, c'est-à-dire des erreurs* (Volt.). *Je me serais fabriqué à ma guise un amour factice et sans valeur* (Proust). **Supposer**, surtout au part. passif, alléguer ou produire pour vrai ce qui est faux, inventé ou controuvé : *Il prétend dans ses notes que la conspiration de Cinna n'a jamais existé, que cette aventure est supposée par Sénèque et qu'il l'inventa pour en faire un sujet de déclamation* (Volt.). **Feindre**, syn. de *controuver* ou simplement d'*imaginer* : *Le roi pour vous tromper feignait cet hyménée* (Rac.). **Broder**, fam., inventer des détails que l'on ajoute à un récit pour l'amplifier ou pour l'orner (→ Exagérer et Orner).

Invention : ¶ 1 → Découverte. ¶ 2 Action d'imaginer, dans une œuvre d'art, et son résultat. *Invention*, terme de rhétorique, recherche et choix des arguments que l'on doit employer, des idées que le sujet fournit, par ext. tout ce qu'un écrivain imagine de nouveau, en le tirant ou non de la nature : *Le poète* [épique] *s'égaye en mille inventions* (Boil.). **Idée**, invention du sujet et de la disposition d'un tableau : *L'idée de ce tableau est gracieuse* (Acad.); par ext., dans les ouvrages de l'esprit, première conception d'où se développe l'ouvrage et au pl. façons de penser, conceptions nouvelles proposées par l'auteur ou thèmes nouveaux qu'il développe : *Prendre l'idée de sa pièce dans un roman* (à noter que dans le langage fam., *idée* est syn. d'*invention* pour les petites choses, des expédients : *C'est une riche idée*). **Fiction** ne se dit que de l'invention des choses qui n'ont pas de modèle dans la nature : *La poésie épique... se soutient par la fable et vit de fiction* (Boil.). **Feinte**, syn. vx de *fiction*. **Mensonge**, syn. poétique de *fiction*. ¶ 3 → Roman.

Inventorier : → Dénombrer et Examiner.

Inverse : → Opposé.

Inverser : → Transposer.

Inversion : → Transposition. *Inversion*, changement de l'ordre dans lequel les mots sont ordinairement rangés dans le discours. **Hyperbate**, terme de rhétorique, inversion qui consiste à faire précéder une proposition par une autre qui, dans l'ordre naturel aurait dû la suivre, ou simplement à renverser l'ordre naturel du discours pour exprimer une violente émotion.

Invertir : → Renverser.

Investigation : → Recherche.

Investir : ¶ 1 → Pourvoir et Installer. ¶ 2 → Encercler. *Investir*, entourer une ville ou un refuge d'ennemis d'un cordon de troupes qui ferme toute issue : *On croit que Maestricht est investi* (Sév.). **Bloquer**, couper toute communication avec l'extérieur sans pour cela occuper tout le terrain, se dit particulièrement d'un investissement par mer : *Bloquer un port*.

Assiéger implique qu'après avoir investi une place on prend toutes ses dispositions pour lui donner l'assaut : *Il fut bientôt investi, assiégé et enfin pris* (ROLL.). ¶ 3 → Placer.

Investissement, Blocus, Siège : → Investir.

Invétéré : → Ordinaire.

Invétérer (s') : → Subsister.

Invincible : → Irrésistible.

Inviolable : → Sacré.

Invisible : → Imperceptible.

Invité : → Convive.

Inviter : ¶ 1 Demander à quelqu'un d'assister à un repas ou à une manifestation quelconque. *Inviter*, terme ordinaire, marque parfois quelque cérémonie. **Convier** vieillit et s'emploie surtout pour marquer une invitation personnelle, familière et amicale : *Convié moi-même au thé qu'ils donnent après la cérémonie* (GI.). **Prier à,** qui se dit par politesse pour *inviter*, implique moins de cérémonie, mais indique que l'invitation est faite officiellement, assez à l'avance, alors que **Prier de** se dit plutôt d'une invitation impromptu : *Les Sybarites priaient les gens à manger un an avant le jour du repas* (FONT.). *Quand Pauline me pria de rester à déjeuner* (GI.). ¶ 2 → Appeler. ¶ 3 Agir sur quelqu'un pour lui faire faire quelque chose. *Inviter* marque une action douce qui agit par insinuation, persuasion ou tentation : *Je l'y invite sans cesse, l'y pousse et voudrais l'y contraindre* (GI.). **Porter à** exprime une action plus autoritaire, mais qui ne rencontre pas de résistance : *Quel démon vous irrite et vous porte à médire?* (BOIL.). **Pousser à** implique une résistance : *Dieu invite par ses promesses les pécheurs à la réformation de leur vie, il les y pousse par ses menaces* (BOUR.). **Entraîner** suppose une violence morale qui emporte toute résistance : *Soutenu par l'exemple de Godeschal, il était entraîné plutôt que porté de lui-même à rester dans un si rude sentier* (BALZ.). **Inciter** implique complicité du sujet : c'est disposer à une action en faisant naître l'idée d'un but et un mouvement qui incline vers lui : *Le désœuvrement m'incita à pousser la porte entrebâillée* (MAU.). **Solliciter,** inciter vivement, sans cesse, par tous les moyens : *Ces conditions servent l'individualité et l'originalité personnelle, la provoquent, la sollicitent* (S.-B.). **Provoquer** implique une sorte de défi, d'appel qui fait naître le désir de répondre à une attaque : *On est invité à boire par un ami, on y est porté par son goût de l'alcool, poussé par de mauvais conseils,* entraîné par l'exemple, *incité* par celui qui en donne l'envie, *sollicité* par des excitations répétés, *provoqué* par celui qui prétend qu'on ne supportera pas la boisson. **Défier, Mettre au défi de,** provoquer quelqu'un à une chose en prétendant qu'il est incapable de la faire. **Exciter** (→ ce mot) insiste sur l'ardeur qu'on communique à celui que l'on incite ou à celui qui est déjà incité et dont on augmente la passion en l'échauffant : *On est excité au combat par ses amis, provoqué par ses adversaires.* **Appeler à** suppose une sorte de vocation à quelque noble tâche et une inspiration parfois divine : *Dieu appelle le chrétien à la vie éternelle.* **Convier,** inviter par un appel personnel, souvent en donnant l'exemple, avec affection, et presque toujours à une chose bonne : *Soyons amis, Cinna, c'est moi qui t'en convie* (CORN.). **Induire,** souvent péj., implique une sorte de tentation à mal faire ou à croire faussement quelque chose : *Induire à luxure* (L. F.); *à supposer* (PROUST). **Engager** suppose une exposition des avantages qui doivent pousser à agir, un encouragement et parfois une obligation morale : *Le geste amical qui l'engageait à s'allonger sur la chaise longue* (M. D. G.). *Ce qui a pu le pousser à ces rendez-vous dans les cimetières et qui l'engage à y revenir* (J. ROM.). **Presser,** engager ou porter vivement à, en insistant sans relâche.

Involontaire, qui se fait sans le concours, sans le consentement de la volonté, mais peut s'accompagner de conscience : *Le hoquet est involontaire. Crime involontaire* (RAC.). **Machinal** se dit surtout des gestes, des réactions involontaires et non accompagnés de conscience et de réflexion : *Une plainte machinale, une habitude qui remonte inconsciemment au passé* (M. D. G.). **Mécanique,** rendu machinal par l'habitude : *Un ouvrier à la chaîne finit par avoir des gestes mécaniques.* **Automatique,** en physiologie, qui s'exécute dans le corps sans la participation de la volonté : *La circulation du sang est un mouvement automatique;* se dit par ext. des mouvements, des réactions mécaniques qui se répètent toujours les mêmes, et toujours dans le même ordre. **Inconscient** ajoute à tous ces mots l'idée que l'acte échappe totalement à la conscience : *Les gestes inconscients d'un somnambule.* **Irréfléchi,** fait sans réflexion et donc spontané (→ ce mot), sans être forcément involontaire. — **Instinctif** qualifie les activités qui entrent en jeu sans exiger de réflexion, mais implique de plus qu'elles ont un but conforme aux tendances profondes d'un individu ou aux lois de conservation d'une espèce : *C'est d'un geste instinctif, mais non machinal,* qu'on met la main devant son visage pour parer un coup.

Invoquer : ¶ 1 → Évoquer. ¶ 2 → Prier. ¶ 3 → Prétexter.

Invraisemblable, qui est en désaccord avec l'idée que le sens commun se fait de ce qui peut être normalement dans telle ou telle circonstance et, par conséquent, n'a pas d'apparence de vérité tout en pouvant être exceptionnellement possible ou vrai : *La froideur d'Hippolyte pour Phèdre aurait paru invraisemblable aux spectateurs du XVIIᵉ siècle, si Racine ne l'avait justifiée par son amour pour Aricie.* **Incroyable** dit plus et exprime que l'esprit refuse toute vérité à la chose, ou à son existence, parce qu'il la juge impossible dans l'ordre naturel ou au moins par trop extraordinaire : *Le merveilleux dans la tragédie est toujours incroyable pour un moderne, mais n'est pas invraisemblable pour celui qui admet que la tragédie a le droit de faire intervenir la fable pourvu que ce soit conformément aux traditions de l'antiquité.* **Inimaginable** et **Inconcevable** impliquent que l'esprit ne peut pas se représenter la chose en image ou en idée, et par conséquent ne peut l'admettre comme possible : *La naïveté de certaines personnes est inimaginable. Une rapidité si inconcevable étonna et déconcerta les Romains* (ROLL.). **Paradoxal,** qui peut paraître peu vraisemblable, en parlant d'une opinion qui s'oppose aux idées reçues : *Les idées de Rousseau sur la civilisation sont paradoxales.* **Insoutenable** implique qu'une opinion est affirmée sans être démontrée, justifiée, et ne peut pas l'être vraisemblablement : *Il est insoutenable d'admettre une succession d'êtres matériels pensant par eux-mêmes* (VOLT.). **Rocambolesque** ne se dit que d'aventures aussi invraisemblables que celles du héros de Ponson du Terrail, *Rocambole.* — *Invraisemblable, inimaginable, inconcevable,* et surtout *incroyable* se disent dans le langage courant comme syn. d'*extraordinaire* (→ ce mot).

Irascible : → Colère (Adj.).

Ire : → Colère.

Irisé, qui présente les couleurs de l'arc-en-ciel : *Aux reflets irisés comme un fragment d'opale* (BAUD.). **Chromatisé,** qui a reçu une teinte irisée. **Nacré,** qui a les reflets irisés de la nacre : *Frelon nacré* (MUS.).

Ironie : → Esprit et Raillerie.

Irracontable : → Ineffable.

Irradier : → Rayonner.

Irraisonnable : → Déraisonnable.

Irrationnel : → Illogique.

Irréalisable : → Impossible.

Irréductible : ¶ 1 → Inflexible. ¶ 2 → Intraitable.

Irréel : → Imaginaire.

Irréfragable, Irréfutable : → Évident.

Irrégulier : ¶ 1 Qui n'est pas selon les règles. *Irrégulier,* terme général, contraire à une règle quelconque : *Bâtiment irrégulier. Pouls irrégulier. Tragédie irrégulière.* **Anormal,** contraire aux règles naturelles qui paraissent régir son genre ou son espèce et par ext. qui dépasse la mesure commune : *Un enfant anormal* (ACAD.). *Une susceptibilité anormale* (ACAD.). **Anomal,** terme didact., qui s'écarte de la règle ou du fait habituel, qualifie surtout, en sciences naturelles, ce dont la forme ou le cours est extraordinaire : *Les monstres sont des êtres anomaux. Une maladie anomale n'a pas une marche régulière.* **Hétéroclite,** terme didact., se dit en grammaire de ce qui s'écarte des règles de l'analogie grammaticale et par ext. de ce qui s'écarte des règles de l'art ou s'y oppose au point d'en paraître bizarre, souvent par une juxtaposition de genres différents : *Un bâtiment hétéroclite. Tragique bourgeois, drame hétéroclite* (VOLT.). **Monstrueux,** qui a dans sa conformation des anomalies graves toujours apparentes au-dehors et plus ou moins nuisibles : *Un enfant monstrueux;* au fig., par hyperbole, qui choque les règles du goût ou de la raison : *Tragédies monstrueuses* (VOLT.). ¶ 2 En parlant d'un objet concret, *Irrégulier* implique que ses parties diffèrent par la forme, la grandeur ou la position, alors qu'il ne devrait pas en être ainsi normalement : *Avoir les traits irréguliers.* **Asymétrique** (→ ce mot), irrégulier faute de symétrie. **Biscornu,** fam., qui a une forme irrégulière, baroque, qui a l'air de présenter deux cornes : *Efflanquée du côté droit et toute biscornue de l'autre* (HAM.). ¶ 3 En parlant du cours d'une chose, *Irrégulier* suppose une série de mouvements divers et qui ne reviennent pas dans un ordre périodique; **Inégal** marque simplement qu'un mouvement n'est pas de même durée que celui qui le précède ou le suit : *Un pouls inégal* est celui dans lequel les pulsations artérielles diffèrent les unes des autres par la grandeur et la durée; *un pouls irrégulier* est fait de pulsations inégales entre elles et dont les inégalités ne reviennent pas périodiquement. **Intermittent, Discontinu** supposent des interruptions (→ ce mot). **Variable,** qui change souvent, mais peut le faire périodiquement, suivant certaines règles. **Désordonné** (→ ce mot), **Décousu,** très irrégulier, sans aucune liaison entre ses divers mouvements. ¶ 4 Au fig. en parlant de la conduite, du travail, de l'esprit, *Irrégulier* a rapport à une façon d'être qui ne peut se plier à des règles, est capricieuse, désordonnée, **Inégal** a rapport à la valeur et au résultat et implique un mélange de bon et de mauvais : *Un élève irrégulier travaille, puis ne travaille pas; un élève inégal obtient des résultats tantôt bons, tantôt mauvais.*

Irréligieux : → Incroyant.

Irrémédiable suppose un mal dont on ne peut pas empêcher ou atténuer les effets. **Irréparable** ajoute l'idée d'une perte subie qu'on ne peut pas compenser.

Irrépréhensible : → Irréprochable.

Irrépressible : → Irrésistible.

Irréprochable : ¶ 1 Contre qui ou contre quoi il n'y a rien à dire. *Irréprochable*, à qui, en fait, on ne peut reprocher aucune faute, spéc. en matière de conduite ou de bienséance : *Il avait sa correction habituelle, linge fin, redingote irréprochable* (ZOLA). **Irrépréhensible**, en parlant des mœurs, des doctrines, des opinions aussi bien que de la conduite, indique la qualité absolue et idéale de ce qui, en soi, n'a aucun·défaut, est parfait, exemplaire, à l'épreuve de la plus sévère censure : *Dieu a élu les religieux, afin qu'ils soient saints, afin qu'ils soient irrépréhensibles, afin qu'ils servent d'exemple aux chrétiens du siècle* (BOUR.). **Impeccable**, en théologie, incapable de pécher : *Il n'y a que Dieu qui soit impeccable par nature* (ACAD.); dans le langage courant, qui ne peut faillir, syn. des mots précédents par ext. en parlant d'une conduite, d'une tenue, d'une œuvre d'art correctes ou parfaites dans leur forme : *Mise impeccable* (M. D. G.). *Syntaxe impeccable.* ¶ 2 → Parfait.

Irrésistible, surtout au fig., qui agit ou se développe de telle façon qu'il triomphe sans résistance possible : *Attaque, argument* (VOLT.) *irrésistibles.* **Invincible,** au fig., marque plutôt la résistance de l'objet à une action impuissante du sujet pour attaquer ou contre-attaquer : *Un argument irrésistible s'impose, convainc; un argument invincible ne peut être réfuté.* **Indomptable** se dit surtout au fig. des passions qu'on ne peut pas réduire à l'obéissance : *Fierté indomptable.* **Irrépressible**, fig., qu'on ne peut pas contenir, qui résiste à tout effort du sujet pour le supprimer : *Abus irrépressible.* **Incoercible**, au prop. et au fig., qui continue son mouvement dans l'espace ou le temps sans qu'on puisse l'arrêter : *Hémorragie incoercible. Force, poussée incoercible.*

Irrésolution : → Indétermination.

Irrespect : → Irrévérence.

Irrespectueux : → Irrévérencieux.

Irrévérence, Irrespect diffèrent comme leurs anton. : → Respect et Irrévérent.

Irrévérent : Qui manque au respect dû aux choses ou aux personnes vénérables. *Irrévérent* se dit surtout en parlant de religion et de choses saintes : *Discours irrévérent. Postures, manières irrévérentes* (ACAD.). **Irrévérencieux** se dit des personnes et surtout des propos audacieux et parfois railleurs qui manquent de respect à tout ce qui est considéré, sérieusement ou non, comme vénérable : *Des propos irrévérencieux envers les Académiciens, le gouvernement.* **Irrespectueux** marque dans tous les cas une faute grave contre le respect et ne s'emploie comme *irrévérent* (→ Respect) qu'en mauvaise part. **Impertinent** n'a rapport qu'aux personnes à qui on ne parle pas comme il conviendrait, et n'est syn. de ces mots que lorsqu'il implique qu'on manque aux égards ou au respect qui leur est dû.

Irrévocable se dit de tous les actes qui engagent à une chose ou la déterminent sans qu'on puisse jamais aller contre, les annuler : *Serment irrévocable.* **Définitif** s'applique à une chose fixée et réglée une fois pour toutes sans qu'on ait l'intention d'y revenir : *Ma décision est définitive* dans la mesure où elle met fin à mon indécision en sorte que je cesse d'examiner la question; elle est *irrévocable* dans la mesure où je suis disposé à ne jamais l'annuler quoi qu'il arrive.

Irrigation : → Arrosage.

Irriguer : → Arroser.

Irritable : ¶ 1 → Colère (adj.). ¶ 2 → Susceptible.

Irritation : ¶ 1 → Colère. ¶ 2 *Irritation, Inflammation, Rubéfaction, Exacerbation, Exaspération :* → Irriter.

Irriter : ¶ 1 → Aigrir. Amener à la colère. Alors que **Mettre en colère** implique qu'on fait entrer brusquement dans un accès de colère, *Irriter*, c'est plutôt exciter la nervosité jusqu'à la colère, ou mettre dans un état de colère durable, mais contenue, qui peut éclater en violents accès : *Une attente si prolongée avait fini par irriter le public* (ZOLA). **Mettre, jeter hors de ses gonds**, fig., mettre dans une vive colère celui qui s'emporte. **Exaspérer**, irriter à l'excès, jusqu'à faire perdre le contrôle de soi-même, souvent en mettant le comble à une série d'excitations, d'outrages : *Tout en lui l'irrite, l'exaspère* (GI.). **Indigner** (→ Outré) marque l'effet de ce que nous jugeons moralement blâmable et enchérit sur *irriter* : *Édouard m'a plus d'une fois irrité, indigné même* (GI.). ¶ 2 Dans le langage médical. *Irriter.* déterminer de la douleur, de la chaleur, de la tension dans un organe, un tissu quelconque : *La piqûre des orties irrite la peau.* **Enflammer,** mettre dans un état morbide caractérisé par une vive douleur, la chaleur. la rougeur et la tuméfaction de la partie malade : *Avoir les paupières enflammées.* **Rubéfier,** rendre la peau rouge, enflammée par l'application de certains médicaments comme les emplâtres. **Envenimer,** infecter de venin, par ext. enflammer une blessure, la rendre plus douloureuse, plus difficile à guérir : *Il a envenimé sa plaie en la grattant.* **Exacerber,** rendre un mal, une souffrance de plus en plus aigus. **Exaspérer** renchérit ; c'est presque porter au paroxysme. ¶ 3 → Exciter. ¶ 4 (Réf.) *S'irriter* comme **Se mettre en colère** n'impliquent pas la violence de mouvements, l'immodération dans les paroles qu'évoque **S'emporter** (→ ce mot). **Se cabrer,** au fig., s'effaroucher et le plus souvent *s'emporter* en se révoltant contre une proposition, un conseil, une remontrance, que, de bonne foi ou par obstination, on trouve choquants : *On ne saurait dire un mot qu'il ne se cabre* (ACAD.).

Irruption : → Incursion.

Isolé : ¶ 1 → Écarté. ¶ 2 → Seul.

Isolement marque le plus souvent un simple état de fait durable, celui d'un individu qui vit sans relations avec ses semblables, parce qu'il n'a personne autour de lui, par suite des circonstances, parce qu'il n'est pas sociable, ou parce qu'il s'isole par orgueil : *L'isolement dans l'immensité du Pacifique* (LOTI). *Cure d'isolement* (MAU.). **Solitude,** beaucoup plus subjectif, a rapport au sentiment personnel agréable ou douloureux qu'on éprouve à se sentir seul avec soi-même, même momentanément, soit qu'il s'agisse d'un isolement plus ou moins complet, soit qu'on réussisse à s'abstraire des autres hommes sans en être isolé, soit qu'on ne trouve pas une âme sœur : *Un moment de détresse et de solitude* (PROUST). *Robert a aussi réussi ce tour de force : il m'a protégée de l'isolement sans me priver de la solitude* (S. DE BEAUVOIR).

Isoler : → Écarter.

Israélite : Celui qui appartient à la race et à la religion d'Israël. *Israélite* ne comporte pas l'idée péj. qu'il y a parfois dans **Juif** et s'emploie comme adj. en parlant de certaines choses qui ont rapport à la religion des Juifs : *Culte israélite, consistoire israélite* (ACAD.). **Judaïque,** adj. seulement, ne se dit que de ce qui a rapport aux Juifs en tant que peuple, surtout dans l'antiquité : *Loi judaïque. Superstition judaïque.* — **Israélien,** n., citoyen moderne de l'État d'Israël. **Sémite,** n., celui qui appartient à l'une des races

qu'on faisait remonter à Sem et parmi lesquelles étaient les Juifs anciens, se dit parfois comme syn. de *Juif* en insistant sur la race et se retrouve dans des termes comme *philosémite, antisémite.* **Hébreux,** nom biblique des descendants d'Abraham appelés plus tard *Juifs* ou *Israélites.* **Youdi, Youpin, Youtre, Polaque** (juif polonais) sont pop., péj. et grossiers.

Issu : → Né.

Issue : ¶ 1 → Sortie. ¶ 2 → Résultat.

Ithos : → Pathos.

Itinéraire : → Trajet.

Ivraie, espèce de mauvaise herbe de la famille des graminées qui croît parmi le froment, a pour syn. biblique **Zizanie** qui n'est plus en usage qu'au fig.

Ivre : ¶ 1 *Ivre,* qui est pris de vin, a le cerveau troublé, rêve tout haut, chancelle. **Soûl,** vulgaire et péj., gorgé de vin et abruti, au point de tomber. **Ivre mort,** ivre au point d'avoir perdu tout sentiment, est plus relevé que *soûl.* **Éméché,** fam., légèrement pris de vin, a pour syn. **Gris,** plus relevé. **Pompette,** syn. pop. d'*ivre,* comme **Noir, Paf, Plein, Rond** et **Brindezingue** qui s'emploient surtout après le verbe être. **Imbriaque,** ivre, fou, stupide, est vx. ¶ 2 Au fig. *Ivre* marque le délire qu'une passion produit dans l'âme, **Soûl,** la satiété et le dégoût : *Ivre de joie, d'ambition; d'orgueil* (RAC.). Corneille, selon un commentateur de Boileau, disait *être soûl de gloire et affamé d'argent.*

Ivresse : ¶ 1 État d'un homme ivre. *Ivresse,* état momentané où le cerveau est plus ou moins troublé par le vin ou les liqueurs spiritueuses. **Griserie,** rare, demi-ivresse, s'emploie surtout au fig. **Ébriété,** ivresse légère, se dit surtout dans l'expression *en état d'ébriété.* **Enivrement,** syn. d'*ivresse,* se dit surtout au fig. **Fumées du vin** désigne non l'état mais la cause de l'ivresse : c'est l'effet produit par l'ingestion de liqueurs spiritueuses attribué autrefois à des vapeurs qui montaient des entrailles au cerveau. **Ivrognerie,** pratique habituelle de l'ivresse, a pour syn. atténué **Boisson,** passion de boire habituellement beaucoup de vin ou d'alcool. **Crapule,** ivrognerie débauchée: *Le grand s'enivre de meilleur vin que l'homme du peuple; seule différence que la crapule laisse entre les conditions les plus disproportionnées* (L. B.). **Cuite,** pop., *ivresse* dans le loc. comme *Prendre une cuite.* **Soûlographie,** ivrognerie, ou orgie où l'on s'est soûlé, est trivial. ¶ 2 → Vertige.

Ivrogne : Celui qui boit ou s'enivre avec excès. *Ivrogne,* fam., se dit surtout de celui qui boit du vin et se montre souvent en état d'ivresse. **Alcoolique,** moins péj., celui qui, sans forcément s'enivrer, boit avec excès et habituellement de l'alcool au point d'être atteint de troubles morbides. **Intempérant,** en un sens restreint, se dit parfois par euphémisme pour *alcoolique*. **Éthylique,** syn. d'*alcoolique* en termes de physiologie. **Dipsomane,** terme médical, malade poussé par accès, sous l'influence d'une impulsion morbide, à boire avec excès des boissons alcooliques. **Poivrot,** syn. pop. d'*ivrogne,* n'a rien de malveillant, **Pochard,** pop., est plus péj., ainsi que **Sac à vin,** grand ivrogne. **Soûlard, Soûlaud,** pop. et très péj., impliquent l'habitude de la plus grossière ivrognerie. **Soûlographe** est trivial. — A noter qu'*ivrogne, poivrot, pochard* se disent parfois simplement d'un homme inconnu qu'on rencontre dans la rue en état d'ivresse, sans préjuger de ses habitudes.

Ivrognerie : → Ivresse.

J

Jabot : → Estomac.

Jaboter : → Babiller.

Jacasse : → Babillard.

Jacasser : → Babiller.

Jachère : → Lande.

Jacinthe, genre de plantes de la famille des liliacées dont plusieurs espèces sont cultivées dans les jardins, se dit aussi d'une sorte de rubis. **Hyacinthe,** syn. poétique de *jacinthe* dans les deux sens, et notamment pour désigner la couleur jaune tirant sur le rouge de la pierre précieuse : *Hyacinthe et or* (Baud.).

Jacobin : ¶ 1 → Révolutionnaire. ¶ 2 → Ultra.

Jactance : → Orgueil et Vanterie.

Jadis : → Anciennement.

Jaillir : → Sortir. Sortir impétueusement en parlant des fluides. *Jaillir* se dit des fluides, d'une étincelle, d'une lumière et parfois aussi d'un solide qui s'élancent d'un mouvement direct et qui paraît naturel : *Une source jaillit.* **Rejaillir,** en parlant d'un liquide, jaillir de toutes parts avec force et abondance sous l'effet de la pression ou parce qu'il s'éparpille en rencontrant un obstacle; en parlant d'un solide, être repoussé par un obstacle en sens inverse : *Le tuyau par lequel l'eau rejaillit* (Bos.). **Gicler,** pop., jaillir ou rejaillir en éclaboussant. **Saillir,** rare, jaillir avec impétuosité et par secousses, ne se dit que des liquides. — Au fig. *Jaillir,* sortir avec vivacité : *Les traits brillants qui jaillissent de l'imagination de ce poète* (Lit.). *Rejaillir,* retomber sur quelqu'un par contrecoup : *Faut-il que sur mon front sa honte rejaillisse?* (Rac.).

Jaillissement : → Éruption.

Jalonner : → Tracer.

Jalousie : ¶ 1 → Envie. ¶ 2 → Émulation. Dépit ou crainte de nous voir préférer une autre personne. *Jalousie* indique une passion qui pousse à haïr, à rivaliser, à se venger. **Ombrage,** un simple malaise provenant de la crainte d'être éclipsé. ¶ 3 → Volet.

Jaloux : ¶ 1 → Envieux. ¶ 2 → Désireux.

Jamais (à, pour) : → (pour) Toujours.

Jambe : ¶ 1 (d'un homme) *Jambe,* partie du corps humain qui s'étend depuis le genou jusqu'au pied et par ext. tout l'ensemble du membre inférieur, y compris la cuisse. **Patte,** fam. pour désigner la jambe de l'homme, se dit parfois aussi du pied. **Échasses,** fam., longues jambes, dans la loc. *Être monté sur des échasses.* **Flûtes,** fam., jambes longues et grêles. **Gigues,** très fam., longues jambes. **Gambettes, Guiboles** et **Quilles** sont pop. ¶ 2 (d'un animal) → Patte.

Jambière : → Guêtre.

Janséniste : → Austère.

Jappement : → Aboi. *Jappement* se dit pour tous les animaux qui jappent, y compris les petits chiens. **Jappage** ne se dit que du cri du renard, du chacal et de quelques autres bêtes sauvages.

Japper : → Aboyer.

Jaquette : → Veste.

Jardin, espace assez petit, d'ordinaire attenant à une maison, à un palais et, qu'il soit privé ou public, contenant des légumes, des fleurs, des arbres fruitiers, des bosquets : *Jardin potager, d'agrément. Jardin du Luxembourg, des Tuileries.* **Parc,** vaste espace, public ou privé, qui n'est entretenu que pour l'agrément et comprend des bois, des prairies, quelquefois des pièces d'eau : *Le parc de Sceaux, de Versailles.* **Verger** ne se dit que d'un lieu planté d'arbres fruitiers. **Square** (mot ang. « pièce carrée »), petit jardin d'agrément, public, le plus souvent établi au milieu d'une place : *Square Montholon.*

Jardinage : Art de cultiver les jardins. *Jardinage,* travail de l'amateur ou du spécialiste, surtout à propos de la culture des plantes potagères. **Horticulture,** travail du spécialiste qui cultive rationnellement les jardins (surtout de fleurs) ou s'occupe, dans des ouvrages théoriques, d'améliorer les procédés de culture. **Culture maraîchère** et parfois **Maraîchage,** culture intensive des plantes potagères, surtout autour des grandes villes, pour la vente dans les marchés.

Jargon : ¶ 1 → Langue. *Jargon,* péj., langage compliqué d'une science, d'un art, aux termes barbares, ou langage inintelligible, à force d'affectation, d'une coterie sociale; parfois, langage à double entente ou, abusivement, langue étrangère qu'on ne comprend pas : *Jargon de la médecine* (L. B.), *de la métaphysique* (J.-J. R.), *des Précieuses* (MOL.). *Jargon de notre temps* (D'AL.). *Jargon allemand* (MOL.). **Baragouin**, jargon qui tient à la manière de prononcer, en altérant les mots, comme ferait un étranger : *J'avais appris une trentaine de mots anglais à Londres que j'ai tous oubliés, tant leur terrible baragouin est indéchiffrable à mon oreille* (J.-J. R.) ; par ext. le comble du *jargon*. **Argot**, à l'origine langage particulier aux vagabonds, aux mendiants, aux voleurs, et intelligible pour eux seuls, par ext. mots et tours particuliers qu'adoptent entre eux ceux qui exercent la même profession, ou vivent ensemble : *Argot des peintres, des coulisses, de la Bourse, de l'École normale*. **Narquois**, *argot* des filous (narquois) au XVIIe s. **Bigorne**, syn. vx d'*argot*. **Langue verte**, moins précis qu'*argot*, de nos jours, ensemble de locutions imagées et non usitées dans le français courant, tirées de la langue triviale, ou de divers argots. **Javanais** et **Largonji**, jargons conventionnels obtenus en intercalant certaines lettres dans les mots français, ou en ajoutant et en déformant d'autres lettres. ¶ 2 → Galimatias.

Jaser : ¶ 1 → Babiller. ¶ 2 → Médire.

Jaspé : → Marqueté.

Jatte, espèce de vase de bois, de faïence, de porcelaine, rond, tout d'une pièce et sans rebord. **Coupe**, sorte de jatte en porcelaine, en faïence, en cristal, en métal où l'on sert les crèmes, des compotes. **Bol**, sorte de coupe demi-sphérique qui sert à prendre certaines boissons.

Jauger : ¶ 1 → Mesurer et Évaluer. ¶ 2 → Juger.

Jaune, couleur d'or, de citron, de safran, etc., terme général. **Citron**, jaune pâle. **Doré**, jaune brillant. **Safran** ou **Safrané**, jaune vif. **Chamois**, jaune très clair. **Cuivré**, jaune rougeâtre. **Fauve**, jaune tirant sur le roux. **Isabelle**, jaune blanchâtre, se dit surtout du poil des chevaux. **Ocre** ou **Ocré**, jaune brun ou rouge. **Saure**, jaune tirant sur le brun, se dit surtout des chevaux. **Flavescent**, qui tire vers le jaune, se dit surtout poétiquement des céréales qui commencent à mûrir. **Kaki**, jaunâtre terreux tirant sur le brun, se dit de la couleur de certains uniformes.

Jaunir, devenir jaune. **Se dorer**, devenir d'un jaune brillant. **Javeler**, en parlant des céréales, prendre la couleur jaune du blé mis en javelle.

Javeline, Javelot : → Trait.

Jérémiade : → Gémissement.

Jésuitisme : → Hypocrisie.

Jet : ¶ 1 *Jet*, **Lancement, Projection :** → Jeter. ¶ 2 → Pousse. ¶ 3 Au fig. *Premier jet :* → Ébauche.

Jetée : → Digue.

Jeter : ¶ 1 Communiquer un mouvement à ce qu'on tient ou à ce qu'on porte en soi ou sur soi. *Jeter* n'implique ni force, ni but précis à atteindre, ni précaution pour viser : *Jeter un livre à la tête* (SÉV.) ; *de l'eau sur les restes de l'embrasement* (SÉV.). **Lancer** (→ ce mot), jeter en avant, avec force, avec raideur, pour atteindre un but au loin : *Adraste lance son dard contre Télémaque* (FÉN.). On *jette* des pierres à quelqu'un, au hasard, dans sa direction ; on *lance* sur lui un javelot, en le visant. — Au fig., on *jette* les yeux, ses regards sur quelqu'un, en regardant dans sa direction ; on lui *lance* des regards, des œillades pour qu'il s'aperçoive du sentiment que les yeux manifestent. On *jette* un cri, au hasard ; on *lance* un appel de détresse. **Envoyer** implique que le mouvement imprimé à l'objet est calculé pour que l'on puisse le recevoir, ou au moins que ce mouvement continue jusqu'à un endroit précis : On *jette* os à un chien, on *envoie* la balle à un partenaire. On *jette* quelqu'un par la fenêtre, on l'*envoie* d'une bourrade au bas de l'escalier. **Projeter**, jeter, diriger en avant ou en l'air, volontairement ou non : *Sa force centrifuge a projeté des parties de sa masse* (BUF.). **Précipiter**, jeter, faire tomber d'un lieu élevé : *Précipiter du haut des neuf étages* (COL.). **Flanquer**, pop., jeter ou lancer brusquement, rudement : *Flanquer un cahier de musique par terre* (GI.). **Ficher**, pop., jeter ou mettre négligemment : *Il a fiché sa redingote dans un coin*. ¶ 2 *Jeter*, se débarrasser d'une chose en l'écartant de soi ou en la mettant au rebut : *Jeter les armes ; des fruits avariés*. **Balancer**, très fam., jeter ce dont on ne veut plus. ¶ 3 Pousser hors de soi. *Jeter* implique que l'objet a son origine à l'intérieur du sujet : *Le reptile jette son venin*. **Rejeter**, en ce sens particulier, implique que la chose est venue de l'extérieur et qu'on ne peut pas la garder en soi : *Cet homme a l'estomac malade, il rejette tout ce qu'il prend* (ACAD.). **Vomir**, fig., jeter, rejeter au-dehors violemment : *Ce volcan vomit des flammes* (ACAD.). **Éjecter**, terme technique, rejeter de la vapeur, de l'eau, une douille de cartouche, par l'intermédiaire d'un appareil ou d'un mécanisme. **Éjaculer**, jeter avec force au-dehors une sécrétion du corps : *Éjaculer de la salive*. **Émettre**, produire en envoyant hors de soi, marque plus abstraitement l'action que *jeter*, et a des emplois beaucoup plus larges : *Émettre un son* (M. D. G.) ; *des radiations*. ¶ 4 → Mettre. ¶ 5 → Pousser. ¶ 6 (Réf.) →

(s') Élancer. ¶ 7 *Se jeter*, en parlant d'un cours d'eau, déverser ses eaux dans un autre cours d'eau, dans un lac, dans la mer. **Déboucher** fait penser à l'endroit où le cours d'eau à son embouchure : *La Marne se jette dans la Seine et débouche dans ce fleuve à Charenton.*

Jeter bas, par terre, à terre : → Abattre.

Jeter son dévolu sur : → Choisir.

Jeu : ¶ 1 → Plaisir. **¶ 2** → Jouet. **¶ 3** → Politique. **¶ 4** *Jeu*, **Interprétation :** → Jouer. **¶ 5** → Assortiment.

Jeu d'esprit : ¶ 1 *Jeu d'esprit*, petite production littéraire qui demande de la vivacité d'esprit, mais n'a aucun fond, comme les anagrammes, les énigmes, les bouts rimés, etc. **Bluette,** petit ouvrage sans prétention, mais qui peut être plus important qu'*un jeu d'esprit*. **¶ 2** → Supposition.

Jeu de mots : → Mot d'esprit. *Jeu de mots*, terme générique, toute phrase qui contient une allusion fondée sur la ressemblance des mots : *Il y a quelques jeux de mots dans Corneille; le plus remarquable est celui d'Hypsipyle qui dit à Médée sa rivale en faisant allusion à sa magie : Je n'ai que des attraits et vous avez des charmes* (VOLT.). **Calembour,** jeu de mots assez grotesque fondé sur une similitude de sons, sans égard ni à l'orthographe ni au sens réel des mots : *M. de Bièvre disait que le temps était bon à mettre en cage, c'est-à-dire serein* (serin) (dans LIT.). **A-peu-près** implique une similitude imparfaite, souvent d'un goût douteux. **Équivoque,** jeu de mots fondé sur le double sens d'un mot ou d'une phrase, et, péj., calembour grossier ou obscène : *Un amas d'équivoques infâmes Dont on vient faire insulte à la pudeur des femmes* (MOL.). **Turlupinade,** jeu de mots froid et de mauvais goût, digne du farceur Turlupin (au XVIIᵉ s.). **Rébus** se dit parfois d'un mauvais jeu de mots fondé sur l'équivoque. — A la différence du *jeu de mots*, le **Coq-à-l'âne** est une suite de mots incohérente et burlesque par son inintelligibilité même.

Jeu (mettre en) : → User de.

Jeune : Adj. **¶ 1** *Jeune*, **Adolescent :** → Jeunesse. **Jeunet,** fam., extrêmement jeune. **¶ 2** *Jeune*, **Juvénile, Vert :** → Jeunesse. **¶ 3** → Cadet. **¶ 4** → Naïf. **¶ 5** → Nouveau. — **¶ 6** N. *Jeune*, souvent au pl. *Jeunes*, les personnes des deux sexes, peu avancées en âge et considérées comme formant une génération par opposition aux hommes mûrs et aux vieillards, ou parfois une promotion par rapport aux anciens : *Tu murmures, vieillard, vois ces jeunes mourir* (L. F.). **Moins de trente ans,**

fam., a un sens un peu plus large. **Jeune homme** (→ ce mot) et au pl. **Jeunes gens** (pour les deux sexes) font avant tout penser à l'âge, de dix-huit à trente ans, aux mœurs qui en découlent et impliquent souvent l'état de célibat : *Le jeune homme toujours bouillant en ses caprices* (BOIL.). **Homme jeune,** tout homme qui, même mûr, a gardé les caractères de la jeunesse. **Jeunesse,** collectif, les jeunes gens et les enfants relativement à leur éducation et aux mœurs de leur âge : *Ne savoir pas faire obéir la jeunesse* (MOL.); ou les jeunes gens caractérisés par leur gaieté, leur amour du plaisir, ou comme se préparant à servir la société, à travailler : *Une téméraire jeunesse se jetait sans étude et sans connaissance dans les charges de la robe* (FÉN.).

Jeune fille : → Fille.

Jeune homme : ¶ 1 → Jeune. *Jeune homme,* terme le plus courant, homme de dix-huit à trente ans; se dit seul pour interpeller, mais avec une nuance de protection. **Adolescent,** celui qui est dans l'âge qui suit la puberté, entre quatorze et vingt-deux ans, insiste sur les transformations physiologiques, la mentalité de cet âge. **Damoiseau, Godelureau, Freluquet, Muguet, Blondin,** péj. et fam., jeune homme ou adolescent qui cherche à plaire aux femmes (→ Galant). A noter que *damoiseau* se disait autrefois d'un gentilhomme qui n'était pas encore chevalier. **Adonis** (par allusion au héros mythologique qu'aima Vénus), en un sens ironique, jeune homme qui fait le beau et tire vanité de son physique. **Éphèbe,** dans l'antiquité grecque, enfant arrivé à l'âge de puberté; de nos jours, dans la langue poétique et recherchée, adolescent caractérisé par la beauté et la fraîcheur de la jeunesse (avec parfois quelque ironie). **Blanc-bec,** très fam., jeune homme sans expérience et parfois prétentieux. **Béjaune,** fam. et péj., jeune homme niais et ignorant. **Colombin,** très fam., jeune homme à l'air innocent et naïf. **Jouvenceau,** fam. et plaisant, adolescent gracieux et surtout ridicule par son inexpérience : *Passe encor de bâtir, mais planter à cet âge, Disaient trois jouvenceaux* (L. F.). **Gars,** jeune homme de la campagne, ou jeune homme solide, bien bâti : *Un gars de Barbantane* (A. DAUD.); *de chez nous* (PÉG.). **Garçon,** fam., jeune homme dont on parle ou à qui on s'adresse, souvent avec un air de protection, s'emploie surtout avec des épithètes : *Bon garçon. Beau garçon. Gentil garçon.* **¶ 2** → Célibataire.

Jeûne : ¶ 1 Le fait de s'abstenir d'aliments. *Jeûne,* terme général, ne précise pas la raison : *Vous leur faites observer* [à vos chevaux] *des jeûnes si austères* (MOL.).

Diète, terme de thérapeutique, jeûne imposé par le médecin, qui peut d'ailleurs être partiel et consister à ne s'abstenir que de certains aliments : *Observer une diète rigoureuse.* **Grève de la faim,** de nos jours, jeûne total de prisonniers, ou de personnes qui refusent de toucher à la nourriture qu'on leur donne en signe de protestation ou pour faire triompher des revendications. ¶ 2 Dans la religion catholique, *Jeûne,* pratique qui consiste essentiellement, de nos jours, à ne faire qu'un seul repas important par jour, dans lequel on s'abstient parfois de viande, **Abstinence,** le fait de ne pas manger de viande ni d'aliments gras, certains jours prescrits par l'Église, sans pour cela pratiquer le *jeûne*; **Carême,** le temps d'abstinences et de jeûnes entre le Mardi gras et le jour de Pâques. ¶ 3 Au fig. → Manque.

Jeunesse : ¶ 1 L'âge intermédiaire entre l'enfance et l'âge viril. *Jeunesse,* âge qui, selon les biologistes, va de sept ans environ à vingt-cinq ans pour les femmes, et à trente ans pour les hommes. **Adolescence,** période de la jeunesse qui va de douze à vingt ans pour les femmes, de quatorze à vingt-deux pour les hommes, suit la puberté et se caractérise par des transformations physiologiques et psychologiques. **Printemps de la vie, de nos jours,** syn. poét. de *jeunesse.* ¶ 2 État de celui qui a les qualités d'un homme jeune, quel que soit son âge. *Jeunesse* se dit parfois du corps et surtout des facultés intellectuelles, des sentiments qui se conservent effectivement jeunes même dans un âge avancé : *Une certaine jeunesse du cœur qui ne se lasse pas du passé* (STAËL). **Juvénilité,** ensemble des caractères de la jeunesse, se dit, chez ceux qui sont effectivement jeunes, des qualités qu'ils doivent à leur jeunesse : *Ces beaux fils dont la juvénilité est tout le talent* (STAËL) ; et, chez ceux qui sont plus âgés, des caractères qui semblent correspondre à la jeunesse, sans en être effectivement, c'est-à-dire surtout la forme du corps, l'air ou l'ardeur : Une femme âgée a de la *jeunesse* dans son visage si celui-ci est frais, n'a pas vieilli ; elle garde de la *juvénilité* dans ses formes si, quoique son corps ne soit plus jeune, elle est demeurée svelte. **Verdeur,** jeunesse physique et vigueur chez les hommes. ¶ 3 → Jeune. ¶ 4 → Fille.

Joaillier, celui qui fait ou vend des joyaux ou des pierres précieuses qui ne sont pas toujours taillées ni montées. **Bijoutier,** celui qui fait ou vend de petits objets travaillés, mais qui ne sont pas toujours en matière précieuse. **Orfèvre,** celui qui fait ou vend des objets en or ou en argent et spéc., de nos jours, de gros ouvrages de métal.

Jobard : → Naïf.

Jocrisse : → Niais.

Joie : → Gaieté et Plaisir.

Joindre : ¶ 1 → Assembler. Mettre en contact des choses qui demeurent cependant distinctes. *Joindre* se dit en parlant de toutes les choses qui se touchent ou se tiennent : *Joindre deux planches avec de la colle forte. Joindre les mains.* **Lier,** joindre ensemble différentes parties par quelque substance qui s'incorpore dans les unes et dans les autres, ou, en parlant de lettres, les joindre l'une à l'autre par certains petits traits : *La chaux et le ciment lient les pierres.* **Relier,** joindre par une voie de communication : → Unir. **Accoupler,** joindre des choses deux à deux de façon qu'elles fassent un ensemble : *Accoupler une pierre à une monture* (J. ROM.). **Jumeler,** accoupler deux objets semblables et semblablement disposés : *Mitrailleuses jumelées.* **Abouter** et **Rabouter,** termes techniques, joindre bout à bout, spéc. deux pièces de bois. **Appointer,** joindre bout à bout, par un fil, deux pièces d'étoffe ou de cuir. **Aboucher,** joindre bouche à bouche, spéc. deux tubes, ou, en termes d'anatomie, deux vaisseaux qui communiquent. **Ajointer,** syn. technique d'*abouter* ou d'*aboucher.* **Épisser,** joindre les deux bouts d'un câble, d'un cordage en en entrelaçant les torons. **Brancher,** joindre et adapter un conduit particulier à une conduite principale, ou un fil électrique à une ligne principale. **Connecter,** surtout en électricité, joindre par des conducteurs électriques différentes machines ou organes. **Articuler,** joindre une partie à une autre de la façon de deux os, c'est-à-dire de façon qu'elles forment une figure géométrique qui peut se déformer par le déplacement de chaque partie, sans que ces parties cessent d'être unies par leurs extrémités : *Hélice aux ailes articulées. Rame de wagons articulée.* **Rapporter,** joindre quelque chose à ce qui ne paraît pas complet : *Il a fallu rapporter une bordure à cette tapisserie;* ou, au prop. et au fig., joindre des pièces prises çà et là pour faire un ouvrage : *Ouvrage de pièces rapportées.* **Raccorder,** joindre par une liaison quelconque des parties séparées ou dissemblables ou qui faisaient disparate : *Raccorder des tuyaux, des terrains, deux voies ferrées* (ACAD.). **Accoler,** en termes de blason ou de sciences naturelles, joindre par les côtés ; dans le langage courant, joindre par une accolade et par ext. faire figurer ensemble : *Tous les prénoms que les poètes croyaient avoir accolés pour l'éternité se dégagèrent et formèrent des couples nouveaux* (GIR.). — **Souder,** en termes d'art, joindre ou unir des pièces de métal par voie thermique, par fusion ou par métal d'apport, se dit en termes d'anatomie et de botanique, de parties qui, d'abord distinctes, se rejoignent ou se trouvent unies de manière à ne plus former qu'une seule pièce : *Os qui se soudent.* **Braser,** souder deux morceaux de métal à l'aide d'un métal intermédiaire plus fusible. ¶ 2 Mettre ensemble deux choses ou deux personnes qui, tout en demeurant distinctes, forment un tout. *Joindre* se dit dans tous les cas, sans impliquer comme **Unir** (→ ce mot) que les choses ou les personnes ne font qu'un, mais simplement qu'elles s'ajoutent : *Joindre l'audace à la haine* (Rac.). *L'hymen qui va nous joindre unit nos intérêts* (Volt.). **Lier** dit moins qu'*unir*, mais plus que *joindre* et marque entre des personnes un rapport étroit et durable qui les met en relation, les unit presque, et entre des idées un rapport grammatical, logique ou nécessaire : *Des êtres que liaient l'intelligence, le cœur et la chair* (Cam.). *Lier les parties d'un système, lier des scènes.* **Enchaîner,** lier étroitement des personnes et, en parlant des choses ou des idées, les lier en les faisant découler les unes des autres par une dépendance, une relation mutuelle : *Enchaîner les conséquences aux principes.* **Relier,** lier des idées par une transition, une idée intermédiaire. **Associer** (→ ce mot), unir une personne à une autre pour former une société en vue d'un objet commun et, en général, unir, lier ou joindre par une communauté d'intérêt ou de but : *Cet écrivain associe l'élégance de la forme à la solidité du savoir* (Acad.). **Allier,** en parlant d'États, joindre par des traités; en parlant de personnes, joindre par les liens du mariage; en parlant de choses morales, joindre ensemble des choses différentes, opposées, disparates : *Allier tant de gentillesse à tant d'originalité* (Balz.). **Conjuguer** se dit de choses physiques liées par un rapport de parallélisme, de symétrie, ou de choses physiques ou morales concourant au même but : *Machines conjuguées. Conjuguer ses efforts à ceux de quelqu'un.* **Combiner,** dans le langage courant, unir, joindre en disposant en vue d'un certain effet : *Le secret de sa prodigieuse résistance* [de la France] *gît peut-être dans les grandes et multiples différences qu'elle combine en soi* (Val.). **Conjoindre,** syn. rare de *joindre* ou d'*allier*; dans le style relevé, joindre par les liens du mariage. **Coudre,** mettre ensemble bout à bout, et spéc. en parlant de mots, de phrases, mettre à la suite sans art : *Coudre des phrases de Cicéron* (J.-J. R.). **Marier,** joindre par le mariage, au fig. joindre des choses qui s'accordent : *Les voix se mariaient comme dans une fête chorale* (Duh.). ¶ 3 Faire de deux choses un tout, en sorte que l'une soit le complément de l'autre. *Joindre,* ajouter une chose à une chose plus importante : *Joindre les intérêts au capital* (Acad.). **Rattacher,** joindre à une chose principale une chose qui doit en dépendre : *Rattacher un service à un ministère.* **Annexer** a le même sens dans le langage juridique, théologique ou relevé : *Annexer une pièce à un dossier* (Acad.). ¶ 4 → Rejoindre. ¶ 5 → Aborder.

Joint, endroit où deux choses se joignent. **Jointure** ajoute l'idée d'agencement des parties jointes et se dit surtout en parlant des os. Même nuance au fig. : *Trouver le joint,* trouver la meilleure façon de prendre une affaire; *Trouver la jointure,* plus rare, se dit pour une affaire difficile. **Commissure,** surtout en anatomie ou en architecture, jointure souvent en forme de fente ou de ligne de deux ou de plusieurs parties : *La commissure des lèvres.* **Suture,** terme d'anatomie, de botanique, jointure de ce qui est ou paraît cousu : *Suture des os du crâne.*

Jointure : ¶ 1 → Joint. ¶ 2 → Articulation.

Joli : → Beau. Qui plaît par ses qualités esthétiques, cause du plaisir, mais non de l'admiration. *Joli,* terme le plus général, marque l'agrément esthétique, la séduction de ce qui n'a pas une beauté régulière et complète. **Joliet,** fam., surtout au fém., assez joli. **Pas mal,** fam., presque joli : *La maison qui n'est pas mal, jolie est trop dire, mais enfin amusante* (Proust). **Mignon,** joli par sa petitesse, ou à cause de sa façon élégante, fine, délicate : *Poupées mignonnes* (Loti). *Blonde toute mignonne, si délicate* (Zola); implique aussi souvent, surtout comme nom, une idée de tendresse qu'il n'y a pas dans *joli* : *Ma belle mignonne* (Mol.). **Mignard** marque de nos jours l'affectation d'être mignon, surtout dans l'air et dans le parler, et a vieilli pour désigner des traits mignon et doux : *La voix douce et mignarde de nos Vaudoises* (J.-J. R.). **Bien** est fam. comme adj. en parlant des personnes qui ont le visage agréable, presque beau : *Cette femme est bien* (Acad.); **Girond** est argotique. — En parlant de l'air, des mouvements, du geste, **Gentil** implique douceur et finesse, parfois agilité et légèreté des mouvements, et de nos jours qualifie dans le langage courant une jeune fille ou une jeune femme que son agrément doit consoler de n'être pas tout à fait jolie : *Jeune fille gentille et fringante* (L. F.), *gentille et sémillante* (J.-J. R.). **Gracieux** ajoute l'idée de quelque chose de riant, sans gêne et sans gaucherie : *Sans l'aisance et la facilité il n'y a point de grâce; aussi est-il joli plutôt que gracieux* (L. H.). **Mièvre,** d'une vivacité mêlée de quelque malice, se dit surtout des enfants, et comporte de nos jours l'idée d'affectation : *Mièvre et éveillé* (Mol.). **Accort**, surtout au fém., implique à la fois grâce et vivacité d'esprit et d'allure : *Jeunes Grecques vives, jolies, accortes* (Chat.). **Pimpant** et **Coquet** qui, en ce sens, ne se dit que de l'ajustement et des choses, ajoutent l'idée de grâce riante, et d'élégance un peu recherchée et audacieuse (→ Élégant) : *Châteaux mignons, pimpants* (Balz.).

Jonc : ¶ 1 → Baguette. ¶ 2 → Anneau.

Joncher : → Recouvrir.

Jonction, au prop. seulement, marque le rapprochement de choses d'abord séparées qui se rencontrent dans leur marche ou leur course : *La jonction de deux armées, de deux rivières* (Acad.). **Union**, au prop. et au fig., n'implique pas le mouvement, mais se dit de choses qui sont comme fondues ensemble, ne font qu'un : *L'union de l'âme avec le corps.*

Jongleur : → Troubadour.

Joue, partie du visage de l'homme qui est au-dessous des tempes et des yeux et s'étend jusqu'au menton. **Bajoue**, la partie correspondante de la tête du cochon ou du veau; par dénigrement, en parlant de l'homme, joue pendante et fortement prononcée. **Abajoue**, poche de chaque côté de la cavité buccale de certains animaux (chez le singe, par ex.) ou parties latérales du groin du cochon et de la tête de veau, lorsqu'elles sont détachées de l'animal; parfois, en parlant de l'homme, syn. péj. de *bajoue*.

Jouer : ¶ 1 → (s') Amuser. ¶ 2 *Jouer de :* → User de. ¶ 3 → Spéculer. ¶ 4 → Hasarder. ¶ 5 → (se) Mouvoir. ¶ 6 → Tromper. ¶ 7 → Railler. ¶ 8 → Représenter. ¶ 9 Tenir un rôle dans une pièce de théâtre. *Jouer*, terme courant, se dit aussi bien de la pièce que des personnages ou du genre de personnages que l'acteur représente sur la scène : *Jouer les Fourberies de Scapin; un personnage* (Gi.); surtout relativement à la mimique, aux gestes, à la voix, à tout ce qui constitue le jeu de l'acteur dont on dit qu'il est *brillant, touchant, pathétique* (Acad.). **Interpréter**, surtout relatif à un personnage individuel, implique que l'acteur le comprend et le traduit dans la représentation d'une certaine façon qui correspond aux intentions de l'auteur, à la vérité intérieure du personnage ou à l'idée qu'il s'en fait lui-même : on dit de l'interprétation qu'elle est *exacte, originale, intelligente, fine : On joue Arlequin, on interprète Don Juan.* **Créer**, être le premier à jouer un personnage. — *Jouer la comédie*, ou *Jouer*, exercer la profession de comédien, tend de nos jours à être remplacé par **Faire du théâtre.** ¶ 10 → Feindre. ¶ 11 → Imiter. ¶ 12 Tirer des sons d'un instrument de musique. *Jouer*, terme courant, se dit de nos jours pour tous les instruments. **Toucher**, qui vieillit, s'est dit d'instruments qui rendent des sons par le contact de la main sur des touches ou des cordes : *Toucher la lyre* (Roll.), *l'orgue et le clavecin* (J.-J. R.), ne se dit que par plaisanterie : *Gratter de la guitare, du piano* (Lit.). **Racler**, péj., mal jouer d'un instrument à cordes : *Racler un violon de poche* (Chat.). **Sonner**, autrefois jouer un air de danse : *Sonner une sarabande* (Voit.); ne se dit de nos jours que du cor, de la trompe et de la trompette ou du clairon considérés comme donnant certains signaux. **Souffler**, jouer en soufflant, est péj. : *Un maroufle, Joue et souffle, Comme un bœuf, Une marche...* (V. H.). **Pincer**, faire vibrer les cordes d'un instrument de musique en les serrant avec les doigts : *Pincer de la harpe, de la guitare* (Acad.). **Pianoter**, fam. et péj., jouer médiocrement du piano, tapoter sur le piano. — *Jouer*, c'est aussi faire entendre un morceau de musique sur un instrument ou avec des instruments. **Exécuter** se dit surtout pour un morceau difficile ou exigeant l'ensemble d'un orchestre. **Enlever**, exécuter rapidement, avec brio : *Un chœur que la troupe et l'orchestre enlevèrent très brillamment* (Zola). ¶ 13 *Se jouer à :* → (s') Attaquer. ¶ 14 *Se jouer de :* → Mépriser, Railler et Tromper.

Jouet, tout objet qui sert à amuser les enfants. **Jeu** ne se dit que d'un jouet qui amuse en faisant appliquer certaines règles : *Un jeu de patience.* **Joujou**, terme enfantin et fam., petit jouet. **Babiole**, vx, petit jouet sans valeur. **Bimbelot**, menu jouet comme poupée, petit cheval, petit meuble, etc. **Hochet**, jouet qu'on met entre les mains d'un petit enfant pour qu'il le porte à sa bouche et le presse contre ses gencives pendant le travail de la dentition. — Au fig. → Victime.

Joufflu, en parlant de l'homme qui a de grosses joues, n'implique rien que de naturel : *Un homme joufflu et vermeil* (Volt.). **Mafflé** ou **Mafflu**, qui se dit de tout le visage, parfois même de tout le corps, évoque quelque chose de peu plaisant : *Deux gros mafflus* (Pég.). **Bouffi**, qui se dit de tout le corps (→ Gonflé), implique, lorsqu'il s'agit du visage, un gonflement dû à une graisse anormale, au souffle ou à une violente colère : *Figure bouffie, bilieuse* (Mau.).

Joug : → Subordination.

Jouir de : ¶ 1 *Jouir de*, **Posséder :** → Jouissance. ¶ 2 → Profiter. Tirer plaisir de quelque chose. *Jouir de* implique une certaine activité de l'esprit qui sait profiter des plaisirs que donne une chose ou qu'elle peut donner même indirectement : *Je jouissais de l'écume naissante et vierge* (VAL.). *Je viens jouir de ma douleur* (SAINT-LAMBERT). **Goûter** dit moins ; c'est sentir et apprécier des choses naturellement agréables, qui communiquent directement le plaisir : *Goûter une jouissance amère* (ZOLA) ; *un soir vert et or* (CAM.). **Savourer,** jouir avec délectation, avec une lenteur qui prolonge le plaisir : *Je savourais le sentiment d'un nouvel être* (GI.). **Déguster,** fam., plus rare au fig., savourer en connaisseur : *Déguster une belle poésie.* **Se repaître,** fig., prendre un plaisir avide à quelque chose : *Mes yeux se repaîtront des horreurs de ta peine* (CORN.). **Se régaler de,** fig. et fam., se donner une très vive jouissance, enchérit sur *savourer* : → (se) Régaler.

Jouissance : ¶ 1 → Plaisir. **¶ 2** Usage réel ou virtuel d'un bien. *Jouissance* implique que nous tirons profit ou plaisir d'un bien qui nous appartient ou non ; **Possession,** que nous sommes les maîtres d'un bien et pouvons en disposer et en jouir sans forcément le faire : Celui qui a la *possession* d'une promenade n'en jouit pas s'il est impotent, et celui à qui il permet de s'y promener en a la *jouissance.* Si la *possession* est de fait, la **Propriété** est de droit : *Il faut bien distinguer la possession, qui n'est que l'effet de la force ou le droit du premier occupant, de la propriété qui ne peut être fondée que sur un titre positif* (J.-J. R.). **Usufruit,** terme de droit, droit d'user d'une chose appartenant à autrui et d'en percevoir les fruits : *L'usufruit d'une maison autorise l'usufruitier à y habiter, à la louer, mais non à la vendre.* **Usage,** terme de droit, droit de se servir d'une chose qui appartient à autrui, sans en percevoir les fruits.

Jour : ¶ 1 → Lumière. **¶ 2** Temps que met la terre à faire son mouvement de rotation sur elle-même. *Jour,* espace de temps abstrait, considéré en lui-même, et servant à mesurer la marche du temps : *L'année se divise en 365 jours. Le jour de la naissance.* **Journée,** durée déterminée et divisible, souvent limitée au temps qui s'écoule du lever au coucher du soleil, remplie par une série d'événements et relative soit à ces événements, soit à la personne qui les a vécus : *La journée d'un ouvrier. On passe une bonne journée à la campagne.* **Férie,** terme dont se sert l'Église pour désigner les différents jours de la semaine. **¶ 3** → Ouverture. **¶ 4** → Moyen. **¶ 5** *Jours* : → Vie. **¶ 6** *Jours* : → Époque.

Jour (point et **pointe du) :** → Aube.

Jour (voir le) : → Naître.

Journal : ¶ 1 Écrit donnant les nouvelles et les accompagnant ou non d'articles sur la politique, les lettres, les arts, etc. *Journal,* tout écrit de ce genre qui paraît tous les jours (dans ce cas, on dit aussi **Quotidien**), ou à intervalles réguliers (dans ce cas, on dit aussi **Périodique**). **Organe,** journal considéré par rapport à l'opinion politique, au parti qu'il représente. **Gazette,** nom des premiers périodiques, ne se dit plus, sinon par ironie, ou comme titre du journal : *La Gazette des Tribunaux.* **Bulletin** se dit quelquefois de journaux portant à la connaissance d'une catégorie spéciale d'intéressés des nouvelles ou des textes : *Bulletin des lois. Bulletin paroissial. Bulletin du bibliophile.* **Bulletin de nouvelles,** rare, journal manuscrit ou clandestin. **Feuille,** fam., journal souvent peu étendu : *Une feuille locale* (ACAD.). **Feuille de chou,** fam. et péj., journal sans importance et sans crédit. **Canard,** syn. de *journal,* est argotique et péj. **¶ 2** → Revue. **¶ 3** → Récit. **¶ 4** → Mémoires.

Journalier : Adj. ¶ 1 *Journalier,* qui arrive tous les jours ou à peu près tous les jours, mais tantôt d'une façon, tantôt d'une autre. **Quotidien,** qui arrive tous les jours d'une manière fixe et invariable : *La lecture quotidienne du bréviaire ne doit pas empêcher un prêtre de vaquer à ses fonctions journalières.* **Journel,** syn. vx de *journalier.* — **Diurne,** terme scientifique, ne se dit qu'en astronomie des mouvements des astres qui reviennent tous les jours et occupent toute la durée d'un jour, et, en termes d'archéologie, de certains registres tenus jour par jour des faits de la vie d'un peuple : *Mouvement diurne de la terre. Les actes diurnes chez les Romains* (ACAD.). **¶ 2** → Changeant. **¶ 3 N.** → Travailleur.

Journaliste marque la profession de celui qui fait, rédige un journal, ou en écrit certains articles. **Rédacteur,** tout homme qui rédige, spéc. collaborateur régulier d'un journal, chargé de certains articles, et considéré par rapport à sa fonction dans l'équipe qui travaille au journal. **Publiciste,** autrefois, celui qui écrivait sur le droit public, la politique ; de nos jours, journaliste qui écrit sur des matières politiques et sociales, et par ext. sur tous les sujets non littéraires ou scientifiques, et même parfois abusivement, tout rédacteur d'une feuille publique. **Feuilletoniste,** rédacteur qui fait habituellement un feuilleton (→ Article). **Reporter** (de l'anglais *to report,* rapporter), journaliste d'information qui se déplace pour recueillir tous les renseignements sur une affaire d'actualité et les présenter au public d'une façon vivante. De nos jours, en un sens plus large, **Envoyé spécial,** journaliste qui se déplace pour recueillir des informations, ou pour faire de vastes enquêtes. **Correspondant,** celui qui envoie au journal, de son séjour habituel, des informations ou même des articles. **Nouvelliste,** peu usité aujourd'hui, rédacteur d'anecdotes, d'échos, dans un journal. — En un sens péj., **Feuilliste,** rare, et **Folliculaire,** journaliste qui vit des médisances et des calomnies qu'il raconte. **Journaleux,** fam., mauvais journaliste ou journaliste sans importance. **Pamphlétaire,** appliqué à un *journaliste,* le présente, souvent par dénigrement, comme violemment satirique, surtout en matière politique, contre les hommes ou contre les choses. **Gazetier,** syn. vx de *journaliste,* ne se dit que par ironie, ou en mauvaise part.

Journée : ¶ 1 → Jour. ¶ 2 → Étape. ¶ 3 → Rétribution.

Joute : → Tournoi et Lutte.

Jouter : → Lutter.

Jouvenceau : → Jeune homme.

Jovial : → Gai.

Joyau : ¶ 1 Ornement précieux qui sert à la parure des femmes. *Joyau* désigne quelque chose de plus considérable, par sa grandeur ou le prix de sa matière, que le **Bijou,** petit, parfois d'une matière de peu de valeur et surtout remarquable par sa délicatesse et sa façon : *Les joyaux de la couronne. Petits bijoux* (VOLT.). *Bijou faux* (ZOLA). ¶ 2 Au fig. *Joyau,* objet de prix, **Bijou,** petite chose ou personne mignonne : [Les pauvres] *les trésors de l'Église, les joyaux de J.-C.* (CHAT.). *Un bijou de femme* (BALZ.). **Diamant,** fig., ce qui est d'un prix inestimable : *La beauté est un diamant qui doit être monté et enchâssé dans l'or* (GAUT.). **Perle,** fig. et fam., ce qui est rare et excellent dans son genre : *La perle des cuisinières.*

Joyeux : → Gai.

Jubilation : → Gaieté.

Jucher : → Percher.

Judas : ¶ 1 → Infidèle. ¶ 2 → Ouverture.

Judiciaire, qui se fait par autorité de justice ou selon les formes qui conviennent à la justice : *Enquête judiciaire. Acte judiciaire.* **Juridique,** plus vague, qui est selon le droit positif, la loi, sans passer forcément par la justice : *Massacres, assassinats juridiques* (VOLT.).

Juge : ¶ 1 Celui dont le métier est de rendre la justice. *Juge,* celui qui est investi par autorité publique du pouvoir de dire le droit ou de reconnaître le fait et de la fonction d'appliquer la loi dans les affaires litigieuses. **Magistrat,** tout officier civil revêtu d'une autorité administrative, désigne particulièrement les membres de l'ordre judiciaire et, comme syn. de *juge,* insiste sur la dignité de la fonction. **Gens de robe** et **Robins,** péj., désignent collectivement les gens de justice. ¶ 2 Celui qui défend la justice. *Juge,* celui qui est qualifié pour dire ce qui est juste ou non : *Mon juge est mon amour, mon juge est ma Chimène* (CORN.). **Justicier,** celui qui, de lui-même, sans être forcément qualifié, ne se contente pas de dire ce qui est juste, mais par son action fait régner la justice : *Saint Louis était grand justicier.* **Vengeur,** justicier qui punit les offenses, donne satisfaction à la victime. ¶ 3 → Critique.

Jugement : ¶ 1 Décision d'une autorité judiciaire. *Jugement,* terme général, se dit dans tous les cas où il n'est pas besoin d'une grande précision; et spéc., en jurisprudence, des décisions des tribunaux civils, de commerce, militaires et maritimes. *Jugement* marque plutôt l'action, le fait d'où découlent la *sentence,* l'*arrêt,* etc. *Un prompt jugement* (FÉN.). **Arrêt,** ce qu'on ordonne, pense ou résout d'une manière irrévocable, se dit en jurisprudence des décisions des tribunaux supérieurs (Cour de cassation, Cour des comptes, Cour d'appel et Cour d'assises), et, en un sens général, de tout jugement définitif et parfois rigoureux d'une haute autorité ou d'une haute puissance : *L'arrêt du destin.* **Sentence,** ce qu'on pense, mais non d'une façon irrévocable, se dit en jurisprudence de la décision d'un juge de paix ou d'un arbitre, et, en son sens général, dans le style relevé, d'un jugement solennel, spéc. de Dieu sur les pécheurs, avec quelque chose toutefois de moins définitif et rigoureux que l'*arrêt* : *J.-C. dit que les Juifs mourront dans l'impénitence. Est-ce un arrêt définitif qu'il portait contre eux? Saint Chrysostome estime que ce fut seulement comme une sentence comminatoire qui leur déclarait ce qu'ils avaient à craindre, s'ils demeuraient plus longtemps dans leur infidélité* (BOUR.). **Verdict,** déclaration du jury à la cour d'assises, sa réponse aux questions de la cour, se dit bien au fig. d'un jugement en une matière où l'on annonce sans appel à quelqu'un ce qui va lui arriver, sans qu'on le décide soi-même : *Le verdict fulgurant qu'il avait saisi dans le regard de Philip* [un médecin] (M. D. G.). **Ordonnance,** en jurisprudence, décision émanant, non comme le *jugement* d'un tribunal entier, mais d'un président ou d'un juge statuant seul. ¶ 2 → Opinion. ¶ 3 Appréciation portée sur une œuvre d'art ou sur un écrivain. *Jugement,* opinion motivée soit sur la réalité des faits, soit sur la valeur de l'œuvre ou de son auteur : *Discuter un jugement de Sainte-Beuve sur Athalie.* **Critique,** dissertation ou article détaillé dans lequel on examine un ouvrage avant de porter sur lui un jugement : *Sa critique a été imprimée*; ou, en un autre sens, jugement défavorable qui consiste à signaler les imperfections que l'on reproche à un ouvrage : *Son jugement, louanges et critiques* (Gi.). ¶ 4 → Raison.

Jugeote : → Raison.

Juger : ¶ 1 → Croire. Avoir une opinion qui fait considérer les choses comme telles ou telles. *Juger* indique le résultat d'un examen fait par l'esprit : *Je jugeai, du premier coup d'œil, mes prévisions dépassées* (Mau.); **Trouver**, une impression plus directe, moins raisonnée, plus intime : *Mon style lui déplaît; il trouve ma phrase obscure, confuse, embarrassée* (P.-L. Cour.). **Voir** suppose une interprétation d'un ensemble de faits qui peut aller de la reconnaissance de l'évidence à une façon de juger très subjective : *Il est facile de voir que cela est faux* (Lit.). *Ce qu'elle ne voyait pas en mal, elle le voyait en ridicule* (J.-J. R.). ¶ 2 → Regarder comme. ¶ 3 Déterminer l'opinion qu'on doit avoir. *Juger*, à propos de choses ou de personnes susceptibles d'être soumises à l'examen et à la discussion, implique une opération lente, réfléchie, raisonnée pour se faire une opinion qu'on garde souvent pour soi : *Ceux qui jugent d'un ouvrage par règle* (Pasc.). **Peser**, fig., juger attentivement la valeur morale d'une action : *Dieu pèsera nos actions* (Acad.). **Décider** (→ ce mot), à propos des choses susceptibles d'être tranchées, résolues, comme questions, affaires, contestations, implique souvent une action instantanée, parfois arbitraire : *Le pouvoir se substituerait au droit. Les procès se termineraient encore, mais on ne jugerait plus, on déciderait* (Beaum.); et marque parfois aussi la dernière partie de l'action de *juger*. **Prononcer**, proclamer la chose décidée ou jugée, souvent avec solennité, autorité : *Troïle est l'oracle d'une maison; s'il prononce d'un mets qu'il est friand, le maître le trouve friand* (L. B.). ¶ 4 En parlant d'une personne ou de ses actions, *Juger* suppose une opinion motivée du point de vue intellectuel ou moral : *Juger un écrivain; une personne sur ses actes*. **Apprécier** a rapport à la valeur de la personne jugée d'après ses services, ses talents, mais on dit plutôt **Porter une appréciation sur**, quand il s'agit d'un supérieur qui donne un avis motivé sur un inférieur : *Porter une appréciation sur un élève*. **Noter**, apprécier avec précision, en classant, par une note chiffrée, dans une hiérarchie. **Coter**, fig. et fam., mettre à une certaine place dans une hiérarchie, marque une appréciation plus vague : *Fonctionnaire mal coté*. **Jauger**, fig., faire l'estimation rapide des capacités, surtout intellectuelles,

de quelqu'un. ¶ 5 En un sens plus étroit, *Juger*, décider et prononcer, en qualité de juge ou d'arbitre, sur une affaire ou sur une personne. **Arbitrer** ne se dit que d'un différend, d'une affaire qu'on règle en qualité d'arbitre (→ ce mot) sur la demande des parties intéressées.

Juguler : → Arrêter.

Juif : → Israélite.

Jumeau se dit de deux ou plusieurs enfants qui sont nés d'un même accouchement. On dit aussi de nos jours **Quadruplés, Quintuplés**, etc., pour quatre, cinq jumeaux, etc. **Besson**, *jumeau*, vx et inusité, sauf dans quelques provinces. **Gémeaux**, vx, ne se dit plus que de l'un des douze signes du Zodiaque représenté par les jumeaux Castor et Pollux.

Jumeler : → Joindre.

Jumelle : → Lunette.

Jument, femelle du cheval, est du langage commun, **Cavale**, du langage noble et poétique. **Pouliche**, jument qui n'a pas atteint trois ans. **Haquenée**, au M. A., jument (ou cheval) de moyenne taille, montée par les dames, et allant ordinairement l'amble.

Jupe : Partie de l'habillement des femmes qui descend depuis la ceinture plus ou moins bas suivant la mode. *Jupe* exprime le genre, **Jupon**, l'espèce, et se disait autrefois d'une jupe courte, ou, comme de nos jours, d'une jupe de dessous. **Cotte**, vx, jupe de paysanne plissée par le haut à la ceinture, et par ext. toute sorte de jupe. **Cotillon**, jupon de paysanne.

Jurement : ¶ 1 → Serment. ¶ 2 Paroles offensantes pour Dieu. Le *Jurement* et le **Juron** consistent à prendre mal à propos à témoin d'une affirmation ou Dieu, ou ce qu'on regarde comme saint. *Jurement*, qui vieillit, implique d'assez nombreuses paroles prononcées sous le coup de l'emportement : *Que de jurements dans le jeu!* (Pasc.). *Juron*, fam., ne se dit que d'un mot assez bref, qu'on répète d'habitude : *Ventre-Saint-Gris* était le *juron* de Henri IV. **Blasphème**, paroles qui outragent intentionnellement Dieu, la religion ou tout ce qu'on considère comme sacré. **Imprécation** et **Exécration** (→ Malédiction) enchérissent pour indiquer un appel fait à Dieu pour attirer le malheur sur quelqu'un, et qui, par son caractère injustifié ou excessif, est outrageant.

Jurer : ¶ 1 → Affirmer. ¶ 2 → Décider. ¶ 3 → Promettre. ¶ 4 *Jurer*, **Blasphémer** : → Jurement. **Sacrer**, fam., proférer des jurons ou des imprécations qui ont quelque chose de grossier et d'odieux. ¶ 5 → Contraster.

Juridique : → Judiciaire.

Jurisconsulte : → Légiste.

Jurisprudence : → Droit.

Juriste : → Légiste.

Juron : → Jurement.

Jusant : → Marée.

Juste : Adj. ¶ 1 *Juste*, **Équitable, Droit, Impartial :** → Justice. ¶ 2 → Religieux. ¶ 3 En parlant d'une chose morale, d'une action, *Juste*, qui en soi est conforme à la justice ou à l'équité : *Leur trahison est juste et le ciel l'autorise* (Corn.). **Légitime,** qui se justifie ou s'excuse en vertu d'un droit ou d'une raison qu'on ne pourrait violer sans injustice ou déraison : *Des droits les plus légitimes, les plus sacrés* (Pég.). **Fondé** dit moins, en parlant de ce qui a des raisons que l'on reconnaît pour valables, sans toutefois forcément les approuver : *Des reproches fondés* (Ham.) ne sont pas sans raison, mais ils ne sont pas *légitimes* si celui qui les fait n'a pas le droit de les faire, et ne sont pas *justes* s'ils sont exagérés. **Justifié,** qui a été montré comme étant juste ou légitime, implique qu'a été levé un certain doute et s'emploie souvent avec, pour comp., le nom de la chose qui a levé ce doute : *Crainte justifiée par l'événement.* **Justifiable** se dit surtout d'une action qui peut être *justifiée.* **Motivé** dit moins que *fondé* en parlant des actions dont on donne le motif, la cause, sans forcément les reconnaître pour valables ; mais comme d'habitude on agit ainsi pour justifier l'action, *motivé* s'emploie en un sens assez voisin de *justifié* : *Punition motivée.* **Raisonnable,** que la raison admet comme juste, légitime, fondé, ou simplement conforme à ce qu'un homme sage peut considérer comme convenable, surtout en parlant d'une opinion, d'une conduite ou d'un désir : *C'est mieux que raisonnable, c'est juste et c'est humain* (Duh.). ¶ 4 Pour qualifier l'expression, *Juste*, **Exact, Précis, Propre :** → Justesse. ¶ 5 En un sens plus général, *Juste* se dit de ce qui ne peut être taxé d'erreur, qu'on considère en soi, ou par rapport à la réalité qu'il reproduit : *Un acteur qui cherche le ton juste* (Mau.). *Un raisonnement juste* ne peut être critiqué, il est bien fait et aboutit à la vérité. *L'heure juste*, c'est l'heure qu'il faut, à n'importe quel point de vue. **Exact** suppose toujours une conformité à une réalité ou à une règle : *Une solution exacte* trouve le résultat du problème, conformément à la bonne méthode. *L'heure exacte*, c'est l'heure qu'il est réellement, ou l'heure qui avait été fixée pour faire quelque chose. **Précis** a rapport à la manière dont est faite la chose, avec netteté, sans embarras ni équivoque :

L'heure précise est donnée à une seconde près, mais peut être fausse ; ce n'est donc qu'en parlant de quelque chose qui est déjà *juste* ou *exact* que *précis* enchérit sur ces mots. ¶ 6 → Vrai. ¶ 7 → Étroit. ¶ 8 N. *Juste*, l'idée abstraite fixe, invariable, immuable, qui est dans les âmes, de ce qui est conforme au droit. **Justice,** la réalisation de cette idée dans les lois, ou la disposition dans les âmes à réaliser le juste. ¶ 9 Adv. → Justement.

Justement : → Précisément. Pour marquer une exacte proportion entre deux choses, *Justement* qualifie ce qui se fait par rapport aux circonstances, **Juste,** ce qui est la proportion idéale : *Vous avez besoin d'un renseignement d'ordre historique : un ami historien arrive justement ; c'est juste l'homme qu'il vous faut.*

Justesse : ¶ 1 Qualité de l'esprit et du style qui a pour effet de bien faire comprendre, par le bon emploi des mots, ce qu'on dit ou ce qu'on écrit. *Justesse* implique qu'on emploie les mots qu'il faut, en évitant l'impropriété ou l'erreur : [La justesse, c'est] *la conformité de l'expression à l'objet* (Bour.) ; **Précision,** qu'on n'emploie que les mots qu'il faut en évitant l'embarras, le superflu, le vague ou l'obscurité : *La précision avec laquelle* [ce mémoire] *est écrit ne permet pas qu'on en fasse un extrait* (Buf.) ; **Exactitude,** qu'on emploie tous les mots qu'il faut, en évitant les omissions : *Sans exactitude* [une idée] *est incomplète ou inachevée* (L.). **Propriété** ne se dit que des termes et du style et désigne une forme de *justesse* qui consiste à employer les mots dans leur sens exact : *Qui jamais a eu comme* [Voltaire] *ce sentiment délicat et fin des propriétés du style et de ses différences?* (Marm.). ¶ 2 En un sens plus général, *Justesse*, **Exactitude, Précision :** → Juste.

Justice : ¶ 1 Disposition, qualité ou vertu qui consiste à ne pas faire tort à autrui. *Justice*, conformité à une règle positive, respect d'un droit rigoureux, dont l'exécution peut être exigée par la contrainte, en se fondant uniquement sur le fait et sur le droit ; **Équité,** conformité au droit naturel dicté par la conscience et par la raison, qui ne peut être exigée par la contrainte, et qui consiste à tenir compte des intentions, des circonstances, des cas particuliers : *Le magistrat joint à la loi souvent trop générale le discernement des cas particuliers : il ajoute à la justice cette équité supérieure sans laquelle la dureté de la lettre n'a souvent qu'une rigueur qui tue et l'excès de la justice devient quelquefois l'excès de l'iniquité* (D'Ag.). Alors que l'*équité*, douce, attentive à excuser, consiste à ne favoriser personne, la **Droiture,**

inflexible, consiste à suivre les lois et les inspirations de sa conscience, sans biaiser ni tricher, et sans se favoriser soi-même ou se laisser influencer aux dépens d'autrui : *M. le duc de Berry avait de la droiture, il ne se doutait seulement pas ni de fausseté ni d'artifice* (S.-S.). **Impartialité,** qualité de celui qui ne favorise pas l'un aux dépens de l'autre : c'est la qualité nécessaire, mais non suffisante pour être *juste* ou *équitable* : Un historien qui a de l'*impartialité* n'a pas de parti pris, mais il peut manquer de *justice* ou d'*équité*, s'il se trompe, par exemple par omission, en jugeant un personnage. ¶ 2 → Droit. ¶ 3 → Juste.

Justice (faire) : → Punir.

Justicier : → Juge.

Justification : → Apologie.

Justifié : → Juste.

Justifier : ¶ 1 → Excuser. ¶ 2 *Justifier,*

Motiver, Fonder : → Juste. ¶ 3 → Prouver.

Juvénile : → Jeune.

Juvénilité : → Jeunesse.

K

Kaki : → Jaune.

Kandjar : → Poignard.

Kermesse : → Fête.

Kidnapper : → Enlever.

Kiosque : ¶ 1 → Édicule. ¶ 2 → Pavillon.

Kobold, Korrigan : → Génie.

Krach : → Faillite.

Kyrielle : → Suite.

Kyste : → Tumeur.

L

Là : → Ici.

Labeur : → Travail.

Laboratoire, lorsqu'il désigne spéc. le lieu où les pharmaciens font leurs préparations, a pour syn. **Officine,** rare de nos jours.

Laborieux : ¶ 1 → Difficile. ¶ 2 → Pénible. ¶ 3 → Travailleur.

Labour : ¶ 1 *Labour,* façon qu'on donne à la terre, considérée absolument, indépendamment des modalités de l'action : *Je diminuai le nombre des labours* (Buf.). **Labourage** fait penser à l'action de labourer, à tout ce qui concerne cet art et sa pratique : *Le labourage mis en honneur a adouci les peuples farouches* (Fén.). ¶ 2 → Terre.

Labourer : Au fig. → Déchirer.

Laboureur : → Agriculteur.

Labyrinthe, édifice ou lieu plein de détours et disposé de telle manière qu'il est difficile, une fois qu'on y est entré, d'en sortir; au fig. grande complication ou grand embarras. **Dédale** (du nom de l'architecte qui construisit le labyrinthe de Crète), plus poétique, se dit surtout au fig., et, au prop., désigne quelque chose de plus abstrait et immatériel : *Le labyrinthe de Versailles* (Acad.). *L'hirondelle semble décrire au milieu des airs un dédale mobile et fugitif* (Buf.). De plus *labyrinthe* fait penser à la nature de la chose, inextricable, inexplicable, *dédale,* à l'art des hommes qui complique à plaisir, par habileté ou ruse : *Le labyrinthe de la sensiblerie* (Balz.); *de l'idéologie* (M. D. G.). *Dédale de lois* (Volt.). — Au fig. seulement, **Écheveau,** affaire embrouillée; **Maquis,** sorte de *dédale,* où se réfugie souvent la mauvaise foi : *Le maquis de la procédure.*

Lac : → Étang.

Lacérer : → Déchirer.

Lacet : ¶ 1 → Corde. ¶ 2 → Filet.

Lâche : Qui manque de courage (≠ Craintif : → ce mot). *Lâche,* méprisant, implique un vice de caractère qui fait qu'on demeure dans une inaction totale devant n'importe quel péril, ou qu'on agit bassement pour ne rien risquer : *C'était lâche d'abuser de sa force* (Zola). **Poltron** implique une faiblesse involontaire, qui fait surtout fuir, ou agir sous l'inspiration de la peur, d'une façon plus risible qu'odieuse : *Un poltron ne laisse pas de fuir, quoique sûr d'être tué en fuyant* (J.-J. R.). **Peureux** implique simplement qu'on est porté à éprouver intérieurement de la peur devant un danger réel ou imaginaire, sans la manifester forcément par ses actions : *Les gens peureux craignent les voyages en avion.* **Pusillanime** marque une timidité excessive à entreprendre une action quelconque, ou un manque de fermeté pour résister à ses passions ou aux maux dont on est accablé : *Homme pusillanime, si les deux grands fantômes, la douleur et la mort t'effraient, lis Sénèque* (Did.). **Couard,** qui se dit de l'animal qui par l'effet de sa peur serre sa queue entre ses jambes, syn. fam. et plaisant de *poltron.* **Pleutre,** très péj., n'implique pas comme *lâche* un vice de caractère, mais plutôt l'absence de caractère, de dignité, qui fait d'un être une chiffe, un zéro. **Jean-foutre** et par adoucissement **Jean-fesse,** syn. grossiers et injurieux de *pleutre,* dont **Pied-plat** est aussi le syn. fam. **Cerf** désigne parfois le *lâche,* **Capon** et **Poule mouillée,** pop., le *poltron* dont **Foireux** et **Péteux** sont des syn. triviaux. **Froussard,** pop., grand poltron, implique aussi quelque lâcheté. **Dégonflé,** pop., se dit surtout du *lâche* qui après avoir promis beaucoup perd son assurance. **Embusqué,** lâche qui en temps de guerre, s'arrange pour échapper à tous les services qui présentent quelque danger. **Capitulard,** péj., celui qui était partisan de la capitulation lors du siège de Paris en 1871, par ext. lâche, défaitiste, homme toujours prêt à céder.

Lâché : → Négligé.

Lâcher : ¶ 1 *Lâcher,* faire cesser entièrement la tension de ce qui est tendu ou serré; **Relâcher,** diminuer la tension de ce qui est trop tendu, trop serré : *Quand on lâche la bride, elle flotte; quand on relâche une corde elle est seulement moins tendue* (L.). **Larguer** et **Filer,** syn. de *lâcher* ou de *relâcher* dans certains emplois de la langue des marins. **Desserrer,** *relâcher* ce qui est serré : *Desserrer une ceinture.* **Détendre,** *relâcher* les liens qui retiennent ce qu'on veut dégager. **Décramponner,** détacher ce qui tient par des crampons, des crochets. **Détendre,** rendre moins tendu, se dit bien de ce qui reprend sa forme primitive quand on le relâche, en vertu de son élasticité naturelle : *Détendre un arc, un ressort.* **Débander**, détendre ce qui est tendu avec effort (→ Raidir). — Au réf. ce qui *se détend* peut de nouveau et facilement être·tendu, ce qui *se relâche* commence à perdre sa tension par vieillesse ou usure; au fig. *détendre son esprit* ou *se détendre* indiquent le repos après l'effort, *se relâcher* marque plutôt une diminution fâcheuse d'attention, de zèle qui conduit à ne plus pouvoir faire attention. Le temps *se détend* quand il devient moins froid et *se relâche* quand sa douceur augmente. ¶ 2 Laisser aller. *Lâcher* se dit de tout être auquel on donne ou on rend la liberté, sans le retenir. **Relâcher** (→ ce mot) se dit surtout d'un prisonnier que l'on rétablit officiellement dans sa liberté primitive : *A la récréation le maître lâche ses élèves. Relâcher un homme arrêté par erreur.* ¶ 3 → Dire. ¶ 4 → Accorder. ¶ 5 → Abandonner. ¶ 6 → Quitter. ¶ 7 → Distancer.

Lâcher pied : → Reculer.

Lâcheté, Poltronnerie, Peur, Pusillanimité, Couardise, Frousse : → Lâche.

Lacis : → Réseau.

Laconique : → Court.

Lacs : → Filet.

Lacune : ¶ 1 → Trou. *Lacune*, interruption, vide dans le texte d'un auteur, le corps d'un ouvrage, la suite des souvenirs, ou dans une série quelconque : *Dans la trame de ses raisonnements se révèle une considérable lacune* (Past.). **Hiatus**, lacune d'un ouvrage, endroit d'une pièce de théâtre où la scène reste vide, interruption dans une généalogie. **Desideratum** (mot latin), usité surtout au pl. **Desiderata**, choses qui manquent et qu'on regrette dans une science, une doctrine. ¶ 2 → Omission.

Ladre : ¶ 1 → Avare. ¶ 2 → Lépreux.

Ladrerie : → Léproserie.

Lagune : → Étang.

Laid : Qui n'est pas beau. *Laid* a uniquement rapport à l'esthétique. **Vilain** ajoute l'idée d'une qualité mauvaise ou nuisible et enchérit souvent sur *laid*, en un sens plus indéterminé : *Cette expression laide et touchante* (Mau.). *Vilaine rue, vilain hôtel, vilaine chambre, mais où cependant avaient logé des hommes de mérite* (J.-J. R.). Au fig. *laid*, assez rare, se dit d'actions non conformes au beau moral, à la bienséance, au devoir; *vilain*, plus fam., des paroles ou des actions grossières, honteuses et presque toujours déshonnêtes ou sales : *Le mensonge est le plus laid des vices. Je n'ai pu me défendre d'un vilain sentiment hostile* (M. D. G.). **Difforme** (→ ce mot) marque une irrégularité plus grande que

laid, mais objectivement, sans que cela nous cause toujours du déplaisir, tandis que ce qui est *laid* déplaît subjectivement, en choquant l'idée que nous nous faisons du beau : *Un homme qui a beaucoup de mérite et d'esprit, qui est connu pour tel, n'est pas laid, même avec des traits qui sont difformes* (L. B:). **Disgracié**, qui déplaît par une difformité, ou qui a un physique ingrat : [Scarron] *cet homme disgracié de la nature* (Volt.). **Disgracieux** marque simplement un manque fâcheux de grâce. **Hideux**, laid à soulever le cœur : *Ma chambre, hideux petit univers dont tous les détails me sont archi-connus jusqu'à la nausée* (M. D. G.). **Affreux**, laid à faire peur, se dit bien de ce qui évoque un danger, ou la tristesse, ou est très vilain : *J'étais près d'une affreuse Juive, Comme, au long d'un cadavre, un cadavre étendu* (Baud.). **Horrible**, laid à faire frissonner, enchérit et se dit, surtout au moral, de ce qui est vraiment laid ou si laid révoltante : *Le plus horrible des vices, l'hypocrisie* (Fén.). **Monstrueux** enchérit sur *difforme* et suppose une irrégularité contre nature qui rend très laid. Des syn. argotiques de *laid*, le plus usité est **Moche**. — Homme laid : Magot.

Laideron, femme laide. **Guenon**, femme très laide, sans mérite, sans agrément, et parfois femme de mauvaise vie. **Guenuche**, femme petite et laide. **Monstre de laideur** enchérit sur *laideron*.

Laine : → Poil.

Laisser : ¶ 1 → Quitter. *Laisser* marque simplement la séparation momentanée : *Auprès de votre époux, ma fille, je vous laisse* (Rac.). **Délaisser** (→ ce mot) ajoute l'idée d'une séparation progressive qui tend à devenir définitive et fait entendre que la personne qui reste est souvent sans secours, ou dans l'isolement : *Épouses délaissées* (Bos.). ¶ 2 → Confier. ¶ 3 → Transmettre. ¶ 4 → Aliéner. ¶ 5 → Souffrir. ¶ 6 *Ne pas laisser de :* → Continuer.

Laisser-aller : → Négligence.

Laissez-passer : Permis de circulation pour les personnes ou pour les choses. *Laissez-passer*, terme générique, se dit spéc. en droit fiscal pour les boissons, les tabacs ou certaines choses soumises à des droits. **Sauf-conduit**, laissez-passer en vertu duquel on peut aller en un lieu et en revenir, se dit surtout d'un laissez-passer de ce genre délivré en temps de guerre. **Passeport**, de nos jours, ne se dit plus guère que du *passeport à l'étranger*, pièce qui autorise à voyager en pays étranger. **Coupe-file**, laissez-passer délivré par une préfecture à une personne nommément désignée, pour lui permettre de couper les barrages d'agents, les files de voitures, etc. **Passavant,** terme de douane, laissez-passer pour le transport, d'un lieu à un autre, de marchandises qui ont déjà payé un droit ou qui en sont exemptées. **Passe-debout,** terme de fiscalité, permission de faire entrer sans droit d'octroi dans une ville des marchandises qui n'y feront que passer en transit, sans y être vendues ni même déchargées.

Lambeau : → Morceau.

Lambin : → Lent.

Lambiner : → Traîner.

Lame : ¶ 1 Morceau de métal ou d'autre matière, plat et de peu d'épaisseur. La *Lame* est généralement plus longue que large : *Lames de persienne* (ACAD.). La **Feuille** est plus large que la *lame* : *Partager une pièce de bois d'acajou en feuilles* (ACAD.). **Plaque,** lame ou feuille plus ou moins épaisse, mais résistante et servant à porter ou à porter des inscriptions. **Feuillet** se dit, dans le langage technique, de diverses *feuilles* ou *lames* juxtaposées ou superposées. **Baleine,** lame faite de fanons de baleine et servant de garniture à certaines parties du vêtement : *Baleine de corset.* ¶ 2 → Vague. ¶ 3 *Fine lame :* → Bretteur.

Lamentable : → Pitoyable.

Lamentation : → Gémissement.

Lamenter (se) : → Gémir.

Lamper : → Boire.

Lampion : → Lanterne.

Lance : Arme consistant en un fer pointu porté au bout d'un bâton. *Lance* et **Pique** ne servent qu'à percer; la *lance* a un fer pointu, c'est une arme noble, celle du héros ou du chevalier : *La lance de Pallas* (CHÉN.); la *pique* avait à l'origine un fer pointu et triangulaire; c'est une arme vulgaire, celle du légionnaire ou du fantassin : *Des vétérans en pleurs les piques abaissées* (CHÉN.). **Hallebarde** et **Pertuisane,** armes d'estoc et de taille : la *hallebarde,* en usage du XIVᵉ au XVIIᵉ s., n'est plus portée de nos jours que par les suisses d'église, la *pertuisane* n'est plus en usage depuis le XVIIIᵉ s. — *Rompre des lances :* → Lutter.

Lancement : → Publication.

Lancer : ¶ 1 → Jeter. Jeter en avant avec force pour atteindre au loin. *Lancer* se dit pour toutes sortes de choses : *Lancer une balle, des pierres, un cerf-volant* (ACAD.). **Darder** ne se dit que de ce qui est propre à percer et à blesser, et, au fig., de ce qui offense ou blesse : *Darder un trait; une flèche; une épigramme; des rayons.* **Décocher,** tirer une *flèche,* par ext. lancer par une brusque détente, et, au fig., lancer brusquement un trait qui surprend :

Décocher une épigramme, un compliment, une œillade (LIT.). **Desserrer,** vx et fam., lancer soudainement et avec violence un coup de pied ou un coup de fouet. ¶ 2 En termes de chasse, *Lancer* la *bête,* la faire sortir de l'endroit où elle est pour lui donner les chiens; **Lâcher** se dit au contraire pour les chiens qu'on laisse courir après elle. **Découpler,** détacher les chiens attachés par couples pour les lâcher. — Au fig., on *lance* quelqu'un à la poursuite d'une personne quand on le pousse, on l'excite à lui courir après, on le *lâche,* quand il lui veut du mal et a envie de la rejoindre. *Découpler,* fam., lancer ou *lâcher* des gens à la poursuite de quelqu'un pour le maltraiter ou le solliciter. ¶ 3 *Lancer* se dit aussi d'un décret, d'un arrêt par lequel une autorité frappe quelqu'un ou quelque chose : *Sa mère a lancé l'exhérédation sur lui* (SÉV.). **Fulminer,** terme de droit canon, publier un acte de condamnation avec certaines formalités : *Le décret que la Sorbonne allait fulminer contre moi* (MARM.). ¶ 4 → Introduire. ¶ 5 → Éditer. ¶ 6 (Réf.) Aller en avant avec impétuosité. *Se lancer* marque plus abstraitement l'action. **S'élancer** (→ ce mot) la peint ou est relatif au point de départ ou marque une action plus impétueuse : *Dans la profonde mer Œnone s'est lancée* (RAC.). *Ce sanglier s'élançait rapidement comme la foudre* (FÉN.). **Prendre son élan,** commencer le mouvement de s'élancer.

Lancinant : → Piquant.

Lande, vaste espace de terre, incultivable par nature et ne produisant que des plantes spontanées de peu de valeur : *Songez à vos quarante lieues de landes vers Bordeaux* (VOLT.). **Friche,** simple terre ou champ, jamais cultivé ou abandonné, mais qui pourrait devenir productif si on se donnait la peine de le défricher : *Que servent à un grand seigneur les domaines qu'il laisse en friche?* (VAUV.). — *Lande* a pour syn. **Gâtine,** dans certaines régions, terre imperméable, marécageuse et stérile : *La Gâtine Vendéenne.* **Garigue,** dans le Midi, lande couverte de taillis peu épais, de chênes verts. **Maquis,** en Corse, lande couverte d'arbrisseaux et d'épaisses broussailles. **Jungle,** dans l'Inde, vastes espaces couverts d'arbres, de hautes herbes, de lianes et peuplés de fauves et de serpents. **Brousse,** région chaude de l'équateur couverte d'épaisses broussailles. — *Friche* a pour syn. **Jachère,** terre labourable qu'on laisse temporairement sans produire de récolte. **Guéret,** terre labourée, mais non ensemencée, ou par ext. terre laissée en jachère ou pâturage maigre. — **Varenne,** terme de chasse, tout terrain inculte où le gibier trouve des remises.

Langage : → Langue.

Lange : → Couche.

Langoureux : Qui est dans un état d'abattement et de faiblesse. *Langoureux*, plein de langueur, se dit rarement au prop. et des personnes seulement. **Languissant**, qui languit, est beaucoup plus usité en parlant des personnes et des choses : *Vous appellerez languoureux celui qui paraît toujours languissant* (L.). — Au fig. *languissant* marque l'état ou la façon d'être naturels, *langoureux*, une affectation de langueur pour se faire plaindre ou pour séduire par une douceur exagérée : *Des regards languissants* marquent la langueur de celui qui souffre ou est malade d'aimer; des regards *langoureux* séduisent en affectant la langueur. **Languide**, syn. vx ou recherché de *languissant* : *Existences languides* (Loti). **Mourant**, fig., enchérit sur *languissant* dans le langage galant, mais est de nos jours ironique.

Langue : ¶ 1 *Langue*, système de signes articulés dont on fait usage chez une nation pour faire connaître sa pensée. **Langage**, tout ce qui, sans être précisément *langue* ou signe oral, manifeste ce qui se passe dans l'esprit : *Langage du geste, des yeux. La pantomime est un langage muet*; ou bien la *langue* considérée dans la manière dont s'en sert celui qui la manie pour exprimer certains sentiments avec un certain art : *Sénèque et Juvénal parlaient la même langue, et non pas le même langage* (Marm.); ou bien une *langue* qui se forme, n'a pas encore de forme fixe : *Je commence à m'apercevoir que le langage du pays est un langage mêlé d'espagnol et d'italien, deux langues que j'entends assez bien* (Rac.). **Idiome**, *langue* propre à une nation, eu égard à tout ce qu'elle a de particulier ou d'original; ou *langue* à part qui ne se parle que, dans un coin de terre : *La mélodie imite les accents des langues, et les tours affectés dans chaque idiome à certains mouvements de l'âme* (J.-J. R.). *L'idiome gascon* (L. F.). **Dialecte**, parler d'un pays étendu ne différant des parlers voisins que par des changements peu considérables, si bien qu'on peut considérer tous les dialectes comme les variétés d'une langue principale qui n'existe souvent que théoriquement, ou n'est qu'un dialecte érigé en langue commune : *La Grèce avait quatre dialectes principaux* : l'ionien, l'attique, le dorien et l'éolien. C'est l'attique qui est devenu la *langue* commune. **Patois**, parler local d'une province ou d'un pays peu étendu, que les variations de ses formes suivant les lieux, le fait qu'il n'est pas utilisé dans les ouvrages littéraires, ravalent à un rang inférieur à celui du *dialecte* : *Le patois de sa pro-*

vince (Volt.). **Parler,** façon de parler propre à telle classe d'individus, à telle région, à telle province : *Le parler des écoliers. Le parler normand* (Acad.). — **Sabir,** langage mêlé d'arabe, de français, d'italien, d'espagnol, parlé dans le Levant et en Algérie, par ext., péj., tout langage plus ou moins barbare formé de termes empruntés à des langues différentes — Langage particulier que certaines catégories de gens adoptent : → Jargon. ¶ 2 → Vocabulaire. ¶ 3 *Langue verte* : → Jargon.

Langue (prendre) : → Parler et (s' Aboucher.

Langueur : → Apathie. *Langueur*, état d'affaiblissement et de dépérissement continu avec amoindrissement de la volonté, manque d'activité : *Langueur exotique* (Loti); *mystique* (Flaub.); se dit au fig. de l'état de l'âme sans force ni volonté, des productions de l'esprit sans chaleur ni intérêt, des choses qui n'ont ni activité, ni mouvement : *Langueurs et inquiétudes de l'amour* (Volt.). *Le spectateur pardonne tout hors la langueur* (Volt.). *La langueur du commerce* (Lit.). **Alanguissement,** état de celui qui peu à peu tombe en langueur. **Atonie,** diminution ou perte de la tonicité dans un organe contractile; au moral, absence d'énergie, de ressort. **Épuisement,** état d'un individu dont les réserves nutritives ont été consommées et dont le tonus nerveux est réduit. **Consomption,** amaigrissement et perte de forces progressive qu'on observe dans les maladies prolongées. **Marasme,** maigreur, *consomption* extrêmes, par ext. *langueur* avec apathie, dégoût, découragement et, au fig., *langueur* extrême, surtout en parlant des affaires. — Pour désigner un état moins durable, **Abattement** (→ ce mot), diminution considérable et assez momentanée des forces physiques ou morales due à un choc nerveux ou moral. **Accablement,** grand *abattement* dans lequel le corps et l'âme sont comme écrasés; au fig. *accablement* et *abattement* marquent le découragement. **Affaissement,** fig., *abattement* brusque des forces physiques, intellectuelles ou morales. **Dépression** a surtout rapport à l'énergie nerveuse et marque le résultat souvent assez durable d'une grande fatigue, d'une maladie, d'une violente émotion. **Anéantissement,** grand *accablement* ou grande *dépression* avec incapacité totale de réagir. **Prostration,** *anéantissement* complet des forces musculaires et de l'énergie morale qui oblige à l'immobilité. **Torpeur** suppose, en plus, un engourdissement des facultés physiques et mentales : *Torpeur méridienne* (Loti). **Sidération,** *anéantissement* subit des forces vitales se traduisant par un arrêt de la respiration et un état de mort apparente, ou choc nerveux dû à un courant électrique.

Languide : → Langoureux.

Languir : ¶ 1 Être dans un état de langueur. *Languir* marque le fait avec toutes ses modalités, **Être languissant** marque absolument l'état : Parmi les hommes qui *sont languissants* les uns *languissent* de misère, les autres d'amour. **S'alanguir,** devenir languissant. **Traîner,** *languir* sans pouvoir se rétablir en parlant d'un malade : *Je ne vis pas, je traîne* (MARIV.). ¶ 2 → Souffrir. ¶ 3 → Attendre.

Languissant : ¶ 1 → Langoureux. ¶ 2 → Fade.

Lanière : → Courroie.

Lanterne : ¶ 1 Boîte de matière transparente dans laquelle on enferme une lumière pour la protéger du vent. *Lanterne,* terme générique. **Falot,** grosse lanterne portative. **Fanal,** grosse lanterne dans laquelle on allume une mèche alimentée par un réservoir d'huile et qui sert souvent à faire des signaux ou à indiquer un emplacement, une position. **Phare,** *lanterne* puissante, la plupart du temps électrique, placée à l'avant d'un véhicule, d'un avion, d'un bateau, pour éclairer leur route; ou aussi *fanal* placé sur une tour pour guider les navires, ou feu destiné à guider les avions dans la nuit. **Feu,** tout *phare, fanal* ou *lanterne* allumé sur une côte ou sur un navire pour guider ou indiquer une position, ou tout signal lumineux sur une voie ferrée ou une route. — **Lampion,** petit récipient dans lequel on met de l'huile, du suif ou de l'essence pour les illuminations, syn. pop. de *Lanterne vénitienne,* objet en papier translucide, de colorations variées, que l'on emploie dans les fêtes publiques en plaçant une bougie allumée à l'intérieur. ¶ 2 → Chanson.

Lanterner : ¶ 1 → Retarder. ¶ 2 → Tromper. ¶ 3 → Traîner.

Lapalissade : → Vérité.

Laper : → Boire.

Lapidaire : → Court.

Lapider : ¶ 1 → Tuer. ¶ 2 → Vilipender.

Laps : ¶ 1 → Hérétique. ¶ 2 → Espace.

Lapsus : → Faute et Erreur. Erreur de langage. *Lapsus,* erreur involontaire qu'on fait en parlant (*Lapsus linguae*) ou en écrivant (*Lapsus calami*) et qui consiste à dire ou à écrire un mot pour un autre, à faire une faute de prononciation ou d'orthographe. **Pataquès,** fam., fausse liaison, par ext. toute confusion ou maladresse dans le langage qui révèle chez son auteur une ignorance grossière. **Contrepetterie,**

erreur souvent volontaire, qui consiste à intervertir une ou plusieurs lettres dans la prononciation en formant un nouveau sens souvent fort ridicule. **Cuir,** syn. pop. de *pataquès.* **Perle,** fam. et ironique, toute sottise dans la pensée ou faute dans le langage d'un ridicule rare.

Laquais : → Serviteur.

Laque : → Résine.

Larcin : → Vol.

Lard, couche de graisse qui se trouve entre la peau et la chair du porc. **Bacon** (mot anglais), lard très maigre: **Couenne,** peau de porc raclée.

Larder : ¶ 1 → Percer. ¶ 2 → Emplir. ¶ 3 → Railler.

Lares : → Pénates.

Large : Adj.. ¶ 1 → Grand. ¶ 2 → Indulgent. ¶ 3 → Généreux. ¶ 4 N. → Largeur.

Large (Gagner et **Prendre le) :** → Partir et (s') Enfuir.

Largement : → Beaucoup.

Largesse : → Libéralité.

Largeur : ¶ 1 → Grandeur. *Largeur,* la plus petite des deux dimensions lorsque l'on considère une surface, par opposition à *longueur.* **Large** se dit parfois pour *largeur* après le chiffre qui mesure cette dimension : *Cette étoffe a tant de large* (ACAD.). **Envergure,** largeur dans le haut d'une voile, largeur du navire, étendue entre les deux extrémités des ailes déployées d'un oiseau ou dimension transversale maxima d'un appareil de vol. **Lé,** largeur d'une étoffe entre ses deux lisières. ¶ 2 Au fig., en parlant de l'esprit, *Largeur,* capacité de comprendre beaucoup de choses sans mesquinerie ni étroitesse, par intelligence ou sympathie : *Quelle largeur de cœur la simplicité donne!* (FÉN.). **Étendue,** capacité d'embrasser beaucoup de connaissances sans les confondre : *La prodigieuse étendue de tête qu'il t'a fallu pour conduire des drames de trente à quarante personnages* (DID.). **Envergure,** qualité d'un esprit dont l'*étendue* et les capacités ont quelque chose de génial : *Aujourd'hui le manque d'envergure est la première qualité dans les affaires* (MAU.). **Ouverture d'esprit,** qualité d'un esprit qui a de la facilité à comprendre, à saisir, qui a de la curiosité, de la largeur de vues. **Portée,** limite de l'*étendue,* de l'*ouverture* de l'esprit propre à chaque individu : *Esprit d'une grande portée* (ACAD.).

Larguer : → Lâcher.

Larmes, humeur liquide qui s'échappe des yeux pour n'importe quelle raison : *Larmes de joie, de tendresse* (MOL.). *Il a toujours les larmes aux yeux* (SÉV.). **Pleurs**

qui évoque plutôt l'action, l'envisage comme accompagnée de soupirs, de sanglots, comme passagère et exprimant avec bruit et éclat une douleur violente : *Pleurs de rage* (CORN.). **Eau,** syn. rare de *larmes* dans l'expression *En eau* : *Ce visage charmant tout en eau devant moi* (LAM.).

Larmoyant : → Émouvant.

Larmoyer : → Pleurer.

Larron : → Voleur.

Larve : ¶ 1 → Fantôme. ¶ 2 → Ruine.

Larvé : → Intermittent.

Las : → Fatigué.

Lascar : → Gaillard.

Lascif : → Érotique. Excessivement porté aux plaisirs de l'amour (≠ Sensuel, qui marque, en un sens plus général, l'attachement à tous les plaisirs des sens). *Lascif* et **Lubrique** marquent, en parlant des animaux comme de l'homme, une disposition naturelle très prononcée, *lascif* impliquant une excitation galante ou folâtre, *lubrique,* une incontinence sans mesure : On pourra dire que Cléopâtre était *lascive* et Messaline *lubrique* (LIT.). **Luxurieux,** en parlant de l'homme seulement, n'est guère usité qu'en termes de morale chrétienne ou quand on considère la disposition du point de vue religieux. **Paillard,** terme libre et fam., représente le vice comme grossier et vilain et menant à une vie dissolue. **Sadique,** à la fois *lubrique* et cruel. **Salace,** syn. rare de *lubrique,* se dit surtout des animaux, ou avec mépris en parlant des hommes. **Impudique** insiste sur l'immoralité des actes plutôt que sur la disposition naturelle. **Impur,** surtout usité dans le langage religieux, dit moins en parlant surtout de pensées, de mœurs, de sentiments qui pèchent contre la chasteté. **Libidineux,** péj., implique l'obsession assez vicieuse et condamnable des plaisirs de la chair : *Au fond je suis un passionné, m'a-t-il déclaré. J'ai compris qu'il voulait dire : un libidineux* (GI.). — Comme n. pour qualifier un homme lubrique, **Bouc** est péj., **Faune,** moins péj., indique un tempérament très porté à l'amour, **Satyre,** très péj., implique une lubricité obscène et socialement dangereuse.

Lasciveté , Lubricité, Luxure, Paillardise, Sadisme, Salacité, Impudicité, Impureté : → Lascif.

Lasser : ¶ 1 → Fatiguer. ¶ 2 → Ennuyer. ¶ 3 (Réf.) → (se) Décourager.

Lassitude : ¶ 1 → Fatigue. ¶ 2 *Lassitude,* impression qui nous détourne de ce qui nous décourage ou cesse de nous intéresser, parce que nous l'avons longtemps pratiqué sans jamais en voir la fin : *Je haïssais la lassitude que je savais faite d'ennui* (GI.). **Ennui** implique un vide de l'âme qui ne trouve aucun intérêt aux choses, nouvelles ou non : On éprouve la *lassitude de la vie* quand on a trop vécu, l'*ennui de la vie* quand la vie est vide, sans intérêt : [Byron allait chercher] *quelque plage lointaine Où finir en héros son immortel ennui* (MUS.). **Dégoût,** vive répulsion pour ce qui, après qu'on l'a goûté, déplaît : *Le dégoût de la vie* pousse au suicide. ¶ 3 → Découragement.

Latent : → Secret.

Latitude : → Liberté.

Latrines : → Lieux d'aisance.

Laudateur, Laudatif : → Louangeur.

Lauriers : → Gloire.

Lavage, action de nettoyer avec de l'eau ou avec un autre liquide, s'emploie dans tous les cas. **Lavement** ne s'emploie qu'au sens médical ou dans le langage de l'Église : *Lavement du baptême.* **Ablution,** lavage rituel de certaines parties du corps commandé par quelques religions à des heures déterminées, par ext., action de se laver, à certaines heures, sans aucune idée religieuse : *Chaque matin il fait ses ablutions* (ACAD.).

Lavandière : → Laveuse.

Lavement : ¶ 1 → Lavage. ¶ 2 Remède liquide qu'on introduit par l'anus dans l'intestin. *Lavement* est le terme courant. **Clystère,** autrefois terme spécial des médecins, ne se dit plus guère qu'en plaisantant. **Remède** se dit par délicatesse.

Laver : ¶ 1 → Nettoyer. *Laver,* nettoyer avec de l'eau ou avec quelque autre liquide. **Lessiver,** *laver* avec une solution aqueuse détersive. **Essanger,** *laver* du linge sale avant de le *lessiver* dans le cuvier. **Guéer,** *laver* du linge et le remuer quelque temps dans l'eau avant de le tordre. **Blanchir** ne se dit que du linge qu'on rend blanc ou propre par diverses opérations. **Rincer,** *laver* une dernière fois le linge dans de l'eau sans savon, ou, en un sens plus général, *laver* une chose à l'intérieur avec de l'eau qu'on y agite, ou en la frottant : *On se lave les mains, on se rince la bouche. On rince des verres, des cruches, un tonneau.* — **Lotionner** ou **Faire une lotion,** en thérapeutique, laver un corps en promenant à sa surface une éponge ou une compresse imbibée d'un liquide : *Lotionner une plaie.* **Étuver,** en médecine, faire une lotion douce, en appuyant légèrement. ¶ 2 → Effacer. ¶ 3 → Excuser.

Laveuse, toute femme qui lave des objets quelconques, n'implique, en parlant du linge, aucune précision. **Blanchisseuse,** femme dont le métier est de recevoir le linge et les toiles et de les rendre blanchis et très souvent repassés, après leur avoir appliqué les diverses opérations du blanchissage. **Buandière,** celle qui fait le premier blanchiment des toiles neuves, ou qui fait la lessive, souvent dans une communauté, ou qui surveille dans les grandes blanchisseries les machines lessiveuses. **Lessivière,** syn. dialectal de *blanchisseuse,* désigne aussi une ouvrière qui dans un ménage ou un lavoir public lave et lessive le linge. **Lavandière,** surtout poétique, femme qui lave le linge dans l'eau courante d'une rivière.

Laxatif : → Purge.

Layon : → Sentier.

Lazaret : → Léproser.e.

Lazzi : → Plaisanterie.

Leader : ¶ 1 → Chef. ¶ 2 → Article.

Lécher : ¶ 1 Passer la langue sur quelque chose. *Lécher,* terme usuel, marque gourmandise ou caresse. **Licher,** pop., marque surtout la gourmandise. **Pourlécher,** lécher tout autour, se dit surtout au réf. pour marquer qu'on passe sa langue sur ses lèvres en signe de contentement : *Se pourlécher les babines.* ¶ 2 → Caresser. ¶ 3 → Parfaire.

Leçon : ¶ 1 Ce que des personnes nous apprennent. La *Leçon* porte sur un point particulier, et peut se donner à un seul ou à plusieurs élèves. **Cours,** suite de leçons données oralement ou dans un livre, et s'adressant à un assez grand nombre d'élèves. **Enseignement,** ensemble de cours et de leçons envisagés d'après la manière de les présenter selon la personnalité du maître, et les fruits qu'ils apportent. **Instruction,** qui marque le résultat obtenu par le disciple qui a su profiter des leçons et de l'enseignement, peut se dire aussi de toute connaissance qui vient de n'importe quelle personne : *Alexandre ne fut pas moins redevable de ses conquêtes aux leçons d'Aristote qu'aux instructions de Philippe, son père* (Roll.). — **Doctrine,** parfois syn. d'*enseignement,* surtout en matière de religion ou de philosophie, désigne les opinions, les maximes, qu'un maître ou une autorité professent, mais en se contentant de les exprimer, sans les communiquer directement à des élèves : C'est par l'*enseignement* du professeur de philosophie que les élèves apprennent la *doctrine* des stoïciens. ¶ 2 *Leçon particulière* et plus souvent *Leçon,* enseignement qu'un maître donne en supplément de ses cours à un élève ou à un petit groupe d'élèves, en général de sa classe, pour perfectionner leurs connaissances. **Répétition,** action de répéter et de faire comprendre une leçon ou un cours déjà faits, se dit plus rarement de nos jours et plutôt en parlant d'un enseignement donné par un autre que le maître. ¶ 3 Avertissement ou précepte utile pour la conduite, que nous recevons des personnes ou des choses. *Leçon,* invitation claire, précise, à ne pas se mettre dans un cas donné qui a déjà entraîné un malheur : *J'ai été instruit par mon malheur. De telles leçons sont rudes. Mais elles sont bonnes* (Fén.). L'**Enseignement,** plus général, plus en préceptes qu'en exemples, exhorte et fait réfléchir en s'adressant plutôt au jugement et à la raison qu'à l'imagination et à la sensibilité : *Cette fable contient plus d'un enseignement* (L. F.). **Moralité,** enseignement moral précis donné par un récit (→ Morale) ou qu'on tire d'une aventure. L'**Instruction** éclaire, sous quelque rapport que ce soit, d'une façon quelconque et nous met en état d'agir. — **École** se dit non des préceptes reçus, mais de la personne ou de la chose même qui les donne en bien ou en mal : *L'école du crime* (Volt.). ¶ 4 → Texte.

Lecteur, celui qui lit à haute voix et devant d'autres personnes, ou celui dont la fonction est de lire, ou celui qui lit seul et des yeux quelque ouvrage pour s'instruire ou se distraire. **Liseur,** fam., celui qui lit beaucoup, avec passion : *Le liseur de romans* (A. Thibaudet) ; et péj., celui qui lit trop, ne fait que lire ou lit des choses de peu d'intérêt : *Les liseurs de brochures* (Volt.).

Lecture : → Savoir.

Légal : → Permis.

Légat, de nos jours, cardinal envoyé par le pape avec des pouvoirs extraordinaires et pour un objet précis auprès d'un gouvernement, d'un concile, etc. **Nonce,** prélat qui fait fonction d'ambassadeur permanent du pape auprès d'un gouvernement.

Légataire : → Héritier.

Légation : → Ambassade.

Légendaire : → Illustre.

Légende : ¶ 1 *Légende,* à l'origine, vie de saint où intervient plus ou moins le surnaturel ; de nos jours, récit populaire, plus ou moins merveilleux, reposant sur un fond historique, ou du moins prétendu tel : *La Légende des Siècles* (V. H.). Le **Mythe,** toujours allégorique, a un sens symbolique, que ce soit un récit fabuleux d'origine populaire et spontanée, qui a souvent rapport aux religions non chrétiennes (ex. *le mythe de Prométhée*) ou l'expression d'une idée philosophique sous la forme d'un récit poétique (ex. *le mythe de la caverne* de Platon) ; et ne repose en général sur aucun fond historique, au moins pour le principal. **Mythologie,** histoire fabuleuse des dieux, demi-dieux et héros de l'antiquité païenne et de peuples divers. **Fable,** ensemble de mythes et récits mythologiques relatifs au polythéisme : *La Fable offre à l'esprit mille agréments divers* (Boil.). — **Tradition** se dit aussi bien des *légendes* que des choses vraies, ou des contes, des opinions, des usages, etc., transmis oralement, et pendant un long espace de temps, et non par écrit ni par documents authentiques. **Folk-lore** (ang. *folk*, peuple, et *lore*, science), science des *traditions* populaires, *légendes*, proverbes, chansons, contes, etc., et par ext. ces *traditions* elles-mêmes considérées en général ou comme propres à tel ou tel peuple. ¶ 2 → Inscription.

Léger : ¶ 1 → Dispos. ¶ 2 → Délicat. ¶ 3 → Insignifiant. ¶ 4 → Changeant. ¶ 5 En parlant des choses morales, notamment des connaissances, des impressions, *Léger* implique simplement qu'elles sont peu importantes, de peu de poids. **Superficiel** dit plus et implique, en parlant des sentiments, qu'ils n'affectent que l'extérieur de la personne sans toucher son cœur, et, en parlant des connaissances, qu'elles se contentent d'effleurer la matière, dans son ensemble, mais sans l'approfondir; d'où parfois une idée de fausseté : *Une tristesse légère touche peu; une tristesse superficielle compose pour un temps le visage et la contenance. Une teinture légère des sciences est incomplète, une teinture superficielle peut faire croire, à tort, qu'on connaît tout.* **Sommaire** se dit que des connaissances abrégées, réduites aux rudiments. ¶ 6 En parlant d'un homme, de son esprit, *Léger* le représente, du point de vue intellectuel et moral, comme changeant, inconsidéré, incapable par nature de prendre rien au sérieux : *Suis-je léger? Suis-je de ces types sur qui les idées glissent?* (J. Rom.); **Superficiel,** comme incapable intellectuellement de pénétrer au fond des choses, ou moralement d'éprouver des sentiments qui le touchent au fond du cœur. **Frivole** (→ ce mot), qui s'occupe de bagatelles, de choses sans importance. **Vain,** s'il n'implique pas l'idée d'orgueil, enchérit sur *léger* et suppose le vide complet de l'esprit et du cœur, la non-valeur. — **Freluquet** (nom seulement), homme à la fois léger, prétentieux et sans valeur. ¶ 7 → Libre.

Légèrement : ¶ 1 En parlant de vêtements, d'équipements qui pèsent peu, *Légèrement* exprime une manière de se mettre propre au sujet et produisant sur lui tel effet, **A la légère,** une manière de se mettre communément usitée et abstraction faite de ce qui en résulte pour le sujet : *Il s'avance seul légèrement armé* (Volt.). *Cavaliers armés à la légère* (Volt). **Sommairement,** fig. et fam. dans la loc. *sommairement vêtu,* en hâte et insuffisamment. ¶ 2 Au fig. pour marquer l'irréflexion, *Légèrement* la considère comme inhérente au sujet, **A la légère,** comme caractérisant sa conduite qui paraît être celle d'un homme peu réfléchi : *Juger* (Fén.) *légèrement; descendre à la légère* (L. F.) *dans un puits.*

Légion : ¶ 1 → Troupe. ¶ 2 → Multitude.

Légionnaire : → Soldat.

Législateur, rare comme adj., se dit d'une autorité qui, en fait, établit des lois; **Législatif,** d'une autorité qui a le droit ou la mission de les établir.

Légiste : Celui qui s'occupe des lois, du droit. *Légiste* fait surtout penser à la profession : *Légistes, docteurs, médecins* (L. B.). **Jurisconsulte,** légiste qui se distingue par les applications qu'il sait faire du droit à la solution des questions ou des difficultés qui s'y rapportent, en sorte qu'on le consulte dans la pratique : *Ces raisons des jurisconsultes* [en faveur de l'esclavage] *ne sont point sensées* (Mtq.). **Juriste,** celui qui étudie théoriquement la science du droit, sans se mêler de pratique : *Les professeurs de droit, les étudiants en droit sont appelés juristes.* **Homme de loi,** syn. plus fam. de *jurisconsulte,* en parlant de celui qui fait profession d'interpréter les lois pour les particuliers; se dit aussi, surtout au pl., des gens de justice, des officiers ministériels près des tribunaux.

Légitime : Adj. ¶ 1 → Permis. ¶ 2 → Juste. — ¶ 3 N. → Époux, Épouse.

Légitimer : → Excuser. *Légitimer,* **Légaliser** diffèrent comme les adj. correspondants (→ Permis).

Légitimiste : → Royaliste.

Legs : → Don.

Léguer : → Transmettre.

Leitmotiv : ¶ 1 → Thème. ¶ 2 → Refrain.

Lendemain : → Avenir.

Lénifier : → Adoucir.

Lent marque un défaut de nature dans un sujet qui n'a pas beaucoup de ressort, d'énergie ou de promptitude dans ses mouvements ou dans ses actions. **Long** se dit de l'action de celui qui est *lent,* et, s'il qualifie le sujet, c'est lorsqu'on considère celui-ci dans son action qui dure longtemps, pour n'importe quelle raison, lenteur, minutie, difficulté, etc. : *Vous suivez trop votre esprit d'anatomie et d'exactitude en chaque chose. Vous n'êtes point lent, mais vous êtes long* (Fén.). **Lambin,** fam., souvent comme n. et parfois comme adj., celui qui, par manque de volonté, s'amuse et perd du temps : *Tout paresseux qu'il est, tout dormeur, tout lambin* (VOLT.). **Musard,** fam., celui qui s'amuse à flâner, ce qui le rend long. **Endormi,** fam., implique chez le sujet une sorte de torpeur qui l'empêche d'agir; **Gnañgnan** (ou **Gnian-Gnian**), très fam., de la mollesse, une grande peine à agir, des hésitations, et des gémissements au moindre effort. **Tardif** se dit surtout du mouvement : *Ils vont à pas tardifs* (MTQ.); et implique souvent une idée relative de lenteur par rapport à ce qui va plus vite, ou qui devrait aller plus vite : *O cœurs pesants et tardifs à croire* (Bos.). **Traînard** (→ ce mot), soldat qui reste en arrière de son corps, se dit par ext., comme n., fam., d'un homme inactif et négligent.

Lentement, subjectif, se rapporte à une action ou à un agent qui ne va pas vite, emploie beaucoup de temps : *Hâtez-vous lentement* (BOIL.). **Peu à peu,** objectif, est relatif à la chose qui ne se modifie que progressivement, par degrés successifs : *Si on pouvait observer une langue dans ses progrès successifs, on verrait les règles s'établir peu à peu* (C.). **Insensiblement** a rapport au spectateur qui ne remarque pas l'action tant elle est lente : *Insensiblement la lune se leva* (J.-J. R.). **Doucement** indique un mouvement ou une action qui se fait avec calme, sans effort, ou même avec quelque paresse; parfois graduellement, peu à peu : *Aller tout doucement à pied* (SÉV.). *Le progrès lent et insensible y accoutume doucement les hommes* (PASC.). **Piano** (terme de musique italien), syn. fam. de *doucement* ainsi que ses superlatifs **Pianissimo** et **Piano-piano.**

Lèpre : Au fig. → Maladie.

Lépreux : Atteint d'une maladie qui couvre le corps de pustules et d'écailles. *Lépreux* se dit des hommes, **Ladre,** vx, ne se dit plus que des animaux, spéc. des porcs, ou par injure en parlant des hommes.

Léproserie, hospice où l'on recueille et isole les lépreux, a pour syn. vx **Ladrerie, Maladrerie,** et **Lazaret,** qui se dit encore d'un établissement isolé dans une rade où font quarantaine les équipages et les passagers venant de pays infectés par des maladies contagieuses.

Léser : ¶ 1 → Blesser. ¶ 2 → Nuire.

Lésine : → Avarice. Basse avarice. *Lésine* se dit du vice, **Lésinerie,** de l'action vicieuse. Si *lésinerie* se dit du caractère, c'est plutôt pour désigner le défaut par rapport à la conduite, à la pratique. Si *lésine* se dit de l'action, c'est pour la représenter comme plus grave, comme portant sur de plus grandes choses que ne le fait *lésinerie*.

Lésiner : → Économiser.

Lésineur : → Avare.

Lésion : ¶ 1 → Dommage. ¶ 2 → Blessure.

Lessive : Au fig. → Purification.

Lessiver : → Laver.

Lest : → Charge.

Leste : ¶ 1 → Dispos. ¶ 2 → Impoli. ¶ 3 → Libre.

Lester : → Pourvoir.

Léthargie : → Assoupissement.

Lettre : ¶ 1 → Caractère. ¶ 2 Écrit au moyen duquel on communique avec une personne absente. *Lettre* est le terme courant. **Épître** se dit des lettres des anciens; en parlant des modernes, des lettres en vers, des lettres mises en tête des livres pour les dédier, et, d'une façon plus générale, des lettres remarquables soit par leur longueur, soit par quelque chose de relevé dans le fond ou de pompeux dans la forme; ou fam. et ironiquement, en ce dernier sens, d'une lettre ordinaire : *Les Lettres de Mme de Sévigné. Les Épîtres de Cicéron. Les Épîtres de Boileau. Épître dédicatoire.* On attache aujourd'hui à l'épître *l'idée de la réflexion et du travail et on ne lui permet point la négligence de la lettre* (MARM.). **Missive,** adj. dans la loc. *Lettre missive,* lettre d'affaires destinée à être envoyée immédiatement au destinataire, est, comme n., ironique et fam. pour désigner une *lettre.* **Billet,** courte lettre qui n'a pas les formules de compliment usitées dans les lettres ordinaires, et employée surtout pour informer ou inviter quelqu'un : *Billets d'invitation pour un dîner* (J.-J. R.). **Billet doux,** fam., billet d'amour et de galanterie. **Poulet,** autrefois syn. de *billet doux,* ne se dit plus de nos jours qu'ironiquement, souvent par antiphrase, pour désigner une lettre désagréable : *Recevoir un poulet de son percepteur.* **Mot,** fam., lettre très courte; on dit aussi **Deux lignes, Quelques lignes.** **Pli,** l'enveloppe de la lettre, ou la lettre formant enveloppe, par ext., la lettre elle-même souvent considérée comme contenant un autre papier, ou comme ne devant être ouverte que dans certains cas et par qui de droit : *Je vous envoie sous ce pli. Pli ministériel. Pli cacheté* (ACAD.). **Carte,** courte lettre écrite sur carte postale, carte de visite, carte-lettre, etc. **Message,** lettre qu'on fait porter par un tiers. **Dépêche** (→ ce mot), communication ou lettre transmise par voie rapide.

Lettre (à la ; au pied de la) : → Littéralement.

Lettres : ¶ 1 → Correspondance. ¶ 2 → Littérature. ¶ 3 → Savoir.

Lettres (homme de) : → Écrivain.

Lettré : → Savant.

Lettrine : → Majuscule.

Leurre : → Appât.

Leurrer : → Tromper.

Levain : → Ferment.

Levant : → Orient.

Levée : → Digue.

Lever : ¶ 1 *Lever*, mettre haut ce qui est bas, ou mettre droit, debout, ce qui est couché, et dont on change la position ou la direction en lui donnant sa hauteur propre et ordinaire : *Levez la lampe plus haut. Lever un pont-levis* (ACAD.). **Hausser** (→ ce mot) n'est syn. de *lever* que dans son premier sens, et implique alors qu'on ajoute de la hauteur à une chose déjà haute, droite, debout, souvent en la tenant aussi haute que l'on peut. **Dresser** n'est syn. de *lever* que dans son deuxième sens et enchérit en impliquant qu'on donne à la chose qu'on lève une position très droite : *On lève la tête pour ne plus l'avoir baissée, on la dresse pour la tenir droite,* au garde-à-vous par exemple, on la *hausse* en la portant plus haut, pour mieux voir, ou avec une sorte d'affectation. **Relever,** remettre debout ou haut, dans son état naturel, ce qui était tombé ou bas : *Relever la tête.* **Redresser,** remettre exactement droit ce qui avait été courbé, plié, ou renversé, souvent en parlant de ce qui est rigide et se remet droit d'une seule pièce : *Redresser des plumes* (BUF.). **Élever** marque souvent un certain effort, et insiste sur le fait que l'objet part d'un endroit pour aller plus haut, cesse tout contact avec cet endroit; ou qu'il est placé plus haut que d'autres objets qu'il domine : c'est *lever de,* ou *lever au milieu de* : *Le prêtre élève le calice* (Bos.) au-dessus de l'autel. **Soulever,** *lever* avec effort un corps souvent pesant, et qu'on lève à peine, à une petite hauteur, souvent par-dessous : *On lève le couvercle d'une marmite et la vapeur de l'eau qui bout dedans le soulève.* **Enlever,** *lever* avec force ou violence, ou bien *lever* avec soi, de manière à emporter : *Enlever un poids. L'aigle fond sur sa proie et l'enlève.* **Hisser,** en termes de marine, *élever* un objet avec un cordage ou un palan, par ext. *élever,* souvent péniblement, en tirant en haut : *La difficulté de hisser ce corps pesant jusqu'à sa chambre au premier étage* (MAU.). **Haler,** terme de technique, *élever* un fardeau en le tirant avec un câble. **Guinder,** *élever* par le moyen d'une machine. **Monter,** porter ou transporter en haut ce qu'on y dispose : *On monte les gros fardeaux avec des grues* (LIT.). **¶ 2** → Tirer. **¶ 3** → Retrancher. **¶ 4** → Fermenter. **¶ 5** → Amasser et Percevoir. **¶ 6** → Abolir.

Lever des troupes : → Enrôler.

Lever le pied : → (s') Enfuir.

Lèvre : ¶ 1 Partie extérieure et charnue qui borde la bouche. *Lèvre* se dit pour les animaux et pour les hommes et, dans ce dernier cas, fait penser aussi bien à la forme des lèvres qu'au fait qu'elles servent à exprimer ce que l'on ressent : *Lèvres plates, minces, rouges, vermeilles. Rire du bout des lèvres, avoir le cœur sur les lèvres* (ACAD.). **Lippe,** fam., la lèvre inférieure quand elle est trop grosse ou trop avancée. **Babine,** *lèvre* pendante de certains animaux, par ext., fam., les lèvres du gourmand, du jouisseur : *S'en lécher les babines* (ACAD.). **Badigoinces,** de nos jours pop., lèvres avides : *Jouer des badigoinces.* **Labre,** en zoologie, lèvre supérieure chez les mammifères, ou pièce de la bouche des insectes faisant office de lèvre supérieure. **¶ 2** → Bord.

Levure : → Ferment.

Lexique : → Dictionnaire.

Lézarde : → Fente.

Liaison : ¶ 1 Ce qui tient plusieurs personnes ou plusieurs choses ensemble. *Liaison* fait penser à l'action du verbe et marque quelque chose qui n'existe, parfois passagèrement, qu'en fonction des choses liées, fait avec elles un seul tout : *Pour effectuer certaines liaisons, garder certains contacts* (J. ROM.). **Lien,** absolu, exprime ce qui dure et existe, parfois indépendamment des choses liées, ou avant elles : *Le lien du mariage; les liens du sang et de la nature.* **¶ 2** → Rapport. Rapport de jonction, plus ou moins étroit, en vertu duquel les choses tiennent les unes aux autres. *Liaison,* terme générique, est surtout relatif à la manière dont les choses sont jointes : *Les rapports des effets aux causes dont nous n'apercevons pas la liaison* (J.-J. R.). **Alliance,** *liaison* établie entre des choses différentes, opposées, disparates : *Par la plus monstrueuse alliance, vous voulez joindre ensemble, dans un même sujet, la piété et la cupidité* (BOUR.). **Association,** *liaison* fondée sur une communauté de but ou d'intérêt, et, en psychologie, propriété qu'ont les phénomènes psychiques de s'attirer les uns les autres en vertu de certaines lois : *Association d'idées.* **Filiation,** *liaison* entre deux choses dont l'une naît de l'autre : *Filiation des idées, des mots.* **Union** (→ ce mot), *liaison* si intime entre deux choses qu'elles n'en font plus qu'une. **Cohérence, Cohésion** (→ Adhérence), liaison ou union solide entre les parties d'un même tout, *cohérence* se disant spéc. au fig. des idées qui s'accordent entre elles. **Affinité** marque une qualité et par conséquent une liaison naturelle, essentielle : *Cherchons d'abord s'il y a quelque affinité naturelle entre nous* (J.-J. R.). **Connexité** et **Connexion** ne sont guère que du langage métaphysique ou scientifique, *connexité* marquant un rapport de *liaison* et de dépendance qui se trouve dans la nature des choses, *connexion*, une *liaison* effective établie entre les choses et fondée sur leur *connexité*. ¶ 3 → Relation. ¶ 4 → Transition.

Liant : → Sociable.

Liarder : → Économiser.

Liardeur : → Avare.

Libelle : ¶ 1 → Brochure. ¶ 2 → Satire. *Libelle*, écrit satirique plus ou moins bref, injurieux, diffamatoire et calomnieux, et la plupart du temps dirigé contre un particulier : *On nomme libelles de petits livres d'injures* (VOLT.). **Pamphlet**, écrit toujours très bref, et plutôt dirigé contre une chose, la politique, la religion, etc. qu'il attaque avec violence et esprit : *La religion fut attaquée avec toutes les armes, depuis le pamphlet jusqu'à l'in-folio* (CHAT.). **Factum** (au prop. exposé des faits d'un procès), mémoire en général excessif et violent, qu'une personne publie pour attaquer ou se défendre, suppose toujours un débat, une polémique entre personnes : *Les factums de Furetière contre l'Académie; de Beaumarchais contre ses juges.* **Calotte**, vx, syn. péj. de *libelle*. **Placard**, écrit injurieux ou séditieux, qu'on rend public en l'affichant ou en le distribuant. **Pasquinade**, placard satirique, souvent grossier et trivial, qu'on attachait à Rome, au XVIe s., à la statue de Pasquin, désigne plutôt une raillerie, un mot trivial et bouffon, tandis que **Pasquin** se dit d'un écrit plein de *pasquinades*, qui fait scandale, dirigé contre un individu ou contre le pouvoir : *Un écrit scandaleux sous votre nom se donne; D'un pasquin qu'on a fait, au Louvre, on vous soupçonne* (BOIL.).

Libeller : → Écrire.

Libellule, genre d'insectes névroptères au corps mince et aux ailes transparentes. **Demoiselle** est leur nom fam.

Libéral : → Généreux.

Libéralité : ¶ 1 → Générosité. Action de celui qui donne beaucoup ou le don qu'il fait. *Libéralité*, subjectif, fait penser à un sentiment qui anime celui qui donne volontiers, sans le devoir, en général à des personnes qu'il connaît, pour leur faire plaisir, et avec distinction et mesure : *La libéralité consiste moins à donner beaucoup qu'à donner à propos* (L. B.). **Largesse**, objectif, marque simplement l'abondance du don, fait sans mesure, à des gens qu'on ne connaît pas, sans distinction aucune, soit pour leur faire l'aumône,

soit pour se les attacher : *Les troupes se donnèrent à Octave, touchées des largesses prodigieuses qu'il leur fit* (Bos.). **Munificence**, terme relevé, disposition qui porte à faire de grandes *libéralités*, surtout en parlant des grands, s'emploie parfois par ironie à propos de dons mesquins : *Munificence royale* (ACAD.). **Magnificence**, largesse éclatante, est vx. Avec l'idée d'excès → Prodigalité. ¶ 2 *Libéralités* : → Don.

Libérateur, celui qui délivre de toutes sortes de maux, même de ceux qui ne font que gêner et embarrasser. **Sauveur** dit plus et implique qu'on soustrait ou arrache aux plus grands maux, ceux qui menacent l'existence même.

Libération, Délivrance, Affranchissement, Émancipation, Rachat, :·→ Libérer.

Libérer : ¶ 1 → Débarrasser. Rendre maître de soi-même. *Libérer*, terme général, supprimer par n'importe quel moyen les obstacles, quels qu'ils fussent, qui entravaient la liberté de quelqu'un ou de quelque chose : *Libérer une pensée claire enfouie dans les ténèbres de l'inconscient* (M. D. G.). **Délivrer**, rendre sa liberté naturelle et physique, souvent par la force, à celui qui l'avait totalement perdue, ou débarrasser de ce qui oppresse, fait souffrir, incommode, souvent en l'annihilant : *Ne dis pas : délivrés* [de notre travail]. *Il ne faut pas laisser croire qu'un travail librement choisi serait pour nous une servitude* (DUH.). **Affranchir**, rendre définitivement libre de servitude en restituant à quelqu'un sa liberté morale ou civile par un acte moral d'autorité ou de puissance : *Affranchir des esclaves; son pays de la guerre* (M. D. G.). **Émanciper**, *libérer* de tutelle, implique au prop. un acte légal, et au fig. une certaine maturité réelle ou supposée chez l'être qu'on libère : *On a dit que le protestantisme avait émancipé les nations* (CHAT.). **Racheter** et **Rédimer** (vx), *libérer* une personne à prix d'argent : *Racheter les esclaves chrétiens.* **Défaire de, délivrer** par destruction de ce qui gêne, et, au moral, *libérer* de mauvaises habitudes qu'on anéantit : *Vous m'avez défait des préjugés de mon éducation* (LES.). **Relever de**, terme de jurisprudence, *libérer* d'un engagement, d'un contrat qui est déclaré nul ou cassé : *Relever un religieux de ses vœux.* **Quitter de**, affranchir quelqu'un de ce qu'il vous doit, l'en tenir quitte, l'en exempter : *Je vous quitte de tout ce que vous me devez* (ACAD.). **Débloquer**, libérer d'un blocus, se dit spéc. de nos jours en parlant de crédits, de capitaux, de devises qu'on libère des entraves qui en empêchaient l'usage. ¶ 2 → Relâcher. ¶ 3 (Réf.) Cesser d'être engagé. *Se libérer*, **Se délivrer, S'affranchir, S'émanciper, Se défaire**

de diffèrent comme plus haut. **Se décharger,** *se libérer* d'une responsabilité, souvent en la confiant à un autre : *Déchargez-vous sur moi du fardeau de l'empire* (CORN.). **Se dégager,** se libérer d'une obligation, soit en l'accomplissant, soit en affirmant qu'elle n'est plus valable : *Vous étiez venu vous dégager de la parole que vous m'aviez donnée* (MOL.). **Rompre,** *se libérer* d'une obligation en cessant de l'accomplir, ou d'une liaison en y renonçant, marque une action unilatérale qui annule en fait, tandis que **Se délier,** *se délivrer* de ce qui tient comme un lien, un serment ou une liaison, suppose le consentement de l'autre partie, ou au moins une déclaration par laquelle on annonce qu'on ne se juge plus engagé : *Rompre ses vœux. Êtes-vous lié avec une femme? Ne cherchez pas à vous délier* (L. B.). **Dénoncer** un traité, un accord, en termes de diplomatie, annoncer qu'on ne se juge plus lié par eux. **Secouer le joug de,** fig., *se délivrer, s'affranchir* énergiquement de ce qui domine, tyrannise. **Tirer son épingle du jeu,** fig. et fam., **S'échapper par la tangente** ou **Prendre la tangente,** fig. et fam., *se dégager* adroitement d'une mauvaise affaire. ¶ 4 Se décharger d'une dette, d'une promesse. *Se libérer* ne préjuge pas du moyen qu'on emploie : *Le débiteur d'un créancier déniait la dette, et venait en justice de s'en libérer par serment* (MARM.). **S'acquitter** implique qu'on obtient quittance, en satisfaisant le créancier, en payant.

Libertaire : → Anarchiste.

Liberté : ¶ 1 *Liberté* exclut l'esclavage et la contrainte. **Indépendance** exclut toute subordination, toute soumission, toute influence subie, si faible qu'elle soit : *Par le contrat social les particuliers n'ont fait qu'un échange avantageux de l'indépendance naturelle contre la liberté* (J.-J. R.). Un peuple jouit de sa *liberté,* s'il n'est pas gouverné par un despote ; de son *indépendance,* s'il ne dépend en rien de l'étranger. **Autonomie,** liberté relative qui consiste, en philosophie, dans le fait que l'homme, par l'effort de sa réflexion propre, se donne à lui-même ses principes d'action, sans être soumis à l'esclavage des impulsions ou à la volonté d'autrui ; en sociologie, dans le fait qu'un groupe, principalement politique, peut s'organiser et s'administrer lui-même sous certaines conditions et dans certaines limites, dans le cadre d'un pouvoir central : *Les communes jouissent, par rapport à l'État, d'une certaine autonomie.* ¶ 2 → Possibilité. *Liberté,* pouvoir virtuel de faire tout ce qui n'est pas interdit par la loi, ou par la nature de l'homme et de la société, et, d'une façon plus générale, tout ce qu'on ne peut pas être empêché de faire.

Faculté, pouvoir qu'on possède naturellement ou qui vous est concédé, de faire telle ou telle chose : *Il est mineur, il n'a pas la faculté de disposer de ses biens* (ACAD.). **Droit,** *faculté* de faire quelque chose, d'en jouir, d'en disposer, d'y prétendre, de l'exiger, considérée comme appartenant par nature à l'homme ou comme lui étant concédée par les lois positives : *La constitution de 1791 accordait à l'homme la liberté de faire le travail qui lui plaisait, mais non le droit au travail.* **Licence,** liberté de faire donnée par permission : *Hélas, ils se voyaient avec pleine licence!* (RAC.) ; par ext. liberté excessive qui aboutit au dérèglement : *Elle était résolue à conquérir sa liberté, à s'accorder toute licence, à tout oser* (GI.). **Latitude,** au fig., liberté d'action plus ou moins grande qu'on laisse à quelqu'un. ¶ 3 Droit reconnu ou concédé de faire ou de ne pas faire quelque chose (≠ Immunité, droit de bénéficier d'une dérogation à une loi commune). *Liberté,* droit positif, qui consiste dans le pouvoir de se déterminer à son gré, et tient plutôt aux personnes ; **Franchise,** droit négatif, qui consiste à ne pas subir une sujétion et peut être attaché à des lieux : *Les libertés d'une ville, d'un corps social consistent dans le pouvoir de se gouverner à leur manière ; les franchises d'un lieu le garantissent de servitudes, de juridiction, ou d'impôts.* — Au moral, la *liberté* ose, la *franchise* se dispense de déguisement, de dissimulation : *Parler avec trop de liberté, c'est marquer de l'audace ; parler avec trop de franchise, c'est trop ouvrir son cœur* (VOLT.). ¶ 4 En philosophie, *Liberté* a un sens plus large et moins précis que **Libre arbitre** : c'est le pouvoir qu'a notre esprit, quelles que soient les raisons qui le déterminent dans tel ou tel sens, de les dépasser par un acte conscient qui exprime par sa nature notre personnalité. Le *libre arbitre* (autrefois le *franc arbitre*) est plutôt ce qu'on appelle aussi la *liberté d'indifférence,* c'est-à-dire le pouvoir de nous décider, en l'absence de tout mobile et de tout motif, ou en choisissant entre des motifs ou des mobiles rigoureusement équivalents. On peut reconnaître une certaine *liberté* à l'homme, sans lui reconnaître le *libre arbitre;* lui reconnaître le *libre arbitre,* c'est le rendre entièrement responsable de ses actes ; d'où l'emploi de ce mot surtout en métaphysique ou en théologie : *Le libre arbitre est un abstrait qu'il ne faut pas ériger en concret* (M. BLONDEL). **Élection,** vx, faculté qui permet de faire un choix entre des déterminations. ¶ 5 → Familiarité.

Libertin : ¶ 1 → Incroyant. ¶ 2 → Débauché. *Libertin,* au XVIIᵉ s., celui qui ne s'assujettit ni aux croyances ni aux pratiques de la religion, par ext., de nos jours, celui qui cherche son plaisir, souvent dans la débauche ou la galanterie, sans règle ni frein, sans s'occuper de la morale contre laquelle il pèche par ses mœurs dissolues et ses désordres : *A l'âge* [la jeunesse] *où l'on est libertin* (Mus.). **Épicurien,** celui qui partage la philosophie athée d'Épicure et sa morale qui a pour souverain bien le plaisir, par ext. celui qui cherche les plaisirs des sens, et les goûte, souvent avec modération et sagesse, soit parce qu'il est d'un naturel assez doux, rétif à la douleur, soit parce qu'il pense que la vie est brève et qu'il doit en profiter : *D'un naturel indolent, épicurien par caractère* (Marm.). **Voluptueux,** celui qui goûte le plaisir par tempérament, ajoute l'idée d'un raffinement délicat qui peut parfois aboutir au libertinage, mais a aussi son charme : *Les voluptueux indolents sont pour la plupart très doux dans la société* (Volt.). **Sardanapale,** par allusion au roi de ce nom, puissant personnage débauché, efféminé et dissolu : *Il mène une vie de Sardanapale avec une fille d'Opéra* (Balz.). **Sybarite** ajoute à *voluptueux* une idée de mollesse par allusion à la vie que menaient les anciens habitants de la ville de Sybaris. ¶ 3 → Libre.

Libertinage : → Dérèglement.

Libidineux : → Lascif.

Libraire, celui qui achète à l'éditeur des livres neufs qu'il revend au public. **Bouquiniste,** celui qui achète à des particuliers de vieux livres qu'il revend au public dans un magasin ou sur étalage en plein air.

Libre : ¶ 1 *Libre,* **Indépendant, Autonome :** → Liberté. — *Libre,* Franc : → Liberté. ¶ 2 → Vacant. ¶ 3 → Dégagé. ¶ 4 → Familier. ¶ 5 En parlant des personnes, des propos et des mœurs : qui ne se soumet pas à la décence, sans toutefois s'étaler ouvertement dans l'impudeur comme l'implique **Obscène** (→ ce mot). *Libre* marque peu de souci, dans les gestes ou les paroles, de la convenance entre les sexes ou de la décence morale : *Quelque chose de très libre et d'épicé* (Gi.). **Inconvenant** (→ ce mot) marque le défaut de ce qui, étant trop libre, choque la bienséance. **Leste** se dit surtout des propos qui, sans être grossiers, blessent, par quelque liberté, la décence : *Il leur racontait une histoire, très leste sans doute, car ils étouffaient des rires* (Zola) ; et, en parlant des personnes, marque le sans-gêne à tous les points de vue, moral comme social. **Léger,** par euphémisme, qualifie les propos dont le sujet plutôt que la forme est un peu *libre* et osé : *Un conte léger* ; et les personnes, surtout les femmes, qui par défaut de

caractère, sont faciles et changeantes en amour. **Gai** se dit parfois de propos un peu *libres* tenus par belle humeur, mais sans exagération : *Conte gai* (Lit.). **Gaillard** enchérit, mais dans un sens assez favorable, pour qualifier des actes, des propos qu'une vivacité saine et joyeuse rend quelque peu audacieux : *Un trait de cette bonne duchesse, vous le trouverez peu gaillard pour une dévote* (Les.). **Guilleret** marque une gaillardise qui va jusqu'à être *leste.* **Folichon,** fam., en parlant de propos, ajoute à *gai* l'idée d'un badinage un peu fou et assez inconvenant. **Gaulois,** *gaillard* à la façon des contes d'autrefois, notamment ceux du XVIe siècle, peu soucieux d'adoucir les idées et les mots, *libres* avec quelque rudesse. **Rabelaisien,** terme littéraire, *gaulois* dans la pensée ou dans les termes, avec la truculence saine, mais un peu grasse, de Rabelais. **Égrillard,** excessivement *gaillard,* avec quelque chose d'érotique, en parlant des personnes, de leur air, de leurs actes ou de leurs propos : *Sous-entendus égrillards* (Zola). **Grivois,** qui qualifiait les mœurs libres et hardies des femmes vivant avec les soldats, se dit surtout des récits (par exemple les *Contes* de La Fontaine) *très libres* et tout près du libertinage, mais voilant cependant la licence du fond par une gaieté, des sous-entendus, des finesses qui les préservent du graveleux : *Les saillies de Piron et le ton grivois de Crébillon me plurent beaucoup* (Duc.) ; en parlant des personnes et de leurs mœurs, *grivois,* péj., ajoute à *égrillard* une idée de libertinage. **Polisson** et **Coquin** se disent des personnes, des mœurs, des propos excessivement *libres* et *égrillards* qui poussent délibérément à la lasciveté sans toutefois aller jusqu'au libertinage· : *Les entretiens polissons préparent les mœurs libertines* (J.-J. R.). **Cru** n'a rapport qu'à la liberté du langage qui choque par le peu d'honnêteté des termes, parfois sans la moindre intention d'indécence chez celui qui parle : *D'un mot cru, en homme qui aime les situations franches* (Zola). **Vert** ajoute une idée de gaillardise ou de gauloiserie dans le vocabulaire. **Dégourdi** et **Dessalé,** péj., qui enchérit, supposent quelque chose d'un peu trop *leste* dans les propos ou les manières d'une personne qu'on s'imaginait plus naïve ou plus réservée. **Décolleté,** fig., implique, en parlant des propos, une liberté dans les détails et dans les termes qui tend vers le graveleux. **Licencieux** a rapport au fond et suppose dans les mœurs ou dans les sujets qu'on traite un germe de corruption qui peut nuire à la pudeur : *Ces conversations licencieuses qui d'un jour à un autre vous font perdre insensiblement la pudeur et l'horreur du vice*

(Bour.). **Libertin,** en parlant des mœurs et des propos, ajoute l'idée d'un dévergondage voluptueux de l'imagination et des sens : *Conte libertin* (Acad.). **Graveleux** implique, dans les propos trop libres, trop licencieux, l'intention ouverte d'émouvoir les sens, de pousser à la lasciveté : *Un sujet gai et même un peu graveleux* (Did.). — **Hardi,** en parlant d'écrits ou de spectacles, marque quelque audace à traiter certains sujets qui peuvent paraître inconvenants, mais loin d'impliquer une intention libertine, fait penser qu'on ne recule pas devant eux à cause de leur intérêt philosophique, social ou moral : Il y a, dans les *Contes* de La Fontaine, des passages fort *lestes,* et, chez Zola, chez Proust, chez Gide, bien des passages *hardis.* **Osé** insiste davantage sur le risque de choquer la bienséance, d'être *inconvenant.* — **Raide,** fig. et fam., difficile à admettre parce que trop *libre* ou trop *hardi : Ce mot semblait trop raide, on protesta par un murmure* (Zola).

Libre penseur : → Incroyant.

Librettiste : → Parolier.

Lice, lieu où se faisaient les courses, les tournois, au fig. lieu fictif ou réel où se passent les luttes d'idées : *Le barreau est une lice ouverte à l'éloquence* (Lit.). **Champ de bataille** se dit plutôt pour les querelles d'intérêt entre particuliers ou États : *Les pays coloniaux sont souvent le champ de bataille des impérialismes.* **Arène,** partie sablée d'un amphithéâtre où se donnaient les jeux ou les combats, est plus noble au fig. : *Si l'État désorganisé ne présente aux Français que l'arène famélique et sanglante de l'anarchie* (Mirab.); et se dit parfois pour *lice : Descendre dans l'arène,* s'engager dans une controverse. **Échiquier,** au fig., lieu où rivalisent diplomatiquement ou tactiquement les États ou les partis politiques, caractérisé par les positions qu'ils y occupent : *L'échiquier européen.*

Licence : ¶ 1 → Permission. ¶ 2 → Liberté. *Licence,* trop grande liberté, fait surtout penser à l'acte, au désordre qu'il cause : *S'accorder toute licence, tout oser* (Gi.). **Hardiesse** fait surtout penser à l'audace, voire à l'impudence de celui qui se permet la *licence : Il est temps que j'arrête, une fois pour toutes, cette hardiesse que vous prenez de me traiter d'hérétique, qui s'augmente tous les jours* (Pasc.). ¶ 3 En littérature, *Licence,* tout ce qui se fait contre les règles exactes de l'art, que ce soit permis par l'usage, ou qu'un écrivain se le permette exceptionnellement : *Licence poétique.* **Hardiesse,** licence audacieuse que risque un écrivain.

Licenciement : Action d'un patron qui ôte le travail à ses ouvriers. Le *Licenciement* consiste à les congédier en corps; le **Lock-out** (en ang. « action de fermer la porte au nez de quelqu'un ») consiste, après entente entre patrons, à fermer les ateliers en prétendant qu'il n'y a plus de travail, mais sans congédier les ouvriers.

Licencier : → Congédier.

Licencieux : → Libre.

Licher : → Lécher et Boire.

Licitation : → Enchère.

Licite : → Permis.

Licol, Licou : → Bride.

Lie : ¶ 1 → Sédiment. ¶ 2 → Rebut.

Lien : → Attache et Liaison.

Liens : ¶ 1 Ce qui sert à attacher un prisonnier. Les *Liens,* qui peuvent servir à mille autres usages, sont de n'importe quelle matière; la **Chaîne,** qui ne sert que pour les choses difficiles à retenir et les prisonniers, est toujours métallique et faite d'anneaux engagés les uns dans les autres, les **Fers** ne servent que pour les prisonniers et désignent quelque chose de pesant, chaîne ou menottes (→ ce mot). **Ceps,** syn. vx de *liens* ou de *chaînes.* ¶ 2 Au fig. Ce qui restreint la liberté. *Liens* exprime un simple assujettissement, **Chaînes,** une servitude qui peut être douce, ou qu'on peut supporter ou accepter, **Fers,** un esclavage absolu dans lequel on gémit : *Par le mariage elle va former de nouvelles chaînes qui relâcheront les doux liens de l'amitié* (J.-J. R.). *Tu dors, Brutus, et Rome est dans les fers.*

Lier : ¶ 1 → Attacher. ¶ 2 → Joindre. ¶ 3 En musique, *Lier des notes,* exécuter successivement deux ou plusieurs notes d'un seul coup. **Couler,** exécuter un trait, un passage en en liant les notes. ¶ 4 → Obliger.

Liesse : → Gaieté.

Lieu : ¶ 1 Portion de l'espace. Le *Lieu,* absolu et vague, se conçoit en lui-même comme un tout à part, l'**Endroit,** relatif et déterminé, se spécifie par rapport à d'autres endroits. **Point,** endroit précis, étroitement délimité : *L'endroit bon à la pêche et, sur la mer immense, Le lieu mobile, obscur, capricieux, changeant Où se plaît le poisson aux nageoires d'argent, Ce n'est qu'un point* (V. H.). **Coin** (→ Angle), par ext. endroit ordinairement retiré et peu fréquenté : *Se retirer dans un coin tranquille.* **Canton,** coin d'un pays considéré comme distinct du reste de ce pays : [L'homme] *égaré dans ce canton de la nature* (Pasc.). **Place,** lieu ou endroit considéré comme occupé ou devant être occupé par une chose ou une personne, d'ordinaire selon un certain ordre établi ou convenable : [Malherbe] *d'un mot mis à sa place enseigna le pouvoir* (Boil.). **Emplacement,**

endroit convenable pour construire, établir ou faire quelque chose, et, par ext., place où l'on avait construit, établi, ou fait quelque chose : *Chercher les emplacements des ports de Carthage* (CHAT.). **Parage,** fig., au pl. et fam., l'endroit où l'on est, la région dont on parle : *Que venez vous faire dans ces parages?* (ACAD.). **Théâtre,** fig., *lieu* où se passent des choses remarquables, une sorte de spectacle : *Tout ce qui n'était pas le théâtre et le drame de mon coucher n'existait plus pour moi* (PROUST). **Poste,** lieu assigné à quelqu'un pour un office quelconque. **Part,** syn. d'*endroit* dans des loc. comme *autre part, nulle part, quelque part.* — Lieu où se trouve une chose : → Position. ¶ 2 Partie d'un livre spécialement citée. *Lieu,* vague, désigne toujours, d'une façon absolue, quelque chose d'abstrait. **Endroit,** précis, désigne toujours, d'une manière relative, une partie déterminée du livre; et parfois même, concrètement, un **Passage** (→ ce mot), mais, alors que le *passage* marque un tout en lui-même, l'*endroit* est toujours relatif, c'est un *passage* déterminé : *L'évangile au chrétien ne dit en aucun lieu: Sois dévot* (BOIL.). *Les endroits où il est parlé de l'Eucharistie* (Bos.). ¶ 3 Ce qu'il faut pour qu'une chose soit possible (sans qu'elle soit forcément effective ⇆ Cause : → ce mot). *Lieu,* terme général, ne s'emploie guère que dans les loc. *Donner lieu* ou *Avoir lieu de* qui marquent simplement qu'une chose est rendue possible. **Occasion,** relatif au temps, marque à propos de quoi une chose arrive; **Sujet** et **Objet** (→ce mot), le fond précis sur quoi porte une chose : *Je n'écris pas à un ami, je lui donne lieu de penser que je suis malade; un voyage à Paris lui donne occasion de venir me voir et de me dire que ma santé était le sujet de son inquiétude.* **Matière** (→ ce mot) désigne quelque chose de moins précis, de plus étendu, de plus divers que *sujet.* ¶ 4 → Pays.

Lieu (avoir) : → (se) Produire.

Lieu (donner) : → Occasionner.

Lieu (il y a) : → Falloir.

Lieu (tenir) : → Remplacer.

Lieu commun : Pensée ou formule peu originale dans un écrit ou une conversation. *Lieu commun,* en rhétorique, un des points principaux auxquels les anciens rhéteurs rapportaient toutes les preuves dont ils faisaient usage dans leurs discours, par ext. développement général et assez banal appliqué à un cas particulier, et, péj., tout développement usé et rebattu : *Tous les partis ont adopté le conformisme de l'état de guerre et rabâchent les mêmes lieux communs* (M. D. G.). **Topique,** en termes de rhétorique ancienne, lieu *commun* ou traité sur les lieux communs. **Généralités** n'implique pas l'idée de banalité, mais celle d'imprécision d'un développement qui ne traite pas le sujet dans ses détails; cependant comme les détails font l'originalité d'un sujet, *généralités* se dit souvent de lieux communs fort imprécis. **Poncif,** et plus rarement **Poncis,** sorte de décalque, se dit de tout dessin qui sent la copie, reproduit un type banal, conventionnel, et par ext., en littérature, surtout peut-être au théâtre ou dans le roman, de tout ce qui reproduit un style usé, tout en ayant l'air d'être à la mode ou de faire de l'effet : *Les poncifs du roman et du théâtre* (MAU.). **Cliché** ne se dit que d'une expression, ou d'un lieu commun figé dans une formule, d'une telle banalité qu'ils ressemblent à une plaque d'imprimerie reproduite en d'innombrables exemplaires : *Cette phrase gardait une facilité de ton qui l'apparentait à un cliché* (CAM.). **Banalités,** syn. péj. de *lieu commun.* **Vieilleries,** fig. et fam., idées, sujets rebattus, poncifs. **Bateau,** fig. et fam., ce qu'on répète sans arrêt : *Bateau fort usagé déjà* (GI.).

Lieu que (au) marque une forte opposition entre deux idées, deux membres de phrase, abstraction faite de toute circonstance de temps : *On s'imaginait que je pouvais écrire par métier, au lieu que je ne sus jamais écrire que par passion* (J.-J. R.). **Tandis que** ajoute l'idée de simultanéité : *Les gentils ont pris la place des juifs tandis que les enfants de la promesse sont tombés dans l'aveuglement le plus profond* (BOUR.). **Alors que** marque la coexistence, le parallélisme de deux choses qui devraient être incompatibles : *Cependant on vous voit d'une morne tristesse, Alors que dans vos yeux doit briller l'allégresse* (MOL.).

Lieux d'aisances ou simplement **Lieux,** endroit aménagé pour satisfaire aux besoins naturels. **Latrines,** qui désignait plutôt l'installation même, est vx. Pour désigner une pièce fermée servant de *lieux d'aisances,* on dit **Cabinet d'aisances** ou **Cabinet,** et dans un style plus relevé **Water-closet** (ang. *water,* eau; *closet,* cabinet), par abrév. **W.-C. Privé,** plus noble et littéraire, ne se dit guère. **Garde-robe,** lieu où l'on mettait autrefois la chaise percée, syn. archaïque ou historique de *cabinet.* **Feuillée,** terme militaire, tranchée ou fosse aménagée pour servir de *latrines* aux troupes en campagne. En son sens général, *Lieux d'aisances* a pour syn. vx **Commodités. Communs** est dialectal. Dans un lieu public, on dit parfois par décence **Toilettes; Petit endroit** est fam. **Numéro cent,** vulgaire; **Buen-retiro,** plutôt ironique; **Chiottes** et **Gogueneaux** sont argotiques et triviaux; on dit aussi *Aller où le roi va tout seul*, pour *aller aux commodités*.

Ligament : → Tendon.

Lige (homme) : ¶ 1 → Vassal. ¶ 2 → Partisan.

Lignage : → Race et Lignée.

Ligne : ¶ 1 Étendue en longueur, à une seule dimension; et spéc., ce qu'on trace de long avec une plume ou tout autre instrument. *Ligne*, principalement usité en mathématiques, convient seul pour l'abstrait et l'idéal, et hors de là signifie quelque chose de régulier et d'uniforme dans toute sa longueur, souvent avec une idée de rectitude : *La ligne équinoxiale. Les lignes d'un papier à musique.* — En géométrie seulement, **Droite**, *ligne* droite supposée infinie; **Segment**, partie déterminée et finie d'une *ligne*. — **Trait**, signe graphique qui trace des contours ou marque, sans avoir la régularité, l'uniformité, l'étendue de la ligne : *Un trait de plume; peindre à grands traits.* **Raie** et **Barre** désignent quelque chose de plus grossier, *raie* impliquant qu'on creuse dans la chose d'un *trait* profond, ou se disant spéc. des *lignes* existant naturellement sur la peau d'animaux, les marbres, ou faites sur des étoffes pour les orner : *L'écureuil à raies blanches* (Buf.). *Faire une raie sur le sable avec un bâton* (L.); *barre* impliquant qu'on ajoute une matière nouvelle sur la chose, sous la forme d'un trait court et droit, tracé avec quelque chose qui marque, pour annuler, séparer, noter, marquer la fin, etc. : *En musique les mesures sont séparées par des barres perpendiculaires aux lignes. Tracer sur un mur des barres à la craie, au charbon.* **Hachures**, traits rapprochés formant en peinture des demi-teintes et des ombres. **Tiret**, petit trait qui sert à indiquer un nouvel interlocuteur dans un dialogue, ou à séparer un mot, une expression du contexte. ¶ 2 Dessin qui limite un objet. *Ligne*, pour le corps humain, les objets, les paysages, dessin naturel qui fait la limite des choses ou tracé qu'en donnent les artistes : le mot évoque souvent un effet esthétique : *La belle ligne des paysages de la Loire* (J. Renard). **Contour**, ligne du corps ou d'une de ses parties, se dit surtout de ce qui est arrondi : *Son visage occupait le regard par la tranquillité profonde des lignes et par la pureté des contours qui semblaient bordés de lumière* (Balz.). **Profil**, ligne du visage d'une personne vue de côté, par ext. ligne d'un objet vu de côté ou dessiné dans son élévation comme coupé par un plan perpendiculaire : *Ce profil si pur* (A. Four.). **Galbe**, terme d'architecture, ligne de profil d'un morceau d'architecture, par ext.

contour d'une figure avec une nuance esthétique : *Le galbe d'un vase* (Val.). **Silhouette**, sorte de dessin fait par un trait tracé autour de l'ombre du visage ou du corps (*Un portrait à la silhouette*), par analogie ligne qui dessine la forme du corps : *Silhouette élégante*. **Linéament**, ligne délicate qui indique la forme générale ou le premier rudiment d'un être ou d'un objet. **Trait** ne se dit que des lignes du visage, et au pl. : *Les traits*, individuels et marqués, permettent de reconnaître le visage, *les lignes du visage* font penser à l'effet esthétique de l'ensemble, *les linéaments du visage* en sont les lignes essentielles, par ex. celles que les physionomistes interprètent pour juger du caractère. ¶ 3 Sorte de ficelle avec un hameçon au bout pour pêcher. La *Ligne* est faite de fils légers; le *Cordeau*, plus épais, est soit la ligne de fond, soit un morceau de ficelle attaché de distance en distance à la ligne de fond. ¶ 4 *Ligne* et *Cordeau* désignent aussi la petite-corde dont se servent les maçons, les jardiniers, les ingénieurs pour tracer des lignes droites et aligner, *cordeau* insiste peut-être davantage sur la manière dont on opère, *ligne* sur l'effet qui en résulte : *La nature ne plante rien au cordeau* (J.-J. R.). *Ces froids ornements à la ligne plantés* (Boil.). ¶ 5 → Forme. ¶ 6 → Port. ¶ 7 → Chemin. ¶ 8 → Voie ferrée. ¶ 9 En termes de guerre, *Ligne*, direction générale de la position des troupes pour combattre, avec l'idée d'une certaine profondeur : *Premières, secondes lignes*. **Front**, au fig., première ligne, devant l'ennemi; et, en un sens plus large et assez vague, le théâtre des opérations : *On quitte le dépôt pour aller au front; puis on monte en ligne.* ¶ 10 Disposition de choses ou de personnes sur une même ligne. *Ligne* se dit d'un *Rang* ou d'une **File** (→ ces mots), mais marque, surtout dans la loc. *en ligne*, la rectitude parfaite du *rang* ou de la *file*, tandis que ces termes font penser soit à la suite concrète des choses en ligne, soit à une disposition idéale, à un ordre dans la ligne, soit à un ensemble formé de plusieurs lignes : *Les coureurs se mettent en ligne pour prendre le départ; une troupe se met en ligne sur deux rangs.* ¶ 11 → Lignée. ¶ 12 → Direction. ¶ 13 → Orthodoxie.

Lignée : Suite de personnes qui viennent d'une même souche. *Lignée*, terme concret, les membres plus ou moins nombreux de la famille : *Un père eut pour toute lignée Un fils qu'il aima trop* (L. F.) : → Postérité. **Lignage**, terme collectif, race d'où sort une personne particulière considérée en remontant vers les ascendants : *Quelqu'un de son lignage* (Mtq.) : → Race. **Ligne**, abstrait, la suite idéale, la chaîne interrompue qui va de l'origine aux descendants ou qui est considérée en sens inverse : *Ligne ascendante, descendante, directe, collatérale.* **Tronc,** fig., la ligne directe des ascendants et des descendants considérée comme donnant naissance à des branches ou des lignes collatérales.

Ligoter : → Attacher.

Ligue : ¶ 1 → Alliance. ¶ 2 → Parti. ¶ 3 → Intrigue.

Liguer : → Unir.

Lilliputien : → Nain.

Limaçon : Mollusque gastéropode du genre hélix habitant une coquille enroulée en forme d'hélice. *Limaçon* est le terme ordinaire, mais on dit plus vulgairement **Colimaçon** et **Escargot,** nom de certaines espèces de *limaçons. Escargot* se dit seul de l'animal servi comme aliment. Mais le héron de L. F. mange un *limaçon.* — Au fig. *escargot* insiste sur la lenteur de l'animal : *Aller comme un escargot;* limaçon, sur sa solitude : *Retiré chez lui comme un limaçon dans sa coquille.*

Limbes : → Enfer.

Limer : → Parfaire et Revoir.

Limier : → Policier.

Limite : ¶ 1 → Terme. ¶ 2 Ligne ou espace qui sépare deux territoires ou deux terrains contigus. *Limite,* ligne naturelle ou convenue, marquant que le terrain, le territoire ou la chose finit là. **Frontière,** en géographie politique seulement, limite officiellement reconnue et gardée qui sépare deux États voisins; *limite* ne se dit plus que de la ligne qui sépare deux subdivisions administratives : *La limite de la Seine et de la Seine-et-Oise.* **Confins,** parties d'un territoire placées à son extrême limite et à la frontière d'un autre, inusité en géographie politique, implique un espace plutôt qu'une ligne et se dit souvent par ext. de la limite extrême de quelque chose de très vaste : *Jusqu'aux confins inaccessibles de la Guinée* (Loti). **Marche,** terme d'histoire, province aux confins d'un pays auquel elle appartient et considérée comme le protégeant ou comme exposée par sa situation aux incursions de l'État voisin : *Les marches de Lorraine.* **Démarcation** ou **Ligne de démarcation,** ligne tracée sur une carte, par convention, ou sur un terrain pour fixer des limites de territoire, d'influence. ¶ 3 Au fig. les *Limites* bornent : *Ne passez point ces limites sacrées* (Bos.); les **Frontières** et les **Confins** séparent : *Les confins de la douleur et de la joie* (Chat.); la **Démarcation** distingue : *Ligne de démarcation entre l'être et le non-être* (Gi.). *Ne pas reconnaître de frontière fixe, de démarcation absolue entre la terre et l'océan* (Proust).

Limité : Qui n'est pas sans fin. On sait ou on peut savoir les limites de ce qui est *Limité.* **Fini** ne se dit qu'en termes de philosophie de ce qui par nature a des limites, sans qu'on sache lesquelles : *Une intelligence limitée* ne comprend pas certaines choses; mais l'intelligence de l'homme, si étendue qu'elle soit, est toujours *finie.* **Étroit,** très ou trop *limité* : *Le cercle étroit de ses relations.* **Borné** diffère de *limité* comme les verbes correspondants (→ Limiter) : *Nos sens bornés et notre intelligence finie* (Flaub.).

Limiter, servir de ligne de démarcation : *La mer limite ce pays au sud et à l'ouest* (Acad.); se dit surtout au fig. d'une limite extrême qu'on assigne à une chose : *Les états assemblés nomment un souverain, limitent sa puissance* (Volt.). **Borner** marque un obstacle concret qui arrête, resserre dans un certain espace : *L'Euphrate bornera son empire* (Rac.); et, au fig., ajoute à *limiter* l'idée d'une certaine étroitesse, en parlant de choses auxquelles on n'assigne pas des limites précises, mais qu'on modère, qu'on empêche de se développer : *Borner sa gloire* (Corn.), *ses désirs* (Boil.), *la suprême puissance* (Volt.). **Cantonner,** fig., surtout au réf. et en parlant de l'activité, borner à un domaine : *Se cantonner dans une science.* **Restreindre** (→ Réduire), au fig. seulement, réduire à des limites plus étroites ce qu'a déjà des limites : *J'ai restreint mon bonheur, d'année en année, j'ai dû en rabattre* (Gi.). **Circonscrire,** limiter tout autour une chose, au fig. pour la définir, l'isoler ou la concentrer, la restreindre à un point précis : *Leurs bras* [de ces constructions portuaires] *circonscrivent des bassins assoupis* (Val.). *Un pouvoir fondé sur une mission divine et absolue ne se peut ni restreindre ni circonscrire* (Mirab.). **Localiser,** terme didact., circonscrire une chose pour en détruire les effets : *Localiser un incendie, une affection morbide* (Acad.). **Délimiter,** fixer exactement avec précision ce qui sert ou doit servir de limites à une chose : *Limiter un développement,* lui assigner une certaine longueur qu'il ne devra pas dépasser; *le circonscrire,* dire exactement sur quoi il portera et quelle en sera la longueur; *le délimiter,* le circonscrire et en plus le distinguer nettement de ce qui y touche et n'en fait pas partie. — Au réf., *se limiter, se borner, se cantonner, se restreindre* diffèrent comme plus haut. **Se contenter de,** se borner à faire ce qu'on juge suffisant. **S'en tenir à,** ne pas faire plus que ce qu'on a fait.

Limitrophe : → Proche.

Limoger : → Destituer.

Limon : Terre charriée et déposée par l'eau (≠ Boue, terre imprégnée d'eau). *Limon,* terre molle qu'entraînent les eaux courantes, parfois syn. noble et poétique de *vase* ou de *boue* (→ ce mot) : *Le limon du Nil* (VOLT.). **Vase,** limon déposé au fond des étangs, des fossés, des rivières, de la mer : *La vase des marais* (BUF.). **Bourbe,** vase noire et épaisse accumulée au fond des eaux stagnantes, par ext. boue épaisse où l'on s'enfonce : *Les anciennes voies qui n'étaient plus que des abîmes de bourbe entremêlée de pierre* (VOLT.).

Limpide : ¶ 1 → Transparent. ¶ 2 → Clair et Intelligible. ¶ 3 → Pur.

Linceul : Linge dans lequel on ensevelit un mort. *Linceul,* drap de toile, terme courant qui se dit aussi au fig. : *Le rapide oubli, second linceul des morts* (LAM.). **Suaire** (étym. « linge pour essuyer la sueur du visage », puis « linge qu'on mettait sur le visage des morts »), syn. rare et relevé de *linceul,* se dit seul du *linceul* dans lequel fut enseveli Jésus-Christ : *Le saint suaire.*

Linéament : ¶ 1 → Ligne. ¶ 2 → Ébauche.

Linguistique, étude historique et comparative des langues, qui porte sur les phénomènes du langage en eux-mêmes, pour en dégager les lois générales et préciser les rapports du langage et de la pensée. **Philologie,** en son sens moderne, science sur laquelle s'appuie la *linguistique* et qui consiste dans l'étude d'une langue particulière et dans la critique des textes écrits en cette langue. **Grammaire comparée,** partie de la *linguistique* qui consiste à comparer les phénomènes grammaticaux des langues appartenant en général à la même famille.

Liniment : → Pommade.

Linon, sorte de toile de lin très claire et très fine : *Une robe de linon.* **Batiste,** toile de lin moins fine et plus résistante : *Mouchoir de batiste.*

Linotte (tête de) : → Étourdi.

Lippe : ¶ 1 → Lèvre. ¶ 2 → Grimace.

Lippée (franche) : → Festin.

Liquéfier : → Fondre.

Liqueur : ¶ 1 → Liquide. ¶ 2 Boisson alcoolisée. *Liqueur,* boisson obtenue par la distillation et dont l'alcool ou l'eau-de-vie fait la base. **Spiritueux,** toutes les boissons qui contiennent de l'alcool et de l'eau-de-vie en assez grande quantité : *Les apéritifs sont des spiritueux,* mais non des *liqueurs.* **Liquide,** terme administratif, toutes boissons spiritueuses, acides ou fermentées, soumises comme telles à certains droits.

Liquide : ¶ 1 Adj. → Fluide. ¶ 2 N. *Liquide,* fluide qui coule et tend toujours à se mettre à niveau. **Liqueur,** syn. vx de *liquide.* **Humeur,** syn. vx de *liquide,* ne se dit plus que de toute substance liquide ou demi-liquide qui se trouve dans un corps organisé. **Lymphe,** terme de médecine, humeur transparente circulant dans certains vaisseaux qui lui sont propres, et par analogie, en botanique, humeur aqueuse circulant dans les plantes. ¶ 3 N. → Liqueur.

Liquider : ¶ 1 → Vendre. ¶ 2 → Détruire.

Lire : ¶ 1 Suivre des yeux ce qui est écrit ou imprimé, avec la connaissance des sons que les lettres figurent, en proférant ou non les mots. *Lire* marque l'action normale. **Anonner,** lire ou réciter d'une manière pénible et hésitante : *Il ânonne; bref il se démonte au point qu'il ne peut lire* (S.-S.). **Épeler,** nommer les lettres qui composent un mot et en former des syllabes en les assemblant, par ext. *lire,* ânonner avec lenteur ou difficulté : *Le vieux prêtre se courbe et, n'y voyant qu'à peine A ce jour ténébreux, épèle un livre obscur* (V. H.). **Déchiffrer,** lire ce qui est écrit en chiffres, par ext. lire une écriture mauvaise, un texte presque illisible : *Je déchiffrais à l'envers le nom du propriétaire* (MAU.). ¶ 2 Prendre connaissance d'un écrit. *Lire* exprime l'action normale. **Dévorer,** fig. et fam., lire avec avidité ce qui passionne : *Lui qui autrefois n'avait jamais ouvert un livre, il dévorait les ouvrages spéciaux* (MAU.). **Parcourir,** lire d'une façon rapide, superficielle, ou incomplète : *Parcourir les journaux* (M. D. G.). **Dépouiller,** trans., lire un écrit, un compte, un dossier, un registre que l'on examine pour en donner l'extrait, le sommaire : *Dépouiller une revue; des archives.* **Feuilleter** (→ ce mot), parcourir en tournant les feuillets. **Bouquiner,** absolu et fam., lire sans cesse, avoir l'habitude de lire. ¶ 3 → Découvrir.

Liséré : → Lisière.

Liseur : → Lecteur.

Lisière : ¶ 1 → Bord. ¶ 2 *Lisière,* partie de l'étoffe terminant des deux côtés la largeur. **Liséré,** partie ajoutée à l'étoffe, souvent d'une couleur différente de celle du fond : *Un ruban blanc avec un liséré rose* (ACAD.). ¶ 3 → Bande. ¶ 4 *Tenir en lisières :* → Retenir.

Lisse marque l'absence complète de rugosité, souvent due à la nature, et se dit des corps solides sur lesquels la main glisse facilement : *Une peau lisse et sans poils* (BUF.). **Uni** évoque plutôt une surface, liquide ou solide, égale, plate, souvent pour les yeux et n'empêchant pas le mouvement, sans aller jusqu'à être *lisse* : *Toute la mer devint unie comme une glace* (Fén.). **Poli,** qui a la superficie unie et luisante, se dit surtout des corps durs rendus tels par le frottement : *Pierres polies* ; et a pour syn. tous les part. passifs des syn. de Polir (→ ce mot). **Glacé** ajoute à *lisse* une idée de brillant; **Satiné,** une idée de finesse, de douceur et de léger éclat, mais ces mots ne s'emploient que dans des acceptions limitées : → Lustrer.

Lisser : → Polir.

Liste : Suite de choses inscrites sur un papier, un registre, ou ce sur quoi elles sont inscrites. *Liste,* suite de noms de choses ou de personnes, rangés par ordre alphabétique ou non, sans détails ni explications : *Une liste de livres.* **Catalogue,** liste raisonnée, formant un petit livre, de choses appartenant à une même collection ou de personnes (surtout auteurs ou saints) appartenant à une même classe, avec quelques explications ou éclaircissements : *Un petit catalogue des plantes les plus connues avec des marques pour les reconnaître* (J.-J. R.). **Canon** (en grec, « modèle »), en religion, *catalogue* des saints ou *liste* des textes sacrés considérés comme faisant autorité. **Rôle,** liste qui marque le tour ou la part de chacun ou de chaque chose : *Rôle de quart.* (En termes de contributions, *rôle,* liste des personnes assujetties à une même contribution, **Cédule,** liste de revenus imposables et par ext. catégorie de revenus assujettis à l'impôt.) **Nomenclature,** liste de noms et non pas de personnes proprement dites ou de choses, se dit en parlant de dictionnaires, d'ouvrages de science quand on doit dénommer les choses et retenir le nom qu'on leur a donné : *La nomenclature alphabétique d'un dictionnaire.* **Dénombrement** (→ ce mot), liste numérale qui a surtout pour objet de faire connaître combien il y a de choses ou de personnes d'une classe : *Le dénombrement des maux de cette vie* (J.-J. R.). **Tableau,** liste des noms des personnes qui composent une compagnie, un corps, selon un ordre quelconque : *Tableau des avocats. Tableau d'honneur. Tableau d'avancement* (Acad.). **Cadre,** *tableau* des officiers et sous-officiers de l'armée, ou *tableau* des services et emplois d'une administration : *Être rayé des cadres.* **Matricule,** liste ou registre où l'on inscrit le nom de ceux qui entrent dans un régiment, dans un hôpital, dans une prison, dans une société, une compagnie. **État,** liste fidèle et précise qui représente les choses telles qu'elles sont pour qu'on puisse en apprécier l'état ou la valeur : *Un état de dépenses; de lieux.* **Mémoire,** liste de choses dont il est important de se souvenir, et spéc. *état* de sommes dues à quelqu'un : *Un mémoire*

assez considérable de plusieurs emplettes faites à Paris (J.-J. R.). **Bordereau,** liste nominative et certifiée de pièces dont se compose le dossier d'un procès, ou *liste* détaillée, article par article, de marchandises jointe à un envoi, ou *état* détaillé d'opérations commerciales ou financières : *Bordereau de caisse, de compte. Bordereau de pièces.* **Inventaire,** liste de choses trouvées après la mort d'une personne, ou dans les magasins et les caisses d'un négociant, ou dans un appartement qu'on prend ou qu'on laisse : *L'inventaire du trésor du roi* (Fén.). **Répertoire,** liste de choses curieuses, intéressantes, à la disposition des amateurs qui les recherchent et peuvent ainsi les retrouver facilement : *Les répertoires de vies de héros* (Gir.) : → Table. **Relevé,** liste ou *état* de choses d'une même catégorie qu'on a notées par extrait : *Faire le relevé des fautes d'un ouvrage.*

Liste civile : → Indemnité.

Lit : ¶ 1 Meuble sur lequel on se couche. *Lit,* terme courant, se dit, par ext., de tout lieu où l'on peut se coucher : *Le lit sanglant de la croix* (Bos.). **Couche** est du style poétique et soutenu, souvent en parlant du *lit* nuptial. **Couchette,** petit lit d'enfant, et spéc. petit lit qui souvent se replie, dans un wagon de chemin de fer ou sur un bateau : *Tout est aux écoliers couchette et matelas* (L. F.). **Grabat,** péj., méchant lit de pauvres gens, de prisonnier ou de malade : *Ma détestable santé me tient sur le grabat* (Volt.). **Couette,** lit de plume, est vx, **Peautre,** syn. de *grabat,* est inusité sauf dans la loc. *Envoyer au peautre,* envoyer coucher. **Dodo,** *lit* dans le langage des enfants. **Hamac,** sorte de lit fait d'un morceau de toile ou de filet suspendu horizontalement à deux points et fixé par les extrémités de manière à pouvoir se balancer. Des nombreux syn. argotiques de *lit,* **Plumard** est le plus usité dans le langage courant. ¶ 2 L'endroit où coule une rivière. *Lit,* terme courant, désigne le lieu avec tous ses accidents et ses bords et se dit aussi pour la mer : *La Durance était hors de son lit comme une fusée déchaînée* (Sév.). **Canal,** courant d'eau envisagé comme assez abondant et tranquille : *La rivière offre partout un canal tranquille* (Lit.). **Chenal,** passage navigable creusé dans le lit d'une rivière. ¶ 3 Étendue d'une substance quelconque en recouvrant une autre. *Lit* désigne quelque chose d'assez épais qui en général sert à supporter une autre chose qui la recouvre: *Après un lit de bois est un lit de mortier* (L. F.). **Couche** se dit surtout de ce qui est mince, comme fruits, aliments, médicaments, etc. qu'on étend facilement, ou de substances très étendues, peu épaisses et superposées : *Couches de l'atmosphère* (D'Al.). *Couches géologiques.* **Nappe** ne se dit que d'une étendue de liquide sur ou dans la terre : *Nappe de pétrole.* ¶ 4 → Mariage.

Lit (se mettre au, prendre le) : → (se) Coucher.

Litanies : ¶ 1 → Prière. ¶ 2 Au fig. *Litanie :* → Dénombrement.

Lithographie : → Image.

Litière, autrefois, sorte de lit porté sur brancards par des chevaux ou des hommes. **Chaise à porteurs,** simple siège fermé et couvert porté par deux hommes à bout de bras. **Palanquin,** sorte de lit ou de chaise de notable, dans l'Inde ou en Chine, que des hommes portent sur leurs épaules. **Manchy,** lit à porteurs employé à Madagascar ou à la Réunion.

Litige : → Contestation.

Litigieux : → Contentieux.

Litote, figure de rhétorique, consistant à employer une expression atténuée pour laisser entendre plus qu'on ne dit : Ex. *Va, je ne te hais point,* dit Chimène à Rodrigue, pour laisser entendre : *Je t'aime.* **Atténuation** et **Diminution,** syn. rares de *litote.* **Euphémisme,** adoucissement d'une idée désagréable, odieuse ou triste, en la déguisant sous une expression qui n'est point l'expression propre de cette idée et qui, dans certains cas, peut aller jusqu'à l'**Antiphrase** qui consiste à appeler une personne ou une chose par le contraire du nom qui lui convient : On dit par *euphémisme* « il a vécu » pour « il est mort ». Les Grecs appelaient les Furies les bienveillantes (Euménides) par *antiphrase.*

Littéraire : → Soigné et Artificiel.

Littéralement : Conformément à la valeur des paroles ou des mots. *Littéralement* a rapport à la forme, au sens grammatical des termes, **A la lettre** a rapport au fond, à l'idée ou à l'esprit : *Il ne faut pas prendre littéralement ce qui ne se dit que par métaphore; il ne faut pas prendre à la lettre ce qui ne se dit qu'en plaisantant* (R.). *A la lettre* a rapport à l'existence ou à la réalité des choses, **Au pied de la lettre,** à leur degré : Il ne faut pas prendre *à la lettre* des offres qu'on ne vous fait que pour être refusées; il ne faut pas prendre *au pied de la lettre* un éloge qui, quoique correspondant à une certaine réalité, est outré.

Littérateur : → Écrivain.

Littérature : ¶ 1 → Savoir. ¶ 2 *Littérature,* ensemble des productions écrites qui ont un intérêt esthétique dans une nation, un pays, une époque. **Belles-Lettres** ou **Lettres,** plus général, tout ce qui a rapport à la culture de l'esprit par l'intermédiaire des livres, par opposition aux sciences et aux arts. De plus *littérature* désigne aussi le métier d'écrire, et implique création et souvent gagne-pain : *S'adonner à la littérature.* Lettres indique une activité désintéressée qui peut consister à se cultiver sans créer.

Littoral : → Bord.

Livide : → Pâle.

Livre : ¶ 1 L'objet concret : assemblage de feuilles brochées ou reliées ensemble. *Livre* se dit d'un manuscrit ou d'un imprimé, et s'emploie seul au fig. et quand on pense au contenu de l'ouvrage considéré comme formant un tout, ou au commerce qu'on en fait : *Rayons chargés de livres* (J. Rom.). *Le livre de Dieu* (Vi.). **Volume,** l'objet concret envisagé comme la réunion d'un certain nombre de cahiers manuscrits ou imprimés en un seul ensemble : On peut faire relier plusieurs *livres* d'un auteur en un seul *volume,* et réciproquement publier un seul *livre* en deux ou plusieurs *volumes.* Volume désigne aussi un gros livre, souvent avec quelque ironie : *On a de lui* [Arnaud] *cent quatre volumes* (Volt.). **Tome,** chacun des volumes d'un même ouvrage imprimé ou manuscrit qui en comprend plusieurs. (Pour désigner une des principales parties qui forment la division de certains ouvrages (→ Partie), *livre* indique une division voulue par l'auteur et qui ne correspond pas forcément à un *tome* ou à un *volume* : Les huit *livres* des *Confessions* de Rousseau peuvent être réunis en un *volume.* Volume indique toujours un seul ensemble broché ou relié, mais qui peut être une division arbitraire due non à l'auteur, mais aux nécessités du brochage ou de la reliure ou au goût d'un lecteur qui fait relier plusieurs *tomes.* Tome désigne toujours une partie séparée d'un ouvrage, mais indique en général une division rationnelle due à l'auteur ou à l'éditeur.) **Plaquette,** petit *volume* de fort peu d'épaisseur relativement à son format : *Une plaquette de vers.* **Brochure** (→ ce mot), livre de peu d'étendue et simplement broché et non relié. **Fascicule,** cahier ou groupe de cahiers d'un ouvrage qui paraît par fragments successifs. **Livraison,** partie d'un ouvrage qu'on délivre périodiquement aux souscripteurs par fascicules, numéros (s'il s'agit d'une revue) ou par feuilles. ¶ 2 Production de l'esprit imprimée. *Livre* évoque la dimension, le titre, la date et les conditions de publication de l'œuvre, les joies qu'elle donne au lecteur et peut avoir un sens très ordinaire, voire péj. : *Mauvais livres, détestables livres* (Volt.). *C'est un métier que de faire un livre* (L. B.). **Ouvrages** et **Écrits,** moins concrets, font penser à l'auteur et à son travail, à ses qualités de pensée et de style (sans forcément l'idée de publication qu'il y a dans *livre*), *ouvrages* se disant de productions étendues et importantes, *écrits*, vieilli, de productions moins étendues et surtout en prose : *Les longs ouvrages me font peur* (L. F.). *L'Encyclopédie*, un dictionnaire sont des *ouvrages*; un opuscule, un article sont des *écrits*. **Publication,** tout ce qui est donné imprimé au public, livres, revues, etc. est relatif à l'éditeur : *Les publications de la librairie Hachette*. — **Bouquin,** vieux livre, par ext. dans le langage fam. et l'argot des écoles, syn. de *livre* dans ses deux sens. ¶ 3 → Registre.

Livrer : ¶ 1 → Remettre. ¶ 2 Mettre une personne ou une chose à la discrétion de quelqu'un. *Livrer* se dit d'une action juste ou condamnable : *Livrer un assassin* (J. Rom.). *Judas livra Notre-Seigneur aux Juifs.* **Donner,** fam., *livrer* à la justice par trahison, en dénonçant : *Donner ses complices.* — **Extrader,** terme de droit, *livrer* un étranger accusé d'un crime ou d'un délit au gouvernement dont il dépend et qui le réclame. — **Rendre,** livrer à l'ennemi le poste ou la place que l'on défend, ou sa personne, parce qu'on ne peut plus les défendre, qu'on est obligé de capituler : *Rendre une ville* (Volt.); *les armes* (Mol.). ¶ 3 → Abandonner. ¶ 4 → Confier. — (Réf.) ¶ 5 → (se) Confier. ¶ 6 → (s') Abandonner. ¶ 7 → (s') Adonner.

Livret : → Cahier.

Local : → Bâtiment.

Locale (couleur) : → Pittoresque.

Localiser : → Limiter.

Localité : → Ville.

Lock out : → Licenciement.

Locomotive : Machine traînant un convoi sur voie ferrée. *Locomotive,* terme courant, machine actionnée par la vapeur, l'électricité ou l'essence. On dit aussi simplement **Machine.** Pour une locomotive électrique on dit **Automotrice** (→ ce mot). **Coucou,** petite locomotive de manœuvre, souvent vieille, employée dans les gares, chantiers, usines, pour le service local.

Locution : → Expression.

Loge : ¶ 1 → Cabane. ¶ 2 → Cellule. ¶ 3 → Établissement. ¶ 4 → Balcon. ¶ 5 *Loge,* dans les ménageries, compartiment grillagé où l'on enferme une bête féroce : *La loge du lion.* **Stalle,** espace limité par une cloison réservé à un cheval dans une écurie, et par ext. à d'autres animaux domestiques. **Box,** stalle d'écurie dans laquelle un seul cheval est logé et sans être attaché. ¶ 6 → Pièce et Appartement. ¶ 7 → Groupe.

Logement : ¶ 1 → Maison. ¶ 2 → Appartement. ¶ 3 Action de loger les habitants d'un pays et les problèmes qui en résultent. *Logement,* action de loger des troupes chez l'habitant, par ext. action de loger, ou de se loger dans des maisons existantes : *La guerre et l'augmentation de la population posent aux jeunes ménages des problèmes de logement.* **Habitation** désigne l'endroit où l'on demeure; par conséquent, le problème de l'*habitation* consiste non à distribuer des logements, mais à en créer. **Habitat,** à l'origine, lieu habité par une espèce animale, puis par ext. lieu spécialement approprié à l'habitation, s'emploie de nos jours, en un sens plus général, pour désigner « l'ensemble des problèmes qui se posent à une nation pour assurer de façon saine et agréable le logement de tous les citoyens et pour distribuer pratiquement et suivant les exigences de l'esthétique les habitations et les édifices publics des villages et des villes » (Ch. Bruneau). **Urbanisme,** l'ensemble des problèmes qui se posent pour organiser dans une ville des communications faciles, et une distribution esthétique, saine et agréable des habitations.

Loger : ¶ 1 → Demeurer. ¶ 2 → Placer.

Logique : ¶ 1 N. Partie de la philosophie qui enseigne à bien raisonner, et par ext. talent qui consiste à raisonner juste. La *Logique* instruit du bon usage de la raison en tant que celle-ci cherche pour elle-même à distinguer le vrai du faux; la **Dialectique** apprend à bien diriger sa raison, dans la dispute, les entretiens, pour la transmission de la vérité : *Une des armes de Beaumarchais, c'est sa dialectique... c'est la logique oratoire, celle de Démosthène* (L. H.). *Dialectique* désigne aussi la *logique* telle que l'entendait le M. A., c'est-à-dire la *logique formelle*, d'où une nuance souvent péj. De plus *logique* a souvent rapport au fond qui est vrai, juste, *dialectique*, plutôt à la forme, qui est adroite, souvent spécieuse : *Si l'on n'a pas soin de l'arrêter* [Rousseau] *au premier pas, bientôt sa dialectique, aussi subtile que sa logique est mauvaise, vous entraîne avec lui dans le torrent des conséquences* (L. H.). ¶ 2 N. → Nécessité. ¶ 3 Adj. Qui est ou agit conformément à la raison. *Logique* se dit de celui qui pense et agit en tirant les conséquences justes et nécessaires de certains principes, et de tout ce qui est ou a lieu comme étant la conséquence nécessaire d'un principe : *Un esprit logique. Désir puéril que tout soit explicable, logique* (M. D. G.). **Conséquent** comporte l'idée de non-contradiction et d'esprit de suite dans le déroulement des actions et des pensées, sans forcément supposer que c'est le résultat d'un raisonnement logique : Célimène n'est pas un esprit *logique*, elle agit par une coquetterie instinctive; mais elle est *conséquente* avec elle-même en refusant de quitter le monde. Une conduite est *logique* en elle-même et *conséquente* à certains principes. **Cohérent** se dit surtout d'une suite ou d'un ensemble d'idées qui, sans forcément découler les unes des autres, peuvent s'accorder, ne pas se contredire : *Les lettres forment un tout parfaitement cohérent* (M. D. G.). **Méthodique** suppose l'application d'un certain ordre ou de certains procédés raisonnés : *Garder dans ses vers un ordre méthodique* (BOIL.). **Suivi** implique ordre et liaison entre les parties successives de ce qui est conçu par un sujet : *Un discours, un raisonnement, une pièce suivis* (ACAD.). **Serré**, suivi et rigoureux, en parlant d'un raisonnement qui ne laisse aucune fissure permettant d'introduire des objections. **Géométrique** enchérit sur *logique* et suppose une rigueur totale dans le raisonnement et parfois une certaine faiblesse à juger autrement que selon la logique : *L'ordre géométrique, c'est-à-dire méthodique et accompli* (PASC.). **Rationnel** se dit surtout de méthodes fondées sur le raisonnement et non sur l'empirisme et fait penser à la précision, à l'économie de temps qui en résultent : *Procédé, traitement rationnels* (ACAD.). — **Raisonnable**, en un sens beaucoup plus large, qualifie une façon d'agir et de penser saine et normale, fondée sur le sens commun ou le jugement plutôt que sur le raisonnement logique, et qui aboutit souvent à une certaine modération : *Il n'est pas toujours raisonnable de la part d'Alceste, d'exiger que Célimène soit logique.* ¶ 4 En philosophie, *Logique* qualifie ce qui concerne les fonctions de l'entendement (→ ce mot) ou qui en résulte, et dans ce sens s'oppose à **Rationnel**, qui concerne les fonctions de la raison. **Discursif**, qui caractérise une opération de pensée qui atteint son but par une série d'opérations partielles intermédiaires, syn. de *logique* pour caractériser une opération de l'entendement par la façon dont elle se déroule : *Le raisonnement logique est discursif.* ¶ 5 → Inévitable.

Logis : ¶ 1 → Maison. ¶ 2 → Hôtel.

Logogriphe : ¶ 1 → Énigme. ¶ 2 → Galimatias.

Logomachie : → Discussion.

Loi : ¶ 1 La *Loi*, générale, s'applique à une classe d'hommes et d'actions, exprime la volonté générale et émane du pouvoir législatif; elle est essentiellement obligatoire. Le **Décret**, particulier, regarde un seul cas ou parfois un seul individu, dérive

de la volonté d'un seul ou de quelques-uns et émane du pouvoir exécutif ou judiciaire : il a parfois besoin pour devenir exécutoire de recevoir force de *loi* par le consentement d'une assemblée supérieure ou l'acceptation du souverain : *Si la volonté est générale, cette volonté déclarée est un acte de souveraineté et fait loi; si elle ne l'est pas, ce n'est qu'une volonté particulière ou un acte de magistrature; c'est un décret tout au plus* (J.-J. R.). **Décret-loi**, acte du pouvoir exécutif ayant la même valeur qu'une *loi*. **Ordonnance**, acte, prescription émanée de l'autorité supérieure, spéc., autrefois, loi émanant du pouvoir royal, sur une matière générale, et ne devenant exécutoire qu'après enregistrement du Parlement; à partir du XIXe s. syn. de *décret* et parfois de *décret-loi* : *Les ordonnances du gouvernement provisoire de la République française.* **Édit**, à Rome, règlement émané d'un magistrat, s'est dit du temps des rois, en France, pour désigner un acte législatif émanant du roi, qui, à la différence des *ordonnances*, ne s'appliquait qu'à une seule matière ou à une partie du royaume : *L'édit de Nantes.* **Constitution**, en parlant de législation ancienne ou en matière ecclésiastique, acte d'établir une *loi*, une *ordonnance*, un *édit*, un règlement : *Les constitutions des empereurs. La constitution ou bulle Unigenitus.* ¶ 2 → Autorité. ¶ 3 → Règle. ¶ 4 → Règlement.

Lointain : ¶ 1 Adj. → Éloigné. ¶ 2 N. → Éloignement.

Loisible : → Permis.

Loisir : → Inaction.

Long : ¶ 1 *Long*, qui s'étend dans sa plus grande dimension, par opposition à *court*. **Oblong** fait penser à la largeur d'une chose, laquelle, quoique sensible, est beaucoup moins grande que sa longueur : *Pièce étroite et oblongue* (GI.). ¶ 2 Qui dure longtemps. *Long*, qui prend beaucoup de temps pour se faire, et péj., qui pèche par, trop d'étendue, de diffusion. **Longuet**, de forme un peu allongée, par ext., fam., un peu trop long. **Interminable**, péj., très long, qui dure trop longtemps : *L'interminable allocution du pasteur* (GI.). **Éternel** (→ ce mot), qui dure toujours, enchérit sur *Éternelle inquiétude* (M. D. G.). ¶ 3 → Lent.

Long (au; tout au) : → Longuement.

Longanimité : → Patience.

Longer, aller ou s'étendre parallèlement à une chose en général rectiligne et assez longue : *Nous longions le quai* (J. ROM.). **Côtoyer**, serrer de près une personne en marchant à côté d'elle, ou une chose, rectiligne ou non, dont on suit toutes les sinuosités, sur un espace parfois très bref :

Côtoyer une rivière (L. F.) ; se dit seul au fig. : *Côtoyer la misère.*

Longévité : Longue durée de la vie. La *Longévité* est naturelle et se dit pour les hommes, les animaux, les plantes. **Macrobie,** durée extraordinairement longue de la vie, s'applique plutôt à la vie prolongée par des moyens artificiels.

Longtemps : Durant un grand espace de temps. *Longtemps,* abstrait, marque simplement la durée. **Longuement,** subjectif, est relatif à la manière d'agir d'une personne qui s'applique à faire tout ce qu'il faut, parfois avec lenteur et excès : *Tant qu'on intéresse ou qu'on amuse on ne parle pas longuement quoiqu'on parle longtemps* (R.).

Longue (à la) : → (avec le) Temps.

Longuement : ¶ 1 → Longtemps. ¶ 2 En détail. *Longuement* est relatif à l'action du sujet qui peut durer longtemps ou trop longtemps : *Corneille disserte longuement sur l'unité de temps et de lieu* (L. H.). **Au long** et **Tout au long,** plus usuel et qui enchérit, sont relatifs au sujet traité, à une chose exposée dans toute son étendue : *Rapporter au long les décisions des conciles* (Bos.).

Longueur, en parlant d'un ouvrage de l'esprit, le fait considérer sous le rapport du temps qu'on met à en prendre connaissance : *Ce poème est d'une longueur excessive* (ACAD.). **Étendue** fait plutôt penser à l'ampleur du développement dans ses rapports nécessaires avec le sujet : *Donnez à votre ouvrage une juste étendue* (BOIL.).

Lopin : → Morceau.

Loquacité : ¶ 1 → Faconde. ¶ 2 → Bavardage.

Loque, pièce d'une étoffe, d'une toile déchirée ou réduite en lambeaux par l'usure : *Ses vêtements tombent en loques* (LIT.). **Haillon,** vieille et misérable étoffe qui sert de vêtement, n'implique pas toujours l'idée d'une déchirure et évoque surtout la pauvreté : *Un paysan ne peut souffrir ses haillons à la vue de tant de magnificence* (FÉN.). **Guenille,** *loque,* chiffon, *haillon* déchiré, évoque quelque chose de vil, et le laisser-aller ou la gueuserie de celui qui la porte : *Trier tous ces lambeaux, toutes ces guenilles chez les fripiers de Genève* (VOLT.). **Oripeau,** habit de faux or ou de faux argent ; fam., par ext., vieil habit bizarre dont l'ancienne splendeur est usée : *Ce roi chamarré de vieux oripeaux* (BÉRANG.). **Penaillon,** syn. vx de *haillon.*

Loqueteux : ¶ 1 → Déguenillé. ¶ 2 → Pauvre.

Lorgner : ¶ 1 → Regarder. ¶ 2 → Vouloir.

Lorgnette : → Lunette.

Lorgnon, terme usuel de nos jours, petite lunette à deux verres sans branches qui se tient sur le nez avec la main ou grâce à un ressort qui pince le nez. **Binocle,** moins usité aujourd'hui, sauf dans la loc. *Porter binocle,* désignait autrefois une lunette toujours à deux verres sans branches pinçant le nez avec un ressort (dans ce cas on dit aussi **Pince-nez**) ou tenue à la main à l'aide d'un manche (dans ce cas on dit **Face-à-main**).

Lors (pour) : → Alors.

Lorsque : → Quand.

Lot : ¶ 1 → Part. ¶ 2 → Destinée.

Loterie, jeu de hasard dans lequel on achète un billet portant un numéro et donnant droit, s'il sort lors du tirage, à une somme d'argent ou à un objet. **Tombola,** sorte de loterie dans laquelle on gagne un objet, un lot en nature, n'évoque pas l'idée de lucre qu'il y a souvent dans *loterie.*

Lotionner : → Laver.

Lotir : → Partager.

Lotissement : → Morceau.

Louage : Cession de l'usage de quelque chose faite par le propriétaire pour un certain temps, moyennant un certain prix. *Louage* désigne le contrat, **Location,** l'action qui détermine le contrat : *Automobile de louage. Location d'automobiles.* **Ferme,** louage, surtout d'un domaine, d'une rente ou d'un droit dont on abandonne la jouissance à quelqu'un qui en tire profit : *Donner ses terres à ferme. La ferme des chaises d'une église.* **Bail,** *louage* ou *ferme* pour un temps fixé avec précision, se dit surtout pour les propriétés rurales et les maisons : *Bail à vie. Bail emphytéotique.*

Louange : → Éloge.

Louanger : → Louer.

Louanges (donner des ; chanter les) : → Louer.

Louangeur : ¶ 1 N. *Louangeur* et plus rarement **Laudateur** marquent l'habitude de louer à tout propos, comme par instinct : *Un opiniâtre louangeur* (MARIV.). **Loueur,** vx et péj., est plus relatif à un cas particulier, mais marque toujours l'excès : *Loueurs excessifs* (SÉV.). **Thuriféraire,** clerc qui porte l'encens dans les cérémonies de l'Église, au fig. *louangeur* d'un personnage important, qui exagère, s'avilit, est déjà un *flatteur,* voire un *flagorneur.* **Dithyrambiste,** rare, *louangeur* enthousiaste, lyrique et excessif. — **Flatteur** (→ ce mot) implique une louange fausse faite avec le dessein de séduire ou de tromper. ¶ 2 Adj. *Louangeur* se dit de ce qui, personne ou chose, loue effectivement, **Laudatif,** des écrits et des discours qui sont, par nature, propres à louer : *Les Satires de Boileau, qui par défi-*

nition sont le contraire du genre *laudatif*, sont cependant *louangeuses* pour quelques bons écrivains. **Flatteur,** qui loue avec exagération ou afin de tromper, se dit aussi, sans nuance péj., d'un témoignage d'approbation, de louange, de faveur et fait alors penser à l'impression agréable que doit en éprouver celui qui en est l'objet : *Un murmure flatteur s'éleva dans l'assemblée* (ACAD.).

Louche : ¶ 1 → Ambigu. ¶ 2 → Suspect.

Loucher, avoir les yeux qui regardent chacun dans une direction différente. **Bigler,** syn. vx ou fam. de *loucher*.

Louer : ¶ 1 Donner à louage (→ ce mot). *Louer* se dit pour toutes sortes de choses et pour un temps qui peut être court. **Affermer** se dit surtout pour des domaines, des biens à la campagne dont on cède la jouissance pour un temps qui peut être assez long. De plus, si on ne *loue* que ce qui est utile, on *afferme* aussi ce qu'on cède à quelqu'un pour qu'il l'exploite, notamment des droits : Le conseil de fabrique *afferme* à la loueuse de chaises, à l'église, le droit de *louer* des chaises aux fidèles. **Amodier,** peu usité, *louer* à quelqu'un une terre, pour qu'il la fasse valoir pour son compte, moyennant une redevance en nature ou en argent. ¶ 2 → Arrêter.

Louer, trouver bon et le dire, en approuvant, en marquant son estime : *Vous louer selon votre mérite* (MOL.). **Donner des louanges** est plus emphatique et peut être plus relatif à une action particulière qu'on trouve bonne. **Chanter les louanges,** qui ne se dit prop. que de Dieu ou des personnages divinisés, est fam. et ironique en parlant d'une personne qu'on loue beaucoup : *Chanter les louanges des héros* (FÉN.). **Louanger** ne se dit qu'en plaisantant et marque excès et impertinence dans la louange. — **Complimenter** diffère de *louer* comme *louange* de *compliment* (→ Éloge). — **Vanter** ajoute à *louer* l'idée qu'on fait valoir auprès des autres la personne ou la chose que l'on loue, parfois avec un dessein intéressé : *Je n'ai pas manqué de lui vanter votre mérite et l'avantage que ce serait d'avoir un mari comme vous* (MOL.). — Avec l'idée d'une action multiple, faite souvent ou en présence de beaucoup de gens, et avec force : **Célébrer** marque la solennité et se dit de grandes choses : *Nous célébrons dans des chansons la liberté et les combats* (FLAUB.); **Chanter,** péj., célébrer en vers ou avec lyrisme; **Préconiser,** parler partout de ce que l'on vante beaucoup en le recommandant : *Un homme capable de préconiser les massacres de la St-Barthélemy* (VOLT.); **Prôner,** fam., est plutôt péj. ou ironique : *Ce dogme tout nouveau de l'égalité que prône le radicalisme*

(FLAUB.). — Avec l'idée qu'on *vante* ou qu'on *loue* hautement, sans réserve, avec chaleur, en faisant paraître grand et élevé : **Exalter** marque souvent une louange hyperbolique : *Ces héros que le paganisme a tant exaltés* (BOUR.); **Porter aux nues** insiste sur l'excès de la louange; **Élever,** peu usité, marque simplement qu'on place une personne ou une chose très haut dans son estime : *Les combats d'Ulysse et sa sagesse furent élevés jusqu'aux cieux* (FÉN.); **Relever** marque un effort pour vanter ce qui mérite d'être plus connu, ou n'est pas assez apprécié : *Homère relève dans ses héros la force, l'adresse ou l'agilité du corps* (MTQ.); **Rehausser,** vanter encore plus ce qui est déjà grand et éminent : *Persée rehaussa en termes magnifiques la victoire remportée sur la cavalerie des Romains* (ROLL.); **Diviniser,** exalter outre mesure en mettant au rang des dieux ou des qualités divines : *Permettre certaines actions et les tolérer, les approuver, les canoniser,* [et] *si j'ose me servir de ce terme, les diviniser* (BOUR.); **Déifier,** au fig., dit plus, c'est louer quelqu'un en en faisant un dieu : *O rois qu'on déifie* (BÉRANG.); **Apothéoser,** rare, donner des louanges qui ne conviennent qu'à Dieu; **Porter au pinacle,** louer une personne en la mettant au-dessus de toutes les autres; **Encenser,** donner une louange excessive et flatteuse : *Pour gagner les hommes, il n'est point de meilleure voie que de donner dans leurs maximes et d'encenser leurs défauts* (MOL.); **Passer la pommade** à quelqu'un, fig. et pop., ajoute encore plus nettement à *louer*, à *complimenter* l'idée de flatterie; **Tresser des couronnes,** fig., *célébrer,* voire *glorifier,* comme une sorte de héros; **Couvrir de fleurs,** en parlant d'une personne, lui donner en abondance louanges et compliments, soit sérieusement, soit avec ironie; **Enguirlander,** fam. et fig., couvrir d'éloges, exagérés le plus souvent, en vue de plaire. — En parlant proprement de Dieu, et par ext. seulement d'une louange extraordinaire donnée aux hommes, *louer* marque un hommage quelconque rendu à Dieu, même par des choses : *Que vos œuvres vous louent, ô Seigneur!* (BOS.). **Bénir,** *louer* pour un bienfait dont on rend grâces : *Ils béniront Dieu pour tous ses bienfaits* (FÉN.); **Glorifier,** rendre gloire et honneur à Dieu, par un hommage éclatant qui l'exalte : *Faites-en éclater une pleine allégresse, Glorifiez sans cesse L'auteur de votre joie* (CORN.). **Magnifier,** exalter la grandeur de Dieu ou d'un homme : *Magnifier le Seigneur* (CORN.); *les victoires de Bonaparte* (CHAT.). — **Flatter** (→ Caresser), en parlant d'une personne, marque l'excès de la louange, mais comporte seul l'idée que la louange est fausse et faite dans le dessein de plaire, de séduire, d'exploiter : *Flattez-les* [les rois], *payez-les d'agréables mensonges* (L. F.).

Loup de mer : → Marin.

Loupe : ¶ 1 → Tumeur. ¶ 2 → Gemme.

Loup-garou : → Épouvantail.

Lourd : ¶ 1 → Pesant. ¶ 2 Difficile à supporter. *Lourd* évoque la gêne, le malaise : *Temps lourd. Tâche lourde* (M. D. G.). **Pénible** ajoute une idée de souffrance, de fatigue. **Accablant, Écrasant** enchérissent (→ Surcharger). ¶ 3 → Maladroit. En parlant d'une personne qui manque de facilité, d'adresse et de grâce, *Lourd*, adj., marque ce défaut dans l'esprit, surtout lorsqu'il s'agit d'inventer ou de comprendre des finesses : *Nos esprits sont plus lourds que ceux de votre Grèce* (CORN.). **Lourdaud,** n. et adj., a rapport à l'air, au maintien, aux manières, au savoir-vivre et marque un certain manque d'éducation : *Jamais un lourdaud, quoi qu'il fasse, Ne saurait passer pour galant* (L. F.). **Balourd,** n. et adj., enchérit sur *lourd* et marque une stupidité, parfois comique comme celle d'un grand enfant, qui fait commettre de grossières bévues dans la conduite ou dans la façon de penser : *Informations d'une invraisemblance balourde* (J. ROM.). ¶ 4 → Indigeste.

Lourdaud : → Lourd. *Lourdaud* et **Balourd,** n., diffèrent comme lorsqu'ils sont adj. : toutefois *lourdaud* marque parfois simplement la lourdeur d'esprit : *Pauvre lourdaude que j'entendais venir de loin avec ses gros sabots* (MAU.). **Cuistre** marque la lourdeur du pédant, en insistant en même temps sur sa vanité, son étroitesse d'esprit et son manque de savoir-vivre. **Butor,** comme *balourd,* regarde la conduite, mais les maladresses du *butor* ont quelque chose de brutal dû à la rudesse de son tempérament : *Cet homme était si butor, si bête et se comporta si brutalement que je me permis de le plaisanter* (J.-J. R.). **Cruche,** fam., renchérit sur *balourd* en parlant de l'esprit, et marque la nullité intellectuelle complète de celui qui, comme on dit aussi, est bête comme un pot. **Ballot,** terme d'argot, très fam., *lourdaud,* voire *balourd.*

Lourderie : → Stupidité.

Lourdise : → Stupidité et Maladresse.

Loustic : ¶ 1 → Gaillard. ¶ 2 → Plaisant.

Louvoyer : Au fig. → Biaiser.

Lovelace : → Séducteur.

Lover : → Rouler.

Loyal : → Vrai.

Loyauté : → Vérité.

Loyer : Au fig. → Récompense.

Lubie : → Caprice.

Lubricité : → Lasciveté.

Lubrique : → Lascif.

Lucarne, ouverture de forme variée, dans un toit, pour donner du jour au grenier, ou aux chambres des combles. **Œil-de-bœuf,** fenêtre ronde ou ovale dans un dôme, un pignon, un comble, un fronton. **Tabatière,** ou **Fenêtre à tabatière,** fenêtre qui a la même inclinaison que le toit dans lequel elle est percée et dont le châssis ou vasistas s'ouvre d'une seule pièce comme le couvercle d'une tabatière.

Lucide : → Pénétrant et Intelligent.

Lucidité : → Pénétration et Intelligence.

Lucre : → Gain.

Lueur : ¶ 1 → Lumière. ¶ 2 Au fig. : ce qui fait penser à l'existence de choses dont on dit figurément qu'elles brillent (espérance, intelligence, etc.). *Lueur,* lumière affaiblie, se dit plutôt de ce qui s'éteint, marque un reste et souvent une faible ou même une vaine apparence : **Rayon** se dit plutôt de ce qui commence et marque quelque chose de plus solide : *Des lueurs passagères d'un génie éteint* (L. H.). *Un rayon de politesse naissante* (FÉN.). **Étincelle** se dit plutôt de ce qui est et ne se manifeste que par intermittences : *Il n'y a pas dans cette œuvre la moindre étincelle de génie.*

Lugubre : → Triste.

Luire : Jeter, répandre de la lumière. *Luire* implique une lumière égale, parfois une simple lueur, qui, en général, naît dans l'objet qui la produit ; mais peut aussi venir d'un corps poli qui reflète la lumière naturellement : *Des palmiers luisant sous la lune comme des feuillages de métal* (LOTI). **Reluire,** renvoyer la lumière, ou luire à nouveau, ou luire avec force, et souvent alors par l'action de l'homme : *Un miroir reluit. Des souliers bien cirés reluisent. La petite fille Qui s'étonne et qui rit à tout ce qui reluit* (BAUD.). **Briller** suppose une vive lumière lancée par l'objet, qui frappe la vue et parfois l'éblouit : *Sur la ville encore couverte de ténèbres, des points lumineux, des blancheurs brillaient* (FLAUB.); et se dit, au fig., des personnes et des choses qui plaisent à l'imagination : *Briller par mille petits récits* (HAM.). **Miroiter,** jeter un reflet ondoyant, comme un miroir : *Quand une faible brise Fait miroiter les flots où le rayon se brise* (LAM.); au fig. ce qui miroite attire, mais est souvent trompeur : *Faire miroiter des espérances.* **Chatoyer,** briller avec des reflets qui changent suivant les jeux de lumière, comme l'œil du chat, les pierres précieuses, les étoffes brillantes. **Éclater,** jeter des traits de lumière, se dit des choses grandes qui brillent vivement et continuellement : *Un palais où les choses même du plus vil* usage éclataient par l'or ou brillaient par les pierreries (Ham.) ; se dit, au fig., de ce qui a une grande valeur reconnue par tous : [Archimède] *a éclaté aux esprits* (Pasc.). **Rayonner** marque la simple émission de traits de lumière : *Les boules de verre sur les toits des temples rayonnaient çà et là* (Flaub.) ; et au fig. la satisfaction d'un visage joyeux. **Étinceler** (→ ce mot), briller comme en faisant jaillir des étincelles ; au fig., briller sous l'effet d'une vive passion en parlant des yeux, ou avoir des beautés vives, éclatantes, continues, en parlant des ouvrages de l'esprit : *Ses farouches regards étincelaient de rage* (Corn.). **Flamboyer,** briller avec l'éclat du feu, par instants, surtout en parlant d'armes, de pierreries ou, au fig., des yeux : *Son glaive qui flamboie* (V. H.). **Fulgurer,** qui ne se dit guère qu'au part. présent *fulgurant,* briller comme un éclair : *Un regard fulgurant.* **Resplendir,** surtout en poésie, et dans le langage soutenu, répandre de tous côtés une lumière abondante, avec une idée d'étendue et de plénitude : *Au-delà de Carthage les ondes immobiles resplendissaient* [sous la lune] (Flaub.) ; marque, au fig., en parlant du visage, la joie et la sérénité : *Le visage d'Antoine parut resplendir d'une joie douce et sereine* (Volt.). **Papilloter,** briller en vacillant, en fatiguant les yeux, en parlant d'une lumière qui n'est pas fixe, qui tremble, ou de couleurs trop vives et trop diverses qui par leur rapprochement troublent la vue ; par ext. en parlant du style, fatiguer par l'abus des expressions brillantes. **Poudroyer,** produire de la poussière ; par analogie, faire briller la fine poussière en suspension dans l'air en parlant de la lumière du soleil. **Rutiler** ne se dit guère qu'au part. présent *rutilant,* en parlant d'objets d'un rouge éclatant. **Éblouir** a rapport à l'effet d'une lumière qui frappe les yeux d'un éclat qu'ils ne peuvent soutenir : *Mes yeux sont éblouis du jour que je revois* (Rac.) ; au fig. c'est frapper d'une sorte de stupeur due à l'illusion, à l'admiration, à l'étonnement : *Ébloui de sa gloire* (Rac.). — **Rire,** fig., luire en donnant une impression de gaieté : *Le soleil rit.* *La campagne rit sous le soleil.* — **Éclairer,** répandre de la lumière sur un objet : *L'astre qui nous éclaire* (Rac.).

Luisant : → Lumineux et Lustré.

Lumière : ¶ 1 Ce qui permet de voir les objets. *Lumière* désigne une chose dont ses syn. marquent les effets, et se dit seul de ce qui répand la lumière : *Je cherche quelque faible lumière à la lueur de laquelle...* (Volt.) ; mais se prend au sens abstrait de ses syn. et dans ce cas exprime l'idée commune sans aucun accessoire particulier. **Lueur,** lumière faible : *La*

lumière baisse, devient une lueur (Loti). **Halo,** lueur en forme de couronne qu'on voit quelquefois autour des astres, quand l'atmosphère est vaporeuse, et par ext. autour des lumières terrestres artificielles : *Le halo* (J. Rom.) *du feu d'une locomotive.* **Clarté,** lumière modérée à l'aide de laquelle on voit d'une manière nette et distincte : *La clarté de la lune* (Fén.). **Éclat,** lumière vive, quelquefois difficile à supporter : *L'éclat de la neige.* **Éclair,** fig., tout éclat vif, subit et rapide de lumière : *Ce cristal aux mobiles éclairs* (Chén.). **Coruscation,** terme didact., vif éclat de lumière : *La coruscation d'un météore* (Acad.). **Feu,** lueur d'un agent lumineux par combustion, torche, flambeau, fanal : *Pêcher au feu;* ou *lumière* flamboyante des astres : *Laissez-moi m'enlever sur les feux du soleil* (Lam.) ; ou vif éclat d'un diamant frappé par la lumière, ou des yeux étincelants : *Le diamant est fort beau et jette quantité de feux* (Mol.). **Rayon,** jet isolé de lumière assez vive, en forme de trait. **Jour,** clarté donnée à la terre par le soleil, par ext. toute clarté artificielle qu'on peut comparer au jour : *Sa douce lueur d'un jour pieux et tendre éclaire encor mon cœur* (Lam.) ; désigne aussi la manière dont un objet est éclairé, de façon qu'il apparaisse bien sous son véritable aspect, et par ext., en peinture, l'imitation de la lumière répandue sur les objets représentés en un tableau : *Ce grand éclat de leur gloire ternie Ne sert plus que de jour à votre ignominie* (Boil.). *Dans ce tableau le jour vient d'en haut* (Lit.). **Éclairage,** action de distribuer la lumière artificielle ou naturelle, ou les appareils qui distribuent la lumière artificielle : *L'éclairage d'un tableau dans un musée.* **Splendeur,** très grande lumière, par rapport à la plénitude, à l'étendue, à la beauté ou à l'intensité : *Nuits froides qui ont la splendeur claire de nos nuits d'hiver, avec plus de transparence et de lumière* (Loti). **¶ 2** Au fig. *Lumière,* tout ce qui éclaire et guide l'esprit : *Lumières de la raison* (Bos.). *Lumière intérieure* (Maint.). *L'espoir me rend quelques lumières* (Corn.). **Illumination,** terme de dévotion, lumière extraordinaire que Dieu répand dans l'âme, et par ext. inspiration quelconque, trait de génie : *Une soudaine illumination* (Bos.). **Illustration** ne se dit qu'en théologie des *illustrations divines,* espèces de lumière que Dieu répand dans l'esprit. **¶ 3** → Savoir. **¶ 4** → Gloire.

Lumineux dit plus que **Clair** dont il diffère comme *lumière* (→ ce mot) de *clarté.* **Luisant,** qui jette une lumière égale, naturelle ou reflétée, diffère de **Brillant, Chatoyant, Éclatant, Étincelant, Flamboyant, Fulgurant, Resplendissant, Rutilant, Éblouissant** comme les v. corres-

pondants : → Luire. — Au fig. → Clair et
Intelligible.

Lunatique : → Capricieux.

Lunch : → Collation.

Lunette, tout instrument d'optique composé d'un ou de plusieurs verres taillés
de manière à faire voir les objets plus
grands qu'à l'œil nu, ou à rendre la vue
plus nette et plus distincte. **Lunette d'approche, Lunette terrestre, Longue vue,**
lunette de précision qui sert à rapprocher
et à grossir les objets terrestres. **Lunette
astronomique,** lunette qui sert à l'observation des astres. **Télescope,** lunette astronomique dans laquelle un miroir concave
est substitué à la lentille objective.
Microscope, sorte de lunette qui sert à
grossir les très petits objets. **Lorgnette,**
petite lunette d'approche portative qui
sert surtout au théâtre. **Jumelle,** double
lorgnette qui sert au spectacle et aux
militaires en campagne.

Lunettes, ensemble de deux verres placés
au-devant des yeux, rassemblés par une
monture qui repose sur le nez et se fixe
derrière les oreilles (ce qui distingue les
lunettes du *lorgnon* : → ce mot) et servant
à accommoder la vision ou simplement
à protéger les yeux : *Lunettes de myope.
Lunettes de soleil.* **Verres,** syn. de *lunettes*
ou de *lorgnon.* **Besicles,** anciennes lunettes
très grosses, ne se dit plus de nos jours
que par ironie : *Prenez vos besicles.* **Con-
serves,** autrefois, besicles destinées à adoucir
l'éclat de la lumière.

Lupus : → Ulcération.

Luron, Luronne : → Gaillard.

Lustration : → Purification.

Lustre : ¶ 1 Ce qui fait paraître ou ressortir un objet. *Lustre* se dit particulièrement de la soie et des étoffes, et par ext.
de ce qui frappe la vue à cause de son
poli, du jour sous lequel on le regarde,
parfois de sa position ou de son opposition avec un autre objet, même si c'est
sombre ou peu voyant : *La lumière qui
papillotait dans les bas-reliefs, en donnant
tout son lustre à ce chef-d'œuvre* (BALZ.).
Brillant et **Éclat** impliquent une grande
quantité de lumière, *brillant* se disant
surtout des petites choses attirant l'œil
comme des pierreries, *éclat,* des grandes
choses qui se distinguent par la richesse
des couleurs, ont quelque chose de magnifique : *Sitôt que j'eus mon habit neuf,
j'effaçai tous mes rivaux par son éclat et
par le brillant de quelques-unes de mes
pierreries* (LES.). **Eau,** *brillant* plus ou
moins pur des perles, des diamants ou de
ce qu'on leur compare : *Les yeux bleus
avaient toujours leur eau incomparable*
(M. D. G.). **Orient,** *eau* et couleur d'une
perle. **Feu,** fig., *brillant* ou *éclat* fort vif

des diamants, des bijoux ou des yeux
(→ Lumière). — **Relief,** spéc., *lustre* que
certaines choses reçoivent de l'opposition,
du voisinage de quelques autres : *La
modestie est au mérite ce que les ombres
sont aux figures dans un tableau : elle lui
donne de la force et du relief* (L. B.). **Fraîcheur,** *éclat* agréable des fleurs, du teint,
des couleurs, implique une idée de jeunesse gracieuse, de naturel : *La fraîcheur
d'une rose; des tableaux des préraphaélites.*
Fleur, au fig., couleurs brillantes du teint,
par ext. tendre et charmant *éclat* de la
beauté, de la santé ou des choses morales
et intellectuelles : *La jeunesse en sa fleur
brille sur son visage* (BOIL.). *La Jérusalem
[du Tasse] a une fleur de poésie exquise*
(CHAT.). ¶ 2 Au fig. Ce qui met en valeur
une personne ou une chose, attire sur
elle les regards. *Lustre* marque quelque
chose de discret, mais qui correspond à
des qualités solides, donne du crédit, une
bonne réputation. **Éclat** désigne quelque
chose de plus voyant, dans de grandes
choses morales ou dans le style, qui
attire, éblouit et parfois déçoit : *Tout
l'éclat des grandeurs n'a point de lustre
pour les gens qui sont dans les recherches de
l'esprit* (PASC.). **Panache,** éclat de ce qui
a de l'allure, impressionne par un air de
bravoure, d'héroïsme. **Rayonnement,** *éclat*
vif qui se répand et attire : *Le rayonnement
du génie dans tous les vers, voilà Shakespeare* (V. H.). **Prestige,** rayonnement et
influence de ce qui impose à l'imagination par la séduction de l'art ou par
une extrême autorité morale : *Le prestige
de mes succès* (MAU.). *Un maître qui avait
du prestige, de l'influence sur eux* (J. ROM.).
Brillant (→ ce mot) implique quelque
chose de vif, de petit, qui plaît à l'imagination, mais très souvent n'a pas de
grandeur, est artificiel ou faux : *Les
petits brillants d'une faible victoire* (MOL.).
Clinquant, faux brillant, souvent en littérature, qui attire l'œil par l'artifice : *Le
clinquant du Tasse* (BOIL.); *de l'article de
Paris* (ZOLA). **Relief** se rapproche de *lustre*
et indique la considération qui vient de
quelque avantage, souvent par comparaison : *Tirer toute sa sainteté et tout son
relief de la réputation de son descendant*
(L. B.). **Magnificence** ajoute à *éclat,* en
parlant des choses concrètes et du style,
une idée de richesse, parfois un peu lourde,
voire de profusion : *Avec quelle magnificence la nature ne brille-t-elle pas sur la
terre?* (BUF.). **Splendeur,** grand *éclat,* plein,
étendu (→ Lumière), ajoute au fig. à *éclat*
une idée d'honneur et de réputation glorieuse : *Regarde le malheur de Brute et
de Cassie; La splendeur de leur nom en
est-elle obscurcie?* (CORN.). **Gloire,** terme
biblique, splendeur dont Dieu s'environne

quand il se manifeste et par ext. splendeur qui a quelque chose de divin ou de
royal.

Lustré, Glacé, Moiré, Satiné (→ Lustrer)
indiquent des nuances de reflets brillants
avec un certain poli, en parlant d'étoffes,
de papiers, ou, par image, d'autres choses
qui ont des reflets semblables. **Vernissé,**
passé au vernis en parlant d'une poterie,
par ext. lustré et très brillant, comme
couvert d'un vernis : *Du beau coq vernissé
qui reluit au soleil* (V. H.). **Luisant,** en
parlant de ce qui brille par reflet, notamment d'une étoffe, est parfois péj. : *L'usure rend l'étoffe d'une veste luisante.* **Chatoyant,** en parlant d'étoffes, syn. plus
large de *moiré.*

Lustrer, donner du brillant à une chose,
soit en polissant, soit en faisant usage de
quelque composition, spéc. en parlant des
étoffes et des fourrures : *La lapine lustre
le poil à ses petits* (Buf.). **Glacer,** donner
un vif brillant à ce qui est assez solide
ou résistant (tissu, papier, poterie, peinture), implique soit qu'on passe un vernis
sur la chose, par ex. en peinture, soit qu'on
la recouvre de sucre, de gelée, par ex.
en cuisine, soit qu'on presse les étoffes
après les avoir imprégnées d'un apprêt
spécial. **Moirer,** donner à certaines étoffes,
à la calandre ou au cylindre, un apprêt
qui consiste à écraser leur grain, ce qui
leur donne une apparence ondée et chatoyante : *Moirer de la soie.* **Satiner,** terme
d'arts, lustrer une étoffe, un ruban, du
papier, de manière à leur donner l'apparence brillante et douce du satin.

Luth : → Lyre.

Lutin : ¶ 1 → Génie. ¶ 2 → Espiègle.

Lutiner : → Taquiner.

Lutte : ¶ 1 *Lutte,* exercice soumis à certaines règles, ou combat corps à corps et
sans armes entre deux hommes cherchant
à se terrasser : *La lutte de Jacob avec
l'Ange.* **Pancrace,** exercice gymnique, dans
l'antiquité grecque, qui combinait la lutte
et le combat à coups de poings appelé
Pugilat. Ce dernier mot s'emploie de nos
jours pour désigner toute rixe à coups de
poings, et, au fig., une lutte violente où l'on
échange des paroles comme des coups de
poing : *Les discussions étaient changées en
pugilats de paroles* (Lam.). **Jiu-Jitsu** (mot
japonais signifiant *art de la souplesse*),
lutte japonaise qui consiste essentiellement
à terrasser un adversaire en l'attaquant
avec adresse et souplesse dans les parties
les plus vulnérables du corps humain. **Catch**
(en américain *Catch as catch can*), attrape
comme tu peux), lutte américaine assez
brutale qui autorise de nombreux coups
interdits dans la lutte gréco-romaine.
¶ 2 Au fig. Opposition violente. *Lutte*

suppose un combat qui a pour but d'imposer sa supériorité à son adversaire : *La
lutte éternelle du bonheur et de la vertu*
(Lam.). **Concurrence** et **Compétition** (→
Concurrent) impliquent des efforts pour
remporter avant l'autre un avantage
déterminé : *Concurrence de deux maisons
de commerce. Compétition entre les divers
candidats à un poste.* **Rivalité** (→ Rival)
suppose le désir d'égaler ou de surpasser
quelqu'un, sans le combattre, dans un
ordre de choses : Il y a *rivalité* entre deux
écrivains dont chacun cherche à surpasser
l'autre par le talent, *lutte,* s'ils défendent
deux doctrines opposées, *compétition,* s'ils
cherchent tous deux à obtenir le même
fauteuil à l'Académie. — **Duel,** fig., *lutte*
acharnée, mais franche et sans bassesse,
entre deux hommes, deux principes :
Duel oratoire; le duel de deux civilisations
(Acad.). **Joute,** fig., *toute lutte morale*
où l'on rivalise de talent : *Cette science
qui change une conversation en une joute*
(Balz.). **Tournoi,** fig., *joute* oratoire entre
un assez grand nombre de personnes :
Tournoi d'éloquence (Acad.); et parfois
compétition dans un jeu : *Tournoi d'échecs.
Tournoi des cinq nations.* 3 → Bataille.
¶ 4 → Conflit.

Lutter : ¶ 1 Attaquer un ennemi et se
défendre contre lui. *Lutter,* terme le plus
général, se dit au fig. en parlant de toute
sorte de lutte, de guerre, de conflit, ou
simplement de compétition, de rivalité,
de dispute, de controverse, avec l'idée
d'effort ou de résistance, à l'aide de
n'importe quel moyen, souvent contre
des forces anonymes, physiques ou surnaturelles, dont on essaie de contrecarrer
la puissance ou de vaincre la résistance :
Lutter contre le sommeil; contre les destinées (Rac.); *contre les dieux* (Volt.);
contre la mort (Volt.); *contre les difficultés
de la rime* (Volt.). *Lutter à la course.*
Combattre implique un adversaire précis,
qu'on attaque ou contre qui on se défend
avec méthode : *Le malade lutte contre la
maladie avec sa force, le médecin la combat avec des remèdes. Combattre un incendie; un ouvrage* (Mol.). **Combattre contre**
dit plus et exprime une opposition déclarée et acharnée. **Se battre** implique un
contact direct, voire un corps à corps,
avec un adversaire qu'on veut blesser
ou détruire, parfois sans méthode :
*Vos hommes savent se battre, mais ils ne
savent pas combattre* (Mal.). *On se bat
en duel, on combat à l'épée.* Deux boxeurs
combattent, deux hommes qui se sont pris
de querelle *se battent.* Don Quichotte *se
bat* contre les moulins à vent, et ne
saurait les *combattre* puisqu'ils n'attaquent ni ne se défendent. **Batailler,** livrer
de petits combats, ne se dit guère en

prop.; au fig., c'est disputer avec chaleur, ténacité, longuement, sur tous les points d'une controverse : *J'ai encore passé une journée à batailler à notre commission de l'hygiène* (M. D. G.). **En découdre,** fam. et vx, avoir à *se battre* ou à *disputer,* contester. **Être aux prises,** au prop. et au fig., être au moment capital de la lutte, du combat, de la dispute ou du jeu, comme lorsque dans les duels d'autrefois, les adversaires se prenaient corps à corps. **Escrimer,** rare, au fig., disputer l'un contre l'autre sur quelque matière d'érudition, de science. **Ferrailler,** dans un combat ou dans un assaut, manier sans méthode épée, sabre ou fleuret; au fig. disputer sans méthode et sans beaucoup de dignité : *C'est toujours un spectacle misérable que de voir ferrailler les amours-propres* (V. H.). **Jouter,** combattre à cheval, l'un contre l'autre avec des lances, et de nos jours en bateau avec de longues perches au-dessus de l'eau; au fig. lutter en rivalisant ou en disputant : [Racine] *n'étant pas assez hardi pour jouter contre Sophocle* (L. RAC.). **Rompre des lances** avec quelqu'un, *jouter* avec lui, en général avec courtoisie dans une discussion. **Rivaliser,** chercher à surpasser quelqu'un en talent, en mérite, mais sans combattre directement avec lui : *La nature, la poésie et l'histoire rivalisent ici de grandeur* (STAËL). **Disputer de** quelque chose avec quelqu'un, rivaliser avec lui, avec des qualités si égales que l'issue de la lutte est incertaine : *Les peuples ont disputé de la puissance* (Bos.). **Se mesurer à** ou **avec** ajoute à *rivaliser,* plus encore que *jouter,* l'idée d'une épreuve proposée à quelqu'un pour se comparer à lui, l'égaler, le surpasser : *Te mesurer à moi! Qui t'a rendu si vain? Toi qu'on n'a jamais vu les armes à la main* (CORN.). — Avec l'idée d'un conflit armé : → Guerroyer; d'une simple opposition : → (se) Heurter. ¶ 2 → Couvrir.

Luxe : ¶ 1 *Luxe,* pas toujours péj., marque surtout la superfluité et la recherche des aises, des commodités, des choses coûteuses, confortables ou belles : *J'aime le luxe et même la mollesse* (VOLT.). *Luxe criard* (ZOLA). **Faste,** plus péj., marque le désir de s'élever, l'ostentation, surtout dans ce qui est extérieur : *Le faste qu'étalaient alors le commerce, les administrations et les militaires* (BALZ.). **Apparat** n'a rapport qu'à l'éclat qu'on donne à certains actes, à certains discours, d'une manière concertée et parfois assez ostentatoire : *Agathe obéissait au luxe des toilettes d'alors; mais elle quittait au retour avec joie cette richesse d'apparat* (BALZ.). **Tralala,** fam. et ironique, affectation souvent ridicule de se mettre en frais, de chercher un certain

apparat : *Recevoir à dîner en grand tralala* (ACAD.). — En parlant surtout de la manière large dont vivent les grands, les princes, les États, **Magnificence** implique générosité, noblesse et beauté, **Somptuosité** indique une libéralité qui ne regarde pas à la dépense, **Splendeur** ajoute à *magnificence* l'idée d'un éclat illustre : *La splendeur qui environnait le roi de France et cette profusion de magnificence qu'on voyait à Versailles* (VOLT.). **Pompe** comporte l'idée de solennité : *Pompe surannée* (J. ROM.). ¶ 2 → Superfluité.

Luxer : → Disloquer.

Luxueux, Fastueux, Magnifique, Somptueux, Splendide, Pompeux : → Luxe.

Luxure : → Lasciveté.

Luxuriant : → Abondant.

Luxurieux : → Lascif.

Lycée : → École. Établissement d'enseignement secondaire. *Lycée,* établissement public placé sous la direction de l'État; **Collège,** naguère établissement public municipal, désigne aussi de nos jours un établissement placé sous la direction de l'État, mais plutôt spécialisé dans les études modernes et techniques; et se dit aussi d'un établissement privé, surtout religieux ou à l'étranger : *Un collège de Jésuites. Le collège d'Eton.* **Cours** et parfois **Institut** ne se disent que d'établissements privés et assez peu importants. **Gymnase** ne se dit qu'à l'étranger, en Suisse et en Allemagne notamment, d'établissements secondaires correspondant à nos lycées. **Bahut** et **Bazar,** syn. de *lycée* et *collège* dans l'argot scolaire. **Pensionnat** et **Pension** (→ ce mot) peuvent se dire d'un établissement secondaire privé recevant des internes; on dit parfois aussi **Institution.** **Boîte,** syn. péj. de tous ces mots, se dit couramment dans la loc. péj. *Boîte à bachot,* établissement privé auquel on reproche de sacrifier l'instruction à la préparation intensive du baccalauréat par bourrage de crâne.

Lycéen : → Élève.

Lymphatique : → Faible.

Lymphe : → Liquide.

Lyncher : → Tuer.

Lyre, instrument de musique à cordes en usage chez les anciens, au fig. l'action de faire des vers, le talent du poète dans tous les genres. **Luth,** instrument de musique assez analogue à la guitare, se dit plus rarement au fig. d'une inspiration aimable, agréable et douce, moins sublime que celle que symbolise la *lyre : La lyre d'Orphée* (G. D. NERVAL) *; de Pindare, de Malherbe, de Racan* (L. F.). *Poète prends ton luth et me donne un baiser* (MUS).

Lyrisme : → Enthousiasme.

M

Macabre : → Funèbre.

Macaque : → Magot.

Macaronique : → Héroï-comique.

Macédoine : → Mélange.

Macérer : Au fig., dans la langue religieuse, imposer des austérités par esprit de pénitence. *Macérer* se dit du corps qu'on rend maigre surtout par le jeûne, la fatigue : *Se macérer par des jeûnes et par d'autres austérités* (Bos.) ; **Mortifier**, du corps et de l'esprit dont on réprime les appétits en se refusant ce qui plaît le plus et en pratiquant ce qui cause le plus de répugnance : *On se retranche, on s'abstient, on se mortifie* (Bour.) ; **Mater**, du corps et de la chair qu'on réduit en servitude, en réprimant leur fierté et leur arrogance : *Passions puissantes que Dieu seul avait eu pouvoir de mater* (Mau.). **Crucifier**, mortifier cruellement, en sacrifice : *Les chrétiens ont crucifié leur chair avec ses désirs* (Mas.).

Mâcher : ¶ 1 *Mâcher*, broyer avec les dents des aliments ou autre chose. **Mâchonner**, fam., mâcher avec difficulté ou avec négligence. **Mastiquer**, mâcher avec soin les aliments, en les réduisant en bouillie et en les imprégnant de salive : *Avec quelle lenteur ces deux êtres mastiquaient chaque bouchée!* (Balz.). **Chiquer**, mâcher du tabac en feuilles. ¶ 2 Au fig. → Préparer.

Machiavélisme : → Politique et Ruse.

Machinal : → Involontaire.

Machination : → Menée.

Machine : ¶ 1 → Appareil. ¶ 2 → Locomotive. ¶ 3 Au fig. → Moyen et Ruse.

Machiner : → Ourdir.

Machiniste : ¶ 1 → Mécanicien. ¶ 2 → Chauffeur.

Mâchoire : ¶ 1 *Mâchoire*, chacune des deux parties osseuses de la bouche dans lesquelles sont implantées les dents. **Mandibule**, terme d'histoire naturelle, chacune des deux parties qui forment le bec des oiseaux, par ext., fam., surtout au pl., mâchoires (surtout la mâchoire inférieure) de l'homme ou de certains animaux : *Une ruade Qui vous lui [au loup] met en marmelade Les mandibules et les dents* (L. F.). ¶ 2 Au fig. → Bête.

Mâchonner : → Mâcher.

Mâchurer : → Salir.

Macrobie : → Longévité.

Macrocosme : → Univers.

Maculer : → Salir.

Madone : → Vierge.

Madras : → Fichu.

Madré : ¶ 1 → Marqueté. ¶ 2 → Malin.

Madrier : → Poutre.

Madrigal : → Galanterie.

Maestria : → Habileté.

Maestro : → Musicien.

Mafflé, Mafflu : → Joufflu.

Mafia : → Coterie.

Magasin : ¶ 1 *Magasin*, établissement assez important où l'on vend en gros ou en détail beaucoup de marchandises. **Bazar**, en Orient marché couvert ; de nos jours, en France, magasin où se vendent au détail, et généralement à bas prix, des marchandises diverses, notamment de menus objets, des ustensiles, des outils, des jouets, etc. **Monoprix, Uniprix** ou **Prisunic**, grand *bazar* moderne où, à l'origine, tout se vendait au même prix, et qui vend, en général, des articles très courants et variés à bas prix. **Boutique**, petit local où l'on vend au détail des objets que parfois on y fabrique, tend à devenir péj. comme syn. de *magasin* : *Boutique très étroite, très pauvre* (J. Rom.). *Boutiques de village* (J. Rom.). **Échoppe**, petite boutique ordinairement en appentis et adossée contre une muraille : *Échoppe de perruquier de faubourg* (Zola). **Bric-à-brac**, fam., magasin où l'on revend pêle-mêle des vieilleries : *Bric-à-brac de revendeuse* (Zola). **Stand**, dans une exposition commerciale, partie réservée à l'étalage d'un même produit ou des produits d'une même maison de commerce et où l'on peut faire des commandes surtout en gros : *Le stand de la Librairie à la Foire de Paris*. **Étal**, sorte de table sur laquelle les bouchers exposent la viande, par ext. boutique de boucher. **Débit**, boutique où l'on vend du vin ou du tabac. **Entrepôt**, magasin où l'on vend quelque marchandise pour le compte de l'État : *Un entrepôt de tabac* (Acad.). ¶ 2 *Magasin*, vaste local destiné uniquement à la conservation des marchandises, se dit particulièrement des locaux où l'on conserve les approvisionnements et les munitions de guerre. (Autrefois *magasin* désignait aussi un petit local contigu à la boutique : *Le magasin* (Boil.) *d'un libraire*; on dit plutôt de nos jours **Réserve.**) **Entrepôt**, magasin où les commerçants laissent en dépôt des marchandises sur lesquelles ils acquittent certains droits à mesure qu'elles sortent; par ext. syn. de *magasin* ou de *réserve*. **Chai**, entrepôt à vin. **Dépôt**, lieu où l'on garde certaines choses pour y recourir à l'occasion, désigne spéc. un local où quelqu'un conserve ou fait débiter ce qu'il récolte, ce qu'il fabrique : *Un dépôt de bouteilles de Vichy*. **Manutention**, local où l'on prépare les produits pour la vente, et, en termes militaires, magasin de vivres, notamment de pain. **Dock**, magasin bordant le bassin d'un port appelé *dock*, et servant d'entrepôt aux marchandises débarquées; par ext. *entrepôt*, même lorsqu'il n'est pas autour d'un bassin. — Au fig. *magasin* évoque plutôt l'accumulation de richesses et *entrepôt* la distribution, le transit vers le lieu de consommation. ¶ 3 → Revue.

Magazine : → Revue.

Magicien : Personnage auquel on attribue une puissance surnaturelle, sans la croire émanée de Dieu. Le *Magicien* peut être inoffensif ou même bienfaisant, le **Sorcier** utilise sa puissance diabolique et infernale pour nuire aux hommes : *Comme son art ne lui sert qu'à nuire, elle n'est que sorcière, au lieu que l'autre est une honnête magicienne* (Ham.). (Au fig. *magicien*, celui qui produit des effets enchanteurs, séduisants : *Ce poète est un véritable magicien* (Acad.); *sorcier*, celui qui est très habile, spéc. par la finesse avec laquelle il devine, surtout dans des loc. négatives comme *Il ne faut pas être sorcier pour deviner cela*.) **Mage**, membre d'une caste sacerdotale chez les Iraniens; dans l'antiquité, astrologue, *magicien*, homme savant dans les sciences occultes; est vx et implique, au fig., le pouvoir de deviner ce qui est caché aux autres hommes : Hugo a appelé les poètes des *mages*. **Devin** (→ ce mot), celui qui découvre les choses cachées dans le présent, le passé, l'avenir, surtout par magie, est, au fig. d'un usage plus courant et moins noble que *mage* : *Je ne suis qu'historien, je ne suis pas devin* (Volt.). **Nécromancien** ou **Nécromant**, magicien qui possédait l'art d'évoquer les morts. **Thaumaturge**, qui s'est dit en un sens favorable des saints à qui Dieu donnait le pouvoir de faire des miracles, ne se dit plus guère que péj. de ceux qui ont la prétention de faire des miracles.

Magicienne, au fig., femme qui plaît et relient par un charme envoûtant, a pour syn. littéraires des noms de magiciennes célèbres comme **Alcine**, **Armide**, **Circé**, etc. **Sirène** enchérit et évoque souvent un charme dangereux. **Fée**, en un sens plus favorable, implique de la grâce, de l'esprit, et un art de répandre le bonheur autour de soi. — *Magicienne* se dit aussi d'une femme qui a l'art de faire de très belles choses avec rien, *fée* évoque un art merveilleux et délicat dans le travail des mains : *Avoir des doigts de fée*.

Magie, art qui opère des effets d'une manière occulte et surnaturelle : *La magie fut toujours enseignée chez toutes les nations* (Volt.). **Théurgie**, sorte de *magie* par laquelle on se met en rapport avec les divinités bienfaisantes, par opposition à **Nécromancie**, magie qui évoque les morts, parfois syn. plutôt péj. de *magie* en son sens général. **Charme**, formule ou chant magique, la chose même qui opère : *Vendre un charme* (Volt.). **Enchantement**, le fait de jeter un *charme* et son résultat plus ou moins long : *Tenir toute la nature dans un doux enchantement* (Fén.). **Incantation** (doublet savant d'*enchantement*) insiste sur l'action de prononcer le *charme*, sur les pratiques qui provoquent l'*enchantement*, et désigne parfois, par dérision, la prétendue science des magiciens : *Le vent murmure une incantation* (Gaut.). *Rituel extravagant d'exorcismes, d'incantations* (Did.). **Conjuration**, enchantement pour chasser ou appeler le démon : *Le démon, malgré la force des conjurations qu'elle employait pour l'obliger à révéler l'avenir* (Les.). — Avec un sens défavorable, **Sort**, chose, concrète ou abstraite, qu'on jette ou donne et qui porte malheur : *C'est quelque sort qu'il faut qu'on ait jeté sur moi* (Mol.). **Sorcellerie**, l'art ou le métier de mettre en œuvre les *sorts* : *Accuser de sorcellerie* (Volt.). **Ensorcellement**, action de jeter un sort ou son résultat plus ou moins long : *Pendant l'ensorcellement le sorcier se tient dans tel ou tel endroit* (L.). **Sortilège**, syn. plus noble de *sorcellerie* : *Que penser de la magie et du sortilège?* (L. B.); et surtout application du sort, pratique ou trait de sorcier, avec l'aide des malins esprits : *Se guérir du sortilège* (L. H.). **Maléfice**, sortilège criminel : *Accusation de maléfice* (Volt.); et souvent objet concret, drogue composée qui sert à commettre le crime : *Poisons et maléfices destinés à l'empereur* (D'Al.). **Prestige**, illusion produite par sortilège ou par habileté naturelle : *D'un devin suborné les infâmes prestiges* (Corn.). **Fascination**, ensorcellement partiel qui empêche de voir les choses telles qu'elles sont : *La vie humaine est une fascination, une tromperie des yeux* (Bos.). **Envoûtement**, maléfice qui consistait à former une figure de cire à la ressemblance d'une personne avec la persuasion qu'à la suite de certaines pratiques on faisait subir à la personne toutes les atteintes portées à cette figure. **Thaumaturgie** et **Divination** diffèrent de *magie* comme les n. correspondants de *magicien* (→ ce mot).

Magique : → Surnaturel.

Magistral : → Parfait.

Magistrat : → Juge.

Magma : → Mélange.

Magnanimité : → Générosité.

Magnat : → Personnalité.

Magnétiser : → Fasciner.

Magnificence : ¶ 1 → Lustre. ¶ 2 → Luxe.

Magnifier : ¶ 1 → Louer. ¶ 2 → Honorer.

Magnifique : ¶ 1 → Beau. ¶ 2 → Généreux. ¶ 3 → Emphatique.

Magot : → Trésor.

Magot : ¶ 1 Homme laid. *Magot*, nom d'une espèce de singes, au fig., fam. et péj., homme laid, petit et mal bâti, gauche et grossier dans ses manières. **Sapajou**, espèce de petit singe, au fig., petit homme très vilain et très ridicule. **Crapoussin**, pop., insiste sur la grosseur d'une personne courte et mal faite. **Macaque**, très fam., n'implique pas l'idée de petitesse, mais ajoute à l'idée de laideur celle d'antipathie. **Singe**, assez rare pour exprimer purement la laideur, ajoute le plus souvent l'idée de façons grimacières ou de méchanceté. **Monstre de laideur**, qui se dit aussi des femmes, indique simplement une extrême laideur. ¶ 2 → Nain.

Maigre : ¶ 1 Qui a bien peu de graisse. *Maigre*, terme général, se dit des animaux comme des hommes : *Maigre comme un coucou* (Buf.). **Maigrelet** annonce une petite maigreur dans une personne petite, faible ou chétive : *Nous autres maigrelets, nous vivons* (Volt.). **Maigrichon** et **Maigriot**, syn. fam. de *maigrelet*. **Sec**, qui n'a pas d'embonpoint, marque, surtout en parlant des personnes, une maigreur durable, due au tempérament, à la vieillesse, au régime : *Personnage sec et long* (Marm.). **Sécot**, un peu *sec*, est pop. **Décharné** enchérit et se dit surtout du visage et des membres amaigris par la vieillesse, la maladie ou les privations : [Sénèque] *était maigre et décharné* (Did.). **Défait** dit moins, en parlant d'un visage abattu, amaigri, qu'on ne reconnaît point par suite de la maladie ou des privations : *Plus défait et plus blême Que n'est un pénitent sur la fin d'un carême* (Boil.). **Étique**, très maigre, très décharné, comme atteint de dessèchement : *Cet homme de trente-huit ans, étique, hagard* (Mau.). **Diaphane**, fig.,

par hyperbole, si maigre qu'on croit voir le jour à travers son corps : *Je suis diaphane et maigre* (Volt.). **Efflanqué**, amaigri des flancs par excès de travail ou défaut de nourriture, se dit du cheval et, par ext., des personnes : *Un grand garçon fort efflanqué, fort fluet* (J.-J. R.). **Émacié**, terme didact., qui est devenu très maigre. **Cousu**, fam., se dit parfois des joues d'un homme, des flancs d'un cheval, si maigres qu'ils paraissent tenus près des os par une couture. **Tiré**, fig., ne se dit que du visage ou des traits amaigris et comme allongés par la fatigue : *La face maigre, tirée* (Zola). — *Maigre* et *sec*, pris comme n., s'ajoutent en général à *grand*, à *grande* et ne se disent guère que des personnes de haute taille. **Grande bringue**, très fam. et péj., grande fille ou femme maigre et dégingandée. **Momie**, fam., personne (grande ou petite) sèche et noire. **Spectre**, **Fantôme** (→ ce mot), **Squelette**, **Carcasse** (→ ce mot), fam., personne extrêmement décharnée. **Manche à balai** est pop. ¶ 2 → Pauvre. ¶ 3 → Stérile.

Maigreur : État des personnes dont le tissu cellulaire ne contient pas de graisse ou en contient très peu. *Maigreur*, état naturel ou résultat de l'**Amaigrissement**, diminution graduelle de tout le volume du corps, par suite de fatigue, de privations ou de maladie. **Émaciation**, terme didact., *amaigrissement* extrême. **Asarcie** (de deux mots grecs, signifiant *privation de chair*), terme de pathologie, grande *maigreur*. **Dépérissement** ajoute à *amaigrissement* l'idée de perte des forces vitales. **Consomption**, le dernier degré du *dépérissement*, dans les maladies prolongées, qui amène en général la mort. **Marasme**, terme médical, syn. de *consomption*. **Étisie**, peu usité, dans l'ancienne médecine, maladie qui consume le corps ; se dit parfois d'un *amaigrissement* extrême et lent dû aux maladies chroniques des organes de la respiration ou de la nutrition. **Cachexie**, *dépérissement* dû en général au trouble profond et à l'affaiblissement de toutes les fonctions de la nutrition. **Atrophie**, *dépérissement* d'un tissu ou d'un organe par suite d'un trouble ou d'un arrêt de sa nutrition. **Dessèchement**, terme de pathologie, état d'un organe ou d'un organisme qui se déshydrate et s'amaigrit.

Maigrir : Devenir maigre. *Maigrir* marque le fait ou un résultat brusque. **Amaigrir** dépeint l'action et la fait envisager comme se faisant peu à peu. **S'amaigrir** indique parfois une action dont le sujet est en quelque sorte responsable : *On s'amaigrit parce qu'on ne mange pas par avarice*.

Mail : → Promenade.

Maille, chacun des petits annelets de fer dont on formait des armures en les entrelaçant les uns dans les autres, par ext. anneau qui sert à former une chaîne et qu'on appelle aussi **Chaînon**. **Maillon** se dit surtout des petits anneaux d'une chaîne de métal : *Un maillon de ma chaîne de montre s'est rompu* (ACAD.).

Maillot : ¶ 1 *Maillot*, vêtement de tricot s'appliquant directement sur la peau : *Un maillot de sport*. **Chandail**, maillot en tricot de laine assez grosse, ajusté, qui s'enfile par la tête, en général sur la chemise : *Chandail de cycliste*. **Pull-over** (mot anglais), sorte de *chandail* de sport, avec ou sans manches, à col ouvert. **Tricot**, tout vêtement en tissu de laine tricotée, spéc. maillot destiné à tenir chaud, ou vêtement de matelot en tissu tricoté à rayures horizontales blanches et bleues et qui se porte en général sous la chemise. **¶ 2** → Couche.

Main : ¶ 1 La partie du corps humain qui est à l'extrémité du bras et sert à la préhension et au toucher. *Main*, terme courant, a pour syn. **Patte**, péj., sauf pour désigner l'habileté de main d'un peintre : *Dans ce tableau, on reconnaît la patte de tel maître* (ACAD.). **Menotte**, petite main d'un enfant. **Poing**, main fermée, ou toute la main dans la loc. *Couper le poing à un condamné*. **¶ 2** → Écriture. **¶ 3** → Autorité. **¶ 4** *Sous-main* : → Secrètement. **¶ 5** *Avoir la main heureuse* : → Réussir. **¶ 6** *Donner la main* : → Aider. **¶ 7** *Donner les mains* : → Consentir. **¶ 8** *Forcer la main* : → Obliger. **¶ 9** *Mettre la main* : → Intervenir. **¶ 10** *Se faire la main* : → (s') Exercer.

Main-d'œuvre : → Travail.

Main-forte : → Appui.

Mainmise : ¶ 1 → Influence. **¶ 2** → Saisie.

Maint : → Beaucoup et Plusieurs.

Maintenant : → Présentement.

Mainteneur : → Gardien.

Maintenir : ¶ 1 → Soutenir. **¶ 2** → Conserver. **¶ 3** → Retenir. **¶ 4** (Réf.) → Subsister.

Maintien : → Air. Manière dont se tient volontairement une personne. *Maintien* se dit surtout du corps et parfois du visage. **Port** (→ ce mot) ne se dit que du corps et exprime une manière d'être plutôt naturelle que voulue. **Mine** (→ ce mot) se dit surtout du visage et indique l'apparence et non la manière dont on se tient. *Maintien*, manière de se tenir habituelle, souvent en rapport avec la dignité de son état et due à l'éducation, aux que`` ``s sociales : *Ce qui subsistait encore de rai-*

deur protestante dans son maintien (M. D. G.). **Contenance**, manière accidentelle dont une personne se tient dans telle ou telle situation, a surtout rapport au caractère ou à la résolution qu'on montre ainsi, volontairement ou non : *Contenance fortuite* (J. ROM.). *Par contenance, il se pencha avec un geste interrogatif* (M. D. G.). **Tenue** implique l'observation des convenances sociales, dans la façon de tenir son corps, les manières, la façon de se vêtir ou la dignité morale : *Une jeune fille prend des leçons de maintien*; le *maintien* est noble, décent, modeste, agréable, etc., mais la *tenue* est simplement bonne ou mauvaise; on a ou on n'a pas de *tenue*. **Attitude**, syn. de *contenance*, a surtout rapport aux sentiments, aux dispositions à l'égard des personnes et des événements, qu'on exprime naturellement ou avec affectation par la façon dont on tient son corps, et par ext. par sa conduite : *Ces filles dont l'attitude suffisait à révéler la nature hardie, frivole et dure* (PROUST). *Une personnalité trop tendre se dérobe derrière une attitude* (GI.).

Mairie, bâtiment où se tient l'administration municipale. **Hôtel de ville**, mairie d'une ville importante. **Maison commune**, **Maison de ville**, syn. peu usités de *mairie*.

Maison : ¶ 1 Le lieu dans lequel on vit d'ordinaire. *Maison* et ses syn. désignent quelque chose de concret; **Demeure** (→ ce mot) et ses syn., plutôt quelque chose d'abstrait : *Dans ces maisons éparses et champêtres, je plaçais en idée notre commune demeure* (J.-J. R.). *Maison* se dit du bâtiment, qu'on l'occupe ou non en entier. Pour spécifier la partie d'une maison où une personne habite, on dit **Logement**, **Appartement** (→ ce mot). **Logis**, la maison où l'on demeure habituellement, ou une maison quelconque, considérées dans leur destination essentielle qui est de fournir le logement ou divers logements, est vx et ne s'emploie de nos jours que dans quelques loc. comme *Demeurer au logis*, *Le maître du logis*, *Les sans-logis*. **Habitation**, maison et ses dépendances, ou tout lieu où vivent des hommes ou des bêtes, même si ce n'est pas un bâtiment : *Les abeilles se font des habitations commodes* (VOLT.). **Habitacle**, habitation ou *demeure*, dans le style biblique, noble ou ironique : *S'inquiéter des habitacles de son fils* (GI.). **Gîte**, fam., le lieu où l'on couche habituellement, est dominé par l'idée d'abri : *Sans gîte, sans foyer, sans famille* (GI.). **Manoir**, syn. vx d'*habitation*. **Couvert**, *gîte* où l'on est à l'abri des intempéries : *On donne le couvert à des passants embarrassés de leur gîte* (J.-J. R.). **Nid**, fig., *habitation* considérée comme une retraite douce et tranquille : *Le nid paternel* (S.-B.). **Toit**, fig., comporte l'idée de refuge, d'hospitalité ou de protection, et se dit parfois d'une maison simple : *Toit paternel* (LAM.). *Un humble toit* (ACAD.). ¶ **2** Le bâtiment où l'homme habite. *Maison* désigne la chose indépendamment de son importance ou en lui attribuant une importance ordinaire, à la ville comme à la campagne. **Maisonnette** (→ ce mot), petite maison. **Immeuble** (→ ce mot), grande maison, à la ville, d'usage commercial ou locatif et divisée en appartements. **Hôtel**, grande et belle maison particulière à la ville : *Vieux hôtels aristocratiques* (PROUST). **Palais**, hôtel royal ou seigneurial particulièrement grand et somptueux; par hyperbole, luxueuse maison : *Pondichéry, ville de palais, dit-on dans l'Inde. Et en effet quelques belles et anciennes demeures aux colonnades de temple grec justifient l'appellation* (LOTI). **Pavillon** (→ ce mot), de nos jours, bâtiment isolé ou corps de bâtiment dans une cour ou un jardin, servant de maison. Maison à la campagne : → Villa. Grande et belle maison à la campagne : → Château. Mauvaise maison : → Taudis. ¶ **3** Le lieu où l'on est chez soi, parmi les siens. *Maison*, qui fait surtout penser au lieu où l'on habite et à la famille avec laquelle on mène une vie commune, est plus fam. que **Foyer** qui, au sing., en un sens plus abstrait, évoque l'intimité de la famille et, au pl., désigne la *maison*, et aussi le pays natal : *La douceur du foyer et le charme des soirs* (BAUD.). *Rentrer dans ses foyers*. **Home** (mot anglais), la maison, le foyer, dans ce qu'ils ont de plus douillet et de plus intime. **Chez soi** fait surtout penser à la retraite dans laquelle on peut mener avec les siens une vie tranquille et personnelle. **Intérieur** évoque à la fois la vie domestique plus ou moins heureuse et la disposition plus ou moins agréable des pièces et des meubles de la maison. **Lares et Pénates** (→ ce mot), syn. fam. de *maison*. ¶ **4** Tout ce qui a rapport aux affaires domestiques. *Maison* est le terme le plus général : *L'art de tenir maison* (J.-J. R.). **Ménage** a surtout rapport à l'ordre et à la dépense d'une maison et, en un sens plus restreint, au soin qu'on donne à la propreté et à l'arrangement des meubles d'un appartement : *Conduis bien ton ménage* (VOLT.). *Faire le ménage*. **Domestique**, syn. vx de *ménage* et parfois aussi d'*intérieur*. ¶ **5** → Famille. ¶ **6** → Race. ¶ **7** *Maison centrale, d'arrêt, de force, de correction* : → Prison. ¶ **8** *Maison de commerce* : → Établissement. ¶ **9** *Maison de rapport* : → Immeuble. ¶ **10** *Maison de santé* : → Hôpital.

Maisonnée : → Famille.

Maisonnette : → Maison. *Maisonnette*, petite maison, sans rien de chétif ni de misérable : *La maisonnette d'un garde-chasse bon vivant vaut mille fois mieux que le plus beau couvent du monde* (MARM.). **Chaumière**, maisonnette campagnarde couverte de chaume, comporte l'idée de simplicité modeste : *Un vieux soldat retiré dans sa chaumière* (VOLT.). **Chaume**, vx, *chaumière du paysan et du pauvre*. **Chaumine**, chétive chaumière d'un paysan très pauvre, qui est déjà une *cabane* (→ ce mot) : *La chaumine enfumée* [du pauvre bûcheron] (L. F.). **Case**, d'abord *maisonnette*, puis mauvaise maisonnette, s'est spécialisé, de nos jours, pour désigner les habitations des nègres aux colonies.

Maître : ¶ **1** → Propriétaire. ¶ **2** → Patron. ¶ **3** Celui qui enseigne quelque art ou quelque science. *Maître* insiste sur l'enseignement que l'on donne de par sa fonction ou simplement par son influence, par son exemple, d'où son emploi fréquent au fig. : *Nos maîtres ont gardé tout notre cœur* (PÉG.). *Le temps est un grand maître* (CORN.). **Éducateur**, celui qui, souvent par fonction, directement ou par l'intermédiaire de maîtres, donne non seulement un enseignement, mais encore une éducation (→ Instruction); s'emploie parfois au fig., surtout relativement à une faculté que l'on développe : *Cette directrice d'école fut une admirable éducatrice. Ce critique a été un utile éducateur du goût* (ACAD.). **Enseigneur**, rare, insiste sur l'art du maître qui fait pénétrer les connaissances dans l'esprit de ceux qu'il instruit : *Illustres savants qui furent aussi des maîtres au vrai sens du mot, c'est-à-dire des enseigneurs* (DUH.). On dit plutôt en ce sens, sans aucune nuance péj., **Pédagogue** qui dans d'autres emplois est péj. (→ Pédant) et se dit aussi, très fam., d'un instituteur : *Quel bon pédagogue on ferait d'un horticulteur!* (GI.). **Initiateur**, celui qui enseigne le premier aux autres une chose qu'ils ignorent ou qui ouvre une voie nouvelle dans une des connaissances humaines. — **Enseignant**, néol., toute personne dont c'est la fonction d'enseigner, considérée, souvent par opposition aux administrateurs, comme faisant partie d'une catégorie de salariés : *Revaloriser les traitements des enseignants*. **Universitaire**, celui qui fait partie de l'ensemble des Écoles publiques de tous ordres appelé Université de France, est plus usuel dans le langage courant, mais plus vague, peut s'appliquer à des personnes qui n'enseignent plus, et évoque plutôt une certaine formation intellectuelle et parfois une position sociale. **Instituteur**, et plus rarement **Maître d'école**, plus fam. et parfois un peu péj., celui qui enseigne dans une école primaire publique ou privée; on dit aussi, dans l'enseignement public, *maître* pour désigner celui qui enseigne par opposition aux administrateurs ou aux inspecteurs. **Magister,** vx, maître d'école de village. **Professeur,** celui qui enseigne dans un établissement secondaire ou supérieur, public ou privé, ou simplement donne des leçons à des élèves, est souvent relatif à la spécialité enseignée, et, au fig., souvent péj. pour qualifier un homme en parlant de la doctrine qu'il répand : *Professeur d'athéisme* (ACAD.). **Régent,** autrefois celui qui enseignait dans un collège, est de nos jours inusité. **Préfet** ou **Préfet des études,** autrefois, dans certains collèges, maître qui avait pour fonction d'exercer une surveillance générale sur la conduite des élèves, ne se dit plus que dans quelques établissements religieux; dans l'enseignement public on dit **Censeur.** **Moniteur** (→ Instructeur), celui qui répète aux élèves les leçons d'un maître, d'un professeur, surtout en éducation physique ou dans certaines organisations sociales : *Moniteur à l'École de Joinville. Monitrices de la Croix-Rouge* (ACAD.). — Quand il s'agit d'un seul élève dont un maître s'occupe en permanence, **Précepteur** se disait autrefois surtout de celui qui lui donnait une instruction intellectuelle et morale, et **Gouverneur,** de celui qui développait chez lui les qualités nécessaires au gentilhomme ou à la conduite dans le monde : *Bossuet fut le précepteur du Dauphin dont le duc de Montausier était le gouverneur.* De nos jours on ne dit plus que *précepteur.* — **Pédant,** autrefois syn. de *maître,* est vx et péj. **Pion,** *professeur* ou surveillant dans l'argot des écoliers. **Pet-de-loup,** syn. pop. et très péj. dé *professeur.* ¶ 4 → Artiste. ¶ 5 → Virtuose. ¶ 6 → Gouvernant. — ¶ 7 Au fig. Celui dont une chose dépend. Le *Maître* exerce un pouvoir souverain de droit ou de fait, l'**Arbitre** est le maître absolu de décider pour une raison quelconqué : *Là se perdent ces noms de maîtres de la terre, D'arbitres de la paix* (MALH.). — ¶ 8 Adj. → Principal.

Maître de maison : → Hôte.

Maître d'étude : → Surveillant.

Maître queux : → Cuisinier.

Maîtresse : ¶ 1 → Amante. ¶ 2 Femme qui vit avec un homme comme s'ils étaient mariés quoiqu'ils ne le soient pas. *Maîtresse,* terme courant, fait penser souvent à une certaine influence de la femme sur l'homme qui l'aime : *La maîtresse du roi* (SÉV.). **Favorite,** maîtresse d'un roi, est plus noble. **Amie** se dit, par euphémisme, de la maîtresse d'un homme ordinaire. **Concubine,** qui se dit surtout en termes de droit ou en parlant de la femme qui faisait partie du harem d'un prince dans l'Orient antique, est très péj. au sens

moderne et fait penser que la femme ne reçoit aucun respect : *Trouver des concubines parmi les négresses* (B: S.-P.).

Maîtrise : → Habileté.

Maîtriser : ¶ 1 → Vaincre. ¶ 2 (Réf.) → (se) Vaincre.

Majesté : → Gravité. Grandeur ou excellence qui attire le respect. *Majesté* ne se dit que des personnes ou des choses de l'ordre le plus élevé et implique quelque chose d'extérieur, éclat, grandeur ou pompe, qui inspire admiration et respect : *Sa majesté de reine puissante comblée d'écus et d'honneurs* (ZOLA). **Dignité,** pour tous les états, le fait de se conformer à la bienséance qu'ils réclament, a plutôt rapport aux qualités intérieures : *La haute situation qu'il occupait avec dignité* (GI.). La *dignité du style* implique la décence; la *majesté du style* veut de l'éclat.

Majestueux : → Imposant.

Majoration : → Hausse.

Majorer : → Hausser.

Majorité (la) : ¶ 1 Le plus grand nombre. *La majorité,* le plus grand nombre des individus qui composent un groupement : *La majorité des Français pense que...* **Le commun,** plus péj., se dit surtout en matière d'opinion, de conduite, et comporte une idée de banalité. **La plupart** se dit des personnes et des choses et les considère plus individuellement et avec moins de précision : *La plupart des Français ont un poste de T. S. F.* ¶ 2 Le plus grand nombre des suffrages dans un corps électoral. *La majorité,* en ce sens, a remplacé de nos jours **La pluralité.**

Majuscule : Lettre plus grande que les autres. *Majuscule* est plutôt un terme d'écriture, **Capitale,** un terme d'imprimerie. **Initiale,** première lettre d'un mot, et particulièrement d'un nom propre; en termes de calligraphie et d'imprimerie, la lettre qui commence un livre, un chapitre, est ordinairement plus grande que les majuscules du texte et quelquefois accompagnée d'ornements. **Lettrine,** terme d'imprimerie, *initiale* d'un chapitre ou d'un paragraphe qui occupe une ou plusieurs lignes, ou, au pl., majuscules qui se mettent en haut des colonnes ou des pages d'un dictionnaire, pour indiquer les initiales des mots qui s'y trouvent. **Miniature,** lettre ornée, tracée à l'origine en rouge, qui forme l'en-tête des chapitres d'un manuscrit, d'un missel. **Sigle,** terme de paléographie, *initiale* employée comme signe abréviatif sur les monuments, les médailles et dans les anciens manuscrits.

Mal : ¶ 1 L'occasion ou la matière d'un état fâcheux qui s'oppose au bonheur (≠ Douleur, qui marque l'impression produite en nous-mêmes par les objets qui sont des maux, des peines, etc.; ≠ Tristesse, la situation durable qui en résulte; ≠ Ennui, peine légère). *Mal*, terme très général, insiste sur le dommage causé; au moral et surtout au physique : *L'absence est le plus grand des maux* (L. F.). **Peine**, ce qui est ressenti comme très désagréable à l'âme, comme s'opposant totalement à la joie, au plaisir, au bonheur : *Peine d'amour* (J. Rom.). **Amertume**, *peine* durable, due souvent à un regret, une déception, qui a quelque chose de cuisant : *Les amertumes de votre pénitence passée* (Mas.). **Fiel**, syn. poét. d'*amertume* : *Me nourrissant de fiel, de larmes abreuvée* (Rac.). **Affliction**, *peine* profonde causée par de grands et graves accidents, pertes, calamités, désastres : *Si, de tous les hommes, les uns mouraient, les autres non, ce serait une désolante affliction que de mourir* (L. B.). **Tribulation**, surtout au pl., *peine* produite par la persécution des événements ou des hommes : *Les succès des révérends pères jésuites et leurs tribulations* (Volt.). **Croix**, terme de dévotion, *peine* envoyée par Dieu aux chrétiens, comme à J.-C., pour les éprouver. **Mortifications**, terme de la chaire, accidents fâcheux qui arrivent dans la vie. **Calice**, surtout dans le langage mystique, cruelle *amertume* : *Le calice amer de la vie* (Lam.). **Damnation**, au fig., toute peine qui accable un homme ou les hommes avec une sorte d'acharnement. ¶ 2 Ce qui est moralement condamnable. *Mal*, ce qu'on fait de contraire au bien. **Vice** (anton. *vertu*), disposition constante à vouloir le mal : *On fait le mal, on se livre au vice.* ¶ 3 → Dommage. ¶ 4 → Maladie. ¶ 5 → Malheur. ¶ 6 → Peine.

Malade : Adj. ¶ 1 Qui ne jouit pas d'une bonne santé. *Malade*, qui subit actuellement le mal ou la maladie. **Maladif** (→ ce mot), qui est sujet à être malade. **Souffrant**, syn. de *malade* lorsque la maladie est passagère et sans gravité. **Indisposé, Incommodé** (→ ce mot), légèrement *souffrant*. **Dolent**, vx, insiste sur les plaintes de celui qui est malade, parfois avec quelque affectation. **Mal fichu**, syn. très fam. de *souffrant* ou d'*incommodé*. **Patraque**, fam., dont le corps semble une machine usée, et de ce fait *maladif*, ou se sentant fatigué, légèrement malade. **Infirme** (→ ce mot), qui, parce que telle ou telle partie de son organisme ne fonctionne pas, est perpétuellement malade, ne peut pas agir normalement et doit souvent garder le lit : *Infirme et malade comme je le suis, je veux me faire un gendre et des alliés médecins* (Mol.). — **Gâté**, et parfois **Avarié**, atteint d'une maladie qui vicie le sang et particulièrement d'une affection

syphilitique : *Une mère gâtée* (J.-J. R.). **Pourri** enchérit et se dit aussi des parties du corps attaquées de gangrène ou d'ulcération. **Pâle**, syn. de *malade*, dans l'argot militaire, dans la loc. *Se faire porter pâle.* ¶ 2 → Fou. ¶ 3 N. *Malade*, celui qui souffre, qu'un médecin le traite ou non : *Le Malade imaginaire* (Mol.). **Patient**, parfois de nos jours ironique, celui qui est entre les mains des chirurgiens ou des médecins : *Les patients de Tronchin* (Volt.).

Maladie : ¶ 1 Altération plus ou moins profonde dans la santé. *Maladie* désigne plutôt un état qui affecte le corps en général, et fait penser aux circonstances, aux démarches pour obtenir la guérison. **Mal** désigne plutôt la chose même qui affecte le corps, d'une façon restreinte et locale, et se considère en soi, solitairement ou dans le sujet qu'elle fait souffrir : *Relever de maladie. Maladie contagieuse. Mal de dents. Un clinicien en présence d'un mal mortel définitivement classé* (M. D. G.). **Affection**, terme médical, tout processus morbide considéré indépendamment de ses causes, et qui est la manifestation locale et actuelle de la *maladie* : *Les poumons ypérités présentent toutes sortes d'affections secondaires* (M. D. G.). **Indisposition**, légère et brève maladie. **Malaise**, trouble léger de la santé qui ne peut se localiser avec précision. **Mal-être**, vx, état de langueur où l'on ressent quelque souffrance vague et sourde. **Infirmité** diffère de *maladie* comme *infirme* de *malade* (→ ce mot). ¶ 2 Au fig. *Maladie*, ce qui provoque habituellement le trouble dans l'esprit, dans le cœur, dans les nations : *La guerre est une maladie affreuse* (Volt.). **Mal**, ce qui provoque un dommage, de la souffrance : *Le plus grand des maux est les guerres civiles* (Pasc.). **Lèpre** et **Chancre**, fig., ce qui ronge, corrompt : *Le vice est une lèpre* (Lit.). **Peste**, fig., en un sens voisin, ce qui est pernicieux et funeste pour les mœurs ou les esprits : *Le jeu, peste des Républiques* (L. F.). **Plaie**, fig., maladie ou mal durable qui épuise, ruine ou fait souffrir : *Les plaies de l'âme* (J.-J. R.). ¶ 3 → Manie.

Maladif : → Malade. *Maladif* marque la tendance à être souvent malade : *Maladif, le sang pauvre* (Zola). **Valétudinaire** insiste sur les soins continuels qu'à tort ou à raison quelqu'un donne à sa santé : *Prince d'un tempérament faible et valétudinaire* (Volt.). **Cacochyme** (du grec *kakos*, mauvais, et *chumos*, humeur), fam., se dit par plaisanterie, surtout en parlant des vieillards catarrheux : *Un pauvre vieillard cacochyme* (Volt.). **Souffreteux**, fam., qui a une santé débile, est souvent plutôt souffrant que malade : *Gens souffreteux et pleurards* (Balz.). **Malingre** insiste sur la faiblesse de complexion qui rend *maladif* ou malade : *Chétif et malingre* (Balz.). **Égrotant**, syn. vx et peu usité de *maladif*.

Maladresse : ¶ 1 → Incapacité. Défaut d'adresse qui se marque dans la manière peu heureuse dont on exécute quelque chose. *Maladresse* regarde plutôt le résultat et implique qu'on agit ou qu'on parle mal de façon à manquer son but : *La maladresse d'un chasseur*. **Gaucherie** regarde plutôt la forme et implique qu'on agit sans grâce : *Il y a une aisance qui reste provinciale et une gaucherie qui reste parisienne* (J. Rom.). **Inhabileté** et **Malhabileté** (vx) ont rapport à une longue série d'actes, à tout un art, *inhabileté* marquant l'absence totale et *malhabileté*, le manque relatif d'habileté. **Impéritie**, *inhabileté* due à la nullité du sujet ou à son ignorance de l'art qu'il pratique : *Les lois romaines voulaient que les médecins pussent être punis pour leur négligence ou pour leur impéritie* (Mtq.). **Inexpérience**, *malhabileté* qui vient du manque d'habitude de pratiquer telle ou telle activité. **¶ 2** *Maladresse* et **Gaucherie**, avec les nuances indiquées plus haut, se disent bien d'un acte particulier et ont pour syn. **Lourdise** et surtout **Balourdise** (→ Stupidité), faute grossière contre le bon sens, la civilité et la bienséance : *Ce qu'il appelait sa balourdise, sa grossièreté* (A. Four.). **Impair**, fam., *maladresse* choquante ou préjudiciable par manque de tact ou d'à-propos. **Gaffe**, fam., maladresse de paroles ou d'actions intempestives qui choquent la convenance.

Maladroit, **Gauche**, **Inhabile**, **Malhabile**, **Inexpérimenté**, **Gaffeur** : → Maladresse. **Lourd** (→ ce mot) ne se dit que de l'esprit et ajoute à *gauche* l'idée d'un manque de finesse et de délicatesse, qui fait qu'on comprend lentement et qu'on s'exprime ou qu'on agit sans vivacité ni légèreté : *S'expliquer avec un détail aussi superflu, c'est être lourd et pesant; voilà le contraire de la finesse* (Genlis). **Manchot**, fam., s'emploie surtout dans la loc. négative *N'être pas manchot*, avoir de la dextérité : *Les Français ne sont pas manchots au jeu* (Les.). **Gourde**, très fam., au fig., sot et embarrassé dans ses paroles, son maintien et sa conduite. **Empoté**, fig. et fam., lourd et embarrassé dans son attitude ou sa conduite, mais sans être sot. **Mazette**, n. seulement, au fig., personne inhabile à quelque jeu qui demande de la combinaison ou de l'adresse : *Il ne sait pas jouer, c'est une mazette* (Acad.). **Cartonnier**, pop., maladroit dans son métier. **Malitorne**, n., homme *maladroit*, *gauche* et grossier.

Malaise : ¶ 1 *Malaise*, état ou situation légèrement pénible : *Sa conversation m'a laissé dans un état de malaise* (Gi.). **Mésaise**

est vx. **Mal-être** suppose une souffrance sourde, physique ou morale, et spéc. parfois une gêne de fortune qui empêche de se sentir bien ou heureux. **¶ 2 →** Ennui. **¶ 3 →** Maladie. **¶ 4 →** Inquiétude.

Malaisé : → Difficile.

Malandrin : → Bandit.

Malappris : → Impoli.

Malavisé : Qui manque de sagesse dans sa façon d'agir (≠ Étourdi : → ce mot). *Malavisé* indique un manque de finesse, un défaut d'esprit qui, souvent dans un cas particulier, fait parler ou agir mal à propos, commettre des bévues : *Pécheurs aveugles et malavisés* (Bos.); **Inconsidéré**, un défaut de caractère et non d'esprit, qui fait agir trop vite sans examiner ce qu'il faudrait faire : *Une certaine chaleur inconsidérée qui donne le mouvement à tous nos desseins* (Bos.). **Imprudent**, qui ne se défie et ne doute de rien, même s'il réfléchit. **Inconséquent**, qui n'agit pas selon ses propres principes, n'est pas d'accord avec lui-même : *Inconséquents dans leurs actions, parce qu'ils sont inconstants ou vacillants dans leurs principes* (Duc.); d'où, dans, qui ne considère aucun principe, agit avec légèreté, sans s'occuper de la bienséance. **Inconsistant**, qui, par faiblesse de caractère, varie sans cesse dans sa conduite, dans ses discours. **Illogique**, incapable de raisonner juste, de tirer les conséquences de ses principes et, de ce fait, inconséquent : *Celui qui est inconséquent peut être en contradiction avec des principes qu'il a soutenus, mais qu'il a abandonnés ou qu'il oublie; celui qui est illogique pose toujours les mêmes principes, mais en tire une conclusion qui est en contradiction avec eux.*

Malaxer : → Pétrir.

Malbâti : → Difforme.

Malchance : ¶ 1 Manque de chance. *Malchance*, mésaventure ou suite de mésaventures dues uniquement au hasard. **Malheur**, accident ou suite d'accidents fâcheux dus à une mauvaise destinée, au hasard, ou à l'influence des êtres ou des choses : *Oh! je porte malheur à tout ce qui m'entoure* (V. H.). **Guigne**, fam., malchance habituelle considérée comme attachée à celui qui la subit ou comme portée par quelqu'un ou quelque chose : *Rimbaud a eu la guigne, la misère, la maladie* (Gi.). **Guignon**, fam., *malchance* due à une sorte de sort, surtout au jeu, ou dans des projets, des rencontres qui échouent : *Le Guignon* poème de Baud. fait allusion à la vanité des efforts pour atteindre la gloire. **Déveine**, suite de chances défavorables, le plus souvent au jeu. **Malédiction**, fig., *malchance* ou *malheur* attachés à quelque chose

sans qu'on en devine la cause : *La com-*
mune malédiction de toutes les mères (Bos.).
Poisse, terme d'argot, syn. de *guigne.*
¶ 2 → Mésaventure.

Malcontent et **Mécontent,** subjectifs,
présentent le sujet comme n'ayant pas
tout ce qu'il voudrait, *malcontent* marquant simplement que le contentement du
sujet est incomplet, *mécontent,* que le sujet
en est profondément affecté : [Le renard]
malcontent de son stratagème (L. F.). *Nana,*
déjà mécontente, fut exaspérée par ces
reproches (Zola). **Mal satisfait,** objectif,
fait penser à l'insuffisance de l'objet qui
cause le sentiment, parce qu'il n'est pas
comme il faudrait pour ne laisser place
à aucun désir : *Tu pourras à toute heure*
être mal satisfait Des inégalités dont la vie
est semée (Corn.).

Mal de cœur : → Nausée.

Mal de gorge, toute douleur ou irritation
localisée dans le gosier. **Angine,** inflammation des amygdales, de la membrane
muqueuse du voile du palais et du pharynx. **Esquinancie,** syn. d'*angine* dans la
langue médicale.

Maldonne : → Erreur.

Mâle se dit de toutes les qualités physiques
et morales qui, chez un homme ou une
femme, ont l'apparence de la force qui
convient au sexe masculin : *Mâle assu-*
rance (Corn.). *Voix mâle* (Acad.). **Viril**
suppose dans l'âme ou les sentiments une
fermeté et une énergie dignes d'un homme :
A la voir aussi virile, aussi vaillante en face
de l'avenir (M. D. G.). **Masculin,** qui appartient en propre au mâle, implique, en
parlant d'une femme ou de ses qualités,
en un sens généralement péj., l'absence de
féminité et le caractère d'un homme : *Jeune*
mariée très masculine (Volt.). **Garçonnier,**
péj., ne se dit que des manières des jeunes
filles qui aiment à fréquenter les garçons
et prennent leurs mœurs ou leurs manières. **Hommasse,** péj. qualifie surtout
le physique, la voix et les manières d'une
femme qui a l'air d'un vilain homme.

Malédiction : ¶ 1 Souhait que l'on fait
contre quelqu'un. *Malédiction,* action
d'appeler le mal sur quelqu'un, implique
simplement une sorte de vœu, fait en
général par un supérieur, un puissant :
La malédiction des pères (Marm.). **Ana-**
thème (→ ce mot), malédiction qui rejette
quelqu'un hors du sein de l'Église. **Impré-**
cation, appel à Dieu, pour invoquer sa
vengeance contre quelqu'un, fait par n'importe qui, avec violence et éclat, et qui,
s'il est injustifié ou excessif, peut dégénérer en *blasphème* (→ Jurement) : *L'im-*
précation des malheureux à ceux qui les
faisaient souffrir (Marm.). **Exécration,**
imprécation faite contre ce qu'on déteste

et qu'on abhorre, avec la plus grande
force et en appelant sur la tête du réprouvé
les plus terribles maux : *Le troisième*
reniement de saint Pierre fut non seulement
avec serment, mais encore avec imprécation
et détestation, avec exécration (Bos.). Comme
syn. de *blasphème,* l'*exécration* est une *im-*
précation horrible. ¶ 2 → Malchance.

Maléfice : → Magie.

Maléfique : → Mauvais.

Mal élevé : → Impoli.

Malencontre : → Mésaventure.

Malencontreux : → Fâcheux.

Malentendu : → Erreur. *Malentendu,*
erreur qui consiste à prendre des paroles
ou des actions dans un autre sens que
leur sens réel : *Entre ces deux êtres, si*
manifestement mal faits l'un pour l'autre,
l'amour ne peut être qu'un malentendu
(M. D. G.). **Méprise,** le fait de prendre
une chose ou une personne pour une autre
ou de se tromper sur sa vraie nature :
Si le Jésuite Daniel a pris un abbé guer-
rier, Martialem abbatem, pour l'abbé Mar-
tial, cent historiens sont tombés dans de
plus grandes méprises (Volt.). **Quiproquo,**
plus fam., se dit, notamment au théâtre,
lorsqu'on prend un personnage pour un
autre : *Un quiproquo très drôle : Tardiveau*
arrivant et se croyant chez une danseuse
(Zola). **Confusion** implique un défaut
de discernement, d'ordre, de méthode
et de clarté, qui fait qu'on ne reconnaît
pas les distinctions, les différences entre
diverses choses : *Confusion de noms, de*
dates (Acad.).

Mal-être : ¶ 1 → Maladie. ¶ 2 → Malaise.

Malfaisant : → Mauvais.

Mal fait : → Difforme.

Malfaiteur, terme général, celui qui
commet des méfaits, des vols (→ Voleur
et Fripon), voire des attaques à main
armée (→ Bandit) ou des crimes : *Pour-*
suivre le malfaiteur pour des dommages
et intérêts (Mtq.). **Rôdeur,** plus particulier, *malfaiteur* qui va çà et là, dans des
lieux solitaires, en quête d'un mauvais
coup : *Rôdeur de nuit, de barrière* (Acad.).
Apache, très péj., *malfaiteur, rôdeur* de
grande ville qui vit en révolte ouverte
contre la société, ne reculant ni devant
le vol, ni devant l'assassinat, par allusion à une tribu d'Indiens Peaux Rouges
réputés pour être rusés et cruels. **Criminel,**
Scélérat (→ ce mot) enchérissent sur *mal-*
faiteur.

Malfamé : → Diffamé.

Malformation : Vice de conformation.
Malformation, anomalie congénitale et
en général curable. **Monstruosité,** anomalie
plus grave, congénitale, et non curable.

Déformation, anomalie moins grave, acquise et curable.

Malgracieux : → Disgracieux.

Malgré : Préposition marquant que le sujet est ou agit sans qu'il puisse en être empêché par la chose ou la personne que désigne le complément. *Malgré* annonce qu'on surmonte une opposition de fait, **Contre,** qu'on s'oppose à quelque chose d'idéal ou de général : *Attenter à la liberté des citoyens contre la teneur des lois, et malgré toutes les protestations* (J.-J. R.). **En dépit de** ajoute à *malgré* l'idée que l'on se soucie peu de causer de la peine à la personne ou à la chose personnifiée (à condition que cette dernière puisse avoir de tels sentiments) : *En dépit d'une affection qui est très grande... eh bien, malgré tout, il y a des sujets que je ne peux pas aborder avec elle* (M. D. G.). **Nonobstant,** vx et du style du palais, marque simplement qu'une chose existe quoiqu'une autre semble devoir être incompatible avec elle, ou qu'un sujet agit sans faire attention à la chose exprimée par le complément : *Ces eaux, nonobstant leur fluidité, sont des masses pesantes* (FÉN.). **N'en déplaise à,** syn. de nos jours plutôt recherché d'*en dépit de* : *Je dirai, n'en déplaise à monsieur votre amour* (MOL.).

Malgré tout : Sans que rien puisse y faire obstacle. *Malgré tout,* qui peut se dire de tout ce qui se fera quoi qu'il arrive, suppose, lorsqu'il s'agit d'un sujet qui agit consciemment, qu'il se décide sans tenir compte d'aucun obstacle : *Il faisait mauvais temps, il était tard; il voulut malgré tout partir.* **Absolument** ne s'emploie que pour marquer la force de la résolution qui n'admet aucune restriction, sans l'idée d'examen des contradictions ou des oppositions qu'il y a dans *malgré tout* : *Molière voulait absolument être comédien.* **Tout de même,** de nos jours syn. fam. de *malgré tout,* marque peut-être une résolution encore plus étonnante en égard aux circonstances : *Sa mère était malade; il a voulu tout de même venir.* En ce sens, **Quand même** est très fréquent dans la langue parlée.

Malhabile : → Maladroit.

Malhabileté : → Maladresse.

Malheur : ¶ 1 Situation douloureuse, pénible ou fâcheuse. *Malheur* fait penser à quelque chose d'extérieur qui tombe sur une personne, souvent à cause de sa mauvaise étoile, et la plonge dans un état très pénible : *Le malheur d'un homme sans Dieu* (PASC.). **Infortune,** surtout dans le style soutenu, *malheur* remarquable par son importance, sa durée, le rang du personnage qui le subit : *Les infortunes des rois, les malheurs de la vie privée* (D'AL.). Dans le langage fam., petit malheur quel-

quefois risible : *Le malheur d'un mari qui perd sa femme; l'infortune d'un mari trompé.* **Adversité** insiste sur l'acharnement du sort contre lequel on poursuit une lutte qui met en valeur certaines qualités morales : *Son courage dans l'adversité* (BALZ.). **Épreuve** fait penser à la force de résistance de celui à qui le malheur semble infligé par Dieu ou par le sort pour juger de la qualité de son âme : *Ce que je supposais devoir être une épreuve, un châtiment* (M. D. G.). **Tribulations,** surtout au pl., *épreuves* ou *adversité* considérées comme infligées par la volonté de Dieu. **Disgrâce** rappelle un état heureux d'où on est déchu : *On se persuade dans les disgrâces que, si l'on jouissait encore d'une fortune riante, on soulagerait les malheureux* (MAS.). **Misère** est relatif au sentiment de pitié qu'on inspire aux autres et suppose un malheur bien sensible : *Quel est pour les réprouvés le comble de la misère? C'est que jamais Dieu ne sera satisfait de leurs souffrances* (BOUR.). **Détresse** indique une situation pressante dans laquelle on est menacé d'une ruine prochaine à moins d'un prompt secours : *Il la savait à Paris sans ressource, il avait causé sa détresse* (GI.). **Méchef,** syn. vx de *malheur.* **Mélasse,** syn. pop. de *misère, détresse.* **Mal,** syn. de *malheur,* est subjectif et désigne quelque chose d'inhérent à une personne qui l'affecte désagréablement au physique ou au moral : *Je suis aussi malade de l'esprit que du corps. Mes maux me rendent mes malheurs peu sensibles* (J.-J. R.). ¶ 2 → Malchance. ¶ 3 *Malheur,* événement très fâcheux envisagé dans ses conséquences douloureuses pour une personne ou un groupe de personnes : *J'ai cru sa mort pour vous un malheur nécessaire* (CORN.). **Accident** insiste sur la manière dont l'événement se produit, par un coup de fortune inattendu, que sa soudaineté même rend fâcheux : *Ce triste accident* [la mort de Mécène] (CORN.). **Revers** marque un retour de la fortune, un changement en mal : *Tous les revers ont succédé à vos succès* (VOLT.). **Fatalité** insiste sur les circonstances qui amènent un événement fâcheux envisagé comme inévitable : *Je ne sais par quelle fatalité je n'ai reçu que depuis deux jours votre lettre du 19 octobre* (D'AL.). **Orage,** fig., accident qui trouble : *Tous les jours de ma vie ont été des orages* (VOLT.). **Rafale,** fig., coup violent et subit du sort. Grave malheur en général public : → Calamité. Accident peu important : → Mésaventure.

Malheureux : ¶ 1 → Fâcheux. ¶ 2 → Misérable. ¶ 3 → Petit. ¶ 4 → Vil.

Malhonnête : ¶ 1 *Malhonnête,* qui choque l'honneur et la probité, et parfois (surtout après un nom) la bienséance ou la politesse

(→ Impoli) : *Un malhonnête homme* (L. B.).
Malhonnête que vous êtes (Mariv.). **Déshonnête** qualifie une chose qui est par nature contraire à la pudeur : *Vie déshonnête* (Mol.). — Relativement à la probité, **Véreux** rapporte la malhonnêteté à une corruption ou à une tare qui la rendent foncière et permanente : *Bookmaker véreux.* (Zola). **Indélicat,** syn. de *malhonnête* par euphémisme : *Caissier indélicat.* ¶ 2 → Impoli.

Malice : ¶ 1 → Méchanceté. ¶ 2 → Plaisanterie.

Malicieux : ¶ 1 → Mauvais. ¶ 2 → Malin.

Malignité : → Méchanceté.

Malin : ¶ 1 → Mauvais. ¶ 2 Qui a de la finesse d'esprit et l'utilise dans son intérêt ou aux dépens d'autrui. *Malin,* qui dit ou fait de petites méchancetés pour se divertir, ou agit avec habileté, au mieux de ses intérêts, sans se laisser attraper : *Finesse maligne de jeune ouistiti* (Loti). **Malicieux,** qui fait, par badinage, de petites méchancetés sans conséquence et le plus souvent risibles et spirituelles : *Malicieuses avec l'air d'un badinage innocent et léger* (Marm.). — Par rapport à l'habileté dans la conduite uniquement, **Fin,** d'un langage plus relevé, insiste sur les qualités intellectuelles qui rendent *malin* dans la conduite : *L'épouse indiscrète et peu fine* (L. F.). **Finaud,** fam., d'une finesse un peu paysanne, à propos de petits intérêts, avec une apparence d'ingénuité ou de bonhomie qui peut tromper. **Futé** implique finesse et parfois ruse dues à une certaine expérience : *Un peuple futé, constamment sur ses gardes* (J. Rom.). **Rusé** ajoute à *malin* l'idée d'aptitude à employer les expédients et la tromperie : *Auguste, rusé tyran* (Mtq.). **Matois,** fam., suppose une longue expérience qui connaît l'art de la dissimulation : *Un vieux coq adroit et matois* (L. F.). **Madré,** fam., insiste surtout sur la fertilité d'esprit pour inventer des expédients : *Un renard, jeune encore, quoique des plus madrés* (L. F.); **Retors,** sur la complication habile des procédés employés pour tromper : *Manière retorse et furtive* (Gi.). Dans le langage pop. **Débrouillard,** syn. de *malin,* a surtout rapport à l'art de se tirer d'embarras et d'obtenir habilement tout ce que l'on veut; **Roublard,** syn. assez péj. de *rusé,* de *madré,* suppose de l'astuce; **Ficelle,** n. et adj., se dit de celui qui emploie les procédés retors et indélicats. — **Narquois** ajoute à l'idée de ruse celle de moquerie aux dépens de celui que l'on trompe : *Maint vieux chat fin, subtil et narquois* (L. F.). ¶ 3 N. *Malin,* celui qui est très habile dans sa conduite. **Fine mouche,** personne très fine, surtout du sexe féminin. **Vieux routier,** fig., homme très habile dans les affaires grâce à une longue expérience. **Sac à malices,** homme très rusé ou très malin. **Renard,** péj., implique allures cauteleuses et très grande habileté dans la tromperie : *Le vieux renard m'écouta fort attentivement* (Lès.). **Roué,** homme rusé et dangereux parce qu'il ne s'embarrasse pas de scrupules. ¶ 4 *Le Malin* : → Diable.

Malingre : ¶ 1 → Faible. ¶ 2 → Maladif.

Malintentionné : → Malveillant.

Malle : ¶ 1 → Caisse. *Malle,* sorte de coffre résistant et lourd dont on se sert en voyage pour le transport de ses effets. **Valise,** petite malle en général souple ou à soufflet et qui se porte à la main. **Mallette,** petite malle ou valise rigide. **Cantine,** petite malle d'officier. **Marmotte,** malle formée de deux caisses emboîtées l'une dans l'autre et spéc. boîte à échantillons de commis voyageur. ¶ 2 → Coche.

Malléable : → Flexible.

Malmener : → Maltraiter.

Malodorant : → Puant.

Malotru : → Impoli.

Mal placé : → Déplacé.

Malplaisant : → Déplaisant.

Mal poli : → Impoli.

Mal proportionné : → Disproportionné.

Mal propre : → Impropre.

Malpropre : ¶ 1 Qui manque de netteté, de pureté. *Malpropre,* imparfaitement propre, ou simplement négligé, mal arrangé dans son ensemble, indique plutôt une qualité constante et caractéristique : *Mal peignés et fort malpropres* (J.-J. R.). **Sale** marque l'absence totale de propreté, parfois accidentelle : *Sale et tout couvert de taches* (L. B.). **Crasseux** implique une accumulation progressive de saleté : *Visage, bonnet crasseux* (Lit.). **Impur,** en parlant des choses, suppose un élément étranger, qui gâte ou corrompt : *Eau impure.* **Immonde,** impur, par ext., d'une saleté repoussante. **Dégoûtant** (→ ce mot), sale à donner la nausée, et **Répugnant** ont rapport à l'effet produit par ce qui est très sale. **Sordide,** qui indique d'une façon générale le mauvais aspect, implique aussi la saleté horrible en insistant sur ses causes, dénuement, négligence, pauvreté, avarice ou bassesse. **Infâme,** par ext., qualifie les choses, surtout les lieux, honteusement malpropres, indignes d'un homme normal : *Un infâme taudis* (Acad.). **Salope,** pop. et très péj., ne s'emploie qu'au fém. comme adj. pour qualifier une personne très sale, spéc. une femme. — Comme n. seulement, pour désigner une personne malpropre, **Souillon**, fam., celui ou celle qui par manque de soin salit ses habits; **Cochon** et **Sagouin**, pop. et très péj., homme très malpropre; **Pouacre**, vx, homme sale et sordide; **Salaud**, grossier et injurieux, est rare au prop. pour désigner un homme sale; **Saligaud**, pop., est plus usité en parlant d'un enfant malpropre : *Petit saligaud* (ACAD.). ¶ 2 Au fig. *Malpropre*, qui est contraire à la morale, à l'honnêteté, à la délicatesse, enchérit sur **Immoral**. **Sale** renchérit encore : *Sales emplois* (MOL.) ; mais se dit seul en parlant de ce qui blesse la décence : *De mots sales et bas charmer la populace* (BOIL.). **Immonde**, surtout dans un sens religieux, a rapport à l'impureté morale : *Le péché immonde* (VOLT.). **Répugnant**, **Dégoûtant** (→ ce mot) enchérissent sur *malpropre*. **Infâme** dit encore plus en ajoutant une idée de honte, d'avilissement. **Sordide** n'a rapport qu'à l'avarice ou à une certaine laideur morale due à l'amour du gain, de l'intérêt. — Comme n. seulement, **Salaud** et **Saligaud**, très péj., celui qui agit envers autrui d'une façon infâme, ignoble; **Salope** ne se dit que d'une femme de mauvaise vie.

Malpropreté, **Crasse**, **Saleté**, **Impureté** : → Malpropre.

Malsain : ¶ 1 → Mauvais. *Malsain*, qui se dit des personnes portant en elles un germe de maladie, qualifie par ext. tout ce qui peut nuire à la santé : *Les travaux malsains des grandes villes* (VOLT.). **Insalubre** ne se dit que des milieux physiques qui ne favorisent pas la santé : *Logement, quartier insalubre* (ACAD.). ¶ 2 Au fig. *Malsain* se dit des esprits tournés vers les choses mauvaises, déraisonnables, et surtout de la littérature qui en peignant les mauvaises mœurs risque de les répandre : *Vague et malsaine religiosité* (MAU.). *Les films de gangsters sont malsains*. **Morbide** implique au fig., surtout en parlant de la littérature ou des mœurs, un déséquilibre maladif qui s'attache à ce qui est anormal, inquiétant plutôt qu'à ce qui est vicieux : *Romantisme morbide* (J. ROM.). **Faisandé** qualifie au fig. une littérature, des actes, des mœurs qui contiennent un germe de corruption, sont très *malsains*.

Mal satisfait : → Malcontent.

Malséant : → Inconvenant.

Malsonnant : → Déplacé.

Maltraiter : En user durement avec quelqu'un en actions ou en paroles. *Maltraiter* a rapport au procédé et implique qu'on traite la victime d'une manière outrageante, ou avec une violence qui va jusqu'aux coups : *La puissance souveraine peut maltraiter un brave homme, mais non pas le déshonorer* (VOLT.). **Faire un mau-**

vais parti, faire essuyer à quelqu'un un mauvais traitement dans un cas particulier, ou même attenter à ses jours. **Malmener** implique, chez le sujet, une supériorité dont il use et parfois abuse, mais sans outrager, et a surtout rapport au dommage subi par l'objet : *Le premier qui tomba sous ma plume fut rudement malmené* (J.-J. R.). **Houspiller**, maltraiter, en secouant ou en réprimandant avec aigreur, avec malice : *Demandez à Daget comme il fut un jour repoussé et houspillé; il avait beau crier : « Je suis secrétaire », on le bourrait toujours* (VOLT.). **Molester**, de nos jours, maltraiter, houspiller avec malveillance, désir de nuire : *Il les a fort molestés par ses sarcasmes* (ACAD.). **Brutaliser**, maltraiter ou malmener, en action, avec violence, grossièreté. **Bourrer**, maltraiter en frappant, ou par des paroles violentes : *Je me mis à lui répondre avec assez d'assurance et à le bourrer du mieux que je pus* (J.-J. R.). **Crosser**, fam., au fig., maltraiter avec mépris. **Rudoyer** ne se dit ordinairement que du mauvais traitement en paroles sans ménagement ni politesse : *Comme vous rudoyez le pauvre monde* (BEAUM.). **Tarabuster**, syn. fam. de *molester*, implique acharnement, désir de contrarier par des mauvais traitements fréquents. **Régaler**, syn. ironique de *maltraiter* par antiphrase : *On le régala de vingt coups de bâton* (LIT.). **Étriller**, syn. fam. de *malmener* ou de *bourrer* : *Veut-il qu'à l'étriller ma main un peu s'applique?* (MOL.). **Brusquer**, traiter en paroles ou en façons, sans douceur, sans égards ou d'un air impérieux : *Il semble toujours commander et brusquer* (DID.). **Brimer**, faire subir aux nouveaux venus à l'école ou au régiment une initiation plus ou moins désagréable, par ext. *maltraiter* par une série de vexations en parlant d'un supérieur. **Violenter**, maltraiter quelqu'un pour le contraindre par la force à faire quelque chose. **Traiter de Turc à More**, fig., traiter quelqu'un avec la dernière rigueur, comme un ennemi. — **Traiter mal** n'implique pas comme *maltraiter* outrage et violence, mais simple manque d'égards : *Vous traitez mal, Pauline, un si rare mérite* (CORN.). — Avec l'idée qu'on veut infliger une souffrance : → Tourmenter. Maltraiter en paroles seulement : → Vilipender.

Malveillance : → Haine.

Malveillant indique une disposition à vouloir du mal aux hommes en général ou à quelqu'un en particulier, par haine, envie, etc. : *J'ai été environné d'espions, de malveillants* (J.-J. R.). **Malintentionné** suppose toujours un mauvais dessein précis, qui n'est pas forcément dû à la malveillance, mais ne peut se réaliser qu'aux dépens de quelqu'un : *Des malintentionnés* ont *répandu ces nouvelles* (ACAD.). **Venimeux**, plus fort, se dit au fig. des propos à la fois *malveillants*, médisants et pleins de malignité : *Langue venimeuse*.

Malversation : → Vol. Vol d'administrateur ou commis dans l'administration. *Malversation*, terme général, donne l'idée d'une gestion frauduleuse sans déterminer sa nature. **Péculat**, rare, vol de l'argent de l'État fait par ceux qui en ont le maniement et l'administration. **Détournement**, soustraction frauduleuse de sommes, de titres dont on n'a pas la libre propriété, s'emploie dans des cas plus nombreux. **Concussion** implique qu'un fonctionnaire abuse de son autorité pour recevoir de l'argent de ceux qui dépendent de lui. **Exaction** implique intimidation, de la part d'un fonctionnaire ou d'une personne quelconque, pour exiger une contribution qui n'est pas due, des droits supérieurs à ce qui est dû, et se dit bien en matière d'impôts : *Louis d'Anjou chargeait le peuple d'exactions* (VOLT.). **Extorsion**, *exaction* appuyée sur la menace ou la violence : *Il n'y eut point d'extorsion que l'on n'inventât sous le nom de taxe et d'impôt* (VOLT.). **Prévarication**, crime ou délit commis par un fonctionnaire dans ses fonctions ou à l'occasion de ses fonctions, et **Forfaiture**, tout crime commis par un fonctionnaire public dans ses fonctions, qui s'emploie dans des cas plus particuliers (abus d'autorité, attentats à la liberté des citoyens, etc.), caractérisent les actes précédents comme des crimes punis par la loi. **Déprédation**, vol, pillage fait avec dégât, spéc. *malversations* considérables et accompagnées de gaspillage et de dommage, commises dans l'administration ou la régie de quelque chose : *Les déprédations de Fouquet* (VOLT.). **Brigandage, Pillage, Rapine** (→ ce mot) enchérissent au fig. : *J'ai été témoin des déprédations et du brigandage des finances dans la guerre de 1741* (VOLT.).

Mamelle : → Sein.

Mamelon : ¶ 1 → Sein. ¶ 2 → Hauteur. ¶ 3 → Sommet.

Manant : ¶ 1 → Paysan. ¶ 2 → Rustique.

Manchette : → Titre.

Mandat : ¶ 1 → Procuration. ¶ 2 → Instruction.

Mandataire : ¶ 1 → Intermédiaire. ¶ 2 → Envoyé.

Mandement : → Instruction.

Mander : ¶ 1 → Appeler. Appeler d'une façon impérative. *Mander*, appeler quelqu'un pour qu'il vienne, par un avis ou par un ordre : *Mander des médecins* (L. F.). **Convoquer**, mander d'une façon expresse un groupe de personnes afin

qu'elles s'assemblent pour un objet précis : *Convoquer le Sénat* (VOLT.). Appliqué à une seule personne, *convoquer*, plus fam. et plus employé aujourd'hui, enchérit sur *mander* ou même sur *inviter* en insistant sur la précision de l'avis ou de l'ordre, l'importance de l'affaire ou la supériorité de celui qui mande. **Assigner**, sommer par un exploit de paraître devant le juge. **Citer**, assigner à comparaître devant une juridiction civile ou religieuse, insiste plus qu'*assigner* sur le lieu, la date, les modalités de la comparution. ¶ 2 → Informer.

Mandibule : → Mâchoire.

Manège : → Manœuvres.

Manette : → Poignée.

Mangeaille : → Nourriture.

Mangeoire : → Auge.

Manger (V.) : ¶ 1 Mâcher et avaler quelque aliment. *Manger* est le terme ordinaire; et, en parlant de l'homme, c'est aussi prendre un repas. **Se nourrir, S'alimenter, Se sustenter, Se restaurer** (→ Nourrir), c'est uniquement manger (ou boire) pour entretenir sa vie, sans l'idée de plaisir ou de raffinement que peut impliquer *manger* : *Sa servante m'a dit qu'il ne se nourrissait presque plus. J'estime que d'ordinaire nous mangeons trop, mais en toute chose il faut observer une mesure* (GI.). **Mangeoter**, fam., manger peu ou manger souvent sans grand appétit. **Chipoter**, fam., manger du bout des dents, lentement, sans grand appétit. **Épinocher** et **Pignocher**, très fam., manger sans appétit, par petits morceaux, comme si ce que l'on mange avait des arêtes. **Grignoter**, manger petit à petit, en rongeant. — **Dévorer**, manger une proie en la déchirant avec les dents, par ext. avaler goulûment, manger avidement, souvent sans rien laisser : *Le dîner fut d'une gaieté folle. On dévorait* (ZOLA). **Repaître**, vx, et **Se repaître**, se nourrir assez grossièrement pour prendre sa réfection, en parlant des bêtes : *La brute se repaît, l'homme mange* (BRILLAT-SAVARIN). **Paître** (→ ce mot), syn. de *manger* en termes de fauconnerie; se dit ordinairement des animaux qui mangent de l'herbe. — **Avaler**, fam., manger rapidement et presque sans mâcher. **Tortiller**, syn. pop. d'*avaler*. **Bouffer**, pop., manger avidement. **S'empiffrer**, fam., manger avec excès et gloutonnerie. **Bâfrer**, bas, manger avidement et avec excès. **Brifer**, pop., manger en glouton; se dit parfois par ext. comme syn. de *manger*. **Se goberger**, fam., manger d'une façon plantureuse, en prenant ses aises, et parfois aux frais d'autrui. **Godailler**, pop., aimer trop à manger (ou à boire). **Goinfrer,** fam., manger beaucoup avec gloutonnerie et salement. **Croquer,** manger certains aliments en produisant un bruit sec sous la dent qui les broie, par ext., fam., manger avidement : *Grippeminaud... Mit les plaideurs d'accord en croquant l'un et l'autre* (L. F.). **Gruger,** syn. vx de *croquer,* parfois de *dévorer.* **Casser la croûte,** pop., manger une collation ou un repas. **Débrider** et **Friper,** pop., manger goulûment. **Faire miam-miam,** *manger,* dans le langage enfantin. ¶ 2 → Dépenser et Consumer. ¶ 3 → Ronger. ¶ 4 → Ruiner.

Manger (N.) : → Nourriture.

Maniable : → Flexible.

Maniaque : → Furieux.

Manie : ¶ 1 → Folie. ¶ 2 *Manie,* habitude bizarre, déraisonnable (beaucoup plus durable que le *caprice* : → ce mot), ou goût immodéré pour quelque chose, qui s'imposent avec la force d'une idée fixe ou d'une·passion : *Céder à une vieille manie* (M. D. G.). **Monomanie,** terme didact., sorte de trouble mental dans lequel une seule idée semble absorber toutes les facultés de l'intelligence : *La vue de l'or, la possession de l'or était devenue sa monomanie* (BALZ.). **Tic,** mauvais geste habituel ou grimace qu'on s'est accoutumé à faire inconsciemment, marque fam., au fig., la répétition, toujours inconsciente, du même acte : *Tics de conversation* (J. ROM.). **Marotte,** fig. et fam., insiste sur le fait qu'on ne cesse de montrer, dans toutes les circonstances, l'idée fixe, l'opinion, le sentiment dont on s'est engoué et qu'on en parle sans cesse : *Chaque siècle a eu sa marotte* (VOLT.). **Toquade,** très fam., caprice, fantaisie, engouement qui, par sa persistance, tourne à la manie : *Ayant toujours eu une « toquade » d'objets anciens et de peinture* (PROUST). **Dada,** fam., *marotte,* idée favorite, désir auquel on revient sans cesse, a pour syn. fam. **Califourchon** et **Turlutaine** plus rares. **Fureur,** habitude importune, fatigante, nuisible, et parfois collective, de faire quelque chose, enchérit sur *manie* : *Cette fureur de charger une histoire de portraits* (VOLT.). **Rage,** goût excessif, penchant outré, enchérit et marque une violence confinant à la folie : *La rage d'imprimer ses vers* (VOLT.). **Maladie,** fam., affection excessive pour quelque chose : *La maladie des systèmes* (VOLT.). **Péché mignon,** fig. et fam., défaut, travers, mauvaise habitude auxquels on s'abandonne, avec complaisance ou sans y prendre garde, et qui tournent à la manie. **Épidémie,** fig., manie, fureur contagieuse, collective.

Maniement : → Administration.

Manier : ¶ 1 → Toucher. *Manier,* tenir une chose dans sa main, ou passer ou repasser la main dessus : *Il maniait insoucieusement des fils de transmission* (GI.). **Manœuvrer,** faire fonctionner avec la main. **Manipuler,** terme de chimie et de pharmacie, opérer avec la main sur les substances en les maniant; par ext. opérer quelque chose avec la main ou manœuvrer à plusieurs reprises : *Manipuler des drogues; un appareil télégraphique;* au fig., syn. péj. de *manier* : *Manipuler les affaires de l'État.* **Tripoter,** fam. et péj., manier avec insistance, maladroitement, indiscrètement. **Tripatouiller,** pop., syn. péj. de *tripoter.* **Patrouiller,** très fam. et péj., *manier, tripoter* malproprement : *Patrouiller des viandes.* On dit aussi **Patouiller,** syn. pop. de *tripatouiller.* **Patiner,** vx, manier indiscrètement, a pour syn. pop. **Peloter.** ¶ 2 → User de. ¶ 3 → Gouverner. ¶ 4 → Traiter.

Manière : ¶ 1 → Façon. ¶ 2 → Sorte. ¶ 3 → Style.

Maniéré : → Précieux.

Manière d'être : → Qualité.

Maniérisme : → Préciosité.

Manifestation : ¶ 1 → Déclaration. ¶ 2 → Rassemblement.

Manifeste (Adj.) : → Clair et Évident. *Manifeste,* que rien ne cache, qui est à découvert et incontestable pour tous : *Satisfaction manifeste* (M. D. G.). **Patent** a plutôt rapport à la clarté qu'il y a dans la chose et qui la rend d'une évidence indiscutable : *Une vérité patente* (ACAD.). **Flagrant,** tellement visible qu'on ne peut le nier, se dit surtout d'une faute : *Contradiction flagrante* (F. D. C.). **Palpable,** qui peut être touché; au fig. évident pour l'expérience, spéc. en parlant d'une preuve qui tombe sous le sens, qui est corroborée par les faits : *Preuves solides et palpables* (PASC.). — En parlant des faits qu'on rapporte comme s'étant passés, **Public** implique qu'ils sont vus de beaucoup de gens, **Notoire,** qu'ils sont reconnus comme authentiques par un très grand nombre de gens : *La méchanceté notoire et la probité reconnue* (DID.). *Manifeste* parce qu'on peut le voir : → Visible.

Manifeste (N.) : → Proclamation.

Manifester : ¶ 1 → Exprimer. ¶ 2 → Déclarer. ¶ 3 (Réf.) → (se) Montrer.

Manigance : → Agissements. Menée, intrigue ou manœuvre (→ ces mots) en un sens fam. et péj. *Manigance,* petite manœuvre secrète qui mérite plus le mépris que la haine : *Le mari se ne doutera pas de la manigance* (MOL.). **Micmac,** très fam., intrigue ou *manigance* embrouillée. **Tripotage,** très péj., manœuvres, propos, intrigues, pour parvenir à un but douteux, brouiller une affaire, faire des gains illicites : *Le tripotage des élections* (dans Lɪᴛ.). **Cuisine**, fig. et fam., manœuvre, intrigue, tractations : *Cuisine électorale, parlementaire* (Aᴄᴀᴅ.). **Combines**, pop., combinaisons pour arriver à quelque but louche : *Combines, petites crasses* (M. ᴅ. G.).

Manigancer : → Ourdir.

Manipuler : → Manier.

Manœuvre : Fém. ¶ 1 → Mouvement. ¶ 2 → Cordage. ¶ 3 → Agissements. Agissements remarquables par leur adresse et pas toujours odieux. *Manœuvre*, arrangement de plusieurs moyens pour arriver à des fins plus ou moins louables : *Considérer toute proposition de l'adversaire comme une manœuvre* (M. ᴅ. G.); peut aussi désigner, en droit pénal, des actions constituant un délit ou un crime : *Manœuvres abortives*. **Manège**, manière d'agir plus simple, et surtout artificieuse, habile comme la conduite d'un cheval : *Le manège de la coquetterie* (J.-J. R.). **Tractations**, parfois au fig. et péj., *manœuvres* qui consistent en des démarches, des pourparlers ayant un caractère officieux et occulte. Petites *manœuvres*, en un sens péj. : → Manigance. — Masc. ¶ 4 → Travailleur.

Manœuvrer : ¶ 1 → Manier. ¶ 2 → Conduire. ¶ 3 → Gouverner.

Manœuvrier : → Négociateur.

Manoir : ¶ 1 → Maison. ¶ 2 → Château.

Manque : ¶ 1 Pour exprimer qu'un sujet est dépourvu d'une certaine chose, *Manque* regarde la quantité : c'est ce qui rend incomplet ; **Défaut**, plutôt relatif à la qualité, implique que le sujet est rendu moins parfait ou moins bon : *Accepte-toi tes bornes et tes manques* (M. ᴅ. G.). *Son manque apparent de logique attribué à un défaut d'éducation* (Bᴀʟᴢ.). **Faute** enchérit, surtout dans la loc. *Faute de*, syn. de *Par manque* ou *Manque de*, pour marquer l'absence fâcheuse d'une chose importante, absence dont souvent le sujet est responsable : *Ne pas réussir faute de soin* (L. B.); *manque d'instruction* (Pᴀsᴄ.). **Absence** indique purement et simplement la non-présence d'une chose : *Absence d'intérêt* (Sᴛᴇɴᴅʜ.); *d'arbres* (Cᴀᴍ.). **Privation** précise que le sujet est rendu malheureux par le manque de choses dont il pouvait jouir : *Les seuls biens dont la privation coûte sont ceux auxquels on croit avoir droit* (J.-J. R.). **Jeûne**, fig. et fam., privation de choses jugées aussi indispensables que la nourriture : *Un jeûne effroyable de divertissements* (Moʟ.). **Carence**, en médecine, manque de certains éléments nécessaires à la vie : *Maladie par carence* ;

en droit, absence totale d'effets mobiliers dans une succession ou de meubles dans une saisie : *Procès-verbal de carence*; en général *manque* grave ou total : *La plus lamentable carence, celle du caractère* (Gɪ.). **Déficience**, terme didact., marque l'insuffisance plutôt que le *manque* : *Déficience de vouloir* (Bᴇʀɢsᴏɴ). **Disette**, manque de certaines choses utiles, et surtout de vivres, se dit aussi au fig. : *La disette des sources et le manque des moyens d'information* (S.-B.). **Pénurie**, extrême *disette* : *Pénurie de langage* (Rᴀʏɴᴀʟ); *d'hommes éminents* (Aᴄᴀᴅ.). **Paupérisme** (→ Pauvreté), au fig., avec ironie, privation presque complète et permanente d'une qualité surtout intellectuelle : *Paupérisme d'esprit*. **Déficit**, ce qui manque dans une caisse publique ou privée, l'excédent des dépenses sur les recettes, par ext. manque qui déjoue les prévisions ou, au fig., qui rend un être inférieur : *Manque de forces, manque d'esprit, manque d'amour. Toujours du déficit, je resterai toujours en deçà* (Gɪ.). ¶ 2 → Manquement.

Manquement : ¶ 1 Le fait de ne pas tenir ce qu'on doit. *Manquement* marque plutôt l'action, **Manque**, la nature, l'espèce de la chose : Le *manque* est le *manquement* en soi, idéal; le *manquement* est le *manque* effectif ou effectué (L.). ¶ 2 → Violation. Action mauvaise ou répréhensible. *Manquement*, le fait assez peu grave de ne pas se conformer à une règle, souvent par omission, maladresse : *Il y a nombre de petits manquements que je tolère* (Gɪ.). **Défaillance**, perte brusque, momentanée et involontaire des forces morales, ce qui provoque une lâcheté ou une faute, ou des forces intellectuelles, ce qui provoque une erreur : *Défaillances oratoires* (Gɪ.). **Faute** (→ ce mot) marque toujours quelque chose d'essentiellement mauvais. — **Carence**, manquement d'un débiteur à ses obligations pour insolvabilité, par ext. tout manquement à des obligations : *La carence du gouvernement devant l'augmentation des prix*.

Manquer : ¶ 1 (Intrans.) Commettre une faute. *Manquer*, vx, exprimait l'action en elle-même, sans que le sujet fût toujours responsable : *Tous les hommes peuvent manquer* (Aᴄᴀᴅ.). **Faillir**, plus usité surtout à l'infinitif et aux temps composés, implique, plus subjectivement, un manquement moral ou intellectuel qu'on peut reprocher au sujet : *Puisque nous sommes en usage moi de faillir, vous de pardonner, couvrez encore mes fautes de votre indulgence* (J.-J. R.). **Pécher**, transgresser la loi divine ou religieuse, par ext. faillir contre quelque règle que ce soit, et absolument, mal user d'une bonne intention, d'une bonne qualité : *Pécher par une erreur* *de méthode* (Past.); *par trop de soin* (Acad.). **Tomber**, syn. de *pécher* en son sens religieux, s'emploie absolument. **Forfaire**, commettre une faute grave dans l'exercice de fonctions publiques, et par ext. contre le devoir, l'honneur. **Être en défaut**, terme de chasse qui se dit des chiens qui ont perdu la piste, au fig. commettre quelque manquement, quelque erreur surtout dans l'exercice de ses fonctions ou de ses facultés : *Sa mémoire est souvent en défaut*. **Fauter**, pop., ne se dit que d'une fille qui a commis la faute de se laisser séduire. ¶ 2 *Manquer de* : → Omettre. ¶ 3 (Intrans.) → Échouer. ¶ 4 (Trans.) *Manquer*, ne pas réussir dans ce qu'on a entrepris, ne pas atteindre ce qu'on cherche, laisser échapper ce qu'on poursuivait, mal faire une œuvre : *Manquer sa vie par sa faute* (Gi.); *un ami; un lièvre; un ouvrage*. **Rater**, fam., syn. de *manquer* dans tous les sens : *Rater tous ses effets d'éloquence* (Gi.). **Louper**, pop., mal exécuter un travail, est aussi syn. de *rater*. **Gâcher** (→ ce mot), manquer ce que l'on fait, ou arriver à un résultat très imparfait parce qu'on ne sait pas utiliser la matière ou les occasions favorables, qu'on gaspille ses chances. ¶ 5 Ne pas être là. *Manquer* implique qu'on ne se rend pas où l'on devait aller : *Elle ne manquait pas un bal de la cour* (Ham.). **Être absent** indique simplement qu'on n'est pas présent là où l'on est habituellement. **Sécher**, manquer un cours, une classe, dans l'argot scolaire. **Faire l'école buissonnière**, dans le même sens, est de bonne langue, mais se dit surtout pour les écoliers. ¶ 6 Être en moins. *Manquer*, en parlant des personnes et des choses, ne pas être là où elles devraient se trouver, en sorte que leur absence rend un total incomplet, une personne dépourvue ou abandonnée. **Faire défaut** insiste sur la privation, la gêne provoquées par l'absence : *Ces affaires qui vous manquent vous font sûrement moins défaut qu'à moi* (Gi.); en termes de procédure, c'est manquer à une assignation donnée, en parlant d'une personne. **Faire faute** insiste sur le regret provoqué par l'absence : *Il n'est pas venu, il nous a fait faute* (Acad.). **Faire faux bond** à quelqu'un, avec pour sujet un n. de personne seulement, ne pas répondre à un engagement qu'on a pris avec lui et notamment un rendez-vous, une invitation. — **S'en falloir** n'est syn. d'*il manque* que pour préciser ce qui manque pour qu'une chose soit complète : *Il s'en est peu fallu qu'il n'ait été tué* (Acad.). ¶ 7 → Offenser. ¶ 8 → Faiblir. ¶ 9 → Fléchir. ¶ 10 Être sur le point de. *Manquer de* et *Manquer*, suivis de l'infinitif, courir quelque risque d'éprouver quelque accident : *Il manqua d'être tué*

(Lit.). **Faillir** ou **Faillir à** renchérit en indiquant quelque chose de plus proche, mais qui n'est pas forcément fâcheux : *Il faillit être ministre* (Acad.). **Penser**, en parlant des personnes et par ext. des choses, syn. assez rare de *faillir* : *Des Parisiennes qui pensèrent mourir de peur en voyant arriver cet homme* (A. Daud.).

Mansarde : → Combles.

Mansuétude : → Douceur.

Manteau : ¶ 1 Vêtement de dessus qui prend aux épaules et descend jusqu'au dessous des genoux. *Manteau*, tout vêtement de ce genre, avec ou sans manches pour se garantir, ou considéré comme faisant partie de l'habit caractéristique d'un état : *Manteau de pluie. Le bleu manteau des rois* (V. H.). **Pardessus**, de nos jours, manteau d'homme à manches, généralement en drap. **Paletot**, manteau d'homme, et parfois de femme, plus court que le *pardessus*, en drap, avec ou sans manches, moelleux et chaud. **Gabardine**, long manteau à manches imperméabilisé contre la pluie, en étoffe de laine tissée. **Pèlerine**, manteau court, sans manches et souvent avec capuchon que portent les garçonnets, les agents de police, ou petit manteau de femme ne couvrant que les épaules et une partie de la poitrine. **Plaid**, ample manteau de montagnard écossais, par ext. ample pèlerine de voyage avec manches. **Raglan**, de nos jours, pardessus de forme ample. **Mante**, sorte de manteau ample et sans manches, porté par les femmes de certaines provinces par-dessus les autres vêtements. **Mantelet**, manteau court de femme (ou d'évêque), sans manches, ne couvrant que les épaules et les bras. **Pelisse**, tout manteau doublé ou garni de fourrure. **Cape**, manteau avec ou sans capuchon, ample et sans manches, porté par les personnes des deux sexes. **Capote**, gros manteau à capuchon; spéc. manteau ample et long sans capuchon que portent les soldats. **Caban**, capote de grosse étoffe, à manches et à capuchon, utilisée principalement par les marins. **Houppelande**, vêtement de dessus long, ouaté, non ajusté, à manches, dont la forme a varié suivant les époques, se dit parfois encore d'un vêtement large qui se met par-dessus l'habit : *Une houppelande de berger*. **Chape**, autrefois syn. de *cape*, ne se dit que du manteau de cérémonie que portent certains hauts dignitaires ecclésiastiques, ou du manteau de ville de cérémonie religieux. **Douillette**, vêtement d'hiver ouaté qu'on met par-dessus ses habits, se dit surtout du manteau des prêtres. ¶ 2 Au fig. Moyens dont on se sert pour cacher quelque chose. *Manteau*, apparence sous laquelle on cache ce qu'on se propose de faire généralement en mal : *Couvrir ses crimes du manteau de la religion* (VOLT.). **Masque,** apparence qu'on se donne soi-même pour cacher ce qu'on est. **Voile,** tout ce qui empêche de voir nettement une chose, sans qu'elle soit forcément condamnable : *Le voile de la modestie couvre le mérite, et le masque de l'hypocrisie cache la malignité* (L. B.). **Gaze,** syn. de *voile,* se dit parfois d'un adoucissement de la pensée, mais sous une forme transparente, par des artifices de langage : *Raconter, sans la moindre gaze, les histoires les plus égrillardes* (GAUT.). **Couvert,** au fig. syn. de *manteau,* dans la loc. *Sous le couvert de* : *Il accomplit toutes ces trahisons sous le couvert de l'amitié* (ACAD.).

Mantille : → Écharpe.

Manuel : → Abrégé et Traité.

Manufacture : → Usine.

Manufacturer : → Produire.

Manufacturier : → Industriel.

Manuscrit : → Texte.

Manutention : → Magasin.

Mappemonde : → Carte.

Maquette : ¶ 1 → Ébauche. ¶ 2 → Modèle.

Maquignon : → Trafiquant et Intermédiaire.

Maquignonner : → Trafiquer.

Maquiller : ¶ 1 → Altérer. ¶ 2 → Déguiser. ¶ 3 (Réf.) → Farder.

Maquis : ¶ 1 → Lande. ¶ 2 → Labyrinthe.

Maraîchère (culture) : → Jardinage.

Marais : → Étang. Espace de terrain couvert d'eaux qui n'ont pas d'écoulement. *Marais,* espace parfois assez réduit, mais qui peut être recouvert d'une eau assez profonde, sur laquelle on peut parfois naviguer : *Le Marais Poitevin.* **Marécage,** vaste étendue qui contient des *marais,* mais aussi des terres d'un sol simplement spongieux et très touffu : *L'Amérique est couverte de marécages immenses qui rendent l'air très malsain* (VOLT.). **Palus,** syn. vx de *marais.* **Maremme,** nom donné, dans l'Italie centrale, à des terrains marécageux et insalubres situés sur le bord de la mer. **Claire,** marais dont l'eau est limpide, est dialectal.

Marasme : ¶ 1 → Maigreur. ¶ 2 → Langueur. ¶ 3 → Stagnation.

Marâtre : → Mère.

Maraud : → Coquin.

Maraudage, Maraude : → Vol.

Marauder : → Voler. *Marauder,* en parlant des soldats en campagne et par ext. d'autres personnes, faire des larcins dans les champs, les fermes, les villages; en

un sens plus général, commettre un petit vol quelconque. **Picorer,** syn. vx de *marauder,* se dit au fig. de menus larcins de plagiaire ou de petites voleries. **Grappiller,** fig. et fam., faire de menus profits illicites dans quelque affaire. **Chaparder,** syn. pop. de *marauder.* **Chiper,** prendre ou dérober de petites choses, est de l'argot des écoliers.

Marbré : → Marqueté.

Marcassin : → Sanglier.

Marchand : ¶ 1 → Commerçant. ¶ 2 → Acquéreur.

Marchand forain, marchand nomade. **Camelot,** petit marchand qui vend dans la rue des objets de peu de valeur en attirant le public par des boniments. **Colporteur,** celui qui porte ses marchandises sur son dos et va les vendre à domicile dans les campagnes; spéc. celui qui vend dans les rues, avec la permission de la police, les bulletins, les journaux. **Porteballe,** *colporteur* qui vend de la mercerie. **Chineur,** ouvrier qui va de porte en porte offrir sa marchandise. **Charlatan,** vendeur de drogues, arracheur de dents, à grand renfort de discours et de facéties, est péj. comme syn. de *marchand forain* ou de *camelot.* **Revendeur,** celui qui achète pour revendre, se dit parfois spéc. de marchands qui vendent certains produits en plein air sans avoir de boutique, ou vont les proposer dans les maisons.

Marchander : ¶ 1 → Économiser. ¶ 2 → Hésiter.

Marchandise : Ce qui se vend. *Marchandise,* qui se dit des productions de la terre, mais surtout des matières premières manufacturées ou propres à l'être, fait penser à une chose qui circule, devient une richesse entre les mains des marchands. **Denrée** ne se dit que des productions de la terre et fait uniquement penser à leur origine et à leur usage : *Les Portugais allèrent chercher des marchandises aux Indes orientales* (VOLT.). *Le seul encouragement des cultivateurs est le commerce des denrées* (VOLT.). **Produit** (souvent au pl.) envisage les productions de l'agriculture et de l'industrie du point de vue de leur qualité, de leur valeur intrinsèque et des débouchés qui leur sont offerts. **Pacotille,** marchandises qu'il était permis à ceux qui s'embarquaient sur un vaisseau d'emporter avec eux afin d'en faire commerce pour leur propre compte; de nos jours, par ext., assortiment de marchandises destinées au commerce en pays lointains, et péj., marchandises de qualité inférieure. **Camelote,** fam. et péj., marchandise de mauvaise qualité. **Article,** tout objet appartenant à une catégorie de produits qu'un marchand a dans son maga-

sin; ou produit léger de l'industrie fabriqué spéc. à Paris : *Articles de Paris.*
Fourniture, toute marchandise ou denrée livrée par un marchand pour approvisionner un client : *Fournitures avariées.*
Provenances, surtout au pl., terme de commerce et de douane, marchandise transportée d'un pays dans un autre et considérée par rapport à son pays d'origine.

Marche : ¶ 1 → Mouvement et Trajet. *Marche,* action qui consiste à s'avancer d'un lieu à un autre par le mouvement des jambes : *Un voyageur dont il avait épié la marche* (VOLT.). **Démarche** et **Allure** dépeignent la manière; *démarche* ne se dit que des êtres qui marchent, *allure,* de tous les êtres qui vont : *La démarche gauche de l'oie* (BUF.); *l'allure des oiseaux qui volent* (BUF.); *allure* ne regarde que le physique, la tournure et le port habituel du corps : *Allure dégagée* (ZOLA); *jeune* (GI.); *démarche* fait penser à la façon de marcher en rapport avec les états et les sentiments de l'âme qui peuvent varier : *Une démarche lente et mal assurée qui marquait la défaillance et l'abattement* (J.-J. R.). **Marcher,** manière habituelle de marcher de quelqu'un sous le rapport physique seulement. **Pas,** manière dont on dispose les pieds en marchant, implique, en un sens plus restreint que *démarche,* un rapport avec les sentiments de l'âme : *Pas solennel.* **Train,** marche régulière et rapide des bêtes de somme, par ext. marche rapide : *Aller grand train.* ¶ **2** Tout mouvement vers l'avant considéré comme plus ou moins rapide. *Marche* fait penser à la direction et à la vitesse souvent mesurée et rapportée à un horaire : *La marche des trains. La marche des astres.* **Course,** mouvement, progrès très rapide. **Allure,** façon de marcher du cheval, par ext., vitesse actuelle d'une personne ou d'un véhicule : *A bonne allure.* **Train,** surtout au fig., mouvement plus ou moins régulier ou rapide de ce qui va ou évolue : *Ce train toujours égal dont marche l'Univers* (L. F.). **Pas,** au fig., syn. d'*allure,* en parlant des personnes ou des êtres personnifiés qui semblent réellement marcher : *Pas du Temps qui s'enfuit* (V. H.). **Erre,** train, allure, dans des loc. vieillies comme *Aller grand-erre,* ou, en termes de marine, vitesse acquise d'un bâtiment. ¶ **3 →** Avancement et Évolution. ¶ **4 →** Procédé. ¶ **5** Façon d'agir des personnes; manière dont certaines choses se développent. *Marche* marque le développement d'une chose en rapport avec sa direction, son rythme ou sa façon d'aller : *Marche tortueuse, cachée, incertaine. La marche d'un poème.* **Allure** a plutôt rapport à la manière de se conduire des personnes ou à

l'aspect que prennent les affaires : *Il a pris des allures convenables* (VOLT.). **Train,** plus fam., manière d'être habituelle des hommes : *Nous savons le train des enfants dont les pères se remarient* (MOL.); ou enchaînement rapide d'actions qui détermine l'orientation d'une chose : *Voyant quel train prenait l'affaire* (L. F.). **Tour** (→ ce mot) et **Tournure,** en parlant d'une chose seulement, manière dont on la fait voir ou dont elle se présente en laissant prévoir sa fin : *La tournure que prend le mal* (J. ROM.). ¶ **6 →** Degré.

Marche : → Limite.

Marché : ¶ 1 *Marché,* réunion organisée dans un lieu en plein air ou couvert, tous les jours ou à des intervalles assez rapprochés, pour vendre et acheter des denrées et des objets de première nécessité. **Foire,** grand *marché,* à des époques fixes et assez éloignées, dans lequel, en plus des produits des marchés ordinaires, on vend du bétail ou des marchandises de tout genre et qui souvent s'accompagne de réjouissances. **Braderie,** dans le Nord de la France, foire annuelle au cours de laquelle les habitants vendent à bas prix des vêtements hors de service. ¶ **2** Le lieu où se tient le marché. *Marché* se dit dans tous les cas. **Halle** désigne un emplacement couvert sur une place publique. **Bazar,** marché public et couvert en Orient. **Souk** (en arabe « marché »), marché couvert en Afrique du Nord. **Foiral** ou **Foirail,** lieu où se tient la foire, est dialectal. ¶ **3 →** Convention.

Marché (à bon) : → (au juste) Prix.

Marcher (V.) : ¶ **1** Se mouvoir à l'aide des pieds ou des pattes. *Marcher* se dit des hommes et des animaux; par ext., en parlant des hommes, c'est aussi s'avancer de quelque manière que ce soit : *L'archer voit une perdrix marcher* (L. F.). **Cheminer,** *marcher* dans une certaine direction, sur un chemin en général long, pénible et parcouru lentement : *Cheminé, cheminé des heures dans les plaines* (LOTI). **Arpenter,** fig. et fam., parcourir un espace avec vitesse, en marchant à grands pas : *J'arpentais le vestibule* (M. D. G.). **Enjamber,** faire de grands pas en marchant. **Trotter,** en parlant du cheval, aller d'une allure intermédiaire entre le pas et le galop, par ext., fam., en parlant des personnes, marcher à petits pas rapides ou marcher beaucoup : *Je suis tout le jour à trotter dans ces bois* (SÉV.). **Trottiner,** diminutif de *trotter,* se dit surtout d'un enfant, d'une vieille dame. **Trimer,** pop. et rare, marcher beaucoup et avec fatigue. **Déambuler,** marcher selon sa fantaisie, çà et là, sans but précis. **Se promener,** aller à pied, à cheval, en voiture, pour faire de l'exercice ou pour se divertir; au fig. errer ou cheminer lentement en parlant des choses : *Un ruisseau qui se promène lentement dans la prairie* (ACAD.). **Se traîner,** marcher avec peine. ¶ 2 En parlant des êtres et des choses, *Marcher,* se déplacer à une certaine vitesse : *Un train marche à cent km à l'heure.* **Aller,** plus vague, n'est guère susceptible que de qualifications comme *vite, lentement.* **Filer,** fam., aller vite : *Avec cette voiture on file plus vite qu'on ne voudrait* (J. ROM.). **Gazer,** dans l'argot de l'automobile et de l'aviation, aller pleins gaz, très vite. ¶ 3 Mettre le pied sur. *Marcher sur* n'implique pas d'idée accessoire si ce n'est, parfois, celle qu'on passe sur quelque chose pour arriver à son but : *C'est sur mon corps sanglant qu'il lui faudra marcher* (VOLT.). **Fouler,** presser avec les pieds quelque chose qui cède, par ext. *marcher sur,* en général dans le style poétique ou élevé : *Nos chevaux, au soleil, foulaient l'herbe fleurie* (MUS.). **Fouler aux pieds,** au prop. et au fig., suppose mépris, colère ou vengeance : *Fouler aux pieds les lois; le corps d'un ennemi.* **Piétiner,** *fouler aux pieds* avec violence, rage : *Voyez comme il foule et piétine ce qui est vrai* (VAL.). ¶ 4 Alors que **Fonctionner** ne se dit que d'un mécanisme, d'un organe qui accomplissent leur fonction, *Marcher,* fig., se dit de tout ce qui fonctionne, se meut et fam. de toute activité qui se développe normalement : *Enfin me revoilà en train; ça marche! la machine retourne* (FLAUB.). **Aller,** syn. fam. et vague de *marcher* : *Quand le bâtiment va, tout va.* **Tourner,** avec un adv. comme *bien* ou *mal,* en parlant d'une affaire, prendre une allure qui fait prévoir telle ou telle issue : *Cette maladie tourne bien.* **Gazer,** fig., syn. pop. de *marcher, aller* : *Ça gaze.* ¶ 5 → Avancer. ¶ 6 → Passer. ¶ 7 → Réussir.

Marcher (N.) : → Marche.

Marcheur a rapport à la capacité d'aller à pied plus ou moins sans se fatiguer : *La durée du trajet avait dépassé les calculs du marcheur* (J. ROM.). *Bon, mauvais marcheur.* **Piéton,** rare comme syn. de *marcheur,* toujours avec un adj. : *Un bon, un mauvais piéton;* s'emploie surtout, sans adjectif, pour désigner celui qui va à pied par opposition à celui qui va autrement.

Marcotte : → Bouture.

Mare, petit amas d'eau dormante naturel ou artificiel, plus vaste et plus profond que la **Flaque,** petite quantité de liquide qui a été répandu et qui stagne : *Une mare pour abreuver le bétail. Une flaque de pluie* (V. H.). **Flache,** terme technique, se dit de certains abaissements du sol où peut se former une *mare.*

Marécage : → Marais.

Maréchaussée : → Gendarmerie.

Marée : ¶ 1 *Marée,* mouvement périodique des eaux de la mer par lequel ces eaux s'élèvent et s'abaissent. Le mouvement des eaux qui s'élèvent s'appelle communément **Marée montante, Flux** dans le langage scientifique, et aussi **Flot.** Le mouvement inverse s'appelle **Marée descendante, Reflux,** et **Jusant** qui s'oppose à *flot.* **Perdant de la marée** ou **Perdant** est surtout un terme de marine. **Èbe,** syn. de *reflux,* ne se dit qu'en Normandie. **Marée basse,** état de la mer le reflux, par opposition à **Marée haute,** état de la mer après le flux. ¶ 2 → Poisson.

Marge : → Bord.

Margoulin : → Trafiquant.

Mari : → Époux.

Mariage : ¶ 1 Société d'un homme et d'une femme attachés l'un à l'autre par le lien conjugal. *Mariage* s'emploie d'une façon générale et absolue : *Le mariage, Agnès, n'est point un badinage* (MOL.). **Union** a rapport à la manière d'être des conjoints l'un avec l'autre, en conséquence de leurs qualités respectives : *Les deux plus raisonnables personnes du monde ont souvent peine à composer une union dont ils soient satisfaits* (MOL.). **Alliance** évoque les convenances de famille et de condition : *Ta famille avait honte d'une alliance aussi médiocre* (MAU.). **Lit,** du style poétique ou relevé, évoque l'union charnelle des époux, souvent par rapport aux enfants : *Enfant du premier lit.* **Hyménée,** nom de la divinité païenne qui présidait au mariage, dans le style poétique ou relevé, l'état du mariage, cependant qu'**Hymen,** nom du même dieu, désigne plutôt la célébration du mariage : *L'hyménée est un joug* (BOIL.). *Le moment fixé pour l'hymen arriva* (MTQ.). **Conjungo,** syn. pop. de *mariage.* ¶ 2 Célébration de l'union conjugale. *Mariage* fait penser seulement à la consécration de cette union par l'autorité civile et religieuse : *Un mariage sans cérémonie* (ACAD.). **Noce,** au pl., chacun des mariages contractés par une même personne : *Se marier en secondes noces;* et, en un sens plus général, au pl. et surtout au sing., cérémonies, réjouissances qui accompagnent le mariage : *Aux noces d'un tyran tout le peuple en liesse* (L. F.). **Hymen** est poétique ou ironique, **Épousailles,** vx ou dialectal, **Sacrement,** fam. et ironique : *Ils vivaient ensemble longtemps avant le sacrement* (ACAD.).

Mariée, celle qu'on vient d'épouser, ou celle qu'on amène à la cérémonie du mariage. **Épousée,** vx et souvent fam., évoquait surtout la démarche ou la parure de la jeune femme.

Marier : ¶ 1 → Joindre. ¶ 2 (Réf.) Contracter mariage. *Se marier* se dit absolument, ou avec un comp. (*se marier à*, *avec*), dans le langage courant, en parlant de l'homme et de la femme : *Presque tous les hommes ont inclination à se marier* (Fén.). **Épouser** se dit surtout de l'homme, est vx et rare au sens intrans., fréquent au sens trans., plus relevé que *se marier avec*, et se dit seul, par ext., des avantages qu'on acquiert en se mariant avec une femme : *Il n'osait épouser la fille de son frère* (Rac.). *Épouser une grosse dot.* **Convoler,** fam., ne s'emploie dans le bon usage actuel qu'en parlant d'une femme qui contracte un nouveau mariage : *Cette veuve ne sera pas longtemps sans convoler* (Acad.); on dit plus couramment **Se remarier,** en parlant de l'homme ou de la femme. **S'établir,** syn. fam. de *se marier,* fait penser à l'état qu'on prend en se mariant.

Marin : ¶ 1 Adj. *Marin,* qui a rapport à la mer comme en venant ou comme y exerçant son état, se dit aussi de certaines choses qui ont un rapport étroit avec la mer, parce qu'elles sont de mer ou concernent la mer ou les hommes de mer : *Lieue marine. Carte marine. Avoir le pied marin.* **Maritime,** qui est tout au bord de la mer, évoque un rapport plus lâche avec la mer et se dit de ce qui se fait ou s'exerce sur mer, ou qui concerne ce qui se fait sur mer, ou même dans les côtes, sur les ports : *Puissance maritime. Commerce maritime. Législation maritime.* **Nautique,** qui a rapport à la navigation, sur mer ou sur les cours d'eau : *Astronomie nautique.* **Naval,** qui a rapport aux vaisseaux, spéc. de guerre : *Ingénieur naval.* ¶ 2 N. *Marin,* tout homme qui va sur la mer, quel que soit son grade, et qui se connaît bien aux choses de la mer : *Où sont-ils les marins perdus dans les nuits noires?* (V. H.). **Navigateur,** celui qui a fait sur mer des voyages de long cours, soit pour la découverte, soit par métier, pour le commerce (et en ce sens *navigateur* désigne la profession); par ext., marin qui est apte à conduire un vaisseau. **Matelot,** tout homme qui fait partie de l'équipage manœuvrier d'un bateau, sous les ordres des officiers et des maîtres; en ce sens on dit plutôt *marin;* mais *matelot* s'emploie seul pour désigner le grade ou la fonction du soldat de la marine militaire; et, comme syn. de *marin,* insiste sur les connaissances techniques par rapport à la manœuvre : *Depuis l'enfance matelot* (V. H.). **Col bleu,** fam., matelot d'un navire de guerre. **Loup de mer,** fig. et fam., vieux marin expérimenté et intré-

pide, ou marin qu'un long séjour sur mer a rendu un peu gauche et farouche. **Mousse,** apprenti marin de moins de seize ans et, péj., *marin* novice ou maladroit. **Moussaillon,** par dénigrement, petit mousse. **Novice,** jeune marin qui n'étant plus *mousse* n'est pas encore matelot. **Marsouin,** pop., *loup de mer.* **Mathurin,** matelot, dans l'argot des marins.

Marinier : → Batelier.

Marinisme : → Préciosité.

Marionnette : → Pantin.

Maritime : → Marin.

Marivaudage : → Préciosité.

Marivauder : Tenir à une femme des propos galants. *Marivauder* suppose un échange de propos raffinés et subtils, à la façon des dialogues de Marivaux. **Flirter** implique un échange soit plus coquet, soit plus sentimental, qui, sans aller jusqu'à la déclaration d'amour, est comme une sorte de jeu où l'on se cherche, l'on se provoque. **Coqueter,** fam. et plutôt péj., chercher à plaire : *Un homme à bonne fortune coquette avec dix femmes et n'en a pas une seule* (Balz.). **Batifoler,** fam., courtiser par amusement une jeune fille. **Papillonner,** voltiger d'une femme à une autre en racontant des galanteries. **Roucouler,** fam. et ironique, ne se dit que de l'amoureux qui tient des propos tendres et langoureux. **Conter fleurette,** qui fait un peu vieillot, dire à une femme des choses douces, galantes qui la cajolent.

Marmaille : → Enfant.

Marmelade : → Confiture.

Marmiton : → Cuisinier.

Marmonner : → Murmurer.

Marmot : → Enfant.

Marmotter, Maronner : → Murmurer.

Marotte : → Manie.

Marquant : → Remarquable.

Marque : ¶ 1 → Signe. *Marque,* signe mis sur un objet pour le reconnaître. **Cachet,** *marque* distinctive appliquée sur de la cire avec un instrument spécial : *Le cachet d'une lettre.* **Empreinte,** plus général, toute *marque* imprimée ou empreinte (→ Imprimer) d'une façon quelconque : *Empreinte d'une médaille.* **Caractère,** empreinte, marque, figure à laquelle on attribue une certaine signification en elle-même : *Les anciens imprimaient sur le front des criminels et des esclaves certains caractères* (Acad.). **Frappe,** empreinte que le balancier fait sur la monnaie et sur les médailles. **Timbre,** *marque* imprimée sur le papier pour certaines écritures, certaines impressions légales, ou par chaque bureau de poste sur les lettres qu'il fait partir; en ce dernier sens on dit aussi *cachet* : *Ce livre porte le timbre de telle bibliothèque* (ACAD.). **Sceau,** *cachet* officiel sur des lettres, des actes publics pour les rendre authentiques. **Estampille,** *marque* ou *empreinte* servant de signature ou rendant une signature authentique, indiquant l'origine d'une chose ou constatant l'acquittement de certains droits. **Griffe,** *marque,* sous forme d'empreinte, imitant une signature, ou, sous d'autres formes, servant à authentifier un ouvrage et à en empêcher la contrefaçon : *La griffe de l'éditeur.* **Label,** étiquette ou *marque* spéciale que certains syndicats ouvriers font apposer sur les travaux accomplis par leurs adhérents. — **Repère,** *marque* sous forme de trait que l'on fait pour retrouver une hauteur, une distance, ou pour ajuster avec exactitude différentes pièces d'un ouvrage. ¶ 2 *Marque* désigne aussi l'instrument avec lequel on fait une empreinte sur de la vaisselle, du drap, etc. et a pour syn. **Cachet, Timbre, Sceau, Griffe** qui désignent les instruments faisant les marques correspondant à leur nom. **Coin,** morceau d'acier gravé en creux dont on se sert pour frapper de la monnaie, des médailles. **Poinçon,** instrument dont on se sert pour marquer les ouvrages d'or ou d'argent, ou pour frapper les coins des monnaies et des médailles. ¶ 3 Au fig. Ce qui distingue particulièrement une chose. *Marque* fait penser à l'auteur : *Il a mis sa marque sur cet ouvrage* (ACAD.). **Griffe** implique plus d'originalité et se dit de la *marque* à laquelle on reconnaît la manière d'un écrivain, d'un artiste : *Il a beau n'avoir pas mis son nom à cet ouvrage, il y a mis sa griffe* (ACAD.). **Empreinte** fait penser plutôt à une influence ou à une action qui laisse une trace durable sur une chose et en détermine la forme : *Nous en avons reçu une empreinte, une si rare marque, si indélébile* (PÉG.). **Cachet** fait penser à l'originalité de la chose qui a quelque chose de particulier dû à l'auteur, aux circonstances ou à ses qualités propres : *Un cachet d'originalité.* **Caractère,** ce qui distingue une chose comme lui appartenant en propre : *Recevoir le sacré caractère du baptême* (CORN.). **Trait,** détail qui détermine le *caractère* d'une personne ou d'une chose : *Le trait caractéristique d'une époque.* ¶ 4 *Marque,* flétrissure imprimée au fer chaud sur l'épaule d'un condamné, s'emploie parfois encore en ce sens au fig. : *Porter la marque de l'infamie.* **Note,** fig. et rare, désignation favorable ou défavorable imprimée à une personne par l'opinion ou par la justice : *C'est une note qu'il portera toujours* (ACAD.). ¶ 5 → Trace.

¶ 6 Signe qu'on a sur le corps. La *Marque* est naturelle ou accidentelle. **Tache,** marque toujours naturelle caractérisée par sa couleur. ¶ 7 → Témoignage.

Marqué : ¶ 1 En parlant du visage, *Marqué,* qui porte des marques naturelles ou dues à des accidents, spéc. des traces de petite vérole : *La petite vérole lui vint, elle en resta extrêmement marquée* (MARIV.). **Grêlé,** en ce dernier sens, suppose des marques fort nombreuses, comme des traces de grêlons; **Picoté,** de nombreuses petites marques, comme des piqûres. ¶ 2 → Prononcé. ¶ 3 → Remarquable. ¶ 4 → Pénétré.

Marquer : ¶ 1 → Imprimer. ¶ 2 → Indiquer. ¶ 3 → Écrire. ¶ 4 → Montrer. ¶ 5 → Paraître.

Marqueté : → Bariolé. Marqué de couleurs variées formant certains dessins. *Marqueté* implique un certain effet esthétique, naturel ou dû à l'artifice, correspondant à des couleurs qui affectent la forme de dessins ou de taches, comme dans un ouvrage de marqueterie ou même sur une peau de panthère : *Peau bigarrée, Pleine de taches, marquetée* (L. F.). **Tacheté** implique des taches très petites et innombrables, naturelles ou artificielles : *Fauvette tachetée* (BUF.); en histoire naturelle, *tacheté* suppose des taches dont on ne détermine pas le nombre, alors que **Taché,** en parlant des pétales ou des feuilles, implique des taches peu nombreuses et d'une grande dimension. **Moucheté,** parsemé de petits points ronds analogues à des mouches, ou de petits dessins disposés symétriquement, d'une autre couleur que le fond : *Le dessus de l'aile est moucheté de points blancs, sur un fond brun* (BUF.). **Jaspé,** bigarré par bandes ou par taches à la façon du jaspe : *Un serpent jaune et vert, Jaspé de taches noires* (V. H.). **Veiné,** coloré de marques étroites et sinueuses, en parlant de certains bois ou de certaines pierres, notamment le marbre : *Un marbre noir veiné de blanc* (GENLIS). **Marbré,** marqué de taches et de veines comparables à celles du marbre : *Les troncs de ces arbres rouges marbrés de vert* (CHAT.). **Madré,** syn. vx de *tacheté.* **Vergeté,** en parlant du teint, de la peau, indique de petites raies de différentes couleurs et le plus souvent rouges. **Pommelé,** marqué de petites taches rondes, en général rapprochées, se dit surtout du ciel plein de petits nuages et des marques mêlées de gris et de blanc qui se forment par rouelles sur certains chevaux : *Les taches dont on a voulu moucheter son poitrail imitent très bien le pommelé du ciel* (DID.). **Tavelé,** marqué de taches, moucheté, ne se dit que de la peau de certains animaux ou des fruits. **Truité,** marqueté de petites taches rougeâtres comme la truite, ne se dit guère que de chevaux dont le poil est blanc mêlé de noir et de bai, ou d'alezan, et aussi de certains chiens. **Piqueté,** parsemé de petites taches ou de points semblables à des piqûres. **Ocellé,** parsemé de taches en forme d'yeux comme la queue d'un paon.

Marqueterie : → Mélange.

Marraine, celle qui tient un enfant sur les fonts du baptême, se dit par rapport à l'enfant lui-même. **Commère,** fam., la marraine par rapport tant au parrain (appelé *compère*) qu'au père et à la mère de l'enfant : *Épouser sa commère* (VOLT.).

Marron (N.) : → Châtaigne.

Marron (Adj.) : ¶ 1 → Sauvage. ¶ 2 → Suspect.

Marteau : ¶ 1 Outil qui sert à battre, cogner, enfoncer. *Marteau,* outil en fer avec un manche en bois, qui sert aussi à forger. **Masse,** gros *marteau* de fer carré des deux côtés et emmanché de bois. **Maillet,** sorte de *marteau* à deux têtes ordinairement en bois. **Mailloche,** gros *maillet* de bois. **Batte,** *maillet* à long manche pour aplanir ou écraser. ¶ 2 *Marteau,* sorte d'anneau ou de battant de fer attaché à l'extérieur d'une porte et avec lequel on frappe pour se faire ouvrir. **Heurtoir** ne se dit plus que des marteaux d'autrefois. ¶ 3 → Fou.

Marteler : ¶ 1 → Frapper. ¶ 2 → Tourmenter. ¶ 3 → Prononcer.

Martial : → Militaire.

Martinet : → Fouet.

Martyr : → Victime.

Martyre : → Supplice.

Marxisme : → Socialisme.

Mascarade : → Défilé. *Mascarade,* déguisement de gens masqués qui vont en troupe; au fig., cérémonie bizarre, ridicule. **Momerie,** mascarade burlesque, vx au prop., est encore plus péj. au fig.; au fig. on dit aussi **Carnaval.**

Mascaret : ¶ 1 *Mascaret,* masse d'eau en forme de vague transversale qui refoule le cours d'un fleuve à son embouchure. **Barre,** ordinairement amas de sable, de roches ou de vase qui barre l'entrée d'une rivière ou d'un port à marée basse, se dit du *mascaret* produit à l'embouchure de la Seine. ¶ 2 Au fig. → Multitude.

Mascotte : → Fétiche.

Masculin : → Mâle.

Masque : ¶ 1 *Masque,* faux visage dont on se couvre la figure pour se déguiser, se dit spéc. d'un faux visage de velours noir doublé que les dames se mettaient autrefois pour se garantir du hâle et du froid :

Ses coiffes d'où pendait au bout d'une ficelle Un vieux masque pelé (BOIL.). **Loup,** demi-masque de velours ou de satin noir. **Touret de nez,** vx, au XVIe s., sorte de *loup* qui ne cachait que le nez et les joues. ¶ 2 Celui qui est déguisé. *Masque,* toute personne masquée. **Domino,** masque portant un costume composé d'une robe ouverte, descendant jusqu'aux talons et d'une espèce de capuchon ou camail. ¶ 3 → Visage. ¶ 4 → Manteau.

Masquer : ¶ 1 → Déguiser. ¶ 2 → Cacher.

Massacrant : → Revêche.

Massacre : → Carnage.

Massacrer : ¶ 1 → Tuer. ¶ 2 → Gâcher.

Masse : ¶ 1 → Amas. ¶ 2 → Totalité. ¶ 3 → Poids. ¶ 4 → Fonds. ¶ 5 → Multitude. ¶ 6 → Peuple. ¶ 7 → Marteau. ¶ 8 → Massue. ¶ 9 → Bâton.

Masser : → Frictionner.

Masser : → Assembler.

Massif : ¶ 1 Adj. → Pesant et Gros. ¶ 2 N. → Bosquet.

Massue : → Bâton. Arme pour assommer. *Massue,* sorte de bâton noueux, beaucoup plus gros par un bout que par l'autre. **Casse-tête,** espèce de *massue,* faite de pierre ou de bois très dur, dont plusieurs peuples sauvages se servaient dans les combats; de nos jours, nerf de bœuf ou courte canne à extrémité plombée. **Masse,** ou **Masse d'armes,** arme ancienne avec un manche raccourci et assez fin, et un gros bout formé par un solide de métal, souvent hérissé de pointes. **Matraque,** bâton en forme de *massue* des conducteurs d'animaux en Afrique; plus généralement, bâton ou trique dont on se sert pour frapper.

Mastiquer : → Mâcher.

Mastoc : → Pesant.

Masure : → Taudis.

Mat : → Terne et Sourd.

Matamore : → Bravache.

Match : → Compétition et Rencontre.

Matelas, sorte de grand coussin qui couvre toute l'étendue d'un lit, est piqué de place en place, et rempli de laine, de bourre ou de crin; la **Couette** (ou **Coite**), non piquée, est remplie de plumes. **Paillasse,** enveloppe de toile ordinairement remplie de paille. **Paillot,** petite *paillasse* qu'on met dans le lit d'un enfant.

Matelasser : → Rembourrer.

Matelot : → Marin.

Mater : ¶ 1 → Macérer. ¶ 2 → Vaincre. ¶ 3 → Humilier.

Matérialiser, rendre sensible une idée

par un objet physique : *La statue de Niobé matérialise l'idée de la douleur d'une mère qui a perdu ses enfants*. **Concrétiser** (néol.), en un sens plus large, rendre sensible une idée par une représentation quelconque qui existe en fait, n'est pas le fruit d'une abstraction : *On concrétise une idée par des exemples*.

Matérialiste : → Réaliste.

Matériau, Matériaux : → Matière.

Matériel : ¶ 1 Qui a rapport à la matière. *Matériel* ne se dit que des objets faits de matière, qui possèdent une masse, ou de ce qui a rapport à la matière et non à l'esprit : *Le corps humain est matériel. Les jouissances matérielles ne satisfont que le corps*. **Physique** qualifie ce qui appartient à la matière en tant que déterminé par ses lois, et spéc. les phénomènes qui intéressent le corps : *La pluie est un phénomène physique. La certitude physique est due aux sens par opposition à la certitude morale*. **¶ 2** Qui a une existence actuelle et individuelle. *Matériel* ne se dit que d'un objet fait de matière et qui tombe sous les sens : *Un arbre est une chose matérielle*. **Concret**, en un sens plus large, par opposition à *abstrait*, se dit de toute représentation complète, matérielle ou spirituelle, telle qu'elle existe en fait : Un arbre au bord de la route est un objet *matériel* et *concret*. Un arbre qu'on imagine est *concret* et non *matériel* ; l'idée d'arbre est abstraite et non *concrète* ; mais, abusivement, dans le langage courant *concret* enchérit sur *matériel* en marquant que la chose, parce qu'elle est matérielle, existe bien évidemment, n'est pas simplement conçue par l'esprit. **¶ 3** → Réaliste. **¶ 4** → Sensuel.

Maternité : → Hôpital.

Mathématique : → Précis.

Matière : ¶ 1 → Substance. *Matière*, en parlant des choses physiques ou des ouvrages de l'esprit, fait penser à la qualité de la substance qui les constitue par opposition à la forme ou à la figure : *Le bois, le fer, la pierre sont la matière dont on fait les bâtiments* (LAR.). *La façon de l'ouvrage coûte plus que la matière*. **Matériaux**, les différentes matières qui entrent dans la construction d'un bâtiment, a rapport au prix, à la difficulté de se procurer ces matières, à leur assemblage. En ce sens on dit parfois, dans le langage technique, **Matériau**, une des matières dont l'ensemble constitue les *matériaux*. Au fig. *matériaux*, idées, réflexions, faits, documents qu'une personne rassemble pour composer un ouvrage et qui, une fois fondus, en fourniront la *matière* : *Je me mis à rassembler les matériaux qu'on*

m'*avait laissés pour travailler à mes* Confessions (J.-J. R.). **Étoffe**, fig., ce qui peut constituer virtuellement la *matière* d'un écrit, ou dispositions d'une personne qui peuvent donner matière à certaines qualités : *L'étoffe me manque quelquefois pour remplir mes lettres* (SÉV.). **¶ 2** Ce dont on traite dans un discours, une conversation, un écrit. *Matière*, général et vague, indique le genre d'objet auquel l'ouvrage a rapport et désigne aussi bien ce qu'on veut précisément traiter que les idées accessoires. **Sujet** (→ Objet), beaucoup plus précis, objet particulier, pris dans une matière quelconque et que l'on veut expressément traiter : *La lutte de l'homme contre la fatalité est la matière de toutes les tragédies, quel que soit leur sujet*. **Thème**, idée générale que l'on pose avant de la développer, ou *sujet* général auquel on donne un développement particulier, ou sujet sur lequel on revient volontiers : *Un thème de sermon* (S.-S.), *de discussion* (SÉV.). *Le sentiment de la nature est un thème poétique. La politique est le thème de toutes les conversations*. **Propos** fait penser au but, à l'objet qu'on a devant les yeux en traitant tel ou tel sujet particulier : *Laissant à part les autres débats qui ne font rien à notre propos* (Bos.). **Texte**, passage de l'Écriture sainte qui fait le sujet d'un sermon, au fig., *sujet*, *thème* d'entretien, de discours : *On eût dit que la nature étalait à nos yeux toute sa magnificence pour en offrir le texte à nos entretiens* (J.-J. R.). **Fable**, vx, *sujet* d'un poème épique, d'un poème dramatique, d'un roman, se dit, en un autre sens, uniquement d'une personne qui est le *sujet* de conversations moqueuses : *Pendant huit jours il serait la fable des journaux* (ZOLA). **Fond**, par opposition à *forme* et à *style*, les idées d'un ouvrage considérées comme une *matière* à laquelle l'auteur a donné une forme dont elles sont inséparables. **Motif**, en termes de beaux-arts seulement, *sujet*, intention générale : *Motif de sculpture*. — En parlant de quelque chose de partiel et de particulier, **Chapitre**, division d'un livre, insiste au fig. sur le développement plus ou moins long qu'on donne à telle ou telle partie d'un *sujet* : *Sur ce chapitre on n'est jamais à sec* (MOL.) ; **Article**, division d'un compte, d'un traité, fait penser à l'importance plus ou moins grande d'une partie, en général plus courte et plus précise que le *chapitre* : *L'irréligion était le seul crime auquel Louis XIV ne pardonnât point ; tout était sérieux pour lui sur cet article* (MAS.) ; **Point** se dit d'une question, d'une difficulté particulière à discuter, à élucider ; l'*article* est fixe, arrêté ; le *point* appelle la discussion ; et, s'il s'agit dans les deux cas d'un débat, le *point* est moins étendu que l'*article*, c'est une simple question : *Éclaircir un point de chronologie* (Acad.) ; **Chef,** point important en discussion ou point d'accusation. ¶ 3 → Lieu.

Matière de (en) : → (en) Fait de.

Matières fécales : → Excrément.

Matin : La première partie du jour jusqu'à midi. *Matin* marque un espace de temps abstrait : *L'espace d'un matin* (Malh.) ; **Matinée,** une durée déterminée et divisible, remplie par une série d'événements et relative à ces événements ou à celui qui les a vécus : *La matinée se passait dans ces cruels exercices* (Bos.).

Matinal : ¶ 1 *Matinal,* qui appartient au matin : *Brise matinale.* **Matinier** n'est guère usité que dans la loc. *Étoile matinière,* Vénus. **Matutinal** est très peu usité. ¶ 2 *Matinal,* qui se lève matin, un jour, par accident. **Matineux,** qui a l'habitude de se lever matin.

Mâtiné : → Mêlé.

Matinée : → Matin.

Matois : → Malin.

Matoiserie : → Finesse.

Matrice : ¶ 1 → Utérus. ¶ 2 → Registre.

Matricule : ¶ 1 → Liste. ¶ 2 → Registre.

Matrimonial : → Nuptial.

Matrone : ¶ 1 → Femme. ¶ 2 → Accoucheuse.

Maudire : ¶ 1 → Blâmer. Condamner, en termes de religion. *Maudire,* appeler la colère de Dieu sur un coupable qui a manqué à quelque obligation sacrée : *Un prêtre doit prier pour ses rois et non pas les maudire* (Volt.). *Un père maudit son fils.* **Réprouver,** en parlant de Dieu seulement, condamner ou destiner aux peines éternelles ; *maudire,* en ce sens, ajoute l'idée d'une condamnation expresse : *Race que notre Dieu de sa bouche a maudite* (Rac.). **Anathématiser,** en parlant de l'autorité ecclésiastique, frapper d'une malédiction qui voue à l'exécration et retranche de la communauté de l'Église : *L'Église anathématise les hérétiques.* **Excommunier** implique simplement l'idée d'une censure ecclésiastique qui, dans certaines conditions, retranche de la communion de l'Église : *Robert le Pieux fut excommunié.* ¶ 2 Au fig. → Haïr. *Maudire,* exprimer, publiquement ou en soi-même, son impatience, sa colère, son horreur contre quelqu'un ou quelque chose : *Maudire un poison* (Flaub.) ; *un zèle intempestif* (J. Rom.). **Anathématiser,** blâmer avec force, publiquement, en vouant à l'exécration : *Nous anathématisons cette opinion comme hérétique* (Pasc.).

Maudit : ¶ 1 Rejeté par Dieu. *Maudit,* qui a encouru, pour un crime très grave, la malédiction, l'exécration de Dieu : *Caïn maudit par Dieu* (Lit.). Le *Maudit,* Satan. **Réprouvé,** rejeté par Dieu pour une raison quelconque, mais en général pour un péché mortel, ce qui fait que *réprouvé* se rapproche de *maudit,* sans évoquer toutefois une condamnation formulée en termes exprès : *Jésus-Christ sauve les élus et damne les réprouvés sur les mêmes crimes* (Pasc.). Les *réprouvés,* ceux qui sont destinés aux peines éternelles. **Déchu** fait penser à l'état de grâce qu'on a perdu : *Les anges déchus,* les anges rebelles à Dieu. **Damné** insiste sur l'état éternellement durable des démons et des hommes condamnés aux peines éternelles. **Bouc,** terme de l'Écriture, syn. de *réprouvé.* ¶ 2 En parlant des condamnations des hommes, *Maudit* implique une faute grave, **Réprouvé,** le simple fait qu'on est rejeté de la société, parfois injustement : *Il est le réprouvé de l'eau, du pain, du seuil* (V. H.). **Hors-la-loi** ajoute l'idée qu'on est soustrait à la protection des lois et qu'on peut être abattu sans autre forme de procès dès qu'on est reconnu, **Outlaw** (mot anglais, «hors-la-loi»), syn. littéraire de *hors-la-loi* ou simplement celui qui refuse d'obéir à quelque loi que ce soit : *Un révolté, un outlaw* (Gi.). **Paria,** celui qui dans l'Inde appartenait à la dernière caste ; au fig. celui qui est exclu de la société, que personne ne peut voir, souvent parce qu'il est misérable : on dit parfois aussi, en ce sens, fig. et fam., **Intouchable. Damné** ne se dit que de celui à qui la société fait, injustement, un sort très pénible : *Les damnés de la terre.* Pour désigner simplement celui dont on s'écarte et que parfois on accuse de crimes imaginaires, **Teigneux, Galeux, Pestiféré** (→ ce mot) sont fam. ¶ 3 → Détestable.

Maugréer : → Murmurer.

Mausolée : → Tombe.

Maussade : → Renfrogné et Triste.

Mauvais : ¶ 1 *Mauvais,* qui cause ou peut causer du mal : *L'amour-propre, si mauvais à tant d'autres choses* (Sév.). **Dangereux,** qui, sans être positivement *mauvais,* peut exposer à quelque mal : *Tous les grands divertissements sont dangereux pour la vie chrétienne* (Pasc.). **Nuisible** et **Pernicieux** supposent un mal certain. *Nuisible,* qui se dit surtout pour ce qui regarde le corps et les affaires, implique dommage, désagrément et dit moins que *pernicieux,* qui s'emploie bien en parlant des choses morales et implique une source féconde de maux : *Il y a bien de la différence entre un livre qui contient des erreurs nuisibles et un livre pernicieux*

(J.-J. R.). *Choses nuisibles à leur santé et à leur vie, morale honteuse et pernicieuse à l'Église* (Pasc.). **Malfaisant** se distingue par l'idée d'action : Un animal *nuisible* est capable de causer un dommage : *Insectes nuisibles* (Buf.). Un animal *malfaisant* exerce sa rage ou fait un mal immédiat : *Des singes malfaisants et des loups pleins de rage* (Boil.). **Nocif**, terme de médecine, *nuisible* ou *malfaisant* pour la santé. **Malsain** (→ ce mot) dit moins : qui peut être mauvais pour la santé physique ou morale. **Délétère**, terme scientifique, qui attaque la santé, peut causer la mort : *Miasmes délétères* (Loti) ; au fig. *pernicieux*, en parlant de maximes, d'influences qui corrompent : *Maximes délétères* (Acad.). **Méphitique**, qui produit des effets plus ou moins nuisibles, en parlant de certaines exhalaisons gazeuses qui sentent mauvais : *Air méphitique* ; au fig. *pernicieux* pour le cœur et l'esprit par quelque chose de pourri, de faisandé (→ Malsain) : *L'air qu'on respire dans les coteries est méphitique et mortel* (E. D. Girardin). **Maléfique**, qui a une influence mauvaise en parlant des astres, se dit au fig. d'une influence qui envoûte, tourne vers le mal. **Malin**, *pernicieux* par son action ou son influence : *Astres malins* (Boil.) ; se dit spéc., en pathologie, d'une maladie ou d'une tumeur, qui présente un caractère de gravité anormale, ou une tendance irrésistible à la généralisation. **Pestilentiel** (→ ce mot), pernicieux en parlant de ce qui porte un germe de corruption. **Fatal**, nuisible, pernicieux au point d'amener la mort. ¶ 2 Qui n'est pas moralement bon. *Mauvais* implique, dans les personnes et dans leurs actions, un vice qui nous détourne du bien et du bon et pousse à faire le mal : *Les juges de l'Inquisition présument toujours l'accusé coupable, apparemment parce qu'ils croient les hommes mauvais* (Mtq.). **Méchant** (→ ce mot) implique, en plus, le désir et l'art de faire du mal à autrui par haine ou par corruption foncière : *Et je ne pense pas que Satan en personne Puisse être si méchant qu'une telle friponne* (Mol.). **Malin** suppose un plaisir constant à faire du mal avec ruse, artifice, ou simplement à se satisfaire aux dépens d'autrui sans souci du mal qu'on lui fait : *La maligne aux yeux faux, au cœur noir* (Boil.). *Il est malin, mais je ne le crois pas méchant* (Dudeff.). **Malicieux**, qui fait par accident de petites méchancetés, plutôt par malveillance : *Malicieux comme un vieux singe* (Scar.) ; *mauvais*, syn. de *malicieux*, enchérit et suppose rouerie ou médisance : *Vous êtes bien mauvaise, tous vos propos sont des épigrammes* (Lit.). **Criminel**, **Scélérat** (→ ce mot) et **Diabolique** (→ ce mot)

enchérissent sur *méchant* et supposent de mauvaises actions très graves. **Sinistre** indique chez un individu ou dans ses desseins la possibilité d'actions funestes ou scélérates. **Monstrueux**, qui excède en mal tout ce qu'on peut imaginer : *Massacrer d'innocentes populations civiles, ça dépasse tout, c'est monstrueux* (M. D. G.). **Horrible** et **Affreux** (→ ce mot) marquent la réaction devant ce qui est *monstrueux*. ¶ 3 Sans idée morale : Qui n'est pas bon, en parlant des choses et parfois des personnes. *Mauvais* implique un vice, un défaut essentiels, ou simplement l'absence des qualités qu'on attendait dans toutes sortes de choses : *Mauvais pain, mauvais vin, mauvais ouvrage, mauvais poète*. **Méchant** (toujours avant le nom), très imparfait, est moins fort que *mauvais* : *Méchants livres* (L. F.). *Méchante réputation* (Laf.). **Misérable** (→ ce mot) enchérit sur *mauvais* : *Couvert d'un méchant manteau, monté sur un cheval misérable* (Ren.) ; ainsi que **Détestable** et **Pitoyable** (→ ces mots). **Infect**, fam., très *mauvais*, plus que *misérable*. **Chétif**, en parlant des choses seulement, marque simplement l'insuffisance en qualité ou en quantité : *Chétive ressource* (J.-J. R.). **Défectueux** (→ Imparfait) ne se dit que des ouvrages ou des actes entachés de quelque imperfection : *Livre très défectueux* (Volt.). **Manqué, Raté**, fam., rapportent la mauvaise qualité d'un ouvrage au fait qu'il a été mal exécuté. **Diable** s'applique parfois à ce qui, étant mauvais, met de mauvaise humeur : *Quel diable de chemin!*

Mauvais temps, temps qui n'est pas beau, n'est pas propice à la vie à l'extérieur, parce qu'il pleut, neige, etc. **Vilain temps** enchérit avec une nuance esthétique et morale plus nette : *Un vilain temps est dangereux, rend maussade*. **Intempérie**, dérèglement de la température, de l'air, des saisons, se dit par ext. au pl. dans quelques loc. recherchées comme *Braver les intempéries*.

Mauviette : ¶ 1 → Alouette. ¶ 2 → Gringalet.

Maxime : ¶ 1 → Pensée ¶ 2 → Principe.

Maximum, point le plus élevé auquel une quantité variable puisse parvenir, se dit spéc. de la somme la plus forte dans l'ordre de celles dont il a été question : *Obtenir le maximum d'une indemnité*. **Plafond**, fig., terme de finance, chiffre maximum que ne doivent pas dépasser certaines opérations financières, certaines cotisations.

Méandre : → Sinuosité.

Méat : → Ouverture.

Mécanicien : ¶ 1 Celui qui par état

s'occupe de machines. *Mécanicien* implique la connaissance de la théorie et de la pratique, et se dit comme n. de celui qui monte ou répare des machines. **Mécano,** fam., *mécanicien*, surtout d'automobiles ou d'avions. **Machiniste** implique uniquement la pratique d'une machine qu'on sait faire marcher, et ne se dit plus guère que de ceux qui manipulent les décors ou machines de théâtre. ¶ 2 *Mécanicien,* celui qui conduit et entretient une locomotive à vapeur, assisté du **Chauffeur** qui entretient le foyer. **Conducteur,** celui qui conduit un autorail, une locomotive électrique, ou un véhicule automobile (→ *Chauffeur*).

Mécanique : ¶ 1 Adj. → Involontaire. ¶ 2 N. → Appareil.

Mécaniser : → Taquiner.

Mécène : → Protecteur.

Méchanceté : ¶ 1 Disposition à faire du mal. *Méchanceté* implique qu'un être mauvais agit à découvert et par volonté consciente, réfléchie : *La méchanceté suppose un goût à faire du mal ; la malignité, une méchanceté cachée* (Vauv.). **Scélératesse,** méchanceté criminelle : *Je lui en veux de sa méchanceté qui passe les bornes : il y met de la scélératesse* (Balz.). **Malignité** et **Malice** impliquent moyens subtils et artificieux, et parfois simple désir de se satisfaire aux dépens d'autrui, sans désirer expressément lui causer un dommage. *Malignité* suppose une puissance nuisible, inhérente au caractère ou à la nature, qui agit consciemment ou non par des moyens occultes et se dit aussi des choses : *La malignité qui est cachée et empreinte dans le cœur de l'homme* (Pasc.). *La malignité de l'air, des humeurs* (Mol.). *Malice* indique un défaut plus superficiel qui se manifeste, surtout dans la conduite, par l'adresse, la ruse ; c'est parfois une simple finesse d'esprit qui s'exerce sans ménagement aux dépens d'autrui et qui, accompagnée d'enjouement badin ou léger, peut n'être pas odieuse : *J'avais agi selon elle par malice, par vengeance, peut-être par méchanceté pure* (Mau.). **Rosserie,** fam., *malice* perfide surtout portée à critiquer, à railler et souvent cachée sous une gentillesse apparente : *La rosserie d'un chansonnier.* **Perversité** et **Noirceur** diffèrent de *méchanceté* comme les adj. correspondants (→ Méchant). ¶ 2 Action particulière qui révèle le désir de nuire. *Méchanceté,* toute action de ce genre, et spéc. parole dite dans l'intention de nuire, d'offenser : *Fréron amusera les oisifs par ses méchancetés hebdomadaires* (Volt.). **Malice** (→ Plaisanterie) et **Rosserie** diffèrent de *méchanceté* comme plus haut. **Vilenie** enchérit sur *méchanceté* en insistant sur la bassesse de l'acte commis, et se dit notamment d'une parole injurieuse, grossière : *Faire des vilenies* (Did.). *Il lui a dit mille vilenies* (Lit.). **Saleté,** pop., *vilenie* particulièrement écœurante qui blesse l'honneur, la délicatesse, a pour syn. pop. **Crasse. Saloperie** et **Vacherie,** syn. pop. et grossiers de *méchanceté,* diffèrent de ce mot comme les adjectifs correspondants de *méchant* (→ ce mot). **Gentillesse,** par antiphrase, trait odieux de malice. **Couleuvre,** fig., trait malicieux lancé en cachette : *Ces malices cachées, ce qu'on appelle couleuvres* (S.-B.). **Noirceur,** méchanceté atroce par sa perfidie : *Noirceurs atroces* (J.-J. R.), *secrètes* (D'Al.).

Méchant : ¶ 1 Du point de vue moral : → Mauvais. Qui aime à faire le mal. *Méchant,* adj. et n., celui qui fait du mal à autrui, par haine et avec réflexion, ou qui désire consciemment des choses mauvaises : *Les méchants ne sont point des hommes incapables de faire le bien ; ils le font indifféremment de même que le mal quand il peut servir à leur ambition* (Fén.). **Pervers** enchérit et implique une tendance congénitale et anormale à faire le mal, parfois avec raffinement, et à y penser constamment : *Abandonnons le pervers à sa honte secrète* (Did.). **Vilain,** adj., en parlant des êtres méchants et de leurs actes, insiste sur la bassesse morale qui provoque le mépris plutôt que sur l'effet nuisible des actions : *Un vilain sentiment hostile* (M. d. G.). **Infernal** (→ Diabolique) enchérit sur *méchant.* **Noir** ne se dit que des actions méchantes avec un mélange de trahison et de perfidie : *Noir stratagème* (Corn.). *Noire malice* (Sév.). — *Méchant,* n., personne méchante, a pour syn. **Rosse,** pop., qui implique dureté, malignité ou simplement malice. **Rossard,** pop., implique plutôt malveillance et médisance. **Gale** et **Teigne,** pop., personne très méchante. **Salaud,** méchant avec des procédés assez malpropres, est grossier et injurieux. **Peste,** personne dangereuse dont le rôle est funeste, la fréquentation pernicieuse, a pour syn. pop. **Choléra. Vipère,** personne méchante et malfaisante surtout par ses médisances, ses intrigues. **Chameau,** fam., suppose mauvais caractère, plaisir à jouer de mauvais tours, égoïsme intéressé. **Vache,** *méchant* dur et cruel, est argotique. **Bouc,** méchant et réprouvé dans le langage de l'Écriture. **Vilain,** syn. atténué de *méchant,* surtout en parlant d'un enfant pour lui reprocher sans aigreur une action qui n'est pas très belle : *Fi ! le vilain.* **Masque,** fém., terme de gronderie fam. pour reprocher à une petite fille sa méchanceté. Femme méchante : → Mégère. ¶ 2 De peu de valeur : → Mauvais.

Mèche : → Touffe.

Mécompte : ¶ 1 → Déception. ¶ 2 → Erreur.

Mécompter (se) : → (se) Tromper.

Méconnaître : ¶ 1 → Mépriser. ¶ 2 (Réf.) *Se méconnaître*, se tromper sur soi-même, faute de savoir qui on est. **Se méjuger,** se donner une fausse valeur et souvent se juger trop modestement.

Méconnu : → Inconnu.

Mécontent : → Malcontent.

Mécontentement : → Ennui.

Mécontenter : → Fâcher.

Mécréant : → Incroyant.

Médaille : ¶ 1 *Médaille*, pièce de métal portant une effigie ou une inscription. **Médaillon,** médaille qui surpasse en poids et en volume les médailles ordinaires. ¶ 2 → Insigne.

Médaillon : ¶ 1 → Médaille. ¶ 2 → Tableau. ¶ 3 → Image.

Médecin : Celui qui a pour état de soigner les hommes de leurs maladies. *Médecin* fait penser à l'état, à la profession exercée légalement. **Docteur,** abréviation de *docteur en médecine*, titre du *médecin* ou du chirurgien qu'on emploie pour le désigner d'une façon plus honorifique, et notamment quand on lui parle (sauf dans ce dernier cas, les médecins, malgré l'usage, désapprouvent cette appellation); quand il s'agit d'une femme, pour désigner sa profession, on dit **Femme médecin, Femme docteur,** quelquefois **Doctoresse,** plus souvent *Docteur*, et on emploie ce dernier terme quand on s'adresse à elle. **Praticien,** terme de médecine, médecin qui soigne les malades, par opposition à **Thérapeute,** médecin spécialisé dans l'étude des agents curatifs et de leur emploi rationnel pour guérir les maladies. **Clinicien,** médecin qui étudie et enseigne auprès du lit des malades dans une clinique ou un hôpital. — **Chirurgien,** médecin qui fait avec la main et à l'aide d'instruments certaines opérations sur le corps de l'homme. — **Interne,** étudiant en médecine, qui, à la suite d'un concours, devient le collaborateur d'un chef de service dans un hôpital civil, y est logé et nourri et y assure un service de garde, à la différence de l'**Externe,** chargé d'un service sans être logé. Pour désigner fam. un *médecin* : **La Faculté,** absolument la Faculté de Médecine, par ext. en plaisantant, le ou les médecins traitants, en insistant sur ce que leurs ordonnances ont d'impérieux : *Crève, cela t'apprendra une autre fois à te jouer de la Faculté* (Mol.). **Esculape,** dieu de la médecine, par plaisanterie, *médecin* en renom. **Toubib,** *médecin* en termes d'ar-

got militaire, par ext. *médecin* civil. **Carabin,** fam., étudiant en médecine et en chirurgie. — Avec une nuance péj., **Médicastre,** médecin ignorant; **Charlatan,** médecin qui exploite la crédulité publique; **Morticole,** d'après le roman satirique de Léon Daudet, *Les Morticoles* (1894), médecin « qui cultive la mort »; **Docteur Knock,** d'après la pièce de Jules Romains, *Knock ou le Triomphe de la médecine,* médecin qui, avec un appareil scientifique moderne, persuade à tout homme bien portant qu'il est un malade qui s'ignore. — **Mire,** syn. vx de *médecin.* **Physicien,** nom du médecin au M. A.

Médecine : → Purge.

Médian, Médial : → Mitoyen.

Médiation : → Entremise. Dans le domaine international, *Médiation*, intervention d'un État qui sert d'intermédiaire entre deux autres États et leur suggère des décisions qui peuvent dénouer équitablement leurs différends. L'**Arbitrage** suppose que, les deux États en litige ayant soumis leur différend à un troisième État en s'engageant par avance à accepter sa décision, celui-ci rend une sentence obligatoire.

Médical, qui a rapport à la médecine, se dit particulièrement des substances et de leurs propriétés qui intéressent la médecine parce qu'elle peut les utiliser pour guérir : *Les propriétés médicales d'une plante.* **Médicinal** ne s'emploie qu'en ce sens et se dit de tout ce qui sert de remède, au prop. et au fig. : *Herbe, plante, potion médicinale. La grâce médicinale de J.-C.* (Fén.).

Médicament : → Remède.

Médicamenter : → Soigner.

Médication : → Soins.

Médicinal : → Médical.

Médiéval, terme savant, qui appartient en fait, historiquement, au Moyen Age, et peut être un objet d'étude : *La littérature médiévale.* **Moyenâgeux,** fam., en un sens plus vague, qui a rapport au Moyen Age, ou y fait simplement penser : *Un costume moyenâgeux.*

Médiocre : → Moyen. Peu considérable. *Médiocre*, s'il a parfois rapport à la quantité, est plutôt péj., car il implique que la chose dont on parle n'a rien de remarquable : *Une fortune médiocre.* **Modique** marque sans nuance péj. quelque chose de modeste, de borné ou quelquefois de non excessif : *Un prix modique.* **Insignifiant** se dit surtout d'un prix très modique.

Médire (de), dire de quelqu'un, par méchanceté ou par légèreté, un mal qui a quelque fondement : *De quoi médirait-on quand on ne trouve plus de mal à rien?* (J.-J. R.). **Calomnier,** imputer faussement à quelqu'un ce qui nuit à sa réputation et à son honneur : *Être calomnié pour avoir fait du bien* (Volt.). **Diffamer,** attaquer publiquement la réputation ou l'honneur de quelqu'un, dans des paroles ou dans des écrits, s'emploie surtout quand il s'agit de calomnies injurieuses punies par la loi. **Satiriser,** railler, calomnier ou censurer dans une satire : *Il satirise même les femmes de bien* (Mol.). **Déblatérer sur,** fam., dire, avec violence et longuement, des médisances et parfois des calomnies sur quelqu'un. **Jaser,** absolu, ou **Jaser de,** parler de quelqu'un, en commentant sa conduite, avec une malignité qui va souvent jusqu'à l'indiscrétion ou jusqu'à la médisance. **Gloser sur,** en ce sens, est plus relevé. **Clabauder,** crier sans cause contre quelqu'un, par ext. dire du mal de lui. **Déshabiller** quelqu'un, fig., révéler par des propos médisants ses défauts ou ses vices. **Bêcher, Casser du sucre sur le dos de,** syn. pop. de *médire.* **Mettre quelqu'un en capilotade,** fam., médire outrageusement de lui. **Éreinter** et **Esquinter,** très fam., médire méchamment de quelqu'un pour le discréditer. **Baver sur,** fig., *calomnier,* surtout par envie, en souillant par d'indignes paroles : *Baver sur la réputation de quelqu'un* (Acad.). **Cancaner, Commérer, Ragoter, Potiner** diffèrent de *médire* comme les noms correspondants de *médisance* (→ ce mot). **Dénigrer** (→ ce mot) ajoute l'idée qu'on veut rabaisser la réputation de quelqu'un, et **Vilipender** (→ ce mot), qu'on veut le ruiner totalement.

Médisance : Paroles désavantageuses pour quelqu'un. *Médisance,* **Calomnie, Diffamation, Clabauderie :** → Médire. **Cancan,** fam., ajoute à *médisance* l'idée de bavardage indiscret et malin. **Commérage,** fam. et péj., cancans absurdes et bas de femmes bavardes. **Racontars,** fam., médisances consistant à rapporter, au détriment de quelqu'un, des contes dont on n'a pas vérifié l'exactitude : *Racontars suspects* (M. d. G.). **Racontage** est plus rare. **Ragot,** fam., *commérage, cancan, racontar* malveillant, ramassé n'importe où et sans valeur. **Potin,** fam. et fig., petit *commérage,* implique moins de malveillance que les autres mots. **Propos,** péj., employé absolument, vains discours sur quelqu'un, paroles en l'air qui lui sont défavorables. **On-dit,** propos qui se répète de bouche en bouche : *Condamner quelqu'un sur des on-dit* (Acad.). **Atrocités** et **Horreurs** (→ ce mot), médisances ou calomnies noires.

Méditatif : → Pensif et Penseur.

Méditation : ¶ 1 → Attention. ¶ 2 → Pensée.

Méditer : ¶ 1 → Penser. ¶ 2 → Projeter.

Médusé : → Ébahi et Interdit.

Meeting : → Réunion.

Méfait : → Faute.

Méfiant annonce une disposition de l'âme qui, par crainte, nous fait, souvent sans raison, instinctivement, nous rétracter sur nous-mêmes et éviter tout commerce avec autrui : *Ils tournaient·vers moi des yeux durs et méfiants; ils attendaient; ils se mettaient en garde* (Mau.). **Défiant** marque simplement une grande prudence, souvent due à la réflexion, à l'expérience, qui, pour des raisons précises, nous fait accorder difficilement notre confiance à autrui ou à nous-mêmes : *L'âge m'a rendu un peu défiant* (Volt.). **Soupçonneux** a surtout rapport à une disposition de l'esprit ingénieux à présumer le mal, à inventer chez autrui des menaces et à persécuter les autres pour prévenir ces menaces : *Mon esprit soupçonneux interprétait mal la plus innocente demande* (Mau.). **Cauteleux,** péj., insiste sur les précautions que prend, avec beaucoup de ruse, celui qui se défie des autres ou veut agir sournoisement : *Il est fin, cauteleux* (L. B.). — **Ombrageux** se dit des chevaux qui ont peur de tout; et au fig. des hommes qui s'effraient ou se cabrent pour un rien : *Les gens timides sont ombrageux : les propositions brusques les effraient* (Balz.). **Farouche** implique un manque de contact avec les hommes qui rend *méfiant, ombrageux,* un peu sauvage : *Fier et même un peu farouche* (Rac.).

Mégalomanie : → Orgueil.

Mégarde : → Inattention.

Mégère, péj., femme méchante et emportée : *Une mégère enragée* (S.-S.). **Furie** renchérit sur l'idée de violence, d'emportement, sans impliquer toujours la laideur morale de la *mégère* : *Émilie (dans Cinna) adorable furie* (Volt.). **Harpie** insiste au contraire sur la méchanceté, les tortures qu'inflige une femme acariâtre. **Sorcière** (surtout dans l'expression *vieille sorcière*) implique une méchanceté diabolique surtout chez une vieille femme. **Sibylle,** vilaine vieille femme médisante. **Carogne,** bas et vx, femme hargneuse ou méchamment vicieuse. **Garce,** grossier, femme débauchée ou femme très méchante. **Gaupe,** vx, femme malpropre et désagréable. **Harengère,** femme grossière dans ses propos comme une marchande de harengs. **Poissarde** ajoute l'idée de manières hardies. **Chipie,** pop., femme ou fille désagréable ou dédaigneuse. **Carne,** pop., femme méprisable, ivrogne, débauchée. **Chameau, Toupie** et **Poison,** syn. pop. de *mégère.*

Méjuger : ¶ 1 → Mépriser. ¶ 2 (Réf.) → (se) Méconnaître.

Mélancolie : ¶ 1 *Mélancolie*, terme de l'ancienne médecine, de nos jours, en pathologie, variété de maladie mentale consistant en un certain nombre d'idées fixes provoquant le découragement et la tristesse, ou la crainte et l'angoisse, ou, sous sa forme la plus grave, un véritable délire. **Neurasthénie** dit moins et désigne seulement une névrose qui, par suite d'un affaiblissement de la tension nerveuse, provoque certains troubles pathologiques et notamment le désir de la solitude et la *mélancolie*. A noter toutefois que, dans le langage courant actuel, *mélancolie*, en un sens assez atténué, désigne une tristesse douce et parfois agréable, sans cause précise, tandis que *neurasthénie* garde son sens pathologique et implique toujours une forte propension à la tristesse et à la solitude morose. **¶ 2** → Tristesse.

Mélancolique : ¶ 1 → Bilieux. **¶ 2** → Triste.

Mélange : ¶ 1 Ce qui résulte de plusieurs choses mêlées ensemble. *Mélange* se dit quelle que soit la proportion des choses mêlées; de plus, et notamment en chimie, les propriétés des éléments du *mélange* peuvent être masquées, mais non changées d'une manière durable : *Un mélange d'eau et de vin.* **Combinaison** implique une proportion ou un ordre dans les choses mêlées qu'il faut respecter pour obtenir un certain résultat qui peut être, notamment en chimie, un corps nouveau doué de propriétés différentes : *L'eau est formée par la combinaison de l'oxygène et de l'hydrogène.* **Mixture**, *mélange*, homogène ou non, de plusieurs substances, plus particulièrement de substances liquides. **Mixtion**, terme didact., *mélange* de plusieurs drogues dans un liquide pour la composition d'un médicament. **Composition**, *mélange* rationnel fait par l'homme, selon certaines proportions précises. **Magma**, en chimie, *mélange* formant une masse visqueuse. **Amalgame**, en chimie, *combinaison* du mercure avec un autre métal. **¶ 2** Action de mêler. *Mélange*, **Confusion, Incorporation, Dosage, Panachage : →** Mêler. **¶ 3** Au fig. Assemblage de personnes ou choses diverses réunies confusément. *Mélange* n'exclut pas une distinction relative et un manque d'accord entre les divers éléments : *Ces âmes faibles et vaines dont la vie est un mélange perpétuel de bien et de mal* (FÉN.). **Combinaison**, surtout en parlant des choses, ajoute l'idée d'un certain ordre qui aboutit à un résultat : *Il y a dans cette comédie une combinaison d'incidents qui est fort ingénieuse* (ACAD.). **Alliage**, au fig., *mélange* qui altère la pureté d'une chose. **Mixture**, au fig., mauvais *mélange* de personnes ou de choses. **Amalgame**, au fig., *mélange*

de personnes ou de choses de nature, d'espèce différente et ne s'accordant pas toujours ensemble : *Le singulier amalgame qu'il avait fait de ses conceptions sociales à la fois de grand seigneur et d'amateur d'art* (PROUST). **Magma**, au fig., *mélange* désordonné et inextricable. **Pêle-mêle**, péj., en parlant de personnes ou de choses, implique que, tout en gardant leur individualité, elles sont mêlées dans un désordre confus : *Pêle-mêle d'opinions extravagantes* (ZOLA). **Fricassée**, fig. et fam., *mélange* confus de choses diverses : *Toute cette fricassée que je barbouille n'est qu'un registre des essais de ma vie* (MTG.). **Cocktail** (mot anglais), *mélange* de diverses liqueurs pour faire une boisson stimulante, parfois au fig. syn. de *mélange*. **Méli-mélo**, très fam., *mélange* confus et désordonné, *pêle-mêle*. **Salade**, fig., *mélange* incohérent, surtout d'idées. **Margouillis**, fam., *mélange* de choses de toute espèce qui font un amas confus. **Salmigondis**, fig. et fam., *mélange* de choses qui n'ont ni liaison ni suite ou de personnes réunies au hasard : *Un salmigondis perpétuel de dévotion et de péchés* (RETZ). **Mêlé-cassis**, pop., *mélange* d'eau-de-vie et de cassis, par analogie *mélange* de choses hétéroclites. **Olla-podrida** (en espagnol, « pot pourri », mets fait d'un mélange de légumes et de viandes), au fig., *mélange* informe de choses ou de personnes. **Promiscuité**, péj., ne se dit que des personnes de condition ou de sexe différents dont la réunion est inconvenante ou désagréable : *Cette proximité tend à la promiscuité et à ses complaisances* (J. ROM.). **¶ 4** En littérature, en musique, ou en art, *Mélange*, au sing., action de mêler dans une œuvre des éléments divers, en général empruntés, et son résultat plus ou moins heureux : *De vos fictions le mélange coupable* (BOIL.). **Contamination**, terme de littérature latine, procédé de composition dramatique qui consistait à amalgamer en une seule comédie latine la matière de plusieurs comédies grecques. **Ripopée**, fig. et péj., ouvrage qui mélange des idées communes, incohérentes, mal liées entre elles. **Macédoine**, *mélange* de différents légumes ou de différents fruits; fig. et fam., livre ou écrit où sont réunies et mêlées des pièces de différents genres : *Une macédoine littéraire.* **Marqueterie**, au fig., ouvrage d'esprit composé de morceaux sans liaison ou de morceaux empruntés, assemblés et mélangés comme les feuilles de l'ouvrage de menuiserie qui porte ce nom. **Mosaïque**, fig., ouvrage d'esprit fait de morceaux rapportés; on dit aussi **Placage** et **Habit d'arlequin**. **Centon**, pièce de poésie composée de vers pris dans quelque auteur célèbre, par ext. ouvrage littéraire ou musical fait d'un *mélange* de morceaux empruntés. **Pot pourri**, morceau de musique composé d'un *mélange* d'airs choisis empruntés à une même partition ou à une même auteur; par ext., péj., ouvrage littéraire fait de divers morceaux assemblés sans ordre, sans liaison et le plus souvent sans choix. **Rhapsodie**, fig. et fam., mauvais ramas de vers ou de prose disparate; et, en musique, sans aucune nuance péj., œuvre composée de plusieurs motifs présentés les uns après les autres. **Compilation** ouvrage d'érudition qui mêle des emprunts à divers ouvrages. ¶ 5 *Mélanges*, au pl., en littérature, recueil composé de pièces de prose ou de poésie, de petits ouvrages sur différents sujets, ou réunion d'articles sur des sujets variés, formant un volume que des disciples offrent à un maître. **Miscellanées** ou **Miscellanea**, vx, recueil de différents ouvrages de science, de littérature qui n'ont quelquefois aucun rapport entre eux. **Variétés**, recueil contenant des morceaux sur différents sujets, mais dans un même ordre d'idées et en prose, implique plus d'unité que *Mélanges* : *Paul Valéry a écrit plusieurs ouvrages intitulés* Variété I, Variété II, *etc.*

Mélangé : → Mêlé.

Mélanger : → Mêler.

Mêlé : ¶ 1 Qui n'est pas pur. *Mêlé*, formé d'éléments divers qui peuvent être simplement juxtaposés. **Mélangé** implique que les éléments divers sont combinés : « Les races sont *mêlées* quand, dans un même pays, il y a plusieurs races y vivant ensemble; elles sont *mélangées* quand elles font des croisements » (LITT.). **Composite** se dit d'un ordre d'architecture qui se compose de l'ionique et du corinthien, et par ext. au fig. de ce qui est mêlé : *Diderot est un génie d'un ordre composite* (RIV.). **Mâtiné**, péj. au fig., *mêlé* avec quelque chose qui en altère la pureté : *Parler un français mâtiné d'espagnol*. **Impur** insiste sur l'altération, la qualité inférieure d'une chose mélangée à une autre qui la corrompt. **Panaché**, formé d'éléments variés, hétérogènes, se dit de certains mélanges culinaires, et au fig., fam., d'un style varié, disparate ou, en politique, d'une liste électorale qui mélange les candidats de différents partis. **Mixte**, terme didact., composé de plusieurs choses de différente nature et participant de la nature des unes et des autres, intermédiaire entre elles : *Plusieurs États, les uns monarchiques, les autres mixtes* (VOLT.). ¶ 2 *Mêlé*, **Brouillé**, **Embrouillé**, **Emmêlé**, **Entremêlé** : → Mêler. **Enchevêtré** (→ Embarrassé) ne se dit que des choses qui s'embrouillent les unes dans les autres, s'interpénètrent d'une façon inextricable : *Fils d'écheveau*

enchevêtrés. *Phrases, périodes enchevêtrées.* **Embroussaillé** ne se dit guère que des poils ou des cheveux embrouillés comme de la broussaille.

Mêlée : → Bataille et Batterie.

Mêler : ¶ 1 Mettre ensemble plusieurs choses pour qu'elles forment un tout. *Mêler* se dit de toutes sortes de choses, sans préciser la manière : *Mêler les cartes. Mêler à l'or l'éclat des diamants* (BOIL.); *le vin avec l'eau pour boire.* **Mélanger**, mettre ensemble, à dessein et avec art, des choses qui doivent naturellement se convenir, dans des proportions propres à produire un certain effet : *Mélanger les figures et les couleurs d'un tableau* (FÉN.); *différentes sortes de vin pour en faire un autre vin.* **Combiner**, **Amalgamer**, au prop. et au fig. : → Mélange. **Mixtionner**, terme de science, *mélanger*, *mêler* volontairement quelque drogue dans une liqueur, afin qu'elle produise un certain effet, ordinairement mauvais ou dangereux : *Cette boisson mixtionnée dont mes compagnons avaient éprouvé les terribles effets* (FÉN.). **Couper**, *mêler* un liquide à un autre de force moindre, destiné à le tempérer : *Couper son vin avec de l'eau.* **Doser**, terme didact., régler la quantité et la proportion des ingrédients qui entrent dans une composition médicinale, au fig. *mélanger* dans une juste proportion : *Cet orateur a su habilement doser la critique et l'éloge* (ACAD.). **Panacher**, fig., composer un mélange d'éléments variés et même opposés : *Panacher une liste électorale.* **Saupoudrer**, au fig., *mêler* à ce qu'on écrit ou à ce qu'on dit quelques détails d'un ordre différent : *Une critique saupoudrée de quelques éloges* (ACAD.). **Confondre** ajoute à *mêler* l'idée qu'on ne peut plus distinguer les choses ou les personnes réunies : *Comme de longs échos qui de loin se confondent Dans une ténébreuse et profonde unité* (BAUD.). **Incorporer**, *mêler* intimement et unir certaines matières pour en faire un corps qui ait quelque consistance : *Incorporer divers onguents.* ¶ 2 Mettre pêle-mêle. *Mêler*, joindre deux ou plusieurs choses qui tendent à s'interpénétrer, à se confondre, ou mettre en désordre les parties d'un ensemble, ou simplement mettre de l'embarras dans une chose : *Mêler les cheveux, les cartes.* **Brouiller** (→ ce mot) et **Embrouiller** insistent sur la confusion produite, qui est telle qu'on ne peut plus la démêler : *Embrouiller un écheveau.* **Emmêler**, *brouiller*, ne se dit que des fils, ou au fig. comme syn. d'*embrouiller* : *Affaire bien emmêlée* (ACAD.). **Entremêler** n'implique pas désordre et confusion, mais simplement le fait que plusieurs choses sont insérées parmi d'autres dont elles diffèrent plus ou moins :

Entremêler des livres et des brochures; des plaisanteries et des propos sérieux. ¶ 3 → Unir. ¶ 4 → Comprendre. — ¶ 5 *Se mêler à, de :* → Participer. ¶ 6 *Se mêler de :* → Intervenir et (s') Occuper. ¶ 7 *Se mêler dans :* → (s') Introduire.

Méli-mélo : → Mélange.

Mellifue : → Doucereux.

Mélodie : ¶ 1 → Harmonie. *Mélodie*, suite de sons qui forment une ou plusieurs phrases musicales, et, en un sens plus général, suite de sons d'où résulte un chant agréable et régulier : *La mélodie est dans la musique ce qu'est le dessin dans la peinture, l'harmonie n'y fait que l'effet des couleurs* (J.-J. R.). **Chant,** la partie mélodique d'une musique quelconque pour la distinguer de l'accompagnement des instruments : *Le chant du violoncelle.* **Récitatif,** chant déclamé, non assujetti à une mesure régulière, cadencé suivant la coupe des vers et les inflexions de la voix et qui ne diffère de la parole ordinaire que parce que les syllabes en sont prononcées sur les notes de la gamme, mais sans mesure ni *mélodie : Le récitatif ne peut être bon qu'autant que les vers le sont* (Volt.). **Mélopée,** chez les anciens, phrase de récitatif sur des paroles élevées de prose ou de poésie : *Cette musique de pure déclamation qu'est la mélopée des anciens* (Volt.); chez les modernes, sorte de *récitatif* de forme libre : *La mélopée de Gluck* (L. H.); et, en un sens plus général, tout *chant* ou tout *récitatif* monotone. ¶ 2 → Chant et Air.

Mélodieux : → Harmonieux.

Mélodrame : → Drame.

Mélopée : → Mélodie.

Membrane : → Tissu.

Membre : ¶ 1 → Partie. ¶ 2 Au fig. *Membre*, chacune des personnes qui font partie, naturellement ou pour s'y être introduites, d'un corps, d'une association, d'une famille, etc. : *Un membre du Parlement d'Angleterre* (Volt.). **Adhérent,** celui qui se range volontairement dans un parti, un groupe social, littéraire, dans lesquels on peut entrer librement : *Adhérent à la Franc-Maçonnerie* (J. Rom.). **Sociétaire,** celui qui fait partie de certaines sociétés littéraires, musicales, etc., et souvent les administre ou y jouit de certains droits que n'ont pas les simples *adhérents : La Société des gens de lettres comprend des adhérents et des sociétaires* (Acad.). **Affilié,** individu rattaché à un groupement sans pour cela le constituer comme le *membre : Le nouvel adhérent pouvait être mis en contact avec d'autres affiliés, même avec des chefs* (J. Rom.). **Recrue,** fam., nouveau membre admis dans une société, un corps savant ou politique et souvent considéré du point de vue de sa valeur : *Une excellente recrue* (Acad.).

Même, en outre, avec l'idée que ce qui s'ajoute enchérit. **Voire,** vx, est plus affecté et marque une gradation plus forte, plus surprenante : *Une jeunesse, voire une espièglerie déconcertantes, presque déplacées dans ce visage de vieil homme* (M. D. G.). *Voire même*, pléonasme usuel de nos jours, n'est pas de bonne langue.

Même que (de) : → Comme.

Même (le) : → Semblable.

Mémento : ¶ 1 *Mémento*, ouvrage court qui contient tout ce dont on doit se souvenir dans une science, une technique, une activité quelconque : *Le mémento du voyageur.* **Aide-mémoire,** ouvrage surtout didactique et scolaire qui cherche à graver facilement dans la mémoire l'essentiel de ce qu'elle doit retenir : *Un aide-mémoire de physique.* **Guide,** ouvrage qui, en plus de notions, de renseignements, donne des conseils sur la manière d'exercer certaines activités : *Le Guide de l'arpenteur.* **Guide-âne,** petit livre élémentaire qui contient des instructions, des règles propres à guider dans un travail, dans l'exercice d'un art, d'une profession. **Vade-mecum** (en lat. « Viens avec moi »), *mémento, aide-mémoire* ou *guide* qu'on peut toujours avoir sous la main, porter sur soi pour se renseigner. ¶ 2 → Note.

Mémoire (fém.) : ¶ 1 *Mémoire*, faculté de retenir et de rappeler à l'esprit une idée. **Souvenir,** cette idée elle-même ou l'acte par lequel on la rappelle : *Ma mémoire ne me fournissait que des souvenirs imparfaits* (J.-J. R.). Mais *mémoire*, en un sens toujours favorable et surtout dans le style relevé, désigne aussi le *souvenir* d'une grande chose, ou de tout un ensemble de faits, ou un *souvenir* longuement conservé, parfois d'une façon assez vague, tandis que le *souvenir* est toujours partiel, précis et peut être désagréable : *Le lion garde le souvenir des mauvais traitements, comme il conserve aussi la mémoire et la reconnaissance des bienfaits* (Buf.). **Souvenance,** vx, surtout dans la loc. *J'ai souvenance, souvenir* ancien et durable : « *J'ai souvenance » marque un temps éloigné* (Marm.). **Ressouvenir** et **Ressouvenance** (plus rare), *souvenir* lointain, imparfaitement retracé, ou évoqué par une circonstance fortuite, appartenant plutôt à la mémoire affective qu'intellectuelle. **Réminiscence,** *ressouvenir* si incertain d'une idée presque effacée que souvent nous la prenons pour une idée nouvelle : *Qui dit réminiscences dit ressouvenirs confus, vagues, flottants, incertains, involontaires* (S.-B.). **Anamnésie,** syn. didact. de *réminis-*

cence. **Remembrance,** syn. vx de *souvenir.*
— **Cœur,** syn. de *mémoire* au sens de faculté, pour désigner la mémoire des sentiments dans les loc. *Sur le cœur, dans mon cœur : J'ai ce soufflet fort sur le cœur* (Mol.). ¶ 2 → Rappel. ¶ 3 → Commémoration. ¶ 4 → Réputation.

Mémoire (masc.) : ¶ 1 → Liste. ¶ 2 → Compte. ¶ 3 → Traité. ¶ 4 → Récit.

Mémoires : → Histoire. Ouvrage dans lequel l'auteur raconte des souvenirs de sa vie. *Mémoires* fait penser à une déposition écrite propre à servir à l'histoire et contenant de nombreux détails sur la vie publique de l'auteur ou exposant sa vie privée comme un témoignage historique : *Les Mémoires d'outre-tombe* de Chateaubriand. **Souvenirs,** écrit plus personnel, plus fragmentaire, moins dominé par le souci de l'histoire : *Souvenirs d'enfance et de jeunesse* de Renan. **Autobiographie,** biographie d'une personne écrite par elle-même, récit plus complet que les *souvenirs,* mais exclusivement centré sur la vie de l'auteur et non sur l'histoire de son temps. **Journal,** relation jour par jour, sans intention historique, de ce que l'auteur fait et pense, dans sa vie publique ou privée : *Le Journal* des Goncourt. *Journal intime.* — **Mémorial,** livre où sont consignés certains faits mémorables soit de la vie de l'auteur, soit de celle d'un homme auprès de qui l'auteur les a recueillis : *Le Mémorial de Sainte-Hélène* par Las Cases.

Mémorable : → Remarquable.

Mémorandum : → Note.

Mémorial : → Récit et Mémoires.

Menaçant : → Inquiétant et Imminent. Qui fait craindre un danger prochain. *Menaçant* se dit dans tous les cas : *Cornes menaçantes* (Rac.). *Guerre menaçante* (J. Rom.). **Fulminant,** fig., menaçant et emporté, en parlant de ce qui manifeste les sentiments : *Écrits, regards fulminants.* **Comminatoire,** terme de jurisprudence, qui renferme quelque menace en cas de contravention, se dit par ext. de paroles, d'un air, d'un ton qui expriment une menace, souvent en accompagnant une injonction ou une défense : *Tout cela était dit assez gravement, mais sur un ton qui n'avait rien de comminatoire* (Gi.).

Menace, parole ou geste dont on se sert pour marquer à quelqu'un sa colère, son ressentiment et lui faire craindre le mal qu'on lui prépare : *Capituler devant la menace d'un voisin* (M. D. G.). **Intimidation,** toute action par laquelle on cherche à troubler quelqu'un en lui inspirant de la crainte. **Commination,** dans le langage religieux, dénonciation de la colère de Dieu,

et, en rhétorique, figure par laquelle on laisse entrevoir aux auditeurs un avenir menaçant s'ils ne changent pas de conduite.

Menacer : ¶ 1 → Braver. ¶ 2 *Menacer de :* → Présager.

Ménage : ¶ 1 → Économie. ¶ 2 → Famille. ¶ 3 → Maison.

Ménagement : ¶ 1 → Circonspection. ¶ 2 Au pl. → Égards.

Ménager : ¶ 1 → Économiser. ¶ 2 → User de. ¶ 3 → Préparer. ¶ 4 → Procurer. ¶ 5 Traiter les personnes avec mesure. *Ménager* implique prévoyance, dessein d'obtenir une influence sur l'esprit de quelqu'un, ou de lui manifester certains égards : *Ménager un malade* (Mau.). **Prendre, Mettre des gants avec,** fam., traiter quelqu'un avec beaucoup de discrétion et de ménagement. **Épargner** n'implique aucun calcul : c'est traiter quelqu'un avec modération, pour n'importe quelle raison, souvent alors qu'on serait en droit de le traiter mal : *La peste épargnait les constitutions faibles* (Cam.). **Pardonner à,** épargner quelqu'un en l'exceptant d'un mal, ne s'emploie qu'à la négative : *La nature ne lui pardonne pas* [à l'homme]. *La vague l'épargne-t-elle?* (Mich.). — **Respecter,** ne pas toucher à quelqu'un ou à quelque chose, en parlant de ce qui exerce une action funeste, dévastatrice : *Le feu a respecté cette maison.* ¶ 6 (Réf.) → (se) Soigner.

Mendiant : → Pauvre. *Mendiant,* celui qui fait profession de demander l'aumône : *A ne regarder l'état de mendiant que comme un métier...* (J.-J. R.). **Gueux,** fam. et péj., celui que le plus extrême dénuement réduit à la profession de mendiant, avec quelque chose de honteux et de répugnant dans la mine : *Un gueux couvert de pustules, les yeux morts, le bout du nez rongé* (Volt.). **Mendigot,** pop. et péj., mendiant qui exploite la charité publique. **Gredin,** syn. vx de *mendiant.* **Truand,** mendiant professionnel du M. A., par ext. vaurien, vagabond qui mendie par fainéantise.

Mendier : → Solliciter.

Menées : → Agissements. *Menées,* agissements secrets et artificiels pour faire réussir quelque dessein nuisible : *Menées secrètes* (Bos.). **Pratiques** implique une façon d'agir criminelle, qui sent la trahison : *Pratiques odieuses* (Marm.); *souterraines* (Balz.). **Machinations** fait penser à un vaste complot où l'on combine des ressorts ou des moyens cachés pour produire un effet terrible sur celui que l'on hait, et implique noirceur, longue préméditation, haute capacité pour le mal : *Machinations inventées par lui pour nous frustrer de notre héritage* (Mau.). **Trame**

fait penser à quelque chose de moins vaste, parfois de moins odieux, mais de plus rusé, de plus subtil, et surtout de très longuement et patiemment ourdi : *Tours rusés et subtiles trames* [des femmes] (Mol.). **Diablerie,** fam., machination secrète révélant une méchanceté infernale.

Mener : ¶ 1 → Conduire. Diriger vers un but en accompagnant. *Mener* marque simplement l'action quelle que soit la façon dont elle se fait. **Amener,** mener vers un endroit ou vers une personne. **Emmener,** mener hors du lieu où l'on est vers un autre lieu indéterminé : On *amène* un accusé devant ses juges ; après le jugement, on l'*emmène*. **Remener,** mener de nouveau, ou mener une personne, un animal au lieu où il était auparavant : *Remenez cet enfant chez son père* (Acad.). En ce dernier sens on dit plutôt **Ramener,** qui signifie aussi amener de nouveau, ou aussi, amener d'un endroit donné une chose qu'on n'y avait pas menée : *Il est allé à mon ancien logement et m'a ramené mes meubles* (Acad.). **Remmener,** emmener ce qu'on avait amené. **Promener,** mener à la promenade (→ ce mot) ou mener partout avec soi, ou obliger à se déplacer sans cesse. ¶ 2 → Gouverner. ¶ 3 → Traiter.

Ménestrel : → Troubadour.

Meneur : ¶ 1 → Chef. ¶ 2 → Protagoniste.

Menotte : ¶ 1 → Main. ¶ 2 Au pl. *Menottes,* lien qu'on met aux poignets d'un prisonnier pour lui ôter l'usage des mains. **Cabriolet,** corde à nœuds terminée par deux morceaux de bois dont on se sert comme menottes. **Poucettes,** corde ou chaînette attachant les pouces d'un prisonnier.

Mensonge : ¶ 1 → Fausseté. Propos contraire à la vérité. *Mensonge,* de tous les styles, implique qu'on altère sciemment la vérité et se dit d'une faute importante : *Solon disait que le mensonge doit être en horreur à tout le monde* (Fén.). **Menterie,** fam., mensonge léger, sans mauvaise intention, ni conséquence grave : *Menterie innocente et qui ne trompe personne* (L. B.). **Contrevérité,** toute assertion contraire à la vérité, n'implique pas qu'on altère sciemment la vérité, mais se dit souvent, par euphémisme, d'un *mensonge* : *Un avocat reproche à son adversaire ses contrevérités*. **Hâblerie, Vanterie, Fanfaronnade :** → Menteur. **Craque,** fam., mensonge par exagération, par hâblerie. **Bourrage de crâne,** pop., mensonge fait dans un dessein de propagande, ou pour inciter quelqu'un à faire ce qu'on veut qu'il fasse. ¶ 2 → Vanité. ¶ 3 → Invention. ¶ 4 → Feinte.

Mensonger : → Faux.

Menstrues, en termes de médecine, a pour syn. **Ménorrhée** et **Flux cataménial. Règles** est du langage courant comme **Époques** ou **Mois,** moins usités. **Affaires** est fam.

Mensuration : → Mesure.

Mental : → Psychique.

Mentalité, terme récent qui, selon Proust, date de l'affaire Dreyfus, ensemble des dispositions intellectuelles, des habitudes d'esprit et des croyances fondamentales d'un individu ou d'un groupe : *La mentalité de la génération nouvelle.* **État d'esprit,** façon de penser, de réagir qui peut varier : *L'état d'esprit de Jenny, sa vision du monde* (M. d. G.). **Esprit,** en général avec un qualificatif, la mentalité telle qu'elle est façonnée par le milieu, le corps, la nation : *L'esprit de l'Église* (Boil.). **Moral,** *état d'esprit,* dispositions, sentiments, a surtout rapport à la fermeté à supporter les périls, les fatigues, les difficultés : *Soutenir le moral de la population* (Cam.).

Menterie : → Mensonge.

Menteur : ¶ 1 Adj. → Faux. ¶ 2 N. *Menteur,* celui qui a l'intention expresse de faire prendre le faux pour le vrai afin de tromper : *Il ne faut pas croire ce qu'il dit, c'est un menteur* (Gi.). **Hâbleur,** celui qui déforme la vérité par exagération, désir de se rendre intéressant : *Un hâbleur qui nous faisait un portrait exagéré de ses fardeaux et tribulations* (Volt.). **Vantard,** celui qui s'attribue des qualités, des mérites qu'il n'a pas. **Fanfaron,** variété de *vantard* qui fait le brave, par ext. vantard provocateur : *Le fanfaron travaille à ce qu'on dise de lui qu'il a bien fait* (L. B.). **Marseillais** et **Tartarin** (par allusion au roman d'A. Daudet), syn. fam. de *hâbleur.* **Gascon,** syn. fam. de *vantard* et de *fanfaron.* **Monteur de coup** et **Craqueur,** syn. pop. de *hâbleur.* **Conteur,** celui qui raconte des histoires à dormir debout, pour s'amuser, par hâblerie ou pour enjôler une femme. — **Mythomane,** terme médical, celui qui a, par tendance pathologique, la manie de l'invention mensongère.

Mention : → Rappel.

Mentionner : ¶ 1 → Citer. ¶ 2 → Inscrire.

Mentir : Induire en erreur en disant quelque chose de contraire à la vérité. *Mentir* implique une action consciente et répréhensible, considérée abstraitement. **Dire un mensonge,** exprimer une chose fausse, consciemment ou non, en général à propos d'une chose assez peu grave : *L'amour.*

qui loue en nous des perfections que nous
n'avons pas, les voit en effet telles qu'il
les représente; il ne ment point en disant
des mensonges (J.-J. R.). **Faire un mensonge,** dire à dessein une chose fausse, et
avec des détails nombreux et précis, ce
qui constitue une faute grave.

Mentor : → Conseiller.

Menu : ¶ 1 Adj. → Petit. De petite
dimension. Menu (anton. gros) implique
un manque de grandeur dans tous les
sens. **Mince** (→ ce mot), un simple manque
d'épaisseur : Femme menue comme une
souris (Cam.). Nez mince (Cam.). — Au
fig., menu, toujours devant le nom, qualifie en fait ce qui paraît avoir peu d'importance : Les menus faits de la journée
(M. D. G.); mince qualifie en nature ce
qui mérite qu'on lui accorde peu de considération : L'incident le plus mince (Val.).
— **Ténu,** mince, de peu de consistance, peu
compact, se dit surtout, en termes didact.,
des liquides et des fluides : Vapeurs
ténues (Buf.); et au fig., implique le
manque de solidité, de consistance :
États d'âme extrêmement ténus, mettons
incertains, informes, mettons surtout inexis-
tants (Duh.). **Délié,** très mince, très souple,
comme un fil, se dit aussi de ce qui est
long et menu, ou de corps dont les éléments sont imperceptibles : Filets très
déliés (Volt.). L'âme, matière ou substance
déliée (Volt.). **Fin** ajoute à menu et à délié
une idée de fini, de perfection, d'élégance
ou de pureté : La taille fort fine (Mol.).
Délicat marque une très grande finesse,
dans quelque chose de petit, qui s'accompagne de grâce et parfois de fragilité :
Les lignes délicates de ce nez (Proust).
Subtil implique le mouvement, la facilité
à se glisser, s'insinuer : Un feu subtil
(Corn.). **Grêle,** surtout en parlant des
parties du corps ou des plantes, long,
menu et maigre, et assez faible : Grand,
non pas grêle, mais plutôt efflanqué (Duh.).
Arbres grêles (Mau.; Zola). **Fluet,** qui se
dit plutôt du corps tout entier, ajoute
l'idée d'une complexion chétive qui rend
frêle, délicat : Fluet, délicat et d'une santé
fragile (Fén.). **Gracile,** doublet de grêle,
se prend en meilleure part et évoque
plutôt la délicatesse de ce qui est menu,
léger, élancé. — **Mièvre** se dit parfois
des personnes qui, parce qu'elles sont
grêles, graciles ou chétives, gardent quelque
chose de puéril : Jeune fille pâle et mièvre
(Lar.) — **Follet** ne se dit que de poils ou
de cheveux menus et légers qui semblent
voltiger de côté et d'autre. **¶ 2. Menu,**
liste détaillée des mets qui seront servis
au cours du repas. **Carte,** dans un
restaurant, liste des mets préparés ce
jour-là et parmi lesquels on choisit un
menu.

Méphitique : ¶ 1 → Puant. **¶ 2** →
Mauvais.

Méprendre (se) : → (se) Tromper.

Mépris : → Dédain.

Méprisable : → Vil.

Méprisant, adj., terme courant, qualifie
celui qui marque, surtout dans son air,
le peu de cas qu'il fait des personnes ou
des choses. **Contempteur,** nom et parfois
adj., rare et du style soutenu, marque
plutôt le mépris intellectuel des esprits
forts ou rebelles : Caractère impérieux,
jaloux et contempteur de l'esprit philosophique (L. H.).

Méprise : ¶ 1 → Malentendu. **¶ 2** → Inattention.

Mépriser : ¶ 1 → Dédaigner. Regarder
ou traiter comme n'ayant pas de mérite.
Mépriser implique qu'on n'attribue pas
de valeur à la personne ou à la chose;
Mésestimer et **Dépriser,** qu'on rabat simplement de leur valeur; mésestimer indique
une action purement intérieure, dépriser
suppose qu'on manifeste ses idées ou ses
sentiments par des discours défavorables :
Cette moralité sentimentale fait un devoir
de la sensibilité et porte à mésestimer ceux
qui n'en ont pas (Staël). Mérite déprisé
dans la bouche des mondains (Mas.). **Désestimer** est vx. **Méconnaître** suppose
simplement l'ignorance du mérite. **Méjuger** implique une erreur d'appréciation qui
conduit à mésestimer à tort. **¶ 2** Mépriser, s'élever au-dessus de l'amour ou
de la crainte qu'inspire d'ordinaire une
chose : Mépriser la mort. **Se jouer de,**
tenir pour négligeable, sans faire cas des
difficultés qu'une chose fait naître, du
respect qu'on lui doit, ou de la dignité
de certains êtres ou de leurs efforts : Se
jouer des difficultés, des lois. La fortune se
joue des hommes. **Se moquer de,** continuer
à agir en bravant l'opinion, les remontrances, le respect : Je me moque de ces
auteurs-là, s'ils sont contraires à la tradition
(Pasc.). **Se rire de** ajoute l'idée qu'on
marque ostensiblement son mépris : L'esprit d'impiété se rit de ce qu'il y a de
plus sacré (Pasc.). **Faire litière de,** fig.,
faire peu de cas d'une chose, se dit surtout
de l'honneur, des préjugés : Faire litière
de l'orgueil (J. Rom.). **Jongler avec** se dit
surtout des difficultés qu'on résout ou
des idées qu'on manie en se jouant. **Se
ficher de,** syn. fam. de se moquer de.

Mer : L'étendue d'eau salée qui baigne les
diverses parties de la terre. Mer, au cas
étendue par opposition à la terre ou aux
eaux douces : Combattre sur terre et sur
mer; plus spéc. partie de cette étendue d'eau baignant telle ou telle région,
nettement déterminée du point de vue

géographique et portant un nom spécial : *La mer Méditerranée.* **Océan,** la *mer,* considérée dans son immensité, comme entourant de partout les terres : *L'Océan environne de tous côtés les continents; il pénètre en plusieurs endroits dans l'intérieur des terres et il forme des mers méditerranées* (Buf.); plus spéc. portion de l'étendue salée plus vaste qu'une mer : *L'océan Atlantique.* **Eaux,** poét., *mer* considérée comme l'endroit où l'on navigue : *Et la flamme à la main les suivre sur les eaux* (Rac.). — Au fig. *Mer* est plus descriptif, ou convient dans des proverbes : *Mer de sable, de sang; ce n'est pas la mer à boire. Océan,* plus noble, fait concevoir l'immensité au physique et surtout au moral : *Océan de sable. Océan des âges* (Lam.). *Océan de bonté* (Gi.).

Mercanti : → Trafiquant.

Mercenaire : ¶ 1 Adj. → Intéressé. *Mercenaire* a surtout rapport à la conduite de celui qui fait ce qu'on lui dit de faire, sans autre raison que l'argent qu'on lui donne : *L'esprit mercenaire, c'est-à-dire le désir des récompenses* (Bos.). **Vénal,** plus péj., a rapport à la disposition de l'âme de celui qui, pour de l'argent, est tout prêt non seulement à travailler pour autrui, mais encore à se vendre pour n'importe quelle besogne : *Les plumes vénales qui mettent leurs bassesses à l'enchère* (Beaum.). **Stipendié,** n. et adj., péj., ne se dit que des personnes payées, souvent régulièrement, pour exécuter de mauvais desseins. ¶ 2 N. → Travailleur. ¶ 3 N. → Soldat.

Merci : → Miséricorde.

Merci (être à la) : → Dépendre.

Mercure, nom scientifique de la substance métallique fluide à la température ordinaire dont le nom vulgaire est **Vif-argent.** *Vif-argent* s'emploie seul pour dépeindre l'aspect du *mercure,* pour le faire considérer comme une cause énergique qui opère certains effets, et au fig. : *Affiner l'argent avec le vif-argent. Cet homme a du vif-argent dans les veines.*

Mercuriale : → Reproche.

Merde : → Excrément.

Mère, femme qui a mis un ou plusieurs enfants au monde. **Maman,** nom fam. et tendre qu'un enfant donne habituellement à sa mère. **Marâtre,** par ext. et très péj., mère qui n'a point de tendresse pour ses enfants et les traite rudement. **Mère poule,** très fam., mère particulièrement préoccupée de ses enfants souvent nombreux.

Mère-grand : → Grand-mère.

Méridional : → Sud.

Méritant se dit des personnes et de leurs actions qui doivent attirer notre estime par les efforts du sujet : *Élève méritant. Conduite méritante.* **Méritoire** ne se dit que des actions dignes d'être récompensées par l'estime, l'admiration et, dans le langage religieux, par la miséricorde de Dieu : *Souffrances méritoires* (Mas.).

Mérite : → Qualité.

Mériter, dans l'ordre des faits, implique que nos actions nous donnent droit, dans une circonstance particulière, à une chose bonne ou mauvaise, sans que cela corresponde toujours à notre valeur : *Les mauvais offices, bien loin de nuire, ont mérité des grâces et des bienfaits* (L. B.). **Être digne de,** plutôt dans l'ordre des idées, implique que notre valeur essentielle nous donne droit absolument à une chose en général bonne : *Un homme qui meurt pour sa patrie est digne de nos éloges* (Volt.). **Gagner bien** ou **Bien gagner,** au fig., mériter une chose bonne, salaire ou récompense.

Méritoire : → Méritant.

Merveille : → Prodige.

Merveilleux : N. ¶ 1 → Surnaturel. ¶ 2 → Élégant. — Adj. ¶ 3 → Extraordinaire. ¶ 4 → Beau.

Mésaventure : → Malheur. Accident peu grave, souvent risible. *Mésaventure* implique quelque chose de prolongé, toute une histoire : *De point en point je contai ma mésaventure* (Marm.). **Malencontre,** rare, mauvaise rencontre, ou occurrence qui vient mal à propos : *Puisse-t-il arriver sans malencontre* (Les.). **Malchance,** mésaventure qu'on impute à un manque de chance. **Déconvenue,** désagrément provenant d'une espérance trompée : *La déconvenue d'un amoureux évincé.* **Tuile,** fig. et fam., accident désagréable et imprévu. **Avaro,** avarie, dommage, syn. pop. de tuile. *(Avatars,* au sens de suite d'aventures fâcheuses, est impropre, car *avatar* ne signifie que métamorphose.)

Mésestimer : → Mépriser.

Mésintelligence, le fait de ne pas s'entendre d'une façon durable, de ne pas concevoir les choses de la même façon : *La mésintelligence et l'incertitude régnaient dans l'armée française* (Volt.). **Désunion,** le fait de s'éloigner par le cœur : *La profonde désunion de ce vieux ménage* (Gi.). **Zizanie,** fig., *mésintelligence* ou *désunion* qu'on fait naître chez des gens unis : *On a mis la zizanie entre eux* (Acad.). **Trouble,** toute altération, naturelle ou provoquée, des rapports normaux entre personnes, fait penser à l'effet produit : *Le trouble se met dans cette famille* (Acad.). **Mésentente,** syn. plus récent de *mésintelligence,* marque parfois seulement le fait qu'on ne s'entend pas pour exécuter un mouvement, une manœuvre : *Notre mésentente devint une guerre ouverte* (MAU.). *La mésentente de deux joueurs dans une équipe.* **Divergence** marque simplement que les opinions diffèrent sans s'opposer. **Désaccord**, opposition d'opinions ou de sentiments, mais sur un point de détail, sans avoir l'aspect durable et total de la *mésintelligence* : *Cette divergence créait entre eux un point de désaccord* (M. D. G.). **Dissentiment** enchérit et implique une différence profonde et durable dans la manière de voir et de juger qui est près d'aboutir à la *mésintelligence*, voire à la *discorde*. **Discordance**, manque d'accord, sorte de cacophonie d'opinions divergentes qui nuit à l'harmonie; ou défaut d'accord naturel entre les caractères ou les esprits trop différents pour s'entendre. **Orage**, fig., désaccord violent et passionné. **Nuage**, fig., trouble léger, commencement ou reste de trouble, qui nuit à la sérénité d'une union ou simplement de relations. **Tension**, fig., dissentiment entre États qui peut aboutir à une rupture ou à des hostilités. — Pour indiquer une séparation qui crée des partis divers qui se combattent, **Dissension**, dissentiment plus ou moins durable, mais violent et qui dégénère en dispute : *Les dissensions qui devaient déchirer l'unité de l'Église* (MAS.). **Division** suppose une scission, la formation de divers partis qui, ne faisant plus cause commune, ont des buts différents, des prétentions diverses et ennemies : *Les divisions qui perdirent Rome* (MTQ.). **Discorde** implique une diversité de passions, une opposition ardente qui provoque la haine et la guerre : *Les feux de la discorde et de la sédition* (MTQ.). **Discord**, vx, fait particulier de discorde. — Pour indiquer une séparation effective considérée simplement comme un état accidentel, **Rupture** suppose des liens quelconques qui viennent de se briser entre associés de toutes sortes. **Brouillerie** et **Brouille** (→ ce mot), rupture plus ou moins durable entre gens qui vivent familièrement ensemble : *La brouillerie de deux frères, la rupture de deux ministres* (L. B.). **Pique**, fam., brouillerie sans motif due à la susceptibilité, à l'humeur : *L'esprit de pique et de jalousie* (L. B.). **Froid**, fam., altération, souvent passagère, dans l'affection, les bonnes relations de deux personnes, sans aller jusqu'à la brouille : *Être en froid avec ses voisins* (ACAD.).

Mésinterpréter, imputer une intention mauvaise partant d'un fond de méchanceté : *Mésinterpréter les motifs de ses amis* (J.-J. R.). **Mal interpréter**, moins fort, attribuer un sens qui n'est pas le véritable, une intention qu'on n'a pas eue : *Mal interpréter l'intention de quelqu'un*. **Mal prendre** fait penser à la réaction de celui qui se juge touché par ce qu'il interprète mal : *Il a mal pris cette plaisanterie*.

Mesquin : ¶ 1 → Avare. ¶ 2 → Pauvre. ¶ 3 → Étroit.

Mesquinerie : → Petitesse.

Mess : → Réfectoire.

Message : ¶ 1 → Lettre. ¶ 2 → Communication.

Messager : ¶ 1 Celui qui vient annoncer quelque chose. *Messager* fait surtout penser à la chose qu'on annonce de soi-même, ou de la part d'un autre : *Triste messager d'un événement si funeste* (Bos.). **Envoyé** (→ ce mot), celui qui a quelque message ou quelque mission de la part de quelqu'un : *L'envoyé du ciel* (VOLT.). **Commissionnaire**, messager de métier, chargé de porter des lettres, des fardeaux, pour des particuliers. **Courrier**, vx, messager qui autrefois portait, par des moyens rapides et souvent au loin, les dépêches des particuliers ou des hommes d'État. **Coureur**, vx, messager aux gages d'une personne de qualité. **Exprès**, messager ou courrier chargé d'une mission déterminée. **Héraut**, dans l'antiquité ou au M. A., officier chargé de faire certaines publications solennelles ou d'apporter des messages importants; syn. poétique, au fig., de *messager* : *Un rossignol... le héraut du printemps* (L. F.). — **Estafette**, de nos jours, soldat ou officier chargé de porter des messages ou des dépêches. — **Mercure**, fig., messager d'amour portant des billets doux et servant, à l'occasion, d'entremetteur. ¶ 2 *Messager*, celui qui se charge de transporter les colis d'une ville à une autre. **Commissionnaire**, celui qui porte les colis dans une ville, ou de la ville au village, ou qui transporte des marchandises par voiture, et, à l'occasion, se charge aussi de commissions. **Transporteur**, de nos jours, terme courant pour désigner celui qui a une entreprise de transports routiers. **Facteur**, agent d'une compagnie de chemin de fer ou d'une entreprise de messageries, qui transporte les colis de la gare ou du bureau au domicile du destinataire et vice versa. ¶ 3 → Précurseur.

Messéant : → Inconvenant.

Mesure : ¶ 1 → Dimension. ¶ 2 *Mesure*, action de comparer un objet avec la quantité admise conventionnellement comme unité, fait penser surtout au résultat obtenu avec une précision scientifique : *La mesure de la terre* (VOLT.). **Mesurage** fait surtout penser à l'opération matérielle et se dit spéc. pour les longueurs, les aires, les volumes et en termes d'arpentage. **Mensuration**, moyen par lequel, en anthropologie, on se rend compte des dimensions d'un être vivant : *Mensuration du thorax*; s'est dit, mais rarement, pour *mesurage* : *Avec la propriété* [naquit] *la mensuration* (CHAT.). ¶ 3 → Rythme. ¶ 4 → Règle. ¶ 5 → Terme. ¶ 6 → Retenue. ¶ 7 *Mesures*, toute décision qu'on prend pour arriver à un but, dans une situation donnée, actuelle ou à venir : *On demandait des mesures radicales contre la peste* (CAM.). *Mesures préventives* (CAM.). **Dispositions,** mesures que l'on prend pour régler ce qui sera fait dans une situation qu'on prévoit : *Prendre des dispositions pour que la rente promise fût versée* (MAU.). **Préparatifs** (→ ce mot), mesures ou dispositions qui précèdent l'exécution d'un projet. **Précautions,** mesures pour éviter un mal futur : *Rien ne prouve mieux les alarmes que l'excès de précautions* (VOLT.). ¶ 8 *A mesure :* → (à) Proportion.

Mesurer : ¶ 1 Chercher à connaître une quantité par le moyen d'une mesure. *Mesurer* se dit dans tous les cas. **Arpenter,** mesurer des terres par toute mesure agraire. **Métrer,** mesurer au mètre une surface ou un solide quelconque. **Chaîner,** mesurer avec la chaîne d'arpenteur. — **Jauger,** mesurer un récipient quelconque pour voir s'il est de la mesure dont il doit être ou quel est son contenu à un moment donné; ou mesurer le volume intérieur d'un navire pour en connaître la capacité. ¶ 2 → Évaluer. ¶ 3 → Proportionner. ¶ 4 → Régler. ¶ 5 (Réf.) → Lutter.

Mésuser, assez rare, faire un mauvais usage d'une chose par manque de raison, de sagesse. **Abuser** implique un excès, une faute contre le droit, la règle, qui fait qu'on emploie une chose à faire du mal : *Un ami indiscret mésusera du secret que vous lui confiez; un ami perfide en abusera contre vous-même* (R.).

Métairie : → Ferme.

Métamorphose : → Transformation.

Métamorphoser : → Transformer.

Métaphore : → Image et Symbole.

Métathèse : → Transposition.

Métayer : → Fermier.

Météore, tout phénomène atmosphérique ou qui a lieu dans l'atmosphère, spéc. toute apparition brillante dans le ciel : *Un météore aussi lumineux que la lune en son plein* (FONT.). En ce dernier sens, **Bolide,** corps lumineux traversant le ciel et tombant souvent, après explosion, sur la terre. **Étoile filante,** dans le langage courant, *bolide* envisagé surtout dans sa course rapide et lumineuse à travers le ciel, désigne plus spéc. des météores circulant sur des orbites et apparentés aux comètes.

Métèque : → Étranger.

Méthode : La manière dont on s'y prend pour arriver à quelque but. *Méthode* s'emploie pour des buts très différents et implique que, partant de certains principes, on suit un certain ordre rationnel : *Une « méthode » au sens strict, c'est-à-dire un ensemble de procédés en qui l'on peut avoir confiance, et qui nous donne sûrement un résultat, pourvu qu'on les applique avec soin* (J. ROM.). Alors que la *méthode* est générale, souple, mise en œuvre par chaque sujet en particulier, **Système** suppose un plan précis, parfois arbitraire, un ensemble de moyens coordonnés qu'on se propose de pratiquer exactement pour réussir en quelque chose : *J'ai cru longtemps à un système, à un parti pris dont la raison m'échappait* (MAU.). **Procédé,** manière dont on applique telle ou telle méthode sur un point particulier, et plus souvent, en termes d'arts et de sciences, méthode pratique pour faire une chose : *Petits métiers exercés à l'aide de procédés primitifs* (LOTI). **Pratique,** procédé en général habituel, souvent empirique : *Il a des pratiques particulières pour niveler* (LIT.). **Recette,** procédé, dans les arts, dans l'économie domestique, qui consiste surtout à savoir comment composer un mets, un produit : *La recette d'un potage* (VOLT.); par ext., fam., tout procédé réputé infaillible pour obtenir quelque effet : *Ma recette contre le refroidissement de l'amour* (J.-J. R.). **Secret,** procédé connu d'une seule personne ou de peu de personnes : *Un secret de fabrication*; au fig., procédé subtil pour réussir, ou procédé essentiel à un art : *Le secret* [au théâtre] *est d'abord de plaire et de toucher* (BOIL.). **Rubrique,** vx, fig. et fam., méthode, pratique ancienne. **Technique,** ensemble de procédés qu'on doit méthodiquement employer pour un art, une recherche, un métier : *La technique de la porcelaine.* — **Théorie** ne se dit que des principes, des règles, des connaissances purement rationnelles qu'on a sur quelque chose et d'où l'on part pour pratiquer une méthode : *La théorie de la musique.*

Méthodique : ¶ 1 → Réglé. ¶ 2 → Logique.

Méticuleux : → Minutieux.

Métier : ¶ 1 → Profession. ¶ 2 → Appareil.

Métis : ¶ 1 *Métis*, en zoologie et en botanique, animal ou plante issu d'un croisement entre races ou variétés différentes dans la même espèce : *Ce chien n'est pas franc limier, il est métis.* **Hybride,** produit du croisement d'espèces différentes : *Les mulets sont des animaux hybrides.* **Mulet,** syn. d'*hybride* en parlant surtout des animaux. **Bâtard,** syn. péj. de *métis* ou d'*hybride*, se dit aussi de choses tenant de deux espèces contraires ou opposées, et implique souvent l'idée d'une dégénérescence, d'un doute sur l'origine ou d'une indétermination de l'espèce : *Lévriers bâtards.* ¶ 2 *Métis,* le produit du croisement entre la race blanche et la race indienne d'Amérique, par ext. tout homme né du croisement de deux races humaines différentes. **Mulâtre,** métis issu du croisement entre la race blanche et la race noire. **Quarteron,** individu né du croisement d'un métis et surtout d'un mulâtre avec une des races parentes (surtout la blanche). **Octavon,** celui qui est né d'un quarteron et d'un blanc. **Sang-mêlé,** mélange de deux ou de plusieurs races, syn. de *métis.* (*Créole* qu'on a le tort de confondre — parfois par euphémisme — avec *métis* ne désigne qu'une personne de pure race blanche née dans certaines colonies.)

Mètre : → Rythme.

Métropole : → Capitale.

Mets : → Nourriture. *Mets,* chacune des portions d'une substance alimentaire quelconque qu'on sert aux repas : *Le linge orné de fleurs fut couvert, pour tout mets, D'un peu de lait, de fruits et des dons de Cérès* (L. F.); a surtout rapport à la qualité de l'aliment servi. **Plat,** mets servi dans un plat et faisant partie d'un service, a surtout rapport à la nature de l'aliment et insiste souvent sur sa préparation soignée, compliquée : *Un plat de viande, de poisson, de gibier. Plat cuisiné.* **Spécialité,** mets ou plat spécial à une région ou préparé suivant une recette spéciale à tel ou tel restaurant. **Fricot, Galimafrée, Ratatouille,** syn. péj. de *plat* (→ Ragoût).

Mettre : ¶ 1 Faire en sorte qu'une chose soit en un certain lieu. *Mettre,* terme général, a rapport au lieu seul : *Mettre un mort en terre; du bois dans la cheminée.* **Placer** a rapport à un certain arrangement, à un certain ordre : *Je ne sais qui m'a mis au monde...; ni pourquoi je suis plutôt placé en ce lieu qu'en un autre* (PASC.). **Poser** a rapport à un état antérieur de mouvement qu'on fait cesser ou à l'état ultérieur qu'on assure, qu'on rend stable : *Poser les fondements d'un édifice* (ACAD.); *la charpente* (FÉN.). **Camper,** fam., placer selon ses aises, ou placer, poser insolemment : *Bien campé sur ses petites jambes* (M. D. G.). *Son chapeau campé sur la tête.* **Déposer,** poser sur quelque chose une chose que l'on portait; ou mettre, laisser une chose, souvent provisoirement, en quelque endroit : *Déposer sa canne au vestiaire.* **Jeter,** mettre avec promptitude ou violence : *Elle jeta une robe sur ses épaules* (GENLIS); au fig., mettre quelqu'un dans une certaine manière d'être, souvent désagréable, et avec violence, contre son gré : *Dans quels égarements l'amour jeta ma mère* (RAC.); syn. de *poser* dans la loc. *Jeter les fondements* (les mettre dans le trou préparé à cet effet). **Bouter,** syn. vx de *mettre.* **Coller,** pop., mettre quelque part une chose, souvent pour s'en débarrasser. **Fourrer,** fam., mettre parmi d'autres choses : *Brochures, journaux fourrés de force entre la rangée des volumes et la planche supérieure* (J. ROM.). **Foutre,** mettre brusquement, est grossier, et a pour syn. atténué **Ficher. Plonger,** au fig. seulement, mettre et parfois jeter profondément une personne dans tel ou tel état : *Votre discours m'a plongé dans une cruelle perplexité* (ACAD.). — **Opposer,** mettre une chose en face d'une autre, ou en contraste avec elle, ou placer devant une chose comme un obstacle. ¶ 2 → Vêtir. ¶ 3 (Réf.) → (se) Vêtir.

Mettre à (se) : → Commencer.

Mettre à genoux (se) : → (s') Agenouiller.

Mettre à la porte : → Congédier.

Mettre auprès : → Approcher.

Mettre dans (se) : → (s') Occuper.

Mettre en cause : → Inculper.

Mettre en quatre (se) : → (s') Empresser.

Mettre en rapport (se), prendre contact avec quelqu'un par n'importe quel moyen et établir avec lui des relations. **S'aboucher** (→ ce mot), parfois péj., se mettre en rapport avec quelqu'un pour conférer avec lui.

Meuble, Meubles : → Mobilier.

Meublé : → Hôtel.

Meubler : ¶ 1 → Fournir. ¶ 2 → Orner.

Meugler : → Mugir.

Meurt-de-faim : → Pauvre.

Meurtrier : → Homicide.

Meurtrir : ¶ 1 *Meurtrir,* produire, par un coup, une contusion accompagnée d'une tache livide. **Froisser** suppose une pression violente, un choc, et se dit aussi des nerfs : *L'un me heurte d'un ais dont je suis tout froissé* (BOIL.). **Fouler,** meurtrir ou blesser en écrasant, en frottant, en tiraillant : *Fouler un cheval;* se dit aussi d'une meurtrissure qui distend une articulation : *Se fouler le poignet.* **Pocher,** fam., faire à l'œil une meurtrissure avec enflure. ¶ 2 En parlant des fruits, *Meurtrir,* endommager par choc, chute, contact, de façon à gâter de taches livides. **Taler,** meurtrir par écrasement.

Meurtrissure : → Contusion.

Mezzanine : ¶ 1 → Entresol. ¶ 2 → Balcon.

Miasmes : → Émanation.

Micmac : → Manigance.

Microbe, organisme microscopique qui est l'agent des fermentations animales ou végétales et d'un grand nombre de maladies. **Bactérie,** espèce spéciale de microbes unicellulaires appartenant au règne végétal et dépourvus de chlorophylle. **Bacille,** variété de bactérie ayant la forme d'un bâtonnet soit isolé, soit articulé à d'autres. — Dans le langage courant, *microbe,* tout germe de maladie; *bacille* se dit surtout des germes que porte une personne qui peut donner une maladie contagieuse : *Un air chargé de microbes. Porteur de bacilles.* — Au fig. → Nain.

Microscope : → Lunette.

Microscopique : → Petit.

Midi : → Sud.

Midinette, fam., ne se dit guère qu'à Paris des jeunes ouvrières qui travaillent dans les grandes maisons de couture et de mode. **Cousette,** fam. et plus général, jeune ouvrière de la couture; par ext., petite couturière en chambre. **Trottin,** fam., jeune ouvrière ou apprentie employée aux courses, aux rassortiments. **Petite-main,** jeune ouvrière qui a terminé son apprentissage et se voit confier les travaux les moins difficiles.

Mielleux : → Doucereux.

Miette : → Morceau.

Mieux : → Plus.

Mieux (A qui mieux) : → (à l') Envi.

Mièvre : ¶ 1 → Joli et Affecté. ¶ 2 → Menu.

Mièvrerie : → Affectation.

Mignard : → Joli.

Mignardises : → Minauderies.

Mignon : → Joli.

Migration : → Émigration.

Mijaurée : → Pimbêche.

Mijoter : ¶ 1 → Cuire. ¶ 2 → Préparer.

Milice : → Troupe.

Milieu : ¶ 1 → Centre. ¶ 2 *Milieu,* terme de physique, a été employé au début du XIXᵉ s. par les biologistes pour désigner les circonstances ou les choses qui entourent la vie d'un organisme. **Habitat,** en un sens plus restreint, lieu spécialement habité par une espèce animale ou végétale parce que les conditions physiques et géographiques de ce lieu lui sont favorables. **Patrie,** contrée propre à certains animaux ou à certains végétaux : *La Laponie est la patrie du renne.* — **Élé-**

ment, substance propre à la vie et à la croissance d'un être : *L'élément du poisson est l'eau; milieu* se dit aussi en ce sens restreint : *L'air est le milieu dans lequel nous vivons.* ¶ 3 Au fig. Les conditions où nous vivons. *Milieu,* les circonstances, les personnes et les choses qui déterminent les individus du point de vue social, intellectuel et moral : *Le milieu moral, comme le milieu physique, agit sur chaque individu par des excitations et des répressions continues* (Tai.). **Atmosphère** fait penser aux idées, aux sentiments d'un milieu donné dont l'ensemble agit sur notre intelligence, notre sensibilité, les nourrit et les détermine : *J'étouffe dans ce milieu qui n'est plus le mien! Et je ne peux pas accepter la pensée que c'est dans cette atmosphère que Jean-Paul est appelé à grandir* (M. d. G.). **Ambiance** fait plutôt penser au caractère particulier, souvent momentané, d'un milieu déterminé qui nous entoure, d'un lieu où nous nous trouvons, et a surtout rapport à la sensibilité : *Chacune de ses robes m'apparaissait comme une ambiance naturelle, nécessaire* (Proust). **Climat,** dans le style littéraire, façons de penser, de sentir, d'agir, propres à un milieu ou même à un individu, et qui conviennent ou non à d'autres individus : *Les âmes ont leur climat comme les terres* (Lam.). **Aura,** souffle, vapeur, dans le style recherché, atmosphère subtile qui émane d'un milieu, d'un individu. ¶ 4 *Milieu,* rapporté à un individu, désigne les circonstances et spéc. la société dans lesquelles il vit habituellement; **Élément,** tout milieu, toute société, toute activité où un individu se plaît et se développe pleinement : *Sous Louis XIV la cour était le milieu où vivaient les nobles et les intrigants y étaient dans leur élément.* ¶ 5 → Entourage. ¶ 6 → Monde.

Militaire : ¶ 1 Adj. Qui a rapport à la guerre. *Militaire* (anton. *civil*), qui concerne les soldats en paix comme en guerre, exprime plutôt la théorie que la pratique : *L'art militaire;* ou a rapport à des choses qui ne se manifestent pas uniquement dans la guerre : *Les vertus militaires,* à la différence des vertus *guerrières,* se manifestent aussi en temps de paix, par ex. par la discipline. **Soldatesque,** syn. très péj. de *militaire* en parlant des mœurs. — Par opposition à *pacifique,* les autres adj. ont uniquement rapport à la guerre, **Guerrier** indiquant le métier, la pratique, l'habitude de la guerre : *Carthage fut tout ensemble guerrière et marchande* (Bos.); **Belliqueux** marquant simplement les dispositions, le goût pour la guerre, par caractère, par humeur : *Politique belliqueuse* (M. d. G.); **Martial**

annonçant spécialement des qualités qui rendent propre à faire la guerre, ou la simple apparence de ces qualités : *Une contenance fière et martiale* (LES.); et se disant aussi d'institutions, de mesures propres à l'état de guerre : *Cour martiale. Loi martiale.* ¶ 2 N. → Soldat.

Militant : ¶ 1 Adj. → Combatif. ¶ 2 N. → Partisan et Combattant.

Militarisme, prépondérance exagérée de l'élément militaire dans une nation. **Caporalisme,** plus péj., discipline rigoureuse et tâtillonne que le militarisme fait subir à une nation.

Mille : → Quantité.

Millénaire : → Vieux.

Millier, Million : → Quantité.

Mime, dans l'antiquité grecque et latine, acteur qui jouait de petites comédies souvent libres jusqu'à l'obscénité; **Pantomime,** acteur qui jouait des sortes de drames en suppléant la parole par le geste. De nos jours, *mime,* beaucoup plus usité que *pantomime,* tout acteur qui joue la pantomime : *Deburau est le nom de deux mimes célèbres* (ACAD.).

Mimer : → Imiter.

Mimique : → Geste.

Minable : → Misérable.

Minauderies, manières qui manquent de naturel, ajoute une idée d'afféterie à **Grâces,** airs, gestes, manières qui cherchent à être agréables ou aimables et à **Coquetteries,** tout petit manège pour se faire valoir, pour plaire dans n'importe quel genre : *Une petite fille qui fait des grâces. Les coquetteries de Célimène; du style précieux. Les minauderies des femmes à prétention* (J.-J. R.). **Mignardises** implique une affectation de délicatesse, voire de faiblesse, et aussi des manières gracieuses et caressantes : *Les mignardises d'une femme qui veut se faire plaindre; d'un style « chargé d'ornements, de pensées brillantes, d'antithèses, de pointes* (ROLL.) ». **Simagrées,** minauderies exagérées, ou petite comédie quelconque pour en imposer : *Petites simagrées caressantes des nouvelles mariées* (BALZ.). *Me laisser prendre à vos simagrées* (MAU.). **Mines,** syn. de *simagrées,* et parfois de *minauderies* (surtout dans la loc. *Faire des mines*), fait penser aux mouvements du visage, aux gestes qui ne sont pas naturels : *Il accompagna ce mot par des mines, par des poses de tête et des minauderies qui faisaient illusion* (BALZ.). **Grimaces,** simagrées hypocrites : *Les grimaces étudiées des hypocrites* (MOL.). **Singeries,** fam. et vx, minauderies agaçantes; enchérit aussi, très péj., sur *mines* et sur *grimaces* en marquant l'hypocrisie :

[Le P. Le Tellier] *avait fait toutes les mines, pour ne pas dire les singeries d'un homme qui redoutait cette place* (S.-S.).

Mince : → Menu. *Mince,* qui a peu d'épaisseur, en parlant du corps, de ses parties, ou d'une chose : *Lèvres minces* (ZOLA). *Lune mince et recourbée* (FLAUB.). **Élancé** ajoute l'idée d'une hauteur, ou au moins d'une longueur, beaucoup plus grande que la largeur, qui semble animer la personne ou la chose d'une sorte de mouvement vers le haut : *Un corps plutôt maigre qui, même assis, semblait élancé* (J. ROM.). **Grêle** et **Fluet** (→ Menu) ajoutent une idée de faiblesse. **Svelte,** en termes d'architecture et de peinture, comporte l'idée de quelque chose de léger, de dégagé, et ajoute ces nuances à *mince,* en parlant du corps, sans idée de hauteur : *Dôme svelte* (VOLT.). *Sa forme* [du cerf] *élégante et légère, sa taille aussi svelte que bien prise* (BUF.). **Effilé** implique l'idée d'un amincissement allongé, parfois excessif, qui tend vers la finesse d'un fil ou s'aiguise par un bout : *Taille trop effilée* (HAM.). *Cheval effilé. Clocher effilé.* **Fuselé** ne se dit que des colonnes ou des parties du corps qui vont s'amincissant comme un fuseau : *Cuisses fuselées* (VAL.). — **Pincé,** rendu plus mince en serrant, se dit surtout de la taille ou des lèvres serrées avec un air dédaigneux et hautain.

Mine : ¶ 1 → Air. Manière d'être extérieure d'une personne dans son visage et dans son corps (≠ *Maintien* [→ ce mot]; ≠ *Physionomie* qui n'a rapport qu'à la face seule et indique un état qui ne laisse aucun doute, alors que *mine* peut marquer un état purement apparent : *Qui a la mine triste, paraît triste. Une physionomie triste annonce une tristesse certaine ou un grand penchant à la tristesse).* *Mine,* assez fam. et souvent péj., a surtout rapport à la conformation, à la santé ou à la taille, et à l'expression des sentiments. **Air,** plus noble, a surtout rapport aux actions et aux manières, et exprime toutes les qualités intérieures et particulièrement celles de l'esprit : *Cet oiseau... semblait prendre quelque air de fierté; cependant sa mine, en général, est basse et stupide* (BUF.). *Avoir bonne mine,* être en bonne santé. *Avoir bon air,* avoir bonne façon. **Figure,** forme extérieure du corps, par ext. *air* ou apparence qui résulte de la contenance, des manières : *Faire piètre figure* (M. D. G.). **Physique** (néol. au masc.), apparence extérieure du visage et du corps considérée comme plus objective et plus permanente que la *figure* et sans rapport avec la contenance ou les manières : *Le physique de Jenny s'était modifié en quatre ans* (M. D. G.) ¶ 2 Au pl. → Minauderies.

Miner : ¶ 1 → Creuser. *Miner*, creuser lentement quoi que ce soit, par-dessous, pour provoquer un effondrement ou pour y placer une mine. **Saper** ne se dit que des fondements d'un édifice qu'on travaille à détruire avec le pic et la pioche. ¶ 2 Au fig. → Ruiner. *Miner*, consumer ou détruire peu à peu : *Son existence minée par-dessous, comme vidée par le désordre* (ZOLA). **Saper,** détruire méthodiquement les principes d'une doctrine, d'un système qu'on peut comparer à un édifice : *Saper d'un seul coup ces bases sociales* (M. D. G.).

Mineur : → Petit.

Miniature : ¶ 1 → Majuscule. ¶ 2 Peinture fine de petits sujets exécutée dans d'anciens manuscrits. *Miniature* ne s'est guère dit qu'à partir du XVIe s.; on disait avant **Enluminure**. De nos jours *miniature* évoque plutôt la délicatesse de la peinture et se dit aussi des aquarelles de petite dimension, et par ext. des choses ou des personnes délicates, mignonnes ou très petites. *Enluminure* fait penser à l'éclat des couleurs vives et souvent disposées sans art : *Ce n'est pas un tableau, ce n'est qu'une enluminure* (ACAD.).

Minime : → Petit.

Minimiser : → Réduire.

Ministère : ¶ 1 → Emploi. ¶ 2 → Entremise. ¶ 3 → Cabinet. ¶ 4 Partie de l'administration des affaires d'État. *Ministère* implique que cette administration est confiée à un ministre et fait penser à la fonction de celui-ci : *Le ministère de l'Intérieur.* **Département** (→ ce mot) envisage la chose d'une façon plus générale, comme existant en soi, sans être forcément confiée à un ministre : *M. le duc abandonna tout le département de l'Église à l'évêque de Fréjus* (VOLT.) ; et désigne, absolument, de nos jours, le Ministère des Affaires étrangères dans le langage administratif de ce ministère. **Portefeuille,** syn. fam. et fig. de *ministère*, fait penser au titre du ministre : *Recevoir, conserver un portefeuille* (ACAD.). **Maroquin,** syn. fam. de *portefeuille.*

Ministre : ¶ 1 → Prêtre. ¶ 2 Prêtre protestant. *Ministre* ou **Ministre de l'Évangile,** celui qui, dans la religion réformée, a fait des études théologiques et a reçu la consécration. **Pasteur,** ministre qui a été nommé à la direction spirituelle d'une paroisse. **Prédicant,** péj. et vx, ministre dont la fonction était de prêcher, surtout dans les villages.

Minois : → Visage.

Minuscule : → Petit.

Minute : ¶ 1 → Moment. ¶ 2 → Original.

Minuter : → Écrire.

Minutie : ¶ 1 → Bagatelle. ¶ 2 → Soin.

Minutieux : → Soigneux et Consciencieux. Qui s'attache aux petits détails. *Minutieux* implique une attention tantôt louable, tantôt excessive : *Le monde est donc bien minutieux! dans quels petits détails il faut entrer pour éviter ce que vous appelez ridicule* (GENLIS). **Méticuleux** implique de petites craintes, de petits scrupules : *Je corrige les épreuves avec une sollicitude si méticuleuse qu'elle m'a rendu légèrement risible* (PÉG.). **Tatillon,** fam. et péj., méticuleux et hésitant mal à propos, inutilement : *Tatillon sur le choix des termes* (CAM.). **Vétilleux** (→ ce mot), excessivement minutieux, s'arrêtant à des difficultés minuscules ou à de petites chicaneries.

Mioche : → Enfant et Bébé.

Miracle : → Prodige.

Mirage : ¶ 1 Phénomène dû à l'incurvation des rayons lumineux se réfléchissant sur les couches surchauffées de l'atmosphère voisines du sol. Le *Mirage* fait paraître les objets renversés, le **Mirement** (dans le langage des marins) les relève. ¶ 2 → Illusion.

Mire (point de) : → But.

Mirer : ¶ 1 → Viser. ¶ 2 → Regarder.

Mirifique : → Extraordinaire.

Mirliton : → Flûte.

Mirobolant : → Extraordinaire.

Miroir : ¶ 1 Surface qui rend la ressemblance des objets qu'on lui présente. *Miroir*, surface en verre, en cristal ou en métal poli, se dit seul en termes de science : *Miroir concave. Des miroirs de cuivre rouge* (FLAUB.); ou pour désigner un objet qui réfléchit la lumière, et au fig. : *Le miroir des eaux* (LIT.). *Miroir de vertu* (CORN.). **Glace,** dans le langage courant, plaque de verre ou de cristal servant de miroir; en ce sens *miroir*, qui vieillit, se dit d'une glace très petite ou ancienne et ouvragée. **Psyché,** grand miroir mobile que l'on peut incliner à volonté, au moyen de deux axes qui l'attachent par le milieu aux deux montants d'un châssis. ¶ 2 Au fig. → Représentation.

Miroiter : → Luire.

Mis : → Vêtu.

Misanthrope : → Sauvage. *Misanthrope,* adj., se dit de ce qui manifeste par sa nature la haine des hommes. **Misanthropique,** plus usité, dit moins, en parlant de ce qui a quelque rapport avec la misanthropie : *Réflexions misanthropiques* (ACAD.). *Caractère misanthrope* (LIT.).

Misanthropie, aversion plus ou moins grande pour la société et pour les hommes, désigne en médecine un symptôme de l'hypocondrie. **Anthropophobie** insiste sur l'excès de la *misanthropie* qui aboutit à l'horreur des hommes. **Apanthropie**, terme médical, misanthropie pathologique qui rend au malade la présence de ses semblables insupportable.

Miscellanées : → Mélanges.

Mise : ¶ 1 *Mise*, ce que chaque joueur verse pour prendre part à la partie. **Enjeu**, ce qui sera pris par le gagnant et qui peut être constitué par la somme des *mises* qu'on appelle alors aussi *enjeux*. **Cave**, à certains jeux, somme que chaque joueur place devant lui pour payer ses enjeux. **¶ 2** → Vêtement.

Mise (de) : → Valable.

Mise bas, action pour un animal de faire des petits. **Délivrance**, évacuation de l'arrière-faix, syn. rare de *mise bas*. **Part**, *mise bas* en termes d'économie rurale. **Parturition**, mise bas naturelle en termes d'art vétérinaire. **Accouchement** est rare en ce sens. **Agnelage**, *mise bas* de la brebis; **Vêlage** ou **Vêlement**, de la vache; **Poulinement**, de la jument.

Mise en demeure : → Injonction.

Miser, mettre un enjeu, faire une mise. **Coucher**, miser de l'argent. **Ponter**, jouer contre le banquier; parfois, employé transitivement comme syn. de *miser*.

Misérable : ¶ 1 → Pauvre. *Misérable*, si pauvre qu'il inspire la pitié : *Les quartiers misérables* (J. Rom.). **Miséreux** (néol.), qui donne l'impression de la plus extrême pauvreté, sans nuance de pitié. **Minable**, fam., qui semble miné, usé par la misère, ou par le chagrin, se dit de l'apparence ou des vêtements. **Miteux**, fam., implique moins de pitié, mais plus de laideur, de négligence, dans l'apparence extérieure : *Vêtement miteux*. **Pouilleux**, fam. et péj., qui a des poux, misérable et sale, et en parlant des hommes, par dénigrement, de la plus basse condition. **Va-nu-pieds**, fam., misérable et vagabond, marque le mépris. — **Paria**, homme de la dernière caste dans l'Inde, au fig., celui que sa misère et l'injustice des autres hommes exclut de la société, note d'infamie. — **Hère**, fam. dans la loc. *Pauvre hère*, homme sans considération, sans mérite, sans fortune. **Pauvre diable** et **Pauvre drille** marquent une nuance plus nette de commisération. **Pauvre type**, très fam., marque parfois un certain mépris pour le peu de mérite, d'intelligence d'une personne. — **Marmiteux**, fam. et vx, mal en point, mal partagé du côté de la fortune, de la santé. — **Déshérité**, du style relevé, insiste sur le manque de chance de celui qui, sans être misérable,

est mal partagé par la nature ou par la fortune. **¶ 2** Qui est dans une situation fâcheuse. Alors que **Malheureux** indique un état accidentel et se rapporte entièrement au sujet qu'il représente comme souffrant, *Misérable* implique un état absolu d'extrême malheur, dû à la condition ou à la naissance, et fait penser aux sentiments de commisération et quelquefois de mépris que l'état du sujet inspire : *Haï, craint, envié, souvent plus misérable Que tous les malheureux que mon pouvoir accable* (Rac.). **Pauvre**, marquant l'attendrissement et la commisération, et toujours devant le nom, syn. atténué et fam. de *malheureux* : *Le pauvre M. Fouquet est mort* (Sév.). **Infortuné** se dit dans le style soutenu et presque toujours en parlant d'un malheureux illustre : *Infortuné chevalier de la Manche* (Les.). **Désespéré**, n., malheureux ou misérable qui ayant perdu tout espoir attente à ses jours. **¶ 3** → Scélérat. Celui qui a fait une mauvaise action, *Misérable* implique l'habitude de commettre le crime : *Un misérable qui abandonne sa jeune femme et sa petite fille* (Mau.). **Malheureux** implique une faute légère, accidentelle, qu'on a eu le malheur de commettre : *S'il arrive qu'un maître livre son serviteur à la justice pour un vol léger et qu'on ôte la vie à ce malheureux...* (Volt.). **¶ 4** → Mauvais. *Misérable*, en parlant des personnes et des choses, fait penser à leur manque total de valeur, de mérite intrinsèque, ce qui les rend indignes d'attention : *Mes misérables lettres* (Sév.). *Un misérable coq* (L. F.). **Malheureux** dit moins et implique, en parlant d'une chose, qu'elle manque des qualités requises pour être jugée bonne ou réussie : *Les malheureuses expériences de Needham* (Volt.); et d'une personne, qu'elle mérite peu d'attention, de considération : *Une malheureuse paysanne* (Volt.). **Pauvre**, en parlant des personnes et des choses, marque surtout l'insuffisance, dit moins que *misérable* et manifeste plutôt pitié que mépris : *Pauvres vers* (Scar.). *Pauvre esprit* (Mol.). **Chétif**, syn. de *pauvre*, comporte l'idée de faiblesse : *Ésope, une si chétive créature* (L. F.). **Piètre** comporte l'idée d'un manque de qualités, d'une sorte d'étroitesse mesquine qui font qu'une personne ou une chose ne répondent pas, dans leur genre, à ce qu'on en pouvait légitimement attendre : *De piètres ressources. Un piètre écrivain*. **Pitoyable** (→ ce mot) insiste moins que *misérable* sur la nullité intrinsèque de la personne ou de la chose, mais plutôt sur le mépris ou la pitié qu'on éprouve à constater leur terrible insuffisance : *Des vers misérables ne valent rien, des vers pitoyables font plaindre leur* auteur d'avoir si peu de talent. **Méprisable** et **Vil** (→ ce mot) enchérissent sur *misérable*.

Misère : ¶ 1 → Malheur. ¶ 2 → Pauvreté. ¶ 3 → Bagatelle.

Miséreux : → Misérable.

Miséricorde : ¶ 1 → Pitié. ¶ 2 → Pardon. *Miséricorde*, dans des loc. comme *Crier miséricorde*, implique qu'on a besoin de pitié pour de grandes fautes ou de vives alarmes; **Merci**, dans les loc. comme *Crier merci*, implique seulement qu'on demande à être épargné par celui qui possède quelque supériorité : *Le criminel ou le coupable implore la miséricorde; le faible demande merci* (L.). **Grâce**, appel à la clémence en faveur d'un coupable ou d'un être à la merci de quelqu'un. **Quartier**, grâce de la vie, en termes de guerre, dans des loc. comme *Faire quartier*.

Mission : ¶ 1 Charge que l'on donne à quelqu'un de faire quelque chose. *Mission* a surtout rapport au but que l'on veut atteindre et implique souvent qu'on donne pleins pouvoirs pour y arriver : *On donne mission à un plénipotentiaire de conclure la paix*. **Commission** implique simplement qu'on charge quelqu'un de faire quelque chose de précis : *Outrepasser sa commission*. **Délégation**, acte par lequel une personne transmet son pouvoir, son autorité à celui qui doit agir en son nom. ¶ 2 Personnes qu'on envoie avec la charge de faire quelque chose. La *Mission*, envoyée par un corps, une collectivité, spéc. l'État, est chargée d'atteindre un but précis : *Mission scientifique; politique; économique*. La **Délégation** représente un groupe de personnes ou un État : *La France envoie une délégation aux obsèques d'un souverain*. L'**Ambassade** établit et entretient des relations diplomatiques auprès d'un État étranger. ¶ 3 *Mission*, suite de prédications et de conférences que font des prêtres envoyés en quelque endroit pour l'instruction des chrétiens ou la conversion des infidèles. **Évangélisation**, action d'amener les infidèles, par la prédication ou par le livre, à accepter la doctrine évangélique. **Apostolat**, mission confiée aux apôtres par J.-C., ne se dit qu'au fig. de la propagation de la religion par un prêtre : *L'apostolat de saint François Xavier*. ¶ 4 → Occupation. Au fig. Action qui tend vers un but élevé. *Mission* implique un devoir et un pouvoir, conférés par Dieu, les hommes, les circonstances historiques ou auxquels on se croit prédestiné, de réaliser envers et contre tout quelque chose de grand : *La mission du XVIIIᵉ siècle fut de faire triompher la tolérance* (Lit.). **Apostolat** insiste sur l'activité désintéressée, et

qui va jusqu'au sacrifice, d'un homme qui se consacre tout entier au triomphe d'une idée : *L'apostolat de Gandhi en faveur de la libération de l'Inde.*

Missive : → Lettre.

Mitaine : → Gant.

Miteux : → Misérable.

Mitiger : → Modérer.

Mitonner : ¶ 1 → Cuire. ¶ 2 → Préparer.

Mitoyen ne s'emploie guère au prop. que dans des loc. comme *Mur, puits mitoyen*, etc. pour désigner ce qui appartient à deux propriétés contiguës; au fig. *mitoyen*, qui est placé entre deux choses extrêmes ou opposées et qui tient un peu de l'une et de l'autre, est vx. **Intermédiaire**, qui est entre deux, n'implique pas l'idée de milieu, mais plutôt celle de transition d'une chose à une autre : *Des êtres intermédiaires entre la divinité et nous* (Volt.). **Moyen**, qui occupe une situation intermédiaire : *Classe moyenne; la partie moyenne du corps* (Buf.); ou qui tient le milieu entre deux extrêmes et, dans ce cas, au fig., on le préfère de nos jours à *mitoyen* surtout quand il s'agit du temps ou de ce que l'on place dans une hiérarchie morale : *L'âge moyen* (J.-J. R.). *Dames de moyenne vertu* (S.-S.). **Médian**, placé au milieu, ne se dit guère qu'en termes didact. : *Ce point médian de notre histoire* (Gi.). **Médial**, terme de grammaire, se dit des lettres qui occupent le milieu d'un mot : *Consonne médiale*.

Mitrailler : → Tirer.

Mitraillette : → Fusil.

Mixte : → Mêlé.

Mixtion : → Mélange.

Mixtionner : → Mêler.

Mixture : → Mélange.

Mobile : Adj. ¶ 1 → Mouvant. ¶ 2 → Changeant — N. ¶ 3 → Cause. ¶ 4 → Moteur. ¶ 5 → Soldat.

Mobilier, ensemble des différents objets qui servent à garnir, à orner une chambre, un appartement, une maison. **Meubles** fait penser à ces objets considérés séparément. **Meuble**, sing. collectif, toute la garniture d'une pièce, d'un appartement, tapisseries, lits, sièges, etc., principalement lorsqu'elle est assortie pour les formes et pour les couleurs : *On déménage son mobilier, on vend ses meubles un à un. Pendant qu'on dorera votre cabinet, qu'on achèvera votre meuble* (Volt.).

Modalité : ¶ 1 → Qualité. ¶ 2 *Modalités* : → Dispositions.

Mode (masc.) : → Qualité.

Mode (fém.) : ¶ 1 → Façon. ¶ 2 En parlant d'une personne ou d'une chose qui a un succès passager dans le monde, *Mode* implique un succès de goût et de caprice, **Vogue,** un succès fondé sur la préférence, l'estime réelle ou supposée : *La vogue de l'opéra-comique a résisté à toutes les variations de la mode* (L. H.). **Goût du jour,** mode très passagère.

Modèle : ¶ 1 Ce d'après quoi quelque chose est fait. *Modèle,* terme commun, a surtout rapport à la réalité ou à la pratique, et se dit de ce que l'on reproduit en l'imitant avec plus ou moins d'art : *De nobles et calmes modèles de beauté humaine* (PROUST). **Type,** terme didact., modèle original, idéal et théorique : *Les modèles situés hors de la nature et contemplés par les âmes les plus nobles comme les types secrets de leurs travaux* (VAL.); par ext. modèle qu'on reproduit exactement pour fabriquer d'autres objets semblables : *Un type d'avion.* **Archétype,** terme philosophique, désigne souvent un type qui existe absolument, de toute éternité. **Prototype,** premier objet d'une série d'objets semblables, qui sert de *type* à tous les autres : *Un prototype d'avion.* **Étalon,** modèle réglé, autorisé et conservé par l'autorité publique et auquel les mesures, les poids des marchands doivent être conformes. **Canon,** règle de proportions fixant le type de proportion de l'homme et des animaux; par ext., chez les sculpteurs antiques, le type sculptural sans défaut qui devait servir de modèle, et, en général, le modèle à imiter parce qu'il se rapproche le plus de tel ou tel idéal artistique. **Idée,** au sens platonicien du mot, *type,* modèle éternel et absolu de toutes les choses créées : *L'idée De la beauté qu'en ce monde j'adore* (D. B.). **Idéal,** type d'un genre créé en idée, plus beau que nature, en réunissant toutes les perfections du genre; d'où par ext. modèle parfait : *Cet homme est l'idéal du fonctionnaire* (ACAD.). **Original,** personne ou chose qui a servi de modèle à un sculpteur ou à un peintre : *La peinture qui attire l'admiration par la ressemblance des choses dont on n'admire pas les originaux* (PASC.); au fig. tout modèle dont on s'est inspiré pour faire une œuvre : *L'original de la comédie bizarre du Festin de Pierre est de Tirso de Molina* (VOLT.). **Moule,** modèle creux dans lequel on introduit une matière molle pour lui donner une forme déterminée; au fig. modèle, type, sur quoi on forme quelque chose par analogie : *Les sensations qu'il aura prises par le toucher seront pour ainsi dire le moule de toutes ses idées* (DID.). **Spécimen,** en imprimerie, impression qui sert de modèle. **Maquette,** modèle en petit d'un ouvrage d'art. **Étude,** terme de beaux-arts, modèle destiné à l'enseignement du dessin quand il ne contient pas une figure entière : *Étude d'yeux et d'oreilles.* **Patron,** modèle sur lequel travaillent certains artisans, se dit surtout des morceaux de papier découpés qui servent de modèles pour tailler les vêtements. **Gabarit,** modèle ou patron de construction pour les navires ou pour les pièces d'artillerie. ¶ 2 Au fig. *Modèle* se dit d'un être ou d'une chose qu'on cherche à imiter; **Idéal,** d'une perfection abstraite dont on cherche à approcher; **Type** n'implique pas l'idée d'imitation, mais se dit d'un être concret, réel ou imaginaire, ou d'une forme idéale représentative d'une classe d'êtres : [David] *Me paraît des grands rois le plus parfait modèle* (RAC.). *Des traits qui portent l'empreinte de la passion, mais ne retracent point l'idéal de la beauté* (STAËL). *Xénophon, type parfait de gentleman britannique* (MAUR.). ¶ 3 → Exemple.

Modeler : ¶ 1 → Sculpter. ¶ 2 → Former. ¶ 3 (Réf.) → (se) Régler sur.

Modération : → Retenue. *Modération,* vertu de ceux qui ne manquent pas de mesure. **Modérantisme,** état d'esprit de ceux qui, étant d'une opinion modérée, s'opposent aux partis extrêmes.

Modéré, éloigné de tout excès : *Chaleur modérée. Exercice modéré.* **Tempéré,** plus spéc., se dit des climats, des zones géographiques ni trop chaudes ni trop froides, des mœurs éloignées des excès moraux, des genres et du style qui servent d'intermédiaires entre le simple et le sublime et de la monarchie qui n'est pas absolue. **Doux** se dit des températures, de l'air qui font une impression agréable, d'un feu modéré; et par ext., au fig., de ce qui n'a rien de pénible, de cruel : *La plaisanterie la plus douce et la plus permise* (L. B.). **Raisonnable** se dit des prix, des prétentions conformes à l'équité, et fait penser plutôt à la modération du sujet qu'à celle de la chose : *Un prix modéré* n'est pas très élevé; *un prix raisonnable* est juste. **Modeste,** qui ne se dit que des personnes ou des choses qui concernent les personnes ou reflètent leur activité, ajoute à *modéré* et à *raisonnable,* une idée de simplicité, d'absence d'éclat : *Ambitions; train de vie modestes.*

Modérer : ¶ 1 Diminuer l'excès de quelque chose. *Modérer,* ramener à la juste mesure, peut s'employer dans tous les cas : *Modérer un prix* (VOLT.); *notre ressentiment* (MOL.). **Tempérer,** modérer en l'affaiblissant ce qui est trop violent et pourrait de ce fait être nuisible, souvent en le mélangeant avec quelque chose qui a un effet contraire : *La sagesse pratique qui tempérait la nature ardemment idéaliste de ma grand-mère* (PROUST). **Corriger,** tempérer, surtout en parlant des aliments, des remèdes, des humeurs : *Corriger l'acidité du citron par le sucre.* **Adoucir,** subjectif et relatif à l'impression produite sur l'âme, éviter qu'une chose trop âpre ne blesse ou n'offense : *Adoucir l'amertume* (Corn.) ; *les afflictions* (L. B.). **Mitiger,** au fig., modérer, en rendant plus souple, ce qui est dur ou absolu, non par douceur, mais par un changement dû à l'autorité compétente : *Mitiger une peine* (Volt.) ; *le droit* (J.-J. R.). **Assouplir,** diminuer la rigidité, la raideur, se dit surtout d'un caractère qu'on rend plus traitable, d'un règlement qu'on cherche à adapter aux cas particuliers. **Atténuer,** rendre moins fort ; au fig. rendre moins grave : *Atténuer sa faute* (Acad.). *Lumière atténuée* (Flaub.). **Pallier,** au fig., rendre moins grave, momentanément, en apparence, ou atténuer quelque faute, l'excuser en lui donnant quelque couleur favorable : *L'excellence des sentiments palliait les défaillances oratoires* (Gi.). **Amortir,** rendre une chose moins vive, moins violente, moins dure : *Amortir le feu, le coup, les couleurs, le bruit. Amortir les ardeurs de la jeunesse, les passions* (Acad.). **Attiédir,** fig., amortir, parfois excessivement, l'ardeur de quelque sentiment : *Brouille qui attiédit l'amitié.* **Tamiser** ne se dit, surtout au part. passif, que d'une lumière dont on amortit l'éclat en le voilant. **Éteindre,** terme de peinture, syn. d'*amortir,* d'*adoucir* : *Éteindre les couleurs trop fortes d'un tableau* (Acad.) ; se dit par ext. de ce qui s'amortit au point de disparaître : *Des regards éteints. Éteindre l'ardeur de la fièvre ; le feu des passions* (Acad.). **Estomper,** ombrer avec l'estompe, au fig. rendre plus flou ou moins violent : *Il a estompé dans son discours toute cette partie.* **Ralentir,** au fig., diminuer la vitesse de ce qui va ou se développe, marque une action moins vive et moins nécessaire que **Freiner** : *Le manque de crédits ralentit la reconstruction. Des mesures d'économie freinent l'inflation.* — **Mesurer** a surtout rapport à la façon d'agir, de parler, et implique une circonspection qui évite tout excès, se règle sur les bienséances, sur les circonstances, sans toutefois rester en deçà de ce qu'il faut : *Mesurer ses paroles.* **¶ 2** (Réf.) *Se modérer,* se tenir dans une juste mesure ou revenir à la juste mesure à tous les points de vue : *Ce zèle est trop ardent, souffrez qu'il se modère* (Corn.). **En rabattre,** fam., diminuer, modérer ses prétentions ou son orgueil : *Il n'en rabattit rien de sa fierté* (Bos.). **Déchanter,** fam., changer de ton, en rabattre de ses prétentions, de ses espérances, de sa vanité. **Mettre de l'eau dans son vin,** fam., se modérer sur quelque affaire, sur quelque prétention, ou aussi, montrer moins de chaleur, d'animosité. — **Se retenir** et **Se tenir à quatre,** plus fam. et plus fort,

n'impliquent pas qu'on modère ses sentiments mais simplement qu'on fait un gros effort sur soi-même pour ne pas se laisser aller à quelque éclat.

Moderne : → Nouveau et Présent.

Modeste : ¶ 1 → Modéré. **¶ 2** → Moyen. **¶ 3** → Retenu. *Modeste* implique une vertu chez celui qui a et parfois affecte une opinion modérée de son mérite ou le cache : *Rien n'est plus discret, plus modeste que sa vertu* (Gi.). **Effacé** implique plutôt l'impuissance à briller : *Effacée, muette et gauche* (Zola). **Humble** suppose qu'on se rabaisse par vertu souvent chrétienne ; et, péj., implique l'excès de la déférence et du respect : *Humble chrétien* (Bos.). *Humble adorateur* (Rac.). **Simple** suppose qu'on se montre à autrui tel qu'on est, avec une absence naturelle d'affectation, de déguisement ou de malice : *Doux, simple, équitable* (Boil.). **Uni,** simple et sans façon, sans prétention et volontairement effacé : *J'aime les gens simples et unis, mais en vérité celui-là l'est trop* (Mariv.). **¶ 4** En parlant des choses : sans recherche. Alors que **Simple** indique l'absence d'ornement, de recherche, d'apprêt, qui peut s'accommoder de l'éclat, *Modeste* ajoute l'idée de modération dans l'éclat, la valeur ou le prix. **Humble** marque l'absence d'éclat, d'élévation ou de force : *Humble toit* (L. F.).

Modestie : ¶ 1 → Retenue. **¶ 2** → Décence.

Modification : ¶ 1 → Changement. *Modification,* changement accidentel dans la manière d'être d'une chose, qui ne touche pas à son essence : *La modification d'un règlement.* **Altération,** changement dans l'état de la chose qui la transforme en pire : *Les altérations qu'ils faisaient à la loi de Dieu* (Bos.). **¶ 2** → Qualité.

Modifier : → Changer.

Modique : ¶ 1 → Médiocre. **¶ 2** → Petit.

Moelle : → Substance.

Moelleux : ¶ → Doux. *Moelleux,* qui a la nature onctueuse de la moelle, se dit, au fig., de ce qui est doux, souple et consistant au toucher, et par ext. du vin, de la voix, et, en termes de peinture, d'un pinceau dont les touches sont larges et bien fondues, ou de contours souples et gracieux. En ce dernier sens on dit aussi **Gras. Mollet,** syn. de *moelleux* en parlant simplement du toucher, n'implique pas autant de consistance et de souplesse : *Lit mollet. Tapis, coussins moelleux.* **Douillet** insiste sur le bien-être que donne la chose : *Oreiller bien douillet.* **Rembourré,** garni de bourre, de crin, de laine, etc., insiste surtout sur l'épaisseur, l'élasticité. **Velouté,** doux comme du velours, a rapport au toucher ou à l'apparence de la peau, des fleurs, et se dit aussi d'un vin d'un beau rouge un peu foncé et qui n'a aucune âcreté.

Moellon : → Pierre.

Mœurs : ¶ 1 → Habitude. ¶ 2 → Moralité. ¶ 3 → Naturel. ¶ 4 En parlant des personnages d'une œuvre littéraire, *Mœurs* désignait, à l'époque classique, leur façon de parler et d'agir qui a sa source « *dans l'âge, dans les passions, dans la fortune présente, dans la condition de vie, dans la nation et dans le sexe* » (LA MESNARDIÈRE, 1639). **Caractère** qui, à cette époque, désignait les signes distinctifs servant à reconnaître un individu ou un groupe, se rapprochait de *mœurs*, mais impliquait quelque chose de permanent, indépendant des circonstances et en même temps de moins individuel : le *caractère* d'Harpagon est celui de l'avare ; ses *mœurs*, c'est la manifestation de ce *caractère* chez un vieillard amoureux, bourgeois assez riche vivant au XVIIe siècle. — De nos jours *mœurs* ne désigne plus que les habitudes d'un personnage dans la mesure où elles reflètent les usages de son temps, *caractère*, les traits moraux qui lui appartiennent naturellement en propre : *Le Misanthrope* peint le *caractère* d'Alceste et les *mœurs* des petits marquis précieux. **Psychologie,** de nos jours, série d'états d'âmes nuancés qui sont le propre d'un être ou d'une classe d'êtres, le *caractère* ou les *mœurs* tels qu'ils se manifestent par certaines façons de penser, de sentir ou de réagir : *La psychologie de Julien Sorel. Ce romancier excelle à analyser la psychologie féminine* (ACAD.).

Moi : → Personnalité.

Moindre : → Petit.

Moine : → Religieux.

Moineau, passereau de plumage gris. **Pierrot,** nom vulgaire du moineau franc. **Piaffe** est pop. — Au fig. → Homme.

Moins (au) restreint une assertion et produit une modification peu saillante. **Du moins** change une assertion et lui en substitue une autre plus ou moins approchante : *J'étais, sinon tout à fait inepte, au moins un garçon de peu d'esprit* (J.-J. R.). *Je pourrai aller réparer mes fautes, ou du moins en implorer le pardon* (J.-J. R.) (En fait les deux loc. sont souvent interchangeables). — En un sens plus général, pour exprimer une restriction à la suite d'une concession, d'une renonciation, *Au moins,* assez doux, marque une certaine résignation, moyennant quelque compensation : *Quand nous ne pouvons pas empêcher l'action, nous purifions au moins l'intention* (PASC.). **Du moins,** plus rude, marque l'irritation de celui qui, contraint de renoncer par nécessité à quelque chose, prend tel dédommagement faute de mieux : *Et périssez du moins en roi, s'il faut périr* (RAC.). — Comme syn. d'*au moins,* pour marquer l'estimation la plus modérée, **Pour le moins,** plus précis, semble mieux convenir quand il s'agit de la quantité : *Cela se monte bien tous les ans à trois mille francs pour le moins* (MOL.); **Tout au moins** paraît préférable par rapport à l'état ou à la qualité : *Je le tiens tout au moins pour suspect* (J.-J. R.).

Moire : → Reflet.

Moirer : → Lustrer.

Moïse : → Berceau.

Moisir : ¶ 1 → Pourrir. ¶ 2 Au fig. → Attendre.

Moissonner : ¶ 1 → Recueillir. ¶ 2 → Tuer.

Moite : → Humide.

Moiteur : → Tiédeur.

Môle, massif de maçonnerie construit à l'entrée d'un port, à la tête d'une jetée. **Musoir,** extrême pointe d'une digue ou d'une jetée.

Molécule : → Particule.

Molester : → Tourmenter et Maltraiter.

Mollasse : → Mou.

Mollesse : ¶ 1 → Grâce. ¶ 2 En termes de peinture et de sculpture, *Mollesse,* imitation vraie de la flexibilité, de la souplesse des chairs; **Morbidesse,** mollesse et délicatesse des chairs dans une figure. ¶ 3 → Apathie. *Mollesse* implique faiblesse, manque de vigueur et de fermeté dans l'action : *La mollesse avec laquelle il fait son traitement* (M. D. G.). **Nonchalance** ajoute une idée d'indifférence, de négligence : *Si toute notre prévoyance ne peut rendre notre vie heureuse, combien moins notre nonchalance!* (VAUV.). **Nonchaloir,** syn. de *nonchalance,* est vx ou poétique : *Et tes flancs qu'assouplit un charmant nonchaloir* (BAUD.). **Indolence,** parfois syn. de *nonchalance : Indolence à penser* (BUF.); n'a pas, en général, rapport à la volonté, mais plutôt à la sensibilité qui ne s'émeut de rien : *Son indolence à se laisser aimer* (MARM.). **Tiédeur,** au fig., nonchalance de l'ardeur, de la ferveur, du zèle. ¶ 4 → Volupté.

Mollet : ¶ 1 → Mou. ¶ 2 → Moelleux.

Molletière : → Guêtre.

Mollir : ¶ 1 → Faiblir. ¶ 2 → Fléchir.

Moment : ¶ 1 Très petite partie de temps. *Moment,* concret, espace de quelque étendue considéré en rapport avec les événements qui s'y passent. **Instant,** abstrait, point inétendu du temps : *Ce moment terrible* [de la mort]... *vous y arriverez en un instant* (MAS.). **Heure,** syn. de *moment.* **Seconde** et **Minute** sont plutôt syn.

d'*instant*; *minute* l'est parfois aussi de *moment*. ¶ 2 → Occasion. ¶ 3 → Époque.

Momentané : → Passager.

Momerie : ¶ 1 → Mascarade. ¶ 2 → Feinte et Comédie. ¶ 3 → Tromperie.

Monacal : → Monastique.

Monarchiste : → Royaliste.

Monarque : → Roi.

Monastère : → Cloître.

Monastique, qui se rapporte au fond, au genre, à la nature de l'institution, des mœurs, de la discipline, de la vie des moines. **Monacal,** parfois péj., a surtout égard à la forme, aux habitudes, à l'air, à l'habit, aux pratiques extérieures : *Idées* (Mtq.), *vertus* (Duc.) *monastiques*. *Joug monacal* (Volt.). *Simplicité monacale* (J. Rom.). **Monial,** forme ancienne de *monacal*.

Monceau : → Amas.

Mondain : ¶ 1 Adj. → Terrestre. ¶ 2 N. *Mondain,* celui qui fréquente le grand monde ou une société et s'y plaît. **Homme du monde,** celui qui a les qualités intellectuelles et morales que peut donner le monde. **Snob,** celui qui affecte les opinions, les manières de ce qu'il croit le grand ou le beau monde, et se targue d'avoir des relations avec ces milieux : Dans *A la recherche du Temps perdu* de Proust, le narrateur est un *mondain*, Swann, un *homme du monde*, Bloch, un *snob*.

Monde : ¶ 1 → Univers. ¶ 2 → Hommes. ¶ 3 → Gens. ¶ 4 → Multitude. ¶ 5 → Serviteurs. ¶ 6 → Siècle. ¶ 7 Assemblage d'hommes. *Monde,* l'ensemble des hommes, évoque, par opposition à la vie solitaire et retirée, les façons de penser collectives des hommes et l'influence qu'ils ont sur l'individu. **Société,** par opposition à la vie individuelle, évoque une réunion d'hommes ayant même origine, mêmes usages, mêmes lois, et fait penser aux règles qu'un individu doit respecter pour vivre avec ses semblables : *Pour être soi-même il faut savoir s'abstraire du monde; mais un homme qui voudrait vivre en dehors de la société serait un sauvage ou un misanthrope*. ¶ 8 Individus ayant le même mode de vie. *Monde,* ensemble des personnes rapprochées par la profession, les habitudes, les relations : *Le monde politique, le monde des courses;* implique une façon de penser, des mœurs, une situation sociale communes : *Il n'est pas de notre monde.* **Société,** association beaucoup plus libre fondée sur la recherche d'un but commun (conversation, jeu, sport, etc.) ou sur le plaisir d'avoir un commerce habituel : *Bien que Marcel Proust ne fût pas du monde de Mme de Guermantes, il faisait partie de sa société.* **Milieu,** comme *monde,* implique souvent un niveau social commun, mais indique un groupe plus particulier : *Dans le monde universitaire il y a différents milieux;* avec souvent l'idée d'une influence de ce groupe sur l'individu (à noter qu'absolument le *monde* désigne la haute société, et le *milieu,* pop., le monde de la pègre). ¶ 9 Les gens distingués. *Monde,* comme **Grand monde,** la classe la plus élevée de la société, distinguée par les richesses, les dignités, la qualité et la naissance : *Je passai huit jours à Valence, dans le grand monde, vivant comme les comtes et les marquis* (Les.). **Beau monde,** parfois ironique, la partie de la société qui brille le plus par son urbanité dans les manières et dans le langage, ainsi que par l'esprit et le goût : *C'est un grand jour pour le beau monde oisif de Paris qu'une première représentation* (Volt.). **Société, Haute société** font plutôt considérer le grand monde comme constituant un milieu fermé, notamment en parlant de la compagnie que forment entre eux les habitants les plus distingués d'une ville : *On trouve dans cette petite ville une excellente société* (Acad.). **Gentry** (en Angleterre, la haute bourgeoisie par opposition à la noblesse et au peuple), parfois syn. de *société*. **Tout-Paris,** à Paris, beau monde qui se retrouve régulièrement aux solennités mondaines de la capitale. **Faubourg Saint-Germain,** parfois ironique de nos jours, haute société des gens de naissance à Paris et, par ext., ailleurs. **Gratin,** syn. très fam. de beau monde.

Mondial : → Universel.

Moniteur : ¶ 1 → Maître. ¶ 2 (dans l'armée) → Instructeur.

Monitoire : → Rescrit.

Monnaie : → Argent.

Monnayer : → Vendre.

Monocorde : → Monotone.

Monogramme : → Signature.

Monographie : → Traité.

Monologue : Discours d'un homme qui s'entretient avec lui-même. Le **Soliloque** est solitaire, intérieur, consiste dans des réflexions qu'on fait à part soi et sans être entendu des autres : *Le soliloque, la pratique habituelle de Sextius : à la fin de la journée, retiré dans sa chambre à coucher, Sextius s'interrogeait et se répondait* (Did.); le *Monologue,* effet d'une vive préoccupation, a toujours lieu tout haut et suppose des auditeurs muets : *Ce monologue stérile et entêté, cette conversation aride avec un mur* (Cam.). — *Monologue* se dit seul, en termes de théâtre, d'une scène où un acteur est seul et se parle à lui-même : *Ce monologue, ce* *dialogue intérieur, comme disait notre professeur* (GI.). **Aparté** implique au contraire que, plusieurs personnages étant en scène, l'un d'eux prononce quelques brèves paroles, de manière à être entendu des spectateurs, mais sans que les autres personnages soient supposés l'avoir entendu.

Monomanie : → Manie.

Monopoliser : → Accaparer.

Monotone : → Uniforme. *Monotone*, qui n'est pas varié dans ses intonations ou dans ses inflexions; au fig. qui est lassant par son uniformité : *Désert* (LOTI); *heures* (ZOLA); *style monotones*. **Monocorde** se dit, au fig., de cris, de gémissements toujours sur le même ton, ou d'un orateur, d'un écrivain qui emploie toujours les mêmes procédés, fait toujours vibrer la même corde : *Un écrivain monotone peut l'être volontairement, par ex. pour inspirer la tristesse; un écrivain monocorde est toujours pauvre*. **Traînant**, au fig., en parlant de la voix et du style, ajoute à *monotone* une idée de lenteur : *Le ton lent, traînant des religieuses* (J.-J. R.).

Monsieur : ¶ 1 → Homme. ¶ 2 → Personnalité. ¶ 3 *Monsieur*, titre dont on fait précéder par politesse le nom d'un homme vivant dont on parle. **Mons**, syn. de *monsieur*, est fam. ou ironique : *Mons de Louvois* (VOLT.). **Le Sieur** est du langage de la procédure et, dans le langage courant, implique ironie ou mépris.

Monstre : ¶ 1 → Phénomène. ¶ 2 → Scélérat. ¶ 3 → Magot. ¶ 4 Adj. → Gigantesque. *Monstre*, fam., très grand, extraordinaire, sans pour autant présenter une image désagréable : *Un succès monstre*. **Monstrueux**, excessif, démesuré en son genre, est plus péj. : *Les boas monstrueux* (V. H.).

Monstrueux : ¶ 1 → Irrégulier. ¶ 2 → Grand, Démesuré et Monstre. ¶ 3 → Mauvais.

Monstruosité : → Malformation et Grandeur.

Mont : Masse considérable de roche ou de terre fort élevée au-dessus de la plaine. *Mont*, masse individuelle, détachée, soit physiquement, soit idéalement, ou bien isolée ou s'apercevant d'un seul coup d'œil. **Montagne**, vaste masse, sans aucune distinction individuelle, s'élevant au-dessus de la plaine, groupant des monts, des élévations et aussi des vallées et occupant toute une région : *Bientôt nous vîmes le sommet du mont Ida s'élever au-dessus des autres montagnes de la Crète* (FÉN.). **Pic**, mont dont le sommet est en pointe, se dit aussi d'un mont très élevé se détachant sur une chaîne : *Le pic du Midi*. **Puy**, mont volcanique du Massif Central :

Le puy de Sancy. **Ballon**, mont des Vosges présentant un sommet arrondi : *Le ballon d'Alsace*. — **Massif**, ensemble de hauteurs groupées autour d'un point culminant : *Le massif du mont Blanc*. **Chaîne**, suite non interrompue de montagnes. **Cordillère**, syn. de *chaîne*, ne se dit que pour les pays d'ancienne domination et de langue espagnole : *La cordillère des Andes*. **Sierra** (mot espagnol), chaîne en dents de scie, ne se dit que pour l'Espagne et l'Amérique latine.

Montage : → Assemblage.

Montagne : → Mont.

Montagneux : par opposition à *bas*, qualifie un pays élevé, occupé par des montagnes, **Montueux**, par opposition à *plat*, un pays inégal, entrecoupé d'élévations isolées : *L'Auvergne est montagneuse*, *certaines régions de Normandie sont montueuses*.

Montant : ¶ 1 Adj. *Montant* se dit de tout ce qui monte, dans tous les sens du verbe *monter*, **Ascendant**, terme didact., de ce qui va en montant et spéc., en anatomie et en botanique, des parties dont la direction est plus ou moins verticale : *Force ascendante de truite* (COL.). *Tige ascendante*. **Assurgent**, syn. rare d'*ascendant*. **Dressé** se dit, en botanique, de tout organe qui se rapproche de la verticale : *Pédoncules dressés*. ¶ 2 N. → Somme.

Mont-de-piété, établissement où l'on prête sur gages et à intérêt, appelé aussi à Paris **Crédit Municipal**, a pour syn. pop. **Clou** et **Ma tante**.

Montée : ¶ 1 Action d'aller vers le haut. *Montée* est général et imprécis. **Ascension**, montée jusqu'au sommet d'une montagne, dans l'air en parlant d'un aérostat, ou montée graduelle, provoquée ou mesurée, ou spéc. montée de J.-C. aux cieux : *La montée des eaux en crue; l'ascension de l'eau dans les pompes; du mercure dans les baromètres. La première moitié de la vie d'un homme était une ascension et l'autre moitié une descente* (CAM.). ¶ 2 *Montée*, endroit par où l'on monte à une hauteur, considéré surtout par rapport à sa plus ou moins grande facilité et au temps qu'il faut pour arriver au but : *Cette montée est rude, difficile, douce, aisée*. **Côte**, penchant d'une montagne, d'une colline, et spéc. pente d'une route considérée surtout dans sa longueur et son escarpement : *Une longue côte*. **Rampe**, terme de ponts et chaussées, pente d'une route considérée comme calculée rationnellement pour rendre la circulation aisée : *Rampe qui arrive en pente douce sur la levée* (BALZ.); se dit seul de la pente d'une voie ferrée. **Raidillon**, petite pente raide, se dit surtout d'un sentier de traverse. **Grimpette,** syn. fam. de *raidillon* et parfois de *montée.* ¶ 3 → Escalier.

Montée des prix : → Hausse.

Monter :

¶ 1 *Monter,* intrans., aller en un lieu plus haut que celui où l'on était ; trans., parcourir, en passant d'un lieu bas à un lieu haut : *Ils montent au sommet* (BOIL.). *Monter les degrés* (BOIL.). **Gravir** (trans. et parfois intrans.), monter avec effort avec peine raide ou monter sur un endroit escarpé : *Gravir un escalier* (MAU.) ; *l'estrade* (FLAUB.) ; *le Calvaire qui est une montagne escarpée* (PÉG.). **Grimper** (intrans.), monter en quelque endroit que ce soit, en s'aidant des jambes et des bras : *Sur un arbre je grimpe* (L. F.) ; par ext., fig. et fam., monter péniblement : *Monter à votre bibliothèque, grimper aux plus hauts rayons* (S.-B.). **Se hisser** enchérit sur l'idée d'effort : *Se hisser en s'accrochant à tout* (LOTI). **Se guinder,** plus rare, enchérit encore : *Nous nous guindons à un sixième* (MTQ.). **Escalader** (trans.), monter dans une maison par les fenêtres, franchir un mur de clôture, etc., à l'aide d'une échelle, en grimpant, ou de quelque autre manière semblable ; par ext. grimper sur ce qui a la forme d'échelons : *Escalader le petit mur* (J.-J. R.). *Escalader une grande montagne* (FLAUB.). ¶ 2 Aller vers le haut. *Monter,* intrans., en parlant des êtres et des choses, présente abstraitement l'action et la caractérise par le but vers lequel elle tend, quelle que soit la façon dont elle se fait : *Le char vaporeux de la reine des ombres Monte* (LAM.). *Monter au ciel.* **S'élever** marque une action progressive assez lente, a rapport à l'endroit d'où l'on part et que l'on quitte pour aller vers le haut. Si *s'élever* a rapport à l'endroit vers lequel on tend, c'est plutôt pour marquer une limite qu'un but : *La route qui monte au pic du Midi s'élève à plus de 2 500 m.* Le brouillard qui *monte* va vers le haut ; celui qui *s'élève* se sépare de la terre et peut être assez haut dans l'atmosphère. ¶ 3 Au fig. : Obtenir une haute position. *Monter* a rapport soit à l'action qui est présentée comme rapide, soit au but atteint : *Monté à une grande faveur* (L. B.). **S'élever** dépeint l'action comme progressive, se faisant de telle ou telle façon, et fait penser au point de départ : *Il n'y a au monde que deux manières 'de s'élever, ou par sa propre industrie, ou par l'imbécillité des autres* (L. B.). **Arriver,** fam., obtenir le succès que l'on désirait. **Se débourgeoiser,** fam., s'élever dans la société en perdant ses manières bourgeoises. **Se débourrer,** fam., s'élever dans la politesse en perdant ses manières incultes. ¶ 4 → Hausser. ¶ 5 → Croître. ¶ 6 → Enchâsser. ¶ 7 → Préparer. ¶ 8 → Cou-

vrir. ¶ 9 → Lever. ¶ 10 Aller jusqu'à tant en parlant d'une somme. *Monter* exprime un total : *La succession de mon frère monte à des sommes immenses* (DEST.). **Se monter** fait penser au calcul, à l'opération qui a permis de former le total : *Son calcul se monte à la trentaine* (L. F.). **S'élever,** monter à un total assez haut, ou, avec une négation, ne pas monter au-delà de telle ou telle limite : *Leur nombre ne s'élevait pas à plus de dix mille* (ACAD.). ¶ 11 → Pourvoir.

Monticule : → Hauteur.

Montre :

¶ 1 → Étalage. ¶ 2 Action d'exposer ou de mettre en vue quelque chose. *Montre,* surtout dans la loc. *Faire montre,* se dit au fig. d'une apparence vraie ou fausse, par laquelle on indique ce qu'on possède ou ce qu'on est, en bien ou en mal : *Faire montre de ce qu'il appelait les grands sentiments* (GI.). **Parade,** action de montrer des choses brillantes plutôt que bonnes et solides, par affectation ou vanité : *Les scélérats eux-mêmes font parade de leur abominable gloire* (VAL.). **Étalage,** action d'exposer une chose dans toute son étendue pour faire ressortir sa quantité ou son ampleur plutôt que sa beauté : *Un étalage perpétuel de son érudition et de son éloquence* (VAUV.). — **Ostentation** a rapport au sujet et désigne le défaut qui l'anime à faire montre, parade ou étalage de ses prétendues qualités pour les faire valoir par vanité : *Je n'estime pas que l'on puisse donner une idée plus juste de l'ostentation, qu'en disant que c'est dans l'homme une passion de faire montre d'un bien ou des avantages qu'il n'a pas* (L. B.). **Chiqué,** fig., fam. et péj., montre trompeuse de qualités qu'on n'a pas, ou parade, ostentation de luxe, d'élégance pour esbroufer. — **Mise en scène,** fig., façon concertée de présenter certains actes ou de les entourer de pompe, d'apparat pour produire un certain effet : *La mise en scène de l'amour* (BALZ.). ¶ 3 *Montre,* petite horloge qui se porte dans une poche ou au poignet (dans ce cas on dit **Montre-bracelet** ou **Bracelet-montre**). **Chronomètre,** montre de précision qui sert aux astronomes, aux sportifs, etc. pour marquer le temps à une fraction de seconde près (à noter que le *chronomètre* n'est pas toujours de poche et peut être un appareil plus volumineux, mais il a toujours un cadran alors que le **Chronographe** note par des procédés graphiques le temps que dure un phénomène). **Oignon,** fam., montre de poche, ancienne ou très bombée, ou mauvaise montre. **Coucou** et **Tocante,** argotiques et péj., mauvaise montre.

Montrer :

¶ 1 Faire voir. *Montrer* est le terme général. **Présenter,** montrer quelque chose à quelqu'un en le mettant sous ses

yeux, nettement et pour un certain objet :
On *montre* de l'étoffe à une acheteuse,
on lui *présente* des modèles. On *montre*
une plaie à un médecin pour qu'il la voie,
on la lui *présente* pour qu'il la panse.
Exposer, montrer une chose en la disposant de manière à la bien mettre en
vue : *Exposer des tableaux.* **Étaler,** montrer dans toute son étendue, se dit de ce
qu'on expose pour le vendre, de ce qu'on
met à plat, sur un large espace : *Les marchands étalent* (L. B.). *Il étale son cordon
bleu* (L. B.) ; au fig., de nos jours, montrer avec ostentation : *Étalant sa misère
parmi le beau monde* (Zola). **Arborer,**
por-
ter sur soi d'une façon voyante ce qu'on
veut montrer, étaler : *Arborer à sa boutonnière une rosette* (Gi.). **Offrir,** montrer
à la vue ou présenter à l'esprit d'une
façon naturelle : *L'Évangile à l'esprit
n'offre de tous côtés Que pénitence à faire
et tourments mérités* (Boil.). **Produire,** en
termes de droit et au fig., montrer pour
soumettre à la connaissance, à l'examen,
ce qui sert de justification : *Produire des
titres ; des autorités.* **Représenter,** terme
de jurisprudence et d'administration, montrer
devant les yeux, produire un document :
Représenter son passeport. **Exhiber,** terme
de procédure, produire des pièces en justice, par ext. montrer, souvent d'une façon
voyante, pour produire un certain effet :
Exhiber ses décorations (Acad.). — **Manifester,** montrer d'une façon palpable, incontestable, ne se dit que des sentiments
que l'on fait paraître : *Manifester sa joie.*
Mettre dans, employer, manifester ses
qualités, ses dispositions morales dans ses
actions, ses discours ou ses ouvrages : *Mettre de la sévérité dans ses discours.* **Porter,**
avec un nom de personne pour sujet,
manifester dans l'action, d'une façon
suivie, tel ou tel sentiment : *Il porte en
toutes choses un grand esprit de justice*
(Acad.) ; avec un nom de personne ou
de chose comme sujet, montrer sur soi
l'image ou l'indication de quelque chose :
Il porte la tristesse peinte sur son visage.
Déployer, manifester avec activité, avec
éclat ; ou montrer avec solennité : *Déployer la fierté d'un héros* (Corn.) ; *l'appareil des supplices* (Corn.). **Marquer, Signifier, Prouver, Témoigner,** attester l'existence vraie de ce qui est invisible, en en
montrant la marque, le signe, la preuve,
ou le témoignage (→ ce mot). **Accuser,**
en termes de beaux-arts, faire ressortir
avec netteté, dans le langage courant,
montrer, par des signes extérieurs, et parfois
contre son gré, ce qu'on éprouve : *La
toilette de la marquise accusait le désir de
fasciner Calixte* (Balz.). **Accentuer,** manifester avec encore plus d'intensité ce qu'on
veut rendre plus visible : *Plus je sentais*

*que je leur déplaisais et plus j'accentuais en
moi ce qui leur faisait horreur* (Mau.).
Révéler (→ Découvrir), montrer ce qui
était inconnu ou secret : *Révéler son talent.*
Prodiguer, montrer, manifester avec un
empressement parfois excessif : *Prodiguer
des prévenances* (M. D. G.). **Afficher, Affecter** (→ ce mot), montrer un sentiment
feint ou exagéré. **Faire montre de,** montrer des qualités vraies ou fausses, avec
ostentation : *Faire montre de grands
sentiments* (Gi.). **Respirer** (→ Exhaler),
montrer, témoigner vivement ce dont on
est pénétré tout entier : *Respirer l'hypocrisie* (Gi.). — **Déballer,** étaler au marché
des marchandises tirées d'un emballage,
au fig., syn. fam. et péj. d'*étaler.* ¶ 2 → Indiquer. ¶ 3 → Apprendre. ¶ 4 → Prouver.
¶ 5 (Réf.) → Paraître. ¶ 6 (Réf.) Apparaître nettement en parlant des choses. *Se
montrer,* apparaître comme réel, en tombant sous les yeux ou grâce à une preuve :
*Ta foi, dans mon malheur, s'est mon-
trée à mes yeux* (Rac.). **Se manifester,**
se montrer, visiblement ou par des signes,
d'une manière incontestable : *La maladie
se manifeste par certains symptômes.* **Éclater,** se manifester d'une manière frappante :
Votre zèle pour moi visiblement éclate (Mol.).
Se peindre, surtout en parlant d'un sentiment, se montrer dans ou sur une chose par
une image manifeste : *L'inspiration divine
qui se peignait dans ses yeux* (Staël). ¶ 7 En
parlant d'une personne, *Se montrer,* se faire
voir, en personne, ou sous telle ou telle apparence : *Ma mère Jézabel devant moi s'est
montrée* (Rac.) ; en un sens spéc. aller dans
le monde assidûment. **Se manifester,** se
rendre visible surtout en parlant de Dieu ;
ou, en parlant aussi de Dieu et, au fig.,
des personnes, indiquer clairement son
existence, sa puissance, par certains signes
certains effets : *Dieu se manifeste lorsque
tout semble perdu* (Zola). **Montrer son nez ;**
fam., se faire voir un instant ou commencer à se faire voir. **S'étaler,** se faire voir
avec ostentation : *Ces bruyants téméraires
Sur la scène du monde ardents à s'étaler*
(Volt.). **S'afficher,** péj., fait souvent penser à ceux montrant de se on se montre. **Se produire,** se montrer pour se faire connaître
par ses qualités, son talent : *En ce moment
se produisait à Paris un homme extraordinaire* (Balz.). **S'exhiber,** souvent ironique, se montrer avec affectation, se
donner en spectacle. **Parader,** se montrer
en faisant le beau, se pavanant (→ Poser). **Se prodiguer,** se montrer avec quelque
excès dans le monde. **Se répandre,** se montrer beaucoup et souvent dans le monde,
fréquenter beaucoup de gens.

Montueux : → Montagneux.

Monument : ¶ 1 → Bâtiment. ¶ 2 →
Tombeau. ¶ 3 → Souvenir.

Monumental : → Gigantesque.

Moquer (se) : ¶ 1 → Railler. ¶ 2 → Mépriser.

Moquerie : → Raillerie.

Moral : Adj. ¶ 1 → Probe. ¶ 2 → Psychique. ¶ 3 N. → Mentalité.

Morale : ¶ 1 *Morale*, doctrine relative au bien et au mal qui, quoique raisonnée, peut n'être pas exposée méthodiquement; ou sentiment intuitif, évidence intérieure et inconditionnelle du bien et du mal : *La morale de Jésus-Christ. La vraie morale* [du jugement] *se moque de la morale* [de l'esprit] (PASC.). **Éthique,** n. fém., science de la morale ou ouvrage traitant de cette science : *S'occuper d'éthique. L'*Éthique *de Spinoza* (ACAD.). ¶ 2 *Morale*, en parlant d'un écrivain, d'une œuvre, les règles de vie qu'ils nous proposent : *La morale des* Fables *de La Fontaine.* **Moralité,** sens moral précis, exprimé ou implicite, que renferme un discours fabuleux, allégorique ou un récit : *La moralité du Loup et l'Agneau*, c'est : la raison du plus fort est toujours la meilleure; mais on peut en tirer, suivant son tempérament, des *morales* très différentes.

Moralité : ¶ 1 → Morale et Leçon. ¶ 2 Façon d'agir considérée comme caractérisant un être. *Moralité*, qui ne se dit que de l'homme, fait penser aux principes moraux qui dirigent son action. **Mœurs,** façon d'agir, par instinct, par tradition, par adaptation au milieu, se dit des bêtes comme des hommes et n'a rapport qu'aux actions positives. — En un sens favorable, *Moralité*, le discernement moral, conscient; *Mœurs* ou **Bonnes mœurs,** bonne conduite, même inconsciente, souvent d'ailleurs par rapport à la décence.

Morbide : → Malsain.

Morbidesse : → Grâce et Mollesse.

Morceau : ¶ 1 → Partie. ¶ 2 Partie séparée d'un corps solide et continu. *Morceau*, qui se dit proprement d'une chose bonne à manger, s'emploie par ext. dans tous les cas : *Morceau de bois. Quelques morceaux de Milton et de Shakespeare* (VOLT.). **Bloc,** gros morceau d'une matière pesante et dure. **Bout,** assez fam., petit morceau d'une chose, parfois pris sur ses extrémités ou qui reste après qu'on en a usé : *Un bout de bougie. Un bout de ruban;* au fig. on dit fam. *un bout de messe, un bout de sermon.* **Bribe,** surtout au pl., petit morceau d'une chose comestible; au fig., fam., morceaux pris çà et là sans discernement : *Des bribes de phrases* (MAU.); *d'héritage* (MAU.). **Fragment** (→ ce mot), morceau de quelque chose qui a été cassé ou séparé de son tout : *Fragments de papier* (MAU.); au fig. partie d'un ouvrage dont l'ensemble est perdu, incomplet ou inachevé : *Les fragments d'Ennius. Fragments d'hymnes* (FLAUB.). **Débris** ,morceau inutilisable qui reste d'une chose brisée ou en partie détruite; au fig. ce qui reste d'une chose après sa destruction : *Les débris de sa grande fortune* (ZOLA). **Tesson,** spéc. débris de bouteille, de verre, de pot cassés. **Pièce** (→ ce mot), partie d'un tout considérée comme complète, entière en soi : *Une pièce de viande;* par ext. morceau d'un tout qu'on coupe, qu'on déchire ou qu'on casse, et, en ce dernier sens, la *pièce* est plus grosse que le *fragment* : *Mettre en pièces;* ou morceau d'une chose qui sert à en compléter une autre, ou par assemblage avec d'autres morceaux à en faire une nouvelle : *Mettre une pièce à une voile. Pièces de rapport.* **Lambeau,** morceau d'étoffe ou de chair déchiquetée; au fig. *bribe*, *fragment* ou *débris* très petits : *Quelques lambeaux de ce discours* (ACAD.). **Chiffon,** mauvais morceau de quelque étoffe ou rognure d'une étoffe neuve. **Chicot,** petit morceau de bois rompu, par ext., pop., fragment de dent qui reste dans la mâchoire, et, par image, en un sens vulgaire, *morceau : Un chicot de pain.* **Miette,** petite partie qui tombe du pain quand on le coupe, par ext. très petit morceau d'une chose à manger ou, fam., d'un objet quelconque : *Mettre un vase en miettes.* **Lichette** et **Loquette,** pop., petit morceau d'une chose qui se mange. **Chanteau,** morceau d'étoffe coupé à une grande pièce. Morceau de pain : → Quignon. ¶ 3 Portion non séparée, mais considérée à part et distincte d'un tout solide et continu. *Morceau* se dit surtout de la terre. *Pièce* ajoute l'idée que la chose considérée séparément de celles qui sont de même nature forme cependant un tout par elle-même : *Un morceau de champ est artificiellement découpé dans un champ;* une *pièce* de terre, quoique distinguée des autres champs, forme en elle-même un tout. **Lopin,** petit morceau de terrain qu'on a eu en général par héritage. **Lotissement,** part d'un terrain, d'une propriété divisés en parts qu'on a vendues (souvent pour y faire bâtir). **Parcelle,** terme de cadastre, chaque petite portion de terre séparée de terres voisines et appartenant à un propriétaire différent. ¶ 3 → Passage. ¶ 4 → Pièce.

Morceler : → Partager.

Mordant : ¶ 1 Adj. Qui censure, critique avec vivacité et aigreur. *Mordant* implique malignité, ou au moins violence, chez celui qui s'acharne contre quelqu'un : *La mordante hyperbole de Juvénal* (BOIL.). **Mordicant,** fig. et fam., se dit de l'humeur simplement portée à railler : *Les* *pinces mordicantes de l'esprit de Chamfort* (dans Lit.). **Caustique** dit moins que *mordant* et suppose une atteinte plus légère, qui peut avoir quelque chose de badin, ou se contenter de railler : *Caustique, gai, plaisant* (S.-S.). **Piquant,** surtout en parlant des discours, insiste davantage sur l'effet, qui est de blesser, d'offenser, momentanément, sans l'acharnement que marque *mordant* : *De mots piquants partout Dorante vous outrage* (Mol.). **Aigre** (→ ce mot) enchérit et a rapport à l'humeur de celui qui offense parce qu'il est indisposé, fâché : *Plus aigre et plus mordant qu'une femme en furie* (Boil.). **Incisif,** en parlant des discours, de la critique, implique quelque chose de tranchant, qui va profond, mais sans acharnement ni méchanceté. **Acéré** implique, en parlant des discours, l'intention de blesser profondément comme par des flèches qu'on a aiguisées et qu'on place insidieusement, méchamment : *Langue acérée. Les propos acérés de la calomnie.* — **Satirique** ne dépeint pas l'action, mais la classe simplement dans la catégorie de celles qui consistent à censurer ce qui paraît blâmable ou ridicule, parfois avec quelque médisance : *Un esprit satirique peut être doux et modéré. Un avocat est mordant sans être satirique.* ¶ 2 N. → Vivacité.

Mordicus : → Opiniâtrement.

Mordre : ¶ 1 *Mordre,* entamer avec les dents, en les serrant. **Mordiller,** mordre légèrement et fréquemment. ¶ 2 → Ronger. ¶ 3 → Critiquer. ¶ 4 → Dépasser. ¶ 5 *Mordre à :* → Progresser.

Morfiler : → Aiguiser.

Morfondre (se) : → Attendre.

Morfondu : ¶ 1 → Transi. ¶ 2 → Fâché.

Morgue : → Orgueil.

Morguer : → Braver.

Moribond, qui va mourir, en fait, ou qui paraît sur le point de mourir, parce qu'il est languissant : *Comme Sénèque était d'une maigreur extrême, il avait l'air d'un moribond* (Marm.). **Agonisant,** qui se débat, en fait, dans le dernier combat contre la mort. **Mourant,** qui meurt vraiment au moment où l'on parle : *L'image de ce grand homme mourant* (D'Al.); ou, par hyperbole, qui a la marque d'une mort prochaine, en parlant des yeux ou de la voix excessivement langoureux.

Morigéner : → Réprimander.

Morne : → Triste.

Morose : → Renfrogné et Triste.

Mors, ensemble des pièces de fer qui servent à brider un cheval, et spéc. pièce qui se place dans la bouche du cheval pour le gouverner. **Frein,** ancien nom du *mors* en ce dernier sens, se dit dans de nombreuses loc. figurées alors que *mors* ne se dit guère que dans la loc. *Prendre le mors aux dents :* → (s') Emporter.

Mort (n. f.) : ¶ 1 *Cessation de la vie.* *Mort* se dit de tout ce qui vit et, en parlant de l'homme, fait penser à toutes les idées tristes ou apaisantes qu'évoque la fin de la vie : *La mort est affreuse* (Sév.). — En parlant de l'homme seulement, **Trépas,** passage de la vie à la mort et à une autre vie; dans le style soutenu, mort glorieuse qui immortalise : *D'un beau trépas l'illustre renommée* (Corn.). **Décès** représente la mort comme une cession de place, de biens, de droits à d'autres, et s'emploie seul, de ce fait, en termes de jurisprudence et d'administration : *Lors du décès du premier mourant* (Mol.). **Fin** présente la mort comme un événement arrivant plus ou moins tôt, et fait penser aussi à la manière dont a lieu le dernier acte de la vie : *Fin paisible* (Volt.); *prochaine* (Mau.). **Perte,** mort d'une personne considérée soit comme une privation pour ceux qui restent : *La perte d'un époux* (L. F.); soit comme un but que l'on cherche à atteindre : *Jurer la perte de quelqu'un.* **Malemort,** mort funeste et cruelle, est vx et fam. **Tombe** et **Tombeau,** fig., dans le style relevé, la mort considérée comme une nécessité à laquelle tout homme est soumis. **La Camarde, La Faucheuse,** noms littéraires de la Mort personnifiée. ¶ 2 → Ruine. ¶ 3 → Supplice. ¶ 4 *A mort :* → Mortellement.

Mort : ¶ 1 Adj. Qui a perdu la vie. *Mort,* adj., se dit de tous les êtres animés, et au fig. en parlant de ce qui paraît sans vie (*Une ville morte*); comme n. il est du langage courant en parlant de l'homme seulement. **Défunt** ne se dit que de l'homme, dans le style administratif et liturgique comme adj. et surtout comme n.; et rarement dans le langage courant : *Défunt mon père*; on dit parfois, fam., en ce sens : *mon pauvre père* : *Sa pauvre défunte mère* (Loti); comme adj. *défunt* se dit aussi des choses qui ont cessé d'exister : *Les défuntes années* (Baud.). **Décédé,** part. passé seulement, ne se dit que dans le style administratif, judiciaire ou des pompes funèbres, d'un homme mort de mort naturelle. **Feu,** syn. de *défunt,* ne se dit que des personnes que nous avons vues ou que nous avons pu voir : *J'ai ouï dire de feu ma sœur* (Mtq.); sinon, *feu* est aussi burlesque. **Trépassé, Disparu, Tué** diffèrent de *mort* comme les verbes correspondants de *mourir* (→ ce mot). *Tué,* comme n., se dit surtout de ceux qui sont morts à la guerre ou dans un accident par opposition aux blessés; souvent quand il s'agit d'un accident et toujours quand il s'agit d'un crime on le remplace par **Victime**. — **Inanimé**, adj. seulement, qui se dit aussi de ce qui n'a jamais été vivant, enchérit sur *mort* pour marquer l'absence totale de tout signe de vie : *La Nature morte, inanimée* (Buf.); au fig. ce qui est *mort* produit peu d'effet, ce qui est *inanimé* n'en produit point : *Un teint mort manque de vivacité; une figure inanimée n'a pas plus de vivacité qu'un marbre* (L.). ¶ **2** Adj. → Tranquille. — ¶ **3** N. masc. Être humain privé de vie. *Mort*, même s'il ne se dit que du corps, fait penser à la personnalité, corps et âme, du défunt : *Les morts dorment en paix dans le sein de la terre* (Mus.). **Corps** et **Corps mort** (plus rare) ne désignent que l'enveloppe mortelle d'un être, par opposition à son âme, et spéc. au cours des cérémonies qui suivent la mort : *La levée du corps*. Mais le *corps* fait penser à l'être à qui il a appartenu, le **Cadavre**, corps inanimé de l'homme et des gros animaux, n'est plus qu'une matière inerte, parfois sans nom, vouée à la décomposition et présentant l'aspect physique de la mort : *C'est, dit-il, un cadavre; ôtons-nous car il sent* (L. F.). **Dépouille**, syn. noble de *corps* : *Si je pouvais laisser ma dépouille à la terre* (Lam.). **Restes mortels**, ou **Restes**, ce qui reste d'une personne après sa mort et son inhumation, c'est-à-dire son corps, ou ses ossements, ses cendres. **Charogne**, corps de bête morte abandonné et corrompu, est péj. en parlant d'un cadavre humain. **Macchabée**, cadavre, spéc. de noyé, est argotique.

Mortel : Adj. ¶ **1** Qui cause la mort. *Mortel* est usuel, **Mortifère**, du langage médical ou burlesque. ¶ **2** → Fatal. ¶ **3** → Extrême. ¶ **4** → Ennuyeux. — ¶ **5** N. → Homme.

Mortellement, de sorte que la mort peut s'ensuivre, est plus vague, moins énergique que **A mort** ou **A la mort**, de sorte que la mort s'ensuivra.

Mortification : → Humiliation. *Mortification*, dans le style soutenu, humiliation très pénible. **Couleuvre**, fam., tout ce qui est très désagréable à supporter, à « avaler » : *Résous-toi, pauvre époux, à vivre de couleuvres* (Boil.). **Dragée**, fam., déboire très amer. **Pilule**, fam., traitement désagréable, mais qui est « doré », enveloppé : *Le camouflet fut violent, mais il avala la pilule de bonne grâce* (S.-S.).

Mortifier : ¶ **1** → Humilier. ¶ **2** → Fâcher. ¶ **3** → Macérer.

Mortuaire : → Funèbre.

Mot : ¶ **1** Signe parlé ou écrit de la pensée. Le *Mot* se considère en lui-même, indépendamment de la pensée, matériellement.

Le **Terme** a rapport à la pensée, est souvent nettement défini par rapport à l'usage particulier qu'en fait quelque art, quelque science; si *mot* se dit parfois pour *terme*, c'est pour désigner quelque chose de moins précis : *Termes clairs et formels; mots équivoques* (L. B.). *Mots harmonieux* (Boil.). *Termes de philosophie* (Did.). L'**Expression** (→ ce mot) est relative à la pensée, mais du point de vue esthétique, et souvent envisagée par rapport au sujet qui la choisit bien ou mal et parfois lui donne un sens nouveau : *Des gens qui vous dégoûtent par leurs ridicules expressions* (L. B.). *Le mot propre est le mot usité; le terme propre est le terme précis; l'expression propre est la plus belle et la plus forte* (L.). **Parole**, parfois syn. d'*expression* relativement à l'art de penser et d'écrire : *Les paroles doivent peindre* (Volt.). **Vocable**, terme de grammaire, *mot*, partie intégrante d'une langue. **Particule**, terme de grammaire, petit mot invariable et ordinairement d'une seule syllabe. ¶ **2** → Parole. ¶ **3** → Lettre. ¶ **4** → Pensée. ¶ **5** → Mot d'esprit. ¶ **6** *Mots* : → Phraséologie. ¶ **7** *Mots* : → Injure.

Mot à mot, en parlant d'un discours qu'on rapporte, implique qu'on ne change pas ou presque pas les termes ni leur ordre; et, en parlant d'un texte qu'on traduit, qu'en gardant l'ordre des mots on fait correspondre à chacun d'eux un mot qui le traduit exactement. **Mot pour mot**, en parlant de ce qu'on rapporte, marque encore plus de rigueur. **Littéralement** (→ ce mot) a rapport à l'interprétation ou à la traduction d'un texte qu'on prend au sens propre et dans son ordre grammatical, sans chercher à trouver des équivalents ou des interprétations figurées : *Traduire du latin mot à mot*, c'est traduire chaque mot latin par un mot français; traduire *littéralement*, c'est donner à chaque mot latin son sens propre et conserver tous les rapports logiques, même s'ils ne conviennent pas au génie du français.

Mot d'esprit : → Plaisanterie. Ce par quoi on montre, en parlant ou en écrivant, qu'on est spirituel. Alors que **Pensée ingénieuse** est plutôt relatif au fond qu'à la forme (*Des pensées ingénieuses qui, pour éclore, n'attendent que des mots*. Marm.), **Mot** désigne une formule heureuse qui exprime vivement une pensée ingénieuse, et se dit spéc. d'un *Mot d'esprit*, formule spirituelle, vive et plaisante qui a quelque chose de piquant : *Fabriquer deux ou trois mots, deux ou trois traits qui iront se ficher dans cette cible mouvante* (J. Rom.). **Bon mot**, mot d'esprit qui raille ou fait rire : *Diseur de bons* *mots, mauvais caractère* (PASC.). **Mot pour rire**, fam., ce que l'on dit en plaisantant, pour amuser, indique souvent quelque chose de moins fin. **Jeu de mots**, toute phrase qui contient une allusion fondée sur la ressemblance des mots. **Saillie** implique quelque chose d'imprévu qui naît spontanément et saisit les rapports des choses les plus éloignées : *Avoir des saillies, c'est passer sans gradation d'une idée à une autre qui peut s'y allier* (VAUV.). **Trait** est parfois syn. de *saillie*, mais si le charme de la *saillie* est dans la promptitude de son départ, celui du *trait* est plutôt dans la vivacité avec laquelle il vole et dans la netteté avec laquelle il porte; *trait* se dit d'ailleurs de choses qui sont plus que spirituelles qu'il mourût, *ce trait du plus grand sublime* (VOLT.); et désigne aussi souvent un bon mot piquant, une raillerie. **Pointe**, *trait* subtil et recherché, avec souvent une nuance péj.; ou parfois simple jeu de mots, souvent assez précieux : *La Pointe assassine, L'Esprit cruel* (VERL.). **Concetto** (en ital. « pensée vive, raffinée »), surtout au pl. **Concetti**, formule recherchée et subtile de la poésie italienne antérieure au XVIIe s., par ext. pointe précieuse très raffinée, à l'italienne. **Bluette**, trait vif et léger comme une étincelle. **Gentillesse**, saillie agréable, de bonne compagnie, est pris souvent ironiquement. — **Quolibet**, toujours péj., pointe ou jeu de mots fade et grossier : *Mauvaises pointes et quolibets* (VOLT.).

Motet : → Cantique.

Moteur : ¶ 1 N. Ce qui fait aller une chose. *Moteur* et **Mobile**, ce qui est à l'origine du mouvement : *moteur*, qui, au fig., se dit surtout des personnes, marque une action immédiate, une cause directe : *La méchanceté et l'indifférence sont des moteurs dans les actions des hommes* (CAM.); *mobile*, qui, au fig., se dit surtout des choses, marque une action moins immédiate : c'est ce qui contribue à faire exister une chose ou l'amène comme de loin : *L'argent était le pivot, l'unique moyen, l'unique mobile d'une société* (BALZ.). **Promoteur**, en parlant d'une personne, celui qui fait prospérer une chose, en étant à sa tête ou en lui donnant l'impulsion : *Le cardinal de Guise, le plus hardi promoteur de la Ligue* (VOLT.). **Ame** comporte l'idée de pensée ou d'intelligence : *Le promoteur donne l'impulsion, l'âme conseille et dirige.* **Ressort**, fig., en parlant d'une chose, ce qui fait agir, soit naturellement, soit comme un moyen que l'on emploie : *Des gens dont le seul ressort soit le dévouement à un idéal commun* (J. ROM.). **Parrain**, fig., en parlant d'une personne, promoteur d'une idée, d'une entreprise qu'il appuie de son autorité. **¶ 2** Adj. → Mouvant.

Motif : ¶ 1 → Cause. En termes de droit, *Motifs*, raisons qui justifient l'idée et la rédaction d'un texte. **Considérants** ou **Attendus**, les motifs tels qu'ils sont rédigés, précédés de la formule *Considérant que* ou *Attendu que*, en tête du dispositif du texte. **¶ 2** → Matière. **¶ 3** → Thème.

Motion : → Proposition.

Motiver : → Occasionner.

Motus : → Paix.

Mou (N.) : → Poumon.

Mou (Adj.) : **¶ 1** *Mou*, qui cède facilement à la pression, reçoit l'impression des autres corps, tout en conservant une certaine consistance : *L'ouate molle* (BOIL.). **Élastique** (→ ce mot) ajoute l'idée que le corps reprend plus ou moins sa forme après avoir cédé à la pression. **Flasque** dit plus que *mou* en parlant de ce qui est sans fermeté ni résistance, spéc. les tissus organiques ou les enveloppes plus ou moins vides : *Corps flasques* (BAUD.). *Le ballon se vide d'air et devient flasque* (LIT.). **Mollasse**, désagréablement mou au toucher ou sous la dent, se dit aussi d'une étoffe qui n'a pas assez de corps : *Chair mollasse* (BUF.). **Mollet**, un peu mou, qui a une mollesse délicate et agréable au toucher : *Nid mollet* (BUF.). *Pain mollet.* **Spongieux**, mou comme l'éponge et pouvant par conséquent s'imbiber : *Le poumon est spongieux.* **Cotonneux** ne se dit que par image des fruits ou des légumes devenus mollasses et comme spongieux. **Tendre**, qui peut être facilement entamé, coupé ou mâché, implique souvent beaucoup plus de consistance que *mou* : *Viande tendre.* **¶ 2** Au fig., *Mou* a rapport au manque de vigueur dans l'action : *Cheval mou* (ACAD.). *Molle résistance* (RAC.); se dit en termes de peinture d'une touche, d'un pinceau sans vigueur, insuffisants dans le dessin et la couleur; et parfois, en littérature, d'un style sans vigueur. **Flasque** enchérit en parlant du caractère, ou d'un style lâche et traînant. **Cotonneux**, au fig., ne se dit que du style avec la même nuance qu'au prop. **Mollasse** et **Mollasson**, péj., enchérissent, sur *mou* en parlant d'un homme. **Faible** (→ ce mot) n'a rapport qu'au manque de volonté pour se décider, ou pour résister aux influences extérieures : *Dans Britannicus, Néron est faible devant Narcisse, mais il n'est pas mou.* **Inconsistant**, faible et de ce fait inconséquent. **Veule**, au fig., joint l'idée de faiblesse à celle de mollesse, voire de lâcheté : *L'albatros pris par les marins est « gauche et veule »* (BAUD.). **Indolent** marque l'incapacité pour la sensibilité d'être touchée, ce qui entraîne l'indifférence et l'inaction.

Velléitaire suppose l'impuissance de traduire en actes les décisions d'une volonté faible et passagère : *Je ne suis pas un caractère énergique; par certains côtés je suis ce qu'on appelle un velléitaire* (J. Rom.). **Aboulique,** terme médical, névrosé qui a la connaissance de ce qu'il doit faire, mais est dans l'impuissance morbide de le faire. — **Gnangnan,** très fam., celui à qui le moindre effort arrache des plaintes. **Chiffe,** fam., homme faible ou mou. **Amorphe,** syn. fam. de *flasque* ou de *veule*. On désigne aussi un homme mou, sans énergie, du nom d'**Emplâtre** (fam.), de **Panade** (pop.), de **Nouille** (pop.) qui joint à l'idée de mollesse celle de faiblesse. **Toupie** et **Toton,** fig. et fam., homme faible, velléitaire, changeant. **Soliveau,** fig. et fam., par allusion à la fable de L. F. *Les grenouilles qui demandent un roi,* homme sans autorité, nul et inerte comme une pièce de bois. **Ramolli,** en parlant d'une personne, fait plutôt penser à l'affaiblissement de ses facultés intellectuelles qui en fait presque un imbécile.

Mouchard : → Espion. *Mouchard,* pop. et péj., espion de police, ou celui qui dénonce après avoir espionné. **Cafard,** fam., celui qui dénonce hypocritement. **Capon,** poltron; dans le langage des collégiens, celui qui, par peur d'une punition collective, dénonce un camarade. **Rapporteur,** moins péj., celui qui, par légèreté ou par malice, a coutume de rapporter ce qu'il a vu et entendu : *Les rapporteurs, nation basse et maligne qui se nourrit de venin* (Fén.). **Cafetière,** syn. fam. de *cafard.*

Mouche : → Espion.

Mouche à miel : → Abeille.

Moucheté : → Marqueté.

Moudre : → Broyer.

Moue : → Grimace.

Moufle : → Gant.

Mouillé : → Humide.

Mouiller : ¶ 1 → Humecter. Rendre humide en mettant en contact avec un liquide. *Mouiller* envisage cette action comme faite de n'importe quelle façon et sans qu'elle ait toujours pour résultat de pénétrer : *Mousses mouillées* (Loti). **Tremper,** mouiller en mettant dans quelque liquide, par ext. mouiller beaucoup de façon à imbiber : *Tremper du pain dans du vin. Tente trempée de la pluie de la nuit* (Loti). **Arroser** (→ ce mot), mouiller en projetant ou en versant un liquide : *J'arrosai son visage d'un torrent de larmes* (Fén.). **Inonder,** couvrir d'eau, en parlant d'une rivière qui déborde, par ext. mouiller beaucoup : *Les pleurs inondent son visage* (Volt.). **Baigner,** plonger et maintenir dans un liquide, par ext. mouiller abondamment et d'une façon continue : *Elle prend ses enfants et les baigne de pleurs* (Rac.). **Doucher,** arroser le corps humain au moyen du jet appelé douche, par ext., fam., arroser violemment par projection d'un liquide : *Une voiture passant dans le ruisseau douche un passant.* **Saucer,** tremper dans le liquide alimentaire appelé sauce, par ext., fam., mouiller, tremper par une averse de pluie. **Rincer,** nettoyer en lavant à plusieurs reprises, par ext., fam., mouiller, transpercer par une pluie violente. ¶ 2 → Arroser. ¶ 3 → Étendre. ¶ 4 → Stopper.

Mouillette : → Quignon.

Moule : → Modèle. *Moule,* modèle creux où l'on verse une matière liquide qui en se solidifiant prend sa forme. **Forme,** parfois syn. de *moule : Forme à fromage;* désigne plutôt un objet plein sur lequel on applique un objet qu'on modèle, chapeau, soulier, bas, etc. **Carcasse,** charpente sur laquelle on bâtit par ex. un navire, un abat-jour.

Mouler : → Former.

Moulu : → Fatigué.

Mourant : ¶ 1 → Moribond. ¶ 2 → Langoureux.

Mourir : ¶ 1 Cesser de vivre. *Mourir* se dit de tous les êtres animés et exprime l'événement d'une façon abstraite; **Se mourir** le dépeint comme en cours d'accomplissement : *Je me meurs tout doucement* (Volt.). **Décéder,** terme d'administration, en parlant des personnes seulement, mourir de mort naturelle. **Être tué,** mourir de mort violente. **S'éteindre,** en parlant des personnes, mourir doucement, ou s'affaiblir et mourir peu à peu : *Il s'éteignit enfin âgé de près de 80 ans* (Font.). **S'endormir** présente la mort comme un repos : *Laissez-moi m'endormir du sommeil de la terre* (Vi.). **Expirer** fait penser au moment précis où le mourant rend son dernier soupir : *Elle a fait expirer un esclave à mes yeux* (Rac.). **Rendre l'âme, Rendre le dernier soupir, Rendre l'esprit, Exhaler son âme,** syn. d'*expirer* dans le style relevé. **Être enlevé, Être ravi** font penser à la maladie qui emporte ou au vide que laisse, parmi les siens, celui qui est mort : *Elle a été enlevée en six jours* (Sév.); **Être emporté** indique une maladie brusque : *Être emporté par une embolie.* **Succomber,** employé absolument, fait penser à la vaine résistance à un mal tenace et pénible. **Passer** vieillit : c'est expirer d'une façon insensible : *Il vient de passer doucement* (Duh.). **Passer le pas** est vx. **Périr** implique une fin prématurée, malheureuse ou violente : *Périr dans une* *épidémie.* **Y rester,** fam. mourir dans une entreprise. **Trépasser,** mourir, ordinairement de mort naturelle, est vx ou du style recherché. **Disparaître** s'emploie par euphémisme pour *mourir.* **Tomber,** être abattu brusquement, en général dans un combat : *Tomber au champ d'honneur.* **Crever,** mourir en parlant des animaux, est péj. appliqué aux hommes. **Faire son paquet, ses paquets pour l'autre monde, Perdre le goût du pain** sont fam. **Casser sa pipe, Dégeler, Laisser les guêtres, les houseaux** sont pop. Parmi les nombreux syn. argotiques de *mourir,* **Claquer** est le plus fréquemment usité. ¶ 2 → Finir. ¶ 3 → Souffrir.

Mousquet, Mousqueton : → Fusil.

Moussaillon, Mousse : → Marin.

Mousse (N. fém.), matière blanchâtre se formant sur certains liquides contenant des gaz, lorsqu'ils sont battus, versés ou en effervescence par suite d'une décompression : *Mousse de bière.* **Écume,** sorte de mousse impure qui se forme sur un liquide agité, chauffé ou fermenté : *L'écume d'un pot qui bout.*

Mousse (Adj.) : → Émoussé.

Mousson : → Vent.

Mouton : ¶ 1 *Mouton,* mammifère de la famille des ovidés à poil laineux et frisé. **Pré-salé,** mouton qui a pâturé dans des prés voisins de la mer. ¶ 2 Peau de mouton préparée. *Mouton* fait penser à la qualité de la matière : *Reliure en mouton;* **Basane,** à la préparation : *Portefeuille de basane.* ¶ 3 → Paisible. ¶ 4 → Espion. ¶ 5 → Vague.

Moutonner : → Friser.

Moutonnier : → Grégaire.

Mouvant : ¶ 1 Qui produit le mouvement. *Mouvant* marque la propriété virtuelle, **Moteur** suppose un mouvement actuel, effectif : *La force mouvante n'appartient pas à la matière* (MARM.). *Les muscles moteurs de la jambe.* ¶ 2 *Mouvant* exprime la qualité de ce qui, en fait, se meut : *Images mouvantes;* **Mobile,** la capacité de ce qui peut se mouvoir ou être mû : *Mobiles comme le mercure* (L. B.).

Mouvement : ¶ 1 *Mouvement,* déplacement d'un corps ou de quelqu'une de ses parties : *Notre nature est dans le mouvement* (PASC.). **Impulsion,** mouvement ou tendance à se mouvoir qu'un corps donne à un autre par le choc. **Branle,** mouvement qui porte un corps tantôt d'un côté tantôt d'un autre; au fig., première impulsion donnée à quelque chose : *Le branle d'une cloche. Suivre le branle général* (ACAD.). **Élan,** mouvement par lequel on se lance en avant. **Agitation,** mouvement de ce qui est remué en divers sens : *Agitation d'une foule; d'un malade.* **Circulation,** mouvement de ce qui va en cercle, spéc. le sang, la sève; d'une foule ou de véhicules sur la voie publique; de choses qui passent d'une main à l'autre : *Circulation du sang; des billets. Accidents de la circulation.* **Valse,** fig. et fam., mouvement circulaire rapide exécuté en se déplaçant, ou circulation rapide, ou mouvement vif de choses ou d'êtres qui alternent : *Les libellules exécutent leurs valses* (GAUT.). *La valse des milliards; des ministres.* **Tourbillon,** fig., mouvement de rotation qui entraîne rapidement comme un vent impétueux : *C'était dans ma pauvre cervelle un tourbillon d'idées et d'images* (FLAUB.). **Remous,** fig., mouvement en sens divers semblable à un tournoiement d'eau : *Les remous de la foule.* ¶ 2 Au fig. *Mouvement,* sentiment qui naît dans l'âme, que l'on sent présent et qui agite : *Mouvements de grandeur et de gloire* (PASC.). **Affection,** mouvement de l'âme touchée passivement de quelque objet : *Toutes ses affections sont douces* (ACAD.). **Impulsion,** mouvement assez vif qui agit sur la raison, la volonté, pour leur imposer certaines décisions : *Dieu nous donne une impulsion à l'aimer* (SÉV.). **Élan,** mouvement subit de l'âme qui nous porte vers un objet sous l'influence d'un sentiment vif ou généreux : *Un élan de zèle* (ACAD.). — En parlant du style, *mouvement,* sorte d'élan, de rythme que l'on donne à ses phrases, à ses périodes pour exprimer une émotion : *Mouvement oratoire.* **Envolée,** fig., vaste mouvement lyrique, dans le discours ou en poésie. ¶ 3 Changement par lequel un corps est successivement présent en différentes parties de l'espace. *Mouvement,* terme de physique, ne précise pas la façon dont se fait le déplacement et se dit, en un sens collectif, d'un ensemble de déplacements : *Mouvement d'ondulation. Le mouvement des trains.* **Marche** (→ ce mot), mouvement en avant ou en arrière, souvent considéré par rapport à la distance et à la durée : *La marche d'un train. Le mouvement du balancier de la pendule et la marche des aiguilles.* **Course,** marche rapide, surtout au fig. : *La course du temps.* ¶ 4 En parlant du corps d'un être animé, *Mouvement,* tout déplacement du corps ou d'une de ses parties. **Geste,** mouvement du corps humain, des bras, des mains ou de la tête, pour appuyer des paroles ou indiquer un sentiment : *Marcher est un mouvement;* saluer est un geste. *Nos gestes et nos mouvements accidentels* (VAL.). **Exercice,** ensemble de mouvements pour habituer le corps à certaines actions ou pour le maintenir en bonne santé. **Évolutions,** mouvements divers et coordonnés dans certains exercices : *Les évolutions d'un acrobate.* **Ébats,**

mouvements folâtres du corps. — Au fig. *Mouvement*, impulsion intérieure à faire quelque chose. *Geste*, mouvement réalisé dans une action qui a un sens, attire l'attention : *Un mouvement de pitié nous pousse à faire l'aumône. Donner sa fortune aux pauvres est un beau geste.* ¶ 5 En termes militaires, *Mouvement*, tout déplacement d'une troupe. **Évolution**, mouvement de troupes qui changent de position pour en prendre une nouvelle. **Manœuvre**, mouvement fait en campagne, par tactique, ou exercice fait pour entraîner les troupes. ¶ 6 → Activité. ¶ 7 → Fermentation. ¶ 8 → Variation. *Mouvement*, variation assez marquée dans la valeur des choses ou dans l'ordre intellectuel, moral, social : *Le mouvement des idées.* **Évolution** (→ ce mot) indique plutôt une transformation qu'une variation, suivant un processus qui fait qu'un état dérive du précédent. ¶ 9 → Trouble. ¶ 10 → Rythme.

Mouvoir : ¶ 1 *Mouvoir*, déplacer d'un lieu à un autre ou mettre en mouvement les parties d'une chose : *Mouvoir un meuble. Le ressort qui meut toute la machine.* **Émouvoir**, vx, mouvoir de manière à faire sortir, ou mouvoir avec peine. **Actionner**, mettre en mouvement une machine, un appareil : *L'hélice de l'avion est actionnée par le moteur.* **Manœuvrer**, actionner, faire fonctionner avec la main : *Manœuvrer une pompe.* **Déclencher**, en termes d'art, manœuvrer l'appareil qui sert à séparer, dans une mécanique, deux pièces ordinairement liées, de façon à provoquer le libre mouvement de l'une d'elles; par ext., au fig., mettre brusquement en mouvement. **Animer**, donner la vie à un corps organisé, par ext. au fig., mouvoir, pousser, en donnant une sorte de vie à quelque chose : *La force qui anime le boulet* (LIT.). ¶ 2 Au fig. Pousser à agir. *Mouvoir* annonce une impulsion sans violence qui nous dirige vers un objet : *L'idée qui le meut* (ACAD.). **Émouvoir** implique une impression plus forte qui nous tire de nous-mêmes : *Il y avait de quoi émouvoir les plus insensibles* (Bos.). **Animer**, remplir d'ardeur, encourager, ou simplement douer d'une sorte de vie, en parlant d'une impulsion spirituelle : *Cette vertu tranquille qui animait les formations sanitaires* (CAM.). **Porter** (→ Inviter) implique une impulsion douce et **Pousser** une impulsion plus forte, mais qui sont irrésistibles. ¶ 3 (Réf.) Être en mouvement en parlant d'un mécanisme. *Se mouvoir* marque surtout le mouvement de l'ensemble. **Jouer** ajoute l'idée d'une certaine aisance, surtout en parlant d'un organe qui se meut dans un ensemble : *Faire en sorte que la clef joue dans la ser-*

rure (ACAD.). **Fonctionner** (→ Marcher), *se mouvoir* ou *jouer* conformément à sa destination : *Cette machine fonctionne bien*, ¶ 4 (Réf.) Changer de place. *Se mouvoir.* terme général, fait penser à l'action, **Se déplacer**, à son résultat. **Couler, Glisser, Rouler** impliquent un mouvement de translation successif et continu. *Couler* marque le mouvement du fluide et des corps solides liquéfiés ou réduits en poudre très fine : *Eau, métal en fusion, sable d'un sablier qui coulent. Glisser*, se mouvoir en restant appliqué sur un corps lisse ou poli : *Enfants glissant sur une rampe* (L. H.). *Rouler*, se mouvoir en tournant sur soi-même : *En bas roule et gronde le fleuve* (HER.). *Cailloux, pommes, œufs qui roulent.* — Au fig. *couler* implique un mouvement paisible, uniforme, aisé : *L'hirondelle coule dans l'air avec aisance* (BUF.); *glisser*, un mouvement léger et très rapide : *Ombres glissant le long des palissades* (A. DAUD.); *rouler*, un mouvement itératif qui ne s'arrête pas : *Douze lustres et plus ont roulé sur ta vie* (L. F.). — *Circuler*, qui diffère de *se mouvoir* comme *circulation* de *mouvement* (→ ce mot), c'est aussi, en matière de police des rues, ne pas rester sur place en parlant des piétons.

Moyen (Adj.) : ¶ 1 → Mitoyen. Qui tient le milieu entre le bon et le mauvais. *Moyen*, qui tient le milieu entre deux extrémités, n'est péj. que par rapport à ce qui, par nature, devrait être parfait : *Femme de moyenne vertu.* **Médiocre** n'a rapport qu'à la qualité, et, plus péj. marque une assez faible valeur, notamment en parlant des personnes ou des ouvrages de peu de talent : *Ce n'est pas sur une personne médiocre que je prétends avoir la supériorité* (FÉN.). **Faible** enchérit, suppose, du point de vue intellectuel, chez une personne, une assez grande incapacité ou ignorance en quelque matière; dans un ouvrage de l'esprit, une grande médiocrité ou d'assez nombreuses imperfections, souvent à certains points de vue : *Élève faible en latin. Ouvrage faible de style.* **Passable** (→ ce mot), un peu plus que moyen, qu'on ne saurait dire mauvais en son genre : *Vin passable* (J.-J. R.). *Passable moraliste* (DID.). **Modeste** ne précise pas la place d'une chose dans la hiérarchie des valeurs, mais constate simplement qu'elle est sans éclat : *Les modestes emplois de la robe* (Bos.). **Ordinaire**, assez péj., ajoute à *moyen* une idée de banalité ou même d'insuffisance : *Ce roman est d'un style bien ordinaire.* **Quelconque** enchérit péj. (→ Commun). ¶ 3 Pour qualifier, de nos jours, les classes sociales, *Moyen* se dit de celle qui n'est ni pauvre ni riche. **Bourgeois**, de celle qui ne travaille pas de ses mains, et surtout de la partie de cette classe qui, sans être riche, a conservé les habitudes de modération, de confort et l'esprit traditionaliste qui ont caractérisé historiquement la classe bourgeoise.

Moyen (N.) : ¶ 1 Ce à quoi on a recours pour parvenir à une. fin. *Moyen* fait penser à un intermédiaire que l'on met en œuvre pour produire un certain effet en général précis et particulier. **Voie** fait penser à un chemin qu'il faut suivre pour arriver à un but, souvent général, en faisant une suite d'actions nécessaires plus ou moins nombreuses : *Rien n'est impossible : il y a des voies qui conduisent à toutes choses et, si nous avions assez de volonté, nous aurions toujours des moyens* (L. R.). **Expédient** (→ ce mot), moyen de rencontre pour se tirer d'une situation critique. **Issue,** voie qu'il faut suivre pour sortir d'une situation fâcheuse et qui est fournie par la situation elle-même : *Elle n'entrevoyait aucune issue à cette situation* (GI.). **Tempérament,** moyen, expédient qu'on propose pour concilier les esprits et pour accommoder les affaires. **Biais** et **Détour** (→ ce mot), moyen adroit et indirect pour réussir en quelque affaire, la prendre du bon côté. **Jour** (vx), voie par laquelle on peut arriver à un but et qui est présentée par la chose même ou les circonstances : *Si pour monter au trône il s'offre quelque jour* (CORN.). **Ouverture,** moyen, occasion, manière d'entrer dans un sujet : *Je n'ai pas trouvé ouverture à parler de votre affaire.* **Joint,** dans la loc. *Trouver le joint,* moyen sûr, infaillible de faire réussir une affaire. **Ressort,** fig., surtout au pl., moyen par lequel on provoque une série d'événements tendant à un certain résultat : *Pour vous perdre, il n'est point de ressorts qu'il n'invente* (RAC.). **Machine,** vx et péj., moyen compliqué, rusé. **Instrument,** fig., toute personne (→ Intermédiaire) ou chose dont on se sert pour arriver à quelque fin : *La force armée, le principal instrument de la politique entre les États* (M. D. G.). ¶ 2 → Possibilité. — *Moyens* : ¶ 3 → Disposition. ¶ 4 → Facultés. — ¶ 5 *Au moyen de* se dit quand il s'agit d'un moyen connu et ordinaire : *On parvint sur le toit au moyen d'une échelle* (ACAD.). **Par le moyen de** implique un moyen extraordinaire et se dit seul en parlant des personnes qui servent d'intermédiaire, d'aide : *C'est par le moyen de ces inventions des Jésuites que les crimes s'expient aujourd'hui avec tant d'allégresse* (PASC.).

Moyenâgeux : → Médiéval.

Mucosité, liquide visqueux que les membranes muqueuses sécrètent : *Les mucosités de l'estomac.* **Glaire,** mucosité inodore, filant comme du blanc d'œuf, sécrétée dans certaines affections : *Avoir l'estomac plein de glaires.* **Mucus,** syn. médical de *mucosité.*

Muer : → Transformer.

Muet : ¶ 1 → Silencieux. ¶ 2 → Interdit.

Mufle : ¶ 1 → Museau. ¶ 2 → Impoli.

Mugir : ¶ 1 En parlant des bovins, *Mugir* indique un cri vibrant et sonore, **Meugler** et **Beugler,** un cri plus sourd et plus doux. ¶ 2 Au fig. → Crier.

Muid : → Tonneau.

Mulâtre : → Métis.

Mule : → Chausson.

Mulet : → Métis.

Multiple : ¶ 1 → Varié. ¶ 2 → Nombreux.

Multiplicité : → Multitude.

Multiplier : ¶ 1 (Trans.) → Augmenter. ¶ 2 (Réf.) *Se multiplier,* augmenter en nombre par n'importe quel moyen, en parlant d'êtres ou de choses de même espèce : *Ce peuple se multiplie à l'infini* (FÉN.). **Multiplier** (intrans.), augmenter en nombre par la génération : *Les hommes ne multiplient pas aussi aisément qu'on le pense* (VOLT.); rare au sens général de *se multiplier.* **Proliférer,** terme de physiologie et de botanique, se reproduire par voie de génération, sans forcément augmenter en nombre; syn. de *multiplier* surtout en parlant des animaux et des plantes. **Peupler,** se multiplier en remplissant un lieu, en parlant des hommes et des animaux : *Ces lapins commençaient à peupler* (J. J. R.). **Propager** et **Se propager,** se multiplier par voie de reproduction souvent en se répandant sur un certain espace de terrain : *Les espèces de ces animaux qui ne peuvent se propager aujourd'hui que dans les terres du Midi* (BUF.). **Provigner,** se multiplier par rejeton, ne se dit que de la vigne et est vx au fig. **Pulluler,** se multiplier abondamment en peu de temps. ¶ 3 (Réf.) → (se) Démener.

Multitude : ¶ 1 → Quantité. Grand nombre. *Multitude* se dit plutôt de ce qui est : *La multitude des livres* (VOLT.); *des multitudes de religions* (PASC.); **Multiplicité,** toujours au sing., de ce qui se fait, avec souvent l'idée d'une multiplication indiscrète ou intempestive : *Les plaisirs devaient devenir des peines par leur multiplicité* (SÉV.). **Pluralité,** le fait d'être plusieurs, n'implique pas forcément grande quantité : *La pluralité des mondes.* ¶ 2 *Multitude,* grande quantité d'individus : *Ces multitudes de soldats* (VOLT.). **Foule** (→ ce mot), multitude confuse ou tumultueuse. **Concours** indique qu'accidentellement beaucoup de personnes se rendent en même temps en un lieu.

Affluence implique une suite continue de personnes s'écoulant vers un but : *A la porte du monastère il y avait un grand concours de personnes. Que de monde! dit Léandro Perez. Quelle cérémonie assemble ici tout le peuple?* (LES.). *C'est l'affluence des hôtes qui détruit l'hospitalité* (J.-J. R.). **Troupe** (→ ce mot), syn. de *multitude* au pl., implique toujours des gens formant diverses agglomérations ou réunis par un dessein commun : *Des troupes craintives d'esclaves effrayés* (RAC.). **Tourbe**, péj., *foule* ou *troupe* méprisable : *La tourbe philosophique* (J.-J. R.). **Régiment**, fig. et fam., multitude, ou, par hyperbole, quantité de gens formant un groupe, comme des soldats : *Cette femme a un régiment d'enfants* (LIT.). **Armée** renchérit et se dit aussi des animaux : *Armée de sauterelles, de domestiques* (ACAD.); ainsi que **Légion** qui ne se dit guère que des personnes. **Essaim**, au fig., multitude d'insectes, se dit aussi de personnes nombreuses qui s'agitent ou vont en troupe pour chercher ou conquérir quelque chose : *Nombreux essaim d'innocentes beautés* (RAC.). **Fourmilière**, au fig., grande multitude de personnes se remuant comme des fourmis : *La fourmilière bruyante des villes* (TAI.). **Fourmillement** dépeint l'action de la multitude qui fourmille. **Nuée**, au fig., multitude de personnes, d'oiseaux, d'animaux venus en troupe et qui semblent s'abattre pour accabler ou piller : *Une nuée de polissons* (A. DAUD.). **Flot**, fig., grande affluence de foule comparée à une marée : *Un flot épouvanté d'hommes et de chevaux refluait, roulait vers la ville* (ZOLA). **Mascaret**, fig., flot de gens qui se ruent à la manière d'une marée. **Masse**, fam., surtout au pl., grande quantité de choses ou de gens qui affluent et ont l'air de s'entasser : *Les masses profondes de têtes n'étaient plus qu'un bariolage* (ZOLA); ou, au sing., multitude d'hommes réunis considérés comme faisant un corps : *La masse des mécontents* (ACAD.). **Monde**, employé absolument, un certain nombre et parfois une multitude de personnes : *Il y avait du monde, un monde fou*; ou, avec un comp. déterminatif, multitude de choses faisant un ensemble complexe et important : *Un monde d'objets de tous les pays et de tous les styles* (ZOLA). **Tas**, fam., multitude de choses ou, péj., de personnes amassées ensemble : *Un tas d'aventures. Un tas de coquins.* **Peuple**, multitude de personnes considérées sous des aspects qui leur sont communs ou comme rassemblées en foule : *Ce peuple de rivales* (RAC.). **Forêt**, multitude de choses ressemblant à des arbres : *Une forêt de mâts.* **Flopée, Tapée, Tripotée**, syn. pop. de *multitude.* **Potée,**

fig. et fam., syn. de *multitude*, ne se dit guère que des enfants. **Foultitude**, terme burlesque et très fam., formé sur *foule* et *multitude*. **Débordement** (→ ce mot), **Inondation, Déluge**, au fig., multitude, affluence de personnes ou de choses qui se répandent. ¶ 3 → Peuple.

Muni : → Fourni.

Munificence : → Libéralité.

Munir de : ¶ 1 → Fournir. ¶ 2 (Réf.) *Se munir*, se pourvoir dans un péril de manière à être en sûreté : *Dans les maux violents, le cœur se munit de toute sa constance* (FLÉCH.). **Se prémunir**, se pourvoir par précaution pour n'être pas surpris par un mal éventuel : *On achète un manteau en été pour se prémunir contre le froid de l'hiver.*

Mur : ¶ 1 Le *Mur* et la **Muraille** sont bâtis en maçonnerie sur des fondements. Le *mur* sépare, arrête et ferme; il se qualifie relativement à sa matière, à sa construction ou à sa destination : *Mur de pierre. Mur mitoyen.* La *muraille*, mur ou ensemble de murs étendus et de grandes dimensions, couvre, défend, fortifie, sert de rempart; elle se qualifie sous le point de vue de sa grandeur et de sa force : *La muraille de Pékin nous écrase, chose géante d'aspect babylonien* (LOTI). *Les murs forment l'enceinte d'une ville; les murailles en sont les fortifications.* — **Cloison**, petit mur sans fondement, en maçonnerie, en bois ou métallique, peu épais et élevé sur le plancher, pour distribuer un bâtiment quelconque en un certain nombre de pièces. **Paroi**, syn. vx de *muraille*, ne se dit plus guère que d'une cloison de maçonnerie qui sépare deux pièces d'un appartement; et fait penser à cette cloison vue de l'intérieur de la pièce : *Les parois de cette chambre sont humides*; mais au fig. a gardé son sens de *muraille* : *Une paroi de rochers.* ¶ 2 → Obstacle.

Mûr : Au fig. → Posé et Propre à.

Muraille : ¶ 1 → Mur. ¶ 2 → Rempart.

Mûrir : ¶ 1 *Mûrir*, atteindre son plein développement en parlant des produits de la terre et, au fig., d'une affaire, de l'esprit. **Se faire** se dit des produits de la terre, des choses ou de l'esprit qui, avec le temps ou en mûrissant, s'améliorent, deviennent tels qu'ils doivent être : *Ce vin se fera.* ¶ 2 *Mûrir*, rendre mûrs les produits de la terre. **Cuire**, amener à maturité, en parlant du soleil et de la chaleur. ¶ 3 Au fig. → Préparer.

Murmure : ¶ 1 → Bruit. ¶ 2 → Rumeur. ¶ 3 → Gémissement.

Murmurer : ¶ 1 *Murmurer*, en parlant des eaux, du vent, faire un bruit léger, comme une eau qui coule doucement. **Gémir** marque un bruit plus fort qui ressemble à une plainte. ¶ 2 *Murmurer*, intrans., faire entendre un bruit de voix articulé, mais sourd, confus et prolongé; trans., dire à voix basse : *Nous murmurons des vers* (CHAT.). **Chuchoter**, intrans., parler bas et mystérieusement en remuant à peine les lèvres; trans., murmurer très bas, en s'adressant à quelqu'un, en général en s'approchant de son oreille : *Des paroles chuchotées à l'oreille* (ACAD.). **Susurrer**, intrans. en parlant des personnes et des choses, *murmurer* doucement; trans., *chuchoter* doucement, parfois insidieusement : *Il lui susurrait des mots tendres à l'oreille* (ACAD.). **Marmotter**, prononcer confusément et entre ses dents, par maladresse, parce qu'on parle trop vite ou parce qu'on dit des choses qu'on ne tient pas à faire entendre nettement : *Marmotter des patenôtres* (RAC.). *Que marmottez-vous là, petite impertinente?* (MOL.). ¶ 3 → Gémir. *Murmurer*, se plaindre ou marquer son mécontentement sans parler distinctement : *Vous murmurez contre la bonté de Dieu* (MAS.). **Grogner**, fig. et fam., faire entendre un bruit sourd, semblable au cri du cochon, pour marquer son mécontentement : *Grognant de l'air fâché d'un homme qu'on dérange* (ZOLA). **Gronder**, au fig., faire entendre un bruit sourd et menaçant, entre ses dents, comme le chien, pour marquer sa colère. **Grommeler**, fam., murmurer assez fort, entre ses dents, parce qu'on est fâché : *Grommelant de vagues paroles* (BALZ.). **Bougonner**, fam., gronder, souvent dans une colère impuissante : *Cette vieille ne fait que bougonner* (ACAD.). **Marmonner**, murmurer sourdement avec hostilité. **Maugréer**, témoigner son mécontentement, en pestant, en jurant ou en grommelant. **Maronner**, fam., grogner par dépit. **Rogner**, fam., être de mauvaise humeur. **Ronchonner**, fam., grogner, maugréer parce qu'on rogne. **Grognonner**, grogner comme le pourceau, au fig., fam., gronder habituellement et sans motif. **Grognasser**, pop., grogner d'une façon habituelle et fatigante. **Bourdonner**, par image, murmurer en parlant d'un groupe qui commente un événement : *Les ducs n'avaient rien à perdre, ils laissèrent bourdonner et aboyer* (S.-S.). **Ragonner**, pop., murmurer entre ses dents.

Musarder : → Flâner.

Muscle : → Force.

Musclé, qui a des muscles bien marqués : *Bras musclé*. **Musculeux**, qui abonde en muscles ou qui est de la nature du muscle : *L'abdomen est une partie musculeuse*.

Muse : ¶ 1 → Poésie. ¶ 2 → Enthousiasme.

Museau : ¶ 1 *Museau*, partie antérieure de la tête de certains animaux qui comprend la gueule et le nez, se dit surtout lorsque cette partie est pointue : *Le museau d'un chien* (ACAD.). **Mufle**, partie recouverte d'une membrane muqueuse qui termine le museau de certains mammifères comme le bœuf, le lion, le tigre. **Groin**, museau du cochon, du sanglier. **Boutoir**, partie supérieure du groin avec laquelle le sanglier et le porc fouissent la terre. ¶ 2 Au fig. → Visage.

Musée : Lieu destiné à conserver, classer et exposer les œuvres d'art, les objets et les documents intéressant les sciences. *Musée*, pour les sciences comme pour les arts, fait penser au lieu et à ce qu'il contient : *Le musée du Louvre. Le musée d'artillerie*. **Muséum** se dit surtout pour les sciences naturelles et fait penser au lieu où sont conservées les collections et où se donne aussi un enseignement : *Professeur au Muséum*. **Cabinet**, vx, lieu où l'on expose des objets d'étude ou de curiosité, désigne parfois un lieu plus restreint que le *musée*, ou une collection particulière dans un musée ou privée : *Le cabinet des médailles de la Bibliothèque nationale. Pièce de cabinet*. **Galerie**, salle de musée plus longue que large où se trouvent exposées des collections d'art; ou aussi exposition de tableaux chez un marchand. **Pinacothèque**, nom donné à certains musées de peinture, par opposition à **Glyptothèque** qui, quoique désignant proprement un cabinet de pierres gravées, s'emploie abusivement pour désigner un musée ou une collection de sculptures. **Protomothèque**, salle où se trouve une collection de bustes. **Conservatoire** ne se dit que dans l'expression *Conservatoire des Arts et Métiers*.

Museler : → Retenir.

Muser : → Flâner.

Musette : ¶ 1 → Cornemuse. ¶ 2 → Bal. ¶ 3 → Gibecière.

Muséum : → Musée.

Musical : → Harmonieux.

Musicien, amateur ou professionnel qui compose ou exécute la musique. **Compositeur**, celui qui compose, produit des airs ou des chants en musique. **Maestro**, mot emprunté de l'italien, compositeur ou chef d'orchestre en renom. **Virtuose**, mot emprunté de l'italien, celui qui exécute remarquablement de la musique, souvent en soliste. **Musicastre**, péj., mauvais musicien. **Musico**, fam., petit musicien professionnel. **Croque-note**, péj. et vx, musicien pauvre ou sans talent.

Musique : ¶ 1 → Harmonie. ¶ 2 → Orchestre.

Musoir : → Môle.

Musqué : → Précieux.

Mutation : → Changement.

Mutiler : ¶ 1 *Mutiler*, retrancher un membre ou quelque autre partie extérieure du corps. **Tronquer,** enlever les membres ou la tête en ne laissant que le tronc, ne s'emploie guère de nos jours qu'en parlant d'une statue. **Estropier,** rendre un membre incapable de mouvement en le mutilant en partie, ou autrement. **Amputer,** terme de chirurgie, mutiler à l'aide d'un instrument tranchant. ¶ 2 Au fig., *Mutiler* se dit pour un écrit ou une œuvre d'art dont on retranche volontairement ou non une partie, ou qu'on altère : D'après VOLT. un comédien *mutile* une partie en substituant des vers qu'il invente à ceux de l'auteur. **Tronquer,** en parlant d'un livre, d'un passage, d'une citation, en supprimer volontairement l'essentiel de façon à les falsifier : [La Sorbonne] *condamna dix propositions qu'il fallut tronquer et par conséquent falsifier* (VOLT.). **Estropier** se dit d'un mot qu'on défigure en le prononçant ou en l'écrivant mal; d'un vers dont on altère la mesure; d'ouvrages d'esprit qu'on défigure par une multitude de petites inexactitudes en les récitant, en les citant ou en les imitant, sans forcément en retrancher une partie : *Estropier nos belles tragédies* (MARM.). *Avoir fait à tes vers estropier Horace* (MOL.). **Massacrer,** fam., estropier, gâter outrageusement : *Si on ne peut la faire massacrer* [une pièce de théâtre] *par les comédiens de Paris, il la fera massacrer par quelque libraire de Genève* (VOLT.). **Châtrer,** fam., tronquer un livre en en retranchant ce qui peut être licencieux ou simplement hardi. **Amputer,** moins péj. que les autres termes, marque simplement la suppression d'une partie d'un écrit : *Amputer une pièce de plusieurs scènes.*

Mutin : ¶ 1 → Espiègle. ¶ 2 → Révolté et Insurgé.

Mutinerie : → Émeute et Révolte.

Mutuel : Qui s'échange entre deux ou plusieurs personnes ou choses. *Mutuel* représente une action multiple, simultanée, faite spontanément par chaque sujet, et correspondant à ce que fait l'autre, sans être forcément de même nature. **Réciproque** fait penser à une sorte de va-et-vient tel que les deux termes agissent l'un sur l'autre, ou même l'un après l'autre, l'action de l'un provoquant chez l'autre une réaction égale, de même nature : Les devoirs *mutuels* d'un père et d'un fils impliquent que, simultanément, le père et le fils doivent, chacun pour sa part, accomplir certaines obligations. Les devoirs *réciproques* de l'amitié impliquent que deux amis se rendent, simultanément ou à la suite, sentiment pour sentiment, service pour service. **Bilatéral,** terme de jurisprudence, se dit de tout engagement réciproque de deux parties contractantes : *Un pacte bilatéral.* **Synallagmatique,** terme de jurisprudence, ne se dit, dans le même sens, que d'un contrat.

Mutuelle : → Syndicat.

Myriade : → Quantité.

Myrmidon : → Nain.

Mystère : ¶ 1 → Secret. Ce qui rend une chose très difficile à connaître. *Mystère* implique quelque chose de caché, de secret qu'il faudrait connaître pour comprendre : *Chapelle dont le silence, derrière les portes closes, gardait un mystère* (ZOLA). **Énigme,** au fig., se dit plutôt d'une chose difficile à comprendre au premier abord, quoique rien ne soit caché, qu'on ait en main tous les éléments qui, si l'on peut les interpréter, donneront la solution : *Ils parlent tous de Daniel comme d'une énigme. Et chacun me donne son interprétation personnelle* (M. D. G.). ¶ 2 → Vérité. ¶ 3 → Prudence.

Mystérieux : ¶ 1 → Secret. *Mystérieux,* **Énigmatique :** → Mystère. ¶ 2 → Obscur.

Mysticisme : Disposition intérieure des philosophes et des dévots qui affirment la possibilité d'une union directe de l'âme avec Dieu. *Mysticisme* implique un parti pris, une spéculation, une doctrine, un état d'âme qui tend à cette union. **Mysticité** marque simplement un sentiment dont on est pénétré et qui rend rêveur, contemplatif : *On trouve de la mysticité dans l'âme de personnes simples et naïves, dont l'esprit ne connaît et ne connaîtra jamais les idées du mysticisme* (L.).

Mystification : → Tromperie.

Mystifier : → Tromper.

Mystique : ¶ 1 Adj. → Secret et Symbolique. ¶ 2 Adj. et n. masc. → Religieux. ¶ 3 N. fém. → Foi.

Mythe, Mythologie : → Légende.

Mythomane : → Menteur.

N

Nabab : → Riche.

Nabot : → Nain.

Nacelle : → Embarcation.

Nacré : → Irisé.

Nager : ¶ 1 → Flotter. ¶ 2 → Ramer. ¶ 3 → (se) Trouver.

Naguère : → Depuis peu.

Naïade : → Nymphe.

Naïf : ¶ 1 → Naturel. ¶ 2 → Simple. *Naïf*, péj., se dit de celui qui, par excès de simplicité, de confiance en autrui, par manque d'expérience, avoue ce qu'il aurait intérêt à cacher, ne comprend pas ce que tout le monde comprend ou se laisse tromper : *Néophyte naïf et désarmé* (J. ROM.). **Jeune,** fam., naïf par manque d'expérience. **Crédule** implique simplement un manque d'esprit critique qui fait qu'on croit trop facilement : *Une amante crédule* (RAC.). **Gobeur,** fam., assez sottement crédule. **Gobe-mouches,** fam., celui qui n'a point d'avis à lui et croit toutes les nouvelles qui sont débitées. **Jobard,** fam. et ironique, très naïf, presque niais : *Azaïs n'y voit que du feu, mais tous les siens ne seront pas aussi jobards* (GI.). **Gogo** (du nom d'un personnage de la pièce *Robert Macaire*), fam., naïf crédule qui se laisse facilement tromper, en matière d'affaires ou de finance, en se faisant voler son argent. **Poire,** très fam., naïf qui sert de dupe. **Pigeon,** fam., celui qui, dans un cas particulier, est attiré par adresse pour être dupé. — **Dupe,** celui qui est trompé ou facile à tromper, se rapproche de *naïf*, mais ne précise pas la raison pour laquelle on est trompé : *Il y a toujours un fripon non loin d'une dupe* (BALZ.). ¶ 3 → Spontané.

Nain, terme courant, homme dont la taille est très inférieure à la moyenne : *Il était si petit qu'on l'aurait pu prendre pour un nain* (LES.). **Pygmée** et **Myrmidon,** par allusion à l'antiquité grecque, termes littéraires : *pygmée*, nom d'un peuple fabuleux qui n'avait qu'une coudée de haut, désignant des peuplades sauvages modernes de très petite taille, les très petits hommes, et au fig. les hommes sans talent, sans mérite ou sans crédit qui s'efforcent vainement de se donner de l'importance : *Un pygmée qui veut faire le géant* (D'AL.); *myrmidon*, nom d'un peuple de la Thessalie qu'on prétendait issu d'une métamorphose de fourmis, se disant rarement au prop. d'un homme de petite taille, surtout jeune, et renchérissant au fig. sur *pygmée* : *Petit ver de terre, petit myrmidon que vous êtes* (MOL.). **Lilliputien,** personne de très petite taille, au prop. seulement, par allusion au *Gulliver* de Swift. **Tom-pouce,** nom de nains anglais; fam., petit homme, *nain*. **Microbe,** fam., homme tout petit. **Avorton,** fig. et péj., enfant ou homme chétif, mal fait : *Un horrible petit avorton, si petit que c'en était ridicule* (A. DAUD.). **Nabot,** méprisant et fam., vilain nain. **Ragot,** fam., homme très petit et gros : *Un petit ragot grassouillet et rond comme une boule* (HAM.). **Freluquet,** au fig., petit homme, maigre, mince, sans apparence. **Gnome,** génie de petite taille; au fig. péj., homme de très petite taille, et contrefait. **Magot,** fig. et fam., homme laid, court et mal bâti. **Pot à tabac,** fig. et fam., personne grosse et courte sur jambes.

Naissance : ¶ 1 Venue au monde. *Naissance* se dit dans tous les cas. **Nativité,** dans le langage de l'Église, ne se dit que de la naissance de J.-C., de la Vierge, et de quelques saints, spéc. saint Jean Baptiste; et, en termes d'astrologie, de la disposition des astres au moment de la naissance de quelqu'un : *L'astre puissant et bénin qui a éclairé ma nativité* (Bos.). ¶ 2 Lien de parenté d'une personne avec ceux dont elle descend. *Naissance* fait penser aux derniers parents, ceux dont on est né : *Ma naissance suffit pour régner après vous* (CORN.); **Origine,** aux parents primitifs, ceux qu'on retrouve quand on remonte jusqu'à la source de la race : *Sa mère est une Cahen. Plus haut les origines s'embrouillent* (J. ROM.); **Extraction,** à la succession des ancêtres depuis l'origine d'une personne jusqu'à sa naissance, et aux qualités et défauts hérités de ces ancêtres : *Extraction honnête, mais fort obscure* (S.-B.). **Ascendance,** plus ordinaire, sans remonter aux ancêtres lointains, fait penser à l'influence qu'ont sur nous les pères, aïeuls, bisaïeuls : *Ce qu'il y a de rustique dans son ascendance* (J. ROM.). **Filiation,** lien qui unit un individu à ses père et mère ou à ses ascendants en ligne directe : *Prouver sa filiation*. **Parage,** syn. d'*extraction*, ne se dit que dans l'expression *De haut parage*. **Nom,** naissance ou extraction noble ou illustre : *Il n'est pas* *riche, il n'a pour lui que son nom.* ¶ 3 → Commencement.

Naître : ¶ 1 Sortir du sein de la mère. *Naître,* terme courant, se dit dans tous les cas. **Venir au monde** et **Voir le jour** ne se disent que pour des personnes et dans un style plus relevé. ¶ 2 → Venir de. ¶ 3 → Commencer. *Naître,* commencer, en parlant des choses qui semblent avoir une vie : *La tragédie informe et grossière en naissant* (Boil.). **Éclore,** sortir de l'œuf, ou s'ouvrir en parlant des graines, des fleurs; au fig. naître en parlant de ce qu'on compare à une fleur, spéc. d'une chose préparée comme en secret qui vient à prendre forme, à être connue : *Ma vie a peine a commencé d'éclore* (Rac.). *On vit éclore vingt systèmes à la fois.* **S'élever** se dit bien de ce qui naît et va *crescendo* comme un vent, un orage, un mouvement dans l'esprit : *Un trouble s'éleva dans mon âme éperdue* (Rac.). **Surgir,** survenir, naître, s'élever à l'improviste : *Des difficultés surgissent.* **Se former,** naître et prendre forme : *La joie se forme peu à peu dès cette vie dans le cœur des justes* (Bos.).

Naïveté : → Simplicité. *Naïveté,* **Crédulité :** → Naïf.

Nanti : ¶ 1 → Fourni. ¶ 2 → Riche.

Nantir de : → Fournir.

Nantissement : → Gage.

Narcose : → Assoupissement.

Narcotique, terme de physiologie, se dit, comme n. et adj., des substances qui provoquent l'assoupissement, engourdissent la sensibilité, parfois jusqu'à l'anesthésie, ou provoquent la résolution musculaire : *L'opium, la belladone sont des narcotiques.* **Soporifique,** n. et adj., se dit dans le langage commun et scientifique de tout ce qui provoque le sommeil et insiste sur l'état produit : *Un vin soporifique* (Volt.). **Soporifère,** rare, et **Somnifère,** n. et adj., sont du langage scientifique. **Soporatif** (n. et adj.) insiste non sur l'état produit, mais sur la puissance de le produire : *Il y a dans l'opium une faculté soporative qui fait dormir* (Volt.). **Soporeux** (adj. seulement), rare, marque un effet excessif. **Dormitif** (n. et adj.), terme courant pour qualifier tout médicament qui provoque un sommeil complet et, en général, agréable. **Hypnotique** se dit, en médecine, des substances chimiques et des procédés capables de déterminer le sommeil artificiel; c'est surtout, comme n., un terme de pharmacie. — Au fig. *Narcotique, Soporifique, Soporatif, Dormitif* se disent, fam. et avec une force croissante, d'un discours ou d'un ouvrage littéraire très ennuyeux (→ ce mot).

Narguer : → Braver.

Narine, chacune des fosses nasales de l'homme et d'un grand nombre d'animaux. **Naseau,** ouverture des narines de certains animaux (grands quadrupèdes, herbivores, etc.), se dit aussi spéc. des narines du cheval.

Narquois : → Malin.

Narration : ¶ 1 → Récit. ¶ 2 → Rédaction.

Narrer : → Conter.

Naseau : → Narine.

Nasiller : → Parler.

Nasse : → Piège.

Natif : ¶ 1 → Né. ¶ 2 → Inné.

Nation : ¶ 1 Vaste société d'hommes. *Nation,* société d'hommes qui ont une origine et des caractères naturels communs qui se conservent même si les membres de la nation sont séparés. **Peuple,** société d'hommes qui n'ont de commun que le pays qu'ils habitent tous et les lois auxquelles ils sont tous assujettis : *Les Polonais ont existé longtemps comme nation sans exister comme peuple. Les U. S. A. sont un peuple formé du mélange de différentes nations.* ¶ 2 Corps politique d'hommes vivant dans le même pays ou sous les mêmes lois. *Nation,* collectivité, union vivante fondée sur des caractères communs et agissant comme un individu, avec certaines qualités qui la caractérisent, par l'entremise de ses représentants politiques : *Nation livrée à ses appétits d'expansion* (M. d. G.). **Peuple,** réunion d'individus caractérisés par la façon dont ils sont régis ou dont ils vivent, souvent opposés à leur gouvernement ou à une aristocratie dirigeante, et ne formant pas une sorte de personne égoïste comme la *nation* : *Devant les rivalités des nations, les pacifistes font appel aux peuples du monde contre leurs gouvernements. Peuples opprimés.* **État** (toujours avec une majuscule), communauté indépendante organisée d'une manière permanente sur un territoire et soumise à un même statut politique, désigne quelque chose d'abstrait, souvent défini par une étendue territoriale, une puissance militaire, un mécanisme politique et administratif qui peuvent s'opposer à l'union vivante qu'est la *nation,* et aux droits des individus qui constituent le *peuple* : *Un grand État a de l'étendue et de la force. Une grande nation est unie et indestructible. Un grand peuple est riche en grands hommes, en exemples de civisme, d'organisation.* **Puissance,** État souverain considéré du point de vue de la politique extérieure dans ses rapports avec les autres États. **République,** syn. vx d'*État.* **Pays,** territoire d'un peuple, désigne parfois collectivement tous les citoyens habitant ce territoire et intéressés au bien de la communauté qu'ils forment : *Un chef d'État s'adresse par radio au pays.* ¶ 3 → Patrie.

Nationaliser : Transférer les moyens de production de la propriété privée à celle de l'État. *Nationaliser* implique que les entreprises travailleront pour le profit de la nation, qui, par l'entremise du gouvernement, fournira les capitaux, paiera les employés et utilisera au mieux les profits : *Nationaliser l'industrie de l'acier.* **Étatiser** ou **Étatifier** implique que l'État prend en main certaines entreprises, en les confiant à ses fonctionnaires ou en exerçant sur elles un contrôle direct : *En France les P. T. T. sont étatifiés.* **Collectiviser** ajoute à *nationaliser* l'idée que les entreprises sont exploitées suivant les principes du collectivisme, c'est-à-dire en les faisant administrer par les travailleurs eux-mêmes sous le contrôle d'un gouvernement qui représente ces travailleurs.

Nationaliste : → Patriote.

Nativité : → Naissance.

Natte : → Tresse.

Naturalisation : → Acclimatement.

Naturalisme : → Réalisme.

Nature : ¶ 1 → Univers. ¶ 2 → Essence. ¶ 3 → Genre. ¶ 4 → Vérité. ¶ 5 *Nature*, qualités physiques et morales innées chez un individu, par opposition à toutes les modifications que peuvent lui faire subir les influences agissant sur lui au cours de sa vie : *Nature bilieuse, lymphatique.* **Naturel** (→ ce mot) ne s'emploie qu'au moral. — Au point de vue physique seulement, **Constitution** représente plutôt l'état extérieur et visible du corps, la conformation des membres, plus ou moins robuste, durable, non soumise aux influences morales, et d'où résulte la santé : *Constitution saine* (J.-J. R.); *faible* (D'AL.); **Complexion** et **Tempérament** désignent plutôt l'état de santé intérieur : *complexion*, ensemble des différents éléments constitutifs du corps humain, indique une façon d'être, de réagir, ou une capacité de résister plus ou moins fortement à la maladie : *La peste épargnait les constitutions faibles et détruisait surtout les complexions vigoureuses* (CAM.); *tempérament* indique une interaction des humeurs, des organes qui se modèrent mutuellement, sans pour cela empêcher un de ces éléments de prédominer et de se manifester avec une certaine force, ce qui fait que *tempérament* a moins rapport à la santé qu'à la façon d'agir plus ou moins vigoureuse, aux besoins du corps pour se bien porter : *Un tempérament robuste propre à tous les exercices et à tous les travaux* (VOLT.). **Trempe**, fig., constitution du corps considérée comme

plus ou moins résistante. **Santé,** par rapport à un seul individu, état bon ou mauvais dans lequel se trouve momentanément ou habituellement son organisme : *Avoir une santé fragile.* **Disposition,** terme courant, et **Diathèse,** terme médical, tendance du corps à contracter telle ou telle maladie. ¶ 6 → Naturel.

Naturel (Adj.) · ¶ 1 Tel que la nature l'a produit (anton. artificiel). *Naturel*, au prop. et au fig., se dit de choses de ce genre qui n'ont pas besoin de préparation pour être belles ou agréables : *Vin naturel. Gaieté naturelle.* **Brut,** grossier à l'état naturel, qui n'a pas été raffiné, poli, taillé : *Sucre brut*; au fig., insuffisamment raffiné en parlant de l'esprit, des manières : *Avoir des manières brutes.* **Cru,** en termes d'art, qui n'a pas subi de préparation : *Cuir cru*; au fig., sans ménagement, décence ou bienséance en parlant des termes. ¶ 2 → Inné. ¶ 3 → Spontané. ¶ 4 Sans recherche en parlant d'une manière de paraître, de parler ou d'écrire. *Naturel*, qui n'est pas affecté, qui est conforme à la réalité, sans exagération, tout en pouvant être orné, brillant, magnifique. **Simple** implique sobriété, absence d'ornement : *Son style* [de Mme de Sévigné] *n'est presque jamais simple, mais il est toujours naturel* (SUARD). **Naïf,** qui, en de petits sujets, retrace la nature sans réflexion ni méthode apparente, ou avec une grâce inspirée par un sentiment spontané : *La grâce, le tour, l'élégance de La Fontaine, les charmes naïfs de son style et de son badinage* (VAUV.). **Aisé** exclut l'idée d'effort ou d'embarras et suppose un naturel libre et dégagé. **Facile,** plus usité, a à peu près le même sens, mais, surtout dans le langage littéraire, peut parfois comporter l'idée d'un certain relâchement, faute d'effort, de travail. **Coulant,** en parlant du style, ajoute l'idée d'un mouvement souple et insinuant. **Direct,** en parlant du style et des manières, naturel et franc, sans détours ni ménagements. ¶ 5 Sans rien d'extraordinaire, en parlant de ce qui se fait. *Naturel*, qui serait fait spontanément par la plupart des hommes en pareille occasion. **Normal,** qui est conforme à une règle, à un ordre, à un usage habituel : *Il est naturel de se confier à ses amis. Il est normal que l'inflation fasse augmenter les prix.*

Naturel (N.) · ¶ 1 *Naturel*, toutes les qualités intellectuelles et morales qui paraissent innées chez un individu : *Naturel, grossier et stupide* (L. F.); *fier* (GI.). **Nature** implique plutôt une inclination innée dominante, parfois liée à la nature physique et qui explique toutes les réactions de l'être : *Ma nature est très chaste* (GI.). **Complexion** et **Tempérament** ont uniquement rapport aux mouvements durables de la sensibilité considérés comme dépendant du corps, *complexion* indiquant une tendance douce qui se manifeste sans éclat ni violence, *tempérament*, des réactions fougueuses, emportées, dominant souvent la raison : *L'amour de la retraite et du silence est chez les dévots l'effet de leur complexion plutôt que de leur piété* (Pasc.). *Ils doivent cette maîtrise d'eux-mêmes moins à la force de leur caractère qu'à une certaine indigence de tempérament* (Gi.). **Humeur,** disposition qui résulte du tempérament, de la complexion, ou de l'influence qu'ont sur eux les circonstances, a surtout rapport aux manières et désigne souvent quelque chose de passager : *Humeur triste et sauvage* (Rac.). *Les raisons de ces sautes d'humeur sont organiques* (Mau.). **Cœur,** toutes les inclinations de l'âme considérées sans rapport avec le corps; ou aussi qualités de fermeté, de courage, de constance : *Avoir un cœur d'or; un cœur pusillanime.* **Caractère,** ensemble de traits distinctifs, innés ou acquis, qui permettent de reconnaître un individu parmi les autres, a rapport à la sensibilité, à la volonté et à la manière dont on est ou dont on agit à l'égard des autres : *Les signes du caractère, les expressions de l'humeur* (J. Rom.). *La bonté du caractère rend bienfaisant, celle de l'humeur affable* (L.). **Esprit,** facultés psychologiques considérées comme plus ou moins développées, a spéc. rapport à la volonté avec souvent une nuance morale, et parfois uniquement aux qualités intellectuelles : *Un mauvais esprit* n'obéit pas, cherche à mal faire; un *mauvais caractère* cherche des querelles, rend la vie impossible à autrui. *Grand caractère* implique générosité, énergie, *Grand esprit,* étendue de connaissances et largeur d'idées. **Trempe,** fig., fait penser à la qualité plus ou moins bonne, naturelle ou acquise, du caractère ou de l'esprit : *C'est avec les caractères de cette trempe qu'on forge les meilleurs chrétiens* (Gi.). **Mœurs,** habitudes, inclinations naturelles ou acquises, considérées en bien ou en mal, uniquement par rapport à la conduite : *[Brutus] changera de mœurs en changeant de fortune* (Volt.). **Pâte,** fig., dans des loc. comme *Une bonne pâte,* naturel doux, débonnaire, malléable. ¶ 2 → Indigène. ¶ 3 *Naturel,* **Simplicité, Aisance** diffèrent comme les adj. correspondants : → Naturel.

Naufrage : ¶ 1 → Perte. ¶ 2 → Ruine.

Nauséabond : ¶ 1 → Dégoûtant. ¶ 2 → Puant.

Nausée : ¶ 1 *Nausée,* envie de vomir que donne le mouvement d'un bateau (on dit plus communément **Mal de mer**), par ext. toute envie de vomir. **Mal de cœur,** est plus fam. **Haut-le-cœur,** fam., nausée passagère, soulèvement d'estomac. ¶ 2 → Dégoût. ¶ 3 → Éloignement.

Nauséeux : → Dégoûtant.

Nautonier : → Pilote.

Navette : → Va-et-vient.

Navigateur : → Marin.

Navigation, voyage sur mer ou sur les rivières. **Navigation au long cours,** navigation sur de longues distances à travers les mers et les océans. **Cabotage,** navigation marchande le long des côtes et spéc. entre les ports d'un même pays. **Bornage,** petit cabotage.

Naviguer, aller sur l'eau dans une embarcation mue par n'importe quel moyen. **Voguer,** être poussé sur l'eau à l'aide de rames : *Vogue la galère;* par ext. naviguer, surtout en parlant d'une petite embarcation qui suit le gré des eaux et des vents. **Cingler,** faire voile vers, d'où par ext. naviguer ou nager vers.

Navire : → Bateau.

Navrer : → Chagriner.

Né : ¶ 1 Par rapport au lieu : *Né à,* qui est venu au monde à tel endroit. **Natif** dit plus et implique le domicile fixe des parents, l'éducation reçue en tel ou tel lieu. **Originaire de** fait plutôt penser au lieu d'où la famille à laquelle on appartient tire son origine : *Il est né à Paris, mais sa famille est originaire du Languedoc.* ¶ 2 Par rapport à la famille : *Né* de fait penser à la qualité des parents : *Né de parents pauvres.* **Issu de** fait plutôt penser à l'extraction (→ Naissance) : *Issu des plus fameux monarques* (Boil.). **Sorti,** plus ordinaire, fait penser au milieu : *Sorti du peuple.*

Néanmoins : → Cependant.

Néant : → Rien.

Nébuleux : → Obscur.

Nécessaire : ¶ 1 Adj. → Inévitable. Ce qui est *Nécessaire* l'est en soi, universellement, à tous égards, quoi qu'il arrive; ce qui est **Indispensable** l'est par rapport à nous, et dans certaines situations qui dépendent souvent des lieux, des circonstances : *Il est nécessaire de se vêtir pendant la froide saison, et la mode a rendu indispensables certaines formes d'habit* (L.). ¶ 2 *Il est nécessaire* : → Falloir. ¶ 3 N. → Trousse.

Nécessairement, Indispensablement : → Nécessaire. **Absolument,** après *Il faut,* marque une nécessité impérative sans restriction ni réserve.

Nécessité : ¶ 1 *Nécessité,* **Fatalité, Logique** diffèrent comme les adj. correspondants : → Inévitable. ¶ 2 Ce dont on ne peut pas se passer. *Nécessité,* ce qui est en soi absolument nécessaire (→ ce mot). **Besoin,**

ce qu'on sent nécessaire ou indispensable, ce qu'on désire ou dont on regrette l'absence : *Manger est une nécessité, fumer un besoin. Les nécessités de la vie sont les mêmes pour tous, les riches ont plus de besoins que les pauvres.* ¶ 3 *Nécessités,* au pl., actions qu'il faut faire obligatoirement pour aboutir à tel ou tel résultat : *Les nécessités de la défense nationale.* **Impératif,** nécessité absolue, qui impose certaines actions comme un ordre : *Les impératifs de la politique française.* ¶ 4 → Pauvreté. ¶ 5 → Gêne.

Nécessiter : ¶ 1 → Obliger. ¶ 2 → Occasionner.

Nécessiteux : → Pauvre.

Nécromancien : → Magicien et Devin.

Nécropole : → Cimetière.

Nectar : → Boisson.

Nef : → Bateau.

Néfaste : → Fatal.

Négation, action de nier. **Négative,** proposition qui a la propriété de nier : *Une négation est plus ou moins fréquente; une négative, plus ou moins forte* (L.).

Négligé : Adj. ¶ 1 *Négligé,* par rapport à la parure et à la propreté, implique soit un manque excessif de soin, soit, en parlant d'une femme, une beauté naturelle et non parée : *Négligé et peu soucieux de son extérieur* (Font.). *Lélide, toujours négligée, brillait davantage* (Volt.). **Débraillé,** péj., implique du désordre dans les vêtements, qui découvrent le corps d'une façon indécente : *Débraillé car il n'avait pas encore noué sa cravate* (Mau.). **Dépenaillé,** fam. et très péj., vêtu de haillons, ou si négligé que les différentes parties de son vêtement ne paraissent pas tenir ensemble. ¶ 2 En parlant d'un ouvrage de l'esprit, *Négligé* indique le manque de soin : *Le défaut contraire à l'affectation est le style négligé* (Volt.); **Lâché,** le manque de précision et de vigueur, par négligence : *Dessin lâché, style lâché.* — ¶ 3 N. Tenue d'une femme dans l'intimité. *Négligé,* qui peut se dire aussi des hommes, désigne un état où l'on est sans parure, ou un costume sans ornement, qu'on porte dans l'intimité, surtout le matin : *Le négligé où je m'étais laissée en me levant* (Mariv.). **Déshabillé,** vêtement d'intérieur de femme, qui peut être très orné : *Un galant déshabillé* (Les.).

Négligence : ¶ 1 → Paresse et Inattention. *Négligence,* défaut d'exactitude, d'application, d'attention, par suite duquel on omet de faire certaines choses utiles ou nécessaires : *La moindre négligence étant capable de tout ruiner* (Roll.). **Incurie,** état d'esprit de celui qui est indifférent, ne s'inquiète et ne prend aucun soin de rien : *Ornementation émoussée par le temps et l'incurie* (Gaut.).

Laisser-aller, fam., négligence dans les manières, dans la conduite, qui fait qu'on se laisse entraîner par ses penchants vers la mollesse ou la paresse. **Abandon,** négligence qui va jusqu'à l'oubli complet et blâmable de soi, de ses intérêts, de ses devoirs, par incurie ou pour d'autres raisons : *Le mol abandon de ces faciles et douces mœurs* (Balz.). **Relâchement** diffère de *négligence* comme les v. correspondants : → (se) Négliger. **Insouciance** et **Sans-souci,** caractère d'une personne qui ne se tracasse pas, surtout dans sa façon de prendre la vie, sont moins péj. qu'*incurie.* ¶ 2 *Négligence* (souvent au pl.), défaut de soin dans le style qui, s'il est voulu, peut avoir quelque chose de gracieux : *Négligences heureuses de Massillon* (D'Al.). **Abandon** (toujours au sing.), en parlant des manières, des discours, des ouvrages de l'esprit, sorte de négligence aisée qui exclut toute recherche, toute affectation : *Il a dans la conversation le plus aimable abandon* (Acad.).

Négligent : → Paresseux. *Négligent,* **Insouciant** diffèrent comme les n. correspondants : → Négligence.

Négliger : ¶ 1 → Omettre. ¶ 2 → Délaisser. ¶ 3 Ne pas s'occuper de. *Négliger,* ne pas mettre en usage, ne pas tenir compte de, soit par manque d'attention, soit volontairement : *Négliger un avertissement; une quantité extrêmement petite.* **Laisser,** négliger en passant sous silence : *Laissons de leur amour la recherche importune* (Rac.). **Se désintéresser de,** négliger ce à quoi volontairement ou non on ne prend plus intérêt : *Se désintéresser des affaires.* ¶ 4 (Réf.) *Se négliger,* s'occuper avec moins de soin, d'exactitude qu'à l'ordinaire de son devoir, de sa profession, de son travail, etc. : *Pompée se néglige* (Bos.). **Se relâcher,** rabattre de la première ardeur avec laquelle on faisait quelque chose, a surtout rapport à l'énergie : *Il y a des hommes qui s'exposent volontiers au commencement d'une action, et qui se relâchent et se rebutent par sa dureté* (L. R.). **S'oublier,** manquer à ce qu'on doit aux autres et à soi-même : *S'oublier en criant d'une voix éclatante* (Zola); avec une nuance favorable, ne pas être occupé de soi-même, négliger ses intérêts.

Négoce : → Commerce.

Négociant : → Commerçant.

Négociateur, celui qui traite quelque affaire importante, publique ou privée, implique plutôt prudence et tempérament arrangeant. **Diplomate,** celui qui par métier s'occupe des relations entre États, implique au fig. habileté, tact, psychologie et parfois ruse, surtout en parlant d'affaires délicates entre personnes qui ne s'entendent guère. **Manœuvrier,** celui qui, dans une assemblée, sait amener les esprits à agir dans son intérêt ou dans celui de son parti : Pour assurer une majorité à un ministère de son parti, un bon *manœuvrier* lui concilie les esprits des députés, un bon *négociateur* sait faire des concessions aux partis adverses et en obtenir d'eux, un fin *diplomate* sait intéresser les adversaires les plus irréductibles en les flattant, en leur faisant miroiter des avantages.

Négociation : Effort mutuel pour arriver à un accommodement. *Négociation*, dans les affaires privées ou publiques, fait penser aux concessions mutuelles, aux marchandages que l'on fait avant de traiter; **Pourparlers,** aux conférences pour atteindre un certain but. **Conversations** n'implique pas un objet précis, mais parfois un simple **Échange de vues. Tractations,** ensemble de démarches, de négociations, de pourparlers officieux ou occultes.

Négocier : ¶ 1 → Traiter. **¶ 2** → Transmettre.

Nègre, assez péj., homme de race noire, fait penser à tous les défauts que reprochent les blancs à celle-ci, et se dit plutôt des habitants de l'Afrique : *Nègre fou* (VERL.). **Noir** fait penser à la couleur de la peau et doit être préféré pour parler de tous les hommes de race noire en les considérant comme égaux aux blancs : *L'origine* (BUF.), *la condition* (RAYNAL) *des noirs*. **Nègre créole,** noir né aux colonies non africaines, pour le distinguer du noir venu d'Afrique. **Moricaud,** fam. et péj., homme qui a le visage très brun, syn. méprisant de *nègre*. **Bamboula** est fam. — Au fig. → Associé.

Nemrod : → Chasseur.

Néologie, emploi des mots nouveaux. **Néologisme,** habitude et affectation de la néologie; de nos jours *néologie* et, plus souvent, mot nouveau.

Néophyte : → Novice.

Népotisme : → Favoritisme.

Nerf : ¶ 1 → Tendon. **¶ 2** → Force.

Nerveux : ¶ 1 *Nerveux,* **Fébrile, Agité, Hystérique, Névrosé :** → Nervosité. **¶ 2** → Vif.

Nervosité : État d'irritation des nerfs. *Nervosité,* excitation passagère ou disposition au **Nervosisme** (ou **Névrosisme**), terme de pathologie désignant un déséquilibre du système nerveux qui s'accompagne de troubles organiques et psychiques. **Fébrilité,** excitation due à la fièvre, implique au fig. impatience, activité désordonnée, alors que *nervosité* marque plutôt susceptibilité, agacement ou inquiétude. **Agitation,** terme de pathologie, mouvement maladif, continuel et irrégulier, accom-

pagné d'une inquiétude pénible de l'esprit. **Hystérie,** terme de médecine, trouble du système nerveux se manifestant par des convulsions générales accompagnées de suffocations et d'une perte plus ou moins complète de connaissance; au fig. nervosité dangereuse, provocante, qui confine à la folie : *La nervosité de l'opinion internationale; la fébrilité des préparatifs de guerre; l'hystérie des fanatiques qui veulent un conflit*. **Névrose,** terme de médecine, toute affection dont les symptômes marquent le *névrosisme*.

Net : ¶ 1 *Net* implique l'absence totale, sur un objet, d'une matière étrangère qui le salisse, le ternisse ou l'altère : *Des assiettes nettes* (MOL.). **Propre** marque uniquement l'absence de saleté ou de souillure, souvent obtenue par lavage : *Une chemise lavée qui conserve une tache d'encre est propre sans être nette*; et, en parlant de ce qui ne se lave pas, ajoute à *net* une idée d'ordre, d'arrangement : *Une chambre nette est bien balayée, une chambre propre est bien rangée*. **Proplet,** propre avec recherche ou coquetterie : *Des novices proprettes* (GRESSET). **Blanc** ne se dit que des choses de couleur blanche, notamment le linge, auxquelles le lavage ou le nettoyage a rendu leur couleur primitive éclatante, alors que *net* marque négativement l'absence de tache ou de souillure. **¶ 2** → Pur. **¶ 3** → Clair. **¶ 4** → Visible. **¶ 5** → Vide. **¶ 6** → Vrai. **¶ 7** Adverbialement, *Net* implique la clarté et la vigueur des termes : *Parler net. Je refusai net* (J.-J. R.). **Nettement** fait penser à la franchise de celui qui parle sans vouloir tromper : *Parlez, et nettement, sur ce qu'il vous propose* (CORN.).

Nettoiement : Action de rendre net, propre. *Nettoiement* s'emploie dans tous les cas et fait penser abstraitement à l'ensemble des opérations : *Service du nettoiement. Le nettoiement d'un port*. **Nettoyage** fait penser à l'action même et se dit spéc. en termes de teinturerie : *Le nettoyage des rues. Le nettoyage d'une paire de gants*.

Nettoyer : ¶ 1 → Purifier. Enlever d'une chose les matières étrangères qui la salissent, la tachent ou la souillent. *Nettoyer* se dit dans tous les cas. **Laver** (→ ce mot), nettoyer avec un liquide. **Approprier,** rare, nettoyer et disposer convenablement, se dit surtout du linge ou d'une chambre. **Rapproprier,** fam. et vx, approprier de nouveau, se dit surtout du corps ou des vêtements. **Décrasser,** nettoyer de la saleté qui s'accumule, au fig. du corps, des choses, et du linge dont on ôte avec la première eau ce qu'il a de plus sale. **Décrotter,** nettoyer de la boue qui souille : *Décrotter des souliers*. **Débarbouiller,** nettoyer de ce qui salit, barbouille, se dit du visage :

Débarbouiller un enfant. **Curer,** nettoyer, en général en grattant, quelque chose de creux rempli de vase ou d'ordure : *Curer un fossé*; se dit par analogie des dents et de l'oreille. **Écurer,** curer complètement, et **Récurer,** plus usité, nettoyer complètement en frottant l'extérieur et en curant l'intérieur, se disent des ustensiles de cuisine : *Récurer les casseroles.* **Essuyer,** frotter avec un linge, pour nettoyer de l'eau, de la sueur, de l'humidité, de la poussière : *Essuyer la vaisselle, la table.* **Frotter,** nettoyer et en même temps enduire d'un produit; ou essuyer une chose pour la nettoyer de sa poussière de façon qu'elle reluise : *Frotter un meuble. Frotter le parquet avec de la cire.* **Torchonner,** essuyer, surtout la vaisselle, avec un linge grossier. **Torcher** implique plutôt qu'on saisit une immondice assez épaisse dans un papier, un linge et qu'on l'enlève : *Torcher le nez d'un enfant. Torcher les pinceaux, la palette.* **Faire la toilette de,** laver, coiffer, ajuster une personne, ou fam. nettoyer et parer un animal ou une chose : *Faire la toilette d'une automobile.* **Toiletter,** nettoyer un chien, lui couper les poils, le parer, dans le langage des vétérinaires. **Babichonner,** fam., nettoyer, peigner un petit chien ou un enfant : *Laver et babichonner la petite fille* (SAND). **Étriller,** frotter, nettoyer le poil et la peau d'un cheval avec l'étrille. **Brosser,** frotter, nettoyer avec une brosse. **Balayer,** nettoyer un lieu avec un balai, en enlevant la poussière, les ordures et en les poussant hors de ce lieu. **Housser,** nettoyer une tapisserie, un meuble, avec un balai de houx ou de plumes. **Éplucher,** nettoyer en ôtant les parties inutiles ou ce qu'il y a de mauvais : *Éplucher du riz.* **Monder,** nettoyer certaines plantes dont on enlève les pellicules ou les impuretés : *Monder de l'orge.* **Vanner,** nettoyer les grains des impuretés, en les secouant dans l'appareil appelé van. ¶ **2** → Débarrasser. ¶ **3** *Se nettoyer* se dit des hommes et des animaux qui, par n'importe quel moyen, rendent leur corps propre et net; **S'éplucher,** de certains animaux qui se nettoient en se grattant, ou avec leur bec : *Un singe qui s'épluche.* **Faire sa toilette,** se laver, se coiffer, s'ajuster, et, en parlant de certains animaux, lustrer son poil ou ses plumes.

Neuf : ¶ **1** → Nouveau. *Neuf* se dit de ce qui n'a pas encore servi ou a peu servi, **Flambant neuf,** des choses neuves (spéc. des habits) qui, de ce fait, ont une sorte d'éclat. ¶ **2** → Novice. ¶ **3** → Original.

Neurasthénie : → Mélancolie.

Neutraliser : → Étouffer.

Neutre : → Indifférent.

Neveux : → Postérité.

Névrose, Névrosisme : → Nervosité.

Nez : ¶ **1** Partie saillante du visage qui est le siège de l'odorat. *Nez* se dit pour l'homme et certains animaux. **Piton,** pop., gros nez. **Truffe,** pop., nez gros et rond, ou nez en général. **Reniflant, Renifloir** sont pop. *Nez* a de nombreux syn. argotiques dont les principaux sont **Blair, Blase** et **Pif.** ¶ **2** → Visage. ¶ **3** → Odorat. ¶ **4** → Pénétration. ¶ **5** *Jeter au nez* : → Reprocher. ¶ **6** *Montrer le nez* : → (se) Montrer. ¶ **7** *Mettre le nez dehors* : → Sortir. ¶ **8** *Mettre, Fourrer son nez* : → Intervenir. ¶ **9** *Mener par le bout du nez* : → Gouverner.

Niais : → Stupide. D'une sottise plus ridicule que fâcheuse (ce qui dit plus que **Simple** et **Naïf** : → Simple). *Niais,* qui s'est dit, en termes de fauconnerie, des jeunes oiseaux pris dans le nid sans en être encore sortis, implique inexpérience et sottise qui rendent presque enfant, facile à duper et se manifestent souvent par une certaine inintelligence du visage, la gaucherie de l'air et des manières : *Un peu niais, enfoncée dans une rêverie poético-religieuse où elle perd tout sens du réel* (GI.). **Nigaud,** plus fam., gros niais manquant d'usage à cause de sa timidité, de sa vie ou de sa condition qui l'a écarté du monde, voire de sa sottise : *Grand nigaud de fils qui sortait du collège* (VOLT.); se dit parfois en badinant : *Grand nigaud!* **Béjaune** ne se dit que d'un jeune homme novice et niais. **Benêt,** celui qui trouve que tout est bien, se laisse mener avec une bonté sotte : *Les femmes sont sans frein et les maris sont des benêts* (VOLT.). **Bébête,** fam., celui qui pousse l'enfantillage jusqu'à être niais ou même bête (→ ce mot). **Bêta,** syn. de *bébête,* comporte, surtout en parlant à un enfant, une nuance d'indulgence et d'affection. **Dadais** et **Dandin** sont uniquement relatifs à la manière de se tenir, *dadais* ayant rapport à l'attitude de celui qui a peu d'usage du monde, est embarrassé de son maintien : *Le fils du gentilhomme de notre village qui est le plus grand malitorne et le plus sot dadais que j'aie jamais vu* (MOL.); *dandin,* au mouvement gauche et ridicule de celui qui se dandine lourdement où se donne niaisement des airs. **Jocrisse,** terme de moquerie, benêt ridicule qui se laisse gouverner par le premier venu : *Une sorte de jocrisse étrange, à la face enfarinée* (GI.). **Coquard,** syn. fam. de *benêt.* **Coquelin,** syn. fam. de *niais.* **Godiche,** fam., et **Godichon** impliquent une gaucherie ridicule dans les manières, ainsi que de la maladresse. **Gourde,** fam., personne sotte et embarrassée. **Oie,** personne bête et niaise, **Oison** ou **Oison bridé**, personne à qui l'on fait croire tout ce qu'on veut. **Oie blanche**, jeune fille innocente et un peu niaise élevée à l'ancienne mode. **Calino**, personnage de vaudeville traditionnellement niais, donne aux réflexions niaises. **Pierrot**, personnage de la comédie italienne, niais et rêveur sentimental. **Janot**, type de niais badaud du xviiie s., **Colas**, niais comme un paysan, **Bobèche**, niais comme le pitre de ce nom sous le Premier Empire, sont fam. : *Lourdes plaisanteries d'un bobèche aux abois* (Ren.). **Jean-jean**, gros niais, est très fam. **Cantaloup**, pop., nigaud, bête comme un melon. **Dindon** , fam., niais facile à duper. **Serin**, fam., niais qui croit et répète ce qu'on lui dit. **Cornichon, Couenne, Gourdiflot, Bégaud, Niquedouille**, syn. pop. de *niais*.

Niaiserie : ¶ 1 → Stupidité. ¶ 2 → Simplicité. ¶ 3 → Bagatelle.

Niche : → Attrape et Plaisanterie.

Nicher : → Placer.

Nid : ¶ 1 *Nid* évoque une sorte de corbeille bâtie par l'oiseau et douillettement rembourrée. **Aire**, nid des grands oiseaux de proie, ordinairement sur un espace plat et découvert : *Un aiglon qui retombe dans son aire* (J.-J. R.). ¶ 2 Au fig. → Maison.

Nier : ¶ 1 *Nier*, dire qu'une chose n'est pas vraie ou n'est pas. **Dénier** enchérit pour exprimer, surtout en jurisprudence, la négation formelle d'un crime, d'une dette, d'un dépôt, ou la rétractation d'un aveu. **Contester**, élever des doutes sur les droits de quelqu'un à quelque chose, sur la vérité d'un principe, la réalité d'un fait, sans aller jusqu'à les nier : *Une chose qui n'est contestée d'aucun casuiste* (Pasc.). **Disconvenir de** (en général avec la négation), ne pas être d'accord avec quelqu'un sur ce qu'il affirme comme étant une vérité : *Il ne pouvait disconvenir de ces vérités* (Ham.). **Démentir,** nier la vérité de ce que rapporte une personne, déclarer qu'une chose est fausse, supposée, controuvée : *Démentir une nouvelle ; sa signature*. **Désavouer,** nier formellement avoir dit ou fait quelque chose, refuser formellement de la reconnaître pour sienne : *Désavouer un livre*. **Se défendre de,** nier une pensée ou une action qui vous est imputée : *Vous vous défendez d'être médecin* (Mol.). ¶ 2 → Refuser.

Nigaud : → Niais.

Nihilisme : → Scepticisme.

Nihiliste : → Révolutionnaire.

Nimbe, terme didact., dans l'antiquité et de nos jours, cercle, lumineux ou non, dont un artiste entoure la tête d'un personnage surnaturel ou divinisé. **Auréole,** dans le christianisme seulement, cadre oblong et lumineux dont les peintres entourent entièrement Dieu ou la Sainte Vierge; par ext., nimbe lumineux de Dieu, de la Vierge, des Saints. *Nimbe* est limité à la langue des beaux-arts ou à quelques images précises de cercle lumineux, *auréole* se dit au fig. de certains phénomènes lumineux qui offrent l'apparence d'un cercle et du degré de gloire qui distingue les saints dans le ciel : *L'auréole des martyrs*; et, par ext., *l'auréole de la victoire*. **Gloire,** terme de peinture, auréole autour de la tête des saints ou des personnages illustres par leurs vertus. **Diadème,** vx, nimbe circulaire des saints et carré des personnages vivants.

Nipper : → Vêtir.

Nippes : → Vêtement.

Nique (faire la) : → Railler.

Nirvâna : → Paradis.

Nitouche (sainte) : → Patelin.

Niveau, au fig., en parlant du train de vie de quelqu'un, son degré d'élévation dans une hiérarchie qui va de la misère à la richesse : *Travailler pour élever son niveau de vie*. **Standing** (en ang. « position dans le monde »), niveau de vie moyen, qui sert de type, pour une catégorie sociale, un peuple : *Le standing de vie des Français; des manœuvres.* (*Standard*, usuel de nos jours en ce sens, est impropre.)

Niveler : → Égaliser.

Noble : ¶ 1 N. *Noble*, sous l'ancien régime, celui qui appartenait par droit de naissance ou par faveur spéciale au corps privilégié appelé noblesse; de nos jours, du point de vue social, celui qui descend d'une vieille famille noble et porte son nom. **Gentilhomme,** sous l'ancien régime, noble de race, d'extraction; de nos jours, celui qui, quelle que soit son extraction, manifeste les qualités caractéristiques de la noblesse, savoir-vivre, courtoisie, honneur, etc. : *Se comporter en gentilhomme*. **Aristocrate,** celui qui, dans n'importe quel pays, appartient à la classe privilégiée qui détient le pouvoir; au moment de la Révolution, péj., noble considéré comme supérieur par les privilèges et non par les mérites, et comme ennemi de la Révolution (en ce sens, **Ci-devant,** sous la Révolution, aristocrate dépossédé de ses titres et de ses privilèges); de nos jours *aristocrate* désigne celui qui, quelle que soit son origine, se distingue du commun des hommes, soit simplement par sa fierté d'appartenir à une classe supérieure quelconque (en ce cas on dit très fam. **Aristo**), soit par la qualité de son esprit, de ses manières qui lui font mériter d'être rangé dans l'élite. **Patricien,** aristocrate romain, par ext., celui qui a la noblesse dans le sang et la manifeste dans son physique, ses manières, sa fierté et quelquefois son orgueil. **Homme de qualité,** syn. ancien de *gentilhomme,* ainsi qu'**Homme d'épée, Cavalier,** qui opposaient la noblesse d'épée à la noblesse de robe. **Homme de condition** se disait de tout homme qui exerçait un emploi conférant la noblesse, ou avait une place marquante dans l'État. **Seigneur,** terme de féodalité, possesseur d'un pays, d'un État, d'une terre, par ext. titre qu'on donne à quelques personnes distinguées par leur dignité ou par leur rang, pour leur faire plus d'honneur : *Scipion était le plus grand seigneur de Rome* (ROLL.); évoque plutôt de nos jours la magnificence de la noblesse et son mépris des humbles : *Se conduire en seigneur.* **Hobereau,** terme de dénigrement, petit noble campagnard : *On donne le nom de hobereau aux petits seigneurs qui tyrannisent leurs paysans* (BUF.). **Gentillâtre,** terme de dénigrement, petit gentilhomme pauvre. **Hidalgo** (mot espagnol), noble espagnol qui se prétendait descendu d'ancienne race chrétienne sans mélange de sang juif ou maure; par ext. noble qui possède au suprême degré toutes les qualités et les défauts de la noblesse. **Noblaillon** et **Nobliau,** fam., homme de petite noblesse ou de noblesse douteuse. **Homme titré,** personne qui porte un titre de noblesse. **Chevalier,** au M.A., noble qui avait reçu l'ordre de la chevalerie, institution religieuse qui imposait à ses membres la bravoure, la loyauté, la protection des faibles et la courtoisie envers les dames, a gardé ces nuances de nos jours, appliqué à un homme d'une classe quelconque. → Élevé et Généreux.

Noblesse : → Élévation et Générosité.

Noce : ¶ 1 → Mariage. **¶ 2** → Festin et Débauche.

Noceur : → Débauché.

Nocher : → Pilote.

Nocif : → Mauvais.

Nœud : ¶ 1 → Attache. **¶ 2** → Péripétie. **¶ 3** → Centre. **¶ 4** → Articulation.

Noir : ¶ 1 N. → Nègre. — Adj. **¶ 2** → Obscur. **¶ 3** → Triste. **¶ 4** → Méchant.

Noirâtre, qui tire sur le noir, se dit des choses, des couleurs et du teint. **Noiraud,** plutôt péj., ne se dit que des personnes qui ont les cheveux noirs et le teint brun. **Boucané,** noirci par la fumée en parlant d'une viande, se dit aussi de la peau et a alors pour syn. **Basané** et **Enfumé** (→ Hâlé).

Noirceur : ¶ 1 → Obscurité. **¶ 2** → Méchanceté.

Noircir : → Dénigrer.

Noise : → Discussion.

Noisetier, arbrisseau de la famille des cupulifères. **Coudrier,** nom vulgaire du noisetier considéré indépendamment de ses fruits. **Coudre,** le bois utilisable du *coudrier : Baguette de coudre* (ACAD.).

Noliser : → Fréter.

Nom : ¶ 1 Mot ou terme dont on se sert pour désigner un être animé ou une chose. *Nom* indique le résultat de l'usage ou d'un choix arbitraire. **Dénomination,** surtout en sciences, nom choisi pour exprimer l'état, l'espèce, les qualités essentielles d'un être ou d'une chose : *Ours est le nom d'un animal,* Plantigrade, *la dénomination de son espèce.* **Appellation,** dans le langage commun ou du commerce, dénomination qualificative quelconque : *Appellation injurieuse. Appellation d'un vin.* **¶ 2** En termes de grammaire, *Nom,* partie du discours qui varie en genre et en nombre et qui désigne un être animé, une idée ou une chose. **Substantif** tend à être moins usité de nos jours. **¶ 3** → Réputation.

Nomade : ¶ 1 En termes de droit, *Nomade,* celui, quelle que soit sa nationalité, qui circule en France sans domicile ni résidence fixe; **Forain,** individu de nationalité française qui, n'ayant en France ni domicile ni résidence fixe, se transporte habituellement pour exercer son industrie ou son commerce dans les villes ou les villages les jours de fête, de foire ou de marché; **Ambulant,** individu qui a un domicile ou une résidence fixe dans une commune où il revient périodiquement quand il ne voyage pas. **¶ 2** → Errant.

Nombre : ¶ 1 *Nombre,* rapport d'une grandeur à une autre grandeur prise comme terme de comparaison et qu'on appelle unité : *Nombre entier, nombre fractionnaire.* **Chiffre,** caractère dont on se sert pour représenter les nombres. **Numéro,** chiffre qu'on met sur une chose et qui sert à la reconnaître. **¶ 2** → Quantité. *Nombre,* quantité de personnes qu'on peut évaluer par un nombre : *Le nombre des élèves de cette classe est de tant.* **Effectif,** dans l'armée et par ext. dans l'administration, nombre réel de ceux qui font partie d'un groupe par opposition au nombre que les règlements ou sa constitution normale lui assignent : *L'effectif de son armée n'était que de vingt mille hommes* (ACAD.); par ext., nombre réglementaire ou normal : *L'effectif de cette classe est de tant.* **¶ 3** → Harmonie.

Nombrer : → Évaluer et Dénombrer.

Nombreux : ¶ 1 En grand nombre. *Nombreux* dit moins qu'**Innombrable** qui suppose des personnes ou des choses si nombreuses qu'on ne saurait les dénombrer. **Multiple** ajoute à *nombreux* l'idée de variété. **Fort,** nombreux en parlant d'un groupe, d'une troupe, fait penser à la force ou à la supériorité que donne le nombre : *Un fort contingent d'ennemis.* ¶ 2 → Harmonieux.

Nombril : Cicatrice du cordon ombilical de l'homme et des mammifères. *Nombril,* terme courant, ne désigne que cette cicatrice. **Ombilic,** terme d'anatomie, désigne aussi chez le fœtus l'orifice de l'abdomen par où passe le cordon ombilical.

Nomenclature : → Liste

Nomination, Affectation, Titularisation . → Nommer. **Mouvement,** série de nominations et de mutations.

Nommer : ¶ 1 → Appeler. ¶ 2 → Indiquer. ¶ 3 → Choisir. *Nommer,* désigner quelqu'un et l'investir d'une fonction, lui faire occuper un poste : *Nommer un préfet; un professeur à une chaire.* **Affecter,** surtout en termes militaires, fait penser à l'utilisation de la personne en tel ou tel lieu, à telle ou telle occupation, dans le cadre de sa fonction : *Nommé commandant, il a été affecté à tel bataillon.* — **Titulariser,** donner à un auxiliaire le titre de la fonction à laquelle il a été nommé et le droit d'en toucher les émoluments réguliers comme en étant investi définitivement. **Commissionner** est parfois syn. de *titulariser.*

Non-activité et **Inactivité,** plus rare, situation de celui qui n'accomplit pas, pour l'instant, les fonctions de son emploi. **Congé,** situation de celui qui a obtenu l'autorisation d'être exempté momentanément de son travail. **Disponibilité,** situation de celui qui est momentanément écarté de l'exercice de sa fonction, sans perdre ses droits à l'avancement.

Nonce : → Légat.

Nonchalance : ¶ 1 → Mollesse et Paresse. ¶ 2 → Indifférence.

Nonchaloir : → Mollesse.

Nonne, Nonnain: → Religieuse.

Nonobstant : ¶ 1 → Malgré. ¶ 2 → Cependant.

Non-sens : → Contresens.

Non-valeur : → Nullité.

Nord : Partie du monde qui regarde l'étoile polaire. *Nord,* terme commun ou technique, se dit dans tous les cas et marque abstraitement la direction, la situation : *S'avancer vers le nord.* **Septentrion,** plus vague, plus relevé et s'employant bien en parlant de l'antiquité classique, fait penser à ce qui se trouve dans le Nord : *Dans les forêts des Gaules et de la Germanie et dans tout le Septentrion* (VOLT.). **Tramontane,** vent du nord, par ext. côté du nord : *Maison exposée à la tramontane.*

Nord (perdre le) : → (s') Affoler.

Nordique : Qui appartient aux pays du Nord. *Nordique* se dit surtout en parlant des pays du nord de l'Europe; **Septentrional,** dans tous les cas, mais surtout par opposition à *méridional*; **Du Nord** marque absolument la position : *La Suède est un pays septentrional par rapport au Danemark et les deux pays sont du nord.* **Nordiste** ne se dit que des habitants du nord d'un pays par opposition à ceux du sud, surtout lorsqu'ils sont aux prises dans un conflit : *La guerre de Sécession aux U. S. A. opposa Nordistes et Sudistes.* **Hyperborée** et **Hyperboréen,** assez poétiques, très septentrional, situé à l'extrême Nord en parlant des peuples et des choses : *Régions hyperboréennes* (DID.). **Boréal,** syn. scientifique ou commun d'*hyperboréen,* en parlant des choses ou des phénomènes de l'extrême Nord : *Pôle boréal. Aurore boréale.* **Arctique** ne se dit que des choses et des terres situées dans le voisinage du pôle Nord : *Cercle arctique*

Normal : ¶ 1 → Réglé. ¶ 2 → Naturel

Normalisation : → Rationalisation

Normaliser : → Régler

Norme : → Règle.

Nostalgie : → Regret.

Nostalgique : → Triste

Notabilité : → Personnalité

Notable : ¶ 1 Adj. → Remarquable. ¶ 2 N. → Personnalité.

Notaire, officier ministériel qui reçoit ou rédige les contrats, les obligations, les transactions et les autres actes volontaires et leur confère l'authenticité. **Tabellion,** fonctionnaire autrefois chargé de mettre en grosse les actes dont les minutes étaient dressées par les notaires, de nos jours syn. ironique de *notaire.*

Notamment : → Particulièrement.

Notation : → Pensée.

Note : ¶ 1 Ce qu'on inscrit en quelque endroit d'un écrit. *Note,* simple marque destinée à permettre de retrouver un passage, brève explication, ou remarque, observation : *Je chargerai de notes mon exemplaire* (VOLT.). **Apostille,** note ou addition faite à la marge d'un écrit ou au bas d'une lettre (de nos jours l'addition à une lettre se dit **Post-scriptum**); spéc. recommandation écrite en bas ou dans les marges d'un mémoire, d'une pétition. ¶ 2 → Commentaire. ¶ 3 → Compte. ¶ 4 Communication diplomatique. *Note,* communication officielle, contresignée par écrit, faite par un gouvernement à son représentant près d'un État, soit pour l'usage exclusif de ce fonctionnaire, soit pour être transmise au gouvernement du lieu. **Mémorandum,** note diplomatique adressée par un gouvernement à d'autres pour exposer l'état d'une question et justifier certaines mesures prises ou qu'il va prendre. **Pièces,** ensemble de notes diplomatiques relatives à une négociation. ¶ 5 *Note,* signe, courte phrase, remarque ou extrait d'ouvrage qu'on inscrit pour se les rappeler. **Mémento,** simple marque pour rappeler le souvenir de quelque chose. **Mémorandum,** syn. rare de *mémento.* ¶ 6 → Marque. ¶ 7 *Note,* **Appréciation** : → Noter. ¶ 8 *Notes* : → Pensées.

Noter : ¶ 1 → Écrire. *Noter,* marquer d'un trait dans un écrit, ou inscrire su. un carnet, un registre : *Noter un passage dans un volume; des paroles qu'on a entendues.* **Consigner,** noter ce qu'on veut retenir, citer ou rapporter : *Consigner des observations dans un agenda* (M. D. G.). **Enregistrer,** noter sur un registre, ou simplement prendre en note, implique plus de soin et de précision que *noter* ; en termes d'art, noter des phénomènes par un fonctionnement automatique, en parlant de certains appareils : *Enregistrer un tremblement de terre, un air de musique.* **Relever,** prendre en note pour dresser un état, un compte, une liste : *Relever dans une histoire les passages concernant tel personnage.* ¶ 2 → Voir. ¶ 3 → Juger. Porter un jugement sur la valeur d'un inférieur. Alors qu'**Apprécier** suppose un jugement nuancé et motivé, *Noter,* en termes scolaires ou d'administration, c'est fixer la valeur de quelqu'un ou de son travail par un chiffre, et, par ext., le classer définitivement dans une hiérarchie de valeurs.

Notice : ¶ 1 → Abrégé. ¶ 2 → Préface.

Notifier : → Déclarer. *Notifier* ajoute à **Communiquer** et à **Informer** (→ ces mots) l'idée qu'on fait savoir nettement ou dans les formes légales, usitées : *Notifier au roi le mariage de son petit-fils* (MARM.). **Signifier,** notifier ce qu'on enjoint, et spéc. notifier par voie de justice une sentence, une décision qu'on doit exécuter : *Signifier l'exploit de certaine ordonnance* (MOL.). **Intimer,** terme de droit, signifier légalement une décision de justice et spéc. une assignation pour procéder sur un appel : *Il lui a fait intimer la vente de ses meubles;* dans le langage courant, signifier un ordre avec autorité : *On lui intima l'ordre de partir.*

Notion : ¶ 1 → Idée. — Au pl. ¶ 2 Ce qu'on possède d'une matière dont on n'a pas la science parfaite. *Notions,* vue générale, sommaire, élémentaire. **Connaissances** suppose des vues plus complètes, plus

précises, plus méthodiques. **Clartés,** fig., a surtout rapport à un ensemble de matières et suppose un commencement de culture générale : *Je consens qu'une femme ait des clartés de tout* (MOL.). **Teinture,** fig., notions superficielles en une matière, qui sont restées dans l'esprit et permettent de la comprendre ou de s'y perfectionner : *Avoir quelque teinture des belles-lettres.* **Vernis** dit moins : c'est une apparence brillante de teinture. ¶ 3 → Traité.

Notoire : → Manifeste.

Notoriété : → Réputation.

Noué : → Ratatiné.

Nouer : ¶ 1 → Attacher. ¶ 2 → Préparer.

Nourrain : → Fretin.

Nourri : Au fig. → Riche.

Nourrice, femme qui allaite l'enfant d'une autre, a pour syn. enfantin **Nounou.**

Nourricier : → Nourrissant.

Nourrir : ¶ 1 Donner son lait à un enfant. ‌Nourrir ajoute à **Allaiter** l'idée que le lait de la mère ou de la nourrice suffit pour entretenir l'enfant. ¶ 2 Entretenir la vie. *Nourrir,* servir d'aliment ou procurer, préparer et parfois faire absorber tous les aliments qui rendent bien portant : *Du fromage, ce qui nourrit le plus au meilleur marché* (MAU.). **Alimenter,** mettre à la portée de quelqu'un les aliments qui peuvent servir à le nourrir : *Les provinces qui nourrissent une ville la font vivre; celles qui l'alimentent y font parvenir de quoi la faire vivre.* — Au fig., ce qui *nourrit* produit effectivement l'entretien ou la conservation d'une chose, ce qui *alimente* communique des matériaux ou des moyens d'entretien ou de conservation : *Des sacrifices dont le souvenir nourrissait, engraissait ces sortes de rancunes que le temps fortifie* (MAU.). *Mes goûts, mes sentiments, mes expériences personnelles alimentaient tous mes écrits* (GI.). — **Sustenter** implique un secours donné à un état de faiblesse, en fournissant le strict nécessaire pour qu'on ne succombe pas : *Sustenter mille pauvres* (BEAUM.). De plus on peut être *sustenté* en utilisant des réserves qu'on a dans le corps : *Pingouins sustentés par la graisse dont ils sont abondamment chargés* (BUF.). **Gaver** et **Gorger** (→ ce mot), au fig., nourrir avec excès. **Restaurer,** rétablir les forces par de la nourriture, accidentellement et non habituellement. **Soutenir,** sustenter les forces en parlant des aliments. ¶ 3 Faire subsister une personne. *Nourrir* a surtout rapport au développement du corps. **Entretenir,** fournir tout ce qui est nécessaire pour subsister : nourriture, vêtements, linge, etc. **Élever,** nourrir un enfant, entretenir son existence jusqu'à ce qu'il ait atteint une certaine force, et lui donner l'éducation. ¶ **4** Faire subsister un animal. *Nourrir*, fournir de quoi manger en parlant des parents de l'animal, de l'homme ou de la terre. **Élever** (qui se dit aussi des plantes), nourrir avec soin jusqu'à un certain degré de force, en parlant de l'action de l'homme seulement. **Engraisser** (→ ce mot), nourrir un animal pour le manger. **Paître**, syn. de *nourrir* en termes de fauconnerie et parfois au fig. : *Paître un oiseau* ; dans le style soutenu, surtout de l'Écriture sainte, mener les animaux aux champs pour qu'ils y paissent **(Faire paître**, en ce sens, est plus usuel). **Repaître**, nourrir un animal qui a besoin d'être restauré, est rare au prop. ; au fig., nourrir jusqu'à satiété : *Repaître la sottise publique de descriptions* (J. Rom.). **Embecquer**, donner la becquée aux oiseaux, en parlant de leurs parents ou de l'homme; par ext., fam., habituer un bébé à manger. **Engaver**, embecquer en parlant de certains oiseaux qui font passer dans le bec de leurs petits les aliments qu'ils ont déjà humectés et amollis dans le leur. ¶ **5** → Instruire. ¶ **6** Faire durer. *Nourrir* et **Alimenter** diffèrent comme plus haut en parlant des choses matérielles qui consument ou se consument et, au fig., des passions, qu'on fait durer et croître en soi ou chez autrui : *Nourrir des griefs* (Mau.) ; *un projet* (Gi.) ; *des sentiments dénaturés* (Gi.). **Entretenir**, plus vague, maintenir quoi que ce soit dans le même état par n'importe quel moyen : *Entretenir une rancune* (Mau.) ; *l'éloquence* (L. F.) ; *les restes d'une guerre* (Rac.). **Couver**, entretenir ou nourrir en soi avec mystère : *Passion longtemps couvée* (Balz.). **Fomenter**, péj., entretenir et exciter chez autrui une chose en général mauvaise, spéc. l'agitation (→ Exciter). ¶ **7** (Réf.) → Manger.

Nourrissant : → Substantiel. Qui nourrit. *Nourrissant* qualifie par l'effet, **Nutritif**, par la faculté, **Nourricier**, par l'action : *Les mets nourrissants absorbent en parties nutritives dont l'estomac extrait une grande quantité de suc nourricier* (R.). — **Alme** (du latin *almus*, nourricier), syn. poétique de *nourricier*.

Nourrisson : → Bébé.

Nourriture : Ce qui se mange et entretient la vie. *Nourriture* désigne une action, **Aliment**, une chose : *La nourriture est l'action dont l'aliment est ou fournit la matière* (L.). Appliqué à une chose, *nourriture* fait penser à l'enrichissement qu'en retire le corps en l'assimilant, alors que les *aliments* existent en dehors de nous, peuvent devenir des nourritures, ou parfois aussi faire du mal au corps si celui-ci ne les assimile pas : *Votre corps languit faute de nourriture* (Rac.). *L'intempérance des hommes change en poisons mortels les aliments des-*tinés à conserver la vie* (Fén.). — Au fig., **aliment**, ce qui, au physique comme au moral, est propre à faire durer quelque chose : *Fournir un aliment à des curiosités* (Gi.). *Nourriture*, rare en ce sens (*Flambeau sans nourriture*. Volt.), désigne, surtout au moral, ce qui enrichit l'esprit qui l'assimile en y trouvant sa force ou sa joie : *Les Nourritures terrestres* (Gi.). **Subsistance**, nourriture et entretien, a rapport, comme syn. de *nourriture*, à l'action de pourvoir d'avance de ce qui pourra servir de nourriture : *L'existence de la mouche est nécessaire à la subsistance de l'araignée* (Did.). **Substance**, vx, ce qui est absolument et strictement nécessaire pour la subsistance. **Vivre**, tout ce qui est nécessaire pour la nourriture, considéré abstraitement, souvent par opposition à d'autres choses nécessaires à l'entretien : *Le vivre et le couvert* (L. F.). **Vie**, nourriture, subsistance effective d'une personne dans telles circonstances, fait penser à la façon dont on se les procure, ou à leur prix : *Gagner sa vie. La cherté de la vie.* **Mets** (→ ce mot), aliment qu'on sert aux repas. **Manger**, vx et pop. de nos jours, les aliments solides considérés comme fournis par la nature, achetés au marché, ou apprêtés par l'homme : *La jardinière me fait mon manger* (P.-L. Cour.). **Mangeaille**, ce qu'on donne à manger à quelques animaux domestiques, par ext., très fam., en parlant des hommes, grande quantité de nourriture presque toujours médiocre : *Assassiner [les gens] à force de mangeaille* (Mol.). **Boustifaille**, syn. pop. de *mangeaille*. **Fripe**, pop., toute nourriture qui peut s'étaler sur le pain. **Manne**, nourriture que Dieu fit tomber du ciel pour les enfants d'Israël, par ext. aliment très abondant et très utile pour la nourriture du peuple : *La pomme de terre est la manne des pauvres* (Lar.) ; au fig., subsistance qui semble providentielle : *La manne de ses bienfaits*; et, spéc. dans le style de la dévotion, nourriture céleste, grâce. **Pâture**, ce qui sert à la nourriture des bêtes ; très fam. et méprisant en parlant de la nourriture de l'homme; au fig., nourriture que l'âme absorbe avidement : *La parole de Dieu est la pâture de l'âme* (Acad.) ; ou nourriture de mauvaise qualité : *Pâture des esprits creux* (Bos.). **Pitance**, portion qu'on donne à chacun, à chaque repas, dans les communautés, par ext. ce qu'il faut pour le repas d'une personne, syn. fam. et plaisant de *subsistance*. **Pâtée**, mélange de farine, d'herbes donné à la volaille, ou mélange pâteux donné à certains animaux, par ext. fam., nourriture grossière ou nourriture surtout abondante. **Pain**, dans le style soutenu, nourriture quotidienne, vie : *Gagner son* *pain à la sueur de son front.* **Croûte,** syn. pop. de *pain.* **Becquée,** nourriture qu'un oiseau prend dans son bec pour la donner à ses petits, par ext., poétiquement, nourriture donnée par une mère, des parents à leurs enfants. — **Curée,** pâture qu'on donne aux chiens de chasse sur la bête qu'ils ont prise.

Nouveau : ¶ 1 *Nouveau* se dit des personnes et des choses qui viennent de paraître pour la première fois, **Neuf,** des choses qui viennent d'être faites et n'ont pas encore servi : *Une mode nouvelle; un habit neuf.* Au fig. une idée *nouvelle* existe depuis peu; une idée *neuve* n'a jamais été usée, déflorée, mise en œuvre sous cette forme, même si elle repose sur un fond ancien : *Ses idées sont simples; à la fois neuves et très anciennes* (M. D. G.). *Un livre, nouveau par l'originalité des pensées, est neuf par le tour qu'on a su leur donner* (L.). **Frais** se dit des choses nouvellement produites, cueillies, et par ext., fam., de ce qui semble nouvellement fait ou est encore intact : *Des nouvelles fraîches; des forces toutes fraîches* (ROLI.). **Récent,** qui s'est fait ou est arrivé dans un temps peu éloigné. **Dernier,** le plus récent d'une série : *Les dernières nouvelles.* **Inédit,** qui n'a pas été imprimé ou publié en parlant d'un livre, se dit, fam., de ce qui est si étrange, si original ou si nouveau qu'on croit ne l'avoir encore jamais vu : *Spectacle inédit. Toilette inédite.* **Inouï,** jamais entendu : *Ces paroles inouïes que j'entendais pour la première fois* (MAU.). **Jeune,** syn. de *nouveau,* en parlant des choses qui, paraissant vivre, ne datent pas de loin en gardé les caractères de la jeunesse : *Un État jeune vient de se former récemment; un pays neuf n'a pas encore été exploité.* — **Moderne,** en parlant des personnes et des choses, qui se rattache aux formes de civilisation actuelles ou récentes. En ce sens **Ultramoderne,** fam., enchérit, ainsi qu'**Up to date,** en ang., « au courant », « à jour », et **A la page,** très fam., pour qualifier personnes et façons de penser et d'agir au goût du jour le plus récent. **¶ 2** → Second. **¶ 3** → Novice. **¶ 4** *De nouveau,* une seconde fois, est usuel dans tous les styles, **Derechef,** vx, était plutôt badin ou fam. (≠ *A nouveau,* ou *A neuf,* en recommençant complètement). **¶ 5** *Homme nouveau :* → Parvenu. *Homme nouveau,* homme sans naissance ou sans passé connu, à qui son mérite ou les circonstances valent la notoriété : *Chaque révolution amène au pouvoir des hommes nouveaux.* **Homme neuf,** celui qui a des idées originales qui le mettent à l'abri de la routine en une matière : *Il faut que la paix soit l'œuvre d'un homme neuf, d'un homme du dehors* (M. D. G.).

Nouveauté : ¶ 1 → Changement. **¶ 2** État de ce qui est nouveau. *Nouveauté,* **Fraîcheur,** fig., **Jeunesse,** fig. : → Nouveau. **Primeur,** nouveauté des fruits dans leur première saison; au fig. nouveauté de ce qui est comme un fruit récent et dont on est le premier ou un des premiers à jouir : *Avoir la primeur d'une nouvelle. Jeune talent dans sa primeur.*

Nouvelle : ¶ 1 Annonce d'une chose arrivée récemment, faite à quelqu'un qui n'en a pas encore connaissance. *Nouvelle* se dit aussi bien de ce qui concerne un particulier que de ce qui touche l'intérêt général. **Information,** dans le langage de la presse et de la radio, nouvelle d'intérêt général, établie d'ordinaire après enquête détaillée et présentée pour être utile. **Bruit** (→ ce mot), nouvelle souvent fausse ou confuse qui circule dans le public. **Vent,** dans la loc. *avoir vent,* nouvelle, avis incertains qu'on acquiert ou qu'on subodore d'une chose. **Bobard,** argotique, nouvelle fausse à l'usage des naïfs. **Canard,** fig. et fam., fausse nouvelle souvent répandue par quelque journal. **¶ 2** → Roman.

Nouvellement : → Depuis peu.

Nouvelliste : ¶ 1 Celui qui cherche ou débite des nouvelles. *Nouvelliste* implique une véritable manie : *Le devoir du nouvelliste est de dire : Il y a tel livre qui court* (L. B.). **Bobardier,** argotique, celui qui débite de fausses nouvelles pour les badauds. **Informateur,** celui qui, par mission ou bénévolement, donne à quelqu'un des nouvelles ou des informations en général sérieuses. **¶ 2** → Journaliste.

Nouvateur : → Innovateur.

Novice, n. et adj., au fig., qui est peu expérimenté en quelque métier ou profession ou qui n'a pas encore la connaissance du monde : *Courtisan novice* (M. J. CHÉN.). *Chercher un refrain sur un piano d'un doigt novice* (M. D. G.). **Neuf,** adj., sans expérience, tantôt avec une idée de fraîcheur, tantôt de naïveté : *Ame neuve, ingénue et sensible* (MARM.). *Tout à fait neuf aux idées politiques* (J. ROM.). **Nouveau,** adj., a rapport plutôt à l'état d'âme de celui qui, faute d'expérience, éprouve quelque chose sans y être préparé : *Nous arrivons tout nouveaux aux divers âges de la vie et nous y manquons souvent d'expérience malgré le nombre des années* (L. R.). **Jeune,** adj., syn. fam. de *novice,* fait penser aux défauts inhérents à la jeunesse, étourderie, manque de maturité, confiance excessive en autrui et en soi, etc. : *Vous croyez cela, vous êtes jeune* (LIT.). **Débutant** (n.), celui qui débute dans le monde, dans une carrière, et spéc. au théâtre; fam. et plus péj. que *novice* au fig., implique timidité, hésitation, maladresse. **Apprenti** (n.), celui qui apprend un métier, implique au fig. un grand manque d'habileté, une certaine ignorance qui peut continuer à tous les âges : *Apprenti diplomate* (BALZ.). **Écolier** (n.), fig. et plus péj., personne peu experte en son art : *Un poème excellent où tout marche et se suit... Jamais d'un écolier ne fut l'apprentissage* (BOIL.). **Néophyte** (n.), personne nouvellement baptisée ou convertie; au fig. nouvel adepte d'une doctrine, d'un zèle maladroit par son indiscrétion et son excès : *En politique comme en religion, les néophytes ont quelquefois une ferveur indiscrète* (DE BONALD). **Béjaune** (n.), au fig., fam. et péj., jeune homme novice, niais comme un jeune oiseau. **Blanc-bec** (n.), fam., jeune homme qui n'a pas encore de barbe; au fig., jeune homme à la fois inexpérimenté et trop sûr de lui. **Conscrit** (n.), fig. et fam., homme inexpérimenté et un peu naïf comme un soldat débutant. **Bleu** (n.), soldat nouvellement incorporé avec sa classe, syn. au fig. de *conscrit* avec une nuance d'indulgence. **Bizut** (n.), élève de première année d'une grande école ou d'une classe préparatoire à une école, a, dans l'argot scolaire, un sens voisin de *conscrit* ou de *bleu*.

Noyau : ¶ 1 → Centre. ¶ 2 → Origine. ¶ 3 → Groupe.

Noyer : ¶ 1 → Tuer. ¶ 2 → Inonder. ¶ 3 (Réf.) *Se noyer*, périr asphyxié par immersion. **Boire à la grande tasse**, fig. et pop., se noyer dans la mer. ¶ 4 (Réf.) → (se) Perdre.

Nu : ¶ 1 Non vêtu. *Nu* se dit de n'importe quelle partie du corps ou du corps tout entier. En ce dernier sens on dit plutôt **Tout nu** qui a pour syn. fam. **In naturalibus** (en latin, « dans l'état de nudité »), **En costume d'Adam, d'Ève** et **A poil**, pop. ¶ 2 → Pauvre. ¶ 3 *A nu*, sans vêtement, sans plumes, sans enveloppe, sans ornement, sans mystère, enchérit au fig. sur **A découvert** par l'idée de brutalité ou d'indécence qu'évoque la nudité : *Peu de personnes montrent tout d'abord leurs défauts à nu* (BALZ.). ¶ 4 N. En termes de peinture et de sculpture, *Nu*, figure ou partie de figure (sauf les mains et le visage) non drapée, ou aperçue sous le drapé, fait penser au modèle que prend l'artiste et à la façon dont il le rend : *Peignez d'après le nu* (VOLT.). *Beaux nus* (BÉRANG.). **Nudité**, surtout au pl., figure nue considérée comme un spectacle, comporte parfois une nuance morale : *Elle fait des tableaux couvrir les nudités* (MOL.).

Nuage : ¶ 1 Amas de vapeurs élevées dans l'air. *Nuage*, terme courant, fait penser à la concentration des vapeurs en une masse épaisse qui intercepte la lumière : *Un beau jour sans nuage* (FÉN.). **Nuée**, vx ou recherché, fait penser à la pluie et à la foudre que portent les nuages : *Le soleil s'est couché ce soir dans les nuées. Demain viendra l'orage* (V. H.). **Nue**, dans le style soutenu ou dans certaines loc. proverbiales fig. et fam., fait penser au rideau très élevé que font les vapeurs au-dessus de la terre. En termes de météorologie, **Nimbus, Stratus** et **Cumulus** désignent diverses formes de nuages. ¶ 2 Au fig., *Nuage*, ce qui obscurcit : *Nuage de poussière* (FÉN.). *Bonheur sans nuages* (BALZ.). **Nuée**, ce qui est dense, nombreux ou très menaçant : *Nuée de polissons* (A. DAUD.). **Nue** comporte seulement une idée d'élévation : *Porter aux nues.* ¶ 3 → Obscurité. ¶ 4 → Mésintelligence. ¶ 5 → Ennui.

Nuageux : → Obscur.

Nuance : ¶ 1 → Couleur. ¶ 2 → Différence.

Nuancé : → Varié.

Nuancer : Assortir, disposer des couleurs en dégradations insensibles. *Nuancer*, très usité au prop. et au fig., marque plutôt l'œuvre délicate de l'art et parfois de la nature; **Nuer**, plus rare, au prop. seulement, suppose une simple distinction de couleurs surtout naturelle et ne se dit en termes d'art que dans le langage des brodeurs : *Nuancer des guirlandes* (MARM.); *son style. Fond noir nué de blanc* (BUF.).

Nubilité : → Puberté.

Nudité : → Nu.

Nue : → Nuage.

Nuée : ¶ 1 → Nuage. ¶ 2 → Multitude.

Nuire : Faire tort, porter dommage à quelqu'un. *Nuire* ne précise ni la gravité de l'action ni sa manière et se dit des personnes ou des choses. **Faire du mal**, plus fort, fait penser, en parlant des personnes, à une souffrance qu'on inflige, et, en parlant des personnes et des choses, à un grave dommage, à une perte : *Hélas, sans le vouloir, je te ferais du mal*, dit Hernani à Doña Sol (V. H.). **Desservir**, nuire à quelqu'un en lui rendant de mauvais offices : *L'agitation dreyfusarde divise la France et la dessert auprès de l'étranger* (J. ROM.). **Désobliger**, moins fort en ce sens, est vx. **Léser**, nuire à quelqu'un en lui faisant subir une perte, surtout matérielle : *Léser les intérêts de quelqu'un*. **Blesser**, dans le même sens, est plus employé au moral : *Blesser la réputation de quelqu'un*. **Porter atteinte**, au physique et au moral, nuire à l'intégrité d'une chose : *Porter atteinte à la santé, aux droits; à la réputation*. **Préjudicier**, violer les droits de quelqu'un, d'où, au prop. et au fig., faire du tort en usurpant, en privant de ce qui est dû : *Le travail préjudicie à la santé. Préjudicier à des droits, à la réputation.* **Compromettre,** exposer une personne ou une chose à ce qui peut être nuisible : *Compromettre, risquer la vie et le salut d'un peuple* (Pég.). — **Déparer,** spéc., nuire au bon effet de quelque chose : *Le salon et le boudoir n'eussent pas déparé l'hôtel d'une femme à la mode* (Balz.).

Nuisible : → Mauvais. Qui fait du tort, du mal à quelqu'un. *Nuisible* ne précise pas la manière et diffère de **Préjudiciable** comme les verbes correspondants (→ Nuire). **Dommageable** suppose une perte partielle, souvent matérielle, **Défavorable,** des circonstances contraires au bien d'une personne ou d'une chose, **Désavantageux,** la privation d'un avantage qui met souvent dans un certain état d'infériorité.

Nuit : → Obscurité.

Nul : ¶ 1 Adj. indéfini, terme d'exclusion : pas un. *Nul,* essentiellement négatif (qui s'emploie souvent seul avec le sens de **Personne** comme sujet de propositions générales), nie plus fortement qu'**Aucun,** étymologiquement syn. de *quelqu'un,* qui doit son sens négatif à la négation (ou à l'idée négative) qui l'accompagne, et ne s'emploie de nos jours que rapporté à un nom exprimé ou sous-entendu. — Adj. qualificatif. **¶ 2** → Ignorant. **¶ 3** *Nul,* sans valeur, sans effet, se dit spéc. des actes qui, contraires aux lois dans le fond et dans la forme, sont comme s'ils n'étaient pas : *Élection nulle pour vice de forme.* **Non avenu** se dit de choses dont on ne tient aucun compte, dans certaines loc. comme *Tenir pour nul et non avenu.* **Caduc,** non avenu pour certaines raisons, spéc. en parlant de donations, de legs. **Lettre morte** se dit d'un titre sans valeur, d'un pouvoir révoqué, de conventions qui demeurent sans effet. **Annulé, Aboli,** rendu nul, diffèrent comme les v. correspondants : → Abolir. **¶ 4** *Nul* se dit des choses et des personnes sans aucune qualité et qui, de ce fait, ne sont propres à rien et n'ont aucun intérêt : *Cet homme nul par lui-même ne pense et n'agit que par l'impulsion d'autrui* (J.-J. R.). **Inexistant,** au fig., dont l'existence, dont la nature n'a pas de valeur, est moins brutal. **Incapable,** absolument, qui n'a aucune aptitude à rien, en parlant des personnes, pour quelque raison que ce soit : *Un paresseux peut être un incapable sans être nul.*

Nullité, néol., se dit absolument d'une personne sans aucun mérite, sans aucun talent et fait penser à sa valeur personnelle. **Non-valeur** dit moins et implique qu'on ne peut pas être utilisé ou qu'on est incapable : *On n'a pu garder cet employé, c'était une non-valeur* (Acad.). **Zéro,** fig. et fam., homme nul à tous les points de vue.

Nûment : → Simplement.

Numéraire : → Argent.

Numéral, qui désigne un nombre, marque une qualification extrinsèque, de forme : *Adjectif numéral.* **Numérique,** qui appartient aux nombres, participe à leurs qualités essentielles, marque une qualification intrinsèque, de fond : *Calcul numérique. Supériorité numérique.*

Numéro : ¶ 1 → Nombre. **¶ 2** → Spectacle.

Numéroter : → Coter.

Nuptial rappelle le mariage quant aux faits et aux circonstances de sa célébration : *Bénédiction nuptiale.* **Conjugal** concerne l'état qui suit la célébration et dans lequel vivent les époux : *Devoirs conjugaux* (Zola). **Matrimonial,** terme de jurisprudence, se dit particulièrement de ce qui, dans le mariage, regarde la jurisprudence ou la justice : *Conventions matrimoniales* (Volt.); ou comme syn. de *conjugal* dans le langage de la comédie : *Fidélité matrimoniale* (Regn.).

Nurse : ¶ 1 → Gouvernante. **¶ 2** → Bonne d'enfant.

Nutritif : → Nourrissant.

Nymphe : ¶ 1 Divinité secondaire du polythéisme gréco-latin. *Nymphe,* terme générique, divinité des eaux, des bois, des montagnes personnifiant les forces vives de la nature. **Oréade,** nymphe des grottes et des montagnes. **Naïade,** nymphe des eaux courantes, des fleuves, des ruisseaux, des sources. **Dryade** et n'ont avague, nymphe des bois, mais la *dryade* était libre, ne faisait pas corps avec l'arbre, alors que l'*hamadryade* faisait corps, naissait et mourait avec lui. **Nixe** ou **Neek,** nymphe des eaux dans la mythologie des Germains. **¶ 2** → Fille.

O

Obédience : → Obéissance.

Obéir : ¶ 1 *Obéir*, consentir, de gré ou de force, à faire ce qui est commandé : *Un peuple libre obéit, mais il ne sert pas* (J.-J. R.). **Être obéissant,** en parlant d'une personne, marque une disposition constante à obéir considérée comme une qualité du sujet. **Se soumettre** (→ ce mot) **à,** obéir à une autorité à laquelle on cède en la reconnaissant, en l'acceptant volontairement; ou s'engager à obéir : *Se soumettre* [à la voix souveraine de la France] *ou se démettre* (GAMBETTA). **Écouter,** obéir par persuasion ou conviction : *Écouter la raison* (ACAD.); *un injuste courroux* (CORN.). **Obtempérer,** surtout en termes de droit ou de police, obéir à un ordre, une sommation, un règlement. **Servir,** fig., obéir en esclave à une personne : *L'orgueil de voir vingt rois vous servir et vous craindre* (RAC.). **¶ 2** → Céder. **¶ 3** → Subir.

Obéissance a rapport à la conduite et marque le fait qu'on agit selon la volonté d'autrui : *Qu'est-ce souvent que notre obéissance? une obéissance de politique, une obéissance de respect humain, une obéissance de contrainte, une obéissance d'habitude, une obéissance d'artifice* (BOUR.). **Docilité** a rapport à l'intelligence qui écoute celui qui dirige, guide ou instruit : *La docilité d'un élève.* **Soumission** a rapport aux sentiments et marque une disposition générale et constante, toujours volontaire, à accepter sans murmure les idées ou les procédés d'autrui, à être dévoué ou respectueusement attaché à quelqu'un : *Soumission et usage de la raison, en quoi consiste le vrai christianisme* (PASC.). **Servilité,** basse soumission de celui qui pense ou agit en esclave : *La servilité des courtisans.* **Obédience,** obéissance, soumission d'un religieux à son supérieur; par ext., de nos jours, obéissance à une autorité politique et spirituelle. **Esprit de subordination,** disposition constante à obéir à un supérieur dans une hiérarchie. **Allégeance,** en droit féodal, le fait d'être un homme lige d'un souverain; de nos jours, obligation de fidélité et d'obéissance d'un individu à sa nation ou à son souverain.

Obéissant : ¶ 1 → Flexible. **¶ 2** *Être obéissant :* → Obéir.

Obérer : → Endetter.

Obésité : → Grosseur.

Objecter : ¶ 1 → Répondre. **¶ 2** → Prétexter.

Objectif : Adj. **¶ 1** → Réel. **¶ 2** → Vrai. — **¶ 3** N. → But.

Objection : → Réponse. Raison qu'on oppose à une opinion ou à une proposition. L'*Objection* est toujours le fait d'un opposant, et se considère aussi bien dans la forme que dans le fond et en rapport avec celui qui en est l'auteur. La **Difficulté** est une chose qui existe naturellement, qu'on la soulève ou non, et qui a rapport uniquement au fond : *Il m'est impossible de vous suivre dans toutes les objections que vous semez sur mon chemin, les difficultés naissent sous vos pas* (FÉN.). **Contrepartie, Antithèse, Contre-pied** (→ Opposé) impliquent qu'on expose tout ce qui s'oppose plus ou moins complètement à une thèse et désignent un ensemble d'objections ou d'affirmations contraires. **Contradiction** désigne l'action même de dire le contraire de quelqu'un.

Objet : ¶ 1 Ce qui nous est présenté par la perception, comme indépendant du sujet qui connaît. En philosophie, *Objet*, terme le plus général, tout ce qui est susceptible d'être perçu; **Chose,** par opposition à *phénomène* ou à *fait*, implique une réalité envisagée à l'état statique comme constituée par un système supposé fixe de qualités et de propriétés; **Corps** implique la matérialité de la chose avec pour propriétés fondamentales l'espace à trois dimensions et la masse. — Dans le langage courant, *corps*, toute portion de matière animée ou non qui forme un tout individuel souvent composé d'éléments divers : *L'air, les étoiles sont des corps. Le corps humain; chose*, tout ce qui, abstrait ou concret, existe objectivement, par opposition à l'homme ou à ses actions : *Une idée, une pierre, la lune sont des choses; objet*, chose matérielle qui en général a été façonnée pour un usage précis par un sujet : *Objets d'art, de première nécessité.* **Bibelot,** petit objet de curiosité. **¶ 2** → Cause. Ce qui fournit matière à un sentiment, à une passion, à une action et spéc. à une étude. *Objet* désigne quelque chose de plus extérieur que **Sujet,** par rapport à celui qui agit ou éprouve : on tourne ses sentiments ou son observation vers un *objet*; on agit sur un *sujet*, comme sur une matière qu'on modifie, ou bien on subit son influence : *L'homme est tantôt un objet d'admiration, tantôt un sujet de pitié et de larmes* (Volt.). *Des sujets de tourment, je devrais plutôt dire des objets à cause de la réalité qu'ils prennent* (J. Rom.). — En parlant d'une discussion, d'une œuvre littéraire, *objet* désigne son but, *sujet*, sa matière : *L'Oraison funèbre d'Henriette d'Angleterre* a pour *sujet* la mort de cette princesse et pour *objet* de montrer ce que représente la mort pour un chrétien. ¶ 3 → But.

Objurgation : → Reproche.

Oblation : → Offrande.

Obligation : ¶ 1 → Devoir. *Obligation, Contrainte, Force, Assujettissement* : → Obliger. ¶ 2 → Gratitude.

Obligatoire : → Inévitable. *Obligatoire*, qui a la force d'obliger suivant la religion ou la loi, par ext. qui est exigé par les lois de la bienséance et de la morale : *La tenue de soirée est obligatoire pour ce bal.* **Obligé** dit moins, en parlant de ce qui est d'usage, dont on ne peut se dispenser : *Compliment obligé.* **Forcé**, rendu obligatoire par contrainte : *Mariage forcé*; s'emploie seul en parlant des sentiments qui ne sont pas naturels, par suite d'une contrainte extérieure : *Respect forcé* (Rac.). **De commande**, syn. d'*obligatoire* en parlant des prescriptions de la religion : *Jeûne de commande.*

Obligé : ¶ 1 → Obligatoire. ¶ 2 *Obligé, Astreint, Assujetti, Contraint, Forcé, Violenté, Lié, Engagé, Condamné* : → Obliger. **Tenu**, obligé nécessairement et moralement par une loi, une règle, à faire quelque chose : *A restitution nul n'est tenu si...* (Pasc.).

Obligeant : → Serviable.

Obliger : ¶ 1 *Obliger*, restreindre l'indépendance de quelqu'un, en le soumettant, souvent moralement et assez doucement, à un devoir ou à une nécessité due aux circonstances : *La condition des princesses les oblige à se prêter quelquefois au monde* (Fléch.). **Lier** et **Enchaîner**, qui enchérit, obliger par un serment ou un devoir qu'on ne peut rompre : *La haine où mon devoir me lie* (Corn.). **Engager** dit moins en parlant des sentiments ou de la simple convenance qui donnent l'obligation morale de faire quelque chose. **Astreindre**, obliger à quelque chose de pénible ou de difficile : *Astreignez-vous à un travail régulier et fatigant* (Flaub.). **Assujettir**, astreindre à une obligation habituelle et fréquente ou soumettre à une loi stricte : *Serment qui pour jamais m'avez assujetti* (Volt.). **Contraindre**, obliger avec une

nécessité pressante et toujours contre le gré de quelqu'un : *On est étonné de voir Néron obligé par degrés de se tuer, sans aucune raison qui l'y contraigne* (Mtq.). **Réduire à**, contraindre quelqu'un en ne lui laissant le pouvoir de faire qu'une seule chose : *Le grand Pompée venait de réduire Mithridate à se donner la mort* (Volt.). **Forcer**, contraindre par force, violence, ou par une influence ou une nécessité irrésistible, en supprimant toute liberté : *A l'instant que le gouvernement usurpe la souveraineté... tous les simples citoyens sont forcés, mais non pas obligés d'obéir* (J.-J. R.). **Violenter**, forcer d'une façon emportée, brutale, par sévices, mauvais traitements ou menaces, quelqu'un qui voudrait résister. **Nécessiter**, vx, *contraindre*, dans le style de la théologie ou de la philosophie. **Forcer la main**, contraindre quelqu'un souvent par ruse, en le prenant au dépourvu, en l'engageant malgré soi. **Condamner**, fig., astreindre ou contraindre d'une façon durable : *Condamner à une besogne* (J. Rom.). **Atteler**, fig. et fam., assujettir à quelque fonction pénible, à quelque labeur. ¶ 2 → Aider. .

Oblique : → Indirect.

Obliquement, sans suivre la ligne parallèle, ou la perpendiculaire : *Le zodiaque coupe obliquement l'équateur.* **De biais** se dit surtout de ce qu'on construit ou de ce que l'on coupe : *Couper une étoffe de biais*; **En écharpe**, du mouvement oblique d'une chose qui traverse ou heurte une autre chose : *Ce train prit l'autre en écharpe.* — Au fig., *obliquement*, d'une manière contraire à la droiture, à la franchise : *Agir obliquement. De biais*, d'une manière détournée et habile : *Prendre une affaire de biais.*

Obliquer : → (se) Détourner.

Obliquité, relation de position entre deux droites ou deux plans, ou une droite ou un plan qui ne sont ni perpendiculaires ni parallèles. **Inclinaison**, angle d'obliquité; mais on dit parfois, en ce sens, *obliquité*, *inclinaison* se disant plutôt de l'obliquité d'une ligne ou d'un plan par rapport au plan de l'horizon.

Oblitérer : ¶ 1 → Effacer. ¶ 2 *Oblitérer un timbre*, l'empêcher par une marque de servir une seconde fois tout en lui laissant sa valeur dans l'emploi qu'il occupe. **Biffer un timbre**, lui enlever par une marque toute valeur, l'annuler.

Oblong : → Long.

Obnubilé : → Obsédé.

Obnubiler : → Obscurcir.

Obole : → Secours.

Obombrer : → Ombrager et Obscurcir.

Obreptice : Terme de palais et de chancellerie qui caractérise des grâces obtenues par surprise. *Obreptice* implique omission ou dissimulation quelquefois involontaire d'une chose vraie qu'on aurait dû dire pour éclairer le dispensateur de la grâce. **Subreptice** implique suggestion, invention toujours volontaire d'une chose fausse donnée pour vraie de façon à tromper le dispensateur.

Obscène : Qui blesse ouvertement la pudeur (ce qui dit plus que **Libre** : → ce mot). *Obscène* se dit des images, des paroles et des personnes qui étalent effrontément des choses concrètes ou évoquent des représentations mentales qui révoltent la pudeur : *Mot obscène* (VOLT.). *Nudités obscènes* (J.-J. R.). **Déshonnête,** plus abstrait et moins fort, se dit des choses qui blessent la pudeur. **Indécent** (→ ce mot) fait penser à une représentation plus concrète que *déshonnête*, mais n'implique pas comme *obscène* un étalage scandaleux : *Tableau, robe, posture indécents* (ACAD.). **Impudique** qualifie la conduite des personnes (→ Lascif) et, en parlant des choses, fait penser à l'immoralité qu'elles reflètent : *Impudique toilette* (BAUD.). **Grossier** qualifie des discours, des détails déshonnêtes exprimés sans délicatesse dans la forme, ce qui accentue l'indécence du fond : *Lucien devient grossier sitôt qu'il parle d'amour* (S.-E.). **Gras** implique plutôt indécence, licence brutale dans le fond que choses vertes : *Le vieux commandeur, avec tous ses contes gras quant à la substance, ne perdait jamais sa politesse de la vieille cour* (J.-J. R.). **Ordurier** enchérit sur *grossier* en parlant des propos et de leurs auteurs : *Épigramme ordurière* (VOLT.). **Graveleux** se dit des discours, des propos trop libres, trop licencieux sans être cependant obscènes ou grossiers : *Un sujet gai et même un peu graveleux* (DID.). **Croustilleux** et **Croustillant,** fam., se disent surtout d'anecdotes, de récits, de détails qui ont quelque chose d'excitant pour l'imagination par leur caractère licencieux ou assez graveleux. **Pornographique** qualifie propos, cris, chants, écrits, livres, imprimés, images, objets, annonces, correspondances obscènes et produits volontairement en public pour éveiller une curiosité malsaine en outrageant les bonnes mœurs, ce qui constitue un délit. **Sale,** fig., ajoute à *obscène,* à *déshonnête,* à *grossier* une nuance de dégoût : *Ces syllabes sales Qui dans les plus beaux mots produisent des scandales* (MOL.). **Salé, Pimenté, Poivré, Épicé,** syn. fam. de *graveleux,* de *croustilleux.* **Cochon,** syn. pop. d'*obscène.*

Obscur : ¶ 1 *Obscur,* sans lumière. **Ténébreux,** plein d'une obscurité épaisse, enchérit. **Sombre** dit moins qu'*obscur,* en parlant seulement de ce qui est privé de la lumière du jour : *Bois sombre* (FÉN., VOLT.). **Noir** renchérit sur *obscur,* sans l'idée d'horreur qu'il y a parfois dans *ténébreux* : *Cabinet noir.* **Opaque,** qui ne laisse pas passer la lumière : *Nuit opaque* (ZOLA). ¶ 2 Au fig. *Obscur* se dit des choses difficiles à comprendre. **Ténébreux** enchérit : *Immensité ténébreuse de l'histoire* (FLAUB.); et marque parfois un secret ou comporte une idée d'effroi devant ce qui est impénétrable, inquiétant : *Ténébreuses machinations* (J. ROM.). **Mystérieux** (→ ce mot), qui a en soi quelque chose de caché, d'énigmatique, enchérit aussi sur *obscur,* mais sans idée d'effroi : *Douleur très simple et non mystérieuse* (BAUD.). **Sombre** n'est syn. d'*obscur* que par métaphore : *Sombres pensées* (BOIL.). **Inexplicable** (→ ce mot) implique qu'on ne peut pas rendre compte du pourquoi des choses et **Incompréhensible** (→ Inintelligible) qu'on ne peut s'en faire une idée claire parce qu'elles sont très obscures et inexplicables. ¶ 3 Difficile à comprendre en parlant des pensées ou du style. *Obscur,* qu'on ne comprend pas du tout, quelle qu'en soit la raison : *J'évite d'être long et je deviens obscur* (BOIL.). **Mystérieux, Abscons, Hermétique, Cabalistique, Sibyllin** (→ Secret) enchérissent et supposent quelque chose de volontairement caché, à moins qu'ils ne se disent par ironie de ce qui est très obscur. **Vague** (→ ce mot) se dit de termes ou d'idées qui n'étant pas fixés, définis, ne correspondent à rien de connu, sont vides de contenu. **Nébuleux** suppose une pensée floue, comme voilée par un nuage. **Nuageux** n'a rapport qu'aux idées de celui qui se perd dans des spéculations vagues. **Brumeux,** parfois syn. atténué de *nébuleux,* suppose aussi le désir ou le pouvoir de créer une atmosphère floue, surtout en poésie : *La poésie d'Ossian est brumeuse.* **Fuligineux,** noir comme la suie, au fig., dans le langage recherché, très obscur : *Mysticisme fuligineux* (MAU.). **Fumeux,** péj., enchérit sur *nuageux.* **Amphigourique** se dit d'un écrit burlesque et inintelligible fait à dessein, et par ext. d'un écrit ou d'un discours dont les phrases sont dépourvues d'ordre et de sens raisonnable contre l'intention de l'auteur : *Compliment amphigourique* (GI.). **Apocalyptique,** très obscur, comme le style de l'*Apocalypse* de saint Jean qui ne parle que par symboles. — Pour marquer une obscurité relative, **Confus** implique manque de netteté, impossibilité de distinguer les idées. **Touffu,** fig., un excès de détails qui font perdre de vue la marche du développement, mais sans tomber dans la confusion : *L'Esprit des Lois de Montesquieu est touffu, mais non* *confus*; **Diffus,** un manque de netteté dû à l'abondance excessive des mots, ou à un manque de concentration dans le plan. **Embrouillé,** en parlant de l'esprit ou du discours, marque à la fois la confusion et le manque de simplicité qui fait que les idées s'emmêlent. **Entortillé** a surtout rapport au style qui embrouille, entremêle des idées et des phrases équivoques, ou affectées et recherchées : *Ce jargon* [de Marivaux] *si entortillé, si précieux, si éloigné de la nature* (D'AL.). **Emberlificoté,** fam., qualifie un style obscur à cause de l'embarras de l'expression, **Enchevêtré,** un style obscur parce que les phrases sont mal construites, **Filandreux,** fam., un style, un discours dont les phrases longues et entortillées ou emberlificotées imposent au lecteur la même peine qu'une viande filandreuse à celui qui la mange. — **Enveloppé** ne se dit que d'un style, d'un discours dont l'expression est rendue volontairement obscure par circonspection : *Platon ne nous a exposé ses opinions que d'une manière enveloppée* (FÉN.). ¶ 4 En parlant d'une affaire, *Obscur* a pour syn. **Embrouillé** qui marque la complication, la difficulté à retrouver le fil conducteur. **Inextricable** enchérit et implique qu'on ne peut se reconnaître, se tirer de la difficulté. **Trouble** suppose une demi-obscurité voulue et assez louche. ¶ 5 → Inconnu.

Obscuration : → Obscurcissement.

Obscurcir : ¶ 1 Diminuer la clarté. *Obscurcir,* diminuer l'éclat d'un objet. **Assombrir** et **Enténébrer** → Obscur. **Offusquer,** mettre entre un objet éclatant et celui qui le regarde une sorte de voile qui ne permet plus de le bien voir : *Un triste nuage semble offusquer l'éclat de ses beaux yeux* (MOL.). **Voiler** est plus usuel en ce sens. **Obombrer,** fig., couvrir d'ombre, est du langage recherché : *Cette livrée de mélancolie et de tristesse qui obombre nos avantages naturels* (GAUT.). **Obnubiler,** rare au prop., empêcher la vue en la couvrant d'une sorte de nuage. ¶ 2 Au fig. *Obscurcir,* ôter la vivacité à la raison, aux sentiments; dans le discours, rendre l'idée difficile à comprendre. **Offusquer,** élever une sorte de nuage entre la raison et la vérité; dans le discours, créer des embarras à la vue de l'esprit par trop de paroles, d'érudition, d'ornements : *Notre raison est souvent offusquée des nuages de nos passions* (BOUR.). *Les grandes éruditions ne font souvent que beaucoup offusquer le raisonnement* (BOS.). **Obnubiler,** en parlant de la raison, enchérit sur *offusquer* : *Conscience obnubilée par le vice* (LAR.). ¶ 3 Empêcher quelqu'un de paraître, en le surpassant par des qualités brillantes.

Obscurcir, faire moins paraître. **Éclipser,** empêcher complètement de paraître, pour un moment, des qualités en général brillantes. **Effacer,** faire disparaître, pour toujours, annihiler des qualités en général solides : *Elles ont de la physionomie qui supplée à la beauté et l'éclipse quelquefois* (J.-J. R.). [Ménandre] *a obscurci ou plutôt effacé la gloire de tous ceux qui ont écrit dans le même genre* (ROLL.). **Enterrer,** faire oublier, effacer définitivement la réputation de quelqu'un : *Ce poète avait des rivaux; il les a tous enterrés* (LIT.). **Offusquer,** éclipser, effacer, en donnant de l'ombrage, de la jalousie : *Décrier le mérite qui l'offusquait* (DID.).

Obscurcissement, action d'obscurcir, se dit dans tous les cas, au prop. et au fig. **Obscuration,** terme d'astronomie, obscurcissement causé par une éclipse.

Obscurité : ¶ 1 Défaut de lumière. *Obscurité,* absence partielle ou totale de lumière, désigne abstraitement une qualité ou un état. **Ténèbres,** absence totale de lumière, évoque une chose concrète, un objet, une sorte de contenu, de corps, ou de matière : *L'obscurité limpide de la campagne* (LOTI). *Des ténèbres plus denses que la poix* (BAUD.). — Au fig. *obscurité* annonce complication ou embarras, ou mystère parfois voulu, *ténèbres,* une sorte de confusion qui, d'après la religion, est due au démon, à la faiblesse naturelle de l'homme, alors que l'*obscurité* peut être voulue par Dieu : *Quel soudain rayon faisait comme s'évanouir avec toutes les ignorances des sens les ténèbres mêmes, si je l'ose dire, et les saintes obscurités de la foi?* (BOS.). — **Nuit** ajoute au fig. à *ténèbres* une idée d'étendue et de durée : *La nuit des temps* (D'AL.). **Nuage,** au fig., obscurité passagère qui dérobe la vue à l'intelligence. **Noirceur,** obscurité, ténèbres d'une couleur tout à fait noire. **Opacité,** obscurité des bois qui interceptent la lumière : *L'opacité de certains bois les a rendus sacrés* (DID.). **Ombre,** dans le style élevé, syn. d'*obscurité,* de *ténèbres,* de *nuit* : *Dans l'ombre de la nuit* (CORN.). — Au fig. ¶ 2 *Obscurité,* **Mystère** (→ ce mot), **Confusion :** → Obscur. ¶ 3 → Bassesse.

Obsécration : → Prière.

Obsédé, Hanté, en proie à l'obsession ou à la hantise (→ Obsession), impliquent que l'esprit subit passivement une représentation sans pouvoir s'en débarrasser. **Braqué sur,** fig. et fam., suppose une attention excessive accordée à ce que l'esprit observe ou attend. **Obnubilé** marque l'effet d'une représentation dominante qui empêche l'esprit de voir autre chose : *Braqué sur son argent, Harpagon* *est obsédé par la crainte des voleurs et obnubilé par son avarice qui l'empêche de penser aux siens.*

Obséder : ¶ 1 → Assiéger. ¶ 2 → Tourmenter.

Obsèques : → Enterrement.

Obséquieux : → Servile.

Observation : ¶ 1 Action d'observer ce qui est prescrit par quelque loi. *Observation,* terme général, n'est syn. d'**Observance** qu'en matière de religion et fait penser à la personne qui agit dans un cas particulier; *observance,* action habituelle d'observer, ne se rapporte qu'à la chose observée et désigne parfois la règle elle-même : *Dans un monastère Dieu est glorifié par l'observance exacte de la règle* (Bour.). ¶ 2 → Expérience. En matière de psychologie, *Observation* implique qu'on étudie avec attention les mœurs et les actions des hommes ou son propre esprit. **Introspection,** observation intérieure, examen fait par le sujet lui-même des phénomènes psychologiques qui se passent en lui : *Montaigne pratique l'introspection.* **Analyse** ajoute l'idée qu'on décompose ce qu'on observe en éléments constitutifs qui l'expliquent : *Quand La Bruyère nous dépeint le manège d'Onuphre, il fait preuve d'observation,* quand La Rochefoucauld retrouve l'amour-propre au fond des vertus humaines, il pratique l'*analyse.* ¶ 3 → Reproche et Remarque. ¶ 4 *Observations :* → Pensées.

Observer : ¶ 1 *Observer,* conformer avec soin sa conduite à un précepte positif : *Observe exactement la loi que je t'impose* (Corn.). **Garder,** éviter de faire tout ce qui peut aller contre une loi, un précepte, contre une chose que l'on estime bonne et à laquelle on se soumet : *Garder la justice* (Fén.), *la neutralité* (Fén.). **Respecter,** fig., plus général, ne pas porter atteinte à quoi que ce soit : *Les belligérants respectent la neutralité d'un pays qui la garde.* **Accomplir,** effectuer, réaliser parfaitement tous les actes que demandent un devoir, une loi, un commandement pour être pleinement observés : *Accomplir son devoir familial* (Mau.). **Remplir,** en parlant d'un devoir, d'une promesse, n'implique pas la perfection qu'il y a dans *accomplir.* **Tenir** ne se dit que d'une parole, d'une promesse qu'on exécute. **Satisfaire à,** faire dans un cas particulier ce qu'on doit faire en vertu d'une loi, d'un commandement, d'une obligation : *Satisfaire à ses obligations militaires.* **S'acquitter de,** remplir, bien ou mal, une obligation, se dit en général de tout ce dont on est chargé. **Rendre,** s'acquitter, auprès de ceux à qui ils sont dus, de certains devoirs ou de certaines marques de civilité,

de respect : *Rendre les hommages* (L. F.), *les honneurs.* ¶ 2 → Regarder. Regarder avec attention. *Observer* suppose qu'on veut tirer des conclusions ou vérifier une hypothèse : *Observer les plus infimes petites choses de la nature* (Loti). **Suivre,** observer l'évolution d'une chose; ou surveiller les démarches d'une personne : *Il suit de près les événements* (M. D. G.). **Surveiller** ajoute à *observer* l'intention d'examiner, de contrôler avec attention ce sur quoi on a autorité, dont on est responsable, ou dont on se méfie : *Une doctoresse polonaise à qui Boris a été confié et qui le surveille de très près* (Gi.). **Épier** (→ ce mot), observer secrètement, ou avec une attention indiscrète, ou attentivement : *Observer à loisir, épier* (J. Rom.).

Obsession, au fig., état psychique consistant dans la présence à l'esprit d'une préoccupation ou d'une représentation que la volonté ne parvient pas à écarter (→ Souci). **Idée fixe,** pensée dominante que la volonté ne peut pas écarter, une des causes de l'obsession : *Une idée fixe, une obsession, c'est-à-dire un siège, un blocus, une sorte de scrupuleuse et dévorante manie* (Pég.). **Hantise,** au fig., syn. d'*obsession,* surtout en parlant d'idées noires, de craintes, ou d'un souvenir involontaire, obstiné : *Lorsque j'échappais à la hantise de ces millions menacés* (Mau.). **Psychose,** toute maladie mentale, plus particulièrement sorte d'obsession collective : *La folie obsidionale, la hantise de l'espionnage sont des psychoses de guerre.* — **Complexe,** en psychologie, groupe d'éléments et de représentations associés en un tout et possédant une puissance affective qui peut provoquer une sorte d'idée fixe qui s'impose et paralyse la volonté : *Un complexe d'infériorité.*

Obsolète : → Désuet.

Obstacle : ¶ 1 Ce qui empêche de passer. *Obstacle,* chose naturelle ou artificielle qui se dresse devant nous : *Route semée d'obstacles.* **Barrage,** sauf quand il s'agit des rochers qui barrent une rivière, indique un procédé artificiel pour couper une voie de communication : *Barrage d'agents; barrage établi à l'entrée d'une rue que l'on pave.* **Barrière,** barrage fait d'un assemblage de plusieurs pièces de bois, par ext. obstacle servant de borne, de défense naturelle à un État ou empêchant les communications. **Barricade,** barrage servant de retranchement pour se mettre à couvert d'un ennemi et lui interdire le passage; par ext., au fig., obstacle qui protège : *Les îles Lucayes, longue barricade qui ferme le golfe du Mexique* (V. H.). ¶ 2 Au fig. Ce qui ne permet pas d'agir ou retarde l'action (→ Difficulté). *Obstacle,* chose étrangère qui se met sur notre chemin et arrête une entreprise, interdit le succès. **Empêchement**, obstacle aux résolutions, à la volonté, qui ne laisse pas libre et qui vient soit de l'indocilité des organes, soit de défenses légales ou de certaines influences métaphysiques : *Empêchement canonique* (Mas.). *Oter les empêchements à l'efficace de la grâce* (Maleb.). **Contretemps**, obstacle créé par un accident imprévu qui dérange les projets. **Hourvari**, syn. vx de *contretemps*. **Rémora**, vx au fig., obstacle ou empêchement puissant. **Embarras**, ce qui incommode, soit comme un obstacle qui bouche partiellement la voie, soit comme une difficulté résultant d'une multitude d'affaires ou d'un manque de moyens, d'une irrésolution qui font qu'on ne sait comment se tirer d'affaire : *Ce parti était assez considérable pour causer beaucoup d'embarras, même d'obstacles aux affaires les plus importantes* (S.-S.). **Impedimenta**, objets ou circonstances qui embarrassent dans une action, spéc. un voyage. **Aria**, syn. pop. d'*embarras* : *Que d'arias!* **Gêne**, tout ce qui enlève partiellement la liberté du mouvement, soit par sa présence, soit par une action qui contrecarre nos efforts : *L'éblouissement du soleil est une gêne pour celui qui conduit une voiture.* — Pour indiquer un obstacle apporté par ce qui agit, force ou personne, **Opposition** implique initiative ou offensive, **Résistance**, défensive : *La vive opposition d'un ennemi au passage d'une rivière consiste à contre-attaquer; sa résistance opiniâtre consiste à se faire tuer sur place.* — Par métaphore, **Cloison, Mur, Barrière** ajoutent à l'idée d'*obstacle* celle de séparation (→ ce mot) : *Mets entre Paul et toi les barrières du monde* (Balz.). **Traverse**, ce qui fait broncher sur le chemin qu'on suit, empêche momentanément le succès : *Traverses du sort* (Gi.). **Pierre d'achoppement**, obstacle imprévu qui fait échouer une action, spéc. une négociation. **Impasse**, situation sans issue provoquée par un obstacle infranchissable : *Les négociations ont abouti à une impasse.* **Écueil**, obstacle dangereux sur lequel échouent et sombrent la logique, la vertu, l'honneur, la fortune, la réputation, etc. : *La fausse gloire est l'écueil de la vanité* (L. B.). **Entrave**, empêchement qui retient comme des liens ou des fers : *On a mis à l'Encyclopédie des entraves dont il ne faut jamais enchaîner la raison* (Volt.). **Digue**, obstacle que l'on met à l'excès de ce qui est nuisible, dangereux. **Écluse** est plus rare en ce sens. **Frein**, empêchement qui retient sous l'autorité, dans les bornes du devoir, de la raison, plutôt par une action intérieure qu'en opposant un obstacle : *Un roi n'a d'autre frein que sa volonté même* (Rac.).

Obstination, Opiniâtreté, Ténacité, Achar-

nement, **Entêtement** diffèrent comme les adj. correspondants : → Têtu.

Obstiné : → Têtu.

Obstiner (s') : → Continuer.

Obstruction : → Résistance.

Obstruer : → Boucher. Boucher un conduit, un passage, une rue. *Obstruer*, rendre impraticable par quelque obstacle : *Fenêtre obstruée par les branches* (A. Four.). **Embarrasser**, obstruer partiellement, rendre le passage difficile. **Encombrer** a surtout rapport à la circulation et implique un grand nombre de petits obstacles, disséminés çà et là, qui la gênent : *Les plantes dont la concierge encombrait la cour* (Zola). **Embouteiller**, au fig., enfermer dans une impasse, par ext. bloquer, obstruer la circulation dans une rue, un passage, en parlant de véhicules qui se gênent mutuellement. **Engorger** implique que, dans un conduit, un tel afflux de matière qu'elle ne peut plus y circuler et par ext. se dit d'une voie de communication : *La circulation est embouteillée* quand plusieurs voitures inextricablement emmêlées ne peuvent avancer et empêchent les autres de le faire; elle est *engorgée* lorsque la rue n'est pas assez large pour contenir tous les véhicules qui s'y pressent.

Obtempérer : → Obéir.

Obtenir : ¶ 1 *Obtenir*, se faire accorder, par tel ou tel moyen, une chose qu'on désire ou qu'on demande : *Obtenir son pardon* (Zola). **Avoir**, syn. vague d'*obtenir*. **Emporter**, obtenir avec effort, force ou violence : *Ce que je méritais vous l'avez emporté* (Corn.). **Soutirer**, fam. et péj., obtenir de quelqu'un par ruse ou importunité quelque chose qu'on lui arrache : *Soutirer de l'argent.* **Surprendre**, obtenir de quelqu'un, en le prenant au dépourvu, par artifice, par des voies indues : *Il a surpris mon consentement* (Acad.). **Extorquer**, péj., obtenir de quelqu'un qu'on violente, qu'on menace ou qu'on obsède : *Cette grosse femme qui essayait de m'extorquer quatre cents billets de mille pour sa gouape de gendre* (Mau.). **Capter**, obtenir une chose par fraude ou artifice en la détournant de sa destination : *Capter un héritage*; au fig. obtenir, gagner par insinuation ou adresse : *Capter la faveur du peuple* (J. Rom.). **Attraper**, fig., et **Accrocher**, fig. et fam., obtenir par adresse ou par ruse ce qui se prend : *Accrocher un mari. Attraper une bonne place.* **Remporter**, obtenir ce qui est en concours : *Remporter le prix.* **Décrocher**, fam., obtenir par habileté dans une lutte, un concours, ou obtenir avec effort, avec persévérance : *Décrocher le premier prix; son bachot.* **Impétrer**, terme de droit, obtenir des pouvoirs publics ou administra' en vertu d'une demande, d'une requête, un titre, un privilège. **Acquérir,** obtenir en cherchant, en se renseignant : *Acquérir la certitude d'un fait*; en un sens plus général, devenir possesseur par n'importe quel moyen d'une chose, sans forcément se la faire accorder par quelqu'un : *Acquérir de la gloire.* **Gagner,** acquérir ou obtenir par son travail, son initiative ou par l'effet du hasard, ce qui est considéré comme un avantage : *Gagner son pain; le gros lot.* **Conquérir,** acquérir ou obtenir de haute lutte par les armes ou par son mérite une chose difficile ou qui résiste : *Conquérir le succès.* **Se procurer,** obtenir ou acquérir par une série de démarches une chose utile ou nécessaire : *Se procurer certains avantages* (Gi.). ¶ 2 → Produire.

Obturer : → Boucher.

Obtus : ¶ 1 → Émoussé. ¶ 2 → Inintelligent et Pesant.

Obvier : → Parer.

Occasion : ¶ 1 → Cas. *Occasion,* circonstance ou conjoncture de temps, en général favorable, pour faire quelque chose, et qui ne dure qu'un instant, qu'il faut saisir au passage : *Une occasion unique s'offrait à moi de partir en voyage* (Gi.). **Moment,** instant très court convenable pour faire une chose, ne suppose pas toujours une conjoncture d'événements qui s'offre : *Il a neigé, c'est le bon moment pour faire du ski; des amis vous proposent de vous amener aux sports d'hiver, c'est une occasion. Moment* implique souvent une appréciation chez le sujet : aussi dit-on le *bon moment,* le *mauvais moment,* le *moment psychologique.* **Temps,** durée pendant laquelle une chose doit ou ne doit pas être faite, ou pendant laquelle une personne peut réussir dans telle ou telle entreprise (en ce dernier sens on dit aussi **Heure**), implique une convenance nécessaire et visible qu'on peut prévoir : *Chaque chose à son temps. Patience! votre temps viendra.* ¶ 2 → Lieu. ¶ 3 *Donner, fournir occasion* ou *l'occasion* : → Occasionner.

Occasionner, rendre une chose possible, volontairement ou non, en provoquant une conjoncture qui lui est immédiatement favorable, sans en être pour autant la cause effective : *Une guerre occasionne bien des malheurs.* **Donner lieu** est plus vague : *La politique donne lieu à des discussions.* **Donner, fournir occasion,** permettre, sans le vouloir, à quelqu'un de faire une chose qu'il ne cherchait pas : *Votre étourderie m'a fourni occasion de remarquer votre défaut principal* (Lit.). **Donner, fournir l'occasion,** permettre à quelqu'un de faire ce qu'il attendait de pouvoir faire : *Donner l'occasion à un coupable de racheter sa faute.* **Prêter à,** donner lieu, donner prise à une action, souvent raillerie ou critique : *Cet ouvrage prête à la censure.* — **Causer,** être la cause efficiente d'une chose ou d'un événement qui a lieu effectivement : *Cette voix faible et rauque lui causait une sensation désagréable* (M. D. G.). **Provoquer,** causer immédiatement comme une sorte de réaction physique ou morale : *Faire surgir un monde nouveau en provoquant au moment choisi l'écroulement de l'ancien* (J. Rom.). **Susciter,** faire naître ou paraître quelque chose qui d'ordinaire est fâcheux pour quelqu'un : *Diderot me suscita quelque tracasserie* (J.-J. R.). **Procurer,** être la cause pour quelqu'un d'une chose en général favorable qu'on lui fait obtenir, qu'il possède et dont il jouit : *Procurer l'honneur de* (Volt.). **Attirer,** provoquer un effet fâcheux causé par malveillance, maladresse ou mauvaise influence de ce qui est déjà mauvais, marque parfois aussi un effet heureux dû au mérite ou à une bonne influence : *Hélas! combien un crime en attire d'autres!* (Fén.). *Son mérite lui attire l'affection.* **Soulever,** provoquer de vifs sentiments qu'on excite, se dit des difficultés : *Ce discours souleva l'enthousiasme.* **Déchaîner,** soulever une passion qui ne se contient plus : *Déchaîner le rire, la colère.* **Créer,** être soi-même, souvent volontairement et avec effort, non seulement la cause, mais l'auteur d'une chose nouvelle : *Ces bagarres aux portes créèrent une sourde agitation* (Cam.). *Vous me créez des embarras.* **Produire,** causer ou créer comme un résultat, **Engendrer,** créer comme par voie de génération, ne s'emploient qu'avec pour sujet un n. de chose : *La sévérité produit l'obéissance* (Volt.) *L'oisiveté engendre le vice* (Lit.). **Donner,** syn. de *provoquer* en parlant de ce qu'on fait éprouver à quelqu'un : *Donner de la peine, de l'appétit* (en ce sens **Faire** se dit aussi dans de nombreuses loc. : *Faire de la peine*); avec pour sujet un n. de chose, c'est aussi un syn. fam. de *produire* : *Un siècle de rationalisme a donné la Révolution française.* — Avec pour sujet un n. de chose seulement, **Motiver,** fournir la raison qui justifie la résolution que prend une volonté libre de faire quelque chose : *La situation a motivé cette mesure;* **Déterminer,** être la cause immédiate de quelque chose, se dit bien de la dernière d'une suite de causes, qui rend une chose effective avec une certaine nécessité : *La bataille était douteuse, cette habile manœuvre en détermina le succès* (Acad.); **Déclencher,** déterminer brusquement une chose qui paraît se mettre en mouvement : *Un incident diplomatique déclenche la guerre.* — Pour marquer une conséquence plus ou moins lointaine et avec pour sujet un n. de chose seulement,

Appeler, rendre nécessaire, non en fait, mais pour l'esprit, faire attendre logiquement une chose comme conséquence d'une autre : *Les servitudes politiques appellent et finissent par provoquer l'émeute* (Duh.); **Porter,** avoir en soi comme conséquence virtuelle qu'on appelle : *Le vice porte avec lui sa punition* (Acad.); **Amener,** avoir pour suite, en fait, une chose qui, sans être une conséquence nécessaire, est liée par quelque rapport avec la première qu'elle suit d'assez près : *Une chose en amène une autre* (Gi.); **Apporter,** amener avec soi, comme accompagnement : *La vieillesse apporte des infirmités;* **Entraîner,** amener en fait, par une conséquence nécessaire et inévitable, une chose, fâcheuse en général, qui peut être assez lointaine : *Elle a cru que ma perte entraînerait sa ruine* (Rac.); **Traîner,** être accompagné ou être suivi immédiatement d'une série d'événements fâcheux : *Tous les maux que la licence ne manque pas de traîner avec soi* (Bour.); **Nécessiter,** en termes de philosophie, impliquer comme conséquence nécessaire, s'emploie surtout dans le langage courant avec pour sujet la cause finale et non la cause efficiente : *La guerre nécessite des dépenses, car sans argent elle ne serait pas possible.*

Occident, tout le côté de l'horizon où le soleil se couche, s'emploie seul, avec une majuscule, pour parler, par opposition à l'Orient, de la partie de l'ancien monde située de ce côté (à laquelle on joint de nos jours l'Amérique), des peuples qui l'habitent, de la civilisation qui la caractérise. **Couchant,** l'endroit de l'horizon où le soleil semble se coucher et qui varie suivant les saisons : *Le couchant d'hiver, le couchant d'été* (Acad.); marque, beaucoup plus vaguement qu'*occident,* par opposition à *levant,* une partie de la terre ou du ciel par rapport à un lieu quelconque : *Du levant au couchant, du More jusqu'au Scythe* (Corn.). **Ouest,** point cardinal précis où le soleil se couche à l'équinoxe, marque une direction : *Aller vers l'ouest* (en ce sens *occident,* très rare, est plutôt poétique); ou désigne, en termes géographiques exclusivement, la partie d'un pays ou d'un continent qui est du côté opposé à l'est : *L'ouest de l'Europe.* **Ponant,** vieille appellation méditerranéenne de l'*occident* par opposition au *levant.*

Occlusion : ¶ 1 → Fermeture. **¶ 2** → Opilation

Occulte : → Secret.

Occulter : → Cacher.

Occupation, terme général, ce pour quoi on emploie son temps d'une façon continuelle pour n'importe quelle raison : *Aucune autre occupation que de noter les réactions d'un esprit totalement inemployé*

(Maur.). **Affaire,** surtout au pl., tout sujet d'occupation particulier imposé par obligation et demandant du soin, avec pour but l'utilité ou l'intérêt : *Le tracas des affaires.* **Travail** (→ ce mot), occupation parfois pénible, ordinairement productive, soit qu'on crée quelque chose, soit qu'on gagne de l'argent : *Tirer de son travail un tribut légitime* (Boil.). **Emploi** (→ ce mot), occupation, fonction d'une personne qui travaille dans une administration, une maison de commerce ou d'industrie; en un sens plus général et vx, occupation sérieuse, utile, à laquelle on est voué par sa nature ou sa place dans la société. **Service,** ensemble d'occupations variées auxquelles est astreint de par sa fonction celui qui travaille pour un maître quelconque et spéc. celui qui est dans l'armée, une administration : *Années de service. Ne pas fumer pendant le service.* **Mission,** occupation que l'on assume, volontairement ou non, pour réaliser quelque chose de grand à quoi on est comme prédestiné ou consacré : *La mission de l'art n'est pas de copier la nature, mais de l'exprimer* (Balz.). *La mission du poète.* **Activités,** au pl., occupations diverses comme entreprises, travaux, projets, assumées en général librement par quelqu'un, parfois sans but lucratif.

Occupé, qui emploie son temps à quelque chose, et par ext. qui a beaucoup d'occupations, se dit des personnes et par ext. de leur vie. **Affairé** ajoute au deuxième sens l'idée qu'on n'a pas une minute à soi, qu'on a l'air pressé : *D'un air affairé, dans un coup d'œil aux étalages* (Zola). **Pris** ne se dit que des personnes occupées par ce qui les empêche de faire autre chose. **Chargé** se dit d'un service, d'un emploi du temps remplis d'occupations. **Accablé** et **Écrasé** enchérissent sur *occupé,* mais toujours relativement aux occupations pénibles qui accaparent et fatiguent : *Accablé de travail.* **Absorbé,** **Accaparé** diffèrent d'*occupé* comme les v. correspondants : → Occuper.

Occuper : ¶ 1 → Prendre. **¶ 2** → Tenir. **¶ 3** → Demeurer. **¶ 4** Au fig. *Occuper,* être possesseur d'une place; **Remplir** ajoute l'idée qu'on a la capacité de satisfaire à toutes les obligations qu'elle rend nécessaires : [Les aristocrates] *sont ceux qui ont le droit d'occuper toutes les places sans être capables de les remplir* (Gal Foy). **¶ 5** *Occuper,* avec pour sujet un n. de personne ou de chose, faire cesser l'oisiveté de quelqu'un en lui donnant quelque chose à faire. **Absorber,** avec pour sujet un n. de chose, occuper en attirant à soi tout entier : *Cette recherche qui l'absorbait tout entier* (Cam.). **Prendre** dit moins et fait surtout penser au temps qu'exige une activité aux dépens des autres : *Il est très pris par ses* *obligations mondaines.* **Accaparer,** absorber exclusivement : *Accaparé par la préparation de votre examen* (GI.). **Atteler** et **Condamner,** fig., avec pour sujet un n. de personne, occuper à un labeur qui assujettit (→ Obliger). **Employer,** avec un n. de personne comme sujet, pourvoir une personne d'un travail déterminé et pour un temps assez long. ¶ 6 (Réf.) *S'occuper à,* appliquer son activité à une chose : *Les enfants s'occupent à mille petits ouvrages* (L. B.). *S'occuper de,* penser sérieusement à quelque chose ou à un genre de choses dont on fait le but de ses actions : *Il s'occupe constamment de cette affaire* (ACAD.). **Travailler** (→ ce mot) implique une suite d'efforts sérieux pour faire une chose difficile et longue, ou pour atteindre un but qui nécessite un plan de conduite; *travailler* à marque une action moins soutenue, un but moins précis que *travailler pour* : *Il faut travailler de tout son pouvoir à se défaire de ses préjugés* (FÉN.). **S'escrimer à,** fam., travailler avec peine et sans grand succès à une chose. **S'employer,** s'occuper d'une chose avec ardeur, en multipliant les démarches, et spéc. s'occuper de quelqu'un en usant de son crédit en sa faveur : *Vous daignerez vous employer pour moi* (MOL.). **S'acharner,** s'employer inlassablement à atteindre un but, en dépit de tous les obstacles : *C'était à un long suicide de moi-même que je m'acharnais avec continuité* (PROUST). **S'appliquer à,** s'occuper d'une chose avec soin, zèle, exactitude : *Appliquez-vous à bien élever vos enfants* (FÉN.). **S'étudier à,** travailler à faire quelque chose qui demande de l'art, de l'habileté, du savoir-faire : *Il s'étudiait à reconnaître les talents* (FONT.). **S'attacher à,** s'occuper d'une chose de préférence à d'autres qu'on laisse : *Je m'attachai seulement à savoir...* (PASC.); ou s'occuper d'une chose avec obstination ou au moins persévérance : *En vain à l'observer nuit et jour je m'attache* (RAC.). — **Vaquer à,** s'occuper librement d'une chose agréable, intéressante ou utile quand on a le loisir de le faire : *Vaquer à la philosophie* (MOL.); *aux soins de sa toilette et de son traitement* (M. D. G.). **S'adonner** (→ ce mot), orienter librement son activité dans tel ou tel sens. — **Se mettre à,** commencer à s'occuper d'une chose. **Se mettre dans,** assez fam., s'occuper d'un certain genre d'affaires, en général en s'établissant : *Se mettre dans le commerce, l'industrie.* — **Se mêler de,** s'occuper d'une chose étrangère à sa profession, à ses habitudes, à ses talents, à ses affaires : *Vouloir se mêler du gouvernement* (FÉN.); et aussi, fam., prendre soin d'une affaire, s'en occuper en intervenant : *Me voit-on mêler de rien dont je ne vienne à bout?* (MOL.).

Occurrence : → Cas.

Océan : → Mer.

Ocellé : → Marqueté.

Octroyer : → Accorder.

Oculiste, médecin qui soigne les maladies de l'œil et corrige les imperfections de la vue. **Ophtalmologiste** ou **Ophtalmologue,** celui qui s'occupe de la science qui a rapport à l'anatomie, la pathologie et la thérapeutique de l'œil.

Odeur : Ce que perçoit l'odorat. *Odeur* se dit dans tous les cas, au prop. et au fig., et fait penser objectivement à une propriété d'un objet, ou à ce qui en émane : *Bains d'odeurs variées* (GI.). *Odeur de sainteté.* **Senteur,** surtout agréable, ou parfois forte, fait penser à l'impression que reçoit le sujet : *Notre odorat fut saisi tout à coup d'une senteur agréable; nous nous tournâmes aussitôt du côté de l'Orient d'où nous venait cette odeur* (LES.). *Acres senteurs de l'écurie* (GI.). **Relent,** mauvaise odeur qui persiste : *Relents des futailles* (GI.); *de cadavre* (J. ROM.). **Exhalaisons, Effluves, Émanations** (→ ce mot) vapeurs subtiles et parfois odorantes qu dégagent certains corps. **Remugle,** odeu particulière que contractent les objets longtemps renfermés ou exposés à un mauvais air. **Vent,** terme de chasse, odeur que laisse une bête ou qui vient des émanations d'un corps. Très mauvaise odeur : → Puanteur. Senteur suave : → Parfum.

Odieux : → Haïssable.

Odorant, qui exhale une odeur bonne ou mauvaise, mais qui parfois doit être flairée pour être sentie : *Fleurs odorantes* (RAC.). **Odoriférant,** qui porte en soi ou sur soi une matière odorante, ou qui va portant une odeur çà et là, syn. d'*odorant* pour qualifier les choses qui, sans sortir de place, exhalent une odeur agréable qui se répand au loin : *Le nard odoriférant* (MARM.). **Parfumé,** agréablement odorant, se dit seul des personnes, et, en parlant des choses, diffère d'**Aromatique** comme les n. correspondants (→ Parfum).

Odorat, sens par lequel les odeurs sont perçues. **Olfaction,** terme de physiologie, exercice actif du sens de l'odorat, fonction grâce à laquelle le phénomène de l'odorat est possible. **Odoration,** syn. rare d'*olfaction.* **Nez,** syn. fam. et commun d'*odorat.* **Flair,** odorat du chien; fig. et fam., odorat très fin : *Avoir du nez,* fig. et fam., prévoir avec sagacité; *Avoir du flair,* fig. et fam., avoir de la finesse, deviner les choses cachées et plus rarement pressentir.

Odorer : → Sentir.

Odoriférant : → Odorant.

Odyssée : → Voyage.

Œil : ¶ 1 Organe qui permet de voir. *Œil* (pl. *yeux*) désigne l'organe, **Vue,** la faculté de voir, celui des cinq sens dont l'œil est l'organe, **Regard,** l'action de la vue fixée et dirigée exprès sur un objet. Mais *vue* se dit parfois pour *œil* : *Fatiguer la vue*; ou pour *regard* : *Baisser la vue.* — En parlant de l'expression des yeux, *œil* fait penser aux qualités, aux sentiments qu'expriment naturellement les yeux : *Les yeux allumés d'une curiosité aiguë* (ZOLA); *regard* marque une manifestation plus active du sentiment, comme un trait que lancent les yeux pour faire impression sur une personne : *Étonner de ses regards étincelants ceux qui échappaient à ses coups* (BOS.). — *Yeux,* au prop., a de nombreux syn. argotiques comme **Billes, Mirettes, Quinquets,** etc. ¶ 2 → Regard. ¶ 3 → Ouverture. ¶ 4 *Œil,* petite excroissance qui paraît sur une tige ou une branche et annonce une feuille, une branche, un fruit. **Bourgeon,** développement de l'œil produisant un rameau rudimentaire portant des fleurs ou des feuilles ébauchées. **Pousse** (→ ce mot), bourgeon déjà avancé. **Bouton,** bourgeon de fleur de forme arrondie.

Œil (à l') : → Gratuitement.

Œillade : → Regard.

Œillère : → Préjugé.

Œuf : ¶ 1 → Ovule. ¶ 2 → Origine.

Œuvre : ¶ 1 → Ouvrage. ¶ 2 → Action. ¶ 3 → Travail.

Œuvrer : → Travailler.

Offensant, Injurieux, Insultant, Blessant, Outrageant : → Offense. *Outrageant* ne se dit que des choses qui en fait font un outrage : *Refus outrageant* (VOLT.). **Outrageux** se dit des choses qui par nature sont faites pour outrager (et aussi des personnes qui cherchent volontairement à outrager) : *Insolence outrageuse* (VOLT.). **Sanglant,** fig., très outrageux ou très blessant : *Injure, raillerie sanglantes* (ACAD.).

Offense, fait ou parole qui blesse la dignité de quelqu'un, volontairement ou non. **Injure,** offense de fait et surtout de parole ou par écrit, toujours faite à dessein et blessant gravement : *Que vient demander au juge un solliciteur? de l'attention? ce serait une offense; de la faveur? ce serait une injure* (MARM.). **Blessure,** fig., atteinte à l'amour-propre, à la réputation, à l'honneur. **Affront,** offense ou injure témoignant du mépris, et faite publiquement de façon à rabaisser celui qui la reçoit dans l'estime des témoins : *Vulcain fit à Vénus un cruel affront devant les dieux* (MTQ.). **Démenti,** affront qui consiste à dire à quelqu'un que ses paroles sont un mensonge. **Insulte,** injure faite dans le dessein prémédité de traiter insolemment, avec dérision ou mépris, souvent du grand au petit : *Aristippe tournait en raillerie toutes les insultes et les infamies que lui faisaient les rois et les grands seigneurs* (FÉN.). **Outrage,** comble de l'injure, marque l'excès du tort ou du dommage, en même temps que cruauté, violence, absence de ménagement : *En lâche, essuyer les outrages D'un faquin orgueilleux qui vous tient à ses gages* (BOIL.). **Indignité,** comble de l'injure, a rapport au sentiment qu'excite une injure révoltante, odieuse, abominable : *Et je le traiterais avec indignité, Si j'aspirais à lui par une lâcheté* (CORN.). Offense au sens fam. : → Avanie.

Offenser : ¶ 1 → Choquer. ¶ 2 *Offenser,* comme **Injurier, Insulter, Blesser, Outrager, Faire affront** (→ Offense), implique une action positive : *Qui pardonne aisément invite à l'offenser* (CORN.). **Manquer à** implique une faute par omission, contre celui qu'on offense en ne lui donnant pas les égards, le respect qu'on lui doit : *Manquer à l'honneur des femmes* (BALZ.). ¶ 3 (Réf.) *S'offenser,* se juger traité d'une façon qui blesse la dignité. **Se blesser,** être touché au cœur, souffrir dans sa sensibilité : *Un homme susceptible se blesse d'un rien.* **Se choquer,** être mécontent de ce qui heurte les idées reçues, le sentiment qu'on a des convenances. **Se piquer** marque un dépit passager, un mécontentement triste et boudeur, ou une mauvaise humeur assez vive souvent à la suite d'un procédé peu flatteur. **Se vexer,** un dépit et un chagrin assez profonds et durables à la suite d'un mauvais traitement, d'une injure qu'on juge immérités. **Se hérisser** indique une réaction très violente de la susceptibilité, ou une vive opposition faite à une idée, un projet qui choquent. **Se froisser,** être choqué ou blessé légèrement, surtout en matière d'intérêts, d'opinions, de sentiments. **S'offusquer,** s'offenser de ce qui donne de l'ombrage, de la jalousie, ou simplement de ce qui, choquant violemment, trouble la sérénité de l'âme et fait prendre un air mécontent : *S'offusquer des succès d'autrui; d'une plaisanterie.* **Se formaliser,** se choquer de ce qu'on juge, souvent mal à propos, un manquement aux égards qui vous sont dus, aux formes, aux règles établies : *Les présidents se formalisèrent qu'on n'eût pas commencé par eux* (VOLT.). **Se scandaliser,** se choquer extrêmement de ce que, dans les mœurs, on trouve impie, immoral : *Une telle action ne saurait s'excuser Et tout homme d'honneur s'en doit scandaliser* (MOL.). **Se gendarmer,** fam., se choquer mal à propos pour peu de chose, et avec éclat.

Offensive, en termes d'art militaire, le fait d'attaquer, implique une longue préparation, la mise en œuvre de vastes moyens, sur un large espace, pour atteindre un objectif stratégique parfois assez lointain. **Attaque** (→ ce mot) indique une action et un objectif beaucoup plus limités.

Office : Masc. ¶ 1 → Emploi. ¶ 2 → Devoir. ¶ 3 → Organisme. ¶ 4 → Service. — ¶ 5 Fém. → Cuisine.

Office (bon) : → Service.

Officiel, terme d'administration, qui émane du gouvernement ou de ses représentants : *Avis officiel. Journal officiel.* **Authentique** se dit de tous les documents ou actes certifiés par des officiers publics et dans les formes requises. **Solennel,** fait dans les formes, et surtout devant beaucoup de témoins, avec un éclat qui entraîne l'authenticité : *Un serment solennel* (RAC.). *Testament solennel.* — **Officieux** dit beaucoup moins qu'*officiel,* en parlant de renseignements de source autorisée donnés seulement à titre de complaisance.

Officieux : ¶ 1 → Serviable. ¶ 2 → Officiel.

Offrande : → Don. *Offrande,* chose offerte, **Oblation,** action d'offrir, se disent l'un pour l'autre, *oblation* désignant toujours dans ce cas quelque chose d'important offert à Dieu ou à ses ministres.

Offre, Proposition : → Offrir. **Ouverture,** fig. et au pl., premières propositions relatives à une affaire, à un traité : *Ouvertures de paix* (ROLL.). **Avances,** au pl., premières démarches pour amener un rapprochement, implique des témoignages d'amitié, de faveur, mais non des propositions précises.

Offrir : ¶ 1 → Donner. ¶ 2 Présenter quelque chose à quelqu'un afin qu'il l'accepte. *Offrir* se dit plutôt quand il s'agit d'une chose qu'on donne pour qu'on la reçoive, **Proposer,** quand il s'agit d'un avis, d'un projet, d'une chose à faire, d'un parti à prendre : *On offre sa bourse à un ami, on lui propose un voyage ou une entreprise.* **Soumettre,** fig., ne se dit que d'un avis, d'un projet qu'on propose à l'attention, à la décision de quelqu'un qu'on considère comme supérieur. ¶ 3 → Montrer. ¶ 4 (Réf.) → Paraître. ¶ 5 (Réf.) *S'offrir,* fam., se donner à soi-même comme une sorte de cadeau. **Se payer,** très fam., s'offrir avec de l'argent : *S'offrir le plaisir d'une bonne action. Se payer un voyage.*

Offusquer : ¶ 1 → Obscurcir. ¶ 2 → Cacher. ¶ 3 → Éblouir. ¶ 4 → Choquer. ¶ 5 (Réf.) → (s') Offenser.

Ogive : → Cintre.

Ogre, personnage des contes de fées, sorte de monstre, de géant qui passe pour se nourrir de chair humaine. **Croque-mitaine,** être fantastique et méchant dont on menace les enfants pour les effrayer, souvent en leur racontant qu'il les mange. **Lamie,** chez les Grecs et les Romains, monstre fabuleux qui passait pour dévorer les enfants. **Goule,** dans la mythologie des Arabes, démon femelle qui séduisait les voyageurs, les égorgeait et buvait leur sang. **Vampire,** mort que le peuple suppose sortir de sa tombe pour sucer le sang des vivants.

Oignon : ¶ 1 → Bulbe. ¶ 2 → Montre. ¶ 3 → Cor.

Oindre : ¶ 1 → Graisser. ¶ 2 → Frictionner. ¶ 3 → Sacrer.

Oiseau : ¶ 1 *Oiseau,* tout animal ovipare, à deux pattes, ayant des plumes et des ailes. **Oisillon et Oiselet** (moins usité), petit oiseau. **Volatile,** tout animal organisé pour le vol, oiseau ou insecte, se dit plutôt d'un oiseau de basse-cour. **Volaille,** ensemble des oiseaux de basse-cour élevés en domesticité, particulièrement les gallinacés, désigne aussi un oiseau de basse-cour, vivant ou mort : *Manger une volaille.* ¶ 2 → Homme.

Oiseux : ¶ 1 → Inutile. ¶ 2 → Inactif.

Oisif : → Inactif.

Oisillon : → Oiseau.

Oisiveté : → Inaction. *Oisiveté,* objectif, marque un état de complète inaction, qui peut parfois être dû aux circonstances; **Paresse,** subjectif, exprime un penchant à ne rien faire qui est toujours un défaut : *Vaine et lâche paresse... sage oisiveté* (VOLT.).

Olfaction : → Odorat.

Olibrius : ¶ 1 → Bravache. ¶ 2 → Original.

Oligarchie implique un très petit nombre de personnes qui souvent gouvernent dans leur propre intérêt. **Aristocratie** fait penser à une minorité plus vaste, réputée supérieure au reste de la nation et gouvernant dans l'intérêt de tous : *Ils voulaient être une aristocratie et ne pouvaient plus être qu'une oligarchie* (BALZ.). **Ploutocratie,** oligarchie des riches, ou État dans lequel les riches jouissent d'une influence prépondérante. **Argyrocratie** (étym. « pouvoir de l'argent »), syn. rare de *ploutocratie.*

Olympe : → Ciel.

Olympien : → Imposant et Tranquille.

Ombilic : → Nombril.

Ombrage : ¶ 1 → Ombre. ¶ 2 → Jalousie.

Ombrager : ¶ 1 *Ombrager,* couvrir de son ombre ou de son ombrage. **Obombrer** est du langage recherché ou mystique : *Les ailes de mes anges m'ont obombré* (VOLT.). — **Ombrer,** terme de peinture, marquer les ombres d'un tableau, d'un dessin. *Ombrager*, rare en ce sens, c'est parfois aussi étendre ou épaissir les ombres. ¶ 2 → Cacher.

Ombrageux : ¶ 1 → Méfiant. ¶ 2 → Susceptible.

Ombre : ¶ 1 *Ombre*, obscurité relative que cause un corps opaque en interceptant la lumière. **Ombrage,** ombre assez étendue qui résulte de l'ensemble ou de la réunion des branches et des feuilles des arbres : *La mer nue sans ombrages et pourtant à l'ombre sur une moitié de son étendue* (Proust). **Couvert,** ombrage que donne un massif d'arbres. — **Pénombre,** état d'une portion de surface incomplètement plongée dans l'ombre; dans le langage courant, demi-jour : *Cette pénombre que les femmes aiment tant* (Balz.). **Contrejour,** ombre ou pénombre régnant sur le côté d'un objet opposé au jour et produite par l'objet lui-même. ¶ 2 → Obscurité. ¶ 3 → Apparence. ¶ 4 → Fantôme.

Ombrelle : → Parasol.

Ombrer : → Ombrager.

Omettre, ne pas faire ou ne pas dire, volontairement ou non, ce qu'on pouvait, ce qu'on devait faire ou dire : *Omettre d'apporter un agenda* (M. D. G.). *Omettre d'avouer* (J. Rom.). **Négliger** (→ ce mot), ne pas faire une chose dont on devait s'occuper, par manque de soin ou parce qu'on ne la juge pas assez importante : *Négliger de faire les démarches qui s'imposent.* **Oublier** renchérit, implique inattention qui conduit à omettre ou à négliger totalement et constitue une faute involontaire : *Vous avez oublié le titre de ce livre dans votre catalogue.* **Manquer de,** à la négative, ne pas omettre une action précise, utile au sujet dans un cas particulier : *Lui-même ne manqua pas de s'y trouver à l'heure qu'il fallait* (Fén.). — **Taire,** ne pas dire volontairement une chose quelconque. **Passer,** omettre ou négliger, en parlant ou en écrivant, ce qui devrait figurer à sa place : *Passez cet endroit, ne lisez pas* (Acad.). **Sauter,** passer une partie d'un écrit qu'on lit, récite ou recopie : *Mangeant les répliques, sautant les couplets* (Zola).

Omission, Négligence, Oubli : → Omettre. **Lacune** (→ ce mot), fig., omission grave dans un développement, un écrit, un ouvrage, qui le rend incomplet. **Prétérition,** figure de rhétorique par laquelle on feint d'omettre de parler d'une chose, tout en y insistant avec beaucoup de force; en termes de droit, omission dans un testament d'un héritier nécessaire ou omission dans un contrat; parfois, dans le style recherché ou ironique, omission quelconque d'un fait ou d'une personne dans un discours ou un écrit. **Prétermis-**

mission et **Paralipse,** syn. de *prétérition* en termes de rhétorique.

Omnipotence : → Autorité.

Omnipotent : → Puissant.

Omniscience : → Savoir.

Omniscient : → Savant.

Onction : → Douceur.

Onctueux : ¶ 1 → Gras. ¶ 2 → Doux.

Onde, l'eau de la mer, d'un fleuve ou d'un lac, représentée comme ridée d'un mouvement ordinaire et sans violence : *Elle voyait pour ainsi dire les ondes se courber sous elle* (Bos.); parfois syn. poétique d'eau, sans idée d'agitation : *L'onde était transparente* (L. F.). **Flots,** les eaux courantes ou les eaux de la mer, fortement agitées dans tous les sens, qui ballottent et engloutissent : *Les flots qui s'élançaient l'un après l'autre comme les sauteurs d'un tremplin* (Proust). **Vague** (→ ce mot), onde de la mer battant les rochers, ou flots d'une grande masse et d'une très haute élévation qui ébranlent, entraînent : *Vagues hautes comme des montagnes* (Buf.)

Ondée : → Pluie.

Ondoyant : ¶ 1 → Ondulé. ¶ 2 → Changeant. ¶ 3 → Varié.

Ondoyer : ¶ 1 → Flotter. ¶ 2 → Baptiser.

Ondulé, passif, dont la surface semble présenter de petites ondes : *Tôle ondulée.* **Ondé,** parfois syn. d'*ondulé*, se dit surtout de ce qui offre des dessins, des lignes en forme d'onde : *La queue est ondée de blanc* (Buf.). **Ondulant,** actif, convient pour qualifier un mouvement ou quelque chose qui agit, qui se meut : *Eaux ondulantes* (Dib.). *Parterre ondulant* (Beaum.). **Onduleux** indique une multitude d'ondulations : *Les replis onduleux d'un serpent.* **Ondoyant** ajoute à *ondulant* l'idée d'agitation, de mouvement répété qui se développe par ondes irrégulières et souples, comme en se jouant : *Reflets ondoyants* (Buf.). **Ondulatoire** ne se dit qu'en termes de physique d'un mouvement qui se propage en ondulations.

Onduler : → Friser.

Onéreux : → Cher.

Ongle, lame dure qui revêt le dessus du bout des doigts et des orteils chez l'homme. **Griffe,** ongle crochu, pointu et mobile de certains animaux, tels que le tigre, le lion, le chat, ou d'un oiseau de proie comme l'épervier, le faucon. *Ongle* se dit parfois pour *griffe* : *Ongle des lions* (Corn.), *du vautour* (L. F.); mais, en parlant des oiseaux de proie, on dit plutôt **Serre** qui désigne proprement le pied de l'oiseau de proie, appelé **Main** en termes de fauconnerie.

Ergot, espèce de petit ongle pointu que quelques animaux, comme le coq, le chien, ont derrière le pied.

Onguent : ¶ 1 → Pommade. **¶ 2 →** Parfum.

Opacité : → Obscurité.

Opaque : → Obscur.

Opéra, Drame lyrique, et de nos jours, parfois, **Grand opéra,** poème dramatique en musique, composé de récitatifs et de chants, sans aucun dialogue parlé : ex. *Faust* de Gounod. **Opéra bouffe,** opéra dont l'action est comique : ex. *La Belle Hélène* d'Offenbach. **Opéra-comique,** à l'origine parodie d'un opéra, puis comédie à couplets (en ce sens on disait alors aussi **Vaudeville**); de nos jours, pièce qui tient quelquefois de la comédie, mais plus souvent du drame et où alternent le chant et le dialogue parlé : ex. *Manon* de Massenet. **Opérette,** petit opéra comique dont l'action est plaisante, la musique légère et qui contient de nombreuses chansons à couplets : ex. *La Mascotte* d'Audran. — **Oratorio,** drame lyrique sur un sujet sacré, exécuté sans décors ni costumes.

Opérateur : → Guérisseur.

Opération : ¶ 1 → Action. **¶ 2 →** Entreprise. **¶ 3 →** Compte. **¶ 4** Action d'un chirurgien sur le corps de l'homme ou d'un animal. *Opération,* terme courant, envisage plus concrètement cette action dans son déroulement, son effet sur le patient. **Intervention chirurgicale** est plus général et plus abstrait : *Un malade supporte une longue et douloureuse opération. La Sécurité sociale rembourse les frais d'une intervention chirurgicale.* **¶ 5 →** Expédition.

Opérer : → Agir.

Ophtalmologiste : → Oculiste.

Opilation, terme de médecine, obstruction d'un conduit naturel. **Constipation,** état de celui qui ne va pas librement à la selle pour des raisons diverses parmi lesquelles l'opilation de l'intestin. **Occlusion,** fermeture totale par accident d'un conduit ou d'une ouverture naturelle : *Occlusion intestinale.* **Oblitération,** en médecine, état d'un vaisseau ou d'un conduit obstrué pour une cause quelconque.

Opiler : → Boucher.

Opiner, dire, dans une assemblée, son avis particulier et les raisons qui le motivent. **Délibérer** exprime absolument et collectivement l'action de peser le pour et le contre : *Des ministres délibèrent et chacun d'eux opine dans tel ou tel sens.* **Voter,** donner son suffrage pour entraîner la décision qui clôt la délibération.

Opiner du bonnet : → Consentir.

Opiniâtre : → Têtu.

Opiniâtrement, avec un attachement trop fort à son opinion, à sa volonté, diffère d'**Obstinément,** de **Farouchement** comme les adj. correspondants (→ Têtu). **Mordicus,** sans en démordre, enchérit fam. sur *opiniâtrement: A Paris comme à Londres on veut mordicus une victoire* (M. D. G.).

Opiniâtreté : ¶ 1 → Obstination. **¶ 2 →** Fermeté et Persévérance.

Opinion : ¶ 1 Manière de voir les choses. *Opinion,* manière de voir commune à plusieurs, existant objectivement, et dont on peut disputer sans en être intimement persuadé. **Sentiment,** manière de voir particulière à un seul ou à quelques-uns, dont on est pénétré et pleinement convaincu et qui n'existe que subjectivement par rapport à l'esprit qui l'a conçue : *S'attacher à son propre sentiment contre l'opinion commune* (VAUG.). **Pensée,** syn. de *sentiment,* se dit plutôt des choses dont on raisonne que de celles qui tiennent au goût, à l'intuition, à la sensibilité, et indique plutôt des conjectures que des certitudes : *Ne suivre mes pensées qu'autant qu'elles seront conformes aux sentiments de ceux qui ont reçu de la Providence l'autorité sur vous* (FÉN.). **Idée** implique quelque chose de moin complexe que *pensée,* qui, comme l'*opinion,* peut venir de l'extérieur et, comme l'*avis,* avoir un intérêt pratique : *Partager les idées de quelqu'un. Avez-vous une idée sur ce qu'il faudrait faire?* **Avis,** manière de voir par rapport à ce qu'on doit faire, souvent par opposition à l'avis précédent de la même personne ou d'une autre : *L'avis d'un avocat. Changer d'avis.* **Jugement,** opinion motivée sur la réalité d'un fait, la valeur d'une personne, d'une chose et exprimée sous la forme d'une assertion : *Son jugement, louanges et critiques* (GI.). **Sens,** manière de comprendre, de juger, *sentiment,* dans des loc. comme *A mon sens, Abonder dans le sens de quelqu'un.* **Impression,** façon dont l'esprit réagit devant une chose ou une personne, au premier abord, sans critique, avant de se former une idée : *Remplacer les vagues impressions que je n'ai cessé d'avoir en l'écoutant par des hypothèses précises* (J. ROM.). **Façon de penser,** pensée, idée, sur des problèmes simples, et qu'en général on communique à autrui : *Je ne vous cacherai pas ma façon de penser.* **Vue,** fig., manière plus ou moins large ou ingénieuse dont on envisage une question, un problème : *Il avait pour juger les choses des vues d'évêque* (J. ROM.). **Point de vue,** fig., vue qui résulte de la façon particulière et personnelle dont un sujet envisage une chose, a gardé une valeur d'image, ce qui doit faire employer la loc. avec prudence dans des métaphores cohérentes : *Sur ce problème, le point de vue des commerçants n'est pas le même que celui des fonctionnaires.* — **Oracle**, fig. et souvent ironique, opinion, avis formulés d'un ton décisif, par une personne que son autorité et son savoir font considérer comme infaillible, et admis sans discussion par ceux qui la croient telle : *Les oracles d'Aristote sur le théâtre.* — **Thèse**, opinion exposée sous forme de propositions qu'on avance, dans un débat, avec l'intention de les défendre si elles sont attaquées : *Soutenir sa thèse par un exemple* (Ham.). **Position**, maxime de doctrine contenue dans les thèses qu'on soutient, par ext., dans le langage courant, opinion, vue qu'on soutient sur tel ou tel point d'un problème par opposition à celles des autres : *La position des stoïciens sur le problème de la mort.* ¶ 2 → Foi. ¶ 3 Ensemble de vues, de principes, dans un domaine donné, surtout philosophique, politique ou religieux, que professent ou partagent un certain nombre de personnes. *Opinion*, souvent au pl., est plus subjectif qu'**Idées** et fait penser aux personnes qui pensent de telle ou telle manière, parfois même les désigne : *Idées politiques. Les opinions des luthériens. L'opinion libérale.* **Doctrine** ajoute l'idée d'un système cohérent qu'on professe ou qu'on adopte, au nom duquel on interprète les faits et on dirige sa conduite : *Il me paraît assez dangereux qu'elle considère comme une doctrine les pensées plus ou moins décousues que Jacques a pu exprimer devant elle* (M. D. G.). **Idéologie**, autrefois doctrine trop abstraite ou trop utopique, de nos jours, doctrine politique ou sociale qui inspire les actes d'un gouvernement, d'un parti, d'une classe : *L'idéologie socialiste; capitaliste.* **Couleur**, fig., caractère propre à telle ou telle opinion, surtout en matière politique ou religieuse : *La pension Azaïs se pique de n'avoir pas de couleur confessionnelle particulière* (Gi.).

Opportun : → Convenable.

Opposant : → Ennemi.

Opposé : ¶ 1 Adj. *Opposé*, placé de l'autre côté, en regard; ou de nature totalement différente, en parlant des choses morales pouvant s'affronter, mais sans tendre à se détruire : *L'Est et l'Ouest sont opposés. Pour être si opposés dans nos lectures nous n'en sommes pas moins bien ensemble* (Volt.). **Contraire** implique une lutte entre choses qui, agissant sur tous les points en sens opposé l'une de l'autre, tendent à se détruire ou à s'exclure : *Le froid et le chaud sont contraires. Deux passions contraires qui se heurtent* (Pasc.).

Adverse, syn. de *contraire* dans des loc. comme *Fortune adverse, Raisonnement adverse* (Gi.), et en termes de palais : *Partie adverse. Avocat adverse.* **Inverse**, opposé par rapport à l'ordre, au sens, à la direction actuelle ou naturelle des choses : *Les objets sont réfléchis dans l'eau en sens inverse.* **Contradictoire**, terme de dialectique, se dit des propositions, des termes, des discours, qui répugnent comme le oui et le non, dont l'un doit être faux si l'autre est vrai : *« Oui, je veux bien. Non, je ne veux pas. » Les deux phrases contradictoires étaient dites d'une seule haleine* (Gi.). ¶ 2 N. *Opposé* a pour syn. **Opposite**, vx et surtout employé dans des loc. : *A l'opposite;* **Antipode**, celui qui habite un endroit de la terre diamétralement opposé à celui qu'on considère, se dit par ext. des lieux et, au fig. fam., des choses et des êtres diamétralement opposés : *Pierrette dont la sensibilité était l'antipode de la sécheresse des Rogons* (Balz.). **Contraire** a pour syn. **Contre-pied**, au fig., contraire d'une chose qui se dit ou qui se fait : *Il faut prendre le contre-pied de tout ce que vous avez fait* (J.-J. R.); **Contrepartie** et, en philosophie, **Antithèse**, opinion contraire qui apporte des arguments opposés à une thèse : *Soutenir la contrepartie;* **Rebours**, contraire de ce qu'il faut : *Tout ce qu'il fait est le rebours du bon sens;* **Encontre**, sens contraire, dans la loc. *Aller à l'encontre.*

Opposer : ¶ 1 → Mettre. ¶ 2 Dire quelque chose qui fait objection à ce qu'un autre vient de dire. *Opposer* marque le désir de réfuter, de dire le contraire : *Il opposa de fortes raisons à tout ce qu'on lui avait dit* (Acad.). **Élever** ne se dit que de doutes, de chicanes, de subtilités qu'on fait naître, qu'on propose : *Élever une difficulté, une objection.* ¶ 3 → Comparer. ¶ 4 → Prétexter. ¶ 5 (Réf.) → Résister. Marquer son opposition. *S'opposer*, ne pas accepter une mesure, une opinion, vouloir empêcher qu'on prenne une décision : *M'opposer à quelque projet des enfants, leur résister, leur tenir tête* (Gi.). **Empêcher** (→ ce mot) et ses syn. insistent sur le résultat plus ou moins complet de l'opposition. **Contrarier** (→ ce mot) suppose une action en sens contraire de celle de quelqu'un, sans préjuger du résultat. **Mettre son veto**, fig., s'opposer formellement à une chose et l'empêcher en vertu d'un droit ou d'une autorité. **S'élever contre**, se déclarer violemment contre quelqu'un, quelque chose, en protestant, en accusant même : *Il est temps de s'élever contre de tels désordres* (Pasc.). **Se dresser**, s'opposer avec l'intention de lutter : *Se dresser contre l'abus.* ¶ 6 (Réciproque) Être en opposition. *S'opposer* se dit dans tous les cas de personnes ou de choses qui diffèrent sur tous les points et ne vont pas ensemble. **Répugner, vx,** se disait surtout des idées peu compatibles logiquement. **S'exclure,** être contraire ou contradictoire en parlant des choses. **Se heurter** (→ ce mot) ajoute à *s'opposer* l'idée d'une lutte.

Opposite : → Opposé.

Opposite (à l') : → Vis-à-vis de.

Opposition : ¶ 1 → Résistance. *Opposition,* empêchement, obstacle apporté en actes ou en paroles. **Contradiction,** manifestation concrète de l'opposition qui consiste à dire le contraire de quelqu'un, ou, par ext., opposition violente faite à un sentiment, une doctrine, une personne par ceux qui pensent et agissent en sens contraire : *Tibère lui succéda sans contradiction* (Bos.). **Veto** (en lat. « je m'oppose »), faculté qu'ont eue certains personnages politiques de refuser leur sanction à des actes législatifs; au fig., opposition formelle de la part de celui qui a autorité pour le faire : *Se heurter au veto de ses supérieurs.* ¶ 2 → Obstacle. ¶ 3 Le fait d'être opposé. *Opposition* suppose que deux choses tout à fait différentes contrastent, s'affrontent et parfois se font valoir mutuellement; **Contradiction,** que deux choses incompatibles s'excluent mutuellement : Être *et* n'être pas *implique contradiction.* **Heurt** ajoute à *opposition* une idée de lutte éventuelle : *Heurt de forces anciennes et nouvelles* (M. D. G.). **Antagonisme,** opposition ou heurt sur tous les points, entre des choses agissant exactement en sens inverse. **Conflit** (→ ce mot), heurt violent qui devient une lutte effective. ¶ 4 Rapport entre des choses éloignées les unes des autres par leurs qualités ou leurs manières d'être. *Opposition,* terme général, se dit pour des choses très diverses. **Contraste,** opposition entre choses qui tranchent, ressortent par leur rapprochement inattendu, se dit surtout des oppositions esthétiques réalisées dans les arts : *Tous les contrastes nous frappent, parce que les choses en opposition se relèvent toutes les plus* (Mtq.). **Antithèse,** terme de rhétorique, figure de style qui consiste à opposer deux pensées, deux mots, deux expressions tout à fait contraires pour leur donner plus de relief : *L'antithèse est une opposition de deux vérités qui se donnent du jour l'une à l'autre* (L. B.). *Contraste,* en littérature, désigne une opposition entre les situations ou des parties assez vastes, alors que *l'antithèse* a toujours lieu dans une même période : *Faire précéder une scène tragique d'une scène comique pour augmenter l'étonnement par le contraste* (Staël). **Disparate,** opposition désagréable, choquante : *Ce mélange de magnificence et de rusticité forme une disparate et non un contraste* (Genlis). **Dissonance,** disparate de forme dans le style. **Anticlimax,** terme de rhétorique, opposition, dans une même phrase, de deux gradations, l'une ascendante, l'autre descendante.

Oppresser : → Presser et Accabler.

Oppresseur, qui opprime en fait. **Oppressif,** qui tend à opprimer : *Parlement oppresseur* (Volt.). *Moyens oppressifs* (Acad.).

Opprimer : → Accabler.

Opprobre : → Honte.

Opter : → Choisir.

Optimiste : → Insouciant.

Option : ¶ 1 → Choix. Choix entre choses qu'on ne peut avoir ensemble. *Option,* surtout terme de jurisprudence, se dit pour deux ou plusieurs choses : *Sans autre miséricorde que de lui donner l'option de son supplice,* [Dieu] *lui ordonne de choisir entre la famine, la guerre et la peste* (Bos.). **Alternative,** terme commun, option nécessaire entre deux choses, deux propositions : *Vous jugez bien que, dans l'alternative qu'elle me proposait, je n'avais qu'un parti à prendre* (Font.). **Dilemme,** terme de logique, argument contenant deux propositions différentes ou contraires, dont on laisse l'alternative à l'adversaire, pour le convaincre également, quelle que soit celle qu'il adopte : *Il fut enfermé dans un dilemme;* par ext., alternative dans laquelle ce qu'on peut choisir est toujours fâcheux. ¶ 2 → Préférence.

Optique : → Vue.

Opulence : → Abondance.

Opulent : → Riche.

Opuscule : → Brochure.

Or : → Richesse.

Oracle : ¶ 1 → Prédiction. ¶ 2 → Vérité. ¶ 3 → Opinion.

Orage : ¶ 1 → Bourrasque. ¶ 2 → Malheur. ¶ 3 → Mésintelligence. ¶ 4 → Trouble.

Orageux : → Troublé.

Oraison : ¶ 1 → Discours. ¶ 2 → Prière.

Oraison funèbre : → Éloge.

Oral : → Verbal.

Orateur : ¶ 1 → Parleur. ¶ 2 *Orateur,* celui qui, par métier, compose et prononce des discours; ou celui qui, dans une circonstance quelconque, adresse, avec plus ou moins d'éloquence, la parole à des gens assemblés : *Et le triste orateur Demeure enfin muet aux yeux du spectateur* (Boil.). **Rhéteur,** dans l'antiquité, celui qui enseignait l'art de la parole; par ext., orateur au style apprêté et qui débite des sophismes, des pensées subtiles et vaines : *Rhéteur et déclamateur, c'est la même chose* (Bos.). **Déclamateur,** péj., orateur (et aussi écrivain) emphatique, au style outré : *Déclamateur amoureux de paroles* (BOIL.). **Tribun**, fig., orateur politique, véhément, simple et ardent, qui défend les droits et les intérêts du peuple : *Jaurès avait une éloquence de tribun.* **Cicéron**, fam. et rare, par louange ou ironie, orateur éloquent. **Foudre d'éloquence**, orateur dont l'éloquence subjugue, foudroie, est du langage recherché ou ironique — **Debater** (mot ang.), orateur spécialiste de la discussion politique dans une assemblée. — **Logographe**, chez les Grecs, rhéteur qui composait des plaidoyers pour des accusés qui les lisaient devant le tribunal. — **Conférencier**, orateur qui, sans forcément viser à l'éloquence, débite des conférences (→ ce mot). — **Prédicateur** (→ ce mot) et **Prédicant** (→ Ministre), au fig., orateur qui endoctrine par des discours semblables à des sermons, *prédicateur* faisant penser à une éloquence vive, persuasive, moralisante, *prédicant* impliquant plutôt solennité ou raideur. **Discoureur**, celui qui parle, même sans éloquence, dans une conversation ou devant une assemblée, en un long bavardage vain, sauf quand une épithète modifie le sens : *Agréable discoureur.* **Parleur**, syn. vx et plutôt péj. d'*orateur*.

Oratoire : → Église.

Oratorio : → Opéra.

Orbe : → Rond.

Orbite : ¶ 1 → Rond. ¶ 2 → Sphère.

Orchestre : ¶ 1 Ensemble de musiciens jouant des morceaux de concert. *Orchestre* implique toutes les variétés d'instruments et se dit seul pour désigner un grand nombre de musiciens donnant des concerts classiques : *L'orchestre de l'Opéra.* **Fanfare**, orchestre civil ou militaire ne comprenant que des instruments à embouchure métallique et des instruments à percussion. **Harmonie**, orchestre ou société musicale comprenant tous les instruments de la fanfare, plus la série des bois (flûte, hautbois, clarinette, basson), la grosse caisse et les cymbales. **Clique**, terme d'argot militaire, réunion des clairons et des tambours du régiment, ou d'une société de gymnastique. **Ensemble**, groupe de concertants exécutant des morceaux à diverses parties sur les instruments correspondants. **Trio, Quatuor, Sextuor**, ensemble à trois, à quatre, à six instruments. **Musique**, corps de musiciens militaires formant une *fanfare* ou une *harmonie*, est, dans les autres cas, fam. ou péj. **Nouba**, musique d'un régiment de tirailleurs algériens et par ext. africains. **Jazz**, orchestre spécialisé dans la musique d'origine nord-américaine dite jazz. ¶ 2 Les places d'un théâtre moderne situées au rez-de-chaussée. L'*Orchestre* est situé entre la scène et le **Parterre**, lieu où anciennement on se tenait debout.

Orchestrer, terme de musique, combiner pour l'orchestre une composition musicale. **Instrumenter**, écrire la partition de chaque instrument d'une œuvre ou pour orchestre.

Ordinaire : Adj. ¶ 1 → Commun. ¶ 2 Répété souvent par quelqu'un ou pour quelqu'un. *Ordinaire* se dit plutôt de l'action, **Accoutumé**, de ce qu'on éprouve ou qu'on possède : *Sa voix ordinaire* (ZOLA). *Place accoutumée* (ZOLA). A l'égard des qualités des personnes, *ordinaire* concerne plutôt celles qui déterminent la conduite, *accoutumée*, celles qui consistent à s'abstenir et à supporter : *Bonté ordinaire* (S.-S.) ; *retenue accoutumée* (S.-S.). **Habituel** enchérit et suppose qu'une pratique continue a rendu telle ou telle disposition inséparable de la façon de vivre : *Une résignation habituelle implique qu'on accepte d'être toujours résigné.* **Coutumier**, syn. d'*accoutumé* dans le style relevé et poétique : *Grâces coutumières* (CORN.). **Familier**, *habituel* pour une personne, au point de constituer sinon un tic, une manie, du moins une façon d'agir caractéristique : *Où sont des morts les phrases familières?* (VAL.). **Invétéré**, habituel et qui persiste en empirant : *Haine invétérée* (→ Traditionnel). ¶ 3 → Moyen. — ¶ 4 N. Ce qu'on a coutume de servir pour un repas. *Ordinaire* a plutôt rapport à la nature des mets, c'est le menu habituel : *Un dogue de qui l'ordinaire était un pain entier* (L. F.). **Cuisine** a plutôt rapport à la préparation, à la qualité des mets : *Grasse cuisine* (L. F.). **Chère** a rapport à la quantité, la qualité, la préparation des mets, mais n'implique pas forcément l'idée de menu habituel, et s'emploie surtout dans la loc. *Faire chère : Ce traiteur de Limoges qui fait si bonne chère* (MOL.). **Table**, qualité habituelle des repas chez quelqu'un, fait penser aussi à la dépense qu'ils occasionnent : *Table délicate. Réformer sa table.* — ¶ 5 A l'ordinaire, D'ordinaire, Pour l'ordinaire : → Ordinairement.

Ordinairement constate qu'une chose arrive très souvent, presque toujours : *Ceux qui s'appliquent trop aux petites choses deviennent ordinairement incapables des grandes* (L. B.). **A l'ordinaire** indique une sorte de loi, de règle générale, qui a une existence indépendante du fait dont on parle et conformément à laquelle celui-ci a lieu : *Les plaideurs eurent la liberté de se ruiner à l'ordinaire* (VOLT.). **D'ordinaire** et **Pour l'ordinaire** déterminent précisément que c'est une habitude de faire ceci ou cela : *C'est d'ordinaire ainsi que ses pareils agissent* (CORN.). **Communément** a rapport au lieu et se dit de ce qui se fait ou se rencontre partout : *Un arc tel qu'on en voit communément chez les Crotoniates* (Fén.). **Généralement** a rapport aux individus et se dit de ce qui se fait presque sans exception : *Les protestants sont généralement plus instruits que les catholiques* (J.-J. R.). **Volontiers** suppose chez une personne habitude ou tendance qui pousse à faire ordinairement quelque chose et se dit aussi par ext. en parlant des êtres inanimés : *De Maistre est volontiers en humeur de représailles* (S.-B.). **Habituellement, A l'accoutumée** diffèrent d'*ordinairement* comme les adj. correspondants d'*ordinaire* (→ ce mot).

Ordonnance : ¶ 1 → Ordre. ¶ 2 → Jugement. ¶ 3 → Règlement.

Ordonné : → Réglé.

Ordonner : ¶ 1 → Ranger. En littérature, *Ordonner*, mettre chaque idée à la place qu'elle doit occuper; **Composer** suppose en plus liaison entre les idées, équilibre et harmonie dans leurs rapports et dans l'effet qu'elles produisent. ¶ 2 → Commander. *Ordonner*, manifester sa volonté, à propos d'une chose précise, avec un ensemble de dispositions bien déterminées, en parlant de n'importe quelle autorité, mais toujours avec l'idée de contrainte : *Mon père avec les Grecs m'ordonne de partir* (Rac.). **Demander** se dit par euphémisme pour *ordonner*. **Enjoindre**, ordonner expressément, d'une façon impérative, diffère de **Sommer** comme les n. correspondants (→ Injonction). **Requérir de**, sommer en vertu d'un droit. **Décréter**, ordonner par une décision autoritaire en parlant d'un chef d'État ou d'une autorité qui a ce pouvoir : *Décréter la levée en masse*.

Ordre : ¶ 1 Façon dont sont disposées les unes par rapport aux autres diverses choses ou les différentes parties d'une chose. *Ordre*, absolu, façon d'être essentielle, naturelle, ou qui, si elle est le résultat d'un travail, est considérée en elle-même : *L'ordre de l'Univers*. **Ordonnance** fait penser à une action, à un travail, relativement à leur auteur et à la manière dont on les a produits : *Il y a souvent peu d'ordre dans l'ordonnance d'un ouvrage* (L.); et se dit d'une seule chose dont les parties sont combinées de manière à former un tout régulier : *L'ordonnance de la tragédie d'Andromaque* (Volt.). **Arrangement** indique une action et se dit de plusieurs choses, souvent petites, rangées suivant un certain système, en général pour produire un effet esthétique : [Le] *bon goût qui régnait dans l'arrangement du jardin et du château* (Staël). **Disposition** (→ ce mot), syn. d'*arrangement*, a plutôt rapport à l'utilité : *La disposition des meubles d'un appartement* (Acad.);

et désigne, absolument, en termes de rhétorique, la façon dont l'auteur ordonne les parties d'un discours alors qu'*arrangement* ne se dit guère que des mots. **Distribution** ajoute l'idée d'une répartition équilibrée des matières, ou, en peinture, de la lumière et des ombres; en un autre sens, c'est la division d'un appartement en pièces plus ou moins bien disposées. **Suite**, en parlant d'idées ou d'actions, ajoute à *ordre* l'idée de liaison et de cohérence : *Propos sans suite*. ¶ 2 → Règle. ¶ 3 Bonne situation d'une société où tout demeure à sa place. *Ordre* et **Tranquillité** désignent un effet, un bien dont on jouit, *ordre* (anton. *confusion*) impliquant que les choses et les personnes demeurent dans leur disposition, leur rang normal ou souhaitable, *tranquillité* (anton. *agitation*), qu'on jouit d'un état de paix et de repos : *L'anarchie trouble l'ordre; une révolte, une guerre civile troublent la tranquillité*. — Pour désigner les institutions sociales destinées à établir l'ordre, la tranquillité, **Police** a rapport à l'ensemble des règlements qui permettent la vie sociale : *Un homme de bien laisse régler l'ordre de la police aux lois civiles* (Bos.); **Discipline**, ensemble de règles de conduite communes à tous ceux qui font partie d'un corps, désigne quelque chose de plus précis, de plus étroit, qui ne se borne pas à empêcher, mais apprend à faire ce qu'on doit et la manière de le faire : *Une discipline, devenue encore plus exacte, avait mis dans l'armée un nouvel ordre* (Volt.). **Subordination** est dominé par l'idée de hiérarchie et se dit de l'ordre établi entre des personnes, qui fait que les unes dépendent des autres, sans impliquer forcément une idée de commandement. ¶ 4 → Classe. ¶ 5 → Genre. ¶ 6 → Rang. ¶ 7 → Congrégation. ¶ 8 → Corporation. ¶ 9 → Instruction et Commandement. *Ordre* désigne toujours la chose en elle-même, sans caractère particulier. **Ordonnance** fait penser à l'autorité de celui qui ordonne, à la solennité de la promulgation; de plus l'*ordonnance* vise un grand nombre de personnes et de cas, c'est une sorte d'ordre permanent donné sous forme de règlement : *Ordonnance de police*.

Ordre (donner) : → Pourvoir.

Ordre du jour : → Programme.

Ordure, terme général, spéc. au pl., toutes les saletés ou déchets qu'on jette sur la voie publique. **Immondices**, ordures ménagères déposées sur la voie publique pour y être ramassées. **Détritus**, débris de matières organisées, ou matériaux réduits à l'état de poussière ou de boue qui ne sont plus que des ordures. **Balayures**, ordures, poussières, etc., qu'on amasse et qu'on expulse avec le balai. **Bourrier**, dialectal, ordures ménagères. **Gadoue**, engrais formé des ordures ménagères, des détritus et des boues des villes. **Fumier**, ordure des animaux mêlée à la paille qui leur a servi de litière.

Ordurier : → Obscène.

Orée : → Bord.

Oreille : ¶ 1 → Ouïe. ¶ 2 → Poignée.

Oreiller, coussin qui sert à soutenir la tête quand on est couché. **Traversin**, oreiller long qui occupe la largeur du lit et sur lequel on met d'ordinaire l'oreiller proprement dit. **Polochon**, pop., *traversin*. **Chevet**, syn. rare. de *traversin*.

Orfèvre : → Joaillier.

Organe : ¶ 1 → Sens. ¶ 2 → Journal. ¶ 3 → Revue.

Organiser : ¶ 1 → Former. ¶ 2 → Préparer.

Organisme, fig., ensemble organisé dans la vie sociale ou politique, qui a, en général, une existence indépendante : *Les différents organismes de la Sécurité sociale.* **Office**, organisme administratif rattaché à un ministère : *L'office du baccalauréat; des changes.* **Service**, souvent au pl. organisme, partie d'un organisme, d'une administration, d'un établissement, ou groupe d'organismes, destiné à fonctionner pour un usage déterminé, dans l'intérêt de l'État, du public, ou de l'ensemble dont il fait partie : *Le service des poudres. Le service du contentieux dans un ministère.* **Bureau**, service ou personnel d'un service caractérisé par le local qu'ils occupent ou par une activité spéciale.

Orgelet, tumeur inflammatoire qui pousse près du bord libre des paupières, appelée **Compère-loriot**, en termes vulgaires, **Hordéole**, en termes d'ophtalmologie.

Orgie : ¶ 1 → Débauche. ¶ 2 → Profusion.

Orgueil, excès d'estime pour soi-même qui donne le sentiment d'être supérieur aux autres, sans pour autant pousser à les humilier : *Grand cœur gonflé d'orgueil* (BAUD.). **Superbe**, syn. d'*orgueil* dans le langage de la dévotion, par ext. orgueil des gens d'une condition élevée qui se manifeste avec éclat et arrogance : *La superbe du roi* (S.-S.). **Amour-propre**, prévention en faveur de soi-même qui fait qu'on s'offense aisément, qu'on craint le ridicule, ou qu'on ne se voit pas tel que l'on est : *Notre amour-propre souffre plus impatiemment la condamnation de nos goûts que de nos opinions* (L. R.). **Fierté**, péj., sentiment exagéré de notre dignité, de notre mérite, qui nous fait considérer les autres avec dédain, nous écarte d'eux par crainte de nous abaisser, de leur devoir quelque chose, ou nous fait étaler nos avantages :

Du nom de fierté noble on orna l'impudence (BOIL.). **Hauteur** désigne le même sentiment que *fierté*, mais le considère comme poussant non à s'isoler, mais à dominer les autres de sa supériorité : *Hauteur aristocratique* (ZOLA). **Morgue**, orgueil de la contenance qui consiste à prendre un air imposant ou menaçant envers ceux que l'on considère comme des inférieurs ou des gens d'une autre caste : *Ces grands seigneurs ne se font respecter qu'à force de morgue* (VOLT.). **Suffisance**, orgueil qui consiste à se faire illusion sur ce que l'on peut, surtout en matière de capacités intellectuelles : *La suffisance étourdie de nos ignorants critiques* (L. H.). **Importance**, orgueil de celui qui se figure avoir beaucoup de crédit, d'influence, se croit un personnage ou se juge indispensable. **Présomption**, orgueil de celui qui a une confiance exagérée dans ses moyens, est certain du succès et hardi à entreprendre. **Prétention**, orgueil de celui qui juge avoir quelque mérite ou talent et réclame des honneurs, de la considération, ce qui le rend affecté, artificiel, désagréable. **Fatuité**, orgueil accompagné de sottise qui fait prendre ridiculement l'air, les manières et les prétentions du mérite; se dit souvent de l'orgueil de celui qui croit avoir des succès auprès des femmes : *La fatuité des musiciens est de croire ne rien devoir à leur poète* (MARM.). **Infatuation**, orgueil de celui qui est sottement persuadé de posséder quelque avantage et en tire une satisfaction ridicule : *Il est dans une grande infatuation de sa noblesse.* **Outrecuidance**, orgueil qui repose sur une confiance en soi excessive, enchérit sur *suffisance* et *présomption* et leur ajoute l'idée d'une certaine arrogance. **Ostentation**, orgueil de celui qui fait parade, avec excès, de ses titres, de ses richesses, de ses actions, de ses qualités. **Vanité** se distingue par l'importance qu'on accorde à l'opinion d'autrui et le peu de valeur des choses pour lesquelles on veut être considéré : *La vanité est l'orgueil des petites choses* (L. H.). **Gloriole**, vanité ridicule qui consiste à prendre pour de la gloire la petite gloire qu'on tire de petites choses. **Jactance**, vanité qui consiste dans une certaine hardiesse à se vanter, à se faire valoir, en paroles, souvent par des fanfaronnades : *Sainte-Beuve a écrit qu'aimer Corneille, c'est un peu aimer aussi la fausse gloire et la jactance.* — **Mégalomanie**, maladie qui consiste en un désir insatiable de gloire, de grandeur ou dans l'illusion qu'on les possède; par ext., orgueil de ceux qui veulent que tout ce qu'ils entreprennent soit grand, même si c'est au-dessus de leurs forces : *La mégalomanie de Néron.*

Orgueilleux, **Superbe**, **Fier**, **Suffisant**,

Important, Fat, Prétentieux, Outrecuidant, Présomptueux : → Orgueil. **Hautain** et **Altier** diffèrent de *fier* comme il est indiqué à *dédaigneux* (→ ce mot). **Avantageux,** qui a trop de confiance dans sa supériorité et la manifeste ridiculement par ses paroles, son ton, ses airs, sans être, comme le *présomptueux*, prêt à entreprendre avec témérité : *Il n'avait point l'air ni le ton fats et avantageux* (J.-J. R.). **Vain** et **Vaniteux** impliquent le désir d'être admiré par autrui, pour des avantages frivoles ou chimériques; *vain* exprime le défaut d'une manière générale et indépendamment des circonstances ou du degré, *vaniteux* a plutôt rapport à des circonstances particulières, à l'apparence, et présente la vanité dans toutes ses minuties, ce qui la rend ridicule et puérile : *Les nations libres sont superbes; les autres peuvent plus aisément être vaines* (MTQ.). *Des propos vaniteux* (ACAD.). **Puant,** fam., d'une vanité odieuse. **Glorieux** ajoute à *vaniteux* l'idée d'une plénitude dans l'opinion qu'on a de son mérite, dans l'étalage qu'on en fait, et suppose une confusion entre certains avantages, parfois importants, et la vraie gloire : *Le père Castel est encore tout glorieux des combats qu'il a soutenus contre Newton, Leibniz, etc. C'est le Don Quichotte des mathématiques* (VOLT.). **Poseur,** fam., vaniteux qui met de l'affectation dans ses attitudes, dans ses gestes, pour produire de l'effet. **Plastronneur,** fam., poseur qui bombe la poitrine en étalant son plastron de chemise, prend une attitude fière, fait le beau. **Paon,** par image, personne vaine ou glorieuse. **Crâneur,** fam., personne avantageuse qui multiplie avec tapage les fanfaronnades et les hâbleries. **Faraud,** celui qui porte de beaux habits et en est fier; par ext. fam., celui qui tire vanité d'un avantage assez frivole. **M'as-tu-vu,** fam. et ironique, vaniteux qui croit toujours qu'on a remarqué ses mérites ou sa belle mine. **Gobeur,** pop., celui qui est infatué de sa propre personne. — **Dédaigneux** et **Arrogant** (→ ces mots) marquent souvent l'effet des défauts précédents, qui est dans le premier cas de mépriser autrui, dans le second de l'offenser.

Orient : ¶ 1 Le côté par où le soleil commence à paraître. *Orient*, terme relevé et poétique, désigne, d'une façon assez vague, un vaste espace indéterminé de terre et surtout de ciel : *L'orient paraît tout en flammes* (J.-J. R.). **Levant,** endroit où le soleil semble se lever et qui varie avec les saisons : *Levant d'été. Levant d'hiver.* Pour indiquer une direction, une position, *orient* peut s'employer absolument, *levant* est plutôt relatif à un lieu déterminé : *Les Tartares se jetèrent*

à l'orient et au midi (VOLT.). *Au levant d'Ithaque* (FÉN.). **Est,** point cardinal où le soleil se lève à l'équinoxe, marque avec précision une situation ou une position : *L'Araxe coule de l'ouest à l'est* (MTQ.). — Dans leur sens géographique, et toujours alors avec une majuscule, *Levant* s'est dit des pays qui bordent la partie est de la Méditerranée, *Orient*, plus vague, de tous les pays au-delà, vers l'est : *Dans l'Orient désert quel devint mon ennui!* (RAC.). De nos jours, les géographes placent en général : dans le *Levant*, le Liban et la Syrie; dans le *Proche-Orient*, les Balkans, la Turquie, les pays de la Méditerranée orientale et l'Égypte; dans le *Moyen-Orient*, l'Irak, l'Afghanistan et l'Arabie; dans l'*Extrême-Orient*, l'Inde, l'Indochine, la Chine et le Japon. *Est* ne se dit que de la partie orientale d'un pays ou d'un continent par opposition à son centre : *L'Est de la France*; s'emploie très rarement comme syn. d'*Orient* ou d'*Extrême-Orient* : *Connaissance de l'Est* (CLAUDEL) ; et tend de nos jours à désigner les pays de l'est de l'Europe et d'Asie sous l'influence communiste : *Le fossé entre l'Est et l'Ouest.* ¶ 2 → Lustre.

Orienter : ¶ 1 → Diriger. ¶ 2 (Réf.) → (se) Retrouver.

Orifice : → Ouverture.

Originaire : ¶ 1 → Né. ¶ 2 *Originaire* se dit d'une chose qui est à la source d'une autre dont elle est le type, l'idéal : *Dieu est la pureté originaire et primitive* (BOUR.). **Originel** qualifie simplement ce qui appartient au commencement, a lieu à l'origine : *Candeur originelle. Péché originel.*

Originairement exprime quelle est, par l'origine, la personne ou la chose qualifiée : *Originairement noble* (L.B.). **Originellement** indique seulement l'origine, sans aucun rapport à ce que la chose ou la personne tient de son origine : *Contrat originellement vicié.*

Original : N. ¶ 1 *Original*, tout ouvrage qui n'a pas été fait d'après un modèle et qui sert de modèle pour des copies ou des imitations : *Ce tableau est un original. L'original du contrat, du traité.* **Minute,** original des actes qui demeurent chez le notaire, des sentences, des arrêts, des procès-verbaux qui demeurent au greffe, ou original d'une lettre qui a servi de brouillon. ¶ 2 → Texte. ¶ 3 → Modèle. ¶ 4 Personne qui ne ressemble point aux autres. *Original*, celui qui a quelque chose de particulier, de singulier, de bizarre, qui déconcerte et amuse : *Un original qui avait abandonné sa femme sans avoir contre elle le petit sujet de plainte* (BALZ.). **Excentrique,** plus péj., implique le désir de se singulariser en agissant contrairement aux habitudes normales : *Le héros de A Rebours d'Huysmans a tout l'air d'un excentrique.* **Type,** très fam., avec une nuance d'indulgence, personnage très original et pittoresque dans des loc. comme *Quel type!* ou *C'est un type.* **Olibrius,** fam., excentrique qui a quelque air de fou ou d'hurluberlu. **Chinois,** très fam. et péj., homme bizarre, compliqué. — Adj. ¶ 5 → Extraordinaire. ¶ 6 *Original,* qui paraît nouveau, inventé sans aucun souvenir de ce qui précède, et qui en même temps est marqué d'un caractère propre qui ne le fait ressembler à rien d'autre : *Ils n'ont rien d'original et qui soit à eux; ils ne savent que ce qu'ils ont appris* (L. B.). **Neuf,** fig., qui ne paraît pas déjà avoir été dit ou traité sous cette forme, sans être toujours entièrement original : *Idées à la fois neuves et très anciennes* (M. D. G.). **Personnel,** qui émane du propre fonds de son auteur, sans être pour autant *original* ou *neuf* : *Une dissertation est personnelle, quand le sujet en a été repensé par l'élève, même s'il s'inspire d'un livre.* **Inédit,** qui n'a pas encore été vu, n'est pas usité, surtout en parlant d'un spectacle, d'une mode, d'une toilette. **Excentrique** diffère d'*original* comme plus haut.

Origine : ¶ 1 Ce dont une chose vient (≠ Commencement : → ce mot). *Origine,* ce d'où provient une chose qui s'élève ou se produit; l'*origine* a un caractère théorique, on cherche à la connaître. **Source,** fig., ce d'où semblent sortir une chose ou une série de choses qui se succèdent, comme les eaux d'une fontaine, et où parfois l'on puise, plus ou moins abondamment : *Ce mouvement religieux était d'essence chrétienne, d'origine chrétienne; il poussait de souche chrétienne, coulait de l'antique source* (Pég.). *Il faut recourir directement à la source et remonter jusqu'à l'origine* (Pasc.). **Point de départ,** terme auquel commence ou doit commencer une chose, atténue l'idée de causalité qu'implique *origine* : *L'étude de la nature humaine est le point de départ de toute saine philosophie* (V. Cousin). **Principe,** surtout terme de philosophie, cause première d'une chose ou d'une série de choses, antérieur à l'*origine* : *Dieu est le principe du genre humain, Adam en est l'origine.* **Germe,** fig., ce qui est considéré comme le principe d'une chose que l'on en sort par développement : *Qui croirait que le germe de Pyrrhus et d'Andromaque est dans Pertharite?* (Volt.). **Racine,** fig., désigne une chose postérieure au *germe* et qui continue, tant qu'on ne l'a pas extirpée, à nourrir ce dont elle est l'origine : *Couper la racine des choses d'où naissent les procès* (Pasc.). **Œuf,** fig., syn. de *germe* dans des loc. comme *Tuer dans l'œuf.* **Nid,** fig., origine de certaines choses mo-

rales : *De ce nid à l'instant sortirent tous les vices* (Boil.). **Noyau,** fig., premier et petit groupe qui sert d'origine à une compagnie, un établissement, un rassemblement : *Le premier noyau d'un groupe* (Cam.). — **Genèse,** au fig., désigne non seulement l'origine, mais le processus de développement qui aboutit à la naissance d'une maladie, d'une affaire, ou d'une œuvre de l'esprit. ¶ 2 → Naissance.

Originel : → Originaire.

Originellement : → Originairement.

Oripeau : → Loque.

Ornement : ¶ 1 *Ornement,* tout objet, tout vêtement qui orne ou pare (→ Orner), désigne souvent un détail : *Que ces vains ornements, que ces voiles me pèsent!* (Rac.). (Dans le culte catholique, *Ornements,* au pl., les habits sacerdotaux dont les prêtres se servent pour les offices, *Ornement,* au sing., ensemble de plusieurs pièces faisant un assortiment entier, dans lequel les habits sacerdotaux et les devants d'autel sont compris). **Parure** (→ Ajustement) désigne toujours un ensemble, un ajustement assez recherché et éclatant, et spéc. un assortiment de diamants, de rubis. **Parement,** riche parure pour des choses relevées : *Parement d'autel* (Sév.). **Garniture,** ornement ajouté à une toilette ou à une chose pour la compléter, la relever, désigne parfois aussi un assortiment d'ornements : *Garniture de dentelle. Garniture de boutons d'or.* **Agréments,** au pl., désigne certains ornements qu'on met aux vêtements et aux meubles. **Accessoire,** tout objet qui complète la toilette. **Falbalas,** bandes d'étoffe plissées qu'on mettait à une robe comme ornement; de nos jours, fam., surcharge d'ornements. **Atours,** vx et aujourd'hui ironique, tout ce qui servait à la parure des femmes. **Affiquets,** au pl., par raillerie de nos jours, menus ornements d'une femme. **Fanfreluche,** garniture légère, enjolivement de la toilette féminine, par ext., péj. ornement apparent de peu de valeur et de peu de goût. ¶ 2 Ce qui sert à orner le style. *Ornement,* toutes les figures, les formes de style qui servent à embellir le discours. **Fleurs de rhétorique** ou **Fleurs,** les figures les plus agréables recommandées par les rhéteurs; et, péj., ornements factices, superflus, peu convenables : *Un avocat... qui ferait le bel esprit et remplirait son plaidoyer de fleurs et d'ornements* (Fén.). **Fioritures,** ornements ajoutés à la musique par certains exécutants (en ce sens, **Agréments,** ornements comme trilles, roulades que peut recevoir une note principale ou une mélodie), au fig., péj., surabondance d'ornements dans le style et excès d'inutile virtuosité. **Enjolivements,** petits ornements, et **Enjolivures,** petits enjolivements : → Orner. ¶ 3 En parlant des choses, *Ornement*, tout détail, toute figure qui sert à les embellir. **Motif,** sujet de peinture, d'architecture servant d'ornement. **Ornementation,** terme d'architecture, de sculpture, de gravure, de reliure, manière de distribuer les ornements. **Décoration** suppose une harmonie d'ornements d'architecture, de peinture, de sculpture, ou même de tapisseries, de mobilier, qui font un effet esthétique, et se dit surtout en parlant d'un appartement ou d'un édifice.

Orner : ¶ 1 Ajouter à l'agrément d'une personne ou d'une chose. *Orner*, au prop. et au fig., marque, au physique et au moral, l'addition d'une chose solide en même temps que brillante, et indique une action qui peut s'appliquer à une partie ou à un détail : *Un vide-poches de bronze doré ornait la chambre* (Mau.). *Madame, cent vertus ornent votre beauté* (Mol.). **Décorer** et **Parer** impliquent qu'on donne de l'éclat, une valeur surtout esthétique, à un ensemble : *En décorant les temples on se croit dispensé d'orner son âme* (Bos.). *Parer* (→ ce mot), donner un air d'apprêt, d'apparat, comporte une idée de grâce, d'élégance, et se dit surtout dans le petit : *Les diverses beautés qui parent ta jeunesse* (Baud.). *Discours paré de réminiscences* (Lav.). *Décorer*, qui se dit au prop. d'ornements d'architecture, de peinture, de sculpture, comporte, au fig., une idée de gloire, de noblesse et se dit dans le grand : *Triste hôpital... D'un grand crucifix décoré seulement* (Baud.). *Décorer de vertus* (Flaub., Balz.). **Revêtir,** au fig., se dit surtout en parlant d'ornements de style, de qualités, de dignités, parfois de fausses apparences, qui font une sorte de vêtement brillant : *Revêtir les faits ou les sentiments d'images éternellement vivantes* (Balz.). **Embellir,** rendre beau, exprime l'effet que tendent à produire les autres verbes : *Le cygne décore, embellit tous les lieux qu'il fréquente* (Buf.). **Enjoliver,** rendre joli, diffère d'*embellir* comme *joli de beau* (→ ce mot). **Chamarrer,** péj., parer d'un assemblage de couleurs éclatantes et mal assorties : *Chamarré de décorations. Discours chamarré de grec et de latin* (Acad.). **Agrémenter,** rendre agréable et varié en relevant d'ornements vrais ou faux : *Toilette agrémentée de rubans. Agrémenter son discours de force gestes* (Acad.). **Égayer,** agrémenter d'ornements qui font paraître moins austère : *Crédence monumentale égayée de vieilles faïences* (Zola). **Historier,** au prop., enjoliver de divers petits ornements : *Lettres historiées*. **Garnir,** joindre à une chose une chose accessoire qui lui sert d'ornement, empêche qu'elle paraisse trop nue : *Des*

fauteuils garnissaient les paliers (Zola). **Fignoler,** enjoliver un ouvrage délicat, surtout manuel, avec un soin méticuleux, parfois excessif : *Fignoler une statuette d'ivoire* (J. Rom.). **Enrichir,** orner par quelque chose de riche, de précieux : *Enrichir de pierreries une montre*; d'où, au fig., orner son esprit de tout ce qui peut être considéré comme une richesse intellectuelle ou morale : *Enrichir sa mémoire* (J.-J. R.). **Meubler,** syn. d'*enrichir* au sens intellectuel, dit moins : c'est acquérir des connaissances : *Meubler sa mémoire de morceaux de poésie.* **Émailler,** fig. et poétique, diversifier de couleurs, surtout en parlant des fleurs : *Un parterre émaillé de fleurs.* **Adorner,** syn. vx d'*orner*, ainsi qu'**Ourler** qui ne signifie plus qu'orner sur les bords. **Ornementer,** enrichir d'ornements, est surtout technique : *Ornementer un panneau* (→ Rehausser et Passementer). ¶ 2 En parlant de ce qu'on dit ou de ce qu'on écrit, *Orner* a rapport au style relevé par les figures de la rhétorique ou de la poésie, avec un sens en général favorable : *Le poète s'égaie en mille inventions, Orne, élève, embellit, agrandit toutes choses* (Boil.). **Égayer,** en parlant du sujet, de la matière, du style, rendre plus agréable, en répandant certains ornements, en évitant la sécheresse, souvent par des détails riants, légers : *La Fontaine a cherché à égayer la fable.* **Émailler,** diversifier par des détails qui attirent l'attention : *Il a émaillé son discours de citations* (Acad.). **Fleurir,** surtout au part. passif, répandre à profusion les ornements brillants et délicats. **Pomponner,** mettre dans le style de la recherche, des ornements affectés. **Imager,** orner son style d'images, de métaphores. **Empanacher,** plutôt péj., orner son style en lui donnant une allure cavalière, ronflante, éclatante. **Enrichir** a plutôt rapport au fond d'un récit auquel on ajoute plusieurs circonstances inventées pour le rendre agréable. **Embellir** (→ ce mot) implique qu'on ajoute à un récit aux dépens de la vérité, pour le faire valoir, le rendre plus piquant, et comporte parfois, de ce fait, une nuance péj. que n'a pas *enrichir*. **Enjoliver** est plus péj. en parlant soit du style qu'on rend trop mignard, soit d'un récit qu'on embellit trop. **Broder,** employé souvent absolument, ajouter des détails, des circonstances souvent fausses, avec beaucoup d'imagination, tantôt avec excès, tantôt avec charme, pour enjoliver, amplifier : *Ne se permettre aucune fiction; ne broder aucune circonstance* (J.-J. R.). **Farder,** très péj. en parlant du style, parer d'ornements faux, affectés, de mauvais goût. **Historier,** rare, enjoliver un récit de petits détails faux. — **Décorer,** donner à une chose un faux nom trompeur : *Ces gentilhommières que les villageois décorent du nom de château* (GAUT.).

Ornière : ¶ 1 → Trace. ¶ 2 → Routine.

Orphelin, enfant qui a perdu son père et sa mère ou l'un des deux. **Pupille,** orphelin mineur sous l'autorité d'un tuteur, ou adopté par une collectivité.

Orphéon : → Chœur.

Orthodoxe : → Vrai.

Orthodoxie, caractère de ce qui est considéré comme conforme à la droite et saine opinion, en religion, et par ext. en morale, en littérature, en politique. **Conformisme,** néol. péj. au fig., suppose un manque d'originalité : *Le conformisme de l'état de guerre* (M. D. G.). **Ligne,** fig., manière de penser ou d'agir conforme à l'orthodoxie telle qu'elle est établie par les chefs ou les autorités : *Tradition dans la ligne du christianisme* (PÉG.).

Orthographier : → Écrire.

Os, partie solide qui sert à attacher et à soutenir toutes les autres parties du corps de l'homme et des animaux, envisagée comme étant dans le corps vivant, ou comme détachée et isolée. **Ossements,** surtout au pl., l'ensemble des os décharnés, desséchés des hommes et des animaux morts (→ Carcasse).

Oscillation : ¶ 1 → Balancement. *Oscillation,* mouvement alternatif de va-et-vient assez lent, comme celui d'un pendule. **Vibration,** trépidation très rapide, frémissement semblable à celui d'une corde sonore : *L'oscillation d'une chaloupe* (FLAUB.). *Les vibrations d'un diapason.* **Nutation,** oscillation habituelle de la tête, terme technique d'astronomie et de botanique pour désigner certains phénomènes qui s'apparentent à l'oscillation. ¶ 2 Au fig. → Variation.

Osciller : ¶ 1 → Balancer. ¶ 2 → Hésiter.

Osé : ¶ 1 → Hardi. ¶ 2 → Hasardé.

Oser, entreprendre, avec courage, assurance, de faire quelque chose. **S'aviser de,** oser avec trop de témérité : *Je voudrais que quelqu'un s'avisât de vous donner des coups de bâton* (MOL.). **Se hasarder, Se risquer, S'aventurer** insistent sur le péril auquel on s'expose et diffèrent comme au sens transitif (→ Hasarder). **Prendre son courage à deux mains,** faire effort pour oser une chose qui paraît difficile, après avoir hésité.

Ossature : → Carcasse.

Ossements : ¶ 1 → Os. ¶ 2 → Restes.

Ossuaire : → Cimetière.

Ostensible : → Visible.

Ostentation : ¶ 1 → Montre. ¶ 2 → Orgueil.

Ostraciser : ¶ 1 → Bannir. ¶ 2 → Éliminer.

Otage : ¶ 1 → Prisonnier. ¶ 2 → Garant.

Oter : ¶ 1 → Tirer. ¶ 2 → Prendre. ¶ 3 → Quitter. ¶ 4 → Retrancher.

Ou : → A.

Ouaille : → Fidèle.

Oubli : ¶ 1 *Oubli,* perte du souvenir momentanée ou durable. **Amnésie,** terme médical, diminution ou perte de la mémoire pour des raisons pathologiques. ¶ 2 → Omission. ¶ 3 → Pardon. ¶ 4 → Ingratitude.

Oublié : → Inconnu.

Oublier : ¶ 1 N'avoir pas souvenir de. *Oublier,* qui s'emploie dans des sens très généraux, c'est plus spéc. ne pas retenir une connaissance quelconque : *Un élève étourdi oublie tout ce que lui apprend le professeur.* **Désapprendre,** oublier ce qu'on avait solidement appris, suppose parfois un effort conscient et méthodique : *Antisthène disait que la science la plus difficile était de désapprendre le mal* (FÉN.). ¶ 2 → Omettre. ¶ 3 (Réf.) → (se) Négliger.

Oubliettes : → Cellule.

Oublieux : → Ingrat.

Ouest : → Occident.

Oui, exprime l'affirmation. **Oui-da,** fam., ajoute une intention de doute, d'étonnement. **Assurément, Bien sûr, Certes, Évidemment** (→ ce mot) affirment une certitude. **Bien** marque l'approbation ou l'acceptation de ce que dit, fait ou veut autrui. **A merveille** indique un acquiescement complet, réel ou ironique. **Parfait** enchérit sur *bien* pour approuver absolument autrui. **Optime** (en lat. « très bien ») est fam. en ce sens. **Parfaitement,** oui absolument, ne se dit que pour répondre à une question : *Et vous ferez cela? Parfaitement.*

Ouïe, toujours au sing., le sens par lequel on perçoit les sons considéré comme nous permettant d'entendre bien ou mal : *Avoir l'ouïe fine.* **Oreille,** organe de l'ouïe, par ext., au sing. et au pl., dans le langage courant, sens de l'ouïe considéré comme apte, chez telle ou telle personne, à percevoir, à apprécier, à reconnaître tels ou tels sons, surtout musicaux : *Avoir de l'oreille. Écorcher les oreilles.*

Ouïes : → Branchies.

Ouïr : → Entendre.

Ouragan : ¶ 1 → Bourrasque. ¶ 2 → Trouble.

Ourdir : ¶ 1 *Ourdir,* préparer et disposer sur une machine les fils de la chaîne d'une étoffe, pour mettre cette chaîne en état d'être montée sur le métier. **Tramer**, faire passer, avec la navette, le fil de la trame à travers les fils de la chaîne tendue sur le métier. **Tisser** désigne l'ensemble des deux opérations. ¶ 2 Au fig. Former plus ou moins secrètement quelque dessein. *Ourdir* indique surtout un travail préparatoire, ou un simple arrangement, parfois sans rien d'odieux, et considéré surtout sous le rapport de l'habileté : [Tragédies] *bien ourdies* (VOLT.). *Ourdir une petite brigue pour faire jouer une pièce* (VOLT.). **Tramer** annonce des apprêts plus avancés et toujours à propos d'actions mauvaises préparées dans les ténèbres : *La trahison qui se tramait contre lui* (Bos.). **Machiner** fait concevoir un projet plus vaste, plus odieux, que l'on monte minutieusement, pour nuire par des menées sourdes, des intrigues. **Comploter** (→ ce mot), machiner à plusieurs une action nuisible contre quelqu'un. **Brasser**, tramer quelque cabale, quelque tour, est vx. **Manigancer** et **Combiner** sont fam. : → Manigance.

Ours : → Sauvage.

Outil : → Instrument.

Outiller : → Pourvoir.

Outlaw : → Maudit.

Outrage : ¶ 1 → Offense. ¶ 2 → Dommage.

Outrageant, Outrageux : → Offensant.

Outrance : → Excès.

Outrance (à) se dit d'une action que l'on fait sans borne ni trêve, jusqu'à l'excès : *Ces gens de bien à outrance* (MOL.); **Outrageusement**, d'un défaut que l'on pousse à l'excès, ou d'une chose mauvaise, pénible pour soi ou pour autrui que l'on fait ou subit : *Outrageusement bête* (V. H.). *Outrageusement volé* (VOLT.). *Mentir outrageusement.* **Outre mesure** marque qu'on dépasse toutes les bornes permises par la raison.

Outre annonce une addition de choses quelconques qui peuvent être de même nature : *Le tsar promit encore des troupes au roi de Pologne, outre les douze mille hommes qu'il avait déjà envoyés* (VOLT.). **Indépendamment** exprime une addition de choses différentes de celles dont il a été question, qui n'en sont pas la suite, mais sont à part : *Je te ferai voir qu'indépendamment des causes physiques il y en a de morales qui ont produit cet effet* (MTQ.). **Par-dessus** indique quelque chose de surérogatoire, ajouté à la mesure convenue, ordinaire ou suffisante : *Par-dessus le marché.*

Outre (en), Outre cela : → (de) Plus.

Outre mesure : → (à) Outrance.

Outré : ¶ 1 → Excessif. ¶ 2 *Outré* marque un soulèvement de l'amour-propre, un sentiment de douleur et de colère, contre ce qui nous blesse, nous outrage personnellement : *Outrée par cette insistance à entrer dans l'intimité de sa vie et à violer son secret* (GI.); **Indigné**, un soulèvement de l'amour du bien ou de l'honnête, un sentiment de mépris ou de colère contre ce qui est moralement blâmable sans forcément nous être nuisible : *Plus indigné de cette bassesse qu'affecté par mon propre intérêt* (J.-J. R.). **Révolté** renchérit et indique le refus d'admettre ce qui est incompatible avec l'idée qu'on se fait du bien et de la dignité humaine : *Nicole était révoltée que de pareilles atrocités fussent possibles* (M. D. G.). **Scandalisé**, choqué, sans toujours être indigné, par ce qui paraît un mauvais exemple ou une chose très anormale : *Il m'a paru surpris, presque scandalisé que deux amies telles que nous n'habitassent pas ensemble* (J.-J. R.). **Suffoqué**, fig., comme interdit, le souffle coupé, parce qu'on est scandalisé ou indigné.

Outrecuidance : → Orgueil et Arrogance.

Outrecuidant : → Orgueilleux et Arrogant.

Outrepasser : → Passer.

Outrer : → Exagérer.

Ouvert : ¶ 1 *Ouvert*, qui n'est pas clos, fermé, bouché, ou dont les bords sont séparés : *Yeux ouverts. Porte ouverte.* **Béant**, qui présente une large ouverture, semblable à une bouche grande ouverte, et de ce fait semble menacer de dévorer, d'absorber : *Gueule béante. Gouffre béant.* ¶ 2 Au fig. → Franc et Intelligent.

Ouverture : ¶ 1 → Excavation. *Ouverture*, endroit naturel ou artificiel par où l'on pénètre quelque part, ou par lequel on passe à travers quelque chose : *L'ouverture d'un trou* (VOLT.). **Entrée**, ouverture qui donne accès en un lieu; **Issue** et **Sortie** (→ ce mot), ouverture qui permet d'en sortir. **Orifice**, terme technique, ouverture de certaines excavations naturelles ou artificielles, ou qui sert d'entrée ou d'issue, plus ou moins étroite, à certains organes ou appareils : *L'orifice d'un volcan, d'un puits. Les orifices de l'estomac.* **Pertuis**, syn. vx d'*ouverture*, ne se dit plus que dans certains emplois techniques : *Pertuis d'un toit* (GI.); *d'une digue.* **Gueule**, ouverture assez large de certains objets : *La gueule d'un four, d'un canon.* **Gueulard**, ouverture d'un haut fourneau ou, en termes de Ponts et Chaussées, bouche d'un égout. **Bouche**, ouverture par où sortent ou s'engouffrent des choses : *La bouche d'un volcan, d'un four, d'un tuyau.* **Gorge,** ouverture, entrée longue et étroite : *La gorge d'un souterrain.* **Goulot,** col d'une bouteille ou entrée étroite et longue d'un vase. — **Guichet,** petite porte pratiquée dans une grande, par ext. ouverture pratiquée dans une porte, un mur, et en général grillagée, par laquelle on peut communiquer avec les personnes qui sont de l'autre côté. **Judas,** petite ouverture pratiquée à un plancher pour voir ce qui se passe au-dessous, et, plus souvent, à une porte pour voir ce qui se passe de l'autre côté. **Jour,** ouverture artificielle ou naturelle par où l'air, la lumière peuvent passer : *Il y a des jours dans cette muraille.* **Œil,** ouverture ronde pratiquée dans certains outils ou instruments, certaines constructions : *L'œil d'un marteau; œil de dôme, œil de pont.* **Embrasure,** terme d'architecture, ouverture pratiquée dans l'épaisseur des murs pour y placer une porte, une fenêtre. — **Méat,** en termes d'anatomie, orifice d'un conduit. ¶ 2 → Commencement. ¶ 3 → Prélude. ¶ 4 → Offre. ¶ 5 → Moyen. ¶ 6 *Ouverture d'esprit* : →. Largeur d'esprit.

Ouvrage : ¶ 1 → Travail. ¶ 2 Ce qui résulte d'un travail. *Ouvrage* et **Production** indiquent quelque chose de concret, un objet. *Ouvrage* fait penser au travail de l'ouvrier qui façonne une matière, *production,* à un principe créateur, et se dit surtout de ce que crée la nature, de ce qu'invente l'esprit, ou des résultats de l'art lorsqu'on insiste plutôt sur l'invention que sur la mise en œuvre d'une matière : *On juge des productions de l'esprit comme des ouvrages mécaniques* (Vauv.). *Œuvre* désigne quelque chose de plus formel et de plus abstrait : c'est tout ce que • produit une action quelconque et qui subsiste : *L'œuvre de la grâce. La création est l'œuvre de Dieu, le monde est son ouvrage.* ¶ 3 En parlant de ce qui est fait par l'esprit, *Production* a surtout rapport à l'invention des idées : *Les productions des génies* (L. B.); et se dit bien de nos jours de conceptions artistiques radiodiffusées, télévisées ou cinématographiées qui sont inventées par un seul, mais réalisées avec le concours de collaborateurs ou de techniciens. *Ouvrage,* par opposition à *production,* a surtout rapport à la forme et suppose la réalisation concrète et complète de la conception de l'auteur lui-même : *Vingt fois sur le métier remettez votre ouvrage* (Boil.). *Ouvrage parfait* (L. B.); et, par opposition à *œuvre,* désigne un livre particulier, quel qu'il soit, considéré comme existant concrètement sous forme d'écrit, ou dans sa forme, sa façon. **Œuvre** (masc. sing.), ensemble des ouvrages d'un artiste, **Œuvres** (fém. pl.), ensemble des ouvrages d'un écrivain, et **Œuvre** (fém. sing.), travail particulier d'un écrivain, ou d'un artiste, font penser, plus abstraitement, à ce qui subsiste de leur création et qui souvent a une certaine valeur : *Œuvre posthume. Œuvre inédite. Bons ouvrages. Grandes œuvres.* **Chef-d'œuvre,** autrefois ouvrage difficile que faisait un ouvrier dans l'art où il voulait passer maître, de nos jours ouvrage parfait ou très beau; parfois, au fig. et ironiquement, résultat fâcheux d'une action : *Un chef-d'œuvre d'impertinence.* ¶ 4 → Livre. ¶ 5 En termes de fortification, *Ouvrage,* toute sorte de travaux avancés exécutés pour la défense ou l'attaque d'une ville ou d'une position militaire. **Fortifications,** ensemble d'ouvrages servant de couverture. **Défenses,** ouvrages, fortifications, et aussi obstacles naturels ou artificiels qui protègent de l'ennemi. **Dehors,** autrefois ouvrages établis en avant du corps de place pour le couvrir et retarder le moment de son attaque par l'assiégeant. **Bastion,** ouvrage disposé sur les saillants d'une place fortifiée et présentant deux faces et deux flancs. **Bastille,** au M. A., ouvrage détaché de défense ou d'attaque, s'est dit ensuite d'un château flanqué de tourelles pour défendre l'entrée d'une ville. **Redoute,** ouvrage isolé sans angles rentrants, et propre à recevoir de l'artillerie (→ Rempart).

Ouvrager, Ouvrer : → Travailler.

Ouvrier : ¶ 1 → Artisan. ¶ 2 → Travailleur.

Ouvrir : ¶ 1 *Ouvrir,* terme très général, faire que ce qui était fermé ne le soit plus, par n'importe quel moyen : *Ouvrir une porte, une bouteille, des huîtres, un livre, une route, un pâté.* **Déboucher,** ouvrir en ôtant ce qui bouche. **Décacheter,** ouvrir ce qui est cacheté, lettre ou paquet. **Entrouvrir,** ouvrir à demi ce qui ferme comme un battant ou ce qui est joint : *Entrouvrir une porte, une fenêtre, les yeux.* **Entrebâiller,** entrouvrir légèrement une porte ou une fenêtre. **Écarquiller,** fam., ouvrir tout grands les yeux en signe d'admiration ou d'étonnement. **Épanouir,** surtout employé pronominalement, ouvrir, faire ouvrir largement une fleur. **Déclore,** vx, *ouvrir* ce qui est joint. **Forcer,** ouvrir en brisant, en rompant avec violence ce qui est fermé comme par une porte : *Forcer un tiroir* (Gi.). **Enfoncer,** forcer en poussant, en pressant. **Crocheter,** ouvrir une porte, un secrétaire, etc., en travaillant la serrure avec un crochet. — **Fendre,** entrouvrir un corps continu, en faisant que ses parties laissent un intervalle entre elles : *La gelée fend la terre.* ¶ 2 → Étendre. ¶ 3 En parlant d'une route, *Ouvrir* s'emploie plutôt lorsqu'on pratique une percée à travers un obstacle, pour y faire passer un chemin important. **Frayer,** rendre une voie, un chemin praticable, se dit dans tous les cas. — Au fig. *Ouvrir la voie, le chemin,* donner à quelqu'un une voie pour accéder à quelque but : *La route qu'il* [Descartes] *ouvrit est depuis lui devenue immense* (VOLT.). *Frayer* implique qu'on aplanit les difficultés, qu'on facilite l'accès, parfois qu'on marche devant : *La raison ne nous est donnée que pour nous frayer le chemin à la foi* (MAS.). ¶ **4** → Commencer. ¶ **5** (Réf.) → (se) Confier.

Ovale : ¶ **1** Adj. *Ovale* se dit des figures en plan ou des objets de peu de relief ou d'épaisseur qui ont la courbure ronde et oblongue d'une ellipse, ou d'un œuf coupé par le milieu dans le sens de sa longueur : *Une table ovale.* **Ové, Ovoïde** et **Oviforme** (plus rare) s'appliquent aux objets qui présentent les trois dimen-

sions et ont par conséquent la forme d'un œuf entier : *Un fruit ové.* ¶ **2** N. *Ovale,* terme vulgaire, toute courbe fermée et allongée, plus en pointe, comme l'œuf, d'un côté que de l'autre. **Ellipse,** terme de mathématiques, courbe fermée dont chaque point est tel que la somme de ses distances à deux points fixes appelés foyers est constante. *Ovale* se dit aussi vulgairement d'une courbe fermée et symétrique ayant la forme apparente d'une *ellipse,* mais pouvant ne pas répondre exactement à la définition géométrique de celle-ci. **Ove,** ornement architectural en forme d'œuf.

Ovation : → Acclamation.

Ovation (faire une), Ovationner : → Acclamer.

Ovule, terme d'embryologie, germe arrivé à maturité et renfermé dans l'ovaire. **Œuf,** ovule fécondé et arrivé dans la matrice.

P

Pacage : → Pâturage.

Pacifier : → Apaiser.

Pacifique, Pacifiste : → Paisible.

Pacotille : → Marchandise.

Pacte : ¶ 1 → Convention. **¶ 2** → Traité.

Pactiser : ¶ 1 → (s') Entendre. **¶ 2** → Composer.

Pagaille : → Désordre.

Page : ¶ 1 → Feuille. **¶ 2** → Passage.

Paginer : → Coter.

Paie : → Rétribution et Paiement.

Paiement, action de payer. **Solution,** terme de jurisprudence, paiement final servant de libération. — *Paiement,* somme versée accidentellement comme rétribution. **Paie,** somme donnée régulièrement comme salaire. — Au fig. → Récompense.

Païen, opposé à *chrétien,* celui qui croit à plusieurs dieux ou qui ne pratique aucune religion. **Gentil,** opposé à *juif,* païen polythéiste contemporain du peuple juif, des apôtres ou des premiers temps du christianisme : *Les Juifs et les Gentils* (Pasc.). **Idolâtre,** païen qui rend un culte à des idoles, adore les statues, des fétiches, etc. **Infidèle,** terme le plus général, celui qui n'a pas la vraie foi, l'a perdue ou ne la connaît pas : *Les musulmans sont des infidèles, mais non des païens.* **Mécréant,** syn. vx d'*infidèle,* se disait surtout des mahométans.

Paillard : → Lascif.

Paillardise : → Lasciveté.

Paillasse : ¶ 1 → Matelas. **¶ 2** → Clown.

Paille (homme de) : → Intermédiaire.

Pain : ¶ 1 Aliment fait de farine pétrie et cuite au four. *Pain,* terme général, ne précise ni la masse ni la forme. Suivant la forme du pain, et suivant les régions, on l'appelle **Flûte, Baguette,** etc., s'il est long; **Couronne,** s'il est rond; **Miche,** s'il pèse une livre ou plus. **Pistolet,** petit pain. **¶ 2** → Nourriture. **¶ 3** *Pain* se dit aussi de certaines substances mises en masse et dont la forme est comparée à celle d'un pain : *Pain de sucre.* **Brique,** masse qui a une forme parallélépipédique : *Brique de savon.*

Pair : → Égal.

Paire : → Couple.

Paisible : ¶ 1 Qui se fait remarquer par son calme. *Paisible* exprime une manière d'être, **Pacifique,** une manière d'agir, un genre de conduite ou, en parlant des choses, un aspect qui invite à la paix : *Nuit pacifique* (J. Rom.). De plus, *paisible* implique la paix dans tous les sens du mot, *pacifique* implique surtout la paix par opposition à la guerre : *Un règne paisible n'est agité par aucun trouble; un règne pacifique n'a été marqué par aucune guerre* (L.). **Pacifiste** implique la croyance doctrinale en la possibilité de la paix universelle, des efforts pour en préparer l'avènement; et, péj., un désir de paix à n'importe quel prix. **Pantouflard,** ironiquement, homme paisible, peu combatif, qui n'aime pas être troublé dans sa tranquillité. **Mouton,** fig. et fam., homme paisible, doux, qui fait et supporte tout ce que l'on veut. **¶ 2** → Tranquille.

Paître : ¶ 1 → Manger. *Paître,* manger de l'herbe dans les prairies, en se baissant pour la prendre, et par ext., manger ce qui est à terre, sans tenir au sol, fruits tombés, feuilles détachées des arbres, etc. **Brouter,** manger, en élevant et en tendant la gueule, des bouts de branche d'arbre, des feuilles, ou paître la pointe de l'herbe, ou une herbe très courte, difficile à saisir et à arracher : *La vache pesante paît au fond des vallées; la chèvre grimpante broute les arbrisseaux des rochers* (B. S.-P.). **Pâturer** et **Pacager** (→ Pâturage) marquent plus abstraitement l'action de se nourrir ou font penser aux règles qui régissent le droit de pâture ou de pacage. **Viander,** terme de chasse, pâturer en parlant du cerf et de quelques autres bêtes fauves. **¶ 2** → Nourrir.

Paix : ¶ 1 → Tranquillité. **¶ 2** *Paix,* état de fait dans lequel il n'y a pas de guerre; **Apaisement** implique que le calme revient dans les esprits, qu'on ne nourrit plus aucune hostilité contre les ennemis d'hier : *Les traités de 1918 ont créé, en Europe, une paix sans apaisement.* **Pacification,** action d'établir la paix, d'une façon durable, par n'importe quel moyen, y compris la force. **Entente** ajoute à *paix* l'idée d'accord ou au moins de bon voisinage entre les peuples. **¶ 3** Interjection invitant à se taire. *Paix* invite surtout à ne pas faire de bruit, à rester tranquille :

*Paix! paix! leur dit-elle d'une voix basse,
vous réveilleriez ma nièce* (LES.). **Silence**
invite à rester muet afin qu'on puisse
entendre autre chose ou une autre personne : *Tais-toi, je veux l'entendre : Silence,
dis-je* (MOL.). **Chut** invite à ne pas dire
ce qu'il est bon de taire : *Chut! n'offensez
pas ces messieurs-là* (MOL.); mais c'est aussi
un syn. atténué de *paix* ou de *silence*.
Motus, fam., invite au silence absolu
par discrétion : *Motus, il ne faut pas dire
que vous m'avez vu sortir de là* (MOL.).
Bouche close et **Bouche cousue,** plus
fam., demandent le secret.

Palabre : ¶ 1 → Discussion. **¶ 2** →
Discours.

Palabrer : ¶ 1 → Discuter. **¶ 2** → Discourir.

Palace : → Hôtel.

Paladin : → Chevalier.

Palais : ¶ 1 → Immeuble. **¶ 2** → Maison.

Pâle : ¶ 1 *Pâle* indique un blanc sans éclat
ou une couleur effacée : *Un beau teint un
peu pâle.* (SÉV.); **Blafard,** péj., un blanc
mat, inanimé, terne et fade, désagréable,
parfois maladif : *Jour de cave blafard*
(ZOLA). *Abstraite et blafarde lumière* (GI.).
Livide et **Plombé,** qui enchérit, ajoutent
à *pâle* une nuance bleuâtre, noirâtre,
comme la chair d'un cadavre : *Pâle ou
plutôt livide, les yeux plombés et presque
éteints* (J.-J. R.). — En parlant du visage,
de l'air, du teint des personnes, **Pâlot,**
un peu pâle, par fatigue ou maladie; **Hâve**
ajoute à *pâle* l'idée d'une maigreur décharnée due à la maladie ou aux privations :
Des habitants hâves, décharnés (VOLT.);
Blême, très pâle, souvent sous l'effet de la
maladie ou d'une passion : *Un dévot au
teint creux et d'abstinence blême* (BOIL,); se
dit parfois des choses : *Jour blême et
verdâtre* (GAUT.); **Bleu,** syn. de *livide,* se
dit de la peau pâlie par le froid, la
frayeur ou la colère; **Vert** et **Terreux,**
du visage, du teint rendus pâles et jau-
nâtres par un malaise, la fatigue ou une
maladie. **Exsangue,** terme de médecine,
d'une pâleur qui indique le manque de
sang, l'anémie. **¶ 2** → Malade.

Paletot : → Manteau.

Palier : ¶ 1 *Palier,* sorte de plate-forme
aménagée dans un escalier. **Carré,** palier,
carré ou rectangulaire, de chaque étage
d'une maison. En ce sens, on dit parfois
aussi **Étage. Repos,** terme d'architecture,
sorte de petit palier souvent formé d'une
marche plus large que les autres. **¶ 2** →
Phase.

Palingénésie : → Renaissance.

Palinodie : → Rétractation.

Palis : → Pieu et Clôture.

Palissade : → Clôture.

Palladium : → Garantie.

Palliatif : → Remède.

Pallier : ¶ 1 → Cacher. **¶ 2** → Modérer.
¶ 3 → Pourvoir à.

Palombe : → Pigeon.

Palpable : ¶ 1 → Sensible. **¶ 2** → Manifeste.

Palper : → Toucher.

Palpitant : → Intéressant.

Palpiter : → Trembler.

Pâmer et **(se) Pâmer : ¶ 1** → (s') Évanouir. **¶ 2** → (s') Enthousiasmer.

Pâmoison : → Évanouissement.

Pamphlet : ¶ 1 → Brochure. **¶ 2** → Libelle.

Pamphlétaire : → Journaliste.

Pan : ¶ 1 → Partie. **¶ 2** → Flanc.

Panacée : → Remède.

Panache : ¶ 1 → Plumet. **¶ 2** → Lustre.

Panache (faire) : → Culbuter.

Panaché : ¶ 1 → Bariolé. **¶ 2** → Mêlé.

Panacher : ¶ 1 *Panacher,* en parlant
des plantes et des oiseaux, avoir la propriété de prendre les couleurs ou les formes
d'un panache : *Les femelles de ces pigeons
ne panachent point* (BUF.). **Se panacher**
marque l'action effective faite en vertu
de la propriété de panacher. **¶ 2** → Mêler.

Pancarte : → Écriteau et Affiche.

Pancrace : → Lutte.

Pandémique : → Épidémique.

Panégyrique : → Éloge.

Panetière : → Gibecière.

Panier : ¶ 1 Ustensile de matière tressée
qui sert à contenir des provisions, des
marchandises. Le *Panier* affecte des formes
très diverses et a ordinairement des anses
pour le transport. **Corbeille,** sorte de panier sans anse ou n'ayant que de petites
anses sur les côtés ou sur les bords et
servant ordinairement de réceptacle :
Corbeille à papiers, à pain. **Panière,** dans
le midi, panier ou corbeille à deux anses.
Manne, grand panier rectangulaire ou
cylindrique dans lequel on transporte des
marchandises où des produits divers.
Mannette, petite manne à deux anses.
Mannequin, petite manne d'osier servant
à transporter des fruits ou de la marée.
Banne, manne d'osier ou de roseau tressé
pour l'emballage des fruits, légumes,
fleurs, etc. **Bannette,** petite banne ou panier d'osier, de roseau, de bois mince, etc.,
souvent avec un couvercle pour porter
des provisions ou des effets en voyage.
Banneton ou **Paneton,** petit panier sans
anse dans lequel on fait lever le pain.
Bourriche, panier grossier, oblong, sans
anses, dont on se sert pour faire voyager

le gibier, la volaille, la marée. **Cabas** (→ ce mot), sorte de panier en jonc tressé, en fibres de palmier, et qui sert à emballer les fruits secs; par analogie, panier aplati et souple, à poignées, pour mettre les emplettes. **Hotte**, sorte de panier, ordinairement d'osier et qu'on met sur le dos avec des bretelles pour porter diverses choses. — ¶ 2 *Panier* désigne aussi ce que contient un panier : *Un panier de pêches.* **Panerée**, contenu d'un panier entièrement plein, n'est guère usité qu'en parlant des fruits ou au fig. : *Des panerées de baisers* (Sév.).

Panier (dessus du) : → Choix.

Panier à salade : → Voiture cellulaire.

Panique : → Épouvante.

Panne (mettre en) : → Stopper.

Panneau : ¶ 1 → Filet. ¶ 2 → Écriteau.

Panorama : → Vue.

Panse : → Ventre.

Panser : → Soigner.

Pantagruélique : → Abondant.

Pantalon : ¶ 1 → Culotte. ¶ 2 → Pantin.

Pantalonnade : ¶ 1 → Fuite. ¶ 2 → Feinte et Comédie.

Pantelant : ¶ 1 → Essoufflé. ¶ 2 → Ému.

Panteler : → Respirer.

Pantin : ¶ 1 *Pantin*, petite figure de carton ou de bois mince et colorié, en général burlesque, dont on fait mouvoir les membres par le moyen d'un fil et qui sert de jouet aux enfants. **Marionnette**, petite figure représentant un homme ou une femme, en général habillée d'étoffe, burlesque ou non, et qu'on fait mouvoir avec des fils, avec des ressorts ou avec la main, en général sur un théâtre miniature. **Margotin**, vx, petite marionnette de bois que l'on faisait danser au bout d'un fil dans les théâtres de la Foire. **Fantoche**, marionnette articulée mue à l'aide de fils. **Bamboche**, sorte de grand fantoche. **Pupazzo** (mot italien), surtout au pl. *pupazzi*, marionnette qui n'a que la tête et les mains en bois et en carton, le corps étant une poche à l'intérieur de laquelle on passe la main de façon que le médius et le pouce simulent les bras, tandis que l'index fait mouvoir la tête. **Burattino** (mot italien), genre de *pupazzo*. **Guignol**, type de pupazzo français d'origine lyonnaise. **Polichinelle**, marionnette de bois grotesquement vêtue, bossue par-devant et par-derrière, qui parle du nez et qui joue le principal rôle sur les théâtres de marionnettes. ¶ 2 Au fig., *Pantin*, homme qui gesticule sans motif et ridiculement; au moral, celui qu'on fait agir comme on veut, qui flotte

sans cesse ridiculement d'une opinion à l'autre : *Parce qu'il court et va partout* [l'homme], *le pantin se croit libre* (Bérang.). **Marionnette** insiste surtout sur la frivolité, l'absence de caractère et le fait qu'on est manœuvré par les puissants ou les habiles : *Un automate créé pour être à la tête de quelques milliers de marionnettes humaines* (Volt.). **Fantoche** marque l'absence de personnalité qui rend nul, inexistant : *Un gouvernement de fantoches.* **Pantalon**, fig. et fam., par allusion à un personnage de la comédie italienne, homme sans dignité qui change d'opinion, d'attitude et de conduite suivant les circonstances et ce qu'il croit être son intérêt. **Polichinelle**, bouffon ridicule, ou celui que son peu d'intelligence, de dignité, de consistance rend burlesque. **Guignol** enchérit ce sens. **Girouette** et **Arlequin**, fig. et fam., celui qui change souvent d'avis, de sentiment, de parti. **Toupie** et **Toton**, fig., personne sans volonté qu'on fait tourner à son gré. **Saltimbanque**, fig. et fam. homme sans consistance à qui sa légèreté, son manque de sérieux enlèvent toute considération. **Sauteur**, fig. et fam., homme sans caractère sur lequel on ne peut nullement compter.

Pantois : → Interdit.

Pantomime : ¶ 1 → Mime. ¶ 2 → Geste.

Pantouflard : ¶ 1 → Sédentaire. ¶ 2 → Paisible.

Pantoufle : → Chausson.

Paon : → Orgueilleux.

Papal : ¶ 1 Adj. Qui appartient au pape. *Papal* est le terme courant. **Papalin**, péj., qui est sous la dépendance du pape ou de son parti : *Journaux papalins.* ¶ 2 N. Partisan du pape. *Papal*, surtout usité au masc. pl., est rare. **Papalin** est péj. **Papiste**, nom que les protestants donnent aux catholiques romains, se dit, par opp. aux protestants, des partisans de la suprématie des papes. **Ultramontain**, celui qui professe des doctrines théologiques favorables au Saint-Siège par opp. aux doctrines gallicanes. **Papimane**, mot burlesque de Rabelais, partisan de tout ce qui a rapport au gouvernement du pape.

Pape : Le chef de l'Église catholique romaine. *Pape*, nom donné primitivement à tous les évêques, puis réservé au seul évêque de Rome, est le terme courant. **Souverain pontife** et **Saint-Père**, termes plus relevés très usités, désignent le pape par des titres lui appartenant en propre, ainsi que **Vicaire de Jésus-Christ**, **Successeur de saint Pierre**, **Évêque universel**, **Pasteur suprême**. Depuis saint Grégoire le Grand (590-604), les papes se désignent eux-mêmes sous le nom de **Serviteur**

des serviteurs du Christ. Quand on s'adresse au Pape, on dit **Très Saint-Père**; quand on parle de sa personne, **Sa Sainteté**.

Papelard : → Patelin.

Papelardise : → Patelinage.

Papier : ¶ 1 Ce qui est écrit ou imprimé sur du papier. *Papier* se dit de toutes sortes de titres, documents, mémoires ou autres écritures qu'en général on conserve. **Paperasse,** papier écrit ou imprimé qu'on regarde comme inutile. **Papelard,** syn. argotique de *papier*. **¶ 2** → Article.

Papier-monnaie : → Billet.

Papillonner : → Folâtrer, Marivauder et Voltiger.

Papillote, morceau de papier dont on enveloppe les cheveux que l'on met en boucles. **Bigoudi,** tige de fer garnie de peau autour de laquelle on enroule les cheveux pour les faire friser.

Papilloter : ¶ 1 → Luire. **¶ 2** → Vaciller. **¶ 3** → Ciller.

Papoter : → Babiller.

Paquebot : → Bateau.

Paquet : ¶ 1 Assemblage de plusieurs choses enveloppées ou enveloppées ensemble. *Paquet* est le terme courant. **Colis,** paquet (et aussi caisse) de marchandises diverses que l'on expédie. **Balle,** gros paquet de marchandises, enveloppé de toile et lié de cordes, pour être transporté. **Ballot,** petite balle de marchandises ou d'effets. **Balluchon,** petit paquet d'effets que l'on porte le plus souvent à la main. **Tapon,** étoffe, linge qu'on bouchonne et qu'on met en tas. **Bouchon de linge,** paquet de linge tortillé. **¶ 2** → Gros.

Paquet (donner son) : → Humilier.

Paquet (faire son) : → Mourir.

Paquet (risquer le) : → Hasarder.

Paquetage : → Bagage.

Parabole : ¶ 1 → Fable. **¶ 2** → Symbole.

Parachever : → Finir et Parfaire.

Parade : ¶ 1 → Revue. **¶ 2** → Montre. **¶ 3** → Feinte.

Parade (faire) : → (se) Parer.

Parader : → (se) Montrer.

Paradigme : → Exemple.

Paradis : ¶ 1 → Ciel. **¶ 2** Au fig., *Paradis,* avec l'article indéfini, séjour délicieux, orné par la nature ou par l'art; avec l'article défini, l'état le plus heureux dont on puisse jouir et le lieu où l'on en jouit : *C'est un paradis terrestre depuis La Haye jusqu'à Amsterdam* (Volt.). *Le vert paradis des amours enfantines* (Baud.). **Éden,** nom du paradis terrestre dans l'Écriture; au fig., lieu de délices et de bonheur tran-

quille : *Le salon d'un restaurateur est l'Éden des gourmands* (Brillat-Savarin). **Élysée,** lieu délicieux dans l'Enfer païen où séjournaient les âmes des héros et des hommes vertueux; au fig., lieu agréable, calme, souvent planté de beaux arbres. **Nirvâna,** au fig., état assez passif de bien-être dans lequel on n'éprouve aucun souci : *Le nirvâna du fumeur d'opium.* **Oasis,** fig., tout lieu fertile par opposition à des lieux déserts, stériles qui l'entourent, et, au moral, tout ce qui offre une détente, un repos moral dans une vie pénible : *Une oasis de verdure. Cette amitié fut une oasis dans ses chagrins.* **¶ 3** → Balcon.

Paradoxal : → Invraisemblable.

Paradoxe : Proposition contraire à l'opinion commune ou à la vraisemblance. Le *Paradoxe* cache souvent, sous une formule ou une idée qui paraît étonnante, une vérité qu'on peut soutenir : *Paradoxe sur le comédien* (Did.). L'**Énormité** est toujours une pure extravagance (→ ce mot). **Boutade** se dit parfois d'un paradoxe fait par saillie, sous une forme vive et frappante.

Parage : → Naissance.

Parage : → Lieu.

Paragraphe : → Partie.

Paraître (V.) : **¶ 1** Tomber sous les sens, devenir visible. *Paraître* marque une action ordinaire, **Apparaître,** une action plus extraordinaire, plus surprenante : *Lorsque l'enfant paraît* (V. H.). *Et tout à coup, là-haut, les gazelles apparaissent* (Loti). **Se montrer** (→ ce mot), en parlant des personnes, paraître avec l'intention de se laisser voir; en parlant des choses, se laisser voir nettement, souvent pendant peu de temps : *Le soleil ne s'est pas montré aujourd'hui* (Acad.). **Se présenter** (→ ce mot), paraître devant quelqu'un, ou aux yeux, ou à l'esprit, comme si l'on s'avançait devant un spectateur : *A mes yeux se présente Un jeune enfant* (Rac.). *La foule d'idées ingénieuses qui se présente toujours à vous* (Volt.). **S'offrir** dit plutôt moins : c'est être à la disposition des yeux ou de l'esprit, sans attirer forcément l'attention, et sans toujours l'idée de présence actuelle qu'il y a dans *se présenter* : *Voilà comment Pyrrhus vint s'offrir à ma vue* (Rac.). Une solution *se présente* quand on la dans l'esprit, elle *s'offre* quand elle est possible, sans qu'on la conçoive encore parfaitement. **Surgir** (→ Sortir), paraître à l'improviste, comme une eau qui jaillit tout à coup en s'élevant : *Très haut dans l'azur, un vol de ramiers surgit* (Mau.). **Poindre,** surtout à l'infinitif et au futur, commencer à paraître en parlant du jour, des fleurs qui commencent à pousser, ou au fig.

Jour (V. H.), *mouvement* (VAL.), *vérité* (ACAD.) *qui point*. **Pointer,** syn. de *poindre*, marque une action plus nette (→ Pousser). **Percer,** paraître en se frayant un passage : *Le soleil perce à travers le nuage.* ¶ 2 → (se) Distinguer. ¶ 3 Avoir ou tel aspect. *Paraître*, objectif, exprime le résultat de l'apparence ou de l'aspect des choses, **Sembler,** subjectif, le résultat de la manière toute personnelle et variable dont nous voyons les choses : *Rien n'est comme il nous paraît* (VOLT.). *Ce songe, ce rapport tout me semble effroyable* (RAC.) ; *sembler* serait donc plus conjectural que *paraître* et préférable dans les formules atténuées où l'on admet qu'on peut mal juger; mais l'usage ignore souvent cette distinction. **Apparaître,** syn. de *il paraît, il semble*, dans la loc. *il apparaît*, marque évidence et certitude : *La famille Douviers dont il apparaissait qu'il ne connaissait pas grand-chose* (GI.). Avec un attribut, c'est se faire voir tel qu'on est réellement : *Cette solution apparaît comme la meilleure.* **Avoir l'air,** syn. fam. de *paraître*, ne s'emploie jamais impersonnellement : *Il avait l'air d'une fille* (GIR.). **Passer pour,** sembler d'après l'opinion d'un certain nombre de personnes, être réputé : *Nos écrivains passent, dans les pays anglosaxons, pour connaître aussi peu les bêtes que les enfants* (GIR.). **Marquer,** avoir un aspect, un habillement qui fait telle ou telle impression, en parlant d'une personne, dans la loc. *Marquer mal* et plus rarement *Marquer bien*. **Sentir,** au fig., avoir le caractère, les manières, l'air, l'apparence du genre de choses ou de personnes indiqué par le complément précédé en général de l'article défini ou du possessif : *Cette proposition sent l'hérésie* (ACAD.). *Sentant son renard d'une lieue* (L. F.). **Se montrer,** avec pour sujet un n. de personne, marque un effort du sujet pour faire voir par les effets ce qu'il est réellement : *Je me dois, par ta mort, montrer digne de toi* (CORN.). **S'avérer,** se faire reconnaître pour vrai, s'emploie souvent de nos jours abusivement avec le sens d'*apparaître*, et parfois simplement d'*être* : *Les recherches se sont avérées infructueuses*; il faut en user avec prudence et ne pas dire par ex. « Il s'est avéré faux »; mais *il est avéré que*, il est prouvé que, s'emploie très normalement pour enchérir sur *il apparaît*.

Paraître (N.) : → Apparence.

Parallèle : ¶ 1 → Rapprochement. ¶ 2 Adj. → Semblable.

Paralogisme : → Sophisme.

Paralysé : ¶ 1 → Engourdi. ¶ 2 → Paralytique.

Paralyser : ¶ 1 → Engourdir. ¶ 2 → Arrêter et Empêcher. ¶ 3 → Pétrifier.

Paralysie, terme général de pathologie, privation ou diminution considérable de la sensibilité et du mouvement volontaire, ou de l'un des deux, par suite de lésions des nerfs moteurs ou de lésions musculaires. **Parésie,** paralysie incomplète, simple diminution de la contractilité musculaire. **Hémiplégie,** paralysie complète ou incomplète d'une moitié du corps. **Paraplégie,** paralysie complète ou incomplète des membres, spéc. inférieurs. — **Catalepsie,** perte momentanée de la contractilité volontaire des muscles, mais sans lésion des nerfs ni des muscles, les membres et le tronc conservant la position qu'on leur donne et se comportant comme s'ils étaient de cire molle (→ Engourdissement). — Au fig. → Stagnation. *Paralysie*, arrêt total d'une activité : *La paralysie des affaires*. **Sclérose,** induration pathologique d'un organe ou d'un tissu, au fig., ralentissement progressif d'une activité : *La sclérose de l'économie*.

Paralytique fait penser absolument à l'état durable de celui qui est atteint de paralysie : *On peut naître paralytique.* **Paralysé** fait concevoir le même état comme l'effet d'une attaque de paralysie accidentelle. **Perclus** n'implique pas la paralysie au sens médical du terme, et indique simplement qu'on ne peut exécuter, par accident, aucun mouvement soit d'un membre, soit de tout le corps. **Impotent** (→ Infirme), infirme, par nature ou par accident, d'un membre dont on ne peut se servir convenablement, dit moins : *Impotent, puis tout à fait perclus* (S.-S.).

Parangon : → Exemple.

Parapet : → Balustrade.

Paraphe : → Signature.

Paraphrase : ¶ 1 → Développement. ¶ 2 → Explication.

Parapluie, abri d'étoffe légère qu'on déploie pour se préserver de la pluie. **Tom-pouce,** terme de mode, parapluie de femme très court. **Pépin,** syn. trivial de *parapluie*. **Riflard,** pop., grand ou vieux parapluie. **En-cas** ou **En-tout-cas,** sorte d'ombrelle qui peut aussi préserver de la pluie.

Parasite : ¶ 1 N. *Parasite*, de tous les styles, celui qui, par habitude, par métier, s'invite à la table d'autrui, vit à ses dépens, mais est parfois toléré, ou même apprécié : *Il y souffrait [à sa table] même volontiers des parasites, pourvu qu'ils payassent leur écot par quelques bons mots* (LES.). **Écornifleur,** fam., celui qui se fait donner, çà et là, de l'argent, un dîner, sur lequel il tombe avidement en « écornant » la part des autres : *[Les harpies] ces francs écornifleurs* (SCAR.). Au fig. le *parasite* est un inutile, un flatteur, l'*écornifleur*, un pillard : *Les petits écornifleurs du Parnasse* [les plagiaires] (VOLT.). **Pique-assiette,** fam., celui qui vit en parasite. **Chercheur de franches lippées,** syn. vx d'*écornifleur*. ¶ 2 Adj. → Superflu.

Parasol, abri portatif, analogue au parapluie, pour se protéger du soleil, dans les pays chauds et dans certains pays exotiques où il est aussi un insigne d'autorité; ne se dit, chez nous, que d'un vaste abri de ce genre, non portatif, qu'on fixe sur une plage, pour se mettre à l'ombre, ou sur une table pour la protéger du soleil. **Ombrelle,** petit parasol léger dont, dans nos contrées, se servent surtout les femmes. **En-cas** et **En-tout-cas,** ombrelle qui peut servir de parapluie.

Paravent : Au fig. → Bouclier.

Parc : ¶ 1 → Jardin. ¶ 2 → Pâturage.

Parc zoologique, et fam. **Zoo,** parc dans lequel on élève et on présente au public diverses espèces d'animaux, surtout exotiques. **Ménagerie,** lieu où se trouvent réunis, en vue de la curiosité ou de l'étude, les principales espèces d'animaux, a désigné un tel endroit dans un parc public ou privé : *La Ménagerie de Versailles, du Jardin des Plantes de Paris;* mais se dit surtout de nos jours d'une collection foraine et ambulante d'animaux qui se rend de ville en ville : *La ménagerie d'un cirque.* **Jardin d'acclimatation,** à Paris, jardin où l'on acclimatait certaines espèces de plantes et d'animaux et qui servait de parc zoologique.

Parcelle : ¶ 1 → Morceau. ¶ 2 → Partie.

Parce que et **A cause que,** plus ou plus rare, répondent à *pourquoi* et donnent une explication : *Polyeucte est chrétien parce qu'il l'a voulu* (CORN.). **Car, En effet** annoncent une preuve qui démontre la vérité d'une assertion; *car,* bref, décisif, se met devant une preuve courte et dont la vérité s'aperçoit tout de suite : *Vous le prendriez pour un stupide; car il n'écoute point, et il parle encore moins* (L. B.); *en effet* commence une preuve développée, qui consiste en un fait qui appuie l'assertion, ou en un raisonnement par déduction qui montre que l'assertion dérive de principes certains : *Les victoires de Marius ne sont pas une suffisante compensation pour les horreurs dont il s'est rendu coupable... En effet il eut tous les vices des grands scélérats; il fut sans foi* (ROLL.). **Puisque,** avec moins de force que *car,* rappelle, pour confirmer une assertion, quelque chose d'admis ou qu'on suppose incontestable : *Me voilà résolu à croire que je pense, puisque je doute, et que je suis, puisque je pense* (FÉN.). **Vu que** et **Attendu que** expriment les considérations qui ont déterminé un être intelligent; *vu que* implique une considération moins sérieuse qu'*attendu que* qui est surtout un terme de palais ou d'administration. **D'autant que,** abrégé de *d'autant plus que,* marque une considération particulièrement importante.

Parchemin : ¶ 1 → Diplôme. ¶ 2 → Titre.

Par-ci, par-là : → (de) Côté et d'autre.

Parcimonie : → Économie.

Parcimonieux : → Économe et Avare.

Parcourir : ¶ 1 → Courir. *Parcourir,* traverser un espace en divers sens. **Sillonner,** fig., parcourir en laissant une trace, un sillon en passant, se dit surtout des bateaux, parfois des véhicules : *La place de la Concorde sillonnée de voitures silencieuses* (M. D. G.). **Battre,** fig., enchérit sur *parcourir* dans diverses loc., et implique souvent une idée de découverte ou de recherche : *Diane Parcourant les forêts ou battant les halliers* (BAUD.). ¶ 2 *Parcourir,* traverser un espace jusqu'à un but déterminé : *Le soleil parcourt tout le zodiaque en un an* (ACAD.). **Couvrir,** parcourir une certaine distance en un temps donné en parlant d'un train, d'un véhicule : *Ce train a couvert cent kilomètres dans une heure.* ¶ 3 → Lire. ¶ 4 → Regarder.

Parcours : → Trajet.

Pardessus : → Manteau.

Par-dessus : → Outre.

Pardon : ¶ 1 Action de tenir pour non avenue une faute, une offense. Le *Pardon* est accordé par la personne même qui a eu à souffrir et qui consent à étouffer en elle le ressentiment et à ne pas punir. **Oubli** implique qu'on ne se souvient plus du tort subi, sans aller jusqu'à pardonner formellement : *A défaut de pardon, laisse venir l'oubli* (MUS.). **Absolution,** acte juridique par lequel le juge civil décharge un accusé auteur d'un fait qui n'est puni par aucune loi, ou reconnu innocent ou excusable (en ce sens on dit plutôt **Acquittement**); en termes religieux, action par laquelle le prêtre remet les péchés en vertu de paroles sacramentelles qu'il prononce; dans le langage relevé, action de reconnaître un accusé non coupable : *L'absolution lui fut donnée par l'opinion publique* (ACAD.); ou même syn. de *pardon,* ou de *grâce.* **Grâce,** acte de clémence gratuit d'une autorité souveraine qui consiste à atténuer ou à supprimer le châtiment qu'encourt un coupable sans pour autant le laver de sa faute (→ Amnistie). **Abolition,** vx, acte de clémence absolu de la part d'une autorité souveraine qui efface toute trace de la faute et soustrait le coupable aux poursuites de la justice. **Rémission** (en termes de droit actuel, on dit **Remise,** en parlant d'une dette ou d'une peine), acte de clémence partiel, qui diminue ou commue une peine en faveur d'un coupable qui bénéficie de certaines circonstances atténuantes: *Quand le souverain accorde une grâce et une rémission, ou il relâche toute la peine, ou il la commue ; et le Sauveur se sert de ces deux manières dans la rémission de ses crimes. Par la grâce du saint baptême, il donne une entière abolition* (Bos.). **Miséricorde** (→ ce mot), bonté par laquelle Dieu fait grâce aux pécheurs, par ext., dans le style relevé, *grâce* ou *pardon* accordé par bonté : *Pour obtenir miséricorde de leur rigueur* (Pasc.) ¶ 2 Dans le langage religieux, *Pardons* et **Indulgences,** rémission totale ou partielle accordée par l'Église, en vertu des mérites surabondants de J.-C. et des saints, pour les châtiments que le pécheur, même pardonné par l'absolution, peut encourir dans ce monde ou dans l'autre. **Jubilé,** indulgence plénière, solennelle et générale accordée par le pape en certaines occasions. ¶ 3 → Excuse. ¶ 4 → Fête. ¶ 5 → Pèlerinage.

Pardonner : ¶ 1 → Excuser. ¶ 2 → Souffrir. ¶ 3 → Ménager.

Pareil : ¶ 1 → Semblable. *Pareil* suppose une égalité presque parfaite entre deux choses du point de vue de la valeur, du caractère, du genre, du mérite, etc. : *Souvenirs pareils aux miens* (Gi.). **Équivalent** dit plus, mais ne marque qu'une égalité purement abstraite de valeur ou de sens, sans aucun autre rapport : *Considérer comme équivalentes, comme interchangeables, une de leurs promenades et une des nôtres* (J. Rom.). **Adéquat,** terme de philosophie, ne se dit que d'une idée, d'une définition exactement équivalentes à l'objet qu'elles offrent à la pensée : *Une bonne définition doit être adéquate, c'est-à-dire qu'elle doit convenir à l'objet tout entier* (Acad.). **Synonyme,** fig., équivalent, en parlant de choses qui ont la même signification : *Chez plusieurs, savant et pédant sont synonymes* (L. B.). ¶ 2 → Égal.

Parement : ¶ 1 → Ornement. ¶ 2 → Revers. ¶ 3 → Surface.

Parent, qui se dit, au pl. seulement, du père et de la mère, celui ou celle qui est de la même famille que quelqu'un par le sang ou par alliance. **Collatéral,** terme de généalogie et de droit, parent par le sang, frère ou sœur, ou descendant de frères ou de sœurs, par opposition aux ascendants ou descendants directs. **Germain,** frère ou sœur ou cousin né du frère ou de la sœur du père ou de la mère. **Consanguin,** collatéral du côté paternel, par opposition à **Utérin,** collatéral du côté maternel. **Agnat,** terme de l'ancien droit romain, toute personne descendant par mâles d'une même souche masculine, par opposition à **Cognat** qui désignait tous les collatéraux et particulièrement ceux qui étaient parents par les femmes. **Allié,** parent uni par une parenté résultant du mariage. **Apparenté,** part. passif, rendu parent par alliance, fait souvent penser à la qualité des parents : *Il est apparenté, par son mariage, aux plus riches familles du pays.* **Proche,** au pl., parents les plus proches et qu'on fréquente habituellement.

Parenté : ¶ 1 *Parenté,* liaison entre parents par le sang ou par alliance, désigne aussi les parents et les alliés d'une même personne. **Parentage** vieillit et conviendrait surtout dans le deuxième sens. **Parentèle** est vx et plutôt péj. : *La parentèle nombreuse et grotesque* (S.-S.). **Famille** se dit plutôt des proches. **Consanguinité,** chez les Romains, lien de parenté du côté du père; de nos jours, en termes de droit canon, et seulement en matière de mariage, parenté du côté du père ou de la mère, entre les descendants d'un ancêtre immédiat commun, père, mère, grand-père, grand-mère. **Affinité,** degré de proximité que le mariage fait acquérir d'un conjoint avec les parents de l'autre : *Il a épousé ma sœur, il y a affinité entre lui et moi* (Acad.). **Alliance,** lien contracté par le mariage, par ext., syn. d'*affinité*, surtout dans la loc. *Par alliance* qui sert à expliquer sur quoi est fondée la parenté : *Cousin par alliance.* ¶ 2 → Rapport.

Parenthèse : → Digression.

Parer : ¶ 1 → Orner. *Parer,* en parlant des personnes et des choses, rendre gracieux, agréable, élégant, en arrangeant, ou en ajoutant des ornements : *Pompeusement parée* (Rac.). **Attifer,** en parlant des personnes, de nos jours, fam. et plutôt péj., parer avec mauvais goût ou d'une façon bizarre : *L'enfant attifé de rubans et de dentelles* (Zola). **Pomponner,** orner de pompons, par ext. parer une personne jusque dans les plus petits détails, se dit bien des femmes parées avec un soin mignard : *Pomponner une mariée* (Lit.). **Adoniser,** peu usité, parer avec une grande recherche, surtout en parlant d'un homme qui veut être beau comme un Adonis. **Endimancher,** surtout pronominal, parer en mettant à quelqu'un ses habits du dimanche, se dit surtout, par ironie, en parlant de celui qui d'habitude n'est pas bien habillé. **Afistoler,** pop., parer, endimancher d'une manière minutieuse et sans beaucoup de goût. **Poupiner,** peu usité, parer d'une manière enfantine ou recherchée. **Bichonner,** fam., friser comme un petit chien, par ext. parer avec un soin coquet, souvent un enfant. ¶ 2 *Parer,* apprêter certaines choses de manière à les rendre belles, plus commodes, plus propres au service : *Parer un cuir; des étoffes en les lustrant.* **Arranger** dit moins, c'est mettre ou remettre en ordre, en état et, fam., en parlant des personnes, réparer le désordre de sa toilette. ¶ 3 (Réf.) Montrer avec ostentation. *Se parer de* annonce quelque chose d'étranger dont on se revêt comme d'un déguisement : *Me parer de quelque chose qui ne soit point à moi* (Mol.). **Faire parade** implique qu'on étale avec vanité ce qui est à soi : *Les scélérats font parade de leur abominable gloire* (Val.).

Parer : Détourner de soi un mal sans le fuir (≠ Éviter : → ce mot). *Parer,* détourner de soi un coup par un coup de défense : *Cent coups étaient portés et parés à l'instant* (Volt.). *Parer à,* au fig., détourner de soi un mal réel par une manœuvre, en interposant un obstacle, ou en réussissant à s'en garantir : *On ne peut parer à des événements qui naissent continuellement de la nature des choses* (Mtq.). **Prévenir,** parer à un mal en allant au-devant pour l'annihiler, ou empêcher par ses précautions qu'il n'agisse : *Produits infaillibles pour prévenir la peste* (Cam.). **Conjurer,** fig., parer à un grand péril, par des pratiques habiles qui le détournent : *Conjurer la peste par l'étalage du luxe* (Cam.). **Obvier à,** prendre les précautions, les mesures nécessaires pour parer à un mal possible : *Obvier au scandale* (Bos.). **Faire face à,** parer à un mal actuel en lui résistant : *Faire face à l'inflation.*

Parésie : → Paralysie.

Paresse : → Oisiveté. *Paresse* et **Indolence** empêchent d'agir, *paresse* marque le défaut de celui qui n'a pas assez d'énergie, de volonté, pour sortir du repos; c'est un vice, une langueur avilissante : *Voluptueuse paresse* (Zola); *indolence* marque un défaut de la sensibilité qui, par apathie, ne peut être tirée par rien de son repos : *L'indolence des grands va jusqu'à les rendre froids et indifférents sur cet article* [l'existence de Dieu] *si capital* (L. B.). — **Nonchalance** et **Négligence** se manifestent dans l'action; *nonchalance* implique lenteur, mollesse, et une certaine indifférence du but à atteindre, *négligence,* un défaut de soin, d'attention, dû à l'inapplication de l'esprit. **Fainéantise, Flemme** (fam.), **Cosse** (très fam.) diffèrent de *paresse* comme les adj. correspondants de *paresseux* (→ ce mot).

Paresseux fait penser au sujet, qui, par tempérament, n'aime pas travailler ou répugne à se mouvoir, à agir : *Si elle n'a pas fait de moi un paresseux, c'est que j'ai vraiment le goût du travail* (Gi.). **Fainéant,** plus péj., indique la volonté décidée de ne faire aucun travail, ce qui rend le sujet

inutile et méprisable. **Indolent, Nonchalant, Négligent :** → Paresse. **Flemmard,** fam., paresseux et mou, avec une nuance d'indulgence. **Lézard,** n. fam., personne paresseuse. **Momie,** n. fam., personne inerte. **Clampin,** paresseux et musard, **Cossard,** paresseux, sont pop. **Rossard,** pop., fainéant comme un mauvais cheval. — **Cancre,** élève fainéant et peu doué dont on ne peut rien tirer.

Parfaire : ¶ 1 → Faire. ¶ 2 Rendre sans défaut. *Parfaire,* achever une chose de manière qu'il n'y manque rien : *Parfaire un ouvrage, une somme.* **Parachever** enchérit : achever avec un soin particulier, dans tous les détails, pour réaliser un ensemble sans défaut. **Fignoler,** fam., ajoute l'idée d'un soin méticuleux, parfois excessif, à enjoliver un ouvrage, spéc. un ouvrage manuel et délicat. **Lécher,** fig. et fam., en termes de beaux-arts ou de littérature, finir avec un soin très ou trop minutieux. Au fig. **Raboter, Limer, Polir** (→ Revoir) et **Ciseler,** qui enchérit sur *polir* en parlant des ouvrages de l'esprit, ont surtout rapport au style qu'on rend parfait par sa pureté, son agrément, son élégance : *Vingt fois sur le métier remettez votre ouvrage, Polissez-le sans cesse et le repolissez* (Boil.). **Châtier,** au fig., a surtout rapport à la correction de la forme, aussi bien quand on écrit, que lorsqu'on revoit ce qu'on a écrit pour le parachever. — **Perler,** surtout au part. passif, faire un travail délicat (un ouvrage de broderie, et par ext. un ouvrage de l'esprit ou de l'art) avec un soin extrême qui le rend parfait et net comme une perle.

Parfait : ¶ 1 A quoi il ne manque rien. *Parfait,* pour les personnes et les choses, se dit plutôt d'une seule qualité, surtout abstraite, portée à son plus haut degré, et qui peut être simplement conçue *a priori.* **Accompli,** qui ne se dit que de l'homme, de ses qualités, de ses productions, suppose la réunion de diverses sortes de mérites, et, rappelant l'action d'un verbe, implique une qualité qui existe réellement : *Le modèle d'un prince accompli, et l'idée d'un gouvernement parfait* (Roll.). *Gens du monde accomplis* (Tai.). **Idéal** se dit de ce qui, conçu en idée comme réunissant toutes les qualités de son genre, forme un type parfait plus beau que ce que fournit la réalité; et par ext. d'une chose réelle qu'on ne saurait concevoir plus parfaite : *Cet état idéal d'innocence a-t-il jamais existé?* (Buf.). *Fonctionnaire idéal.* **Consommé** implique surtout le redoublement d'une même qualité, qui a été successivement acquise et qui rend habile : *Vieillards consommés en vertu* (Fén.). **Achevé,** en parlant d'une personne, implique surtout qu'elle possède toutes les qualités qui correspondent à sa définition : *Ces francs pécheurs, pleins et achevés* (Pasc.). ¶ 2 Du plus grand mérite. *Parfait* se dit de tout ce à quoi rien n'est supérieur en son genre et qualifie la chose en elle-même. **Achevé** et **Fini** font penser au travail de l'ouvrier et ne s'appliquent qu'à des ouvrages; *achevé* se dit d'un ensemble auquel il ne manque rien sous le rapport de la quantité : *D'un malheureux la peinture achevée* (L. F.); *fini* a rapport à la façon et implique que l'ouvrage a été corrigé et poli dans tous ses détails : *Vous trouverez cet ouvrage plus limé et plus fini que tout ce que j'ai fait* (Volt.). **Impeccable,** dans la langue actuelle, et **Irréprochable** supposent absence de défauts, conformité avec les règles de l'art ou de la bienséance, qui mettent à l'abri de la critique, sans impliquer la perfection absolue : *Syntaxe impeccable. Redingote irréprochable* (Zola). **Magistral,** surtout en parlant d'un ouvrage de l'esprit ou de l'art, implique une perfection relative qui porte la marque du maître : *Des pages magistrales.* **Inimitable,** syn. de *parfait,* ajoute l'idée d'originalité; **Incomparable,** celle de supériorité ou d'excellence. — **Bien,** fam., dit moins que *parfait* et s'oppose à *mal* sans l'idée de perfection absolue : *C'est un homme bien.* ¶ 3 *Parfait,* **Achevé, Consommé,** péj., marquent, avec les nuances indiquées plus haut, le suprême degré atteint par une personne dans un défaut (ce qui n'est jamais le cas d'*accompli* et d'*idéal*) : *Sot parfait* (Boil.). *Prude consommée* (Mol.). *Tyran achevé* (Corn.). **Pommé,** fig. et fam., achevé comme un chou formé en pomme : *Sottise pommée* (Acad.). **Fieffé,** fig. et fam., implique que le qualificatif injurieux est comme un fief dont on décore la personne, et qu'elle le cultive, s'y complaît : *Filous fieffés* (Mol.). **Fameux,** remarquable en son genre, dit moins que *parfait* : *Un fameux imbécile.* **Renforcé, Double,** vx, **Triple,** très fam., affirment fortement un défaut marqué tout en disant moins que *parfait* : *Provincial renforcé* (Balz.). *Double bourreau* (Mol.). *Triple idiot.* **Sacré,** fam., marque une admiration ironique, parfois indulgente ou renforce une injure : *Un sacré farceur.* **Déterminé** qualifie celui qui s'adonne sans réserve à une passion, à une habitude, en général mauvaise : *Joueur, buveur déterminés* (Acad.). **Franc** affirme, souvent avec ironie, que la personne mérite pleinement le qualificatif qu'on lui donne, mais est moins fort qu'*achevé* : *Francs pécheurs* (Pasc.). ¶ 4 → Bon. — ¶ 5 → Oui.

Parfaitement : ¶ 1 → Absolument. ¶ 2 → Oui.

Parfois : → Quelquefois.

Parfum : ¶ 1 → Odeur. *Parfum,* odeur suave naturelle ou ajoutée à la chose, qui frappe l'odorat, se dit aussi au fig. : *Parfum d'orangers* (L. F.); *d'antiquité* (Acad.). **Arôme,** principe odorant naturel des fleurs et des substances végétales, qui s'exhale en parfum, ne se dit qu'au prop. et implique souvent que le goût est impressionné en même temps que l'odorat : *L'arôme du café.* **Bouquet,** parfum qui distingue certaines qualités de vin. **Fumet,** exhalaison de certains vins et de certaines viandes cuites qui frappe agréablement l'odorat : *Le fumet d'une perdrix.* **Fragrance,** syn. poét. et peu usité de *parfum* : *La fragrance de l'angélique* (Chat.). ¶ 2 *Parfum,* substance naturelle ou composition chimique qui exhale une odeur suave. **Aromate,** substance végétale qui exhale une odeur forte et agréable, propre souvent à la faire servir de condiment ou de remède : *Le baume, le nard sont des aromates.* **Essence,** huile aromatique très subtile extraite de certaines substances : *Essence de roses.* **Onguent,** autrefois produit aromatique dont on se parfumait et dont on embaumait le corps. **Odeurs,** au pl. seulement, parfum assez violent ou vulgaire.

Parfumer, imprégner de l'odeur d'un parfum, naturellement ou en parlant d'une opération de l'homme, au prop. et au fig. : *Chemins parfumés de fleurs* (Rac.). *L'amour s'épanouit et parfume le cœur* (Lam.). **Embaumer,** exhaler naturellement dans l'air un parfum toujours très suave, au prop. seulement : *Une haie de lilas en fleurs embaumait* (M. d. G.).

Pari : → Gageure.

Paria : ¶ 1 → Maudit. ¶ 2 → Misérable.

Parier : → Gager.

Parité : ¶ 1 → Égalité. ¶ 2 → Rapprochement.

Parjure : → Infidèle.

Parlement : → Assemblée.

Parlementaire : ¶ 1 → Envoyé. ¶ 2 → Député.

Parlementer : → Traiter.

Parler (V.) : ¶ 1 Proférer, prononcer, articuler des mots. *Parler* envisage l'action comme faite de la façon la plus normale. **Nasiller,** parler du nez. **Bêler,** fam., parler d'un ton plaintif et nasillard qui imite le cri du mouton ou de la chèvre. **Chevroter,** fam., parler en imitant le cri de la chèvre, évoque une voix tremblotante, surtout celle d'un vieillard. **Gueuler,** très fam., parler en criant fort et en général avec trivialité. Parler indistinctement : → Balbutier. Parler d'une voix sourde et confuse : → Murmurer. ¶ 2 → (s') Exprimer.

Parler, intrans., manifester sa pensée à l'aide d'une langue, ou par n'importe quel moyen (cf. *Parler par gestes*), s'emploie transitivement avec pour comp. le nom du langage que l'on parle d'une façon intelligible : *Parler français, anglais*. **Jargonner**, fam., intrans. et trans., parler un langage inintelligible, parce qu'il est incorrect, indistinct, ou connu seulement de celui à qui l'on s'adresse. **Baragouiner**, fam., intrans. et trans., parler en estropiant les mots d'une langue, mal parler une langue étrangère, se dit aussi par dénigrement de ceux qui parlent des langues qu'on ne comprend pas. ¶ 3 Adresser la parole à quelqu'un. *Parler*, qui n'implique pas forcément qu'on vous écoute ni qu'on vous réponde, est le terme le plus banal : *Parler à un sourd*. **Causer** suppose toujours un échange de propos alternés le plus souvent familiers : *Nous causerons ensemble de nos anciennes amours* (Flaub.). **Converser**, causer assez longuement, plus ou moins familièrement, sur un sujet intéressant. **Deviser**, échanger avec quelqu'un, librement, de menus propos : *Ils devisaient, en breton, sur des questions de femmes et de mariages* (Loti). **Confabuler**, syn. rare de *deviser*, s'emploie seulement par ironie. **S'entretenir** implique une conversation suivie, sur un sujet déterminé, en général sérieux et important : *S'entretenir avec les savants hommes, les sages et les doctes* (Val.). **Conférer**, parler ensemble pour raisonner de quelque affaire ou de quelque point de doctrine, au cours d'une rencontre organisée à cette intention : *Un ministre s'entretient avec un ambassadeur au cours d'une réception et le convoque dans son cabinet pour conférer avec lui*. **Dialoguer**, s'entretenir avec une autre personne, insiste surtout sur l'échange formel des paroles : *Nous avons dialogué longtemps sans nous comprendre* (Acad.); et se dit surtout des entretiens supposés de personnages dans une œuvre littéraire. **Consulter**, peu usité, conférer pour aviser. **Prendre langue**, commencer à parler avec quelqu'un avec qui l'on doit traiter, pour s'informer de ses dispositions ou de l'affaire en question. — **Bavarder**, causer longuement, à bâtons rompus, de choses futiles. — ¶ 4 Prononcer des paroles en public. *Parler*, s'adresser à des auditeurs de quelque façon que ce soit. **Prendre la parole**, commencer un discours dans une assemblée. **Porter la parole**, parler au nom d'une autorité, d'une compagnie, d'un corps, ou d'autres personnes. **Discourir** (→ ce mot), parler sur une matière avec quelque étendue, suppose un exposé méthodique; absolument, c'est tenir des propos frivoles et oiseux. — Parler longuement :

→ **Babiller**. En ce sens on dit **Ne pas déparler**, parler sans cesse, ne pas cesser de parler. ¶ 5 *Parler de*, dire, oralement ou par écrit, plus ou moins de choses sur telle ou telle matière. **Toucher à**, effleurer brièvement une matière. **Faire allusion à**, évoquer une chose sans en parler directement, en parlant d'une autre chose qui y fait invinciblement penser. ¶ 6 → (s') Expliquer. ¶ 7 → Impressionner. ¶ 8 *Parler pour* : → Intervenir.

Parler (N.) : ¶ 1 → Langue. ¶ 2 → Parole.

Parleur : ¶ 1 *Parleur*, s'il n'est pas modifié par une épithète spécifiant la manière dont on parle (*Parleur trop sincère*. L. F.), désigne absolument celui qui parle beaucoup ou trop. **Grand parleur** enchérit. Sur les variétés de *grand parleur* : → Babillard. *Parleur* a surtout rapport à la forme (→ Éloquent) : *Beau parleur, c'est-à-dire faiseur de longues phrases et content de lui si jamais docteur le fut* (J.-J. R.). **Discoureur** a surtout rapport au fond : le *discoureur* inflige des sermons, des exposés théoriques ou discute et a parfois l'intention de tromper autrui : *Discoureur artificieux* (Fén.). **Harangueur**, péj., celui qui fait des discours pédants, et au fig., fam., celui qui fait des réprimandes à tout propos : *Des harangueurs du temps l'ennuyeuse éloquence* (Boil.). **Causeur** implique, sans nuance péj., le goût et même l'art de la conversation : *Aimable causeur* (Acad.); mais peut toutefois, avec une épithète, indiquer un excès, et se dit parfois, absolument, d'une mauvaise langue : *Insupportable causeur* (Acad.). **Orateur** désigne purement et simplement la personne qui parle actuellement, avec ou sans éloquence. ¶ 2 → Orateur.

Parlote : → Conversation.

Parmi : → Entre.

Parodie : → Imitation. *Parodie*, ouvrage qui travestit d'une façon burlesque un ouvrage sérieux : *Le Virgile travesti de Scarron est une parodie de l'Énéide*. **Caricature** et **Charge** (→ ce mot) enchérissent et supposent une déformation bouffonne de l'original. **Pastiche**, imitation parfaite du style d'un écrivain qui n'implique pas forcément l'intention de le dénigrer : *Pastiches et Mélanges de Marcel Proust*. De nos jours on appelle souvent un **A la manière de**, un pastiche du style et des idées d'un écrivain destiné à amuser le lecteur par sa perfection. **Glose**, parodie rimée d'une pièce de poésie dont on répète un vers à la fin de chaque stance, ce qui fait que la glose a autant de stances, que la pièce parodiée a de vers : *La glose de Sarazin sur le sonnet de Job*.

Parodier : → Imiter.

Paroi : → Mur.

Parole : ¶ 1 → Élocution. Le langage par rapport à la manière dont quelqu'un l'emploie. *Parole* désigne plutôt la façon particulière dont quelqu'un parle, souvent eu égard aux circonstances, et fait aussi penser aux idées qu'on exprime, au caractère qu'elles révèlent : *Une parole grave* (Fén.). **Parler** désigne une façon de parler plus générale, plus indépendante des circonstances, et fait penser surtout à l'articulation des mots : *Le parler d'Alcibiade mol et gras* (Mrg.). **Verbe** fait penser au ton de la parole : *La hauteur du verbe* (M. D. G.). **¶ 2** → Éloquence. **¶ 3** Ce à l'aide de quoi on se fait entendre. *Parole* exprime la faculté, **Mot,** l'élément qu'on emploie pour l'exercer. Si *parole* se dit pour *mot,* c'est pour désigner quelque chose de moins bref, le plus souvent parlé, et envisagé subjectivement, par rapport au sujet qui parle, alors que le *mot,* qui peut être écrit, est objectif et considéré par rapport à sa signification, à son effet dans la phrase : *Dire plus en peu de mots, que mieux en beaucoup de paroles* (Beaum.). *De mauvaises paroles ne sont pas rassurantes; de mauvais mots ne sont pas d'un bon usage* (L.). — A noter que la synonymie entre *mot* et *parole* est plus étroite dans les autres sens du mot *parole :* → Injure, Pensée et Mot. **¶ 4** → Voix. **¶ 5** Au sens religieux, *Parole de Dieu, Parole de vie,* le contenu de l'Écriture sainte et les sermons faits pour l'expliquer. **Verbe,** la *parole de Dieu* incarnée par la seconde personne de la Sainte Trinité Jésus-Christ. **¶ 6** → Promesse.

Parole (donner sa) : → Promettre.

Parole (porter, prendre la) : → Parler.

Parolier, celui qui écrit spécialement des paroles, surtout des chansons, pour un air de musique (si les paroles sont antérieures à l'air et ont une valeur littéraire, on dit **Poète**). **Librettiste,** auteur dramatique qui écrit les paroles d'un opéra, d'un opéra comique, d'une opérette.

Paronyme, mot qui présente avec un autre une ressemblance phonétique, accompagnée parfois de quelque synonymie ou ressemblance étymologique : *Anoblir* et *Ennoblir* sont des *paronymes.* **Homonyme,** mot qui a exactement le même son qu'un autre mot, mais avec un sens tout à fait différent : *Mule* (animal) et *Mule* (chausson) sont des *homonymes.* **Doublet,** mot qui a exactement la même étymologie qu'un autre mot et n'en diffère que par quelques particularités d'orthographe et de prononciation, les deux mots pouvant avoir des sens différents (ex. *hôpital* et

hôtel), ou être plus ou moins synonymes (ex. *plier* et *ployer*).

Paroxysme, phase pendant laquelle les symptômes d'une maladie et, au fig., d'un mal, se manifestent avec leur maximum d'acuité, surtout, selon Lit., en parlant d'un symptôme particulier : *Tous les désordres, après un paroxysme, tendent à se réduire* (J. Rom.). **Exacerbation,** exagération des symptômes, sans l'idée qu'un maximum est atteint : *Sa pneumonie a eu une exacerbation aujourd'hui* (Lit.). **Redoublement,** augmentation périodique ou irrégulière dans l'intensité des symptômes d'une maladie et particulièrement des fièvres : *Avoir une fièvre continue avec des redoublements* (Acad.); au fig. augmentation considérable d'une chose bonne ou mauvaise : *Redoublement de violence* (Zola). **Recrudescence,** retour et accroissement des symptômes d'une maladie ou d'une épidémie et, au fig., d'un mal, après un apaisement sensible : *Recrudescence de la grippe.*

Parquer : → Enfermer.

Parquet : ¶ 1 → Tribunal. **¶ 2** → Plancher.

Parrain : ¶ 1 *Parrain,* celui qui tient un enfant sur les fonts baptismaux, se dit par rapport à l'enfant lui-même. **Compère,** fam., le parrain par rapport tant à la marraine qu'au père et à la mère de l'enfant. — Au fig. **¶ 2** → Témoin. **¶ 3** → Moteur. **¶ 4** *Servir de parrain :* → Introduire.

Parsemé : → Semé.

Parsemer : → Semer et Recouvrir.

Part : ¶ 1 *Part,* idéal et abstrait, ce qui doit revenir à quelqu'un dans un partage, ce sur quoi il a un droit de propriété : *Et j'espérais ma part d'une si riche proie* (Rac.). **Portion,** partie du tout qui a été isolée effectivement pour servir de part, se dit surtout de choses matérielles ou, en termes mystiques, de la part de chaque homme dans les dispensations de la Providence : *La part qui devait lui revenir... la portion qui lui était échue* (C.). *Toucher sa portion d'un héritage. Vous avez appelé J.-C. votre portion, votre héritage* (Mas.). **Partage** fait penser à la distribution qui fait échoir une part à tel ou tel : *Le Pont est son partage et Colchos est le mien* (Rac.). **Lot,** objet ou ensemble d'objets destinés à former une portion dans un partage entre plusieurs personnes, se dit surtout en matière de succession ou de vente : *Le troisième lot fut le partage de l'aîné* (Les.); au fig. *lot,* ce que nous donnent en partage la destinée et le sort, est plus fam. et souvent plus péj. que *partage : Travailler est le lot et *l'honneur d'un mortel. Le repos est, dit-on, le partage du ciel* (Volt.). **Lotissement,** portion d'un terrain, d'une propriété qui ont été divisés pour la vente. **Contingent,** terme de droit et d'économie, part que chacun doit fournir ou recevoir dans une répartition. ¶ 2 → Portion. ¶ 3 → Partie. ¶ 4 → Lieu.

Part (à) : ¶ 1 → Séparément. ¶ 2 → Excepté.

Part (avoir, prendre) : → Participer.

Part (d'autre) : → (de) Plus.

Part (faire) : → Informer.

Partage : ¶ 1 → Distribution. ¶ 2 → Part.

Partagé, qui a reçu du sort un avantage ou un désavantage, et **Loti** diffèrent comme *partage* et *lot* (→ Part), *loti,* plus fam., marquant souvent un sort plus défavorable : *La fortune l'a bien partagé* (Acad.). *La voilà bien lotie* [avec un tel mari] (Mol.).

Partager : ¶ 1 → Diviser. Diviser une chose en parties séparées. *Partager* implique des parties distinctes, en général assez grandes, faites ou non pour être distribuées : *Partager une succession.* **Lotir,** autrefois partager et répartir en lots, principalement une succession, ne se dit plus guère au prop. que de l'action de partager un domaine, un terrain, en portions pour les vendre : *Lotir un parc.* **Partir,** vx, ne se dit plus que dans la loc. *Avoir maille à partir.* **Fractionner,** partager en réduisant en petites parties, souvent égales : *Fractionner du pain.* **Fragmenter,** partager en réduisant en petites parties nombreuses, le plus souvent inégales, faites au hasard, peut se dire aussi d'une action : *Fragmenter un État, un envoi, une publication.* **Morceler,** partager en parties, égales ou non, dont chacune forme un tout : *Morceler une terre, un héritage, une démonstration.* **Démembrer,** au fig., partager en parties un vaste ensemble qui formait un corps, en détacher quelques parties : *Démembrer un empire.* **Dépecer** et **Découper,** plus rare, mettre en pièces, couper en morceaux, au prop. un corps qui se mange, au fig. ce qu'on morcèle pour le détruire : *Des peuples barbares ravagèrent ce pays, le dépecèrent* (Mrq.). ¶ 2 → Distribuer. ¶ 3 → Participer.

Partenaire : ¶ 1 *Partenaire* se dit surtout dans les jeux de cartes, parfois au tennis, et implique une association de deux joueurs. **Coéquipier** se dit dans les sports d'équipe (course, football, etc.) et implique une association de deux ou plusieurs joueurs. ¶ 2 → Allié.

Parterre : ¶ 1 *Parterre,* partie découverte d'un jardin, régulièrement divisée en compartiments de buis, de fleurs, de gazon. **Plate-bande,** espace de terrain étroit qui borde les compartiments d'un jardin ou d'un parterre et qui est ordinairement garni de fleurs, d'arbustes. **Planche,** petit espace de terre plus long que large où l'on fait venir des fleurs, des légumes, des herbages. ¶ 2 → Orchestre. ¶ 3 → Public.

Parti : ¶ 1 Hommes ou classe d'hommes attachés à une même cause. *Parti,* union d'hommes autour d'idées communes, de personnalités qu'ils estiment, qui les met à part, mais d'une façon relativement modérée et paisible : *Descartes eut longtemps un parti en France* (Volt.). **Camp,** l'un de deux partis en lutte ouverte, offensive ou défensive, en un sens plutôt favorable : *Le camp du Seigneur* (Mas.). *Le camp de la paix.* **Faction,** toujours péj., parti séditieux, violent, opposé à un autre parti, ou parti en formation, ou subdivision de parti, toujours avec une idée de turbulence nuisible à la collectivité : *Chaque parti était subdivisé en factions comme il arrive dans les troubles* (Volt.). **Clan,** péj., petit groupe de personnes formant une coterie (→ ce mot) politique plutôt qu'un parti, et réunies par des préjugés, des partis pris plutôt que des idées positives : *Un clan de profiteurs travaille à la conquête du pouvoir et des places* (J. Rom.). **Secte,** ensemble de personnes qui font profession d'une même doctrine religieuse ou philosophique, se dit particulièrement de ceux qui suivent une opinion accusée d'hérésie ou d'erreur et, au fig., ajoute à *parti* une idée de fanatisme aveugle : *Secte politique* (J. Rom.). **Coalition** est dominé par l'idée d'intérêt et se dit, dans l'ordre économique, d'une union concertée entre particuliers, en vue de modifier ou de maintenir certaines conditions de travail ou d'échange : *Loi sur les coalitions.* Comme syn. péj. de *faction,* **Cabale, Brigue** et **Ligue** se disent d'une union d'individus groupés pour atteindre certains buts intéressés par différents moyens (→ Intrigue). ¶ 2 En termes politiques, *Parti,* réunion organisée d'hommes autour d'un chef, d'une idéologie commune et tendant à l'emprise du pouvoir : *Le parti socialiste.* **Groupe** désigne dans une assemblée soit l'ensemble des parlementaires élus pour représenter un parti, soit quelques parlementaires réunis, parfois à l'intérieur d'un parti, par une nuance commune d'opinion : *Le groupe paysan.* **Faisceau,** syn. plus rare, s'est dit, surtout dans certains pays étrangers, d'un parti solide et puissant : *Les faisceaux fascistes.* **Phalange,** dans certains pays étrangers, ajoute à *parti* l'idée d'une organisation paramilitaire. **Rassemblement,** néol., implique, dans l'esprit de ceux qui emploient ce mot, par opposition à *parti*, une union, au-dessus des partis, de toutes les personnes soucieuses de l'intérêt national. **Ligue,** en un sens favorable, association formée dans un État, sans intention de prendre le pouvoir, pour défendre certains idéaux politiques, sociaux, moraux, religieux, etc. : *La ligue de l'Enseignement.* ¶ 3 → Troupe. ¶ 4 → Résolution. ¶ 5 → Profit. ¶ 6 → Profession.

Partial : → Injuste. *Partial* implique un jugement qui favorise, au mépris de l'équité, la personne, le parti, l'opinion qu'on préfère : *Juge, arbitre, historien partial.* **Partisan** enchérit et qualifie comme adj. celui qui sert un parti avec fanatisme par tous les moyens même les plus injustes : *Au-dessus de toutes les convictions partisanes, de tous les fanatismes* (J. Rom.). **Tendancieux** se dit de paroles, d'écrits qui, consciemment ou non, déforment la vérité des faits et laissent deviner, sans le marquer explicitement, le parti pris de leur auteur ou son désir d'imposer une opinion : *Faire d'un événement un récit tendancieux.* **Prévenu, Passionné** (→ Préjugé) qualifient l'esprit qu'un préjugé, favorable ou non, rend partial.

Participer : ¶ 1 N'être pas étranger à quelque chose. *Participer,* avoir part ou prendre part : *Participer à des profits, à une conjuration. Participer de,* tenir de la nature de quelque chose, par un rapport fondamental : *Cette maladie participe de telle autre.* ¶ 2 Se trouver, par rapport à une chose, en société avec d'autres personnes. *Participer à* et **Avoir part** impliquent qu'on a réellement et personnellement sa part d'une chose, mais parfois sans intervention de la volonté, *avoir part* signifiant plutôt participer dans un certain cas, à certaines conditions, dans une certaine mesure : *Notre âme participe à toutes les joies du corps* (Fén.). *Vous aurez part aux consolations de J.-C. selon que vous aurez eu part à ses souffrances* (Bour.). **Prendre part** indique toujours une action volontaire pour saisir une part ou s'unir à d'autres avec ardeur, parfois dans une chose à laquelle on n'aurait pas naturellement part : *On participe au succès d'un ami si on en bénéficie comme lui, même involontairement; on y prend part si on s'y associe par sympathie.* **Partager,** fig., toujours relatif aux personnes avec lesquelles on est en communauté, prendre part à une chose, spéc. que l'on subit, ou simplement en avoir sa part à peu près à égalité avec quelqu'un, ou aussi avoir la même chose que quelqu'un : *Partager avec vous des peines* (J.-J. R.). *Partager l'avis, le sort de quelqu'un.* **Se mêler à, de,** prendre part,

en intervenant, à une conversation, à une discussion ou à une affaire : *Se mêler de la conversation* (Staël). **Tremper dans,** fig., participer ou prendre part, comme complice, à une mauvaise action. ¶ 3 Appliqué à une action, *Participer à* indique qu'on n'y est pas étranger de quelque façon que ce soit, **Avoir part** marque une responsabilité plus faible, **Prendre part,** une activité plus grande et toujours volontaire : *On participe à un crime simplement en ne l'empêchant pas; on y a part même en le taisant ou en l'approuvant; on y prend part si on l'accomplit avec d'autres.* **Coopérer** et **Collaborer,** qui diffèrent comme les n. correspondants (→ Associé), prendre part à une œuvre en associant son travail, d'une façon suivie, à celui des autres. **Contribuer,** qui s'emploie aussi avec pour sujet un n. de chose, a toujours rapport à un résultat que l'on amène, volontairement ou non, en aidant de quelque manière que ce soit à le produire. **Concourir,** avec pour sujet un n. de personne ou de chose, fait penser à un ensemble d'actions diverses qui tendent conjointement vers le même but. **Conspirer,** plus recherché, avec pour sujet un n. de chose, concourir, avec un ensemble extraordinaire, à un effet bon ou mauvais : *Tout conspire, au-dessus de moi, tout concourt à faire de moi un paysan* (Pég.). — *Les lecteurs qui ont participé aux souscriptions pour l'Encyclopédie ont eu part à son succès; le grand nombre de gens qui ont pris part à l'ouvrage, le talent des écrivains qui y ont collaboré, le soin des imprimeurs qui ont coopéré avec eux, les maladresses de la censure qui ont contribué à la publicité, tout cela a concouru à faire de ce succès un triomphe.*

Particularisé : → Détaillé.

Particulariser : ¶ 1 → Fixer. ¶ 2 → (Réf.) → (se) Distinguer.

Particule : ¶ 1 → Partie. *Particule,* terme didact., petite partie d'une substance : *Chaque particule de matière organique* (Buf.). **Molécule,** la plus petite quantité de matière qui existe à l'état de liberté; en chimie, chacune des parties constituantes d'un corps composé, considérée comme pouvant exister à l'état libre, entrer dans une réaction ou en sortir. **Atome,** parcelle d'un corps simple regardée comme indivisible; en chimie, par opp. à *molécule,* le plus petit poids de matière qui puisse entrer en combinaison : *Une molécule peut être composée de plusieurs atomes.* — Au fig. *molécule,* élément constituant très petit; *atome,* corps infiniment petit par rapport à d'autres ou à l'espace dans lequel il existe : *Mais que suis-je? un atome pensant* (Lam.). —

Corpuscule indique non une partie d'un corps, mais un corps d'une extrême ténuité ayant sa constitution propre. Toutefois *atome* se dit pour *corpuscule* lorsqu'on considère les atomes comme formant un tout à l'état isolé, comme dans l'ancienne philosophie épicurienne, ou pour désigner les corpuscules qui voltigent dans l'air à l'état de poussière. ¶ 2 → Mot.

Particulier : Adj. ¶ 1 → Individuel. ¶ 2 Qui distingue un être des autres individus de la même classe. *Particulier*, qui met à part, sépare des autres, n'est pas commun : *Affaire particulière* (Cam.). **Singulier** dit plus en parlant de ce qui rend unique en son genre : *Des morts les âmes singulières* (Val.). **Spécial** comporte l'idée d'une application ou détermination à quelque chose de particulier, à l'exclusion d'autres choses : *Une autorisation spéciale n'est accordée qu'à un seul par privilège.* On peut avoir des idées *particulières*, si elles sont peu communes, *singulières*, si elles sont bizarres, mais on a des connaissances *spéciales* sur une science à laquelle on se consacre. — N. ¶ 3 → Individu. ¶ 4 → Homme. ¶ 5 *En particulier* : → Particulièrement.

Particulièrement ajoute à **En particulier**, à part parmi les autres, l'idée d'une prédilection ou d'une attention du sujet qui distingue l'objet, ou d'une qualité de l'objet qui le met à part : Un professeur donne des leçons à un élève *en particulier*, c'est-à-dire seul avec lui, et surveille *particulièrement*, c'est-à-dire avec un soin qu'il n'a pas pour les autres, celui dont il se méfie. **Singulièrement** et **Spécialement** diffèrent de *particulièrement* comme les adj. correspondants (→ Particulier) : On recommande *particulièrement* à quelqu'un celui sur le nom duquel on insiste, *singulièrement*, celui qu'une recommandation extraordinaire rend unique en son genre, *spécialement*, celui pour qui seul la recommandation est faite, à l'exclusion des autres. **Notamment**, d'une manière qui mérite d'être remarquée, suppose que l'attention d'un observateur est attirée par ce qui se distingue des autres choses, et marque une distinction moins forte, qui met moins à part que *particulièrement* : *Un peuple, et notamment, nommément, celui-ci* (Pég.). **Surtout**, absolu et assez vague, plus que tout. **Principalement**, relatif, marque l'importance qu'a une chose et souvent qu'on lui accorde par rapport à des choses de même espèce, sans que cela suffise à la mettre à part autant que le fait *notamment* : *La comédie émeut les passions et les fait naître dans notre cœur, et surtout celle de l'amour, principalement lorsqu'on le représente fort chaste et fort honnête* (Pasc.).

Partie : ¶ 1 *Partie*, ce qui, séparé d'un tout, réellement ou idéalement, contribue par son assemblage avec d'autres éléments à former ce tout : *Que d'un art délicat les pièces assorties Ne forment qu'un seul tout de diverses parties* (Boil.). **Part** (→ ce mot), partie qui revient ou doit revenir à quelqu'un dans un partage. **Portion** désigne, comme syn. de *partie*, quelque chose de factice, alors que la partie est souvent naturelle, ou une partie détachée, distincte ou remarquable : *La durée infinie, inséparable et sans parties, peut être conçue en plusieurs portions* (Volt.). **Parcelle**, petite partie, est du langage courant alors que **Particule**, dans le même sens, est du langage didactique. **Fraction**, petite partie, séparée réellement ou non, d'une chose qu'on divise : *Le sou est une fraction du franc; une fraction du peuple.* **Morceau** (→ ce mot), partie séparée ou non, mais distincte et considérée à part, d'un corps solide et continu, et conçue comme ne formant pas un tout par elle-même, mais rappelant le tout dont elle tire son origine : *Morceau de bois, de terre.* **Pièce** (→ ce mot), partie d'un tout considérée comme complète, entière en soi : *Une pièce de viande.* **Tranche**, morceau coupé mince, se dit, par ext., des parties successives d'une chose : *La première, la deuxième tranche d'une loterie.* **Tronçon**, morceau coupé ou rompu de ce qui est plus long que large et à peu près cylindrique ou prismatique, se dit notamment du morceau coupé de certains reptiles ou poissons dont le corps est long : *Tronçon de lance, d'anguille.* — Pour désigner les parties d'un tout concret qui demeurent unies, **Côté**, partie d'un objet distinguée par sa localisation, à droite ou à gauche, par opposition à l'autre partie; **Pan**, partie tombante ou flottante d'un vêtement, partie d'un mur, ou côté d'un ouvrage de maçonnerie, de menuiserie qui a plusieurs faces; **Membre**, partie extérieure du corps unie au tronc par une articulation, au fig., partie de ce qui peut être considéré comme formant un corps, un organisme, notamment corps social, État ou phrase. ¶ 2 Fraction d'un tout qui se divise. *Partie* peut désigner quelque chose qui se distingue naturellement du tout et qui, dans tous les cas, contribue à le former : *L'arithmétique est une partie des mathématiques.* **Division** rappelle toujours l'action de l'esprit pour distinguer, voire isoler ou classer différentes parties : *Le grand nombre de divisions, loin de rendre un ouvrage plus solide, en détruit l'assemblage* (Buf.). **Branche**, partie d'un tout qu'on peut considérer comme formant une sorte d'arbre ramifié : *Les différentes* branches de l'administration, d'une science (ACAD.). **Embranchement** ne se dit que des grandes divisions établies entre les branches d'une science, ou dans les règnes de la nature. **Secteur**, en géométrie, partie d'un cercle; en termes militaires, partie du front de combat; désigne spéc. une subdivision de réseau de distribution électrique et tend de nos jours à devenir syn. de *partie* ou de *branche* spéc. en parlant de l'économie. **Subdivision**, division d'une des parties d'un tout déjà divisé. **Rameau**, au fig., petite branche des artères, des veines, des nerfs; branche d'une mine; subdivision d'une branche de la même famille; subdivision d'une science, d'une secte. **Ramification** fait penser à une sorte de multiplication de rameaux qui arrive à un détail infini, parfois confus : *Il a étudié son sujet jusqu'aux moindres ramifications* (ACAD.). ¶ 3 Division d'un ouvrage de l'esprit. Alors que **Livre** ($\rightarrow$ ce mot) ne se dit que d'une grande division d'un ouvrage important par son étendue, *Partie* désigne, pour tout ouvrage ou fragment d'ouvrage, toute division, indiquée ou non, mais assez importante et qui, liée aux autres, fait un ensemble : *Les parties d'un roman, d'une dissertation, d'un poème*. **Titre**, subdivision d'un livre dans les codes de lois, les recueils de jurisprudence. **Chapitre**, subdivision des titres d'un code de lois, ou subdivision formant un tout dans un livre ou dans une partie d'un ouvrage important, spéc. traité ou récit : *Les chapitres d'un roman; du budget.* **Article**, subdivision d'un chapitre dans un traité, un contrat, un compte ou un écrit didactique. **Section**, dans un ouvrage didactique seulement, division d'un chapitre ou d'un article, ou parfois chapitre ou partie, distingués surtout du point de vue de la commodité ou de la clarté : *La section I des Pensées de Pascal dans l'édition Brunschvicg.* **Paragraphe**, subdivision d'une section, ou d'un chapitre, s'il n'est pas divisé en sections et en articles, et, en général, toute petite subdivision, parfois indiquée par un signe, d'un développement quelconque en prose qui constitue lui-même une partie : *Les paragraphes d'une dissertation.* **Alinéa**, phrases d'un écrit formant un groupe avant et après lequel on va à la ligne, désigne parfois la subdivision d'un paragraphe. **Chant**, principale division d'un poème épique ou didactique (pour les autres poèmes, si on les divise d'après le sens et non d'après le rythme, on dit *partie*). **Point**, partie d'un sermon ou d'une dissertation caractérisée par l'idée qu'on soutient et qu'on développe : *Discours en quatre points sur le libre arbitre* (M. D. G.). **Époque**, partie d'un récit en prose ou en vers divisé d'après le temps, centrée autour d'un événement : *Les époques de Jocelyn*. **Acte** et **Scène** ($\rightarrow$ ce mot), parties d'une œuvre dramatique. ¶ 4 $\rightarrow$ Divertissement. ¶ 5 $\rightarrow$ Profession. ¶ 6 $\rightarrow$ Qualité. ¶ 7 $\rightarrow$ Plaideur. ¶ 8 $\rightarrow$ Rencontre.

Parti pris : $\rightarrow$ Préjugé.

Partir : ¶ 1 Quitter un lieu pour se diriger vers un autre. *Partir* envisage abstraitement l'action, mais la fait souvent considérer comme organisée, prévue, ou pour une destination lointaine : *Songeant à partir, prêt à prendre congé* (GI.). **S'en aller** est surtout relatif au lieu que l'on quitte, souvent définitivement, et dépeint concrètement l'action : *Laisse-moi partir avec toi... Mais ne t'en va pas, ne me quitte pas* (FLAUB.). **Se retirer**, en parlant d'une personne, s'en aller pour rentrer chez soi; ou s'en aller d'un lieu où elle juge que sa présence est inutile, importune, ou dont on l'écarte : *Elle s'était retirée dans sa chambre* (GI.). **Repartir**, partir de nouveau, pour un lieu quelconque, ou pour le lieu d'où on était venu, souvent peu de temps après être arrivé. **S'en retourner**, s'en aller dans la direction du lieu d'où l'on était venu, dépeint davantage l'action et insiste sur le fait qu'on regagne son point de départ : *Les autres, venus de Tanger, s'en retourneront* (LOTI). — En parlant des personnes seulement, **Décamper**, fam., s'en aller précipitamment. **Détaler**, décamper en courant. **Décaniller**, pop., s'en aller, malgré soi, avec quelque rebuffade. **Déguerpir**, décamper malgré soi : *Nous fatiguerons tant notre provincial qu'il faudra qu'il déguerpisse* (MOL.). **Déloger**, fam., partir contraint et forcé d'un lieu qu'on occupe : *Déloger sans trompette.* **Déménager**, fig., syn. plus vulgaire de *déloger*. **Se sauver**, se retirer promptement par discrétion, parce qu'on est pressé ou qu'on est ou se croit en danger. **Filer**, fam., s'en aller rapidement ou en cachette (on dit aussi **Filer à l'anglaise**). **Disparaître**, s'en aller d'un endroit pour n'y plus revenir ou se retirer promptement, dans les deux cas parce qu'on ne tient pas à être vu. **Faire un pouf**, pop., disparaître pour ne pas payer ce qu'on doit. **Se dérober** et **Se défiler**, plus fam., se retirer d'une compagnie sans dire mot, sans être aperçu. **Prendre congé**, s'acquitter de ses devoirs de politesse avant de partir. **Brûler la politesse**, partir sans dire adieu à quelqu'un ou sans le prévenir. **Tirer sa révérence**, partir en saluant, se dit surtout ironiquement lorsqu'on quitte quelqu'un qu'on ne veut plus revoir. **Prendre la porte**, se retirer d'un lieu où l'on a quelque chose à craindre. **Débarrasser le plancher**, en parlant d'un fâcheux qui délivre de sa présence. **Prendre ses cliques et ses**

claques, fam., s'en aller en emportant ce que l'on possède. — **Gagner** et **Prendre le large,** s'en aller vers la haute mer en parlant d'un bateau; fig. et fam., partir rapidement pour s'enfuir, se mettre en sûreté. **Démarrer,** quitter l'amarrage, le port, en parlant d'un navire, par ext. se mettre en marche, partir, en parlant de tout moyen de locomotion et de transport; fam. en parlant d'une personne, s'en aller d'un lieu, surtout avec la négation : *Il ne démarre pas de là.* **S'ébranler,** commencer un mouvement, partir, se dit surtout des troupes, en termes de guerre, ou d'un véhicule lourd qui démarre lentement. — *Partir* a de nombreux syn. argotiques passés dans l'usage pop. dont les principaux sont **Se barrer,** se retirer avec prestesse, **Se carapater,** s'en aller vivement, **Se cavaler,** s'en aller en fuyant, **Se débiner,** filer, **Ficher le camp, Mettre les voiles, Se tailler, Se tirer, Se trotter.** ¶ 2 → Venir. ¶ 3 → Sortir. ¶ 4 → Commencer.

Partisan : N. ¶ 1 Celui qui épouse les intérêts d'un homme, d'une doctrine, d'un parti (avec plus d'activité que le *membre* (→ ce mot), mais sans faire forcément partie comme lui d'un corps organisé). *Partisan* se dit dans tous les cas et suppose une sympathie plus ou moins active : *Partisans du roi et de la tyrannie* (VOLT.); *de Locke* (VOLT.). *Ton de partisans bornés* (M. D. G.). **Adepte,** celui qui est initié aux mystères d'une secte, d'une doctrine, d'une science, comporte une idée de conviction plutôt que d'action : *Un adepte des sophistes* (CHAT.). **Prosélyte,** personne nouvellement convertie à la foi catholique, par ext. en un sens ironique, partisan nouvellement gagné à une secte, à une opinion : *Le culte idolâtre de ses prosélytes* [de La Rochefoucauld] (VAUV.). **Militant** ajoute à *partisan* l'idée qu'on lutte, qu'on paie de sa personne pour défendre son idéal et se dit bien des membres les plus actifs d'un parti : *Militants socialistes* (PÉG.). **Sectateur** ajoute à *adepte* l'idée qu'on professe l'opinion d'un philosophe, d'un docteur, d'un littérateur, d'un hérésiarque : *Sectateurs de Socrate et de Jésus* (BALZ.); *d'une folie démodée* (J. ROM.). **Adhérent,** autrefois sectateur, disciple d'un maître qui enseigne une fausse doctrine, ne désigne plus que celui qui partage une doctrine quelconque ou devient membre d'un parti. **Féal,** s'il n'est pas employé avec son sens médiéval de compagnon fidèle, se dit en plaisantant du partisan dévoué d'un homme ou d'une doctrine. **Homme lige,** au M. A., vassal spécialement lié à son seigneur; au fig. péj., homme absolument dévoué à quelqu'un et comme inféodé à lui. **Suppôt** (→ Complice), péj., partisan, soutien et complice des mauvais desseins de quelqu'un : *Suppôt de Satan* (MOL.); *de Bacchus* (L. F.). **Séide,** partisan fanatique, dévoué jusqu'au crime, d'un chef politique ou religieux. **Satellite,** péj., homme armé aux gages d'un autre qu'il escorte et dont il exécute les mauvais desseins; dans une acception nouvelle, en politique, pays inféodé de gré ou de force à la politique extérieure d'un pays plus puissant. **Séquelle,** très péj., suite de gens attachés aux intérêts de quelqu'un ou d'un parti qui sont jugés malfaisants. — **Supporter** (mot anglais), en langage sportif, partisan d'un champion ou d'un club qu'il encourage vivement. Partisan exalté : → Enthousiaste. Partisan intolérant : → Fanatique. ¶ 2 → Insoumis. — Adj. ¶ 3 → Partial.

Parts (de toutes) : → (de tous) Côtés.

Parure : → Ornement et Ajustement.

Parvenir : ¶ 1 → Arriver et Venir. ¶ 2 → Réussir.

Parvenu, péj., celui qui, parti de bas, est arrivé plus ou moins haut dans la richesse et les honneurs, et n'a pas l'esprit, les manières de son nouvel état : *Le parvenu se trahissait dans les boutons d'or de son gilet* (BALZ.). **Nouveau riche,** terme qui date de la guerre de 1914-1918, celui qui s'est enrichi un peu trop vite pour que ce soit honnêtement, et qui use de la richesse avec le ridicule d'un bourgeois gentilhomme. **Homme arrivé,** sans aucune nuance péj., celui qui a obtenu la situation qu'il désirait (sans idée d'honneur ou de richesse) : *Un grand médecin est un homme arrivé.* **Homme nouveau** implique la notoriété d'un homme sans naissance que son mérite ou les circonstances ont poussé aux premiers rangs, ou d'un homme de valeur dont l'importance vient d'être mise en lumière. — **Arriviste** a rapport non à la situation acquise, mais à la disposition de celui qui use de n'importe quel moyen pour se pousser dans le monde, qu'il soit déjà parvenu ou non.

Parvis : → Place.

Pas : ¶ 1 → Marche. *Pas,* action de mettre un pied devant l'autre pour marcher, et l'espace qui se trouve d'un pied à l'autre quand on marche. **Enjambée,** espace qu'on franchit en étendant au maximum la jambe, grand pas. **Foulée,** temps pendant lequel, dans la marche, le pied du cheval pose sur le sol (en ce sens on dit aussi **Appui**), par ext. étendue de terrain qu'un cheval ou un coureur à pied couvre entre deux appuis. ¶ 2 → Passage. ¶ 3 → Défilé. ¶ 4 → Détroit. ¶ 5 → Trace. ¶ 6 → Seuil. ¶ 7 Premier rang. *Pas,* au sing. seulement, exprime plutôt un fait particulier surtout en parlant de gens qui sont en marche : *Avoir le pas sur les hommes à la procession le jour de l'anniversaire* (VOLT.). **Préséance,** au sing. et au pl., marque plutôt un droit habituel et réglementé, dans tous les cas.

Pas : Adverbe de négation. **Point** nie plus fortement et d'une façon plus absolue que *Pas,* mais il est moins usité et plus archaïque surtout dans la langue parlée.

Passable : → Moyen. Dont on peut se contenter. *Passable,* qui, avec quelque indulgence, peut passer comme n'étant pas mauvais, se dit des personnes et des choses et a rapport à la valeur plutôt faible : *Si tout n'est pas bien* [dans l'univers], *tout est passable* (VOLT.): *Architectes passables* (VOLT.). **Potable,** qu'on peut boire, au fig. très fam., à peu près passable : *Des vers potables.* **Acceptable,** en parlant des choses, indique seulement que, pour une raison quelconque, on peut s'en contenter, les approuver même sans l'indulgence qu'implique *passable* : *Prix acceptables* (GI.). *Devoir, idées acceptables.* **Suffisant** suppose que la chose peut fournir ce qu'on attend d'elle normalement, en général comme effet, parfois comme valeur : *Raison suffisante. Réponse suffisante.* **Supportable,** qu'on peut subir, se dit par ext., fam., d'auteurs ou d'œuvres qui n'excitent pas trop d'ennui ou de dégoût. **Admissible** ne se dit que de faits, d'affirmations qu'on considère comme véritables ou possibles : *Excuse, raison, requête admissibles.* **Valable,** qui se dit des choses ayant les conditions requises par la loi pour produire leur effet, qualifie surtout une raison, une excuse, un argument admissibles en tant que bien fondés, ou par ext. une œuvre, un trait artistique, un mot qui paraissent acceptables et même satisfaisants (→ ce mot) : *Excuse valable. Le mot est valable pour toutes les littératures* (M. AYMÉ); (c'est à tort que notre époque tend à donner à *valable* l'acception « de valeur »).

Passade : → Caprice.

Passage : ¶ 1 Lieu par où l'on passe d'un endroit à un autre. *Passage,* terme général, s'emploie dans des sens très variés. **Pas,** syn. vx de *passage : Tirer d'un mauvais pas.* **Boyau,** passage long et étroit : *Un long boyau pris entre le théâtre et la maison voisine; une sorte de ruelle étranglée* (ZOLA); ou, en termes d'industrie minière, en forme de galerie étranglée. **Galerie,** passage souterrain assez large. ¶ 2 → Rue. ¶ 3 En termes d'architecture, *Passage,* tout lieu d'un appartement par lequel on passe d'une pièce à l'autre ou à l'extérieur. **Dégagement** fait penser à la commodité du passage et se dit parfois d'un passage dérobé : *Cet appartement manque*

de dégagements. *Porte de dégagement.* **Couloir,** passage étroit et assez long conduisant d'une pièce dans une autre ou de l'extérieur au centre d'un appartement, ou d'un édifice. **Corridor** ajoute l'idée que plusieurs pièces du même appartement ou plusieurs appartements du même étage donnent sur le même passage qui leur sert de dégagement et règne tout autour. **Galerie,** couloir spacieux, courant le long des pièces d'un appartement, ou pièce beaucoup plus longue que large servant de passage ou de promenade. ¶ 4 → Passe. ¶ 5 → Lieu. Endroit d'un ouvrage littéraire. *Passage,* endroit d'un livre, formant un tout, mais considéré comme non séparé de l'ensemble et que l'on cite, que l'on allègue : *Un passage que je rapporte de Lessius* (PASC.). **Morceau,** passage isolé d'une œuvre, souvent choisi, et considéré comme faisant un ensemble, du point de vue esthétique, pour l'explication littéraire ou la lecture : *Les beaux morceaux de Corneille* (VOLT.). **Extrait,** morceau choisi cité dans un ouvrage ou noté pour le conserver ou pour l'étudier : *Il lui faisait faire des extraits de livres choisis* (J.-J. R.). **Page,** morceau assez court, formant une unité, par son sens et par son style, et caractéristique d'un écrivain : *Une page de Locke contient plus de vérités que tous les volumes de Malebranche* (DID.). **Fragment,** morceau qui reste d'un livre perdu, d'un livre inachevé, et par ext. assez long morceau extrait d'un auteur pour le citer. ¶ 6 → Transition.

Passager : ¶ 1 Qui est de peu de durée. *Passager,* qui n'est pas permanent, est destiné à disparaître sans retour plus ou moins vite : *Tout est fini, tout est passager dans la vie humaine* (J.-J. R.). **Fugitif** enchérit et se dit surtout des impressions ou des choses qui passent très vite, sans retour, et qu'on sent fuir sans pouvoir les retenir : *Fugitif sourire* (GI.). *De l'heure fugitive, Hâtons-nous, jouissons* (LAM.). **Fugace** se dit des impressions qui paraissent et disparaissent en un instant, alors qu'elles échappent, qu'on ne peut en prendre nettement conscience : *Parfum, sensation fugaces.* **Momentané** ne se dit que d'une chose qui dure en fait très peu, mais peut se renouveler : *Effet momentané.* **Éphémère,** qui ne dure qu'un jour, se dit au prop., en termes de science, de certains insectes ou fleurs et, au fig., de choses, surtout morales, et parfois de personnes qui, par nature ou par accident, sont destinées à disparaître très vite : *Trace* (BAUD.); *plaisirs* (BAUD.); *particularités* (PROUST) *éphémères.* **Temporel,** qui ne dure qu'un temps, est périssable, par opposition à *éternel,* en parlant des choses terrestres, dans le langage de la religion : *Éternelles et non point temporelles seulement* (PÉG.). **Provisoire,** qui ne se fait qu'en attendant une autre chose qui sera définitive : *Un arrangement provisoire.* **Transitoire,** qui ne dure pas, est plutôt du langage didactique : *Distinguer les erreurs transitoires et passagères des erreurs permanentes* (D'AL.); mais se dit spéc. de nos jours de ce qui remplit l'intervalle d'un état de choses à un autre : *Régime transitoire.* **Temporaire,** qui ne dure qu'un temps, ne se dit que d'un pouvoir, d'une fonction. **Intérimaire** ajoute l'idée que la fonction n'est exercée qu'en l'absence du titulaire. — **Précaire** (→ Incertain) n'implique pas, en parlant de certains états, le peu de durée, mais simplement qu'ils sont instables, incertains, n'offrent aucune garantie de durée : *Réussite précaire* (J. ROM.). — N. ¶ 2 → Voyageur.

Passant : ¶ 1 N. *Passant,* celui qui, pour n'importe quelle raison, passe dans une rue, un chemin sans s'arrêter. **Promeneur,** celui qui marche pour son plaisir, se dit surtout au pl. des gens qui vont lentement sur les lieux publics destinés à la promenade (→ Flâneur). ¶ 2 Adj. *Passant,* où tout le monde passe, ne se dit que d'une voie : *Rue passante.* **Fréquenté,** où beaucoup de gens vont et peuvent séjourner, se dit de tout lieu : *Église fréquentée* (à noter que *passager* syn. de *passant* est une grossière impropriété).

Passe : ¶ 1 En termes de marine, *Passe,* voie navigable naturelle, dans un fleuve, ou dans la mer pour donner accès dans un port. **Chenal,** passage resserré, naturel ou artificiel; ou, dans un cours d'eau, la partie navigable du cours d'eau que des balises indiquent. **Goulet,** entrée étroite d'un port, d'une rade. **Passage,** syn. vague de *passe* et de *chenal,* se dit en un sens plus général de toute voie de communication entre deux mers. ¶ 2 → Laissez-passer.

Passe-droit : → Privilège et Injustice.

Passementer, orner un vêtement, un meuble, du tissu plat et un peu large de fil d'or, de soie, de laine, etc. appelé passement. **Chamarrer,** passementer lourdement, charger de galons, d'ornements.

Passeport : → Laissez-passer.

Passer : Intrans. ¶ 1 *Passer,* aller d'un lieu à un autre, ou, au fig., d'une chose à une autre; avec l'auxiliaire *avoir, passer* marque l'action avec toutes ses circonstances, avec l'auxiliaire *être,* l'état qui en résulte : *Il a passé en Amérique en tel temps. Il est passé en Amérique depuis longtemps* (ACAD.). *Passer de l'amour à la haine.* **Sauter,** au fig. seulement, passer subite-

ment, sans transition : *Sauter du coq à l'âne; de la quinzième place à la première.* ¶ 2 *Passer,* être présent un instant en un lieu, sans s'y arrêter : *Les timbaliers étaient passés* (V. H.). **Défiler,** passer à travers un lieu ou devant un lieu, une personne, en allant l'un après l'autre : *Un régiment passe dans la rue et défile devant le général.* **Évoluer,** en termes d'art militaire, passer et repasser en un lieu en exécutant certains mouvements pour prendre telle ou telle disposition : *Les escadrilles d'avions évoluaient au-dessus du champ de manœuvres.* ¶ 3 Ne pas durer longtemps. *Passer* énonce abstraitement et souvent en général qu'une chose a par nature une courte durée. **Se passer** fait voir la chose en train de disparaître peu à peu et, en parlant du temps, est relatif à l'usage que nous en faisons : *Le temps passe, le temps s'écoule; le temps se passe, le temps s'emploie, se consume* (MARM.). *Passer* a de nombreux syn. imagés comme **Disparaître, Courir, S'enfuir** et **Fuir, Se dissiper, S'évanouir, S'évaporer, S'effacer, S'envoler** qui marquent une fuite rapide. **Marcher,** passer régulièrement en parlant du temps. **Couler** et **S'écouler,** passer paisiblement, en parlant des jours, du temps. ¶ 4 → Finir. ¶ 5 *Passer dans :* → (s') Introduire. — Trans. ¶ 6 Laisser derrière soi. *Passer,* avec pour comp. un nom de personne ou de chose, se dit de ce qui est immobile ou qui va moins vite et qu'on laisse derrière soi, par une action souvent habituelle : *Ce lévrier passe tous les autres à la course.* **Brûler,** fam., passer très vite un lieu où l'on devrait normalement s'arrêter : *Brûler un signal.* **Dépasser** marque plutôt une action particulière et fait penser à la distance qui sépare de ce qu'on passe : *N'ayant pas freiné à temps, le mécanicien a dépassé la station.* **Doubler** ne se dit que d'un bateau et par ext. d'un véhicule qui en dépasse un autre qu'il surpasse en vitesse. **Devancer** insiste sur le fait qu'on arrive au but avant celui qu'on passe. **Distancer** (→ ce mot), devancer en laissant assez loin derrière. **Gratter,** pop., dépasser, devancer quelqu'un par sa vitesse. ¶ 7 Avoir quelque chose de plus en un certain sens. *Passer,* ne pas finir au même endroit, être plus qu'égal : *Sa jupe passe son manteau.* **Dépasser,** aller au-delà, dans tous les sens, marque plus fortement l'action. **Surpasser** ne se dit que de ce qui s'élève nettement au-dessus. **Excéder,** avec pour comp. un n. de chose seulement, dépasser en longueur, en valeur, en nombre, de façon qu'il y ait une sorte de surplus : *La dépense a excédé la recette.* ¶ 8 Au fig., *Passer,* l'emporter sur, ou être trop fort pour, est vx. **Dépasser** (→ ce mot) est plus usuel. **Surpasser** (→ ce mot) enchérit avec l'idée d'une différence considérable : *Cet art passait leur savoir* (L. F.). *Les étoiles, ces globes de feu, sont d'une hauteur qui surpasse nos conceptions* (L. B.). **Excéder** se dit surtout des forces, du pouvoir qui ne suffisent pas à l'effort demandé : *Ce travail excède mes forces.* ¶ 9 Au fig. Ne pas se tenir dans les limites. *Passer* se dit de toute action : *Le don des enfants passe les droits de la paternité* (J.-J. R.). **Dépasser** marque l'action délibérée d'aller au-delà de ce qui est formellement prescrit. **Outrepasser**, à propos d'ordres, de pouvoirs, envisage la même action comme une entreprise exceptionnelle et blâmable. **Excéder** s'emploie dans des sens plus variés pour marquer, parfois absolument, qu'on va au-delà des justes bornes : *Ils ont excédé toutes bornes* (PASC.). *Dieu a tout fait avec mesure; rien n'excède* (BOS.). ¶ 10 Aller d'un lieu à un autre à travers un obstacle. *Passer* annonce une action ordinaire et facile, et paraît se dire plus souvent d'une montagne ou d'un espace solide. **Traverser** suppose des difficultés, un espace intermédiaire d'une grande étendue, et se dit souvent d'une rivière ou d'une grande étendue liquide : *On passe les montagnes et les précipices, on traverse les fleuves et enfin les mers* (BOS.). **Franchir**, passer au-delà d'un obstacle, par ext. traverser résolument des lieux, des endroits difficiles, de vastes espaces : *D'un pas victorieux franchir les Pyrénées* (CORN.). — Au fig. *traverser* évoque le temps qu'on passe dans un long voyage : *Traverser la vie; franchir* a rapport à l'obstacle, à la difficulté qu'on fait disparaître : *Le passage de la physique à la géométrie est franchi* (DID.). ¶ 11 → Transporter. ¶ 12 → Transmettre. ¶ 13 → Filtrer et Tamiser. ¶ 14 → Omettre. ¶ 15 → Excuser. ¶ 16 (Réf.) → (se) Produire. ¶ 17 (Réf.) → (s') Abstenir.

Passer par (en) : → (se) Soumettre.

Passer par les armes : → Fusiller.

Passerelle : → Pont.

Passe-temps : → Plaisir.

Passeur : → Batelier.

Passible : → Susceptible.

Passif : → Inerte.

Passion : ¶ 1 → Souffrance. ¶ 2 → Inclination. *Passion*, tendance (ou goût) d'une certaine durée, assez puissante pour dominer la vie de l'esprit. **Fureur**, passion excessive, violente qui produit une agitation emportée et brutale ou une véritable folie. **Éréthisme**, terme médical, au fig., violence extrême d'une passion portée à un degré d'exaltation maladive. ¶ 3 → Attachement. ¶ 4 → Sentiment. ¶ 5 → Enthousiasme et Préjugé. ¶ 6 *Avec passion* : → Passionnément.

Passionnant : → Intéressant.

Passionné : → Enthousiaste.

Passionnément fait penser à l'esprit du sujet, qui est plein de passion; **Avec passion** dépeint le sujet dans son action : *Aimer passionnément. Parler avec passion.*

Pasteur : ¶ 1 → Berger. ¶ 2 → Prêtre·

Pastiche : → Parodie et Imitation.

Pasticher : → Imiter.

Pastoral : → Champêtre. *Pastoral*, qui évoque la vie des bergers et par ext. la douceur de la campagne, se dit des œuvres musicales, artistiques et littéraires, mais tend à ne s'employer en littérature que pour qualifier les œuvres qui donnent une peinture assez artificielle de la vie des bergers dans le goût de la pastorale (→ ce mot) : *L'Astrée est un roman pastoral.* **Champêtre** et **Rustique** s'emploient plutôt de nos jours pour désigner les ouvrages qui peignent le charme des paysages et des mœurs de la campagne : *Les romans rustiques de George Sand.* **Paysan** suppose un certain réalisme dans la peinture des mœurs : *La Terre de Zola est un roman paysan.*

Pastorale : Ouvrage littéraire dont les personnages sont des bergers. *Pastorale*, genre qui comporte des pièces de théâtre, des romans et des poèmes : *Pastorales sous la forme de roman* (STAËL); se dit spéc. de la *Pastorale dramatique.* **Bergeries,** titre d'une pastorale dramatique de Racan, syn. de *pastorale,* en sens général, avec une nuance fam. et souvent péj. : *L'insipidité des bergeries de M. de Florian* (CHAM.). **Moutonnerie**, rare, syn. burlesque et péj. de *bergerie.* — Pour désigner simplement un court poème pastoral, **Églogue**, appliqué à Rome aux poèmes pastoraux de Virgile, dialogue entre deux bergers, tantôt allégorique, tantôt rustique et naïf, en style très simple. **Idylle**, nom des pièces pastorales de Théocrite, petit poème d'amour évoquant des scènes de la vie pastorale, très bref, mais d'un style tantôt plus réaliste, tantôt plus pimpant que l'églogue : *Une simplicité élégante fait le caractère de l'idylle, et c'est par cette élégance ennoblie qu'elle se distingue de l'églogue* (MARM.). **Bucoliques** ne se dit guère que des Églogues de Virgile, ou par ext. des poésies pastorales qui ont, comme elles, un style grave et doux : *Le Pentateuque se chantait à Jérusalem, comme des bucoliques, sur un mode plein et doux* (CHAT.). — **Pastourelle,** pièce pastorale du M. A.

Pastoureau : → Berger.

Patache : ¶ 1 → Coche. ¶ 2 → Voiture.

Pataquès : → Lapsus.

Patate : → Pomme de terre.

Pataud : → Gauche.

Patauger : ¶ 1 *Patauger,* marcher dans une eau bourbeuse. **Barboter,** remuer et troubler l'eau, en parlant de certains oiseaux, par ext. marcher dans une boue épaisse : *J'ai barboté vingt minutes dans une tranchée à moitié inondée* (M. D. G.). **Patouiller** et **Patrouiller,** très fam., marcher, s'agiter dans l'eau bourbeuse. **¶ 2** Au fig. → (se) Perdre.

Pâté : ¶ 1 → Tache. **¶ 2** Assemblage de maisons. *Pâté,* groupe compact entouré de rues. **Ilot,** pâté plus petit, ou partie spéciale d'un pâté caractérisée par quelque chose : *Chef d'îlot de défense passive.*

Pâtée : → Nourriture.

Patelin : ¶ 1 → Hypocrite. *Patelin,* n. et adj., souple et artificieux, qui cherche à tromper par quelque chose de flatteur, d'insinuant : *Voix douce et pateline* (BALZ.). **Patelineur,** n. et adj., patelin par occasion et circonstance. **Papelard,** n. et adj., indique une hypocrisie plus marquée dans les paroles contrefaisant l'innocence : *Et d'une voix papelarde Il demande qu'on ouvre en disant : foin du loup!* (L. F.). **Chattemite** (n. f.) a rapport à la manière de se tenir, à la contenance affectant des manières humbles, flatteuses : *Un chat faisant la chattemite* (L. F.). **Patte-pelu** (n. m. et f.), vx, personne qui va sournoisement à ses fins, avec des manières d'agir doucereuses et honnêtes. **Sainte-nitouche** (n. f.), personne qui contrefait la sagesse ou la dévotion, qui affecte, avec un air doucereux, la simplicité et l'innocence. **Peloteur,** pop., personne insinuante, flatteuse et pateline. **Archipatelin,** fourbe insinuant, est rare. **¶ 2** → Doucereux.

Patelin : → Pays et Bourg.

Patelinage : → Fausseté et Hypocrisie. *Patelinage,* **Papelardise :** → Patelin.

Patenôtre : → Prière.

Patent : → Manifeste.

Patenté : → Attitré.

Paterne : → Doucereux.

Pâteux : ¶ 1 → Épais. **¶ 2** → Embarrassé.

Pathétique : ¶ 1 Adj. → Émouvant. **¶ 2** N. Ce qui, dans un discours, une œuvre dramatique, provoque une vive émotion. *Pathétique* a un sens favorable; **Pathos,** péj., mauvais pathétique fait d'emphase : *Je voudrais que les avocats de la famille des Calas eussent mis dans leurs mémoires moins de pathos et plus de pathétique* (VOLT.).

Pathos : ¶ 1 Partie de la rhétorique qui apprend à l'orateur à toucher les auditeurs. Le *Pathos* apprend à émouvoir violem-ment les passions, l'**Ithos,** à gagner la confiance des auditeurs par les qualités morales de l'orateur et par la connaissance de ceux à qui est destiné le discours. **¶ 2** → Éloquence. **¶ 3** → Pathétique. **¶ 4** → Galimatias.

Patibulaire : → Inquiétant.

Patience : ¶ 1 *Patience,* vertu qui fait supporter ce qui est désagréable avec modération et sans murmure. **Longanimité,** patience d'un être puissant qui endure les fautes, les insultes qu'il pourrait punir : *Dieu plein de longanimité et de patience* (MAS.). **¶ 2** → Persévérance. **¶ 3** *Patience,* **Endurance :** → Patient.

Patient : ¶ 1 Adj. Qui supporte le mal avec douceur. *Patient* se dit pour tout mal; **Endurant,** uniquement pour le mal causé par autrui. Au sens d'*endurant, patient* marque vertu ou disposition naturelle; *endurant* indique qu'on ne s'emporte pas, en fait, pour quelque motif que ce soit. **¶ 2** N. → Malade.

Pâtir : → Souffrir.

Pâtisserie, toute pâte préparée, assaisonnée et cuite au four. **Gâteau,** pâtisserie faite avec le beurre, des œufs et divers ingrédients. **Galette,** gâteau rond et plat, souvent sans crème et feuilleté.

Patois : → Langue.

Patouiller : ¶ 1 → Patauger. **¶ 2** → Manier.

Patraque : ¶ 1 → Saleté. **¶ 2** → Malade.

Pâtre : → Berger.

Patriarcal : → Simple.

Patriarche : → Vieillard.

Patricien : → Noble.

Patrie : ¶ 1 Partie de la terre à laquelle on appartient et d'où l'on est. *Patrie* implique un attachement spirituel (ce qui fait qu'on peut choisir pour *patrie* un lieu où l'on n'est pas né). **Pays** désigne un lieu plus concret, pour lequel on peut n'éprouver aucun attachement, mais auquel on tient par ses habitudes, ses façons de vivre : *L'amour de la patrie, le mal du pays.* — Mêmes nuances quand les deux mots désignent la province, la ville où l'on est né et non pour syn. **Pays natal.** — Syn. d'**État** et de **Nation** (→ ce mot) pour désigner une communauté morale, *patrie* ajoute l'idée d'un attachement au patrimoine spirituel de la communauté, qui fait que la nation est le seul climat où l'on puisse vivre : *Il n'y a point de patrie dans le despotisme; d'autres choses y suppléent, l'intérêt, la gloire, le service du prince* (L. B.). **¶ 2** → Milieu.

Patrimoine : → Héritage.

Patriote : Celui qui aime sa patrie.

Patriote a un sens toujours favorable. **Patriotard**, péj. et très fam., celui qui affecte le patriotisme, avec exagération, souvent simplement en paroles. **Chauvin**, péj., du nom d'un brave soldat, dans *Le Soldat laboureur* de Scribe, patriote sincère, mais exalté et aveugle. **Cocardier**, fam. et ironique, celui dont le patriotisme consiste à aimer l'armée, tout ce qui est galon, cocarde, panache. — **Nationaliste**, celui qui reconnaît pour valeur suprême l'idée nationale qu'il exalte, défend, et de ce fait envisage tous les problèmes politiques en fonction de l'indépendance et de la grandeur de sa nation : *Un patriote peut être internationaliste, mais un nationaliste nie la valeur de l'internationalisme.* A noter que *nationaliste* tend à désigner surtout une attitude politique ou un parti.

Patriotisme, amour du pays, désir de se sacrifier pour lui, de le défendre contre l'étranger, d'assurer sa prospérité, sa grandeur. **Nationalisme, Chauvinisme** : → Patriote. **Civisme**, qui date de la Révolution française, zèle qui nous pousse à bien agir pour l'intérêt de nos concitoyens et de l'État, pour le bien public : *On admire le patriotisme de Michelet dans ses œuvres et le civisme de Brutus qui n'hésite pas à condamner ses fils coupables de vouloir restaurer la royauté à Rome.*

Patron : ¶ 1 → Protecteur. ¶ 2 → Chef. ¶ 3 Celui qui emploie des salariés à son service. *Patron*, terme courant, chef d'une entreprise privée considéré par rapport à ses ouvriers et ses employés. **Maître**, celui qui a des serviteurs, ou parfois, surtout dans une exploitation agricole, personne pour laquelle un ouvrier travaille exclusivement; *patron* tend à remplacer *maître* en ce sens. **Employeur**, terme administratif, toute personne publique ou privée ayant un ou plusieurs salariés à son service et considérée comme soumise à certaines obligations légales à leur égard et à l'égard de l'État. **Négrier**, fam., fig. et péj., patron avare et dur. **Singe**, syn. péj. et argotique de *patron*. ¶ 4 → Tenancier.

Patron : → Modèle.

Patronage : → Auspices.

Patronner : ¶ 1 → Introduire. ¶ 2 → Protéger.

Patte : ¶ 1 Pied des animaux. *Patte*, membre de l'animal servant à marcher ou à saisir, se dit des animaux quadrupèdes, des oiseaux autres que les oiseaux de proie (pour ceux-ci on dit **Serre**), de certains animaux aquatiques (écrevisse, homard), ou insectes (araignée, mouche). **Jambe** ne se dit que des pattes de certains animaux qui, comme les jambes de l'homme, soutiennent le corps, et spéc.,

selon Littré, chez le cheval, de la région comprise entre le jarret et le sabot, chez les crustacés de la quatrième pièce des pattes simples, et, chez les insectes, du troisième article principal de la patte : *La patte du chat. La jambe du cerf.* **Pied**, extrémité de la jambe recouverte par les ongles ou le sabot. **Pince**, extrémité antérieure du pied des animaux ongulés : *Les pinces du cerf, du sanglier;* ou grosses pattes de devant de certains crustacés qui leur servent à saisir : *Les pinces du homard.* ¶ 2 → Main, Jambe et Pied. ¶ 3 → Racine. ¶ 4 → Habileté.

Patte-d'oie : ¶ 1 → Carrefour. ¶ 2 → Ride.

Pâturage, lieu soigné et entretenu de façon qu'il y vienne beaucoup d'herbe pour le bétail. **Pâtis**, lande ou friche où il pousse naturellement beaucoup d'herbe. **Pâture**, terrain inculte d'où l'on peut tirer quelque chose pour la nourriture des bestiaux, sans qu'il soit fait pour cela. **Herbage**, *pâturage* (et parfois aussi *pâtis*) caractérisé par la vigueur, la continuité et la qualité de l'herbe, ce qui le rend propre à l'engraissement rapide, surtout des bovidés. **Alpage**, pâturage sur les hauteurs. **Embouche**, riche herbage de plaine, surtout propice à l'engraissement des bovidés. **Prairie**, étendue de terre couverte d'herbes qu'on fauche pour les convertir en foin, et qui peut servir ensuite de pâturage. **Pré**, petite prairie. **Parc**, pâtis entouré de fossés ou de haies, où l'on met des bœufs pour les engraisser. — **Pacage**, terme de coutume vieilli, paraît plus spéc. que ses syn. pour désigner un lieu de choix où l'on mène paître les bestiaux avec une intention particulière, par ex. pour les engraisser au lieu de simplement les nourrir, ou dans des circonstances particulières, suivant des règles plus précises et plus limitées que celles qui régissent le droit de pâturage. — **Pasquier**, syn. dialectal de *pâtis*. **Pâquis**, lieu où vient paître le gibier. **Champeau**, syn. vx et dialectal de *prairie*. **Gagnage**, pâturage pour les bestiaux, est rare.

Pâture : ¶ 1 → Nourriture. *Pâture*, nourriture donnée aux animaux, et spéc. herbe coupée donnée aux bestiaux. **Engrais**, plus spéc., pâture donnée pour les engraisser aux volailles et aux bœufs destinés à la boucherie. ¶ 2 → Pâturage.

Pâturer : → Paître.

Paupérisme : ¶ 1 → Pauvreté. ¶ 2 → Manque.

Pause : ¶ 1 → Arrêt. *Pause*, bref arrêt dans une action quelconque, souvent pour le repos. **Battement**, intervalle de temps vide dont on dispose avant d'agir ou entre deux actions : *Entre l'arrivée du* *train et le départ de la correspondance, il y a cinq minutes de battement.* **Suspension,** temps pendant lequel une action est remise, se dit surtout comme syn. de *pause* en parlant d'une séance. — **Récréation** et **Interclasse,** suspension du travail des élèves, *interclasse* impliquant seulement le temps de changer de classe, *récréation* supposant un repos ou un jeu. ¶ 2 → Repos. ¶ 3 → Silence.

Pauvre : ¶ 1 *Pauvre,* terme général et de tous les styles, qui n'a pas le nécessaire ou qui l'a trop strictement, souvent par rapport à sa condition : *Un homme n'est pas pauvre parce qu'il n'a rien, mais parce qu'il ne travaille pas* (Mtq.). **Humble,** quand il a rapport au rang social, se dit des gens de petite condition, sans allusion précise à leur fortune. **Besogneux** dit moins que *pauvre* et implique la gêne chez celui qui ne trouve pas à gagner sa vie, ou ménage mal ses ressources : *Un pauvre hère besogneux, à genoux devant un écu* (Beaum.). **Économiquement faible,** néol. du langage politique et administratif, celui qui est dans l'impossibilité de subvenir normalement à ses besoins et bénéficie, de ce fait, de certaines dispositions destinées à l'aider. **Loqueteux,** péj., pauvre caractérisé par la misère de son vêtement. **Nu,** pauvre qui n'a pas de vêtement, est du style religieux dans la loc. *Vêtir ceux qui sont nus.* **Gueux,** fam. et péj., pauvre, vil, sale, mal vêtu parce qu'il est fainéant ou vagabond : *Croyez-vous dégrader un pauvre de sa qualité d'homme en lui donnant le nom méprisant de gueux?* (J.-J. R.). **Mendiant** (→ ce mot), pauvre qui demande l'aumône. **Indigent,** pauvre qui souffre, est dans un état de peine : *Cet indigent, ce mortel famélique* (Volt.). **Nécessiteux,** pauvre qui a grand besoin de secours : *Le soin et l'obligation de servir les nécessiteux* (Bos.). **Misérable** (→ ce mot), dans une extrême indigence, au point d'en exciter la pitié. **Fauché** et **Panné,** pop., sans argent, du moins momentanément. **Purotin,** syn. argotique et péj. de *pauvre.* **Meurt-de-faim** et **Crève-la-faim,** fam., indigent au point d'en être famélique. **Impécunieux, Gêné :** → Pauvreté. ¶ 2 → Misérable. ¶ 3 → Stérile. ¶ 4 Qui donne une impression d'insuffisance. *Pauvre* suppose un manque fâcheux de choses nécessaires, et se dit spéc. d'une langue qui manque de termes et de tours, d'un ouvrage qui manque d'idées et, en termes de beaux-arts et parfois en littérature, de ce qui manque de grandeur, de richesse, est sans élévation, sans dignité, sans énergie. **Maigre** dit moins et suppose surtout un manque d'ampleur et d'abondance, en littérature un développement insuffisant d'idées

trop peu nombreuses (en ce sens **Squelettique** enchérit), dans les beaux-arts, un manque de vigueur, d'ampleur, de moelleux. **Sec** se dit surtout de l'esprit et de ses productions qui manquent d'agrément et de grâce : *C'est un auteur sec et aride, toutes ses expressions sont rudes et forcées* (Boil.). **Décharné,** fig., enchérit et ajoute aussi l'idée d'insuffisance dans le développement. **Mesquin** qualifie les choses dans lesquelles quelqu'un met plus de parcimonie qu'il ne convient eu égard à sa fortune et à son état, les esprits, les idées qui manquent de largeur et, dans les arts du dessin ou en littérature, ajoute à *pauvre* ou à *maigre* une idée d'étroitesse, de mauvais goût : [Temple] *petit, bas, mesquin, sans proportion, sans architecture* (Volt.). **Nu** marque un dépouillement excessif dans le style : *L'un n'est point trop fardé, mais sa muse est trop nue* (Boil.). — **Congru,** dans la loc. *Portion congrue,* se dit d'un traitement, d'une rente trop maigres pour subvenir aux dépenses nécessaires. — **Rikiki,** très fam., d'aspect mesquin.

Pauvre d'esprit : → Simple.

Pauvre diable, Pauvre drille, Pauvre hère, Pauvre type : → Misérable.

Pauvreté : ¶ 1 *Pauvreté,* état d'une personne insuffisamment pourvue d'argent, de biens, souvent relativement à sa condition, à ceux qui l'entourent : *Pauvreté. Ce matin je n'ai pas le goût de dire misère. Pauvreté, allégement, détachement* (J. Rom.). **Disette,** manque de vivres, n'est syn. de *pauvreté* que pour marquer l'état de fait qui en résulte : *La dépendance où la disette réduit le pauvre* (Bour.). **Pénurie,** extrême disette, s'emploie aussi absolument pour désigner un état où l'on manque de tout ce qui est nécessaire pour vivre, et dans ce cas se rapproche d'**Indigence,** qui ajoute l'idée d'une souffrance par suite des privations. **Misère** et **Détresse** (→ Malheur), indigence extrême qui rend pitoyable : *Il est pourtant des cas où la misère est terrible, insupportable* (J.-J. R.). **Besoin,** souvent au pl., et **Nécessité,** qui marque quelque chose de plus pressant, font penser aux secours qu'il est urgent d'apporter à ceux qui sont dans la pauvreté, l'indigence, la misère. **Dénuement** suppose un état antérieur dont on est déchu : c'est un dépouillement. **Impécuniosité** désigne sans plus le manque d'argent. **Gêne,** pénurie d'argent qui oblige à se priver de certaines choses, met dans un état voisin de la pauvreté ou du besoin, quoique moins grave : *La maintenir dans la gêne, presque dans la misère* (Mau.). **Embarras d'argent,** ou **Embarras,** gêne passagère. — **Paupérisme,** terme didactique, existence permanente d'un grand nombre de pauvres dans un pays. — **Débine,** état d'une personne qui fait mal ses affaires, est bas. **Panne,** *misère,* **Pétrin,** *embarras,* **Purée,** *gêne* ou *misère,* **Dèche,** *misère,* sont pop., **Mistoufle, Mouise, Mouscaille, Panade,** argotiques. — Au fig. *Pauvreté* marque le peu, *disette* et *pénurie,* le manque, *indigence,* l'état pitoyable de la chose, par suite du défaut dont il s'agit : *Pauvreté, disette, pénurie, indigence d'idées.* ¶ 2 *Pauvreté,* **Sécheresse, Mesquinerie, Maigreur :** → Pauvre. ¶ 3 → Platitude.

Pavage : → Pavé.

Pavaner (se) : → Poser.

Pavé : ¶ 1 → Pierre. ¶ 2 Assemblage de pierres dures appelées pavés. *Pavé,* tout assemblage de ce genre recouvrant une surface quelconque. **Pavage** fait penser à un ouvrage d'ensemble caractérisé par le travail du paveur et les matériaux fournis par lui : *Pavage de grès, de pierre dure* (ACAD.); on dit même *pavage de bois.* **Pavement,** action de paver, se dit spéc. des matériaux employés à cet effet et particulièrement des ouvrages de luxe qui forment les pavages intérieurs : *Le pavement en mosaïque d'une église* (ACAD.). **Carrelage** et **Dallage,** pavage de carreaux ou de dalles (→ ce mot). **Mosaïque,** pavement de petites pierres dures ou de petits morceaux d'émail de différentes couleurs, assemblés de manière à former des figures, des ornements. ¶ 3 → Rue. ¶ 4 → Route.

Paver : → Recouvrir.

Pavillon : ¶ 1 → Tente. ¶ 2 → Maison et Villa. *Pavillon,* bâtiment ou corps de bâtiment, ordinairement carré, isolé dans une cour, un jardin. **Gloriette,** petit bâtiment, pavillon, dans un parc ou un jardin. **Kiosque,** pavillon dont on décore les jardins, les parcs et qui rappelle parfois le style oriental. **Chartreuse,** petite maison de campagne aussi isolée qu'un couvent de chartreux. **Belvédère,** petit pavillon construit en un lieu d'où l'on a une belle vue. ¶ 3 → Drapeau.

Pavot, genre de papavéracées, plante qui porte de grandes fleurs à quatre pétales. **Œillette** (ou **Olivète**), variété de pavot cultivée pour ses graines et dont on extrait une huile comestible. **Coquelicot,** pavot rouge sauvage des champs, appelé aussi **Ponceau.** — Au fig. *ponceau* désigne une variété de rouge très vif, *coquelicot* est plus fam.

Payer : ¶ 1 *Payer,* donner le prix convenu pour une chose, se dit dans tous les cas. **Acquitter,** payer entièrement une dette considérée comme une obligation et dont ainsi on se décharge ou on décharge quelqu'un. *Acquitter,* au prop. et au fig., fait penser à la chose sur laquelle tombe l'action et à laquelle on satisfait; **S'acquitter de,** surtout au fig., à la personne qui se libère : *En acquittant ses impôts on s'acquitte de son devoir de citoyen. Payer sans s'acquitter* (SÉV.). **Régler,** payer entièrement, surtout un compte, une facture, après en avoir examiné les différents articles. **Solder,** terme de commerce et de comptabilité, acquitter ce dont on a déjà payé une partie : *Solder des dettes* (FLAUB.). ¶ 2 *Payer,* employé absolument ou avec pour comp. la somme que l'on donne, donner une somme due par soi-même ou par autrui. **Débourser** et **Décaisser** (terme de commerce), tirer de l'argent de sa bourse ou de sa caisse personnelle afin de payer pour soi ou pour autrui ou d'avancer de l'argent : *Il a acheté une terre et il l'a payée sans rien débourser* (ACAD.). **Verser,** terme de commerce et de finance, apporter de l'argent à une caisse ou à une personne comme dépôt, mise de fonds ou paiement de cotisations, de souscriptions. **Souscrire,** s'engager à verser pour une entreprise, une œuvre de bienfaisance, et spéc. un emprunt public. **Mandater,** payer par mandat. **Ordonnancer,** terme d'administration, inscrire au bas d'un état, d'un mémoire, l'ordre d'en payer le montant. **Financer,** fam. et employé absolument, débourser de l'argent : *Les Juifs ont toujours financé pour obtenir la permission d'avoir des synagogues* (VOLT.); comme néol., soutenir pécuniairement une entreprise ou un individu. **Suer,** fig. et fam., payer, verser ce qui a l'air d'être extorqué, arraché à la propre substance de celui qui paie : *Tâchant de leur faire suer un dernier versement* (ZOLA). **Dépocher,** pop., débourser. **Casquer, Cracher,** syn. argotiques usuels de *payer.* ¶ 3 Avec pour comp. un n. de personne, *Payer,* donner à quelqu'un ce qui lui est dû, à quelque titre que ce soit, fait surtout penser à l'action matérielle : *Payer ses ouvriers, ses créanciers.* **Rémunérer,** payer quelqu'un pour un travail ou un service, d'un seul coup ou à certaines dates. **Rétribuer** insiste sur le rapport entre le travail fourni et la somme promise ou versée : *Tous les ouvriers sont rémunérés, mais tous ne sont pas bien rétribués.* **Appointer,** rétribuer par appointements (→ Rétribution). **Gager,** payer par an, par mois, pour un service domestique ou autre, par ext., fam. et péj., payer quelqu'un pour qu'il suive aveuglément vos ordres. — **Défrayer,** payer les frais, en général accessoires, de quelqu'un en les prenant à sa charge. — **Régler,** payer à quelqu'un tout ce qu'on lui doit de façon à être quitte avec lui : *On paie un ouvrier chaque semaine ou* *chaque mois, on le règle quand on le con-gédie.* ¶ 4 → Récompenser. ¶ 5 → Punir. ¶ 6 (Réf.) → (s') Offrir. ¶ 7 (Réf.) → (se) Contenter.

Pays : ¶ 1 Grande division de la terre. *Pays* peut s'employer dans tous les cas, avec le sens le plus vague : *Les grands pays muets longuement s'étendront* (Vi.); mais se rapporte surtout aux hommes du lieu, à leur manière de vivre et de se gouverner : *Je définis la cour un pays où les gens, Tristes, gais, prêts à tout, à tout indifférents...* (L. F.). **Contrée,** une certaine étendue de pays relativement à son aspect ou à ses productions, à ce qui en sort : *Contrée fertile, riante.* **Région,** terme géographique, vaste étendue de pays, partie de pays, ou ensemble de pays, de territoires, caractérisés par leur position, leur climat, leur végétation, leur économie: *Les régions qui sont sous la zone torride* (Buf.). *La région parisienne.* **Zone,** en termes de géographie, chacune des cinq grandes divisions de la terre séparées par des cercles parallèles à l'équateur; par analogie, étendue de pays, partie d'une région, ou étendue de terrain qui se distingue par un caractère particulier : *La zone houillère. La zone des armées.* **Climat,** ensemble des conditions atmosphériques et météorologiques d'un pays; par ext., surtout dans le style relevé, pays, région, considérés comme propices à telle production ou à telle forme de l'activité humaine : *J'ose dire, Seigneur, que, par tous les climats, Ne sont pas bien reçus toutes sortes d'États* (Corn.). **Terre,** au pl., grandes étendues de la surface du globe, souvent mal connues, inhabitées et qu'il est difficile de caractériser autrement que comme une vaste masse opposée à la mer : *Terres boréales* (Acad.); au sing. et au pl., étendue d'un pays considérée par rapport à la nation qui l'habite ou à la puissance qui la possède : *Terre de France* (J.-J. R.). En ce sens, **Territoire,** terme de géographie et d'administration, désigne avec précision l'étendue de terre comprise dans les frontières d'un État, dans les limites d'une province, d'une ville, d'une juridiction. **Plage** et **Rivage,** au fig., syn. poét. de *contrée.* **Ciel,** syn. poét. de *pays* dans des loc. comme *Sous le ciel : Sous un ciel étranger* (Rac.). ¶ 2 → Nation. ¶ 3 → Patrie. *Pays,* patrie, province, canton ou localité où l'on est né. **Terroir,** au fig., fam., pays et surtout province d'origine, considérés comme déterminant l'individu, de même que le terroir fait la végétation : *Il a l'accent de son terroir.* **Patelin,** très fam., village, ville où l'on est né. ¶ 4 → Concitoyen.

Paysage : ¶ 1 → Vue. ¶ 2 → Tableau.

Paysan : ¶ 1 N. *Paysan,* celui qui s'occupe des travaux de la terre, qu'il soit agriculteur, berger, fermier (→ ces mots) : *Le métier de paysan* (Mariv.). **Campagnard,** celui qui vit à la campagne, même s'il n'est pas paysan, avec parfois une nuance péj. sous le rapport de l'élégance des manières, par opposition à *citadin* : *Un franc campagnard avec longue rapière* (Mol.). **Homme de la campagne,** syn. de *campagnard,* sans nuance péj. **Homme des champs,** syn. de *paysan,* plutôt dans le style relevé et poétique. **Ruraux,** les gens de la campagne considérés socialement et économiquement par opposition aux habitants des villes. Comme syn. de *campagnard,* **Rustique,** vx et assez péj., n'est plus qu'un archaïsme littéraire; **Rustre** implique une grossièreté marquée, souvent brutale : *Un homme de la sorte, vil rustre, fils de rustre* (P.-L. Cour.); **Villageois,** surtout dans le langage littéraire, évoque la naïveté parfois fraîche et charmante que l'on prête aux habitants des villages : *Heureux villageois, dansons* (Bérang.). — **Serf,** au M. A., paysan attaché à la glèbe, dépendant d'un seigneur féodal, dans sa personne et dans ses biens (au fig. *serf* n'évoque plus que l'esclavage). **Vilain,** dans la société féodale, cultivateur rural habitant le village (par opp. au bourgeois ou au citadin), ou paysan libre opposé au *serf,* et pratiquement, cultivateur d'une terre ou censive, sens dans lequel on disait aussi **Roturier;** de nos jours, *vilain,* syn. péj. de *paysan,* insiste sur la bassesse sociale à laquelle s'ajoute parfois celle des sentiments : *Il n'est vilain qui pour se faire un peu décrasser n'aille du roi à l'usurpateur* (P.-L. Cour.). **Manant,** autrefois habitant d'un bourg ou d'un village, puis *paysan;* de nos jours, péj. dans le langage littéraire, paysan grossier, mal élevé, rustre. **Jacques** (et **Jacques Bonhomme**), sobriquet du paysan français. **Croquant,** homme de rien, surnom des paysans qui se révoltèrent en Guyenne sous Henri IV, syn. fam., vx et péj. de *paysan.* *Paysan,* a pour syn. pop. très péj. **Bouseux, Cul terreux, Pedzouille, Péquenot, Pétrousquin.** — **Cambrousard,** syn. pop. de *campagnard.* — **Terrien** se dit de ceux qui ont des propriétés assez importantes à la campagne, sans forcément y résider : *Les terriens se soutiennent* (Volt.); mais désigne aussi de nos jours, par opp. à *marin,* ceux qui vivent sur la terre et particulièrement les gens de la campagne. ¶ 2 → Rustique. — ¶ 3 Adj. → Pastoral.

Péan : → Hymne.

Peau : ¶ 1 Membrane qui couvre le corps de l'homme et de nombreux animaux. La *Peau* comprend l'**Épiderme,** couche extérieure, et le **Derme,** couche profonde située sous l'épiderme. Mais *peau* se dit couramment pour *épiderme* qui ne s'emploie qu'en anatomie, ou au fig. pour désigner une sensibilité exagérée qui s'offense facilement : *Cet homme a l'épiderme sensible.* **Tégument,** terme d'anatomie, ensemble des tissus qui recouvrent le corps des animaux (peau, poils, plumes, écailles, etc.), se dit surtout de la peau. **Couenne,** peau du porc raclée, par ext. peau épaisse comme celle du porc, est argotique pour désigner la peau de l'homme. **Cuir,** peau épaisse de certains animaux, se dit quelquefois de parties dures de la peau humaine, ou d'une peau dure : *Le cuir chevelu; entre cuir et chair. Le cuir des lutteurs* (ROLL.). ¶ 2 Peau d'un animal séparée de son corps. *Peau,* cette dépouille lorsqu'elle est souple, encore assez près de l'état naturel, avec parfois ses poils et ses plumes, et conservant encore un certain rapport avec l'animal dont elle vient : *Peau de mouton, peau de martre.* **Cuir,** peau corroyée : *Une ceinture de cuir.* **Pelleterie,** collectif, peaux dont on fait les fourrures. ¶ 3 → Corps. ¶ 4 *Peau,* enveloppe qui couvre les fruits, certains légumes, comme les oignons, considérée sur le fruit ou isolément. **Écorce,** peau épaisse de certains fruits : *Écorce d'orange, de citron.* **Pelure,** peau ou enveloppe de certains fruits ou légumes, détachées en pelant : *Il est difficile de digérer les peaux de raisin; on glisse sur une pelure de banane.*

Peccadille : → Faute.

Pêche : → Poisson.

Péché : ¶ 1 → Faute. Dans le langage ecclésiastique, *Péché,* état de celui qui transgresse la loi divine ou religieuse, **Impénitence,** état du pécheur endurci qui n'a aucun regret d'avoir offensé Dieu : *L'impénitence finale* (BOUR.). ¶ 2 *Péché mignon :* → Imperfection et Manie.

Pécher : → Manquer.

Pêcher : → Trouver.

Pécore : ¶ 1 Terme injurieux et fam., *Pécore,* étym. petite bête, se dit des personnes, surtout des femmes, sottes et impertinentes; **Pecque,** en parlant des femmes seulement, est dominé par l'idée de sottise prétentieuse, ridiculement maniérée : *A-t-on jamais vu, dites-moi, deux pecques provinciales faire plus les renchéries que celles-là?* (MOL.); **Péronnelle,** moins injurieux, jeune femme sotte et babillarde : *Taisez-vous, péronnelle* (MOL.). **Pintade,** femme sotte et vaniteuse. ¶ 2 → Animal.

Péculat : → Malversation.

Pécule : → Économie.

Pécunieux : → Riche.

Pédagogie : → Instruction.

Pédagogique : → Didactique.

Pédagogue : ¶ 1 → Maître. ¶ 2 → Pédant.

Pédant : N. ¶ 1 → Maître. ¶ 2 Fig. et péj., *Pédant* implique lourd étalage de science, suffisance, affectation de faire la leçon à tout le monde, et manque de savoir-vivre dans la mesure où ces défauts nuisent à l'honnêteté des manières : *Penser peu naturellement et s'exprimer de même s'appelait autrefois être pédant* (VAUV.). **Cuistre** (autrefois valet de collège) ajoute une idée de vanité ridicule : *Trissotin, dans Les Femmes savantes, est un cuistre*; ou d'étroitesse d'esprit jointe à une grossièreté naturelle qui se manifeste dans l'air, le visage : *Son extérieur de cuistre* (S.-S.). **Régent** suppose la manie de donner des directives, des règles en une matière : *Régent du Parnasse* (BOIL.). **Pédagogue** implique un ton impérieux pour adresser des remontrances rogues : *Impérieux et pédagogue* (J.-J. R.). **Magister,** maître d'école de village, implique, au fig., la manie didactique et l'étalage de science. **Grimaud,** vx, pédant encroûté qui n'avait pas bien digéré l'enseignement du collège. **Savantasse** (ou **Savantas**) implique l'affectation de paraître savant avec un savoir confus : *Tous ces savantas qui ne sont bons à rien* (MOL.). **Savant en us,** fam., savant érudit, assez pédant, trop spécialisé pour être « honnête homme », par allusion aux érudits d'autrefois qui latinisaient leur nom. — **Pontife,** fam., comme **Bonze,** très fam., ne sont syn. de ces termes qu'autant qu'ils impliquent des manières, un ton solennels et emphatiques chez un homme qui se croit un personnage. — ¶ 3 Adj. Où il y a du pédantisme ou de la pédanterie. *Pédant* exprime pleinement la qualité et se dit plutôt des personnes ou de ce qui a rapport à elles : *Mœurs pédantes* (VOLT.). **Pédantesque** dit moins, et, surtout en parlant des choses littéraires, implique un simple rapport ridicule avec le pédantisme : *De ses grands mots le faste pédantesque* (BOIL.).

Pédantisme, manière de penser et de parler en pédant, dans la littérature, les sciences, la philosophie. **Pédanterie** se dit seul quand il s'agit des actions, de la conduite du pédant, et, comme syn. de *pédantisme,* désigne plutôt une manière d'agir que de penser : *Caton qui aimait par pédanterie les vieilles gens* (FÉN.). De plus le *pédantisme* tient plutôt à la profession, la *pédanterie,* au caractère.

Pègre (basse) : → Populace.

Peigner : ¶ 1 *Peigner,* démêler, arranger les cheveux ou la barbe avec le peigne. **Coiffer,** arranger les cheveux par un moyen quelconque, pour produire un effet esthétique. **Testonner,** vx, coiffer avec soin. ¶ 2 → Soigner.

Peindre : ¶ 1 Revêtir une surface d'une couche de couleur. *Peindre* implique qu'on fait l'action avec soin, pour qu'elle soit définitive, et ne précise pas le procédé. **Badigeonner,** revêtir un mur, une façade d'une couleur en détrempe jaunâtre ou grise, avec un gros pinceau ou un pulvérisateur. **Barbouiller,** couvrir grossièrement, souvent avec une brosse, d'un enduit de couleur : *Barbouiller un mur.* **Laquer,** recouvrir de laque, ou d'une peinture brillante qui imite le laque. ¶ 2 Représenter une personne, une chose par des lignes et par des couleurs. *Peindre* se dit dans tous les cas. **Pignocher,** intrans. et fam., peindre à petits coups de pinceau, souvent d'une façon trop soignée. **Brosser,** peindre ou ébaucher avec la brosse, d'une façon souvent rapide et peu soignée. **Barbouiller,** fam., peindre mal, sans art, sans goût : *Quand tu barbouillais de peinture des écrans et des tambourins* (Mau.). **Peinturlurer** et **Peinturer,** vx, fam., peindre sans connaissance de la peinture, par amusement, pour jouer en quelque sorte avec les couleurs, ou peindre de couleurs criardes. **Portraire,** vx, représenter une personne au naturel à l'aide de l'un des arts du dessin, a été remplacé par le néol. **Portraiturer,** faire le portrait de quelqu'un, par le dessin, la peinture ou la photographie. **Camper,** fig., portraiturer ou peindre un personnage dans une certaine attitude. **Historier,** peindre un tableau en observant tout ce qui regarde l'histoire, et, s'il s'agit d'un personnage, le représenter occupé à quelque action historique ou fabuleuse qui donne de l'intérêt et du mouvement. ¶ 3 → Farder. ¶ 4 → Représenter. Exprimer par le discours. *Peindre,* représenter par des images, des expressions vives, d'un seul trait ou brièvement, ce qu'on voit dans la réalité ou ce qu'on imagine : *Peindre les hommes en général* (L. B.). *Pour peindre cet homme d'un dernier détail* (Zola). **Dépeindre,** peindre, toujours d'après nature, avec un art personnel et frappant, surtout ce qui est concret, individuel et qu'on fait voir, dans tous ses détails, d'une manière si précise qu'il n'est plus possible de le confondre avec autre chose : *Dépeindre un homme qu'on avait vu sortir de l'hôtel* (J.-J. R.). *Le philosophe décrit et dépeint la nature, la poésie la peint et l'embellit* (Buf.). **Décrire,** terme abstrait, représenter à l'esprit, objectivement, d'une façon plus exacte que pittoresque, et dans son ensemble, ce qu'on observe, ce qu'on analyse, pour le faire comprendre ou en donner une idée générale : *Buffon dépeint,*

Daubenton décrit (L.). **Brosser,** néol. au fig., peindre à grands traits un vaste ensemble, un tableau. ¶ 5 (Réf.) → (se) Montrer.

Peine : ¶ 1 → Punition. ¶ 2 → Mal. ¶ 3 → Travail. ¶ 4 Ce qui donne l'impression qu'une chose n'est pas aisée à faire. *Peine,* subjectif, fait penser à l'effort fatigant que doit s'imposer le sujet pour accomplir une action au-dessus de ses forces, de ses capacités ou à laquelle il répugne. **Difficulté,** objectif, suppose un manque de facilité dans la chose, considéré indépendamment des réactions affectives du sujet et uniquement du point de vue des moyens intellectuels ou physiques qu'il doit mettre en œuvre pour réussir. **Mal,** objectif et subjectif, suppose une difficulté dans la chose qui inflige au sujet fatigue ou souffrance, et ajoute souvent l'idée que la chose ne se fait qu'imparfaitement ou de justesse : *Un blessé éprouve de la difficulté à marcher, c'est pour lui un problème; de la peine, s'il doit faire un gros effort; du mal, s'il souffre et n'y réussit guère.* **Embarras,** subjectif, situation où quelqu'un se trouve, par suite de difficultés ou d'obstacles multiples qui l'amènent à ne savoir que faire ou que dire : *L'embarras du choix.*

Peine (avec) : → Difficilement.

Peiner : ¶ 1 → Chagriner. ¶ 2 → (se) Fatiguer.

Peintre : ¶ 1 Celui dont le métier est de couvrir de couleurs les surfaces. *Peintre* est le terme ordinaire. **Badigeonneur** et **Barbouilleur** (→ Peindre), péj. au fig., impliquent, le premier, que le peintre étend les couleurs sans soin et sans goût, le deuxième qu'il les confond, peint salement. ¶ 2 Celui qui exerce l'art de peindre. *Peintre* est le terme général. **Artiste peintre** précise la profession. **Barbouilleur,** péj., mauvais peintre. **Rapin,** fam., jeune élève d'un atelier de peinture, par ext. peintre d'allure bohème, parfois sans talent, ou peintre en général, en un sens fam. et assez péj. **Portraitiste, Aquarelliste, Paysagiste, Miniaturiste** désignent le *peintre* d'après sa spécialité : → Tableau.

Peinture, toutes sortes d'ouvrages exécutés par un artiste qui peint. **Tableau,** (→ ce mot), ouvrage de peinture exécuté sur un panneau de bois, sur une plaque de cuivre, sur du papier, sur une toile tendue sur un châssis. **Fresque,** peinture exécutée avec des couleurs détrempées dans l'eau sur une surface de maçonnerie spécialement préparée à cet effet. — Au fig. → Image.

Péjoratif : → Défavorable.

Pelage : → Poil.

Pêle-mêle : ¶ 1 → Mélange. ¶ 2 → Désordre.

Peler : ¶ 1 *Peler*, qui marque une action complète, ne se dit que des animaux morts ou des choses dont on enlève totalement le poil ou ce qui y ressemble. **Tondre**, couper ras le poil, se dit des êtres vivants ou des choses. **Bretauder**, tondre irrégulièrement un chien, un cheval. **Raser**, tondre, couper le poil, et spéc. la barbe, tout près de la peau avec un rasoir. **¶ 2** → Dépouiller. **¶ 3** → Éplucher.

Pèlerinage : → Voyage. *Pèlerinage*, voyage fait par piété à un lieu de dévotion. **Pardon**, en Bretagne seulement, pèlerinage d'un grand nombre de personnes, à un jour fixe, pour gagner les indulgences qui y sont attachées.

Pèlerine, Pelisse : → Manteau.

Pelleterie : → Peau.

Pellicule, petite peau, très mince et très déliée, par ext., en photographie, feuille souple sur laquelle se forme l'image. **Film**, pellicule en forme de bande sur laquelle s'enregistrent les vues prises par l'appareil cinématographique; fam., pellicule photographique, non destinée au cinéma, mais qui contient plusieurs poses. **Bande**, fam., syn. de *film*, dans son sens cinématographique seulement.

Pelote : ¶ 1 Boule que l'on forme avec du fil, de la soie, de la laine, etc. La *Pelote* se fait en enroulant le fil de n'importe quelle façon; le **Peloton**, en enroulant les fils sur eux-mêmes; c'est aussi une petite pelote, ou une pelote représentant une quantité déterminée de fil et vendue tel ou tel prix dans le commerce. Mais l'usage confond les deux. **¶ 2** → Balle. **¶ 3** Pour désigner la masse ronde qu'on fait avec de la neige pressée, *Pelote* vieillit et tend à être remplacé par **Boule**. **¶ 4** → Profit.

Pelote (faire sa) : → Économiser.

Peloton : ¶ 1 → Pelote. **¶ 2** → Troupe et Groupe.

Pelotonner (se) : → (se) Replier.

Pelouse : → Prairie.

Pelu, Peluché, Pelucheux : → Poilu.

Pelure : → Peau.

Pénalisation, Pénalité : → Punition.

Pénates : Dieux domestiques des Romains. Les *Pénates*, d'origine divine, veillaient plutôt à la prospérité du foyer, à l'intérieur duquel on les vénérait, les **Lares**, génies, ou parfois héros, ancêtres, quelquefois confondus avec les *Mânes*, défendaient le foyer. Au fig., pour désigner la maison (→ ce mot), *Pénates* s'emploie couramment, souvent en un sens fam. et ironique : *Regagner ses pénates; Lares*, très rare, est uniquement du style poétique : *Viens près de tes lares tranquilles* (V. H.).

Penaud : → Honteux.

Penchant : ¶ 1 → Pente. **¶ 2** Au fig. → Inclination.

Pencher : → Incliner.

Pendant (N.) : **¶ 1** Parure que les femmes attachent à leurs oreilles. *Pendant*, toutes parures de pierreries, de perles, etc., de ce genre; **Boucle**, espèce d'anneau porté aux oreilles comme ornement (*pendant*, syn. vague de *boucle*, désigne plus spéc. le bijou qu'on y attache). **Pendeloque**, toute pièce de parure suspendue à un anneau, une chaînette; spéc. pierre précieuse en forme de poire, que l'on suspend comme pendant à des boucles d'oreilles. **Pendentif** tend de nos jours à remplacer *pendeloque* dans tous ses sens. **¶ 2** *Le pendant de :* → Semblable.

Pendant, préposition, indique une simultanéité vague, une rencontre en un seul point indéterminé de la durée; **Durant**, une simultanéité continue, une coïncidence exacte dans tous les points de la durée et ajoute souvent l'idée que la durée paraît longue : *On jeta pendant la marche beaucoup d'argent au peuple, et, durant trois jours, on fit de grandes réjouissances* (Les.). — A noter que Littré constatait déjà que les meilleurs écrivains n'appliquent pas cette distinction pourtant souhaitable.

Pendant que, locution conjonctive, indique une simultanéité entre deux actions quelconques : *Pendant que Thémire était occupée au culte de la déesse, j'entrai dans un bois solitaire* (Mtq.). **Tandis que** marque ou bien une exacte coïncidence entre la durée respective de deux actions, ou bien une simultanéité entre des actions opposées qui contrastent l'une avec l'autre, ou parfois en même temps les deux nuances : *Les Égyptiens étaient plongés dans les épaisses ténèbres de la nuit, tandis que les Juifs jouissaient du plus beau soleil dans la petite contrée de Gessen* (Volt.).

Pendard : → Vaurien.

Pendeloque, Pendentif : → Pendant.

Pendre : ¶ 1 *Pendre*, fixer par le haut, à distance du sol, par un point d'attache plus ou moins mobile, un objet qui peut remuer, ou même traîner par terre par son extrémité inférieure : *Pendre un lièvre par les pattes.* **Suspendre** ajoute l'idée que l'objet pendu, souvent pesant, ne porte sur rien, n'a aucun contact avec le sol, est immobile durant un temps assez long : *Suspendre un lustre au plafond.* **Appendre**, syn. de *pendre*, ne se dit que pour les ex-voto ou les drapeaux. **Accrocher**, pendre à un crochet. **¶ 2** Être fixé au-dessus du sol. Mêmes nuances entre *Pendre* et **Être**

suspendu qu'entre *pendre* et *suspendre*.
Pendiller, pendre en l'air et être exposé
au vent : *Des linges qui pendillent aux
fenêtres.* En ce sens on dit aussi **Brandiller** :
· → Flotter. ¶ 3 → Tomber. ¶ 4 → Étrangler. Étrangler quelqu'un en le suspendant par le cou. *Pendre* se dit dans tous
les cas. **Brancher,** vx, pendre à une
branche d'arbre. **Mettre à la lanterne,**
ou **Lanterner,** dans la langue populaire
de Paris, sous la Révolution, pendre
quelqu'un aux cordes d'un réverbère.

Pendule : ¶ 1 Corps pesant, mobile
autour d'un axe horizontal. Le *Pendule*
est uniquement mû par l'action de la
pesanteur. Le **Balancier** doit ses oscillations à un mécanisme dont il fait partie
et dont il sert à régler le mouvement.
¶ 2 → Horloge.

Pénétrable se dit d'une chose dans laquelle
une autre peut s'insinuer, en comblant
les vides qu'il y a en elle : *Une éponge est
pénétrable à l'eau;* **Perméable,** d'une chose
à travers laquelle une autre peut passer
pour aller au-delà : *Le verre, l'eau sont
perméables à la lumière.*

Pénétrant : ¶ 1 → Perçant. ¶ 2 → Vif.
¶ 3 → Intelligent. *Pénétrant,* **Sagace,
Perspicace, Clairvoyant, Lucide :** → Pénétration. ¶ 4 → Profond.

Pénétration : → Intelligence et Délicatesse.
Pénétration implique qu'on peut connaître
les choses à fond et dans tous les sens :
*La pénétration de Dieu est infinie et rien
n'échappe à sa connaissance* (Bour.);
Sagacité, qu'on découvre, et parfois qu'on
prévoit promptement, vivement, par une
sorte d'instinct presque infaillible; aussi
le mot peut-il se dire des animaux ou des
enfants : *Cette sagacité questionneuse que
contractent les prêtres habitués à creuser des
riens au fond du confessionnal* (Balz.).
Divination, fig., sagacité portée à un très
haut degré, en un sujet obscur : *Une sorte
de divination, d'intuition si vous préférez*
(Gi.). **Psychologie,** sagacité ou finesse qui
permet de connaître ou d'expliquer les
sentiments d'autrui. **Perspicacité** indique
toujours une activité de l'intelligence,
moins intuitive que la *pénétration* et
moins instinctive que la *sagacité,* qui fait
connaître les choses difficiles à force
d'examen, de réflexion, de comparaisons :
Perspicacité géométrique (Mᴛᴏ.). **Finesse**
suppose habileté à saisir, par l'intelligence,
l'intuition ou le goût, des nuances délicates,
imperceptibles : *Une femme, de même formation intellectuelle que les hommes, n'a sans
doute pas plus d'esprit critique, mais elle
est servie par sa finesse* (J. Rom.). **Subtilité,** très grande finesse, surtout de l'intelligence. **Clairvoyance,** sagacité, surtout
dans les affaires, qui permet de voir

comme sont réellement les choses, de
saisir leurs rapports cachés et de prévoir
intelligemment leurs conséquences : *S'exhorter à plus de clairvoyance et de véracité*
(J. Rom.). **Lucidité** dit moins et implique
surtout qu'on se représente à soi-même
nettement et clairement ce qui est, sans
parti pris ni illusion, et parfois qu'on l'expose aux autres avec clarté : *Avec une lucidité objective toute nouvelle, il exposait maintenant son cas sous son véritable jour* (M.D.G.).
Acuité, néol., pénétration extrême d'un
regard ou d'un esprit : *Beaucoup d'intelligence, beaucoup de lucidité même, beaucoup
d'acuité* (Pég.). **Nez** et **Flair,** fig. et fam.,
sagacité surtout pratique qui pressent
l'avenir.

Pénétré : → Plein. *Pénétré* indique qu'un
sentiment a touché le fond du cœur,
qu'une idée a été complètement assimilée
par l'esprit : *Pénétré d'une vérité* (M. D. G.).
*Pénétré jusqu'au cœur par la paix qui
remplissait la terre* (Mau.). **Imbu** enchérit
et implique que toute la conduite est
désormais dirigée par ce dont on est profondément pénétré : *Les faux principes
dont ils sont imbus* (Bos.). **Imprégné** ne
se dit qu'à propos d'opinions, de principes
qui ont laissé une trace durable dans
l'esprit, sans toutefois le posséder avec
la plénitude qu'indique *imbu* : *Imprégné
de préjugés* (Maur.). — **Confit,** fam. et
ironique, ne se dit plus que dans la loc.
Confit en dévotion, pénétré de dévotion
comme un fruit pénétré du sirop dans
lequel il cuit. — **Marqué** dit moins qu'*imprégné* et suppose une influence qui a
laissé des façons de penser et d'agir caractéristiques : *Écrivain marqué par son éducation protestante.*

Pénétrer : ¶ 1 → Entrer. *Pénétrer,* entrer
dans une chose en passant à travers ses
interstices : *Habits appesantis par l'eau qui
les avait pénétrés* (Fén.). **S'infiltrer,** pénétrer à travers les interstices étroits de ce
qu'on compare à un filtre : *Les eaux s'infil-
trent dans un barrage.* **Filtrer, Se filtrer,**
s'infiltrer et passer au travers : *Les eaux se
filtrent au travers des terres sablonneuses et se
perdent.* **Imprégner,** faire pénétrer dans un
corps solide ou fluide les particules d'une
substance qui s'y répand : *Terre imprégnée de nitre* (Acad.). — **Percer,** pénétrer
et passer au travers : *La pluie a percé
ses habits. Percer la foule.* **Fendre,** percer
et traverser en s'ouvrant avec effort un
passage à travers les parties de la chose que
l'on sépare : *Fendre la foule.* ¶ 2 → Découvrir et Entendre. ¶ 3 → Toucher. ¶ 4 (Réf.)
→ Absorber.

Pénible : ¶ 1 → Difficile. En parlant d'un
style qui manque de naturel et sent
l'effort, *Pénible* fait penser à l'effort de
l'auteur et à la fatigue du lecteur : *Dialogue*

pénible, lâche et diffus (Grimm) ; **Peiné,** rare, a uniquement rapport au travail de l'auteur qui se fait trop sentir. **Laborieux** insiste plutôt sur la lourdeur, l'embarras d'un auteur à s'exprimer : *La diction de saint Chrysostome est pure, mais laborieuse* (Chat.). **Tendu,** qui manque d'aisance, de souplesse, sans aller jusqu'à être *pénible* : *Corneille est plus tendu que Racine* (dans Lit.). **Tourmenté** ajoute une idée de complication, voire d'obscurité : *Style tourmenté, obscur, entortillé* (Did.). ¶ 2 → Lourd. *Pénible* implique une souffrance provoquée par ce que l'âme abhorre, réprouve ou ne peut pas éprouver ou concevoir sans en être désagréablement affectée : *Ces scènes où l'un offre plus de son cœur qu'on ne lui demande sont toujours pénibles* (Gi.). **Douloureux** (→ ce mot) enchérit. **Fâcheux** (→ ce mot) marque le simple dépit ou le sentiment qu'une chose est regrettable. **Triste** enchérit et s'emploie surtout avec le verbe *être* pris impersonnellement : *Il est triste de se voir traité de la sorte après avoir bien servi* (Acad.).

Péniche : → Chaland.

Pénitence : ¶ 1 → Punition. ¶ 2 → Regret.

Pénitencier : ¶ 1 → Bagne. ¶ 2 → Prison.

Pénombre : → Ombre.

Pensant : → Pensif.

Pensée : ¶ 1 → Idée. *Pensée*, **Réflexion, Méditation, Spéculation, Contemplation :** → Penser. ¶ 2 → Opinion. ¶ 3 Vérité remarquable brièvement énoncée. *Pensée*, terme général, tout ce qui a été produit sous forme de langage et de style, et spéc. idée remarquable et exprimée d'une façon assez frappante pour rester dans la mémoire des hommes : *Ce qui fait ordinairement une grande pensée, c'est lorsqu'on dit une chose qui en fait voir un grand nombre d'autres* (Mtq.). **Parole,** formule particulièrement importante par son sens : *Il faudrait écrire cette parole en lettres d'or* (Acad.). **Mot** insiste surtout sur la forme, brève, frappante, ou rapportée textuellement : *Je me répète le mot que Littré m'a dit un jour* (Flaub.). **Maxime** insiste sur la valeur du fond de la pensée qui peut servir de règle pour un art, une science et spéc. pour la vie pratique : *Maximes de bonne conduite* (Zola) ; *sur le prestige de l'aristocratie* (Proust). **Sentence** a surtout rapport à l'expression littéraire, sous une forme ramassée, d'une opinion, d'une pensée ou d'une maxime : *Sentences admirables placées avec art dans des dialogues intéressants* (Volt.). — **Apophtegme,** parole excellente, dit mémorable d'un Ancien, ou à la manière des Anciens, avec parfois, dans ce dernier cas, une nuance de pédantisme : *Nous ne pouvions nous tenir de rire de la façon magistrale avec laquelle M. Marcel* [célèbre danseur] *prononçait ses savants apophtegmes* (J.-J. R.). **Aphorisme,** décision ou prescription d'un traité scientifique résumant en quelques mots ce qu'il y a d'essentiel à connaître sur quelque chose : *Aphorismes de médecine* (Volt.). **Axiome,** vérité générale reçue pour vraie sans démonstration parce qu'elle s'impose à l'esprit, comme évidente par elle-même, et servant de point de départ à un raisonnement : *Nul axiome n'a jamais été plus universellement reçu que celui-ci : Rien ne se fait de rien* (Volt.). — Pour désigner des maximes communes, familières : **Proverbe,** maxime populaire devenue d'usage commun : *Les maximes sont nobles, sages et utiles, elles sont faites pour les hommes d'esprit et de goût, pour la bonne compagnie. Les proverbes ne sont que pour le vulgaire* (Volt.) ; **Adage,** proverbe ancien, ou vieux proverbe, et parfois, péj., proverbe, maxime de gens qu'on désigne : *Le vieil adage : « Poumons malades, soigne le cœur »* (M. D. G.). *Ce bel adage de morale si rebattu par la tourbe philosophique* (J.-J. R.) ; **Dicton,** mot, sentence passée en proverbe, et particulièrement en usage en un lieu, une province, alors que le *proverbe* a cours dans toute la nation : *Et ce dicton picard à l'entour fut écrit* (L. F.). — **Dit,** *parole, mot,* est vx. — **Devise,** en termes de blason, figure emblématique avec une sentence qui l'explique ; par ext., petite phrase, ou sentence quelquefois d'un seul mot, qui exprime les manières de penser, de sentir, d'agir de quelqu'un : *Diversité, c'est ma devise* (L. F.). ¶ 4 Au pl. Fruits du travail de l'esprit déposés dans des ouvrages qui en tirent quelquefois leur titre. *Pensées*, toutes les idées d'un homme, communiquées en général sans être liées entre elles : *Les Pensées de Pascal*. **Réflexions,** pensées, ou suite de pensées, de jugements mûrement conçus, en partant de l'expérience, et constituant un enseignement, une sagesse : *Réflexions et Maximes* de Vauvenargues. **Méditations,** réflexions sur un sujet de dévotion ou de philosophie : *Les Méditations de sainte Thérèse* ; de Descartes ; par ext., poèmes contenant des réflexions sur Dieu, la nature, l'homme, sous une forme élégiaque : *Les Méditations* de Lamartine. **Considérations,** sorte de dissertation, méthodiquement menée sur l'histoire, la science, pour étudier avec perspicacité les causes et les effets : *Les Considérations sur les causes de la grandeur des Romains et de leur décadence* de Montesquieu. **Propos,** de nos jours, réflexions, sous forme de petits discours d'allure libre et familière, sur des sujets de morale, de politique, de philosophie : *Les*

Propos d'Alain. — Pour désigner plus spéc. le travail d'un critique, d'un esprit cherchant à prendre connaissance d'un objet, **Notes**, idées ou explications détachées éclairant ou commentant un texte ou des faits; **Remarques** implique un effort pour dégager des choses caractéristiques et frappantes qu'il est bon de mettre en valeur pour instruire : Les *Remarques sur la Langue française* de Vaugelas; **Observations** désigne un travail plus savant, voire plus subjectif et personnel, s'il s'agit d'un art, pour mettre en lumière des choses assez cachées au profane et qu'on ne peut découvrir qu'après certaines recherches : *Observations sur la Langue française* de Ménage. — **Notations**, terme de critique littéraire, implique, chez un auteur, une façon personnelle et originale d'observer et de rendre certains aspects de la réalité surtout concrète. ¶ 5 → Dessein.

Pensée ingénieuse : → Mot d'esprit.

Penser : ¶ 1 Occuper son esprit à quelque objet. *Penser* désigne absolument l'action de *connaître*, de *comprendre*, d'*imaginer*, de *se souvenir*, et surtout de *raisonner* et de *concevoir*, considérée comme une fonction essentiellement humaine et avec l'idée que l'activité créatrice de l'esprit permet un effort de synthèse. — *Penser*, relatif à un objet déterminé qui occupe l'esprit, implique que toutes les facultés intellectuelles se concentrent volontairement ou non sur cet objet, uniquement pour mieux le connaître ou pour savoir comment nous devons agir à son propos : [L'homme] *recherche le tracas qui le détourne de penser à sa malheureuse condition* (Pasc.). **Réfléchir**, penser mûrement et plus d'une fois à quelque chose. **Méditer**, réfléchir fortement sur une chose abstraite, en rentrant en soi-même, en la retournant sans cesse dans son esprit, de manière à l'approfondir et souvent d'une manière féconde, créatrice : *Je méditais cette nuit; j'étais absorbé dans la contemplation de la nature* (Volt.). **Contempler**, examiner longuement, attentivement, parfois avec une sorte d'extase, un objet du monde extérieur ou une idée dans lesquels la pensée s'absorbe: *Contempler la nature; la mort.* **Spéculer**, méditer sur des matières comme la science, la métaphysique, en échafaudant des théories, des hypothèses. **Se recueillir**, rassembler toute son attention pour ne s'occuper que d'une seule chose (en ce sens **Se concentrer** marque une tension d'esprit plus forte), se dit dans le langage de la dévotion, en un sens plus large que *méditer*, de l'effort par lequel on détache son esprit des objets de la terre et on le ramène en soi, pour se livrer à la méditation religieuse ou à de pieuses contemplations. **Délibérer**, réfléchir, méditer,

sur une décision à prendre. — **Songer** n'est pas dominé par l'idée de connaissance, mais par celle de soin, de souci, d'inquiétude : c'est appliquer son esprit à un objet, surtout futur, pour y prendre garde ou s'en occuper : *Il songe au roman qu'il prépare* (Gi.). — **Rêver** (→ ce mot) indique l'action d'un esprit abstrait ou préoccupé qui se retire au-dedans de lui-même et qu'une idée absorbe, en l'entraînant dans un courant auquel il s'abandonne; autrefois, c'était être absorbé par de profondes méditations; de nos jours, c'est se laisser entraîner en imagination par des idées vagues ou des projets chimériques, sans aucun objet fixe : *Errant sans souci, sans affaires, rêvant et ne pensant point* (J.-J. R.). — **Ruminer**, fig. et fam., tourner et retourner une chose dans son esprit, y penser sans cesse : *En continuant à ruminer son rêve de la nuit* (M. D. G.) : → Repenser. **Rouler**, tourner et retourner dans son esprit non une seule idée, mais plusieurs : *En roulant ces tristes pensées* (Proust). **Cogiter**, syn. vx de *penser*, de *méditer*, ne se dit plus qu'ironiquement. ¶ 2 → Croire. ¶ 3 → Projeter. ¶ 4 → Manquer.

Penseur, celui qui a l'habitude de penser activement pour arriver à la connaissance de ce qui l'occupe, dans tous les domaines purement spéculatifs autres que la science, et qui communique à autrui des idées originales : *La Bruyère est un penseur*. **Philosophe** suppose un effort pour établir une vue complète et cohérente du monde, par la recherche des principes et des causes, et implique tantôt une organisation systématique de la connaissance, tantôt une sagesse, tantôt un culte de la raison indépendamment de la religion, nuances que ne comporte pas nécessairement *penseur* : *Kant est un philosophe. Pascal est un penseur chrétien, Platon, un philosophe païen.* **Moraliste**, variété de penseur qui analyse les mœurs des hommes et leur propose un art de vivre : *La Rochefoucauld, La Bruyère, Vauvenargues sont des moralistes.* **Méditatif** enchérit sur *penseur* pour désigner celui qui est toujours abstrait en lui-même, perpétuellement enfoncé dans de profondes réflexions : *Malebranche est un méditatif* (Volt.). **Contemplateur** suppose une pensée qui se tourne vers un objet du monde extérieur ou une idée et l'observe, s'y absorbe, volontairement, avec méthode : *Molière, le contemplateur.* **Contemplatif**, qui se dit surtout en religion de ceux qui se consacrent à la vie d'oraison, à la méditation par opp. à la vie active, suppose, en un sens plus général, l'habitude de se perdre dans la réflexion ou les inspirations mystiques, sans agir : *Jean-Jacques est indolent, paresseux, comme tous les contemplatifs* (J.-J. R.).

Pensif, qui, dans une circonstance particulière, est ou paraît occupé d'une pensée précise : *Il suivait tout pensif le chemin de Mycènes* (Rac.). **Rêveur** implique une suite de pensées vagues auxquelles on s'abandonne passivement, ce qui rend très distrait : *Inquiète, rêveuse* (Corn.). **Songeur,** syn. de *rêveur*, suppose plutôt des pensées chimériques et vaines (→ Rêver) ; syn. de *pensif,* une préoccupation profonde causée par ce qui donne du souci, de l'inquiétude (→ Penser). **Méditatif** qualifie l'esprit qui s'abstrait du monde extérieur pour créer activement une pensée sérieuse à propos de sujets plutôt spéculatifs que pratiques : *Quoique [Platon] fût naturellement d'un génie fort méditatif* (Fén.). **Contemplatif** implique toujours l'habitude, le goût de contempler ou de méditer (→ Penser et Penseur) : *Est-ce le tête-à-tête quotidien avec la mort qui force à réfléchir les esprits les moins contemplatifs?* (M. d. G.). — **Pensant** ne désigne que la qualité passive d'un sujet doué de la pensée, même s'il ne l'exerce pas actuellement : *L'homme est un roseau pensant* (Pasc.).

Pension : ¶ 1 → École. Maison d'éducation où les enfants sont nourris et logés. *Pension* et **Pensionnat** ne se disent que d'une maison privée de ce genre, surtout destinée aux jeunes filles ; *pension* caractérise plutôt l'établissement par la situation des élèves, même s'il admet en outre des élèves externes : *Mettre sa fille dans une bonne pension; pensionnat,* plus précis, fait penser au local où sont les élèves internes, au groupe qu'ils forment, à la vie commune qu'ils mènent : *Entrer au pensionnat. Rencontrer un pensionnat en promenade.* **Internat,** pension qui ne prend pas d'externes ; ou, dans l'enseignement public et privé, les locaux réservés à la nourriture, au logement et aux études des élèves internes et où les externes n'ont pas accès : *Maîtresse d'internat.* ¶ 2 → Revenu.

Pension de famille : → Hôtel.

Pensionnaire : ¶ 1 *Pensionnaire,* toute personne qui donne une somme d'argent pour être nourrie et logée en un lieu quelconque. **Hôte,** par euphémisme, pensionnaire d'une pension de famille, d'un hôtel. ¶ 2 Élève nourri et logé dans un établissement d'enseignement. *Pensionnaire* se dit dans tous les cas : *Je sortais du couvent avec toute l'innocence d'une pensionnaire qui n'a pu connaître le monde* (Genlis). **Interne,** terme d'administration, le pensionnaire qualifié dans sa situation par opposition aux élèves externes. ¶ 3 → Sociétaire.

Pensum : → Punition.

Pente : ¶ 1 Alors qu'**Inclinaison** (→ Obliquité) désigne abstraitement l'état d'une ligne, d'un plan placés obliquement par rapport à un autre et spéc. l'état des lignes droites ou des surfaces planes en obliquité par rapport au plan horizontal, *Pente* se dit d'une inclinaison qui va du haut vers le bas, envisagée soit abstraitement, soit plus concrètement, dans un lieu, une chose qui s'abaisse progressivement, et souvent par rapport à la facilité à descendre ou à monter : *Pente de terre douce* (Gio.). **Penchant,** concret, terrain qui va en pente assez forte, parfois abrupte : *Le penchant d'une colline* (Fén., J.-J. R.). — Au fig. *pente* évoque une descente progressive, lente : *La pente des ans* (Lit.) ; *de la rêverie* (V. H.) ; *penchant,* une chute : *L'État est sur le penchant de sa ruine* (L. B.). — **Déclivité,** situation d'une chose qui est en pente, son inclinaison, souvent définie par une formule, est plutôt un terme technique : *La déclivité d'une route, d'une voie ferrée est l'inclinaison de son profil, qui forme une pente si elle descend, une rampe si elle monte.* **Versant,** pente d'une chaîne de montagnes par opposition à autre pente. En ce sens on dit parfois simplement **Côté.** — **Descente,** pente, spéc. d'un chemin, qu'on peut suivre pour aller vers le bas. ¶ 2 → Inclination.

Pénultième : → Avant-dernier.

Pénurie : ¶ 1 → Manque. ¶ 2 → Pauvreté.

Pépie : → Soif.

Pépiement : → Ramage.

Pépinière : Au fig. → Séminaire.

Pépiniériste : → Arboriculteur.

Perçant : ¶ 1 *Perçant* se dit au prop. d'un objet ou d'un instrument pointu avec lequel on perfore ou on fait un trou, au fig. de ce qui entre droit, vivement, tout d'un coup. **Pénétrant** se dit au prop. d'un liquide ou d'une chose semblable qui se répand de toutes parts dans un corps qu'il imprègne et imbibe et, au fig., de ce qui s'étend de tous côtés et va jusqu'au fond : *Trait perçant, armes pénétrantes* (L. H.). *Une voix perçante est aiguë, une voix pénétrante est sonore. Un froid perçant est très piquant, un froid pénétrant engourdit tout le corps* (L.). *Un esprit perçant voit loin, traverse vite les voiles et les obstacles; un esprit pénétrant va moins vite, mais voit complètement les choses, en profondeur.* — **Térébrant,** qui perce, perfore, ne se dit qu'en termes de médecine ou de zoologie : *Ulcération térébrante. Coquille térébrante.* ¶ 2 → Aigu. ¶ 3 → Vif.

Percée : → Trouée.

Perceptible : → Visible.

Perception : → Sensation.

Percer : ¶ 1 *Percer*, faire un trou plus ou moins grand dans une chose en la traversant plus ou moins : *Percer une planche, un mur, une montagne.* **Transpercer,** percer de part en part, se dit surtout du corps humain : *Transpercer la bedaine* (Mol.) ; ou d'une chose très épaisse : *Un tunnel transperce le Mont-Cenis.* **Traverser,** percer de part en part en parlant de choses fines qui font un trou mince : *La balle lui traversa le bras.* **Forer,** *percer,* en termes d'arts : *Forer une clef, un canon, un puits artésien* (Acad.). **Perforer,** *percer,* terme d'anatomie, de médecine ou de technique : *Poumon perforé* (M. D. G.). *Perforer un carton, une fiche.* **Cribler,** percer de petits coups nombreux : *Cribler un paravent de coups de canif* (Mau.). **Larder,** fam., percer le corps humain de coups d'épée, de couteau. (Au fig. *cribler* et *larder* quelqu'un d'épigrammes, de plaisanteries, de brocards, etc., l'accabler comme sous des coups qui le percent ; en ce sens on dit aussi **Fusiller.**) **Piquer,** entamer légèrement en perçant avec quelque chose de pointu, dit beaucoup moins que *percer.* **Enferrer,** et parfois **Enfiler,** percer le corps avec la pointe d'une épée, d'une baïonnette. **Pointer,** terme militaire employé absolument, porter un coup avec la pointe d'une arme blanche. **Embrocher,** fig. et pop., transpercer quelqu'un d'un coup d'épée. **Encorner,** terme de tauromachie, percer d'un coup de corne. **Empaler,** supplicier quelqu'un en le transperçant par le fondement, par ext. transpercer le corps d'une façon similaire, se dit surtout au réf. : *S'empaler en tombant sur une grille.* **Tarauder,** terme de technique, creuser en spirale du bois ou du métal pour y pratiquer un pas de vis (en ce sens on dit aussi **Fileter**), par ext. percer une matière en creusant : *Certains insectes taraudent les bois les plus durs.* **Trouer** a rapport au résultat et ne fait pas penser comme *percer* à l'effort soutenu pour avancer à travers la chose, mais implique en général une ouverture assez large et souvent carrée ou ronde. **¶ 2** → Enfoncer. **¶ 3** → Paraître. **¶ 4** → Pénétrer. **¶ 5** → Découvrir. **¶ 6** → Réussir. **¶ 7** Arriver à être connues, en parlant des choses. *Percer* fait penser au milieu par lequel passent les choses pour être connues : *Le contentement perce à travers son embarras* (J.-J. R.). **Transpirer** fait penser, au fig, que la chose qu'on tient secrète passe du dedans au dehors et commence à se répandre dans tel ou tel milieu extérieur : *Il ne transpirait rien dans le public des mesures que les confédérés prenaient pour déplacer ce ministre* (Les.). **Filtrer,** fig., en parlant d'une nouvelle, d'un secret, commencer à peine à transpirer : *Le secret n'a jamais filtré* (Pég.). **S'éventer** (→ Découvrir), en parlant de tout ce qu'on tenait caché, commencer à être connu, de n'importe quelle façon, malgré les efforts pour l'en empêcher : *Si l'affaire s'évente, les parents travaillent à l'étouffer* (Gi.).

Percevable : → Visible.

Percevoir : ¶ 1 → Toucher. Se faire donner une certaine somme d'argent. *Percevoir* se dit pour certaines choses sur lesquelles on a un droit, et suppose souvent une série d'opérations pour entrer en possession de la chose due : *Percevoir les contributions; le prix des places.* **Lever,** établir par autorité un impôt, un droit qu'on percevra. **Prendre,** percevoir une certaine somme qu'on fixe soi-même pour une marchandise vendue, un travail, un droit ou quelque chose que ce soit. **Prélever,** percevoir ou prendre préalablement, par autorité ou par droit, une certaine somme sur un total : *Prélever tant pour cent sur un traitement pour la retraite.* **¶ 2** *Percevoir,* prendre connaissance des objets qui ont fait impression sur les sens et en concevoir l'idée, est plutôt un terme de philosophie qui se dit pour tous les sens. **Saisir,** plus courant, percevoir rapidement, avec netteté. **Appréhender,** syn. vx de *saisir.* **Sentir,** avoir une impression sans forcément en concevoir l'idée, ne se dit pas pour la vue ni pour l'ouïe, implique souvent une nuance affective, s'emploie en parlant d'impressions qui ne viennent pas toujours par les sens, et, spéc. en parlant de l'odorat, signifie : percevoir les odeurs nettement. **Distinguer, Discerner, Remarquer** diffèrent de *percevoir* comme lorsque ces termes sont syn. de *voir* (→ ce mot). **¶ 3** → Voir et Entendre.

Perche : ¶ 1 Longue pièce de bois. La *Perche,* maniable, longue de plusieurs mètres, flexible ou non, mais peu épaisse, sert à divers usages. **Gaule,** grande perche mince pour abattre des fruits. **Gaffe,** perche à l'extrémité de laquelle est fixée une pointe de fer garnie latéralement d'un crochet et qui sert à conduire un bateau, à sonder l'eau. **¶ 2** → Corne. **¶ 3** *Grande perche :* → Géant.

Percher et **Se percher,** en parlant d'un oiseau, se mettre sur quelque lieu élevé ; au fig. et fam., en parlant des personnes, se mettre sur quelque endroit élevé pour mieux voir ou mieux entendre : *Se percher sur un arbre pour voir passer un défilé.* **Jucher** et **Se jucher,** en parlant des poules et de quelques autres oiseaux, se mettre sur des barreaux aménagés dans le poulailler ou sur une branche assez basse, pour y dormir; au fig. et fam., en parlant des personnes, être placé en un endroit assez élevé auquel on arrive avec quelque effort et sur lequel on n'a pas l'air très stable : *Juchée sur un tabouret* (M. D. G.). — **Se poser,** se percher ou atterrir à la fin de son vol, en parlant d'un oiseau. **Brancher,** se percher habituellement sur les branches d'un arbre. — Au fig. → Demeurer.

Perclus : → Paralytique.

Percussion : → Heurt.

Percuter : ¶ 1 → Heurter. ¶ 2 → Frapper.

Perdition : → Perte.

Perdre : ¶ 1 → Gâcher. ¶ 2 → Gâter. ¶ 3 → Égarer. ¶ 4 → Fuir. ¶ 5 Causer un grave dommage à quelqu'un. *Perdre* marque le résultat de diverses actions comme ruiner, déshonorer, causer du préjudice à la fortune de quelqu'un, à sa réputation, à sa santé, parfois même entraîner sa mort : *Et, pour nous rendre heureux, perdons les misérables* (RAC.). **Détruire** (→ ce mot), au fig., de nos jours, perdre complètement dans l'esprit ou dans le cœur de quelqu'un. — Au réf. *Se perdre,* ruiner soi-même sa fortune, sa réputation, sa situation, son honneur, et, dans le vocabulaire religieux, aller vers la damnation (en ce sens **Périr** et **Se damner,** plus fort, se disent aussi). **Se détruire,** se donner la mort ou ruiner progressivement sa santé par des excès. ¶ 6 → Quitter. — (Réf.) ¶ 7 → Disparaître. ¶ 8 → Couler. ¶ 9 → (s') Absorber. ¶ 10 → (s') Égarer. Au fig., *Se perdre,* avoir l'esprit surmonté par la grandeur ou la difficulté des choses, ou par faute d'attention, de mémoire, ne plus savoir où l'on en est, dit plus que **S'embarrasser** (→ ce mot) qui marque simplement une hésitation passagère sur ce qu'on doit dire, penser ou faire : *Je me perdais dans cette foule de règles* (J.-J. R.). **Perdre le fil,** se perdre dans un discours commencé, parce qu'on ne peut plus se ressouvenir de ce qu'on avait à dire, ou dans le discours d'un autre parce qu'on l'entend mal ou qu'on ne peut pas le suivre. **Perdre pied,** fig. et fam., ajoute à *se perdre* l'idée que toute assurance disparaît. **S'embourber,** fig. et fam., se perdre de plus en plus dans des explications, des contradictions sans pouvoir s'en tirer. **Patauger** et **Barboter,** fig. et fam., se perdre dans des phrases, des raisonnements, des affaires, d'une façon plutôt comique : *Patauger dans des pensées confuses* (M. D. G.). **Se noyer,** se perdre dans une abondance de mots; ou se perdre totalement.

Perdre la tête : → (s') Affoler.

Perdre l'esprit : → Déraisonner.

Perdrix, oiseau gallinacé, de la taille d'un gros pigeon et qui est un excellent gibier. **Perdreau,** perdrix de l'année.

Perdu : ¶ 1 → Écarté. ¶ 2 → Inutile. ¶ 3 → Ruiné. *Perdu,* qui est atteint, d'une façon irrémédiable, dans sa vie, sa situation ou sa fortune. **Flambé,** fam., se dit par plaisanterie. **Frit** et **Cuit** sont très fam., **Fichu** est pop., **Foutu,** trivial.

Perdurable : → Éternel.

Père : ¶ 1 Celui qui a un ou plusieurs enfants. *Père* est le terme courant; **Papa** est du langage enfantin; **Géniteur,** ironique et burlesque; **Paternel,** très fam.; **Vieux,** vulgaire et insolent. ¶ 2 → Protecteur. ¶ 3 → Religieux. ¶ 4 → Théologien. — Au pl. ¶ 5 Ceux de notre nation qui ont été avant nous et de qui nous descendons sans être précisément de la même famille. *Pères,* **Aïeux, Ancêtres** (→ ce mot) marquent un rapport de temps de plus en plus éloigné : *Le siècle de nos pères a touché au nôtre; nos aïeux les ont devancés, et nos ancêtres sont les plus reculés de nous* (G.). ¶ 6 Ceux dont nous descendons par le sang. *Pères,* **Aïeux, Ancêtres** diffèrent de la même façon. **Aïeuls** ne se dit que des grands-parents. **Ascendants,** terme de droit et de généalogie, désigne la série de parents dont on descend, père, aïeul, bisaïeul, mère, aïeule, bisaïeule, etc. considérés sous le rapport de la parenté et parfois de l'autorité qu'ils ont sur leurs descendants. **Tige,** fig., terme de généalogie, le premier père duquel sont sorties toutes les branches d'une famille : *Il sort d'une tige illustre.*

Pérégrination : → Voyage.

Péremption : → Prescription.

Péremptoire : → Tranchant.

Pérennité : → Éternité.

Péréquation : → Répartition.

Perfection : ¶ 1 *Perfection,* toujours au sing. en ce sens, implique qu'un être, une chose possèdent toutes les qualités en leur genre : *La poésie latine fut portée à sa dernière perfection par Virgile et Horace* (Bos.). **Excellence** dit moins et implique simplement un éminent degré de qualité : *Digne de la grandeur et de l'excellence de l'homme* (MAS.); (dans cette phrase, *perfection* serait impropre, puisque l'homme n'est pas parfait à cause du péché originel). **Précellence,** excellence au-dessus de toute comparaison. **Achèvement,** syn. vx de *perfection,* se dit d'une chose à laquelle il ne manque rien, souvent pour qu'elle soit complète (→ Parfaite achevé) : *Elles m'ont donné l'achèvement d'une joie parfaite* (SÉV.). — **Fleur,** et parfois **Épanouissement,** syn. de *perfection* en parlant de choses qui sont dans le temps où brillent toute leur beauté, tout leur éclat: *La jeunesse en sa fleur brille sur son visage* (BOIL.). ¶ 2 → Phénix. ¶ 3 Au pl. → Qualité.

Perfectionner : → Améliorer.

Perfide : → Infidèle et Rusé.

Perfidie : → Infidélité et Ruse.

Perforer : → Percer.

Performance (mot anglais), tout exploit sportif notable accompli dans une épreuve ou isolément. **Record** (mot anglais), performance dépassant, dans un genre donné, toutes les performances accomplies précédemment et officiellement constatée.

Péricliter : → Décliner.

Péril : → Danger.

Périmé : → Désuet.

Périmètre : → Tour.

Période : ¶ 1 → Phase. ¶ 2 → Époque. ¶ 3 → Phrase. ¶ 4 (Masc.) → Degré et Comble.

Périodique : ¶ 1 N. → Revue. ¶ 2 Adj. → Réglé.

Péripatétisme, la philosophie d'Aristote telle qu'elle était et telle que nous l'ont transmise ses disciples. **Aristotélisme,** moins précis et parfois assez péj., philosophie tirée d'une certaine déformation d'Aristote ou application étroite de dogmes d'Aristote.

Péripétie : ¶ 1 → Événement. ¶ 2 *Péripétie,* changement de fortune inopiné dans la situation du héros d'une œuvre dramatique ou narrative, qui renouvelle l'intérêt de l'action : *Dans* Phèdre, *le retour de Thésée, en bouleversant Phèdre, provoque une péripétie.* **Catastrophe,** dans le poème dramatique seulement, la dernière et la plus importante péripétie, celle qui amène le dénouement (→ ce mot) : *Le suicide et l'aveu de Phèdre sont la catastrophe de* Phèdre. **Nœud,** péripétie ou suite de péripéties qui, dans une pièce de théâtre, un roman, amènent l'action à son point culminant, les passions à leur paroxysme, si bien que la situation ne pourra être éclaircie que par la catastrophe finale, ou par l'accomplissement d'actions nécessaires qui constitueront le dénouement : *Que son nœud* [de la comédie] *bien formé se dénoue aisément* (BOIL.). **Incident,** tout événement accessoire qui survient dans le cours d'une œuvre dramatique ou narrative, c'est-à-dire les péripéties, mais aussi les événements moins importants : *N'offrez point un sujet d'incidents trop chargé* (BOIL.). **Coup de théâtre,** péripétie ou incident particulièrement imprévu et frappant dans l'action d'une pièce : *Le revirement de Néron entre le quatrième et le cinquième acte de* Britannicus *est un*

coup de théâtre. **Crise,** moment bref et périlleux, se dit parfois de nos jours du moment où les passions sont à leur paroxysme et vont par leur conflit provoquer le dénouement. *Crise* est donc syn. de *nœud,* mais a plutôt rapport au heurt des passions qu'à la complication de l'action. **Episode,** action incidente liée à la principale dans une œuvre dramatique ou didactique.

Périphérie : ¶ 1 → Tour. ¶ 2 → Environs. *Périphérie,* l'espace habité immédiatement au contact des limites actuelles ou anciennes d'une grande ville : *Saint-Mandé est à la périphérie de Paris.* **Faubourg,** partie de la périphérie qui appartient encore à la ville ou s'y rattache sans former une commune distincte. **Banlieue,** étendue de pays habité qui s'étend au-delà de la périphérie, mais dépend étroitement de la ville : *Nogent-sur-Marne est dans la banlieue de Paris.* **Grande banlieue,** espace plus vaste qui s'étend au-delà de la banlieue : *Juvisy fait partie de la grande banlieue.* **Zone,** employé absolument, bande de terrain, à Paris, au voisinage immédiat des anciennes fortifications et couverte autrefois de bâtisses misérables.

Périphrase : Tour dont on se sert pour dire en plus de mots ce qu'on aurait pu dire en moins. *Périphrase,* terme de rhétorique, cette façon de s'exprimer considérée comme un procédé de style, pour embellir le discours, produire un effet littéraire : *Employer l'artifice de la périphrase ou de la métaphore* (MARM.). **Circonlocution,** terme commun, a rapport aux idées et implique qu'on veut, par une expression détournée, adoucir ce qui blesserait : *Ces circonlocutions naturelles aux personnes qui n'osent aborder de front les difficultés* (BALZ.); et, par rapport à l'expression, désigne plutôt, grammaticalement, une expression substituée au terme ordinaire par nécessité, pour l'expliquer, et parfois par maladresse, parce qu'on l'ignore : *Les circonlocutions sont la marque d'une langue pauvre* (VOLT.). **Détours,** au pl., fig., discours dans lesquels, par crainte ou par ménagement, on ne s'exprime que d'une manière indirecte et par conséquent très souvent par circonlocutions : *Parler sans détours.* **Circuit de paroles,** tout ce qu'on dit dans un discours avant d'arriver au fait. **Ambages,** circuit de paroles qui témoigne d'un certain embarras : *Elle déclara sans ambages* (M. D. G.).

Périple : ¶ 1 → Tour et Voyage. ¶ 2 → Récit.

Périr : ¶ 1 → Mourir. ¶ 2 → (se) Perdre.

Périssable, surtout dans le langage relevé

ou religieux, se dit des êtres et des choses qui ne sont pas éternels, incorruptibles, qui doivent finir : *Les richesses de ce monde sont périssables* (VOLT.). **Fragile,** terme commun, qui n'est pas solide et peut finir à chaque instant, tomber sous le premier coup qui le frappe : *Les œuvres des humains sont fragiles comme eux* (VOLT.). **Caduc,** qui touche à sa ruine, au fig., dans le langage recherché, exposé à la ruine, à la chute. **Précaire,** qui ne s'exerce que par permission, par tolérance, par ext. instable, incertain, n'offrant aucune garantie de durée (→ Passager) : *Supposition précaire* (BUF.). *Réussite précaire* (J. ROM.).

Péristyle : → Portique.

Perle : → Phénix.

Perler : → Parfaire.

Permanent : → Durable.

Perméable : → Pénétrable.

Permettre : ¶ 1 → Consentir. Vouloir bien qu'une chose soit faite, avec l'idée d'un consentement de supérieur à inférieur. *Permettre (à quelqu'un de),* donner la liberté. **Autoriser** *(quelqu'un à),* donner le droit : *Dieu permet le mal, il ne l'autorise pas* (L.). *Les malades que leur état n'autorisait pas encore à sortir* (M. D. G.). **Habiliter** *(quelqu'un à),* terme de jurisprudence, rendre quelqu'un capable d'un acte de justice en levant les obstacles qui l'en empêchaient : *Habiliter un mineur à contracter* (ACAD.). **Dispenser** ne se dit plus qu'au sens négatif sous la forme *dispenser de,* permettre de ne pas faire ce qui est ordonné. **Donner,** accorder la permission, est du style relevé : *Puisqu'il t'est donné d'entrer dans le royaume de la nuit* (FÉN.). **¶ 2** → Souffrir. **¶ 3** → Comporter.

Permis : ¶ 1 Adj. *Permis,* terme usuel annonce une liberté donnée par un supérieur quelconque qui fait souvent une dérogation ou une exception à une défense établie. **Licite,** terme de morale ou de police générale, se dit de tout ce qu'on a le droit de faire parce que cela ne s'oppose pas à la loi naturelle, morale, religieuse ou positive : *La chasse est un plaisir licite ; elle n'est toutefois permise que dans certaines circonstances.* **Loisible,** vx ou fam., que l'on permet et qu'on laisse au libre choix de celui à qui on le permet. **Légitime,** qu'on a le droit et même le devoir de faire parce que c'est conforme au droit, à l'équité. **Légal,** conforme aux prescriptions de la loi écrite, à sa forme : *Une condamnation bien légale n'est pourtant pas légitime, si elle tombe sur un innocent. L'intérêt légitime de l'argent est celui qu'on est en droit de prendre selon les principes de la morale ou de la justice ; l'intérêt légal est le taux établi par la loi* (R.). **Régulier** diffère de *légal* comme *règle* (→ ce mot) de *loi.* **¶ 2** N. → Permission.

Permission : → Consentement. *Permission* indique simplement qu'un supérieur quelconque accorde la liberté de faire, de dire quelque chose : *Permission tacite* (J.-J. R.). **Autorisation** implique le droit de faire une chose, souvent importante, donné soit par un supérieur, soit par celui qui en a le pouvoir : *La femme ne peut accepter une donation sans l'autorisation de son mari* (ACAD.). **Aveu,** permission d'un supérieur qui accepte ou veut bien reconnaître pour sien, prendre sous son nom : *Il est peu convenable d'imprimer les lettres d'autrui sans l'aveu des auteurs* (J.-J. R.) ; ou permission du maître d'une chose : *Être admis chez moi de mon aveu* (J.-J. R.). **Congé,** permission d'aller, de venir, et par ext. de faire, donnée par son maître à une personne : *Un valet timide qui n'oserait faire un pas sans le congé de son maître* (BOIL.) ; d'où autorisation d'absence, dans tous les métiers, dans celui des armes où l'on dit *permission,* excepté quand le *congé* dépasse trente jours ; en termes de contributions indirectes, permission de transporter des marchandises dont les droits ont été acquittés. **Agrément,** permission, approbation d'un haut personnage qui daigne l'accorder et à qui on la demande par déférence le plus souvent : *Quoique je n'eusse pas besoin de la permission des seigneurs de Leyva pour me marier, je ne pouvais honnêtement me dispenser de leur demander leur agrément par politesse* (LES.). — **Dispense,** permission de faire une chose contraire à ce qui est prescrit, ne se dit plus que dans le droit canonique : *Dispense d'épouser une parente.* **Licence,** vx., liberté de faire quelque chose accordée par permission : *Avec votre licence* (MOL.) ; se dit surtout d'une permission spéciale accordée par le gouvernement pour exporter ou vendre certaines marchandises : *Licence d'exportation.* **Permis,** autorisation écrite, notamment en matière de douanes ou de police : *Permis de chasse ; de conduire.*

Permutation : → Change.

Permuter : → Changer.

Pernicieux : → Mauvais.

Péronnelle : → Pécore.

Péroraison : → Conclusion.

Pérorer : → Discourir.

Perpendiculaire : Qui se dirige à angle droit vers une ligne, un plan. *Perpendiculaire,* terme de géométrie, se dit quel que soit le sens dans lequel se trouvent placés ce plan, cette ligne par rapport à la terre. **Vertical,** perpendiculaire au plan de l'horizon; en ce sens *perpendiculaire* s'applique de préférence à une ligne, une hauteur, un mouvement, choses qui ne sont pas matérielles; *vertical* se dit plutôt des choses concrètes : *Ligne perpendiculaire* (Dɪᴅ.). *Mur vertical* (Dɪᴅ.).

Perpétrer : → Commettre.

Perpétuel : → Éternel.

Perpétuer (se) : ¶ 1 → Durer. ¶ 2 → (se) Reproduire.

Perpétuité, qualité des choses qui durent sans interruption. **Perpétuation,** état des choses qu'on rend ou qui se rendent telles par le renouvellement : *Perpétuité de la foi. Perpétuation des espèces.*

Perpétuité (à) : → (pour) Toujours.

Perplexe : → Indéterminé.

Perplexité : → Indétermination.

Perquisition : → Recherche.

Perquisitionner : → Rechercher.

Perruque : ¶ 1 → Postiche. ¶ 2 → Cheveux.

Perruquier : → Coiffeur.

Persécuter : → Tourmenter.

Persévérance : Conduite soutenue et qui ne se dément pas. *Persévérance* désigne plutôt une vertu dans la personne, ne comporte pas toujours l'idée de lutte contre un obstacle, ou, dans le cas d'un combat, a rapport à l'offensive. **Constance** marque plutôt la manifestation de la persévérance dans la conduite et suppose des assauts qu'on supporte, contre lesquels on se défend : *Lorsque trop de malheurs ont lassé leur constance, Ils ont tous expliqué cette persévérance Dont le sort s'attachait à les persécuter...* (Rᴀᴄ.). **Opiniâtreté,** persévérance ardente, acharnée. **Ténacité,** grande constance dans l'attachement à une idée, un projet (→ Têtu). **Patience,** assez rare en ce sens, persévérance dans l'exécution d'un dessein et constance à supporter sans faiblir les ennuis qu'il inflige : *Un pareil ouvrage demande une assiduité et une patience d'ermite* (Fᴇ́ɴ.).

Persévérant, Constant, Opiniâtre, Tenace, Patient : → Persévérance.

Persévérer : → Continuer.

Persienne : → Volet.

Persiflage : → Raillerie.

Persifler : → Railler.

Persister : ¶ 1 → Continuer. ¶ 2 → Subsister.

Personnage : ¶ 1 → Homme. ¶ 2 → Personnalité. ¶ 3 Personne fictive dans un ouvrage littéraire. *Personnage* se dit pour le théâtre, les œuvres narratives et aussi, en termes de beaux-arts, des figures d'une composition, surtout historique. **Héros** (**Héroïne**), principal personnage ou personnage important d'une œuvre narrative ou dramatique. **Protagoniste,** terme didactique, le principal personnage d'une pièce de théâtre, celui qui y joue le premier rôle, par opposition aux autres personnages. **Interlocuteur** ne se dit que des personnages introduits dans un dialogue. ¶ 4 Partie que joue un acteur dans une pièce de théâtre. *Personnage* est plus relatif à la personne mise en scène et à ses qualités, **Rôle** (au prop. « ce que doit réciter un acteur ») l'est davantage à l'acteur et à son exécution : *Un personnage est noble ou bas, grand ou petit; un rôle est aisé ou difficile, bien ou mal rendu* (L.). Mais les deux peuvent se dire par rapport au héros ou à l'acteur : dans ce cas, *personnage* indique la manière d'être du héros, ses mœurs, *rôle,* sa manière de parler, d'agir, sa conduite sur la scène, souvent par opposition à son caractère : *Alceste est un véritable homme de bien, et Molière lui donne un personnage ridicule* (J.-J. R.). *Les charges étrangères que Molière a données au rôle d'Alceste l'ont forcé d'adoucir ce qui était essentiel au caractère* (J.-J. R.); en parlant de l'acteur, bien jouer un *personnage,* c'est s'identifier à lui, lui donner une vie propre sur la scène; bien jouer un *rôle,* c'est faire et dire exactement ce que le personnage est supposé faire ou dire; en montrant son habileté d'acteur. — Au fig. *personnage* exprime ce qu'on est ou ce qu'on fait semblant d'être dans le monde, *rôle,* ce qu'on fait, la conduite ou la sorte d'action : *L'intérêt joue toutes sortes de personnages même celui de désintéressé* (L. R.). *C'est un beau rôle que celui de prendre en main la défense d'un homme innocent* (Vᴏʟᴛ.).

Personnalité : ¶ 1 Ce qui fait qu'un être humain est lui-même et non pas un autre. Alors qu'**Individualité** désigne une unité extérieure qui ne vient que de l'organisme et qui fait que chaque être humain forme un tout distinct par rapport à l'espèce humaine, *Personnalité* implique la conscience de ce qui fait le caractère unique et plus ou moins original de cette individualité soit chez l'individu lui-même qui a le sentiment de l'unité de sa vie psychique et de son identité à travers le temps, soit par l'impression plus ou moins forte que nous donne chaque être d'exister et de communiquer avec nous d'une façon qui ne ressemble à celle d'aucun autre, ce qui nous fait dire que tel être a le plus ou moins de *personnalité.* **Moi,** en termes de philosophie, l'être individuel et personnel que nous sentons exister en permanence sous les modifications de notre individu physique et l'évolution de notre vie psychique : *Montaigne étudie son moi; sa personnalité, c'est l'ensemble des traits qui nous font reconnaître ce moi parmi tous les autres.* ¶ 2 Attachement à soi. *Personnalité*, vice d'une personne trop occupée d'elle-même, ce qui la rend assez peu sensible à ce qui touche les autres. **Égoïsme** (→ ce mot) dit beaucoup plus et implique un amour exclusif de soi, la tendance à tout rapporter à soi et à vouloir que les autres servent nos propres intérêts. **Personnalisme**, néol., est surtout de nos jours un terme philosophique appliqué, sans la moindre nuance péj., à des doctrines qui ont pour point de départ le sentiment que chaque homme a de sa personnalité irréductible et libre. **Narcissisme**, contemplation de soi-même, attention exclusive, admiratrice et passionnée accordée aux moindres choses qui se passent en soi : *Le narcissisme de Chateaubriand.* ¶ 3 Personne d'une certaine importance. *Personnalité*, relativement récent en ce sens, personne avantageusement connue, de notre temps, dans une activité quelconque : *Des personnalités littéraires.* **Personnage**, surtout en parlant des hommes, et dans tous les temps, comporte une idée de grandeur, d'autorité et d'importance souvent sociale : *Se croire un personnage est fort commun en France* (L. F.). **Notable** a surtout rapport au rang social, mais dans le cercle assez restreint d'une ville, d'une province ou d'une corporation et dit moins que *personnage*; on lui préfère souvent de nos jours **Notabilité**, qui date de la Révolution et se dit, en un sens plus large, des personnes connues par leur rang social, leur fortune, leur importance, dans leur ville, leur province, leur métier, surtout dans le commerce, l'industrie, l'administration : *La notabilité la plus imposante de la bourgeoisie* (BALZ.). **Principaux**, au pl., et toujours avec un comp. déterminatif, les personnes qui occupent le premier rang dans un groupe social assez restreint : *Les principaux de la ville, de l'assemblée* (ACAD.). **Sommité**, fig., personne qui s'est élevée par son talent ou son mérite au sommet des dignités, de l'art et surtout des sciences : *Les sommités de la médecine* (ACAD.). — **Puissant** suppose une grosse influence dans les affaires les plus importantes de l'État, due au pouvoir ou à la richesse. **Grand**, autrefois personnage très élevé en dignité et en naissance, qui occupait une place éminente dans l'État ou dans la hiérarchie sociale : *Grand est autre que puissant; on peut être l'un et l'autre, mais le puissant désigne une place importante; le grand annonce plus d'extérieur et moins de réalité; le puissant commande; le grand a des honneurs* (VOLT.);

de nos jours, surtout au pl., celui qui a tous les avantages matériels et honorifiques de ce monde, par opposition aux petits, aux obscurs. **Magnat** (grand du royaume en Pologne, en Hongrie), celui qui a une énorme puissance dans l'industrie, dans la finance; dans le même sens on dit plus rarement **Baron**, souvent péj. **Important**, celui qui a de l'autorité, du crédit, de l'influence, et plus souvent, péj., celui qui affecte d'en avoir. **Manitou**, fig. et ironique, personnage important à qui l'on attribue une très grande puissance dans tel ou tel ordre d'activité. **Satrape**, fig., ajoute l'idée d'une autorité despotique. **Gros bonnet**, fam., important personnage. **Pontife** et parfois **Bonze**, personnage bien placé qui se donne des airs solennels, prétentieux : *Les autres, les plus malins, s'étaient jetés sur les places. C'étaient des pontifes* (J. ROM.). **Monsieur** et **Gros monsieur**, pop., celui à qui sa fortune, sa situation donnent un air important et digne. **Quelqu'un**, fam. dans la loc. *c'est quelqu'un*, implique, en un sens favorable, du caractère, du mérite, de la valeur. **Huile**, **Légume** (fém.), **Grosse légume**, pop., personnage important et haut placé.

Personne : ¶ 1 → Individu. ¶ 2 → Homme. ¶ 3 → Corps. ¶ 4 *Personnes* : → Gens. ¶ 5 *En personne, En propre personne*, se rapportant toujours au sujet du verbe, *En sa personne*, se rapportant toujours au régime, ont plutôt rapport à la personne physique, **Personnellement** a plutôt rapport à la personne morale : *Assister en personne à une cérémonie. Écrire personnellement à quelqu'un.*

Personnel : ¶ 1 → Individuel. ¶ 2 → Original. ¶ 3 *Personnel*, **Égoïste** : → Personnalité.

Personnellement : → (en) Personne.

Personnifier : → Symboliser.

Perspective : ¶ 1 → Vue. ¶ 2 Au fig. → Probabilité.

Perspicacité : → Pénétration.

Persuader : ¶ 1 → Convaincre. ¶ 2 → Inspirer.

Persuasion : ¶ 1 → Croyance. ¶ 2 → Inspiration.

Perte : ¶ 1 *Perte*, disparition totale d'une chose matérielle ou morale, ou diminution dans la masse, dans la valeur d'une chose matérielle, fait penser à l'effet, qui est privation ou dommage : *La perte de la vie, de l'honneur. Les pertes d'un commerçant.* **Déperdition**, perte graduelle d'une partie des éléments d'une substance, d'un corps, et par ext. de la chaleur, de la lumière, de la force. **Déchet**, perte partielle qu'une chose éprouve dans sa substance, dans sa qualité, sa quantité, sa valeur : *Le déchet que la cuisson fait subir au pain*

(Acad.); se dit bien, au fig., des choses morales dont la qualité, la valeur diminue, sans devenir nulle, alors que *perte* impliquerait la ruine complète : *Il y a déjà bien du déchet dans sa réputation, dans son talent, dans sa beauté* (Acad.). **Moins-value,** diminution de valeur d'une propriété, d'un objet, ou déchet constaté dans les revenus d'une taxe, d'un impôt ou d'une opération commerciale. ¶ 2 *Perte* se dit spéc. de ce qui s'échappe, disparaît, en parlant d'un gaz, d'un liquide, en grande ou en petite quantité, de telle ou telle façon : *Perte de gaz. Pertes de sang. La perte du Rhône.* **Fuite,** perte d'un gaz ou d'un liquide à travers l'étroite fissure d'un réceptacle ou d'un tuyau. **Coulage,** perte causée par ce qui coule ou s'écoule : *Le coulage d'une pièce de vin.* — Au fig. *perte* désigne la disparition de la chose ou le dommage subi, *coulage* se dit des pertes provenant d'incurie ou de gaspillage : *Il y a dans cette maison beaucoup de coulage* (Acad.); *fuite* ne se dit que de documents, de renseignements qui s'échappent d'une façon indiscrète ou coupable : *Il y a une fuite dans ce dossier.* ¶ 3 En termes de jeu, *Perte,* l'argent qu'on perd et que gagne l'adversaire. **Culotte,** fam., perte persévérante ou considérable. ¶ 4 → Dommage. ¶ 5 → Mort. ¶ 6 → Ruine. ¶ 7 En termes de marine, *Perte,* ruine, disparition d'un bateau, de n'importe quelle façon; **Naufrage,** perte d'un bateau résultant du fait qu'il se brise et par ext., d'un accident quelconque éprouvé sur mer. ¶ 8 En parlant d'une personne qui perd son âme ou se perd moralement, la *Perte* est accomplie, irrémédiable, elle se considère après et non avant, la **Perdition** est relative, elle dure, elle a des degrés : *Si l'on ne quitte la voie de perdition, on va à sa perte* (L.).

Pertinent : → Convenable.

Pertuis : ¶ 1 → Ouverture. ¶ 2 → Détroit.

Perturbation : ¶ 1 → Dérangement. ¶ 2 → Trouble.

Perturber : → Troubler.

Pervers : → Méchant et Vicieux.

Perversion : → Dégradation. *Perversion,* changement des mœurs de celui qui va vers la dégradation totale. **Pervertissement,** résultat accompli de la perversion, surtout dans l'intérieur, la nature intime. **Perversité,** pervertissement durable, ou qualité de ce qui est naturellement pervers.

Pervertir : → Gâter.

Pesant : ¶ 1 Qui a beaucoup de poids, ou se meut avec peine. *Pesant* semble se dire plus souvent des choses naturelles, **Lourd,** des choses faites ou instituées par les hommes; mais surtout *pesant* se dit

d'un objet considéré dans sa nature, comme ayant un grand poids, *lourd* a rapport à l'impression que fait sur nous un objet qui nous paraît avoir beaucoup de poids ou être difficile à porter : *Ce jeune rhinocéros sautait avec une prodigieuse vitesse, malgré sa masse pesante et son air lourd* (Buf.). *La valise lui paraît lourde* (Gi.). **Massif,** lourd ou pesant, à en juger par la vue, parce qu'il offre une masse épaisse, serrée, compacte : *Barques massives, solides* (Loti). **Mastoc,** lourd, épais et fort, est pop. — En parlant du mouvement, *pesant* marque la lenteur naturelle, *lourd,* la mauvaise grâce : *Voilà ce qui rend les enfants pesants ou dispos, adroits ou lourds* (J.-J. R.). ¶ 2 → Stupide. Au fig., en parlant de l'esprit et de ses productions, *Pesant* implique une lenteur pénible qui tend vers la stupidité, **Lourd** (→ ce mot), une maladresse, un manque de grâce, de finesse, qui tendent vers la grossièreté : *Il avait l'air pesant et paraissait presque hébété* (Fén.). *Lettre lourde et maladroite* (J.-J. R.). *Un style pesant accumule les mots interminables. Un style lourd manque d'aisance et d'élégance.* **Massif** et **Mastoc,** pop., enchérissent sur *pesant.* **Épais,** fig., ajoute à *pesant,* en parlant de l'esprit, l'idée d'une lenteur à comprendre qui tend vers l'inintelligence : *Les Béotiens, les plus épais de tous les Grecs* (Mtq.). **Obtus** (→ Inintelligent) enchérit et implique manque de pénétration et difficulté à concevoir nettement. **Grossier** ajoute à *lourd* l'idée d'un manque de culture, de savoir ou de politesse, auquel l'éducation peut parfois remédier : *Une lourde faute suppose beaucoup de maladresse, une faute grossière, l'ignorance des notions les plus élémentaires.* — **Indigeste,** au fig., en parlant du style, des ouvrages de l'esprit, ajoute à *pesant* l'idée d'une confusion et d'un désordre qui rendent peu lisible. ¶ 3 → Importun.

Pesanteur : Propriété des corps en vertu de laquelle ils tendent vers le centre de la terre. *Pesanteur* marque une qualité abstraite et vague, sans idée de mesure; **Poids** indique, concrètement, la pesanteur manifestée par ses effets, ou mesurée, évaluée, comparée : *Il y a des matières susceptibles d'augmenter de pesanteur dès les premiers instants de l'application du feu... Les pierres calcaires perdent au feu près de la moitié de leur poids* (Buf.). De plus *pesanteur* se dit de l'impression que fait un corps pesant par sa chute ou son choc, *poids* ne se dit que de la pression qu'exerce ou qu'on supporte ou ce qu'on porte : *La pesanteur du coup* (Corn.). *Le poids des fers* (Corn.). **Gravité,** terme de physique, la pesanteur considérée dans tout l'univers et dans les effets de sa force agissante.

Peser : ¶ 1 Déterminer le poids d'une chose. *Peser* ne précise pas le moyen employé, mais suppose une exacte mesure : *Peser une pièce d'or.* **Soupeser,** soulever une chose avec la main pour juger de son poids approximatif : *Soupeser une valise.* ¶ 2 → Évaluer et Juger. ¶ 3 → Examiner. ¶ 4 → Ennuyer. ¶ 5 → Appuyer. ¶ 6 → Influer.

Pessimiste, dans le langage courant, celui qui voit les choses en noir. **Broyeur de noir,** pessimiste qui se fait du souci, est fam. **Alarmiste,** pessimiste qui répand des nouvelles inquiétantes qui effraient. **Paniquard,** fam., alarmiste au point de créer la panique. **Cassandre,** par allusion à la prêtresse qui annonçait sans qu'on la crût la ruine de Troie, dans le style littéraire, personne qui annonce un sombre avenir. **Chouette,** fam. et fig., pessimiste qui annonce des malheurs qu'il semble amener par ses prédictions. — **Défaitiste,** depuis la guerre de 1914-1918, celui qui ne croit pas que son pays puisse gagner la guerre dans laquelle il est engagé et prône la paix à tout prix.

Peste : ¶ 1 → Maladie. ¶ 2 → Méchant.

Pester : → Invectiver.

Pestiféré, fig. et fam., celui dont on évite à tout prix le commerce pour n'importe quelle raison : *Fuir quelqu'un comme un pestiféré.* **Galeux,** et surtout **Brebis galeuse** se disent plutôt d'un homme qu'on juge vicieux et capable de corrompre tous ceux qu'il fréquente : *Ce pelé, ce galeux d'où venait tout le mal* (L. F.) : → Maudit.

Pestilence : → Infection.

Pestilentiel : ¶ 1 *Pestilentiel,* qui a rapport à la peste, se rapproche de la peste, dit moins que **Pestilent,** d'ailleurs peu usité, qui tient de la peste ou donne la peste : *Fièvre pestilente. Une odeur pestilentielle* (VOLT.). **Pestifère,** qui donne la peste, est peu usité et du langage didactique. ¶ 2 Au fig. Propre à infecter, à corrompre. *Pestilentiel* et **Pestilent** (rare), qui répand de tous côtés un mal funeste, enchérissent sur **Corrupteur :** *Ce germe pestilentiel* [de l'opinion religieuse] *qui avait si longtemps infecté la terre* (VOLT.). **Contagieux,** en parlant d'un mal, qui se gagne par contact : *Folie contagieuse.*

Pet : → Vent.

Pétale : → Feuille.

Péter : ¶ 1 → Pétiller. ¶ 2 → (se) Rompre.

Pétiller : ¶ 1 → Craquer. *Pétiller,* en parlant de ce qui brûle, éclater avec un petit bruit réitéré et en sautant : *Le sel pétille dans le feu* (ACAD.). **Crépiter** suppose des bruits plus secs, plus fréquents et se dit par ext. des choses qui, sans brûler, font des bruits semblables : *Le feu crépite. La fusillade, la grêle sur les vitres, crépitent.* **Péter,** fig. et fam., faire entendre un bruit unique, subit et éclatant : *Le bois de chêne pète dans le feu* (ACAD.). ¶ 2 → Étinceler.

Petit : Adj. ¶ 1 Médiocre quant à l'étendue, à la dimension, à la hauteur, au volume. *Petit,* terme le plus général, implique souvent une comparaison avec les choses de même espèce ou avec la mesure ordinaire : *Rien n'est petit ou grand que relativement à l'œil qui le regarde* (J.-J. R.). **Menu** (→ ce mot), petit quant au volume ou à la circonférence. **Minuscule,** extrêmement petit. **Microscopique,** fam. et hyperbolique, si petit qu'il faudrait presque un microscope pour le voir. **Exigu** marque l'insuffisance et se dit des longueurs, des espaces trop petits : *Salon exigu* (GI.). ¶ 2 En parlant d'un homme, *Petit,* dont le corps ne s'élève pas bien haut. **Court,** fam. et plutôt péj., de taille petite et assez épaisse. **Courtaud,** fam. et péj., de taille courte, épaisse et ramassée. **Écrasé,** rare, suppose que le corps donne l'impression d'être aplati, presque plus large que haut : → Nain. ¶ 3 Peu considérable, de peu d'importance. *Petit* se dit, au physique et au moral, de choses très variées : *Petite somme; petit talent; petit souci.* **Mineur,** comparatif peu usité de *petit,* peu important, de second ordre dans son genre : *Intérêt mineur. Écrivain mineur.* **Le moindre,** le plus petit : *Son moindre défaut* (L. F.). **Minime,** très petit. **Infime,** le plus bas, qui sert parfois, pour enchérir sur *minime,* de ce qui est tout petit : *Les plus infimes petites choses de la nature* (LOTI). **Dérisoire,** infime en valeur jusqu'à en être ridicule : *Salaire dérisoire* (CAM.). **Modique,** peu considérable (sans être petit) pécuniairement : *Un modique revenu.* **Malheureux,** fam., de peu d'importance, médiocre, négligeable, est parfois syn. de *petit* : *Un procès qu'il a eu pour un malheureux arpent de terre* (ACAD.). ¶ 4 Peu élevé dans la hiérarchie sociale. *Petit* suppose un grade peu élevé, un manque de fortune, de crédit, de pouvoir. **Obscur** ajoute l'idée qu'on est inconnu : *Les petits, les obscurs, les sans grade* (E. ROSTAND). **Humble** enchérit, implique une basse condition et l'acceptation résignée d'une vie obscure avec les vertus que n'ont pas les « superbes » comme dirait J. Romains. → ¶ 5 *Petit,* **Étroit, Mesquin :** → Petitesse. — N. ¶ 6 → Fils et Enfant, Dans les deux sens *Petit* a pour syn. fam. son diminutif amical **Petiot.** ¶ 7 *Petits,* certains animaux nouvellement nés par rapport à leur père et à leur mère. **Portée,** totalité des petits que les femelles des animaux quadrupèdes portent et mettent bas en une seule fois. **Couvée,** les petits d'un oiseau nés d'une même couvée, fait penser aux petits encore au nid : *Un oiseau que sa couvée appelle* (Mus.). **Ventrée,** syn. de *portée* en termes d'économie rurale.

Petit à petit : → Progressivement.

Petite-main : → Midinette.

Petit nom : → Prénom.

Petits soins : → Égards.

Petitesse : → Imperfection. *Petitesse,* au fig., a rapport à la sensibilité et à la volonté et se dit d'une façon de sentir ou d'agir qui dénote la bassesse du cœur ou de l'esprit : *Des héros de romans fuyez les petitesses* (Boil.). **Étroitesse** a rapport à l'intelligence et suppose incapacité d'embrasser de larges idées et intolérance : *L'étroitesse du petit esprit monastique* (Did.). **Mesquinerie,** au fig., en parlant du caractère, des conceptions, des sentiments, des procédés, implique un manque d'élévation, de noblesse, de largeur, et enchérit sur *petitesse* et *étroitesse.*

Pétition : → Requête.

Pétrifié : → Ébahi et Interdit.

Pétrifier : Rendre immobile par l'effet de quelque sentiment intense. *Pétrifier,* assez fam., suppose peur (→ Effrayer) ou étonnement et a surtout rapport à l'attitude extérieure : *La famille pétrifiée me considérait en silence* (Mau.). **Glacer** enchérit et suppose une profonde impression morale, comme l'horreur, l'effroi, qui abolit l'usage de toutes les facultés : *Glacé d'effroi* (Rac.). **Geler,** fam., ne se dit que d'un accueil qui déconcerte, intimide : *Cet homme gèle ceux qui l'abordent* (Acad.). **Paralyser** a surtout rapport aux facultés intellectuelles, aux réflexes frappés d'inertie par la timidité ou la crainte : *La frayeur paralysait ses facultés* (Lit.). **Transir,** au fig., marque l'effet de la crainte, de l'affliction, et parfois de l'admiration ou du respect qui rendent comme engourdi de froid : *Une vénération qui me transit de respect* (Pasc.). **Figer,** au fig., dit moins que *pétrifier* pour marquer l'effet de la surprise, de la timidité excessive, de la crainte.

Pétrir : ¶ 1 *Pétrir,* détremper de la farine avec un liquide, la remuer et en faire de la pâte; par ext. presser fortement dans ses mains des matières grasses, onctueuses ou souples pour leur donner une forme : *Plusieurs sages-femmes prétendent en pétrissant la tête des enfants nouveau-nés lui donner une forme plus convenable* (J.-J. R.). **Malaxer,** pétrir une matière pour la rendre plus molle, plus ductile, et non pour lui donner une forme. **Fraiser** (et parfois **Fraser**), terme de pâtisserie ou de boulangerie, pétrir la pâte en la séparant avec

la paume de la main, pour l'imbiber d'une seconde quantité d'eau. ¶ 2 → Former.

Pétulance : → Impétuosité.

Pétulant : ¶ 1 → Impétueux. ¶ 2 → Turbulent.

Peu : ¶ 1 *Peu,* positif, toujours construit sans négation, indique absolument la petite quantité, surtout à propos de choses rigoureusement appréciables. **Guère,** toujours construit avec la négation, se dit à propos de choses difficiles à évaluer avec précision, et toujours relativement à ce qui devrait être la quantité moyenne, normale ou désirable : *Une personne est peu âgée et elle n'est guère aimable* (L.). **Médiocrement,** syn. de *peu* par euphémisme, pour indiquer un degré : *Je suis médiocrement satisfait de ce que vous me dites* (Acad.). ¶ 2 *Un peu,* pas beaucoup, est moins restrictif que *peu* : *Je le connais un peu;* **Un tantinet,** fam., un tout petit peu, se dit surtout au moral : *Il est un tantinet vaniteux.* ¶ 3 Pour désigner une petite quantité d'une chose, *Un peu de, Un tantinet de,* fam., un tout petit peu de, ont pour syn. **Un brin** et **Un grain** (→ ce mot) **de,** qui se disent des choses morales, *un grain de* faisant souvent considérer la chose par rapport à ce avec quoi elle forme un mélange, *un brin de,* plus fam., s'employant absolument : *Tous les grands hommes ont toujours quelque grain de folie mêlée à leur science* (Mol.). *Trouver un petit brin de consolation* (M. D. G.). **Un soupçon de,** fam., la plus petite quantité possible d'une chose physique ou morale : *Se mettre un soupçon de poudre.* **Une pointe de,** au physique ou au moral, un peu de ce qui assaisonne, pique ou corrode : *Une pointe d'ail; d'ironie; de jalousie.* **Un doigt de** marque la petite quantité dans quelques loc. comme *Boire un doigt de vin, Se mettre un doigt de rouge, Faire un doigt de cour;* ainsi qu'**Un filet de,** dans des loc. comme *Un filet de vinaigre, Avoir un filet de voix.* **Une larme, Une goutte de** ne se disent qu'au physique d'une très petite quantité d'un liquide.

Peu à peu : ¶ 1 → Progressivement. ¶ 2 → Lentement.

Peu près (à) : ¶ 1 → Environ. ¶ 2 N. → Jeu de mots.

Peuplade : → Peuple. Rassemblement d'hommes dans un pays non civilisé. *Peuplade,* vague, tout rassemblement de ce genre, fixe ou errant. **Tribu,** plus précis, peuplade considérée relativement à une grande nation dont elle fait partie, implique une réunion de familles, sous l'autorité d'un même chef, vivant dans la même contrée. **Horde,** tribu errante de Tartares, s'est dit ensuite de toute peuplade vivant en société, mais n'ayant pas d'établissement fixe.

Peuple : ¶ 1 → Nation. Multitude d'hommes vivant ensemble. Le *Peuple*, qu'il soit sauvage ou civilisé, forme un vaste corps social, est souvent fixé en un lieu ou se déplace collectivement. La **Peuplade**, groupe souvent plus restreint, est flottante, peut être fixe ou errer sur de vastes espaces et surtout n'est qu'une ébauche de peuple qui n'a pas encore nettement déterminé la forme sociale et politique qui fait son unité : *La Suisse n'est encore qu'une grande peuplade qui s'agite et fait effort pour devenir un peuple* (LAM.). ¶ 2 *Peuple*, les hommes qui sont fixés dans un pays, sujets ou citoyens formant un tout solidaire sous un même gouvernement : *Le peuple français*. **Population**, ensemble des habitants d'un pays, qu'ils soient citoyens ou non : *La population de la France dépasse 43 millions d'habitants*; ou ensemble des habitants d'une ville, d'un village, d'un lieu quelconque; en ce sens, *peuple*, peu usité, est assez fam. : *Tout le peuple du bourg accourut* (ACAD.). ¶ 3 L'ensemble des citoyens ou des sujets d'un pays. *Peuple* envisage cette masse par opposition au gouvernement; avec un possessif ne se dit que des sujets par opposition à leur roi : *Le roi parle à son peuple*; et, même avec l'article défini, s'emploie moins souvent que **Nation** ou **Pays** pour désigner l'ensemble des citoyens. **Public** vieillit pour désigner le *peuple* considéré comme l'objet des soins des gouvernants, de l'administration et des services de chaque particulier : *O vous dont le public emporte tous les soins, Magistrats, princes, ministres* (L. F.); par opposition aux particuliers on dit plutôt **Collectivité**, le peuple considéré comme ayant des intérêts communs; *public* se disant plutôt de la partie du peuple dont s'occupent les diverses administrations, ou du peuple considéré comme ayant des réactions communes devant certaines nouvelles dont on l'informe, certaines œuvres littéraires ou artistiques qu'on lui présente : *Il s'est répandu dans le public que... Donner un ouvrage au public* (ACAD.). ¶ 4 *Peuple* désigne aussi l'ensemble des fidèles qui dépendent d'un évêque. **Troupeau** et **Ouailles,** fig. et du style religieux, font penser à la mission pastorale de l'évêque et se disent aussi de groupes plus restreints comme les fidèles d'un curé. ¶ 5 *Peuple*, la classe sociale qui s'oppose aux classes riche, bourgeoise et moyenne, et parfois, en un sens plus vague, la masse qui s'oppose à l'élite cultivée, comme le note La Bruyère : *Il y a le peuple qui est opposé aux grands, c'est la populace et la multitude; il y a le*

peuple qui est opposé aux sages, aux habiles, aux vertueux, ce sont les grands comme les petits. Toutefois, de nos jours *peuple* s'emploie surtout dans le premier sens et sans aucune nuance péj. **Populaire**, syn. vx et péj. de *peuple*. **Petit peuple**, **Menu peuple**, la partie du peuple socialement la plus humble. **Bas peuple**, plus péj., marque quelque grossièreté. **Lie du peuple** et **Populace** (→ ce mot) sont méprisants. **Prolétariat**, chez les Romains, ensemble des citoyens sans ressources de la dernière classe; de nos jours, en termes de politique, ensemble de ceux qui n'ont d'autre ressource que le fruit de leur travail, souvent manuel, avec parfois l'idée que les salariés de la classe populaire dépendent misérablement du capitalisme qui les emploie. **Masse**, souvent au pl. tous les gens du peuple et des classes moyennes considérés comme formant par leur réunion une force sociale capable de réactions collectives : *La désaffection progressive des masses populaires à l'égard de la religion* (J. ROM.). **Multitude**, syn. de *masse*, employé absolument, au sing., est plutôt péj. : *Le pouvoir qu'ont les signes matériels, les apparences, sur l'imagination de la multitude* (J. ROM.). **Foule**, assez péj., multitude du peuple et de tous les gens que rien ne distingue ni par la fortune, ni par la culture, fait surtout penser à une obscurité anonyme ou à des réactions collectives fort médiocres : *Gentilshommes confondus dans la foule* (VOLT.). **Commun**, plus péj., insiste sur le peu de distinction des manières, sur la qualité médiocre des sentiments et la banalité des idées qui sont celles du plus grand nombre : *Écrivain du commun et poète vulgaire*(BOIL.). **Vulgaire**, méprisant, ajoute une idée de bassesse dans les sentiments et dans les idées. **Roture**, avant la Révolution, l'ensemble de ceux qui n'étaient pas nobles ou ecclésiastiques; de nos jours, péj., tous ceux qui ont une très basse origine. — **Populo**, syn. très fam. de *peuple*, est plutôt péj. à moins qu'il ne se dise du bon peuple qui vient en foule à quelque divertissement. ¶ 6 → Multitude. — ¶ 7 Adj. → Vulgaire.

Peuplé, employé absolument sans adverbe, implique en général un assez grand nombre de gens qui emplissent un lieu. **Habité** marque simplement et absolument la présence d'habitants en un lieu, indépendamment de leur nombre, mais précise qu'ils y sont fixés à demeure : *Les déserts autrefois peuplés de sénateurs Ne sont plus habités que par leurs délateurs* (RAC.). **Populeux** ne se dit que des lieux, spéc. des agglomérations où la population est considérable; **Populaire**, des parties d'une ville habitée par les gens du peuple.

Peupler : ¶ 1 → Remplir. **¶ 2** → Multiplier

Peur : → Crainte. *Peur*, état émotif assez violent, très subjectif, dû souvent à une sorte de faiblesse assez lâche ou à de simples imaginations. **Phobie,** terme de pathologie, peur irraisonnée, obsédante et angoissante, que certains malades éprouvent dans des circonstances déterminées : *Avoir la phobie de l'automobile*. **Trac,** syn. fam. de *peur*, se dit spéc. de la peur qu'éprouvent ceux qui se produisent en public : *Chanteur qui a le trac* (J. Rom.). **Frousse,** très fam., peur due à la lâcheté. **Malepeur,** vx, peur extrême et pressante. **Vesse** et **Venette,** syn. pop. de *peur*; **Pétoche, Trouille,** syn. vulgaires et argotiques. Grande peur : → Épouvante.

Peur (avoir) : → Craindre.

Peureux : → Craintif et Lâche.

Phalange : ¶ 1 → Parti. **¶ 2** → Troupe.

Phantasme : → Vision.

Pharamineux : → Extraordinaire.

Phare : ¶ 1 *Phare,* tour sur laquelle on allume un feu qui sert à guider les vaisseaux pendant la nuit. **Fanal** désigne ce feu lui-même, mais *phare* se dit de nos jours pour l'ensemble de la tour et du fanal. — Au fig., pour désigner ce qui guide, *phare* est plus usité que *fanal*, sauf lorsque l'image exclut l'idée d'une tour : *Astre inutile à l'homme* [la lune]... *Tu n'es pas son fanal* (Lam.). — **Sémaphore,** appareil envoyant de la côte aux vaisseaux des messages autrefois optiques aujourd'hui radiotélégraphiques. **¶ 2** → Lanterne.

Pharisaïsme : → Hypocrisie.

Pharmacien, chimiste qui prépare des remèdes pour les vendre. **Apothicaire,** commerçant qui tenait boutique et vendait des remèdes; de nos jours, syn. ironique ou péj. de *pharmacien*. **Potard** est argotique et péj.

Phase, au fig., chacun des états successifs et différents par lesquels passent certains phénomènes de la vie ou de l'histoire : *Sa nouvelle vie devait se scinder en trois phases distinctes* (Balz.). **Période,** intervalle de temps au bout duquel un phénomène ou un groupe de phénomènes se reproduit dans les mêmes conditions; au fig., en médecine, phase d'une maladie ou, plus généralement, temps qu'une chose met à accomplir les phases de sa durée : *La période d'accroissement, la crise, la période de déclin sont les phases d'une maladie. La période révolutionnaire comprend différentes phases, mais n'est elle-même qu'une phase dans le développement de la démocratie*. **Degré,** au fig., chacun des états intermédiaires qui servent de tran-

sition (→ ce mot), d'acheminement vers un état final considéré comme un but vers lequel on progresse : *La vie d'un homme se divise en périodes, c'est-à-dire qu'elle évolue en différentes phases, mais, comme dit La Fontaine, un homme passe par tous les degrés de la vie, c'est-à-dire s'achemine vers la mort*. **Échelon,** au fig., implique plus nettement un état ou un moyen qui mène à une élévation ou à un abaissement : *Chaque science est un échelon vers l'émancipation* (Lar.). **Palier,** au fig., fait penser à une période stable entre deux échelons. **Étape,** phase, période distincte dans un progrès, une marche en avant : *Les étapes de cette évolution* (M. d. G.). **Stade,** en termes de médecine, chaque période d'une maladie intermittente, par ext., surtout en termes de philosophie, chaque période, chaque degré nettement distinct d'un développement quelconque : *Distinguer divers stades dans l'évolution d'un caractère* (Gi.).

Phébus : ¶ 1 → Soleil. **¶ 2** → Enthousiasme. **¶ 3** → Galimatias.

Phénix : → Aigle. *Phénix,* assez ironique, en parlant des personnes, être qu'une supériorité quelconque rend unique : *Le phénix des cousins* (Balz.). **Perle,** fig. et fam., en parlant des personnes et des choses, ce qu'il y a de mieux en son genre, sans pour autant être unique : *La perle des manuscrits* (Les.); *des filles* (Volt.). **Trésor,** fig., n'implique pas la comparaison avec les choses du même genre et marque absolument la rareté, la valeur ou l'utilité singulière : *Quel climat renfermait un si rare trésor* [Esther] ? (Rac.). **Roi** et **Reine,** fig. et fam., supposent au contraire une précellence marquée dans un ordre d'activités ou de qualités, en bien ou en mal, sur tous les êtres de même espèce : *Le roi des maris* (L. F.). **Fleur,** fig., en parlant d'une seule personne, la plus aimable, la plus brillante dans une catégorie : *La fleur des chevaliers, Roland* (Chat.). *La fleur des drôles* (Beaum.). **Fleur des pois,** fig. et fam., personne qui se fait remarquer par son élégance, son agrément, sa distinction. **Perfection,** syn. de *perle*, de *trésor*, est rare appliqué à une personne ou à une chose. **Idéal, Parangon, Modèle** (→ ce mot) ajoutent l'idée que sa perfection fait de l'être ou de la chose un type qu'on doit imiter. — **Nec plus ultra** (en lat. « rien au-delà ») ne se dit que d'une chose, d'une qualité qui ne saurait être dépassée en perfection.

Phénoménal : → Extraordinaire.

Phénomène : ¶ 1 → Fait. **¶ 2** Être extraordinaire. *Phénomène* marque la surprise causée par des actions, des qualités extraordinaires et parfois des anomalies physiques curieuses : *C'est un phénomène qu'un enfant aussi instruit* (ACAD.). **Monstre,** péj., suppose une conformation, un caractère, des actions contre nature, ou parfois une extrême laideur : *Monstre à deux têtes. Monstre d'égoïsme.* **Prodige** se dit surtout, en un sens toujours favorable, à propos du talent, des qualités intellectuelles, de la beauté : *Prodige d'esprit* (SÉV.).

Phénomène sismique : → Séisme.

Philanthropie : → Humanité.

Philippique : → Satire.

Philistin : → Profane.

Philologie : → Linguistique.

Philosophe : ¶ 1 Adj. *Philosophe,* qui a en partage la philosophie, se dit plutôt des personnes, **Philosophique,** qui tient à la philosophie, ne convient qu'aux choses : *Vous savez quel bruit ont fait des gens peu philosophes au sujet d'une tragédie un peu philosophique* (VOLT.). *Philosophe,* appliqué aux choses, marque avec la philosophie un rapport plus étroit et plus pratique que *philosophique* qui convient à la théorie : *Un esprit philosophe voit la vie en sage, un esprit philosophique est apte aux idées générales, doué pour étudier et comprendre la philosophie.* **¶ 2** N. → Penseur. **¶ 3** N. → Sage.

Philosopher : → Raisonner.

Philosophie : ¶ 1 → Sagesse. **¶ 2** → Principe.

Philosophique : → Philosophe.

Philtre : → Boisson.

Phlegmon : → Pustule.

Phobie : → Peur.

Phrase : ¶ 1 *Phrase,* terme de grammaire, proposition simple ou assemblage de propositions formant un sens complet. **Période,** terme de grammaire et de rhétorique, longue phrase savamment construite pour produire un effet oratoire : *La période est longue* (L. F.). *Arrondir des périodes* (FÉN.). **¶ 2** → Phraséologie.

Phraséologie : ¶ 1 → Style. **¶ 2** *Phraséologie,* péj., assemblage de grands mots vides de sens : *La phraséologie politique.* **Phrases,** fam., au pl., suppose en plus recherche et affectation : *Un discours ferme et serré, sans aucun lieu commun, sans épithète, sans ce que nous appelons des phrases* (VOLT.). **Mots,** paroles vides de sens ou non suivies d'effets. **Belles paroles, Bonnes paroles** impliquent des promesses qu'on ne compte pas tenir. **Boniment,** fam., discours artificieux pour convaincre ou séduire quelqu'un.

Phraseur : → Babillard.

Phtisique : → Tuberculeux.

Physionomie : ¶ 1 → Air. Manière d'être d'une personne dans sa face. La *Physionomie,* quand on la scrute, dénote les qualités constantes de l'esprit ou du caractère, et fournit des pronostics sur ce qu'on sera ou ce qu'on fera : *Une physionomie qui promet une âme et qui ne ment pas* (J.-J. R.). Le **Visage,** du premier coup d'œil, nous révèle l'état passager de l'âme : *Visage étonné* (CORN.). **Traits,** lignes du visage considérées comme permettant de reconnaître une personne, de déterminer sa ressemblance avec une autre, ou de juger de sa beauté et parfois de ses mœurs et de ses sentiments, indique surtout, dans ce dernier cas, une ligne précise, caractéristique, et non un ensemble, une impression générale comme *physionomie* ou *visage* : *On pouvait lire sur les traits du petit vieux une tristesse et un désarroi de plus en plus manifestes* (CAM.). **Mine** (→ ce mot), appliqué au visage, peut désigner un air qu'on prend volontairement, et, s'il s'agit d'un air naturel, a aussi rapport à la santé, à la situation sociale, à des qualités plus extérieures que ne l'indique *physionomie* : *Les traits découvrent la complexion et les mœurs, mais la mine désigne les biens de fortune; le plus ou le moins de mille livres de rente se trouve écrit sur les visages* (L. B.). **¶ 2** → Expression. **¶ 3** → Aspect.

Physique : Adj. **¶ 1** → Matériel. **¶ 2** *Physique* se dit des qualités, des états affectifs qui viennent du corps ou des soins que l'on donne au corps : *Beauté physique. Plaisir physique. Exercices physiques.* **Corporel** se dit surtout de ce qui affecte un corps particulier : *Peine corporelle. Infirmités corporelles.* **¶ 3** N. masc. → Mine.

Piaffer : → Piétiner.

Piailler : → Crier.

Pianoter : ¶ 1 → Jouer. **¶ 2** → Frapper.

Piauler : → Crier.

Pic : ¶ 1 → Mont. **¶ 2** → Sommet.

Pic (à) : ¶ 1 → Escarpé. **¶ 2** → (à) Propos.

Pichenette : → Chiquenaude.

Pichet : → Pot.

Pickpocket : → Voleur.

Picorer : ¶ 1 → Marauder. **¶ 2** → Imiter.

Picoté : → Piqué et Marqué.

Picotement, impression incommode et un peu douloureuse sur la peau ou dans la profondeur des tissus, comme si l'on y faisait des piqûres légères. **Chatouillement,** impression agréable due à un attouchement léger, parfois, par ext., léger picotement : *Chatouillement de la gorge* (ACAD.). **Fourmis,** fam. et au fig., picotement dans un membre, souvent parce qu'il est engourdi. **Démangeaison,** picotement, irritation qu'on éprouve sur la peau et qui donne l'envie de se gratter. **Prurit,** terme de médecine, vive démangeaison. **Prurigo,** terme de médecine, démangeaison accompagnée de petits boutons.

Picoter : ¶ 1 → Piquer. ¶ 2 → Taquiner.

Picoterie : → Pointille.

Pie : → Babillard.

Pièce : ¶ 1 → Partie. ¶ 2 → Morceau. ¶ 3 *Pièce,* chacune des différentes parties closes et couvertes d'un appartement ou d'une maison, considérée séparément comme formant un tout. **Salle,** grande pièce d'une maison, affectée à un usage particulier souvent précisé : *Salle de billard, d'études.* **Galerie,** dans de vastes logements, salle plus longue que large, servant à la promenade. **Chambre,** pièce habitable d'une maison spéc. affectée à l'usage particulier d'une personne pour y coucher, travailler; se dit seul de toute pièce qu'on loue isolée pour y habiter; et s'emploie parfois comme syn. d'appartement, de chez soi, dans des loc. comme *Garder la chambre, Travailler en chambre. Chambre* s'est dit aussi de la pièce où l'on se livre à un travail intellectuel; de nos jours on dit plutôt **Bureau** ou **Cabinet** (→ ce mot). **Cabine,** petite chambre à bord d'un bateau; par ext. petite pièce pour se mettre en tenue de bain ou pour téléphoner. **Salon** (→ ce mot), pièce d'un appartement particulier, généralement plus grande et plus ornée que les autres où l'on reçoit les visites. **Living room** (mot anglais), grande salle d'une maison où se passe la vie commune de la famille (de nos jours les architectes disent **Salle de séjour**). **Loge,** petite pièce réservée dans un théâtre aux acteurs pour s'habiller, ou cellule où l'on enferme séparément les candidats aux concours des Beaux-Arts. **Êtres,** au pl., les pièces d'un appartement, et aussi les couloirs, les vestibules, etc. considérés dans leur disposition. **Carrée, Piaule, Turne,** argotiques ou pop., chambre servant de logis. ¶ 4 *Pièce* désigne certaines choses qui, bien que détachées d'un ensemble, forment un tout en elles-mêmes et spéc. une certaine quantité d'étoffe : *Une pièce de drap.* **Coupon,** ce qu'il reste d'une pièce d'étoffe ou de toile qu'on a débitée. **Coupe,** métrage déterminé d'un tissu quelconque. ¶ 5 → Tonneau. ¶ 6 *Pièce,* toute monnaie métallique quelle que soit sa valeur. **Louis,** pièce d'or qui valait vingt francs avant la guerre de 1914; le **Napoléon,** pièce d'or à l'effigie de Napoléon Ier, puis de Napoléon III, avait la même valeur. **Jaunet,** pop., toute pièce d'or. **Écu,** pièce d'or ou d'argent dont la valeur a varié suivant les époques, désignait surtout en termes de compte une

valeur de trois francs, et, dans le langage courant, la pièce d'argent de cinq francs appelée en argot **Thune.** ¶ 7 → Gratification. ¶ 8 *Pièce,* ouvrage de l'esprit, de moyenne longueur, en vers ou en prose, faisant un tout complet, syn. vague d'**Ouvrage,** de **Poème,** d'**Opuscule** (→ ces mots) : *Un recueil de pièces choisies.* **Morceau,** s'il se dit d'un ouvrage entier, le fait considérer non absolument mais par rapport au genre ou à l'espèce dont il fait partie : *Cette élégie, cette églogue sont de beaux morceaux de poésie.* — En musique, *pièce,* toute composition musicale faite pour être exécutée sur des instruments, se distingue de *morceau* par la même nuance; à moins que *morceau* ne désigne absolument une pièce assez courte : *Jouer un morceau de piano.* — En termes de beaux-arts, *morceau* se dit seul d'un objet d'art considéré dans sa totalité. *Pièce* ne se dit que d'objets d'art qui font partie d'une collection : *Ce morceau d'orfèvrerie est la plus belle pièce du musée.* ¶ 9 Ouvrage dramatique. *Pièce de théâtre,* ou *Pièce,* tout ouvrage dramatique, syn. vague de **Comédie,** de **Drame** et de **Tragédie,** d'**Opéra,** de **Saynète** (→ ces mots). **Comédie,** pièce de théâtre parlé, est vx depuis le xviie s. : *Racine a fait une comédie qui s'appelle Bajazet* (Sév.). **Féerie,** pièce de théâtre où figurent fées, démons, enchanteurs, par ext. pièce à machines avec un grand luxe de mise en scène. — **Film** se dit seul des ouvrages cinématographiques. ¶ 10 → Note. ¶ 11 → Titre. ¶ 12 → Tour. ¶ 13 *Bonne pièce* : → Homme.

Pièce d'artillerie, comme **Bouche à à feu,** termes génériques, s'appliquent à toutes les armes à feu non portatives, *pièce* désignant plutôt l'ensemble formé par la *bouche à feu* et son affût et s'employant seul en ce sens dans le langage militaire : *Canonniers, à vos pièces.* **Canon,** bouche à feu cylindrique coulée ou forée en tube pour lancer des projectiles grâce à la déflagration d'une poudre, désigne dans le langage commun toutes les pièces d'artillerie, considérées souvent comme le symbole de la guerre : *Chair à canon.* Dans le langage technique, *Canon,* pièce à tube assez long dont le tir habituel est de plein fouet; **Obusier,** canon court à faible charge dont le tir normal est le tir plongeant; **Mortier,** canon plus court que l'*obusier,* dont le tir normal est le tir vertical; **Crapouillot,** dans la guerre 1914-1918, nom pop. du mortier de tranchée. — **Bombarde,** au M. A., machine de guerre lançant des pierres, s'est dit ensuite de certaines pièces d'artillerie sur des vaisseaux. **Couleuvrine,** espèce de petit canon aux xvie et xviie siècles.

Pièce d'eau, grande quantité d'eau retenue

dans un espace creusé en terre pour l'embellissement d'un parc, d'un jardin. **Canal,** pièce d'eau étroite et longue : *Le grand canal de Versailles.* **Bassin,** pièce d'eau ronde, carrée ou rectangulaire ordinairement bordée de pierre ou de marbre : *Le grand bassin des Tuileries.* **Vivier,** pièce d'eau où l'on entretient du poisson.

Pied : ¶ 1 *Pied,* partie du corps de l'homme qui est à l'extrémité de la jambe et qui lui sert à se soutenir et à marcher. **Patte,** pied de certains animaux, est fam. et péj. en parlant du pied de l'homme. **Peton,** diminutif fam. de *pied,* en parlant des enfants ou des petits mignons de femme. *Pied* a de nombreux syn. argotiques dont les plus pop. sont **Panard,** grand pied, **Ripaton** et **Fumeron.** ¶ 2 Chez l'animal : → Patte. ¶ 3 → Fondement. ¶ 4 → Syllabe.

Pied-à-terre : → Appartement.

Piédestal, terme d'architecture et de sculpture, support isolé avec base et corniche qui soutient une statue, un candélabre, etc., et parfois une colonne. **Socle,** terme d'architecture, partie sur laquelle repose une colonne, par ext. tout support ressemblant à un petit piédestal sur lequel on met une statuette, un vase, un buste, une pendule, etc. **Piédouche,** terme d'architecture et de sculpture, sorte de petit piédestal bas, carré ou circulaire qui sert à porter un buste. **Scabellon,** en architecture, syn. peu usité de *socle* ou de *piédestal.* **Plinthe,** en terme d'architecture, tablette carrée formant socle.

Pied-plat : ¶ 1 → Vaurien. ¶ 2 → Lâche.

Piège : ¶ 1 Instrument, machine dont on se sert pour prendre des animaux et que l'on cache (≠ *Appât* (→ ce mot) : ce que l'on montre). *Piège,* pour prendre des animaux assez gros, suppose un mécanisme assez subtil, alors que le **Filet** (→ ce mot) est fait uniquement d'un lien. **Trappe,** trou fait en terre et couvert d'une bascule ou de feuillages afin qu'une bête sauvage venant à passer dessus tombe dans le trou. **Chausse-trape,** autrefois, en termes militaires, pièce de fer garnie de pointes qu'on jetait dans les gués, sur les routes, et où les hommes et les chevaux s'enferraient, se dit aussi d'un trou qui cache un piège pour prendre des animaux malfaisants. **Traquenard,** sorte de piège tendu aux animaux nuisibles. **Pas de loup,** grand traquenard à loups. **Piège à bêtes puantes.** — **Attrape** se dit surtout de petits pièges et par ext. d'appâts ou de filets. — **Reginglette,** piège à oiseaux fait de petites baguettes de bois flexible. **Pipeaux,** petites branches enduites de glu pour attraper les oiseaux. **Trébuchet,** piège

en forme de cage pour les oiseaux. — **Nasse,** piège à poissons fait d'une sorte de panier en entonnoir d'où le poisson, une fois qu'il est entré, ne peut plus sortir. **Hameçon,** crochet de fer à pointe barbelée que l'on cache sous l'appât pour prendre le poisson. ¶ 2 Au fig., *Piège,* artifice subtil pour tromper ou pour réduire quelqu'un à sa merci sans vouloir le détruire : *Les avocats connaissent mieux que personne les pièges et les évasions de la jurisprudence* (Volt.). **Embûche,** souvent au pl., toujours en parlant de l'homme, implique une entreprise secrète ou déloyale non pour tromper ou prendre quelqu'un, mais pour lui nuire ou le détruire, et de nos jours n'exprime plus qu'abstraitement cette idée : *Caracalla fut tué par les embûches de Macrin* (Mᴛǫ.). Pour désigner concrètement une sorte d'embûche avec toutes ses circonstances, **Embuscade,** terme de guerre, action qui consiste à attendre les ennemis et par ext. une personne quelconque dans un lieu caché pour les attaquer à l'improviste et à son avantage; **Guet-apens,** embûche dressée pour assassiner ou dévaliser quelqu'un, comporte au physique et au moral, pour qualifier un dessein prémédité de nuire, l'idée de quelque chose d'odieux, sauf si on emploie le mot ironiquement. **Traquenard,** au fig., ajoute à *embûches* ou à *piège* l'idée d'une longue et rusée préparation : *Le piège, le traquenard tendu par le destin* (M. ᴅ. G.). **Trappe** et **Chausse-trape,** rares au fig., gardent l'image d'un piège insidieux, mis sous les pas de quelqu'un qui y tombe de lui-même. **Souricière,** piège à souris; fig. et fam., piège, embarras où l'on se jette inconsidérément, par imprudence, et spéc. piège que la police tend à des malfaiteurs, dans un endroit où l'on pense qu'ils ne peuvent manquer de venir se faire prendre. **Attrape** (→ ce mot), fig. et fam., piège sans gravité, petite tromperie. **Hameçon,** dans la loc. fig. *Mordre à l'hameçon,* évoque un piège caché sous une apparence trompeuse qui attrape les naïfs. **Trébuchet,** dans la loc. *Prendre au trébuchet,* suppose une adresse pour amener quelqu'un à faire une chose désavantageuse ou contraire à ce qu'il avait résolu. **Nasse** évoque un piège subtil et préparé où quelqu'un va se jeter, ou bien fait penser à l'état de celui qui est empêtré dans quelque affaire fâcheuse et se rapproche alors de *filet* (→ ce mot) : *Faire tomber finement dans la nasse* (Lᴇs.). *Tu demeureras dans la nasse* (Moʟ.). — **Guêpier,** nid de guêpes ou parfois piège à guêpes, évoque, au fig., une situation très fâcheuse où l'on se jette par maladresse, aveuglément, sans que ce soit forcément un piège dressé par

autrui : *Ils étaient tous contre moi; je me
suis fourré la tête dans un guêpier* (Beaum.).

Pierre : ¶ 1 *Pierre*, corps dur et solide
qu'on détache des rochers ou qu'on extrait
de la terre pour bâtir, désigne ce matériau en lui-même avant la construction,
comme partie intégrante de la construction ou comme débris de celle-ci. **Moellon,**
terme de maçonnerie, pierre de petite
dimension qui s'emploie dans les massifs
de construction et qu'on recouvre ordinairement de plâtre ou de mortier. **Meu-
lière,** pierre rocailleuse dont on fait les
meules de moulin et qu'on emploie aussi
comme moellon. ¶ 2 *Pierre*, tout fragment
ou morceau de pierre. **Caillou,** nom générique de tout fragment pierreux de petite
dimension, se dit surtout des pierres très
dures dont il jaillit des étincelles quand
on les frappe avec de l'acier, ou de fragments de cristal de roche susceptibles
d'être polis : *Caillou de rivière. Les cailloux du chemin. Lancer un caillou.* **Galet,**
caillou poli et arrondi qui se trouve sur
le bord de la mer ou dans le lit des cours
d'eau torrentiels. **Palet,** pierre plate et
ronde. **Pavé,** morceau taillé de grès, de
pierre dure, dont on se sert pour paver;
parfois, par ext., grosse pierre que l'on
lance. **Silex,** variété de quartz très dur,
se dit surtout en minéralogie, ou des
pierres coupantes sur les chemins.
¶ 3 *Pierres précieuses*, minéraux précieux
par leur rareté, leur belle couleur, leur
forme cristalline, a pour syn. **Gemme**
(→ ce mot), plus recherché. **Pierres fines,**
pierres moins dures et d'une transparence
moindre, employées en joaillerie ordinaire
et dans les arts décoratifs, comme l'agate,
la turquoise. **Pierreries,** pierres précieuses
ou fines travaillées. ¶ 4 → Sable. ¶ 5 →
Tombe.

Pierrot : ¶ 1 → Moineau. ¶ 2 → Niais.
¶ 3 → Homme.

Piété : ¶ 1 → Religion. ¶ 2 → Respect.

Piétiner : ¶ 1 (Trans.) → Marcher sur.
¶ 2 (Intrans.) Remuer vivement les
pieds, s'agiter sur place. *Piétiner* ne se
dit que des hommes et marque simplement l'action, quelle qu'en soit la raison.
Piaffer se dit d'un cheval qui, en marchant, lève les jambes de devant fort haut
et les abaisse en frappant le sol presque
sans avoir avancé; et, en parlant des
hommes, marque une agitation bruyante,
sur place, due à une vive impatience.
Trépigner, frapper vivement des pieds
contre terre, se dit des chevaux et des
hommes, et marque en ce cas l'effet d'une
vive émotion comme la joie ou la colère,
la rage, l'impatience : *Il trépigne de joie*
(Boil.). — *Piétiner,* ne pas avancer, et,
au fig., ne faire aucun progrès, a pour syn.
fam., en parlant des derniers rangs d'une

colonne, **Piler du poivre,** piétiner sans
avancer.

Piètre : → Misérable.

Pieu, toute pièce de bois pointue par un
des bouts et qu'on emploie à divers usages.
Poteau, grosse et longue pièce de bois
plantée droit en terre et servant à indiquer,
à supporter ou à soutenir quelque chose :
*Poteau indicateur; télégraphique; d'exé-
cution.* **Piquet,** petit pieu fiché en terre
pour tendre et arrêter les cordes des
tentes, des pavillons, pour attacher des
chevaux, pour prendre un alignement.
Palis, pieu faisant partie d'une suite de
pieux enfoncés en terre et rangés côte à
côte pour former une clôture. **Pal** ne se
dit guère plus que pour désigner le pieu
qu'on enfonce dans le corps d'un condamné.
Pilotis, gros pieu qu'on enfonce solidement dans le sol pour soutenir les fondements d'un édifice qu'on veut bâtir dans
l'eau ou dans quelque lieu dont le fond
n'est pas solide.

Pieux : → Religieux.

Pigeon : ¶ 1 L'oiseau domestique qui
roucoule. *Pigeon* est le nom vulgaire :
Manger un pigeon. **Colombe** désigne poétiquement le pigeon, surtout blanc, notamment dans toutes les phrases tirées
ou imitées de l'Écriture Sainte : *La
colombe du Saint-Esprit; de Vénus; de
la paix.* — **Ramier,** gros pigeon sauvage
qui niche sur les arbres. **Palombe,** nom du
ramier dans les provinces voisines des
Pyrénées, se dit aussi parfois en poésie.
Tourterelle, espèce d'oiseau qui ressemble
au pigeon, mais qui est plus petit. **Tourtereau,** jeune tourterelle. — Au fig. *Colombe* évoque la pureté et se dit par ex.
d'une jeune fille : *Ces colombes timides*
(Rac.). *Pigeon*, très fam., ne se dit que d'un
naïf; *tourtereau,* d'un jeune mari affectueux et, au pl., d'un jeune couple tendre.
¶ 2 → Naïf.

Pigeonnier : Lieu où l'on élève des pigeons. Le *Pigeonnier* est tantôt un petit
bâtiment à l'écart de la maison, tantôt
une grande cage au sommet d'une perche,
tantôt un simple grenier au sommet de la
maison. **Colombier,** bâtiment toujours important, autrefois en forme de tour ronde
ou carrée. **Fuie,** petit colombier, ou simple
volière où l'on nourrit quelques pigeons.
Volet, pigeonnier dont l'ouverture se ferme
par un petit ais.

Pignocher : ¶ 1 → Manger. ¶ 2 → Peindre.

Pignon : → Comble.

Pilastre : → Colonne.

Pile : ¶ 1 → Amas. ¶ 2 → Volée. ¶ 3 →
Insuccès.

Piler : ¶ 1 → Broyer. ¶ 2 *Piler du poivre* :
→ Piétiner.

Pilier : → Colonne.

Pillage : ¶ 1 → Rapine. *Pillage*, en parlant de soldats, action de dépouiller de ses biens avec violence une ville, une maison, et le dégât qui en résulte. **Sac** ajoute l'idée de ruine et de dévastation en parlant d'une ville : *Au milieu de ce pillage général, de ce sac de ville emportée d'assaut* (ZOLA). **Saccagement** dépeint l'événement ou la réalisation du sac : *Une ample description du saccagement d'une ville* (MARM.). — **Saccage**, bouleversement, confusion mise en quelque lieu où l'on fait du dégât, n'est syn. de *pillage* que lorsque ce dernier mot, au fig., désigne l'action de prendre tout ce qu'il y a en quelque lieu; *saccage* ajoute alors l'idée de détérioration : *Ces enfants ont fait un saccage horrible dans tout le jardin* (LIT.). — **Pillerie**, vx, s'est dit plutôt de l'action de voleurs, d'émeutiers qui pillent en désordre. **Razzia** (mot arabe), incursion faite sur un territoire afin d'enlever les troupeaux, les récoltes; fig. et fam., pillage total et méthodique. — **Curée**, fig., ruée avide, comme celle des chiens sur le gibier mort, sur les places, les richesses qu'un événement politique a mises à la disposition du parti qui l'emporte : *La Curée* (ZOLA). **¶ 2** → Malversation.

Pillard : → Voleur. *Pillard*, celui qui aime à piller, dans tous les sens du mot, se sent entraîné au pillage et aux pilleries : *Rameau prétendit ne voir en moi qu'un petit pillard sans talent et sans goût* (J.-J. R.). **Pilleur**, celui qui exerce le pillage, habituellement, par métier : *Pilleur d'épaves*. **Écumeur** (→ Corsaire), fig., celui qui pille en pirate ou cherche des bénéfices sur les opérations d'autrui : *Écumeur des mers. Écumeur d'affaires*. **Sangsue**, fig., celui qui s'enrichit en tirant de l'argent du peuple par des voies coupables, ou qui vit aux dépens des particuliers, les mange, les ruine : *Sangsues de la cour* (VOLT.); *d'État* (VAUBAN).

Piller : ¶ 1 → Voler. *Piller*, dépouiller de ses biens avec violence une ville, une maison, ou commettre des exactions, des concussions, faire des gains scandaleux illicites. **Saccager** ajoute une idée de dévastation (→ Ravager). **Écumer**, exercer la piraterie sur les mers et sur les côtes, par ext. voler, piller comme un pirate : *Écumer les mers* (LES.); *les grands chemins* (dans LIT.); *les affaires* (ACAD.). — **Écrémer**, fam., enlever d'un tout ce qu'il a de meilleur : *Écrémer une bibliothèque*. **Pirater**, exercer le métier de pirate, syn. vx d'*écumer*. **¶ 2** → Imiter.

Pilonner : → Bombarder.

Pilori (mettre au) : → Flétrir.

Pilote, autrefois celui qui guidait lui-même ou donnait les ordres nécessaires pour diriger un navire aussi bien en haute mer (*Pilote hauturier*) qu'au voisinage des côtes (*Pilote côtier*), ne se dit plus guère que du pilote côtier qui va au-devant des navires pour leur faciliter l'entrée du port, mais s'emploie encore en parlant du passé et au fig. : *Un pilote génois donne un univers à l'Espagne* (VOLT.). [La raison] *son pilote fidèle* (BOIL.). **Capitaine au long cours**, de nos jours, celui qui guide et commande un navire marchand en haute mer. **Nautonier** et **Nocher**, autrefois syn. de *pilote* (*nautonier* désignant aussi un manœuvre travaillant sous les ordres du pilote), ne s'emploient plus de nos jours qu'en poésie ou dans le style soutenu. **Lamaneur**, pilote côtier spécialisé qui conduit les navires à l'entrée et à la sortie des ports ou à proximité des côtes qu'il connaît bien. **Locman**, syn. de *lamaneur* dans les pays du nord. **Timonier** ou **Homme de barre**, celui qui exécute les manœuvres commandées par le pilote ou le capitaine pour conduire le navire.

Piloter : ¶ 1 → Conduire. **¶ 2** → Diriger.

Pilotis : → Pieu.

Pilule : ¶ 1 Composition médicinale en forme de boule. *Pilule* désigne quelque chose de plus petit et de moins mou que **Bol**, portion d'électuaire roulée dans une poudre pour être avalée. **¶ 2** → Mortification.

Pimbêche, fam., femme impertinente qui se donne des airs de hauteur (≠ *Pécore*, femme impertinente et sotte). **Mijaurée** suppose simplement des prétentions manifestées par des manières affectées et ridicules. **Chipie**, fam., pimbêche difficile à vivre, acariâtre, méchante. **Chichiteuse**, syn. pop. de *mijaurée*. **Pie-grièche**, fam., femme criarde et querelleuse. **Perruche**, fig., femme prétentieuse qui parle à tort et à travers. **Caillette**, femme frivole et babillarde.

Piment : → Piquant.

Pimenté : → Obscène.

Pimpant : → Élégant et Joli.

Pinacle : → Comble.

Pinacle (porter au) : → Louer.

Pince : ¶ 1 → Patte. **¶ 2** → Tenaille. **¶ 3** → Pli.

Pincé : ¶ 1 → Étudié. **¶ 2** → Mince.

Pinceau : ¶ 1 → Touffe. **¶ 2** → Style.

Pince-nez : → Lorgnon.

Pincer : ¶ 1 → Presser. **¶ 2** → Prendre. **¶ 3** → Piquer. **¶ 4** → Jouer.

Pince-sans-rire : → Plaisant.

Pincette : ¶ 1 → Tenaille. **¶ 2** *Pincettes* : → Pique-feu.

Pindarique : → Emphatique.

Pingre : → Avare.

Pionnier : → Défricheur.

Piot : → Vin.

Pipe, instrument composé d'un petit fourneau emmanché d'un tuyau et dont on se sert pour fumer. **Brûle-gueule,** pop., pipe ayant un très court tuyau. **Bouffarde,** pop., grosse pipe. **Cachotte,** pipe dont le fourneau n'a pas de talon. **Calumet,** pipe à long tuyau des Indiens d'Amérique du Nord, par ext. pipe, en un sens fam. et plaisant. **Chibouque,** pipe turque à long tuyau coudé. — **Narguilé,** sorte de pipe en usage en Turquie, en Perse et dans divers autres pays de l'Orient, formée d'un fourneau où brûle le tabac et d'un long tuyau souple qui traverse un vase rempli d'eau parfumée (en Turquie **Kalioun,** sorte de narguilé).

Pipeau : ¶ 1 → Flûte. ¶ 2 → Appât. ¶ 3 *Pipeaux :* → Piège.

Pipe-line : → Conduite.

Piper : ¶ 1 → Prendre. ¶ 2 → Tromper. ¶ 3 *Ne pas piper :* → (se) Taire.

Pipeur : → Tricheur.

Piquant : ¶ 1 Qui perce et, au fig., touche. Au prop. **Poignant** (rare), qui pénètre profondément, enchérit sur *Piquant,* en parlant de ce qui pénètre dans la peau : *Orties piquantes* (LIT.). [Le hérisson est couvert de grosses épines] *armes défensives poignantes* (BUF.). — Au fig. *piquant* implique une vivacité tantôt déplaisante parce qu'elle blesse assez superficiellement, tantôt agréable par quelque chose de fin qui fait impression sur l'esprit ou les sens. *Poignant* suppose toujours une douleur profonde considérée dans l'âme de celui qui l'éprouve et non dans sa cause comme le fait souvent *piquant : Raillerie piquante. Maîtresse piquante* (MARIV.). *Louange piquante* (COL.). *Reproche poignant* (R. ROLL.). — **Térébrant,** fig., qualifie une douleur physique vive et poignante, qui semble percer. **Lancinant,** terme de médecine, ne se dit que d'une douleur qui se fait sentir par élancements, mais s'emploie parfois au fig. : *Regret lancinant.* ¶ 2 → Pointu. ¶ 3 → Mordant. ¶ 4 → Vif. ¶ 5 → Plaisant et Intéressant. ¶ 6 *Piquant,* n., ce qui, dans une chose, fait une impression vive et agréable sur l'esprit : *Le piquant des* Lettres provinciales (VOLT.). Si le *piquant* est dans la chose, l'**Assaisonnement** et le **Sel** lui sont ajoutés : *assaisonnement,* au fig., tout ce qui ajoute de l'intérêt aux choses morales ; [Faire] *du mépris des choses saintes l'assaisonnement d'une débauche* (MAS.) ; *sel,* grâces fines et vives qu'un auteur met dans les discours ou dans les ouvrages d'esprit, surtout dans le style : *Le sel de leurs reparties* (J.-J. R.). **Piment** enchérit avec quelquefois l'idée de quelque chose de leste, d'égrillard.

Pique : ¶ 1 → Lance. ¶ 2 → Mésintelligence.

Piqué : ¶ 1 *Piqué,* entamé, percé de petits trous : *Bois piqué de vers.* **Picoté,** percé de petits trous imperceptibles ou simplement marqué de petites traces semblables à des traces de piqûres : *Feuilles picotées* (SÉV.). **Piqueté,** parsemé de petites taches, de petits points semblables à des piqûres : *Œufs d'un blanc terne piqueté de rougeâtre* (BUF.). ¶ 2 → Fou.

Pique-assiette : → Parasite.

Pique-feu, tige de fer servant à attiser un foyer. **Tisonnier,** sorte de pique-feu étroit et long, servant à attiser un feu en remuant les tisons, en faisant tomber les cendres. **Fourgon,** longue tige de fer ou longue perche de bois garnie de fer par le bout servant à arranger, à remuer le bois et la braise dans le foyer. **Pincettes,** ustensile de fer à deux branches égales pour remuer le feu, atteindre bûches et tisons dans une cheminée.

Pique-nique : → Repas.

Piquer : ¶ 1 → Percer. *Piquer,* percer, entamer légèrement avec quelque chose de pointu : *Une épine, une guêpe, un serpent piquent.* **Picoter,** piquer très légèrement et à petits coups répétés, ne se dit guère que des oiseaux qui becquettent les fruits ou d'un cavalier qui fait sentir légèrement l'éperon à son cheval à plusieurs reprises ; autrement, *picoter,* c'est donner l'impression de picotements (→ ce mot). **Poindre,** piquer fortement, est vx. ¶ 2 En parlant du froid, *Piquer,* causer sur la peau une impression vive et désagréable de piqûre. **Pincer,** fig., piquer vivement, donner la sensation que la peau est serrée. ¶ 3 → Coudre. ¶ 4 → Aigrir et Froisser. Au fig., *Piquer* a rapport à l'effet, c'est exciter, aigrir, froisser. **Picoter** a rapport à l'action : c'est attaquer souvent quelqu'un par des paroles malignes, chercher à le fâcher, à l'irriter. ¶ 5 → Exciter et Intéresser. ¶ 6 → (s)' Élancer et Aller. — (Réf.) ¶ 7 → Pourrir. ¶ 8 → (s') Offenser. ¶ 9 → Affecter.

Piquet : → Pieu.

Piqueté : → Piqué et Marqueté.

Piqueter : → Tracer.

Piquette : → Vin.

Pirate : → Corsaire.

Pirater : ¶ 1 → Piller. ¶ 2 → Imiter.

Pire, plus mauvais, s'emploie comme adj. ou comme attribut ; **Pis,** plus mal, comme adverbe : *Celui qui est pire qu'auparavant est plus mauvais, celui qui est pis se comporte, se porte ou est fait moins bien.* L'usage tend d'ailleurs à remplacer *pis* par *plus mal*, sauf dans des loc. comme *De mal en pis, tant pis, au pis aller, de pis en pis.* — Si *pire* et *pis* s'emploient comme noms, *pire* a toujours rapport aux choses qui sont, *pis* aux choses qui se font : *Il n'est point de degré du médiocre au pire* (Boil.). *Le pis qui puisse arriver.* — *Pis,* employé parfois comme adjectif, a rapport à des faits et non à des choses ou se rapporte à un sujet indéterminé : *Ce coup est pour ma raison pis qu'un coup de tonnerre* (Mol.). *Qui pis est* (Boil.).

Pirouette : ¶ 1 → Cabriole. ¶ 2 → Tour. ¶ 3 → Fuite.

Pis : → Pire.

Pis, mamelle d'une femelle laitière. **Tétine,** pis de la vache ou de la truie, ou absolument, mamelle d'un animal quelconque considérée comme aliment.

Piscine : → Bain.

Piste : ¶ 1 → Trace. ¶ 2 → Sentier. ¶ 3 → Chemin.

Pister : → Suivre.

Pistolet, toute arme à feu courte et portative dont on se sert d'une seule main. **Revolver,** mot emprunté à l'anglais, pistolet dont le mécanisme rotatif permet de tirer plusieurs coups sans interruption. **Browning** (du nom de l'inventeur), pistolet automatique à chargeur, et non à mécanisme rotatif. **Parabellum,** pistolet automatique auquel peut être adaptée une crosse pour l'épauler. *Pistolet* a de nombreux syn. argotiques dont les principaux sont **Feu, Pétard** et **Rigolo.**

Piston : → Appui.

Pitance : → Nourriture.

Piteux : → Pitoyable.

Pitié, qualité naturelle, inhérente à l'âme, qui peut être réfléchie, calme, agir suivant des principes, et qui nous porte à soulager les maux des autres ou à les leur épargner, sans forcément souffrir avec eux : *Son regard où il y avait de la moquerie et de la pitié* (Zola). **Compassion** et **Commisération** marquent plutôt des mouvements du cœur provoqués par des douleurs ou des misères qui touchent actuellement et auxquelles nous prenons part sans songer toujours à les soulager; *compassion,* sentiment douloureux et vif devant les souffrances d'autrui : *Céder à un mouvement de compassion* (Cam.); *commisération,* sentiment plus modéré devant les fautes, les disgrâces ou l'état misérable d'autrui : *La tragédie émeut la compassion, un plaidoyer, la commisération.* **Miséricorde,** dans le langage religieux, pitié de Dieu pour les hommes, ou pitié pour les pécheurs qu'inspire aux chrétiens la religion; par ext., dans le langage courant, pitié qui pousse à la clémence.

Piton : ¶ 1 → Sommet. ¶ 2 → Nez.

Pitoyable : ¶ 1 *Pitoyable,* propre à être pris en pitié, marque souvent de nos jours, devant ce qu'il qualifie, une sorte de gêne, voire de dégoût : *Te voilà en pitoyable état : l'horrible plaie!* (Fén.). **Piteux,** toujours fam. et souvent ironique de nos jours, enchérit et attire l'attention sur la chose qualifiée dont l'état est si mauvais qu'il doit absolument attirer la pitié, même s'il ne l'excite pas réellement chez quelqu'un : *Cordes vocales en piteux état* (M. D. G.). **Déplorable** et **Lamentable** enchérissent sur *pitoyable* et sont d'un style plus relevé : *déplorable* indique une qualification de la raison qui déteste ce qu'elle juge très regrettable : *Le déplorable état où je vous abandonne* (Corn.); *lamentable* suppose une qualification de la sensibilité manifestant une douleur éclatante, prolongée, et souvent générale à propos de malheurs publics : *Les calamités lamentables qui affligent la terre* (Volt.); c'est parfois un syn. ironique ou hyperbolique de *pitoyable.* **Triste,** toujours avant le nom, suppose, dans ce qu'on qualifie, quelque chose de piètre, de malheureux ou de mauvais qui excite la commisération, le regret, le dégoût, parfois la réprobation ou l'indignation : *Cet homme a fait une triste fin.* — **Désastreux** et **Catastrophique,** néol., qualifient objectivement ce qui peut être considéré comme un désastre (→ ce mot) ou une catastrophe, ce qui le rend tout à fait déplorable ou lamentable : *Mort désastreuse. Tremblement de terre catastrophique.* **Calamiteux,** qui abonde en calamités ou est une calamité, enchérit parfois sur *déplorable* : *Chiffres aussi calamiteux* (J. Rom.). **Moche,** pitoyable et vilain, est argotique. ¶ 2 → Misérable. Au sens de très médiocre, **Piteux, Déplorable, Lamentable, Triste** (et abusivement de nos jours **Désastreux** et **Catastrophique**) enchérissent sur *pitoyable* avec les mêmes nuances que plus haut. ¶ 3 *Pitoyable,* **Compatissant, Miséricordieux :** → Pitié.

Pitre : ¶ 1 → Clown. ¶ 2 → Plaisant.

Pitrerie : → Plaisanterie.

Pittoresque, employé comme n., qualité d'un style qui dépeint, fait voir par des images les formes, les couleurs des choses concrètes ou abonde en expressions particulièrement caractéristiques d'une manière de parler : *Le pittoresque de Bernardin de Saint-Pierre; le pittoresque du langage des servantes de Molière.* **Coloris** et **Couleur** (→ ce mot), en un sens plus large, impliquent un choix d'expressions vives, souvent concrètes, pour exprimer l'abstrait, qui ne dépeignent pas des objets précis, mais font impression sur l'esprit par leur saveur, leurs alliances, leurs contrastes, d'une façon analogue au coloris d'un tableau : *Le style de Montaigne a de la couleur.* **Couleur locale,** qualité des ouvrages qui reproduisent d'une manière exacte et pittoresque les caractères d'un pays ou d'un temps : *La couleur locale de* Notre-Dame de Paris *de V. Hugo.*

Pivot : ¶ 1 → Axe. ¶ 2 → Appui.

Pivoter : → Tourner.

Placage : → Mélange et Digression.

Placard : ¶ 1 → Feuille. ¶ 2 → Affiche. ¶ 3 → Libelle.

Place : ¶ 1 → Lieu. ¶ 2 → Emploi. ¶ 3 Espace découvert où aboutissent des rues. *Place,* terme général, implique que le lieu est plus ou moins entouré de bâtiments : *Place de la Nation.* **Rond-point,** place circulaire où aboutissent plusieurs allées ou avenues : *Rond-point des Champs-Élysées.* **Parvis,** place devant la grande porte d'une église, et spéc. d'une église cathédrale : *Le parvis de* Notre-Dame. **Esplanade,** vaste place découverte en avant du glacis d'une fortification, et par ext. d'un édifice : *Esplanade des Invalides.* **Square,** petite place où se trouve un petit jardin public appelé *square* : *Square Montholon.*

Place forte : → Forteresse.

Placer : ¶ 1 → Mettre. *Placer,* terme général, en parlant des personnes et des choses, mettre en un lieu déterminé, souvent par rapport à un certain arrangement, à un certain ordre : *Placer des convives. Placer un mot.* **Ranger** (→ ce mot) insiste beaucoup plus sur l'idée d'ordre : c'est donner ou redonner à une chose la place qui lui convient pour que tout soit en ordre, ou placer des personnes en lignes ou en rangs. **Installer,** placer d'une façon durable et commode des personnes en un lieu où elles doivent séjourner : *Installer sa femme dans le wagon-lit* (CAM.); ou des choses dans un certain arrangement : *Installer sa bibliothèque dans un coin de la pièce.* **Établir,** installer à demeure, en parlant d'édifices qu'on élève, de personnes qui se fixent en certains lieux : *Établir un camp sous les murs d'une ville; une colonie en un lieu.* **Loger,** donner le couvert à quelqu'un dans un logis; par analogie, placer une chose dans une autre, en l'y faisant pénétrer : *L'assassin lui a logé une balle dans la tête.* **Caser,** placer dans une case, par ext., fam., placer quelqu'un tant bien que mal dans tel ou tel lieu : *Caser un ami dans un train bondé.*

Nicher, placer en quelque endroit, ne se dit que par plaisanterie : *Où la vertu va-t-elle se nicher?* (ACAD.). — **Situer,** surtout au part. passif, placer un édifice, une ville, en exposition, en un certain endroit par rapport à l'exposition, à l'aspect, au voisinage : *On a bien situé ce pavillon* (ACAD.); au fig., assigner une place en imagination, en esprit : *Situer un événement à sa date exacte.* ¶ 2 Procurer un emploi. *Placer* se dit de celui qui occupe un poste quelconque, et fait toujours penser qu'il reçoit une rétribution : [Les savants] *que leur mérite n'a ni placés ni enrichis* (L. B.). **Établir** insiste sur la condition durable qu'on donne à quelqu'un en le mettant dans un emploi avantageux, dans un état stable qui peut être indépendant (ce que n'implique pas *placer*) : *Il a établi sa famille* (SÉV.). *Établir son fils commerçant.* **Instituer,** rare, établir en charge, en fonction : *Instituer un juge, un notaire.* **Installer** (→ ce mot), mettre solennellement quelqu'un en possession d'une place : *Installer le président d'un tribunal.* **Pourvoir,** établir par un mariage, un emploi, une charge, insiste sur la précaution pour l'avenir qu'est cet établissement : *Ce n'est point assez de nourrir* [les enfants], *il faut les pourvoir* (BOUR.). **Caser,** plus fam., ne pas laisser sans place : *Caser sa famille* (J. ROM.); *un député dans un conseil d'administration* (J. ROM.). ¶ 3 Mettre de l'argent dans une affaire. *Placer* de l'argent, le prêter à intérêt, l'employer de façon qu'il rapporte profit, se dit dans tous les cas. **Investir,** terme de finance, placer des fonds dans une affaire, ne se dit que de gros capitaux. ¶ 4 → Vendre.

Placet : → Requête.

Placide : → Tranquille.

Placier : → Représentant.

Plafond, surface plane et horizontale qui forme, dans une construction, la partie supérieure d'un lieu couvert, et plus spéc., surface qui forme le haut d'une salle, d'une pièce. **Plancher,** ouvrage de charpente qui sépare deux étages d'un appartement, syn. rare de *plafond,* surtout lorsque celui-ci est uniquement constitué par le dessous du plancher supérieur. **Soffite,** terme d'architecture, dessous de plancher orné de compartiments, de caissons, de rosaces.

Plage : ¶ 1 → Bord. ¶ 2 → Pays.

Plagiaire : → Imitateur.

Plagiat : → Imitation.

Plagier : → Imiter.

Plaideur marque le fait, et par ext. l'habitude, le goût d'être en procès. **Partie,** terme de droit, chaque plaideur par opposition à son adversaire, ou par rapport à son avocat.

Plaidoirie, Plaidoyer : → Défense.

Plaie : ¶ 1 → Blessure. ¶ 2 → Maladie.

Plaignant : → Accusateur.

Plain : → Égal.

Plaindre : ¶ 1 Témoigner un sentiment de chagrin pour les maux d'autrui. *Plaindre* implique un simple témoignage, ou une représentation intellectuelle, sans qu'on soit forcément ému ni disposé à secourir : *Plaindre, c'est déjà comprendre* (V. H.). **Compatir** ajoute l'idée qu'on partage soi-même la souffrance d'autrui : *J'entre dans vos peines et j'y compatis* (Bos.). **S'apitoyer sur** diffère de *compatir* comme *pitié* (→ ce mot) de *compassion* et marque souvent le désir de soulager les souffrances d'autrui. **S'attendrir** suppose que le cœur devient sensible non seulement à la pitié, mais aussi à d'autres sentiments, indulgence, tendresse, etc., *s'attendrir sur* marquant surtout qu'on est sensible à la souffrance d'autrui, *s'attendrir pour* précisant plutôt qu'on veut y porter remède. ¶ 2 → Regretter. ¶ 3 (Réf.) → Gémir. ¶ 4 (Réf.) → Inculper.

Plainte : ¶ 1 → Gémissement. ¶ 2 → Reproche.

Plainte (porter) : → Inculper.

Plaire : ¶ 1 *Plaire*, terme général, en parlant des personnes et des choses, donner du plaisir par ses qualités : *Habile à séduire et habituée à plaire* (Gi.). **Agréer**, être au gré de quelqu'un, lui paraître bon, n'implique pas forcément l'idée de plaisir : *Il n'y a qu'à suivre l'avis qui agrée le plus* (Pasc.). **Satisfaire**, sans idée de plaisir, répondre à l'attente, aux souhaits de quelqu'un : *Satisfaire les délicats* (L. F.). **Convenir**, répondre aux besoins de quelqu'un ou correspondre à sa manière de voir, ou à son caractère : *Vous m'avez témoigné plus d'une fois que mon humeur vous convenait* (Les.). **Revenir (à)**, fam., a plutôt rapport à l'humeur qu'au jugement : c'est plaire par je ne sais quoi d'agréable qui frappe d'abord, à première vue, sans qu'on sache très bien pourquoi : *Je le reçois d'autant plus volontiers que sa physionomie me revient* (Les.). **Sourire**, en parlant des choses seulement, présenter un aspect séduisant, tentateur : *Cette affaire lui sourit beaucoup*. **Aller**, fam., *convenir*, a rapport surtout à l'utilité qu'on peut tirer d'une chose : *Cet arrangement vous va-t-il?* **Dire**, fam., marque l'intérêt qu'une chose a pour quelqu'un : *Cela ne me dit rien*. **Chanter**, fam., *plaire*, *sourire*, marque souvent un caprice, une fantaisie : *Allez voir cette pièce si cela vous chante*. **Botter**, syn. très fam. de *convenir*. — **Flatter**, avec pour sujet un n.

de chose, donner un vif plaisir à quelqu'un soit en caressant ses sens agréablement, soit en procurant une pleine satisfaction aux désirs que lui inspirent ses sentiments : *L'amour avidement croit tout ce qui le flatte* (Rac.). — **Complaire**, avec pour sujet un n. de personne seulement, suppose de l'empressement pour plaire, parfois par devoir; de plus, même si on cherche à *plaire*, c'est par soi-même, en rendant ses propres qualités agréables, alors qu'on tâche de *complaire* en flattant les caprices, les goûts, les désirs de celui de qui on veut être bien vu : *Moins vous l'aimez et plus tâchez de lui complaire* (Rac.). **Charmer** (→ ce mot) enchérit sur *plaire*. **Gagner** (→ ce mot) ajoute à *plaire* l'idée qu'on se rend quelqu'un favorable. **Intéresser** (→ ce mot), plaire à la curiosité. ¶ 2 (Réf.) → Goûter. *Se plaire* à une chose, c'est l'aimer, y avoir goût : *Se plaire à des incongruités* (Gi.). **Se complaire** à une chose, c'est l'aimer à l'excès, la savourer avec insistance et obstination : *L'épaisseur de mensonge où peut se complaire un dévot* (Gi.). ¶ 3 *Ce qui vous plaît*, ce qui vous donne du plaisir. *Ce qu'il vous plaît*, ce que vous voudrez. Cette distinction notée par Littré n'est pas toujours suivie.

Plaisant : Adj. ¶ 1 → Gracieux. ¶ 2 → Risible. ¶ 3 → Comique. Avec une nuance favorable, *Plaisant*, en parlant des personnes et des choses, qui donne de la gaieté par son badinage, ses inventions drôles, son ironie, son humour. **Spirituel** (→ ce mot), en parlant des personnes, de leurs discours et de leurs écrits, plaisant par son art de saisir les rapports subtils, inattendus entre les choses, ou de faire des mots d'esprit. **Piquant**, s'il s'applique à une chose qui fait rire, ajoute à *plaisant* l'idée de quelque chose de fin, de vif, qui excite l'esprit. **Amusant**, terme vague, se dit des personnes et des choses qui chassent l'ennui, souvent par des bagatelles, n'implique pas comme *plaisant* une gaieté souvent provoquée artistiquement; mais tend de plus en plus à remplacer *plaisant*, avec toutefois un sens moins fort. ¶ 4 N. *Plaisant* implique le désir de faire rire par ses actions, ses propos, sans forcément avoir en soi une gaieté naturelle qu'on communique, ce qui distingue le mot de **Badin, Boute-en-train, Bon vivant** (→ Gai). *Plaisant* est assez rare de nos jours employé absolument en un sens favorable; on dit plutôt **Bon plaisant; Faux plaisant** se disant de celui qui fait rire par des plaisanteries outrées ou sans sel et **Mauvais plaisant**, de celui qui est plutôt fâcheux par des railleries et surtout des attrapes : *Un faux plaisant... Amusant le Pont-Neuf de ses sornettes fades* (Boil.). *L'on marche sur les mauvais plaisants et* il pleut par tout pays de cette sorte d'insectes; un bon plaisant est une pièce rare (L. B.). **Pince-sans-rire**, celui qui raillé ou plaisante en restant froid et insensible. **Plaisantin**, péj., autrefois bouffon de parade; de nos jours, celui qui tourne tout en plaisanterie ou fait, à propos de tout, des plaisanteries d'un goût douteux : Plaisantin, parfois même égrillard (Gi.). **Loustic**, fam., autrefois bouffon attaché aux compagnies suisses, pour faire rire les soldats; de nos jours, celui qui fait des plaisanteries faciles et incessantes, soit à la caserne, soit dans un groupe quelconque (→ Gaillard). En un sens très défavorable, **Pitre**, fig., celui qui fait des grimaces, des plaisanteries grossières, dignes d'un farceur de foire (→ Clown); **Polichinelle** (avec un p minuscule), ridicule bouffon de société sans consistance, sans valeur; **Pasquin** (avec une majuscule), méchant diseur de bons mots, satirique plaisant; **Saltimbanque**, fig., bouffon de société ou mauvais orateur qui débite avec des gestes outrés des plaisanteries déplacées. **Rigolo**, plaisant, en un sens favorable, est pop. **Bouffon** diffère de plaisant comme bouffonnerie de plaisanterie (→ ce mot) et a pour syn. péj. **Turlupin, Baladin, Histrion** qui en diffèrent au prop. (→ Bouffon). **Farceur**, sans nuance spéc. défavorable, de nos jours celui qui joue des tours plaisants aux gens ou raconte de grosses histoires bouffonnes sans tomber toutefois dans la grossièreté. **Fumiste**, fig. et fam., et plus péj., mauvais plaisant qui fait de grosses attrapes ou raconte des histoires fausses. **Blagueur**, fam., celui qui raille ou plaisante en faisant croire des contes en l'air.

Plaisanter : → Railler. Ne pas parler ou ne pas agir sérieusement. Plaisanter, **Badiner, Blaguer** (→ Plaisanterie) marquent l'intention d'amuser. **Rire** s'emploie plutôt à la négative : Je ne ris pas; ou dans la loc. pour rire, et marque plus nettement l'intention de ne donner aucun sens réel et sérieux à ses actions ou à ses propos quels qu'ils soient : On dit un bon mot pour plaisanter et les enfants jouent à la guerre pour rire.

Plaisanterie : ¶ 1 Jeu de l'esprit et propos pleins de sel cherchant à faire rire et non à attaquer quelqu'un (alors que la **Raillerie** (→ ce mot) est toujours une plaisanterie satirique aux dépens de quelqu'un). Plaisanterie, toute chose faite ou dite pour amuser : Contraste et ressemblance, voilà les sources de la bonne plaisanterie et c'est par là que la parodie est ingénieuse et piquante (Marm.). **Badinage**, plaisanterie légère, surtout en propos, qui suppose chez son auteur une gaieté gracieuse, malicieuse, assez fantaisiste, sou-

vent finement artistique : Imitez de Marot l'élégant badinage (Boil.). **Bon mot** et **Mot pour rire** (→ Mot d'esprit), plaisanterie de mots présentée sous une forme ingénieuse et spirituelle. **Facétie**, plaisanterie très comique et parfois un peu grosse ou inconvenante : Facéties déplacées (S.-S.). **Blague**, fam., lorsque ce mot n'est pas syn. d'attrape (→ ce mot), plaisanterie qui consiste à raconter des histoires fausses, exagérées, ou à envisager les choses avec scepticisme et ironie : Dire des blagues. Prendre tout à la blague. **Galéjade**, mot provençal, facétie faite pour mystifier, ou histoire exagérée, invraisemblable, dite avec bonhomie. **Bouffonnerie**, facétie non seulement poussée trop loin, mais encore grotesque, grossière. **Pitrerie**, bouffonnerie consistant en grimaces, en gestes, en équivoques dignes d'un plaisant de foire. **Quolibet**, plaisanterie, bouffonnerie de mots vulgaire, injurieuse et insipide, qui est souvent une raillerie : Bafoué de quolibets (Pég.). **Lazzi**, mot italien qui désignait collectivement les actions des bouffons dans les anciennes comédies italiennes, de nos jours, quolibets violents et insolents pour quelqu'un : La foule poursuit un mauvais acteur de ses lazzi. **Gaudriole** ajoute à facétie l'idée de propos un peu libres. **Joyeuseté**, fam., facétie, mot pour rire, ne se dit guère plus que de plaisanteries plutôt vieillottes, gauloises. — **Boutade**, plaisanterie de mots qui a la forme d'une saillie parfois assez mordante et amère, dirigée contre les personnes ou les choses, ce qui en fait déjà une raillerie : Une boutade digne de Juvénal (Balz.). **Malice, Gentillesse, Pièce** et **Tour** (→ ce mot), qui renchérissent, impliquent une petite méchanceté faite par plaisanterie et se rapprochent de moquerie (→ Raillerie) : Le roi se permettait rarement des malices (S.-S.). **Espièglerie**, surtout en parlant d'un enfant, dit moins et n'implique aucune méchanceté : Les espiègleries innocentes des jeunes demoiselles (A. Fr.). **Niche**, fam., comporte aussi l'idée d'enfantillage, mais avec plus de méchanceté ou de mesquinerie : Il s'agissait de faire une niche au bancal (A. Daud.). Plaisanterie qui consiste dans un petit scénario monté pour tromper quelqu'un : → Attrape. ¶ 2 → Bagatelle.

Plaisantin : ¶ 1 → Plaisant. ¶ 2 Celui en qui l'on ne peut avoir aucune confiance (sans qu'il soit nul, comme le pantin : → ce mot). Plaisantin, fam., celui qui ne prend rien au sérieux. **Farceur** est péj., celui qui cherche à en faire accroire. **Fumiste**, très fam. et moins péj., celui sur qui l'on ne peut compter, qui ne parle jamais sérieusement, même s'il n'a pas l'intention de tromper.

Plaisir : ¶ 1 *Plaisir*, impression physique ou morale agréable, indique une sensation particulière, n'affectant pas l'âme dans son entier. **Agrément,** plaisir considéré objectivement non dans l'esprit qui le sent, mais dans l'objet qui le cause, évoque, de plus, une chose plus solide qu'intense, plus propre à procurer le bien-être ou à être trouvée bonne par l'esprit qu'à affecter la partie sensible de notre être : *L'agrément de cette liqueur, plaisir nouveau pour eux* (Roll.). *Les plaisirs de l'hymen* (L. F.). *L'agrément et la politesse de son langage* (L. B.). **Délices,** surtout au pl., grands plaisirs d'une suavité extrême qui, lorsqu'ils sont sensuels, sont parfois de nature à amollir : *Les délices de Capoue.* **Régal,** plaisir de la table ; fig. et fam., plaisir moral et surtout intellectuel qu'on savoure comme un gourmet : *Cette lecture, ce spectacle a été pour moi un régal.* **Volupté,** qui désigne le plaisir personnifié, plaisir de choix, recherché, exquis, surtout de l'amour ou de la table ; ou, au moral, plaisir exclusif, envahissant, qui vient de la satisfaction d'une passion : *La volupté de l'étude.* **Sensualité,** au sing. goût des plaisirs des sens, n'est syn. de *plaisir* qu'au pl., pour désigner les plaisirs des sens goûtés sans recherche, ni choix, ni raffinement. **Jouissance** implique qu'on savoure longuement, intérieurement, avec calme et lenteur, un plaisir actuel, intellectuel, moral ou sensuel, qui pénètre toute l'âme : *La soif d'en jouir, née devant chaque volupté, en précédait la jouissance* (Gi.). **Délectation,** terme de théologie, plaisir, goût qu'on prend à faire quelque chose, ajoute à *jouissance,* dans le langage courant, l'idée d'une activité de l'esprit pour augmenter sa jouissance. **Complaisance** suppose un plaisir insistant, obstiné, qu'on se donne souvent à faire quelque chose ou à considérer une personne favorablement, avec satisfaction : *Jupiter le regarda avec complaisance* (Fén.). **Plaisance** n'est plus usité que dans la loc. *de plaisance,* qui sert au plaisir, en parlant des choses : *Maison de plaisance.* — **Joie** dit beaucoup plus que *plaisir* et suppose, à propos d'un bien moral qu'on goûte ou qu'on espère, d'un tour agréable que prennent nos pensées, une vive jouissance qui gagne toute l'âme, lui donne chaleur et lumière, peut être poussée jusqu'à l'ivresse, et parfois vivement extériorisée, tout en demeurant souvent courte et passagère : *Une immense joie dilatait son cœur* (Gi.). **Contentement** marque un état intérieur beaucoup plus calme où l'on est avant tout exempt d'inquiétude pour l'avenir et l'on goûte une jouissance pleine et paisible sans rien désirer de plus : *Un contentement extraordinaire le soulevait, une*

tranquillité parfaite et presque enivrante, la certitude que son but était atteint et qu'il n'y avait plus maintenant que du bonheur à espérer (A. Four.). **Bonheur** (→ ce mot) dit plus : c'est l'état moral qui résulte de la satisfaction en degré et en durée de toutes nos inclinations, avec toutefois l'idée d'une passivité, d'une paix tranquille et durable qui s'oppose à l'ivresse de la joie, plus passagère, mais plus exaltante. **Aise** (→ ce mot) marque simplement l'état agréable du corps ou de l'esprit dans une situation qui délivre de toute gêne ou qu'on juge favorable, avec quelque chose de plus extérieur, de plus vif, mais de moins profond que le *contentement* : *Tressaillir d'aise.* ¶ 2 Choses auxquelles on se livre pour son agrément et pour son bien-être. *Plaisir* et *Jeu,* absolus, désignent la chose en elle-même ; *plaisir,* beaucoup plus général, toute activité agréable ; *jeu,* plaisir qui suppose un exercice léger du corps ou de l'esprit, sans rien de sérieux ni de difficile, tel que celui des enfants, mais souvent soumis à certaines règles : *La contrainte fait partie du plaisir comme dans tous les jeux* (J. Rom.). **Passe-temps** et **Divertissement** (→ ce mot) ont rapport à l'usage qu'un sujet fait des plaisirs, des jeux ou d'autres activités pour éviter de s'ennuyer, *passe-temps* se disant de tout moyen de tuer le temps, agréable ou non, sérieux ou badin : *L, passe-temps de se tuer* (Volt.) ; *divertissement,* d'un passe-temps agréable qui occupe l'esprit. ¶ 3 → Service.

Plaisir à (prendre) : → Aimer.

Plan : ¶ 1 Adj. → Égal. — N. ¶ 2 → Surface. ¶ 3 Dessin d'un objet, d'un bâtiment qu'on veut réaliser. Le *Plan* représente les différentes parties de la chose, dans leur position et leur proportion relatives, considérées comme coupées horizontalement ; **Coupe** se dit des mêmes parties qu'on représente comme coupées verticalement dans le sens de la longueur ou de la largeur. (*Lever un plan,* c'est prendre le plan d'un objet qu'on a devant soi. *Faire un plan,* c'est le composer après coup suivant des mesures qu'on a recueillies sur place, ou l'inventer avant que l'objet existe.) **Projet,** en termes d'architecture, ensemble des plans, coupes et élévations d'un édifice à construire. **Maquette,** réalisation en petit de l'ouvrage à construire. ¶ 4 → Dessein. *Plan,* conception assez détaillée et précise de ce qu'on doit faire pour réaliser un vaste dessein et de l'ordre dans lequel on doit le faire. **Calcul** ajoute l'idée qu'on tient compte d'un certain nombre d'événements possibles qui pourront favoriser ou gêner un plan : *Un pays ambitieux a un plan pour imposer sa tyrannie et il entre dans ses* *calculs que la faiblesse des voisins pourra l'aider.* **Combinaison** ajoute l'idée de mesures concertées, prises dans la réalité ou en esprit, pour assurer le succès d'un plan : *Toutes les combinaisons que ce plan exige demandent beaucoup de temps* (VOLT.). ¶ 5 → Disposition.

Planche : ¶ 1 Morceau de bois plat, mince et long. *Planche,* terme générique, se dit aussi au fig. **Ais,** vx, ne se dit qu'au prop. de petites planches qui ont une destination technique particulière, d'une mauvaise planche, ou d'un débris de planche : *Un vieil infortiat... Dont quatre ais mal unis formaient la couverture* (BOIL.). **Douve,** planche qui entre dans la construction d'un tonneau ou de quelque autre ouvrage de tonnellerie. ¶ 2 → Image. ¶ 3 → Parterre. ¶ 4 *Planches* : → Théâtre.

Plancher : ¶ 1 La partie d'une pièce sur laquelle on marche. *Plancher,* terme de construction, ouvrage de charpente fait d'un assemblage de solives, recouvert en général de planches, formant plateforme sur l'aire d'un rez-de-chaussée, ou séparant deux étages d'un bâtiment. **Parquet,** terme de menuiserie, assemblage à compartiments, fait de pièces de bois minces clouées sur des lambourdes et formant la partie supérieure du plancher d'une pièce. *Plancher* se dit dans tous les cas où l'on veut évoquer ce sur quoi l'on marche, ce qui résiste au poids, au prop. et au fig., indépendamment de la matière dont c'est fait : *Un plancher s'écroule. Parquet* évoque toujours des pièces de bois bien ajustées, par rapport à leur qualité, à leur brillant, etc. : *Glisser sur le parquet.* ¶ 2 → Plafond. ¶ 3 *Débarrasser le plancher* : → Partir.

Planer : ¶ 1 → Voler. ¶ 2 *Planer sur* : → Voir.

Planète : → Astre.

Planisphère : → Carte.

Plant : ¶ 1 → Tige. ¶ 2 → Plantation.

Plantation : ¶ 1 Action de fixer un végétal au sol. Dans le langage agricole, *Plantation* ne s'applique qu'aux plantes ligneuses, **Repiquage,** aux végétaux herbacés dont on replante le semis. ¶ 2 *Plantation,* une certaine quantité d'arbres, gros ou petits, plantés en un endroit. **Plant** ne se dit que de jeunes arbres ou de plantes.

Plante : Tout ce qui vit fixé au sol par des racines. *Plante,* terme commun, fait penser au lieu où pousse la chose, à sa semence, aux services qu'elle rend, etc. **Végétal,** terme scientifique, fait plutôt penser à l'organisation chimique, à la vie interne de la plante. De plus *plante* se dit spéc. des végétaux qui ne poussent

point de bois : *Les plantes sont des végétaux disséminés sur la surface de la terre pour la vêtir et la parer* (J.-J. R.). *Plantes grasses.*

Planter : ¶ 1 → Fixer. ¶ 2 → Enfoncer. ¶ 3 → Élever. ¶ 4 *Planter là* : → Quitter.

Plantureusement : → Beaucoup.

Plantureux : ¶ 1 → Abondant. ¶ 2 → Gras.

Plaque : ¶ 1 → Lame. ¶ 2 → Inscription.

Plaquer : ¶ 1 → Appliquer. ¶ 2 → Quitter.

Plaquette : → Livre.

Plastique : → Sculptural.

Plastronner : → Poser.

Plastronneur : → Orgueilleux.

Plat : ¶ 1 N. → Mets. — Adj. ¶ 2 → Égal. ¶ 3 → Fade. ¶ 4 → Servile. ¶ 5 *Faire du plat* : → Caresser.

Plateau : → Théâtre.

Plate-bande : → Parterre.

Plate-forme : Au fig. → Programme.

Platitude : ¶ 1 → Bassesse. ¶ 2 Défaut des ouvrages de l'esprit qui les rend peu intéressants. *Platitude,* manque d'élégance, d'élévation, de vivacité, dans le fond comme dans la forme, qui tend vers la fadeur (→ Fade). **Pauvreté,** insuffisance, insignifiance des idées qui rendent l'œuvre commune ou mauvaise et tendent vers la banalité (→ Lieu commun).

Platonicien, de l'école de Platon ou qui s'y rapporte : *Un philosophe platonicien.* **Platonique,** d'un type créé par Platon, c'est-à-dire essentiellement idéal : *Idées platoniques en amour* (BALZ.).

Platonique : → Pur et Platonicien.

Plâtras : → Décombres.

Plâtrer : ¶ 1 → Déguiser. ¶ 2 (Réf.) → (se) Farder.

Plausibilité : → Apparence.

Plausible : → Apparent.

Plèbe : → Populace.

Plébiscite : → Vote.

Pléiade : → Groupe.

Plein : ¶ 1 Qui contient tout ce qu'il peut contenir ou qui contient en quantité. *Plein,* adj., marque uniquement la qualité de la chose considérée en elle-même, **Rempli,** participe, le résultat d'une action subie, par rapport à son auteur, ou accidentelle : *Un livre plein de bon sens* (SÉV.) *a de la valeur; un livre rempli d'erreurs et de calomnies* (PASC.) *est l'œuvre d'un malhonnête homme.* **Comble,** rempli presque par-dessus les bords, en parlant des mesures de choses sèches comme blé, seigle, farine. ¶ 2 En parlant d'un lieu, surtout d'une salle, entièrement rempli de personnes, **Comble** enchérit sur *Plein*. **Bondé**, fig., renchérit et implique que les gens sont tassés, que le lieu, salle ou véhicule, regorge de monde. **Complet** suppose seulement que toutes les places prévues sont occupées. ¶ 3 → Abondant. Très abondant en quoi que ce soit. *Plein* et **Rempli** diffèrent comme plus haut. **Couvert** évoque l'image de ce qui s'étend sur une surface plane au point de la cacher : *Table couverte de plats*. **Chargé** enchérit et suppose parfois un excès : *Épreuve chargée de corrections*. ¶ 4 Au fig. *Plein* marque l'intensité, dans un être ou une chose, d'une qualité quelconque : *Regard plein de douceur*. **Débordant**, fam., enchérit et suppose souvent la manifestation d'un sentiment : *Débordant d'enthousiasme*. **Empreint**, syn. de *plein*, dit plutôt moins et indique un caractère très marqué : *Réponse empreinte de scepticisme* (A. FR.). *Regard empreint de douceur* (M. D. G.). ¶ 5 Au fig. *Plein* annonce qu'on est obsédé d'une chose. **Rempli** indique une influence subie et suppose qu'on a été touché, frappé : *Le cœur encore plein de Laura* (GI.). *Remplis de la mort de J.-C. qui vient de nous être remise devant les yeux* (Bos.). **Pénétré** (→ ce mot) suppose une impression plus durable et plus profonde que *rempli*. ¶ 6 → Entier. ¶ 7 → Gras. ¶ 8 → Riche. ¶ 9 → Ivre.

Pleinement : → Absolument.

Plénier : → Entier.

Plénitude : → Satisfaction.

Pléonasme, terme de rhétorique, figure de grammaire qui consiste à répéter un rapport grammatical ou une idée pour donner plus de force à l'expression : Ex. *Et que m'a fait à moi cette Troie où je cours?* (RAC.) ; désigne aussi cette répétition faite par maladresse. **Battologie** (discours à la manière de Battos, roi de Cyrène bègue) suppose uniquement qu'on répète sans utilité le même mot, le même membre de phrase : Ex. « *L'hellénisme de Racine dans les œuvres de Racine* ». **Tautologie** (en grec, « le fait de dire la même chose »), répétition de la même idée en termes différents qui ont l'air de l'expliquer, mais ne font que dire exactement la même chose : Ex. *Expliquer qu'un homme est misanthrope parce qu'il hait les hommes est une tautologie*. **Datisme**, répétition oiseuse de synonymes. **Redondance**, plus général, tout excès dans l'abondance et les ornements du style : *L'homme né de la femme... cette circonstance « né de la femme » est une redondance merveilleuse* (CHAT.). — **Cheville**, toute expression qui, inutile à la pensée, ne sert qu'à tenir une place dans la phrase, et surtout dans le vers pour faire la mesure : *Cheville! redondance inutile* (J.-J. R.).

Pléthore : ¶ 1 → Réplétion. ¶ 2 → Abondance.

Pleurant, qui pleure actuellement : *Des valets tristes et pleurants* (VOLT.). **Pleureur**, qui a l'habitude de pleurer ou qui pleure facilement : *Le comique pleureur* (VOLT.). **Pleurard**, péj., qui pleure souvent, par affectation, pour se faire plaindre sans sujet : *Les pleurards à nacelles* (MUS.).

Pleurer : ¶ 1 Répandre des larmes. *Pleurer* peut s'employer dans tous les cas, quelle que soit la cause, physique ou morale, des larmes. **Larmoyer**, avoir des larmes aux yeux d'une façon continue; péj. étaler ses larmes pour se faire plaindre, ou parler avec des larmes dans la voix; ou syn. burlesque de *pleurer* : *Peu s'en faut que je ne larmoie* (SCAR.). **Pleurnicher**, fam. et péj., affecter de pleurer en gémissant ou essayer de le faire, comme un enfant qui veut qu'on lui cède. **Chigner**, syn. fam. et rare de *pleurnicher*. **Sangloter**, pousser des sortes de soupirs, de gémissements redoublés, entrecoupés, n'implique pas au prop. qu'on verse des larmes, mais se dit souvent comme syn. de *pleurer* et ajoute alors l'idée que les larmes s'accompagnent de hoquets convulsifs et bruyants. **Chialer**, syn. argotique de *pleurer*. ¶ 2 → Regretter.

Pleurs : → Larmes.

Pleutre : → Lâche.

Pleuvoir : → Tomber.

Pli : ¶ 1 Mise en double d'une étoffe, d'un linge, d'un papier, en rabattant une partie contre une autre. **Repli** enchérit sur *pli* et désigne un pli double; même nuance au fig. au sens de *recoin* (→ ce mot). ¶ 2 En termes de couture, sinuosité que présente une étoffe. Le *Pli* est naturel ou artificiel. **Faux pli**, pli fait à un endroit d'une étoffe où il ne devrait pas y en avoir. **Godron**, pli rond et tuyauté. **Fronce**, pli menu et serré. **Pince**, pli fait à l'étoffe et qui se termine en pointe. — **Godet**, faux pli fait par un vêtement mal taillé, ou ondulation d'un tissu taillé en biais, plus large à la partie inférieure qu'à la partie supérieure. **Poches**, faux plis très apparents, comme des espèces de sacs, que forment des vêtements très mal taillés. ¶ 3 Sinuosité de terrain. *Pli*, la sinuosité elle-même, considérée géologiquement comme formant une couche courbée de telle ou telle façon, ou géographiquement comme formant un accident de terrain : *Se cacher dans un pli de terrain*. **Plissement**, terme de géologie, le phénomène lui-même, considéré comme le résultat d'une contraction de l'**écorce**

terrestre et caractérisé par la forme de ses plis. ¶ 4 → Lettre. ¶ 5 → Habitude.

Pliable : → Flexible et Pliant.

Pliant, au prop. et au fig., facile à plier : *Substance pliante et molle* (B. S.-P.). **Pliable,** qui peut être plié : *La raison est pliable à tous sens* (PASC.).

Plier : ¶ 1 → Fléchir. ¶ 2 → Reculer. ¶ 3 (Réf.) → Céder.

Plissé : ¶ 1 *Plissé* se dit spéc. des étoffes qui présentent des plis faits avec art (quand il s'agit de faux plis, on dit *froissé, fripé :* → Friper) et, par ext., en termes de botanique, des feuilles. **Froncé** en diffère comme les n. correspondants (→ Pli). **Grippé** ne se dit que d'une étoffe qui a le défaut de froncer naturellement. **Fraisé,** plissé à godrons. **Grimaçant** se dit des étoffes qui font de mauvais plis ou en botanique de ce qui offre des plis irréguliers. ¶ 2 En parlant de la peau, *Plissé* indique des plis durables ou passagers sans en préciser la raison. **Froncé** ne se dit que des sourcils plissés en contractant; **Grippé,** terme de médecine, d'un facies où les traits semblent resserrés, contractés sur eux-mêmes. **Parcheminé** indique une peau sèche et jaune avec des plis minuscules comme le parchemin. **Ridé** suppose, sur le visage ou les mains, des plis marqués, ordinairement dus à l'âge; **Raviné,** des sillons profonds et tourmentés, seulement en parlant du visage.

Plissement : ¶ 1 → Pli. ¶ 2 *Plissement,* action de plisser. **Plissure,** art de plisser ou son résultat, ne se dit guère qu'en blanchisserie.

Plomb (à) : → Verticalement.

Plombé : → Pâle.

Plongeon : → Salut.

Plonger : ¶ 1 Faire entrer un corps dans un liquide. *Plonger,* terme commun; **Immerger,** terme didactique, plonger entièrement. ¶ 2 → Enfoncer. ¶ 3 → Mettre. ¶ 4 (Réf.) → (s') Absorber.

Ploutocrate : → Riche.

Ploutocratie : → Oligarchie.

Ployer : → Fléchir.

Pluie : ¶ 1 *Pluie,* eau qui, produite par la condensation des nuages, tombe en gouttes sur la terre. **Eau,** syn. fam. de *pluie.* **Bruine,** petite pluie très fine, résultant de la condensation du brouillard, ordinairement assez froide, et tombant lentement, à gouttes rares à peine visibles. **Crachin,** dans l'ouest de la France, petite pluie continue, fine et pénétrante. **Giboulée,** pluie soudaine, de peu de durée, quelquefois mêlée de grêle, fréquente en mars. **Grain,** pluie soudaine, de peu de durée, accompagnée de bourrasque. **Ondée,** grosse pluie subite et de peu de durée. **Averse,** grosse ondée qui parfois dure quelque peu ou se répète. **Déluge,** pluie violente, persistante, qui noie tout. **Abat,** forte pluie, **Nielle,** syn. de *bruine,* sont vx. **Flotte,** *pluie,* et **Saucée,** *averse,* sont pop. ¶ 2 Au fig. → Abondance. *Pluie* se dit de choses bonnes ou mauvaises qui semblent tomber en grande quantité : *Pluie d'or; de nouvelles;* **Grêle,** de choses pénibles, blessantes qui se succèdent rapidement : *Grêle de coups; d'épigrammes.*

Plume : ¶ 1 Tuyau corné, garni de barbes et de duvet qui couvre le corps des oiseaux. *Plumes,* terme courant, peut avoir un sens partitif ou incomplet : *Un oiseau perd ses plumes.* **Plumage,** ensemble complet des plumes, surtout rapport à l'effet esthétique : *Qui fait l'oiseau? C'est le plumage* (L. F.). **Penne,** grande plume des ailes et de la queue des oiseaux, ou, en termes de fauconnerie, grosse plume des oiseaux de proie qui muent chaque année. **Pennage,** l'ensemble des pennes. ¶ 2 → Écriture. ¶ 3 → Écrivain. ¶ 4 → Style. ¶ 5 → Cheveux.

Plumer : → Dépouiller.

Plumet, plume d'autruche préparée et mise autour d'un chapeau, par ext. bou quet de plumes ornant une coiffure surtout militaire. **Panache,** faisceau de plumes qui, liées par le bas et voltigeant par le haut, forment un grand bouquet. **Aigrette,** faisceau de plumes effilées et droites ornant la tête de quelques oiseaux comme le paon; par image, bouquet de plumes dont on se sert comme ornement de tête ou pour rehausser une coiffure.

Plumitif : ¶ 1 → Employé. ¶ 2 → Écrivain.

Plupart (la), Pluralité : → Majorité.

Plus : ¶ 1 Adverbe comparatif marquant une supériorité. *Plus* établit directement, explicitement, une comparaison et s'emploie souvent avec *que* annonçant un second terme, **Davantage** s'emploie absolument et ne fait que donner l'idée d'une comparaison implicite qu'il abrège, qu'il clôt, qu'il renverse ou qu'il rappelle : *L'aîné est plus riche que le cadet : le cadet est riche, mais l'aîné l'est davantage* (L.). Si *plus* s'emploie absolument, c'est plutôt pour exprimer avec précision une supériorité d'espèce appréciable ou une mesure fixée, *davantage,* vague, indiquant une supériorité indéterminée par sa nature ou de fait : *A mesure que tu as plus, tu désires davantage* (L. H.). ¶ 2 *Plus* a rapport à la quantité, **Mieux** à la qualité : d'où la distinction entre *aimer plus* et *aimer mieux, aimer plus* marquant une préférence de goût qui fait que de deux choses qu'on aime on a plus d'affection pour l'une que pour l'autre, *aimer mieux* marquant une option de la raison qui consiste à prendre une chose et à rejeter l'autre : *J'aimais l'auteur de cet article; mais j'aime encore plus la vérité* (Volt.). *Les peuples belliqueux aiment mieux la mort que la paix* (Pasc.).

Plus (de) : Locution servant à marquer l'addition d'une nouvelle raison à ce qu'on a déjà dit. Avec simplement l'idée qu'on ajoute quelque chose, *De plus*, sans aucune idée accessoire, ne sert qu'à multiplier les détails; **D'ailleurs** annonce quelque chose d'une espèce différente et comporte une idée de diversité : *Le chancelier ennemi des supplices et d'ailleurs assez favorable aux protestants* (Bos.); **D'autre part** annonce surtout un point de vue différent qu'on oppose à celui qui précède ou qu'on en rapproche; **Outre cela, En outre** et **Par-dessus le marché,** qui enchérit fam., indiquent une raison qui augmente la force de celles qui suffiraient par elles seules : *M. Despréaux n'a pas seulement reçu du ciel un génie merveilleux pour la satire; mais il a encore, outre cela, un jugement excellent* (Rac.); **Encore** et **Aussi** (→ ce mot) sont moins forts dans le même sens. — Avec l'idée que ce qu'on ajoute amène la fin ou la conclusion du discours, **Au reste** annonce quelque chose qui fait suite à ce qui précède, est du même genre et fait une transition douce : *C'est là ce qu'il y a de plus sage; au reste, c'est aussi ce qu'il y a de plus juste* (Marm.); **Du reste** annonce quelque chose qui tranche avec ce qui précède et exprime une addition par opposition : *Il est capricieux, du reste il est honnête homme* (Acad.); **Au demeurant,** fam., introduit après diverses déterminations la détermination essentielle : *Jeune encore, assez bien fait, peu d'esprit, mais au demeurant très bon homme* (J.-J. R.); **Au surplus** s'emploie surtout quand il est question de choses qu'on compte ou qu'on apprécie : *Je fis l'amant aimable et jeune, lui donnant au surplus les vertus et les défauts que je me sentais* (J.-J. R.). — **Et puis,** au prop., « et après », s'emploie parfois pour d'ailleurs, au reste, en outre, pour introduire un argument décisif : *Vous ne l'y détermineriez que difficilement; et puis, à quoi cela servirait-il?* (Acad.). — **Par ailleurs,** « par une autre voie », s'emploie abusivement de nos jours comme transition au sens de *du reste, d'autre part,* ou simplement de *de plus;* malgré la condamnation des puristes, les meilleurs écrivains l'emploient : *Par ailleurs, les malheureux lui étaient indifférents* (Month.).

Plusieurs : → Beaucoup. *Plusieurs,* plus de deux, un certain nombre : *Cet ouvrage est de plusieurs mains* (Volt.). **Différents**

ajoute l'idée d'une distinction caractéristique entre les êtres ou les choses qui forment le groupe : *Ce mot a différentes acceptions* (Acad.). **Divers,** plus fort, implique un rapport d'opposition, une différence essentielle : *La ville est partagée en diverses sociétés qui sont comme autant de petites républiques* (L. B.). **Quelques** et **Certains** sont plus imprécis que *plusieurs, quelques* a rapport à la quantité seule, *certains* a aussi rapport à la qualité : *Quelques imitateurs* (L. F.). *Interdire la lecture de certains livres.* **Maint,** sing. et pl., enchérit sur *plusieurs : Enjambant maint ruisseau, traversant mainte ruelle* (V. H.). **Aucuns** ou **D'aucuns,** employés comme sujet, syn. de *certains* dans la langue littéraire ou fam., par ironie : *D'aucuns croient que j'en suis amoureux* (Acad.).

Pneumatique : → Dépêche.

Pochade : → Tableau.

Pochard : → Ivrogne.

Poche : ¶ 1 *Poche,* sorte de petit sac cousu à un vêtement pour y mettre ce qu'on veut porter ordinairement avec soi. **Gousset,** petite poche fixée à la ceinture du pantalon, ou plus souvent du gilet, et destinée à renfermer de l'argent, des bijoux, une montre. ¶ 2 → Pli. ¶ 3 *Mettre dans sa poche :* → Vaincre.

Pocher : → Meurtrir.

Podagre : → Goutteux.

Poêle : → Dais.

Poème : Ouvrage en vers. *Poème* se dit surtout des ouvrages d'une certaine étendue : *Les poèmes d'Homère;* et désigne seul des ouvrages qui, quoique écrits en prose, se rapprochent de la poésie par les thèmes ou le style : *Les poèmes en prose de Baudelaire.* **Poésie** désigne des ouvrages courts, toujours en vers, surtout modernes : *Les poésies de Malherbe;* mais, de nos jours, *poème* tend à s'employer dans tous les cas et *poésie* fait vieux. **Chant,** poésie qui se chante ou peut se chanter; au fig., tout ouvrage en vers d'un ordre élevé, surtout lyrique : *Les plus désespérés sont les chants les plus beaux* (Mus.). **Chanson,** syn. de *chant,* est vx. **Pièce,** poésie considérée comme formant un tout complet : *Recueil de pièces choisies* (Acad.). **Bouquet,** au fig., petite pièce de vers adressée à une personne le jour de sa fête et par ext. poésie galante, précieuse : *Bouquets à Iris* (P.-L. Cour.).

Poésie : ¶ 1 Art de faire des ouvrages en vers. *Poésie* se distingue de **Versification** comme *poète* (→ ce mot) de *versificateur,* et a pour syn. littéraires **Parnasse, Hélicon, Pinde** (montagnes de Grèce consacrées à Apollon et aux Muses) qui désignent aussi bien la poésie que l'ensemble des poètes, ou le lieu d'où vient l'inspiration. **Muse,** souvent au pl., la poésie en général, dans le style recherché : *Cultiver les muses;* au sing. la poésie ou l'inspiration de chaque poète caractérisée par son genre et son génie propre : *Sa muse [de Ronsard] en français parlant grec et latin* (BOIL.). ¶ 2 Chaque genre de poésie. *Poésie* et *Muse,* précisées par un qualificatif (*Poésie lyrique; Muse des chansons.* BÉRANG.), ont pour syn. **Lyre** (→ ce mot), qui se dit pour tous les genres, mais surtout pour le haut lyrisme; **Harpe,** la poésie religieuse et parfois la poésie en général quand elle est élevée : *Ma harpe fut souvent de larmes arrosée* (LAM.); **Hautbois,** la poésie pastorale; **Flûte,** la poésie douce, l'idylle; **Trompette,** la poésie guerrière. ¶ 3 → Poème.

Poète : → Écrivain. Celui qui s'adonne à la poésie. *Poète* suppose le don de communiquer aux autres une connaissance des êtres et des choses qui ne saurait être ramenée aux idées claires de la raison, par les vers, ou grâce à une prose qui par ses sons, ses rythmes, ses images, se rapproche de la poésie, ou simplement par sa façon de penser, de parler qui révèle des facultés poétiques : [Les Grecs] *un peuple poète* (P.-L. COUR.); mais désigne parfois simplement celui qui, inspiré ou non, écrit en vers. En ce sens, **Versificateur,** qui s'est dit du poète considéré comme aux prises avec la technique du vers (*L'art du versificateur est d'une difficulté prodigieuse.* VOLT.), désigne, de nos jours, celui qui fait facilement des vers, mais sans véritable don poétique : *Avec un peu de rime, on va vous fabriquer Cent versificateurs* (L. F.). **Rimeur,** qui se dit parfois d'un bon versificateur qui trouve des rimes riches, était au XVIIᵉ s. syn. de *poète,* mais ne se dit plus, avec ironie, que d'un mauvais poète : *Un froid rimeur* (BOIL.). **Chantre,** dans le style relevé, grand poète lyrique ou épique : *Le chantre d'Ionie,* Homère. **Barde,** poète héroïque chez les Celtes, par ext. poète héroïque ou lyrique vénérable, qui souvent chante de vieilles légendes de son pays, de sa région. **Aède,** poète religieux, puis épique, dans la Grèce primitive, parfois par ext. poète héroïque. **Rhapsode,** chez les Grecs, poète qui allait de ville en ville récitant des morceaux épiques, se dit parfois, dans le style recherché, d'un poète épique qui récite ses vers. **Nourrisson du Pinde,** ironique de nos jours, *poète;* **Maître, Héros du Pinde,** grand poète, dans le style recherché; on dit aussi pour désigner avec ironie un poète : **Amant, Favori, Nourrisson des Muses,** ou **Nourrisson du Parnasse; Mâche-laurier,** péj., poète un peu fou, imbu de sa supériorité, **Poètereau,**

mauvais petit poète, **Rimailleur,** très mauvais poète : *Détestable rimailleur* (VOLT.); **Métromane,** celui qui a la manie de faire des vers. **Cigale,** syn. péj. de *poète,* faisait autrefois penser au manque d'harmonie des vers, mais évoque plutôt, fam., de nos jours, à cause de la fable de La Fontaine, la légendaire imprévoyance des poètes : → Troubadour.

Poétiser : → Embellir.

Pogrom : → Carnage.

Poids : ¶ 1 → Pesanteur. En termes de physique, *Poids,* force avec laquelle un corps est attiré vers la terre; **Masse,** quantité de matière qui constitue ce corps : *La masse mesure l'inertie du corps, c'est une grandeur constante; le poids d'un corps est variable avec le lieu.* Dans le langage courant, *masse,* corps solide et compact, désigne parfois le grand poids de ce corps envisagé dans ses effets : *Un bloc de pierre entraîné par sa masse.* ¶ 2 → Importance. ¶ 3 → Souci.

Poignant : → Piquant.

Poignard, arme de main offensive à lame aiguë, très courte et tranchante, fait penser, au fig. comme au prop., à une blessure profonde, mortelle, souvent donnée par perfidie : *Plonger le poignard dans le sein maternel* (J.-J. R.). **Dague,** espèce de poignard à large lame qui se portait autrefois pendu à la ceinture pour la chasse ou le combat, n'implique pas une idée de perfidie. **Stylet,** sorte de poignard à lame très mince et ordinairement triangulaire. **Criss,** poignard malais à lame ondulée en forme de flamme. **Kandjar,** poignard turc ou albanais dont la lame est un couteau étroit. **Navaja,** poignard espagnol ou portugais qui a la forme d'un couteau à longue lame effilée légèrement recourbée. **Acier** et **Fer,** syn. de *poignard* dans le style relevé. **Baïonnette,** sorte de long poignard qui s'ajuste au bout du fusil.

Poigne : → Fermeté.

Poignée : ¶ 1 Partie d'un objet par où on le saisit avec la main. *Poignée* se dit pour toutes sortes d'objets et implique que la partie en question tient dans le creux de la main : *Poignée de porte, d'une épée, d'une valise.* **Anse,** partie recourbée en arc, en anneau, par laquelle on prend un vase, une cruche, un panier. **Oreille,** petit appendice en forme d'oreille aux bords d'une tasse, d'une écuelle, qui permet de les prendre du bout des doigts. — **Manette,** poignée généralement en métal qui sert à actionner un mécanisme, un levier, une roue. — **Espagnolette,** sorte de ferrure à poignée tournante servant à fermer et à ouvrir le châssis d'une fenêtre. ¶ 2 → Groupe.

Poil : ¶ 1 Filet délié qui croît sur la peau de la plupart des mammifères. *Poil*, qui se dit pour les animaux et pour l'homme, peut avoir au pl. un sens partitif et incomplet, fait penser à la qualité de la chose, et au sing. en parlant de certains animaux, notamment le cheval, à la couleur : *Poil bai. Perdre ses poils.* En parlant des animaux, et pour désigner l'ensemble de leurs poils, **Pelage,** surtout pour les animaux sauvages, fait penser à la couleur principale : *Le pelage des quadrupèdes* (Buf.); **Robe,** pour quelques animaux, surtout domestiques, implique plutôt des couleurs variées : *La variété des couleurs dans la robe des animaux* (Buf.); et se dit aussi parfois pour les oiseaux : *La robe du paon* (Volt.). **Fourrure** fait penser à la qualité des poils fins et touffus et susceptibles d'être préparés, avec la peau de l'animal mort, pour servir d'ornement ou de vêtement : *La fourrure des castors blancs* (Buf.). **Toison,** la fourrure du mouton, ou son poil considéré comme devant être tondu; en ce dernier sens on dit aussi **Laine,** qui fait penser à la qualité du poil doux, épais et frisé, et s'emploie pour quelques autres animaux que le mouton; **Tonte,** le poil du mouton quand il a été tondu; en ce sens *laine* fait penser à l'utilisation industrielle de la toison du mouton. **Soie,** surtout au pl., poil long et rude de certains animaux comme le porc. **¶ 2** → Cheveux. **¶ 3** *A poil :* → Nu.

Poilu : ¶ 1 *Poilu*, qui a des poils ou en est couvert, se dit du corps humain (à l'exclusion de la tête pour laquelle on dit **Chevelu, Barbu, Moustachu**), des étoffes, et, en botanique, de ce qui est composé de poils simples non ramifiés. **Pelu,** rare, très poilu, en parlant surtout du corps humain. **Velu,** garni de poils longs, serrés et un peu mous, se dit du corps humain et en botanique. **Villeux,** en sciences naturelles, implique des poils longs et touffus, **Pubescent,** des poils fins et courts comme un duvet. **Peluché** ne se dit que des étoffes garnies de longs poils d'un côté et de quelques plantes velues. **Pelucheux,** parfois syn. de *peluché*, qualifie plutôt une étoffe qui se couvre par usure de poils se dégageant du tissu, et se dit aussi de certains fruits couverts de poil. **¶ 2** → Soldat.

Poinçon : → Marque.

Poindre : ¶ 1 → Piquer. **¶ 2** → Pousser. **¶ 3** → Paraître.

Poing : → Main.

Point : ¶ 1 → Lieu. **¶ 2** → Matière. **¶ 3** → Partie. **¶ 4** → Centre et Principal. **¶ 5** → Degré. **¶ 6** → Dentelle. **¶ 7** *A point :* → À propos.

Point : → Pas.

Point de vue : ¶ 1 → Vue. **¶ 2** → Opinion.

Point (Pointe) du jour : → Aube.

Pointe : ¶ 1 Petite tige de fer ou d'autre métal qui sert à fixer ou à pendre quelque chose. La *Pointe* se distingue du **Clou** en ce qu'elle n'a pas de tête ou que sa tête est très petite, qu'elle est longue et mince, avec une tige ronde et de grosseur uniforme; de plus la *pointe* ne sert qu'à fixer : *On suspend un calendrier à un clou; on cloue un tapis avec des pointes.* **Rivet,** sorte de clou dont la pointe est destinée à être abattue et aplatie, de manière à fixer une pièce à une autre. **¶ 2** → Bout. **¶ 3** → Cap. **¶ 4** → Sommet. **¶ 5** → Mot d'esprit. **¶ 6** → Fichu.

Pointer : ¶ 1 → Braquer. **¶ 2** → Pousser. **¶ 3** → Paraître. **¶ 4** → Percer. **¶ 5** → Voler.

Pointille : → Chicane. *Pointille*, contestation sur un sujet fort léger, par mauvaise foi, exigences ridicules : *Pointilles de gloire* (Retz). **Pointillerie,** misérable petite pointille sans fondement. **Picoterie,** fam., échange de traits malins pour s'irriter mutuellement : *Picoteries* [de deux femmes] (Volt.). **Bisbille,** fam., toute petite querelle futile et brève pour des riens (→ Discussion).

Pointiller : → Chicaner.

Pointilleux : ¶ 1 → Exigeant. **¶ 2** → Susceptible.

Pointu : ¶ 1 Qui va en s'apetissant jusqu'à l'extrémité. *Pointu*, qui peut se dire de choses qui ne percent pas (*Museau pointu, chapeau pointu*), qualifie ce qui perce comme une pointe. **Piquant,** très pointu, très fin, qui perce légèrement, a rapport à l'effet : *Épines piquantes.* **Aigu,** très pointu, qui pénètre aisément et souvent par plusieurs pointes, en coupant et en perçant en même temps : *Pierres aiguës et bâtons pointus* (J.-J. R.). **Acéré,** garni d'acier, en parlant du fer, pour qu'il soit plus tranchant, plus aigu; par ext. très aigu, qui blesse profondément : *Un serpent blessait Zadig au cœur de sa langue acérée* (Volt.). **Effilé,** long et qui va en s'amincissant au point parfois de finir en pointe : *Outil effilé.* **Acuminé** ne se dit qu'en botanique d'organes foliacés dont l'extrémité offre une pointe allongée et très aiguë, ou, en médecine, de tumeurs en pointe. **¶ 2** Au fig. → Susceptible.

Pointure : → Dimension.

Poison : ¶ 1 Substance qui, introduite dans l'organisme, altère ou même détruit les fonctions vitales. *Poison*, toute substance minérale ou végétale qui, à l'état naturel ou dans une préparation, ne peut être avalée ou même appliquée extérieurement sans produire cet effet : *Des plantes dont le suc est pour l'homme un poison mortel* (Buf.). **Venin,** poison produit par sécrétion dans le corps d'un animal et qui, introduit par piqûre ou morsure dans le sang, amène de graves désordres ou même la mort : *Le venin de la vipère.* **Toxique,** nom générique, dans le langage didactique, des poisons, des venins ou des virus. **Toxine,** terme de biologie, poison complexe et soluble, produit par le fonctionnement des microbes. **Virus,** toute substance capable de produire une maladie infectieuse. ¶ 2 Au fig. Ce qui corrompt ou trouble l'esprit. Le *Poison* vient du dehors et fait effectivement du mal à celui sur lequel il agit : *Quel funeste poison L'amour a répandu dans toute sa maison!* (Rac.). Le **Venin** est considéré dans la chose ou la personne qui le produit et comme capable, même caché, de faire du mal : *Le noir venin de sa malignité* (Boil.). **Virus** se dit d'un agent de contagion morale : *Le virus de l'anarchie* (Acad.). ¶ 3 → Mégère.

Poissard : → Vulgaire.

Poissarde : → Mégère.

Poisser : → Salir.

Poisseux : → Visqueux.

Poisson, animal vertébré à sang rouge et froid, qui naît et vit dans l'eau, s'emploie, en un sens collectif, pour désigner tous les poissons qu'on pêche et vend pour servir de nourriture. **Pêche,** le poisson qu'un pêcheur a pris ou qu'il compte prendre. **Marée,** le poisson de mer qu'on vend non salé. **Friture,** tout poisson frit, spéc. les petits poissons.

Poissonnaille : → Fretin.

Poitrinaire : → Tuberculeux.

Poitrine : ¶ 1 *Poitrine,* partie du corps depuis le bas du cou jusqu'au diaphragme contenant les poumons et le cœur. **Thorax,** terme d'anatomie, fait penser à la cage de la poitrine, sans évoquer les organes qui y sont contenus. **Coffre,** fig. et fam., poitrine de l'homme surtout considérée quant à la solidité des organes qu'elle contient, spéc. les poumons, et par ext. par rapport à la voix. ¶ 2 → Sein.

Poivrot : → Ivrogne.

Pôle : → Bout.

Polémique : → Discussion.

Poli : ¶ 1 → Lisse. ¶ 2 → Policé. ¶ 3 → Civil.

Police : → Ordre.

Policé : Qualificatif d'un peuple parvenu à un certain degré de perfectionnement. *Policé,* qui s'oppose à *sauvage,* implique simplement que le peuple n'est plus une multitude anarchique, mais a des lois et un gouvernement : *La distance qui se trouve entre l'homme sauvage et l'homme policé* (Buf.). **Civilisé,** qui s'oppose à *barbare,* dit plus et s'applique à tout peuple élevé plus ou moins haut au-dessus de la condition animale par ses lumières, ses institutions, ses arts, son industrie, son commerce, ses mœurs, sa religion ; *Les Moscovites étaient moins civilisés que les Mexicains : ils croupissaient dans l'ignorance et dans le besoin de tous les arts* (Volt.). **Débarbarisé,** rare, fait penser à un état antérieur sans culture dont un peuple est à peine tiré. **Humanisé** envisage le progrès de la civilisation sous l'aspect particulier de l'adoucissement des mœurs. **Poli,** qui s'oppose à *grossier,* marque la fine fleur de la civilisation, manifestée par le progrès des beaux-arts, la délicatesse du goût, le sentiment des bienséances : *Depuis la régence d'Anne d'Autriche* [les Français] *ont été le peuple le plus sociable et le plus poli de la terre* (Volt.).

Polichinelle : ¶ 1 → Pantin. ¶ 2 → Plaisant.

Policier, terme général, se dit des fonctionnaires en civil (≠ Agent de police) qui travaillent dans les bureaux de la police ou enquêtent pour retrouver et arrêter les délinquants. **Détective,** mot anglais, désigne, surtout dans les romans, un policier employé à un service de recherches, et plus souvent un policier privé par opposition au fonctionnaire chargé des enquêtes criminelles qu'on désigne par son titre d'**Inspecteur** : *L'Inspecteur Maigret* (Simenon). **Limier,** fam. ou ironique, agent en civil de la police chargé de filature. **Sbire,** nom ancien des archers de police en Italie ; péj., homme chargé de l'exécution des sentences judiciaires et des mesures de police souvent politique. **Bourre, Bourrique, Poulet, Cogne** et **Roussin,** syn. argotiques de *policier.*

Policlinique : → Hôpital.

Polir : ¶ 1 *Polir,* rendre uni et luisant par le frottement, se dit particulièrement des choses dures : *Polir le fer, le marbre.* Dans le langage technique, avec simplement l'idée qu'on enlève les aspérités, sans rendre luisant, **Adoucir** et **Doucir** se disent pour les métaux, les glaces ; **Unir,** dans des emplois plus variés, implique qu'on supprime les inégalités sur une surface ; **Dresser,** unir, rendre droit, ou plan, en termes d'arts ou de jardinage : *Dresser une règle, un parterre* ; **Planer,** unir avec l'outil tranchant appelé plane ou avec le marteau : *Planer une douve* ; **Poncer,** unir avec la pierre ponce : *Poncer* du cuir ; **Aléser,** rectifier et unir une surface cylindrique intérieure : *Aléser un corps de pompe* ; **Roder,** user, unir par le frottement les contours ou les angles d'une pièce de métal pour qu'elle s'adapte à une autre ; **Lisser,** rendre lisse, se dit pour le papier, le carton, les cuirs, les étoffes, le macadam. ¶ 2 → Frotter. ¶ 3 → Former. ¶ 4 → Parfaire et Revoir.

Polisson : ¶ 1 → Espiègle. ¶ 2 → Turbulent. ¶ 3 → Gamin. ¶ 4 → Libre. ¶ 5 → Coquin.

Polissonner : → Errer.

Polissure, action de polir quelque chose, s'emploie dans tous les cas. **Polissage** indique une action plus technique portant surtout sur des matières précieuses ou exigeant fini et précision. **Poliment** et **Polissement,** syn. rares de *polissage*.

Politesse : → Civilité.

Politique : ¶ 1 N. f. Au fig. Habileté pour réussir dans des affaires en général importantes (≠ Finesse : → ce mot). *Politique,* habileté dans la conduite qui consiste essentiellement à cacher ses desseins et à agir de façon à amener les autres à se dévoiler ou à faire ce que l'on veut : *La mystérieuse politique de ce journal* (J. Rom.). **Diplomatie** implique surtout tact, finesse et parfois ruse, pour se concilier des gens avec qui on a des relations difficiles et dont on attend quelque chose : *Je vous parle là franchement, diplomatie à part* (dans Lit.). **Machiavélisme,** politique sans scrupules, pleine de ruse, d'astuce : *Je découvris peu à peu le machiavélisme infernal de cet homme* (J. Rom.). **Souplesse** suppose qu'on cède à propos, qu'on plie devant des gens dont on veut tirer parti ou qu'on a intérêt à ménager : *La souplesse courtisane de Voltaire* (J.-J. R.). **Manège,** fig., implique une combinaison de moyens, de ruses pour arriver à un but, surtout le succès dans le monde ou en amour : *Le manège de la coquetterie* (J.-J. R.). **Tactique,** fig., suppose un plan concerté, une marche que l'on suit méthodiquement : *Des tactiques savantes, des humilités et des souplesses de chatte battue* (Zola). **Stratégie,** fig., implique l'art de manœuvrer dans des questions importantes : *La stratégie parlementaire.* **Jeu,** fig., toujours rapporté à une personne, tactique plus ou moins serrée, habile, suivie par quelqu'un dans une affaire : *Cacher son jeu.* ¶ 2 N. masc. *Politique* implique la connaissance parfaite de l'art de diriger les affaires publiques et par ext. de gouverner les hommes, surtout en maniant les passions, en sachant cacher son jeu, profiter des occasions, prévoir : *Assez rusés pour être d'habiles politiques* (Balz.). **Homme d'État** dit plus et implique un vaste génie qui consiste dans l'organisation, l'intelligence de la diplomatie et du gouvernement : *Wilson, le seul homme d'État d'aujourd'hui qui ait le don des larges vues* (M. D. G.). **Homme politique,** celui qui s'occupe des affaires publiques parce qu'il a été élu pour cela : *Les députés sont des hommes politiques.* **Politicien,** néol. péj., celui qui vit de la politique et se complaît en intrigues : *Avec l'appui équivoque des banquiers et de quelques politiciens* (M. D. G.).

Polluer : → Salir.

Poltron : → Lâche.

Polype : → Tumeur.

Pommade : Composition molle et onctueuse, faite avec des substances médicamenteuses ou des parfums mêlés à des corps gras. Les *Pommades* ne contiennent pas de substances résineuses, ce qui les distingue des **Onguents.** Mais de nos jours *onguent* se dit aussi de certaines pommades. Les *onguents* s'appliquent sur les plaies, les tumeurs ; les *pommades* sont susceptibles d'emplois plus variés, par ex. pour adoucir les lèvres, les gerçures ou pour les soins de beauté. **Crème,** préparation chimique plus fluide que la pommade et qui sert surtout à adoucir la peau. **Liniment,** huile médicinale liquide à laquelle on ajoute divers principes actifs et qui sert à oindre ou à frictionner pour adoucir ou amollir. **Embrocation,** liquide gras, huileux qui sert, lorsqu'on l'applique sur une partie malade, à faire une fomentation. **Baume,** qui désigne proprement certaines substances résineuses odorantes provenant de végétaux et qu'on emploie en médecine pour l'usage interne ou externe, s'applique aussi, en pharmacie, à des médicaments d'usage externe, onguents et liniments servant surtout à adoucir les douleurs : *Le baume tranquille.*

Pomme de terre a pour syn. très fam. **Patate** qui désigne, en fait, un autre légume.

Pommelé : → Marqueté.

Pompe : → Luxe.

Pomper : ¶ 1 → Tirer. ¶ 2 → Absorber. ¶ 3 → Boire.

Pompette : → Ivre.

Pompeux : → Emphatique.

Pompier : → Suranné.

Pomponner : ¶ 1 → Parer. ¶ 2 → Orner.

Ponant : → Occident.

Ponceau : → Pavot.

Ponceau : → Pont.

Poncer : → Polir et Frotter.

Poncif : → Lieu commun.

Ponctualité : → Exactitude.

Ponctuel : → Exact.

Pondération : → Équilibre.

Pondérer : → Équilibrer.

Pondre : Au fig. → Composer.

Pont, toute construction permettant de passer d'un bord à l'autre d'un cours d'eau, d'une dépression de terrain. **Ponceau,** petit pont d'une arche, ordinairement pour franchir un ruisseau. **Passerelle,** pont étroit et léger qui ne sert qu'aux piétons. **Viaduc,** pont très élevé, formé en général d'arches nombreuses pour le passage d'un chemin de fer, d'une route, au-dessus d'un vallon, d'un cours d'eau encaissé. — Au fig. → Vacances.

Pontife : ¶ 1 *Pontife,* ministre du culte dans une religion, s'est d'abord appliqué, dans la liturgie catholique, à J.-C. et au pape, puis par ext. à tous les dignitaires religieux ayant juridiction et autorité, jusqu'aux évêques; et, dans le style oratoire et poétique, à tout ecclésiastique, avec, dans tous les cas, l'idée de puissance et d'élévation conférées par les fonctions sacrées. **Prélat** ne se dit que dans le catholicisme de tous les ecclésiastiques qui possèdent une dignité considérable avec une juridiction spirituelle, des ecclésiastiques de la cour de Rome qui ont le droit de porter le violet, et fait penser au rang qu'on occupe dans la hiérarchie ecclésiastique. **Évêque** fait uniquement penser à la charge du prélat qui dirige un diocèse. ¶ 2 → Personnalité. ¶ 3 → Pédant.

Pontifiant : → Tranchant.

Pontifier : → Discourir.

Populace : → Peuple. *Populace,* péj., la partie la plus basse du peuple considérée surtout comme ayant des passions vulgaires et comme dangereuse par ses séditions : *La populace maîtresse des caves se livrait à une horrible godaille* (FLAUB.). **Canaille,** très péj., vile populace, caractérisée par son infamie, son manque de respect pour tout ce qui est honnête ou bien : *Repoussé par les hommes de son rang, il se livra aux vices de la canaille* (DID.). **Racaille** renchérit pour désigner ce qu'il y a de plus vil et de plus méprisable dans la populace, caractérisé surtout par sa nullité totale à tous les points de vue. **Basse pègre** ajoute à *canaille* l'idée de gens sans aveu qui vivent de friponneries et d'escroqueries (à noter qu'on dit *Haute pègre,* en parlant des fripons de la haute société). **Vermine,** fig. et fam., toutes sortes de garnements, de gens dangereux et incommodes pour la vie en société. — **Plèbe,** à Rome, l'ordre du peuple par opposition aux patriciens; dans le style littéraire, la populace envisagée avec mépris comme soutenant sans intelligence les démagogues : *Plèbe carnassière* (LEC. D. L.). **Tourbe** et **Troupeau** envisagent la populace, le premier comme une vile multitude confuse, le second comme livrée à ses instincts vulgaires et moutonniers. — Au fig. en parlant surtout de la foule des écrivains, la *populace* est vulgaire et aveugle : *L'avis de la populace littéraire sur l'adoration superstitieuse des auteurs célèbres de l'antiquité* (D'AL.); la *canaille* est méchante, vile, dangereuse : *La canaille littéraire est ce que je connais de plus abject au monde* (VOLT.); la *racaille* est grossière et nulle : *Des Cotins de mon temps poursuivre la racaille* (BOIL.); la *tourbe* fait nombre, mais n'a aucune valeur : *La tourbe philosophique* (J.-J. R.); le *troupeau* n'a aucune personnalité, est fait d'ignorants, d'imbéciles ou d'imitateurs.

Populaire : ¶ 1 N. → Peuple. — Adj. ¶ 2 → Vulgaire. ¶ 3 En littérature, *Populaire* se dit aussi bien des œuvres d'art qui peignent le peuple que de celles qui émanent du peuple ou qui plaisent au goût du peuple : *Roman, théâtre populaire.* **Populiste** ne se dit que des romans de l'école littéraire contemporaine qui veut se consacrer à la peinture des mœurs du peuple en répudiant toutefois les théories sociales et le style du naturalisme, tandis que **Prolétarien** implique une position politique. ¶ 4 → Peuple.

Populariser : → Répandre.

Popularité : → Réputation.

Population : → Peuple.

Populeux : → Peuplé.

Populiste : → Populaire.

Porc désigne le genre (qui comprend aussi les sangliers ou porcs sauvages) et, s'il s'agit de l'animal domestique, l'envisage comme engraissé et propre à servir à l'homme de nourriture ou à lui fournir divers produits : *Manger de bon gros porc* (MOL.). *Valise en peau de porc.* **Cochon,** syn. vulgaire de *porc,* désigne aussi le genre, mais se dit surtout d'un porc châtré qu'on engraisse, et parfois de sa chair; fait surtout penser à la bête vivante et s'applique à des animaux qui, sans être des porcs, ont avec le cochon quelque analogie (Cochon d'Inde). **Pourceau,** porc assez jeune pendant qu'on l'élève, qu'on l'engraisse. **Verrat,** porc non châtré qu'on emploie à la reproduction. **Truie** ou **Coche** (rare), la femelle du porc. **Goret, Porcelet** et **Cochonnet,** les petits du porc. **Porcin,** adj., relatif aux porcs, désigne, de nos jours, comme n. au pl., les porcs en termes d'abattoir ou de statistique. —

Au fig. le *porc* est le symbole de la saleté ou de la grossièreté, le *cochon*, de la saleté, de l'obscénité et de la bassesse, le *pourceau*, de la saleté, du manque de goût et de délicatesse, ou de l'esclavage aux appétits matériels : *Donner des perles aux pourceaux. Le pourceau d'Épicure. Goret*, enfant malpropre.

Porc-épic : → Revêche.

Porche : → Portique.

Porcherie : → Étable.

Porcin : → Porc.

Pornographique : → Obscène.

Port : ¶ 1 *Port*, enfoncement, naturel ou artificiel, de la mer dans les terres, où les navires sont à l'abri et peuvent débarquer leurs passagers et leurs marchandises; se dit aussi pour une rivière. **Rade,** grand bassin naturel ou artificiel, au bord de la mer et bien protégé, où les navires peuvent rester à l'ancre, mais non débarquer leurs marchandises. **Havre,** autrefois syn. de *port*, de nos jours, petit port à l'embouchure d'une rivière, ou petit port à sec à marée basse. **Hivernage,** port bien abrité où les navires peuvent relâcher pendant la mauvaise saison. **¶ 2** → Abri. **¶ 3** → Col.

Port : ¶ 1 Action de porter. *Port* envisage abstraitement cette action dans tous les cas : *Port d'arme. Port payé.* **Portage** peint concrètement l'action lorsqu'il s'agit de charges assez lourdes qu'on transporte : *Le portage est encore usité dans certaines régions de l'Afrique centrale* (ACAD.). **Portement** ne se dit que dans l'expression *Portement de croix.* **¶ 2** → Air. Manière d'être d'une personne dans son corps (≠ Maintien : → ce mot). *Port*, manière dont une personne marche et se présente, impression que donne son corps dans l'ensemble des mouvements qu'il exécute : *Port majestueux* (CORN.). **Prestance,** façon de se tenir, surtout au repos, qui donne une impression de dignité et de gravité parfois étudiées ou affectées : *Le vulgaire appelle majesté une certaine prestance et une pompe extérieure qui l'éblouit* (Bos.). **Représentation,** vieilli, belle prestance d'une personne, qui s'accorde bien avec le rang élevé qu'elle occupe : *Cette représentation extérieure qui fait les grands* (MTQ.). **Tournure,** fam., a rapport à l'impression que donne la forme extérieure du corps : *Une fort jolie tournure* (GENLIS). **Ligne,** fam., impression produite par le profil, svelte, harmonieux, racé, d'une personne : *Avoir de la ligne.* **Allure,** fam., impression purement extérieure que donne une personne dans sa manière habituelle d'aller et par ext. d'agir : *Allure jeune* (GI.). **Démarche,** la façon habituelle ou accidentelle de mar-

cher considérée comme révélant certains sentiments : *Démarche de séminariste* (CAM.). **Dégaine,** fam., port gauche, maladroit ou étrange. **Touche,** pop., tournure ridicule.

Porte : ¶ 1 Ouverture pour entrer dans un lieu fermé. *Porte*, terme général, cette ouverture et l'assemblage mobile de bois et de métal qui sert à la fermer. **Portière,** porte d'une voiture ou d'un wagon. **Portail,** grande porte, spéc. d'une église avec tout son appareil architectural. **Poterne,** terme de fortifications, porte, souvent voûtée, donnant accès à une galerie souterraine ménagée pour faire des sorties secrètes. **Huis,** VX, porte extérieure d'une maison, ne se dit plus que dans la loc. du palais *A huis clos.* **Guichet,** petite porte pratiquée dans une grande : *Le guichet d'une prison*; ou petite porte d'une armoire, d'un buffet à l'ancienne mode; ou ouverture étroite qui fait communiquer avec la cour intérieure d'un palais : *Les guichets du Louvre.* **¶ 2** → Défilé.

Porte (Jeter, Mettre à la) : → Congédier.

Porte (Prendre la) : → Partir.

Porté à (être) marque une inclination assez douce, une disposition assez lointaine à faire des choses bonnes ou mauvaises : *Je ne suis pas fort portée à demander des grâces* (MAINT.); **Être enclin à,** un penchant permanent et assez fort surtout vers le mal : *A jouer on dit qu'il est enclin* (MOL.); **Pencher à,** une inclination qui se dessine après délibération, hésitation, ou résistance intérieure : *Ils penchent à aimer le vice* (J.-J. R.); **Être sujet à,** le fait qu'on est accoutumé, par inclination ou habitude, à se laisser entraîner à certaines actions mauvaises, ou qu'on est exposé à éprouver fréquemment certains accidents : *Il est sujet à boire.*

Porteballe : → Marchand forain.

Porte-bonheur : → Fétiche.

Portée : ¶ 1 → Petits. **¶ 2** → Importance. **¶ 3** → Largeur.

Portefaix : → Porteur.

Portefeuille : ¶ 1 Enveloppe, étui renfermant des papiers, des dessins. Le *Portefeuille* est en carton, en étoffe, en cuir. **Carton** (→ ce mot), boîte ou portefeuille de carton. **Classeur,** portefeuille muni d'un dispositif permettant de ranger les papiers dans un certain ordre. **¶ 2** → Serviette. **¶ 3** → Ministère.

Porte-monnaie : → Bourse.

Porte-parole : Celui qui parle pour un autre ou pour d'autres. Le *Porte-parole* ne fait que dire ce que les gens pour qui il parle auraient pu dire exactement dans les mêmes termes. **Interprète** implique plus de liberté pour faire connaître des intentions, des sentiments que ceux qu'on représente n'auraient pas toujours su démêler ou exprimer : *Un porte-parole du ministre. Le maire de la commune se fait auprès du préfet l'interprète des sentiments de ses administrés.*

Porter : ¶ 1 → Soutenir. *Porter*, être chargé d'un fardeau, d'un poids, qu'on soutient, immobile ou en marchant : *Porter un sac de blé.* **Coltiner,** porter en s'aidant d'un coltin, large chapeau de cuir à l'usage des portefaix; par ext., pop., porter, en général des choses gênantes, peu agréables à porter. **Trimbaler,** pop., porter partout avec soi. ¶ 2 Avoir sur soi, sans égard à la pesanteur de la chose. *Porter* se dit dans tous les cas : *Porter un habit, un insigne.* **Arborer,** fig. et fam., porter sur soi d'une façon voyante quelque chose qui attire l'attention : *Arborer une rosette à sa boutonnière* (GI.). ¶ 3 Changer de lieu une chose dont on est chargé comme d'un fardeau. *Porter* désigne le fait ordinaire et ne regarde que le lieu où l'on va déposer la chose : *Porter une lettre à la poste.* **Transporter** (→ ce mot) exprime un fait notable, soit à cause des moyens employés, soit à cause du poids de l'objet, et fait penser au lieu quitté et au déplacement effectué : *La machine à transporter de gros arbres* (FONT.). — Mêmes nuances au fig., *porter* faisant penser au lieu atteint, *transporter*, au déplacement : *Porter un roman à la scène. Transporter les caractères et les mœurs du temps présent sous les noms de la cour d'Auguste* (dans LIT.); et au réf. : *se porter*, aller jusqu'à tel lieu; *se transporter*, quitter sa résidence pour se rendre exceptionnellement en un endroit : *Le juge s'est transporté sur les lieux du crime.* — **Promener,** fig., porter de côté et d'autre, se dit surtout, au physique, des regards, et au moral, de l'esprit qu'on porte sur divers objets, ou des sentiments que l'on conserve sans changement : *Promener partout son inquiétude.* ¶ 4 Faire passer une chose, pesante ou non, physique ou morale, d'un lieu à un autre. *Porter* fait penser à l'action et au lieu quelconque où l'on dépose la chose : *Porter nos drapeaux aux champs de Babylone* (VOLT.). **Apporter,** porter d'un lieu plus ou moins éloigné au lieu où est la personne qui parle ou dont on parle : *Le flot qui l'apporta recule épouvanté* (RAC.). **Rapporter,** apporter de nouveau; ou apporter une chose du lieu où elle est au lieu où elle était auparavant; ou ramener avec soi, en retournant en un lieu, des choses qu'on a prises ailleurs, sans les y avoir portées : *Les Hollandais rapportèrent* [le casoar] *de l'île*

de Java (BUF.). **Reporter,** porter de nouveau, ou porter une chose au lieu où elle était auparavant, fait penser au transport plus que *rapporter* et s'emploie surtout quand il s'agit d'une chose effectivement portée, comme un fardeau, et déposée en un lieu précis : *On rapporte un livre à un ami, et il le reporte dans sa bibliothèque.* **Importer,** apporter, introduire dans un pays des produits, ou, au fig., des mœurs, des usages venus de l'étranger : *Importer des mots étrangers* (ACAD.). **Exporter** marque l'action inverse. ¶ 5 *Porter*, c'est aussi faire aller une chose jusqu'à une certaine limite, en l'étendant, en l'élevant, etc. : *Porter plus loin un mur. Porter trop haut son ambition.* **Pousser** enchérit ou marque un excès : *Pousser la raillerie trop loin; l'impudence à l'extrême.* ¶ 6 → Souffrir. ¶ 7 → Produire. ¶ 8 → Occasionner. ¶ 9 → Montrer. ¶ 10 → Poser. ¶ 11 → Toucher. ¶ 12 → Promouvoir. ¶ 13 → Inviter. ¶ 14 → Inscrire. ¶ 15 (Réf.) → Aller. ¶ 16 (Réf.) → (se) Présenter. ¶ 17 (Réf.) Être dans tel ou tel état de santé. *Se porter* fait penser à un état de santé général assez durable, **Aller,** à l'état actuel, à l'impression d'aise ou de malaise que nous éprouvons, souvent relativement à un état antérieur ou postérieur : *L'hiver un vieillard ne se porte jamais bien, mais aujourd'hui il va mieux qu'hier.*

Porter à la connaissance de : → Informer.

Porter plainte : → Inculper.

Porteur, terme général, déterminé le plus souvent par le nom de la chose qu'on porte, se dit parfois absolument d'un homme dont c'est le métier de porter des fardeaux et, de nos jours, spéc. de celui qui porte les bagages des voyageurs dans les gares. **Portefaix,** celui qui portait des fardeaux lourds, vieillit. **Faquin,** syn. vx et péj. de *portefaix*. **Coltineur,** portefaix qui travaillait surtout au déchargement des voitures, wagons, bateaux, et portait son fardeau sur sa tête et sur ses épaules protégées par un large chapeau appelé coltin. De nos jours, on dit plutôt **Déchargeur. Crocheteur,** vx, portefaix qui portait ses fardeaux avec une sorte de support, appelé crochets, attaché aux épaules par des bretelles. **Fort de la Halle, des Halles** ou simplement **Fort,** portefaix assermenté faisant le service des Halles de Paris. **Débardeur,** déchargeur de bateaux dans les ports fluviaux. **Docker,** celui qui charge ou décharge les navires dans les ports maritimes. **Coolie,** porteur, portefaix indigène en Extrême-Orient. — **Commissionnaire,** autrefois portefaix portant comme insigne de son métier une médaille délivrée par l'administration, désigne parfois de nos jours un porteur de paquets ou de messages, mais est plutôt syn. de *messager* (→ ce mot).

Portier : Celui qui garde la porte d'un immeuble public ou privé. Le *Portier*, qui n'habite pas forcément dans l'immeuble, ne s'occupe que d'introduire les visiteurs souvent nombreux : *Portier d'hôtel, de comédie.* Le **Concierge** habite en général dans l'immeuble, le garde et parfois, s'il s'agit d'une maison bourgeoise, y assure quelques services : *Concierge de lycée, d'hôtel, de prison.* **Gardien** se dit plutôt en parlant d'immeubles publics qui exigent une surveillance, ou de maisons privées inhabitées qu'il faut garder : *Gardien de château.* **Huissier**, sorte de portier qui introduit dans le bureau de hauts fonctionnaires les visiteurs qu'ils reçoivent. **Suisse**, syn. vx de *portier*, de *concierge*, ces serviteurs étant souvent pris parmi les Suisses. **Cerbère**, fam. et péj., portier ou gardien sévère et peu aimable. **Pipelet** (nom d'un concierge dans *Les Mystères de Paris* d'E. Sue), syn. pop. de *concierge*; **Chasse-chien**, syn. pop. et rare de *portier*. — **Tourier** et **Tourière**, religieux ou religieuse assurant les fonctions de portier dans un couvent et chargés des relations avec l'extérieur.

Portière : → Porte.

Portion : ¶ 1 → Part et Partie. ¶ 2 Quantité de nourriture donnée à chacun en particulier. *Portion* ne se dit que des nourritures solides qui sont partagées avec précision et effectivement entre les convives d'un repas, surtout dans un collège, une communauté, un restaurant. **Part**, en un sens plus large et plus relevé, ce qui revient à chacun dans le partage des plats que l'on sert. **Ration**, en termes militaires, ce qu'on alloue chaque jour à chaque soldat, et qui est théoriquement calculé pour assurer sa subsistance, soit qu'il le touche effectivement, soit qu'avec les rations on prépare un repas dont chacun a une portion; par ext. quantité de nourriture allouée pour telle ou telle durée par les cartes d'alimentation.

Portique, terme d'architecture, galerie couverte dont la voûte est soutenue par des colonnes, des arcades : *Le portique de la Bourse de Paris.* **Porche**, portique ou lieu couvert, fermé ou ouvert, à l'entrée d'une église, d'un palais, d'une grande maison. **Péristyle**, galerie à colonnes isolées, autour d'une cour ou d'un édifice, fermée de l'autre côté par un mur : *Le péristyle de la Madeleine*; ou ensemble de colonnes isolées décorant la façade d'un monument, appelé aussi **Colonnade** : *La colonnade ou le péristyle du Panthéon.* **Narthex**, portique fermé, élevé en avant de la nef, dans les anciennes basiliques.

Portrait : → Représentation.

Portraiturer : → Peindre.

Pose : ¶ 1 → Position. ¶ 2 → Attitude.

Posé : → Tranquille. *Posé*, sans précipitation dans sa façon de penser ou dans son air, ce qui suppose solidité et réflexion : *Un esprit posé et des paroles mesurées* (Sév.). **Rassis**, mûri, calmé, après un état antérieur de trouble et d'emportement, ou d'impétuosité juvénile. **Réfléchi** implique uniquement l'habitude de la réflexion, sans l'idée de calme; **Pondéré**, l'équilibre de l'esprit. **Mûr** et **Mûri** supposent le plein épanouissement de l'esprit, dû à l'âge et à la méditation, et qui rend rassis ou réfléchi.

Poser : Trans. ¶ 1 → Mettre. En termes d'architecture, *Poser*, mettre et fixer une pierre, une colonne, une statue, à la place qu'elle doit occuper : *Poser la première pierre d'un édifice.* **Asseoir**, poser une statue, un édifice solidement et à demeure : *Asseoir une statue sur un piédestal.* **Établir** insiste sur la stabilité d'une chose bien assise et fixée : *Mur bien établi sur le roc.* **Fonder**, établir une maison, un édifice sur des fondements (→ ce mot), a pour syn. **Bâtir**, plus usité : *Fonder une maison sur le roc.* **Appuyer** (→ ce mot), faire reposer sur un appui (→ ce mot). — Au fig. *poser*, exprimer nettement, comme une chose indubitable, un fait, un principe évidents par eux-mêmes : *Posons que j'ai eu tort* (J.-J. R.). *Établir* (→ Prouver) implique une preuve, une démonstration qui assurent de la vérité de l'affirmation : *Établir qui fut l'agresseur* (Mau.). ¶ 2 → Supposer. — Intrans. ¶ 3 Être soutenu par quelque chose. *Poser* se borne à indiquer l'objet qui sert d'appui, **Reposer** marque la solidité et se dit à peu près seul au fig. : *Une colonne pose sur son piédestal et repose sur ses fondements* (L.). **Porter** insiste plus particulièrement sur la manière dont la chose pose : *Porter à faux.* **Appuyer**, porter de tout son poids. **Peser**, appuyer fortement en faisant sentir son poids. ¶ 4 Au fig. Étudier ses attitudes, son geste, son langage. *Poser*, assez nouveau en ce sens, chercher à faire impression sur autrui, s'emploie absolument, tandis que **Se poser en** précise ce que l'on veut paraître : *Il ne cherche nullement à m'épater; il ne pose pas une seconde* (J. Rom.). *Se poser en victime.* *Poser* a pour syn. **Plastronner,** fam. et péj., prendre une attitude fière ou une pose avantageuse. **Crâner,** fam., faire celui qui n'a pas peur, et par ext. se donner des airs prétentieux : *C'est pour cacher sa gêne qu'il a crâné* (Gi.). **Se pavaner,** poser en marchant d'une allure fière et superbe, comme un paon qui fait la roue, et par ext. étaler son orgueil : *Se pavaner devant nous et nous faire la nique* (J. Rom.). **Se rengorger,** avancer la poitrine et retirer la tête en arrière, en parlant des femmes et parfois des hommes; d'où au fig. faire l'important. **Faire le beau,** fam., faire des grâces comme un petit chien, et par ext. laisser voir qu'on se croit beau. **Faire la roue,** fig. et fam., se pavaner ou faire étalage de son esprit. **Faire le zouave,** pop., crâner, faire le malin, et quelquefois l'imbécile. **Se croire,** fam., manifester par un air orgueilleux, infatué, ou par des vanteries, l'idée prétentieuse qu'on a de soi-même. ¶ 5 (Réf.) → Percher. ¶ 6 (Réf.) *Se poser,* se faire remarquer par ses qualités : *Dès ses débuts il s'est bien posé au barreau* (Acad.). **S'imposer** dit plus : c'est attirer la considération, d'une façon incontestée, par ses mérites, ses talents.

Poseur : → Orgueilleux.

Positif : ¶ 1 → Évident. ¶ 2 → Réel. ¶ 3 → Réaliste.

Position : ¶ 1 *Position,* façon dont une chose est placée. **Disposition** suppose un arrangement, un ordre de choses et se dit de la position combinée de différentes parties ou de divers objets, souvent, s'il s'agit de l'action de l'homme, pour tendre activement vers un but : *La position d'une armée, le lieu favorable ou non pour combattre; sa disposition, l'ordonnance que lui a donnée son chef pour gagner la bataille.* ¶ 2 Manière dont est placée une chose géographiquement. *Position,* lieu géographique, tel qu'il peut être déterminé sur la carte relativement à d'autres lieux, avec souvent l'idée des possibilités qu'il permet : *La position de Genève, entre la France, l'Italie et l'Allemagne, la rend riche et commerçante* (D'Al.). **Situation,** manière d'être, en bien ou en mal, par rapport à ce qui entoure : *Situation heureuse* (Fén.); *très agréable* (D'Al.). **Exposition,** situation par rapport aux vues et aux divers aspects du soleil : *Exposition saine d'une maison* (Acad.). **Orientation,** position par rapport aux points cardinaux; par ext. exposition d'une maison par rapport au soleil. **Gisement,** terme de marine, position, direction des côtes. **Assiette,** souvent employé en langage militaire, situation solide, forte, nettement caractérisée, d'une ville, d'une place forte : *L'assiette merveilleuse de son château escarpé et fortifié* (Rac.). ¶ 3 (d'une personne) → Assiette. *Position,* manière de tenir le corps immobile, considérée par rapport à la commodité, ou à une règle qui prescrit de se tenir de telle ou telle façon pour exécuter telle ou telle action : *Elle s'interrompit pour changer de position. Elle se brûlait* (Zola). *La position du soldat sous les armes.* **Attitude** (ital. *attitudine,* disposition convenable), à l'origine

terme d'art, a gardé souvent une nuance esthétique qui peut impliquer le mouvement : *Attitude gracieuse* (J.-J. R.); et se dit bien de la disposition du corps en vue d'une action précise ou comme manifestant certains sentiments : *L'attitude d'un homme qui allait se précipiter* (Volt.). **Pose,** attitude esthétique, en général immobile ou dans laquelle on suspend son mouvement : *Pose songeuse* (A. Four.); *napoléonienne* (Gi.). **Posture,** position envisagée sous le rapport de la commodité ou de la décence, et souvent, péj., position incommode, indécente ou bizarre : *La posture qu'on prend pour écrire* (Volt.). *Postures de bateleur* (Acad.), *de singes* (Buf.). ¶ 4 → État. ¶ 5 → Opinion.

Possédé : ¶ 1 → Énergumène. ¶ 2 → Furieux.

Posséder : ¶ 1 → Avoir. ¶ 2 → Jouir. ¶ 3 → Connaître. ¶ 4 (Réf.) → (se) Vaincre.

Possesseur : → Propriétaire.

Possession : → Jouissance.

Possibilité : En parlant d'une action, le fait qu'elle peut être accomplie par une personne. *Possibilité* implique que par sa nature la chose est faisable; **Liberté,** qu'aucune interdiction extérieure ne la prohibe, même si elle n'est pas faisable : *On peut avoir la liberté de voyager à l'étranger, sans en avoir la possibilité.* **Pouvoir** (→ ce mot) suppose l'éloignement de tout obstacle, intérieur ou extérieur, qui pourrait empêcher le sujet d'exploiter la possibilité pour accomplir la chose : *On a la possibilité d'acheter à crédit, mais il faut gagner de l'argent pour en avoir le pouvoir.* **Faculté** désigne plutôt un pouvoir virtuel, naturel ou concédé : *Un mineur n'a pas la faculté de disposer de ses biens.* **Moyen,** syn. de *pouvoir,* fait penser aux ressources extérieures au sujet qui lui permettent de supprimer tout obstacle, d'exercer son pouvoir, d'arriver à son but par telle ou telle voie. **Facilité,** moyen aisé, commode, à la disposition de quelqu'un : *Avoir la facilité de rencontrer un ami.*

Possible : Qui peut passer à l'état de chose effective. *Possible,* terme général, n'implique pas nécessairement l'idée d'un agent et se dit seul de ce qui peut arriver : *Rien de ce qui fut n'a cessé d'être possible* (Bar.). **Faisable,** fam., ne se dit que de ce que quelqu'un peut exécuter : *Votre commission n'est pas faisable* (Mariv.). **Réalisable,** plus relevé, suppose surtout une idée, un projet qu'on peut faire passer dans l'ordre des choses effectives. **Praticable,** qui peut être mis en pratique, en usage, c'est-à-dire exécuté ou réalisé non pas une fois, mais d'une manière suivie, habituellement : *Tous les moyens praticables pour venir à bout de cette affaire* (ACAD.).

Poste : ¶ 1 → Lieu. ¶ 2 → Emploi.

Poster : Placer quelqu'un en quelque endroit pour observer ou exécuter quelque chose. *Poster* indique une action ordinaire et se dit bien en termes de guerre : *Poster des troupes.* **Aposter,** très souvent péj., poster dans l'intention bien déterminée de nuire à quelqu'un avec ruse ou mystère : *Il aposta plusieurs meurtriers pour l'assassiner* (ROLL.).

Postérieur : ¶ 1 Adj. → Suivant. ¶ 2 N. → Derrière.

Postérité : ¶ 1 *Postérité*, collectif, l'ensemble des successeurs, et, s'il s'agit de quelques-uns seulement, les successeurs les plus éloignés d'un ancêtre : *De l'antique Jacob jeune postérité* (RAC.). **Descendance** et **Descendants** fait davantage penser aux individus et, s'il s'agit de quelques-uns, les envisage comme moins éloignés que la *postérité* : *Dieu promit la terre de Chanaan à la postérité d'Abraham et l'obligea à le servir... lui et ses descendants* (Bos.). **Lignée,** postérité d'un homme considérée comme formant une race, une chaîne continue, et souvent par opposition à une autre lignée issue du même père avec une autre mère : *Un père eut pour toute lignée Un fils qu'il aima trop* (L. F.). **Enfants** et **Fils,** descendants immédiats d'un même père, par ext tous les descendants assez proches d'un ancêtre; *fils*, plus poét., a pour syn. vx **Neveux.** **Génération,** syn. vx de *descendance* : *La génération de Noé.* **Rejetons,** syn. poét., et de nos jours surtout fam., de *descendants.* ¶ 2 Au fig. *Postérité* et **Descendants** peuvent marquer une filiation spirituelle et se dire de ceux qui ont recueilli un héritage moral : *Jeune postérité d'un vivant qui vous aime* (VI.). *Les Grecs modernes sont les descendants d'Homère* (VOLT.). **Fils** marque plutôt une ressemblance de tempérament, de caractère : *Les fils de Mars, d'Apollon.* ¶ 3 → Avenir.

Postiche : ¶ 1 Adj. → Artificiel. ¶ 2 N. *Postiche,* ornement artificiel remplaçant en partie ou entièrement la chevelure. **Perruque,** coiffure de faux cheveux recouvrant ou remplaçant entièrement les cheveux. **Moumoute,** pop., faux toupet.

Postillon : ¶ 1 → Cocher. ¶ 2 → Salive.

Postulant, celui qui fait des démarches pour obtenir une place, un emploi, se dit seul de celui qui demande à faire son noviciat dans une maison religieuse. **Solliciteur, Quémandeur** diffèrent comme les v. correspondants : → Solliciter. **Prétendant,** celui qui aspire vivement ou fait valoir

des droits à des choses souvent importantes, se dit spéc. de celui qui revendique un trône ou aspire à la main d'une femme. **Candidat,** postulant qui se présente officiellement à un choix, une élection, un examen, un concours, une cooptation, etc. **Aspirant** désigne parfois un candidat à certains examens ou concours : *Aspirant au brevet supérieur*; et, en un sens plus large, celui qui désire vivement une charge, un titre, un emploi, et agit pour l'obtenir sans encore s'y présenter officiellement : *Aspirant ministre* (≠ **Impétrant,** celui qui obtient, candidat, postulant qui reçoit satisfaction, dans le langage administratif : *Les diplômes universitaires portent la signature de l'impétrant*). **Poursuivant** ajoute à *prétendant* une idée de vive compétition, parfois par brigue et manœuvres, et se dit notamment de celui qui recherche avec ardeur la main d'une femme.

Postulat : → Principe.

Postuler : → Solliciter.

Posture : → Position.

Pot : → Récipient. *Pot,* tout vase de terre où l'on met un liquide. **Pichet,** pot à anse où l'on met diverses boissons. **Cruche,** pot à anse, à large ventre et à col étroit, où l'on met de l'eau ou des boissons.

Potable : ¶ 1 Qu'on peut boire. *Potable* se dit spéc. de l'eau qu'on peut boire sans danger parce qu'elle est saine et, par ext., d'un liquide qu'on peut boire sans dégoût. **Buvable,** que rien n'empêche de boire, s'emploie plutôt à la négative et a surtout rapport à la qualité du liquide ou à la facilité avec laquelle on peut l'absorber. ¶ 2 → Passable.

Potage : → Bouillon.

Pot-de-vin : → Gratification.

Poteau : → Pieu.

Potelé : → Gras.

Potence : → Gibet.

Potentat : → Roi.

Potentiel : → Force.

Potiche : → Vase.

Potin : ¶ 1 → Médisance. ¶ 2 → Tapage.

Potiner : → Médire.

Potion : → Remède.

Pot pourri : → Mélange.

Pouce (donner un coup de) : → Exagérer.

Pouces (mettre les) : → Céder.

Poucettes : → Menottes.

Poudre : → Poussière.

Poudre aux yeux (jeter de la) : → Impressionner.

Poudre (mettre en) : → Détruire.

Pouffer : → Rire.

Pouilles : → Injures.

Pouilleux : → Misérable.

Poulain : → Cheval.

Poule : ¶ 1 La femelle du coq. *Poule*, en termes de cuisine, se dit plutôt d'une bête assez âgée que l'on fait bouillir, **Poularde**, d'une jeune poule engraissée qu'on fait rôtir. ¶ 2 → Compétition.

Poulet : → Lettre.

Pouliche : → Jument.

Pouls (tâter le) : → Sonder.

Poumon, chez l'homme et les animaux, principal organe de la respiration. **Mou,** nom vulgaire, en termes de boucherie, du poumon de certains animaux : *Mou de veau.*

Poupard : ¶ 1 N. → Bébé. ¶ 2 Adj. En parlant d'un visage qui a quelque chose d'enfantin, *Poupard*, joufflu et frais; **Poupin** indique plutôt des traits menus, un coloris brillant, avec quelque chose qui tient de la poupée.

Poupon : → Bébé.

Pour : ¶ 1 Avec un infinitif : à l'effet de. *Pour* marque une intention assez vague envisagée surtout dans son effet objectif et peut s'employer dans tous les cas. **Afin de** indique une intention plus particulière dirigée vers une fin plus précise et parfois extraordinaire. Même nuance entre *pour que* et *afin que* : *Le marchand fait des montres pour donner de sa marchandise ce qu'il y a de pire; il a le cati et les faux jours afin d'en cacher les défauts, et qu'elle paraisse bonne; il la surfait pour la vendre plus cher qu'elle ne vaut; il a des marques fausses et mystérieuses afin qu'on croie n'en donner que son prix* (L. B.). ¶ 2 En ce qui regarde. *Pour*, de tous les styles, s'emploie dans tous les cas et, au commencement d'une phrase, marque une simple transition; **Quant à,** terme didact., met nettement à part ce qu'il distingue, et, au commencement d'une phrase, annonce un nouvel article : *Sésostris écoutait ceux de ses sujets qui... Pour les étrangers, il les recevait avec bonté* (FÉN.). *C'est l'ignorance du fait. Mais quant à celle du droit...* (PASC.). *Pour moi*, de tous les styles, n'indique dans celui qui parle rien de particulier, *Quant à moi* indique qu'on se pose, qu'on a des prétentions, ou bien est du style didact. ou fam. : *Par ce point-là, je n'entends, quant à moi...* (L. F.).

Pourboire : → Gratification.

Pourceau : → Porc.

Pourcentage, proportion pour cent : *Quel pourcentage exigez-vous dans cette affaire?* **Tantième,** chiffre convenu d'un pourcentage : *Le tantième des associés dans les bénéfices est proportionnel à ce qu'ils apportent.*

Pourchasser : → Poursuivre.

Pourfendeur : → Bravache.

Pourlécher : ¶ 1 → Lécher. ¶ 2 (Réf.) → (se) Régaler.

Pourparlers : → Conversation et Négociation.

Pourpre : ¶ 1 Adj. → Rouge. ¶ 2 N. → Rougeur.

Pourquoi : → Cause.

Pourquoi (c'est) : → Ainsi.

Pourri, Putréfié, Gâté, Corrompu, Croupi, Décomposé : → Pourrir. **Putride,** terme didact., qui est dans un état de putréfaction ou contient des matières putréfiées, enchérit, même parfois au fig., sur tous ces mots : *Ce principe de corruption, ce secret putride* (MAU.). — Au fig. → Malade.

Pourrir : (Intrans.) ¶ 1 S'altérer lentement et progressivement au contact de l'air en parlant de substances. *Pourrir*, terme commun, marque un état d'altération fort avancé : *D'autres arbres gisant au pied des premiers pour pourrir sur des monceaux déjà pourris* (BUF.). **Se pourrir,** être en train de pourrir. **Se putréfier,** terme didact., pourrir, dans certaines conditions de chaleur et d'humidité, en parlant des substances organiques mortes : *Le fumier se putréfie dans les fosses.* **Se décomposer,** s'altérer par la désorganisation de ses éléments, de façon à arriver à un état de putréfaction. **Se gâter** fait penser à la détérioration de la chose et marque un simple commencement de décomposition, dans une substance vivante ou morte, qui altère sa qualité naturelle : *Des fruits se gâtent sur l'arbre.* **Se corrompre** dit plus et suppose une altération profonde et irrémédiable. **Tourner,** commencer à s'altérer, à se corrompre, se dit surtout du vin, du lait, des sauces ou des fruits trop mûrs. **Moisir** s'altérer à sa surface en se couvrant d'une petite végétation cryptogamique, en parlant de certaines substances : *Le pain moisit à l'humidité.* **Chancir,** commencer à moisir en se couvrant d'une fine pellicule blanchâtre, surtout en parlant des comestibles : *Pâté qui chancit.* **Se piquer,** se gâter ou moisir en présentant d'ordinaire des trous ou des taches, ou en s'aigrissant s'il s'agit de boissons : *Bois, étoffes, papier qui se piquent. Du vin piqué.* **Croupir,** par ext., se corrompre en parlant d'une eau stagnante, ou de matières qu'elle contient. **Se faisander,** acquérir du fumet en se mortifiant, en parlant d'une pièce de gibier; par ext., commencer à se gâter, à se corrompre, en parlant de certaines viandes de boucherie. ¶ 2 Au *fig.* Rester longtemps en un lieu. *Pourrir* se dit seul dans l'expression *pourrir en prison* : *Les prisons où pourrissent les scélérats* (J.-J. R.); *pourrir*, rester longtemps dans un emploi, sans être utilisé, ou, en parlant d'un auteur, être oublié sans être lu, est plutôt de nos jours remplacé par **Moisir** : *Il ne pourrira pas dans cet emploi* (Acad.). *Un auteur ne peut-il pourrir en sûreté?* (Boil.). *Pourrir* renchérit sur **Croupir** pour marquer qu'on demeure dans un état infâme : *Croupir dans notre ignorance* (Bos.). *Pourrir dans l'ordure, dans le vice* (Lit.). — ¶ 3 (Trans.) → Gâter.

Poursuite : ¶ 1 → Recherche. ¶ 2 En termes de jurisprudence, *Poursuite*, acte de procédure pour obtenir devant les tribunaux la réparation d'un grief ou la punition d'un délit, et **Demande**, acte de procédure pour obtenir une chose à laquelle on a ou on croit avoir droit, font penser à celui qui attaque. **Action**, ensemble des actes de la procédure engagée pour arriver jusqu'au jugement. **Instance**, mise en œuvre de l'action spéc. lorsqu'il s'agit d'une contestation. **Procès** (→ ce mot), instance portée devant le juge. ¶ 3 → Continuation.

Poursuivant : → Postulant.

Poursuivre : ¶ 1 → Suivre. *Poursuivre*, suivre avec ardeur, avec application : *Je le poursuis partout comme un chien fait sa proie* (Boil.). **Chasser**, poursuivre le gibier, par ext. en termes de marine, poursuivre un navire; en termes de sport cycliste, poursuivre un coureur qui s'est échappé. **Donner la chasse** est susceptible d'emplois plus larges, en parlant d'ennemis, de malfaiteurs que l'on poursuit énergiquement. **Pourchasser**, poursuivre sans trêve, en tous lieux, avec un acharnement particulier, exprime une action moins physique, qui peut souvent consister à suivre à la trace ou à rechercher la trace : *Pourchasser un malfaiteur à travers toute l'Europe.* **Talonner**, poursuivre de près, sur les talons : *Il la poursuit, la talonne, l'atteint* (J.-J. R.). **Être aux trousses de**, fam., poursuivre de près celui qu'on importune, celui sur qui on veut exercer une action de justice ou à qui on donne la chasse. **Serrer de près**, poursuivre vivement, en talonnant presque, et spéc. poursuivre une femme de ses assiduités pressantes. **Traquer**, en termes de chasse, obliger les bêtes à s'offrir aux pièges et aux chasseurs en resserrant toujours davantage une enceinte faite dans un bois; par ext. pourchasser quelqu'un vivement en lui fermant successivement toutes les issues : *Traquer quelqu'un dans tous les coins de l'appartement* (M. D. G.). **Presser** implique qu'en poursuivant on attaque sans relâche, avec ardeur, quelqu'un qui peu à peu est obligé d'accepter le combat : *Se sentir pressé par des voleurs* (L. F.). **Pousser** s'emploie surtout au *fig.*, lorsqu'on ne laisse plus à quelqu'un aucune échappatoire dans une discussion. **Rencogner**, *fam.*, presser dans un coin, marque toujours une action physique. — **Relancer**, *fig.* et *fam.*, poursuivre quelqu'un dans sa retraite pour l'engager à faire ce à quoi il ne songeait plus ou ce qu'il n'avait pas envie de faire. ¶ 2 → Rechercher. ¶ 3 → Tourmenter. ¶ 4 → Continuer. ¶ 5 → Inculper.

Pourtant : → Cependant.

Pourtour : → Tour.

Pourvoi : → Recours.

Pourvoir : ¶ 1 (Intrans.) *Pourvoir à*, terme général, est dominé par l'idée de précaution; c'est fournir ou faire tout ce qui est nécessaire pour qu'une chose ait lieu, qu'un besoin soit satisfait, qu'un mal soit évité : *Pourvoir à la victoire et à la défaite* (Volt.); *à des fantaisies* (Balz.). **Subvenir** ne se dit que d'une dépense, d'un besoin actuels auxquels on peut faire face, suffire : *Subvenir à des frais* (Volt.). **Fournir à**, subvenir entièrement ou en partie à une dépense, à des frais. **Donner ordre à**, s'occuper d'une chose précise, y pourvoir, pour qu'elle soit comme elle doit être, ou pour l'empêcher, ou pour l'arranger : *Donner ordre au sacrifice* (Corn.); *à un embarras* (Sév.). **Aviser**, faire réflexion à une chose pour y pourvoir, en décidant ce qu'on fera : *Or avisons aux lieux qu'il vous faut habiter* (L. F.). **Veiller à**, donner toute l'attention, le soin nécessaires pour qu'une chose se fasse bien : *Ces pieux fainéants veillaient à bien dîner* (Boil.). — **Remédier à**, pourvoir à un mal en prenant des contre-mesures pour en atténuer ou en supprimer les effets : *Remédier à un péril* (Fén.), *à une folie* (Marm.). **Suppléer à**, pourvoir à un manque en remplaçant ce qui fait défaut par quelque chose qui en tient lieu : *Suppléez au peu d'art que le ciel mit en moi* (L. F.). **Pallier** (trans.), au *fig.*, remédier à quelque mal d'une façon provisoire ou incomplète, en l'atténuant, ou simplement en le cachant : *Mesures pour pallier l'inflation*. ¶ 2 (Trans.) → Procurer et Fournir. *Donner*, procurer soi-même à quelqu'un ce qui lui est nécessaire. *Pourvoir* comporte une idée de précaution et se dit bien, au *fig.*, des avantages naturels donnés par la sagesse divine qui prend soin du monde : *Pourvoir d'un état* (Balz.). *Le ciel l'a pourvu de bonnes qualités* (Acad.). **Approvisionner**, pourvoir de choses nécessaires à la consommation pour faire face aux besoins à venir. **Ravitailler**, approvisionner de vivres ou de munitions. **Charger,** pourvoir à profusion, parfois avec excès, de ce qui semble être porté : *Charger une table de mets; un discours de citations.* **Lester,** syn. fam. de *charger,* en parlant de choses utiles qu'on emporte avec soi, ou dans soi, s'il s'agit d'une nourriture substantielle. **Équiper,** terme de marine, pourvoir un vaisseau, une flotte de tout ce qui est nécessaire; par ext., pourvoir quelqu'un du nécessaire, surtout de vêtements, ou pourvoir un pays, un établissement du matériel nécessaire : *Équiper un soldat. Salles équipées pour soigner les malades* (Cam.). **Monter,** pourvoir un cavalier d'un cheval; par ext., plus fam. et absolument, pourvoir un établissement, une personne, du nécessaire, surtout pour le ménage : *La manière dont son ménage était monté* (J.-J. R.). **Doter,** pourvoir d'une dot, d'une dotation (→ Don), au fig. de qualités, de défauts, d'avantages ou de faiblesses; parfois *équiper,* toujours en précisant le matériel dont il s'agit : *Les armes dont la section d'infanterie est dotée.* **Outiller,** pourvoir d'outils, ne se dit guère au prop. que dans les loc. *bien, mal outillé,* mais s'emploie au fig. surtout au part. passif pour qualifier un homme bien ou mal pourvu de ce qui lui est nécessaire pour ce qu'il entreprend : *Grâce à l'éducation qu'il a reçue, il est bien outillé pour la vie* (Acad.). ¶ 3 Nommer quelqu'un à un emploi, une charge, un bénéfice. *Pourvoir,* mettre en possession, dit mieux qu'**Investir,** qui suppose des formalités, des cérémonies et ne se dit que d'un titre, d'une dignité, d'un pouvoir ou d'une autorité. **Revêtir,** pourvoir de charges, d'emplois, de titres, d'autorités qui semblent un ornement somptueux. ¶ 4 → Placer.

Pourvu : → Fourni.

Pousse : → Œil. *Pousse,* bourgeon déjà avancé, en passe de devenir un petit rameau. **Jet,** pousse bien droite des arbres ou des vignes. **Rejet,** nouvelle pousse ou ensemble des nouvelles pousses d'une plante. **Rejeton,** plus spéc., nouvelle pousse produite par un végétal dans le voisinage du pied de la tige ou du collet de la racine. **Coulant,** rejeton d'une plante qui s'allonge en tige rampante sur le sol. **Scion,** pousse déjà développée, mais ne formant pas encore un rameau, ou rejeton flexible. **Surgeon,** rejeton qui sort du tronc, du pied d'un arbre. **Tendron,** bourgeon ou rejeton tendre de quelques plantes.

Poussée : ¶ 1 → Pression. Pression faite sur une personne pour l'ôter de sa place. *Poussée,* qui se dit aussi pour les choses, ne précise pas les modalités de l'action. **Bourrade,** poussée qu'une personne donne à une autre, brutalement, souvent avec la crosse d'un fusil ou à coups de poing. ¶ 2 → Crise.

Pousser : Trans. ¶ 1 *Pousser* marque une pression douce ou violente, sur des personnes ou des choses, pour les ôter de leur place : *Le moine me poussa dehors* (Mtq.). **Bousculer** suppose une pression violente faite souvent par heurt, qui met le désordre dans un groupe de personnes ou de choses, ou pousse une seule personne dans tous les sens : *Comme la foule les bousculait, elle le poussa sous une porte* (Zola). **Repousser** (→ ce mot), pousser de nouveau, et, plus souvent, pousser en arrière ce qui fait face ou résiste, faire reculer quelqu'un, écarter de soi quelque chose : *Sa main avec horreur les repousse loin d'elle* [ses enfants] (Rac.). **Chasser,** c'est plutôt pousser devant soi ou en avant ce qui tourne le dos, en lui imprimant une vive impulsion, ou en le poursuivant par des cris, des menaces, sans le toucher, spéc. en parlant des animaux : *La poudre et la paille légère Que le vent chasse devant lui* (Rac.). *Chasser devant soi un troupeau d'oies.* ¶ 2 Imprimer le mouvement. *Pousser,* faire aller en frappant ou en jetant, suppose plutôt un mouvement rectiligne qui peut être doux, continu ou méthodique : *Le vent pousse un navire à la côte.* **Jeter** (→ ce mot) suppose un mouvement brusque, bref et mal dirigé : *La tempête jette un navire sur les récifs.* Au fig., en parlant des sons qui sortent de la bouche, *pousser* peut se dire de sons continus : *Pousser des cris, des soupirs; jeter* ne se dit guère que d'un cri bref et violent qui sort brusquement sous l'effet de la peur, de l'étonnement. ¶ 3 → Poursuivre. ¶ 4 → Appuyer et Promouvoir. ¶ 5 → Allonger. ¶ 6 → Porter. ¶ 7 *Pousser à :* → Inviter. — Intrans. ¶ 8 *Pousser,* croître en parlant des plantes, mais aussi de la barbe, des cheveux, du poil, des ongles. **Poindre,** commencer à pousser, apparaître comme un point sur la surface du sol, ne se dit que des plantes, et, fam., de la barbe qui commence à paraître chez un jeune homme. **Pointer,** pousser une petite pointe, ne se dit que des herbes ou des bourgeons qui font plus que poindre et commencent à pousser. **Venir,** en parlant des plantes, pousser habituellement en un lieu, ou pousser de telle ou telle manière : *Venir en pleine terre.* ¶ 9 → Aller. ¶ 10 (Réf.) *Se pousser,* s'avancer habilement dans le monde, la fortune, les honneurs : *A la cour, on s'insinue, on se pousse* (P.-L. Cour.). **S'intriguer,** se pousser par intrigue, est vx. **Avoir de l'entregent,** posséder la manière adroite de s'insinuer auprès des gens utiles pour se pousser.

Poussière, particules de terre très fines emportées par le vent, se dit par ext. d'autres matières naturellement divisées en particules très fines. **Poudre** ne se dit plus que de matières pulvérisées mécaniquement : *Café en poudre*; comme syn. de *poussière*, *poudre*, vx, du style recherché ou biblique, ou dans quelques loc. comme *mettre en poudre*, est plus noble, fait penser à la matière et à sa forme, alors que *poussière*, plus péj., ajoute l'idée que les débris de la matière sont emportés par le vent ou foulés aux pieds comme une chose vile : *Vous êtes poudre et vous retournerez en poudre* (SACI). *L'image d'un pauvre diable qui sera bientôt poussière* (VOLT.). — **Poussier,** poussière de charbon ou d'autres débris pulvérulents.

Poussif : → Essoufflé.

Poutre, grosse pièce de bois équarri, qui sert spéc. à soutenir les solives d'un plancher. **Madrier,** poutre en chêne fort épaisse. — *Poutre* se dit aussi de barres de fer épaisses à section en double T servant, dans la construction moderne, au même usage que les poutres de bois. **Poutrelle,** petite poutre, spéc. solive de fer à section en double T.

Pouvoir (V.) marque que rien, ni dans le sujet, ni dans les circonstances extérieures, n'empêche de faire quelque chose. **Être en mesure,** fig., précise que le sujet a les moyens ou se trouve dans les circonstances convenables pour entreprendre une action et y réussir. **Être à même** marque une possibilité encore plus immédiate d'agir avec succès. **Être en état** marque l'aptitude actuelle à faire ou à subir immédiatement : *Lorsqu'il m'a promis de m'aider, il était en état de le faire... Mais pour être mieux à même de m'aider, il s'est malheureusement mis à jouer* (GI.). — A la négative, *Ne pouvoir* marque la grande difficulté, *Ne pas pouvoir,* l'impossibilité absolue à faire, soit par la faute du sujet, soit à cause des circonstances extérieures. **Ne savoir,** surtout au conditionnel, marque plutôt une impossibilité inhérente aux capacités d'une personne et nie moins nettement : *Ils ne sauraient servir, mais ils peuvent vous nuire* (MOL.). *Les peuples pasteurs ne peuvent se séparer de leurs troupeaux qui font leur subsistance; ils ne sauraient non plus se séparer de leurs femmes qui en ont soin* (MTQ.).

Pouvoir (N.) : ¶ 1 → Possibilité. Disposition d'un sujet qui le rend capable de quelque effet. *Pouvoir* suppose l'éloignement de tout obstacle qui pourrait gêner la liberté du sujet, pour accomplir un acte déterminé, atteindre un but précis : *Le pouvoir de rêver que je n'avais qu'en son*

absence (PROUST). **Puissance** et **Faculté,** dispositions ou capacités d'agir ou de supporter, permanentes mais virtuelles, considérées uniquement dans le sujet, et manifestées dans l'action par le *pouvoir* : *Affirmer que Dieu n'ait pas le pouvoir d'accorder la pensée à tel être qu'il voudra, c'est borner la puissance du Créateur qui est sans bornes* (VOLT.). *Puissance* annonce quelque chose de plus grand et de plus général que *faculté* qui se dit surtout des capacités spirituelles, alors que *puissance* se dit plutôt des capacités physiques, et, en parlant des capacités spirituelles, est plutôt du langage relevé : *Faculté de souffrir* (STAËL). *Puissance de travail* (ACAD.). *Grande puissance d'aimer* (STAËL). **Force,** faculté d'agir avec énergie ou de résister avec fermeté. ¶ 2 → Autorité. ¶ 3 → Influence.

Prairie : → Pâturage. La *Prairie* est couverte d'herbe, la **Pelouse,** de gazon.

Praticable : → Possible

Praticien : → Médecin.

Pratique (N.) : ¶ 1 *Pratique,* **Application, Exercice :** → Pratiquer. ¶ 2 → Réalisation. ¶ 3 → Méthode. ¶ 4 → Habitude. ¶ 5 → Expérience. ¶ 6 → Fréquentation. ¶ 7 → Acquéreur. ¶ 8 *Pratiques :* → Menées.

Pratique (Adj.) : ¶ 1 → Commode. ¶ 2 → Réaliste.

Pratiquer : ¶ 1 *Pratiquer* marque qu'on ne se contente pas de connaître une règle, un principe, mais qu'on y conforme habituellement sa façon d'agir : *Pratiquer des maximes* (CORN.). **Mettre en pratique** implique plutôt qu'on tire un résultat concret de l'usage d'un principe, d'une règle : *Essayons de mettre en pratique notre méthode* (PASC.). **Appliquer,** mettre en pratique une règle, un principe, un système dans un cas particulier auquel ils conviennent pour l'éclairer, le résoudre, ou, en général, les utiliser dans son action, ses recherches, ses créations. ¶ 2 Avoir telle ou telle activité. *Pratiquer* se dit pour des activités très diverses et spéc. des professions comme la médecine qui dépendent d'une théorie qu'on met en œuvre, par opposition à ceux qui se contentent de recherches spéculatives : *Pratiquer la natation; la chirurgie.* **Exercer** se dit surtout des métiers dont on accomplit les fonctions d'une façon continue, mais ne s'emploie pas pour les autres activités, sauf pour les considérer comme un métier : *Un bon danseur pratique la danse, un maître à danser l'exerce* (MOL.). **Professer,** syn. vx d'*exercer*. **Faire,** parfois syn. vague d'*exercer* (*faire un métier*), et-syn. de *pratiquer* et marque alors simplement, fam., qu'on consacre son temps à une activité quelconque : *Faire du sport, du tennis, du latin.* **Cultiver** ne se dit que de certaines activités scientifiques et surtout artistiques auxquelles on se consacre assidûment d'une façon désintéressée, avec l'idée qu'on leur apporte une sorte d'enrichissement : *Cultiver les sciences* (J.-J. R.); *les arts* (VOLT.). ¶ 3 → Réaliser. ¶ 4 → User de. ¶ 5 → Fréquenter.

Pré : → Pâturage.

Préalablement : → Avant.

Préambule : ¶ 1 → Préface. ¶ 2 → Préliminaire.

Prébende : → Revenu.

Précaire : ¶ 1 → Incertain. ¶ 2 → Passager. ¶ 3 → Périssable.

Précaution : ¶ 1 → Mesure. ¶ 2 → Prudence.

Précautionné : → Prudent.

Précautionner : ¶ 1 → Garantir. ¶ 2 (Réf.) → (se) Prémunir.

Précautionneux : → Prudent.

Précédemment : → Avant.

Précédent : ¶ 1 Adj. → Antérieur. ¶ 2 N. → Antécédent.

Précéder : ¶ 1 Aller devant les autres. *Précéder* marque un avantage de rang ou de place, sans que ceux qui suivent fassent un effort pour combler leur retard et parfois même sans aucune idée de mouvement : *Richelieu précédait partout les princes du sang* (VOLT.). *Dans un livre un chapitre en précède un autre.* **Devancer** marque un avantage de diligence, de progrès, qui fait aller plus vite que les autres malgré les efforts de ceux-ci : *La reine dont ma course a devancé les pas* (RAC.). ¶ 2 S'il s'agit d'un rapport de temps, *Précéder* indique préexistence, **Devancer**, avance sur les concurrents, priorité conquise : *Bien que les premières œuvres de Vigny précèdent celles de Hugo, celui-ci a devancé pour exprimer les théories dramatiques du romantisme.*

Précellence : → Perfection.

Précepte : ¶ 1 → Commandement. ¶ 2 → Principe.

Précepteur : → Maître.

Prêche : → Sermon.

Prêcher : ¶ 1 *Prêcher*, adresser des discours religieux et moraux à ceux qui ignorent la religion ou qui la connaissent plus ou moins parfaitement. **Évangéliser**, employer la prédication ou le livre pour faire connaître l'Évangile à des gens très peu instruits et surtout à des infidèles : *St François Xavier a évangélisé le Japon.* **Catéchiser**, initier à la foi chrétienne, suppose qu'on enseigne les principaux

points de la religion à ceux qui l'ignorent ¶ 2 → Endoctriner. ¶ 3 → Recommander· ¶ 4 → Discourir.

Prêcheur : → Prédicateur.

Prêchi-prêcha : → Radotage.

Précieux : ¶ 1 → Cher. ¶ 2 → Affecté. Affecté par trop de finesse. *Précieux*, qui se dit en termes d'art ce qui est d'une extrême délicatesse, indique, en un sens péj. depuis le XVIIe s., une délicatesse excessive dans le goût, les manières, l'air, les sentiments, les idées, le langage, qui tourne à l'affectation : *Sophie n'était ni précieuse, ni ridicule; comment cette délicatesse outrée aurait-elle pu lui convenir?* (J.-J. R.). **Maniéré**, en parlant des façons d'agir et des procédés d'expression, implique qu'on répugne à la simplicité par recherche excessive de l'esprit, de la grâce, de la politesse : *Ce pauvre être si façonné, si maniéré était devenu terriblement dépouillé et simple* (MAU.). **Musqué**, fam. et vx, en parlant d'un écrivain et de son style, très maniéré, avec trop de grâce féminine, d'ornements futiles. **Tarabiscoté**, fig. et fam., en parlant du style, trop chargé d'ornements délicats, comme une moulure trop façonnée, ce qui aboutit à la complication affectée : *Tirades tarabiscotées* (J. ROM.). — **Prétentieux**, en parlant du ton, du style, implique le désir de faire de l'effet par la finesse, par la recherche ou par les ornements les plus voyants ou du plus mauvais goût. **Chichiteux**, syn. pop. de *maniéré*, en parlant des personnes seulement.

Préciosité : → Affectation. Affectation artistique. *Préciosité* se dit des manières et du style de ceux qui veulent se distinguer par une extrême délicatesse, dans le goût, les sentiments, les idées morales, le langage, spéc. en parlant des mondains du XVIIe s. qui se disaient « précieux », et, par ext., en un sens plutôt défavorable de ceux qui ont eu la même attitude dans l'histoire de la littérature et des mœurs : *La préciosité de Mlle de Scudéry; de Pétrarque; de Giraudoux.* **Maniérisme** suppose un style qui répugne à la simplicité et cache le naturel sous une coquetterie affectée. **Marivaudage**, maniérisme propre à Marivaux, implique l'art de cacher les sentiments les plus délicats sous le badinage, la dialectique galante, la finesse et la recherche du style : *Qui dit marivaudage dit plus ou moins badinage à froid* (S.-B.). **Marinisme**, style dans le goût du poète italien Marino (1569-1625), implique avant tout la recherche des « concetti », des pointes à l'italienne (→ Mot d'esprit). **Conceptisme** (Espagne, XVIe s.) suppose surtout la recherche des pensées rares par leur subtilité ou leur érudition, **Cultisme**

(Espagne, xv1e et xv11e s.), un style savant, compliqué, érudit et recherché; **Gongorisme**, cultisme du poète espagnol Gongora (1561-1627), un style bourré de latinismes, de néologismes, de figures difficiles, pour exprimer des idées recherchées d'une façon inaccessible au profane. **Euphuïsme**, style dans le goût de celui de l'*Euphuès*, roman de l'anglais John Lyly (1579), implique surtout la recherche des métaphores, des allitérations, des balancements savants. **Alexandrinisme** fait penser à la subtilité érudite et raffinée de la poésie grecque d'Alexandrie, sous les Ptolémées (1ve-1er s. av. J.-C.).

Précipice : ¶ 1 *Précipice*, escarpement où l'on risque de tomber. Le **Gouffre** est béant et engloutit : *Ces gouffres [de la mer] qui semblent attirer les vaisseaux pour les engloutir* (Buf.). L'**Abîme** (du grec *a + bussos*, sans fond) est sans fond, on s'y perd : *Cœur profond comme un abîme* (Baud.). **Abysse** ne se dit que des grandes profondeurs sous-marines. **Aven**, puits naturel ou gouffre dans les plateaux calcaires des Causses. ¶ 2 Au fig., *Précipice* évoque une chute, une ruine : *Vois-je l'État penchant au bord du précipice?* (Rac.); **Gouffre**, une force qui engloutit sans remède, qui anéantit, **Abîme**, un infini où l'on se perd, mais sans toujours l'idée funeste qu'évoque *gouffre* : *Gouffre d'horreurs* (Corn.). *Abîme de délices* (Fén.).

Précipitation : → Vitesse.

Précipité : → Sédiment.

Précipiter : ¶ 1 → Jeter. ¶ 2 → Accélérer. ¶ 3 (Réf.) → (s') Élancer.

Précis : Adj. ¶ 1 → Juste. *Précis* a rapport à la manière dont est faite une chose avec netteté, sans embarras ni équivoque : *Mouvement défini de façon précise* (Val.). **Rigoureux** enchérit et suppose dans la chose une exactitude si précise qu'elle est incontestable : *Démonstration rigoureuse*. **Mathématique,** fig., suppose une très grande précision ou une nécessité qui ne fait aucun doute : *Exactitude mathématique. Impossibilité mathématique.* ¶ 2 → Clair. ¶ 3 → Concis. — ¶ 4 N. → Abrégé.

Précisément : évite la confusion : *Nous connaissons si bien l'infini que nous le distinguons précisément de tout ce qu'il n'est pas* (Fén.). **Rigoureusement** et **Mathématiquement** diffèrent de *précisément* comme les adj. correspondants : → Précis. **Justement** (→ ce mot), en parlant de ce qui est ou de ce qui arrive, marque une coïncidence précise avec une autre chose ou avec ce qu'on attend : *Un homme arrive précisément à l'heure s'il est ponctuel; justement, si par hasard, il arrive à l'heure qu'il faut.* **Déterminément,** vx,

excluait le vague. **Positivement** exclut le doute : *Servius qui assure positivement le contraire* (Boil.). **Expressément** et **Formellement** excluent le silence, les sous-entendus, *expressément* se rapportant plutôt à l'intention pour signifier la manière d'agir d'un particulier, *formellement,* au résultat, surtout en parlant d'un acte public, de ce qui émane de l'autorité : *Vous m'avez expressément défendu* (Mol.).. *Formellement défendu par l'Église* (Bour.)

Préciser : → Fixer.

Précision : ¶ 1 → Justesse. *Précision, Rigueur :* → Précis. ¶ 2 → Concision.

Précoce : → Hâtif.

Préconiser : ¶ 1 → Louer. ¶ 2 → Recommander.

Précurseur ne se dit guère au prop. que de saint Jean Baptiste qui annonça le Christ, et au fig. d'un homme qui précède dans le temps un homme ou une époque qu'il prépare (en ce sens **Ancêtre** (→ ce mot) désigne un précurseur éloigné, **Devancier**, le précurseur d'un homme qui le suit d'assez près), ou d'une chose qui, pour l'ordinaire, en précède une autre : *Bacon précurseur de la nouvelle philosophie* (Volt.). *Les vagues flamboiements... Précurseurs du grand feu dévorant* (V. H.). **Avant-coureur,** au prop. celui qui va devant un autre pour l'annoncer, se dit au fig. d'un être et surtout d'une chose qui est le signe d'un ensemble d'événements à venir : *Un premier repos Avant-coureur du repos éternel* (Pég.). **Annonciateur,** syn. rare d'*avant-coureur* qui, dans le style élevé et poétique, a pour syn. **Messager** : *Les hirondelles messagères du printemps.* **Fourrier,** fig., syn. poétique ou recherché, parfois péj., d'*avant-coureur* : *Les fourriers de la révolution.*

Prédécesseurs : → Ancêtres.

Prédestiné : → Voué.

Prédestiner : → Destiner.

Prédicant : ¶ 1 → Ministre. ¶ 2 → Prédicateur et Orateur.

Prédicat : → Attribut.

Prédicateur : → Orateur. *Prédicateur,* celui qui annonce en chaire la parole de Dieu. **Missionnaire,** prêtre envoyé pour faire une série de prédications dans telle ou telle partie d'un diocèse. **Prêcheur,** syn. vx ou péj. de *prédicateur,* se dit surtout au fig. de celui qui fait des remontrances : *Poisson, mon bel ami, qui faites le prêcheur* (L. F.). **Prédicant,** ministre de la religion protestante chargé de prêcher. **Sermonnaire,** prédicateur dont les sermons réunis en recueil figurent dans une bibliothèque. **Orateur sacré,** syn. de *prédicateur* dans le style relevé.

Prédication : → Sermon.

Prédiction : ¶ 1 Annonce des choses futures. La *Prédiction* peut être faite par n'importe qui, par divination, conjecture ou raisonnement; la **Prophétie** n'est faite que par un homme inspiré de Dieu, appelé prophète chez les Juifs, et par ext. par quelques prêtres qu'on croyait inspirés des dieux païens ou par des gens qui prétendent lire l'avenir : *Prédictions des oracles* (VOLT.). *Prophéties de la Sibylle, de Nostradamus.* **Oracle,** réponse donnée par un dieu antique à ceux qui le consultaient, par ext. prédiction inspirée par un dieu : *Les oracles sibyllins.* **Horoscope,** prédiction faite par les astrologues de ce qui arrivera à un homme dans sa vie, d'après l'état des astres à sa naissance. **¶ 2** Au fig. Nos conjectures sur les événements de la vie. *Prédiction* suppose un raisonnement : *La prédiction des éclipses* (BUF.); **Prophétie,** souvent ironique, un pur pressentiment ou une conjecture peu croyable, souvent mal accueillis : *Les sages sont-ils crus en ces temps d'emportement, et ne se rit-on pas de leurs prophéties?* (VOLT.). **Oracle,** souvent ironique, décision ou prédiction donnée par une personne d'autorité ou de savoir, ou crue telle : *Les oracles de Versailles* (SÉV.). **Horoscope,** fam., ce qu'on prédit par simple conjecture sur une personne ou une chose. **Pronostic, Annonce, Promesse :** → Prédire.

Prédilection : → Préférence.

Prédire : Dire ce qui va arriver. *Prédire* se dit aussi bien lorsqu'on agit sous l'inspiration divine, que lorsqu'on pressent, l'on devine, l'on présume, ou l'on se fonde sur des règles certaines : *Prédire l'avènement d'un monde nouveau* (M. D. G.). *Prédire une éclipse.* **Annoncer** suppose qu'on est sûr que la chose arrivera : *Les prophètes ont annoncé la venue du Messie.* **Promettre,** faire espérer une chose, en général agréable, en affirmant qu'elle arrivera : *Pour les fêtes, on nous promet du beau temps.* **Pronostiquer,** prédire par un jugement conjectural en se fondant sur les signes, les apparences qui permettent de conclure qu'une chose arrivera : *Pronostiquer les résultats des élections, l'issue d'une maladie.* **Prophétiser,** prédire par inspiration divine, par ext. prédire par pressentiment ou même par conjecture, mais souvent avec un air solennel, emphatique, ou en disant des choses peu croyables : *Il se frotta les lèvres avec la langue, remua longtemps la tête, exalta son imagination et prophétisa* (VOLT.). **Vaticiner,** péj., prophétiser avec beaucoup d'emphase.

Prédisposition : → Disposition.

Prédominer : → Prévaloir.

Prééminence, Préexcellence : → Supériorité.

Préface : ¶ 1 *Préface,* terme le plus général, texte qui, en tête de n'importe quel livre, prévient favorablement le lecteur et lui donne quelques indications soit sur l'auteur, soit sur le but du livre, son plan, etc. et peut être écrit par l'auteur ou par une personnalité qui présente son œuvre. **Discours préliminaire,** préface étendue, comprenant des notions ou des explications nécessaires pour initier le lecteur à un ouvrage surtout didactique : *Le discours préliminaire à l'*Encyclopédie, *de d'Alembert.* De nos jours on dit plus simplement **Introduction** qui s'emploie bien aussi pour désigner la biographie de l'auteur et les renseignements sur son œuvre qu'un commentateur moderne met en tête de l'œuvre d'un grand écrivain qu'il édite. **Présentation** se dit parfois en ce dernier sens d'une courte introduction. **Avant-propos,** préface ou introduction caractérisées par une extrême brièveté : *Le livre de Mme de Staël qui a pour titre* De l'influence des passions *commence par un très court avant-propos qui suit une longue introduction* (L.). **Préambule,** courte préface dont le but est plutôt de se rendre le lecteur favorable que de l'instruire, et spéc. en parlant des lois, courte préface dont on fait précéder pour expliquer leur nécessité, leur utilité, les vues du législateur. **Avertissement** et **Avis,** petites préfaces relatives à des points particuliers qu'on signale à l'attention du lecteur et qui sont l'œuvre de l'auteur ou de l'éditeur, l'*avertissement* invitant à réfléchir sur quelque partie du sujet, l'*avis* donnant des détails en marge du sujet, comme renseignements typographiques, bibliographiques, faits utiles à connaître. **Notice,** petite préface faisant connaître l'auteur et son œuvre, mais comprenant simplement des faits, sans les jugements littéraires et l'étude critique qu'impliquent en ce sens *introduction* ou *présentation.* **Prologue,** vx, introduction de certains traités théologiques ou de codes des premiers temps du christianisme ou antérieurs à la Renaissance : *Le prologue de la loi de Gondebaud* (MTQ.); ne se dit plus que d'une scène ou d'un court récit, qui servent de prélude à une œuvre dramatique, un roman : *Le prologue d'Esther.* **Prolégomènes,** terme didact., longue et ample préface donnant les notions nécessaires à l'intelligence de la matière scientifique traitée dans un livre : *L'étude des préliminaires ou si vous voulez des prolégomènes de la jurisprudence* (D'AG.). **Pièce liminaire,** pièce de poésie servant de préface à un recueil de poèmes. **Prodrome,** vx, introduction à quelque ouvrage de

science, surtout d'histoire naturelle.
Proème, syn. vx de *préambule.* ¶ **2** Au
fig. → Préliminaire.

Préférablement à décrit comment se fait
le choix, **De, par préférence** annoncent
absolument sa nature, par marquant une
préférence beaucoup plus expresse que
de : *J'ai lu* [votre lettre] *préférablement
à toutes les embrassades de l'arrivée* (Sév.).
*Je me jette avidement et par préférence sur
les lettres d'affaires* (Sév.).

Préféré : → Favori.

Préférence : ¶ **1** Acte par lequel on
choisit une personne, une chose plutôt
qu'une autre, pour l'apprécier, l'aimer,
se déterminer en sa faveur. *Préférence*
suppose en général un motif intellectuel :
Préférence d'estime (Pasc.). **Prédilection,**
préférence d'amitié, d'affection, de goût,
suppose un sentiment beaucoup plus vif
et passionné : *Prédilection d'une mère pour
un de ses fils* (Balz.). **Acception,** sorte de
préférence qu'on a pour une personne au
préjudice d'une autre, souvent par simple
favoritisme, est surtout usité dans la loc.
Faire acception de personnes. ¶ **2** *Préférence,*
choix qu'on fait d'un marchand, d'un
fournisseur, d'un employé, plutôt que
d'un autre. **Option,** droit de préférence
dont on est assuré dans une entreprise
commerciale ou industrielle. ¶ **3** *De, par
préférence* : → Préférablement. ¶ **4** *Préférences* : → Égards.

Préférer : → Choisir.

Préfigurer : → Présager.

Préhistoire, étude des temps antérieurs
à ceux pour lesquels on possède des documents historiques. **Protohistoire,** époque
comprise entre la préhistoire et l'histoire,
et pour laquelle nous avons des textes à
utiliser, mais qui sont très postérieurs et
remplis de légendes.

Préjudice : → Dommage.

Préjugé : ¶ **1** → Supposition. ¶ **2** →
Erreur. *Préjugé,* opinion reçue et adoptée
sans examen, par paresse d'esprit ou déférence excessive à l'autorité, à la façon de
penser commune : *Les préjugés sont les
pilotis de la civilisation* (Gi.). **Idée, Opinion
préconçue,** idée, opinion admise sans examen, implique plutôt une activité personnelle de l'esprit, mais sans critique suffisante, alors que *préjugé* suppose une
influence de l'extérieur : *Descartes s'était
débarrassé des préjugés, mais avait des
idées préconçues sur le vide, sur les animaux
machines.* **Parti pris** (autrefois on disait
Préoccupation) suppose un certain entêtement à persévérer dans ses idées préconçues ou dans des résolutions prises
d'avance, ce qui amène à la partialité, à
l'injustice : *Voltaire avait un certain parti*

pris *contre la religion.* **Prévention** a surtout
rapport à la sensibilité, au cœur, qui
nous font porter sans esprit critique, par
amour ou haine, des jugements favorables
ou défavorables : *L'érudition allemande a
eu aussi ses préventions : c'est le patriotisme allemand qui lui a donné sa marque*
(F. d. C.). **Passion,** prévention forte pour
ou contre quelqu'un ou quelque chose.
Œillères, au fig., préjugés, préventions en
tant qu'ils rendent l'esprit étroit, l'empêchent de voir certaines choses, comme
les œillères d'un cheval.

Préjuger : → Présumer.

Prélasser (se), affecter un air de dignité
fastueuse, puis, par ext., prendre toutestes
aises, se laisser aller nonchalamment :
Se prélassant sur le lit défait (Proust).
Se carrer, fam., élargir ses épaules, avancer
sa poitrine avec prétention, arrogance; par
ext. s'installer confortablement, en occupant largement toute la place, mais avec
raideur, sans l'idée de nonchalance qu'il
y a dans *se prélasser.* **Trôner,** fig. et fam.,
affecter par son maintien, en étant assis,
la prééminence, la supériorité dans une
société : *Cette femme Faite pour trôner sur
des lits somptueux* (Baud.). **Se camper,**
fam., se placer selon ses aises ou insolemment.

Prélat : → Pontife.

Prélèvement : Au fig. Ce qui est pris
sur les biens, l'argent qu'on gagne. *Prélèvement* n'indique rien que de normal;
c'est souvent un terme d'administration.
Ponction, opération chirurgicale pour vider
une cavité du corps de ses humeurs,
parfois, au fig., de nos jours, prélèvement
excessif qui vide les bourses, diminue
l'argent en circulation. **Dîme,** autrefois
prélèvement d'un dixième des fruits et
des revenus pour le clergé; au fig., prélèvement abusif et arbitraire fait par quelqu'un qui n'y a pas droit.

Prélever : → Percevoir.

Préliminaire, ce qu'on ditavant d'aborder l'objet principal d'une discussion
d'un discours, ce qu'on fait avant d'entamer une négociation, suppose toujours
préparation et éclaircissement voulus par
quelqu'un : *Ce chapitre et le précédent ne
sont que des préliminaires à l'analyse du
discours* (C.). *Les préliminaires de la paix.*
Prélude, événement ou action qui précède
et fait présager un événement ou une
action plus importants : *Le combat de
Tégyre qui fut comme le prélude de la
bataille de Leuctres* (Roll.). **Prodrome,**
en médecine, état d'indisposition qui est
l'avant-coureur d'une maladie, par ext.,
au fig., fait qui présage quelque événement, en général funeste : *Ces mesures
sont les prodromes de l'asservissement total*

(M. D. G.). **Préface**, au fig., syn. de *prélude*, de *prodrome*, ajoute l'idée que le fait, l'événement, fait déjà partie de la chose annoncée ou en est la cause : *Le despotisme est la préface des révolutions* (Lar.); mais se dit surtout, fam., de quelques paroles qui servent de préliminaires à une conversation, une explication : *Point de préface, venons au fait* (Acad.). **Exorde**, début d'un discours, et parfois d'une entreprise, implique, s'il s'agit d'une conversation, des préliminaires prudents, calculés. Pour désigner des paroles qu'on dit avant d'en venir au fait, **Avant-propos**, souvent péj., implique inutilité, longueur oiseuse : *Avant-propos superflus* (Bos.); **Préambule**, fam., se dit plutôt de discours vagues qui ne vont pas au fait : *Il m'ennuie avec ses préambules* (Acad.); et parfois d'un long *prélude* : *Le passé n'est qu'un préambule* (Ren.). **Prologue**, syn. de *préambule* dans les deux sens, est rare.

Prélude : ¶ 1 *Prélude*, ce qu'on improvise sur un instrument pour se mettre dans le ton; par ext., préparation rapide, quelquefois improvisée, qui introduit une pièce musicale, par ex. une fugue : *Un prélude de Bach.* **Ouverture**, symphonie par laquelle commence une œuvre lyrique : *L'ouverture de Guillaume Tell.* En ce sens, *prélude* désigne un développement plus court, qui peut être au début d'un acte : *Le prélude du troisième acte de* Tristan et Yseult. **Introduction**, prélude réduit à quelques accords préparant dans une œuvre symphonique l'entrée du thème, dans une œuvre lyrique, le lever du rideau ou l'ouverture : *L'introduction est une sorte de prélude qui se contente d'une seule idée mélodique* (Acad.). **Prologue**, scène lyrique qui précède et explique un opéra : *Le prologue de* Faust. ¶ (En littérature) → Introduction. ¶ 3 Au fig. → Préliminaire.

Préluder : → (se) Préparer.

Prématuré : → Hâtif.

Préméditer : → Projeter.

Prémices : ¶ 1 *Prémices*, qui se dit aussi pour le bétail, désigne les produits de la terre qui naissent les premiers. **Primeurs**, terme de jardinage et de commerce, les fruits hâtifs, précoces, qui naissent avant le temps normal. ¶ 2 → Commencement.

Premier : ¶ 1 Qui précède tous les autres. *Premier*, adj. ordinal, marque simplement l'ordre, le rang, du point de vue du temps, de l'espace, ou d'une hiérarchie quelconque. **Primitif** et **Primordial**, qualificatifs, toujours après le nom, ont rapport à la nature de la chose à ses qualités, *primitif* se disant de ce qui est ancien, a des qualités natives, du commencement, par opposition à un état postérieur,

primordial, de ce qui a été produit à l'origine, ou, en un sens actif, de ce qui donne l'origine à d'autres choses : *Adam est le premier homme; l'homme des cavernes est l'homme primitif* (Buf.). *La cause primordiale* (Volt.). **Initial**, qui marque le commencement d'une chose ou d'une suite de choses, mais sans en être forcément la cause, comme l'indique *primordial* en son sens actif : *Une erreur initiale a lieu au commencement, une erreur primordiale engendre d'autres erreurs*. **Prime**, syn. vx de *premier* dans des loc. telles que *De prime abord; de prime saut*. ¶ 2 Spéc. pour qualifier une édition, *Premier* marque une simple antériorité chronologique et se dit pour tous les livres : *La première édition d'un manuel de mathématiques*. **Original** ne se dit que de la première édition authentique d'un ouvrage important par opposition aux autres, à leurs variantes de texte; **Préoriginal**, des éditions antérieures à l'édition originale, mais incomplètes, ou imprimées sans l'aveu de l'auteur. **Princeps** désigne proprement la première édition imprimée d'un auteur ancien, mais s'applique par ext. à l'édition originale d'un livre moderne; c'est plutôt alors un terme de bibliophilie qui a rapport à l'impression, *original* étant plutôt un terme d'histoire littéraire ou de critique. ¶ 3 *En premier* : → Premièrement. ¶ 4 N. *Premier*, celui qui précède tous les autres dans un classement quelconque. **Major**, le premier d'un concours, d'une promotion dans une grande école, appelé **Cacique** dans l'argot normalien.

Premièrement suppose une énumération précise et fait attendre un « deuxièmement », ou bien marque une priorité de droit incontestable : *Il faut premièrement songer à faire son devoir* (Acad.). **D'abord** et **En premier** marquent surtout une priorité de fait dans le temps, par opposition à ce qui vient ensuite; *en premier* étant plus précis que *d'abord* : *Dans* L'Art poétique, *Boileau parle d'abord de l'inspiration et en premier il déclare que c'est un don du ciel*. **En premier lieu**, syn. de *premièrement* dans une énumération, marque surtout un ordre d'importance.

Prémonition : → Pressentiment.

Prémunir : ¶ 1 → Garantir. ¶ 2 (Réf.) → (se) Munir. Se mettre en mesure contre un mal ou un danger. *Se prémunir* se dit proprement en termes de guerre et, par ext., en parlant de quelque chose à l'égard de quoi il faut être fort, inexpugnable : *Sucer des pastilles pour se prémunir contre une contagion éventuelle* (Cam.). **Se précautionner** suppose plutôt quelque chose qui doit être évité avec prudence et finesse : *Se précautionner contre les erreurs* (Font.).

Prendre : ¶ 1 Mettre en sa main. *Prendre* exprime l'action de la façon la plus générale, et se dit aussi lorsqu'on attire à soi des choses autrement qu'avec sa main : *Prendre de l'encre avec une plume* (Acad.). **Saisir,** prendre tout d'un coup, vivement, vigoureusement, avec la main ou avec les dents, ce que l'on tient solidement : *Saisissant brusquement Olivier par le bras* (Gi.). **Empoigner,** prendre et serrer avec le poing. **Harper,** vx, saisir et serrer fortement avec les mains. **¶ 2** Se rendre maître d'une chose. *Prendre* et **Saisir** dépeignent l'action avec les mêmes nuances que plus haut, **Se saisir,** syn. de *saisir* ou de *prendre,* fait penser au sujet qui est plein d'ardeur, d'avidité, ou insiste sur le résultat obtenu : *Il se saisit du port, il se saisit des portes* (Corn.). **S'emparer** (→ ce mot), prendre et faire sien, par force ou par adresse, souvent en empêchant les autres d'en faire autant. **S'approprier** (→ ce mot), se rendre indûment possesseur d'une chose. **Attraper** (→ ce mot), prendre comme dans une trappe, un piège, en arrêtant la course de ce que l'on guettait ou poursuivait. **Intercepter,** s'emparer par surprise de ce qui est adressé, envoyé à quelqu'un : *Intercepter une lettre.* **Enlever** (→ ce mot), prendre une personne ou une chose de manière à lui faire quitter la place qu'elle occupait. **Emporter** (→ ce mot), prendre, enlever avec soi. **Embarquer,** syn. très fam. d'*emporter.* **Rafler,** fam., **Ratisser, Ratiboiser,** pop., emporter sans rien laisser. **Écumer,** fig. et fam., prendre çà et là : *Il va partout écumer des nouvelles.* **¶ 3** En termes militaires : se rendre maître d'une place. *Prendre* marque l'action sans préciser le moyen. **S'emparer** implique force ou ruse et, plus noble, se dit d'une place plus importante dont la prise nécessite des efforts. **Enlever,** s'emparer de vive force et rapidement. **Forcer,** prendre de vive force malgré une vigoureuse résistance. **Occuper** insiste sur le résultat qui consiste à tenir avec des troupes une position que l'on a prise. **¶ 4** Se rendre maître d'un homme. *Prendre,* faire quelqu'un prisonnier, de n'importe quelle façon, qu'il s'agisse d'un malfaiteur ou d'un ennemi de guerre. **Capturer,** dans les deux sens, suppose lutte et poursuite. **Attraper** diffère de *prendre* comme plus haut et se dit plutôt d'un malfaiteur (*prendre* et *capturer* se disent seuls du butin de guerre, *capturer* convenant bien pour des navires pris après poursuite). **S'emparer,** avec la même nuance que plus haut, est rare au prop. avec pour comp. un n. de personne, mais très usuel au fig. en parlant de

quelqu'un que l'on accapare, ou de son esprit que l'on gouverne. **Se saisir** marque une action vive et autoritaire qui consiste à s'assurer de la personne de quelqu'un, surtout d'un délinquant, en le tenant étroitement prisonnier. **Arrêter** (→ ce mot), se saisir d'un délinquant selon les formes de la loi. **Empoigner,** fam., saisir quelqu'un, pour l'arrêter ou l'expulser de quelque endroit. **Piger,** pop., atteindre, saisir un voleur. **Harponner,** pop., saisir un passant ou arrêter un voleur comme si on attrapait un animal avec le harpon. **Colleter,** saisir quelqu'un violemment au collet pour le terrasser. **Ceinturer,** prendre l'adversaire à la taille, dans ses bras, pour l'enlever et le projeter au sol, ou pour le rendre impuissant. **Agrafer,** fig. et fam., saisir vivement quelqu'un. **Crocher,** fam., saisir quelqu'un sous le bras avec son bras courbé en croc, pour l'attirer à soi. **¶ 5** Faire qu'une chose ne soit plus possédée par quelqu'un. *Prendre* marque qu'on devient soi-même, momentanément au moins, possesseur de la chose, souvent par force ou par ruse : *Il m'a pris le ruban que vous m'aviez donné* (Mol.). **Ôter** indique simplement qu'on dépossède une personne d'un bien (ou qu'on la débarrasse d'un mal) et fait penser au vide qui en est le résultat : *Dieu m'ôte ma famille* (V. H.). **Enlever** (→ ce mot), ôter de vive force, parfois à l'improviste, notamment en parlant d'une personne que la mort ôte rapidement à l'affection des siens : *Tout semble prouver que mon fils m'est enlevé par le plus lâche des assassinats* (Genlis) ; ou ôter à quelqu'un ce qu'on éloigne de lui en l'attirant à soi : *Il fut par Josabeth à sa rage enlevé* (Rac.). **Ravir,** au fig., ajoute l'idée d'une action violente ou injuste et fait penser à la privation infligée. **Retirer,** ôter, enlever ce qu'on avait donné. **Souffler,** fam., par métaphore tirée du jeu de dames, enlever à quelqu'un ce à quoi il prétendait : *Souffler la direction d'une revue* (Gi.). — **Saisir,** en termes de procédure, de douane, de police, prendre provisoirement à leur possesseur et retenir des choses qui sont l'objet d'une poursuite : *Saisir des objets de contrebande.* **Confisquer,** adjuger au fisc ou à un particulier ce qui a été saisi, par ext. ôter des objets qui sont interdits. **¶ 6** Être inopinément témoin d'une action faite par quelqu'un. *Prendre* énonce seulement le fait. **Surprendre,** prendre à l'improviste, au dépourvu : *Prendre en flagrant délit. Le tyran m'a surpris sans défense et sans armes* (Rac.). **Attraper,** fam., prendre sur le fait, ou surprendre, en général quand il s'agit d'une faute, parfois grâce à un piège qui a été tendu. **Pincer,** fig. et fam., attraper, prendre sur le fait, et, en général, arrêter. **Coincer,** *pincer,* est pop., ainsi que **Piper,** attraper comme un oiseau à la pipée. ¶ 7 Donner tel ou tel sens à ce que l'on dit autrui. *Prendre,* souvent précisé par un adverbe, et à propos de choses assez faciles à saisir, fait penser à la réaction personnelle du sujet devant le sens qu'il leur donne : *Prendre cette incuriosité comme un affront* (Gi.). **Interpréter** suppose chez le sujet un effort pour découvrir derrière le sens apparent des choses leur sens caché et surtout les intentions de leur auteur. **Comprendre,** saisir exactement dans tous ses détails, le vrai sens d'une chose : *N'ayant pas compris mon désir d'une réconciliation, il l'a faussement interprété et a cru à une faiblesse de ma part qu'il a prise de haut.* ¶ 8 → Attaquer. ¶ 9 → Avaler. ¶ 10 → Choisir. ¶ 11 → Vêtir. ¶ 12 → Contracter. ¶ 13 → Percevoir. ¶ 14 → Geler. ¶ 15 → Regarder. ¶ 16 → Occuper. ¶ 17 (Réf.) → Commencer.

Prendre à tâche : → Entreprendre.

Prendre langue : → (s') Aboucher et Parler.

Prendre part : → Participer.

Prendre sur soi : → (se) Charger.

Prénom, terme courant seul usité en administration, nom ou, au pl., suite de noms particuliers qu'on donne à un enfant à sa naissance. **Nom de baptême,** prénom principal, donné au néophyte le jour de son baptême. **Petit nom,** prénom principal, est fam.

Prénuptial : → Anténuptial.

Préoccupation : → Souci.

Préoccupé : → Distrait.

Préoccuper : → Tourmenter.

Préparatifs : → Mesures. *Préparatifs,* tout ce qu'on fait afin de pourvoir à un événement futur, parfois assez lointain. **Apprêts** suppose une action, un événement très proches : *Henri IV employa quinze ans de paix à faire des préparatifs dignes de l'entreprise qu'il méditait* (J.-J. R.). *Les apprêts d'une guerre prochaine avec l'Espagne* (S.-S.). — **Appareil,** surtout dans le style poétique et relevé, fait penser à l'effet que l'ensemble des *préparatifs* et surtout des *apprêts* produit sur le spectateur : *Les grands préparatifs qu'il faisait leur donnaient de l'ombrage, et leur faisaient craindre que le but de ce formidable appareil ne fût d'attaquer la Grèce* (Roll.).

Préparation : ¶ 1 → Remède. ¶ 2 → Transition.

Préparer : ¶ 1 *Préparer,* prévoir et réunir tout ce qu'il faut pour un usage futur ou simplement éventuel et possible. **Apprêter,** accommoder, rendre ou tenir propre pour un usage immédiat. **Disposer,** ordonner pour un usage prochain une multiplicité de choses qui demandent une multitude d'opérations. **Organiser** envisage un ensemble d'opérations plus vaste qui va de la conception d'un projet, à sa préparation, et à sa réalisation méthodiques. **Dresser,** disposer en arrangeant dans un certain ordre, en parlant du service de la table : *Dresser le couvert;* ou préparer en secret ce qui ressemble à un piège : *Dresser un artifice* (Mol.). **Monter,** fig., syn. d'*organiser* en parlant d'une entreprise, de *dresser* en parlant d'une machination : *Monter un complot.* **Ourdir** (→ ce mot), au fig., syn. de *monter,* insiste plutôt sur la longueur, la complication, l'habileté du travail. **Nouer,** fig., en parlant d'une intrigue, c'est, après l'avoir ourdie, la former effectivement. **Ménager,** préparer habilement un événement en disposant tout pour qu'il se produise : *Ménager une entrevue.* — **Travailler à** fait penser à l'activité, aux efforts déployés pour qu'un événement encore assez problématique se réalise : *Travailler au bonheur des hommes* (Acad.). ¶ 2 Spéc., en parlant d'un projet, d'un travail, *Préparer,* faire tout ce qu'il faut pour être en état de les réaliser : *Préparer un cours; une réponse* (Rac.). **Élaborer,** fig., préparer un projet ou un système par un long travail. **Échafauder,** fig., préparer avec précipitation et sans ordre, un projet, une théorie, une argumentation qui n'offre pas de caractère solide et durable. **Étudier,** vérifier si toutes les parties d'un plan, d'un projet, sont combinées avec ordre et justesse et s'accordent avec les moyens d'exécution. **Combiner,** préparer, seul ou à plusieurs, un certain résultat par des calculs, une habile disposition de ses moyens : *Il combine ses coups, les prépare à loisir* (Mau.). **Calculer,** combiner avec précision, en adaptant aux circonstances, en appréciant exactement les conséquences : *Calculer ses démarches.* **Concerter,** préparer un résultat en se mettant d'accord avec une ou plusieurs personnes sur les moyens d'exécution : *Pour concerter avec lui des moyens de se venger* (Fén.). **Arranger,** fam., combiner ou concerter un projet en concevant les moyens de le réaliser : *Arranger une partie de campagne* (Lar.). **Mûrir,** fig., préparer lentement un projet par une longue réflexion intérieure qui le précise (→ Projeter). **Mitonner,** fig., préparer doucement une affaire pour la faire réussir quand le moment sera venu, est fam., ainsi que **Mijoter,** préparer une affaire dans son esprit, lentement et à petit bruit. **Cuisiner,** fam., préparer clandestinement, a pour syn. pop. et péj. **Fricoter**. ¶ 3 *Préparer*, mettre les choses dans un état convenable pour qu'une autre personne les mette en œuvre : *Préparer une expérience de physique pour un professeur*. **Mâcher**, fig. et fam., préparer à quelqu'un sa besogne en la faisant presque en entier, de façon qu'il puisse l'achever sans travail et sans peine. ¶ 4 Avec pour comp. un n. de personne, *Préparer*, faire qu'une personne s'attende à une chose : *A son malheur dois-je le préparer?* (Rac.); **Disposer** dit plus : c'est orienter ses pensées de telle sorte qu'elle soit prête à accepter ou à faire quelque chose : *Disposer à la mort; au baptême* (Volt.). ¶ 5 *Se préparer à*, faire ce qu'il faut pour qu'une action assez lointaine soit possible. **Se disposer**, prendre les diverses mesures pour qu'une action complexe soit immédiatement réalisable. **S'apprêter à**, se rendre tout prêt à accomplir l'action : *On se prépare pendant des mois à aller en vacances; on se dispose à partir en organisant les derniers détails de son voyage; on s'apprête à partir quand on va quitter sa maison*. **Préluder**, fig., se préparer à faire une chose, en en faisant une autre moins difficile : *Il préludait aux batailles par des escarmouches* (Acad.).

Prépondérance : → Supériorité.

Préposé : → Employé.

Préposer : Alors que **Charger de** se dit dans tous les cas où l'on confie à quelqu'un le soin de faire quelque chose, *Préposer* suppose des choses à conduire et à gouverner avec autorité et d'une façon durable : *Des hommes instruits sont préposés, comme des fonctionnaires publics, à l'explication de tous ces chefs-d'œuvre* (Staël). **Commettre**, vx, charger pour un temps d'un travail déterminé, ou charger de garder : *Je vous commets au soin de nettoyer partout* (Mol.).

Prépotence : ¶ 1 → Autorité. ¶ 2 → Supériorité.

Prérogative : → Privilège.

Près s'emploie dans tous les cas, au prop. ou au fig., pour marquer un rapport de proximité concret ou abstrait. **Proche**, adjectif, lorsqu'il peut se substituer à *près*, ou comme adverbe avec le verbe *être*, marque, toujours au prop., un rapport concret dans l'espace ou dans le temps. **Auprès**, tout près, enchérit sur *près*, et se dit principalement des personnes et de leurs rapports, en impliquant des relations d'attachement ou de bons offices : *Enivré du charme de vivre auprès d'elle* (J.-J. R.). **Aux côtés de** marque l'accompagnement ou l'assistance. — **Sous la main**, fam., se dit d'une chose proche dont on peut disposer. **A côté** suppose toujours une proximité dans l'espace flanc

contre flanc et, au fig., l'égalité entre deux personnes qu'on rapproche.

Près (à telle chose) : → Excepté.

Présage : → Signe. Signe par lequel on juge de l'avenir, ou induction relative à l'avenir. *Présage* désigne plutôt le signe d'après lequel nous présumons, **Augure**, notre présomption même. Si les deux mots se disent l'un pour l'autre, *présage* fait penser à ce qui, fondé sur des rapports réels ou des raisons vraisemblables, est plus ou moins certain, tout en pouvant nous être indifférent, *augure*, à ce qui est fondé sur des rapports imaginaires ou vagues et peut être bon ou mauvais pour nous : *Infaillible présage* (Les.). *Je frémis à ces mots, sans savoir pourquoi, et j'en tirai un mauvais augure* (Les.). **Auspices**, dans la loc. *Sous d'heureux (de tristes, de fâcheux) auspices*, qualifie des circonstances considérées comme un présage. **Annonce, Promesse, Menace, Pronostic, Préfiguration :** → Présager.

Présager : ¶ 1 En parlant des choses, *Présager*, fournir un signe qui permet de conjecturer qu'une chose arrivera : *Ils disent que les éclipses présagent malheur* (Pasc.). **Pronostiquer**, plus rare, suppose une conjecture plus certaine. **Annoncer** marque la certitude la plus grande en parlant d'une chose qui en précède une autre dont elle est le signe, ou à laquelle elle est liée par un rapport certain : *Cette action annonce un mauvais caractère. Le baromètre annonce le beau temps* (Acad.). **Promettre**, faire espérer une chose en général agréable : *Le vent qui enflait nos voiles nous promettait une heureuse navigation* (Fén.). **Menacer de**, fig., présager pour quelqu'un un événement fâcheux : *Rien ne menace tant d'une chute qu'une autorité qu'on pousse trop loin* (Fén.). **Préfigurer**, en termes de théologie, être d'avance le type de, par ext. présager une chose dont on est d'avance une sorte d'image. ¶ 2 (Avec pour sujet un n. de personne) → Présumer.

Presbytère, habitation du curé (et parfois aussi des vicaires) d'une paroisse. **Cure**, circonscription administrée par le curé, désigne aussi, plus rarement, le *presbytère* considéré alors uniquement comme la demeure du curé.

Prescience : → Prévision.

Prescription : ¶ 1 → Commandement, ¶ 2 → Règlement. ¶ 3 En termes de jurisprudence, *Prescription*, acquisition de la propriété d'une chose par possession ininterrompue pendant un temps que la loi détermine, ou libération d'une dette, d'une poursuite juridique, à la suite d'un certain laps de temps; **Péremption**, prescription qui annule une procédure civile, lorsqu'il y a eu discontinuité de poursuites pendant un certain temps limité.

Prescrire : → Commander. Marquer à quelqu'un ce qu'on veut qu'il fasse. *Prescrire* implique la précision dans un ordre ou une recommandation : *Prescrire des économies d'électricité* (CAM.). **Édicter,** prescrire par un édit, une loi, un règlement. **Dicter,** prescrire avec autorité à celui que l'on domine par la force ou la suggestion : *Quelque loi qu'il vous dicte, il faut vous y soumettre* (RAC.). **Imposer,** prescrire obligatoirement, sans résistance possible : *L'unité des doctrines et des préceptes que la science impose sans violence et cependant d'une façon inéluctable* (BERTH.). **Infliger,** imposer et appliquer une peine pour une transgression, une faute, un crime.

Préséance : → Pas.

Présence (en) de indique seulement qu'une personne assiste à ce que nous faisons : *Cet accident s'est produit en présence de nombreux témoins* (ACAD.). **Devant** ajoute l'idée qu'elle nous regarde, et parfois qu'elle est venue comme témoin : *Se marier devant témoins.* **En face,** adverbe, ajoute à *en présence de* une idée de provocation ou de résolution : *Reprocher une injustice en face.* **A la face de,** en présence de, à la vue de, ne s'emploie guère que dans le style figuré : *A la face de l'univers.*

Présent (Adj.), qui est là au moment précis où l'on parle, n'est ni passé ni futur, se dit de ce qui existe : *L'état présent de la maladie* (CAM.). **Actuel** se dit surtout de ce qui est effectif et non virtuel, a lieu, a cours, est usité dans le moment où nous sommes, en un sens plus large que *présent* : *Les mœurs actuelles, la monnaie actuelle, le langage actuel* (ACAD.). **Contemporain,** beaucoup moins précis, qui est du même temps que quelqu'un ou quelque chose (au présent ou au passé) : *L'histoire contemporaine.* **Moderne,** qui est en accord avec l'aspect le plus récent, le plus actuel de notre civilisation, et par ext. qui l'annonce : *La philosophie moderne a été fondée par Bacon et Descartes.* — **Courant** ne se dit que des divisions du temps qui sont en cours actuel : *Le mois courant.* — Au fig., en parlant d'un artiste mort, il est *présent*, s'il donne encore l'impression de vivre parmi nous, d'être lié intimement à notre vie : *Jean Giraudoux est toujours présent parmi nous* (R. LALOU); *actuel*, s'il exerce une influence effective, traite des problèmes les plus brûlants de notre époque : *Diderot est actuel* (J. THOMAS); *moderne*, s'il pense ou s'il s'exprime de telle façon qu'il

nous paraît encore tout récent, presque de notre temps ou précurseur de notre temps : *Léonard de Vinci est moderne par ses inventions.*

Présent (N.) : → Don.

Présent (à) : → Présentement.

Présent (être) : → Assister.

Présentation : ¶ 1 → Exposition. ¶ 2 → Préface.

Présentement, à l'instant précis où nous sommes, est plus strict qu'**A présent** qui implique quelque durée ou est plus relatif à un état antérieur : *Je reçois tout présentement votre lettre du 7* (SÉV.). *Elle est mieux à présent* (J.-J. R.). **Aujourd'hui, De nos jours, De notre temps** opposent notre époque à une autre époque : *Les hommes, tout éclairés qu'ils sont aujourd'hui, sont les esclaves de seize siècles d'ignorance qui les ont précédés* (VOLT.). **Maintenant** rapporte aussi le moment présent au passé, mais marque parfois une continuation : *L'orage gronde maintenant plus fort que jamais* (VOLT.). **Actuellement** oppose plutôt ce qui existe ou se fait en réalité, à l'instant précis où l'on parle, à ce qui est simplement possible, futur : *Vous cueillez actuellement les fleurs, vous ferez un jour mûrir les fruits* (VOLT.).

Présenter : ¶ 1 → Donner. Tourner vers quelqu'un. *Présenter* implique l'intention de montrer ou d'offrir en mettant sous les yeux : *Présenter son bras à l'opérateur.* **Tendre,** porter en avant pour présenter : *Tendre la main; une perche à celui qui se noie.* **Avancer** se dit quelquefois de ce que l'on rapproche de quelqu'un et qu'on dépose pour le lui présenter : *Avancer un siège.* ¶ 2 → Introduire. ¶ 3 → Montrer et Exposer. ¶ 4 (Réf.) → Paraître. *Se présenter,* paraître devant quelqu'un de son plein gré, pour qu'il vous voie, vous examine, vous juge, etc. : *Se présenter devant le tribunal; à un concours.* **Comparaître,** terme de procédure, se présenter par ordre devant un juge, un officier de l'état civil ou un officier ministériel. **Comparoir,** syn. vx de *comparaître* dans des loc. comme *Être assigné à comparoir.* ¶ 5 (Réf.) *Se présenter,* c'est aussi solliciter les suffrages des électeurs. **Se porter,** se présenter comme candidat à un poste électif, est plus rare.

Préservatif : → Remède.

Préserver : → Garantir.

Présider à : → Veiller à.

Présomption : ¶ 1 *Présomption,* **Conjecture, Préjugé, Prévision, Attente, Pressentiment :** → Présumer. ¶ 2 → Supposition. ¶ 3 → Orgueil.

Présomptueux : → Orgueilleux.

Presque : → Environ. *Presque* a rapport à la mesure, à l'étendue, à la quantité, et marque une approximation, **Quasi**, rare et fam., a rapport à la manière d'être et marque une similitude : *Un homme presque fou n'est pas loin d'être fou; s'il est quasi fou, il paraît l'être.* **Quasiment** est vx ou pop.

Pressant : ¶ 1 En parlant de quelqu'un ou de quelque chose qui nous engage à faire au plus tôt certaines choses, *Pressant* implique vivacité, ardeur qui peuvent dégénérer en violence, **Instant,** une persévérance dans la sollicitation qui peut devenir importune : *Que vous êtes pressante, ô Déesse cruelle!* (L. F.). *Instantes prières* (ACAD.). ¶ 2 En parlant des choses, *Pressant*, qui ne souffre guère de délai : *Besoins pressants* (J.-J. R.). **Pressé** se dit surtout d'une affaire qui doit être réglée rapidement, d'une lettre qu'il faut faire parvenir dans le plus court délai à son destinataire. **Urgent** précise que le moindre retard serait préjudiciable : *Nécessités urgentes* (VOLT.).

Presse : → Foule.

Pressé : ¶ 1 → Pressant. ¶ 2 → Court. ¶ 3 Qui a hâte. *Pressé*, qui n'a pas ou ne se donne pas le temps de faire quelque chose au bon moment ou à loisir. **Impatient,** qui trouve que ce qu'il désire est long à venir.

Pressentiment : → Présomption. *Pressentiment*, sentiment vague, confus, irraisonné qui fait prévoir, craindre ou espérer, sans qu'on puisse savoir pourquoi : *Pressentiment insaisissable* (LOTI); *indistinct* (GI.). *Vague pressentiment d'un malheur* (ZOLA). **Intuition,** dans le langage ordinaire, faculté de prévoir, de deviner ce qui arrivera ou ce qui est, sans raisonner, mais d'une connaissance purement intellectuelle, sans la nuance affective qu'il y a dans *pressentiment* : *Une sorte de divination, d'intuition si vous préférez* (GI.). *L'intuition brusque d'une sorte de connivence* (GI.). **Prémonition,** sensation particulière précédant un fait et l'annonçant en quelque sorte, implique souvent la croyance en des signes mystérieux qui avertissent de l'avenir.

Pressentir : ¶ 1 → Présumer. *Pressentir*, en parlant des choses futures seulement, suppose une sorte d'inspiration non raisonnée qui fait prévoir confusément : *Déjà je sais beaucoup de choses. J'en pressens beaucoup d'autres* (GI.). **Se douter** et **Soupçonner** se rapportent à toutes les parties du temps, *se douter* impliquant de la pénétration dans le sujet, indépendamment des objets : *Je me doute d'un rendez-vous chez lui pour ce soir.* (ZOLA); *soupçonner*, une croyance légèrement motivée fondée sur des indices : *Soupçon-*nant sur plusieurs indices que... (J.-J. R.). **Deviner** suppose une connaissance plus précise, obtenue par des procédés surnaturels, ou, par ext., par conjecture : *Cette cause, je la devinais en comparant entre elles ces diverses impressions* (PROUST). **Flairer,** syn. fam. de *se douter* ou de *pressentir* : *Elle flairait le péril, mais faute de le discerner...* (J. ROM.). **Subodorer,** sentir de loin la trace; de nos jours syn. littéraire ou ironique de *soupçonner* : *Je n'ai fait qu'entrevoir cela de biais. Je le subodore plutôt* (J. ROM.). ¶ 2 → Sonder.

Presser : ¶ 1 Rapprocher étroitement différentes choses ou les différentes parties d'une chose. *Presser* marque une action forte, qui s'exerce en général dans un seul sens, de haut en bas, et qui peut accabler ou écraser; **Serrer** dit moins et indique une action qui s'opère dans tous les sens, en enveloppant, et qui peut gêner : *Des souliers serrent les pieds; les pieds pressent le sol* (L.). *On serre la main en toute circonstance. On la presse quand on la serre fortement, dans un moment de grande émotion* (L.). **Comprimer,** presser avec force, de manière à réduire à un moindre volume. **Froisser,** presser violemment et brusquement, de façon à meurtrir, en parlant d'un muscle, d'un nerf. **Fouler,** presser quelque chose qui cède, avec les pieds, les mains, ou à l'aide d'un mécanisme; et par ext. froisser gravement par pression. **Pincer,** presser, serrer la superficie de la peau entre les doigts ou autrement; ou serrer fortement avec des pinces, des tenailles. **Plomber** se dit, en termes de jardinier ou de terrassier, des terres qu'on presse, qu'on bat ou qu'on foule, pour les affermir et afin qu'elles ne s'affaissent point. — **Oppresser,** presser, serrer dans la région de la poitrine, de manière à empêcher de respirer. — **Tasser,** mettre des choses en tas, en réduire le volume par la pression, se dit, fam., de personnes qui sont serrées, pressées en quelque endroit. — **Exprimer,** faire sortir le jus d'un fruit, d'une herbe en les pressant. **Épreindre,** syn. plus rare et plus technique d'*exprimer*. **Pressurer** ne se dit que des raisins ou d'autres fruits que l'on presse au pressoir pour en exprimer le jus. ¶ 2 → Poursuivre et Attaquer. ¶ 3 → Inviter. ¶ 4 → Accélérer. ¶ 5 (Réf.) → (se) Hâter.

Pression : ¶ 1 La *Pression* s'exerce dans tous les sens, la **Poussée** est une pression horizontale qui tend à renverser ou à déplacer; *pression* est un terme de physique et de mécanique, *poussée*, un terme d'architecture : *La pression d'un gaz. La poussée de l'eau sur une digue.* — En termes militaires, la *pression* d'un ennemi consiste à attaquer ou à harceler sans relâche, sur un assez vaste espace; la *poussée*, à essayer de rompre le front en un point. ¶ 2 → Contrainte.

Pressurer : ¶ 1 → Presser. ¶ 2 → Accabler.

Prestance : → Port.

Prestation : ¶ 1 → Indemnité. ¶ 2 → Fourniture.

Preste : → Dispos et Rapide.

Prestesse : → Vitesse.

Prestidigitateur : → Escamoteur.

Prestige : ¶ 1 → Magie. ¶ 2 → Illusion. ¶ 3 → Influence. ¶ 4 → Lustre.

Presto : → Vite.

Présumer : ¶ 1 *Présumer*, se faire d'avance une opinion, appuyée sur des indices objectifs donnés par les choses, mais qui demande à être appuyée par des preuves pour devenir une certitude. **Conjecturer,** donner une explication des choses, souvent fondée sur des apparences et subjective, simple hypothèse qui attend des faits pour être confirmée ou infirmée et qui peut fournir au plus un commencement de présomption : *N'imaginant point comment l'être pensant peut mourir, je présume qu'il ne meurt pas* (Bos.). *Livré à la haine publique, sans qu'il me fût possible d'en apercevoir, d'en conjecturer au moins la cause* (J.-J. R.). **Préjuger,** lorsqu'il n'a pas le sens juridique de « rendre un jugement interlocutoire qui tire à conséquence pour la décision d'une question qui se juge ensuite », ajoute à *présumer* l'idée que la présomption est transformée en certitude, en décision ou en prévision et s'emploie souvent péj., ou avec une négation, pour se défendre d'un défaut de méthode : *Je ne veux pas préjuger de la question. Autant qu'on peut préjuger* (Acad.). — En parlant uniquement d'un événement futur, **Présager,** syn. de *présumer*, et **Augurer,** syn. de *conjecturer*, diffèrent comme les n. correspondants : → Présage; **Prévoir** suppose le maximum de certitude qui peut être fondée sur une présomption ou même sur une certitude scientifique : *Prévoir la pluie pour le lendemain* (J. Rom.); **Attendre,** avoir l'idée qu'une chose arrivera : *La jeune fille qui ne sait rien du mariage n'en attend que des plaisirs, n'y prévoit aucun malheur* (Balz.); **S'attendre à,** attendre avec un certain état d'esprit, confiance, résignation, désir, etc., un événement proche qu'on prévoit : *On s'attend d'un moment à l'autre à ce que M. le marquis ne passe* (Proust); **Pressentir** (→ ce mot) suppose une conjecture fondée uniquement sur un mouvement intérieur irraisonné, et, s'il se dit parfois pour *prévoir*, c'est toujours prévoir confusément et sans preuves : *Mon*

amitié pressent quelque malheur qu'aucune prévision ne pourrait m'expliquer (Balz.). ¶ 2 → Supposer.

Présupposer : → Supposer.

Prêt : Argent fourni à quelqu'un qui devra le rendre. *Prêt* considère cet argent par rapport à celui qui le fournit, **Emprunt,** par rapport à celui qui le reçoit.

Prétendant : ¶ 1 → Postulant. ¶ 2 *Prétendant* et **Poursuivant,** rare et qui enchérit (→ Postulant), celui qui aspire ouvertement à épouser une femme. **Soupirant,** fam. et assez ironique, celui qui languit d'amour pour une femme, sans forcément vouloir l'épouser.

Prétendre : ¶ 1 → Affirmer. ¶ 2 → Viser à. ¶ 3 → Vouloir. ¶ 4 → Réclamer. ¶ 5 → Ambitionner. — *Prétendre à,* aspirer dans l'avenir à ce à quoi l'on travaille. *Prétendre,* exiger actuellement comme un droit : *Auteurs qui prétendez aux honneurs du comique* (Boil.). *Un aigle sur un champ prétendant droit d'aubaine* (Boil.).

Prétendu : ¶ 1 → Supposé. *Prétendu,* en parlant des personnes et des choses, implique que plusieurs personnes leur donnent tel ou tel caractère faux : *Cette prétendue parenté* (Proust). **Soi-disant,** en parlant des personnes seulement, implique que seule la personne dont il s'agit se dit telle : *La tourbe vulgaire des soi-disant grands et des soi-disant sages* (J.-J. R.) : à noter que cette distinction n'est pas toujours appliquée : *Un soi-disant contrepoison* (V. H.); *un soi-disant parc* (Balz.). ¶ 2 → Fiancé.

Prête-nom : → Intermédiaire.

Prétentieux : ¶ 1 → Orgueilleux. ¶ 2 → Précieux.

Prétention : ¶ 1 → Orgueil. ¶ 2 → Désir. ¶ 3 *Prétention*, **Exigence** diffèrent comme les verbes correspondants : → Réclamer.

Prêter : ¶ 1 → Procurer. ¶ 2 → Attribuer. ¶ 3 (Réf.) → Consentir. ¶ 4 (Réf.) → Convenir.

Prétérition : → Omission.

Prétexte : → Cause. *Sous prétexte de,* en donnant comme raison apparente. **Sous couleur de,** fig., marque une intention plus nette de cacher la vraie raison : *Sous couleur de faire ressortir la difficulté de la tâche* (J. Rom.).

Prétexter : Donner une raison pour faire ou ne pas faire une chose. *Prétexter* implique une raison apparente ou simulée qui cache un motif réel : *S'excuser par caprice et prétexter son âge* (Corn.). **Alléguer, Avancer, Mettre en avant** supposent une raison ou un simple fait qui peuvent servir valablement d'excuse ou de justification : *Alléguer un prétexte* (Fén.); *un exemple* (L. F.). **Invoquer,** fig., suppose un droit, une nécessité qui semble venir au secours : *Elle invoquait, pour sortir, un rendez-vous avec sa mère* (J. Rom.). — **Objecter** implique une argumentation, un fait qui sont un empêchement, une difficulté, un obstacle à la pensée d'autrui ou à sa demande : *Objecter la fatigue pour ne point sortir.* **Opposer** enchérit en supposant qu'on va directement à l'encontre du désir ou de la pensée d'autrui : *Opposer de fortes raisons.* **Exciper de,** terme de droit, alléguer une exception, un moyen préjudiciel d'écarter une instance en justice : *Exciper d'une longue prescription.*

Prêtre : Homme qui par état est chargé du culte public. *Prêtre* se dit pour toutes les religions, mais, en un sens particulier, dans la religion catholique, désigne les membres du clergé séculier qui disent la messe et donnent les sacrements. **Ecclésiastique** ne se dit que pour la religion catholique, mais désigne tous les hommes d'Église, prélats, religieux, prêtres, séminaristes, etc. **Curé,** prêtre catholique chargé de la direction spirituelle d'une paroisse. Si ces trois termes se disent l'un pour l'autre, en parlant des hommes d'Église, *prêtre*, titre honorable, insiste sur la dignité du sacerdoce, et notamment sur le pouvoir d'entendre les pénitents et de les absoudre : *Le prêtre soucieux des véritables intérêts de l'Église* (J. Rom.); *ecclésiastique* insiste sur la condition sociale : *Ecclésiastiques mondains* (Bour.); *curé* se dit plutôt fam. d'un brave prêtre de campagne ou a un sens péj. : *Hostilité de principe contre les curés* (J. Rom.). **Ministre,** syn. noble de *prêtre* en son sens général, insiste sur le rôle d'intermédiaire du prêtre entre Dieu et les hommes : *Ministres du Seigneur* (Rac.). **Pasteur** a rapport aux fidèles et se dit de celui qui a reçu de Dieu mission et caractère pour les enseigner et leur administrer les moyens de salut que Dieu a établis : *Pasteurs des âmes* (Bour.). A noter que *pasteur* et *ministre* (→ ce mot) désignent, en un sens particulier, un prêtre protestant. **Lévite,** chez les Hébreux, membre de la tribu de Lévi à qui était réservé le service du temple; au fig., et dans le style élevé, prêtre de la religion chrétienne. — **Clerc,** par opposition à laïque, celui qui est entré dans l'état ecclésiastique en recevant la tonsure. **Abbé,** de nos jours, celui qui porte le costume ecclésiastique et remplit ou se prépare à remplir les fonctions sacerdotales, désignait autrefois exclusivement celui qui dirigeait une abbaye, puis s'est dit, aux xviie et xviiie s., de tout homme qui portait l'habit ecclésiastique, sans

remplir les fonctions sacerdotales : *Abbé de cour.* **Vicaire,** celui qui remplit des fonctions ecclésiastiques sous les ordres d'un supérieur : *Vicaire général d'un archevêque. Le curé et son vicaire.* **Desservant,** celui qui fait le service d'une chapelle, d'une église de peu d'importance sans en être curé. **Doyen,** titre de dignité ecclésiastique : *Le doyen d'un chapitre. Curé doyen, curé d'un chef-lieu de canton.* **Chanoine,** prêtre qui, dans une église cathédrale, collégiale ou certaines basiliques, a reçu la dignité appelée canonicat. **Capelan,** autrefois prêtre pauvre et besogneux, se dit encore parfois dans le Midi d'un prêtre. **Prestolet,** fam., péj. et rare, petit prêtre sans considération ni importance. — Ecclésiastique attaché à un grand ou à un corps : → Chapelain.

Prêtrise : → Sacerdoce.

Preuve : ¶ 1 Ce qui montre la vérité d'une proposition, la réalité d'un fait. *Preuve* ne précise pas le moyen employé pour établir ou vérifier un fait, une proposition; de plus la *preuve* est plus ou moins convaincante : *Les preuves de Dieu métaphysiques sont si éloignées du raisonnement des hommes qu'elles frappent peu* (Pasc.). **Démonstration,** raisonnement qui prouve la vérité de sa conclusion par déduction et d'une manière évidente, se dit par ext. de toute preuve absolument convaincante. **Argument,** raisonnement par lequel on tire une conséquence d'une ou de deux propositions, syn. de *preuve* dans le langage ordinaire, désigne simplement une interprétation conjecturale de la réalité à partir de certains indices que l'on donne à l'appui d'une assertion : *L'argument est un raisonnement à l'appui d'une affirmation qui demande lui-même à être appuyé sur une preuve.* **Motif de crédibilité,** surtout en religion, ce qui peut raisonnablement porter à croire une chose, indépendamment des preuves démonstratives. — **Illustration,** preuve d'une idée, d'un fait, consistant en un exemple éclatant qui permet d'en saisir la vérité ou la réalité : *La grandeur et la décadence du peuple romain sont l'illustration des idées politiques de Montesquieu.* **Critère et Critérium,** termes didactiques, ce qui sert dans une chose à distinguer le vrai du faux, désignent, surtout le deuxième, d'une façon générale, la preuve qu'une chose est telle qu'elle doit être : *Les dépenses d'un particulier ne sont pas toujours le critérium de sa fortune.* — **Pierre de touche,** fig., a moins rapport à la vérité ou à la réalité qu'à la qualité d'une chose : c'est ce qui, en la mettant à l'épreuve, permet de connaître sa vraie nature : *Le malheur est la pierre de touche de l'amitié.* — **Conviction,** preuve évidente

d'un fait dont quelqu'un est accusé. ¶ 2 →
Témoignage.

Preux : → Chevalier.

Prévaloir : ¶ 1 Avoir l'avantage, être
supérieur. *Prévaloir,* qui se dit surtout
des choses, suppose une supériorité en
valeur, en prix, en considération, en crédit, en estime, souvent uniquement dans
l'opinion des hommes, et sans qu'il y
ait forcément résistance ou lutte d'un
concurrent : *Ses avis prévalaient presque
toujours* (Lav.). **L'emporter sur** (→ Surpasser), en parlant des personnes et des
choses, suppose une supériorité en force,
la plupart du temps de fait, réelle, et
obtenue après lutte ou compétition :
*Chez Horace, le patriotisme prévaut, d'em-
blée, sans discussion; chez Curiace, il finit
par l'emporter sur tous les autres sentiments.* **Dominer,** prévaloir pleinement,
grâce à son autorité, son influence, sa
prépondérance, et, particulièrement, en
parlant des choses, par sa force ou son
aspect : *Dominer par l'argent* (Zola). *Ce
qui dominait dans mon esprit et recouvrait
le reste* (Maup.). **Prédominer** se dit surtout des caractères physiques ou moraux
ou des influences qui se font le plus remarquer ou sentir, prévalent sur les autres :
*Quels sont ceux dont l'influence prédomi-
nera?* (M. d. G.). **Primer** enchérit sur *prévaloir* : c'est se distinguer, avoir l'avantage sur tous, particulièrement en parlant
des personnes : *L'envie de primer* (Vauv.).
Triompher, fig., enchérit sur *l'emporter
sur* : *Esther a triomphé des filles des Persans* (Rac.). ¶ 2 (Réf.) → (se) Flatter.

Prévarication : ¶ 1 → Trahison. ¶ 2 →
Malversation.

Prévenances : → Égards.

Prévenant : → Complaisant et Attentif.

Prévenir : ¶ 1 → Devancer. ¶ 2 → Parer.
¶ 3 → Avertir.

Prévention : → Préjugé.

Prévenu : → Inculpé.

Prévision : → Présomption. Vue des
choses futures. La *Prévision* se fait par
conjecture, connaissance scientifique ou
pouvoir surnaturel. **Prescience,** terme de
théologie, connaissance particulière que
Dieu a des choses qui ne sont pas encore
arrivées et qui ne laissent pas de lui être
déjà présentes; par ext., sorte de don
qu'ont certains hommes de prévoir l'avenir, mais uniquement par pressentiment
(→ ce mot).

Prévoir : → Présumer.

Prévoyance : → Prudence.

Prévoyant : → Prudent.

Prier : ¶ 1 *Prier,* adresser à Dieu une
prière (→ ce mot), n'est syn. des termes

suivants qu'employé relativement lorsqu'il
signifie : solliciter d'un être quelconque ce
que l'on regarde comme une grâce et parfois, simplement, par euphémisme, demander. **Supplier,** prier humblement, comme à
genoux : *Elle osa même supplier madame
de se calmer* (Zola). **Requérir,** rare en ce
sens, demander en termes respectueux
sans aller jusqu'à *prier.* **Conjurer,** prier
avec force, en invoquant ce qu'il y a
de plus saint, de plus sacré : *Priez, con-
jurez, pressez, obtenez* (Volt.). **Adjurer,**
plus rare, plus fort, implique souvent
moins une prière qu'une sommation, au
nom de Dieu ou d'une chose sacrée : *Je
vous adjure au nom de la patrie* (Volt.).
Invoquer et **Implorer** impliquent un appel
à un être pour qu'il nous assiste de sa
puissance en une situation critique, *invoquer* supposant un simple appel au secours,
par prière ou en rappelant le droit que
nous avons d'être secourus, *implorer* supposant que nous nous tournons vers quelqu'un en pleurant, ou tout au moins en
lui montrant notre malheureux état pour
toucher sa pitié : *J'oserai donc non implorer la protection des princesses, mai
invoquer leur justice* (Beaum.). ¶ 2 *Pri
à, Prier de :* → Inviter.

Prière : ¶ 1 Mouvement de l'âme vers
Dieu dans lequel nous nous adressons
à lui. *Prière,* terme commun, implique
adoration, action de grâces ou demande
de grâces; **Oraison,** dans le même sens,
est plutôt du langage liturgique et a souvent rapport à la forme de la prière : *Cette
prière se fait souvent et en termes exprès
dans l'oraison qu'on appelle secrète* (Bos.);
en langage mystique, *oraison* se dit des
communications de l'âme avec Dieu, sans
l'entremise d'une formule de prière :
Les états d'oraison. **Méditation,** dans le
langage religieux, oraison mentale, application raisonnée de l'esprit à des vérités
religieuses, suppose plutôt réflexion qu'adoration ou demande de grâces. **Éjaculation,**
au fig., dans le langage mystique, prière
fervente qui part du cœur. **Acte,** tout
mouvement de l'âme vers Dieu, se dit
aussi des formules où ces différents sentiments religieux sont exprimés, et qui
constituent ainsi des sortes de prières :
Réciter un acte de foi. **Litanies,** terme de
liturgie, prière en forme d'invocations
successives adressées à Dieu, à la Vierge
ou aux saints. **Patenôtre,** autrefois oraison dominicale ou *Pater Noster,* de nos
jours, en un sens fam. et ironique, suite
de prières que marmottent en général
les fidèles, alors qu'**Orémus** (du lat.
Oremus, « prions », commencement de certaines prières entonnées à l'église) désigne, péj. et fam., des prières et des oraisons
sons dites par des prêtres : *Les orémus*

d'un vieux jésuite (VOLT.). **Neuvaine,** prières, actes de dévotion pendant neuf jours pour obtenir une grâce. — **Déprécation,** rare, prière faite avec soumission pour obtenir le pardon d'une faute et adressée à Dieu ou aux hommes; en termes de rhétorique, figure oratoire sous forme de prière par laquelle on invoque Dieu ou une puissance quelconque pour attirer du bien ou du mal sur quelqu'un : *La déprécation de Josabeth dans* Athalie (I, sc. 2). **Obsécration,** à Rome, prières publiques pour éloigner un danger; en termes de rhétorique, figure par laquelle l'orateur implore l'assistance de Dieu ou d'une autre personne. ¶ 2 → Demande. *Prière,* **Requête, Adjuration, Conjuration, Supplication, Imploration :** → Prier.

Prieur : → Religieux.

Prieuré : ¶ 1 → Cloître. ¶ 2 → Église.

Primaire : → Simple.

Primauté : → Supériorité.

Prime : → Premier.

Prime : ¶ 1 → Gratification. ¶ 2 → Récompense.

Primer : ¶ 1 (Intrans.) → Prévaloir. ¶ 2 (Trans.) → Surpasser.

Primesautier : → Spontané.

Primeur : → Nouveauté.

Primeurs : → Prémices.

Primitif : ¶ 1 → Premier. ¶ 2 → Simple. ¶ 3 → Sauvage.

Primordial : → Premier.

Prince : ¶ 1 → Roi. ¶ 2 → Chef.

Princeps : → Premier.

Principal : ¶ 1 Adj. De première importance. Ce qui est *Principal* importe beaucoup, ce qui est *Capital* importe plus que tout : *Deux ou trois raisons principales* (ACAD.). *O moment plus important et déchirement capital* (VAL.). **Cardinal,** syn. de *principal* dans certaines loc. comme *Points cardinaux, Vertus cardinales.* **Essentiel,** de première importance, en parlant d'un élément nécessaire, indispensable, sans lequel une chose ne peut pas exister : *Condition essentielle. Mot essentiel dans une phrase.* **Fondamental,** qui est non seulement essentiel, mais encore sert de fondement à une chose : *Les lois fondamentales de l'État.* **Élémentaire** ajoute à *essentiel* l'idée qu'il s'agit de ce qui vient en premier lieu et qui constitue un minimum nécessaire : *Les notions élémentaires d'une science n'en sont que les premières notions essentielles.* **Maître** (fém. **Maîtresse**), premier ou principal en parlant des choses qui sont de même nature : *Le maître-autel. Faculté maîtresse* (TAI.). **Vrai,** fig., capital, essentiel et unique, en parlant de

ce qui est réellement la raison d'une chose par opposition aux apparences : *Le vrai motif de son action est de vous être utile.* **Vital,** fig., capital, essentiel, en parlant de ce qui est d'une nécessité absolue : *Question vitale.* **Dominant** ne se dit que de ce qui, dans un ensemble, prévaut par sa force, sa quantité : *Passion dominante* (PASC.). — A noter que *primordial,* qui est à l'origine (→ Premier), par un glissement de sens de plus en plus fréquent de nos jours, enchérit sur *principal* : *De primordiale importance* (GI.). — N. ¶ 2 → Personnalité. ¶ 3 Ce qui est le plus important. *Principal,* **Capital, Essentiel** diffèrent comme plus haut et ont pour syn. spéciaux : **Corps,** la partie principale de certaines choses : *Le corps d'un livre, d'un ouvrage;* **Gros,** la principale partie d'une troupe ou le principal d'une affaire par opposition au détail : *Le gros de l'armée. Le gros de la besogne;* **Fait** et **Point,** le principal, l'essentiel d'une discussion, d'un débat, ce sur quoi ils portent. **Le tout,** le plus important dans une affaire : *Le tout est de bien faire.* **Vif,** fig., le point le plus intéressant, le plus important, le plus délicat d'un débat, d'une question, celui d'où dépend la solution : *Entrer dans le vif du sujet.* **Clou,** fig. et fam., la partie la plus attrayante d'un spectacle. ¶ 4 → Fonds. ¶ 5 → Proviseur.

Principalement : → Particulièrement.

Principe : ¶ 1 → Origine. ¶ 2 Ce qui fait qu'une chose est. Le *Principe* donne activement l'existence à la chose ou lui permet de se développer : *Les principes du chaud, du froid, du sec et de l'humide* (VOLT.). *Des philosophes ont fait de l'intérêt personnel le principe de nos actions* (ACAD.). **Élément,** ce qui constitue la chose, une des substances dont elle est composée et qu'on découvre par l'analyse, ou, au moral, une chose qui, combinée avec d'autres, en forme une nouvelle : *Tous les corps terrestres sont composés de quatre éléments : la terre, l'eau, l'air et le feu* (FÉN.). *Des éléments de prospérité* (ACAD.). — En chimie, élément fait penser à la nature du corps composant, *principe,* plus rare, à sa propriété : *L'asperge contient un principe azoté* (LAR.). — **Facteur,** fig., ne se dit que d'un agent qui concourt avec d'autres à produire un résultat : *Les facteurs du succès.* ¶ 3 Au pl. Notions sur une science ou sur un art. **Principes,** les règles les plus générales qui s'adressent à des esprits qui réfléchissent et raisonnent. **Éléments,** ce qu'il y a de plus simple, de plus sensible, ce que les commençants doivent apprendre en premier lieu : *Le catéchisme enseigne les éléments de la religion, l'Évangile, les principes du christianisme.* **Rudiments,** les éléments les plus grossiers, qu'il faudra élaborer, dégrossir : *Les premiers rudiments d'un langage imparfait et barbare* (Volt.). On dit aussi au fig. **ABC** et **Alphabet** (→ ce mot).

¶ 4 Proposition posée au début d'un raisonnement et donc mise hors de discussion. *Principe*, terme le plus général, peut désigner toutes les propositions de ce genre : *L'omission d'un principe mène à l'erreur* (Pasc.). **Axiome** et **Postulat,** variétés de principes; *axiome*, vérité générale reçue pour vraie sans démonstration parce qu'elle s'impose à l'esprit comme évidente par elle-même; *postulat*, proposition qui n'est pas évidente par elle-même, mais qu'on demande d'admettre comme principe parce que l'utilité ou la vérité des conclusions qui en découlent justifient cette demande : *A la base de tout pacifisme, il y a un postulat : la croyance au progrès moral de l'homme* (M. D. G.). **Donnée** s'applique seulement aux points particuliers précis, faits fournis par l'expérience ou suppositions de l'esprit, qui sont incontestables ou incontestés et à partir desquels on raisonne, dans tel ou tel cas, en s'appuyant sur les principes qui, eux, sont généraux et servent dans tous les cas : *L'homme n'a pas les données nécessaires pour répondre aux questions qu'il s'adresse* (Ren.). *Les données de l'expérience.* ¶ 5 Vérité générale d'après laquelle on dirige sa pensée ou sa conduite. *Principe* a rapport à la théorie et implique une vérité qui éclaire l'esprit quand il raisonne : *Nos principes demeuraient séparés de notre vie* (Mau.). **Règle** et **Maxime** ont rapport à la pratique : ce sont des vérités qui guident. La *règle*, précise, obligatoire et constante pour tout le monde dans les mêmes circonstances, s'applique immédiatement à l'action : *Sa nouvelle règle de vie dont il a trouvé la formule : Si tu ne fais pas cela, qui le fera?* (Gi.); la *maxime*, moins immédiate, n'est pas non plus absolue et universelle; c'est souvent la manière habituelle dont quelqu'un juge ou agit : *Ses maximes favorites sur le prestige de l'aristocratie et la lâcheté des bourgeois* (Proust). *Les maximes du monde* (Balz.). **Précepte,** *maxime*, règle qui viennent de l'enseignement, de l'expérience, ou d'un commandement des lois ou de Dieu. **Dogme,** terme de philosophie et surtout de religion, tout principe établi ou regardé comme une vérité incontestable, se dit par ext. de principes politiques, littéraires, etc. : *Le dogme de l'égalité* (Flaub.). — **Doctrine, Système** et **Théorie,** ensemble de dogmes ou de principes qui prétendent diriger entièrement un homme dans l'interprétation des faits et dans la direction de sa conduite : la *doctrine* est faite uniquement de dogmes

qu'on professe ou qu'on adopte, sans forcément les lier entre eux, c'est un enseignement; le *système* cherche à lier un certain nombre de principes et leurs conséquences dans un certain ordre, de manière à donner une explication cohérente, logique, d'un vaste ensemble de choses qui toutes découlent de mêmes principes et à en tirer une méthode de découverte ou d'action; la *théorie*, simple vue spéculative des choses, embrasse de moins vastes ensembles et consiste surtout à remonter du particulier au général, à essayer de rattacher un certain nombre de faits en apparence sans rapport visible à quelques principes généraux qui peuvent les expliquer : *La doctrine classique, c'est l'ensemble des principes, des règles, transformés en préceptes par les doctes qui ont donné une théorie de l'œuvre d'art en la ramenant à quelques principes; mais la doctrine a dégénéré en système quand on a cru qu'il suffisait d'appliquer les règles pour réussir.* En un sens péj. on reproche à la *règle*, au *dogme* et à la *doctrine* d'être trop impératifs, de ne pas laisser place à l'esprit critique, à la liberté; à la *théorie*, d'être trop idéale, de ne pas cadrer avec les faits; au *système*, de substituer une explication imaginaire, *a priori*, à la réalité moins simple de l'expérience. — **Hypothèse,** syn. de *système* en matière de science seulement, assemblage de suppositions faites pour parvenir plus facilement à l'explication de certains phénomènes; on dit d'ailleurs aussi en ce sens *système*, qui n'a jamais alors un sens péj. : *L'hypothèse de Laplace. L'hypothèse de l'évolution.* — **Philosophie,** syn. de *doctrine*, de *système*, de *théorie*, mais ne se disant jamais en matière de science ni de religion, insiste plutôt sur la généralité des vues, ramenées par synthèse à quelques principes ou à quelques maximes simples, mais sans être toujours coordonnées logiquement ni devenir une matière d'enseignement; c'est parfois une manière habituelle, naturelle et personnelle de voir le monde et de se conduire sans rien de méthodique : *Après avoir essayé de suivre le système des stoïciens, Montaigne s'est fait une philosophie au contact de l'expérience.*

Printemps : ¶ 1 *Printemps*, la saison qui suit l'hiver et précède l'été. **Renouveau,** le début du printemps, le moment où tout renaît. ¶ 2 → Jeunesse.

Pris : → Occupé.

Prise : ¶ 1 → Capture. En termes militaires. *Prise*, **Enlèvement, Occupation :** → Prendre. ¶ 2 → Proie. ¶ 3 → Discussion.

Prise (avoir) : → Toucher.

Priser : → Estimer.

Prises (être aux) : → Lutter.

Prison : ¶ 1 *Prison,* tout bâtiment aménagé pour enfermer et garder ceux qui se sont rendus coupables d'une infraction à la loi civile, militaire ou politique, a pour syn., en termes administratifs, **Maison centrale,** prison d'État, qui se dit soit d'une **Maison de force,** maison où s'effectue la détention, peine afflictive et infamante, soit d'une **Maison de correction,** prison qui reçoit les condamnés à l'emprisonnement correctionnel ; **Maison d'arrêt, de justice,** prison départementale où se purgent des peines de prison moins longues que dans les *maisons centrales.* **Pénitencier** et **Maison pénitentiaire,** prison dans laquelle on cherche à amender, par l'instruction et le travail, les prisonniers que l'on détient. **Dépôt,** salle de la préfecture de police où l'on détient provisoirement ceux qu'on a arrêtés. — **Geôle,** syn. vx de *prison,* est de nos jours péj. surtout au fig. pour désigner un lieu aussi odieux qu'une prison : *Pas de geôle qui vaille devant un propos de fuite obstiné* (GI.). **Ballon, Boîte** et **Taule,** syn. pop. et péj. de *prison.* **Violon,** fam., sorte de prison contiguë à un corps de garde, dans la loc. *Mettre au violon.* **Bloc,** pop., syn. de *prison,* dans la loc. *Mettre au bloc,* en parlant d'un soldat, d'un marin. **Salle de police,** terme militaire, lieu où l'on fait subir aux soldats, en groupe, de courtes détentions pour des peines qui ne méritent pas la prison, a pour syn. pop. **Clou,** dans la loc. *Être au clou.* **Cachot,** fig. (→ Cellule), insiste sur l'horreur de la prison : *Quand la terre est changée en un cachot humide...* [la pluie] *D'une vaste prison imite les barreaux* (BAUD.); **Cage,** fig., sur la perte de liberté, dans la loc. *Mettre en cage.* **¶ 2** → Emprisonnement.

Prisonnier : ¶ 1 *Prisonnier,* celui qui est enfermé dans une prison pour n'importe quelle raison, n'implique pas la nuance péj. de **Détenu** qui ne se dit que de celui qui est enfermé en prison par ordre de justice : *Les détenus de la Santé. Prisonnier d'État.* — En un sens plus large, *prisonnier* se dit de tout homme privé de sa liberté, notamment des soldats pris à la guerre et, en ce cas, fait penser au fait de la prise, et désigne une situation momentanée, réglementée par des lois internationales : *Faire des prisonniers. Camp de prisonniers.* **Captif,** prisonnier de guerre transformé en esclave dans l'antiquité ou chez les Mahométans, par ext. celui qui est dans un état durable de prisonnier, fait penser souvent à la souffrance, à la tristesse de cet état et à sa durée : *Prisonnier à Pavie, François Ier fut captif à Madrid* (L.). *Captive,*

toujours triste (RAC.). — **Interné,** celui qui, sans être prisonnier, est obligé à résider en un lieu déterminé avec interdiction d'en sortir. **Otage,** personne livrée ou arrêtée, et détenue pour servir de gage, de garantie. **¶ 2** Au fig. **Prisonnier,** celui qui subit des contraintes morales qui lui enlèvent sa liberté d'action : *Prisonnier de son parti, de ses passions* ; **Captif** enchérit et suppose une sujétion due à l'influence, l'autorité d'une personne ou d'une chose qui nous gouvernent : *Ame captive des plaisirs* (BOS.). **Esclave,** au fig., renchérit et suppose une soumission totale à ce qui nous domine ou pour quoi nous avons un dévouement total et absolu : *Esclave de la crainte* (VOLT.); *des libraires* (VOLT.).

Privation : → Manque.

Privauté : → Familiarité.

Privé : ¶ 1 → Dénué. **¶ 2** → Individuel. **¶ 3** → Apprivoisé.

Priver : ¶ 1 Oter à quelqu'un la jouissance d'une chose (≠ Déposséder : → ce mot). *Priver* se dit d'un bien présent ou futur et marque une action juste ou injuste : *Je suis privée de mes petits enfants* (MAU.). **Frustrer,** en parlant d'un bien futur auquel on prétendait ou qui était dû, marque une action injuste ou qui cause un désappointement légitime : *Frustrer des enfants d'une fortune* (MAU.). **Frauder,** frustrer par tromperie, furtivement, de ce qui est dû, attendu ou promis : *Frauder ses créanciers* (BOIL.); *la douane* (GI.). **Sevrer,** ôter à un enfant le lait de sa nourrice ; au fig., assez fam., priver quelqu'un de quelque chose de doux ou d'agréable à quoi, souvent, il était accoutumé : *Sevré de plaisirs* (GI.). **Déshériter,** priver d'une succession; au fig., absolument, priver de ce qui est assimilé à un héritage, notamment des avantages donnés par la nature, la fortune : *La nature a déshérité ce pays* (LIT.). **¶ 2** (Réf.) → (s') Abstenir.

Privilège désigne plutôt un avantage matériel, souvent accidentel, obtenu en dehors de la loi commune : *Franchises, immunités, exemptions, privilèges* (L. B.); et, par ext., en bonne ou en mauvaise part, un avantage quelconque considéré comme une sorte de faveur : *Je m'attribuais comme un privilège naturel d'homme riche le droit de travailler peu* (M. D. G.). **Prérogative,** préférence, distinction, dignité, attachées, d'une façon permanente, au rang, à l'ordre ou au corps élevés auxquels on appartient : *Prérogatives héréditaires* (VOLT.). *Quelques-uns établirent le droit d'accorder des privilèges, comme faisant partie de la prérogative royale* (C.); par ext., en un sens toujours favorable, avantage essentiel, de nature, considéré comme normal :

La prérogative la plus belle de l'humanité, la faculté de penser par soi-même (Did.).

Passe-droit, autrefois privilège exorbitant; de nos jours, simple avantage ou grâce accordés contre le règlement ou l'usage ordinaire, et au préjudice des autres : *Sa nomination a été un passe-droit* (Acad.).

Monopole, trafic exclusif fait en vertu d'un privilège; au fig., droit ou possession exclusifs considérés comme un privilège : *Avoir le monopole de l'élégance.*

Prix : ¶ 1 Estimation d'une chose. *Prix,* estimation accidentelle, de convention, souvent fondée sur la loi de l'offre et de la demande. **Valeur,** juste estimation de la chose d'après les services qu'on peut en tirer : *La différence de la valeur réelle des biens des proscrits et du prix de l'adjudication était souvent énorme* (Roll.). — Mêmes nuances au fig., *prix* marquant quelque chose de variable, d'arbitraire, dû à l'opinion, *valeur,* quelque chose d'essentiel. — En parlant d'une chose qui se paie, *prix,* ce qu'on en demande ou ce qu'on la paie; **Coût,** la somme qu'il faut débourser pour la payer, spéc. en parlant de frais d'actes de justice : *Le coût d'une assignation. Le coût de la vie.* **Cours,** en termes de commerce et de finance, prix auquel sont négociées, sur certaines places, à certains jours, des marchandises ou des valeurs. **Taxe** (→ ce mot), prix des denrées, des actes de justice, fixé officiellement par autorité publique. **¶ 2** *Au juste prix,* au prix le plus bas qui peut être accordé étant donné la valeur de la chose. **A bon prix,** à un prix avantageux pour l'acheteur. **A bon marché,** à un prix peu élevé qui rend la chose peu chère. **A bon compte,** *à bon prix,* se dit surtout au fig. : *S'en tirer à bon compte.* **A bas prix, A vil prix,** au-dessous de la valeur réelle de la chose. **¶ 3** → Récompense.

Prix de (au) : → (en) Comparaison.

Probabilité : ¶ 1 → Apparence. **¶ 2** Ce qui permet de conjecturer raisonnablement si un événement se produira ou non. *Probabilité,* terme savant, suppose un calcul, une mesure fondée sur le rapport des cas favorables et des cas possibles : *Calcul des probabilités.* **Chances,** au pl., terme commun, probabilité vague, ou, en un sens plus précis, ensemble des cas dont le rapport constitue la probabilité : *Avoir des chances de succès. Avoir neuf chances sur dix de perdre.* **Perspectives,** fig., aspect sous lequel on envisage certains événements éloignés, probables ou possibles : *Perspectives de paix.*

Probable : → Apparent.

Probant : Qui entraîne la conviction, en parlant des choses. *Probant,* qui montre la vérité d'une proposition, la réalité d'un fait, en en fournissant la preuve : *Témoignage probant.* **Démonstratif** enchérit comme *démonstration* sur *preuve* (→ ce mot) et se dit de ce qui est probant au point d'en être **Convaincant,** ce dernier mot marquant le résultat pleinement obtenu : *Et je vous prouverai par des raisons démonstratives et convaincantes* (Mol.). **Décisif,** qui résout clairement une chose douteuse, contestée, querelle, délibération, discussion, en étant *probant, démonstratif* ou *convaincant* : *Argument décisif* (Zola). **Péremptoire,** décisif et sans réplique (→ Tranchant) : *La date était péremptoire. Pas moyen de douter* (Gi.). **Éloquent,** au fig., se dit des choses qui par leur existence même expriment une vérité qu'il est inutile de démontrer en paroles : *Augmentation* [de décès] *éloquentes* (Cam.).

Probe, Honnête (→ ce mot), **Intègre, Moral, Vertueux :** → Probité. **Pur,** fig., diffère d'*intègre* comme les n. correspondants (→ Pureté) et marque, comme lui, une qualité intérieure. **Intact,** fig., indiquant simplement le fait qu'on ne peut reprocher à quelqu'un rien de contraire à la probité. **Incorruptible,** fig., que rien ne peut amener à agir contre son devoir : *Pauvre et incorruptible* (Lav.). **Comme il faut,** fam. et vague, à qui on ne peut rien reprocher dans l'observation des lois morales et sociales.

Probité : Qualité qui nous pousse à rechercher le bien et à fuir le mal. *Probité* implique obéissance rigoureuse aux lois instituées par la société et soin de rendre à chacun ce qui lui appartient : *La probité est un attachement à toutes les vertus civiles* (Vauv.). **Honnêteté** ajoute l'idée qu'on respecte toutes les lois morales et spéc. la bonne foi parce qu'on est soucieux de sa propre dignité, qu'on ne veut rien avoir à se reprocher : *Il peut y avoir une honnêteté envers soi-même, il n'y a de probité qu'envers autrui.* Toutefois, de nos jours, *honnêteté* se restreint au sens de *probité* : *L'honnêteté d'un commerçant;* et *probité* désigne alors, comme le note l'Acad., une honnêteté rigoureuse. **Droiture** (→ Rectitude et Justice), obéissance stricte aux lois et aux inspirations de sa conscience, sans biaiser ni tricher, et sans se favoriser soi-même, ni se laisser influencer aux dépens d'autrui. **Intégrité** ajoute à *honnêteté* une idée de pureté ou de constance à repousser les sollicitations de l'intérêt, de la corruption : *Préserver sa réputation d'intégrité* (J. Rom.). **Moralité** a rapport aux principes, à la conduite qui sont conformes aux bonnes mœurs, surtout à la décence, et peuvent ou non servir d'exemple pour inciter au bien : *On a reproché à La Fontaine de manquer de moralité.* — **Vertu,** disposition constante et intérieure à faire le bien, non seulement pour obéir aux lois positives et morales, mais aussi par sacrifice, dévouement, charité, bienfaisance : *L'observation des lois naturelles écrites est ce qu'on nomme probité; la pratique des lois naturelles non écrites est ce qu'on appelle vertu* (D'AL.). **Prud'homie**, probité et sagesse dans la conduite, est VX.

Problématique : → Incertain.

Problème : → Question.

Procédé : ¶ 1 *Procédé*, souvent au pl., manière d'agir en un cas particulier, ou envers autrui : *Son procédé avec moi* (SÉV.). *Procédés d'arrivisme* (J. ROM.). **Conduite**, manière d'agir par rapport à soi-même, et en général de gouverner sa vie : *Conduite spontanée* (GI.). *Plan de bonne conduite* (ZOLA). **Attitude** fait penser aux sentiments à l'égard des personnes, qu'on témoigne par ses procédés, son maintien, ou aux réactions devant certains événements qu'on témoigne par sa conduite. **Comportement**, terme de philosophie, manière d'agir : *Le comportement habituel des êtres* (M. D. G.); de nos jours, en un style assez prétentieux, conduite caractéristique dans un cas particulier ou *attitude*. **Marche**, au fig., manière d'agir, de procéder, caractérisée par la tactique employée : *Cet homme a eu dans toute cette affaire une marche tortueuse* (ACAD.). **Allure**, au fig. et souvent au pl., conduite dans une affaire caractérisée par une certaine manière d'être : *Depuis quinze jours il a pris des allures convenables* (VOLT.). **Errements**, manière d'agir habituelle pour conduire telle ou telle affaire, n'implique aucune nuance de blâme quoique, sous l'influence d' « erreur », on donne souvent au mot, de nos jours, un sens péj. : *Ne pas retomber dans les vieux errements* (M. D. G.). **Agissements** (→ ce mot), toujours péj., ensemble d'actes plus ou moins blâmables pour arriver à un but. **Style**, fig. et fam., manière d'agir propre à un individu ou à un genre d'individus : *Le style des nobles* (MOL.). **¶ 2** → Méthode. **¶ 3** En termes de littérature et de beaux-arts, *Procédé*, manière habituelle de s'exprimer qui peut simplement caractériser l'art d'un écrivain, mais qui, trop renouvelée devient mécanique et remplace l'inspiration : *L'emploi des mots antiques chez les Parnassiens tourne au procédé*. **Artifice** fait surtout penser au résultat qui est de tricher avec la nature, de ne pas rendre le modèle avec simplicité et honnêteté : *Le style précieux n'est qu'artifice*. **Recette**, très péj., procédé transmis tout fait qu'on n'a qu'à appliquer pour réussir. **Truc**, fam., implique qu'on veut en imposer au lecteur : *Les trucs du roman feuilleton*; mais se dit seul, sans

nuance péj., des divers moyens mécaniques qui provoquent l'illusion théâtrale. **Ficelle**, fig., procédé ou truc assez grossier, visible, pour faire aller l'intrigue d'un drame ou d'un roman, ou pour tricher avec la difficulté de l'art : *Les ficelles du mélodrame; les ficelles du métier*. — **Bric-à-brac**, fig. et fam., sorte de réserve de trucs, de procédés où puisent les mauvais artistes d'une école pour trouver des situations, des personnages, des décors : *Le bric-à-brac romantique*.

Procéder : ¶ 1 → Agir et (se) Conduire. **¶ 2** *Procéder à* : → Réaliser. **¶ 3** *Procéder de* : → Venir.

Procès : → Poursuite. *Procès*, instance devant un juge tant en matière civile que criminelle. **Affaire**, tout ce qui se traite en quelque juridiction que ce soit, fait penser aux contestations que provoque le procès, et au travail qu'il exige de la part du tribunal ou des avocats : *Une affaire embrouillée*. **Débats**, en termes de jurisprudence, la partie du procès qui se fait publiquement et consiste en une discussion contradictoire qui a lieu à l'audience et prépare le jugement du litige. — **Chicane**, péj., procès en général, surtout civil, ou goût excessif de la procédure.

Procès (faire le) : → Inculper.

Procession : → Défilé.

Processus : → Évolution.

Procès-verbal : ¶ 1 → Contravention. **¶ 2** → Relation.

Prochain : ¶ 1 Adj. → Proche. **¶ 2** N. → Autrui.

Proche : ¶ 1 Adj. *Proche*, absolu, marque la qualité essentielle et caractéristique de ce qui n'est pas loin et s'emploie surtout comme attribut : *La rue est toute proche du jardin du Luxembourg* (GI.). **Prochain**, plutôt épithète, s'emploie relativement en parlant d'une chose qui n'est pas loin eu égard aux autres qui sont plus éloignées qu'elle, mais qui elle-même peut n'être pas tout près : *La ville la plus prochaine, c'est celle qu'on traversera la première*; employé absolument *prochain* marque une proximité vague qui, selon certains synonymistes, peut être parfois très grande : *Un grand silence régnait sur les berges prochaines* (A. FOUR.). **Voisin** ne marque qu'une très grande proximité de situation, suppose parfois des choses plus considérables, et, au fig., marque simplement une ressemblance ou, au lieu de qualifier la chose qui est près d'arriver, s'applique à la personne qui va la subir : *Hors de la maison, tout près, dans le champ voisin* (F. D. C.). *Un homme dont la ruine est proche ou prochaine est voisin de sa ruine*

(L.). **Avoisinant,** au prop. seulement, marque une proximité locale plus vague. **Circonvoisin,** voisin en parlant de ce qui est tout autour. **Contigu** suppose un contact : *On conçoit comment les terres des particuliers réunies et contiguës deviennent le territoire public* (J.-J. R.). **Limitrophe** ne se dit qu'en termes de cadastre ou de géographie de terres ou de pays contigus : *Département limitrophe de l'Italie.* **Adjacent** ne se dit qu'en termes de géométrie et de topographie d'espaces contigus l'un à l'autre de manière à avoir un côté commun : *Angle adjacent. Rues, maisons adjacentes* (Acad.). **Attenant** ne se dit que d'un bâtiment ou d'un espace de terre dépendant d'une chose principale à laquelle ils sont contigus : *Cimetière attenant à l'église* (Volt.). **Joignant,** syn. vx de *contigu.* ¶ 2 Qui est près d'arriver, dans le temps. **Proche** et **Prochain** diffèrent comme plus haut, *prochain* étant d'ailleurs le plus usité : *Le jour fatal est proche* (Boil.). *Mort prochaine* (L. F.). **Imminent** (→ ce mot) enchérit sur les deux termes. ¶ 3 Adv. et Prép. → Près. ¶ 4 N. → Parent.

Proclamation : ¶ 1 → Déclaration. ¶ 2 Écrit qui contient ce que l'on veut faire connaître au public. *Proclamation,* déclaration solennelle faite souvent pour enflammer les passions : *Les proclamations de Bonaparte. Proclamations incendiaires* (Acad.). **Manifeste** implique qu'un prince, un État, un parti, un chef d'école fait connaître ses vues sur tel ou tel sujet ou rend raison de sa conduite dans une affaire importante : *Un manifeste pour ouvrir la revue* (Gi.). **Profession de foi,** au fig., manifeste d'un candidat aux élections ou déclaration de principes philosophiques, sociaux, littéraires, artistiques.

Proclamer : → Déclarer et Publier.

Procréer : → Engendrer.

Procuration : En termes de jurisprudence, pouvoir que quelqu'un donne à un autre d'agir en son nom quand il pourrait le faire lui-même. *Procuration* et **Pouvoir** désignent plutôt l'acte par lequel le mandant constitue le mandataire, **Mandat,** le contrat qui lie mandant et mandataire et la mission accordée à ce dernier.

Procurer : ¶ 1 Faire obtenir quelque chose à quelqu'un. *Procurer* suppose des soins, des efforts pour mettre quelqu'un en possession d'un bien ou d'une chose nécessaire : *Procurer des avantages* (Gi.). **Assurer,** procurer d'une façon certaine et durable : *Assurer à notre petit une éducation convenable* (M. d. G.). **Ménager** se dit surtout des événements favorables à quelqu'un qu'on prépare habilement : *Ménager un triomphe* (Beaum.). **Moyenner,**

vx, procurer par entremise : *Moyenner l'accord* (Corn.). **Fournir de** et **Pourvoir de** (→ ces mots), procurer en donnant soi-même à quelqu'un. **Donner,** syn. vague de *fournir* ou *procurer* : *Donner un roi à la Pologne* (Volt.). **Prêter** est du style soutenu comme syn. de *fournir,* surtout en parlant d'une puissance élevée : *Pourvu que Dieu lui prête vie* (L. F.); c'est surtout fournir ce qu'on peut reprendre, ou, parfois, *procurer* en parlant de choses qui communiquent ou font obtenir momentanément quelque avantage : *Tes malheurs te prêtaient encor de nouveaux charmes* (Rac.). **Valoir,** avec un nom de chose pour sujet, faire obtenir à quelqu'un ou faire arriver ce qui pour lui est profitable ou non : *Cette bataille lui a valu le bâton de maréchal.* ¶ 2 → Occasionner. ¶ 3 (Réf.) → Obtenir.

Procureur : → Intermédiaire.

Prodigalité : → Libéralité. Excès de libéralité ou de dépense. La *Prodigalité* est dans le caractère, la **Profusion,** dans la manière d'agir. Si *prodigalité,* surtout au pl., se dit pour *profusion,* c'est en faisant penser au caractère de celui qui dépense trop, alors que *profusion* ne fait penser qu'à l'énormité de la dépense : *Prodigalités de Fouquet* (Volt.). *Cette dépense éclatante qui allait jusqu'à la profusion* (Laf.).

Prodige : ¶ 1 Effet d'une puissance surnaturelle. *Prodige* se dit proprement des effets extraordinaires que les païens attribuaient à tort à des puissances surnaturelles, **Miracle,** des effets véritables, authentiques, réellement opérés par Dieu dans la religion juive ou chrétienne : *Les miracles de J.-C. De faux prodiges* (Volt.).; en ce sens, *prodige* désigne quelque chose de moins particulier, de plus solennel et éclatant, qui d'ordinaire consiste dans un grand phénomène de la nature, propre à être vu de tout le monde : *Une guérison à Lourdes est un miracle; le passage de la mer Rouge par les Hébreux est un prodige.* — Au fig. *miracle* se dit des choses qui se produisent sans qu'on en sache les causes ni les moyens : *Cette espèce de miracle qui se produisait toujours dès qu'on entrait dans la zone de feu* (M. d. G.); *prodige,* de celles qui, par leur force, leur valeur, paraissent plus qu'humaines : *Les Romains firent des prodiges pour leur liberté* (Bos.). — **Merveille** comporte toujours l'idée d'admiration, de surprise et parfois de beauté, à propos de choses ou d'êtres qui, sans être forcément surnaturels, semblent sortir de l'ordre normal de la nature : *Ce chien était une merveille de malice sournoise* (J. Rom.); de plus si *prodige* et *miracle* marquent plutôt des faits, des actions, *merveille* indique un résultat, une chose qui dure. **Signe,** syn. de *miracle* en termes d'Écriture sainte. ¶ 2 → Phénomène.

Prodigieux : → Extraordinaire.

Prodigue : → Dépensier.

Prodiguer : ¶ 1 → Dépenser. ¶ 2 → Montrer.

Prodrome : ¶ 1 → Symptôme. ¶ 2 → Préliminaire. ¶ 3 → Préface.

Producteur et **Générateur** diffèrent comme *production* (→ ce mot) et *génération*, et comme *produire* (→ ce mot) et *engendrer*; *générateur*, surtout terme de science, marque une causalité plus directe que *producteur*.

Productif : → Profitable et Fécond.

Production : ¶ 1 *Production,* action de *produire* (→ ce mot) dans tous les sens de ce verbe. **Génération,** action de produire son semblable, se dit par ext. dans le langage didact., en parlant de certaines choses qui naissent les unes des autres : *La génération des idées*; et, en géométrie, de la formation de certaines figures par le mouvement d'une ligne ou d'une surface : *La génération d'un cylindre.* **Genèse,** terme de physiologie, production et développement d'une maladie; au fig. manière dont sont créées et produites les œuvres de l'esprit : *La genèse d'un roman.* ¶ 2 La chose produite. *Production* fait penser à la cause qui produit, à son action, à la manière dont la chose est produite. **Produit** se dit simplement du résultat d'une opération, d'un travail, d'une transformation quelconque : *On étudie les productions du sol; on en vend les produits au marché.* **Fruits,** production des végétaux succédant à la fleur et produisant la semence, se dit spéc. de ces sortes de productions qui servent à la nourriture de l'homme, et par ext. des produits comestibles du sol : *Les fruits de la terre.* ¶ 3 → Ouvrage.

Productivité : → Rendement.

Produire : ¶ 1 → Montrer. ¶ 2 → Citer. ¶ 3 → Introduire. ¶ 4 Donner naissance à. *Produire* a un sens plus général qu'**Engendrer** (→ ce mot), produire son semblable par voie de génération, qui suppose un rapport direct de filiation entre deux individus : *Apprenez d'elle enfin quel sang vous a produit* (Corn.). *Abraham engendra Jacob.* — Même nuance au fig., *engendrer* marquant une causalité plus directe que *produire* : *La sévérité produit l'obéissance* (Volt.). *A peine tu parles, tu engendres ce qu'il faut* (Val.). — **Émettre,** produire et lancer hors de soi : *Émettre un son.* ¶ 5 Donner des fruits, en parlant de la terre, et par ext. de l'argent, d'un emploi,

d'une activité quelconque. *Produire* fait penser à l'activité féconde et à la quantité obtenue : *La France produit chaque année tant d'hectolitres de vin.* **Porter** ne se dit que des arbres, de la terre et fait penser aux fruits qui sont sur les végétaux qui les ont produits : *Vivant de sa chasse et des fruits que les arbres portent d'eux-mêmes* (Fén.); par ext. on dit *porter intérêt* en parlant d'une somme d'argent. **Fructifier,** produire son fruit naturel, est surtout un terme de botanique; au fig., absolument, c'est produire un résultat avantageux, ou un bénéfice : *Vous verriez tous les ans fructifier vos vers* (Boil.). **Rendre,** syn. de *produire,* fait surtout penser au rapport entre le résultat obtenu et la mise de fonds, le travail fourni : *L'État ne peut subsister qu'autant que le travail des hommes rend au-delà de leurs besoins* (J.-J. R.). **Rapporter** (→ ce mot) fait penser uniquement au revenu qu'on tire d'une chose qui produit, indépendamment du travail fourni : *Cet emploi ne rapporte ni profit ni honneur* (Acad.). **Donner,** syn. de *produire,* marque souvent abondance : *Les pêchers ont donné avec abondance* (L. B.). ¶ 6 En parlant des ouvrages de l'homme, *Produire* fait penser au résultat obtenu, en général important : *Produire : couvrir un morceau d'espace autour de soi avec des choses solides qui sont là pour valoir par elles-mêmes et pour durer* (J. Rom.). **Faire** insiste surtout sur le travail individuel qui donne l'existence et la forme : *Faire du pain, une maison, un livre.* — **Fabriquer,** exécuter ou faire exécuter certains ouvrages suivant les procédés d'un art mécanique, a surtout rapport à l'industrie : *Fabriquer des automobiles*; mais est souvent péj. comme syn. de *produire,* de *faire* en leur sens général, au prop. et au fig. : *Fabriquer de la fausse monnaie*; *deux ou trois mots, deux ou trois traits* (J. Rom.); *un amour factice et sans valeur* (Proust). **Manufacturer,** *fabriquer* dans une manufacture (→ Usine) : *Manufacturer des laines, des fers, du tabac*; est très usité au part. passif dans la loc. *produits manufacturés.* **Confectionner** fait penser à une série d'opérations méthodiques pour exécuter entièrement certains ouvrages, au prop. et au fig. : *Confectionner un ragoût. Me confectionner une façon de morale* (M. D. G.); en termes d'industrie, c'est spéc. fabriquer des pièces de vêtement, du linge, des chaussures qui ne sont pas faits sur mesure. **Sortir,** néol. fam., fait penser au nombre d'objets qui sont produits et donnés au public pendant un certain temps : *Cette usine sort cent voitures par jour.* — **Élaborer,** terme didact., préparer un produit par un long travail, se dit surtout des opérations des corps vivants qui transform des produits et, au fig., des constructions de l'esprit longuement préparées : *Le foie élabore la bile. Élaborer un projet; un système.* — **Obtenir,** qui se dit notamment en chimie, fait penser au résultat d'une opération, d'une combinaison, d'un procédé : *Le corps qu'on faisait brûler dans cette toile pour en obtenir la cendre pure et sans mélange* (Buf.). *On obtient la santé par l'exercice et la sobriété* (Did.). — En parlant des ouvrages de l'esprit seulement, **Composer** (→ ce mot) insiste sur le travail de l'esprit pour donner une forme à l'œuvre; **Concevoir,** (→ Créer) fait penser à l'invention; **Enfanter** (→ Engendrer), à la paternité de l'auteur. ¶ 7 → Occasionner. ¶ 8 (Réf.) Prendre naissance, exister en parlant d'un fait, d'un événement. *Se produire* fait penser aux causes, aux circonstances qui concourent à provoquer l'événement : *Il se produit dans ce cas tel ou tel phénomène* (Acad.). **Arriver** marque la naissance de l'événement, sans plus : *L'événement a failli trop de fois se produire ces années-ci pour qu'il n'arrive pas sous peu* (J. Rom.). **Advenir** (à l'infinitif et aux troisièmes personnes seulement), arriver par accident, par surprise, est souvent relatif, comme *arriver*, à la personne que touche l'événement : *Il lui advint ce qui arrive aux acteurs médiocres* (Balz.). **Survenir,** arriver en surcroît, ou à l'improviste. **Avoir lieu** insiste sur l'époque habituelle ou fixée où un événement se produit : *La séance a lieu à huit heures*; **Se passer,** sur la façon dont l'événement se produit ou a lieu, et suppose une certaine durée : *Et cela se passait dans des temps très anciens* (V. H.). **Intervenir,** survenir au milieu de, surtout dans un procès, une affaire : *Ici intervint un incident grotesque* (Gi.). **Tomber** fait penser à la coïncidence de l'événement avec telle ou telle date : *La Noël tombe un jeudi.* **Se tenir,** avoir lieu, ne se dit qu'en parlant d'assemblées : *La foire se tient le mercredi.* **Surgir,** survenir tout à coup : *De nouvelles difficultés surgissent.* **Venir,** arriver suivant l'ordre des temps : *Vienne l'automne.* **Échoir** ne se dit que de la date d'un paiement : *Le terme échoit le 15.* ¶ 9 (Réf.) → (se) Montrer.

Produit : ¶ 1 → Production. ¶ 2 → Marchandise. ¶ 3 → Recette. ¶ 4 → Résultat.

Proéminence : → Saillie.

Profanation, action de ne pas respecter un lieu saint, indique simplement, en fait, une irrévérence parfois involontaire commise envers les choses consacrées par la religion. **Sacrilège,** primitivement vol d'objets sacrés, qualifie comme criminelle une entreprise toujours volontaire contre les choses les plus sacrées ou la divinité même : *Des profanations plus grandes qu'on appelle sacrilèges* (Volt.).

Profane : → Ignorant. *Profane,* celui qui n'est pas initié à une science, aux lettres, aux arts. **Béotien** ajoute l'idée d'un esprit lourd tel que l'était, selon les autres Grecs, celui des habitants de la Béotie. **Philistin** et **Bourgeois** (Flaubert disait **Épicier**), syn. péj. de *profane,* à l'époque romantique.

Profaner : ¶ 1 → Salir et Dégrader. ¶ 2 → Violer.

Proférer : → Prononcer et Dire.

Professer : ¶ 1 → Déclarer. ¶ 2 → Pratiquer. ¶ 3 → Enseigner.

Professeur : → Maître.

Profession : Occupation habituelle (≠ *Emploi :* → ce mot). *Profession* fait penser à la classe à laquelle on appartient par ses occupations : *Ascagne est statuaire, Hégion fondeur, Eschine foulon, et Cydias bel esprit, c'est sa profession* (L. B.). **Art** donne l'idée d'adresse, de talent, d'application intelligente de certaines règles dans des activités intellectuelles ou manuelles : *L'art de l'horloger; du médecin; de l'architecte.* **Métier,** profession manuelle, s'oppose à *art* : *Les arts règlent les métiers* : ainsi l'architecture commande aux maçons, aux menuisiers et aux autres (Bos.); et désigne, péj., une occupation habituelle inférieure, parfois basse, uniquement lucrative : (Faire) *d'un art divin un métier mercenaire* (Boil.); mais, en un sens favorable, insiste sur les connaissances techniques qu'exige la profession, sur l'effort pour dominer la matière qui ennoblit l'homme : *Le métier de Mars* (Corn.); *des armes. Savoir son métier.* **Gagne-pain,** toute activité qui fait vivre celui qui l'exerce. **État** (→ ce mot), assez rare de nos jours, fait penser à la manière de vivre, de penser, à la situation sociale qui découlent de la profession : *Vivre selon son état* (Acad.). **Carrière,** profession assez importante que l'on embrasse et que l'on garde jusqu'à la fin de sa vie en parcourant des sortes d'étapes : *Carrière des armes; du barreau.* **Parti,** vx, profession considérée au moment où on l'embrasse, après l'avoir choisie de préférence à d'autres professions : *Prendre le parti du théâtre* (Les.). **Partie,** qui se dit parfois d'une profession commerciale : *Ces deux commerçants sont dans la même partie* (Acad.); désigne aussi une profession ou une branche d'une profession dans laquelle quelqu'un possède une particulière compétence ou beaucoup de pratique : *Un homme de grande valeur dans sa partie* (Gi.). **Spécialité** enchérit en ce dernier sens pour désigner une branche d'études ou des travaux circonscrits auxquels on se consacre.

Profession de foi : → Proclamation.

Profil : → Ligne.

Profiler (se) : Paraître sur un fond quelconque. *Se profiler* ajoute à **Se dessiner** l'idée que la chose est vue de côté et apparaît assez nettement dans sa forme. **Se silhouetter** diffère de *se profiler* comme les n. correspondants (→ Ligne). **Se détacher**, se dessiner ou se profiler très distinctement : *Sur ce fond neutre Nana se détachait en blanc* (Zola). **Se découper**, se détacher avec beaucoup de netteté, suppose des formes très marquées : *Les remparts se découpaient sur la pâleur de l'aube* (Flaub.).

Profit : ¶ 1 Ce qui peut résulter de bon de certaines choses. *Profit*, augmentation de bien-être, ou gain qui vient d'une entreprise quelconque, ou enrichissement intellectuel ou moral qui vient d'un effort : *Quelque partie de l'histoire ancienne que vous lisiez, tout vous tournera à profit* (Bos.). **Utilité** n'a rapport qu'au service immédiat qu'on tire des choses : *Vous perdez l'utilité de vos souffrances* (Bos.). **Avantage** suppose une comparaison avec les autres personnes avant qui nous passons et aussi entre le bien et le mal que comporte la chose, en parlant de toutes sortes de biens, notamment l'honneur, la gloire plutôt que le gain : *Tirer avantage de notre imperfection* (Pasc.); *de l'obscurité* (Mol.). **Bénéfice**, terme le plus général, n'implique pas une activité comme *profit*, ni une comparaison comme *avantage* : *Les bénéfices sociaux du mariage* (Balz.). *Le bénéfice d'un héritage* (Mau.). **Fruit**, fig., suppose toujours un résultat concret qu'on tire d'une chose : *Le fruit de sa victoire* (Volt.). **Intérêt**, profit qu'on retire de l'argent prêté ou dû; en un sens très général, tout ce qui importe à quelqu'un, à tous les points de vue, qui est pour lui un avantage ou une possibilité d'avantage : *L'intérêt que j'ai à croire une chose n'est pas une preuve de l'existence de cette chose* (Volt.). **Bien**, syn. d'*avantage*, ajoute l'idée d'un plaisir physique ou moral : *J'ai le bien d'être de vos voisins* (Mol.). **Parti**, syn. de *profit* ou d'*avantage* dans la loc. *Tirer parti* (→ Profiter). **Aubaine**, fam., avantage inespéré. ¶ 2 → Gain. *Profit*, ce que gagnent ceux qui savent faire valoir les choses, et, notamment au pl., petits bénéfices que l'on tire de sa situation : *Glaner quelques menus profits* (Mau.). **Gratte**, fam., petits profits acquis par économie ou par escroquerie. **Pelote**, fam., la masse des profits qu'on a recueillis. **Gâteau**, fam., profit, souvent illicite, qu'on partage à plusieurs.

Tour de bâton, fig. et fam., profit secret, illicite ou abusif qu'un homme tire du poste qu'il occupe.

Profitable, Utile, Avantageux : → Profit. **Bon**, terme vague, se dit de tout ce qui mérite d'être recherché ou fait pour le profit, l'utilité que cela rapporte : *Une bonne affaire.* **Fructueux**, au fig., se dit de ce qui, sans être profitable en soi, produit chez quelqu'un ou pour quelqu'un un résultat profitable : *Affaires fructueuses* (Mau.). **Productif**, en un sens plus large, fait penser à la nature du résultat effectif, production ou recette (→ ces mots). **Salutaire** enchérit en parlant de ce qui est avantageux pour la conservation de la vie, de la santé, des biens, de l'honneur, pour le salut de l'âme : *Conseils salutaires* (Gi.). **Rentable** se dit d'une entreprise capable de produire des revenus, des bénéfices; **Rémunérateur**, d'une activité qui permet de gagner correctement sa vie. **Lucratif**, qui apporte de gros gains : *Commerce lucratif.* **Payant**, fam., se dit parfois d'activités, d'entreprises qui donnent des résultats matériels avantageux : *La politique de l'investissement est payante.*

Profiter : ¶ 1 Tirer avantage de quelque chose. *Profiter de* suppose une activité intelligente, idée que ne comporte pas **Bénéficier** : *Profiter d'un avis* (Corn.). *Bénéficier de sa qualité d'étranger.* **Tirer parti** enchérit sur *profiter* et implique souvent qu'on trouve dans une chose un avantage qu'elle ne comportait pas d'abord : *L'amour-propre tire parti de tout* (Mariv.). **Exploiter**, au fig., tirer le maximum d'avantage de quelque chose, est parfois péj. : *C'est une mine d'or que cette idée entre des mains qui sauront l'exploiter* (J.-J. R.). *Exploiter la crédulité publique* (Acad.). **Utiliser**, c'est simplement se servir de quelque chose pour la fin qu'elle rend possible : *Utiliser un zèle qui ne demandait qu'à s'employer* (Gi.). **Spéculer sur**, fig. et souvent péj., fait penser aux calculs pour exploiter la faiblesse, la naïveté d'autrui : *Spéculer sur la curiosité publique.* ¶ 2 Si *Profiter de* a uniquement rapport au plaisir, c'est tirer d'une situation toutes les occasions de plaisir qu'elle peut fournir : *Apprends à profiter de ce moment où nous sommes* (J. Rom.). **Jouir de** (→ ce mot) suppose plutôt l'art d'approfondir le plaisir que donne d'elle-même une chose : *Je jouissais de l'écume naissante et vierge* (Val.). ¶ 3 → Progresser. ¶ 4 → Rapporter.

Profond : ¶ 1 Dont le fond est éloigné de la surface, de l'ouverture, du bord. *Profond* fait penser à la distance qui sépare le fond du bord : *Puits profond;* **Creux**, à la forme de ce qui est profond de haut en bas : *Chemin creux. Vallons creux* (Fén.). **Encaissé** se dit d'un cours d'eau, d'un chemin dont les bords sont fort élevés et escarpés. **Enfoncé** fait envisager la profondeur d'un lieu par rapport à une surface plane en comparaison de laquelle il forme une cavité : *Alcôve enfoncée* (Lit.). **Haut** ne se dit que de ce qui comble une cavité et l'envisage du bas vers le haut : *L'eau est fort haute en tel endroit.* ¶ 2 → Secret. ¶ 3 Qui va fort loin dans la connaissance des choses. *Profond* suppose une grande étendue de connaissances et une grande puissance pour méditer, creuser ses connaissances : *Profond dans la jurisprudence* (Volt.). *Paraître profond quand on n'est, comme on dit, que vide et creux* (Beaum.). **Pénétrant** n'a rapport qu'aux choses qui nous sont extérieures et que nous voyons et concevons dans tous leurs détails par notre intelligence : *Je croyais voir son œil pénétrant et judicieux percer au fond de mon cœur* (J.-J. R.). ¶ 4 Qui affecte l'âme jusqu'au fond. *Profond* suppose un sentiment extrême enraciné dans notre âme : *Profond chagrin* (Acad.). **Foncier** dit plus en parlant de ce qui fait le fond, l'essence même de notre âme : *Haine foncière* (M. D. G.).

Profondeur : ¶ 1 En parlant d'un corps solide compris entre deux surfaces plus ou moins longues ou plus ou moins larges : dimension dans le sens horizontal. *Profondeur* et **Épaisseur** sont syn., mais *profondeur* se dit plutôt en géométrie : *L'épaisseur d'un mur. Il y a trois dimensions : longueur, largeur et profondeur.* — *Profondeur* se dit parfois aussi pour **Longueur** quand on considère la longueur d'un espace de l'entrée à l'autre bout : *La profondeur d'une cour.* ¶ 2 *Profondeur* et **Pénétration** : → Profond.

Profusion : ¶ 1 → Prodigalité. ¶ 2 → Abondance. *Profusion*, grande abondance : *Une profusion de méduses flottantes* (Loti). **Luxe** ajoute une idée de superfluité : *Luxe de tentures et de glaces* (Zola). **Débauche**, fig., et surtout **Orgie**, fig., enchérissent sur *profusion* : *Une véritable débauche de balcons, de vérandas, de minarets* (Baud.). *Orgie de lumière, de discours* (Acad.).

Progéniture : → Fils.

Programme : ¶ 1 *Programme* est fam. pour désigner la liste des questions qui seront examinées au cours d'une délibération d'un ou plusieurs jours dans une assemblée; dans ce cas on dit **Ordre du jour.** ¶ 2 → Dessein. *Programme*, indication générale d'une doctrine, d'une politique : *Ce mot, pour nous, c'est tout un programme. C'est presque une doctrine*

(Duh.). **Plate-forme**, au fig., programme, terrain de discussion servant de ralliement ou de point de départ pour une campagne, spéc. électorale : *Il faut que cette revue devienne une plate-forme de ralliement pour la jeunesse* (Gi.).

Progrès : → Avancement.

Progresser : ¶ 1 → Avancer. ¶ 2 En parlant de celui qui étudie, *Progresser* fait penser aux résultats acquis : *Cet élève progresse*; **Profiter**, à un enrichissement intérieur, dû à l'assimilation des connaissances, de l'enseignement d'un maître : *J'ai profité dans Voiture* (L. F.). **Mordre à,** progresser dans une étude en y prenant goût : *Mordre au latin.*

Progression : → Avancement. *Progression* et **Gradation** diffèrent comme les adv. correspondants : → Progressivement.

Progressivement fait penser à une marche en avant ininterrompue, **Graduellement,** à une augmentation par degrés nettement marqués et souvent prévus : *L'action d'une pièce va progressivement vers le dénouement. On augmente graduellement les difficultés dans l'étude d'une langue.* **Peu à peu,** progressivement et lentement. **Petit à petit,** graduellement et lentement.

Prohibé : → Défendu.

Proie : ¶ 1 Ce dont on s'empare de force. *Proie*, ce que les animaux carnassiers ravissent à la chasse pour le dévorer; **Butin,** ce qu'on prend à la guerre sur les ennemis. En un sens plus étendu, *proie* est dominé par l'idée de violence et fait penser à la lutte pour prendre, *butin* fait penser à un bien conquis, utile, dont on jouit ou qu'on partage (et se dit en bonne part du suc que l'abeille recueille sur les fleurs, ou de ce qu'un savant recueille dans les livres) : *Chargés de butin* [ils] *combattaient en désordre ceux qui venaient leur arracher leur proie* (Volt.). **Dépouille,** peau enlevée à un animal, par ext. toute chose dont on s'empare aux dépens d'autrui, et notamment tout ce qu'à la guerre on prend à un ennemi vaincu, est toujours relatif à la personne dépossédée : *Alger riche des dépouilles de la chrétienté* (Bos.). **Prise** (→ Capture), en termes de marine, navire capturé ou saisi et par ext., en termes militaires, *butin*, évoque les règles qui rendent les prises et leur partage légitimes. ¶ 2 → Victime.

Projectile, tout corps lancé dans l'espace par une force quelconque contre quelqu'un ou quelque chose, et spéc., en termes militaires, tout corps lancé par une arme à feu, a, en ce dernier sens, pour syn. **Balle,** projectile d'une arme portative, **Obus,** projectile d'une bouche à feu, **Bombe**, projectile creux qui en arrivant à destination éclate au moyen d'une fusée; et, dans l'ancienne artillerie, **Boulet**, **Mitraille**. **Dragée**, menu plomb dont on se sert pour tirer aux oiseaux, syn. pop. de *balle*, ainsi que **Pruneau**.

Projet : ¶ 1 → Dessein. ¶ 2 → Plan. Première idée d'une chose qu'on veut construire. *Projet*, qui se dit aussi de la première rédaction de quelque écrit, implique description de la chose et des moyens envisagés pour la réaliser. **Devis** a surtout rapport, une fois le projet terminé, aux matériaux et au prix : *Le devis de l'architecte*. **Étude** se dit plutôt des travaux préparatoires au projet : *Les études d'une ligne de chemin de fer*.

Projeter : ¶ 1 → Jeter. ¶ 2 Former le dessein de faire quelque chose (≠ **Ourdir**, qui suppose un dessein secret; ≠ **Préparer**, qui implique qu'on fait ce qu'il faut pour passer à la réalisation). *Projeter* marque une intention assez précise : *Avec quel plaisir nous projetâmes de nous revoir!* (J.-J. R.). **Songer à**, une intention moins précise; **Penser à** et **Avoir l'idée de**, une simple représentation beaucoup plus vague. **Se proposer** suppose une fin très précise que l'on conçoit et vers laquelle on tend déjà. **Compter** et **Faire état de**, suivis d'un infinitif, ajoutent l'idée qu'on espère fermement réaliser son dessein. **Méditer** implique une réflexion, un examen des avantages, des inconvénients de la chose projetée, des moyens de la réaliser : *J'ignore contre Dieu quel projet on médite* (RAC.). **Préméditer** insiste sur la préparation effective d'une action souvent mauvaise : *Un insensé vient d'écrire que la Saint-Barthélemy n'avait point été préméditée* (VOLT.). **Mûrir**, fig., suppose une longue réflexion intérieure qui précise un projet. **Ruminer**, fig. et fam., tourner et retourner dans sa tête un projet que l'on médite. **Envisager**, parfois de nos jours syn. de *songer à*, marque une simple possibilité que l'on examine : *Il envisage de partir demain*. **Rouler**, fig., suppose une méditation fréquente et souvent un ensemble de projets qui alternent dans l'esprit : *Roulant dans son esprit mille projets de vengeance* (LES.).

Prolégomènes : → Préface.

Prolétaire : → Travailleur.

Prolétariat : → Peuple.

Proliférer : → Multiplier.

Prolifique : → Fécond. Capable d'enfanter. *Prolifique* marque la qualité comme essentielle au sujet et se dit surtout en physiologie et au fig. **Prolifère** fait penser aux effets extérieurs et se dit surtout en botanique de fleurs au centre desquelles naissent d'autres fleurs : *Rose prolifère*.

Prolixe : → Diffus.

Prolixité : → Faconde.

Prologue : ¶ 1 → Préface. ¶ 2 → Préliminaire. ¶ 3 → Prélude.

Prolongation : → Suite.

Prolongement : → Allongement et Suite.

Prolonger : ¶ 1 → Allonger. ¶ 2 (Réf.) → Durer.

Promenade : ¶ 1 Déplacement pour le plaisir ou l'exercice. La *Promenade*, courte, peu fatigante, se fait à pied ou avec n'importe quel moyen de locomotion. **Tour**, dans la loc. *Faire un tour*, courte promenade dans laquelle on ne s'écarte pas de sa demeure, et qui peut se faire à l'intérieur de son jardin, de son parc. **Excursion**, assez longue promenade faite en dehors de la ville qu'on habite, dans un dessein scientifique ou touristique. **Course**, longue promenade, surtout sportive, où l'on marche beaucoup, d'une seule traite. **Randonnée**, course ou promenade en circuit d'une seule traite avec un moyen de locomotion. **Déambulation**, promenade pour l'exercice, terme médical peu usité. **Tournée**, syn. fam. de *promenade*. **Virée**, fam. dans la loc. *Faire une virée*, tour en ville, tour en bateau. **Balade**, syn. argotique de *promenade*, ainsi que **Vadrouille**, promenade tumultueuse en bande ou ayant pour objet la débauche. ¶ 2 *Promenade*, tout lieu public, avenue, jardin, ordinairement planté d'arbres et servant plutôt à se promener que de voie de circulation. **Promenoir**, partie d'un édifice libre et couverte ou d'un jardin destinée à la promenade, se dit spéc. des endroits servant à la promenade dans un lieu clos comme un hôpital ou une prison. **Cours**, promenade publique plus longue que large, ordinairement plantée d'arbres, située dans la ville ou à proximité : *Le Cours-la-Reine*. **Mail**, dans certaines villes, la promenade publique, l'allée où l'on jouait autrefois au jeu appelé mail.

Promener : ¶ 1 → Mener. ¶ 2 → Porter. ¶ 3 → Retarder. ¶ 4 → Tromper. ¶ 5 (Réf.) → Marcher.

Promeneur : → Passant.

Promenoir : → Promenade.

Promesse, **Assurance**, **Parole**, **Engagement** : → Promettre.

Prometteur : Qui donne de l'espoir. *Prometteur* fait penser au résultat futur : *Débuts prometteurs*. **Encourageant**, qui incite à continuer, à persévérer avec encore plus d'ardeur : *Résultat encourageant*.

Promettre : ¶ 1 Dire qu'on fera quelque chose. *Promettre*, faire naître des espérances, même en l'air, vaguement : *[Mazarin] promit tout, parce qu'il ne vou-*

lait rien tenir (Retz). **Assurer** dit plus : c'est affirmer à quelqu'un qu'il peut être sûr qu'on tiendra sa promesse. **S'engager,** promettre sérieusement, souvent par écrit, par une sorte de contrat qui donne un droit sur soi à celui à qui on a promis. **Donner parole** ou **sa parole,** s'engager verbalement, mais sur l'honneur. **Jurer,** s'engager solennellement par serment. ¶ 2 → Prédire. ¶ 3 → Présager. ¶ 4 → Affirmer. ¶ 5 (Réf.) → Espérer. ¶ 6 (Réf.) → Décider.

Promis : → Fiancé.

Promiscuité : → Mélange.

Promontoire : → Cap.

Promoteur : → Moteur et Instigateur.

Promotion : → Avancement.

Promouvoir : Faire avancer jusqu'à un certain grade, une certaine dignité. *Promouvoir* insiste sur l'idée d'avancement, légal ou non : *Promu à quelque beau poste* (Volt.). **Élever** suppose un très haut rang auquel on porte quelqu'un d'un seul coup : *Dans l'espoir d'élever Bérénice à l'empire* (Rac.). **Bombarder,** fig. et fam., élever quelqu'un précipitamment à un poste, souvent sans raison plausible : *Ils le bombardèrent précepteur* (S.-S.). **Ériger,** au fig., faire passer d'une condition dans une autre plus élevée, n'a rapport qu'à une dignité, souvent imméritée : *L'argent en honnête homme érige un scélérat* (Boil.). **Porter,** promouvoir, élever en soutenant de son crédit, de sa faveur, de son appui : *Pour vous porter au trône où vous n'osiez prétendre* (Rac.). — **Pousser** fait penser aux efforts de la personne qui cherche à faire avancer quelqu'un dans une carrière ou à le faire réussir dans le monde. — **Nommer,** affecter à un poste par décision de l'autorité supérieure, n'est syn. de *promouvoir* que lorsqu'il s'agit d'un avancement.

Prompt : ¶ 1 → Actif. ¶ 2 → Rapide.

Promptement : → Vite.

Promptitude : → Activité, Vitesse et Vivacité.

Promulguer : → Publier.

Prône : ¶ 1 → Sermon. ¶ 2 → Reproche.

Prôner : → Louer.

Prononcé : ¶ 1 Adj. *Prononcé,* terme de peinture, se dit par ext. des traits, d'un goût, d'un caractère qui sont très nets et enchérit dans tous les cas sur **Marqué,** visible, apparent : [Mœurs] *si marquées, et, pour me servir d'un terme de peinture de notre langue, si prononcées* (L. Rac.). **Accusé,** terme de peinture, se dit des formes du corps, recouvertes de quelque enveloppe, que l'artiste fait ressortir nettement et par ext. de ce qui ressort, est frappant, saillant : *Muscles accusés. Res-*

semblance accusée. **Accentué,** qui est exprimé avec force, manifesté avec intensité, énergie, relief. ¶ 2 N. → Prononciation.

Prononcer : ¶ 1 Rendre ou exprimer par la voix des mots ou des paroles. *Prononcer,* dire tout haut, a rapport à l'intonation plus ou moins d'accord avec les règles de la prosodie et de l'usage : *La rivière est appelée Woronetsch ; et on me dit que vous prononcez Voronège* (Volt.). **Articuler,** prononcer en marquant distinctement, nettement, les parties des mots et leurs liaisons entre elles : *Articuler avec effort* (M. D. G.). **Accentuer,** prononcer suivant les règles de l'accent tonique et par ext. prononcer d'une manière forte et expressive : *Cet acteur accentue parfaitement* (Acad.). **Marteler,** accentuer fortement le rythme en détachant les syllabes, en faisant résonner les sons, les mots comme les coups d'un marteau : *Phrase véhémente et martelée* (Cam.). **Scander,** terme de versification, marquer les pieds qui composent un vers, et, dans certaines langues modernes, articuler un vers en faisant sentir le nombre de syllabes qui le composent, par ext. parler ou déclamer en détachant les syllabes : *Scander ses mots.* — **Proférer** a rapport non à la manière, mais au fait : c'est émettre à haute et intelligible voix : *Ses lèvres allaient sans proférer aucun mot* (Bos.). — **Énoncer** n'a pas trait au ton de la voix, mais au rapport du langage et de la pensée : c'est bien faire connaître ce qu'on conçoit. ¶ 2 Exprimer tout haut une suite de phrases. *Prononcer* se dit pour toutes sortes de discours. **Réciter,** dire par cœur, sans mouvement de voix bien marqué, mais avec un ton qui n'est pas celui de la simple lecture : *Réciter des vers.* **Déclamer,** prononcer et le plus souvent réciter, avec action, véhémence, en joignant à la parole un ton et un geste animés : *Déclamer pompeusement* (L. B.). **Détailler,** en langage de théâtre, réciter en faisant sentir chaque mot, en observant les nuances de chaque idée. **Débiter,** prononcer ou réciter assez vite ou fréquemment : *Débiter* [une suite de phrases] *presque d'une haleine* (Gi.). **Psalmodier,** péj., réciter d'un ton monotone, comme on fait les psaumes à l'église, sans inflexion de voix et toujours sur la même note. **Dire,** dans le langage ordinaire, réciter avec simplicité : *Dire des vers ; ses prières.* ¶ 3 → Dire. ¶ 4 → Juger. ¶ 5 *Se prononcer pour :* → Suivre.

Prononciation : ¶ 1 → Élocution. ¶ 2 Les paroles qui indiquent un jugement. *Prononciation* marque un événement et a rapport à l'action de prononcer. **Prononcé** a rapport au sens et à la portée des paroles : *Pendant la prononciation* *de la sentence, j'ai fait de vains efforts pour en comprendre le prononcé* (L.).

Pronostic : → Prédiction et Présage.

Pronostiquer : ¶ 1 → Prédire. ¶ 2 → Présager.

Pronunciamiento : → Coup d'État.

Propagande : → Publicité. *Propagande*, toute action, organisée ou individuelle, pour répandre une opinion, une doctrine : *La propagande pacifiste*. **Campagne**, fig., a plutôt rapport à un objectif précis qui est de propager une idée ou de nuire à quelqu'un, et suppose une entreprise organisée pour atteindre l'opinion avec des moyens comme la presse, la radio, les conférences : *Campagne contre la municipalité* (CAM.). **Croisade**, fig., implique toujours un noble but et une vaste mobilisation de bonnes volontés individuelles de sorte que chacun agit personnellement dans sa sphère par l'exemple, la persuasion : *Croisade contre l'esclavage; de l'amabilité.*

Propagandiste, celui qui fait de la propagande. **Rabatteur**, fig. et péj., propagandiste qui tâche d'amener par divers moyens des clients à une entreprise financière, des adhérents à un parti.

Propagation : Action de se répandre en parlant des idées, d'une doctrine. *Propagation*, multiplication par voie de reproduction, insiste au fig. sur le résultat de l'action, naturel ou dû au zèle des propagateurs, et ajoute à l'idée d'extension celle de progrès, de développement par multiplication des adeptes : *La propagation de la foi est l'œuvre de la Congrégation de la propagande*. **Expansion** insiste plutôt sur la cause du mouvement, sur la qualité toujours naturelle qu'ont certaines idées de se répandre : *La force d'expansion d'une doctrine*. **Diffusion** suppose une vaste extension et se dit surtout des connaissances dont on est informé : *La diffusion des sciences*. **Rayonnement**, fig., indique qu'une chose se répand ou attire grâce à son éclat : *Le rayonnement d'une doctrine; d'une civilisation* (ACAD.).

Propager : ¶ 1 → Multiplier. ¶ 2 → Répandre. ¶ 3 (Réf.) → (se) Répandre.

Propension : ¶ 1 → Tendance. ¶ 2 → Inclination.

Prophète : → Devin.

Prophétie : → Prédiction.

Prophétiser : → Prédire.

Prophylaxie : → Assainissement.

Propice : → Favorable.

Proportion : ¶ 1 → Rapport. ¶ 2 → Harmonie. ¶ 3 *Proportions* : → Dimension. ¶ 4 Pour exprimer un rapport de conve-

nance, *A proportion de* (ou *que*), en parlant de ce qui est, se rapporte à la quantité, **A mesure de** (ou *que*), en parlant de ce qui se fait, est relatif au temps : *On paie à proportion de l'ouvrage et à mesure du travail* (L.). ¶ 5 Pour exprimer un rapport de quantité, *A proportion de* est approximatif, **En proportion de**, plus précis. **Au prorata de** (en lat. *pro rata [parte]*, suivant la part fixée) suppose le calcul exact d'une somme d'argent proportionnellement à une autre et devient fam. au fig. : *Les héritiers contribuent à cette dépense au prorata de leurs parts et portions* (ACAD.).

Proportionné (bien) : → (bien) Taillé.

Proportionner : Établir un juste rapport entre une chose et une autre. *Proportionner* se dit plutôt de ce que l'on fait et suppose un rapport approximatif. **Mesurer** se dit plutôt de ce qu'on apprécie, et suppose un rapport plus exact : *Proportionner ses entreprises à ses forces* (ACAD.). *Si pourtant à l'offense on mesure la peine* (RAC.). **Doser**, établir un juste proportion entre des éléments qu'on mélange : *Doser la critique et l'éloge*.

Propos : ¶ 1 → Résolution et Dessein. ¶ 2 → Matière. ¶ 3 Ce qu'on dit pour exprimer sa pensée. *Propos*, parfois péj. fait surtout penser au sujet dont on parle, **Discours** a surtout rapport à la forme et se dit dans un style plus relevé, en parlant de choses plus sérieuses : *Propos galant* (J.-J. R.). *Discours superbe* (RAC.). *Quelques discours échappés à mon père dans sa colère et des propos de valets m'ont fait soupçonner cette raison* (DID.). **Boniment**, propos que débitent charlatans et saltimbanques pour attirer le client; par ext., péj., propos artificieux pour séduire ou tromper. ¶ 4 → Médisance. ¶ 5 → Pensée. ¶ 6 *A propos*, d'une façon adaptée au temps, au lieu, aux personnes : *Elle ne s'embarrasse jamais parce qu'elle fait chaque chose à propos* (FÉN.). **A point** enchérit en parlant de ce qui a lieu juste au bon moment : *Rien ne sert de courir, il faut partir à point* (L. F.). **A point nommé** enchérit en parlant de ce qui arrive tout à fait à point, comme si on avait prévu son arrivée pour ce moment-là. **A pic**, syn. fam. d'*à point nommé*. ¶ 7 *A propos* : → Convenable.

Propos (mal à), sans opportunité ou sans raison suffisante; **Hors de propos**, d'une façon tout à fait déplacée ou sans raison aucune : *Ah! que mal à propos Dans un malheur si grand tu parles de repos* (CORN.). *Vous m'interrompez par des histoires hors de propos* (PASC.). **A contretemps** a uniquement rapport au temps, en parlant de ce qui est hors de saison.

Proposer : ¶ 1 → Offrir. ¶ 2 (Réf.) → Projeter.

Proposition : ¶ 1 → Offre. *Proposition*, la chose qu'on met en avant pour qu'on l'examine, qu'on en délibère. **Motion**, proposition dans les formes faite dans une assemblée délibérante par un de ses membres. — **Initiative**, action de celui qui propose le premier quelque chose. ¶ 2 → Affirmation.

Propre : ¶ 1 → Individuel. ¶ 2 En parlant d'une personne, *Propre à* ou *pour* fait toujours penser à une fin à laquelle on convient spécialement et activement, d'une façon essentielle, idéale, théorique, *propre pour* marquant une fin plus particulière. **Apte** marque simplement qu'on n'est pas démuni, en fait, des qualités qui permettent de tenir tel ou tel emploi. **Capable** (→ ce mot) envisage le sujet comme en état de faire ou de supporter une chose actuellement, qu'il y soit apte ou non : *Les peuples propres pour la guerre sont belliqueux, endurants*, etc.; *tout jeune conscrit bien constitué est apte au service militaire; quand l'ennemi envahit le pays on appelle tous les hommes capables de se battre*. **Bon à, pour** a surtout rapport à l'usage qu'on peut tirer d'une personne, d'un animal et aussi d'une chose : *Bon pour le service. Cheval bon pour la charrue*. **Fait pour** enchérit sur *propre* et marque une sorte de destination exclusive et parfaite à telle ou telle activité : *Cet homme est fait pour cet emploi*. **Mûr pour**, à point nommé, suppose des qualités acquises avec le temps : *Mûr pour le mariage*. ¶ 3 En parlant des choses, *Propre à* ou *pour* suppose une exacte convenance de la chose à tel ou tel usage, auquel elle est parfois la seule à s'adapter exactement : *Les hommes ont rendu la terre plus propre à être leur demeure* (Mᵀᴏ.). **Approprié**, rendu propre à telle ou telle destination, ou exactement adapté à : *Son costume approprié à sa physionomie* (A. Fʀ.). **Ad hoc** (en lat. « pour ceci »), assez fam., approprié à un objet spécial dont on parle : *Sur de petits tableaux ad hoc Armand-Dubois ajoutait de nouveaux chiffres triomphaux* (Gɪ.). **Idoine**, propre à quelque chose, vx terme de droit, ne s'emploie plus qu'en plaisantant. **Adéquat**, terme de philosophie, équivalent à, se dit surtout d'une conception appropriée à son objet parce qu'elle l'embrasse exactement : *Une bonne définition doit être adéquate, c'est-à-dire qu'elle doit convenir à l'objet défini tout entier et ne convenir qu'à lui seul* (Aᴄᴀᴅ.). **Congru**, vx, se dit surtout des termes exactement appropriés à ce qu'on veut exprimer, ou, en théologie, d'une grâce proportionnée à l'effet qu'elle doit pro-

duire ou à la disposition de celui qui la reçoit. **Convenable** (→ ce mot) **à** et **pour**, qui s'accorde avec une fin, lui est plus ou moins approprié, sans forcément fournir le moyen de l'atteindre : *Vous devriez choisir un moment plus convenable pour exécuter ce projet* (Aᴄᴀᴅ.). ¶ 4 → Juste. ¶ 5 → Net. — ¶ 6 N. → Qualité.

Propriétaire : Celui dont on peut dire qu'une chose est exclusivement sienne. *Propriétaire* marque le droit, **Possesseur**, le fait (→ Jouissance, possession, propriété). **Maître**, autrefois syn. de *possesseur*, insistait sur la possibilité d'user à son gré de la chose possédée; et, de nos jours, ne se dit plus que d'un possesseur d'esclaves ou d'animaux ou dans des loc. comme *œil du maître*. — Pour désigner un propriétaire d'immeuble, **Probloque** est argotique; **Vautour** ou **Monsieur Vautour**, type créé par Désaugiers, propriétaire impitoyable.

Propriété : ¶ 1 → Qualité. ¶ 2 → Justesse et Pureté. ¶ 3 → Jouissance. ¶ 4 → Bien.

Prorata : ¶ 1 → Quote-part. ¶ 2 *Au prorata :* → (à) Proportion.

Proroger : ¶ 1 → Allonger. ¶ 2 → Interrompre.

Prosaïque : → Vulgaire.

Prosateur : → Écrivain.

Proscrire : ¶ 1 → Bannir. ¶ 2 → Éliminer. ¶ 3 → Condamner.

Prosélyte : → Partisan.

Prosélytisme : → Zèle.

Prosodie : → Versification.

Prosopopée : → Discours.

Prospecter : → Examiner.

Prospectus, imprimé répandu dans le public, qui annonce un ouvrage à paraître, renseigne sur son contenu et sur les conditions de souscription, ou, en un sens plus général, fait la publicité d'une entreprise commerciale quelconque : *Le prospectus de l'Encyclopédie. Le prospectus d'une ville d'eaux*. Le **Tract**, surtout destiné à la propagande religieuse ou politique, est très bref et se distribue souvent de la main à la main.

Prospère : ¶ 1 → Favorable. ¶ 2 *Prospère* qualifie un état heureux de succès manifesté par la richesse, une belle apparence : *Commerce prospère*. **Florissant** ajoute une idée d'épanouissement, d'éclat, et se dit, en un sens plus large, de tout ce qui est en plein développement : *Ville, lettres, santé florissantes*.

Prospérer : → Réussir.

Prospérité : ¶ 1 → Bonheur. ¶ 2 → Abondance.

Prosternation : Posture d'un homme incliné ou baissé jusqu'à terre. *Prosternation*, qui marque l'action, et **Prosternement**, qui marque l'état qui en résulte, se disent d'ordinaire des témoignages de respect dont on use envers les hommes : *Prosternations des courtisans* (L. B.). **Prostration**, longue prosternation qui est une démonstration de piété envers Dieu.

Prosterner (se) : ¶ 1 → (s') Incliner et (s') Humilier. ¶ 2 → (se) Coucher.

Prostituer : → Dégrader et Salir.

Prostration : ¶ 1 → Langueur. ¶ 2 → Prosternation.

Protagoniste : ¶ 1 → Personnage. ¶ 2 *Protagoniste*, au fig., celui qui joue le rôle principal dans une affaire quelconque. **Animateur** ajoute l'idée d'ardeur, de zèle donné aux autres exécutants. **Meneur de jeu** ou simplement **Meneur**, fig. et fam., ajoute l'idée d'ascendant, de direction : *Le meneur infatigable de toutes les fêtes* (ACAD.). *Meneur*, employé seul, est souvent péj. en parlant de celui qui engage les autres dans une entreprise jugée mauvaise : *Les meneurs de l'opposition* (LAV.). — **Boute-en-train**, animateur d'une société qui met tout le monde en mouvement et en gaieté : *Le boute-en-train de Nemours* (BALZ.).

Protecteur : ¶ 1 N. Personnage puissant qui contribue au bien d'une personne ou d'une chose qui ont besoin de son secours. *Protecteur*, celui qui met à l'abri d'un danger ou favorise. **Protections**, au pl., les protecteurs considérés dans leur action : *Compter sur ses protections*. Le **Gardien** veille à la conservation : *Le travail et la sobriété furent les premiers gardiens de cette liberté* (VOLT.). **Ange gardien**, l'ange qui veille sur chacun de nous durant notre vie ; au fig., personne qui, sans nous être supérieure, veille sur nous avec affection, est toujours prête à nous secourir. **Patron**, personnage très puissant qui fait notre fortune, comme à Rome le patron soutenait son client : *Le patron, le zélé protecteur, le bienfaiteur à toute outrance de Jean-Jacques* (J.-J. R.) ; se dit aussi du saint dont nous portons le nom, ou de celui sous la protection duquel se placent un homme, une église, une communauté. **Providence**, dans la loc. fam. *Être la providence de*, celui qui est toujours prêt à assurer la fortune, le bonheur ou le salut de quelqu'un. **Père**, au fig., celui qui a beaucoup fait pour le bonheur d'une classe nombreuse d'hommes, se dit aussi du créateur et du protecteur d'une chose : *J'aimerais mieux encore que vous eussiez été le père du peuple que le père des lettres* (FÉN.). **Mécène**, protecteur riche et puissant des

sciences, des lettres et des arts, comme le fut Mécène, favori d'Auguste ; souvent avec l'idée d'une aide financière. ¶ 2 *Protecteur*, adj., a pour syn. **Tutélaire** qui se dit d'une divinité, d'un être ou d'une chose comparés à une divinité qui garde et protège.

Protection : ¶ 1 → Défense et Garantie. *Protection*, action de s'interposer ou de montrer sa puissance pour mettre à l'abri d'un danger : *La protection aérienne du territoire*. **Garde** suppose une présence constante pour protéger, conserver, défendre, soigner ou surveiller : *La garde des frontières*. **Conservation**, action de maintenir en bon état, de ne pas laisser détruire : *La conservation du patrimoine national*. **Surveillance**, action de veiller à ce que tout se passe normalement, dans l'ordre. **Couverture**, protection de troupes interposées dans la loc. militaire *Troupes de couverture*. ¶ 2 Ce qui met à couvert d'un danger. *Protection* fait penser abstraitement à l'action d'une personne ou d'une chose. **Abri** (→ ce mot), fig., lieu ou état dans lequel on trouve protection, sûreté. **Rempart, Paravent, Bouclier** (→ ce mot), au fig., abri partiel qui protège contre des attaques. ¶ 3 → Appui. ¶ 4 *Protection*, **Patronage, Sauvegarde, Tutelle :** → (sous les) Auspices.

Protégé, celui qui est défendu, soutenu, favorisé (→ Favori) par une personne plus puissante. **Client**, chez les Romains, plébéien qui se mettait sous la protection d'un patricien appelé son patron ; par ext. de nos jours, parfois péj., celui qui se met sous une protection : *Mon char est salué d'un peuple de clients* (V. H.). **Créature**, souvent péj., celui que des bienfaits, des présents, ont rendu aveuglément dévoué à son protecteur : *Elle servait ses protégés avec une persistance qui prouvait qu'elle tenait moins à se faire des créatures qu'à augmenter son crédit* (BALZ.).

Protéger : ¶ 1 → Défendre. ¶ 2 → Garantir. *Protéger*, mettre à l'abri d'une incommodité, d'un danger, en s'interposant ou grâce à sa puissance : *Ce mur nous protège contre le froid. Ce fort protège la ville* (ACAD.). **Abriter**, protéger plus ou moins par un obstacle ou un couvert, spéc. des intempéries, des projectiles. **Couvrir**, protéger avec une sûreté totale, en interposant un obstacle ou en cachant, se dit en termes militaires et, au fig., en parlant d'une autorité qui assure l'immunité à quelqu'un ou prend la responsabilité de ce qu'ont fait ses subordonnés : *Couvrir de son corps. Couvrir la retraite. Couvrir de son nom*. En termes de guerre, **Fortifier**, protéger par des ouvrages ; **Retrancher**, protéger par des tranchées, des fossés ; **Défiler**, protéger un ouvrage, des troupes, en les disposant de façon à éviter l'enfilade du feu des ennemis; **Flanquer,** couvrir sur les flancs par des troupes, par le feu de ses armes ou par un ouvrage; **Blinder** et **Cuirasser,** protéger en recouvrant d'un revêtement qui arrête les projectiles, *blinder* impliquant n'importe quelle matière et se disant dans tous les cas, sauf pour les hommes, *cuirasser* supposant toujours un revêtement de tôle d'acier et se disant surtout des navires, des hommes qui portent une cuirasse. ¶ 3 → Appuyer. *Protéger,* **Patronner :** → Protecteur; *patronner* se dit seul lorsqu'il s'agit de l'appui moral qu'une haute personnalité donne officiellement.

Protéiforme : → Changeant.

Protestant : Partisan d'une secte qui s'est séparée de l'Église catholique au moment de la Réforme. *Protestant* s'est dit d'abord des luthériens, puis des calvinistes, et s'est étendu à tous les partisans de la Réforme, y compris les **Anglicans;** le mot s'oppose surtout à catholique. **Réformé** et **Religionnaire,** plus rare et plus péj., se disent surtout en termes d'histoire. **Huguenot,** sobriquet que les catholiques de France donnèrent au XVIᵉ s. aux calvinistes, puis à tous les protestants. **Parpaillot,** nom donné par injure et par raillerie aux calvinistes : *Et aussi les voix protestantes, car il y a un grand nombre de parpaillots dans la région* (J. Rom.). On désigne aussi, avec plus de précision, les protestants par le nom de leur secte : **Puritains, Méthodistes, Quakers,** etc.

Protestation : ¶ 1 → Démonstration. ¶ 2 *Protestation.* Réclamation, Appel : → Protester.

Protester : ¶ 1 → Affirmer. ¶ 2 Déclarer qu'on n'accepte pas une chose. *Protester* suppose une déclaration formelle ou une manifestation pour signifier qu'on tient une chose pour nulle, illégale ou blâmable : *Un ambassadeur proteste auprès d'un ministre des Affaires étrangères.* **S'élever contre,** se déclarer contre ce que quelqu'un propose, en paroles véhémentes, parfois en s'érigeant en accusateur, insiste sur la lutte qu'on livre pour empêcher qu'une chose se fasse, plutôt que sur le refus de l'accepter quand elle existe : *Il est temps de s'élever contre de tels désordres* (Pasc.). **Se récrier,** par ext., protester spontanément, en s'exclamant, par des paroles indignées, contre ce qui choque : *Ceux qui se récriaient contre un scandale si public* (Ham.). **Appeler de,** terme de droit, recourir à une juridiction supérieure pour faire réformer un jugement (dans ce cas on dit aussi **Faire appel**), par ext., protester contre une décision qu'on estime injuste en en référant à un supérieur : *Un auteur*

victime d'une cabale en appelle à la postérité. **Réclamer** (intrans.), s'opposer par la parole, contredire, par ext., protester en justice contre quelque acte, et, dans le langage courant, protester contre ce qui est, en demandant à la place ce qu'on juge devoir être : *Réclamer contre un témoignage* (Did.). **Regimber, Se rebiffer, Se révolter, S'insurger, Se rebeller** ajoutent à *protester* une idée de résistance [→ Résister]. **Râler,** protester en grognant, **Rouscailler, Rouspéter,** protester en se fâchant, sont pop.

Protocole : ¶ 1 *Protocole,* qui n'a rapport qu'aux honneurs et aux préséances des personnes dans les relations diplomatiques et par ext. mondaines, suppose un recueil de règles précises constituant une sorte de code de la politesse internationale ou civile : *On a déclaré en s'asseyant* [à table] *qu'il n'y avait pas de protocole* (J. Rom.). **Cérémonial,** toutes les formes extérieures dans lesquelles l'usage veut que se déroulent les cérémonies religieuses, politiques, militaires ou mondaines, et par ext. l'ensemble des actes, des formules de respect ou de civilité que l'usage a établis entre particuliers dans tels ou tels rapports précis qu'ils ont entre eux : *Le cérémonial de la galanterie* (Ham.). **Étiquette,** cérémonial de cour, par ext. formes ou formules dont les particuliers usent entre eux pour se témoigner des égards, désigne en ce dernier sens quelque chose de plus absolu, de plus permanent que *cérémonial* : *Le protocole règle la place à table des invités; le cérémonial exige que le maître de maison offre son bras à la principale invitée; l'étiquette oblige à porter la tenue de ville.* — **Rite,** ensemble des règles et cérémonies dans une religion, se dit par ext. pour ce qui ressemble à une religion : *Les rites maçonniques;* et, par ironie, d'un cérémonial traditionnel et figé. ¶ 2 → Traité.

Protohistoire : → Préhistoire.

Prototype : → Modèle.

Protubérance : → Saillie.

Prouesse : → Exploit.

Prouver : Faire voir qu'une chose est vraie ou certaine. *Prouver* ne précise pas la manière et n'implique pas toujours une évidence absolue : *Prouver l'existence de Dieu* (Pasc.). **Montrer,** prouver clairement, mais simplement, en mettant sous les yeux d'une manière manifeste, non équivoque. **Illustrer,** montrer, rendre une idée saisissante par un exemple, un fait. **Démontrer,** prouver clairement et rigoureusement, de manière à produire l'évidence par arguments, raisons ou raisonnements incontestables. **Établir,** prouver solidement et d'une façon définitive : *Établir qui, dans cette triste* *guerre, fut l'agresseur* (MAU.). **Témoigner de, Attester** et **Faire foi**, qui enchérissent l'un sur l'autre, ne s'emploient qu'avec un nom de chose pour sujet, en parlant d'un fait qui sert de preuve à une chose do t il est l'indice : *Les lois qui témoignent des idées que les hommes se faisaient de la famille* (F. D. C.). *Elle le dévisagea d'une manière lucide qui attestait la présence de la raison* (COL.). **Confirmer** (→ ce mot), apporter une preuve nouvelle qui renforce ce qu'on jugeait déjà vraisemblable. **Justifier** (avec un nom de personne pour sujet, montrer qu'on allègue avec véracité ; avec un nom de chose ou de personne pour sujet, faire voir qu'une chose n'était point fausse, erronée) a moins rapport à la vérité de la chose qu'on allègue, qu'au fait de lever le doute qui planait sur la véracité de la personne qui l'alléguait : *Prouver un raisonnement, c'est montrer qu'il est vrai; le justifier, c'est montrer qu'on a eu raison de le conduire de telle ou telle manière.*

Provenance : ¶ 1 *Provenance* ne se dit que pour les choses matérielles et pour les mots, et fait penser au lieu d'où ils viennent. **Origine** (→ ce mot) fait penser à la façon dont s'est formée la chose et se dit au physique et au moral : *La provenance d'un mot, c'est le pays auquel il a été emprunté; son origine, c'est la façon dont il a été fait, son étymologie. On exige pour certains vins en provenance de telle ou telle région un certificat d'origine.* ¶ 2 → Marchandise.

Provenir : → Venir.

Proverbe : ¶ 1 → Pensée. ¶ 2 → Saynète.

Providence : ¶ 1 → Prudence. ¶ 2 → Destin. ¶ 3 → Dieu. ¶ 4 → Protecteur.

Province : → État.

Proviseur : Celui qui dirige un établissement d'enseignement secondaire. *Proviseur* se dit pour un lycée, **Principal** et parfois **Directeur**, pour un collège. Pour un établissement privé on dit *Directeur*, quelquefois *Principal*, et aussi **Supérieur**, s'il s'agit d'un collège religieux. — Quand c'est une femme qui dirige on dit toujours **Directrice**.

Provision : ¶ 1 → Acompte. ¶ 2 *Provision*, réunion de choses nécessaires pour pourvoir aux besoins à venir d'un groupe d'hommes, et, spéc., au pl., objets de consommation nécessaires à un ménage : *Provisions de guerre et de bouche* (ACAD.). *Aller aux provisions.* **Approvisionnement**, action de munir de provisions et son résultat; au pl., provisions importantes pour un corps militaire ou civil : *Les approvisionnements d'une flotte, d'une armée, d'une*

ville. **Fournitures**, syn. d'*approvisionnement*, fait penser à celui qui pourvoit : *Des fournitures avariées.* **Victuaille**, provision de bouche, n'est plus guère usité qu'au pl. **Viatique**, provision de bouche et surtout d'argent qu'on donne à quelqu'un pour un voyage. **Provende**, provisions de vivres, est fam. et vx. ¶ 3 → Réserve.

Provisoire : → Passager.

Provoquer : ¶ 1 → Braver. *Provoquer*, exciter à la lutte, en défiant ou en attaquant. **Agacer**, provoquer en taquinant jusqu'à l'irritation : *Le chat était souvent agacé par l'oiseau* (L. F.). **Harceler**, provoquer par de fréquentes attaques, en inquiétant, en tourmentant sans cesse : *Des jeunes gens suivent amoureusement un masque et le harcèlent jusqu'à ce qu'ils l'obligent de se découvrir* (VAUV.). ¶ 2 → Inviter. ¶ 3 Inciter un homme à l'amour en parlant d'une femme. *Provoquer* indique un manège volontaire pour éveiller le désir ou le sentiment. **Agacer**, provoquer par des œillades, des sourires, des coquetteries, a pour syn. fam. et péj. **Aguicher. Exciter** et **Allumer**, vulgaires, ne se disent que du désir le plus violent. ¶ 4 → Occasionner. Faire naître dans l'âme un sentiment. *Provoquer*, qui se dit aussi au physique, marque simplement une sorte de réaction naturelle à un appel venu du dehors : *Provoquer le désir, l'irritation.* **Susciter** marque un sentiment plus exceptionnel, plus fort : *Susciter l'angoisse* (CAM.); *l'admiration* (MAU.). **Éveiller** (→ ce mot) suppose la naissance lente d'un sentiment qui prend peu à peu conscience de lui-même : *Éveiller les soupçons, la jalousie*; et se dit aussi pour les idées. **Forcer**, provoquer irrésistiblement un sentiment qu'approuve la raison : *Sa vie forçait l'estime* (M. D. G.). **Exciter** (→ ce mot) suppose un sentiment vif qui atteint rapidement une très grande intensité : *Exciter la colère*.

Proximité, Voisinage : → Proche.

Prude : Adj. → Pudique. *Prude*, adj. et n., marque outrance et affectation dans la pudeur qui confinent à l'hypocrisie : *Une femme prude paie de maintien et de paroles; une femme sage paie de conduite* (L. B.). **Bégueule**, fam., insiste moins sur l'hypocrisie, mais davantage sur le caractère déplaisant de la pruderie : *La conversation entre nous trois est très libre, car Laura n'est pas bégueule du tout* (GI.). **Collet monté**, fig. et fam., se dit des personnes qui, par pruderie ou par superstition des bienséances, sont contraintes, guindées : *Le salon était collet monté. Ils ne s'y amusaient guère* (ZOLA). **Chipie**, pop., femme dédaigneuse, toujours prête à se formaliser pour rien, syn. très péj. de *prude*, de *bégueule* pris comme noms. Ondit aussi, dans le langage littéraire, **Dragon, Dragon de vertu,** et **Honesta,** nom d'une prude d'une vertu farouche et tourmentante, dans le conte de La Fontaine intitulé *Belphégor*.

Prudence : ¶ 1 *Prudence,* qualité d'un esprit qui se conduit par raison et, dans ses actions, s'abstient de tout ce qui pourrait lui nuire, calcule tout ce qu'il fait, souvent par souci de sa sécurité personnelle ou même par crainte. **Sagesse,** dans son sens moderne, qualité de celui qui se conduit par raison, est détaché des passions humaines. Mais la *prudence,* négative, contient; la *sagesse,* positive, dirige; elle est plutôt théorique alors que la *prudence* est pratique; elle consiste à essayer d'atteindre ce qui est bien, pour soi et pour les autres en tenant compte des limites des forces humaines; et, si elle consiste parfois à s'abstenir, ce n'est pas, comme la *prudence,* par crainte ou précaution, mais pour éviter un mal, ou par modération : *Cette prudence, cette façon de ruser avec la douleur* (Cam.). *Sa prudence, pour ne pas dire sa méfiance* (Balz.). *D'une voix calme et comme un homme très maître de lui qui n'a retardé sa déclaration que par sagesse* (J. Rom.). **Vertu,** sentiment inné ou acquis qui nous dispose à accomplir le bien, absolument, avec intransigeance, parfois en nous faisant violence, en dédaignant l'équilibre et la modération qu'implique *sagesse* : *Rousseau a ôté aux hommes la sagesse en leur enseignant la vertu* (Joubert). *Pour une femme, la sagesse consiste à se bien conduire, la prudence, à ne pas s'exposer; la vertu, à triompher de ses penchants, de ses tentations.* — En parlant de Dieu, sa *Sagesse,* sa parfaite connaissance du bien; sa **Providence,** la suprême sagesse avec laquelle il conduit tout. ¶ 2 *Prudence,* **Circonspection** (→ ce mot), **Prévoyance, Réflexion, Précaution :** → Prudent. **Mystère,** fig., précaution qu'on prend pour n'être point vu ou entendu : *Il m'a entretenu, avec beaucoup de mystère, de ses chagrins* (Acad.).

Prudent, qui diffère de **Sage** et de **Vertueux** comme les n. correspondants (→ Prudence), implique une qualité de caractère qui fait agir lentement, avec jugement, en pesant les moyens, en évitant les fautes. **Avisé** signifie une qualité naturelle de l'esprit qui est vif, ingénieux à découvrir les inconvénients, les pièges, et à trouver des expédients pour y échapper, surtout dans les petites choses : *Souple, avisé, insinuant* (S.-S.). *Singes avisés* (Volt.). **Circonspect** suppose une prudence très attentive qui prend garde à toutes les circonstances, se tient sur la réserve et **sur** le qui-vive, mais n'implique jamais la

faculté de prévoir qu'il y a dans *prudent* : *Des airs circonspects de grosse poule hésitant à se salir les pattes* (Zola). **Prévoyant,** prudent relativement à l'avenir, qui voit d'avance les dangers possibles et en général y pourvoit : *Prévoyants, économes* (Pég.). **Précautionneux,** fam., et **Précautionné,** vx et plus rare, ajoutent l'idée d'une préparation minutieuse et pratique de ce qu'il faut pour arriver à ce qu'on espère ou être à l'abri de ce qu'on redoute; ou supposent une action circonspecte qui, sans prévoir l'avenir, ne s'engage pas, va avec ménagement en tâtant le terrain : *Cette confiance le rend moins précautionné* (L. B.). **Réfléchi,** qui a l'habitude de penser mûrement et à plusieurs fois avant d'agir, marque une des qualités de l'homme prudent. **Prud'homme,** honnête et sage, est vx.

Prud'homie : → Probité.

Prune, fruit à noyau, rond et allongé, recouvert d'une peau lisse. **Pruneau,** prune séchée au four ou au soleil pour être conservée. Dans la région d'Agen, on dit *prune* pour *pruneau*.

Prunelle : → Pupille.

Prurit : ¶ 1 → Picotement. ¶ 2 → Désir.

Psalmodier : ¶ 1 → Prononcer. ¶ 2 → Chanter.

Psaume : → Cantique.

Pseudo : → Faux.

Pseudonyme, qui s'applique, comme adj., à un auteur ou à un ouvrage portant un nom supposé, s'emploie aussi substantivement pour désigner ce nom supposé : *Stendhal est le pseudonyme de Beyle.* On dit aussi **Cryptonyme,** n. et adj., pseudonyme sous forme d'anagramme : *Alcofribas Nasier est le cryptonyme de François Rabelais.* **Hétéronyme,** adj. seulement, appliqué à un ouvrage ou à un auteur, suppose un nom emprunté à autrui : *Le Blanc et le Noir, attribué par Voltaire à Vadé, poète du temps, est un ouvrage hétéronyme.* **Nom de guerre,** nom que chaque soldat prenait autrefois en entrant au service, par ext. nom supposé que l'on prend dans certaines situations où l'on ne veut pas être connu sous son nom de famille : *Le nom de guerre d'un comédien.* On dit aussi **Nom de théâtre, Nom de plume.**

Psyché : → Miroir.

Psychique, qui a rapport à l'âme, à l'esprit, dans son sens le plus large, en fait partie, le manifeste : *L'inconscient est un phénomène psychique.* **Psychologique,** qui a rapport à la science qui s'intéresse à l'esprit humain, est l'objet de son étude : *Le désir, la passion, la volonté sont des phénomènes psychologiques. Lois psychologiques.* **Mental,** qui a rapport à l'esprit, dans son sens le plus étroit, c'est-à-dire à l'entendement : *Aliénation mentale. Calcul mental.* **Intellectuel,** en un sens plus large que *mental*, et par opposition à ce qui appartient à la sensibilité, à l'activité : qui se rapporte à toutes les facultés de l'esprit ayant pour objet la connaissance (sensation, mémoire, entendement, etc.) : *L'association des idées est un phénomène intellectuel.* **Moral,** en un sens aussi large que *psychique*, mais plus vague, en parlant de ce qui ne tombe pas sous les sens, par opposition à physique, matériel : qui est de l'ordre de l'âme sans en faire expressément partie, ni en être la manifestation : *Facultés morales. Certitude morale. Santé morale.*

Psychologie : ¶ 1 → Pénétration. ¶ 2 Mœurs.

Psychologique : → Psychique.

Psychose : → Obsession.

Puant : ¶ 1 *Puant*, qui a une odeur très forte et répugnante : *Bêtes puantes.* **Malodorant** implique simplement une mauvaise odeur, et se dit souvent par euphémisme pour *puant* : *Une haleine malodorante.* **Nauséabond,** puant au point de donner envie de vomir. **Fétide,** qui a une odeur répugnante et nauséabonde, en parlant de la puanteur inhérente à certains animaux ou à certains corps, est surtout un terme de sciences naturelles : *L'odeur du putois est fétide* (Buf.). *Plantes aquatiques et fétides* (Buf.). **Méphitique,** terme didactique, puant et nuisible, en parlant de certaines exhalaisons gazeuses. **Nidoreux,** terme de pathologie, qui a une odeur ou un goût de pourri, d'œufs couvés. **Punais** ne se dit que d'une personne qui exhale par le nez une odeur fétide. ¶ 2 → Dégoûtant. ¶ 3 → Orgueilleux.

Puanteur, mauvaise odeur : *Puanteur d'un cadavre* (Ren.); *puanteurs variées de la rue* (Gi.). **Infection,** mauvaise odeur d'un corps corrompu, laquelle est propre à communiquer la corruption, par ext. très grande puanteur; s'emploie souvent dans le style relevé au fig. : *Il faut voir sortir de votre cœur toute cette infection; il en faut sentir toute la puanteur* (Fén.). **Fétidité** diffère de *puanteur* comme *fétide* de *puant* (→ ce mot).

Puberté, époque où apparaît chez un individu la faculté procréatrice (de quatorze à seize ans chez l'homme, de douze à quinze ans chez la femme, dans la race blanche). **Nubilité,** état d'une personne reconnue apte à contracter légalement mariage (quinze ans révolus chez la femme, dix-huit ans révolus chez l'homme, d'après la loi française).

Pubescent : → Poilu.

Public : ¶ 1 Adj. → Manifeste. — N. ¶ 2 → Peuple. ¶ 3 Nombre plus ou moins

grand de personnes qui assistent à des spectacles, des cérémonies. *Public* fait penser à la masse de ceux qui voient, ou entendent, et jugent ce qu'on leur offre ou ceux qui se présentent à eux : *Le public d'un acteur, de la radio, d'un match.* *Public sévère, indulgent, d'élite.* **Assistance,** public réuni pour être présent à ce qui a lieu, pendant un temps donné, en un endroit déterminé, fait surtout penser au nombre : *On entendait se moucher nombre des membres de l'assistance* [à un mariage] (Gi.). **Salle,** assistance réunie dans une salle de spectacle, de conférence, considérée du point de vue de ses réactions : *Toute la salle applaudit* (Acad.). **Chambrée** envisage la même assistance plutôt du point de vue du nombre et de la qualité : *Une belle, une brillante chambrée* (Acad.). **Auditoire** et **Auditeurs,** *public* ou *assistance*, lorsqu'il y a quelque chose à entendre, surtout lorsque quelqu'un parle ou qu'on donne un concert lyrique ou instrumental. **Spectateurs** suppose quelque chose à voir, théâtre, cinéma, fête, exercice sportif. — **Galerie,** fig. et fam., groupe de personnes dont on attend le jugement, dans des loc. plutôt péj., comme *Amuser la galerie, Parler pour la galerie, Étonner la galerie.* **Parterre,** au XVIIe s., la partie du public d'un théâtre jugée la plus grossière : *Amuser le parterre*; désigne parfois de nos jours un public qui écoute et juge, comme s'il s'agissait d'une pièce de théâtre : *Parler devant un parterre de jolies femmes.* — **Audience** ne se dit que de ceux qui assistent à une réception où un personnage important écoute ceux qui ont à lui parler. ¶ 4 *En public :* → Publiquement.

Publication : → Édition. *Publication*, action de répandre dans le public un écrit qu'on édite, de le mettre en vente, fait penser au travail de l'éditeur et aux circonstances de la diffusion. **Parution,** néol. condamné par les puristes, exprime le fait pur et simple qu'un écrit quelconque est mis à la disposition du public pour la première fois : *La publication in extenso des attendus du jugement nous oblige à reporter à demain la parution de notre chronique aéronautique* (Le Figaro). **Apparition** peut se dire du fait qu'un livre se montre au lecteur dans les vitrines du libraire. **Lancement** ajoute à *publication* l'idée de publicité commerciale. **Sortie,** publication, parution d'un livre, est fam. (→ (être) Publié). — **Reproduction,** publication nouvelle, en tout ou en partie, d'un ouvrage littéraire faite par un autre éditeur que le premier.

Publiciste : → Journaliste.

Publicité, ensemble des moyens employés pour faire connaître au public une entreprise commerciale, industrielle, et aussi toutes les personnes et les choses dont on veut qu'il entende parler : *Il emplissait l'Europe d'une publicité colossale, affiches, annonces, prospectus* (ZOLA). **Réclame**, article inséré dans le corps d'un journal afin d'attirer l'attention sur un livre, un produit, etc., plus sûrement que par une annonce ostensiblement payée; par ext., au fig., publicité qui attire vivement l'attention sur ce que l'on veut faire vendre ou admirer. **Propagande** se dit pour une opinion, une doctrine à laquelle on veut attirer de nouveaux adeptes par la publicité. **Boom**, mot anglo-américain, réclame bruyante en vue de lancer une affaire. **Battage** et **Tam-tam**, pop., publicité excessivement bruyante.

Publié (être) : Être répandu dans le public en parlant d'un livre. *Être publié*, qui diffère d'**Être édité** comme *publication* d'*édition* (→ ce mot), fait penser au travail de l'éditeur et aux circonstances de la diffusion. **Paraître** marque le fait pur et simple, uniquement par rapport à la date. **Sortir** a parfois rapport à la qualité de l'imprimeur : *Livre sorti des presses de l'imprimerie**** ; ou marque absolument, comme syn. de *paraître*, le moment précis où le livre achevé sort de chez l'imprimeur pour aller chez l'éditeur, moment qui peut précéder de quelques jours celui où il est distribué dans les librairies.

Publier : ¶ 1 Porter une chose à la connaissance de la multitude (sans l'idée d'extension et de désir de faire des adeptes qu'il y a dans *répandre* : → ce mot). *Publier*, rendre notoire, se dit pour toutes sortes de choses et n'a rapport qu'à l'étendue de la manifestation : *Publier vos vertus* (RAC.); *la gloire des anciens* (VOLT.). **Promulguer**, publier officiellement dans les formes requises : *Promulguer un texte de loi*. **Divulguer**, rendre publique une chose qui devrait rester secrète, en parlant de ce qui est réel et effectif, quoique caché jusque-là (≠ *révéler* et *dévoiler* qui ne comportent pas l'idée de publicité : → Découvrir) : *Divulguer les faits que le public ne doit jamais savoir* (J.-J. R.). **Ébruiter**, divulguer, parfois involontairement, sous forme de nouvelle confuse qui circule dans le public. **Proclamer**, publier à haute voix et avec solennité en parlant de ce qui est officiel : *Proclamer une loi*; par ext. publier à grand bruit ce que l'on croit de son devoir ou de son droit de faire connaître : *Vérité cent fois proclamée* (M. D. G.). **Trompeter** et **Corner**, publier à son de trompe ou de corne, par ext. fam., publier ou divulguer partout à grand bruit : *Corner le mystère* (L. F.). *Se sacrifier sans le trompeter* (ZOLA). **Carillonner**, fig., proclamer avec éclat. **Crier**,

et **Crier sur les toits**, dire tout haut, partout, et répéter. **Faire un sort à**, fig., publier en répétant et en faisant valoir : *Faire un sort à un bon mot*. — **Vanter**, **Célébrer**, **Chanter**, **Prôner** ajoutent à *publier* une idée de louange : → Louer. ¶ 2 → Éditer.

Publiquement : Devant tout le monde. *Publiquement* fait penser à une intention du sujet, **En public** marque simplement le fait : *On ne fait point en particulier ce qu'on fait en public, ni en cachette ce qu'on fait publiquement* (L.).

Puceau, Pucelle : → Vierge.

Pudeur : ¶ 1 → Décence. ¶ 2 → Honte.

Pudibond : → Pudique.

Pudicité : → Décence.

Pudique : Qui a une appréhension naturelle de ce qui peut blesser la pureté, la décence. *Pudique* marque une qualité; **Pudibond**, fam. et ironique, un excès ridicule : *Le plus mortel reproche que puisse encourir une jeune revue, c'est d'être pudibonde* (GI.). **Prude** (→ ce mot), qui s'est dit autrefois d'une personne sage, honnête dans ses mœurs, ne marque plus qu'une pudibonderie affectée, désagréable et hautaine. **Sucrée**, fig. et péj., implique parfois aussi modestie ou innocence hypocrites, mais avec des manières doucereuses : *Elle fait la sucrée et veu passer pour prude* (MOL.).

Puer, exhaler une odeur fétide, répugnante On dit plutôt, par litote, **Sentir mauvais**. **Empester**, **Empoisonner** impliquent une odeur qui incommode. **Infecter** enchérit et suppose une corruption qui peut rendre malade (→ Puanteur). **Empuantir** suppose une diffusion de l'odeur qui rend puant tout ce qui entoure. **Cocoter, Fouetter, Gazouiller** et **Trouilloter** sont pop. **Chelinguer** est argotique.

Puéril : → Enfantin.

Puérilité : → Enfantillage.

Pugilat : → Lutte.

Pugnace : → Combatif.

Puîné : → Cadet.

Puis, toujours à la tête d'un membre de phrase précédé d'un autre, indique la succession des circonstances très rapprochées d'un même fait, ou une suite non interrompue de petits événements semblables, ou encore la répétition fréquente d'un même fait : *D'abord il s'y prit mal, puis un peu mieux, puis bien, Puis enfin il n'y manqua rien* (L. F.). **Ensuite** comporte une idée d'ordre et se dit de choses qui se tiennent, font partie d'un même plan ou d'un même récit : *Expliquez-nous premièrement si votre guerre est juste, ensuite contre qui vous la faites, et enfin quelles sont vos forces* (FÉN.). **Après** s'emploie quand il s'agit de deux événements bien distincts dont le second succède au premier, mais sans avoir avec lui de connexion. — Même nuance entre *après* et *ensuite* interrogatifs : *Ensuite? continuez, finissez ce dont il s'agit. Après? Avez-vous une chose différente à ajouter?*

Puis (et) : → (de) Plus.

Puiser : → Tirer.

Puisque : → Parce que.

Puissance : ¶ 1 → Pouvoir. ¶ 2 → Autorité. ¶ 3 → Nation. ¶ 4 → Force. ¶ 5 → Qualité.

Puissant : Adj. ¶ 1 *Puissant*, **Toutpuissant, Omnipotent, Prépotent :** → Autorité, puissance. ¶ 2 → Fort. ¶ 3 → Gros. ¶ 4 N. → Personnalité.

Pull-over : → Maillot.

Pulluler : ¶ 1 → (se) Multiplier. ¶ 2 → Abonder.

Pulpe, substance charnue ou molle des fruits ou des légumes, terme de botanique. **Chair,** terme commun, se dit surtout de la pulpe considérée comme aliment.

Pulvérisation : → Vaporisation.

Pulvériser : ¶ 1 → Broyer. *Pulvériser*, réduire en poudre ou en gouttelettes. **Effriter,** rendre friable et par ext. pulvérulent (→ ce mot). **Atténuer,** vx, en parlant des fluides ou de leur effet, résoudre en petites particules par usure ou en volatilisant. ¶ 2 → Vaporiser. ¶ 3 → Détruire et Infirmer.

Pulvérulent, à l'état de poussière; **Friable,** qui peut facilement être réduit en poudre.

Punir : Faire subir quelque peine à quelqu'un pour une faute. *Punir* marque une action qui peut venir de nous-mêmes, de n'importe quelle personne, ou du cours des choses, et n'a rapport qu'à l'expiation du crime par la souffrance : *J'ai cherché à prendre tes enfants pour te punir* (Mau.). **Châtier** suppose toujours un supérieur qui veut rendre meilleur celui qu'il punit, souvent par suite de l'intérêt qu'il lui porte, et parfois avec douceur : *On châtie un homme qui a failli, parce qu'on veut lui faire connaître sa faute pour la corriger* (Bos.). **Corriger** implique plutôt un châtiment corporel en vue d'améliorer immédiatement le caractère ou les habitudes d'un enfant, d'un homme, d'un animal. **Réprimer,** arrêter les effets d'un mal, n'est syn. de *punir*, de *châtier* que si la punition, le châtiment servent à enrayer le mal, se confondent avec la lutte qu'on entreprend contre lui : *Réprimer une révolte.* **Sévir contre,** ou **Sévir,** absolument, supposent une répression tantôt rigoureuse et violente, tantôt immédiate : *Quelquefois il faut, au moment même du délit, sévir pour les fautes sur lesquelles le législateur n'a rien statué parce qu'elles sont légères, et qui néanmoins auraient des suites si elles étaient tolérées* (C.). **Payer,** donner une récompense, syn. ironique de *punir*. **Frapper,** punir par une décision en parlant d'une haute autorité ou d'un juge; ou par un fléau en parlant de Dieu : *La première fois que ce fléau apparaît dans l'histoire, c'est pour frapper les ennemis de Dieu* (Cam.). **Faire justice de,** punir, châtier celui qu'on traite comme il le mérite, se dit au prop., au fig., et même en parlant des choses : *La comédie fait justice des travers et des ridicules de la société* (Acad.). **Condamner,** reconnaître coupable par un jugement, n'est syn. de *châtier* que dans la mesure où cette action est déjà un châtiment et implique l'idée d'une punition dont le coupable sera frappé. **Redresser,** syn. ironique et peu usité de *châtier.* **Saler,** fig. et fam., frapper d'une punition, d'une condamnation sévère. — **Venger** n'est syn. de *punir* qu'avec pour comp. direct le nom de la faute ou de l'offense graves pour lesquelles une peine a été infligée au coupable, par la victime ou par un justicier, afin de satisfaire aux lois de la justice ou de réparer le tort moral fait à la victime : *Notre Dieu est seul digne de venger les crimes* (Bos.).

Punition : ¶ 1 *Punition*, **Châtiment, Correction** et **Répression,** qui diffèrent comme les verbes correspondants (→ Punir), font penser à la façon dont une faute est payée; **Expiation,** à celui qui répare une faute très grave par le repentir ou une peine imposée, acceptée ou volontairement subie. **Peine,** objectif, indique uniquement la souffrance subie pour une faute, un délit, un crime, en général en proportion avec eux : *Les peines doivent être proportionnées aux délits* (Volt.). **Pénitence,** peine imposée ou qu'on s'impose pour l'expiation de ses péchés, ajoute, dans le langage courant, une idée de durée pour désigner quelque chose d'assez peu grave, en général suivi de pardon : *Des pénitences d'enfant* (Lit.). **Salaire,** fig., et **Récompense,** par antiphrase, punition que mérite une mauvaise action. **Sanction,** peine (ou récompense) prévue par une loi, un règlement, pour en assurer l'exécution et en punir la violation, ou peine infligée par une autorité et considérée par rapport à l'acte défendu qu'elle réprime : *Confesser un mauvais coup resté sans sanction* (M. d. G.). **Pénalité,** système de peines établies par les lois, se dit aussi de l'application d'une peine et d'une peine virtuelle : *Encourir une pénalité.* Dans le langage sportif, *pénalité* est souvent syn. de **Pénalisation,** désavantage infligé, dans une course ou un concours, à un concurrent qui a contrevenu au règlement. — **Fléau,**

surtout dans le langage religieux, personne ou chose qui semble être l'instrument des punitions divines. ¶ 2 Dans le langage scolaire, *Punition*, toute peine infligée à un élève par l'autorité à laquelle il est soumis. **Pensum,** punition qui consiste en une tâche supplémentaire (on dit aussi de nos jours **Devoir supplémentaire**). **Retenue,** punition qui consiste dans l'obligation de faire un pensum dans l'établissement un jour de congé. **Consigne,** retenue de la journée ; se dit aussi pour les soldats privés de sortie.

Pupille : → Orphelin.

Pupille : Ouverture de l'iris de l'œil. *Pupille,* terme d'anatomie, fait penser à la forme : *Pupilles dilatées* (BALZ.). **Prunelle,** terme commun, a rapport aussi à la couleur, à la qualité du regard qui paraît sortir de la pupille et s'emploie seul dans des expressions fig. : *Le bleu de ses prunelles* (M. D. G.). *Jouer de la prunelle* (MOL., LES.). *Chérir comme la prunelle de ses yeux* (LES.).

Pur : ¶ 1 Sans mélange. *Pur* se dit de choses très variées : *Vin pur. Pur froment.* **Fin** ne se dit que des métaux précieux purs ou épurés, notamment dans un alliage, une monnaie : *Or, argent fins.* ¶ 2 Au fig. Sans mélange en parlant des choses morales. *Pur,* qui n'est pas mélangé à d'autres choses morales, ou qui est uniquement spirituel, sans rapport à la matière : *Cet ennui parfait, ce pur ennui, cet ennui absolu* (VAL.). *L'Esprit pur* (VI.). **Immatériel** se dit plutôt des êtres ou des substances qui existent purement sans être mêlés de matière : *Les anges sont des esprits purs, des êtres immatériels.* **Idéal** se dit des choses morales que réunissent toutes les perfections que l'esprit peut concevoir : *Bien idéal* (LAM.) ; et de l'amour qui s'adresse non pas à l'apparence d'un être, mais, suivant les conceptions de Platon, à la beauté pure dont il est le reflet ; en ce sens on dit aussi **Platonique,** qui exclut tout amour charnel. **Éthéré,** fig. et quelque peu ironique, qualifie des sentiments très purs, parfois raffinés et les personnes qui les éprouvent : *La plus fine rêverie catholique qu'une âme éthérée pût concevoir* (FLAUB.). **Séraphique,** éthéré, de la nature des anges, se dit de l'amour. ¶ 3 → Vrai. ¶ 4 Sans altération, sans tache. *Pur* a surtout rapport à la qualité intérieure de la chose qui est bien ce qu'elle est ou doit être : *Sang pur* (ACAD.). **Net** fait penser à l'aspect extérieur de ce qui a été préservé ou débarrassé de tout mélange et qui, de ce fait, est limpide ou non corrompu : *Onde pure et nette* (SEGRAIS). *Nous estimons pur et net ce qui, étant vrai en lui-même, n'est gâté ni corrompu par aucun mélange* (BOS.). **Intact** suppose la résistance à une altération venue du dehors et fait penser

à l'intégrité d'une personne ou d'une chose qui n'a pas été dénaturée par contact : *Elle sortit de ce bosquet et des bras de son ami aussi intacte, aussi pure de corps et de cœur qu'elle y était entrée* (J.-J. R.). **Vierge,** fig., se dit de certaines choses qui n'ont pas encore été touchées : *Neige vierge.* **Limpide,** pur et transparent (→ ce mot). **Serein,** clair, doux, calme et pur en parlant du ciel. ¶ 5 → Simple et Continent. ¶ 6 *Pur,* **Propre, Élégant, Correct :** → Pureté. ¶ 7 En termes de dessin, *Pur* ajoute à **Net,** précis, clairement visible, une idée de correction, d'élégance et de simplicité. ¶ 8 *Pur,* **Intègre :** → Pureté.

Purée : ¶ 1 → Bouillie. ¶ 2 → Pauvreté.

Purement : → Seulement.

Pureté : ¶ 1 Exemption d'altération. *Pureté* exclut l'idée d'une altération par addition et mélange ; **Intégrité,** celle d'altération par retranchement ou corruption et suppose une résistance à des attaques : *Les vérités sont diminuées dans leur pureté, parce qu'on les falsifie et on les mêle ; diminuées dans leur intégrité, parce qu'on les tronque et on les retranche* (Bos.). *On dit la pureté d'une doctrine qui est exacte, et l'intégrité d'un juge dont la probité ne saurait être entamée, résiste aux sollicitations* (L.). ¶ 2 → Continence. ¶ 3 En parlant du style, *Pureté* a rapport au vocabulaire et à la grammaire et suppose un choix de mots et de constructions qui sont du meilleur usage et conformes au génie et à la tradition de la langue : *La pureté de Malherbe* (BOIL.). **Correction** suppose uniquement le respect des règles du vocabulaire et de la grammaire sans l'idée de choix qu'il y a dans *pureté.* **Propriété,** emploi des termes dans leur sens exact. **Élégance** ajoute à *pureté* l'idée de distinction, d'aisance et d'agréable simplicité. **Purisme,** souci excessif de pureté qui va jusqu'à l'affectation.

Purgatif : → Purge.

Purgation : ¶ 1 → Purge. ¶ 2 En littérature, *Purgation,* d'après la doctrine d'Aristote, action d'éliminer ce que les passions ont de dangereux en les représentant dans la tragédie : *La purgation des passions par le moyen de la pitié et de la crainte* (CORN.). **Catharsis,** mot grec, le propre terme d'Aristote pour désigner la *purgation,* marque aussi, d'une façon plus générale, la purification de l'âme provoquée par tout ravissement esthétique.

Purge : ¶ 1 Médicament qu'on absorbe pour libérer le corps en déterminant des évacuations par l'intestin. *Purge,* le médicament lui-même. **Purgatif,** substance qui a la propriété de purger et entre dans la composition de la purge. **Purgation,** syn. rare de *purge.* **Laxatif,** purgatif léger. **Médecine,** syn. vx de *purge.* ¶ 2 → Purification.

Purger : → Purifier.

Purification : Action de purifier (→ ce mot). *Purification* se dit au prop. et surtout, au fig., dans la langue religieuse pour marquer le fait que l'âme se débarrasse de tout péché par une action intérieure ou sous l'effet d'un sacrement. **Épuration,** qui diffère de *purification* comme les verbes correspondants, marque une action progressive et se dit, au fig., pour les mœurs, le goût, les textes, un corps, une compagnie, une nation qu'on débarrasse des éléments considérés comme mauvais, par une action soutenue et énergique : *Épuration d'un personnel administratif.* **Épurement,** dans le langage religieux, pureté parfaite obtenue par la purification. **Lessive,** fig. et fam., épuration radicale d'un organisme commercial, industriel, administratif : *A la suite de ce scandale on fit une grande lessive* (ACAD.). **Purge,** dans le langage politique, au fig., épuration radicale de certains partis par élimination des membres jugés peu sûrs ou dissidents. — **Lustration,** terme d'antiquité romaine, cérémonie de purification religieuse à l'eau lustrale. — **Dépuration, Affinage, Raffinage, Défécation,** qui ne s'emploient qu'au prop., et **Assainissement,** au prop. et au fig., diffèrent de *purification* comme les verbes correspondants : → Purifier.

Purifier : ¶ 1 *Purifier* marque la destruction, à l'intérieur de la chose même, des principes impurs qui sont consumés, dissipés, subtilisés : *Il faut purifier tous ces soufres en les faisant fondre et sublimer* (BUF.). **Purger** implique qu'on ôte, par séparation, ce qu'il y a d'impur : *Purger l'or et l'argent de toute matière métallique étrangère* (BUF.). **Épurer,** *purifier* ou *purger* avec soin, entièrement, par une action plusieurs fois répétée, une chose déjà bonne en elle-même à laquelle on ajoute un nouveau degré d'excellence : *On épure de l'eau en la filtrant; de l'or au creuset.* **Nettoyer** (→ ce mot), ôter les ordures qui recouvrent une chose. **Assainir,** supprimer les causes qui rendent une chose insalubre. **Clarifier,** rendre claire une liqueur trouble, par ext. purifier une substance fluide quelconque : *Clarifier un sirop, du sucre.* **Dépurer,** en parlant des métaux, des liqueurs et en médecine ou en pharmacie, marque une action plus forte et plus complète qu'*épurer* : *Dépurer le sang.* **Déféquer,** terme de pharmacie, clarifier une liqueur en la dégageant de ses impuretés. **Déterger,** terme de médecine, nettoyer, purifier, en faisant écouler les humeurs, le pus : *Déterger une plaie, un ulcère.* — **Affiner** ne se dit que pour certaines substances comme les métaux, le verre, le lin, le chanvre et parfois le sucre qu'on purifie. **Raffiner,** affiner avec

beaucoup de soin, rendre très pur par plusieurs affinages, en parlant du salpêtre, du sucre, du pétrole. ¶ 2 Au fig. Débarrasser de ce qui corrompt. *Purifier,* marquant une action intime, implique un perfectionnement intérieur : *Les renoncements qui purifient* (LOTI). *Purifier la langue, c'est par une action intime exercée sur son génie la rendre meilleure : c'est ce qu'ont fait les classiques.* **Purger,** débarrasser, par séparation, expulsion ou destruction, de quelque chose de dangereux, de grossier ou d'impur : *Avant que l'évolution morale ait purgé l'humanité de son intolérance instinctive* (M. D. G.). *Purger la langue, c'est en retrancher les expressions barbares, triviales, incorrectes.* **Épurer** (→ Tamiser) ajoute l'idée d'une perfection peu à peu atteinte par une longue purification ou diverses purgations : *Les précieux ont épuré la langue qu'avait purgée Malherbe.* **Nettoyer,** rare au fig. en parlant des choses morales, sauf par métaphore, s'applique bien aux choses ou aux êtres souvent méprisables dont on débarrasse totalement et rapidement un lieu ou une chose (→ Débarrasser). **Assainir,** rétablir la santé morale des esprits, ou éliminer les causes qui nuisent au bon fonctionnement d'un organisme, au bon état d'une chose comme la monnaie : *Assainir le système financier.* — **Affiner** et **Raffiner** supposent simplement une augmentation de la finesse intellectuelle, de la délicatesse d'une chose déjà bonne, le deuxième marquant parfois un excès.

Purisme : → Pureté.

Puritain : → Austère.

Pus, matière liquide qui se forme dans les abcès, sort des plaies et des ulcères. **Sanie,** terme de chirurgie, pus sanguinolent et fétide qui sort des abcès ou des plaies non soignées. **Humeur,** toute substance liquide qui se trouve dans un corps organisé, syn. pop. et abusif de *pus.*

Pusillanime : → Lâche.

Pustule, petite tumeur qui suppure. **Abcès,** terme de médecine, gros amas de pus dans quelque partie du corps. **Phlegmon** suppose une inflammation des tissus plus profonde qui nécessite souvent une intervention chirurgicale. **Dépôt,** *abcès* dans le langage commun.

Putatif : → Supposé.

Putréfier (se) : → Pourrir.

Putride : → Pourri.

Putsch : → Coup d'État.

Pygmée : → Nain.

Pyramidal : ¶ 1 → Gigantesque. ¶ 2 → Extraordinaire.

Pyrrhonisme : → Scepticisme.

Pythie, Pythonisse : → Devin.

Q

Quai, levée de terre revêtue d'un soutènement de pierre, le long d'un cours d'eau ou sur le bord de la mer, qui sert de voie publique et de lieu de débarquement. **Cale,** partie d'un quai qui descend en pente douce jusqu'au bord de l'eau pour faciliter le chargement et le déchargement du bateau. **Appontement,** toute construction ajoutée au quai proprement dit pour faciliter l'accostage et le débarquement. **Wharf,** mot anglais, sorte d'appontement assez vaste avançant vers la mer, réuni ou non à la berge, et fait de pieux recouverts d'un pont. **Débarcadère, Embarcadère,** tout lieu aménagé pour le débarquement ou l'embarquement, se dit plutôt pour les passagers. — En termes de chemins de fer, *quai*, plate-forme qui règne dans les gares, le long des voies pour débarquer ou embarquer voyageurs ou marchandises. **Trottoir,** partie d'un quai ou petit quai aménagé uniquement pour les voyageurs. *Embarcadère*, syn. peu usité de *quai*, mais aussi de gare, de station (→ Arrêt).

Qualificatif : → Adjectif.

Qualifié : → Capable.

Qualifier : ¶ 1 → Appeler. *Qualifier*, marquer de quel caractère est une chose, un être et par ext. attribuer un titre, une qualité : *Velléité de paix qualifiée de trahison* (M. D. G.). **Traiter de,** donner tel ou tel titre, et par ext. telle ou telle qualification bonne ou mauvaise, d'une façon catégorique, en s'adressant à quelqu'un, ou en parlant de quelqu'un ou de quelque chose : *Traiter de wisigoths tous les vers de Corneille* (BOIL.). **¶ 2** (Réf.) *Se qualifier*, se donner telle ou telle qualité, tel ou tel titre : *Se qualifier docteur*. **Se dire** marque moins d'assurance ou de prétention. **S'intituler,** péj., sauf s'il s'agit d'un livre, se donner abusivement un titre : *Il s'intitule comte de...* (ACAD.).

Qualité : ¶ 1 *Qualité*, terme ordinaire, ce qui fait qu'une chose est telle, et qui la fait considérer sous le point de vue le plus commun comme bonne ou mauvaise, utile ou nuisible, blanche ou noire, etc. : *Une qualité est ce qui fait qu'on appelle une chose d'un tel nom* (MALEB.). **Propriété,** qualité spécifique, qui distingue une chose des autres, et lui permet souvent d'exercer une action qui lui est particulière : *On peut considérer la lumière*

et la chaleur comme deux propriétés du feu (BUF.). **Nature** et **Essence** (→ ce mot), ensemble des propriétés fondamentales d'une chose qui la font ce qu'elle est : *Un sentiment d'une toute moderne essence* (LOTI). **Caractère,** qualité remarquable d'une chose ou d'un être qui permet de les reconnaître, de les distinguer : *La simplicité est le caractère de son style* (ACAD.). **Propre,** toujours avec l'article défini), caractère essentiel d'une personne ou d'une chose, celui qu'elle est seule à posséder, qui peut servir à la définir : *Le propre de cette société est qu'on y adhère en connaissant uniquement la personne qui vous y fait entrer* (J. ROM.). **Apanage,** fig., ce qui est le propre d'une personne qui paraît l'avoir reçu en partage : *La raison est l'apanage de l'homme*. **Attribut,** propriété inhérente à un être qui est pour lui primitive et essentielle : *L'attraction est une force générale, une propriété primitive, un attribut essentiel de toute matière* (BUF.). **Manière d'être** n'exprime que quelque chose de passif qui se rapporte à la forme et à l'état sans aucune idée de puissance : *La vérité n'a qu'une manière d'être* (J.-J. R.). **Mode,** manière d'être, et **Modalité·** propriété qu'a la substance d'avoir des modes, sont uniquement du langage philosophique. **Modification,** terme de philosophie, manière d'être qui a été amenée ou causée par quelque chose. — Pour désigner une propriété, ou une qualité, qui rend capable de tel ou tel effet, on dit **Faculté, Puissance, Pouvoir** (→ ce mot); en ce sens, **Vertu,** pouvoir d'un sujet qui lui est inhérent et le rend propre à un effet en général favorable : *La vertu du breuvage semblait diminuer* (PROUST). — **Acabit,** qualité bonne ou mauvaise des choses, est vx. **Aloi,** titre que l'or et l'argent devaient avoir selon les règlements; au fig. qualité qui permet de juger de la nature d'une chose dans les loc. comme *De bon, de mauvais aloi Tremblement de mauvais et sinistre alo:* (LOTI). **¶ 2** Ce qui fait qu'une personne est ce qu'elle est. *Qualité* exprime quelque chose de passif, une manière d'être bonne ou mauvaise, naturelle ou acquise, qudétermine le caractère; employé absolu ment, *qualité* désigne toujours une manière d'être bonne : *Cet élève a des qualités*. **Dispositions** (→ ce mot) suppose une puissance d'activité, toujours naturelle, qui détermine l'aptitude, la capacité (→ ce mot). **Partie**, rare, souvent au pl., bonne qualité naturelle ou acquise qui est essentielle pour constituer telle ou telle capacité : *Les parties d'un poète* (VAUV.). **Perfection**, qualité excellente de l'âme ou du corps : *Ils comptent les défauts pour des perfections* (MOL.). **Vertus**, dispositions particulières propres à telle ou telle espèce de devoirs ou de bonnes actions : *Cette femme a toutes les vertus.* ¶ 3 Ce qui nous fait apprécier plus que tout une personne ou une chose. *Qualité*, au sing. ou dans des loc. comme *de qualité*, implique une sorte d'excellence exquise, unique, inégalable, même dans ce qui n'est pas parfait à tous les points de vue. **Valeur**, fig., a rapport à la place occupée dans une certaine hiérarchie par rapport à tous les points de vue auxquels on peut se placer pour apprécier une personne ou une chose dans un genre. **Bonne qualité**, qui ne se dit que des choses, a rapport à la valeur de la matière et à l'usage : *L'industrie américaine est renommée par la bonne qualité de ses produits qui n'ont pas toujours la qualité de certains articles de Paris. Un ouvrage de valeur est apprécié pour toutes ses qualités; un ouvrage de qualité plaît par quelque chose d'irremplaçable.* **Mérite**, tout ce qui, dans une personne ou une chose, est digne d'estime ou de louange : *Les mérites de Molière, ce sont les qualités que nous louons chez lui; sa valeur, c'est le rang éminent que nous lui donnons.* **Calibre**, fig. et fam., qualité, état, nature d'une personne considérés comme pouvant servir à définir sa valeur : *On n'a pas tous les jours des feuilletonistes de ce calibre-là* (S.-B.). **Classe**, syn. moderne de *qualité* par passage de l'idée de catégorie à celle de valeur dans des loc. comme : *Un criminel de cette classe* (J. ROM.); n'est pas de bonne langue, mais s'emploie beaucoup en langage sportif.

Quand : Dans le temps que. *Quand* est général, vague, hypothétique, relatif à un fait possible ou idéal : *Quand nous voulons voir, il faut ouvrir les yeux* (Bos.). **Lorsque** est précis, positif, historique, relatif à un fait réel et particulier : *Lorsque ensuite les moines furent établis, ils augmentèrent prodigieusement le nombre de ces rêveries* (VOLT.). Mais, en fait, la distinction n'est pas toujours appliquée. **Alors que**, syn. de *lorsque* dans le style élevé, vieillit. **Comme**, à l'instant même où, est encore plus précis que *lo sque.*

Quant à : → Pour.

Quant-à-soi : → Retenue.

Quantité : ¶ 1 Groupe constitué par plus ou moins de personnes ou de choses.

Quantité se dit de tout ce qui peut être mesuré ou nombré, de tout ce qui est susceptible d'accroissement ou de diminution. **Nombre** ne se dit que des êtres et des choses qui demeurant distincts peuvent être comptés; aussi quand on peut employer indifféremment *quantité* fait-il penser à la masse, *nombre*, aux individus : *Ce nombre d'amants dont vous faites la vaine* (MOL.). *Une grande quantité de curieux* (ACAD.). ¶ 2 → Beaucoup. Abondance de personnes ou de choses. *Quantité de* et **Nombre de** diffèrent comme plus haut, et marquent abstraitement l'abondance de personnes ou de choses, alors que **Multitude** (→ ce mot), qui enchérit, peut marquer leur présence concrète. *Quantité de* est assez vague et plus indéterminé que *nombre de* qui suppose un compte possible et une estimation souvent par rapport à un but ou à un résultat : *On est en quantité quand on est très nombreux; on a une quantité d'amis quand ils sont innombrables. On est en nombre, quand on est assez nombreux pour faire quelque chose; on a nombre d'amis sur qui l'on peut compter.* Pour désigner un grand nombre indéterminé, **Mille**, **Un millier**, **Des milliers** enchérissent sur *quantité de.* **Milliasse**, un grand nombre de, est fam. et dédaigneux. **Myriade** et **Une infinité de** marquent une quantité indéfinie et innombrable. ¶ 3 Pour désigner une proportion déterminée, mesurée ou comptée, *Quantité* a pour syn. **Quantum**, terme didactique : *Une petite quantité de blé. Connaître le quantum des forces militaires de son pays* (LAR.). — **Dose**, quantité déterminée d'une chose qui entre dans un composé quelconque : *Avoir une forte dose d'amour-propre* (ACAD.); désigne aussi la quantité d'un remède que le malade doit prendre en une seule fois et, en ce sens, a pour syn. **Prise**, moins usité. — **Nombre** a pour syn. **Quorum**, nombre des membres présents exigé dans une assemblée délibérante pour que le vote soit valable; en ce sens on dit aussi *quantum.* ¶ 4 Au fig. en parlant des qualités morales, *Quantité*, **Dose** ont pour syn. **Provision** qui implique une assez grande quantité : *Avoir une bonne provision de ridicules.*

Quarantaine (mettre en) : → Écarter et Éliminer.

Quarteron : → Métis.

Quartiers : → Camp.

Quasi, Quasiment : → Presque.

Quelquefois s'oppose à « jamais » et suppose quelque chose qui, quoique n'étant pas sans exemple, est assez exceptionnel : *Ajoutez quelquefois et souvent effacez* (BOIL.). **Parfois** s'oppose à « rarement » et marque un fait plus ordinaire, plus habituel : *Il est vrai, je suis prompt, je m'emporte parfois* (Mol.). **De temps en temps** ajoute une certaine idée de périodicité : *J'écris de temps en temps à un de mes amis* (Pasc.).

Quelques : → Plusieurs.

Quelqu'un : → Personnalité.

Quémander : → Solliciter.

Querelle : → Discussion.

Quereller : ¶ 1 → Disputer ¶ 2 → Réprimander.

Querelleur : → Acariâtre. *Querelleur*, qui aime se disputer avec les autres d'une façon haineuse, pleine d'animosité : *Depuis six mille ans la guerre Plaît aux peuples querelleurs* (V. H.). **Agressif**, en un sens beaucoup plus vague, qui aime attaquer autrui, en paroles, sans être provoqué. **Processif**, qui aime à intenter, à prolonger des procès (→ Chicaneur). **Boutefeu**, vx, celui qui soulève des querelles, des discordes, entre lui et les autres ou entre tierces personnes. **Mauvais coucheur**, fam., d'un caractère difficile, querelleur, qui rend délicats ses rapports avec autrui.

Quérir : → Chercher.

Question : ¶ 1 → Demande. ¶ 2 Difficulté à résoudre. *Question* suppose des points à discuter, des explications à donner, soit à la suite d'une demande, soit parce que la difficulté existe d'elle-même. **Problème**, toute question à résoudre par des procédés scientifiques, se dit par ext. des questions très compliquées, théoriques, ou dont la solution demeure indécise : *Un profond problème à résoudre* (J.-J. R.). *Trois questions de morale et quatre problèmes historiques* (Mtq.). ¶ 3 Ce dont il s'agit. *La question*, dans tous les styles, la principale difficulté à résoudre : *La grande question est de savoir si...* (Gi.). **Le fait** et **le point**, l'essentiel d'un débat, ce sur quoi il porte. **Le hic**, fam., la difficulté sur laquelle on achoppe. **L'affaire**, syn. vague de *la question*, est fam. ¶ 4 → Torture.

Question (il est) : → Agir (il s'agit).

Questionner : → Demander.

Quête : ¶ 1 → Recherche. ¶ 2 *Quête* suppose un acte de charité, inspiré par la religion, consistant à recueillir des aumônes pour les pauvres ou pour une bonne œuvre. **Collecte**, plus propre à marquer l'action, suppose un simple acte de bienfaisance inspiré par l'humanité : *Il se fait à Londres une collecte pour l'infortuné peuple de Genève* (J.-J. R.). **Cueillette**, syn. vx de *collecte*.

Quêter : ¶ 1 → Chercher. ¶ 2 → Solliciter.

Queue : ¶ 1 En parlant des fleurs, des fruits, la partie par laquelle ils tiennent aux plantes. *Queue* est le terme courant, **Pédoncule**, le terme de botanique. ¶ 2 → Bout. ¶ 3 → File. ¶ 4 → Successeur

Quidam : → Homme.

Quiétude : → Tranquillité.

Quignon se dit fam. d'un **Morceau de pain**. **Chanteau**, morceau coupé à un grand pain : *Chanteau de pain bénit*. **Grignon**, morceau à l'entamure du pain, du côté où il y a le plus de croûte. **Mouillette** et **Trempette**, fam., petit morceau de pain, en général long et mince, pour tremper. **Croûte**, partie extérieure du pain durcie par la cuisson; par ext. gros morceau de pain où il y a plus de croûte que de mie et qu'on fait mitonner longtemps avec du bouillon : *Croûte au pot*. **Croûton**, chacune des extrémités du pain long; en termes de cuisine, petit morceau de pain frit servant à garnir certains plats.

Quinaud : → Honteux.

Quinte : → Caprice.

Quintessence : → Substance.

Quintessencié : → Raffiné.

Quinteux : → Capricieux.

Quiproquo : → Malentendu.

Quittance : → Reçu.

Quitte : Qui a satisfait à une obligation. *Quitte* marque l'état définitif de pleine et entière libération, **Acquitté**, le résultat d'une action particulière, sans préjudice de ce qui peut rester : *On a beau s'être acquitté journellement de ses devoirs, on n'en est jamais quitte* (G.).

Quitter : ¶ 1 Ne pas continuer d'être avec une personne ou une chose. *Quitter*, s'en aller de ou d'auprès. **Laisser** (→ ce mot) insiste sur le fait que la personne ou la chose quittée, parfois involontairement, ne nous suit pas : *Nous quittons les cités, nous fuyons aux montagnes. Nous laissons nos chères compagnes* (L. F.). **S'éloigner de** insiste sur la distance qu'on met à dessein entre soi et ce que l'on quitte; **Se séparer de**, sur le fait qu'on n'est plus, pour longtemps ou pour toujours, en compagnie ou en possession de ce que l'on quitte ou de ce qu'on écarte, qu'on laisse partir : *Se séparer de sa femme; d'un livre.* **Abandonner** implique qu'on se soucie peu de ce qu'on laisse définitivement à qui voudra le prendre : *Émile, il faut quitter Sophie : je ne dis pas l'abandonner; il la faut quitter pour revenir digne d'elle* (J.-J. R.). **Déserter**, quitter ou abandonner à cause d'un inconvénient : *Les marâtres font déserter les villes et les bourgades* (L. B.); ou abandonner une personne, un poste, un parti auxquels on aurait le devoir d'être fidèle (→ Délaisser). **Planter là**, fam., et **Camper là**, fam., surtout avec pour comp. un n. de personne, quitter sans la moindre façon : *Ennuyé de faire ma cour à des comédiens, je les plantai là* (J.-J. R.). **Rompre avec,** ne pas continuer avec quelqu'un une liaison en s'en libérant par un acte formel. **Lâcher,** pop., abandonner sans la moindre élégance : *Lâcher sa femme* (Mau.). **Laisser tomber** et **Plaquer,** lâcher une personne, sont vulgaires. **Semer,** fig., quitter quelqu'un avec qui on allait, pour s'en débarrasser, en allant plus vite que lui, en l'empêchant de suivre. **Désemparer,** vx, abandonner le lieu où l'on est, ne se dit plus que dans la loc. *Sans désemparer.* ¶ 2 Ne pas tenir davantage à une chose, cesser de la garder, de s'en occuper ou de la demander. *Quitter* et **Abandonner** peuvent exprimer une action involontaire et se disent des choses bonnes ou mauvaises, *abandonner* ajoutant à *quitter* l'idée d'une action définitive ou due parfois à l'insouciance ou à la mollesse : *Quitter tout ressentiment* (Mol.). *Abandonner la musique* (Flaub.). **Laisser,** c'est plutôt quitter, parfois momentanément, pour s'occuper d'autre chose : *Laisser son travail pour aller jouer.* **Revenir de,** en parlant de mœurs, de sentiments, de conduite, quitter ce dont on est désabusé : *Je suis revenu grâce au ciel de mes folles pensées* (Mol.). **Renoncer à,** quitter toujours volontairement quelque chose qui est cher et qui doit l'être : *Il n'est pas si facile qu'on pense de renoncer à la vertu; elle tourmente longtemps ceux qui l'abandonnent* (J.-J. R.). **Perdre** est parfois syn. d'*abandonner* : *Quoi! vous ne perdrez point cette cruelle envie* (Rac.). ¶ 3 Cesser volontairement d'avoir. *Quitter* marque l'action sans aucun accessoire. **Se défaire** et **Se débarrasser** (→ ce mot), quitter quelque chose de mauvais, de nuisible, qui gêne, incommode, embarrasse. **Se dépouiller de** et **Dépouiller,** trans., avec pour comp. la chose dont on se dépouille, quitter ses vêtements et par ext. ce qu'on peut considérer comme un vêtement, ou un bien : *En fermant les yeux, Albertine avait dépouillé, l'un après l'autre, ses différents caractères d'humanité* (Proust); *se dépouiller* fait plutôt penser au résultat qui est la privation, le dénuement et se dit spéc. d'un bien, d'un avantage : *Cet argent dont vous avez la folie de vouloir que je me dépouille* (Mau.). **Déposer,** quitter quelque chose de haut, d'élevé, de grand : *Il a déposé cette*

majesté terrible (Bos.). ¶ 4 → Abdiquer, ¶ 5 Spéc., en parlant d'un vêtement. *Quitter* marque abstraitement l'action de s'en séparer; d'où l'emploi du mot au fig. avec pour comp. un nom de chose symbolisant un état : *Quitter le deuil; la robe, l'épée; le cothurne* (Volt.). **Ôter** insiste sur l'action concrète de se dépouiller : *Il a déjà ôté son œil et sa moustache postiche, avec sa perruque qui cachait une tête chauve* (Les.). **Enlever,** syn. d'*ôter,* se dit plutôt de ce que l'on ôte facilement : *Enlever son chapeau, sa veste.* **Tirer** ne se dit que du chapeau que l'on enlève d'un geste large pour saluer. **Retirer,** ôter une chose qu'on avait mise, insiste sur le résultat qui est de dégager, de dénuder son corps : *Retirer ses gants.* ¶ 6 → Libérer. ¶ 7 *Se quitter :* → (se) Séparer.

Qui-vive (sur le) : → Inquiet.

Quoique : Conjonction adversative de concession. *Quoique* s'emploie dans tous les styles. **Bien que,** substitué par euphonie à *quoique* après *quoi, que* ou *qui,* paraît être, en général, d'un style plus relevé. **Encore que,** peu usité de nos jours, était surtout du style de la démonstration, souvent après *car.*

Quolibet : ¶ 1 → Mot d'esprit. ¶ 2 → Plaisanterie.

Quorum : → Quantité.

Quote-part, part que chacun doit payer ou recevoir dans une somme totale. **Quotité,** somme fixe à laquelle monte chaque quote-part, ne s'emploie guère qu'en termes de droit. **Apport,** ce qu'on fournit dans une société, une communauté; au fig. ce qu'on fournit d'original, découverte, œuvre pour aider au développement d'une science, d'un art. **Contribution,** ce que chacun donne pour sa part d'une dépense, d'une charge commune, se dit surtout en matière d'impôt et au fig. de l'apport à une œuvre collective qui peut consister en une simple collaboration. **Cotisation,** contribution de chacun, selon ses moyens, pour former une somme, suppose souvent un engagement à payer à dates fixes une somme donnée. **Écot,** quote-part que doit chaque personne pour un repas ou un divertissement pris en commun. **Prorata,** quote-part calculée proportionnellement.

Quotidien : ¶ 1 Adj. → Journalier. ¶ 2 N. → Journal.

R

Rabâchage : → Radotage.

Rabâcher : → Répéter.

Rabais : → Diminution. *Rabais*, diminution consentie sur le prix d'un objet ou sur la rémunération d'un travail. **Remise**, somme abandonnée à celui qui perçoit de l'argent pour un autre, ou rabais que les commerçants accordent à certaines personnes sur le prix porté au catalogue : *Pour attirer les clients un commerçant fait un rabais à tous les acheteurs; il fait une remise aux membres d'une association ou à d'autres commerçants qui servent d'intermédiaires.* **Bonification**, remise accordée par un fournisseur à ceux de ses clients avec lesquels il a fait pendant une période donnée un certain chiffre d'affaires. **Ristourne**, remise faite à un intermédiaire, ou remise supplémentaire accordée dans certains cas, notamment pour compenser un trop-perçu compris dans une facture. **Nivet**, pop., remise secrète faite à un mandataire dans les marchés qu'il conclut pour autrui. **Tant pour cent**, fam., remise considérée comme calculée proportionnellement au prix de vente. **Escompte**, remise faite au payeur par celui qui reçoit un paiement avant l'échéance.

Rabaisser : ¶ 1 → Baisser. ¶ 2 → Abaisser.

Rabatteur : → Propagandiste.

Rabattre : ¶ 1 → Abaisser et Baisser. ¶ 2 → Diminuer. ¶ 3 → Repousser. ¶ 4 → (se) Détourner. ¶ 5 *En rabattre :* → (se) Modérer.

Rabelaisien : → Libre.

Rabêtir : → Abêtir.

Rabibocher : ¶ 1 → Réparer. ¶ 2 → Réconcilier.

Rabiot : → Supplément.

Râble : → Dos et Rein.

Râblé, Râblu : → Ramassé.

Rabonnir : → Améliorer.

Rabot, outil de menuisier qui sert à unir, à aplanir le bois. **Varlope**, grand rabot très long et muni d'une poignée.

Raboter : → Revoir.

Raboteux : → Rude.

Rabougri : → Ratatiné.

Rabrouer : → Repousser.

Racaille : → Populace.

Raccommodage, Reprise, Rapiéçage, Ravaudage, Stoppage : → Raccommoder.

Raccommodement : ¶ 1 → Réconciliation. ¶ 2 → Accommodement.

Raccommoder : ¶ 1 → Réparer. *Raccommoder*, autrefois syn. de *réparer*, ne se dit plus que des réparations faites à des objets de petites dimensions ou avec l'aiguille. **Repriser**, raccommoder une étoffe déchirée, un tissu dont une maille s'est échappée, avec des points à rangs serrés pour soutenir le tissu : *Repriser de vieilles chaussettes* (Gi.). **Stopper**, réparer une déchirure en refaisant la trame et la chaîne de l'étoffe, suppose une reprise soignée faite par des gens de métier. **Rentraire**, rajuster deux morceaux d'étoffe par une couture invisible, ou stopper un drap qui s'est déchiré lors du tissage. **Resarcir**, terme technique rare, réparer en refaisant à l'aiguille le tissu de l'étoffe. **Rapiécer**, raccommoder du linge, des habits, des meubles en mettant des pièces. **Raccoutrer**, terme d'art, reprendre, relever à l'aide d'une aiguille ou d'un crochet spécial des mailles qui ont glissé dans le tricotage à la machine. **Remmailler**, réparer les mailles d'un tissu et spéc. des bas de femmes. **Rapiéceter**, raccommoder avec beaucoup de petites pièces ou en mettant pièces sur pièces. **Ravauder**, raccommoder à l'aiguille, en reprisant ou en rapiéçant, du linge, des tissus très usés. **Rapetasser**, rapiécer grossièrement, uniquement pour boucher les trous. ¶ 2 → Réconcilier.

Raccord : → Transition.

Raccorder : → Joindre.

Raccourci : ¶ 1 *Raccourci*, toute voie qui permet d'arriver plus vite en un lieu. **Traverse**, chemin qui sert de raccourci. ¶ 2 → Abrégé.

Raccourcir : ¶ 1 → Diminuer. ¶ 2 → Décapiter.

Raccoutrer : → Raccommoder.

Raccroc (par) : → (par) Hasard.

Raccrocher (se) : → (s') Attacher.

Race : ¶ 1 Espèce ou classe particulière à laquelle on appartient par la naissance. *Race* se dit des animaux comme des hommes, fait penser à l'origine commune et aux qualités transmises par la génération : *La race de David* (Pasc.). **Sang**, fig., du style relevé, se dit bien d'une race distinguée, excellente : *La noblesse du sang dont vous sortez* (Fén.). **Famille** et **Maison** insistent plutôt sur l'état social que sur les qualités naturelles; *maison* se dit plutôt d'une famille illustre ou de ce par quo. une famille se distingue à travers le temps, alors que *famille* fait plutôt penser à la suite des individus ou aux individus unis par le sang et vivant actuellement *Un homme est de bonne famille quand il provient d'une famille qui occupe un certain rang dans la société; il est de bonne maison quand il provient d'une famille héréditairement distinguée* (Litt.). **Branche,** en termes de généalogie, se dit des familles différentes qui sortent d'une même origine : *La branche qui régnait en France* (Mtq.). **Dynastie,** suite de rois de la même famille. **Souche,** fig., en termes de généalogie, celui de qui sort une race, est syn. de *race,* par rapport à l'origine, dans des loc. comme *Sortir d'une bonne souche;* on dit aussi **Tige,** fig., et **Estoc,** terme de droit ancien. **Filiation,** suite continue de générations dans une même famille, fait penser abstraitement au rapport qui lie les membres de la race à leur souche, et. se dit, plus particulièrement, de la parenté entre les père et mère et les enfants : *Établir la filiation d'une famille.* **Lignée,** descendants qui forment une chaîne qui peut se rompre ou se continuer, souvent, comme la *branche,* par opposition à une autre lignée : *Toute la lignée des Guise fut audacieuse et téméraire* (Volt.). **Lignage,** terme collectif, désigne non pas les enfants, mais les ascendants considérés comme constituant la race : *Ce sont seigneurs de haut lignage* (Volt.). **Ascendance,** en ce sens, est plus ordinaire : *Ce qu'il y a de rustique dans son ascendance* (J. Rom.). **Couvée,** fig. et fam., race, famille nombreuse. ¶ 2 *Race,* classe d'hommes se ressemblant par la profession, par les habitudes ou par les inclinations, est généralement, en ce sens, ironique ou injurieux : *La race des pédants* (Acad.). *Race parjure* (Rac.). **Engeance,** race de certains animaux domestiques; au fig., très péj., espèce très méprisable d'hommes : *Engeance de médisants* (Boil.). **Gent,** syn. vx de nation, de *race,* est fam. et moins péj., au fig. : *La gent comique* (Les.). **Graine,** fig. et péj., se dit de ceux qui, en grandissant, deviendront une engeance : *Graine d'apaches.*

Rachat : ¶ 1 Action d'acheter ce qu'on a vendu ou qui a été vendu. *Rachat,* terme usuel. **Réemption,** rachat d'objets saisis. **Réméré,** terme de droit, rachat d'un bien qu'on avait vendu en se réservant la faculté de racheter. ¶ 2 Action d'éteindre une obligation par le paiement d'une somme. *Rachat,* terme courant. **Rédemption**

est surtout un terme de droit. ¶ 3 Action de libérer en payant une rançon. *Rachat* se dit au prop. et au fig. : *Le rachat du genre humain.* **Rédemption,** terme de théologie, rachat du genre humain par Jésus-Christ, s'est dit aussi du rachat des chrétiens au pouvoir des infidèles. **Salut,** fig., dans le langage religieux, fait de parvenir à la félicité éternelle, marque comme syn. de *rédemption,* le résultat du sacrifice du Christ.

Racheter : ¶ 1 → Libérer. ¶ 2 → Réparer. ¶ 3 (Réf.) → (se) Rattraper. *Se racheter,* se libérer d'une obligation moyennant une certaine somme d'argent. **Se rédimer,** vx, ne se dit plus guère qu'en parlant de poursuites judiciaires dont on se rachète.

Rachitique : → Ratatiné.

Racial : → Ethnique.

Racine : ¶ 1 Partie par laquelle les végétaux tiennent à la terre. *Racine,* terme courant, s'emploie seul au fig. : *Racine pivotante. Prendre racine.* **Patte** ou **Griffe,** racine de certaines plantes qui a quelque ressemblance avec la patte d'un animal : *Patte d'anémone.* **Souche,** partie d'un tronc d'arbre (le bas et ses racines) qui reste en terre quand l'arbre a été coupé. **Estoc,** syn. de *souche* en termes d'eaux et forêts. **Radicelle,** racine secondaire qui sort de la racine principale. **Radicule,** rudiment de la racine dans un germe qui se développe. ¶ 2 → Origine.

Raclée : → Volée.

Racler : ¶ 1 *Racler,* enlever en frottant avec un instrument dur ou tranchant quelques parties de la superficie d'un corps : *Racler des peaux.* **Gratter,** racler en entamant légèrement la superficie pour nettoyer, effacer ou polir : *Gratter un parchemin pour en enlever l'écriture.* **Râtisser,** nettoyer à l'aide d'un râteau, par ext. ôter, en raclant, la surface de quelque chose ou ce qui s'y est attaché : *Râtisser du cuir* (Acad.). **Riper,** gratter un enduit, de la pierre avec un outil spécial. ¶ 2 → Jouer.

Racoler : → Enrôler.

Racontar : ¶ 1 → Médisance. ¶ 2 → Roman.

Raconter : ¶ 1 → Conter. Présenter, de vive voix ou par écrit, des faits ou quelque chose qui est arrivé (≠ Exposer [→ ce mot], faire connaître et comprendre). *Raconter* suppose plus souvent des aventures que des événements et a plutôt rapport à l'art du récit qu'à sa vérité : *Des gens qui racontent toutes leurs histoires aussi bien chez le coiffeur que dans l'omnibus* (J. Rom.). **Rapporter,** faire connaître, en historien, des faits nouveaux dont on a été témoin ou dont on est sûr pour les avoir appris : *Je le vis en effet dès le soir même; mais je n'ose vous le rapporter* (Pasc.). **Rendre compte,** rapporter à un supérieur, ou rapporter en analysant, en expliquant, en appréciant : *On rendait compte au roi de leur conduite* (Bos.). **Relater,** rapporter en détail. **Retracer,** raconter les choses passées et connues, d'une manière vive, pittoresque, de façon à les rendre comme vivantes dans la mémoire : *Retracer l'histoire de toute la famille* (Gi.). **Dire,** syn. recherché de *raconter*; de *rapporter*. ¶ 2 → Dire.

Racorni : ¶ 1 → Ratatiné. ¶ 2 → Inintelligent.

Racornir : → Sécher.

Rade : → Port.

Radicalement : → Absolument.

Radié : → Rayonnant.

Radier : → Effacer.

Radieux : ¶ 1 Qui jette des rayons. *Radieux* marque la propriété constante de la chose et un éclat plus vif que **Rayonnant** qui ne marque que le fait présent et la simple émission de plusieurs traits de lumière : *Le soleil est radieux à son midi; à son coucher il est encore rayonnant* (L.). **Radiant,** terme didact., ne se dit que de ce qui renvoie des rayons. ¶ 2 → Réjoui. Dont le visage manifeste le contentement. *Radieux* exprime une satisfaction plus pleine, plus constante, comme celle par exemple qui résulte de la santé; **Rayonnant,** une satisfaction plus vive et plus passagère, dont on indique souvent la cause : *Je te trouve radieuse; mais voyez donc comme elle est fraîche et belle* (Beaum.). *Rayonnant de joie* (Beaum.).

Radotage, fam., état ou discours de celui qui tient des propos décousus qui manquent de sens et annoncent un affaiblissement de l'esprit, ou, par ext., de celui qui dit des choses sans raison ni fondement : *Vous envoyer le dernier radotage de ma vieillesse* (Volt.). **Radoterie,** habitude de radoter, ou trait de radotage. **Rabâchage** implique simplement la répétition fastidieuse et inutile de la même chose. **Rabâcherie,** vx, habitude du rabâchage ou son résultat. **Prêchi-prêcha,** terme burlesque, radotage destiné à sermonner, à endoctriner.

Radoter : → Déraisonner.

Radouber : → Réparer.

Radoucir : → Adoucir.

Rafale : ¶ 1 *Rafale,* terme de marine, coup de vent de terre à l'approche des côtes élevées, et par ext. coup de vent violent, imprévu et bref pendant le bon ou le mauvais temps. **Risée,** terme de marine, augmentation subite et peu durable du vent, même par beau temps. **Tourbillon,** tournoiement du vent qui enveloppe et absorbe ce qu'il a saisi. **Grain,** sur mer, tourbillon subit de vent qui fatigue plus ou moins le navire. **Trombe,** météore consistant en une masse de vapeur d'eau soulevée en colonne et animée d'un mouvement rapide par les tourbillons du vent. **Bourrasque** (→ ce mot), coup de vent brusque et bref, animé d'un mouvement de translation, qui renverse et qui, sur mer, provoque un instant une petite tempête (→ ce mot) : *Cette bourrasque imprévue a renversé avec notre barque le projet que nous avions fait* (Mol.). ¶ 2 → Décharge.

Raffermir : → Affermir.

Raffinage : → Purification.

Raffiné : → Délicat et Affecté. *Raffiné* marque l'extrême délicatesse ou l'extrême recherche, avec parfois une idée d'excès; **Subtilisé,** un excès de finesse qui s'éloigne de la vérité et du naturel dans une pensée, une expression, une action : *Ces amours pour moi sont trop subtilisées* (Mol.). **Quintessencié** enchérit et implique une recherche précieuse dans les pensées : *Pensées quintessenciées* (L. B.). **Alambiqué** enchérit, surtout en parlant de l'esprit qui se torture à vouloir subtiliser, et du style contourné et gêné à force de raffinement : *Ils s'égaraient dans des discours alambiqués* (Bos.). **Sophistiqué,** en parlant de l'esprit, du style, du sentiment, implique une subtilité si excessive qu'elle aboutit à la complication, à l'obscurité, à l'artificiel, parfois même à la falsification.

Raffinement : ¶ 1 → Finesse. ¶ 2 → Recherche.

Raffiner : → Purifier.

Raffoler de : → Goûter.

Raffut : → Tapage.

Rafistoler : → Réparer.

Rafraîchir : ¶ 1 → Refroidir. ¶ 2 → Réparer. *Rafraîchir,* remettre en meilleur état en raccommodant, en nettoyant, en vernissant pour que la chose paraisse comme neuve : *Rafraîchir une tapisserie.* **Raviver,** redonner de l'éclat, ne se dit que de ce qui était primitivement éclatant : *Raviver de la dorure.* ¶ 3 → Tailler. ¶ 4 (Réf.) → Boire.

Ragaillardir : → Réconforter.

Rage : ¶ 1 *Rage,* terme médical et usuel, désigne la maladie virulente qui affecte surtout les chiens et peut être transmise à l'homme par leur salive. **Hydrophobie,** terme médical ancien, la rage caractérisée par un de ses symptômes apparents chez l'animal, l'horreur de l'eau. ¶ 2 → Fureur. ¶ 3 → Manie. ¶ 4 *A la rage :* → (à la) Folie. ¶ 5 *Faire rage :* → Sévir.

Rager : Être en proie à la colère. *Rager*, fam., suppose souvent une colère muette : [Il] *gagna sa chambre où il ragea à son loisir* (S.-S.). **Enrager** marque moins nettement la colère et ajoute une idée de dépit violent, d'impatience ou de déplaisir : *Enrager de jalousie* (Zola). **Endêver**, syn. vx et pop. d'*enrager*. **Bisquer** et **Fumer**, syn. pop. d'*enrager*. **Rogner**, pop., suppose une mauvaise humeur qui se manifeste dans l'air du visage, **Ronchonner**, pop., ajoute l'idée qu'on murmure, **Râler** et **Rouspéter**, pop., qu'on proteste. **Écumer** enchérit sur *rager*, marque une exaspération à son dernier degré et qu'on ne peut plus dissimuler. **Se ronger les poings**, fig. et fam., enrager silencieusement souvent par impuissance.

Rageur : → Colère.

Ragot : → Médisance.

Ragot : → Nain.

Ragoût, plat de viande, de légumes ou de poisson coupés en morceaux et cuits dans une sauce épicée. **Fricassée** implique une cuisson plus rapide, dans une casserole ou une poêle, avec ou sans sauce. **Fricot,** syn. pop. de *fricassée*, par ext. toute cuisine grossière. **Galimafrée,** ragoût de restes de viande, se dit aussi par ext. de mets mal préparés. **Capilotade, Salmigondis** désignent aussi des ragoûts faits de morceaux de viande réchauffés. **Gibelotte,** fricassée de lapin au vin blanc. **Hochepot,** ragoût de viandes diverses cuites avec des marrons, des navets. **Haricot,** vx, ragoût de mouton avec navets et pommes de terre. **Ratatouille,** fam., se dit de diverses sortes de ragoût, et par ext. tantôt d'une mauvaise nourriture, tantôt d'une nourriture populaire appétissante. **Rata,** syn. pop. de *ratatouille* en son sens élargi, surtout dans le langage des soldats. **Blanquette,** sorte de ragoût de viandes blanches.

Ragoûtant : → Appétissant.

Rai : → Rayon.

Raid : → Incursion.

Raide : ¶ 1 Qui manque de souplesse, ne se laisse pas fléchir. *Raide* (ou *Roide*, orthographe archaïque) marque plutôt un état passager dû souvent à une extrême tension : *Corde raide*. **Rigide,** plutôt terme de science, très raide, qui ne plie pas, résiste à la pression, naturellement, par la cohésion de ses parties : *Barre de fer, cadavre rigides*. ¶ 2 Au fig. Peu accommodant. *Raide* et *Roide* ont rapport au commerce de la vie et se disent de celui qui par humeur va droit à son but, sans souplesse, sans crainte de choquer, de rebuter : *Un courage roide et hautain* (Fén.). **Empesé,** fig. et fam., raide dans son air, par gravité affectée : *Suffisant et empesé* (Les.). **Rigoureux** et **Rigide** ont rapport à l'application des règles et des lois auxquelles on est très attaché par principe, *rigoureux* qualifiant une façon d'agir qui consiste à exercer la justice de la façon la plus sévère, parfois avec excès, *rigide*, la disposition intérieure qui, par attachement aux règles, rend rigoureux, ou le manque de souplesse des règles elles-mêmes : *Usages trop rigoureux* (Volt.). *Plié à de rigides pratiques religieuses* (Zola). *Censeur rigide* (L. B.). ¶ 3 → Escarpé. ¶ 4 → Rude. ¶ 5 → Excessif. ¶ 6 → Libre. ¶ 7 Adv. → Vite.

Raideur, Rigidité : → Raide.

Raidillon : → Montée.

Raidir, rendre raide, difficile à plier, ne précise pas la façon. **Tendre,** raidir un corps plus ou moins élastique en écartant par traction ses deux extrémités. **Bander,** tendre avec effort : *Bander un arc*. **Abraquer,** terme de marine, raidir un cordage. — *Se raidir :* → Résister.

Raie : → Ligne. *Raie*, ligne beaucoup plus longue que large, soit naturelle, sur le corps de certains animaux, sur le marbre, soit artificielle, comme celles qu'on fait sur les étoffes pour les orner. **Rayure,** façon dont une étoffe est rayée, fait penser à l'effet produit : *Étoffe à larges raies; étoffe blanche à rayures bleues* (Acad.); et se dit aussi de la trace que fait un corps dur sur une surface polie : *Les rayures d'une glace* (Acad.). **Zébrures,** raies qui par leur disposition rappellent celles du zèbre.

Railler, tourner quelqu'un en ridicule, **Se moquer de, Persifler, Ironiser, Brocarder, Se gausser de, Goguenarder, Gouailler :** → Raillerie. **Plaisanter,** parler à quelqu'un en badinant, ne pas le prendre au sérieux, ou dire à son propos des choses qui font rire, mais sans vouloir le tourner en ridicule. **Rire de** marque la simple réaction devant ce qui est risible, ou absolument le fait de parler, d'agir en badinant : *Elle rit, et avec raison, des sottises des hommes* (D'Al.). **S'égayer (sur le compte de, aux dépens de)**, rire de quelqu'un avec quelque malignité. **Se rire de,** tourner en dérision ce qu'on méprise : *Elle se rit de vous* (Acad.). **Rire au nez,** se moquer ouvertement à la face de quelqu'un. **Se jouer de,** se moquer de quelqu'un en le raillant adroitement sans qu'il s'en aperçoive : *S'en jouer comme d'un enfant* (Roll.). **Jouer,** railler un défaut, une personne, en les portant sur la scène : *Jouer d'honnêtes gens comme les médecins* (Mol.). **Se goberger,** rare, et **Faire des gorges chaudes** faire des railleries plus ou moins malveillantes sur quelqu'un ou sur quelque chose, souvent en groupe. **Satiriser,** railler avec mordant comme dans une satire (→ ce mot) : *Il satirise même les femmes de bien* (Mol.). **Cribler, Larder, Fusiller (d'épi-grammes, de brocards,** etc.), accabler quelqu'un sous les plaisanteries, les railleries (→ Percer). **Bafouer** et **Berner** (→ Vilipender), traiter quelqu'un avec une moquerie outrageante ou dédaigneuse : *Ces petits jeunes gens qui bafouent Hugo* (J. Rom.). **Blaguer,** fam., railler ou plaisanter quelqu'un avec bonne humeur. **Chiner,** très fam., marque une raillerie un peu plus vive. **Se payer la tête de,** très fam., se moquer fortement d'une personne. **Faire la nique,** fam., faire un geste de moquerie ou de mépris : *Se pavaner devant nous et nous faire la nique* (J. Rom.). **Mettre en boîte,** fam., se moquer de quelqu'un en l'attrapant, en le déconcertant. **Se ficher de,** syn. de *se moquer de,* est pop. **Se foutre** est grossier, **Dauber,** railler, souvent avec injure, et **Draper,** railler en médisant, sont vx. **Gaber** et **Se gaudir,** fam., se moquer, sont archaïques et inusités. Parmi tous les syn. argotiques de *railler,* **Charrier** est le plus usuel.

Raillerie : Plaisanterie satirique aux dépens de quelqu'un. Alors que la **Plaisanterie** ne cherche pas à tourner en ridicule, la *Raillerie* divertit en rendant une personne ridicule avec des nuances qui vont de l'indulgence à la causticité : *Raillerie indulgente* (J. Rom.). **Dérision,** raillerie montrant le mépris qu'on éprouve pour une personne ou une chose : *Tourner le nom de Dieu en dérision* (Bos.). **Risée,** passif, fait toujours penser à la personne dont on rit à tort ou à raison : *Être la risée des sots* (Volt.). **Moquerie,** raillerie souvent injurieuse qui vise à abaisser, voire à offenser : *Une moquerie qui les blessait mortellement* (Mau.). **Persiflage,** raillerie qui consiste à dire à quelqu'un, d'un air ingénu ou badin, des choses flatteuses qui paraissent sincères, mais sont autant de contrevérités : *Une espèce de persiflage où l'on se moquait finement du prélat en paraissant l'accabler de louanges* (D'Al.). **Ironie,** terme de rhétorique, raillerie qui consiste à donner pour vrai et sérieux ce qui est manifestement faux pour en montrer l'absurdité, par ext. raillerie à l'égard des personnes qui consiste, soit à montrer par son attitude qu'on ne les prend pas au sérieux, soit à présenter leurs propos ou leurs actions sous une forme absurde, soit à dire d'un air naïf et convaincu des choses qui les induisent en erreur ou les blessent sans qu'elles puissent s'en offenser : *Les injures blessent; l'ironie fait rentrer les gens en eux-mêmes* (Volt.). *Un étrange pli sur la lèvre de celui-ci où il crut voir de l'ironie*

(Gi.). **Sarcasme,** raillerie ou ironie amère et insultante. **Épigramme,** courte pièce de vers qui se termine par un mot piquant, par ext. mot très piquant ou railleur, mais spirituel. **Trait** marque quelque chose de plus mordant, de plus malin : *Trait de satire* (Boil.). **Brocard,** petit trait que l'on lance en passant : *Les brocards de la malignité* (Volt.). **Goguenarderie, Goguenardise,** fam., mauvaise plaisanterie ou mauvaise raillerie qui consiste à se moquer ouvertement de quelqu'un, ont pour syn. pop. et rare **Gausserie. Gouaille, Gouaillerie,** pop., raillerie sans délicatesse qui a quelque chose de gras, de vulgaire, ou simplement de faubourien. **Pasquinade,** rare, raillerie bouffonne, triviale, surtout écrite.

Rainure : → Entaille.

Raison : → Entendement. La faculté qu'a l'homme de discerner le vrai et le faux, le bien et le mal, le beau et le laid, et de penser et d'agir en conséquence. *Raison,* terme le plus général, désigne cette faculté dans son sens le plus élevé et la représente comme l'ensemble des règles, des principes du vrai, du beau et du bien sans spécifier comment on l'emploie. Aussi *raison,* suivant le point de vue auquel on envisage l'exercice de cette faculté, est-il syn. de groupes assez différents : ¶ 1 Pour désigner la faculté qui nous permet de penser discursivement selon les lois de la logique, *Raison* est peu usité de nos jours; on dit plutôt **Entendement,** ensemble des opérations discursives de la pensée (concevoir, juger, raisonner); au XVIIᵉ s., on disait **Esprit;** mais *entendement* tend à désigner plutôt, dans le langage courant, la faculté de recevoir des idées, de concevoir, et pour qualifier la faculté capable de découvrir des idées en les tirant comme conséquences de certains principes suivant les règles de la logique on dit **Raison raisonnante,** terme de philosophie, **Esprit géométrique,** terme pascalien, qui insiste sur la méthode, parfois avec l'idée d'un excès de logique, **Raisonnement,** qui marque l'exercice bon ou mauvais de la faculté : *Ceux qui sont accoutumés à juger par le sentiment ne comprennent rien aux choses du raisonnement* (Pasc.). *Raisonner est l'emploi de toute ma maison Et le raisonnement en bannit la raison* (Mol.). ¶ 2 Quand il s'agit de décider de choses qui ne sont pas du domaine de la logique, mais demandent une analyse fine et délicate du réel, *Raison* désigne l'ensemble des principes, la faculté qui nous éclaire, **Jugement,** la faculté qui nous permet de décider et d'apprécier, avec finesse et justesse, dans la conduite et dans la connaissance, à propos de choses dont nous découvrons les rapports, les conséquences, avec habileté : *Le bon goût vient plus du jugement que de l'esprit* (L. R.). *Perdre la raison, c'est être fou. Perdre le jugement, c'est ne plus savoir apprécier juste, par passion, étourderie, précipitation,* etc. *Agir contre la raison, c'est manquer de sagesse dans la conduite. Agir sans jugement, c'est agir sans réfléchir.* **Esprit de finesse,** terme pascalien, qualité de l'esprit qui sait juger des choses intellectuelles non logiques, comme la psychologie, l'art, etc. **Discernement** suppose simplement qu'on compare théoriquement les choses, qu'on sait faire la différence entre elles, avec la délicatesse d'un connaisseur : *Discernement aigu des circonstances et des êtres* (J. Rom.). **Tact,** fig., discernement fin, sûr, très intuitif, qui nous fait apprécier les nuances, les convenances, la mesure : *Ce tact attentif de l'esprit qui fait sentir les nuances des fines convenances* (Buf.). **Sens,** syn. de raison, de jugement, désigne quelque chose de plus commun, surtout inné, qui s'exerce sur des choses assez ordinaires et nous les fait voir comme elles sont, sans nous porter, comme la raison, à aimer le beau, le bien, le vrai : *Le grand art de régner demande plus de sens que de génie* (Mtq.). *Son sens est le plus borné du monde* (Mol.). Si le *sens*, comme le *jugement*, est une faculté de la personne, le **Bon sens,** comme la *raison*, est plutôt un fonds de règles communes, universelles, auxquelles chaque homme se conforme, mais ces règles sont assez grossières, et on les applique sans l'activité personnelle qu'implique *sens*, ce qui fait qu'intellectuellement le *bon sens* est plus grossier que le *sens*, tout en impliquant, comme le fait *raison*, une sagesse dans la conduite morale qu'il n'y a pas dans *sens* : *Bon sens, raison grossière, raison commencée, première notion des choses ordinaires, état mitoyen entre la stupidité et l'esprit* (Volt.). *Le bon sens qui est aussi un discernement de nos limites* (J. Rom.). **Gros bon sens** suppose quelque chose de plus grossier encore, fondé sur une sorte d'instinct, en des matières où le jugement est aisé. **Sens commun** se rapproche de *bon sens,* mais alors que le *bon sens* est essentiellement juste, le *sens commun* l'est empiriquement : c'est l'ensemble des opinions si généralement admises que les opinions contraires apparaissent comme fausses sans même qu'on les discute : *On peut manquer de bon sens quand on juge suivant ce qu'on appelle le sens commun* (Volt.). — **Bon goût,** discernement, tact en matière d'esthétique, faculté de discerner le beau du laid : *Entre le bon sens et le bon goût, il y a la différence de sa cause à son effet* (L. B.). — **Jugeote,** syn. fam. de

jugement, de *sens*. **Judiciaire,** ou **Faculté judiciaire,** faculté par laquelle on juge, on apprécie, est vx. ¶ **3** → Sagesse. ¶ **4** → Raisonnement. ¶ **5** → Cause. ¶ **6** Ce qu'on fait ou ce qu'on demande pour obtenir ou pour accorder le pardon et l'oubli d'une injure. *Raison* suppose une explication qui souvent consiste en un recours à la force : *Je suis prêt à lui en faire raison par la voie des armes* (Les.). **Réparation** suppose qu'on fait oublier le mal causé en rétablissant l'honneur par une rétractation ou un désaveu ; **Satisfaction,** qu'on calme et qu'on contente la victime par des excuses ou des soumissions.

Raisonnable : ¶ **1** *Raisonnable,* **Judicieux, Sensé :** → Raison. ¶ **2** → Juste. ¶ **3** → Logique. ¶ **4** → Modéré.

Raisonnant : Qui discute, réplique. *Raisonnant* marque uniquement le discute : *Je vous trouve aujourd'hui bien raisonnante* (Mol.) ; **Raisonneur,** la manie, l'habitude : *Tu fais le raisonneur* (Mol.).

Raisonnement : ¶ **1** → Raison. ¶ **2** Travail de l'esprit qui fait sortir un jugement d'un autre ou de plusieurs autres. *Raisonnement,* terme courant, désigne plutôt l'opération qui peut être plus ou moins longue, plus ou moins claire et subtile : *Faire un raisonnement nouveau* (Proust). **Argument,** terme de logique, désigne plutôt le résultat d'une opération assez brève qui se réduit à enchaîner deux ou trois propositions suivant certaines règles : *Trouver un argument décisif* (Proust). **Dialectique,** art de raisonner, par ext. ensemble de raisonnements considérés dans leur forme très logique, avec parfois l'idée qu'ils sont ennuyeux et surtout spécieux. **Échafaudage,** fig. et péj., grand raisonnement inutile ou vain, étalage d'arguments sur un sujet de peu d'importance. **Syllogisme,** terme de logique, argument composé de trois propositions dont la troisième dérive nécessairement des deux premières ; par ext., dans le langage courant, raisonnement très serré, très logique, et parfois trop géométrique, sans finesse, sans humanité. — **Raison,** syn. d'*argument,* preuve qu'on allègue pour justifier sa conduite, son opinion, envisagée comme plus ou moins solide, indépendamment de la façon dont elle est présentée : *Nous lui demandons des raisons ou du moins des raisonnements* (J.-J. R.).

Raisonner : ¶ **1** → Penser. Se servir de sa raison. *Raisonner* envisage cette action comme destinée à juger, à connaître, à enchaîner des arguments, ou à chercher et à alléguer des raisons pour éclaircir une affaire, appuyer une opinion :

Raisonner des effets et des causes (VOLT.). **Philosopher,** raisonner des choses morales et physiques, avec la méthode et la subtilité d'un penseur, pour en acquérir une vue synthétique, mais uniquement théorique, sans l'idée de sagesse pratique, d'art d'adapter sa conduite à la vérité et au bien qu'il y a dans *raisonner* : *Après avoir philosophé toute votre vie, n'apprendrez-vous jamais à raisonner?* (J.-J. R.). **Ratiociner,** terme didact., user de la raison; dans le langage courant, péj., raisonner avec subtilité excessive ou pédantisme. **Argumenter,** raisonner suivant les formes de la logique pour prouver par argument; par ext. raisonner par des considérations purement logiques : *Argumenter du probable au vrai.* ¶ 2 → Répondre.

Raisonneur : → Raisonnant.

Rajeunir : → Renouveler.

Rajuster : → Réparer.

Râle, son rauque et enroué qui sort de la gorge lorsque la respiration est embarrassée, surtout dans l'agonie. **Râlement,** action de râler, la crise qui fait qu'on râle : *Un agonisant a le râle et la respiration troublée par le râlement* (R.).

Ralentir : → Modérer.

Râler : → Protester et Rager.

Rallier : ¶ 1 → Assembler. ¶ 2 → Rejoindre.

Rallonge : → Allonge.

Rallonger : → Allonger.

Ramage, en parlant des petits oiseaux et par ext. de tous les oiseaux, fait penser surtout au cri propre à leur espèce : *L'oiseau* [le cygne] *prêt à mourir se plaint en son ramage* (L. F.). **Chant,** plus courant, implique quelque chose de plus sonore, considéré souvent du point de vue esthétique, et comme se produisant à tel ou tel moment : *Partir dès le chant du coq.* **Gazouillement** et **Gazouillis** (→ ce mot), chant léger et agréable des petits oiseaux. **Pépiement,** petit cri du moineau et par ext. des petits oiseaux.

Ramager : → Chanter.

Ramas : ¶ 1 → Amas. ¶ 2 Mauvais recueil. *Ramas* et **Ramassis,** amas, groupement de choses médiocres, viles, marquent le mépris : *Mon livre n'étant qu'un ramas de sottises* (SCAR.). **Fatras** ajoute une idée de désordre et d'ennui dû à un amas de choses illisibles. **Rhapsodie,** fig. et fam., en littérature, mélange (→ ce mot) incohérent et bizarre de mauvais vers ou de mauvaise prose. **Ravaudage** et **Ravauderie,** fig. et fam., besogne faite grossièrement, par ext. mauvais ouvrage

d'esprit, fait d'emprunts, de pièces, de morceaux.

Ramassé, court et gros en parlant du corps de l'homme et des animaux, comporte surtout une idée d'épaisseur : *Et son corps ramassé dans sa courte grosseur Fait gémir les coussins sous sa molle épaisseur* (BOIL.). **Trapu** ajoute une idée de force et exprime une grosseur carrée plutôt que ronde, robuste ou vigoureuse plutôt que provenant d'embonpoint : *Homme de cinq pieds, trapu, carré* (BALZ.). **Râblé** suppose des reins forts et vigoureux. **Râblu,** syn. de *râblé,* ne se dit guère qu'en physiologie. — **Courtaud,** comme n. seulement, fam. et plutôt péj., celui qui a la taille courte et ramassée. — **Massif,** qui paraît épais et pesant, n'évoque pas comme *ramassé* l'idée de petitesse.

Ramasser : ¶ 1 → Amasser. ¶ 2 → Assembler. ¶ 3 → Resserrer. ¶ 4 → Recueillir. ¶ 5 Prendre à terre. *Ramasser* se dit pour ce qui est tombé et ne marque qu'une action ordinaire, **Relever** se dit pour ce qui est renversé, et, comme syn. de *ramasser,* suppose une action exceptionnelle, appliquée à un objet de valeur : *On ramasse un gant qui est tombé, on relève le gant, pour accepter un défi. Ramasser un ivrogne, relever un adversaire qui est tombé.* ¶ 6 (Réf.) → (se) Replier.

Ramassis : → Amas et Ramas.

Rambarde : → Balustrade.

Rame : Long instrument de bois dont on se sert pour conduire les bateaux. Selon l'Acad., *Rame* s'emploierait plutôt en parlant de la navigation sur les rivières et les lacs, **Aviron,** pour la navigation sur mer. Mais les deux se disent dans tous les cas et *rame* fait plutôt penser à l'impulsion, se dit bien pour les gros bateaux, les galères, et au fig., tandis qu'*aviron* a plutôt rapport à la direction, et s'emploie souvent pour désigner la chose lorsqu'elle est employée à un autre usage que l'usage habituel : *Tout l'Hellespont blanchissant sous nos rames* (RAC.). *A force de rames* (FÉN.). *Écarter* [les goélands] *en les frappant à coups de gaule ou d'aviron* (BUF.). **Pagaie,** petite rame à large pelle ovale, et dont se servent, sans l'appuyer sur le bord de l'embarcation, les naturels de certains pays pour faire voguer leurs pirogues et les Européens pour manœuvrer périssoires et canoës. **Godille,** aviron qu'on place à l'arrière d'une embarcation et auquel on imprime un mouvement hélicoïdal pour le faire avancer.

Rame : → Train.

Rameau : ¶ 1 → Branche. ¶ 2 → Corne. ¶ 3 → Partie.

Ramée : ¶ 1 → Branchage. ¶ 2 → Branche.

Ramener : ¶ 1 → Mener. ¶ 2 → Réduire.
¶ 3 → Rétablir.

Ramer, manœuvrer la rame ou l'aviron.
Nager, terme de marine et de sport, ramer
pour faire avancer l'embarcation, souvent
de concert.

Ramier : → Pigeon.

Ramification : → Partie.

Ramifier (se) : → (se) Séparer.

Ramille : → Branche.

Ramolli : → Mou et Stupide.

Ramollir : → Amollir.

Rampant : → Servile.

Rampe : → Montée.

Ramure : ¶ 1 → Branchage. ¶ 2 → Corne.

Rancart : → Rebut.

Rancœur : → Ressentiment.

Rançon : Au fig. → Suite.

Rançonner : → Dépouiller.

Rancune : → Ressentiment.

Rancunier marque un ressentiment tenace
et durable, qu'il s'accompagne ou non
d'un désir de vengeance. **Vindicatif** indique le désir de se venger, promptement,
ou en prenant son temps : *Je ne suis pas
vindicatif, je suis rancunier* (CHAT.).
*Cette humeur rancunière qui fermente dans
un cœur vindicatif* (J.-J. R.).

Randonnée : → Tour et Promenade.

Rang : ¶ 1 Suite de choses mises sur une
même ligne. *Rang,* absolu et abstrait,
indique une disposition essentielle telle
qu'elle doit être, **Rangée,** relatif et concret, exprime une disposition de fait,
et doit être toujours déterminé par le nom
des choses qui ont été mises en rang : *Rang
de dents; fauteuil de premier rang. Rangée
d'arbres, de voitures* (ACAD.). ¶ 2 → File et
Ligne. ¶ 3 Place d'une personne parmi
plusieurs autres. *Rang* comporte une idée
de hiérarchie, mais la fait considérer
comme effectivement déterminée par les
circonstances, la fortune, l'opinion des
hommes : *Rang de taille. Garder son rang
dans un monde dont on dépend* (J. ROM.).
Ordre implique une hiérarchie fondée sur
la nature de la personne, et souvent sur
sa valeur; du point de vue social, l'*ordre*
est un groupe d'hommes bien déterminé,
absolu et fixe, constituant une corporation, ou nettement classé dans la hiérarchie des citoyens d'un État : *Un homme
d'un rang inférieur est peu estimé; un
homme d'un ordre inférieur ne vaut rien.
La Révolution a bouleversé les rangs, mais
elle a aboli les trois ordres.* **Classe** implique
l'appartenance à une collection d'individus qui ont des caractères communs

fixes et nettement définis, ce qui distingue la *classe* du *rang,* et désigne
socialement de nos jours un ensemble
d'hommes auxquels les circonstances économiques imposent une façon de vivre et
de penser commune : *Un fonctionnaire de
premier ordre a du talent; un fonctionnaire
de première classe est simplement au sommet de la hiérarchie. La classe ouvrière.
La classe bourgeoise.* **Catégorie,** plus vague,
désigne tous les hommes auxquels on
peut appliquer le même qualificatif, quel
qu'il soit : *Tous les commerçants appartiennent à la même catégorie sociale, mais
sont loin d'appartenir à la même classe et
d'avoir le même rang.* **Condition,** rang
qu'occupe une personne dans la société,
uniquement déterminé par sa naissance,
sa fortune, sa profession : *Condition modeste* (MAU.). **Caste,** chacune des classes de
la société dans certains pays, notamment
l'Inde; au fig., péj., classe ou ordre social
caractérisé par son esprit exclusif : *Les
violences de l'esprit de caste* (J. ROM.).
Étage, syn. péj. de *rang* dans la loc. *De
bas étage* : *Un parlementaire de bas étage*
(J. ROM.). **Volée,** syn. vx de *rang* dans
quelques loc. comme *De haute volée.*

Rangé : → Réglé.

Rangée : → Rang.

Ranger : ¶ 1 → Placer. *Ranger,* donner
leur place aux choses ou les remettre à leur
place, ce qui crée un certain ordre : *Ranger
le ménage* (LOTI). **Arranger** (→ ce mot),
donner à chaque partie d'un ensemble sa
place dans cet ensemble, souvent pour la première fois, en assignant une place convenable à chaque chose, implique une combinaison d'actions pour créer un ordre,
embrasser un ensemble et en disposer les
détails : *On arrange une fois, on range
tous les jours* (G.). **Ordonner** ajoute l'idée
d'un plan méthodique conçu d'avance,
souvent nécessaire, sans l'idée esthétique
ou d'adaptation à un but qu'il y a dans
arranger : *Une maison bien arrangée est
commode, agréable. Une maison bien ordonnée présente tout ce qu'elle contient à
la place nécessaire* (→ Ordre). **Classer,**
mettre des choses dans un ordre quelconque, arbitrairement déterminé, en les
rangeant par classes : *Classer des fiches
par ordre alphabétique.* **Sérier,** classer des
questions selon leur nature ou leur importance, pour les examiner et les régler
les unes après les autres. **Échelonner,** en
termes militaires, ranger des troupes sur
divers plans, en soutien; par analogie,
ranger dans le temps, en les séparant par
des intervalles, des choses qu'on doit
exécuter : *Échelonner des paiements.* **Distribuer,** arranger avec art toutes les parties d'un ensemble pour un effet commode
ou esthétique : *Cet auteur a distribué avec*

art toutes les parties de son sujet (ACAD.).
¶ 2 → Serrer. ¶ 3 En un sens spéc.
Ranger, mettre en rangs : *Ranger des
troupes en bataille*. **Aligner**, ranger sur une
même ligne droite : *Aligner le premier
rang*. ¶ 4 Mettre au nombre de. *Ranger*,
mettre quelqu'un à la place qui paraît
lui être normalement destinée. **Classer**
suppose une opération idéale pour mettre
une personne ou une chose à une certaine
place dans un ordre ou une hiérarchie,
d'après des caractères communs qu'elle a
avec d'autres : *On range La Bruyère
parmi les classiques, on le classe parmi
les moralistes*. **Étiqueter**, au fig., classer,
souvent à tort, sous la marque caractéristique d'un parti, d'une école.

Ranimer : → Réconforter. Au fig., redonner de la force, de la vivacité. *Ranimer*
se dit des personnes ou des choses qui
paraissaient mortes : *Ranimer un noyé;
le courage; un espoir;* **Ressusciter** enchérit
en parlant de ce qu'on croyait bien mort :
Ressusciter une querelle. **Raviver** se dit des
choses qui avaient perdu leur force,
allaient s'affaiblissant : *Raviver des couleurs; des souvenirs effacés;* **Réchauffer**,
des sentiments qui avaient perdu leur
ardeur : *Réchauffer l'amitié* (SÉV.); **Réveiller**, des personnes et des choses qui
paraissaient endormies : *Réveiller un paresseux; un souvenir.* **Retremper**, redonner
de l'énergie : *Retremper le courage.* **Revivifier** garde très nettement l'idée de vie
physique ou morale et se dit spéc., en
termes de théologie, de la nouvelle vie
spirituelle que la grâce donne au pécheur :
La grâce a revivifié son âme.

Rapacité : → Avidité.

Rapatriage : → Réconciliation.

Rapatrier : → Réconcilier.

Râpé : → Usé.

Rapetasser : → Raccommoder.

Rapetisser : → Diminuer.

Râpeux : → Rude.

Rapide : Adj. ¶ 1 *Rapide*, **Prompt, Vif,
Diligent, Preste, Hâtif, Pressé** : → Vitesse. **Vite** ne se dit que des animaux
qui vont avec célérité, parfois en termes
sportifs, des coureurs, et de certaines
choses dont le mouvement est rapide :
Il a le pouls fort vite. — **Expéditif** ajoute
à *prompt*, en parlant d'un homme ou de
l'action de la justice, l'idée d'une certaine
hâte à régler les affaires pour s'en débarrasser. **Sommaire**, en parlant d'un jugement, ajoute l'idée que les circonstances
ont obligé à omettre certaines formes de
la procédure. ¶ 2 → Vif. ¶ 3 N. → Chute.

Rapidement : → Vite.

Rapidité : → Vitesse.

Rapiécer : → Raccommoder.

Rapine : ¶ 1 → Vol. *Rapine*, vol commis
avec violence morale ou physique, avec ou
sans armes : *La confiscation est-elle autre
chose qu'une rapine?* (VOLT.). **Pillage** (→
ce mot), rapine de soldats qui saccagent
une ville, ajoute une idée de désordre,
de gaspillage et de dégât. **Brigandage**,
rapine de gens qui se sont armés et mis
en bande pour voler; par ext. ce qu'il y a
de plus énorme en fait de vol. **Déprédation**, tout vol considérable par son
objet et son étendue, et notamment pillage avec gros dégât. ¶ 2 → Malversation.

Rappel : ¶ 1 Action de faire revenir à la
mémoire de quelqu'un. *Rappel* marque une
action ordinaire. **Commémoration**, dans
le langage liturgique, rappel d'un événement important; par ext. cérémonie
quelconque rappelant un grand événement : *La commémoration de la victoire
de la Marne.* **Mention**, rappel d'une personne ou d'une chose de vive voix ou
par écrit, en citant : *Faites quelque mention de certaines gens dans vos lettres* (SÉV.).
— **Mémoire**, la chose rappelée, syn. de
rappel ou de *mention* dans la loc. *Pour
mémoire.* ¶ 2 → Acclamation.

Rappel (battre le) : → Assembler.

Rappeler : ¶ 1 → Destituer. ¶ 2 → Acclamer. ¶ 3 → Recouvrer. ¶ 4 Faire revenir
dans la mémoire. *Rappeler*, terme courant,
marque abstraitement l'action. **Retracer**,
plus littéraire et plus concret, suppose
qu'on remet devant l'esprit, d'une manière vivante, quelque chose qui peut être
représenté ou décrit : *Retracer l'histoire
de toute la famille* (GI.). **Évoquer**, rappeler
au souvenir non pas tant en décrivant
qu'en réussissant, grâce à des associations
d'idées que l'on provoque, à faire revivre
puissamment le passé dans l'esprit de
quelqu'un : *Les sons d'un piano évoquèrent
soudain une vision d'autrefois* (M. D. G.).
— **Commémorer** et **Mentionner** : → Rappel.
¶ 5 *Se rappeler* une chose, la faire revenir dans sa mémoire, marque peut-être
plus d'activité, plus d'effort que **Se
souvenir de** quelque chose, le garder dans
sa mémoire : *Je ne me souviens pas...
Essayez de vous rappeler* (J. ROM.). (*Souvenir* s'employait autrefois impersonnellement au sens de venir à l'esprit; on
dit encore *Il me souvient, Il m'en souvient*, etc.; selon certains synonymistes,
Il me souvient impliquerait un souvenir
qui se présente de lui-même, alors que
Je me souviens supposerait un effort pour
se rappeler. Cette distinction paraît peu
fondée. *Il me souvient* est surtout plus
archaïque et un peu plus recherché.) **Se
ressouvenir** suppose le retour ou le rappel parfois fortuit d'un souvenir assez

lointain. **Se remémorer,** rare et plutôt du style relevé, suppose un souvenir ancien ou important : *Une heure de discussions généalogiques leur fut nécessaire pour se remémorer leur tante* (Balz.). **Revoir,** se rappeler si bien un spectacle qu'on croit le voir encore. **Revivre,** qui se dit aussi d'une scène, d'un moment, d'une époque, ajoute l'idée qu'on éprouve à nouveau tous les sentiments qu'ils nous ont inspirés autrefois. **Se remembrer** et **Se ramentevoir, Se recorder,** tâcher de se rappeler, sont vx. — **Retenir,** mettre et garder dans son souvenir, se rappeler toujours, ne pas oublier : *Retenir sa leçon.* ¶ 6 → Ressembler à.

Rapport : ¶ 1 → Relation. ¶ 2 Le fait qu'on peut trouver un point de vue commun pour envisager des êtres, des choses ou des parties d'une chose. *Rapport,* terme le plus général : *Il y a toutes sortes de rapports, même de différence.* **Analogie** (→ ce mot), rapport de ressemblance qui permet de conclure d'une ressemblance apparente à une conformité plus complète. **Affinité** dit moins et suppose un simple rapport de liaison ou de ressemblance naturelle entre êtres, esprits ou choses : *Affinité entre la poésie et la peinture.* **Parenté,** fig., syn. d'*affinité* dans le langage commun. **Convenance,** rapport entre choses qui vont bien ensemble, par exemple entre l'architecture d'un édifice et sa destination. **Accord** (→ ce mot), juste rapport entre choses qui coopèrent au même effet ou ont entre elles une parfaite convenance : *Leurs théories historiques sont en parfait accord avec leur patriotisme* (F. D. C.). **Proportion,** rapport de convenance, dans la dimension, des parties entre elles et avec le tout, ou entre diverses choses. **Corrélation,** rapport réciproque entre deux choses ou deux termes dont l'un appelle logiquement l'autre : *Les mots de sujet et de souverain sont des corrélations identiques* (J.-J. R.). **Correspondance,** rapport entre deux ou plusieurs choses qui sont ou agissent symétriquement, proportionnellement ou en conformité, ou réagissent réciproquement l'une sur l'autre : *Deux horloges qui vont dans une correspondance parfaite* (Volt.). **Concomitance,** rapport régulier entre deux faits, soit de simultanéité, soit de variation en fonction l'un de l'autre. **Concordance** (→ Conformité), rapport de conformité entre deux choses ou deux faits : *Concordance des témoignages* . **Dépendance,** rapport qui lie certaines choses, certains êtres et les rend nécessaires les uns aux autres : *L'étroite dépendance qui unit toutes nos facultés.* **Liaison** (→ ce mot) rapport de jonction. **Relation,** terme didact., syn. de *rapport*

en son sens général, se dit spéc. du rapport entre deux personnes ou deux choses qu'on considère ensemble et respectivement l'une à l'autre : *Relation de cause à effet.* **Trait,** rapport d'une chose à une autre dans la loc. *Avoir trait.* ¶ 3 → Renvoi. ¶ 4 *Rapports :* → Relations.

Rapport à (par) : → (en) Comparaison.

Rapporter : ¶ 1 → Porter. ¶ 2 → Joindre. ¶ 3 → Raconter. ¶ 4 → Dénoncer. ¶ 5 → Répéter. ¶ 6 → Citer. ¶ 7 → Diriger. ¶ 8 → Produire. *Rapporter,* produire soit en fruits, soit en argent, donner un certain revenu; au fig., donner des avantages, des honneurs : *Son emploi ne rapporte ni profit ni honneur.* **Profiter,** sans comp. direct, est relatif au bien-être, à l'utilité que donne à une personne ce qui rapporte : *Son argent ne lui profite pas.* **Payer,** employé absolument au fig., rapporter beaucoup en récompensant des efforts fournis : *Le travail sérieux paie toujours.* **Valoir,** rapporter telle ou telle chose, comme résultat souvent indirect : *Son livre lui a valu la légion d'honneur et l'hostilité des critiques.* ¶ 9 → Abolir. ¶ 10 (Réf.) → Ressembler. ¶ 11 (Réf.) Faire confiance à quelqu'un afin qu'il décide pour nous. *S'en rapporter,* surtout en matière d'opinions, prendre quelqu'un pour juge et accepter sa décision. **S'en remettre,** en matière d'actions, établir quelqu'un maître de ce qu'on doit faire : *Je m'en rapporte aveuglément à vos lumières* (Volt.). *Je m'en remets à votre prudence* (Volt.). **En croire** marque simplement la confiance en quelqu'un, en matière d'opinions, souvent d'ailleurs dans des loc. hypothétiques ou négatives : *Il n'a pas voulu m'en croire.* **Se reposer sur,** s'en remettre avec une entière confiance : *Se reposer sur sa mémoire* (J.-J. R.). **Se fier à** marque une confiance réfléchie qui fait compter sur quelqu'un ou sur quelque chose : *Se fier à ses propres forces* (Acad.). **Se référer,** syn. plus relevé de *s'en rapporter,* surtout quand il s'agit de quelque chose de précis comme un texte, un avis, une citation que l'on allègue.

Rapporteur : → Mouchard.

Rapprochement : ¶ 1 Action de l'esprit mettant deux choses l'une à côté de l'autre pour en mieux connaître ou en mieux faire sentir le rapport. Le *Rapprochement* saisit un rapport quelconque, même fortuit. **Similitude** et **Comparaison,** rapprochement de choses qui se ressemblent sur plusieurs points; la *similitude* est dans les choses et consiste dans leurs qualités communes, la *comparaison* est faite par l'esprit qui réunit les traits semblables : *Dans Homère, des comparaisons prolongées* au-delà de la similitude choquent le bon sens et le goût (MARM.). Similitude, appliqué à l'œuvre de l'esprit, indique quelque chose d'assez abstrait qui vise avant tout à la clarté, alors que la comparaison détaille les circonstances pittoresques et vise souvent à un effet esthétique : La similitude tend plutôt vers l'allégorie, la parabole; la comparaison tend vers l'image. **Parité,** comparaison qui veut dégager une conformité et s'en servir pour prouver une chose par une autre semblable : Établir une parité entre deux cas. **Parallèle,** terme de littérature, comparaison où l'on examine point par point les ressemblances et les différences de deux personnes ou de deux choses entre elles : Les Parallèles de Perrault. **Parangon,** syn. vx de comparaison. — **Recoupement,** spéc., rapprochement de deux ou plusieurs témoignages qui, se rencontrant en un point, se confirment l'un par l'autre : La date de l'Exode a été établie par le recoupement de la Bible et des documents égyptiens (ACAD.). ¶ 2 → Réconciliation.

Rapprocher : ¶ 1 Rapprocher, mettre plus près. **Serrer,** rapprocher étroitement en comprimant, avec parfois, quand il s'agit de personnes, une idée de gêne : Être trop serrés à table. ¶ 2 → Réconcilier. ¶ 3 Rapprocher et **Comparer :** → Rapprochement. **Assimiler,** c'est, après avoir comparé, trouver semblable ou considérer comme semblable pour une certaine action : Assimiler un homme à un criminel.

Rapt : → Enlèvement.

Rare : Peu commun. Rare, qui se trouve difficilement, constate un fait sans idée de louange ni de blâme : Des remèdes rares et qui ne se trouvent presque point (MTQ.). **Exceptionnel,** surtout en parlant d'une manière d'être ou d'agir, très rare parce que sortant de l'ordinaire : Une heure exceptionnelle approche, une heure sans précédent (M. D. G.). **Extraordinaire** (→ ce mot) ajoute l'idée de quelque chose de supérieur, de très grand ou d'excessif en bien comme en mal : Il me semble qu'il y a toujours des signes éclatants qui préparent à la naissance des hommes extraordinaires (MTQ.). **Étrange** (→ ce mot) implique surprise, inquiétude ou réprobation devant ce qui choque nos conceptions habituelles : Les étalages étranges dans ces rues et les fantaisies surprenantes dans ces bazars (LOTI). **Curieux** ajoute à tous ces mots une idée d'intérêt, de désir de connaître la chose ou d'y réfléchir : Des bijoux, des trésors sont rares; des pièces de musée sont curieuses.

Raréfier : → Réduire.

Ras : → Égal.

Raser : ¶ 1 → Peler. ¶ 2 → Démolir. ¶ 3 → Effleurer. ¶ 4 → Ennuyer.

Raseur, Rasoir : → Importun.

Rassasié : ¶ 1 Qui n'a plus faim. Rassasié se dit surtout des personnes : Des convives rassasiés (VOLT.); **Repu,** surtout des animaux et, en parlant des personnes, fait penser à un excès de nourriture qui alourdit et provoque la satiété : Bœuf repu (V. H.). **Soûl,** rassasié jusqu'au dégoût, est rare de nos jours en ce sens. **Le ventre plein,** fam., bien rassasié. ¶ 2 Au fig. Rassasié marque la satisfaction des désirs, qui s'accompagne parfois de dégoût : Rassasié de disputer (J.-J. R.). **Repu,** péj., qui a satisfait sa convoitise d'argent ou de places. **Soûl** marque la satiété, le dégoût : Soûl de sottises (MOL.). **Saturé,** au fig., syn. de rassasié en parlant de ceux qui en ont assez de ce qu'ils semblent absorber : Public saturé de romans. **Sursaturé,** fam., enchérit : Sursaturé de morale jusqu'à la nausée (GI.).

Rassemblement : ¶ 1 Gens rassemblés. Rassemblement marque le fait, quelle qu'en soit la cause. **Attroupement,** rassemblement volontaire et en général tumultueux : Attroupement séditieux (ACAD.). **Manifestation,** rassemblement ou mouvement ayant pour objet de rendre publiques les idées ou les revendications d'un groupe, d'un parti. ¶ 2 → Réunion.

Rassembler : → Assembler.

Rasséréner, Rasseoir : → Tranquilliser.

Rassis : → Posé.

Rassurer : → Tranquilliser.

Rastaquouère : → Étranger.

Ratatiné se dit proprement des personnes flétries, ridées comme un parchemin, et dont le corps est comme contracté par l'âge ou par quelque maladie : Vieilles filles ratatinées (BALZ.); **Rabougri,** des plantes arrêtées dans leur développement et, par ext. des personnes qui, pour une raison quelconque, sont mal développées, chétives, de mauvaise mine, comme des avortons : Son père est tout rabougri (VOLT.). **Racorni,** au fig., ratatiné par la maladie au point de sembler rapetissé, desséché comme de la corne : Racorni par les rhumatismes (ACAD.). **Rachitique,** terme médical, atteint d'une maladie qui déforme la colonne vertébrale et les os et les arrête dans leur croissance. **Noué,** fig., dont les articulations ne jouent pas, ce qui fait que le corps semble plié sur lui-même.

Ratatiner (se) : → (se) Resserrer.

Ratatouille : → Ragoût et Mets.

Rate (dilater la) : → Égayer.

Raté, fam., celui qui au cours de sa vie n'a réussi dans aucune carrière. **Fruit sec,** fig. et fam., jeune homme qui n'a tiré aucun profit de ses études, et n'a pas de situation en rapport avec elles.

Râtelier : ¶ 1 → Denture. ¶ 2 → Dentier.

Rater : ¶ 1 → Manquer. ¶ 2 → Échouer.

Ratifier : → Confirmer.

Ratiociner : → Raisonner.

Ration : → Portion.

Rationalisation, méthode d'organisation de la production tendant à obtenir le rendement le meilleur avec le minimum de dépense. **Standardisation** (de l'ang. *standard,* étalon), terme de technique industrielle, unification des éléments de construction et de tout ce qui peut faciliter et simplifier les travaux. **Normalisation** (du lat. *norma,* règle), réglementation des dimensions et des qualités des produits industriels, pour simplifier la fabrication et l'unifier, suppose une organisation méthodique de la standardisation reposant sur des règles, des définitions précises, et aussi une organisation scientifique du travail. **Taylorisme** (ou **Taylorisation**) et **Stakhanovisme,** systèmes d'organisation du travail en vue d'éviter le gaspillage de temps, conçus le premier aux U. S. A., le deuxième en Russie, comportent souvent une nuance péj., pour désigner une conception du travail qui réduit l'ouvrier à l'état de manœuvre.

Rationnel : → Logique.

Rationner : → Réduire.

Rattacher : → Joindre.

Rattraper : ¶ 1 → Rejoindre. ¶ 2 → Réparer. ¶ 3 (Réf.) Réparer une erreur. *Se rattraper,* atténuer, compenser une erreur, une faute qu'on était en train de commettre : *Il allait faire un impair, mais il s'est adroitement rattrapé* (ACAD.). **Se reprendre,** se rattraper en corrigeant une chose dite mal à propos : *Il eut peur de s'être trop livré, se reprit* (MAU.). **Se ressaisir,** redevenir maître de soi, calmer son trouble : *Il se ressaisit pourtant, n'étant pas de ceux qui perdent pour longtemps leur assurance* (GI.). *Démonté par cette objection, il s'est ressaisi.* **Se retourner,** fig. et fam., se rattraper en changeant de tactique, en s'adaptant aux circonstances : *La popularité de cet homme politique diminue, mais il saura se retourner.* **Se racheter,** compenser une erreur, une faute, un défaut qui nuisent effectivement, par quelque chose qui les fait oublier : *Elle est médiocrement intelligente, mais elle se rachète par sa bonté* (ACAD.). ¶ 4 (Réf.) Réparer une perte. *Se rattraper*

regagner ce qu'on avait perdu. **Se dédommager,** compenser ce qu'on a perdu en gagnant autre chose : *Si tous mes soupirants pouvaient me négliger, Je ne vous prendrais pas pour m'en dédommager* (REGN.). **Se racquitter,** vx, se dédommager complètement d'une perte. **Prendre sa revanche, Se revancher,** vx, reprendre sur quelqu'un l'avantage qu'il avait pris sur vous. **Se raccrocher,** fam. et employé absolument, regagner en tout ou en partie les avantages perdus. **Se sauver,** peu usité, *se dédommager.* — **S'y retrouver,** ne pas y perdre tout compte fait, et, par litote, gagner.

Raturer : → Effacer.

Rauque : Qui manque de pureté en parlant de la voix. *Rauque,* rude, âpre, marque uniquement la qualité du son : *Voix faible et rauque* (M. D. G.). **Enroué** suppose une inflammation du larynx qui rend la voix rauque et sourde et se dit par ext. d'une voix qui est naturellement telle : *Si la nature lui a donné une voix enrouée* (PASC.). **Éraillé,** rauque et usé. **Guttural,** terme didact., ne se dit que d'une voix, d'une prononciation rauques parce que la plupart des sons en sont formés dans le gosier, le larynx. **De rogomme,** dans la loc. *Voix de rogomme,* qualifie la voix rendue rauque par l'abus des liqueurs fortes.

Ravage : → Dégât.

Ravagé : → Tourmenté.

Ravager : Causer un grave dommage *Ravager* marque l'impétuosité et l'instantanéité de l'action : *L'Italie fut ravagée d'une peste violente* (CAM.). **Dévaster** annonce une action qui s'applique souvent à une grande contrée et ne laisse rien subsister ni hommes ni choses : *Le royaume d'Allemagne ne fut pas dévasté et pour ainsi dire anéanti comme le fut celui de France* (MTQ.). **Désoler,** en parlant d'un pays petit ou grand, y mettre la solitude en le ravageant, avec une idée de deuil, dû à un fléau, à quelque chose de déplorable : *D'horribles dévastations désolèrent l'Angleterre* (VOLT.). **Ruiner** marque abstraitement un résultat qui est l'épuisement des ressources, l'entier appauvrissement : *Tout ce pays est ruiné sans ressource par les troupes* (FÉN.). **Saccager,** dévaster en pillant (→ Piller), comme le font des soldats dans une ville qu'ils viennent de prendre d'assaut : *Cromwell rançonna, pilla, saccagea pendant la guerre* (VOLT.); par ext., en un sens atténué, détériorer, bouleverser : *Pelouses saccagées* (ZOLA). **Infester,** fréquentatif, ravager par une suite de coups de main, marque par ext. la présence continuelle ou fréquente d'êtres ou de choses nuisibles ou simplement ennuyeuses : *La Sicile était infestée par les descentes continuelles des Arabes* (Volt.). *Le microbe qui infestait la ville* (Cam.). *Lieu infesté d'ennuyeux* (Proust). **Fourrager,** faire main basse sur les fourrages, les grains, les récoltes, les moissons, ou les ravager.

Ravaler : → Abaisser.

Ravaudage : ¶ 1 → Raccommodage. ¶ 2 → Ramas.

Ravauder : → Raccommoder.

Ravi : → Content.

Ravigoter : → Réconforter.

Ravilir : → Abaisser.

Ravin : ¶ 1 Excavation produite par les eaux qui s'écoulent violemment. *Ravin* implique étroitesse et profondeur raide; **Ravine,** autrefois large ravin, marque peut-être de nos jours moins de profondeur que *ravin* et fait surtout penser à la présence de l'eau ou de la végétation : *Délicieuses ravines pleines de haies et de fleurs* (Balz.). ¶ 2 → Chemin.

Ravine : → Cours d'eau et Ravin.

Raviné : → Plissé.

Raviner : → Creuser.

Ravir : ¶ 1 → Enlever. ¶ 2 → Prendre. ¶ 3 → Charmer. ¶ 4 → Transporter.

Raviser (se), revenir sur sa décision, son avis. **Changer d'avis** est plus du langage ordinaire et convient mieux pour marquer le manque de suite dans les idées.

Ravissant : → Charmant.

Ravissement : ¶ 1 → Enlèvement. ¶ 2 → Transport.

Ravitailler : → Pourvoir.

Raviver : ¶ 1 → Rafraîchir. ¶ 2 → Ranimer.

Ravoir : → Recouvrer.

Rayer : → Effacer.

Rayon : → Lueur. *Rayon,* trait de lumière, ou partie d'une roue, a pour syn. **Rai,** archaïque et recherché.

Rayonnant : ¶ 1 → Radieux. ¶ 2 *Rayonnant* marque une disposition qui rappelle celle des rayons d'une roue : *Chapelle rayonnante.* **Radié,** terme didact. surtout en botanique et en zoologie, implique une exacte structure en rayons partant d'un centre commun : *Opercule radié des mollusques.* **Rayonné,** surtout en anatomie, disposé en rayons divergents : *Ligaments rayonnés.*

Rayonnement : ¶ 1 → Lustre. ¶ 2 → Propagation.

Rayonner : ¶ 1 *Rayonner,* terme commun, fait penser plutôt à la forme de ce qui est disposé en rayons ou à un déplacement dans des directions successives à partir d'un centre : *Des espèces de feuillets qui rayonnaient autour de différents centres* (Saussure). *Rayonner autour d'une ville.* **Irradier,** terme de science, ne se dit que de choses qui se propagent en rayonnant : *Les rayons d'un foyer lumineux irradient. Douleur qui irradie dans tout le corps.* ¶ 2 → Luire.

Rayure : → Raie.

Razzia : ¶ 1 → Incursion. ¶ 2 → Pillage.

Réaction : → Réflexe.

Réactionnaire : Qui s'oppose à toute •évolution politique et sociale. Alors que **Conservateur** qualifie les partisans d'un système dans lequel on cherche à assurer la continuation de l'état politique présent, *Réactionnaire* implique qu'on veut revenir à un état politique antérieur, mais s'applique par ext., péj., aux conservateurs obstinés. **Immobiliste,** partisan de l'immobilisme, doctrine qui s'oppose systématiquement à toute innovation, peut marquer simplement une attitude de fait, due parfois à l'impuissance à innover. **Obscurantiste,** péj., celui qui s'opposait, sous la Restauration, à toutes les conquêtes de la Révolution et voulait revenir au passé, syn. méprisant de *réactionnaire.* **Rétrograde,** fig. et péj., suppose le désir de rétablir des institutions surannées ou contraires au progrès; c'est un syn. encore plus méprisant de *réactionnaire.*

Réagir : → Résister.

Réalisable : → Possible.

Réalisation, Effet, Exécution, Accomplissement, Pratique : → Réaliser.

Réaliser : ¶ 1 *Réaliser* et **Effectuer** regardent l'entendement et ne se disent que de ce qui a été conçu et qu'on transporte du monde de la pensée dans celui des faits ou des objets; *réaliser,* c'est donner l'existence à une chose, *effectuer,* c'est agir pour qu'une chose, un fait, ait lieu, arrive, se passe : *Réaliser un désir* (Zola); *un projet* (Zola); *une révolution* (M. d. G.). *Effectuer une liaison* (J. Rom.). *Réaliser sa promesse,* c'est donner l'objet promis. *Effectuer sa promesse,* c'est faire ce qu'on avait promis de faire. **Exécuter** et **Accomplir** regardent la volonté, ne se disent que de ce qui a été décidé, par soi ou par autrui, et qu'on traduit en actions; *exécuter* convient pour toutes sortes de choses et fait penser aux moyens qu'on emploie pour agir conformément à un programme précis : *Exécuter un ordre* (Corn.); *ce qu'on se propose* (Mol.); *accomplir* se dit plutôt pour les grandes choses et fait surtout penser à l'œuvre ou à la conduite d'un agent moral qui mène à terme une action en restant fidèle à l'esprit de celui qui l'a décidée : *On accomplit un devoir* (MAU.); *on ne l'exécute pas. Les bêtes, sans raisonner, exécutent à toute heure ce qui paraît demander le plus de choix et de justesse* (FÉN.). *Avec quelle joie j'accomplirais pour elle le téméraire, le périlleux* (GI.). **Consommer,** accomplir et achever parfaitement : *Consommer la démonstration* (PASC.). **Remplir,** accomplir plus ou moins parfaitement une obligation, une promesse, ou répondre par des actes à ce qu'on attend de nous : *Remplir des souhaits* (CORN.); *son devoir* (VOLT.); *sa vocation ecclésiastique* (D'AL.). **Pratiquer,** exécuter, en parlant de diverses opérations manuelles : *Pratiquer un trou; l'amputation de la cuisse.* **Procéder à,** dans le langage courant, commencer à effectuer, à exécuter quelque chose; en termes de droit, accomplir un acte juridique : *Procéder à des enquêtes* (M. D. G.); *à des vérifications domiciliaires* (CAM.). **Commettre** (→ ce mot), syn. *d'exécuter,* ne se dit que d'actions blâmables. ¶ 2 → Entendre.

Réalisme : ¶ 1 Forme d'art qui peint les choses telles qu'elles sont. *Réalisme* implique plutôt le désir de ne pas idéaliser le réel, de le donner tel qu'il est au physique et au moral, sans avoir peur de peindre les choses matérielles même vulgaires : *Le réalisme de La Bruyère.* **Naturalisme,** plus général et peu usité en ce sens, indique plutôt le souci de rester fidèle à la vérité, à la nature, même simplement morale ou idéalisée par l'art : *Le naturalisme classique s'oppose à la préciosité.* ¶ 2 École littéraire du XIXᵉ siècle qui veut donner une impression de vérité absolue. **Naturalisme** ajoute à *Réalisme* l'idée d'un parti pris scientifique qui cherche à introduire dans le roman la méthode des sciences expérimentales : *Le réalisme de Flaubert. Le naturalisme de Zola.* **Vérisme,** naturalisme italien de la fin du XIXᵉ s., ajoute une idée de violence, de laideur ou de vulgarité. ¶ 3 Tendance à représenter le côté grossier et matériel des choses. **Naturalisme,** parfois péj., enchérit sur *Réalisme.*

Réaliste : ¶ 1 Qui n'agit qu'en se fondant sur le réel. *Réaliste,* qui ne se laisse pas emporter par l'imagination : *Machiavel était un esprit réaliste.* — *Natures grossièrement réalistes, dénuées d'imagination* (ZOLA). **Positif** implique le parti pris de ne croire qu'à ce qui tombe sous l'expérience, qui est démontré, et suppose parfois un certain mépris pour ce qui est idéal et la recherche de ce qui est utile, solide : *Voltaire était fort positif. — Pas trace de romantisme. Effroyablement positif. La tranquillité d'une règle de trois* (J. ROM.). **Pratique** a rapport à l'action et suppose que,

sans s'embarrasser de théories, on cherche à résoudre chaque cas dans le sens de l'utilité immédiate et avec une certaine habileté, surtout quand il s'agit de conduite, d'intérêts : *La sagesse pratique, réaliste comme on dirait aujourd'hui, qui tempérait en elle la nature ardemment idéaliste de ma grand-mère* (PROUST). **Pragmatique** ne se dit que des philosophies empiriques qui prennent comme critérium de la vérité la valeur pratique pour l'action morale, sociale, etc. **Matériel et Matérialiste** (ce dernier mot en son sens le plus général et le plus vague), péj., supposent qu'on ne croit qu'à l'existence de la matière et qu'on ne recherche que les plaisirs qu'elle peut donner. **Utilitaire** implique le parti pris de ne chercher que ce qui peut immédiatement servir : *Morale utilitaire.* **Terre à terre,** péj., suppose l'impuissance à s'élever au-dessus des petits problèmes matériels de la vie de chaque jour. ¶ 2 Au sens littéraire, *Réaliste* et **Naturaliste** : → Réalisme. **Rosse,** dans l'argot littéraire de la fin du XIXᵉ s., s'est dit d'œuvres surtout dramatiques d'un réalisme brutal soulignant avec cynisme les travers sociaux ou moraux.

Réalité, Vérité, Certitude : → Réel.

Réalité (en) : → Réellement.

Réapparition : → Retour.

Rébarbatif : → Revêche.

Rebattu : Très commun (→ ce mot), en parlant de pensées ou d'expressions. *Rebattu,* qui a été répété à satiété sans être forcément mauvais : *Deux ou trois situations intéressantes quoique rebattues* (VOLT.). **Usé,** si rebattu que ce n'est plus bon à rien : *Idées usées* (VOLT.). **Trivial,** assez rare en ce sens, si rebattu, si usé que cela se retrouve partout, même chez les gens les plus communs : *Un sujet si rebattu qu'il en est trivial* (J.-J. R.). — **Réchauffé,** fig., dit beaucoup moins que *rebattu* en parlant des récits, des plaisanteries, des nouvelles, qu'on repense sans originalité, qui sont comme un plat réchauffé : *Conte réchauffé* (VOL.).

Rebelle : ¶ 1 → Indocile. ¶ 2 → Insoumis. ¶ 3 → Révolté.

Rebeller (se) : → (se) Révolter et Résister

Rébellion : → Révolte.

Rebiffer : ¶ 1 → Recommencer. ¶ 2 (Réf.) → Résister.

Rebondi : → Gras.

Rebondir : ¶ 1 → Sauter. ¶ 2 → Recommencer.

Rebord : → Bord.

Rebours : ¶ 1 → Opposé. ¶ 2 *A rebours,* au prop. et au fig., en sens contraire, souvent de ce qui est normal, habituel :

Marcher à rebours. **A contresens,** souvent péj., en sens inverse du sens normal d'une chose : *Employer une étoffe à contresens. Déclamer à contresens* (ACAD.). **A contre-pied,** syn. de *à rebours,* ne se dit qu'au fig., ou dans le langage sportif lorsqu'on prend son adversaire du côté opposé à celui où son élan le porte. **A contre-poil** et **A rebrousse-poil,** dans le sens contraire à celui où le poil est naturellement couché, ne se disent guère qu'au prop. ou dans l'expression fig. et fam. *Prendre quelqu'un à contre-poil, à rebrousse-poil,* le choquer, en le prenant contre sa nature. *A rebrousse-poil,* syn. de *à contresens,* au fig., est très fam. ¶ 3 → Revêche.

Rebouteur : → Guérisseur.

Rebroussé : → Hérissé.

Rebrousser chemin : → Revenir.

Rebuffade : → Refus.

Rébus : ¶ 1 → Énigme. ¶ 2 → Jeu de mots.

Rebut : ¶ 1 → Refus. ¶ 2 Ce qu'il y a de plus mauvais (≠ **Déchet,** ce qu'on n'utilise pas, mais qui n'est pas toujours mauvais). *Rebut,* ce dont on n'a pas voulu, au prop. et au fig., ce qu'il y a de plus mauvais dans chaque espèce, ou ce qui est jugé tel : *Le rebut des bureaux de placement* (ZOLA). **Lie,** ce qu'il y a de plus grossier dans un liquide et qui va au fond; au fig., ce qui est non seulement mauvais en soi, mais vil et méprisable dans une société d'hommes : *La lie du peuple* (LES.). **Écume,** au fig., la partie la plus vile d'une foule : *Introduire chez soi l'écume de Paris* (ZOLA). **Bas-fonds,** les milieux qui constituent la lie de la société, ou la lie du cœur humain : *Les instincts les plus vils, tous les bas-fonds de l'homme* (M. D. G.). **Fretin,** fam., dit moins que *rebut,* en parlant de personnes ou de choses de peu de valeur. ¶ 3 *Mettre au rebut,* écarter des choses qu'on refuse pour leur peu de valeur, a pour syn. fam. **Mettre au rancart :** *Oiseau cassé mis au rancart* (PROUST).

Rebutant : ¶ 1 → Ennuyeux. ¶ 2 → Repoussant.

Rebuter : ¶ 1 → Repousser. ¶ 2 (Réf.) → Décourager.

Récalcitrant : → Indocile.

Récalcitrer : → Résister.

Récapituler : → Résumer.

Receler : ¶ 1 → Cacher. ¶ 2 → Contenir.

Récemment : → Depuis peu.

Recensement : → Dénombrement.

Recension : → Texte.

Récent : → Nouveau.

Récépissé : → Reçu.

Réceptacle : ¶ 1 → Récipient. ¶ 2 → Rendez-vous.

Réception : ¶ 1 Le fait de donner accès ou entrée à quelqu'un dans un corps, une assemblée. *Réception* et **Admission** diffèrent comme les verbes correspondants (→ Recevoir), *réception* supposant souvent une cérémonie : *Réception à l'Académie française.* — **Initiation** ajoute à *admission,* en parlant de sociétés secrètes, l'idée qu'on est admis à la connaissance de certaines choses cachées aux profanes : *Initiation à la franc-maçonnerie.* ¶ 2 Le fait de recevoir chez soi plusieurs invités. *Réception,* terme général, suppose parfois quelque cérémonial : *L'éclat de la réception* (J. ROM.). **Raout,** réception, fête mondaine, est vx et plutôt ironique de nos jours. **Thé,** réception l'après-midi vers cinq heures où l'on sert du thé et des gâteaux, appelée plus solennellement **Five o'clock (tea),** expression anglaise. **Cocktail,** mot ang., réception mondaine du même genre, mais à l'heure de l'apéritif et où l'on sert des spiritueux. **Soirée,** réunion d'après dîner qui peut être intime ou solennelle, pour causer, jouer, danser, etc. — **Veillée,** soirée intime où des villageois, des voisins ou des amis travaillent en causant. ¶ 3 → Abord.

Réceptionner : → Recevoir.

Recette : ¶ 1 L'argent qu'on reçoit, qu'on gagne. *Recette,* ce qui rentre en espèces, en valeurs, etc., sans préciser pendant quelle période de temps : *Celui-là est pauvre dont la dépense excède la recette* (L. B.). **Produit** fait toujours penser à la chose qui rapporte aussi bien de l'argent que des denrées, des droits, etc.; et, en termes de commerce, se dit parfois pour *recette : Vivre du produit de son travail. Vérifier le produit de la journée.* **Fruits,** syn. de *produit,* est, au fig., un terme de jurisprudence : *Les fruits, profits et émoluments d'une charge.* **Gain** et **Profit** (→ Gain) font penser à une augmentation d'avoir ou de bien-être. **Revenu** (→ ce mot), produit annuel d'un fonds, d'un capital, d'un emploi, etc., se dit par ext. de toute recette annuelle : *Avoir pour seul revenu les produits de son cabinet d'avocat* (BALZ.). ¶ 2 → Méthode. ¶ 3 → Procédé.

Recevoir : ¶ 1 Prendre ce qu'on veut nous donner, *Recevoir* marque simplement le fait ou l'action. **Accepter** et **Agréer,** consentir à recevoir ce qu'on offre, même si on ne le reçoit pas encore effectivement : *Jésus-Christ ne reçoit pas encore, dans le temple, le coup de la mort, mais il l'accepte, mais il s'y prépare* (Bos.). *Accepter* se dit de toutes sortes de choses auxquelles on consent, même par nécessité; *agréer* implique toujours un sentiment de plaisir qui nous fait consentir à recevoir une chose comme bonne : *Accepter la servitude* (Fén.). *Nos hôtes agréeront les soins qui leur sont dus* (L. F.). ¶ 2 → Toucher. ¶ 3 → Tirer. ¶ 4 Prendre ce qui est envoyé, adressé. *Recevoir* marque la simple prise de possession de la chose. **Réceptionner**, terme commercial, ajoute l'idée qu'on vérifie une livraison pour voir si elle est conforme aux conditions du marché. ¶ 5 Donner accès ou entrée. *Recevoir* marque le fait; **Admettre**, le droit : c'est accepter de recevoir par choix, faveur ou condescendance : *Être admis à l'Académie, c'est être jugé digne d'y entrer; y être reçu, c'est y être installé.* Admettre suppose un examen, une constatation des titres : *On admet une vérité démontrée; des excuses; on reçoit une opinion sur parole*; se dit bien, en parlant des personnes, d'une société intime, fermée : *Admettre dans sa familiarité* (L. B.). *Des dîners où tous les désœuvrés de Paris sont reçus* (J.-J. R.). — Au fig., en parlant des choses, même différence : *Ce qui ne reçoit pas de contradiction est incontesté; ce qui n'admet pas de contradiction est incontestable* (L.). — En parlant d'un examen, *recevoir* est le terme commun, *admettre*, le terme administratif qui se dit particulièrement bien lorsqu'il s'agit d'un examen ou d'un concours qui donnent accès dans une école, dans un corps : *Être admis à l'agrégation; à l'École polytechnique.* ¶ 6 Donner accès à des personnes qui veulent vous voir. *Recevoir* se dit dans tous les cas. **Donner audience** ne se dit que des personnes constituées en dignité qui acceptent d'écouter ceux qui ont à leur parler : *Le percepteur reçoit les contribuables; le ministre donne audience.* ¶ 7 Donner accès dans sa maison. *Recevoir* marque uniquement l'action. **Accueillir** fait penser aux sentiments qu'on montre à celui qu'on reçoit, spéc. quand il arrive : *Accueillir affectueusement* (Gi.). *Les premiers invités arrivèrent accueillis à la porte par le comte et la comtesse* (Zola). **Traiter**, recevoir un hôte à sa table, a surtout rapport à la qualité du repas. **Héberger**, recevoir chez soi, loger et nourrir. ¶ 8 Être frappé de quelque impression fâcheuse. *Recevoir*, qui peut se dire aussi de quelque chose d'agréable, s'emploie bien au physique ou en parlant de choses qui nous sont destinées par la volonté d'autrui ou le sort : *Recevoir une tuile sur la tête, un coup, un soufflet, un affront.* **Souffrir**, au moral seulement, indique un mal et fait penser à l'état de l'âme désagréablement affectée, ou portée à endurer : *L'infamie de souffrir la honte* (Mtq.). **Essuyer**, au fig., s'emploie bien lorsqu'il s'agit de choses qui semblent tomber sur

nous et nous assaillir, comme *l'inclémence du ciel et des saisons* (L. B.), *des persécutions* (J.-J. R.), *un affront* (S.-B.). **Subir** se dit de ce qui est imposé, comme un joug, par une autorité dont on dépend : *Elle subissait mes fureurs comme les colères d'un Dieu* (Mau.). **Éprouver**, connaître par expérience, pour la première fois, ou après d'autres, ou souffrir des maux qui changent, se succèdent : *Éprouver des révolutions* (Volt.). *Éprouver comme mienne l'émotion d'autrui* (Gi.). **Avaler** et **Boire**, fam., se disent, surtout métaphoriquement, de choses désagréables qu'on est obligé de subir, d'accepter : *Avaler des couleuvres. Boire un affront.* **Empocher** et **Embourser**, plus rare, syn. fam. de *recevoir*, en parlant de ce à quoi on ne peut ou on n'ose répondre : *Empocher un affront.* **Encaisser**, recevoir, surtout au physique, est pop. : *Encaisser un coup de poing.* **Récolter**, fig. et fam., recevoir des choses mauvaises physiques ou morales : *Récolter des coups.* **Écoper**, intrans. et fam., recevoir un dommage ou une punition, souvent sans les mériter : *C'est lui qui trouble la classe et c'est moi qui écope.*

Réchapper : → Échapper.

Réchauffé : → Rebattu.

Réchauffer : → Ranimer.

Rêche : → Rude.

Recherche : ¶ 1 Effort de l'esprit pour trouver une chose, spéc. la vérité. *Recherche* s'emploie dans tous les cas : *Occupé à des recherches minutieuses dans les archives de la ville* (A. Fr.). **Investigation**, terme plus recherché, marque surtout la marche de la raison pour arriver lentement, méthodiquement, jusqu'au cœur de la vérité, surtout en matière de science ou de justice : *Les patientes investigations de l'observateur* (Ren.). — **Quête**, syn. vx ou affecté de *recherche*, n'est usuel dans la loc. *En quête* : *Vos esprits épuisés d'une éternelle quête* (Pég.). **Poursuite**, fig., ajoute à *recherche* l'idée de soins assidus pour obtenir quelque chose qui semble toujours fuir : *La poursuite d'une découverte; d'une chimère* (Acad.). **Chasse**, au fig. et fam., recherche acharnée, dans tous les coins : *La chasse aux appartements.* ¶ 2 Soins et moyens pour acquérir des connaissances relatives aux affaires et aux intérêts de la vie et spéc. dans les affaires judiciaires. *Recherche* n'implique aucune formalité judiciaire, mais un simple effort pour trouver, par des moyens quelconques, des personnes, des choses ou la vérité : *Les malignes recherches sur ma vie pour la souiller* (J.-J. R.). **Perquisition**, recherche légale à laquelle on procède par autorité, en tel ou tel lieu, pour retrouver une personne ou une chose; par ext., dans la langue commune, souvent au pl., recherches très pénétrantes : *Perquisitions des huissiers* (Les.). *Ce laquais ayant tout découvert par ses perquisitions* (Les.). **Enquête,** terme de procédure civile, recherche qui se fait en justice par audition de témoins, et par ext. toute recherche décidée par l'autorité pour établir certains faits : *L'Assemblée nationale a nommé une commission d'enquête sur tel ou tel scandale.* **Information,** terme de droit autrefois syn. d'*enquête*; de nos jours, en un sens plus large, toutes les recherches à propos des faits et des personnes qu'ordonne pour s'éclairer le juge chargé d'un procès, et même les investigations préliminaires auxquelles procèdent parfois les officiers de justice à l'occasion d'un crime, d'un délit avant que le juge soit saisi : *Ouvrir une information contre quelqu'un*; dans le langage commun, souvent au pl., résultat des recherches qu'on fait pour s'assurer de la vérité d'une chose ou pour connaître les mœurs d'une personne : *J'ai écrit en Suisse pour avoir des informations sur le compte de ce misérable* (J.-J. R.). **Instruction,** uniquement terme de droit, recherches, informations, perquisitions, enquêtes qui permettent d'élucider une cause et, de plus, toutes les formalités nécessaires qui mettent celle-ci en état d'être jugée. — **Inquisition,** syn. péj. de *recherche*, implique arbitraire et curiosité souvent indiscrète : *Inquisition attentatoire* (Gi.). ¶ 3 → Affectation. *Recherche,* assez souvent péj., implique le désir d'être rare, de se distinguer par les sentiments, le style, le soin qu'on met à faire quelque chose : *Recherche dans la décoration* (Acad.); *de la magnificence* (Staël). **Raffinement,** recherche de la délicatesse : *Les raffinements vers lesquels les artistes s'efforcent* (Proust). **Curiosité,** en termes de littérature et d'art, recherche dans le soin extrême qu'on met à écrire ou à peindre. **Dandysme** (mot anglais importé au début du xixe s.), recherche d'élégance, d'originalité dans le costume, le goût, l'attitude sociale, l'expression littéraire, qui s'accompagne de mépris pour les conventions morales et les sentiments bourgeois : *Le dandysme de Baudelaire.* **Singularité,** lorsqu'il marque le résultat d'une action consciente, implique une recherche excessive de l'originalité en affectant des manières d'agir, de se vêtir, de penser bizarres et extravagants : *La singularité de son costume.*

Recherché : → Affecté.

Rechercher : ¶ 1 → Chercher. *Rechercher,* **Perquisitionner, S'informer** (→ (s') Enquérir) : → Recherche. ¶ 2 Chercher à atteindre : *Rechercher,* tâcher d'ob-

tenir les choses, de connaître les personnes, et, spéc., tâcher d'épouser une femme : *Rechercher la vérité* (Flaub.). *Achille recherche votre fille* (Rac.). **Poursuivre,** rechercher avec assiduité, et surtout des choses et parfois des femmes qui sont l'objet de demandes en mariage ou d'entreprises amoureuses : *Poursuivre la gloire* (Staël). **Courir** se dit, surtout au part. passif, des personnes et des choses qui sont fort en vogue ou qu'on recherche avec empressement : *Ce prédicateur est fort couru* (Acad.). **Courir après,** péj., marque l'empressement excessif à rechercher certaines choses : *Courir après l'argent* (Acad.); ou l'effort pour montrer ce qu'on est incapable d'atteindre : *Courir après l'esprit* (Acad.).

Rechigné : → Renfrogné.

Rechigner : → Répugner à.

Rechute, terme de médecine et de morale, suppose qu'on retombe avec plus de gravité dans une maladie dont on est mal guéri, dans une faute ou un péché dont on est insuffisamment corrigé : *Les rechutes chaque fois plus sérieuses* (M. d. G.). **Récidive,** terme de jurisprudence, action de commettre de nouveau le même délit, en méritant de ce fait une punition plus grave : *Prescrire le pilori pour la sixième récidive* (Volt.); en médecine, réapparition d'une maladie après une guérison en apparence complète et au bout d'un laps de temps quelquefois fort long.

Récidiver : → Recommencer.

Récif : → Écueil.

Récipient, autrefois exclusivement terme de physique et de chimie, désigne de nos jours, dans le langage ordinaire, toutes sortes d'ustensiles faits pour recevoir et contenir un liquide, un fluide, mais pouvant servir à d'autres usages. **Vase** (→ ce mot), qui avait autrefois le sens actuel de *récipient,* ne désigne plus qu'un récipient fait pour contenir des liquides, des fruits, des parfums, des fleurs, ou pour servir d'ornement. **Vaisseau,** vx, grand récipient destiné à contenir des liquides. **Pot** (→ ce mot), vase de terre ou de métal servant surtout à des usages utilitaires. — **Réceptacle,** tout lieu, tout objet, tout récipient destiné à recevoir des choses diverses.

Réciprocité : → Retour.

Réciproque : → Mutuel.

Récit : ¶ 1 *Récit* se dit surtout pour une aventure, un événement, racontés de vive voix ou par écrit, avec plus ou moins d'art : *A table, il ne faut que des mots et point de récit* (Mariv.). **Narration,** terme didact., récit écrit, littéraire, surtout historique, oratoire ou poétique : *Soyez vif et pressé dans vos narrations* (Boil.); dans l'art dramatique, l'action de raconter un événement qui vient de se passer et qui n'est pas représenté en action est une *narration* si on la considère du point de vue de l'auteur, et un *récit* si on la rapporte au personnage, qui la raconte : *Le récit de Théramène. Je n'ai point fait de narration de la mort de Polyeucte* (Corn.); dans le langage ordinaire, *narration*, ironique, récit trop long ou trop littéraire fait en conversation : *Abrégez votre narration.* **Histoire** ($\rightarrow$ ce mot), récit d'actions, d'événements assez importants, qui ont eu une assez longue durée dans le passé et qu'on rapporte exactement, dans toutes leurs circonstances : *L'histoire de ma vie* (Rac.); en un sens plus fam., récit de quelque aventure particulière, considérée comme formant déjà un ensemble par elle-même et qu'on peut raconter telle quelle : *Des histoires du temps passé* (Vi.). **Historique**, simple énumération des faits dans leur ordre et avec leurs principales circonstances : *L'historique des négociations de paix.* **Relation**, narration ou récit de ce que l'on a vu ou entendu ou de ce qu'on a soi-même établi historiquement; spéc. récit que font les voyageurs de ce qu'ils ont vu dans les pays lointains : *Voyages de découvertes dont on n'a pas de relations* (Rimb.). **Périple**, relation d'une navigation autour des côtes, surtout dans l'antiquité : *Arrien nous a laissé un Périple du Pont-Euxin* (Acad.). **Journal**, relation jour par jour, pour soi ou pour le public, de certains événements ou simplement de ce qu'on pense, de ce qu'on éprouve : *Journal de cette navigation* (Mtq.). *Le journal où il note les moindres incidents de sa vie* (Mau.). **Mémorial**, ouvrage où sont consignés les souvenirs de celui qui dicte ou qui écrit : *Le Mémorial de Sainte-Hélène.* — **Exposition** et **Exposé** supposent non un récit chronologique et en quelque sorte linéaire, mais un développement circonstancié pour faire connaître et comprendre, en mettant un ensemble de faits ou d'idées sous les yeux, dans un vaste tableau qui suggère déjà une interprétation; *exposition* suppose plus de détails et quelque invention artistique : *L'éloquence propre aux historiens consiste dans l'art de préparer les événements, dans leur exposition toujours élégante, tantôt vive et pressée, tantôt étendue et fleurie* (Volt.); *exposé* indique quelque chose de plus abstrait, une présentation plus simple, d'une manière neuve et simple : *Il résulte de cet exposé trois vérités incontestables* (J.-J. R.). **Mémoire**, exposé sommaire, par écrit, des faits dont on veut que quelqu'un se souvienne, avec parfois des instructions qui y sont

jointes; et spéc., ouvrage imprimé contenant les faits et les moyens d'une cause qui doit être jugée. En ce sens, **Factum**, terme de palais, exposé sommaire des faits d'un procès. ¶ 2 $\rightarrow$ Roman.

Récital : $\rightarrow$ Concert.

Récitatif : $\rightarrow$ Mélodie.

Réciter : $\rightarrow$ Prononcer.

Réclamation : ¶ 1 *Réclamation*, **Revendication, Exigence, Requête, Prétention :** $\rightarrow$ Réclamer. ¶ 2 $\rightarrow$ Protestation.

Réclame : $\rightarrow$ Publicité.

Réclamer : ¶ 1 $\rightarrow$ Protester. ¶ 2 $\rightarrow$ Demander. *Réclamer*, demander avec instance; ou demander une chose due ou juste, souvent en insistant, ou en donnant ses raisons, parce qu'on rencontre une résistance : *Réclamer du secours. Réclamer un livre qu'on a prêté.* — Dans le premier sens, **Solliciter** ($\rightarrow$ ce mot) fait penser aux démarches nombreuses pour obtenir quelque chose, en général une faveur, auprès d'un personnage puissant : *Solliciter une place, une audience* (Acad.); *l'attention* (M. D. G.). **Invoquer** et **Implorer** ($\rightarrow$ Prier), réclamer l'assistance d'un être puissant dans une situation critique. — Dans le deuxième sens, **Revendiquer**, réclamer comme sien, en justice ou autrement, ce à quoi on a un droit strict et dont on est injustement frustré : *Je revendiquai mon droit de défendre l'esprit de mes enfants* (Mau.). **Exiger**, réclamer avec autorité, d'une façon impérative, en vertu d'un droit légitime ou prétendu tel : *Sers-toi de ton autorité pour exiger d'eux ce qui est dû* (Bour.). **Requérir**, en termes de procédure, demander en justice; par ext. réclamer l'application d'un droit, ou une aide, une intervention à laquelle on a droit selon la loi positive ou morale : *Requérir la force publique.* **Prétendre** ($\rightarrow$ ce mot), vx, réclamer ou exiger ce qui est contesté, marque surtout une confiance en soi ouvertement manifestée et fondée sur des titres vains ou chimériques : *Prétendre la régence* (Volt.); *droit d'aubaine* (Boil.). ¶ 3 Avec un nom de chose pour sujet, *Réclamer* enchérit sur **Demander** et marque un besoin pressant, **Requérir**, une nécessité, **Exiger**, une nécessité impérative et instante. **Appeler**, requérir comme une conséquence nécessaire dans l'avenir : *Ces abus appellent une réforme.* **Supposer**, exiger idéalement, logiquement que quelque autre chose soit ou ait été : *La liberté* [de l'artiste] *qui, dans tous les cas, suppose une grande mobilité de combinaisons possibles* (S.-B.). **Vouloir** indique plutôt un besoin permanent dû à la nature même de la chose : *Cette plante veut un terrain humide et en cas de sécheresse demande à être* *arrosée.* **Nécessiter,** rendre nécessaire qu'une chose ait lieu, soit faite, alors qu'elle n'existe pas encore : *Une affaire qui requiert notre présence nécessite un déplacement.*

Reclure : → Enfermer.

Réclusion : → Emprisonnement.

Recoin : ¶ 1 → Coin. ¶ 2 Au fig., l'endroit le plus secret d'une chose. *Recoin* marque un simple lieu. **Repli** suppose une action ou des efforts et ajoute de ce fait l'idée de détours, de duplicité : *Tous les recoins de ma vie* (J.-J. R.). *Les lâchetés des replis de son cœur* (Mol.).

Récoler : → Vérifier.

Récollection : → Recueillement.

Récolter : → Recueillir.

Recommandable : → Estimable.

Recommandation : ¶ 1 → Appui. ¶ 2 → Instruction. *Recommandation,* **Conseil :** → Recommander.

Recommander : ¶ 1 → Demander de. ¶ 2 Exhorter une personne à faire une action ou à apprécier une chose. *Recommander* suppose une vive insistance et un exposé des mérites de la chose ou de l'intérêt de l'action : *Recommander à ses enfants d'aimer la vertu.* **Préconiser,** recommander ce qu'on loue vivement : → Louer. **Prêcher,** recommander publiquement avec le vif désir de persuader : *Je ne prêcherai point ici aux gens de lettres tous ces lieux communs sur le mépris de la gloire, si souvent et si peu sincèrement recommandé par les philosophes* (D'Al.). — **Conseiller,** c'est simplement indiquer à quelqu'un ce qui peut lui être utile : *Conseiller la paix; la lecture des bons auteurs.* ¶ 3 → Appuyer.

Recommencer : ¶ 1 (Trans.) → Refaire. ¶ 2 (Intrans.) Commencer de nouveau à agir ou à être. *Recommencer* suppose que l'action était considérée comme finie : *Que le jour recommence et que le jour finisse* (Rac.). **Reprendre** indique qu'elle était simplement interrompue, ou en sommeil, et qu'elle prend une nouvelle vigueur : *Le froid reprend. Le commerce reprend.* **Récidiver,** péj., commettre de nouveau la même faute, et, en parlant d'une maladie, reparaître après un temps plus ou moins long, alors qu'elle paraissait guérie : *Ceux qui récidivent sans qu'on y voie aucun amendement* (Pasc.). **Repartir** marque un renouveau d'ardeur après un ralentissement qui laissait entrevoir la fin : *On le croyait au bout de son discours, il repart de plus belle* (Acad.). **Rebondir,** fig., en parlant des choses, repartir, reprendre une nouvelle activité à la suite d'un événement nouveau : *Une dispute rebondit.* **Renaître** diffère de *recommencer* comme *naissance* de

commencement (→ ce mot) : *Le jour renaît.* **Réitérer,** employé absolument, faire de nouveau exactement ce qu'on a déjà fait : *Vous avez déjà parlé en sa faveur, il faut réitérer.* **Y revenir,** recommencer à dire ou à faire ce qu'on a déjà fait, et parfois, péj., récidiver dans une faute : *Mon petit ami, cela va fort bien, mais n'y revenez plus* (J.-J. R.). **Revenir à la charge,** réitérer avec ardeur ses démarches, ses instances, ses reproches. **Y retourner,** syn. plus rare d'*y revenir.* **Rebiffer, Remettre ça,** syn. fam., de *recommencer, réitérer, récidiver.* **Repiquer au truc** est argotique. **S'y reprendre,** recommencer une autre fois ce qu'on n'a pas réussi du premier coup. — En parlant des choses, **Se reproduire,** avoir lieu de nouveau, en parlant d'un événement; **Se renouveler,** se reproduire exactement comme la première fois; **Se répéter,** se renouveler plusieurs fois. — **Refleurir,** fig., recommencer à avoir de l'éclat, de la faveur : *Là refleuriront nos jeunesses* (Lam.). **Se réchauffer,** fig., recommencer à prendre de l'ardeur : *Son zèle s'est réchauffé.* On dit aussi **Se ranimer, Se raviver, Se réveiller** (→ Ranimer). — Suivi d'un infinitif, *Recommencer à,* commencer à refaire ce qu'on a déjà fait, insiste sur la durée de l'action qu'on peut faire parfois mieux que précédemment : *Recommencer à répéter le deuxième acte* (Zola). **Se remettre à** marque, sans idée de durée, la continuation d'une action interrompue. **Se reprendre à** indique peut-être une reprise plus vive : *Nous nous remîmes à marcher* (J. Rom.). *Dès le petit jour, il se reprit à marcher* (A. Four.).

Récompense : ¶ 1 *Récompense,* ce qu'on donne par reconnaissance, suppose quelque chose d'assez vague et variable qui se donne au mérite. **Prix** implique quelque chose de déterminé par rapport à ce qui a été fait, et qui souvent est promis d'avance pour exciter l'émulation de plusieurs concurrents : *Un bon élève remporte le prix d'excellence et son père lui offre un voyage en récompense.* **Rémunération,** peu usité en ce sens, syn. de *récompense,* spéc. récompense donnée par Dieu au mérite des justes. **Rétribution** (→ ce mot), avantage en argent en rapport avec le service qu'on a rendu, est rare au fig. pour désigner une récompense **légitime** et exactement en rapport avec l'action : *Les heureux succès* [des armes du roi]... *sont les rétributions éclatantes* [de la piété de la France] (Corn.). **Salaire,** au fig., récompense pour un service rendu : *Le fils tout dégoutant du meurtre de son père Et, sa tête à la main, demandant son salaire* (Corn.). **Paiement,** au fig., suppose chez celui qui donne le désir de s'acquitter : *Voilà donc le paiement de l'hospitalité* (V. H.). Dans le style poétique et relevé, **Loyer** est syn. de *récompense* et **Tribut,** de *rétribution.* — **Prime,** récompense ou prix accordé par le gouvernement ou une association, pour encourager l'agriculture, le commerce, l'industrie; au fig. récompense qui encourage, souvent au mal : *C'est une prime à la paresse* (ACAD.). ¶ 2 *En récompense* marque plutôt qu'on rend le bien pour le bien; **En revanche,** le mal pour le mal; en un sens plus général, *en récompense* indique une compensation quelconque, *en revanche,* une compensation exacte : *L'on mange peu, l'on boit en récompense* (L. F.). *Qui rit d'autrui Doit craindre qu'en revanche on rie aussi de lui* (MOL.).

Récompenser, donner une récompense (→ ce mot), se dit pour toutes sortes de mérites, **Payer** (→ ce mot) ne se dit proprement que pour le travail, la peine, les services : *Récompenser ton zèle et payer tes services* (VOLT.). **Couronner,** récompenser en donnant une couronne, un prix; au fig. décerner une haute récompense morale : *Couronner un ouvrage. Couronner la vertu.* **Reconnaître,** seulement avec pour comp. un n. de chose, est toujours relatif aux sentiments du sujet qui tantôt s'avoue redevable et obligé, même sans récompenser effectivement, tantôt ajoute à la récompense, la gratitude et l'affection : *Je saurai reconnaître ce bon office en père et le récompenser en roi* (MARM.).

Réconciliation : Retour à la concorde entre personnes fâchées. *Réconciliation* implique une haine antérieure, **Raccommodement,** une simple brouille à laquelle succède un renouement d'amitié sérieux : *Le raccommodement de cette femme avec son mari* (DID.). **Rapatriage,** fam., mauvais raccommodement : *Ce rapatriage ne durera pas longtemps* (VOLT.). **Replâtrage,** fig. et fam., réconciliation ou raccommodement peu sincère, peu durable, uniquement de façade. — **Rapprochement** indique seulement qu'on dispose deux personnes brouillées à une réconciliation, mais se dit seul, dans le langage diplomatique, d'un commencement d'accord entre deux nations jusque-là peu amies.

Réconcilier : ¶ 1 → Accorder. *Réconcilier,* **Raccommoder, Rapatrier, Rapprocher :** → Réconciliation. **Remettre** insiste sur le rétablissement de la liaison antérieure entre les deux personnes ou simplement de l'estime qu'elles avaient l'une pour l'autre : *Se remettre avec sa femme* (ZOLA). **Rabibocher,** fam., *raccommoder;* **Rapapilloter,** pop., *réconcilier.* ¶ 2 (Réf.) Tous ces verbes, à la forme réfléchie, marquent l'action de deux personnes qui mettent fin mutuellement à leur désaccord.

Renouer ajoute l'idée qu'on renouvelle une liaison rompue ou interrompue pour une raison quelconque qui n'est pas forcément le désaccord. **Revenir,** fam., marque l'action d'une seule personne qui s'apaise et fait des avances ou accepte celles qu'on lui fait pour se raccommoder : *Quand on l'a fâché une fois, il ne revient jamais.*

Reconduire : ¶ 1 Aller avec quelqu'un qui s'en retourne. *Reconduire* suppose qu'on montre le chemin, qu'on escorte ou qu'on témoigne des égards : *Les malades ne reconduisent pas* (MOL.). **Raccompagner,** c'est simplement suivre, aller avec. **Remener, Ramener** (→ Mener) diffèrent de *reconduire* comme *mener* de *conduire* (→ ce mot). ¶ 2 → Renouveler.

Réconfortant : → Fortifiant.

Réconforter : ¶ 1 → Fortifier. Redonner des forces après un affaiblissement. *Réconforter* se dit au physique et au moral. **Remonter,** d'un style plus ordinaire, suppose souvent un affaiblissement plus grand. **Revigorer,** redonner pleinement la force, la vigueur à celui qui semblait faible, exténué, au physique et au moral. **Ravigoter,** très fam. dans le même sens, ne se dit guère qu'au physique. **Ragaillardir,** fam., a rapport à la gaieté, à l'entrain qui viennent d'ailleurs souvent du réconfort physique. **Restaurer** suppose une fatigue normale qu'on répare le plus souvent en se nourrissant. **Refaire** implique un renouvellement total des forces qui demande du temps. **Réparer les forces** suppose un affaiblissement souvent normal qui est compensé par des forces nouvelles dues généralement au repos ou au sommeil. **Remettre** n'implique pas de forces nouvelles, mais un retour à l'ordre normal après un dérangement momentané ou durable : *Remettre d'un évanouissement, d'un trouble;* et se rapproche de **Rétablir** (→ ce mot) qui se dit des personnes et de leurs forces et implique un retour à l'état primitif ou à un meilleur état après une maladie. **Ranimer,** rappeler à la vie quelqu'un qui s'est évanoui, ou redonner de la vigueur à une partie du corps qui est comme morte. **Retaper,** fam., refaire ou rétablir progressivement. ¶ 2 (Réf.) *Se réconforter,* **Se refaire, Réparer ses forces, Se remettre, Se retaper, Se rétablir** (→ ce mot), avec les mêmes nuances que plus haut, ont pour syn. **Se requinquer,** fam., réparer le désordre de sa toilette, par ext. se mettre d'aplomb, au physique ou au moral; **Se remplumer,** fig. et fam., reprendre de l'embonpoint. **Récupérer,** en langage sportif, reprendre ses forces après un effort. ¶ 3 Au fig. *Réconforter,* **Remonter, Revigorer** se disent surtout du courage, du moral affaiblis.

Ranimer ($\rightarrow$ ce mot) et ses syn. enchérissent en parlant du courage totalement abattu; et se disent de plus de tous les sentiments, des passions et même des choses. ¶ 4 $\rightarrow$ Consoler.

Reconnaissance : ¶ 1 Action de se remettre en l'esprit l'idée, l'image d'une personne ou d'une chose quand on les revoit. *Reconnaissance*, terme usuel, **Recognition**, terme didact. de science ou de philosophie. ¶ 2 $\rightarrow$ Reçu. ¶ 3 $\rightarrow$ Gratitude.

Reconnaître : ¶ 1 *Reconnaître*, retrouver dans sa mémoire l'idée, l'image d'une personne ou d'une chose, quand on vient à la revoir ou à l'entendre, se dit par ext. d'une personne ou d'une chose qu'on n'a jamais vue, mais qu'on distingue à quelque signe : *Le pêcheur qui a quelque idée de cette face divine reconnaîtra Apollon sur ce marbre tiré des eaux* (VAL.). **Connaître** est vx dans les deux sens. **Identifier,** terme didact. et d'administration judiciaire, établir toutes les circonstances qui font qu'une personne ou une chose est bien telle personne ou telle chose déterminée : *Les toux voisines que j'identifie, comme des voix connues* (M. D. G.). **Remettre,** toujours avec pour comp. un nom de personne, reconnaître quelqu'un en se rappelant sa physionomie. **Retrouver,** au fig., reconnaître une personne soit par ses qualités habituelles manifestées dans ses actions ou ses œuvres, soit à ses traits que rappelle une autre personne : *Mes yeux le retrouvaient dans les traits de son père* (RAC.). ¶ 2 $\rightarrow$ Examiner. ¶ 3 $\rightarrow$ Convenir. ¶ 4 $\rightarrow$ (se) Soumettre. ¶ 5 $\rightarrow$ Récompenser. ¶ 6 (Réf.) $\rightarrow$ (se) Retrouver.

Reconquérir : $\rightarrow$ Recouvrer.

Reconsidérer : $\rightarrow$ Revoir.

Reconstituant : $\rightarrow$ Fortifiant.

Reconstituer, Reconstruire : $\rightarrow$ Rétablir.

Recopier : $\rightarrow$ Copier.

Recoquiller : ¶ 1 $\rightarrow$ Relever. ¶ 2 (Réf.) $\rightarrow$ (se) Replier.

Record : $\rightarrow$ Performance.

Recoupement : $\rightarrow$ Rapprochement.

Recouper (se) : $\rightarrow$ Correspondre.

Recourir : $\rightarrow$ User.

Recours : ¶ 1 $\rightarrow$ Ressource. ¶ 2 En termes de droit, *Recours*, tout acte consistant à demander l'annulation ou la réformation d'une décision judiciaire. **Appel,** voie de recours qui a pour objet de faire réformer par une juridiction supérieure un jugement rendu en premier ressort. **Pourvoi,** action par laquelle on défère à la plus haute des juridictions (Conseil d'État,

Cour de cassation) un jugement ou arrêt rendu en dernier ressort pour le faire casser. ¶ 3 *Avoir recours :* $\rightarrow$ User.

Recouvrer : ¶ 1 Rentrer en possession de ce qu'on avait perdu. *Recouvrer* marque nettement la reprise de possession et se dit, au physique et au moral, de ce qui ressemble à un bien : *Recouvrer sa fortune; la santé; l'intransigeance de la jeunesse* (GI.). **Récupérer** se dit surtout d'objets matériels, d'argent, des forces et même des personnes, avec souvent l'idée d'une activité pour recouvrer, parfois progressivement, ou avec habileté, ce qui paraissait irrémédiablement perdu : *Récupérer une créance; un soldat réformé ou blessé; la santé* (M. D. G.); *la bravoure* (COL.). **Reprendre** marque une action volontaire et assez énergique : *Il reprit à la fin sa juste autorité* (VOLT.); et se dit bien au moral de tout ce qui regarde le sentiment ou l'énergie : *On recouvre la raison, on reprend courage, on reprend ses esprits*. **Ressaisir** marque une action plus vive, mais surtout en parlant de biens ou d'avantages : *Ressaisir le pouvoir*. **Regagner** et **Reconquérir,** au moral, se disent surtout de biens que l'on recouvre avec effort : *Regagner ou reconquérir l'estime de quelqu'un*. **Ravoir,** vieilli sauf dans le langage pop., insiste surtout sur la jouissance du bien qu'on recouvre : *Il eût donné toute chose pour ravoir cette lettre* (HAM.). **Retrouver,** être de nouveau en face de ce qu'on cherche, marque au fig. l'action la plus faible du sujet et peut se dire de choses dont on jouit sans en avoir la possession : *Retrouver la santé, le calme. Là je retrouverais et l'espoir et l'amour* (LAM.). — **Rappeler,** au fig., reprendre des qualités, des sentiments que l'on suppose obéir à un appel, marque une action très énergique de la volonté : *Rappelant son audace première* (BOIL.). ¶ 2 $\rightarrow$ Toucher.

Recouvrir : ¶ 1 $\rightarrow$ Couvrir. Couvrir entièrement. *Recouvrir* fait penser à l'effet qui est de cacher ou de protéger : *La neige qui recouvre l'herbe* (BUF.). **Revêtir,** recouvrir d'un revêtement, par ext. de quelque chose qui protège comme un enduit : *Revêtir le fond d'un bassin d'un lit de glaise*. **Tapisser,** recouvrir de tapisseries les murs d'une pièce; par ext. recouvrir une surface en l'ornant, ou en la protégeant, par quelque chose de souple, d'épais : *Au printemps la terre est tapissée de fleurs*. **Parsemer,** couvrir, souvent pour un effet artistique, de choses répandues çà et là et qui peuvent être fixées : *Un habit parsemé de pierreries*. **Joncher,** parsemer de jonc, de feuillages pour une cérémonie; par ext. couvrir d'un grand nombre de choses, éparpillées au hasard, souvent tombées, et jamais fixées : *Une* *dizaine de rats morts jonchaient l'escalier* (Cam.). **Paver**, couvrir le sol avec du grès, de la pierre dure, est rare au fig. comme syn. de *joncher* : *L'enfer est pavé de bonnes intentions.* ¶ 2 → Déguiser.

Récréation : ¶ 1 → Divertissement. ¶ 2 → Repos et Pause.

Récréer : → Distraire.

Récrier (se) : ¶ 1 → Crier. ¶ 2 → Protester. ¶ 3 → (s') Enthousiasmer.

Récrimination : → Reproche.

Récriminer : → Répondre.

Recroqueviller (se) : ¶ 1 → (se) Resserrer. ¶ 2 → (se) Replier.

Recru : → Fatigué.

Recrudescence : ¶ 1 → Paroxysme. ¶ 2 Au fig. → Augmentation. *Recrudescence*, retour d'une chose surtout morale, ajoute à **Reprise** l'idée d'un accroissement d'intensité : *Recrudescence du sentiment religieux, de la chaleur, du froid.* **Regain**, herbe qui repousse dans les prés fauchés; au fig., retour inattendu, et parfois simplement apparent, d'une chose avantageuse qui paraissait finie ou perdue : *Regain de jeunesse, de faveur.*

Recrue : ¶ 1 → Soldat. ¶ 2 → Membre.

Recruter : → Enrôler.

Rectifier : ¶ 1 → Corriger. *Rectifier*, terme savant, ne se dit que des choses souvent abstraites que l'on remet dans l'ordre idéal, même si elles n'y ont jamais été : *Rectifier une route; une courbe; ses tirs* (Cam.); *une citation* (Gi.); *des fautes* (Volt.); *le goût* (Mtq.). **Redresser**, terme commun, se dit des choses concrètes que l'on remet droites après qu'elles ont été courbées, et, au fig., des personnes ou des choses qu'on remet dans la bonne voie : *Redresser une planche; un maître qui ne songe pas à ce qu'il fait* (Mol.); *l'éducation* (Sév.); *les mœurs* (Fén.). ¶ 2 → Revoir.

Rectitude : Qualité d'être droit. *Rectitude* se dit seul au prop. surtout en termes de science : *Rectitude d'une ligne* (Gi.); et, au fig., s'emploie surtout en parlant de l'esprit, des facultés intellectuelles qui se conforment aux sains principes : *Son entendement n'ayant point été courbé par l'erreur était demeuré dans toute sa rectitude* (Volt.). **Droiture**, au fig. seulement, a rapport à la faculté de vouloir, d'agir, suivant des principes justes et honnêtes : *Droiture de la volonté* (Fén.); *des intentions* (L. B.). *Rectitude*, en ce sens marque une manière d'être parfaite, immuable, alors que *droiture* désigne plutôt une manière d'agir : *Rectitude de la règle* (Bos.); *de sa conscience* (Bos.).

Reçu, écrit sous seing privé, par lequel on déclare avoir reçu de l'argent ou un objet quelconque. **Quittance**, reçu, sous seing privé, ou par-devant notaire, ou sur papier timbré, etc., qui constate la libération partielle ou complète d'un débiteur. **Décharge**, terme de jurisprudence, implique la libération totale d'une dette, mais aussi d'un engagement, d'une gestion, d'un dépôt, etc. **Acquit**, terme de finance plus abstrait que *quittance*, désigne l'acte de donner quittance par une signature, ou l'effet opéré par la quittance : *Il me dit qu'il m'enverrait les quittances de ces objets qu'on avait payés pour moi à l'acquit de la masse entière* (Beaum.). **Reconnaissance**, acte par lequel on reconnaît qu'on a reçu quelque chose, soit par emprunt, soit en dépôt, ou qu'on est obligé à quelque chose : *Une reconnaissance du Mont-de-Piété.* **Récépissé**, terme d'administration, écrit par lequel on reconnaît avoir reçu des objets mobiliers, des papiers, des titres, une somme d'argent : *Récépissé de mandat.*

Recueil : → Collection.

Recueillement, action de rassembler toute son attention pour ne s'occuper que d'une seule chose. **Recollection**, recueillement intérieur, en termes de religion, ne désigne qu'un exercice de spiritualité.

Recueillir : ¶ 1 *Recueillir*, terme général, se dit des fruits de la terre qu'on prend et qu'on serre, et aussi, au prop. et au fig., de toutes sortes de choses qu'on rassemble, qu'on réunit ou qu'on reçoit : *Recueillir des moissons* (Fléch.); *une succession* (L. B.); *les suffrages* (Volt.). **Récolter** (néol. du xviiie s.), recueillir des fruits de la terre, en masse, sur pied, dans la saison de leur maturité, par une opération méthodique d'agriculture qui termine toutes les autres : *Le glaneur recueille et ne récolte point* (L.); au fig. récolter, fam., se dit plutôt de choses mauvaises : *Récolter des coups* (Acad.). **Moissonner**, faucher et récolter le blé et autres céréales; au fig. recueillir en masse, surtout dans le style relevé : *Moissonner des palmes, des lauriers.* **Ramasser**, recueillir ce qui est à terre ou dans la terre : *Ramasser des pommes de terre.* **Cueillir**, recueillir des fruits, des fleurs, des feuilles, en les détachant de la branche ou de la tige. **Effruiter**, débarrasser un arbre de ses fruits en les cueillant. ¶ 2 → Toucher. ¶ 3 → Tirer. ¶ 4 → Assembler. ¶ 5 (Réf.) → Penser et (se) Renfermer.

Recul : ¶ 1 *Recul*, au prop. et au fig., mouvement de ce qui va vers l'arrière : *Le recul d'un canon. Le recul de la civilisation. Recul stratégique* (M. d. G.). **Reculement**, vx, action, mouvement par lequel on recule : *Le reculement d'une charrette. Reculement des frontières* (L. B.). **Reculade**

se dit des personnes et des choses, souvent en parlant de plusieurs, avec une idée de brusquerie, de désordre ou d'embarras; et, au fig., de ceux qui s'étant trop avancés sont obligés de faire des pas en arrière : *Reculades de deux mille carrosses en trois files* (Sév.). *Honteuse reculade.* **Rétrogradation** diffère de *recul* comme *rétrograder* de *reculer* (→ ce mot) et se dit spéc. en termes d'astronomie : *La rétrogradation de Jupiter.* **Régression**, terme didact. de sciences naturelles, de géologie, se dit, au fig., de ce qui, après avoir fait des progrès, marche vers l'arrière : *Chiffre des naissances en régression.* **Retrait**, recul de ce qui se retire en arrière, ou à l'air de se replier sur soi-même : *Le retrait de la mer. Son retrait et ses réticences* (Gi.). — **Repli** et **Retraite**, en termes militaires, diffèrent de *recul* comme *se replier* et *battre en retraite* de *reculer* (→ ce mot). ¶ 2 → Distance.

Reculé : → Éloigné.

Reculer : ¶ 1 (Trans.) Reporter plus loin. *Reculer* fait penser à l'éloignement du centre, **Pousser,** à la direction vers laquelle on porte la chose : *Reculer les frontières de l'empire. Le traité de paix a poussé nos frontières jusqu'à tel fleuve* (Acad.). ¶ 2 (Trans.) → Retarder. ¶ 3 (Intrans.) Aller en arrière. *Reculer* n'indique qu'une direction, peut se dire d'une chose qui était en repos, et, en parlant d'une personne, d'un véhicule, peut envisager l'action comme faite sans se retourner : *Un canon recule en tirant. Reculer en regardant son adversaire*; au fig., c'est céder, renoncer, ou éviter, différer de faire ou perdre l'avance qu'on avait. **Rétrograder,** plus relevé, précise qu'on reprend en sens contraire le chemin qu'on venait de faire, et toujours après avoir exécuté un mouvement de conversion : *L'éléphant ne peut se tourner lui-même, pour rétrograder, qu'en faisant un circuit* (Buf.). *Je rétrograde par la pensée au moment où je je pris la première cuillerée de thé* (Proust). **Faire marche arrière,** reculer sans tourner en parlant d'un véhicule. **Lâcher pied,** reculer et même s'enfuir devant un adversaire, et, au fig., reculer, céder, en montrant de la faiblesse. **Plier,** au fig., se dit des troupes qui commencent à reculer dans un combat. **Flancher,** fam., lâcher pied, abandonner la partie au moment décisif. **Se replier,** en termes militaires, reculer en bon ordre sur une position établie à l'arrière. **Battre en retraite,** rétrograder, en général sur une longue distance, pour s'éloigner de l'ennemi; au fig., fam., céder, cesser de soutenir un avis, une prétention. **Refluer,** au fig., se dit parfois d'une troupe qui retourne vers le lieu d'où elle venait, ou, pressée en un lieu, se porte dans un autre, avec toujours une idée de désordre : *Un flot épouvanté d'hommes, de chevaux et de canons refluait, roulait vers la ville* (Zola). **Culer,** aller en arrière ou reculer, terme de marine qui se dit par ext. d'un véhicule. **Rompre,** reculer en termes d'escrime. **Se rejeter,** se reculer en se portant vers l'arrière d'un mouvement brusque.

Récupérer : ¶ 1 → Recouvrer. ¶ 2 → (se) Réconforter.

Récurer : → Nettoyer.

Récuser : ¶ 1 → Refuser. ¶ 2 → Repousser.

Rédacteur : → Journaliste.

Rédaction : ¶ 1 *Rédaction*, exercice scolaire élémentaire qui oblige l'élève à exprimer quelques idées simples dans un style clair et convenable. **Narration,** exercice plus compliqué, qui consiste surtout à faire un récit, vivant et pittoresque, sur un thème donné. **Dissertation,** exercice des classes supérieures des lycées et collèges, qui consiste à étudier une question littéraire ou philosophique, d'une façon critique et détaillée, en développant des idées et des arguments et en les ordonnant dans un plan démonstratif. **Composition,** syn. assez vague de tous ces termes, tout exercice destiné à entraîner les élèves à découvrir, à ordonner et à exprimer les idées. ¶ 2 → Texte.

Reddition : → Capitulation.

Redemander : → Demander.

Rédemption : → Rachat.

Redevable, qui doit quelque chose à quelqu'un, soit par obligation, soit par reconnaissance. **Tributaire,** au fig., ajoute une idée de dépendance envers celui à qui l'on est habituellement redevable : *L'Angleterre, à qui le monde entier est redevable de certaines découvertes, est tributaire de certains pays pour son ravitaillement.*

Redevance : → Charge.

Redevoir : → Devoir.

Rédiger : → Écrire.

Redingote, vêtement croisé à basque et à revers, porté dans les cérémonies. **Lévite,** fam., longue redingote.

Redire : → Répéter.

Redire (trouver à) : → Critiquer.

Redite : → Répétition et Superfluité.

Redondance : ¶ 1 → Superfluité. ¶ 2 → Pléonasme.

Redondant : → Diffus et Superflu.

Redonner, donner de nouveau la même chose, ou donner, même pour la première fois, à quelqu'un ce qu'il avait déjà eu, n'implique jamais le droit à la possession de la chose qu'on reçoit : *Ce roi que le* *ciel vous redonne aujourd'hui* (Rac.). **Rendre,** redonner à quelqu'un une chose qui est à lui, sur laquelle il a droit, marque un acte de justice : *Je rends au public ce qu'il m'a prêté* (L. B.). **Restituer,** rendre ce qui a été pris ou volé, ajoute l'idée de la réparation d'un tort causé : *Je voulais qu'on me restituât encore les mille ducats qui m'avaient été volés dans l'hôtel garni* (Les.). **Rendre gorge** et **Dégorger,** au fig., fam. et employés absolument, restituer par force ce qu'on a pris ou acquis par des voies illicites. **Rembourser,** rendre à quelqu'un l'argent qu'on lui doit. **Remettre** ne se dit que des objets matériels, marque l'action formelle de les mettre entre les mains de quelqu'un, et n'est syn. de *rendre* que lorsque la personne qui reçoit était propriétaire de la chose : *Je suis d'avis de te donner en garde ces confitures à toi-même. Il faut que tu veilles à leur conservation, et que tu me les remettes telles que je te les confie* (Les.). **Rétrocéder,** terme de jurisprudence, remettre à quelqu'un un droit qu'il nous avait cédé. **Repasser,** syn. fam. de *redonner* : *Repassez-moi du pain.*

Redoublement : → Paroxysme et Augmentation.

Redoubler : → Augmenter.

Redoutable : → Terrible.

Redouter : → Craindre.

Redresser : ¶ 1 → Rectifier. ¶ 2 → Punir. ¶ 3 → Lever.

Réduction : ¶ 1 Action de rendre moindre. *Réduction,* **Diminution, Restriction, Resserrement, Rationnement :** → Réduire. **Retranchement** fait penser à la partie du tout qu'on supprime pour en opérer la diminution, les autres pouvant ne pas changer : *Le retranchement qu'il a fait dans sa dépense* (Acad.). **Compression,** en termes de budget, réduction des dépenses nécessitée par telle ou telle raison. ¶ 2 En parlant d'un prix : → Diminution. ¶ 3 *Réduction,* en peinture ou en sculpture, reproduction en petit d'un original dont la forme et les proportions sont conservées : *Une réduction de la Vénus de Milo.* **Diminutif,** au fig., objet qui est en petit ce qu'un autre est en grand, sans en être exactement une réduction : *Ce jardin est un diminutif de celui des Tuileries* (Acad.). **Miniature,** au fig., surtout dans la loc. *En miniature,* réduction très petite et très délicate, ou simplement *diminutif* : *Palais en miniature.*

Réduire : ¶ 1 *Réduire,* remplacer une chose par une autre semblable, mais plus petite, ou équivalente, mais plus simple, ou par ses éléments après l'avoir décomposée, ou par une autre chose en laquelle on la transforme par une opération

chimique : *Réduire une figure; réduire une fraction à sa plus simple expression; réduire un corps à ses éléments; le blé en farine.* **Ramener,** terme plus ordinaire, remplacer par quelque chose de plus simple ou de plus connu : *Ramener plusieurs problèmes à un seul.* ¶ 2 Ramener une chose à des proportions plus petites. Alors que **Diminuer** (→ ce mot), c'est rendre une chose plus petite en retranchant une de ses parties, *Réduire* suppose une diminution proportionnelle de toutes les parties de l'objet, ce qui fait qu'en devenant moindre, il reste pourtant semblable à lui-même; par ext., comme syn. de *diminuer,* surtout dans le langage technique, c'est diminuer, souvent proportionnellement, ce qui peut se chiffrer : *Réduire une figure, un tableau, ses prétentions. Réduire les rentes d'un cinquième. Réduire le nombre de ses domestiques.* **Resserrer,** réduire le volume d'une chose par contraction de ses parties; par ext., au fig., réduire une chose qui paraît trop vaste, trop large, pour la faire tenir dans des bornes plus étroites : *Le froid resserre les pores. Resserrer les minutieux développements d'une longue introduction* (Balz.). **Comprimer,** réduire par pression un volume. **Restreindre,** surtout au fig., ramener ce qui a déjà des limites à des limites plus étroites ou trop étroites : *J'ai restreint mon bonheur; d'année en année j'ai dû en rabattre; une à une j'ai raccourci mes espérances* (Gi.). **Renfermer,** réduire ou restreindre une chose ou une activité pour la faire entrer dans une sorte de cadre prévu d'avance : *Le premier dont la verve insensée Dans les bornes d'un vers renferma sa pensée* (Boil.). **Minimiser** ou **Minimer,** réduire au minimum, au plus petit degré le poids ou l'importance d'une chose : *Minimer le poids d'un moteur. Minimiser un événement.* — **Raréfier,** terme de physique; au fig., réduire le nombre de certaines choses en les rendant plus rares, moins fréquentes : *La police de la route raréfie les accidents.* **Rationner,** réduire la consommation d'une chose en déterminant la quantité limitée qui en sera attribuée à chaque personne pendant un certain espace de temps. ¶ 3 *Réduire,* intrans., subir une réduction. **Fondre,** au fig., diminuer rapidement, se réduire à rien. ¶ 4 → Vaincre. ¶ 5 *Réduire à :* → Obliger.

Réduit : ¶ 1 Petit logement où l'on est retiré. *Réduit* fait penser à la petitesse du lieu et à son isolement : *Réduits obscurs où de pauvres familles entassées gémissent dans le besoin* (Marm.). **Cagibi,** fam., petite construction, exiguë et mal faite, qui sert d'abri ou de réduit. **Soupente,** réduit en planches ou en maçonnerie pratiqué dans la hauteur d'une cuisine, d'une écurie, d'une chambre. ¶ 2 → Cabinet.

Réel : Qui existe, qui n'est pas seulement en idée ou fictif. *Réel* se dit des choses qui sont, **Effectif**, des choses qui se font ou qui produisent un résultat réel : *Le soleil est réel. Une intervention effective.* **Positif,** qui est donné comme réel ou effectif par l'expérience, et a de ce fait une réalité nettement établie, incontestable : *Dieu peut être réel, mais n'est pas positif. Un homme peut avoir des qualités réelles, mais cachées ; les qualités positives se voient, se manifestent, agissent.* **Tangible,** terme didact., qui tombe sous le sens du tact, par ext., au fig., manifestement réel : *Un fil, figuration tangible du devoir* (GI.). **Concret,** terme de logique, se dit de tout ce qui, physique ou moral, existe comme une chose réelle et particulière, par opposition à « abstrait » qui suppose une action de l'esprit pour considérer à part une qualité d'une chose en négligeant les autres qui lui sont unies dans la réalité : *Un linge blanc est une chose concrète. La blancheur d'un linge, quoique réelle, n'est pas concrète, mais abstraite* ; et abusivement, dans le langage courant, de ce qui paraît réel parce que matériel ou vivant. **Solide,** en parlant de ce qu'on éprouve ou de ce qu'on possède, réel, effectif, durable et fort, par opposition à frivole, chimérique : *Des solides plaisirs je n'ai suivi que l'ombre* (L. F.). **¶ 2** Alors que *Réel* sert à qualifier des choses qui existent, même indépendamment de notre intelligence, **Vrai** et **Certain** qualifient des choses conçues par notre entendement dans leur rapport avec les choses réelles qu'elles représentent : *vrai* se dit d'une représentation ou d'une affirmation conformes à la nature des choses réelles, *certain*, de ce qui détermine la croyance, emporte l'adhésion, mais qui quelquefois peut être au fond une erreur : *Ce qui est réel ne peut être vrai que si notre esprit arrive à le connaître, à s'en faire une idée exacte. — Il est certain pour le vulgaire que le soleil tourne autour de la terre, mais cela n'est pas vrai* (L.). **Objectif,** dans la philosophie moderne, par opposition à « subjectif », se dit de ce qui, représentant un objet tel qu'il est, sans aucune déformation de l'esprit qui connaît, est par conséquent valable pour tous les esprits et non pas seulement pour un individu : *Un récit historique est objectif s'il ne déforme pas ce que nous savons d'un événement ; il n'est vrai que s'il correspond à ce qui s'est passé réellement.* Par ext. de sens, *objectif* se dit parfois de ce qui existe en soi, réellement, même indépendamment de toute connaissance ou idée ; c'est alors un syn. de *réel*, en supposant toutefois que ce réel peut devenir objet de connaissance. **Historique** se dit de faits qui ont réellement

eu lieu dans le passé, ne sont point imaginaires : *Le fond de ce roman est historique.*

Réellement : D'une façon qui n'est pas imaginaire, fictive. *Réellement* se dit plutôt des choses qui arrivent, se font, se disent, se croient ou qu'on affirme : *Avez-vous fait réellement ce voyage ?* **En réalité** a plutôt rapport aux choses qui existent, ne sont pas seulement en apparence : *Heureux en apparence, il ne l'est pas en réalité.* **Effectivement** confronte une assertion avec la réalité, quand il s'agit de quelque chose qui se fait ou qui agit : *Il ne vous fait point un conte, cela est effectivement vrai. Réellement* se dit pour renforcer sa propre affirmation, *effectivement* pour approuver celle d'autrui. **De fait, Dans le fait, En fait** confrontent ce qui est, en soi, ou doit être selon la vérité, avec ce qui paraît être : *Il n'était roi que de nom, un autre l'était en fait* (ACAD.). **En effet,** en ce sens, est vx.

Réexpédier : → Retourner.

Refaire : ¶ 1 Faire de nouveau. *Refaire* se dit de ce qu'on a déjà fait soi-même, ou qu'on fait pour la première fois en imitant plus ou moins exactement quelqu'un : *[La description] de Carthage est complètement à refaire, ou plutôt à faire. Je démolis tout* (FLAUB.). **Recommencer** n'a rapport qu'à la reprise de l'action, car on peut recommencer ce qui n'a jamais été achevé, et, comme syn. de *refaire*, suppose des changements plus profonds, une méthode souvent toute nouvelle : *Ainsi recommençant un ouvrage vingt fois, Si j'écris quatre mots, j'en effacerai trois* (BOIL.). **Refondre,** au fig., ne se dit que des choses, spéc. des ouvrages de l'esprit, que l'on refait en leur donnant une meilleure forme : *Refondre des lois* (MTQ.) ; *un article* (VOLT.). **Récrire,** rédiger de nouveau un texte déjà écrit, le plus souvent en introduisant des modifications importantes pour perfectionner le style. **Renouveler** (→ ce mot), refaire une chose en tout ou en partie en la rajeunissant : *Renouveler une tragédie* ; ou recommencer une action déjà faite avec l'intention de la rappeler : *Renouveler sa première communion.* **Répéter,** refaire exactement surtout une action et spéc. une opération scientifique que l'on refait plusieurs fois : *La nature... ne paraît avoir répété aucune de ses formes dans l'autre continent, mais les avoir faites sur des modèles tout neufs* (BUF.). **Reproduire,** répéter un original, chose ou action, en en donnant une image exacte qui n'est qu'une copie. **Réitérer,** syn. recherché de *répéter*, ne se dit que des actions, surtout des demandes, des ordres, des promesses. **¶ 2** → Réparer. **¶ 3** → Rétablir. **¶ 4** → Réconforter. **¶ 5** → Tromper et Voler.

Réfectoire, lieu où une communauté se réunit pour prendre des repas, se dit pour les établissements d'enseignement, les communautés religieuses, les corps de troupe, les hospices, etc. **Mess** (mot ang. signifiant «mets», «repas»), salle où les officiers ou les sous-officiers d'un même corps se réunissent pour prendre leurs repas. **Popote,** pop., cuisine et table commune de gens qui s'organisent pour prendre leurs repas en commun, se dit aussi, en termes militaires, de l'endroit où l'on prend les repas. — **Cantine,** lieu où l'on prend des repas en commun qui, tantôt, comme dans une caserne, complètent l'ordinaire, tantôt, comme dans une école, un atelier, tiennent lieu d'ordinaire, mais sont tout de même servis d'une façon assez exceptionnelle, par exemple à des gens qui ne prennent qu'un repas, ne sont pas des pensionnaires. **Cambuse,** fam., petite cantine.

Référence : ¶ 1 → Renvoi. ¶ 2 → Attestation.

Referendum : → Vote.

Référer : ¶ 1 → Attribuer. ¶ 2 (Réf.) → (s'en) Rapporter.

Réfléchi : → Posé et Prudent.

Réfléchir : ¶ 1 → Renvoyer. ¶ 2 → Penser.

Reflet : ¶ 1 → Réflexion. *Reflet,* réflexion quelque peu affaiblie de la lumière, de la couleur, par ext. teinte lumineuse qui se joue sur des fonds différents : *Huppe noire à reflets verts et violets* (Buf.). **Chatoiement,** reflet brillant et changeant de choses qui, sous l'effet de la lumière, paraissent changer de couleur comme l'œil du chat : *Le chatoiement du cou du pigeon* (Lit.). **Moire,** reflet changeant et ondulé de certaines étoffes qui ont reçu l'apprêt appelé moire : *Je regarde se décomposer et se recomposer sur les vagues les sombres moires de la nuit* (V. H.). ¶ 2 → Représentation.

Refléter : ¶ 1 → Renvoyer. ¶ 2 → Représenter.

Réflexe, terme de physiologie, mouvement indépendant de la volonté causé par une excitation organique ; **Réaction,** plus général, toute action de l'organisme en réponse à une excitation quelconque ; par ext., émotion que provoque une nouvelle, une menace, un reproche ; *réflexe,* par ext. réaction très rapide qui provoque une action en général irréfléchie.

Réflexion : ¶ 1 *Réflexion,* phénomène par lequel les rayons lumineux, caloriques, sonores, lorsqu'ils rencontrent une surface, sont renvoyés dans une autre direction. **Réverbération** ajoute une idée de diffusion, simplement en parlant de la lumière et de la chaleur. **Reflet** (→ ce mot), réflexion affaiblie de la lumière, de

la couleur, de l'image d'un corps sur un autre. ¶ 2 → Attention. ¶ 3 → Idée. ¶ 4 → Pensée. ¶ 5 → Remarque. ¶ 6 *Réflexions* : → Pensées.

Refluer : ¶ 1 → (se) Répandre. ¶ 2 → Reculer.

Reflux : → Marée.

Refondre : → Refaire.

Réforme : → Changement.

Réformé : → Protestant.

Réformer : ¶ 1 → Corriger. ¶ 2 → Retrancher.

Refouler : ¶ 1 → Repousser. ¶ 2 → Chasser. ¶ 3 → Renfermer.

Réfractaire : → Indocile.

Refrain : ¶ 1 → Chant. ¶ 2 → Répétition. *Refrain,* un ou plusieurs mots qui se répètent à la fin de chaque couplet d'une chanson ou d'un poème lyrique ; au fig., fam., ce qu'on donne comme conclusion à tous ses propos : *Arriver ! Tout au long de mon existence, ce refrain : arriver !* (M. D. G.). **Ritournelle,** courte phrase musicale servant de prélude ou de conclusion à un air ; au fig., et plus fam., idée ou propos répété à satiété, ou réponse qu'on fait toujours la même : *Conservez-vous, ma chère bonne, c'est ma ritournelle continuelle* (Sév.). **Antienne,** verset qu'on chante en tout ou en partie avant un psaume et qu'on répète en entier après ; au fig. répétition lassante surtout dans la loc. *Chanter toujours la même antienne.* **Rengaine,** péj., air de musique devenu banal et lassant ; au fig. rengaine qu'on rabâche : *Mots passés à l'état de rengaine* (Flaub.). **Scie,** au fig., très fam., rengaine agaçante par sa répétition monotone. **Leit-motiv** (en all. « motif conducteur »), thème qui revient fréquemment dans une partition ; au fig., dans le style relevé, thème souvent répété d'un discours, d'un écrit ou d'une campagne de presse ou de propagande.

Refréner : → Réprimer.

Réfrigérateur et **Frigorigène,** tout appareil qui engendre automatiquement le froid. **Frigidaire,** nom d'une marque de frigorigène domestique, se dit abusivement de tout appareil de ce genre qui conserve les aliments et fabrique de la glace. **Frigorifique,** grand frigorigène conservant par ex. les viandes dans un abattoir, ou appareil permettant d'utiliser le froid. **Frigorifère,** chambre de froid dans les appareils frigorifiques. **Glacière,** lieu pour conserver la glace, ou appareil aménagé pour conserver des denrées dans une atmosphère froide, désigne surtout, dans le langage courant, un appareil domestique qui conserve des denrées grâce au froid provoqué par la glace qu'on y introduit de l'extérieur.

Réfrigérer : → Frigorifier.

Refroidir, rendre froid, plus froid ou moins chaud. **Tiédir** et **Attiédir,** moins usité, mettre dans un état intermédiaire entre le froid et le chaud. **Rafraîchir,** rendre modérément froid, implique, en parlant d'une boisson, qu'on veut la rendre agréable à boire. **Frapper,** rendre extrêmement fraîche une denrée ou une boisson par le moyen de la glace. — Au fig. → Décourager.

Refuge : ¶ 1 → Abri. ¶ 2 → Fuite. ¶ 3 → Ressource.

Réfugié : → Émigré.

Refuite : → Fuite.

Refus, action de ne pas accorder ce qui est demandé ou de ne pas accepter ce qui est offert : *Un refus poli.* **Négation,** refus très net opposé à quelqu'un qui demande quelque chose. **Fin de non-recevoir,** terme de droit, refus de la justice d'examiner une demande uniquement pour des raisons de forme; par ext., dans le langage courant, refus d'accéder à une demande, souvent sans l'examiner. **Déni,** terme de droit, refus d'accorder ce qui est dû, ce qui est juste : *Déni de justice.* **Rebut,** peu usité, refus d'accueillir une personne, obstacles qu'on lui oppose parce qu'on en fait peu de cas. **Rebuffade,** plus fam., refus ou rebut accompagné de circonstances aggravantes comme injures ou mauvais traitements : *Des rebuffades et des injures* (LES.).

Refusé se dit d'un artiste dont l'œuvre n'a pas été admise au Salon, et de tout candidat qui n'a pas été reçu, à un examen; en ce dernier sens, *refusé* a pour syn. dans l'argot scolaire **Collé, Recalé, Retapé** et **Retoqué. Blackboulé** (de l'ang. *black,* noir, et du français *boule*), fam. et péj., se dit de quelqu'un qui ayant posé sa candidature à un club, un cercle, une élection, etc., est évincé par un vote (une majorité de boules noires exprimant autrefois un refus) et par ext. de celui qui a été refusé à un examen. **Battu** se dit, sans nuance péj., de celui qui n'est pas choisi dans une élection où il y avait plusieurs candidats.

Refuser : ¶ 1 Ne pas accepter. *Refuser,* ne pas accorder ce qui est demandé; ne pas vouloir faire ce qui est prescrit; ne pas accepter ce qui est offert; et cela de n'importe quelle façon. **Repousser** (→ ce mot), toujours avec un comp., refuser catégoriquement une demande ou une offre, parfois avec une certaine dureté : *Repousser avec fierté une prière* (VOLT.). **Décliner,** en termes de procé-

dure, refuser, écarter comme inacceptable : *Décliner la compétence d'un juge*; par ext., dans le langage courant, refuser, avec politesse et habileté, une chose qui est ou qu'on affecte de croire avantageuse, mais qu'on veut éviter : *Décliner une invitation, un honneur.* **Remercier de,** refuser poliment ou ironiquement ce qu'on offre. **Dédaigner,** refuser avec mépris ce qu'on regarde comme au-dessous de soi ou comme indigne de ses désirs : *Il avait dédaigné les grâces que le duc d'Orléans lui avait offertes* (LAV.). **Récuser,** refuser un juge, un témoin, un expert, etc., dont on suspecte la bonne foi, se dit au fig. de toute personne ou chose dont on refuse d'accepter l'autorité, le témoignage : *Récuser le témoignage de ses yeux* (J.-J. R.). **Dénier,** refuser d'accorder ce que la bienséance, l'équité, la justice exigent qu'on accorde : *Le père ne peut dénier les aliments à son fils.* **Nier,** refuser formellement d'accorder, n'implique pas l'idée d'injustice : *Obtenir ce qu'on nie à leur peu de mérite* (MOL.). **Envier,** dans le style soutenu, refuser à quelqu'un, souvent sans raison, ce qu'il désire ou demande comme un bien : *M'envierez-vous l'honneur de mourir à vos yeux?* (CORN.). ¶ 2 Avec pour comp. un n. de personne, *Refuser* et **Repousser,** qui diffèrent comme plus haut, dire non à quelqu'un, ou ne pas vouloir de lui : *Refuser ses amis quoi qu'il proposent. Refuser un prétendant.* **Éconduire** marque plus ou moins de formes, dans les deux sens : *Un parlementaire de bas étage qu'on tâchait d'éconduire* (J. ROM.). — **Dédaigner,** ne pas vouloir de celui qu'on méprise. — **Débouter,** spéc., déclarer par jugement qu'on refuse de faire droit à quelqu'un qui demande en justice. — **Blackbouler, Coller, Recaler :** → Refusé. ¶ 3 (Réf.) → Résister.

Réfuter : → Contredire.

Regagner : ¶ 1 → Recouvrer. ¶ 2 → Rejoindre.

Regain : → Recrudescence.

Régal : ¶ 1 → Divertissement. ¶ 2 → Festin. ¶ 3 → Plaisir.

Régaler : ¶ 1 → Réjouir et Fêter. ¶ 2 → Maltraiter. ¶ 3 (Réf.) → Jouir de et Savourer. *Se régaler,* se donner le plaisir d'un bon repas; au fig., fam., se donner une vive jouissance à propos de quelque chose : *Se régaler de belle musique, d'un scandale.* **Se délecter,** moins fam., marque au fig. un plaisir délicieux ou délicat, souvent intellectuel ou artistique : *Un voluptueux et un délicat qui respirait l'esprit des choses et n'en prenait que ce qu'il faut pour s'y délecter et s'y complaire* (S.-B.). **Se gargariser,** fam. et fig., ne se dit que de louanges dont on se délecte avec complaisance. **Se pourlécher,** fam., passer sa langue sur ses lèvres en signe de contentement, se délecter, souvent à l'idée d'un plaisir futur : *Il s'extasiait, il admirait sottement, il souriait, il avait la convulsion, il se pourléchait* (DID.).

Regard : ¶ 1 → **Œil. ¶ 2** Action de la vue. Alors qu'**Œil** et **Yeux** évoquent cette action considérée dans le visage de celui qui regarde et souvent fortuite, vague, involontaire, *Regard* fait penser à des sortes de traits qui se détachent des yeux et peuvent très bien se rapporter à la personne qui les reçoit, avec l'idée d'une action énergique, attentive, volontaire : *C'est sur Alcibiade que la république a les yeux et que tous les regards s'attachent avidement* (L. H.). **Coup d'œil,** regard instantané, fugitif, sommaire, pour regarder un objet ou avertir quelqu'un : *Il décocha vers Antoine un coup d'œil en dessous, suivit d'un regard hésitant Daniel qui s'en allait* (M. D. G.). **Œillade,** regard accompagné de mines qui lui font témoigner, parfois avec affectation, la tendresse ou le désir de plaire : *La dame m'agaça longtemps par des regards où son amour était peint, mais je ne répondis pas d'abord à ses œillades* (LES.).

Regard de (au) : → (en) Comparaison.
Regard (en) : → Vis-à-vis.
Regardant : → Avare.
Regardé comme (être), Considéré comme, Jugé, Estimé, Tenu pour, Réputé, Présumé diffèrent comme les verbes actifs (→ Regarder comme) et ont pour syn. **Censé,** souvent employé en termes de droit, qui marque uniquement qu'une personne ou une chose est classée, en fait, dans la catégorie de celles qui ont telle ou telle qualité, font telle ou telle action : *Il était censé suivre des cours* (GI.).

Regarder : ¶ 1 Avoir les yeux appliqués à quelque objet. Alors que **Voir** marque toujours une action et son résultat, mais sans rien impliquer de volontaire, *Regarder* annonce une action faite exprès qui consiste à fixer ses yeux sur ce que l'on veut voir, sans impliquer que le résultat est atteint : *Il ne voyait plus rien, renonçait à regarder* (PROUST). **Lorgner,** regarder avec une lorgnette ou un monocle, et, fam., regarder à la dérobée; au fig. avoir des vues sur quelque chose : *La princesse de Babylone regarda le roi d'Égypte du coin de l'œil, ce qui plusieurs siècles après s'est appelé lorgner* (VOLT.). [Il] *lorgne la finance* (L. F.). **Guigner,** plus fam., lorgner en fermant les yeux à demi, souvent en parlant de ce qu'on convoite : *La femme de chambre avait tout de suite guigné les cadeaux* (ZOLA). **Reluquer,** très fam., lorgner avec curiosité; et au fig. avoir des vues sur. **Dévi-**

sager, au prop. seulement et fam., regarder longuement quelqu'un au visage avec une attention curieuse ou impertinente : *Dévisageant Antoine comme si elle n'était pas certaine de le reconnaître* (M. D. G.). **Toiser,** fig. et fam., regarder quelqu'un de haut en bas, comme si on le mesurait, avec une attention mêlée de dédain et parfois d'hostilité. **Mirer,** de nos jours, regarder une chose à contre-jour pour observer sa transparence (*Mirer des œufs, un drap*), ou viser (→ ce mot); au réf., regarder dans un miroir et, fig., regarder sa personne ou ses œuvres avec complaisance : *On se fait une idole de son esprit; on se mire dans ses pensées* (FÉN.). **Envisager,** regarder quelqu'un au visage, en face, n'implique pas la curiosité ou l'impertinence de *dévisager* : *Plus je vous envisage Et moins je me remets, monsieur, votre visage* (RAC.); au fig., avec pour comp. un n. de chose, c'est regarder en esprit, face à face ou avec fermeté, un événement futur : *Envisager la mort* (SÉV.); ou regarder une chose de tel ou tel point de vue : *Envisager un lieu avec douceur* (LOTI). **Fixer,** quoique très employé, avec pour comp. un n. de personne ou de chose, au sens de : regarder fixement, est incorrect; il faut dire : *fixer les yeux, le regard sur*; mais le terme est expressif lorsqu'il ajoute à l'immobilité du regard l'idée que l'objet regardé se trouve lui-même comme immobilisé : *Il y avait là un regard... Il me fixait* (BOSCO). **Considérer** et **Contempler,** au prop. et au fig., regarder lentement, tranquillement, en fixant ses regards sur ce qu'on veut bien voir; on *considère* en détail, avec son intelligence, sa raison, pour connaître et juger; on *contemple,* synthétiquement, dans une sorte d'extase de l'âme, ce qui ravit : *Que l'homme contemple la nature entière dans sa haute et pleine majesté; qu'il considère cette éclatante lumière, mise comme une lampe éternelle pour éclairer l'univers...* (PASC.). **Examiner,** considérer pour éprouver, vérifier, estimer : *On ne la contemplait point, on l'examinait* (GENLIS). **Admirer,** regarder avec un étonnement mêlé de plaisir, marque, à la différence de *contempler,* un état purement intellectuel qui peut souvent résulter de la critique de la raison qui juge : *On contemple Dieu, on ne l'admire pas.* **Parcourir,** regarder ou examiner rapidement un ensemble d'objets en déplaçant son regard de l'un à l'autre : *Je parcours tous les points de l'immense étendue* (LAM.). **Couver des yeux,** regarder avec intérêt, avec complaisance, ce à quoi l'on tient. **Dévorer des yeux,** regarder avec une attention avide, ou avec convoitise : *Dévorer des yeux son amant* (M. T. Q.). **Observer,** considérer longuement, avec attention et réflexion, ce dont on veut connaître le comportement, la loi ou la raison, marque aussi le résultat de cette action, et devient alors s yn. de **Remarquer,** voir ce qui frappe, parfois par hasard, ce qui est particulier, se distingue du reste : *Quand j' examine un rameau, je remarque qu'à l'a isselle de chacune de ses feuilles il abrite un bourgeon. J'observe que, de tant de bourgeons, deux tout au plus se développent* (Gɪ.). — A noter que *voir* marque, au fig., le résultat complet de l'action d'*envisager*, de *considérer*, d'*examiner*, de *parcourir*, d'*observer*, de *remarquer* et suppose alors que l'esprit est arrivé à connaître, à comprendre : *Il a vu la difficulté, le vrai problème*; mais, dans le langage courant, *voir* s'emploie comme substitut de ces verbes sans nuance spéciale : *Voyons si ce vin est bon.* ¶ 2 → Concerner. ¶ 3 *Regarder comme,* avoir telle ou telle opinion d'une personne ou d'une chose, marque une opinion individuelle ou collective assez subjective : *Regarder la science comme un amusement stérile* (Berth.). **Considérer comme** marque plus de réflexion : *Elle est même fondée à considérer comme un recul provisoire le développement du sentiment patriotique* (J. Rom.). **Juger** et **Estimer** (→ Croire) impliquent une appréciation intellectuelle assez exacte. **Réputer** fait penser à ce que tout le monde dit de quelqu'un ou de quelque chose : *Des actes réputés immoraux* (M. ᴅ. G.). **Compter pour,** donner telle ou telle valeur à une personne ou à une chose, ou les ranger dans telle ou telle catégorie : *Compter pour rien les bienfaits reçus.* **Tenir pour** ajoute à *considérer comme* une idée de certitude : *L'antiquité tenait pour axiome que...* (Volt.). **Présumer** marque une simple conjecture tirée de quelques apparences. — **Prendre pour** marque une illusion, une méprise sur de fausses apparences.

Régénération : → Renaissance.

Régénérer : → Corriger.

Régent : ¶ 1 → Maître. ¶ 2 → Pédant.

Régenter : → Gouverner.

Régie : ¶ 1 → Administration. ¶ 2 → Direction.

Regimber : ¶ 1 → Ruer. ¶ 2 → Résister.

Regimbeur : → Indocile.

Régime : ¶ 1 → Administration. ¶ 2 → Direction. ¶ 3 → Gouvernement. ¶ 4 *Régime,* règle qu'on s'impose dans l'intérêt de la santé physique ou morale, suppose, spéc. en parlant de la nourriture, modération et choix raisonné et méthodique : *Mon principal régime est la patience* (Volt.). *Il vivait de régime et mangeait à ses heures* (L. F.). **Diète,** terme médical, régime propre

à conserver, à rétablir la santé, se dit surtout en parlant de la nourriture et suppose ordinairement qu'on se prive d'aliments.

Régiment : ¶ 1 → Troupe. ¶ 2 → Multitude.

Région : → Pays.

Régir : ¶ 1 → Gouverner. ¶ 2 → Diriger. *Régir,* mener droit ou à bien, se dit pour toutes sortes de choses qu'on dirige pour son compte ou pour celui d'autrui et fait surtout penser au résultat bon ou mauvais : *Régir les finances; un théâtre* (Acad.); *l'univers* (Volt.). **Gérer,** s'acquitter d'une charge, se dit surtout pour des affaires, des fonctions auxquelles on a été en général commis et fait penser à la responsabilité qu'on supporte : *Quand on dit qu'un ministre gère ou régit les affaires de l'État, il est considéré dans le premier cas comme occupé à les expédier, dans le second comme leur donnant la direction qu'elles doivent suivre* (Lit.).

Registre, grand livre où l'on écrit les actes ou les affaires de chaque jour : *Registre de notaire, d'un marchand, de l'état civil* (Acad.); *de l'Académie française* (Volt.). **Livre,** registre où l'on inscrit ses comptes, se dit surtout en termes de commerce, ou en parlant d'un registre où l'on note des faits ou des noms dans des loc. comme *Livre de bord, Livre d'or.* **Grand livre,** registre où les commerçants portent tous leurs comptes par doit et avoir, désigne aussi la liste des créanciers de l'État. **Écritures,** au pl., vx, les livres d'un commerçant dans des loc. comme *Tenir les écritures.* **Matricule,** registre où sont inscrits les noms de ceux qui entrent dans un régiment, un hôpital, une prison, et, en général, dans une société ou une compagnie. **Matrice,** registre original où sont consignés les chiffres des rôles d'impositions directes.

Règle : ¶ 1 *Règle,* tout instrument long et droit qui sert à guider la main quand on veut tracer des lignes droites. **Carrelet,** règle à quatre faces égales. — Au fig. ¶ 2 Ce qui sert à conduire, à diriger l'esprit et le cœur. *Règle,* prescription qui peut émaner de l'autorité, de la nature des choses, de la coutume, indique une manière d'agir qui est considérée comme seule exacte et autorisée : *Les règles de la politesse; les règles de l'art. Mourir selon les règles* (Mol.). **Loi,** obligation ou nécessité imposée par la nature ou l'autorité souveraine, moins précise et plus générale que la *règle,* et à laquelle on peut satisfaire par divers moyens : *Les théoriciens des diverses écoles littéraires ont souvent établi des règles différentes pour interpréter les mêmes lois de l'art.* **Règlement** désigne surtout un ensemble de prescriptions particulières et relatives, établies pour déterminer la manière d'agir, spéc. dans un corps social : [La police] *a plutôt des règlements que des lois* (MTQ.). **Norme,** syn. de *règle,* est surtout du langage philosophique et technique et désigne, dans ce dernier cas, la règle fixant les conditions d'exécution d'un objet ou d'élaboration d'un produit. **Conventions,** règles surtout sociales admises par une sorte d'accord tacite entre les hommes, par opposition à celles qui résultent de la nature des choses. **Gouverne,** en termes de commerce, et, fam. en général, règle de conduite : *Cette lettre vous servira de gouverne* (ACAD.). **Canon,** chez les anciens, règle de proportion appliquée à la figure de l'homme; par ext., figure exécutée suivant cette règle et pouvant servir de modèle. ¶ 3 → Principe. ¶ 4 → Exemple. ¶ 5 → Règlement. ¶ 6 Sage disposition des choses. *Règle* a rapport à l'action et à la conduite et suppose qu'on agit selon de bons principes : *Avoir sa conscience en règle.* **Ordre** a rapport à l'état, résultant souvent de la règle, dans lequel chaque chose est à sa place. **Mesure** implique, dans l'action, qu'on ne dépasse pas certaines limites, dans le bien comme dans le mal : *La charité a son ordre et sa mesure* (MAS.). **Compas,** syn. vx de *mesure.*

Réglé : ¶ 1 *Réglé,* participe, marque un effet et se dit de tout ce qui est soumis à une règle quelle qu'elle soit, bonne, mauvaise, particulière, accidentelle, et spéc. des événements qui ont lieu suivant un certain ordre : *Les bravos réglés de la claque* (ZOLA). **Régulier,** adjectif, marque la qualité d'une chose soumise à des règles générales, antérieures, indépendantes d'elle, ce qui la fait approcher de la perfection, et, en parlant des événements, ajoute à *réglé* une idée de constance et d'uniformité : *Une tragédie régulière. Flux de tendresse régulier et monotone comme celui de la vague* (BALZ.). **Normal,** conforme à l'ordre ou à la règle habituels. **Périodique,** syn. de *réglé* en parlant des événements, suppose qu'un phénomène revient, dans les mêmes conditions, à des temps marqués. ¶ 2 En parlant d'un homme, *Réglé* suppose l'habitude de faire les mêmes choses aux mêmes heures ou une conduite sage pour le corps et pour l'esprit : *La vie réglée des femmes en Perse* (MTQ.); **Régulier,** une grande exactitude à se conformer à ses obligations ou aux lois de la morale, de la société : *Vie honnête et régulière* (J.-J. R.). **Rangé** implique de l'ordre dans les occupations, les affaires, l'administration de sa maison et de ses revenus et, au moral, l'absence de tout écart dans la conduite : *Les Genevois sont un peuple rangé qui ne se départ point de ses règles économiques* (J.-J. R.). **Ordonné,** plus fam., a surtout rapport au sage

règlement de son emploi du temps, de ses occupations, et à l'art de mettre chaque chose à sa place. **Méthodique** suppose l'art de conduire sa pensée et ses actions suivant des principes bien établis, avec ordre, et marque parfois un excès, se rapprochant alors de **Systématique,** le plus souvent péj., qui implique, surtout dans l'ordre de la pensée, un attachement excessif à des principes qu'on se refuse à modifier en tenant compte de l'expérience.

Règlement : ¶ 1 → Règle. *Règlement,* ce qui fixe ce qu'on doit faire dans une société et émane d'une autorité quelconque, se dit surtout dans des cas particuliers, à propos d'une administration, d'une assemblée délibérante, d'une communauté : *Règlement de police, d'une maison d'éducation.* La **Loi** émane toujours d'une autorité souveraine, règle, ordonne, permet ou défend. **Prescription,** ordre formel et détaillé qui, pour chaque cas précis, découle du *règlement,* de la *loi,* ou de l'autorité d'un individu. **Arrêté,** décision d'une autorité administrative, prise conformément à une loi et ayant la valeur d'une prescription légale. **Ordonnance** désigne certaines prescriptions émanées d'une autorité supérieure, et aussi certains règlements de police (en un sens plus spéc.), c'est aussi l'ensemble der prescriptions d'un médecin. **Statut,** comme l'indique l'Acad., ensemble des lois, des règlements spécialement applicables soit à des individus soit à des biens, et plus ordinairement, surtout au pl., règle établie pour la conduite d'une société, d'une communauté : *Le statut des fonctionnaires. Les statuts de l'Académie française.* **Code,** de nos jours, tout corps de lois ou de règlements qui renferme un système complet de législation sur certaines matières : *Code de la route.* **Constitution,** d'après l'Acad., loi fondamentale qui détermine la forme du gouvernement et qui règle les droits politiques du citoyen; et, dans une acception plus étendue, *règlement,* en termes de législation ancienne ou en matière ecclésiastique. **Institutions** dit beaucoup plus que *constitution* au premier sens et désigne non seulement toutes les lois fondamentales d'un pays telles qu'elles résultent de la constitution ou de l'usage, mais encore tous les rouages, établis avec un certain règlement, qui assurent leur exécution. **Charte,** au M. A., écrit authentique destiné à consigner des droits ou à régler des intérêts; par ext. acte d'un souverain servant de base à la constitution; par ext. loi, règle fondamentale. — **Canon** ne se dit que des lois et règles de la discipline ecclésiastique et des décisions des conciles, **Règle,** des statuts que les religieux d'un ordre sont obligés d'observer et a, en ce sens, pour syn. **Observance** et parfois **Institut** (→ ce mot). ¶ 2 → Direction.

Régler : ¶ 1 Diriger avec méthode. *Régler* suppose ordre et discipline : *Régler ses désirs* (L. F.). *Régler sur* précise ce que l'on choisit pour guide : *Régler sa vie sur des préceptes et des lois* (Zola) ; *la méthode sur les moyens* (S.-B.). **Mesurer** implique qu'on évite tout excès ou qu'on apprécie exactement les rapports entre les choses : *Je mesure mon vol à mon faible génie* (Boil.). *Mesurer ses ambitions.* — **Conformer à, Modeler sur** diffèrent de *régler sur* comme au réf. ¶ 2 → Décider. ¶ 3 → Finir. ¶ 4 → Fixer. Fixer comment doit être une chose en lui donnant un lieu qui crée un certain ordre. *Régler* insiste sur le fait que la chose a reçu un ordre durable, quel qu'il soit : *Régler la préséance.* **Réglementer,** fixer par un règlement (→ Règle). **Codifier,** réunir des lois éparses en un code ; au fig., réglementer une activité avec un système de lois strictes : *Codifier le roman* (Gi.). **Normaliser,** terme technique, régler un produit, un objet d'après une norme (→ Règle), et, de nos jours, rendre régulier ou normal : *Normaliser les relations d'un pays avec un pays voisin.* ¶ 5 → Payer. ¶ 6 (Réf.) Se conduire d'après quelqu'un. *Se régler sur,* agir selon une méthode que l'on tire de l'exemple d'autrui ou de l'observation de certaines prescriptions : *Quand sur une personne on prétend se régler C'est par les beaux côtés qu'il lui faut ressembler* (Mol.). **Se modeler** et **Se mouler,** qui enchérit, impliquent une imitation plus parfaite, en tous points, de celui qu'on prend pour modèle : *Les jeunes animaux se modèlent sur les vieux* (Buf.). **Se conformer,** plus rare, implique parfois qu'on se rend semblable à quelqu'un ou à quelque chose, mais le plus souvent n'indique qu'un simple accord : *A leur insu ils se conforment à des types littéraires ou autres* (Mau.).

Règne fait penser à la durée pendant laquelle un souverain exerce le pouvoir, **Empire,** qui se dit aussi d'un peuple, à sa puissance et à l'étendue sur laquelle s'exerce ce pouvoir : *L'empire des Romains fut à son apogée sous le règne d'Auguste.* — Au fig. *empire* marque une idée de domination, *règne,* un temps pendant lequel une chose est en vogue : *Le règne de la raison et du goût* (Volt.). *De l'amour ignorons-nous l'empire?* (Rac.).

Régner : ¶ 1 → Gouverner. ¶ 2 → Être.

Regorger : ¶ 1 → Vomir. ¶ 2 → (se) Répandre. ¶ 3 → Abonder.

Régression : → Recul.

Regret : ¶ 1 *Regret,* déplaisir causé par une perte matérielle ou morale, par le fait de n'avoir pas obtenu un bien physique ou moral. **Nostalgie,** regret mélancolique du pays natal (en ce sens **Mal du pays** est plus fam.), par ext. regret mélancolique d'un genre de vie, d'un milieu ou du passé : *Une nostalgie d'ailleurs, un regret pour ce printemps* (Loti). ¶ 2 *Regret,* déplaisir d'avoir fait ou de n'avoir pas fait une chose. **Repentir,** au moral seulement, vif regret d'avoir commis une faute avec souvent le désir de la réparer : *Par regret de sa faute, par repentir* (Mau.). **Remords,** regret d'un crime, implique une douleur vengeresse qu'on subit, sans forcément vouloir s'amender : *Le remords sans l'expiation, le remords tout pur, avide de sa proie et la déchirant* (Balz.). **Ver rongeur,** fig. et du style relevé, remords obsédant. **Repentance,** rare, ajoute à *repentir* l'idée d'une souffrance continue et habituelle. **Résipiscence,** du style relevé, implique reconnaissance de la faute et retour au bien, et s'emploie surtout dans des expressions comme *Venir, Amener à résipiscence.* **Attrition,** terme de théologie, repentir inspiré uniquement par la laideur du péché et la crainte de la punition. **Contrition,** repentir parfait qui joint à l'*attrition* l'amour de Dieu qu'on souffre d'avoir offensé. **Componction,** douleur profonde, visible, durable que donne une vive contrition. Dans le langage courant, *contrition,* assez fam., tout vif repentir ; *componction,* souvent péj. et ironique, air de regret assez hypocrite malgré sa gravité. — Dans le langage théologique, **Pénitence** ajoute l'idée que le péché est expié avec le ferme propos de ne plus recommencer. Dans le langage courant, **Désespoir** se dit, par hyperbole, d'un regret qu'on présente comme très vif.

Regrettable : → Fâcheux.

Regretter : ¶ 1 *Regretter* se dit des personnes ou des choses dont la perte ou la privation donnent du déplaisir, ou des événements passés qu'on juge fâcheux : *Regretter Mme de Pompadour* (Volt.). *Regrettant un hymen* (Rac.). **Plaindre,** peu usité, se dit des choses qu'on donne difficilement ou des événements qui fâchent ou touchent de compassion : *Je révoque des lois dont j'ai plaint la rigueur* (Rac.). **Déplorer** ne se dit que des événements qui excitent d'une façon très vive la compassion ou le regret, au point d'amener des larmes : *Déplorer nos malheurs* (Corn.). **Pleurer** fait penser plus vivement aux larmes que l'on verse parce qu'on regrette une personne morte ou quelque chose de précieux : *Pleurer un fils* (L. B.) ; ou parce que l'on déplore un événement : *Elle pleure en secret le mépris de ses charmes* (Rac.) ; dans ce dernier cas on dit aussi **Pleurer sur** : *Pleurer sur la folie de ses semblables* (Did.). **Geindre,** déplorer en gémissant, est très rare au sens trans. : [Le peuple] *geint lamentablement sa misérable vie* (Lec. d. L.). ¶ 2 Avoir du déplaisir d'une erreur ou d'une faute. *Regretter* est moins fort que **Se repentir** : → Regret. **S'en mordre les doigts, les poings, ou les pouces,** regretter une chose qu'on a faite, est fam.

Régularité : → Exactitude.

Régulier : ¶ 1 Adj. → Réglé et Exact. ¶ 2 N. → Religieux.

Réhabiliter : → Rétablir.

Rehausser : ¶ 1 → Hausser. ¶ 2 Au fig., *Rehausser,* rendre plus haut, plus éclatant, ce qui est déjà haut ou éclatant : *La finesse et la grâce rehaussaient une élocution digne d'un prélat* (Balz.). **Relever,** rendre haut, éclatant, ce qui serait bas ou terne : *Le satirique est obligé de se détourner sur de petites choses qu'il relève par la beauté de son génie et de son style* (L. B.). **Assaisonner,** relever l'agrément de ce qu'on dit, de ce qu'on fait, en y mêlant du piquant ou en le tempérant habilement. **Réchampir,** et plus rarement **Échampir,** en termes de peinture, détacher, pour les rehausser, les objets du fond sur lequel on peint, soit en marquant leurs contours, soit par l'opposition des couleurs. **Faire valoir,** fig., relever ou rehausser soit en vantant, soit en présentant bien. **Servir de repoussoir,** fig. et fam., se dit d'une personne ou d'une chose qui en fait valoir une autre par le contraste. **Mettre en valeur,** c'est simplement faire ressortir, mettre en relief une chose par la manière dont on la place. ¶ 3 → Louer.

Rein, viscère double qui sécrète l'urine, par ext. au pl. le bas de l'épine dorsale et la région voisine surtout considérée du point de vue de la force et de la souplesse : *Il a les reins forts. Être souple de reins* (Acad.). **Lombes,** terme scientifique, parties musculaires situées en arrière de l'abdomen, à droite et à gauche de la colonne vertébrale. **Râble,** partie de certains quadrupèdes (lièvre, lapin) qui s'étend du bas des côtes jusqu'à la queue, syn. fam. de *reins* en parlant d'un homme. **Rognon** ne se dit guère que du rein comestible de certains animaux : *Un rognon de veau.*

Réintégrer : → Rétablir et Revenir.

Réitérer : ¶ 1 → Refaire. ¶ 2 → Répéter.

Reître : → Soudard.

Rejaillir : ¶ 1 → Jaillir. ¶ 2 → Retomber.

Rejet : ¶ 1 → Pousse. ¶ 2 → Enjambement.

Rejeter : ¶ 1 → Jeter. ¶ 2 → Repousser. ¶ 3 → Reporter. ¶ 4 (Réf.) → Reculer.

Rejeton : ¶ 1 → Pousse. ¶ 2 → Fils. ¶ 3 → Postérité.

Rejoindre, se réunir avec des gens dont on est séparé : *Rejoindre un fugitif*

(Mau.); en termes militaires et d'administration, c'est, souvent absolument, retourner à son corps, ou à son poste. **Retrouver,** rejoindre quelqu'un qu'on cherche ou vers qui on retourne. **Rattraper,** rejoindre quelqu'un à qui on a laissé prendre les devants : *Sa servante Alison la rattrape et la suit* (Boil.). **Atteindre,** rejoindre quelqu'un qu'on suit ou qu'on poursuit. **Attraper,** atteindre et saisir. **Rallier,** surtout en termes militaires ou de marine, rejoindre un poste, une unité, un vaisseau. **Joindre,** se rencontrer avec quelqu'un, parvenir à le trouver, n'implique pas qu'on a été séparé de lui, mais se dit parfois comme syn. d'*atteindre* ou de *rattraper.* — **Regagner,** rejoindre un lieu, un poste où l'on retourne après l'avoir quitté.

Réjoui : ¶ 1 Adj. → Gai. Qui manifeste sur son visage la gaieté ou la joie qu'il éprouve. *Réjoui* suppose une joie constante, visible, et parfois simplement l'air de la gaieté. **Riant** indique une gaieté ou une amabilité vive et agréable qui se manifeste par le rire ou le sourire. **Rieur,** qui rit habituellement, aime à rire, se dit des personnes ou des parties de leur visage toujours animées par le rire. **Épanoui** se dit des traits qui s'ouvrent et se dilatent par la joie, ou d'une joie éclatante, bruyante. **Radieux** (→ ce mot) marque, plutôt que la joie, le contentement se manifestant sur le visage par une sorte de rayonnement : *Le prélat radieux, Découvert au grand jour attirait tous les yeux* (Boil.). **Hilare** suppose une explosion de rires ou, péj., un large rire, un peu bête, parfois figé : *L'air hilare et stupide comme un magot* (Flaub.). ¶ 2 Comme n., *Réjoui,* personne qui a de l'embonpoint et de la gaieté : *Elle aimait un gros réjoui* (Volt.). **Bon vivant** et parfois **Gros vivant,** homme d'une humeur facile et gaie, et qui aime à se réjouir sans faire tort à personne, ce qui le rend d'un commerce agréable. **Roger Bontemps** et **Vive la joie** ajoutent une idée d'insouciance (→ Insouciant). **Boute-en-train,** celui qui met tout le monde en mouvement et en gaieté : *Le malin de Vouvray, le boute-en-train du bourg* (Balz.).

Réjouir : ¶ 1 → Égayer. *Réjouir,* donner de la joie, intérieure ou extériorisée, par une sensation agréable, un divertissement, un événement heureux : *La gaieté de Pomenars était si extrême qu'il aurait réjoui la tristesse même* (Sév.). **Régaler,** rare, réjouir d'un plaisir comparable à un divertissement : *Nous allons régaler, mon père, votre abord D'un incident tout frais qui vous surprendra fort* (Mol.). **Dilater, Épanouir le cœur,** réjouir d'une joie intérieure, dynamique. **Ensoleiller, illuminer** se disent aussi au fig. de personnes ou de choses qui répandent de la joie dans une société ou dans la vie de quelqu'un. ¶ 2 (Réf.) *Se réjouir*, éprouver de la joie, une vive satisfaction : *Se réjouir de voir se faire l'unité socialiste* (J. Rom.). **Se féliciter**, se trouver heureux d'un événement, qu'on en soit ou non responsable : *Je me félicite du résultat du nouveau calmant* (M. d. G.). **S'applaudir**, se féliciter avec complaisance de ce qu'on trouve bon, et parfois d'une illusion qui flatte la vanité : *En s'applaudissant intérieurement d'avoir tout arrangé pour le mieux* (Balz.). **Triompher**, être ravi de joie à propos de quelque avantage, toujours personnel, dont on tire vanité, fierté ou satisfaction. **Exulter**, témoigner une joie triomphante : *Il exulte en public* (Volt.). **Jubiler**, fam., éprouver une vive satisfaction et la témoigner. ¶ 3 (Réf.) *Se réjouir*, se donner un divertissement. **Rire**, fam., se réjouir à plusieurs : *Venez avec nous, nous rirons*.

Réjouissance : ¶ 1 → Divertissement. ¶ 2 *Réjouissances*, manifestations de joie publique. **Fête**, souvent au pl., réjouissances solennelles célébrant un grand événement; parfois, surtout au sing., réjouissance dans une assemblée de famille ou d'amis : *Les fêtes du bimillénaire de Paris. Fête de famille.* **Divertissements** n'implique pas une joie publique, mais le désir de se distraire, d'échapper aux soucis : *Les divertissements du Carnaval.*

Réjouissant : → Gai.

Relâche : → Repos.

Relâche (sans) : → Toujours.

Relâché, qui est moins exact qu'auparavant ou qu'il devrait être dans ses mœurs, sa conduite, sa religion : *Opinions relâchées* (Pasc.). *Morale relâchée* (Rac.). **Commode** (→ Facile) se dit d'une dévotion, d'une doctrine, d'un directeur, d'une morale qui, par manque d'austérité, laissent trop facilement tomber dans des fautes qu'ils excusent. **Élastique**, fig. et fam., suppose, en parlant d'une conscience ou de ses principes, une certaine facilité à agir sans scrupule, tout en prétendant ne pas violer la morale.

Relâchement : ¶ 1 → Repos. ¶ 2 → Négligence.

Relâcher : ¶ 1 → Lâcher. Rendre à un prisonnier sa liberté primitive. *Relâcher*, terme général, marque le fait et se dit pour un détenu ou un prisonnier de guerre. **Relaxer**, terme de droit, ne se dit que pour un détenu qu'on laisse libre parce qu'on renonce à le poursuivre. **Libérer**, terme de droit, relâcher un détenu à la fin de sa peine ou à la suite d'une commutation de peine, ou rendre la liberté, dans les formes, à un prisonnier de guerre. **Élargir**, relâcher ou libérer de prison, est plutôt fam. ¶ 2 → Diminuer. ¶ 3 → Toucher. En termes de marine, *Relâcher*, s'arrêter en quelque endroit. **Faire escale**, relâcher dans un endroit propre au mouillage, notamment dans un port. ¶ 4 (Réf.) → (se) Négliger.

Relancer : → Poursuivre.

Relaps : → Hérétique.

Relater : → Raconter.

Relation : ¶ 1 → Rapport. ¶ 2 Le fait de connaître d'autres personnes, de communiquer avec elles. *Relation*, terme général, se dit quelle que soit la raison qui nous rapproche des autres, mais rappelle une action, une recherche plus subjective, plus voulue que ne le fait **Rapport** qui suppose un rapprochement plus naturel : *Relations d'affaires* (J. Rom.). *Rapports de père à fils* (R. Roll.). **Commerce**, relations suivies d'affaires, d'idées : *Commerce d'esprit* (L. B.). **Communication**, commerce direct ou par correspondance dans le dessein de mettre en commun des idées ou des projets : *Avoir des communications avec les ennemis de l'État* (Lit.). **Contact** suppose des relations assez brèves ou accidentelles entre personnes éloignées ou de mentalité différente qui cherchent à se connaître, à trouver entre elles des points communs : *Garder certains contacts* (J. Rom.). **Liaison**, relations étroites entre personnes unies par l'amitié, l'amour, l'intérêt : *Liaison intime* (Roll.); *dégradante* (Gi.). **Engagement** ajoute l'idée qu'on se consacre à une personne par amour, ou au monde par goût. **Attaches** fait penser au lieu, à la personne ou au milieu dont nous font dépendre une liaison ou des relations : *Rompre de fâcheuses attaches* (Acad.). **Accointance**, liaison, relation familière, ou avec ceux qui on est d'intelligence, est parfois péj. : *Des sectes qui avaient des accointances cachées à travers toute l'Europe* (J. Rom.). **Habitude**, vx, relations fréquentes avec quelqu'un. **Société**, commerce habituel, ordinaire, avec des personnes qu'on voit souvent pour son plaisir : *Pour rendre la société commode, il faut que chacun conserve sa liberté* (L. R.). **Intrigue** ne se dit que d'un commerce secret de galanterie. — Pour qualifier l'état des relations, **(bonne** ou **mauvaise) Intelligence** suppose des personnes assez proches, **(bons** ou **mauvais) Termes**, des personnes plus éloignées : *On vit en bonne intelligence avec sa femme et en bons termes avec ses voisins.* ¶ 3 → Ami. Les gens avec qui on est lié. *Relations*, personnes avec qui on est lié par des rapports mondains ou d'intérêt, fait penser souvent aux services qu'elles peuvent nous rendre par leur importance sociale. **Fréquen-**

tations, personnes qu'on voit souvent uniquement pour plaisir, fait penser à l'influence, assez souvent mauvaise, qu'elles ont sur nous : *Mauvaises fréquentations* (Gi.). ¶ 4 → Histoire. ¶ 5 → Récit. Récit de ce que l'on a vu ou entendu. *Relation,* qui peut se dire aussi de ce que l'on a soi-même établi historiquement, s'emploie plutôt en parlant de récits de voyageurs, d'historiens. **Rapport** suppose qu'on veut éclaircir quelqu'un ou qu'on avait été chargé d'observer ou d'étudier certaines choses dont on rend compte : *Recueillir les rapports du concierge* (Gi.). **Témoignage,** rapport de témoin considéré comme plus ou moins valable pour établir la vérité ou comme indubitable : *Le rapport des femmes qui avaient vu* [J.-C.] ; *le témoignage de Madeleine qui lui avait parlé* (Bour.). **Compte rendu,** en termes d'administration ou de journalisme, relation de certains faits particuliers : *Compte rendu de l'état des finances, d'un procès, d'une partie de foot-ball.* **Procès-verbal,** acte d'un officier de justice constatant une contravention ou un délit ; par ext. relation ou compte rendu faits par une personne officiellement qualifiée : *Procès-verbal de levée des scellés. Le procès-verbal d'une séance de l'Assemblée nationale.* **Version,** relation particulière à une personne par opposition au récit différent des mêmes faits que donne une autre personne.

Relaxer : → Relâcher.

Relayer : → Remplacer.

Relégation, Déportation, Transportation, vx, **Internement :** → Reléguer.

Reléguer : ¶ 1 Enjoindre à un coupable, à un exilé d'aller résider en tel lieu qu'on lui assigne (≠ Bannir : → ce mot). *Reléguer* insiste sur l'éloignement de ce lieu, **Confiner,** sur le fait qu'on enferme étroitement ceux qu'on ne veut pas laisser échapper : *Plusieurs personnes furent reléguées en Sibérie, d'autres confinées en diverses prisons* (S.-S.). ¶ 2 En termes de droit français, *Reléguer,* interner perpétuellement les récidivistes dans une colonie française avec l'obligation de travailler ; **Déporter,** interner à perpétuité des condamnés politiques dans une colonie sans obligation au travail ; s'est dit aussi des prisonniers politiques d'un pays occupé enfermés par l'occupant dans des camps de concentration sur son territoire. **Transporter,** autrefois, conduire les forçats aux colonies pour les y faire travailler jusqu'à l'expiration de leur peine. **Interner,** confiner un délinquant ou un suspect dans une résidence avec interdiction d'en sortir.

Relent : → Odeur.

Relevé : ¶ 1 Adj. → Élevé. ¶ 2 N. → Compte. Extrait d'un registre, d'un dossier, d'un compte. Le *Relevé,* partiel, fait l'extrait des articles relatifs à un même objet, le **Dépouillement,** total, fait le sommaire, l'extrait de tous les articles.

Relèvement : → Hausse.

Relever : ¶ 1 → Lever. ¶ 2 → Ramasser. ¶ 3 Faire remonter vers le haut. *Relever* ne précise pas la manière. **Retrousser,** relever en repliant : *Retrousser la nappe par-dessus les assiettes sales* (Zola). **Recoquiller,** retrousser en forme de coquille : *Recoquiller les bords de son chapeau.* **Trousser,** syn. de *retrousser,* ne se dit guère que des vêtements qu'on a sur soi : *Trousser sa jupe.* **Soulever,** relever ou écarter légèrement ce qui cache une autre chose : *Soulever le voile d'une femme.* ¶ 4 → Hausser. ¶ 5 → Rétablir. ¶ 6 → Assaisonner. ¶ 7 → Corriger. ¶ 8 → Rehausser. ¶ 9 → Louer. ¶ 10 → Noter. ¶ 11 → Souligner. ¶ 12 → Réprimander. ¶ 13 → Remplacer. ¶ 14 → Libérer. ¶ 15 → (se) Rétablir. ¶ 16 → Dépendre.

Relief : ¶ 1 *Relief,* ce qui fait saillie sur une surface, a pour syn. **Bosse,** dans le langage technique de la sculpture, de la peinture, de l'orfèvrerie, dans des loc. comme *Ronde bosse, Relever en bosse.* ¶ 2 → Lustre. ¶ 3 *Reliefs :* → Reste.

Relier : → Joindre et Unir.

Religieuse : Femme qui s'est consacrée à Dieu en s'astreignant à suivre la règle de quelque ordre ou de quelque congrégation. *Religieuse* correspond exactement à *religieux* et diffère de **Congréganiste** comme ce mot (→ Religieux). **Moniale,** religieuse cloîtrée. **Nonne,** religieuse cloîtrée, ne se dit plus guère, sauf par plaisanterie. **Nonnain,** vx et du style badin, désignait plutôt une nonne délurée. **Nonnette,** jeune nonne. **Fille,** nom que l'on donnait à certaines religieuses (ex. *les Filles de la Charité*), est peu usité de nos jours. **Sœur,** titre donné aux religieuses soit en leur parlant, soit en parlant d'elles dans la plupart des ordres ou dans les communautés, de nos jours syn. fam. de *religieuse.* **Mère,** qualification de certaines religieuses, ne s'emploie que suivi de leur nom ou comme un titre qu'on leur donne.

Religieux : ¶ 1 Adj. *Religieux* implique le sentiment de l'existence de Dieu et l'attachement scrupuleux à tous ses devoirs envers lui : *Je suis religieux. Je remplis mes devoirs* (Mau.). **Croyant** indique surtout la soumission aux dogmes de la foi. **Pieux** suppose zèle et ferveur qui se manifestent par un culte ardent. **Dévot** implique une consécration totale à Dieu, qui se manifeste dans l'attitude et l'exactitude à observer les pratiques du culte; avec souvent l'idée d'un excès ou d'une simple apparence (→ Bigot) : *Pieuse sans être dévote* (Balz.). *Il est plus que dévot, il est religieux* (Balz.). **Dévotieux,** vx, très *dévot* en un sens favorable. **Pratiquant** indique simplement l'observation exacte des exercices extérieurs du culte, sans rien préjuger des sentiments intérieurs. **Spirituel,** dans le langage religieux, qualifie les activités qui ont rapport à l'âme et les personnes qui, dégageant leur âme des sens, vivent intérieurement et cherchent uniquement à se perfectionner aux yeux de Dieu : *Chrétiens spirituels et parfaits dans leur religion* (Bour.). **Mystique** marque la disposition d'une âme qui, par sa vie toute spirituelle, cherche à s'unir intimement à Dieu pour le connaître intuitivement; et se dit ironiquement de ceux qui raffinent sur les matières de dévotion et sur la spiritualité. **Juste,** dans le langage religieux, qui observe exactement les devoirs de la religion, est de ce fait en état de grâce : *Pécheurs qui se croient justes* (Pasc.). ¶ 2 N. *Religieux,* tout homme qui, engagé ou non dans les ordres sacrés, a prononcé les vœux solennels de chasteté, de pauvreté, d'obéissance à une règle autorisée par l'Église : *Les pauvres religieux* (Volt.). *Les bons religieux* (Les.). **Régulier,** *religieux,* par opposition aux ecclésiastiques séculiers. **Moine,** religieux cloîtré (ex. un trappiste), s'emploie par ext. en parlant de certains ordres religieux mendiants (ex. les franciscains) ou même comme syn. de *religieux,* mais souvent avec une nuance péj. : *Un vilain moine* (Did.). **Monial,** religieux qui vit en reclus, syn. rare et recherché de *moine.* **Clerc régulier,** religieux qui unit la vie active à la vie ascétique et se livre à toutes les tâches extérieures du ministère sacerdotal (ex. les jésuites). Les **Congréganistes** (ex. les oratoriens, les sulpiciens) ne sont pas liés par des vœux solennels, mais seulement par des vœux simples ou un engagement qui ne va pas jusqu'au vœu; mais l'usage les appelle aussi *religieux,* tandis que le langage de la jurisprudence civile qualifie de *congréganistes* les religieux de toute espèce. **Père,** titre que l'on donne aux membres des congrégations et des ordres religieux, est parfois ironique s'il n'est pas suivi d'un nom propre : *Le bon père* (Pasc.). **Frère,** titre que se donnent les religieux : *Frère Ange*; au pl. titre qui se joint au nom de certains ordres : *Les frères de la Charité.* **Frater** (en lat. « frère »), ironique, religieux qui n'est pas prêtre et s'occupe aux emplois domestiques d'un couvent. **Prieur,** religieux

qui régit une communauté. **Cénobite** (de deux mots grecs signifiant *vie en commun*), moine qui vit en communauté, par opposition à l'**Anachorète** (→ Ermite), ne se dit guère que des moines des premiers temps de l'Église. **Cloîtrier,** religieux qui habite effectivement le cloître, est vx. **Penaillon,** vx, syn. méprisant et fam. de *moine.* **Frocard,** péj., est argotique.

Religion : ¶ 1 Sentiments d'une âme disposée comme il convient à l'égard de Dieu. *Religion,* **Piété, Dévotion, Spiritualité, Mysticisme** : → Religieux (adj.). **Foi** (→ ce mot) implique la soumission totale à l'autorité des dogmes : *Il est essentiel à la foi de ne pas voir et de croire ce qu'on ne voit pas* (Bour.). **Religiosité,** disposition très vague à croire en Dieu, qui n'est rapportée à aucune foi positive, à aucun sentiment précis d'un dogme et de devoirs envers Dieu : *Vague et malsaine religiosité* (Mau.) : → Déisme. ¶ 2 Application de l'homme ou d'une société aux choses de Dieu. *Religion* comporte l'idée de dogmes, de croyances qu'on professe, et aussi de pratiques, relativement à un groupe d'hommes ou à un individu : *La religion catholique. La religion de Pascal* (Acad.). **Culte** et **Adoration,** uniquement pratiques, expriment la façon dont les hommes rendent à la divinité, en sentiments et en actions, ce qui lui est dû selon ce que la religion leur enseigne. *Culte,* plus général, toutes les manifestations de nos sentiments et tous nos actes qui ont la divinité pour objet : *Culte intérieur. Culte extérieur. Adoration,* culte d'humilité et de respect, public ou privé : *Démonstrations de respect et d'adoration* (Bour.). En termes théologiques, **Culte de latrie,** culte d'adoration rendu à Dieu seul par opposition au **Culte de dulie,** respect et honneur qu'on rend aux saints et **Hyperdulie,** culte rendu à la Vierge. **Pratiques** ne se dit que de certains exercices relatifs au culte et tout extérieurs. — **Idolâtrie,** adoration des images des faux dieux. ¶ 3 Au fig. *Religion,* exactitude scrupuleuse à observer ses engagements et ses devoirs : *La religion de l'honneur* (Bos.). **Piété** et **Culte** impliquent tendresse et vénération (→ Respect) : *Le culte de l'esprit critique* (Past.); **Adoration,** amour extrême; **Idolâtrie,** amour excessif (→ Attachement).

Religionnaire : → Protestant.

Religiosité : → Religion.

Reliquaire, sorte de coffret où l'on conserve les reliques (→ Restes) d'un saint. **Châsse,** grand reliquaire orné rappelant le plus souvent la forme d'un cercueil. **Fierte,** syn. de *châsse,* est surtout un terme d'archéologie.

Reliquat, Reliques : → Reste.

Reluire : → Luire.

Reluisant : → Brillant.

Reluquer : → Regarder.

Remâcher, broyer les aliments avec les dents une seconde fois; **Ruminer,** comme l'indique l'Acad., ne se dit que de certains animaux pourvus de plusieurs estomacs, qui font revenir du premier les aliments qu'ils ont avalés pour les mâcher de nouveau. — Au fig. → Repenser.

Remanier : → Revoir.

Remarquable : ¶ 1 *Remarquable,* digne d'attirer l'attention, en parlant des personnes et des choses. **Marquant** dit plus et suppose la puissance d'attirer l'attention : *Individu marquant et célèbre* (S.-B.). **Marqué,** surtout en parlant des choses, implique qu'elles attirent effectivement l'attention, parce qu'elles sont visibles, apparentes, mais sans l'idée d'excellence ou de rareté qu'il y a souvent dans *remarquable* ou *marquant* : *Il en témoigna son mécontentement de la manière la plus marquée* (D'Al.). — En parlant des choses, en bien ou en mal, **Éclatant** enchérit sur *marquant* et se dit de ce qui fait beaucoup de bruit, s'impose à l'attention : *Mérite éclatant* (Rac.). *Malheurs éclatants* (Rac.). **Frappant** et **Saisissant,** qui enchérit, ajoutent l'idée d'une certaine émotion produite par ce qui est *marquant* ou *marqué.* **Saillant,** qui attire sur soi l'attention dans un ensemble, se dit surtout des faits, ou des traits d'un ouvrage de l'esprit qui ressortent par leur vivacité. **Notable** ajoute à *remarquable* l'idée que la chose mérite d'être signalée, souvent par son importance relativement à des choses de même espèce : *Animal d'une notable férocité* (Balz.). *Différence notable.* — En parlant des personnes et des choses, **Insigne** enchérit sur *remarquable* pour qualifier ce qui est en soi excellent dans son genre, en bien ou en mal : *Insigne maladresse* (Gi.); **Signalé** enchérit sur *marquant* et sur *marqué* en impliquant que ce qui est *insigne* a été effectivement remarqué : *Signalé marque l'éclat, le bruit, l'effet que produit la chose, insigne n'exprime que la qualité, le mérite, le prix de la chose... Votre piété est signalée par des actions, par des œuvres d'éclat : elle est insigne par sa hauteur, par sa singulière éminence* (R.). — **Mémorable** ajoute à *notable,* en parlant d'un événement, qu'il est digne d'être conservé dans la mémoire (→ Important, Extraordinaire et Parfait). ¶ 2 → Distingué.

Remarque : ¶ 1 Ce qu'on dit à quelqu'un à propos de sa conduite, de ses discours.

La *Remarque* consiste à souligner un détail pour attirer l'attention de l'intéressé. **Observation** suppose un commentaire, parfois une discussion ou aussi une réprimande : *Un élève se tient mal; on lui en fait la remarque et, si cela ne suffit pas, on lui adresse une observation.* **Réflexion,** fam., remarque assez désobligeante pour quelqu'un : *Quand vous lui avez fait vos réflexions, comment les a-t-il prises?* (J. Rom.). ¶ 2 *Remarques :* → Pensées.

Remarquer : → Regarder et Voir.

Rembarrer : → Repousser.

Remblai : → Talus.

Rembourrer, garnir de bourre, de laine, de crin, etc. : *Rembourrer un coussin.* **Capitonner,** rembourrer en piquant de place en place : *Capitonner un fauteuil.* **Matelasser,** garnir de coussins rembourrés et piqués, en façon de matelas, ou capitonner d'un rembourrage très épais : *Matelasser une porte* (→ Garnir).

Rembourser : → Redonner. *Rembourser,* rendre à quelqu'un le montant des débours, des frais (→ Dépense) qu'il a avancés. **Défrayer,** se charger des frais d'entretien, de nourriture, de voyage de quelqu'un : *Un voyageur de commerce est défrayé par son patron qui lui rembourse l'argent qu'il a avancé pour payer ses frais.* — **Amortir,** terme de finance, éteindre une dette, un emprunt, en remboursant progressivement le capital aux créanciers.

Rembruni : → Triste.

Remède : ¶ 1 *Remède,* tout ce qui rétablit la santé : *L'eau, le lait peuvent être des remèdes.* **Médicament,** substance artificiellement préparée et administrée ou appliquée pour servir de remède. *Remède,* en ce sens, fait penser à l'effet, à l'efficacité, *médicament,* à la composition ou à l'application. **Spécifique,** médicament propre à quelque maladie : *La quinine est un spécifique contre la fièvre.* **Préparation,** en termes de pharmacie, tout médicament préparé par le mélange de certains ingrédients. **Émulsion, Électuaire** ou **Confection, Baume, Pommade, Onguent,** etc., désignent diverses préparations pharmaceutiques. **Spécialité,** en termes de pharmacie, médicament préparé selon une formule personnelle à l'inventeur ou portant une marque de fabrique déposée. **Potion,** médicament liquide qu'on administre ordinairement par cuillerées. **Drogue,** nom générique des ingrédients qui servent en pharmacie, syn. péj. de *médicament.* **Mithridate** te **Thériaque,** noms d'électuaires autrefois utilisés en thérapeutique et réputés antivénéneux, ne se disent plus qu'ironiquement de drogues de charlatans; il en est de même d'**Orviétan**. **Palliatif**, remède qui calme le mal sans avoir la propriété de guérir. **Préservatif**, remède qui empêche de contracter certaines maladies. **Panacée**, nom donné autrefois à certains médicaments efficaces contre plusieurs affections; dans le langage courant, remède prétendu universel contre tous les maux physiques ou moraux. **Topique** ou **Remède topique**, en termes de médecine, médicament qu'on applique sur la partie malade, comme emplâtre, onguent, cataplasme. **Épithème**, terme de pharmacie, nom générique de tous les topiques qui ne sont ni des onguents ni des emplâtres. ¶ 2 Au fig. *Remède*, tout ce qui guérit le mal moral, les souffrances de l'âme, ou fait cesser un malheur : *Le remède à vos misères* (Pasc.). **Panacée**, ironique, solution propre pour guérir tous les maux. **Palliatif**, solution ou mesure qui adoucit provisoirement un mal, mais sans le faire disparaître. **Baume**, ce qui calme, adoucit les peines, les chagrins, sans l'idée de provisoire qu'il y a dans *palliatif* : *La tolérance sera regardée dans quelques années comme un baume essentiel au genre humain* (Volt.). **Préservatif**, ce qui prévient un mal possible : *S'il est des préservatifs contre l'amour, l'amitié seule peut les donner* (Genlis). **Antidote**, au fig., sorte de contrepoison qui combat une influence fâcheuse : *L'air, les raisins, le vin des bords de la Garonne et l'humeur des Gascons sont d'excellents antidotes contre la mélancolie* (Mtq.). ¶ 3 → Lavement.

Remédier : → Pourvoir.

Remémorer (se) : → (se) Rappeler.

Remener : → Mener.

Remerciement, témoignage de reconnaissance. **Grand merci** ou bien insiste ou bien se dit par ironie. **Grâce**, employé d'ordinaire avec le verbe *rendre*, est assez recherché sauf quand on remercie Dieu.

Remercier : ¶ 1 → Congédier. ¶ 2 *Remercier de* : → Refuser.

Remettre : ¶ 1 Mettre entre les mains de quelqu'un. *Remettre* marque l'action formelle, quelle qu'en soit la raison. **Livrer** (→ ce mot), remettre une chose à quelqu'un selon les conventions faites avec lui, ou mettre une personne ou une chose à la discrétion de quelqu'un : *Livrer de la marchandise à domicile*. **Délivrer**, remettre ou livrer une chose à qui de droit et dans les formes : *Délivrer un billet de chemin de fer*. **Donner**, syn. de *remettre*, dans le langage courant. **Rendre** est vx. ¶ 2 Donner la garde ou le soin de quelqu'un ou de quelque chose. *Remettre* marque surtout l'action de mettre entre

les mains d'un nouveau possesseur. **Confier** (→ ce mot), remettre à queiqu'un ce qu'il doit garder comme un dépôt : *Confier à des particuliers le dépôt de l'autorité publique* (J.-J. R.). **Commettre**, remettre à quelqu'un ce qu'il doit prendre soin de faire, d'exécuter : *Commettre à des magistrats le soin de faire observer les délibérations du peuple* (J.-J. R.); dans le style relevé, *confier* ce qui a une grande valeur ou qu'on doit garder avec soin. **Consigner**, terme d'administration, remettre à quelqu'un une somme ou un objet en dépôt. ¶ 3 → Redonner. ¶ 4 → Reconnaître. ¶ 5 → Rétablir. ¶ 6 Raccommoder un membre, un os. *Remettre* se dit en général pour les os ou les membres démis, cassés, disloqués, désemboîtés. **Remboîter** ne se dit que pour ce qui est désemboîté (→ Disloquer), mais s'emploie aussi bien pour les pièces de menuiserie que pour les os. ¶ 7 → Réconcilier. ¶ 8 → Tranquilliser. ¶ 9 → Excuser. ¶ 10 → Retarder. — Réf. ¶ 11 → (se) Rétablir. ¶ 12 → (se) Retrouver. ¶ 13 → Recommencer. ¶ 14 *S'en remettre* : → (s'en) Rapporter.

Réminiscence : → Mémoire.

Remise : ¶ 1 Action de remettre. *Remise* s'emploie dans tous les sens du verbe. **Livraison** ne se dit que d'une marchandise que l'on remet à celui qui l'a commandée. **Délivrance** en diffère comme les v. correspondants (→ Remettre) : *La délivrance d'un passeport*. ¶ 2 → Commission. ¶ 3 → Rabais. ¶ 4 → Délai. ¶ 5 → Pardon. ¶ 6 *Remise*, local fermé destiné à mettre les voitures à couvert. **Garage**, remise de bicyclettes ou d'automobiles. **Hangar**, construction en appentis ou isolée, formée d'un toit sur piliers ou poteaux, souvent ouverte, et destinée, à la campagne, à servir d'abri à des véhicules, des instruments, des récoltes; et sur les terrains d'aviation à abriter les appareils.

Remiser : → Repousser.

Rémission : ¶ 1 → Pardon. ¶ 2 → Repos.

Remmener : → Mener.

Remontant : → Fortifiant.

Remonter : ¶ 1 → Réconforter. ¶ 2 *Remonter à* : → Venir de.

Remontrance : → Reproche.

Remontrance (faire une) : → Réprimander.

Remontrer : → Reprocher.

Remords : → Regret.

Remorquer : → Traîner.

Remous : → Fermentation et Mouvement.

Rempart : ¶ 1 *Rempart*, en termes de fortification, masse de terre élevée derrière l'escarpe pour soutenir le parapet du mur qui défend une place (en ce sens on a dit aussi parfois **Avant-mur**), se dit plus communément de la muraille tout entière qui entoure et défend une ville ou un château, et a alors pour syn. **Enceinte**, ou **Muraille** (souvent au pl. en ce sens), *enceinte* faisant plutôt penser à l'ensemble des remparts, des tours, des ouvrages; *murailles*, à l'aspect de l'escarpe vue de l'extérieur; *rempart* se disant plutôt du lieu où l'on peut monter pour voir la campagne environnante. **Boulevard** se disait plutôt du terre-plein du rempart. **Glacis**, terrain en pente douce ménagé en avant d'un ouvrage de fortification, avant le fossé, et où l'assaillant est à découvert. ¶ 2 Au fig. → Bouclier.

Remplaçant, celui qui prend la place d'un autre, provisoirement ou définitivement, ou est destiné à le remplacer. **Substitut**, celui qui est chargé de remplir les fonctions d'un autre, en cas d'absence ou d'empêchement de celui-ci, se dit spéc. dans la magistrature. **Suppléant**, celui qui, n'étant pas titularisé dans une fonction, est chargé de remplacer provisoirement les titulaires absents : *Professeur suppléant*. **Intérimaire**, celui qui, en fait, occupe une place pendant le temps qu'elle est vacante par absence du titulaire ou faute de titulaire : *Rédacteur intérimaire*. Le *suppléant* peut faire partie en permanence d'une administration, l'*intérimaire* n'en fait partie que pendant son intérim.

Remplacement, action de mettre une personne ou une chose à la place d'une autre, est relatif à ce qui est remplacé : *Le remplacement d'un juge, d'un employé*. **Substitution**, terme didact., est relatif à ce qui remplace, parfois frauduleusement : *Substitution d'une biche à Iphigénie. Substitution d'enfant*. **Subrogation**, terme de droit, institution en vertu de laquelle une personne ou une chose est substituée à une autre dans un rapport juridique. **Commutation**, terme de droit criminel, dans la loc. *Commutation de peine*, substitution d'une peine. — **Suppléance** et **Intérim** : → Remplaçant. **Roulement**, remplacement alternatif dans certaines fonctions. — **Rechange**, après *de*, se dit de certains objets que l'on tient en réserve pour remplacer, au besoin, d'autres objets semblables, et fam. au fig. : *Roue de rechange. Politique de rechange*.

Remplacer : ¶ 1 *Remplacer*, remplir pleinement les devoirs, le rôle, les fonctions d'un autre. **Suppléer**, remplacer très provisoirement, ou compenser l'absence d'une personne ou d'une chose sans en remplir parfaitement la place : *Si l'on peut te suppléer, on ne saurait te remplacer* (Genlis). *Le Boulevard supplée la cour en un temps de démocratie* (J. Rom.). **Se Substituer à**, prendre la place de. **Représenter**, tenir la place de quelqu'un dans une cérémonie ou en vertu d'un droit qu'on a reçu de cette personne. **Tenir lieu de** suppose que ce qui remplace est toujours différent de ce qui est remplacé, mais est considéré comme plus ou moins équivalent : *Une emphase qui tenait lieu d'esprit* (Gi.). **Servir de** est relatif à un certain usage : *Celui qui sert de père à un orphelin fait pour lui tout ce que fait un père; celui qui lui tient lieu de père lui sert de père et en est aimé comme un père*. — **Relever**, remplacer un corps de troupe dans un poste, en parlant d'un autre corps de troupe; par ext. remplacer, souvent dans une occupation fatigante, en parlant d'un groupe de travailleurs qui prend la suite d'un autre. **Relayer**, syn. de *relever* en ce dernier sens, suppose un travail continu dans lequel plusieurs personnes se remplacent à temps marqués et assez fréquemment : *Se relayer auprès d'un malade*. **Doubler**, terme de théâtre, remplacer dans son rôle l'acteur qui en était chargé en premier. **Succéder**, venir après une personne ou une chose dont on prend la place sans forcément la remplir exactement : *Il est des grands hommes à qui l'on succède et que personne ne remplace* (Ducis). **Supplanter**, faire perdre à quelqu'un, par son mérite et plus souvent par ses manœuvres, le crédit, la faveur, l'affection qu'il avait auprès d'une personne sa place : *L'habitude est une étrangère Qui supplante en nous la raison* (S. Prudh.). **Détrôner**, déposséder de la puissance souveraine, au fig. supplanter ce qui avait crédit, autorité : *Mot détrôné par un autre mot* (Balz.). ¶ 2 Mettre une personne ou une chose à la place d'une autre. *Remplacer* ne préjuge pas de la nature de la chose qui remplace : *On peut remplacer sa bicyclette par une voiture*. **Changer de**, remplacer par une personne ou une chose de même espèce et seulement nouvelle : *On change de voiture en remplaçant sa voiture par une autre*. **Renouveler**, rendre nouveau un ensemble en remplaçant ses éléments par d'autres de même espèce : *Renouveler son personnel*.

Rempli : → Plein.

Remplir : ¶ 1 → Emplir. ¶ 2 Être ou mettre en abondance en un lieu. *Remplir*, atteindre toutes les limites d'un lieu en l'occupant en nombre, ou en s'y étendant : *La cathédrale fut peu à peu remplie par les fidèles* (Cam.). **Garnir**, remplir ce qui est destiné à recevoir un certain nombre de personnes ou de choses en le rendant complet : *Les étrangers remplissent la ville et garnissent les hôtels*. **Occuper** marque simplement la prise de possession d'une place, même si on ne la remplit pas entièrement :

Une femme qui occupait et ne remplissait pas sa vie (R. Baz.). **Envahir,** fig., occuper en foule, avec quelque violence : *Un peuple considérable envahit la nef* (Cam.). **Inonder** (→ ce mot) enchérit au fig. **Couvrir** évoque l'image de ce qui est mis ou s'étend en abondance sur une surface plane au point de la cacher : *Une foule immense couvrait la place publique* (Acad.). **Charger,** en parlant des choses, marque profusion ou excès : *Charger une épreuve de corrections.* **Peupler,** remplir un lieu d'habitants en y faisant souche, par ext. remplir un lieu d'une multitude ou en multitude : *Les étudiants qui peuplent cette pension de famille* (Mau.). ¶ **3** Au fig., en parlant de certaines choses morales abstraites dont nous sommes comme pleins, **Remplir** se dit des sentiments qu'on fait naître ou qui naissent dans notre cœur : *Remplir d'audace, d'amertume, de fiel* ; **Couvrir,** de ce qui venant d'autrui semble nous accabler : *Couvrir de confusion* (Pasc.) ; **Abreuver,** au fig., de ce qu'on nous oblige à subir : *Abreuver d'outrages, de fiel, de dégoûts.* ¶ **4** → Occuper. ¶ **5** → Observer. ¶ **6** → Réaliser.

Remplissage : → Superfluité.

Remplumer (se) : → (se) Réconforter.

Remporter : → Obtenir.

Remuant : → Turbulent. *Remuant,* au physique, toujours en mouvement ; au moral, qui aime l'intrigue, le changement. **Agité** suppose un trouble pathologique ou moral qui donne des mouvements continuels et irréguliers et se dit spéc. comme n. d'une catégorie d'aliénés. **Nerveux** (→ ce mot) marque une légère agitation passagère due à l'impatience, à l'irritation : *Nerveux, changeant de position* (Zola) ; **Excité,** une vive irritation des passions qui souvent dispose à la violence. **Inquiet** indique au physique l'impossibilité de rester en repos : *Gens brusques, inquiets* (L. B.) ; et, au moral, l'insatisfaction des désirs changeants : *Homme léger, inquiet, inconstant* (L. B.) ; ou, surtout de nos jours, le trouble qui vient de l'appréhension ou de l'angoisse. **Instable,** au moral seulement, implique un déséquilibre de l'esprit qui ne peut se fixer des buts certains.

Remue-ménage : → Trouble. *Remue-ménage,* dérangement de meubles, d'objets divers qu'on déplace ; au fig., fam., agitation, trouble accompagnés de désordre, de bouleversements : *Le remue-ménage des départs pour la messe* (Mau.). **Branle-bas,** agitation causée par un événement inattendu, comme si on se disposait à la hâte au combat. **Chambardement,** très fam., bouleversement total où

rien ne reste en place. **Billebaude,** vx, confusion et désordre. **Tohu-bohu,** nom du Chaos primitif dans les livres hébraïques, ajoute à l'idée de confusion celle de tumulte, de conflit bruyant, de cris et de paroles : *Tohu-bohu des réunions publiques* (J. Rom.). **Tracas,** vx, mouvement accompagné d'embarras.

Remuement : → Trouble.

Remuer : Trans. ¶ **1** *Remuer* se dit d'une chose qu'on déplace légèrement ou à laquelle on imprime un mouvement autour d'un point fixe : *Remuer la langue, un meuble, du blé.* **Agiter,** remuer vivement en divers sens : *Lèvres agitées d'un tremblement convulsif* (Gi.). **Secouer,** remuer fortement et à plusieurs reprises : *Il retira une de ses sandales, secoua les cailloux qui y restaient* (M. d. G.). **Balancer** (→ ce mot), agiter avec un mouvement d'oscillation. **Ébranler,** amener par des secousses ou par des coups une chose à être moins ferme : *Samson ébranla le temple.* **Hocher** se dit d'un oiseau qui secoue sa queue, ou d'un arbre, du mors d'un cheval qu'on secoue, de la tête qui marque la désapprobation. **Brandir,** agiter dans sa main violemment comme pour lancer ou frapper : *Brandir un javelot; un falot* (Duh.) ; *une feuille de papier* (Cam.). **Brandiller,** souvent ironique, agiter çà et là : *Brandiller les bras, les jambes.* **Ballotter,** agiter fortement en sens contraires, se dit bien avec pour sujet les flots, un véhicule et, au fig., la fortune. **Brasser,** agiter en vue d'une opération, avec les bras ou autrement, des matières fluides, en fusion ou légères : *Brasser du métal, des épingles* (Acad.). **Touiller,** pop., agiter pour mêler : *Touiller les cartes, la soupe.* **Fatiguer** se dit de la salade qu'on remue fortement pour l'assaisonner. ¶ **2** En parlant de la terre, *Remuer,* la transporter d'un lieu à un autre, la creuser ou la travailler pour la cultiver ; **Fouiller** et **Fouir,** la creuser assez profondément ; **Effondrer,** terme d'agriculture, la remuer à une certaine profondeur en y mêlant des engrais. ¶ **3** → Émouvoir. — Intrans. ¶ **4** *Remuer* et **S'agiter,** en parlant des personnes et des choses, faire quelque mouvement, le plus souvent sur place, mais parfois en se déplaçant. **Bouger,** se mouvoir de l'endroit où l'on est ou s'agiter sur place, insiste moins sur le mouvement que sur le déplacement ou le dérangement qui en résulte et ne se dit que des personnes : *Des personnes ont bougé et une place s'est trouvée libre* (Gi.). **Branler,** commencer à osciller en parlant des choses, souvent par manque de solidité. **Grouiller,** de nos jours pop. et bas, *bouger, remuer* : *Elle grouille aussi peu qu'une pièce de bois* (Mol.). **Gesticuler,** remuer trop vivement les bras et les mains en parlant.

Gambiller, fam., remuer les jambes de côté et d'autre, quand on les a pendantes. **Gigoter**, fam., remuer vivement et continuellement les jambes. **Frétiller** (→ ce mot), agiter son corps par des mouvements vifs et courts. — **Fourmiller**, remuer, s'agiter en grand nombre, à la façon de fourmis, se dit des hommes et des petites bêtes : *Les vers fourmillent dans ce fromage. Les visiteurs fourmillent au Salon.* *Grouiller* ne se dit en ce sens que des vers s'agitant en masse confuse et, par image, des personnes. — **Moutonner**, commencer à s'agiter et à blanchir en parlant des eaux. ¶ 5 Au fig. *Remuer*, assez fam., tenter, agir : *Les jésuites remueront beaucoup* (Bos.); et parfois exciter trouble et sédition. **Se remuer**, se donner du mouvement pour réussir : *Hercule veut qu'on se remue. Puis il aide les gens* (L. F.). **Se démener** (→ ce mot) enchérit. **Tracasser**, vx, aller, venir, se remuer pour peu de chose. **S'agiter**, se remuer excessivement pour réussir. **Se grouiller**, pop., s'agiter de multiples façons et parfois simplement se dépêcher. **Bouger**, syn. de *remuer*, comporte toujours l'idée d'une action hostile, d'une révolte : *Les mécontents n'osèrent pas bouger* (Lit.).

Remugle : → Odeur.

Rémunération : ¶ 1 → Récompense. ¶ 2 → Rétribution.

Rémunérer : → Payer.

Renâcler : → Renifler et Répugner à.

Renaissance, réapparition ou retour (→ ce mot) de ce qui paraît revivre ou se renouveler : *Renaissance des lettres; d'une hérésie* (Bos.). **Régénération**, terme de médecine et de religion, implique, en bonne part, un travail intérieur qui redonne la vie au corps ou la grâce à l'âme et, par ext., un perfectionnement moral : *La régénération des mœurs* (Acad.). **Palingénésie**, terme didact., se dit de la renaissance du phénix et, en philosophie, du retour éternel des mêmes événements, de la renaissance des mêmes individus dans l'humanité, ou de l'accès de l'âme à une vie supérieure. **Résurrection**, au fig., renaissance surprenante de ce qui était oublié, ou en décadence, comme mort. **Réveil**, au fig., renaissance, retour à l'activité de ce qui paraissait assoupi, endormi : *Le réveil de l'esprit de parti* (Acad.).

Renaître : → Revivre.

Renard, quadrupède carnassier à longue queue. **Goupil**, nom ancien du renard, n'est plus usité, sauf par archaïsme ou badinage. — Au fig. → Malin.

Renchéri : → Dédaigneux.

Renchérir : ¶ 1 → Enchérir. ¶ 2 → Hausser. ¶ 3 *Renchérir*, faire une enchère supérieure; au fig. aller plus loin que quelqu'un en paroles ou en actions : *Renchérir sur la mode* (Mol.). **Relancer**, terme de jeu, mettre un enjeu supérieur, ne se dit qu'au prop. et a pour syn. **Renvier**, terme de brelan, usité au fig. comme syn. de *renchérir*.

Rencontre : ¶ 1 Le fait que deux personnes se trouvent ensemble. *Rencontre* désigne tantôt quelque chose de fortuit, tantôt une réunion dans laquelle les deux personnes vont au-devant l'une de l'autre : *Une rencontre entre deux chefs d'État.* Dans le second sens, **Entrevue**, rencontre pour se voir, pour parler d'affaires ou de tout autre sujet : *L'entrevue d'Annibal et de Scipion.* ¶ 2 Le fait que deux choses se trouvent ensemble. *Rencontre* désigne toujours quelque chose de fortuit entre choses qui s'opposent, s'unissent ou simplement sont en même temps : *Rencontre de voyelles, de circonstances.* **Concours** suppose une sorte d'accord pour produire un résultat : *Fuyez des mauvais sens le concours odieux* (Boil.). **Conjoncture, Occurrence** (→ Cas), rencontre de circonstances. **Conjonction**, rencontre apparente de deux planètes dans un même point de quelque signe. ¶ 3 → Coïncidence. ¶ 4 → Engagement. ¶ 5 → Duel. ¶ 6 Opposition sportive. *Rencontre* fait penser au duel engagé entre deux équipes ou deux champions. **Match** (en ang. « épreuve ») est dominé par l'idée de compétition et fait penser à l'épreuve elle-même : *La rencontre de deux grandes équipes de football donne lieu à un beau match.* **Partie** ne se dit que pour les jeux et les fait considérer surtout du point de vue de la beauté du jeu. **Combat**, rencontre de boxe ou de lutte. ¶ 7 → Cas. ¶ 8 → Trouvaille.

Rencontre (aller à la), se porter vers quelqu'un qui vient, afin de le joindre plus tôt, ou parfois dans une intention hostile. **Aller au-devant** marque empressement et prévenance.

Rencontrer : ¶ 1 → Trouver. Trouver sur son chemin quelqu'un ou quelque chose. *Rencontrer* suppose un cas fortuit, implique qu'on remarque l'objet ou qu'on prend contact avec lui, et se dit aussi de ce qui se trouve sur le chemin sans bouger : *Deux voyageurs à jeun rencontrèrent une huître* (L. F.). **Croiser**, passer à la hauteur l'un de l'autre en un point d'un trajet qu'on fait en sens contraire : *On se croise souvent sans se rencontrer* (Acad.). **Coudoyer**, fig., passer fréquemment près de quelqu'un. ¶ 2 Trouver quelqu'un qu'on est allé voir. *Rencontrer* suppose que la personne se dispose à vous recevoir : *Les dirigeants du syndicat ont rencontré le ministre.* **Contacter**, néol., rencontrer pour essayer de se connaître, de s'accorder, d'établir des relations : *Contacter les ministres intéressés* (Le Figaro). ¶ 3 (Réf.) → (se) Trouver. ¶ 4 (Réf.) → Convenir.

Rendement : Rapport de ce que produit une chose ou une personne à ce qu'elle dépense pour produire. *Rendement*, en termes de science ou d'industrie, désigne surtout ce rapport qui peut être calculé mathématiquement. **Efficience,** terme moderne, art d'accroître le rendement notamment par la rationalisation (→ ce mot). **Productivité,** terme à la mode de nos jours, faculté de produire d'une entreprise industrielle ou agricole considérée comme susceptible d'être accrue par la façon dont on améliore plus ou moins son rendement.

Rendez-vous : ¶ 1 *Rendez-vous*, convention que deux ou plusieurs personnes font de se trouver ensemble certain jour, à certaine heure, en un lieu désigné (Acad.). **Assignation,** sommation à comparaître devant un juge, syn. vx de *rendez-vous*. ¶ 2 *Rendez-vous*, lieu où certaines personnes ont coutume de se retrouver. **Réceptacle,** fig. et péj., lieu qui recueille certaines personnes méprisables qui viennent y échouer : *Cette maison est un réceptacle de filous*. **Dépotoir,** fig., syn. très péj. de *réceptacle*.

Rendre : ¶ 1 → Redonner. ¶ 2 → Remettre. ¶ 3 → Livrer. ¶ 4 → Observer. ¶ 5 → Produire. ¶ 6 → Exprimer. ¶ 7 → Traduire. ¶ 8 → Renvoyer et Répéter. ¶ 9 → Vomir. ¶ 10 (Réf.) → Devenir. ¶ 11 (Réf.) → Céder. ¶ 12 (Réf.) → Aller.

Rendre compte : → Raconter.

Rendre l'âme : → Mourir.

Rendre la pareille : → Répondre.

Rendu : → Fatigué.

Rêne : → Bride.

Renégat : ¶ 1 Celui qui renonce publiquement à sa foi (≠ Hérétique, qui n'implique qu'un abandon partiel du dogme). *Renégat*, en parlant surtout de celui qui abandonne la religion chrétienne, spéc. autrefois pour se faire mahométan, implique souvent un changement purement extérieur ou par contrainte : *Quoique renégat, il ne laisse pas d'être honnête homme* (Les.). **Apostat,** celui qui se sépare volontairement, par un acte libre, d'une religion quelconque, se dit spéc., pour la religion chrétienne, d'un religieux qui abandonne ses vœux et son couvent. ¶ 2 → Infidèle.

Renfermé : → Secret.

Renfermer : ¶ 1 → Enfermer. ¶ 2 *Renfermer*, cacher volontairement dans son âme des sentiments que l'on tâche de ne pas laisser voir aux autres : *Renfermez votre amour dans le fond de votre âme* (Rac.).

Refouler, terme médical mis à la mode par le freudisme, repousser du conscient dans l'inconscient, et le plus souvent involontairement, des idées ou des tendances que le moi ne veut pas avouer. **Renfoncer,** renfermer profondément, se dit surtout du chagrin ; en ce sens on dit aussi, par image, **Dévorer** : *Dévorer des pleurs* (Rac.) ; *ma peine* (Fén.). ¶ 3 → Contenir. En parlant de choses abstraites, contenir en soi ce qui n'apparaît pas d'un seul coup, qu'il faut tirer ou découvrir. *Renfermer* se dit d'un sens, d'une conséquence, de qualités ou de choses abstraites : *Cette phrase renferme un sens profond* (Acad.). **Enfermer** marque une conséquence plus explicite : *La qualité de menteur enferme l'intention de mentir* (Pasc.). **Emporter,** renfermer comme une conséquence nécessaire ou, en parlant d'un mot, avoir pour effet de faire penser avant tout à telle idée ; en ce dernier sens, de nos jours, on dit plutôt **Comporter** : *Le mot de vertu emporte ou comporte l'idée d'effort fait sur soi-même*. **Impliquer,** terme de logique, renfermer comme une conséquence logique ce sans quoi la chose serait inconcevable, enchérit sur *emporter* et *comporter* en parlant du sens d'un mot : *L'idée d'homme implique les idées d'intelligence et de volonté* (Acad.). ¶ 4 → Réduire. ¶ 5 (Réf.) Tourner son attention au-dedans de soi-même pour penser. *Se renfermer* fait penser à l'effort par lequel on s'abstrait du monde extérieur. **Se recueillir** (→ Penser) suppose une méditation religieuse ou philosophique. **Se concentrer** fait penser à l'objet auquel on attache toute son attention : *On se renferme en soi-même pour penser en paix à ses affaires; on se recueille pour prier; on se concentre pour résoudre un problème*. **Se replier sur soi-même** suppose qu'on examine son âme ou qu'on se livre à ses sentiments : *Yves se repliait, se concentrait sur cette étrange torture* (Mau.).

Renflé : → Gonflé. *Renflé* se dit des objets qui vont en grossissant sur quelque partie de leur longueur : *Colonne renflée;* **Bombé,** des objets convexes sur toute leur longueur : *Poitrine bombée*. **Pansu** et **Ventru,** fam., par image, fortement renflé : *Bouteille pansue. Cruche ventrue*. **Urcéolé,** terme de botanique, renflé comme une petite outre et rétréci vers l'origine : *Corolle urcéolée*.

Renfoncement : → Éloignement.

Renfoncer : → Renfermer.

Renforcé : → Parfait.

Renforcer : → Fortifier.

Renfrogné : → Bourru. Qui exprime dans son air un mécontentement intérieur (≠ Revêche, qui n'est pas facile à manier). *Renfrogné* (ou **Refrogné,** moins usité) indique une contraction du visage due au fait qu'on est concentré, mécontent, triste ou rêveur : *Gens graves, mélancoliques, refrognés* (Font.); **Rechigné,** une grimace de la bouche et un air désagréable, dû à la mauvaise humeur, au chagrin ou à la répugnance : *Elles ont l'air triste; mais au moins elles ne sont pas rechignées* (Sév.); **Maussade,** un air peu engageant dû souvent à la mauvaise humeur (→ Triste) : *Ses yeux maussades et clairs regardaient distraitement devant elle* (Proust). *Taciturne et maussade* (Gi.); **Morose,** un visage triste que rien ne peut dérider : *Un vieillard morose;* **Grincheux,** la maussaderie habituelle qui se manifeste par de continuelles gronderies; **Boudeur,** un visage fermé, la lèvre inférieure avancée, sans qu'on prononce une parole, parce qu'on est fâché contre quelqu'un ou dépité.

Rengaine : → Refrain.

Rengorger (se) : → Poser.

Renier : ¶ 1 *Renier,* péj., se séparer honteusement de ce à quoi on devrait tenir : *Renier son père et sa mère* (Zola); *Corneille* (R. Roll.). **Renoncer,** laisser de côté ce à quoi l'on tient réellement, en faisant un sacrifice : *Il vaut mieux renoncer à Épicure qu'à la raison* (Volt.). **Abjurer** marque une action violente, totale et solennelle et souvent louable lorsqu'on se détache, en le réprouvant, de ce qui est mauvais : *A la naissance de l'Église, on quittait, on renonçait, on abjurait le monde* (Pasc.). ¶ 2 En mauvaise part, quand on abandonne une religion reconnue comme supérieure aux autres, *Renier* exprime une rupture totale, mais est moins péj. qu'**Apostasier,** déserter, parfois sur un seul point : *On peut renier par crainte ou par faiblesse comme saint Pierre au jardin des Oliviers, on apostasie par un acte libre; un religieux apostasie, sans renier, en renonçant à ses vœux.* En bonne part, quand on quitte une fausse religion, **Abjurer** indique un acte solennel : [Le prince de Condé] *abjura publiquement* (Bos.); **Se convertir,** un changement plus intérieur, plus progressif, parfois plus partiel, et à plus de rapport à la religion qu'on embrasse : *On abjure l'idolâtrie pour se convertir au catholicisme.*

Renifler : ¶ 1 Aspirer fortement par le nez. *Renifler* suppose qu'on veut respirer fort, sentir, ou dégager son nez des humeurs qu'il contient : *Renifler une odeur* (Cam.). **Renâcler,** en parlant des animaux, renifler bruyamment en signe de colère : *Un taureau renâcle.* ¶ 2 Au fig. → Répugner à.

Renom : → Réputation.

Renommé : → Illustre.

Renommée : ¶ 1 → Réputation. ¶ 2 → Voix publique.

Renoncement : ¶ 1 *Renoncement,* en termes de morale et de spiritualité chrétienne, action de se détacher, par vertu, des biens auxquels on était attaché : *Renoncement à soi-même* (Mtq.); *au monde* (D'Al.); *à la terre* (Staël). **Renonciation,** terme de jurisprudence, acte extérieur, volontaire ou imposé, par lequel on se désapproprie de ce à quoi on avait droit : *Renonciation à une succession.* **Résignation,** terme de jurisprudence, renonciation en faveur de quelqu'un, ou renonciation à une charge, un office, un bénéfice. **Abandon,** au sens moral, selon l'Acad., oubli blâmable de soi, de ses intérêts, de ses devoirs; par ext. renonciation à la possession, à la jouissance d'une chose : *Quand tu nous as fait l'abandon de ta fortune* (Mau.). **Concession,** au fig., abandon partiel d'un droit, d'un avantage que l'on accorde à quelqu'un dans une contestation, un débat. ¶ 2 Pour désigner une vertu, surtout en religion, *Renoncement* a pour syn. **Désappropriation,** rare, renoncement à toutes sortes de biens : *Esprit de désappropriation* (Volt.). **Dépouillement,** en termes de dévotion, renoncement au monde et à ses biens, suppose une pauvreté acceptée et presque totale : [J.-C.] *est venu dans le dépouillement et dans la bassesse* (Mas.). **Désintéressement,** vertu beaucoup plus courante qui consiste simplement à agir envers autrui sans penser à son intérêt personnel : *L'esprit républicain qui est un esprit de désintéressement* (Raynal). **Abnégation** ajoute à *renoncement* l'idée d'un sacrifice complet de soi-même : *L'abnégation lui est si naturelle qu'aucun des siens ne lui sait gré de son perpétuel sacrifice* (Gi.).

Renoncer : ¶ 1 → Quitter. ¶ 2 Cesser de vouloir ou de faire quelque chose, ou d'y tenir. *Renoncer* suppose une décision après réflexion, soit par sacrifice, soit parce que la chose paraît peu intéressante ou trop difficile, et, quand il s'agit d'une action, avant de la commencer ou quand elle est commencée : *Renoncer à une succession. Renoncer à l'élégance* (Pég.); *à étudier.* **Abandonner,** laisser aller un bien qu'on possède ou interrompre une action commencée pour n'importe quelle raison et notamment par négligence : *Abandonner la musique* (Flaub.). **Abdiquer,** renoncer à un droit, un pouvoir, une dignité importante que l'on possédait et, au fig., à l'exercice d'une faculté : *Abdiquer toute volonté* (Balz.); *sa jugeote* (Gi.). **Se désister,** terme de droit et d'administration, renoncer à une poursuite, et, par ext., à une candidature, à une entreprise commencée : *La vanité* *soutient, supplée la raison qui cède et se désiste* (L. B.). **Se départir,** renoncer à une règle de conduite, de croyance ou à une attitude : *Se départir de la modestie* (J. Rom.). **Se dessaisir,** renoncer à garder ce qu'on avait en sa possession : *Se dessaisir d'un gage.* **Démordre,** au fig., surtout à la négative, se départir d'une entreprise, d'un dessein, ou renoncer à une opinion qu'on soutenait avec chaleur : *Il ne démordait guère ni de ses entreprises ni de ses opinions* (Font.). **Dételer,** fam., renoncer à des occupations ou à des plaisirs trop fatigants. **Jeter le manche après la cognée,** proverbe fig., abandonner une entreprise, par chagrin, par dégoût, ou par découragement. **Se retirer,** renoncer à une compétition, à une collaboration; et, en un sens plus général, à la profession qu'on exerçait, au genre de vie qu'on menait : *Se retirer d'un concours. Se retirer du monde.* ¶ 3 → Renier.

Renouer : → (se) Réconcilier.

Renouveler : ¶ 1 *Renouveler,* rendre une chose nouvelle en remplaçant ses parties par d'autres de même espèce, mais nouvelles, ou redonner de la force, de la vie à une chose déjà ancienne qui paraît recommencer : *Renouveler son personnel. Votre absence a renouvelé la tendresse de tous vos amis* (Sév.). **Rénover,** terme plus recherché de religion, de philosophie, de littérature, renouveler, souvent en améliorant, en régénérant : *Rénover une doctrine.* **Rajeunir,** donner à une chose vieille un air de fraîcheur, de nouveauté, mais sans en changer la forme ancienne : *Bédier a rajeuni le roman de Tristan et Yseult.* **Recrépir,** fig., rajeunir, restaurer ce qui était désuet, indique quelque chose de superficiel : *En recrépissant ce vieux genre* (L. H.). **Ressusciter,** fig., redonner de la force, de la vie à ce qui était fini, mort : *Ressusciter une querelle; une mode.* **Ranimer** (→ ce mot) dit moins et suppose seulement que la chose paraissait morte. ¶ 2 *Renouveler,* c'est aussi remettre une chose en vigueur : *Charlemagne renouvela les règlements de Pépin* (Mtq.). **Renouer,** fig., renouveler une liaison : *Renouer la conversation* (Zola). **Reconduire,** renouveler un bail, un contrat. ¶ 3 → Remplacer. ¶ 4 → Refaire. ¶ 5 (Réf.) → Recommencer.

Renouvellement, action de renouveler dans tous les sens du mot, fait surtout penser au résultat de l'action et diffère comme les v. correspondants (→ Renouveler) de **Reconduction** et de **Rénovation,** ce dernier terme faisant toujours penser à l'action de celui qui régénère, améliore, ou met de nouveau en vigueur, et se disant spéc. dans le langage religieux de la cérémonie par laquelle un religieux renou-velle ses vœux : *Rénovation d'un titre. Rénovation d'une doctrine, des mœurs, de l'âme par la grâce* (Lit.).

Rénover : → Renouveler.

Renseignement, tout ce qu'on nous dit pour nous aider à connaître une chose, nous éclaircir sur une personne, dit plus qu'**Indication,** simple indice qu'on nous fournit pour nous aider à trouver une chose ou nous mettre sur la voie pour la connaître. **Information,** plus particulier, relation d'un fait précis, nouvelle qu'on nous donne ou que nous cherchons, et, en parlant des personnes, résultat des recherches que l'on fait pour connaître, par certaines de leurs actions, leur vie et leurs mœurs : *Je prends des renseignements sur l'employé que je vais engager; je prends des informations sur la conduite d'un individu qui me propose une affaire assez douteuse et un ami me fournit quelques indications pour savoir à qui m'adresser.* **Précision,** tout ce qui augmente la connaissance que nous avons d'une chose, nous renseigne plus exactement. **Tuyau,** fig. et pop., en termes de courses, renseignement donné aux parieurs sur le gagnant probable, par ext. renseignement avantageux qu'on dit tenir de personnes bien informées.

Renseigner : ¶ 1 → Instruire. ¶ 2 (Réf.) → (s') Enquérir.

Rente : → Revenu.

Rentrée : → Retour.

Rentrer : → Revenir.

Renversant : → Surprenant.

Renversé : → Surpris.

Renversement : → Ruine.

Renverser : ¶ 1 → Abattre. ¶ 2 *Renverser,* terme commun, mettre à l'envers. **Invertir,** terme didact., renverser symétriquement : *Les miroirs invertissent les objets. Invertir le courant électrique.* ¶ 3 → Transposer. ¶ 4 → Troubler. Mettre sens dessus dessous, en désordre. *Renverser* se dit surtout au fig., de l'ordre des choses politiques et morales ou de l'esprit d'un homme que l'on trouble : *Tout cela renverse également les idées de l'honneur* (Mtq.). **Bouleverser,** au prop. et au fig., enchérit, suppose confusion extrême et souvent violence : *Bouleverser la maison* (M. d. G.); *les consciences* (Pasc.); *la religion entière lois d'un pays* (Volt.). **Subvertir,** au fig. seulement, dans le style relevé, renverser des choses morales importantes : *Subvertir l'État* (Volt.); *la subordination militaire, la liberté publique* (Mirab.). **Chambarder** et **Chambouler,** syn. pop. de *bouleverser* au physique et au moral. **Saccager,** fam., par hyperbole, bouleverser comme en dévastant, au physique seulement : *On a tout saccagé chez lui* (Acad.). **Révolu-**

tionner, bouleverser des idées, un ordre établi par une innovation parfois heureuse : *Cette découverte a révolutionné la science*; et, fam., bouleverser quelqu'un en le troublant d'une vive émotion. ¶ **5** → Enfoncer. ¶ **6** → Verser.

Renvier : → enchérir.

Renvoi : ¶ **1** *Renvoi,* **Ajournement, Remise, Report, Sursis :** → Retarder. ¶ **2** Avertissement au lecteur d'un livre de se reporter à un autre passage. *Renvoi,* qui se dit aussi du signe qui avertit, ne précise pas la raison et a toujours rapport à un passage du même livre. **Référence,** qui se dit de l'action, indication d'un texte qui explique ou d'une source, d'une autorité qui peuvent figurer dans un autre livre : *Il y a dans notre article « renvoi », une référence au dictionnaire de l'Académie et un renvoi à l'article « retarder ».* ¶ **3** Émission par la bouche de gaz contenus dans l'estomac. *Renvoi,* terme courant, émission bruyante ou non. **Éructation,** terme médical, émission bruyante. **Rot,** éructation sonore, est bas. **Rapport,** fam., selon l'ACAD., vapeur incommode, désagréable qui monte de l'estomac à la bouche et ne fait pas de bruit.

Renvoyer : ¶ **1** → Retourner. ¶ **2** → Congédier. ¶ **3** → Transmettre. ¶ **4** → Retarder. ¶ **5** *Renvoyer,* envoyer en sens contraire. — **Relancer** ne se dit que d'un homme qui envoie à son tour une chose qu'on lui a lancée. — **Réfléchir,** en termes de science, se dit de tous les corps qui renvoient les rayons lumineux, caloriques, sonores qu'ils ont reçus. **Refléter,** renvoyer en l'affaiblissant l'image, la lumière ou la couleur d'un corps (→ Réflexion). — **Répercuter,** syn. de *réfléchir,* se dit parfois de la chaleur, mais surtout du son qui est renvoyé et prolongé : *Un coup de fusil que l'écho répercute Tonne et roule* (LAM.). **Faire écho** renvoyer plus ou moins distinctement un son, en parlant d'un corps contre lequel il frappe, fait souvent penser à la répétition textuelle de paroles qu'on prononce. **Répéter, Reproduire** et **Rendre,** dans le langage courant, réfléchir une image ou un son.

Repaire : → Gîte.

Repaître : ¶ **1** → Manger. ¶ **2** → Nourrir. ¶ **3** (Réf.) → Manger et Jouir de.

Répandre : ¶ **1** → Verser. ¶ **2** → Disperser. *Répandre,* laisser tomber un liquide qui s'étend, se dit par ext. d'autres choses qu'on laisse tomber ou qu'on disperse de façon à leur faire occuper entièrement un espace : *Répandre du sel; des parfums* (BAUD.). **Semer,** répandre du grain sur une terre préparée, fait plutôt penser, au fig., qu'on jette des choses çà et là en divers endroits, au hasard ou pour obtenir un résultat : *Tu sèmes au hasard la joie et les désastres* (BAUD.); *répandre* (MOL., SÉV.) *de l'argent, c'est en faire bénéficier beaucoup de gens, être libéral; le semer, c'est ou bien le donner à beaucoup de gens pour les gagner à son parti, ou bien le disperser au hasard, par prodigalité.* **Disséminer,** semer une chose en des points très nombreux, souvent en la divisant : *On dissémina les troupes dans les différentes villes de la province* (LIT.). *Semer l'erreur, c'est en jeter le germe çà et là; disséminer les erreurs* (LIT.), *c'est les porter en de multiples endroits.* **Distribuer,** répandre ce qu'on répartit entre plusieurs personnes ou plusieurs endroits : *Le mouvement* [de la lune] *distribue les vents et les rosées* (FLAUB.). **Parsemer, Joncher, Paver,** recouvrir de choses qu'on répand, ne se disent qu'au physique et diffèrent comme lorsqu'ils sont syn. de *recouvrir* (→ ce mot). ¶ **3** Au fig. Donner une large extension à une chose souvent morale. *Répandre* n'est relatif qu'à la dispersion et à l'étendue : *Un mal qui répand la terreur* (L. F.). *Répandre l'Évangile* (Bos.). **Semer** suppose un dessein précis, souvent malfaisant, et implique parfois seulement qu'on fait naître, qu'on jette le germe de ce qu'on veut produire : *Semez entre eux la guerre* (L. F.). **Propager** ajoute à *répandre* l'idée de progrès, souvent dû au zèle d'un agent, en parlant de choses qui semblent se multiplier, naître dans des individus de plus en plus nombreux : *Propager un microbe* (CAM.); *une découverte, la foi, l'erreur, les connaissances* (ACAD.). **Diffuser,** en termes de physique, répandre dans tous les sens, se dit surtout au moral de ce qu'on veut faire connaître et qu'on répand souvent par des moyens puissants, comme d'une sorte de centre : *Diffuser des idées* (ACAD.). **Colporter,** en parlant d'une nouvelle, d'une histoire, la répandre en la racontant dans les divers endroits où l'on va : *Colporter les commérages* (BALZ.); *les rumeurs* (J. ROM.). **Tambouriner,** fam., répandre bruyamment une nouvelle, comme si on l'annonçait au son du tambour (→ Publier). — **Généraliser,** surtout en parlant d'une opinion ou d'une mode, la répandre en la rendant commune à la majorité des individus : *Le progrès des moyens de transport a généralisé les voyages.* **Vulgariser,** en parlant de notions de science ou d'art, les répandre ou les généraliser en les mettant à la portée de toutes les intelligences : *Si Hume a, selon Villemain, généralisé l'histoire philosophique, pour simplifier et vulgariser, selon Taine, Voltaire n'a pas son égal au monde.* **Populariser,** syn. rare de *vulgariser,* se dira bien quand il s'agit de choses qu'on répand dans la masse du peuple sans avoir besoin de les mettre à la portée de son intelligence : *Les journaux de cinéma ont popularisé la figure des vedettes.* — Réf. ¶ 4 Occuper largement un certain espace. *Se répandre* se dit d'un liquide qu'on verse et par ext. de choses qui font une action semblable : *Le sang* (RAC.); *le génie* (MTQ.); *la lumière se répandent.* **S'étendre** ne suppose pas forcément un mouvement, et s'il s'agit d'une chose qui occupe de plus en plus de place, ce peut être en augmentant en surface, plutôt qu'en se dispersant partout : *Si l'épidémie s'étend, la morale s'élargira aussi* (CAM.). **S'épancher** se dit surtout en médecine d'une humeur qui s'extravase et dans le style relevé d'un liquide ou de ce qui se répand comme une pluie ou une eau qui déborde : *Le sommeil sur ses yeux commence à s'épancher* (BOIL.). **S'épandre** marque l'abondance : *Il s'épand une inquiétude sur la terre* (FLAUB.). **Refluer**, retourner vers le lieu d'où il coule en parlant d'un liquide, se dit, par image, de foules et de choses qui se répandent en un lieu parce qu'elles sont repoussées d'un autre lieu (→Reculer). **Regorger** ne se dit qu'au prop. d'un liquide qui déborde ou reflue faute de passage, et parfois au fig. par image : *Le sang partout regorge* (CORN.). ¶ 5 En parlant de choses morales, *Se répandre* n'a rapport qu'à la dispersion de la chose. **S'étendre, Se propager** en diffèrent comme plus haut. **Gagner**, souvent péj., a rapport aux progrès de la chose présenté en cours d'accomplissement : *Le désordre s'est établi dans votre maison; il a gagné de toute part* (DID.). **Courir** se dit d'un bruit, d'une nouvelle, qui se propagent, circulent et se communiquent. **Filtrer**, en parlant d'un bruit, d'une nouvelle, commencer à se répandre (→ Percer). **S'accréditer**, en parlant d'une nouvelle, d'une doctrine, n'a pas rapport à son extension, mais simplement aux progrès qu'elle fait dans la créance du public. **Faire tache d'huile,** fig., se propager insensiblement dans un groupe humain, en parlant de sentiments, de dispositions d'esprit, de modes. ¶ 6 → (se) Montrer. ¶ 7 → (s') Épancher.

Réparation : ¶ 1 *Réparation,* **Restauration, Réfection** : → Réparer. ¶ 2 → Raison. *Réparation,* **Rachat, Expiation** : → Réparer. ¶ 3 → Dédommagement.

Réparer : ¶ 1 → Rétablir. *Réparer,* remplacer les parties d'une chose qui ont été enlevées et remettre en ordre et en état celles qui restent : *Réparer un fossé; un village ruiné* (VOLT.). **Restaurer** regarde non l'intégrité de la chose, mais sa beauté, sa force, son éclat qu'on lui fait recouvrer :

Restaurer une statue. **Arranger** et **Rarranger,** fam., se disent surtout d'un mécanisme ou de petites choses qu'on remet d'aplomb ou en ordre, souvent d'une façon simple, hâtive ou provisoire : *Arranger une pendule, une chaise.* **Rajuster,** *arranger* des choses pour que toutes leurs parties s'adaptent bien les unes aux autres, ou la toilette et, au fig., des choses dont on répare le désordre : *Rajuster une serrure, ses cheveux, sa cravate. La mort rajuste tout* (MOL.). **Refaire,** remettre en état ce qui est ruiné ou très endommagé de façon à le faire paraître neuf : *Refaire une vieille maison.* **Réfectionner,** néol., syn. barbare de *refaire* dans le langage des entrepreneurs, exprime parfois une réfection partielle. **Reprendre,** terme de maçonnerie, réparer un mur en en bouchant les crevasses ou en rétablissant ses fondations. **Raccommoder** (→ ce mot), autrefois syn. de *réparer,* ne s'applique plus que de réparations à l'aiguille ou faites à des objets de petites dimensions. **Retaper,** fam., remettre en état en tapant ce qui a été froissé, bossué, détérioré, ou, très fam., réparer tant bien que mal ce qu'on veut faire paraître neuf, a pour syn. en ce dernier sens **Rafistoler,** très fam., raccommoder grossièrement, **Rabibocher,** très fam., et **Rabobiner,** pop. — **Reviser,** en termes d'automobile, remettre à l'état de neuf, en le réparant, un moteur ou un organe mécanique. **Rhabiller,** réparer, ne se dit que d'une montre. **Radouber,** réparer, en termes de marine, est très fam. comme syn. de *réparer* en son sens général. **Ragréer,** en termes d'architecture, remettre à neuf un mur, une façade en raclant et polissant. **Rafraîchir,** syn. de *restaurer,* se dit surtout d'un tableau auquel on redonne sa vivacité, d'une tapisserie qu'on raccommode, d'une toilette qu'on remet en état. ¶ 2 Porter remède à un mal moral. *Réparer,* qui se dit surtout d'une action, n'indique pas la manière, mais implique que le mal causé disparaît : *Réparer un scandale* (VOLT.). **Racheter,** qui se dit plutôt des choses, donner une compensation qui fait tolérer ou pardonner un mal qui subsiste : *On répare une faute, on rachète un défaut. On répare un oubli en faisant ce qu'on avait omis; s'il est trop tard, on le rachète par une gentillesse.* **Expier,** racheter moralement un crime, une faute par le repentir, un châtiment imposé ou accepté. **Payer,** syn. atténué d'*expier.* **Rattraper,** atténuer une erreur, une faute qu'on était en train de commettre. **Replâtrer,** fig. et fam., chercher à réparer ou à couvrir, plutôt mal que bien, une faute ou une sottise. **Rhabiller,** fig. et fam., rectifier ce qu'il y a de défectueux dans une affaire, tâcher de justifier, de pallier une faute : [Des hypocrites] *qui ont rhabillé adroitement les désordres de leur jeunesse* (Mol.). ¶ 3 Dans le langage de la chevalerie, *Réparer les torts* fait penser au dédommagement donné à la victime, **Redresser les torts,** à la justice qui est rétablie dans son ordre.

Repartir : ¶ 1 → Répondre. ¶ 2 → Partir et Retourner. ¶ 3 → Recommencer.

Répartir : → Distribuer.

Répartition : → Distribution. *Répartition,* action de donner à chacun ce qui lui revient dans un partage entre plusieurs : *Répartition des bénéfices.* **Contingentement** (néol.), dans l'économie dirigée, répartition officiellement organisée qui limite la part de matières premières, de denrées attribuée à chacun. **Péréquation,** terme d'administration, répartition égale d'impôts ou de traitements. **Ventilation,** terme de finance, répartition d'une somme totale entre les différents articles auxquels elle doit être affectée. **Assiette,** répartition de l'impôt.

Repas : Nourriture que l'on prend à certaines heures réglées. *Repas,* terme général, se dit spéc. du **Déjeuner,** repas de midi, et du **Dîner,** repas du soir. **Souper,** de nos jours, repas qu'on prend à quelque heure de la nuit (à noter qu'autrefois, et aujourd'hui encore dans quelques provinces, *déjeuner* désignait le repas du lever appelé de nos jours **Petit déjeuner,** *dîner,* le repas de midi, et *souper,* le repas du soir). **Lunch** (mot anglais), repas léger pris vers midi), chez nous, collation de mets froids, de friandises, prise souvent debout, et tenant lieu soit de goûter, soit de déjeuner, à l'issue d'une cérémonie; dans quelques restaurants pour touristes on appelle aussi *lunch* le déjeuner. **Dînette,** petit repas, quelquefois simulé, que des enfants font entre eux ou avec une poupée, par ext., fam., petit repas intime : *Une dînette d'amoureux.* **Pique-nique,** repas où chacun paie son écot ou apporte son plat, spéc. repas fait sur l'herbe, en plein air. **Casse-croûte,** repas léger que prennent des ouvriers, des soldats au cours de leur travail. **En-cas,** repas léger préparé pour servir en cas de besoin. **Réfection,** repas, ne se dit que dans les communautés religieuses. — **Agapes,** repas que les premiers chrétiens faisaient en commun dans les églises, par ext., fam., repas que font entre eux des amis ou des gens associés par un dessein commun. **Cène,** repas pascal chez les Juifs, se dit principalement de celui que J.-C. fit avec ses Apôtres la veille de sa mort. — **Lippée,** syn. vx de *repas,* dans la loc. *Franches lippées,* repas gratuit; *Franches repues,* en ce sens, est plus rare. Repas abondant et soigné : → Festin.

Repasser : ¶ 1 → Revenir. ¶ 2 → Aiguiser. ¶ 3 *Repasser,* passer un fer chaud sur du linge pour le rendre uni. **Lisser,** rendre lisse par des procédés techniques, syn. dialectal de *repasser.* ¶ 4 → Redonner. ¶ 5 → Répéter et Repenser.

Repenser, penser de nouveau à une chose, souvent pour mieux la concevoir. **Revenir sur** implique un nouvel examen, fait plus tard, à loisir, pour rectifier ou préciser la première idée. **Ruminer,** fig. et fam., suppose un travail de réflexion incessante à propos de ce que l'on pense et l'on repense longuement : *Ruminer son rêve de la nuit* (M. D. G.). **Remâcher,** fig., c'est, sans plus, penser toujours à quelque chose : *Remâcher ses griefs.* **Repasser,** c'est simplement se remettre dans l'esprit, dans la mémoire, parcourir de nouveau dans sa pensée des scènes que retrace l'imagination : *Je repasse en moi-même ces choses déjà cent fois pensées* (Loti).

Repentir : → Regret.

Répercussion : → Suite.

Répercuter : → Renvoyer.

Repère : → Marque.

Repérer : → Découvrir.

Répertoire : ¶ 1 → Liste. ¶ 2 → Table.

Répéter : ¶ 1 Dire à nouveau ce qu'on a déjà dit soi-même. *Répéter,* surtout relatif à la forme, implique souvent qu'on emploie les mêmes mots : *Ce nom qu'à tout moment votre bouche répète* (Rac.); **Redire,** plutôt relatif au fond, qu'on reprend à plusieurs reprises la même pensée et toujours pour les autres : *Vous aimez à vous le faire redire; et comme je n'aime guère moins à le répéter...* (J.-J. R.). **Revenir sur,** redire à peu près ce qu'on a déjà dit pour se faire mieux comprendre : *A deux reprises, il dut revenir sur ses explications* (Zola). **Réitérer,** faire de nouveau une action déjà faite, marque, s'il s'agit de l'action de dire, une répétition formelle faite avec insistance : *Réitérer une sommation, une demande.* **Seriner,** fam. et fig., redire sans cesse à quelqu'un ce qu'on veut lui faire entrer dans la tête. **Ressasser,** fig. et péj., répéter sans cesse les mêmes choses : *Amas d'arguments qu'on ressasse depuis tant de siècles* (Volt.). **Rabâcher,** fam., répéter souvent et inutilement la même chose, de façon à lasser : *Rabâcher des contes* (Volt.). **Rebattre les oreilles de** et **Rebattre,** répéter fréquemment, en insistant et d'une façon ennuyeuse. ¶ 2 Dire à nouveau ce qu'un autre a déjà dit. *Répéter* et **Redire** différent comme plus haut;

quand il s'agit de quelqu'un qui révèle à un tiers ce qu'il a entendu dire, *redire* marque surtout l'indiscrétion : *Vous êtes donc un causeur, et vous allez redire ce qu'on vous a dit en secret* (Mol.); *répéter*, plus péj., un défaut plus constant dû à l'étourderie ou à la malice : *Les enfants sont sujets à répéter* (Lit.). **Rapporter,** plus péj. encore, insiste sur le zèle avec lequel on renseigne l'intéressé et suppose parfois une véritable dénonciation. **Rendre,** syn. peu usité de *redire,* de *répéter,* sans idée péj., suppose quelque chose d'assez approximatif : *L'écho rend les sons. Rendre une conversation* (Did.). ¶ 3 → Refaire. ¶ 4 → Renvoyer. ¶ 5 Apprendre en étudiant plusieurs fois. *Répéter,* s'exercer à dire ou à faire en particulier quelque chose qu'on devra dire ou faire en public : *Répéter son sermon, sa leçon, son rôle.* **Repasser,** étudier une leçon à plusieurs reprises, ou relire et redire ce qu'on a appris par cœur afin d'être plus sûr de sa mémoire : *Un acteur repasse son rôle avant d'aller le répéter au théâtre.* **Revoir,** étudier ou relire ce qu'on a déjà étudié ou lu pour s'en souvenir, mais non pour l'apprendre par cœur, se dit plutôt quand il s'agit d'un vaste ensemble de choses dont on veut retrouver l'essentiel : *Revoir le programme de français. Revoir des textes.* **Réviser,** revoir pour apprendre, pour savoir dans un examen. ¶ 6 (Réf.) → Recommencer.

Répétiteur : → Surveillant.

Répétition : ¶ 1 *Répétition,* retour de la même expression, de la même idée : *Toute répétition qui n'enchérit pas doit être évitée* (Volt.). **Redite,** péj., répétition inutile et fastidieuse, ne se dit que de la pensée (→ Superfluité) : *Les redites ont un droit d'ennuyer qu'elles ne perdent jamais* (Font.). **Refrain** (→ ce mot) et ses syn., choses qu'on répète sans cesse dans ses propos. ¶ 2 En termes de rhétorique, *Répétition,* figure qui consiste à employer plusieurs fois le même mot, le même tour. **Anaphore,** répétition du même mot au début des divers membres d'une phrase. **Complexion,** sorte de répétition dans laquelle les membres de la période commencent et se terminent par les mêmes termes. **Épistrophe,** répétition d'un mot à la fin des membres d'une phrase. — **Allitération,** répétition des mêmes lettres ou des mêmes syllabes pour produire un effet d'harmonie souvent imitative. ¶ 3 → Leçon. ¶ 4 Le fait qu'une chose a lieu plusieurs fois. *Répétition* et **Réitération** diffèrent comme les verbes correspondants (→ Refaire). **Fréquence,** répétition incessante d'une action, d'un fait. ¶ 5 → Reproduction.

Repiquage : → Plantation.

Repiquer : → Replanter.

Répit : ¶ 1 → Délai. ¶ 2 → Repos.

Replacer : → Rétablir.

Replanter, mettre de nouveau une plante en terre. **Repiquer,** replanter un jeune plant venu en semis.

Replet : → Gras.

Réplétion fait penser à l'état du sujet accablé sous l'abondance de son sang (et aussi par un excès d'embonpoint, une surcharge d'aliments) : *Il ne connaît de maux que les siens, que sa réplétion ou que sa bile* (L. B.). **Pléthore,** terme de pathologie, surabondance et richesse du sang considérées comme une cause pathologique.

Repli : ¶ 1 → Pli. ¶ 2 → Recoin. ¶ 3 → Recul.

Replier (se) : ¶ 1 *Se replier,* se courber, se plier une ou plusieurs fois, se dit surtout des animaux, des parties du corps, des choses assez longues et souples pour présenter plusieurs plis, et parfois, par image, des hommes : *Un serpent se replie.* [Phédon] *se replie et se renferme dans son manteau* (L. B.). **Se ramasser,** se replier et contracter son corps, pour se faire tout petit ou pour se préparer à un effort : *Ton corps ramassé, pelotonné comme dorment les jeunes bêtes* (Mau.). **Se pelotonner,** fam., se ramasser en forme de peloton, comme une boule : *Pelotonnée comme une stèle égyptienne, le menton sur les genoux* (Gi.). **Se recoquiller,** pop., se replier sur soi-même en ayant l'air de se retrousser en forme de coquilles, en parlant des feuilles et des vers. **Se recroqueviller,** se resserrer sous l'effet de la chaleur en parlant de certaines choses comme le parchemin, le cuir, se dit par image du corps de l'homme et des animaux : *Les ombres agenouillées semblaient s'être recroquevillées encore* (Cam.). **S'accroupir,** c'est simplement s'asseoir sur ses talons. **Se blottir** (→ ce mot) et ses syn. marquent l'intention de se cacher ou de s'introduire dans quelque chose. ¶ 2 → Reculer. ¶ 3 → (se) Renfermer.

Réplique : ¶ 1 → Réponse. ¶ 2 → Tirade. ¶ 3 → Reproduction.

Répliquer : → Répondre.

Répondant : → Garant.

Répondre : ¶ 1 Parler après un autre et sur ce qu'il vous a dit. *Répondre* se dit dans tous les cas : c'est faire savoir clairement ce que l'on pense, oralement ou par écrit. **Répliquer,** répondre à une réponse : *Je réponds, ils répliquèrent* (J.-J. R.); par ext. engager une lutte, en répondant avec impertinence, ou en opposant des raisons. **Donner la réplique** ne se dit qu'en termes de théâtre d'un acteur qui répond à la tirade d'un autre acteur, et par ext. de deux personnes qui alternent dans une conversation. **Repartir,** répondre avec esprit et vivement par quelque trait prompt et brillant : *Il répliqua le plus sérieusement du monde; elle repartit en badinant* (MARM.). **Riposter,** repartir sur-le-champ pour repousser une raillerie, une attaque. **River son clou, Donner son paquet à quelqu'un,** fig. et fam., lui répondre vertement en sorte qu'il n'ait rien à répliquer. **Rétorquer,** retourner contre son adversaire, en lui répondant, les arguments, dont il s'est servi, a toujours pour comp. d'objet la chose dite par l'adversaire : *On répond par son propre argument; on rétorque l'argument de l'adversaire.* — **Objecter,** proposer une difficulté à ce qui a été dit par quelqu'un, n'est syn. de *répliquer* que si ce qui a été dit s'adressant à celui qui fait l'objection, et, dans ce cas, *objecter* suppose qu'on critique la thèse de l'adversaire, *répondre,* qu'on s'explique sur les difficultés qu'il a soulevées. **Récriminer,** répondre à des accusations par d'autres accusations : *Des hommes récriminent, s'en veulent* (PÉG.). ¶ 2 Ne pas admettre un ordre, une remarque qu'on devrait accepter en silence. *Répondre* insiste surtout sur le fait qu'on prend la parole alors qu'on devrait se taire : *Et vous êtes perdu si vous me répondez* (RAC.). **Répliquer,** répondre avec obstination, humeur, insolence : *Répliquer avec aigreur* (L. B.). **Raisonner,** répondre par des excuses, des prétextes, des récriminations. ¶ 3 Agir envers quelqu'un selon la façon dont il agit envers vous. *Répondre* indique un simple rapport de causalité entre les deux actions quelles qu'elles soient : *Répondre à des amabilités par des insultes.* **Riposter,** répondre vivement à une action fâcheuse en rendant coup pour coup : *Riposter à une épigramme par une satire; à une injure par un soufflet.* **Rendre la monnaie de sa pièce,** fam., riposter vivement et habilement. **Payer de retour,** répondre, en bien ou en mal, aux procédés, aux sentiments de quelqu'un par quelque chose d'équivalent. **Rendre la pareille,** traiter quelqu'un exactement comme il vous a traité, suppose plutôt un mauvais traitement. **Prendre sa revanche,** répondre, en bien ou en mal, en reprenant sur quelqu'un l'avantage qu'il avait pris sur vous. **Se revancher** est vx. ¶ 4 → Correspondre. ¶ 5 → Affirmer. ¶ 6 *Répondre de* quelqu'un, s'en porter garant, accepter la responsabilité des actes qu'il peut accomplir : *Le directeur répond de son personnel.* **Couvrir** quelqu'un, assumer la responsabilité de ce qu'il a pu faire, en parlant d'une

autorité : *Le chef de bureau a couvert ses subordonnés.*

Réponse, Réplique, Repartie, Riposte, Rétorsion, Objection, Récrimination : → Répondre.

Reportage : → Article.

Reporter (N.) : → Journaliste.

Reporter : ¶ 1 → Porter. ¶ 2 → Transporter. Ôter d'un lieu et placer dans un autre, en parlant d'une chose abstraite qui n'a pas de poids. *Reporter,* mettre la chose à une place qui lui convient : *Ce paragraphe doit être reporté à tel chapitre* (ACAD.). **Rejeter,** ôter la chose d'une place qui n'est pas la sienne pour la mettre où l'on peut : *Rejetez tous ces détails dans les notes de votre ouvrage* (ACAD.). ¶ 3 → Retarder. ¶ 4 (Réf.) → (se) Transporter.

Repos : ¶ 1 *Repos,* cessation du mouvement, de l'activité : *Cet enfant ne demeure jamais en repos;* considérée le plus souvent comme destinée, en donnant le calme, à faire disparaître la fatigue : *Cet épuisement du corps qui veut à tout prix le repos* (M. D. G.). **Relâche,** interruption d'un travail, d'un exercice; repos assez court rendu nécessaire par la prolongation de l'effort : *L'esprit veut du relâche et succombe parfois, Par trop d'attachement aux sérieux emplois* (MOL.). **Relâchement** fait penser davantage au sujet qui diminue ou cesse son effort après un long travail, parfois en se divertissant. **Délassement,** exercice, distraction ou divertissement qui sert de repos. **Détente,** relâchement d'une tension physique, morale, intellectuelle, fait penser au calme et au repos qui en résultent : *Suivirent quelques jours de détente; le ciel s'était aussi relâché de son ardeur* (MAU.). **Pause** fait surtout penser à la durée très courte du repos, spéc. dans une marche, un exercice ou une action. **Halte,** repos plus long que la pause dans une marche, un voyage; au fig. interruption momentanée de l'activité (→ Arrêt). **Récréation,** dans les maisons d'éducation et les communautés religieuses, temps accordé aux élèves, aux religieux, pour se reposer en se délassant ou en se divertissant. **Cesse,** dans les loc. *Sans cesse, N'avoir point de cesse,* marque l'interruption pure et simple de l'activité : *Il n'a ni repos ni cesse* (ACAD.). ¶ 2 *Repos,* moment de calme, de tranquillité que nous laissent les êtres et les choses qui nous fatiguent, nous tourmentent : *Repos d'esprit* (BOIL.). *Repos du cœur* (LAM.). **Relâche,** intervalle dans un état pénible, douloureux : *Les moments de relâche que me donne ma mauvaise santé* (VOLT.). **Rémission,** terme de médecine, diminution des symptômes d'une maladie; au fig., surtout avec une négation, *relâche, détente* : *Tra-*

vailler sans rémission. **Répit,** court relâche accordé comme un bref délai par ce qui presse, accable, tourmente : *Des répits dans cette obsession. De brefs intervalles* (M. D. G.). **Trêve,** au fig., court relâche ou répit. **Respiration,** syn. vx de *relâche*. ¶ 3 → Tranquillité. ¶ 4 → Sommeil. ¶ 5 → Coupe. ¶ 6 → Silence. ¶ 7 → Palier.

Reposé fait penser à la disparition de la fatigue : *On est reposé après une nuit de sommeil;* **Frais,** aux forces neuves qu'on a acquises et qui rendent prêt à l'action : *Frais et dispos.*

Reposer : ¶ 1 → Poser. **¶ 2** → Dormir. **¶ 3** → (se) Trouver. **¶ 4** *Se reposer*, **Se délasser, Se détendre :** → Repos. **¶ 5** *Se reposer sur :* → (s'en) Rapporter.

Repoussant, qui inspire aversion et dégoût, se dit presque uniquement de l'impression physique causée par la laideur ou la saleté (→ Dégoûtant) : *Laideur repoussante* (Marm.). **Rebutant,** moins fort, suppose une impression de déplaisir plus intellectuelle en parlant d'un air, de manières qui découragent toute sympathie : *Jeune fille rebutante* (M. D. G.); mais se dit surtout de ce qui est malpropre au physique et au moral.

Repousser : ¶ 1 → Pousser. **¶ 2** Éloigner de soi. *Repousser,* pousser en arrière, ou de part et d'autre, parfois avec quelque violence, ce qui vient vers vous ou vous résiste. **Écarter,** séparer de soi, souvent doucement, ce qui est immobile et qui gêne : *On écarte la foule pour passer; on la repousse si elle tend à fermer le passage.* — Au fig., on *repousse,* par un mauvais accueil, celui qui fait des avances; on *écarte,* souvent avec habileté, celui dont la présence déplaît. **¶ 3** *Repousser,* opposer à la poussée de quelqu'un, notamment d'un ennemi qui attaque, une poussée ou une résistance assez forte pour le forcer à reculer : *Les Suédois furent repoussés, mais ne furent pas mis en déroute* (Volt.). **Rejeter** marque une action plus vive, souvent faite en avançant, pour imprimer à ce qu'on repousse un fort mouvement vers l'arrière et le faire même revenir à son point de départ : *Rejeter l'ennemi sur ses positions.* **Refouler** ajoute l'idée qu'on avance à son tour, avec une poussée continue, et qu'on fait refluer jusqu'à un certain point. **Chasser** dit plus : c'est obliger à sortir d'un lieu celui qu'on poursuit : *Chasser l'envahisseur hors du pays.* **Rabattre,** en termes de chasse et de guerre, chasser en ramenant sur un certain point : *Rabattre l'ennemi sur ses positions.* **Bouter,** *chasser,* dans la loc. *Bouter dehors,* archaïsme qui rappelle l'expression de Jeanne d'Arc : *Bouter les Anglais hors de France.* **¶ 4** → Refuser.

Repousser, refuser nettement d'accepter ce qui s'offre, ou résister, riposter à ce qui blesse : *Repousser une prière* (Volt.); *une image* (Gi.); *l'outrage* (D'Al.); *la tentation.* **Rejeter,** ne pas accepter ou se refuser avec force à admettre ce qu'on a examiné, offres, demandes, conseils, doctrines : *Rejeter un doute* (Corn.); *des présents* (Volt.); *les avis de ses maîtres* (M. D. G.). **Répudier,** fig., ne se dit que de doctrines, d'engagements qu'on rejette après les avoir admis, comme on renverrait légalement sa femme : *Répudier des traditions.* **Récuser,** fig., ne pas accepter, comme suspects, une autorité ou un témoignage. **¶ 5** → Refuser. Avec pour comp. un n. de personne, *Repousser,* infliger un mauvais accueil à celui qui s'offre, désire être accueilli, et l'écarter de soi : *La F*** a été rudement repoussée, quand il a proposé d'être à M. le dauphin* (Sév.). **Rejeter,** repousser en condamnant : *Le Seigneur l'a rejeté. Il fut rejeté même de ses plus anciens amis* (Acad.). **Rebuter,** repousser en paroles avec rudesse, surtout quand il s'agit d'une opinion, d'une proposition : *Il me rebuta durement* (Pasc.). **Rabrouer,** rebuter avec brutalité, dédain ou raillerie, spéc. celui qui fait des propositions qu'on désapprouve : *Quand il m'a parlé de cela, je l'ai rabroué vertement* (Acad.). **Rembarrer,** fig. et fam., repousser vivement quelqu'un en rejetant avec fermeté ou indignation ce qu'il veut dire ou faire : *Les honnêtes gens doivent rembarrer avec vigueur les méchants allégoristes qui trouvent partout des allusions odieuses* (Volt.). **Envoyer promener, Envoyer bouler, Envoyer au diable, Emballer,** syn. pop. de *repousser.* **Remiser,** pop., rembarrer, remettre à sa place. — Rejeter quelqu'un d'un groupe : → Éliminer. **¶ 6** Inspirer de l'aversion. *Repousser* est dominé par l'idée d'éloignement (→ ce mot). **Répugner** implique le dégoût; **Dégoûter** enchérit : *C'est comme si je voyais un crapaud, ça me répugne, ça me dégoûte* (Gonc.). **Rebuter** implique une sorte de découragement devant ce qui paraît trop difficile ou d'un abord peu avenant : *Rebuté par cette image absurde* (Val.). **Écœurer** enchérit sur *dégoûter* ou *rebuter* (→ Décourager et Dégoûtant).

Répréhensible : → Blâmable.

Reprendre : ¶ 1 → Retirer. **¶ 2** → Recouvrer. **¶ 3** Se remettre à une activité interrompue. *Reprendre* a pour syn. **Renouer** lorsqu'il s'agit d'une négociation, d'une correspondance, d'une liaison : *Renouer la conversation* (Zola). **Remmancher,** fam., remettre sur pied une négociation rompue, pour la reprendre. **¶ 4** → Continuer. **¶ 5** → Résumer. **¶ 6** → Réparer. **¶ 7** → Revoir. **¶ 8** → Réprimander. **¶ 9** →

Recommencer. ¶ **10** → (se) Rétablir. ¶ **11** (Réf.) → (se) Rattraper. ¶ **12** (Réf.) → Recommencer.

Représaille : → Vengeance.

Représentant : ¶ **1** → Intermédiaire. *Représentant* ou *Représentant de commerce*, terme général, celui qui vend pour une maison ou plusieurs, en tout lieu, soit en allant chez le client soit en le recevant chez lui. **Placier**, celui qui vend en allant trouver le client et en faisant l'article, pour le compte d'une maison, dans la ville où il est installé. **Voyageur, Voyageur de commerce** ou **Commis voyageur**, moins usuel, *représentant* qui va trouver le client, comme le *placier*, mais se déplace à travers tout le pays ou à l'étranger. ¶ **2** → Envoyé. ¶ **3** → Député. ¶ **4** → Type.

Représentation : ¶ **1** *Représentation*, production de l'art ou de la nature qui exprime un objet physique ou moral, soit tel qu'il est, soit par un symbole : *Les partisans de l'objectivité prétendent nous donner la représentation exacte de ce qui a lieu dans la vie* (MAUP.). **Image** (→ ce mot), représentation concrète frappante, naturelle ou artistique, qui ressemble beaucoup à l'objet : *Les rois sont les images de Dieu* (BOUR.). *Le sommeil est l'image de la mort.* **Figure**, représentation artistique d'une personne ou d'une chose, très ressemblante dans la forme, l'attitude; ou représentation par abstraction ou par symbole mystique : *Figure équestre. Jérusalem fut la figure de l'Église* (Bos.). **Portrait**, représentation artistique d'une personne, avec une ressemblance achevée, trait pour trait, y compris la couleur. **Effigie**, représentation d'un prince sur la monnaie qu'il fait battre, ou représentation en cire d'un personnage important, ou tableau où un condamné est représenté subissant sa peine, exprime parfois, au fig., en fait d'image, ce qu'il y a de plus abstrait et de plus grand : *Les objets extérieurs ne sont que des effigies idéales de la faculté créatrice* (BUF.). **Simulacre**, image d'une idole, d'un faux dieu; au fig. image vaine qui n'est qu'apparence (→ ce mot) ou feinte. **Miroir**, représentation fidèle qui permet à la chose d'apparaître presque directement sous nos yeux : *La littérature est le miroir de la société.* **Reflet**, représentation affaiblie d'une chose qui ne se manifeste que par certains traits rappelant son influence : *La littérature qui n'est que le reflet des mœurs* (L. H.). — **Reproduction** (→ ce mot), imitation exacte, trait pour trait d'une chose. ¶ **2** En termes de philosophie, *Représentation*, action de l'esprit qui reproduit en lui les objets, désigne aussi le résultat de cette action, ce qui en fait alors le syn. d'**Image**. **Idée** est vx en ce sens. ¶ **3** → Spectacle. ¶ **4** → Port. ¶ **5** → Reproche.

Représenter : ¶ **1** → Montrer. ¶ **2** Exprimer un objet par un autre objet. *Représenter* se dit des effets de la nature et surtout de l'art qui exprime les objets par image, description, allégorie, symbole, etc. : *Représenter l'hiver sous l'image vulgaire d'un vieillard* (J.-B. R.). **Reproduire**, représenter l'image exacte d'une chose, souvent par copie : *Reproduire la nature.* **Figurer**, représenter par le dessin, par la sculpture, par la peinture, ou par un symbole, souvent mystique : *Poser là une chaise pour figurer la porte* (ZOLA). **Peindre** (→ ce mot), représenter par des lignes et des couleurs (en ce sens **Dessiner** exclut la couleur) et, au fig., par des paroles qui font image. **Tracer**, indiquer les lignes, les contours d'une figure; au fig., donner les grandes lignes d'un récit, ou d'un personnage, spéc. au moral : *Tracer un personnage de femme* (J. ROM.). **Refléter**, fig., représenter plus ou moins ce dont on est l'image ou le symbole : *La forme reflète le beau, comme les traits reflètent l'âme* (LAMENNAIS). **Indiquer**, dans les beaux-arts et par ext. en littérature, représenter quelque objet sans trop s'attacher au détail : *N'indiquer que les masses dans un tableau* (ACAD.). ¶ **3** Faire un personnage dans une pièce de théâtre. *Représenter* fait surtout penser à la conformité extérieure de l'acteur avec son personnage : *J'étais en peine qu'une petite demoiselle représentât ce roi* [Assuérus] (SÉV.); **Jouer** (→ ce mot), à la façon dont l'acteur traduit le personnage. ¶ **4** Interpréter une pièce de théâtre. *Représenter* suppose toujours une scène et un public, ne se dit que de la pièce ou du genre, et a rapport surtout aux circonstances; **Jouer** se dit aussi des auteurs, ne suppose pas forcément scène et public et fait surtout penser aux acteurs, aux personnages qu'ils traduisent et à l'auteur : *Le Misanthrope, représenté pour la première fois en 1666, fut joué par la troupe de Molière.* **Donner**, syn. fam. de *représenter*. ¶ **5** → Remplacer. ¶ **6** → Reprocher. ¶ **7** Faire de l'effet dans la société. *Représenter* a surtout rapport à la personne sociale qui, par son port, la dignité avec laquelle elle occupe sa place, provoque la considération et le respect : *Ce fonctionnaire représente bien.* **Imposer** implique un sentiment de respect, d'admiration ou de crainte, parfois illusoire, produit par la contenance ou les paroles de quelqu'un : *De fort près, c'est moins que rien; de loin, ils imposent* (L. B.). ¶ **8** (Réf.) → (s') Imaginer.

Réprimande : → Reproche.

Réprimander : → Blâmer. Blâmer avec autorité pour amender. *Réprimander* suppose une faute assez grave que l'on punit par des paroles assez dures : *Réprimander* durement en maître d'école (S.-S.). **Reprendre,** faire remarquer une erreur, une faute parfois commises involontairement : *Reprendre ses défauts avec grande douceur* (MOL.). **Relever,** avec pour comp. un nom de personne, reprendre avec aigreur celui qui a parlé mal à propos : *Si quelqu'un allait attaquer quelque honnête citoyen, il ne serait pas mal relevé* (MTQ.). **Faire une remontrance,** donner un avertissement à un enfant, à un inférieur pour l'engager à se corriger en lui montrant son erreur. **Faire la guerre,** fig. et fam., adresser constamment à quelqu'un des observations sur un défaut dont on veut le corriger : *Faire la guerre à quelqu'un sur son étourderie* (ACAD.). **Corriger,** syn. de ces mots, lorsqu'il implique une simple punition en paroles, ajoute l'idée qu'on opère l'amendement ou qu'on donne les moyens de le produire : *Si les nobles levaient des tributs, il n'y aurait point de tribunal supérieur qui les corrigeât* (MTQ.). **Fustiger,** au fig., corriger ou réprimander, verbalement ou par écrit, avec vigueur et véhémence. **Houspiller,** réprimander, parfois par écrit, avec aigreur ou malice. **Tancer,** réprimander, sur le ton d'un maître, mais souvent pour de légers défauts : *Le magister D'un ton fort grave à contretemps s'avise De le tancer* (L. F.). **Admonester,** réprimander sévèrement, comme un juge fait un particulier qui n'a pas commis une faute assez grave pour être condamné. **Chapitrer,** autrefois réprimander un religieux en plein chapitre; fig. et fam., adresser de sévères remontrances suivies d'une leçon morale : *Je l'ai chapitré sur le peu de respect qu'il portait à son père* (MOL.). **Moraliser** suppose une leçon morale, mais avec moins de sévérité. **Catéchiser,** fam., se dit parfois en ce sens et insiste sur la leçon, ainsi que **Sermonner,** qui implique souvent des remontrances ennuyeuses et hors de propos : *Il* [Tartuffe] *vient nous sermonner avec des yeux farouches* (MOL.). **Gronder,** réprimander avec humeur et colère, mais sans scandale public, quelqu'un avec qui on a des relations assez familières : *Gronder un enfant* (MAU.); *un commis* (BALZ.). **Attraper,** pop., faire des reproches sur un ton de sévérité ou de mauvaise humeur. **Morigéner,** autrefois former les mœurs de quelqu'un; de nos jours, surtout péj., gronder en faisant de vives remontrances « avec insistance et affectation, avec une sorte de pédantisme » (ACAD.). **Gourmander,** gronder avec dureté, impérieusement, sans ménagement. **Secouer,** fig. et fam., *gourmander.* **Secouer les puces,** en ce sens, est pop. comme **Sonner les cloches, Savonner, Savonner la tête, Passer, donner un savon,** réprimander vivement, ainsi que **Donner un galop, une**

danse. **Moucher,** fig. et pop., dire son fait à quelqu'un par trop outrecuidant. **Remettre quelqu'un à sa place,** fam., le réprimander en le rappelant aux convenances; **Remettre quelqu'un au pas,** fam., le rappeler à son devoir. **Dire son fait,** fam., et **Arranger,** très fam. et ironique, dire franchement à quelqu'un ce qu'on pense de sa conduite. **Sabouler,** pop., réprimander, tancer avec véhémence. **Semoncer,** adresser un avertissement mêlé de réprimande, est vx. — A la différence de ces mots, **Quereller** n'implique pas toujours le blâme justifié d'un supérieur à un inférieur, mais comme syn. de *réprimander,* de *gronder,* implique du bruit, des reproches publics, emportement, humeur, dépit : *J'ai querellé la servante* (MOL.). **Disputer,** syn. de *gourmander* ou de *quereller,* est fam. — **Engueuler,** trivial, invectiver grossièrement, se dit souvent comme syn. de *réprimander* ou de *quereller,* sans impliquer alors forcément l'idée d'injures, mais simplement de vivacité, d'humeur, de cris. **Enguirlander,** couvrir de louanges, par antiphrase, *engueuler.*

Réprimer : ¶ 1 → Étouffer et Punir. ¶ 2 → Retenir. Empêcher ou arrêter le développement de quelque chose. *Réprimer,* qui se dit des personnes et des choses, est moins fort que **Refréner** qui ne se dit que des choses violentes : *On réprime une adorable vivacité* (BALZ.); *des abus, des défauts, des désirs; on refrène des passions emportées, furieuses.*

Repriser : → Raccommoder.

Réprobation : → Blâme.

Reproche : → Blâme. Ce qu'on dit à une personne pour lui faire honte ou regret d'une action. *Reproche* se dit à n'importe qui, pour toutes sortes d'erreurs ou de fautes, et sur tous les tons : *Vifs reproches* (MAU.). *Reproche tendre* (J. ROM.). **Représentation** a rapport à une action future dont on essaie avec égards et mesure de dissuader quelqu'un, souvent un supérieur, en lui présentant des objections. **Remontrance,** action de mettre sous les yeux de quelqu'un ce qui dans sa conduite doit le faire rougir; plus particulièrement, censure qu'un supérieur adresse à un inférieur pour l'engager à se corriger : *Ce sage vieillard changea ses graves remontrances en des paroles de tendresse* (FÉN.). **Avertissement,** remarque (→ ce mot) pour attirer l'attention de quelqu'un sur ses défauts, avertissement; en termes de discipline administrative et scolaire, censure avec l'indication que la faute suivante entraînera le blâme. **Réprimande,** toute censure formelle et motivée adressée avec autorité, en termes durs, à un inférieur pour l'amender : *On craint moins les graves réprimandes de M. de Volmar que les reproches touchants de Julie* (J.-J. R.). **Admonestation** diffère de *réprimande* comme les v. correspondants (→ Réprimander), mais indique parfois une remontrance assez forte qui précède la réprimande : *Ses admonestations, ses menaces, ses réprimandes achèvent d'indisposer contre lui les élèves* (Gi.). **Danse,** pop., grosse réprimande. **Mercuriale,** du style recherché, réprimande assez dure. **Semonce,** avertissement mêlé de reproches fait par quelqu'un qui a autorité, moins formel et moins dur que la *réprimande*, mais plus sévère et plus vif que la *remontrance*; de plus la *réprimande* est par elle-même une punition; la *semonce* menace souvent d'une punition. **Observation,** remarque nuancée de reproche que l'on fait à quelqu'un sur sa manière d'agir, légère remontrance. — **Objurgation,** figure de rhétorique par laquelle on adresse à quelqu'un de vifs reproches; dans le langage courant, surtout au pl., représentations ou remontrances véhémentes par lesquelles on essaie de détourner quelqu'un d'une action qu'il se propose de faire : *Conseils, préceptes et pieuses objurgations* (Gi.). **Savon,** fam., vive réprimande. **Prône,** fig., fam. et vx, et **Sermon,** fig. et fam., remontrance ennuyeuse et importune. **Récrimination,** reproche qu'on oppose à un autre reproche; par ext., dans le langage courant, au pl., reproches aigres, incessants, que l'on adresse le plus souvent à quelqu'un contre qui on est impuissant : *Elle entra là-dessus dans des récriminations infinies* (Gi.). — Si le *reproche* consiste à faire honte à quelqu'un de sa conduite, la **Plainte** consiste uniquement à témoigner le chagrin, le mécontentement ou la douleur que vous causent sa conduite : *Une femme ne peut adresser aucun reproche à un mari qui est souvent absent pour son travail, mais elle peut faire entendre des plaintes sur sa solitude.* **Grief** implique simplement qu'on conçoit ou qu'on exprime en quoi on est lésé, sans y ajouter des *plaintes*, et se dit parfois d'un faux reproche : *Exprimer ses griefs* (Mau.). *Mettre de la caresse dans son grief* (J. Rom.). — **Accusation** suppose un blâme motivé adressé à quelqu'un, mais alors que le *reproche*, adressé au coupable, à sa conscience, est sa punition même, l'*accusation* est portée publiquement devant l'opinion à qui elle en appelle pour infliger la punition ou le blâme. La **Critique** est aussi portée devant l'opinion, mais à propos de fautes moins graves, et consiste surtout à signaler dans les œuvres et dans la conduite des fautes théoriques

contre la beauté, la vérité, les règles de bienséance ou de morale, en prouvant leur existence par une analyse serrée, parfois malveillante : *Je dis qu'une comédie ne respecte pas l'unité d'action, c'est une critique; que son héros est trop semblable à l'auteur, c'est un reproche que j'adresse à celui-ci. Si j'ajoute que l'action est un plagiat, c'est une accusation.* **Imputation,** action d'attribuer à quelqu'un une chose digne de blâme; le plus souvent accusation non fondée : *Les imputations abominables dont les païens chargeaient les mystères chrétiens* (Volt.). **Réquisitoire,** au fig., discours ou écrit qui contient une série d'accusations semblables à celles du ministère public dans un tribunal.

Reprocher, Remontrer, Représenter, Critiquer, Accuser de : → Reproche. **Taxer de** s'emploie surtout, comme *reprocher*, en parlant de fautes personnelles qui sont plutôt du ressort de la conscience que de l'opinion, mais c'est uniquement établir, ou prétendre établir un fait, alors que *reprocher*, c'est s'appuyer sur un fait établi pour en tirer matière à blâme ou à censure : *Un professeur taxe un élève de paresse en affirmant qu'il ne travaille pas; il lui reproche sa paresse en lui en faisant honte et l'accuse de donner un mauvais exemple à ses camarades.* **Jeter au nez,** fig. et fam., reprocher à quelqu'un, avec malice, quelque désavantage fâcheux dont il n'est pas toujours responsable.

Reproduction : ¶ 1 *Reproduction,* image exacte d'une œuvre d'art donnée par des procédés techniques comme la photogravure : *Reproduction photographique*; ou toute œuvre d'art imitant parfaitement une œuvre originale, qu'elle soit de la main du même artiste ou d'une autre main; en ce sens, **Répétition,** reproduction d'une œuvre d'art faite par l'auteur lui-même ou sous sa direction; **Réplique,** répétition d'une œuvre d'art, souvent dans des dimensions différentes, exécutée par l'artiste lui-même; **Double,** reproduction authentique, par l'artiste, et exactement semblable à l'original; **Copie** suppose le plus souvent une autre main que celle de l'auteur de l'original : *On a plusieurs doubles de la Cène de Léonard de Vinci, si ces doubles ne sont pas des copies* (Lar.). — **Faux,** copie qui prétend se faire passer pour l'original. **Fac-similé,** « reproduction exacte imprimée, gravée ou photographiée d'une pièce d'écriture, d'une signature, d'un dessin » (Acad.). ¶ 2 → Publication. ¶ 3 → Image. ¶ 4 → Imitation. ¶ 5 → Représentation.

Reproduire : ¶ 1 → Imiter. ¶ 2 → Renvoyer. ¶ 3 → Représenter. ¶ 4 → Refaire. ¶ 5 (Réf.) *Se reproduire,* donner la vie à un être semblable à soi, se dit de l'homme, des animaux et des plantes. **Se perpétuer** ajoute l'idée d'une longue durée et se dit bien des races, des générations, ou, en parlant d'un individu, pour évoquer la race qui sortira de lui. **Se multiplier** (→ ce mot), se reproduire en augmentant en nombre. ¶ 6 (Réf.) → Recommencer.

Réprouvé : → Maudit.

Réprouver : ¶ 1 → Blâmer. ¶ 2 → Maudire.

Repu : → Rassasié.

République : → Démocratie.

Répudiation : → Divorce.

Répudier : → Repousser.

Répugnance : → Éloignement.

Répugnant : ¶ 1 → Malpropre. ¶ 2 → Dégoûtant.

Répugner : ¶ 1 → (s') Opposer. ¶ 2 → Repousser. ¶ 3 *Répugner à*, avec un n. de personne pour sujet, c'est, surtout au moral, avoir tendance idéalement à ne pas vouloir, à ne pas faire telle ou telle chose : *Répugner à se marier* (Mol.). **Bouder** (→ ce mot), fig., se refuser à quelque chose par une attitude surtout passive : *Bouder le travail* (M. D. G.). **Rechigner, Renifler** et **Renâcler**, fig., dépeignent la mine de celui qui hésite ou se refuse à accepter, à faire une chose à quoi il répugne, *rechigner* supposant au prop. une aversion marquée par une grimace de la lèvre qu'on relève en montrant les dents et au fig. air malgracieux et mauvaise volonté : *Les jours où l'âme rechigne et manque d'entrain* (J. Rom.); *renifler*, très fam., marquant le dégoût, au physique et au moral : *Renifler sur sa soupe*; *renâcler*, surtout au moral, impliquant mécontentement et très mauvaise volonté : *Dans la plupart des corps de métiers on chantait. Aujourd'hui on renâcle* (Pég.).

Répulsion : → Éloignement.

Réputation, terme le plus général et le plus faible, opinion bonne ou mauvaise que le public a de quelqu'un sur tel ou tel sujet, spéc. la moralité ou le talent : *Réputation déplorable* (Gi.). *Personnes auxquelles d'incontestables mérites ont valu des réputations européennes* (Balz.). **Considération**, réputation qui fait qu'on impose, et qui vient le plus souvent de l'état, du pouvoir d'obliger et de nuire : *Il ne faut pas confondre la considération avec la réputation : celle-ci est principalement le fruit des talents ou du savoir; celle-là est attachée au rang, à la place, aux richesses, ou en général au besoin qu'on a de ceux à qui on l'accorde* (D'Al.). **Notoriété**, réputation, surtout due au talent ou au mérite, qui s'étend dans un certain public : *Sa notoriété dans le monde médical* (M. D. G.). **Nom,** grande réputation dans le présent et dans le futur, suppose un vaste public et a surtout rapport à l'estime acquise par le talent ou les grandes actions : *Il n'est pas si aisé de se faire un nom par un ouvrage parfait, que d'en faire valoir un médiocre par le nom qu'on s'est déjà acquis* (L. B.). **Renom** enchérit, suppose bruit, vogue, éclat, surtout d'ailleurs dans le présent : *Le renom d'un guerrier* (Corn.); mais implique parfois simplement qu'on parle beaucoup d'une personne ou même d'une chose. **Renommée,** plus concret, désigne ce que rapporte la voix publique sur un personnage en renom : *On augmente le renom; on ajoute à la renommée; l'un se considère comme quelque chose d'idéal et d'indivisible, l'autre comme un tout composé de parties* (L.). *Étendre sa renommée* (L. B.). **Célébrité,** très grande réputation, surtout acquise par les talents de l'esprit ou, en parlant des événements, par leur importance, et qui donne une place dans l'estime des gens instruits, ou dans les livres, l'histoire : *L'Art poétique mit le comble à la célébrité de Boileau* (Marm.). **Gloire** renchérit sur tous ces termes : c'est, selon l'Acad., la renommée brillante, universelle et durable, l'éclat que les vertus, le mérite, les grandes qualités, les grandes actions ou les grandes œuvres attirent à quelqu'un : *La gloire est la réputation jointe à l'estime; elle est au comble quand l'admiration s'y joint* (Volt.). — **Popularité,** renommée auprès du peuple, lequel accorde crédit, faveur ou affection : *La popularité de V. Hugo.* — **Mémoire,** réputation bonne ou mauvaise qui reste d'une personne après sa mort.

Réputer : → Regarder comme.

Requérir : → Réclamer et Demander.

Requête : ¶ 1 Demande, en termes de jurisprudence. *Requête*, demande par écrit présentée à qui de droit et suivant certaines formes établies (Acad.). **Supplique,** requête qu'on présente pour demander une grâce, une faveur à quelque personnage important : *Ma supplique au pape* (Volt.). **Placet,** autrefois demande succincte par écrit pour obtenir grâce, justice, faveur d'un haut personnage, ou demande adressée à un tribunal pour obtenir audience : *Premier placet présenté au roi sur la comédie du Tartuffe* (Mol.). **Pétition,** de nos jours, a remplacé *placet* dans son premier sens et se dit surtout d'une demande signée par plusieurs personnes. ¶ 2 → Demande. *Requête*, demande pressante, verbale ou écrite, moins humble et déférente que la **Prière,** mais adressée en termes respectueux, souvent à un supérieur. **Supplique,** requête très instante. **Supplication,** prière très humble et très instante. **Sollicitation,** demande souvent répétée pour obtenir une grâce, une faveur ou pour pousser quelqu'un à faire quelque chose. **Instance,** sollicitation pressante.

Réquisitoire : → Reproche.

Rescapé : → Survivant.

Rescousse : → Appui.

Rescrit, réponse du pape sur quelque point de droit ou sur quelque point particulier. **Bref,** lettre du pape relative à des affaires peu considérables. **Bulle,** rescrit toujours sur parchemin avec un sceau de plomb en forme de boule, qui notifie les décrets du pape sur des points importants. **Constitution,** bulle dogmatique, en matière de doctrine ou de discipline, qui attire l'attention plutôt sur le fond que sur le fait. **Encyclique,** bulle solennelle adressée par le pape au clergé du monde catholique ou seulement aux évêques d'une même nation, sur un point de dogme, de doctrine et de discipline. **Monitoire,** citation juridique faite sous peine d'excommunication. **Décrétale,** rescrit des anciens papes en réponse à des consultations qui leur étaient adressées. (≠ *Mandement,* qui ne désigne qu'une lettre qu'un évêque fait publier sur toute l'étendue de son diocèse.)

Réseau : ¶ 1 → Filet. ¶ 2 *Réseau,* ouvrage de fil, de soie, de fil d'or ou d'argent, fait par petites mailles, en forme de filet. **Lacis,** fin réseau de fil ou de soie, par ext., surtout en termes d'anatomie, fin réseau de choses fines : *Lacis de nerfs, de fibres.* — **Résille,** sorte de réseau dont on enveloppe les cheveux longs; on dit aussi **Filet. Réticule,** en ce sens, est vx.

Réserve : ¶ 1 → Restriction. ¶ 2 *Réserve,* qui se dit aussi des hommes (*la réserve d'une armée*), toutes les choses qu'on garde pour des occasions à venir prévues ou imprévisibles : *Constituer des réserves d'or, de sucre par crainte de la guerre.* **Provision** se dit surtout des choses nécessaires et utiles pour la subsistance des personnes ou pour la défense d'une place de guerre, et implique toujours la conception d'un besoin précis à pourvoir : *On fait des provisions de bois pour l'hiver.* **Stock** (mot anglais), quantité de marchandise disponible sur le marché, mais qui n'est pas toujours mise en vente, et peut être en réserve pour des éventualités commerciales; par ext. réserve importante chez les commerçants ou à l'échelle de la nation. ¶ 3 → Magasin. ¶ 4 → Réservoir. ¶ 5 → Retenue.

Réserve de (à la) : → Excepté.

Réservé : → Retenu.

Réservé (être) : Être donné en partage à quelqu'un. *Être réservé,* dans le présent ou le futur, marque, avec une idée de prévision, une distinction spéciale qui exclut toute autre personne : *C'est à lui qu'il était réservé de terminer cette grande œuvre.* **Être destiné** indique que la chose, dans le futur, doit être donnée en partage à celui pour qui elle est faite ou appliquée à une fin qui la justifie : *Ce barrage est destiné à alimenter en électricité telle région.* **Être dévolu,** en termes de jurisprudence, être acquis en vertu d'un droit, se dit surtout d'un avantage présent : *Parmi les avantages dévolus aux gens secs et blonds* (Balz.). **Revenir** (→ ce mot), résulter à l'avantage ou au désavantage de quelqu'un : *Quel fruit me reviendra d'un aveu téméraire?* (Rac.). **Échoir** (→ Tomber), être dévolu par le sort, en fait : *Les pays maritimes lui échurent* (Roll.).

Réserver : ¶ 1 → Conserver. ¶ 2 → Destiner. ¶ 3 → Arrêter.

Réservoir : ¶ 1 *Réservoir,* lieu ménagé pour contenir certaines choses en réserve; plus spéc. lieu où l'on amasse des eaux pour les distribuer, suivant le besoin, en divers endroits. **Citerne,** réservoir pour recevoir ou garder l'eau de pluie; par ext. réservoir souterrain où l'on conserve certains liquides comme l'essence. **Château d'eau,** bâtiment surélevé qui renferme les réservoirs contenant l'eau qu'on distribue sous pression. **Retenue,** réservoir où l'on retient l'eau : *Pour arroser son jardin il avait une retenue d'eau* (Acad.). ¶ 2 *Réservoir,* bassin où l'on conserve des poissons et des crustacés vivants, a pour syn. plus usuels **Réserve** et **Vivier.**

Résidence : → Demeure.

Résider : ¶ 1 → Demeurer. ¶ 2 En parlant des choses, *Résider* se dit au fig. de choses physiques ou morales qui se trouvent dans tel ou tel lieu : *La sensation du goût réside principalement dans les papilles de la langue* (Lar.). **Siéger,** occuper une place honorifique dans telle ou telle assemblée ou tenir séance en parlant d'un tribunal; ajoute, au fig., à *résider* l'idée d'une action puissante : *La pensée siège dans le cerveau.* ¶ 3 → Consister.

Résidu : ¶ 1 En termes de chimie, *Résidu,* matière qui reste après une opération chimique. **Scorie,** résidu vitrifié qui résulte de la fusion de certains minerais. **Détritus,** terme d'histoire naturelle, résidus, débris de matières organisées. ¶ 2 → Déchet. ¶ 3 → Sédiment. ¶ 4 → Reste.

Résignation : ¶ 1 → Renoncement. ¶ 2 → Soumission.

Résigné : → Soumis.

Résigner : → Abdiquer.

Résilier : → Abolir.

Résille : → Réseau.

Résine, matière inflammable qui découle de certains arbres, spéc. le pin et le sapin. **Gemme,** terme de sylviculture, suc résineux qui découle des pins par les entailles. **Baume,** substance résineuse odorante qu'on emploie souvent en médecine : *Le benjoin est un baume.* **Laque,** sorte de résine, d'un rouge jaunâtre, qui sort des branches de plusieurs espèces d'arbres des Indes orientales et qui sert à vernir.

Résipiscence : → Regret.

Résistance : ¶ 1 Force permettant de supporter la fatigue. *Résistance,* faculté naturelle et purement physique. **Endurance** suppose un entraînement pour résister physiquement et moralement à la fatigue et aux privations : *L'endurance des troupes* — *Résistance,* **Solidité, Force, Ténacité, Dureté :** → Résistant. ¶ 2 → Obstacle. ¶ 3 *Résistance,* **Défense :** → Résister. ¶ 4 Le fait de ne pas céder aux desseins de quelqu'un. *Résistance,* action défensive opiniâtre de celui qui subit des sortes d'assauts, peut impliquer refus d'obéir ou même recours à la force contre celui avec qui on ne discute pas; **Opposition** (→ ce mot), action plus vaste, plus variée, qui consiste à susciter des obstacles, à prendre l'initiative sur certains points, parfois simplement pour empêcher une chose future, en face d'un adversaire avec lequel on peut discuter ou lutter avec des moyens égaux : *Marier sa fille malgré la résistance de celle-ci et l'opposition de sa mère.* **Réluctance,** forte résistance de celui qui lutte, se débat, est rare et recherché. **Obstruction,** au fig., manœuvres tendant à empêcher un débat, le vote d'une mesure; par ext. opposition irrégulière. **Inertie** ou **Force d'inertie,** fig., résistance passive qui consiste à ne pas obéir sans en avoir l'air, ou à le faire lentement.

Résistant : ¶ 1 *Résistant* se dit de tout corps qui ne cède pas à une action quelconque. **Solide** implique simplement qu'une chose est capable d'être résistante parce qu'elle est bien constituée, ferme, stable ou forte : *Une chose est ou paraît solide; mise à l'épreuve elle se montre résistante.* **Fort,** solide en parlant de ce qui est gros et épais de matière : *Une forte digue.* **Inusable** enchérit sur *résistant* en parlant de ce qui ne se détériore pas par l'usage. **Tenace,** syn. de *résistant,* se dit des choses dont les parties tiennent fortement ensemble, qui peuvent soutenir une traction une pression considérable sans s'allonger sans se rompre : *Métal tenace.* **Dur** se dit de certains mécanismes qui résistent, ne se laissent pas manier facilement : *Fusil dur à la détente.* **Rénitent,** terme de médecine, qui résiste plus ou moins à la pression des doigts : *Son ventre est rénitent.* ¶ 2 Au fig., en parlant de l'homme, *Résistant,* surtout au physique, qui a effectivement la force de résister aux maladies, à la fatigue, aux privations : *Vigoureux et résistant* (CAM.). **Solide,** plus fam., insiste sur la capacité de résistance physique de celui qui est fort (→ ce mot) et bien constitué : *Un solide gaillard;* et au moral sur la fermeté dans les sentiments, les opinions, le courage : *Troupes solides.* **Endurant** ajoute l'idée d'un entraînement pour résister, au physique, à la fatigue et aux privations; au moral, aux maux que nous infligent les autres : *L'exercice rend endurant. Endurant à la raillerie.* **Dur** et **Coriace,** fam. et plus fort, qui résiste au travail, à la peine, aux malheurs, au mal. **Dur à cuire,** n. fig. et fam., homme aguerri, endurci par un long entraînement à la peine, et qui a si bien pris son pli qu'il a la volonté de résister aussi bien aux souffrances, aux épreuves qu'à ceux qui veulent le manier. **Rustique,** terme d'économie rurale, qui ne craint pas les intempéries, est robuste, résistant en parlant des plantes et des animaux, se dit parfois en termes militaires des armes ou des hommes solides et résistants. ¶ 3 → Insoumis. Depuis la guerre 1940-1945, *Résistant,* n., celui qui, refusant d'accepter la domination de l'occupant, essaya par tous les moyens d'entraver son action et de le chasser du territoire. **Maquisard,** fam., résistant qui s'est enfui pour organiser la résistance dans des régions non contrôlées par l'ennemi.

Résister : ¶ 1 Opposer la force à la force. *Résister* implique un adversaire qu'on repousse, sans lui céder un pas, que ce soit une autorité légitime ou un agresseur. **Se défendre,** assurer son salut dans un péril par une action légitime qui consiste à arrêter l'action de son adversaire, et aussi à attaquer, à détruire ses forces : *On s'y défendit comme des vainqueurs se défendent, en attaquant* (SÉG.). **Tenir** fait penser au résultat de la résistance qui est de demeurer solide et ferme sans reculer, pendant un certain temps : *Ce vertige ne tenait pas devant la raison* (CAM.). **Tenir bon, Tenir ferme** enchérissent. ¶ 2 Au fig. Tenir ferme les volontés de quelqu'un, ou contre les choses morales fortes et puissantes. *Résister,* ne pas céder, en opposant sa volonté, son inertie comme un obstacle, ouvertement ou non, en bien ou en mal : *Résister aux caresses* (J.-J. R.); *à la contrainte* (M. D. G.). **Tenir tête,** résister ouvertement, courageusement. **S'opposer à** diffère de *résister* comme les n. correspondants (→ Résistance) : *M'opposer à quelque projet des enfants, leur résister, leur tenir tête* (Gi.). **Réagir contre,** en parlant de choses morales ou d'initiatives d'autrui jugées mauvaises, suppose, plus qu'une résistance, une diversion ou une action contraire : *On résiste au chagrin par la fermeté morale, on réagit par la volonté ou par la distraction, l'occupation.* **Regimber,** fig. et fam., implique, en bien comme en mal, une résistance vive et fière et un refus violent d'obéir : *La pensée est toujours prête à regimber contre la force* (Lam.). **Récalcitrer,** fig., fam. et peu usité, résister avec opiniâtreté. **Ruer dans les brancards,** fig. et fam., ajoute l'idée de révolte. **Se refuser à,** résister à l'appel d'une chose qui sollicite plutôt qu'à son attaque : *On se refuse à l'évidence et on résiste à la persuasion.* **Se rebiffer contre,** fam., se refuser à une chose avec brusquerie, ou regimber brusquement contre quelqu'un : *Le petit eut un mouvement de révolte et se rebiffa* (Gi.). **Se raidir,** tendre ses forces pour résister à un mal moral ou devenir moins souple, commencer à se refuser à une proposition : *Se raidir contre l'adversité.* **Se piéter,** vx, se raidir contre, résister avec force. **Répondre** (→ ce mot), essayer de résister en paroles au lieu d'obéir. — **Se révolter** (→ Révolte) ajoute à l'idée de résistance celle de soulèvement contre l'autorité établie et, au fig., contre ce qui indigne ou irrite : *Se révolter contre l'injustice du monde* (Flaub.). **Se cabrer,** fig., se révolter avec emportement. **Se rebeller** marque un refus d'obéir parfois illégitime : *Les sens se rebellent contre la raison;* **S'insurger,** une révolte ouverte, active : *S'insurger contre les abus.* ¶ 3 → Soutenir.

Résolu : ¶ 1 Participe passif du verbe *résoudre. Résolu* s'emploie dans tous les sens du verbe, **Résous** ne se dit qu'au masc. des choses qui sont physiquement changées en d'autres, et marque l'état, alors que *résolu* fait penser à l'action qui l'a amené : *Brouillard résous en pluie* (Lit.). ¶ 2 → Décidé.

Résolution : ¶ 1 → Dissolution. ¶ 2 → Dénuement. ¶ 3 → Volonté. Ce qu'on veut faire après délibération. *Résolution* implique qu'après avoir balancé en divers sens, ou même s'être fait violence, on a choisi, par un acte de la volonté, de faire ce qu'on juge devoir faire, et on fait effort pour s'y tenir fermement : *J'ai pris soudain la résolution de partir* (Gi.). **Décision** dit moins et suppose un acte de

l'esprit qui, après examen, fait cesser le doute, l'incertitude en une matière sans que pour autant la volonté se détermine à agir (→ Décider) : *Décision irrévocable* (Gi.). **Détermination** désigne l'acte même de choisir, de fixer ce que l'on veut. **Parti** a surtout rapport aux avantages qu'on peut retirer de telle ou telle résolution : *Il prenait des partis extrêmes contre ses intérêts* (Fén.). **Propos,** en termes de dévotion, volonté de ne plus pécher; dans le langage courant, détermination de se conduire de telle ou telle façon; mais *propos,* quoique joint souvent à *ferme,* à *bon,* marque une détermination moins forte que *résolution : Des propos vagues de pénitence* (Fén.). **Conseil,** syn. vx de *résolution.* ¶ 4 → Fermeté et Décision.

Résonnant : → Sonore.

Résonner : Renvoyer et quelquefois produire un son ou des sons. *Résonner* peut se dire d'un son faible, et souvent des sons mesurés comme ceux de la voix ou de la musique; **Retentir** implique un son éclatant ou qui se prolonge sur une grande étendue, cris, bruits de toute sorte : *Un nombre infini d'oiseaux faisaient résonner ces bocages de leurs doux chants* (Fén.). *Quand le tonnerre retentit dans les abîmes* (Staël). — Même nuance au fig. où *retentir* dit plus que *résonner.*

Résoudre : ¶ 1 → Dissoudre. ¶ 2 → Abolir. ¶ 3 Prendre un parti : → Décider. *Résoudre,* sortir de l'indécision; **Se résoudre,** en sortir avec peine, en se faisant violence, et souvent contraint et forcé : *Résous-toi, pauvre époux, à vivre de couleuvres* (Boil.). **Faire le saut,** fig. et fam., se résoudre après avoir longtemps hésité. ¶ 4 Amener une personne à vouloir : → Décider. ¶ 5 Faire cesser le doute ou l'incertitude à propos d'une question : → Décider.

Respect : ¶ 1 → Égard. *Respect,* grave sentiment de déférence, dû à la supériorité, à l'âge ou au mérite, et se manifestant extérieurement : *Cette saine philosophie qui apprend à ne donner que des respects extérieurs à toute espèce de grandeurs et de puissances, et à réserver les respects véritables pour les talents et pour les services* (Volt.). **Vénération,** grand respect, tout intérieur, souvent joint à l'affection, ou se rendant particulièrement aux saints et aux choses saintes : *Je ne vois jamais sans attendrissement et vénération ces groupes de bons vieillards* (J.-J. R.). **Révérence,** grand respect mêlé d'une sorte de crainte : *Le prêtre touche le pain vivifiant avec grande révérence et tremblement* (Bos.). **Piété,** sentiment d'amour mêlé de vénération pour les êtres humains auxquels nous rattachent les liens les plus sacrés :

Piété filiale, **Culte**, au fig., ajoute à *vénération* l'idée d'une tendresse profonde et exclusive ou d'une grande admiration pour les personnes ou pour les choses : *Elle eut le culte de Marie Stuart et des vénérations enthousiastes à l'endroit des femmes illustres et infortunées* (Flaub.). ¶ 2 Lorsque *Respect* fait surtout penser au témoignage du sentiment, il a pour syn. **Hommage**, manifestation d'une soumission, d'une déférence que l'on accorde librement (alors que le *respect* est dû) au mérite ou à la beauté : *Rendre hommage aux cendres d'un héros* (Corn.); **Honneur**, manifestation extérieure, solennelle, de l'estime, du respect, de la vénération dus à la dignité, au mérite de ceux qui sont supérieurs ou que nous considérons comme sacrés : *Les honneurs divins* (Bos.). *Les honneurs suprêmes.* **Gloire** ne se dit proprement que des hommages rendus à Dieu. ¶ 3 → Civilités.

Respecter : → Honorer.

Respiration : → Haleine.

Respirer : ¶ 1 Amener l'air dans ses poumons et le rejeter au-dehors. *Respirer* marque l'action normale. **Soupirer** implique une respiration profonde et prolongée, surtout dans l'expiration, sous l'influence d'un sentiment de tristesse, d'une souffrance. **Souffler**, respirer avec effort en reprenant haleine. **Haleter**, respirer fréquemment, souffler comme quand on a couru et qu'on est hors d'haleine. **Panteler**, vx et rare, sauf au part. présent, haleter par secousses, convulsivement. **Anhéler**, peu usité, respirer péniblement. **S'ébrouer**, souffler de frayeur en parlant du cheval; fig. et fam., en parlant des personnes, souffler bruyamment par impatience, émotion. **Pousser**, respirer difficilement en parlant d'un cheval. ¶ 2 Au fig. *Respirer*, prendre quelque relâche après de graves soucis, de grandes peines, un travail pénible : *La nation semblait respirer au sortir d'une longue oppression* (Ham.). **Souffler**, se reposer un instant après un effort physique ou un effort d'attention : *Laisser souffler ses auditeurs.* ¶ 3 → Vivre. ¶ 4 → Aspirer. ¶ 5 → Montrer et Exhaler.

Resplendir : → Luire.

Responsabilité, **Culpabilité** diffèrent comme les adj. correspondants : → Fautif.

Responsable : ¶ 1 Adj. → Comptable et Fautif. ¶ 2 N. → Envoyé et Garant.

Ressaisir : ¶ 1 → Recouvrer. ¶ 2 (Réf.) → (se) Retrouver et (se) Rattraper.

Ressasser : → Répéter.

Ressaut : → Saillie.

Ressemblance : ¶ 1 → Analogie. ¶ 2 → Image.

Ressemblant : → Semblable.

Ressembler à, avoir du rapport, de la conformité avec quelqu'un, avec quelque chose, au physique ou au moral : *Cet enfant ressemble à son père.* **Rappeler,** faire revenir dans l'esprit de quelqu'un l'image ou l'idée d'une personne ou d'une chose avec laquelle on a quelque ressemblance : *Jean-Jacques qui nous rappelle Sénèque en cent endroits* (Did.). **Tenir de,** au fig., suppose un lien de parenté ou d'analogie : *Enfant qui tient de son père. Le mulet tient de l'âne et du cheval.* **Participer de,** tenir de la nature de, marque un rapport plus précis, mais plus abstrait : *Tel écrivain participe de tel autre.* **Procéder de,** participer de par son origine. **S'apparenter** marque un rapport assez vague d'analogie entre choses : *Si par là chacune de ces beautés était apparentée avec les autres, elle restait cependant particulière* (Proust). **Approcher de** marque quelque ressemblance avec ce qui est supérieur ou plus fort : c'est égaler presque : *La véhémence de Boileau approche parfois de celle de Juvénal.* **Confiner à,** être très voisin de quelque chose, est plutôt péj. : *Ce style confine au galimatias.* **Se rapprocher** marque une conformité partielle qui ne va pas jusqu'à la ressemblance. **Tirer sur,** se rapprocher, se dit surtout des couleurs : *Ce vert tire sur le jaune.* **Se rapporter** indique un simple rapport abstrait de convenance : *Tout ce que nous voyons de sa conduite se rapporte à ce qu'on nous en avait dit* (Acad.).

Ressentiment : → Haine. Haine provoquée par une offense subie et qui aspire à la vengeance. *Ressentiment*, de tous les styles, implique un sentiment franc et impétueux : *Un grand crime commis dans la chaleur du ressentiment* (Volt.). **Rancune**, d'un style plus ordinaire, ressentiment durable, sournois et souvent bas : *Lui gardant une mauvaise rancune dans le cœur* (Loti). — **Rancœur**, dégoût profond qu'on garde dans le cœur à la suite d'une injure, d'une injustice, d'une mésaventure, implique une aigreur durable qui peut s'accompagner d'une haine cachée et invétérée et d'un désir de vengeance : *Rancune est populaire, mais rancœur serait plus noble et plus fort que ressentiment* (Marm.). *Sa gratitude tournait à la rancœur* (Gi.). — **Dent,** fam., rancune durable dans les loc. *Garder, conserver une dent contre quelqu'un.*

Ressentir : ¶ 1 → Sentir. ¶ 2 (Réf.) → (se) Sentir.

Resserrement : → Réduction. *Resserrement*, **Contraction**, **Crispation**, **Étranglement**, **Rétrécissement** : → Resserrer.

Resserrer : ¶ 1 → Serrer. ¶ 2 → Diminuer et Réduire. *Resserrer*, rendre moins étendu ou moins volumineux, ou moins libre, moins lâche, de n'importe quelle manière : *Le froid resserre les pores. Les coings resserrent le ventre*. **Contracter**, resserrer par le rapprochement des parties constitutives, se dit surtout, selon l'Acad., des muscles et des nerfs qui se raccourcissent et se resserrent : *La fureur contracte le visage* (Acad.). **Crisper**, contracter en ridant : *Crispant ses sourcils* (M. d. G.). **Étrangler**, resserrer en ne donnant pas la largeur, l'étendue nécessaire, sur une ou deux dimensions, se dit bien de choses resserrées sur une partie : *Ruelle étranglée* (Zola). **Étrécir** et **Rétrécir**, plus fort et surtout plus usuel, resserrer sur une ou deux dimensions, en rendant étroit ou trop étroit, a surtout rapport à la largeur : *On étrécit un habit trop large; on le rétrécit au point qu'on ne peut plus le mettre*. **Étriquer**, rendre trop étroit ou fabriquer une chose de telle façon qu'elle sera trop étroite : *Le tailleur a trop étriqué cet habit*. **Grésiller**, rétrécir, raccourcir et froncer sous l'effet de la chaleur : *Le feu a grésillé ce parchemin*. ¶ 3 (Réf.) *Se resserrer*, **Se contracter**, **Se crisper**, **S'étrécir** et **Se rétrécir** ont pour syn. **Se rétracter**, terme médical, se resserrer en se retirant en arrière et en se rétrécissant, souvent par suite d'une lésion qui enlève l'élasticité : *Un tendon coupé se rétracte aussitôt* (Lar.). **Se recroqueviller**, se rétracter et se plisser sous l'effet de la chaleur, en parlant de certaines choses comme le parchemin, le cuir; par ext. se rétracter en se desséchant, en vieillissant : *Les feuilles brûlées par le premier gel se recroquevillaient sur les échalas gris* (P. Bourget). **Se ratatiner**, se resserrer en se desséchant, marque une action plus forte et plus durable. **Se retirer**, syn. rare de *se rétrécir*, *se rétracter*. ¶ 4 → Entourer. ¶ 5 Abréger un ouvrage d'esprit sans en ôter l'essentiel. *Resserrer*, réduire un développement trop vaste à des bornes plus étroites : *Resserrer les minutieux développements d'une longue introduction* (Balz.). **Résumer** (→ ce mot), se contenter d'exposer brièvement le plus important. **Condenser**, fig., dégager les idées essentielles des idées accessoires ou des développements dans lesquels elles étaient diluées et les exposer avec le moins de mots possible : *Condenser l'essentiel d'une longue réflexion* (M. d. G.). **Ramasser**, fig., grouper des idées éparses et les resserrer ou les résumer pour leur donner plus de force : *Le simple dialogue ramassait comme dans un raccourci leurs deux existences religieuses* (P. Bourget).

Ressort : ¶ 1 → Moteur. ¶ 2 → Moyen. ¶ 3 → Fermeté.

Ressort : → Compétence et Sphère.

Ressortir : ¶ 1 → Saillir. ¶ 2 → Résulter. ¶ 3 Être certain. *Ressortir* ne se dit que de ce qui est une conséquence incontestable. **Apparaître** suppose une évidence manifeste. **Apparoir**, syn. d'*apparaître*, terme de palais usité seulement à l'infinitif et sous la forme *Il appert*. **S'avérer** et **Être avéré** ne se disent bien que de ce qui apparaît vrai, souvent après preuve ou démonstration. **Se révéler**, apparaître, en parlant de ce qui était caché, secret.

Ressortir à : → Dépendre.

Ressource : ¶ 1 → Expédient. ¶ 2 *Ressource*, personne ou chose qui aide à se tirer d'embarras, à vaincre les difficultés : *Il vous regardait comme ressource et l'espérance de la vérité et de la raison* (D'Al.). **Atout**, fig. et fam., ressource qui donne le moyen de réussir presque certainement. **Refuge**, au fig., suppose qu'on attend ou qu'on implore la protection de la personne ou de la chose : *Sévère aux méchants et des bons le refuge* (Rac.). **Recours**, d'un style plus relevé, dernière ressource, dernier refuge contre le mal ou l'injustice : *La retraite est mon seul recours* (Volt.). ¶ 3 *Ressources* : → Facultés.

Ressouvenir (se) : → (se) Rappeler.

Ressusciter : ¶ 1 (Intrans.) → Revivre. ¶ 2 (Trans.) → Rétablir.

Restant : → Reste.

Restaurant, établissement public où l'on prend ses repas, aux heures habituelles, moyennant paiement. **Brasserie**, établissement où l'on débite de la bière, d'autres consommations, et, en général à toute heure, des plats comme choucroute, salaisons, viandes froides. **Buffet** et **Buvette** (→ ce mot), restaurant installé dans une gare. **Cabaret** (→ ce mot), péj. pour désigner un débit où l'on vend à boire et à manger, se dit aussi d'un restaurant élégant où généralement l'on dîne en assistant à un spectacle. **Bouillon** désigne, de nos jours, certains restaurants de catégorie moyenne. **Grill-room** (en ang., « salle de gril »), restaurant chic spécialisé dans les grillades préparées en général sous les yeux des consommateurs. **Rôtisserie**, restaurant installé chez un rôtisseur; en général, restaurant chic, où l'on voit rôtir les viandes au fond de la salle des repas. **Taverne**, de nos jours, café-restaurant assez luxueux et souvent décoré d'œuvres artistiques. **Auberge** et surtout **Hôtellerie** ou **Hostellerie**, restaurant de luxe dans une petite ville, une ville d'art ou à la campagne (avec parfois dans ce cas quelques chambres). — **Gargote**, toujours péj., restaurant à bas prix et à cuisine médiocre.

Restaurateur, celui qui apprête et tient

prêts un certain nombre de plats et les débite par portions dans son restaurant (→ ce mot). **Traiteur,** celui qui donne habituellement à manger pour de l'argent, a un sens plus large; de plus le *traiteur* prépare des repas sur commande et les sert parfois en ville. **Rôtisseur, Gargotier :** → Restaurant.

Restaurer : ¶ 1 → Nourrir. **¶ 2** → Réparer. **¶ 3** → Rétablir. **¶ 4** → Réconforter.

Reste : ¶ 1 Ce qui demeure d'un tout. *Reste* s'emploie dans tous les cas, au physique et au moral. **Restant** ne se dit que de choses matérielles, pour désigner ce qui reste d'une grande somme, d'une plus grande quantité concrète : *On loue deux pièces d'une maison et on occupe le restant.* — *Reste* désignant le résultat d'une soustraction a pour syn. **Différence** ou **Excès** qui font moins penser au résultat de l'opération qu'à l'écart qui existe entre les deux quantités : *La différence entre 6 et 4 est 2; l'excès de 6 sur 4 est 2; ôtons 4 de 6, le reste est 2.* — En termes de commerce, *reste* a pour syn. **Solde,** différence entre le débit et le crédit d'un compte ou inversement. **Reliquat,** ce qui reste dû après l'arrêté d'un compte. — **Résidu** (→ ce mot), matière qui reste après une opération chimique, parfois, au fig. et péj., reste de l'influence d'une chose passée : *La société actuelle traîne toutes sortes de résidus des âges d'oppression* (J. Rom.). **¶ 2** Au pl. → Décombres. **¶ 3** Au pl. → Mort. Ce qui reste d'une personne après sa mort. *Restes,* terme le plus général, le cadavre, les ossements, ou les cendres. **Ossements,** les os décharnés. **Cendres,** restes d'un corps incinéré; poétiquement au fig., restes ou mémoire des morts, avec toujours une idée de vénération : *Nous respectons les cendres de nos ancêtres, parce qu'une voix nous dit que tout n'est pas éteint en eux* (Chat.). **Reliques** (généralement au pl.), restes d'un saint, ou choses lui ayant appartenu, ayant servi à son supplice, et considérées comme objets de vénération; au fig., dans le style relevé, restes des êtres chers, et par ext. restes de quelque chose de grand, de précieux, ou chose précieuse qu'on garde en souvenir de quelque chose : *Reliques du passé* (Acad.); *du cœur* (Mus.). **Débris,** restes mortels de l'homme, est poétique et rare. **Poussières** évoque le néant de la mort : *Ils* [les démolisseurs] *ont brisé des os, dispersé des poussières* (V. H.). **¶ 4** Au pl. Ce qui reste d'un repas. *Restes,* ce qui reste de ce qu'on a mangé et qui peut encore servir : *L'art d'accommoder les restes.* **Desserte,** vx, tout ce qu'on enlève de la table. **Rogatons,** menus débris de nourriture, ou restes de viande, est plutôt péj., même pour désigner un plat composé

de choses qui ont déjà été servies. **Reliquats,** syn. fam. et peu usité de *restes.* **Reliefs,** vieilli, désigne surtout les restes mangés par d'autres que ceux qui les ont laissés : *Des reliefs d'ortolan* (L. F.). **Arlequin,** pop., restes assortis, provenant de la desserte des grandes tables et qu'achètent les pauvres à bas prix.

Reste (au et **du) :** → (de) Plus.

Rester : ¶ 1 → Demeurer. **¶ 2** → Subsister.

Restituer : ¶ 1 → Redonner. **¶ 2** → Rétablir.

Restreindre : → Limiter et Réduire.

Restriction : ¶ 1 → Réduction. **¶ 2** *Restriction,* condition qui limite une affirmation, un accord, une mesure, **Réserves,** au pl., en termes de jurisprudence, protestation faite par une partie pour les inductions qu'on pourrait tirer d'un acte émané d'elle, par ext. restriction en vue de certaines éventualités qu'on ne peut prévoir ou qu'on ne veut pas préciser : *On accepte une doctrine avec certaines restrictions, c'est-à-dire que ces restrictions acquises on est d'accord sur le reste; on fait ses réserves sur une doctrine, c'est-à-dire que, n'étant pas complètement d'accord, on se réserve le droit d'examiner plus longuement la doctrine, ou de dire plus tard ce sur quoi on n'est pas d'accord.* **Réticences** tend de plus en plus à se dire de nos jours de réserves, voire de désapprobations, qu'on ne manifeste pas formellement, mais qu'on laisse entendre par la façon assez défavorable dont on accueille ce qui est proposé : *Il approuva ce réquisitoire avec beaucoup de chaleur au début, mais bientôt avec des réticences* (J. Rom.).

Résultat : → Suite. *Résultat,* chose physique ou morale produite par une action, une opération, l'application d'un principe, une suite d'événements, une délibération, et qui demeure quand tout ce qui l'a amenée est passé : *Le cataclysme actuel est le résultat fatal de quarante années d'armement systématique* (M. d. G.). **Produit,** résultat concret d'un travail, d'une activité; en termes de chimie, d'une opération naturelle ou artificielle; en termes de mathématiques, d'une multiplication : *Le résultat du travail peut être la santé, le bien-être; le produit du travail ce sont des biens ou de l'argent.* **Fruit,** fig., résultat bon ou mauvais, souvent amené lentement, comme dans une maturation, par une suite d'actions ou d'événements, et dont on jouit ou dont on souffre : *Le fruit des guerres civiles de Rome a été l'esclavage, et celui des troubles d'Angleterre, la liberté* (Volt.). **Aboutissement,** résultat naturel et logique d'un raisonnement, d'une suite d'actions ou d'efforts : *Il voyait* [dans cette œuvre] *l'aboutissement et le sommet de toute* *la carrière de Bach* (Gi.). **Bilan,** fig., implique une activité de l'esprit pour mettre en valeur les résultats positifs ou négatifs d'un certain nombre de faits ou travaux : *Le bilan d'une session à l'O. N. U.* — Pour désigner surtout un événement, conséquence d'une série d'événements dans laquelle il vient en dernier, **Résultante,** en termes de mécanique, force qui résulte de la composition de plusieurs forces appliquées à un point donné ; au fig., événement qui résulte de l'interaction de plusieurs autres événements qui l'amènent nécessairement : *La crise actuelle est la résultante des fautes passées* (Acad.). **Conclusion,** arrangement final d'une affaire, par ext. résultat d'une délibération, ou résultat définitif qui clôt parfaitement une série de débats ou d'événements qui l'amènent. **Dénouement,** point où aboutit une affaire, une intrigue difficile et embrouillée comme une intrigue de théâtre : *Voilà, pour abréger, le dénouement de cette première intrigue* (Ham.). **Décision,** action de se prononcer sur un point de doctrine, sur une affaire en justice ; par ext. résultat d'un débat, d'une lutte : *La décision d'un combat.* **Solution,** dénouement d'une difficulté, se dit du résultat d'opérations qui sert de réponse à un problème. **Issue,** événement final, fait penser à la manière dont on sort d'une affaire : *Je ne vois aucune issue à la guerre avant l'épuisement commun* (M. d. G.). **Fin,** événement qui est le dernier d'une série, indique simplement que la série s'arrête : *Attendons la fin.* **Terminaison** et **Achèvement,** plus usuel, indiquent plutôt un effet naturel ou un terme imposé par l'homme : *La terminaison d'une maladie ; d'un procès.* **Événement,** syn. vx d'*issue*. **Réussite** et **Succès,** autrefois syn. d'*issue*, ne se disent plus aujourd'hui que d'une heureuse issue.

Résulter : → Tenir à. *Résulter,* être produit par quelque chose, en apparaître comme l'effet nécessaire, souvent grâce à une observation attentive de l'esprit ; en logique, apparaître comme une conséquence, une induction, grâce à une opération, un raisonnement, une recherche : *Il résulte de cette démonstration que...* **Suivre** et **S'ensuivre,** venir après ce qui précède, indiquent un effet visible, direct, et, en logique, une conséquence immédiate, évidente : *Ce fondement posé, il s'ensuit que...* (Fén.). **Ressortir** (→ ce mot), résulter nettement, ne s'emploie qu'en termes de logique : *Il ressort de cet examen que...* **Découler** (→ ce mot) marque aussi qu'une chose est produite par une autre, mais c'est un terme métaphorique qui désigne non pas d'une manière simple et abstraite l'origine (→ ce mot), mais, d'une manière figurée et concrète, la source.

Résumé : → Abrégé.
Résumer : → Resserrer. *Résumer,* redire en abrégé, de vive voix ou par écrit, ce qu'il y a de plus important dans une discussion, dans un discours, dans un argument : *Je crois pouvoir résumer toutes les réflexions précédentes en deux ou trois maximes précises* (J.-J. R.). **Récapituler,** rappeler, en le résumant point par point, ce qu'on a déjà dit, implique un travail plus précis ; de plus, on ne *résume* que des idées, on peut *récapituler* des faits et *récapituler* simplement en esprit : *M. d'Ormesson doit récapituler toute l'affaire* (Sév.). **Reprendre,** *récapituler,* se dit bien lorsqu'on récapitule des événements historiques pour amener le récit d'événements postérieurs : *Reprendre ses idées dans la conclusion. Il reprend dès l'origine toute la suite des maux* (Bos.). **Synthétiser,** c'est, après avoir dissocié les éléments d'un tout par analyse, les recomposer pour donner une vue d'ensemble qui dégage des idées générales.

Résurrection : → Renaissance.
Rétablir : ¶ 1 Rendre ou faire revenir à l'état primitif. *Rétablir* marque abstraitement le résultat de l'action, au physique et au moral. **Réparer** (→ ce mot), remettre en état ce qui est endommagé, n'exprime le retour u premier état que par l'intermédiaire d'un remède apporté au mal : *On rétablit une ancienne route depuis longtemps abandonnée ; on répare une route défoncée* (L.). *On rétablit l'honneur d'une personne en réparant le tort qu'on lui a fait par ses médisances.* — **Refaire,** réparer complètement ce qui tombe en ruines, ne se dit que des choses matérielles et marque une remise en état totale, mais ce qu'on *rétablit* peut avoir disparu, ce qu'on *refait* existe encore à l'état de ruines : *Rétablir un pont supprimé ; refaire un pont qui croule.* **Reconstruire,** rétablir ou refaire un bâtiment, dépeint une action matérielle. — **Relever,** au physique et au moral, rétablir en redressant ce qui était tombé, abattu : *Relever les murs d'une ville ; une famille ruinée ; un parti.* **Remettre,** rétablir une chose à sa place, a pour syn. en ce sens **Replacer** ; mais c'est aussi rétablir un membre démis ou déboîté, et, plus généralement, rétablir dans son ordre primitif ce qui a été dérangé : *Remettre, replacer une statue sur son socle. Remettre l'esprit troublé.* **Ramener,** rétablir ce qui s'en était allé : *Le printemps ramène les beaux jours.* ¶ 2 En un sens plus spéc., *Rétablir,* remettre un texte dans son état authentique, et par ext. présenter un fait sous son jour véritable, marque abstraitement le résultat de l'action : *Rétablir des passages des auteurs anciens.* **Restituer** fait

penser au travail pour remettre dans sa forme originelle un texte altéré par le temps, par les copistes : *Une nuée de commentateurs qui restituaient des passages* (Volt.) ; et se dit seul par ext. d'une statue, d'un monument qu'on rend à leur forme originelle, et, en termes d'architecture, d'un édifice détruit que l'on représente en plan, en élévation, d'après les documents. **Reconstituer,** syn. de *restituer,* implique le plus souvent que le texte, le monument, etc. a entièrement disparu et qu'on le rétablit dans son état primitif exact par hypothèse ou par conjecture : *On reconstitue en créant une chose exactement semblable à l'original; on restitue en refaisant l'original ou en donnant une idée de ce qu'il était. Reconstituer,* c'est aussi déterminer par les résultats d'une enquête les conditions dans lesquelles s'est déroulée une action : *On rétablit un fait historique déformé en disant ce qui s'est exactement passé; on le reconstitue en le faisant, en quelque sorte, se dérouler de nouveau devant nous.* ¶ 3 En parlant des personnes ou des choses morales, *Rétablir,* remettre à sa place, dans son emploi, dans ses droits ou dans son état primitif, marque abstraitement l'action : *Rétablir les Bourbons en France.* **Remettre,** d'un style plus simple, est toujours relatif à l'état dans lequel on est rétabli : *On l'a remis dans tous ses biens* (Acad.). **Replacer,** de *remettre,* ne se dit que lorsqu'il s'agit d'une place. **Restaurer,** remettre sur le trône un prince ou une dynastie, et, au fig., remettre en honneur, en vigueur, rétablir dans son éclat : *Restaurer dans leur dignité morale ces modestes fonctions* (Pég.). **Ramener,** rétablir ceux qui étaient partis ou avaient été chassés : *La chute de l'Empire ramena les Bourbons.* **Restituer,** terme de droit, remettre une personne dans l'état où elle était avant un acte ou un jugement qui est annulé. **Réintégrer,** en termes de droit, rétablir quelqu'un dans la possession d'une chose dont il avait été dépossédé, et, en termes d'administration, rétablir dans son emploi, dans ses fonctions. **Réhabiliter,** en termes de droit, rétablir dans son premier état, dans ses droits, dans ses prérogatives, celui qui en était déchu : *Réhabiliter un failli;* au fig., rétablir dans l'estime, le crédit : *Quelque gentilhomme qui réhabilitera votre réputation par un bon mariage* (Les.). ¶ 4 → Réconforter. Ramener à un état normal de vigueur ou de santé. *Rétablir* suppose un grave affaiblissement, une maladie, et un retour progressif à un meilleur état ou à l'état primitif : *Rétablir la santé; les forces; un malade.* **Remettre,** qui se dit surtout des personnes, fait penser à un ordre qui répare un dérangement souvent léger, momentané : *La diète remet un malade d'une indigestion.* **Guérir,** débarrasser définitivement d'une maladie ou d'un mal. **Sauver,** guérir d'une maladie mortelle, qui paraissait incurable. **Ressusciter,** fig. et fam., sauver un malade qui paraissait déjà presque mort. ¶ 5 (Réf.) *Se rétablir,* **Se remettre, Guérir** diffèrent comme plus haut. **Relever de,** être à peine guéri, venir de quitter le lit : *Relever de ses couches.* **Reprendre,** commencer à acquérir des forces nouvelles, en général après la fin de la maladie proprement dite, de façon à se rétablir définitivement. **Revenir d'une maladie** ou simplement **En revenir** et, parfois, **Revenir** font penser au long chemin que semble parcourir le malade pour se rétablir, et s'emploient souvent à la négative : *Revenir à vue d'œil. Il n'en reviendra pas.* — Au fig. les défauts, les douleurs *guérissent;* les affaires, le crédit, le commerce, la réputation, l'honneur *se rétablissent;* le temps *se remet.*

Rétablissement, retour rapide ou progressif à la santé, **Convalescence,** état d'une personne qui se rétablit : *Un rétablissement est lent; une convalescence est longue;* de plus le *rétablissement,* retour définitif à la santé, a plutôt lieu à la fin de la *convalescence.* **Guérison** marque le fait que le malade est définitivement débarrassé de la maladie.

Retaper : ¶ 1 → Réparer. ¶ 2 → Réconforter.

Retard : ¶ 1 → Délai. Délai fâcheux d'une chose qui n'est pas faite à temps. *Retard* se considère relativement à l'effet, qui est d'entraîner tel ou tel inconvénient : *Ce retard* (d'une lettre) *m'a empêché de faire plus tôt à Votre Majesté mes très humbles remerciements* (Volt.). **Retardement,** retard dû à un agent qui a commis une faute ou tergiverse : *Que signifient ces précautions, ces retardements, ces mystères?* (J.-J. R.). **Demeure,** syn. vx de *retard,* dans des loc. du langage de la jurisprudence comme *Être en demeure,* ou anciennes comme *Il n'y a pas péril en la demeure.* ¶ 2 En retard se dit des personnes et des choses qui arrivent ou agissent après l'heure prévue, des choses qui ne sont pas faites, finies à temps, des personnes ou des choses qui agissent ou se développent plus lentement que d'autres considérées comme normales : *Train en retard. Affaires en retard. Nation en retard.* **Retardataire,** se dit des personnes qui agissent ou arrivent après le moment fixé au groupe dont elles font partie : *Contribuable; élève retardataire.* **Arriéré,** en retard en parlant d'un paiement; très en retard dans sa tâche en parlant d'une personne; dans son développement physique et intellectuel en parlant d'un enfant, dans sa civilisation en parlant d'un peuple.

Retarder et **Tarder à faire**, agir après le temps nécessaire et déterminé; *tarder à faire*, ne pas exécuter assez tôt, en temps convenable, souvent par lenteur naturelle, involontaire : *Un homme négligent tarde à faire sa déclaration d'impôts; retarder*, fixer ce qu'on devait faire plus tôt à une époque postérieure par suite de quelque raison qui force à ne plus agir en temps convenu : *Retarder sa déclaration par sagesse et calcul* (J. Rom.). **Différer**, intrans. ou avec un nom de chose pour comp., retarder à une date indéfinie par prudence et raison ce qu'on croit pouvoir faire dans des circonstances plus favorables : *J'aime mieux différer mon plaisir et en jouir à mon aise* (J.-J. R.). **Reculer**, intrans. ou avec un nom de chose pour comp., retarder en faisant traîner en longueur ce qu'on voudrait faire le plus tard possible, ou simplement, retarder ce qu'on juge venir trop tôt : *Pendant un an mon adversaire ne fit que traîner et reculer le jugement* (Beaum.). *Reculer la date des examens.* **Remettre** et **Renvoyer**, toujours avec un nom de personne ou de chose pour comp., impliquent une date, dénotent un acte d'autorité librement accompli; *remettre*, fixer à plus tard ce qu'on n'a pu faire, en s'engageant à le faire à l'époque déterminée : *Il ne faut jamais remettre à demain ce qu'on peut faire aujourd'hui* (Volt.); *renvoyer*, fixer à plus tard ce qu'il ne plaît pas de faire, pour s'en débarrasser : *Sous prétexte de l'absence de quelques personnes on renvoya encore une fois cette affaire* (Mtq.). *Renvoyer aux calendes grecques.* **Surseoir** (à), syn. de *remettre*, ne se dit que des affaires et des procédures : *Surseoir une délibération.* **Reporter**, fixer à une date postérieure ce qui ne peut pas avoir lieu à sa date. **Ajourner**, remettre ou renvoyer à un autre jour : *Plans incessamment ajournés* (Balz.); en matière de délibération, renvoyer à un certain jour ou à un temps indéterminé ce que l'on interrompt : *L'impossibilité de se rencontrer pour faire reporter une délibération; faute d'accord, on l'ajourne.* — Employés absolument, **Temporiser**, différer sans cesse, par calcul, dans l'attente d'un moment propice : *Est-on sûr d'avoir? on temporise, on parlemente* (L. B.); **Atermoyer**, en termes de commerce et de jurisprudence, reculer les termes d'un paiement; par ext., dans le langage courant, reculer de délai en délai, pour gagner du temps, par des faux-fuyants. — **Lanterner**, trans. et fam., remettre quelqu'un de jour en jour, en l'abusant de vaines promesses. **Promener**, fam., lanterner longuement celui qu'on veut lasser.

Traîner quelqu'un, rare, différer de terminer avec lui une affaire dont on est le maître. — **Arriérer**, syn. de *retarder*, ne se dit guère que dans la loc. *Arriérer un paiement.* — **Décaler**, retarder (ou avancer) également tout ce qui compose une série : *Décaler tous les trains d'une heure.*

Retenir : ¶ 1 → Garder. ¶ 2 Alors que **Tenir** marque une action normale qui consiste à ne pas laisser aller, et au fig. à faire demeurer dans tel ou tel état par son autorité, sa puissance, *Retenir* suppose un danger et de la résistance et par conséquent un effort dans le sujet, pour arrêter, empêcher d'aller trop loin : *On tient un enfant par la main; on le retient s'il veut s'élancer pour traverser la rue. On ne peut plus tenir celui qui d'habitude vous obéissait; on ne peut retenir celui contre qui dans un cas particulier on est impuissant.* **Contenir**, empêcher de s'écarter, en donnant une direction, et non un frein, par des moyens apportés du dehors alors qu'on peut retenir par des moyens qui se trouvent dans l'objet même : *Dans la république, comment contenir des domestiques, des mercenaires autrement que par la crainte et la gêne? Mais on retient les citoyens par des mœurs, des principes, de la vertu* (J.-J. R.). **Maintenir**, tenir ferme et fixe; au fig., tenir dans un état durable en prêtant un appui constant à ce qui pourrait vaciller : *On retient dans le devoir celui qui se révolte, on contient celui qui s'égare, on maintient celui qui peut faiblir.* — *Tenir*, au fig., a pour syn. **Tenir de court** qui enchérit, **Tenir en lisière**, **Tenir en tutelle**, tenir par un empire, une influence autoritaire. **Tenir en brassières**, tenir en soumettant à la contrainte, est plus vx et rare. — *Retenir* a pour syn. **Enchaîner**, au fig., retenir fortement comme par des chaînes; **Ravaler**, fig. et fam., qui ne se dit que des paroles ou des larmes qu'on retient par quelque considération : *Ravaler ses reproches;* **Ralentir**, **Freiner** et **Modérer** (→ ce mot), retenir la violence d'une action; **Refréner** et **Réprimer** (→ ce mot), retenir une chose mauvaise; **Arrêter** (→ ce mot) et ses syn. qui marquent l'action la plus forte. — *Contenir* a pour syn. **Endiguer**, fig., contenir ce qui ressemble à un fleuve : *Endiguer la révolution;* **Brider**, fig., empêcher d'agir en toute liberté : *Brider quelqu'un par un contrat;* **Museler**, fig. et péj., contenir arbitrairement celui qui veut parler, l'obliger à se taire : *Museler l'opposition.* — *Maintenir* a pour syn. fam. **Serrer la vis**, fig., maintenir étroitement celui qui aurait tendance à se relâcher : *Ce père serre la vis à son fils.* ¶ 3 → Arrêter. ¶ 4 → Retrancher. ¶ **5** → (se) Rappeler. ¶ **6** (Réf.) → (se) Modérer.

Retentir : → Résonner.

Retentissant : → Sonore.

Retentissement : → Bruit.

Retenu, Réservé, Circonspect, Discret, Décent, Modéré, Modeste, Mesuré, Tempérant, Sobre : → Retenue.

Retenue : ¶ **1** → Réservoir. ¶ **2** → Punition. ¶ **3** Au fig. Qualité consistant à ne pas se laisser aller ou entraîner à certaines choses. *Retenue*, qualité qui consiste à garder l'empire sur soi-même pour éviter les choses mauvaises et les excès : *Mes premiers élans vers lui du temps où je ne connaissais pas la retenue* (GI.). **Réserve**, qualité qui tient à la prudence ou à la pudeur et qui pousse à agir avec réflexion et à se communiquer peu aux autres : *Réserve glaciale* (M. D. G.). — **Circonspection, Discrétion** et **Décence** indiquent des vertus positives manifestées dans la conduite et résultant de la réserve ou de la retenue; la *circonspection* (→ ce mot) est une prudence très attentive qui se tient sur le qui-vive, tâche de ne pas se compromettre et de ne pas blesser le prochain par ses paroles ou par ses actes : *Le courage n'exclut pas la prudence et même la circonspection* (DUH.); la *discrétion* est surtout l'art de choisir entre ce qu'il faut dire et ne pas dire, faire et ne pas faire, de façon à respecter les bienséances : *Les convives, tous d'une politesse extrême, firent quelques questions avec la discrétion la plus circonspecte* (VOLT.); la *décence* (→ ce mot), essentiellement sociale et morale, consiste à respecter dans son maintien ce qu'on se doit et qu'on doit aux autres. **Quant-à-soi**, fam., sorte de réserve qui consiste à prendre envers autrui une attitude distante, parfois trop circonspecte ou trop fière : *L'oubli du quant-à-soi, le dédain du petit univers que chaque homme déplace avec lui* (J. ROM.). **Modération, Modestie** et **Mesure** indiquent des qualités restrictives qui nous font rester dans de justes limites. *Modération* peut se dire pour toutes les actions : *La modération du désir* (DID.). *Modestie*, vertu qui fait éviter tout excès dans la manière de penser et de parler de soi et toute faute contre la décence : *Modestie naturelle et pudeurs innées* (GI.). *Mesure*, objectif, art de se régler sur quelque chose d'extérieur, qui consiste dans l'observation des bienséances et des nécessités qu'exigent les circonstances : *Le goût des convenances, l'à-propos, la mesure, le mot propre à la chose, au moment, à la personne* (MARM.). **Tempérance** (→ ce mot), modération dans les passions et les plaisirs, spéc. sensuels. **Sobriété** fig., modération qui, dans les choses bonnes,

reste en deçà de ce qu'elle pourrait se permettre sans excès : *Sage avec sobriété* (MOL.).

Réticence : ¶ **1** → Silence. ¶ **2** → Sous-entendu. ¶ **3** → Restriction.

Réticule : ¶ **1** → Sac. ¶ **2** → Réseau.

Rétif : → Indocile.

Retiré : → Écarté.

Retirer : ¶ **1** → Tirer. ¶ **2** → Prendre. ¶ **3** *Retirer*, enlever ce qu'on a donné, accordé, engagé, offert, avancé, etc., fait penser à une privation infligée à autrui ou au fait qu'on se dégage : *Retirer à quelqu'un son emploi; un gage; sa parole; son amitié; sa proposition* (ACAD.). **Reprendre** ne se dit guère que d'un objet qu'on avait donné ou laissé et, au fig., dans la loc. *Reprendre sa parole.* ¶ **4** → Quitter. ¶ **5** → Toucher. — Réf. ¶ **6** → Partir. ¶ **7** *Se retirer*, aller dans un lieu pour y établir sa retraite : *Se retirer en province.* **S'enterrer**, péj., se retirer dans une solitude absolue : *S'enterrer dans son château.* ¶ **8** → Renoncer. ¶ **9** → (se) Resserrer.

Retomber : ¶ **1** → Tomber ¶ **2** Être attaqué de nouveau d'une maladie dont on se croyait guéri. *Retomber* et *Retomber malade* peuvent se dire lorsqu'il y a récidive ou rechute (→ ce mot). **Rechuter**, néol. plus précis, s'emploie absolument pour marquer une rechute. ¶ **3** Au fig. Être rejeté sur quelqu'un en parlant de choses morales. *Retomber* se dit plutôt des choses mauvaises, et rarement des choses bonnes : *Le mal que l'homme fait retomber sur lui* (J.-J. R.). **Rejaillir** se dit indifféremment en bien ou en mal, mais plutôt en parlant de choses morales qui donnent un éclat ou une souillure : *Le siècle fut plus grand que Louis XIV, mais la gloire en rejaillit sur lui* (VOLT.). **Ricocher**, fig. et fam., revenir par voie indirecte.

Rétorquer : → Répondre.

Retors : → Malin.

Rétorsion : ¶ **1** → Réponse. ¶ **2** → Vengeance.

Retoucher : → Revoir.

Retour : ¶ **1** → Tour. ¶ **2** *Retour*, action de revenir, au prop. et au fig. : *Billet de retour. Retour à la vie.* **Rentrée** ne se dit que des personnes qui rentrent, après une assez longue absence, dans leur domicile habituel, leurs fonctions normales, un établissement scolaire, s'il s'agit d'élèves, ou sur la scène s'il s'agit d'un acteur. **Réapparition**, retour qui n'est pas définitif ou qui se fait progressivement. ¶ **3** → Variation. ¶ **4** → Ruse. ¶ **5** En parlant des sentiments, *Retour*, en bien ou en mal, sentiment éveillé chez quelqu'un par le sentiment qu'éprouve un autre à son égard ou les services qu'il lui a rendus, suppose toujours une sorte de paiement. **Réciprocité** suppose plutôt une sorte de va-et-vient entre deux sentiments semblables : *L'amitié exige de la réciprocité et du retour; mais, en retour de l'amitié, les méchants peuvent avoir de la haine.*

Retour (payer de) : → Répondre.

Retournement : → Variation.

Retourner : Intrans. ¶ 1 → Revenir. ¶ 2 Aller ou s'éloigner de nouveau. *Retourner* a rapport au but; **Repartir**, se remettre en route, est absolu ou fait parfois penser au point de départ : *Il est reparti comme un éclair pour retourner à Paris* (STAËL). — Trans. ¶ 3 Faire parvenir à une personne ce qu'elle avait elle-même envoyé. *Retourner* marque une action normale : *La poste retourne à l'expéditeur les lettres non parvenues au destinataire;* **Renvoyer**, une action plus exceptionnelle qui consiste souvent à ne pas accepter ou à ne pas garder : *Renvoyer un présent. Après une rupture, on renvoie des lettres d'amour;* **Réexpédier** fait penser à l'action par laquelle on confie de nouveau à la poste, au chemin de fer, etc., ce qu'on retourne ou renvoie. ¶ 4 → Émouvoir. ¶ 5 → Transformer. ¶ 6 (Réf.) → (se) Rattraper. ¶ 7 *S'en retourner* : → Partir.

Retracer : ¶ 1 → Raconter. ¶ 2 → Rappeler.

Rétractation, aveu formel que ce qu'on a fait, écrit ou dit est mauvais ou faux et qu'on le retire, **Désaveu** suppose simplement qu'on ne reconnaît pas pour sien ce qu'on vous attribue : *Le désaveu d'un livre;* ou qu'on désapprouve ce qu'on a dit ou fait, soit consciemment, et le *désaveu* se rapproche de la *rétractation*, mais n'est pas aussi formel, soit inconsciemment, et le *désaveu* est une simple contradiction. **Palinodie**, dans l'antiquité, poème dans lequel on rétractait ce qu'on avait dit dans un autre poème; au fig., péj., rétractation après laquelle on soutient en général le contraire de ce qu'on soutenait auparavant, souvent en parlant d'opinions politiques.

Rétracter (se) : ¶ 1 → (se) Resserrer. ¶ 2 → (se) Dédire. *Se rétracter,* **Se désavouer** : → Rétractation.

Retrait : → Recul.

Retraite : ¶ 1 → Recul. ¶ 2 → Abri. ¶ 3 → Solitude. ¶ 4 → Revenu.

Retraite (battre en) : → Reculer.

Retranchement : ¶ 1 Le fait de faire disparaître une partie d'un écrit. *Retranchement* fait penser à une action volontaire pour ôter ce qui existe déjà, mais est

de trop. **Suppression** marque simplement le fait de faire disparaître ou d'empêcher de paraître : *La censure a exigé la suppression de vingt lignes.* **Coupure,** retranchement pour abréger. **Coupe sombre,** fig. et surtout au pl., coupure, suppression importante pour améliorer ou pour mutiler. ¶ 2 → Réduction. *Retranchement,* **Déduction, Décompte, Défalcation, Prélèvement, Retenue** : → Retrancher.

Retrancher : ¶ 1 *Retrancher,* séparer, supprimer une partie d'un tout. **Oter** et **Enlever** insistent sur l'action de faire disparaître la chose plus que sur la diminution du tout dont elle fait partie : *Oter dix centimètres d'une robe. Oter* se dit de plus en termes d'arithmétique comme syn. de **Soustraire**, retrancher un nombre d'un autre. — **Rabattre**, retrancher de la valeur d'une chose, du prix qu'on en demande. **Déduire**, en termes de comptabilité, soustraire d'une somme à payer ou à déclarer telle ou telle fraction qui n'est pas à verser ou à déclarer : *On déduit du total de ses revenus les frais professionnels.* **Défalquer**, soustraire dans une supputation telle ou telle fraction d'une somme ou d'une quantité : *Dans toute pesée de marchandise, on défalque la tare.* **Prélever**, retrancher préalablement sur un total une certaine portion que l'on a le droit de lever, de percevoir : *Prélever sur les bénéfices d'une affaire la part attribuée à la gérance.* **Retenir**, prélever ou déduire sur une somme qu'on doit payer : *Retenir tant sur le paiement d'un coupon.* **Décompter**, déduire d'un compte certains frais en vue d'obtenir le net restant à solder. **Imputer**, compter comme une déduction à faire sur. **Prendre**, syn. de *retrancher*, fait surtout penser à l'action licite ou non du sujet, et souvent aussi à la destination de ce que l'on retranche : *Il prend sur son nécessaire pour donner aux pauvres* (ACAD.). — **Lever**, prendre, couper une partie d'un tout, se dit principalement en parlant d'étoffes ou de morceaux de viande. **Rogner**, retrancher quelque chose sur les bords d'une étoffe, d'un cuir, d'un morceau de bois, etc.; au fig., fam., ôter, retrancher à quelqu'un, souvent mesquinement, une partie de ce qui lui appartient, de ce qui lui revient : *Rogner de quelques sous son maigre profit* (MAU.). — **Couper** et **Élaguer**, fig., retrancher dans quelque ouvrage d'esprit, *couper* indiquant des suppressions pour rendre plus court, *élaguer*, des suppressions pour rendre plus clair, plus fort ou plus net. — Retrancher en coupant pour donner une certaine forme : → Tailler. ¶ 2 Faire disparaître complètement une chose. *Retrancher*, qui marque une action partielle, se dit par ext. comme **Supprimer** pour marquer une action totale; mais alors qu'on peut *supprimer* ce qui n'a pas encore paru, on ne *retranche* que ce qui existe, et par une action violente surtout parce que c'est mauvais ou vicieux : *Il vaut mieux supprimer tous ces dialogues d'imagination. Il ne faut pas les vouloir retrancher par violence; il suffit de ne vous en occuper point volontairement* (Fén.). **Oter,** syn. de *retrancher,* peut marquer aussi une action totale : *Otez l'ouvrage de l'homme, et tout est bien* (J.-J. R.). ¶ 3 *Retrancher* se dit du luxe, de la dépense, que l'on diminue par suppression : *Retrancher une dépense.* **Réformer,** retrancher ce qui est nuisible ou en excès, implique souvent une règle imposée ou qu'on se donne : *A-t-on par un édit réformé la cuisine?* (Boil.).

Rétréci : Au fig. → Inintelligent.

Rétrécir : → Resserrer.

Retremper : → Ranimer.

Rétribuer : → Payer.

Rétribution : ¶ 1 → Récompense. ¶ 2 Ce que l'on gagne par son travail. *Rétribution,* terme général, fait penser à un rapport entre un travail, une peine ou même un service rendu et l'avantage, en général en argent, qu'on en tire. **Rémunération,** prix dont on paie un travail ou un service : *La rémunération que donne un patron à ses ouvriers n'est pas toujours une juste rétribution de leur travail.* **Gain,** terme plus ordinaire, rémunération considérée comme un profit tiré de son travail par celui qui la touche. **Mois, Semaine, Journée,** argent qu'on rapporte à la maison au bout d'un mois, d'une semaine, d'une journée de travail. **Salaire,** rémunération convenue d'avance donnée en paiement de son travail par l'employeur à un ouvrier ou à un employé : *N'exigeons pas le salaire avant le travail* (J.-J. R.); de nos jours, toute rémunération convenue d'avance donnée par n'importe quel employeur : *La course des salaires et des prix.* **Paie** (ou **Paye**), autrefois rémunération du soldat, désigne surtout, de nos jours, le salaire habituel d'un ouvrier travaillant à demeure dans une entreprise, au mois, à la quinzaine, etc.; de plus le *salaire* est abstrait, c'est un chiffre; la *paie* est une somme, on la dépense. **Solde** remplace de nos jours *paie* en parlant du soldat, et se dit, comme autrefois, de la rémunération des officiers et de certains fonctionnaires assimilés. **Gages,** rémunération fixe d'un domestique. **Loyer,** vx, gages, ou paie d'un ouvrier. **Appointements,** rétribution fixe attachée à une place, un emploi, et payée à des époques régulières, se dit dans tous les cas où celui qui occupe un emploi n'est pas un ouvrier ou un employé assez modeste pour toucher un *salaire.* **Traitement,** terme réservé pour désigner les appointements des fonctionnaires ou des officiers supérieurs. **Honoraires,** rétribution variable de celui qui exerce une profession libérale, ou aussi de certains prêtres. **Émoluments,** en termes de palais, honoraires des officiers ministériels et, en termes d'administration publique, selon l'Acad., « l'ensemble des sommes que touche un fonctionnaire quand, à son traitement fixe, soumis à une retenue pour pension civile, viennent s'ajouter des indemnités, des allocations non soumises à cette retenue. On n'emploie jamais ce mot quand on parle seulement de traitement fixe ». **Cachet,** rémunération d'un artiste dramatique ou lyrique par représentation, et d'un professeur par leçon donnée à un élève. **Droits d'auteur,** part qui revient à un auteur sur le produit de la publication, représentation, audition ou reproduction d'une œuvre littéraire ou artistique. **Vacations,** honoraires qu'on paie aux gens d'affaires, aux gens de loi, aux membres d'un jury d'examen, etc., en raison du temps qu'ils ont consacré à leur travail. **Jeton de présence,** jeton de métal qu'on donne dans certaines sociétés ou compagnies à chacun des membres qui sont présents à une séance, à une assemblée (Acad.); par ext. la somme que représente ce jeton (→ Indemnité).

Rétrocéder : → Redonner.

Rétrogradation : → Recul.

Rétrograde : → Réactionnaire.

Rétrograder : → Reculer.

Retrousser : → Relever.

Retrouver : ¶ 1 → Recouvrer. ¶ 2 → Rejoindre. ¶ 3 → Reconnaître. ¶ 4 (Réf.) *Se retrouver,* trouver de nouveau son chemin après s'être égaré. **S'orienter,** découvrir la direction dans laquelle on doit aller pour se retrouver. **Se reconnaître,** savoir où l'on est en se remettant dans l'esprit l'idée d'un lieu qu'on revoit. ¶ 5 (Réf.) Revenir d'un trouble. *Se retrouver* marque un résultat : c'est être de nouveau pleinement soi-même avec toutes ses qualités : *L'âme s'est enfin retrouvée* (Bos.). **Se remettre,** réparer le dérangement apporté dans son esprit par un trouble moral : *Tâchant de se remettre, trouvant d'ailleurs une réponse avec une aisance parfaite* (Zola). **Se redresser** a rapport à la contenance, à la volonté, à l'énergie, et parfois, en parlant d'un pays, à la puissance et à la prospérité. **Se reconnaître** suppose un acte intellectuel de réflexion pour prendre conscience de soi ou d'une chose : *Ne laisser aux Macédoniens aucun moment pour se reconnaître* (Bos.). **Se ressaisir,** reprendre la maîtrise de soi : *Il se ressaisit pourtant, n'étant pas de ceux qui perdent leur assurance* (Gi.). **Se reprendre,** se ressaisir pour réparer une erreur qu'on est en train de commettre : *Il eut peur de s'être trop livré, se reprit* (Mau.) ; ou se retrouver soi-même lentement, par une sorte de reconquête de soi : *Il me tarde déjà de me sentir chez nous et de me reprendre* (Gi.).

Rets : → Filet.

Réunion : ¶ 1 Action de mettre des choses ensemble ou état de choses qui sont ensemble. *Réunion* se dit de choses séparées qu'on met ou qu'on remet ensemble pour qu'elles forment un tout parce qu'elles peuvent s'ajouter ou s'unir : *Pascal a été géomètre et éloquent ; la réunion de ces deux grands mérites était alors bien rare* (Volt.). **Assemblage** implique uniquement qu'on met ensemble des choses diverses, hétéroclites, qui gardent leur individualité, même si elles concourent à former un ensemble : *Son caractère est un assemblage de vices et de vertus* (Acad.). **Rassemblement** suppose des choses très éparses, nombreuses, qu'on a mises côte à côte et à grand-peine. **Groupement** indique qu'on met ensemble des choses qui ont un lien commun : *Groupement des mots par familles ; groupement d'artillerie ;* ou qu'on forme un **Groupe** (→ ce mot), c'est-à-dire un ensemble de personnes ou de choses constituant un tout distinct que l'œil embrasse d'un seul coup : *Groupement des figures dans un dessin*. **Agglomération** (→ ce mot) suppose des choses massées en un tout compact. **Bloc,** assemblage de diverses choses et principalement de marchandises formant une masse. ¶ 2 Personnes qui sont venues en un même lieu. *Réunion* implique un dessein commun, le désir de se trouver ensemble, de se connaître ou d'échanger des opinions : *Les réunions de littérateurs* (Gi.). **Assemblée** (→ ce mot) suppose un assez grand nombre de personnes venues pour un dessein commun, mais sans le désir de se connaître mutuellement et de se lier : *Assemblée d'actionnaires* (Mau.) ; *de fidèles ;* et, plus concret que *réunion,* désigne plutôt les gens que le fait de se réunir : *Dans une réunion électorale l'orateur s'adresse à l'assemblée.* **Chambrée,** assemblée dans un théâtre, un lieu de réunion, considérée sous le rapport de la quantité ou de la qualité (→ Public). **Congrès,** assemblée de ministres plénipotentiaires réunis pour régler certains points de droit international : *Le Congrès de la paix ;* ou réunion de personnes qui appartiennent à divers pays ou provinces se rassemblent pour

échanger eurs idées ou se communiquer leurs études sur un sujet relevant de leur compétence : *Le congrès des espérantistes.* **Meeting** (en ang. « réunion »), réunion publique politique, religieuse ou autre, souvent pour faire triompher des revendications ou montrer la force d'un parti, d'une secte, par le nombre des participants. **Comice,** au pl., assemblées du peuple, chez les Romains, pour élire les magistrats ; chez nous, au XIXe s., pour voter une constitution ou élire des représentants ; spéc. de nos jours, au sing. ou au pl., réunion de cultivateurs d'une région pour améliorer les procédés de culture et distribuer des récompenses : *Comices agricoles ;* et, par ext., parfois, *comices industriels.* **Concile, Conciliabule** et **Consistoire** (→ ce mot), réunions de ministres d'une religion, se disent au fig. d'une réunion quelconque, *concile,* fam., étant ironique, *conciliabule* impliquant une conférence secrète pour comploter ou médire : *Les conciliabules qui se tiennent chez les femmes de chambre* (J.-J. R.) ; *consistoire,* fam., impliquant tantôt l'ironie : *Consistoire de sorcières* (Balz.) ; tantôt des participants de qualité : *Consistoire de beaux esprits* (D'Al.). En ce dernier sens **Sénat,** fig., est ironique ; **Aréopage,** fig., assemblée de sages, de savants, de magistrats, et, ironiquement, de juges sévères ou intimidants. **Chapitre,** fig. et fam., assemblée : *Chapitre de rats* (L. F.). **Conférence,** réunion de diplomates traitant de questions internationales avec moins de solennité que dans un *congrès ;* ou réunion de personnes discutant de questions relatives à leurs études communes : *Conférence des avocats.* **Rassemblement,** concours fortuit de personnes, ou réunion de soldats dispersés au commandement ou à la sonnerie, s'emploie de nos jours de plus en plus pour désigner une vaste assemblée, un immense meeting national ou internationnal de gens très divers pour servir une idée : *Rassemblement de la jeunesse pour la paix* (A noter que le *rassemblement* peut être aussi une vaste union de volontés au service d'un idéal ou même un parti visant à l'union nationale sans que les gens soient effectivement réunis en un même lieu). **États généraux,** fig., s'est dit aussi de certaines réunions très vastes destinées à jeter les bases d'un ordre nouveau : *États généraux de la jeunesse.*

Réunir : ¶ 1 → Unir. ¶ 2 → Assembler. *Réunir,* joindre pour la première fois des choses qui peuvent former une union : *Réunir une province à la couronne.* **Englober** fait penser à un tout que l'on forme par réunion de choses ou de personnes, ou à un tout qui existait déjà et auquel on ajoute quelque personne ou quelque chose : *Il a englobé arguments et objections dans un seul exposé. Il a englobé ces terres dans son domaine.* ¶ 3 Rassembler des choses qui s'unissent. *Réunir* implique que les choses peuvent s'unir par un accord intime : *Réunir des preuves, c'est rassembler des preuves concordantes.* **Cumuler,** en termes de droit et par ext. dans le langage courant, implique plutôt des choses différentes qui ont seulement comme lien commun le fait que c'est la même personne qui les réunit ou qui en jouit : *Cumuler plusieurs genres de preuves. Cumuler des droits, des places, des traitements.* ¶ 4 → Accorder.

Réussir : ¶ 1 Obtenir un résultat. *Réussir* à marque uniquement que le résultat est obtenu : *Elle craignait de lui laisser voir ses alarmes, mais elle réussissait mal à les cacher* (J.-J. R.). **Arriver à** marque plus de difficulté et d'effort : *S'il arrive à se maintenir à la tête de sa classe, c'est par application, non par facilité* (GI.). **Parvenir à** enchérit encore : *Ce à quoi je parviens le plus difficilement à croire, c'est à ma propre réalité* (GI.). **Finir par,** réussir à la longue : *Nous finirons bien par la distraire* (MAU.). **Venir à bout de,** réussir par persévérance, après une longue suite de difficultés vaincues. ¶ 2 Absolument, sans comp., avoir du succès. *Réussir,* dans tous les cas, a un sens favorable. **Parvenir,** plutôt péj., s'élever, en étant parti de fort bas, dans la richesse et les honneurs, parfois par des moyens contestables, et souvent sans acquérir l'esprit, les manières de son nouvel état. **Arriver,** fam., a surtout rapport, sans nuance spéc. péj., à la profession, à la situation sociale : *Une femme chez qui le désir d'arriver ne fait pas litière de l'orgueil* (J. ROM.). **Percer,** en un sens toujours favorable, avancer dans une profession, dans le monde, en acquérant une réputation qui distingue de la foule. **Se poser** (→ ce mot), commencer à percer en se faisant remarquer par ses qualités. ¶ 3 En un sens plus restreint, *Réussir,* arriver au succès par chance. **Avoir la main heureuse,** réussir au jeu et par ext., avoir de la chance dans ses choix. ¶ 4 En parlant des choses, *Réussir* implique toujours, de nos jours, une heureuse issue : *Tout vous a réussi* (RAC.). **Prospérer** suppose un succès éclatant et durable : *Tout nous prospère, l'ordre et la paix règnent dans notre maison* (J.-J. R.). **Fleurir** (→ ce mot) se dit surtout, dans le style relevé, des choses qui sont en crédit, en réputation, ou dans un état de prospérité splendide. **Marcher** (→ ce mot), fam., se dit surtout des entreprises, des affaires qui vont comme on peut le désirer. **Rire,** fig., surtout en parlant des occasions, de la fortune, a rapport à une personne

qui a de la chance. **Succéder à,** réussir à quelqu'un, est vx : *Tout leur rit, tout leur succède* (L. B.).

Réussite : → Succès.

Revalorisation : → Hausse.

Revaloriser : → Hausser.

Revanche : → Vengeance.

Revanche (en) : → (en) Récompense.

Revanche (prendre sa) : → Répondre.

Rêvasser : → Rêver.

Rêve : ¶ 1 Idées qui nous viennent à l'esprit pendant le sommeil. *Rêve* implique des images vagues, décousues, confuses, informes, extravagantes : *Les rêves inquiets sont réellement une folie passagère* (VOLT.). **Songe** suppose quelque chose de plus lié qu'on raconte, qu'on interprète, dont on tire des présages : *Le songe d'un habitant du Mogol* (L. F.); et ne se dit plus guère de nos jours que dans le langage soutenu ou pour désigner un songe envers auquel on prête une valeur d'avertissement : *Le songe de Pauline.* **Cauchemar,** rêve pénible ou effrayant souvent causé par l'oppression, l'angoisse, l'étouffement et qui provoque le plus souvent le réveil. ¶ 2 *Rêve* se dit parfois des hallucinations provoquées par un état morbide chez un malade éveillé : *Les rêves d'un fiévreux* (LAR.). **Rêverie** marquait autrefois la fréquence et la multiplicité des rêves. **Rêvasserie** insistait sur l'incohérence, le vague de rêveries à l'état de veille ou dans un sommeil inquiet. Mais, dans le langage actuel, *rêverie* désigne l'état de l'esprit qui se laisse aller volontairement, à l'état de veille, à des associations psychiques qu'il ne gouverne pas, que ce soient des sensations à demiconscientes : *Les mouvements internes que la rêverie éteignait en moi* (J.-J. R.), ou des images ou des idées conscientes : *La pente de la rêverie* (V. H.); *rêvasserie,* plutôt péj., rêveries paresseuses, très vagues, sans grand intérêt. **Songerie,** parfois syn. de *rêverie,* suppose une pensée plus cohérente et plus volontaire. ¶ 3 Au fig., *Rêve* se dit des choses que nous concevons, mais qui sont utopiques, n'ont aucun rapport avec la réalité : *Des rêves que la fin du XIXᵉ siècle a pris pour des réalités durables* (M. D. G.) : → Illusion. **Songe** désigne une chose sans réalité : *La grandeur* (Bos.); *la vie* (VOLT.) *sont des songes.* **Rêverie** enchérit sur *rêve* et suppose quelque chose de très vague, de très étrange, et aussi de moins suivi, mais souvent répété : *Les rêveries des rabbins* (VOLT.). — **Cauchemar,** fam., ne se dit que des personnes ou des choses ennuyeuses ou importunes : *La guerre est un cauchemar.* ¶ 4 Au fig. → Désir et Idéal.

Revêche : ¶ 1 → Rude. ¶ 2 Difficile à manier (≠ *Acariâtre*, d'une humeur qui tourmente les autres; ≠ *Bourru*, peu aimable; ≠ *Renfrogné*, qui manifeste par son air son mécontentement intérieur; ≠ *Grondeur*, qui manifeste en paroles sa mauvaise humeur). *Revêche*, peu traitable, qui refuse avec rudesse tout ce qu'on attend de lui : *Cet abord revêche qui éloignait les cœurs* (Mau.). **Rebours,** revêche, toujours à contre-poil, est fam. et vx. **Rébarbatif** a surtout rapport à la mine de celui qui paraît rebutant, dur, prêt à se montrer revêche, comme hérissé : *Visage rébarbatif* (Lav.); et se dit aussi des choses : *La disgrâce rébarbative de cette architecture anguleuse et décolorée* (Gi.). **Grincheux,** fam., présente le *revêche* comme un perpétuel grondeur. **Quinteux** implique des caprices qui rendent fantasque, ombrageux ou revêche. **Massacrant,** fam., ne se dit que de l'humeur de celui qui semble vouloir entrer en guerre avec tout le monde. — **Rogue** ajoute à *revêche* l'idée de supériorité ou d'arrogance : *Des pamphlets d'un ton rogue, dans la manière de M. de Maistre* (Flaub.). — **Porc-épic,** n., fig. et fam., personne revêche.

Réveil : ¶ 1 → Horloge. ¶ 2 → Renaissance.

Réveille-matin : → Horloge.

Réveiller : ¶ 1 → Éveiller. ¶ 2 → Ranimer.

Réveillon : → Souper.

Révéler : ¶ 1 → Découvrir. ¶ 2 → Montrer. ¶ 3 (Réf.) → Ressortir.

Revenant : → Fantôme.

Revenant-bon : → Gain.

Revendeur : → Marchand forain.

Revendiquer : → Réclamer.

Revenir : ¶ 1 Venir une autre fois. *Revenir* a pour syn. **Repasser,** fam. en ce sens. ¶ 2 Se transporter de nouveau quelque part. *Revenir*, se rendre au lieu d'où l'on était parti ou à l'endroit où se trouve celui qui parle; **Retourner,** se rendre de nouveau au lieu où l'on était allé, en s'éloignant une seconde fois de son point de départ ou de celui qui parle : *On revient dans sa patrie; on retourne dans son exil* (Lit.). *Après être revenu en vacances chez ses parents, un enfant retourne au collège.* **Regagner,** revenir dans, vers, auprès, se dit surtout d'un lieu, d'une place et fait penser soit à l'effort, au chemin pour y parvenir, soit au fait que le mouvement envisagé se terminera là : *Un naufragé regagne le rivage à la nage.* **Rallier** et **Rejoindre** (→ ce mot) se disent d'une unité, d'un poste. **Réintégrer,** en termes de jurisprudence, ne se dit, avec ou sans comp., que du domi-

cile conjugal, et parfois ironiquement : *Il faut que je réintègre* (A. Fr.); ou, au fig., marque abstraitement l'action de rentrer dans : *Nous réintégrons notre condition de prisonnier* (Cam.). **Repasser,** retourner à l'endroit d'où l'on est venu, se dit surtout lorsqu'on franchit la mer, des frontières, ou en parlant de choses qui se transmettent : *Il vient de repasser en Angleterre. Ce domaine a repassé dans notre famille après en être sorti depuis un siècle* (Acad.). **Rentrer,** au prop. et au fig., revenir dans un lieu ou entrer de nouveau dans une chose dont on peut dire qu'on est sorti : *Rentrer chez soi. Rentrer dans l'armée. Rentrer dans son sujet.* — **Revenir sur ses pas,** revenir après s'être éloigné. **Retourner sur ses pas** ou **Retourner en arrière,** s'éloigner, aller vers le lieu d'où l'on était venu. **Rebrousser chemin** et absolument **Rebrousser,** retourner subitement en arrière. ¶ 3 *Revenir sur* : → Revoir. ¶ 4 *Y revenir* : → Recommencer. ¶ 5 S'occuper de nouveau de ce qu'on avait laissé. *Revenir à,* recommencer à faire ce que l'on faisait, après avoir fait entre-temps autre chose : *Il revint des affaires publiques à l'étude de la philosophie* (Did.). **Retourner à** se dit bien d'une occupation vers laquelle on repart après y être déjà allé : *Retourner au travail; au combat.* **Se remettre à** implique une longue interruption qui oblige à recommencer avec application : *Je me suis remis à la géométrie que j'avais comme abandonnée depuis longtemps* (D'Al.). **Reprendre,** continuer ce qu'on avait interrompu, même si l'on n'a pas fait entre-temps autre chose. ¶ 6 → (se) Rétablir. ¶ 7 *Revenir de* : → Quitter. ¶ 8 *Revenir sur* : → (se) Dédire, Répéter et Repenser. ¶ 9 → Plaire. ¶ 10 → (se) Réconcilier ¶ 11 → (être) Réservé. *Revenir,* résulter à l'avantage ou au désavantage de quelqu'un : *Quel fruit me reviendra d'un aveu téméraire?* (Rac.). **Afférer,** terme de droit, revenir à chacun des intéressés en parlant d'une portion dans un objet indivis ou un partage. **Incomber,** revenir en parlant d'une charge, d'un devoir. **Retomber sur** (→ ce mot), revenir à quelqu'un en parlant de choses, surtout mauvaises, qui sont rejetées sur lui. ¶ 12 → Valoir.

Revenu, recette (→ ce mot) qui rentre annuellement par opposition à ce qui se dépense : *La dépense de nos ancêtres était proportionnée à leur revenu* (L. B.); se dit spéc. de profits variables qu'on tire de sa profession, de ses propriétés, de ses terres, de la gérance de ses biens, alors que **Rente** désigne la somme fixe qu'on touche chaque année pour un bien, une somme d'argent aliénés par contrat, ou parce que quelqu'un vous la sert : *Rente viagère. Faire une rente à un vieux domestique*; et par ext. un revenu annuel, que l'on touche sans travailler : *Vivre de ses rentes.* **Pension,** sorte de rente donnée annuellement à quelqu'un en récompense de ses services, de ses travaux ou par libéralité : *Pension de veuve de guerre. Il a fait une pension à l'ancien précepteur de ses enfants* (ACAD.). **Pension de retraite,** et, par abréviation, **Retraite,** somme versée à titre de pension à un fonctionnaire civil ou militaire ou à un salarié qui se retire du service après un nombre d'années déterminé, et calculée d'après son salaire et les versements qu'il a faits au cours de sa carrière. — **Casuel,** revenu variable que l'on retire d'un office ou d'un emploi par opposition au gain régulier. **Prébende,** revenu ecclésiastique attaché à un canonicat; par ext., souvent péj., revenu attaché à une charge lucrative souvent obtenue par faveur ou sans qu'elle donne du travail.

Rêver : ¶ 1 Faire des rêves en dormant. *Rêver* est le terme usuel. **Songer,** vx, faire un songe (→ Rêve). **Rêvasser,** avoir un sommeil traversé de vagues rêveries. **¶ 2 →** Déraisonner. **¶ 3** Se laisser aller à la rêverie. *Rêver,* laisser aller son imagination sur des choses vagues, peu cohérentes, sans aucun objet fixe et certain : *J'aime encore mieux rêver éveillé qu'en songe* (J.-J. R.). **Songer** marque des imaginations plus cohérentes, mais qui sont surtout vaines, sans rapport avec le réel : *Chacun songe en veillant, Il n'est rien de plus doux, Une flatteuse erreur emporte alors nos âmes* (L. F.). **Rêvasser** enchérit sur *rêver* et suppose paresse et idées très vagues. **¶ 4 →** Penser. **¶ 5 →** Vouloir.

Réverbération : → Réflexion.

Révérence : ¶ 1 → Respect. **¶ 2 →** Salut.

Révérer : → Honorer.

Rêverie : → Rêve et Illusion.

Revers : ¶ 1 Côté d'une chose opposé au côté principal. Le *Revers* n'est pas vu du premier coup. L'**Envers** est destiné à ne pas être vu : *Le revers d'un feuillet. L'envers du décor.* **Verso,** revers d'un feuillet par opposition à *recto.* **Dos,** fig., parfois syn. de *revers,* de *verso,* désigne toujours une partie moins importante que le *recto* : *Le dos d'un chèque, d'une lettre.* **¶ 2** *Revers,* en parlant de monnaies ou de médailles, le côté opposé à la face, et portant une inscription, un sujet. **Pile,** revers d'une monnaie. **¶ 3** *Revers,* parties d'un vêtement qui sont ou qui semblent repliées au-dessus de manière à montrer une partie de l'envers ou de la doublure : *Un uniforme à revers bleus.* **Parement** se dit surtout des revers qui

se trouvent aux extrémités des manches. **¶ 4 →** Insuccès. **¶ 5 →** Malheur.

Revêtir : ¶ 1 → Vêtir. **¶ 2 →** Recouvrir. **¶ 3 →** Orner. **¶ 4 →** Pourvoir.

Revêtu : → Vêtu.

Rêveur : → Pensif.

Revigorer : → Réconforter.

Revirement : → Changement.

Reviser : ¶ 1 → Revoir. **¶ 2 →** Réparer. **¶ 3 →** Répéter.

Reviseur : → Correcteur.

Revivifier : → Ranimer.

Revivre : ¶ 1 *Revivre,* reprendre vie après avoir présenté les apparences de la mort, ou vivre pour ainsi dire de nouveau en la personne d'un autre, insiste sur le fait qu'on manifeste pleinement les caractères de la vie. **Ressusciter** marque uniquement le fait que le mort reprend vie, sur la terre ou dans le ciel, tel qu'il était au moment de sa mort : *Le corps et l'âme doivent souffrir, mourir, ressusciter, monter au ciel* (PASC.). **Renaître,** revivre par le fait d'une seconde naissance, en commençant une existence nouvelle : *Si Cromwell renaissait, il serait un simple citoyen de Londres* (VOLT.). **¶ 2** Au fig. *Revivre,* en parlant d'une personne, reprendre goût à la vie; en parlant des choses, se renouveler, prospérer de nouveau après avoir présenté les apparences de la mort. **Ressusciter,** en parlant des personnes, revenir d'une maladie qu'on croyait mortelle; en parlant des choses, reparaître brusquement et dans l'état antérieur après avoir totalement disparu et avoir été oublié : *Mme de Puisieux est ressuscitée* (SÉV.). *Supprimer les causes profondes, afin que l'esprit du régime ne puisse jamais ressusciter* (M. D. G.). **Renaître,** en parlant des personnes, commencer une vie physique ou morale nouvelle par suite du renouvellement des forces ou d'une purification; en parlant des choses, commencer à reparaître peu à peu, sous une forme parfois nouvelle : *Les conspirations au commencement du règne d'Auguste renaissaient toujours* (MTQ.). **¶ 3 →** (se) Rappeler.

Revoir : ¶ 1 Examiner de nouveau. *Revoir* implique l'intention de découvrir ce qu'il y a de vicieux dans une chose : *Revoir un compte, un procès.* **Reconsidérer,** néol., se dit spéc. d'une question, d'un problème dont on étudie de nouveau les données une à une pour essayer de trouver une meilleure solution. **Revenir sur** indique qu'on continue l'examen d'une question, mais non qu'on le recommence. **Reviser** ajoute à *revoir,* spéc. en parlant de comptes ou de textes, l'idée que la chose est déjà supposée mauvaise et qu'elle est

revue par quelqu'un chargé de modifier, de corriger, d'améliorer : *L'auteur revoit son manuscrit pour y trouver des fautes, et revise les épreuves pour y corriger les fautes d'imprimerie qui s'y trouvent sûrement.* ¶ 2 → (se) Rappeler. ¶ 3 *Revoir,* examiner de nouveau un ouvrage de l'esprit, en parlant de son auteur, pour tâcher d'y trouver des fautes : *On ose dire que Newton aurait corrigé cette idée, s'il avait eu le temps de la revoir* (Volt.).
Retoucher, qui se dit aussi d'un tableau ou d'un ouvrage manuel, annonce un nouveau travail qui a pour but d'améliorer, sans qu'on détermine de quel point de vue : *Retoucher* Le Cid (Corn.).
Remanier implique des modifications importantes qui vont parfois jusqu'à composer de nouveau : *Remanier un rôle pour donner davantage à un acteur* (Zola). **Reprendre** suppose plutôt que, sans toucher à l'essentiel, on modifie le détail du plan, des développements et la forme : *Il reprenait son plan, il le perfectionnait* (Zola). **Corriger** et **Châtier** ont surtout rapport au style qu'on travaille à rendre irréprochable en supprimant les fautes. *Corriger* fait penser à l'ouvrage qui devient correct, *châtier,* corriger sans ménagement, avec la plus sévère attention, fait surtout penser à l'auteur qui ne se contente pas aisément. **Raboter, Limer** et **Polir** impliquent des retouches qui rendent le style fini et parfait (→ Parfaire). *Raboter,* fig. et fam., suppose un travail assez grossier qui consiste à adoucir les rudesses de style : *On m'accuse d'avoir raboté quelquefois des vers de ce diable de Salomon du Nord* (Volt.). *Limer,* fig., marque un travail plus soigné, pour rendre agréable un ouvrage souvent sérieux : *Limer une tragédie; son plaidoyer* (Volt.). *Polir,* fig., implique du soin pour donner de la netteté, du brillant, de l'éclat, souvent en parlant d'œuvres légères, gracieuses ou d'apparat : *Polir une rime* (Boil.); *des vers* (Volt.). — **Rectifier** et **Réformer,** plus rare, font surtout penser à des fautes commises contre les règles ou contre la vérité et que l'on corrige en redressant ce qui n'a jamais été correct : *Rectifier la construction d'une phrase* (Acad.). — **Fatiguer,** en termes de peinture et de sculpture, retoucher fréquemment avec un soin pénible qui se laisse voir quand l'ouvrage est terminé. — **Retaper,** fam., remanier : *Retaper un vieux drame* (Acad.); **Raccommoder,** vx, *reprendre, réformer;* **Rapetasser,** fam., remanier en ajoutant des morceaux pris de tous côtés : *Rapetasser une tragédie amoureuse* (Volt.); on dit aussi **Ravauder,** syn. péj. de *retaper,* et parfois **Rapiécer,** remanier un ouvrage

dont on a ôté des morceaux entiers. ¶ 4 → Répéter.

Révolte : → Insurrection. Acte par lequel une ou plusieurs personnes bravent une autorité légitime et secouent son joug. *Révolte* suppose qu'on prend l'offensive ou qu'on est prêt à le faire, parce qu'on ne peut plus admettre la règle ou l'ordre auxquels on est soumis. **Rébellion** implique le refus d'obéir, la résistance toujours effective à un ordre. **Soulèvement,** commencement de révolte, dans une ville, une province : *Prévenir les soulèvements.* (Volt.). **Mutinerie,** émeute qui tend à la révolte ou à la rébellion, se dit bien d'une agitation populaire ou de soldats, de marins, et implique toujours quelque chose de moins vaste et de moins concerté que le soulèvement : *Mutinerie dans une caserne.* **Sédition,** émeute provoquée par des chefs, des meneurs pour amener la révolte. **Chouannerie** et surtout **Jacquerie,** fig., révolte ou soulèvement de paysans.

Révolté : ¶ 1 → Insurgé. *Révolté,* **Rebelle, Mutin, Séditieux :** → Révolte. ¶ 2 → Révolutionnaire. ¶ 3 → Outré.

Révolter (se) : → Résister. *Se révolter, Se rebeller, Se soulever, Se mutiner :* → Révolte.

Révolu : Achevé, complet en parlant des périodes de temps. *Révolu* fait plutôt penser à une période qui est déjà du passé, et parfois assez lointaine : *La nuit des siècles révolus* (V. H.); **Accompli,** à une période qui vient juste de finir : *Les temps sont accomplis, princesse, il faut parler* (Rac.); mais on dit indifféremment l'un pour l'autre, *révolu* étant plus recherché. **Sonné,** fam., ne se dit que du nombre d'années, assez respectable, d'une personne : *Il a cinquante ans sonnés.*

Révolution : ¶ 1 → Tour. ¶ 2 → Changement. ¶ 3 → Insurrection.

Révolutionnaire : ¶ 1 Adj. *Révolutionnaire* implique le désir ou la capacité de renverser l'ordre établi, en politique et dans d'autres matières, pour y substituer quelque chose de nouveau et qui est prétendu meilleur : *Le marxisme est une théorie révolutionnaire. L'évolutionnisme fut en biologie une théorie révolutionnaire.* **Subversif,** fig. et péj., condamnable pour vouloir renverser l'ordre politique ou moral, sans l'améliorer, et au scandale des honnêtes gens : *Propos subversifs.* **Séditieux,** dans l'ordre politique seulement, qui pousse à l'émeute, à la révolte : *Cris séditieux.* **Factieux** implique plutôt l'esprit de révolte ou simplement de cabale que la préparation effective à la sédition. ¶ 2 N. Celui qui en veut à l'ordre établi. *Révolutionnaire,* **Séditieux, Factieux,** diffèrent comme plus haut, *révolutionnaire* impliquant le désir de renverser violemment l'ordre établi pour y substituer un ordre meilleur. **Nihiliste,** celui qui vise à l'anéantissement de toutes les institutions politiques, religieuses ou sociales, pour punir la société d'être mauvaise, sans se préoccuper de ce qui sortira du néant qu'il aura produit. **Anarchiste,** celui qui érige en principe de gouvernement l'absence de toute autorité. **Terroriste,** celui qui pour amener le triomphe de ses idées révolutionnaires (ou nationalistes) pratique l'attentat, cherche à effrayer le peuple et ses chefs. **Jacobin,** fig. et fam., révolutionnaire violent et fougueux, surtout considéré au moment où, la révolution ayant triomphé, il s'agit d'en appliquer impitoyablement les principes. **Révolté,** au fig., celui qui n'admet pas l'ordre établi, le nie dans sa conscience et dans ses actes, au nom de principes supérieurs, sans avoir comme le révolutionnaire l'idée d'un ordre social nouveau et des moyens pour le faire triompher. **Agitateur,** péj., celui qui pour son compte ou pour le compte d'autrui sème le trouble dans les esprits ou fomente des troubles. **Trublion,** fam. et péj., agitateur brouillon, assez ridicule et fâcheux. ¶ 3 → Insurgé.

Révolutionner : ¶ 1 → Renverser. ¶ 2 → Émouvoir.

Revolver : → Pistolet.

Révoquer : ¶ 1 → Destituer. ¶ 2 → Abolir.

Revue : ¶ 1 *Revue,* au physique et au moral, examen attentif de choses ou de personnes qu'on regarde longuement, complètement, pour voir leur état, leurs caractères, ou s'il n'en manque aucune : *Passer ses péchés en revue* (L. F.). *Revue de détail.* **Inspection,** en parlant de choses ou de personnes qu'on a la fonction de surveiller, examen, vérification pour savoir si elles sont telles qu'elles doivent être ou pour les observer, les estimer : *Inspection des pièces d'un procès; des travaux, des élèves d'une classe.* ¶ 2 *Revue,* inspection de troupes que l'on fait manœuvrer et défiler, pour juger de leur état, de leurs armes, soit dans une caserne ou un champ de manœuvres devant un officier supérieur, soit, au cours d'une cérémonie publique, devant des personnalités civiles et militaires et des spectateurs : *La revue du 14 juillet.* **Défilé,** marche des troupes en colonnes, devant un chef ou des spectateurs, suppose plutôt une cérémonie où la troupe rend des honneurs ou reçoit des hommages : *Le défilé de l'Armistice; de la victoire.* **Parade,** revue de troupes allant monter la garde, parfois par ext. revue accompagnée d'évolutions savantes.

¶ 3 Publication périodique. La *Revue* traite avec une certaine ampleur des questions variées, politiques, littéraires, scientifiques à l'ordre du jour, insère des poèmes, des romans, des nouvelles. Le **Magazine** (mot anglais) est illustré et contient surtout des articles de vulgarisation. **Magasin,** syn. vx. de *magazine.* **Journal,** autrefois syn. de *revue,* se dit de nos jours de périodiques moins épais que des *revues* ou des *magazines,* souvent du format de quotidiens, et tenant soit de la *revue,* soit du *magazine,* soit du journal quotidien. **Digest** (mot américain), sorte de *magazine* qui essaie de présenter sous forme de résumés ou d'extraits des condensés d'articles, d'ouvrages scientifiques ou littéraires. **Cahiers** est parfois syn. de *revue.* — **Organe,** syn. de *revue,* comme d'ailleurs de *journal,* pour les désigner comme représentant une opinion en général politique. Tous ces mots ont pour syn. **Périodique.** ¶ 4 → Satire. ¶ 5 → Spectacle.

Rhapsode : → Poète.

Rhapsodie : ¶ 1 → Mélange. ¶ 2 → Ramas.

Rhéteur : → Orateur.

Rhétorique : → Éloquence.

Rhum, eau-de-vie obtenue par la distillation de la mélasse de canne à sucre. **Tafia,** eau-de-vie de canne à sucre fabriquée avec les écumes et les gros sirops.

Rhume, tout écoulement causé par l'irritation ou l'inflammation de la membrane muqueuse qui tapisse le nez et la gorge. **Coryza,** terme médical et **Rhume de cerveau,** terme courant, inflammation de la muqueuse du nez. **Enchifrènement,** plus rare, fait penser à l'embarras de la respiration nasale causé notamment par le coryza.

Riant : ¶ 1 → Réjoui. ¶ 2 → Gracieux.

Ribambelle : → Suite.

Ricaner : → Rire.

Riche : ¶ 1 Qui possède en quantité biens et argent. *Riche,* terme général, diffère d'**Aisé** et d'**Opulent** comme les noms correspondants (→ Abondance). **Richissime,** fam., extrêmement riche. **Cossu,** assez fam., sans marquer la richesse, implique une large aisance qui se manifeste par le confort, une belle apparence extérieure : *Un luxe cossu de bourgeois enrichis* (ZOLA). **Cousu d'or,** fam., très riche, qui a beaucoup d'argent comptant. **Nanti,** fam., qui a accumulé de nombreux profits et se trouve désormais à l'abri de tout besoin. **Pécunieux,** fam. et rare, **Argenteux,** vx, et **Galetteux,** très fam., qui a beaucoup d'argent comptant, sans forcément avoir des biens comme le riche. **Rupin,** terme argotique devenu pop., désigne les gens riches, cossus, surtout parce qu'ils sont bien mis ou ont de belles choses. **Huppé**, fig. et fam., à la fois riche et de haut parage : *Plusieurs Français, non des plus huppés, tiennent table ouverte à tous venants* (P.-L. Cour.). — **Fortuné** s'emploie couramment de nos jours pour désigner celui qui est pourvu de grandes richesses; l'Acad. ratifie cet usage, dans son Dictionnaire. Toutefois, *fortuné* qualifiant proprement celui qui est favorisé par la fortune, par le sort, on aurait intérêt à l'employer surtout dans les cas où la richesse est liée à une idée de chance comme dans cet exemple d'A. Gide : *Quantité de gens restent assez fortunés pour n'avoir pas beaucoup à pâtir des restrictions.* — Comme n. *Riche* a pour syn. **Crésus**, homme fabuleusement riche, comme le fut Crésus, roi de Lydie; **Nabab**, plus fam., riche qui vit dans une sorte de faste oriental, comme un prince de l'Inde musulmane; **Boyard**, riche princier comme un noble de l'ancienne Russie : *Ces illustres paltoquets, ces boyards, ces nababs* (Duh.); **Satrape**, grand seigneur despotique, riche et voluptueux. **Richard**, fam. et plutôt péj., outrageusement riche, se dit surtout des parvenus (→ ce mot). **Capitaliste**, celui qui vit des capitaux qu'il fait valoir dans des entreprises, et, péj., riche qui vit du travail des autres et ne fait rien. **Ploutocrate**, péj., homme très riche qui s'efforce d'exercer une influence politique par son argent pour conserver et accroître sa richesse. **Possédant** fait penser à des hommes dont tout l'idéal consiste à être maîtres de beaucoup de biens. **Gros**, n., syn. fam. de *riche*, fait penser à l'importance sociale; (il se dit couramment comme adj. sans nuance péj. : *Gros commerçant. Gros capitaliste.* ¶ 2 → **Fécond**. ¶ 3 → **Abondant**. ¶ 4 Qui a de la valeur en parlant des choses. *Riche* implique qualité et abondance de choses précieuses, et, en parlant d'ouvrages d'esprit, abondance des idées et éclat du style : *Dictionnaire riche. Expression riche* (Boil.). **Substantiel** ajoute l'idée d'utilité en parlant d'une nourriture succulente et d'ouvrages d'esprit contenant des idées dont on peut faire son profit : *Extrait substantiel et raisonné de l'histoire de la philosophie* (D'Al.). **Étoffé** évoque abondance et ampleur de la matière plutôt que qualité : *Pièce bien étoffée.* **Plein** et **Nourri**, fig., se disent des développements bourrés d'idées et d'un style où tous les mots portent. — **Généreux** ne se dit que du vin qui est bon et fort parce qu'il a de la qualité : *Un vin riche est alcoolisé; un vin généreux, même sans être alcoolisé, a du corps et réconforte.*

Richesse : ¶ 1 → Abondance. *Richesse*, abondance de biens et d'argent permettant de satisfaire, au moins virtuellement, tous les besoins, a pour syn. dans la langue courante **Argent** et dans le style relevé **Or**, qui évoque la volupté de posséder du numéraire et d'en jouir : *Ni l'Or ni la grandeur ne nous rendent heureux* (L. F.). — **Pactole**, fam., source de richesse, par allusion à une rivière de Lydie qui roulait des paillettes d'or : *Cette sinécure est un Pactole.* ¶ 2 *Richesses* : → Biens. **Trésors** enchérit sur *Richesses* pour désigner quelque chose d'extraordinaire, de fabuleux. — Au fig. *richesses*, tout ce qui est d'un grand prix : *Les richesses d'un musée; trésor*, au sing. et au pl., ajoute l'idée d'une excellence et d'une utilité singulières dont on peut tirer un profit toujours renouvelé : *Les trésors d'érudition que possède cet ouvrage.*

Ricochet : ¶ 1 → Saut. ¶ 2 → Suite.

Rictus : → Grimace et Rire.

Ride, pli qui se fait sur le front, le visage, les mains et qui est ordinairement l'effet de l'âge : *Ses rides sur son front ont gravé ses exploits* (Corn.). **Pattes-d'oie**, fam., rides divergentes que les personnes qui commencent à vieillir ont à l'angle extérieur de chaque œil. **Sillon**, ride profonde, dans le style relevé et poétique.

Ridé : → Plissé.

Rideau, terme général, pièce d'étoffe (et par ext. dispositif de bois ou de fer) qu'on étend pour cacher, couvrir, entourer quelque chose, ou pour intercepter la vue ou le jour : *Rideau de fenêtre. Rideau de lit. Rideau de magasin.* **Voile** désigne certains grands rideaux d'étoffe. **Brise-bise**, demi-rideau disposé à plat ou légèrement froncé, sur la partie inférieure des fenêtres. **Store**, rideau fait d'étoffe, de lames de bois, etc., qui se lève et se baisse et qu'on met devant une fenêtre, à une portière de voiture, pour se garantir du soleil (Acad.). **Courtine**, rideau de lit, est vx. **Custode**, rideaux qui, dans certaines églises, ornent les côtés du maître-autel. — **Banne**, grosse toile qu'on tend sur un bateau ou devant une boutique pour se garantir du soleil et de la pluie.

Ridicule : Adj. ¶ 1 *Ridicule*, digne d'exciter le rire, d'être moqué, par sa nature, par sa constitution, même s'il n'est pas en fait un objet de risée, marque toujours un défaut. **Risible** (→ ce mot), qui fera rire, en fait, même s'il n'est pas tel essentiellement qu'il doive faire rire, marque parfois une qualité, et, s'il signifie un défaut, dit beaucoup moins que *ridicule*, car on peut être *risible* par accident, par apparence, pour des défauts extérieurs (*risible* se dit d'ailleurs surtout des choses):

L'avarice est toujours ridicule, mais Molière l'a rendue risible; alors qu'avec Alceste, il a composé un caractère à la fois respectable et risible (Marm.). **Burlesque,** en son sens général, ridicule par un aspect très bouffon dû surtout à un contraste entre ce qu'on est et ce qu'on devrait être : *Un prédicateur à voix aiguë est burlesque.* **Grotesque** dit plus en parlant de personnes, de choses, d'actions contrefaites, déformées, extravagantes ou bizarres qui font rire parce qu'elles semblent des monstres de la nature : *Ces gaillards-là qui trouvent que les curés font des singeries et que les cérémonies catholiques sont grotesques* (J. Rom.). **Funambulesque** enchérit sur l'idée d'extravagance en évoquant quelque chose de clownesque. ¶ 2 → Insensé et Faux. ¶ 3 N. → Imperfection.

Rien : ¶ 1 Nulle chose. Lorsque *Rien* et **Néant** peuvent s'employer l'un pour l'autre, *rien,* presque toujours accompagné de la négation, nie moins et signifie parfois « pas grand-chose », alors que *néant,* absolu, signifie toujours « rien du tout » : *Je ne suis rien, mais ce rien, après tout, c'est ce que j'ai de plus cher, puisque c'est moi-même* (Bour.). *Qu'est-ce que l'homme dans la nature? Un néant à l'égard de l'infini* (Pasc.). *Des gens de néant* (Mtq.) est plus péj. que *des gens de rien* (Les.) qui ne sont que de petites gens. **Zéro,** fam., ne se dit que de ce qui est nul en quantité ou en valeur. ¶ 2 → Bagatelle.

Rieur : → Réjoui.

Rigide : ¶ 1 → Raide. ¶ 2 → Austère.

Rigole, petit canal creusé dans la terre ou dans la pierre pour faire couler l'eau à travers un terrain. **Cassis,** rigole en général empierrée traversant une route perpendiculairement à sa direction, souvent à l'intersection d'une pente et d'une rampe. **Caniveau,** pierre creusée dans le milieu pour l'écoulement des eaux, se dit aussi d'une rigole en forme de V très évasé le long des bords d'une chaussée. **Ruisseau,** petit canal plus ou moins aménagé qui recueille les eaux sur les bords ou au milieu de la chaussée d'une rue. **Fossé,** fosse plus profonde que le *caniveau* et non empierrée, pratiquée le long d'une route et servant de canal pour l'écoulement des eaux. **Goulotte,** terme d'architecture, petite rigole.

Rigoriste : → Austère.

Rigoureusement : → Précisément.

Rigoureux : ¶ 1 → Austère. ¶ 2 → Raide. ¶ 3 → Sévère. ¶ 4 Difficile à supporter en parlant de la température. *Rigoureux* personnifie la température, la fait considérer comme une cause active qui attaque et qu'on fuit : *Lorsque le*

froid est rigoureux, les chardonnerets se cachent dans les buissons fourrés (Buf.). **Inclément** dit beaucoup moins en parlant de la température, des cieux, des climats qui ne sont pas favorables, agréables. **Rude** et **Apre** ne personnifient pas la température; *rude,* opposé à *doux,* fait penser à la difficulté avec laquelle on la supporte : *La Haye est un séjour délicieux l'été, et la liberté y rend les hivers moins rudes* (Volt.); *âpre,* qui enchérit, implique une violence douloureuse ou nuisible pour le corps humain : *Le froid était si âpre que le cocher en perdit la main* (Marm.). ¶ 5 → Précis.

Rigueur : ¶ 1 → Austérité. ¶ 2 → Sévérité. ¶ 3 *Rigueur,* **Inclémence, Rudesse, Apreté.** ¶ 4 → Précision.

Rime : ¶ 1 → Consonance. ¶ 2 → Vers.

Rimer : ¶ 1 → Composer. ¶ 2 → Correspondre.

Rimeur : → Poète.

Rincer : ¶ 1 → Mouiller. ¶ 2 → Laver.

Ripaille : → Festin.

Ripopée : → Mélange.

Riposte : ¶ 1 → Réponse. ¶ 2 → Vengeance.

Riposter : → Répondre.

Rire (V.) : ¶ 1 Marquer un sentiment de gaieté par un mouvement du visage. *Rire* implique des expirations plus ou moins saccadées et bruyantes et, en tout cas, une vive contraction, volontaire ou non, de tous les muscles de la face : *Rire aux éclats. Rire aux larmes.* **Sourire,** rire légèrement, sans bruit, d'un simple mouvement de la bouche et des yeux, et le plus souvent volontairement : *Souriant toujours et ne riant jamais* (J.-J. R.). **Rioter,** vx, rire à demi, souvent dédaigneusement. **Glousser,** fam., rire en poussant de petits cris comme une poule qui appelle ses petits. **Ricaner,** rire à demi par impertinence, moquerie ou mépris. — **Éclater** et **Pouffer,** faire entendre tout à coup un rire violent qu'on ne peut retenir, *pouffer* marquant davantage l'effort pour se retenir qui aboutit à l'étouffement. **S'esclaffer,** fam., éclater de rire bruyamment, longuement. **Se dépoiler, Se dilater la rate,** plus fam., au fig., rire largement, de bon cœur, franchement. **Rigoler,** pop., rire bruyamment et parfois avec vulgarité. — **Se tordre,** rire convulsivement en tordant son corps, est pop. mais moins vulgaire que **Se gondoler, Se tirebouchonner,** qui renchérit, et surtout **Se bidonner, Se marrer** qui sont argotiques. ¶ 2 → (se) Réjouir et Plaisanter. ¶ 3 → Railler. ¶ 4 (Réf.) → Railler. ¶ 5 (Réf.) → Mépriser.

Rire (N.) : Action de rire (→ ce mot)

Rire, abstrait, désigne le genre d'action, ou la manière habituelle dont on rit, volontairement ou non, ou, dans un cas particulier, une espèce du rire qu'on caractérise : *Et ton rire, ô Kléber* (V. H.). *Rire d'un rire de méchanceté* (J.-J. R.). **Ris**, assez rare, désigne toujours concrètement, au sing. et au pl., des manifestations, des réalisations du rire, considérées comme un fait qu'on décrit : *On a habituellement un rire gai et suivant les occasions on fait des ris joyeux, dédaigneux, malins*. **Souris**, rare, et **Sourire** diffèrent entre eux de la même façon, et se distinguent de *ris* et de *rire* comme les verbes correspondants (→ Rire). **Risée**, rire collectif fait en général par moquerie : *Les éclats de risée du parterre* (Mol.). **Risette**, petit rire enfantin et gracieux, surtout dans la loc. *Faire risette*. **Rictus** ne désigne pas un rire, mais une grimace (→ ce mot) qui donne au visage l'aspect du rire. **Fou rire**, rire, souvent sans cause, qu'on ne peut retenir et qui dure longuement.

Risée : ¶ 1 → Rire. ¶ 2 → Raillerie. ¶ 3 → Rafale.

Risible : → Ridicule. *Risible*, qui provoque le rire, le plus souvent moqueur, pour n'importe quelle raison et toujours sans le vouloir : *Je corrige les épreuves avec une sollicitude si méticuleuse qu'elle m'a rendu légèrement risible* (Pég.). **Plaisant** (→ ce mot), qui met en gaieté, donne de la joie volontairement : *Comédie plaisante* (Mol.); ou modérément risible, par quelque bizarrerie involontaire (en ce sens *plaisant* se met plutôt devant le nom) : *Ce sont de plaisants sages que ceux qui le sont par tempérament* (Fén.). **Amusant**, syn. atténué de *plaisant*, dans les deux sens : *Il lui est arrivé une aventure amusante*. **Drôle**, plaisant par sa singularité : *Les têtes des choristes étaient drôles, un surtout à la face ronde comme la lune* (Zola). **Cocasse**, fam., très drôle avec quelque chose d'étrange et de grotesque : *Son museau de bouc, sa laideur de monstre cocasse* (Zola). **Falot**, vx, drôle par quelque chose de capricieux, d'un peu fou. **Impayable**, très plaisant, d'une bizarrerie extraordinaire, enchérit fam. sur ces mots. **Inénarrable**, fam., si plaisant qu'on ne peut le raconter. **Désopilant**, qui fait rire beaucoup (en désopilant la rate considérée comme le siège de la mélancolie), se dit surtout d'un récit, d'une aventure, d'une pièce fort gaies ; on dit aussi en ce sens **Hilarant** qui marque la joie subite, irrésistible (à noter qu'*hilarant* se dit seul des choses qui provoquent le rire involontaire par un effet physiologique : *Gaz hilarant*). — **Comique** (→ ce mot) implique une mise en œuvre artistique du plaisant ou du risible par des procédés de comédie

et se dit par ext. de ce qui paraît naturellement fait pour être transporté dans la comédie : *Théodote a un visage comique et d'un homme qui entre sur la scène* (L. B.). **Drolatique** se dit d'aventures, de contes, de propos récréatifs par la drôlerie qu'ils contiennent ou mettent en œuvre : *Contes drolatiques* (Balz.). — Comme termes pop. superlatifs **Tordant**, très plaisant, très drôle, est le moins vulgaire; **Bidonnant, Crevant, Gondolant, Gonflant, Farce, Roulant** et **Rigolo** sont vulgaires; **Marrant**, argotique.

Risque : → Danger.

Risqué : → Hasardé.

Risquer : → Hasarder. Courir le hasard de tomber dans un danger exprimé par le n. complément. *Risquer* marque l'éventualité idéale avec des chances égales pour et contre : *Risquer la potence*. **S'exposer** marque un danger plus proche vers lequel on a l'air de marcher : *S'exposer à la mort*. **Friser**, être effectivement très près de tomber dans le danger : *Friser l'hérésie* (Flaub.). **Frôler**, passer un instant près d'un danger qu'on évite : *Frôler la ruine, la catastrophe*.

Risque-tout : → Hardi.

Rissoler : → Rôtir.

Ristourne : → Rabais.

Rite (ou **Rit**) : ¶ 1 → Cérémonie. ¶ 2 → Protocole. ¶ 3 → Habitude.

Ritournelle : → Refrain.

Rituel : → Traditionnel.

Rivage : ¶ 1 → Bord. ¶ 2 → Pays.

Rival : → Concurrent. *Rival* implique le désir de surpasser ou d'égaler quelqu'un par tous les moyens, dans tout un ordre d'activité, spéc. dans les ordres de choses où un seul peut être le premier, notamment en amour : *Florence, la rivale de Rome* (Volt.). **Émule** (→ ce mot) implique simplement le désir de faire aussi bien que quelqu'un que l'on prend pour modèle et se dit surtout pour les choses louables, où plusieurs peuvent être éminents sans se disputer la première place : *Colbert émule de Louvois* (S.-S.). **Émulateur**, celui qui travaille pour devenir un émule, qui suit les traces d'un modèle, spéc. dans les choses d'un ordre élevé : *Fénelon heureux émulateur des Anciens* (L. H.).

Rivaliser : ¶ 1 → Égaler. ¶ 2 → Lutter.

Rivalité : → Lutte. *Rivalité* et **Émulation** : → Rival.

Rive : → Bord.

River : ¶ 1 → Fixer. ¶ 2 → Attacher.

Rivière : ¶ 1 → Cours d'eau. ¶ 2 *Rivière de diamants* : → Collier.

Rixe : → Discussion et Batterie.

Robe : ¶ 1 → Vêtement. ¶ 2 → Poil. ¶ 3 → Enveloppe.

Robot : → Automate.

Robuste : → Fort.

Roc : → Roche.

Rocailleux : → Rude.

Rocambolesque : → Invraisemblable.

Roche, terme le plus général, masse de pierre plus ou moins dure, désigne la matière sans idée accessoire précise et, en géologie, une masse de substances minérales : *Roche éruptive. Eau de roche. Anguille sous roche.* **Roc,** roche très dure et fortement enracinée : *Fossés taillés dans le roc. Bâtir sur le roc.* **Rocher,** roche élevée et escarpée : *Le pied, la pointe d'un rocher* (ACAD.). — Au fig. si le *roc* est solide, le *rocher* est ferme, c'est tantôt un rempart, tantôt un écueil sur lequel on se brise; en parlant des personnes, celui qui est un *roc* ne cède pas : *Caliste était un roc, rien n'émouvait la belle* (L. F.); celui qui est un *rocher* est surtout insensible : *Parler aux rochers. Roche* ne s'emploie guère que dans la loc. *De la vieille roche,* de qualité sûre et éprouvée.

Rochet : → Surplis.

Rococo : → Suranné.

Roder : → Polir.

Rôder : → Errer.

Rôdeur : → Malfaiteur.

Rodomont : → Bravache.

Rodomontade : → Fanfaronnade.

Rogatons : ¶ 1 → Restes. ¶ 2 → Rognure.

Rogner : ¶ 1 → Retrancher. ¶ 2 → Murmurer.

Rognure : ¶ 1 → Déchet. ¶ 2 Au fig., fam., *Rognures,* matériaux qui ne sont point entrés dans un grand ouvrage ou qu'on en a retranchés, ne formant pas un tout, mais pouvant avoir de la valeur : *Un auteur se ferait encore une réputation avec les rognures de cet écrivain* (ACAD.). **Rogatons,** petits ouvrages de rebut, formant un tout, mais toujours sans valeur : *Rogatons de vers* (VOLT.).

Rogue : → Arrogant et Revêche.

Roi : ¶ 1 Celui qui gouverne un État qui n'est ni une république ni un État dictatorial. Le *Roi* gouverne un État absolument ou constitutionnellement, le **Prince** est souverain d'une province ou d'un petit État, l'**Empereur** règne sur plusieurs peuples, dans de vastes États, ou est le chef d'une grande confédération de princes et de rois : *Ils étaient rois ou simplement princes de quelque contrée particulière* (VOLT.). *Charles*

Quint, roi d'Espagne et empereur d'Allemagne. Mais *prince* appliqué à un *roi* ou à un *empereur* fait penser à leur éminente dignité, à leur rang qui les sépare des autres hommes : absolument, précédé de l'article défini, *le Prince* se dit du souverain du pays dont on parle. Pour désigner *rois, empereurs* et *princes* sous leur aspect le plus propre à imposer, **Souverain** (qui peut se dire aussi du peuple ou d'un magistrat) fait penser à leur autorité suprême dont dépendent tous les rouages de l'État : *Du Souverain ou de la République* (L. B.); **Monarque,** du style soutenu, au pouvoir considérable et parfois absolu de celui qui commande seul, avec majesté, par opposition à ses nombreux sujets et à ses vastes possessions : *Ce monarque si fier* (RAC.). *Des égards que les monarques doivent à leurs sujets* (MTQ.); **Potentat,** à la puissance redoutable du souverain d'un grand État qui possède des forces extraordinaires et une grande autorité : *Comment ne pas sentir qu'il n'y a pas de potentat en Europe assez supérieur aux autres pour en devenir le maître?* (J.-J. R.). **Autocrate,** titre du tsar de Russie, enchérit sur *monarque* et implique un pouvoir sans contrôle ni limite. **César,** dans le style relevé, qualification des monarques qui ont le titre d'empereur. **Dynaste,** dans l'antiquité, petit souverain qui gouvernait selon le bon plaisir d'un État plus puissant, se dit parfois encore de nos jours. **Despote** et **Tyran,** péj., appliqués à un souverain, marquent un excès du pouvoir absolu qui tombe dans l'arbitraire (→ Autocratie et Absolu). ¶ 2 Au fig. *Roi* évoque le bonheur, la vie agréable, exquise : *Heureux comme un roi. Un morceau de roi;* ou une suprématie de fait, en force, en beauté, en puissance, parfois d'ailleurs en un sens péj. : *Le lion est le roi des animaux. Le roi de l'acier. Le roi des imbéciles.* **Prince** évoque la magnificence ou le mépris du vulgaire : *Vivre comme un prince. Jeux de princes;* ou la suprématie, toujours en un sens favorable, avec l'idée d'une éminence de droit dans l'ordre de la dignité, du mérite, du talent : *Aristote, prince des philosophes* (PASC.). **Seigneur,** au fig., implique importance et, moins fortement que *prince,* vie magnifique : *Vivre en grand seigneur.* ¶ 3 → Phénix.

Rôle : ¶ 1 → Liste. ¶ 2 → Personnage. En termes de théâtre, *Rôle* fait penser aux personnages individuels représentés par l'acteur; **Emploi,** à la catégorie de rôles pour lesquels un acteur peut être employé : *L'emploi de duègne, de soubrette. Ce rôle n'est pas de son emploi* (ACAD.).

Roman : ¶ 1 Récit en prose d'aventures imaginaires. De nos jours le *Roman* se distingue avant tout par sa longueur assez considérable et par le fait qu'il donne l'existence aux êtres ou aux choses qu'il décrit, veut nous faire croire à leur réalité, si extraordinaires qu'ils soient parfois, pour nous intéresser, nous émouvoir et nous instruire. Comme le *roman*, la **Nouvelle** cherche à donner une impression de réalité dans le récit de l'aventure (ex. *La Prise de la Redoute* de Mérimée) ou dans l'analyse psychologique (ex. *Le Vase étrusque* de Mérimée), mais elle est brève, centrée en général autour d'un seul événement dont elle peint les répercussions psychologiques, a des personnages peu nombreux, et étudie leur psychologie sous un aspect fragmentaire, en fonction de l'événement central, tandis que le *roman* cherche à donner dans le temps une psychologie plus totale de ses personnages. Le **Conte**, comme le *roman* et à la différence de la *nouvelle*, peut entasser une très grande quantité d'aventures dans l'espace et dans le temps, mais son originalité consiste en ce qu'il cherche toujours à sortir de la réalité par le merveilleux (ex. *Les Mille et une Nuits*), par le fantastique (ex. les *Contes* d'Hoffmann) ou par la stylisation des héros, ramenés à un trait caricatural ou symbolique (ex. les *Contes* de Voltaire) ; de plus les événements, si nombreux qu'ils soient, sont toujours schématisés, considérés comme symboliques sans que l'auteur cherche, par l'abondance des détails, à les faire exister réellement pour le lecteur. **Récit**, roman qui se donne pour un témoignage vrai, rapporté par quelqu'un, d'une aventure à laquelle il a assisté. ¶ 2 Au fig. Récit, fiction qui ne sont que mensonge. *Roman* se dit surtout d'une suite d'aventures, d'un système qu'on bâtit, et suppose une certaine complication et une absence totale de réalité : *La belle lui fit un long roman de son histoire* (L. F.). *Tant de raisonneurs ayant fait le roman de l'âme, Locke en fit modestement l'histoire* (Volt.). **Feuilleton**, roman d'aventures publié dans un journal par tranches quotidiennes, enchérit au fig. sur *roman*, en parlant de récits d'aventures grossièrement invraisemblables. **Conte** se dit plutôt de récits, de propos sans vraisemblance ou absurdes qu'on débite pour tromper ou simplement pour amuser : *La mythologie est-elle un recueil de contes puérils indignes de la gravité de nos mœurs?* (Volt.). **Invention**, fig., insiste sur le désir de tromper ou de nuire. **Fable** se dit de faits que l'on donne comme historiques, et qui sont divulgués dans le public sans qu'on en sache l'origine, alors qu'ils sont faux, controuvés : *C'est là un conte populaire et ridicule inventé pour rendre César*

odieux. *Il est triste que Montesquieu ait ajouté foi à cette fable* (Volt.). **Histoire**, fam., tend de nos jours à remplacer *conte* pour désigner le récit mensonger de quelque aventure particulière que l'on donne pour vrai, ou simplement toute invention verbale destinée à tromper : *Oui, oui, vous nous contez une plaisante histoire* (Mol.). En un sens fam. **Bourde** (→ Chanson), conte inventé pour tromper. **Bateau** et **Colle,** conte qui sert d'attrape (→ ce mot), sont pop. **Racontar, Cancan, Ragot,** conte plein de médisance (→ ce mot). **Bobard** et **Canard,** fausse nouvelle (→ ce mot). **Craque,** mensonge (→ ce mot) fait par hâblerie.

Romance : → Chant.

Romanesque : ¶ 1 → Extraordinaire. ¶ 2 → Sensible.

Romanichel : → Bohémien.

Romantique : → Sensible.

Rompre : Trans. ¶ 1 → Casser. ¶ 2 → Interrompre. ¶ 3 → Enfoncer. ¶ 4 → Désobéir à et (se) Libérer de. ¶ 5 → Habituer. — Intrans. ¶ 6 → Reculer. ¶ 7 *Rompre*, qui désigne abstraitement l'action, et **Se rompre,** qui l'indique plutôt avec ses circonstances, impliquent une séparation des parties qui coupe un objet solide et résistant en plusieurs morceaux ou au moins le réduit en fragments qui tiennent à peine entre eux en sorte qu'il perd cohérence et résistance : *Je plie et ne romps pas* (L. F.). *Une telle bouffissure que la peau tout entière semblait près de se rompre* (Flaub.). **Se fendre** (→ ce mot) se dit d'un corps continu dont les parties se séparent et laissent des intervalles entre elles, tout en tenant encore sur quelques points de façon à laisser au corps quelque cohérence et résistance : *La terre gelée se fend, mais ne rompt pas.* **Craquer,** produire un bruit sec qui annonce une rupture imminente ou actuelle ; par ext. se rompre ou se fendre surtout sous un poids ou sous un choc. **Éclater** (→ ce mot), se rompre violemment en projetant des fragments. **Crever,** se rompre, en parlant d'un contenant qui cède sous une vive pression du contenu : *Un ballon trop gonflé crève*; ou sous une pression extérieure : *Un pneu crève lorsqu'un clou le perce; éclate lorsque la pression intérieure le déchire, le rompt en fragments.* **Péter,** très fam., craquer, crever, éclater avec grand bruit. **Claquer,** être rompu par un effort violent en parlant d'un tendon, dans le langage hippique et sportif, par ext. d'une corde : *La corde claque* (Gi.). **S'étoiler,** se fendre, se fêler en forme d'étoile.

Rompre des lances : → Lutter.

Rompu : ¶ 1 → Fatigué. ¶ 2 → Saccadé.

Ronchonner : → Murmurer et Rager.

Ronchonneur : → Grondeur.

Rond (Adj.) : ¶ 1 *Rond*, terme commun, se dit aussi bien de ce qui est **Circulaire** : *Place ronde*; que **Sphérique** : *La terre est ronde*; ou **Cylindrique** : *Un bonnet rond*; et marque dans tous les cas une forme plus approximative que le terme précis de géométrie. ¶ 2 → Franc. ¶ 3 → Ivre.

Rond, n., terme commun, toute figure en forme de cercle ou approximativement telle. **Cercle,** terme de géométrie, surface plate limitée par une ligne courbe que l'on nomme **Circonférence** dont tous les points sont également distants d'un même point qu'on appelle centre. *Cercle* se dit abusivement pour *circonférence*, ainsi d'ailleurs que *rond* : *Tracer un rond.* **Orbe,** en termes d'astronomie, aire en forme de cercle que circonscrit une planète dans toute l'étendue de son cours et qui est délimitée par une circonférence appelée **Orbite. Cerne,** syn. vx de *cercle*, ne se dit plus que pour désigner soit les cercles concentriques que l'on aperçoit sur la tranche d'un arbre coupé horizontalement, soit le rond livide autour d'une plaie en mauvais état ou des yeux battus, soit le cercle nébuleux qui entoure la lune, ou le cercle qui, sur une étoffe, entoure la place d'une tache qu'on vient de nettoyer.

Rond-de-cuir : → Employé.

Ronde : → Visite.

Ronde (à la) : → Autour.

Rondelet : → Gras.

Rondelle : → Tranche.

Rondement : → Vite.

Rondeur : ¶ 1 Caractère de ce qui est rond, circulaire, sphérique, cylindrique. *Rondeur* n'exprime que la figure, **Rotondité** ajoute une idée de grosseur, d'ampleur, de capacité : *La rondeur d'une médaille; la rotondité de la terre.* — Au fig. → Grosseur. ¶ 2 → Harmonie. ¶ 3 → Franchise.

Rond-point : ¶ 1 → Carrefour. ¶ 2 → Place.

Ronflant : ¶ 1 → Sonore. ¶ 2 → Emphatique.

Ronfler : → Bourdonner.

Ronger : ¶ 1 *Ronger*, entamer, déchiqueter avec les dents ou le bec, à fréquentes reprises : *Ronger un os. Ronger ses ongles.* **Grignoter,** ronger et manger petit à petit : *Grignoter des noisettes* (FLAUB.). ¶ 2 Au fig., en parlant de certaines choses, entamer, user peu à peu. *Ronger* marque une action progressive, en général pernicieuse, qui peut aller jusqu'à la des-

truction, mais sans indiquer le moyen *Ces vieux arbres que rongeaient les lichens* (LOTI). **Attaquer** marque un commencement d'action qui détériore : *La rouille attaque le fer.* **Corroder,** ronger, en entamant, en consumant le corps vivant ou un corps solide, en vertu d'une qualité caustique : *Le poison lui a corrodé l'intestin. Un acide corrode un métal.* **Brûler** marque parfois une action plus rapide, mais moins totale et, s'il s'agit du corps, insiste sur la sensation : *L'eau forte brûle le linge. Le vinaigre brûle l'estomac.* **Mordre,** en parlant de certaines substances qui corrodent, indique en général une action utile qui marque, creuse ou perce : *L'eau forte n'a pas assez mordu sur cette planche* (ACAD.). **Manger,** fig., détruire en rongeant : *La rouille mange le fer.* ¶ 3 → Tourmenter. ¶ 4 → Ruiner.

Roquentin : → Vieillard.

Roquet : → Chien.

Rosace : → Vitrail.

Rosaire : → Chapelet.

Rosière : → Vierge.

Rossard : ¶ 1 → Paresseux. ¶ 2 → Méchant.

Rosse : ¶ 1 → Cheval. ¶ 2 → Méchant.

Rosser : ¶ 1 → Battre. ¶ 2 → Vaincre.

Rosserie : → Méchanceté.

Rot : → Renvoi.

Rôt : → Rôti.

Rotatif, Rotatoire : → Tournant.

Rotation : → Tour.

Rôti : ¶ 1 N. *Rôti*, pièce de viande préparée à la broche ou au four. **Rôt,** vx, se dit surtout de viandes préparées à la broche; mais s'emploie plutôt pour désigner abstraitement le genre de viandes rôties qui composent un service, un moment du repas, et par ext. ce service lui-même, dans les repas d'apparat : *Le rôt et les entremets* (L. B.). À noter que de nos jours *rôti* s'emploie aussi couramment dans ce sens. **Grillade** diffère de *rôti* comme les verbes correspondants → Rôtir. ¶ 2 *Rôti*, **Rissolé, Grillé, Havi, Torréfié,** part. passifs des verbes correspondants, ont pour syn. **Saisi** qui se dit d'un morceau de viande qui, après avoir été exposé à un grand feu, est grillé extérieurement et rose encore intérieurement.

Rôtir : ¶ 1 Cuire au contact du feu. *Rôtir,* cuire de la viande à feu vif à la broche ou au four de manière que le dessus soit croustillant et que l'intérieur reste tendre : *Rôtir un poulet;* par ext. faire dorer certains aliments à la chaleur du feu : *Rôtir du pain.* **Rissoler,** rôtir, et aussi cuire, de façon à donner une couleur dorée, un peu brune, appétissante. **Griller** (→ ce mot), rôtir sur le gril, ou par un procédé quelconque sur la braise : *Griller une côtelette, des marrons.* **Havir**, rare, se dit de la viande soumise à un trop grand feu qui la dessèche et la brûle par-dessus sans qu'elle soit cuite en dedans. — **Torréfier** se dit spéc. de certaines substances comme le café, le cacao, le tabac que l'on soumet à un feu vif pour produire une carbonisation incomplète destinée à détruire un principe nuisible et à provoquer la formation d'un principe aromatique; on dit aussi, en ce sens, **Griller** et **Brûler**. ¶ 2 Au fig., *Rôtir*, fam. en parlant de la chaleur excessive du soleil ou du feu sur le corps humain, n'exprime pas toujours un effet désagréable : *Sur la plage le soleil rôtit les baigneurs.* **Griller** indique une chaleur plus vive, parfois désagréable : *Debout devant la cheminée, grillant ses jambes* (ZOLA). **Rissoler**, fam., dorer, brunir la peau fortement. — En parlant de l'effet de la chaleur sur les plantes, *rôtir* se dit de l'action du soleil favorisée souvent des circonstances accidentelles : *Après une gelée, il arrive souvent que le soleil rôtit les jeunes bourgeons* (LIT.). **Griller** marque un dessèchement total, brutal, dû à l'ardeur du soleil (ou à la violence de la gelée) : *Le soleil a grillé les vignes.* — **Brûler**, en parlant d'un aliment, implique toujours un dégât : *Brûler le rôti*; en parlant de la peau humaine, un vif brunissement, plus fort que *rissoler* ou *rôtir* : *Teint brûlé de soleil*; en parlant des plantes, *brûler* se rapproche de *griller*, mais n'implique pas la destruction totale de la vie : *La campagne provençale est brûlée de soleil; mais non grillée car toutes les plantes ne périssent pas.*

Rôtisserie : → Restaurant.

Rotondité : ¶ 1 → Rondeur. ¶ 2 → Grosseur.

Roture : → Peuple.

Roturier : ¶ 1 N. → Paysan. ¶ 2 Adj. → Vulgaire.

Roublard : → Malin.

Roucouler : ¶ 1 → Chanter. ¶ 2 → Marivauder.

Roue (faire la) : → Poser.

Roué : ¶ 1 → Fatigué. ¶ 2 → Malin et Rusé. ¶ 3 → Débauché.

Rouelle : → Tranche.

Rouerie : → Ruse.

Rouge : ¶ 1 De la première couleur du prisme; de la couleur du sang humain. *Rouge*, terme général, indique sur le visage humain une couleur naturelle ou l'effet de l'émotion, de la pudeur, de la honte, de la colère. **Carmin**, rouge vif et éclatant, comme celui qu'on obtient principalement de la cochenille; en parlant de l'homme, se dit surtout des lèvres. **Cramoisi**, rouge foncé, tirant sur le violet, marque la honte, le dépit et enchérit, en ce sens, sur *rouge*. **Écarlate**, rouge très vif, couleur de la robe des cardinaux, marque la timidité, la honte, la pudeur plus vivement que *rouge*. **Garance**, rouge tiré de la plante appelée garance, désigne surtout la couleur dont on teint certaines étoffes, notamment les pantalons des soldats avant 1914. **Grenat**, rouge analogue à celui des graines de la grenade; c'est surtout une couleur d'étoffe. **Incarnat**, rouge intermédiaire entre la couleur de cerise et la couleur de rose, se dit des étoffes, des satins, des velours, des lèvres et du teint. **Incarnadin** désigne une couleur plus faible que l'*incarnat*. **Nacarat**, rouge clair, nacré; couleur d'étoffe. **Pourpre**, rouge foncé tirant sur le violet, couleur analogue à celle de la teinture que les anciens tiraient du coquillage appelé pourpre ou murex; couleur d'étoffe, de fleur; symbole de la dignité souveraine; sur le visage, effet d'une vive colère. **Purpurin**, qui approche de la couleur de la pourpre : *Fleurs; joues purpurines.* **Purpuracé**, syn. de *purpurin* en termes d'histoire naturelle. **Vermeil**, rouge un peu plus foncé que l'incarnat, se dit des fleurs, des lèvres et du teint : *Rose vermeille. Bouche vermeille.* **Vermillon**, rouge très vif comme celui du sulfure rouge d'antimoine, se dit des couleurs, du teint et des lèvres. **Ponceau**, rouge très vif et très foncé, comme le coquelicot; couleur d'étoffe. — **Gueules**, en termes de blason, couleur rouge d'un des émaux du blason. ¶ 2 Pour désigner la couleur naturelle du visage, *Rouge* marque une couleur habituelle ou accidentelle; **Rougeaud**, fam. et péj., une couleur toujours habituelle assez vive et peu agréable : *Une paysanne rougeaude*; **Rubicond**, fam., une couleur habituelle, excessive, qui enlumine un visage, en général large et comiquement épanoui : *Un gros homme à face large et rubiconde* (VOLT.). **Vultueux**, terme médical, rouge et gonflé par suite d'une vive coloration sanguine de la face. ¶ 3 → Roux. ¶ 4 N. → Rougeur.

Rougeur : Couleur rouge. *Rougeur*, terme concret et relatif, qualité qui tombe sous les sens, se manifeste à tel degré et de telle manière; **Rouge**, terme absolu, type abstrait d'une sorte de couleur considérée indépendamment des circonstances; *rouge* fait penser à la marque habituelle sur le visage d'un sentiment de l'âme : *Le rouge de la honte*; *rougeur* indique simplement le fait physique du sang qui monte au visage, se dit seul en parlant de la coloration naturelle du visage : *La rougeur des lèvres*; et appliqué à la manifestation des sentiments de l'âme, la caractérise dans un cas particulier : *Voyez la rougeur de ce coupable* (BEAUM.). **Pourpre,** dans le style relevé, le rouge symbole de la dignité souveraine et des premières magistratures romaines, ou la rougeur vive du visage : *Ses joues animées de la plus belle pourpre* (VOLT.). **Rubis,** poétique, par image, couleur de certaines choses semblable à la couleur de la pierre rouge vif et transparente appelée rubis : *Les rubis du vin.*

Rouiller (se) : Au fig. → (s') Endormir.

Roulade : → Vocalise.

Roulage : → Trafic.

Rouleau, solide de forme cylindrique de bois, de pierre, de fer, de fonte. **Cylindre,** gros rouleau de pierre, de bois ou de métal dont on se sert pour soumettre certaines choses à une pression uniforme et qui fait partie d'une machine : *Cylindre à feutrer, à fouler.*

Roulée : → Volée.

Roulement : ¶ 1 Grand bruit du tonnerre. *Roulement* indique la continuité du bruit qui peut être assez éloigné et ressemble au bruit d'un train qui roule : *Déjà le tonnerre faisait entendre ses lugubres roulements* (B. S.-P.). **Grondement,** bruit sourd, violent et proche comme le cri de certaines bêtes, l'ours par exemple. ¶ 2 → Remplacement.

Rouler : Trans. ¶ 1 → Tourner. ¶ 2 → Emporter. ¶ 3 → Penser et Projeter. ¶ 4 → Tromper et Vaincre. ¶ 5 *Rouler,* plier une chose sur elle-même pour lui faire former un cylindre, un rouleau : *Rouler un tableau.* **Enrouler,** rouler plusieurs fois une chose sur elle-même ou autour d'une autre chose : *Enrouler une pièce d'étoffe sur un cylindre.* **Lover,** terme de marine, ployer un câble en rond; se dit au réf. d'un serpent qui s'enroule sur lui-même. **Tourner,** peu usité, enrouler, disposer en rond autour de quelque chose. — Intrans. ¶ 6 → (se) Mouvoir. ¶ 7 → Tomber. ¶ 8 → Errer. ¶ 9 → Balancer. ¶ 10 Avoir pour sujet ou pour objet. *Rouler,* en parlant d'une conversation, d'une discussion, d'une dissertation, en indique le sujet, la matière, ce qui la nourrit : *La conversation ne roula d'abord que sur des choses absolument indifférentes* (GENLIS). **Porter sur** marque plus abstraitement l'objet en précisant son espèce : *Un examen porte sur telle matière et le cours du professeur roule sur cette matière.* **Traiter** (→ ce mot) suppose un sujet délibérément choisi et développé avec

précision. **Tourner sur** et **Pivoter sur,** peu usités, impliquent, dans une conversation, un thème essentiel auquel tout se rapporte. **Toucher à** marque un rapport accidentel et passager avec quelque matière : *Une conversation qui roule sur la politique, pivote sur la réforme électorale et touche en passant aux questions économiques.*

Roulier : → Voiturier.

Roulis, Tangage diffèrent comme les verbes correspondants : → Balancer.

Rouquin : → Roux.

Rouscailler : → Protester.

Rouspéter : → Protester et Rager.

Roussâtre, Rousseau : → Roux.

Roussir, devenir roux, s'il marque parfois l'effet d'une chaleur excessive sur une chose, n'indique qu'une légère brûlure accompagnée d'une odeur particulière. **Brûler** implique dégât, destruction ou dommage et, quand il s'agit d'un aliment, couleur noire et mauvais goût désagréable.

Route : ¶ 1 → Voie. ¶ 2 → Chemin. *Route,* large chemin entretenu pour le passage des voitures. **Chaussée,** route maçonnée à la chaux, désigne la partie bombée d'une rue ou d'une route par opposition aux bas-côtés; ou aussi toute levée, dans un lieu bas, servant de route : *Les chaussées des marécages de la Vénétie.* **Autostrade,** large route moderne, parfois à double chaussée, permettant, grâce à divers travaux d'art, la circulation rapide des automobiles. **Voie** ne se dit plus que des routes romaines. **Pavé,** dans certaines provinces, petite route pavée. **Trimard,** route, chemin, rue, est argotique. ¶ 3 → Trajet.

Routier : ¶ 1 → Bandit. ¶ 2 *Vieux routier :* → Malin.

Routine : ¶ 1 → Expérience. *Routine,* souvent péj., capacité de faire quelque chose plutôt par une longue pratique que par le secours de l'étude et des règles : *Contracter la routine du calcul* (C.). **Empirisme** fait plutôt penser à un parti pris de n'agir qu'en se fondant sur des cas particuliers, ou sur des habitudes, sans recourir à des théories, des principes, en général en matière scientifique ou politique : *L'empirisme de la politique anglaise.* ¶ 2 → Habitude. *Routine,* péj., usage depuis longtemps consacré de faire une chose toujours de la même manière. **Trantran** (ou **Traintrain,** qui en est la déformation) désigne plutôt l'effet de la routine manifesté par la petite allure telle et sans changement des choses : *Trantran coutumier* (GI.). *Trantran parlementaire* (J. ROM.). **Ornière,** au fig., routine à laquelle on ne peut renoncer aisément et que suivent le plus grand nombre, se dit surtout en parlant d'habitudes invétérées ou d'opinions adoptées sans examen : *Qu'avons-nous gagné à suivre l'ornière où nous nous traînons depuis trois ans?* (CHAT.).

Routinier, péj., qui agit par routine ou se conforme à la routine. **Encroûté**, très péj., devenu, par l'effet de la torpeur ou de l'entêtement, impénétrable à des idées ou à des impressions nouvelles : *Bureaucrate encroûté*.

Roux : D'une couleur entre le jaune et le rouge en parlant des cheveux ou du poil. *Roux* se dit seul par ext. des personnes. **Rouge**, très roux. **Roussâtre** et **Hasardé** (rare et associé à *blond*), qui tire sur le roux en parlant des cheveux ou de la barbe. — *Roux* se dit parfois comme n. d'un homme qui a les cheveux roux. **Rousseau** est fam. et plutôt péj. : *Un vilain rousseau* (FÉN.); **Rouquin**, pop.

Royaliste désigne plutôt celui qui est attaché au parti du roi ou à la personne du roi, ou cherche activement à soutenir ou à restaurer la royauté : *Il y a eu sous la Restauration des royalistes plus royalistes que le roi* (THIERS). **Monarchiste** implique plutôt une préférence théorique et raisonnée pour le régime qui a à sa tête un roi : *Hobbes est un théoricien monarchiste*. **Ultra**, sous la Restauration, *ultra-royaliste*, adversaire de la Charte, par ext. royaliste acharné, intransigeant. Au XIXe s., **Légitimiste**, royaliste partisan des Bourbons, par opposition à **Orléaniste**, partisan de la branche d'Orléans.

Royaume : → État.

Royauté : → Supériorité.

Ruban, bande étroite de soie, de fil, de laine, etc., plate et mince, n'ayant que quelques centimètres de large. **Faveur**, petit ruban de soie souple, uni, ayant un centimètre de largeur. **Galon**, ruban épais de laine, de soie, d'argent, etc. que l'on met sur les costumes, les chapeaux, les rideaux pour les orner et les protéger. **Ganse**, cordonnet ou ruban de fil, de soie, d'or ou d'argent tressé en rond ou à plat. — Au fig. → Insigne.

Rubicond : → Rouge.

Rubis : → Rougeur.

Rubrique : ¶ 1 → Titre. ¶ 2 → Article.

Rude : ¶ 1 Dont la surface est inégale. *Rude*, non poli, sans douceur au toucher : *Peau rude; barbe rude; étoffe rude*. **Rugueux** dit plus en parlant des surfaces qui ont comme de petites rides : *Chemin rugueux* (CAM.). **Raboteux** se dit proprement du bois noueux et inégal et par ext. des

surfaces inégales particulièrement des chemins, du sol : *Chemin raboteux* (PÉG.). **Apre** ajoute l'idée d'incommodité, de désagrément dû à la rudesse très grande de ce qu'on touche ou aux inégalités des chemins : *Corps âpre au toucher. Chemin âpre et difficile* (LIT.). **Rêche**, rude au toucher, en parlant d'une peau, d'une étoffe, implique une idée de raideur qui énerve, fait grincer des dents. **Scabreux**, rude, raboteux en parlant d'un chemin, est vx. ¶ 2 → Aigre. Qui donne au goût une impression désagréable, en desséchant la bouche. *Rude*, qui passe difficilement, accroche la langue, le palais, comme du vin de mauvais cru. **Apre**, qui engourdit les gencives, racle la langue et l'empêche de glisser sur le palais : *Poires âpres*. **Vert**, âpre en parlant d'un fruit qui n'est pas mûr. **Râpeux**, rude comme une râpe, enchérit sur *rude* : *Vin râpeux* (*râpeux* se dit aussi d'une langue rude comme celle du chat). **Rêche** enchérit sur *âpre* : *Poires rêches*. **Revêche**, syn. de *âpre*, est peu usité, ainsi qu'**Austère** qui marquait plutôt une saveur astringente produisant dans la bouche un resserrement : *Le coing a une saveur austère* (ACAD.). — **Raide**, très fam., ne se dit que des liquides très alcoolisés qui brûlent, font venir les larmes aux yeux. ¶ 3 Au fig. Qui ne traite pas les autres avec douceur (sans l'idée que ce soit à cause de la stricte application d'une règle morale : ≠ *Sévère*). *Rude* implique des manières qui choquent, sans ménagements ni politesse, quelle qu'en soit la raison : *Un maître rude parle sans douceur à ses domestiques*. **Brutal** enchérit (→ Bourru). **Sec** implique uniquement l'absence des paroles, des manières qui adoucissent la pensée, la rendent plus facile à accepter, l'entourent d'une sorte de chaleur humaine : *Complètement incapable d'une effusion réciproque. J'ai dû lui paraître un peu sec* (GI.). **Raide** marque surtout absence de souplesse, fierté, qui rendent inflexible, incapable de faire des concessions, d'être avenant, et provoquent une réserve froide et gênante : *Un paysan est rude; un hidalgo* (LES.) *est raide*. **Rêche**, fam., difficile à vivre, qu'on ne sait comment prendre. **Revêche** (→ ce mot), qui paraît toujours à rebrousse-poil, prêt à refuser tout ce qu'on lui demande. **Dur** implique absence de douceur et de pitié, par sévérité excessive ou inhumanité, en sorte qu'on cherche consciemment à marquer les faiblesses, les fautes des autres, à les blesser dans leur dignité avec une rigueur impitoyable : *Sois sévère sans être dur* (LES.). *Un maître dur ne pardonne pas à ses domestiques la moindre défaillance*. **Apre** marque la dureté à son paroxysme, avec parfois une idée de violence ou d'acharnement : *Apre jalousie* (L. F.). *Apre austérité* (VOLT.). — En parlant des choses, ce qui est *rude* choque, blesse, fait du mal : *Il y a des endroits dans la vie qui sont bien amers et bien rudes à passer* (Sév.) ; ce qui est *dur* est encore plus pénible, nous atteint dans notre dignité, notre résistance morale, nous donne l'impression d'une contrainte impitoyable : *Il est plus dur d'appréhender la mort que de la souffrir* (L. B.). — En parlant des paroles, *rude*, *dur* et *âpre* ont pour syn. **Vert** qui se dit, au fig., de reproches vifs, décisifs qui ne marchandent pas : *Verte réprimande.* **Cru,** au fig., implique la rudesse non dans celui qui parle, mais dans ses termes qui disent les choses telles qu'elles sont, même si elles sont fâcheuses ou libres : *Une réponse fort crue.* ¶ 4 Au fig. *Rude*, en parlant des personnes et des mœurs, d'une simplicité non adoucie par la politesse, la civilisation : *Ce qu'il sentait en Bernard de neuf, de rude et d'indompté* (GI.). **Grossier,** plus péj., suppose dans l'esprit, dans la sensibilité, comme dans les mœurs, une absence totale d'intelligence et de finesse : *Nous regardons l'idolâtrie comme la religion des peuples grossiers* (MTQ.). **Fruste,** au fig., se dit de nos jours d'un homme et de ses manières peu civilisées, assez rudes, ce qui est un contresens, car *fruste* veut dire usé, poli par le temps en parlant d'un relief, ce qui est le contraire de *rude*. **Inculte,** en parlant de l'esprit et des mœurs, insiste sur la raison de la rudesse, le manque de culture. **Arriéré** ne se dit que des peuples dont la civilisation est en retard sur la normale. **Sauvage** (→ ce mot) et ses syn. **Barbare** enchérissent sur *rude*, ainsi que **Rustique** (→ ce mot), rude et impoli. ¶ 5 En parlant du style, *Rude* marque une absence choquante de souplesse, d'harmonie et d'élégance : *Par ce sage écrivain la langue réparée N'offrit plus rien de rude à l'oreille épurée* (BOIL.). **Dur** enchérit en parlant d'un style qui blesse l'oreille par des consonnes difficiles à prononcer : *Maudit soit l'auteur dur dont l'âpre et rude verve...* (BOIL.). **Rocailleux,** fig., dur, qui semble plein de petits cailloux. **Raboteux,** syn. de *rude*, suppose les tournures pénibles, peu correctes, des vers qui ne sont pas limés, polis : *Le style de Corneille devenu encore plus incorrect et plus raboteux dans ses dernières pièces* (VOLT.). **Heurté** implique manque de suite dans les idées et contrastes brutaux, pénibles entre les expressions ; mais peut quelquefois dénoter la vigueur, par ex. chez Saint-Simon. ¶ 6 → Rigoureux. ¶ 7 → Difficile. ¶ 8 → Terrible.

Rudesse : ¶ 1 *Rudesse*, **Rugosité,** **Apreté**

— **Sécheresse, Raideur, Dureté, Apreté, Verdeur — Grossièreté :** → Rude. ¶ 2 → Rigueur.

Rudiment : → Principe.

Rudimentaire : → Simple.

Rudoyer : → Maltraiter.

Rue, voie bordée de maisons ou de murailles et comprenant la *chaussée*, partie centrale bombée servant aux voitures, et les trottoirs servant aux piétons : *La rue Saint-Honoré.* **Avenue,** large voie d'accès en un lieu central, souvent bordée d'arbres et en ligne droite : *Avenue de l'Opéra ; des Champs-Elysées.* **Boulevard,** promenade plantée d'arbres qui fait le tour d'une ville ordinairement sur l'espace des anciens remparts ; par ext. large voie en général plantée d'arbres qui traverse une ville ou mène à tel ou tel lieu : *Boulevard Haussmann.* **Cours** désigne de nos jours d'anciennes promenades (→ ce mot) servant d'avenues ou de boulevards, très larges, à plusieurs allées : *Cours de Vincennes. Les Cours de Bordeaux.* **Allée,** passage entre deux rangs d'arbres ; par ext. au pl. *avenue* ou *cours* désignés collectivement par les allées qui les composent : *Les allées du Prado à Marseille.* — **Ruelle,** petite rue. **Venelle,** syn. vx de *ruelle* dans la loc. *Enfiler la venelle*, désigne de nos jours, à la campagne, un chemin étroit entre haies ou murs. **Passage,** à Paris, rue privée. — **Pavé,** au fig., se dit par métonymie pour *rue* : *Battre le pavé.*

Ruelle : ¶ 1 → Rue. ¶ 2 → Salon.

Ruer : ¶ 1 Lancer vivement en l'air le pied ou les pieds de derrière en parlant d'un animal. *Ruer* se dit du cheval, du mulet et d'autres animaux : *Ruer en vache.* **Regimber,** ruer au lieu d'avancer, en parlant de bêtes de monture, quand on les touche de l'éperon, de la houssine, de l'aiguillon. **Récalcitrer,** syn. rare de *regimber* en parlant du cheval. ¶ 2 (Réf.) → (s') Élancer.

Rugir : → Crier.

Rugosité, état d'une surface raboteuse (→ Rudesse), se dit par ext. des sortes de petites rides qu'il y a sur cette surface : *Les rugosités d'une coquille.* **Aspérité** indique des saillies, des inégalités plus irrégulières et qui peuvent être parfois très grandes.

Rugueux : → Rude.

Ruine : ¶ 1 → Destruction. Au prop. et au fig., état des choses jetées à terre. *Ruine* se dit pour une chose qui s'en va progressivement, par morceaux, d'une façon irrémédiable. **Chute,** pour ce qui peut être porté à terre tout d'une pièce et d'un seul coup, mais peut parfois se relever : *La ruine d'une tour* (LES.).

A la chute de ce monstre (Les.). *On a vu les nations se relever des plus terribles chutes* (Marm.). **Effondrement, Écroulement** (→ Crouler) se disent d'un édifice et par ext. de ce qui y ressemble, qui tombe assez vite en s'affaissant, ne peut plus rester debout : *L'effondrement d'un empire. L'écroulement des espérances.* **Renversement** a plus rapport à la cause qu'à l'effet, et se dit d'une chose susceptible d'être troublée, déconcertée, mise sens dessus dessous : *Renversement du ministère par une coalition. Renversement entier de la loi de Dieu* (Pasc.). **Mort**, au fig., syn. de ruine, en parlant de choses morales qui s'éteignent, sont détruites, prennent fin : *On a ri à la mort du jansénisme et du molinisme* (Volt.). ¶ 2 Au fig. *Ruine*, perte de l'honneur, du pouvoir, du crédit et spéc. des biens, de la fortune : *La ruine totale de M. Turcaret* (Les.). **Naufrage**, fig., ruine parfois partielle : *La ruine de ma santé consommait le naufrage de mes ambitions universitaires* (Mau.). **Débâcle**, fig., désordre, confusion, chute d'un particulier ou d'un État à la suite d'un événement inattendu : *Cet accident commença la débâcle de sa fortune* (Acad.). **Déroute**, fig., renversement total des affaires d'un particulier : *Déroute des familles* (Mas.). **Déconfiture**, fam. et fig., ruine entière d'un négociant, d'un banquier. **Perte** (→ ce mot), ruine totale et définitive, en ce qui regarde le gouvernement, la fortune, la réputation : *Les jeunes gens quelquefois se passionnent pour l'étude; c'est la perte assurée de quiconque aspire aux emplois de la littérature; c'est la mort à tout avancement* (P.-L. Cour.). ¶ 3 Au fig., personne qui a perdu ses forces physiques ou morales. *Ruine* implique un état complet de dégradation physique et intellectuelle, par vieillesse ou affaiblissement, qui fait que la personne n'est plus que l'ombre d'elle-même. **Loque**, celui qui n'a plus de force physique ou morale, dont le corps ou l'esprit vacillent comme un lambeau d'étoffe usé : *Quand on conduisit ce condamné à l'échafaud, ce n'était plus qu'une loque.* **Épave**, personne qui à la suite d'un revers est réduite à un état extrême de misère et d'abjection, est comme désemparée dans la société. **Larve**, celui qui a l'air de l'ombre d'un mort, est inconsistant : *Pauvre larve* (Mau.). *Une larve, un débris, un résidu* (Duh.). ¶ 4 *Ruines* : → Décombres.

Ruiné : Qui a perdu sa fortune. *Ruiné*, terme courant, a pour syn. pop. **Fauché, A sec**, qui peuvent d'ailleurs impliquer un simple état de misère momentanée, et **Panné**, qui a perdu tout son argent. **Décavé**, *ruiné*, se dit spéc. d'un joueur, et par ext. d'un spéculateur **Perdu** (→ ce mot) enchérit sur *ruiné* et a rapport, en même temps qu'à la fortune, à la réputation, à l'honneur, au crédit. **Coulé**, fam., se dit de celui dont la fortune ou le crédit sont ruinés au moins provisoirement ; **Noyé**, syn. vx de *coulé*, de celui qui est accablé de dettes. **A la côte, au pied de la côte**, fam., se disent, souvent après le v. *être*, de celui qui est mal dans ses affaires.

Ruiner : ¶ 1 → Détruire. Détruire peu à peu. *Ruiner* marque une action successive ou partielle, qui peut venir de l'extérieur et qui produit le délabrement, puis la chute; **Miner** (→ ce mot), une action très lente, le plus souvent souterraine, cachée ou intérieure, dont l'effet se révélera brusquement : *En France le ridicule a miné, détruit quelques régimes et il suffit d'un trait heureux pour ruiner dans l'esprit public, en quelques instants, des puissances et des situations considérables* (Val.). **Ronger**, entamer peu à peu, faire disparaître morceaux par morceaux ou épuiser en tourmentant : *La mer ronge insensiblement ses bords. Rongé par mes affaires, par mes soucis* (Gi.). **Consumer** implique un dépérissement dû à ce qui fait perdre l'énergie, les forces, comme le travail, les afflictions, les sentiments pénibles. **User**, ruiner par une dépense excessive de la matière qui constitue la personne ou la chose : *User sa santé à force de travail.* ¶ 2 → Ravager. ¶ 3 Faire perdre à quelqu'un sa fortune. *Ruiner* marque une action totale ou partielle, brusque ou progressive. **Manger**, ruiner quelqu'un en lui causant des dépenses excessives, en vivant à ses dépens, ou en l'écrasant d'impôts, d'exactions : *Nana venait de manger le prince à des caprices d'enfant* (Zola). **Ronger**, fam., ruiner peu à peu quelqu'un en consumant son bien : *Le piller, le manger, le ronger* (Les.). — **Dégraisser**, vx et fam. au fig., ruiner en imposant une amende ou une restitution. **Dépouiller** (→ ce mot), ruiner en dépossédant par force ou par ruse. **Sucer**, fam., tirer peu à peu le bien, l'argent d'une personne : *Il vous sucera jusqu'au dernier sou* (Mol.). **Gruger**, fig. et fam., ruiner quelqu'un peu à peu, en lui faisant perdre par ruse son argent : *Les hommes d'affaires l'ont grugé* (Acad.). ¶ 4 → Infirmer.

Ruineux : → Cher.

Ruisseau : ¶ 1 → Cours d'eau. ¶ 2 → Rigole.

Ruisseler : → Couler.

Rumeur : ¶ 1 Bruit confus d'un certain nombre de voix. *Rumeur*, bruit assez fort provoqué par un événement ou parfois par le mécontentement. **Murmure**, qui peut se dire d'une seule personne, bruit plus sourd, moins fort, qui marque l'improbation ou l'approbation, et qui, s'il s'agit de mécontents, est plus prolongé, mais plus discret, moins violent que la rumeur : *Il se fit un petit murmure qui m'était favorable* (Mariv.). **Brouhaha,** fam., bruit confus et fort qui s'élève dans une assemblée ou une foule : *Il y eut un éclat de rire général, un brouhaha* (Mau.). **Bourdonnement,** murmure tout à fait sourd et confus d'un grand nombre de voix, analogue au bruit d'un essaim d'abeilles. ¶ 2 → Bruit. ¶ 3 → Voix publique.

Ruminer : ¶ 1 → Remâcher. ¶ 2 → Penser et Repenser.

Rupture : → Mésintelligence.

Rural : → Champêtre.

Ruse : Moyen habile qu'on emploie pour tromper, et habileté de celui qui agit ainsi (≠ Finesse et Politique, qui n'impliquent pas le désir de tromper). *Ruse* marque surtout habileté, imagination, finesse, dans l'esprit, et ne désigne pas toujours quelque chose de moralement condamnable : *La ruse permise à l'innocence* (Balz.). **Artifice,** ruse méditée et méthodique : *Artifices des intrigues* (Volt.); *d'une coquette* (Mtq.). **Art,** plus général, adresse féconde en artifices : *Les hommes ont besoin d'art pour se faire écouter des femmes* (J.-J. R.). **Stratagème,** toujours en parlant d'un acte, ruse de guerre et, par ext., en toutes sortes d'affaires, tour habile et médité dont on se sert pour tromper un adversaire le plus souvent par une feinte ou une manœuvre : *Comme la partie n'est pas égale, il faut user de stratagème* (Mol.). **Subterfuge,** péj., ruse, *artifice* qui sert d'échappatoire (→ Fuite). **Truc,** fam., tout procédé adroit, expéditif, se dit parfois d'un stratagème. — Pour désigner quelque chose de moralement condamnable, **Astuce,** ruse sournoise et savamment dissimulée afin de nuire : *Aller par astuce à des fins qu'on cache avec soin* (J.-J. R.); **Perfidie,** en des affaires importantes, ruse ou astuce avec abus de confiance aux dépens de personnes qui avaient le droit de compter sur la bonne foi de celui qui les trompe : *La perfidie, si j'ose le dire, est un mensonge de toute la personne* (L. B.); **Fourberie,** ruse d'une fausseté insigne : *Les Fourberies de Scapin;* **Machiavélisme** ne se dit que de la conduite et dans un style assez relevé pour marquer, dans la politique et par ext. dans les affaires privées, une astuce ou une perfidie calculées avec scrupule : *Machiavélisme infernal* (J. Rom.). — En un sens plus fam. **Matoiserie,** ruse, ou simplement finesse d'un talent fertile en expédients et dû à une longue expérience : *La matoiserie du renard* (L. F.). **Rouerie** enchérit et implique une absence de scru-

pules digne d'un roué : *Il a eu la rouerie de transformer sa défaite en victoire morale* (Mau.). **Roublardise,** syn. pop. de *rouerie* ou de *matoiserie*, n'est que légèrement péj. et implique parfois indulgence amusée. **Ficelle,** fam. et fig., artifice, le plus souvent secret, par lequel on manœuvre les gens à son gré sans en avoir l'air, ne se dit que des moyens : *Connaître les ficelles.* **Retour,** en termes de chasse, ruse du cerf qui revient sur les mêmes voies; au fig., peu usité aujourd'hui, ruse qui consiste surtout à changer de conduite ou à cacher les motifs de sa conduite : *Ce sont là les retours des coquettes du temps* (Mol.). **Rubriques,** vx, méthodes rusées. **Machine,** vx, artifice soigneusement monté dans quelque intrigue.

Rusé : → Malin. *Rusé,* qui a de la ruse (→ ce mot). **Cauteleux,** rusé avec précaution, défiance, par des moyens détournés, dissimulés : *Il est fin, cauteleux* (L. B.). **Tortueux,** rusé dans sa conduite, qui biaise, multiplie les tours et les détours. **Artificieux, Astucieux, Fourbe, Perfide, Machiavélique, Roué, Matois, Roublard :** → Ruse.

Rustaud : → Rustique.

Rustique : ¶ 1 → Champêtre. ¶ 2 → Pastoral. ¶ 3 → Simple. ¶ 4 → Impoli. Rude et sans culture comme un homme des champs. *Rustique* n'est pas toujours péj. et marque parfois une simplicité, une rudesse sympathiques. **Rustaud,** toujours péj., implique quelque chose de lourd, de gauche et de rébarbatif, dû souvent à l'habitude de vivre avec les paysans : *L'éducation rustaude* (Sév.); **Rustre,** très péj., quelque chose de farouche et de bourru dans l'humeur et le caractère qui vient souvent naturellement : *Jeune homme rustre et violent* (J.-J. R.). **Agreste** ajoute à *rustique*, en parlant d'un homme ou d'un peuple, l'idée d'une brutalité presque sauvage. **Paysan,** péj., suppose maladresse dans les manières, mauvais goût dans l'habillement. **Manant,** plus péj., indique grossièreté aggravée de rudesse campagnarde. ¶ 5 → Résistant.

Rustre : ¶ 1 → Paysan. ¶ 2 → Rustique.

Rutiler : → Luire.

Rythme, retour à intervalles réguliers d'un son plus fort que les autres et nommé temps fort qui alterne avec des temps faibles, se dit pour la prose, la poésie, la musique, et par ext. pour la danse et pour tout mouvement qui donne l'impression de se dérouler avec une succession plus ou moins régulière et rapide de divers éléments : *Rythme harmonieux; précipité. Le rythme, c'est-à-dire l'assemblage de plusieurs temps qui gardent entre eux certain ordre et certaines proportions* (D'Al.).

Le rythme rapide de la vie moderne. **Mesure,** en poésie, durée du vers déterminée en français par un nombre fixe de syllabes; en musique, division de la durée d'une phrase en parties ordinairement égales; désigne un des éléments fixes qui constituent le rythme, mais dit moins que *rythme*, car, en poésie, la longueur des mots, leur groupement, les coupes, etc., interviennent aussi pour constituer le rythme comme en musique la succession plus ou moins rapide, l'accentuation plus ou moins forte des mesures. **Mètre,** dans la poésie grecque et latine, nature du vers déterminée par le nombre et la suite des pieds qui le composent, par ext. *mesure,* en parlant du vers français; mais la *mesure* peut se sentir à l'oreille, alors que le *mètre* théorique, abstrait, s'évalue et se caractérise simplement : *La césure... Plaît, je ne sais comment, en rompant la mesure* (Volt.). *Le même poète a employé avec choix trois mètres différents* (Marm.).

Cadence, terminaison d'une phrase, d'une période, d'un vers, d'un hémistiche, ou d'une phrase musicale qu'on accentue, par ext. rythme qui résulte de la disposition de ces accents (et en chorégraphie, conformité des pas du danseur avec la mesure marquée par l'instrument), ajoute à *rythme*, en son sens le plus général, une idée d'art, d'harmonie et parfois de régularité : *Juste cadence* (Boil.). *Le bruit des rameurs qui frappaient en cadence l'es flots harmonieux* (Lam.). **Mouvement,** en musique, degré de vitesse ou de lenteur que le caractère de l'air doit donner à la mesure, n'implique pas, comme *rythme*, appliqué au discours ou au déroulement d'une œuvre d'art, une idée d'ordre, de succession plus ou moins régulière, mais fait plutôt penser à quelque chose d'animé, de varié qui entraîne, tient en haleine, avec parfois quelque désordre : *Il y a du rythme dans la* Phèdre *de Racine et du mouvement dans les pièces de Labiche.*

S

Sabbat : → Tapage.

Sabir : → Langue.

Sable : ¶ 1 Substance pulvérulente due à la désagrégation de certaines roches. *Sable*, terme de géologie usuel. **Arène** est poétique. **Sablon**, sable très fin. **Gravier**, gros sable mêlé de fort petits cailloux. ¶ 2 Concrétions analogues à de petites pierres qui se forment dans les reins ou dans la vessie. **Gravier** est le terme de médecine. *Sable* se dit vulgairement du gravier qui se forme dans les reins. **Calcul**, terme de médecine, concrétion assez grosse, se dit aussi pour le foie ou d'autres parties du corps. **Pierre**, terme plus ·vulgaire, *calcul* ou amas de gravier, fait penser à la maladie qu'ils provoquent : *Avoir la pierre.*

Sabler : → Boire.

Saborder : → Couler.

Sabot : ¶ 1 *Sabot*, chaussure faite d'un seul morceau de bois creusé en forme de pied. **Galoche**, chaussure de cuir à semelle de bois. **Socque**, chaussure de bois assez haute, sans quartier ni empeigne, retenue sur le pied par une courroie de cuir et que portent certains montagnards ou religieux. **Patin** s'est dit comme syn. de *socque.* ¶ 2 ·→ Toupie. ¶ 3 → Saleté.

Saboter : → Détériorer et Gâcher.

Sabrer : ¶ 1 → Effacer. ¶ 2 → Gâcher.

Sac : ¶ 1 *Sac*, sorte de poche faite de cuir, de toile, de papier, d'étoffe, etc. ouverte seulement par le haut et qui sert à mettre toutes sortes de choses. **Sachet**, petit sac. **Havresac**, sac que l'on porte sur le dos; autrefois sac où les fantassins mettaient leurs effets (en ce sens on ne dit plus que *sac*); de nos jours sac où les gens de métier mettent leurs outils, leurs provisions et leurs affaires, ou sac de montagnards, d'excursionnistes; on dit plutôt en ce dernier sens **Sac de montagne**. Sac à double poche : → Besace. Grand sac servant à porter divers objets : → Gibecière. ¶ 2 Petit sac que les femmes portent à la main ou au bras et où elles mettent les menus objets dont elles peuvent avoir besoin. *Sac* ou **Sac à main** est le terme courant. **Réticule**, petit sac en filet porté à la main, est vx et de nos jours ironique. **Ridicule** s'est dit comme corruption de *réticule.*

Sac : → Pillage.

Sac et de corde (Gens de) : → Vaurien.

Saccade : ¶ 1 → Secousse. ¶ 2 *Saccade*, mouvement brusque, puis coupé, puis repris irrégulièrement. **Saillie**, mouvement vif, par saut, par élan, fait avec impétuosité : *Le lézard marche par saccades; les oiseaux vont par bonds et par saillies.* **A-coup**, arrêts et reprises brusques d'un mouvement saccadé, nuisant à la précision spéc. des exercices d'équitation ou des manœuvres d'une troupe.

Saccadé, plutôt péj., en parlant du style, brusque et irrégulier, avec des phrases courtes, sans liaison, qui se suivent comme par secousses. **Rompu** marque parfois un effet volontaire, et a surtout rapport à l'irrégularité du mouvement, de l'harmonie : *Le style... impétueux dans la colère, rompu dans la fureur* (MARM.). **Sautillant,** qui manque de suite et de gravité. **Trépidant,** perpétuellement saccadé, par secousses brusques et allant d'une allure rapide. **Haché** marque simplement une succession de ·phrases très courtes, sans liaison.

Saccage, Saccagement : → Pillage.

Saccager : ¶ 1 → Ravager. ¶ 2 → Renverser.

Sacerdoce : ¶ 1 État, qualité, caractère du ministre de Dieu. *Sacerdoce* se dit pour toutes les religions, **Prêtrise**, surtout pour la religion chrétienne, par ext. pour les autres religions et signifie alors soit une place dans le sacerdoce, soit la dignité considérée par rapport au dieu auquel elle attache : *Les rois de Rome avaient une espèce de sacerdoce* (MTQ.). *La prêtrise de Baal* (RAC.). — Dans la religion catholique, *sacerdoce*, ministère du pape et des évêques qui seuls ont droit de conférer tous les sacrements, *prêtrise*, ministère de celui qui a reçu les ordres, peut dire la messe, administrer certains sacrements, parmi lesquels ne figurent ni la confirmation ni l'ordination. Si *sacerdoce* se dit des fonctions d'un simple prêtre, c'est pour insister sur leur dignité, alors que *prêtrise* ne marque que l'enrôlement dans le clergé. ¶ 2 → Église.

Sacoche : → Gibecière.

Sacramentel, qui appartient à un sacrement, est du langage courant et se dit fam. au fig. : *Prononcer les mots sacramentels pour conclure une affaire.* **Sacramental,** plus rare, ne se dit qu'au prop. et dans la langue liturgique.

Sacré : ¶ 1 *Sacré,* par opposition à *profane,* marque un rapport avec le culte de Dieu, qui rend un objet vénérable, et se dit pour toutes les religions. **Saint,** dans la religion chrétienne seulement, dédié, consacré à Dieu, suppose, dans la chose, comme un reflet de la sainteté de Dieu qui lui donne une certaine excellence et parfois un certain pouvoir : *L'huile sainte* (Rac.). *Les églises sont des lieux sacrés, il ne faut pas les profaner; ce sont des lieux saints, on y sent la présence de Dieu.* ¶ 2 Lorsque *Sacré* désigne simplement ce qui sert au culte d'un dieu (ex. *une danse sacrée*), il a pour syn. **Hiératique,** qui se dit, en termes de peinture et de sculpture, des formes traditionnelles imposées par la religion aux artistes : *Attitudes hiératiques.* ¶ 3 Au fig. *Sacré* implique quelque chose de vénérable, dans la chose ou dans la personne, qui interdit d'y attenter par principe de religion ou de conscience : *N'y touchons pas, c'est sacré* (Gi.). **Saint** enchérit en parlant de ce qui a en soi une éminence particulière, est l'objet d'une sorte de culte : *Le saint ministère de la justice* (Acad.). **Inviolable** marque simplement l'obligation pour quelqu'un de ne pas toucher à une personne ou à une chose ou à ce qui y tient ou en dépend : *Du point de vue du droit des gens, un traité est inviolable; il est sacré pour les gouvernants que guide un sentiment moral.* **Intangible,** au fig., dit beaucoup moins en parlant de choses morales comme des principes, des droits qu'on ne doit pas modifier : *Les principes sont inviolables, on ne doit pas y contrevenir; ils sont intangibles, on ne doit pas les modifier.* **Sacro-saint,** saint et sacré à la fois, est le plus souvent ironique. **Tabou,** chez les peuples primitifs, qu'on ne doit pas toucher; fig. et fam., considéré comme sacré, le plus souvent à tort : *Un personnage tabou.* ¶ 4 → Parfait. ¶ 5 → Détestable.

Sacrer : ¶ 1 → Bénir. Donner par certaines cérémonies religieuses un caractère de sainteté. *Sacrer,* absolu, fait penser à la qualité conférée à la personne ou à la chose, qui la rend inviolable. **Consacrer,** relatif, fait penser, de plus, à ce à quoi elle appartient ou doit servir désormais : *On sacre un roi; on sacre un évêque, car il est déjà consacré à Dieu en tant que prêtre.* **Oindre,** dans la langue religieuse, attoucher quelques parties du corps avec de l'huile sainte, syn. de *sacrer,* lorsque cette cérémonie constitue le

sacre : *Oindre un roi, un évêque.* ¶ 2 → Couronner. ¶ 3 → Jurer.

Sacrifice : ¶ 1 Offrande faite à un dieu avec certaines cérémonies et consistant en victimes ou en dons. *Sacrifice* se dit pour toutes les religions, mais, pour la religion chrétienne, seulement de l'offrande que J.-C. a faite de lui-même à Dieu et que perpétue la messe. **Holocauste,** chez les Juifs, sorte de sacrifice où la victime était entièrement consumée par le feu. **Hécatombe,** chez les Anciens, sacrifice de cent bœufs ou plusieurs animaux de différentes espèces. ¶ 2 Au fig., *Sacrifice* suppose qu'on accepte de renoncer plus ou moins à quelque chose ou à soi-même et implique un effort douloureux : *Ils n'acceptaient pas mon sacrifice, ils ne voulaient pas que je me dépouille* (Mau.). **Holocauste,** sacrifice total d'une chose qu'on anéantit ou de soi-même qu'on immole : *Anéantissez mon cœur, faites-en l'holocauste parfait* (Fén.). **Dévouement,** acte religieux des Anciens par lequel un citoyen s'offrait volontairement en sacrifice aux divinités infernales pour faire retomber sur sa tête les malheurs qui menaçaient l'État, par ext., sacrifice de soi-même ou simplement action de s'exposer à un grand péril, par humanité, par héroïsme, n'implique pas comme *holocauste* l'anéantissement total, et ne suppose pas toujours comme *sacrifice* un effort douloureux : *Le dévouement du chevalier d'Assas.* **Abnégation,** esprit de sacrifice qui pousse à s'oublier soi-même, à renoncer pour autrui à ses tendances les plus légitimes : *L'abnégation lui est si naturelle qu'aucun des siens ne lui sait gré de son perpétuel sacrifice* (Gi.).

Sacrifier : ¶ 1 *Sacrifier,* offrir ou vouer une chose quelconque à la divinité : *Les premiers hommes ne sacrifiaient que de l'herbe* (Mtq.). **Immoler,** offrir un sacrifice sanglant, égorger et détruire une victime : *Les anciens Grecs immolèrent des hommes* (Volt.). Même en parlant d'êtres animés qu'on tue, *sacrifier* insiste plutôt sur le culte rendu à Dieu ou sur le renoncement qu'on s'impose et peut marquer simplement qu'on expose à la mort, alors qu'*immoler* marque la destruction : *Agamemnon sacrifie sa fille Iphigénie; les Grecs et Calchas l'immolent. Soldats immolés pour construire un aqueduc* (Mich.). *Troupes sacrifiées pour couvrir une retraite.* ¶ 2 Au fig., *Sacrifier,* qui peut marquer un simple renoncement, un hommage, une offrande, une subordination, dit moins qu'**Immoler** qui implique toujours un anéantissement : *Par l'aumône on sacrifie ses biens; par le jeûne on immole son corps* (Bos.). ¶ 3 (Réf.) *Se sacrifier* et **S'immoler** diffèrent comme plus haut.

S'offrir **en holocauste**, *s'immoler*, est du style relevé. **Se dévouer,** *s'immoler* ou *se sacrifier*, ou simplement s'exposer à un très grand danger, sans toujours l'idée de renoncement, mais toujours pour servir autrui, l'État, l'humanité, une idée ou une cause, en détournant sur soi le péril qui les menace, ou en en prenant sa part : *Un médecin qui renonce à ses vacances pour soigner ses malades se sacrifie; s'il vient dans une ville en proie à une épidémie pour aider ses confrères, il se dévoue.* **Se faire hacher pour quelqu'un,** fig. et fam. et qui ne s'emploie guère qu'au conditionnel, être dévoué à quelqu'un jusqu'à la mort.

Sacrilège : → Profanation.

Sacripant : → Vaurien.

Sadique : → Barbare et Lascif.

Sadisme : → Barbarie et Lasciveté.

Sagace : → Pénétrant et Intelligent.

Sagacité : → Pénétration et Intelligence.

Sagaie : → Trait.

Sage : ¶ 1 *Sage*, **Philosophe, Raisonnable :** → Sagesse. ¶ 2 → Prudent. ¶ 3 → Tranquille. ¶ 4 → Décent.

Sage-femme : → Accoucheuse.

Sagesse : ¶ 1 En un sens ancien, *Sagesse*, juste connaissance naturelle ou acquise des choses, par les lumières de la raison ou par inspiration divine, avait pour syn. **Philosophie** qui désignait plus modestement l'effort pour acquérir la sagesse, uniquement par les lumières de la raison. ¶ 2 De nos jours *Sagesse* est syn. de **Philosophie** pour désigner un système de principes, mais se dit alors plutôt de la partie d'une philosophie qui regarde la morale et propose le type idéal de la vertu parfaite : *La philosophie d'Épicure fondée sur l'athéisme propose aux hommes une sagesse fondée sur la recherche raisonnable du plaisir.* ¶ 3 En un sens plus restreint, *Sagesse*, qualité de celui qui se conduit par raison, apprécie sainement les choses, est maître de ses passions et sait régler sa conduite, a encore pour syn. **Philosophie;** mais alors que la *sagesse* peut être naturelle, s'applique surtout à l'action, et se caractérise par la modération, au point de se rapprocher de la prudence (→ ce mot), la *philosophie* est acquise par la réflexion, l'étude, et consiste surtout à supporter avec fermeté les accidents de la vie, en dominant son intérêt individuel, ou à juger avec sérénité en évitant les fausses opinions du vulgaire : *La sagesse, comme un sceau, tient toujours ses lèvres fermée à toutes paroles inutiles* (Fén.). *Il y a une philosophie qui nous élève au-dessus de l'ambition et de la fortune* (L. B.). **Raison,**

faculté naturelle de discerner avec justesse ce qui est bien ou mal dans notre conduite et de nous régler de façon à acquérir la sagesse, : *La parfaite raison fuit toute extrémité Et veut que l'on soit sage avec sobriété* (Mol.). **Sapience,** syn. vx de *sagesse*, est ironique de nos jours. ¶ 4 → Prudence. ¶ 5 → Décence. ¶ 6 → Tranquillité.

Saignant : → Ensanglanté.

Saigner : ¶ 1 → Tuer. ¶ 2 → Dépouiller. ¶ 3 (Réf.) → Dépenser.

Saillant : → Remarquable.

Saillie : ¶ 1 → Saut. ¶ 2 → Saccade. ¶ 3 → Caprice. ¶ 4 → Mot d'esprit. ¶ 5 Partie qui dépasse à la surface de certains objets et notamment du corps humain. *Saillie*, terme général : *La saillie que forme l'os de la pommette.* **Éminence,** en termes d'anatomie, *saillie* : *Les éminences des os.* **Proéminence,** état de ce qui est plus en relief que ce qui l'entoure, se dit aussi d'éminences assez fortes : *Les brebis n'ont pas de cornes : mais elles ont sur la tête des proéminences osseuses* (Buf.). **Protubérance,** terme didactique d'astronomie : *Protubérance de la terre à l'équateur* (Volt.); et spéc. d'anatomie pour désigner certaines saillies du cerveau ou du crâne. **Bosse,** saillie contre nature qui se forme au dos ou à la poitrine par la déviation de l'épine dorsale ou du sternum, par ext. toute éminence ou protubérance sphérique à la surface du corps ou d'un objet, et spéc. en anatomie, éminence arrondie qu'on remarque à la surface des os plats : *La bosse occipitale.* **Gibbosité,** terme didactique, courbure anormale de la colonne vertébrale se manifestant par une saillie de la cage thoracique, par ext. toute proéminence en forme de bosse. **Tubercule,** terme de médecine, éminence se formant sous la peau. **Bourrelet** désigne diverses saillies circulaires, notamment celles d'une chair trop grasse. ¶ 6 En termes d'architecture, *Saillie*, toute partie qui avance dans un édifice. **Encorbellement,** construction en saillie en dehors du plan d'un mur et portant sur des corbeaux ou des consoles. **Ressaut,** saillie qui dépasse une surface : *Les pilastres de cette façade forment autant de ressauts.* **Redan,** ressaut fait sur un mur de distance en distance.

Saillir : ¶ 1 → Jaillir. ¶ 2 → Dépasser. *Saillir*, déborder en dehors d'un plan. **Surplomber,** être hors de l'aplomb, avoir le haut qui avance plus que la base ou le pied : *Ce mur surplombe.* **Bomber,** saillir en forme de courbe convexe : *Le ventre bombant contre le bord de la table* (J. Rom.). ¶ 3 En termes de peinture, *Saillir*, paraître avoir un tel relief, en parlant d'un objet, d'une figure, qu'ils semblent sortir hors de la toile : *Le bras du Jupiter foudroyant d'Apelle saillait hors de la toile* (DID.). **Ressortir,** saillir ou simplement être plus frappant, plus visible, par opposition avec une autre chose : *Ce tableau a un cadre qui le fait bien ressortir* (ACAD.). **Se détacher** (→ (se) Profiler), ressortir en parlant des contours d'un objet, grâce au contraste que sa couleur fait avec le fond du tableau : *Sur ce fond neutre, Nana se détachait en blanc* (ZOLA). ¶ 4 → Couvrir.

Sain : ¶ 1 → Valide. ¶ 2 Qui contribue à la santé. *Sain* et **Salubre** impliquent une action continuelle et préservatrice; ce qui est *sain* ne nuit point; ce qui est *salubre* donne positivement la santé. **Salutaire** ne se dit que de choses auxquelles on a recours dans l'occasion pour rétablir la santé compromise : *Un air sain n'est pas corrompu; un air salubre fait qu'on se porte bien; et un air salutaire qu'on guérit.* **Hygiénique,** recommandé par l'hygiène comme *sain* ou *salubre*. ¶ 3 Au fig. *Sain* a rapport à la nature des choses morales qui sont constamment telles qu'elles doivent être : *Une saine doctrine n'admet jamais la corruption*; **Salutaire,** à l'effet de certaines choses morales bienfaisantes dans un cas particulier : *Conseils salutaires* (GI.).

Sain et sauf : → Sauf.

Saint : ¶ 1 → Sacré. ¶ 2 *Saint* se dit de tous les morts qui possèdent déjà le bonheur du ciel, et, en un sens plus restreint et plus fréquent, de ceux auxquels l'Église rend des honneurs publics : *La Toussaint, fête de tous les saints. Les saints Apôtres.* **Bienheureux,** syn. de *saint* en son sens général, fait penser à la béatitude dont jouissent les âmes au Paradis plutôt qu'à leur pureté essentielle; et, en son sens restreint, dit moins que *saint*, en parlant des âmes que l'Église, par un acte solennel, reconnaît et déclare avoir été admises à la béatitude éternelle, sans pour autant leur accorder les honneurs d'un culte public et universel : *Le séjour des bienheureux. La bienheureuse Bernadette de Lourdes.* **Béat,** syn. vx de *bienheureux*. **Glorieux,** syn. de *bienheureux* au sens large, insiste sur l'éclatante dignité que Dieu réserve aux âmes qui jouissent de la béatitude éternelle : *La glorieuse Vierge Marie.* **Élu,** n. seulement, celui que la grâce de Dieu a rendu digne du bonheur céleste : *Beaucoup d'appelés et peu d'élus.* **Sauvé,** celui qui a échappé à la damnation et a obtenu la félicité éternelle, marque sans plus la situation de fait : *[Jurieu] met des idolâtres non seulement au nombre des sauvés, mais encore au rang des plus grands saints* (BOS.). ¶ 3 Celui qui, par sa

conduite, atteint la perfection morale. *Saint* a souvent rapport à la religion et implique une perfection effective qui semble prédestiner au ciel : *Un saint homme.* **Béat,** plutôt péj. de nos jours, celui qui a la réputation ou l'air de la sainteté, qui paraît ravi en Dieu : *Une béate espagnole* (S.-S.). — *Saint* se dit aussi, par ext., sans aucune nuance religieuse, de celui qui a une haute valeur morale, et qui fait le bien par inclination, par amour, alors que **Vertueux** suppose moins de perfection et un effort pour vaincre sa faiblesse naturelle, son égoïsme, ses passions.

Sainte-nitouche : → Patelin.

Sainteté, Béatitude, Gloire, Salut — Vertu : → Saint.

Saisi : ¶ 1 → Surpris et Ému. ¶ 2 → Rôti.

Saisie, en termes de procédure, de douane, prise de possession momentanée par une autorité publique de choses revendiquées par un propriétaire, un créancier, ou qui font l'objet d'une contravention, d'un délit : *Vente sur saisie. La saisie de marchandises prohibées.* **Confiscation** ajoute l'idée qu'on adjuge définitivement au fisc ce qui a été saisi pour cause de crime ou de contravention. **Mainmise,** syn. de *saisie* en termes de jurisprudence féodale et parfois de nos jours, désigne souvent une prise de possession de fait plutôt que de droit : *La mainmise de l'État sur certaines industries.* **Embargo,** défense faite aux navires marchands qui sont dans un port d'en sortir sans permission; par ext. toute mesure tendant à empêcher la circulation d'un objet.

Saisir : ¶ 1 → Prendre. ¶ 2 → Percevoir. ¶ 3 → Entendre. ¶ 4 → Émouvoir. ¶ 5 (Réf.) → Prendre.

Saisissement : → Émotion.

Saison : → Époque.

Salace : → Lascif.

Salacité : → Lasciveté.

Salade : → Mélange.

Salaire : ¶ 1 → Rétribution. ¶ 2 → Récompense. ¶ 3 → Punition.

Salarié : → Travailleur.

Salaud : ¶ 1 → Malpropre. ¶ 2 → Méchant.

Sale : ¶ 1 → Malpropre. ¶ 2 → Obscène.

Salé, qui a le goût, la saveur du sel, agréablement ou non. **Saumâtre,** dont le goût se rapproche désagréablement de celui de l'eau de mer. — Au fig. → Obscène.

Saleté : ¶ 1 *Saleté*, qualité du corps malpropre (→ ce mot). **Salissure,** peu usité, effet éprouvé par le corps sali. ¶ 2 → Méchanceté. ¶ 3 Chose de nulle valeur. *Saleté*, fam., se dit aussi bien de ce que l'on vend que d'un objet quelconque qui ne peut pas servir. **Toc,** fam., indique que l'objet n'est pas de la qualité qu'on lui croyait : *Ce stylo n'est que du toc.* **Rossignol,** objet démodé, vieilli en magasin, donc sans grande valeur. **Pacotille,** toute marchandise de médiocre valeur, dit moins que *saleté.* **Cochonnerie,** très fam. et **Saloperie,** pop., enchérissent sur *saleté.* — En parlant d'un mauvais outil, **Sabot** implique un mauvais fonctionnement; **Patraque,** fam., machine, mécanisme usé, mal fait, qui ne vaut rien.

Saligaud : → Malpropre.

Salir : ¶ 1 *Salir,* rendre malpropre, enlever la netteté. **Souiller,** souvent dans le style relevé, couvrir de saleté ou d'ordure, jusqu'à gâter, à rendre dégoûtant, ou salir par un contact impur : *Morceau de papier souillé de suie* (Mau.). *Souiller une source* (Bar.). **Tacher,** salir par places, en laissant une marque durable : *Sac taché d'encre* (Les.). **Barbouiller,** salir avec ce qui s'étend comme une sorte d'enduit, se dit notamment du visage : *On lui avait barbouillé le visage de jaune* (Ham.). **Maculer,** barbouiller, en parlant de feuilles d'imprimerie ou d'estampes; par ext. tacher, surtout en parlant de choses blanches où l'on laisse des traces spéc. avec les doigts. **Mâchurer,** barbouiller de noir : *Mâchurer son visage avec du charbon.* On dit plus souvent **Noircir** ou **Charbonner,** noircir au charbon, ou simplement salir de noir : *Enfants plus charbonnés que de vieilles murailles* (V. H.). **Graisser,** salir de graisse, ou par accumulation de crasse graisseuse : *Graisser ses habits.* **Poisser,** salir avec quelque matière gluante : *Ces confitures lui ont poissé les mains.* **Encrasser,** salir d'une saleté épaisse qui s'accumule, recouvre ou bouche. **Crotter,** salir avec le mélange de poussière et d'eau qu'il y a sur les chemins, dans les rues. **Embouer,** rare, couvrir, salir de boue. **Culotter,** fam., donner par l'usage à certaines choses une couleur noire qui les salit : *Culotter un pantalon.* **Éclabousser,** couvrir d'une boue ou d'un produit qu'on fait jaillir. **Contaminer,** souiller et corrompre par le contact d'un objet impur ou malpropre : *Le voisinage de cette fabrique a contaminé les eaux du ruisseau.* **Gâter** insiste sur le dommage produit, surtout en parlant des vêtements. **Polluer** se dit parfois au physique de choses qui en se mélangeant à d'autres les contaminent : *De l'eau polluée par des ordures.* **¶ 2** Au fig. Attenter à la pureté d'une personne ou d'une chose. *Salir* a rapport à la pureté morale et spéc. à l'honneur, à la réputation. **Souiller** enchérit et se dit de toutes sortes

de choses morales qui sont gâtées, avilies, corrompues par ce qui les salit beaucoup : *Que ce style jamais ne souille votre ouvrage* (Boil.). **Tacher** dit moins que *salir,* surtout en parlant de la réputation : *Personnages tachés de quelque faiblesse qui s'accorde mal avec la vertu* (Corn.). **Éclabousser,** par image, tacher la réputation, indirectement, par contrecoup. **Entacher** ajoute à *tacher* l'idée que la tache qui salit, ou une tare quelconque, demeure comme une marque durable : *Une seule tache entache toute une famille* (Pég.). **Ternir** dit moins que *tacher,* en parlant de choses morales et intellectuelles dont un défaut ôte ou diminue l'éclat : *L'avarice, la sécheresse et l'orgueil ternissent les plus belles qualités des grands hommes* (Retz). **Flétrir** enchérit sur *tacher* : *Pourquoi avez vous essayé de flétrir son honneur?* (Balz.). **Déparer,** au fig., en parlant de choses belles moralement ou intellectuellement, implique simplement que le voisinage d'une chose vicieuse ou sans valeur nuit à leur bon effet : *Déparer par le laticlave la robe modeste du philosophe* (Did.). — **Polluer** ne se dit guère que des temples, des églises, des objets sacrés qu'on souille en les profanant. **Profaner** et **Prostituer,** au fig., ne se disent que des choses qu'on souille par un traitement ou un usage qui les dégrade; *profaner* implique un manque de respect envers ce qui est rare, précieux : *Profaner la beauté, l'innocence* (Acad.). *Prostituer* dit plus; c'est déshonorer en asservissant à un objet vénal ou vil : *Prostituer une puissance qui émane de Dieu* (Balz.).

Salive, liquide produit par les glandes de la bouche. **Écume,** salive mousseuse de quelques animaux lorsqu'ils sont échauffés ou en colère, se dit quelquefois par ext. en parlant des personnes. **Bave,** salive épaisse et visqueuse qui découle de la bouche, notamment chez les petits enfants; ou salive qui s'échappe de la gueule de certains animaux (*La bave d'un chien*) et de la bouche de l'homme dans certaines maladies (rage, épilepsie, etc.). **Postillon,** fam., gouttelette de salive que l'on projette en parlant. **Eau,** syn. de *salive* dans la loc. *L'eau en vient à la bouche.*

Salle : ¶ 1 → Pièce. Grand lieu couvert et clos pour l'usage, pour le service ou pour le plaisir du public. *Salle,* terme général : *Salle de spectacle. Salle d'attente. Les salles d'un musée.* **Galerie,** salle dont la longueur dépasse deux fois la largeur, se dit surtout des salles d'exposition dans les musées. **Hall,** mot anglais, vaste salle à plafond élevé et souvent vitré, qui sert en général de vestibule ou de salle centrale à un édifice public : *Le hall du Grand Palais*. **Foyer,** dans un théâtre, salle où se réunissent les artistes ou le public pendant les entractes. — **Chambre,** dans certains édifices publics, pièce où l'on se réunit pour délibérer. **Enceinte,** terme relevé, salle plus ou moins vaste à l'intérieur d'un édifice public : *L'enceinte du tribunal.* ¶ 2 → Public.

Salmigondis : → Mélange.

Salon : ¶ 1 → Pièce. *Salon,* vaste pièce où l'on reçoit de nombreuses visites. **Boudoir,** petit cabinet orné avec élégance où une dame se retire seule et reçoit parfois quelques intimes. ¶ 2 Au fig., réunion de gens du monde autour d'un hôte pour parler de littérature, d'art. *Salon,* terme usuel : *Le salon de Mlle de Scudéry;* implique souvent un goût mondain : *Un poète de salon*. **Cercle** (→ ce mot), assemblée d'hommes et de femmes réunis pour le plaisir de la conversation, n'a pas cette nuance mondaine et n'implique pas non plus des réunions régulières d'un groupe limité : *Il s'insinue dans un cercle de personnes respectables* (L. B.). *Briller dans les cercles littéraires*. **Bureau d'esprit,** terme du xviie s., de nos jours fam. et ironique, salon ou cercle où l'on s'occupe avec raffinement de littérature et d'ouvrages d'esprit. **Ruelle,** au xviie s., chambre à coucher où une dame du monde recevait ses visiteurs, s'est dit par ext. des salons précieux et ne s'emploie plus que péj. pour désigner des salons efféminés et précieux : *Galanterie de ruelle* (VOLT.). ¶ 3 → Exposition.

Saloperie : ¶ 1 → Saleté. ¶ 2 → Méchanceté.

Salopette : → Cotte.

Saltimbanque : ¶ 1 Personnage qui débite des boniments et fait des exercices sur les places publiques, dans les foires. *Saltimbanque,* terme générique qui n'est pas toujours péj., peut faire penser à un certain art ou à la vie romanesque ou triste des nomades : *Les Saltimbanques, opérette de Louis Ganne*. **Bateleur,** autrefois faiseur de tours de force et d'adresse, de nos jours syn. de *saltimbanque,* implique souvent bouffonnerie, tours assez grossiers qui amusent le public. **Baladin,** péj., autrefois danseur, se dit surtout de nos jours de celui qui joue la farce sur les tréteaux. **Farceur** a vieilli en ce sens. **Charlatan** et **Banquiste,** plus rare, tous deux péj., vendeur de drogues qui fait force boniments et grand bruit. **Opérateur,** vx, charlatan qui arrachait les dents ou prétendait guérir les maladies. **Paradiste,** baladin qui fait la parade, pour attirer le public à la porte d'un théâtre de foire. **Funambule,** danseur de corde, et par ext. faiseur de tours de souplesse. — **Forain** (→ Nomade), sans aucune nuance péj., désigne le saltimbanque dans son statut juridique et sa façon de gagner sa vie. ¶ 2 → Plaisant. ¶ 3 → Pantin.

Salubre : → Sain.

Salubrité : → Hygiène.

Salut, démonstration extérieure et commune de civilité ou de respect, pour une personne ou une chose, déterminée habituellement par une règle. **Salutation,** action d'une personne particulière qui donne le salut à quelqu'un de telle façon et dans telles circonstances : *Le salut est réciproque entre les pairs et les présidents* (S.-S.). *Le salut du drapeau. Salutation froide* (S.-S.); *humble* (MARM.). De plus les *salutations* sont plus souvent démonstratives que les *saluts* : *Mettre toute la morale en simagrées et ne connaître d'autre humanité que les salutations et les révérences* (J.-J. R.). **Révérence,** manifestation de respect mêlé de crainte, faite à un supérieur en inclinant le corps et en pliant les genoux, ne désigne plus guère de nos jours qu'un acte, d'étiquette : *Une fillette fait la révérence*. **Plongeon,** fig. et fam., révérence profonde, souvent obséquieuse. **Courbettes,** fam. et péj., petites révérences, humbles saluts, ou actes qui témoignent de l'obséquiosité. **Salamalec** (en arabe « salut sur toi »), fam. et par plaisanterie, révérence profonde et, au pl., salutations d'une déférence outrée accompagnées de compliments, de politesses.

Salutaire : ¶ 1 → Sain. ¶ 2 → Profitable.

Salve : → Décharge.

Sanctifier : → Fêter.

Sanction : ¶ 1 → Confirmation. ¶ 2 → Punition.

Sanctionner : → Confirmer.

Sanctuaire : → Église.

Sandale : → Soulier.

Sang : → Race.

Sang-froid : → Fermeté.

Sang-froid (de) se rapporte à l'activité qui n'est pas bouillante, violente; **De sens rassis,** à l'intelligence qui ne déraisonne pas : *Sans être ivre, mais de sang-froid* (L. B.). *Ils avaient l'air d'être de sens rassis. Chacun passait pour sage en son logis* (VOLT.).

Sanglant : ¶ 1 → Ensanglanté. ¶ 2 → Offensant.

Sangle : → Courroie et Bande.

Sangler : ¶ 1 → Serrer. ¶ 2 → Cingler.

Sanglier, sorte de porc sauvage. **Solitaire,** vieux sanglier qui vit isolé.

Marcassin, petit sanglier au-dessous d'un an qui suit encore sa mère.

Sanglot, contraction spasmodique du diaphragme qui produit des sons entrecoupés et s'accompagne souvent de pleurs, manifestation du chagrin. **Hoquet,** phénomène voisin du sanglot, produisant un bruit rauque plusieurs fois répété, et pour une cause purement physiologique. **Soupir,** expiration prolongée qu'on laisse échapper sous l'influence d'un sentiment de tristesse, d'une souffrance.

Sangloter : → Pleurer.

Sang-mêlé : → Métis.

Sanguinaire : → Violent et Barbare.

Sanguinolent : → Ensanglanté.

Sans-cœur : → Dur.

Sans-façon : ¶ 1 → Franc et Simple. **¶ 2** Adv. → Simplement.

Sans-gêne : → Impoli.

Sans-patrie : → Apatride.

Sans-souci : → Insouciant.

Santé : ¶ 1 → Nature. **¶ 2** → Discours.

Sapajou : → Magot.

Sape : → Tranchée.

Saper : → Miner.

Sapidité : → Saveur.

Sarcasme : → Raillerie.

Sarcastique : → Sardonique.

Sarcler : → Déraciner.

Sarcophage : ¶ 1 → Tombe. **¶ 2** → Cercueil.

Sardonique qualifie le rire qui, contractant tous les muscles du visage, lui donne une expression de moquerie acerbe, et fait penser au sentiment de malignité ou de sarcasme que révèle ce rire : *Accueillir la liberté d'un rire sardonique* (Chat.). *Sourire amer et sardonique* (Balz.). **Sarcastique** peut s'appliquer à toute sorte de rire qui, par quelque chose d'amer, tient du sarcasme : *Voltaire a le rire sarcastique* (S.-B.). **Sardonien** ne se dit qu'en termes de médecine, pour distinguer, par sa forme purement extérieure, le rire convulsif sardonique du rire normal.

Sarrau : → Surtout.

Sasser : → Tamiser.

Satanique : → Diabolique.

Satellite : ¶ 1 → Tueur. **¶ 2** → Partisan et Allié.

Satiété, état d'une personne complètement rassasiée ; au fig., état moral dans lequel on est las des choses qu'on a eues en abondance. **Dégoût,** au prop. et au fig., ajoute l'idée d'éloignement pour les choses qu'on a eues à satiété : *Bientôt l'indifférence, la satiété, le dégoût arrivent* (Balz.). **Nausée** enchérit au fig. : *Sursaturé de morale juqu'à la nausée* (Gi.). — **Réplétion,** au physique seulement, surcharge d'aliments, cause de satiété, de dégoût et parfois même de maladie.

Satin : → Soie.

Satiné : ¶ 1 → Soyeux. **¶ 2** → Lustré et Lisse.

Satiner : → Lustrer.

Satire : ¶ 1 → Critique. **¶ 2** *Satire,* poème descriptif et oratoire qui s'attaque aux défauts littéraires, moraux, politiques ou simplement à des individus, la plupart du temps en nommant les personnages ; par ext. tout écrit ou discours qui, sous une forme quelconque, atteint le même but, sans avoir la brièveté, la violence et le caractère de polémique personnelle souvent injurieuse ou diffamatoire qui caractérise le **Libelle** (→ ce mot) : *Les Satires de Boileau. Le fouet de la satire* (Mus.). **Iambes,** dans l'antiquité, vers satiriques caractérisés par leur rythme, ne s'emploie qu'en littérature pour désigner certaines pièces satiriques, lyriques et amères, qui font alterner souvent l'alexandrin et un vers plus court, comme les *Iambes* de Chénier. **Épigramme,** poème très bref que termine une pointe satirique, par ext. mot très piquant ou railleur qui satirise d'une façon plus spirituelle et mordante que profonde ou passionnée : *Les épigrammes de Racine, de Voltaire. Les traits de l'épigramme.* **Philippique,** discours violemment satirique et souvent injurieux contre une personne, analogue aux discours de Démosthène contre Philippe, de Cicéron contre Marc-Antoine : *Le livre du Système de la Nature, c'est une philippique contre Dieu* (Volt.). **Diatribe,** critique, par ext. satire violente, injurieuse et amère. — **Coq-à-l'âne,** discours sans suite, se dit de certaines pièces qui cachent sous une incohérence apparente une vive satire : *Le Pot pourri de Voltaire est un coq-à-l'âne dirigé contre le catholicisme.* — **Revue,** en termes de théâtre, pièce satirique sans grande profondeur où l'on chansonne, dans une série de sketches, des personnages et des événements d'actualité.

Satirique : → Mordant.

Satiriser : ¶ 1 → Railler. **¶ 2** → Médire.

Satisfaction : ¶ 1 *Satisfaction,* **Contentement :** → Satisfait. **Plénitude,** fig., impression de contentement que nous éprouvons lorsque toutes nos facultés physiques et morales nous paraissent s'exercer avec toute leur force et harmonieusement, avec une abondance qui remplit l'âme : *Le contentement peut venir*

d'une sagesse qui se limite; la pléni-
tude est toujours une surabondance de vie.
¶ 2 → Raison.

Satisfaire : ¶ 1 *Satisfaire* se dit toujours
en parlant des personnes, de leurs passions,
de leurs facultés, de leurs besoins, de leurs
espérances à qui l'on accorde ce qu'ils
attendent de façon à calmer tout désir
et à donner un plaisir précis : *Satisfaire
les délicats* (L. F.); *son caprice* (Flaub.).
Satisfaire à, faire ce qu'on doit par rapport à quelque chose, marque non l'effet
produit, mais la façon dont on se comporte
pour répondre à un désir ou obéir à une
règle : *Satisfaire à l'honneur* (Corn.);
à l'empressement de tous (Proust). —
Satisfaire a pour syn. **Contenter** qui
en diffère comme *content* de *satisfait*
(→ ce mot), et **Combler,** satisfaire pleinement, au-delà de toute espérance, les
désirs, les vœux, les souhaits de quelqu'un, sans forcément le *contenter* : *Le
succès de ses œuvres a comblé les désirs
de Rousseau, mais ne l'a pas contenté.*
— *Satisfaire* et *Satisfaire à* ont pour
syn. **Exaucer,** écouter favorablement
une prière et accorder ce qui est demandé,
en parlant de Dieu et de personnes toutes-
puissantes à qui il suffit d'accueillir une
prière pour pouvoir y satisfaire; on dit,
dans un style plus relevé avec la même
nuance, **Écouter** et **Entendre** : *Tu promis
d'exaucer le premier de mes vœux* (Rac.).
Si le ciel eût écouté mes vœux (Rac.). ¶ 2 →
Plaire. ¶ 3 → Observer.

Satisfaisant : En parlant des choses :
qui, sans être parfait, est plus que passable
(→ ce mot), dont on peut se contenter. *Satisfaisant* a surtout rapport à ce que peuvent
désirer l'esprit et le goût : *Un devoir, un
discours satisfaisants.* **Convenable,** dans ce
sens très divers, marque un accord de la
chose avec la bienséance habituelle dans
son genre : *Une tenue convenable. Un devoir
convenable.* **Correct** marque une fidélité
encore plus étroite aux règles du genre :
Tenue, attitude correcte. **Honnête** se dit
des choses non falsifiées, qui sont le fruit
d'un effort loyal et conscieneieux, sans
être de première qualité : *Vin honnête.*
Honorable dit plus en parlant d'actions
ou de choses qui, tout en demeurant
moyennes, ne peuvent que bien faire
considérer celui qui les accomplit ou les
possède : *Résultat honorable.*

Satisfait, objectif, marque l'accomplissement d'un désir particulier, quel qu'il
soit, et l'extinction de ce désir, plutôt
par rapport à l'esprit et au goût : *Un
peu las, mais surpris et satisfait de ne
pas l'être davantage* (M. d. G.). **Content**
(→ ce mot), subjectif, marque la tranquillité de l'âme produite par une jouissance totale, l'extinction de tous les désirs

et l'exemption de désirs nouveaux;
se dit pour de grandes et fortes passions,
a plutôt rapport à la sensibilité et marque
souvent l'œuvre de notre sagesse personnelle : *Avoir goûté une joie si forte que toute
la vie qui la suive en pâlisse, une joie telle
qu'on puisse penser : Cela suffit; je suis
content* (Gi.).

Saturé : → Rassasié.

Satyre : ¶ 1 → Faune. ¶ 2 → Lascif.

Saucer : → Mouiller.

Sauf, hors de péril, se dit des personnes
et des choses surtout morales qui n'ont
reçu aucune atteinte : *L'honneur est sauf.*
Sain et sauf, en parlant des personnes seulement, précise qu'elles sont sans aucune
blessure. **Indemne,** en termes de jurisprudence, qui n'a pas subi de perte, a été
dédommagé, s'applique d'une façon générale aux personnes ou aux collectivités
qui, dans un accident, une épidémie,
une guerre, n'ont éprouvé aucun dommage
matériel : *Finir la guerre indemne* (M. d. G.).
Intact, qui se dit des choses physiques
ou morales qui n'ont subi ni détérioration ni altération, est syn. de ces mots
lorsqu'il s'applique à une chose qui a
été exposée à un dommage, sans supposer toutefois un grave péril et en insistant avant tout sur l'intégrité et la pureté
de la chose : *L'honneur est intact s'il n'a
souffert ni par soupçon ni par reproche;
il est sauf, si on a risqué de le perdre complètement.* **Sauvé** marque toujours le
résultat d'un effort pour arracher au
péril, rendre plus ou moins sauf : *Dans
une épidémie, ceux qui ne sont pas atteints
sont saufs; ceux qui commencent à guérir
sont sauvés* (→ Survivant).

Sauf : → Excepté.

Sauf-conduit : → Laissez-passer.

Saugrenu : → Insensé, Faux et Étrange.

Saumâtre : ¶ 1 → Salé. ¶ 2 → Désagréable.

Saupoudrer : → Mêler.

Saut : ¶ 1 Mouvement brusque par
lequel on s'élance en l'air. *Saut* ne se dit
proprement que des êtres animés et indique
un déplacement soit vertical, soit en
avant, soit en arrière, soit parfois pour
se jeter dans le vide. **Bond,** mouvement
d'un corps qui heurtant un autre corps
rejaillit parce que l'un des deux corps est
élastique : *Le bond d'une balle;* en parlant
des êtres animés, saut brusque et puissant fait surtout vers le haut : *Franchir
d'un bond une barrière* (M. d. G.). **Soubresaut,** saut subit, inopiné et à contretemps, se dit surtout d'une monture, et,
en parlant de l'homme, désigne un tressaillement convulsif : *Un animal fougueux
et rapide dont les soubresauts, sans leur*

adresse, les eussent jetés à terre (Proust).

Sursaut, mouvement brusque occasionné par quelque sensation subite et violente, et qui peut consister à faire un saut, ou simplement à raidir, à convulsionner son corps : *Le sursaut d'un dormeur brusquement éveillé.* **Sautillement, Gambade** : → Sauter. Genres de sauts en chorégraphie : → Cabriole. — En parlant des choses, **Ricochet,** bond que fait une pierre plate et légère ou quelque autre chose semblable jetée obliquement sur la surface de l'eau, ou bond d'un projectile heurtant une surface dure. **Cahot,** saut que fait une voiture en roulant sur un terrain inégal. ¶ 2 Au fig. Mouvement brusque et subit de l'esprit, de l'imagination ou du style. *Saut* et **Bond,** qui enchérit, passage sans transition d'une chose à une autre, qui peut aboutir à l'incohérence : *Un de ces sauts d'idées si fréquents dans la rêverie* (Gaut.). *Ce style ampoulé, incompréhensible, incohérent qui va par sauts et par bonds* (Volt.). **Saillie,** mouvement qui se fait par élan avec impétuosité, marque plutôt au fig. un mouvement fougueux, brusque, irrégulier : *Parlant sans suite et par saillies* (J.-J. R.).¶ 3 → Interruption. ¶ 4 → Chute.

Saut (faire le) : → (se) Résoudre.

Saute : → Changement.

Sauter : ¶ 1 S'élancer en l'air. *Sauter,* s'élever de terre d'un saut (→ ce mot), se dit des personnes, des animaux et par ext. des choses qui paraissent accomplir ce mouvement. **Bondir** se dit des animaux et par ext. des personnes qui sautent en l'air avec brusquerie et puissance, souvent sous l'effet d'une émotion : *Les troupeaux de moutons qui bondissent sur l'herbe* (Fén.). *Bondir de joie*; en parlant des choses, *bondir,* faire un bond (→ Saut), se dit surtout quand la chose paraît animée : *Pourquoi bondissez-vous sur la plage écumante, Vagues...?* (Lam.); et l'on préfère **Rebondir,** qui se dit uniquement des choses, et précise que le bond ou la suite de bonds est l'effet du choc de deux objets : *Un ballon qui rebondit.* **Sautiller,** en parlant seulement des êtres animés, faire de petits sauts sur place ou en avançant. **Fringuer,** sautiller, se dit spéc. des chevaux. **Gambader,** faire une série de sauts vifs et sans règle qui dénotent de la gaieté, de l'entrain. ¶ 2 → (s') Élancer. ¶ 3 → Éclater. ¶ 4 → Franchir. ¶ 5 → Passer. ¶ 6 → Omettre.

Sauter (faire) : ¶ 1 → Cuire. ¶ 2 → Tuer. ¶ 3 → Destituer. ¶ 4 (Réf.) → (se) Suicider.

Sauterie : → Bal.

Sauteur : → Pantin.

Sautillant : → Saccadé.

Sauvage : Adj. ¶ 1 *Sauvage* se dit proprement de certains animaux qui vivent en liberté dans les bois, dans le désert, et par ext. de tous les animaux qui ne sont pas domestiques. **Farouche** ajoute l'idée que la bête fuit l'homme et se défend contre lui : *Le chien, même sauvage, n'est pas d'un naturel farouche, il s'apprivoise aisément* (Buf.). **Fier,** syn. de *farouche,* ne se dit plus que dans le langage de la chasse : *Perdrix fière.* **Hagard,** terme de chasse, farouche en parlant du faucon pris après une mue et qui ne s'apprivoise pas aisément. **Féroce,** sauvage et sanguinaire, par nature ou accidentellement. **Marron,** redevenu sauvage en parlant d'un animal domestique qui s'est échappé : *Porc marron.* ¶ 2 En parlant de l'homme, *Sauvage,* qui fuit la société, aime vivre seul : *Naturel timide et sauvage* (Buf.). **Farouche** dénote un vice d'humeur, de caractère, qui rend inabordable, fait fuir les autres par quelque chose de brutal, de fâcheux : *Le duc de Bourgogne, d'abord farouche, orgueilleux, superbe, violent, est devenu timide, modeste et recueilli jusqu'à paraître sauvage* (Marm.). **Insociable,** qui est repoussé par la société parce que ses défauts rendent tout commerce impossible avec lui : *Je supporte Maupertuis, n'ayant pu l'adoucir; dans quel pays ne trouve-t-on pas des hommes insociables avec qui il faut vivre?* (Volt.). **Impossible, Insupportable, Intraitable** (→ Difficile) et **Invivable,** fam., font penser à la difficulté pour autrui de supporter celui qu'une raison quelconque rend insociable. **Misanthrope** ajoute à *sauvage* l'idée d'une mauvaise humeur chagrine contre la société qui pousse à la fuir ou à la critiquer. — Comme n., *sauvage* a pour syn. **Ours,** fam., homme sauvage et bourru, **Hibou,** fam. et péj., homme mélancolique qui fuit la société ou, dans une compagnie, se tient à l'écart sans rien dire. ¶ 3 Qui a dans son air quelque chose de rude (→ ce mot), de peu civilisé. *Sauvage* évoque quelque chose de primitif qui n'est pas réglé et contenu par la civilisation, la politesse : *Poème sauvage* (Volt.). **Farouche,** en parlant de l'air, du regard, des manières, des sentiments, évoque quelque chose de menaçant ou de fâcheux, mais a plus rapport à l'apparence qu'à la nature primitive : *Yeux tendus, farouches, presque durs* (J. Rom.). **Fier** indique parfois, au fig., chez les êtres animés ou dans les sentiments, une audace, une intrépidité, ou une réserve qui a de la beauté : *Fier, et même un peu farouche, Charmant, jeune,*

(Rac.). **Hagard** indique chez les êtres et dans leur air quelque chose d'effaré, de troublé, qui tient de la sauvagerie et, plus souvent, de la folie : *Elle regardait fixement devant elle, hagarde, comme sans le voir* (Gi.). *Excitation hagarde* (Cam.). **Barbare**, lorsqu'il ne signifie pas cruel ou ne s'applique pas à un peuple, se dit surtout de façons de parler contraires à l'usage ou à l'analogie, ou de styles, d'expressions artistiques choquantes ou frappantes par quelque chose d'étrange, d'imparfait, de rude, de violent, sans goût ni mesure : *La poésie veut quelque chose d'énorme, de barbare et de sauvage* (Did.). *Le rouge, la couleur barbare par excellence* (Mich.). **Gothique**, au xviiᵉ s., syn. péj. de *barbare*, en parlant du M. A.; par ext., qui paraît barbare pour être trop ancien, passé de mode : *Idylles gothiques* (Boil.). *Entraves gothiques* (J.-J. R.). **Wisigoth**, fig. et péj., barbare, inculte, grossier : *Traiter de wisigoths tous les vers de Corneille* (Boil.). **Tudesque**, fig. et péj., marque surtout l'absence de politesse : *Manières tudesques*. ¶ 4 → Inhabité. — ¶ 5 N. Membre d'un peuple non civilisé. Les *Sauvages* vivent dispersés, sans organisation sociale, et sont dans un état encore plus primitif que les **Barbares** qui pèchent surtout par leur grossièreté, leur rudesse et leur brutalité : *Il s'est formé des peuples presque sauvages dans les contrées autrefois les plus policées* (Volt.). *Il y a toujours des barbares dans les nations les plus polies* (Volt.). **Primitif** se dit seul, surtout au pl., en ethnologie, des populations demeurées, sur les divers continents et à l'époque actuelle, au stade le moins avancé de civilisation.

Sauvagerie : → Barbarie.

Sauvegarde : ¶ 1 → Garantie. ¶ 2 → Auspices.

Sauve-qui-peut : → Fuite.

Sauvé : ¶ 1 → Sauf. ¶ 2 → Saint.

Sauver : ¶ 1 → Garantir. ¶ 2 → Éviter. ¶ 3 → Excuser. — (Réf.). ¶ 4 → (s') Enfuir. ¶ 5 → Partir. ¶ 6 → (se) Rattraper.

Sauveur : ¶ 1 → Libérateur. Le *Sauveur* arrache un péril mortel de quelque façon que ce soit. Le **Sauveteur** prend part à un sauvetage, c'est-à-dire à une action pour sauver un bateau en détresse et par ext. des hommes en danger de mort. ¶ 2 → Dieu.

Savant : ¶ 1 → Instruit. *Savant*, appliqué à toutes les connaissances humaines, et spéc. à la science (en ce cas il se dit seul), marque à la fois l'étendue des connaissances et le pouvoir de les utiliser pour faire de nouvelles découvertes;

si *savant* est parfois péj., c'est dans la mesure où la science s'oppose à l'art de vivre ou ne convient pas à la condition de certaines personnes : *Un sot savant est sot plus qu'un sot ignorant* (Mol.). (A noter qu'un *savant homme* sait beaucoup de choses, et qu'un *homme savant* est versé dans quelque spécialité particulière.) **Docte** a surtout rapport à l'antiquité, mais se dit aussi, et non parfois sans ironie, de celui qui est savant en matière de théologie, de doctrine littéraire, de théories philosophiques ou historiques parce qu'il a beaucoup étudié le passé et réfléchi; le défaut du *docte*, c'est d'être ennuyeux et pédant : *Docte janséniste* (Boil.). *Docte sermon* (Boil.). **Érudit** suppose surtout la connaissance de documents, en histoire, en histoire littéraire, en philologie ancienne et moderne; le défaut de l'*érudit*, c'est de ne pas s'élever à des idées générales, et, en littérature, de confondre l'histoire littéraire avec la critique du goût : *Le poète et le philosophe regardent l'érudit comme une espèce d'avare qui ne pense qu'à amasser sans jouir, et qui entasse sans choix les métaux les plus vils avec les plus précieux* (D'Al.). Ces trois mots se disent aussi bien des ouvrages que des personnes; en parlant des personnes seulement, **Lettré** implique une culture littéraire, acquise par métier ou par délassement, qui unit une certaine érudition, le goût et l'amour des lettres : *Boileau était un lettré, Chapelain un docte, Saumaize un érudit*. **Clerc**, autrefois homme lettré ou savant, s'emploie encore dans certaines loc. proverbiales et parfois seul, pour désigner celui qui s'est voué aux choses de l'esprit : *La Trahison des Clercs* (Benda). **Puits de science, Abîme de science** et **Puits d'érudition**, fam., enchérissent sur *savant* ou *érudit*. **Omniscient**, comme adj. seulement, ne se dit proprement que de Dieu qui sait tout, et par ext. d'un homme qui paraît tout savoir. **Mandarin**, fam., comme n. seulement, désigne au fig. un lettré ou un savant muni de grades officiels ou qui s'isole dans une sorte de monde fermé, sans rapport avec celui du commun des hommes. ¶ 2 Qui fait bien ce qu'il fait, ou, en parlant des choses, qui est bien fait. *Savant* implique la connaissance parfaite et l'application irréprochable des règles d'un art : *Une savante retraite*. *Un homme savant dans l'art de feindre*. **Habile** implique génie, intelligence, invention : *Un homme peut avoir lu tout ce qui a été écrit sur la guerre, ou même l'avoir vue, sans être habile à la guerre* (Volt.). **Calé**, syn. fam. de *savant*. **Fort**, fam., savant et habile : *Fort en thème*. ¶ 3 → Scientifique.

Savantasse, Savant en us : → Pédant.

Savate : → Soulier et Chausson.

Savetier : → Cordonnier.

Saveur : Qualité des objets et surtout des aliments par laquelle ils affectent le palais d'une certaine manière. *Saveur* désigne la qualité comme pouvant provoquer une impression, ou cette impression elle-même : *Saveur douce, amère.* **Sapidité,** terme de science, la qualité considérée comme une propriété inhérente à la substance ou à l'objet. **Goût,** sens par lequel on perçoit les saveurs, par ext. saveur considérée comme affectant le sujet, relativement à ses sensations, à l'usage qu'il peut faire de la chose, surtout en parlant de la saveur des aliments : *Si l'on voulait compter les acides végétaux par la différence de leurs saveurs, il y en aurait autant que de plantes et de fruits dont le goût agréable ou répugnant est varié presque à l'infini* (Buf.).

Savoir, n., ce qu'on a appris par l'étude, par l'expérience, suppose des connaissances étendues dans tous les domaines et pouvant souvent servir à la pratique. **Science,** connaissance précise, plus approfondie que le *savoir,* en une matière spéciale, comme un art, une technique; plus spéc., ensemble de connaissances objectives dans un certain domaine, coordonnées par des principes et vérifiées par une méthode rationnelle; implique connaissance parfaite, spécialisation, et possibilité, dans certains cas, d'utiliser les connaissances acquises pour découvrir, amener des progrès : *La science du rythme. Le savoir de Pic de La Mirandole. La science de Pasteur.* **Érudition** et **Doctrine,** vx en ce sens, diffèrent de *science* comme les adj. correspondants de *savant* (→ ce mot); *doctrine* désignant parfois, péj., un savoir pédantesque ou théorique et vain : *N'allez point déployer toute votre doctrine Faire le pédagogue...* (Mol.). **Sagesse,** juste connaissance naturelle ou acquise des choses chez les Anciens : *Moïse alla s'instruire dans la sagesse des Égyptiens*; ou connaissance inspirée des choses divines et humaines : *Daigne mettre, grand Dieu, ta sagesse en ma bouche* (Rac.). — **Connaissances** (→ Notions), au pl., ce qu'on sait sur telle ou telle matière, suppose quelque chose de moins approfondi que le *savoir.* **Lumières** (→ ce mot), connaissances surtout scientifiques ou philosophiques acquises par une époque ou par un homme; ou connaissances révélées; ou capacité intellectuelle qui résulte du savoir et de l'intelligence; fait penser dans tous les cas à ce qui éclaire et guide l'esprit : *Ce prince qui avait des lumières* (Mtq.). **Instruction** s'emploie absolument comme *savoir,* mais ne suppose que les connaissances nécessaires pour former l'esprit, acquises par les leçons des maîtres ou par l'étude. **Culture,** ou **Culture générale,** ajoute à *instruction,* à *savoir,* l'idée qu'on a su utiliser ses connaissances dans des matières assez nombreuses et variées pour développer son goût, son jugement, et acquérir un enrichissement intellectuel et moral qui demeure, même si le savoir est oublié, et qui peut venir parfois d'autres sources que l'instruction (par ex. les voyages, l'expérience de la vie). — **Lettres,** connaissances surtout littéraires que procure l'étude des livres, implique goût et culture : *Un homme sans lettres* (Font.). **Littérature,** en ce sens, est vx. **Lecture** s'applique indistinctement à toutes les connaissances acquises par les livres : *Rabelais avait beaucoup d'esprit et de lecture* (Font.). — **Humanisme,** appliqué aux érudits du XVIe s., implique une érudition en matière d'antiquité qui avait pour but de connaître et d'assimiler la culture des anciens : *L'humanisme d'Érasme*; et, de nos jours, désigne plutôt la connaissance et la mise en valeur de l'homme considérées comme essentielles : *L'humanisme de Diderot.* — **Gnose,** terme de théologie, science religieuse supérieure. **Omniscience,** science infinie de Dieu; dans le langage ordinaire, par exagération, la science de toutes choses. — **Expérience,** connaissance des choses acquise par un long usage, ne suppose, à la différence du *savoir* et de la *science,* aucune vue théorique, sans exclure cependant des idées générales acquises par la réflexion : *L'expérience est la mémoire de beaucoup de choses* (Did.). **Acquis,** toutes les connaissances acquises par l'expérience, par l'étude, par l'usage du monde. **Bagage,** en un sens voisin, suppose des connaissances surtout intellectuelles : *Le bagage de l'esprit* (Proust). — Savoir, en un sens péj. : → Pédantisme. Connaissances élémentaires : → Notions.

Savoir : ¶ 1 → Connaître. ¶ 2 → Pouvoir.

Savoir (faire) : → Informer.

Savoir-faire : → Habileté.

Savoir-vivre : → Civilité. *Savoir-vivre,* connaissance raffinée des règles de la politesse. **Tact,** jugement naturel fin et sûr en matière de goût, de convenances : *Elle eut le tact d'exagérer encore sa politesse* (Zola). **Usage** et parfois **Acquis,** expérience de la société, habitude d'en pratiquer les devoirs, d'en observer les règles, savoir-vivre acquis par l'habitude : *Manquer d'usage.*

Savourer : ¶ 1 *Savourer* dit plus que **Goûter** qui indique uniquement le désir de bien connaître et d'apprécier le goût de ce qu'on absorbe; c'est goûter avec attention et en faisant durer le plaisir : *Avaler sans goûter. Savourant avec une attention vraiment philosophique et donnant à cette étude tout le temps qu'elle exige* (BRILLAT-SAVARIN). **Déguster,** goûter du vin ou quelque autre boisson pour en connaître la qualité, boire en connaisseur (on a tendance de nos jours à le dire abusivement de ce qu'on mange). **Se régaler** (→ ce mot), se donner le plaisir d'un bon repas; absolument, avoir une très vive jouissance à absorber quelque mets, sans forcément être connaisseur ni savoir faire durer le plaisir. **Tâter,** syn. vx de *goûter,* ne se dit que par plaisanterie : *Je tâterais bien de ce gigot.* ¶ 2 Au fig. → Jouir de.

Savoureux : → Bon.

Saynète, dans le théâtre espagnol, petite pièce bouffonne; dans le théâtre français, pièce légère en un acte à peu de personnages. **Proverbe,** petite comédie, souvent improvisée, dont l'action devait faire deviner un proverbe, et dont Musset a fait un genre littéraire : Ex. *Il ne faut jurer de rien.* **Charade en action** ou **Charade,** petite pièce où plusieurs personnes donnent à deviner à d'autres chaque partie d'un mot et le mot entier en exécutant des scènes de pantomime ou de comédie qui en expriment la signification. **Divertissement** (→ ce mot), toute petite pièce écrite pour un théâtre de société; ou petite scène, le plus souvent accompagnée de danses et de chants, pour occuper le public pendant un entracte; en ce dernier sens, on dit aussi **Entracte,** ou **Intermède** qui, en un sens plus général, se dit de tous les divertissements ou scènes mimées qui interrompent l'action d'une pièce, occupent les entractes; et aussi d'une petite pièce, souvent en un acte, la plupart du temps gaie, jouée avant la pièce principale : en ce sens on dit aussi aujourd'hui **Lever de rideau. Pièce en un acte,** de nos jours, ouvrage plus sérieux que tous les précédents, qui atteint parfois au plus haut tragique et ne se distingue des grands genres que par sa brièveté. — **Sketch** (en ang. « esquisse »), petite scène à peu de personnages, souvent introduite dans une revue de music-hall sur un sujet comique ou d'actualité. — **Parade,** scène burlesque jouée à la porte d'un théâtre forain pour inviter le public à y entrer.

Sbire : → Policier.

Scabreux : → Difficile.

Scandale : ¶ 1 → Bruit. *Scandale,* tout éclat fâcheux d'une action qui peut être un mauvais exemple et provoque l'indignation, le blâme : *Le scandale d'un duel et d'un procès* (ZOLA). **Esclandre,** toute

action, en général bruyante, qui trouble la tranquillité ordinaire de la vie et qui provoque de vives protestations ou des commentaires : *Deux spectateurs qui se disputent dans un théâtre causent de l'esclandre.* **Pétard,** pop., esclandre, éclat qu'on fait pour attirer l'attention sur quelque chose : *Je ferai du pétard si on ne me donne pas satisfaction*; ou, en un autre sens, nouvelle qui fait esclandre : *Lancer un pétard.* ¶ 2 *Scandale,* **Indignation** diffèrent comme *scandalisé* et *indigne* (→ Outré).

Scandalisé : → Outré.

Scandaliser (se) : → (s') Offenser.

Sceau : → Marque.

Scélérat : ¶ 1 → Homicide. *Scélérat,* au prop. et au fig., enchérit sur **Criminel** : le *criminel* s'est rendu coupable d'un crime; ce qui est *criminel* est condamnable, illicite; le *scélérat* a commis ou est capable de commettre de grands crimes; ce qui est *scélérat* est noir, atroce, perfide : *Hermione est une criminelle. La passion de Phèdre est criminelle. Don Juan est un scélérat* (MOL.). **Misérable** (→ ce mot) se rapproche de *scélérat* et implique l'habitude de commettre le crime par état, par penchant, mais plutôt par faiblesse que par dessein concerté : « *Misérable, et je vis* » s'écrie Phèdre (RAC.). **Monstre** enchérit sur *scélérat,* implique crimes atroces contre nature, vices horribles : *Dans* Britannicus *Néron est un monstre naissant.* ¶ 2 → Infidèle.

Sceller : ¶ 1 → Fixer. ¶ 2 → Affermir.

Scénario : → Intrigue.

Scène : ¶ 1 → Théâtre. ¶ 2 Partie d'un acte formant un tout. La *Scène* est liée au mouvement général de l'action dans l'acte et se distingue essentiellement de la scène précédente par le changement des acteurs. Le **Tableau,** souvent marqué par un changement de décor, a, dans l'acte, une existence indépendante, n'amène pas toujours une progression dramatique, mais peut simplement suggérer une atmosphère, un état d'âme, un moment d'une durée ou un effet pathétique, philosophique, par rapprochement avec d'autres tableaux. — **Séquence,** en termes de cinéma, suite d'images groupées prises dans un même décor, désigne, dans un film, l'équivalent d'une scène ou d'un tableau au théâtre. ¶ 3 → Spectacle. ¶ 4 → Discussion et Avanie.

Scénique : → Dramatique.

Scepticisme doctrine philosophique qui consiste à demeurer incertain, à dire : « Ce que vous affirmez peut être vrai, mais le contraire peut l'être aussi. » **Pyrrhonisme,** scepticisme radical qui consiste à poser en principe qu'aucune vérité ne pouvant être établie, l'affirmation comme la négation sont fausses. Au fig., le *scepticisme* consiste à douter, à être incrédule, le *pyrrhonisme*, à nier qu'on puisse jamais savoir quoi que ce soit. **Nihilisme** s'est dit parfois de la négation de toute croyance : *Le nihilisme qui caractérise la philosophie de ces derniers temps est né de la satiété* (ROYER-COLLARD) ; mais suppose alors une sorte de dégoût moral, d'abandon qui rend incapable de croire à un idéal. — A la différence de ces attitudes, le **Doute méthodique,** tel que le conçoit Descartes, consiste à suspendre son jugement sur tout ce qui n'est pas clairement démontré, mais en estimant qu'on peut arriver à des vérités certaines sur tous les points où une démonstration est possible.

Sceptique : → Incrédule et Incroyant.

Sceptre : → Supériorité.

Schéma, Schème : → Ébauche.

Schismatique : → Hérétique.

Schisme : → Dissidence.

Scie : → Refrain.

Sciemment, en pleine connaissance de ce qu'on fait : *Pécher sciemment*. **En connaissance de cause** dit plus et suppose un examen préalable : *Agir en connaissance de cause*. **A bon escient** ajoute souvent une idée d'opportunité.

Science : ¶ 1 → Savoir. ¶ 2 → Art.

Scientifique : ¶ 1 *Scientifique*, qui concerne la science au sens le plus étroit du terme (mathématiques, sciences de la nature et de l'homme). **Savant,** qui concerne la science au sens le plus large (y compris l'histoire, l'érudition, etc.) : *Les sociétés savantes.* — Appliqué à un homme, *scientifique* indique qu'il étudie les sciences, *savant*, qu'il possède une science et la fait progresser : *Traiter un sujet d'une manière scientifique*, c'est le traiter suivant la méthode propre aux sciences ; *d'une manière savante*, c'est faire état de connaissances que peu de gens possèdent. ¶ 2 *Scientifique*, en un sens favorable, implique l'application rigoureuse des méthodes des sciences. **Scientiste,** plutôt péj., suppose une croyance aveugle à la toute-puissance de la science positive dans tous les domaines : *Le marxisme n'est pas scientifique, il est au mieux scientiste* (CAM.).

Scinder : → Sectionner.

Scintiller : → Étinceler.

Scion : → Pousse.

Scission : → Dissidence. Séparation effective d'une partie d'un corps avec l'ensemble. *Scission* marque un fait voulu ou naturellement provoqué et se dit pour une assemblée politique, un parti, un État ou simplement pour ce qui devrait former naturellement une communauté : *La scission du monde en deux blocs antagonistes. Scission secrète* (J.-J. R.) *dans une assemblée*. **Sécession** indique un acte délibéré qui consiste à se retirer en groupe d'un parti politique, d'une école, d'une cité, d'un État, ou d'une fédération en parlant d'un État : *La plèbe de Rome fit plusieurs fois sécession. La guerre de sécession aux U. S. A.*

Sclérose : → Paralysie.

Scolie : → Commentaire.

Scorie : → Résidu.

Scribe : → Employé.

Scrofules, maladie du système lymphatique, est le terme médical, **Écrouelles,** le terme vulgaire.

Scrupule : ¶ 1 → Hésitation. ¶ 2 → Soin. ¶ 3 → Exactitude. ¶ 4 *Scrupule,* **Délicatesse :** → Scrupuleux.

Scrupuleux : ¶ 1 → Consciencieux. ¶ 2 En parlant des personnes très sévères avec elles-mêmes en ce qui concerne la probité, la morale ou les simples bienséances, *Scrupuleux* enchérit sur **Délicat** et ajoute l'idée d'une réflexion de l'esprit, alors que la délicatesse est innée, s'effarouche spontanément du moindre manquement : *Chatouilleux, très délicat* (MAU.). *Je suis né scrupuleux. Eussé-je mille raisons de me croire dans mon droit, il suffit d'un rien pour me troubler* (MAU.). ¶ 3 → Soigneux.

Scruter : → Examiner.

Scrutin : → Vote.

Sculpter, Modeler : → Sculpteur.

Sculpteur, celui qui, ne travaillant qu'avec le ciseau ou un instrument analogue, fait des statues et aussi toutes sortes de figures ou d'ornements de pierre, de marbre ou de bois. **Statuaire,** celui qui ne fait que des statues, mais par n'importe quel procédé, indique plutôt la profession ; *sculpteur*, l'art : *Mes colonnes de marbre ont les dieux pour sculpteurs* (VI.). *Ascagne est statuaire, Hégion fondeur* (L. B.). **Modeleur,** sculpteur qui fait des modèles avec de la terre glaise, d'argile. **Imagier,** vx, sculpteur et surtout tailleur de statues d'église ou de statues tombales au XIIIe s.

Sculptural : Au fig. Qui possède ou évoque de belles formes. *Sculptural* implique une netteté dans les lignes et dans les formes et aussi une grandeur majestueuse dignes de la sculpture : *L'art de Leconte de Lisle a quelque chose* *de sculptural.* **Plastique,** qui décrit les lignes et les formes et évoque les arts du dessin, implique quelque chose de moins grand et de moins net, mais plus de variété et de souplesse dans le jeu des lignes et des formes : *Le vers d'A. Chénier est plastique.*

Séance : ¶ 1 *Séance,* temps ininterrompu pendant lequel un corps constitué reste réuni effectivement, même s'il ne termine pas son travail : *Une séance ne dure que quelques heures.* **Session,** tout le temps fait de séances et d'interruptions qui est consacré au travail d'une assemblée délibérante : *La session de l'O. N. U. à Paris.* Mais *session* se dit encore pour *séance* en parlant d'un concile. **Assises,** session d'une cour criminelle. ¶ 2 → Spectacle.

Séant (Adj.) : → Convenable.

Séant (N.) : → Derrière.

Sec : ¶ 1 → Aride. ¶ 2 → Maigre. ¶ 3 → Dur. ¶ 4 → Rude. ¶ 5 → Pauvre.

Sécession : → Scission.

Sécher : ¶ 1 *Sécher,* ôter à un corps une humidité en général accidentelle ou superflue : *Et j'essuyai son front, que vint sécher la brise* (LAM.). **Dessécher,** enlever à un corps son humidité essentielle, son suc, sa sève, de façon qu'il devienne dur, sans saveur ou sans vie : *Le soleil sèche les feuilles après la pluie; les dessèche en les brûlant.* Employés l'un pour l'autre, *dessécher* exprime la nature du changement, *dessécher* le dépeint et fait concevoir son résultat comme le plus grand qu'il puisse être : *On garde dans les livres des fleurs séchées; pour conserver des plantes il faut les dessécher.* **Essorer,** exposer à l'air pour rendre sec, ou sécher par l'effet de la force centrifuge dans un appareil fermé : *Essorer du linge; des oignons.* **Déshydrater,** terme de chimie, priver un corps, en tout ou en partie, de l'eau qu'il contient à l'état de combinaison : *Déshydrater de la chaux.* **Racornir,** dessécher en rendant dur et coriace : *Le feu racornit le cuir.* **Assécher,** surtout en termes de mines et par ext. en termes d'agriculture, ôter à une galerie, à un terrain, l'eau qui les recouvre ou les rend trop humides. **Drainer,** en termes d'agriculture, assécher un terrain au moyen de fossés : *Drainer une prairie.* **Étancher,** arrêter par n'importe quel moyen un liquide qui s'écoule : *Étancher ses larmes.* **Éponger,** étancher, enlever un liquide avec une éponge ou un tissu spongieux. **Essuyer,** enlever un liquide en frottant, et, par analogie, *sécher,* en parlant de l'action du vent et du soleil. ¶ 2 Mettre à sec. *Sécher,* rare, diffère de **Dessécher** comme plus haut. **Assécher** marque toujours l'action de l'homme : *Assécher un bassin* (ACAD.).

Tarir, mettre à sec en arrêtant à sa source le liquide qui emplit ou recouvre. ¶ 3 Devenir sec. *Sécher,* **Se dessécher** et **Tarir** diffèrent comme plus haut. ¶ 4 Au fig. → Souffrir.

Sécheresse : ¶ 1 *Sécheresse,* état de ce qui est sec, terme courant. **Siccité,** terme de science, sécheresse absolue : *Faire évaporer jusqu'à siccité.* ¶ 2 → Dureté. ¶ 3 → Rudesse.

Second : Adj. ¶ 1 Qui suit le premier. *Second* rappelle nécessairement *premier,* fait souvent penser à la valeur, marque infériorité ou aide, et convient mieux pour désigner l'ordre ou la place naturelle, essentielle ou de droit. **Deuxième** détermine simplement la place assignée ou occupée en fait dans une suite, une liste, avant le troisième : *Second violon. Il loge au deuxième étage.* En fait la confusion se fait souvent et l'emploi de chaque terme est surtout réglé par l'usage. ¶ 2 Semblable au premier. *Second* exprime la ressemblance, l'égalité, la conformité qu'il y a entre deux personnes ou entre deux choses : *Qu'ils cherchent dans l'Épire une seconde Troie* (RAC.). **Autre** n'implique pas comme *second* que la personne ou la chose est la seule à ressembler à la première : *Cette autre Jézabel* (RAC.). **Nouveau** suppose séparation dans le temps et implique que le premier a disparu : *Florence était alors une nouvelle Athènes* (VOLT.). — ¶ 3 N. → Aide.

Secondaire : Qui est moins important que ce qui est principal. *Secondaire* implique une simple hiérarchie sans idée de dépendance : *Les dieux secondaires* (VOLT.). **Accessoire** implique une idée d'accompagnement, de conséquence ou de dépendance : *Les parties accessoires d'une composition.* **Incident,** qui survient dans une affaire par occasion, accessoirement, se dit spéc. en grammaire d'une proposition insérée accessoirement dans une phrase, non essentielle à l'idée ou à la proposition principale. **Concomitant,** terme didactique, qui, en étant secondaire, a lieu en même temps qu'un autre fait considéré comme principal : *Symptômes concomitants.* — **Subsidiaire,** en termes de jurisprudence, qui sert à fortifier un moyen principal, se dit par ext. de ce qui, en étant secondaire, vient à l'appui de ce qui est principal : *Que si j'unis à ce motif principal les autres motifs très considérables mais toutefois subsidiaires et moins principaux...* (Bos.).

Seconder : → Aider.

Secouer : ¶ 1 → Remuer. *Secouer,* remuer fortement et à plusieurs reprises. **Ballotter,** plus fam., surtout en parlant de ce qui est porté, ou contenu dans un récipient, secouer en divers sens ou en sens contraires à la façon d'une balle enfermée dans un récipient que l'on secoue de sorte qu'elle en heurte les parois : *Être ballotté par les flots de la mer.* **Cahoter,** secouer par des cahots (→ Secousse) en parlant d'une voiture. — **Houspiller,** tirailler et secouer quelqu'un pour le maltraiter, pour le tourmenter. **Sabouler,** pop. et vx, secouer, bousculer sans ménagement. — Au fig., *secouer,* traiter quelqu'un sans ménagement soit en le réprimandant, soit en l'excitant, en ne lui laissant aucun repos : *Secouer la paresse de quelqu'un.* Houspiller, maltraiter en paroles. Sabouler, réprimander avec véhémence. ¶ 2 → Réprimander. ¶ 3 → Émouvoir.

Secourir : → Appuyer.

Secours : ¶ 1 → Appui. ¶ 2 → Don. Ce qu'on donne à quelqu'un pour l'aider. *Secours* implique chez celui qui reçoit un besoin pressant et se dit de toutes sortes de choses soit morales, soit en nature, soit en argent : *Donner adroitement quelques petits secours aux modestes nécessités d'une vertueuse famille* (Mol.). **Aumône** (→ ce mot), ce qu'on donne aux pauvres pour les soulager, suppose indigence chez celui qui reçoit, religion, charité, pitié chez celui qui donne, est souvent péj. au fig., en parlant d'un don qui humilie celui qui reçoit : *D'une charte on nous a fait l'aumône* (Bérang.). **Obole,** au fig., très petite somme, s'est dit par modestie d'un petit secours en argent donné à une œuvre à laquelle on participe et a fini par désigner tout petit secours de ce genre. **Sportule,** à Rome, nourriture donnée par un patron à son client; fig. et péj., maigre aumône ou subside donnés à quelqu'un aux dépens de son indépendance. — **Subside,** secours en argent accordé sous forme d'impôt par des sujets à un souverain; ou secours qu'un État s'engage par traité à fournir à un autre État; par ext., fam., aide en argent donnée à un particulier sans l'idée de besoin pressant ou de protection : *On donne des subsides pour soutenir une troupe théâtrale.* **Subvention,** subside important et souvent officiel que l'État, une société ou un mécène accordent à une entreprise pour la soutenir : *Les théâtres nationaux reçoivent une subvention de l'État.* **Allocation,** terme d'administration, aide donnée par l'État ou un employeur pour subvenir à certains besoins, qui n'est ni une rétribution, ni un secours car elle est accordée par la loi : *Allocations familiales.*

Secousse : ¶ 1 Agitation de ce qui est remué fortement. *Secousse,* vive agitation qui peut amener, sans l'impliquer, l'affaiblissement de la solidité qu'est l'**Ébranlement** (→ ce mot). **Commotion,** secousse très violente comme celle produite par

un tremblement de terre, une explosion une décharge – électrique. — **Saccade,** brusque et rude secousse qu'on donne à un cheval en lui tirant la bride, par ext. secousse violente qu'on donne à quelqu'un en le tirant : *Il le prit au collet et lui donna deux ou trois saccades* (Acad.). — **Cahot,** sorte de saut que fait un véhicule en roulant sur un terrain inégal. ¶ 2 → Séisme. ¶ 3 Au fig. → Coup.

Secret (Adj.) : ¶ 1 *Secret,* qui n'est connu que d'une seule personne ou de quelques-unes, soit par nature, soit parce qu'on le cache : *Des pensées secrètes qu'elle n'exprimait pas* (M. d. G.). *Organisations secrètes* (J. Rom.). **Caché** marque le plus souvent le résultat d'une action volontaire et enchérit plutôt en parlant de ce qu'on rend secret avec soin, ou de ce qui n'est vu, connu de personne : *Dieu caché. De son cœur les sentiments cachés* (Mol.). **Intime** ne se dit que de ce qui est si intérieur ou si personnel à quelqu'un qu'il est seul à le connaître : *Sentiments, soins intimes.* **Confidentiel** ne se dit que des choses qu'on communique à une personne comme un secret, et des moyens employés à cet effet. **Latent,** qui n'est pas apparent pour l'instant, mais apparaîtra tôt ou tard : *Maladie latente. Haine latente.* **Sourd** ne se dit que métaphoriquement de ce qui a lieu sans bruit, insidieusement, de façon à surprendre : *Il avait agi d'une manière sourde et insensible* (Mtq.). *Une répugnance, une colère sourdes* (Zola). **Souterrain,** péj., enchérit en parlant de voies, de menées : *Conjuration souterraine* (J. Rom.). **Clandestin,** en termes de jurisprudence, illicite et caché, qui se fait ou agit en cachette contre les lois, la morale : *Mariage clandestin* (L. F.). *Secte clandestine* (J. Rom.). **Occulte,** terme de philosophie, caché pour notre raison; par ext., qui agit dans l'ombre sans que nous puissions le déceler : *Les occultes dispositions de la Providence* (Bos.). *Chefs occultes* (J. Rom.). **Furtif** se dit d'une action qui se fait non pas dans un lieu où l'on s'est mis à couvert, mais en public et de façon à échapper aux regards : *Magasin clandestin d'éditions furtives* (Volt.). **Subreptice,** péj., furtif et illicite, suppose une fraude considérable : *Édition subreptice.* — **Mystérieux** (→ ce mot) se dit non de ce qui est caché, mais de ce qui contient en soi quelque chose de caché qui le rend énigmatique : *Une douleur très simple et non mystérieuse* (Baud.). **Mystique,** en termes de théologie, qui a une signification cachée, allégorique : *Car il y a deux sens parfaits, le littéral et le mystique* (Pasc.). *Mystérieux* est vx en ce sens. **Impénétrable,** que l'on ne peut connaître, expliquer, enchérit sur *mys-*

térieux surtout en parlant du cœur, de l'esprit, des desseins : *Les desseins de l'Esprit sont impénétrables, ses voies secrètes* (M. D. G.). **Profond** dit moins en parlant de ce qui est difficile à connaître, souvent par sa science, sa richesse plutôt que par son mystère : *C'est plein de symboles; c'est profond et philosophique* (J. Rom.). **Abscons,** souvent péj., se dit surtout d'un raisonnement, d'une pensée mystérieuse, difficile ou obscure. **Insondable,** presque impénétrable, qu'on ne pourra jamais connaître à fond : *Qui peut sonder de Dieu l'insondable pensée?* (Lam.). **Hermétique,** qui a rapport à l'alchimie, se dit au fig., non sans ironie, de pensées philosophiques, d'œuvres littéraires qui ne peuvent être comprises que si on en a la clef, si l'on est initié. **Cabalistique,** qui a rapport à la cabale des Juifs ou à la prétendue science qui veut communiquer avec les êtres élémentaires, se dit au fig., en mauvaise part, de termes, de mots, de formules mystérieuses dont aiment à user les personnes qui ne veulent pas être comprises. **Ésotérique,** qui se fait à l'intérieur de l'école, en parlant de la doctrine que certains philosophes antiques ne communiquaient qu'à des disciples complètement initiés, se dit des secrets de certaines religions, de certaines sectes, et par ext. de connaissances, d'idées, d'œuvres que l'on ne peut comprendre sans être initié, mais n'est pas péj. comme *hermétique*. **Sibyllin,** mystérieux comme un oracle de la Sibylle, se dit au fig. d'un langage dont le sens et les intentions sont difficiles à saisir : *Tournures elliptiques, sibyllines* (M. D. G.) : → Obscur. ¶ 2 En parlant des personnes : → Discret. *Secret* indique une qualité, celle de ne pas divulguer ses secrets et surtout ceux des autres : *Amis secrets* (Rac.). **Impénétrable** enchérit et marque qu'on sait résister à toutes les tentatives pour faire parler : *Je garderai votre secret et je serai aussi impénétrable que la pierre la plus dure* (Fén.). **Renfermé** et **Concentré,** qui enchérit, marquent plutôt le défaut de celui qui ne se communique pas, même sur les choses qu'il n'a pas à tenir secrètes : *Il ne me parle pas beaucoup. Il est très renfermé. Je crains que cet enfant n'ait le cœur un peu sec* (Gi.). **Caché,** nettement péj., implique le désir de dissimuler ses sentiments. **Cachottier,** péj. et fam., qui, par manque de franchise, cache de petites choses sans importance. **Mystérieux,** souvent ironique, qui agit en secret, ou cache avec affectation des sentiments, sans que souvent cela en vaille la peine : *Homme important, affairé, mystérieux* (J. Rom.). **Fuyant** et **Insaisissable,** qui enchérit, fig., qui se dérobe aux déclarations franches ou ne peut pas être défini : *Mon père était ironique, badin, fuyant, insaisissable* (Duh.) : → Inexplicable.

Secret (N.) : ¶ 1 *Secret*, ce qui n'est connu que de peu de personnes ou d'une seule personne, ou qui est tenu caché : *Secrets d'État. Le secret de la mort et de la vie m'a été livré* (Mau.). **Mystère** (→ ce mot), ce qui est caché dans une religion ou connu des seuls initiés, enchérit au fig., pour désigner soit ce qui n'est connu de personne, soit ce qui est inexplicable du fait que certaines données qui permettraient de le comprendre sont cachées ou secrètes : *On découvre un secret, mais on élucide un mystère. Les mystères de l'existence.* **Arcanes,** nom donné à certaines opérations hermétiques connues des seuls initiés, par ext., au fig., secrets, parties mystérieuses d'une chose, parfois en un sens ironique : *Les arcanes de la métaphysique* (Flaub.). **Dessous des cartes** ou simplement **Dessous,** au fig., les ressorts secrets d'une affaire, d'une intrigue dont on ne voit que l'apparence. **Coulisses,** au fig., ce qui est caché, comme derrière le théâtre, surtout en parlant de politique. **Fond** (et **Tréfonds** plus rare et qui enchérit), au fig., ce qu'il y a de plus secret, dans le cœur, l'esprit. **Pot aux roses,** mystère de quelque intrigue, dans la loc. fam. *Découvrir le pot aux roses.* ¶ 2 → Méthode. ¶ 3 *En secret* : → Secrètement.

Secrétariat, lieu où se tient le secrétaire, agent responsable, qui commande à ses employés. **Secrétairerie** ne se dit que, dans certaines administrations, des bureaux où travaillent des secrétaires qui ne sont que des sous-ordres (à noter qu'en parlant du Vatican, on dit *Secrétairerie d'État* et non *Secrétariat d'État*).

Secrètement fait penser à l'action accomplie, volontairement, de manière à n'être vu de personne, **En secret** qualifie simplement la chose faite et indique qu'elle n'a pas de témoin : *On trame secrètement un complot; on fait en secret une confidence.* **En cachette** ajoute à *secrètement* l'idée qu'on se cache avec précaution : *On peut tuer en cachette son ennemi* (Rac.). **En catimini,** fam., ajoute souvent une idée de dissimulation plus ou moins hypocrite. **En tapinois,** fam., convient pour exprimer un mouvement fait en cachette ou en se faisant tout petit : *Il monte en tapinois l'escalier* (Gi.); d'où souvent au fig. une idée de sournoiserie : *Votre œil en tapinois me dérobe mon cœur* (Mol.). — **Furtivement** et **À la dérobée** supposent une action qui se fait en public, dehors, de façon à échapper aux regards. *À la dérobée,* au prop. et au fig., n'annonce rien de grave, : *Regarder* (Mau.); *observer* (M. D. G.) *à la dérobée; furtivement* implique une action rapide ou faite en fraude, comme celle d'un voleur : *Sous les portes cochères Des chats passaient furtivement* (Baud.). **Subrepticement** enchérit sur l'idée de fraude (→ Secret) : *Il voulut subrepticement s'emparer du couteau* (M. D. G.). — **Sourdement** et **En sous-main** se disent d'une entreprise et de ce qu'on fait pour ou contre afin de la faire réussir ou échouer, *sourdement* se disant plutôt de la façon dont on agit pratiquement par des menées cachées, sans bruit, *en sous-main*, plus rare, qualifiant plus théoriquement l'attitude qui consiste à faire quelque chose sans avoir l'air d'en être l'auteur : *Avertir sous-main les Jésuites* (S.-S.). *Il a fait son métier de perfide en intéressant sourdement l'amour-propre du roi contre moi* (Volt.). **A la sourdine, En sourdine,** fam., sans bruit, sans éclat, n'a pas le sens péj. de *sourdement*, et se rapproche plutôt de *secrètement* (→ ce mot) : *Elle aimait Diderot, mais à la sourdine* (Marm.). **Sous le manteau,** le plus souvent avec *Vendre, Débiter, Se passer,* suppose une action clandestine et illicite : *Un ouvrage satirique qui est donné en feuilles sous le manteau* (L. B.). **Sous le manteau de la cheminée,** fam., en cachette. — **Incognito** (en ital. « sans être connu ») se dit de toute personne qui séjourne en un lieu et par ext. agit en s'arrangeant pour n'être pas connue : *Religieux et généreux incognito* (Balz.). — **In-petto** (en ital. « dans sa poitrine ») se dit de ce que l'on pense en secret; **Sans tambour ni trompette,** fam., de ce que l'on fait sans bruit, sans attirer l'attention.

Sectaire : → Fanatique.

Sectateur : → Partisan.

Secte : → Parti. Ensemble de personnes qui font profession d'une même doctrine. *Secte* se dit surtout en philosophie, parfois en politique, et suppose seulement qu'on adhère à l'enseignement d'un maître ou d'une doctrine : *La secte d'Aristote. Secte politique* (J. Rom.). **École** se dit en philosophie, en médecine, en droit, dans les beaux-arts, en littérature, et peut impliquer que, tout en s'inspirant des principes d'un maître, on leur ajoute quelque chose d'original : *Condillac se rattache à l'école des empiristes.* **Cabale,** syn. de *secte,* est vx et ironique. **Église,** fig., s'il ne se dit pas péj. d'une simple coterie (→ ce mot), suppose un grand nombre de personnes qui adhèrent à une même mystique, spéc. politique et sociale, et sont souvent associées pour une fin commune : *Qu'est-ce qu'une Église? c'est une foule organisée par des rites* (J. Rom.).

Section : ¶ 1 *Section,* action de couper, de diviser, désigne par ext. le résultat de cette action et indique une division idéale ou abstraite : *Les sections d'un tribunal;* **Segment** désigne toujours une figure ou un objet concret : *Segment de cercle.* ¶ 2 → Partie.

Sectionner : ¶ 1 Diviser une chose en parties. *Sectionner* fait penser à l'action et suppose entre les parties une nette coupure qui peut être d'ailleurs purement idéale : *Sectionner un département en plusieurs circonscriptions électorales.* **Segmenter,** terme didact., fait penser au résultat de l'action qui est de diviser une figure en portions définies : *Segmenter un cercle.* **Fractionner** indique une opération qui a pour but de réduire, idéalement ou concrètement, à des parties moins importantes : *Fractionner du pain; la propriété; un parti.* **Fragmenter** et **Morceler,** qui diffèrent comme *fragment* et *morceau* (→ ce mot), mettre en morceaux plus ou moins gros, toujours concrètement, *fragmenter* pouvant indiquer un échelonnement dans le temps : *Fragmenter un colis, un envoi, une publication. Morceler un État.* **Scinder,** couper en parties, n'est d'usage qu'au fig. en parlant de choses abstraites, spéc. des questions, des propositions, ou d'un parti où il y a une scission (→ ce mot) : *Sa nouvelle vie devait se scinder en trois phases distinctes* (Balz.). **Diviser** (→ ce mot), syn. vague de tous ces termes, est susceptible d'emplois plus larges et ne marque pas aussi nettement la coupure : *Un parti se divise en ultras et en modérés; s'il se scinde! il forme deux partis; s'il se fractionne, i, s'affaiblit.* ¶ 2 → Couper.

Séculaire : → Vieux.

Séculier : → Terrestre.

Sécurité : ¶ 1 → Confiance. ¶ 2 Absence de danger. *Sécurité* désigne un sentiment, la tranquillité d'esprit de celui qui, à tort ou à raison, se croit à l'abri du danger : *Impression* (Loti); *sentiment* (J. Rom.) *de sécurité.* **Sûreté** désigne un fait, l'éloignement de tout péril, et l'état de celui qui n'a réellement rien à craindre pour sa personne, pour sa fortune, est à l'abri : *Nous avons une sûreté dans nos campagnes et sur les grandes routes, qui aurait bien étonné l'Angleterre de 1650* (Stendh.). Mais *sécurité* tend à remplacer *sûreté* pour désigner une tranquillité réelle, de fait, en impliquant surtout alors une garantie contre un danger vague, éventuel, qu'on peut prévoir, mais non déterminer très exactement : *Assurer la sécurité d'un pays par des traités. Un dispositif de sûreté met à l'abri de tel ou tel danger; un dispositif de sécurité fonctionne si un accident vient à se produire.*

Sédatif : → Calmant.

Sédentaire, qui demeure ordinairement assis, par ext. qui, pour n'importe quelle raison, ne quitte guère sa maison ou son quartier, sa ville : *Savants, chats sédentaires* (Baud.). **Casanier**, qui ne quitte pas sa maison parce qu'il s'y plaît ou a horreur de se déplacer. **Pantouflard,** fam., ajoute l'idée d'une humeur paisible et d'un goût marqué pour les délices de la vie bourgeoise. **Pot-au-feu,** fam. et plutôt péj., personne qui ne pense qu'à bien vivre chez elle sans largeur de vues.

Sédiment : ¶ 1 *Sédiment*, terme didactique, matières suspendues ou dissoutes dans un liquide quelconque et qui se déposent par précipitation. **Dépôt,** terme vulgaire, tout sédiment que laissent des matières liquides au fond du vase où elles ont séjourné pendant quelque temps. **Lie,** matière en suspension dans le vin et par ext. dans les liqueurs fermentées (dont on précise alors le nom) et qui se dépose généralement au fond. **Précipité,** terme de chimie, corps solide prenant naissance dans une réaction en milieu liquide et tombant au fond du récipient. **Tartre,** dépôt terreux et salin produit dans les tonneaux par la fermentation du vin et qui se forme en croûte. **Résidu,** en termes de chimie, matière qui reste après une opération chimique, peut qualifier d'une façon générale un *précipité* ou un *sédiment*. ¶ 2 → Alluvion.

Séditieux : → Révolutionnaire et Tumultueux.

Sédition : → Émeute et Révolte.

Séducteur : ¶ 1 N. Celui qui corrompt l'innocence, la vertu des femmes. *Séducteur*, assez péj. (sauf pour plaisanter), se dit dans tous les cas, même si celui qui séduit n'utilise que son charme personnel ou l'amour qu'il inspire, ou s'il ne s'agit que d'un homme qui cherche à séduire : *Rien de si aimable qu'un homme séduisant, mais rien de plus odieux qu'un séducteur* (N. de Lenclos). **Suborneur,** plus péj., implique l'idée de tromperie, de mensonge, de promesses fallacieuses. **Don Juan,** par allusion au séducteur célèbre de la légende, celui qui séduit toutes les femmes par sa beauté, son brillant, ses qualités d'homme du monde, peut ne pas impliquer l'idée de corruption. **Lovelace,** par allusion au héros de *Clarisse Harlowe* de Richardson, ne se dit que d'un débauché, jeune, spirituel et riche qui ne recule devant rien pour triompher d'une femme. **Casanova,** par allusion à l'aventurier italien de ce nom, séducteur peu difficile qui en veut aux femmes de toutes les conditions. **Casse-cœur,** grand séducteur, est fam.; **Tombeur de femmes,** vulgaire. ¶ 2 Adj. Qui plaît beaucoup et attire. *Séducteur* implique adresse pour séduire, d'où son sens parfois péj., et son

emploi surtout en parlant des personnes ou de leurs actions, de leurs qualités : *Elle le dit dans des vers si séducteurs qu'on lui pardonne ces sentiments d'une coquette de comédie* (Volt.). **Séduisant,** en parlant des choses et des personnes, qui plaît naturellement, sans art, sans le savoir ou même contre son gré : *Les défauts séduisants de son style* (D'Al.).

Séduire : ¶ 1 → Tromper. ¶ 2 *Séduire*, porter au mal en s'attaquant à l'esprit qu'on trompe en lui faisant accroire ce qui n'est pas : *C'est une puissance d'enchanter les esprits, de les séduire, de leur ôter la vérité* (Fén.). **Circonvenir,** agir auprès de quelqu'un avec ruses et artifices pour le déterminer à faire ce qu'on souhaite de lui, n'est syn. de *séduire* que lorsque ce qu'on souhaite est une mauvaise action, mais implique alors un art plus subtil : *Circonvenir ses juges.* **Emmitonner,** fig. et fam., circonvenir par des paroles flatteuses qui endorment quelqu'un sur son intérêt. **Entortiller,** fig. et fam., séduire par des paroles captieuses qui embrouillent : *Un marchand entortille son client.* **Empaumer,** fam., se rendre maître de l'esprit de celui qu'on veut gouverner : *Un esprit faible que les Jésuites empaumèrent* (S.-S.). **Embobiner** et **Embobeliner,** syn. fig. et pop. d'*entortiller* ou d'*emmitonner*. — **Déshonorer,** perdre d'honneur une femme, abuser d'elle en la séduisant ou en lui faisant violence. — **Suborner,** plus péj. que *séduire*, porter au mal, non en trompant l'esprit, mais en gagnant la volonté, les passions, par l'attrait du plaisir ou par l'appât du gain : *Suborner une fille riche* (Balz.). *Deux sujets du pape et un prêtre de Venise subornèrent deux assassins pour tuer Fra Paolo* (Volt.). **Soudoyer** (→ ce mot), suborner à prix d'argent — **Corrompre,** porter au mal en pervertissant, en s'attaquant à la moralité; ou aussi gagner quelqu'un par des dons ou des promesses, mais seulement en parlant des personnes qui, bien qu'étant vertueuses, peuvent cependant être perverties : *On suborne des assassins, de faux témoins, mais on corrompt un juge.* **Débaucher,** corrompre en jetant dans le dérèglement des mœurs : *Débaucher un jeune homme*; et spéc., corrompre une femme, un mari pour les détourner de leurs devoirs, ou une fille ou une femme libre pour la détourner de la bonne conduite : *Si un maître débauche la femme de son esclave* (Mtq.). ¶ 3 → Gagner. ¶ 4 → Attirer. ¶ 5 → Charmer.

Séduisant : → Séducteur et Attirant.

Segment : ¶ 1 → Section. ¶ 2 → Ligne.

Segmenter : → Sectionner.

Ségrégation : → Séparation.

Séide : → Fanatique et Partisan.

Seigneur : ¶ 1 *Seigneur*, terme de féodalité, maître d'une terre, et par ext. maître, possesseur d'un pays, d'un État. **Suzerain**, seigneur possédant un fief relevant immédiatement du roi et dont d'autres fiefs relevaient. **Châtelain**, seigneur d'un manoir qui avait droit de juridiction sur ses vassaux. — *Seigneur*, comme titre, avait pour syn. **Sire**. ¶ 2 → Noble. ¶ 3 → Roi. ¶ 4 *Le (Notre-) Seigneur* : → Dieu.

Sein : ¶ 1 *Sein*, en parlant de l'homme et de la femme, partie où sont les mamelles, qui forme la surface de la poitrine et s'étend du bas du cou jusqu'au creux de l'estomac. En parlant de la femme seulement, **Gorge**, le cou et le sein considérés sous le rapport de la beauté : *Gorge d'albâtre*; **Poitrine**, plus fam., le sein considéré plutôt sous le rapport du volume : *Avoir une belle poitrine*. — **Giron**, espace semi-circulaire, depuis la ceinture jusqu'aux genoux chez une personne assise, est au fig. syn. de *sein* dans le langage théologique, en parlant de l'Église, pour désigner la communion des fidèles; selon les synonymistes, *sein* annonce un rapport, une liaison plus intimes que *giron* : *Demeurer* (Bos.); *rentrer* (Les.) *dans le sein de l'Église, c'est-à-dire au cœur de l'Église; retourner au giron de l'Église, c'est-à-dire sous son autorité; giron se dit d'ailleurs absolument en ce sens* : *Les sociniens sont hors du giron* (Volt.). ¶ 2 *Sein*, organe qui, chez la femme, sécrète le lait; par ext., la partie charnue qui chez les hommes est placée au même endroit que le sein chez les femmes : *Être blessé au-dessous du sein*. **Mamelle** se dit pour les femelles des mammifères et, en parlant de femmes, ne s'emploie qu'en termes d'anatomie, dans des loc. comme *Enfant à la mamelle*, ou pour désigner le sein comme accomplissant une fonction nutritive en quelque sorte animale : *Le trésor toujours prêt des mamelles pendantes* (Baud.); en parlant de l'homme, *mamelle* est moins usuel que *sein*. En parlant des femmes seulement, **Téton**, syn. de *sein*, est fam.; **Nichon, Nénets** ou **Nénés, Avantages** sont pop.; **Tétasse, Blague à tabac**, grosse mamelle pendante, vulgaires et péj. — **Tétin**, syn. vx de *mamelle*, ne désigne plus que le bout de la mamelle chez les femmes ou chez les hommes et a pour syn. en ce sens **Mamelon**. ¶ 3 → Ventre. ¶ 4 → Centre.

Seing : → Signature.

Séisme, terme didact. qui vient du grec *seismos*, secousse, désigne tout mouvement brusque de l'écorce terrestre, qu'on appelle aussi **Secousse**, ou **Phénomène sismique** (*secousse sismique* est un pléonasme). En un sens plus spéc. *séisme* est syn. de **Tremblement de terre** (on a dit

aussi **Ébranlement** ou **Commotion**), secousse qui ébranle le sol sur une plus ou moins grande étendue et peut amener des déformations permanentes dans la région affectée. **Cataclysme**, autrefois syn. de déluge, se dit de nos jours de tout bouleversement physique produit par une inondation ou un tremblement de terre.

Séjour : ¶ 1 *Séjour*, résidence plus ou moins longue dans un lieu, dans un pays : *Je ne ferai jamais de séjour à cette terre* (Sév.). **Villégiature**, séjour à la campagne pendant la belle saison; par analogie, séjour passager et agréable en dehors de chez soi par plaisir ou pour la santé : *Une villégiature à la Bourboule*; se dit parfois par ironie : *Faire une villégiature à la Santé*. — **Stage**, autrefois résidence que chaque nouveau chanoine devait faire pendant six mois dans son église pour jouir des honneurs et du revenu attachés à la prébende; ne se dit plus que du séjour que font les candidats à certaines professions dans des lieux où ils s'entraînent à leur futur métier et montrent s'ils sont aptes à l'exercer. ¶ 2 → Demeure.

Séjourner : ¶ 1 → Demeurer. ¶ 2 Rester plus ou moins longtemps dans un endroit en parlant d'un liquide. *Séjourner* se dit plutôt lorsque les liquides restent en un endroit d'où ensuite ils se retirent. **Stagner** dit plus : c'est rester sur place sans couler : *Un marais stagne*. **Croupir**, stagner et être en état de corruption.

Sel : ¶ 1 → Piquant. ¶ 2 → Esprit.

Select : → Élégant.

Sélection : → Choix.

Sélectionner : → Choisir.

Selle : ¶ 1 Sorte de siège qu'on met sur le dos d'une monture. La *Selle* est faite pour asseoir un cavalier, le **Bât**, sorte de selle grossière qu'on met sur les bêtes de somme, est fait avant tout pour mettre une charge. ¶ 2 → Excrément.

Selon : Préposition exprimant un rapport de convenance. *Selon* exprime ce rapport de la façon la plus générale. **Suivant** devrait s'employer surtout en parlant de choses dont on peut dire qu'on les suit, qu'on s'y conforme : *Selon les libertins, l'homme est...; suivant ce système, en ôtant toute réelle liberté, on se débarrasse de tout mérite et de tout blâme* (Fén.). Au sens étroit de *suivant*, *selon* est plus absolu, plus positif, plus rigoureux, *suivant* laisse plus de liberté et d'incertitude : *On agit selon un ordre* (Mol.); *suivant un conseil* (Pasc.). **Conformément à** suppose un effort du sujet pour s'assujettir à une règle qu'il juge bonne : *L'homme est né pour travailler toujours, mais conformément à ses aptitudes* (Sand).

D'après marque un rapport de convenance beaucoup plus vague que les autres mots, c'est tantôt « *suivant* », tantôt « en se réglant ou en se fondant sur », tantôt « en imitant » : *D'après Hérodote. Raisonner d'après ses préventions. Ce tableau est gravé d'après Raphaël* (Acad.). **Jouxte,** conformément à, ne s'emploie plus qu'en termes de procédure : *Jouxte la copie originale* (Acad.). — **A,** syn. de *selon* dans quelques loc. seulement, marque un rapport très vague : *Manger à sa faim.*

Semailles : → Ensemencement.

Semblable : Adj. ¶ 1 *Semblable* indique un rapport général dans l'apparence, la configuration, les traits, et intérieurement, dans la nature, les qualités, les caractères, qui permet de rapprocher deux choses ou deux personnes sur des points essentiels et de les considérer comme deux réalisations concrètes d'un même type : *Leur forme était semblable et semblable la danse* (Vi.). **Ressemblant** n'indique qu'un rapport assez superficiel, entre certains traits particuliers surtout physiques, qui fait qu'une personne et quelquefois une chose ont un air de parenté avec une autre, semblent avoir été faites comme elle : *Imiter ce n'est pas faire une chose semblable, mais une chose ressemblante* (Marm.). **Pareil** (→ ce mot) suppose un rapport abstrait que dégage l'esprit de façon à conclure que deux personnes ou deux choses sont à peu près égales, interchangeables, équivalentes, et enchérit sur *semblable*, en marquant une estimation plus idéale, alors que *semblable* est plus descriptif et concret : *Il avait des crises de foi d'une violence sanguine pareilles à des accès de fièvre chaude* (Zola). **Identique** enchérit en parlant de choses exactement semblables et pareilles, ne différant absolument en rien; mais c'est plutôt un terme de science ou de philosophie qui a trait à la nature essentielle des choses : *Les idées qui étaient identiques, mais distinctes, se confondent; les formes intellectuelles semblables se résument et se simplifient* (Val.); dans le langage courant on dit **Le même** qui s'applique aussi, fam., aux personnes et aux choses tout à fait semblables : *Cet enfant est le même que son père.* — **Conforme** ne se dit que des choses qui ont exactement la même forme : *Copie conforme à l'original*; ou de choses abstraites, intellectuelles ou morales, qui ont une ressemblance essentielle et s'accordent ensemble ou qui s'accordent avec l'idéal qu'exige telle règle, tel principe, telle chose : *Son humeur est conforme à la vôtre. Avoir des sentiments conformes à sa naissance* (Acad.). **Analogue,** en parlant des choses seulement, suppose des rapports partiels,

d'où l'esprit infère une ressemblance plus générale, sans dire que les choses sont *semblables* : *L'italien et le français sont deux langues analogues.* **Similaire,** en parlant de choses semblables, de même nature ou qu'on peut assimiler, est surtout du langage commercial : *Les nouilles, les macaronis, les vermicelles sont des produits similaires.* **Assimilé** se dit des personnes et des choses qu'on considère arbitrairement comme semblables d'un certain point de vue, sans qu'elles aient souvent entre elles le moindre rapport naturel : *Certaines catégories de fonctionnaires sont assimilées à d'autres pour certains avantages.* **Parallèle** ne se dit que de deux actions semblables parce qu'elles suivent la même direction : *Ces deux États suivent une politique parallèle* (Acad.). **Symétrique** suppose une correspondance de grandeur, de forme et de position entre les parties d'un ensemble qui, de ce fait, sont semblablement disposées ou parfois même semblables : *Les deux parties du visage sont symétriques.* **Kif-kif,** semblable, pareil, est très fam. — Employé comme n., *semblable* a pour syn. **Pendant** qui se dit d'un objet ressemblant à un autre par la forme et ses dimensions et destiné à faire symétrie avec lui, et au fig., même en parlant d'une personne, de ce qui paraît pareil à une autre chose : *C'est le digne pendant de son frère.* **Réplique,** fig., marque en ce sens une ressemblance exacte, surtout physique : → Sosie. ¶ 2 Pour marquer la comparaison, ou employés absolument comme adj. pour assimiler une chose à une autre chose dont on vient de parler, *Semblable* et **Pareil,** qui enchérit, diffèrent comme plus haut; **Tel** marque une conformité absolue qui va jusqu'à l'identité et équivaut pratiquement au démonstratif pour rappeler une personne ou une chose dont il vient d'être question : *Un étranger qui se mêlait à l'assemblée du peuple était puni de mort. C'est qu'un tel homme usurpait le droit de souveraineté* (Mtq.). ¶ 3 N. → Congénère.

Semblant : → Apparence.

Semblant (faire) : → Feindre.

Sembler : → Paraître.

Semé, Parsemé : → Semer. **Constellé,** parsemé d'étoiles, et par ext. parsemé d'objets ou d'ornements qui brillent : *Poitrine constellée de décorations.* **Émaillé,** fig., semé de choses qui diversifient : *Parterre émaillé de fleurs. Discours émaillé de citations.*

Semence : → Germe.

Semer : ¶ 1 Jeter de la semence sur une terre. *Semer* a rapport au grain qu'on met dans la terre, **Ensemencer,** à la terre qui reçoit le grain : *Semer du blé. Ensemencer* *un champ.* Mais employé absolument, ou comme syn. d'*ensemencer, semer* peut marquer une action involontaire, ou facile, ou faite sur un petit espace ; *ensemencer* suppose toujours une action méthodique, préparée par un labourage ou un aménagement du terrain, et se faisant en général sur de plus larges étendues : *Semer un jardin, un champ* (VOLT.). *Ensemencer des terres* (VOLT.). **Emblaver,** terme d'agriculture, ensemencer une terre en blé ou autres céréales. ¶ 2 Couvrir çà et là avec des choses que l'on répand. *Semer* marque une abondance moins grande que **Parsemer** (→ Recouvrir) : *Les oreilles semées de quelques poils argentés* (BUF.). *Ce sont petits chemins tout parsemés de roses* (MOL.). ¶ 3 → Répandre. ¶ 4 → Quitter.

Semi mot emprunté du latin, syn. de **Demi,** s'emploie surtout comme préfixe dans quelques mots composés de caractère scientifique ou philosophique : *Les canaux semi-circulaires.*

Sémillant : → Vif.

Semi-mensuel, qui se fait, paraît deux fois par mois. **Bimensuel,** qui se fait, paraît tous les deux mois, est devenu syn. de *semi-mensuel,* et, pour désigner ce qui se fait ou paraît tous les deux mois, on dit parfois **Bimestriel.**

Séminaire : Au fig. Lieu où certaines gens se forment. *Séminaire* a surtout rapport à la qualité et se dit plutôt d'un établissement qui prépare à des professions exigeant un idéal élevé ou des connaissances précises. **Pépinière** a surtout rapport à la quantité, se dit d'un établissement ou d'un groupe quelconque, et fait penser à une utilisation quelconque : *Napoléon transforma une pépinière de savants en un séminaire de guerriers* (GAL FOY). *Cette pépinière immense de citoyens que les Romains trouvèrent dans leurs esclaves* (MTQ.). **École,** beaucoup plus général, se dit, en bien ou en mal, de tout ce qui forme et éclaire par l'expérience : *C'est une école que votre conversation* (MOL.).

Semis : → Ensemencement.

Semonce : ¶ 1 → Sommation. ¶ 2 → Reproche.

Sempiternel : → Éternel.

Sénat : → Réunion.

Sénescence : → Vieillesse.

Sénile : → Agé.

Sénilité : → Vieillesse.

Sens : ¶ 1 Moyen par lequel nous percevons les objets extérieurs et leurs qualités. *Sens* désigne la faculté abstraite, immatérielle ; **Organe,** l'appareil physiologique qui sert le sens dans son exercice.

¶ 2 Au pl. → Sensualité. ¶ 3 → Intuition. ¶ 4 *Sens moral :* → Conscience. ¶ 5 → Raison. ¶ 6 Ce que donnent à entendre les signes ou les termes dont se sert celui qui parle ou écrit. *Sens* a rapport à tout un ensemble, discours, écrit, phrase ou signes : *Le sens de vos vers* (BOIL.) ; *d'une menace* (CORN.) ; *d'une résolution* (RETZ). **Signification** indique un sens attaché à un mot ou à un signe précis : *Signification des mots* (D'AL.) ; *d'un geste* (GI.) ; *sens,* dans ce cas, indique quelque chose d'absolu, de nécessaire, *signification,* quelque chose de relatif, de variable : *N'est-ce pas corrompre une langue que de donner aux termes employés par les bons auteurs une signification nouvelle? Qu'arriverait-il si vous changiez ainsi le sens de tous les mots?* (VOLT.). **Acception** ne se dit que d'un mot, mais alors que *signification* indique sa valeur générale, son étendue, *acception,* le plus souvent au pl., montre cette valeur sous divers aspects, et se dit des diverses nuances qu'on lui donne : *La signification de « Luire », c'est jeter de la lumière, mais « Luire » peut avoir une acception propre et une acception figurée;* employé au pl., comme *acceptions, significations* marque plutôt les sens historiques que les sens actuels d'un mot : « *Étonner » a eu avec le temps des significations diverses.* **Valeur,** juste signification des termes suivant l'usage reçu, fait penser à l'effet esthétique et moral de chaque mot qui s'ajoute à sa signification et lui donne telle ou telle force, telle ou telle résonance qui lui est propre : « *Scélérat » et « Criminel »,* quoique ayant la même signification, n'ont pas la même valeur. **Portée,** en parlant d'un mot, fait penser à la limite jusqu'où s'étend sa force, à tout ce que peut impliquer son sens ordinaire : *Qualifier de mensonge une simple inexactitude, c'est ignorer la portée des mots.* — **Entente,** signification possible qu'on donne à un mot, à une phrase équivoque et susceptible de plusieurs sens : *Mots à double entente.* — **Esprit,** sens d'un discours, d'un texte, d'une chose, correspondant à l'intention réelle de leur auteur, par opposition à ce que peut signifier l'apparence ou la lettre : *L'esprit de la loi.* ¶ 7 → Opinion. ¶ 8 *Sens,* côté vers lequel a lieu un mouvement. **Direction** a le plus souvent rapport à un but et s'oppose à toutes les directions qui ne vont pas vers ce but : *Sens interdit; sens giratoire; détourner un train de sa direction.*

Sens (bon) : → Raison.

Sens commun : → Raison.

Sens rassis (de) : → (de) Sang-froid.

Sensation : ¶ 1 Alors qu'**Impression** ne se dit que de l'effet physique que produisent les objets extérieurs sur les organes de nos sens, sans que nous en ayons forcément conscience, *Sensation* suppose toujours que nos sens appréhendent l'impression qui prend pour eux une valeur psychologique affective et représentative; **Sentiment,** vx comme syn. parfait de *sensation,* ne se dit plus, de nos jours, que de l'état affectif assez durable que provoque la sensation, par opposition à sa valeur représentative : *J'ai une sensation de rouge qui me donne un sentiment de plaisir.* **Perception** ajoute à *sensation* l'idée d'un acte par lequel l'esprit prend possession de la sensation donnée par l'objet, s'en fait une idée et en acquiert une connaissance. ¶ **2** Modification de notre conscience affective. *Sensation* a toujours rapport à une cause réelle, extérieure ou intérieure, physique ou physiologique, qui nous fait subir une affection passagère, vive, forte et précise : *Cette voix faible et rauque lui causait une sensation désagréable* (M. D. G.). **Impression,** ce qui reste d'une sensation, ou sensation mal reconnue, confuse ou imaginaire : *Cette névralgie m'a laissé quelque impression de douleur* (ACAD.); ou, au fig., tout effet qu'une cause quelconque produit dans le cœur ou dans l'esprit, avec l'idée de quelque chose de plus durable, de plus nuancé, de plus confus que ne l'implique *sensation* lorsque ce terme, beaucoup moins étendu, peut s'employer comme son syn. : *L'impression subite et voluptueuse d'entrer dans un climat plus chaud... la sensation d'entrer dans une serre* (LOTI). — En parlant d'une nouvelle, *Faire sensation,* c'est éclater, se faire remarquer, faire du bruit; *Faire impression,* c'est toucher, émouvoir, laisser un souvenir durable. — **Sentiment,** pour désigner un phénomène affectif, se rapproche d'*impression* par l'idée de durée qu'il implique, mais alors que l'*impression* est représentative et naît d'un objet extérieur à notre conscience, le *sentiment* purement affectif peut être conçu dans notre conscience, naître de faits purement psychologiques et en tout cas est toujours considéré comme un phénomène psychologique indépendamment de sa cause : *Des sensations de douleur, une impression de souffrance font naître le sentiment de la souffrance.*

Sensationnel : → Surprenant.

Sensibilité : ¶ **1** Qualité par laquelle un sujet ressent les impressions physiques. *Sensibilité* désigne abstraitement cette qualité chez les personnes, les bêtes et les choses. **Sentiment,** vx, désignait plutôt la faculté d'exercer sa sensibilité que possède l'homme et ne se dit plus de nos jours que dans quelques loc. comme *Perdre le sentiment.* — **Hyperesthésie,** terme de médecine, exagération physiologique ou pathologique de la sensibilité. ¶ **2** En termes de philosophie, *Sensibilité* se dit spéc. de l'ensemble des phénomènes actifs ou passifs comme douleur, plaisir, émotion, tendance, inclination, passion, qui s'opposent à la vie intellectuelle ou volontaire, considérés en eux-mêmes ou comme appartenant à un individu, un groupe social (→ Sentiments). **Affectivité,** d'un langage plus technique, se dit exclusivement de l'ensemble des mêmes phénomènes considérés comme formant une classe. ¶ **3** *Sensibilité* désigne aussi la faculté de ressentir vivement les moindres impressions morales; on précise souvent, en ce sens, l'impression à laquelle ce mot a rapport : *Sensibilité pour les déplaisirs* (Bos.). **Émotivité,** terme de pathologie, employé absolument, état des personnes dont le système nerveux déséquilibré répond aux chocs divers internes et externes par des émotions exagérées. ¶ **4** Prédominance chez un être de l'affectivité. *Sensibilité* marque une aptitude naturelle à être ému de toutes sortes d'impressions morales, et spéc., d'affections favorables à autrui qui nous poussent à compatir, à être touchés passivement, parfois avec quelque faiblesse, et à le montrer par nos réactions : *La sensibilité n'est jamais sans faiblesse d'organisation* (DID.). **Tendresse** ne se dit que de l'amour et des affections naturelles et suppose alors un mouvement affectueux, caressant qui nous porte vers ce que nous aimons; en amour la *sensibilité* nous fait éprouver vivement les impressions qui viennent d'autrui; la *tendresse* attache : *Des passions violentes sans tendresse* (BALZ.). Selon Voltaire, *Pauline aime Sévère par tendresse et Polyeucte par sensibilité.* **Cœur,** syn. de *sensibilité* par métaphore, en un sens favorable, sauf si un qualificatif le modifie, fait souvent penser aux affections ou aux œuvres qu'inspire la sensibilité : *Ah! frappe-toi le cœur c'est là qu'est le génie* (MUS.). *Un cœur de mère.* **Sentiment,** employé absolument, disposition à être facilement ému, touché, attendri, n'implique pas, comme *sensibilité,* une sympathie altruiste et a plutôt rapport à l'influence de la sensibilité sur la raison ou à la façon dont elle s'exprime : *Perfectionner la raison par le sentiment* (J.-J. R.). *Le langage du sentiment* (C.). *Réciter avec sentiment. Faire appel au sentiment.* **Sensiblerie,** toujours péj. sensibilité outrée, fausse ou injustifiée : *Sensiblerie allemande* (BALZ.). **Sentimentalité,** péj., abus ou affectation du sentiment excité par l'imagination et souvent romanesque, sans l'idée de compassion qu'il y a souvent dans *sen-siblerie* : *Pleurer la mort d'un oiseau, c'est de la sensiblerie; rêver au coucher du soleil, c'est de la sentimentalité.* **Senti-mentalisme,** morale du sentiment; et, péj., exagération ou affectation qui consiste à se guider systématiquement sur la sensibilité ou sur le sentiment, alors que la *sensiblerie* consiste plutôt à éprouver exagérément ou à feindre des sentiments : *La sensiblerie de la comédie larmoyante. Le sentimentalisme de Diderot; de J.-J. Rous-seau. La sentimentalité de Mme Bovary.*

Sensible : ¶ 1 Qui a la faculté de rece-voir les impressions physiques et morales. *Sensible* terme courant, marque une sensi-bilité de fait, susceptible de degrés; **Sensitif,** terme de philosophie, indique abstraitement et absolument la faculté de sentir : *L'être sensitif* (J.-J. R.). ¶ 2 Qui ressent vivement les moindres impres-sions physiques ou morales. *Sensible* implique la capacité d'éprouver et de réa-gir et a pour syn. au physique **Tendre** qui suppose une telle délicatesse dans le corps et dans les choses que la moindre action physique les pénètre ou les blesse, mais n'implique qu'accessoirement, en parlant du corps, l'idée de sensibilité à la douleur : *Avoir la peau tendre et les pieds sensibles. Corps féminin qui tant est tendre* (VILLON); **Douillet** marque une sensibilité exagérée à la plus légère douleur, à la moindre incommodité. — En parlant d'une partie du corps facile-ment atteinte par une maladie, *sensible* a pour syn. **Fragile** (→ ce mot) et **Délicat,** qui enchérissent. — En parlant des impressions morales, *sensible* et **Émotif** diffèrent comme les noms correspondants (→ Sensibilité). **Impressionnable** implique toujours une sensibilité passive et des spectacles, des idées qui troublent vive-ment : *Un enfant impressionnable.* **Sensitif** se dit parfois d'une personne d'une sensibilité excessive, presque maladive, mais c'est un abus à éviter; il vaut mieux dire **Hypersensible**; en revanche **Sensi-tive,** n., se dit au fig., par allusion à la plante de ce nom, d'une personne qu'un rien blesse et effarouche : *Vivacité de sensitive* (BALZ.). ¶ 3 Chez qui l'affectivité prédomine. *Sensible* et **Tendre** diffèrent comme les n. correspondants (→ Sensi-bilité), *tendre* impliquant parfois, péj., des sentiments amoureux fades, lan-goureux, trop galants : *Les héros de Racine sont sensibles; ceux de Quinault sont tendres.* **Sentimental,** qui affecte la sensibilité ou en abuse, en l'excitant par son imagination, en la cultivant, avec quelque facilité superficielle et parfois éprouver les émotions profondes et parfois la compassion de l'homme sensible : *Étant*

de tempérament plus sentimentale qu'artiste, cherchant des émotions et non des paysages (FLAUB.). **Romanesque** ajoute l'idée d'une exaltation qui se perd dans des sentiments chimériques des héros de romans : *Elle paraît romanesque (l'excessive sensibi-lité s'appelle ainsi chez les notaires)* (BALZ.). **Romantique,** fig., implique avec précision tout ce qui caractérise un déséquilibre de la sensibilité analogue à celui qui affecta les écrivains du début du XIXᵉ siècle, par ex. l'inquiétude, le désir d'évasion, le vague des passions, les rêves, etc. : *La sensibilité romantique du Tasse.* ¶ 4 → Évident. *Sensible,* qui s'est dit de ce que nous connaissons par une sorte d'intuition, qualifie plus ordinairement ce qui tombe sous les sens et, au fig., des vérités, des préceptes faciles à saisir par des exemples qui les matérialisent en quelque sorte : *Air de famille sensible* (GI.). *Cela rendait sensible, évidente, l'aggravation régulière de son état* (M. D. G.). **Palpable** et **Tangible,** qu'on peut toucher, enchérissent : *Dans l'esprit de géométrie les principes sont pal-pables* (PASC.). *Un fil, figuration tangible du devoir* (GI.). **Visible** (→ ce mot) se distingue non par le degré mais par l'espèce et ne se dit que de ce qui tombe proprement sous la vue : *L'incivilité est toujours un défaut visible et manifeste* (L. B.). ¶ 5 → Vif.

Sensualité : ¶ 1 *Sensualité,* attachement de fait aux plaisirs des sens : *Coquette sensualité de femme* (M. D. G.). **Sens,** au pl., indique plutôt la cause de la sensualité, la puissance des sens sur l'homme, consi-dérée d'une façon plus abstraite, sans l'idée d'activité, de jouissance effective : *Les sens indépendants de la raison et souvent maîtres de la raison ont emporté* [l'homme] *à la recherche des plaisirs* (PASC.). **Concu-piscence** (→ ce mot), terme surtout reli-gieux, inclination violente (et non atta-chement de fait) aux plaisirs défendus, surtout à ceux des sens et spéc. de l'amour. ¶ 2 → Plaisir.

Sensuel : ¶ 1 *Sensuel,* qui se rapporte aux sens considérés comme une source de jouissance, et par ext., qui flatte les sens : *Appétits sensuels. Religion* [de Mahomet] *toute sensuelle* (VOLT.). **Charnel,** terme religieux, qui regarde la chair par opposition à l'âme, a un sens plus large : *L'ambition, le goût de la richesse sont des appétits charnels et non sensuels.* ¶ 2 Fort attaché aux plaisirs des sens (en un sens plus large que *Lascif :* → ce mot). *Sensuel* suppose un entraînement instinctif à aveugle qui nous pousse vers les plaisirs des sens : *Passion sensuelle et grossière* (J.-J. R.). En un sens plus large, **Matériel,** terme commun, et **Charnel,** terme de reli-gion, dont les pensées et le cœur sont attachés aux jouissances qui ne sont pas de l'ordre de l'esprit ou de l'âme : *La grandeur qui vient de Dieu est insensible aux charnels et aux gens d'esprit* (Pasc.). **Voluptueux** (→ Libertin) suppose de la recherche et de la délicatesse dans les plaisirs physiques et parfois moraux, souvent par système de conduite, par art de vivre librement choisi : *Passions voluptueuses qui tiennent à l'amour et à la mollesse* (J.-J. R.).

Sentence : ¶ 1 → Pensée. ¶ 2 → Jugement.

Sentencieux : ¶ 1 *Sentencieux*, qui contient des sentences, des maximes, ou s'exprime ainsi. **Gnomique** ne se dit que des poèmes, surtout des littératures anciennes, qui contiennent des maximes, et des poètes qui les ont composés. ¶ 2 → Tranchant.

Senteur : → Odeur.

Sentier : ¶ 1 *Sentier*, chemin étroit qui sert aux piétons et aux bêtes, en étant tracé nettement. **Sente**, petit sentier très étroit, peu visible. **Piste**, sente tracée uniquement par le passage d'hommes ou d'animaux et à peine indiquée. **Layon**, petit sentier que dans quelques chasses privées ou gardées on trace en ligne droite afin que le chasseur y marche sans embarras. ¶ 2 Au fig. → Voie.

Sentiment : ¶ 1 → Sensation. ¶ 2 → Intuition. ¶ 3 Phénomène de la vie affective. *Sentiment*, tout état affectif par opposition à ce qui est intellectuel, se rapproche, au pl., de **Sensibilité** pour désigner l'ensemble des états affectifs d'une personne; mais les *sentiments* existent concrètement à un moment donné, la *sensibilité*, plus abstraite, est l'ensemble des sentiments considérés dans le temps comme déterminant une façon de réagir caractéristique de la personne : *On a étudié la sensibilité française au XVIII*ᵉ *siècle, c'est-à-dire les divers sentiments à la mode et les réactions affectives du temps.* **Passion**, syn. vx de *sentiment*. **Affection**, toute manière d'être de la sensibilité touchée par quelque objet, est d'un langage plus relevé que *sentiment* et caractérise d'une façon plus indéterminée un état surtout considéré comme passif et susceptible de degrés : *Affections humaines; naturelles; douces; déréglées* (Acad.). ¶ 4 De nos jours, en un sens plus restreint, *Sentiment* se dit, surtout en psychologie, des états affectifs plus durables et modérés que la **Émotion**, moins actifs que la **Tendance** et l'**Inclination** (→ ces mots), pouvant coexister avec d'autres états sans dominer violemment la vie de l'esprit, ce qui les distingue de la **Passion**, et qui, enfin, sont souvent altruistes : *Sentiment de pitié; de tendresse. Sentiment*

de la nature. ¶ 5 → Attachement. ¶ 6 → Sensibilité. ¶ 7 → Opinion. ¶ 8 *Sentiment*, tout ce qu'éprouve ou pense une personne à un moment donné : *Étudier les sentiments de Polyeucte dans l'acte IV.* **Dispositions**, sentiments où l'on en est à l'égard de quelqu'un ou de quelque chose. — **Psychologie**, ensemble de sentiments, d'états d'âme que l'on étudie pour en tirer des conclusions sur le caractère ou les mœurs (→ ce mot) d'un personnage surtout littéraire : *La psychologie des personnages raciniens.*

Sentimental : → Sensible.

Sentimentalisme, Sentimentalité : → Sensibilité.

Sentine : → Cloaque.

Sentinelle : → Factionnaire.

Sentir : ¶ 1 Recevoir une impression physique ou concevoir une affection. *Sentir*, terme le plus général, suppose quelque chose d'intime, de subjectif qui vient de nous : *Je commençai à sentir ma fatigue* (Mau.). **Ressentir**, sentir par contrecoup ce qui est l'effet d'une cause étrangère : *L'âme ressent les passions du corps* (Pasc.). *Ressentir l'amitié* (Acad.); parfois aussi, sentir bien après l'impression : *Damon ressent la perte de son ami dans ce moment, tout comme il la sentait au moment de ses funérailles* (Marm.). **Éprouver**, sentir une chose nouvelle dont nous n'avions pas encore l'expérience : *D'anciennes impressions longtemps senties* [par l'âme] *et des nouvelles qu'elle éprouve* (Pasc.). ¶ 2 Percevoir par l'odorat. *Sentir*, percevoir une odeur, volontairement ou non. **Flairer**, chercher à découvrir, à reconnaître une odeur ou une chose par l'odeur, ne se dit plus guère de nos jours que du chien et d'autres animaux; en parlant des personnes, on dit *sentir*, et *flairer* ne se dit que lorsqu'il s'agit d'une odeur qu'on perçoit fortement et agréablement : *Flairez un peu ce bon plat* (Acad.). **Odorer**, vx, avoir le sens de l'odorat, se dit trans. d'un animal qui sent en flairant : *Du plus loin que le chien sauvage odore le tigre ou le lion* (Mich.); et par ext. dans des emplois abstraits : *Et Dieu a odoré et reçu l'odeur du sacrifice* (Pasc.). **Subodorer**, sentir de loin, à la trace, en parlant des bêtes, s'emploie surtout au fig. **Halener,** vx, sentir l'haleine de quelqu'un ou prendre l'odeur de la bête en parlant des chiens de chasse. **Humer** se dit par ext. de parfums forts et agréables qu'on flaire avec complaisance en aspirant fortement : *Humer des parfums* (Gi.). ¶ 3 Exhaler une odeur. *Sentir* s'emploie avec un qualificatif précisant la nature de l'odeur; absolument c'est plutôt sentir mauvais (→ Puer). **Odorer**, vx, sentir fort. **Fleurer**, syn. plus recherché de *sentir*, s'emploie plutôt en parlant de bonnes odeurs délicates. **Musser**, *sentir*, est pop. ¶ 4 → Connaître et Percevoir. ¶ 5 → Exhaler. ¶ 6 (Réf.) Éprouver quelque reste d'un mal ou l'influence de quelque chose. *Se sentir*, vx, se dit plutôt de ce qui vient de nous-mêmes ou de notre conduite, ou marque la conséquence d'une chose prochaine : *Il se sent de s'être exposé au froid, à l'humidité* (Lit.). **Se ressentir**, beaucoup plus usité, marque une conséquence plus lointaine et parfois due à une cause étrangère : *Ce pays a été ruiné par la guerre, il s'en ressentira longtemps* (Acad.).

Séparation : ¶ 1 Action d'empêcher que deux choses restent ensemble ou confondues. *Séparation* suppose qu'on désunit, qu'on met chaque chose à part; **Distinction,** qu'on note des différences pour éviter de confondre, le plus souvent sans toucher aux choses, uniquement par l'esprit : *Montesquieu fit la distinction des pouvoirs exécutif, législatif et judiciaire et conseilla leur séparation;* **Démarcation,** qu'on marque la limite entre deux choses : *Métaphore qui, comparant la terre à la mer, supprimait entre elles toute démarcation* (Proust). **Ségrégation,** terme didact., action par laquelle on sépare une chose ou une personne d'un tout : *La ségrégation des races dans certains pays;* se dit notamment en sciences de l'acte par lequel des êtres ou des objets mêlés à d'autres s'en séparent pour être réunis à un groupe nouveau. **Départ,** *séparation* et parfois *distinction*, terme didact. ou recherché, se dit notamment en chimie de la séparation des éléments dans les mélanges de métaux surtout précieux : *Le départ de l'or avec l'argent. Faire le départ entre diverses attributions* (Acad.). **Division** (→ ce mot) diffère de *séparation* comme les verbes correspondants (→ Séparer). **Divorce,** au fig., séparation, rupture faite en général d'elle-même entre des choses qui étaient unies ou devraient l'être : *Le divorce de la civilisation et de la liberté est le côté honteux de notre histoire* (E. Quinet). ¶ 2 Ce qui sépare. *Séparation* rappelle l'œuvre d'un agent et se dit surtout au physique : *Mettre une séparation entre deux jardins.* **Fossé,** fig., séparation naturelle ou provoquée qui empêche l'union entre groupes de personnes qui ont conscience des différences qu'il y a entre leurs conceptions intellectuelles et morales : *Il y a un fossé entre ces deux partis.* **Abîme,** fig., séparation irrémédiable fondée sur des différences radicales : *Le définitif abîme ouvert entre ceux qui vivaient ici et l'homme que je suis devenu* (Loti). **Barrière,** fig., suppose plutôt une séparation artificielle provoquée par des obstacles interposés : *Mets donc entre Paul et toi, les barrières du monde* (Balz.). *Barrières douanières* (M. d. G.). **Mur** enchérit. **Cloison,** fig., suppose surtout l'impossibilité de communiquer : *Je me suis toujours senti séparé de tous par une cloison étanche, étranger parmi les étrangers* (M. d. G.).

Séparation de corps : → Divorce.

Séparatisme : Tendance d'une partie d'un peuple à ne pas vouloir rester unie avec l'ensemble. *Séparatisme* suppose le désir de faire sécession. **Particularisme** n'implique que la volonté de garder ses usages, son caractère propre et parfois de jouir, dans la communauté, d'une certaine autonomie.

Séparé : → Différent.

Séparément : Pas en même temps que d'autres. *Séparément* ajoute à **A part** une idée de parallélisme : c'est à part l'un de l'autre. *On isole un accusé, on l'interroge à part; mais on interroge séparément plusieurs accusés.*

Séparer : ¶ 1 Faire que des choses cessent d'être ensemble, de faire un tout. *Séparer* se dit de différentes choses, **Diviser** (→ ce mot) ne se dit que des parties d'une chose : *Les Alpes séparent l'Italie de la France; l'Apennin divise l'Italie en deux parties. Séparer*, au sens de *diviser*, suppose une chose que l'on place entre les parties qu'on divise de façon à les écarter, à les empêcher de communiquer alors qu'on peut *diviser* idéalement : *Séparer ses cheveux par une raie.* **Départir,** *séparer*, est vx. **Déprendre,** séparer deux choses qui se tiennent, deux personnes qui s'accrochent l'une à l'autre : *Déprendre deux dogues, deux boxeurs.* **Détacher,** séparer d'un groupe, d'un corps, soit en distinguant ou en écartant, soit en envoyant ailleurs, en disjoignant : *Détacher les notes du texte par un filet. Détacher les bras du corps. Détacher un fonctionnaire.* **Disjoindre,** séparer des choses jointes, et, en termes de procédure, séparer deux ou plusieurs causes ou instances afin de les juger chacune à part : *Disjoindre des planches. Disjoindre deux causes; les parties d'un ordre du jour.* **Dissocier,** séparer des éléments qui formaient un corps ou qu'on avait associés, réunis : *Dissocier un composé; un parti politique; deux questions pour traiter chacune d'elles à part* (Acad.). **Désunir,** séparer ce qui était uni : *Désunir des planches. Désunir deux provinces. Questions qu'on ne peut pas désunir.* **Abstraire,** séparer par l'esprit certains éléments d'autres éléments avec lesquels ils sont unis, pour les considérer isolément. ¶ 2 Au fig., en parlant des personnes, *Séparer,* faire cesser une liaison, amener une rupture, ou mettre un obstacle à une union : *Le sang*

les avait joints; l'intérêt les sépare (L. F.).
Désunir suppose toujours une union préalable et marque simplement qu'elle n'est plus parfaite : *Désunir le peuple et le sénat* (Volt.). **Diviser** implique discorde, mésintelligence qui naissent dans l'esprit de gens unis ou qui devraient l'être, et suppose toujours la volonté de n'être pas d'accord alors qu'on peut parfois être *séparé* contre sa volonté, par des obstacles, des malentendus : *Les dirigeants séparent les peuples par de fausses propagandes, mais leurs intérêts, leur égoïsme divisent les peuples.* — **Détacher** indique qu'on affaiblit jusqu'à le rompre le lien qui unissait une personne à une autre, à un groupe, ou aussi à des choses auxquelles elle tenait : *Détacher un homme d'une femme; d'un parti.* **Déprendre** marque une action plus difficile, plus rude, et se dit souvent (surtout au réf.) de choses mauvaises dont on détache : *Le meilleur fruit de la critique est de nous déprendre de nous-mêmes* (Tai.). ¶ 3 → Distinguer. ¶ 4 → Écarter. *Séparer*, écarter ou éloigner deux choses en les isolant d'une façon durable : *Séparer par des blancs les paragraphes d'un développement.* **Espacer,** ranger plusieurs choses de manière à laisser entre elles des espaces déterminés : *Espacer régulièrement des arbres.* **Détacher,** en termes de musique, séparer des notes, dans l'exécution, par de courts silences pris sur leur valeur. — Réf. ¶ 5 Former deux ou plusieurs parties en parlant d'une seule chose. **Se diviser** ajoute à *Se séparer* l'idée d'un grand écart entre les diverses parties qui souvent ne se rejoignent plus; toutefois on dit souvent l'un pour l'autre : *Ce fleuve se divise ou se sépare en plusieurs bras.* **Se ramifier,** se diviser en plusieurs branches ou plusieurs rameaux en parlant des arbres, des veines, des nerfs, etc., et, au fig., des sciences et des sectes. ¶ 6 Cesser d'être ensemble. *Se séparer* fait penser à l'état souvent durable qui résulte de l'action : *Il est tard, il faut nous séparer.* **Se quitter** fait penser aux circonstances de l'action elle-même qui peut parfois amener une séparation de très courte durée : *Des amants qui se quittent en pleurant* (Gi.). **Rompre** implique l'acte formel de renoncer à une liaison : *On a bien de la peine à rompre quand on ne s'aime plus* (L. R.). — En parlant d'un ménage → Divorcer ¶ 7 Cesser d'être assemblé ou de tenir ses séances en parlant d'un corps, d'une compagnie. **Se dissoudre** ajoute à *Se séparer* l'idée que le corps cesse d'exister : *L'Assemblée nationale se sépare pour les vacances et se dissout à la fin de la législature.*

Septentrion : → Nord.

Septentrional : → Nordique.

Sépulcral : ¶ 1 → Triste. ¶ 2 → Sourd.

Sépulcre : → Tombe.

Sépulture : ¶1→ Enterrement. ¶2→Tombe.

Séquelle : → Suite.

Séquence : ¶ 1 → Suite. ¶ 2 → Scène.

Séquestre : → Dépôt.

Séquestrer : → Enfermer.

Sérail : → Harem.

Serein (Adj.) : → Tranquille.

Serein (N.) : → Vapeur.

Sérénade : ¶ 1 → Aubade. ¶ 2 → Tapage.

Sérénité : → Tranquillité.

Serf : → Paysan.

Sergent de ville : → Agent de police.

Série : → Suite.

Sérier : → Ranger.

Sérieusement : ¶ 1 *Sérieusement,* de tous les styles et subjectif, qualifie la façon dont on agit, sans plaisanter, avec ardeur : *Travailler sérieusement à sa fortune.* **Tout de bon,** fam. et objectif, appelle l'attention sur la manière d'être ou d'avoir lieu, réellement, véritablement : *M'avez-vous cru si dur et si brutal Que d'avoir fait tout de bon le sévère?* (L. F.). ¶ 2 → Très. ¶ 3 *Sérieusement,* **Gravement, Grièvement, Dangereusement :** → Sérieux.

Sérieux : Adj. ¶ 1 Le contraire de plaisant et de frivole. *Sérieux* indique une humeur naturelle qui fait qu'on ne rit pas, qu'on ne considère pas ce que l'on fait comme une chose de peu d'importance; et se dit aussi des choses qui ne font pas rire, ou qui sont solides, importantes, ou qui révèlent du sérieux chez celui qui les fait ou qui les traite : *Plus vous paraissez gai et plus je suis sérieux* (Volt.). *Un client sérieux. Un poème sérieux. Une proposition sérieuse.* **Grave** indique une réserve que souvent l'on se donne, par sagesse, circonspection, et qui fait qu'on s'observe, qu'on ne choque pas les bienséances de son rang, de son âge, de son caractère, qu'on impose; en parlant des choses, *grave* renchérit sur *sérieux* : *Comme Claude Anet était sérieux, même grave, il m'en imposait* (J.-J. R.). *Le grave est au sérieux ce que le plaisant est à l'enjoué; il a un degré de plus et ce degré est considérable* (Volt.). **Sévère** et **Austère** enchérissent sur *grave* aussi bien en parlant de l'air d'une personne (→ Austère), qu'en termes d'art et de littérature. ¶ 2 → Important. En parlant d'une situation, d'un état qui peut avoir des conséquences fâcheuses, **Grave** enchérit sur *Sérieux.* **Grief,** syn. vx de *grave,* en parlant d'une maladie, d'une faute, marquait surtout l'intensité du mal que la chose contient ou produit de façon à être pénible : *Une maladie grève fait souffrir* (à noter que l'adverbe *grièvement* ne se dit plus que dans la loc. *grièvement blessé*). **Dangereux** insiste sur le dommage ou le malheur dont on est menacé; **Critique,** sur le fait que la situation va amener un changement décisif, en bien ou en mal; **Désespéré** enchérit sur tous ces mots et suppose un état si fâcheux qu'on ne voit plus aucune issue favorable. ¶ 3 → Vrai. — ¶ 4 N. *Sérieux* diffère de **Gravité** (→ ce mot) comme les adj. correspondants.

Seriner : → Répéter.

Serment : ¶ 1 *Serment,* action solennelle, publique, pour confirmer la sincérité d'une promesse en attestant Dieu, un être ou un objet sacré : *D'un amour éternel Nous irons confirmer le serment solennel* (RAC.). **Jurement** implique seulement que, dans la conversation, on invoque le nom de Dieu pour confirmer la vérité d'un témoignage, le plus souvent sans raison, d'où une nuance péj. ¶ 2 *Serment,* engagement solennel quelconque, particulièrement envers un homme ou des hommes, parfois envers soi-même : *Il se fit des serments : « Je me jure d'être le plus français des écrivains »* (J. ROM.). **Vœu,** engagement envers Dieu, fait de son plein gré, sans que l'œuvre dont on s'impose l'obligation soit un devoir : *Le nonce releva de son vœu Henri III qui avait fait serment d'aller faire la guerre en Palestine* (VOLT.); un engagement qu'on se fait à soi-même, sans invoquer Dieu, avec toujours l'idée d'une forte résolution morale.

Sermon : ¶ 1 Discours chrétien pour annoncer la parole de Dieu. *Sermon,* ce qu'on dit en chaire; **Prédication** annonce un fait, celui de parler, en chaire ou non : aussi *sermon* désigne-t-il seul les ouvrages que nous lisons dans les livres, et *prédication* fait-il plutôt penser aux circonstances dans lesquelles a parlé le prédicateur : *C'est à ses prédications que l'abbé de Beaulieu doit la réputation dont il a joui de son vivant. On a de lui deux volumes de sermons* (D'AL.); quand on peut dire l'un et l'autre, *sermon* annonce quelque chose de plus travaillé, de plus orné que *prédication* : *Nous n'avons point de prédicateur en notre siècle qui ait été aussi figuré dans ses sermons les plus préparés que J.-C. l'a été dans ses prédications populaires* (FÉN.). **Conférence,** discours prononcé en chaire, mais moins oratoire que le *sermon,* moins destiné aussi à l'exhortation, et dans lequel on examine, souvent en plusieurs fois, des points de doctrine, de morale religieuse, ou des problèmes d'actualité, à la lumière de la religion : *Les Conférences de Massillon.*

Les conférences de Notre-Dame. **Exhortation,** discours de piété, en langage familier et simple, pour exhorter à la dévotion. **Prône,** instruction d'un curé à ses fidèles à la messe du dimanche, qui comprend parfois une *exhortation,* voire un petit *sermon.* **Homélie,** simple instruction, faite sur un ton familier, pour exposer les matières de la religion et principalement l'Évangile. — **Prêche,** sermon prononcé dans un temple protestant. ¶ 2 → Reproche.

Sermonnaire : → Prédicateur.

Sermonner : → Réprimander.

Serpentin : → Sinueux.

Serre : ¶ 1 Lieu clos où l'on enferme pendant l'hiver les plantes qui craignent le froid. La *Serre,* couverte de vitrages, sert pour toutes les plantes. **Orangerie,** serre où l'on conserve les orangers, les citronniers en caisse, ou d'autres plantes fragiles. — **Jardin d'hiver,** sorte de serre, le plus souvent en fer ouvragé et en verre, accolée à une habitation de plaisance, et dans laquelle on peut se promener, se reposer. ¶ 2 → Ongle.

Serré : ¶ 1 → Court. ¶ 2 → Logique. ¶ 3 → Avare.

Serrer : ¶ 1 → Presser. ¶ 2 Tenir étroitement. *Serrer,* terme le plus usité, se dit quelle que soit la façon dont on fait l'action. **Étreindre,** seulement en parlant de ce qu'on tient dans un lien ou comme dans un lien, serrer au point d'ôter la respiration ou la liberté de mouvement : *« Il faudra donc, dit Sancho, que vous le teniez si serré qu'il ne puisse remuer ni pied ni patte. — Je l'étreindrai d'une telle force, répondit le chevalier, qu'il n'aura pas la respiration libre »* (LES.). **Enlacer,** engager dans des cordons, des lacets, par ext. serrer en entourant de liens souples et multiples, parfois dans des replis ou, en parlant de personnes, avec tendresse : *Enlacer de lianes. Un reptile enlace sa proie. Amants enlacés.* **Entrelacer,** enlacer l'un dans l'autre, se dit par ext. de personnes qui s'enlacent mutuellement : *Les martyrs allaient à la mort entrelacés.* **Embrasser,** serrer, étreindre avec les deux bras en signe d'affection, parfois pour donner un baiser : *J'embrasse mon rival, mais c'est pour l'étouffer* (RAC.). **Accoler,** peu usité, embrasser en jetant les bras autour du cou en signe d'affection. ¶ 3 *Serrer,* exercer une pression sur une chose pour la rendre plus étroite ou ne lui laisser aucun jeu. **Resserrer,** serrer davantage ou est déjà serré : *Et comme un long serpent resserre et multiplie sa morsure et ses nœuds* (V. H.); ou serrer de nouveau ou qui n'est pas assez serré, ou qui est trop lâche, trop libre : *Le froid resserre les pores. Les coings resserrent le* *ventre*; *resserrer* est plus usité que *serrer* au fig. — En parlant des vêtements, *serrer* indique qu'ils tiennent trop à l'étroit; **Brider** se dit de certains vêtements attachés de manière à serrer ou à ceindre trop fortement : *Ce faux col me bride le cou* (ACAD.); **Sangler,** serrer avec une sangle, par ext. serrer fortement à la taille : *Sanglé dans son habit au point de ne pouvoir risquer un geste* (ZOLA). — En parlant d'un mécanisme, *serrer,* ne pas laisser de jeu : *Serrer la vis, serrer les freins* **Bloquer,** serrer avec toute la puissance que peut fournir le dispositif de manœuvre de façon à ne laisser aucun jeu, à immobiliser : *Bloquer les freins.* ¶ 4 → Rapprocher. ¶ 5 Passer auprès. *Serrer,* terme de marine, s'emploie dans des sens plus étendus : c'est frôler, passer tout contre : *Serrer le vent, un bâtiment. Serrer un mur.* **Ranger** ne se dit qu'en termes de marine et surtout de la terre, de la côte. ¶ 6 → Enfermer. *Serrer,* enfermer en lieu sûr, soigneusement, pour éviter tout dommage : *L'armoire où j'avais l'habitude de serrer mon argent* (GI.). **Resserrer,** remettre une chose dans le lieu d'où on l'avait tirée et où elle était enfermée : *Resserrez la vaisselle dans le buffet.* **Ranger,** mettre ou remettre à sa place, qu'on serre ou non.

Serrer de près : → Poursuivre.

Sertir : → Enchâsser.

Sérum : → Vaccin.

Servage : → Servitude.

Servante : Femme ou fille employée aux travaux du ménage et qui sert à gages. *Servante,* terme général, n'implique pas que la personne habite dans la maison où elle sert et insiste souvent sur l'humilité de sa condition sociale; aussi, surtout à la ville, tend-on à remplacer *servante* par un mot plus précis : *Elle écrit comme une servante* (VOLT.). **Fille de service** ou **Femme de service,** fille ou femme employée à différents services dans une maison, se dit notamment des fonctionnaires de ce genre dans une administration; on dit aussi **Fille,** en spécifiant par un déterminatif le genre de service que fournit la personne : *Fille de ferme. Fille de basse-cour.* **Femme de ménage,** femme qui vient du dehors faire le ménage, qu'on paie le plus souvent à l'heure, et qui, à la différence de la *servante,* n'est pas attachée à un seul maître, comme d'ailleurs la **Femme de journée** qui se loue pour un travail quelconque d'une journée. **Domestique,** d'une façon générale, tout serviteur à gages d'une maison bourgeoise ou tout employé au service matériel intérieur d'un hôtel, implique le plus souvent que la personne vit sous le toit où elle sert;

c'est, de nos jours, le syn. le plus usité de *servante.* **Bonne,** qui s'emploie surtout à la ville, et devrait se dire d'une domestique spécialisée dans un service (ex. *Bonne d'enfant*), ou d'une domestique qui est la seule d'une maison (ex. *Bonne à tout faire*), est un syn. plus relevé de *domestique* ou de *servante.* **Soubrette,** en termes de théâtre, suivante de comédie, par ext., fam., *domestique,* bonne accorte, jeune et délurée. — **Femme de chambre,** domestique attachée au service personnel d'une personne du sexe féminin (autrefois en parlant de plusieurs *femmes de chambre* attachées au service d'une même personne on disait **Femmes**); par ext., dans un hôtel, femme qui s'occupe du service des chambres. **Chambrière,** syn. vx de *femme de chambre,* est burlesque. **Camériste** (et **Camérière,** vx), titre qu'on donne, dans plusieurs cours, aux femmes qui servent les princesses dans leur chambre, par ext. *femme de chambre* dans le style fam. et ironique ou qui se veut distingué. — **Femme de charge,** domestique ayant sur une certaine autorité sur la tenue et l'économie intérieure d'une maison. **Gouvernante,** femme qui a soin du ménage d'un homme veuf ou célibataire et peut avoir sous ses ordres les domestiques. **Ménagère,** vx, s'est dit autrefois d'une servante qui avait soin du ménage de quelqu'un. — **Cendrillon,** qui, par allusion au conte de Perrault, désigne parfois une jeune fille que sa famille utilise comme servante, se dit aussi d'une servante malpropre; **Goton** (abrév. de *Margoton*), fille de ferme ou de cuisine mal tenue; **Souillon,** fam., laveuse de vaisselle ou servante employée à de vils travaux; **Boniche,** pop. et assez péj., jeune bonne; **Maritorne,** fille d'auberge hommasse, laide, malpropre, par allusion à la Maritorne du *Don Quichotte.* — **Odalisque,** femme de service dans un harem.

Serveur : Celui qui sert ceux qui mangent ou boivent. *Serveur* se dit plutôt, dans les maisons privées, d'un serviteur auxiliaire que l'on prend quand on reçoit, pour servir à table et au buffet (on dit **Domestique** si le serviteur est en permanence de la maison); dans les établissements publics, on dit *serveur* pour un réfectoire, une cantine, etc., dans les cas où il ne s'agit pas d'un **Garçon,** terme qui s'emploie seul pour les restaurants, les cafés et les hôtels. **Barman** se dit plutôt dans les bars élégants de celui qui prépare, derrière son comptoir, des consommations plus ou moins compliquées.

Serveuse, femme ou fille qui sert ceux qui mangent dans un restaurant ou boivent dans un café ou un bar. **Barmaid** (en ang. « fille de bar »), terme recherché, serveuse de bar, de milkbar, ou de cabaret chic.

Serviable, terme le plus général, se dit de celui qui rend de grands comme de petits services à des supérieurs ou à des inférieurs avec zèle et dévouement : *Créatures serviables et cœurs compatissants* (M. D. G.). **Complaisant** dit beaucoup moins, implique facilité à accéder aux désirs d'autrui, surtout à propos de petits services qu'on rend par gentillesse, pour faire plaisir, parfois même en contrevenant au règlement : *Douanier complaisant.* **Obligeant** ajoute à *serviable* l'idée qu'on prend plaisir à être secourable et bienfaisant dans l'occasion et qu'on le manifeste souvent par son accueil, son air, ses paroles : *Il proposa tout de suite son entremise en ami obligeant* (ZOLA). **Officieux,** vieilli en ce sens, suppose une façon d'être intérieure, habituelle, qui pousse à agir avec empressement, affection, pour courir au-devant des moindres désirs d'autrui : *Ami tendre et officieux* (BOIL.). **Prévenant** suppose aussi le désir d'aller au-devant des volontés d'autrui, mais seulement pour montrer son affection ou son amour par de petites attentions, sans chercher toujours à rendre service.

Service : ¶ 1 *Service,* terme général, tout ce qu'on fait d'utile pour quelqu'un, avec zèle et dévouement, qu'il s'agisse d'un inférieur, d'un égal ou plus souvent d'un supérieur. **Bienfait,** acte de générosité venant toujours d'un supérieur et qui, par son importance, fait beaucoup de bien à celui qui le reçoit : *Un homme en place ne saurait payer par trop de pensions et de bienfaits les secours et les services qu'il retire des gens d'esprit* (L. B.). **Bon office,** acte de médiation ou d'assistance auprès d'un tiers : *Interposez vos bons offices pour me faire inscrire au nombre des souscrivants* (J.-J. R.). **Grâce** et **Faveur** supposent un acte spontané qui part du bon plaisir de celui qui le fait sans y être obligé; *grâce* fait surtout penser à la nature de la chose qu'on obtient et qui, sans être souvent aussi importante que le *bienfait,* est inespérée, imméritée, ne pouvait être accordée que par celui qui en avait la puissance : *Je demande la mort pour grâce ou pour supplice* (CORN.); *faveur* fait penser à celui qui donne, par complaisance, affection, amour ou prédilection : *Il ne faut publier ni les faveurs des femmes ni celles des rois* (VOLT.). **Plaisir** et **Amitié,** fam., menus services qu'on rend par complaisance ou obligeance, le premier à toute personne, le second à celle avec qui on est lié. **¶ 2** → Organisme. **¶ 3** → Occupation. **¶ 4** En termes de liturgie : célébration des prières et cérémonies dans une église,

un temple. *Service* fait penser à l'action de celui qui rend hommage à Dieu ou prie pour quelqu'un, par exemple pour un mort : *Service divin. Service funèbre;* **Office,** à l'ensemble des prières et des cérémonies qui sont d'obligation pour les religieux et pour les clercs : *Un chanoine va à l'office;* comme syn. de *service,* en un sens plus large, *office* implique une cérémonie publique caractérisée par sa longueur, sa forme, les prières qu'elle comporte : *Office double. Office de la Vierge.*

Serviette, grand portefeuille de cuir ou de carton qui sert à porter des papiers, des livres : *Serviette d'un avocat; d'un professeur; d'un écolier.* **Portefeuille** ne se dit guère que de la serviette d'un ministre, surtout d'ailleurs au fig. **Cartable,** simple sac ou carton à l'usage des écoliers qui le portent à la main ou en bandoulière.

Servile, qui veut plaire aux autres par une complaisance excessive ou en s'abaissant devant eux, suppose tous les défauts d'un esclave, le plus souvent par tempérament naturel : *Inclinations basses et serviles* (BOIL.). **Rampant** enchérit, implique qu'on s'abaisse trop devant des gens puissants ou riches, qu'on descend à de honteuses complaisances pour obtenir des faveurs, par intérêt ou par calcul : *La souplesse, la bassesse, l'air admirant, dépendant, rampant, plus que tout, l'air de néant sinon par lui* [Louis XIV], *étaient les uniques voies de lui plaire* (S.-S.). **Plat** suppose que, par complaisance envers les grands, on abdique toute personnalité ou dignité : *Un plat courtisan.* **Obséquieux** marque simplement l'excès de la politesse, du respect, par hypocrisie ou servilité : *Obséquieux, trop aimable, comme quelqu'un qui désespère de s'abaisser au niveau de son interlocuteur* (MAU.) : → Flatteur.

Servilité : → Obéissance. *Servilité,* esprit de servitude, de basse soumission. **Servilisme,** esprit de servilité systématique. **Valetage,** fig. et peu usité, servilisme qui amène à servir de domestique aux grands : *Le valetage est d'instinct aux gens de cour* (A. DUM.).

Servir : ¶ 1 → Obéir. **¶ 2** → Favoriser et Aider. **¶ 3** *Servir de :* → Remplacer. **¶ 4** (Réf.) → User de.

Serviteur, terme le plus général, celui qui est au service d'un homme ou d'une collectivité, marque le fait, la conduite : *Voilà votre façon de servir, Serviteurs qui pillez la maison* (V. H.). **Domestique** marque la condition et se dit de celui qui est aux gages de quelqu'un et vit dans sa maison; *serviteur,* en ce sens, peut s'appliquer à quelqu'un qui ne vit pas dans la maison où il sert, ne se dit guère dans le style ordinaire qu'avec une épithète ou dans certaines loc. : *Vieux, bon, fidèle serviteur; les maîtres et les serviteurs;* et doit être préféré dans le langage de l'Écriture ou dans le style relevé. **Valet,** domestique attaché à tel ou tel genre de service *(valet de chambre, valet de ferme, de bourreau,* etc.), avec parfois l'idée de bas emploi, est souvent péj. surtout quand il est employé seul : *L'âne abandonné à la grossièreté du dernier des valets* (Buf.). **Laquais,** autrefois valet de livrée qui suivait dans ses courses son maître ou sa maîtresse (en ce sens on dit de nos jours **Valet de pied**), avec parfois pour fonction accessoire celle d'échanson, est aussi péj. au fig. : *Une brutalité et une imbécillité de laquais* (Zola). **Grison,** autrefois laquais sans livrée, vêtu de gris, qui faisait les commissions secrètes de son maître. **Maître d'hôtel,** celui qui dirige tout ce qui concerne la table dans une grande maison. **Majordome,** chef du service intérieur de la maison du pape ou d'un souverain. — **Extra,** serviteur supplémentaire qu'on engage pour de grandes occasions. — **Gagiste,** celui qui est gagé pour rendre certains services sans être à proprement parler un domestique : *Les habilleuses font partie des gagistes de théâtre.* — Au pl., pour désigner tous les domestiques d'une maison, on dit **Domesticité** et parfois **Service** qui désigne proprement la fonction du serviteur; **Gens** qui, dans la loc. *Gens de maison,* désigne tous ceux qui ont la condition de domestique, s'emploie aussi seul, mais a, de nos jours, un air archaïque et un peu prétentieux : *Les sottes gens que nos gens* (Mariv.); **Maison,** collectif, l'ensemble des domestiques; on dit aussi **Monde,** plus fam., accompagné d'un possessif : *Il a congédié tout son monde.* De nos jours, on dit de plus en plus **Personnel,** surtout quand il s'agit des domestiques d'un hôtel. — **Larbin,** *domestique, valet,* est péj. (→ Chasseur et Factotum).

Servitude : ¶ 1 État de soumission absolue, de dépendance extrême où on ne jouit plus de sa liberté. Alors qu'**Esclavage** désigne l'état des esclaves dans l'antiquité, et par ext. l'état d'esclaves modernes (les nègres, les chrétiens prisonniers des Turcs), *Servitude* se dit de toutes sortes d'états qui se rapprochent de l'*esclavage,* sans en être totalement (ex. la servitude des femmes en pays musulman), et par ext. de la perte de l'indépendance nationale ou de la liberté politique; aussi au fig. *servitude* dit-il moins qu'*esclavage* : la *servitude* restreint la liberté, impose des devoirs, mais peut être assez douce, acceptée, choisie même

volontairement, l'*esclavage* détruit la liberté, nous aliène à nous-mêmes, est toujours odieux : *Le préceptorat n'est pas une condition pleine de douceur : c'est plutôt une servitude. J'ai élevé le fils d'un alcade de cour; j'ai passé huit années dans un esclavage plus rude que celui des chrétiens de Barbarie* (Les.). **Ilotisme,** condition d'esclave à Sparte, ajoute au fig. à *esclavage* l'idée que celui qui domine maintient une personne ou un peuple dans un état d'abjection ou d'ignorance : *Sa femme qu'il avait réduite à un ilotisme complet* (Balz.). **Servage,** condition du serf au M. A., comporte une idée moins pénible qu'*esclavage,* car le serf jouissait d'une liberté et d'un droit de propriété restreints, et a surtout rapport, au fig., au fait qu'on obéit au doigt et à l'œil à une personne, à une autorité, qu'on ne peut pas penser et vivre en homme libre : *Il n'y a pas la moindre servilité dans ceci : il y a servage et non soumission* (Balz.). *Amoureux servage.* **Fers,** syn. poét. d'*esclavage* et spéc. en style poét. tyrannie qu'exerce l'amour. Au fig., **Collier** (→ ce mot) est syn. de *servitude,* **Carcan,** fam., l'est plutôt d'*esclavage.* **¶ 2** → Subordination.

Session : → Séance.

Seuil : ¶ 1 Endroit par où l'on pénètre dans une maison. *Seuil,* pièce de bois ou de pierre qui est au bas de l'ouverture d'une porte et qui la traverse, se dit exactement de l'ouverture de la porte : *Être sur le seuil, c'est être encadré par la porte.* **Entrée,** le seuil et le commencement de ce qui est derrière : *On fait des amitiés à des visiteurs à l'entrée de la maison.* **Pas,** le seuil et ce qu'il y a devant, par exemple des marches : *On s'assied le soir sur le pas de sa porte.* **¶ 2** → Commencement.

Seul : ¶ 1 Sans compagnon. *Seul* marque le fait pur et simple : *Paris nocturne et ami de l'homme seul* (J. Rom.). **Seulet,** diminutif vx de *seul,* ne se trouve guère que dans le style pastoral. **Solitaire** fait penser à l'état habituel de celui qui vit seul (parfois naturellement en parlant des animaux : *Ver solitaire*) ou à l'impression qu'il éprouve de se sentir seul, parfois d'ailleurs au moral uniquement s'il ne trouve personne qui puisse lui servir de compagnon : *Pauvre âme solitaire* (Baud.). *Seigneur, vous m'avez fait puissant et solitaire* (Vi.). **Isolé,** rendu seul, séparé des autres, et, au fig., sans relations de parenté ou d'amitié : *Il se trouve plus isolé que jamais* (Genlis). **Esseulé,** laissé tristement seul par ceux qui se sont éloignés de lui. — **Sec,** seul en parlant de certaines choses qui ne sont pas accompagnées d'un accessoire habituel : *Pain sec. Manillon sec.* **¶ 2** A l'exclusion de tout autre. *Seul*, en ce sens, se place avant le nom. **Unique,** sans égal, seul de son espèce, est absolu, tandis que *seul*, relatif, se rapporte à d'autres choses qu'il nie ou repousse; ce qui est *seul* l'est de fait, ce qui est *unique* l'est de droit, en soi : *Mon seul ami, c'est le seul que j'ai actuellement; mon unique ami, c'est le seul que je pouvais avoir, l'essentiel, le véritable.* Aussi *unique* enchérit-il sur *seul* : *Je fus le seul, je dis exactement l'unique qui continua à voir M. le duc d'Orléans* (S.-S.). **Dernier,** le seul qui reste : *Mon dernier fils.*

Seulement : Sans quelqu'un ou quelque chose de plus. *Seulement* et **Uniquement** diffèrent comme *seul* (→ ce mot) et *unique*; *seulement*, relatif, marque le fait et *uniquement*, absolu, qui enchérit, marque l'exclusion de toute autre chose. **Exclusivement** insiste sur l'intention délibérée d'exclure toute autre chose, et marque parfois un excès : *J'ai laissé de côté toute autre chose et j'ai exclusivement pioché ma Bovary* (Flaub.). **Purement** et **Simplement** sont syn. de *seulement*, le premier se disant de choses qui ne sont pas mêlées d'autres choses, le deuxième de choses qui ne sont pas accompagnées ou compliquées d'autres choses : *Il a fait cette chose purement par plaisir* (Acad.). *Il ne s'agit pas de discuter le fond, mais simplement de s'entendre sur le principe* (Acad.). **Purement** et **Simplement,** sans réserve et sans condition, ne se disent que d'actions qui pourraient impliquer réserve ou condition : *Il a donné purement et simplement sa démission;* mais s'emploient pour enchérir sur *simplement* et se rapprochent alors d'*uniquement* : *M. Fontaine m'est venu voir purement et simplement pour me rassurer sur son silence* (Did.).

Sève : → Force.

Sévère : ¶ 1 → Austère. ¶ 2 → Simple et Sérieux. ¶ 3 → Soigneux. ¶ 4 Sans indulgence en parlant des personnes et des choses. *Sévère* a plutôt rapport à la manière de penser et de juger, en condamnant facilement sans excuser, et se dit aussi de l'apparence : *Vous êtes sévère, injuste sans doute* (M. d. G.). **Rigoureux** (→ Raide) enchérit et a plutôt rapport à la manière d'appliquer des maximes, des punitions, sans adoucir ni pardonner : *Un rigoureux devoir me condamne au silence* (Rac.). **Étroit** ne se dit que des règles qui laissent peu de liberté : *L'étroite bienséance* (Boil.). **Strict** enchérit, se dit des règles et de ceux qui les appliquent : *Stricte obéissance* (Zola). *Stricte économie* (Mau.); et, en parlant des personnes, a rapport moins à la rigueur avec laquelle on applique une règle qu'à l'exactitude avec laquelle on veille à ne laisser aucune latitude en

deçà ni au-delà : *Un professeur sévère juge sans indulgence; un professeur rigoureux punit sans pitié; un professeur strict ne tolère pas les moindres entorses au règlement, même s'il les juge sans trop de sévérité.* **Draconien** se dit de règlements, de mesures, de lois d'une excessive sévérité, par allusion à l'ancien législateur athénien Dracon : *Mesures draconiennes* (Cam.). **Dur** (→ Rude), lorsqu'il marque l'effet d'une excessive sévérité, suppose un manque de sensibilité, d'humanité qui produit une impression fâcheuse : *Quelque dure que soit la loi qu'on vous impose* (Rac.). **Inflexible** (→ ce mot), d'une persévérance invincible dans sa sévérité ou sa dureté.

Sévérité : ¶ 1 → Soin. ¶ 2 *Sévérité,* **Rigueur, Dureté :** → Sévère. **Inclémence** dit moins que *sévérité* et implique simplement chez des êtres puissants une absence de faveur : *L'inclémence des dieux;* mais se dit parfois par euphémisme pour *rigueur* : *L'inclémence de la critique.*

Sévices : → Violences.

Sévir : ¶ 1 → Punir. ¶ 2 Agir avec violence en parlant d'un fléau. **Faire rage** enchérit sur *sévir* : *Le mauvais temps sévit. La tempête fait rage.*

Sevrer : → Priver.

Seyant : → Convenable.

Sibilant : → Sifflant.

Sibyllin : → Secret et Obscur.

Sicaire : → Tueur.

Sidéré : → Ébahi.

Siècle : ¶ 1 → Époque. ¶ 2 La vie laïque par opposition à la vie religieuse. *Siècle,* terme le plus général, tout ce qui n'est pas la vie religieuse : *Dégoûté du siècle* (Bos.). *Rentrer dans le siècle* (Fén.). **Monde** insiste davantage sur le danger de la vie en dehors de la religion et désigne plutôt la vie des hommes qui ont les mœurs peu sévères du siècle : *Honteux attachements de la chair et du monde* (Corn.).

Siège : ¶ 1 Meuble ou autre objet fait pour s'asseoir. *Siège,* terme général. **Chaise,** siège à dossier sans bras. **Fauteuil,** grand siège à dossier avec bras. **Canapé** (→ ce mot), siège où l'on peut s'allonger. **Banc,** long siège étroit et ordinairement en bois ou en fer où plusieurs personnes peuvent s'asseoir ensemble. **Banquette,** banc rembourré et sans dossier et, en termes de chemin de fer, siège commun aménagé dans un wagon. **Escabeau,** siège de bois, sans bras et sans dossier. **Escabelle,** siège bas sans bras, avec ou sans dossier, et généralement à trois pieds. **Tabouret,** siège à quatre pieds sans bras ni dossier, très bas, ou servant à certains usages précis : *Tabouret de piano.* **Pouf,**

siège en forme de gros tabouret, parfois sans pieds, capitonné, bas et large. ¶ 2 → Derrière. ¶ 3 → Investissement.

Siéger : → Résider.

Sieste : → Sommeil.

Sifflant, qui produit un sifflement. **Sibilant** ne se dit qu'en pathologie d'une respiration ou d'un râle sifflants.

Siffler : ¶ 1 *Siffler,* émettre un son aigu avec les lèvres. **Siffloter,** siffler négligemment de façon continue. — Au fig. ¶ 2 → Vilipender. ¶ 3 → Boire.

Signal : → Signe.

Signalé : → Remarquable.

Signaler : ¶ 1 → Indiquer. ¶ 2 → Déclarer. ¶ 3 (Réf.) → (se) Distinguer.

Signature : Nom d'une personne ou marque mise à la fin d'un écrit pour le rendre valable. *Signature,* terme commun, fait penser à l'action de celui qui écrit son nom et à la manière toute personnelle dont il l'écrit. **Seing,** usité seulement dans quelques loc. du langage juridique, désigne abstraitement le nom de la personne ou une marque qu'elle a choisie, indépendamment de la manière dont elle l'appose : *Deux frères qui signent de leur nom ont le même seing, mais non la même signature.* **Paraphe,** marque faite d'un ou plusieurs traits de plume qu'on appose ordinairement après sa signature; par ext. signature abrégée qui, en certains cas, tient lieu de signature. **Griffe,** empreinte imitant la signature d'une personne et apposée sur des produits ou des ouvrages pour éviter toute contrefaçon. **Monogramme,** chiffre ou caractère composé de plusieurs lettres combinées entre elles, et souvent de toutes les lettres ou des principales lettres d'un nom, et tenant lieu de signature royale dans certains actes; de nos jours, chiffre ou signe que certains artistes apposent au bas de leurs ouvrages. **Contreseing,** terme de chancellerie, signature ou seing apposé à côté d'une autre signature pour la rendre valable. **Émargement,** terme d'administration, signature en marge d'un compte, d'un inventaire, d'un état, pour montrer qu'on l'approuve, ou qu'on a touché la somme qu'il indique. **Endos** et **Endossement,** plus rare, signature au dos d'un billet à ordre ou d'une lettre de change pour en transmettre la propriété à une autre personne. **Souscription,** signature qu'on met au-dessous d'un acte pour l'approuver; ou signature d'une lettre accompagnée de certaines formules de civilité (vx en ce dernier sens).

Signe : ¶ 1 Ce à l'aide de quoi on connaît quelque chose. *Signe* indique un rapport le plus souvent naturel et en tout cas constant entre la chose que l'on perçoit et celle qu'elle nous fait connaître : *Comme l'argent est un signe de la valeur des marchandises, le papier est un signe de la valeur de l'argent* (Mtq.). **Signal,** signe artificiel, arbitrairement choisi et souvent convenu, pour servir d'avertissement : *Dieu choisit l'arc-en-ciel, afin qu'il fût aux hommes un agréable signal pour leur ôter toute crainte; depuis ce temps l'arc-en-ciel a été le signe de la clémence de Dieu* (Bos.). **Indice** (→ ce mot), signe léger qui permet de conjecturer l'existence d'une chose : *Je bégaye plus fréquemment. Autrefois c'était rare et toujours le signe d'un grand trouble de conscience. Aujourd'hui rien d'autre sans doute qu'un indice de déchéance physique* (M. D. G.). **Marque,** signe mis sur un objet pour le reconnaître; par ext. au fig., signe certain qui caractérise une chose : *Quelle plus haute marque peut-on produire de la foi de cet accusé?* (Pasc.). **Critère** et **Critérium,** termes didact., ce qui sert à reconnaître qu'une chose est telle qu'elle doit être, en distinguant le vrai du faux : *L'évidence est le critérium de la vérité.* **Annonce,** signe précurseur et certain d'un événement futur : *Les premières gelées sont l'annonce de l'hiver.* **Présage** (→ ce mot), indice qui permet de conjecturer un événement futur. ¶ 2 → Symptôme. ¶ 3 → Témoignage. ¶ 4 → Prodige.

Significatif se dit de toutes les choses dont le sens est net, indubitable en lui-même; **Caractéristique,** de celles qui sont nettement un signe permettant de distinguer une autre chose : *Le succès du Mariage de Figaro est significatif : il n'y a pas à s'y tromper, c'est le triomphe de l'esprit frondeur; il est caractéristique : il nous permet de voir l'état d'esprit distinctif du public du temps.* — **Expressif** ne se dit que des signes qui font bien comprendre la pensée ou le sentiment. **Signifiant,** en ce sens, est rare; on dit plutôt *significatif : Un silence significatif est facile à interpréter; un silence expressif fait bien sentir ce qu'il veut dire.*

Signification : → Sens.

Signifier : ¶ 1 → Indiquer. ¶ 2 → Exprimer. ¶ 3 → Notifier.

Silence : ¶ 1 Fait de ne pas exprimer sa pensée oralement ou par écrit, ou de ne pas mentionner une chose. *Silence* marque le fait quelle qu'en soit la raison : *Silences significatifs, demi-aveux* (Mau.). **Mutisme,** silence total gardé par système : *Le mutisme des témoins dans une affaire.* **Réticence,** action de taire à dessein une chose qu'on pourrait ou qu'on devrait dire, implique soit un silence coupable sur certains détails de ce que l'on rapporte, soit un silence où l'on en dit long et fait entendre ce qu'on ne veut pas dire expressément. ¶ 2 *Silence,* en musique, vide d'une durée plus ou moins grande qui interrompt une phrase musicale, et, par ext., dans la déclamation, suspension que fait celui qui parle : [Lekain] *a quelquefois des silences trop longs* (VOLT.). **Pause,** en musique, silence d'une mesure, ou intervalle pendant lequel plusieurs concertants ou même tous demeurent sans jouer ou sans chanter; dans la déclamation ou dans le discours, silence qui marque l'émotion, cherche un effet esthétique, ou permet de se reposer : [Ne mettre] *dans l'exécution de son personnage aucune de ces pauses, lesquelles font ailleurs un très bel effet* (VOLT.). **Temps,** pause ou silence réglé, nécessaire, qu'on observe entre certaines phrases, entre certains mots, ne se dit que dans la déclamation : *Souvenez-vous de mêler des soupirs à votre déclamation, de mettre de grands temps* (VOLT.). **Repos** se dit surtout pour la déclamation, la lecture et implique qu'on cherche à reprendre son souffle. ¶ 3 Interjection : → Paix.

Silencieux : ¶ 1 *Silencieux,* qui ne parle pas en fait, ou ne parle guère, pour n'importe quelle raison. **Taciturne,** qui ne parle pas du tout parce qu'il a une humeur sombre, mélancolique, misanthropique : *Taciturne, sauvage* (J.-J. R.). *Sombre et taciturne* (MARM.). **Muet,** privé de l'usage de la parole, se dit par ext. des personnes que la peur, la honte ou d'autres causes morales empêchent momentanément de parler, ou qui gardent un silence total par système : *Muette sur le coup de l'émotion* (ZOLA). *Les témoins sont muets.* ¶ 2 En parlant des pas, *Silencieux* marque simplement qu'ils ne font pas de bruit; **Feutré** implique une précaution pour les assourdir comme si l'on marchait avec des chaussures garnies de feutre.

Silex : → Pierre.

Silhouette : → Ligne.

Sillage : → Trace.

Sillon : ¶ 1 → Trace. ¶ 2 → Ride. ¶ 3 *Sillon,* en termes de sciences naturelles, raie profonde : *Les valves de cette coquille ont des sillons.* **Strie,** petit sillon longitudinal séparé d'un sillon semblable par une arête : *Les stries d'un coquillage.* **Cannelure,** en termes d'architecture, sillon creusé dans du bois, de la pierre ou dans un métal parallèlement à une arête; en termes de botanique, strie profonde qu'on remarque sur la tige de certaines plantes. — *Sillon* désigne spéc. les fentes ou rainures que présente la surface d'un os, d'un organe : *Sillon transversal. Les sillons du foie.* **Scissure,** sillon profond qui paraît couper en deux : *La grande scissure du foie, du cerveau.* ¶ 4 *Sillons* : → Campagne.

Sillonner : → Parcourir.

Simagrées : → Minauderies.

Similaire : ¶ 1 → Homogène. ¶ 2 → Semblable.

Similitude : ¶ 1 → Analogie. ¶ 2 → Rapprochement.

Simple : ¶ 1 *Simple,* qui n'est pas composé, compliqué, qui se ramène à des principes, s'il s'agit de notions; à l'essentiel, sans perfectionnement ni ornement, s'il s'agit des choses : *Le peuple aime les idées simples* (PROUDHON). **Élémentaire,** qui enchérit, marque quelque insuffisance et se dit de notions qui ne sont que le premier commencement d'une science, ou de choses qui ne sont qu'à peine commencées : *Boutiques simples, élémentaires* (LOTI). *Philosophie élémentaire d'homme d'action* (M. D. G.). **Rudimentaire** marque encore plus nettement la grossièreté des notions et l'état d'ébauche des choses : *Les sauvages n'ont que des habitations rudimentaires.* **Sommaire** se dit de ce qui est réduit à sa plus simple expression parce qu'on veut l'exposer en l'abrégeant ou le faire à la hâte, mais qui est susceptible de développements futurs : *Les aide-mémoire donnent une vue sommaire du programme.* **Améliorer** *une installation sommaire.* **Primitif** se dit d'installations si rudimentaires qu'elles ont le caractère des premiers âges : *Dans certains villages il y a encore des habitations taillées dans le roc comme les habitations primitives.* ¶ 2 → Aisé. ¶ 3 → Franc. En un sens favorable, *Simple,* qui a rapport au naturel et aux manières, se dit de celui qui est sans complication, sans détours, sans malice : *Adorer sans comprendre comme ces simples qui viennent ici* (LOTI). **Naïf,** en parlant de l'âme et des façons d'agir, avec une nuance à la fois morale et esthétique, simple comme un enfant, se laissant gracieusement inspirer par ses sentiments et exprimant spontanément sa pensée, souvent par des questions, en ignorant les convenances sociales : *Jolie, naïve, naturelle, hardie* (SÉV.). **Ingénu** n'implique pas une spontanéité enfantine, mais la qualité d'une âme qui, sûre de la sincérité et de la pureté de ses sentiments, les exprime sans voile, sans recherche, souvent par des réponses sincères et sans malice, avec quelque chose de noble et de chaste, alors que la naïveté est plus familière et gracieuse : *Une femme fait l'ingénue et non pas la naïve.* **Innocent** a surtout rapport à la morale et qualifie celui qui n'a jamais appris comment pratiquer le mal, au moins sciemment : *Agnès, dans L'École des Femmes, est une innocente* (MOL.). **Candide** enchérit et suppose une innocence qui ne soupçonne même pas l'existence du mal : *Une jeune fille innocente ignore les moyens de mal agir; une jeune fille candide juge que tout ce que l'on fait n'a pour but que le triomphe du bien.* **Pur** marque simplement la qualité d'une âme que rien n'a corrompue, et se dit spéc. par rapport à la chasteté. ¶ 4 Appliqué aux mœurs, *Simple* suppose l'ignorance et le dédain des raffinements apportés par la civilisation. **Sans-façon** n'a rapport qu'à la politesse et suppose qu'on manifeste ses sentiments sans les cacher : *On est simple par nature; on peut être sans-façon par dégoût de la politesse mondaine ou même par affectation.* **Patriarcal** se dit des mœurs, des façons de vivre qui rappellent la simplicité des anciens patriarches : *Une abondance patriarcale avec laquelle le faste ne s'allie jamais* (J.-J. R.). **Rustique**, simple comme les gens de la campagne et non sans quelque rudesse : *Je suis rustique et fier et j'ai l'âme grossière* (BOIL.). **Uni**, sans prétention ni affectation, et qui a un extérieur modeste : *Je ne sais quoi d'affecté qui rebute les gens unis* (J.-J. R.). ¶ 5 → Stupide. En un sens faij. *Simple*, qui n'a pas assez de lumières pour concevoir la difficulté et la nuance, ne démêle pas les raisons cachées de ceux qui veulent le duper : *Ne vous étonnez pas de voir des personnes simples croire sans raisonnement* (PASC.). **Naïf** (→ ce mot), qui manque d'expérience, est encore plus crédule que le *simple*, ne comprend même pas ce que comprennent les gens ordinaires, mais pourra être instruit par la vie. **Niais** (→ ce mot), d'une sottise sans prétention, plus ridicule que fâcheuse, qui pourra être corrigée par l'expérience, quoique plus lentement que la naïveté. L'**Ingénu** laisse trop voir ses sentiments et son erreur consiste à croire qu'il est bon de se montrer tel qu'on est, mais il n'est pas *naïf*, car il ne croit pas tout. Le **Candide** a trop tendance à voir le bien partout. — *Simple* a pour syn. **Simplet**, d'une excessive simplicité qui a quelque chose d'enfantin; **Simple d'esprit** et **Pauvre d'esprit**, qui supposent une intelligence nettement diminuée; **Innocent**, qui enchérit et indique un esprit si borné qu'on est irresponsable de ses actes; **Fada**, terme de Provence, innocent, simple d'esprit et un peu fou, comme si les fées l'avaient enchanté; **Nice**, vx, qui ne sait pas, simple, naïf par ignorance; **Nicodème**, n. fam., homme simple et borné; **Gilles**, par allusion au personnage du théâtre de la Foire qu'a peint Watteau, homme naïf et niais. — **Crédule**, qui croit trop facilement, marque parfois l'effet de la simplicité, de la naïveté, de

la niaiserie. ¶ 6 En parlant de l'esprit et des façons de penser, *Simple*, employé péj., suppose l'incapacité de concevoir la difficulté ou la nuance, ce qui rend crédule. **Simpliste** précise que l'on raisonne mal, en simplifiant outre mesure, en ne voulant voir qu'un seul côté des choses, ce qui rend inexact : *Il faut être simple pour croire que les guerres sont toujours provoquées par l'adversaire; mais il est simpliste d'expliquer les guerres uniquement par des raisons économiques.* **Primaire** suppose une culture qui ne va pas au-delà de l'école élémentaire et qui fait juger toutes choses sans nuances avec un esprit dogmatique : *Le primaire différerait d'un homme de formation classique, même si leurs origines sociales se ressemblent, par une susceptibilité du sens critique beaucoup moins vive. D'où un certain défaut de distinction* (J. ROM.). — **Scolaire** ne se dit, au fig. et péj., que d'un exposé, d'un ouvrage d'esprit qui contient des notions trop élémentaires, trop simplistes ou exagérément didactiques, comme s'il était à l'usage des élèves. ¶ 7 → Modeste. ¶ 8 → Naturel. En termes de rhétorique, le style *Simple* s'oppose au style élevé (→ ce mot) et se contente, pour exprimer des choses communes, des termes de l'usage le plus ordinaire de la langue écrite : *La Lettre à l'Académie de Fénelon est écrite dans un style simple.* **Tempéré** qualifie le style intermédiaire entre le style simple et le style élevé ou sublime : *Les Épîtres de Boileau sont écrites dans le style tempéré.* **Familier** se dit d'un style qui se rapproche du style de la conversation et emploie des mots que l'on utilise en parlant, mais que d'habitude on n'écrit pas : *Le style de Montaigne est souvent familier.* — En un sens plus large, *simple*, sans apprêt, sans complication d'ornements, sans recherche, sans faste : *Racine, Lamartine sont simples; le sublime même est simple, c'est peut-être ce qui le distingue du style noble et élevé.* **Sobre** dit moins et implique seulement l'emploi modéré des ornements. **Dépouillé**, surtout en parlant du style, suppose la plus extrême sobriété de façon à laisser aux idées leur force et leur gravité : *Le style de l'Évangile est simple, quoique souvent sublime; celui de Montesquieu, au moins dans les Considérations, est sobre; celui de Stendhal se voulait dépouillé, comme le Code civil.* **Sévère** enchérit sur ces termes et implique correction, régularité, gravité ou noblesse : *Appartement sévère et bourgeois tendu d'étoffes sombres* (ZOLA). **Austère** enchérit et suppose l'absence totale d'agrément. **Uni** implique le mépris total de tout ce qui peut attirer l'attention : *Il gardait un ton calme et uni. Il semblait énoncer les* *choses tout simplement, de la façon la plus familière* (J. Rom.).

Simplement : ¶ 1 Sans rien ajouter à la vérité nue. *Simplement*, sans complication; ou sans ornement, sans recherche; ou sans détour. **Nûment**, sans déguisement. **Uniment**, au fig., tel quel, sans rien ajouter de plus. **Bonnement**, fam., de bonne foi, avec quelque chose de naïf. **Sans façon**, sans s'embarrasser de témoignages de politesse excessifs, de cérémonies. **Tout de go**, pop., tout droit, sans préparation, sans circonlocutions : *Il a abordé la question tout de go.* **A la bonne franquette**, fam., sans cérémonie, sans façon. ¶ 2 → Seulement.

Simplicité : ¶ 1 Qualité de ce qui n'est pas compliqué. *Simplicité* s'emploie pour toutes sortes de choses de l'ordre de l'esprit : *La simplicité d'un plan, d'une méthode, d'une intrigue.* **Élégance**, simplicité ingénieuse que présente la solution d'un problème scientifique ou autre. ¶ 2 *Simplicité* et **Facilité** diffèrent comme les adj. correspondants : → Aisé. ¶ 3 → Franchise. ¶ 4 *Simplicité*, **Naïveté, Ingénuité, Innocence, Candeur, Pureté :** → Simple. **Simplesse**, vx, ajoute à *simplicité*, en un sens favorable, une idée de bonhomie charmante, de douceur, qui fait qu'on ignore le mal et qu'on s'ignore parfois soi-même : *Cette simplesse qui surabonde au début de la vie dans l'âme des artistes* (Balz.). ¶ 5 Péj. *Simplicité*, **Naïveté, Niaiserie, Ingénuité, Candeur, Crédulité :** → Simple. ¶ 6 *Simplicité*, **Sobriété, Sévérité, Dépouillement, Austérité :** → Simple.

Simpliste : → Simple.

Simulacre : ¶ 1 → Représentation. ¶ 2 → Fantôme et Apparence.

Simulation : → Feinte.

Simuler : → Feindre et Imiter.

Simultanéité : → Coïncidence.

Simultanément : → Ensemble.

Sincère : ¶ 1 → Franc. ¶ 2 → Vrai.

Sincérité : ¶ 1 → Franchise. ¶ 2 → Vérité.

Sinécure : → Emploi.

Singe : → Magot.

Singer : → Imiter.

Singerie : ¶ 1 → Grimace. ¶ 2 → Minauderie. ¶ 3 → Feinte.

Singulariser (se) : → (se) Distinguer.

Singularité : → Recherche.

Singulier : ¶ 1 → Particulier. ¶ 2 → Extraordinaire.

Sinistre (Adj.) : ¶ 1 → Triste. ¶ 2 → Inquiétant. ¶ 3 → Mauvais.

Sinistre (N.) : ¶ 1 → Dommage. ¶ 2 → Incendie.

Sinueux ne se dit guère qu'au prop., et fait penser, sans nuance péj., aux tours et aux détours de ce qui ne va pas droit : *Mouvement long, sinueux* (Buf.). **Tortueux**, le plus souvent péj., qualifie plutôt la manière d'être de ce qui paraît violemment contourné, entortillé, fait de travers, dangereux, et, au fig., de ce qui est contraire à la netteté, à la franchise, à la droiture : *Rues étroites et tortueuses* (Volt.). *Discours tortueux et embarrassé* (Bos.). **Onduleux** suppose une suite de nombreuses sinuosités arrondies, assez régulières : *Un serpent En replis onduleux sur le sable rampant* (Del.). **Serpentin** ne se dit que de certains mouvements qui font penser à l'allure sinueuse du serpent : *Danse serpentine.*

Sinuosité : → Tour. *Sinuosité*, au sing., décrit l'aspect d'une chose qui ne va pas droit et, au pl., la ligne qu'elle trace : *Les sinuosités du cervelet* (Volt.). **Détours**, au pl., terme plus ordinaire, fait penser à l'usage qu'on fait de la chose, aux inconvénients ou aux avantages qui résultent de sa forme ou de sa direction : *C'est moi dont l'utile secours Vous eût du labyrinthe enseigné les détours* (Rac.). **Méandre**, par allusion au fleuve de Phrygie de ce nom, ne se dit que des sinuosités d'un cours d'eau, et par ext. d'un chemin. **Pli** (→ ce mot) ne se dit que de certaines sinuosités ressemblant à celles d'une étoffe : *Les plis d'une draperie; d'un terrain; d'un serpent.* — Au fig. *méandres* se dit de choses morales compliquées et tortueuses par elles-mêmes : *Les méandres d'une pensée; de la politique*; *détours* suppose l'emploi volontaire de biais, de faux-fuyants : *Les détours de la conscience* (Mol.); *plis* se dit des parties secrètes, cachées, du cœur (→ Recoin).

Sinus : → Cavité.

Sismique (phénomène) : → Séisme.

Site : → Vue.

Situation : ¶ 1 → Position. ¶ 2 → État.

Situé, part. passif du verbe situer, est le terme commun. **Sis** ne s'emploie qu'en termes de procédure.

Situer : → Placer.

Slogan : → Formule.

Smoking : → Habit.

Snob : → Mondain.

Sobre : → Simple.

Sobriété : ¶ 1 → Tempérance. ¶ 2 Au fig. → Retenue.

Sobriquet : → Surnom.

Sociable marque une qualité naturelle qui rend propre à vivre en société : *C'est* *un homme pleinement sociable. La solitude lui accable l'esprit* (J. Rom.). **Civil** (→ ce mot) ajoute une nuance plus positive et suppose qu'on applique les convenances nécessaires au commerce de gens civilisés, mais parfois par éducation, par devoir, et même, par occasions, sans être sociable : *Alceste sait être civil, mais n'est pas au fond très sociable.* **Aimable** (→ ce mot) suppose qu'on gagne les cœurs par son air, sa gentillesse, indépendamment de l'application de toute règle sociale, ce qui le distingue de *civil*; mais l'amabilité n'est pas une qualité forcément naturelle, ce qui la distingue de la sociabilité : *L'homme sociable inspire le désir de vivre avec lui; on n'aime qu'à rencontrer l'homme aimable* (Duc.). **Liant,** qui aime à nouer des relations avec autrui, parce qu'il est très sociable, très aimable, ou pour n'importe quelle autre raison : *Le désœuvrement rendant les hommes assez liants, il me recherça* (J.-J. R.). **Traitable** suppose un esprit doux, maniable qui facilite les relations avec autrui : *Aujourd'hui, vieux lion, je suis doux et traitable* (Boil.).

Socialisme, mot créé vers 1830 et appliqué à la doctrine de Saint-Simon, désigne, en son sens le plus général et le plus vague, toute doctrine qui essaie d'organiser rationnellement la vie économique et sociale : *Le socialisme chrétien. Le socialisme agraire*; en un sens plus particulier, de nos jours, la doctrine des partisans du **Marxisme,** théorie de Karl Marx (1818-1883) fondée sur le matérialisme historique et proposant, avec la lutte des classes comme moyen, l'établissement du collectivisme comme terme de l'évolution des sociétés; mais *socialisme* se dit plutôt en ce sens aujourd'hui de l'attitude de ceux qui pensent que l'évolution prédite par Marx doit s'accomplir fatalement et qu'agissent que par des réformes partielles, collaborent avec les partis bourgeois, **Communisme,** en son sens le plus étroit, désignant par opposition l'attitude des marxistes qui pensent que la dictature du prolétariat doit être établie par la révolution, comme en Russie en 1917, et sont affiliés à l'Internationale communiste. En un sens plus large, *communisme* s'applique à tout socialisme qui tend à la suppression de la propriété privée et à la répartition des biens communs entre tous les hommes suivant leurs besoins : *Le communisme de Babeuf.* **Collectivisme,** en ce sens, dit moins : c'est un socialisme qui prône uniquement la mise en commun, au profit de la collectivité, de tous les moyens de production, en tolérant la propriété privée et la liberté de consommation. **Étatisme** dit encore moins et implique uniquement la mise de tous les moyens de production sous la dépendance de l'État, ou simplement l'intervention de l'État pour modifier les conditions de la production et de la répartition des richesses; en ce dernier sens on dit plutôt, de nos jours, **Dirigisme.**

Socialiste, Marxiste, Communiste, Collectiviste : → Socialisme.

Sociétaire : → Membre. En parlant spéc. d'un comédien qui fait partie d'une compagnie dramatique, le *Sociétaire* participe aux bénéfices, le **Pensionnaire** touche simplement un traitement.

Société : ¶ 1 Ensemble d'hommes unis par la nature ou par les lois, par opposition aux individus. *Société* fait penser à un ordre dans lequel doit s'intégrer l'individu et à la masse de ses semblables avec lesquels il entretient un certain commerce : *Troubler la société. Étant nés pour la société, nous sommes nés en quelque sorte les uns pour les autres* (Bos.). **Communauté** désigne quelque chose de plus précis, par ex. l'ensemble des citoyens d'un État, d'une ville, d'un village, unis par un lien d'intérêt ou des habitudes communes en sorte que ce qui est bon pour tous l'est pour chacun : *Travailler pour la société, c'est apporter aux hommes quelque chose qui rend leurs relations, leur vie meilleures; travailler pour la communauté, c'est travailler pour soi en travaillant pour les autres.* **Collectivité** envisage l'ensemble des hommes comme formant une sorte d'être qui transcende l'individu en lui imposant des impératifs qui l'obligent à oublier totalement son propre intérêt : *Travailler pour la collectivité, c'est servir un idéal social, national.* ¶ 2 → Association. ¶ 3 En termes d'économie, réunion de plusieurs personnes associées pour quelque intérêt lucratif. *Société*, terme le plus courant, implique la mise en commun de biens, d'activités, sous certaines conditions et légalement, pour réaliser des bénéfices et les partager : *Société commerciale, industrielle, financière.* **Compagnie**, plus rare, se dit plutôt de certaines associations commerciales dont les membres sont en grand nombre : *Compagnie d'assurances. Les actionnaires d'une compagnie.* **Commandite** ou **Société en commandite,** société formée entre un ou plusieurs associés responsables et solidaires (commandités) et un ou plusieurs associés simples bailleurs de fonds (commanditaires). — **Hanse,** au M. A., compagnie de marchands : *La Hanse teutonique.* **Trust** (→ ce mot) et ses syn. désignent des associations d'intérêts qui existent de fait, mais ne sont pas définies et reconnues par la loi. ¶ 4 → Compagnie. ¶ 5 → Congrégation. ¶ 6 → Monde. ¶ 7 → Relation.

Socle : → Piédestal.

Sœur : → Religieuse.

Sofa : → Canapé.

Soi-disant : → Prétendu.

Soie : ¶ 1 *Soie*, matière filamenteuse, fine et brillante, produite par un ver qu'on nomme *ver à soie*, se dit par ext. de tout tissu fait de cette matière. **Satin,** étoffe de soie fine, douce et lustrée. **Brocart,** étoffe de soie brochée d'or ou d'argent et enrichie de fleurs ou de figures. ¶ 2 → Poil.

Soif : ¶ 1 *Soif*, sensation que donne le besoin de boire. **Pépie,** fig. et fam., soif violente dans la loc. *Avoir la pépie*. **Altération,** toute modification dans l'état normal d'une personne, et notamment soif violente provoquée par une cause anormale. **Anadipsie,** terme de médecine rare, soif exagérée, inextinguible. **Dipsomanie,** impulsion morbide à boire avec excès des boissons alcooliques. ¶ 2 → Désir.

Soigné, en parlant d'un ouvrage d'esprit et spéc. de son style, a pour syn. tous les part. passifs des syn. de *soigner* (→ ce mot). **Académique,** dans une forme très soignée, selon les règles du beau langage, et parfois, péj., un peu solennel ou traditionnel. **Littéraire,** bien écrit, digne du goût des connaisseurs, avec quelque recherche artistique, et, parfois péj., qui sent un peu trop l'artifice.

Soigner : ¶ 1 *Soigner*, qui se dit aussi pour les choses, c'est, en parlant des êtres, veiller à leur santé et à leur bien-être : *Soigner le ménage de son mari et la santé de ses enfants* (STAËL). **Choyer,** soigner avec une tendre sollicitude, entourer de prévenances, a plutôt rapport au bien-être qu'à la santé : *Je t'ai toujours choyé, t'aimant comme mes yeux* (L. F.). **Couver,** fig. et fam., s'occuper avec attention de quelqu'un, le protéger, le former : *Cette mère couve son fils*. **Dorloter,** fam., soigner délicatement et avec une tendresse complaisante : *Elles n'étaient occupées que de lui, le soignant, le dorlotant* (ZOLA). **Pouponner,** fam., caresser, dorloter, surtout un petit enfant. **Câliner,** dorloter en cajolant, avec des caresses, avec une douceur excessive. **Chouchouter,** pop., câliner, dorloter. **Gâter,** entretenir les défauts de quelqu'un par trop de faiblesse, de complaisance, marque péj. : Le résultat d'un excès dans l'action de *choyer*, de *dorloter*, etc., à moins qu'il ne s'emploie simplement par hyperbole pour marquer, surtout quand on parle de soi-même, la tendresse et le soin avec lesquels on est traité : *Vous me gâtez si fort par l'amitié que vous avez pour moi que...* (SÉV.). — **Panser,** en parlant du cheval, lui donner tous les soins nécessaires. ¶ 2 Au fig.

Chercher à se faire bien voir de quelqu'un. *Soigner*, fam., implique mille attentions pour faire plaisir : *Soigner quelqu'un dont on attend un service*. **Cultiver** ajoute l'idée de soins continus pour entretenir une liaison ou s'acquérir la bienveillance de quelqu'un. **Ménager** dit moins et suppose prudence, circonspection pour éviter de déplaire, égards pour se rendre favorable : *Ménager ses alliés*. **Complaire** indique qu'on accède à tous les désirs de la personne, sans l'idée d'attentions qu'il y a dans *soigner*. ¶ 3 Assister un malade, en parlant du médecin. *Soigner*, qui se dit aussi de toute personne qui s'occupe d'un malade, fait penser aux rapports du médecin et du malade et implique conseils théoriques, assistance, intervention même manuelle pour faire cesser la douleur et guérir : *Soigner un malade atteint d'un furoncle, un blessé qui vient de s'évanouir*. **Traiter,** qui ne se dit que d'un médecin, c'est, d'une façon beaucoup plus abstraite et idéale, agir d'une façon suivie sur la maladie pour la guérir. **Médicamenter,** prescrire des médicaments à un malade, a souvent un sens péj. ¶ 4 Apporter de l'attention, du soin à une chose et notamment à un ouvrage de l'esprit. *Soigner*, mettre tout son soin à rendre parfait : *Massillon n'a rien tant soigné que son petit carême* (MARM.). **Peigner,** au fig., soigner son style avec un soin excessif qui sent l'artifice : *Il faut qu'un écrivain se garde du style étudié et trop peigné* (VOLT.). **Travailler** a rapport au fond et à la forme, fait penser aux efforts déployés pour atteindre la perfection, suppose des remaniements, des corrections, alors que *soigner* n'impliquer que de l'attention; de plus, ce qui est *travaillé* peut sentir l'huile : [Ces pages] *je les ai tellement travaillées, changées* (FLAUB.). **Fouiller** n'a rapport qu'aux idées et suppose un effort pour explorer complètement le sujet. **Châtier,** travailler la correction du style. On dit aussi **Fignoler, Lécher, Raboter, Limer, Polir, Ciseler, Perler** (→ Parfaire). ¶ 5 (Réf.) *Se soigner*, éviter d'être malade ou tâcher de se guérir quand on l'est. **S'écouter,** s'inquiéter trop de sa santé, se croire toujours sur le point d'être malade. **Se ménager,** prendre soin de sa santé en évitant d'aller jusqu'au bout de ses forces; et, péj., avoir peur de se fatiguer.

Soigneusement : Sans négligence, avec application et exactitude. *Soigneusement*, qui se dit de ce que l'on fait, fait penser à l'attention du sujet. **Avec soin** fait penser à la façon dont la chose se présente sans défaut, sans dommage : *Elle me conjura que le secret fût soigneusement gardé* (J.-J. R.). *Ces vins n'ont d'autre façon que d'être recueillis avec soin* (J.-J. R.).

Curieusement, vx, se dit plutôt des choses à connaître, ou du travail du style : *Style curieusement travaillé* (Acad.).

Soigneux : ¶ 1 → Attentif. ¶ 2 *Soigneux*, **Consciencieux** (→ ce mot), **Scrupuleux**, **Sévère**, **Minutieux**, **Superstitieux** : → Soin. **Curieux**, syn. vx de *soigneux*, surtout en parlant des choses à connaître ou du travail du style.

Soin : ¶ 1 → Attention. *Soin*, effort plein d'intérêt et d'attention pour rendre une chose parfaite ou pour l'obtenir : *Ce soin poussé jusqu'à la perfection* (Pég.). **Étude**, vx, soin particulier et zèle (→ ce mot) apportés à quelque chose : *Ils emploient toute leur étude à chercher* (Pasc.). **Conscience**, qualité de celui qui fait honnêtement tout ce qu'il doit pourbien exécuter son travail et dont le soin est une des conséquences nécessaires : *Corriger des copies avec conscience*. **Sévérité**, qualité de celui qui ne se permet aucun défaut ni du point de vue moral, ni du point de vue artistique : *Examiner sa conscience avec sévérité* (Mau.). **Scrupule**, conscience et sévérité pour soi-même qui pousse à accorder ses soins aux plus petites choses. **Minutie** insiste sur le soin apporté, souvent par goût, aux petits détails, parfois même avec excès : *Vous ne sauriez apporter dans cet ouvrage trop de soin, d'exactitude et même de minutie* (D'Al.). **Superstition**, fig. et péj., suppose un excès de soin qui rend timoré ou pointilleux : *Exact jusqu'au scrupule et jusqu'à la superstition* (Font.). — *Soins*, au pl., a pour syn. recherché **Veilles**, au fig., longue et forte application à l'étude, aux productions de l'esprit, aux affaires : → Travail. ¶ 2 Préoccupation qui porte à veiller sur une personne ou une chose. *Soin*, objectif, désigne cette préoccupation par rapport à la manière d'agir sans négligence. **Souci** (→ ce mot), subjectif, soin accompagné d'inquiétude, désigne la préoccupation dans l'âme et les effets qu'elle y produit : *Elle ne gardait guère que le souci de sa beauté, un soin continuel de se parfumer* (Zola). **Cure**, syn. vx de *souci*, ne se dit plus que dans la loc. *N'avoir cure de*. **Sollicitude**, suite, multitude de soucis et de soins pour une personne ou une chose sur laquelle on veille sans cesse : *Je corrige les épreuves avec une sollicitude méticuleuse* (Pég.). ¶ 3 *Soins* : → Égards. ¶ 4 En parlant de l'assistance du médecin au malade, *Soins*, **Traitement** : → Soigner. **Médication**, ensemble de remèdes qui constituent le traitement d'une maladie. **Thérapeutique**, partie de la médecine qui a pour objet la manière de traiter, de soigner, de guérir les maladies, se dit parfois avec l'article indéfini d'une théorie qui sert de fondement à un traitement : *Un cas particulier pour lequel une thérapeutique nouvelle est toujours à inventer* (M. d. G.). **Cure**, ensemble de moyens employés pour obtenir la guérison, se dit surtout en parlant des affections graves ou chroniques que l'on guérit par une thérapeutique spéciale : *Cure de fruits. Cure thermale*.

Soin (avec) : → Soigneusement.

Soir, absolu, espace de temps indivisible et abstrait, qui va de l'heure où le soleil commence à décliner jusqu'à la première partie de la nuit : *Voici venir le soir* (Baud.). **Soirée**, relatif, espace de temps qui s'écoule du déclin du jour au moment où l'on se couche et qui est considéré comme une durée variable et divisible, remplie par une série d'événements, et relative soit à ces événements, soit à la personne qui les a vécus : *Content de sa soirée* (J. Rom.). — *Soirée* a pour syn. **Après-dîner** et **Après-souper**, peu usité. **Veillée**, partie de la soirée qui va du repas du soir au coucher, fait penser aux passe-temps que l'on se donne en commun, pour ne pas s'endormir trop tôt. **Vêpre**, syn. de *soir*, **Vêprée** ou **Vesprée**, syn. de *soirée*, sont vx.

Soirée : ¶ 1 → Soir. ¶ 2 → Réception.

Sol : → Terre.

Soldat, autrefois homme de guerre à la solde d'un prince, d'un État; de nos jours, celui qui sert dans une armée régulière, spéc. quand il n'a pas de grade, et, en un sens général, tout homme qui appartient à la profession militaire et en manifeste, au plus haut degré, les nobles qualités morales : *O soldats de l'an deux* (V. H.). *La liberté D'un soldat qui sait mal farder la vérité* (Rac.). **Militaire**, par opposition à *civil*, tout homme qui appartient à l'armée, fait penser à l'état, voire simplement à l'uniforme, et, d'une façon plus générale, aux façons de penser et d'agir, parfois en un sens péj., de ceux qui pratiquent le métier des armes : *Un beau militaire. Les dépenses et la paperasserie des militaires*. **Troupier**, fam., homme de troupe, simple soldat, fait plutôt penser aux habitudes de caserne. **Combattant**, soldat marchant en campagne sous les ordres d'un chef, se dit surtout de ceux qui prennent part effectivement aux combats par opposition aux auxiliaires. **Guerrier**, en son sens général, implique plutôt goût de se battre, ardeur et courage à la guerre : *Le maréchal Foch fut un grand soldat et Alexandre, un grand guerrier*; et, comme syn. de *combattant*, se dit au prop. des combattants des pays primitifs qui n'ont pas d'armée organisée : *Les guerriers gaulois; les guerriers canaques*; pour désigner les combattants des armées modernes, *guerriers* est poét. et emphatique : *Cet appareil terrible* *de guerriers* [les soldats de Napoléon] *vainqueurs du monde* (Ség.). **Poilu,** fam., combattant français de la guerre 1914-1918. **Drille,** syn. vx de *soldat,* ne se dit que dans quelques loc. comme *Un vieux drille.* — **Mercenaire,** soldat qui sert un gouvernement étranger à prix d'argent, est plutôt péj., sauf dans son sens historique : *Les mercenaires de Carthage.* **Légionnaire,** mercenaire qui sert la France dans la Légion étrangère. — **Vétéran,** dans l'antiquité romaine, soldat qui avait obtenu son congé après avoir longtemps servi; de nos jours, ancien soldat ou soldat qui est depuis longtemps sous les drapeaux. **Briscard,** soldat chevronné, et par ext., fam., soldat qui a fait de longues années de service. **Grognard,** vieux soldat de l'Empire; par ext., en plaisantant, vieux briscard. **Territorial,** réserviste des vieilles classes faisant partie d'une formation destinée à la défense intérieure du territoire. — **Recrue,** tout homme levé pour le service militaire conformément à la loi de conscription. **Conscrit,** autrefois celui qui était appelé, par voie de tirage au sort, au service militaire, n'est plus un terme reconnu par la loi, mais se dit, dans le langage courant, des jeunes gens reconnus bons pour le service militaire et des recrues qui une fois arrivées à la caserne se distinguent par leur inexpérience; et par ext. de tout soldat inexpérimenté. **Bleu,** fam., soldat nouvellement incorporé avec sa classe. — **Mobile** s'est dit, en 1870, d'un combattant qui n'avait pas été compris dans la conscription, mais avait été appelé en service actif en temps de guerre. **Franc-tireur,** celui qui fait partie de formations organisées pendant la guerre pour combattre parallèlement avec l'armée régulière. **Partisan,** officier ou soldat de troupes irrégulières ou détachées pour faire une guerre de surprise. — **Garde,** soldat appartenant à un corps de troupe chargé de veiller sur un grand personnage, ou de certaines missions de surveillance ou de défense. — *Soldat* a pour syn. tous les mots qui désignent les hommes d'après leurs armes comme **Artilleur, Fantassin, Parachutiste,** etc. ou leur subdivision d'armes comme **Chasseur, Zouave; Tirailleur,** soldat d'une troupe coloniale indigène. — *Fantassin,* soldat d'infanterie, a pour syn. dans l'argot militaire **Biffin, Griveton; Tourlourou,** pop. et vx, fantassin de l'infanterie de ligne. **Pioupiou,** pop., fantassin de la ligne, et **Troufion,** en argot militaire, troupier d'infanterie, se disent en général de tout soldat, le premier avec une nuance cocardière, le second en évoquant les habitudes de caserne. **Tringlot,** en argot militaire, soldat du train. — Syn. péj. de *soldat* : → Soudard.

Soldatesque : → Militaire.

Solde : → Rétribution.

Solde : → Reste.

Solder : ¶ 1 → Payer. ¶ 2 → Vendre.

Solécisme : ¶ 1 → Barbarisme. ¶ 2 → Faute.

Soleil, astre qui donne la lumière et la chaleur à la terre et aux autres planètes. **Astre du jour** et **Phébus,** nom antique d'Apollon, dieu du soleil, sont poét.

Solennel : ¶ 1 → Annuel. ¶ 2 → Imposant. ¶ 3 → Officiel.

Solenniser : → Fêter.

Solennité : ¶ 1 → Gravité. ¶ 2 → Cérémonie.

Solidarité : → Interdépendance.

Solide : ¶ 1 *Solide* marque l'état absolu et parfait d'une chose dont les particules demeurent naturellement dans la même situation par rapport les unes aux autres : *Les parties solides du corps animal sont les os, les cartilages...* (D'Al.). **Consistant,** qui devient solide, cesse de couler ou se fige, ou qui a quelque degré de solidité : *Un sirop consistant.* **Ferme,** qui, grâce à sa consistance, ne cède pas à la pression : *Terrain ferme. La chair ferme d'un poisson.* ¶ 2 Au fig. *Solide* se dit des choses qui, en elles-mêmes, sont réelles, durables, résistantes par leurs qualités, et des personnes qui ont des qualités effectives : *Solide discours* (L. B.). *Censeur solide* (Boil.); **Consistant,** des choses qui prennent peu à peu de la solidité ou de l'étoffe, des personnes qui ont de la personnalité, de l'autorité, du crédit, ne changent pas dans leur opinion : *Un bruit devient consistant quand il se confirme. Un homme consistant.* ¶ 3 → Résistant. ¶ 4 → Réel.

Solidité : ¶ 1 → Résistance. ¶ 2 *Solidité,* **Consistance, Fermeté :** → Solide.

Soliloque : → Monologue.

Solitaire : Adj. ¶ 1 → Seul. ¶ 2 → Inhabité. — N. ¶ 3 → Ermite. ¶ 4 → Sanglier. ¶ 5 → Diamant.

Solitude : ¶ 1 → Isolement. ¶ 2 → Désert. *Solitude,* lieu où l'on est seul, où l'on se sent seul et solitaire, loin du commerce des hommes : *Solitude où je trouve une douceur secrète* (L. F.). **Retraite,** lieu où l'on se retire pour s'éloigner des affaires, du tumulte de la société, pour se recueillir, et parfois pour se réfugier ou se cacher, sans forcément être seul : *La retraite que nous choisîmes était fort cachée* (L. F.). **Thébaïde,** lieu désert offrant une solitude profonde, par allusion au désert d'Égypte où se retirèrent de pieux solitaires.

Sollicitation : → Requête.

Solliciter : ¶ 1 → Inviter. ¶ 2 → Réclamer. Demander quelque avantage. *Solliciter* suppose une demande instante, souvent non officielle, accompagnée parfois de démarches nombreuses, et adressée le plus souvent à une personne qui a quelque pouvoir, notamment à un juge pour se le rendre favorable; absolument, c'est demander des faveurs à des personnes puissantes : *Solliciter une audience, une place* (ACAD.); *un procès* (L. B.). **Postuler,** demander une place, un emploi, officiellement, en accomplissant les démarches ou les formalités nécessaires : *Postuler une place dans l'Académie française* (L. B.). **Quêter,** fig., demander comme une aumône pour soi ou pour autrui, d'une manière humble ou insinuante : *Quêter des éloges* (ZOLA); *un regard de compassion* (M. D. G.); *une excuse pour capituler* (J. ROM.). **Mendier,** au fig., solliciter avec empressement, en apitoyant ou en s'abaissant : *Mendier la pitié* (CORN.); *de la reconnaissance* (FONT.). **Gueuser,** au fig., syn. péj. de *mendier*. **Quémander,** péj., mendier avec insistance, avec importunité, en allant relancer les gens jusque chez eux.

Sollicitude : ¶ 1 → Soin. ¶ 2 → Souci.

Solution : ¶ 1 → Dénouement. ¶ 2 → Résultat. ¶ 3 → Interruption. ¶ 4 → Paiement.

Sombre : ¶ 1 → Obscur. ¶ 2 → Triste. ¶ 3 → Inquiétant.

Sombrer : ¶ 1 → Couler. ¶ 2 Au fig. → (s') Absorber.

Sommaire : Adj. ¶ 1 → Court. ¶ 2 → Simple et Rapide. — ¶ 3 N. → Abrégé.

Sommation : → Injonction. *Sommation,* signification faite à quelqu'un, dans les formes établies, qu'il ait à faire telle ou telle chose. **Interpellation,** terme de droit, sommation à un témoin, à une des parties, sur la véracité ou la fausseté d'un fait. — **Semonce,** terme de marine, sommation faite par un navire à un autre de se faire reconnaître.

Somme : ¶ 1 *Somme,* terme didact., désigne en mathématiques le résultat d'une addition. **Total,** syn. de *somme* dans le langage courant, se dit bien pour désigner la quantité qui résulte de plusieurs sommes jointes ensemble. **Montant,** terme de commerce, total d'un compte, d'une recette, d'une dépense. **Chiffre,** valeur qu'atteint un total : *Le chiffre d'une succession.* — Au fig. *somme,* relatif, peut désigner un ensemble incomplet, *total,* absolu, indique toujours un ensemble complet, faisant un tout : *Cela ne peut qu'ajouter à la somme de nos maux* (ACAD.). *Aucun raisonnement ne saurait me convaincre que l'addition d'unités sordides puisse donner un total exquis* (GI.). ¶ 2 → Abrégé. ¶ 3 → Charge.

Somme : ¶ 1 → Sommeil. ¶ 2 *Faire un somme; Ne faire qu'un somme :* → Dormir.

Sommeil, subjectif, état de celui qui dort, n'existant que par le sujet, qualifié par rapport à lui et qui peut être interrompu, repris : *Sommeil tranquille, doux, inquiet.* **Somme,** de nos jours fam., désigne objectivement la chose en elle-même, l'assoupissement; le temps pendant lequel un homme dort, considéré en général comme indépendant de tout sujet et formant un tout indivisible : *Dormir un somme pendant vingt-sept ans* (VOLT.). **Repos** insiste sur l'action bienfaisante, calmante du sommeil : *J'aurai soin de ne pas troubler votre repos* (MOL.). **Dormir,** rare, désigne abstraitement l'action. **Sieste,** somme que l'on fait pendant la partie chaude du jour. **Méridienne,** sieste faite vers le milieu du jour et habituellement, spéc. dans les pays chauds. **Roupillon,** petit somme, est pop. **Dodo,** somme, sommeil, dans le langage enfantin. Sur les formes du sommeil : → Assoupissement.

Sommeiller : → Dormir.

Sommer : → Ordonner.

Sommet : ¶ 1 Point le plus élevé de certaines choses. *Sommet* est concret. **Sommité,** abstrait, ne comporte d'autre idée que celle de hauteur : *Un oiseau s'élève jusqu'à la sommité d'une tour, et s'abat sur son sommet* (L.). — *Sommet,* terme le plus général, se dit proprement des choses naturelles, par ext. des choses bâties par l'homme et désigne la partie la plus élevée sans préciser sa forme : *Le sommet de la tête* (VOLT.); *d'une montagne* (VOLT.); *d'un cône* (VOLT.). **Cime,** sommet aigu, partie la plus élancée d'un corps terminé en pointe, spéc. arbre, montagne, rocher, et par ext. clocher : *Cimes des pins* (MAU.). **Pointe,** extrémité des choses qui vont en diminuant, désigne parfois l'extrémité très aiguë d'une cime : *Pointe d'un clocher* (L. B.). **Faîte** qui, comme **Comble** (→ ce mot), ne se dit proprement que du sommet des bâtiments, s'applique, par ext., à certains objets naturels dont le sommet a la forme d'une ligne séparant par exemple deux versants ou divers étages de branches : *Ligne de faîte d'une chaîne de montagnes. Au faîte des arbres* (BUF.). **Haut,** sommet, faîte, partie supérieure d'un objet, dans le langage courant, s'emploie bien pour faire penser à l'espace qui sépare le sommet de ce qui est en bas ou quand il s'agit d'un mouvement : *Le coche arrive au haut* (L. F.). *Du haut de son trône* (RAC.). **Crête,** fig., partie saillante étroite, allongée, à pic et souvent dentelée sur le sommet d'un rocher, d'une montagne, d'une vague, d'un toit. **Tête,** sommet arrondi, se dit particulièrement des arbres ou d'une montagne : *Tête d'un volcan* (BUF.). **Front**, surtout poét., sommet élevé, dénudé, à pic, spéc. d'un mont : *Monts gelés et fleuris... Dont le front est de glace et le pied de gazons* (VI.). — Pour désigner seulement le sommet d'une montagne, et parfois la montagne elle-même, **Pic**, pointe d'une montagne en forme de cime aiguë, **Dent**, sommet découpé en forme de scie, **Piton**, d'abord aux Antilles, puis ailleurs, petit pic sur une très haute montagne : *Ces montagnes sont surmontées de hauts pitons* (B. S.-P.). **Ballon**, sommet arrondi dans les Vosges ou en Alsace. **Aiguille**, pic ou piton en forme de pyramide très allongée et effilée. **Mamelon**, sommet arrondi d'une colline ou d'une montagne. **Table**, en géographie, sommet de montagne formant un petit plateau. **Croupe**, partie supérieure d'une montagne qui se prolonge en n'est pas à pic. **Culmen**, mot latin, et **Point culminant**, loc. plus ordinaire, le sommet le plus élevé d'un massif montagneux. ¶ 2 Au fig. → Comble.

Sommité : ¶ 1 → Sommet. ¶ 2 → Personnalité.

Somnifère : → Narcotique.

Somnolence : → Assoupissement.

Somnoler : → Dormir.

Somptuosité : → Luxe.

Son : ¶ 1 Ce que l'ouïe perçoit. *Son* désigne quelque chose de simple, d'appréciable et qui caractérise naturellement et habituellement la chose qui le produit : *Le son du cor* (VI.). **Ton** (→ ce mot) suppose des sons qui se prolongent comme ceux de la parole, du chant et des instruments de musique, et qui sont caractérisés, accidentellement, par leur degré d'élévation ou d'abaissement : *On peut jouer du violon sur un ton grave ou un ton aigu; et l'on reconnaîtra pourtant toujours le son du violon.* **Timbre**, qualité du son d'un instrument ou d'une voix qui les fait aussitôt reconnaître, qui est due au concours des notes harmoniques accompagnant la note fondamentale et qui varie selon le genre et la qualité de l'instrument ou de la voix. — **Bruit** (→ ce mot), son ou assemblage de sons confus ou inappréciable : *Le son lui-même, le son pur est une sorte de création. La nature n'a que des bruits* (VAL.). ¶ 2 En parlant de la voix, *Son*, **Timbre** et **Ton** diffèrent comme plus haut : *Le son et le timbre sont constants et caractéristiques de la personne; le son fait penser au fait qu'on entend la voix de la personne, le timbre à la qualité caractéristique et plus ou moins belle ou agréable du son de sa voix; le ton, accidentel et variable, correspond au sentiment qu'elle éprouve dans le moment : L'harmonie la plus douce est le son de la* voix de celle que l'on aime (L. B.). *Sa voix a-t-elle encor ce doux timbre d'argent?* (LAM.). *Ton fier* (PASC.); neutre, déférent (GI.). **Intonation**, en musique, manière d'observer les tons et en particulier action par laquelle on commence à entonner quelque air de chant; en parlant de la voix, tons divers que l'on prend en parlant ou en lisant, considérés comme caractérisant non seulement les sentiments qu'on éprouve, mais encore la manière de parler d'un individu ou la langue qu'il parle : *Les intonations d'une langue telle que la chinoise* (DUC.). *Intonations familières, confiantes et enfantines* (LOTI). **Inflexion**, changement de ton dans la voix, soit en parlant soit en chantant, et par ext. facilité qu'on a de changer ou de nuancer le ton : *Une inflexion de dédain et un ton de psalmodie* (PROUST). **Modulation**, changement de ton ou de mode en musique; en parlant d'une voix, surtout musicale, inflexions variées et chantantes. **Accent** n'a pas rapport comme les mots précédents à un individu particulier, mais désigne soit l'*intonation* qui convient à l'expression des divers sentiments : *Une phrase qui vous a paru vraie d'accent* (J. ROM.); soit la prononciation particulière à une nation, aux habitants de certaines provinces : *L'accent normand* (L. B.).

Sonder : ¶ 1 → Examiner. ¶ 2 *Sonder*, pénétrer, par un moyen quelconque, les intentions de quelqu'un ou ses sentiments : *Sonder ses intentions véritables* (J. ROM.). **Tâter**, plus fam., essayer de connaître, prudemment, indirectement, les dispositions d'une personne, en la mettant à l'épreuve, en provoquant chez elle quelques réactions caractéristiques : *Il est question de les tâter de tous côtés, de les sonder pour découvrir leurs maximes* (FÉN.). **Tâter le pouls** à quelqu'un sur une affaire est fam. **Pressentir** marque une action beaucoup plus simple; c'est demander ou faire demander à quelqu'un quelles sont ses dispositions à l'égard de ce qu'on compte faire ou lui proposer.

Songe : ¶ 1 → Rêve. ¶ 2 → Illusion.

Songe-creux : → Visionnaire.

Songer : ¶ 1 → Rêver. ¶ 2 → Penser. ¶ 3 → Projeter.

Songerie : → Rêve.

Songeur : → Pensif.

Sonnailles : → Cloche.

Sonnant : → Sonore.

Sonner : ¶ 1 Intrans. *Sonner*, terme général, se dit de tout ce qui rend un son, et spéc. d'une cloche que l'on meut en sorte que le battant frappe des deux côtés : *Ses talons sonnaient* (ZOLA). **Résonner** (→ ce mot), renvoyer le son, se dit aussi d'un son qui se prolonge ou d'un son éclatant : *Le marteau résonnait sur l'enclume qui gémissait sous les coups redoublés* (Fén.). **Tinter,** faire entendre des sons espacés en parlant d'une cloche que l'on meut en sorte que le battant ne frappe que d'un côté, se dit aussi des petits sons d'une clochette et d'autres bruits semblables, ou de ce qui fait un bruit analogue au son d'une cloche qui se prolonge en diminuant dans l'air : *La cloche tintait longtemps, inégale, dans le lointain* (Loti). *La même voix tintait longtempsdans mes oreilles* (Lam.). **Tintinnabuler,** fam., tinter d'un son aigre et vibrant : *Les clochettes se mirent à tintinnabuler le plus joyeusement du monde* (Gaut.). **Bourdonner, Carillonner** diffèrent des mots précédents comme plus bas. ¶ 2 Trans. Faire rendre un son à une cloche. **Sonner** et **Tinter** diffèrent comme plus haut. **Bourdonner,** mouvoir le battant d'une cloche, sans la mettre en branle, pour frapper des deux côtés. **Copter,** raré, faire aller le battant seulement d'un côté sans mouvoir la cloche. **Carillonner,** faire sonner un assemblage de cloches accordées à différents tons pour jouer un air : *La ville aux cent clochers carillonnant dans l'air* (V. H.); par ext. sonner vivement plusieurs cloches ensemble et, fam., sonner. bruyamment à une porte. **Sonnailler,** fam., sonner souvent et sans utilité. ¶ 3 → Jouer.

Sonnerie, Sonnette : → Cloche.

Sonore : ¶ 1 *Sonore,* qui rend un son, qualifie particulièrement ce qui a un beau son ou beaucoup de son, et ce qui renvoie bien le son : *Cette langue italienne si pompeuse et si sonore* (Staël). **Sonnant,** qui rend un son clair et distinct, se dit surtout en parlant du métal : *L'airain sonnant* (L. F.). **Résonnant,** qui renvoie le son, ou qui rend un son prolongé ou très fort qui se répercute au loin. **Retentissant** enchérit et implique un bruit éclatant. **Vibrant,** surtout en parlant de la voix, implique force et puissance, et en même temps une sorte de battement sonore qui pénètre, entraîne, marque l'émotion ou l'enthousiasme : *Voix vibrante, saccadée, qui avait les colères de son âme* (Gonc.). **Tonnant** et **Tonitruant,** retentissant avec la force et l'éclat d'un tonnerre, se disent, le premier, de ce qui semble proprement un tonnerre, effraie, frappe : *Le nom tonnant de Dieu* (Lam.); le second, surtout de la voix que, par hyperbole, on compare au tonnerre, mais qui n'a de commun avec lui qu'un éclat excessif : *Un mauvais plaisant interpelle quelqu'un d'une voix tonitruante.* **Ronflant,** sonore et bruyant, est plutôt péj. et suppose un bruit prolongé assez déplaisant : *Un instru-*ment ronflant. *Une voix ronflante.* **De stentor** se dit d'une voix prodigieusement retentissante comme celle du guerrier Stentor dans *L'Iliade.* — **Haut,** en parlant de la voix, s'oppose à *bas* et dit moins que *sonore,* en impliquant seulement qu'on articule assez fort ou trop fort, de façon à être entendu d'assez loin ou de trop loin, avec souvent une nuance morale relative à l'expression d'un sentiment : *Pousser les hauts cris. Avoir le verbe haut.* ¶ 2 → Emphatique.

Sonorité, qualité d'une voix sonore (→ ce mot). **Creux,** pop., qualité de celui qui a une belle voix de basse, dont la voix peut descendre fort bas.

Sophisme : → Erreur. Raisonnement juste en apparence, mais faux en réalité. Le *Sophisme* vise à tromper ou au moins à mettre quelqu'un dans l'embarras, le **Paralogisme** est simplement un raisonnement qui porte à faux et trompe celui-là même qui le fait.

Sophiste : Péj., celui qui ne raisonne pas naturellement, mais subtilise à l'excès. Le *Sophiste,* par des raisonnements captieux, trompe ou embarrasse, empêche de voir la vérité. Le **Casuiste,** à force d'étudier les nuances entre les cas de conscience, finit par excuser ce qui est mal et trompe en matière de morale, ou complique les problèmes de bienséance que le simple bon sens résoudrait facilement.

Sophistiqué : → Raffiné.

Sophistiquer : → Altérer.

Soporatif, Soporeux, Soporifère, Soporifique : → Narcotique.

Sorbet : Crème glacée congelée dans un moule. Le *Sorbet* diffère de la **Glace** en ce qu'il est moins pris, contient moins de sucre, est aromatisé à l'aide de liqueurs ou spiritueux.

Sorcellerie : → Magie.

Sorcier : ¶ 1 → Magicien. ¶ 2 → Difficile.

Sorcière : → Mégère.

Sordide : ¶ 1 → Malpropre. ¶ 2 → Avare. *Sordide,* qui se dit des personnes et des choses, suppose à la fois qu'on est âpre au gain et d'une avarice qui inspire le dégoût : *Sans âme et d'une économie sordide* (Balz.). **Crasseux,** sordide et portant sur lui les marques de son vice parçq qu'il est mal vêtu, négligé, sale : *Leur manière de vivre la plus vile et la plus crasseuse qu'on puisse imaginer* (J.-J. R.). ¶ 3 → Dégoûtant.

Sornettes : → Chansons.

Sort : ¶ 1 → Hasard. ¶ 2 → Destinée. ¶ 3 → État. ¶ 4 → Vie. ¶ 5 → Magie.

Sortable : → Convenable.

Sorte : ¶ 1 → Classe. ¶ 2 → Genre. ¶ 3 → Façon. ¶ 4 *Une sorte de* implique une simple ressemblance, souvent purement apparente, avec une autre chose qu'on représente sans en avoir le caractère net et complet; il est péj. en parlant des personnes : *Elle portait sur la tête une sorte de turban* (Acad.). *Une sorte de bel esprit.* **Une manière de, Une façon de** indiquent une ressemblance encore plus vague : *Se confectionner une façon de morale* (M. D. G.). **Une espèce de** marque un rapport plus étroit entre la chose et le nom qu'on lui donne, mais suppose, souvent péj., que la chose ou la personne n'est pas tout à fait ce qu'on lui a dit, soit qu'elle en tienne lieu sans l'être, soit qu'elle le soit, mais en remplisse mal la définition : *Une espèce de valet de chambre. Une espèce d'avocat.*

Sorti : → Né.

Sortie : ¶ 1 Lieu de passage pour aller de l'intérieur au dehors. *Sortie,* subjectif, rappelle toujours l'idée d'une personne qui peut passer par ce lieu. **Issue,** objectif, désigne le lieu lui-même, abstraction faite de ceux qui l'utilisent, et se dit de préférence d'une ouverture qui, même si elle n'est pas aménagée pour être une sortie normale, permet de s'échapper d'un lieu d'où il est difficile de se tirer : *Découvrir l'issue de sa prison* (J. Rom.). **Débouché,** endroit où l'on passe d'un lieu resserré à un lieu plus ouvert : *Le débouché d'un défilé.* ¶ 2 *A la sortie de,* au moment où l'on sort, dépeint l'action, le mouvement des gens qui sortent d'un lieu : *On vend des journaux à la sortie de la messe.* **Au sortir de,** plus abstrait, marque uniquement le moment où l'on sort, dans tous les sens du verbe sortir : *Au sortir du collège on va à la Faculté. Souper avec Aspasie et Périclès au sortir d'une tragédie de Sophocle* (Volt.). **A l'issue de,** plus abstrait encore, indique simplement la fin d'une chose qui a lieu : *A l'issue de la messe, on va déjeuner.* ¶ 3 → Avanie. ¶ 4 → Publication.

Sortilège : → Magie.

Sortir : ¶ 1 Passer du dedans au dehors. *Sortir,* terme le plus général, s'emploie dans les sens les plus variés, avec pour sujet un n. de personne ou de chose : *Sortir de la chambre. Les fleurs commencent à sortir.* **Déboucher,** sortir d'un endroit resserré pour passer dans un lieu plus ouvert. **S'échapper,** en parlant d'une chose, spéc. liquide ou gazeuse, sortir spontanément de ce qui la contenait ou la retenait. **Jaillir** (→ ce mot), sortir impétueusement en parlant d'un fluide, par ext. sortir soudainement, vivement, surtout au fig. en parlant de choses morales : *De la bonté*

jaillit la beauté (V. H.). **Surgir,** sortir de terre en parlant d'une eau, par ext., sortir et apparaître brusquement : [Vois]... *surgir du fond des eaux le regret souriant* (Baud.). **Émerger,** sortir ou se montrer au-dessus de l'eau, par ext. passer d'un milieu inférieur à un milieu supérieur, ou sortir d'un milieu obscur pour entrer dans un milieu lumineux, souvent progressivement : *Un jeune secrétaire émergea au-dessus du paravent* (M. D. G.). **Percer,** sortir en se faisant un passage : *Ses dents commencent à percer.* **Sourdre,** sortir de terre, en parlant des eaux, marque souvent une action lente, continue, sur un vaste espace : *Dans cette prairie on voit l'eau sourdre de tous côtés* (Acad.); au fig., c'est commencer à naître lentement en parlant des choses : *A côté de l'idée de puissance commence à sourdre l'idée de justice* (Gaut.). **Venir,** sortir en parlant des liquides qu'on tire de ce qui les contenait : *On voulut le saigner, mais le sang ne venait pas.* — **Débucher,** en termes de chasse, sortir du bois en parlant des fauves. — **Débouquer,** terme de marine, sortir d'un canal, d'un détroit resserré. — **Partir,** au prop. et au fig., se dit de certaines choses qui sortent d'elles-mêmes, avec impétuosité : *Le bouchon est parti tout seul. Ce mot est parti plus vite que je n'aurais voulu* (Acad.). ¶ 2 Quitter sa maison pour aller se promener, faire des visites. *Sortir,* terme usuel, a pour syn. fam. **Mettre le nez dehors** qui s'emploie surtout à la négative. ¶ 3 Quitter un lieu où l'on a reçu une formation. *Sortir* a pour syn. **Être frais émoulu de,** sortir nouvellement d'un lieu : *Être frais émoulu du collège.* ¶ 4 → (s') Écarter. ¶ 5 → Venir de → Tirer. ¶ 7 → (être) Publié. ¶ 8 → (se) Tirer.

Sosie, personne qui a une parfaite ressemblance avec une autre, par allusion au valet d'Amphitryon dont Mercure avait pris les traits dans une pièce de Plaute. **Ménechme,** par allusion à une comédie de Plaute où deux frères jumeaux se ressemblent parfaitement, syn. plus rare de *sosie* : *Le succès, ce ménechme du talent* (V. H.). On dit aussi : **Pendant, Réplique :** → Semblable.

Sot : ¶ 1 → Stupide. ¶ 2 Le *Sot* manque d'esprit et surtout de jugement; il dit ou fait des choses peu raisonnables, qui lui nuisent; le *Fat* a ou se croit plus d'esprit que le *sot,* en sorte qu'il indispose tout le monde par les airs et les louanges qu'il se donne : *Un fat est celui que les sots croient un homme de mérite* (L. B.). *Un sot est celui qui n'a pas même ce qu'il faut d'esprit pour être fat* (L. B.). **L'Impertinent** ne respecte rien, traite tout le monde avec fierté, mépris ou sans gêne : *L'impertinent est un fat outré.*

Le fat lasse, ennuie, dégoûte, rebute;
l'impertinent rebute, aigrit, irrite, offense;
il commence où l'autre finit (L. B.). —
Buse, fam., sans aucun jugement, sot
au suprême degré. ¶ 3 → Déconcerté.

Sottise : ¶ 1 → Stupidité. ¶ 2 → Injure.

Soubassement : → Fondement.

Soubresaut : ¶ 1 → Saut. ¶ 2 → Tressaillement.

Soubrette : ¶ 1 → Suivante. ¶ 2 →
Servante.

Souche : ¶ 1 → Racine. ¶ 2 → Tige.
¶ 3 → Race. ¶ 4 → Bête.

Souci : ¶ 1 → Soin. ¶ 2 → Ennui.
Souci, perte de la tranquillité de l'esprit
due à l'importance qu'on accorde à certaines personnes ou à certaines choses :
Une quantité de soucis sont la plupart sont
de petites craintes, de petites angoisses, de
petites peurs d'être insuffisant ou d'être
trahi, voire de petites humiliations
(J. Rom.). **Soin,** vx, se disait surtout
du dérangement, du trouble d'esprit que
donnaient certaines affaires : *Je suis libre,*
content, sans nul soin qui me presse (L. F.).
Sollicitude, tendre souci ou souci constant
que donnent ceux qu'on aime, ceux sur
qui l'on veille, ou les affaires dont on
s'occupe avec une attention suivie et
inquiète : *Sollicitude fraternelle* (J. Rom.).
Préoccupation, vif souci que donne une
chose qui s'empare de l'esprit, l'occupe
constamment et fortement : *Vivre dans*
un souci constant, dans une préoccupa-
tion, dans une angoisse mortelle du salut
éternel de notre peuple (Pég.). **Obsession,**
au fig., forte préoccupation que la volonté
ne parvient pas à écarter et qui tourmente l'esprit, d'une façon parfois maladive : *Une idée fixe, une obsession, c'est-à-*
dire un siège, un blocus, une sorte de
scrupuleuse et dévorante manie (Pég.).
Inquiétude, état pénible d'une âme qui
ne peut trouver le repos soit parce qu'elle
est préoccupée par l'appréhension d'un
mal à venir : *Ce léger écœurement devant*
l'avenir qu'on appelle inquiétude (Cam.);
soit parce qu'elle est en proie à des aspi-
rations indéfinies : *L'inquiétude roman-*
tique; soit parce qu'elle est agitée par des
passions : *Ah! portons dans les bois ma*
triste inquiétude (Chén.). **Angoisse** (→
Transe), au fig., vive inquiétude qui
serre le cœur, s'accompagne d'affliction :
Angoisse d'incertitude affreuse (Zola).
Bile, fam., souci permanent, rongeur, qui
rend maussade : *Se faire de la bile.* **Tra-**
cas (→ ce mot), fam., souci assez peu
grave causé par les peines, les fatigues,
le dérangement qu'occasionnent les affaires
courantes du ménage et de la vie : *Les*
tracas de la ville (J.-J. R.). **Martel,** vx,
souci qui obsède, dans la loc. *Avoir (se*
mettre) martel en tête. **Poids,** au fig., souci
qui oppresse, angoisse, obsède tant qu'il
ne nous est pas ôté : *Cette nouvelle m'ôta*
de dessus la poitrine un poids de cinq cents
livres (J.-J. R.). **Tourment,** grand souci
qu'on éprouve ou qu'on se donne et
qui fait beaucoup souffrir : *Le tourment*
de l'infini (J. Rom.). **Tintouin,** fam.,
souci inquiet et accompagné d'embarras
que donne une affaire. **Aria,** pop., embarras, est parfois syn. de *tintouin.*

Soucieux : → Triste. *Soucieux*, **Préoc-**
cupé, Obsédé, Inquiet, Angoissé, Tra-
cassé, Tourmenté : → Souci.

Soudain : ¶ 1 Adj. Qui arrive instantanément, dans le moment. *Soudain* se
dit de ce qui est tel par sa nature, appartient à un genre de choses qui se font
habituellement de cette façon : *Fuite*
soudaine (Mol.). *Une mort soudaine a*
lieu d'un seul coup; **Subit,** de ce qui est
tel en fait, n'a lieu qu'une fois de cette
façon et surprend : *Une idée subite lui*
traversa l'esprit (M. D. G.). *Une mort*
subite est la mort inattendue d'un homme
qu'on croyait bien portant. **Brusque,** subit
et inopiné, surtout en parlant d'actions
qui se font sans préparation et produisent un choc assez fort sur celui qui ne
les attendait pas : *De brusques change-*
ments d'humeur (Zola). **Brusqué,** rendu
brusque, pressé, hâté : *Départ brusqué.*
Fulgurant, soudain comme l'éclair, se dit
en médecine de douleurs vives et soudaines. **Foudroyant** qualifie ce qui frappe
d'un coup soudain, irrésistible, et, au
fig., d'une stupeur soudaine : *Foudroyante*
vitesse d'une explosion (J. Rom.). ¶ 2 Adv.
D'une manière instantanée. *Soudain,*
abstrait, marque une simple circonstance de temps : *Jean-Paul quitta soudain*
la main de son oncle (M. D. G.). **Soudaine-**
ment exprime une manière d'agir ou une
qualité du sujet portée à tel ou tel degré :
Dans ce transport de douleur, je tombai
soudainement, selon ma coutume, dans
un assoupissement profond (Fén.). **Subi-**
tement, Brusquement et **Tout à coup**
(→ ce mot) ajoutent une idée de surprise.

Souard, autrefois soldat, de nos jours,
fam. et péj., celui qu'une longue habitude
de la guerre a rendu brutal et grossier :
Un trait de franc soudard (L. F.). **Reître,**
autrefois cavalier allemand servant la
France, implique, fam., l'idée de violence
et de pillage. **Traîneur de sabre,** militaire
qui affecte des airs arrogants et tapageurs.
Sabreur, moins péj., soldat brave et qui
se bat bien, mais est nul pour tout ce
qui n'est pas la guerre. **Plumet,** vx,
jeune militaire ou homme de guerre
uniquement séduisant par son uniforme.

Souder : → Joindre.

Soudoyer : → Séduire. *Soudoyer*, autrefois, entretenir des gens de guerre auxquels on paie une solde; au fig., suborner des gens par l'appât du gain, des avantages ou même des promesses : *Soudoyer des témoins.* **Stipendier,** avoir quelqu'un à sa solde, ne se dit guère qu'en mauvaise part, en parlant de gens, d'ordinaire inférieurs, que l'on paie, souvent régulièrement, pour les employer à l'exécution de mauvais desseins : *Stipendier des bandits, des politiciens, la presse.* **Payer** est moins péj. et relatif à un but déterminé : *Payer un critique pour obtenir un article élogieux.* **Acheter,** s'assurer à prix d'argent ou par des faveurs les services de quelqu'un, ne se dit que de gens que l'on peut corrompre, et suppose donc chez eux des qualités que l'on peut pervertir : *On soudoie des assassins; on achète un juge, des votes, un gardien.* **Graisser la patte,** fam., chercher à acheter quelqu'un, se dit pour des choses assez peu importantes. **Arroser,** fig. et fam., distribuer de l'argent pour obtenir une faveur ou un service, dit moins qu'*acheter* : *Arroser les électeurs.*

Souffle : ¶ 1 → Haleine. ¶ 2 → Vent. ¶ 3 → Inspiration.

Soufflé : ¶ 1 → Gonflé. ¶ 2 → Emphatique.

Souffler : ¶ 1 → Expirer. ¶ 2 → Respirer. ¶ 3 → Jouer. — Au fig. ¶ 4 → Respirer. ¶ 5 → Inspirer. ¶ 6 → Prendre.

Soufflet : → Gifle.

Souffleter : → Gifler.

Souffrance : → Douleur. **Passion,** syn. vx de *Souffrance*, ne se dit plus que de la souffrance de Jésus-Christ et des martyrs et au fig. dans quelques loc. comme *Souffrir mort et passion.*

Souffrant : → Malade.

Souffre-douleur : → Victime.

Souffreteux : → Maladif.

Souffrir : ¶ 1 Intrans. Éprouver quelque chose de fâcheux ou de pénible. *Souffrir* s'emploie très bien avec toutes les déterminations de la cause, du degré, de la manière, suppose souvent un être sensible qui reçoit une impression de déplaisir, et marque toujours un effet immédiat et direct : *Souffrir beaucoup de la tête.* **Pâtir,** être dans un état de malaise, de gêne en parlant des personnes, marque un effet indirect qui vient d'une cause lointaine, et se dit bien des choses qui n'éprouvent pas de la douleur mais du dommage; en ce dernier sens, *souffrir* exprime un dommage reçu d'un seul coup, *pâtir*, un état de dépérissement provoqué par ce qui agit à plusieurs reprises : *Pâtir*

des restrictions de la pauvreté (M. D. G.). *Un fou est un malade dont le cerveau pâtit, comme le goutteux est un malade qui souffre aux pieds et aux mains* (VOLT.). **Languir,** au fig., en parlant des personnes, souffrir de la continuité d'un mal ou d'une peine qui épuise ou énerve : *Le secret douloureux qui me faisait languir* (BAUD.). **Sécher,** au fig., languir d'un mal moral qui consume : *Sécher d'ennui* (CORN.); **Mourir,** par hyperbole, souffrir, languir : *Mourir d'envie* (MOL.); *d'amour* (VOLT.). **Passer un mauvais quart d'heure,** fig. et fam., éprouver quelque chose de fâcheux du fait de quelqu'un. — Trans. ¶ 2 → Recevoir. ¶ 3 Essuyer ou éprouver des maux. *Souffrir,* terme le plus général, se dit de tous les maux passivement subis, avec l'idée que l'on est péniblement affecté : *Souffrir le martyre; la faim; la pauvreté* (ACAD.). **Subir,** être soumis à ce à quoi on ne peut échapper : *Subir les effets destructeurs d'une explosion de violence aveugle* (J. ROM.). **Endurer,** souffrir avec patience, longanimité, soumission, des maux qui devraient nous révolter : *Endurer ses dédains* (J.-J. R.); *ses mauvaises manières* (ZOLA). **Supporter,** souffrir avec force et courage des maux ou des malheurs, en général venus du dehors, qui devraient nous accabler : *Supporter d'être contraint* (M. D. G.); *des coups* (ZOLA). **Porter,** plus rare, indique simplement le fait, sans évoquer le poids de ce à quoi l'on résiste. **Digérer,** fam., endurer ou supporter un mal moral qui cause amertume ou dégoût : *Pratiquer les austérités de la vie religieuse, en digérer les amertumes et les dégoûts* (BOUR.). ¶ 4 Ne pas empêcher une action. *Souffrir* se dit surtout d'une action particulière qu'on n'empêche pas par faiblesse, négligence, débonnaireté : *Je ne souffrirais pas qu'on y fît le moindre changement* (LOTI). **Tolérer** implique un système de conduite plus général qui fait que par ménagement ou par condescendance on n'use pas de sa force pour empêcher ce qu'on aurait le pouvoir d'empêcher : *Il y a nombre de petits manquements que je tolère, sur lesquels je ferme les yeux* (GI.). **Supporter** et **Endurer** diffèrent de *souffrir* comme plus haut. **Pardonner,** tolérer ce qu'on excuse, ou voir et endurer sans dépit, sans jalousie : *Pardonnez ce reste de fierté* (RAC.). **Permettre** ajoute l'idée que l'on consent formellement à ce que la chose soit faite, en parlant parfois d'un mal qu'on admet par nécessité ou en vue d'un plus grand bien : *Je ne vous ai point permis ce petit commerce; je l'ai toléré* (VOLT.). *Dieu permet le mal.* **Laisser,** suivi d'un infinitif, marque simplement et sans aucune circonstance qu'on n'intervient pas pour empêcher une action : *Bien faire et laisser dire.* ¶ 5 → Comporter.

Souhait : Mouvement de l'âme vers un bien qu'on n'a pas et dont on a envie. *Souhait*, désir, espérance que nous renfermons en nous-mêmes et qui a rapport à quelque chose d'assez vague; **Vœu**, désir en général exprimé à quelqu'un, qui est ou implique une demande, une prière, et a un objet précis : *Ce sont plutôt des souhaits vagues que des projets d'une prochaine exécution* (J.-J. R.). *L'unique objet de ses vœux, c'est sa réputation* (Bour.).

Souhaiter : → Vouloir.

Souiller : → Salir.

Souillon : ¶ 1 → Malpropre. ¶ 2 → Servante.

Souillure : → Tache.

Soûl : ¶ 1 → Ivre. ¶ 2 → Rassasié.

Soulagement, Allégement, Adoucissement, Consolation : → Soulager. **Allégeance**, allégement durable, est vx.

Soulager : ¶ 1 *Soulager*, qui se dit surtout des êtres animés, débarrasser d'une partie d'un fardeau pour empêcher qu'on ne soit accablé sous un poids qui fatigue, et, par ext., par des impôts. **Alléger** marque une action plus précise et plus complète : c'est rendre léger ou plus léger celui qui porte, sans l'idée qu'on diminue sa souffrance, ou diminuer le poids de ce qui est porté : *Alléger des soldats. Alléger les charges publiques.* **Décharger**, débarrasser de sa charge, d'un poids qui surcharge; soulager d'une charge excessive ou tenir quitte d'une obligation : *Décharger un cheval; un plancher; des contribuables écrasés par le fisc. Décharger d'une dette.* **Dégrever**, terme d'administration, décharger des objets et, par ext., des contribuables, d'une taxe jugée trop forte. **Exonérer**, décharger une personne d'une obligation, une chose d'une taxe en les en dispensant. **Délester**, décharger un navire, un ballon de son lest, au fig. syn. fam. de *soulager*, de *décharger* : *Délester sa conscience de tout scrupule.* ¶ 2 Au fig. *Soulager* se dit d'une personne ou du cœur qu'on met dans un état plus agréable, moins douloureux, en les débarrassant en partie de ce qui les accable, et aussi des choses qu'on éprouve et qu'on rend sensibles : *Soulager des malheureux* (J.-J. R.). *Les pilules qui d'habitude me soulagent* (Mau.). *A raconter ses maux souvent on les soulage* (Corn.). **Alléger** ne se dit que des choses qu'on éprouve et qu'on rend moins intenses, moins pesantes, sans impliquer qu'on met celui qui les supporte dans un état de mieux-être : *L'idée de la guérison*

allège la douleur : on la supporte plus allégrement; un calmant soulage la douleur : on la sent moins, on est mieux. **Adoucir**, rendre plus supportable, alléger, en parlant surtout de choses morales, amères, dures ou rudes : *Adoucir le chagrin; l'ennui.* **Calmer**, ramener momentanément à la tranquillité des personnes qui souffrent de maux physiques ou moraux en général durables, en les soulageant; ou rendre ces maux moins violents, les faire cesser : *Les remèdes qui calment en endormant la douleur* (Loti). **Apaiser**, calmer définitivement ce que l'on satisfait ou l'on fait cesser, se dit surtout des besoins ou des souffrances qui troublent la paix de l'âme ou le bien-être du corps : *Apaise ta douleur* (Corn.). **Endormir**, au fig., soulager, calmer, en engourdissant, par une douceur qui fait oublier : *Le christianisme endort la douleur* (Chat.). **Étourdir**, calmer momentanément une douleur physique ou morale, soit par un remède qui a un effet brusque et peu durable, soit en faisant illusion, souvent, au moral, par une agitation qui en distrait. **Consoler** (→ ce mot) ne se dit qu'au moral de l'affliction qu'on soulage en donnant, par des discours ou des actes, une sorte de compensation morale : *Consoler de l'absence réelle par la présence illusoire* (Gi.). **Décharger** ne se dit que d'une personne ou de son cœur, de sa conscience, qu'on débarrasse totalement d'un poids moral : *Décharger quelqu'un de ses soucis.* **Dégonfler** ne se dit que du cœur que l'on décharge des sentiments qui l'oppressent, le gonflent.

Soûler (se) : → (s') Enivrer.

Soulèvement : → Révolte.

Soulever : ¶ 1 → Lever. ¶ 2 → Relever. ¶ 3 → Exciter. ¶ 4 Exciter des gens. *Soulever*, exciter à la rébellion, à la révolte, ou exciter contre quelqu'un en provoquant des sentiments d'irritation ou d'indignation : *[Richelieu] souleva les auteurs contre cet ouvrage* (Font.). **Ameuter**, au fig., attrouper un certain nombre de personnes qu'on incite à la sédition ou à une haine acharnée contre quelqu'un : *Ces peuples avilis qui se laissent ameuter par les ligueurs* (J.-J. R.). **Agiter** dit moins que *soulever*; c'est exciter les passions du peuple pour le troubler, amener des mouvements de violence, créer un climat propice au soulèvement. **Déchaîner** dit plus que *soulever*, en parlant de personnes qu'on incite à l'emportement et à la violence sans plus pouvoir les retenir : *Il a déchaîné toute sa cabale contre vous* (Lit.). ¶ 5 → Occasionner. ¶ 6 (Réf.) → (se) Révolter.

Soulier : → Chaussure. *Soulier*, chaussure

de cuir ou de peau qui couvre le pied et s'attache par-dessus. **Sandale,** de nos jours, soulier à semelle épaisse, maintenu par des courroies. **Savate,** soulier vieux et usé : *Elle traînait des savates d'ouvrière sur le pavé de Paris* (Zola); ou soulier neuf ou vieux dont le quartier est rabattu. **Escarpin,** de nos jours, soulier léger et élégant, à semelle simple excepté au talon où il y a deux épaisseurs. **Patin,** vx, soulier à semelle fort épaisse que les femmes portaient autrefois pour se grandir. **Godillot, Godasse,** etc., syn. pop. de *chaussure* (→ ce mot), le sont aussi de *soulier*. **Clape, Clapette,** soulier dont la semelle en cuir est à moitié attachée sur une autre semelle de bois dont le talon se sépare du pied pendant la marche. — A noter que *soulier* se dit parfois aussi de chaussures couvrant le pied et le bas de la jambe, mais moins élégantes que des *bottines* (→ ce mot).

Souligner : Faire remarquer. *Souligner,* insister sur un détail, pour le signaler à l'attention et souvent le louer : *Son succès que l'auditoire souligne en gardant le silence quelques secondes* (J. Rom.). **Ponctuer** se dit surtout de paroles coupées de gestes ou de manifestations qui les soulignent : *Ponctuer un discours de gestes. Discours ponctué d'applaudissements.* **Marquer** ne se dit que de ce que l'on indique nettement. **Accentuer,** marquer plus nettement. — **Relever** ne se dit que de ce qui est l'œuvre ou la propriété d'autrui : c'est attirer l'attention sur un détail ou sur une chose entière, pour la mettre en lumière et faire remarquer sa qualité ou son défaut : *Relever les beautés d'un ouvrage; les défauts d'un écrivain. Relever un mot d'esprit.*

Soumettre : ¶ 1 Mettre dans un état de dépendance. *Soumettre* marque une simple limitation de la liberté, susceptible de tous les degrés, imposée ou acceptée, parfois accidentelle : *Se soumettre à la fortune* (J.-J. R.). **Assujettir,** faire de quelqu'un son sujet, marque une dépendance plus étroite, due à l'autorité ou à une obligation habituelle, une loi stricte : *Que votre génie vous assujettisse tout ce qui n'est pas soumis à vos armes* (Pasc.). **Conquérir,** acquérir par les armes, a surtout rapport à la prise de possession d'un territoire et marque toujours une action violente, subie mais non acceptée; au fig., c'est gagner vivement, avec force, en un sens toujours favorable, sans l'idée d'obéissance qu'il y a dans *soumettre* et *assujettir* : *Soumettre les peuples et non pas les conquérir* (Mtq.). *Une femme est conquise par celui qui lui plaît, et soumise* (Rac.) *à son époux.* **Dompter,** assujettir, réduire

à l'obéissance celui qui, après avoir opposé une vive résistance, est obligé de fléchir. **Plier,** assujettir, faire céder, en habituant à obéir, souvent par une action progressive et douce : *Elles plient à leur gré la volonté de leur amant* (Did.). **Courber** marque une action plus brutale; c'est soumettre à sa volonté en humiliant. **Subjuguer,** priver totalement de sa liberté en mettant sous le joug un vainqueur, par la force des armes ou par son ascendant : *Tamerlan subjugua autant de pays qu'Alexandre* (Volt.). *Subjuguée par son amour* (Staël). **Asservir,** réduire à l'état d'esclave, enchérit et exprime un abus chez celui qui subjugue, avec parfois une certaine lâcheté chez celui qui accepte une entière dépendance : *Aux lois d'un homme en esclave asservie* (Mol.) **Enchaîner,** asservir à un esclavage étroit; au fig. assujettir étroitement par des liens moraux : *Sa valeur les vainquit, sa vertu les enchaîne* (Volt.). **Mettre la corde au cou,** fig. et fam., surtout au réf., mettre quelqu'un dans une situation de dépendance. — Avec l'idée d'un état de souffrance dans lequel on maintient celui qui est assujetti, asservi : → Accabler. ¶ 2 *Soumettre à,* mettre sous l'autorité ou la dépendance totale et incontestée de quelqu'un ou de quelque chose : *Obliger les hommes à soumettre leur esprit à Dieu* (Bos.). **Subordonner** dit moins : c'est faire dépendre, dans certaines conditions, un inférieur d'un supérieur hiérarchique, ou une chose d'une chose plus importante qui doit passer avant et, dans une certaine mesure, la déterminer : *Subordonner l'intérêt du malade à l'intérêt du médecin* (J. Rom.). ¶ 3 → Offrir. — Réf. ¶ 4 → Céder. *Se soumettre,* céder à une autorité, volontairement ou non. **Fléchir,** se soumettre après avoir résisté, en s'abaissant, marque surtout le commencement de l'action : *Tout l'univers fléchit à vos genoux* (Rac.). **Filer doux,** fam., prendre une attitude d'humble soumission devant celui que l'on craint. **Passer sous les fourches caudines,** fig., se soumettre à plus fort que soi, en subissant des conditions humiliantes. ¶ 5 → Obéir. *Se soumettre à,* obéir à une autorité qu'on accepte, contraint ou non. **Reconnaître,** employé absolument, avec pour comp. un n. de personne, se soumettre à celui dont on accepte librement l'autorité légitime : *Toute la France reconnut Henri IV.* **S'inféoder,** fig. et péj., se soumettre aveuglément à une personne, à un parti, à une opinion, comme un vassal était lié à son seigneur : *S'inféoder à une coterie* (Acad.). — **Se conformer** (→ (se) Régler), se soumettre à des prescriptions, suivre une règle librement acceptée ou non et exécuter intégralement ce qu'elles ordonnent : *Se conformer à un* *ordre* (Bos.); *à une loi* (RAC.). **Suivre** a rapport à ce qui a sur nous un empire, ou à ce qui nous propose des préceptes, un exemple à imiter, ou nous indique un certain nombre d'actions à faire dans un certain ordre : *Suivre la mode; les préceptes de l'Évangile; l'exemple de quelqu'un; un plan de conduite.* **S'adapter,** harmoniser sa façon d'être avec ce qu'exige ce à quoi on se conforme ou ce que l'on suit : *S'adapter aux circonstances.* **S'accommoder** enchérit : c'est s'adapter au mieux, de la façon la plus pratique. **En passer par,** se soumettre contraint et forcé à une chose nécessaire. ¶ 6 *Se soumettre,* **Se résigner** : → Soumis.

Soumis : → Flexible. *Soumis,* qui a pris le parti de l'obéissance, après avoir résisté. **Résigné,** soumis sans révolte, et acceptant ce qu'il est obligé de supporter : *Et mon cœur est soumis et non pas résigné* (V. H.).

Soumission : → Obéissance. *Soumission,* **Résignation :** → Soumis.

Soupçon : Croyance légère à quelque chose de désavantageux pour une personne. *Soupçon,* terme commun, à propos de toute faute ou mauvaise action, peut désigner une croyance non fondée : *Les soupçons d'un jaloux.* **Suspicion,** terme de droit, se dit proprement à propos d'un délit et implique un indice, une apparence qui fonde la conjecture. — **Doute** implique non qu'on croit le mal, mais qu'on ne croit pas le bien : *Avoir des doutes sur une personne, sur sa conduite.* — **Nuage,** au fig., doute, soupçon qui menace la réputation de quelqu'un ou une liaison : *Non sans laisser quelque nuage sur sa réputation* (S.-S.).

Soupçonner : ¶ 1 *Soupçonner,* croire à quelque faute ou désavantage chez une personne, peut indiquer une croyance non fondée. **Suspecter** suppose dans l'objet une raison de le soupçonner : *Othello soupçonne à tort la pure Desdémone; Alceste a des raisons de suspecter la coquette Célimène.* ¶ 2 → Pressentir.

Soupçonneux : → Méfiant.

Soupe : → Bouillon.

Soupente : → Réduit.

Souper : → Repas. *Souper,* repas qu'on prend à quelque heure de la nuit. **Réveillon,** souper en famille ou entre amis, vers le milieu de la nuit, particulièrement la nuit de Noël. **Médianoche,** souper après minuit sonné, est vx.

Soupeser : → Peser.

Soupirant : → Amant et Prétendant.

Soupirer : ¶ 1 → Respirer. ¶ 2 *Soupirer après :* → Aspirer

Souple : ¶ 1 → Flexible. ¶ 2 → Dispos.

Souplesse : → Politique.

Souquenille : → Surtout.

Source : ¶ 1 *Source,* le premier élancement de l'eau considérée comme sortant de terre et souvent comme donnant origine à un cours d'eau grand ou petit. **Fontaine,** l'eau sortie de terre, coulant déjà d'un cours habituel et continu, facile à puiser mais non considérée comme donnant naissance à un cours d'eau. ¶ 2 → Origine.

Sourciller, remuer les sourcils, en signe de mécontentement, de surprise, se dit surtout à la négative, dans la loc. *Sans sourciller.* **Froncer les sourcils,** au fig., faire paraître sur son visage de la mauvaise humeur, du mécontentement. **Tiquer,** fam., faire un mouvement involontaire de la tête, des yeux, comme un tic, pour marquer qu'on est arrêté par une difficulté, heurté par ce à quoi l'on répugne.

Sourcilleux : ¶ 1 → Haut. ¶ 2 → Triste.

Sourd : ¶ 1 *Sourd,* privé du sens de l'ouïe, ou qui entend très difficilement. **Dur d'oreille,** un peu sourd, se dit souvent par politesse. ¶ 2 *Sourd,* qui naturellement est peu sonore : *Le bruit sourd des vagues* (FÉN.). **Mat,** par analogie avec la peinture, se dit parfois d'un son sans éclat. **Assourdi,** rendu sourd de n'importe quelle façon. **Étouffé** se dit surtout d'un bruit qu'on s'efforce d'empêcher : *Cris étouffés. Soupirs étouffés* (VOLT.). **Amorti** se dit plutôt d'un bruit qu'on empêche d'arriver jusqu'à soi : *Les bruits de la rue amortis par d'épais rideaux.* **Caverneux** qualifie la voix sourde, profonde et assez rude : → Rauque. **Sépulcral** se dit plutôt d'une voix grave avec une idée de tristesse et de grande profondeur, comme si la voix sortait d'un tombeau. **Voilée** se dit d'une voix qui n'a qu'une partie de son timbre et de son éclat. ¶ 3 → Indifférent. ¶ 4 → Secret.

Sourdement; Sourdine (en, à la): → Secrètement.

Sourdre : → Sortir.

Souricière : → Piège.

Sourire (N.) : → Rire.

Sourire (V.) : ¶ 1 → Rire. ¶ 2 → Plaire.

Sournois : → Faux. *Sournois,* terme commun péj., implique qu'on cache ses sentiments par ruse, malice ou moquerie : *Isis, dévote au maintien triste, A l'air sournois* (VOLT.). **Dissimulé,** terme plus relevé, ne se dit que des personnes et de leur esprit, et suppose des desseins profonds, habiles et trompeurs, ou simplement le désir de ne pas dévoiler ses sentiments : [Le pape Sixte Quint] *violent, mais adroit, dissimulé, trompeur* (VOLT.). **Cachottier,** fam., qui se plaît à faire le mystérieux, à dissimuler des choses peu importantes. **Chafouin,** fam., qui ressemble à une fouine, se dit d'un homme d'apparence grêle et sournoise : *Un petit homme maigre, effilé, chafouin* (S.-S.). **En dessous** se dit du regard, de la mine d'une personne sournoise, cafarde, qui regarde en dessous, et au fig., comme syn. fam. et très péj. de *sournois*, en parlant des personnes. **Dissimulateur** (n.) fait penser à l'action, ne marque pas un défaut foncier, entré dans les mœurs comme *dissimulé*, et a, en quelque sorte, rapport à la profession de ceux que leur situation oblige à dissimuler : *Les courtisans sont d'habiles dissimulateurs* (→ Doucereux et Rusé).

Sournoiserie : → Feinte.

Sous : → Argent.

Souscrire : ¶ 1 → Consentir. ¶ 2 → Payer.

Sous-entendu : ¶ 1 Adj. *Sous-entendu* se dit surtout de choses qu'on a dans la pensée et qu'on n'exprime pas par le discours, mais qu'on laisse deviner; et aussi de termes qu'on n'exprime pas dans une phrase mais qui peuvent aisément se suppléer : *La conversation des esprits supérieurs est inintelligible aux esprits médiocres, parce qu'il y a une grande partie du sujet sous-entendue et devinée* (Chat.). **Tacite** se dit surtout de choses qui se font ou qui sont sans qu'on les exprime formellement, mais dont l'existence peut se sous-entendre : *Permission tacite* (Volt.). *Pacte tacite* (Did.). **Implicite,** qui, sans être exprimé en termes formels, résulte naturellement, par déduction et conséquence, de ce qui est formellement exprimé : *La liberté est la condition implicite de la responsabilité morale.* ¶ 2 N. *Sous-entendu,* ce qu'on ne dit pas, mais qu'on laisse entendre (parfois en parlant d'une allusion grivoise) : *Une lettre pleine de sous-entendus.* **Réticence,** sorte de *sous-entendu* qui consiste à s'arrêter avant d'avoir achevé l'expression de sa pensée et à faire entendre par son silence souvent plus que ne diraient les paroles.

Sous-louer, louer une maison ou une partie de maison dont on est locataire. **Relouer,** sous-louer en partie, est plus rare.

Sous-main (en) : → Secrètement.

Sous-marin, navire de guerre qui peut naviguer sous la mer. **Submersible,** qui a d'abord désigné un type de *sous-marin* combinant les avantages du navire de surface à ceux du sous-marin proprement dit, a fini par désigner génériquement tous les navires de ce genre sur les listes de la flotte, *sous-marin* se disant plutôt dans le langage commun, ou pour parler du submersible sous l'eau ou au combat.

Sous-œuvre : → Fondement.

Sous-ordre : → Inférieur.

Sous-sol : → Cave.

Soustraire : ¶ 1 → Dérober. ¶ 2 → Retrancher.

Sous-verge : → Inférieur.

Soutenir : ¶ 1 Tenir pour empêcher de tomber. *Soutenir* fait penser à l'aide apportée en servant d'appui ou de base : *Pièce de bois qui soutient la charpente;* **Supporter,** au grand poids de ce que l'on soutient seul en étant dessous : *Un seul pilier supporte toute la voûte.* **Porter,** être chargé d'un fardeau ou d'un poids qu'on soutient en marchant ou immobile, est parfois syn. de *supporter* : *Des colonnes qui portent une galerie.* **Maintenir,** tenir fixe et stable ce qui est déjà supporté ou soutenu : *Cette barre de fer maintient la charpente.* **Étayer,** terme technique, soutenir, appuyer ce qui menace ruine, en général pendant qu'on le répare, avec de grosses barres de fer ou de bois appelées étais. **Étançonner,** terme technique, soutenir un mur, un plancher, des terres minées, avec un gros étai de bois appelé étançon. **Accorer,** étayer en termes de construction maritime. — Au fig. ¶ 2 → Défendre. ¶ 3 → Appuyer. *Soutenir* annonce un secours puissant, plus énergique que durable, qui vise à faire triompher de tous les assauts. **Maintenir** a rapport à la durée, marque une continuité d'assistance qui conserve, fait durer ou continuer à être : *Voulez-vous maintenir votre santé, consultez l'hygiène; s'agit-il de la soutenir dans le besoin, ayez recours à la médecine* (L.). ¶ 4 → Affirmer. *Soutenir,* défendre une opinion, quand elle est attaquée dans une dispute, avec chaleur et par des arguments nouveaux : *Oui, je te soutiendrai par vives raisons, je te montrerai par Aristote,* etc. (Mol.). **Maintenir,** continuer d'affirmer longtemps, toujours, partout, une opinion : *Je maintiendrai toujours avec tous les gens de bon goût que...* (Volt.). ¶ 5 Subir sans faiblir, sans céder. *Soutenir* se dit des choses agréables ou pénibles et, dans ce dernier cas, implique qu'on résiste à une action sans se laisser abattre. **Supporter** ne se dit que des choses mauvaises qui sont comme un fardeau et qu'on endure avec courage sans se laisser accabler : *Claude Anet, qui avait si bien supporté sa misère, n'a pu soutenir un état plus doux* (J.-J. R.). **Porter,** syn. de *soutenir* en parlant d'honneurs, de dignités, et de *supporter,* en parlant de peines qui accablent, marque plus abstraitement l'action en insistant moins sur l'effort : *Un homme porte bien sa nouvelle dignité, s'il paraît y convenir; il la soutient en agissant constamment pour s'en rendre digne.* **Résister à,** bien supporter l'effort, la souffrance, le travail qui semblent attaquer : *Résister à la maladie.* ¶ 6 → Nourrir.

Soutenu : → Élevé.

Souterrain : ¶ 1 Adj., au fig. → Secret. **¶ 2** N. *Souterrain*, tout passage pratiqué sous terre. **Tunnel,** souterrain donnant passage à une voie de communication, chemin de fer, route ou rivière sortant à l'air libre aux deux bouts. **Galerie,** en termes de mine, route souterraine pratiquée pour atteindre les plans et les exploiter; ou passage souterrain voûté pour l'écoulement des eaux; se dit par ext. comme syn. de *souterrain*, de *tunnel* et fait alors penser à la construction qui soutient les parois et la voûte : *Le tunnel du Simplon est constitué de deux galeries.* — **Catacombes,** vaste souterrain servant ou ayant servi de sépulture.

Soutien : → Appui.

Soutirer : ¶ 1 → Transvaser. **¶ 2** → Obtenir.

Souvenir : ¶ 1 → Mémoire. **¶ 2** → Don. **¶ 3** *Souvenir*, du langage commun, chose quelconque, en général assez petite et personnelle, rappelant une personne ou une chose : *Garder des souvenirs d'un défunt.* **Monument,** au fig. dans le style relevé, ne se dit que de choses importantes qui manifestent une chose mémorable et en conservent le souvenir : [Ces annales] *Monuments éternels d'amour et de vengeance* (Rac.). **Témoin,** fig., monument qui atteste l'existence d'une chose qui lui fut contemporaine et dont il est le symbole : *Colonnes en beau style indien, témoins de notre grandeur passée* (Loti). **Relique** (→ Reste), chose précieuse qu'on garde en souvenir de quelqu'un ou de quelque chose.

Souvenir (se) : → (se) Rappeler.

Souvenirs : → Mémoires.

Souvent marque la répétition d'actions ou d'états qui ne sont pas rares, en fait. **Fréquemment,** en parlant d'actions seulement, fait penser à celui qui agit et lui attribue une habitude : *On voit souvent celui qu'on rencontre par hasard, et fréquemment celui auprès de qui on est assidu.* **Souventefois,** *souvent*, ne se dit plus que par archaïsme; on dit plutôt **Maintes fois,** très souvent. **La plupart du temps,** très souvent, presque toujours.

Souverain : ¶ 1 Adj. → Suprême. **¶ 2** N. → Roi.

Soviet : ¶ 1 → Comité. **¶ 2** → Communiste.

Soyeux, qui est de la nature de la soie, se dit par ext. au fig. de ce qui est fin, doux, et légèrement luisant comme de la soie, qu'il s'agisse de fils, de poils ou d'étoffe : *Cheveux soyeux; laine soyeuse.* **Satiné,** qui paraît être de la nature du satin (→ Soie), ne se dit au fig. que de la peau douce et très unie, et de pierres ou de fleurs qui ont l'éclat du satin. **Velouté,** au fig., n'implique ni finesse ni éclat, mais une douceur plus moelleuse comme celle d'une épaisseur de poils courts et très serrés : *Pêche veloutée. Peau veloutée.*

Spacieux : → Grand.

Spadassin : ¶ 1 → Bretteur. **¶ 2** → Tueur.

Spartiate : → Austère.

Spasme : → Convulsion.

Spécial : → Particulier.

Spécialiste, celui qui s'occupe exclusivement d'une branche d'études ou d'une activité déterminée. **Technicien,** spécialiste versé dans les réalisations pratiques d'un art, d'une science : *Les spécialistes d'économie politique conçoivent des plans qu'il appartient aux techniciens de mettre en œuvre.*

Spécialité : ¶ 1 *Spécialité*, branche d'études, de travaux circonscrits auxquels se consacre exclusivement une personne. **Partie,** plus vague, genre d'occupation que l'on connaît bien, parce qu'il se rapporte à la profession habituelle. **Domaine,** sphère (→ ce mot) dans laquelle s'étend la compétence, l'autorité de quelqu'un. **Fief,** fig., domaine où l'on est seul maître, où l'on s'érige en maître : *Sur un terrain que je croyais mon fief* (J. Rom.). **¶ 2** → Remède.

Spécieux : → Apparent et Trompeur.

Spécifier : → Fixer.

Spécifique : → Remède.

Spécimen : → Échantillon.

Spectacle : ¶ 1 → Vue. *Spectacle*, terme le plus général, vue d'ensemble, permanente ou non, animée ou non de personnages, et qu'on regarde à loisir : *Le spectacle de la nature* (Gi.). *J'ai donné à tous le spectacle d'un excellent appétit* (Mau.). **Scène** désigne toujours quelque chose de passager, que ce soit un spectacle de la nature qui change comme un décor, ou, plus souvent, une action vive, animée, extraordinaire entre personnages qui semblent jouer comme au théâtre : *Une inondation offre un spectacle désolant et provoque des scènes d'horreur.* **Tableau,** fig., spectacle fixe formé par un certain nombre de personnes ou de choses qui ont l'air de composer un ensemble esthétique ou vivement impressionnant. **Féerie,** au fig., spectacle donné par les choses, qui est très beau et a quelque chose de merveilleux, de surnaturel : *La féerie de la neige.* **¶ 2** Divertissement visuel offert au public. *Spectacle* désigne le genre, mais se dit plutôt des pièces de théâtre, du music-hall, du cirque ou des films de cinéma et, en ce sens, a pour syn. **Représentation** qui se dit bien lorsque des personnes jouent des sortes de scènes devant le public, et a rapport à l'action de jouer, alors que *spectacle* désigne la chose jouée : *Un théâtre, un cirque, un music-hall donnent le dimanche deux représentations du même spectacle.* **Séance,** temps pendant lequel dure la représentation d'un spectacle, se dit plutôt quand il s'agit de spectacles sans rapport avec des scènes jouées, comme films de cinéma, tours de prestidigitation, attractions diverses; *séance* et **Séance récréative** se disent aussi d'une représentation quelconque de caractère non commercial, donnée un petit nombre de fois, par une société, une association, souvent par bienfaisance. **Exhibition,** spectacle de personnes, d'animaux, de choses réunis dans un même lieu et offrant un caractère extraordinaire, curieux : *Une exhibition de boxeurs; d'animaux savants.* **Numéro,** partie d'un spectacle ou du répertoire d'un artiste, spéc. au music-hall : *Numéros de music-hall* (J. ROM.). **Attraction,** grand spectacle, ou tours de music-hall dans une revue ou entre deux films, ou toute chose intéressante qui divertit le public. **Revue,** suite de sketches, parfois satiriques, coupés de danses, d'exhibitions qu'on joue au théâtre ou au music-hall.

Spectateur : ¶ 1 *Spectateur,* celui qui est spécialement venu voir un spectacle ou celui qui y assiste par hasard. **Témoin** ajoute l'idée qu'on pourra rapporter ce qu'on a vu ou entendu et ne se dit que de spectacles ou de scènes qui n'ont eu lieu qu'une fois ou qui ont quelque chose de secret; de plus le *spectateur* observe, contemple longuement un spectacle toujours visible; le *témoin* se contente de noter la preuve de toutes sortes de choses, même abstraites : *Témoin de ses vertus* (DID.); *de tous mes pas* (RAC.). ¶ 2 *Spectateurs* : → Public.

Spectre : → Fantôme.

Spéculation : ¶ 1 → Théorie. ¶ 2 → Pensée. ¶ 3 *Spéculation,* raisonnements, calculs, combinaisons, entreprises, en matière de banque, de commerce, de finance, etc., et tendant à gagner de l'argent en utilisant la hausse, la baisse des valeurs, des matières premières, des marchandises. **Agiotage,** toujours péj., spéculation accompagnée d'actes répréhensibles ou délictueux sur le change et les fonds publics, et par ext. sur toutes les valeurs, effets de commerce ou marchandises.

Spéculer : ¶ 1 → Penser. ¶ 2 → Trafiquer. *Spéculer* et **Agioter** : → Spéculation. **Jouer,** spéculer sur la hausse ou la baisse des valeurs en Bourse, et par ext. sur toutes les valeurs. **Boursicoter,** fam. et péj., jouer petitement à la Bourse.

Speech : → Discours.

Sphère : ¶ 1 → Boule. ¶ 2 Au fig. → Cercle. *Sphère,* étendue de pouvoir, d'influence, de connaissances, de talent, considérée par rapport à celui qui les possède : *Presque tous les hommes ne cherchent qu'à étendre leur sphère* (FONT.). **Orbite,** au fig., sphère d'action, d'influence, considérée aussi par rapport à celui qui la subit, est entraîné par elle : *Un petit nombre d'individus entraînent l'espèce humaine dans leur orbite* (VINET). **Domaine** (→ Spécialité), fig. et objectif, champ qu'embrasse la compétence, l'autorité de quelqu'un, se dit aussi de tout ce qui se rapporte à un art, à une science, à une faculté de l'intelligence : *Cette question est du domaine de la politique.* **Ressort,** fig., plus précis, domaine où s'étend la compétence ou le pouvoir de quelqu'un. **Univers,** fig., sphère qui contient tout ce que nous pouvons concevoir et au-delà de laquelle tout nous est inconnu, étranger : *Celui qui a son univers dans sa famille est heureux* (S.-B.). *L'univers de Maillecotin* (J. ROM.).

Sphérique : → Rond.

Spirituel : ¶ 1 → Religieux. Dans le langage religieux, *Spirituel* se dit, par opposition à *charnel,* des personnes qui se consacrent avant tout à leur âme, se libèrent des sens et ne cherchent qu'à se perfectionner aux yeux de Dieu. **Intérieur** enchérit et suppose une vie méditative et recueillie, seul avec sa conscience. — Même nuance dans le langage courant : la vie *spirituelle* est consacrée à servir l'esprit; la vie *intérieure* est faite de recueillement, de méditation avec soi-même. ¶ 2 → Symbolique. ¶ 3 → Plaisant. ¶ 4 En parlant des personnes : qui montre de l'esprit. L'*Homme spirituel* ne manque pas d'esprit et le montre sous forme de bons mots, de saillies. L'**Homme d'esprit** est tout pétri d'esprit, a du talent, des ressources pour inventer des choses fines, ingénieuses, trouver des rapports curieux entre les choses, se tirer habilement de ce que demandent les bienséances : *Rire des gens d'esprit, c'est le privilège des sots* (L. B.). **Bel esprit,** autrefois celui qui cultivait son esprit par les belles-lettres, ne désigne plus que celui qui affecte l'esprit superficiellement ou avec trop de recherche: *Trissotin* (MOL.), *Cydias* (L. B.) *sont de beaux esprits.* ¶ 5 En parlant des œuvres et des personnes, *Spirituel,* qui ne se dit qu'à propos des choses dites ou écrites, implique l'art brillant de saisir et d'exprimer en traits rapides des rapports inattendus entre les choses ou les mots. **Ingénieux,** qui se dit de tous les ouvrages, implique de l'invention et l'art de combiner les choses avec adresse pour en faire sortir quelque chose de nouveau : *Les* Contes *de Voltaire sont spirituels et le* Roland furieux *de l'Arioste est ingénieux.*

Spiritueux : → Liqueur.

Spleen : → Tristesse.

Splendeur : ¶ 1 → Lumière. ¶ 2 → Lustre. ¶ 3 → Luxe.

Splendide : → Beau.

Spolier : → Déposséder.

Spongieux : → Mou.

Spontané, qui a son principe en soi-même, se dit des actions qui ne sont pas faites sous l'influence d'autrui, ni après réflexion ou délibération, et des personnes qui agissent ainsi : *Conduite spontanée* (J. Rom.). **Primesautier,** qui agit, parle ou écrit du premier mouvement, suppose des saillies gracieuses et ne se dit guère que des personnes ou de leurs qualités : *Madame de Sévigné avait un caractère spontané et un style primesautier.* **Naturel** exclut l'idée d'affectation, se dit de ce qui est inspiré par la nature seule, n'est pas factice, ou de ce qui est exprimé sans artifice; mais, à la différence de *spontané,* n'exclut pas la délibération et peut qualifier des qualités permanentes : *Une gaieté naturelle n'est pas forcée ou correspond à l'humeur de l'individu; une joie spontanée naît d'elle-même et du premier mouvement, dans l'occasion.* **Naïf** suppose, comme *spontané,* l'absence de réflexion, avec en plus la tendance à obéir gracieusement au sentiment, chez une personne qui a gardé l'inexpérience de l'enfance : *Une joie naïve s'exprime sans contrainte, sans peur du ridicule.* — **Impulsif,** qui obéit sans résistance à sa passion ou à son caprice, est péj. : *Un homme impulsif ne sait pas se dominer.* **Irréfléchi** fait regretter l'absence de réflexion dans la pensée ou la conduite : *Un homme irréfléchi est étourdi, imprudent.*

Sporadique : → Épars.

Square : ¶ 1 → Jardin. ¶ 2 → Place.

Squelette : → Carcasse.

Stabiliser : → Fixer.

Stable : ¶ 1 *Stable* se dit des choses qui ont une assiette solide, une situation ferme et ne risquent pas de tomber; **Fixe,** des personnes et des choses qui, pour une raison quelconque, restent exactement à la même place, dans une immobilité totale : *Un édifice stable; une barre fixe. Une voiture est stable sans être fixe.* ¶ 2 → Constant. ¶ 3 → Durable.

Stade : → Phase.

Staff : → Stuc.

Stage : → Séjour. En termes militaires, *Stage,* espace de temps pendant lequel certains spécialistes se préparent ou s'exercent au maniement d'armes qu'ils ne connaissent pas encore. **Période,** espace de temps pendant lequel les réservistes viennent à la caserne s'entretenir dans leur spécialité.

Stagnation : ¶ 1 État d'un liquide et spéc. du sang, des humeurs qui cessent de circuler. *Stagnation,* terme courant, suppose souvent une accumulation. **Stase,** terme de pathologie, arrêt, station ou pause d'un liquide organique, qui provoque la stagnation. ¶ 2 Au fig. État des affaires qui languissent. *Stagnation* se dit surtout pour les affaires de commerce, de banque, et suppose une activité très réduite. **Marasme,** au fig., en parlant des affaires et de la production, stagnation durable qui produit un malaise ou aboutit à la cessation de toute activité. **Crise,** déséquilibre général dans l'économie dû à une rupture d'harmonie entre la production et la consommation rare. **Stase,** cessation d'activité, est très rare. **Paralysie** (→ ce mot), plus usuel, enchérit sur *marasme.*

Stagner : → Séjourner.

Stalactite : Concrétion calcaire formée dans les cavités souterraines. Les *Stalactites* se forment à la voûte; les **Stalagmites,** sur le sol.

Stance : Groupe de vers caractérisés par leur nombre, la nature de leurs mètres, la disposition de leurs rimes et revenant à plusieurs reprises dans un poème. La *Stance,* d'origine italienne, offre un sens complet, est suivie d'un repos et se répète exactement sous la même forme tout au long de la pièce : *Les stances du* Roland furieux. La **Strophe,** d'origine antique, correspondait au début à une évolution du chœur, et revenait périodiquement dans le même ordre, sans offrir forcément un sens complet ni être suivie d'un repos : *Les strophes d'une ode d'Horace.* On a donc intérêt à employer les deux mots en tenant compte de ces différences historiques; et, de nos jours, pour désigner les divisions d'un poème lyrique, on préférera *strophe* lorsque ces divisions ne se répètent pas exactement sous la même forme tout au long du poème (ex. *Le Lac* de Lamartine; *La Tristesse d'Olympio* de V. Hugo); en outre, *stance* semble plus usité lorsqu'il s'agit du lyrisme élégiaque et sentimental, et se dit seul pour désigner les divisions d'un poème caractérisé spécialement par l'emploi de la stance : *Les stances du* Cid; *les* Stances *de Moréas; strophe* s'emploie plutôt lorsqu'il s'agit du lyrisme héroïque : *Les strophes de* La Marseillaise. **Couplet** se dit seul des stances d'une chanson terminées d'ordinaire par un refrain, et désigne aussi, au M. A., dans les chansons de geste notamment, une suite de vers sur une seule rime ou assonance qu'on appelle aussi **Laisse.**

Stand : → Magasin.

Standardisation : → Rationalisation.

Stase : → Stagnation.

Station : ¶ 1 → Arrêt. ¶ 2 *Station,* tout lieu où l'on séjourne temporairement pour l'hygiène et la santé : *Station thermale; balnéaire; de montagne.* **Ville d'eaux,** station thermale d'une certaine importance.

Stationnaire, qui reste au même point sans avancer ni rétrograder, augmenter ni diminuer, a pour syn. **Étale** qui ne s'emploie qu'en termes de marine en parlant du niveau des eaux, et par ext. du vent, d'un cordage, d'un navire.

Stationner : → (s') Arrêter.

Statistique : → Dénombrement.

Statuaire : → Sculpteur.

Statue, représentation d'un être par la sculpture ou la statuaire, en pied, de plein relief. **Statuette,** petite statue. **Figure,** toute représentation quelconque d'un être par l'un des beaux-arts, se dit plutôt de nos jours d'une statue, d'une statuette ou d'un buste concourant à la décoration d'un intérieur. **Figurine,** en ce dernier sens, figure antique de très petite dimension en terre cuite, en bronze, en argent, etc., et par ext. statuette moderne servant à la décoration et particulièrement artistique : *Figurines de Saxe; de Sèvres.*

Statuer : → Décider.

Stature, grandeur du corps en pied seulement, ne se dit guère qu'en parlant de l'homme; **Taille,** en parlant de l'homme et des animaux, a rapport à toutes les dimensions, à l'épaisseur comme à la hauteur, et aussi à la manière dont on est fait : *Taille bien formée* (VOLT.); et, comme syn. exact de *stature,* désigne la longueur du corps humain de la plante des pieds au sommet de la tête, et fait penser à un chiffre, à une mesure, à une proportion. *Stature,* plus concret, envisage la *taille* comme produisant une certaine impression et se dit bien d'une taille extraordinaire : *Stature prodigieuse* (BUF.); *gigantesque* (LES.). *Taille courte, médiocre* (VOLT.).

Statut : → Règlement.

Steamboat, Steamer : → Bateau.

Stèle : → Tombe.

Stéréotypé : → Figé.

Stérile marque le défaut de ce qui ne produit absolument rien, et se dit dans de nombreux emplois figurés sans rapport avec l'idée de génération : *Désert stérile. Auteur stérile. Abondance stérile* (BOIL.). *Stériles vœux* (RAC.). **Infécond** marque, au prop. et au fig., l'impuissance ou l'insuffisance à engendrer, à produire : *Vache inféconde. Germes inféconds. Auteur infécond.* **Infertile,** qui, en fait, porte peu de productions ou pas du tout, quelle qu'en soit la raison (→ Fécond, fertile) : *Coin de terre infertile* (FÉN.). *Verve infertile* (BOIL.). *Auteur infertile.* **Infructueux,** vx, attire l'attention sur l'absence de résultat et se dit bien au fig. des actions qui n'atteignent pas leur but : *Invasions infructueuses.* (VOLT.). **Improductif** ne se dit qu'au prop. des terres ou des capitaux qui ne rapportent pas de profit. **Maigre** et **Pauvre,** qui enchérit, se disent au fig. de ce qui, sans être *stérile,* pèche nettement par l'insuffisance de ses productions : *Terrain maigre. Sujet maigre. Terres pauvres. Sujet, matières pauvres.* **Ingrat,** au fig., qui ne dédommage pas, par ce qu'il produit, des dépenses que l'on fait ou des peines qu'on se donne : *Sol ingrat. Affaire ingrate. Sujet ingrat. Matière ingrate.* **Vain** ne se dit que des actions qui sont inutiles parce qu'elles sont infructueuses : *De vains efforts.* **Bréhaigne** ne se dit que des femelles de certains animaux et, en un sens péj. et fam., des femmes qui sont stériles. — **Inculte** ne se dit que des lieux où il n'y a aucune culture, qu'ils soient habités ou déserts, et a pour syn., lorsqu'il s'agit de lieux habités, **Incultivé** et **Abandonné** qui suppose qu'on a renoncé à les cultiver.

Stérilisation : → Assainissement.

Stérilité : → Impuissance. *Stérilité,* **Infécondité, Infertilité, Pauvreté, Vanité :** → Stérile.

Stigmate : ¶ 1 → Cicatrice. ¶ 2 → Trace.

Stigmatiser : → Flétrir et Critiquer.

Stimulant : → Fortifiant.

Stimuler : → Exciter.

Stipe : → Tige.

Stipendier : → Soudoyer.

Stipuler : → Énoncer.

Stock : → Réserve.

Stoïcien, n. et adj., appartenant à la philosophie de Zénon ou stoïcisme, se dit de l'esprit et de la doctrine qui se réclament de cette secte. **Stoïque,** adj. seulement, conforme au type de perfection du stoïcisme, qualifie l'humeur et la conduite de celui qui, même sans connaître les stoïciens, montre une insensibilité ou une fermeté digne d'eux : *Montaigne, stoïcien à ses heures, admirait le courage stoïque des paysans du Périgord frappés par la peste.*

Stoïque : → Stoïcien et Austère.

Stomachique désigne des remèdes préparés spéc. pour faire du bien à l'estomac. **Stomacal,** qui a rapport à l'estomac, se dit plus rarement de substances qui, sans être préparées pour l'estomac, peuvent être employées à lui faire du bien : *La poudre stomachique. Un vin stomacal.* — Comme terme d'anatomie, *stomachique* n'est guère usité, *stomacal* l'est davantage ; mais on dit surtout **Gastrique.**

Stopper : → Arrêter. *Stopper,* arrêter un bateau. **Mettre en panne,** suspendre ou ralentir la marche d'un vaisseau en disposant les voiles de manière qu'une moitié de leur effort tende à le faire avancer dans un sens et l'autre moitié dans un autre. **Jeter l'ancre, Ancrer** (rare) et, plus souvent, **Mouiller,** fixer un navire stoppé par son ancre. **Amarrer,** fixer un navire stoppé par une amarre. **Embosser,** amarrer de l'avant et de l'arrière.

Stopper : → Raccommoder.

Store : → Rideau.

Stranguler : → Étrangler.

Stratagème : → Ruse.

Stratégie : ¶ 1 Conduite habile des opérations militaires. La *Stratégie,* à l'échelle la plus vaste, prépare et dirige l'ensemble des opérations de la guerre. La **Tactique,** dans une situation donnée, face à l'ennemi, est l'art de disposer et de manœuvrer les troupes sur le terrain, de les employer au combat. ¶ 2 Au fig. → Politique.

Strict : → Sévère.

Strident : → Aigu.

Strie : → Sillon.

Strophe : → Stance.

Structure : ¶ 1 Manière dont un édifice est bâti. *Structure* fait penser à la solidité et à la beauté de l'ensemble : *La solidité de sa structure* (VAUBAN). *Superbe* (BOIL.) ; *agréable* (ACAD.) *structure.* **Construction,** d'un style plus ordinaire, évoque l'art de l'architecture dans l'assemblage et la disposition des parties pour assurer la solidité : *Construction parfaite* (ACAD.). ¶ 2 → Composition.

Stuc, enduit fait ordinairement de marbre pulvérisé, de chaux et de craie dont on fait des ornements d'architecture ou dont on se sert pour imiter le marbre. **Staff,** mélange plastique de plâtre, de ciment, de glycérine, etc., qu'on emploie en guise de pierre dans la décoration architecturale des constructions temporaires.

Studio : → Appartement.

Stupéfaction : → Surprise. *Stupéfaction,* en médecine, engourdissement d'une partie du corps ; par ext. état psychologique caractérisé par un étonnement si grand qu'il ôte la faculté d'exprimer sa surprise. **Stupeur,** en médecine, trouble organique et mental caractérisé par la suspension complète de toute activité mentale et extérieure ; par ext. sorte d'immobilité, d'hébétude durable, causée par la *stupéfaction* ou par d'autres vives émotions : *La stupeur de son triomphe* (ZOLA).

Stupéfait : → Surpris.

Stupéfiant : → Surprenant.

Stupéfié : → Surpris.

Stupéfier : → Surprendre.

Stupeur : → Stupéfaction.

Stupide : Peu doué sous le rapport des qualités mentales qui distinguent l'homme des animaux. *Stupide* a rapport à toutes les qualités de l'esprit, notamment celles qui font apprendre, comprendre, concevoir, imaginer, peut même se dire de la sensibilité, et suppose une torpeur, une pesanteur d'esprit qui rend insensible aux impressions, comme paralysé : *Un stupide incapable d'aucune sorte de sentiment* (S.-S.). *Sommeil stupide* (BAUD.). *Nous sommes stupides. Quand nous sommes en danger, nous ne nous en apercevons pas parce que nous réfléchissons peu* (MAUR.). **Sot** (→ ce mot), quoique impliquant aussi un certain manque d'esprit, a surtout rapport au bon sens et désigne celui qui juge de travers, sans toutefois être complètement dépourvu de qualités intellectuelles ou d'imagination, et qui, de plus, se manifeste d'une façon désagréable dans le commerce de la société, car, ne se méfiant jamais de ses idées, il ne discerne pas ce qui convient de ce qui ne convient pas : *On est quelquefois sot avec de l'esprit mais on ne l'est jamais avec du jugement* (L. R.). *Celle-ci devait être bien sotte pour se plaire à de pareilles incongruités* (GI.). **Niais** (→ ce mot), d'une sottise qui se manifeste dans l'air, les manières, mais plus ridicule que fâcheuse, car elle est sans prétention et s'accompagne d'inexpérience, parfois de jeunesse : *Trissotin un sot. Martine est plutôt niaise.* **Insensé** (→ ce mot) suppose l'absence totale de jugement, de raison, considérée plutôt comme une faiblesse pitoyable souvent due à la maladie, à la passion, au trouble : *Une amante insensée* (RAC.). — *Stupide* a pour syn. **Pesant** (→ ce mot) qui dit moins et marque surtout une lenteur d'esprit pénible. **Inintelligent** (→ ce mot) indique surtout la difficulté à comprendre, à saisir les rapports entre les choses et à adapter ses moyens aux fins que l'on veut atteindre. **Imbécile** enchérit sur *stupide* et sur *sot,* suppose la faiblesse et pas seulement la torpeur de toutes les facultés de l'esprit, y compris le jugement, avec une mollesse, une crédulité qui rendent semblable à un enfant sans raison ou à un vieillard gâteux; et se dit bien de ceux dont la faiblesse intellectuelle s'accompagne de débilité physique due à la nature, aux infirmités ou à l'âge : *On me prendra pour un grand sot, si j'ai cru persuader mes lecteurs, et pour un imbécile, si je l'ai cru moi-même* (S.-S.). *Il y a des stupides et j'ose dire des imbéciles qui se placent en de beaux postes* (L. B.). *L'âge et le chagrin l'avaient fort approché de l'imbécile* (S.-S.). **Idiot**, au sens médical, implique la diminution notable ou la disparition de l'intelligence et des facultés affectives, sensitives ou motrices, accompagnée ou non de perversion des instincts; et, en général, un univers très borné, par manque d'intelligence, ou parfois par dénuement intellectuel, chez celui qui vit dans un cercle étroit, ou dans un monde à lui, absurde, imaginaire, sans rien observer du monde réel dont il est comme séparé : *Bonté de l'idiot* (V. H.). *Il était idiot, il ignorait ce qu'on donnait* (Zola). *Il répéta le mot « idiot », chercha quelque chose de plus fort, trouva « imbécile » et « crétin »* (Zola). **Simple** (→ ce mot), **Simple d'esprit**, qui enchérit, disent moins qu'*imbécile* et marquent surtout l'incapacité de démêler la ruse et la tromperie dans les paroles d'autrui, impliquent parfois de plus une bonhomie sympathique et désignent enfin une faiblesse naturelle alors qu'on peut devenir *imbécile*. **Pauvre d'esprit**, qui marque un affaiblissement général des facultés, se rapproche davantage d'*imbécile*, mais indique un état naturel et avec une nuance de commisération qu'il n'y a pas dans *imbécile*; on dit parfois en ce sens **Pauvre type**, fam. **Crétin**, dans le langage médical, celui qui est atteint d'une maladie régnant dans les pays montagneux et caractérisée par une sorte d'abrutissement joint à une conformation vicieuse de certains organes; se dit, en un sens plus général, surtout dans le langage scolaire, d'un élève très inintelligent et incapable, et, s'il s'applique à des hommes, il conserve ces nuances : *Un crétin est un idiot pensant* (Coc.). **Inepte** marque le défaut total de capacités, de dispositions, qui rend inhabile à une activité spéciale ou à toute activité même la plus simple : *M. d'Aubonne se chargea de voir à quoi j'étais propre. Le résultat de ses observations fut que j'étais, sinon tout à fait inepte, au moins un garçon de peu d'esprit* (J.-J. R.). **Bête** (→ ce mot), fam. et péj., s'emploie dans un sens assez vague pour assimiler à un animal une

personne plus ou moins dénuée d'esprit, et marque l'absence de conception, d'intelligence, de finesse, parfois simplement l'étourderie, ou l'incapacité de résister aux élans du cœur; au sens le plus fort, il a une acception moins étendue que *stupide*, car il ne suppose pas la torpeur du sentiment, l'insensibilité, et une acception plus étendue et plus forte qu'*inintelligent*, car il regarde toutes les facultés de l'entendement et de l'esprit, et parfois même la raison, le jugement, avec cette nuance toutefois, qui distingue la *bête* du *sot*, que la *bête* a peu de lumières et peu de jugement, ce qui la rend plutôt naïve, ridicule, sans audace ni prétention, alors que le *sot* peut avoir des lumières, mais n'a aucun jugement, ce qui le rend prétentieux et odieux. — Pour marquer un état accidentel, **Hébété**, qui est rendu stupide, a les facultés émoussées souvent sous l'influence de causes physiologiques, d'une impression morale, de mauvais traitements : *Hébété de mollesse* (Boil.); *de vin et d'eau-de-vie* (S.-S.); *de douleur* (J.-J. R.). **Abruti** dit plus, annonce en son sens le plus fort une dégénérescence qui ravale l'homme à l'état de bête brute et, en son sens le plus faible, une dégénérescence des facultés intellectuelles, parfois due à un travail excessif, qui s'accompagne souvent d'un manque de courtoisie et en général de toutes les qualités qui font l'homme sociable. **Abêti, Rabêti, Bêtifié** (→ Abêtir) n'ont rapport qu'à l'intelligence et à l'esprit et marquent souvent le résultat d'une mauvaise éducation : On peut être *abêti* sans être *abruti*, si l'on garde un cœur excellent, et un homme qui travaille trop est *abruti* sans être *abêti*. **Ramolli**, fig. et très fam., dont les facultés mentales ont baissé par suite du ramollissement du cerveau à cause de l'âge, de la maladie ou d'un travail excessif. **Vaseux**, très fam., hébété, stupide par fatigue, mauvais état de santé passager.

Stupidité : ¶ 1 Pesanteur ou privation d'esprit. *Stupidité*, **Sottise, Niaiserie, Inintelligence, Imbécillité, Idiotie, Crétinisme, Simplicité, Ineptie, Bêtise, Hébétude, Abrutissement, Abêtissement, Ramollissement** : → Stupide. **Couche**, pop., bêtise épaisse et niaise, dans la loc. *En avoir une couche*. ¶ 2 Parole ou action d'un homme de peu d'esprit. *Stupidité* révèle l'absence presque totale d'esprit, de finesse, de sensibilité, et se dit de ce qui confine au non-sens, à l'absurdité : *Des stupidités, ça n'a pas le sens commun* (Zola). **Sottise**, faute de jugement commise en général par celui qui a une confiance prétentieuse en lui-même et qui consiste à parler ou à se conduire d'une façon qui choque la raison, le bon sens ou les bienséances; aussi est-ce parfois une injure ou une parole obscène : *C'est assez qu'il faille absolument que je parle pour que je dise une sottise infailliblement* (J.-J. R.). **Bêtise,** fam., parole ou action qui révèle peu d'intelligence ou de savoir, et parfois aussi peu de bon sens, mais, dans ce cas, la *bêtise* est plutôt une faiblesse qu'un défaut qui rend odieux; elle peut révéler de la bonhomie, du bon cœur; on appelle aussi *bêtise* une parole un peu libre ou sans beaucoup de sens. **Anerie,** fam., grosse bêtise de celui qui devrait savoir ce qu'il fait, mais n'a rien compris à l'étude ou à l'expérience : *Les ignorants disent des bêtises à propos de la science, mais les plus savants* (VOLT.) *ont dit des âneries.* **Lourdise** et **Balourdise,** qui enchérit, faute grossière contre le bon sens, la civilité ou la bienséance, qui montre l'irréflexion, le manque de finesse, la sottise ou la bêtise de quelqu'un : *Balourdise prétentieuse* (REN.). *Ce qu'il appelait sa balourdise, sa grossièreté, sa sottise* (A. FOUR.). **Lourderie** désigne plutôt la conduite habituelle de celui qui ne fait que des lourdises. **Niaiserie,** propos ou action révélant une sottise due le plus souvent à l'inexpérience et plus ridicule ou frivole que prétentieuse ou odieuse : *La bonne foi en politique est une niaiserie* (A. KARR). **Insanité,** parole ou action d'un insensé ou d'un fou, d'un être extravagant, qui paraît privé de raison. **Ineptie** suppose chez celui qui parle une incapacité totale en la matière dont il traite, ou, dans la chose dite ou faite, quelque chose d'absurde qui fait qu'elle ne convient pas du tout à ce pour quoi on la dit ou on la fait : *Toute chose dont on a beaucoup parlé a fait dire beaucoup d'inepties* (BUF.). **Bourde,** fam., faute ou bévue grossière contre le bon sens ou la bienséance, est syn. de tous ces mots, mais n'indique pas la raison pour laquelle la faute est commise, pas plus d'ailleurs que son syn. pop. **Boulette. Imbécillité** et **Idiotie** enchérissent sur *stupidité* et sur *sottise.* **Connerie** est argotique et trivial.

Stupre : → Débauche.

Style : ¶ 1 → Élocution. *Style,* emploi particulier fait par un écrivain de la langue commune pour réaliser ses conceptions d'art et traduire de façon originale sa personnalité littéraire, se dit par ext. dans le langage des beaux-arts et en musique, et peut désigner une manière de s'exprimer caractéristique soit d'un artiste, soit d'une conception esthétique, soit d'un temps, d'un pays ou même d'un groupe social : *Le style de Voltaire; de Raphaël; de Mozart. Le style Louis XV. Style pompeux. Style classique; romantique. Style du palais.* **Forme,** en littérature, manière dont une chose est pré-

sentée, exprimée, par opposition au fond, à la matière, n'implique pas d'idée d'art ni d'originalité particulière : *La forme ne peut se produire sans l'idée et l'idée sans la forme* (FLAUB.). **Manière,** dans les beaux-arts et par ext. en littérature, façon d'inventer, de composer et de s'exprimer, qui caractérise nettement un artiste, souvent dans une certaine phase de son évolution : *De la tournure habituelle de son esprit comme des affections habituelles de son âme résulte encore, dans le style de l'écrivain, un caractère particulier que nous appelons sa manière* (MARM.). **Écriture** et **Plume** ne se disent qu'en littérature : *écriture,* relativement récent, ne désigne que le style conscient élaboré pour rendre une vision du monde propre à une école littéraire : *L'écriture artiste des Goncourt. L'écriture impressionniste; plume,* beaucoup plus ancien, désigne la manière d'écrire propre à une personne : [Théophile], *d'une plume libre et inégale...* (L. B.). **Pinceau,** manière de peindre, se dit aussi au fig. du style d'un écrivain qui décrit, peint : *La délicatesse et la vigueur du pinceau de Sénèque* (DID.). **Procédés,** en littérature et dans les beaux-arts, façons de s'exprimer qui, par leur répétition constante chez un artiste, semblent révéler une méthode consciente, se dit, péj., d'un style où l'artifice remplace l'invention toujours renouvelée du génie. **Phraséologie,** construction de phrase particulière à une langue ou à un écrivain, vieillit en ce sens; mais s'est renouvelé pour désigner la langue, les tours habituels, le style d'un groupe, d'un parti, parfois avec une nuance péj. : *La phraséologie politique.* **Genre,** en littérature et dans les beaux-arts, le style, la manière d'un artiste considérés comme devenant un type de style nettement caractérisé; ou simplement, espèce de style nettement définie : *Un auteur qui s'est fait un genre de style peut rarement le changer quand il change d'objet : La Fontaine dans ses opéras emploie le même genre qui lui est si naturel dans ses contes et dans ses fables* (VOLT.). *Le genre sublime.* **Ton,** caractère du style correspondant au sentiment qu'on veut exprimer ou au genre de style dans lequel on s'exprime : *Le ton n'est que la convenance du style à la nature du sujet* (BUF.). — **Goût** désigne les caractères d'une œuvre comme reflétant le style, la manière ou le genre d'un artiste, d'une époque, d'une école littéraire : c'est un terme plus vague que ses syn. : *Leurs ouvrages sont faits sur le goût de l'antiquité* (L. B.). ¶ 2 → Procédé. ¶ 3 → Expression.

Styler : → Habituer et Instruire.

Stylet : → Poignard.

Styliser, simplifier ce que l'on reproduit,

pour obtenir un certain effet décoratif ou esthétique : *Styliser la réalité* (Gɪ.). **Schématiser**, néol., qui se dit surtout des choses, simplifier pour faire comprendre : *Schématiser le plan d'une région.*

Suaire : → Linceul.

Suave : → Doux.

Suavité : → Douceur.

Subalterne : → Inférieur.

Subconscient, ensemble des phénomènes psychologiques qui ne sont pas l'objet d'une conscience claire, mais agissent sur l'état de conscience général du sujet qui en a un vague sentiment, alors que l'**Inconscient** est complètement ignoré du sujet.

Subdivision : → Partie.

Subir : ¶ 1 → Recevoir et Souffrir. **¶ 2** Avec pour sujet un n. de chose, *Subir*, être soumis à un certain effet, en général passager; **Obéir à** ou **Suivre**, être soumis à l'effet permanent d'une loi : *Un corps subit une transformation chimique et obéit à la pesanteur.*

Subit : → Soudain.

Subitement, Subito : → (tout à) Coup.

Subjuguer : ¶ 1 → Soumettre. **¶ 2** → Gagner.

Sublime : ¶ 1 → Élevé. **¶ 2** → Beau.

Submerger : → Inonder.

Submersible : → Sous-marin.

Subodorer : ¶ 1 → Sentir. **¶ 2** → Pressentir.

Subordination : ¶ 1 État de celui qui est soumis aux personnes ou aux choses. *Subordination* implique une hiérarchie et suppose qu'on relève d'un supérieur : *Les sociétés, avec toutes leurs subordinations et leurs polices* (Fén.). **Dépendance** implique qu'on est à la disposition d'une personne sans la permission de laquelle on ne peut rien faire : *Votre sexe n'est là que pour la dépendance : Du côté de la barbe est la toute-puissance* (Mol.). **Assujettissement** et **Sujétion** enchérissent et supposent qu'on est soumis à des ordres comme un sujet de la part de son roi; *assujettissement* insiste sur l'état d'âme de celui qui a le mérite ou le tort de se soumettre à une foule d'obligations habituelles qu'il admet comme des devoirs, *sujétion* marque objectivement l'état de fait de celui qui se trouve soumis à une nécessité ou un besoin : *Une chose folle et qui découvre bien notre petitesse, c'est l'assujettissement aux modes* (L. B.). *La sujétion à la mort* (Vauv.). **Fardeau**, au fig., sujétion accablante imposée par ce qui donne du souci, fait souffrir, ou par ce qui exige des soins, de la responsabilité : *Le fardeau des devoirs* (Volt.). **Joug**, sujétion qu'impose un vainqueur ou une autorité oppressive, ou sujétion morale très dure, en bien comme en mal, qui rend comme esclave : *Secouer le joug de ce honteux esclavage* (Gɪ.). **Servitude** (→ ce mot) et surtout **Esclavage** enchérissent péj. sur *joug* et supposent un assujettissement ou une sujétion totale. **Asservissement** diffère de *servitude* comme *assujettissement* de *sujétion*. **Vassalité**, dépendance du vassal par rapport au seigneur; au fig., sujétion servile de celui qui est comme inféodé à quelqu'un. **¶ 2** → Ordre.

Subordination (esprit de) : → Obéissance.

Subordonné : → Inférieur.

Subordonner : → Soumettre.

Suborner : → Séduire.

Suborneur : →֗Séducteur.

Subreptice : ¶ 1 → Obreptice. **¶ 2** → Secret.

Subrepticement : → Secrètement.

Subséquent : → Suivant.

Subside : ¶ 1 → Impôt. **¶ 2** → Secours.

Subsistance : ¶ 1 → Nourriture. **¶ 2** Au pl. *Subsistances*, toutes les productions de la terre, de toute nature, qui servent à notre nourriture ou à notre entretien, se dit surtout, de nos jours, de tout ce qui sert à nourrir et à entretenir une armée. **Vivres**, choses toutes préparées pour la consommation, telles que celles qu'on porte en voyage ou dans une expédition : *Une armée tire ses subsistances de tel pays et elle est fournie de vivres pour tant de jours* (L.). **Denrées**, les subsistances considérées comme des marchandises s'achetant et se vendant : *Les prix des denrées* (J.-J. R.). **Comestibles**, tous les aliments de l'homme et particulièrement les aliments de choix; spéc. en termes de commerce, denrées vendues dans certains magasins non spécialisés dans une branche de l'alimentation. **Victuailles**, provision de bouche, n'insiste pas comme *vivres*, sur le soin qu'on prend de s'en munir, mais plutôt sur la qualité de la chose qui est d'être comestible.

Subsister : ¶ 1 → Être. Continuer à être en parlant des choses. *Subsister*, exister encore ou être encore en force, en vigueur, malgré tout ce qui pourrait y apporter obstacle : *Quand du passé plus rien ne subsiste* (Proust). **Durer** (→ ce mot), ne pas cesser d'être après un certain temps, fait penser moins à l'existence de la chose, qu'au temps, souvent long, pendant lequel se continue cette existence : *J'ai vécu plus que toi, mes vers dureront moins* (Volt.). **Persister** implique une sorte de ténacité dans la chose qui la fait durer opiniâtrement contre tout engin, presque anormalement : *Le bruit persistait, on pourrait dire insistait* (V. H.). **S'invétérer,** persister en empirant : *Le mal s'invétérait par ma négligence* (J.-J. R.). **Demeurer,** subsister, durer, rester à la même place ou dans le même état, sans aucun changement : *La douleur domine et demeure* (M. D. G.). **Rester,** subsister, demeurer, quand une autre chose ou ce dont on faisait partie a disparu, se dit aussi en parlant de choses qui demeurent dans la mémoire des hommes, dans l'usage : *Ces deux noms resteront à la postérité* (Volt.). **Se maintenir,** demeurer dans le même état de conservation, se dit surtout de ce qui résiste, demeure normal, en vigueur : *Que cette religion se soit toujours maintenue, et inflexible, cela est divin* (Pasc.). **Tenir** suppose dans les choses une capacité de résistance qui les fait subsister sans altération, et se dit notamment de pactes, de conventions, ou de choses matérielles qui ne changent pas d'état : *La neige ne tiendra pas. C'est notre traité, et il tient* (Did.). **Surnager,** fig., subsister, rester, par opposition à d'autres choses qui disparaissent, sont oubliées : *A peine un nom par siècle obscurément surnage* (Lam.). **Consister,** syn. de *subsister*, est vx. **Survivre,** en parlant des personnes, demeurer en vie après une personne ou une chose, par ext., en parlant des choses, subsister après une autre chose : *Cet usage a survécu.* **Vivre,** fig., dans le style soutenu, subsister, durer, en parlant de la gloire, du souvenir des personnes, de ce qui demeure toujours actuel : *Et qu'à jamais mon nom vive dans leur mémoire* (Rac.). ¶ 2 → Vivre.

Substance : ¶ 1 La partie constitutive d'une chose. *Substance,* en termes de philosophie, ce qui subsiste par soimême indépendamment de tout accident, peut désigner aussi bien l'esprit que la **Matière,** substance étendue qui a une masse et tombe sous les sens, ce de quoi une chose ou un être sont faits par opposition à la forme; *substance,* en ce sens, sorte de matière caractérisée par des propriétés particulières qu'elle donne au corps qu'elle constitue : *matière* n'admet guère comme qualificatifs que *végétale, animale, minérale, brute, organisée* : *Pour construire, fabriquer des monnaies, on utilise certaines matières*; mais on dit *substance molle, aqueuse, solide, liquide* : *Une substance est employée en médecine, en pharmacie.* **Corps** (→ Objet), portion de matière qui forme un tout individuel et distinct, tombe sous les sens, en étant en général formée d'une combinaison de substances

diverses. **Élément,** corps simple ou substance qui ne peut pas se décomposer. ¶ 2 Au fig., *Substance,* ce qu'il y a d'essentiel, dans un écrit, une affaire, un acte et qui est assez net si on néglige le détail : *Il ne me souvient peut-être pas des propres paroles; mais je suis assuré que c'en était la substance* (Retz); en un sens voisin, ce qui nourrit l'esprit : *Langage plein de substance et de chaleur* (Marm.). **Quintessence,** la partie la plus subtile extraite de quelques corps; au fig., ce qui est à la fois essentiel, précieux et caché dans les choses et que l'esprit en extrait par un effort d'analyse : *La quintessence des connaissances mathématiques, philosophiques et littéraires que l'auteur avait acquises pendant vingt années d'étude* (D'Al.). **Suc,** liquide qui s'exprime de la viande, des plantes, des fruits et contient ce qu'ils ont de plus substantiel; au fig., ce qu'il y a de bon dans un livre, une doctrine : *Nourrir du suc de la science* (Mol.). **Moelle,** substance molle et grasse qui remplit la cavité des os, ou **Substantifique moelle,** suivant l'expression de Rabelais, syn. de *suc* au fig. **Élixir,** syn. fig. et fam. de *quintessence.*

Substantiel : ¶ 1 En parlant des aliments, *Substantiel,* riche en matière nourricière, annonce quelque chose de solide, de réconfortant, mais sans aucun rapport au goût, alors que **Succulent,** plein de suc, de jus, se dit de ce qui par sa bonne qualité plaît au goût et excite l'appétit : *On donne au bœuf pour l'engraisser des aliments plus substantiels que l'herbe* (Buf.). *Viande succulente* (Buf.). **Nourrissant** (→ ce mot) dit moins que *substantiel,* mais est plus propre à marquer l'effet, alors que *substantiel* et *succulent* marquent plutôt la cause, la puissance inhérente aux choses qu'ils qualifient : *Le manœuvre anglais boit d'une bière aussi nourrissante que dégoûtante qui l'engraisse* (Volt.). **Riche** se dit parfois de nos jours des aliments très substantiels. ¶ 2 Au fig. → Riche.

Substantif : → Nom.

Substitution : → Remplacement.

Subterfuge : → Fuite.

Subtil : ¶ 1 → Menu. ¶ 2 → Délicat.

Subtilisé : → Raffiné.

Subtiliser : → Dérober.

Subtilité : ¶ 1 → Délicatesse. ¶ 2 → Finesse. ¶ 3 Au pl. *Subtilités,* péj., distinctions, raisonnements excessivement raffinés qui échappent à l'intelligence : *Une cause qui ne saurait se soutenir que par des équivoques et par de fausses subtilités* (Boil.). **Arguties,** vaines subtilités qui cachent souvent sous le raffinement le vide ou la tromperie de l'argumentation : *La discussion se perdait en arguties* (Gɪ.). **Cavillation,** rare, terme de barreau et de controverse, subtilité qui n'est que sophisme ou mauvaise chicane. **Distinguo** (en lat., «je distingue»), en termes de scolastique, distinction qui consiste à accorder une partie de ce que dit quelqu'un et à nier le reste, se dit parfois d'une distinction trop subtile : *J'appréhende furieusement le distinguo, j'y ai déjà été attrapé* (Pᴀꜱᴄ.).

Subvention : ¶ 1 → Impôt. ¶ 2 → Secours.

Subversif : → Révolutionnaire.

Subvertir : → Renverser.

Suc : → Substance.

Succédané, en termes de médecine, médicament qu'on peut substituer à un autre parce qu'il a les mêmes propriétés; par ext. dans le langage courant, tout produit qui peut au besoin tenir lieu d'un autre. **Produit de remplacement** et **Produit de substitution** se disent moins. **Ersatz** (mot allemand signifiant *remplacement*), péj. le plus souvent, succédané d'un produit de consommation devenu rare; se dit même au fig. : *Un ersatz de conscience* (S. ᴅᴇ Bᴇᴀᴜᴠᴏɪʀ).

Succéder à : ¶ 1 → Remplacer. ¶ 2 → Réussir. ¶ 3 *Se succéder :* → (se) Suivre.

Succès, heureux résultat, se dit des personnes et des choses et suppose quelque chose d'important, de durable, souvent obtenu, en dépit de résistances, par des efforts, du mérite; mais le *succès* peut n'être quelquefois que partiel : d'où l'emploi du mot au pluriel. **Réussite** ne se dit que des choses, suppose quelque chose de commun, d'assez facile, qui est dû parfois aux circonstances et peut être momentané; mais la *réussite* termine en général la chose : d'où l'emploi du mot uniquement au sing. : *Averti de son talent par cette première réussite, il osa entreprendre un second ouvrage beaucoup plus considérable dont le succès complet passa ses désirs et ses espérances* (D'Aʟ.). *Chercher encore, outre la réussite principale, de certains petits succès particuliers qui flattent l'amour-propre* (Mᴛϙ.). **Avantage,** en parlant uniquement d'une personne, succès parfois momentané et partiel obtenu sur un ennemi, à la guerre, ou sur un adversaire. **Victoire,** avantage définitif et considérable emporté dans une lutte, une compétition quelconque, et par ext. tout grand succès remporté après une forte opposition, parfois sur soi-même : *La victoire de Pauline dominant sa passion pour Sévère.* **Triomphe,** honneur accordé chez les Romains au général qui avait remporté une grande victoire, par ext.

grande victoire, ou tout succès éclatant, sans impliquer toujours qu'une opposition a été vaincue : *Le Mariage de Figaro fut un triomphe au théâtre et une victoire dans la lutte contre la censure.* **Apothéose,** fig., triomphe accompagné d'hommages extraordinaires, d'un véritable culte pour un homme ou une idée : *L'apothéose de Victor Hugo.* — **Trophée,** au fig., dans le style soutenu, victoire matérialisée par quelque chose qui en témoigne.

Successeur, celui qui vient après une autre personne dans une place quelconque. **Épigones,** fils des sept chefs qui attaquèrent Thèbes, par antonomase, ceux qui appartiennent à la seconde génération dans un groupe, spéc. littéraire : *Un épigone de Mallarmé* (J. Rᴏᴍ.). **Héritier,** fig., celui qui continue la tradition léguée par un prédécesseur plus ou moins éloigné. **Queue,** fig. et péj., ceux qui restent d'un parti, d'une école littéraire ou artistique, quand ils sont sur leur déclin : *La queue du romantisme* (Aᴄᴀᴅ.).

Succession : ¶ 1 → Suite. ¶ 2 Ce que laisse une personne décédée et qui est transmis à une autre personne. *Succession* désigne proprement la transmission elle-même aussi bien du passif que de l'actif, considérée comme pouvant donner lieu à contestation, comme se faisant selon certains usages; pour désigner la chose même qui est transmise, *succession* ne se dit qu'en termes de droit et a pour syn. **Héritage,** du langage commun, qui désigne seulement les biens, les choses susceptibles de propriété qu'on recueille par succession, et se dit au fig., même en parlant de biens non acquis par succession : *Succession embrouillée, onéreuse. Acquérir un héritage. Un héritage de haine.* **Hérédité,** droit à l'héritage, syn. d'*héritage* en termes de jurisprudence ancienne. **Hoirie,** vx, ensemble des biens qui appartiennent à un ou plusieurs héritiers, ne se dit qu'en termes de droit dans quelques loc. : *Donné en avancement d'hoirie.* **Patrimoine,** le bien qu'on a hérité de son père et de sa mère. **Aubaine,** terme d'ancienne jurisprudence, succession aux biens d'un étranger mourant dans un pays où il n'était pas naturalisé, et qui, en France, revenait au roi. — **Legs,** don fait par testament ou par autre acte de dernière volonté.

Successivement : → Alternativement.

Succinct : → Court.

Succomber : ¶ 1 → Fléchir. ¶ 2 → Mourir.

Succulent : → Bon et Substantiel.

Succursale : Établissement dépendant d'un autre et créé pour le seconder. La

Succursale dépend étroitement de la maison principale, mais est ouverte en divers lieux éloignés pour étendre son rayon d'action : *La Banque de France a des succursales dans toutes les villes de France.* L'**Annexe**, en général voisine de la maison principale ou assez proche, sert surtout à l'agrandir : *Certains lycées parisiens ont une annexe en banlieue.* **Filiale**, établissement ou société fondée par une société mère, et qui jouit d'une grande autonomie, n'ayant en commun souvent avec la société mère que l'origine des capitaux ou certains procédés de fabrication : *Certaines maisons d'automobiles américaines ont des filiales en France.*

Sucer, aspirer avec la bouche un liquide, une substance, le suc d'une chose : *L'enfant suce le lait de sa nourrice.* **Tirer**, rare, faire sortir un liquide en suçant : *Les sangsues tirent le sang.* **Téter**, sucer le lait au sein, syn. de *sucer*, au fig., en parlant d'un enfant dans la loc. *Téter son pouce.* **Suçoter**, fam., sucer à plusieurs reprises. — Au fig. → Ruiner.

Sucre, substance très douce que l'on extrait de divers végétaux principalement de la canne à sucre et de la betterave. **Cassonade**, sucre qui n'a été raffiné qu'une fois. **Saccharose**, terme de chimie, nom scientifique du sucre de canne ou de betterave. — **Saccharine**, sous-produit de la houille, de saveur très sucrée, utilisé parfois comme succédané du sucre.

Sucre (casser du) : → Médire.

Sucré : → Doucereux.

Sucrée : → Pudique.

Sucreries : → Friandises.

Sud : ¶ 1 N. Le point cardinal opposé au Nord. *Sud* marque une direction et se dit par ext. de la partie du monde ou d'un pays située du côté du sud : *Le vent du sud. L'Amérique du Sud. Le sud de la France.* **Midi**, qui se dit, en un lieu quelconque, de la direction où se trouve le soleil à midi, n'est syn. de *sud* que dans notre hémisphère, marque alors une direction plus vague et désigne surtout les pays situés dans cette direction par rapport à celui qu'on parle, surtout lorsqu'on les considère comme subissant dans leur géographie et dans les mœurs de leurs habitants l'action d'un climat ensoleillé : *Nice est dans le midi et non dans le sud de la France. J'en lis qui sont du Nord et qui sont du Midi* (L. F.). ¶ 2 *Sud*, adj., qui est au sud ou vient du sud : *Le pôle Sud. Le vent est sud.* **Méridional**, opposé à *septentrional*, qui est du côté du midi ou propre au Midi : *Climat méridional. Pays méridional.* **Austral** ne se dit que de tout ce qui regarde l'hémisphère sud de la terre. **Antarctique** ne se dit que du pôle et du cercle polaire austral.

Suer : ¶ 1 Produire une exhalaison humide à la surface de la peau. *Suer*, terme commun, se dit des hommes et des animaux, et suppose souvent une humeur abondante, à la suite d'un effort, d'une fatigue, d'une fièvre : *L'attelage, suait, soufflait, était rendu* (L. F.). **Transpirer**, terme didact. qui se dit aussi des plantes, suppose souvent une humeur moins abondante, mais plus habituelle, due au tempérament ou au climat : *On transpire beaucoup plus dans la jeunesse* (FONT.). **Être en eau, en nage**, suer abondamment. ¶ 2 → Suinter. ¶ 3 → (se) Fatiguer. ¶ 4 → Exhaler.

Sueur, humeur aqueuse qui sort par les pores de la peau. **Eau**, sueur abondante : *Le dos chargé de bois et le corps tout en eau* (BOIL.). Au fig. → Travail.

Suffisamment : → Assez.

Suffisance : ¶ 1 → Capacité. ¶ 2 → Orgueil.

Suffisant : → Orgueilleux.

Suffoquer : → Étouffer.

Suffrage : ¶ 1 → Vote. ¶ 2 → Approbation.

Suggérer : → Inspirer.

Suggestion : → Avertissement et Inspiration.

Suggestionner : → Influer.

Suicider (se) : → (se) Tuer. Se tuer volontairement. *Se suicider* est le terme usuel; on dit aussi absolument **Se tuer** lorsque l'intention volontaire ne fait aucun doute. **Se donner la mort, Mettre fin à ses jours** sont d'un style plus recherché. **Se supprimer** et **Se détruire** sont plutôt fam. et peu usités. **Se défaire**, plus noble, est vx. **Se faire sauter la cervelle** et **Se faire sauter**, plus fam., se suicider d'une balle dans la tête. — **Faire hara-kiri** ne se dit que du suicide japonais fait en s'ouvrant le ventre, mais s'emploie parfois, assez ironiquement, comme syn. de *se suicider* au fig., lorsque ce terme signifie : détruire volontairement son influence, ses ressources, se perdre; en ce sens on dit aussi **Se saborder**, fig., se laisser aller à sa ruine volontairement, comme un navire qui se laisse couler en ouvrant ses sabords.

Suinter : ¶ 1 S'écouler presque imperceptiblement. *Suinter* se dit des humeurs, des liquides qui sortent de cette façon par de très fines ouvertures : *Une humidité suintait des murailles* (ZOLA). **Exsuder**, terme didact., et parfois **Transsuder**, sortir comme une sueur à travers les pores d'un être ou d'un végétal, en parlant de matières autres que les humeurs aqueuses comme la sueur pour lesquelles on dit **Transpirer** : *Le sang exsude quelquefois par les pores.* ¶ 2 *Suinter* se dit aussi du récipient d'où un liquide s'échappe doucement, de l'endroit d'où une humeur s'écoule imperceptiblement : *Muraille; plaie; tonneau qui suintent.* **Exsuder** en diffère comme plus haut : *Pin qui exsude de la résine.* **Suer**, par ext., se dit de certaines choses qui se couvrent d'une légère humidité qu'elles dégagent et qui, après avoir suinté, reste sur elles : *Les murailles suent pendant le dégel* (ACAD.).

Suite : ¶ 1 *Suite*, les gens qui vont après quelqu'un, se dit spéc. des serviteurs d'une personne, ou de gens qui l'accompagnent pour lui faire honneur, le plus souvent habituellement, selon une certaine règle : *De sa suite avec vous qu'elle règle le nombre* (RAC.). **Cortège**, suite de personnes qui en accompagnent une autre à l'occasion d'une cérémonie : *Le cortège d'un souverain; d'une mariée;* par ext. réunion nombreuse de personnes qui en suivent une autre pour quelque cause que ce soit : *Celui-ci vint suivi d'un cortège d'enfants* (L. F.). **Escorte**, troupe, armée ou non, et parfois personne unique qui accompagne pour protéger ou surveiller. **Cour**, au fig., entourage de gens empressés qui cherchent à plaire à une personne notamment à une dame. **Séquelle**, péj., gens qui suivent quelqu'un dont ils épousent les intérêts, et par ext. clients d'un homme méprisable ou adhérents d'un parti dangereux : *Et vingt siècles de rois Et toute leur séquelle* (PÉG.). ¶ 2 Ce qui résulte du fait qu'une chose commencée reprend, se poursuit ou ne cesse pas de produire des effets. *Suite* exprime un rapport assez vague d'ordre, de causalité, de dépendance ou d'analogie et désigne la chose qui est le résultat d'une autre. **Continuation** (→ ce mot) annonce une suite non interrompue, un rapport tel que ce qui précède et ce qui suit ne font qu'un même tout, et désigne plutôt l'action : *Une guerre est la suite d'une autre quand elle en découle; elle en est la continuation quand c'est la même guerre qui reprend* (L.). **Prolongement**, continuation de l'étendue d'une chose : *Le prolongement d'un boulevard.* **Prolongation**, continuation de la durée d'une chose : *La prolongation d'un congé.* ¶ 3 Ensemble de choses qui viennent ou sont les unes après les autres. *Suite* est le terme général et le plus vague : *Longue suite de soirs* (CAM.). *Longue suite des effets* (MAU.). **Succession**, suite de personnes ou de choses qui se suivent sans interruption ou à peu d'intervalle l'une de l'autre. **Défilé** (→ ce

mot), fig., succession incessante de ce qui paraît se présenter à tour de rôle : *Défilé d'amours-propres* (BALZ.). **Alternative**, succession de deux choses qui reviennent tour à tour : *Une alternative de peines et de plaisirs.* **Alternance** fait penser à l'action de choses qui se succèdent tour à tour avec régularité : *L'alternance des jours et des nuits.* **Série**, en termes de mathématiques, suite de grandeurs qui croissent ou décroissent suivant une certaine loi; par ext., succession ou suite de choses de même nature, formant un tout, et parfois classées d'après une loi déterminée : *La série des couleurs. Une succession de crimes devient une série quand les crimes présentent entre eux des analogies.* **Séquelle**, péj., longue suite de choses fâcheuses. **Kyrielle**, fig., fam. et péj., suite interminable de paroles ou de mots, comme la longue suite d'invocations qui accompagnent le *Kyrie eleison.* **Ribambelle**, fam., mais non péj., longue suite de choses ou de personnes très nombreuses et en général petites : *Une ribambelle d'enfants.* **File**, suite de personnes ou de choses disposées les unes derrière les autres sur une même ligne, se dit parfois, au fig., d'une suite continue : *Souhaiter une longue file de prospérités* (VOLT.). **Enfilade**, suite de choses qui sont sur une même ligne et communiquent, se dit surtout des pièces d'un appartement, et au fig., péj., d'une longue et ennuyeuse suite de paroles dans lesquelles on s'engage et on se perd. **Chapelet**, fig., suite de certains objets attachés ensemble, de personnes rangées les unes derrière les autres, de choses qui se succèdent, se déroulent sans interruption : *Chapelet d'injures.* **Cascade**, fig., série de choses qui se suivent, mais sans harmonie, en donnant l'impression de secousses ou de rebondissements : *Cascade de rires; de subordonnées.* **Séquence** ne se dit qu'en termes de jeu d'une réunion d'au moins trois cartes de la même couleur qui se suivent sans interruption et, en termes de cinéma, d'une suite d'images formant un tout. **Gamme**, au fig., série d'objets classés par nuances successives, par gradation naturelle : *La gamme des couleurs; des saveurs; des sons.* **Clavier**, au fig. en ce sens, est plus rare. **Cours** (→ ce mot), fig., succession d'événements de même nature qui se suivent et se développent régulièrement dans le temps : *Le cours de ses pensées était triste* (M. D. G.). — **Enchaînement**, fig., implique des rapports de cause à effet entre des événements ou des idées de même nature, de même qualité, qui forment une suite : *L'enchaînement des conséquences* (MAU.). **Concaténation**, terme de philosophie, *enchaînement.* **Engrenage**, fig., enchaînement de circonstances dont on ne peut se dégager, dans la loc. *Être pris dans l'engrenage.* **Chaîne,** suite ininterrompue d'objets semblables, ou de personnes disposées pour se transmettre quelque chose de main en main : *Chaîne de montagnes; d'étangs. Faire la chaîne lors d'un incendie;* se dit aussi d'une suite de choses liées par un enchaînement : *Remonter la chaîne des associations d'idées* (M. ᴅ. G.). **Tissu,** fig., long et étroit enchaînement de diverses choses qui constituent notamment un ouvrage, une vie, l'histoire : *Je n'envisage pour le reste de ma vie qu'un tissu de douleurs* (Vᴏʟᴛ.). **Trame,** fig., syn. poét. de *tissu* en parlant de la vie, des jours, se dit aussi de l'enchaînement très serré d'un raisonnement : *Dans la trame en apparence serrée de ses raisonnements* (Pᴀsᴛ.). **Filiation,** enchaînement par génération, au prop. et au fig. : *La filiation d'une famille. La filiation des idées.* ¶ 4 → Ordre. ¶ 5 *Suite,* terme général, toute chose qui vient après une autre dont elle procède : *Vous aurez des enfants, c'est les suites les plus communes du mariage* (Bᴀʟᴢ.). **Conséquence,** en termes de logique, suite nécessaire d'un principe, par ext. suite considérée intellectuellement « c'est-à-dire en tant qu'elle est sue, connue, prévue, pressentie, ou en tant qu'on la fait connaître, qu'on l'expose » (L.) : *Le peuple de Paris témoigna être préparé à toutes les suites qui le menaçaient; le Parlement parut moins ferme en cet accident, parce qu'il en prévoyait mieux les conséquences* (L. R.). **Effet,** suite immédiate, précise, d'une chose considérée comme cause : *Le fanatisme, quoique plus funeste dans ses effets immédiats que ce qu'on appelle aujourd'hui l'esprit philosophique, l'est beaucoup moins dans ses conséquences* (J.-J. R.). **Résultat** (→ ce mot), chose physique ou morale qui peut être évaluée, qui est la suite définitive d'une action, d'une opération, de l'application d'un principe, d'une série d'événements, d'une délibération, etc., et qui reste quand tout ce qui l'a amenée est passé : *Une décision ministérielle est sans effet quand on ne l'applique pas; elle est sans résultat quand, même appliquée, elle ne change ni en bien ni en mal ce qu'elle voulait changer.* **Répercussion,** conséquence lointaine qui se fait sentir comme un choc en retour en des lieux ou des temps assez éloignés de son origine : *Le Directoire, l'Empire sont les suites de la Révolution française; mais pendant plus d'un siècle tous les pays d'Europe en ont senti les répercussions.* **Incidence,** terme d'optique et de géométrie, s'emploie abusivement de nos jours comme syn. de *répercussion* surtout dans le langage de l'économie et de la politique : *Les incidences d'une réforme.*

Contrecoup, effet d'un événement qui atteint à l'occasion, indirectement, ceux qu'il ne paraissait pas intéresser directement : *Les belligérants sentent les effets de la guerre et les neutres en éprouvent les contrecoups.* **Ricochet,** au fig., suite de contrecoups inattendus : *Nous plumons une coquette; la coquette mange un homme d'affaires; l'homme d'affaires en pille d'autres; cela fait un ricochet de fourberies le plus plaisant du monde* (Lᴇs.). **Éclaboussure,** au fig., contrecoup qui résulte pour quelqu'un d'un événement fâcheux qui le salit : *Recevoir les éclaboussures d'un scandale.* **Rançon,** suite fâcheuse d'un événement heureux, qui est comme le prix dont il faut le payer : *La goutte est souvent la rançon des plaisirs de la table* (Aᴄᴀᴅ.). — **Cortège,** fig. et souvent péj., ensemble de choses qui en accompagnent une autre dont elles dépendent : *Tous ces maux sont le premier effet de la propriété et le cortège inséparable de l'inégalité naissante* (J.-J. R.). **Apanage,** fig., ajoute l'idée que les choses qui accompagnent caractérisent celle dont elles dépendent, en sont le propre : *Les infirmités sont l'apanage de la vieillesse.* — **Séquelle,** en termes de médecine, suites morbides d'une affection : *Séquelles pulmonaires dues à l'ypérite* (M. ᴅ. G.).

Suite (Par ou **dans la) :** → (à l') Avenir.

Suite (tout de) : → Aussitôt.

Suivant (Adj.) : Qui vient après. *Suivant,* terme commun, est ordinal et suppose une suite, une série de choses du même genre : *La vente aura lieu mardi prochain et jours suivants* (Aᴄᴀᴅ.). **Subséquent,** terme didact., se dit bien en matière de métaphysique, d'histoire naturelle, de controverse, de jurisprudence : *Mélanges moins intimes formés par les transports subséquents des eaux* (Bᴜꜰ.). **Postérieur** et **Ultérieur,** qui, comme *subséquent,* ne supposent pas une série et se disent même d'une chose de genre différent de celle qui précède, sont du langage courant et s'emploient le premier plutôt en parlant de choses qui sont et relativement au passé, le second, en parlant de choses qui se font et relativement au futur : *Ces faits étaient connus il y a deux mille ans et les siècles postérieurs n'y ont rien ajouté* (Bᴜꜰ.). *Nous écrivons à Castres pour avoir des éclaircissements ultérieurs* (Vᴏʟᴛ.).

Suivant (Prép.) : → Selon.

Suivante : Demoiselle attachée au service d'une grande dame. *Suivante,* qui avait pour syn. **Filles d'honneur** ou simplement **Filles,** quand il s'agissait des suivantes d'une reine ou d'une princesse, ne se dit plus guère qu'en langage de théâtre et, en ce sens, a pour syn. **Soubrette**, suivante de comédie, et **Confidente** qui se dit dans la tragédie de tout personnage subalterne féminin, et souvent d'une suivante à laquelle l'héroïne fait des confidences. — **Demoiselle d'honneur**, autrefois syn. de *fille d'honneur*, ne se dit plus que des jeunes filles qui accompagnent une mariée dans son cortège. **Demoiselle de compagnie** est le seul terme qui se dise encore pour désigner une sorte de suivante attachée au service d'une dame pour lui tenir compagnie.

Suivi : ¶ 1 → Continu. ¶ 2 → Logique.

Suivre : ¶ 1 *Suivre*, aller après quelqu'un. **Emboîter le pas**, suivre de si près que l'on pose le pied à la place où était celui de la personne que l'on suit, en parlant de soldats marchant en file et par ext. de toute personne qui suit et, au fig., imite quelqu'un de très près. **Talonner**, suivre quelqu'un de près, marcher sur ses talons. — Si *suivre* implique l'idée qu'on veut atteindre ou prendre, il fait considérer ce but comme assez lointain : c'est ne pas quitter la trace d'une personne ou d'un animal pour pouvoir au bon moment courir après et l'atteindre : *Suivre un lièvre. Suivre un ennemi à la piste.* **Poursuivre** (→ ce mot) indique d'une façon plus nette que l'on court après quelqu'un pour le rattraper. — Aussi *suivre* signifie-t-il souvent simplement : aller après quelqu'un pour le surveiller. **Filer**, surtout en termes de police, suivre quelqu'un qu'on ne perd pas de vue en le surveillant discrètement : *Filer un malfaiteur.* **Pister**, guetter, épier, surveiller, généralement en suivant, est pop. : *La police n'aurait plus qu'à le surveiller, à le pister* (J. Rom.). ¶ 2 → Accompagner. ¶ 3 → Observer. ¶ 4 → (s') Intéresser à et Écouter. ¶ 5 → Assister à. ¶ 6 → Subir. ¶ 7 S'attacher à une idée, à un parti. *Suivre*, être du sentiment de quelqu'un, obéir à ses conseils, approuver sa doctrine, ses opinions, le prendre pour guide ou se joindre à son parti : *Suivre saint Thomas* (Maleb.). *A suivre le système de ce philosophe...* (C.). **Adhérer** dit plus et implique un consentement formel accordé à une doctrine dont on se déclare le disciple, à un parti dont on devient membre : *Adhérer à une foi* (Mau.); *à un parti* (J. Rom.). **Tenir pour** indique surtout qu'on est déterminé à soutenir dans un débat celui qu'on suit, ce dont on est convaincu et dont le succès paraît nécessaire : *Les médecins qui tenaient pour les anciens* (Volt.). **Embrasser** (→ ce mot) se dit des choses auxquelles on s'attache par choix et que l'on suit et sert fidèlement : *Embrasser la religion chrétienne* (Pasc.). **Adopter**, choisir une

façon de penser et d'agir dont quelqu'un donne le modèle et la suivre en la faisant sienne : *L'Amérique à genoux adoptera nos mœurs* (Volt.). **Se décider pour** suppose une réflexion préalable avant de choisir; **Se prononcer pour**, une sorte de jugement fait avec autorité; **Se déclarer pour**, une affirmation publique de son choix; **Prendre parti pour**, une action en faveur de celui que l'on suit ou de ce à quoi l'on adhère. **Se ranger à** ne se dit que d'un avis, d'un parti que l'on embrasse à la suite d'une option nécessaire : *Voilà la guerre ouverte entre les hommes, où il faut que chacun prenne parti et se range nécessairement ou au dogmatisme ou au pyrrhonisme* (Pasc.). ¶ 8 → (s') Adonner. ¶ 9 → (se) Soumettre. ¶ 10 → Résulter. ¶ 11 (Réf.) *Se suivre*, **Se succéder, Alterner** : → Suite.

Sujet (Adj.) : ¶ 1 Soumis à. *Sujet*, obligé d'obéir, spéc. en parlant d'un peuple soumis par la conquête : *L'Égypte était sujette des Perses.* **Tributaire** qualifie un peuple qui paie tribut à un prince, à un État sous la domination ou la protection duquel il est placé. — Au fig. *sujet* marque une dépendance nécessaire, inévitable, considérée comme naturelle : *Les hommes sont sujets à la mort : tous meurent; tributaire*, une dépendance qui se manifeste par une gêne, le sentiment d'une menace : *Les hommes sont tributaires de la mort : chaque jour elle prélève sur eux un tribut de cadavres, et ils ne peuvent rien entreprendre sans tenir compte de la mort.* ¶ 2 → Porté à. ¶ 3 → Susceptible.

Sujet (N.) : ¶ 1 → Lieu. ¶ 2 → Matière. ¶ 3 → Objet. ¶ 4 → Homme. ¶ 5 En termes de médecine, *Sujet*, personne sur laquelle on fait des observations. **Patient**, toute personne entre les mains d'un médecin ou d'un chirurgien pour être soignée; en ce sens on dit plutôt simplement **Malade**.

Sujétion : → Subordination.

Summum : → Comble.

Superbe (N.) : → Orgueil.

Superbe (Adj.) : ¶ 1 → Orgueilleux. ¶ 2 → Beau.

Supercherie : → Tromperie.

Superfétation : → Superfluité.

Superfétatoire : → Superflu.

Superficie : ¶ 1 → Surface. ¶ 2 → Apparence.

Superficiel : → Léger.

Superflu : ¶ 1 *Superflu*, qui est de trop, et donc inutile, pour produire un effet, soit parce que cet effet se produira bien sans cela, soit parce qu'il s'est déjà produit : *Ce qui est superflu* [dans une pièce de théâtre] *est toujours mauvais* (Volt.). **Superfétatoire**, ce qui s'ajoute inutilement à ce qui suffisait déjà, se dit surtout en termes de sciences ou de rhétorique : *Un chapitre superfétatoire*. **Surabondant** suppose une abondance de choses qui va au-delà du nécessaire, et de ce fait peut être parfois en partie superflue. **Redondant** ne se dit que d'un style ou de mots, d'ornements surabondants qui rendent diffus, enflé ou pléonastique : *Des vers lâches, diffus, chargés de ces mots redondants qui déguisent le manque de force et de vigueur* (Marm.). **Parasite**, au fig., se dit des mots, des expressions superflues qui reviennent trop souvent dans le style et l'affaiblissent : *Les expressions parasites et les chevilles* (L. H.). — **Explétif**, terme de grammaire, se dit d'un mot qui, sans être nécessaire au sens d'une phrase, y introduit cependant une nuance et souvent la renforce : *Moi est explétif dans l'expression : Prends-moi le bon parti.* ¶ 2 → Inutile.

Superfluité : Qualité de ce qui est au-delà du nécessaire ou chose non nécessaire. *Superfluité*, **Superfétation**, **Surabondance**, **Redondance** : → Superflu. **Luxe** implique profusion (→ ce mot) et le plus souvent inutilité. **Excès** (→ ce mot) marque toujours une surabondance nuisible ou condamnable, car elle dépasse la limite permise par la raison : *Un excès de zèle*. **Surcharge**, au fig., surabondance de ce qui pèse, accable, souvent comme un poids inutile : *Il n'y a point d'éloquence où il y a surcharge d'idées* (Volt.). — **Remplissage**, péj., en parlant des ouvrages de l'esprit, tout ce qu'on y met d'inutile pour en augmenter le développement, ou, au théâtre, pour gagner du temps. **Redite**, superfluité due à une répétition d'idées. **Longueurs**, superfluités ou surcharges dues à un développement excessif. **Délayage**, fig. et fam., ajoute l'idée d'un style diffus qui noie les idées dans une surabondance de mots. **Bavardages**, fam., longueurs oiseuses, sans intérêt. — **Cheville**, expression inutile à la pensée qui ne sert qu'à tenir une place dans la phrase et surtout dans le vers pour faire la mesure (→ Pléonasme).

Supérieur : ¶ 1 → Élevé. ¶ 2 Qui occupe un rang élevé dans une hiérarchie. *Supérieur*, relatif, s'oppose à *inférieur* et fait penser à la place dans la hiérarchie : *Fonctionnaire supérieur. Classes supérieures*. **Haut**, absolu, suppose une excellence avec une idée moins nette de hiérarchie : *Hautes classes. Haut fonctionnaire*. ¶ 3 Qui l'emporte en son genre sur les autres par sa qualité. *Supérieur* se dit dans des domaines très variés et notamment, dans le commerce, des

produits de la meilleure qualité : *Café supérieur*. **Extra** enchérit plutôt, en parlant surtout d'aliments très bons, d'une qualité remarquable par opposition à l'ordinaire : *Vin extra*. **Double** se dit de certaines choses plus fortes, de qualité supérieure, de vertu plus efficace que les autres choses de même nature : *Encre double. Double bière*. **Fin** et **Superfin**, qui enchérit, se disent de certains produits peu communs, excellents et recherchés pour la qualité de leur goût, de leur matière ou la perfection de leur travail : *Vins fins. Porcelaine fine. Papier superfin*. **Fameux**, fam., remarquable en son genre, s'il se dit en bonne part, qualifie ce qui est très bon : *Un vin fameux.* ¶ 4 → Distingué.

Supériorité : → Avantage. Avantage par lequel on est placé plus haut que les autres. *Supériorité* implique une excellence en qualité, en force, en talent, en autorité « qui donne le droit de commander aux autres et le pouvoir de les surpasser » (L.) : *La supériorité de force du mari sur la femme* (F. D. C.). **Prééminence** a rapport au rang; c'est une préséance, une prérogative, une distinction honorifique ou hiérarchique qui place au-dessus des autres : *Le gouvernement monarchique suppose des prééminences, des rangs* (Mtq.). **Préexcellence**, rare, supériorité marquée, surtout dans l'ordre moral. **Primauté**, prééminence parfaite, celle qui donne le premier rang : *La primauté de saint Pierre* (Bos.). **Prépondérance**, fig., supériorité de considération, d'influence, d'autorité : *Il faut qu'une légitime et nécessaire prépondérance devienne la première récompense de la vertu* (Did.). **Prépotence**, supériorité de puissance, souvent excessive ou abusive. **Suprématie**, supériorité absolue, au-dessus de tous les autres, qui donne sur eux, dans un domaine, une sorte de domination : *Soumettre [un peuple] par la suprématie de sa force* (M. D. G.). **Hégémonie**, chez les Grecs, commandement qui appartenait à une ville dans une fédération; de nos jours, suprématie d'une puissance sur les autres qui lui donne sur elles autorité, influence et commandement : *Imposer l'hégémonie germanique au monde* (M. D. G.). **Royauté**, fig., influence souveraine, prépondérance ou prééminence : *La royauté de la mode* (Acad.). **Sceptre**, fig., supériorité ou prééminence : *Le sceptre du génie* (Lam.). **Précellence**, syn. vx de supériorité.

Superstition : Au fig. → Soin.

Supplanter : → Remplacer.

Suppléant : → Remplaçant.

Suppléer : ¶ 1 → Compléter. ¶ 2 → Remplacer. ¶ 3 → Pourvoir.

Supplément : ¶ 1 *Supplément*, accessoire ajouté à ce qui est déjà complet. **Complément,** partie nécessaire ajoutée, pour le rendre complet, à ce qui ne l'est pas : *Le supplément d'un ouvrage étend et éclaircit pour quelques lecteurs curieux certains points de l'ouvrage; le complément d'un ouvrage en comble les lacunes.* Si le *supplément* s'ajoute parfois à un tout incomplet, ce n'est pas pour constituer une partie de même nature que l'objet et s'y incorporer, mais pour fournir quelque chose d'étranger, une sorte de compensation : *Ce livre est le complément des études pour ceux qui peuvent pousser plus loin celles qu'ils ont faites; c'en est le supplément pour les gens du monde qui n'ont pas le temps d'en faire d'autres* (L. H.). **Surcroît,** ce qui, ajouté à quelque chose, en accroît la force, le nombre, la quantité : *Surcroît de douleur* (Rac.). **Surplus,** reste qu'on donne comme supplément au complément : *Attendant un surplus de confidences* (J. Rom.). **Appoint,** complément d'une somme en petite monnaie; au fig. appui complémentaire. **Rabiot,** très fam., excédent de vivres dans le langage militaire; par ext., dans le langage courant, tout reste qui vient en supplément dans une distribution. **Extra,** fam., supplément ajouté aux choses habituelles, au train ordinaire, surtout du repas : *Il commanda deux plats d'extra* (Acad.). — **Préciput,** terme de jurisprudence, supplément qui s'ajoute à la part d'un héritier; terme d'administration, supplément de traitement que reçoivent certains fonctionnaires. **A-côté,** fam., tout ce qu'on gagne en plus de son salaire, par des activités accessoires. ¶ 2 En termes d'imprimerie, le *Supplément* d'un livre est un autre livre. **Appendice,** supplément joint à la fin de l'ouvrage et contenant soit des remarques, soit des documents qui n'ont pu trouver place dans l'ouvrage : *C'est un appendice, une annexe qui ne peut trouver place dans le corps du livre* (Gi.). **Additions,** dates, citations, petites notes placées en marge d'un texte. **Addenda,** notes additionnelles placées en appendice.

Supplémentaire, qui s'ajoute comme supplément, est le terme courant : *Train supplémentaire.* **Supplétif,** terme didact., se dit surtout en grammaire de mots qui complètent le sens du mot principal ou lui servent de supplément. **Subsidiaire,** en termes de jurisprudence, qui sert à fortifier un moyen principal; par ext., dans le langage ordinaire, qui vient à l'appui, par surcroît : *Raison subsidiaire.* **Surérogatoire,** qui est fait au-delà de ce qu'on est obligé de faire : *Œuvre surérogatoire.*

Supplication : → Requête.

Supplice : ¶ 1 *Supplice*, toute peine corporelle ordonnée par la justice, se dit spéc. du dernier supplice, de la mise à mort, et fait alors penser à ce qu'endure le condamné : *Mener, traîner* (Bos.) *au supplice. Supplices atroces* (Volt.). **Exécution,** en termes de droit, fait d'accomplir ce qu'un acte, un jugement prescrivent, se dit spéc. d'une exécution capitale et fait considérer le supplice comme un événement : *Voir une exécution. Une exécution qui se fait de nuit.* ¶ 2 Grande douleur ou grande peine. Au prop., *Supplice* indique une punition, **Tourment** et **Torture** (→ ce mot), des moyens pour obtenir par la souffrance quelque chose de quelqu'un, par ex. des aveux, des révélations, *torture* indiquant une action plus méthodique et désignant autrefois un acte de justice. Au fig. pour désigner toute vive douleur physique ou morale, *supplice* marque simplement le fait qu'on souffre et se dit parfois d'une simple incommodité ou désagrément: *Le supplice de l'insomnie* (M. d. G.). *Tourment* et *torture* expriment l'intensité, la violence du *supplice; tourment*, résultat d'une violente douleur corporelle, ou d'une inquiétude d'esprit que parfois on se donne soi-même et qui empêche le repos et fait souffrir : *Dans les tourments inouïs de sa dernière maladie* (Bos.). *Les tourments de l'amour* (Volt.); *torture*, résultat d'une action faite à dessein, avec art, ou qui paraît telle, suite de tourments combinés et continuels : *Donner la torture à mon esprit* (Les.). *Éternelle torture* (Mol.). **Martyre,** mort ou tourments endurés pour la religion chrétienne, enchérit au fig. sur *supplice*, en parlant de peines morales ou physiques et notamment des souffrances qu'éprouve un amant : *C'est un martyre que cette séparation* (Sév.). **Calvaire,** fig., suite de vives douleurs surtout morales dues à une série d'épreuves. **Gêne,** parfois écrit **Géhenne,** autrefois *torture*, est vx. **Mort,** fig., par hyperbole, grand supplice ou grand tourment : *La mort dans l'âme.*

Supplice (mettre au) : → Tourmenter.

Supplicier : → Tuer.

Supplier : → Prier.

Supplique : → Requête.

Support : → Appui.

Supporter : ¶ 1 → Soutenir. ¶ 2 → Souffrir. ¶ 3 → Comporter.

Supposé, en parlant d'un ouvrage, d'un nom, d'un testament, d'un enfant qu'on fait passer pour fille ou pour fils de ceux qui ne lui sont rien, implique une fraude qui veut faire prendre le faux pour le vrai : *Une lettre supposée* (Volt.). *Des Césars supposés* (Corn.). **Putatif,** en parlant d'un mariage, d'un titre, d'un père, d'un enfant, indique qu'ils ne sont pas légalement ce qu'on les croit, mais suppose une erreur commise souvent de bonne foi : *Un enfant putatif n'a pas pour père celui que tout le monde croit; un enfant supposé est attribué par fraude à tel ou tel père.* **Prétendu** (→ ce mot), en parlant d'une qualité, d'un nom, d'un titre qu'on se donne, d'un droit qu'on s'arroge, suppose qu'ils sont considérés comme faux ou douteux, malgré les affirmations de ceux qui les prétendent vrais; alors que *supposé* nie absolument la valeur de la chose, *prétendu* lui dénie un droit, une qualité qu'on revendique pour elle : *Une lettre supposée est controuvée, fabriquée de toutes pièces. Les lettres prétendues de la reine Christine, de Ninon de Lenclos ne sont pas des auteurs qu'on leur attribue.* **Apocryphe,** terme d'érudition, se dit d'un livre, surtout antique, qui n'est ni de l'époque ni de l'auteur auxquels il paraît se rapporter, souvent parce qu'on ne possède pas les éléments d'information suffisants pour déterminer l'auteur ou l'époque véritables : *Ce qui est apocryphe est d'une main inconnue, ce qui est supposé, de la main d'un fripon* (L.).

Supposer : ¶ 1 *Supposer,* admettre pour vrai ou simplement comme possible ou vraisemblable, sans s'en être assuré, consciemment ou non, ce sur quoi l'on fonde une induction, une opinion, une doctrine : *Supposons cela vrai; quelle conséquence en voulez-vous tirer?* (ACAD.). **Présupposer,** supposer par avance, toujours dans l'avenir, et toujours volontairement, ce dont on aura besoin pour raisonner : *Tâchons d'entendre dans le fond ces paroles du Fils de Dieu; et pour cela présupposons quelques vérités qui nous en ouvriront l'intelligence* (BOS.). **Poser,** établir ou admettre en principe, sans hésiter, ce que l'on veut bien supposer, parce qu'on est sûr que cela ne servira de rien et qu'en discutant le reste, on arrivera au même résultat, malgré la concession faite : *Posons que j'ai eu tort; certainement il était l'agresseur* (J.-J. R.). **¶ 2** Se faire une opinion dont on n'est pas certain. *Supposer,* affirmer comme vrai ou possible, idéalement, sans le vérifier par des faits, ce qui paraît devoir être comme la cause ou comme la conséquence la plus vraisemblable d'une chose certaine, souvent pour fonder sur cette supposition un raisonnement, une induction. **Conjecturer** et **Présumer** (→ ce mot) impliquent qu'on part d'un certain nombre de faits, d'indices qu'on a observés pour se faire peu à peu, par des suppositions ou des hypothèses successives qu'on vérifie par d'autres faits, une opinion ou une croyance susceptible de degrés différents, et qui n'est jamais

entièrement prouvée : on *suppose* tout ce qui est logiquement possible, mais on ne *conjecture* et, à plus forte raison, on ne *présume* que ce que des expériences successives rendent plus ou moins croyable : *Je suppose qu'un moine est toujours charitable* (L. F.). **¶ 3** → Inventer. **¶ 4** → Réclamer.

Supposition : Ce qu'on avance arbitrairement pour servir de base à un raisonnement. *Supposition,* terme ordinaire, implique qu'on donne la chose comme possible, parfois comme réelle, et désigne même une explication des choses donnée à la légère, sans preuves positives, ou une allégation fausse : *Un historien est fait pour décrire, non pour inventer; il ne doit se permettre aucune supposition* (BUF.). **Hypothèse,** terme de science, supposition purement idéale que l'on fait sans se demander si elle est vraie ou fausse, et dont on tire des conséquences, désigne aussi, en sciences et dans le langage commun, un ensemble de suppositions qui permettent d'essayer, par une interprétation anticipée, une explication de certains faits présents ou passés, mais qu'on ne considère que comme une simple vue de l'esprit tant que des faits ne les ont pas vérifiées : *Remplacer les vagues impressions que je n'ai cessé d'avoir en l'écoutant par des hypothèses précises, et le jour venu, vérifiables* (J. ROM.). *Des historiens ont proposé diverses hypothèses pour expliquer la décadence de l'Empire romain.* — **Conjecture, Présomption, Induction** et **Préjugé** ont rapport au degré de croyance qu'on peut accorder à une supposition. *Conjecture* implique le plus faible degré de croyance : c'est encore une simple hypothèse qui attend des faits pour être confirmée ou infirmée : *J'ai vu avec la plus grande satisfaction mes conjectures confirmées par les faits* (BUF.). *Présomption* (→ Présumer, conjecturer) implique une croyance plus forte fondée sur des faits plus certains : *Au défaut de l'évidence, du moins on peut en avoir des conjectures et ces conjectures peuvent être si fortes qu'elles donnent lieu à une raisonnable présomption* (BOUR.). En termes de droit, *présomption* se dit de ce qui est supposé vrai jusqu'à preuve du contraire : *Présomption de survie. Induction,* dans le langage courant, conjecture plausible, mais encore bien incertaine, où la sagacité a plus de part que la logique, et où l'on infère de certains cas particuliers un commencement de présomption, en ayant plutôt égard à la vraisemblance qu'aux données certaines de l'expérience : *Pour fixer mes inductions et les comparer éventuellement avec ce que j'apprendrai de certain par la suite* (J. ROM.). *Préjugé,* jugement, favorable ou non, porté par avance d'après certaines présomptions auxquelles on accorde arbitrairement une sorte de certitude : *La vie de ce fonctionnaire est un préjugé en sa faveur.* — **Jeu d'esprit**, suite d'idées, de raisonnements qui ne sont fondés sur rien de sérieux, ne reposent que sur des hypothèses : *Le Rêve de d'Alembert, de Diderot, n'est pas un simple jeu d'esprit.*

Suppôt : → Partisan et Complice.

Supprimer : ¶ 1 → Détruire. ¶ 2 → Retrancher. ¶ 3 → Taire. ¶ 4 → Étouffer. ¶ 5 → Tuer. ¶ 6 (Réf.) → (se) Suicider.

Supputer : → Évaluer et Compter.

Suprématie : → Supériorité.

Suprême : ¶ 1 *Suprême* qualifie le pouvoir supérieur à tous les autres dans une hiérarchie donnée; **Souverain**, la puissance dont émane l'autorité au-dessus de laquelle il n'y a aucune autre autorité : *En France le Président de la République est le chef suprême, mais seul le peuple est souverain.* — En un sens plus général, ce qui est *suprême* a la prééminence dans son genre : *Enrichir le sonnet d'une beauté suprême* (Boil.); ce qui est *souverain* a la supériorité sur tout par son excellence : *Le souverain bien*; ou possède ou confère une puissance qui ne peut être augmentée ni dépassée : *Une femme d'une beauté souveraine domine toutes ses rivales.* — **Absolu** (→ ce mot) implique que la puissance souveraine est sans bornes, affranchie de tout, même des lois positives et naturelles qui limitent au moins en droit la souveraineté : *Mais on doit ce respect au pouvoir absolu De n'examiner rien quand un roi l'a voulu* (Corn.). ¶ 2 → Dernier.

Sur : → Aigre.

Sûr : ¶ 1 → Évident. 2 → Inévitable. ¶ 3 *Sûr*, **Assuré, Certain**, en parlant des personnes qui sont persuadées d'une chose, diffèrent comme les adj. appliqués aux choses (→ Évident).

Surabondance : ¶ 1 → Abondance. ¶ 2 → Superfluité.

Surabondant : → Abondant et Superflu.

Suranné : ¶ 1 → Désuet. ¶ 2 → Vieux. Appliqué au style d'un artiste, *Suranné*, vieux et hors de mode, n'est pas toujours péj. : *Les grâces surannées du style.* **Pompier**, ironique et fam., qui s'est dit des œuvres des peintres et des sculpteurs qui traitaient des sujets classiques avec des personnages qui portaient des casques comme des pompiers, s'applique par ext. au style et aux ouvrages correspondant à une forme d'art devenue traditionnelle et banale en restant assez pompeuse parfois. **Académique**, moins péj., s'applique parfois à

un style soigné, mais assez traditionnel et ancien pour n'être plus une invention du génie, mais une matière d'enseignement dans l'école. **Rococo**, qui s'est dit proprement du style de l'architecture et de l'ameublement à la mode au XVIIIe s., caractérisé par la profusion des ornements contournés et des rocailles, qualifie par ext. tout ce qui est passé de mode et qui porte en soi quelque chose que le temps a rendu désagréablement baroque. ¶ 3 → Âgé.

Surbaisser : → Baisser.

Surcharge : ¶ 1 → Surcroît. ¶ 2 → Superfluité.

Surcharger : Faire succomber sous un excès de charge. *Surcharger* se dit d'un poids et au fig. d'affaires, d'impôts, de travaux, ou d'idées, d'ornements qui alourdissent un ouvrage. **Accabler** (→ ce mot), qui enchérit, se dit, dans des emplois plus variés, et notamment au moral, de toutes sortes de choses désagréables ou de maux : *Je suis un pauvre diable d'ermite accablé de maux et surchargé d'un travail ingrat et pénible* (Volt.). **Écraser**, au fig., enchérit sur *accabler* : *Accablez-moi, écrasez-moi sous votre mépris* (V. H.).

Surclasser : → Surpasser.

Surcroît : → Supplément. *Surcroît*, abstrait, fait penser, en bien ou en mal, à l'augmentation en nombre, en quantité, en force, apportée à une chose par ce qu'on lui ajoute : *Surcroît de gloire* (Corn.); *d'impôts.* **Surcharge**, concret, fait penser à une chose qui accable : *Surcharge de graisse* (Buf.); *d'idées* (Volt.).

Sûrement : → Évidemment.

Surenchère : → Enchère.

Surérogatoire : → Supplémentaire.

Suresitmer : → Surfaire.

Sûreté : ¶ 1 → Sécurité. ¶ 2 → Garantie. ¶ 3 Caractère de celui qui agit sans hésitation ni erreur. *Sûreté*, en parlant d'un membre, d'un sens, d'une faculté, implique l'absence de toute erreur, l'infaillibilité : *La maturité et la sûreté de votre jugement* (Gi.). **Fermeté** est plutôt relatif à la manière dont on agit sans hésiter, sans trembler ou se laisser ébranler, avec vigueur et précision : *Fermeté du jeu d'un musicien.* **Assurance**, uniquement subjectif, implique chez celui qui agit l'absence de doute et de crainte, un sentiment de sécurité qui conduit parfois à la hardiesse : *Ce qui se cache de timidité sous cette feinte assurance* (Gi.).

Surexciter : → Exciter.

Surface : ¶ 1 La partie extérieure d'un corps. *Surface*, terme commun, désigne le dessus des corps quant à sa matière, à sa composition, à ses qualités physiques; **Superficie**, terme de sciences ou d'arpentage, le dessus des corps considéré abstraitement, spéc. quant à son étendue, et uniquement dans le fait qu'il est à l'extérieur : *Les surfaces de cristal polies avec le plus grand soin ne laissent pas de présenter des sillons, c'est-à-dire des éminences et des profondeurs alternatives dans toute l'étendue de leur superficie* (Buf.). **Face,** en termes d'anatomie, une des parties qui composent la superficie d'un organe : *La face supérieure de l'estomac;* se dit aussi de la surface, qui paraît plane, de certaines choses très vastes : *La face de l'eau* (L. F.); *de la terre* (Buf.). **Dos,** face postérieure de certaines. choses, et, poétiquement, surface de la mer considérée comme portant diverses choses : *Nous montions sur le dos des vagues* (Fén.). **Parement,** en termes d'arts, surface apparente d'un ouvrage : *Le parement de pierre d'un mur.* **Table,** surface plane de certains objets : *La table d'une enclume.* ¶ 2 En termes de géométrie, *Surface* désigne ce qui limite les corps, leur donne une forme, considéré comme un élément de l'étendue défini par sa longueur et sa largeur, abstraction faite de toute profondeur ou épaisseur : *Je fais abstraction de l'étendue ou de l'espace que ce corps renferme pour ne considérer que les bornes en tous sens; et ces bornes me donnent l'idée de surface* (D'Al.). *Surface convexe; surface de révolution.* **Plan,** surface plane telle que, si l'on joint par une droite deux quelconques de ses points, cette droite est tout entière sur la surface. **Face,** chacune des diverses portions de surface plane qui terminent un solide. **Superficie** ne désigne la surface que comme susceptible d'être évaluée, sans aucune idée de forme. **Aire,** en termes d'architecture, surface plane, désigne en géométrie le nombre qui mesure l'étendue d'une surface; mais on le nomme aussi couramment, quoique improprement, *superficie* et *surface;* et quand il s'agit d'un terrain délimité, **Contenance. Étendue,** syn. de *superficie* dans le langage commun, s'emploie avec moins de précision pour désigner un ordre de grandeur plus ou moins approximatif : *La vaste étendue des mers.* ¶ 3 → Apparence.

Surfaire, demander plus qu'il ne faut d'une chose qui est à vendre; au fig., en parlant des personnes, évaluer au-dessus de sa valeur, vanter au-delà de son mérite : *Surfaire la beauté d'un enfant* (Gi.). **Surestimer,** plus général, se tromper par excès dans l'estimation d'une personne ou d'une chose quelconque : *Surestimer les forces de l'adversaire.*

Surfil : → Surjet.

Surgeon : → Pousse.

Surgir : ¶ 1 → Sortir. ¶ 2 → Paraître. ¶ 3 → Naître.

Surhumain : → Surnaturel.

Surjet, couture qu'on fait en tenant deux étoffes bord à bord et en les traversant toutes deux à chaque point d'aiguille, de droite à gauche. **Surfil,** surjet très lâche, à points écartés, exécuté de gauche à droite, sur les bords d'une couture ou d'une étoffe pour éviter l'effilochage.

Sur-le-champ : → Aussitôt.

Surmené : → Fatigué.

Surmener : → Fatiguer.

Surmonter : ¶ 1 → Vaincre. ¶ 2 → Surpasser. ¶ 3 (Réf.) → (se) Vaincre.

Surnager : ¶ 1 → Flotter. ¶ 2 → Subsister.

Surnaturel : Adj. ¶ 1 *Surnaturel,* d'un autre ordre que la nature, qu'on entende par ce mot la nature corrompue de l'homme sans la grâce, ou la partie de l'Univers qui est soumise à des lois positives : *Les effets naturels sont ceux qui sont des suites des lois générales que Dieu a établies pour la production et la conservation de toutes choses, et les effets surnaturels sont ceux qui ne dépendent point de ces lois* (Maleb.). **Métaphysique** qualifie ce qui, dans le surnaturel, appartient à la partie de la philosophie qui essaie de connaître par la raison tout ce qui dépasse les connaissances purement expérimentales, *surnaturel* s'appliquant plutôt à ce qui est du domaine de la foi : *Certitude métaphysique. Vérités surnaturelles.* — **Miraculeux** qualifie les événements produits dans un cas particulier par des causes surnaturelles, et contraires aux lois ordinaires de la nature : *Une guérison miraculeuse;* **Magique,** les événements contraires à l'ordre naturel produits par l'art uniquement humain appelé magie (→ ce mot). ¶ 2 Au fig. *Surnaturel,* peu usité, qualifie des impressions si extraordinaires qu'elles semblent des manifestations de l'au-delà : *Ses yeux brillaient d'un éclat surnaturel* (J.-J. R.). **Surhumain,** qui, tout en demeurant dans l'ordre naturel, surpasse les forces d'un homme moyen, se dit surtout de l'énergie, du courage, d'une action au-dessus de la normale : *Un effort surhumain* (M. d. G.). **Miraculeux** qualifie ce dont l'existence ou la perfection paraît dépasser les forces normales de la nature : *Un tableau miraculeux.* **Magique** ajoute une idée soit d'illusion, soit d'enchantement. **Merveilleux, Féerique, Fantastique** diffèrent de *surnaturel* comme les n. correspondants (→ plus bas). ¶ 3 N. Ce qui est au-dessus de la nature. Le *Surnaturel* comprend les êtres et les choses qui échappent aux lois de la nature et sont du domaine de la religion, ou simplement de la magie, des sciences occultes, etc. : *La culture positive de Vincent le retenait de croire au surnaturel* (GI.). **Merveilleux,** intervention d'êtres surnaturels comme dieux, anges, démons, génies, fées, etc. dans les poèmes et autres ouvrages d'imagination, ces êtres représentant en général des incarnations poétiques, mythiques ou esthétiques d'une pensée soit logique qui veut démontrer, soit fantaisiste qui veut se dépayser sans s'égarer : *Merveilleux païen. Merveilleux chrétien. Le merveilleux même doit être sage : il faut qu'il conserve un air de vraisemblance au soit traité avec goût* (VOLT.). **Féerie,** merveilleux où figurent les fées, les génies. **Fantastique,** à partir du romantisme, merveilleux créé par une imagination obsédée par le mystère du surnaturel et qui évoque, décrit les effets produits par des puissances occultes ou les incarnations de ces puissances : *Le fantastique ne se confond pas avec l'affabulation conventionnelle des récits mythologiques ou des féeries qui implique un dépaysement de l'esprit. Il se caractérise au contraire par une intrusion brutale du mystère dans le cadre de la vie réelle; il est lié généralement aux états morbides de la conscience qui, dans les phénomènes de cauchemar ou de délire, projette devant elle des images de ses angoisses ou de ses terreurs* (P.G. CASTEX, Le Conte fantastique en France). **Fantasmagorie,** fig. et péj., abus des effets produits par des moyens surnaturels ou extraordinaires. — Au fig. *surnaturel* ne se dit pas, *merveilleux* désigne ce qui, dans un événement, dans un récit, s'éloigne du cours ordinaire des choses; *féerie* suppose un spectacle enchanteur qui dépayse l'esprit : *La féerie des neiges; fantastique* implique une invraisemblance qui dépasse l'imagination; *fantasmagorie,* le désir de faire illusion.

Surnom : Nom ajouté au nom propre ou bien le remplaçant. Le *Surnom* sert à distinguer une famille ou un individu de ceux qui portent le même nom et désigne quelque qualité ou rappelle quelque circonstance particulière : Ex. *Scipion l'Africain.* Le **Sobriquet,** qui se donne simplement comme qualificatif, souvent par dérision, est fondé sur quelque défaut de corps ou d'esprit ou sur quelque singularité : Ex. *Charles le Mauvais; Guillaume le Roux.* **Pseudonyme** (→ ce mot), nom supposé que se donne un auteur, un artiste, un homme qui ne veut pas être connu sous son vrai nom.

Surnombre : → Excès.

Surnommer : → Appeler.

Surpasser : ¶ 1 → Passer. ¶ 2 Au fig. *Surpasser,* en bien comme en mal, et surtout au moral, implique une idée de supériorité absolue qui fait qu'on excelle plus qu'un autre, et beaucoup : *Quoique les dieux surpassent de loin en connaissance tous les hommes* (FÉN.). **Surmonter** implique toujours une idée de concurrence, de lutte : *Un Rhodien surmonta* [à la lutte] *tous les autres qui osèrent se présenter à lui* (FÉN.). **Surclasser,** néol. surtout sportif, surpasser un adversaire, un rival, avec une telle supériorité qu'on paraît appartenir à une catégorie supérieure à la sienne. **Dépasser** dit moins que *surpasser* : c'est simplement être classé avant un autre dans une hiérarchie de valeurs, au physique ou au moral : *Cet élève dépasse de peu ses concurrents*; ou, parfois, aller au-delà de quelqu'un dans un art, une connaissance soit parce qu'on apprend plus vite, soit parce que, venant plus tard, on sait plus que lui : *Pascal a surpassé les géomètres de son temps et il est dépassé par la science moderne.* **Devancer,** précéder ses rivaux dans une hiérarchie, en partant du même point qu'eux, ou arriver plus vite qu'eux à un résultat et, notamment, être supérieur aux hommes de son temps par quelques connaissances qu'on est seul à posséder et qui ne sont pas devenues la propriété de tous : *Devancer son siècle* (DID.). *On dépasse son maître; on devance ses condisciples.* **Primer,** trans., l'emporter sur, pour n'importe quelle raison (*La force prime le droit*), est parfois syn. de *dépasser, devancer* : *Il prime tous ses rivaux.* **Enfoncer,** fig., syn. fam. de *surpasser,* de *surmonter* : *Être enfoncé par un adversaire.* **Dégoter,** *surpasser,* est pop. : *Quel style! ça dégote Mme de Sévigné* (LABICHE). **Damer le pion,** fam., surpasser quelqu'un d'une supériorité marquée (→ Prévaloir).

Surplis, sorte de vêtement d'église fait de toile blanche plissée et qui se porte par-dessus la soutane. **Rochet,** surplis à manches étroites que portent notamment les évêques : *Le rochet et la mitre* (BOIL.).

Surplomber : → Saillir.

Surplus : ¶ 1 → Excès. ¶ 2 → Supplément.

Surplus (au) : → (de) Plus.

Surprenant : → Étonnant. *Surprenant* indique la réaction que provoque ce qui est inattendu : *Quelque chose de subit et de surprenant* (GI.). **Sensationnel** enchérit et marque une impression profonde de surprise et d'intérêt produite en général sur un public : *Circonstances assez extraordinaires et sensationnelles* (GI.). **Stupéfiant,** fig., dit plus et implique qu'on demeure immobile, muet, sans penser, par suite de la surprise. **Ahurissant,** en ce sens, est fam. **Ébouriffant,** fam., suppose le trouble, l'agitation devant une chose si surprenante qu'on se révolte, qu'on se refuse à la croire. **Énorme**, fam., tout à fait surprenant, incroyable. **Renversant**, très fam., qui déconcerte par la surprise produite.

Surprendre : ¶ 1 → Prendre. **¶ 2** → Tromper. **¶ 3** → Obtenir. **¶ 4** → Voir. **¶ 5** *Surprendre*, **Étonner, Consterner, Confondre, Embarrasser, Déconcerter, Ébahir, Stupéfier, Renverser, Saisir, Étourdir** : → Surpris.

Surpris : Les mots très nombreux marquant l'effet produit sur l'âme par quelque chose qui la frappe inopinément demandent à être distingués de plusieurs points de vue : A) Relativement à la cause de l'émotion. *Surpris* et ses syn. marquent la réaction devant ce qui est inattendu : *Surpris par une idée brusque, inattendue et singulière* (ZOLA); **Étonné** (→ ce mot) et ses syn., la réaction devant ce qui est extraordinaire : *Je fus étonné que, deux jours après, il me montra toute l'affaire exécutée* (MOL.); **Consterné** (→ ce mot) et ses syn., la réaction devant une catastrophe qui produit la tristesse ou l'accablement; **Confondu**, la réaction devant ce qui fait honte, réduit au silence, à l'impuissance : *Pâle comme un criminel confondu* (LES.). — B) Relativement à la nature de la réaction que l'émotion produit dans l'âme. **Embarrassé** (→ ce mot) et ses syn. marquent qu'on hésite sur l'attitude à prendre : *Muets et embarrassés devant les savants* (L. B.); **Déconcerté** (→ ce mot) et ses syn., que l'on ne sait plus que faire parce que tous les projets qu'on avait se trouvent renversés : *Tout déconcerté par le mauvais accueil de sa proposition* (L. B.); **Interdit** (→ ce mot) et ses syn., que l'on est dans l'impuissance de dire un mot par suite du trouble causé par la surprise. **Ébahi** (→ ce mot) et ses syn. manifestent la surprise par une attitude du visage. **Honteux** (→ ce mot) et ses syn. marquent le sentiment intérieur de confusion que provoque un événement inattendu, gênant ou désagréable : *Honteux comme un renard qu'une poule aurait pris* (L. F.). — *Surpris* a comme syn. **Stupéfait**, adj., qui enchérit pour qualifier celui où la surprise cause comme une sorte d'engourdissement, qu'elle rend comme interdit : *Mademoiselle est immobile, vous muet et moi stupéfait* (MARIV.). **Stupéfié**, rendu stupéfait, s'emploie en général avec pour comp. d'agent le nom qui indique la cause de la stupéfaction : *Stupéfié de votre intrépidité* (VOLT.). **Stupide**, syn. de *stupéfait*, est vx. **Saisi** insiste sur l'émotion subite que cause une vive surprise : *Quand on lui dit cette nouvelle, elle fut tellement saisie qu'elle en perdit connaissance* (ACAD.). **Frappé de stupeur** enchérit sur *stupéfié*. **Renversé**, fam., ajoute à *stupéfié* l'idée d'un trouble

extrême. **Étourdi**, en un sens très voisin, se dit de celui qui demeure incapable de réfléchir, qui a comme le sens troublé.

Surprise : ¶ 1 État de l'esprit frappé par quelque chose d'inattendu. *Surprise*, **Étonnement, Consternation, Confusion, Embarras, Ébahissement, Saisissement, Stupéfaction** (→ ce mot) : → Surpris. **¶ 2** Événement qui surprend. *Surprise* fait penser à l'action et suppose souvent l'intervention d'une personne qui veut surprendre : *Sa disgrâce a été une surprise*. *Faire une surprise à quelqu'un*. **Coup de théâtre**, événement imprévu et frappant qui survient dans l'action d'une pièce; au fig., toujours objectivement, événement inattendu qui surprend vivement. **¶ 3** → Don.

Sursaut : ¶ 1 → Saut. **¶ 2** → Tressaillement.

Sursauter : → Tressaillir.

Surseoir : → Retarder.

Sursis : → Délai.

Surtout : → Particulièrement.

Surtout, vêtement simple que l'on met par-dessus tous les autres habits : *Un surtout de chasse*. **Souquenille**, surtout long, de grosse toile, que mettent les cochers, les palefreniers quand ils pansent leurs chevaux, par ext. vêtement usé, sale, misérable. **Sarrau**, surtout que portent les ouvriers de la campagne; ou surtout ou tablier ouvert par-derrière que portent les écoliers. **Blouse**, surtout de travail qu'on porte dans des professions très variées et qui, en général, s'ouvre par devant.

Surveillance : → Protection. *Surveillance*, action d'observer attentivement et de contrôler, d'examiner ce sur quoi l'on veille. **Guet**, autrefois surveillance d'une place de guerre, pendant la nuit, pour éviter toute surprise de l'ennemi, et d'une ville quelconque pour y maintenir l'ordre; se dit encore d'une surveillance organisée soit pour surprendre quelqu'un, soit pour éviter d'être surpris par lui : *Les élèves qui s'amusent font le guet pour n'être pas surpris par le maître chargé de la surveillance du dortoir*.

Surveillant : ¶ 1 → Veilleur. **¶ 2** *Surveillant*, celui qui, dans un établissement scolaire, surveille les élèves. **Maître d'internat, Surveillant d'externat**, surveillants spécialisés dans l'internat ou l'externat. Pour désigner un maître qui, sans s'occuper de l'internat, surveille les élèves, surtout en étude, dirige leurs travaux et remplace éventuellement certains professeurs, on a dit **Maître d'étude**, puis **Répétiteur**, terme le plus usuel; de nos jours, dans les établissements d'État, on dit **Professeur adjoint**, le professeur adjoint pouvant devenir, dans certaines conditions, **Adjoint d'enseignement** et **Chargé d'enseignement,** s'il tient lieu de professeur. **Pion,** péj., *surveillant,* dans l'argot scolaire.

Surveiller : ¶ 1 → Observer. ¶ 2 → Veiller.

Survenance : → Arrivée.

Survenir : ¶ 1 → Venir et Arriver. ¶ 2 → (se) Produire.

Survivant, celui qui demeure en vie après une ou d'autres personnes, spéc. lors d'un accident où d'autres ont péri. **Rescapé,** forme picarde altérée de *réchappé,* suppose que la personne est sortie saine et sauve de l'accident et se dit au fig. : *Il est parmi les rescapés. Les rescapés du tour de France* (→ Sauf).

Survivre : → Subsister.

Susceptible : ¶ 1 Qui peut recevoir certaines qualités, certaines modifications. *Susceptible* a toujours le sens passif : il ne faut pas lui donner le sens de *capable* qui, s'il a impliqué autrefois la capacité d'admettre une chose, indique de nos jours le pouvoir de produire activement un effet : *On est susceptible de recevoir, de subir, d'éprouver; on est capable de donner ou de faire.* **Sujet,** exposé, souvent fréquemment, à divers accidents, sans pour autant en être modifié, n'est syn. de *susceptible* que pour qualifier une chose qui peut subir une action : *Ce passage est sujet à plusieurs interprétations* (ACAD.). **Passible** ne se dit qu'en termes de jurisprudence de celui qui a mérité de subir une peine : *Passible d'amende.* ¶ 2 Qui s'offense aisément. *Susceptible,* au fig., plutôt péj., suppose que par tempérament on est facile à blesser, à froisser et qu'on le laisse paraître en se fâchant : *Susceptible, incapable de souffrir la plus légère moquerie* (MAU.). **Délicat** n'implique pas une réaction d'humeur a rapport au point précis sur lequel on est particulièrement sensible : *Délicat sur la fidélité de ses amis* (MAS.). **Ombrageux** implique une sorte de méfiance qui fait qu'on se cabre pour rien, pour l'ombre d'une atteinte à la délicatesse des sentiments et surtout de l'amour-propre. **Pointilleux** suppose une exigence extrême sur de petites choses, notamment en matière de respect, de bienséances, qui s'accompagne de susceptibilité : *Un amour-propre pointilleux, une vanité ombrageuse rendent insupportable* (MARM.). **Chatouilleux,** fig. et fam., qui se pique aisément, par délicatesse excessive, surtout en matière d'amour-propre, enchérit sur *délicat* : *Conscience chatouilleuse* (MAU.). *Il craint des insinuations? Il est bien chatouilleux* (J. ROM.). **Pointu,** fig. et fam. dans la loc. *Avoir l'esprit pointu,* suppose qu'on cherche

des chicanes parce qu'on est excessivement pointilleux ou susceptible. — **Irritable,** qui se met facilement en colère, ne précise pas, comme *susceptible,* qu'on se fâche parce qu'on se juge offensé.

Susciter : ¶ 1 → Occasionner. ¶ 2 → Provoquer.

Suscription, ce qu'on écrit sur le pli extérieur ou l'enveloppe d'une lettre, fait penser au titre que l'on donne à la personne à qui l'on écrit : *La suscription était : A son Altesse Royale* (ACAD.). **Adresse,** beaucoup plus courant, nom de la personne à qui la lettre doit être remise et indication du lieu où elle habite.

Suspect implique, en parlant des personnes et des choses, qu'elles ont en elles quelque chose qui éveille légitimement les soupçons : *Malade suspect* (CAM.). *Insistance suspecte* (M. D. G.). **Douteux,** qui dit moins, suppose qu'on peut légitimement ne pas croire à la qualité apparente d'une personne ou d'une chose, et, en général, qu'on ne peut pas se fier à elles : *La moralité de ce mariage était douteuse* (BALZ.). **Sujet à caution,** fam., douteux, auquel il ne faut pas trop se fier : *Cet historien est sujet à caution.* **Équivoque,** qui se dit de tout ce sur quoi on peut porter des jugements opposés, suppose, en parlant de l'homme et des choses humaines, une moralité ou une sincérité douteuses qui justifient une suspicion peu honorable : *Très équivoque ami* (BOIL.). *Conduite équivoque* (J.-J R.). **Louche** indique quelque chose d'anormal, d'obscur, parfois rendu tel à dessein, dans les personnes et dans les choses, qui peut faire soupçonner un piège ou un danger : *Ils flairaient là-dessous quelque chose de louche. Il y avait un coup peut-être* (ZOLA). **Interlope,** qui autrefois se disait d'un navire qui faisait certains commerces en fraude, ajoute à *louche,* en parlant d'une personne et surtout d'un milieu, d'une maison, l'idée d'agissements clandestins, de contacts entre personnes mêlées et équivoques, sans aucune moralité : *On joue clandestinement dans les maisons interlopes.* **Borgne,** syn. de *louche,* se dit d'une maison d'apparence triste ou mauvaise, mal tenue, mal famée, ou d'un compte rédigé d'une façon suspecte : *Garni borgne* (ZOLA). *Compte borgne.* **Marron** se dit de celui qui exerce une profession sans titre, sans brevet, sans commission : *Courtier marron.*

Suspecter : → Soupçonner.

Suspendre : ¶ 1 → Pendre. ¶ 2 → Interrompre. ¶ 3 → Destituer.

Suspendu (être) : → Pendre.

Suspens (en), qui est laissé sans être terminé : *Travail en suspens.* **En panne**

est fam.; **En carafe**, très fam. **En souffrance** se dit surtout en termes de commerce d'affaires en suspens.

Suspension d'armes : → Trêve.

Suspicion : → Soupçon.

Sustenter : → Nourrir.

Susurrer : → Murmurer.

Suture : ¶ 1 → Joint. ¶ 2 → Transition.

Suzerain : → Seigneur.

Svelte : → Mince.

Sycophante : ¶ 1 → Accusateur. ¶ 2 → Trompeur.

Syllabe, voyelle ou réunion de lettres qui se prononcent par une seule émission de voix, désigne, en termes de versification française, l'élément de base dont le nombre détermine le rythme d'un vers. **Pied,** groupe de syllabes qui constituait dans la poésie des Anciens l'élément métrique des vers, par ext. en termes de versification française, *syllabe* qui compte dans le vers : *L'alexandrin a douze pieds, c'est-à-dire douze syllabes sonores, mais peut avoir treize, quatorze ou quinze syllabes écrites.*

Syllogisme : → Raisonnement.

Sylvestre : → Forestier.

Sylviculteur : → Arboriculteur.

Symbole : ¶ 1 Tout signe concret, visible, évoquant par un certain rapport quelque chose d'invisible, d'abstrait. Le *Symbole,* en général assez simple, assez facile à saisir, est lié à l'objet qu'il évoque par un rapport naturel, constant, traditionnel. **Emblème,** figure symbolique assez compliquée, faite souvent d'éléments divers, du choix ou de l'invention de quelqu'un qui l'imagine ou s'en sert à dessein, en se fondant sur une liaison d'idées plus ou moins sensible : *Zeuxis a peint Vénus ayant sous le pied une tortue; et, avec ce symbole de la lenteur, Vénus devint l'emblème d'un sexe destiné à une vie tranquille et retirée* (Marm.). **Devise,** sorte d'emblème peint ou gravé dans lequel la figure est expliquée par des paroles qui en dégagent le sens allégorique. Si l'*emblème* est accompagné parfois d'une sentence, celle-ci a un sens plein et achevé, tandis que la sentence de la *devise* ne s'explique que par la figure; de plus l'*emblème* est quelque chose de général qui représente une pensée commune ou un vaste groupe social; la *devise* est toujours particulière à une personne, à une famille, à un groupe et exprime quelque chose qui les concerne. **Attribut,** en termes de beaux-arts, objet qui, dans une composition, sert à caractériser une figure mythologique ou allégorique qu'il accompagne, désigne par ext. cet objet seul servant

de symbole à l'être ou à la chose qu'il caractérise : *Le glaive et la balance sont les attributs de la justice.* ¶ 2 En littérature, expression indirecte d'une idée au moyen de récits et d'images qui suggèrent ce que l'on veut exprimer. *Symbole,* image ou série d'images qui se développent librement et, d'une façon assez simple, nous suggèrent une idée. L'**Allégorie,** qui se dit aussi dans les beaux-arts, développe une idée dans tous ses détails en faisant correspondre à chacun d'eux une image ou une expression qui ne doivent pas être prises dans leur sens réel, mais dans le sens caché qu'elles expriment indirectement : *Une allégorie est l'expression d'idées par des images. Un symbole donne, au moyen d'images, l'impression d'idées; en d'autres termes, l'allégorie se présente à nous sous la forme d'une intention nette, précise, détaillée; le symbole, sous la forme d'une création libre où l'idée et l'image sont indiscernablement fondues* (A. Thibaudet). *Moïse de Vigny est un symbole; la Carte du Tendre de Mlle de Scudéry, une allégorie.* L'**Allusion** consiste simplement à dire une chose pour faire penser à une autre, mais sans obliger à découvrir derrière le sens littéral une chose cachée qui est en elle dégagée et n'existe qu'à travers lui : *Le poème de V. Hugo « Sonnez, sonnez toujours clairons de la pensée » exprime par un symbole le triomphe de la pensée sur la force et contient une allusion au despotisme de Napoléon III.* **Apologue** et **Parabole** (→ Fable), sortes d'allégories qui par un récit expriment une idée morale : l'*apologue* est profane; *parabole* n'est guère usité qu'en parlant des allégories de l'Écriture sainte. **Figure,** dans le sens mystique, tout ce qui est regardé comme la représentation, le symbole de quelque chose : *Jérusalem fut la figure de l'Église* (Bos.); dans le langage courant, toute expression indirecte de la pensée : *Parlons sans figure* (Fléch.); et, en termes de rhétorique, toute manière de s'exprimer qui modifie le langage ordinaire pour le rendre plus expressif, et notamment l'**Image** et la **Métaphore** (→ Image), éléments qui composent le *symbole* et l'*allégorie* : *L'allégorie est une figure qui n'est autre chose qu'une métaphore prolongée* (Acad.). *Image* se dit d'ailleurs d'un symbole simple qui présente un rapport très étroit de similitude avec ce qu'il évoque : *L'albatros de Baudelaire est l'image du poète.* **Enveloppe,** au fig., expression détournée qui entoure la pensée, souvent avec élégance, comme d'une sorte de voile et la laisse seulement deviner : *Un sonnet peut servir d'enveloppe à une déclaration d'amour.* **Type,** syn. de *symbole,* de *figure*, en histoire religieuse, se dit spéc. des faits ou des personnages de l'Ancien Testament regardés comme la figure des faits et des personnages du Nouveau.

Symbolique : Qui ne doit pas être pris dans son sens littéral, mais dans son sens caché. *Symbolique*, **Allégorique** :→ Symbole : *Chatterton est un personnage symbolique. Les personnages du* Roman de la Rose *sont allégoriques*. **Figuré** qui, en termes de grammaire, désigne simplement le sens d'un mot détourné de son sens propre, se dit aussi du style qui exprime la pensée indirectement par symboles, allégories, métaphores, images, et fait alors penser au caractère esthétique de ce style : *Nous n'avons point de prédicateur qui ait été aussi figuré dans ses sermons les plus préparés que Jésus-Christ l'a été dans ses prédications populaires* (Fén.). **Spirituel** ne se dit qu'en parlant de l'interprétation des livres révélés, du sens caché derrière le sens littéral, que ce soit simplement une interprétation morale qu'on en tire, ou plus précisément une interprétation allégorique quelconque voulue par l'auteur et retrouvée par les commentateurs, ou une interprétation plus spécialement religieuse qui nous éclaire sur certains mystères de la religion : *Les prophéties ont un sens caché et spirituel* (Pasc.); en ce dernier sens on dit aussi **Mystique** qui qualifie toutes les choses de la religion qui ont un caractère de spiritualité allégorique : *Il y a deux sens parfaits : le littéral et le mystique* (Pasc.). **Anagogique**, en termes de critique biblique, qualifie toute interprétation qui essaie de remonter du sens littéral vulgaire au sens spirituel ou mystique. **Typique**, syn. de *symbolique*, d'*allégorique* dans le langage religieux, se dit aussi bien des écrits, de leur sens, que des choses : *J'appelle miracles typiques ceux qui sont évidemment le type, le symbole de quelque vérité morale* (Volt.).

Symboliser, qui se dit aussi pour les choses, évoquer, par son existence, son aspect, telle ou telle chose abstraite : *Ce costume amphibie symbolisait assez bien ses fonctions à moitié civiles, à moitié militaires* (M. D. G.). **Personnifier** dit plus : c'est offrir dans sa personne l'image d'une vertu ou d'un vice : *Néron personnifie la cruauté* (Acad.). **Incarner** enchérit : c'est personnifier à tel point un vice ou une vertu que l'on paraît être cette vertu même ou ce vice fait homme : *Socrate personnifie la sagesse et Minerve l'incarne.*

Symétrie : → Équilibre.

Symétrique : → Semblable.

Sympathie : ¶ 1 *Sympathie*, rapport d'humeurs qui nous rend une personne agréable, dès le premier abord, sans que nous sachions pourquoi, et nous fait, par la suite, prendre part à tout ce qui lui arrive d'agréable et de fâcheux, sans toutefois aller jusqu'à l'affection (→ Attachement). **Intérêt** dit beaucoup moins et suppose simplement que, pour une raison quelconque, on porte une vive attention à tout ce qui arrive à quelqu'un : *Un professeur éprouve de la sympathie pour tel ou tel de ses collègues et prend intérêt à tout ce qui regarde ses élèves*. **Faveur** comporte une idée de préférence qui se manifeste activement et se dit surtout en parlant d'une femme, d'un personnage puissant ou du public : *Tel artiste a la faveur des auditeurs de la radio*. **Affinité**, sympathie réciproque qui suppose un rapport complexe entre l'humeur, les caractères, les goûts, les opinions de deux personnes; ce qui les pousse à se lier : *Les affinités électives de Gœthe*. ¶ 2 En un sens atténué, *Sympathie*, accord de nos sentiments avec le sentiment d'autrui, pouvoir que nous avons de partager les plaisirs et les peines des autres: **Condoléance**, souvent au pl., ne désigne que l'expression de la part qu'on prend à la douleur d'autrui : *On assure de sa sympathie et l'on exprime ses condoléances*.

Sympathique : → Aimable.

Sympathiser : → (s') Entendre.

Symphonie, composition musicale destinée à être exécutée par un orchestre, et qui est écrite dans la formule de la sonate. **Concerto**, symphonie écrite en vue de faire valoir un des instruments qui l'exécutent.

Symptôme : ¶ 1 En termes de médecine, *Symptôme*, phénomène insolite, dans la constitution matérielle des organes ou dans les fonctions, qui se trouve lié à l'existence d'une maladie et qu'on peut constater chez le malade. **Signe** désigne plutôt la conclusion abstraite que l'esprit tire des symptômes observés et se dit d'ailleurs de tout phénomène physiologique et pas seulement de la maladie : *Les symptômes durent tout le temps de la maladie et ne sont des signes qu'au moment où le médecin les constate et en tire un diagnostic. Un malade donne des signes d'amélioration*. **Syndrome**, terme de médecine, ensemble des symptômes qui suffisent pour révéler une maladie : *Le syndrome de la méningite*. **Prodrome**, terme de médecine, état de malaise qui est le signe avant-coureur d'une maladie. ¶ 2 Au fig. *Symptôme*, indice qui révèle une situation, un état d'esprit actuels, peu visibles et considérés comme fâcheux : *Mauvais symptôme de l'état d'esprit allemand* (M. D. G.). **Signe**, en des sens beaucoup plus variés, en bien ou en mal, ce qui précède, accompagne ou suit un événement ou une chose en permettant de les reconnaître : *Signes de prospérité.* **Prodrome,** fait avant-coureur presque certain d'un événement fâcheux : *Ces mesures sont les prodromes de l'asservissement total* (M. D. G.).

Synallagmatique : → Mutuel.

Synchronisme : → Coïncidence.

Syncope : ¶ 1 → Évanouissement. ¶ 2 → Aphérèse.

Syncrétisme : → Union.

Syndic : → Fondé de pouvoir.

Syndicat : Association de personnes groupées pour défendre un intérêt matériel commun, mais non pour exploiter une affaire en vue d'un bénéfice (≠ Société). Le *Syndicat* défend souvent certains intérêts professionnels : il groupe alors soit, à la différence d'une *corporation* (→ ce mot), des gens qui veulent défendre leur intérêt contre d'autres membres de la même profession, par ex. des salariés contre des patrons, soit tous les membres de la profession pour la défendre contre l'État, d'autres professions, etc., mais dans ce cas, à la différence de la *corporation*, le *syndicat* n'a aucun privilège, tous ses membres sont égaux, on est libre d'en faire partie ou non, il a une capacité juridique et civile et ne s'occupe en général que des intérêts matériels de ses membres sans réglementer la profession : *Syndicats ouvriers; syndicats patronaux; syndicats agricoles. Syndicat* se dit aussi d'ailleurs de tout groupement de gens unis pour défendre un intérêt commun : *Syndicat d'initiative. Syndicat des propriétaires d'un immeuble en copropriété.* **Union,** terme plus vague, association établie pour protéger ou défendre certains intérêts, sans avoir le statut précis d'un *syndicat*; parfois sorte de cartel ou de trust (→ ce mot) : *Union de producteurs.* **Fédération** (→ ce mot), groupement de syndicats. **Mutualité** ou **Mutuelle** (Société mutuelle), sortes de groupements constitués en associations dont chaque membre s'assure et assure les autres membres contre certaines éventualités, chômage, maladie, etc., ou dont les membres s'unissent pour bénéficier de certains avantages dans une activité commune : *Mutuelle de l'Éducation nationale. Mutuelle du tourisme.* **Tontine,** sorte de mutuelle dans laquelle chaque associé jouit viagèrement de l'intérêt de son capital et l'abandonne ensuite aux survivants qui s'en partageront les rentes. — **Compagnonnage,** peu usité, association entre ouvriers d'un même métier pour l'instruction professionnelle ou l'assistance mutuelle.

Syndrome : → Symptôme.

Synode : → Consistoire.

Synonyme : ¶ 1 *Synonyme* ne se dit que de mots qui ont entre eux une analogie générale de sens avec des nuances d'acception particulières à chacun d'eux, ou parfois même qui ont exactement le même sens (dans ce cas on dit plutôt *synonyme parfait*) : *Les esprits médiocres ne trouvent point l'unique expression et usent de synonymes* (L. B.). **Équivalent,** tout mot, toute expression, toute tournure qui peuvent remplacer un mot, une expression, une tournure, et avoir exactement le même sens et aussi souvent le même valeur esthétique : *Substituer la définition au défini, c'est remplacer celui-ci par un équivalent.* ¶ 2 Au fig. → Pareil.

Syntaxe : Rapport des mots entre eux dans la phrase. La *Syntaxe* regarde tous les rapports grammaticaux que les mots peuvent ou doivent avoir ensemble, par ex. les rapports essentiels de concordance et de dépendance; la **Construction** ne consiste que dans l'arrangement des mots à une place donnée. Si *syntaxe* désigne uniquement l'arrangement des mots, c'est d'un point de vue fixe, général, idéal, selon les lois de la grammaire, alors que la *construction* est l'ordre effectif suivi, plus ou moins esthétique et plus ou moins conforme à la syntaxe : *La syntaxe de notre langue ne permet pas de pareilles constructions* (C.). *Boileau observe en général une syntaxe correcte, quoique la construction de ses phrases soit souvent pénible.*

Synthétiser : → Résumer.

Systématique : → Réglé.

Système : ¶ 1 → Principe. ¶ 2 → Méthode.

T

Tabac, plante dont on prépare la feuille de diverses manières pour fumer, priser, chiquer, a eu de nombreux syn., aujourd'hui inusités, du temps où le tabac était considéré comme un remède, par ex. **Nicotiane, Herbe sainte,** etc. **Pétun,** nom brésilien du tabac, est vx, mais se dit parfois par plaisanterie, ainsi qu'**Herbe à Nicot. Perlot** est argotique. **Gris,** fam., tabac ordinaire français vendu emballé dans du papier gris.

Tabac (pot à) : → Nain.

Tabagie : → Cabaret.

Tabatière : → Lucarne.

Tabellion : → Notaire.

Table : ¶ 1 *Table,* surface plane de bois, de pierre, de marbre, etc. posée sur un ou plusieurs pieds et servant à des usages divers, repas, travail, jeu, etc. **Console,** en termes d'ameublement, table ou demi-table portée par des pieds recourbés en spirale ou en volute et destinée à ne supporter que de petits objets. **Guéridon,** table ronde à pied central unique et servant à supporter des objets légers. — **Établi,** table étroite et longue dont la planche de dessus est fort épaisse et sur laquelle les ouvriers de certains métiers posent ou fixent les ouvrages auxquels ils travaillent : *Établi de menuisier;* ou table sur laquelle les tailleurs s'asseyent, les jambes croisées pour travailler. — **Comptoir,** table longue et étroite où un vendeur étale sa marchandise. **Étal,** sorte de table sur laquelle les bouchers débitent la viande. ¶ 2 → Ordinaire. ¶ 3 → Surface. ¶ 4 *Table,* inventaire, à la fin d'un ouvrage imprimé, parfois par ordre alphabétique, avec renvoi aux pages, des matières, des illustrations, ou de certains mots qu'un lecteur pourra ainsi facilement retrouver : *Table analytique. Table des noms propres.* **Index** désigne plutôt les tables qui complètent la table des matières et donnent par ordre alphabétique, avec renvoi à la page du livre, et souvent avec quelques explications, des noms propres, des noms géographiques, des termes rares ou des indications de thèmes, de matières, etc. *Index* s'emploie bien en parlant des tables de ce genre d'un ouvrage ancien et, dans le langage courant, désigne quelque chose qui est surtout didactique ou pratique, alors que la *table,* plus exhaustive, ne donne souvent aucune explication : *Index historique, géographique, grammatical.* **Répertoire,** table ou recueil classant des matières contenues non dans un livre, mais dans des écrits, papiers, registres, etc. ¶ 5 → Tableau. ¶ 6 → Sommet.

Table (se mettre à) : → (s') Attabler.

Tableau : ¶ 1 → Peinture. *Tableau,* ouvrage de peinture exécuté sur un panneau de bois, sur une plaque de cuivre, sur du papier, sur une toile tendue sur un châssis, etc. **Tableautin,** petit tableau. **Médaillon,** en termes de peinture, tableau rond ou ovale. **Marine, Paysage, Portrait, Nature morte,** etc. désignent des tableaux distingués par leur sujet. **Toile,** tableau peint sur toile. **Pochade,** tableau achevé, à la différence de l'*esquisse* et de l'*ébauche* (→ ce mot), mais tracé en quelques coups de pinceau et qui vaut surtout par sa verve, la justesse de ses tons et sa touche spirituelle : *Une pochade de Goya.* — **Aquarelle** (→ Miniature), peinture à l'eau sur papier, avec des couleurs transparentes, ayant le moins d'épaisseur possible. — Le **Pastel,** à la différence du tableau, n'est pas peint, mais crayonné avec le crayon de couleur spécial appelé pastel. — **Croûte** et **Navet,** plus rare, fam. et péj., mauvais tableau. ¶ 2 → Spectacle et Scène. ¶ 3 → Image. ¶ 4 → Liste. ¶ 5 Feuille ou carte sur laquelle des matières didactiques, historiques et autres sont rédigées méthodiquement pour être vues d'un seul coup d'œil. Le *Tableau* est fait, en général, dans une circonstance particulière et a pour but de présenter clairement les choses : *Tableau synoptique. Tableau statistique. Tableau chronologique.* La **Table** est plutôt destinée à conserver des résultats ou à résumer un ensemble permanent; de plus on peut la tenir à jour : *Table généalogique. Tables météorologiques. Tables de mortalité.*

Tabler sur : → Espérer.

Tabou : → Sacré.

Tabouret : → Siège.

Tache : ¶ 1 *Tache,* marque qui salit. **Macule,** vx et rare, se dit surtout d'une tache qui barbouille une feuille d'imprimerie. **Bavure,** en termes d'art, petite trace que les joints d'une pièce de moule laissent sur l'objet moulé, par ext. macule dans une épreuve d'imprimerie, dans une impression, dans une empreinte, due à l'encre qui déborde les contours. **Pâté,** tache ronde due à une goutte d'encre tombée sur le papier. ¶ **2** → Imperfection. Au fig. *Tache,* chose qui dépare un ensemble moral ou esthétique. **Souillure** enchérit et suppose une impureté qui corrompt une chose morale : *Chaque instant de ma vie est chargé de souillures* (Mol.). **Macule,** syn. vx de *tache,* était surtout du vocabulaire religieux.

Tâche : → Travail.

Tâche (prendre à) : → Entreprendre.

Tache d'huile (faire) : → (se) Répandre.

Taché : → Marqueté.

Tacher : → Salir.

Tâcher : ¶ **1** → Essayer. ¶ **2** *Tâcher à :* → Viser.

Tâcheron : → Travailleur.

Tacheté : → Marqueté.

Tacite : → Sous-entendu.

Taciturne : → Silencieux.

Tact : ¶ **1** Celui des cinq sens par lequel on connaît ce qui est chaud ou froid. *Tact,* faculté de recevoir passivement des impressions agréables ou désagréables, ou, s'il s'agit de connaître, capacité, propriété de recevoir les impressions des choses : *Le plaisir du tact* (Volt.). **Toucher,** exercice actif du tact dont nous nous servons à notre gré pour découvrir les qualités des choses : *Les aveugles ont le tact plus fin que nous* (J.-J. R.). *On prétend qu'il y a eu des aveugles-nés qui distinguaient au toucher le noir du blanc et de quelques autres couleurs* (Volt.). **Attouchement,** application spéciale du tact ou du toucher, action de toucher, principalement avec la main et d'une manière assez délicate; se dit aussi des objets inanimés : *Tout ce que je touchais sur moi semblait rendre à ma main sentiment pour sentiment, et chaque attouchement produisait dans mon âme une double idée* (Buf.). **Contact,** action ou état de deux corps qui se touchent. ¶ **2** → Raison. ¶ **3** → Savoir-vivre.

Tactique : ¶ **1** → Stratégie. ¶ **2** → Politique.

Taillade : → Coupure.

Taillader : → Couper.

Taillant : → Tranchant.

Taille : ¶ **1** → Tranchant. ¶ **2** → Stature. ¶ **3** *Taille,* conformation du corps humain des épaules jusqu'aux hanches, se dit, en un sens plus restreint, de la partie entre la poitrine et les hanches et l'envisage alors quant à son épaisseur :

La taille fort fine (Mol.). **Ceinture** désigne la même partie considérée comme une limite : *Nu jusqu'à la ceinture.*

Taillé (bien) : Qui a belle apparence en parlant du corps. *Bien taillé* a rapport aux proportions; on dit aussi **Bien proportionné. Bien fait,** plus général, implique une conformation parfaite. **Bien bâti** a rapport à la stature, à la carrure, à la solidité du corps; **Bien charpenté,** à la solidité de l'ossature. **Bien découplé** implique souplesse et mouvements aisés.

Tailler : ¶ **1** → Couper. *Tailler,* retrancher en coupant une certaine partie d'une chose de façon à lui donner une forme : *Tailler une pierre; un arbre; un diamant. Tailler les cheveux.* **Dégrossir,** terme d'arts, débarrasser une matière de ce qu'elle a de plus gros pour la préparer à recevoir la forme que l'artiste va lui donner. **Échancrer,** tailler en forme de croissant, de portion de cercle, en parlant des étoffes, de la toile, du cuir, du bois, etc. **Évider,** syn. d'*échancrer* en termes de couture; en termes de sculpture, tailler à jour, et, en général, enlever une partie de la matière d'un objet en y creusant des cannelures, des tubulures. **Chantourner,** terme d'arts, couper en dehors ou évider en dedans une pièce de bois, de métal, de marbre, etc., suivant un profil donné. **Équarrir,** tailler à angles droits. **Charpenter,** et **Charpir,** tailler, équarrir du bois. **Ciseler,** tailler, travailler avec le ciseau des ouvrages d'or, de bronze, d'argent. **Cliver,** tailler une pierre, un diamant, dans le sens naturel des couches. — **Rafraîchir,** tailler ou rogner les extrémités d'une chose : *Rafraîchir les cheveux.* ¶ **2** → Élaguer.

Tailler en pièces : → Vaincre.

Tailleur pour dames, celui qui taille et coud des vêtements pour les femmes. **Couturier** implique un art plus raffiné et le plus souvent l'invention de modèles.

Taillis : → Buisson.

Taire : ¶ **1** → Dissimuler. *Taire,* ne pas dire, pour n'importe quelle raison : *Taire la vérité* (Pég.); *un ressentiment* (M. D. G.). **Se taire sur** suppose de la part du sujet soin, précaution, discrétion, force de volonté, ou bien des considérations qui lui sont propres : *La princesse des Ursins se taisait sur le traitement qu'elle recevait et le supportait avec un courage mâle et réfléchi* (S.-S.). **Celer,** garder secret avec soin, avec l'intention arrêtée, parfois blâmable, de ne pas avouer : [Il] *cèle d'abord ses complices; cependant il avoue tout à la fin* (Volt.). **Receler** enchérit et se dit surtout d'un sentiment inavouable : *Le pécheur recèle profondément ses desseins*

(Bos.). **Cacher,** prendre activement toutes les précautions nécessaires pour qu'une chose demeure secrète : *Je crois qu'il est très malheureux et que c'est pour cacher cela qu'il se moque* (Gi.). — **Passer sous silence,** ne point parler d'une chose, lorsqu'on parle d'autres choses. **Supprimer,** passer sous silence une partie d'une chose dont on dit le reste : *Supprimer des détails.* ¶ 2 (Réf.) *Se taire* et **Garder le silence,** s'abstenir de parler, *garder le silence* faisant plutôt penser à l'acte physique, *se taire,* au fait qu'on ne veut pas révéler quelque chose. **Ne dire** ou **ne souffler mot,** c'est souvent se taire faute de savoir ou de pouvoir dire quelque chose. **Ne pas piper,** pop., ne dire mot, ne pas savoir répondre.

Talent : → Disposition. Disposition à réussir dans un art. *Talent,* habileté naturelle ou acquise, regarde l'exécution; **Génie,** faculté toujours naturelle et supérieure de concevoir, d'imaginer, de créer, regarde l'invention, implique l'inspiration et enchérit sur *talent : C'est un homme de beaucoup de talent qui a eu la malchance d'être pris pour un homme de génie* (J. Rom.). De plus *génie* peut ne désigner que la faculté en puissance et ne s'emploie qu'au sing.; *talent* implique plutôt une exécution effective, actuellement appliquée, et s'emploie souvent au pl., car, pour se produire, les conceptions des arts ont besoin de divers moyens, de diverses sortes de talents : *Un bon poète doit avoir le génie de la poésie, et ensuite réunir le talent de la versification, le talent du style, et le talent d'observer la nature* (L.). **Esprit** se dit de toutes les facultés, raison, goût, jugement, imagination, etc., considérées comme actives, cultivées, capables de concevoir vivement et aussi parfois d'inventer en coordonnant et en rapprochant les idées, mais désigne une capacité très inférieure au *génie* et moins brillante que le *talent : Les sots veulent poser pour gens d'esprit, les gens d'esprit veulent être gens de talent; les gens de talent veulent être traités en gens de génie* (Balz.).

Taler : → Meurtrir.

Talisman : → Amulette.

Taloche : → Gifle.

Talonner : ¶ 1 → Suivre. ¶ 2 → Poursuivre. ¶ 3 → Tourmenter.

Talus, pente, inclinaison que l'on donne à la surface verticale d'une construction, d'un terrain : *Le talus des fortifications* (Zola). **Glacis,** talus en pente douce et unie, et spéc., en termes de fortification, pente douce qui part de la crête du chemin couvert et se perd dans la campagne. — *Talus* désigne aussi le terrain en pente

qui forme le côté d'une terrasse, le bord d'un fossé, et résulte d'un déblai ou d'un remblai; ce n'est un syn. de **Remblai,** masse de matière rapportée pour élever un terrain, que pour désigner la pente douce du remblai.

Tambouille : → Cuisine.

Tambour, caisse de forme cylindrique dont les deux fonds sont formés de peaux tendues sur l'une desquelles on frappe avec des baguettes pour en tirer des sons, fait penser au son de l'instrument; **Caisse,** à l'objet indépendamment du son qu'on en tire. **Tarole** ou **Caisse claire,** tambour peu élevé dont le son est clair, mais sans porter au loin. **Timbale,** bassin semi-sphérique en cuivre recouvert d'une peau tendue sur laquelle on frappe avec deux baguettes, qui servait autrefois dans la cavalerie, comme le tambour dans l'infanterie, et qui ne figure plus que dans les orchestres. **Tambourin,** sorte de tambour plus long et moins large que le tambour ordinaire sur lequel on bat avec une seule baguette. — **Tam-tam,** sorte de tambour primitif de nègres de l'Afrique centrale.

Tambouriner : ¶ 1 *Tambouriner,* jouer du tambourin, se dit rarement en parlant du tambour, sauf péj. ou en parlant des enfants qui tirent un son des tambours qui leur servent de jouet. On dit ordinairement **Battre du tambour** ou simplement **Battre.** ¶ 2 → Battre. ¶ 3 → Frapper. ¶ 4 → Répandre.

Tamis, Crible, Sas, Blutoir, Van : → Tamiser.

Tamisé : → Voilé.

Tamiser : ¶ 1 *Tamiser,* passer des matières pulvérisées ou des liqueurs épaisses qu'on veut épurer par le *tamis,* sorte de petit cylindre peu élevé dont le fond est en crin, en fils de soie, en tôle perforée, et qu'on manœuvre à la main : *Tamiser de la farine.* **Cribler,** passer diverses matières qu'on veut trier comme grains, pailles, minerais à travers le *crible,* sorte de plaque ou de cylindre percé de trous plus larges que le tamis ou formé par un treillis métallique et qu'on actionne à la main ou mécaniquement : *Cribler du blé; du sable.* **Sasser,** passer de la farine, des liquides, etc. au *sas,* sorte de tamis très fin de crin, de soie : *Sasser du plâtre.* **Bluter,** passer de la farine par un *sas, tamis* ou *blutoir,* sorte de grand tamis à étamine. **Passer,** syn. vague de tous ces mots. **Vanner,** secouer le grain, pour le nettoyer, sur le *van,* sorte de grand panier manœuvré à la main. ¶ 2 Au fig. *Tamiser,* épurer avec soin : *Le XVIIIᵉ siècle filtra et tamisa la langue une troisième fois*

(V. H.); ou examiner en détail avec une intention de critique : *Tamiser les paroles, scruter les démarches* (Balz.). **Cribler,** rare, et **Passerau crible,** en parlant des opinions, les examiner de près, les trier, en éliminer ce qu'elles ont de faux ou de mauvais. **Sasser,** examiner méticuleusement, est rare.

Tamponner : → Heurter.

Tam-tam : ¶ 1 → Tambour. ¶ 2 → Tapage. ¶ 3 → Publicité.

Tancer : → Réprimander.

Tandem : → Vélocipède.

Tandis que : ¶ 1 → Pendant que. ¶ 2 → (au) Lieu que.

Tangible : → Réel et Sensible.

Tanguer : → Balancer.

Tanière : → Caverne et Gîte.

Tank : → Blindé.

Tantième : → Pourcentage.

Tantinet (un) : → (un) Peu.

Tantôt : ¶ 1 → Bientôt. ¶ 2 → Après-midi.

Tant pour cent : → Rabais.

Tapage : → Fracas. Grand bruit discordant, moins fort toutefois que le *vacarme* (→ ce mot). Avec l'idée de désordre, *Tapage,* grand bruit produit par des personnes qui crient, se battent, causent du dégât : *Tapage de soupeurs* (Zola). **Tintamarre,** grand bruit discordant causé en général par des choses, ou qui se fait dans l'agitation, le trouble : *Tintamarre continu des porcelaines brisées* (Flaub.). **Tohu-bohu,** tumulte, conflit bruyant de cris et de paroles, accompagné de confusion : *Tohu-bohu des réunions publiques* (J. Rom.). — Sans idée de désordre, **Carillon,** fam., crierie incessante, comme un son de cloches, d'un animal, d'un enfant, d'une femme qui gronde; **Charivari,** bruit discordant d'ustensiles de cuisine accompagné de huées qu'on faisait sous les fenêtres d'une veuve qui se remariait; par ext. bruit discordant d'instruments de musique, ou avanie faite à quelqu'un : *J'irai, chez ses maîtresses, faire un charivari* (Les.). **Sérénade,** par antiphrase, en plaisantant, *charivari.* **Hourvari,** cri des chasseurs pour rappeler les chiens tombés en défaut, par ext. bruit discordant de cris. **Sabbat,** cris des sorciers adorant le diable, par ext. bruit de chats réunis qui miaulent ensemble, ou bruit qui, par son étrangeté ou sa violence, a quelque chose de diabolique : *Quel diable de sabbat* (J.-J. R.). **Raffut,** *tapage;* **Tam-tam,** *tapage* ou *charivari,* sont pop.. **Pétard,** pop., bruit qui fait scandale ou qu'on fait pour attirer l'attention, causer un scandale. **Bousin,** pop., tapage tel qu'on en fait dans un cabaret borgne. **Potin,** pop., bruit de commères qui jacassent ou tapage de quelqu'un qui cause un scandale. **Baroufle,** terme marseillais, **Foin** (*faire du foin*), syn. argotiques de *tapage;* **Ramdam,** *tapage,* dans l'argot militaire.

Tapageur : → Voyant.

Tape : ¶ 1 → Coup. ¶ 2 → Gifle.

Taper : ¶ 1 → Frapper. ¶ 2 → Battre. ¶ 3 → Écrire. ¶ 4 → Friser.

Tapinois (en) : → Secrètement.

Tapir (se) : → (se) Blottir.

Tapis : Tissu de laine, de soie, etc. qui sert à couvrir l'intérieur des appartements. *Tapis* désigne la chose en elle-même et ne s'applique qu'aux étoffes de ce genre mises sur le parquet ou sur certains meubles ou objets. **Tapisserie** fait penser à l'art et au travail de l'ouvrier, à la valeur décorative du tapis, et ne se dit que de grands ouvrages de laine ou de soie faits au métier qui servent à revêtir et à orner les murailles d'une pièce, et par ext. de toute sorte d'étoffe, de tissu, de cuir, de papier employés au même usage (en ce sens *tapisserie* fait penser à la matière) : *Tapisserie des Gobelins; de Beauvais. Tapisserie de cuir doré* (Acad.). **Tenture** n'a rapport qu'à l'usage de tout ce qui se trouve actuellement employé à couvrir les murs et à les orner, désigne collectivement un certain nombre de « pièces de tapisserie, ordinairement de même dessin, de même facture et servant à la décoration d'une chambre » (Acad.); et, par ext. l'étoffe, le cuir, le papier peint, etc., qui tapissent une chambre (en ce sens *tenture* fait penser à l'effet de l'ensemble) : *On distingue les tapisseries par pièces. Plusieurs pièces qui tapissent un appartement s'appellent une tenture* (Volt.). *Une tenture de deuil* (Acad.). — **Moquette,** étoffe de laine et à trame de fil dont on fait les tapis. **Carpette,** tapis mobile qui ne recouvre qu'une partie du parquet d'une pièce.

Tapisser : → Recouvrir.

Tapoter : → Frapper.

Taquiner : → Tourmenter. *Taquiner,* contrarier, chicaner pour des vétilles, de façon à impatienter légèrement, par malin plaisir; ou, simplement, chercher à troubler dans sa tranquillité : *Taquiner quelqu'un sur ses petits travers. Taquiner un chien.* **Agacer,** taquiner jusqu'à l'irritation, à l'énervement : *Agacer un enfant; un chien.* **Exciter,** mettre en colère un animal. **Lutiner,** fam., agacer, taquiner une personne comme un lutin, d'une façon vive et espiègle : *Son fils le lutinait* (Font.). — En un sens spéc. *lutiner* se dit des taquineries galantes adressées à une femme, alors qu'*agacer* s'emploie en parlant d'une femme qui cherche à plaire, à provoquer. — **Picoter,** fig. et fam., attaquer souvent par des traits malins, suppose le désir de fâcher, d'irriter une personne et enchérit sur *taquiner* et *agacer*. **Mécaniser,** traiter d'une manière blessante, est pop. **Asticoter,** fam., agacer en tracassant sur des bagatelles.

Tarabiscoté : → Précieux.

Tarabuster : ¶ 1 → Tourmenter. ¶ 2 → Maltraiter.

Tarauder : ¶ 1 → Percer. ¶ 2 → Tourmenter. ¶ 3 → Battre.

Tarder : → Retarder.

Tardif : → Lent.

Tare : → Imperfection.

Tarer : → Gâter.

Targuer (se) : → (se) Flatter.

Tarifer, indiquer sur un tableau le prix des choses, des droits à payer, etc. **Taxer,** tarifer officiellement, par autorité, à un prix qui ne doit pas être dépassé.

Tarir : → Épuiser et Sécher.

Tartine : ¶ 1 *Tartine,* tranche de pain sur laquelle on a étendu un aliment. **Beurrée,** tartine recouverte de beurre. **Rôtie,** tranche de pain qu'on fait rôtir sur le gril ou devant le feu et qui est mangée seule ou recouverte comme une tartine. **Biscotte,** tranche de pain séchée au four (et en général vendue telle) qui sert au même usage que la rôtie. **Toast** (mot anglais), tranche de pain rôtie et beurrée qui se sert avec le thé. ¶ 2 Au fig. → Discours et Développement.

Tartufe : → Hypocrite.

Tartuferie : → Hypocrisie.

Tas : ¶ 1 → Amas. ¶ 2 → Multitude.

Tasser : → Presser.

Tâter : ¶ 1 → Toucher. ¶ 2 → Savourer. ¶ 3 → Sonder. ¶ 4 → Expérimenter. ¶ 5 (Réf.) → Hésiter.

Tatillon : → Minutieux.

Tatillonner : → Hésiter.

Tâtonner : ¶ 1 → Toucher. ¶ 2 → Essayer. ¶ 3 → Hésiter.

Tâtons (à) : → Aveuglément.

Taudis, logement en mauvais état, insalubre ou malpropre ou en désordre. **Masure,** autrefois, ce qui reste d'un bâtiment tombé en ruine; de nos jours, habitation qui menace ruine : *Une sombre masure apparaît décrépite* (V. H.). **Galetas,** logement misérable, sordide : *Vilains galetas* (Volt.). **Bouge** ajoute à *taudis* l'idée d'étroitesse. **Bauge,** fam. et péj., taudis sale comme une loge de cochon. **Cambuse,** pop., maison mal tenue ou malpropre.

Tautologie : → Pléonasme.

Taux : → Taxe.

Tavelé : → Marqueté.

Taverne : ¶ 1 → Cabaret. ¶ 2 → Café. ¶ 3 → Restaurant.

Taxe : ¶ 1 → Prix. Prix déterminé de certaines choses. *Taxe* fait penser à l'action de l'autorité, du règlement qui déterminent officiellement une valeur, le prix des denrées, des frais de justice, du port des lettres, etc. **Taux** désigne la valeur même, déterminée par la taxe ou naturellement; et ne se dit guère que du prix de certaines denrées, des frais de justice, des fonds publics, des valeurs de bourse, et, seul, de l'intérêt de l'argent : *Payer des denrées à la taxe, au prix fixé par l'autorité; les payer au taux du jour, des halles.* **Tarif,** tableau des prix ou des taxes. **Barème,** table et répertoire des tarifs de transport. **Cote,** tableau indicateur du taux des effets publics, du change. ¶ 2 → Impôt.

Taxer : ¶ 1 → Tarifer. ¶ 2 → Estimer.

Taxer de : → Reprocher.

Technicien : → Spécialiste.

Technique : ¶ 1 → Méthode. ¶ 2 → Art.

Tégument : → Peau.

Teint : → Couleur.

Teinte : ¶ 1 → Couleur. ¶ 2 → Apparence. Apparence d'une qualité qu'on ne possède que superficiellement. La *Teinte* se considère absolument dans le sujet et suppose l'apparence légère d'une qualité; **Teinture** indique un résultat; c'est soit la connaissance superficielle qu'on a acquise d'une chose, soit une impression conservée d'une première éducation, soit une influence reçue : *Nous aurons tous besoin d'une teinte légère de stoïcisme* (Did.). *L'esprit prend, malgré qu'il en ait, la teinture des choses auxquelles il s'applique* (Volt.).

Teinture : ¶ 1 → Teinte. ¶ 2 → Notion.

Teinturier, celui qui se charge de teindre les étoffes, désigne aussi, de nos jours, celui qui dégraisse les habits et qu'on appelait autrefois **Dégraisseur.**

Tel : → Semblable.

Télégramme : → Dépêche.

Télégraphier, envoyer un télégramme (→ Dépêche). **Câbler,** envoyer une dépêche transmise par câble télégraphique sous-marin, et, par ext., par téléphone.

Télégraphique : → Court.

Télescope : → Lunette.

Télescoper : → Heurter.

Témérité : → Hardiesse

Témoignage : ¶ 1 → Relation. *Témoignage*, rapport d'une ou de plusieurs personnes sur des faits auxquels elles ont assisté, considéré relativement à la vérité de ce qu'on rapporte : *Faux témoignages* (Mtq.). **Déposition,** terme de jurisprudence, action de témoigner devant un juge, ou ce que l'on affirme dans sa déposition. **¶ 2** → Démonstration. **¶ 3** *Témoignage*, manifestation extérieure, le plus souvent volontaire, en paroles ou en actions, destinée à faire croire à l'existence d'une chose qu'il est nécessaire de manifester nettement et spéc. d'un sentiment honorable ou favorable : *Tant de témoignages invincibles qu'ils ont donnés de leur foi* (Pasc.). **Signe** dit beaucoup moins et suppose qu'on peut tirer du comportement souvent involontaire d'une personne un simple indice, favorable ou défavorable, de ce qu'elle pense ou éprouve : *Donner des signes de lassitude, de mécontentement*. **Marque** suppose quelque chose de plus certain que *signe*, mais à la différence de *témoignage*, se dit en bien comme en mal, désigne surtout des actions, et fait penser plutôt à ce que l'on fait ou montre qu'au désir de montrer à quelqu'un ce qu'on éprouve : *Un témoignage est sincère, une marque est certaine; on donne des marques d'un caractère heureux* (Fén.); *de découragement; de lâcheté*. **Preuve,** ce qui peut être considéré objectivement par celui qui juge les actions d'autrui comme la marque certaine d'un sentiment, d'une capacité dont il pouvait jusque-là douter, est le terme le plus fort : *Donner des preuves de sa capacité; de son courage; de son amitié*. — **Témoin,** syn. de *témoignage*, ne se dit que d'une chose concrète, un monument, qui sert à faire connaître quelque chose : *Colonnes en beau style indien, témoins de notre passé* (Loti). **Document,** titre, pièce écrite qui sert de preuve.

Témoigner, trans., manifester, montrer (→ ce mot) ce qu'on a dans la pensée ou ce qu'on sent : *Témoigner sa joie* (Zola); *sa prédilection* (Gi.). **Témoigner de,** servir de témoin et, au fig., servir de preuve, attester (→ Affirmer) : *Ces lois qui témoignent des idées que les hommes se faisaient de la famille* (F. d. C.).

Témoin : ¶ 1 *Témoin,* personne dont on se fait assister pour certains actes. **Recors,** celui qui accompagne un huissier pour lui servir de témoin et pour lui prêter main-forte au besoin. **¶ 2** *Témoin,* celui qui accompagne un homme qui doit se battre en duel. **Second,** autrefois, témoin d'un duelliste qui se battait contre le témoin de son adversaire. **Parrain,** vx, celui qui accompagnait un chevalier dans un combat singulier pour prévenir toute surprise et lui servir de témoin.

¶ 3 → Spectateur. **¶ 4** → Témoignage et Souvenir.

Tempérament : ¶ 1 (au physique) → Nature. **¶ 2** (au moral) → Naturel. **¶ 3** → Moyen.

Tempérament (vente à) : Dans la *Vente à tempérament,* le vendeur laisse à l'acheteur la faculté de se libérer par petites sommes échelonnées à des échéances plus ou moins éloignées les unes des autres. **Vente à terme** indique seulement que l'acheteur paiera au bout d'un délai déterminé; **Vente à crédit,** que l'on n'exige pas sur l'heure le paiement.

Tempérance : ¶ 1 → Retenue. *Tempérance,* vertu morale qui modère les passions et les désirs, spéc. sensuels, désigne en particulier la vertu qui nous fait éviter tout excès dans la qualité comme dans la quantité de la boisson et de la nourriture pour fuir toute sensualité, toute gourmandise. **Sobriété,** qualité qui consiste à boire et à manger peu, sans exclure forcément la qualité, pour des raisons très variées, mais le plus souvent personnelles : *La sobriété est l'amour de la santé ou l'impuissance de manger beaucoup* (L. R.). **Frugalité,** qualité qui consiste à user de mets simples et communs, sans exclure forcément la quantité, caractérise aussi les objets dont use le sujet, et, appliqué au sujet, peut désigner aussi bien la qualité d'un individu que de tout un groupe : *Les disciples d'Épicure imitaient la frugalité et les autres vertus de leur maître; ils ne vivaient que de légumes et de laitages et ne buvaient jamais que de l'eau* (Fén.). *Frugalité de la table* (Boil.); *des Romains* (Mtq.). **¶ 2** Quand il s'agit spéc. des plaisirs de l'amour, *Tempérance* évoque une idée de modération, **Chasteté** suppose qu'on s'abstient des plaisirs illicites dans son état, et, lorsque certains plaisirs sont permis (par ex. dans le mariage), n'implique pas l'idée de tempérance.

Température : → Climat et Temps.

Tempéré : ¶ 1 → Modéré. **¶ 2** → Simple.

Tempérer : → Modérer.

Tempête : → Bourrasque. *Tempête,* sur mer, tourmente furieuse, parfois accompagnée d'orage, qui soulève les flots. **Raz de marée,** soulèvement subit de la mer, qui porte les vagues sur la terre à une hauteur de plusieurs mètres.

Tempêter : → Invectiver.

Temple : → Église.

Temporaire : → Passager.

Temporel : → Terrestre et Passager.

Temporiser : → Retarder.

Temps : ¶ 1 *Temps* se dit seul pour désigner la succession des jours, des heures, des moments, considérée par rapport aux différentes occupations des personnes et n'est syn. de **Durée** que pour désigner soit la succession ininterrompue des moments considérée absolument, soit l'espace écoulé entre le commencement et la fin d'une chose ou d'un être : *Notre durée est tout ce qui nous a été accordé d'existence; notre temps en est ce que nous employons ou pouvons employer à agir* (L.). La *durée*, considérée absolument, est indéfinie, illimitée, sans bornes, le *temps* est une portion de durée mesurée par certaines périodes et principalement par la révolution apparente du soleil : *Le temps est une partie ou la mesure de la durée* (VOLT.); aussi ne dit-on *durée* qu'au sing. alors que *temps* peut se dire, au pl. : nous sentons, comme l'a expliqué Bergson, la *durée* comme une donnée immédiate de la conscience, c'est-à-dire que nous avons l'impression qu'une chose continue à être sans interruption et cela nous paraît plus ou moins long, mais le *temps*, mathématique et abstrait, qui mesure cette durée est en dehors de nous et ne coïncide pas forcément avec notre impression; aussi le *temps* semble-t-il nous échapper, et le représente-t-on s'écoulant sans que nous y puissions rien. Lorsque la *durée* est considérée par rapport à une chose qui commence, dure et finit, elle est toujours absolue et marque un tout dont *temps* peut désigner les parties mesurées : *La durée totale de la vie peut se mesurer en quelque sorte par celle du temps de l'accroissement* (BUF.); ou bien *durée* désigne une succession de moments en soi, indépendamment de toute mesure, de toute estimation qui constitue le *temps* : *Ce sommeil fut profond, dit le premier homme, mais je ne sais s'il fut de longue durée, n'ayant point encore l'idée du temps et ne pouvant le mesurer* (BUF.). **Espace** et **Étendue** se disent parfois au fig., le premier de la portion de durée qu'occupe un événement ou qui sépare deux événements : *L'espace d'un matin* (MALH.); le second, du temps qui mesure une certaine durée : *La vie de l'homme est d'une étendue bien bornée dans l'étendue des siècles* (LIT.). ¶ 2 → Délai. ¶ 3 → Occasion. ¶ 4 → Époque. ¶ 5 *Temps* désigne en général la disposition de l'air, l'état de l'atmosphère et accessoirement seulement l'influence de cet état sur nos organes pour provoquer le chaud ou le froid. **Température** ne désigne que le degré de chaleur de l'atmosphère mesuré par le thermomètre; de plus le *temps*, très variable, n'a pas de durée déterminée; la *température* est, par rapport au lieu dont il est question, quelque chose de réglé, qui règne pendant une saison : aussi, si

l'on dit un *temps froid* ou une *température froide*, dit-on seulement : *la température de tel ou tel pays est douce.*

Temps (avec le), tôt ou tard, le temps aidant, annonce plutôt un événement heureux et suppose un intervalle de moindre durée qu'**A la longue,** avec beaucoup de temps, à la fin, qui annonce quelque chose de bon ou de fâcheux : *Mille événements peuvent avec le temps offrir des ressources inespérées* (J.-J. R.). *Tout fatigue à la longue, et surtout les grands plaisirs* (J.-J. R.).

Temps (de notre) : → Présentement.

Temps en temps (de) : → Quelquefois.

Temps (de tout) : → Toujours.

Temps (en même) : → Ensemble.

Temps (la plupart du) : → Souvent.

Tenace : ¶ 1 → Résistant. ¶ 2 → Têtu.

Ténacité, Opiniâtreté, Obstination, Acharnement, Entêtement : → Têtu. **Pertinacité,** ténacité extrême, est peu usité.

Tenaille, instrument de fer composé de deux branches semblables à des mâchoires qui s'ouvrent et se resserrent et servant surtout à arracher, couper, fixer. **Pince** désigne, en termes d'arts, diverses tenailles grandes ou petites, à la mâchoire moins large, qui servent quelquefois seulement à fixer ou à saisir. **Pincette,** petite pince qui sert à saisir.

Tenailler : → Tourmenter.

Tenancier : ¶ 1 → Fermier. ¶ 2 Celui qui gère certains établissements. *Tenancier* a souvent une nuance péj. que n'a pas **Patron,** plus fam. : *Le tenancier d'une maison de jeu. Le patron d'un bar.*

Tenant : → Défenseur.

Tendance : ¶ 1 *Tendance*, action, force par laquelle un corps tend à se mouvoir d'un côté : *Il y a une tendance mutuelle de tous les corps les uns vers les autres* (VOLT.). **Propension,** terme de science, tendance naturelle d'un corps vers un autre, ou vers un point quelconque : *Tous les corps pesants ont une propension naturelle à descendre* (LIT.). ¶ 2 → Inclination.

Tendancieux : → Partial.

Tendon, en termes d'anatomie, partie fibreuse qui forme l'extrémité des muscles et qui sert à les attacher aux os ou à d'autres parties : *Le tendon d'Achille.* **Ligament,** partie blanche et fibreuse qui sert à attacher des os ou des viscères et quelquefois à les soutenir : *Les ligaments de l'articulation du genou; du foie.* **Nerf** se dit improprement, dans le langage vulgaire, comme syn. de ces mots : *Un nerf foulé.*

Tendre : Adj. ¶ **1** → Sensible. ¶ **2** → Affectueux. ¶ **3** N. → Tendresse.

Tendre (V.) : ¶ **1** → Raidir. ¶ **2** → Tirer. ¶ **3** → Présenter. ¶ **4** → Aller. ¶ **5** → Viser à.

Tendrement : → Chèrement.

Tendresse : ¶ **1** → Sensibilité. ¶ **2** → Attachement. *Tendresse*, état de celui qui se laisse aller à l'affection, à l'amitié, à l'amour, et le manifeste par des paroles douces, des caresses. **Tendre**, fam., inclination pour une personne, penchant qui nous porte vers elle : [Ophélie] *qui avait du tendre pour Hamlet* (Volt.). ¶ **3** Au pl. *Tendresses*, qui ne se dit que des personnes, fait penser aux sentiments d'affection que l'on témoigne en paroles ou en gestes; **Caresses**, en parlant des personnes et des animaux, fait penser à la manifestation même du sentiment, par gestes ou parfois en paroles, et à l'effet produit sur celui qui en est l'objet : *Philinte accable de caresses* (Mol.) *un homme qu'il ne connaît même pas; et Mithridate cache sous les tendresses* (Rac.) *la haine qu'il éprouve.* **Câlinerie**, en parlant des personnes, caresse faite avec un abandon voluptueux, ou avec une gentillesse enfantine, pour témoigner l'amour, la confiance ou obtenir quelque chose : *Elle présenta le front avec une moue de câlinerie enfantine* (Zola). **Cajolerie**, caresse ou parole flatteuse pour amadouer, pour séduire. **Chatterie**, fam., petite câlinerie ou cajolerie, douce et insinuante : *Elle essayait d'adoucir ces deux féroces natures par des chatteries* (Balz.).

Tendron : ¶ **1** → Pousse. ¶ **2** → Fille.

Tendu : → Pénible.

Ténèbres : → Obscurité.

Ténébreux : ¶ **1** → Obscur. ¶ **2** → Triste.

Teneur : ¶ **1** → Texte. ¶ **2** → Composition.

Tenir : ¶ **1** *Tenir* marque le simple fait qu'on ne laisse aller ce qu'on a entre ses mains : *Il vaut mieux tenir que courir. Tenir les assassins.* **Détenir**, garder d'une façon durable ce que l'on possède illégalement ou non. **Retenir**, faire effort pour garder ou détenir (→ Garder). — Mêmes nuances quand il s'agit de mettre une personne ou une chose en quelque lieu pour les y garder : *tenir* fait penser au lieu ou à la manière dont on garde : *Tenir en prison. Tenir ses papiers sous clef*; *détenir*, qui se dit des personnes seulement, à la durée de l'action : *Détenir un prisonnier*; *retenir*, à son extension au-delà de certaines limites permises ou normales : *Retenir un visiteur; des élèves punis.* ¶ **2** En termes militaires, en parlant d'une ville, d'un lieu, *Tenir*, être le maître, faire régner sa loi, par force ou par autorité : *Tenir la Sicile et la Sardaigne* (Mtq.); **Occuper**, c'est simplement être là, avec des troupes, pendant plus ou moins longtemps, et souvent après avoir chassé celui qui était le maître auparavant. ¶ **3** S'étendre sur un certain espace. *Tenir* marque plutôt la possibilité de s'étendre considérée idéalement : *Tenir beaucoup de place*; **Occuper**, le fait qu'on est réellement à une place et qu'elle n'est plus disponible pour autre chose : *Une longue bibliothèque occupait presque tout le mur du fond* (J. Rom.). ¶ **4** En parlant d'une place, d'un emploi, du temps que prend une chose, *Tenir* est plus abstrait et moins précis qu'**Occuper** : *On tient un emploi en se chargeant des fonctions qu'il comporte; on occupe une place dont on est le titulaire au lieu d'un autre. Une cérémonie tient assez longtemps, c'est-à-dire prend du temps; un travail occupe en donnant telle ou telle activité.* ¶ **5** → Retenir. ¶ **6** → Observer. ¶ **7** → Contenir. ¶ **8** *Tenir pour* : → Regarder comme. ¶ **9** → Résister. ¶ **10** → Subsister. ¶ **11** *Tenir*, être attaché à une chose, sans pouvoir être facilement ôté, arraché, déplacé : *Son chapeau ne tient pas sur sa tête.* **Adhérer**, tenir fortement à ce à quoi on est fixé, attaché sur toute sa surface : *L'écorce de cet arbre adhère fortement au bois.* **Coller**, intrans., surtout en parlant des vêtements, bien dessiner la forme de ce sur quoi on est appliqué, sans y adhérer : *Cette culotte colle bien.* ¶ **12** *Tenir de* : → Ressembler. ¶ **13** *Tenir à* : → Vouloir et Aimer. ¶ **14** Pour expliquer la raison d'une chose, *Tenir à* et **Dépendre de** marquent à quoi la chose est liée, *tenir à* s'employant pour une chose arrivée ou constante, *dépendre de*, pour une chose éventuelle : *Son talent tient à ses défauts* (Tai.). *Est-ce que papa lui parlait beaucoup? Ça dépendait des jours* (Gi.). **Résulter** (→ ce mot) et ses syn. marquent qu'une chose succède à une autre, en est l'effet, la suite, la conséquence. **Venir** (→ ce mot) et ses syn. précisent l'origine de la chose. **Découler** (→ ce mot) et ses syn. indiquent non l'origine, mais la source de la chose, c'est-à-dire, par métaphore, d'où elle sort à la manière d'un liquide ou d'un fluide. ¶ **15** *Tenir à* : → Toucher à. ¶ **16** *Tenir pour* : → Suivre. — Réf. ¶ **17** → Demeurer. ¶ **18** → (se) Produire. — ¶ **19** *Se tenir*, être dans un état de dépendance réciproque, ou ne pas être en contradiction, en parlant d'idées, de propositions qui forment un système, un raisonnement : *Toutes les choses de la nature se tiennent et se prouvent les unes les autres* (Maleb.). **Se lier** et surtout **S'nchaîner** enchérissent en parlant d'une succession de choses unies par des rapports de causalité : *Un raisonnement où tout s'enchaîne.*

Tenir lieu : → Remplacer.

Tension : ¶ 1 → Mésintelligence. ¶ 2 *Tension d'esprit* : → Attention.

Tentation : → Désir.

Tentative : Action par laquelle on s'efforce d'obtenir un certain résultat. *Tentative* fait penser au résultat souvent difficile que l'on veut obtenir : *Tentative de suicide* (Gɪ.); **Essai,** à l'épreuve à laquelle on soumet ses forces pour savoir jusqu'où elles peuvent atteindre : *En diplomatie, une tentative de conciliation a pour but une conciliation, malgré tous les obstacles; un essai de conciliation consiste à se rendre compte dans quelle mesure, dans une situation donnée, une conciliation peut réussir.*

Tente : ¶ 1 *Tente,* logement portatif fait de toile, d'étoffe, de peau que l'on tend sur des supports pour se mettre à couvert. **Pavillon,** vx, tente militaire ancienne de forme ronde ou carrée et terminée en pointe par le haut. **Tabernacle,** tente, pavillon, ne se dit qu'en parlant des Hébreux. — **Chapiteau,** tente conique d'un cirque. — **Guitoune,** *tente* en argot militaire. ¶ 2 *Tente,* toile ou autre étoffe simplement tendue pour se mettre à l'abri. **Tendelet,** en termes de marine, petite tente protégeant une embarcation. **Velum** (en lat., « voile »), grande pièce d'étoffe servant de rideau contre la lumière ou de couverture à un grand espace sans toiture : *Le velum d'un amphithéâtre; d'un atelier.* **Velarium,** terme d'antiquité, grande tente que l'on étendait au-dessus des spectateurs dans les théâtres ou amphithéâtres. **Banne,** toile tendue devant une boutique, un café, etc., pour les protéger du soleil et des intempéries.

Tenter : ¶ 1 → Essayer. ¶ 2 → Attirer.

Tenture : → Tapis.

Ténu : → Menu.

Tenue : ¶ 1 → Maintien. ¶ 2 → Vêtement. ¶ 3 → Décence.

Tergiverser : ¶ 1 → Biaiser. ¶ 2 → Hésiter.

Terme : ¶ 1 → Fin. La fin que doivent avoir les choses. *Terme* donne l'idée d'un but à atteindre et convient en parlant de choses en mouvement, qui, un cours, pour désigner le point jusqu'où elles doivent aller : *Tel a été le dernier terme de son ambition* (J.-J. R.). **Limite** (→ ce mot) et **Borne** font plutôt concevoir une enceinte et indiquent jusqu'où les choses doivent s'étendre; la *limite* est une ligne, concrète ou idéale, pour marquer la fin d'une chose, la *borne,* un obstacle, souvent concret,

qui forme comme une barrière empêchant une chose de s'étendre au-delà : *Rien n'est plus difficile à marquer que les limites du devoir de l'avocat et les bornes où se renferme une défense légitime* (Marm.). **Mesure,** fig., limite normale, ou limite sur laquelle on se règle : *Mes désirs étaient la mesure de mes plaisirs* (J.-J. R.). ¶ 2 → Mot.

Terme (vente à) : → (vente à) Tempérament.

Terminaison : ¶ 1 → Fin. ¶ 2 → Bout. ¶ 3 *Terminaison,* action par laquelle une chose arrive à son terme, a pour syn., lorsqu'il s'agit d'un poème ou d'une période oratoire, **Chute,** trait qui sert de terminaison à une petite pièce de poésie, ou, en rhétorique, dernier membre d'une période, et **Clausule,** dernier membre d'une strophe ou d'une période oratoire caractérisé par un rythme particulier. ¶ 4 La fin d'un mot, ce qui vient après le radical. *Terminaison,* cette fin en elle-même, invariable ou non, par opposition au radical. **Désinence,** la terminaison considérée comme marquant le cas, le genre, le nombre d'un nom, les personnes, les voix, le temps des verbes. **Flexion,** la variation même que marque l'emploi de différentes désinences, la désinence considérée par rapport aux autres désinences possibles. ¶ 5 → Résultat.

Terminer : ¶ 1 → Finir. ¶ 2 (Réf.) *Se terminer* indique simplement qu'une chose s'arrête à un certain point. **Aboutir,** toucher par un bout, fait penser, au prop., au lieu où touche la chose et auquel elle semble conduire; au fig., au résultat obtenu par une action qui se termine : *Une impasse se termine en cul de sac. Un chemin aboutit à un marais* (Acad.). *Un lugubre marché aboutissant à l'esclavage* (Gɪ.). *Des négociations peuvent se terminer sans aboutir.* **Tomber dans** se dit d'un chemin qui aboutit à un autre chemin, d'une rivière qui se jette dans une autre : *La rue Saint-Benoît tombe dans la rue Jacob* (Acad.). **Mener, Aller,** aboutir à un lieu en parlant d'un chemin.

Terne : ¶ 1 *Terne* marque un défaut en parlant de choses ou de couleurs qui n'ont pas l'éclat qu'elles doivent avoir ou en ont peu rapport à autre chose : *Les yeux ternes ne disent presque rien* (J.-J. R.). **Mat** indique simplement l'absence d'éclat, qui peut parfois être très agréable, en parlant soit de métaux mis en œuvre sans avoir été polis, soit des couleurs sans brillant ou sans transparence : *Or argent mats. Ce blanc mat des femmes de Barbarie* (Buf.). **Effacé** ne se dit que des couleurs qui ont perdu de leur vivacité; **Embu,** des choses, notamment, des tableaux, dont les couleurs sont devenues ternes et confuses, et de ces couleurs elles-mêmes. **Décoloré** enchérit en parlant des objets qui ont perdu leur couleur. **Amorti** se dit des couleurs rendues volontairement ou naturellement moins vives, moins dures et plus agréables. ¶ 2 Au fig., en parlant du style, *Terne* indique un manque fâcheux de couleur : *Cette image est brillante, mais jure au milieu de son entourage terne, comme de l'argent plaqué sur de l'étain* (S.-B.). **Gris**, fig., suppose un manque d'éclat voulu et agréable : *Rien de plus cher que la chanson grise, Où l'Indécis au Précis se joint* (VERL.). **Décoloré** est rare. ¶ 3 Au fig., en parlant des personnes, *Terne* suppose une absence de brillant dans les productions de l'esprit ou une activité quelconque : *Être terne dans une conversation.* **Effacé** (→ Modeste) indique un caractère peu marqué ou un rôle peu actif et peu visible dans une affaire, par impuissance ou par modestie : *Effacée, muette et gauche* (ZOLA). **Anodin, Insignifiant** (→ ce mot) enchérissent. **Falot**, terne et inconstant jusqu'à en devenir comique.

Ternir : ¶ 1 *Ternir*, ôter l'éclat d'une chose. **Faner** et **Flétrir** enchérissent (→ Fané) en parlant des couleurs ou de la beauté. ¶ 2 → Salir.

Terrain : → Terre.

Terrasser : ¶ 1 → Abattre. ¶ 2 Au fig. → Vaincre.

Terre : ¶ 1 *Terre*, la partie solide de notre planète considérée comme le support de nos pas, de nos habitations, le niveau auquel s'arrêtent les corps qui tombent, la matière qui produit et nourrit les végétaux, où l'on inhume les morts, une surface qualifiée par rapport aux cultures qu'elle porte, aux différents aspects qu'elle peut avoir ou à sa nature. **Terroir**, la terre en tel ou tel lieu considérée comme ayant la puissance de produire certains fruits ou d'exercer certaines influences : *La nature du terroir influe sur ces animaux* (BUF.). **Terrain**, en parlant de la terre en tant que propre à donner des fruits, fait penser à sa nature, à sa composition, à sa forme, et non à sa puissance; seul en géologie de la terre considérée par rapport à sa matière, à sa constitution : *Étudier la nature d'un terrain. Terrain d'alluvion.* **Sol**, la partie de la terre qui est à la surface, qui sert à soutenir les choses et les personnes, est plus ou moins solide : *Avant d'élever un grand édifice, l'architecte observe et sonde le sol pour voir s'il en peut soutenir le poids* (J.-J. R.); s'emploie en parlant de parties solides qui supportent les choses et ne sont pas à proprement parler de la terre : *L'horreur du sol* [la glace] *où son plumage est pris* (MALL.).

En termes d'agriculture, *sol*, syn. de *terrain* et de *terroir*, fait penser aux qualités productives et à la composition de la terre, mais souvent en mauvaise part : *Sol ingrat, terrain favorable* (VOLT.). **Glèbe**, en termes de féodalité, fonds de terre avec ses serfs et ses droits; de nos jours, dans le style élevé, la terre qu'on travaille, à laquelle on s'attache : *Plus la glèbe est divisée, plus elle s'améliore et prospère* (P.-L. COUR.). ¶ 2 *Terre* désigne vaguement une certaine étendue de terre cultivée ou non, à la campagne, qui fait partie d'un domaine, appartient à un propriétaire; au pl., le mot implique une étendue assez considérable : *Si j'avais seulement une petite terre où je pusse me retirer, je serais sûr d'avoir de quoi vivre* (MTQ.). *Chasser sur ses terres.* **Terrain**, espace de terre considéré soit par rapport à quelque ouvrage qu'on y fait ou qu'on y pourrait faire (bâtir, planter, etc.), soit par rapport à quelque action qui s'y passe (jouer, combattre, etc.). **Champ**, portion de terre possédée et exploitée par quelqu'un, comporte l'idée de culture et d'étendue (plus bornée que celle de la *terre*); **Fonds**, dans le même sens, celle de revenu : *Les terres d'un grand propriétaire ne sont pas bien cultivées que les champs d'un paysan* (C.). *Un fermier occupe seul un fonds qui, partagé, nourrirait cent familles* (MARM.). **Clos**, espace de terre cultivé et fermé de murs, de haies, de fossés, se dit surtout d'un vignoble ou d'un verger. **Closeau**, petit clos. **Labour**, toute pièce de terre labourée. ¶ 3 Espace de terre que l'on possède. *Terres* se dit pour un propriétaire ou un État, **Possessions**, dans le même sens, tend de nos jours à remplacer *terres* en parlant d'un État. ¶ 4 → Pays. ¶ 5 *Terre*, la planète où nous vivons, définie en géographie et en astronomie; et, au fig., tous ses habitants considérés comme pouvant être dominés ou éprouver certains sentiments : *Maîtres de la terre* (LAM.). *Être l'horreur de toute la terre.* **Monde**, la terre considérée comme habitée ou connue (parfois incomplètement) par l'homme : *Parcourir le monde*; au fig., le genre humain en général et considéré plutôt abstraitement : *Affranchir le monde de la guerre* (M. D. G.). **Globe**, la terre considérée géographiquement : *Un quart des habitants du globe* (M. D. G.). **Notre planète**, la terre considérée comme la demeure d'un homme : *Une coopération à l'échelle de la planète* (M. D. G.). **Boule** est fam., **Machine ronde**, VX. ¶ 6 *Terre* s'emploie surtout en termes religieux pour désigner les biens et les plaisirs de la vie présente par opposition au ciel : *Les vanités de la terre* (BOS.). **Monde** désigne plutôt la vie parmi les hommes par opposition à la vie religieuse : *Les maximes du monde*; mais se dit, en un sens plus général, de l'ensemble des êtres et des choses parmi lesquels se passe notre vie : *En ce bas monde. Venir au monde.*

Terre à terre : → Réaliste.

Terrer (se) : → (se) Cacher.

Terrestre : ¶ 1 Qui appartient à notre planète. *Terrestre*, terme usuel : *Le globe terrestre.* **Tellurien,** terme didact., qui provient de la terre : *Émanations telluriennes.* **Tellurique,** qui est dû à l'influence vraie ou supposée de la terre : *Fièvre tellurique.* **Terraqué,** fait de terre et d'eau, ne se dit que par plaisanterie, dans la loc. *Le globe terraqué.* ¶ 2 En termes religieux, *Terrestre* (anton. *céleste*), souvent péj., qualifie les êtres et les façons de penser ou d'éprouver qui ont quelque chose de matériel, de grossier, d'imparfait, comme tout ce qui appartient au corps ou à la vie sur la terre, et se bornent à chercher le bonheur sur la terre : [Les Juifs] *les plus terrestres de tous les hommes* (VOLT.). **Charnel** se dit des façons de penser et des êtres qui montrent plus d'attachement pour le corps que pour l'esprit. **Temporel,** qui concerne les choses matérielles, terrestres, en parlant de droits, de pouvoirs (anton. *ecclésiastique*) : *Puissance temporelle* (VOLT.). **Séculier,** par ext., syn. de *temporel* par opposition à *religieux*, en parlant de ce qui est laïque : *Bras séculier. Juridiction séculière*; s'applique aussi à des façons de penser, d'éprouver, d'agir, totalement indépendantes de la vie religieuse : *Désirs séculiers* (FLÉCH.); en ce dernier sens, on dit aussi **Mondain** qui insiste davantage sur les dangers que présente l'absence de religion : *Honneur mondain* (ACAD.).

Terreur : ¶ 1 → Épouvante. ¶ 2 → Bandit.

Terreux : → Pâle.

Terrible : ¶ 1 → Effrayant. Fort à craindre. *Terrible* suppose une force, une menace qui paraît invincible, irrésistible, fait trembler, provoque une peur qui saisit : *Air* (FÉN.); *aspect* (MOL.) *terribles.* [L'aigle du casque] *s'envola terrible* (V. H.). **Terrifique,** propre à faire peur, est vx ou plaisant : *Inscriptions terrifiques* (J. ROM.). **Formidable** a plus rapport à la puissance qu'à la force et marque une crainte grande et permanente causée par une forme, un appareil qui impose, inquiète plutôt qu'il ne menace : *Ce formidable amas de lances et d'épées* (RAC.). **Redoutable,** qui doit inspirer la méfiance ou la crainte respectueuse non par son apparence, mais par des qualités qui ne font point éclat, apparaissent surtout à l'esprit : *La Grèce était redoutable par sa situation, sa force, la multitude de ses*

villes, le nombre de ses soldats, sa police, ses mœurs, ses lois (MTQ.). **Rude,** fam., ne se dit que d'un adversaire redoutable, difficile à vaincre : *Un si rude jouteur* (J.-J. R.). **Farouche,** redoutable dans le combat avec dans l'air quelque chose de sauvage : *Farouches soldats* (VOLT.). ¶ 2 → Violent.

Terriblement : → Très.

Terrier : → Gîte.

Terrifiant : → Effrayant.

Terrifier : → Épouvanter.

Territoire : → Pays.

Terroir : ¶ 1 → Terre. ¶ 2 → Pays.

Terroriser : → Épouvanter.

Terroriste : → Révolutionnaire.

Tertre : → Hauteur.

Test : → Expérience.

Tête : ¶ 1 *Tête*, partie qui, chez l'homme et les animaux, contient le cerveau et les organes des sens et qui est unie au corps par le cou : *Tête de mort. Tête d'oiseau.* **Chef,** syn. vx de *tête*, ne se dit plus qu'en parlant des reliques : *Le chef de saint Jean*; hors de là, c'est un terme de badinage. **Hure,** tête hérissée et en désordre, se dit aussi de la tête de certains animaux : *Avoir une vilaine hure. Hure de saumon; de sanglier.* **Cap,** syn. vx de *tête* dans quelques loc. comme *De pied en cap.* **Front,** partie du visage comprise entre la racine des cheveux et les sourcils; au fig. syn. poét. ou relevé de *tête*, dans certaines expressions qui marquent divers sentiments par la façon de porter la tête : *Courber son front.* **Caboche,** fam., tête de l'homme, a pour syn. pop. **Boule** (cf. *perdre la boule*), **Bouillotte, Calebasse, Cafetière, Ciboulot, Citron, Coloquinte, Coco, Cocagne.** — Au fig. *tête* se dit seul pour désigner la partie antérieure des choses et n'est syn. de *chef* qu'en parlant d'un homme qui commande à d'autres hommes : mais *tête* garde alors de nos jours, par opposition à *corps, bras*, etc., un sens métaphorique qui ne se trouve plus dans *chef* : *Le sénat s'assemble Pour choisir une tête à ce grand corps qui tremble* (CORN.). ¶ 2 Assemblage des os de la tête qui contient le cerveau. **Crâne,** terme d'anatomie, est le mot propre, mais *Tête* se dit, dans le langage courant, du crâne considéré comme recouvert de cheveux ou comme pouvant recevoir des coups, des blessures : *Aller tête nue. Se fendre la tête.* **Caillou** et **Caisson** sont pop. ainsi que **Genou,** fig., tête complètement chauve. ¶ 3 Au fig. *Tête* entre dans de nombreuses loc. pour désigner, par métonymie, en un sens favorable ou non, l'esprit, l'imagination, la mémoire, l'intelligence, le jugement : *Avoir la tête* *dure. C'est une tête sage, une forte tête.* **Crâne** est plutôt péj. en parlant de l'intelligence, de la mémoire : *Avoir le crâne étroit. Bourrer le crâne.* **Caboche,** fam., a rapport au gros bon sens : *Avoir une bonne caboche;* ou à l'entêtement : *Avoir la caboche dure.* ¶ 4 → Visage. ¶ 5 → Homme. ¶ 6 → Sommet. ¶ 7 En parlant de l'ail, de l'échalote, *Tête* désigne la partie renflée à l'extrémité de la tige, appelée **Bulbe** en termes de botanique et improprement **Gousse** dans le langage courant.

Tête à tête : ¶ 1 Adv. Sans témoins, en parlant de deux personnes ensemble. *Tête à tête* est plus fam. et marque plus d'intimité que **Seul à seul** : *Dîner tête à tête. Entretiens de deux ministres seul à seul.* **Entre quatre yeux,** fam., s'emploie surtout lorsqu'il s'agit de dire à quelqu'un des choses désagréables tête à tête. ¶ 2 *Tête-à-tête*, n. : → Conversation.

Tête (dans la) : → (dans l') Idée.

Tête de linotte : → Étourdi.

Téter : → Sucer.

Tétine : → Pis.

Téton : → Sein.

Têtu : Trop attaché à son opinion ou à sa résolution. *Têtu* et **Entêté** impliquent qu'on en est infatué, enivré, qu'on n'écoute rien; *têtu,* absolu, marque un défaut de nature irrémédiable, *entêté,* qui se dit souvent avec un comp. ou relativement à une cause, indique un défaut accidentel dû à quelque impression reçue, à quelque prévention : *Il était têtu, car il était Breton et Huron* (VOLT.). *Entêté désormais et partial* (R. BAZIN). **Cabochard,** qui a mauvaise tête en parlant d'un cheval, est fam. en parlant d'un homme têtu souvent pour des lubies, pour le plaisir de résister à l'autorité, aux conseils. **Buté,** entêté dans une décision qu'il a prise : *Alors, répétait Geneviève butée* (MAU.). **Aheurté,** vx, entêté dans une opinion, une doctrine. **Hutin,** syn. vx d'*entêté,* ne s'est conservé que comme sobriquet de *Louis X dit le Hutin.* **Entier,** moins péj. que *têtu,* ne veut rien rabattre de ses droits, de ses opinions, de ses convictions, ne fait aucune concession : *Un vieux plaideur inflexible et entier* (J.-J. R.). **Absolu,** entier et impérieux, enchérit. **Volontaire** marque simplement qu'on ne veut s'assujettir à aucune règle, ne dépendre de personne, ne faire que sa volonté : *Petit garçon très volontaire.* — Avec l'idée qu'on défend son opinion, qu'on poursuit la réalisation de ses desseins avec une ardeur que rien ne peut arrêter, **Opiniâtre** exprime la qualité essentielle de celui qui, d'habitude, persévère, à tort ou à raison, dans ses actions, et

qui peut n'être blâmable que par une ardeur trop grande ou une erreur sur le but qu'il vise : *Quand un homme qui suit ses passions s'attache fortement à son opinion, et qu'il prétend dans les mouvements de sa passion qu'il a raison de la suivre, on juge avec sujet que c'est un opiniâtre* (MALEB.). **Tenace** dit moins, suppose un vif attachement à ses idées, à ses projets, à ses prétentions, qui fait qu'on ne renonce pas facilement, et marque plutôt la fermeté, souvent louable, que l'ardeur : *Appliqué et tenace* (M. D. G.). **Obstiné** dit plus qu'*opiniâtre* et suppose une manière d'agir qui caractérise celui qui persévère contre toute raison, par caprice, par parti pris, par esprit d'opposition, dans une action particulière : *Dans son mal Rome est trop obstinée* (CORN.). **Acharné** suppose au fig. une opiniâtreté furieuse dans une action qui tient de la lutte, de la poursuite, se fait inlassablement : *Acharnés aux meurtres* (VOLT.). **Accrocheur,** fam., surtout dans le langage sportif, tenace, opiniâtre dans une compétition.

Texte, par opposition à *commentaire,* à *traduction,* désigne les termes mêmes qui constituent un écrit ou les propres termes qu'emploie un auteur : *Un commentaire est plus obscur que le texte* (VOLT.). *Lire Virgile dans le texte* (VOLT.). *Un texte précis de loi* (MTQ.). **Teneur,** ce qui est contenu mot à mot dans un écrit, fait penser au sens littéral d'un texte particulier et se dit surtout en termes de droit : *La teneur d'un traité.* **Contexte,** l'ensemble que forment, par leur liaison naturelle, les différentes parties d'un texte, et, par opposition à une partie d'un texte, l'ensemble des autres parties ou les parties voisines qui l'éclairent. **Original** (→ ce mot), texte écrit dans telle ou telle langue par opposition aux traductions; ou, par opposition à *copie,* texte tel qu'il a été écrit de la main de l'auteur ou dans la forme qu'il avait lors de la première édition de l'ouvrage ou dans le manuscrit primitif : *L'original d'un contrat. Collationné à l'original.* **Leçon,** texte d'un auteur par comparaison à une ou plusieurs autres copies du même texte qui sont différentes. **Variantes,** diverses leçons d'un même texte, données souvent en notes, avec le texte qu'on a choisi pour l'éditer. **Recension,** en termes de philologie, comparaison d'une édition d'un auteur ancien avec les manuscrits, désigne aussi un texte édité par un critique après avoir été revu, collationné avec le manuscrit, ou, si cela est impossible, après un choix raisonné entre les diverses leçons : *La recension d'Homère par Aristarque.* **Manuscrit,** texte original écrit de la main de l'auteur (ou par ext. de nos jours dactylographié), a pour syn. en termes d'édition **Copie,** écrit ou imprimé qu'on donne à l'imprimeur et d'après lequel il compose. **Libellé, Rédaction** et **Rédigé,** plus rare, qui font penser à l'action de celui qui écrit (→ Écrire) un texte de loi, un acte, etc., s'emploient parfois comme syn. de *texte.*

Texture : ¶ 1 → Tissu. ¶ 2 → Composition.

Thaumaturge : → Magicien.

Théâtral : ¶ 1 → Dramatique. ¶ 2 → Étudié.

Théâtre : ¶ 1 *Théâtre,* terme général, désigne l'édifice où l'on joue des pièces parlées (**Comédie,** vx en ce sens, ne se conserve que dans quelques loc. comme *Portier de comédie*), des opéras, des opéras-comiques (en ce sens on dit à Paris et dans quelques villes **Opéra, Opéra-comique**), des opérettes ou même des spectacles mêlés de chants, de divertissements, d'exhibitions (en ce sens on dit plutôt **Music-hall,** mot anglais). **Boui-Boui,** pop., théâtre ou concert, lieu de plaisir mal fréquenté et tout à fait inférieur. ¶ 2 La partie élevée où les acteurs vus de tous les spectateurs donnent les représentations dramatiques. **Scène** est le mot propre, *Théâtre* est vx. **Tréteaux,** au pl., péj., scène soutenue de tréteaux où des saltimbanques jouent des bouffonneries, par ext. théâtre où l'on représente des scènes bouffonnes ou populaires : *Ces platitudes furent jouées sur des tréteaux au lieu de théâtre* (VOLT.). **Plateau,** syn. de *scène* en termes de théâtre seulement : *Répéter sur le plateau.* **Planches,** syn. de *scène* par métonymie dans des loc. comme *Monter sur les planches, Brûler les planches.* ¶ 3 Au fig., *Théâtre,* la poésie, la littérature dramatique, les règles qui y président : *La pratique du théâtre. L'influence du théâtre sur les mœurs* (ACAD.). **Scène** garde une nuance locale et désigne soit les œuvres dramatiques en tant qu'elles sont vues par le public : *La scène en général est un tableau des passions humaines* (J.-J. R.); soit l'art dramatique en tant qu'il est illustré par des œuvres ou des auteurs devant le public : *Racine a illustré la scène*; soit la partie de l'art dramatique qui consiste surtout à connaître l'optique théâtrale, les moyens des acteurs : *Avoir une parfaite connaissance de la scène.* ¶ 4 → Lieu.

Thébaïde : → Solitude.

Théisme : → Déisme.

Thème : ¶ 1 → Matière. ¶ 2 En musique, *Thème,* phrase musicale qui sert de sujet à une composition et sur laquelle on fait des variations. **Motif,** moins précis, phrase musicale qui est reprise plusieurs fois dans un morceau, en se mêlant à d'autres motifs. **Leit-motiv** (en all. « motif conducteur »),

motif revenant fréquemment dans une partition et associé à une idée, à un sentiment, à une situation ou à un personnage déterminé.—Au fig. *thème,* sujet sur lequel on revient volontiers : *La politique est le thème de toutes les conversations. Leit-motiv,* thème souvent répété d'un discours, d'un écrit ou d'une campagne de presse ou de propagande. ¶ 3 → Traduction.

Théologie : Doctrine des choses divines. *Théologie,* qui se dit proprement pour la religion chrétienne, désigne par ext. les dogmes admis dans les autres religions : *Les poètes ont fait cent diverses théologies* (PASC.). **Théogonie,** terme didact., se dit d'une façon générale de tout système religieux, chez les peuples polythéistes, sur les rapports des dieux entre eux et avec le monde : *Théogonies phénicienne, persane, syrienne, indienne, égyptienne* (VOLT.).

Théologien, celui qui s'occupe de théologie. **Théologal,** chanoine chargé, dans le chapitre d'une église cathédrale, d'enseigner la théologie et de prêcher en certaines occasions. **Docteur,** syn. vx de *théologien,* ne se dit plus que pour désigner les **Pères de l'Église** (antérieurs au XIIIᵉ s.) dont les doctrines ont dominé (ex. saint Augustin), ou les principaux maîtres de la scolastique, en ce sens le plus souvent avec une épithète (ex. *le docteur angélique,* saint Thomas). **Gnostique,** celui qui possède la science de la religion supérieure aux croyances vulgaires.

Théoricien, celui qui est versé dans l'étude d'une science, d'un art et, sans s'occuper de pratique, en dégage les principes : *Chapelain, D'Aubignac ont été les théoriciens de la doctrine classique.* **Doctrinaire,** surtout en politique et en littérature, et non sans ironie, celui qui affirme avec autorité des principes pour lesquels il professe un attachement systématique.

Théorie : ¶ 1 La connaissance purement rationnelle par opp. à la pratique. *Théorie* désigne objectivement un ensemble de règles qui sont le fruit de la réflexion et qui servent de base spéc. à un art, à une science : *Dans les arts soumis au calcul, la théorie devance et conduit la pratique* (MARM.). **Spéculation,** qui se dit pour toutes sortes d'activités intellectuelles, même relativement aux choses les plus communes, évoque l'action d'un sujet à l'œuvre, en train d'observer, de chercher en esprit des principes généraux, sans forcément les avoir encore découverts nettement, avec souvent une nuance péj. qu'il n'y a pas dans *théorie* : *Inaptitude fondamentale aux spéculations abstraites* (M. D. G.). *Spéculations vaines* (Bos.).

¶ 2 → Principe. ¶ 3 → Méthode. ¶ 4 → Défilé.

Thérapeute : → Médecin.

Thérapeutique : → Soins.

Thermes : → Bain.

Thésauriser : → Économiser.

Thésauriseur : → Avare.

Thèse : ¶ 1 → Affirmation. ¶ 2 → Traité. ¶ 3 → Opinion.

Thorax : → Poitrine.

Thuriféraire : → Louangeur.

Tiare : → Couronne.

Tic : → Manie.

Ticket : → Billet.

Tiédeur : ¶ 1 État de ce qui est entre le chaud et le froid. *Tiédeur* fait penser à l'impression produite sur nos organes. **Tépidité** désigne la qualité inhérente à un corps qui provoque la tiédeur. **Attiédissement** annonce le résultat d'un changement qui fait qu'un corps de chaud ou froid qu'il était devient tiède, ou désigne ce changement lui-même : *L'attiédissement de cette eau sera long* (ACAD.). **Moiteur,** en physiologie, légère transpiration, désigne parfois, en parlant du corps humain, une agréable tiédeur : *Sentir dans ses membres une douce moiteur* (ACAD.). ¶ 2 Au fig. → Mollesse. *Tiédeur* indique un état où l'on manque d'activité, d'ardeur, de ferveur. **Attiédissement,** un changement ou son résultat.

Tiédir : → Refroidir. En parlant d'un liquide froid, *Tiédir,* le rendre un peu chaud ; **Dégourdir,** chauffer légèrement de l'eau très froide pour la rendre un peu tiède.

Tige : ¶ 1 Partie d'une plante qui sort de la terre et qui pousse des branches, des feuilles, des fleurs et des fruits. *Tige,* terme général, se dit spéc. en parlant des plantes qui ne sont ni arbres ni arbrisseaux. **Tronc,** tige des arbres dicotylédones considérée sans les branches. **Stipe,** terme de botanique, tige ligneuse des plantes monocotylédones arborescentes comme les palmiers, les grandes fougères ; en un autre sens, tige qui supporte le chapeau des champignons et qu'on nomme aussi **Pédicule.** **Hampe,** terme de botanique, tige herbacée nue et droite sans feuilles ni rameaux et destinée seulement à porter la fleur et le fruit : *La tige du pissenlit, de la jacinthe, est une hampe* (ACAD.). **Chaume,** en termes de botanique, tige herbacée, creuse, simple, garnie de nœuds, qui est propre aux graminées telles que le blé, l'avoine, etc., et, plus ordinairement, en termes d'agriculture, partie de la tige du blé, du seigle qui reste dans le champ quand on les a coupés.

Chalumeau, en termes de botanique, tige simple, herbacée, ne portant des feuilles qu'à l'extrémité comme la tige des joncs. **Rhizome,** terme de botanique, tige oblique ou horizontale souterraine dont les bourgeons s'élèvent au-dehors : *Rhizome d'iris.* **Queue,** en parlant de certaines fleurs comme les tulipes, les narcisses, désigne, lorsqu'elles sont cueillies, la partie qu'on nomme tige lorsqu'elles sont sur pied. **Plant,** en termes d'agriculture, jeunes tiges avec racines nouvellement plantées ou propres à l'être. **Souche,** partie inférieure du tronc d'un arbre qui reste attachée au sol quand l'arbre a été coupé, ou cette même partie arrachée avec les racines. ¶ 2 Par analogie, *Tige* désigne la partie allongée de certaines choses et spéc. d'une colonne. **Fût,** terme d'architecture, tige d'une colonne, partie comprise entre la base et le chapiteau. ¶ 3 → Race.

Timbale : ¶ 1 → Tambour. ¶ 2 → Gobelet.

Timbre : ¶ 1 → Cloche. ¶ 2 → Son. ¶ 3 → Marque.

Timide : ¶ 1 → Craintif. ¶ 2 *Timide, Embarrassé, Honteux* : → Timidité. ¶ 3 → Vague.

Timidité : ¶ 1 Défaut de hardiesse et d'assurance. La *Timidité,* subjective, permanente, ne se montre pas toujours au-dehors. L'**Embarras** dépend des circonstances, est momentané et se manifeste toujours extérieurement : *Télémaque qui vit son embarras...* (FÉN.). ¶ 2 Sentiment qui fait qu'on n'ose agir même pour faire le bien. *Timidité,* défaut de caractère qui consiste à ne pas avoir confiance en soi ; **Honte** et surtout **Fausse honte, Mauvaise honte, Sotte honte,** crainte injustifiée que l'on a de l'opinion d'autrui : *Un élève se trouble quand son maître l'interroge, c'est timidité ; il n'ose pas répondre par crainte de passer auprès de ses camarades pour un fort en thème, c'est fausse honte.*

Timon : → Gouvernail.

Timonier : → Pilote.

Timoré : → Craintif.

Tintamarre : ¶ 1 → Dissonance. ¶ 2 → Tapage.

Tinter, Tintinnabuler : → Sonner.

Tiquer : ¶ 1 → Tressaillir. ¶ 2 → Sourciller.

Tirade : ¶ 1 → Développement. ¶ 2 Dans les pièces de théâtre, ce qu'un personnage débite sans être interrompu. *Tirade* désigne le développement soit en lui-même, dans le texte, soit par rapport à l'acteur qui le débite, soit par rapport à l'auteur qui l'écrit. **Couplet,** en termes de théâtre, tirade d'une certaine étendue considérée par rapport à l'acteur qui la débite. **Réplique,** réponse longue ou brève d'un acteur à la tirade d'un autre acteur.

Tirage : ¶ 1 → Édition. ¶ 2 → Difficulté.

Tiraillement : → Difficulté.

Tirailler : ¶ 1 → Tirer. ¶ 2 → Tourmenter.

Tirebouchonner : ¶ 1 → Tordre. ¶ 2 (Réf.) → Rire.

Tiré : → Maigre.

Tirelire, petit récipient où l'on glisse de l'argent pour le mettre en réserve, pour soi ou pour quelqu'un, par ex. pour un enfant. **Tronc,** boîte ou coffre de bois ou de métal, ordinairement dans une église, mais parfois en d'autres lieux, où l'on glisse des aumônes, des secours et dans d'autres cas des présents, des pourboires. **Cagnotte,** sorte de tirelire où des joueurs conviennent de déposer les sommes dues par les perdants.

Tirer : ¶ 1 *Tirer,* mouvoir vers soi en restant immobile, ou mouvoir après soi, en marchant, ce que l'on tient, ce qu'on entraîne (→ Traîner). **Attirer,** faire venir vers soi ou contre soi, en tirant ou par n'importe quel autre moyen : *L'aimant attire le fer.* **Tirailler,** tirer à diverses reprises, avec insistance, avec violence et souvent dans les sens différents. **Haler,** en termes de marine, tirer à soi avec force, à l'aide d'un cordage. ¶ 2 En un sens plus spéc., *Tirer,* mouvoir vers soi l'extrémité d'une chose dont l'autre extrémité reste fixe ou est tirée en un autre sens, de façon à la rendre raide ou plus longue : *Tirer de l'or. Tirer ses bas.* **Tendre** et **Étirer** marquent respectivement le résultat. ¶ 3 Faire sortir une personne de quelque endroit, l'éloigner de quelque chose. *Tirer* marque l'action sans aucun accessoire : *Tirer de prison; de l'armée* (Rac.). **Retirer,** tirer d'une position provisoire pour rétablir dans un état antérieur : *Retirer un enfant du collège;* ou tirer avec peine, soin ou empressement : *Après avoir fait tant d'efforts pour retirer J.-C. des mains de ses ennemis* (Bour.). ¶ 4 Faire sortir une chose d'un endroit ou d'une autre chose. *Tirer* et **Retirer** diffèrent comme plus haut : *Retirer l'hostie du ciboire* (Flaub.). **Sortir,** transporter une chose d'un lieu clos à l'extérieur : *Sortir d'un tiroir les originaux de toutes les lettres* (J.-J. R.). **Extraire,** tirer ou retirer une chose d'un lieu, d'un corps dans lequel elle s'est formée, introduite ou auquel elle tient bien : *Extraire une balle, un calcul; son râtelier* (M. D. G.); plus spéc., tirer par une opération chimique, arithmétique : *Extraire l'huile d'une substance; une racine carrée.* **Oter,** tirer une chose de la place où elle est, insiste sur le résultat de l'action, qui est que la

place demeure vide : *Pour préparer la table, on tire les couverts du buffet; après le repas, on ôte les couverts pour débarrasser la table.* **Enlever,** faire disparaître, en parlant de choses qu'on prend, qu'on emporte et qui sont posées sur quelque chose, ou qu'on peut assez facilement déplacer : *Enlever la croûte d'un pâté. Enlever des matériaux.* **Dégager,** retirer une chose d'autres choses qui la tenaient embarrassée. **Lever,** ôter en soulevant, en écartant, ce qui gêne, embarrasse, dans quelque loc. comme *Lever les scellés.* **Atteindre,** vx, tirer une chose hors du lieu où elle est placée ou serrée : *Atteindre sa valise dans le filet* (Gi.). ¶ 5 → Sucer. ¶ 6 En parlant d'un liquide, *Tirer,* faire venir ce liquide d'où il est par n'importe quel procédé. **Puiser,** plonger un récipient dans un puits, une rivière, une source, ou dans un récipient plus vaste, pour en tirer du liquide. **Pomper,** tirer un liquide à l'aide de la machine aspirante et refoulante appelée pompe. **Traire,** tirer le lait d'une femelle d'animal : *Traire le lait des vaches.* ¶ 7 Au fig. Prendre comme on prend à une source. *Tirer* indique simplement la source de la chose, soit qu'on l'ait prise, soit qu'elle soit venue naturellement : *Il a tiré une infinité de belles sentences des anciens. Mots tirés du latin.* **Extraire** suppose un travail, une recherche, un choix, pour tirer d'un écrit les passages, les renseignements dont on a besoin et qu'en général on cite, on recopie ou on résume : *Extraire un passage d'un dialogue de Platon.* **Dégager** se dit surtout des idées essentielles qu'on tire d'un texte en les mettant en lumière, en faisant abstraction des détails. — En insistant sur l'origine, **Puiser,** en parlant de choses morales et intellectuelles, implique toujours une action volontaire pour prendre à une source en grande quantité ce qu'on élabore, ou ce qui anime, vivifie : *C'est dans [les anciens] que Corneille a pris ses plus beaux traits, a puisé ses grandes idées qui lui ont fait inventer un nouveau genre de tragédie inconnu à Aristote* (Boil.). *Puiser son courage dans la religion.* **Emprunter** ne marque pas toujours une action volontaire; de plus, ce qu'on emprunte appartient toujours à ce qui fournit : on en a l'usage ou l'avantage, mais non le mérite ou la possession : *Virgile a emprunté d'Homère quelques comparaisons* (Volt.). *Le pouvoir tire son droit de la nation. Les magistrats empruntent leur autorité du pouvoir qui les institue* (Lit.). **Devoir à,** avoir reçu de quelqu'un, bon gré mal gré, une chose bonne ou mauvaise : *Racine doit à Tacite la belle scène entre Agrippine et son fils* (Did.). ¶ 8 → Quitter. ¶ 9 Au fig. Obtenir du profit, des avantages. *Tirer,* obtenir, acquérir ce qui sort naturellement ou qu'on fait sortir d'une chose, d'une personne, d'une activité quelconques : *Tirer avantage* (Les.); *tirer de l'argent des princes* (Font.). **Retirer** marque un calcul antérieur, quelque chose de prévu, des avantages qu'on s'était proposés : *Est-ce que Dieu a créé le monde à cause de la gloire qu'il en devait retirer?* (Maleb.). **Recueillir,** prendre ce qui est naturellement produit par une chose : *Recueillir le fruit de ses travaux.* **Recevoir,** prendre ce qui est donné, envoyé, subi ou dû : *Recevoir le revenu d'une terre; la récom²pense de ses peines.* **Hériter,** fig., recevoir par succession : *Il avait hérité ces sentiments de son père.* ¶ 10 → Tracer. ¶ 11 → Imprimer. ¶ 12 → Inférer. ¶ 13 *Tirer* se dit pour les armes de trait et les armes à feu dont on fait usage en les faisant partir une ou plusieurs fois. **Faire feu** ne se dit que d'une arme à feu et surtout dans le langage militaire ou langage recherché. **Lâcher** (un coup de fusil, de pistolet, de canon, un trait), tirer une seule fois, plutôt au hasard, en passant : *Ce cavalier lâche un coup de pistolet à un autre* (Did.). **Tirailler** (intrans.), tirer à diverses reprises avec une arme à feu, sans ordre ni régularité et souvent sans effet; en termes de guerre, engager un feu irrégulier et à volonté. **Canarder** (trans.), fam., viser quelqu'un d'un lieu où l'on est à couvert pour lui lancer des projectiles comme on fait à la chasse aux canards. **Mitrailler,** autrefois tirer le canon à mitrailles, de nos jours cribler de projectiles avec une arme à feu le plus souvent automatique. ¶ 14 *Tirer sur* : → Ressembler. ¶ 15 (Réf.) *Se tirer de* dépeint l'action de se dégager et se dit surtout de ce qui embarrasse, entrave, gêne, met en danger : *Se tirer d'une affaire* (Mol.); *d'un rôle* (Volt.); *d'une maladie.* **Sortir** marque plutôt le résultat qui est d'avoir échappé à ce qui enfermait comme un passage dangereux, parfois sans l'activité qu'implique *se tirer de* : *On se tire par adresse* (Fén.) *des mains de quelqu'un. On sort avec honneur* (L. F.) *d'un mauvais pas; avec succès* (L. B.) *d'un entassement d'événements dans la tragédie; on sort épuisé d'une maladie.* **Se sauver de** ne se dit que pour un danger, un péril, dont on se tire par la fuite ou autrement.

Tisane, toute boisson faite d'eau dans laquelle on a fait dissoudre des principes médicamenteux de plantes, et que l'on peut boire à volonté. **Apozème,** en termes de pharmacie, tisane plus chargée en principes, possédant certaines activités thérapeutiques et que le malade ne boit que selon les prescriptions du médecin. **Infusion,** tisane obtenue en versant un liquide bouillant sur une substance végétale. **Décoction,** tisane obtenue en faisant bouillir dans un liquide une substance végétale. **Macéré,** produit obtenu en laissant séjourner dans un liquide, à la température de l'atmosphère, une substance médicamenteuse dont les parties solubles se dissolvent.

Tison, reste d'une bûche, d'un morceau de bois dont une partie a été brûlée. **Braise,** bois réduit en charbons ardents, ou ces mêmes charbons éteints. **Brandon,** corps enflammé qui s'élève d'un incendie. — Au fig. *tison* ne se dit que dans la loc. *Tison de discorde* pour désigner une personne ou une chose qui provoque la dissension. *Brandon de discorde* est plus usuel.

Tissé, part. passif du verbe *tisser* (→ Ourdir), ne s'emploie qu'au prop.; **Tissu,** part. passif de l'ancien verbe *tistre,* syn. de *tisser,* est vx au prop. et s'emploie surtout au fig. : *Jours tissus de gloire et d'infortune* (Lam.).

Tisser : → Ourdir.

Tissu : ¶ 1 *Tissu,* tout ouvrage fait au métier en croisant ou en entrelaçant des fils qui le composent. **Étoffe,** tissu de soie, de laine, de coton, etc., dont on fait des habits ou dont on se sert pour l'ameublement. **Drap,** étoffe résistante en laine ou quelquefois mêlée d'autre matière. **Toile,** tissu de lin ou de chanvre; par ext., tout tissu fabriqué avec les fibres d'une plante textile, ou même avec les fils d'une matière quelconque, mais tissé d'une façon spéciale (dans les deux derniers sens on joint à *toile* un nom de matière ou de destination : *Toile d'ortie, de crin. Toile à matelas*). ¶ 2 En termes d'anatomie, *Tissu,* combinaison et enchevêtrement définis d'éléments anatomiques (cellules ou fibres) donnant à l'ensemble une unité anatomique. **Membrane,** tissu organique animal disposé en feuillets minces et souples et servant à former, à envelopper ou à tapisser des organes. ¶ 3 Liaison, agencement de ce qui est formé d'un entrelacement de fils ou y ressemble. *Tissu,* la chose elle-même considérée dans sa façon, ne s'emploie guère qu'au prop. : *Le tissu de cette étoffe est lâche.* **Tissure,** la manière dont est fait le tissu, ne se dit guère qu'au prop. d'une étoffe et parfois, au fig., de la disposition, de l'ordre, de l'économie des parties d'un ouvrage de l'esprit : *La tissure lâche d'un mauvais tissu. La tissure d'un poème.* **Texture,** rare au sens prop. de *tissure,* se dit bien d'un agencement de parties simples, dans un seul sens, formant un tissu organique : *Texture du bois* (Buf.); *des tendons;* est plus usuel que *tissure* au fig. (→ Composition). **Contexture** enchérit sur *texture,* au prop. et au fig., et indique un agencement plus compliqué, comme celui de fils se croisant dans tous les sens : *Contexture d'un nid; des muscles; des fibres.* ¶ 4 → Suite.

Titanesque : → Gigantesque.

Titiller : → Chatouiller.

Titre : ¶ 1 *Titre*, désignation de la matière d'un écrit ou d'une de ses divisions, inscrite en tête, et, quand il s'agit d'un livre, sur la couverture, sur le dos. **Rubrique** (du lat. *rubrica*, terre rouge), titre imprimé autrefois en rouge dans les livres de droit; dans un journal, titre qui indique d'où vient une nouvelle : *Fait donné sous la rubrique Londres*; ou indication d'un genre d'articles, et ce genre lui-même : *La rubrique Spectacles.* **Manchette,** titre d'un article en gros caractères, destiné à frapper l'attention du lecteur et qui se trouve ordinairement en première page. **En-tête,** ce qui est imprimé, écrit ou gravé d'avance en tête d'un papier, d'une lettre, etc., ordinairement pour indiquer le service, la firme, la personne qui l'envoie. ¶ 2 → Partie. ¶ 3 *Titre*, qualification purement nominale indiquant un rang, une dignité, un grade, une fonction, une charge : *Titre dérobé* (MOL.). *Vain titre* (RAC.). *Il a le titre de notaire, mais il n'exerce pas encore.* **Caractère** et **Qualité** marquent quelque chose d'effectif à quoi sont attachés des droits, des privilèges ou des devoirs : *caractère*, titre naturel ou légal conféré comme une sorte de marque qui fait qu'on est reconnu, considéré comme ayant droit à certains égards, comme investi de telle dignité : *Le sacré caractère d'un père* (CORN.); *qualité*, titre qui correspond à quelque chose d'essentiel, dont on est doué et non pas revêtu et qui donne le droit d'agir : *Le caractère d'un ambassadeur rend sa personne inviolable; un ambassadeur, dans l'occasion, se prévaut de sa qualité pour faire, entreprendre ou exiger telle ou telle chose* (L.). **Particule nobiliaire** ou, plus fam., **Particule,** préposition placée devant le nom propre qui indique le titre de noble. ¶ 4 Écrit qui sert à établir un droit. Le *Titre* établit une qualité, le droit de posséder, de faire, de demander une chose : *Titre de noblesse. Titre de propriété.* **Diplôme,** autrefois, acte émanant du pouvoir souverain, qui établit, ou confirme un droit ou un privilège; de nos jours, acte émané d'un corps, d'une société, d'une école qui constate officiellement l'obtention d'une distinction honorifique, d'un titre ou d'un grade. **Charte,** tout écrit authentique destiné à consigner des droits ou à régler des intérêts, s'applique plus spéc. aux écrits de ce genre datant du M. A. **Brevet,** diplôme ou titre qui était délivré par l'État, ne se dit plus que dans l'Université et dans certaines loc. comme *Brevet d'invention, Brevet de la Légion d'honneur.* **Parchemin,** titres, diplômes, chartes, brevets d'autrefois écrits sur parchemin, et, fig. et fam., surtout au pl., titres de noblesse ou diplômes universitaires actuels.

Pièces, en termes de procédure, tout écrit qui sert à quelque procès, tout ce qu'on produit pour établir son droit. **Document,** titre, pièce écrite et, au fig., objet qui sert de preuve, de renseignement : *Les titres sont des pièces pour un juge, des documents pour un historien.* ¶ 5 Spéc., en termes de finance, *Titre*, valeur mobilière transmissible. **Action,** titre qui constitue la part que l'on a dans une société commerciale ou civile. **Obligation,** titre productif d'intérêt et remboursable dans un temps limité, émis par certaines sociétés, par des villes, par le gouvernement. **Bons,** sortes d'obligations émises par l'État ou par d'autres collectivités.

Tituber : → Chanceler.

Titulariser : → Nommer.

Toast : ¶ 1 → Tartine. ¶ 2 → Discours.

Tohu-bohu : ¶ 1 → Remue-ménage et Trouble. ¶ 2 → Tapage.

Toile : ¶ 1 → Tissu. ¶ 2 → Tableau. ¶ 3 *Toiles :* → Filet.

Toilette : → Vêtement.

Toiser : → Regarder.

Toison : ¶ 1 → Poil. ¶ 2 → Cheveux.

Toit : ¶ 1 Partie supérieure d'une maison qui sert à couvrir le bâtiment. *Toit* désigne simplement la partie exposée à l'air et à l'eau, et par ext. l'ensemble considéré comme formant un tout : *Monter sur le toit. Le tonnerre est tombé sur les toits* (BOIL.). **Toiture** fait toujours et uniquement penser à l'assemblage complexe de toutes les pièces qui composent et servent à établir le toit : *Réparer la toiture.* **Couverture,** terme de technique, fait penser aux matériaux qui constituent le toit : *Couverture de chaume; de tuiles; d'ardoise; de zinc.* **Gouttières,** fam., par ext. *toits* dans des loc. diverses : *Se promener sur les gouttières.* ¶ 2 → Maison.

Tolérance : Le fait qu'on supporte des idées, des sentiments différents des siens en matière de religion. *Tolérance* marque une action. **Tolérantisme,** terme de théologie, opinion, attitude de ceux qui pratiquent un système de conduite rationnel et spéculatif fondé sur la tolérance, et qui, aux yeux de la religion, étendent trop loin la tolérance théologique : *Vous flétrissez l'indulgence, la tolérance, du nom de tolérantisme* (VOLT.) : → Indulgence.

Tolérant : → Indulgent et Indifférent.

Tolérer : → Souffrir.

Tollé : → Huée.

Tombe : Lieu où l'on dépose les morts. Alors que **Fosse** désigne simplement l'endroit que l'on creuse en terre pour y mettre un ou plusieurs cadavres, *Tombe* se dit d'une fosse recouverte d'une table de pierre, de marbre, de cuivre, etc., et d'une façon plus générale de tout lieu où un mort est enseveli : *Quand on nous aura mis dans une étroite fosse* (Pég.). *L'œil était dans la tombe et regardait Caïn* (V. H.). **Tombeau,** monument élevé à la mémoire d'un mort sur sa tombe, et souvent destiné aux morts de toute une famille : *Les tombeaux des rois* (Acad.); se dit au fig., dans le style relevé, de tout lieu qui renferme le corps d'une personne qui souvent y a péri : *La mer est le tombeau des naufragés.* **Caveau,** au prop. seulement, construction funéraire souterraine pratiquée dans un cimetière ou dans une église pour y mettre les morts, souvent par familles : *Les caveaux de Saint-Denis; du Panthéon. Caveau de famille.* **Sépulcre** ne se dit plus, dans le style ordinaire, que des tombeaux des Anciens; et, dans le style relevé, désigne tout lieu qui ensevelit, qui enferme, sépare du monde des vivants, évoque la tristesse : *Le Saint Sépulcre. Mon sépulcre ignoré* (V. H.). *O triste mer, sépulcre où tout semble vivant* (V. H.). **Sépulture** désigne plutôt un lieu d'inhumation pour toute une classe d'hommes, une famille, ou, d'une manière assez vague, tout lieu où l'on a mis un mort, même s'il n'était pas précisément disposé pour cet usage : *Sépultures célèbres* (Baud.). *On donne à ce héros la mer pour sépulture* (Corn.). **Monument,** syn. de *tombeau,* est du style élevé : *Monument construit en marbre noir* (Baud.); toutefois **Monument funéraire** se dit couramment pour *tombeau,* notamment dans le langage des entrepreneurs. **Mausolée,** grand et riche monument funéraire, par allusion à celui que la reine Artémise fit élever à Mausole son mari : *Le mausolée de l'empereur Adrien.* **Pierre** et **Pierre tombale,** morceau de pierre qui recouvre la fosse, se disent parfois comme syn. de *tombe* : *J'ai fléchi le genou devant leur humble pierre* (Lam.). **Stèle,** monument monolithe formé d'une pierre placée debout et qui sert le plus souvent à marquer l'emplacement d'une sépulture. **Tumulus,** amas de terre ou de pierres en forme de cône ou de pyramide que les Anciens élevaient au-dessus des sépultures pour servir de tombeau. **Cénotaphe,** tombeau vide élevé à la mémoire d'un mort. **Hypogée,** terme d'archéologie, construction souterraine où les anciens déposaient leurs morts. **Sarcophage,** tombeau dans lequel les Anciens mettaient les corps et qu'on disait fait d'une pierre caustique propre à consumer les chairs; de nos jours, partie d'un monument funéraire simulant en pierre un cercueil. **Cinéraire,** caveau mortuaire où les Anciens plaçaient les urnes renfermant les cendres des morts. **Columbarium,** chez les Romains et de nos jours, édifices où sont conservées les cendres des personnes incinérées. **Concession,** terrain vendu ou loué pour servir de sépulture dans un cimetière.

Tombé, Déchu : → Tomber.

Tomber : ¶ 1 Être emporté de haut en bas par son propre poids ou par impulsion (≠ Descendre : → ce mot). *Tomber,* en parlant des personnes ou des choses, marque une action lente ou rapide. **Choir,** vx et assez fam., ne se dit que des personnes et à l'infinitif. **S'abattre,** tomber d'un coup, de sa hauteur, en parlant des choses et des êtres animés : *Il s'abattit à la renverse et ne bougea plus* (Flaub.); ou, en parlant de ce qui est dans l'air, tomber, descendre rapidement comme un oiseau qui fonce sur quelque but, ou par une chute anormale : *La pluie tombe; un orage s'abat. Un météore tombe; un avion s'abat.* **S'affaisser** (→ ce mot), en parlant des choses et notamment d'une construction, fléchir sous un poids pour finalement crouler; en parlant des personnes et parfois des choses, tomber faute de pouvoir se soutenir : *Il s'affaissa sur ce banc les jambes rompues* (Mau.). *Il décrocha le voile qui s'affaissa par terre* (Flaub.). **S'affaler,** fam., en parlant des personnes, se laisser volontairement tomber, et parfois, simplement, tomber, surtout parce qu'on se laisse aller mollement, qu'on ne retient pas son équilibre : *De fatigue il s'affala sur un banc. Un ivrogne s'affale par terre.* **S'écrouler,** en parlant des personnes, s'affaisser ou se laisser tomber brusquement, lourdement. **S'étaler,** fig. et fam., tomber de tout son long, en parlant des personnes. **S'épater,** pop., tomber sur les pattes, sur les pieds et les mains : *Je viens au beau milieu m'épater lourdement* (V. H.) (à noter que l'Acad. donne à ce mot le sens de : tomber les quatre fers en l'air, à la renverse). **Se flanquer par terre,** fam., tomber rudement par terre, se dit d'une personne ou d'un animal, cependant que **Se casser la figure,** tomber en se faisant du mal, **Casser son verre de montre,** tomber surtout sur le derrière, ne se disent que très fam. d'une personne. En parlant des personnes et des choses, **Culbuter** (→ ce mot) et ses syn., tomber en perdant son équilibre de différentes façons; **Dégringoler,** tomber de haut en bas, d'une certaine hauteur, souvent le long d'une pente, par chocs successifs : *Dégringoler d'une échelle; dans un escalier;* **Rouler,** tomber le long d'une pente en tournant sur soi-même. **Débouler,** fam., tomber en roulant comme une boule ou s'écrouler en parlant d'un mur. **Trébucher,** syn. vx de *tomber.* ¶ 2 *Tomber,* en parlant des choses qui s'abattent de haut en bas sur quelqu'un, a pour syn. **Pleuvoir,** au fig., qui marque abondance de choses surtout fâcheuses : *Les coups inexorables Pleuvent* (V. H.). ¶ **3** En parlant d'une chose qui étant suspendue, retenue d'un côté, tend vers le bas d'un autre côté, *Tomber* marque un mouvement normal, esthétique : *Ses cheveux tombaient en masses lourdes sur ses épaules* (LOTI); **Pendre,** un mouvement souvent peu esthétique, une longueur excessive : *Rideaux qui pendaient gauchement* (J. ROM.). **Traîner,** pendre jusqu'à terre ou pendre en désordre. **Retomber** se dit surtout de draperies, de cheveux qui tombent ou pendent après une sorte de mouvement ascendant. ¶ **4** → (se) Trouver. ¶ **5** Ne plus être dans un état avantageux. *Tomber,* absolu, perdre totalement sa réputation, son crédit, sa vogue, et, en théologie, l'état de grâce, marque simplement le fait : *Ah, n'insultez jamais une femme qui tombe* (V. H.). **Déchoir,** relatif, perdre un droit, un pouvoir, une dignité, un état de bonheur, fait penser à l'état qu'on a perdu, soit par sa faute, soit parce que l'opinion change : *Un ange qui, déchu des ivresses du paradis, tombe dans la plus insignifiante réalité* (PROUST). **Descendre,** commencer à déchoir ou à tomber, est rare. **Dégringoler,** déchoir, tomber rapidement, est fam. ¶ **6** → Échouer. ¶ **7** → Mourir. ¶ **8** → Finir. ¶ **9** → Manquer. ¶ **10** Devenir la propriété de quelqu'un. *Tomber,* passer aux mains de quelqu'un à la suite de certaines circonstances : *Ce document est tombé dans mes mains.* **Échoir,** être dévolu par le sort : *Échoir en partage.* ¶ **11** → (se) Terminer. ¶ **12** → (se) Produire. ¶ **13** *Tomber sur :* → Trouver. ¶ **14** *Tomber sur :* → (s') Élancer.

Tomber d'accord : ¶ **1** → Convenir. ¶ **2** → Consentir.

Tombola : → Loterie.

Tome : → Livre.

Tom-pouce : ¶ **1** → Nain. ¶ **2** → Parapluie.

Ton : ¶ **1** → Son. ¶ **2** En termes de musique, *Ton,* gamme dans laquelle est écrit un morceau de musique et qui est désignée par sa note initiale appelée tonique : *Ton d'ut.* **Tonalité,** caractère d'un ton, d'un morceau écrit dans un ton particulier : *La note sensible et l'accord parfait déterminent la tonalité.* ¶ **3** → Style. ¶ **4** → Couleur.

Ton (bon) : → Convenance.

Tondre : ¶ **1** → Peler. ¶ **2** → Dépouiller.

Tonique : → Fortifiant.

Tonitruant, Tonnant : → Sonore.

Tonneau : Grand récipient de bois, fait de planches ou douves arquées, entouré de cercles et fermé par deux fonds, pour mettre des liquides et des marchandises. Le *Tonneau* est moins grand et moins renflé par le milieu que la **Tonne. Baril,** petit tonneau. **Tonnelet,** petit baril destiné à contenir du vin, de l'eau-de-vie ou quelque autre liquide. **Tine,** tonneau dans lequel on transporte de l'eau, de la vendange, du lait, etc., ou tonne à un seul fond dans laquelle on met le minerai ou les eaux qu'on extrait des puits de mine. **Tinette,** petit tonneau de forme conique, à un seul fond. **Caque,** baril pour les harengs salés et fumés, pour la poudre ou le salpêtre, pour le suif fondu. — Pour désigner spéc. un tonneau où l'on met du vin ou quelque autre boisson, **Futaille** est le terme générique et s'emploie souvent collectivement. **Fût** est plutôt pour les vins et désigne des futailles d'une capacité variable d'une région à l'autre, mais déterminée dans chaque région et dont les principales sont appelées suivant les lieux **Barrique, Pièce, Tonneau, Velte, Pipe, Charge, Quartaut, Feuillette, Queue, Bonte, Charge, Muid, Demi-muid, Poinçon.** *Barrique,* dans le langage courant, désigne un fût quelconque, ou aussi un gros tonneau contenant d'autres corps que les liquides : *Barrique de sucre; de morue; de choux.* **Foudre,** tonne d'une très grande capacité contenant plusieurs barriques (50 à 300 hl.) et destinée soit à transporter du vin sur les wagons, soit à conserver le vin qu'on veut laisser vieillir. **Cercles,** syn. de *tonneau* dans la loc. *Vin en cercles.*

Tonnelle : Voûte de feuillage au-dessus d'une allée. La *Tonnelle,* plutôt circulaire, est faite d'un treillage couvert de verdure. Le **Berceau,** souvent plus long, est fait soit d'un treillage sur lequel on fait monter des pousses de plantes grimpantes, soit simplement de branches entrelacées d'arbrisseaux ou de jeunes arbres. **Pergola,** construction légère, entièrement à clairevoie, faite de poutrelles qui servent de soutien à des plantes grimpantes et placée dans un jardin ou sur une terrasse.

Tonner : ¶ **1** → Crier. ¶ **2** → Invectiver.

Tonnerre : → Foudre.

Toper : → Consentir.

Topique : N. ¶ **1** → Remède. ¶ **2** → Lieu commun. ¶ **3** Adj. → Convenable.

Topographique, en parlant d'une carte, qui décrit exactement au physique des lieux particuliers : *Carte topographique des environs de Paris.* **Géographique** suppose une carte plus vaste, moins détaillée quant à la description des lieux, mais contenant des renseignements plus variés qui dépendent de la géographie et non de la topographie : *Une carte géographique de l'Auvergne peut indiquer les richesses naturelles de cette région.*

Toquade : ¶ 1 → Caprice. ¶ 2 → Manie.

Toque : → Bonnet.

Toquer (se) : → (s') Engouer.

Torche : → Brandon.

Torcher : ¶ 1 → Nettoyer. ¶ 2 → Gâcher.

Torchère : → Chandelier.

Torchonner : ¶ 1 → Nettoyer. ¶ 2 → Gâcher.

Tordant : → Risible.

Tordre : ¶ 1 → Tourner. *Tordre,* tourner un corps par ses deux extrémités en sens contraire ou par l'une des deux, l'autre étant fixe : *Tordre du linge.* **Tortiller,** tordre à plusieurs tours, en parlant seulement de choses souples comme le papier, la filasse, le ruban, etc. : *Tortiller des cheveux.* **Tortillonner,** terme de technique, ne se dit que de la laine qu'on traite par torsion. **Tourniller,** syn. peu usité de *tortiller.* **Bistourner,** tordre ou courber en sens inverse de sa direction naturelle : *Bistourner une lame d'acier.* **Tirebouchonner,** tordre en forme de vrille, de tirebouchon. — **Filer,** tordre ensemble plusieurs brins de chanvre, de lin, de soie, etc., pour qu'ils forment un fil. ¶ 2 (Réf.) → Rire.

Tordu rappelle toujours le résultat d'une action subie par un corps dont on a changé l'état naturel ou normal et qui paraît tourné en long sur lui-même, en vis, en spirale, sans que la direction générale cesse d'être droite : *Membres tordus par les rhumatismes.* **Tors,** vx, dans le même sens, envisage simplement la qualité dans le sujet, sans rappeler une action subie : *Jambes torses* (VOLT.). — **Tortu,** à la fois tordu et courbé, incliné de travers, comme tourmenté, marque surtout le défaut naturel ou accidentel de ce qui est contrefait, mal tourné, sans rappeler une action subie et se dit surtout du corps, des membres, des arbres, des chemins et, au fig., de l'esprit qui manque de justesse : *Suis-je tortu ou bossu?* (MOL.). *Esprit tortu* (BOIL.). **Tortueux** marque plus de tours et de contours, en parlant seulement de ce qui revient sur soi-même, comme un serpent, un chemin, une rivière, et, au fig., un esprit plein de détours, de ruses; mais implique une forme moins anormale et déplaisante que *tortu,* car ce qui est *tortu* devrait être droit et ne l'est pas, ce qui est *tortueux* est naturellement très sinueux. **Tortué,** rendu tortu, ne se dit que de choses faussées, courbées, et qu'il faut redresser pour pouvoir les utiliser normalement; en ce sens on dit plus couramment *tordu.* **Cagneux** ne se dit que de celui qui a les genoux tournés en dedans et les jambes écartées. **Tortillé,** de choses souples plusieurs fois tordues sur elles-mêmes ou sur une autre chose : *Ruban; corde; cheveux*

tortillés. **Vrillé,** tortillé en forme de tirebouchon, ou tordu en se rétrécissant : *Vigne vrillée.* **Entortillé,** tortillé autour d'un objet, et parfois entrelacé ou mêlé avec lui : *Vigne entortillée autour d'un arbre.* **Volubile,** terme de botanique, qui se roule en hélice autour des corps voisins : *La tige du houblon est volubile.* — **Circonflexe,** tourné de côté et d'autre, fortement tortu, est vx en parlant des membres : *Jambe torte et circonflexe* (BEAUM.); et ne se dit qu'en terme d'anatomie de parties très sinueuses : *Artères circonflexes.*

Torgnole : → Gourmade.

Tornade : → Bourrasque.

Torpeur : ¶ 1 → Engourdissement. ¶ 2 → Langueur.

Torpiller : ¶ 1 → Couler. ¶ 2 Au fig. → Étouffer.

Torréfier : → Rôtir.

Torrent : → Cours d'eau.

Torride : → Chaud.

Tors : → Tordu.

Torse : → Tronc.

Torsion : Action de tordre ou état de ce qui est tordu. *Torsion* se dit des choses qui sont ou paraissent avoir été tournées sur elles-mêmes par une extrémité, l'autre restant fixe : *Torsion des branches; de la laine; des artères.* **Tortillement** ne se dit que des choses souples plusieurs fois tordues sur elles-mêmes : *Tortillement d'une corde*; ou, fam., du balancement qu'on imprime à une partie du corps comme si on la tournait de divers côtés : *Tortillement de tête.* **Contorsion,** mouvement violent qui procède d'une cause intérieure et qui tord les muscles, les membres d'une personne : *A la lutte, on fait une torsion au bras de son adversaire, mais certaines maladies provoquant la contorsion des bras.* **Distorsion,** torsion convulsive d'une partie du corps qui se tourne d'un seul côté par le relâchement des muscles opposés ou par la contraction des muscles correspondants.

Tort : → Dommage. *Tort* implique qu'on ravit à quelqu'un ce qui lui est dû, qu'on lui cause un dommage, **Injure,** qu'on l'attaque, qu'on l'offense : *Le mensonge est un mal en soi, non pas précisément par le tort qu'il fait à la société, mais par l'injure qu'il fait à Dieu* (dans L.).

Tort (avoir) : → (se) Tromper.

Tortillage : → Galimatias.

Tortillé : → Tordu.

Tortillement : ¶ 1 → Torsion.

Tortiller : ¶ 1 → Tordre. ¶ 2 → Manger. ¶ 3 → Balancer. ¶ 4 → Hésiter et Biaiser. ¶ 5 → Tourner.

Tortionnaire : → Bourreau.

Tortu, Tortué : → Tordu.

Tortueux : ¶ 1 → Sinueux et Tordu. ¶ 2 → Rusé.

Torture : ¶ 1 → Supplice. *Torture*, tourment infligé par voie de justice à un accusé pour obtenir de lui certains aveux ou révélations. **Question,** plus abstrait, l'acte de justice lui-même caractérisé souvent par un but particulier : *Question ordinaire, extraordinaire; préalable; préjudicielle.* ¶ 2 → Douleur.

Torturer : ¶ 1 → Tourmenter et Chagriner. ¶ 2 (un sens) → Détourner.

Tôt : Dans peu de temps. *Tôt*, qui s'emploie surtout par opposition à *tard*, ou avec un adv. de quantité comme *assez, trop, plus,* etc., est relatif à l'époque à laquelle se produit une action, **Vite** (→ ce mot), au temps qu'elle dure : *Nous approchons si tôt de notre fin, et la vie passe si vite* (Sév.).

Total : ¶ 1 Adj. → Entier. ¶ 2 N. → Somme et Totalité.

Totalement : → Absolument. Pour annoncer un changement on ne peut plus grand, *Totalement* regarde le sujet, l'action ou l'événement, **En totalité,** l'objet, la chose soumise à l'action, changée par l'événement : *La maison que le propriétaire rebâtit totalement à neuf est rebâtie à neuf en totalité quand on la considère en elle-même* (L.).

Totalitaire : → Autoritaire.

Totalité : ¶ 1 *Totalité*, toutes les parties, sans exception, qui forment un groupe ou une chose divisible appelée **Tout** : *Au lieu d'un choix vous avez la totalité* (Balz.). **Total,** la somme des parties : *L'horreur de la vieillesse, c'est d'être le total d'une vie* (Mau.). **Ensemble,** le résultat de l'union de parties considéré indépendamment de la valeur propre des individualités qui le composent : *Un pays vaincu signe des traités avec la totalité de ses adversaires, mais non avec l'ensemble de ses adversaires, s'il a signé, avec certains, une paix séparée.* **Masse,** la totalité d'une chose dont les parties sont de même nature : *La masse de l'air; du sang; des connaissances humaines.* ¶ 2 *En totalité :* → Totalement.

Totem : → Amulette.

Toton : → Toupie.

Touchant : → Émouvant.

Touche : ¶ 1 → Port. ¶ 2 → Expression.

Toucher (V.) : ¶ 1 Exercer le sens du tact sur un objet. *Toucher*, entrer en contact avec une chose de quelque manière que ce soit : *Toucher de la main; du doigt; du coude; avec sa canne.* **Attoucher,** toucher légèrement avec la main, est vx. **Manier**

(→ ce mot), prendre une chose dans sa main, ou passer et repasser la main dessus, pour lui donner une forme, lui imprimer un mouvement, se rendre compte de sa qualité : *Manier de belles reliures de satin* (Flaub.); *des fils de transmission* (Gi.). **Tâter,** toucher, manier doucement une chose, avec attention, pour l'examiner : *Je tâte votre habit, l'étoffe en est moelleuse* (Mol.). *Tâter le pouls.* **Palper,** toucher, toujours avec la main, avec grande attention, à plusieurs reprises et en pressant légèrement, se dit souvent en termes de science, ou pour marquer une curiosité passionnée : *Les aveugles palpent les choses pour les reconnaître. Le médecin palpe le ventre d'un malade. Palper* (J.-J. R.) *à travers les enveloppes ce que contient un paquet.* **Tâtonner** (intrans.), tâter dans l'obscurité pour se diriger, pour trouver quelque chose. **Effleurer** (→ ce mot), toucher légèrement et doucement à la superficie. ¶ 2 Parvenir à un point. *Toucher* marque simplement le fait, **Atteindre** suppose un certain effort dû à l'éloignement ou à la difficulté. **Affleurer,** toucher en étant de même niveau : *La rivière affleure ses bords.* ¶ 3 En parlant d'un navire, *Toucher*, terme de marine, atteindre la terre en un point précis, souvent un port, pour y faire escale (→ Relâcher) : *Le navire a touché à Madère.* **Prendre terre,** moins usité. **Atterrir,** atteindre la terre, où que ce soit. **Atterrer,** arriver de la haute mer dans le voisinage d'une terre et la reconnaître (on dit aussi en ce sens *atterrir*). **Aborder** fait penser à l'action d'approcher le plus près possible du rivage pour y débarquer : *Il y a trop de récifs pour qu'on puisse aborder cette côte.* **Arriver** est vx en ce sens. **Accoster,** se placer le long ou à côté de, implique que le navire se place contre le rivage et notamment le long d'un quai : *Accoster un quai.* ¶ 4 En parlant du coup donné par une arme ou un projectile, *Toucher*, qui se dit seul en escrime, marque le fait qui résulte souvent d'une action volontaire. **Atteindre,** toucher de loin ce qu'on visait ou non, en lui causant en général un dommage physique et, au fig., moral : *Atteindre d'un coup de fronde. Atteint d'un éclat d'obus.* **Porter** (intrans.), avec pour sujet le coup ou le nom du projectile, atteindre exactement le but visé et produire son effet. **Frapper** implique un coup violent qui perce et parfois tue. **Attraper,** plus rare, atteindre ou frapper, surtout par hasard, comme au passage : *En jetant son bâton, il m'a attrapé à la jambe.* ¶ 5 (une personne) → Aborder. ¶ 6 *Toucher*, être en contact : *Un champ qui touche celui de mon père* (Mtq.). **Toucher à,** être voisin, peut supposer quelque intervalle. **Confiner** se dit surtout en parlant de terres, de pays, et au fig. : *Cela confine à la folie* (Acad.). **Tenir à** marque un contact sur une assez grande longueur. ¶ 7 → Jouer. ¶ 8 *Toucher*, entrer effectivement en possession d'une somme d'argent : *Toucher son traitement.* **Recevoir** fait. penser à l'action de prendre ce qui est dû et que quelqu'un donne ou envoie : *Recevoir un salaire; des gages; une indemnité.* **Recueillir** ne se dit que de biens qu'on reçoit par voie d'hérédité; ou des sommes qu'on ramasse en différents endroits pour soi ou pour les autres : *Recueillir des cotisations; des aumônes.* **Percevoir** (→ ce mot), recevoir ou recueillir certaines choses sur lesquelles on a un droit, comme les revenus d'une propriété, des impôts, suppose souvent une série de démarches, d'opérations pour entrer en possession de la chose due. **Recouvrer**, percevoir le paiement d'une somme due, se dit surtout en termes de commerce ou des impôts et des frais de justice. **Encaisser**, terme de commerce, mettre dans sa caisse des fonds qu'on a reçus et par ext. recueillir le montant d'un effet, d'un papier de commerce : *Encaisser les quittances d'électricité.* **Retirer**, percevoir le revenu que produisent certaines choses : *Retirer tant à sa charge.* **Émarger**, signer en marge d'un compte, comme acquit, et, absolument, toucher les appointements affectés à un emploi : *Il émarge au budget* (Acad.). **Palper**, syn. pop. de *toucher*, surtout en parlant d'une grosse somme. ¶ 9 → Concerner. ¶ 10 → Émouvoir. *Toucher*, qui se dit spéc. des passions douces, des purs sentiments, s'emploie aussi en un sens plus général, pour marquer qu'une impression venue de l'extérieur a produit un certain effet sur notre sensibilité : *Un soufflet touche un homme de cœur* (Corn.). *Être touché de reconnaissance* (Sév.); *d'un reproche* (Rac.). **Pénétrer**, toucher en allant jusqu'au fond du cœur, se dit des sentiments qui s'emparent, sans violence, de l'âme tout entière, éveillent en elle comme une sensibilité nouvelle : *Pénétré jusqu'au cœur par la paix qui remplissait la terre* (Mau.). **Affecter** ne se dit que d'impressions fâcheuses comme la douleur, les blessures d'amour-propre : *Péniblement affecté par l'expression harassée de ce visage que j'avais connu si beau* (Gi.). **Blesser**, toucher, en parlant des passions et surtout de l'amour, est vx : *Ariane, ma sœur, de quel amour blessée...* (Rac.); et ne se dit plus que des impressions qui choquent, offensent : *Des reproches touchent si l'on y est sensible; ils affectent si l'on en souffre; ils blessent si on les juge offensants.* **Avoir prise**, avoir le pouvoir de toucher : *L'appât du gain a prise sur cet homme.* **Porter**, en parlant de discours, de paroles, d'arguments, produire exactement, en touchant, l'effet voulu : *Il n'y a pas un mot [dans votre lettre] qui ne porte.* (Sév.). ¶ 11 → Traiter et Rouler sur. ¶ 12 *Toucher à :* → Entamer et Entreprendre.

Toucher (N.) : → Tact.

Touffe, terme général, ensemble d'herbes, de fleurs, de poils, de cheveux, de plumes naturellement rapprochés : *Cheveux formant une touffe, vigoureuse au-dessus du front* (J. Rom.). **Toupet,** petite touffe de poils, de cheveux, de crins, de laine, et, absolument, petite touffe de cheveux en haut du front. **Toupillon,** petit toupet, se dit aussi d'un bouquet de branches mal disposées sur un arbre. **Mèche,** pincée de cheveux séparés du reste de la chevelure et, par èxt., petit bouquet de filaments quelconques : *Mèche de laine.* **Épi,** mèche de cheveux ou de poils qui poussent dans une direction contraire à celle des autres, ou qui sont isolés. **Flocon,** petite touffe, amas léger de laine, de soie, de matières légères. **Houppe,** assemblage de fils, de laine, de soie, formant un bouquet, une touffe, un flocon; par ext. flocon de plumes sur la tête de certains animaux, touffe de cheveux sur le devant de la tête (*Riquet à la houppe*) et, en botanique, petite touffe de poils plus ou moins divergents. **Pompon,** sorte d'ornement ayant la forme d'une petite houppe en boule et qui sert dans la toilette et dans l'ameublement. **Huppe,** touffe de plumes que certains oiseaux, comme l'alouette, portent sur la tête; en ce sens on dit aussi **Crête**. **Aigrette,** faisceau de plumes effilées et droites qui orne la tête de certains oiseaux comme le paon; par ext. ornement de tête et d'ameublement de cette forme, et, en botanique, touffe de poils ou de filets déliés qui surmonte la graine de certaines plantes telles que le pissenlit, le séneçon. **Pinceau** se dit parfois de touffes ressemblant à un pinceau de peintre : *Pinceau de poils noirs* (Buf.).

Touffu : ¶ 1 → Épais. ¶ 2 → Feuillé. ¶ 3 → Dense. ¶ 4 → Obscur.

Toujours se dit de choses qui sont ou qui ont lieu tout le temps, ou ordinairement, ou dans tous les cas sans exception : *J'essaie d'être toujours véritable* (Pasc.). *Quelques crimes toujours précèdent les grands crimes* (Rac.). **De tout temps** se dit de ce qui a toujours été tel dans le passé, le plus souvent en parlant d'une vérité générale à laquelle on ne connaît pas d'exception : *De tout temps la vertu s'est fait estimer* (Acad.). **Continuellement** implique une série d'actions qui se répètent ou se succèdent sans intervalle de manière que l'une est aussitôt remplacée par l'autre : *L'hiver, les alouettes étant presque toujours à terre mangent pour ainsi dire continuellement* (Buf.). **Constamment** et **Assidûment** se disent d'un genre habituel d'action qu'on observe d'une manière inviolable, *constamment* donnant l'idée d'une loi qu'on suit invariablement, *assidûment* supposant une règle qu'on se donne à soi-même et à laquelle on se conforme avec zèle : *Les astres suivent constamment leur route. Un courtisan fait assidûment sa cour.* **Incessamment, Sans cesse** et **Sans relâche** sont relatifs à l'agent qu'ils représentent comme ne prenant pas de repos; *incessamment* est relatif au sujet, à ce qu'il éprouve, à ce qu'il fait; *sans cesse*, objectif, à la conduite, à des actions extérieures quelconques : *Les vains efforts des puissances européennes sont comme les flots de la mer qui sans cesse agitent sa surface sans jamais en changer le niveau; de sorte que les peuples sont incessamment désolés sans aucun profit sensible pour les souverains* (J.-J. R.); *sans relâche* annonce une action pour laquelle on est tendu, attentif, plein d'ardeur : *Ses yeux étincelants étaient sans cesse ouverts sur eux et les observaient sans relâche* (MARM.).

Toujours (pour), pour un temps qui ne doit pas avoir de terme ou de fin, a un caractère purement affirmatif. **Pour** (et **à**) **jamais** convient particulièrement bien pour la négative ou pour exprimer une privation : *Ma fortune est faite, dit l'un, j'ai de quoi vivre pour toujours; et il mourra demain. Que je suis misérable! dit un autre. Je suis perdu pour jamais; et la mort le délivre de tous les maux* (B. S.-P.). **A perpétuité** est plutôt un terme didact. et se dit bien en matière de droit : *Concession à perpétuité.*

Toupet : ¶ 1 → Touffe. **¶ 2 →** Confiance et Hardiesse.

Toupie, jouet en forme de poire qu'on fait tourner sur la pointe en lui imprimant un mouvement de rotation au moyen d'une ficelle déroulée vivement ou d'un ressort. **Sabot,** sorte de toupie que les enfants font tourner en la frappant avec une lanière. **Toton,** sorte de petite toupie que l'on fait tourner avec le pouce et l'index et qui porte sur ses faces latérales des lettres ou des chiffres qui servent à indiquer le gagnant lorsqu'on y joue à plusieurs. — Au fig. → Pantin et Mégère.

Tour : ¶ 1 *Tour,* terme courant, mouvement d'un corps qui tourne autour d'un autre corps ou d'un corps qui tourne sur luimême : *Avant que le soleil ait fait encore un tour* (CORN.). *Faire un tour sur ses talons.* Dans le premier sens, *tour* a pour syn. **Révolution,** terme de science, mouvement d'un mobile qui, parcourant une courbe fermée, repasse successivement par les mêmes points : *La révolution de la terre autour du soleil.* — Dans le second sens,

Rotation, terme didact. : *La rotation de la terre autour de son axe*; **Pirouette,** tour entier que l'on fait de tout le corps en se tenant sur la pointe d'un seul pied. — Dans les deux sens, **Conversion,** tout mouvement qui fait tourner, se dit notamment en mécanique (*centre de conversion*) et, en termes militaires, d'un mouvement qui amènerait une troupe à prendre une direction nouvelle après avoir pivoté sur une de ses extrémités, ou d'un mouvement circulaire opéré par des bâtiments évoluant ensemble. **Giration,** terme de mécanique ou de sciences naturelles, se dit notamment d'un mouvement qui se fait en tournoyant : *La giration d'un cyclone.* **Volte,** terme de manège, mouvement que le cavalier fait exécuter à sa monture en la menant en rond; par ext. demi-tour, en termes militaires, surtout en parlant d'un cheval ou d'une troupe (*Une volte tactique*), ou tout mouvement en rond : *Venant se placer en face d'eux par une volte hardie* (PROUST). **Tournoiement, Tourbillonnement, Virevolte : →** Tourner. **¶ 2** Mouvement de ce qui a la forme d'une ligne courbe. *Tour,* terme général. **Détour,** tour qui s'écarte du chemin direct. **Retour,** tour qui fait qu'on revient en sens contraire, ne s'emploie qu'au pl. après *tours : Les tours et les retours du labyrinthe. Le détour du chemin.* **Coude** (→ ce mot) décrit la forme d'une voie qui fait un détour; **Sinuosité** (→ ce mot), l'aspect de ce qui fait de multiples tours, détours et retours. **Circonvolution,** tours circulaires faits autour d'un centre commun : *Les plaques de bronze font des circonvolutions autour du fût de la colonne de la place Vendôme* (LIT.); en termes d'anatomie, enroulement ou sinuosité circulaire : *Les circonvolutions de l'intestin dans l'abdomen.* **¶ 3** Chemin qu'on fait pour revenir au lieu d'où l'on est parti. *Tour* désigne uniquement ce chemin, d'une façon assez abstraite, comme une promenade, un voyage circulaire; **Tournée** fait penser aux opérations faites pendant le tour : *La tournée du facteur; d'un inspecteur; d'une compagnie dramatique.* **¶ 4 →** Promenade. **¶ 5** Voyage circulaire. *Tour,* avec l'article indéfini, désigne une promenade, ou des allées et venues assez brèves en un lieu quelconque : *Faire un tour à Paris*; et, avec l'article défini, dans la loc. *Faire le tour,* indique qu'on parcourt toute la circonférence d'une étendue quelconque : *Faire le tour de France.* **Circuit,** en termes de tourisme et de sport, itinéraire, en général circulaire, fixé d'avance : *Le circuit des châteaux de la Loire.* **Randonnée,** circuit que fait un animal autour de l'endroit où il a été lancé par le chasseur; par analogie, fam., toute longue course ininterrompue, en général circulaire, à pied, en voiture, à bicyclette, etc.

Circumnavigation, navigation autour du globe terrestre ou d'un continent. **Périple,** terme de géographie ancienne, navigation autour d'une mer ou autour des côtes d'un pays, d'une partie du monde : *Le périple d'Hannon.* **Croisière,** de nos jours, voyage circulaire sur mer, dans telle ou telle région, pour l'étude ou l'agrément. ¶ 6 Ligne qui embrasse un objet, un espace rond ou à peu près tel et le limite de tous les côtés (≠ Enceinte, ce qui enferme). *Tour,* terme commun, fait penser à une ligne qu'on mesure ou qu'on parcourt et se dit de grandes comme de petites choses : *Le tour du cou. Le tour de la terre.* **Circonférence,** en géométrie, ligne courbe qui délimite un cercle, s'emploie dans le langage ordinaire en parlant des limites qui ne sont pas parfaitement circulaires, mais se dit plutôt pour des choses étendues et pour exprimer le résultat d'une estimation rigoureuse : *Mesurer la circonférence de la terre*; ou ironiquement, comme syn. de *tour,* en parlant du corps humain ou de choses petites : *Un roi d'une vaste circonférence* (MOL.). **Circuit,** tour d'un lieu déterminé et assez vaste, désigne, dans le langage ordinaire, le chemin plus ou moins sinueux qu'il faut parcourir pour faire le tour du lieu en suivant exactement sa limite : *Tout le pays de Romulus n'avait pas trois mille pas de circuit* (VOLT.). **Pourtour,** syn. de *tour* et de *circuit,* ne s'emploie qu'en parlant de certaines choses notamment des édifices, des places, des colonnes; de plus le *pourtour* n'est pas toujours une ligne abstraite, mais peut avoir une certaine étendue : *Les places de pourtour d'une salle de théâtre.* **Périmètre,** terme de géométrie, contour d'une figure plane, qu'elle soit polygonale ou curviligne : *La circonférence est le périmètre du cercle*; en médecine, tour de la poitrine : *Périmètre thoracique*; dans le langage courant, tour, circonférence d'un espace, ou surface qui l'environne : *Il est interdit de construire dans un certain périmètre autour des forts* (ACAD.). **Périphérie,** en géométrie, limite d'une surface curviligne, ou surface limitant un volume; se dit surtout dans le langage courant de la surface externe d'un solide ou des faubourgs qui entourent une ville. **Contour,** ce qui limite la surface ou les parties d'un corps, évoque une ligne sinueuse, parfois esthétique, qui est considérée comme faisant partie de la chose qu'elle dessine alors que *tour* est une mesure ou une ligne qu'on parcourt : *On fait le tour d'une forêt; on en suit le contour.* ¶ 7 *Tour,* toute action qui exige de l'agilité, de la souplesse, de la force du corps : *Tours de passe-passe.* **Gentillesse,** tour de souplesse agréable, surtout fait par un animal. ¶ 8 → Attrape. *Tour,* toute

manière d'agir adroite et souvent malintentionnée aux dépens de quelqu'un : *Bon tour, vilain tour. Jouer un tour.* **Gentillesse,** par ironie, trait de malice (→ Méchanceté et Plaisanterie), de mauvaise conduite. **Pièce,** tromperie, moquerie, petit complot comparé à une pièce de théâtre : *Nous lui jouerons tant de pièces, nous lui ferons tant de niches sur niches, que nous renverrons à Limoges M. de Pourceaugnac* (MOL.). ¶ 9 Manière d'être, en parlant des affaires, de l'esprit, du style. Le *Tour* se considère en lui-même, idéalement, la **Tournure** est plus relative au travail, à l'opération de celui qui donne un certain tour, ou à ce qui a un tour particulier, original : *On dit plutôt un tour de phrase et une tournure de style* (R.). Un *tour d'esprit* appartient à une certaine catégorie d'individus : *Ce tour unique qui n'est propre qu'aux Mortemarts* (S.-S.). Une *tournure d'esprit* caractérise un individu. ¶ 10 → Marche et Aspect. ¶ 11 → Expression.

Tour, sorte de bâtiment élevé, rond, carré ou polygonal dont on fortifiait jadis l'enceinte des villes, des châteaux. **Tourelle,** petite tour faisant en général partie d'une enceinte. **Donjon,** la tour la plus forte du château féodal où se concentraient les derniers efforts de la défense.

Tour à tour : → Alternativement.

Tourbe : ¶ 1 → Multitude. ¶ 2 → Populace.

Tourbillon : ¶ 1 → Rafale. ¶ 2 → Mouvement.

Tourbillonner : → Tourner.

Tour de main : → Habileté.

Touriste : → Voyageur.

Tourment : ¶ 1 → Supplice. ¶ 2 → Douleur. ¶ 3 → Souci. ¶ 4 → Agitation.

Tourmente : ¶ 1 → Bourrasque. ¶ 2 → Trouble.

Tourmenté : ¶ 1 En parlant d'un paysage, *Tourmenté* implique qu'il est bouleversé, comme tordu, parfois sous l'action de séismes. **Accidenté** dit beaucoup moins et suppose simplement quantité d'élévations ou d'abaissements du terrain. **Dantesque,** tourmenté et effrayant, se dit de certains paysages qui rappellent l'*Enfer* de Dante. ¶ 2 En parlant d'un visage, *Tourmenté* suppose qu'il porte la trace d'inquiétudes, de douleurs qui lui ont enlevé toute sérénité, **Ravagé** évoque un désordre, une sorte de dégénérescence due à la maladie ou aux passions. ¶ 3 En parlant du style : → Pénible.

Tourmenter : ¶ 1 Faire beaucoup souffrir. *Tourmenter,* faire souffrir une peine corporelle, se dit par ext. des douleurs causées par la maladie, et au fig. des peines d'esprit ou des personnes qui font souffrir et ne laissent jamais en repos : *C'est le passé qui me tourmente* (J.-J. R.). **Torturer,** infliger la torture ou la question, enchérit, au physique et au moral, et implique une douleur vive, cruelle, souvent infligée par une personne avec méthode, préméditation : *Elle avait souffert pour moi, j'avais eu ce pouvoir de la torturer* (Mau.). **Martyriser** enchérit. **Mettre au supplice,** fig., indique un état moins durable que *tourmenter,* pouvant aller du simple désagrément à la peine violente et le plus souvent involontairement infligé : *Des souliers trop étroits; un fâcheux; l'absence de nouvelles mettent au supplice.* **Travailler,** causer du malaise, de la souffrance physique, est plutôt dominé par l'idée de fatigue, et, au fig., par celle d'inquiétude obsédante causée par des passions, des pensées : *La fièvre le travaillait* (Mariv.). *Un songe* (Corn.); *l'ambition* (L. R.); *l'inquiétude* (Les.); *des idées* (M. D. G.) *travaillent.* **Bourreler,** torturer comme faisait le bourreau, ne se dit qu'au fig. en parlant du remords. **Tenailler,** tourmenter un criminel avec des tenailles ardentes, se dit au fig. de la faim qui serre l'estomac ou de tortures morales poignantes comme le regret, la jalousie, l'ambition. **Gêner,** syn. vx de *torturer.* **Crucifier,** infliger le supplice de la croix, se dit parfois au fig. de tortures mortelles : *Balzac a appelé le Père Goriot le « père crucifié ».* ¶ 2 Au fig., agir à l'égard de quelqu'un de façon à lui ôter toute tranquillité, en parlant des personnes et parfois des choses. *Tourmenter,* enlever à quelqu'un la tranquillité, le repos, sans trêve ni ménagement, et le faire souffrir : *L'Église fut tourmentée d'une cruelle manière sous l'empereur Valens* (Bos.). **Inquiéter,** qui dit moins, troubler le repos, en donnant du souci, en dérangeant, en suscitant des procès, des querelles, de mauvaises affaires, en menaçant un ennemi de ses attaques : *Tout ce qu'elle voit l'inquiète et l'afflige* (Gi.). *Inquiéter les écrivains de l'opposition.* **Vexer,** vx, avec pour sujet un n. de personne seulement, tourmenter par abus de pouvoir. **Molester,** vx, avec pour sujet un n. de personne seulement, inquiéter par des injustices, de la mauvaise foi, des chicanes, des querelles hors de propos. **Persécuter,** avec pour sujet un n. de personne seulement, tourmenter avec acharnement, par des voies injustes, des poursuites violentes, celui qui ne peut pas se défendre : *Persécuter les chrétiens;* par exagération, presser avec indiscrétion quelqu'un qu'on inquiète vivement, à qui on se rend incommode : *Persécuté par une foule importune de créanciers* (Les.). **Poursuivre,** tourmenter avec obstination, n'implique

pas une action injuste, mais une action incessante : *Des ennemis cruels* (Volt.); *un songe* (Rac.) *poursuivent.* **Harceler,** tourmenter, inquiéter, en provoquant, en excitant, par de petites, mais fréquentes attaques : *Harceler les ennemis. Harceler de questions.* **Talonner,** presser vivement, sans laisser un moment de répit : *Les créanciers; la frayeur* (Scar.); *la faim* (J.-J. R.) *talonnent.* **Importuner,** tourmenter, ou simplement fatiguer, ennuyer, déplaire, en agissant, d'une façon répétée, hors de propos : *Je vous prie de me laisser en repos et de ne m'importuner plus de vos querelles* (Mtq.). **Obséder,** en parlant d'une personne ou d'une idée, tourmenter en accablant par sa présence continuelle : *Obsédé par son indignité* (Mau.). **Hanter** enchérit, mais seulement en parlant d'idées ou d'imaginations fantastiques : *Je suis hanté : l'Azur, l'Azur, l'Azur, l'Azur!* (Mall.). **Assiéger** (→ ce mot), avec pour sujet un n. de personne ou de chose, ajoute à *poursuivre* l'idée qu'on est toujours aux côtés de sa victime; mais on *poursuit* pour inquiéter, alors que le tourment qu'on inflige en *assiégeant* consiste surtout à réclamer, à supplier, ou simplement à être là : *Le révérend père vient assiéger ses derniers moments* (Volt.). **Tirailler,** au fig., importuner pour demander un service, pour engager dans son parti, souvent en parlant de plusieurs personnes qui agissent dans des sens différents; et, avec pour sujet un n. de chose, causer de l'embarras, disperser, faire perdre du temps : *Chacun me tiraille de son côté* (J.-J. R.). *Une demi-douzaine d'affaires très désagréables me tiraillent de tous côtés* (Volt.). **Tracasser,** fam., tourmenter, inquiéter pour de petites choses. **Tarabuster,** fam., tracasser sans cesse, ou déranger par du bruit, des paroles, des discours à contretemps, des rappels à l'ordre ou des paroles dures. **Chicaner,** tracasser par des subtilités captieuses, ou reprendre, critiquer mal à propos sur des bagatelles. **Brimer,** faire subir aux nouveaux venus, dans une école ou un régiment, une initiation plus ou moins désagréable, par ext. soumettre à une série de vexations. **Asticoter,** fam., tracasser, tourmenter pour des bagatelles, en agaçant. **Tarauder,** *tourmenter,* est pop. **Taquiner** (→ ce mot), harceler légèrement par malice. **Faire damner,** tourmenter de façon à impatienter, à mettre hors de soi. **Faire danser,** fig., donner bien du tracas, de l'embarras à quelqu'un pour le réduire à ce qu'on veut. **Faire chanter** est spéc. : c'est extorquer de l'argent à quelqu'un ou l'obliger à faire certains actes, en le menaçant de dévoiler des choses qui lui nuiraient. ¶ 3 → Fâcher et Chagriner. Donner beaucoup de souci, en parlant des choses et parfois des personnes. *Tourmenter*, ôter tout repos à l'esprit. **Inquiéter**, qui dit moins, **Tracasser**, qui se dit plutôt des petits soucis quotidiens, **Tarabuster**, tracasser sans cesse, diffèrent comme plus haut. **Turlupiner**, fam., tracasser, tarabuster vivement. **Chiffonner**, fam., suppose de petites contrariétés. **Préoccuper** suppose une inquiétude, un souci fort vifs qui absorbent l'esprit tout entier et enchérit sur *inquiéter* : *L'esprit préoccupé parce qu'il faudrait trouver la force de prendre le train du soir* (Mau.). **Ronger** enchérit sur *tourmenter*, en parlant de ce qui fatigue, épuise, tourmente sans arrêt : *Rongé par mes affaires, par mes soucis* (Gi.) ; *par le chagrin* (Mau.). **Marteler**, au fig., se dit plutôt d'un souci lancinant qui semble frapper sans cesse sur l'esprit : *Être trompée par ce colonel était une pensée qui lui martelait la cervelle* (Balz.). ¶ 4 (Réf.) Se donner du souci. *Se tourmenter*, **S'inquiéter** diffèrent comme plus haut. **Se travailler** se dit plutôt de l'esprit, de l'imagination qui reviennent sans cesse sur les mêmes idées, soit pour découvrir quelque chose, soit pour ressasser des idées désagréables. **Se mettre l'esprit à la gêne** enchérit dans le même sens. **Se biler, Se faire de la bile, S'en faire, Se faire des cheveux blancs, du mauvais sang**, syn. fam. de *se tourmenter*. **Se préoccuper de** est toujours relatif à un but qu'on veut atteindre : *On se préoccupe de résoudre une difficulté et pour cela on se travaille l'esprit*.

Tournailler : ¶ 1 → Tourner. ¶ 2 → Errer.

Tournant (N.) : ¶ 1 → Coude. ¶ 2 → Détour.

Tournant, adj., qui tourne, terme commun : *Plaque tournante*. **Rotatoire**, terme didact., qui se fait en forme de rotation (→ Tour), en parlant d'un mouvement : *Le mouvement rotatoire de la terre*. **Rotatif**, qui agit en tournant au moyen d'un mouvement de rotation : *Pompe rotative*. **Giratoire**, qui fait tourner en parlant d'un mouvement; autour duquel on tourne, en parlant d'un point; selon lequel on tourne en parlant d'un sens : *Le sens giratoire sur une place*.

Tourné : → Aigre.

Tournée : ¶ 1 → Tour. ¶ 2 → Promenade. ¶ 3 → Voyage. ¶ 4 → Volée.

Tournemain (en un) : → Vite.

Tourner : Trans. ¶ 1 Mouvoir en rond. *Tourner*, imprimer à une chose un mouvement circulaire ou de rotation : *Tourner une roue; une broche*. **Tournailler**, fam., tourner fréquemment et maladroitement en divers sens : *Tournailler la clef dans la serrure*. — **Tordre** (→ ce mot), tourner un

corps long et flexible par ses deux extrémités en sens contraire ou par l'une des deux, l'autre étant fixe. ¶ 2 Donner un mouvement qui tient du mouvement en rond. *Tourner* fait penser à la direction vers laquelle on dirige la chose : *Tourner la tête du côté de la porte* (Genlis). **Détourner**, tourner dans une direction différente de la direction primitive : *Détourner les yeux*. **Retourner**, tourner de nouveau ou tourner en sens inverse. **Rouler**, en parlant des yeux, les tourner de côté et d'autre avec violence, effort ou affectation, et, au réf., se tourner de côté et d'autre, en étant couché : *Se rouler sur un lit*. **Tortiller de**, tourner de çà, de là, à plusieurs reprises : *Cheval qui tortille de la croupe*. ¶ 3 → Diriger. ¶ 4 → Rouler. ¶ 5 Faire le tour de. *Tourner* implique qu'on désire ne pas être vu, surprendre (en ce sens c'est un terme de guerre), ou éviter une difficulté. **Contourner**, faire partiellement le tour d'un obstacle qui bouche le chemin direct : *La voie ferrée contourne la ville*. ¶ 6 → Influencer. ¶ 7 → Transformer. ¶ 8 → Exprimer. ¶ 9 → Cinématographier. — Intrans. ¶ 10 *Tourner*, se mouvoir en rond sur soi-même, ou circulairement autour d'une personne, d'une chose, ou changer de direction en faisant un coude, et par ext. aller çà et là, en rond, dans un lieu fermé : *La terre tourne sur elle-même et autour du soleil. Tourner au coin de la rue. Tourner autour des grands. Tourner dans sa prison*. **Tournoyer**, ne faire que tourner, faire plusieurs tours, sur soi, ou autour d'un objet, assez irrégulièrement : *Soudain la ronde immense, Comme un ouragan sombre en tournoyant commence* (V. H.). **Tourbillonner**, aller en tournoyant ou s'agiter comme un tourbillon : *Les idées tourbillonnaient confusément dans sa tête* (Gi.). **Virer**, aller en tournant, se joint d'ordinaire à *tourner* : *[L'hirondelle] tourne et vire sans cesse* (Mich.). *Autour de lui les êtres et les autos viraient* (Mau.); en termes de marine, c'est tourner d'un côté sur l'autre : *Virer de bord* (c'est aussi un syn. plus rare de *tourner* au sens de s'aigrir, ou de changer de nuance, en parlant d'une couleur : *Virer à l'aigre. Virer au bleu*). **Pirouetter**, faire un ou plusieurs tours entiers de tout le corps en se tenant sur la pointe d'un pied; par ext., en parlant des personnes et des choses, tourner rapidement en rond, et, au fig., tourner en rond sur place, sans avancer : *Le vent fit pirouetter le navire* (Acad.). *Ce fut à pirouetter que Catinat passa la campagne* (S.-S.). **Pivoter**, tourner sur un point fixe, ou comme sur un point fixe; en termes militaires, exécuter une conversion (→ Tour) : *Pivoter sur les talons* (M. d. G.). **Virevolter** (on a dit aussi

Virevousser ou **Virevouster**), en termes de manège, faire avec vitesse des tours et retours sur soi-même en parlant du cheval. **Tournailler**, faire beaucoup de petits tours, dans un très petit cercle, se dit surtout au fig. : *L'auteur est obligé de tourniller dans des incidents impossibles* (BEAUM.). **Tournailler**, fam., faire beaucoup de tours et de détours sans s'éloigner; ou rôder autour. **Dormir**, fig. et fam., tourner très vite d'un mouvement imperceptible, en parlant d'une toupie, d'un sabot. **Toupiller**, peu usité, fam. et au fig. seulement, tourner comme une toupie, en parlant de personnes qui vont et viennent dans une maison sans savoir pourquoi. **Graviter**, au fig., tourner autour de personnes qui attirent, dont on subit l'influence. **Girer**, syn. vx de *virer*. — **Rouler**, avancer en tournant sur soi-même en s'appuyant sur un plan : *Une boule qui roule*; se dit aussi du mouvement circulaire apparent du ciel et des astres ou de certaines choses qui tournent sans avancer sur un pivot : *Le soleil roule dans les cieux* (Bos.). *Une porte roule sur ses gonds.* ¶ 11 *Tourner court* : → Finir. ¶ 12 → (se) *Transformer.* ¶ 13 *Aller vers tel ou tel état. Tourner vers* ou *à* suppose un changement : *Sa gratitude tournait à la rancœur* (GI.). **Tendre à** ou **vers**, aller normalement vers un but : *Tout tendait au vrai et au grand* (Bos.).

Tourniller : ¶ 1 → Tordre. ¶ 2 → Tourner.

Tournis : → Vertige.

Tournoi : ¶ 1 Divertissement équestre. *Tournoi*, combat à armes courtoises entre deux ou plusieurs partis de chevaliers. **Joute**, combat courtois à cheval et à la lance d'homme à homme. — **Carrousel**, d'abord simulacre de tournoi au xvie s., désigne depuis tout exercice de parade où des cavaliers divisés en quadrilles exécutent des évolutions variées, des jeux et, en ce dernier sens, a pour syn. spéc. **Fantasia**, exercices de voltige faits à grande allure par des cavaliers arabes en chargeant et en déchargeant leurs armes. ¶ 2 Au fig. → Lutte.

Tournoyer : ¶ 1 → Tourner. ¶ 2 → Errer. ¶ 3 → Biaiser.

Tournure : ¶ 1 → Tour. ¶ 2 → Port. ¶ 3 → Expression. ¶ 4 → Marche et Aspect.

Tourtereau : ¶ 1 → Pigeon. ¶ 2 → Amant.

Tourterelle : → Pigeon.

Tousser, avoir un accès de toux ou faire à dessein le bruit de la toux. **Toussoter**, tousser, à petits coups, d'une petite toux persistante et répétée. **Toussailler**, très fam., toussoter désagréablement. **Graillon-**

ner, faire effort, en raclant sa gorge, pour expectorer les mucosités épaisses qui l'embarrassent.

Tout : Adj. ¶ 1 La totalité des individus de l'espèce exprimée par le nom devant lequel *tout* est placé. *Tout* exclut les exceptions et les différences et insiste sur ce que les individus ont de semblable : *Toute âme inquiète et ambitieuse est incapable de règle* (Bos.). **Chaque** fait penser à ce qui distingue les individus dans l'espèce et suppose des différences dans le détail : *Chaque âge a ses plaisirs, son esprit et ses mœurs* (BOIL.). ¶ 2 Dans le même sens, *Tout* s'emploie plutôt abstraitement *a priori*, en matière absolue et nécessaire, pour exclure toute différence distinctive : *Tout homme est mortel*. **Tous les** se dit plutôt en matière de fait, en parlant de ce qui arrive, et admet la possibilité de quelques exceptions : *Tous les chiens sont fidèles.* ¶ 3 N. → Totalité. ¶ 4 *Le tout* : → Principal.

Tout à fait : → Absolument.

Tout à l'heure : → (à l') Instant.

Tout de bon : → Sérieusement.

Tout de go : → Simplement.

Tout de suite : → Aussitôt.

Toutefois : → Cependant.

Toute-puissance : → Autorité.

Toxine, Toxique : → Poison.

Trac : → Peur.

Tracas : ¶ 1 Contrariété, embarras éprouvé ou causé. *Tracas* exprime la chose en elle-même, comme subie. **Tracasserie**, tracas produit volontairement par une personne avec désir de nuire, de fâcher : *Les tracas du ménage. Les tracasseries d'une administration.* **Vexation, Brimade, Persécution, Chicanes** (→ ce mot) diffèrent de *tracasserie* comme les verbes correspondant de *tracasser* (→ Tourmenter). ¶ 2 → Remue-ménage. ¶ 3 → Souci.

Tracasser : → Tourmenter.

Tracasserie : → Tracas et Chicane.

Tracassier : → Brouillon.

Trace : ¶ 1 Marque du passage d'un animal et particulièrement de l'homme. Alors que **Vestige**, qui ne s'emploie plus que dans le style soutenu, désigne l'empreinte du pied sur la terre qui permet de reconnaître l'homme ou l'animal, *Trace* exprime plutôt quelque chose de long ou d'étendu, une suite de signes apparents qui indiquent la voie suivie : *On reconnaît, on constate des vestiges; on suit des traces* (L.). Comme syn. de *vestige*, on dit, dans le langage courant, **Pas** : *Des pas d'enfants sur le rivage*; en termes de vénerie, pour désigner la trace du pied de la bête qu'on chasse, on dit **Pied. Foulées**, traces légères laissées par le pied sur l'herbe ou sur les feuilles. **Piste,** trace suivie qu'a laissée un animal sur le sol où il a marché et qui permet de le poursuivre, se dit aussi de la trace de l'homme qu'on poursuit et désigne alors tout signe, tout indice physique ou moral de son passage : *Brouiller la piste* (MAU.). ¶ 2 En un sens plus général, *Trace* impression ou ligne que laisse un véhicule avec ses roues; par ext. tout indice qui reste du passage de quelque chose : *La trace de l'ongle de mon petit doigt sur les lignes* (MAU.). **Ornière,** trace profonde que les roues d'une voiture font dans les chemins ou sur le sol : *Ornières pleines de pluie* (MAU.). **Sillon,** tranchée ouverte dans la terre par une charrue; au fig., trace longitudinale que laissent certaines choses en passant : *Le sillon des roues. Un sillon de lumière* (BOIL.). *Le sillon d'un navire.* **Sillage,** sillon que trace à la surface de l'eau, dans le sens de sa route, un bâtiment lorsqu'il navigue. **Traînée,** petite quantité de certaines matières telles que le blé, la farine, la poudre répandues en longueur sur le sol; par analogie, longues traces de ce genre laissées dans l'espace ou sur une surface par ce qui passe : *La traînée de lumière du soleil; d'une comète.* **Marque,** trace durable que laisse sur le corps une lésion quelconque; ou trace, impression, en général durable, qu'un corps laisse sur un autre corps à l'endroit où il l'a touché, où il a passé, et qui permet de le reconnaître : *Les marques de la petite vérole; la marque des roues sur le chemin; des doigts sur une page, du feu sur un mur.* **Stigmate,** marque que laisse une plaie (→ Cicatrice) : *Les stigmates de la petite vérole.* **Empreinte,** trace creuse ou simplement imprimée, et en général isolée et caractéristique, d'un pas sur le sol, des doigts sur une surface; ou d'un objet sur un autre : *L'empreinte des pas sur la neige; d'une balle sur la cuirasse; empreintes digitales.* ¶ 3 Au fig. **Vestige,** reste matériel, réel, partie existante d'une chose ruinée; *Trace* désigne quelque chose de plus abstrait, de plus vague, un simple indice témoignant de l'existence d'une chose physique ou morale complètement disparue : *Vestiges d'un bourg* (L. F.). *Une ville, vestige d'une civilisation disparue* (M. D. G.). *Traces d'ordre* (FÉN.); *d'une querelle* (VOLT.); *de la première habitude* (BUF.). **Marque** (→ ce mot), signe, témoignage (→ ces mots), ou caractère imprimé à une personne ou une chose par celui qui exerce son influence ou son travail : *La marque de l'ouvrier, du génie.* **Empreinte,** marque profonde que reçoivent une personne, une chose qui sont comme déterminées par elle : *Nous en avons reçu une empreinte, une si dure marque, si indélébile* (PÉG.). **Stigmate,** péj., dans le langage recherché, marque infamante : *Les stigmates de la débauche* (BALZ.).

Tracé : → Trajet.

Tracer : ¶ 1 *Tracer,* indiquer sur le papier, sur le terrain, les contours d'une chose, sa figure, soit par des lignes, soit par des points : *Tracer une allée; un parterre; un trait; des fleurs sur du canevas; un plan.* **Dessiner,** tracer avec art une forme, une figure imaginée ou reproduisant un modèle; ou tracer sur un terrain l'ensemble d'un jardin, d'un parc. **Tirer,** tracer des lignes, avec précision, souvent à la règle : *Tirer une ligne, un trait; une allée au cordeau; le plan d'une maison.* **Décrire,** tracer une ligne courbe, un cercle. **Jalonner,** tracer un alignement, une direction, les différents points d'un plan à l'aide de tiges de bois ou de fer qu'on plante en terre. **Piqueter,** tracer une ligne ou marquer un emplacement à l'aide de piquets, marque une action plus simple. — Au fig. on *trace* un chemin, une voie, en donnant l'exemple, ou en aidant de ses conseils, de son appui; on *jalonne* un chemin en déterminant une direction en servant de point de repère : *Un maître trace la route à ses élèves; des savants jalonnent la route pour ceux qui viendront après eux.* ¶ 2 → Indiquer. ¶ 3 → Représenter.

Tract : → Prospectus.

Tractation : ¶ 1 → Négociation. ¶ 2 → Manœuvres.

Tradition : ¶ 1 → Légende. ¶ 2 → Habitude.

Traditionnel, fondé sur un long usage venu du passé; fam., passé dans les habitudes, dans l'usage : *Coutume traditionnelle. L'habit noir traditionnel.* **Rituel,** qui est déterminé par les formes liturgiques traditionnelles et prescrites de la religion; fam., traditionnel, en parlant de ce qu'on fait avec une scrupuleuse exactitude : *Phrase rituelle que j'entendais chaque fois* (COL.). **Classique,** qui se dit des écrivains et des œuvres d'une telle perfection qu'on les étudie comme modèles dans les classes, qualifie par ext. ce qui est si connu, si traditionnel et si efficace à l'expérience qu'on l'apprend et le pratique ordinairement : *Un procédé; un coup; une attaque classiques.* **Hiératique** ne se dit que des attitudes, des gestes correspondant à un rite et des formes d'art qui les expriment : *Personnages hiératiques.* — **Conventionnel** et **De Convention,** qui résulte d'une sorte de pacte implicite, par opposition à ce qui résulte de la nature ou de la force des choses, se dit notamment dans les arts, de tout ce qui, quoique s'éloignant de la réalité, est admis par une sorte d'accord tacite pour produire un certain effet : *Les personnages conventionnels de la pastorale.*

Traducteur, celui qui tourne dans une autre langue des ouvrages, des livres, et parfois des paroles. **Truchement**, celui qui traduit pour une personne, dans sa langue, ce que lui dit une autre personne dans la sienne. **Interprète** désigne parfois un *traducteur*, mais implique alors souvent, soit un développement assez libre, soit une explication érudite de certains endroits difficiles et obscurs : *Les deux traducteurs ont suivi la conjecture de quelques habiles interprètes qui corrigent ainsi cet endroit* (ROLL.); mais se dit plus souvent d'un *truchement* plus cultivé, qui peut traduire pour quelqu'un même des écrits, et, de nos jours, a presque complètement remplacé *truchement*. **Drogman** s'est dit autrefois des interprètes secondant les agents diplomatiques dans les pays du Levant. **Translateur**, syn. vx de *traducteur*. — Au fig. *traducteur* est inusité; *truchement*, intermédiaire qui sert de porte-parole, ou tout ce qui fait comprendre ce qu'on n'exprime pas en paroles : *Le ministre chrétien est le truchement entre Dieu et l'homme* (CHAT.). *Ses regards, truchements de l'ardeur qui le touche* (L. F.). *Interprète* dit plus en parlant de celui qui fait connaître les intentions, les volontés d'un autre, en les expliquant ou en les exprimant mieux qu'il ne saurait le faire, ou de ce qui exprime, parfois sous une forme originale, ce qui est caché : *Clitandre auprès de vous me fait son interprète* (MOL.). *L'art des transports de l'âme est un faible interprète* (CHÉN.).

Traduction fait penser au travail de celui qui transpose d'une langue dans l'autre avec toutes les qualités de style qui correspondent au génie de la langue nouvelle : *Traduction libre; traduction élégante.* **Version** désigne plutôt le texte nouveau considéré dans son exactitude par rapport à l'original, dont il peut reproduire fidèlement l'ordre des mots, la construction des phrases, les idiotismes; et se dit seul des anciennes traductions de l'Écriture qui en suivent littéralement le texte, et de l'exercice scolaire qui consiste à traduire dans sa propre langue un texte d'une langue ancienne ou étrangère, **Thème** désignant alors l'exercice inverse qui consiste à traduire dans la langue qu'on veut apprendre un texte de sa propre langue : *Version littérale; fidèle; scrupuleuse. Version des Septante.* **Interprétation** diffère de *traduction* comme *interprète* de *traducteur* (→ ce mot). **Translation**, syn. vx de *traduction*.

Traduire : ¶ 1 → Transporter. ¶ 2 Faire passer d'une langue dans l'autre. *Traduire*, terme général, fait penser aux mots, aux expressions qu'on substitue à d'autres.

Interpréter diffère de *traduire* comme *interprète* de *traducteur* (→ ce mot). **Rendre** ne se dit que d'une partie du texte et a rapport à l'exactitude avec laquelle on en reproduit le sens; ou d'un caractère du texte, et a rapport à l'habileté avec laquelle, à l'aide d'équivalents, on l'exprime : *Cherchez à rendre le sens plutôt qu'à traduire chaque mot* (ACAD.). *Le livre est très mal traduit en français : il n'était pas possible de rendre le comique dont il est assaisonné* (VOLT.). ¶ 3 → Exprimer. ¶ 4 → Expliquer.

Trafic : ¶ 1 → Commerce. ¶ 2 *Trafic*, en parlant d'une ligne de chemin de fer, a rapport à la fréquence, à l'importance des trains, à leur mouvement, au mode de celui-ci, et se dit aussi des transports de nature commerciale sur une voie ferrée, une route, un canal. **Circulation**, plus général, toutes les allées et venues de piétons, de véhicules sur la voie publique, et, par ext., abondance des trains sur une voie ferrée. **Roulage**, transport de marchandises par voiture.

Trafiquant : → Commerçant. *Trafiquant*, péj. de nos jours, celui qui fait en grand un commerce illicite et nuisible à la collectivité, particulièrement en temps de guerre. **Margoulin** (autrefois petit détaillant et marchand de peu de foi), très péj., petit trafiquant méprisable. **Mercanti** (marchand des bazars d'Orient ou d'Afrique), parfois syn. de *trafiquant*, se dit surtout, en tout temps, d'un marchand qui trompe sur la qualité de sa marchandise. **Maquignon**, marchand de chevaux, par ext., péj., celui qui se mêle malhonnêtement du commerce des chevaux en trompant sur leur qualité et, au fig., celui qui s'entremet, dans des affaires de tout genre, pour en tirer un profit plus ou moins illicite.

Trafiquer, intrans., employé absolument, c'est souvent, péj., réaliser des profits illicites par des manœuvres frauduleuses dans un commerce quelconque; au fig., *trafiquer de*, tirer un profit illicite de choses que l'honnêteté interdit de monnayer : *Trafiquer de ses charmes; de son honneur.* **Maquignonner** (trans.), fig. et fam., faire réussir, par des moyens frauduleux, une affaire dont on tire un profit illégitime : *Maquignonner un rendez-vous* (ZOLA). **Tripoter (sur)**, fig. et fam., faire des opérations plus ou moins louches et embrouillées dans un domaine, et de façon à réaliser secrètement des profits illicites : *Tripoter sur les blés.* **Fricoter**, syn. très fam. de *tripoter*, employé absolument. **Spéculer** (→ ce mot) **sur**, faire des opérations hasardeuses en matière de banque, de finance, de commerce, etc., tend à devenir péj., lorsque la spéculation, même tolérée, porte sur des matières où on la réprouve : *Spéculer sur la misère publique.*

Tragédie, Tragi-comédie : → Drame.

Tragique : ¶ 1 → Dramatique et Émouvant. ¶ 2 N. → Écrivain.

Trahir : ¶ 1 → Tromper. ¶ 2 → Découvrir.

Trahison : ¶ 1 → Défection. ¶ 2 *Trahison* fait penser à la nature de l'acte qui consiste à décevoir quelqu'un, avec des degrés qui vont du crime le plus grave au simple abandon, voire, fam., à l'indiscrétion : *Trahison envers son pays. Les trahisons des enfants terribles.* **Traîtrise** désigne toujours une action odieuse, marquée du sceau du traître, la perfidie, et n'est pas susceptible de qualifications marquant le degré : *Prendre quelqu'un par traîtrise.* ¶ 3 → Infidélité. ¶ 4 *Trahison*, action perfide contre la sécurité de son pays, en le livrant à ses ennemis ou en entretenant des intelligences avec ceux-ci. **Haute trahison,** nom donné autrefois aux actes qualifiés de crimes contre la sûreté de l'État, ne se dit plus de ces actes que lorsqu'ils sont commis par le chef de l'État qui manque gravement aux devoirs de sa charge. **Forfaiture,** en droit féodal, félonie du vassal envers son seigneur consistant dans la violation du serment de foi et hommage qu'il lui avait prêté, désigne de nos jours certains délits particuliers commis par des fonctionnaires ou des magistrats, comme attentats à la liberté des citoyens, détournements de deniers publics, abus d'autorité. **Prévarication** a un sens plus général et plus vague (→ Malversation).

Train : ¶ 1 → Marche. ¶ 2 Suite de valets, de voitures, de chevaux, qui accompagnaient autrefois un grand personnage. Le *Train* se caractérisait surtout par le nombre des personnes, des animaux et des choses, l'**Équipage,** par son éclat et son luxe : *Que saint Sulpice était éloigné de vouloir en imposer par la magnificence de ses équipages et la pompe de son cortège!* *Les pauvres formaient tout son train* (Bos.). **Arroi,** syn. vx d'*équipage*, dans la loc. *Être en mauvais arroi*, être en mauvaise posture. ¶ 3 En termes militaires, *Train*, ensemble déterminé de véhicules attachés à une petite unité : *Train de combat. Train régimentaire.* **Équipage,** ensemble des voitures, des objets de matériel affectés en campagne à un même corps ou à un même service. **Convoi,** toute suite de véhicules groupés pour telle ou telle destination et en général escortés. ¶ 4 En termes de chemin de fer, *Train*, suite de wagons traînés par un même moteur : *Train de voyageurs.* **Convoi,** plus technique, désigne surtout un train qui roule, ou qui est caractérisé par la nature et le nombre

des wagons qui le composent : *Le convoi était lancé à 100 km à l'heure.* **Rame,** attelage de plusieurs wagons manœuvrant ensemble : *Couper un train en deux rames,* une pour chaque destination. ¶ 5 *Train,* par ext., désigne aussi le moyen de locomotion lui-même et fait penser au transport surtout de voyageurs : *Prendre le train. Venir par le train.* **Chemin de fer,** terme le plus général, désigne la voie, les véhicules, tous les services qui concourent à l'entretien, à la traction, à l'exploitation, et, abstraitement, le mode de transport; avec pour syn. **Voie ferrée** et, de plus en plus, **Rail,** par opposition à route, à canal. **Tortillard,** fam., petit chemin de fer assez lent et faisant beaucoup de détours. ¶ 6 → Vacarme.

Traînant : → Monotone.

Traînard : ¶ 1 Soldat qui reste en arrière de la troupe avec laquelle il doit marcher. *Traînard*, de par sa désinence péj., marquerait plutôt l'habitude ou le désir d'aller lentement sans se fatiguer, **Traîneur** indiquant le fait qui peut être indépendant de la volonté. Mais *traînard* est de nos jours beaucoup plus usité. — Au fig. le *traînard* est inactif, lent, négligent; le *traîneur* demeure en arrière, est en retard. ¶ 2 → Lent.

Traînasser : → Traîner.

Traînée : → Trace.

Traîner : ¶ 1 Mouvoir après soi. *Traîner*, imprimer de force un mouvement à ce qui est inerte ou qui résiste et qui est obligé de suivre sur une certaine distance : *De grands bœufs blancs traînaient un char rustique* (A. Fr.). **Tirer** insiste uniquement sur l'action du sujet qui imprime le mouvement, action qui peut ne pas entraîner un déplacement, ou être brusque et momentanée, ou facile, si la chose tirée est sans résistance : *Six forts chevaux tiraient un coche* (L. F.); et se dit seul absolument : *[L'éléphant] tire également, continûment et sans se rebuter* (Buf.). **Remorquer** se dit d'un bateau qui en traîne un autre derrière lui, et par ext. d'un véhicule ou d'une locomotive : *Faire remorquer sa voiture.* ¶ 2 Mener ou faire venir de force. *Traîner* marque une action ordinaire qui s'accompagne toujours de la résistance de l'objet qui peut suivre lentement, péniblement. **Entraîner** suppose une action extraordinaire, faite avec une force telle que l'objet ne résiste pas et va du même mouvement que ce qui l'entraîne : *Le ruisseau traîne du sable; le torrent entraîne tout ce qu'il rencontre. Des chevaux traînent un char; le char entraîne les chevaux dans une pente rapide* (R.). ¶ 3 Au fig. → Occasionner. ¶ 4 Amener avec soi des personnes ou des choses. *Traîner,* se faire suivre de ce qui gêne, embarrasse, ou de ce qui fait cortège : *Traîner sur ses pas un peuple de flatteurs* (Volt.). **Trimbaler,** fam., traîner partout après soi. **Trôler,** syn. pop. de *trimbaler*. ¶ 5 → Retarder. ¶ 6 → Tomber. ¶ 7 → Languir. ¶ 8 *Traîner,* avec pour sujet un nom de personne, aller lentement, rester en arrière ; et, par ext., agir en flânant, en perdant du temps : *Traîner en chemin.* **Se traîner,** marcher péniblement : *Nous traînant par le monde* (Flaub.). **Traînasser,** fam., traîner avec mollesse, et souvent errer en musant, sans but : *Traînasser dans les rues.* **Lambiner,** faire lentement, mollement, le peu que l'on fait. **Lanterner,** fam., perdre du temps à des riens en affaires, souvent par irrésolution. **Galvauder,** péj., traîner sans rien faire (→ Flâner). — Avec pour sujet un nom de chose, *traîner,* aller lentement, se prolonger : *Le dessert traîna* (Zola) ; *traînasser,* fam., traîner inutilement, désagréablement. ¶ 9 → Durer. ¶ 10 (Réf.) → Marcher.

Traintrain : → Routine.

Trait : ¶ 1 *Trait,* terme générique, se dit surtout dans le style littéraire, pour désigner l'arme de jet en l'air ou fichée au but, et dans de nombreuses loc. figurées : *Déjà de traits en l'air s'élevait un nuage* (Rac.). *Bouclier percé de mille traits* (Fén.). *Partir comme un trait.* **Flèche,** arme de jet courte et légère qu'on tire avec l'arc ou l'arbalète ; au fig. les traits de l'amour, ou ce qu'on lance pour attaquer ou se défendre : *Faire flèche de tout bois. La flèche du Parthe.* **Sagette,** syn. vx de *flèche.* **Carreau,** vx, flèche dont le fer avait quatre pans, ne se dit plus que dans des loc. fig. comme *les carreaux de la foudre.* **Dard et Javelot,** traits que l'on lance ; le *dard,* bâton court et léger terminé par une pointe aiguë, se lançait avec la main surtout à la chasse ; au fig. *dard* se dit de choses aiguës ou piquantes et, en poésie, de la langue pointue des serpents ; le *javelot,* plus lourd et plus long, se lançait à la main ou avec balistes, surtout à la guerre. **Javeline,** javelot long et très mince. **Sagaie,** sorte de javeline encore en usage chez certaines tribus sauvages. ¶ 2 Au fig. → Raillerie. ¶ 3 → Ligne. ¶ 4 *Traits* [du visage] : → Physionomie. ¶ 5 → Action. ¶ 6 → Fait. ¶ 7 → Marque. ¶ 8 → Mot d'esprit. ¶ 9 → Rapport.

Traitable : → Sociable et Conciliant.

Traite : ¶ 1 → Trajet. ¶ 2 → Commerce.

Traité : ¶ 1 *Traité,* surtout en matière de science, étude complète, méthodique et étendue de toutes les parties d'un sujet : *Traité sur une des grandes questions actuelles* (Balz.). *Traité de mathématiques ;* *de législation ; de rhétorique.* **Dissertation,** surtout en matière d'érudition ou de critique, suppose un développement moins étendu et limité à certaines questions précises. **Mémoire,** sorte de dissertation sur quelque objet de science, d'érudition, de littérature, qui consigne le résultat de recherches et de découvertes personnelles et qui est souvent lu à une société savante ou littéraire : *Un mémoire sur le Masque de fer.* **Thèse,** de nos jours, sorte de mémoire détaillé et systématique présentant un ensemble de propositions, un point de doctrine, le résultat de recherches, et qu'on soutient publiquement devant un jury universitaire, pour obtenir le grade de docteur. **Monographie,** étude limitée sur un point très particulier d'histoire, de science, ou sur une personne, sur sa vie : *Une monographie sur la cathédrale de Reims.* **Essai,** ouvrage surtout philosophique ou critique, qui peut être aussi vaste que le *traité,* mais qui est moins méthodique, moins approfondi, sauf si l'auteur ne l'intitule ainsi que par modestie : *Essai sur les mœurs* de Voltaire. *Essai sur l'entendement humain* de Locke ; de nos jours on dit aussi **Étude,** mais l'étude, plus limitée dans son sujet que l'*essai,* est plutôt une analyse qu'un exposé d'idées générales, spéc. en histoire ou en critique : *Études critiques sur l'histoire de la littérature française* de Brunetière. **Discours** a vieilli pour désigner un traité surtout philosophique, critique ou historique : *Discours de la méthode* de Descartes. *Discours sur l'histoire universelle* de Bossuet. **Cours,** sorte de traité renfermant une suite de leçons sur quelque matière : *Cours de philosophie positive* d'Auguste Comte. **Notions,** titre de certains traités élémentaires d'une science : *Notions d'arithmétique* ; en ce sens on dit surtout **Manuel,** petit traité ou abrégé à l'usage des élèves. ¶ 2 → Convention. ¶ 3 *Traité,* convention solennelle conclue après négociations entre États souverains : *Traité de paix.* **Pacte** implique un engagement solennel et immuable, souvent entre plusieurs États, de défendre moins des intérêts que des principes, un idéal commun : *Pacte de renonciation à la guerre.* **Protocole,** simple procès verbal de conversations diplomatiques indiquant par écrit les principes et les points de détail sur lesquels un accord s'est établi. **Covenant,** mot anglais, syn. de *pacte.* **Gentlemen's agreement** est aussi emprunté à l'anglais pour désigner une convention tacite dans le domaine diplomatique. **Cartel,** règlement entre nations belligérantes pour la rançon ou l'échange des prisonniers : *Cartel d'échange entre Charles et le tsar* (Volt.). — **Concordat,** accord entre le pape et un État souverain pour régler les rapports entre cet État et l'Église.

Traitement : ¶ 1 → Rétribution. ¶ 2 → Soins.

Traiter : ¶ 1 Agir de telle ou telle manière avec quelqu'un. *Traiter* se dit dans tous les cas. **Mener** ne se dit que des personnes auxquelles on peut imposer une conduite dans des loc. comme *Mener doucement, Mener rudement.* ¶ 2 → Qualifier. ¶ 3 → Recevoir. ¶ 4 → Soigner. ¶ 5 Raisonner ou conférer ensemble sur un sujet, une affaire pour arriver à une solution. *Traiter* comprend dans sa signification l'idée de l'effet ou de la solution, **Agiter** et **Discuter** indiquent le travail qui y mène et qui parfois peut ne pas y aboutir, *agiter* marque une action itérative, répétée, *discuter* (→ ce mot), une action calme, réfléchie, exacte, pour examiner attentivement : *Le conseil des ministres a traité la question des investissements. Les matières de la prédestination et de la grâce furent longtemps agitées dans le concile de Trente* (VOLT.). *Au lieu de disputer, discutons* (BUF.). ¶ 6 Prendre pour objet d'un travail. *Traiter,* exposer un sujet, oralement ou par écrit, ou, en termes de peinture, exécuter un tableau sur un sujet : *Il traite la question : savoir si on peut tuer pour un soufflet* (PASC.). **Traiter de,** c'est simplement prendre pour matière, sans forcément exposer entièrement la question : *Les écrits de ce père traitent du larcin* (PASC.). **Étudier,** traiter avec soin, pour comprendre et faire comprendre à fond : *Le sujet est traité, mais la première partie n'est pas assez étudiée.* **Épuiser,** traiter complètement un sujet, d'une façon exhaustive. **Manier,** fig., a rapport à la manière habile dont on met en œuvre le sujet que l'on traite : *Passions finement maniées* (BOIL.). **Aborder,** commencer à traiter un sujet, une question. **Toucher** et **Effleurer,** qui dit encore moins, traiter superficiellement ou incidemment : *Je me suis contenté de toucher en deux mots les faits principaux* (VOLT.). **Glisser sur,** effleurer à peine et très vite une partie d'un sujet sur laquelle on ne veut pas insister. ¶ 7 → Rouler sur. ¶ 8 Travailler à un accommodement, un marché, une convention politique. *Traiter* marque une action habituelle ou ordinaire; **Traiter de,** une action plus extraordinaire, les deux supposant une discussion déjà avancée qui est arrivée à un accord sur la nécessité d'une entente et qui en règle les clauses, les conditions : *Traiter un accommodement entre des parents. Traiter de la paix.* **Discuter** indique le travail qui amène à la solution et qui consiste à échanger des idées pour examiner la question. **Négocier** fait penser aux concessions mutuelles, aux marchandages que l'on fait avant de *traiter* : *Négocier un mariage. Quand deux ministres négocient ensemble, ils ne se disent jamais la moitié*

de leur secret (VOLT.). **Parlementer,** faire et écouter des propositions pour rendre une place ou capituler en rase campagne; par ext. entrer en pourparlers, commencer à discuter d'un accommodement, souvent contre son gré, ou en faisant traîner les choses en longueur : *Est-on sûr d'avoir, on temporise, on parlemente* (L. B.). ¶ 9 En parlant des affaires, les *Traiter,* c'est s'en occuper; **Faire** implique qu'on les conclut; **Brasser,** qu'on les traite hâtivement, en paraissant tenir plus au nombre qu'à la qualité.

Traiteur : → Restaurateur.

Traître : ¶ 1 → Infidèle. ¶ 2 → Trompeur.

Traîtrise : ¶ 1 → Trahison. ¶ 2 → Tromperie.

Trajet, objectif, l'espace constant à traverser, par eau ou par terre, pour aller d'un lieu à un autre : *Le trajet de Pau à Paris* (GI.). **Traite,** subjectif, la quantité de chemin que fait une personne, dans un cas particulier, sans s'arrêter, et par terre, pour gagner le lieu où elle a décidé d'aller : *Adieu, dit le renard, ma traite est longue à faire* (L. F.). **Course,** trajet parcouru ou à parcourir soit à pied, soit en voiture : *Il y a une très longue course d'ici là* (ACAD.); par ext., trajet que fait une voiture de place, en transportant une ou plusieurs personnes d'un lieu à un autre : *Payer sa course à un chauffeur.* **Marche,** trajet parcouru ou à parcourir à pied, sous le rapport de la distance ou de la durée. **Parcours,** trajet que fait une personne ou une chose, considéré comme traçant une ligne, passant par tel ou tel lieu, se caractérisant par tel ou tel accident, se dit spéc. du trajet déterminé d'une voiture publique ou d'un cheval de course : *Le parcours de cette ligne est accidenté; le parcours de cette rivière est agréable. Le parcours d'un autobus.* **Cheminement,** terme militaire, parcours que doit suivre une troupe pour attaquer une position en se dérobant à la vue de l'ennemi; parfois, long parcours, fait péniblement, lentement par une personne : *Le long cheminement que nous faisions en Beauce* (PÉG.). **Tracé,** ligne que suit une voie de communication sur son parcours : *Le tracé du métropolitain.* **Chemin,** toute ligne ou voie qu'on parcourt ou qu'on peut parcourir pour aller d'un lieu à un autre, fait penser, au fig., soit à la direction que l'on suit pour accomplir un trajet, soit à la nature, à la qualité de la voie qu'on suit, soit à la distance parcourue pendant un certain temps sur ce trajet ou à la distance totale à parcourir : *La ligne droite est le plus court chemin d'un point à un autre. Le chemin est plus long par eau que par terre. Faire beaucoup de* *chemin* (Acad.). **Route,** plus abstrait, désigne surtout la direction suivie sur terre, sur mer ou dans les airs pour aller en quelque lieu, et se dit seul du parcours des astres, des eaux, d'un wagon : *La route d'Alger, d'Égypte. La route du soleil. Ce fleuve se grossit sur sa route d'une infinité de petites rivières* (Acad.). *On écrit sur le fourgon du train : route de Paris à Irun.* **Itinéraire,** parcours jalonné par des lieux où l'on passe, où l'on s'arrête, souvent à heure fixe : *L'itinéraire de Paris à Jérusalem; d'un train omnibus.* **Traversée,** trajet fait par mer d'une terre à une autre terre. **Trotte,** syn. fam. de marche.

Trame : ¶ 1 → Suite. **¶ 2** → Intrigue. **¶ 3** → Menée.

Tramer : → Ourdir.

Tranchant : ¶ 1 *Tranchant* ne se dit que des instruments de fer, d'acier, qui coupent net, séparent en coupant : *Les épées tranchantes des Gaulois* (Mtq.). **Coupant** se dit de tout ce qui coupe, peut faire une entaille : *Couteau; caillou; bois coupants.* **Acéré,** qui se dit du fer garni d'acier pour pouvoir être trempé et rendu plus tranchant, marque, par ext., l'état de ce qui est ou paraît très tranchant : *Lame acérée.* **Aiguisé** et **Affilé** marquent le résultat d'une opération qui consiste, pour le premier, à rendre tranchant ou coupant, pour le second à donner le fil au tranchant émoussé ou ébréché d'un instrument : *Couteau affilé et à deux tranchants. Ciseaux aiguisés.* **¶ 2** Au fig., en parlant des moyens de persuasion et des raisons sans réplique, *Tranchant,* qui résout la question d'emblée, net, produit un effet prompt, plutôt en décidant impérieusement qu'en prouvant : *Ces raisons tranchantes contre un idolâtre ne pénétraient pas jusqu'à la racine de la difficulté* (dans Lit.). **Décisif,** qui, par quelque chose de démonstratif, résout la question d'une manière solide, concluante, qui fixe bien l'esprit : *Réponses courtes, mais décisives, aussi pleines de sagesse que de dignité* (Bos.). **Péremptoire,** qui fait cesser la contestation, sans aucune contradiction possible : *La date était péremptoire. Pas moyen de douter* (Gi.). **¶ 3** Au fig., en parlant des personnes hardies à juger, *Tranchant,* terme le plus fort, implique la prétention d'imposer sa croyance aux autres, d'une manière impérieuse et despotique : *Hardi et tranchant la plume à la main* (Volt.). *Ton rogue et tranchant* (Beaum.). **Décisif** suppose une confiance, parfois un peu vaine, en ses lumières, qui fait qu'on affirme, qu'on décide très vite, mais sans arrogance, sans vouloir imposer sa croyance : *Rien n'est si décisif que l'igno-*

rance (J.-J. R.). **Dogmatique** se dit de celui qui juge avec autorité surtout en matière de science, de philosophie, d'art, de politique, en s'appuyant sur une doctrine, des principes qu'il n'admet pas qu'on discute : *Philosophes fiers, affirmatifs, dogmatiques* (J.-J. R.). **Péremptoire** implique surtout un ton qui n'admet pas de réplique : *Il prend le ton péremptoire pour un signe d'autorité, de compétence* (M. d. G.). **Coupant** suppose de la brutalité : *Autorité coupante* (Mau.); **Cassant,** une raideur hautaine, une autorité intransigeante : *Le ton cassant d'un supérieur.* **Sentencieux,** qui s'exprime par phrases courtes, par maximes, implique, péj., dans le ton, quelque chose de solennel, d'une gravité affectée, comme si l'on rendait des oracles. **Doctoral** ajoute à *dogmatique* et à *sentencieux* l'idée de suffisance, de supériorité qui donne l'air de toujours enseigner ceux à qui l'on parle. **Pontifiant,** fam., suppose une solennité emphatique. — **¶ 4** N. Le côté coupant d'une lame. *Tranchant,* terme usuel. **Coupant** est plus rare. **Fil,** tranchant bien aiguisé formant une ligne fine et nette comme un fil : *Les guerriers aiguisaient le fil de leur épée* (Lam.). **Taille,** tranchant de l'épée, par opposition à la pointe ou estoc, dans la loc. *Frapper d'estoc et de taille.* **Estramaçon,** syn. de *taille* dans la loc. *Coup d'estramaçon.* **Taillant,** syn. vx de *tranchant.*

Tranche : ¶ 1 Morceau coupé net de certains objets. *Tranche,* morceau toujours mince, de n'importe quelle forme, se dit particulièrement des choses comestibles : *Tranche de pâté.* **Rouelle,** peu usité de nos jours, et remplacé par **Rondelle,** tranche coupée rond de certaines choses surtout comestibles : *Rondelle de citron.* **Darne,** tranche d'un poisson, tel que le saumon, l'alose. **Lèche,** tranche fort mince de pain, de viande, de fruit. **¶ 2** → Partie.

Tranchée : ¶ 1 → Fosse. **¶ 2** En termes militaires, *Tranchée,* fossé qu'on creuse pour se mettre à l'abri du feu de l'ennemi, autrefois devant une place assiégée, de nos jours devant les lignes adverses, et dont les terres jetées du côté de l'ennemi servent de parapet. **Boyau,** voie étroite de communication entre deux tranchées ou de l'arrière vers une tranchée. **Sape,** tranchée creusée sous un mur pour le renverser, par ext. tout travail de terrassement et spéc. tranchée qu'on fait pour s'approcher à couvert de l'ennemi ou d'un ouvrage fortifié. Autrefois **Approches** désignait tous les travaux que l'on conduisait jusqu'au corps de la place assiégée, **Parallèles,** les diverses lignes de tranchées qui allaient se rétrécissant autour de la place; **Cheminement,** parfois syn. d'*approches,* désignait surtout les boyaux faisant communiquer entre elles les parallèles.

Tranchée : → Colique.

Trancher : ¶ 1 → Couper. ¶ 2 → Décider. ¶ 3 → Contraster. ¶ 4 → Finir.

Tranquille : Exempt de trouble et d'agitation. *Tranquille* et **Calme** qualifient la manière d'être des personnes et des choses. **Posé** (→ ce mot) ne se dit que des personnes et a simplement rapport à leur manière d'agir sans trouble ni agitation. *Tranquille*, absolu, qualifie un état le plus souvent permanent, considéré en soi et qui s'oppose, naturellement ou par suite d'un effort volontaire, à l'agitation, à la turbulence, au mouvement, à l'inquiétude; *calme*, relatif, un état momentané, considéré souvent par rapport à une situation, et qui s'oppose à l'émotion, au bouleversement des impressions trop vives ou des passions : *Je serais plus tranquille, je ne me ferais pas de mauvais sang* (Mau.). *D'une voix calme et comme un homme très maître de lui* (J. Rom.). *Un lieu est par nature tranquille; il est calme à un certain moment ou par opposition à l'agitation qui règne ailleurs.* **Paisible,** en parlant des choses, implique l'absence de troubles qui ressemblent à la guerre, et par ext. l'absence de toute cause extérieure qui peut troubler la tranquillité, avec une certaine douceur qui donne le repos : *Silence* (Rac.); *rumeur* (Verl.) *paisible*; en parlant des personnes, *paisible* se dit de celui dont l'âme naturellement n'est jamais troublée par les passions : *Une âme paisible est peu propre à juger des passions* (J.-J. R.); ou de celui qui, par douceur de caractère, ne trouble pas les autres par des querelles, et cherche à faire régner autour de lui une atmosphère de tranquillité, d'union permanente, ou simplement proscrit le bruit, le mouvement : *Agneau paisible. Bourgeois paisible*; ou spéc., de celui qui n'est pas inquiété dans la possession d'un bien : *Paisible possesseur.* **Serein,** clair, doux, pur et calme, en parlant de l'air, du ciel, du temps, se dit au fig. des personnes qui jouissent d'une grande, noble et pure tranquillité d'esprit, du visage qui l'annonce et des jours où l'on en jouit : *Une âme sereine inaccessible à l'envie, à l'amour des richesses et à la crainte des supplices* (Volt.). *Paix profonde et sereine d'un visage* (Balz.). *Front serein* (V. H.). — En parlant des personnes seulement, **Olympien** se dit, non parfois sans ironie, d'un air majestueux et serein comme celui d'un dieu; **Égal,** de l'humeur, du caractère, doux et sans hauts ni bas : *La supérieure n'avait jamais vu de religieuse d'une humeur aussi égale* (Chat.); **Placide,** de celui qui perd difficilement son calme soit par douceur de caractère, soit par lenteur de réaction : *Aucune passion brisée, aucun intérêt trahi n'a nuancé la placide expression de son visage* (Balz.); **Sage** ne se dit que d'un enfant qui ne remue pas, n'est pas polisson; **Coi,** immobile et silencieux, n'est usité que dans les loc. fam. comme *Se tenir coi. Demeurer coi*; **Remis,** syn. de *calme*, est vx, et ne se dit plus qu'avec un comp. de celui dont la sensibilité a repris le calme : *Remis de ses émotions*; **Rassis** ne se dit que de l'esprit rendu ou habitué au calme, mûri par la réflexion; **Peinard,** pop., qui ne se fait pas de souci, est dans une situation tranquille. — En parlant des choses seulement, **Doux** se dit parfois de choses paisibles pour qualifier l'agréable impression qu'elles font : *Doux sommeil; le doux silence des bois* (Acad.); **Dormant** ne qualifie que l'eau tranquille, qui ne coule pas; **Mort** se dit d'une eau dormante, d'un lieu sans activité aucune au point de donner une impression désagréable; d'une saison sans activité commerciale.

Tranquilliser, ôter définitivement l'agitation de l'âme, l'inquiétude, diffère de **Calmer,** ôter momentanément le trouble, l'émotion, d'**Apaiser,** calmer définitivement, de **Rasséréner,** rendre la sérénité, comme les adj. et les n. correspondants (→ Tranquille et Tranquillité). **Rassurer** dit moins que *tranquilliser* et implique qu'on redonne momentanément la confiance en soi, ou un certain sentiment de sécurité : *Rien que de l'avoir près d'elle c'était une protection contre la mort, et elle se sentait plus rassurée* (Loti). **Assurer,** rare en ce sens et plutôt poétique, tranquilliser en parlant d'une inquiétude assez générale : *O bonté qui m'assure autant qu'elle m'honore* (Rac.). **Remettre,** calmer le trouble provoqué par une émotion passivement subie : *On calme celui qui est en colère. On remet l'esprit de sa frayeur.* **Rasseoir** se dit surtout de l'esprit et fait penser à l'ordre normal qui succède au trouble.

Tranquillité, état stable, constant, considéré indépendamment de toute relation : dans la vie, absence d'agitation, de mouvement, de souci; dans une société, ordre intérieur; dans l'âme, état, souvent philosophique et résultant de la volonté, qui consiste à ne pas être la proie des inquiétudes, des passions, des désirs, du besoin d'agir : *La tranquillité publique* (Volt.). *Tranquillité philosophique, objet des désirs du sage* (D'Al.). **Calme,** cessation complète du vent; au fig. tranquillité momentanée, parfois simplement apparente, souvent considérée par rapport aux circonstances, et, en parlant de l'âme, état dans lequel elle n'est pas mise hors d'elle-même par des émotions : *Calme apparent* (Les.); *trompeur*

(Rac.). *Ils affectent le calme au milieu du trouble* (Volt.). *Rendre* (Corn.); *remettre* (Sév.) *le calme.* **Paix,** dans une société, absence d'attaques de la part d'ennemis extérieurs ou, intérieurement, union qui assure une tranquillité durable; dans la vie, absence de dérangements, d'affaires, de bruit, de querelles suscitées ou subies; dans l'âme, harmonie intérieure, équilibre, souvent naturel, des sentiments qui s'accompagne de bonheur; et, spéc. dans le langage de l'Écriture, tranquillité qui vient de l'accomplissement des préceptes religieux, des volontés de Dieu et, en un autre sens, bonheur du paradis : *Comme le principe du gouvernement despotique est la crainte, le but en est la tranquillité, mais ce n'est point une paix, c'est le silence de ces villes que l'ennemi est près d'occuper* (Mtq.). *La foule où toute paix se corrompt et se perd* (Lam.). *Être chez soi paix et aise* (Volt.). *Tout respire en Esther l'innocence et la paix* (Rac.). **Repos,** fig., implique une relâche dont on jouit après une situation laborieuse et fatigante : *Prends du repos, ma fille, et calme tes douleurs* (Corn.). — En parlant de l'âme seulement, **Quiétude,** syn. de *tranquillité,* appartient au langage mystique : *Oraison de quiétude*; et, dans le langage courant, désigne une tranquillité pleine de charme et d'abandon, parfois quelque peu égoïste : *La quiétude de ma douce retraite* (Volt.). **Égalité, Placidité, Sagesse** diffèrent de *tranquillité* comme les adj. correspondants (→ Tranquille). **Apaisement,** retour définitif au calme : *Un grand calme régnait en moi, un apaisement né de cette certitude* (Mau.). **Sérénité,** très grande tranquillité, sans nuages, qui vient souvent de ce que la pureté, la noblesse de l'âme ou sa souveraine raison la mettent au-dessus des émotions et des agitations vulgaires : *L'implacable sérénité des dieux* (Tai.). *La sérénité d'une âme sans reproche* (Balz.). *Une sorte de sérénité dans la résignation* (Gi.). **Ataraxie,** terme philosophique, état du sage qui ne se laisse troubler par rien, d'après diverses sectes antiques notamment les stoïciens et les épicuriens. — **Sécurité,** tranquillité d'esprit qui vient de l'impression d'être en sûreté (→ ce mot). ¶ 2 → Ordre.

Transaction : ¶ 1 → Compromis. ¶ 2 *Transactions,* actes, conventions, accords qui interviennent entre les hommes dans la vie privée, la vie publique et notamment dans le commerce. **Affaires** (au sing., transaction commerciale) désigne en général, au pl., l'ensemble de l'activité commerciale; autrefois, en ce sens, on disait **Négoce.** ¶ 3 → Convention.

Transatlantique : → Bateau.

Transborder : → Transporter.

Transcendant : → Élevé et Distingué.

Transcrire : → Copier et Inscrire.

Transe : ¶ 1 → Transport. ¶ 2 Vive ou excessive inquiétude. *Transe,* le plus souvent au pl., appréhension d'un mal qu'on croit prochain, pour soi et pour autrui, ou appréhension de perdre ou de ne pas voir se réaliser un état heureux : *Le duc du Maine vivait en des transes mortelles pour toutes ses grandeurs* (S.-S.). **Anxiété,** en termes de médecine, malaise général accompagné d'un resserrement de l'épigastre et d'un besoin continuel de changer de position; au moral, inquiétude pénible et durable surtout due à l'incertitude : *Une sourde anxiété commença et devint tout de suite de l'angoisse* (Loti). **Angoisse,** en termes de médecine, grande anxiété accompagnée d'oppression et de palpitation, suppose, au moral, un état assez bref, mais très douloureux, dans lequel une grande crainte d'un mal ou d'une aggravation de son mal s'accompagne d'une vive affliction, d'un poids sur le cœur : *Les angoisses du remords* (Marm.). *Angoisse d'incertitude affreuse* (Zola). **Affres,** peu usité, ajoute l'idée de grand effroi ou d'horreur : *Les affres de la mort* (Bos.), *du style* (Flaub.). *L'agitation de ce malheureux, cette terreur, ces affres* (Mau.).

Transfèrement : → Transport.

Transférer : → Transporter.

Transfert : → Transport.

Transfigurer : → Transformer.

Transformation : → Changement. Changement de forme ou de manière d'être. *Transformation,* terme commun, désigne un fait ou un phénomène qui peut être naturel : *La viande et la sauce semblaient deux états voisins de la même matière, deux phases d'une transformation continue* (J. Rom.). **Métamorphose,** transformation opérée par les dieux de la Fable ou du paganisme : *Les Métamorphoses d'Ovide*; en sciences naturelles changement de forme si considérable que l'animal ou l'organe de la plante en devient méconnaissable : *La métamorphose des chenilles, des vers à soie*; dans le langage courant, au physique et au moral, changement total, extraordinaire, surprenant, qui rend méconnaissable : *O métamorphose mystique De tous mes sens fondus en un* (Baud.). **Avatar,** dans la religion hindoue, chacune des incarnations de Vichnou; par ext., fam., transformation d'un objet ou d'une personne qui en a déjà subi plusieurs : *Les avatars d'un homme politique.* **Conversion** (→ ce mot) ne se dit que de l'action, toujours volontaire, de changer une chose en une autre chose : *Conversion des métaux;*

d'un procès civil en un procès criminel.
Transsubstantiation, en termes de théologie, changement du pain et du vin en la substance du corps et du sang de J.-C., dans l'Eucharistie. **Transmutation, Transfiguration, Évolution :** → Transformer.

Transformer : ¶ 1 *Transformer,* opérer un changement total de forme ou de manière d'être, diffère de **Métamorphoser** comme les noms correspondants (→ Transformation) : *Transformer totalement la maison* (M. D. G.). *Daniel métamorphosé en bonne d'enfant* (M. D. G.). **Changer** dit moins; c'est simplement faire devenir plus ou moins autre : *Un moment a changé ce courage inflexible* (RAC.); mais *changer en* est syn. de *transformer en,* tout en étant d'un langage plus ordinaire, et susceptible d'emplois plus étendus, car *changer en* ne se rapporte pas seulement à la forme, mais aussi à la nature, à la substance et peut même indiquer une simple substitution : *J.-C. changea l'eau en vin. Changer l'allégresse en un deuil sans pareil* (CORN.). **Convertir,** terme didact., changer une chose en une autre, le plus souvent par une opération chimique, mathématique, juridique, monétaire ou commerciale : *Convertir le sucre en alcool; une peine corporelle en peine pécuniaire; une fraction ordinaire en fraction décimale; des propriétés foncières en biens mobiliers.* **Commuer,** convertir une peine en une autre moindre. **Muer,** trans., changer, est peu usité et du langage recherché : *Les couleurs de l'aurore muées du rose au pourpre* (CHAT.). **Transmuer,** syn. de *convertir,* ne se dit guère qu'en parlant des prétendues opérations des alchimistes ou dans le langage recherché : *L'homme ne peut transmuer les substances* (BUF.). *Hommes transmués en projectiles* (J. GRACQ). **Transfigurer,** changer la figure, suppose en parlant du visage qu'il prend un éclat inaccoutumé, et, en parlant du caractère, de la nature des personnes et des choses, une transformation qui les met dans un état supérieur ou les embellit : *Transfiguré, d'une beauté triomphante, malgré sa laideur et sa décrépitude* (LOTI). **— Tourner,** changer une chose morale en quelque chose de nouveau, ou simplement lui donner un nouvel aspect par quelque interprétation : *Des liaisons que l'habitude commençait à tourner en amitié* (J.-J. R.); ou agir par son influence sur une personne pour changer sa manière de penser, d'agir; on dit plutôt en ce sens **Retourner** : *Tourner les esprits. Il était de notre avis, mais on l'a retourné* (ACAD.). **¶ 2** (Réf.) *Se transformer,* **Se métamorphoser** disent plus que **Changer,** devenir différent, autre. **Tourner,** changer, se dit du sort et parfois du temps. **Tourner à** ou **en,** se transformer, se changer en, se dit plutôt d'un changement en mal : *Sa gratitude tournait à la rancœur* (GI.). **Évoluer,** terme de biologie, de médecine, de philosophie et de littérature, se transformer progressivement et sans cesse, sans jamais s'arrêter à une forme définitive : *Les genres littéraires évoluent.*

Transformisme : → Évolutionnisme.

Transfuge : → Déserteur.

Transfuser : → Transvaser.

Transgresser : → Désobéir.

Transi, pénétré et engourdi de froid. **Gelé** et **Glacé** (→ Geler) enchérissent et sont d'un langage plus ordinaire : *Transi, gelé, perclus, immobile, rendu* (L. F.). **Morfondu,** pénétré d'humidité et de froid, est plus rare et se dit seul du cheval auquel le froid a donné un catarrhe nasal : *Pour se sauver de la pluie, Entre un passant morfondu* (L. F.). **Frissonnant** et **Grelottant,** qui enchérit, ajoutent l'idée d'un tremblement dû au froid ou à la fièvre (→ Trembler). **Figé,** syn. fam. de *transi.*

Transiger : → Composer.

Transir : ¶ 1 Pénétrer de froid. *Transir,* **Geler, Glacer :** → Transi. **¶ 2** Au fig. → Pétrifier.

Transiter : → Transporter.

Transition : ¶ 1 *Transition* fait penser à l'art avec lequel, dans un ouvrage ou un discours, on passe insensiblement, par un développement intermédiaire, d'une idée ou d'une partie à une autre : *Ménager les transitions. Le travail des transitions* (D'AL.). **Liaison** désigne quelque chose de plus simple qui peut être uniquement un enchaînement, un rapport nécessaire entre deux idées, deux parties sans le développement intermédiaire que suppose la transition : *La liaison des scènes d'une pièce de théâtre.* **Passage** fait surtout penser à l'effet produit par la transition ou la liaison (ou leur absence), et se dit aussi en musique et en peinture : *Le passage de cette idée à cette autre est trop brusque et aurait dû être ménagé par une transition.* **Intermédiaire,** idée qui sert de liaison ou de transition à deux autres idées. **Raccord,** au fig., en parlant des ouvrages de l'esprit dont on a retranché quelque partie, travail que l'on fait pour ménager une transition ou établir une liaison afin d'empêcher que la suppression soit visible. **Suture,** en ce sens, est moins usité. **Préparation** fait penser à l'art avec lequel on ménage, par degrés, un effet que l'on veut produire : *La préparation d'un coup de théâtre.* **¶ 2** Au fig., ce qui amène d'un régime politique, d'un état de choses à un autre. *Transition* fait penser à l'état intermédiaire dans son ensemble, **Degrés,** à ses étapes successives : *La transition de la République à l'Empire* *s'est faite à Rome par degrés.* **Passage** diffère de *transition* comme plus haut et fait penser à l'effet produit : *Et l'heureux trépas que j'attends Ne vous sert que d'un doux passage Pour nous introduire au partage...* (Corn.). **Acheminement** envisage la transition comme en train de se faire par dégrés et tendant vers un but qui n'est pas encore atteint : *L'époque des guerres civiles fut à Rome un acheminement vers le despotisme.*

Transitoire : → Passager.

Translation : → Transport.

Translucide : → Diaphane.

Transmettre, au prop. et au fig., faire passer à une personne ou à une chose ce qu'on a reçu, ou mettre ce qu'on possède en possession de quelqu'un : *Nous ne savons de sa doctrine que ce que ses disciples nous en ont transmis* (Did.). **Communiquer,** transmettre à une personne ou à une chose une qualité que l'on possède et qu'on lui fait partager ; ou transmettre à une personne ce dont on a pris connaissance, pour le lui faire connaître : *Son œil sans cette flamme admirable qui me communiquait sa ferveur* (Gi.). *Communiquer un renseignement, un dossier.* **Renvoyer,** transmettre ou communiquer à qui de droit des demandes, des propositions, des documents qui nous ont été adressés et dont nous ne pouvons pas décider seul : *L'assemblée a renvoyé leur pétition au ministère de la guerre.* **Déléguer,** transmettre son pouvoir, son autorité à celui qui doit agir en notre nom. **Passer,** transmettre à une personne, le plus souvent directement, est du langage ordinaire, et fam. en parlant d'une maladie : *Passer le ballon à un autre joueur. Passer un rhume.* **Laisser** et **Léguer,** transmettre par héritage, *léguer* impliquant des dispositions testamentaires ce qui n'est pas toujours le cas de *laisser*, et se disant au fig. de ce qu'on transmet comme une sorte d'héritage : *Léguons la solution de cet autre problème au vingtième siècle* (Balz.). — **Inoculer,** communiquer un virus ; au fig. transmettre, communiquer par une sorte de contagion morale : *Pour leur inoculer sa doctrine suspecte* (V. H.). **Infuser,** fig., communiquer à quelqu'un des sentiments ou des idées par influence : *Infuser une ardeur nouvelle.* — **Transférer** et **Transporter** (→ ce mot), en parlant d'un droit, le transmettre à quelqu'un, dans le premier cas avec les formalités requises, dans le second, en le cédant : *Transférer à quelqu'un la propriété d'une chose.* **Négocier,** en termes de bourse, transférer la propriété d'une valeur, d'un effet, soit par intermédiaire, soit par contrat direct. — **Imprimer** se dit abusivement du mouvement, de la vitesse qu'un corps communique à un

autre corps ; on dit aussi **Donner,** syn. vague, en des sens plus larges, de *communiquer.*

Transmigration : → Émigration.

Transmuer : → Transformer.

Transmutation : → Conversion et Transformation.

Transparent : ¶ 1 → Diaphane. *Transparent* fait toujours penser à la propriété ordinaire de la chose qui est de laisser voir nettement les objets à travers son épaisseur : *Lointain transparent, vaporeux et bleuâtre des primitifs toscans* (Proust). **Clair** désigne simplement l'état parfois momentané de ce qui, n'étant ni trouble ni sale, se laisse pénétrer dans sa masse d'une vive lumière, en sorte qu'on peut voir au travers comme si la masse interposée n'existait pas, et se dit surtout des liquides, de l'atmosphère ou des cristaux : *Clair comme le cristal* (Baud.). *Une robe peut être transparente, mais n'est pas claire.* **Limpide,** très clair et parfaitement transparent, se dit surtout des liquides ou du ciel qui ne rien ne trouble, qui sont purs : *Un limpide ciel vert* (Loti). **Cristallin,** clair et transparent comme du cristal, est du style poétique et ne se dit guère que des eaux. **Léger,** qui se dit d'une couleur aérienne et transparente, est uniquement un terme de peinture : *Paysage léger, limpide* (Mau.). ¶ 2 Au fig. en parlant de ce que l'on dit, **Clair** qualifie ce qui est intelligible en soi, se comprend facilement ; **Limpide** enchérit surtout en parlant du style à la fois clair et pur ; *Transparent* ne se dit que de ce qui, tout en paraissant cacher une chose, la laisse voir facilement : *Allégorie, allusion transparente.* — En parlant de l'âme, *transparent* implique qu'on veut cacher des sentiments mais qu'on n'y réussit pas : *Son cœur transparent comme le cristal ne peut rien cacher de ce qui s'y passe* (J.-J. R.); *limpide* implique une pureté qui ne cache rien.

Transpercer : → Percer.

Transpirer : ¶ 1 → Suinter. ¶ 2 → Suer. ¶ 3 → Percer.

Transplanter : → Transporter.

Transport : ¶ 1 Action de porter d'un lieu à un autre. *Transport,* terme commun, est d'un usage général. **Translation** ne s'emploie que dans les sens du verbe *transférer* (→ Transporter), c'est-à-dire en langage de rituel ou de droit, en termes de science ou pour marquer un transport extraordinaire : *La translation d'un saint ; du siège de l'Empire. Mouvement de translation.* — *Bon Dieu! quelle translation de Mme de Noailles à Perpignan* (Sév.). **Transfert,** en terme de commerce et de finance, «acte par lequel on déclare transporter à un autre la propriété d'une rente sur l'État, d'une valeur, d'une marchandise » (ACAD.), se dit parfois aussi de l'action de *transférer* surtout au physique : *Le transfert du corps d'un mort* (ACAD.). **Transfèrement** ne se dit guère que de l'action de transférer des prisonniers d'un lieu de détention dans un autre. ¶ 2 → Bateau. ¶ 3 → Délire. ¶ 4 État où l'âme est comme mise hors d'elle-même. *Transport*, mouvement violent de l'âme, dû à une impression pénible ou agréable, qui se manifeste par de l'agitation, des mouvements, des cris, mais d'une façon vaine et stérile, sans activité créatrice : *Transports de haine* (CORN.); *de l'esprit et des sens* (BAUD.). **Enthousiasme** (→ ce mot) se dit spéc. d'un grand transport de joie, d'allégresse accompagné de manifestations, mais implique en un sens plus général un mouvement créateur qui excite le travail de l'esprit ou pousse à des actes de courage, de dévouement. **Ravissement** et **Extase** expriment toujours un état de jouissance agréable et se disent bien pour marquer le comble de la félicité : *ravissement*, dans le langage mystique, suppose plutôt une vision qui subjugue l'âme par son caractère extraordinaire et grandiose, *extase*, un état de contemplation et d'amour dans lequel l'âme est totalement soustraite au sentiment des choses sensibles; dans le langage courant, *ravissement*, état où l'âme charmée, pleine de joie, a encore assez de liberté pour manifester son bonheur par des transports : *Faisant éclater leur ravissement par des transports inexprimables* (LES.); *extase*, état d'émerveillement dans lequel, l'âme totalement absorbée, on reste immobile, stupéfait : *Olivier le contemplait avec une sorte d'extase* (GI.). **Transe**, terme de spiritisme, état particulier d'hypnose et d'angoisse où les médiums disent entrer au moment où l'Esprit se manifeste en eux : *Toute émotion humaine peut en moi faire place à une transe quasi mystique, une sorte d'enthousiasme par quoi mon être se sent magnifié* (GI.).

Transporter : ¶ 1 → Porter. Porter ou faire passer d'un lieu à un autre. *Transporter*, du langage commun, se dit plutôt au prop. et au physique; **Transférer**, au fig. et au moral : *Transporter une partie des religieuses; transférer à Paris toute la communauté* (RAC.); *transférer*, terme de droit et de liturgie, s'emploie en parlant d'un corps saint, de reliques, ou d'un prisonnier qu'on fait passer d'un lieu à un autre suivant certaines formalités légales, et abstraitement, en parlant de la juridiction, de l'autorité, de la puissance, lorsque d'un tribunal, d'une ville, d'une nation, elle vient à passer en un autre lieu : *Le Saint-Siège fut transféré d'Avignon à Rome* (VOLT.). En parlant d'un droit, le *trans-*

porter, c'est le céder; le *transférer*, c'est le transporter suivant les formalités (→ Transmettre). **Traduire**, VX, en termes de palais, transférer une personne d'un lieu à un autre. — Au physique seulement, *transporter* a pour syn. **Voiturer**, transporter par voiture, qui se dit surtout des denrées, des marchandises et fam. en parlant des personnes. **Véhiculer**, plus récent, voiturer ou transporter par un moyen quelconque, marque souvent une action plus exceptionnelle : *Véhiculer du matériel en terrain difficile*. **Charrier**, voiturer dans une charrette, un chariot : *Charrier des mourants dans sa camionnette* (M. D. G.). **Charroyer**, fréquentatif, charrier en va-et-vient. **Déménager**, transporter des meubles d'un logis dans un autre, ou, fam., transporter au-dehors tout ce qu'il y a dans un lieu. **Transiter**, terme de douane, transporter des marchandises d'un pays à un autre en passant sur le territoire d'un ou plusieurs États qu'elles traversent sans payer des droits de douane. **Transborder**, transporter des marchandises ou des personnes d'un bord à un autre, d'un bateau, d'un train dans un autre. **Passer**, transporter en bateau d'un bord à un autre. **Transbahuter**, transporter, déménager avec effort, est pop. — En parlant des populations, *transporter* indique qu'on les déplace par autorité de leur pays dans un autre; **Transplanter**, fig., qu'on les établit dans un pays où elles s'adaptent. **Déplacer**, syn. de *transporter*, par euphémisme. **Déporter**, transporter de force pour châtier ou par mesure politique. ¶ 2 Faire changer de lieu. *Transporter*, au prop. et au fig., porter ailleurs : *Dans certains livres mal faits on pourrait à volonté transporter un chapitre du milieu au commencement ou à la fin*. **Reporter**, porter une seconde fois, et au fig., répéter : *Reporter une somme au haut de la page suivante*; ou porter une chose là où elle sera mieux : *On n'a pu mettre en vers les noms des officiers blessés, et ces noms ont été reportés dans les notes* (VOLT.). — Au réf., porter sa pensée vers une autre époque : *se transporter* se dit pour tous les temps et marque qu'on se dépayse, qu'on va ailleurs en imagination : *Si nous nous transportons par la pensée au milieu de ces anciennes générations d'hommes* (F. D. C.); *se reporter* ne se dit que pour le passé et des époques qu'on connaît bien, où l'on voit pour ainsi dire les événements se répéter : *Reportez-vous au temps de votre enfance*. ¶ 3 → Reléguer. ¶ 4 Au fig. *Transporter*, mettre hors de soi, agiter violemment en parlant de l'effet de toutes les passions : *Elle ne frémissait pas, elle n'était nullement transportée* (J. ROM.). *Transporté d'orgueil* (BAUD.). **Ravir** enchérit, en parlant de l'effet de l'admiration, du plaisir, de la joie, et, en religion, de l'extase, et suppose qu'on est captivé, subjugué, en proie à une vive jouissance : *Émouvoir, étonner, ravir un spectateur* (BOIL.). **Enthousiasmer,** en parlant de l'effet de l'allégresse, de l'admiration, implique de vives manifestations et se dit d'une façon plus générale de tous les mouvements extraordinaires de l'âme qui nous poussent à agir. **Exalter,** en ce dernier sens, suppose une sorte de tension de l'âme vers un but, un idéal qui l'élève au-dessus d'elle-même; mais peut indiquer, péj., un enthousiasme excessif, déréglé ou factice. **Enlever** se dit surtout des orateurs ou des œuvres d'art qui ravissent d'extase ou entraînent vivement en enthousiasmant : *Une éloquence qui entraîne ou qui enlève comme vous voudrez* (Sév.). **Emballer,** fam., transporter de surprise, d'admiration et entraîner. **Exciter,** fam., éveiller l'intérêt, la curiosité et parfois quelque enthousiasme : *C'est trop calme pour moi. Ça ne m'exciterait pas assez* (J. ROM.). ¶ 5 (Réf.) → (se) Porter et Aller.

Transporteur : ¶ 1 → Voiturier. ¶ 2 → Messager.

Transposer, mettre dans un ensemble une chose à une autre place que celle où elle était, où elle devrait être, de façon à changer l'ordre : *Transposer les termes d'une proposition, des feuilles en reliant.* **Intervertir** suppose une transposition réciproque qui fait qu'on met une chose à la place de celle qui vient occuper sa place : *Intervertir les rôles*; a surtout rapport au résultat, et se dit de l'ordre (J.-J. R.), de l'arrangement (ACAD.) que l'on change plutôt que des choses que l'on transpose. **Renverser** dit plus et suppose qu'on met deux ou plusieurs choses dans l'ordre exactement inverse : *Renverser les termes d'une fraction; d'un rapport; d'une proposition.* **Inverser,** syn. de *renverser,* se dit plutôt lorsqu'il ne s'agit que de deux choses.

Transposition, Inversion, Interversion, Renversement : → Transposer. **Métathèse,** terme de grammaire, transposition d'une lettre : Ex. *Fromage* pour *Formage.*

Transvaser, verser un liquide d'un récipient dans un autre. **Transvider,** verser dans un récipient ce qui reste dans un autre récipient ou dans plusieurs autres. **Transfuser,** syn. didact. de *transvaser,* se dit plus spéc. du sang que l'on fait passer du corps d'un homme dans celui d'un autre. **Soutirer,** transvaser du vin ou quelque autre liquide d'un tonneau dans un autre, de manière que la lie reste dans le premier. **Décanter,** transvaser doucement une liqueur au fond de laquelle il s'est fait un dépôt, pour la séparer de ce dépôt.

Trantran : → Routine.

Trappe : → Piège.

Trapu : → Ramassé.

Traquenard : → Piège.

Traquer : → Poursuivre.

Trauma : → Blessure. En termes de médecine, *Trauma,* blessure locale produite par un agent extérieur agissant mécaniquement. **Traumatisme,** ensemble des troubles occasionnés par une violence extérieure.

Travail : → Occupation. *Travail,* terme commun, désigne aussi bien l'effort soutenu nécessité par une action que la manière dont on l'accomplit, l'ouvrage qui en résulte, ou l'ouvrage qui est à faire et auquel on travaille présentement : *Le travail et le loisir. Avoir le travail lent. Montrer son travail. Distribuer le travail aux ouvriers.* **Labeur,** terme du style soutenu, peine que donne un ouvrage, ne se dit qu'à propos d'un travail remarquable, pénible ou long : *Deux mille ans de labeur* (PÉG.). **Ouvrage,** pour désigner un résultat, est plus objectif que *travail* qui fait surtout penser à l'effort et à l'art de l'ouvrier, alors qu'*ouvrage* évoque plutôt la perfection de ce qui est sorti de ses mains, sans l'idée de labeur et de peine : *Un travail de bénédictin. Un bel ouvrage.* Dans les autres sens de *travail, ouvrage* désigne vaguement tout ce qu'il y a à faire, *travail* fait penser soit à la peine, au labeur, soit au gain produit : *Trop d'ouvrage ne laisse pas de temps; trop de travail fatigue. Un ouvrier est sans ouvrage si on ne lui a rien donné à faire, il est sans travail s'il n'a pas de place, ne gagne pas sa vie.* **Œuvre,** syn. d'*ouvrage,* seulement pour désigner ce que produit le travail, est d'un style plus relevé (→ Ouvrage) et remplace *ouvrage* dans quelques loc. comme *Se mettre à l'œuvre, C'est son œuvre, Il ne fait œuvre de ses dix doigts.* **Tâche,** ouvrage qu'on donne ou qu'on redonne à faire, à certaines conditions, dans un certain espace de temps; au fig. ce qu'on a à faire, avec précision, par devoir, obligation ou nécessité : *Travailler à la tâche. S'assigner la tâche de faire surgir un monde nouveau* (J. ROM.). **Devoir,** tâche donnée comme exercice à un élève. **Besogne,** travail qu'exige de chacun sa profession ou les circonstances, et résultat de ce travail, est un terme commun qui se dit plutôt d'un travail ordinaire, parfois bas, qui exige plus de courage et d'activité que d'habileté : *Il faut se condamner à une besogne plus humble* (J. ROM.). *Besognes misérables de commerce et d'industrie* (PÉG.). **Corvée,** fam., au fig., toute action, tout travail qu'on fait avec regret, avec peine ou sans profit. On dit aussi **Pensum,** travail ennuyeux comme une punition d'élève. **Peine,** au fig., travail, labeur qui fatigue, effort qui coûte : *Mourir à la peine.*

Perdre sa peine. **Sueur,** syn. de *peine,* au fig., surtout au pl., dans le langage relevé ou poétique : *Une terre fécondée par les sueurs de l'homme* (ACAD.). **Veilles,** au fig., grand et long labeur, le plus souvent au détriment du sommeil, pour un travail intellectuel. — **Main-d'œuvre** ne se dit que du travail de l'ouvrier considéré surtout par rapport au prix : *La main-d'œuvre coûte cher.* — **Boulot, Turbin,** syn. de *travail,* sont argotiques, mais passés dans le langage pop., ainsi que **Business** (en ang. « affaires », travail, occupation spéciale. **Brocante,** pop., menus ouvrages que font les ouvriers pour leur propre compte en dehors des heures de travail ; on dit plutôt en ce sens **Bricolage** qui désigne aussi toute petite besogne peu importante.

Travaillé : Fait avec art en parlant des ouvrages de l'esprit. *Travaillé,* qui diffère de **Soigné** comme les verbes correspondants (→ Soigner), suppose de l'effort, des remaniements, des corrections qui peuvent donner une impression de peine (→ Pénible) : *Un ouvrage ne doit point paraître trop travaillé, mais il ne saurait être trop travaillé* (BOIL.). **Étudié** implique une méditation, un calcul, qui ne laissent rien au hasard et peuvent aboutir à l'affectation : *Des discours étudiés et magnifiques* (Bos.). **Tourmenté,** travaillé avec un effort qui se fait sentir : *Style tourmenté, obscur, entortillé* (DID.).

Travailler : Trans. ¶ 1 → Tourmenter. ¶ 2 Soumettre une matière à un travail. *Travailler,* terme général, n'implique pas de nuance particulière et se dit de l'homme comme des agents naturels : *Travailler l'or, la pâte. Le feu pénétrait et travaillait le globe* (BUF.). **Façonner,** travailler une chose en vue de lui donner une forme particulière, ne se dit que de l'homme : *Façonner un tronc d'arbre en canot* (ACAD.). **Ouvrer,** syn. de *travailler,* de *façonner,* est surtout un terme tech. et se dit notamment, surtout au part. passif, de certains travaux de lingerie : *Nappe ouvrée.* **Ouvrager,** travailler à la main, lentement, avec minutie, ne se dit, surtout au part. passif, que d'ouvrages artistiques : *La grille ouvragée de la villa* (M. D. G.). ¶ 3 → Soigner. ¶ 4 → Étudier. — Intrans. ¶ 5 → Agir. Faire effort pour exécuter un ouvrage. *Travailler* insiste sur l'effort que réclame l'ouvrage ; en un sens plus général, c'est avoir de l'ouvrage qui rapporte un gain, en parlant des personnes qui ont un emploi et des entreprises qui les occupent : *Il se tue à travailler. Travailler dans une usine.* **Ouvrer,** faire un travail, est vx. **Œuvrer,** dans le style recherché, travailler à un ouvrage important qu'on peut appeler une œuvre : *Cet artiste a œuvré toute sa vie.* **Besogner,** faire sa besogne (→ Travail), est

vx sauf pour signifier, en un sens fam. et ironique, un travail qui demande plus d'effort que d'habileté et qui est souvent peu fécond. **Mettre la main à la pâte,** fam., travailler soi-même à un ouvrage que d'autres pourraient faire pour vous, sans s'en remettre à eux. **Tracer son sillon,** fig. et du style relevé, faire chaque jour régulièrement la tâche qu'on s'est imposée. **Bricoler,** fam., faire toutes sortes de petites besognes peu importantes. **Bûcher,** fig. et fam., travailler avec acharnement à une chose du domaine intellectuel. **Piocher,** fig. et fam., travailler avec ardeur, avec assiduité, spéc. pour étudier. **Buriner,** travailler dur, est pop. **Trimer,** fam., besogner avec effort et sans beaucoup de goût. **Gratter, Chiner,** *travailler,* sont pop. et rares, ainsi que **Pilonner,** travailler avec acharnement. **Bosser, Boulonner, Turbiner,** travailler surtout de ses mains, sont argotiques, mais très usités dans le langage fam. ou pop. ¶ 6 → Fermenter. ¶ 7 *Travailler à :* → (s') Occuper à.

Travailleur : ¶ 1 N. *Travailleur,* tout homme qui travaille, s'emploie plutôt pour désigner ceux qui travaillent de leurs mains, en un sens assez vague d'ailleurs, par opposition à ceux qui vivent sans rien faire ; appliqué en général à celui qui travaille à un ouvrage quelconque, *travailleur* fait penser à l'effort qu'il fournit : *Un bon travailleur ne s'épargne pas, fait beaucoup en peu de temps* (L.). *Grand travailleur, exact, plein de bon sens* (dans LIT.). **Ouvrier,** celui qui loue ses services moyennant salaire pour un travail manuel, industriel ou agricole, qualifie le travailleur par rapport au travail qu'il accomplit, et, au fig., fait envisager celui qui travaille par rapport à la perfection de son ouvrage : *Ouvrage bon et fait de main d'ouvrier* (L.B.). **Manœuvre,** ouvrier qui n'a aucune spécialité et travaille sous les ordres d'un autre ouvrier, notamment un maçon, un couvreur ; au fig., par mépris, celui qui exécute grossièrement et par routine les ouvrages d'art : *Comparer à Racine le manœuvre qui avait si cruellement mutilé une tragédie* (L. H.). **Manouvrier,** au prop. seulement, ouvrier qui travaille de ses mains et à la journée à des besognes fort simples, mais qui constituent tout de même un métier, est vx et on dit de nos jours **Journalier. Tâcheron,** ouvrier qui est payé pour un travail en général facile, fixé d'avance pour un prix convenu, est péj. pour désigner celui qui se charge d'un certain travail en seconde main, notamment de travaux littéraires : dans ce cas le tâcheron est appelé, fam., **Nègre,** collaborateur rétribué et occulte d'un auteur. **Compagnon,** ouvrier ou artisan qui fait partie d'une société de gens de métier, ou apprenti qui travaille auprès d'un ouvrier plus expérimenté, ou ouvrier qualifié qui fait partie d'une entreprise artisanale, dans certains métiers traditionnels : *De hardis compagnons sifflaient sur leur échelle* (S. PRUDH.). **Trimardeur,** pop., ouvrier qui va de ville en ville en quête de travail temporaire. ¶ 2 Du point de vue social : celui qui vit de son travail. *Travailleur* est plutôt du langage politique et désigne celui qui travaille pour vivre, et spéc., employé absolument, les travailleurs manuels, par opposition aux capitalistes : *Travailleurs de tous les pays, unissez-vous.* **Salarié,** terme d'économie politique, tout travailleur manuel ou intellectuel lié à un employeur par un contrat de louage de services : *Les salariés s'opposent aux patrons, aux commerçants, aux professions libérales.* **Prolétaire,** terme du langage politique, celui dont les ressources proviennent uniquement de son travail, surtout manuel. **Mercenaire,** ouvrier, artisan, homme de journée qui travaille pour de l'argent, est plutôt du style littéraire comme syn. ancien de *salarié,* et insiste sur la condition de celui qui dépend de celui qui le paie : *Travailler comme un mercenaire.* ¶ 3 Adj. Qui travaille bien. *Travailleur,* qui aime travailler. **Laborieux,** qui travaille beaucoup et avec ardeur. **Studieux,** qui aime l'étude, se dit, dans le domaine intellectuel, de celui qui est travailleur non parce qu'il aime le travail, mais parce qu'il est curieux des matières auxquelles il se consacre. **Bûcheur, Piocheur** sont fam. (→ Travailler). **Bourreau de travail** ne s'emploie que comme n. pour désigner un homme très laborieux.

Travaux forcés : → Bagne.

Travers : → Imperfection.

Travers (à) : Par le milieu, en traversant. *A travers* suppose un passage vide, libre, ou un jour; *Au travers,* un passage qu'on se fait entre des obstacles ou en traversant, en pénétrant un obstacle; mais cette distinction n'est pas toujours observée : *A travers les arbres j'ai aperçu un palais* (FÉN.). *Au travers des écueils* (FÉN.); *des nuages* (VOLT.).

Travers (de) : De mauvais sens. *De travers,* de biais, au prop. et au fig., et, souvent précédé de *tout,* tout autrement qu'il ne faudrait : *Parler, répondre tout de travers.* **A contresens,** en sens inverse du sens normal d'une chose, enchérit, surtout au fig. : *Déclamer à contresens.* **De guingois,** *de travers,* est fam. : *Marcher de guingois.*

Traverse : ¶ 1 → Raccourci. ¶ 2 → Obstacle. ¶ 3 → Insuccès.

Traversée : → Trajet.

Traverser : ¶ 1 → Passer. *Traverser,* passer ou être au travers : *La Seine tra-* verse Paris. *Traverser les lignes ennemies.* **Couper,** traverser en séparant : *Pays coupé de rivières.* **Croiser** ne se dit que lorsqu'un chemin ou une direction passe en travers d'un autre chemin ou d'une autre direction : *Le lièvre croisa le chemin.* ¶ 2 → Percer. ¶ 3 → Empêcher.

Travestir : → Déguiser.

Travestissement, tout habit qui sert à travestir ou tout moyen grâce auquel on se travestit. **Travesti** ne se dit que d'un costume de travestissement pour une fête.

Trébucher : → Broncher.

Trébuchet : ¶ 1 → Piège. ¶ 2 → Balance.

Treillage : → Clôture.

Treille : → Vigne.

Treillis : → Clôture.

Tremblement : ¶ 1 *Tremblement,* en parlant des personnes et des choses, implique de petites secousses fréquentes, mais dont on peut distinguer les mouvements alternatifs : *Le tremblement d'un pont suspendu. Le tremblement de la colère, de la fièvre.* **Trépidation,** en termes de géologie, tremblement du sol assez léger : *Ce sont plutôt des trépidations que de vrais tremblements* (BUF.); par ext. tremblement rapide, saccadé et plus ou moins fort des parties d'un véhicule dans sa marche. **Trémulation,** terme de pathologie, tremblement rapide que l'on observe à la suite d'une contraction brusque quand les réflexes sont exagérés; *trépidation,* en ce sens, est rare. **Vibration, Frémissement, Frisson, Frissonnement,** rare, frisson passager et léger : → Trembler. ¶ 2 Au fig. → Crainte.

Tremblement de terre : → Séisme.

Trembler : ¶ 1 Être agité par de fréquentes secousses (≠ Tressaillir, qui n'indique qu'une seule secousse). *Trembler* suppose un mouvement assez fort mais assez lent pour qu'on puisse en distinguer les divers moments : *Trembler comme une feuille.* **Trembloter,** fam., trembler quelque peu, à petites secousses. **Trépider,** être agité de petites secousses rapides sous l'effet de l'ébranlement du sol, ou du mouvement en parlant d'un véhicule (→ Tremblement). **Vibrer,** terme de physique, exécuter des oscillations périodiques très rapides en parlant des points d'un système déformable écartés de leur position d'équilibre; par ext. trembler ou trépider très rapidement : *Vibrer comme un vitrail quand un chariot passe* (V. H.). **Frémir,** en parlant des choses, vibrer très vite, imperceptiblement, avec un bruissement, se dit souvent d'un ensemble ou d'une masse dont les parties s'agitent très vite; en parlant d'une personne, c'est trembler très vite, convulsivement :

Frémir de tous ses membres. La mer, le feuillage frémissent. Le violon frémit comme un cœur qu'on afflige (Baud.). **Frissonner,** trembler légèrement de froid ou de fièvre, en parlant de l'homme dont la peau se contracte ; et, en parlant des choses, frémir légèrement d'un mouvement assez bref : *Le rideau frêle au vent frissonne* (Samain). **Grelotter,** trembler de froid, marque un mouvement plus rapide, plus saccadé, plus visible et plus durable. ¶ 2 Au fig., *Trembler* marque un état de l'âme qui se retire en elle-même, comme recroquevillée par l'inquiétude, l'appréhension, la peur : *Trembler pour sa vie* (Volt.). **Frémir** implique au contraire une révolte de l'âme soulevée contre ce qui l'a émue d'horreur, de colère ou d'indignation : *Frémir de rage* (Fén.) ; *d'horreur* (Volt.) ; toutefois on *frémit* aussi d'une joie qui bouleverse, et parfois de surprise ; si *frémir* se dit aussi de la crainte et de l'effroi (Rac.), c'est plutôt pour marquer l'agitation d'une âme troublée jusqu'au fond d'elle-même par quelque chose d'extraordinaire qu'accablée par la peur. **Vibrer** implique qu'on est agité jusqu'au fond de l'âme par des sentiments en général ardents et généreux qui poussent à l'enthousiasme : *Un discours patriotique fait vibrer.* **Palpiter,** qui se dit au prop. d'une agitation vive et désordonnée du cœur, et par ext. de quelque partie du corps ou de la chair encore vivante des êtres qu'on vient de tuer qui frémit convulsivement, suppose au fig. des émotions qui font battre violemment le cœur, comme la crainte, l'espérance ardente, l'intérêt qu'on prend à un spectacle, à un récit qui angoissent. **Frissonner** se dit surtout lorsque nos pensées, nos représentations, plutôt que les choses, nous émeuvent soudainement de peur, de répulsion, d'horreur, souvent devant l'obscurité, le mystère ; et s'emploie aussi pour l'enthousiasme, l'admiration : *Chacun frissonne à cette idée* (Volt.). *Ces tirades de Corneille qui font frissonner* (Sév.). ¶ 3 → Vaciller. ¶ 4 *Trembler* et **Trembloter,** qui diffèrent comme plus haut, se disent aussi de la voix qui n'est pas ferme, parfois sous le coup d'une émotion. **Chevroter,** parler, chanter d'une voix tremblotante comme celle d'une chèvre, marque un défaut permanent : *Un vieillard chevrote.* **Faire des trémolos,** fig. et fam., mettre des tremblements artificiels dans sa voix pour affecter l'émotion.

Trembleur : → Craintif.

Trembloter : ¶ 1 → Trembler. ¶ 2 → Vaciller.

Trémousser : ¶ 1 → Frétiller. ¶ 2 (Réf.) → (se) Démener.

Trempe : ¶ 1 (au physique) → Nature. ¶ 2 (au moral) → Naturel. ¶ 3 → Volée.

Tremper : Trans. ¶ 1 → Mouiller. ¶ 2 → Fortifier. — ¶ 3 Intrans. *Tremper,* demeurer quelque temps dans l'eau ou dans un autre liquide : *Des quartiers submergés avec les maisons qui trempent dans une eau sale* (J. Rom.). **Baigner,** rester entièrement plongé dans un liquide, marque une action plus complète et plus durable : *Les cerises baignent dans l'eau-de-vie.* **Mariner,** tremper dans un bain de vinaigre ou de vin épicé et aromatisé en parlant de viandes, de gibiers, de poissons qu'on veut attendrir et dont on veut modifier le goût avant la cuisson ¶ 4 *Tremper dans :* → Participer à.

Trépas : → Mort.

Trépasser : → Mourir.

Trépidant : → Troublé et Saccadé.

Trépidation : → Tremblement.

Trépider : → Trembler.

Trépigner : → Piétiner.

Très : Particule qui se met devant les adjectifs, les adverbes et les participes pris adjectivement pour marquer le superlatif de la qualité ou de l'état qu'ils expriment. *Très,* absolu, marque une vérité objective. **Bien,** relatif, marque implicitement la manière dont celui qui affirme est affecté : *Ce qui est très loin de nous est en fait à une grande distance. Mais nous trouvons loin pour nous ce que nous disons être bien loin* (L.). **Fort,** syn. de *très,* s'emploie bien pour marquer l'intensité, et plutôt à un haut degré qu'au degré suprême : *Un homme est très grand et fort violent* ; syn. de *bien,* fort insiste sur la force avec laquelle nous affirmons : *Je suis fort mécontent, c'est-à-dire je n'hésite pas à l'affirmer, il faut me croire.* — Le langage courant a toujours eu tendance à employer par hyperbole des adverbes qui enchérissent sur *très* ; il faut en user avec prudence en évitant les métaphores incohérentes dont se moquait déjà Molière (*Furieusement tendre*). **Extrêmement** devrait marquer la dernière limite que peut atteindre une qualité ou un état : *Extrêmement sage* ; **Excessivement** devrait indiquer un abus : *Excessivement occupé* ; **Énormément, Prodigieusement** devraient se dire de ce qui dépasse la mesure commune : *Énormément grand* ; **Infiniment,** qui s'emploie proprement dans des loc. comme, en termes de biologie, *les infiniment petits* doit enchérir avec prudence sur *extrêmement* et toujours avec une hyperbole voulue : *Infiniment heureux* ; **Terriblement** doit marquer une sorte de fuite devant l'excès d'une chose fâcheuse : *Il est terriblement ennuyeux* ; **Effroyablement,** une sorte d'horreur, de peur, devant quelque chose d'affreux : *Effroyablement laid*; **Follement**, un excès qui choque la raison, la mesure : *Une allure follement rapide*; **Drôlement**, très usité fam. de nos jours, une sorte d'étonnement devant ce qui paraît étrange. **Sérieusement** marque la gravité avec laquelle il faut prendre certains états : *Sérieusement fâché, malade*. **Furieusement**, vx, est fam. pour marquer l'impression violente d'une qualité et surtout d'un défaut : *Elle est furieusement laide*. **Richement**, très fam., marque la surabondance d'une qualité, parfois avec ironie : *Cette femme est richement laide* (ACAD.). **Diablement**, *excessivement*, est très fam. : *Imaginez l'univers sage et philosophe, convenez qu'il serait diablement triste* (DID.). **En diable**, après l'adj. qu'il modifie, est fam. dans le même sens : *Sévère en diable* (MOL.). **Bigrement**, *excessivement*, est pop. **Extra**, superlatif de qualité, se joint à beaucoup d'adjectifs surtout en termes de commerce : *Extra-fort. Extra-souple. Extra-lucide*; **Hyper**, comme préfixe, marque l'excès d'une qualité ou d'une action : *Hypersensible*; **Ultra** indique une qualité qui dépasse la mesure commune : *Ultra-royaliste. Ultra-comique*. **Trop**, syn. vx de *très*, ne se dit plus que dans les formules de politesse : *Vous êtes trop aimable* (→ Absolument).

Trésor : ¶ 1 *Trésor*, du point de vue juridique, chose cachée et enfouie sur laquelle personne ne peut justifier sa propriété et qui est découverte par le pur effet du hasard, se dit de toutes les richesses qu'on met de côté et qu'on cache avec soin : *La vieillesse chagrine incessamment amasse, Garde, non pas pour soi, les trésors qu'elle entasse* (BOIL.). **Magot**, fam., somme d'argent plus ou moins importante économisée et serrée avec soin. ¶ 2 → Biens et Richesse. ¶ 3 → Phénix.

Tressaillement, secousse qui agite momentanément le corps sous le coup de quelque émotion. **Soubresaut**, tressaillement convulsif, brusque et très marqué, dû à une vive émotion, ou simplement, surtout pendant le sommeil, à une excitation des centres nerveux. **Sursaut**, mouvement brusque occasionné par quelque sensation subite et violente et qui peut consister à faire un saut ou simplement à dresser, à raidir, à convulsionner son corps : *Brusque sursaut de révolte* (GI.). **Haut-le-corps**, fig. et fam., mouvement involontaire, plutôt ridicule, ou résultant de la surprise ou de la révolte : *Il fit un haut-le-corps et sauta de son lit bondissant de fureur* (MARM.).

Tressaillir et **Sursauter** diffèrent comme les noms correspondants (→ Tressail-

lement), *tressaillir* marquant l'effet de toutes les émotions agréables ou désagréables, mais vives : *Tressaillir d'allégresse; de douleur* (MOL.); *de crainte* (RAC.); *sursauter* indiquant surtout l'effet d'une sensation qui surprend : *Le bruit le fait sursauter. Sursauter devant une facture*. **Soubresauter** est rare. **Tressauter**, être secoué soudain et fortement par la surprise ou par la crainte, enchérit sur *sursauter*. — **Tiquer**, fam., faire involontairement de la tête, des yeux, etc., un mouvement qui ressemble à un tic, marque l'effet de l'étonnement ou du mécontentement : *Cette remarque le fit tiquer*.

Tresse, assemblage de petits cordons, de fils, de cheveux, etc., entrelacés et formant un cordon plat : *Tresse de cheveux. Tresse de soie*. **Natte**, sorte de tissu de paille, de jonc, de roseau, etc., fait de trois brins ou cordons entrelacés, se dit par ext. de toute sorte de tresse fine et régulière faite au moins de trois brins ou cordons. — Spéc. en parlant des cheveux, *tresse* désigne plutôt une coiffure dans laquelle les cheveux tressés recouvrent entièrement la tête : *Tu n'avais pour toute coiffure qu'une longue tresse de tes cheveux roulée autour de la tête* (J.-J. R.); *natte*, une tresse qui pend derrière la tête, ou de chaque côté du front, et qui constitue surtout une coiffure de fillette ou de jeune fille.

Tresser des couronnes : → Louer.

Tréteaux : → Théâtre.

Trêve : ¶ 1 *Trêve*, cessation de toute hostilité pour un temps parfois assez long, par convention faite entre deux États ou deux partis qui sont en guerre, se dit surtout proprement de conventions de ce genre dans le passé, et s'emploie de nos jours pour désigner assez vaguement toute cessation d'hostilités provisoire entre adversaires : *Les Polonais conclurent [avec la Russie] une trêve de quatorze ans* (VOLT.). **Suspension d'armes** désigne encore de nos jours une convention de courte durée intervenant entre les chefs des belligérants, limitée à certains endroits, et suspendant les combats pour un objet précis comme l'enlèvement des blessés, l'inhumation des morts, la reddition d'une place, etc. **Armistice**, syn. de *suspension d'armes* en style diplomatique et militaire et usité depuis le XVIIIe s. seulement, désigne spéc. de nos jours une convention qui, tout en laissant subsister l'état de guerre, suspend non seulement les hostilités, mais règle encore un certain nombre de questions militaires, politiques, économiques destinées à assurer la sécurité réciproque et le *modus vivendi* des belligérants pendant que se poursuivent d'autres négociations, en général pour préparer la paix : *L'armistice*

de 1918 entre l'Allemagne et les alliés.
¶ 2 → Repos.

Tribu : ¶ 1 → Peuplade. *Tribu*, agglomération plus ou moins nombreuse de peuplades ou de familles sous l'autorité d'un même chef, vivant dans la même contrée et tirant primitivement leur origine de la même source : *Une tribu de Germains.* **Clan,** tribu chez les Celtes, notamment en Écosse et en Irlande, et dont les familles descendaient d'un ancêtre commun. — Au fig., *tribu,* grand nombre de gens ayant des liens familiaux ou des intérêts, des façons de vivre qui les unissent : *La tribu* (S.-S.) *du duc de Noailles. Donner un sens plus pur aux mots de la tribu* (MALL.). *Clan* implique le particularisme de gens formant une coterie : *La famille des Guépin, ou mieux le clan des Guépin* (BALZ.). *Clan de profiteurs* (J. ROM.). ¶ 2 → Famille.

Tribulation : ¶ 1 → Mal. ¶ 2 → Malheur.

Tribun : → Orateur.

Tribunal : Juridiction d'un magistrat, réunion de plusieurs juges qui siègent ensemble. *Tribunal,* terme général, se dit seul au fig., mais s'emploie toutefois, dans le langage du droit actuel, plutôt pour les juridictions inférieures du premier degré : *Tribunal de simple police. Tribunal pour enfants;* **Cour** se disant pour les juridictions supérieures : *Cour d'appel. Cour de cassation;* et **Conseil** pour certaines juridictions administratives ou militaires : *Conseil d'État. Conseil de guerre.* — **Prétoire,** enceinte du tribunal, se dit au fig. du petit tribunal du juge de paix et par ext. comme syn. de *tribunal.* **Parquet** ne désigne que l'ensemble des magistrats qui composent, dans les tribunaux de droit commun ou dans les conseils de guerre, le ministère public, et qui se tiennent, en dehors des audiences, dans le lieu appelé parquet. **Chambre,** section de certains tribunaux : *La première, la seconde Chambre de la Cour d'Appel* (ACAD.).

Tribune : → Estrade.

Tribut : ¶ 1 → Impôt. ¶ 2 → Récompense.

Tributaire : ¶ 1 Adj. → Sujet et Redevable. ¶ 2 N. *Tributaire,* cours d'eau qui se jette dans un fleuve ou dans une mer : *Le Danube et ses tributaires.* **Affluent,** terme plus ordinaire, tout cours d'eau qui se jette dans un autre : *L'Aveyron et ses affluents.*

Tricher : → Tromper.

Tricherie : → Tromperie.

Tricheur, celui qui trompe, dans un jeu, de n'importe quelle façon, en tournant les règles. **Truqueur,** celui qui a l'air de jouer correctement, mais falsifie les instruments avec lesquels on joue, ou viole les règles par des tours de passe-passe en feignant de les appliquer : *Faire un signe à son partenaire est d'un tricheur. Faire sauter la coupe est d'un truqueur.* **Pipeur,** celui qui triche au jeu de dés en truquant les dés.

Tricot : → Maillot.

Trier : → Choisir.

Trimardeur : ¶ 1 → Travailleur. ¶ 2 → Vagabond.

Trimbaler : → Porter et Traîner.

Trimer : ¶ 1 → Travailler. ¶ 2 → Marcher.

Trinquer : → Boire.

Triomphe : → Succès.

Triompher : ¶ 1 → Vaincre. ¶ 2 → Prévaloir. ¶ 3 → (se) Réjouir. ¶ 4 → (se) Flatter.

Tripes : → Viscères.

Tripot : ¶ 1 *Tripot,* syn. très péj. de **Maison de jeu,** terme ordinaire pour désigner un lieu où l'on joue. **Brelan,** toute réunion où l'on joue, est vx et péj., mais moins que *tripot.* 2 → Cabaret.

Tripotage : → Manigance.

Tripoter : ¶ 1 → Manier. ¶ 2 → Trafiquer.

Trique : → Bâton.

Triquer : → Battre.

Triste : ¶ 1 *Triste,* en parlant des personnes, marque l'absence de gaieté, naturellement ou par suite d'une affliction qui accable : *Captive, toujours triste, importune à moi-même* (RAC.); et, dans les choses, suppose des causes d'affliction, ou une sévérité, une grisaille qui enlèvent la gaieté : *Triste austérité* (VOLT.). *Triste nouvelle* (RAC.). *Campagne triste* (LOTI). **Chagrin,** en parlant des personnes seulement, implique un état d'aigreur, d'irritation, qui vient d'une cause précise, perte, tracas, amertume, ou qui est dû à une mauvaise humeur permanente, qui s'irrite de tout sans raison : *Amertume chagrine* (V.·H.). **Maussade** suppose un air peu engageant dû au chagrin ou à un ennui passager, et dans les choses quelque chose de fâcheux comme par exemple un temps couvert et sombre, une lecture ennuyeuse : *Taciturne, maussade* (GI.). *Yeux maussades* (PROUST). **Morose,** en parlant des personnes seulement, indique un air de tristesse répandu sur le visage ou une humeur lourdement triste, souvent sans raison précise, que rien ne peut égayer : *Vieillard morose.* **Morne** implique une tristesse qui va jusqu'à l'accablement et se manifeste dans les personnes par la consternation, une sorte de stupeur ou le mutisme, dans les choses par le silence, l'absence de vie ou de couleur : *Mélancolie morne, désespoir engourdi* (FLAUB.). *Journée de février calme et morne* (LOTI). **Sombre** suppose, dans les personnes et dans les choses, quelque chose de menaçant, d'effrayant : *La douleur sombre et menaçante de leur maître* (MARM.); mais peut marquer simplement un air très soucieux ou très inquiet : *S'il a l'air un peu sombre, si sa figure ne s'éclaire pas en me voyant* (J. ROM.). **Noir** enchérit en parlant de l'humeur, des idées, des soucis, des chagrins et du regard : *Devant ce regard noir où il lut une menace* (ZOLA). **Ténébreux,** dans le style littéraire, en parlant des personnes, ajoute à *sombre* une idée de mystère ou de désespoir qui isole du monde : *Je suis le ténébreux, le veuf, l'inconsolé* (G. D. NERVAL). **Lugubre** ne se dit que de ce qui fait penser au deuil, aux malheurs : *O flots que vous savez de lugubres histoires!* (V. H.); **Funèbre,** de ce qui évoque précisément la mort : *Au fond des cieux funèbres, Il vit un œil tout grand ouvert dans les ténèbres* (V. H.); **Sinistre,** des choses qui présagent le malheur ou terrifient, des personnes qui ont un air sombre et méchant : *Côte sinistre et formidable* (MICH.). *Air de méchanceté sinistre* (LOTI). **Sépulcral** se dit surtout d'un visage pâle, triste et sombre, ou d'une voix triste, caverneuse comme si elle semblait sortir du tombeau; **Assombri,** d'une personne qui a été rendue triste ou soucieuse; **Rembruni,** au fig., en un sens moins fort, de celui qui a perdu sa sérénité et le montre dans son air ou son visage. **Soucieux** indique une inquiétude, une préoccupation par rapport à l'avenir qui se marque par un visage fermé. **Bilieux** (→ ce mot), morose et colère. **Bileux,** pop., marque simplement qu'on est porté à se faire du souci, à s'inquiéter. **Sourcilleux,** en parlant surtout du front dont les sourcils sont froncés, marque le souci, le chagrin ou une sévérité menaçante. **Mélancolique,** en son sens actuel, indique dans les personnes ou dans les choses une tristesse douce, rêveuse qui peut avoir du charme. **Nostalgique** se dit des choses qui donnent le regret mélancolique de sa patrie et par ext. d'un genre de vie, d'un milieu auquel on a cessé d'appartenir, ou du passé : *Air nostalgique.* — Dans le langage fam. **Rabat-joie,** personne triste et ennemie de la joie des autres; **Bonnet de nuit,** très fam., celui qui a la tristesse empreinte dans son air, ses manières. **Saturnien,** dans le langage recherché, désigne, par opposition à *jovial,* les personnes nées sous le signe de Saturne et douées de ce fait d'un caractère sombre et mélancolique, et, par ext., les choses tristes : *Ce livre saturnien* (BAUD.). ¶ 2 → Pitoyable.

Tristesse : → Mal. *Tristesse* peut marquer une forme de caractère qui se manifeste par l'absence de gaieté et une mine sévère, mais a rapport le plus souvent à des causes précises, grands malheurs, accidents funestes qu'on ne peut oublier, et indique la suite de l'affliction qui accable et se manifeste par des signes extérieurs : *Il frissonne pris d'une tristesse glaciale* (FLAUB.). *Une tristesse infinie, quelque chose de profond et d'immense dont elle se sentait accablée* (ZOLA). **Mélancolie** (→ ce mot), au sens classique et au sens médical actuel, état morbide de dépression morale et physique qui provoque une sombre tristesse : *Une noire mélancolie et des convulsions qui leur faisaient perdre le sommeil et le manger* (BUF.); au sens courant, tristesse adoucie, intérieure, souvent sans cause précise et qui n'est pas sans charme : *Le charme de la musique, si doux dans la mélancolie, s'efface dans une profonde tristesse* (J.-J. R.). **Spleen** (mot ang.), en pathologie, forme atténuée de l'hypocondrie, syn. littéraire de *mélancolie,* surtout depuis l'époque romantique. **Deuil,** profonde tristesse causée par un grand malheur, spéc. la perte d'un être cher, éprouvée dans l'âme ou manifestée par des gestes, des attitudes : *Costume de deuil; deuil national;* se dit au fig. de certains aspects tristes et sombres de la nature, spéc. pendant l'hiver. **Chagrin** implique toujours un état d'aigreur, d'irritation, de dépit qui vient d'une cause précise, perte, tracas, amertume de la vie, et qui ronge, fait perdre l'empire sur soi-même : *Mon orgueil de reine Ne peut voir sans chagrin une autre souveraine* (CORN.). **Serrement de cœur,** sorte d'oppression brusque et passagère qui vient d'une idée triste, d'un regret, d'une inquiétude. **Vague à l'âme,** tristesse sans raison qui s'accompagne d'une sorte d'insatisfaction, de désirs sans objet. **Vague des passions,** terme de Chateaubriand, en un sens voisin, instabilité inquiète d'une très grande sensibilité qui ne trouve dans un monde vide aucun objet digne de ses passions. **Bile,** autrefois syn. de *mélancolie* au sens classique; de nos jours chagrin rongeur qui vient du souci. **Cafard,** tristesse noire, est argotique, mais est passé dans le langage courant. — *Tristesse, deuil* et *mélancolie* se disent seuls des choses où se marquent ces sentiments ou qui nous les inspirent. — **Nuage,** au fig., cause de tristesse, de chagrin considérée comme troublant momentanément la sérénité de la vie : *Aucun nuage ne trouble son bonheur.* **Papillons noirs,** fig., idées sombres, visions tristes.

Triturer : → Broyer.

Trivial : ¶ 1 → Rebattu. ¶ 2 → Vulgaire.

Troc : → Change.

Trogne : → Visage.

Trombe : → Rafale et Bourrasque.

Tromblon : → Fusil.

Tromper : ¶ 1 *Tromper,* terme le plus général, a plutôt rapport à l'intelligence égarée par le mensonge ou amenée à commettre une erreur par de faux indices : *Le burlesque effronté Trompa les yeux d'abord, plut par sa nouveauté* (Boil.). *Les événements trompent presque toujours les politiques* (Volt.). **Induire en erreur,** terme plus recherché, amener à se tromper, à dessein ou non. **Abuser,** tromper en agissant sur la sensibilité, la crédulité, les illusions, l'amour-propre : *Nos sentiments et nos passions nous abusent* (J.-J. R.). **Décevoir,** en parlant des personnes et des choses, tromper quelqu'un dans son espérance, son attente, par quelque chose de spécieux, ou les rendre vaines : *Notre raison est toujours déçue par l'inconstance des apparences* (Pasc.). **En imposer** (à l'époque classique on disait aussi **Imposer**), tromper sur ses qualités, ses sentiments, ses actions, son mérite en parlant d'une personne : *Le fourbe qui longtemps a pu vous imposer* (Mol.). **Leurrer,** tromper en alléchant, par des promesses qui font illusion : *Leurrer de l'appât d'un profane langage* (L. F.); *par l'espérance* (J.-J. R.). **Flatter,** dans la langue littéraire, abuser en entretenant dans une espérance vaine : *Vain espoir qui me flatte* (Rac.). **Séduire,** faire tomber dans l'erreur ou dans la faute par ses insinuations, ses écrits, ses discours, ses exemples, en abusant ou en leurrant, a surtout rapport au résultat : *Il n'y a point d'imposture si grossière qui ne les séduise* (Bos.). **Surprendre,** tromper tout à coup celui qui ne s'y attend pas, sans lui laisser le temps de se reconnaître : *Attendez, me dit mon docteur, vous me pourriez surprendre. Allons doucement* (Pasc.). **Trahir,** décevoir de façon brusque, inattendue et cruelle, les espérances ou les efforts de quelqu'un, se dit surtout des choses : *Les événements ont trahi ses espérances*; en parlant des personnes, c'est tromper quelqu'un à qui on a donné sa foi, notamment en amour : *Trahir sa femme.* **Amuser,** tromper en faisant perdre le temps, en occupant à des bagatelles : *Amuser le peuple de promesses* (Bos.). En ce sens, **Ballotter, Lanterner** et **Promener** (→ Retarder) sont fam. **Donner le change** et **Faire prendre le change,** tromper adroitement, en donnant à croire une chose pour une autre, en faisant commettre une méprise : *Donner le change à l'ennemi par une attaque simulée.* **Mettre en défaut,** surprendre celui à qui on ne laisse aucun moyen de prévoir avec sagacité l'erreur qu'il va commettre :

Les fautes des sots sont quelquefois si difficiles à prévoir qu'elles mettent les sages en défaut (L. B.). **Égarer,** tromper, jeter dans l'erreur en indiquant une fausse voie ou en entraînant dans un mauvais sens : *Se laisser égarer par l'imagination.* **Jouer,** au fig., tromper, abuser par une sorte de tactique odieuse qui en impose : *Tel vous semble applaudir qui vous raille et vous joue* (Boil.). **Se jouer de,** moins fort, tromper par de belles paroles, des illusions, et avec une certaine facilité : *Il m'a longtemps fait des promesses; il se jouait de moi* (Acad.). **Mystifier** et, fam., **Faire aller, Faire marcher,** abuser de la crédulité de quelqu'un, pour s'amuser à ses dépens et, en général, se jouer de lui : *Mystifier un conscrit.* **Duper,** c'est, comme *mystifier,* abuser de la crédulité, mais pour causer un préjudice, un dommage : *Le gentilhomme fripon qui dupe M. Jourdain* (J.-J. R.). **Avoir,** en ce sens, est fam., et se dit surtout au passé composé : *Il m'a eu.* **Posséder,** dans le même sens, est très fam. **Attraper,** fam., prendre au piège, tromper par une adresse plus risible et piquante que dommageable : *Je fus attrapé comme un sot* (Volt.). **Enjôler,** attirer comme dans une cage, par des insinuations, des caresses, surtout en parlant des femmes : *Garçons qui enjôlent des filles* (Volt.). **Embabouiner,** enjôler un babouin, un enfant niais, donc attraper un sot, est très fam. et péj. : *Les valets embabouinent cette tendre jeunesse de sottises et de niaiseries* (Chat.). **Entortiller, Embobiner, Embobeliner, Emmitonner,** syn. fam. de *séduire* (→ ce mot). **Balancer,** syn. pop. de *mystifier* ou d'*abuser.* **Charrier,** mystifier pour railler, ou duper pour voler, est argotique. **Emberlificoter,** tromper en embrouillant, en faisant tomber dans un piège, est fam. **Engluer,** fig., syn. peu usité d'*enjôler.* **Endormir,** bercer de vaines espérances, amuser par une fausse sécurité pour tromper : *Endormir la vigilance de quelqu'un.* **Enfiler,** tromper, abuser, est vulgaire. **Piper,** prendre au piège comme un oiseau à la pipée, syn. fam. et vx d'*attraper,* d'*enjôler,* de *décevoir* : *L'espérance nous pipe* (Pasc.). **Frauder,** tromper quelqu'un, spéc. l'État, le fisc, les créanciers, par un acte de mauvaise foi à son préjudice qui va contre la morale et surtout la loi; c'est aussi, absolument, contrevenir subrepticement à une loi ou un règlement : *Frauder la douane* (Gi.). *Frauder à un examen.* **Tricher,** intrans., frauder au jeu par de petites manœuvres; par ext., tromper en quoi que ce soit, mais principalement en de petites choses, surtout par manque de loyauté; spéc., en termes d'art, tromper le regard en masquant un défaut, un manque de symétrie par des procédés de métier. **Truquer,** fam., falsifier les choses pour leur faire prendre une fausse apparence; par ext., intrans., tromper en altérant les choses, en faisant illusion, en usant d'expédients. **Berner**, fig., tromper quelqu'un assez grossièrement en lui faisant croire des balivernes, en se moquant de lui. **Bourrer le crâne**, fig. et fam., faire croire à quelqu'un, qui est assez naïf, toute une série d'histoires fausses; on dit aussi en ce sens **Monter le coup** ou **Monter un bateau**. **En donner**, ou **En donner d'une**, vx, tromper en mentant, **Rouler**, fig. et fam., tourner et retourner quelqu'un à sa guise dans une affaire en le trompant, en le dupant. **Refaire**, pop., duper, rouler, en général en dépouillant habilement de son avantage ou de son argent : *Refaire les gogos*. **Blouser**, fig. et fam., induire en erreur, donner le change. **Carotter**, pop., tromper par ruse, et parfois en escroquant, ou aussi tricher au jeu. **Pigeonner**, fam., duper en traitant en naïf. **Gourer**, duper, est vx et pop. **Engeigner**, tromper par adresse, est vx. **Couillonner** est vulgaire. **Fourrer** (ou **Ficher**) **dedans**, égarer, est pop. **Bluffer**, fam., en imposer, surtout sur ses affaires, par une attitude de bravade et de vantardise. ¶ 2 Être infidèle à la foi conjugale ou à l'amour juré. *Tromper*, terme courant. **Trahir**, terme relevé, se dit aussi pour l'amitié. **Cocufier** est vulgaire ou risible. **En donner d'une** ou **Faire un sot de son mari**, seulement en parlant de l'épouse, sont vx. **En faire porter** (des cornes) est très fam. **Faire des traits à**, fam., être infidèle à une femme : *Faire des traits à sa maîtresse* (Acad.). ¶ 3 (Réf.) *Se tromper*, se faire une idée inexacte des choses, tomber dans l'erreur. **S'abuser**, se tromper par trop de confiance en soi-même, en se laissant aller avec complaisance à sa sensibilité, à ses désirs, à ses illusions, à ses espérances. **Se mécompter**, se tromper en comptant, est vx au prop.; au fig., c'est mal calculer, mal conjecturer et être déçu. **Être échaudé, S'échauder**, fig. et fam., être déçu dans une affaire et en acquérir une expérience qui rendra méfiant à l'avenir. **Se méprendre**, se tromper dans un choix entre deux personnes ou deux choses, prendre l'une pour l'autre, et parfois, au fig., se tromper sur la qualité d'une chose ou d'une personne : *Craignant qu'elle ne se méprît sur ce qu'elle avait voulu dire* (M. D. G.). **Prendre le change**, au prop. terme de vénerie, au fig. *se méprendre*. **Errer**, au fig., avoir une fausse opinion, souvent par accident : *En ce cas les jansénistes n'auront point le malheur d'avoir erré dans la foi* (Pasc.). **Faillir**, au fig., indique plutôt une faiblesse, une imperfection : *La sagesse infinie ne peut jamais faillir, et c'est à elle à régler tout·s choses* (Bos.). **Être en**

défaut, perdre la voie en parlant des chiens; au fig. faillir en parlant d'une personne, d'une faculté qui n'accomplit pas bien son travail normal : *Sa mémoire est souvent en défaut* (Acad.). **Aberrer**, au fig , peu usité, se tromper en étant loin de la vérité. **Méjuger**, se tromper dans un jugement, est vx. **Se blouser**, se tromper, est fam. **Se gourer**, argotique, est cependant usité dans le langage fam. **Se ficher dedans** est pop. **Prendre des vessies pour des lanternes**, fig. et fam., se tromper, se méprendre lourdement, en croyant des choses absurdes. **Se mettre le doigt dans l'œil**, fam., s'abuser. — **Avoir tort**, ne pas avoir le droit ou la raison pour soi, est parfois syn. de *se tromper* lorsqu'il a rapport à un jugement et marque alors l'état qui résulte du fait qu'on se trompe : *Vous avez tort de croire cela, c'est-à-dire vous n'avez pas la raison pour vous, vous vous trompez en croyant cela*.

Tromperie : → Fausseté. *Tromperie*, action contraire à la bonne foi et qui a pour but de nuire (≠ Attrape, plaisanterie qui trompe sans conséquence) : *Notre défiance justifie la tromperie d'autrui* (L. R.). **Fraude**, tromperie du point de vue de la morale et surtout du droit, et, en ce cas, au préjudice de quelqu'un, notamment de l'État : *Nous vivons sous un prince ennemi de la fraude* (Mol.). *Fraude fiscale*. **Fourberie**, tromperie subtile ou basse et odieuse : *Les artifices, les fourberies, les actions de faussaires que les chrétiens eux-mêmes ont appelés fraudes pieuses* (Volt.). **Fourbe** (n. f.), peu usité, fourberie foncière ou acte de fourberie particulièrement grave. **Dol**, terme de droit, toute espèce d'artifice employé pour induire ou entretenir une personne dans une erreur propre à la faire agir contrairement à ses intérêts : *Sans dol ni fraude*. **Imposture**, action qui consiste à tromper sur son identité, ou sur ses mœurs, sa conduite afin de se faire passer pour un autre; ou à fabriquer dans une intention de fraude des ouvrages supposés; ou à imputer faussement de mauvaises actions à quelqu'un pour lui nuire; ou à séduire par des doctrines fallacieuses : *L'imposture de Tartufe*. *Imposture littéraire. L'injure Que fait à l'innocence un moment d'imposture* (Corn.). **Supercherie**, terme commun, tromperie où il entre une certaine finesse, surtout en matière de commerce, de droits ou dans les affaires de concurrence, d'intérêt, ou aussi ouvrage littéraire supposé, mais sans l'idée odieuse qu'il y a dans *imposture* : *Les concurrents usaient quelquefois de supercherie; ils se retenaient mutuellement ou se faisaient tomber* (J.-J. R.). *Les poèmes d'Ossian sont une supercherie littéraire*. **Duperie, Mystification** et **Tricherie :** →

Tromper. **Momerie,** chose concertée pour tromper quelqu'un avec une nuance de ridicule : *Point de plus plaisante momerie, rien de plus ridicule qu'un homme qui se veut mêler d'en guérir un autre* (Mql.). **Truquage,** tromperie qui consiste à altérer, à falsifier les choses pour les faire paraître autres qu'elles ne sont : *Le truquage d'un antiquaire.* **Tour de passe-passe,** tour d'adresse que font les escamoteurs; au fig., adroite et rapide tromperie. **Attrape-lourdaud** et **Attrape-nigaud,** fam., tromperie grossière qui n'attrape que les sots. **Fumisterie,** tromperie plaisante, moins dommageable que le **Mauvais tour.** **Carottage,** *tromperie, tricherie,* est très fam. **Bluff** (mot ang., terme du jeu de poker), fig. et fam., tromperie qui consiste à en imposer, surtout en affaires, par une attitude de bravade et de vantardise. **Chiqué,** terme d'argot passé dans la langue pop., imposture qui consiste à affecter certains sentiments : *Se faire passer pour riche, c'est du bluff; faire semblant de pleurer, c'est du chiqué.* — **Perfidie, Trahison, Traîtrise** (→ Infidélité) désignent des formes de tromperie particulièrement odieuses parce qu'elles se font aux dépens de ceux à qui on avait donné sa foi.

Trompeter : → Publier.

Trompette : ¶ 1 Instrument à vent pour faire des sonneries. La *Trompette,* au son clair et éclatant, est employée dans la cavalerie; le **Clairon,** moins allongé que la trompette, avec un son aigu et perçant, est employé dans l'infanterie. **Trompe,** syn. vx de *trompette* (cf. *Publier à son de trompe*), ne désigne plus que l'instrument à vent recourbé dont on se sert à la chasse pour sonner. ¶ 2 → Poésie.

Trompeur : → Faux. *Trompeur,* terme le plus vague, qui induit en erreur, par quelque moyen que ce soit, sans pour autant être toujours faux : *Un oracle est trompeur si, comme il n'est pas clair, on l'interprète mal.* **Insidieux,** très trompeur, a rapport à la manière d'agir, subtile, pleine de pièges, pour amener quelqu'un à sa perte : *Manière de procéder insidieuse et perfide* (J.-J. R.). **Captieux,** très trompeur, qui prend comme dans un filet, a rapport au raisonnement et aux discours qui sont équivoques, embarrassants, cherchent à surprendre et à persuader par leur finesse : *Termes ambigus et captieux* (Fén.). *Mots équivoques et captieux* (Pasc.). **Délusoire,** syn. de *captieux,* seulement dans la loc. *Argument délusoire.* **Illusoire,** qui tend à tromper sous une fausse apparence, est surtout du langage didact. : *Proposition, contrat illusoires* (Acad.); et se dit, dans le langage courant, de ce qui déçoit, est sans effet, ne se réalise pas : *Une confiance illusoire en certaines valeurs* (M. D. G.).

Spécieux, qui trompe par une fausse apparence de vérité, de justice : *Raisonnements spécieux* (S.-B.). **Fallacieux,** trompeur et faux en même temps, enchérit sur tous ces termes et suppose une tromperie nuisible, méthodique, qui cherche continuellement à faire accroire le contraire de la vérité : *Une politique fallacieuse est à la fois menteuse et insidieuse.* **Fourbe,** en parlant des personnes et de leur caractère seulement, insiste sur la bassesse odieuse de la tromperie, sans indiquer son mode : *Les malices des fourbes, les mensonges des hypocrites* (J. Rom.). **Perfide** se dit des personnes et des choses qui trompent celui qui devrait légitimement avoir en elles la plus grande confiance (→ Infidèle) : *Époux perfide* (Baud.). **Traître,** fig., en parlant des personnes, enchérit sur *fourbe* et sur *perfide* : *Au travers de son masque on voit à plein le traître* (Mol.); et se dit de quelques animaux domestiques qui font du mal quand on y pense le moins et des choses dangereuses sous une apparence bénigne : *Ce chien est traître. Eau traîtresse* (Boil.). **Sycophante,** en parlant d'une personne, syn. très péj., dans le style relevé, de *fourbe, menteur, coquin, délateur* : *Le sycophante alors me répondit Qu'il faut tromper pour se mettre en crédit* (Volt.). **Fraudeur, Imposteur, Mystificateur, Tricheur, Truqueur, Fumiste :** → Tromper et Tromperie.

Tronc : ¶ 1 → Tige. ¶ 2 Tronc, qui se dit aussi pour les animaux, tout ce qui reste quand on a détaché du corps la tête et les membres. **Torse,** terme de sculpture, figure tronquée qui n'a qu'un corps sans tête et sans membres, désigne aussi, chez une personne vivante ou une statue entière, la partie du tronc qui comprend les épaules, les reins et la poitrine : *Le torse du Belvédère. Avoir le torse nu.* ¶ 3 → Lignée. ¶ 4 → Tirelire.

Tronçon : → Partie.

Tronçonner : → Couper.

Trôner : → (se) Prélasser.

Tronquer : → Mutiler.

Trop : → Très.

Trophée : → Succès.

Troquer : → Changer.

Trotter : → Marcher.

Trottin : → Midinette.

Trottoir : → Quai.

Trou : ¶ 1 → Excavation. Le *Trou,* résultant du percement, ou paraissant avoir été percé, s'étend dans tous les sens et permet de traverser une chose ou d'y pénétrer. **Trouée** (→ ce mot), sorte de vaste trou, naturel ou artificiel, ouvert à travers ce qui barre le passage : *Il* [le lièvre] *s'enfuit par un trou, Non pas trou, mais trouée, horrible et large plaie Que l'on fit à la pauvre haie* (L. F.). **Pertuis,** syn. de *trou,* est vx. ¶ 2 Au fig. *Trou,* du langage commun, suppose un manque de continuité désagréable dans ce qui devrait être continu : *Il y a des trous dans sa mémoire; dans cette pièce de théâtre* (ACAD.). **Lacune** (→ ce mot), terme didact., solution de continuité dans un corps ou dans une série; au fig., dans le texte d'un auteur, dans le corps d'un ouvrage, et par ext. dans la mémoire, insiste moins que *trou* sur l'impression désagréable produite par ce manque car la *lacune* peut être comblée : *Les lacunes rendent incomplet; les trous incohérent.* **Hiatus,** fig., simple interruption, moins importante que la *lacune,* notamment dans un ouvrage, une généalogie. **Vide,** au fig., parfois syn. de *lacune* pour indiquer un espace, dans le temps ou dans une série, où il n'y a rien : *N'y a-t-il pas visiblement un vide entre le singe et l'homme?* (VOLT.); se dit surtout, subjectivement, du sentiment pénible qu'on éprouve d'être privé d'une personne ou d'une chose : *Elle sentait comme un vide quelque part, un trou qui la faisait bâiller* (ZOLA). ¶ 3 → Bourg.

Troubadour : Poète, diseur de vers du Moyen Age. Le *Troubadour,* en général errant, composait des vers en langue d'oc; le **Trouvère,** en général attaché à un grand seigneur, composait en langue d'oïl. **Jongleur,** diseur de vers ou de contes ambulant qui s'accompagnait d'un instrument de musique, et qui, par la suite, composa lui-même, devenant de ce fait *trouvère* ou *troubadour.* **Ménestrel** désignait le genre dont le *jongleur* était l'espèce et se disait de tout homme qui allait de château en château pour réciter, chanter ou jouer d'un instrument (à partir du XIV⁰ s. le *ménestrel* ne fut plus qu'un musicien qu'on appela plus tard *ménestrier*). — **Félibre,** poète ou prosateur moderne qui écrit dans un des dialectes du midi de la France.

Troublant : → Émouvant.

Trouble : ¶ 1 *Trouble,* altération, le plus souvent momentanée, et en général accompagnée d'agitation, dans un ensemble de choses, dans un organisme, dans l'âme, dans les relations, dans un État, qui empêche de fonctionner normalement, d'y voir clair ou de s'entendre : *Les violents chagrins portent le trouble jusque dans la conscience* (STAËL). *Jeter le trouble dans les familles.* **Confusion,** grand trouble en général durable, dans un ensemble ordonné, une société, un État, les idées, qui fait prendre une chose pour une autre, ne permet pas de s'y retrouver car tout paraît embrouillé; ne se dit, en parlant de l'âme, du trouble qui résulte de la honte, de l'humiliation, d'un excès de modestie : *Le dedans* [de l'esprit] *n'est que trouble et que sédition* (CORN.). *Quelle confusion tout d'abord, qui sembla se fondre dans l'ordre* (VAL.). **Perturbation,** terme de science, trouble dans un mécanisme, dans le cours des planètes, dans les conditions atmosphériques, dans le cours d'une maladie, fait penser à l'effet qui est de dérégler un ordre normal (→ Dérangement) et se dit par ext. du grand trouble dans un État, dans une société, dans une affaire, dans un esprit, qui produit un bouleversement : *Une perturbation dans les astres* (MAU.). **Désordre** (→ ce mot) indique que rien n'est à sa place, que tout est sens dessus dessous, et contraire à ce qui est bien, droit, convenable ou juste : *Dans une famille le trouble et la confusion supposent de la mésintelligence; le désordre, des excès moraux, une rupture des devoirs.* **Chaos,** confusion générale des éléments avant leur séparation et leur arrangement pour former le monde; au fig., toute grande confusion, en parlant de choses importantes : *Chaos des lois* (BOIL.); *des affaires politiques de ce monde* (VOLT.). **Anarchie,** en parlant d'une société, état de trouble dû à l'absence d'autorité, de lois; par ext., en parlant de l'esprit, confusion, désordre, faute de règles pour servir de principes à la pensée : *Un Dieu qui me sauve du chaos et de l'anarchie de mes idées* (RIV.). *L'anarchie internationale* (M. D. G.). **Désarroi,** trouble profond causé dans une société ou dans les esprits par un événement fâcheux et subit qui laisse dans l'embarras et le souci. **Tohubohu,** syn. de *chaos* en termes bibliques; de nos jours, fam., confusion accompagnée de tumulte : *Tohu-bohu des réunions publiques* (J. ROM.). **Remue-ménage** (→ ce mot), fam. et fig., trouble, confusion qui résultent d'une agitation désordonnée. **Pêle-mêle,** confusion qui résulte d'un grand désordre de personnes ou de choses : *Pêle-mêle d'opinions extravagantes* (ZOLA). **Tumulte** implique à la fois grand mouvement, agitation, désordre et quelquefois bruit : *Tumulte d'un vent furieux* (MAU.). **Orage,** au fig., se dit surtout de troubles momentanés amenés par des malheurs dans les affaires publiques et la fortune des particuliers, ou de troubles violents dans l'union entre personnes; **Tourmente,** fig., de troubles sociaux ou politiques qui bouleversent un pays : *La tourmente révolutionnaire;* **Tempête** et **Ouragan,** qui enchérit, de troubles dans l'âme, de troubles politiques moins forts que la tourmente, et de mouvements dirigés contre quelqu'un pour le perdre, l'accabler.

Bruit, tumulte organisé ou spontané dans une assemblée, une réunion, une ville, une province. ¶ 2 Lorsque *Trouble* désigne une altération quelconque dans le fonctionnement d'un organisme et notamment des organes du corps et des fonctions intellectuelles, c'est le terme générique : *Troubles de la mémoire* (Proust). **Dérangement** (→ ce mot) et ses syn. indiquent les différentes façons dont se produit le trouble. ¶ 3 → Émotion. *Trouble,* **Agitation, Égarement, Aveuglement, Inquiétude, Fièvre, Affolement** : → Troublé. Au fig. **Vertige** (→ ce mot) et ses syn., égarement qui fait perdre tout contrôle de soi-même. ¶ 4 → Mésintelligence. ¶ 5 Au pl. → Insurrection. État d'un pays en proie à la désunion. *Troubles,* terme général, état qui résulte des insurrections, des révoltes, des émeutes (→ ces mots) ou de l'opposition violente ou morale de divers mouvements séditieux : *Les troubles de la Fronde.* **Convulsions,** fig., grands troubles durables qui agitent les États en les bouleversant. **Guerre civile** et **Guerre intestine** (plus rare et assez vx), guerre ouverte entre partis de citoyens du même État. **Déchirement,** au fig., insiste sur la désunion douloureuse que produisent les troubles, les luttes des factions, même non violentes. **Agitation** (→ Fermentation) implique simplement une inquiétude durable, du mécontentement, des oppositions diverses qui créent une atmosphère favorable aux troubles : *Les bagarres aux portes créèrent une sourde agitation* (Cam.). **Remuement,** vx, et **Mouvement** indiquent une agitation qui tourne à l'émeute.

Troublé : ¶ 1 → Ému. Qui n'est pas dans son état normal en parlant d'une personne. *Troublé* indique l'état de l'intelligence qui n'y voit plus clair, ou de l'âme qui a perdu sa tranquillité et son repos. **Agité** se dit surtout de l'âme en proie à des passions diverses qui se succèdent, s'opposent, ou violemment secouée par une seule passion : *Mon cœur sans cesse agité de désirs nouveaux, de crainte et d'espérance* (Fén.). *Dans le doute mortel dont je suis agitée* (Rac.). **Égaré** ne se dit que de l'intelligence troublée au point d'être comme folle ou des regards qui manifestent ce trouble violent : *Son œil tout égaré ne nous reconnaît plus* (Rac.). **Affolé,** rendu comme fou sous le coup d'une violente émotion. **Hagard,** en parlant de la physionomie, du regard, ajoute à *égaré* une idée de sauvagerie folle : *Elle regardait fixement devant elle, hagarde, comme sans le voir* (Gi.). **Aveuglé** enchérit sur *troublé,* en parlant de l'esprit comme privé de raison par une passion ou des préjugés : *D'un zèle fatal tout un camp aveuglé* (Rac.). **Inquiet** (→ ce mot), troublé par l'idée du danger ou par un vague désir du mieux

qui empêche de s'accommoder de son état. **Fiévreux** (→ ce mot), agité par une sorte de surexcitation. ¶ 2 Sans tranquillité en parlant d'assemblées, de débats ou de la vie. *Troublé* indique l'absence de tranquillité ou une confusion dans l'ordre normal : *Les guerres font mener une vie troublée. Une séance troublée n'est ni paisible, ni claire.* **Agité** suppose des incidents multiples, variés, des oppositions en divers sens : *Les luttes des orateurs, les mouvements du public rendent une séance agitée. Beaumarchais a mené une vie agitée.* **Tumultueux** ajoute une idée d'affaires multiples, de désordre, parfois de bruit : *Ce tumultueux métier d'auteur* (J.-J. R.). *Un conflit tumultueux de grands et de petits intérêts qui divisaient les citoyens* (Fléch.). **Mouvementé** implique courses, déplacements ou retournements de situation, ou manifestation de passions : *Poursuite; arrestation; séance mouvementée* (Acad.). **Orageux,** troublé par des passions violentes : *La vie orageuse de Musset. Une séance est orageuse quand on se dispute violemment.* **Houleux** ne se dit que d'une assemblée agitée de mouvements divers menaçant de devenir tumultueux. **Trépidant** ne se dit que de la vie, de l'allure, ou du style, et implique un mouvement rapide qui va par saccades continuelles et fatigue par son agitation : *La vie trépidante des cités modernes.*

Troubler : ¶ 1 *Troubler,* terme très général, apporter une altération dans l'état normal d'une personne ou d'une chose, gêner l'action, le cours, les progrès, le fonctionnement : *Troubler la digestion. Troubler la paix des autres* (Cam.). **Déranger,** mettre le désordre dans ce qui est en ordre; spéc. dans l'emploi du temps de quelqu'un; ou, au prop. comme au fig., troubler l'ordre naturel, le fonctionnement de quelque chose et l'altérer pendant quelque temps : *Déranger des habitudes* (M. D. G.). *Cela lui a dérangé le cerveau. Déranger un plan, les affaires.* **Dérégler, Désorganiser** diffèrent de *déranger* comme les noms correspondants de *dérangement* (→ ce mot). **Perturber** enchérit (→ Trouble, perturbation). **Brouiller** (→ ce mot) et **Embrouiller,** mettre le désordre, la confusion dans les affaires ou les idées. **Détraquer,** déranger dans ses fonctions une chose organisée ou, fam., un être intelligent dans ses facultés et cela d'une façon durable et parfois irrémédiable : *Détraquer un moteur, une horloge. Il a le cerveau détraqué.* — Troubler au point de mettre sens dessus dessous : → Renverser. Troubler en apportant la confusion : → Mêler. ¶ 2 Au fig. *Troubler,* **Agiter, Affoler, Égarer, Aveugler, Inquiéter, Enfiévrer** : → Troublé. ¶ 3 → Interrompre. ¶ 4 → Gêner. ¶ 5 → Intimider ¶ 6 → Embarrasser.

Trouée : → Trou. *Trouée*, large passage dans une haie, un bois; en termes de géographie, dépression de terrain ouvrant un passage entre deux régions; en termes de guerre, trou dans les lignes adverses fait par l'artillerie, une charge, etc., et qui, en général, prépare le passage à d'autres troupes chargées de faire une percée. **Percée** se dit surtout d'une ouverture plus profonde que large pratiquée dans un bois pour faire un chemin ou ouvrir une perspective, et, en termes militaires, d'une pénétration complète à travers les lignes adverses par des troupes qui arrivent sur les derrières de l'ennemi. **Brèche,** ouverture produite par force ou par accident à ce qui sert de clôture, et notamment aux remparts d'une place assiégée, au front de l'ennemi, n'implique pas comme *trouée* un large passage, ni comme *percée* une pénétration profonde.

Trouer : → Percer.

Troupe : ¶ 1 Réunion de plusieurs personnes ou animaux qui vont ou agissent de concert. La *Troupe* est nombreuse, la **Bande** ne l'est pas, et évoque souvent une disposition sur une même ligne : *Les hirondelles de mer, qui arrivent en grandes troupes sur nos côtes maritimes, se séparent en bandes* (Buf.). La **Compagnie** est unie, c'est une sorte de famille, de société limitée : *Ces sarcelles par compagnies de dix ou douze qui forment la famille* (Buf.). De plus, en parlant des hommes, *bande* a pris un sens de plus en plus péj. : *Bande d'histrions* (J.-J. R.); *de débauchés* (Volt.); *de forçats* (Les.). *Compagnie* a pris un sens plus noble que *troupe* et se dit notamment d'une troupe de comédiens lorsqu'on veut la présenter comme une association d'artistes unis par l'amour de l'art. — **Troupeau,** troupe d'animaux domestiques; péj., troupe désordonnée, vile ou misérable de personnes : *Vieillards, femmes, enfants, troupeau faible et timide* (Volt.). **Caravane,** troupe de marchands, de voyageurs qui, en Afrique, en Orient, vont ensemble pour se garantir des dangers de la route; par ext., fam., troupe de gens qui vont de compagnie, notamment de touristes. **Horde,** autrefois tribu nomade de Tartarie, de nos jours troupe nombreuse de nomades vivant en société : *Horde de bédouins*; et, par ext., péj., troupe d'hommes indisciplinés et malfaisants : *Horde infâme d'usuriers escrocs* (Volt.). **Volée,** troupe d'oiseaux qui volent ensemble; au fig., fam., troupe de gens (souvent jeunes, vifs) du même âge, de même profession, de même condition : *Volée de fâcheux* (Boil.); *de philosophes* (Volt.). **Gang** (mot américain), bande d'hommes surtout pillards et criminels, est fam. et péj. **Harde,** terme de chasse, troupe de bêtes fauves, se dit aussi d'une troupe

de chiens. **Meute,** troupe de chiens courants; au fig., troupe de gens acharnés contre quelqu'un : *La meute des rois voraces* (V. H.). ¶ 2 Réunion de soldats, en termes militaires, et, par ext., termes militaires pris comme syn. de *troupe* en son sens général. *Troupe*, au sing., avec l'article indéfini, terme vague qui peut être appliqué à toute réunion de soldats régulièrement organisée ou non; avec le possessif, les soldats, en général peu nombreux, par opposition à leur chef qui les commande directement : *Ce lieutenant conduit bien sa troupe;* avec l'article défini, un certain nombre de soldats par opposition aux civils ou aux officiers : *La troupe tira sur le peuple*; au pl., *troupes*, tous les soldats et officiers qui composent l'Armée d'un pays, considérés en général par groupes séparés : *Nos troupes ont conquis cette position*; alors qu'**Armée,** au sens le plus large, fait penser au corps qu'ils forment, à la puissance qu'ils représentent ou à leur condition dans la nation; **Forces,** l'armée ou une partie de l'armée considérée comme agissant en corps en tel ou tel point : *Les forces françaises en Indochine.* — *Troupes* désigne aussi divers ensembles de soldats réunis pour constituer un groupement assez important considéré par rapport au chef qui le commande : *Un lieutenant est à la tête de sa troupe; un général commande ses troupes.* **Unité,** tout groupe constitué de soldats commandés par un chef : *La section, la division sont des unités.* **Corps,** unité d'une certaine importance ou réunion d'unités, ou unité ou troupe considérée comme administrativement organisée et par rapport à ceux qui en font partie : *Rejoindre son corps.* **Formation,** syn. d'*unité* ou de *corps*, s'emploie souvent en parlant de groupements provisoires ou n'entrant pas dans les groupements traditionnels : *Formation de parachutistes.* **Armée,** au sens restreint, grande unité organique, comprenant un certain nombre de corps groupés pour faire la guerre; au fig., syn. de *multitude* (→ ce mot). **Régiment,** corps de troupes composé d'un certain nombre de bataillons d'infanterie, d'escadrons de cavalerie, de batteries d'artillerie; au fig., fam., multitude de personnes : *Régiment de cousins* (Lar.). **Escadron,** troupe de cavaliers armés, et spéc. subdivision du régiment de cavalerie; par ext. troupe de personnes ou d'animaux qui le plus souvent semblent se mouvoir très vite : *Escadron de sauterelles; d'anges* (Bos.); *de plaideurs* (Boil.). **Bataillon,** unité de fantassins, subdivision du régiment elle-même divisée en compagnies; par ext., troupe assez nombreuse : *De noirs bataillons de larves* (Baud.). **Peloton,** en termes militaires, petite unité de composition variable, désigne aussi un petit groupe de personnes ou un groupe d'insectes réunis en tas : *Peloton d'abeilles*. **Escouade,** autrefois fraction d'une compagnie de fantassins ou de cavaliers ; par ext. troupe de travailleurs sous la direction d'un seul chef ou, fam., troupe serrée de personnes : *Une escouade d'ouvriers ; de sergents de ville* (M. D. G.) ; *de promeneurs.* **Brigade,** en termes militaires, corps formé de plusieurs régiments ou de plusieurs bataillons, désigne aussi une petite unité, une escouade de gendarmes, de douaniers, de gardes forestiers, etc. ; et par analogie, en termes d'administration, une troupe de cantonniers, de balayeurs municipaux placés sous les ordres d'un même chef ; il se dit aussi d'une escouade d'ouvriers ; mais, en ce dernier sens, le terme usuel est de nos jours **Équipe.** — En termes exclusivement militaires, **Corps franc,** petite formation de volontaires destinée à faire des coups de main et jouissant d'une certaine autonomie. **Commando,** mot hollandais repris dans la dernière guerre, sorte de corps franc bien dans la main de son chef pour exécuter certaines missions de confiance : *Un commando de débarquement.* **Détachement,** toute troupe isolée du corps principal. **Parti,** troupe détachée d'une armée pour battre la campagne, est vx et ne se dit plus que de chacune des deux troupes qui opèrent l'une contre l'autre en manœuvres, ou d'une troupe irrégulière de partisans, de francs-tireurs ; en ce dernier sens on dit plutôt **Guérilla,** parti organisé pour la guerre de partisans. — **Légion,** en termes d'antiquité romaine, corps de troupe, ne se dit plus de nos jours que des corps d'étrangers au service de la France ; c'est un syn. de *troupe* en termes bibliques : *Des légions d'anges, de démons* ; et un syn. fam. de *multitude* en termes courants : *Une légion de cousins* (ACAD.). **Cohorte,** partie de la légion chez les Romains ; par ext. troupe, en général de combattants, dans le style soutenu et poétique, surtout au pl. ou par ironie : *De ses fiers étrangers assemblant les cohortes* (RAC.). *La cohorte des demi-pensionnaires* (GIR.). **Phalange,** chez les Grecs, corps de piquiers pesamment armés ; par ext. de nos jours, toute troupe ayant une sorte d'organisation militaire ; se dit au fig. dans ce sens, et aussi en parlant de troupes nombreuses, soit poétiquement, soit par ironie : *Les célestes phalanges* [des anges] (L. F.). *Ces phalanges ailées d'insectes affamés* (BUF.). *Une phalange de travailleurs.* **Milice,** dans certains pays, organisation militaire qui tient lieu d'armée permanente et où les citoyens enrôlés ne sont astreints qu'à certaines périodes d'exercices déterminés ; au fig., dans le style poétique et soutenu, *troupe,* surtout en

parlant des anges, des bienheureux ou des astres. ¶ 3 → Multitude.

Troupeau : ¶ 1 → Troupe. ¶ 2 → Populace. ¶ 3 → Peuple.

Troupier : → Soldat.

Trousse : ¶ 1 → Botte. ¶ 2 Étui renfermant des instruments ou des outils d'usage courant. *Trousse* se dit pour ce qui sert à diverses professions ou à divers usages spéciaux, et ne désigne que ce qui est de première nécessité : *Trousse d'architecte ; de chirurgien ; d'écolier ; de voyage.* **Nécessaire** ne s'emploie guère qu'en parlant des ustensiles d'usage domestique pour la couture, la toilette, le voyage, et implique alors un ensemble plus complet, plus riche parfois et plus artistique que la *trousse.*

Trousser : ¶ 1 → Relever. ¶ 2 → Accélérer.

Trousses (être aux) : → Poursuivre.

Trouvaille : → Découverte. *Trouvaille,* découverte heureuse, se dit notamment en matière de style. **Rencontre** se dit surtout d'un heureux rapprochement de mots plaisants : *Quelque heureuse rencontre qui par hasard leur tombe sur la langue* (J.-J. R.).

Trouver : ¶ 1 *Trouver,* apercevoir en arrivant dans un lieu une personne ou une chose, soit qu'on la cherche, soit par hasard. **Rencontrer,** trouver devant soi, en allant, sur son chemin, spéc. un obstacle, ou une personne qui vient vers nous ; toujours par cas fortuit, même si l'on cherche, et souvent en parlant de quelque chose d'extraordinaire, d'accidentel : *Je viens de chez toi, et, ne t'ayant pas trouvé, je suis bien aise de te rencontrer* [en chemin] (LES.). **Tomber sur,** rencontrer inopinément, parfois sans chercher, se dit surtout d'un mot, du passage d'un livre, et par ext., fam., d'une chose, voire d'une personne : *Le feuilletant* [un livre de casuistique] *avec négligence et sans penser à rien, il tomba sur son cas* (PASC.). **Découvrir,** trouver avec peine, effort, méthode et au bout d'un certain temps, ce qui était caché ou secret : *Découvrir un trésor.* **Dénicher,** fig. et fam., découvrir une personne et par ext. une chose, comme en la forçant de quitter l'endroit où elles étaient cachées : *Dénicher un débiteur ; un appartement.* **Pêcher,** fam., découvrir, trouver ce qu'on montre : *Où avez-vous pêché cette nouvelle ?* **Dégoter,** *trouver,* est pop. ¶ 2 Arriver à apercevoir, à remarquer ou à connaître quelque chose. *Trouver* se dit de ce qui existait déjà et marque une action simple, parfois due à un hasard : *Une vérité qu'on trouve par hasard* (C.). *Trouver la solution d'un problème.* **Découvrir** suppose de l'étude, des recherches pour parvenir à trouver ce qui était caché, secret, ce que personne n'avait encore trouvé, et se dit notamment des pays, des lois scientifiques : *Découvrir l'Amérique; les lois de la gravitation.* **Inventer** mettre au jour, avec ingéniosité ou génie, ce qui n'existait point jusque-là et dont personne n'avait eu l'idée, se dit surtout dans l'industrie, les arts, le domaine des idées : *Inventer un système, une machine, un procédé; l'imprimerie* (ACAD.). **Imaginer** et **Concevoir** insistent moins sur l'originalité, la nouveauté de la chose, mais davantage sur le travail de l'esprit pour en former l'idée, *imaginer*, c'est former l'idée de toutes sortes de choses souvent subtiles, compliquées : *Une lanterne ingénieusement imaginée* (LOTI). *Imaginer un système, l'intrigue d'un roman; concevoir* marque une action plus réfléchie, plus lente, plus concentrée, qui crée une idée, l'organise et la précise dans tous ses détails : *Concevoir un projet; une entreprise; un plan* (ACAD.); *un personnage* (J. ROM.). **S'aviser de,** concevoir subitement ce à quoi on n'avait pas jusque-là pensé, et en général pour quelque fin : *Vous n'êtes pas le premier à vous aviser de ça. Mais vous êtes le premier à le concevoir aussi nettement* (J. ROM.). ¶ 3 → Juger. ¶ 4 (Réf.) Être en un lieu. *Se trouver* marque une action normale et se dit des personnes et des choses. **Se rencontrer** marque une action plus exceptionnelle, plus inopinée : *Ce grès, qui se trouve en Turquie, se rencontre aussi dans quelques-unes des îles de l'Archipel* (BUF.). **Traîner,** péj., se trouver partout, surtout en parlant d'idées, de choses banales : *Cela traîne dans tous les livres.* **Figurer,** se trouver dans un ensemble où l'on joue un rôle, et, notamment, être inscrit, être cité dans une liste : *Suis-je condamné à figurer parmi ces types que j'allez méprise tant?* (J. ROM.). **Reposer,** se trouver en un endroit où l'on a été déposé et où l'on demeure : *Les reliques d'un saint reposent dans une église.* ¶ 5 (Réf.) *Se trouver,* être dans tel état, telle situation : *Se trouver dans le besoin.* **Tomber** (*dans, entre*), se trouver subitement dans une situation fâcheuse : *Tomber dans la misère, entre les mains de ses ennemis.* **Nager,** fig., se trouver dans un état heureux qui évoque une sorte d'abondance : *Nager dans l'opulence, dans la joie.*

Trouvère : → Troubadour.

Truand : → Mendiant et Vagabond.

Trublion : → Révolutionnaire.

Truc : ¶ 1 → Procédé. ¶ 2 → Ruse.

Truchement : ¶ 1 → Traducteur. ¶ 2 → Intermédiaire.

Truculent : → Sauvage et Violent.

Truffe : → Nez.

Truffer : → Emplir.

Truisme : → Vérité.

Truité : → Marqueté.

Truquage : → Tromperie.

Truquer : ¶ 1 → Altérer. ¶ 2 → Tromper.

Truqueur : → Tricheur et Trompeur.

Trust : → Société. Association d'intérêts privés visant à organiser l'approvisionnement ou la production au profit de quelques-uns. *Trust* (mot ang.), association permanente entre producteurs, fortement constituée, avec fusion des entreprises et direction d'un groupe qui contrôle toute une branche de l'activité économique. **Holding Company** (mot ang.), trust en forme de société qui absorbe le capital de ses membres et leur donne en échange des parts sociales propres. **Cartel** (mot all.) dit moins que *trust* et désigne une association entre producteurs en vue d'une action commune pour protéger leur profession, diminuer leurs frais, maintenir leurs prix, éviter la concurrence. **Consortium,** tout groupement d'entreprises industrielles, commerciales, financières, en vue d'un but commun, est parfois syn. de *cartel* et s'est employé notamment, pendant la guerre 1914-1918, pour désigner le syndicat des producteurs répartissant entre eux les matières premières achetées par l'État. **Corner** (mot ang.), entente entre spéculateurs en vue d'accaparer une denrée et de créer une hausse des prix. **Pool** (mot ang.) n'indique pas, comme *trust,* une coalition durable, mais plutôt une entente momentanée assez voisine du *cartel,* qui a surtout pour but de contingenter la production, d'éviter la concurrence et de verser dans une caisse commune la totalité ou une partie des bénéfices des exploitations particulières; d'où parfois un sens favorable, pour désigner une sorte d'union, de fusion internationale entre des industries nationales sous le contrôle des gouvernements : *Le pool charbon acier.* — Tous ces mots, lorsqu'ils désignent des associations contraires aux lois, ont pour syn. **Coalition,** *trust* se disant aussi, d'une façon beaucoup plus vague, dans le langage politique, de toute coalition d'intérêts privés économiques puissants qui ruinent les peuples et pèsent sur la vie nationale et internationale.

Truster : → Accaparer.

Tube : ¶ 1 Corps cylindrique creux et donnant passage à l'air ou à un fluide. *Tube,* terme scientifique, envisage le corps, ou ce qui lui ressemble, quant à la forme : *Le tube d'un thermomètre. En forme de tube* (J.-J. R.). **Tuyau,** terme commun, désigne quelque chose de plus grossier, qui sert à des usages ordinaires, et l'envisage quant à sa matière ou à son usage : *Tuyau de poêle; de fer* (J.-J. R.); *de carton* (Volt.). **Conduit,** ce qui sert à conduire quelque chose quelque part, spéc. un gaz ou un liquide, se dit d'un canal, d'un tube, d'un tuyau quelconques surtout lorsqu'ils sont assez gros : *Les physiologistes parlent du conduit auditif, mais on dit : glisser un secret dans le tuyau de l'oreille.* **Boyau,** en termes d'hydraulique, de chemin de fer, tube ou conduit flexible. **Siphon,** tube recourbé à branches inégales ou tuyau doublement recourbé. ¶ 2 → Haut-deforme.

Tuberculeux : Atteint de la maladie contagieuse et infectieuse caractérisée par la présence du bacille de Koch et dite *tuberculose. Tuberculeux,* terme médical, se dit quel que soit l'organe atteint. **Phtisique,** terme médical, atteint de tuberculose pulmonaire et souffrant de la consomption qui en résulte. **Poitrinaire,** terme commun, tuberculeux du poumon. On dit parfois **Pulmonaire :** *Le département où meurent le plus de pulmonaires* (Gir.).

Tubulaire : En forme de tube. *Tubulaire,* terme d'arts : *Pont tubulaire;* **Tubulé,** terme de botanique ou d'archéologie : *Calice tubulé; draperie tubulée;* **Tubuleux,** terme d'histoire naturelle : *Glandes tubuleuses.*

Tubulure : → Conduite.

Tué : → Mort.

Tuer : ¶ 1 Frapper de mort. *Tuer,* terme général, se dit des personnes, des animaux et des plantes, marque l'action des hommes, des bêtes ou des choses physiques ou morales, sans préciser la manière. **Abattre,** tuer d'un seul coup un animal, ou tuer un homme de façon qu'il tombe d'un seul coup, spéc. dans un combat ou dans une poursuite : *Abattre un bœuf. Abattre un criminel.* **Étendre mort; sur le carreau,** en parlant d'un homme, le tuer brusquement, l'abattre. **Descendre,** *abattre,* se dit parfois du gibier qui vise : *Nous avons descendu beaucoup de perdrix* (Acad.); et, très fam., en parlant d'un homme. **Achever,** tuer une personne ou un animal déjà blessés (quand il s'agit d'un supplicié, on dit plutôt **Donner le coup de grâce).** **Supprimer,** tuer une personne gênante pour s'en débarrasser. **Se défaire de,** en un sens voisin, marque peut-être une action plus secrète et faite par celui même que gênait la victime : *Se défaire d'un témoin gênant.* **Dépêcher,** supprimer, tuer rapidement, est vx et fam. **Expédier,** faire mourir vite, est plus usuel : *Expédier un homme en sûreté de conscience* (Pasc.); *des voleurs* (Les.). **Assassiner,** tuer en trahison, avec préméditation ou guetapens, de la manière la plus odieuse. — En précisant la manière dont on tue,

Assommer, tuer une bête ou une personne, au moyen d'une arme pesante ou par un coup violemment assené. **Estourbir,** syn. d'*assommer,* est argotique. — **Poignarder,** tuer d'un coup de poignard ou de couteau. **Suriner** et **Chouriner,** en argot, *poignarder.* — **Couper la gorge, Trancher la gorge** ont pour syn. **Égorger** qui, en un sens plus général, signifie : tuer volontairement quelqu'un qui est faible et sans défense : *Égorger quinze mille personnes sans défense* (Volt.). **Égosiller,** *égorger,* est vx, **Juguler,** fam. et rare. **Saigner,** tuer un animal par effusion de sang, l'égorger, est pop. en parlant d'une personne. — **Brûler** ou **Faire sauter la cervelle, Casser la tête,** briser la tête d'un coup d'arme à feu. — **Étouffer** et **Suffoquer,** plus rare, tuer en empêchant de respirer. **Étrangler,** tuer en serrant le cou, a pour syn. **Tordre le cou,** qui, en un sens plus général, est un syn. fam. de *tuer : J'aimerais que monsieur Satan vous vînt tordre le cou* (Mol.); on dit aussi **Casser, Rompre le cou,** tuer par torsion du cou, chute ou choc sur le cou, ou tuer en général, en un sens fam. — **Empoisonner, Noyer** marquent, chacun avec sa nuance propre, la façon dont on tue. — **Massacrer,** tuer une masse d'hommes, pêle-mêle, en confusion, sans rien distinguer ni épargner : *Massacrer d'innocentes populations civiles* (M. d. G.); ou tuer un seul homme, avec fureur, en lui portant de nombreux coups qui défigurent son cadavre : *Ce fut lui qui du prince à ses yeux massacré Rapporta dans nos murs le corps défiguré* (Volt.). **Exterminer,** tuer ou massacrer jusqu'au dernier ceux qu'on veut faire disparaître entièrement : *De tous les Juifs exterminer la race* (Rac.); ou, en parlant d'une seule personne, la tuer parce qu'on la hait, parce qu'on veut détruire en elle tout ce qu'elle représente : *Exterminer Achab et Jézabel* (Rac.). **Décimer,** dans l'antiquité, tuer par châtiment un sur dix dans une troupe; par ext. tuer un certain nombre de personnes qui forment un groupe : *L'infortune et l'exil et la mort et le temps Ont en vain décimé tes amis de vingt ans* (Lam.). **Faucher,** fig. et poétique, tuer en grand nombre en parlant de la mort, du temps. **Moissonner,** faire périr en grand nombre, est aussi poétique et d'un emploi plus large : *Le fer moissonna tout* (Rac.). — **Mettre à mort,** faire périr soit à la suite d'un jugement, soit par la volonté d'un personnage puissant : *Néron fit mettre à mort sa mère* (Lit.). **Exécuter** et **Supplicier,** qui diffèrent comme les noms correspondants (→ Supplice), mettre à mort par exécution d'une décision de justice. **Lyncher,** exécuter sans jugement, par la justice sommaire d'une foule qui applique ce que les Américains du Nord appelaient la loi du lynch, sorte de loi du talion.

Suivant le mode du supplice, on dit **Décapiter** (→ ce mot), **Fusiller** (→ ce mot), **Lapider**, exécuter, lyncher ou simplement tuer à coups de pierre, **Pendre** (→ ce mot), **Écarteler**, **Rompre** qui est vx, **Empaler**, etc. — **Occire**, syn. de *tuer*, est vx et ne se dit qu'en plaisantant ainsi que **Trucider**, syn. de *massacrer*. — **Démolir**, tuer, assommer ou simplement blesser, est pop. : *Il démolirait les premiers qui viendraient pour le prendre* (LOTI). **Escofier**, tuer, est trivial, **Refroidir**, pop. **Ratiboiser**, pop, c'est surtout tuer rapidement, en parlant d'une maladie. *Tuer* a enfin de nombreux syn. argotiques, dont les plus usités, en dehors de ceux déjà cités, sont **Zigouiller** et **Bousiller**, ce dernier étant plutôt de l'argot militaire; ¶ 2 → Détruire. ¶ 3 (Réfl) Causer sa propre mort. *Se tuer* marque une action involontaire ou volontaire; **Se suicider** (→ ce mot), une action toujours volontaire. **Se casser**, **Se rompre**, **Se tordre le cou**, fam., se tuer en tombant.

Tuerie : → Carnage.

Tueur : → Homicide. Assassin à gages. *Tueur* tend de nos jours à devenir le terme péj. le plus usuel pour désigner celui qui tue pour le compte d'un parti politique, d'une bande, parce qu'il est payé pour cela. **Sicaire**, assassin gagé par un groupe ou une personne, est un terme plus relevé et littéraire. **Spadassin**, homme habile à manier l'épée et souvent payé pour assassiner ou faire régner la terreur. **Estafier**, en Italie, laquais de haute taille, armé, qui souvent assassinait pour servir son maître. **Brave** ou **Bravo** (forme italienne; pl. *Bravi*), simple assassin à gages recruté en général dans la pègre d'une grande ville. **Coupe-jarret**, assassin ou brigand de profession qui frappe par-derrière, pour son compte ou celui d'autrui : *Ces Albanais qui sont des coupe-jarrets enrôlés* (P.-L. COUR.). **Satellite**, tout homme armé qui est aux gages et à la suite d'un autre pour exécuter ses volontés et dans certains cas lui servir d'*estafier* ou de *bravo* : *Les satellites d'Athalie* (RAC.).

Tuf : Au fig. → Intérieur.

Tuméfié, **Tumescent :** → Gonflé.

Tumeur, éminence, grosseur plus ou moins considérable développée dans quelque partie du corps, est le terme générique dans le langage médical. **Grosseur** est son syn. vulgaire. **Kyste**, tumeur liquide; **Sarcome**, tumeur ayant la consistance de la chair; **Fibrome**, tumeur généralement abdominale constituée par des tissus fibreux, sont des termes de médecine. **Glande**, terme vulgaire, désigne, en ce sens, de petits gonflements en certaines parties du corps dus le plus souvent à l'inflammation des ganglions, et par ext. de petites tumeurs surtout au cou, à l'aisselle, au sein, etc., **Bubon**, terme médical, désignant une tumeur inflammatoire qui a son siège dans les ganglions lymphatiques sous-cutanés et se disant surtout de la tumeur formée aux ganglions de l'aine, de l'aisselle ou du cou dans certaines maladies comme la peste. — **Excroissance** et parfois **Tubercule**, tumeurs qui se forment sur quelque partie extérieure du corps. **Loupe**, terme de médecine, tumeur enkystée qui vient sous la peau, s'élève en rond et augmente jusqu'à une certaine grosseur. **Fongus**, terme de médecine, sorte de tumeur qui offre l'aspect microscopique d'une éponge ou d'un champignon et qui s'élève sur la peau ou sur quelque autre membrane, sur une plaie, sur un ulcère. **Polype** se dit surtout d'une excroissance ou tumeur qui vient dans les parties du corps recouvertes de membranes muqueuses. — **Apostume** (ou **Apostème**), tumeur purulente, est un terme de médecine vx. — **Cancer**, en pathologie, désigne toute tumeur qui dégénère en ulcère et qui ronge les tissus.

Tumulte : ¶ 1 → Fracas. ¶ 2 → Trouble.

Tumultuaire, vx, se dit des choses appréciables sous le rapport du droit, qui, ayant été faites en tumulte, avec désordre et précipitation, sont contre la forme ou les lois. **Tumultueux** se dit de tout ce qui se passe, en fait, avec fracas, confusion : *Dans une assemblée tumultueuse on fait une élection tumultuaire* (R.).

Tumultueux : ¶ 1 → Tumultuaire. ¶ 2 → Trouble. ¶ 3 Qui manque d'ordre, de tranquillité. *Tumultueux* marque le défaut actuel et se dit de ce qui n'est pas paisible. **Turbulent** indique la puissance de provoquer le trouble, le désordre et se dit de ce qui n'est pas pacifique. — **Séditieux** n'a rapport qu'à la politique et ajoute à *tumultueux* l'idée de révolte contre le pouvoir; *turbulent*, en ce sens, marque simplement le besoin d'agitation, d'intrigue, de disputes, sans aller jusqu'à l'idée de rébellion : *Peuple... toujours turbulent, séditieux et lâche* (VOLT.).

Tunnel : → Souterrain.

Turbulent : ¶ 1 → Tumultueux. ¶ 2 Désagréable par son impétuosité. *Turbulent*, qui ne tient pas en place, touche à tout, met tout en désordre et trouble la tranquillité des autres : *Turbulent et plein d'inquiétude* (L. F.). **Démoniaque**, fam., enchérit et suppose colères, emportements passionnés, comme si l'on était possédé du démon. **Polisson**, en parlant d'un enfant trop dissipé, trop espiègle (→ ce mot), ajoute à *turbulent* l'idée de malice. **Remuant** et **Agité**, qui enchérit, indiquent simplement un perpétuel mouvement qui devient fatigant pour les autres; **Pétulant**, une impétuosité qui ne peut se contenir, une absence de réflexion, de maîtrise de soi qui provoque des saillies tantôt amusantes, tantôt fâcheuses : *Petites filles pétulantes* (Fén.). *Les esprits pétulants, c'est-à-dire hardis, téméraires et licencieux* (Bos.).

Turgescent, Turgide : → Gonflé.

Turlupin : → Bouffon.

Turlupinade : → Jeu de mots.

Turlupiner : → Tourmenter.

Turlutaine : → Manie.

Turpitude : → Honte.

Tutélaire : → Protecteur.

Tutelle : → Auspices et Protection.

Tuyau : ¶ 1 → Tube. ¶ 2 → Canal. ¶ 3 → Renseignement.

Tuyautage, Tuyauterie : → Conduite.

Tympaniser : → Vilipender.

Type : ¶ 1 En typographie, petit parallélépipède en métal fondu portant à l'une de ses extrémités une lettre ou un signe quelconque gravé en relief. *Type* désigne la chose elle-même et a pour syn. **Caractère** qui désigne aussi l'empreinte du type, ou un ensemble de types de même grosseur ou force de corps : *Caractères neufs. Gros caractères. Le romain, l'italique sont des caractères.* **Fonte** (et plus rarement **Police**), ensemble de toutes les lettres et de tous les signes qui composent un caractère complet de grosseur déterminée : *Une fonte de petit romain; de cicéro.* ¶ 2 → Modèle. ¶ 3 → Genre. ¶ 4 *Type,* être concret, réel ou imaginaire, ou simple schéma abstrait, mais plus représentatif que n'importe quel autre individu de la même classe et pouvant servir de modèle : *Xénophon m'amuse parce que c'est le type parfait du gentleman* (Maur.). **Représentant** désigne toujours un individu en qui on retrouve les caractères de sa classe sans qu'il soit plus représentatif que les autres individus de la même classe : *Il y a au zoo quelques représentants des diverses espèces d'animaux.* ¶ 5 → Original. ¶ 6 → Homme. ¶ 7 → Symbole.

Typhon : → Bourrasque.

Typique : ¶ 1 → Caractéristique. ¶ 2 → Symbolique.

Typographe, toute personne qui exerce l'art de l'imprimerie en caractères mobiles et en gravures en relief. **Compositeur,** typographe qui assemble les caractères pour en former des mots, des lignes et des pages. **Prote,** chef d'atelier d'imprimerie, se dit souvent abusivement comme syn. de *compositeur.*

Tyrannie : ¶ 1 → Autocratie. ¶ 2 → Influence.

Tyrannique : → Absolu.

Tyranniser : ¶ 1 → Gouverner. ¶ 2 → Accabler.

Tzigane : → Bohémien.

U

Ukase : → Injonction.

Ulcération : Altération moléculaire d'un tissu avec tendance à la nécrose. *Ulcération,* terme de médecine, désigne le phénomène; **Ulcère,** le résultat durable d'une ulcération persistante, chronique. **Exulcération,** ulcération superficielle ou commencement d'ulcération. **Lupus,** ulcère rongeant, maladie tuberculeuse de la peau. **Chancre,** ulcération qui a tendance à ronger les parties environnantes, ne s'emploie en médecine qu'avec un qualificatif, mais désigne, péj., dans le langage courant, tout ulcère, notamment d'origine vénérienne. — **Exutoire,** ulcère artificiel qui sert de dérivatif. **Abcès de fixation,** la forme la plus moderne d'*exutoire,* par injection d'une substance aseptique irritante. **Cautère,** exutoire dû à l'ulcération provoquée par une substance caustique, **Moxa** et **Séton,** formes assez anciennes d'exutoires.

Ulcérer : → Aigrir et Choquer.

Ultérieur : → Suivant.

Ultimatum : → Injonction.

Ultime : → Dernier.

Ultra, sous la Restauration, royaliste plus royaliste que le roi; s'emploie encore, mais rarement, pour désigner celui qui, lorsque son parti est au pouvoir, voudrait qu'il appliquât sa doctrine avec la plus extrême rigueur : *Tous les régimes, pour leur malheur ou pour leur châtiment, ont leurs ultras* (E. DE GIRARDIN). **Extrémiste** se dit plutôt des partis de l'opposition qui, surtout à gauche, ont les opinions les plus avancées, les plus éloignées de la doctrine du centre, et, dans un parti révolutionnaire, des partisans de mesures extrêmes. **Maximaliste,** extrémiste du parti communiste russe lors de la révolution, ne s'emploie guère que dans son sens historique. **Jacobin,** dans les partis républicains seulement, se dit de ceux qui veulent appliquer la doctrine avec une pureté digne de celle des membres du club des Jacobins sous la Révolution. **Jeune Turc** se dit, non sans ironie, des jeunes membres des vieux partis qui veulent rajeunir leur parti en l'adaptant aux temps nouveaux et le faire progresser, tout comme le parti de la Jeune Turquie voulait introduire dans son pays, à la fin du XIXᵉ siècle, les mœurs politiques occidentales.

Ululer : → Crier.

Un : Qui n'admet pas de pluralité. *Un* n'a ce sens que lorsqu'il est employé comme adj. qualificatif et marque alors l'unité essentielle de ce qui nécessairement n'admet pas la pluralité, **Unique** marque simplement l'absence accidentelle de pluralité : *Dieu est un. La République est une et indivisible. Salaire unique. École unique.*

Un à un, un ici, l'autre là, séparément, est relatif à l'espace : *On choisit, on trie les choses une à une, en les séparant.* **L'un après l'autre,** non en même temps, successivement, est relatif à la durée : *On appelle des noms, on regarde des objets l'un après l'autre.*

Un après l'autre (L') : ¶ 1 → Un à un. ¶ 2 → Alternativement.

Unanimement fait penser aux sentiments des gens qui sont tous d'accord; **A l'unanimité** suppose uniquement rencontre de tous les suffrages : *Quand une coalition de partis vote une mesure à l'unanimité, elle ne vote pas toujours unanimement.*

Uni : ¶ 1 → Égal. ¶ 2 → Lisse. ¶ 3 → Simple. ¶ 4 → Uniforme.

Uniforme : ¶ 1 Adj. *Uniforme,* qui présente partout et toujours la même forme, la même manière d'être : *Cette eau changeante comme un rêve, mais aussi désespérément uniforme que la vie la plus triste* (A. DAUD.). **Égal** ne se dit que de ce qui pourrait varier dans son mouvement, avoir des hauts et des bas : *Mouvement, pas, pouls, toujours égal. Ame, humeur toujours égale.* **Uni** ajoute à *uniforme* une idée de simplicité en parlant de ce qui est sans ornement ou, s'il s'agit de la vie, de la conduite, du bonheur, sans événement marquant : *Un bonheur tout uni nous devient ennuyeux* (MOL.). *Il gardait un ton calme et uni. Il semblait énoncer les choses tout simplement* (J. ROM.). **Monotone** (→ ce mot), toujours sur le même ton, qui n'est pas varié dans ses intonations ou dans ses inflexions, ajoute au fig. à *uniforme* l'idée d'ennui : *Crains des bleus horizons le cercle monotone* (V. H.). ¶ 2 N. → Vêtement.

Uniformité, Égalité, Monotonie : → Uniforme.

Uniment : → Simplement.

Union : 1 → Liaison. ¶ 2 → Jonction. État des choses jointes ensemble de façon à ne former qu'un tout. Dans l'*Union*, les parties qui forment le tout demeurent distinctes, dans la **Fusion,** elles ne le sont plus : *L'union de l'âme et du corps. La fusion de deux races.* **Syncrétisme,** terme didact., fusion de diverses doctrines, de divers cultes, ou, en philosophie, fusion par synthèse de différents éléments. — **Symbiose,** terme de biologie, union de deux ou de plusieurs organismes vivants qui leur permet de vivre : *Un lichen est la symbiose d'une algue et d'un champignon* (Acad.). ¶ 3 En parlant des peuples, des partis, *Union* implique qu'ils se joignent pour ne former qu'un peuple, qu'un parti ou une association durable, ou au moins qu'ils se consacrent tout entiers, sous une seule direction, à une action commune : *Union Sud-Africaine. Acte d'union. Union nationale.* **Alliance,** acte par lequel peuples ou partis joignent leurs efforts pour une fin commune, en général contre d'autres, et cela momentanément et en gardant une certaine autonomie : *Alliance entre partis pour renverser le ministère.* ¶ 4 → Fédération. ¶ 5 → Syndicat. ¶ 6 → Mariage. ¶ 7 Au fig., *Union*, liaison très étroite entre ceux qui ne font plus qu'un par la conformité de leurs sentiments, de leur pensée, de leurs intérêts ou de leur action : *L'union règne dans ma famille* (Mtq.). **Communion,** union des personnes dans une même foi : *La communion de l'Église romaine*; par ext., union entre personnes qui partagent les mêmes idées, les mêmes sentiments : *Vivre avec sa femme dans une parfaite communion d'idées.* **Concorde,** union des cœurs et des volontés entre individus ou peuples, qui produit entre eux la paix : *La concorde est un besoin du cœur humain* (Lam.). **Fraternité,** union entre frères, et, par ext., entre personnes qui sont comme des frères, par relations de compagnons ou par religion, par humanitarisme : *La camaraderie, la fraternité qu'il y avait* [au front] *entre tous dans la menace du danger* (M. D. G.). **Entente** suppose simplement, entre personnes ou peuples, l'union de deux intelligences qui, parce que tel est leur intérêt, arrangent une façon de vivre et d'agir en commun qui, dans certains cas, peut consister simplement à se tolérer mutuellement ou à avoir des relations purement amicales : *L'Entente cordiale entre la France et l'Angleterre.* **Intelligence** marquait autrefois une communauté de vues beaucoup plus étroite et concertée, mais n'a gardé ce sens que dans quelques loc. comme *Être d'intelligence avec quelqu'un*, s'est rapproché de *complicité* (→ ce mot) et, comme syn. *d'union*, n'indique plus, avec un qualificatif, que l'état bon ou mauvais des relations habituelles qu'on a avec quelqu'un : *Vivre en bonne, en mauvaise intelligence avec sa femme* (En ce

sens, **Bons termes,** bon état des relations avec quelqu'un, même si ces relations sont très lâches ou espacées). **Accord,** conformité, parfois momentanée, dans la façon d'agir ou de penser, dit moins qu'*union* et plus qu'*entente,* car l'*accord* peut reposer sur des habitudes, des façons de juger et de sentir naturellement communes à des personnes pourtant différentes; et si la *concorde* produit la paix, l'*accord* amène à une action ou à une façon de penser commune : *La prospérité de l'État réclame la concorde des citoyens et l'accord des partis.* **Concert,** plus rare, indique surtout une bonne entente dans l'action entre personnes ou groupes qui font partie d'un tout : *Le concert européen.* **Harmonie,** accord ou concert parfait qui est la condition de la *concorde* ou de l'*union* : *Ce qu'on appelle union, dans un corps politique, est une chose très équivoque : la vraie est une union d'harmonie, qui fait que toutes les parties, quelque opposées qu'elles nous paraissent, concourent au bien général de la société comme des dissonances dans la musique concourent à l'accord total* (Mtq.). **Ensemble,** concours de plusieurs choses ou personnes pour produire un effet unique, par leur concert dans une action, une manœuvre : *Le XVIIIe siècle allait marcher avec ensemble et prosélytisme* (S.-B.). **Unisson,** au fig., désigne parfois un accord, une harmonie à un certain point de vue : *Il y a un certain unisson d'âmes qui s'aperçoit au premier instant* (J.-J. R.).

Unique : ¶ 1 → Seul. *Unique,* seul en son genre. **Exclusif** enchérit en parlant de ce dont l'existence rend impossible l'existence d'une autre chose de même genre, ou de ce qui ne peut appartenir qu'à une seule personne à l'exclusion de toute autre. **Spécial,** exclusivement destiné à une fin particulière : *Un amour unique est sans autre exemple. Un privilège exclusif est réservé à un seul et pas à d'autres. Une grâce spéciale n'a lieu que dans un cas particulier ou pour convenir à une personne particulière.* ¶ 2 → Un. ¶ 3 → Extraordinaire.

Uniquement : → Seulement.

Unir : ¶ 1 → Assembler et Joindre. *Unir* implique une unité obtenue par la jonction de parties qu'on peut cependant encore distinguer : *La vertu qui nous sépare sur la terre nous unira dans le ciel* (J.-J. R.). **Réunir,** unir de nouveau ce qui est simplement séparé, mais n'a pas cessé de former une union, ou rassembler pour unir (→ Assembler); ou joindre pour unir et, en ce cas, *réunir* marque plutôt l'acte par lequel on joint, on annexe, et *unir* la liaison étroite qu'on établit entre les éléments réunis : *La Corse fut réunie à la France en 1768 et mille liens l'ont depuis unie à elle;* en parlant de qualités qu'on possède, les *réunir,* c'est les avoir toutes en soi, en même temps; les *unir*, c'est introduire entre elles une harmonie : *Il réunissait les talents des anciens Grecs, la science des lettres et des arts* (Volt.). *Unir la modestie au mérite*. **Mêler** marque que les parties unies ou simplement jointes se pénètrent réciproquement, deviennent difficiles à distinguer : *Horace à cette aigreur mêla son enjouement* (Boil.). **Fondre** ajoute à *unir* l'idée que les deux choses ne sont plus distinctes, disparaissent dans le tout qu'elles forment souvent par réduction de chacune d'elles : *Fondre un ouvrage dans un autre; plusieurs règlements en un seul*. **Fusionner,** syn. de *fondre*, ne se dit que de la fusion entre des partis, entre des sociétés industrielles ou commerciales. **Unifier** marque le résultat de la fusion ou de l'union par rapport à la chose obtenue qui devient une par la disparition de la séparation ou de la diversité entre ses parties : *Unifier l'Italie. Parti socialiste unifié*. **Agglutiner,** unir et mêler des éléments divers qui se soudent ou se fondent, se dit surtout en physiologie ou en linguistique. **Combiner,** terme de chimie, unir deux ou plusieurs corps de façon qu'ils n'en forment qu'un seul, se dit aussi, dans le langage courant, en parlant de ce qu'on joint, qu'on unit, en le disposant en vue d'un certain effet : *Combiner ses efforts; sa marche avec quelqu'un*. ¶ 2 En parlant d'États, de partis, **Allier** diffère d'*Unir* comme *alliance* d'*union* (→ ce mot), et de ses syn. **Fédérer, Confédérer, Liguer, Coaliser** comme les noms correspondants (→ Alliance). ¶ 3 Établir une communication. *Unir* marque la communication la plus étroite, telle que les deux choses semblent ne plus faire qu'une : *Alexandre forma le dessein d'unir les Indes avec l'Occident par un commerce maritime, comme il les avait unies par des colonies qu'il avait établies dans les terres* (Mtq.). **Réunir** insiste sur le fait matériel qu'une chose touche à deux autres, les attache, permet de passer de l'une à l'autre sans solution de continuité : *Un canal réunit deux mers. Le cou réunit la tête au corps*. **Relier** marque la communication la plus lointaine, la plus intermittente parfois, entre choses qui demeurent séparées : *Une avenue relie deux places. Les lignes aériennes relient la France aux colonies*. ¶ 4 → Polir.

Unisson : → Union.

Unisson (à l') : → (d') Accord.

Unité : ¶ 1 → Harmonie. ¶ 2 → Troupe.

Univers : ¶ 1 *Univers*, toujours au sing., évoque une totalité assez abstraite, pour désigner proprement tout ce qui est, que nous le connaissions ou non, ou, par hyperbole, l'ensemble du globe terrestre ou des habitants de la terre; implique une idée d'étendue et fait souvent penser à

quelque chose qui contient et embrasse. **Monde** désigne plutôt l'univers tel que nous l'apercevons ou nous le concevons; ou une partie de l'univers formant un système (en ce sens *monde* se dit souvent au pl. et désigne, au sing., le système solaire) : *Il y a cette différence entre le monde et l'univers que l'univers est infini* (Did.). *La pluralité des mondes* (Font.). *Le monde immense des idées* (Proust); et plus spéc. la terre connue et habitée (→ Terre), la grande majorité des hommes, au sens prop. et non au sens hyperbolique comme *univers* : *On fait le tour du monde et la renommée d'un héros emplit l'univers*. **Création,** l'univers considéré comme créé par Dieu. **Nature** fait surtout penser à la force qui anime l'*univers* ou le *monde*, que cette force soit rapportée au créateur ou considérée en elle-même, et s'emploie souvent en un sens plus restreint pour désigner l'univers physique, soumis à des lois, par opposition à l'homme : *L'homme n'est qu'un roseau, le plus faible de la nature. Il ne faut pas que l'univers entier s'arme pour l'écraser* (Pasc.). **Macrocosme,** le grand monde, l'univers par opposition au *microcosme*, le petit monde, c'est-à-dire l'homme, est un terme de philosophie ancienne. **Cosmos,** terme de philosophie, le monde considéré comme un tout organisé et harmonieux : *Le rebelle que Nietzsche agenouillait devant le cosmos* (Cam.). ¶ 2 → Sphère.

Universel : → Commun. *Universel*, qui appartient à l'univers, se dit spéc., en parlant des choses humaines, de ce qui ne souffre pas d'exception et touche tous les hommes : *Église universelle. Langue universelle. Préjugé universel* (Volt.). **Mondial** a un sens purement géographique en parlant de ce qui est connu dans les cinq parties du monde ou nous intéresse : *Renommée mondiale; guerre mondiale;* en ce sens, *universel* est hyperbolique. **Cosmique,** terme de philosophie ou de science, se dit de ce qui constitue ou regarde l'univers : *Matière cosmique. Bouleversement cosmique*. **Planétaire** se dit parfois de catastrophes qui intéressent toute la terre : *La guerre future serait une catastrophe planétaire*. **Œcuménique,** terme de religion, dans quelques loc., qui intéresse toutes les parties de l'univers habité : *Concile œcuménique*.

Université : ¶ 1 *Université*, employé absolument, l'ensemble des écoles publiques de tout ordre dans un pays : *L'Université de France*. **Alma mater** (en lat. « mère nourricière »), périphrase, tantôt noble, tantôt fam., pour désigner l'université. **Enseignement,** le corps des maîtres publics ou privés, fait penser aussi aux méthodes employées ou aux différents ordres dans lesquels sont classées les écoles de l'université : *On sort de l'université,* *après avoir étudié; on entre dans l'enseignement primaire, du second degré, supérieur.* ¶ 2 Division de l'Université de France. *Université,* groupe de facultés (→ ce mot) ou d'écoles, établies par l'autorité publique, qui donnent l'enseignement supérieur et délivrent des grades au nom de l'État (par ext. *université* se dit aussi de certains groupements de facultés libres : *L'université catholique de Paris).*

Académie, une des dix-sept circonscriptions administratives de l'Université de France dont chacune est dirigée par un recteur et organise, au nom de l'État, l'enseignement supérieur dans l'*université* correspondante, et l'enseignement primaire et du second degré dans tous les établissements de son ressort : *Les élèves du lycée de Versailles préparent le baccalauréat et le passent dans l'Académie de Paris : ce grade leur est conféré par l'Université de Paris.*

Urbain, qui a rapport à la ville : *Employer des termes urbains pour la mer* (Proust). **Citadin,** qui habite la ville, en fait partie : *Faire des vaisseaux quelque chose de citadin* (Proust).

Urbanisme : → Logement.

Urbanité : → Civilité et Atticisme.

Urgent : → Pressant.

Urine, liquide secrété par les reins et évacué par l'urètre. **Pipi** est enfantin. **Pissat,** urine d'un animal, est très fam. en parlant de l'homme. **Pisse,** syn. fam. de *pissat.* **Eau,** fam., urine dans la loc. *Lâcher de l'eau.*

Uriner, évacuer l'urine par les voies naturelles, est le terme scientifique et du langage décent. **Pisser** est vulgaire. **Lâcher de l'eau** se dit pop. par euphémisme. **Faire pipi** est enfantin. **Pissoter,** uriner très fréquemment et en petite quantité. **Compisser,** trans., arroser de son urine et, intrans., uriner abondamment, est burlesque.

Urinoir, tout endroit disposé pour uriner. **Pissotière,** urinoir public, est fam. **Vespasienne,** sorte de guérite à l'usage d'urinoir disposée sur la voie publique et appelée ainsi du nom de l'empereur Vespasien qui avait établi un impôt sur les urinoirs. **Pissoir,** syn. pop. d'*urinoir.*

Urne : → Vase.

Usage : ¶ 1 → Habitude. ¶ 2 Parti qu'on tire des choses. *Usage* comporte l'idée d'une application de l'action à sa fin habituelle, détermination qu'il n'y a pas dans **User,** plus rare : *Un instrument est d'un bon usage quand il est bon pour ce à quoi on le fait servir* (L.). *Il y a des étoffes qui deviennent plus belles à l'user* (Acad.). **Emploi** implique une destination donnée à ce dont on dispose et qu'on met en œuvre comme matière ou moyen : *On fait un bon emploi de son talent quand on l'emploie pour ce à quoi il convient et un bon usage de ses richesses quand on les utilise pour faire le bien :* → User de. ¶ 3 Manière de se servir d'un mot pour exprimer une idée. Alors qu'**Emploi** exprime une manière habituelle ou conforme aux règles de la langue, *Usage* se dit plutôt de l'emploi personnel des mots que fait un écrivain : *Un mot a divers emplois. Un habile écrivain fait d'un mot un usage inattendu, tout nouveau* (Acad.). ¶ 4 → Jouissance. ¶ 5 → Expérience. ¶ 6 → Savoir-vivre.

Usé : ¶ 1 → Fatigué. *Usé* se dit proprement des choses détériorées par le frottement et, par ext., par l'usage, des personnes et de leurs facultés qui ont perdu leurs forces en se dépensant au cours de leur vie (→ Ruiner) : *Pierre usée. Souliers usés. C'est un homme usé.* **Usagé** ne se dit que des choses qui ont beaucoup servi et qui, sans être détériorées, en portent les marques : *Robe de chambre usagée* (J. Rom.). **Élimé,** usé et aminci par le frottement : *Pauvre petit portefeuille élimé* (Gi.). **Éraillé,** usé et déformé par relâchement des fils en parlant d'un tissu. **Râpé,** fig. et fam., usé jusqu'à la corde en parlant d'un vêtement. — **Fruste,** dont le relief a été effacé par l'usure, par le frottement, par le temps, en parlant d'une médaille, et par ext. d'une sculpture, ou, en termes d'histoire naturelle, d'une coquille dont les pointes et les cannelures sont usées [≠ **Vieux,** qui ne marque que l'effet du temps et non la détérioration due à l'usage : *Il avait un habit noir plutôt usé que vieux* (J.-J. R.)]. ¶ 2 → Rebattu.

User (V.) : ¶ 1 Trans. *User,* terme courant, se dit de toutes sortes de choses qu'on détériore par l'usage, spéc. de celles qu'on détruit, qu'on dénature, qu'on fait disparaître en les brûlant, en les transformant, et fait penser à une provision qui diminue plus ou moins vite : *Un moteur use beaucoup d'essence.* **Consommer,** qui ne se dit que des provisions qu'une personne dépense pour son usage ou qu'une chose exige pour son fonctionnement, fait penser ou bien à la nature des besoins ou à la quantité exacte nécessaire pour un certain usage : *Un moteur consomme de l'essence; un autre du gazoil. Les Chinois consomment du riz. Un radiateur à gaz consomme tant de mètres cubes à l'heure.* ¶ 2 Trans. → Ruiner. ¶ 3 Intrans. Faire usage de. *User de* marque un usage habituel, sans autre détermination, et se dit seul en parlant de choses morales dont on a le droit, le devoir ou la liberté de faire usage : *L'on doit user de termes qui soient propres* (L. B.). *User d'un droit* (Volt.). *User bien d'une chose, c'est en faire un usage moralement bon.*

Employer et **Se servir** ne marquent rien d'habituel, d'absolu ni de moral : *employer*, c'est plutôt donner une destination, en général ordinaire, à ce dont on peut disposer : *Employer ses amis*. — *Quand on est obligé d'user de quelques railleries, l'esprit de piété porte à ne les employer que contre les erreurs* (Pasc.); *se servir*, c'est plutôt tirer une aide, dans une occasion parfois exceptionnelle, de ce qui est comme un instrument étranger que nous appelons à notre secours : *Se servir de lunettes* (Volt.). *Les Carthaginois se servaient de troupes étrangères et les Romains employaient les leurs* (Mtq.). *Bien employer une chose, c'est l'employer à quoi elle convient. Bien s'en servir, c'est en tirer un parti habile pour suppléer à ses propres forces*. **Appliquer,** employer une méthode, un procédé, un remède, une loi, un principe, dans les cas où il convient exactement d'en faire usage : *Appliquer un remède à une maladie Appliquer une science*. **Utiliser,** se servir d'une chose pour la fin qu'elle rend possible, ne suppose pas comme *employer* et *se servir de* une destination préconçue, mais une destination profitable que se tire de la nature même de la chose : *Utiliser un zèle qui ne demande qu'à s'employer* (Gi.). **Recourir** et **Avoir recours à,** chercher le secours d'une personne ou d'une chose, dans une circonstance exceptionnelle, désespérée, pour s'en servir : *Recourir aux drogues* (M. d. G.). **Emprunter** se dit surtout d'une voie toute faite que l'on utilise pour parvenir à un but : *Emprunter une route; certains moyens* s **Pratiquer,** employer, appliquer habituelle. ment un procédé ou un moyen. **Jouer de,** se servir de ce qui est nécessaire pour un jeu; par ext., dans de nombreuses loc., se servir d'un instrument ou de ce qui peut lui être comparé : *Jouer du couteau, du revolver. Jouer des jambes*. **Mettre en jeu,** employer ce qu'on possède, en le faisant agir : *Mettre en jeu toutes les ressources de son imagination*. **Faire jouer,** c'est plutôt se servir de choses qu'on ne possède pas et qu'on fait agir : *Faire jouer toutes sortes d'influences*. **Mettre en œuvre,** employer des matériaux à quelque usage; au fig., utiliser ce qui peut être comparé à des matériaux pour exécuter un ouvrage ou atteindre un but : *Ce journaliste a très bien mis en œuvre les renseignements qu'on lui a fournis*. **Exercer,** mettre en jeu des qualités qu'on possède, ou, simplement, parfois, en user : *Exercer son éloquence; son talent; sa verve*. **Manier,** se servir habilement d'un instrument, d'un outil, d'une arme qu'on a bien en main et, au fig., des qualités, des talents qui ressemblent à une arme : *Manier la truelle* (Balz.); *les idées* (M. d. G.). **Ménager,** employer avec habileté et mesure une ressource ou ce qui

peut lui être comparé : *Savoir ménager son crédit*. ¶ 4 *En user* : → (se) Conduire.

User (N.) : → Usage.

Usine : → Établissement. *Usine* implique de nos jours l'existence de machines importantes qui traitent les matières premières afin d'en tirer des produits quelconques ou de les rendre simplement utilisables pour la fabrication; c'est le mot usuel pour désigner l'établissement industriel en général, considéré comme un lieu de travail : *Usine d'automobiles. Usine à gaz. Usine métallurgique. Aller à l'usine*. **Fabrique** ne se dit que des établissements où l'on transforme, par des procédés mécaniques, les matières déjà préparées par une usine en objets que l'on met dans le commerce; la *fabrique* s'envisage par rapport aux produits qui en sortent : *Fabrique de chaussures*. **Manufacture** qui, avant l'essor du machinisme, désignait l'établissement où un grand nombre d'ouvriers travaillaient, le plus souvent à la main, les matières traitées de nos jours à l'usine et à la fabrique, ne se dit plus guère que dans les loc. *Manufacture de tabacs; Manufacture de glaces; de soieries; Manufacture de draps d'Elbeuf; La manufacture de tapisseries des Gobelins; La manufacture de porcelaine de Sèvres* (Acad.).

Usiner, soumettre une matière première à l'action de machines-outils ou de machines, pour la rendre propre à être utilisée dans une fabrication. **Fabriquer,** transformer une matière première ou des produits usinés en objets qu'on met dans le commerce (→ Produire).

Usité : → Usuel.

Ustensile : → Instrument.

Usuel : ¶ 1 *Usuel,* absolu, se dit de tout ce dont on se sert ordinairement et qui, de ce fait, n'est pas rare, extraordinaire : *Meubles* (Acad.); *remèdes* (Sév.); *termes* (Acad.) *usuels*. **Usité** se dit surtout de ce qu'on pratique, et spéc. des mots et des expressions qu'on emploie plus ou moins, qui ne sont pas hors d'usage; *usité* est relatif : un terme doit être très usité pour être *usuel* : *Ordre usité* (Bos.). *Mots usités* (Pasc.). **Consacré,** en parlant de mots, de locutions, ajoute l'idée que l'usage les a adoptés et qu'on ne peut les changer : *Le chef de l'État est une locution consacrée pour désigner le Président de la République*. **Employé** peut se dire d'un mot, d'une expression dont on fait usage, et fait alors penser à la destination qu'on leur donne, à la façon heureuse, correcte, dont on les applique dans un cas particulier : *Terme employé à contresens*; mais *employé* n'est syn. d'*usité* qu'absolument, et marque alors le fait, sans impliquer la consécration de ce que les grammairiens appellent l'usage : *De nombreuses expressions barbares sont fort employées avant de passer dans l'usage et devenir usitées, puis usuelles.* De plus *usité* est adj. alors qu'*employé*, participe, s'emploie seul avec un comp. d'agent. **Utilisé** ne se dit que de ce qui est employé d'une façon profitable conformément à sa fin : *Il est regrettable que certains vieux mots jadis usités ne soient plus utilisés pour rendre certaines idées.* ¶ 2 → Commun.

Usufruit : → Jouissance.

Usure : → Intérêt.

Usurier, celui qui prête à un taux excessif. **Fesse-Mathieu** est fam. **Shylock,** usurier de Shakespeare, **Gobseck,** usurier de Balzac, sont du langage littéraire. **Juif** et **Arabe** (plus rare) sont très fam. **Tire-sous** et **Vautour** sont pop.

Usurper : ¶ 1 Trans. → (s') Emparer de. ¶ 2 Intrans. S'emparer injustement d'une chose aux dépens d'autrui. *Usurper sur* ne se dit qu'en parlant de biens et de droits en général importants : *Les empereurs usurpaient sur le sacerdoce, les évêques usurpèrent sur l'empire* (C.). **Empiéter sur,** toujours en parlant de droits ou de biens, suppose qu'on augmente ce qu'on a déjà d'une partie que l'on prend chez le voisin ; et se dit, par analogie, en parlant de certaines choses qui débordent sur d'autres : *Empiéter sur un terrain. Le pouvoir législatif ne doit pas empiéter sur l'exécutif.* **Anticiper sur,** syn. d'*empiéter* ou d'*usurper*, est un terme de droit, mais se dit seul au fig. en parlant de ce qu'on dépense ou qu'on raconte d'avance : *Anticiper sur une terre; sur une charge, sur des droits. Anticiper sur ses revenus, sur les temps, sur les faits* (ACAD.). **Entreprendre sur** (→ ce mot) marque un commencement d'action ou une simple tentative, mais se dit aussi, et seul, d'une action nuisible contre des personnes, contre leur vie, leur honneur : *Entreprendre et usurper* (S.-S.). *Entreprendre sur la vie des autres* (FÉN.). **Enjamber,** syn. fam. d'*empiéter* : *La liberté d'écrire enjambe sur la licence* (P.-L. COUR.).

Utérin : → Germain.

Utérus, terme d'anatomie, organe de la gestation chez la femme et chez diverses femelles d'animaux supérieurs. **Matrice,** usité surtout en parlant de la femme, se dit dans diverses loc. de pathologie, et, dans le langage courant, fait penser davantage à *mère*, ce qui le rend susceptible d'emplois figurés : *Le présent est la matrice où le passé procrée l'avenir* (GAUT.).

Utile : → Profitable.

Utiliser : → Profiter et User de.

Utilitaire : ¶ 1 → Réaliste. ¶ 2 → Commun.

Utilité : → Profit.

Utopie : ¶ 1 → Idéal. ¶ 2 → Illusion.

Utopique : → Imaginaire.

V

Vacances, temps pendant lequel on interrompt ses occupations, se dit proprement pour les écoliers, les étudiants, leurs maîtres et les magistrats et désigne, par ext., un temps qu'on s'accorde ou qui est accordé, à certaines occasions, en général habituelles, pour le consacrer au repos ou au divertissement : *Vacances de Pâques. Passer de belles vacances.* **Congé,** autorisation de quitter son travail pour un temps plus ou moins long, qui peut être accordée n'importe quand ou pour une occasion exceptionnelle, fait penser uniquement à la cessation du travail, et se dit spéc., en termes d'administration, du nombre de jours de liberté qu'un employeur doit accorder dans une année à son employé au gré de celui-ci : *Les élèves ont vacances pour la Noël et congé pour célébrer une fête publique. Congé de maladie. Congés payés.* **Permission** ne se dit que pour les militaires (→ Permission, congé). **Repos,** jour de congé qui revient régulièrement pour faire cesser la fatigue du travail : *Le repos dominical.* **Pont,** congé accordé entre deux jours fériés. **Campos,** repos, relâche qu'on accorde ou qu'on s'accorde, est fam. **Vacation** ne se dit que de la cessation des séances de gens de justice considérée comme devant leur permettre de vaquer à leurs occupations personnelles.

Vacant, au prop. et au fig., qui n'est pas occupé et doit être rempli, souvent selon certaines conditions : *Place de chanoine vacante* (BALZ.). *Tendresse vacante* (M. D. G.). **Inoccupé,** surtout au prop., dit moins, car ce qui est *inoccupé* n'est pas forcément à remplir : *Bien des appartements inoccupés ne sont pas vacants.* **Libre** ajoute, en parlant d'une place, d'un appartement, l'idée qu'on peut les occuper si l'on veut; **Disponible,** l'idée que celui dont ils dépendent peut en disposer en notre faveur : *Dans un compartiment de chemin de fer, on demande si une place est libre; dans une agence de voyages, on demande s'il y a encore des places disponibles pour un voyage organisé.* **Vide,** syn. d'*inoccupé,* insiste souvent sur le manque de la chose ou de la personne qui devrait occuper le lieu, la place : *Il est pénible pour un acteur de jouer devant des fauteuils vides.* — **Jacent,** terme de droit, n'est syn. de *vacant* qu'en parlant d'une succession sans héritier. — **Vague** ne se dit que d'un terrain qui n'est ni occupé, ni construit, ni cultivé dans une ville.

Vacarme : → Fracas. *Vacrame,* grand tapage désordonné de choses et de gens : *Le vacarme de la rue* (GI.). **Chahut,** fam., désordre bruyant d'écoliers en révolte contre leur maître, ou manifestation contre quelqu'un avec cris et mouvements hostiles. **Bacchanal,** fam., grand vacarme de gens en goguette, comme inspirés par Bacchus. **Train,** vacarme de gens de mauvaise vie, qui se réjouissent avec bruit ou se disputent. **Chambard,** fam., vacarme accompagné de bouleversement. **Boucan,** très fam., vacarme assourdissant comme celui d'un lieu de débauche. **Chabanais,** vacarme, scandale bruyant, est argotique.

Vacation : ¶ 1 → Rétribution. ¶ 2 → Vacances.

Vaccin : Virus atténué inoculé dans l'organisme pour l'immuniser contre certaines maladies. *Vaccin,* substance microbienne qui a un effet ordinairement préventif. **Sérum,** substance obtenue par l'intermédiaire du sang, qui a un effet curatif et parfois préventif.

Vacciner : → Inoculer.

Vache : ¶ 1 Femelle du taureau. *Vache,* terme commun. **Génisse,** jeune vache qui n'a pas encore porté; ou syn. poétique de *vache.* **Taure,** syn. peu usité de *génisse.* ¶ 2 → Méchant.

Vacher, celui qui garde les vaches en troupeau. **Bouvier,** celui qui garde les bœufs ou les vaches, les soigne et les conduit, notamment en attelage.

Vaciller : ¶ 1 → Chanceler. ¶ 2 En parlant de la lumière, *Vaciller* se dit d'une source de lumière, en général petite, qui n'est pas ferme, va irrégulièrement dans tous les sens, comme une bougie agitée par le vent : *Les flammes jaunes vacillaient* (FLAUB.). **Trembler** suppose une irrégularité moindre et peut se dire d'une lumière diffuse qui paraît agitée de mouvements : [La lumière de la lune] *tremble* (V. II.). **Trembloter,** trembler quelque peu et à maintes reprises, se dit d'une bougie, d'une lampe. **Cligner** et **Clignoter** (cligner continuellement), s'allumer puis s'éteindre alternativement, ou sembler le faire : *Les lumières d'une petite boutique clignaient sur un étalage de sucreries* (J. ROM.). **Papilloter** implique une lumière souvent éclatante qui n'est pas fixe, constante, et qui fatigue les yeux en les empêchant de voir nettement. ¶ 3 → Hésiter.

Vacuité : → Vide.

Vade-mecum : → Mémento.

Va-et-vient : ¶ 1 *Va-et-vient*, mouvement de ce qui va et vient alternativement d'un point à un autre : *Le va-et-vient d'un piston.* **Navette,** fig., va-et-vient d'un seul train sur une ligne; au fig., va-et-vient de personnes ou de choses entre deux lieux dans la loc. *Faire la navette.* **Voyage,** va-et-vient assez long, surtout d'une personne. — **Allée et venue,** suite de déplacements en n'importe quel sens, souvent pour affaires. ¶ 2 → Bac.

Vagabond : ¶ 1 Adj. → Errant. **¶ 2** N. *Vagabond*, péj., celui qui erre çà et là, sans domicile, sans état, et mène une vie paresseuse : *Une vagabonde, une aventurière* (VOLT.). **Nomade** (→ ce mot) n'est pas péj. et se dit de celui qui appartient à une tribu, à un peuple errants, sans habitation fixe : *Les nomades du désert*; et, en un sens plus particulier, en termes de droit, de celui, quelle que soit sa nationalité, qui circule en France sans domicile ni résidence fixe, mais peut très bien avoir un métier (→ Bohémien). **Chemineau,** celui qui parcourt les chemins, en vagabond, en rôdeur, qui vit de petites besognes, d'aumônes et parfois de larcins. **Va-nu-pieds,** fam., vagabond misérable. **Galvaudeux,** pop. et très péj., vagabond méprisable qui vit d'expédients. **Camp-volant,** fam., vagabond ou bohémien qui campe sur le bord des routes. **Truand,** vagabond dangereux qui mendie par fainéantise. Parmi les nombreux syn. argotiques de *vagabond*, **Clochard,** vagabond des villes qui vit sous les ponts, est passé dans la langue fam. sans nuance trop péj.; **Trimardeur** se dit aussi d'un chemineau.

Vagabonder : → Errer.

Vagir : → Crier.

Vague : → Onde. *Vague*, grande masse d'eau de la mer, d'un lac, d'une rivière, qui heurte le rivage, se brise ou déferle, ou s'agite et s'élève très haut sous l'effet du vent ou de toute autre impulsion. **Lame,** en termes de marine, vague de mer qui s'étend en nappe. **Houle,** mouvement d'ondulation que les eaux de la mer conservent après une tempête, mais qui les agite sans bruit et sous forme d'écume. **Houles,** grosses ondes d'une mer agitée par la houle : *Les houles en roulant les images des cieux* (BAUD.). **Moutons,** fig., vagues blanchissantes sur la mer et les grandes rivières quand elles commencent à être agitées : *Moutons sinistres de la mer* (V. H.).

Vague : ¶ 1 → Vacant. **¶ 2** → Obscur. *Vague*, surtout au fig., qui, n'étant pas fixe, défini en soi, ne correspond à rien de connu, manque de clarté, est vide de contenu, impossible à saisir, à concevoir : *Expressions vagues* (MTQ.). *Vagues soup-*çons (VOLT.). *Vague rêverie abstraite* (J. ROM.). **Indéterminé,** terme plutôt didact., se dit surtout d'une chose dont quelqu'un n'a pas exactement défini les limites, l'application, et qui, de ce fait, ne peut pas être saisie nettement : *Réponse générale et indéterminée* (BOUR.). **Imprécis,** qui n'est pas exactement circonscrit, qui ne fournit pas tout ce qu'il faut pour qu'on saisisse exactement l'objet : *Une expression vague ne s'applique à rien; on ne sait pas exactement à quoi s'applique une expression indéterminée; une expression imprécise ne correspond pas exactement à ce qu'elle veut exprimer.* **Indistinct** se dit de choses concrètes qu'on peut confondre avec d'autres. **Indiscernable** renchérit : qu'il est impossible de ne pas confondre avec autre chose de la même espèce : *Trois anneaux indiscernables* (VOLT.). **Indécis,** en parlant des choses concrètes et des idées, suppose une absence de netteté qui fait qu'on ne sait pas quelles limites il faut assigner à une chose, qu'elle est difficile à connaître, à identifier complètement : *La chanson grise Où l'Indécis au Précis se joint* (VERL.). *Au crépuscule les formes sont indécises, on ne sait pas les reconnaître; indistinctes, elles forment un tout confus; imprécises, elles paraissent comme déformées.* **Incertain** implique une sorte d'hésitation dans la nature, la forme d'une chose, ce qui la rend variable, mal assurée, et, s'il s'agit d'un dessin, en termes de beaux-arts, sans justesse ni précision : *Lueur incertaine.* **Flou,** en termes de beaux-arts, qualifie le coloris sans vigueur ou les formes sans netteté, et se dit dans le langage courant d'une chose peu distincte ou d'une idée assez indécise : *Il lui arrive souvent de ne pas achever ses phrases, ce qui donne à sa pensée une sorte de flou poétique* (GI.). **Vaporeux,** en termes de peinture, qui n'apparaît que comme à travers une vapeur; au fig., qui manque de netteté : *Images vaporeuses. Vaporeux idéalisme* (GAUT.). **Timide,** sans vigueur ni fermeté, en termes de littérature et de beaux-arts : *Style timide. Pinceau timide.* — **Trouble** ne se dit que de ce qui, devant être clair, limpide, est embrouillé, confus, obscur, ou de la vue, de la conception qui ne saisissent pas nettement : *Temps trouble. Vue trouble.* ¶ 3 N. → Vide.

Vaillance : → Courage.

Vaillant : → Courageux.

Vain : ¶ 1 Sans réalité. *Vain*, en parlant des choses, qui est comme intérieurement vide, trompe en faisant croire à un effet qui ne se produit pas : *Songe vain* (RAC.). **Creux,** en parlant de l'esprit et de ses idées, qui a une apparence de vérité, mais ne résiste pas à l'examen critique : *Creuses spéculations* (FÉN.). **Faux,** syn. de *vain*, qualifie la chose en elle-même, sans insister

sur l'illusion produite : *Fausse espérance*
(RAC.). ¶ 2 → Inutile. ¶ 3 → Stérile. ¶ 4
→ Orgueilleux.

Vain (en) : → Inutilement.

Vaincre : ¶ 1 En termes militaires, remporter un grand avantage sur les ennemis.
Vaincre indique en général un résultat
décisif et comporte une idée de gloire et de
triomphe : *Jamais on ne vaincra les
Romains que dans Rome* (RAC.). **Battre**
indique une supériorité de force, un affaiblissement infligé à l'ennemi, mais un
résultat moins décisif : *Othon était assez fort
pour battre les Hongrois, non pas assez pour
les poursuivre et les détruire* (VOLT.).
Battre à plate couture, fam., battre complètement. **Défaire,** désorganiser une armée
en bataille et, souvent, l'empêcher de se
rallier et de tenir davantage la campagne :
Lesdiguières défit ces armées réglées (VOLT.).
Déconfire, défaire entièrement dans une
bataille, est vx ou ironique. On dit plutôt
de nos jours **Tailler en pièces** ou **Écharper,**
qui se dit surtout d'une petite unité.
Entamer, commencer à pénétrer les lignes
ennemies; **Enfoncer** (→ ce mot), les mettre
en désordre; **Culbuter,** les renverser, passer
sur elles ou les déborder, marquent les
modalités de l'action de *défaire* dans des
engagements souvent simplement locaux
ou partiels. **Mettre en déroute,** défaire et
obliger à une fuite précipitée. **Écraser,** défaire et détruire, indique une large supériorité : *Annibal écrase la première armée
consulaire sur les bords du Tessin* (CHAT.).
Accabler, écraser sous le nombre. **Anéantir,**
défaire un ennemi en réduisant à néant toute
sa capacité militaire. **Rosser,** syn. de *battre*,
est pop. et se dit aussi d'un ennemi personnel.
¶ 2 Quand il s'agit d'une compétition, d'une
lutte, et notamment en termes de sport, on
dit, avec les mêmes nuances, **Battre, Écraser, Battre à plate couture.** *Vaincre* est d'un
style plus recherché ainsi que **L'emporter
sur** (→ Prévaloir). **Surclasser** (→ Surpasser)
suppose une supériorité telle que le vaincu
ne paraît pas de la même catégorie que le
vainqueur. — **Gagner,** être vainqueur dans
un jeu, une compétition, se dit soit absolument, soit avec pour comp. d'objet l'espèce
de lutte ou de débat dont il s'agissait :
Gagner le match; la course. ¶ 3 En un sens
plus général, *Vaincre* suppose l'emploi de
la force contre la force, un combat contre
un adversaire actif qui se défend et sur
lequel on remporte un avantage complet
et définitif : *Vaincre un désir* (J.-J. R.); *un
fou rire* (MAU.); *un fils rebelle* (MAU.).
Surmonter suppose l'emploi de la force
contre quelque chose qui est sur le chemin
comme un obstacle inerte ou passif et
marque parfois un succès momentané et partiel : *Toutes les grandes difficultés sont
vaincues, tous les grands obstacles sont sur-*

montés (J.-J. R.). *Surmonter sa crainte;
sa timidité* (J.-J. R.). **Triompher de,** remporter une grande victoire, un éclatant
avantage : *Triompher de sa réserve, de
sa pudeur* (GI.). **Dompter,** vaincre un animal farouche, par ext. vaincre des hommes
ou des passions intraitables, indociles :
Dompter les volontés les plus rebelles (BALZ.).
Réduire, vaincre des rebelles ou des révol-
tés, enchérit : *On a bien de la peine à réduire
les esprits difficiles et portés au libertinage*
(BOUR.). **Maîtriser,** dompter par une force
supérieure ce dont on se rend maître ou
qu'on gouverne en maître : *Maîtriser un
fou. Maîtriser le sort* (VOLT.). **Mater,** au
fig., dompter en ôtant toute force et ressort, ou en humiliant : *Passions puissantes
que Dieu seul avait eu pouvoir de mater*
(MAU.). **Terrasser,** au fig., vaincre et accabler, se dit aussi pour un combat d'esprit
où l'on laisse son adversaire sans réponse :
La maladie l'a terrassé. Terrasser [un
adversaire] *d'un syllogisme* (DID.). **Foudroyer,** fig., marque une action plus vive,
faite avec autorité et puissance : *Dieu l'attendait pour foudroyer son orgueil* (BOUR.).
— **Mettre dans sa poche,** fam., marquer
une grande supériorité d'intelligence, d'habileté sur quelqu'un. **Avoir,** vaincre un adversaire, triompher de lui, est très fam. : *On
les aura.* **Rouler,** fam., avoir le dessus sur
quelqu'un, dans la discussion par adresse,
ou dans une affaire par astuce. ¶ 4 (Réf.)
vaincre, **Se surmonter, Se maîtriser** diffèrent
comme plus haut. **Se dominer** marque une
autorité sur soi-même plus souveraine, plus
sereine et plus aisée que *se maîtriser* : *On se
domine en réglant toutes ses passions; on se
maîtrise en contenant avec peine les passions
qui pourraient emporter, égarer.* **Se posséder**
enchérit et suppose que l'on est parfaitement maître de son esprit, de ses passions,
de ses mouvements et qu'on ne se laisse pas
troubler par des circonstances fâcheuses :
*L'homme énergique se domine; le sage se
possède.*

Vainement : → Inutilement.

Vainqueur : ¶ 1 N. Celui qui a eu le
dessus. *Vainqueur* s'emploie dans tous les
sens de *vaincre*. **Gagnant,** terme plus ordinaire, ne se dit que de celui qui l'emporte
dans un jeu ou dans une compétition sportive. ¶ 2 Adj. Qui a eu le dessus. *Vainqueur*
annonce un seul fait, **Victorieux,** une suite
de batailles gagnées, une qualité constante
et glorieuse : *La fureur du soldat vainqueur*
(VOLT.). *Un roi longtemps victorieux* (RAC.).

Vaisseau: ¶ 1 → Récipient. ¶ 2 → Bateau.

Val: → Vallée.

Valable : ¶ 1 Qui a les conditions requises
par la loi pour produire son effet. *Valable,*
terme de la langue commune, fait penser
à l'effet futur de la chose qui sera admise,

dans certains cas, pour certaines personnes : *Un billet à prix réduit est valable pour certains trains.* **Valide,** qui ne se dit guère que des contrats ou autres actes et des sacrements, envisage la chose en soi comme étant revêtue de toutes les formalités nécessaires : *Un contrat est valide s'il est fait conformément à la loi.* ¶ 2 → Passable. *Valable* se dit de tout ce qui produit son effet sur l'esprit, est admissible, bien fondé : *Un argument valable;* **De mise,** fam., de ce qui est admissible en égard aux circonstances qui le rendent valable ou convenable : *Cette excuse, cette toilette ne sont pas de mise.*

Valet : → Serviteur.

Valétudinaire : → Maladif.

Valeur : ¶ 1 → Prix. ¶ 2 → Qualité. ¶ 3 → Courage. ¶ 4 → Sens.

Valeur (mettre en) : → (faire) Valoir et Rehausser.

Valeureux : → Courageux.

Valide : ¶ 1 En bonne santé. *Valide* a rapport à l'action et se dit de celui qui est assez vigoureux et en bonne santé pour vaquer normalement et constamment à ses occupations. **Dispos** marque plutôt un état passager et relatif à certaines actions, à certains mouvements qu'on peut accomplir aisément : *Un soldat, quoique valide, n'est pas toujours dispos pour le combat.* **Ingambe,** qui peut normalement marcher. **Sain,** qui s'oppose à *malade,* fait penser au bon état de l'organisme qui n'a pas de tares. **Gaillard** se dit de celui à qui la santé donne quelque chose de vif, d'alerte, de décidé : *Si vous êtes gaillarde, si vos forces et votre gaieté sont revenues* (J. ROM.). **Vert** ne se dit que d'un homme âgé qui a encore de la vigueur. ¶ 2 → Valable.

Vallée, terme géographique, fait uniquement penser au creux plus ou moins large que trace un cours d'eau. **Vallon,** vallée petite, étroite, en général entre des coteaux, comporte souvent l'idée d'une disposition champêtre et gracieuse ou d'un séjour paisible où l'on se livre à des occupations agréables : *Vallées spacieuses* (L. F.). *Agréable vallon* (FÉN.). **Val,** vallée en général étroite, est surtout du langage poétique (sauf dans des loc. comme *Par monts et par vaux*) et comporte souvent l'idée de quelque chose de sombre et de solitaire : *Le val était désert, l'ombre épaisse* (V. H.). **Combe,** en termes de géographie, longue et étroite dépression parallèle à la direction de la montagne, ou parfois simple repli de terrain. **Cluse,** coupure étroite, à parois presque verticales, faisant communiquer deux dépressions séparées par un pli. **Valleuse,** en Normandie et au pays de Caux, vallée sèche entamant le calcaire. **Cavée,** syn. vx de *vallon.* **Ravin** (→ ce mot), forte dépression de terrain, vallon étroit et raide.

Valoir : ¶ 1 *Valoir,* en parlant de ce qui peut se vendre, implique la juste estimation de l'utilité de la chose, des services qu'on peut en tirer, en rapport avec le prix qu'on en demande. **Coûter,** en parlant de ce qui se vend et de ce qui se fait pour de l'argent, désigne la somme qu'il faut débourser pour que la chose soit acquise ou soit faite : *Le beurre, la consultation du médecin, le théâtre coûtent tant. Le paquet de tabac coûte tel prix et ne le vaut pas.* **Revenir à** implique une estimation finale, une somme de dépenses consacrées à une chose : c'est coûter finalement. ¶ 2 → Égaler. ¶ 3 → Procurer.

Valoir (faire) : ¶ 1 → Exploiter. Au prop., en parlant d'une terre, *Faire valoir,* tirer profit de; **Mettre en valeur,** aménager, donner des soins, pour rendre productif. ¶ 2 → Rehausser. ¶ 3 → Vanter.

Valorisation : → Hausse.

Valoriser : → Hausser.

Valse : → Mouvement.

Vampire : → Ogre.

Vampirisme : → Avidité.

Van : → Tamis.

Vandalisme : → Barbarie.

Vanité : ¶ 1 *Vanité,* caractère des choses qui peuvent nous attirer par quelque apparence, mais qui sont sans solidité, sans durée, sans utilité : *La vanité et la futilité de la métaphysique* (D'AL.). **Vide,** absence de réalité, d'existence, que nous sentons, dans une chose, par l'insatisfaction qu'elle nous donne : *Sentant ce vide affreux de ma grandeur suprême* (VOLT.). **Néant,** peu de valeur, infinie petitesse ou nullité d'une chose lorsqu'on la compare aux valeurs réelles ou à Dieu : *Babel déserte et sombre Du néant des mortels prodigieux témoin* (V. H.). **Inanité,** néant recherché, vide ou néant complet. **Mensonge,** au fig., vanité qui égare, fait illusion. **Fumée, Vapeur** (plus rare) et **Vent,** au fig., ce qui est passager, sans consistance ni valeur : *La réputation n'est que fumée* (VOLT.). ¶ 2 → Orgueil.

Vaniteux : → Orgueilleux.

Vanné : → Fatigué.

Vanner : ¶ 1 → Tamiser et Nettoyer. ¶ 2 → Fatiguer.

Vantail, partie, simple ou double, d'une porte, d'une fenêtre (→ Volet) qui s'ouvre ou se ferme. **Battant,** syn. courant de *vantail* en parlant d'une porte, s'emploie plutôt pour désigner chaque vantail d'une porte qui s'ouvre en deux.

Vantard : → Menteur.

Vanter : ¶ 1 → Louer. *Vanter,* louer et

recommander une personne ou une chose auprès d'autrui, parfois par intérêt : *Vanter la vertu de l'action directe* (J. Rom.). **Faire valoir** ajoute l'idée qu'on met sous les yeux de quelqu'un les qualités précises d'une personne ou d'une chose et qu'on les rehausse, qu'on les amplifie. **Faire mousser**, fam., faire valoir avec exagération. ¶ 2 (Réf.) *Se vanter*, louer, exalter ses qualités réelles, ou les exagérer, ou s'attribuer des qualités qu'on n'a pas (en ce dernier sens *se vanter* est fam.), marque toujours un excès désagréable : *C'est le défaut de tous les héros de Corneille de se vanter toujours* (Volt.). **Se faire valoir**, se faire apprécier dans l'opinion d'autrui en paroles ou en actes, ne marque un excès fâcheux que lorsque l'idée qu'on donne de soi ne correspond pas à un mérite réel. **Se mettre en valeur**, c'est simplement se faire remarquer, parfois en attirant avec habileté l'attention sur soi. **Se faire mousser**, syn. fam. de *se faire valoir*, est plutôt péj. **Se croire**, fam., avoir de soi-même une idée prétentieuse et la manifester par un air orgueilleux, infatué, ou des vanteries. **Se donner les gants de**, fig. et fam., se vanter d'une chose qu'on n'a pas faite. **Bluffer**, fam., diffère de *se vanter* comme les n. correspondants : → Vanterie. ¶ 3 (Réf.) → (se) Flatter.

Vanterie : Vaine louange qu'on se donne à soi-même. *Vanterie* désigne plutôt la louange même et **Jactance** le sentiment qui la provoque. Si *vanterie* désigne le sentiment, c'est avec l'idée de quelque chose de vain, sans fondement, alors que *jactance* implique emportement, arrogance hautaine, déchaînement d'orgueil : *Vanterie des géomètres* (Desc.). *Jactance d'un fat* (Beaum.). **Vantardise**, habitude de vanterie plutôt risible, faite d'exagération, de mensonges bruyants, plutôt que de présomption : *La vantardise proverbiale des Gascons*. **Hâblerie, Fanfaronnade** (→ ce mot) diffèrent de *vanterie* comme les adj. correspondants de *vantard* (→ Menteur). **Bluff**, mot anglais, fam., au fig., vanterie destinée à en imposer, à tromper sur ses forces, ses ressources, ses projets.

Va-nu-pieds : ¶ 1 → Coquin. ¶ 2 → Misérable.

Vapeur : ¶ 1 *Vapeur*, en termes de physique, fluide gazeux résultant de la transformation d'une substance ordinairement liquide, désigne une chose qui peut être considérée comme un corps, indépendamment de son origine, et se dit surtout de l'espèce de brouillard visible à l'œil qui s'élève de l'eau et des choses humides sous l'effet de la chaleur : *Vapeurs d'essence. Une vapeur bleuâtre noyait les lointains* (Zola). **Exhalaison** rappelle l'action de

sortir d'un corps, a souvent rapport au lieu d'où le fluide émane et désigne, de plus, en un sens plus large que *vapeur*, tous les fluides gazeux, parfois nocifs, émanant des substances minérales, végétales, animales et affectant souvent l'odorat (→ Émanation). **Gaz**, tout fluide ayant une forme essentiellement variable, tendant toujours à occuper le plus grand volume possible et restant tel à la température et à la pression ordinaires. **Fumée**, vapeur plus ou moins épaisse qui sort des choses brûlées ou entièrement échauffées par le feu et qui est mélangée à des gaz et à des particules solides ténues, se dit aussi dans le langage courant de la vapeur épaisse qui s'exhale des liquides bouillants, des mets très chauds, des corps ou des lieux humides : *La fumée du potage; des marécages; des vêtements devant le feu.* **Buée**, vapeur liquide se déposant sur une surface froide. **Serein**, vapeur humide et froide qui tombe après le coucher du soleil. ¶ 2 → Bateau. ¶ 3 → Vanité. ¶ 4 *Vapeurs* : → Vertige.

Vaporeux : ¶ 1 → Fondu. ¶ 2 → Vague.

Vaporisation : ¶ 1 *Vaporisation*, action sur toute la masse d'un corps, ordinairement liquide, qui le fait passer à l'état de vapeur. **Évaporation**, vaporisation lente qui se produit simplement à la surface du liquide. **Volatilisation** se dit plutôt des corps solides ou liquides qui passent à l'état gazeux sans émettre de vapeurs : *La volatilisation du mercure; du soufre; du camphre.* **Sublimation**, passage direct d'un corps solide à l'état gazeux sans qu'il se liquéfie. ¶ 2 Action de disperser un liquide en gouttelettes très fines. *Vaporisation* est le terme vulgaire, **Pulvérisation**, le terme scientifique : *Un coiffeur fait des vaporisations de parfum. On se fait dans le nez des pulvérisations d'huile.*

Vaporiser : ¶ 1 *Vaporiser*, **Pulvériser :** → Vaporisation. ¶ 2 (Réf.) *Se vaporiser*, **S'évaporer, Se volatiliser, Se sublimer :** → Vaporisation.

Vaquer : → (s') Occuper.

Varech : → Algue.

Vareuse : → Veste.

Variable : → Changeant.

Variation : ¶ 1 → Changement. *Variation*, changement passager qui s'inscrit dans une succession de modifications.souvent peu profondes, provisoires ou sans raison : *Variations poétiques de l'humeur* (J. Rom.). **Fluctuation**, variation de ce qui semble être instable comme un flot, monter, descendre, ne pas savoir où s'arrêter, se dit surtout des valeurs et des opinions : *Fluctuation des prix. L'humanité à travers d'inévitables fluctuations ne peut aller que* *vers l'organisation* (M. D. G.). **Oscillation,** fig., fluctuation alternative en sens contraires : *Grandes oscillations de température* (M. D. G.). *Les oscillations d'un esprit déconcerté* (E. ABOUT); *de son âme* (BAR.). **Mouvement,** variation assez marquée dans la valeur des choses : *Le mouvement des valeurs*; ou variation dans l'ordre moral, intellectuel, social, qui s'accompagne d'évolution : *Le mouvement des idées.* **Écart,** variation des indications d'un appareil par rapport à un point : *Les écarts d'un thermomètre.* **Vicissitude,** variation alternative dans l'ordre des choses qui fait qu'à une chose ou à un état succède une chose ou un état différents, puis que reviennent les premiers, et ainsi de suite; par ext. passage rapide des choses humaines du bien au mal et du mal au bien : *Ces vicissitudes éternelles de vice et de vertu* (Bos.). *Les vicissitudes de la vie* (PROUST); *de la fortune* (A. FR.). **Retour,** changement, vicissitude brusque des affaires qui reviennent à un état précédent ou inverse : *Le retour des choses humaines* (PROUST). **Retournement** fait penser à l'action, en parlant d'une situation qui se transforme en situation inverse, d'une personne qui change totalement d'idée ou de conduite : *Nation capable de reprises et de retournements inattendus* (ZOLA). ¶ 2 → Variété.

Varié : → Différent. *Varié*, qui n'est pas uniforme, est fait d'un assemblage de choses dissemblables ou change souvent, diffère comme les noms correspondants (→ Variété) de **Divers** qui suppose une opposition selon son étym. totale et, de nos jours, très forte entre des choses ou des aspects d'une chose : *Paysage varié. Pentes variées* (VI.). *L'homme est inconstant, divers* (L. F.). *Faits divers.* **Multiple** ajoute l'idée d'un grand nombre de parties ou de choses dissemblables ou différentes qui donnent une impression de complexité, et se dit des choses surtout intellectuelles : *La question est multiple. Il y a à cela de multiples raisons* (ACAD.). **Nuancé** implique dans la variété de délicates gradations que l'esprit analyse ou que l'art ménage : *Caractère nuancé. Portrait, style nuancés.* **Ondoyant,** fig., qui passe très rapidement d'un aspect à l'autre, qui change comme une onde, donc très varié ou très nuancé : *Il est bon que le tissu de la tragédie soit pour ainsi dire ondoyant, qu'il présente différentes faces, qu'il ait différents mouvements* (FONT.).

Varier : → Changer.

Variété : ¶ 1 → Différence. *Variété*, qualité inhérente aux choses variées; **Variation,** changement qui arrive dans les choses qui varient : *La variété des usages indique plusieurs et différents usages; la variation des usages indique plusieurs et différents*

états par lesquels passent les usages qui changent* (L.). ¶ 2 *Variété*, qualité de ce qui est multiple, fait d'un assemblage de choses dissemblables dont les nuances produisent un effet agréable : *Variété de tons élégants* (J.-J. R.). **Diversité,** forte opposition entre des choses totalement différentes qui se succèdent : *La diversité des arbres faisait un spectacle changeant* (FLAUB.). **Bigarrure,** péj., mélange de choses disparates qui produisent un effet déplaisant : *Bigarrure de termes bas et nobles* (VOLT.). **Modulation,** en musique, passage d'un mode à un autre; au fig., variété de tons analogue dans le style : *J'aurais voulu dans son style plus de modulation, moins de monotonie* (MARM.). ¶ 3 → Genre. ¶ 4 *Variétés :* → Mélanges.

Variole : Maladie caractérisée par une éruption de boutons pustuleux. *Variole* est le terme médical; **Petite vérole,** le terme commun; **Picote** est vx et pop.

Vase : → Limon.

Vase : → Récipient. *Vase*, de nos jours, récipient en général artistique, fait pour contenir des liquides, des fruits, des fleurs, des parfums ou pour servir d'ornement. **Potiche,** vase de porcelaine de Chine ou du Japon. **Urne,** chez les Anciens, vase de forme ou de capacité variable qui servait à divers usages et notamment à conserver les cendres des morts; de nos jours, vase qui a la forme d'une urne antique ou est décoré à l'antique.

Vase de nuit, récipient placé près du lit pour uriner. **Pot de chambre** est plus fam. **Urinal,** vase spécial à col incliné permettant aux malades d'uriner plus commodément.

Vaseux : Au fig. → Stupide.

Vassal, en termes de féodalité, celui qui relevait d'un seigneur à cause d'un fief et lui devait foi et hommage. **Homme lige, Vassal lige,** vassal qui, par la forme de l'hommage prêté, était lié au suzerain plus étroitement que par l'hommage ordinaire, notamment au point de vue du service d'ost. **Vavasseur,** vassal d'un vassal.

Vassalité : → Subordination.

Vaste : → Grand.

Vaticinateur : → Devin.

Vaticiner : → Prédire.

Vaudeville : → Comédie.

Vaurien, fainéant, libertin, malhonnête homme, être dénué de toute valeur morale. **Garnement,** jeune vaurien, enfant qui commence à tourner mal : *Mme de Conflans éleva son fils de façon qu'il ne fut qu'un garnement* (S.-S.). **Petit vaurien,** appliqué fam. à un enfant, est moins péj. **Drôle,** homme ou enfant déluré qui a quelque chose d'inquiétant, se dit aussi, en un sens tout à fait injurieux, d'un homme méprisable, d'un vaurien audacieux. **Chenapan,** vaurien plutôt bandit, est pop., ainsi que **Galapiat,** vaurien, garnement vagabond. — Avec l'idée de grossièreté dans les manières, **Voyou,** fam., gamin des rues malpropre, mal élevé, grossièrement insolent. **Arsouille,** pop., voyou et débauché : *Milord l'Arsouille.* **Gouape,** syn. pop., encore plus péj., de *voyou.* — Avec l'idée de malhonnêteté, **Coquin** (→ ce mot) marque la bassesse totale de celui à qui les choses les plus honteuses ne coûtent rien à faire : *Un misérable à qui on a ôté le nom de scélérat, qu'on ne trouvait pas encore assez abject, pour lui donner celui de coquin comme exprimant mieux la bassesse et l'indignité de son âme* (J.-J. R.) ; mais désigne vaguement, comme injure, tout homme méprisable. **Crapule,** qui, collectivement, désigne ceux qui vivent dans la débauche la plus basse, l'ivrognerie, s'applique aussi à un coquin malhonnête et méchant. **Canaille,** collectivement, la vile populace, a pour syn. **Gens de sac et de corde;** appliqué à un seul individu, *canaille* comporte une idée d'infamie, de mépris pour tout ce qui est honnête. **Gredin,** celui qu'on considère comme capable de toutes sortes de méfaits : *Les gredins d'usuriers* (Zola). **Fripon** (→ ce mot), homme rusé, sans bonne foi, qui trompe ou vole avec adresse et parfois avec esprit : *Drôle de beaucoup d'esprit, mais dangereux fripon, pour ne pas dire scélérat* (S.-S.). **Fripouille,** syn. pop. de *canaille,* comporte souvent, peut-être sous l'influence de *fripon,* l'idée de tromperie, de vol. **Vermine,** fig. et fam., en un sens collectif, gens de mauvaise vie considérés comme dangereux pour la société, se dit parfois d'une seule personne, mais est alors pop. **Gibier de potence** est plus littéraire ainsi que **Pendard. Sacripant,** du nom d'un personnage de l'Arioste, vaurien rusé, perfide et capable de toutes sortes de violences; parfois, en un sens atténué, syn. de *garnement : Petit sacripant!* **Aventurier,** beaucoup moins péj., personne sans état, sans fortune, qui vit d'expédients. **Bandit** (→ ce mot), fig., celui qui brave ouvertement toutes les lois morales et sociales. **Corsaire** (→ ce mot), fig., celui qui pille, rançonne les autres. **Scélérat** (→ ce mot), celui qui est capable de toutes sortes de crimes, mais avec moins de bassesse que le *coquin.* — Avec l'idée d'indignité morale, **Pied-plat,** vx, homme vil, sans dignité, sans caractère, pleutre. **Plat personnage** est dominé par l'idée de bassesse rampante, de vile flatterie. **Dévoyé** comporte une idée purement morale en parlant de celui qui a quitté le chemin de la vertu

pour se perdre dans le vice et dans l'erreur. — **Ribaud,** vx, vaurien luxurieux, impudique. **Nervi,** homme capable de toutes sortes de mauvais coups, terme d'argot spécifiquement marseillais (il signifie *portefaix*). **Frappe** et **Poisse,** syn. argotiques de *voyou.*

Vautrer (se) : ¶ 1 → (se) Coucher. ¶ 2 → (s') Abandonner.

Vedette : ¶ 1 → Factionnaire. ¶ 2 → Artiste. ¶ 3 → Embarcation.

Végétal : → Plante.

Végétarien, en parlant des personnes, qui ne se nourrit que de substances végétales. **Herbivore,** terme de sciences naturelles qualifiant les êtres animés qui mangent des substances végétales ou qui en mangent exclusivement, est très fam. comme syn. ironique de *végétarien.* **Frugivore** se dit de certains animaux ne se nourrissant que de végétaux et particulièrement de fruits.

Végétation : Ensemble des plantes et des arbres qui poussent en un lieu. *Végétation,* terme courant, fait considérer cet ensemble de toutes sortes de points de vue, pratique, esthétique, etc. : *Belle végétation* (Acad.). **Flore** l'envisage comme un objet de science.

Végéter : → Vivoter.

Véhémence : ¶ 1 → Impétuosité. ¶ 2 → Éloquence.

Véhément : → Impétueux et Violent.

Véhicule : → Voiture.

Véhiculer : → Transporter.

Veille ; ¶ 1 Absence de sommeil pendant le temps consacré au sommeil. La *Veille* peut être volontaire; si elle est involontaire, elle est due au fait que certains soucis empêchent de chercher le sommeil : *J'ai su lui préparer des craintes et des veilles* (Rac.). Dans l'**Insomnie,** toujours involontaire, on cherche le sommeil, mais en vain. ¶ 2 Le fait de ne pas dormir volontairement à l'heure du sommeil. *Veille,* état d'une personne qui ne dort point. **Veillée,** qui indique d'ailleurs souvent une veille faite à plusieurs, fait penser à ce que l'on fait pendant la veille : *Les veilles sont pénibles parce qu'on manque de sommeil. Les veillées sont pénibles à cause du travail qu'on fait pendant qu'on ne dort pas.* ¶ 3 Jour qui précède un jour déterminé. *Veille,* terme commun. **Vigile,** terme de liturgie, veille d'une grande fête. ¶ 4 *Veilles :* → Soin et Travail.

Veillée : ¶ 1 → Soir. ¶ 2 → Réception. ¶ 3 → Veille.

Veiller : ¶ 1 Appliquer son attention à quelque chose. *Veiller à* marque une attention moins particulière, moins forte, que **Veiller sur,** qui, pour cette raison, se dit spéc. des personnes : *On veille à la santé et à l'éducation de ses enfants* (Marm.); *on veille sur leur pudeur* (Mtq.). **Veiller pour,** vx, marquait une prévoyance pour écarter les dangers : *Veillez pour mon repos* (Rac.). ¶ 2 Dans le même sens, *Veiller sur* indique le désir de protéger et marque moins d'attention que **Surveiller** qui suppose la charge d'observer avec autorité, sans cesse, et dans les moindres détails, ce qu'on cherche à trouver en défaut ou dont on veut empêcher les fautes : *Il faut veiller sur ces enfants, les protéger* (J.-J. R.). *Une doctoresse polonaise à qui Boris a été confié et qui le surveille de très près* (Gi.). **Garder,** préserver de toute atteinte, de tout danger, veiller à la conservation : *Garder un malade*; et, en un autre sens, surveiller et retenir étroitement celui qu'on ne veut pas laisser fuir : *Garder un prisonnier.* **Chaperonner,** veiller sur une personne et parfois la surveiller en parlant d'une personne âgée ou grave qui l'accompagne par convenance dans le monde. ¶ 3 → Pourvoir à. *Veiller à,* fournir l'attention, les soins nécessaires pour qu'une chose se fasse bien dans tous ses détails, a rapport à ce qui est fait par soi-même ou par autrui. **Présider à,** diriger de haut, avec autorité, ce qui est fait par autrui : *Pour aller à un bal, une jeune fille veille à sa toilette, sa sœur veille à ce qu'elle n'oublie rien; la mère préside à tous les préparatifs.*

Veilleur, celui qui se tient éveillé pendant que les autres dorment pour garder, surveiller, observer, pourvoir à toute éventualité : *Veilleur de nuit dans un hôpital. Placer deux veilleurs sur le parapet de la tranchée* (Acad.). **Guetteur,** celui qui observe la mer depuis un phare, l'ennemi depuis un poste quelconque pour donner l'alerte. **Vigie,** terme de marine, guetteur sur un navire. **Surveillant** et **Gardien,** qui diffèrent comme les v. correspondants (→ Veiller), s'emploient dans des sens plus larges que *veilleur* pour désigner celui qui surveille ou garde de jour ou de nuit.

Veine : ¶ 1 → Filon. ¶ 2 → Chance. ¶ 3 → Inspiration.

Veiné : → Marqueté. Marqué de raies longues et sinueuses en parlant du bois, du marbre. *Veiné* marque l'aspect et s'emploie souvent avec un comp. précisant la couleur : *Marbre noir veiné de blanc.* **Veineux,** qui a des veines par propriété naturelle, s'emploie toujours absolument : *Le bois de noyer est très veineux.*

Velléitaire : → Mou.

Velléité : → Volonté.

Vélocipède : Appareil de locomotion avec siège dont on met les roues en mouvement avec les pieds. *Vélocipède,* terme générique pour désigner tous les appareils de ce genre, est encore usité en termes administratifs, cependant que **Cycle,** terme générique de commerce et d'industrie, s'applique aussi bien aux vélocipèdes mus par les pieds qu'aux vélocipèdes mus par un moteur, comme *motocyclettes, vélomoteurs,* etc. De nos jours, **Bicyclette,** vélocipède à deux roues égales, reliées par un cadre et mues par des pédales agissant par une chaîne sur la roue arrière, qui a remplacé l'ancien **Bicycle,** à deux roues inégales et mû directement par des pédales sur la roue avant. *Vélocipède,* appliqué à une *bicyclette,* dans le langage courant, est ironique, **Vélo,** est fam., **Bécane,** pop.; **Petite reine,** périphrase du langage sportif, est vx pour désigner abstraitement la bicyclette; **Clou,** pop. et péj., vieille bicyclette. **Tandem,** bicyclette à deux personnes, placées l'une derrière l'autre.

Vélocité : → Vitesse.

Velouté : → Moelleux et Soyeux.

Velu : → Poilu.

Venaison : → Gibier.

Vénal : ¶ 1 *Vénal,* qu'on peut acheter, marque simplement le fait, et, fort employé au fig., ne se dit guère au prop. que des charges et des emplois qu'on s'achète à prix d'argent. **Vendable** ne se dit qu'au prop. de ce qui par sa nature est bon à être vendu : *Vendre des indulgences, c'est rendre vénal ce qui n'est pas vendable. Une charge qui ne rapporte presque rien a beau être vénale, elle n'est pas vendable.* ¶ 2 → Mercenaire.

Vendangeur : → Vigneron.

Vendetta : → Vengeance.

Vendeur, celui dont la profession est de vendre, s'emploie spéc. pour désigner celui qui est chargé de la vente dans une maison de commerce. **Commis de magasin, Garçon de magasin** sont vx. **Calicot,** péj. et pop., commis d'un magasin de nouveautés.

Vendeuse s'emploie dans le même sens que *vendeur* (→ ce mot). **Commise** vieillit sauf peut-être dans certaines provinces. **Demoiselle de magasin** et **Fille de boutique** sont vx.

Vendre : ¶ 1 → Aliéner. *Vendre,* céder à quelqu'un la propriété d'une chose pour un certain prix. **Détailler,** vendre en détail, par opposition à vendre en gros. **Débiter,** vendre, surtout au détail, et normalement, d'une façon continue, répétée : *Débiter du tabac; du vin.* **Écouler,** vendre, en général de grosses quantités de marchandises, de produits agricoles, dont on se débarrasse entièrement, en les faisant « s'écouler » vers des débouchés, des lieux où on les demande : *Avec ce système de vendre les pièces une à une, ça les écoule trop lentement. J'ai cinquante deux boîtes de vingt pièces chacune* *à placer* (Gɪ.). **Exporter,** transporter ou expédier à l'étranger des produits du sol ou de l'industrie, en général pour les écouler, les vendre. **Liquider,** vendre à bas prix pour écouler rapidement tout ce qu'on possède, souvent pour cessation de commerce. **Solder,** vendre au rabais des fins de série, des produits hors saison, pour achever de les écouler, marque une action beaucoup plus limitée que *liquider,* qui s'emploie parfois, en ce sens, pour attirer le chaland : *On liquide, on liquide!* *Liquider,* transformer en argent liquide une partie de son bien pour payer ses dettes, signifie aussi, en parlant de celui dont ce n'est pas le métier, vendre ce que l'on possède, n'importe comment, pour s'en débarrasser et en tirer quelque argent; *Liquider ses meubles*; en ce sens, **Bazarder,** argotique, est passé dans le langage fam. **Laver,** pop., vendre par besoin d'argent. **Placer,** vendre, en général pour le compte d'autrui, des produits auxquels on cherche des débouchés en allant solliciter des clients éventuels. **Brocanter,** acheter, vendre, revendre ou troquer des marchandises de hasard, se dit particulièrement des marchands de tableaux, bronzes, médailles, bijoux, porcelaines. **Mévendre,** vx, vendre à perte. ¶ 2 Au fig. Tirer de l'argent, de ce qui n'est pas vénal, comme le talent, les suffrages, la protection. *Vendre* suppose qu'on dépend entièrement de la personne qui paie et qui peut imposer les actions les plus malhonnêtes : *Et vendre au plus offrant son encens et ses vers* (Boɪʟ.). **Monnayer,** tirer de l'argent, du profit de quelque chose en gardant quelque liberté, sans indication de la personne qui paie : *Malherbe savait monnayer son talent, en flattant les rois.* ¶ 3 → Dénoncer.

Venelle : → Rue.

Vénéneux, plein de venin, de poison, ne se dit que des plantes ou des matières inorganiques, et ne s'applique aux animaux que pour indiquer leur qualité en eux-mêmes ou l'action qu'ils produisent sur l'organisme quand ils sont ingérés comme aliments : *Insectes vénéneux* (Buf.). *Les huîtres, les moules peuvent être vénéneuses.* **Venimeux,** qui porte, introduit, communique son venin, ne se dit que des animaux qui font cette action, de leurs organes, ou de cette action elle-même et parfois, des plantes utilisées effectivement comme poison : *La vipère est venimeuse. Morsure venimeuse.* **Vireux** se dit de certaines substances qui contiennent ou sont censées contenir du poison et que caractérise souvent leur odeur ou leur saveur.

Vénération : → Respect.

Vénérer : → Honorer.

Vénerie : Chasse au chien courant de toutes sortes de bêtes, principalement les bêtes fauves. *Vénerie* désigne l'art en général. *Chasse à courre,* principale espèce de vénerie, peut désigner aussi l'exercice lui-même, pratiqué dans telle ou telle circonstance.

Vengeance : Peine causée à un offenseur pour la satisfaction personnelle de l'offensé. *Vengeance* implique du ressentiment et peut indiquer un acte blâmable, sauf s'il s'agit de l'action d'un justicier comme Dieu : *La vengeance procède toujours de la faiblesse de l'âme qui n'est pas capable de supporter les injures* (L. R.). **Vindicte,** terme de jurisprudence, surtout dans la loi. *La vindicte publique,* la poursuite, la vengeance d'un crime au nom de la société. **Vendetta** (en ital., « vengeance »), en Corse, hostilité entre deux familles, s'étendant et se transmettant à tous leurs membres, à cause d'une offense ou d'un meurtre, et actes de vengeance qui en résultent. **Némésis,** chez les Grecs, déesse de la vengeance, désigne, comme n. commun, la colère, la vengeance des dieux antiques offensés. — **Représaille,** souvent au pl., en termes militaires, traitement infligé à un ennemi pour le punir d'un dommage qu'il a causé ou d'une violence qu'il a exercée; dans le langage courant, vengeance légitime qui consiste à rendre injure pour injure, mauvais procédé pour mauvais procédé : *Droit de représailles* (L. F.). — **Riposte,** au fig., ce qui se fait sur-le-champ en réponse à un acte quelconque, désigne une vive et immédiate représaille quand il s'agit d'une offense, d'une injure, d'un mauvais procédé; *Coups de fouet de son cocher et riposte de celui de mon père* (S.-S.). **Rétorsion,** riposte qui consiste à faire subir à quelqu'un le même traitement qu'il nous a fait subir, se dit surtout en politique : *Si un État ferme sa frontière, les autres États lui ferment la leur par mesure de rétorsion.* **Revanche,** action de rendre la pareille pour un mal qu'on a reçu, n'implique pas l'idée de ressentiment, mais ajoute celle d'un avantage qu'on reprend : *La vengeance n'est plus qu'une revanche; on la prend comme moyen de réussir, et pour l'avantage qui en résulte* (Duc.).

Venger : → Punir.

Vengeur : → Juge.

Véniel : → Insignifiant.

Venimeux : ¶ 1 → Vénéneux. ¶ 2 → Malveillant.

Venin : → Poison.

Venir : ¶ 1 Se transporter d'un lieu à un autre dans lequel est, était ou sera celui qui parle ou à qui l'on parle, ou dans lequel on suppose celui qui parle. *Venir*, terme courant, se dit aussi bien des personnes que des choses qui se transportent ou sont portées. **Arriver, plus fam.** en ce sens, fait penser au but dont on approche et suppose souvent un mouvement rapide ou le désir de venir vite : *Il arrivait à grands pas* (Acad.). *Vous m'appelez? J'arrive.* **Survenir,** venir de surcroît ou venir tout à coup. **Sortir de,** venir d'un lieu que l'on quitte à l'instant : *Je sors du théâtre.* **S'amener,** venir, est très fam. et a pour syn. pop. **S'abouler. Radiner** et **Rappliquer** sont argotiques, mais ce dernier se dit parfois dans le langage très fam. ¶ 2 → Sortir. ¶ 3 → (se) Produire. ¶ 4 Aller jusqu'à un point donné, à un résultat. *Venir à, En venir à* marquent uniquement le fait, sans accessoire : *Ce bruit est venu à mes oreilles. Venir au fait. Venir à rien.* **Arriver** (→ ce mot) ajoute l'idée d'une longue suite d'actions, d'intermédiaires, ou l'idée qu'on a touché à ce qu'on considérait comme un but : *Ce qu'on nous cache arrive finalement à nos oreilles. Arriver à la perfection.* **Parvenir** ajoute une idée de difficulté, d'effort : *La misère des pauvres parvient difficilement à l'oreille des rois* (C.). ¶ 5 → Pousser. ¶ 6 → Tenir à. Tirer son origine de. *Venir de* est le terme le plus commun et le plus général : *Cet enfant vient d'illustre origine* (Rac.). *Ce mot vient du latin.* **Partir,** dans des emplois plus restreints, ajoute l'idée d'une sorte de mouvement : *Votre compassion part d'un bon naturel* (L. F.). **Naître,** venir par voie ou comme par voie de génération, ou commencer à voir le jour : *La liberté est née, en Angleterre, des querelles des tyrans* (Volt.). — **Provenir** et **Procéder** s'emploient en parlant de choses extraordinaires ou scientifiques, ou dont on veut donner expressément l'explication : *provenir* fait penser à la cause, à la manière d'opérer : *Ses hésitations, ses réticences ne provenaient que de scrupules désintéressés* (J. Rom.); *procéder*, excepté dans le langage théologique où l'on dit que le Saint Esprit *procède* du Père et du Fils, s'applique plutôt aux choses morales, intellectuelles qui s'engendrent comme des conséquences nécessaires, dans une succession ordonnée : *De la crainte procède ordinairement le respect; du respect, l'amour* (Bos.). **Sortir de** ne s'emploie comme syn. de *venir de* qu'en parlant de l'extraction d'une personne, des résultats ou des effets d'une chose ou des ouvrages de l'industrie, de **l'art** ou de l'esprit considérés par rapport à ce qui les a produits : *Il sort d'une bonne famille. Susceptibilités nationales d'où sortent tant de guerres* (M. D. G.). *Cet ouvrage est sorti de sa plume.* **Descendre,** syn. de *sortir de*, en parlant d'une personne en termes de généalogie, marque

une origine plus lointaine et fait penser à la suite-des ancêtres dont on est issu parfois indirectement. **Remonter à** se dit surtout d'une personne dont on peut établir la filiation jusqu'à une origine lointaine dans le temps; et, par ext., d'une chose dont on peut établir l'origine en reconstituant la suite d'événements qui l'ont amenée ou en la fixant dans le temps : *Un roi Qui voit jusqu'à Cyrus remonter ses aïeux* (Rac.). *La faute remonte jusqu'à nous.* **Dater de,** remonter à, est uniquement relatif au temps où l'on peut fixer le commencement ou la naissance d'une chose : *La première idée des ballons date du XVIIᵉ siècle* (Lar.).

Venir à bout de : → Réussir à.
Venir au monde : → Naître.
Vent : ¶ 1 Mouvement plus ou moins rapide de l'air, suivant une direction déterminée. *Vent*, terme général. **Zéphyr,** dans l'antiquité nom du vent d'ouest personnifié (appelé aussi **Zéphire**) ou de ses ministres, désigne, comme n. commun, un vent doux et rafraîchissant surtout au printemps : *Tièdes zéphyrs* (L. F.). **Brise,** vent doux et irrégulier au bord de la mer; par ext., toute sorte de vent qui souffle sans violence. — **Bise,** vent sec et froid qui souffle du nord ou du nord-est; en poésie, tout vent d'hiver : *Quand la bise fut venue* (L. F.). **Aquilon,** vent du Nord; en poésie, souvent au pl., vent froid et violent : *Tout vous est aquilon, tout me semble zéphyr* (L. F.). **Blizzard** (mot américain), vent glacial accompagné de tourmentes de neige. **Mistral,** vent violent, froid et sec qui souffle du nord dans les provinces de France voisines de la Méditerranée et qui dégage le ciel de nuages. **Tramontane,** tout vent du nord en Méditerranée considéré comme venant d'au-delà des Alpes (ce qui le distingue du *Mistral*, spécifiquement français et venant du Massif Central). — **Autan,** vent impétueux du sud ou du sud-est; en poésie, tout vent impétueux : *L'autan dévaste la terre* (V. H.). **Sirocco** ou **Siroco,** vent brûlant du sud-est en Méditerranée et sur les côtes d'Afrique. **Auster** (chez les Anciens, un des vents, appelé aussi **Notus**), le vent du midi, dans le langage poét. — **Norois,** vent du nord-ouest. — **Alizé,** vent régulier sur l'océan qui règne entre les deux tropiques et qui souffle de l'est à l'ouest. **Mousson,** vent qui souffle périodiquement, dans l'océan Indien, les six premiers mois de l'année de l'est à l'ouest, et les six derniers en sens inverse. **Souffle,** agitation causée par le vent dans l'atmosphère, est poét. employé absolument pour désigner l'action passagère du vent : [Le petit de l'ihrondelle] *nage soutenu du paternel souffle du ciel* (Mich.). ¶ 2 → Odeur. ¶ 3 → Vanité. ¶ 4 Fluide gazeux dégagé dans les intestins de la fermentation

des aliments. *Vent,* terme commun; **Gaz,** terme scientifique. *Vent* se dit parfois, par euphémisme, d'un gaz qu'on laisse échapper par l'anus et a pour syn. médical **Flatuosité** (qui se dit aussi d'un gaz expulsé par la bouche), **Pet,** trivial, et **Incongruité,** qualificatif fam. de cette chose lorsqu'elle a lieu dans une compagnie. **Vesse,** gaz intestinal qui sort sans bruit et répand une mauvaise odeur, est vulgaire. ¶ 5 → Nouvelle.

Vente, action de vendre. **Débit,** vente continue, rapide, répétée, surtout au détail : *Ce magasin a un grand débit.* **Débite,** terme administratif, ne se dit que de la vente de timbres-poste, de papiers timbrés. — **Criée,** vente publique aux enchères (→ ce mot). **Vente à la criée,** vente en gros faite à la halle avant l'ouverture du marché. **Adjudication,** vente de biens meubles ou immeubles, en général aux enchères, faite par le ministère d'un officier public ou ministériel si elle est volontaire, ou dans les formes prescrites au titre des saisies-exécutions si elle est imposée par autorité judiciaire. — **Trôle,** vente par l'ouvrier lui-même dans la loc. *Ouvrier à la trôle.* **Écoulement, Exportation, Liquidation, Solde, Placement, Brocante, Mévente :** → Vendre.

Ventilation : → Répartition.

Ventre : ¶ 1 Cavité du corps de l'homme et des animaux qui contient les intestins. *Ventre,* terme commun, désigne cette cavité et la partie du corps où elle se trouve, considérée comme recevant les aliments ou comme ayant une proéminence plus ou moins accentuée : *Avoir mal au ventre. Avoir du ventre.* **Abdomen,** en termes d'anatomie, partie du corps de l'homme et des animaux entre le thorax et le bassin et qui contient non seulement l'intestin, mais aussi l'estomac, la rate, le foie, le pancréas, les reins, la vessie, se dit, dans le langage courant, soit par recherche, soit par ironie, du ventre et surtout du bas-ventre, partie inférieure de l'abdomen appelée en anatomie **Hypogastre. Panse,** premier estomac des ruminants, syn. fam. de *ventre* en parlant d'une personne : *S'emplir la panse. Se faire crever la panse.* **Bedaine,** panse, gros ventre, est fam. : *Transpercer la bedaine* (MOL.). **Bedon,** gros ventre rebondi (et personne possédant un tel ventre), est très fam. **Bide, Bidon, Coffre, Buffet, Lampe** sont argotiques pour désigner le ventre comme recevant des aliments. **Sac** en ce sens est pop. ainsi que **Fanal** (rare) et **Paillasse,** qui désigne le ventre comme susceptible d'être crevé. **Gaster,** syn. de *ventre,* d'*estomac,* est vx et littéraire : *Messer Gaster.* ¶ 2 La partie ou se fait la gestation chez les femmes. *Ventre,* du langage commun, se dit aussi des femelles d'animaux; c'est

en outre un terme de droit ancien : *Le ventre anoblit.* **Sein,** en ce sens, est plus noble et se dit aussi au fig. : *Une barbare en son sein l'a formé* (RAC.). *Le sein de la terre.* **Flanc** est poét., au prop. seulement : *Le fils qu'une Amazone a porté dans son flanc* (RAC.); et s'est dit aussi, dans le langage classique noble, du *ventre,* de l'*abdomen* considérés comme percés d'une blessure.

Ventripotent : → Gros.

Ventru : ¶ 1 → Gros. ¶ 2 → Renflé.

Venue : → Arrivée.

Ver, animal long, rampant qui n'a ni enveloppe cornée, ni membres articulés. **Vermisseau,** petit ver de terre.

Ver solitaire : Ver intestinal plat, très long et annelé. *Ver solitaire* est le nom ordinaire, **Ténia,** le nom scientifique du ver.

Véracité : → Vérité.

Véranda : ¶ 1 *Véranda,* sorte de galerie légère couverte et à jour, établie sur la façade d'une maison, à l'imitation des habitations d'Extrême-Orient. **Varangue,** sorte de véranda dans les colonies françaises. ¶ 2 → Balcon.

Verbal : En paroles et non par écrit. *Verbal* fait penser à la qualité de la chose, qui est de ne consister qu'en paroles : *Ne donnez à votre élève aucune espèce de leçon verbale; il n'en doit recevoir que de l'expérience* (J.-J. R.). **Oral** fait uniquement penser à la façon dont la chose se fait ou est transmise : *Enseignement oral.*

Verbalisme : Des mots et peu ou pas d'idées. *Verbalisme,* le fait d'employer des mots qui ne correspondent à aucune idée, qui sont vides, défaut de philosophe scolastique, de métaphysicien : *Dire que l'opium fait dormir parce qu'il a une vertu dormitive, c'est du verbalisme.* **Verbiage,** le fait d'employer beaucoup de mots pour imposer, pour masquer la pauvreté de la pensée sous l'abondance des paroles, défaut de discoureur, de beau parleur : *Feuilleté les journaux. Verbiage,* médiocrité repoussante (M. D. G.).

Verbe : → Parole.

Verbeux : → Diffus.

Verbiage : → Faconde et Verbalisme.

Verbosité : → Faconde.

Verdâtre, Verdelet : → Vert.

Verdeur : → Jeunesse.

Verdict : → Jugement.

Verdir, prendre la couleur verte, en parlant de quoi que ce soit. **Verdoyer,** en parlant des herbes, des arbres, a rapport à l'impression produite : c'est donner l'impression du vert, soit en commençant à verdir, soit en étant tout vert : *Je vis Le jardin verdoyer sous les murs du village* (LAM.).

Verdure : → Herbe.

Véreux : → Malhonnête.

Verge : → Baguette.

Vergeté : → Marqueté.

Vergogne : → Honte.

Véridicité : → Vérité.

Véridique : → Vrai.

Vérifier : ¶ 1 *Vérifier* suppose une opération pour reconnaître si une chose est véritable ou conforme à ce qu'elle doit être : *Vérifier un fait; un calcul* (VOLT.); *une citation; une prédiction.* **Avérer,** surtout usité au part. passif, c'est simplement reconnaître, souvent directement, en la voyant, qu'une chose est vraie, existe réellement, n'est pas une imagination : *Et j'ai pu par mes yeux avérer aujourd'hui Le commerce secret de ma femme et de lui* (MOL.). **Constater,** vérifier ou avérer d'une manière authentique et solide : *Tout étant ainsi avéré et juridiquement constaté* (VOLT.). **S'assurer de,** prendre une entière connaissance d'une chose, d'un fait, pour établir le degré de certitude qu'on doit avoir à son égard, le reconnaître vrai ou faux : *Avant de vérifier le fonctionnement d'une arme à feu, on s'assure que l'arme n'est pas chargée.* **Se rendre compte de,** observer par soi-même ce qu'on veut s'expliquer ou estimer : *Se rendre compte des dégâts.* **Contrôler,** vérifier après un examen minutieux, est un terme d'administration et suppose une autorité chez celui qui vérifie : *Contrôler des billets de chemin de fer.* **Récoler,** terme didact., vérifier par un nouvel examen si un inventaire est exact, ou si certaines prescriptions administratives sont respectées : *Récoler les manuscrits d'une bibliothèque.* ¶ 2 → Confirmer.

Véritable : → Vrai.

Vérité : ¶ 1 Ce à quoi il est légitime de donner un plein et entier assentiment. La *Vérité* est le **Vrai** relatif, le *vrai* qui se démontre et s'acquiert par tel ou tel moyen : *Le vrai est un idéal, une conception à laquelle sont conformes toutes les vérités* (L.). ¶ 2 → Réalité. ¶ 3 Caractère qu'on ne peut mettre en doute. *Vérité,* caractère de tout témoignage qui, en soi, est conforme aux faits, ne ment pas : *La vérité de l'histoire. La vérité de l'art* (V. H.). **Véracité** n'a rapport qu'aux discours et à leurs auteurs qui ne mentent pas dans les faits qu'ils rapportent, ne cherchent pas à tromper, et ajoute parfois à *vérité* le désir de se conformer au vrai avec une sorte d'obstination : *La véracité d'un historien. Véracité intrépide* (D'AL.).

Véridicité, en ce sens, est rare. **Franchise** et **Sincérité** n'ont rapport qu'à la vérité avec laquelle on exprime ce qu'on pense et ce qu'on éprouve, et diffèrent comme les adjectifs correspondants (→ Franc); si *véracité* se dit aussi du témoignage des sentiments ou des pensées intérieures, c'est pour exprimer seulement qu'ils sont conformes à la vérité, souvent par principe, par effort, alors que *franchise* et *sincérité* font penser à la qualité naturelle du tempérament de celui qui ne sait pas tromper : *La véracité de Montaigne s'analysant dans les Essais. La franchise d'Alceste. La sincérité de Musset.* **Droiture, Loyauté, Netteté, Fidélité, Exactitude, Objectivité :** → Vrai. ¶ 4 Dans la littérature et les beaux-arts : le modèle tel que doit le reproduire l'art sans rien d'artificiel. **Nature,** le modèle lui-même tel qu'il est réellement, ou tel que, reproduit, il coïncide avec notre sentiment de la réalité d'une façon évidente : *Que la nature donc soit votre étude unique* (BOIL.). *Mais la nature est vraie et d'abord on la sent* (BOIL.). *Vérité* désigne plutôt l'idée des choses conforme à leur nature réelle et le caractère de l'œuvre ou de l'artiste qui exprime fidèlement cette idée : *Le poète ne doit avoir qu'un modèle la nature, qu'un guide, la vérité* (V. H.). ¶ 5 Principe certain, ce sur quoi on est d'accord. *Vérité,* terme le plus général, ce qui est démontré, ce qui est révélé, ou ce qui est admis par un groupe d'hommes : *Les vérités scientifiques. Les vérités de la religion. Vérité en deçà des Pyrénées, erreur au-delà* (PASC.). **Axiome,** vérité générale reçue pour vraie sans démonstration parce qu'elle s'impose à l'esprit comme évidente par elle-même; par ext., proposition indiscutée admise par tous : *C'est un axiome généralement admis que, tôt ou tard, la vérité se découvre* (J.-J. R.). **Mystère,** en termes de religion chrétienne, vérité de foi contenue dans la révélation et qui, sans contredire la raison, la dépasse : *Le mystère de la Trinité.* **Oracle,** en termes religieux, vérité énoncée dans l'Écriture sainte ou déclarée par l'Église; dans le langage courant, fig. et ironiquement, affirmation décisive que l'autorité de la personne qui l'énonce fait considérer comme vérité : *Toutes ses paroles sont autant d'oracles pour son entourage* (ACAD.). —**Vérité première,** vérité évidente, souvent banale. **Truisme,** péj., vérité si banale qu'elle ne mérite pas d'être énoncée. **Lapalissade,** fam. et péj., truisme ingénu, naïf, dans le genre de ceux que contient la vieille chanson française sur M. de La Palisse.

Vermine : ¶ 1 → Populace. ¶ 2 → Vaurien.

Vernir : Enduire de vernis. *Vernir* se dit pour toutes sortes de choses. **Vernisser** se dit surtout en parlant des poteries.

Vernis : Au fig. → Apparence.

Vernissé : → Lustré.

Vernisser : → Vernir.

Vérole (petite) : → Variole.

Verrat : → Porc.

Verre, substance solide, amorphe, transparente, dure et fragile qu'on obtient par la fusion du sable siliceux mêlé de soude et de potasse (Acad.). **Cristal,** espèce de verre blanc qui est net et clair comme le cristal de roche et qui se distingue du verre ordinaire par la présence de l'oxyde de plomb (Acad.).

Verrerie, toute sorte d'ouvrages de verre : *Le rayon de la verrerie.* **Verroterie,** petits ouvrages de verre sans grande valeur, se dit particulièrement de ceux qui servent pour le troc avec les peuplades sauvages.

Verrière : → Vitrail.

Verrouiller : → Fermer et Enfermer.

Vers, suite de mots rythmés selon la quantité, l'accentuation et, notamment en français, selon le nombre des syllabes et le retour de la rime. **Rimes,** au pl., syn. vx de *vers.* **Mètre** se dit parfois du vers caractérisé par la nature et le nombre de pieds qui le composent, surtout en parlant de vers antiques et parfois de vers français : *Quand la pensée fait le mètre, il faut le laisser subsister* (Joubert). **Rythmes,** au pl., syn. de *vers,* fait penser à l'effet en général exaltant produit par les vers : *Quand mon âme oppressée Sent en rythmes nombreux déborder ma pensée* (Lam.). **Verset,** petite division de l'Écriture formant un sens complet, a été parfois employé, dans le langage de la critique moderne, pour désigner des vers libres assez longs, dans le lyrisme religieux, par ex. une des *Cinq Grandes Odes* de Paul Claudel.

Vers : Préposition indiquant la direction. *Vers* est moins précis que **Sur** qui indique le point choisi comme destination : *Une route va vers le Nord; un train se dirige sur Paris.*

Versant : → Pente.

Versatile : → Changeant.

Versé dans : → Capable.

Verser : ¶ 1 *Verser,* incliner un récipient de côté pour faire tomber de haut en bas le liquide qu'il contient, en masse, dans un autre récipient ou en un seul point : *Verser du vin dans un verre.* **Épancher,** verser doucement ou largement, est du style recherché : *Ma main de cette coupe épanche les prémices* (Rac.). **Répandre** marque la diffusion souvent involontaire d'un liquide de tous les côtés avec quelque violence ou en abondance : *Répandre du vin sur la table.* **Épandre,** surtout dans la langue littéraire,

marque une action plus douce, celle d'un liquide qui s'étend, s'étale doucement, presque au même niveau, et se dit surtout d'un fleuve, d'une masse d'eau : *Océan qui sur tes rives Épands tes vagues plaintives* (Lam.). **Déverser,** faire couler d'un lieu dans un autre, se dit surtout du trop-plein d'un cours d'eau qui se jette dans un autre ou dans la mer. **Couler,** verser un liquide sur une matière, dans un moule ou dans ce qui ressemble à un moule : *Couler la lessive.* **Instiller,** verser goutte à goutte. **Infuser,** verser un liquide bouillant sur une substance pour qu'il s'imprègne des principes qu'elle contient, ou verser, faire pénétrer un liquide dans un corps (quand il s'agit du sang, de nos jours, on dit plutôt **Transfuser**). **Renverser** ne se dit proprement que du récipient que l'on retourne par maladresse ou involontairement, mais s'emploie par ext. et très couramment en parlant du liquide que l'on répand ainsi. ¶ 2 Au fig., **Répandre** (→ ce mot) est susceptible d'emplois beaucoup plus nombreux que *Verser,* mais lorsqu'il se dit des mêmes choses, c'est-à-dire du sang, de l'argent, des bienfaits, des sentiments que l'on confie, il marque toujours profusion, dispersion parfois désordonnée, alors que *verser* indique plutôt choix et mesure ou concentration sur un seul objet : *Verser* [son sang] *pour son pays; le répandre en désespéré contre l'expresse défense des lois* (J.-J. R.). **Épandre** marque l'abondance : *Épandre des prospérités* (Corn.); *beaucoup de bien* (L. F.). **Épancher,** épandre libéralement des bienfaits, ou verser, communiquer des sentiments intimes : *Épancher ses bienfaits* (Mirab.); *son cœur* (J.-J. R.). **Déverser,** vider son trop-plein ou son contenu : *Un train déverse des voyageurs; on déverse sa douleur dans le cœur d'un ami*; ou répandre sur quelqu'un des choses mauvaises qui le salissent : *Déverser la honte, le mépris, le blâme sur quelqu'un.* ¶ 3 → Payer. ¶ 4 → Culbuter.

Versificateur : → Poète.

Versification, art de faire des vers. **Prosodie,** science de la quantité des voyelles et des syllabes, **Métrique,** science des règles suivant lesquelles les syllabes sont groupées dans le vers et les vers distingués par leur rythme, désignent des parties de la *versification.*

Version : ¶ 1 → Traduction. ¶ 2 → Relation.

Verso : → Revers.

Vert : Adj. ¶ 1 D'une couleur semblable à celle des herbes. *Vert,* terme général. **Verdâtre,** qui tire sur le vert. **Olivâtre,** qui se rapproche de la couleur de l'olive, se dit surtout du teint. **Verdoyant** ne se dit que des arbres, des plantes qui tournent au vert au printemps ou gardent leur vert en été, et marque en général abondance de fraîche végétation. **Émeraude,** d'un beau vert comme la pierre précieuse de ce nom, est plutôt un terme recherché. **Glauque,** du vert blanchâtre ou bleuâtre de la mer, se dit surtout des yeux et en botanique. **Pers,** d'une couleur entre le vert et le bleu, se dit surtout des yeux ou d'un drap : *Minerve aux yeux pers.* **Céladon,** vert tendre et pâle, se dit surtout des étoffes ou des teintes. ¶ 2 → Valide. ¶ 3 → Aigre. Un peu acide, faute de maturité. *Vert* se dit des fruits et du vin qui n'est pas encore assez fait. **Verdelet,** un peu vert, ne se dit guère que du vin (il est vx comme syn. de *vert* pour désigner la couleur). ¶ 4 → Pâle. ¶ 5 → Rude. ¶ 6 → Libre. ¶ 7 N. → Herbe.

Vertical : → Perpendiculaire.

Verticalement : Perpendiculairement au plan de l'horizon, suivant la verticale. *Verticalement* est plutôt un terme de science; **A plomb** et **d'aplomb,** surtout termes d'art, se disent bien de ce qui tombe, paraît tomber ou se tenir suivant la verticale : *Le soleil tombait d'aplomb sur les larges verdures* (FLAUB.).

Vertige : ¶ 1 *Vertige,* sensation d'un manque d'équilibre, tournoiement de tête, impression que tout autour de nous, se dit seul quand cette impression est due à la hauteur, au vide : *Elle ne voyait plus sa route, un vertige la lui cachait* (STAËL). **Étourdissement,** brève suspension des fonctions des sens, qui est souvent le début du vertige ou résulte d'une commotion. **Vapeurs,** terme d'ancienne médecine, étourdissement ou trouble plus durable qu'on croyait provoqué par des humeurs morbides qui montaient au cerveau, est aujourd'hui ironique pour désigner tout étourdissement affecté : *Est-ce que les femmes de mon état ont des vapeurs? c'est un mal de condition qu'on ne prend que dans les boudoirs* (BEAUM.). **Vertigo,** sorte de vertige du cheval, et **Tournis,** sorte de vertige des ovins ou des bovins qui les fait tournoyer sur eux-mêmes, termes d'art vétérinaire qui s'appliquent fam. aux hommes. ¶ 2 Au fig. *Vertige,* sorte de folie passagère, qui fait perdre la maîtrise de soi, le sentiment de la réalité, souvent parce que les événements dépassent, ou parce que Dieu a égaré l'esprit (en ce sens *Esprit de vertige* est un terme de l'Écriture). **Étourdissement** marque surtout le trouble causé par un événement inattendu, ou par des satisfactions qui, comme on dit vulgairement, font tourner la tête : *Il est bien difficile d'être aussi fortuné sans un peu d'étourdissement* (MARM.). **Griserie, Enivrement** et **Ivresse,** avec une force croissante, supposent une passion intérieure qui exalte, transporte et rend incapable de juger : *La griserie*

de l'espérance. *Dans le premier enivrement d'un succès on se figure que tout est aisé* (CHAT.). *L'ivresse du malheur emporte sa raison* (MUS.). **Fumées** se dit surtout de l'ivresse de l'orgueil, de la gloire, de l'ambition. **Vapeurs,** en ce sens, est plus rare : *Les vapeurs enivrantes de l'orgueil* (J.-J. R.).

Vertigineux : → Démesuré.

Vertigo : ¶ 1 → Vertige. ¶ 2 → Caprice.

Vertu : ¶ 1 → Sainteté. ¶ 2 → Probité. ¶ 3 → Décence. ¶ 4 → Prudence. ¶ 5 → Qualité.

Vertu de (en) : → (en) Conséquence.

Vertueux : ¶ 1 → Saint. ¶ 2 → Probe. ¶ 3 → Prudent.

Verve : ¶ 1 → Éloquence. ¶ 2 → Inspiration.

Vespasienne : → Urinoir.

Veste : ¶ 1 *Veste,* pour les hommes et pour les femmes, tout vêtement qui couvre la partie supérieure du corps, sans basques, considéré séparément : *Veste d'escrimeur; de garçon de café.* **Veston,** surtout en termes de tailleur, vêtement masculin, d'intérieur ou de ville, à l'origine plus court que la *veste,* et qui, en général, se considère comme faisant partie d'un ensemble : *Veston de chasse. Le veston d'un complet.* **Vareuse,** blouse de marin, puis sorte de veste militaire moins longue que la tunique, désigne aussi une veste très ample d'homme ou de femme : *Vareuse de chasseur alpin.* **Tunique,** de nos jours, sorte de longue veste à col droit et sans poche, que portaient au début du siècle les soldats et que portent encore certains collégiens. **Boléro,** courte veste de toréador, se dit aussi d'une sorte de courte veste, sans manches, que portent les femmes. **Canadienne,** longue veste fourrée d'hiver. **Saharienne,** veste légère d'été, souvent à manches courtes. — **Pourpoint,** partie de l'ancien habillement français qui correspondait approximativement à la veste moderne. **Jaquette,** pour les hommes, longue veste de cérémonie à basques; pour les femmes, sorte de longue veste. ¶ 2 → Insuccès.

Vestibule ; Partie d'un édifice qui s'offre la première à ceux qui entrent et qui sert de passage pour aller aux autres pièces. *Vestibule* se dit d'une pièce, **Entrée,** beaucoup plus vague, s'applique à tout lieu par lequel on entre, et se dit ordinairement d'un petit vestibule. **Hall,** salle de grandes dimensions qui sert de vestibule dans une habitation particulière ou un édifice public. **Galerie,** couloir spacieux courant le long des pièces d'un appartement, se dit parfois pour *vestibule* lorsque ce couloir sert de vestibule. **Antichambre** ne s'emploie guère plus que pour désigner la vestibule d'un appartement qui précède immédiatement un cabinet, une chambre, et évoque souvent

l'attente de solliciteurs : *Faire antichambre.*
Prodromos, vestibule d'une maison grecque et **Propylées,** vestibule monumental d'un temple ou d'un palais, sont des termes d'antiquité.

Vestige : ¶ 1 → Trace. **¶ 2** → Décombres.

Vêtement, tout ce qui sert à couvrir le corps : *Sans vêtement et sans nourriture* (Volt.). **Habit,** surtout au pl. de nos jours, les différentes parties du vêtement de dessus considérées quant à leur forme, leur apparence, leur rapport avec la mode ou l'usage, leur destination pour un travail, un exercice, une condition, une circonstance : *Habits magnifiques et brillants* (Bour.). *Habits de deuil*; est peu usité au sing., sauf pour désigner un habit de cérémonie ou le vêtement caractéristique d'une classe d'hommes : *L'habit militaire. L'habit vert.* **Costume,** syn. d'*habit*, et qui tend à le remplacer au sing., ajoute l'idée que les différentes pièces de l'habit forment un ensemble qui a été préparé pour tel ou tel individu : *Mettre son costume gris*; ou qui est caractéristique de la manière de se vêtir dans un pays : *Le costume grec*; ou qui convient à des personnes constituées en dignité ou chargées de quelque fonction publique : *Costume de préfet, d'académicien, de magistrat*; ou à une activité précise : *Costume de chasse, de ski*; se dit seul en parlant d'habits dont on se déguise au théâtre ou dans une mascarade. **Complet,** terme de tailleur, costume d'homme composé ordinairement de trois pièces (veston ou jaquette, gilet et pantalon). **Habillement,** tout ce qui sert à couvrir le corps, sauf la chaussure, fait penser à la façon dont un individu ou, plus rarement, une catégorie de personnes ajuste son vêtement, avec une certaine originalité, souvent en se distinguant de l'usage, de l'habit de sa condition : *Son habillement m'a paru une mascarade* (Sév.). *Cette révolution se fait remarquer jusque dans l'habillement des femmes* (Genlis). **Mise,** habillement d'une personne considéré par rapport aux circonstances et aux convenances : *Une mise modeste* (Mau.). *N'attacher point d'importance à sa mise* (Gi.). **Équipage,** manière dont une personne est vêtue et aspect général qu'elle présente, est fam. et ironique : *Dans l'équipage d'un homme qui a pris médecine* (L. B.). **Toilette,** en parlant des femmes seulement, ensemble des vêtements, des ajustements qui servent à se parer, envisagé par rapport à l'élégance ou à la cérémonie mondaine à laquelle il convient : *Dépenser pour sa toilette. Toilette de bal.* — **Uniforme,** costume dont la forme, la couleur, les dispositions sont les mêmes pour tous ceux qui font partie du même corps, et, absolument, l'habit militaire : *Uniforme de collégien.*

Tenue, en son sens général, le vêtement que l'on revêt pour une activité particulière, considéré aussi bien dans la manière dont on le porte que dans le rapport nécessaire qu'il doit avoir avec la convenance du genre : *Tenue de sport, de travail; tenue de soirée. Son élégance provinciale contrastait avec la tenue sobre d'Hubert* (Mau.); spéc. en termes militaires, l'uniforme, avec tout ce qu'il comporte comme effets et insignes, considéré par rapport au temps, au lieu, à l'activité : *Tenue d'hiver. Tenue de campagne.* **Livrée,** de nos jours, habits d'une couleur convenue, ordinairement galonnés, que portent les domestiques d'une même maison. — **Robe,** qui a désigné le vêtement long de certains peuples anciens et qu'on portait encore au M. A., ne se dit plus que d'un habit de cette forme que portent les femmes, les enfants, et, pour les cérémonies ou le travail, les membres de certains corps (ecclésiastiques, magistrats, avocats, professeurs). — **Accoutrement,** habillement singulier, bizarre, ridicule ou misérable. **Harnachement,** fam., costume ridicule par sa lourdeur, sa complication. **Défroque,** fam., vieux vêtements qu'on abandonne parce qu'on ne veut plus les porter, ou qu'on laisse en mourant. **Souquenille,** vêtement sale, usé, pauvre. **Pelure,** *vêtement*, est pop. — Au pl. **Effets,** objets meubles qui sont à l'usage d'une personne, désigne presque exclusivement aujourd'hui le linge et les vêtements; avec l'adj. possessif on dit aussi **Affaires,** qui est fam. **Hardes,** tous les objets qui composent l'habillement, s'emploie encore en termes de droit, mais est péj. dans l'usage ordinaire pour désigner des vêtements misérables, comme **Nippes,** autrefois linge servant à l'ajustement, de nos jours, vêtements vieux et usés. **Frusques,** syn. de *hardes* ou de *nippes*, est fam., **Fringue,** est pop., comme **Frusquin** et **Saint-frusquin,** qui désignent tout ce qu'un homme a d'argent et de nippes.

Vétéran : ¶ 1 → Soldat. **¶ 2** *Vétéran*, ancien ou vieux soldat, est, au fig., relatif à la profession, à l'activité et se dit de celui qui a vieilli en l'exerçant : *Un vétéran du barreau.* **Chevronné,** soldat qui a reçu des marques d'ancienneté; par ext. fam., celui qui est depuis longtemps dans une place, paraît inamovible. **Ancien,** en parlant de celui qui a été reçu avant un autre dans une charge, dans une compagnie, dans un corps, dans une école, est relatif à ceux qui suivent : *Les anciens de l'École Polytechnique*

Vétille : → Bagatelle.

Vétiller : → Chicaner.

Vétilleux : → Minutieux. Qui s'arrête à de petites difficultés. *Vétilleux*, terme le plus usité, marque le défaut inhérent au sujet, manifesté continuellement, mais pouvant résulter d'un scrupule excessif et de bonne foi, et se dit seul pour les choses qui exigent une grande attention : *Il est vétilleux sur les mots* (L. H.). **Vétillard,** plus péj., marque aussi un défaut habituel, mais dû à la malignité, au plaisir de chercher des chicanes : *Grand vétillard et fort ignorant* (Volt.). **Vétilleur** qualifie simplement le sujet comme agissant, parfois dans une circonstance particulière.

Vêtir : ¶ 1 Prendre tel ou tel vêtement pour son corps. *Vêtir* et *Revêtir* diffèrent comme *revêtu* et *vêtu* (→ ce mot); toutefois *vêtir* vieillit de nos jours, on le remplace parfois par *revêtir* et le plus souvent par **Mettre,** qui se dit aussi bien des vêtements que des accessoires de la toilette qu'on porte sur soi : *Mettre sa veste; son costume neuf; ses gants.* **Prendre,** mettre sur soi l'habit qui convient à la circonstance, au temps, à la saison, ou l'habit de la condition qu'on a choisie : *Prendre un pardessus. Prendre le deuil. Prendre l'habit de religieux.* **Endosser,** mettre un habit sur son dos, et, fam., prendre l'habit de sa profession surtout en parlant du métier militaire : *Endosser l'uniforme.* **¶ 2** Mettre à quelqu'un un vêtement. **Vêtir, Revêtir, Couvrir, Habiller, Costumer, Accoutrer, Affubler, Fagoter, Harnacher, Caparaçonner, Nipper, Ficeler, Fringuer, Frusquer :** → Vêtu. **¶ 3** Tous ces verbes se disent au réf. et ont pour syn. **Se mettre,** qui a rapport, à l'élégance avec laquelle on s'habille, et spéc. à la couleur du vêtement : *Se mettre en noir.*

Veto : → Opposition.

Vêtu fait penser à ce que l'on porte d'ordinaire pour le besoin et la commodité. **Revêtu,** à ce qu'on porte par-dessus le vêtement comme un insigne, une marque d'honneur ou de dignité : *Un pauvre enfant vêtu de noir* (Mus.). *Revêtu de ses habits pontificaux* (Roll.). **Habillé** a rapport à l'air, à la manière dont on s'est mis, au point de vue du goût, de la mode, ou relativement à certaines circonstances, cérémonies, travail, etc. : *Une demoiselle habillée moitié ville, moitié campagne* (Scar.). **Mis** a rapport à l'élégance ou à la convenance : *Un jeune homme mieux mis que lui* (J.-J. R.). **Costumé** ne se dit que de celui qui a revêtu un costume particulier à un pays, à une époque, à une condition, surtout pour jouer la comédie ou se déguiser : *Fillette costumée en bergère.* **Couvert,** vêtu d'un vêtement qui enveloppe, a rapport à la chaleur, à la protection que donne le vêtement : *Enfant trop couvert.* **Accoutré,** ridiculement ou plaisamment habillé. **Affublé,** fam., étrangement habillé de ce qui n'est pas fait pour être porté par celui qui le porte, ne se dit qu'avec l'indication de la chose : *Chasseurs affublés d'une peau de vache* (Buf.). **Fagoté,** fam., étrangement habillé de choses diverses et grossièrement ajustées : *Talma était fagoté on ne peut plus mal; de draperies si lourdes et si embarrassantes qu'il ne pouvait faire un pas* (P.-L. Cour.). **Harnaché,** fam., et **Enharnaché,** moins usité, lourdement accoutré ou fagoté. **Caparaçonné,** fam. et ironique, accoutré d'un costume lourd et solennel comme un cheval de parade. **Engoncé,** habillé disgracieusement d'un vêtement qui donne l'air d'avoir le cou enfoncé dans les épaules. **Ficelé,** pop. et péj., fagoté à la hâte, sans soin, comme si les vêtements ne tenaient pas, ou, en un autre sens, serré dans ses vêtements : *Mal ficelé. Ficelé comme un saucisson.* **Fringué, Frusqué** et **Nippé,** syn. d'*habillé*, sont pop.

Vétuste : → Vieux.

Vétusté : → Vieillesse.

Veule : → Mou.

Veuvage : État d'une personne qui a été mariée, a perdu son conjoint et ne s'est pas remariée. *Veuvage,* état effectif d'une personne qui y reste un certain temps : *Le premier été qui suivit son veuvage* (Mau.). **Viduité,** état absolu, abstrait, ou situation d'une personne veuve, fait penser aux façons d'être ou aux devoirs qui en découlent, surtout en parlant des femmes, ou au fig. : *La viduité est regardée non plus comme un état de désolation, mais comme un état désirable* (Bos.).

Veuve, femme qui a perdu son mari et ne s'est pas remariée. **Douairière,** autrefois veuve qui avait des biens que son mari lui avait donnés, en faveur du mariage qu'elle contractait, pour qu'elle en jouît en cas de survivance; par ext. de nos jours, dans les familles aristocratiques, veuve ayant un fils devenu chef de famille.

Vexer : ¶ 1 → Tourmenter. **¶ 2** → Aigrir. **¶ 3** (Réf.) → (s') Offenser.

Viable : → Vivant.

Viaduc : → Pont.

Viande : → Chair.

Viatique : ¶ 1 → Provision. **¶ 2** Sacrement administré à un mourant par l'Église. Le *Viatique* est simplement le sacrement de l'Eucharistie administré normalement, à cela près que le malade n'a pas à être à jeun; l'**Extrême-Onction** est un sacrement spécial réservé aux mourants qui consiste à appliquer sur leur corps les saintes huiles pour les soulager corporellement et spirituellement : *On ne put que lui donner l'extrême-onction, ne lui jugeant pas assez de connaissance pour le viatique* (S.-B.).

Vibrant : → Sonore.

Vibration : → Oscillation et Tremblement.

Vibrer : → Trembler.

Vice : ¶ 1 → Imperfection. **¶ 2** → Mal.

Vicier : → Altérer.

Vicieux : ¶ 1 *Vicieux* marque une disposition naturelle à vouloir le mal et particulièrement la débauche et le libertinage. **Pervers** ajoute une idée de méchanceté, de plaisir à faire du mal aux autres, et se dit aussi des opinions et des doctrines : *Des esprits qui voulaient être tranquillement vicieux ou impunément pervers* (MARM.). — Avec l'idée non d'un défaut naturel, mais d'un état de déchéance auquel on est arrivé, et souvent en parlant d'un groupe d'hommes, **Corrompu** indique une sorte de pourriture interne qui altère l'innocence la pureté, l'intégrité, **Dépravé,** une sorte d'égarement qui donne des goûts, des idées morales, des façons de penser et d'agir absolument contraires au bien et à la normale et dans lesquels on se complaît : *Les goûts dépravés de mes passions qui me font aimer ce que je devrais souverainement haïr* (BOUR.). *Les hommes corrompus n'ont aucune prudence et ils sont toujours prêts à toutes sortes de bassesses* (FÉN.). **Dissolu** (→ Débauché) n'a rapport qu'aux mœurs et marque la pratique effrénée de la débauche, mais parfois simplement par jeunesse, mauvaise influence, sans qu'il y ait vice ou dépravation : *Son existence de joli garçon! Son existence dissolue! Son existence immorale!* (M. D. G.). **¶ 2** → Indocile.

Vicissitude : → Variation.

Victime : ¶ 1 Créature vivante offerte en sacrifice à une divinité. *Victime* se dit pour toutes les religions. **Hostie,** victime que les anciens Hébreux offraient et immolaient à Dieu; syn. au fig. de *victime* dans le style poét.; vx et rare de nos jours dans le style religieux. **¶ 2** Au fig., *Victime* fait penser uniquement au dommage subi du fait des choses (*Victime de la guerre, d'un accident*), des actions injustes d'autrui, de ses propres défauts ou de ses qualités (*Être victime de sa générosité*), ou du fait qu'on est sacrifié, volontairement ou non, à une cause : *Les victimes de la science, du devoir.* **Martyr** ajoute l'idée de sacrifice volontaire et cruel pour témoigner d'une religion, d'une doctrine : *Les martyrs de la Résistance; de la science*; et, pour désigner une personne qui est victime de mauvais traitements ou de ses propres passions, insiste sur l'idée de souffrance perpétuelle, intolérable, infligée comme à un esclave : *Martyr de son ambition* (L. B.). **Proie,** au fig. et toujours déterminé par le nom de la personne ou de la chose qui persécute, victime exploitée par une personne ou persécutée par une personne ou une passion qui s'acharne sur elle : *Pour sortir des tourments dont mon âme est la proie* (RAC.). **¶ 3** En un sens plus atténué, *Victime,* celui qui est soumis aux vexations d'autrui. **Martyr** ne s'emploie que par ironie. **Souffre-douleur** ajoute à *victime* l'idée de plaisanteries méchantes, de mauvais traitements infligés continuellement à celui dont on exploite la faiblesse, la timidité, l'isolement ou la pauvreté : *Un écolier est le souffre-douleur de ses camarades lorsqu'il est puni à leur place.* **Jouet,** fig., insiste sur la faiblesse de celui dont une puissance supérieure paraît s'amuser : *Être le jouet de sa vanité; de la fortune.* **Plastron,** fig. et fam., celui qui est en butte aux railleries et aux importunités de quelqu'un, comme le plastron d'un escrimeur reçoit les coups. **Tête de turc,** fig. et fam., celui contre qui on s'acharne par des railleries, des attaques. **Bouc émissaire,** fig. et fam., celui qu'on prend pour responsable, sur qui on fait retomber les torts des autres.

Victoire : → Succès.

Victorieux : → Vainqueur.

Victuailles : ¶ 1 → Provision. **¶ 2** → Subsistances.

Vidanger : → Vider.

Vide : ¶ 1 Qui ne contient rien. *Vide,* au prop. et au fig., s'emploie dans les sens les plus variés : *Tonneau vide. Moment vide. Tête vide. Scène vide.* **Net** ne se dit, au prop. et parfois au fig., que d'un lieu qui a été vidé de ce qui l'embarrassait ou l'occupait : *Faire place nette.* — **Creux** marque toujours le défaut de ce qui n'est pas rempli de son contenu normal, sans être complètement vide : *Avoir le ventre creux. Les heures creuses. Spéculations creuses.* **¶ 2** → Vacant. — **N. ¶ 3** Espace où il n'y a rien. *Vide* désigne cet espace et se dit seul, en termes de physique, d'un espace où il n'y a point d'air. **Vacuité,** état de ce qui est vide : *La vacuité de l'estomac.* **Vague,** grand espace vide, se dit surtout de l'atmosphère, du ciel : *La nymphe s'élevant dans le vague des cieux* (RÉGNIER). **¶ 4** → Excavation. **¶ 5** → Trou. **¶ 6** → Vanité.

Vider : ¶ 1 *Vider* se dit aussi bien d'un récipient dont on enlève le contenu sans en rien laisser que d'un lieu qu'on débarrasse des personnes ou des choses qui l'occupent ou de sa propre présence : *Vider une bouteille. Vider une prison. Vider la maison.* **Désemplir,** vider en partie ce qui est plein. **Vidanger,** terme technique, indique une opération rationnelle pour **vider** un réservoir d'automobile ou d'avion, une fosse d'aisance, des bouteilles afin de se débarrasser de leur contenu. — **Évacuer** marque, dans le style soutenu, une opération d'ensemble qui consiste à se retirer en masse d'un lieu qu'on vide complètement pour des raisons précises comme l'ordre, la sécurité, ou, en parlant de troupes, des raisons diplomatiques ou militaires : *Il n'est pas croyable que nos troupes aient évacué ce pays* (VOLT.); en ce sens *vider* est plus fam. ou marque une opération partielle : *On fait vider une loge retenue par d'autres personnes; on fait évacuer une salle de spectacle où il y a le feu.* **Nettoyer**, fam., vider complètement : *Nettoyer les plats. Les cambrioleurs ont nettoyé la maison.* ¶ 2 → Congédier. ¶ 3 → Finir. ¶ 4 → Fatiguer.

Vidimer : → Comparer.

Viduité : → Veuvage.

Vie : ¶ 1 Activité d'un être animé qui n'est point mort. La *Vie* est effective, réelle; **Vivre** s'emploie, en termes de spéculation, pour désigner abstraitement l'action comme ayant tel ou tel caractère : *La nature apprit à Thalès que le vivre et le mourir étaient indifférents* (MTG.). ¶ 2 → Vivacité. ¶ 3 Espace de temps qui s'écoule de la naissance à la mort, ou partie considérable de cet espace. *Vie*, exclusivement applicable aux êtres animés et particulièrement à l'homme, comporte des idées accessoires comme celle de bonheur, de moralité, d'activité ou de création, que ne comporte pas **Existence**, qui convient en parlant de tout ce qui est, même des choses inanimées, se prend plus aisément en mauvaise part, et désigne un état plus extérieur, quelquefois même une simple position dans la société, alors que la *vie* est quelque chose d'intime : *L'avare, l'égoïste craignent la mort comme s'ils avaient su jouir de la vie : ils éprouvent une sorte de rage en voyant s'approcher le terme de l'existence* (STAËL). *Il veut me perdre dans le monde. Il est dur de m'ôter à présent l'existence à laquelle j'ai sacrifié toute ma vie* (STAËL). **Jours**, au pl., dans le style recherché, présente la vie humaine comme faite de parties et envisagée relativement à ces parties : *Mes jours moins agités coulaient dans l'innocence* (RAC.). **Destinée**, vie, existence de l'homme, est poétique, ainsi que **Destin** qui désigne seulement la durée de vie accordée à un homme : *Trancher ma destinée* (CORN.). *Achever son destin* (MOL.). **Sort**, en ce sens, est vx. 4 → Histoire. ¶ 5 → Discussion.

Vie (en) : → Vivant.

Vieillard : ¶ 1 Homme d'un âge avancé. *Vieillard*, terme ordinaire, comporte presque toujours une idée de respect : *Un vieillard vénérable et plein de majesté s'avança vers Télémaque* (FÉN.). **Vieux** marque les effets de l'âge, est péj. ou impoli de nos jours employé seul; on dit **Vieux monsieur**, **Vieil homme**; mais *vieux* accom-

pagné d'un adj. est simplement fam. : *Un brave vieux; un petit vieux*. **Patriarche**, saint personnage de ·l'Ancien Testament dont la vie fut fort longue et la postérité fort nombreuse; au fig. vieillard d'allure vénérable ou vivant au milieu d'une nombreuse descendance. **Ancien** est fam. en s'adressant à un vieillard, surtout à un vieux militaire. **Barbon**, fam. et péj., fait souvent penser à des façons d'agir ou de penser ridicules chez un vieillard : *Lui déjà vieux barbon, elle, jeune et jolie* (L. F.). **Grison**, fam. et vx, homme qui a la barbe et les cheveux gris, est moins péj. : *Quoiqu'un grison fasse effroi, Il vaut bien qu'on le courtise, Quand il est fait comme moi* (CORN.). **Géronte**, vieillard de comédie, se dit surtout d'un vieillard facile à duper. **Roquentin**, autrefois vieux militaire en retraite; par ext., fam. et péj., vieillard ridicule et qui veut faire le jeune homme. **Baderne** ou **Vieille baderne**, pop. et péj., celui que son âge ou sa santé rend incapable de tout service utile. **Birbe**, **Vieux birbe**, pop., corruption de *barbon*. **Peinard** ou **Vieux peinard** (on écrit aussi **Penard**, **Pénard**), péj. et vx, vieillard usé. — **Grime**, au théâtre, rôle de vieillard ridé et ridicule, et par ext. acteur qui joue ce rôle. — Au pl. *vieillards* se dit des personnes des deux sexes d'un grand âge et implique le respect. **Vieux**, dans le même sens, marque plutôt la pitié ou l'affection, sans aucune nuance péj. **Vieilles gens** insiste plutôt sur les façons de penser et d'agir des vieillards, nuance qui est encore plus marquée dans son syn. collectif **Vieillesse** : *La vieillesse chagrine incessamment amasse* (BOIL.).

Vieille : Femme d'un âge avancé. *Vieille*, employé seul comme n., est péj. et impoli; on dit **Vieille femme** ou plu ôt **Vieille dame**. **Bonne femme**, femme assez âgée, est fam., peu respectueux, mais non péj. **Douairière**, fam. et ironique au fig., vieille dame mondaine ou distinguée (→ Veuve). **Grand-mère**, en parlant d'une vieille femme ou en s'adressant à elle, est fam., mais affectueux. **Rombière**, terme d'argot, qualificatif insolent d'une vieille femme ridicule.

Vieillerie : ¶ 1 Vieux vêtements, vieux meubles, vieux objets. *Vieilleries*, toujours au pl. en ce sens, désigne ces choses en elles-mêmes, **Bric-à-brac** les envisage comme ramassées de-ci de-là pour être revendues. ¶ 2 → Lieu commun. ¶ 3 → Vieillesse.

Vieillesse : ¶ 1 *Vieillesse*, période de la vie où les forces physiques se perdent graduellement, où les fonctions se ralentissent; en parlant des choses, état de ce qui existe depuis longtemps : *La vieillesse est la plus proche parente de la mort* (CHAT.). **Vieillissement**, déclin progressif qui amène à la vieillesse. **Sénescence**, terme de biologie, premiers

symptômes de vieillissement, se dit notamment en parlant des êtres unicellulaires.
Sénilité, affaiblissement du corps ou de l'esprit produit en général par la vieillesse, mais parfois aussi par une activité trop intense, et, dans ce cas, antérieur à la vieillesse. **Caducité,** qui se dit, en général, des personnes et des choses qui menacent ruine, indique spéc. la partie déjà avancée de la vieillesse où le corps est fort affaibli, comme ébranlé sur ses fondements : *La caducité commence à l'âge de soixante et dix ans* (Buf.). **Décrépitude,** en parlant de l'homme seulement, période qui succède à la *caducité* et où le corps tombe en ruines, présente déjà l'image d'un cadavre : *Quand une décrépitude avancée m'aura imposé la nécessité de ne plus me montrer* (Volt.). **Age** marque un assez grand nombre d'années et s'emploie par euphémisme ou poétiquement pour *vieillesse*. **Vieillerie,** syn. pop. et péj. de *vieillesse*. ¶ 2 → Vieux. ¶ 3 En parlant des choses, *Vieillesse*, **Ancienneté, Antiquité, Vétusté, Désuétude, Archaïsme :** → Vieux.

Vieillir, en parlant des choses, commencer à n'être plus d'usage, à perdre de sa vogue, de son importance, de son utilité. **Dater** dit plus et implique qu'une chose est surannée, rappelle une mode ancienne qui s'attache à elle parfois avec quelque ridicule : *Un manuel de littérature vieillit. La phraséologie romantique date.*

Vieillot : ¶ 1 → Vieux. ¶ 2 → Agé.

Vierge : N. ¶ 1 Fille qui n'a eu commerce avec aucun homme. *Vierge* tend à n'être employé que dans le style soutenu ou religieux; dans le langage courant, on dit plutôt **Jeune fille. Pucelle** est ironique sauf dans l'expression *La Pucelle d'Orléans,* Jeanne d'Arc. **Rosière,** jeune fille vertueuse qu'on couronne dans certaines localités, est fam. et ironique pour désigner une vierge vertueuse et sage. **Vestale,** chez les Romains, prêtresse de Vesta consacrée à la virginité, est plutôt du style soutenu au fig., appliqué à une jeune fille d'une chasteté exemplaire, et notamment à une religieuse; mais il est fam. à la négative : *Ce n'est pas une vestale.* ¶ 2 Marie, la mère de Dieu. *Vierge,* Marie ou toute image de Marie. **Madone,** en Italie et en Espagne, statuette de la Vierge placée dans une niche, sur une voie publique et objet de vénération, désigne aussi une image de la Vierge, mais s'emploie plutôt lorsque la Vierge est représentée avec quelque chose qui rappelle sa sainteté, appelle la vénération; on dit plutôt *Vierge* lorsqu'elle est représentée dans la vie courante et par ex. avec l'enfant : *La Madone de Saint-Sixte par Raphaël. La Vierge aux rochers, par Léonard de Vinci.* **Notre-Dame,** nom que les chrétiens donnent

à la Vierge lorsqu'ils la prient en parlant d'elle. — Adj. ¶ 3 *Vierge* se dit des personnes, filles ou garçons, qui ont vécu dans la continence; **Puceau** appliqué à un homme vierge est ironique (*Rosier* masculin barbare tiré de *rosière* n'a aucun sens, mais se dit par plaisanterie). ¶ 4 → Pur.

Vieux : Adj. ¶ 1 En parlant des personnes : → Agé. ¶ 2 En parlant des choses, *Vieux* (anton. *jeune*) a rapport à l'âge et qualifie ce qui n'a plus les qualités ou les défauts de la jeunesse : *Une vieille maison tombe en ruines. Un vieux livre est usé.* **Ancien** (anton. *moderne* ou *nouveau*) a rapport uniquement au temps et se dit de ce qui date de plus ou moins loin ou, simplement, de ce qui a été remplacé par quelque chose de nouveau : *Une maison ancienne date d'une époque bien antérieure à la nôtre. Un livre ancien a été composé par nos ancêtres.* **Antique,** très vieux (et en ce sens, par hyperbole, qui n'est plus du tout de mode et paraît ridicule) ou très ancien : *Négliger vêpres comme une chose antique* (L. B.). *La littérature romantique a ses racines dans notre propre sol; son origine est ancienne, mais non antique* (Staël). **Vieillot,** un peu vieux ou qui paraît tel. **Séculaire** et **Millénaire,** qui enchérit, se disent de ce qui, depuis un ou plusieurs siècles ou depuis plus de mille ans, n'a pas cessé de durer, est donc fort vieux sans être antique. **Vétuste** ajoute à *vieux* l'idée d'une détérioration due au temps ou, en parlant de choses morales, l'idée de désuétude, due à une sorte de caducité : *Vétuste escalier* (Pég.). *Usage vétuste* (Acad.). **Désuet** (→ ce mot), hors d'usage par suite d'un certain laps de temps, sans forcément être vieux : *Au bout de vingt ans une loi peut être désuète, mais on applique encore des lois fort vieilles.* **Suranné** (→ ce mot) implique discrédit, dépréciation, inaptitude au goût du temps en parlant de choses anciennes, mais non détérioration ou caducité, car ce qui est suranné peut avoir du charme (ce qui le distingue de *vétuste*), ni mise hors d'usage (ce qui le distingue de *désuet*) : *Robes surannées* (Baud.). *Il n'est point de pays où les usages surannés subsistent plus généralement encore* (Staël). **Antédiluvien,** qui a existé avant le déluge, par ext. fam. et ironique, ridicule par son aspect ancien et désuet : *Voiture antédiluvienne.* **Fossile,** fig. et fam., très ancien au point d'avoir l'air mort, figé ou très arriéré : *Car vos textes, vos lois, vos règles sont fossiles* (V. H.). **Gothique,** péj., vieux et hors de mode, avec quelque chose de rude, de barbare qui sent l'ancien temps : *Mot gothique* (L. B.). *Gouvernement gothique* (Volt.). **Archaïque** se dit, sans nuance péj., des mots, des façons de parler d'autrefois qui ne sont plus usités aujourd'hui, mais constituent une sorte de fonds où puisent ceux qui veulent vieillir leur style, ce qui fait qu'un terme *vieux* est un terme presque mort, dont on n'use plus guère, et qu'un terme *archaïque* est un terme tout à fait mort, mais qu'on reprend parfois comme une sorte d'ornement; *archaïque* qualifie aussi un style ancien volontairement adopté : *Le style archaïque de Balzac dans les* Contes drolatiques; et se dit, en termes de beaux-arts, de ce qui est plus qu'antique : *Monuments archaïques.* **Immémorial**, qui est si ancien qu'on n'en sait pas l'origine : *Usage immémorial.* **Haut** se dit dans quelques loc. de ce qui est éloigné dans le temps par opposition à ce qui est plus récent : *La haute antiquité.* ¶ 3 → Usé. — N. ¶ 4 → Vieillard. ¶ 5 → Père.

Vif : ¶ 1 → Vivant. ¶ 2 → Dispos. *Vif*, qui manifeste par ses réactions rapides la présence d'une vie ardente. **Sémillant**, extrêmement vif, ne se dit que des personnes : *Je ne conçois pas comment Mme du Deffand peut être si gaie et si sémillante après avoir perdu la vue* (Volt.). **Fringant**, qui se dit d'un cheval qui sautille en dansant, ajoute à *vif*, en parlant des personnes, l'idée de quelque chose de dansant, d'éveillé, qui tend soit vers une élégance un peu provocante, soit vers la pétulance : *La dame était jeune, fringante et belle* (L. F.). ¶ 3 En parlant des personnes et des choses, *Vif* qualifie intensivement ce qui possède une force active et une grande disposition à la développer, ce qui est très irritable ou très actif; **Violent** (→ ce mot) qualifie du point de vue de son effet ce qui a un trop plein de force, qui éclate sans ménagement, ne se maîtrise pas : *Un homme vif est prompt à s'animer, à se mettre en colère; un homme violent se laisse entraîner à des excès, à des coups. Une douleur violente met l'âme en désordre, une douleur vive la pénètre.* **Ardent** enchérit sur *vif* en parlant des dispositions actives de la sensibilité, des passions, du zèle et des actions : *La lutte était ardente et noire* (V. H.). Très vif : → Impétueux. ¶ 4 Qui fait sur nous une très forte impression, en parlant du froid et de certaines autres choses physiques et morales. *Vif*, qui se dit de choses très variées, suppose, en parlant du froid, une sorte de force active. **Piquant** (→ ce mot) a rapport à l'effet qui est d'entamer, de blesser légèrement la peau. De même des mots *vifs* sont passionnés, des mots *piquants* blessent; une femme *vive* a des réactions rapides, tout le charme de la vie, une femme *piquante* intéresse par un attrait fin et original. **Pénétrant** et **Perçant** (→ ce mot) marquent un effet plus considérable qui est d'aller jusqu'à l'intérieur du corps.

De même un regard *vif* est animé, actif; un regard *perçant, pénétrant* va jusqu'au fond des choses et des êtres, ou voit très loin. **Cuisant** suppose une sorte de brûlure. De même, au fig., une douleur *vive* est forte, une douleur *cuisante* laisse une impression durable. **Âpre** ajoute à *vif* l'idée de rudesse et enchérit. De même, au fig., une lutte *vive* est animée, vivement menée; une lutte *âpre* est haineuse, brutale, pleine d'animosité. **Aigre** se dit parfois de l'air et du vent qui ont quelque chose de piquant parce qu'ils manquent de douceur sans être vifs. — En parlant des douleurs seulement, **Aigu** comporte l'idée d'une blessure brusque et profonde comme celle d'un coup de poignard; **Sensible** se dit, d'une façon assez vague, d'une douleur surtout morale qui touche profondément. ¶ 5 En parlant du style, *Vif* suppose de la force, de l'imagination, des saillies qui se manifestent par des expressions riches de sens et dans un mouvement rapide, varié et entraînant, qui a la souplesse de la vie. **Nerveux** suppose une vigueur plus forte et quelquefois plus rude qui se manifeste par des brachylogies, des antithèses, de brusques mouvements oratoires : *L'éloquence nerveuse de Démosthène.* **Rapide** indique seulement un style dont tous les mots portent et qui va droit au but. **Pressé** ajoute une idée de concision.

Vif-argent : → Mercure.

Vigie : → Veilleur.

Vigilance : → Attention.

Vigilant : → Attentif.

Vigile : → Veille.

Vigne, plante qui donne le vin, se dit aussi de tout terrain où elle est plantée, considéré comme appartenant à un propriétaire et étant l'objet de ses soins. **Vignoble**, étendue de pays plantée de vignes considérées comme formant un ensemble caractérisé par le cru qu'elles produisent, et qui, en général, est renommé : *Les vignobles du Bordelais.* **Clos**, vigne fermée de murs, de haies ou de fossés, par ext., petit vignoble limité à un château ou à une commune : *Clos Vougeot.* **Treille**, berceau fait de ceps de vigne entrelacés, ou vigne grimpante.

Vigneron, celui qui travaille effectivement la vigne, qu'il soit patron ou ouvrier. **Viticulteur**, terme didact. ou d'administration, celui qui possède l'art de cultiver la vigne, et qui vit du produit de sa vigne, qu'il la cultive lui-même ou la fasse cultiver par ses ouvriers. **Vendangeur**, celui qui récolte le raisin.

Vignette : → Image.

Vignoble : → Vigne.

Vigoureux : → Fort.

Vigueur : → Force.

Vil : ¶ 1 → Bas. *Vil* indique l'état naturel de ce qui est au dernier degré d'une hiérarchie : *Un plomb vil* (Rac.). *Un sang vil* (Rac.). **Avili** marque le résultat final d'une dégradation : *Une main dans les fers avilie* (Volt.). **¶ 2** Qui ne vaut pas grand-chose, est comme rien. *Vil* qualifie ce qui, considéré en soi-même, est au dernier degré de son espèce; **Méprisable**, ce qui ne vaut rien dans l'opinion des hommes; ce qui est *vil* n'est pas toujours *méprisable* : *Les plus vils animaux sont formés avec un appareil non moins admirable* (Volt.); mais d'ordinaire *vil* dit plus que *méprisable* : *Ce qui est avec raison méprisable pour moi peut, avec autant de raison, ne pas l'être pour un autre. Au contraire tout le monde doit porter le même jugement sur ce qui est vil* (C.). **Misérable** (→ ce mot) et **Malheureux** disent moins que *méprisable*.

Vilain : ¶ 1 N. → Paysan. — Adj. **¶ 2** → Méchant. **¶ 3** → Laid. **¶ 4** → Avare.

Vilenie : ¶ 1 → Bassesse. **¶ 2** → Méchanceté. **¶ 3** → Injure.

Vilipender : → Abaisser, Maltraiter et Dénigrer. Maltraiter en paroles ou par écrit. Avec l'idée qu'on cherche à décrier, à rabaisser, *Vilipender*, traiter de vil, accabler sous son mépris, ses médisances, se dit des personnes et des choses : *Doctrine prise en haine et vilipendée* (Balz.). **Tympaniser**, vx, répandre dans le monde de mauvais propos contre quelqu'un en en disant du mal hautement, comme au son du tambour : *Gare qu'aux carrefours on ne vous tympanise* (Mol.). **Traîner dans la boue**, qui enchérit, proférer ou écrire contre quelqu'un des injures graves, des accusations infamantes. — Avec l'idée qu'on se moque de quelqu'un en le couvrant de ridicule, en le faisant passer pour sot, pour impertinent, **Huer** accueillir ce qu'on désapprouve par des cris de dérision ou de mépris : *Leur foule t'a huée* (V. H.). **Siffler**, marquer sa désapprobation en sifflant; par ext., mal accueillir des pièces de théâtre, des ouvrages littéraires, des idées, des personnes qui cherchent l'approbation, mais sans l'idée de mépris moral et d'injures qu'exprime souvent *huer* : *Faire siffler Cotin chez nos derniers neveux* (Boil.). **Berner**, traiter une personne d'une manière offensante, en l'insultant, en se moquant d'elle : *Socrate fut condamné à la ciguë, après avoir été berné par Aristophane* (Volt.). **Bafouer** marque une action répétée, incessante et qui est le fait de tout le monde : *Universellement bafoué* (Volt.). *Ces petits jeunes gens qui bafouent Hugo* (J. Rom.). **Traîner aux gémonies**, accabler une personne, la rendre victime de toutes sortes d'outrages, comme les condamnés dont, à Rome, on exposait le corps sur l'escalier appelé *gémonies*. **Lapider**, fig., se dit de plusieurs personnes qui se déchaînent contre quelqu'un. — Avec l'idée qu'on flétrit une personne comme odieuse, qu'on la signale à l'aversion des gens de bien, **Honnir**, couvrir de honte, à tort ou à raison : *Les belles-lettres sont un peu honnies, et le théâtre désert* (Volt.). **Conspuer**, étym. cracher sur, repousser comme détestable, comme horrible, par une bruyante manifestation de mépris, souvent collective : *Ces systèmes absurdes sont conspués avec horreur par le monde entier* (L. H.). **Crier haro sur**, fam., se récrier contre ce que dit ou fait quelqu'un et le désigner à la réprobation de tous : *On cria haro sur le baudet* (L. F.).

Villa, maison de plaisance élégante, dans une plage, une ville d'eau ou en banlieue. **Chalet**, maison champêtre, surtout montagnarde, bâtie dans le goût des maisons en bois des montagnards suisses. **Cottage** (mot ang. désignant une ferme élégante de paysan aisé), maison de campagne petite, simple, mais élégante. **Bungalow** (mot ang. venu de l'Inde), habitation à un seul étage, basse, entourée de vérandas, et souvent en bois, à l'imitation des maisons de l'Inde. **Chartreuse**, petite maison de campagne isolée et solitaire. **Cabanon**, en Provence, pied-à-terre à la campagne, ordinairement très modeste. **Folie**, autrefois petite maison de plaisance et de rendez-vous près de la ville. — **Pavillon**, terme d'architecture, bâtiment isolé ordinairement carré et dépendant d'une maison principale dont il est séparé par des jardins, désigne, de nos jours, surtout en banlieue, une maison particulière, entourée d'un jardin, semblable à la *villa*, mais plus modeste et d'un usage plus utilitaire.

Village : → Bourg.

Villageois : → Paysan.

Ville : Assemblage d'un grand nombre de maisons dans une même enceinte. *Ville* fait penser de nos jours à l'ensemble des maisons, des habitants qui les occupent, et à l'administration municipale qui les régit. **Cité**, dans l'antiquité, territoire composé quelquefois de villes et de bourgades gouverné par des lois communes, se dit du corps politique formé par les habitants d'une ville ou des institutions qui les caractérisent : *Les maisons font la ville, mais les citadins font la cité* (J.-J. R.); comme syn. exact de *ville*, *cité*, au sens moderne, se dit bien des villes antiques, des villes modernes historiques, célèbres ou magnifiques, ou dans le style soutenu ou poétique; en un sens plus restreint, on appelle *cité* la partie la plus ancienne d'une ville, ou un groupement de maisons qui.

dans une grande ville ou dans sa banlieue, se tiennent et forment une sorte d'ensemble : *L'île de la Cité à Paris. Cité ouvrière.* **Agglomération,** masse d'habitants groupés en un même lieu et formant une ville, sa banlieue ou plusieurs villes sans solution de continuité : *L'agglomération lyonnaise.* **Localité,** lieu habité, ne désigne jamais rien de plus grand qu'une petite ville et peut se dire d'un bourg ou d'un village.

Ville d'eaux : → Station.

Villégiature : → Séjour.

Vin, liqueur alcoolique résultant de la fermentation du jus de raisin et qui sert de boisson. **Cru,** vin considéré par rapport au terroir spécial qui le produit, en général en parlant des vins renommés. **Vinasse,** résidu de la distillation des liqueurs alcooliques; par ext., fam., vin médiocre, désagréable au goût. **Piquette,** boisson faite avec de l'eau ajoutée à du marc de raisin; par ext., fam., petit vin de qualité inférieure, aigrelet, sans bouquet et sans corps. **Piccolo** (en ital. « petit »), petit vin de certains pays, est pop. : *Piccolo de Beaugency* (LAR.). **Piot,** pop. et vx, *vin,* dans quelques loc. comme *Humer le piot.* **Pinard,** pop., vin commun, et, dans le langage militaire, toute sorte de vin.

Vindicatif : → Rancunier.

Vindicte : →

Vinée : → Cave.

Vinicole : → Viticole.

Viol : → Violence.

Violation : Action de porter atteinte à ce qui doit être respecté. *Violation,* terme le plus fort et le plus général, grave atteinte portée à un engagement, à un droit, à un règlement, qui parfois peut les rendre caducs, ou atteinte portée à l'intégrité d'une chose sacrée qu'on profane : *Violation de domicile. Violation des règles du langage. Violation des mœurs* (MTQ.). **Infraction,** terme surtout juridique, ne se dit que des engagements, des règlements, des lois, qu'on ne respecte pas, sans pour cela les rendre caducs : *Infraction à un régime médical* (ACAD.). *Infraction aux règles morales admises* (M. D. G.). **Contravention,** infraction à un règlement particulier, par ex. un contrat, un traité, et spéc. dans la législation pénale actuelle, à un règlement de police, par opposition au *délit* et au *crime.* **Transgression** se dit bien pour une loi générale, universelle : *Transgression aux commandements de Dieu* (ACAD.). **Entorse,** fig. et fam., infraction à une loi, à un règlement, ou action de dénaturer une vérité, une théorie. **Manquement** implique simplement qu'on pèche par omission en ne faisant pas ce qui est dû et s'emploie souvent en parlant de la discipline, des convenances, ou des fautes morales dont on doit un compte purement intérieur : *Nos manquements n'ont de recours qu'au tribunal de Dieu* (SAND). **Violement,** vx, indiquait plutôt une violation intérieure, qui n'était pas un délit, mais un péché ou une faute contre la loi divine ou la loi morale : *Des violements de la charité* (PASC.).

Violence : ¶ 1 → Impétuosité. *Violence,* en parlant des personnes et des choses, force excessive, non contenue, envisagée surtout dans ses effets dangereux : *La violence d'un mal* (RAC.). **Fureur** (→ ce mot) ajoute une idée d'agitation désordonnée de ce qui paraît comme fou : *La fureur des combats* (FÉN.); *de ses désordres* (VOLT.). **Virulence,** violence âpre, rude, se dit surtout des écrits, des discours qui attaquent avec quelque chose de nerveux et de brutal : *Vous avez dans le style une virulence qui vous attirera de mauvaises affaires* (VOLT.). **Animosité,** violence qui a quelque chose de haineux dans un débat, une opposition : *L'animosité des partis* (BALZ.). **Déchaînement,** fureur de ce qui cesse d'être contenu et s'emporte dans une violence sans limites : *Le déchaînement des flots; de la tempête; des passions.* — **Effort,** en parlant des choses seulement, force avec laquelle elles exercent sur d'autres choses une pression, par action normale, régulière : *Cet arbre n'a pu résister à l'effort du vent* (ACAD.). ¶ 2 → Contrainte. ¶ 3 Mauvais traitement. *Violence,* surtout au pl., implique abus de la force pour contraindre ou pour donner des coups. **Brutalité** ajoute une idée de grossièreté, de rudesse, mais peut se dire simplement des mœurs, sans impliquer toujours des coups. **Sévices,** terme de droit, tout mauvais traitement pouvant aller jusqu'aux coups, exercé par un mari sur sa femme, un père sur ses enfants, un maître sur ses serviteurs. **Excès,** terme de droit, dit moins et implique qu'on dépasse ce qui est permis par la loi ou par la morale à l'égard de quelqu'un. — **Viol** et **Violement** (vx), violence que l'on fait à une femme que l'on prend de force.

Violent : ¶ 1 → Vif. ¶ 2 → Impétueux. *Violent* se dit des personnes et des choses qui agissent avec une force non contenue, excessive, **dangereuse** : *Vent violent. Passion violente.* **Furieux, Déchaîné** et **Enragé** (→ Fureur, rage) enchérissent. **Terrible,** fam., se dit des choses qui se font fortement sentir en mal : *Vent terrible. Goutte terrible* (SÉV.). **Fébrile,** au fig., se dit surtout de l'ardeur, de l'éloquence, de l'activité qui sont désordonnées, agitées. **Frénétique** enchérit sur *violent* en parlant des sentiments ou de leur expression qui ont quelque chose de délirant : *Joie frénétique*

(Flaub.). *Amour frénétique et vain* (M. d. G.). ¶ 3 En parlant des personnes, *Violent* marque le défaut de celui qui a une prédisposition à se laisser emporter par ses passions et à commettre des actes irréfléchis, nuisibles pour autrui. **Brutal** suppose rudesse, grossièreté dans les manières et parfois plaisir à donner des coups : *Homme brutal et vulgaire* (Gi.). **Farouche** indique une sauvagerie naturelle qui rend très brutal, excessif, barbare dans ses sentiments, et peut marquer parfois une qualité en parlant d'un combattant redoutable : *Farouches soldats* (Volt.). **Sanguinaire** ajoute à *violent* une idée de cruauté qui se plaît à verser le sang d'autrui. ¶ 4 En parlant du style, *Violent* marque une énergie exagérée surtout extérieure; **Virulent,** une âpreté violente dans la critique, la satire; **Véhément,** dans l'éloquence, quelque chose de vif, de mâle, qui entraîne, et se dit en bonne part : *Phrase véhémente et martelée* (Cam.). **Truculent** indique, dans les descriptions et dans les images, quelque chose de rude, mais d'assez agréable par la force de sa couleur : *Le style truculent de Rabelais.* ¶ 5 → Extrême. ¶ 6 → Excessif.

Violenter : → Obliger.

Violer : ¶ 1 → Désobéir. ¶ 2 Porter atteinte à quelque chose de sacré. *Violer* et **Profaner** ne sont guère syn. qu'en parlant d'une sépulture. *Violer* marque l'acte matériel de la dégrader et d'y fouiller avec des intentions coupables, *profaner,* au fig., insiste sur le scandale que constitue la violation de cette chose sacrée.

Violon : ¶ 1 Instrument de musique à archet. Le *Violon* a quatre cordes, la **Viole,** ancêtre du violon, avait de trois à sept cordes. **Alto,** sorte de violon plus grand qu'un violon ordinaire et monté à une quinte au-dessous. **Violoncelle,** gros violon qui sert de basse et dont on joue en le tenant entre les jambes. **Basse** a longtemps désigné le *violoncelle* dont l'ancêtre s'appelait **Basse de viole.** **Crincrin,** fam., mauvais violon. ¶ 2 → Violoniste. ¶ 3 → Prison.

Violoniste, tout homme qui joue du violon. **Violon,** violoniste considéré par rapport à l'orchestre dont il fait partie et souvent au rang qu'il y occupe : *Troupe de violons. Premier violon* (Acad.). **Violoneux,** violoniste de campagne ou qui joue dans les rues; par dénigrement, violoniste médiocre. **Ménétrier,** violoniste de village qui escorte les noces et fait danser les invités.

Vipère : Au fig. → Méchant.

Virage : → Coude.

Virago, femme de grande taille qui a les manières d'un homme. **Maritorne,** nom d'une servante de *Don Quichotte,* fille mal tournée, hommasse, laide, malpropre. **Gendarme,** fam., virago à l'air résolu, autoritaire. **Grenadier,** fam., enchérit. **Compagnonne,** femme hardie, vigoureuse : *Horrible compagnonne Dont le menton fleurit et dont le nez trognonne* (V. H.). — **Poissarde,** femme qui a des manières hardies, un langage grossier, comme une femme de la Halle.

Virer, Virevolter : → Tourner.

Viril : → Mâle.

Virtuose : ¶ 1 Personne habile en quelque genre que ce soit. *Virtuose* indique une remarquable habileté technique dans l'exécution. **Maître** dit plus et suppose un grand talent, une grande supériorité dans un art dont on connaît parfaitement les principes : *Pour Voltaire, l'actrice Mlle Clairon était « une virtuose »,* et Pope, *le poète anglais,* « *le plus grand maître de sagesse et de mœurs qui ait jamais été ».* **As,** fam., celui qui excelle, paraît unique, dans une activité quelconque (→ Aigle). ¶ 2 → Musicien.

Virtuosité : → Habileté.

Virulence : → Violence.

Virulent : → Violent.

Virus : → Poison.

Visa : → Attestation.

Visage : ¶ 1 La partie antérieure de la tête. *Visage,* terme ordinaire, s'emploie spéc. lorsqu'on veut désigner la partie de nous-mêmes où s'expriment nos sentiments ou qui nous permet d'être reconnus : *Quelle aimable pudeur sur leur visage est peinte!* (Rac.). **Face,** terme noble, s'emploie en parlant de Dieu, des princes, se dit seul en termes de médecine; ou, fam., dans le langage courant, pour qualifier un visage extraordinaire ou bizarre : *Faces de chérubins* (Chat.). *Les muscles de la face* (J.-J. R.). *Face de bernardin* (Les.); de conjuré (Volt.). **Figure,** syn. parfait de *visage,* est peut être un peu plus fam. et s'emploie bien pour désigner le visage considéré sous le rapport de la beauté : *Changer de figure* (Cam.). *Figure ordinaire* (Mau.). **Traits** et **Physionomie** (→ ce mot) ne désignent que les lignes, l'expression caractéristique d'un visage. **Front,** par ext., visage, dans le style relevé, considéré surtout comme exprimant la joie, la tristesse, la paix de la conscience, la sérénité de l'âme : *Un front qui ne rougit jamais* (Rac.). **Faciès,** terme de médecine, aspect du visage dans les maladies; par ext., dans le langage courant, conformation plus ou moins caractéristique du visage : *Un monsieur au faciès énergique et bien « retour du front »* (J. Rom.). **Masque,** caractère de la physionomie, en parlant des acteurs; par ext. expression de la physionomie qu'on se donne ou qu'on a naturellement, considérée comme une sorte d'expression théâtrale : *Masque empâté* (M. D. G.). *Masque de prospérité* (J. ROM.); se dit aussi en médecine dans la loc. *Masque de grossesse*. **Minois,** fam., visage délicat, plus joli que beau, de jeune fille et parfois d'enfant; parfois, apparence du visage, avec une nuance de plaisanterie ou de dénigrement : *Friand minois* (VOLT.). *Minois hypocrite* (L. F.). **Frimousse,** visage chiffonné d'enfant, de personne toute jeune, et par ext., *visage*, est très fam. : *Une gaieté malicieuse éclaira sa frimousse* (M. D. G.). **Trogne,** terme de moquerie, se dit surtout d'un visage enluminé par l'habitude du vin et de la bonne chère : *Plaisante trogne. Rougir sa trogne*. **Mufle,** fig. et par dérision, visage d'un homme qu'on veut injurier : *Sur ce mufle assener Le plus grand coup de poing que je puisse donner* (MOL.); ou visage odieux, bestial : *Une idole qui a le mufle de la puissance* (CAM.). **Museau,** syn. pop., plaisant ou méprisant, de *visage* : *Quand elle approchait de mon visage son museau sec et noir* (J.-J. R.). **Nez,** syn. fam. de *visage* dans les loc. comme *Montrer le nez, En faire un nez*. **Tête,** fam., en bonne et en mauvaise part, a surtout rapport à l'expression du visage : *Une belle tête. Une sale tête*. **Hure,** fig. et péj., figure, tête : *Avoir une vilaine hure* (ACAD.). **Gueule** est vulgaire et en général méprisant, mais on dit aussi : *Une bonne gueule*. **Trombine, Trompette, Margoulette** et **Portrait** sont pop. ainsi que **Binette,** qui suppose une face ridicule. Parmi les nombreux syn. argotiques, souvent péj., de *visage*, les plus usités sont **Bille, Bobine, Bouille** et **Fiole.** ¶ 2 → Physionomie. ¶ 3 → Aspect.

Vis-à-vis : En vue l'un de l'autre; l'un devant l'autre sur le même plan visuel. *Vis-à-vis,* en parlant des personnes et des choses, implique un simple rapport de position : *Je mettrai dans un recueil, en deux colonnes, vis-à-vis l'un de l'autre, mon vrai texte et celui que vous m'imputez* (FÉN.). **En face de** suppose que l'objet devant lequel un autre se trouve situé a une face, une partie antérieure de quelque étendue, et, en parlant de personnes, que la personne regarde le visage de celle qui est située vis-à-vis : *Une maison est vis-à-vis d'un arbre et un arbre est en face d'une maison* (L.). *Dans un quadrille on est placé vis-à-vis de quelqu'un, mais on soutient une opinion en face de quelqu'un.* **Face à face** ne se dit que des personnes qui s'envisagent réciproquement : *Je ne tarderai pas de voir face à face sa Majesté Prussienne* (VOLT.); avec parfois une idée d'opposition qu'il n'y a pas dans **Nez à nez,** fam., qui se dit surtout d'une rencontre fortuite où l'on est face à face de très près. **En regard** s'emploie surtout, selon l'ACAD., « en parlant de textes que l'on écrit ou que l'on imprime vis-à-vis les uns des autres pour en faciliter la comparaison » : *Une édition de Sophocle avec la traduction en regard.* **A l'opposite,** en parlant des choses seulement, suppose qu'elles sont placées l'une d'un côté, l'autre de l'autre pour un observateur placé entre les deux : *Le soleil qui se couche est vu par quelques rayons qui restent sur les montagnes à l'opposite* (Bos.).

Viscères, terme d'anatomie, toutes les parties intérieures de l'organisme dont le jeu importe à l'entretien de la vie. **Entrailles,** viscères contenus dans l'abdomen, se dit par ext. de tous les organes contenus dans le tronc de l'homme, considérés relativement à la santé, à la sensibilité morale, ou comme étant cachés, enfoncés, d'où son emploi au fig. : *Les entrailles de sa mère* (CHAT.). *Choses qui nous prennent par les entrailles* (MOL.). *Les entrailles de la terre.* **Intestin,** terme d'anatomie, conduit digestif qui va de l'estomac à l'anus dans la cavité abdominale, s'emploie surtout au sing., en parlant de l'homme, tandis que son syn. **Boyau,** qui se dit surtout des animaux, souvent relativement à l'usage qu'on peut en tirer, est vulgaire en parlant de l'homme. **Tripes,** surtout au pl., estomac d'un ruminant considéré comme aliment, ou boyaux d'un animal, est en ce dernier sens plus fam. que *boyaux* et encore plus vulgaire appliqué à l'homme.

Visée : → But.

Viser : ¶ 1 Regarder avec attention l'endroit où l'on veut porter un coup. *Viser* s'emploie en parlant d'un coup quelconque. **Mirer,** peu usité, viser avec une arme portant une mire, c'est-à-dire un petit bouton à son extrémité, que l'on place de façon qu'une ligne partant de l'œil et allant au but passe par la mire : *On mire avec un fusil; un canon*; au fig. *mirer,* syn. de *viser,* est fam. et rare : *Mirer une place, un emploi.* **Ajuster,** viser juste. ¶ 2 Avoir pour but. *Viser* marque un simple dessein, un projet qu'on a dans l'esprit, mais qui est toujours conscient, et ne se dit guère que des personnes : *Leur désir de s'élever vise des satisfactions très positives* (J. ROM.). **Tendre à** implique, en parlant des personnes et des choses, une action commencée pour se porter vers un but, mais parfois naturellement, inconsciemment et, si c'est volontairement, d'une façon vague ou cachée : *Nous passons notre vie à tendre au bien et à faire le mal* (MAINT.). **Prétendre à,** en parlant des personnes seulement, aspirer ouvertement à une chose et travailler à l'obtenir, souvent en l'emportant sur d'autres concurrents : *L'entrée* *aux pensions où je ne prétends pas* (Boil.). *Prétendre à l'intellectualité* (Proust). **Tâcher à**, suivi d'un infinitif, marque un effort soutenu, méthodique, pour atteindre ce qu'on vise : *Je vois qu'envers mon frère on tâche à me noircir* (Mol.). ¶ 3 → Examiner.

Visible : → Sensible et Évident. *Visible*, qui peut être saisi par la vue, et, au fig., qui est d'une évidence simple parce qu'il suffit de le considérer pour s'en rendre compte : *La grandeur de l'homme est si visible, qu'elle se tire même de sa misère* (Pasc.). *Tout cela est visible, avoué* (Dub.). **Perceptible** se dit de tout ce qui peut être perçu par les sens, mais, comme syn. de *visible*, s'emploie surtout dans le langage philosophique ou en parlant, au prop. et au fig., de qualités, de nuances physiques ou morales fines, délicates : *Sans aucune raison perceptible* (M. D. G.). **Percevable**, syn. peu usité de *perceptible*. **Apercevable**, du langage courant, se dit surtout au prop. de choses assez facilement perceptibles, mais qui ne sont qu'imparfaitement visibles ou qu'on ne fait que commencer à voir. **Apparent**, au prop. et au fig., très visible, manifeste pour la vue, qui attire le regard ou l'attention : *Vices apparents* (Lit.). **Distinct**, dont la forme est bien apercevable, qui ne peut être confondu avec ce qui l'entoure : *Quand le brouillard se lève, les objets deviennent distincts*. **Net** ajoute l'idée de contours précis, bien marqués, qui ne laissent subsister aucune ambiguïté sur la nature de la chose : *Cliché photographique net*. **Ostensible**, fait pour être montré ; par ext., apparent parce qu'on ne le cache pas : *Travailler d'une manière ostensible à la chute du gouvernement*.

Vision : ¶ 1 → Vue. ¶ 2 → Apparition. ¶ 3 → Imagination. *Vision*, terme courant péj., suppose un esprit dérangé, troublé, malade, rêveur, halluciné ou superstitieux, qui enfante des images vaines ou des idées folles, extravagantes, sans aucune réalité. **Hallucination**, terme médical, perception visuelle ou auditive, et parfois tactile, par un sujet éveillé, de phénomènes extériorisés qui ne correspondent à aucune réalité. **Phantasme** (ou **Fantasme**), terme de pathologie, vision illusoire produite par une lésion du sens optique, ou croyance imaginaire, distincte de l'*hallucination*, qui se produit chez les névropathes ou chez les jeunes filles au moment de leur formation ; se dit parfois au fig. : *Les fantasmes de l'ivresse*.

Visionnaire : ¶ 1 → Voyant. ¶ 2 *Visionnaire*, celui qui est l'objet de visions (→ ce mot), d'apparitions ; au fig., celui qui a des idées folles, des imaginations extravagantes, des desseins chimériques : *Un fana-*

tique grouillant d'intelligence, le contraire de la brute visionnaire (J. Rom.). **Illuminé**, visionnaire en matière de religion, et par ext. en matière de politique, enchérit, car, si le *visionnaire* se perd dans ses chimères, l'*illuminé* ne veut pas entendre raison, est dangereusement fanatique : *S'il tient du fanatique, on ne peut même pas le traiter vraiment d'illuminé* (J. Rom.). **Songe-creux**, fam., marque l'affectation habituelle d'une profonde réflexion qui n'enfante que des idées ou des projets chimériques : *Un songe-creux de mon voisinage a imprimé sérieusement qu'il jugeait que notre monde devait durer tant qu'on ferait des systèmes* (Volt.). **Utopiste**, celui qui rêve d'une société, d'une organisation idéale qui n'est que chimère. **Rêveur** est plutôt dominé par l'idée d'extravagance, d'incohérence dans les idées que par celle de chimère : *Les utopistes et les rêveurs secs* (Flaub.).

Visite : ¶ 1 Examen d'un lieu ou d'une chose. *Visite* suppose une recherche pour trouver quelque personne ou quelque chose ou pour voir si tout est en ordre : *Visite domiciliaire. Visite de la douane*. **Inspection**, examen fait avec autorité par celui qui a mission de vérifier ou de surveiller : *Des experts font la visite d'un immeuble; un fonctionnaire chargé de la salubrité en fait l'inspection*. **Ronde**, visite faite par des militaires ou par un gardien, un surveillant, pour s'assurer si tout le monde est à son poste ou si tout est normal dans le lieu qu'ils sont chargés de surveiller. ¶ 2 → Consultation. ¶ 3 → Visiteur.

Visiter : → Examiner.

Visiteur, celui qui va voir un lieu, une personne : *Éternels visiteurs* (J.-J. R.). **Visite**, visiteur effectivement reçu par une personne et considéré par rapport à celle-ci : *J'ai eu des visites*.

Visqueux : Qualificatif d'un liquide épais ou d'un corps mou qui s'attache aux choses. *Visqueux* marque une qualité naturelle, essentielle, constante, et annonce quelque chose de plus tenace que **Gluant** qui marque une qualité temporaire, accidentelle, de ce qui colle effectivement comme de la glu : *Si la terre est tenace, visqueuse, c'est de la terre glaise* (Volt.). *Un beurre gluant* (Boil.). **Poisseux** dit encore moins, pour la ténacité, mais ajoute l'idée de saleté, de crasse : *Avoir les mains poisseuses*.

Vital : → Principal.

Vitalité : → Vivacité.

Vite (Adj.) : → ¶ 1 → Dispos. ¶ 2 → Rapide.

Vite (Adv.) : → Tôt. *Vite* s'applique aux êtres animés comme aux choses pour qualifier un mouvement ou une action qui dure peu ou qui se fait de façon à durer peu : *Le temps va vite* (Volt.). *Cela partit plus vite qu'un trait* (Sév.). **Promptement** suppose, chez un être animé, une manière expéditive d'agir, de la brièveté dans l'exécution et la conception; **Hâtivement** (→ ce mot), souvent péj., le désir d'accélérer au maximum sa vitesse : *Écrire hâtivement* (Acad.). **Précipitamment** enchérit et marque l'excès de la hâte, à moins que ce ne soit une extrême vitesse imposée par les circonstances : *Juger précipitamment* (J.-J. R.). *Les Étoliens se réfugièrent précipitamment dans la citadelle* (Roll.). **Dare-dare,** fam., vite, et parfois précipitamment, en parlant du mouvement d'une personne : *Il accourut dare-dare.* **Rondement,** vite, promptement, en parlant d'une action que l'on mène avec activité, fermeté, décision : *Enfin l'impression fut reprise et marcha rondement* (J.-J. R.). **Rapidement,** très vite, en parlant des personnes et des choses. **Prestement,** promptement et avec habileté, légèreté. **Presto,** terme italien qui qualifie en musique un mouvement vif et prompt, est plus fam. **Vivement** suppose chez le sujet des réactions très rapides ou de l'ardeur : *Répondre vivement.* **En un tour de main** (ou **En un tournemain,** vx), **En un clin d'œil,** fam., qualifient une action, une opération très prompte : *En un tournemain Breteuil fut tué* (S.-S.). **Raide,** adv., vite, fort et droit, en parlant des corps qui vont dans l'air avec une trajectoire très tendue : *Cela va aussi raide qu'une flèche* (Acad.). **A la volée,** très promptement, mais seulement quand il s'agit de profiter d'une occasion favorable : *Saisir des paroles à la volée* (Acad.).

Vite (au plus) : → (à l') Instant.

Vitesse, qualité de ce qui parcourt beaucoup d'espace, fait beaucoup de choses ou se fait en peu de temps, considérée objectivement, sans faire connaître le sujet lui-même, se dit seul en termes didact., mais dans un sens différent, pour désigner le rapport de l'espace parcouru au temps employé pour le parcourir : *La vitesse d'un mouvement. La vitesse est l'attribut des oiseaux* (Buf.). **Rapidité,** grande vitesse, avec souvent l'idée de force impétueuse qui emporte et entraîne : *Il les entraîne par la rapidité de sa fuite* (Fén.). **Vélocité,** syn. de *vitesse,* est surtout du style soutenu ou didact. : *La vélocité d'une comète* (Volt.). **Célérité,** très grande vitesse, mais sans l'idée de force et de violence qui est propre à *rapidité,* s'applique souvent à une action, ce qui la rapproche des mots qui suivent, quoiqu'il n'appelle l'attention que sur le peu de temps que dure l'ouvrage et non sur l'activité du sujet : *La célérité de sa course* (Fén.); *du travail* (Buf.). — En parlant des hommes et de leurs actions

et en insistant sur l'activité du sujet pour accomplir une action, une œuvre, **Promptitude** indique le peu de temps mis à commencer et à exécuter : *La promptitude de son action ne donnait pas le loisir de la traverser* (Bos.). **Vivacité** (→ ce mot) désigne l'intense activité intérieure du sujet, la soudaineté de ses réactions, de ses conceptions, l'ardeur de son action, et accessoirement sa vitesse : *Il y vola et y mit une vivacité d'exécution que l'on n'avait point vue en Espagne de temps immémorial* (Font.). **Diligence** ajoute à *promptitude* l'idée de soin qu'on apporte à ne pas retarder le moment d'entreprendre, à choisir ses moyens, à veiller à ne rien omettre qui puisse hâter l'action : *Dans la colère on répond avec promptitude; mais on montre de la diligence à répondre à un ami qui a écrit pour demander des renseignements.* **Prestesse,** extrême promptitude due à la facilité, à l'habileté, à l'agilité ou à la légèreté, voire à la subtilité qu'on met dans son action : *S'enfuir avec prestesse. La prestesse de ses réponses.* **Hâte,** extrême promptitude due au désir d'avoir bientôt fini, mais qui peut s'accompagner de méthode. **Précipitation** implique toujours qu'on n'accorde pas à une action le temps normal, nécessaire, et donc le plus souvent qu'on la fait mal. **Presse,** hâte quelque peu brouillonne, assez proche de la précipitation.

Viticole, qui a rapport à la culture de la vigne. **Vinicole** dit plus et qualifie tout ce qui a rapport à la culture de la vigne et à la fabrication du vin : *Une région vinicole n'est pas seulement viticole, mais prépare et vend le vin de ses vignes.*

Viticulteur : → Vigneron.

Vitrail, panneau de verres assemblés par compartiments, enchâssés dans des cadres de plomb et qui le plus souvent forment une décoration ou représentent un sujet : *Un vitrail d'église.* **Rose,** grand vitrail circulaire et à compartiments, ordinairement placé dans les églises gothiques à l'extrémité de la grande nef ou du transept; en ce sens, on dit aussi couramment **Rosace.** **Verrière,** autrefois syn. de *vitrail,* de nos jours grande fenêtre ornée de vitraux ou grand vitrail : *Les verrières de Notre-Dame de Chartres.*

Vitre, tout panneau de verre qui se met à une fenêtre, une porte pour empêcher l'introduction de l'air extérieur. **Carreau,** petite vitre rectangulaire servant à remplir les intervalles vides entre les petits bois d'une croisée; par ext., dans le langage courant, toute vitre carrée ou rectangulaire, spéc. si elle est soignée et assez épaisse : *Les fenêtres sont à grandes vitres au premier étage et, au rez-de-chaussée, en petits carreaux* (Balz.).

Glace, vitre épaisse et mobile d'un wagon, d'une voiture : *Baisser les glaces.* **Vitrage,** ensemble des vitres d'un bâtiment, désigne aussi un châssis de verre servant de séparation ou de fermeture : *Le vitrage d'une montre de magasin* (Lar.).

Vitrine : → Étalage.

Vitupérer : → Blâmer.

Vivace : → Vivant.

Vivacité : ¶ 1 Grande activité. *Vivacité* marque la faculté, considérée intérieurement dans le sujet, d'avoir des réactions fortes et rapides, d'agir, de se mouvoir, de concevoir, de sentir avec une intensité et une célérité extrêmes; et, péj., le défaut de caractère qui fait qu'on réagit sans réfléchir, avec irritation : *Une vivacité qui lui faisait souvent prévenir les pensées des autres* (Fléch.). **Promptitude** regarde surtout la façon d'agir extérieure : c'est la qualité qui consiste à entreprendre et à exécuter rapidement, à avoir bientôt fait; appliqué à la conception, *promptitude* n'a rapport qu'à la vitesse avec laquelle elle effectue ses opérations, alors que *vivacité* désigne la faculté qui, par sa force, son intensité d'intuition, permet la *promptitude* : *La vivacité consiste dans la promptitude des opérations de l'esprit* (Vauv.); comme défaut, *promptitude* désigne surtout un manque de sang-froid dû à l'humeur qui fait qu'on se laisse aller plutôt à l'irréflexion qu'à la colère. **Alacrité,** vivacité gaie, entraînante ou, dans l'esprit, vivacité qui s'accompagne d'aisance : *L'alacrité de l'esprit; son agilité à produire des sentiments nouveaux* (J. Rom.). **Ardeur** enchérit sur *vivacité*, mais en parlant simplement des dispositions actives de la sensibilité, des passions et de l'action : *Vivacité dans les plaisirs... ardeur dans les passions* (Mas.). **Animation,** vivacité ou ardeur manifestée extérieurement, dans la façon d'agir, par la chaleur, le mouvement : *La vivacité d'un dialogue vient de la passion, de la force des sentiments de ceux qui parlent; son animation vient du mouvement extérieur qu'on lui imprime.* **Allant,** fam., vivacité manifestée par l'ardeur avec laquelle on entreprend. **Entrain,** allant qui souvent s'accompagne de gaieté et se communique : *Entrain communicatif* (J. Rom.). **Brio** (en ital. « vivacité »), exécution musicale vive, entraînante; par ext. vivacité surtout dans l'art, dans l'expression, qui produit une sorte de virtuosité, de facilité : *Il a du brio, des inventions cocasses* (J. Rom.). **Mordant,** vivacité combative, dans l'attaque, se dit notamment des troupes. **Salpêtre,** fig., vivacité qui rend prompt à s'enflammer : *Pontchartrain qui était tout salpêtre* (S.-S.); **Vif-argent,** vivacité qui rend remuant, dans la loc.

Avoir du vif-argent dans les veines. — Si *vivacité* marque surtout la présence de la vie par la rapidité des réactions, la facilité à être excité, **Vitalité** suppose une activité extrême dans l'accomplissement de toutes les fonctions vitales, une force de vie capable de résister à toutes les atteintes, et se dit surtout au physique : *Cette vitalité d'autrefois, cette activité que je mettais à entreprendre, ce perpétuel rebondissement* (M. d. G.). **Vie** fait surtout penser à la manifestation extérieure de la vitalité, à l'intensité des phénomènes de l'existence chez un être, mais sans l'idée de force capable de faire durer la vie : *Un peuple plein de vitalité agit, crée et se perpétue; un peuple plein de vie paraît jeune, s'agite, jouit de la vie.* — **Pétulance** marque un besoin d'activité qui rend excessivement impétueux, remuant, qui fait qu'on ne se contient plus, qu'on assaille les autres, qu'on se lance tête baissée dans l'action : *La pétulance française* (J.-J. R.). ¶ 2 → Vitesse.

Vivant : ¶ 1 *Vivant* indique le fait que le sujet existe au moment présent et accomplit les principales fonctions de la vie. **En vie** indique simplement qu'il n'est pas mort. **Vif** indique la qualité durable d'un sujet doué de vie, qui a la faculté de continuer de vivre : *On prend un ennemi vif pour le garder prisonnier, le torturer, l'échanger. On le prend vivant par opposition à ses compagnons qui sont morts.* **Viable** se dit d'un être vivant, notamment d'un nouveau-né, qui est biologiquement apte à vivre. **Vivace,** qui a une très grande force de vie, une solidité de constitution qui lui promet une longue vie. **Animé** se dit de tous les êtres, considérés abstraitement, qui, parmi les qualités qui les définissent ont reçu la vie; et, par ext., de tout ce qui, sans être vivant, a reçu, grâce à l'art, l'apparence de la vie : *L'homme est un être animé; les hommes que nous connaissons sont des êtres vivants. Dessin animé.* ¶ 2 Au fig., *Vivant* qualifie ce qui, en fait, par son aspect extérieur, nous donne l'impression de la vie : *Un récit est vivant si nous avons l'impression que ce qui vit devant nous ce qu'il nous évoque ou s'il nous semble que celui qui le fait vit devant nous.* **Vif** implique intérieurement, dans les personnes ou dans les choses, les qualités qui correspondent à la vie, c'est-à-dire la force, la chaleur, le mouvement, une certaine rapidité : *Les descriptions de Flaubert sont vivantes sans être vives.* **Animé** a rapport, comme *vivant*, à l'effet extérieur de ce qui nous donne l'impression de vivre, mais rappelle, de plus, le résultat d'une action et fait penser à la vie qu'insuffle une personne à tout ce qui manifeste sa vivacité ou son ardeur intérieures :

Les yeux brillants et les traits extraordinairement animés (Gɪ.).

Vivat : → Acclamation.

Vivement : Très fortement en parlant de l'homme considéré quant au développement de son activité. *Vivement* peut se dire d'une manière d'agir extérieure. **Ardemment** ne convient qu'en parlant de l'âme et de ses facultés, a plutôt rapport aux dispositions actives, à la passion, et enchérit sur *vivement* qui, en ce sens, a surtout rapport aux dispositions passives et au sentiment : *Quelque chose qu'on désire ardemment ou qu'on regrette vivement* (Buf.).

Viveur : → Débauché.

Vivifier, créer la vie et la donner avec tout ce qui est nécessaire pour la conserver, se dit de Dieu, par ext. des agents naturels qui donnent force et vigueur, et, au fig., de ce qui donne la vie spirituelle comme la grâce, ou de tout ce qui donne ou redonne la vie à ce qui sans cela serait mort : *Le soleil vivifie les plantes par la chaleur. Son cœur vivifie tous ceux qui l'entourent* (J.-J. R.). *Vivifier* [la ville de] *Sancerre* (B⁻ʟᴢ.). **Animer,** c'est simplement donner le souffle vital à un corps organisé, et, au fig., donner l'apparence de la vie, notamment le mouvement ou l'ardeur : *Cette vertu tranquille qui animait les formations sanitaires* (Cam.). *Prométhée anima Pandore.*

Vivoter : → Vivre. *Vivoter,* fam., subsister avec peine, faute de moyens ou de santé : *Cela est bon pour faire vivoter une pauvre pulmonique* (Sév.). **Végéter,** vivre comme un végétal; au fig., vivre au ralenti, parce qu'on a perdu l'usage de ses facultés, ou vivre dans l'inaction, dans la gêne, dans l'obscurité, ou privé de ce qui donne de l'intérêt à la vie : *Végéter dans l'oppression de sa famille* (Gɪ.). **S'endormir** (→ ce mot), vivre sans activité. **Pourrir** (→ ce mot), vivre dans un lieu abject ou un état infâme.

Vivre : ¶ 1 Être au monde en parlant des êtres animés. *Vivre* suppose qu'on accomplit toutes les fonctions de la vie, et, en parlant des hommes, qu'on en jouit, qu'on l'emploie utilement. **Exister,** qui se dit de tout ce qui est, implique simplement, en parlant des êtres animés, qu'ils sont au monde et ont la vie organique, et, en parlant de l'homme, comporte comme seul accessoire l'idée qu'on a le sentiment de sa vie ou qu'on le donne aux autres : *Car le plus dur fardeau, c'est exister sans vivre* (V. H.). *Un vieillard n'existe que parce qu'il le possède* (Mau.). **Respirer,** syn. de *vivre* dans le style soutenu : *Tant qu'il respirera, je ne vis qu'à demi* (Rac.). ¶ 2 Se maintenir en vie. *Vivre,* terme général, se dit de toutes les façons de se soutenir par le moyen des aliments : *Vivre sobrement; de l'air du temps. Vivre magnifiquement.*

Subsister, vivre et s'entretenir, a uniquement rapport aux ressources qui sont exactement nécessaires pour cela; aussi est-ce souvent un terme d'administration : *Pour empêcher les ennemis de subsister* (Volt.). **Vivoter** (→ ce mot), fam., vivre petitement, subsister avec peine. ¶ 3 → Subsister. ¶ 4 *Vivre avec* : → Fréquenter. ¶ 5 → (se) Conduire.

Vivre (N.) : ¶ 1 → Vie. ¶ 2 → Nourriture. ¶ 3 *Vivres* : → Subsistances.

Vocable : → Mot.

Vocabulaire : ¶ 1 → Dictionnaire. ¶ 2 En parlant d'un écrivain, *Vocabulaire,* ensemble des mots qu'il emploie; **Langue,** vocabulaire et syntaxe qui lui sont propres.

Vocalise, en termes de musique, trait de chant sur une ou plusieurs syllabes, sans prononcer les paroles ni nommer les notes : *Les vocalises des muezzins* (Loti). **Roulade,** vocalise formée de trilles, de notes légères et rapides : *Les roulades aiguës du serin, pareilles aux trilles d'une flûte lointaine* (Zola).

Vocaliser : → Chanter.

Vocation : → Disposition.

Vociférer : → Crier.

Vœu : ¶ 1 → Serment. ¶ 2 → Souhait. ¶ 3 → Demande.

Vogue : 1 → Cours. ¶ 2 → Mode.

Voguer : → Naviguer.

Voie : ¶ 1 *Voie,* terme général assez rare au prop., tout ce qui mène en quelque lieu, sur l'eau, dans le ciel, même si ce n'est pas l'œuvre de l'homme, s'emploie surtout dans le langage relevé, savant, ou de la jurisprudence pour désigner tous les lieux où l'on circule : *La voie publique;* et se dit seul des anciennes routes romaines : *La voie Appienne.* **Chemin** et **Route,** dans le langage ordinaire, toute voie qu'on peut parcourir pour aller d'un lieu à un autre. *Chemin* (→ ce mot) a un sens plus étendu que *route* (→ ce mot), qui désigne surtout un large chemin bien bâti pour les voitures, implique une direction certaine, invariable, fixe, et fait penser abstraitement à la direction, au tracé, aux lieux traversés alors que le *chemin* peut être un simple passage et se considère surtout par rapport à sa nature, à la matière qui le compose, à la quantité qu'on en parcourt : *De grandes routes et des chemins de traverse* (Volt.). *S'écarter de sa route parce qu'on ne voit plus le chemin* (Bos.). *Faire route, c'est voyager; faire du chemin, c'est abattre une certaine distance.* **Artère,** fig., toute voie de communication (chemin, rivière, voie ferrée, rue, etc.) assurant une circulation vitale pour un pays, une ville.

¶ 2 Au fig., conduite à tenir pour arriver à une fin. **Chemin** et **Route** indiquent quelque chose d'ordinaire, de frayé, de battu pour atteindre un but commun, la *route* étant large, relative à la direction, au nombre de ceux qui la suivent, le *chemin*, plus étroit et relatif à la difficulté plus ou moins grande : *Le chemin raboteux du salut, la route interminable* (Pég.). *Voie*, moyen particulier pour arriver à une fin particulière : *L'amour règne au théâtre, les femmes ont réduit les auteurs à ne marcher que dans ce chemin qu'elles leur ont tracé, et Racine seul est parvenu à répandre des fleurs sur cette route trop commune. Il est à croire que le génie de Corneille aurait pris une autre voie s'il avait pu secouer le joug* (Volt.). **Avenue,** au fig. surtout au pl., large route considérée comme un moyen d'accès convergeant vers un but souvent éloigné : *Les avenues du pouvoir. — Ce qui va au centre de l'âme des autres s'arrête aux avenues de la leur* (Balz.). **Sentier,** au fig., chemin ou voie difficile ou solitaire : *Les sentiers et les broussailles de la vie quotidienne* (J. Rom.). **Brisées,** branches rompues par le veneur pour reconnaître l'endroit de la bête; au fig., voie que quelqu'un s'est tracée pour lui, dans des loc. comme *Suivre les brisées, Aller sur les brisées de quelqu'un.* **Trace,** fig., **Sillon** et **Sillage,** fig. et indiquant une imitation plus précise, voie ouverte par celui qui sert de précurseur ou de modèle, dans des loc. comme *Suivre les traces, le sillon* ou *le sillage de quelqu'un.* ¶ 3 → Moyen.

Voie ferrée : ¶ 1 Lieu où passent les trains. *Voie ferrée,* la chose même, considérée concrètement, en tel ou tel endroit de son parcours : *Traverser la voie ferrée.* **Ligne,** voie ferrée considérée abstraitement, comme joignant tel lieu à tel autre, suivant telle ou telle direction : *Tracer une ligne de chemin de fer; construire une voie ferrée.* ¶ 2 → Train.

Voile : Au fig. → Manteau.

Voilé : ¶ 1 → Sourd. ¶ 2 Dont l'éclat est amorti, en parlant d'une source de lumière. *Voilé* implique que la source de lumière est enveloppée, presque cachée; **Tamisé,** que son éclat est simplement intercepté et adouci.

Voiler : → Cacher.

Voir : ¶ 1 *Voir,* employé absolument, être en état de se servir du sens de la vue, de transformer en sensations les impressions reçues par l'œil : *Un aveugle ne voit pas.* **Percevoir,** qui se dit pour toutes les sensations, suppose, toujours avec un comp., lorsqu'il s'applique à la vue, qu'on prend connaissance des objets qui ont fait impression sur la vue et qu'on en conçoit l'idée : *Un nouveau-né voit, mais ne perçoit pas la distance, la couleur*; mais c'est un terme de philosophie qui s'emploie surtout en parlant des qualités des choses sensibles à la vue, souvent assez délicates à saisir, et qu'on remplace le plus souvent dans le langage courant par *voir* employé avec un comp. : *Certaines gens ne perçoivent pas toutes les couleurs; on voit un homme dans la rue.* **Apercevoir,** commencer à voir et à connaître, par une action volontaire, avec effort, malgré l'éloignement et la petitesse, et imparfaitement : *On apercevait de loin des collines et des montagnes qui se perdaient dans les nues* (Fén.). **Aviser,** voir, sans le chercher, ou apercevoir ce qui se trouve en face de soi et qui apparaît brusquement, ou à quoi on n'avait pas encore fait attention : *Il avisa un petit fauteuil* (M. d. G.). **Entrevoir,** voir imparfaitement ou en passant : *Elle voudrait que je le connaisse mieux, car je n'ai fait que l'entrevoir* (Gi.). **Distinguer,** voir nettement un objet de manière à ne pas le confondre avec plusieurs autres, indique une opération assez facile, souvent parce que l'objet s'offre nettement à la vue : *Je commence à voir quelque chose, mais je ne distingue rien* (Val.). **Discerner,** dans le même sens, suppose un effort, une opération difficile faite souvent à l'aide d'un appareil et dont le résultat est parfois imparfait : *A l'aide du microscope on discerne les plus petits objets* (Acad.). **Découvrir,** voir et connaître à plein, d'une manière facile et manifeste : *Ouvrez les yeux dans un lieu sombre, vous n'apercevrez rien dans l'air; mais ouvrez-les près d'une fenêtre, aux rayons du soleil, vous y découvrirez jusqu'aux moindres atomes* (Fén.). **Embrasser,** découvrir un ensemble dans toute son étendue : *Embrasser la maison d'un coup d'œil* (Zola). **Planer sur,** fig., embrasser de haut ce que l'on domine. **Remarquer,** avoir l'attention attirée par ce qu'on distingue dans un ensemble, qu'on le cherche ou non : *On remarque également dans la multitude celui qui est plus grand que les autres et celui qui est placé sur un lieu plus élevé* (Duc.). **Noter,** remarquer avec attention et se souvenir. **Surprendre,** voir ou remarquer des actions, des gestes qui échappent à quelqu'un et qui font découvrir malgré lui ce qu'il pense, ce qu'il éprouve : *N'ai-je pas même entre eux surpris quelque regard?* (Rac.). **— Visionner,** néol., s'emploie parfois dans la langue technique en parlant de films, d'images, qu'on va voir pour les examiner et non pour le plaisir ou la curiosité. ¶ 2 → Fréquenter. ¶ 3 → Regarder. ¶ 4 → Entendre. ¶ 5 → Juger.

Voir le jour : → Naître.

Voire : ¶ 1 → Vraiment. ¶ 2 → Même.

Voirie : Lieu où l'on porte les immondices. *Voirie*, terme d'administration, évoque abstraitement ce lieu : *Le corps d'Adrienne Lecouvreur fut jeté à la voirie.* **Dépotoir**, lieu ou usine destinés à recevoir les matières fécales, les ordures, les boues, et, par ext. lieu où s'accumulent des choses hétéroclites ou malpropres : *Les mauvaises odeurs d'un dépotoir.* **Bourrier**, endroit où l'on dépose les ordures ménagères, est dialectal.

Voisin : → Proche.

Voisinage : → Proximité.

Voiture : Moyen de transport consistant en une caisse ou une plate-forme montée sur roues. *Voiture*, terme générique, se dit aussi bien des voitures anciennes ou modernes à chevaux, que des voitures automobiles actuelles; est devenu le syn. usuel d'**Automobile** et se dit aussi, en termes de chemin de fer, des **Wagons** (→ ce mot). — Pour désigner des espèces de voitures à chevaux : **Chariot** (→ ce mot), voiture à quatre roues pour le transport des marchandises; **Charrette** (→ ce mot), voiture à deux roues pour le transport ou la promenade; **Coche** (→ ce mot), voiture publique; **Tonneau, Calèche, Berline, Landau, Victoria, Phaéton, Break**, etc., désignent des variétés de voitures à chevaux d'autrefois. — En son sens général, *voiture* a pour syn. **Véhicule**, tout transport par terre, par eau et par mer, et spéc., surtout dans le langage administratif, voiture rangée dans une certaine catégorie : *Un commerçant vend des automobiles que tout le monde appelle voitures, mais que le fisc classe dans la catégorie des véhicules automobiles;* dans le langage courant, *véhicule*, pour désigner une voiture, est volontairement vague ou péj. **Guimbarde**, fam., vieille et lourde voiture couverte, à chevaux ou automobile. **Tacot**, fam., tout véhicule d'un modèle ancien, ou d'un fonctionnement défectueux, se dit surtout d'une automobile dont le moteur marche mal. **Patache**, fam., mauvaise voiture incommode et désuète. **Tapecul**, fam., voiture, surtout à cheval, cahotante et rude. **Berlingot**, très fam. et peu usité, mauvaise voiture. **Clou**, syn. de *tacot*, est pop. **Bagnole**, pop., mauvaise voiture, ne comporte pas toujours de nos jours ce sens péj., au moins en parlant d'une automobile. — *Voiture* se dit aussi dans le langage courant d'une voiture de place, qui est à la disposition du public dans les villes et qu'on loue pour une course; de nos jours, on l'appelle plus simplement **Taxi** quand elle est automobile; du temps des voitures à chevaux, on l'appelait **Calèche, Fiacre**, suivant sa forme, **Sapin** étant un syn. très fam. de *fiacre*.

Voiture cellulaire, voiture divisée en compartiments au moyen de laquelle on transporte plusieurs prisonniers, a pour syn. fam. **Panier à salade.**

Voiturer : → Transporter.

Voiturier se disait aussi bien de l'entrepreneur que de ses ouvriers qui transportaient marchandises et voyageurs, par terre ou par eau; il a vieilli et l'on dit **Transporteur. Roulier**, ouvrier qui transportait en voiture des marchandises sur les routes; on disait aussi **Camionneur**, plus usité de nos jours en parlant de ceux qui conduisent des camions automobiles et qu'on appelle plus fréquemment **Routiers**, qui fait penser à leur métier et à leurs conditions de vie.

Voix : ¶ 1 Ensemble de sons articulés prononcés par un homme. *Voix* a rapport au son qui caractérise un homme d'une façon permanente : *Viens, reconnais la voix qui frappe ton oreille* (RAC.). **Parole** (→ ce mot), ton de la voix, dans une circonstance particulière ou en général, selon qu'elle est forte ou faible, douce ou rude, d'un débit clair ou confus : *Parole douce, simple, insinuante* (FÉN.). *Avoir la voix haute, parler fort. Avoir la parole haute, s'exprimer avec arrogance.* — Au fig. *voix* a rapport aux conseils, aux suggestions qui émanent d'une personne et par ext. d'une chose et nous touchent parce qu'ils viennent d'elle : *Mal résistant à la voix de la solitude et à l'appel des ténèbres* (BAR.). *Parole* a rapport à l'éloquence qui entraîne, persuade par la façon dont les choses sont dites : *Les Athéniens étaient sensibles à la parole de Démosthène.* ¶ 2 → Bruit. ¶ 3 → Vote.

Voix publique, ce que tout le monde dit pour exprimer le sentiment, l'opinion commune : *Tous veulent qu'il soit mort et c'est la voix publique* (CORN.). **Rumeur publique** s'emploie plutôt en parlant de la réunion des opinions ou des soupçons du public contre quelqu'un : *La rumeur publique l'accusait de cet assassinat* (LIT.). **Renommée**, voix publique qui annonce ce qui est remarquable, loue ou blâme quelque personnage : *Je fus sourde à la brigue et crus la renommée* (RAC.).

Vol : ¶ 1 *Vol*, mouvement des oiseaux et de divers animaux qui se soutiennent et avancent dans l'air au moyen de leurs ailes : *Le vol de l'aigle; du bourdon.* **Volée**, l'espace qu'un oiseau peut parcourir en une seule fois, ou vol particulier, caractéristique d'une espèce, ou pris pour s'échapper : *On dit que les hirondelles traversent quelquefois la Méditerranée tout d'une volée* (ACAD.). *L'ombre d'une branche agitée suffit pour faire prendre au faisan sa volée* (BUF.). **Envol**, action de prendre son vol ou sa volée. **Essor** dit beaucoup plus et implique que l'oiseau prend très haut dans les airs un vol rapide, libre, hardi : *L'essor de l'aigle* (Acad.). — En parlant d'un avion, on ne dit que *vol* et *envol*; ce dernier mot a pour syn. **Décollage.** ¶ 2 *Vol,* quantité d'oiseaux ou d'insectes qui arrivent de loin en même temps en un lieu : *Un long vol de corbeaux passe en rasant la terre* (Lec. d. L.). **Volée,** bande d'oiseaux qui volent, se posent çà et là, autour d'un lieu, et, toujours ensemble, forment souvent une compagnie : *Une volée de pigeons.*

Vol : Action de prendre pour soi ce qui est à autrui. *Vol,* terme général, toute action de ce genre faite de n'importe quelle façon par ruse ou par force : *Les lois de Lycurgue sur le vol* (Mtq.). **Larcin,** vol commis en secret et sans violence, ou vol peu grave d'un objet de peu de valeur, et même, sans aucune idée de blâme ou en bonne part, le fait de prendre une chose comme un baiser qu'on refuse, une idée ou une expression à un auteur, de dérober à quelqu'un une chose ou une personne pour la sauver : *Amoureux larcin* (Les.). *L'heureux larcin* (Rac.) *de Joas enfant par Josabet.* **Escroquerie,** vol commis par ruse, en obtenant la remise du bien d'autrui par des moyens frauduleux. **Indélicatesse,** euphémisme pour *vol* ou *escroquerie.* **Effraction,** bris de clôture, de meuble, de serrure pour voler. **Maraude** (→ Marauder), larcin de fruits, de légumes, de volailles, dans les champs, les villages, les fermes, par des soldats qui s'écartent de l'armée, et, par ext., par d'autres personnes. **Maraudage,** pratique de la maraude ou maraude considérée comme un délit. **Grivèlerie,** autrefois profit illicite d'un fonctionnaire, ne se dit plus que de l'action de prendre une consommation dans un café ou un restaurant sans avoir de quoi les payer. **Volerie,** petit vol pas trop grave, ou suite répétée de petits vols. **Malversation** (→ ce mot) et ses syn., vol d'administrateur ou vol commis dans l'administration. **Rapine** (→ ce mot) et ses syn., vol commis avec violence et, par ext., vol ou malversation graves et ruineux. **Cambriolage, Friponnerie, Filouterie, Carambouillage :** → Voleur; **Entôlage :** → Voler.

Volage : → Changeant.

Volatile : → Oiseau.

Volatilisation : → Vaporisation.

Volatiliser (se) : ¶ 1 → (se) Vaporiser. ¶ 2 Au fig. : → Disparaître.

Volcanique : → Impétueux.

Volée : ¶ 1 → Vol. ¶ 2 → Troupe. ¶ 3 → Rang. ¶ 4 → Décharge. ¶ 5 → Coup. Ensemble de coups nombreux et consécutifs. *Volée* implique une supériorité dont on use

pour châtier ou pour accabler un adversaire. **Correction,** volée pour châtier, est d'un style plus élevé. **Danse,** en ce sens, est pop. **Bastonnade,** volée de coups de bâton. **Fessée,** fam., coups de mains ou de verges donnés sur les fesses, surtout à un enfant qu'on châtie. **Déculottée,** fessée et parfois volée, est pop. **Rossée,** fam., volée d'un grand nombre de coups. **Roulée,** fam., volée brutale, violente. **Peignée,** très fam., rude correction ou échange de coups. **Dégelée, Frottée, Trempe, Tripotée,** forte volée, **Tournée,** qui se dit bien d'une forte correction infligée à un enfant, sont pop.; ainsi que **Raclée, Tatouille** et **Tannée,** syn. de *rossée* ou de *roulée.* **Fricassée,** syn. pop. de *volée,* est plutôt plaisant. **Secouée,** pop., se dit aussi bien d'une réprimande que d'une volée. **Pile,** pop., volée infligée par un adversaire supérieur et par ext. défaite, dans des loc. comme *Flanquer, recevoir une pile.* **Dérouillée,** volée, est argotique.

Volée (à la) : → Vite.

Voler : ¶ 1 *Voler* se dit proprement des oiseaux, de certains insectes qui ont des ailes, et, par ext., des animaux qui sans avoir des ailes se soutiennent dans l'air, des appareils plus lourds que l'air qui s'élèvent dans l'air, de ceux qui les montent, et des choses poussées dans l'air à une grande vitesse : *L'hirondelle vole. Poisson volant. Avion et passagers volant au-dessus de l'Atlantique. Poussière qui vole.* **Planer,** se soutenir dans l'air les ailes étendues et immobiles en parlant des oiseaux, et par analogie d'un avion qui se soutient sur les plans horizontaux, le moteur arrêté. **Pointer,** monter en flèche vers le ciel en parlant des oiseaux. **Voltiger** (→ ce mot), voler à de fréquentes reprises tantôt d'un côté, tantôt d'un autre, en parlant des oiseaux. ¶ 2 → Courir.

Voler : Prendre à une personne ce qui lui appartient pour se l'approprier (≠ S'approprier; ≠ Déposséder : → ces mots). *Voler,* terme général, se dit quel que soit le procédé employé, et implique toujours un délit. **Dérober** (→ ce mot), voler en échappant aux regards, s'emploie parfois, comme *larcin* (→ Vol), pour désigner quelque chose d'assez peu grave ou même d'indifférent : *Dérober un baiser; une caresse* (J.-J. R.). **Marauder** (→ ce mot), pratiquer la maraude (→ Vol), et par ext., commettre de menus larcins. — **Dévaliser,** voler ou dérober à quelqu'un, chez lui ou en voyage, son argent, ses effets, ses meubles : *Un domestique m'ayant déjà dévalisé* (Les.). **Cambrioler,** dévaliser un appartement, une maison, par effraction, escalade ou à l'aide de fausses clefs. **Détrousser,** dévaliser par la violence un passant ou un voyageur de ce qu'il porte sur lui ou avec lui. **Dépouiller,** enlever à quelqu'un tout ce qu'il a, n'est syn. de *voler* que lorsque celui qui dépouille s'approprie ce qu'il enlève sans que cela lui appartienne de droit, et marque alors le dénuement de celui qui est volé : *Les voleurs l'ont entièrement dépouillé* (Lit.). **Piller** (→ ce mot), s'emparer par la force des biens d'une ville, d'une maison, n'est syn. de *voler* que lorsque cette action peut être qualifiée de vol et comporte toujours une idée de violence, ou d'importance, en parlant des vols commis par concussions, exactions, malversations (→ ce mot). **Détourner** (→ Distraire), voler en affectant à une autre destination que la destination normale : *Détourner des fonds*. **Rançonner** n'est syn. de *voler* que pour qualifier l'action d'un voleur, d'un bandit qui exige, par la force, une somme d'argent d'un passant, d'un voyageur; ou par ext. d'un commerçant ou d'une autorité malhonnête qui exigent plus qu'il n'est juste ou raisonnable. — **Escroquer**, se faire donner de l'argent qu'on vole, sans violence, en captant la confiance par des moyens frauduleux : *Je ne dis rien des écus qu'il escroque aux passants dans les tavernes et qu'il nie ensuite d'avoir empruntés* (J.-J. R.). **Filouter**, fam., voler par ruse, moyens détournés, tricherie, abus de confiance. — **Extorquer**, obtenir de quelqu'un quelque chose par violence morale ou contrainte, **Soutirer**, obtenir par ruse ou importunité, ne sont syn. de *voler* que lorsque cette action constitue une escroquerie, ainsi d'ailleurs qu'**Exploiter**, obtenir un profit illicite, soit par exaction, soit en profitant de la faiblesse ou de la crédulité de quelqu'un, et **Gruger**, dans la loc. fig. et fam. *Gruger quelqu'un*, lui dissiper son bien, son argent, par toutes sortes de petites rapines (→ Ruiner). **Flouer**, très fam., voler en escroquant. **Piper**, voler en trichant au jeu : *Vous pipâtes au jeu, pour douze mille écus, ce jeune seigneur étranger* (Mol.); ou dérober ou escroquer de l'argent par tromperie (→ Dérober). **Emprunter**, par euphémisme, *voler, escroquer*; ainsi qu'**Alléger de, Délester de, Soulager de**, syn. de *dépouiller*. **Carotter**, pop., voler par ruse, mensonge. **Buquer**, en argot, voler dans une boutique en demandant de la monnaie (on dit aussi **Voler à la gare**); **Cabasser**, en argot, mettre dans son cabas, voler, filouter. **Empiler**, voler en trompant, **Charrier**, voler en mystifiant, sont aussi argotiques; pour d'autres syn. argotiques : → Dérober. **Faire sa main**, fig. et fam., piller, dérober, faire des profits illicites. **Faire main basse sur**, prendre une chose placée en quelque lieu et souvent la voler. **Soustraire**, dérober ce qu'on retire d'un ensemble : *Soustraire des papiers, des fonds*. **Entôler**, voler de l'argent ou des valeurs à un client qu'elle a entraîné chez elle, en parlant d'une fille publique ou de son complice.

Volerie : → Vol.

Volet : ¶ 1 Panneau qui se place contre le châssis d'une fenêtre pour le garantir ou pour réduire la lumière du jour. *Volet*, panneau de menuiserie ou de tôle placé à l'intérieur, s'applique par ext. à un panneau extérieur. **Contrevent**, grand volet extérieur, le plus souvent en bois. **Persienne**, chacun des deux volets de bois ou de fer, faits de lames horizontales en abat-jour, et placés à l'extérieur d'une fenêtre. **Jalousie**, espèce de persienne unique formée de planchettes minces assemblées parallèlement qu'on peut remonter et baisser à volonté au moyen d'un cordon. ¶ 2 → Pigeonnier.

Voleter : → Voltiger.

Voleur : Celui qui s'approprie ce qui appartient à autrui. *Voleur*, terme général, se dit que l'action se commette par ruse ou par force, ouvertement ou en secret. **Larron**, voleur qui opère des larcins, en cachette, furtivement. **Bandit** (→ ce mot), voleur qui opère à main armée et souvent en troupe. **Maraudeur, Pillard** et **Cambrioleur** : → Voler. **Fripon** (→ ce mot) et **Escroc**, voleur adroit, qui opère par tromperie. **Filou**, syn. de *fripon*, implique toujours subtilité, se dit notamment d'un voleur qui, grâce à une grande habileté manuelle, enlève en un tour de main ce que les gens ont sur eux : *Je vous l'ai volé, en arrivant, de tout ce que j'avais par des filous à la foire Saint-Germain* (Volt.); et a pour syn. **Voleur à la tire**, celui qui tire des poches des gens les objets qu'il dérobe, autrement dit **Pick-pocket** (ang. *to pick*, enlever + *pocket*, poche), ou **Coupeur de bourses**, plus archaïque, ou **Vide-gousset**, fam. **Rat**, syn. argotique de *voleur*, est couramment employé dans la loc. *Rat d'hôtel*, fam., filou qui dévalise les voyageurs dans les chambres d'hôtel. **Tire-laine**, vx, filou qui volait les manteaux la nuit. **Escogriffe**, vx, celui qui prend hardiment le bien d'autrui, **Bonneteur**, vx, celui qui filoutait les gens qu'il avait attirés par force civilités. **Carambouilleur**, terme d'argot fort usité, voleur qui se fait livrer des marchandises qu'il ne paie pas et revend aussitôt. **Briseur**, et plus rarement **Leveur**, termes d'argot, escroc qui capte la confiance d'un négociant par des achats fidèlement soldés d'abord, pour arriver à un achat considérable qu'il ne paie point. — **Pègre**, terme collectif d'argot devenu usuel, l'ensemble des voleurs, fripons, escrocs, formant une sorte de classe sociale. **Malfaiteur** (→ ce mot) et ses syn. s'appliquent aussi à un *voleur*, en un sens plus vague, ainsi que certains syn. de *corsaire* (→ ce mot) comme **Pirate, Flibustier** et parfois **Forban,** plutôt syn. de *fripon,* d'*escroc; voleur* et *escroc* ont aussi pour syn. certains syn. de *vaurien* (→ ce mot) comme **Chenapan, Crapule, Canaille, Coquin, Gredin** et surtout **Fripouille. — Kleptomane** ou **Cleptomane,** terme médical, celui qui, par affection morbide, est atteint de la manie du vol.

Volière : → Cage.

Volontaire : ¶ 1 *Volontaire,* **Bénévole :** → Volontairement. ¶ 2 → Têtu et Indocile.

Volontairement : De soi-même. *Volontairement* et **De bon gré** ont rapport à la liberté de celui qui suit ses résolutions, *volontairement* excluant la contrainte et *de bon gré* la force : *On subit volontairement une opération chirurgicale; une ville se rend de bon gré à son vainqueur.* **Sciemment** et **A bon escient,** en pleine connaissance de cause, en sachant bien quelles seront les conséquences de l'acte. **Intentionnellement, A dessein, De propos délibéré,** qui enchérit l'un sur l'autre, volontairement et pour une fin précise. **Exprès** enchérit et suppose une intention formelle, une fin qui explique l'acte exclusivement. **Délibérément,** volontairement et avec une grande décision. **Volontiers** marque l'inclination de celui qui agit sans répugnance; **De bon cœur,** celle qui nous fait agir avec plaisir : *Ce poète écoute volontiers les poèmes des autres et lit de bon cœur les siens.* **De bonne grâce** a rapport à l'extérieur, aux manières et suppose qu'on agit sans rechigner, avec gentillesse : *« C'est d'aussi bon cœur que de bonne grâce qu'elle a fait cette expédition »* écrit Mme de Sév. *d'une jeune personne qui est venue la voir à la campagne.* **Bénévolement** suppose qu'on se prête à quelque chose avec bienveillance et par ext. qu'on s'offre de soi-même pour faire quelque chose, rendre un service, sans même y être invité.

Volonté : ¶ 1 Faculté ou action de celui qui veut. *Volonté* désigne plutôt la faculté considérée chez un individu, ou comme s'exerçant de telle ou telle façon. **Vouloir,** vieilli, se dit de la faculté considérée absolument : *Volonté ferme, inébranlable. Diminuer jusqu'à l'annihilation leur vouloir* (Gi.). **Volition,** terme de philosophie, acte particulier par lequel la volonté se détermine : *La volonté est la faculté de vouloir et la volition un acte de volonté* (Lar.). — Pour désigner l'exercice de la faculté, *volonté* fait penser à la chose que l'on veut, d'une façon durable, et, dans la loc. *bonne, mauvaise volonté,* marque une disposition assez vague et permanente : *Telle est ma volonté. Les hommes de bonne volonté; vouloir* désigne plus abstraitement l'action d'exercer sa volonté, parfois indépendamment de tel ou tel objet, souvent par opposition à la réalisation, et, dans la loc. *bon, mauvais vouloir,* marque plutôt une intention précise dans tel ou tel cas particulier : *Un esprit de domination illogique, le vouloir pour le vouloir* (Balz.). *Manifester son mauvais vouloir en refusant.* ¶ 2 *Volonté,* détermination en général fixe, arrêtée, inflexible, d'accomplir une action prochaine ou d'ordonner qu'on l'accomplisse, et qui se manifeste explicitement. **Intention,** détermination plus vague et relative à quelque chose d'éloigné vers quoi on tend, sans être tout prêt à la faire, et qui est souvent implicite; appliqué à une action actuelle, *intention* désigne la partie de la conduite qui est cachée, qui est jugée bonne ou mauvaise par opposition aux actions apparentes dont elle est la raison, mais qui peuvent très bien ne pas lui correspondre : *Sa molle intention de geste* (J. Rom.). *On a la volonté de blesser quelqu'un; mais on peut le blesser alors qu'on avait l'intention de lui faire plaisir.* **Dessein** suppose un arrangement de moyens, des dispositions, un plan réfléchi et méthodique pour réaliser sa volonté ou son intention : *La volonté de nuire en recherche l'occasion; l'intention de nuire l'attend; le dessein de nuire dresse son plan, se prépare, c'est un coup monté ou concerté, une ruse, un artifice, un piège* (L.). **Résolution** (→ ce mot) ajoute toujours à *volonté* l'idée d'une délibération préalable à l'issue de laquelle on a choisi une détermination à laquelle on se tient fermement. **Désir** marque uniquement le besoin qu'on éprouve d'avoir une chose ou de la voir réalisée, sans rien faire pour passer à l'acte, à la détermination de l'obtenir : *Désir et volonté sont deux choses très différentes, si différentes qu'un homme sage veut et fait souvent ce qu'il ne désire pas* (Volt.); *désir* se dit souvent, par litote, pour *volonté* : *C'est le désir de votre père que vous fassiez cela.* **Parti pris,** toute résolution prise d'avance en matière d'opinion ou de conduite : *Un parti pris d'archaïsme* (Acad.). *Il y a chez cet homme politique un parti pris d'ignorer certaines réalités.* **Décret,** au fig., ne se dit que des volontés, des décisions de Dieu, de la Providence et, par ext., des volontés qu'on prête au sort ou au destin : *Par un décret des puissances suprêmes* (Baud.). **Velléité,** péj., volonté faible, passagère, qui n'a pas d'effet. **Gré,** parfois syn. de *volonté,* de *désir,* désigne alors, d'une façon purement passive, la volonté considérée comme déterminée par ce qui lui plaît, ou le désir comme satisfait par ce qui le comble : *On se marie contre la volonté de ses parents, quand ils voulaient qu'on se mariât autrement ou qu'on ne se mariât* *pas; contre leur gré, quand, le mariage ne leur plaisant pas, ils ne l'acceptent pas.* ¶ 3 → Fermeté. ¶ 4 Au pl. → Caprice.

Volonté (à) implique qu'on est en fait entièrement libre de faire une chose comme on veut, ou de prendre autant qu'on veut d'une chose. **A discrétion,** dans ce dernier sens seulement, implique qu'on laisse quelqu'un libre de déterminer lui-même la quantité qu'il veut prendre d'une chose : *En Eldorado, Candide avait de l'or à volonté; dans certains restaurants, on donne du vin à discrétion.* **A gogo,** très fam., autant qu'on peut en prendre, marque l'abondance d'une chose : *On a tout ici à gogo.* **En veux-tu? en voilà,** syn. de *à gogo,* est pop., mais se dit parfois ironiquement pour marquer l'abondance de choses plutôt désagréables.

Volontiers : ¶ 1 → Volontairement. ¶ 2 → Ordinairement.

Volte : → Tour.

Volte-face : → Changement.

Voltiger : ¶ 1 → Voler. Voler à de fréquentes reprises, tantôt d'un côté, tantôt d'un autre. *Voltiger* implique inconstance dans la direction et fréquence des reprises en divers sens, par une sorte de fantaisie dont est animé l'oiseau ou l'insecte : *Des papillons voltigeaient sur des fleurs de cerisier* (Loti). **Voleter** suppose des volées brèves et des pauses fréquentes par impuissance à voler longtemps ou nécessité de faire halte : *Et les petits* [de l'alouette] *voletant, se culbutant* (L. F.). ¶ 2 Au fig. *Voltiger* indique l'esprit inconstant et léger de l'homme qui ne se fixe jamais : *Voltiger de lecture en lecture* (Rac.). **Papillonner,** voltiger comme le papillon, ne se dit qu'au fig. et peint peut-être davantage, au physique, celui qui va sans cesse d'une personne à une autre sans jamais se fixer : *Papillonner de belle en belle.* ¶ 3 → Flotter.

Volubile : ¶ 1 → Tordu. ¶ 2 → Babillard.

Volubilité : → Faconde.

Volume : ¶ 1 → Livre. ¶ 2 Étendue d'un corps à trois dimensions. *Volume,* terme didact., se dit pour les solides et les fluides et désigne l'espace qu'ils occupent. **Grosseur,** plus ordinaire, se dit pour les personnes et pour les corps solides et, dans ce dernier cas, désigne un volume approximativement évalué, souvent par comparaison : *On calcule le volume d'une sphère. Une verrue de la grosseur d'un petit pois.* **Calibre,** grosseur d'un projectile proportionnée au diamètre intérieur de l'arme; en termes d'architecture, volume ou grosseur de choses cylindriques : *Les deux colonnes sont de même calibre* (Acad.).

Volumineux : → Gros.

Volupté : → Plaisir. État de celui qui consacre sa vie à des jouissances raffinées. La *Volupté* est active, c'est un art de raffiner le plaisir, la **Mollesse** est passive, c'est une délicatesse efféminée.

Voluptueux : ¶ 1 → Sensuel. ¶ 2 → Libertin.

Vomir : ¶ 1 Rejeter convulsivement par la bouche des matières contenues dans l'estomac. *Vomir,* terme usuel en parlant de l'homme et des animaux. **Rendre,** syn. de *vomir* par euphémisme, surtout en parlant des personnes. **Restituer** est fam. en ce sens : *Restituer son déjeuner.* **Regorger,** vomir ce dont on s'était gorgé en trop grande abondance : [Les enfants] *mangeront jusqu'à regorger* (J.-J. R.). **Régurgiter,** rare, est plutôt didact. **Dégorger,** rare, s'emploie plutôt après le verbe *faire,* au sens de vider par la gorge, faire rendre la nourriture à : *Faire dégorger des sangsues.* **Dégobiller,** syn. de *vomir,* est pop., **Dégueuler,** trivial. ¶ 2 → Jeter. ¶ 3 → Dire.

Vomitif, terme de médecine et du langage courant, toute substance qui fait vomir. **Émétique,** terme de pharmacie, préparation qui fait vomir, et spéc. vomitif dans la composition duquel entre de l'antimoine.

Vote : ¶ 1 Acte par lequel une personne appelée à donner son avis énonce ce qu'elle désire. *Vote* désigne absolument cet acte accompli de telle ou telle manière dans un corps politique, dans une assemblée délibérante, dans un corps électoral, dans une compagnie quelconque, soit pour décider quelque chose, soit pour élire quelqu'un : *Le droit de vote. Le vote à main levée. Compter les votes.* **Suffrage** est relatif à la fois à la personne qui vote et dont le suffrage exprime la volonté, et à la personne ou à la chose qui est approuvée par le suffrage : *On donne son vote à celui qui est chargé de recueillir les bulletins; on donne son suffrage au candidat pour lequel on vote. Suffrage universel; suffrage restreint. Dans une élection le nombre des votes est supérieur au nombre des suffrages exprimés, car les bulletins blancs ou nuls sont bien des votes, mais non des suffrages.* **Voix,** syn. courant de *suffrage,* s'emploie notamment pour désigner la manifestation de l'opinion sous la forme d'une unité qui compte pour ou contre pour former la majorité : *Il l'a emporté de tant de voix.* ¶ 2 L'action de voter faite par l'ensemble de ceux qui votent de telle ou telle façon pour tel ou tel objet. *Vote* s'emploie dans tous les cas. **Votation,** plus technique et rare, fait penser au système d'après lequel on vote : *Lors des dernières élections municipales, il y a eu deux systèmes de votation.* **Scrutin,** vote au moyen de bulletins ou de boules que l'on dépose dans une urne, d'où on les tire ensuite pour les compter. **Referendum,** terme politique, vote direct du corps électoral d'un pays sur certaines questions d'intérêt général, et par ext. vote de plusieurs personnes sur une question qui les intéresse toutes et à propos de laquelle on leur demande leur avis. **Plébiscite,** terme politique, vote par lequel le corps électoral, comprenant l'universalité des citoyens, se prononce, par oui ou par non, sur une résolution, une loi, une proposition qui lui est soumise : *Le referendum peut être constitutionnel, législatif, municipal, être antérieur ou postérieur au vote des assemblées; il peut être prévu régulièrement par la loi. Le plébiscite est toujours exceptionnel et toujours général; il consiste, le plus souvent, à approuver une personne, une grande idée politique, ou, dans le domaine international, à décider le rattachement de tel ou tel groupe social à tel ou tel pays.*

Voter : → Opiner.

Voué, au fig., fatalement promis ou attaché à une chose, souvent fâcheuse, comme s'il y avait été consacré par un vœu : *La chair au sol vouée* (S. Prudh.). *La haine est vouée à ce sort lamentable* (Baud.). **Prédestiné,** destiné par Dieu à la gloire éternelle, se dit surtout, au fig., des personnes dont la destinée paraît tracée d'avance par une nécessité supérieure avec parfois l'idée de quelque chose de remarquable : *Wilson me paraît prédestiné au rôle qu'il assume* (M. D. G.).

Vouer : ¶ 1 Donner ou offrir à Dieu. *Vouer* et **Dévouer** marquent désappropriation, *vouer* a rapport à l'engagement qu'on prend d'abandonner telle chose à laquelle on renonce, pour la promettre par vœu à Dieu ou d'une façon particulière à une personne : *Vouer un temple à Dieu; dévouer* enchérit et, surtout avec pour comp. un n. de personne, marque la plénitude du renoncement, le sacrifice total : *On est voué à Dieu par le baptême, dévoué par le martyre* (L.). *Se dévouer à la mort. Dévouer ses enfants au service de la patrie.* **Consacrer** et **Dédier** impliquent plutôt appropriation à la divinité : *consacrer* suppose qu'une personne, et surtout une chose, est affectée à Dieu d'une manière particulière et solennelle, en fait, sans l'idée d'engagement perpétuel qu'il y a dans *vouer* ou *dévouer* : *Au Dieu de l'Univers* [ils] *consacraient les prémices* (Rac.); *dédier* dit moins que *consacrer*, en parlant de ce que l'on offre en hommage à la Vierge, aux saints, ou à un homme quelconque en invoquant leur protection : *Dédier un autel à la Vierge.* ¶ 2 Mêmes nuances au fig. : *Vouer*, employer avec zèle, perpétuellement, à un objet particulier; **Consacrer,** destiner à un certain usage, sans l'idée d'engagement perpétuel; **Dédier,** garde une idée d'hom-

mage qu'il n'y a pas dans *consacrer* : *Un professeur voue sa vie à l'enseignement, consacre la majeure partie de son temps à ses élèves et dédie ses loisirs à la poésie.* — Tous ces mots enchérissent sur **Destiner** (→ ce mot). — Au réf. en parlant d'une activité à laquelle on donne son temps, ils enchérissent sur (s') **Adonner** (→ ce mot).

Vouloir : ¶ 1 Être porté vers quelque chose. *Vouloir* implique un mouvement libre de la personnalité auquel on se détermine d'une manière réfléchie et qui porte à agir d'une façon pratique ou impérative pour obtenir; **Désirer,** un entraînement passionné qu'on subit plus ou moins violemment et qui fait éprouver le besoin d'obtenir sans passer à l'acte (à noter toutefois qu'on dit parfois *désirer* pour *vouloir*, par politesse, quand on parle de soi, et quelquefois aussi *vouloir* pour *désirer* quand on parle des désirs des autres) : *Avec violence il veut ce qu'il désire* (Mol.). **Souhaiter,** désirer vaguement ou secrètement; ou désirer, souvent pour autrui, sans savoir comment on pourra obtenir : *La chaleur humide de ce printemps faisait souhaiter les ardeurs de l'été* (Cam.). *Elle souhaite ce que je désire* (Dudeff.). **Rêver,** désirer une chose à laquelle on pense tout le temps : *Rêver la gloire.* **Soupirer après,** désirer ardemment ce dont la privation fait languir : *Les artistes qui soupirent le plus après la liberté* (Gi.). **Avoir envie,** désirer tout à coup, en passant, capricieusement : *Pourquoi empêcher les gens de se battre quand ils en ont envie?* (Volt.). **Viser,** fig., vouloir et chercher à atteindre méthodiquement : *Viser des satisfactions très positives* (J. Rom.). **Ambitionner** (→ ce mot), vouloir, désirer et chercher à atteindre ce qui paraît au-delà de nos possibilités ou ne nous est pas dû. **Convoiter** implique un blâme; c'est désirer excessivement ou désirer quelque chose de défendu : *De notre dot il convoite les charmes* (Volt.). **Lorgner,** fam., désirer quelque chose que l'on guette sans en avoir l'air : *Maintenant je lorgne la Sicile et je ne guette que les prairies d'Enna* (P.-L. Cour.). **Loucher sur,** fam., regarder avec envie. **Guigner,** fam., convoiter avidement, secrètement, une chose en guettant le moment de s'en emparer : *Guigner un héritage, une femme.* **Appéter,** syn. didact. de *désirer,* est vx. ¶ 2 Avoir la détermination, l'intention, le besoin qu'une chose soit faite. A) Par soi-même : **Vouloir, Désirer, Souhaiter,** suivis d'un infinitif, **Avoir envie de, Ambitionner de** s'emploient avec les mêmes nuances. **Brûler de** (→ ce mot), désirer vivement. **Tenir à,** vouloir ou désirer ce à quoi on attache beaucoup de prix. **Entendre,** suivi d'un infinitif, avoir l'intention de (→ Volonté, intention); ou parfois, absolument, agir à son gré : *En faisant cela j'entendais agir dans votre intérêt autant que dans le mien* (ACAD.). **Avoir dans l'idée,** avoir la ferme intention de. **Avoir (se mettre) en tête,** vouloir vivement ce qu'on a décidé. **Prétendre** marque une intention bien arrêtée de faire quelque chose quels que soient les obstacles qu'on rencontre (→ Têtu). B) Par un autre. *Vouloir que,* **Désirer que, Souhaiter que** s'emploient avec les mêmes nuances. **Entendre que,** vouloir et exiger par un ordre : *J'entends que vous restiez avec moi* (ACAD.). **Prétendre que,** vouloir ce qu'on exige comme un droit, ou exiger avec la pleine certitude de sa force : *Je prétends bien qu'il m'obéisse.* ¶ 3 → Réclamer.

Vouloir (N.) : → Volonté.

Voûte : → Cintre. Construction qui s'étend d'une manière courbe ou concave au-dessus d'un certain espace. *Voûte,* sorte de calotte sphéroïdique qui couvre entièrement l'espace en dessous ; **Arcade** représente quelque chose de partiel qui ne couvre l'espace en dessous que d'une portion de cercle : *Les cavernes ont des voûtes ; les portiques, des arcades.* — Même nuance au fig. : *Les arbres de cette forêt formaient au-dessus de nos têtes une voûte de verdure* (B. S.-P.). *Des lianes s'enlaçant d'un arbre à un autre forment ici des arcades de fleurs* (B. S.-P.). —**Arche,** partie cintrée d'un pont, d'un aqueduc, d'un viaduc en forme d'arcade. **Arceau,** terme d'architecture, courbure d'une voûte en berceau, désigne certaines petites voûtes surbaissées, par ex. celle d'une porte, et, par analogie, toute tige de bois ou de métal recourbée en forme de petit arc.

Voûter (se) : → (se) Courber.

Voyage : ¶ 1 *Voyage* suppose le plus souvent qu'on se déplace assez loin pour la distraction ou pour les affaires, insiste sur le dépaysement et le plaisir de découvrir de nouveaux horizons : *Mon voyage dépeint Vous sera d'un plaisir extrême* (L. F.). **Odyssée,** voyage semé d'aventures, par allusion aux aventures d'Ulysse que raconte l'*Odyssée* : *Mon odyssée n'a pas été des plus tragiques* (MÉRIMÉE). **Pérégrination,** voyage dans des pays étrangers éloignés, ne s'emploie plus guère qu'au pl. et au fig., pour désigner des allées et venues ou des voyages multiples et compliqués. **Déplacement,** court voyage en général pour affaires, ou, en termes d'administration, voyage d'un fonctionnaire en mission hors de son lieu de résidence ; insiste, au fig., comme syn. de *voyage,* sur le plaisir de changer de lieu : *Aimer les déplacements* (ACAD.). **Tournée,** voyage suivant un itinéraire précis que font les fonctionnaires, les officiers, les prélats, les représentants de commerce etc. dans les lieux de leur ressort ; ou voyage d'une compagnie d'acteurs, d'artistes qui donne des spectacles, des concerts en province ou à l'étranger. **Expédition,** tout voyage, maritime ou terrestre, entrepris dans un dessein scientifique, commercial, industriel : *L'expédition de Vasco de Gama. Les expéditions au pôle* ; au fig., voyage aventureux qui a l'air d'une équipée. **Exploration** ou **Voyage d'exploration,** voyage de découvertes à travers une région inconnue pour en reconnaître la situation, l'étendue, les mœurs. **Incursion,** brusque irruption de gens de guerre sur un territoire ennemi ; par ext., course, voyage fait dans un pays par curiosité : *Les incursions de nos savants dans cette contrée ont eu d'importants résultats* (ACAD.). **Campagne,** voyage sur mer, est surtout un terme de marine : *Une campagne commence au temps de l'armement d'un vaisseau et finit à son désarmement* (ACAD.). **Croisière,** voyage maritime pendant lequel on croise dans une zone déterminée pour l'explorer : *Croisières océanographiques* ; se dit aussi d'une exploration terrestre en automobile : *La Croisière noire* ; ou d'un voyage d'agrément sur mer suivant un certain itinéraire : *La Croisière de l'Association Guillaume Budé.* **Périple,** terme de géographie ancienne, navigation autour d'une mer, ou autour des côtes d'un pays, d'une partie du monde : *Le périple d'Hannon.* — **Pèlerinage,** voyage fait par piété en un lieu de dévotion et, par ext., en un lieu riche en souvenirs artistiques ou littéraires. ¶ 2 → Va-et-vient.

Voyager, Se déplacer : → Voyage. **Naviguer,** voyager par eau. **Bourlinguer,** terme de marine, faire des efforts pour avancer contre le vent et la mer en parlant d'un bateau ; au fig., fam., en parlant d'une personne, voyager un peu partout à travers le monde et pas toujours facilement ni pour son plaisir. **Pérégriner,** voyager à l'étranger, est vx, mais se dit parfois, en plaisantant, de celui qui voyage continûment par fantaisie, pour le plaisir de se déplacer.

Voyageur, celui qui fait actuellement un voyage (→ ce mot), ou celui qui a fait ou qui fait de grands voyages : *Deux voyageurs à jeun rencontrèrent une huître* (BOIL.). *Les voyageurs français Chardin et Tavernier* (VOLT.). **Explorateur** diffère de *voyageur* comme *exploration* de *voyage* (→ ce mot). **Touriste,** voyageur qui visite un pays pour son plaisir. **Globe-trotter,** mot anglais, celui qui parcourt le monde en touriste ou en explorateur. — **Passager**, voyageur que transporte un bateau, par ext. (en avion, un véhicule (pour les chemins de fer, on dit *voyageur*). — Comme adj. *Voyageur* s'applique aux animaux et parfois aux hommes qui se déplacent au loin : *Commis voyageur. Pigeon voyageur*. On dit plutôt **Ambulant** pour qualifier celui qui se déplace sans cesse, d'un lieu à un autre, suivant un certain itinéraire : *Comédiens ambulants*. **Itinérant**, qui qualifiait les prédicateurs allant de ville en ville enseigner la doctrine, s'emploie de plus en plus, de nos jours, comme syn. plus relevé d'*ambulant : Ambassadeur itinérant*.

Voyageur de commerce : → Représentant.

Voyant : ¶ 1 N. → Devin. Celui qui a une vision surnaturelle. *Voyant (Voyante)*, celui ou celle qui, à tort ou à raison, et souvent par métier, prétend voir les choses passées, futures ou lointaines, en général humaines : *Consulter une voyante*. **Visionnaire**, celui qui a des visions de créatures surnaturelles, des révélations de l'au-delà, se dit souvent en religion et, dans le langage courant, s'emploie en parlant de celui qui a des hallucinations, des visions chimériques. — Au fig. le *voyant* est un prophète ou celui qui voit des choses réelles mais cachées aux autres hommes : *Je suis le grand voyant des profondeurs sinistres* (V. H.); le *visionnaire* invente un monde à lui, chimérique, où a l'esprit hanté d'images hallucinatoires, irréelles : *Dans La Légende des Siècles, Hugo est souvent un visionnaire, grâce à son imagination*. **¶ 2** Adj. *Voyant* ne se dit que des couleurs qui attirent l'œil par un éclat excessif ou peu esthétique. **Éclatant**, qui se dit aussi des sons et de certaines choses qui se font remarquer, ne comporte pas la nuance péj. de *voyant*. **Criard**, dont le son blesse l'oreille en parlant d'un instrument, enchérit, péj., au fig., sur *voyant* en parlant de couleurs, de tons qui tranchent trop fortement, qui blessent le regard et sur *éclatant* en parlant de ce qui affecte trop d'éclat : *Splendeur criarde* (Zola). **Tapageur**, fig. et fam., qui recherche et affecte l'éclat, enchérit péj. sur *voyant* et *criard : Luxe tapageur. Toilette tapageuse* (Acad.).

Voyou : ¶ 1 → Gamin. **¶ 2** → Vaurien.

Vrai : ¶ 1 Qui n'est pas faux, mais conforme à ce qui est ou à la nature des choses. *Vrai*, absolu, qualifie les choses en elles-mêmes et signifie qu'elles sont ce qu'elles doivent être, qu'on peut leur donner un plein et entier assentiment, ou, en parlant de faits, qu'ils ont eu lieu réellement. **Véritable**, relatif, indique que les choses sont dites par nous ou sont par rapport

à nous comme il faut pour qu'il n'y ait pas mensonge : *Il n'est pas vrai, comme l'a montré Pasteur, que la génération spontanée existe et les relations d'expériences qu'avaient données certains savants à ce sujet n'étaient point véritables*. **Avéré**, qui apparaît comme vrai après un travail qui a eu pour but et pour effet de vérifier, de constater la vérité; on dit d'ailleurs parfois *avéré par : La chose est avérée, et je tiens dans mes mains Un bon certificat du mal dont je me plains* (Mol.). **Exact**, très vrai ou très véritable parce que tous les détails coïncident rigoureusement avec la réalité : *L'assassinat de Britannicus par Néron tel que Racine le met en scène est vrai, mais on ne peut dire que tous les détails en soient rigoureusement exacts*. **Juste** n'a pas uniquement rapport à la rigoureuse conformité avec ce qui est, mais au fait que la pensée ne peut être taxée d'erreur, quel que soit l'angle sous lequel on l'envisage, et qu'elle est le résultat d'un travail de l'esprit exécuté selon les règles; aussi *exact* s'emploie-t-il plutôt par rapport au fait et *juste* par rapport au droit, à la règle, ou à la nature essentielle des choses : *Le tableau que nous fait La Bruyère des mœurs de son temps est exact : les faits sont avérés par les historiens; il est juste : nous ne trouvons pas d'autres façons de juger que les siennes, nous approuvons ce qu'il nous dit* **Authentique**, qu'on doit admettre pour vrai parce que la certitude, l'autorité n'en peut être contestée, ne s'applique qu'à ce qui arrive à notre connaissance sous sa forme réelle, sans avoir été falsifié : *Exprimer mes impressions profondes et authentiques* (Proust). — **Orthodoxe** n'est syn. de *vrai* qu'en matière de religion, en parlant de ce qui est conforme à la saine et droite opinion; et, dans le langage courant, ne qualifie que ce qui est vrai relativement à l'opinion du plus grand nombre, à celle qui est généralement admise : *Cette opinion sur les origines de notre poésie épique n'est pas orthodoxe* (Acad.). **¶ 2** Qui est réellement ce qu'on le dit être. *Vrai*, placé souvent en ce sens avant le nom, suppose une conformité essentielle du fond de la personne ou de la chose avec le nom qui la définit, parce qu'elles possèdent toutes les qualités qu'implique ce nom. **Véritable** indique que la chose ou la personne ne nous trompe pas et que nous pouvons compter sur ce que son nom nous laisse espérer : *Un vrai ami réunit toutes les qualités essentielles qu'implique l'amitié. Un véritable ami n'est pas seulement un ami en paroles, son amitié ne nous trompe pas*. — Aussi *vrai* se dit-il parfois, fam., par exagération, de ce qui, sans mériter proprement un nom, possède une très grande partie des qualités que ce nom implique : *Cet homme est un vrai lion*; *véritable* ne qualifie que ce qui est réellement ce qu'on le dit, ou existe réellement · par opposition aux choses fausses qu'on veut faire prendre pour lui : *Un roturier peut agir en vrai gentilhomme s'il en a toutes les manières, mais le véritable gentilhomme a toutes les manières du gentilhomme et, de plus, est authentiquement issu d'un sang noble*. **Pur**, placé en ce sens souvent avant le nom, enchérit sur *véritable*, en marquant que la chose est non seulement exactement, mais encore uniquement ce qu'on la dit : *Il a agi en cela par pure bonté. C'est le pur texte* (ACAD.).

¶ 3 En littérature : qui est conforme à l'objet reproduit, qui s'accorde avec notre sentiment de ce qu'est la réalité. *Vrai* se dit du style, des caractères, des aventures des personnages qui reproduisent la nature, s'accordent avec notre sentiment de ce qu'est la vérité profonde des choses, cette vérité allant de la reproduction réaliste de l'objet à une ressemblance idéale. **Vraisemblable** dit moins, et, appliqué uniquement à l'intrigue, aux caractères ou aux actions des personnages, qualifie ce qui a toutes les apparences de la vérité, peut paraître croyable, communément possible dans la réalité ordinaire : *Onuphre est plus vraisemblable que Tartufe, mais Tartufe est plus vrai car il nous impose sa présence, est comme un être vivant devant nous*. ¶ 4 → Réel. ¶ 5 → Principal. ¶ 6 En parlant d'une personne : qui est de bonne foi, ne trompe pas. *Vrai*, **Droit**, **Loyal** marquent une qualité qui est voulue, qu'on possède par principe, **Franc** (→ ce mot) et ses syn., une disposition du caractère qui consiste à dire naturellement ce que l'on pense. *Vrai* marque, en général, l'incapacité de tromper dans ses actions, dans ses procédés, dans son air, dans ses paroles, dans le fond de son âme, dans son silence même, par respect pour sa dignité d'être raisonnable : *S'il faut être juste pour autrui, il faut être vrai pour soi; c'est un hommage que l'honnête homme doit rendre à sa propre dignité* (J.-J. R.). *Droit* a uniquement rapport à la pureté des intentions et à la probité et qualifie celui qui, par équité, par respect pour autrui, ne veut commettre aucune injustice : *La philosophie fait un cœur droit* (VOLT.). *Loyal* ajoute l'idée d'un vif sentiment de l'honneur, ainsi que celle de noblesse et de générosité. **Net** fait penser au jugement qu'on porte sur quelqu'un ou sur sa conduite et qui le fait apparaître sans supercherie, au-dessus de tout soupçon : *La conduite de cet homme n'est pas nette en cette affaire*. **Fidèle**, droit, loyal et constant dans l'accomplissement des devoirs qui résultent de ses engagements ou de ses attachements : *Messager fidèle*. **Féal**, syn. vx de *fidèle*, ne s'emploie plus que par archaïsme dans le langage des personnages du Moyen Age. ¶ 7 Qui dit la vérité. *Vrai* qualifie la personne en elle-même comme incapable de déguisement, aimant la vérité pour la vérité; **Véritable**, vx en ce sens, la présente dans ses propos, ses actions, comme ne voulant pas tromper : *Celui qui est vrai est toujours véritable; mais un homme peut être parfois véritable sans être foncièrement vrai*. **Véridique** ne regarde que le discours et indique qu'on dit vrai, que les faits qu'on rapporte sont vrais : *C'est ce que nous révèle, plus véridique qu'aucun artiste, le monologue de Beethoven* (R. ROLL.). **Sincère** n'a pas rapport aux faits, mais aux sentiments qu'on témoigne : *Un pénitent doit être véridique dans l'exposition de ses fautes, et sincère dans l'expression de son repentir* (L.). **Exact** enchérit sur *véridique* en parlant de celui qui rapporte la réalité dans tous ses détails. **Fidèle**, syn. d'*exact*, insiste sur la bonne foi de celui qui rapporte ce qu'il croit la vérité, sans rien y changer : *Un témoignage fidèle n'est pas falsifié, mais il n'est exact que si celui qui le fait a su bien voir les choses*. **Objectif** suppose que celui qui rapporte ne déforme pas la réalité pour des raisons personnelles : *L'esprit de parti empêche d'être objectif; trop d'imagination, ou un manque de soin empêchent d'être fidèle*. — *Véridique, fidèle, objectif, sincère* se disent aussi des témoignages, des choses que l'on rapporte et se distinguent alors de *véritable* (→ ¶ 1) par le fait qu'ils insistent sur la qualité du témoin qui rend la chose véritable. En ce sens *sincère* a pour syn. **Sérieux** qui qualifie ce que l'on dit sans plaisanter ou sans mentir et qu'il faut prendre avec gravité : *Les protestations d'amitié qu'il vous fait sont sérieuses* (ACAD.). ¶ 8 N. → Vérité. — ¶ 9 Adv. → Vraiment.

Vraiment, employé interrogativement ou exclamativement, marque quelque doute, le besoin où l'on est de voir la chose confirmée : *Vous avez fait cela? Vraiment?* *Vrai* est fam. **Voire** est ironique et marque le doute total devant une affirmation trop catégorique : *C'est le plus grand écrivain de cette époque. — Voire?* (ACAD.).

Vraisemblable : ¶ 1 → Apparent. *Vraisemblable*, qui a en soi toutes les apparences de la vérité, parce que, suivant l'idée qu'on se fait de l'ordre normal des choses, rien ne s'oppose à ce que ce soit vrai : *L'intrigue du Misanthrope est vraisemblable*. **Croyable**, en un sens plus large et plus subjectif, qualifie tout ce que l'esprit d'un homme peut admettre pour vrai eu égard aux circonstances particulières dans lesquelles la chose s'est produite, même si elles sont anormales, et aux capacités de critique de celui qui juge; de plus, on ne demande à ce qui est *vraisemblable* que d'être possible; on demande à ce qui est *croyable* d'être vrai : *Quoique peu vraisemblables, les pièces de Corneille sont croyables puisque dans une certaine mesure elles sont vraies historiquement. Les raisons que donnent certains tyrans de leurs cruautés sont peu vraisemblables pour les historiens, mais croyables pour leurs fanatiques.* ¶ 2 → Vrai.

Vraisemblance : → Apparence. *Vraisemblance* et **Crédibilité,** qualité de ce qui est croyable : → Vraisemblable.

Vrillé : → Tordu.

Vrombir : → Bourdonner.

Vue : ¶ 1 Action de voir. *Vue,* faculté de voir et, par ext., dans le langage courant, action d'exercer cette faculté considérée comme nous donnant la perception d'une image concrète particulière : *Regardez ces merveilles, la vue n'en coûte rien* (ACAD.). **Vision,** terme didact., désigne abstraitement l'exercice de la faculté de voir indépendamment de tout objet : *Théorie de la vision. Vision directe. Vision extra-rétinienne.* ¶ 2 → Œil. ¶ 3 Façon dont nous voyons les choses, dont elles nous apparaissent. *Vue* a rapport à l'action du sujet, **Aspect,** à la façon dont se montre l'objet; si *vue* se dit passivement au sens d'*aspect,* c'est pour désigner le simple fait qu'une personne ou une chose s'offre à nos regards, parfois longuement, tandis qu'*aspect* indique l'image variable d'elle-même qu'elle nous donne, suivant le lieu, le moment, en nous apparaissant : *J'avais honte d'affliger par ma vue cette martyre* (PROUST). *Je le vis, son aspect n'avait rien de farouche* (RAC.). — **Vision,** syn. de *vue* pour marquer l'action du sujet, suppose que celui-ci a une façon originale de voir les choses, s'en fait une conception personnelle qui les transforme plus ou moins : *Le réaliste cherche non pas à nous montrer la photographie banale de la vie, mais à nous en donner la vision plus complète, plus saisissante, plus probante que la réalité même* (MAUP.). — **Perspective,** aspect que divers objets vus de loin ont par rapport au lieu d'où on les regarde : *L'agréable perspective d'un coteau.* **Optique,** perspective, vision des choses dans certaines conditions d'éloignement, d'éclairage, de milieu, qui leur donne un aspect autre que celui qu'elles ont en réalité : *L'optique du théâtre;* au fig., façon ordinaire dont un esprit voit les choses d'après sa nature : *Notre optique intellectuelle* (PROUDHON). ¶ 4 Ce qu'on voit. *Vue* indique simplement le fait qu'un objet ou un groupe

d'objets tombent sous notre vision et désigne par ext. l'image que donnent les objets eux-mêmes : *On voit un rat; à cette vue, on tremble.* **Vision,** pour désigner une image réelle, suppose quelque chose de soudain, de très bref, ou quelque chose qui s'impose à l'esprit, qu'on emporte dans son souvenir : *La vision d'une étoile filante. Elle serait partie emportant la vision de mon désespoir* (MAU.). *Leur imposer une vision nouvelle de l'homme que je suis* (MAU.). **Apparition,** manifestation soudaine d'un objet qui s'offre à la vue : *Apparition déconcertante et soudaine* (LOTI). **Spectacle** (→ ce mot), vue d'ensemble dont l'esprit prend connaissance avec quelque loisir : *Le grand spectacle du ciel* (VOLT.). ¶ 5 Toute l'étendue de ce qu'on peut voir en un certain lieu. *Vue* se dit aussi bien de ce qu'on voit de ses propres yeux, que de la reproduction, par la photographie ou l'art, de la même image : *De la tour Eiffel on a une belle vue. Une vue de Paris depuis la tour Eiffel.* **Point de vue,** objet ou ensemble d'objets qui, dans une vue, attirent l'attention : *Dans cette campagne les points de vue sont très variés* (ACAD.); désigne aussi l'endroit précis où il faut se placer pour avoir telle ou telle vue. **Paysage,** étendue de pays, en général campagnard, qu'on peut voir dans son ensemble, suppose toujours un vaste espace, ce qui n'est pas le cas de *vue* : *De sa fenêtre, on a vue sur la cour; du sommet d'une montagne, on voit un large paysage.* **Site,** partie pittoresque d'un paysage : *Le cirque de Gavarnie est un beau site.* **Panorama,** grand tableau circulaire et continu disposé de manière que le spectateur placé au centre voie les objets représentés comme si, placé sur une hauteur, il découvrait tout l'horizon dont il serait environné; par ext. vue d'ensemble fort vaste en général depuis une hauteur. **Coup d'œil,** vue d'un paysage, de l'aspect d'un édifice, d'une assemblée, etc. : *Du pont de la Tournelle on a un beau coup d'œil sur Notre-Dame.* **Perspective,** aspect d'un paysage vu dans l'éloignement. ¶ 6 → Opinion. ¶ 7 *Vues* : → But.

Vulgaire : ¶ 1 Adj. → Commun. Très commun, en parlant des hommes, de leurs actions et de leurs sentiments. *Vulgaire,* très commun, qui appartient à la masse, par opposition aux savants ou aux gens distingués : *Croyance, opinion vulgaires.* En ce sens, **Populaire** désigne quelque chose de moins relevé encore que *vulgaire* puisque c'est ce qui appartient à la partie de la société la plus basse (→ Peuple) : *Préjugés; opinions populaires. Au XVIe s., le latin était la langue savante, le français, la langue vulgaire, et, dans cette langue vulgaire, le français populaire était plus* *incorrect que le français de bon usage.* — Mais *vulgaire,* en ce sens, est surtout un terme du langage recherché, et, dans le langage courant, comporte une idée péj. pour qualifier ce qui est peu estimable, très banal, très médiocre, sans délicatesse, sans noblesse, sans élégance, ce qui le rend plus péj. que *populaire,* qui a uniquement rapport aux mœurs et au langage d'une certaine classe sociale : *Le dégoût qu'on ne peut s'empêcher de sentir pour ce qui est vulgaire en tout genre* (STAËL). **Peuple,** employé comme adj., ajoute à *populaire* une nuance péj., mais qui ne va pas plus loin que le dédain qu'on peut avoir pour les manières de cette classe sociale, sans comporter l'idée de banalité médiocre qu'il y a dans *vulgaire : Vanter son ami, cela est trop peuple* (MARIV.). **Commun,** péj., presque vulgaire. **Grossier,** péj., qui choque la décence ou la politesse, parfois faute d'éducation plutôt que faute de noblesse **Trivial** enchérit sur *vulgaire* et ajoute une idée de grossièreté : *Des scènes de valets remplies de plaisanteries triviales* (L. H.). **Populacier** et **Faubourien** (plus rare et moins fort), à la fois trivial et bassement populaire. **Canaille,** péj., très populacier : *Valse au rythme canaille* (ZOLA). **Roturier,** vx, en parlant de l'air et des manières, évoquait quelque chose de grossier qui indiquait qu'on n'était pas noble :

Des façons roturières. **Bas,** en parlant des façons de penser et du langage, implique un manque de distinction, surtout par rapport à la décence ou à la noblesse morale : ce qui est *trivial* appartient à un milieu vulgaire, ce qui est *bas* est de tous les milieux, mais choquant pour la décence : « *Poitrine* », « *Vache* » ont été longtemps considérés *comme des termes bas sans être triviaux. De mots sales et bas charmer la populace* (BOIL.). — En parlant du langage, audessous du *familier,* vient le *populaire;* le langage le plus grossier du peuple est *trivial;* le langage *bas* peut être de l'excellent français, mais ne s'emploie pas décemment : selon l'Académie, *Voyou* est *populaire, Pisser* trivial et *Cul* est très *bas.* **Poissard** qualifie un style qui imite volontairement le langage du bas peuple : *Chanson poissarde.* — **Prosaïque** se dit proprement d'un tour, d'une expression qui, sans être bas, ne s'emploient pas en poésie, et, par ext., des personnes et de leurs sentiments qui, sans être vulgaires, manquent d'idéal ou de fantaisie. En un sens voisin, les précieux et les romantiques ont dit **Bourgeois.** ¶ 2 N. → Peuple.

Vulgariser : → Répandre.
Vulnérable : → Faible.
Vu que : → Parce que.

W

Wagon : Voiture employée sur les chemins de fer au transport des voyageurs et des marchandises. *Wagon,* mot emprunté de l'anglais, est le terme général, mais on appelle plutôt **Voiture** le wagon aménagé pour le transport des voyageurs : *La locomotive et les wagons. Place retenue dans la voiture n° 6.* **Fourgon,** wagon couvert accroché en queue ou en tête d'une rame de voitures de voyageurs pour transporter les colis et les bagages.

Wagon-lit, wagon spécial appartenant à la compagnie des wagons-lits, avec des compartiments où se trouvent des lits

superposés avec draps, couvertures, lavabo, petite armoire. **Sleeping-car,** nom anglais du wagon-lit, se dit aussi parfois en France. **Wagon-couchette,** voiture ordinaire dont les banquettes peuvent être transformées en couchettes sur lesquelles on s'étend sans draps. **Pullmann,** voiture de luxe américaine appelée ainsi du nom de son inventeur, désigne plutôt un wagon-salon de la compagnie des wagons-lits, mais s'applique aussi à un wagon-lit.

Walhalla : → Ciel.
Water-closet : → Lieux d'aisance.
Wisigoth : → Sauvage.

Y

Yacht : → Bateau.
Yatagan : → Épée.
Yeux : → Regard.

Yeux (entre quatre) : → Tête à tête.
Yole : → Embarcation.

Z

Zébrures : → Raie.

Zélateur : → Enthousiaste.

Zèle : ¶ 1 → Chaleur. *Zèle*, particulièrement en matière de religion, et, par ext., dans le langage courant, vive activité au service d'une cause ou d'une personne pour lesquelles on a du dévouement, de l'attachement (→ ce mot) : *Le zèle pour le bien de l'Église est encore moins que rare le zèle pour le bien de la patrie* (Maint.). **Feu sacré**, au fig., sentiment noble et passionné qui se conserve et se communique chez les nations et chez les individus et qui fait qu'on a un véritable culte pour un idéal, ou, en un sens plus fam., qu'on a foi en ce que l'on fait : *Le feu sacré de la liberté. Ce poète a le feu sacré.* **Prosélytisme,** sou vent péj., zèle particulier qui consiste à vouloir convertir les gens à sa religion et par ext. à sa cause, à son parti : *Cette rage de prosélytisme, cette fureur d'amener les autres à boire de son vin* (Volt.). **Bonne volonté** dit beaucoup moins que *zèle* et marque, du point de vue moral, le ferme propos de faire le bien ou au moins tout son possible pour l'atteindre, sans que cela suppose ardeur active, ou, en un sens plus vague, le désir, assez théorique, de faire tous ses efforts, si l'occasion s'en présente, pour une cause reconnue bonne : *J'ai bonne volonté; mais je ne puis encore rien déterminer* (Bos.). *Les hommes de bonne volonté* (J. Rom.). ¶ 2 → Empressement.

Zénith : → Comble.

Zéphyr, Zéphire : → Vent.

Zéro : ¶ 1 → Rien. ¶ 2 → Nullité.

Zézayer : → Bléser.

Zizanie : ¶ 1 → Ivraie. ¶ 2 → Mésintelligence.

Zoïle : → Critique.

Imprimé en France par l'Imprimerie Brodard Graphique - Coulommiers-Paris.

Reliure A G M Forges-Paris.

Dépôt légal n° 2524-3-1981. Collection n° 13 - Édition n° 01.

✠ 07/0005/4